谨以此书献给中国共产党成立 100 周年

政协安徽省灵璧县委员会　编

薛新华　主编

靈璧記憶

人物卷

（上册）

中国文史出版社

图书在版编目（CIP）数据

灵璧记忆.人物卷：上下册 / 政协安徽省灵璧县委
员会编；薛新华主编 . — 北京：中国文史出版社，
2022.2
ISBN 978-7-5205-3471-0

Ⅰ.①灵… Ⅱ.①政… ②薛… Ⅲ.①灵璧县—地方
史 ②历史人物—列传—灵璧县 Ⅳ.① K295.44

中国版本图书馆 CIP 数据核字（2022）第 022165 号

责任编辑：窦忠如　秦千里

特约编辑：窦广利　张幼平　邓文华

出版发行：中国文史出版社
社　　　址：北京市海淀区西八里庄路 69 号院　邮编：100142
电　　　话：010-81136606　81136602　81136603（发行部）
传　　　真：010-81136655
制　　　版：北京方舟正佳图文制作有限公司
印　　　装：廊坊市海涛印刷有限公司
经　　　销：全国新华书店
开　　　本：787×1092 1/16
印　　　张：170.5
字　　　数：2684 千字
版　　　次：2023 年 1 月北京第 1 版
印　　　次：2023 年 1 月第 1 次印刷
定　　　价：580.00 元（全 3 卷 6 册）

《灵璧记忆》编委会

序言：

好书不厌百回读

王怀启

　　《灵璧记忆》是灵璧县政协推出的一部文史资料丛书，这部灵璧文史大典的出版发行注定是灵璧政治文化生活中具有里程碑意义的一件大事。党的十八大以来，灵璧县政协始终以求实创新、主动作为、勇于担当和事争一流的姿态，把准政协定位，彰显政协特色，创新履职模式，提升履职效能，积极建言资政，广泛凝聚共识，为助推我县经济社会发展、促进社会和谐稳定，贡献了政协智慧和力量，得到了全国政协和省市政协的充分肯定，为灵璧赢得了荣光。收集整理文史资料是政协组织一项特色鲜明的工作，十届县政协一直将其摆在十分突出的位置，制订千万字的文史编纂规划，《灵璧记忆》就是其中一部堪称前无先例的扛鼎之作。这部文史资料丛书，历经五年征集、采写、审编，内容广博，卷帙浩繁，工程之大、规格之高、设计之精、创意之新，独领灵璧史籍之风骚，亦属国内同类所罕见。

　　《灵璧记忆》之所以能够如此高质高效地运作推进，显现出优良工程的品位，首先应得益于一个思维超脱、创意独特、逻辑严谨、设计细致的策划蓝本。在策划蓝本的统驭和导引下，编写团队按部就班，照图施工，才使这项浩大的文化工程井然有序、事半功倍、顺理成章地直抵设定目标，获得预期效果。这可算是清人李渔"基址初平，间架未立，先筹何处建厅，何方开户，栋需何木，梁用何材，必俟成局了然，始可挥斥运斧"的为文之道的绝妙践行。正所谓：凡事预则立，不预则废。

翻开《灵璧记忆》书稿，顿觉恢宏气势撼人心腑、清新气息扑面而来。《灵璧记忆》以《风情卷》（上下册）之"乡愁篇""乡俗篇""乡珍篇""乡遗篇"、《往事卷》（上下册）之"事迹篇""事业篇""事件篇""事理篇"、《人物卷》（上下册）之"英雄篇""英范篇""英才篇""英博篇"的严整结构布局整体，共三卷六册十二篇四十八目。全书以超广角视线回望灵璧这座千年古城之悠久的历史年轮、独特的文化根脉、淳朴的乡风民俗、敦厚的父老乡亲、曲折的奋斗足迹、生动的时代变迁、辉煌的发展成就、杰出的英雄儿女，以及社会的痛点难题、学界的疑问悬案，携手百人写作团队和百家供稿单位，通过采访撰写新篇与搜集整理旧作的双向渠道，荟萃 1200 多篇文稿，结集 270 多万文字、130 多帧图片，以纪实的笔触，全景式地呈现了灵璧千年历史长河中的那人、那事、那物、那景、那情、那理，让人既能感受小桥流水的细涓婉转，又可领略大江东去的波澜壮阔，展现出与众不同的样貌和卓尔不群的气质。

宽怀大度的架构，奠定了《灵璧记忆》的包容性和承载力，为拓展题材和丰富史料提供了广阔空间；本质分类法的运用，别出心裁、提纲挈领、化繁为简，彰显了全书的逻辑美和艺术感；多元化体裁的融合，体现了尊重作者写作意愿和表达方式的灵活性，笔记、散文、随笔、报告文学、小说、诗歌、论文、歌曲、摄影、绘画等体裁和作品兼容并收，娓娓记叙与侃侃论道各得其妙，形象思维与理性思考相得益彰，多维度多样式地述说记忆、映照历史，增强了全书的知识性、文学性和可读性。

《灵璧记忆》以"记忆"为书名，把记忆与历史有机地融为一体，雅致而倍感温馨、沧桑而富有诗意，给人以无限遐想。昨天虽已消逝，记忆依然存在。人类正是因为记忆的存在，才迈开了前行的脚步，从蒙昧走向文明，从蛮荒走向繁荣。记忆是历史的内化过程，历史是记忆的生命再现，然而，记忆是个人的、碎片的，只有把个人的、碎片的记忆集合起来，才会形成社会的、时代的和历史的记忆。记

忆萌生于社会实践，发酵于过往时空，存储于心灵深处，而要真正体现其价值，还需留住记忆，让它作用于现实生活、影响于未来世界，特别是对于那些仅存于人脑的将会湮灭的口碑史料，更需及时记述、整理，以防人在史在、人走史亡。《灵璧记忆》正是把灵璧人林林总总、形形色色的记忆的种子采集起来，播撒在自家园地，让它延续生命，生根发芽，长成一棵棵给人以智慧的菩提树，开出一朵朵给人以浪漫的蔷薇花。换言之，就是要用这些记忆，给我们的后人留下一面镜子，可以识美丑、辨对错、明得失；留下一把梯子，可以升境界、开视野、长见识；留下一池釉子，可以酿美酒、温旧梦、释情怀。

今年，适逢中国共产党成立100周年，以实际行动和优异成绩向党的百年华诞献礼是灵璧人民的共同心声。灵璧人民在党的带领下闹革命、求解放、搞建设、兴改革、图发展的奋斗历程，正是灵璧历史中最值得浓墨重彩书写的重点记忆。近年来，全县人民在习近平新时代中国特色社会主义思想指引下，砥砺奋进，继续创造无愧于时代和历史的新业绩。脱贫攻坚全胜收官，产业体系加速重构，城市发展能级跃升，乡村振兴动能激活，民生福祉持续改善，文化文明同兴并茂，全面小康、全域美丽、全民幸福的现代化美好灵璧建设迈出了坚实步伐。《灵璧记忆》"往事卷"和"人物卷"的主要篇幅正是通过灵璧人民跟着共产党从黑暗走向光明、从落后走向繁荣的历史记忆，勾勒了站起来、富起来、强起来的百年沧桑，彰显了探索、发现真理的艰辛与伟大，反衬出新时代生活更加幸福、风景更加美好、使命更加光荣，传达着坚持党的领导、坚持改革开放、坚持中国特色社会主义道路的时代强音，也蕴含着人们对执政党执政能力建设以引领国家治理体系和治理能力现代化、完成民族复兴大业的真诚祈愿。可以说，这部流淌着灵璧千年时光、散发着家乡泥土芳香的壮丽史册是由灵璧人民共同书写的，所以《灵璧记忆》与其说是灵璧政协不如说是灵璧人民献给党的百年华诞的一份文化大礼。

传承文明薪火、讲好家乡故事、启迪后人智慧、献礼建党百年，乃是《灵璧记忆》这部书的初衷所在、使命所在、价值所在、意义所在和目的所在。

《灵璧记忆》坚持"存史、资政、团结、育人"原则，突出"三亲"特色，秉持创新理念，开阔了文史资料的关注视野，刷新了文史典籍的编写方式，汇聚了文献、实物和口碑史料，让历史的见证者、参与者和创造者秉笔直书、亲口道来，不啻风土人情的画卷、寻根问祖的"家谱"、平民百姓的史诗、英雄儿女的传奇、说理论道的讲坛、社会进步的赞歌。

欲知大道，必先为史。目前，党史学习教育正在深入开展，习近平总书记向我们提出了"学党史，悟思想，办实事，开新局"的总体要求，并强调必须做到"学史明理、学史增信、学史崇德、学史力行"。地方文史之于国史党史是局部与整体、侧面与全面、个性与共性的关系，《灵璧记忆》中那些对本地革命历史人物和革命斗争史实的"红色记忆"，就是国史党史的最明白的注脚和最鲜活的例证。因此，读者不妨把《灵璧记忆》作为党史学习教育的延伸阅读书目来读，有助于提升直观效应，丰富知识内涵，推动党史学习教育更加入脑入心、走深走实，汲取现实工作的智慧和力量，在感知魅力风情、触摸风雨前尘、体味绚丽人生的同时，识得来时的路，看清脚下的路，认准未来的路。

衷心感谢为《灵璧记忆》成书面世付出心血、作出贡献的所有作者、编者、专家、老师和朋友！

翻阅书稿，不忍释卷，思潮澎湃，获益良多，好书不厌百回读的感觉自心底油然而生。

2021 年 12 月

目　录

英范篇

英雄篇

灵璧英雄：马祥斌

保境安民的北伐将军

王怀启

    马祥斌（1886—1927年），字文伯，出生在安徽省灵璧县尹集镇马楼村，是安徽省著名的北伐将领，他生活在辛亥革命到国民革命的风云际会时期，毕业于安徽警察学堂，是清末反清义士徐锡麟的学生，深受徐锡麟革命思想影响。早年任宿县巡防营管带，安武军第一旅营长、团长，后任混成旅第一旅参谋长、蚌埠警察厅厅长、补充旅旅长。1926年，北伐军击败五省联军司令孙传芳，马祥斌遂易帜，投入辛亥革命，编为独立第五师，任师长；参加合肥战役，力挫直鲁联军张宗昌部，被将介石委任为暂编第十一军军长。1927年，驻防合肥，被直鲁联军围攻退至亳县，同年8月，直鲁联军总司令张宗昌勾结叛将张做尧，复家骧，在老家将马祥斌劫至徐州，劝降未成，又被解至济南，张宗昌亲自出面劝马祥斌放弃革命，为马祥斌所拒绝。张宗昌见马祥斌志不可丢，遂于11月6日将其杀害于济南，年仅42岁。

    马祥斌将军终生信奉"保境安民，立身行事"的人生宗旨。投身国民革命后，治军严明，亲民爱民，造福一方。他曾在皖北多地实施剿匪，大快人心；痛杀贪官，不徇私情，被誉为"当代青天"。主政地方，勤政简朴、清正廉明。无论寒暑，宵衣旰食，骑黑驴，巡视大街小巷，为民解困。1921年秋，皖北发生罕见洪灾，沿淮堤岸多处溃决，家园被毁，灾民数万。马祥斌在蚌埠主持救灾，奔走于皖北大地，联合各县人士，组织灾民修筑了蚌埠至怀远公路，并利用原有官道，修筑了蒙城、怀远、涡阳、亳州、太和、宿县、泗县、灵璧、固镇等多条公路，帮助灾民恢复生产，重建家园。

    纵观马祥斌将军一生，从一名反清志士，到有志于安靖地方、有所作为的地方长官，在国民革命风云时期，毅然投身北伐，直至最后率师与军阀拼死作战，守合肥，攻濠颍，立功建勋，至死不降。一生忧国忧民，探索出路、追逐光明，最终成为坚贞不屈的革命志士。

马祥斌是国民革命军的优秀将领，他是灵璧人民的骄傲。追昔抚今，幽思长存。如今蚌埠市民自发为他塑像、建纪念亭，合肥市民捐资在四牌楼为其建纪念祠，家乡人民更没有忘记这位民国英雄的光辉业绩。

灵璧英雄：胡炳云

威震日伪 名扬苏皖

抗日战争时期，在淮北苏皖边地区抗日军民中广泛流传着一首歌谣："天不怕，地不怕，日本鬼子就怕'胡老大'。"

"胡老大"是指开国少将胡炳云。1938 年，八路军苏鲁豫支队奉命东进开辟抗日根据地，胡炳云为该支队第一大队大队长。从 1939 年春，胡炳云所率一大队随支队初到津浦路东后，相继在宿县、灵璧、睢宁等地，连续给日伪军以沉重打击。抗日军民便亲昵地称一大队为"胡大队"，称胡炳云为"胡老大"。一听说胡大队来了，便拍手欢迎，士气大振，而敌人对胡大队则是闻风丧胆。

胡炳云系四川省南充县人，生于 1911 年。1932 年加入中国共产党。土地革命战争时期，任红三十三军第九十八师二九四团连政治指导员，红一军团第二师四团连长、副团长。抗日战争爆发后，胡炳云先后担任八路军一一五师三四三旅六八五团营长。接着担任苏鲁豫支队第一大队大队长。苏鲁豫支队是支老部队，参加过南昌起义、湘南暴动、井冈山反围剿战斗，是腊子口上打出来的。胡炳云同许多班长以及不少战士都是经过二万五千里长征考验的老红军，又刚刚参加了平型关、娘子关等战斗，部队战斗力很强。胡炳云由于经受了烽火第一线的锻炼和考验，作战顽强勇敢，指挥有方，全大队指战员士气高昂，打起仗来多是战果辉煌。1939年春，胡炳云大队初到津浦铁路东侧，在萧、宿、灵边一带活动。先是以突然动作攻克了时村敌伪据点，歼灭了80多名日军和300多名伪军，并俘虏了大汉奸金耀三。此役抗日军民为之振奋，令日伪对此感到震惊。随后，"胡大队"又配合赵汇川"六抗"三支队，向距时村不远的灵北尹西小雷家发起进攻，攻打盘踞在这里的雷杰三伪军，一举歼敌100多人，给汉奸头子雷杰三以狠狠打击。一时间，八路军作战神勇、攻无不克的威名远扬。1939年6月，胡大队等再次来到津浦路东，在灵璧西北张山集一带遭遇1700多名日伪军和多辆坦克的拦截。胡大队等发扬敢打敢拼的作风，英勇顽强，与日伪军激战一整天，歼敌300多人，待夜幕降临后，即主动安全撤离，使敌人再次受到沉重打击，也没敢追击。

当年7月间，胡大队转至灵北白马山、渔沟一带稍作休息后，移到江苏睢宁的桃园一带休整。在桃园西边灵璧、睢宁两县交界处魏洼村又与日伪军打了一仗。当时魏洼住着胡大队的一个营部和一个机枪排。一天夜里，100多个日军和一个汉奸便衣队乘汽车前来，包围了魏洼村。营长刘治国和教导员宋维栻一面指挥战斗，一面派员火速报告大队部。胡大队接到敌情报告，马上由大队政委王东保带领3个连队利用青纱帐作掩护，从背后把敌人包围起来。趁敌人没有觉察，王东保政委命令各连把机枪集中在一起，突然开火。几十个攻到寨子门口的敌人，又被刘治国、宋维栻他们从里面压了回来。通过里外夹击，打得敌人晕头转向，鬼哭狼嚎，战斗很快结束。一清点光是日军尸体就有90多具，当地群众反映说："只剩下6名鬼子逃窜！"胡大队认为敌人遭受如此歼灭性打击，决不会善罢甘休，便迅速转移到安全地带。不出所料，驻徐州日军很快出动1000余人马，气急败坏地赶来魏洼报复，结果扑了空。

随后不久，胡大队又在灵北冯庙和日伪军打了一仗。灵璧县的大汉奸雷杰三手下有千余人，从宿县时村到灵北都是他的势力范围，他在冯庙修建了据点，在镇子中心筑有一座高大的炮楼。守据点的是他的一个伪军连、一支便衣队和不到一个排的日军，随时策应泗县、灵璧的日军，对胡大队的行动已经构成了威胁。而雷杰三仍不放心，继续动用民工扩大据点。大队长胡炳云与政委王东保，决心拔掉这颗钉子。他们乘雷杰三扩建据点的机会，派精干的大队侦察排和二营的侦察班，化装成民工，在为敌人修工事中将敌人据点的情况摸得一清二楚，然后安排二营具体完成拔据点的任务。10 月 10 日这一天，因二营一位连长与当地人口音不同，引起了敌人的怀疑，于是，这位连长便率领打进去的同志先敌开火。二营营长刘德云立即率领各连猛攻据点，不过 1 个小时，一举拿下了据点，并把多个日军全部烧死在炮楼里。黄昏时分，先后从灵璧和固镇开来 20 多辆汽车，运来两个中队的日军和一个营左右的伪军，总计四五百人。胡炳云一方面安排二营刘营长守住镇子，另一方面与王东保政委立即带领一营和三营跑步赶到冯庙附近，把部队隐蔽下来，两人亲自带领一个便衣侦察班到阵前观察。见敌人卡车一字儿摆在镇子东边的公路上，在轻重火力的掩护下，三面合围冯庙。二营勇士在镇内依然顽强抵抗。胡炳云与王东保一合计，决定先集中火力打汽车，使敌人失去退路，马上部署兵力，形成对敌人的反包围。一声令下，冰雹似的手榴弹劈头盖脸砸向鬼子的车队，当下有两辆汽车油箱被炸起了火。七连和八连的勇士们从东南面向围攻镇子的日军猛烈射击，冲杀呐喊声响成一片，使敌人腹背受敌。天又黑了，他们也搞不清到底有多少八路军，便慌慌忙忙，一边抵抗，一边纷纷地往公路边退却。胡大队预先埋伏在公路旁边的射手们对其进行猛烈的轰击，使其七斜八歪地倒下一大片。据守在镇子里的二营官兵，一阵呐喊冲了出来，将敌人的队形冲乱，使其指挥混乱，完全陷入无组织的抵抗之中。战斗一直打到深夜。敌人 20 多辆汽车被烧毁，400 多名日军和伪军被打死打伤。这一仗更加扩大了八路军的影响，使日伪军更加害怕胡大队。

1940 年 2 月 13 日夜，胡炳云大队又来到靠近睢宁边界的灵北渔沟东北中堌子一带，得知日伪军要来这里"扫荡"，便连夜做好了工事。次日清晨，驻睢宁县城和王集的 100 多名日军乘车前来，先头的 3 个骑兵刚到中堌子村东，即被胡大队击毙 1 名，另两人调头回窜。日军误以为此处驻军系睢宁常备旅刘天展部，下车直逼中堌，待敌进至阵前不过几十米处，胡大队突然开火，给敌人以迎头痛击，日军一下子被打死 50 多人。敌人不甘失败，整顿队伍，再次冲击。胡大队又给敌人以猛烈的火力杀伤，并与敌展开白刃格斗，将敌击退。敌人死伤惨重，知道遇上了胡大队，不敢再冲，退到中堌东睢宁县境内的谢庄、土山等地，整顿待援。胡大队则又组织全线出击。这次战斗共打死打伤日伪军 80 余人，活捉日军 3 人，并缴获机枪两挺，迫击炮一门，再次大灭了敌人的嚣张气焰。待日军从双沟方向赶来救援时，胡大队已有计划地转移到海郑公路北侧安全地带。

"胡大队"接连几仗，所向披靡，不断打出了胡大队的威风，极大地鼓舞了苏皖边人民的斗志。原来群众纷纷传说："日本人凶得很，打不得！"现在是奔走相告："日军没啥了不起！""平型关上下来的八路军打死好几百日本人，自己连根毛也没伤着！"胡大队接连几仗也着实打痛了日军，他们一听说胡大队的名字就害怕，不敢再蠢动了。原来把胡大队看成是"叫花子兵"的地主武装经常打胡大队的黑枪，这下子吓坏了，高楼、大李集等地的地主武装赶紧派代表与胡大队接头，"慷慨"地包下了胡大队几千人用的布匹和粮食。国民党灵璧县县长许志远也很快主动跟胡大队讲起了统一战线，供给胡大队粮款。各式各样的"司令"也纷纷归顺胡大队。一些地方的抗日游击队也常常打着胡老大的旗号吓唬敌人。

（县政协办公室 供稿 原载《云岭》2013 年第 2 期）

灵璧英雄：张维献

生命不息 战斗不止

张维献，1918 年出生在灵璧县下楼镇下楼村，从小读书，担任过县抗日救国团团长、抗日独立营营长、抗日大队长、县总队副总队长和灵五区副区长、区长，还担任过灵璧、泗县、五河、睢宁四县联防大队副大队长。他一直一心扑在国家和人民的解放事业上，他不畏强暴，宁死不屈，最后在敌人的监狱里坚持绝食斗争，献出了年轻的生命。

张维献出生于一个地主家庭，虽然 6 岁时即失去母亲，但他家有 180 多亩耕地，生活环境依然优越。他冲破剥削阶级的规矩，总爱和穷人的孩子一道玩耍。父兄指责他"丢人""没出息"，他依然我行我素，继续经常同穷人的孩子一起做各种游戏。邻居孙玉权家里穷，经常食不果腹。张维献常从家中拿馍端饭给孙玉权吃，还从家中拿来被子，与孙玉权住在一起，从不嫌他脏。人们常常夸赞："维献一点都不像有钱人家的孩子"。

16 岁时，张维献到徐州中学读书，接触《共产党宣言》《新青年》等书籍，革命视野不断拓宽。1937 年 7 月，抗日战争全面爆发，正在读书的张维献，积极要求到抗日前线杀敌，为抗日救国出力。但当时校方不准学生参与国事，张维献愤笔写下一首小诗："敌人入侵，山河破碎，请缨未遂，忧心如焚。"表现了一个热血青年爱国爱民、急切抗日杀敌的心情。

1938 年 5 月，徐州沦陷，张维献回到家乡不久，灵璧也遭沦陷。张维献目睹日军暴行，义愤填膺，决心拿起枪杆子保卫国家。他把自家的一把盒子枪、一挺机枪和两支长枪全拿出来，组织一些年轻人闹腾起来。1938 年底，第五战区内"抗日救国团"纷纷成立，张维献便和小学同学王庭彬商议，联络了 10 多名青年，在家乡成立起"灵璧县抗日救国团"，张维献任团长，他同副团长王庭彬一道带领大家在家乡一带积极开展抗日活动。

日本侵略军占领灵璧后，当地有些民族败类充当日本人的走狗，并依仗日本人欺压老百姓。张维献十分痛恨这些民族败类，便与副团长王庭彬商定，敲一敲这帮家伙，杀杀他们的威风。1938 年底的一天，张维献带领抗日青年救国团队伍赶到双沟，于夜间挖开双沟维持会会长张玉坤家的老坟，将其父尸骨暴在荒野，把一驴头放在棺材里，并留言警告张玉坤，不得再为日本人卖命。张玉坤吓得很长时间不敢妄动，周围汉奸们的气焰也被压了下去。在抗击日伪顽的斗争中，张维献领导的青年救国团很快由几人发展到五六十人，对日伪顽的斗争也多了起来，常于夜间到房村、双沟一带偷袭敌伪顽据点，在海郑公路上扒公路，拦汽车，锯电线杆，并把农家用的耙子底朝上埋在公路上，以扎坏敌人的汽车轮胎。敌人汽车司机每经过这一段公路都胆战心惊。张维献带领抗日救国团，到处摆开打击敌人的战场，抗日活动搞得越来越红火，声望越来越高，队伍也越来越壮大。

张维献坚定不移地奔走在抗日救国救民的道路上。他的大哥张维典黄埔军校毕业后当了国民党军的旅长，他没有去投靠；三哥张维章也做了国民党的官，他同样没有去投靠；他的二哥张维良跟随土顽唐广金当了支队长，他不仅不去投靠，而早已在思想上很是反感直至与之势不两立。

国共两党合作时，共产党所领导的八路军、新四军抗日武装在灵璧境内能够较为公开的活动，国民党县长许志远也能为我军提供部分粮秣，同我军合作抗日。张维献所带领的救国团队伍接受了许志远的收编。国共合作破裂后，许志远与我党公开决裂，并指挥其武装常与我军摩擦，屠杀共产党人。张维献看清了许志远的队伍不是抗日的队伍，马上把自己的队伍从许部中拉出来，另寻真正革命的道路。

1940年春，经地下党员王庭彬的引荐，张维献与灵北地区党组织负责人廖量之取得联系，他向廖量之表示了跟着共产党抗日救国的强烈愿望，并把几十人的队伍全部交给了共产党。廖量之对张维献的爱国之举给予高度评价，将其队伍改编为灵璧县抗日独立营，由张维献任营长。为了使他更好地成长，党组织安排他到皖东北干校学习政治和军事，以提高其军政素质。1941年10月，经江祥斋、王子纯介绍，党组织吸收他为中国共产党党员。从此，张维献坚决跟着共产党走。

1942年4月，中共邳睢铜地委按照淮北苏皖区党委的统一部署，决定重新开辟灵北边区。6月，张维献奉调出任灵五区副区长兼区队长。张维献与区长江祥斋紧密配合，经过一个多月的武装斗争，开辟了大块地区，先后建立了杨山、梅山、王集、洛涧等乡抗日民主政权。1943年5月，灵北县抗日民主政权建立后，张维献与江祥斋率队向南转移到濉河以北朱集一带转战，拉开了开辟新区的战幕。1944年6月，组织上撤销灵五区，设立朱集、大路两区，张维献任朱集区区长兼区大队长。当时，朱集一带三面受敌，战斗频繁。张维献发扬我军官兵一致的优良作风，平时，经常与战士谈心，关心战士的生活与成长，战时，身先士卒，冲锋陷阵，使区队始终保持旺盛的战斗力。

1944年秋季的一天，张维献的胞兄张维良带一个支队顽军进驻渔沟据点。张维献得知后率队连夜前往，将其兄包围。张维献亲自在阵前喊话，劝其兄弃暗投明。但其二哥张维良拒不听劝。张维献旋即下令进攻。后敌援军赶来接应，张维良支队才得以逃脱。1945年9月5日，灵城解放，灵北县改称灵璧县。灵璧县武装改编，成立了县总队，张维献被提升为副总队长。他更加爱憎分明，立场坚定，继续为祖国和人民的解放事业顽强奋斗。1946年5月，张维献二哥张维良所在的顽军唐广金部700余人进驻灵南槐巷子，直接威胁着解放区的和平民主建设。在华中野战军九纵73团的支援下，张维献指挥县总队发起进攻，干部战士英勇作战，全歼唐老虎的队伍，稳定了灵南局势。

1946年6月，全国内战爆发。7月中旬，国民党军攻占了灵城。张维献与县委副书记陈立祥一起率县总队在娄庄、杨疃、尹集、尤集等地打击了还乡团，建立了情报站，锄杀汉奸。9月底，国民党军大举清剿。张维献与县领导率部东移，撤到泗北后，与泗县、五河、睢宁三县干部武装会合，成立起四县联防大队，张维献被推举为副大队长，协助大队长王亚箴指挥作战，继续进行不屈不挠的斗争。11月下旬，联防大队和党政干部在洪泽湖畔金锁镇被敌人包围。联防大队冲出包围圈，转至小杨庄。次日，敌人又包围了小杨庄。张维献率部从小杨庄冲出包围圈后，发现各县领导人等大部分干部仍被包围，他奋不顾身，马上率部杀回，救援部分同志突围。张维献率剩余武装80余人撤到洪泽湖边上，为了摆脱敌人，他同大家一起涉水渡湖。由于连续作战疲劳至极，加之天寒水冷，均在水中冻僵被俘。张维献被俘后，敌人将他押到泗县监狱。他化名张玉珠。敌人施尽了各种酷刑，他始终坚强不屈，既不向敌人泄露我党我军任何机密，又坚持绝食斗争，直到停止呼吸。年仅28岁。

张维献家乡的父老乡亲得知他殉难的消息，无比悲痛和景仰，特将他的遗体运回下楼，安葬在村西的松林里。

1994年，灵璧县人民政府将张维献烈士的遗骸迁移至县烈士陵园。

（星辰　供稿）

灵璧英雄：姚士安

红色交通员

2015 年初，我们县新四军历史研究会的同志，来到安徽省灵璧县冯庙镇张集村大董家，看望抗战时期的交通员姚士安。姚老虽已是 96 岁高龄，但身板硬朗，精神矍铄，说起他当年当交通员的事，更是目光炯炯，满含深情，言之不尽。笔者对老人家的革命斗争故事，兴趣浓厚，感动不已。

参军

姚士安，原籍是江苏省睢宁县马浅村，出身贫寒，全家靠租种几亩薄地为生，受尽剥削和压迫。

抗日战争爆发后，他听了共产党地下党员周彬在贫苦农民会上的演讲，懂得许多抗日道理，萌发了参加革命的念头。他看到表叔周阳计已当上陇海南进支队独立三中队中队长，带领军民抗击日伪军，更坚定了他参加抗日队伍的决心。1938 年冬，姚士安便加入了八路军陇海南进支队。领导看他挺机灵，就安排他到八路军运西办事处做交通员，从事机密信件、情报等的投递工作。从此，姚士安经常在淮北军区三分区所在地聚山、铜山县支队所在地杨集、睢南支队驻地老埝头、邳县支队所在地王屋子以及灵北我党政军驻地之间来往活动。为当时在皖东北活动的党政军领导人张爱萍、韦国清、胡炳云、赵汇川和李云鹤、吴云培等一次又一次地完成了送信送情报任务，大家都称他为红色交通员。早在 1939 年底，他即被吸收加入了中国共产党。

被捕

1941 年 3 月的一天，姚士安遵照我九旅三大队二营营长陈新然的安排，到双沟北温楼子将一封信送给开明绅士温克臣。因为温克臣是我党统战对象，故我军想请他让其子在徐州购买一批骑兵战刀。回来途中，姚士安被一叛徒发现并密告顽军，不幸被捕。敌人将他吊起来，打得他遍体鳞伤。而他只承认自己是走亲戚的，始终没有泄露我党我军的机密。后经他家人找亲朋多方周旋，才得以释放。

为了迷惑敌人，隐蔽自己，姚士安经常身穿破烂衣服，打扮成讨饭的、拾粪的，睡在老百姓的锅门旁、草垛里，学唱莲花落，有时还装成哑巴。一次执行任务时，遇到敌人的盘查，他便装起了哑巴，"啊啊"乱叫，弄得敌人真假难辨，只好放行。

逃脱

1941 年 5 月的一天，部队首长要姚士安送信给睢宁桃园区委书记金展。天刚擦黑，途经灵北卓圩敌军据点北边时，遭遇睢宁县顽县长刘天展哨兵的盘查，硬是把他捆绑起来关进一个黑屋，以待第二天审讯。姚士安不甘坐等受审，更怕信送不到会耽误大事。于是，他乘夜深敌人熟睡之时，利用房屋基石棱角磨断了绑绳，从窗户里逃了出来，连夜把信送交给金展书记。

1941 年 7 月间的一天，运西办事处主任李云鹤要他给铜山县委信送。当他走到罗城时，碰上正在扫荡的鬼子追赶逃难的群众。他感到难以逃脱，便顺势加入了逃难群众的行列，得以脱离险境。

夜渡

1942 年 6 月的一天，李云鹤主任要姚士安给九旅第三大队大队长田宝瑚送信。第三大队驻地在吴庄，从办事处到吴庄，要走几十里路，他冒雨把信送到田宝瑚手里，就抓紧时间往回赶。可是，途经黄河故道时，河水已暴涨，河中便道被淹没，天又逐渐黑了下来，周围静悄悄的，没有一个人，自己又不识水性，怎么办呢？他边观察边思索，便在河岸边一处芦苇丛里拔了几根粗大的苇子，试着水的深浅，一步步地往前蹚，终于到达黄河对岸。

引路

姚士安不仅克服重重困难一次又一次完成送信送情报任务，还积极参加战斗。1942 年 10 月的一天，陇海铁路大许家车站驻守着 10 多个鬼子，当晚正要为其中一人举行婚礼，部队首长获得情报，于是，作出趁机消灭敌人的部署。由于姚士安路熟，便安排他做向导。部队顺利按时赶到目的地，首先逮住两个哨兵，随后对正在大吃大喝的鬼子进行突然袭击。这次战斗，打死鬼子 9 人，活捉了两人，并缴获了小钢炮 1 门、轻机枪 1 挺、步枪 10 多支和许多子弹，使大家更加坚定了抗战必胜的信心。

内战爆发后，姚士安随领导机关撤到洪泽湖地区，1947 年初，调到邳睢特委，同年 9 月，又调到铜睢县委，直到 1948 年调到宿县邮电局，一直为着党的地下交通工作奔忙着。

（姚士安　口述　星辰　整理　原载《大江南北》2017 年第 7 期）

灵璧英雄：彭立友

铮铮铁骨铸忠魂

马绳武

彭立友，灵璧冯庙区冯北乡小彭村人。1919 年生于一个贫苦农民家庭，在他 16 岁那年，父亲彭孝言被一群进村抢粮的国民党兵杀害。不久，母亲也离开了人间。从此，在彭立友的心田上便播下了一颗复仇的种子。

彭立友在童年时就老实，勤快，乐意助人。乡亲们都夸他是个好孩子。

1942 年秋的一天，彭立友到沟涯村去开会。会议是土山区委书记曹健主持的。会议内容是推选贫雇农代表，开展减租减息。彭立友为人忠厚老实，对人处事又忠诚直爽，大家一致推选他为七个村庄的贫雇农代表。开过会的第四天，彭立友就带着十几个出身于贫雇农家庭的青壮年到沟涯村地主刘井金家、顽保长刘井达家，把他俩家的32石小麦全部分给了7个村的贫苦人家。1943年3月17日，彭立友被提为土山区简吴乡农会主任。

1943年5月24日，彭立友在简吴村召开贫雇农会议。参加会议的有50多人，主要是宣传减租减息，规定按照三分之二比例减租。第2天吃过早饭，彭立友带着贫雇农先从简吴开始宣布。地主吴井俗出租240亩地，减租42石。地主吴西鹤出租150亩地，减租15石。简吴佃户吴能租种地主吴井俗家土地10亩，原一年交租3石，减租会后只交1石。佃户张书善租种地主黄玉田7亩地，一年交租2石1斗，当时退租1石4斗小麦。彭立友积极发动群众，通过减租减息，打击了地主势力，使群众感到共产党是为劳苦大众谋利益的。由于彭立友认真执行党的政策、工作积极，1943年7月，经土山区委书记曹健介绍，光荣参加了中国共产党，同年10月，又被提为土山区农会主任。从此，彭立友的革命思想更加坚定，工作更加积极了。

1943年10月间的一天夜晚，彭立友带着土山区的区乡队在禅堂西南6里路的地方，砍倒敌人电话线杆30多根，收剪电话线30多斤。

1944年7月，冯庙伪军在我地方武装打击下，逃往灵城，冯庙解放。随之灵北县委，将土山区改为冯庙区，彭立友继续担任区农会主任。

1944年9月间，灵北县委组织朱集、尤集、高楼、九顶、冯庙5个区的区乡队和民兵3000余人，组成了一个"破击总队"，政委是县长农超谋，队长是副县长江祥斋。到夹沟扒铁路，彭立友带领冯庙区200多人参加，一夜破袭敌人铁路12里。

1946年6月的一天，彭立友带领冯庙区队16人在土山北边谢家庄与还乡队队长吴增勤40多人相遇，战斗约一小时，当场毙敌3人，致重伤2人，区队伤1人。

1946年7月15日拂晓，彭立友带领区乡队20多人配合灵璧县独立团100余人攻打冯庙还乡队大队长吴增旭匪部200余人。战斗持续到中午，缴获敌人长枪70多支，短枪5支，俘敌30余人。吴增旭向西门逃跑，被彭立友追上用大刀砍死。

1946 年 7 月 22 日，彭立友带领区乡队 40 多人到简吴村攻打还乡队吴增勤、吴西容匪部 50 多人，打得敌人狼狈逃窜。彭立友率领区乡队追到禅堂北边土山，打死顽匪 7 人，伤其 3 人，区乡队负伤 3 人。

1946 年 7 月，国民党发动内战，向我解放区大举进攻。7 月 20 日，灵璧城沦陷敌手，后我地方武装撤退到洪泽湖一带。彭立友也跟随组织到洪泽湖一带活动。

1947 年 3 月，彭立友接受组织上的派遣回灵璧侦察敌情。彭立友一路乔装打扮，昼伏夜行，渴了就喝点沟塘里的水，饿了就随便找点吃的充饥。躲过国民党的层层哨兵，回到了冯庙区。白天在小彭村他侄儿彭广才家隐蔽，晚上出去侦察敌情。4 天时间，搜集了不少情报。彭立友回到洪泽湖在定远找到组织作了汇报。

1947 年阴历七月初八，彭立友再次奉命从定远回到灵璧侦察敌情。一天下午，彭立友到冯庙区刘汪村东头茶棚喝茶，被刘汪村长刘殿辉发现。彭立友转身便走，迅速跑进一片青纱帐。刘殿辉急忙到村里找冯庙顽乡长的勤务兵刘培德和冯庙乡顽股长靖马生的勤务兵刘培胜汇报。他们带 20 多人到小彭村挨家挨户的搜查，没有搜到彭立友，就鸣枪威吓，把 20 多岁的彭立树打死。

彭立友看情况紧张，第 2 天就回定远，到高集东边路旁休息，被简吴村吴增富发现，到高集报告泗县黑杀队队长季月飞的队伍。彭立友当天在高集东边不幸被捕。

彭立友被捕的第 3 天，简吴村地主吴西容、冯庙还乡队队长吴增勤知道了，便派人把彭立友押解到冯庙区简吴村进行严刑拷打，逼彭立友交出党的秘密。晚上，敌人把彭立友绑在马柱上，只让他穿一件短裤头，任蚊虫叮咬。天气炎热，把彭立友绑在外面晒太阳，还不给一点水喝。最残忍的是敌人每天用辣椒水灌彭立友，用钢针扎彭立友的肚子、大腿和脸，还用粗铁丝把彭立友的两只手穿在一起，在彭立友的脚心钉上铁钉。彭立友被折磨得死去活来。敌人伎俩要尽，黔驴技穷，除每次遭到彭立友一顿臭骂外，一无所获，最后决定将彭立友杀害。

1947 年 7 月 21 日，正是冯庙街逢集的日子，天上下着蒙蒙细雨，北门外的刑场上早已站满了赶集的群众。由于敌人在彭立友脚心钉进铁钉，加之他们惨无人道的折磨，彭立友已不能走路，敌人是用独轮车把彭立友推进刑场的。彭立友浑身被打得血淋淋的，嘴角还在流血。周围的群众有的在暗暗落泪。而彭立友却大义凛然，毫无惧色，高呼毛主席万岁，共产党万岁！

在彭立友临就义前，敌人还想让彭立友说出党的秘密，刽子手到彭立友面前说："彭立友，你已死到临头了，现在再给你几分钟时间考虑。"这时只见彭立友怒目圆睁，斩钉截铁地说："要杀要砍随你们的便，要我说出党的秘密办不到！共产党是杀不完的！今天你杀了我一个彭立友，明天就会有无数个彭立友来找你们算账，你们就要完蛋了！"

彭立友话音刚落，刽子手胡开胜先用大刀砍去彭立友的两只手，然后小杨又挥刀砍去彭立友两只脚。彭立友当时便昏死过去，醒来时又喊毛主席万岁！共产党万岁！在刑场上大义凛然，英勇就义。

彭立友那种在敌人屠刀下坚韧不屈、保持革命贞洁的精神将永远留在人们的心中。

（写于 1987 年 12 月 8 日）

灵璧英雄：张树实

甘舍小家为大家

王维远

九顶山区位于苏皖两省北部的交界地带，黄淮平原的东部，离黄河故道很近。这里是灵璧县朝阳镇的东北部地区，与江苏省的睢宁县西部接壤。也就是这里，成为中共灵璧县委北部地区党组织重要的创史地、活动地，成为抗日战争时期党领导下的抗日武装的重要根据地之一。

这里有一个小山村，叫京渠，曾经诞生过灵北第一个党支部——京渠党支部，也安葬着灵璧人民永远不会忘记的九顶山的儿子，灵北党组织的早期创始人，不惜抛头颅洒热血的抗日英雄——张树实烈士。

初期建党，京渠打羊

张树实，1897 年生，京渠村人，家境较为清贫，10 余亩薄地，三间茅草房，两间偏西屋。早年读过私塾，明白事理，在村里算是少有的几个识文断字的人之一。

1931 年初，京渠村圩主崔玉林在村东头的东庙办了一所小学。34 岁的张树实和崔玉藩被请来当了教书先生。仅两个人师资不足，崔玉林又从京渠村东边不远处的睢宁县孙庄孜（与京渠搭界）请来了教书先生徐怀恒（徐怀恒的舅家在京渠村）前来教书。当时徐怀恒只有 20 多岁。小个子，长脸庞，比张树实小 10 来岁。他是睢宁县的共产党员，暗地里肩负着培养党员、发展党组织的任务。徐怀恒来校不久即发现张树实对当时社会极为不满，他们俩人经常在一起讨论社会，针砭时弊，述说民生疾苦及个人的理想报负等。在徐怀恒的教育启发下，张树实逐渐明白了许多革命道理，萌发了加入共产党组织的愿望。2 月底，经徐怀恒介绍，张树实加入党组织，成为一名正式党员。

经徐怀恒引荐，张树实又结识了睢宁县平娄小学教书先生徐兴美。徐兴美，又名徐亚东，是睢宁县的共产党员，同张树实年龄大致相仿，不久，他们又发展了崔玉藩为共产党员。从此，他们几个人经常在一起，在九顶山区从事党组织的创建工作。

1931 年 3 月，睢宁县委组织部长王计宗来京渠活动。在张树实家后山的更屋里初次召开了会议。他们在一起研究如何把农民组织起来及与土豪进行斗争的问题。会后，他们几个人经常在晚上分头行动，到贫苦农民中，发动群众，培养积极分子。京渠村的赵树贞、王汉齐、张维新、郭大有，独谷堆的赵士思，小丁公的王恒爱等都是他们培养的。

1931 年 9 月，张树实又发展了王克明为党员。王克明也是京渠村人，与张树实既是同学又是表兄弟，王克明同崔玉藩也是表亲关系。他们三个关系相当好，什么都能说到一块去。

9月间，在朝阳集小寨当跟工的王克明，种完小麦后没事干，就回到了村里。没几天，张树实和崔玉藩就找他说："现在我们国家就要危亡了，民众受地主恶霸的剥削压迫太深，要想过上好日子，只有跟着共产党走。我们两个已经入党了，你可参加？"王克明先是有些迟疑，经过张树实的耐心培养教育，王克明就填了崔玉藩拿来的一张入党表（人口、土地、房子、成分、财产等）按上了手印。时间不长，王克明就成了一名共产党员。

当月，经中共睢宁县委批准，张树实、崔玉藩、王克明三个人成立了京渠党支部，张树实任党支部书记。

同年10月，睢宁县委委员鹿拙技（又名王景德）来京渠同张树实领导的党支部取得了联系，在张树实家屋后的北山上的石塘里，商讨如何团结起来打击土豪劣绅恶霸等问题。他们还在东庙小学多次召开秘密会议，具体讨论如何发动组织群众等问题。

在睢宁县委的领导下，为了开展武装斗争，京渠成立了一个大队（当时也叫支队）崔玉藩为秘书长，张树实为秘书，王克明为宣传部长和宣传队长。为了保密，睢宁县委给他们三个人分别起了别名，崔玉藩叫崔汉，张树实叫张伦，王克明叫王敏。经过他们的不断努力，先后有60多人参加了这个大队。因为无枪无弹，这个大队叫"锤头队"，因为都是穷人，在当时又被叫它"光蛋会"，因为有一个共同的目标，又有人叫它"齐心会"。在张树实等人的直接领导下，这支队伍进入了有组织有目的地同土豪劣绅、恶霸地主进行斗争的阶段。

10月下旬的一天，京渠村的进步青年赵树贞到学校向张树实等人汇报说，独谷堆的恶霸赵士平的几群羊（100余只）现正在京渠东山下边的麦田里吃麦苗子。张树实立即同崔玉藩、王克明等商讨说，上级党组织叫我们积极领导农民暴动，我们可借着这个机会，调动民众情绪。当天晚上，在北山的石塘子里，张树实主持召开了30多人参加的贫苦农民会议，根据恶霸赵士平的100余只羊经常糟蹋农民青苗、农民反应强烈、愤恨而又无奈的情况，决定第二天发动打羊斗争。

第二天，张树实、崔玉藩、王克明就领着 60 多人来到了东山下边的麦田里，把赵士平的 100 余只正在吃百姓麦苗的羊全部赶到京渠后山上，当即杀掉 15 只分给了穷苦村民，其余的也准备分给百姓。事发第二天，京渠圩主崔玉林有意庇护赵士平，跑到朝阳集的局子里报告，并从中调解说，赵士平愿在朝阳集请客，要群众把羊退还给赵士平。最后民众同意把剩余的羊退还给了赵士平。从此，赵士平怀恨在心，与崔玉林密谋报仇。赵士平捧着几碗烟土到朝阳集局子里行贿，10 月底，朝阳集团防局派兵丁多人，想以张树实、崔玉藩有共产党嫌疑的借口把他们抓走，而当时没有确切证据，只好空手而归。这样，打羊斗争暂时告一段落。

离家逃难，远去他乡

打羊斗争过去以后，王克明到外地躲了一段时间，张树实也出去避了 10 多天。11 月中旬，张树实又回到了京渠，继续从事党的活动。

1932 年初，党在九顶山区京渠村的活动有了一些影响，引起了当局的注意。张树实和王克明就找到崔玉藩协商出去避一避的事情。崔玉藩以为没有必要。正月初四，王克明去了南京。正月初五，张树实去了江苏泰州。正月初七，睢宁县的王耀宗再次来到京渠开展组织活动，其所带手枪被京渠地主许邵密的儿子许永全看到。许永全当即跑到学校向崔玉林报告。崔玉林当天夜里就跑到尤集团防局向高福祯（高瑞庭）报告。正月初八，天没亮，尤集团防局派 30 多名局丁到京渠抓走了崔玉藩、张维新（大队队员）和独谷堆的赵士思。张树实、王克明因早几天外避而幸免。这样，京渠小学垮了，徐怀恒回了家乡，京渠党组织遭到破坏，党组织的活动就此停止。

张树实离开家乡后，开始了逃难生活。在江苏泰州，京渠村有王其明、王朝选、王启厚等十几个人在那里，有的当警察，有的干杂工。张树实就奔了在那里以卖花为生的王朝选。没有找到职业，4 月份，张树实就到了南京，找到了已在那里的王克明。王克明在南京也没有职业，靠给人家做杂工谋生，生活也很困难，无奈，张树实又回到了泰州。5 月份，由王朝选、王其明介绍到泰州一个保家护院性质的自卫队当差。

1932 年 10 月底，张树实回到了家乡。父亲因病去世，到死这个儿子也没在跟前，这是张树实终身遗憾。回家给父亲送完殡，过了六七天，经本村张荣标介绍（张荣标逃荒在临淮关余家，已在余家安家落户多年）到了临淮关余家教书。

1934 年 5 月，余家教私塾散了，张树实又回到了家乡，跟本庄的赵树贞一起在本庄教私塾。约半年的时间，因学生少（二三十人），他们两个人就合伙买了个药橱，边教书边开药铺，持续了一年多。

从 1934 年 5 月到 1935 年底，除了以教私塾开中药铺维持生计外，张树实积极从事党的活动。1934 年 9 月，张树实到睢宁县北的吴庄，找到了党的队伍里的领导吴计诺，吴计诺又介绍张树实到黄河套里找到了那里党组织负责人李浩然。张树实就经常同共产党人李浩然、吴计诺、蒋荣信、李金洞保持着联系，又发展赵树贞为共产党员，这样，京渠党组织在停顿了 3 年多后又恢复和发展了起来。

1936 年，张树实已不再教私塾，除了在家种地，把主要精力都放在了党组织的活动上了。他到东北睢宁与党组织的联系就更勤了，有时去三五天，有时去十几天，有时到洪泽湖，都是夜里走夜里来。回到家之后，就组织进步青年参加党的队伍。到 1937 年底，周道夫、王有德、张克算、崔荣立、齐桂申、周维俊、戚学明、张保民等十余人陆续被他送到部队，编入了李浩然的南进梯队。

投身抗日，保家卫国

1938 年 5 月 19 日，台儿庄失守，徐州沦陷，日军开始从徐州和双沟侵入灵璧，从此，灵璧的抗日斗争开始了新的阶段。张树实的主要活动是发展壮大党组织，组建党的抗日武装。

1938 年 9 月，张树实利用三元会会员的身份开展党的活动。在朝阳集西大赵村赵厚俊的家里，张树实结识了尤集张桥村的进步青年张兴良。张树实向他讲述了跟着共产党干革命抗日的道理。到 1939 年 2 月，张树实成功地发展了张兴良、张百英、赵厚俊为共产党员，建立了游集张桥党支部。

1939 年 5 月，中共睢宁县委睢六区区委书记黄景贤在九顶孟山成立九顶党支部，柴元堂为支部书记，孟宪生为副书记，张树实、戚德举为支部委员，主要活动于灵璧、独谷堆、卓海、槐园、倪贯营、杨集、陈集、戚楼等地区（现睢宁县西部，灵璧县东北部地区）。

在发展党员，壮大基层党组织的同时，张树实积极发展抗日武装力量。张树实有个表亲叫王仲楷，在双沟镇开了个自行车修理铺。张树实经常去他那里，给他讲革命道理，分析国内外形势。同时，每次都带一两支枪让他维修。1938年12月12日，王仲楷成为了一名正式共产党员。

徐州、双沟、灵璧朝阳集一带沦陷，国民党军队溃不成军，丢下了大批枪支弹药，张树实就低价收买了一些武器，有勃朗宁、驳壳枪、汉阳造、湖北条子等枪械，另外，还捡拾了一些子弹，用这些来武装自己组织起来的抗日队伍。

张树实召开支部会议，决定组建抗日武装。支部一班人深入群众，宣传群众，发动群众，从中挑选立场坚定，觉悟较高的四五人先武装起来，成立了"抗日青年救国团"，活动于以京渠为中心的九顶山区。

1939年初，日伪军对九顶山区进行第一次大扫荡，烧杀抢掠，无恶不作，激起民众的反抗。张树实抓住机会，号召民众有钱出钱，有力出力，有枪出枪，保家卫国，不做亡国奴。这样，群众就被发动起来了。张树实组建的抗日队伍由隐蔽到公开，人员也由原来的几个人一下子发展到80多人枪（有机枪一挺），成为党领导下的一支抗日武装力量。1939年五六月间，李浩然领导的八路军南进支队先遣第一梯队来到九顶山区，有力地支持了地方的抗日斗争，粉碎了日伪军的多次扫荡。张树实领导的这支当地发展起来的武装抗日力量帮助李浩然领导的八路军南进支队先遣第一梯队修枪炮、制地雷，并配合主力部队打鬼子、救伤员、埋地雷、炸桥梁。

1939年6月底，张树实领导的这支抗日武装被编为李浩然的八路军陇海南进支队第一先遣队独立中队，随八路军正规部队转战南北。

1940年6月，灵睢县委东山区在象窝子举办了基层党组织干部培训班，张树实作为基层党组织的联络员参加了培训。

最后岁月，浩气长存

张树实领导的抗日武装力量上升为主力部队之后，因年龄偏大，身体较弱，自己仍留在地方，负责党的地下联络工作。

1940 年 5 月，原活动在萧宿铜灵边区的萧宿铜灵县委因斗争环境的变化而来到了九顶山区。经上级党组织批准，萧宿铜灵县委同临时灵睢县委及灵北抗日民主政府合并成立正式灵睢县委。张树实在灵睢县委领导下继续开展基层党组织的联络工作。

1940 年 7 月，灵睢边区日伪顽合流，共同对付共产党及共产党领导下的抗日武装力量，灵北抗日形势进一步恶化，党的组织及党领导下的抗日武装在灵睢边区处境艰难。7 月底，灵睢县委在杨集子召开县委扩大会议，主要议题是研究如何应对新的斗争环境。为了保存革命力量，县委决定组织大部分人员转移到海郑公路以北，并于当晚执行。到 1941 年 8 月下旬，海郑公路以南，只留少数同志坚持隐蔽活动，其余人员均已撤往海郑公路以北。

灵睢县委当时认为，张树实意志坚强，立场坚定，既有丰富的斗争经验，又熟悉地方环境，留下坚持地下斗争最合适。这样，张树实就以大李集地下区委书记的身份留下坚守灵睢边区党的工作。其实，张树实早就是被国民党反动政权挂名缉拿的共产党员，但他不畏艰难，不顾生死，仍留守在九顶山区，坚持地下斗争。

张树实在九顶山区的消息被国民党县政府知道后，当即派警备队前来抓捕。8 月 27 日上午 11 时，张树实在京渠村家中被捕，被带到了夏楼小高家国民党县政府所在地。8 月 28 日夜，在夏楼古城村西的乱坟岗（时称"西岗"），张树实被国民党反动派残忍地割去耳朵，土掩胸口，又砍去头颅掩埋。那时，张树实 44 岁。

第二天，张树实的妻子及近房亲属将其遗体偷偷抢回，秘密安葬于九顶山区京渠村西的农田之中。

写在后面

张树实的牺牲至今已有 70 余年了。他死于抗日战争时期，他死在日伪顽的合流中，他死在国民党政权的屠刀下。今天，我在做革命遗址遗迹普查工作中，有机会接触到烈士的亲人，了解了那段已逝的岁月。张树实烈士的儿子张云昌告诉我："我的父亲整天在外面不沾家，不顾家，全靠母亲一个人操劳。"

这段已逝的岁月一经揭开，促使我再次翻开尘封的档案。通过有关回忆资料，张树实 11 年的革命生涯清晰地显现出来。他那不怕死的勇敢、忠于党的信念、跟党走的决心和舍小家为大家的精神，令人赞叹，使人难忘。

（写于 2012 年 1 月）

灵璧英雄：江上青

为党捐躯正年青

1939 年 7 月 29 日，中共皖东北特别支部书记、皖东北特别委员会委员江上青从泗北前来灵璧县张大路，参加协商团结抗日会议。会后，在返回驻地的途中惨遭地主武装的伏击，不幸牺牲，年仅 29 岁。他为开辟皖东北抗日根据地和灵璧抗日斗争作出了重要贡献。

江上青，原名江世候，1911 年 4 月 10 日，出生于江苏省扬州市江都县仙女镇一个中医世家。1927 年考入南通中学，在学校里加入了中国共产主义青年团。1928 年转学到扬州中学读书，因从事学运工作被捕。出狱后，在上海艺大学习。1929 年 8 月，加入中国共产党，并担任艺大党支部书记。因参加党的会议，再次被捕入狱。1930 年冬释放后，受党的派遣到上海暨南大学读书，继续开展学运工作。抗日战争爆发后，江上青积极投入到抗日宣传工作中去。1938 年 8 月到武汉，受党组织派遣，到立煌县（今金寨县），在中共安徽省工委的领导下，参加安徽省民众总动员委员会第八工作团。1938 年 11 月，江上青任中共皖东北特别支部书记，后任国民党安徽省第六行政区专员盛子瑾秘书兼第五保安游击司令部政治部主任和军政干校副校长。

江上青来到皖东北以后，积极发展党员，扩大党的组织，动员群众组建抗日武装，努力开创我党直接控制的皖东北抗日民主根据地。他结识了王亚箴、许宝庭、许步伦等地方党组织负责人，建议盛子瑾委任共产党员廖量之为"六抗"政治部副主任，周村为组织科科长……使他们成为抗日组织的骨干力量。廖量之相继担任灵璧县长王尔宜的秘书、灵璧县抗日民主政府县长、灵北县委书记等职，王亚箴担任灵璧县抗日民主政府县长，都为灵璧抗日斗争的开展发挥了重要作用。江上青征得盛子瑾的同意，于1938年12月创办了皖东北军政干校。盛子瑾任校长，江上青任副校长，负责干校的日常工作，学校的政治主任和大队长均由共产党员担任，为泗县、灵璧等地培养了许多干部。

1938年底，灵璧尤集地区的抗日积极分子彭献功到泗县找到江上青。江上青等接收彭献功参加革命，发展彭献功为中共党员，并派遣彭献功回到家乡尤集组织抗敌协会，后安排彭献功到皖东北区党委机关学习。学习结束，彭献功受张爱萍派遣，打入国民党灵璧县县党部书记赵觉民办的流亡学校做地下工作，不断发展党员，发展壮大党的组织，使抗日活动范围不断扩大。

张爱萍、刘玉柱、吴法宪等共同努力，说服盛子瑾、许志远，在灵北张大路举行和谈。1939年7月29日，江上青陪同盛子瑾如期来到张大路，许志远等几乎同时到达。会议结束后，张爱萍出于对许志远的警惕，建议盛子瑾走旱路绕道回专署。盛子瑾执意原路返回，结果途经泗县小湾子遭地主武装袭击，江上青不幸中弹牺牲，同时遇难的还有中共党员朱伯庸和进步人士蒋茂林、张愚飞等7人。后胡炳云大队及时赶到，击溃了地主武装，盛子瑾等得以绕道马场回到专署。

（星辰　供稿）

灵璧英雄：周大灿

文武兼备 军政双全

周大灿，河南省商城县人，1929 年参加中国工农红军，系中国共产党党员。在第二次国内革命战争时期，历任班长、排长、政治指导员、营长等职。

1938 年 12 月，新四军游击支队第一大队进抵白马驿进行整编，以第一大队为基干组成第一团，张太生为团长，李耀为团政委，老红军周大灿任团总支书记。1939 年 10 月间，一团第三营在马村桥休整，周大灿又接任第三营营长。周大灿年仅 24 岁，是军政双全的优秀红军干部，三营当时没有营政委，他一个人把军、政工作都抓得有声有色，令人佩服。

1939 年 12 月，老一团在涡北新兴集集结，奉命东进皖东北，开辟抗日根据地，在栏杆战斗后，又向灵璧北前进。1940 年 1 月 8 日，周大灿奉命率领三营，夜袭灵北大杨家土顽武装。在天宇暗淡、大地沉寂的夜晚，周大灿营长命令担任主攻任务的七连，由南向北展开接敌运动。周营长随七连肃静前进，八连从另一方接敌。七连在连长余世龙指挥下迅速冲进大杨家村内，结果了正想报警的敌人哨兵，各排肃静地进入住有敌人的院子。许多敌人在睡梦中成了俘虏，凡抵抗的即被击毙。七、八两连同时在村内多处与敌军展开激战，对翻墙逃跑的敌人穷追猛打。战斗进行 1 个多小时，三营共歼敌 100 多人，一营也歼灭很多敌人。

大杨家战斗之后，二营随老一团又与兄弟单位紧密配合，拔除了灵北张大路、沙滩两处伪据点。大汉奸雷杰三除带少数人逃跑外，其余被全歼，周围群众无不欢欣鼓舞。

周大灿后任八路军四纵队六旅十七团副团长。1940 年 12 月于河南永城县邵山被叛徒杀害。

（星辰　供稿）

灵璧英雄：薛全凯

革命一去不回头

薛全凯，1922年5月27日（农历四月十三）出生于邳县薛庄的一个贫苦农民家庭。兄弟姐妹8人，全凯排行老五。全家仅靠父亲薛岚峰教书及两个成年哥哥的劳动维持生活，常常忍饥挨饿。年仅10岁的六弟，即因病无钱医治而死去。全凯是在饥寒交迫中长大的。但他自幼聪颖，随父读私塾8年，又进薛集高小就读两年，刻苦勤奋，学业良好。

1938年夏，日军侵占苏北，全凯被迫辍学。1938年底，共产党领导的八路军陇海南进游击支队，进入邳睢铜地区进行抗日斗争，中共邳睢县委随之建立，区乡党组织也在逐步扩大，农救会、青教会、妇救会等群众团体相继成立，开展抗日救亡活动，全凯参加了薛庄民兵组织。

1940年6月，八义集日伪军曹邦灿部200余人，袭击薛庄民兵。在主力部队的支援下，薛全凯等薛庄民兵们不畏强敌，依据有利的地形，和日伪军进行战斗，毙伤伪军10余人，活捉了伪军李玉堂，将敌击退。此战打出了志气，打出了威风。对薛庄民兵薛家丰的壮烈牺牲，全凯痛心不已，决心为他报仇。同年夏末，全凯即由薛俊介绍，加入了中国共产党。1941年春离开家乡，任邳县土山区委组织干事。1942年任区委组织部长。

薛全凯在斗争中学会了开展打游击武装斗争。1942年，日伪对邳睢铜抗日民主根据地经常进行扫荡，斗争形势十分残酷。土山区是八义集、赵墩、炮车等日伪据点之敌"扫荡"的重点区。薛全凯按照区委部署，带领区乡武装进行反扫荡，采取"敌进我退、敌驻我扰"的战术，经常把敌人搞得晕头转向。一次，薛全凯带领的区武装在东包村被敌人包围，情况危急。他沉着冷静，组织突围。由于选择的突破位置恰当，加上他带领队员们猛冲猛打，虽然有些伤亡，但多数同志突出了重围，转危为安。他那敢打敢拼、机动灵活的战斗精神，在当地群众中传为佳话，也得到了上级领导的好评。

1943年春，组织上调薛全凯到睢宿县杨集区任区委书记兼区长。区内有凌城、邱集、高作、耿车、沙集等日伪据点，情况复杂，任务艰巨，斗争艰险。为打通邳睢铜地委和淮北区党委的联系，薛全凯肩上的担子是沉重的。

薛全凯初到杨集区时，该区只有九城、杨集、民庆、和平4个乡政权。如何开辟该区，完成上级交给的任务呢？全凯组织干部们讨论决定从开展减租减息、增加雇工工资入手。通过努力，群众很快被发动起来，民兵组织也在迅速扩大。

薛全凯组织精干力量，通过关系进入敌据点，分化瓦解伪军，收到了良好效果。

1944年上半年，杨集区又开辟了商湖、兴国、永顺、顺张、三义、新民、新化、樊湾8个乡，加上原来的4个乡，全区已有12个乡政权，区武装可在东西约50华里的狭长地带内活动了。薛全凯被评为"模范工作者"，《团结报》和《拂晓报》同时刊登了他的事迹进行表彰。

1944年7月初，宿迁、蔡集、高作三处伪军，同时从东、北、西三面夹击杨集区，情况严重。薛全凯临危不惧，周密布置，指挥区乡武装和民兵，连续打退敌人的三路进攻，毙伤伪军10余人，而我方也伤亡3人。这次反扫荡战斗的胜利，使杨集区武装和民兵被邳睢铜军分区誉为"三战三捷"的英雄战斗集体。邳睢铜地委副书记、军分区副政委刘玉柱曾在地委扩大会上表扬说："薛全凯同志在对敌武装斗争中的表现是不错的。"并号召大家向杨集区学习，向薛全凯学习。

1945年春，因对敌斗争的需要，地委决定调薛全凯到灵璧县娄庄区任区委书记。这个区位于宿（县）灵（璧）公路两侧，南边的固镇，西边的大店，东边的灵城，皆是日伪重要据点，对敌斗争的任务非常艰巨。哪里需要哪里去，越是困难越向前，这是薛全凯一贯的作风。他到娄庄以后，人生地疏，首先从调查研究入手，对敌情、我情、地形、地物、民情风俗等方面，进行详细考察。

薛全凯带领娄庄区全体干部和广大群众，一步一个脚印地前进，奋战数月，终于打开了局面。全区建立了12个乡政权，武装力量也日渐扩大，战斗力不断加强。他心目中只有党的事业和人民的利益，很少考虑家庭私事。1946年元月，病中的父亲很想念他，带信要他回家。他回信说："眼前工作太忙，实在不能离开，请大人谅解。"直到父亲病故，才请假回家办理丧事。

1946年7月，国民党反动派调动大军从固镇方向，向我淮北路东解放区大举进犯，娄庄区首当其冲。薛全凯紧急动员全区干部群众，支援我军主力，打击敌人。灵璧县城被敌占领后，他率领区乡武装，开展对敌斗争。一次，区乡干部在王庄被敌人包围，凭着群众的掩护、同志们的勇气和薛全凯的正确指挥，终于突出了重围，转移到安全地点。

形势的发展日渐严峻。9月，薛全凯奉命带领全区干部和武装，随同灵璧县委转移到泗县北部许大庄一带活动。为利于工作，组织上决定薛全凯任大庄区委副书记。在不长的时间内，他就与大庄区的干部和战士们打成了一片。他的警惕性很高，转移到哪里都严密布置岗哨，且要求区委的同志轮流值班。环境这样艰险，可每到一地，他也没忘带领同志们去慰问军烈属，看望我们的基本群众。在程行、哑皮郭、岳王家等战斗中，薛全凯都是带头冲锋，打退敌人的进攻，使我区乡武装免受损失。所以，战士和群众都称赞他。

1946年11月24日，七地委退到运河以东，薛全凯和大庄区队被敌打散。他只身奔往湖边芦苇丛中，幸遇灵璧县大队几位被打散的同志搞到的一只小船，方才被救上船而脱险。为寻找组织，薛全凯和灵璧县尹集区委书记张彦秀乘夜上岸，结伴同行。至川城附近一个小村上，薛、张因情况紧张而失散，薛全凯惨遭敌害，他牺牲时年仅24岁。

（程波　供稿）

灵璧英雄：宋连珠

不叫日军过张山

1938 年 12 月，根据中共中央山东分局和八路军山东纵队决定，正式成立起陇海南进游击支队，由钟辉任司令员兼政委。1939 年 11 月的一天清晨，陇海南进支队进到灵璧与睢宁交界处的九顶山张山口一带，准备宿营时，发现 500 多名日军分乘 25 辆卡车，4 辆轻型坦克，从双沟方向猛扑过来。

钟辉司令员等首长立即命令一营一连一排排长宋连珠带领全排，抢占张山口南山，命令三营一部抢占九顶山，共同阻击来犯日军，以掩护我主力部队安全转移。

当日军坦克大炮轰击时，宋连珠等官兵迅速分散隐蔽。当日军组织步兵攻击山头时，宋连珠指挥战士立即抢占有利地形，集中火力。打退敌人一次又一次进攻，与日军从清晨战斗到下午四时左右，共毙伤日军 100 多人。

为尽快脱离战斗，保存实力，部队首长决定由一营一连一排继续阻击日军，我主力部队则绕过日军视线，向东南方向转移。宋连珠排长受命殿后，带领全排 30 名干部战士抢占南山顶后，发现日军一个分队也抢着向上爬。于是，他指挥各班、组占领有利地形，做好战斗准备。当日军爬到半山腰时，宋连珠排长一声令下，全排向日军猛烈射击，累得喘不过气来的日军，被打得措手不及，丢下 10 多具鬼子尸体，慌忙向山下逃窜。

首战告捷，按照既保存实力又有效阻击敌人的目标，宋连珠抓紧时机，重新调整部署了兵力，做好迎战敌人再次进攻的准备。日军一阵炮火轰炸后，便安排一个中队按战斗队形，向山顶攻击前进，妄图一举攻占南山。正好遭遇宋连珠事先安排在山南侧突出部的机枪手们和山东侧山腰上的战斗小组的迎击，待日军进至离阻击阵地 40 米左右时，宋连珠指挥机枪步枪一齐开火，很快打乱了日军的阵脚。宋连珠抓住战机，马上派一个班战士对敌人进行反冲击，敌人摸不透我阻击部队的实力，在激战 10 多分钟后，只好撤退。就这样，宋连珠带领的一排，接连打退日军的三次进攻。我 3 名班长在战斗中全部牺牲。

日军对张山口的南山久攻不下，恼羞成怒，又将攻击部队增加到150多人，还从九顶山方向调来了重炮，而宋连珠此时只有20多名受了伤的战友和不多的弹药。敌我力量如此悬殊，宋连珠想，自己是排长，又是共产党员，要坚决完成战斗任务，不能死打硬拼，而要尽量发挥大家的智慧和力量，既有效地打击日军，又便于保存自己。日军改变战法，更加疯狂。他们利用坦克、大炮猛烈轰击山头，从山上到山下，从左边到右边，凡是可能藏人的地方都炮轰一遍。宋连珠与战友们则利用炮弹坑作为掩体，当日军步兵进攻上来时，即给予猛烈打击，又一连打退日军三次进攻。战至天黑，共毙伤日军50余人。敌人不敢恋战，被迫退却。至此，宋连珠指挥一排阻击日军占领山头，掩护主力转移的任务胜利完成了，但全排最后返回部队的只剩下宋连珠和3名机枪手。

战后，支队钟辉司令员称赞这次战斗是抗击日军战斗中不多见的"范例"，堪称灵璧境内的"平型关大捷"。他号召全支队指战员学习一排不畏强敌的精神和灵活机动的战术。宋连珠排长也被破格任命为一营二连连长。

（星辰　供稿　原载《皖北晨刊》2016年5月30日）

灵璧英雄：佘骑义

"佘营"战将　英名流芳

佘骑义，四川省苍溪县人，1916年生于一个苦大仇深的农民家庭，他16岁那年，父亲被恶霸地主活活打死，母亲带着他和他未满周岁的弟弟挣扎在死亡线上。1933年，红四方面军到达他的家乡，他告别了多病的母亲，参加了中国工农红军，随部队长征。1934年，加入了中国共产党。

抗日战争时期，佘骑义担任八路军一二九师连政治指导员时，在山西娘子关附近的一次战斗中，他同连长带领全连从中午打到黄昏，虽身体多处受伤，但依然坚持打退敌人多次进攻，他和他所在的连队均受到上级的通令嘉奖。

1939 年末，佘骑义被调到新四军工作，南下到豫皖苏边区。1940 年 3 月，任六支队七团三营七连政治指导员。不久，该团编为八路军四纵队第六旅十八团。1940 年 12 月，佘骑义同十八团三营指战员一起，抵制了该团团长吴信容的叛变行动，带领七连在营首长的率领下，与永城独立团合编为新的十八团，仍任七连政治指导员。1941 年 5 月，新四军四师奉命相继转移到津浦路东后，佘骑义调任十一旅三十一团四连连长。1942 年 1 月，又任该团二营营长。他先后与营教导员苗久锐、杨军、林逸一起，率领三十一团二营，转战于泗五灵凤地区。1942 年 4 月为了破坏敌人运输线，佘骑义根据上级命令，通过侦察研究，选定目标，周密地组织安排，亲临第一线指挥所部两次对津浦铁路进行成功破击。4 月 26 日下午 5 时开始行动，至 27 日晨 2 时，成功地完成了磨盘张至简庙一段铁路的破击任务，并抓到了七八个伪军、1 个电话兵和 3 个伪警察，并缴获十余支步枪和几只手表。27 日夜，佘骑义指挥所部以爆炸手段，在津浦铁路蚌埠至临淮关间门台子东 5 华里处，将铁路炸毁一段，并炸死几个护路的敌人。两次破击战的成功，使津浦铁路宿县至临淮关段火车停开 5 天，受到旅长滕海清的表扬。

在 1942 年冬开始的 33 天反扫荡中，佘骑义所部三十一团二营更是打了一个又一个漂亮仗。11 月 18 日该营袭击灵南沱河集之敌，歼敌 40 余人。12 月 3 日夜，佘骑义又率二营两个连攻打驻灵南晏路口的 200 余名伪军，从当天午夜 1 时奔向晏路口，到凌晨 4 点半战斗胜利结束，敌人无一逃脱，除击毙者外，俘伪大队长张耀先以下 191 人，并缴获轻机枪一挺，长短步枪 187 支，战马一匹，棉被 100 床，棉衣 150 套。12 月 8 日夜，佘骑义率二营破坏敌泗灵公路 10 多华里长的电话线。12 月 13 日，佘骑义又率二营同三十二团一营在泗五灵凤地方武装配合下，对灵固公路进行破击，敌 10 余公里长的电话线也被拆毁。在这两次破击战中，共收回电话线 1800 多斤，电线杆 160 根，毁坏敌人碉堡 60 余座，歼敌数十人，还断桥破路若干，既造成日伪军运输困难，又中断其通讯联络。佘骑义率部所进行的一系列战斗，使泗五灵凤县根据地更加巩固扩大，受到旅和师领导的称赞，人民群众亲昵地称该营为能打鬼子的"佘营"。

1943 年 3 月中旬，在山子头自卫反击战中，佘骑义与教导员林逸率领全营连获 4 次战斗胜利。3 月 17 日夜冒着倾盆大雨,与三十二团三排配合,通过东西夹击,仅战斗一小时,全歼了据守河涯庄之顽独立第六旅十八团团部及其一营两个连,团长孙祖武以下 400 多人全部被俘。18 日 10 时,在新四军二师五旅十四团四个连的配合下,通过南北夹击,消灭了据守小王庄的顽独六旅十八团第三营。18 日 13 时,配合三十二团一营和七旅二十团开展王圩攻坚战,不到 10 分钟,歼灭了顽独六旅旅部及其十六团一营,该旅旅长李仲昆被迫自杀,余敌全被我军生俘。同日 14 时许,我军对东盛圩之敌发起总攻,不到半小时,全歼该地守敌顽独六旅十八团二营。前后历时 15 个小时,山子头自卫反击战胜利结束,佘骑义所率二营发挥了重要的作用。

同年 4 月,佘骑义又率领二营与宿东游击支队一道奔袭灵北朱集伪保安团,一举毙敌 200 余人,俘敌 300 余人,缴获机枪 9 挺,步枪 300 多支。

1943 年 6 月二营编为该团三营。当年 7 月初,佘骑义率领全营完成了 3 个月四师师部警卫任务后,又率领三营,挺进泗灵睢及灵北和萧铜地区,首先配合兄弟部队胜利进行了夜袭禅堂伪据点。当年夏季的一天,日伪军三四百人从灵璧开来占领了禅堂,佘骑义率领三十一团三营通过机枪不断扫射和手榴弹连续爆炸,直打到拂晓,打得日军伤亡很大,外围的伪军大部溃散。战后,日伪军只好拖着伤亡人员撤回了灵璧县城。同年 8 月 6 日黄昏,佘骑义率领全营从泗县北黄圩出发,远道奔袭宿县道庄子,成功地毙、伤、俘敌 300 余人,缴获轻机枪 7 挺,步枪 200 余支,战马 60 余匹,并缴获了许多弹药。连同横扫睢宁南土顽等战斗,有效扩大了泗灵睢县,使该县与灵北、萧铜两县连成一片。

从 1944 年 1 月起,佘骑义相继任三十二团参谋长、副团长。他协助团长张永远指挥全团,全歼朱楼、朱吊桥伪据点守敌。同年 8 月,他随师西进,在小朱庄、八里庄、保安山以及新兴集、袁店集、永城、曹村等战役战斗中,都发挥了重要作用。

抗日战争胜利后,华中野战军第九纵队成立,十一旅三十二团编为九纵七十五团,佘骑义又协助七十五团团长张永远开展淮北解放区的斗争,在攻打灵南槐巷子、鏖战大山以及朝阳集战斗中,都发挥了重要作用。1946 年 10 月佘骑义任华中九纵七十五团团长。1947 年初,九纵七十五团编入华野二纵第五师,佘骑义任该师十四团团长。

1948 年 11 月，淮海战役发起时，佘骑义已被任命为华野二纵五师参谋长。妻子王荣琴劝他按时到新的工作岗位，佘骑义却坚持带领五师十四团打几仗再到新职。11 月 20 日，他指挥十四团三营一鼓作气攻下了徐州以东 30 公里的马山，在战斗中不幸壮烈牺牲，时年 32 岁。新中国成立后，徐州市人民政府在市南郊云龙山麓，为佘骑义烈士修建了坟墓。1952 年 10 月 29 日，毛泽东主席漫步云龙山时，在佘骑义墓前停立，听了关于佘骑义英雄事迹的介绍，无限深情地说："我们有很多好的同志牺牲了，我们一定要记住他们。"

（星辰　供稿）

灵璧英雄：程志远

身负特殊任务

程致远，湖北浠水人，新四军淮北军区第三军分区参谋长。1938 年初，中共中央派彭雪枫到河南担任军事部长。为准备中原敌后游击战争，彭雪枫协助豫南特委扩大、整编新四军第四支队第八团，这支抗日武装很快开赴敌后抗战。还在中共河南省委所在地竹沟，举办了两期军政干部教导大队，招收、训练大批立志抗日救国的热血青年，为抗日培养骨干力量。程致远就在干部教导大队任专职教员。

按照延安"抗大"的做法，教导大队大量招收青年学生，在学员中发展党员。竹沟军政教导大队设在竹沟沙河东岸的三间茅屋里，办公室设备简陋，只有一部油印机、一份《新华日报》、一些政治书籍及向群众借来的一张方桌、几条板凳。干部除大队长、政治干事外，仅有一名副大队长和两名辅导员。教导大队的招生广告贴出以后影响很大，仅 10 多天时间，就有 300 多名立志抗日救国的青年和工农分子投奔竹沟，报名参加教导队学习。

竹沟教导大队的组织机构、学习课目及训练方法都是从延安"抗大"搬来的。学员军事编制，设中队长和政治指导员，下辖班、排。大队、中队干部绝大部分由红军干部和"抗大"毕业生担任，教员除程致远等两名是专职外，其余都是领导兼任。课程设有《联共（布）党史》、《抗日民族统一战线》、《群众工作》和《游击战术》，其中以游击战术为主课。没有现成的教材，就以延安"抗大"及临汾学兵队教材为基础，结合当时当地实际情况重新编写。讲课中他理论联系实际，列举古今战例，通俗易懂，生动活泼，学员特别爱听，就连有病的学员也披着毯子、床单去听课，场场座无虚席。

1938年5月底，第一期教导大队学员毕业，采取随时派遣和集中分配相结合的办法，大部分到部队工作，少数回到地方组织群众抗日武装。竹沟军政教导大队先后开办4期，每期3个月，共培训学员1900多人，学员中很多人后来担任中高级领导职务，充实了部队和地方武装的骨干力量。

1938年10月，彭雪枫率领的新四军游击支队、吴芝圃率领的三支队与萧望东率领的先遣大队在西华杜岗会师，合编后仍称为新四军游击支队。部队从杜岗出发挺进豫东敌后。10月26日天亮，进抵淮阳县的窦楼一线，各部队正在吃早饭，侦察兵跑来报告："南边有日军向我扑来。"彭司令当机立断，命令参谋程志远指挥，向敌人攻击并插绕到张庄南敌人的右边约600米处，击伤、击毙敌各一人，敌人阵脚大乱，慌忙把尸体、伤兵抬上汽车，狼狈逃窜。

1938年12月，新四军游击支队成立的随营学校，程致远任大队长兼一中队中队长。1939年春，新四军游击支队特务连扩建为特务营，由程致远任特务营营长。1939年12月，程致远率本营两个连护送中共中央中原局书记刘少奇到淮南根据地。1940年1月，特务营发展为第六支队特务团，由程致远任团长。反扫荡斗争胜利后，为总结经验，提高部队军政素质，新四军第六支队于同年5月初调集8个团指战员在涡北新兴集附近整训。6月1日，为检阅部队训练成绩及举行"五卅"纪念大会，恰于此时，日军集中千余兵力，分乘13辆汽车，并配备几辆坦克，分兵四路突袭新兴集，企图歼灭第六支队主力。

战斗一打响，新兴集硝烟弥漫。特务团团长程致远、政委蔡永指挥部队击退敌人多次进攻。敌军在南门受挫，调集兵力向西、向北运动。右面敌人防地暂呈空虚。程、蔡分别率领第四、五连迂回敌后，直达朱庄、左楼之间。程致远团长率第四连一部直插敌后，袭击停在两村之间公路上的敌军车，用手榴弹炸死了正在用望远镜观战的日军指挥官。敌军腹背受击，误以为受到包围，几次冲锋，死伤惨重。激烈的战斗从新兴集南门转移到刘楼、孙楼之间。为避免过大牺牲，见牵制敌人目的已达到，程致远团长率队伍迅即跳出敌军包围圈。

1940 年 7 月，新四军第六支队特务团编为八路军第四纵队特务团，程致远又担任第四纵队特务团团长。"皖南事变"后不久，八路军第四纵队奉命改编为新四军第四师，八路军第四纵队特务团随之编为新四军第四师特务团，程致远仍担任团长。

1943 年 6 月，上级决定健全三十一团编制，程致远又调任三十一团团长。在程致远任三十一团团长期间，指挥该团在灵璧开展了多次战斗。1943 年 10 月初，三十一团攻打了虞姬墓伪据点，毙伪军 10 余人，俘 70 余人。10 月中旬，三十一团参加了九顶山杨庄战斗，俘国民党顽军刘天展部 85 人。1943 年底与 1944 年初，三十一团主力与宿东游击支队及九旅二十七团配合，两次攻打入张大路敌伪据点，共毙伤顽三十三师张克修团和伪雷杰三部 232 人，俘 143 人，敌迫于我方压力，退回了高楼。

（鲁兵　整理）

灵璧英雄：张桂栋、张桂武等 6 位烈士

以死报国　浩气长存

张少秋

1944 年晚春的一个下午，一声清脆的枪声打破了东北楼村的宁静，紧接着传来密集、间有机关枪的爆响。这突如其来的枪声来自西南方向 3 里之遥的

古城庄，一队百余人的日伪军正展开队形欲包围县政府驻地，被常备队哨兵发觉鸣枪阻击，双方交火。古城有条河，常备队依河堰为掩体抵抗，鬼子分3队交替掩护，疯狂攻击。眼看冲到河堰就要突破防线，突然，鬼子身后射来复仇的子弹，这是我的族伯、东北楼护庄队长张桂栋带着4名民兵冲向敌阵。鬼子腹背受敌被压制在两庄之间的夹角旷野，不得不分兵应付，进攻古城势头大减。族伯带头冲向弹雨，他们只有一支中正式和四支"土打五"步枪，迎着夕阳射击精度不高，且没有任何遮蔽依托。但他们视死如归的战斗精神打乱了鬼子突袭布署，为政府机关转移赢得了时间。战斗持续约莫半个小时，古城庄内没了枪声。鬼子过了河堰，占据有利地形开始调转枪口狙杀处在孤立无援险境尾追鬼子百米之遥的大伯他们，还"优待优待的"向他们喊话。大伯看看身边的战友人人挂彩，便命令他们往河东小庄方向突围，他留下掩护。凶残的敌人用机枪扫射封锁，大伯只身冲向敌人吸引火力，乱枪齐发不挡其勇，直冲到堰下50多米才脑门中弹倒地。那几位战友冲进小庄里，除张桂武身负重伤躲在磨道里逃生外，其余都被追来的鬼子枪杀。

我的故乡东北楼，地处灵北苏皖边界，属抗战敌后区，也是我、敌、伪、顽拉锯区。日军为保海郑公路运输，在双沟驻扎一个中队和伪军唐广金一个大队，房村有个据点。唐广金胞弟唐广银率一个大队和修械所驻朝阳集圩后。国民党睢宁县长刘天展常备队驻苏塘、邵堰一带，国民党灵璧县长赵觉民驻东北楼庄后不足1里的小高家。国民党三十三师段海洲驻高楼，其铁血团张克修部驻张大路，国民党十三纵队苗秀霖驻渔沟，土顽刘夫庭盘踞尤集。他们暗中勾结，对我抗日军政机关构成很大威胁。我方有戚少伯领导的游击队在京渠山区，另外，有八路军865团苏鲁豫支队吴法宪和胡炳云一大队（后编入新四军三师七旅十九团），新四军三支队赵汇川部，四支队孙象涵部。东北楼离敌人交通线仅几公里，是我方苏北豫东根据地的第一纽带（第二通道为濉河南，因皖东北抗日军政学校和县委驻菠林村，一般不启用）。

日军一直忌惮灵北地区抗日武装的存在，经常出动，四处扫荡。

张桂栋带领的东北楼护庄队积极配合我方区队及各村自卫队与日伪周旋，取得辉煌战果。1943年小高家战斗就是一例。是年冬，双沟、房村日伪军400余人围攻小高家。当时小高家有圩沟圩墙，为防敌越沟爬墙，圩墙外斜靠秫秸杆浇上水冻成滑梯，圩墙和秫秸形成夹角，藏有部队。日军主攻方向放在东南角。他们来到圩沟边，一些鬼子对着圩墙哈哈大笑，嘴里还"哇啦哇啦"地乱嚷。突然，蒿墙后窜出火龙，随着牛腿炮轰鸣（一种土炮，黑火药，霰弹），八杆抬枪齐放（一种狩猎集群目标的铳），轻重武器同时开火，打死了五六十个日伪兵。日军损失惨重，在东北楼东北湖集结一个多小时也没能组织有效进攻，等他们再次向小高家靠近时，东北楼庄里响起阵阵破盆声，高宅上也射起冷枪。被打怕的敌人恼羞成怒掉头扑向东北楼。就这样咱庄护庄队化解了鬼子对小高家的第一轮攻击。日军是从东北楼庄西头进来的，再从汪北向东包抄了后门（后排），但他们只搜到几只破铜盆，人早就无影无踪。等到鬼子把咱庄当成进攻阵地发起第三波攻击时已是过晌时分，他们留下七八个鬼子在前门大殿（家堂庙）监视小张家，九集方向。小高家保卫战打得异常惨烈，在圩门口敌人留下百余具尸体终不能靠近圩墙，结了冰的秫秸墙削弱了敌兵火器，手雷、掷弹筒也不能点燃。傍晚，小高家阵地依然坚固如初，周边又出现了助战的区乡武装袭扰，鬼子害怕被歼，急忙败走双沟。

日军这次是侦知赵觉民县长在古城，才悄悄地扑了过来的。张桂栋知道县抗日军政机关就在古城，是抱着必死的决心前往救援的，他要拼命拖住敌人，用他们的死换来县抗日军政机人员的安全。我父亲当年13岁，站在西南宅目送壮士出征，看到了英雄迎着弹雨的悲壮。鬼子的子弹落在父亲脚下"扑哧扑哧"钻入宅土，是大姑跑来把他拖走，小半夜回庄里才知道几个人都英勇牺牲了。

张桂栋倒下了，他和战友为了掩护县抗日军政机关转移而牺牲的精神鼓舞着抗日军民。英雄入殓那天，县长赵觉民来了。他摘下礼帽向灵柩深深鞠躬，表达了对抗日英雄们的敬重和感谢。此后的几天里，县党部、县政府机关前来吊唁的人络绎不绝。八路军、新四军、灵北县政府和皖东北抗日军政学校也纷纷送来悼念挽联。

几天后，国民党县政府为英雄们举行了盛大追悼会。附近的泗县、睢宁、萧宿铜县机关和驻军都派来代表参加，就连谢方坤、刘夫庭这样的土顽也敬重英雄气节，派人送来挽幛。据张桂品老人回忆：当时收白土布百十匹，挽联是写在整匹土布上的，竹竿撑起来遮天蔽日。收粮食几排子车（四木轱辘大车），足见葬礼规格之高。遗憾的是老人讲述时我没能记清挽联内容，只记一联："赴国难同仇敌忾豪气冲霄汉，抗倭寇不共戴天英风震苍穹。"而讲述时桂品大爷可以声情并茂背诵许多，可见英雄壮举受人敬仰，事迹深入人心。追悼会当天赵觉民派常备队到五里外三楼庄警戒双沟之敌，各乡自卫队也荷枪实弹在会场外游弋。东北楼村护庄队更是像阅兵一样，百十人枪列队，迎外庄亲戚一律武装保护。

追悼会上，县长赵觉民对英勇献身的英雄们予以褒奖，为他们申请了民国政府青天白日奖章，并对殉国者家属进行了抚恤，动员民众向英雄学习，树东北楼为抗日模范村。张桂栋儿子张保殿也更名为"抗战"，葬礼按当地风俗于午后把灵柩安放在村东北角（今谢楼庄西）。

不久，赵觉民感念张桂栋等抗日英烈的英勇壮举，应族中长辈和乡绅请求，批准筹建一所以英雄张桂栋的名字命名的学校，后正式定名为灵璧中学，并兼任校长，任李琳为副校长。庄中父老积极献款，不几月，灵璧中学即在东北楼大殿开课。灵中诞生在炮火连天的抗日战场，是张桂栋和先烈们用鲜血和生命换来的，张姓族人倍加珍惜，英雄的儿子张保殿曾被聘为校董，现任灵璧中学副校长张占先正是那位幸存的抗日英雄张桂武的嫡孙。

2015 年 6 月 1 日

附：

英雄壮举泣鬼神（大鼓书唱词）

刘帮銮

一九四四年晚春，夕阳西下日渐沉。
日本鬼子一个连，奔袭扫荡古城村。
常备队员河边现，堤作屏障阻日军。
枪响惊动老百姓，急坏县长赵觉民。
县直机关忙撤退，一路疾跑钻山林。
鬼子受阻贼疯狂，机枪扫射强推进。
眼看防线被突破，敌后炸锅起烟云。

原是邻村护庄队，张桂栋领四村民。
手持步枪土打五，冒死赶来杀敌人。

腹背受敌日军慌，分兵应对死命拼。
战斗持续半小时，常备队撤县长寻。
鬼子最终突过堰，调转枪口火舌喷。
双方相距仅百米，孤立无援五村民。
个个身上都挂彩，弹尽援绝陷狼群。
桂栋果断下命令，后撤猛跑小庄进。
然后寻机再突围，自己断后战日军。
四人听令庄内跑，桂栋前冲杀敌人。
乱枪齐发不挡勇，鬼子惊愕多愣神。
英雄前冲五十米，中弹倒地勇献身。
四人隐蔽未来及，三个被杀血流尽。
仅剩壮汉张桂武，磨房躲藏命未殒。
正是因为他口述，后人才知五战神。
英雄壮举憾天地，激励抗日之军民。

入殓那天阳光灿，来了县长赵觉民。
灵前脱帽三鞠躬，感谢英雄救命恩。
随后几日县党部，政府机关都来人。
八路军，新四军，抗日军民来纷纷。
统一战线两方面，人员汇集东北村。
虽然身份不相同，悼念英雄都真心。
县府举行追悼会，国共双方都派人。
共产党，国民党，伪土顽，谢方坤。
英雄气节都敬重，挽幛百匹慰英魂。
粮食当礼收百车，规格之高如将军。
为防鬼子来偷袭，五里之外派兵巡。

自卫队员场外游，武装保卫迎朋亲。

百人持枪列成队，左臂都绑白布巾。

灵栅旁边棍棒满，重机枪架严布阵。

专候日寇来偷袭，有来无回灭龟孙。

县长党民亲致词，当场发给抚恤金。

青天白日勋章颁，东北楼授模范村。

桂栋儿名改抗战，寓意不忘杀父恨。

事发七十六年前，先辈壮举泣鬼神。

七十余载时光逝，后辈仍敬先辈人！

灵璧英雄：张祖武

秘密战线洒热血

陈广松

张祖武字杰三，是灵璧县今虞姬乡小张庄人。1896 年 11 月生，少年读书，后务农和经商。看到国民党官府腐败黑暗、人民群众过着水深火热的苦难生活，他极其厌恶和十分愤慨。他怀着一颗救国救民之心，于 1930 年经一位吕姓党员介绍加入了中国共产党，和戴文生、田恒修、彭玉生等一起开展党的地下工作。

1937 年"七七"事变后，张祖武响应党的号召，四处奔走，宣传抗日救亡。1938 年，他在灵璧东乡组织一支自卫队，开展抗日活动，打击日伪，除奸剿匪，一度活动于九湾、连城、濠城一带，深受群众拥护和爱戴。

根据革命斗争形势需要，党于 1939 年指派他在灵城东乡建立秘密交通联络情报站，为党做更多、更重要的工作。

这一时期，张祖武把秘密侦察到的敌情和动态，不断向我军报告。重要情报，他都要亲自去 4 师向师长当面汇报。1944 年，由于张祖武的情报及时、准确，我军拔除张大路敌人据点和消灭伪军张朋桥部的战斗打得非常漂亮。

抗战时期，由于敌人全面封锁，我淮北抗日武装的供给十分困难。张祖武神通广大，他组织一些人冒着生命危险，通过各种渠道，从灵、蚌、固、宿、徐等城市搞到了大量枪支、弹药、布匹、药品等军用物资，陆续地转送到解放区，使部队给养得到补充。后来张祖友回忆说："那时我和张祖武等同志经常弄布匹等物资去东乡交给狄县长。"（泗灵睢副县长狄克东）

张祖武领导的交通联络站先后掩护我军和地方干部来往于津浦铁路两侧，如吴云培、王浩、沈修德、耿会友等领导干部，均由祖武亲自护送。

张祖武曾多次利用自身特殊关系，在紧要关头掩护和营救革命同志，如张敬恒、戚俭平等在双庙乡刘清湖中被敌人围困和盘查，是张祖武及时赶到营救，才得以脱险。

张祖武在敌占区还先后动员和组织大批有志青年，投向淮北革命根据地参加革命，如邹全成、闫洪彦、王德本、高学荣等人。

1946 年 11 月，交通联络站被国民党军警特务侦破，当即出动 20 余人前来搜捕。祖武身受重伤跳入池塘，以水草隐蔽，幸免被捕，但因受伤受冻流血不止，救治无效，10 余日后不幸牺牲，时年 50 岁。

1982 年 4 月，省人民政府批准追认张祖武同志为烈士，并向其家属颁发了《革命烈士证明书》，烈士英灵得慰九泉。

灵璧英雄：刘治国

灵北抗日战强敌

2015 年第 10 期《铁军》在"绵绵思念"栏目中，刊登了有关新四军和华中抗日根据地 85 名英烈的简介材料，这 85 名英烈均在民政部公布的第二批 600 名著名抗日英烈和英雄群体名录之中。名录介绍说："刘治国（1915—1942），新四军第三师兼苏北军区第七旅第十九团参谋长。"

皖南事变后，新四军重建，三师七旅十九团的前身是八路军苏鲁豫支队第一大队。刘治国是 1941 年始任第十九团参谋长的。

刘治国，1915 年生，湖北省枣阳县人。1931 年参加中国工农红军，1934 年加入中国共产党。第二次国内革命战争时期，在红二十五军任通讯员、通信班长、排长。长征到达陕北后，入红军大学学习。抗日战争初期，相继任八路军总部特务团副连长，八路军一一五师三四三旅六八五团连长，参加了平型关战斗。后六八五团改为八路军苏鲁豫支队，刘治国任支队第一大队三营营长，随支队进入皖东北开辟抗日根据地，跟随大队长胡炳云相继参加了攻克时村日伪据点、攻打灵北尹西小雷家伪军以及在灵璧西北张山集一带与日伪军激战等战斗。1939 年深秋，大队三营指挥部和一个机枪排住在灵璧与睢宁交界处的魏洼村圩子里。一天一大早，敌人突然开来几部汽车，运来 100 多名日军和 100 多名伪军及汉奸便衣队，将魏洼包围起来。刘治国营长与宋维栻教导员一边派通讯员火速向住在桃园的大队部报告，一边指挥拉起吊桥，关起圩子门，利用圩子四角的 4 个炮楼进行抵抗。大队部接到情报，立即由政委王东保带领 3 个连队驰援。王东保政委指挥大家利用青纱帐作掩护，集中各连机枪，从敌人背后突然开火，打得敌人晕头转向，个个鬼哭狼嚎，几十个冲到圩子门口的鬼子，又被刘治国他们压了回来。刘治国、宋维栻紧密配合大队政委王东保所率前来支援的部队，通过内外夹击，有效地消灭了对魏洼子进行突袭的日伪军，单是鬼子的尸体就有 90 多具。

当年 10 月，第一大队又在灵北冯庙和日伪军打了一仗。刘治国又率领三营配合一、二两营，在大队长胡炳云、政委王东保的统一指挥下，在第四大队的配合下，机智顽强战斗，三营七连、八连的勇士们更是集中火力猛烈射击。由于大家共同努力，打得敌人前后不能相顾，完全陷于无组织抵抗之中。战到深夜，共烧毁敌人汽车 20 多辆，消灭日伪军 400 多人。

1940 年 2 月 15 日，刘治国又带队随第一大队，在灵北渔沟东北中堰子，阻击来自睢宁、王集的日伪军，共毙伤日伪军 80 余人，活捉日军 3 人，并缴获机枪两挺，迫击炮一门，再次大灭了敌人嚣张气焰。

刘治国参谋长，1942年12月8日，在江苏省涟水县战斗中不幸牺牲，年仅27岁。

（星辰　供稿　原载《皖北晨刊》2016年10月24日）

灵璧英雄：徐宗堂

为了心中的那份信仰

路　远　徐　超

徐宗堂，1920年9月11日出生在灵璧县孟山乡河西毛庄村的一个农民家庭。学龄时入私塾读书，1938年春，日寇铁蹄践踏家乡，他被迫辍学。为躲避兵荒马乱，在江苏徐州一带漂泊，遇到了北平学生的移动剧团。他观看了演出，结识了进步学生，懂得了抗日救亡的道理。1938年5月，他回到家乡，参加了青年抗日救国会。随后，他认识了佯装教书先生的江祥斋，于1939年2月加入了共产党领导的武装抗日队伍，7月，任新四军灵北闸河大队大队长。

1941年夏，徐宗堂接受中共灵璧县委书记江祥斋的指示，秘密打进国民党军某部，先后当起了伪军小队长、中队长。7月的一天夜间，他带领4个战士，将伪军大队长李振关抓住捆绑起来，集合部队，率76人奔向解放区，获得步枪50余支、驳壳枪1支、左轮枪1支、轻机枪2挺。此举威震灵北，并受到了县委嘉奖。

抗日战争胜利后，国民党军大举进攻解放区。1946年6月下旬，国民党军对我淮北解放区发起总攻。1946年7月，党的地方武装在灵璧成立了支队，徐宗堂任连长。

国民党军加强对"围剿"，我军面临的形势日益险恶。徐宗堂连续多次参加激战,英勇顽强,屡次负伤。1946年7月,徐宗堂在火线上光荣地加入了中国共产党。

1946年11月,敌军开始围剿中共华中七地委机关及其部队。洪泽湖周围地区一片白色恐怖,七地委机关和主要武装力量撤离时,留下3000多人坚持地方武装斗争。由于伤亡越来越严重,又缺乏食品、药物和武器弹药,部队暂时疏散隐蔽,保存力量。当时,徐宗堂伤口复发,行动困难,组织安排他到泗阳县界集谢嘴村姓王的农民家里养伤,并拨给400斤小麦和15块银圆,另有3人随行。住了几天,徐宗堂从王姓农民一家人紧张不安的神情中,看出了他们的心思:怕受连累而引来杀身之祸。于是,他决定离开这里。

1946年11月27日夜,接上级分散隐蔽转移的指示,28日凌晨,徐宗堂化名许兴房,带领几名随行人员开始行动,在青阳集镇一个路口被国民党地方武装盘查扣留,关押在敌保长家院内。审讯时,徐宗堂谎称,他父亲是逃亡地主,被共产党抓走了,他是出来找他父亲的。12月1日,被关押的30多人在青阳街做苦工时,徐宗堂巧遇表兄程共全和表叔程云彩。敌区长是程共全的干爷,程云彩曾为敌区公所做过子弹买卖。因此,经他俩说情,徐宗堂被释放了。程云彩还给徐宗堂70块银圆,把他送到徐州地区一个叫太平凹的地方,做一些买卖旧衣服的小生意。三个多月后,徐宗堂又到滁县乌衣镇,在那里以割草卖草为生,并多方设法与党组织取得联系。

直到1947年12月,我军反攻回到皖北,宿县地委查找到了徐宗堂的下落,就派人带上组织的信函与他联络,还给他带来路费,要求他尽快归队。12月底,徐宗堂回到皖北,被编入华东军区皖北独立三团三营九连。后来,先后担任灵璧县高楼区孟山乡乡长、高楼区联防队长、灵璧县县大队一连副连长、皖北军分区宿县警备团三营一连连长。

徐宗堂归队后即要求恢复党籍和参加组织生活。1948年2月,在皖北军区宿县分区开展的"三查三整"运动中,党组织对徐宗堂的被俘与获释进行了调查和审查,结论是:"未向敌人自首,未投敌,未泄露党的机密。"但他的党籍没有被及时恢复。他没有灰心,没有动摇,既积极向组织表明恢复党籍的诉求,又坚决服从组织安排,投身于"淮海战役"、剿匪斗争和建立地方人民政权的工作中,并荣立二等功。

朝鲜战争爆发，1950年10月，徐宗堂参加了中国人民志愿军。赴朝前夕，他又向党组织提出恢复党籍的请求。党组织负责人和他谈话时说，他的历史表现已经搞清楚，做过结论，记录在案，到朝鲜后，志愿军党组织会给他解决的。他也预感到离开原来的部队后解决党籍恢复问题可能难度更大，可他没有别的抉择，尤其在赴朝参战的紧要关头，他更不能拿自己的党籍问题来要挟组织，只能相信和服从党组织。他毫不犹豫，毅然赴朝，在志愿军十五军后勤运输五团三营九连任副连长。后来，他的工作单位和职务多次变动，担任过中国人民志愿军后勤部一分部十一大站二营九连连长、一大站机动营二连连长、一大站药材库主任、四大站军需库副主任，一分部教导队二中队中队长、副大队长，三分部训练队长。在此期间他荣立三等功2次、嘉奖多次。1955年，被授子上尉军衔。1958年志愿军最后一批将士转业回国，部队领导动员他去东北开垦建设北大荒。

从1951年5月赴朝到1958年3月回国，徐宗堂在志愿军部队里曾多次向党组织提出恢复党籍的要求。

朝鲜战争结束后，1958年3月，徐宗堂随10万官军一起转业，去了北大荒。他被分配到黑龙江密山农垦局云山水库东工区四中队三分队当分队长。11月，他又被调到北大荒八五〇农场三分场三队当队长。

徐宗堂和那个革命年代的许许多多共产党员一样，党指向哪里，他就打到哪里，就到哪里去战斗和工作。不同的是，他的党籍还没有得到任何一个党组织的承认。

王震将军率军开发大西北，历史再次让他作出了自己的抉择。徐宗堂坚决听从党的安排，从东北来到西北，从北大荒来到塔里木。1959年9月，他被中国人民解放军新疆军区生产建设兵团农业建设第一师任命为胜利十五场副业队队长。中国人民解放军新疆军区生产建设兵团农业建设第一师，后来改称新疆生产建设兵团农业建设第一师，胜利十五场，后来改称十团。

那时候的胜利十五场副业队，在塔克拉玛干沙漠西北边缘，塔里木河北岸。副业队是一批军垦职工白手起家，在一片荒漠上建设起来的。从队长、政治指导员到工人，住的都是地窝子。地上挖一个四方形深坑，盖上树枝抹上泥，开个天窗留个门，就住进去了。办公室、职工食堂、托儿所都在地窝子里。塔里木的农场就是这样开始建设的。那时候的胜利十五场副业队开荒造田，种植一些粮食、蔬菜，主业是粮、油、棉加工，同时，还挖甘草、熬甘草膏、种烟草、加工烟丝，生产白酒、酱油、醋、碱，做毡靴、毡毯，造纸，搓野麻绳，扎扫帚，等等，共有上百个生产项目，大都是原始作坊式生产。

在 20 世纪的五六十年代，副业队不仅能基本满足农场的生产、生活物资需求，而且，还能上交不少利润。因此，那时从兵团、师到农场，都十分重视副业生产。

徐宗堂在十五场副业队当队长，兢兢业业，不辞劳苦，而且观念新，主意多，善于管理。这个副业队的加工副业产品种类多，质量好，销售也好，年年效益可观，是农一师和生产建设兵团的先进典型。

1962 年 5 月，徐宗堂被新疆军区生产建设兵团农业建设第一师任命为胜利十五场工商股副股长，兼副业队队长，仍然负责副业队的行政、生产、财务等全盘工作。

徐宗堂在胜利十五场副业队工作期间，年年被评为先进。1962 年度，徐宗堂被评为"五好干部"，登记表上的事迹材料摘要如下：

徐宗堂同志思想稳定，忠心耿耿，勤勤恳恳，为革命事业着想，坚持社会主义的集体道路，没有个人利益，反对假公济私、以公化私。他在各种会议上要求干部工人搞好集体生产，努力完成国家指标。

徐宗堂同志贯彻上级指示决议比较坚决，执行也彻底；在哪一级开会或接到文字指示，立即组织干部研究讨论，提出贯彻落实的具体方法步骤，然后向职工群众传达贯彻，重要的指示决议传达不过夜。他参加了兵团工商会议回来后，就马上传达了会议精神，还召开干部会议、班组长会议、职工代表会议研究如何贯彻落实。

徐宗堂同志对党和国家的方针政策执行得好，经常教育分散外出人员遵守政府法令，特别要维护民族团结。有一个生产点和维吾尔族农牧民相邻，他每次去那里检查工作，都要求生产点上的职工与当地维吾尔族农牧民搞好关系。因此，这个生产点和维吾尔族农牧民和睦相处，没有发生过纠纷和冲突。8 月间，维吾尔族农牧民的房子被洪水冲垮了，生产点的杨排长立即派人帮助维吾尔族农牧民搬家，还盖起了新房，维吾尔族农牧民很感激。有一次，副业队一个职工下了维吾尔族老乡的野兔夹子，吃掉了老乡的野兔。徐宗堂同志知道后马上调查了解情况，向场部作了汇报，当面给维吾尔族老乡赔礼道歉并赔偿损失，那位老乡很满意。

徐宗堂同志工作认真负责，对生产抓得紧，抓得狠，经常带病坚持工作。副业队生产点多面广、人员复杂。他经常深入各工地、工房检查生产情况、布置生产任务，计划性、预见性强；经营管理抓得好，严格执行"三算四查"，即算产量、算成本、算劳力，查原料、查质量、查工效、查销量，做到产量高、质量好、成本低、销售快。今年全队生产任务完成得漂亮，全年总产值达 129 万元，上交利润 57 万元。

今年生产任务完成得好，主要是徐宗堂同志抓住了关键，抓住了重点，抓好了甘草膏、烤烟丝、草纸、棉线的生产。这些产品就地取材，产值高，利润大。为了扩大甘草膏生产，他多次带人到荒漠戈壁找草源，有一次带病坚持到塔里木河南岸建生产点。今年副业队原计划生产甘草膏 110 吨，实际完成 140 吨。

徐宗堂同志处理干部关系融洽，团结建立在政治的基础上，开展批评对事不对人，大公无私，有优点就表扬，有缺点就批评，从而团结了广大群众，搞好了同级和上下级的关系。队长和政治指导员遇事商量，再召集干部研究，拟出解决问题的办法，然后传达到职工中贯彻执行。队长和政治指导员互相谅解、彼此尊重，有问题坦诚交换意见，思想认识求得一致，行动统一，保证了生产任务的完成。

徐宗堂同志群众观念强，教育方式好，行政管理严，劳力抓得紧，每天深入工房和群众研究生产、提出具体要求。在他的指导下，烤烟房在确保质量的前提下提高产量，日产烟丝从七八十公斤提高到 300 多公斤。为了改善居住和办公条件，他和职工一起扛椽子、平地基、砌墙头，自己动手盖起了塔里木河边上那栋房子。

徐宗堂同志关心群众生活，重视职工福利，特别是对病号十分关心。他经常说，要让职工干活有劲，就必须帮职工解决实际问题。队里有小孩缺奶，病号也需要增加营养，他就和政治指导员商量，请场部每天调拨牛奶，解决了小孩和病号的吃奶问题。他千方百计让全队大大小小 600 多口人吃饱穿暖。

这份"五好战士"登记表的"职工大会通过情况"栏里，填写着"群众通过"；"党支部审查意见"栏里，填写着"同意为五好干部"，盖的是政治指导员杜连科的印章；"上级批准"栏里，盖的是"中国共产党胜利十五场委员会"印章和"中国人民解放军新疆军区生产建设兵团农业建设第一师政治部"印章。

在 1961 年 7 月召开的兵团副业生产现场会上，兵团政委张仲瀚说，这个徐宗堂不但肯干，而且会干，简直是个"干宗堂"。当时的《解放军报》《新疆军垦》报，也对徐宗堂的事迹做了专版专题报道。不知道张仲瀚政委那时是否听说过，这个"干宗堂"，仍然背负着党籍难以恢复的精神重压。

1964 年 3 月，徐宗堂被新疆军区生产建设兵团农业建设第一师调到胜利七场任工商股副股长，兼加工副业队队长。后来，胜利七场改称三团，他被任命为供销科副科长。

徐宗堂虽然没能恢复党籍，却始终以共产党员的标准严格要求自己，忘我工作，毫不懈怠。胜利七场的加工副业生产蒸蒸日上，作为工商股副股长，兼加工副业队队长，按说他还是手握实权的。可是他说，这权是要用来为群众服务的，绝不能用来为自己捞好处。他在副股长和队长的任期内，凡上级来人检查工作或外单位来人洽谈业务需要他招待作陪的，他都如数交了自己的那一份餐费。有两次，饭后找不到人收款，随后便让他的大女儿徐群去补交，一次是 0.34 元，一次是 0.7 元。

每调出一个单位时，徐宗堂都向党组织要求解决他恢复党籍的问题，可是每一次都只能得到一个含糊其词的答复，总是解决不了问题。

每调入一个新的工作单位，徐宗堂都要向党组织申诉，找党组织的领导万分恳切地请求解决他恢复党籍的问题，得到的答复总是"这个问题我们可以研究研究，你好好工作吧，要相信党"。他从没有说过不相信党，对党和人民的事业更是从不含糊，总是努力把工作做到最好。可让他百思不得其解的是，解决恢复党籍的问题总是遥遥无期。

然而，徐宗堂没有绝望，也不可能绝望。他忍辱负重，竭尽全力为党工作着，也坚持不懈地申诉着，要求恢复党籍。

党组织对他并不是毫不关心。他在抗美援朝作战、胜利十五场副业队工资和胜利七场工作期间，都有党组织的领导和他谈过话，建议他重新申请入党。凭他的思想政治素质和工作表现、工作业绩，重新入党并不难。可是，他每一次都拒绝了，因为，他要的不是一件共产党员的华丽外衣，不是打着共产党员的金字招牌去为自己谋求某种机会和利益，他要的是还回自己人生历史的清白和对心中那份信仰的坚守。

徐宗堂的祈望与执着与那个年代严酷的政治气候就这么对峙着。

"文化大革命"中，徐宗堂被扣上了"叛徒"的帽子。他在胜利十五场和胜利七场发展副业生产所取得的突出成绩，都成了"走资本主义道路的罪证"。

党的十一届三中全会以后，中央提出纠正冤假错案，为老干部、老同志落实政策，徐宗堂心中恢复党籍的希望之火又重新燃烧起来。

徐宗堂又一次向党组织提出申诉，恳求解决恢复党籍的问题。可得到回音仅仅是同情而已，好像对他的恢复党籍的历史悬案，谁都无能为力。

1984年8月，徐宗堂向三团党委提出报告，申请离休。他在这份报告里说，他参加抗日战争4年、解放战争4年、抗美援朝8年、屯垦戍边建设25年。离休之际，他对党组织唯一的恳求还是恢复党籍。这时，他已经64岁了。

徐宗堂被三团党委批准离休，享受县团级待遇，异地安置。终于，徐宗堂回到了他的故乡灵璧，回到了曾经生他养他的地方，回到了他为民族独立和人民解放而战斗过的地方，回到了他加入了党组织又失去了党籍的地方。他从故乡那个点出发，走了一个人生的大圆圈，回到了当年出发的那个点，对于走过的人生之路，他从不后悔，遗憾的是，他这个处处按照共产党员标准严格要求自己的老党员一直沦落"编外"，恢复不了应有的党籍。

徐宗堂的子女们并没有善罢甘休，他们还在为父亲的党籍恢复四处奔波。

徐宗堂的长子徐彪，当时在新疆阿克苏地区棉麻公司工作。1985年冬，他回家乡探望父母时，意外得到了一份中共安徽省委办公厅皖办发〔1985〕34号文件《转发省委组织部关于处理1946年华中七地委撤退时洪泽湖地区疏散隐蔽人员历史问题的意见的报告》。文件称，这部分疏散隐蔽人员有被俘经历的，凡无确凿证据证明投敌自首、泄露党的重要机密的，均应恢复党籍，疏散隐蔽和被俘期间应当计算军龄。

回到阿克苏，徐彪找到新疆生产建设兵团农一师党委书记、师长赵明高。赵明高立即批示，要求有关单位党组织尽快恢复徐宗堂的党籍。

1986 年 2 月 3 日，农一师三团党委作出《关于恢复徐宗堂同志党籍的决定》：恢复徐宗堂同志的党籍，党龄从 1947 年 3 月算起；徐宗堂疏散隐蔽期间给予计算军龄。

1998 年 10 月 24 日，徐宗堂因病在灵璧逝世，享年 78 岁。

中共新疆生产建设兵团农一师三团委员会的唁电称："徐宗堂同志是中国共产党的优秀党员，是中国人民的忠诚战士，是洪泽湖革命根据地的子弟兵，是抗美援朝的一员勇将，是新疆农垦事业的开拓者。他为中国人民的解放事业，为边疆的建设和发展，兢兢业业，呕心沥血，奋斗终生。"

徐宗堂的人生旅程，平凡中书写传奇，波折中健步前行。细品一番，人们不禁要问：近 50 年的革命生涯，战争年代是什么支撑他身经百战、出生入死、矢志不渝？建设时期是什么支撑他忍辱负重、艰苦奋斗、忘我工作？他用自己的生命回答：是在革命熔炉淬炼的铮铮铁骨，是在内心深处永驻的信仰之魂。

（摘自《塔里木日报》2005 年 4 月 25 日第 4 版）

灵璧英雄："堌子战斗"牺牲的 29 位烈士

英魂永留堌子村

沈中印

1939 年 7 月，八路军苏鲁豫支队南下灵璧、泗县开辟皖东北抗日根据地，司令部一度设在张大路。苏鲁豫支队第一大队，在大队长胡炳云的指挥下，活动在灵北一带。

为了摸清敌情，抓住战机，机动灵活地打击敌人，在地方百姓和地方群众抗日团体的大力支持下，通过八路军情报人员的努力，获取了一个真实可靠的情报——东北大王集的日军于1940年2月15日上午前往堌子、马山等地进行扫荡。

为了不走漏风声，苏鲁豫支队第一大队在大队长胡炳云的率领下，于2月14日的深夜，赶到了堌子、刘山、娄圩等村庄。二月的天气还很冷，为了不打扰百姓，战士们只是在草垛子、屋山头等避风的地方休息。天刚拂晓，便迅速奔赴袭击鬼子的埋伏点，布下了一个大口袋状的包围网。

由于日军通过2月14日白天对这一带的侦察，没有发现八路军和新四军的存在，所以，2月15日上午，他们便毫无顾忌地快速行进。当鬼子全部进入我八路军伏击圈时，只听三声信号枪响，我八路军从三面向鬼子发动了突然袭击，这时，日军才顿时猛醒，知道中了我军埋伏，欲转头逃窜，埋伏在南堌子东南大松林的八路军战士又堵住了他们的退路。至此，日军已完全陷入我八路军的四面夹击中，像热锅上的蚂蚁。我军早已料到他们会向双沟、徐州的鬼子发报求援，为了速战速决，战斗打响半小时左右，我军便吹响了冲锋号，战士们高喊着“杀，杀，杀！”，个个像猛虎一样冲向敌群，和日军展开了激烈的肉搏战。

经过了1个多小时的激战，全歼日军100多人，烧毁汽车数辆，缴获一批枪支弹药和军用物资，我军也牺牲了1名连长、1名排长和27名战士，共29人。官兵们在打扫战场和寻找战士遗体时，看到了一个个悲壮的场面定格在那里：一个大个子八路军战士，双手紧紧掐住一个日军的脖子，把他掐死，而他又是被身后的日军用刺刀刺死；一个日军的刺刀刺进了一个八路军战士的胸膛，而这个八路军战士也把刺刀狠狠地刺进了那个日军的胸膛；一个八路军战士的遗体旁边躺着一个少了一只耳朵的日军尸体，这个八路军战士的手上还攥着被他咬掉的那个日军的那只耳朵，他们都被刺刀刺死……

堌子战斗是八路军苏鲁豫支队第一大队在拔除冯庙日伪据点后开展的又一场直接打击日军的战斗。他们连续作战，两战两捷，使八路军威震皖东北，大大鼓舞了我军的士气，增强了人民群众打败日本侵略者的信心。

堌子战斗中牺牲的29名烈士，虽然由于多种原因没能留下姓名，但他们和许许多多无名烈士一样，都是铁血壮士、民族英雄。他们的英雄主义和爱国主义精神将激励着后人，他们的光辉群像将永远印在我们的心中！

（根据王思振口述整理）

灵璧英范：鲁亚伯

与党同龄 和党同心

徐立成

鲁亚伯，曾用名鲁家云，1921 年出生于灵璧县朝阳镇鲁集村，2021 年正好 100 岁，与党同龄。这位老人在战争年代有过不凡的经历——他先后参加过抗日战争、解放战争，战场上差点被活埋，也曾一战手刃过 3 名日寇。时至今日，在这个见证了祖国强盛的和平时代，听到老人讲述的从军故事，仍令人忍不住洒下热泪，仿佛回到了那段为革命浴血奋战的峥嵘岁月。

热血男儿投身革命

鲁亚伯老人现居住在阜阳颍州区奎星社区，见到他时，只见老人精神矍铄，气宇非凡，依然能看出身上硬朗的军人气质。由于年轻时经历的战斗太多，鲁亚伯的听觉受到了一定的损伤。再加上年事已高，记忆力大不如前。许多往事，都是在翻阅了老人 1953 年做思想汇报所写的《鲁亚伯同志历史思想自传》复印件，并在老人回忆和子女们的"翻译"下，才逐渐勾勒清晰。

鲁亚伯的祖辈曾做过官吏，到他这一代时，已是家道败落，全家人以织布、种地、卖菜维持生计。他的家乡鲁集位于皖东北与江苏睢宁双沟镇交界处的一个小集镇，因南北交通便利，当地有家家户户纺织的传统，集市贸易也曾一度辉煌。1938 年春的一天，他挎着篮子上街卖菜，看到镇上姓戚的弟兄几人（爱国人士戚少伯抗日武装自卫队），正在宣传抗日、扩充兵力。"以前就听乡亲们说，日本人打进中国了。当时听到戚家的抗日动员，感觉浑身热血沸腾，当场就报了名。"从那时候起，鲁亚伯就成了革命队伍中的一员。

没过多久，他就经历了一次生死考验。当时，队伍遭遇敌人重重封锁，物资极度缺乏。受上级安排，鲁亚伯等人随同淮北军分区政委一起采购食盐等物资，却遭遇日伪军包围。一场激烈战斗后，政委等人突围，鲁亚伯等 5 名同志不幸被俘。敌人严刑拷打，但他们咬紧牙关，对政委的去向一言不发。眼见得不到情报，敌人把鲁亚伯等 5 人脱光衣服埋在地下，仅露出头来。就在这危急时刻，战友在老乡的指引下突袭而来，击溃了敌人，把 5 人成功解救出来。

奋勇杀敌为国建功

回到部队后，鲁亚伯转到新四军，成为一名战士。期间，他多次参加对日伪军作战，始终冲锋在前，奋勇杀敌，曾在一年之内负伤 7 次，而在"血战朱家岗"一役中，他一连杀了 3 个敌人。

那是 1942 年冬天，日军对豫皖苏边区发动大扫荡。鲁亚伯所在部队奉命进驻朱家岗。不料，对方以精锐部队 1600 余人将他们包围，企图一举吞掉，一场激烈的战斗就此打响。

"朱家岗是平原地区，部队在外围挖了很多壕沟。我就和战友一起，在房顶上站岗，没想到半夜里，日军就摸上来了。"发现敌人突袭后，鲁亚伯一边向同志们发出警报，一边向敌人射击。当时，村外道路事先已经被我军破坏，敌人很难集中兵力。一个敌人爬上鲁亚伯所在的房顶企图偷袭，被他发现一脚踹下了房顶。鲁亚伯没有犹豫，紧跟其后从房顶跃下，直接将刺刀捅入对方的胸膛。这一波摸哨的敌人共有 4 人，还有 3 人未从壕沟里爬出，鲁亚伯居高临下，顺势一刀又刺死一人。剩下两人见势不妙，转身就逃。此时我军大部队闻讯而来，在队友帮助下，鲁亚伯又刺死一个敌人，最后一个敌人也被队友当场击毙。

根据史料记载，朱家岗一战我军歼敌日军平林师团 280 余人。

抗日战争胜利后，鲁亚伯所在部队被编入人民解放军第三野战军，他又先后参加了著名的孟良崮战役以及解放前夕的杭州黄岩县剿匪和胶东半岛剿匪等一系列战斗。1953年，鲁亚伯作为志愿军的一员奔赴朝鲜，当时战争已经接近尾声，他未能参与战斗。

和平建设永葆本色

告别军旅生涯，1966年，鲁亚伯从部队转业到阜阳，任当时的阜阳地区食品公司经理兼党支部书记，一直到离休。

2015年8月31日，根据中共安徽省委组织部下发的文件，鲁亚伯等20名离休同志享受按副省长级标准报销医疗费的待遇。

退伍后的鲁亚伯始终保持军人本色，作风朴素。在六女儿鲁延如记忆中，父亲对姊妹几个管教十分严格，但对孙子、重孙子辈则非常疼爱。"爸爸爱看红色影视剧，读党报党刊，每天都叮嘱我们，要把报纸及时取回，他拿着放大镜逐字逐句地读，了解国家大事"，鲁延如说，父亲最爱说的一句话就是"不给组织添麻烦，多为社会做好事"，这也是他一生遵循的宗旨。他与党同龄，更与党同心。

当年挥洒热血、保卫祖国的青年如今已是位行动不便的老人，他的记忆力逐渐减退，却依然信仰坚定、志刚如磐。

致敬永不褪色的赤子之心，致敬这位百岁老兵！

灵璧英雄：王为才

少年通信员

岳飞的故事萌发民族气节，抗日的烽火点燃少年壮志。骑马打仗、杀敌报国是他义无反顾的人生选择，纵然负伤致残，也绝不离开战场。送信途中，封锁线上，身中数弹，扑倒在地，他用一路爬行的曲线，接起了通信的连线，他用一路抛洒的鲜血，标示出胜利的方向。

——题记

1940 年的冬天格外寒冷，残雪覆盖着淮北大地。抗战正进入胶着状态，日伪军、还乡团和各种地方势力交错，占据铁路、重镇等主要地区。彭雪枫领导的新四军四师和八路军苏鲁豫支队在皖北依靠群众也开辟了很多小块根据地。

在濉河边上有个叫"尹集"的小镇。镇子不大，大概也就一两百户人家，除了几家在濉河打鱼和做点小生意的，大部分人都是靠种田度日。

这天清早，太阳刚刚露出半边脸，王为才就起来背着柳条粪箕，拿着小镢头，沿着镇外的小路，一边拾粪，一边想着昨天晚上在邻居尹老汉家听的《岳飞传》。

王为才从小喜欢听古书，特别崇敬书中的英雄人物。正当他沉浸在书中的情节中时，一阵急促的马蹄声由远而近传了过来，他抬头迎着朝阳看去，一匹枣红色的战马四蹄翻飞向这边驰来，溅起的雪花在马身后形成一团水雾。他呆呆地看着马从身边跑过后，才回过神，背着粪箕一路小跑，跟着马回到小镇区公所门口。

骑马的人叫崔更生，是新四军四师派驻尹集（宿东八区）区委书记兼区长。他下了马正准备把马拴在树上，无意回头发现一个魁梧少年气喘吁吁地跟在后面，一双机灵的大眼睛艳羡地看着马。

他问："小兄弟，你想干啥呀？"

"我……我看您骑马的样子真好看！"王为才一点没掩饰自己的想法，继续问道："岳飞元帅骑马打仗时也像您这样威风吗？"

崔更生看着这个憨厚的后生哈哈大笑，拴好马，拍着他的肩头，问："你家住哪里，今年多大了？"

王为才指着对面说："我今年 16 岁了，家就在这附近。"

"哦，你如果喜欢，有时间我教你骑马好吗？"崔更生问。

"喜欢。"王为才说完一跳一蹦地跑回家了。

以后的日子里，王为才只要有空闲就往区公所跑，帮崔更生喂马，和他一起下湖割草。崔更生闲暇时就带王为才到野外教他骑马，休息的时候，对王为才讲一些革命的故事。渐渐地王为才知道共产党是专为穷人过上好日子而舍身革命的一群人。

王为才回家跟父母商量要跟崔更生去打日本鬼子。在父母的支持下，王为才就在崔更生身边当上了"小卫兵"。由于他马术精湛，经常能独立完成送信任务。

1941年初的一天，崔更生带王为才到街外遛马，在田间小径上，他跟王为才说了组织决定配合江祥斋的"捶头队"攻打游集的事，并说，他后天必须去那边，因为要想打胜，这方圆几十里抗日的武装必须集中起来统一指挥。

游集战斗失利后，王为才正式参加了新四军，在32团任班长。该团经常活动在口子附近的铁路两侧打日寇。一年后，王为才调离团部，到骑兵排当通信班长，他骑着崔更生送的枣红马，身挎盒子枪，精神抖擞，主要负责送情报、转命令。

1942年夏天的一场战斗中，王为才与战友王景生（芦岭人）同去完成一项侦察任务，在与敌战斗中，王为才的左肩中弹负伤，王景生的腿被敌人机枪扫射，骨头粉碎，废了双腿，后来就离队回乡了，在领导征求意见时，王为才坚持留队。他说："左肩负伤还有右手，照样拿枪打鬼子，照样骑马送信，照样能完成上级给的任务。"

1943年4月，在口子西徐双楼战斗中，傍晚，王为才奉命给30多里路外的部队送信，路过鬼子封锁线时被发现，密集的子弹向单枪匹马的王为才射来，战马被打中倒地不起，王为才身上也中了数枪，流血不止。他咬紧牙关，爬到附近水塘边的深草中。待鬼子离开后，带着伤痛在水中浸泡了几个小时的他，沿着水边往前爬行了四里多路，找到了部队，转达了首长的命令。部队有了明确的行动方向和作战任务，整装待发，可是，由于伤势太重没有得到及时处理，流血过多，在卫生员还没有包扎好伤口时，年仅19岁的王为才就永远闭上了眼睛。

战友们把他就近埋在了永城南门外芒砀山边一条小河旁。新中国成立后，民政部门将其遗骸迁往灵璧县程庙烈士陵园。

（王善华　口述　程大康　整理）

灵璧英雄：郁振华

抗战"小鬼" 革命老兵

　　抗日战争时期的灵北，各种势力错综复杂，日伪顽抢占地盘，不仅使交通要道被切断，也使我各块根据地无法连成一片。1942年初，中共苏皖边区政府和新四军四师为了扭转这种局势，加快开辟灵璧这一战略要地，要求宿东游击支队长张太生率部以杨疃根据地为依托，向北铲除尹集周边的敌伪政权。为巩固、扩大根据地，于3月间建立尹集区，当时称宿东八区，调原在四师工作的崔更生任区委书记兼区长，支队留下一个连，汪洋任连长，协助崔更生开辟扩大新的根据地。

　　崔更生到任后，以尹集为中心深入乡、村，广泛进行抗日宣传，发动群众，广交朋友，摸查敌情，扫除汉奸，尹集周边的革命工作如火如荼地开展起来。

　　受到崔更生等革命者的宣传、教育和引导，郁振华在这个时期就积极地参加了革命活动。

　　1942年8月的一个夜晚，酷暑的热浪已经褪去。在睢河边上张郁村一个茅草房内，家庭贫困、父母早亡的16岁少年郁振华与村里新发展的党员郁振玉、张连刚，还有从山东来落户的积极分子赵玉芳等人正聚在一盏昏暗的豆油灯下，同崔更生和时任张集乡乡长张金刚秘密开会。

　　随着群众的不断加入，张金刚组建的游击队缺少枪支弹药，一直困扰着队伍的发展壮大。郁振华回想起，白天听一个村民说，网寨村伪保长老娘死了，明天出殡，驻时村据点的日本兵要去送葬。他提议派人在日本兵必经的庄稼地设伏，见机行事，抢夺枪支。他的提议立刻被大家认同。

　　第二天天刚蒙蒙亮，由张金刚带队，十几个人早早来到网寨村西的高粱地等候，这里是通往时村镇的必经之路。他们搬来土块石头，把路面封死。9点多钟，3辆三轮摩托车载着七八个鬼子兵，向这边驶来，开到他们设置的路障时，摩托车过不去，几个鬼子只好停车，骂骂咧咧地跳下车清理路障。张金刚见时机已到，一声令下，十几个壮汉犹如猛虎下山般冲出高粱地，挥舞着手中的大刀长矛冲向鬼子，鬼子兵被打得死的死逃的逃，被缴了械。为首的鬼子兵掏出手枪负隅顽抗，郁振华眼疾手快，一刀砍在他胳膊上，但枪还是响了，虽没伤着人，但等于给时村军营中的鬼子报了信。时村胡泽普军营中驻有一千多日伪军。当大批日伪军听到枪声赶来时，张金刚他们早已借助高粱、苘、麻等作物掩护撤回张郁村。

由于胆大心细、作战英勇，郁振华后被任命为游击队班长。一直随康奎（后任张集乡长，游集大康村人）坚持敌后打鬼子、惩汉奸。

1945 年 8 月，日本战败投降后，国民党全面发动内战，再次把全国人民推入战火灾难之中，第二年年底，东撤洪泽湖，我革命力量遭到重创。在国民党顽固派赵觉民、唐克南为首的反动势力统治下，各解放区又被敌人占领。

在白色恐怖下，我地下党区委政委马以勤要求郁振华和亢刘村的解民等人插入敌内工作，先在灰古敌区队当兵，1947 年又转入敌主力部队。郁振华在一次送情报回来的途中，被小王庄的无赖王井思发现后告密，说他是八路军班长。正当敌人把郁振华绑去张集门王庄要枪毙时，被我党地下组织营救。郁振华回村里后，被敌人当作壮丁抓了去，经蚌埠转南京上船，送到东北葫芦岛编入敌骑兵新三军四师。

1948 年在内蒙古一次战役中，解放军骑兵 2000 多人将郁振华所在部队包围，在内无粮草外无援兵的情况下，郁振华审时度势，为了不辜负使命，同地下党人吴海清（河南人）、邱得顺（灵璧邱楼人）商议，共同成功劝降策反敌人 150 人，连人带马匹及武器弹药投向我军 0953 部队。从此，郁振华便随东北野战军从东北打到海南，直到新中国成立。一生枪林弹雨，身经百战，从未负伤。

1954 年，郁振华因病转业回家，历任尹集区三村民兵连长，大队书记，大队长等职。老人家现已 94 岁高龄，仍耳聪目明，思路清晰。

尹集镇退役军人服务所出具的推荐信这样写道："郁振华 1926 年 2 月出生，1942 年入伍，1954 年退伍，参加过抗日战争、解放战争，现享受复员军人优抚待遇。"

（郁振华　口述　程大康　整理　2020 年 4 月 10 日）

灵璧英雄：干思贤

快速奔袭 连战连胜

干思贤，生年籍贯不详。1941年8月7日，新四军四师特务团缩编为师特务营后，干思贤担任特务营教导员，在上级领导指导下，他同营长紧密配合进行多次战斗，在灵璧也留下了战斗足迹。

1943年4月5日，为了完成师参谋长张震下达的任务，干思贤同营长林乃清率一、二连和营部重机枪排率先进入泗灵睢地区，参加对日伪顽的反蚕食斗争。先派侦察员向固镇和灵璧的敌人据点探察，了解到以雷杰三为首的日伪顽军驻守在大李集及其以东的小圩子的情况。于是，他们与随同特务营前来的边区行署主任刘瑞龙、泗灵睢县委书记李任之一起，针对敌情，共同研究，制定了作战方案。4月14日凌晨2时，特务营抵进小圩子顽据点。指挥员带头上阵，破坏敌据点铁丝网木桩，炸毁敌掩蔽部，抢先进入敌人工事，用机枪扫射寨中炮楼，接着重机枪排用三挺机枪对敌猛烈扫射，敌人终于招架不住。特务营仅用40分钟即结束了战斗，共有230多名敌人被缴了枪，仅匪首雷杰三带领30多人逃窜。这次战斗后，营长林乃清升任三十一团团长，干思贤继续担任特务营教导员，并奉命代理营长的军事指挥工作。

1943年4月19日，干思贤与副营长何德才等听取了刘瑞龙主任与李任之书记关于敌情介绍，了解到灵璧冯庙、尹集一带盘踞着伪军"剿匪司令"胡泽普的部队，作恶多端，祸害百姓。特务营将情况向各连排作了传达，全体指战员满腔愤怒，要求向卖国贼胡泽普讨还血债。4月20日，二连指导员陈承恩报告，驻尹集敌人正抢老百姓的鸡，搬老百姓的锅做饭吃，如果我军一个小时赶到，对尹集进行突袭，定可以打个好仗。干思贤等征得刘瑞龙主任的同意，马上作出周密部署，迅速行动，二连进入尹集南门率先打响，各连听到枪声，即按照巷战计划，迅猛前进。敌人遭到突如其来的猛打，乱作一团，有的跪在地上缴枪，有的向北逃窜，又遭到我骑兵团一个中队的跃马冲击，逃敌有的被打死，多数被俘房，整个战斗仅用了一个多小时。

干思贤所率特务营取得尹集战斗胜利的当日 15 时，又投入攻打朱集的战斗。特务营配合骑兵团三大队、十一旅两个连和当地游击队，合围在朱集的雷杰三部及顽保安三团二营。21 日拂晓，各连队突击队攻入圩子，敌人仓皇向西突围。我步兵骑兵密切配合，将敌包围于野外，迅猛冲击，经半小时战斗将敌全歼。特务营配合兄弟部队连续两天打了两个胜仗，共毙敌 212 人，俘敌官兵 339 人，缴获机枪 9 挺，步枪 354 支，掷弹筒 1 个，驳壳枪 15 支，各种枪弹两万余，从而巩固和发展了泗灵睢抗日游击根据地。

1944 年 12 月，四师特务营奉命恢复为特务团，干思贤任特务团政治处主任。

（星辰　供稿）

灵璧英雄：卓家富

鲜血流尽也心甘

闫星云

2016 年夏，笔者采访了卓家富了烈士的儿子卓金爱。今年 75 岁的他在满面泪水中讲述了他父亲英勇牺牲的经过。

卓家富（1920—1944 年），是灵璧县卓庄村人，家境贫寒，生活困苦。他 1940 年，参加革命队伍，成为八路军领导的游击队战士。1942 年，加入中国共产党。1944 年 5 月，新四军三支队二十五团三营九连，在朝阳集赵庄伏击了日伪团长温克刚带领的部队，温克刚被击毙，顽匪四处逃窜，其中一股日伪军退到马集西圩炮楼附近，占据有利地势，企图进入炮楼据守。当时，因大部分游击队员被调配合九连打伏击战，乡公所只留下卓家富所在班由王指导员带领固守炮楼。此时，丧家之犬的日伪军如攻不下炮楼就要彻底被歼，他们紧紧将炮楼包围，疯狂攻击。双方对战一阵后，由于敌众我寡，王指导员指挥游击队员从炮楼里向外突围。卓家富突围后，向马集南卓庄村撤退，迎面碰上了张大路、东沙滩一带前来增援的日伪军，他躲在棉花地里，不幸被敌人抓捕。卓家富奋力反抗，与敌博斗，最后，四个敌军一齐按住他，另一个敌军向他连开三枪，他趴在血泊中不动了。

敌军走后，他竟然奇迹般地苏醒了过来，身上仍血流不止，实在无法站立行走，就顺着庄稼地向着家的方向爬。终于，他用常人无法想象的毅力爬到了家门口，见到了他年轻的妻子和只有 5 岁的儿子最后一面。没过多会，因流血过度，精疲力尽的卓家富，永远闭上了眼睛。那年，他 24 岁。

灵璧英雄：陈存仁

气定神闲 虎口脱险

1943 年 3 月的一天深夜，乌云密布，伸手不见五指。在灵璧西部边境，从宿县方向急匆匆地走来 4 个人，两位年纪稍大的腰挎盒子枪走在前面，两名年轻的紧跟其后，直奔灵璧李庙庄而来。他们来到了李庙庄西头一户人家的门前，轻轻地敲了三下门，不一会，屋里面的油灯亮了，从门里闪出了一个 30 多岁的男子，向四处张望了一下，与来人嘀咕了几句，接着就急忙把来人让进了屋里。原来，这 4 个人是中共杨疃区委书记陈存仁、区长陆一涵和他们的通信员。他们是刚刚参加完宿东县委召开的紧急会议，得知敌人明天要对根据地进行扫荡，重点地区是灵北，连夜赶回来，准备带领区队进行反扫荡的。接待他们的是李庙村我地下交通站的老李同志。

由于情况来得突然，区队现在活动在什么地方还不清楚。于是，老李安排他们先住下，就马上去联系区队。天刚拂晓，陈存仁等人突然听到外面有喧闹声，立即起身观察。原来，狡猾的敌人提前行动了，驻扎在灵璧的日本鬼子一个小队和孙连宵的一个伪军大队，已将李庙庄团团围住，开始挨家挨户搜查。他们把群众驱赶到村北庙前集中，听"太君"训话。情况万分紧急，他们立即决定分头突围。陆一涵带一名通信员向庄西突围，陈存仁带一名通信员向庄东奔去。由于庄东敌人兵力较集中，再加上陈存仁腿上负过伤，没能冲出去。他们马上折回头向庄里跑去，敌人紧追其后，再想突围已来不及了。在前后都有敌人围堵的情况下，他们跑进了一个农户家中。"陈书记，怎么了？"家主李凤高问。"敌人正追赶我们，我们想在这里暂避一下。""好，好！你们快到屋里去，叫通讯员睡在床上，我来应付外边。"这时，传来"咚咚咚"的砸门声，"快开门，快开门。"敌人在外边大声叫喊着。李凤高打开大门，敌人冲进屋里，大声叫道："你有没有看到八路跑进来？""俺没看到。""这两个人是谁？"敌人指着陈存仁及睡在床上的通讯员问。"这人是俺庄的教书先生，他在叫俺儿子出去办事。"李凤高若无其事地指了指床上答道。"给我统统带走。"一个大个子伪军大叫。

陈存仁被敌人带到了庙前的打麦场上。麦场上，李庙庄近 200 名群众被敌人团团围在中间，一挺机枪正对着他们。李庙庄是我们的游击区，区队经常在此活动。大部分群众都认识陈存仁，也知道他的身份。今天看到陈书记也被敌人一同带到这里来，都暗暗地为他捏着一把汗。

鬼子队长松板对着群众叽里咕噜地叫喊着，汉奸孙连宵忙解释说："皇军问你们，这里有没有来过八路，谁供认出八路，赏大洋 10 块。"群众回答："我们没见过什么八路，也不要什么赏钱。""伪村长"李凤美也站出来对松板说："我们这是良民区，从未来过八路，也不认识什么八路，这些都是老实的庄稼人。"突然，那个大个子伪军走上前向鬼子叽咕了几句。松板听后手一挥，从旁边窜出几个鬼子直奔陈存仁、李凤高，把他们从人群中拖出去，并在脖子上架上了刺刀。"这人是什么的干活？"松板指着陈书记凶狠地叫道。"他是俺庄的教书先生。"李凤高老汉还是不紧不慢地回答。"啪啪啪"，松板对着李老汉就是几巴掌，鲜血顿时从他的嘴里流了出来。松板此时凶相毕露，猛转身抽出东洋刀，顶着陈存仁的胸膛，并把他的手拉出看了看，指着被枪机磨黑的手指，凶残地叫道："你的，这是什么的干活，土八路的有！""我是这庄请来的教书先生，手指上的黑色是我用笔墨时染的。"陈存仁沉着冷静地答道。"绑上，死了死了的。"松板大吼道。

陈存仁被敌人绑在了一棵大树上。鬼子端起了枪对准了他的脑袋，松板的手就要凌空劈下……

这时，"伪村长"李凤美急忙走上前来对孙连宵说："这人确实是俺庄从外地请来的教书先生，俺可以用全庄人的命担保。不信，你再问一下他们。"说着，他指了一下麦场上的群众。"他是俺庄教书先生，"群众齐声回答，"俺们拿性命担保。"孙连宵只好向松板报告。穷凶极恶的敌人还不死心，又在全庄上下搜了个遍，折腾了一个多小时，放火烧了几处房屋，抢走了10头猪和几十只鸡鸭，觉得无计可施，就撤走了。敌人走后，人们急忙放开陈书记。就这样，李庙庄人民冒着生命危险，帮助陈存仁逃脱了敌人的魔掌。

（政协办公室　供稿）

灵璧英雄：杨广胜

聚起一支抗日武装

杨广胜，生年不详，灵璧禅堂人。当地老人回忆说，他是禅堂一带的民主人士，他拉起的100多人的队伍，在禅堂、杨疃一带活动，是一支不可小觑的地方抗日武装。

1943年，新四军四师十一旅协助宿东游击支队攻打禅堂敌据点，迫使日军撤出禅堂，龟缩灵城。5月间，宿东游击支队派作战参谋郝鸿基到禅堂与杨广胜取得了联系，并一起秘密活动一周左右时间，具体研究了成立灵北武装队伍，开辟活动地盘等问题。后宿东游击支队率特务连、宿东大队到禅堂一带开展活动，大力支持杨广胜扩充队伍。随后，将杨广胜队伍收编过来。鉴于该队伍成分复杂，经教育和审查，清除了那些具有反动倾向和劣迹斑斑的人，其余的编入灵北大队，正式划归宿东游击支队编制，由郝鸿基任大队长，杨广胜任副大队长。由于有了杨广胜的统战关系，灵北大队很快发展到二三百人，从而使灵北党的抗日工作有了武装保护。杨广胜这个内线关系是灵北县提供的，改编后，灵北县委、县政府将灵北大队升为县大队。1944 年 8 月，灵北大队上升编为淮北军区第四军分区独立团二营。

1947 年 2 月，杨广胜随部在参加与国民党军的战斗中牺牲。

（星辰　供稿）

灵璧英雄：刘亚伯

勇克"铁血团"

刘亚伯，生年、籍贯不详。原在尹集区任副区长，1944 年 11 月渔沟区建立，大路区区长江祥斋调任渔沟区区长。刘亚伯则由尹集区调来大路区任区长，及至 1945 年 5 月调出。

刘亚伯在大路区任区长不过五六个月时间，主要是做根据地的开辟和发展工作。当时，闸河以东是国民党三十三师活动的地盘，闸河以西是我大路区的地盘，大路区地方武装和群众经常抵抗国民党三十三师的扫荡、侵扰。

1944 年 11 月 19 日夜半，国民党三十三师三团团长张克修亲自出马，率部 400 余人，向闸河西岸的赵场村奔来，并向部下狂叫："一个小时内打开赵场，否则枪毙！"他们哪里知道共产党区长刘亚伯早已安排地方武装力量做好防御部署。赵场村 200 多户人家齐心合力抗击，全村 60 多名民兵组成的闸河联防队拥有步枪 36 支，牛腿炮 14 门，平均每个民兵有手榴弹 8 枚，子弹 19 发。毛克奇家又献出子弹 10 多箱。而且乡长胡昌俊与赵场村副村长张敬密又已提前通知周围各村提高警惕、加强戒备，如发生情况，村自为战，固守待援。夜半，张克修指挥所属，几次向赵场村发起进攻，全被民兵击退，而且由于民兵步枪、手榴弹、牛腿炮一齐开火，敌军接二连三倒下一大片。天亮，半楼乡乡长鲍政带着半楼和倪场民兵进入赵场，加强防守。区长刘亚伯和区队长程明科率领区队和部分民兵，在赵场村西面和西北面与敌人展开激战，我主力部队骑兵也从大徐家飞奔而来。张克修看势头不妙，慌忙指挥撤退，我方则全面出击，敌一名副营长被打死，张克修自己的脖子也被民兵击中。到上午8时，战斗结束，敌军共300余人死伤，200多支枪被缴械，落个惨败。

刘亚伯区长亲自参加的这一仗，使张克修失尽了"铁血团长"的面子，枪伤的脖子更是疼痛难消，其余部从此不敢再轻举妄动。

（星辰　供稿）

灵璧英雄：刘德云

带出一个"猛虎营"

刘德云，生年籍贯不详。1939年10月，八路军苏鲁豫支队第一大队，决定拔掉冯庙雷杰三伪据点，把任务交给二营来完成，二营时任营长为刘德云。

灵北大汉奸雷杰三手下有伪军千余人，从时村到灵北都是他的势力范围，在冯庙镇已修建了据点，对胡大队的行动已构成威胁。他还不放心，又动用民工，扩大据点。趁此机会，胡大队派团侦察排和二营侦察班，化装成民工，陆续混入敌人据点内，给敌人修工事，暗中将敌人据点的情况摸得一清二楚。守据点的是雷杰三的一个伪军连、一支便衣队和七八个日本鬼子。

二营接受了拔据点任务，当营长刘德云和各连指导员商议战斗方案的时候，化装进入镇内的一位连长，因为不是当地口音引起了敌人的怀疑，于是，这位连长便率领打进去的战士先敌开火。听到枪声，刘德云营长立即率领各连猛攻据点，把顽抗的鬼子逼进炮楼里，并弄来一桶煤油，把炮楼烧着了，鬼子全被烧死在炮楼里。

时近黄昏，战斗接近尾声，从固镇、灵璧开来20多辆汽车，运来四五百名日伪军。刘德云指挥二营迅速撤进镇内据守，同时，派人与大队领导联系。大队长胡炳云与政委王东保一方面让来人告诉刘营长守住镇子，另一方面带领一营和三营赶到冯庙，看到敌人三面合围冯庙，二营顽强战斗，便在四大队的配合下，对敌人进行反包围。敌人腹背受敌，慌忙退却。刘德云营长趁机一声呐喊，二营战士像猛虎下山冲了出来，冲得敌人陷入无组织状态，战斗一直打到深夜，烧毁了敌人20多辆汽车，打死打伤日伪军近400人。这一仗打出了胡大队的威风，刘德云及其所领导的二营，发挥了重要作用。

（星辰　供稿）

灵璧英雄：程共达

不愿平凡过一生

吕允峰

程共达，1912年出生在灵城东关街，勤劳朴实，身材高大，腿脚不便。小时候，他一边在吕荣甲的私塾里念书，一边跟父亲学做爆竹、蒸大馍等一些手艺。民国初年战乱频仍、灾害不断，街头出现许多拖儿带女、衣不蔽体、食不果腹的流浪难民，他经常会拿自家的东西施舍他们。

一次卖完大馍进家低头不语，父亲程道章问："怎么了，受人欺负了？"他说："馍送人了，就卖了这几个钱。"父亲深沉地说："就是把咱家的家产都舍出去，能救济多少人呀？还是要靠自己的学问和本事来拯救他们。"在父亲的教导下，他更加勤勉进取，学业也大有长进。他性情直爽、乐于助人，爱打抱不平，街坊和赶集的人有事都好找他帮忙，他就成了东关街里的大忙人。

1944年3月，日寇已经到了穷途末路。有位叫王庭彬的镇长是共产党人，找到他要他出来当街长，还给他讲了一些共产党领导人民闹革命的道理，他觉悟提高很快。当时，东关街稍微有学问的差不多都加入了国民党。而程共达发现共产党人态度温和，有济世之心，做事不伤害老百姓，是可以信赖的组织。

他把王镇长要他当街长的事向他的妻子翟彩云说了，妻子吓了一跳。翟彩云是钟馗画名家翟光远的二女儿。据说翟光远就是1915年巴拿马国际博览会上拿到金奖的人，名声显赫，是国民政府的座上宾。翟彩云找来长辈劝他不要干这个街长，他却坚定地说："不就是街长吗，与其平凡一辈子，不如大干一阵子。"

胡建亚老人回忆说，其实当街长只是表面，王镇长是要他利用吕耀华的茶馆为共产党做事。吕耀华在桥头外开茶馆，为人圆滑，广交朋友，也为共产党提供情报。后来有人密告吕耀华私通八路军，日伪军逮捕了他。日寇对吕耀华严刑拷打，还唤来狼狗舔过他的伤口，再撒上盐。吕耀华宁死不招，最后经开明绅士吕荣祯托人调和，才算作罢。程共达识文断字、精明过人，胆大心细，人脉甚广，他以做生意为掩护，能及时把日伪军的布防、兵力情况告知八路军。

1945年底，日本投降。9月15日新四军接管灵璧，国民党军队退守固镇，这是灵璧城第一次解放。这期间，程共达的革命工作越来越受到党组织重视。1946年初，中共灵璧县委书记江祥斋、县长农超谋找到他，他摆酒款待。席间，农县长敬他三杯酒并鼓励他让儿子参军，程共达说："农县长这么看得起我，今天就让大儿子参军，停两年叫二儿子也去！"

1947年，国民党对解放区疯狂围攻，程共达听从组织安排，担任镇农委主任在灵璧城边开展活动。李忠保老人说，1947年，国民党节节败退，源源不断有军车从灵璧经过，程共达就带人撬松了岳罗河上石桥（位于今天东关小学桥东 100 米）的石磙，第二天，掉进了几辆国民党军车。

1947 年 8 月，国民党从七里乡和凤凰山围攻解放军，程共达带领游击队退守到南王集乡（今向阳乡汤庙南）大杨庄被才刚当了 18 天伪乡长的金广文带人抓捕并把其押回城，后获得一笔赏金。程共达被关押在百安庙（在今县城西关内竹器厂院南）内，在威胁利诱、严刑拷打无果后，反动分子就让程共达戴上脚镣手铐在四条街道游行示众。遍体鳞伤、烈日炙烤，程共达跛足前行，昂首挺胸，大义凛然。围观市民无不唏嘘惊叹。夜里程共达等人在西关外新桥被活埋。

妻子翟彩云时年才 33 岁，她坚强镇定，孝敬公婆，激励大儿子程士生在前线奋勇杀敌，教育小儿子程士起勤奋学习，报效祖国。1953 年，金广文被枪决。翟彩云老人得到政府的关怀照顾，晚年生活幸福安康。

灵璧英雄：王西康

献身革命死无憾

王西康，河南省太康人，出身于一个农民家庭，世世代代以农为生。王西康自小受到祖辈父辈的教育，使他严格要求自己，长大要成器，做一个老百姓称好的正直人。

日寇侵略中国后，王西康投笔从戎，先是参加党领导的西华人民自卫军，后入新四军第六支队第二、第三总队以及新四军第四师十一旅部队。王西康与战友们一起团结战斗，英勇杀敌，不断进步成长。1944 年 8 月，王西康已成为十一旅三十一团总支书记。1945 年 11 月，华中野战军第九纵队成立，十一旅三十一团编为九纵七十三团，王西康任七十三团政治处副主任。

1946 年内战爆发，6 月上旬，驻固镇蒋军一七一师一部，带领土顽唐广金部，分别占领灵南濠城、槐巷子等地。为保卫解放区，我华中九纵队命令七十三团歼灭槐巷子唐广金部。王西康同全团干部战士一起，英勇顽强战斗，激战一个多小时，迫使敌人放下武器，少数突围的人也被歼灭，共毙俘敌军近400人，缴获各种武器数百件。

1946年7月16日，敌第七军一七一师偷袭灵璧西南大山。敌人4个营一次又一次向我大山阵地进攻，均被我七十三团打下去，使敌伤亡数百人。敌人不甘失败，继续进攻。团政治处副主任王西康到一连督战，坚守大山，掩护主力转移，战斗中不幸中弹，身受重伤。在牺牲前的几分钟内，自述遗文，回想起他从戎8年来所走过的道路，感到他没有使父母失望，没有辜负部队首长的希望，自己可以安心地走了，希望同志们继续战斗，直到革命胜利！

王西康同志牺牲后，《拂晓报》刊登了他的遗作，使广大指战员深受教育。

（星辰　供稿）

灵璧英雄：马树台

身在敌营　心向革命

闫星云

马树台，1905年，出生在灵璧县渔沟镇马集村一个贫苦的家庭。幼年时就随父亲割草、搂柴、捕鱼。十几岁时就给有钱人家放牛打长工。他身材魁梧，体格健壮。1925年，马树台参加了国民党地方武装，1928年，任国民党灵璧县冯庙、沙滩两地治安分局局长，并兼任马集保长。十余年来，他上不怕官下不怕匪，为百姓排忧解难，保一方平安。1936年，他秘密地接触我党的地下工作人员，以分局局长的身份作掩护，给我党我军提供敌人情报，像一把钢刀插在敌人的心脏。

1937 年，日寇侵我中华。1938 年 5 月，日冠从徐州扫荡，一路南下，我抗日游击大队在杨桥一带阻击日伪军，四名战士不幸被捕。日伪军将四名游击队员押送到了马集乡公所进行拷打。马树台接到上级指示，营救四名战士。敌人防守严密，营救难度很大。当时，马树台妻子裴氏在乡公所食堂做饭，马树台计划在饭菜里下泻药，使守卫拉肚子，再让几个战士到马集西开枪，让日伪军误认为是八路军打来了，他好趁乱救出游击队员。没料到饭菜做好后被一个日伪军的小头目先吃了，时间不大，肚子疼的历害，要拉肚子，这个小头目闯进食堂将裴氏拉了出来，用枪逼着她说出原因。裴氏拒不承认，小头目对着裴氏就是一枪，打到了裴氏的脚脖上，瞬间鲜血流了出来。马树台听到枪声，及时赶到，小头目知道是马树台的老婆，同时裴氏说菜是在街里买的，自己不知道原因，才免去了一难。几天后，马树台又通过党组织，秘密联系活动在浍水凌子湖一带的县游击大队，以转押犯人到冯庙分局刑审为由，县游击大队在渔沟南马庄三岔河设伏，终于将四名游击队员顺利救出。

后来，马树台更加谨慎地为我党我军提供情报，使我党的抗日武装能够准确及时打击敌人，一次次成功地歼灭日伪军。1939 年，因叛徒出卖被捕，被捕后，日伪军将他秘密杀害。

当村民们知道马树台牺牲的消息，全村的百姓无一家烟囱冒烟烧火做饭，为马树台致哀。马树台一生清贫，直到被捕前，仍是借住他人的两间土坯屋，他在周边百姓的心中享有崇高威望。

灵璧英雄：冯志芳

连续作战灭顽敌

冯志芳，生年、籍贯不详。1940 年 6 月，老一团编为八路军第四纵队五旅十三团时，冯志芳担任团总支书记。1941 年皖南事变后，十三团改编为新四军第四师十一旅三十一团，冯志芳继续在三十一团任总支书记。1942年6月中旬，按照精兵简政政策，三十一团团部奉命暂时撤销，番号仍在，冯志芳任一营政治教导员。1943年6月，上级决定健全三十一团编制，冯志芳任该团政治处主任。1944年8月，四师主力奉命西进豫皖苏边区，收复失地，三十一团为西进部队的前卫，冯志芳仍任三十一团政治处主任。

冯志芳在担任上述职务期间，多次随部在灵璧参加打击日伪顽的战斗。在33天反扫荡斗争中，担任一营政治教导员的冯志芳与营长朱敬德一起指挥攻打津浦线上的磨盘张日伪据点，俘虏人枪250余。从1943年3月至11月，9个月中与三十一团营以上兄弟单位配合，进行战斗18次，共毙俘敌4000余人，获各种武器3000余件，战马70余匹。其中，在灵璧境内就有高楼、朱集、高场、小圩子、张大路等战斗。1943年12月至1944年1月，参加了张大路攻坚战。1944年4月5日，参加了拔除泗灵公路上的关帝庙顽据点的战斗。

（星辰　供稿）

灵璧英雄：尹友仁

红色村庄革命人

邱朝坦

在灵璧县朱集乡西北部的老汪湖畔，坐落着一个不大的村庄——郭家村，至今已有650多年的历史。清道光、咸丰年间，由于郭氏中出了一个大木材商人，这个商人在村子中盖了许多砖瓦结构的瓦房，后来这个村子又叫郭瓦房。

别看这个至今不足 300 人的默默无闻的小村庄，在历史上却有一段辉煌的经历。在抗日战争和解放战争期间，这个村子就在共产党地领导下，开展了轰轰烈烈的反抗日本侵略与反动派的斗争，在斗争中涌现出了一批敢于斗争，敢于胜利的优秀分子。提起这个村子的革命斗争史，不得不提到尹友仁这个人。

尹友仁于民国五年（1916）生于郭家村一个贫苦农民家里，平时不但深受地主老财地剥削与压迫，日军侵华后，他的女儿又惨遭杀害。因此，他恨透了黑暗社会，恨透了日本鬼子。

1944 年间，抗日英雄张维献担任朱集区区长时，他毅然参加到张维献领导的抗日游击队。1945 年 8 月，日本宣布无条件投降后，他担任了朱集区邱楼乡郭陈村村长，并且加入了中国共产党。在担任村长期间，与其侄尹德荣、郭尚宽等人，一方面充分发动群众，与本村的地主分子作斗争，开展"减租减息"，限制地主分子对农民的剥削，努力发展农业生产，改善农民的生活。另一方面，他们又积极开展对伪顽匪盗、地痞恶霸等反动残余势力的斗争。

由于尹友仁等人的努力，这个名不见经传的小村庄，各项工作搞得有声有色。同时，在这段时间里，村里除了尹友仁、郭尚宽、尹德荣 3 人以外，还先后发展了郭尚生、郭丙让、郭丙谦、郭丙功等几个积极分子入了党，成为本地党员最多的村庄。因此，这个有着 8 名共产党员的小村庄，在当时是一个远近闻名的红色村庄。

但是，好景不长。1946 年 11 月，地方党政与武装人员"东撤"以后，那些被打倒的汉奸残余势力、国民党顽固派又组成"还乡团"卷土重来。邻村的反动保长傅老相父子和本村的地主分子郭某某等当地土豪劣绅互相勾结，丧心病狂地到处抓捕共产党员、革命干部和群众。许多共产党员、革命干部与革命群众被残酷杀害。他们对尹友仁恨之入骨，将其列为重点的抓捕对象。

尹友仁等人在完成上级交给的任务后，还没来及跟上部队"东撤"，就被地主分子郭某某发现并勾结"还乡团"连夜抓捕，惨遭杀害时年仅 30 岁。

灵璧英雄：李化民

智勇双全斗顽敌

刘万广

李化民，男，1919年出生于韦集镇小徐村（现金银山村）。中共党员，1942年始任中共灵南区院寺乡乡长和灵南区公安区员、副区长、区长、灵南区大队队长等职务。经常组织武装力量在晏路、砂坝、沱河、大山、韦集等地抗击日、伪、顽军。多次在砂坝、灵固路上开展阻击战，使灵南解放区不断巩固和扩大，为加快灵璧解放作出了突出贡献。

1946年春，灵璧土匪头子唐广金带领三四百人进驻槐巷圩（今固镇县辖）。他们经常到周边庄上派饭吃，吃饱喝足后，还抢衣服、扒粮食、祸害百姓，作恶多端。因此，老百姓恨之入骨，都管这些人叫"唐老虎的队伍"。

一天，唐老虎队又到砂坝、乔园、刘沟、郑园、小陈等庄搜刮民财来了。他们扒的粮食装满8大牛车，还硬逼着农民将车集中到郑园庄南韦砂路大道上，等着运往他们的老窝——槐巷圩。时任灵南区区长的李化民知道消息后，在区队人马远出、身边只有4个警卫战士的情况下，面对几百名唐老虎的人马，决定智取"粮纲"。于是，他跑步来到离敌人只有半里路的王楼庄后，李区长指挥五人兵分三路快速行动。第一路两人从东刘沟跑步到南沱河堰里鸣枪，第二路两人从郑园庄后的小陈庄后鸣枪，李化民只身一人从西刘小沟跑到刘沟庄后鸣枪。听到三处枪响，胆小如鼠的唐老虎队，疑是共军的人马已经把他们包围了，吓得弃车就跑，仓皇南渡沱河往槐巷圩子逃去。8车粮食又回到农民手中。农民高兴地说："唐老虎见了李区长，就变成了唐老鼠了。"

1945年，抗日战争胜利，国共两党和谈破裂，内战爆发。这时，灵南区队改为灵南大队，李化民任大队长，李耀任政委。他们坚持率领全区军民在灵南一带开展与国民党反动派的两广蛮兵周旋作战。

1946年秋季的一天，千余名两广小蛮兵从固镇到沱河集，又到王桥、陈圩、陆集一带烧、杀、抢并搜查共产党地方区、乡干部和家属。这时，地方有二三百群众和武装人员被围困在大山以南的青纱帐里（陆集北王庄一带），情况万分危急。经过商讨，区大队决定由李耀政委带领军民向北大山里撤退，李化民大队长带五个警卫战士留下掩护。凭着机智勇敢和多年的战斗经验，再加上青纱帐的掩蔽，他们故意暴露自己，吸引敌人火力，为军民向北突围争取时间，成功地掩护了李政委带领军民撤向北大山里。可是，后来敌人还是发现了他们。李化民身中三弹，腿骨被打断，寸步难行，几位警卫人员，有的牺牲，有的跑散，只有李绍典一人在他身边。李绍典背起李化民就跑，没跑多远，李绍典也中弹。李化民觉得自己快不行了，命令似的要求李绍典把他放下来，从身上掏出 7 块银圆和一支手枪，递给李绍典，微弱地说道："我不行了，你得活着出去，这钱交给组织，算我的最后一次党费，这枪要交给李政委，绝不能落给敌人……"说完闭上了双眼。

李化民牺牲时年仅 27 岁。

灵璧英雄：杜新民

拉回一个"解二军"

杜新民自幼家贫，1923 年参加旧军队，后在魏凤楼旅当参谋。抗战开始后，在孙连仲部七十九团任团长，思想一直进步。1931 年 3 月，杜新民加入中国共产党。他曾被蒋军逮捕入狱，出狱后，与党组织失去联系，经人介绍到张岚峰处。后中共水东特委派人促动其起义时，杜新民才与党组织取得了联系。由我党打入杜新民任团长的伪教导团内部工作的我党党员王飞霄、陈子良介绍其重新入党。新四军四师恢复豫皖苏地区后，杜新民任师长的伪十八师驻地已被新四军包围，其党的关系与起义工作均由冀鲁豫军区转给新四军第四师。第四师及时派员打入该师，四师首长鼓励杜新民积极做好准备，创造起义条件。此时，伪六军军长陈新民发来电报祝贺杜新民"荣升"六军副军长。杜新民考虑再三，决定自己要抓住机会，完成党交给的率部起义的革命任务，并立即派人与四师首长联系。随后，根据与四师来人达成的共识，多方做好准备，以确保 1945 年 9 月 21 日，即中秋之夜起义一举成功。杜新民通过巧妙安排，令十八师 5000 名官兵准时于 9 月 22 日 7 时集中东行。新四军第四师首长于 23 日发表贺信，贺其"壮举已告胜利成功"。不久，新四军军部授予该部"解放第二军"，（简称解二军）的新番号。

此后，该部奉命与华中野战军第九纵合并，杜新民又被任命为华中野战军第九纵队副司令。不久，他率部来到灵璧，与九纵司令员兼政委张震、副司令员饶子健等一道，指挥还击来犯之蒋军的战斗，诸如打灵南槐巷子、打大山、坚守凤凰山、灵城退强兵等战斗。

战后，在灵北召开的七十三团总结大山战斗的干部会上，杜新民副司令的讲话道出了国共两军的大不同，也表明了他要改造这支部队的心迹。他说："七十三团本来很能打硬仗的，只因我带的解二军兄弟们编入该团，这些人没有打这种仗的经验，敌人一扑上来，他们架不住了，这影响到七十三团的战斗力。"

（星辰　供稿）

灵璧英雄：刘健身

带回二连创奇迹

刘健身，生年不详，灵璧县人。1945 年 11 月，华中野战军第九纵队成立，刘健身为九纵七十三团一营二连政治指导员。1946 年 6 月上旬，他随团奉命参加了歼灭槐巷子唐广金部，为取得毙俘敌人近 400 人、获各种武器数百件的胜利作出了贡献。1946 年 7 月下旬，桂系第七军奉蒋介石之命，向我华中野战军第九纵队驻地——灵璧大举进攻。九纵司令员兼政委张震，决心在灵璧西南大山地区抗击该敌。刘健身所在七十三团位于大山周围担负正面阻击任务。指导员刘健身、连长王宝峰指挥的二连与郭绍先连长指挥的三连，负责在大山东南角对敌反击。两连紧密配合，打得大山东南角的敌人，争先对我避战，两连指战员不时地在庄稼地里寻敌出击。

根据周世忠团长16时下达的命令，二连连长王宝峰与指导员刘健身立即命令属下三排抢占了大山的制高点，同时，命令二排和一排分别在大山集南首和北首机动作战。前后经过5个小时的激战，三排控制了大山制高点，连续三次打退了敌人的进攻。一、二排在大山集打退了敌人一个连的进攻。王宝峰、刘健身见天已黑透，便研究撤退，由王连长率一、三排先往西再往东北寻找主力，刘健身则指挥二排，以五班对敌佯攻作配合，掩埋好4位烈士，做好带走6位轻重伤员的准备，让7个俘虏抬着重伤员李安银，背上多余的下掉枪机的步枪，连伤员在内共19人，开始撤离大山阵地。撤离途中，他们在一块高粱地边，遇到敌人伏击。通讯员梁玉章牺牲，五班长葛明友背起梁玉章的尸体迅速前进，六班长刘传道等扑上去用刺刀捅死3个敌人，缴获了那挺轻机枪，掩埋了梁玉章烈士，继续前行。天亮抵达灵北杨疃，仓促用餐后，往渔沟方向疾奔，于17日中午在上土山村找到了七十三团团部。下午，王宝峰连长也带一、三排安抵上土山。周世忠团长、宋治民政委都表扬说："你们把二连带回来，立了大功，是个奇迹！"

（星辰 供稿）

灵璧英雄：李星光

杀鸡儆猴搞统战

李星光，安徽怀远县人。1940年5月，淮上行署和其他党政机关干部随新四军主力转移到皖东北时，李星光、王国藩、邵光军被留下来，就地坚持斗争。主要任务是掩护留下来的同志、干部家属、小孩和伤病员，接收走失掉队的同志。

1941年，中共宿灵县委成立后，根据地委部署，以花山区为依托，沿沱河两岸向灵北境内开辟发展。开辟中县大队随同一批干部，深入青集、仲兴集、长集一带，一方面发动群众，另一方面伺机打击敌伪。击毙了伪军头目王大廷，拔除了青集伪据点，做好统战工作，争取了伪仲兴集集长孟昭荣转向我方，和平解决了仲兴伪据点，促使伪联保、甲等基层人员转变立场，伪戈店联保主任张国邦则与我方订立了互不侵犯之约。随着形势好转，1942年4月，建立了沱北区，李星光任区委书记。沱北区建立后，李星光同区长周思平很快成立了有20多人枪的区队，并以八里、大张圩、大邵3个联庄分会为基础，在长集、吴塘、永定、戈店一带，广泛发动群众，打击敌伪，破坏敌人交通线，积极献粮、出钱、做军鞋，为部队排忧解难。仅吴塘一个村就献粮万余斤，做军鞋400双。统战工作也不断发展，通过争取长集维持会会长桂廷珠，解决了长集伪据点。通过宿灵大队在吴塘子击毙了与我为敌的土匪头子许明昶，收编了其武装。新建了长集、戈店、吴塘、永定等5个联庄分会，全区区队和乡队达150多人枪，沱北地区抗日根据地，北至宿灵公路，南抵沱河，东起吴塘，西达宿县八里集，且不断扩展，为向东开辟大山一带提供了依托。

此后，李星光又相继担任浍河区委书记等职。抗日战争胜利后，国民党军大举进宿怀县解放区。1947年6月，豫皖苏三地委决定恢复宿怀县解放区，汪冰石任宿怀县委书记兼县长，崔剑晓为副书记兼组织部长。接下来宿怀县委组成人员为：汪冰石（书记兼县长）、崔剑晓（副书记）、丁文山（农会主任）、李星光（组织部长）、李一均（县大队副政委），军分区派魏清岭任县大队副大队长（汪冰石兼大队长及政委）。从恢复宿怀县到淮海战役开始，宿怀县相继设立了褚集、顺河、龙亢等11区和53个乡（镇）民主政府，人口达到50余万人。宿怀县的诞生，对威慑日伪皖北的军事、政治、经济重镇蚌埠，威慑津浦铁路和淮河中游，有着重要的战略意义。

（星辰　供稿）

灵璧英雄：张树斌

粉身碎骨何所惧

赵秀永

张树斌，男，1921年4月，生于灵璧县朝阳镇东部九顶山区京渠村一个普通农民家庭。父亲张道培，是一位忠厚诚实的庄稼汉，母亲张氏，勤劳、贤惠、善良、孝道，闻名乡里。

张树斌，自幼聪明伶俐、勤奋好学、成绩优秀。由于从小接触共产党员，受到革命思想的熏陶，他政治上要求进步，12岁时，先后参加青年先锋队、共产主义青年团，完成党组织交给站岗放哨、传送情报、散发传单等革命工作。

1941年春天，革命进入高潮，红色根据地迅速扩大。中共皖东北特委，根据上级指示，及形势发展需要，从各地选调一批先进青年进行培训，为革命高潮的到来准备力量。据现年95岁革命老人王炳军回忆："我们京渠村当时有王克明、赵俊德、张树斌等七八个青年被抽调到特委青年培训班学习。"

通过培训班的学习，张树斌的政治觉悟进步较快，懂得了一些军事斗争的策略和方法，也学到了枪械的使用方法和修理技术。为了掌握枪支的瞄准要领，他虚心向神枪手请教，勤学苦练。功夫不负有心人，在一次考核中，5发子弹，他以47环的成绩名列第一。

1942年6月，新四军胡昌德游击大队到达九顶山区，张树斌被分配到二中队一小队担任副队长。为了打击日伪顽，部队经常长途跋涉，多在夜间或阴雨天行动。行军途中他身上背负着枪支、弹药、背包、干粮，为了保证战士不掉队，他还帮助身体弱、幼小的战士背枪和面袋。到了宿营地放弃休息，帮助战友搭篷、烧水、做饭。为战友们挑脚上水泡、上药。待战友们都睡了才躺下。有一次，战士小李的父母亲因家庭生活艰难来信要其寄钱回家，而他却身无分文，躲到树旁偷偷抹泪，张树斌问明情况后就把出征时父亲给的一块银元给了他。

张树斌政治上要求进步，战斗中冲锋在前。经组织培养和考验，1943年2

月 16 日，张树斌加入中国共产党。

抗日战争胜利后，国民党反动派为了抢夺胜利果实，迫不及待地全面发动了内战，而淮北解放区也是他们的攻占目标。1946 年张树斌所在的部队，东撤至洪泽湖畔——泗洪县金圩子、尚藕地区。敌人一个旅追到该地区，发生激烈战斗，由于敌强我弱，我军伤亡惨重。张树斌和 5 名战友子弹打光了，他们就拉响身上最后的手榴弹，举着大刀冲向了敌群，随着一声惊天巨响，与敌人同归于尽。

张树斌烈士阵亡时，年仅 25 岁。

灵璧英雄：王仲楷

修枪走上革命路

王仲楷，生年、籍贯不详。原在与朝阳相邻的双沟镇街上开自行车修理铺，张树实是他的表亲戚。张树实经常来双沟看望他，每次来除给他讲些革命道理外，还带来一些短枪让他帮助修理。王仲楷隐约知道张树实是个老共产党员，领导过京渠打羊暴动，曾受国民党当局通缉，被迫逃离家乡。抗日战争爆发前夕，张树实回到家乡，秘密开展恢复党组织的工作，并不断前来修枪。王仲楷自然知道这些武器的用处，对修理枪支越来越积极认真，有一次他一口气修好了张树实带来的 6 支枪。徐州、双沟一带沦陷时，国民党军队溃退丢下许多武器。王仲楷按照张树实的指示，低价收买了一批武器，还捡拾了一些枪支弹药，交给张树实他们。

由于不断受到张树实的启发教育，王仲楷的思想觉悟不断提高，为了抗日，他已把他的自行车修理铺变成地下修械所。1938 年 12 月 12 日，王仲楷被吸收加入了中国共产党。

王仲楷入党后，组织上交给他负责发展抗日武装的任务，他通过深入群众，广泛宣传抗日救国的道理，提高群众觉悟，先挑选四五个立场坚定、觉悟较高的人成立起"抗日青年救国团"，活动在以京渠为中心的九顶山区，迅速发展到 80 多人枪，并有一挺机枪，活动也由半隐蔽到公开。1939 年 6 月间，八路军陇海南进支队先遣第一梯队来到九顶山区开展抗日斗争，王仲楷等除积极帮助主力部队修枪炮，制地雷外，还配合主力部队打鬼子、救伤员、炸桥梁、破公路。

1939 年 6 月底，王仲楷领导发展起来的抗日武装，升编为八路军陇海南进支队第一先遣梯队独立中队，王仲楷任中队长，从此他随主力部队转战南北。

（星辰　供稿）

灵璧英雄：薛圣贤

铁骨正气威自生

薛泉松

我的父亲讳名薛圣贤，1921 年 8 月 12 日，生于江苏省泗阳县（原淮阳县）新袁区水营公社安庄大队薛庄生产队，断续读过 4 年私塾。1938 年 10 月入党，从事党的地下工作。1939 年 10 月，任泗阳县裴圩乡党支部书记。1940 年 12 月，任泗阳县水营乡办事处党支部书记、乡农会主任。1941 年，任水营乡乡长。1942 年，任泗阳县葛圩乡乡长。1943 年，任新袁区民政区员。

1946 年 8 月，在蒋匪军疯狂围剿的白色恐怖下，苏北红色政权遭到重创，我地方武装及工作人员撤退到洪泽湖。父亲奉命组织了武工队，并任队长。灵璧县农林局原秘书尹文伯曾根据父亲口述，写了一篇《洪泽湖被围三个月》的回忆文章，真实地记述了我父亲带领武工队员被围困在洪泽湖芦荡时断粮断盐、缺医缺药、吃芦根、啃树皮、湿气重、蚊虫咬的极度艰难的情景。1946年11月，父亲率武工队突围，转移到山东。武工队人员被编入华东野战军二纵五师十四团，他担任连队党支部书记、指导员。1948年5月，我父亲根据组织安排，率领一支小部队打回淮北，在敌后开展工作，后分配到灵璧县冯庙区任区长。1949年8月，调任灵璧县合作总队主任。1950年5月，任韦集区区长。1951年10月，任沱河区区长。1953年7月，任灵璧县农林建设科科长。1953年11月，任中共灵璧县委秘书科科长、县委办公室主任。1954年，任灵璧县淮河防讯总队队长。1955年，任中共灵璧县委驻永定、灵光高级社工作组组长。1960年，任灵璧县农村局副局长。1963年，任灵璧县合作总社主任、农行行长。"文革"中受到冲击，被停止工作靠边站。1969年，任灵璧县供销合作总社主任。1971年，任灵璧县农林局局长。1981年12月，当选灵璧县首届政协副主席，并兼任农办副主任、农林局局长。是中共灵璧县第二届委员会委员。1985年10月离休。

父亲从抗日战争、解放战争的烽火硝烟中一路走来，打日寇、歼蒋匪、剿土匪、镇压反革命，转战江苏、山东、安徽等地，出生入死，英勇战斗。他参加过孟良崮战役、莱芜战役、日照战斗、解放灵城战斗等，为抗日战争和解放战争的胜利作出了自己的贡献。父亲在战争年代作战勇猛，枪法极好，令敌人闻风丧胆。我们时常听他老人家讲他和战友们的战斗故事。我大哥说，父亲离休后去蚌埠他家小住时，最爱看的书就是长篇小说《敌后武工队》，天天手不释卷。我想，他当年也当过武工队长，这本书也许最能勾起他对那些烽火岁月的回忆吧。抗日战争胜利70周年之际，我们家收到了由灵璧县委、县政府转发的中共中央、国务院、中央军委颁发的抗日战争胜利七十周年纪念章，这是我父亲获得的崇高荣誉，也是我们全家人的莫大光荣。

新中国即将成立与成立初期，我明敌暗，国民党残余势力和土匪武装活动猖獗，经常暗杀当地党政领导干部和革命群众，企图颠覆新生政权。父亲他们一边忙于建立政权，一边还要进行剿匪反特战斗。有一次，父亲的警卫员小朱外出执行任务时，被土匪抓住残忍杀害，身上我父亲送给他的毛线衣也被扒了去。不久，杀害警卫员的土匪被抓，居然还穿着那件毛线衣，父亲义愤填膺，亲手枪毙了那个土匪。

父亲在冯庙区任区长时，区委书记是唐海萍。曾经听他老人家给我们讲，唐书记和他在革命战争年代共同经历了生死考验，结下了十分深厚的战友情谊。当年，唐书记的警卫员都是我父亲亲自为他挑选的。后来唐书记到灵璧任县委书记时，常常拉着已临近离休的他下乡检查工作。父亲每天回来都说累，我们那时年轻，以为坐小汽车多么风光，怎么会累呢？现在，我们也到了这个年岁，才知道坐了一天车确实很累，况且，那个年代乡村的路况和吉普车的车况与现在比又是天壤之别，不仅颠簸得十分厉害，而且车里还会窜进很多灰尘，每天下乡回来，他的脸上、身上都是灰蒙蒙的。

父亲在灵璧工作时间最长的单位当属县农林局了。1973 年，他顶着压力，硬是搬把椅子天天坐在工地监督施工，建起了农林局的三层办公大楼，这是继县委、县政府办公大楼后灵城的第二栋大楼。

为了改善土壤结构，提高粮食产量，父亲经常到农林局所属的场站和农村基层调研、指导工作，还亲自带人到泗阳县学习经验，购买绿肥苕子种，报批成立了灵璧县黄湾绿肥场。在全县范围内大力发展绿肥苕子种植，以缓解长期使用化肥、磷肥导致土地板结的状况。灵璧县原来一直没有种植棉花的习惯，我们老家泗阳县棉花生产发展得很好，父亲就从泗阳县棉花良种场引进棉花良种，并报批成立了灵璧县棉花良种场，培育棉花良种向全县推广，结束了灵璧地区不种棉花的历史，使全县农民经济收入得到了较大提高。

父亲对待工作严肃认真，处理问题坚决果断，威信很高，他带的局领导班子也非常团结，凡是形成的会议决议都能得到很好落实。据在他身边工作过的同志回忆，在上班时间，农林局二楼办公室走廊里只要听到我父亲趿拉着鞋走路的声音，各科室工作人员就会顿时紧张起来，停止喧哗，坐姿端正地进入工作状态。县里和从县里走出去的一些领导干部都曾跟随他工作过，如孙正东、王克金、朱爱民、刘君銮、郑锦芝等。

父亲一生没有给我们留下什么值钱的东西。但是，他老人家信仰坚定、不畏艰险、一身正气、两袖清风、光明磊落、刚正不阿、待人善良、处事认真的思想品格是我们儿孙之辈终生受用的巨大财富，并将世代相传。

2020 年 9 月 25 日

灵璧英雄：张明修

革命军中文化人

　　张明修，1927年2月生，灵璧县朝阳镇陆圩村人，中共党员，大专文化，中校军衔。1945年1月参加革命，在新四军淮北军区灵北独立团1营3连当战士，转战灵北许多地方。同年7月任文书。8月所在部队被编为新四军第四师12旅36团，任1营3连文书。1945年12月，任华中野战军79团1营3连文书。1946年7月在灵璧县城守备战中负伤，到华中野战军第5医院住院治疗。同年11月出院后，先后在华野9纵79团警卫连、华野2纵5师15团警卫连、15团2营4连、14团3营7连任文化教员。1948年3月起历任14团3营7连排长、副政治指导员。1949年1月，在中国人民解放军第21军62师185团3连任政治指导员。1950年7月，调任185团3营9连政治指导员。1951年6月，调任185团2营副政治教导员。1952年12月，任政治教导员。1953年3月，随部队参加抗美援朝作战，任志愿军21军62师185团2营政治教导员。1955年3月，到中国人民解放军南京总高四班学习。1957年8月，学习结束回原部队工作。1960年12月起，先后调任中国人民解放军21军62师训练队政委、62师政治部科长、62师185团副政委、62师炮兵团代政委、政委、团党委书记、师党委委员等。1970年9月，调到西安参加"三支两军"工作，任西安红旗手表厂党委副书记、革委会副主任、代理党委书记等。1976年10月，转业到地方工作，先后任陕西省邮电管理局领导小组副组长、核心组成员、局政治部副主任、党组成员、局直属党委书记、政治部调研员等职。1987年3月离休，享受厅局级待遇。在抗日战争和解放战争时期，先后参加了灵璧三官庙战斗、灵璧县城保卫战、鲁南沙河阻击战、孟良崮战役、淮海战役、渡江战役、解放杭州战斗等大小战斗几十次，负伤3次。新中国成立后，先后参加浙东剿匪战、舟山守备战、抗美援朝及高原平息叛乱等。在社会主义建设中，参加了修建甘肃河西堡305铁路专线、陇海铁路宝鸡——天水段抢修任务等。

张明修在几十年革命生涯中，多次荣立三等功、二等功及获得模范称号。1948年1月，被所在连、营推荐参加华野二纵队召开的第一届人民英雄授奖大会。1950年10月，参加军部召开的第2届人民英雄授奖大会，被授予"华东三级人民英雄"称号；1954年全国人大召开之前，被选为师人民代表出席中国人民志愿军代表大会；1964年9月，被师部推荐为参加新中国成立15周年"国庆典礼"的代表，并任兰州军区观礼团副领队，率团赴北京参观学习，参加国庆盛典。其间，受到毛泽东、刘少奇、朱德、邓小平等党和国家领导人的接见。在任185团2营政治教导员期间，所带领的营及所属的部分连队多次荣立集体三等功、集体二等功等。在参加革命的50余年间，先后在有关报刊上发表关于战斗情况、经验介绍和革命优良传统方面的报道文章多篇，曾被评为"模范通讯员"。离休后，仍笔耕不辍，撰写回忆录数十篇，其中有20篇已被收录在《铁流万里》丛书中。2001年发表的《难忘的战斗》《为夫为父》分别获"陕西电信离退休职工纪念建党80周年征文活动"一等奖，国家信息产业部"邮电离退休干部纪念中国共产党建党80周年征文活动"三等奖。

（星辰　供稿）

灵璧英雄：焦学金

重革命事业　轻生死得失

焦学金，生于1916年，江苏省睢宁县张圩乡陈油坊村人，1938年8月加入中国共产党，历任乡支部书记、乡长、联防队长、区联救会主任兼区队指导员、县委工作队队长、干校中队长、警卫连指导员、人事科副科长、办事处主任、粮食局局长等职。1980年离休，享受县级待遇，1992年9月27日因病去世。

焦学金出生于一个贫寒的农民家庭，9岁时本村私塾先生见其聪敏，免费让他旁听，并为他起名学金。两年后，因其父亲积劳成疾，家中无人干活，便回到家里，挑起了生活的重担。他不甘忍受封建地主的欺侮，少年时便具有反抗精神。

1938年8月，饱受压迫的焦学金加入了中国共产党，担任小楼乡党支部书记，同年10月兼任乡长，从此走上了革命道路。为了革命事业，他多次出生入死，置个人安危于不顾。1942年，焦学金调任峰山乡党支部书记兼联防队长。一天晚上，他正在召开分队长会议，突然被敌人包围。面对数十倍于我的强敌，他镇定指挥，沉着应战，边打边撤，当战友们安全撤出后，他才最后一个跳下围墙撤出战斗。他的腿在这次战斗中负了伤。

1944年初，在张圩区任联救会主任的焦学金被派到八路军运西办事处干训班学习。4月调到灵璧，先后担任灵北县委工作队长、高楼区联救会主任兼区队指导员等职。一次，在浍沟开展工作时不幸被敌人抓住，不论如何威胁利诱，他始终威武不屈。在敌人挖坑要将他活埋时，党组织派人赶到把他从死亡线上救了回来。1946年7月，担任华东干校第四中队长的焦学金随军东撤，途中负过伤的腿发炎不能行走，便让爱人孙宏兰用独轮车推着他前进，始终没有掉队。东撤后，他先后被安排到江苏的滨海、山东的乐陵等地开展工作，受到当地干群的好评。

1949年6月，焦学金转业到地方，初到宿县贸易公司任人事科副科长，1950年4月，调任固镇粮食公司办事处主任。当年水灾严重，他努力做好粮食调运和供应工作，因成绩突出受到上级表扬和奖励。1952年调任灵璧县粮食局局长后，他更是把全部精力放在粮食工作上。

1957年大鸣大放期间，被错划为右派分子，受到开除党籍、撤销职务、工资由17级降为22级的处分，并遣送到浍沟水泥厂劳动改造。

1960年焦学金被摘掉右派分子帽子，组织上先是安排他到朱集刘寨帮助工作，后调他到禅堂任国营农场场长。他一如既往，尽心尽力做好工作。1963年，组织上为焦学金彻底平反，恢复党籍，恢复名誉，恢复17级待遇，并恢复其粮食局长职务。他更是襟怀坦荡，以党的事业为重，不计较个人得失，忘我工作。

"文革"期间，焦学金无端遭受批判，但他所关心的依然是工作，到各粮站与工人们一起因陋就简，土法上马，大搞土圆仓建设，解决粮食露天堆放问题。兄弟县同行慕名前来学习推广。1971年组织上安排他到县物资局任副局长，他不计较职位高低，一心想着工作。1978年组织上调他继续担任县粮食局局长，他不顾年老体衰，仍然全身心投入到工作中去。

1980年焦学金离休后，仍尽力发挥余热，在干休所担任党支部书记，经常组织老干部们学习和娱乐，尽力帮助老干部及其家属们解决各种纠纷和难题，还应邀担任一些学校校外辅导员，对孩子们进行革命传统教育。

（星辰　供稿）

灵璧英雄：彭玉生

为革命千里转战

彭玉生，生于1903年，灵璧县灵西乡小彭庄人。1929年参加革命，在家乡做党的地下工作，多次接受党组织的安排，出色地完成了送信、散发传单等任务。1930年，经戴文生介绍加入中国共产党。

同年7月，带领只有十几个人、几条枪的农民武装参加了三铺暴动。取得胜利后，在蔡桥与水池铺暴动队伍汇合。此时，暴动队伍已发展到80余人，长短枪60余支，正式成立了工农红军淮北红三师，下辖一个总队、三个支队，彭玉生任第二支队支队长。

1931年，经中共长淮特委批准，成立了中国共产党在灵璧县创建的第一个县级组织——中共灵璧独立区委，彭玉生任区委委员。

1932年，彭玉生参加中共灵璧独立区委组织的大山抗五捐秋收暴动，担任中队长，并负责各支部的联络工作。其间，由于叛徒出卖，队伍遭到国民党正规部队的袭击，损失惨重，彭玉生等人受到敌人的通缉。此时，党组织决定全部分散隐蔽，转入地下活动。

从 1939 年开始，彭玉生随戴文生等在大山一带组织地方武装，后发展成为有 100 多人枪的大山区队，在宿灵县委的领导下，出敌不意地清剿敌伪和土匪武装。

1946 年，国民党军队对解放区进行围剿，彭玉生按照县委决定，随军东撤。

1948 年，彭玉生参加了辽沈战役，任石门区区长、运输大队长等职，为东北人民解放作出了重要贡献。

全国解放后，彭玉生随部队南下，分到华东局工作，后他主动要求回安徽建设家乡，1950 年被安排到蚌埠淮委任行政科长、总务股长，1957 年调到灵璧县工作，先后任县委党校、农干校行政科长。彭玉生于 1979 年离休，1994 年 8 月 27 日病逝。

（星辰　供稿）

灵璧英雄：戚庆芳

满身挂彩　终身精彩

戚庆芳，灵璧县朝阳镇戚楼村人，生于 1923 年 6 月，1938 年 10 月入伍，1939 年 7 月入党。先是参加家乡的抗日组织，后随所在大队升编入八路军陇海南进支队当战士。该支队编入新四军九旅二十六团后，戚庆芳相继在该团当战士、团特务连班长、队长、副连长、连长。戚庆芳随团先后参加了奔袭灵北张小圩子，阻击国民党段海洲、苗秀霖部西窜以及解放卓圩、卓海等战斗。

解放战争时期，戚庆芳曾任华东野战军二纵六师侦察队队长。1948 年 10

月开始，任山东高密县 15 区人武部部长。

戚庆芳在革命战争年代，先后 4 次负重伤，10 多次负轻伤，曾荣立二等功和三等功各两次，并荣获国务院、中央军委颁发的中国人民抗日战争胜利 60 周年纪念章，中央军委颁发的新四军建军 70 周年纪念章，省委、省政府颁发的新中国成立 60 周年纪念章。

1955 年 5 月，戚庆芳调到家乡灵璧县工作，相继担任九顶区崔楼乡合作社党支部书记、学栋乡兵役乡长和九顶、王集、韦集、渔沟等区武装部部长，1977 年至 1982 年 10 月，相继担任九顶公社革委会副主任、九顶区委纪检委员。

戚庆芳 1982 年 11 月离休，2014 年 2 月 4 日逝世。

（星辰　供稿）

灵璧英雄：岳斌

永葆战斗精神

岳斌，生于 1925 年 10 月，原名岳帮镒，灵璧县朱集乡岳巷村人，中共党员，高中文化。1943 年 3 月参加革命，在新四军四师特务营二连当战士。在苏豫皖边区打游击期间，曾参加了攻打灵璧张大路及大李集、小郝家、小孟圩子等地日伪军的战斗，并击毙顽匪头子王老五。

1944 年转战铁路西，岳斌参加永城小朱庄战斗，这次战斗歼灭国民党一个支队，击毙队长王传寿。1945 年 3 月，在泗洪田集夜袭日军营地战斗中，他和战友们一起消灭日军数人。1946 年 5 月，岳斌调编到华东军区特务团一营二连，历任班长、排长、副连长、指导员等职，其间，参加了苏中七战七捷、首战黄桥、涟水保卫战、阜宁阻击战、孟良崮歼灭战等战役和战斗。

尔后参加了淮海战役，并参加了解放灵城战斗。1951 年 3 月，参加志愿军，任志愿军某营教导员，多次参加战役，日夜监视敌机、对空作战，保证部队顺利前进，并荣立三等功一次。

1957 年 10 月回国，任湖南省慈利县兵役局科长。1963 年 4 月，转业到宿县地区五金公司任科长。"文革"中受到冲击。1969 年 10 月，调灵璧县化肥厂，历任书记、厂长，就像当年参加战斗一样，全身心投入建设县化肥厂的大会战中，与工人们同甘共苦，日以继夜地工作。1975 年起，他先后调任县工业局、农机局副局长。

1989 年 8 月离休，享受县级待遇。2002 年 8 月 20 日病逝。

（星辰　供稿）

灵璧英雄：尹德芝

后勤保障立战功

尹德芝，1925 年 4 月生，江苏省铜山县冠山乡人，贫农出身，小学没读完就下学务农。1943 年起，参加革命工作，先在铜山县吕梁区任税收员，1944 年，参加新四军铜山县总队，任司务长。1945 年 5 月，随三分区到灵北高楼，在被服厂工作。后调至淮北七分区会计训练队当学员，毕业后留在七分区供给部任材料科会计。1945 年加入中国共产党。1946 年，国民党进犯淮北根据地，尹德芝随七分区撤出淮北，后编入华中九纵队供给部。这期间，他参加了灵璧县内的朝阳集战斗和泗县、淮阴及宿北战役。1947 年初，又参加了陇海路阻击战、歼灭黄伯韬兵团、解放泗阳和灵北地区的战斗。后随部队调往淮河一线，参加了阻击国民党军北上增援李延年兵团的战斗。至 1948 年淮北全境解放，尹德芝荣立三等功一次，受到物质奖励三次。此后调往独立旅三团担任供给员。淮海战役结束后，所在团回师徐州，由步兵改为炮兵，参加渡江打句容战斗。随即调往南京配合三十五军守江防，任该团财粮股长。1950年初，所在团归属炮七师，编为二十团。1951年2月，尹德芝参加了中国人民志愿军，开赴朝鲜战场，任军炮二十团后勤处军械股长，后任后勤处副处长。在此期间，和兄弟部队一道，配合朝鲜人民军先后参加了对美骑一师、土耳其旅的战斗，参加了上甘岭战斗和金城反击战。在金城反击战中，他带领后勤运输连运送炮弹，途中遭敌机轰炸，头部受伤，致三等残废。在保障枪炮的修理和各种弹药的供应工作上，获上级多次表扬，荣立三等功一次。他还荣获朝鲜民主主义共和国三级英雄勋章一枚。由于尹德芝所在团在上甘岭战斗中荣立集体三等功，1953年回国途中，在唐山车站受到彭德怀司令员对该团营以上干部的亲切接见和招待。1954年，尹德芝被派往解放军后勤学院指挥系学习三年。1960年毕业后回炮兵十二师二十四团任后勤处处长。1961年调济南军区805导弹部队任后勤处处长。1963年晋升为少校军衔。1964年转业回地方，先在灵璧县九顶园艺场任场长，"文革"中受到冲击。1969年，调到灵璧县农林局任副局长兼农场革委会主任。1979年调灵璧县农机局任副局长。1989年离休，享受县级待遇。后一直担任灵璧县关心下一代工作委员会副主任、灵璧县新四军历史研究会副会长。

（星辰　供稿）

灵璧英雄：邱朝刚

不要利禄要革命

　　邱朝刚，又名邱朝纲，1916年生，灵璧县游集镇邱楼村人，中共党员，中华人民共和国三级解放勋章获得者。

邱朝刚出生在农民家庭，自幼读过几年私塾，后来由于连年自然灾害与兵荒马乱而不得不辍学，跟着父母在家种地。

青少年时期的邱朝刚，胸怀大志，不愿碌碌无为地度过一生。然而，由于还认不清应走哪条路，邱朝刚只有到处闯荡。一次偶然的机会，他应聘当上了灵璧县政府的警察。当时，警匪暗通，灵北的土匪头子刘夫庭听说县府警察中有个邱朝刚胆识过人，便有意拉他拜把子入伙，为己所用。1938年5月，日军占领灵城以后，刘夫庭被扶上了伪团长宝座，盘踞在游集地区。此时，刘夫庭让邱朝刚当他的副官，负责管理军用物资。

日军和刘夫庭之流对游集一带人民的奴役、压榨与掠夺，激起了强烈反抗。由于受到中国共产党抗日救国思想的感召和全国人民抗日救国运动的影响，邱朝刚思想、立场逐步发生了变化。在党的地下工作者引导下，认清了刘夫庭的反动本质，经过激烈的内心斗争，他抛弃江湖义气，毅然绝然地与其把兄弟刘夫庭彻底决裂，坚定站到抗日民族统一战线一边，抗击日本侵略者。

1942年间，邱朝刚走上抗日道路以后，气急败坏的刘夫庭动用重兵向邱朝刚所在的抗日游击队进行疯狂的围剿。围剿失败，又以千元大洋悬赏捉拿邱朝刚。悬赏无果，就把邱朝刚的妻子骗去，扣为人质。邱朝刚也略施小计，把刘的母亲也"请"进了游击队。刘夫庭只好干瞪眼。双方几经谈判，邱朝刚顺利地从刘夫庭那里弄到了一大批布匹、大洋等，为游击队补充了军需。

邱朝刚思想进步快，又立了大功，很快就入了党，并先后被提拔为朱集区公安区员、副区长。他工作认真、深入群众，严厉打击那些为害群众的土匪、汉奸、恶霸及土豪劣绅。当时，灵北某村有两个长期独霸一方的恶霸，经常勾结日伪顽匪残害百姓，在掌握了确凿证据后，他就支持当地革命人士邱德钧，将其秘密铲除。

1945年抗日战争胜利以后，他又根据上级指示，镇压汉奸、顽匪，为巩固革命胜利果实作出了贡献。

1946年下半年，灵璧、泗县、五河、睢宁4个县的党政机关干部与地方武装人员奉命东撤。这时邱朝刚随着部队东撤到江苏洪泽湖一带，遭到国民党军队的重兵围攻。在反围攻的战斗中，除主力部队突围外，掩护主力部队突围的人员大部战死，其余被俘或逃散。有的成功潜回，有的则在路上遇害。邱朝刚与马明泮、马孟章、姜德传、刘焕位、许则贤、马帮乐、薛圣贤、朱德禄、马文森、陈广法等12人，于1947年2月2日夜晚，先后潜回到游集西南小赵家开明地主赵文斌家里。

潜伏赵家期间，在赵家和当地群众支持下，他们组成敌后武工队，昼伏夜出，侦查敌情，寻机打击敌人，使得国民党还乡团整天提心吊胆。有一天，他们在执行任务时，被国民党的一连人马包围在游集西北方的一个农家院子里，情况非常危急。邱朝刚机智地与敌人周旋，用银元打发了敌人，成功脱险。他们还在一个晚上端掉了张山顽乡公所。到1947年8月初，他们才离开赵家。

1948年初，邱朝刚等加入了中国人民解放军，跟随淮北挺进支队骑兵大队，向盘踞在灵璧县境内的国民党顽匪发起进攻。仅在两三个月内，就在全县范围内拔掉敌人据点10多个，处决了杀害革命干部李长先、李长法、李长富等人的王玉田，杀害开明人士邱德钧的游德生等，使全县大部地区又回到人民手中。国民党反动派只能龟缩在灵城及九顶山区负隅顽抗。

1950年8月9日，邱朝刚被任命为皖北警三团供给主任。1951年，邱朝刚被任命为宿县军分区司令部生产股股长。1952年，邱朝刚调到北京中国人民解放军总后勤部，任总后财务部检查员。1955年12月25日，邱朝刚从部队复员。

1956年4月，邱朝刚响应党的号召，到祖国最艰苦的地方去，被分配到山西高平县工作。1957年10月19日起，邱朝刚担任高平县文教卫生系统党组副书记，同年11月27日起，担任高平县政府文教工作组秘书。此后10年，邱朝刚一直担任高平县教育局局长兼党组书记，至1966年，因身体原因离休，享受县级待遇。

1966年初，邱朝刚带着全家回到了阔别已久的故乡，住在灵城北关一所简陋的大院里。1973年去世，享年57岁。

（赵彩文　邱高平　李志景　口述　邱朝坦　整理）

灵璧英雄：张绍典

越是艰险越向前

张绍典，1922年10月生，灵璧县渔沟镇杏山村人，中共党员，初中文化。

张绍典于1941年10月参加革命工作，在淮北第三军分区联络部任联络员。1945年任灵璧县高楼区杏山乡指导员，曾带领全乡干部开展减租减息和剿匪惩奸运动。1946年4月，调任高楼区组织干事。同年7月，国民党军队进攻淮北解放区，为支援前线，他参加了担架连抢救伤员，并任担架连指导员。在朝阳集战斗中，他带领民兵在支前途中，抓获了溃逃的敌兵20余人。

朝阳集战斗后，张绍典随部队东撤。在到达大王庄时，又遵照地委决定，组织精干武装返回灵北打游击，任连指导员。由于敌强我弱，屡受敌人围困，他被迫率队突围，向东转移。11月在洪泽湖边他们的这支武装被敌人打散，张绍典冲出重围，到附近的大孙庄隐蔽。第二天被敌人清乡队抓住，遭到敌人严刑拷打，双腿被严重打伤，他意志坚强，没有暴露自己身份。获释后，他辗转来到江南丹阳县其表兄姚中鲁处避难，一边养伤，一边打听党的地下组织。1947年初，找到了党的游击队，到凤阳山区打游击。1948年初，任定凤嘉县陆唐区沙涧乡武工队长。后游击队被国民党部队打散，1948年秋，张绍典死里逃生，又回到灵璧参加开辟九顶山区工作，任杏山乡乡长。

淮海战役期间，在县委的安排下，张绍典组织小车大队，支援前线。1949年2月，参加灵璧县支前评模总结大会，荣获淮海战役支前二等功。同年3月，调任九顶区民政区员，曾被评为救灾模范。1950年7月。调任渔沟区副区长。

1952年，张绍典被派到安徽省干部学校学习半年，回到灵璧后，先后担任县卫生科长兼卫生院院长、冯庙区区长、固镇镇长、津浦铁路复线修建队大队长、灵璧县医院院长、商业局副局长等职。"文革"时期受到冲击。恢复工作后，任县人民医院革委会副主任，1981年任灵璧县政协常委，1989年离休，享受县级待遇。

（星辰　供稿）

灵璧英雄：李绪功

侦察敌情当尖兵

李绪功，宿州市芦岭镇王寨村人，1920 年出生于贫农家庭，他身经百战，戎马一生，六次负伤，屡立战功，在抗日战争中打死 100 多个鬼子。日军曾在宿东东三铺集张贴悬赏"捉拿李三麻子"（李绪功的绰号）的告示。

1938 年 6 月，他是宿东游击队勤务员；1938 年 8 月，他是江苏省洪泽湖四纵队副班长；1940 年 6 月，他是宿东游击队骑兵连任骑兵班班长；1942 年 10 月，他是新四军 27 团二营六连副连长，在灵北邱集磨坊智杀鬼子。

1943 年，他是新四军四师便衣队队长，师长彭雪枫想了解徐州、蚌埠一带情况，要宿灵大队设法抓"舌头"。条件是：一不要伤员，二不要士兵，三不要少尉以下的军官。大队长牛子明接受任务后，便派李绪功、韩咏英、欧明海等人去执行任务。李绪功 3 人经化装后，相继到固镇铁路上和高沟集上，很快抓到两名日军送往师部。一个月完成了彭师长的命令，活捉了 3 个鬼子军官。

当年 11 月，牛子明所领导的宿灵大队编入宿东游击支队三营后，又编入四分区独立团，李绪功为连长。1944 年 8 月，新四军四师收复路西，四分区独立团奉命开到津浦路西进行反顽斗争。1944 年 12 月底，上级命令独立团打蕲县，由牛子明营担任主攻。为了一战成功，牛子明便带领李绪功、傅景云、牛鸿尤三位连长和通讯班长王运旺等化装成赶集的百姓进行侦察。牛子明头戴礼帽，身穿长袍大褂，身藏武器，进了烟馆，假吸大烟。李绪功等分头侦察清楚了敌情、地形，随后他们迅速离开蕲县集。当天，部队进行了政治动员，做好战斗准备。尽管该集镇圩门上建有炮楼，北门外又搞了个新圩子作支撑点，圩内驻有伪军大队部和两个中队，设防严密，但由于我军了解清楚了敌情、地形，当晚，仅用 1 个小时，就结束了战斗。除少数敌人逃跑外，大部被我俘虏，伪营长王学孔被击毙。

灵北尤集是我路东、路西交通要道，抗战爆发后沦陷敌手，伪团长刘夫庭一个团盘踞在这里，经常到周围村庄抢劫，配合敌人向我根据地进行扫荡。1945年1月18日，分区首长根据内线蔡铁群提供的情报，派分区二团七连副连长李绪功，化名王有去尤集据点进一步侦察地形，考察内线是否可靠等。李绪功进入尤集据点后，蔡铁群安排他当了中队长胡仕远的传令兵，很快取得了胡的信任，一切进展顺利。为了把内应工作做得更为妥帖，李绪功带着胡仕远来到后车屋李三分区独立二团团部，全面回报了情况，讨论了做好内应工作的具体安排。李绪功同胡队长回去不久，由蔡铁群安排，又送来了尤集伪军工事构筑与兵力配备的详图。我军根据蔡铁群、李绪功、胡仕远提供的情况和详图，制定了具体里应外合实施方案。根据预定安排，2月9日晚，先头部队到达约定地点后，发出猫叫信号，李绪功马上出来接应，然后引领部队顺利进入据点，各营连按受领的任务，分头去解决敌人。前后历时5个小时，即攻克了炮楼林立的尤集伪据点，生俘伪团长刘夫庭以下1500多人，并缴获了大批武器弹药及其他物资和过春节的物品。这一重大胜利，受到师首长的来电嘉奖。

之后，李绪功还参加了解放战争和抗美援朝战争。1956年10月，转业至黑龙江呼兰县公安局任副局长。1961年6月，任安徽省第三监狱副监狱长。1988年4月离休，享受县级政治生活待遇。

新中国成立后，有一次李绪功因公去武汉出差，原武汉军区司令员周世忠向部队介绍他说，这是活着的"杨子荣"。他先后获得苏联红军最高司令部表彰第二次世界大战反法西斯战争功臣颁发的一级战斗勋章和1955年中央军委颁发的一级自由独立勋章等20多枚荣誉勋章。

（鲁兵　整理）

灵璧英雄：桂元俊

用生命践行入党誓言

同龄人

抗日战争时期，中共宿灵、宿东、灵北三县委和一些边区党组织，深入到灵璧县境内活动，领导灵璧人民开展抗日斗争。其中宿灵县位于宿泗公路以南、灵固公路以西、宿县桃园、蕲县以东的三角地带。当时宿灵县所辖灵璧境内的日伪势力较强，不仅在靠公路的沱河、晏路、葛店、娄庄建立日伪维持会组织，而且在不靠公路的青集、杨集、长集和仲兴集也设有日伪据点，绝大部分地区都在日伪汉奸魔爪的掌控之下。1941年8月下旬，新成立的中共宿灵县委决定：沿沱河两岸向东在灵璧境内开辟发展。1942年4月建立沱北区，7月建立大山区，10月正式成立宿灵县抗日民主政府，并且在两个区内建立了10多个乡政府。任庙乡抗日民主政府是其中之一。乡长桂元俊是一位坚贞不屈的英雄人物。

桂元俊，出生于1916年，家庭住址现为灵璧县娄庄镇双任村桂庄。他8岁时到离家2里路的任庙庄一所私塾学校上学，老师叫任长选，是晚清秀才。他下学后，在家里干了几年农活。桂元俊作为有文化的热血青年，对于日伪汉奸到处烧杀淫掠无恶不作，他是满腔怒火、深恶痛绝。1942年2月，中共宿东县委向东开辟发展，来到了他的家乡，他毅然决然参加了革命队伍。在中共沱北区委的领导下，开展地下工作。白天分散秘密走村串户叙亲戚、交朋友，通过各种关系发动群众参加抗日活动；夜间聚集起来进行战斗，以突然袭击的战术打得敌人措手不及，多次粉碎日伪军的进犯扫荡。在党组织的培养教育下，桂元俊进步很快，从一名爱国青年成长为具有坚定共产主义信仰的共产党员。他决心跟着共产党，为了中华民族的独立和劳苦大众的解放事业奋斗终生，"永不叛党"。由于他有勇有谋、英勇善战、工作成绩突出，1944年3月被上级提拔担任任庙乡乡长。当时，乡指导员姓霍，是外地人。他们团结一心，把任庙乡的工作搞得有声有色。他们广泛发动人民群众参加抗日，为抗日武装部队献粮食、捐钱财、做军鞋等军需物资。他们还挖断道路破坏敌人的交通线，开挖抗日交通沟为我方游击队员创造隐蔽条件，以狙击日伪军进入村庄扫荡，保护一方黎民百姓。因而，任庙乡抗日民主政府成了固镇汉奸维持会的眼中钉、肉中刺。

1944年秋季的一天晚上，乡政府七八个人开会。会后睡觉时，为了安全起见，一夜换了两个地方，第二个地方是在吴塘村庙西陈庄西头王元明家的磨屋里。下半夜大家都熟睡时，由于叛徒出卖，从固镇来的日伪军把王元明家团团包围住。除桂元俊外，其余人员均被日伪军就地杀死。敌人把桂元俊反绑起来，带回固镇向上司邀功请赏。万恶的日伪汉奸一不做，二不休，第二天又气势汹汹地闯进桂元俊的家里进行清剿，把所有的粮食、畜禽、财物洗劫一空，运往固镇。桂元俊的妻子、儿子（5岁）、女儿（4岁），幸亏地下党组织派人把娘儿仨转移了，藏在比较安全的地方，才躲过满门抄斩之祸。

敌人把桂元俊押解到固镇之后，关押在监狱里。先是威逼利诱，派叛徒去劝降，遭到桂元俊的破口大骂。后是严刑拷打，想让桂元俊屈打成招，供出地方党组织的秘密。桂元俊被关押长达两个多月的时间，敌人软硬兼施，把他折磨得遍体鳞伤、死去活来。桂元俊面对敌人的死亡威胁，毫不畏惧，大义凛然，宁死不屈。期间党组织进行了多方营救，因为他的"共产党乡长"身份是叛徒指认的，所以营救未能成功。敌人没有从他的口中得到一丁点秘密，便恼羞成怒，在一个月黑风高的夜晚，把桂元俊押解到固镇郊外活埋了。桂元俊烈士英勇就义时，年仅28岁。

解放以后，才从日伪汉奸的口供中知道，当年任庙乡政府被端事件和桂元俊在敌人狱中受审讯、遭活埋的经过。原来日伪军带队的是本镇沱北村司圩庄地主的三个儿子，分别名叫司洪休、司洪震、司洪谋，他们都在固镇的日伪军中任职。新中国成立后，司洪休、司洪震被镇压，司洪谋逃跑到山西省某地躲避，十几年后被抓回判处无期徒刑。司洪谋是活埋桂元俊的直接参与者，抓捕归案后，让其现场指认活埋地点，但因时间过长、地形地貌变化较大，未能找到活埋桂元俊的确切地点。

桂元俊烈士以视死如归的实际行动，践行了"永不叛党"的入党誓言，体现了"宁可站着死，不愿跪着生"的中华民族气节，表现出共产党人坚贞不屈的革命气节。他的英雄事迹值得永远颂扬。

灵璧英雄：魏汝森

别妻舍子闹革命

吕允峰

    阳春三月，柳丝戏水，春和景明，我访问了魏汝森烈士的小女儿魏彦兰女士并同她的邻居和儿女们进行了苦涩的交流。

    谈及父亲，魏老人泪眼汪汪，哽咽难语。父亲牺牲时她才 3 岁，她从母亲苏子侠和邻家老人的述说里朦胧地知道父亲生的伟大，死的光荣。

    宋生财老人说，魏汝森烈士生于 20 世纪 20 年代，灵璧城隍庙街人，兄弟 6 人，排行老六，乳名魏六。1 米 8 的个头，魁梧身材，漫长脸，卧蚕眉，面容白皙，走路虎虎生威。可怜生逢乱世，土匪横行，国土沦陷，日寇对中国财物的掠夺，对善良百姓的残杀让他这位热血青年义愤填膺。为了生计，魏父要养活 6 个子女，没有土地，只能依靠街面摆摊，微利经营。夏天，带着孩子扫硝，赚取些许生活费。老二、老三未成年就送去学木工，魏六从小就力气过人，父亲把他送去花墙口做搬运工。魏汝森看到一批批中国物资流走，老百姓朝不保夕，他的心里难受。当时，八路军在外围活动，许多抗战信息要从他们的运输中评估分析出来，于是，革命者就关注到了他，他也乐于留心向八路军透露日寇活动的蛛丝马迹。

    1945 年初，日寇节节败退，退守到宿州、固镇等地，当时中共地下党灵璧地区领导人积极招揽人才，发掘新生力量。抗日战争胜利后，通过镇压汉奸、斗争地主，涌现出一批积极分子，魏汝森被接纳为共产党员，与何耀芦、王庭彬、彭德、凌恩云、卜井才、程共达等10人成立了一个党支部，书记是何耀芦。同时，还成立了农、工、青、妇四大群团组织，程共达是农委主任，魏汝森是副主任。通过这些组织，党和群众更加紧密联系在一起（引自《中国共产党灵璧历史》476页）。

1946年6月，内战全面爆发。灵璧是苏皖边的外围屏障，首先受到以固镇为中心的国民党主力围攻。农超谋县长发动群众，集中优势兵力，开展游击战，以泗灵路、睢水河和垓下为中心，挖断公路，破坏桥梁，化整为零，各个击破，延缓敌人进攻，为县委、县政府安全东撤赢得时间。

魏汝森响应党的号召，在三注山一带开始游击战，发动群众，反抗剥削，为我军筹备物资。1946年7月，魏汝森在付园村宣讲革命，由于叛徒告密，被国民党中央军追到霸离铺西小李庄抓捕。据说当时敌人一个连长惊奇地说："这么标志的小伙子，也参加革命？"

魏汝森和其他烈士一起被关在百安庙（今西关原木器社院内）。敌人开始诱骗，不为所动；接着威吓，无所畏惧；后来上刑，意志弥坚。最后他被带上脚镣手铐，游街示众。有人说他傻，年轻丧命，又有人说他憨，舍弃父母妻子儿女，而倔强的魏汝森带着镣铐在隅顶口被吊了三天三夜，硬是宁死不屈。薄暮冥冥，月黑风高，魏汝森在西关外新桥西北被活埋，同时被埋的还有韩崇友、邵玉才等6人。那时，魏汝森的儿子牛牛才8岁，大女儿魏彦英才5岁，小女儿魏彦兰才3岁。妻子苏子侠和宋生财先生的母亲程立英是金兰之交，情深义厚，夜里，程立英带着苏子侠扒坑寻尸，异地安葬。苏子侠带着三个孩子艰难生活，举步维艰，还得隐忍他人的指指点点、流言蜚语。由于颠沛流离、营养不良，大儿子牛牛在弱冠之年未能成家便命归黄泉。

新中国成立后，苏子侠一家作为烈士家属受到政府的照顾，被邀请到厂矿、农村和学校讲述革命斗争的故事。他们在街道上也尽力帮助困难者。苏子侠在演讲中常说："干革命总有牺牲，但不珍惜革命成果比牺牲还可怕。拯救人民的政党，我们永远拥护。"

魏汝森烈士被捕后、临刑前没能给妻子和家人说上一句话。他的爱妻苏子侠常以林觉民烈士写给妻子的话当作丈夫给自己的诀别遗言："吾至爱汝！即此爱汝一念，使吾勇于就死也！吾自遇汝以来，常愿天下有情人都成眷属，然遍地腥云，满街狼犬，称心快意，几家能够？司马青衫，吾不能学太上之忘情也。语云，仁者'老吾老以及人之老，幼吾幼以及人之幼'。吾充吾爱汝之心，助天下人爱其所爱，所以敢先汝而死，不顾汝也。汝体吾此心，于悲啼之余，亦以天下人为念，当亦乐牺牲吾身与汝身之福利，为天下人谋永福也。"

灵璧英雄：马西勤

党的秘密比命重

马西勤，字捷轩（1914—1948），灵璧县渔沟镇白马村人。1939年秋参加八路军，翌年加入中国共产党。

抗日战争时期，马西勤历任朱集区副区长、副书记、书记等职。抗日战争胜利后，任朱集区区委书记。1946年，国民党发动全面内战，国民党军队向灵璧地区发动进攻，马西勤随灵璧县武装队伍转移到洪泽湖一带坚持斗争。同年11月底，灵璧县武装部队被国民党军队打散，马西勤流落在泗县一带隐蔽。因形势紧张，他又转移到宿迁，隐姓埋名，以卖青菜和卖香烟为掩护，等待时机。

1947年2月，马西勤返回灵璧，并与淮北专署（七地委）专员、江淮军区第三军分区副政委兼政治部主任王烽舞取得联系，开始从事党的地下工作。

在一次卖菜途中，马西勤在大街上与一支国民党部队相遇，队伍中有一姓曹士兵，曾经是我方灵璧县武装人员，后叛变投敌。叛徒一眼认出了马西勤。马西勤当即丢下菜筐，迅速逃出城，但仍被国民党兵在城外抓捕。被捕后，他托朋友将他写的一封家信暗中传出，但那封家信未到家人手中，却落入叛徒之手。叛徒将家信连夜送到国民党灵璧县党部。于是，敌人对他进行了严刑拷打，一次又一次地审讯，逼他供出共产党的地下工作者名单。马西勤临危不惧，视死如归，大骂敌人，对党的秘密，一字未吐。

灵城解放前夕，敌人将马西勤秘密杀害。马西勤就义时，年仅 34 岁。

（闫星云　供稿）

灵璧英雄：王文政

"小鬼"班长

王文政，老家祖居河南，后逃荒到安徽灵璧县尹集定居。1942 年 3 月，王文政在尹集参加革命。1943 年 3 月，新四军宿东游击支队，帮助地方建设尹集区政权之后，留下一个连队在汪洋连长带领下，与区委、区政府一起开辟新区，王文政被编入该连队"小鬼班"当战士。这个连队后来相继编入淮北军区第四军分区独立团，第三军分区独立二团，王文政一直在连队任战士、班长，1945 年 9 月，王文政所在团编入十二旅三十五团后，王文政调到营部当通讯班班长。1946 年 8 月加入了中国共产党。

王文政刻苦学文化、学政治，长相标致，性格活泼，热爱文艺，曾被抽调到拂晓剧团演练两个来月。他擅长说快板，回部队成了文艺活动的骨干，一直爱用快板作战地宣传鼓动工作。他先跟团长当警卫员，后相继担任排长、副连长、连长等职。抗日战争时期，王文政参加了夜袭戈店伪据点、里应外合打尤集等战斗。在邱集战斗中，他带领的小鬼班，突击攻圩成功，获得"战斗模范班"光荣称号，并获物质奖励。解放战争时期，王文政随部继续南征北战，淮海战役中获纪念章 1 枚，在解放大西南中获纪念章一枚。王文政还参加了抗美援朝，荣获纪念章 3 枚。

从抗美援朝战场回国后，王文政先后任县人武部政治干事，军分区政治干事等职。王文政在战争年代，身体多处受伤。

1952年8月，王文政转业到地方，从1998年开始担任灵璧县新四军历史研究会理事，直到2012年2月去世。

（星辰　供稿）

灵璧英雄：王在选

子弹穿骨仍战斗

王在选，生年、籍贯不详。1941年初冬，王在选奉命到宿东游击支队工作，兼任宿灵大队第七中队的政治指导员。1942年4月，他所领导的第七中队调入刚成立的灵北大队，编为第七连，大队长是原支队作战参谋郝鸿基，王在选继续担任七连政治指导员。

1943年7月，灵北大队得到消息，敌人要占据禅堂，便提前出动，夜抵禅堂，拆除了敌人可能利用的庙房后，隐蔽下来。日军100余人，伪军200余人，果然很快占领了禅堂。根据大队首长的命令，王在选带领一个班于午夜赶到禅堂圩外，即架起机枪对敌人进行袭扰，通过不断改变位置连续射击，搞得敌人整夜不得安宁。次日晚上，游击支队两个大队对禅堂之敌进行围攻。王在选带领七连从北边突击，一、三连从东面和西面突击，在机枪和手榴弹的掩护下，登上围墙，占领碉堡和附近阵地，沿街向敌猛攻。在三十一团三营部队的支持下，杀伤很多敌人，日军只好拖着伤亡人员，窜回灵璧县城。

1943年10月的一天上午，伪军赶着4辆马车由西向东赶来，在我步兵骑兵包围下，被迫缴械投降，我军共获4辆马车，数百套棉衣和13万元伪币。敌人不甘心失败，当天中午100多名鬼子向我进攻。

王在选所在七连由大队长郝鸿基率领，隐蔽前进，适时还击敌人。王在选和三排长赵步斗都端着轻机枪向敌人扫射，经全连一齐冲杀，敌人狼狈溃逃。

1943年10月，顽军唐广金部占领渔沟。灵北大队和宿东游击支队警卫连奉命袭击该敌，一方面火攻敌人碉堡，另一方面在附近房上用轻机枪扫射，敌人伤亡惨重。我军共俘获敌人90多名，获轻机枪1挺，步枪80余支。王在选率七连向渔沟东南角扩展战果，从敌人马厩中又缴获战马18匹。战斗中王在选手部负伤，通讯员段成功牺牲。

1944年1月，渔沟顽军不断向我根据地进犯，灵北大队在渔沟西南几华里之远的小山头上阻击敌人。一天天亮前，王在选七连一个哨班登上山头，用石头垒了个临时的轻机枪阵地。天刚亮渔沟敌人向我哨班进攻，企图抢夺这个山头，被打了下去，听到山上枪声，王在选与连长各带一个排，跑上山去。发狂的敌人以多个连的兵力多路冲击，我游击支队两个大队也针锋相对还击。

王在选七连占领制高点，敌人则抢占了对面的山头，与我们开展火力战。我七连坚持既准又狠地打击敌人，尽量节省子弹。敌人终于在机、步枪火力、手榴弹的杀伤下被迫撤逃。上级表扬了七连这次战斗中顽强的作战精神。王在选在组织七连消灭挣扎逃跑的敌人时，被敌人的子弹打入了腕骨，血流不止，仍继续坚持战斗。战士们硬是将他背下山去，转送医院。王在选从此离开了灵璧大队火热的战斗生活。

（星辰　供稿）

灵璧英雄：马中汉

舍生取义不低头

邱朝坦

马中汉，生年不详，本县朱集乡潼山村人，是土生土长的农民。他自幼就受苦受难，痛恨地主老财，痛恨日本鬼子。1940年以后，我们潼山、姜山、岳巷一带，成为共产党领导的抗日游击区以后，马中汉就跟着抗日英雄马明泮、马孟章、姜德传等人打游击，整天和日伪顽匪"捉迷藏"，寻机打击敌人。由于他作战勇敢、足智多谋，便很快被提拔为游击队大队长。1945年初，尤集刘夫庭伪军势力被消灭以后，这里成了解放区，马中汉又积极投入到清除伪顽匪霸残余势力的斗争中。同时，支持帮助群众开展减租减息、发展农业生产，得到广大贫苦农民的拥护与爱戴。

马中汉对那些骑在劳动人民头上作威作福的国民党顽固派和土豪劣绅给予了严厉打击，他带领游击队突袭了方先觉的老巢张山乡，打死方先觉的姐夫。因此，敌人把他看作眼中钉、肉中刺，必欲除之而后快。1946年下半年，地方党政干部与武装人员东撤以后，原来被打击的那些土顽又组成还乡队，卷土重来，疯狂反攻倒算，到处捕杀革命干部与革命群众，人民群众又陷入了水深火热之中。

东撤前夕，马中汉由于忙于处理一些事务，晚走了一步，结果被张山乡的国民党顽固分子抓到。在被押往萧县张山集的路上，马中汉每走一步就被敌人打一棍，可是他却毫不在乎，大义凛然。沿途的广大群众见了无不为之肃然起敬。在张山集，敌人把他关在前塔山还乡队的监狱里。敌人在审讯他时，先是用引诱的口气问他谁是共产党员，谁与共产党有联系，共产党的活动计划等问题，他回答说："要杀要剐由你们，我不知道！"敌人又说，只要你承认错误，保证以后不再给共产党办事，我们就放了你，马中汉坚定地说："要我出卖党出卖同志，办不到！"敌人看软的不行，就对他施以酷刑，吊打、鞭抽、用烙铁烙、上轧杠、坐老虎凳、拶指等，他被打得遍体鳞伤，死去活来，就是不向敌人低头。

最后，敌人无计可施，就把遍体鳞伤的他卷进用芦苇编制的苇箔里，头朝下倒竖在墙角，过了三天三夜后，再把奄奄一息的马中汉活埋了。

2020年5月14日

灵璧英雄：蒋跃远

英勇作战 身残志坚

  蒋跃远，原名蒋士光，1918 年 3 月生，江苏省睢宁县王集镇杨集村人。1942 年 5 月加入邳睢铜独立大队，先后任班长、党小组长等职。1943 年 6 月起，先后调任新四军四师九旅二十七团连支部书记、副指导员，随部转战灵璧许多地方。后任山东荣军学校副中队长、灵璧县九顶区联络区员、灵城镇镇长、县政府民政科员、县总队指导员、县武装部干事、高楼区武装大队副大队长、县武装部副部长等职。1952 年 9 月起，先后任娄庄区农会主任、尹集区农会主任、尹集区粮站站长、灵城镇粮站站长、九顶区粮站站长。1980 年 8 月离休，享受县级政治生活待遇。

  蒋跃远出身于一个农民家庭。1939 年 3 月，经中共路南区委书记杨洪西介绍，加入中国共产党，积极投身于抗击日本帝国主义的革命洪流中。不久受党组织派遣，在江苏睢宁县王集区以保长为公开身份，从事党的地下工作，掩护和营救了一大批地方党员、干部，并积极为抗日部队筹集粮款，还动员一些地方武装加入抗日队伍。后因身份暴露，党组织及时将他调到部队。他作战勇敢，多次立功受奖。1941 年 10 月，在睢宁西北的白土庙与日寇的一次战斗中，荣立二等功。1945 年 8 月，杨洪西等领导人在睢宁县王集区召开会议时，被敌人包围，为掩护开会人员撤离，在激战中他身负重伤，失去右臂，荣立三等功。后被评定为二等甲级伤残。他虽然身残，但意志更坚强，仍旧跟随部队转战南北，英勇作战。后随部队一直打到洪泽湖，在湖中被敌人围困了 20 余天，弹尽粮绝，我军牺牲了不少同志，他也几次险些遇难。1947 年 10 月，在山东诸城反攻战役中，又一次荣立二等功。1948 年，随部队参加了包括淮海战役及解放灵城在内的大小战斗 10 余次，为中国人民的解放事业作出了贡献。

  解放后，蒋跃远转业到地方，不顾身残体弱，积极投入到社会主义建设事业中。其工作多次调动，但无论在任何岗位上，他都兢兢业业，任劳任怨。

在担任粮站站长时，经常和工人一起，踏着跳板装卸粮食。有时看到地上撒的粮食，他一点点扫起来，捡干净送进仓库。

多年来始终保持一个共产党员艰苦奋斗、廉洁奉公的优良品质，直至1994年5月病逝。

（星辰　供稿）

灵璧英雄：杨瑞瑚

尤集战斗打头阵

杨瑞瑚，生年、籍贯不详。1944年7月，分区把各大队集中编为军分区独立团，灵北大队编为独立团第二营，由杨瑞瑚任营长。1944年12月，四分区与三分区合并为第三军分区，原四分区独立团编为三分区独立二团，杨瑞瑚继续担任独立二团二营营长。

1945年2月9日，三分区独立二团根据首长安排，担任里应外合打尤集的主攻任务。根据具体部署，杨瑞瑚率领二营跟随三营之后前进，进圩子后，在伪中队长胡仕远派人带领下，从北街东头进入南大街，逐步消灭大院内的敌人。部队与我内线人物李绪功接头了解具体情况后，作出布置，由李绪功带领三营先爬圩墙进圩。二营长杨瑞瑚看三营爬墙心里有些着急，恐怕进去晚了耽误事，还未等三营爬完，他便命令二营部队开始往上爬。二营很快进入圩内，经北部东头很快进入南大街，首先解决了一个大队部，大队长逃跑了，副大队长和他的老婆在床上被抓。东过街楼上的敌人负隅顽抗，二营随即组织爆破，将楼炸倒，俘获了一部分人员和武器。西过街楼上的敌人见状，仓皇逃到南边的炮楼上。拂晓时，二营将大圩子内大部分敌人解决，此刻伪团部大楼又已被炸倒，二营便展开了政治攻势，使得其余几个炮楼上的敌人也相继缴了枪。二营所担负的任务胜利完成，为获得尤集战斗的全胜作出了贡献。

尤集战斗之后，杨瑞瑚率二营又随团参加了攻打灵璧外围敌伪据点的战斗。

（星辰　供稿）

灵璧英雄：刘秉钊

指挥爆破立战功

刘秉钊，生年、籍贯不详。原在河南西华魏凤楼部工作。1939年冬，他刚到新四军游击支队司令部驻地涡北新兴集，遇上张爱萍率领的"六抗"三支队赵汇川部在新兴集附近休整。刘秉钊在司令部招待所里等待分配工作，正巧与张爱萍同住一室，即被安排在张爱萍所领导的四总队所辖一团二营进行见习。后分配到沈联城支队任参谋。1940年四五月份，张爱萍率四总队转移到灵北一个山村，组建四总队独立二团，刘秉钊任二团一营营长。不久，四师三十二团到宿东，与独立二团合并，刘秉钊仍任营长。1941年8月，宿东游击支队成立，统一指挥宿东的地方武装，刘秉钊又任支队一营营长。所部先后在灵璧境内参加了多次战斗，诸如杨疃反围剿战斗、杨集阻击战、攻打土山伪据点、攻打渔沟顽据点、攻打张大路、攻克禅堂伪据点等。

1943年11月，师部命令以游击支队为基础，成立了第四军分区，后又成立了独立团。在四分区与三分区合并为淮北第三军分区后，原四分区独立团编为三分区独立二团。1945年2月9日，独立二团为主力开展攻打游集战斗中，刘秉钊作为军分区司令部作战参谋，带领爆破班，携带两大包计30公斤炸药，紧跟三营前进。伪团长刘夫庭在大炮楼上负隅顽抗，团首长决心用爆破方式炸倒大炮楼。在火力掩护下，刘秉钊命爆破班班长王超群等送上炸药，将大炮楼炸了个大洞。再次组织爆破，大炮楼顷刻倒塌，刘夫庭等从五楼上滚了下来被活捉。随后，经过政治攻势和武力打击，其余敌人被全部缴械。

后三分区三个独立团，分别编为十二旅三十四、三十五、三十六团，刘秉钊继续随部参加战斗。

（星辰 供稿）

灵璧英雄：李景达

信仰如炬 意志如钢

闫星云

李景达（1908—1947），灵璧县渔沟镇梁集村人，出生在一户贫苦山里人家，幼年时过上 3 年私塾，后随父亲在山里种地。

1932 年，李景达经中共地下党张立化（后居住南京市，任职江苏省水利厅负责人）加入中国共产党，从事党的地下工作。抗战时期，他以做生意卖山货为掩护，在睢宁、邳州、铜山、灵璧、泗县及周边乡镇侦察日伪敌情，为我党我军作出了贡献。1946 年，国民党发动全面内战，当时国民党乡公所就设在转山村东头寺庙里，岗哨密布，百姓不敢靠近。顽乡长叫胡仓公，秘书叫胡仓宇。1946 年秋，地下党员王会兰在胡集被他远房外公出卖被捕，关押在转山乡公所。上级党组织要求李景达解救王会兰，李景达立即组织人员做营救计划。经侦探，寺庙后是一片浓密的松林，决定破庙墙营救王会兰。

那夜，秋风刮得松林呼呼作响，十一点多钟，李景达带着 6 名游击队员潜到庙墙下，两名队员东西两边放哨，他们 4 人用铁撬破墙。大约深夜一点多钟，庙墙打开了一个洞，李景达带着两名队员爬了进去。房子里一片漆黑，他叫了两声，没有动静，摸到了西北角，摸到了一个人。事前打听这房里只关押王会兰一人，李景达拉着那人就要走，没想到一支硬邦邦的手枪顶住了李景达的后腰。那人刚想发出嘿嘿的冷笑，一名队员在黑暗中一铁棍砸向那人的头上，那个应声倒地。这时，门外大叫："抓住他们！"接着听到了庙后两名放哨队员的枪声，李景达捡起地上的枪递给队友，又拔出腰间的短枪，让两名队员快撤，自己一手拽着昏倒的那人，一手对着门外打了两枪。他爬到墙外，伸手将那人拉过来堵住了洞口，接着，一阵枪声，对着屋里射来。外面的队员将敌人引进了松林，东西两个方向传来的枪声一会消失了，李景达和几名队员安全撤出。

可是，第二天中午，敌人将遍体鳞伤的王会兰，押到转山南头大汪塘边枪杀了。王会兰牺牲的当天夜里，在群众的掩护下，李景达将王会兰的遗体转移到后山埋葬。2018 年，县民政部门实施"慰烈工程"时，将王会兰烈士遗骨迁藏于朝阳镇的烈士陵园。

几天后，李景达被叛徒出卖被捕，因为我军东撤时留下 37 支枪和弹药交给了李景达保藏。当时，李景达将枪支和弹药埋在了自家的磨房磨根底下。被捕后，敌人到他家四处搜查也没能找到枪支弹药，疯狂的敌人将李景达带到梁集西徐窝子山洞里严刑拷打，手段残暴。然而，身为共产党员的李景达，以钢铁之骨不屈不挠，用顽强的革命意志和敌人斗争。最后惨无人道的敌人，先割去了他的两只耳朵，逼他说出枪支弹药，而李景达两腮流着鲜红的血，怒目圆睁，吓得敌人步步后退。敌头目命手下将李景达的两只眼睛挖掉，痛疼中他仍破口大骂。最后，敌人丧心病狂地将李景达的舌头割掉。李景达在一片血泊中英勇就义，时年 39 岁，留有 3 个儿子。

1950 年，安徽省民政厅颁发了李景达同志的烈士证（皖烈字第 00116 号）。

灵璧英雄：王泗标

宁为党死 绝不偷生

晏金宝

灵璧东撤的队伍经冯庙、大庙东去洪泽。灵北也有支 100 多人的队伍在马庄乡乡长王泗标带领下退到了洪泽湖一沙洲上。

王泗标系灵璧县大路乡王晏庄人，1909 年出生在一个贫苦的农民家庭。由于家境贫寒，无缘校门，但他天资聪慧，非常人可比。长大后，达事明理，疾恶如仇。当时的中国，内忧外患，生灵涂炭。王泗标看在眼里，痛在心里，一腔热情，立志报国，

青年时期的王泗标不畏强权，敢于伸张正义，同地主恶霸作斗争。20 多岁就被推举当上了村长。

1938 年前后，中共灵璧县副县长江祥斋在灵北大路一带活动，曾隐身于东灵庄（王晏庄西庄）秘密发展抗日队伍。王泗标思想觉悟高，在这一时期他就秘密加入了中国共产党。

自从加入了党组织，王泗标便以更加饱满的激情投入革命工作，早把生死置之度外。有空就学习文化知识，积极宣传革命思想，不断向组织推介忠诚可靠、意志坚强的人加入党组织。晏湾村的晏朝科就是其中之一。

小解家庄大恶霸解某某，为富不仁，强取豪夺，恶贯满盈，周围的人敢怒不敢言。王泗标得知后，带人前往抓回准备惩办。解某某当场跪地求饶，痛哭流涕，表示今后绝不为非作歹。王泗标以为他真有悔改之意，便放了他一马。没想到此人口是心非，回去后立即变卦，勾结反动武装反扑过来，心狠手辣地要灭王泗标满门。幸亏有人提前通风，王泗标迅即转移了家人。而正在外面玩耍的二儿子王春玉（即被采访者）还没有来得及找到，后被解某某派人发现，抱起就要扔到井里，这时，本村亲戚刘氏大娘一口咬定是自己的孩子，说他们是认错人了，才夺回一条命。

面对地主恶霸的打击报复，丝毫没有影响王泗标的斗志，他把一家老小安排到冯庙静王卢庄亲戚家后，紧接着又在申村南湖惩治了大恶霸马某某。

随着王泗标的声望不断提高，他领导的武装队伍也不断壮大，很快发展到近200人。他们打地主、惩恶霸、击日伪，成为当时灵北地区令日伪闻之胆寒的一支革命武装。

抗战时期，王泗标作战英勇、足智多谋，极善于同日伪打游击战，多次以少胜多，获得上级嘉奖。在参与打大路一战中，他身先士卒，冲锋在前，为此役作出了重要的贡献，得到了组织器重，被任命为中共马庄乡乡长。不久，抗战结束，国民党撕毁国共停战协议，立即调转矛头指向共产党人。无数共产党人及革命者，没死在抗战中，反而死在反动派的屠刀下。

王泗标带着100多人的队伍准备东撤前夕，先来到晏家湾向妻舅家告别，内弟晏东彬劝其随他出船打鱼暂避一时。王泗标说："我一人走了，苦心经营的100多号人的队伍怎么办？我既是共产党人，就得坚决服从组织安排，绝不偷生！"后又顺便来到冯庙镇王卢庄娘舅家安顿老小，娘舅家人又劝其去南京亲戚家躲躲风，得到的也是同样的回答。当天，王泗标就带着队伍急匆匆地消失在茫茫夜色之中。

队伍不敢停留，一路急奔洪泽湖。撤到湖中的大多和他们一样属于地方部队和区乡武装，都分散到零星的沙洲上，他们之间没有船只往来，无法取得联系，生存条件极为恶劣，尤其食物严重缺乏，多以水草充饥。而湖周边陆地是一片白色恐怖，反动派对洪泽湖实行严密封锁，切断湖上与陆地的一切联系，不准渔民下水捕鱼捞虾，不许农民下湖割草放牧。湖中稍有风吹草动，立即枪炮齐鸣。

已是农历十月底了，万物凋零，洪泽湖上显得一片肃杀，干枯的芦苇也变得有些稀疏，湖面上阴风怒号，候鸟们不堪忍受恶劣的自然环境，已经偷偷转移到了南方，然而，这里还潜伏着一群为了信仰而顽强不屈的英雄。

西北风连刮数日，芦苇似干柴，芦花如棉絮，点火即着。惨无人道的敌人首先喊话："共匪速速出来投降，不杀缴械之人，否则要火烧芦苇荡。"王泗标听到后，立刻召集队伍，看着跟随自己一起出生入死的弟兄，现在一个个都是皮包骨头，不禁潸然泪下，随后仰天大笑道："兄弟们，与其坐以待毙，不如冲杀出去，奋力一拼，杀一个够本，杀两个赚一个，大丈夫岂能苟且偷生！不过，若有放不下家室的，可以提前出去缴械求生，决不强留！"话音未毕，一百多人异口同声地说："血拼到底，但求同死，决不偷生！"于是，他们全然不顾敌人机枪的疯狂扫射，王泗标一马当先，队伍紧随其后踏泥踩水冲杀出来，不断有兄弟应声而倒，湖水顿时染红一片。冲近岸时，子弹已打尽，所有人员全部中弹倒在血泊中，只剩几人尚有呼吸，已毫无还手之力。王泗标身中数枪，血肉模糊，腿也被打断，无法站立，气若游丝，尚有一息，虽然枪膛已空，可他双手还是紧紧地攥着不放。正因他紧握手枪，与众人长枪不同，被判断是共产党大官，希望能回去领赏，所以被俘虏而走。

已经遍体鳞伤的王泗标被移至蚌埠，关押期间，威逼利诱不成，又遭受百般折磨，尽受惨刑，敌人希望能从他口中确认官衔大小，以待领赏。而王泗标宁死不屈，且痛骂不绝，敌人拿他没办法，恼羞成怒，决定处死。在押往刑场途中，被路过的晏湾庄人晏金玉看到，晏金玉认识王姑父（族姑父），有去营救的冲动，王泗标摇头示意躲开。手无寸铁的晏金玉意会后，悲愤至极，只好等着能给其收尸了。

数声枪响，皆中要害，可恨的刽子手又把王泗标的尸骨扔进了滔滔淮河，烈士的遗骸不知所踪。

王泗标慷慨就义时，年仅36岁。撇下一家老小，贤妻晏氏则以柔弱之躯挑起生活重担，不仅代夫养老送终，还含辛茹苦把四子二女扶养成人，足以让英雄瞑目。王晏庄东头立有彰显晏氏懿德的贤良碑。

新中国成立后，烈士的子女费尽周折打听父亲遗骸下落，至今无果，成了永远的痛。

（注：本文系根据王泗标次子王春玉回忆整理，民政部门颁发的烈士证书上，姓名误作王思标，出生误作1904年。）

灵璧英雄：李振祥

"东撤"路上未归人

同龄人

1946 年 6 月，国民党反动派背信弃义，撕毁停战协定，向各解放区发起了全面进攻，再次把全国人民推入战火之中。7 月底，中国人民解放军组织了一次著名的朝阳集战役，歼敌 5000 余人，受到中央军委和毛泽东主席的嘉奖。然后，我解放军野战军转战苏北鲁南，灵璧县地方党政军人员继续坚持对敌斗争 3 个多月。在敌强我弱的情况下，于 1946 年 11 月初向东撤退到泗县北部大庄一带，与泗县、五河、睢宁等县的党政军人员汇合，共 2000 多人。11 月 22 日，华中七地委通知泗灵睢工委，集中各县人员向洪泽湖西岸高楼方向靠拢。11 月 25 日，走到江苏省泗洪县东部金锁镇，被国民党军队包围。我方人员在突围中大部分被敌人打死打伤打散，小部分人员突围成功向北寻找主力部队，不料在途中又被泗洪县曹庙乡顽军拦截逮捕。灵璧县县委书记兼县长农超谋和副书记陈立祥被敌人活埋，副县长江祥斋当场壮烈牺牲。

在这次悲壮的东撤事件中，有一名县大队战士名叫李振祥，1919 年出生于灵璧县朝阳镇京渠庄，1943 年，在九顶山区参加革命，1946 年在洪泽湖畔壮烈牺牲，尸骨无存。灵璧县民政局在朝阳镇小军庄烈士陵园，为他留一墓穴，镌刻着"李振祥烈士之墓"。

为了撰写李振祥烈士的英雄事迹，我于 2020 年 5 月 2 日专程驱车百余里前往京渠庄，找到了李振祥的儿子李兴华，请他带领我登门拜访了本庄 95 岁高龄的王丙军老人。老人家对那段历史记忆犹新，说起来滔滔不绝。他说："我和李振祥一块参加县大队，编在一个班里。那一年我才 18 岁，他比我大 6 岁。他个头不高，身材也比较瘦。但是，他瘦小精悍，办事利索，执行命令雷厉风行。李振祥年龄比较大，在班里事事带头干，样样走在前，处处关心、体贴战友们，得到领导的信任和战友们的好评。当时，京渠庄参加民兵组织的共有十几个人。张渠乡队有三四十人，乡队长叫王文平。九顶区队有100多人，区队长叫胡昌德，梁集人。县大队政委叫江祥斋，大队长是县领导兼的。县里其他领导人的名字，我就不记得了。我们平时进行军事训练，维护当地社会治安，战时集中起来参加战斗。那时候，朝阳集、渔沟集有国民党的镇政府和顽军，尤集镇有刘夫庭日伪维持会，朝阳集北边唐庄、张庄还有唐广金地方土匪武装。共产党开辟九顶山区根据地，县大队经常与周边的敌人打游击战、拉锯战。我和李振祥每次打大仗小仗都在一起，他沉着稳重，有胆有识，作战勇敢，冲锋在前。我们打过的最大的仗，就是打国民党的92旅（注：1946年7月的朝阳集战斗）。有一天晚上，京渠庄后边的赵山上来了许多国民党军。王文平和赵俊领、崔荣汉几位领导研究怎么打？如果从庄子西头截住敌人向东打，双方在京渠庄战斗，全庄人的生命财产损失就大了。决定从东边向西打，把敌人撵进西边京渠湖里再打。敌人在前面跑，我们在后面追，一直追到朝阳集东边的山上。还有从朱赵陈庄到朝阳集的十里长山上撵过来的敌人，双方在这里打了一场大仗。我们县大队配合解放军大部队，歼灭了国民党军92旅全部和60旅的大部。

朝阳集战斗以后，解放军大部队转移走了，县大队留在本地。那时候发大水，敌我双方没有什么仗打。洪水退下以后，小秋秋红了的时候，国民党军发起了进攻。我们县大队在朝阳集西边老母猪山南边隐蔽，敌人在北边18里地的双沟集，派飞机来侦察，在老母猪山上飞了两圈，又走了。敌人进攻到老母猪山上，我们退到刘南场庄，只离3里远。后来，我们就向东南方向撤退到大庙（灵璧县）、大李集（睢宁县），在老濉河一带坚持打游击。种完小麦的时候，上级命令我们继续向东南方向撤退，路过半塔区（改名雪枫区）、青阳集（泗洪县城），到了泗洪县东边。在东撤途中，我们一天也吃不上一顿饭，扒地里白芋生吃充饥。夜里靠着河沟坡、老坟旁、麦草垛歇息一会。11月的天气已经比较冷了。有一次天上下着雨，我们身上的衣服都淋湿了，也只能穿着湿透的衣服在野地里露宿。在离洪泽湖不远的地方（注：泗洪县金锁镇），我们的东撤部队被国民党军大部队包围。江政委带着我们机枪班向敌人扫射，掩护县领导人突围。江政委当场壮烈牺牲了，我们的人员被敌人打死、打伤、打散了。县大队只剩下七八十人，突围以后进了洪泽湖。湖面有五六十里宽，我们十几个人坐在一条小船上，敌人打过来的子弹像雨点一样。船老板哭喊着："我的妈呀，这下完了。"到达湖对岸以后，我们不敢上去找村庄，在湖边躲藏起来，连冻带饿，大家都饿昏了，冻僵了。敌人发现了我们，李振祥在与敌人搏斗中牺牲了，县大队领导人也被敌人抓去了，我和王家财两个人拼命逃了出来，一溜往西北跑回了家。

通过这一次采访，我最敬佩李振祥烈士坚定的革命意志。参加革命前，他已经娶妻生子，参加革命后，他和战友们同吃同住，在一起行军打仗，很少回家。东撤那一年，他的大儿子李兴俊4岁（属马），小儿子李兴华才几个月（属狗）。他为了革命抛开家庭和妻儿，坚定地跟着部队东撤。李振祥烈士做到了："生命诚可贵，妻儿更是宝，为了干革命，两者皆可抛！"

东撤部队在江苏省泗洪县金锁镇打的那场突围战，时间是1946年11月25日。整整两年后的1948年11月25日，中国人民解放军解放了灵璧县。李振祥烈士的遗孀李王氏，于2001年去世，享年85岁。现在，李兴俊79岁，全家12口人。李兴华75岁，全家16口人，都是四世同堂，其乐融融，过上了革命先烈们为之奋斗的幸福生活。这些足以告慰李振祥等英烈们的在天之灵！

灵璧英雄：邱德勤

洪泽湖水葬英魂

邱朝坦

邱德勤，乳名李子，本县游集镇邱楼村邱小庄人。他出生于一个贫苦的农民家庭，少年时，家徒四壁，常年吃不饱穿不暖。1938年5月，日本帝国主义占领灵璧以后，日伪军到处烧杀抢掠，无恶不作，又加上土匪横行，到处敲诈勒索，闹得城乡鸡犬不宁，人民流离失所。当时，年仅 10 多岁的邱德勤目睹了这一切，把对日伪军的深仇大恨埋在心里。

1939 年初，灵北下楼的热血青年张维献自发组织了一支抗日队伍——灵璧青年抗日自救团，即抗日游击队，在灵北一带开展抗日斗争。自救团在团长张维献的带领下，一面广泛开展宣传抗日救亡活动，号召所有愿意抗日的人们，拿起武器与日本侵略者作斗争，一面发动群众，破坏敌人的交通线，拦截敌人汽车，寻机打击敌人，使得灵北一带的日伪军整天提心吊胆，惶惶不可终日。

为了扩充灵北抗日队伍，后来已是共产党员的张维献号召青年积极参加抗日队伍，为抗日救国贡献自己的力量。在这种情况下，年仅 15 岁的邱德勤积极响应，踊跃报名，加入了抗日游击队。

邱德勤年龄虽然不大，但他胆大机灵，遇事沉着冷静，办事认真，不怕苦，不怕死，所以张维献十分喜欢他，就让他担任通讯员。在执行任务时，不管是刮风下雨，还是漆黑的夜晚，或是经敌占区的盘问，他都能化险为夷，把事情办好，常受到首长的表扬。

1946 年 6 月，内战爆发后，国民党反动派向淮北解放区发动大规模的进攻，妄图夺取淮北人民用鲜血换来的革命成果。此时，灵璧县委书记吴云培调任睢宁县委书记，农超谋县长兼任灵璧县委书记，带领灵璧干部武装在泗灵睢边区活动。因斗争环境更加险恶，11 月初撤往泗县北部大庄一带，与泗县、睢宁、五河三县干部武装 2000 余人组成四县联防大队，各县总队即为支队，就地坚持武装斗争。

1946 年 11 月中旬，国民党部队调动 10 个团的兵力加紧围攻，淮北七地委通知泗灵睢工委集中各县人员向洪泽湖西岸高集靠拢。11 月 23 日，泗五灵睢的干部武装经泗洪的归仁集，金锁镇、朱湖等地，一路转战到达洪泽湖西岸的鹅毛庄，原地待命等待地委指示。之后遵照上级的指示决定"东撤"。11 月 23 日夜，地委准备东渡运河，在张震率领的九纵的接应下，至 25 日下午，七地委机关及所属部队完成东渡运河工作，完全跳出了国民党军队的包围。

此时，泗五灵睢四县联防大队与地委失去联系，11 月 24 日夜，各县沿成子湖边由高集经太平集、界集向唐莫圩子进发，准备追赶地委，到达唐莫圩子已是 11 月 25 日早晨，被国民党军围堵，指挥中断，群龙无首。

灵璧县的干部武装由农超谋、陈立祥、江祥斋及张维献各自带队仓促撤向金锁镇，黄昏抵达。晚上宿营在金锁镇南面的朱湖，商讨对策。11 月 26 日拂晓，国民党军大部队又围上来，双方激战惨烈。部队一边战斗，一边撤退，至下午 3 点，灵璧县只有 120 余人突出重围，仅朱湖这次战斗，灵璧牺牲近500 人。

在这次东撤途中，年轻的战士邱德勤随县总队边打边退，部队付出巨大牺牲，最后仅有一小部分退到洪泽湖区，为保存仅有的武装力量，他们有时隐蔽在湖中芦苇荡，有时隐藏在刺骨的湖水里，强忍着饥饿与严寒，坚持斗争。随着形势的日益严峻，天气愈加寒冷，战士们几乎失去了战斗力。在一次躲避敌军搜捕中，邱德勤连冻加饿，站立不住，僵直的身体滑向湖中，无力凫水不幸牺牲，时年 22 岁。

（写于 2020 年 4 月 28 日）

灵璧英雄：高广东等 15 位烈士

一座墓碑，十五英灵

清明节的前几天，我回老家去给爷爷奶奶添坟烧纸，想起来去看看坐落在我们第八生产队大场北边苇汪北边的新四军坟地。记忆中的几座烈士坟茔已经没有了，据说县民政部门已经把烈士的遗骸移走，集中安葬在大庙烈士陵园里。我只看到在原来的地方，几棵稀疏的大小树下，一片枯萎的荒草丛中，还有一座石碑立在那里。石碑没有上帽，顶部呈半圆形，中间镌刻着一颗五角星，下面一行横字"永垂不朽"，再下面是 3 行竖字，中间是"革命烈士纪念碑"7 个大字，右上首是"一九四四年马集战斗"，左下首是"一九六六年四月五日敬立"。虽没有刻上立碑单位，但我知道这块碑是当时的马集大队干部群众自发立下的。睹物思人，此情此景令我愈加怀念那些牺牲在我们村庄的先烈们。

据本村老人回忆，马集战斗发生在 1944 年午收前的四五月间。当时，张爱萍、韦国清领导的新四军三支队（有说是三师）九旅在皖东北苏皖边界开展游击战争。一天，九旅二十五团的侦察兵获悉，明天一个日伪军副团长要带领一个连的伪军从渔沟出发，沿灵双公路由南向北，与盘踞在朝阳集北张庄村的顽军唐广金部接头。二十五团首长命令三营九连执行消灭这股日伪军的任务。九连全体官兵在连长高广东的率领下，连夜急行军 100 多里路，次日拂晓赶到马集庄北、朝阳集南的小马庄和前赵庄一带埋伏待命。从渔沟到唐庄两地相距 25 华里，九连官兵的埋伏地点选在中间，并且避开大的村庄马集，以避免伤及无辜百姓。

第二天上午 9 时许，日伪军副团长温克刚带领 100 多个日伪军耀武扬威地由南向北来到新四军的埋伏地点。新四军高广东连长一声令下，机关枪密集扫射，手榴弹投向敌阵，作恶多端的大汉奸温克刚当场毙命，日伪军伤亡过半。失去首领的日伪军仓皇逃窜，退却到马集庄西南园圩子里，抢占有利地形，企图负隅顽抗，并且在圩墙上的炮楼里架起机关枪，居高临下向我军扫射。我九连官兵在圩墙外，从老百姓的房屋中钻洞，用机关枪、手榴弹猛烈还击。高连长身负重伤，仍强忍剧痛，端起机关枪站在屋顶上扫射敌人，不幸壮烈牺牲。副连长接着指挥，战斗仍在激烈的进行中……两军对峙时，张大路的日伪军赶来增援。新四军面临腹背受敌、内外夹击的危险，我九连官兵果断地迅速撤离战场。

新四军撤离以后，日伪军以搜查共军伤病员为借口，在马集庄进行疯狂扫荡。一名新四军战士伤势过重，隐藏在灵双公路东侧的一间空屋里，用一个大筐倒扣在身上，被敌人发现。狠心的敌人把他拖出来，用明晃晃的刺刀压在他的脖子上，要他说出部队驻地在哪里，有多少人，首长叫什么名字，这位新四军战士毫不惧怕，斩钉截铁地回答："不知道，不知道，就是不知道！要杀就杀，要砍就砍，随你们的便吧！"他高喊着"共产党万岁！"的口号，被敌人连砍数刀，英勇就义。

这场悲壮的马集伏击战，击毙日伪副团长一名，歼灭日伪军 80 余人；新四军九连连长、1 名班长和 5 名战士光荣牺牲。马集庄老百姓在打扫战场时经过仔细辨别，认出新四军战士遗体有 7 具，偷偷地掩埋在村庄西北角的一个苇汪边上，筑起 7 个小土包，并且给高广东连长的土包上作了记号，其余 6 位烈士均不知道姓啥名谁、家乡何地。

为了牢记历史、悼念先烈、勉励后人，在 7 名烈士牺牲 22 周年之际，1966 年清明节，马集大队干群在烈士墓地立了一座"革命烈士纪念碑"，并且举行了祭奠仪式，九顶区的中小学生有组织地前来悼念，周围村庄的干部群众自发地纷纷前来悼念，人来人往，络绎不绝。

我们今天的幸福生活，都是无数的革命先烈用鲜血和生命换来的。清明佳节，我们在祭奠逝去的亲人的同时，更应该祭奠为了人民的利益而英勇牺牲的那些有名的和无名烈士们。

（马支超 讲述 马香俊 整理）

灵璧英雄：黄孝先、闫西同、罗兴镇等 26 位烈士

青山有幸埋忠骨

谢金陵

程庙烈士陵园坐落于程庙村、省道 201 公路西侧。数百亩梨树从背后深情地拥抱着这片墓地，每到清明，梨花盛放，洁白的花朵像是对英灵表达着无限的敬意和追缅。

现在的程庙烈士陵园中安睡着上百位烈士的英灵，他们或殉国于抗日战争，或献身于淮海战役，或捐躯于中印反击战，或牺牲于抗美援朝战场。

而在建园伊始，陵园内只有18座烈士的坟冢，在这18座墓穴中，却葬埋着26位烈士。这是为什么呢？

下楼镇距徐州约45公里，程庙村作为下楼镇最北部的村庄与潘塘、侯集、大许距离不过几十公里，可说是淮海战役主战场最近的后方。这一带的老百姓，为淮海战役的胜利，倾其所有，源源不断地提供着人力和物力的支援，提供着强有力的后勤补给保障，作出了巨大的奉献和牺牲，立下了可歌可泣的功绩。有部分伤员在程庙、丁阁、落涧、王集等地救治，因为伤情严重，医治无效，26位英雄永远地躺在了下楼镇的土地上。其中有某部营长黄孝先、排长闫西同、班长周道红、战士何家俊，其余英烈姓名已经无法考证。

风雨动荡的年代，因为条件所限，很多将士牺牲后只能就地掩埋。更有许多烈士牺牲在一起，只能匆匆掩埋于一处。之后的遗骨因为无法分拣，只好把几具尸骨安放在一处墓穴内，曾经年轻活泼的生命，永远地沉默于历史之中。为了纪念这些为解放战争英勇牺牲的将士们，便建立了陵园，把分散在下楼境内（陈潭、田口、落涧、付寨）的各处遗骨迁葬于陵园内，就这样，18座坟墓中，长眠了26位先烈的英灵。

在1945年的抗日战争中，新四军9旅25、26团发起睢南战役，解放了睢宁以南的大片土地。其中，团长叶道友率领一营打响鄂山突击战，歼敌百余人，18位战士在这场战争中献出了年轻的生命，长眠于下楼大地。某团一个战地临时医院曾在程庙村短暂驻留，有8位伤残军人因医治无效牺牲。

中共灵璧县委、县政府遵省市部署，于2011年启动了"慰烈工程"。遣专职人员调查核实散葬于境内的烈士坟茔，并尊重烈士后人意愿，将烈士遗骸分迁于各处革命烈士陵园安葬。下楼程庙烈士陵园迁葬的主要是尤集、朱集、大路、下楼境内的烈士。这次迁移包括抗日战争、解放战争、抗美援朝战争、中印反击战，以及新中国成立后抗洪抢险中牺牲的英雄。

1991年原夏楼区委投资10万余元修复陵园，并请中央军委原副主席张震上将题写碑文："革命烈士永垂不朽！"张震将军在这块土地上指挥过战役，对这里充满了深情和眷恋。2007年7月1日，下楼镇党委倡议广大干部职工捐款，并多方筹集，斥资 12 万元，再次重修陵园。2012 年，作为"慰烈工程"之一的程庙革命烈士陵园以崭新的面貌展现在世人面前，告慰英灵。

原下楼镇民政所所长孙孝斌回忆，他曾亲自参与过迁葬英雄遗骨的工作，有一位叫作罗兴镇的排长，黑龙江籍，在 1944 年宿州栏杆奎河战斗中牺牲，被葬于下楼镇龙山村潘巷庄南的田地里。老兵们自发前往墓地祭拜排长多年，孙孝斌得知以后，心情既感动又沉重，上报领导，经过请示，把遗骨迁葬于程庙烈士陵园，让战友们的英魂团聚。

新落成的陵园内纪念碑高大壮观，碑墓肃穆庄严，水泥地面平整清洁，松柏苍翠挺拔。陵园内曾有一位常年守护着战友的老兵胡振球，程庙村人。他是部队司号员，退役之后回到家乡，主动请求到烈士陵园为这些牺牲的战友们守护站岗。为了忠诚的守卫陪伴着地下的战友们，他以陵园为家，一生没有结婚。

"青山有幸埋忠骨"，下楼镇程庙村以她的一方厚土和革命情怀守候着壮士英魂，铭记英雄事迹，继承先烈遗志。这个长满梨树开满梨花的村庄，将永远用洁白坚贞的信仰和有为的姿态谱写出五彩斑斓的壮阔画卷。

灵璧英雄：常玉乐

革命身先死　自有后来人

王善伦

"常玉乐烈士，男，汉族，生于 1921 年，中国共产党员，解放军战士，安徽省涡阳县小常庄人。于 1946 年夏天，因战牺牲，葬于杨庄。为缅怀先烈，后人敬仰，特立碑修墓。"以上文字，录自常玉乐烈士的墓碑。墓碑上还刻着"捐款单位及个人：共青团李场乡团委尹明忠、程亚洲、王怀宝、尤计红、曹新民……等奉祀，刘銮玉书并刻，公元一九九零年清明立碑"。

前不久，我走访了灵璧县原尤集区李场乡杨庄村原党支部书记的胡兴胜。提起往事，他仍记忆犹新。1946年春夏之交，敌我双方正在皖北激烈交战。一天傍晚，轰隆隆的炮声正在东北方向响着，忽然，从庄后跑过来一队解放军，担架上抬着一位浑身是血的战士。进村后，他们把担架放下，不一会，就见担架上那个战士睁开了眼，费力地抬了抬手，指着南方，嘴里发出一丝微弱的声音："我想………回家……"领队的（据说是个排长）急忙从乡亲们手里接过一碗水去喂他，一口水没喝下去，那战士的头就耷拉下来了。领队的排长随身掏出笔和纸，写下了这位战士的名字"常玉乐，25岁，涡阳小常庄人"交给了村干部。随即，战友们和乡亲们一道在村头路口把常玉乐的遗体连同担架匆匆掩埋了，并向坟头敬了军礼。然后，这队解放军未做停留，急速地向南方前进了。

新中国成立后，尤集区人民政府曾致函涡阳县政府并先后几次派人到了涡阳县小常庄询问常玉乐的身世。经了解：常玉乐是个孤儿，他20岁当了兵，随军征战南北，火线入党，作战中身负重伤后光荣牺牲，他没有结婚，没有后人。

多年来，常玉乐烈士的尸骨一直就葬在杨庄的土路边。每到清明节前，邻近的杨庄、大元、尤圩、张东湖等几个村的学校的师生就排着整齐的队伍，抬着自扎的松枝花圈，来给他扫墓。

1988年，被选派到李场乡杨庄村担任村第一书记的尹明忠看到路口常玉乐烈士孤零零的坟墓，心生感叹，就和王怀宝、尤计红、胡兴胜等人带头捐款，并带动当地党员、干部、群众38人自愿捐款，为烈士英灵重安新家。经协调，墓址迁至杨庄村三组村民郭昌豹承包地里，郭昌豹慷慨应允。于是，请来当地工匠，砌砖刻碑，又给常玉乐烈士添置了棺木，于1990年清明迁葬、立碑。

尤集镇党委已把这里辟为革命传统教育基地。小学生们每到清明都要到这给常玉乐烈士扫墓、献花。他们纷纷表示："我们就是他的后人。"

2020年6月19日

灵璧英雄：张持胜

誓死坚守凤凰山

张持胜，生年籍贯不详。华中野战军第九纵队成立后，张持胜任九纵七十九团七连连长。1946年内战爆发，7月18日，守备灵城的七十九团七连受命坚守县城西北角凤凰山。此处为灵城守备战的一个支撑点，七连连长张持胜深知坚守此处的重要性。

7月18日8时许，敌人开始向凤凰山炮击，张持胜连长首先命令位于战斗在最前沿的第一、第二两排，一定要"钉"在此处，等敌人靠近了再打。不一会，敌人一个连的步兵，猛攻凤凰山，我七连坚守阵地，待敌进到距我前沿40余米时，一排、二排排长同声喊"打！"霎时间，七连各种火器齐发，子弹暴雨般地飞向敌群，手榴弹在敌群中不断爆炸，40余个敌人倒在我阵地前，残敌慌忙地转身逃回。

约近10时，敌人对凤凰山进行第二次攻击，分前后两个梯队约两个连的兵力向我进攻。待敌人距一排阵地40米时，一排长吴长密又是一声"打！"敌人在密集的火力下倒地一片，前梯队趴下了，后梯队还在往上爬，吴排长端起机枪对敌猛扫，全排步枪、手榴弹随着打个不停，打得敌人前进不得，纷纷倒地。敌人第二次进攻，很快又被打了下去。

随后，张持胜连长迅速调整全连战斗组织，从第三排抽调人员补充一、二排，又及时补充了弹药。12时刚过，敌人又集中炮火轰击凤凰山，开始第三次攻击。他们集中一个营的兵力向我七连袭来，待敌进到我阵地前30米时，张持胜连长一声令下，各种武器一齐向敌人打了起来，敌人又是一片伤亡，转身后撤。经过反复打击，敌兵们像海水退潮一样撤了回去。

张持胜连长所带领的七连，顽强战斗4个小时，3次击退敌人的进攻，共毙伤敌人300余，牢牢控制住了凤凰山阵地，但也有30名战士伤亡。14时，七连便奉命撤往灵城北关，继续战斗。

（星辰　供稿）

灵璧英雄：邱西海

少年从军死未归

邱朝坦

  邱西海（系乳名），1931 年出生，原籍山东。他 6 岁时，抗日战争全面爆发了。日本侵略者烧杀掳掠，无恶不作，使得人民处于水深火热之中。在家乡，他亲眼目睹了日本侵略者给家乡带来的灾难，房屋倒塌，土地荒芜，人民流离失所，无家可归。这些，在少年西海的心里深深地埋下了对侵略者仇恨的种子。家乡再也待不下去了，父母带着他们兄妹几人外出逃荒要饭，一路上风餐露宿，最后来到了灵北的西邱楼庄，借住在农民邱全文家里。

  邱全文是个忠厚善良的农民，对西海一家的遭遇非常同情，就把西海一家当成自己家人，让他们在自己家里过了很长一段时间。西海的父母觉得邱全文是个可以信赖的人，因此临走时，就主动要把西海送给他做养子。

  转眼到了 1945 年，西海已是一个 15 岁的小伙子。有一天，一支八路军队伍从北方开过来，经过西邱楼时，西海一看队伍里有一个军人是自己村里的老乡。俗话说：老乡见老乡，两眼泪汪汪。他与老乡见面后，心里无比激动，亲热的话怎么也说不了。当那位军人老乡给他讲革命道理时，让人意想不到的是，他竟毫不犹豫地说："我也跟你一起去当八路军，打那些狗日的日本鬼子去！"当时邱全文感到为难，不想同意。他说："西海是他父母交给我的，将来他如果有个什么好歹，我怎么向他的父母交代？"连长看到西海参军的决心很大，又看到他是个聪明机灵的孩子，就耐心地做邱全文的思想工作。邱全文的思想工作做通以后，邱西海就一蹦三跳地跑到队伍里去了。

  小西海参军后，出发的第一站就是尹集菠林子。后来一直杳无音信。1949 年 10 月，新中国成立后被定为烈士。他被定为烈士以后，当时还有人猜测，西海参军以后，可能恢复了原来的姓氏，不再与邱家来往。然而 1962 年的一天，有个陌生人来我村打听西海的消息。那个人说，他与西海老家的一个堂兄，同在江苏沛县大屯矿上工作。因受西海的堂兄（时任大屯矿党委书记）的委托，来打听他弟弟的信息。这时，我村的一个人把西海的有关信息告诉他以后，双方才确认在战场上牺牲的确实就是我村的邱西海。

西海在参军以前，由于年龄小，大家都叫他西海，他的学名到底叫什么，谁也不清楚。几年前，我向我的一个族兄打听，那个族兄含含糊糊地回答说：可能叫邱德好。

我家和邱全文家是近房的，邱西海是我的叔叔。叔叔小小的年纪就为了民族的解放而牺牲了，而邱全文一家 5 口也在 1960 年全部离世。一提起他们一家的遭遇，我的心里简直如刀割一般。

灵璧英雄：刘焕位

解放灵城打先锋

刘焕位，生年不详，灵璧县渔沟镇刘塘村人，1939 年 5 月入伍，同年 8 月入党。1944 年 9 月，担任七旅十九团副营长的刘焕位在老汪湖畔参加了阻击段海洲、苗秀霖西窜战役。1945 年，盘踞高楼 2 年之久的国民党的三十三师被迫突围逃跑后，大路区改为高楼区，刘焕位担任区长。在日军投降前，高楼区已相继建立起张营、马庄、晏湾、大路、沙滩、孟山、张刘、大庙、胡圩等乡及高楼镇政权，全区积极开展减租减息和大生产运动，为反对内战做好物资准备。

1946 年夏，蒋介石假和平、真内战面目暴露无遗。华中军区命令地方武装配合主力部队，破击津浦铁路，灵璧承担破袭夹沟至徐州段的任务。为此，县专门成立了指挥部，刘焕位担任了副总指挥，配合总指挥江祥斋、政委陈立祥，发动民兵、民工约 5 万人，胜利完成了破路任务。内战爆发后，灵城失守。刘焕位带领高楼、朱集两个区队，几经周折，撤到泗北许大庄。县成立起1000 多人的支队，刘焕位又担任灵璧支队副支队长，配合支队政委农超谋、支队长江祥斋、支队副政委陈立祥，在宿东、铜山支队的配合下，打回灵北，相继打了大李集、大庙、沙滩、大路、冯庙、尹集、时村等顽据点，歼灭还乡团、保公所武装千余人，摧毁了一些敌政权。后形势再度恶化，刘焕位等被迫向洪泽湖撤退。县委书记、县长农超谋和副书记陈立祥、副县长江祥斋、县总队副张维献相继牺牲后，刘焕位以当教师作掩护，做起了情报工作。

1947年初，饶子键率领的淮北挺进支队和部分地方干部，重返淮北，收复失地。当年秋，刘焕位由淮南返回淮北，找到吴云培。通过研究具体分工，刘焕位同高友林、徐云端、老许四人负责开辟高楼区。刘焕位等乘势扩大了武装，月余时间，区队发展到72人，67支枪，建立了区乡政权。刘焕位继续担任高楼区区长，高友林任区委书记。

1948年4月，县大队成立，刘焕位又任大队长，带领所辖4个连队活动在濉河两岸。通过艰苦斗争，县大队不断发展，后改为县总队，继续配合主力部队作战。在解放灵城战斗中，县总队和挺进支队77团，首先攻入灵城，使敌人腹背受敌，被全部歼灭。

淮海战役结束时，灵璧县总队上升为宿县军分区1团。

刘焕位曾任重庆警备区司令员，离休前，为南京高级步校教研室主任。

（星辰　供稿）

灵璧英雄：柯万点

时刻准备牺牲生命

刘万广

柯万点，男，灵璧县黄湾镇胡桥村人，1921年4月出生，1942年5月入伍，任解放军某部排长。1946年，在解放嘉山的战斗中壮烈牺牲，被评定为烈士，年仅25岁。

柯万点入伍后，跟随部队在淮北地区打游击，与日伪军频繁作战。一天，母亲田柯氏，听说儿子在灵璧西部和北部等多地接连打了胜仗，还被部队提拔当了干部，心里特别高兴，就给柯万点做一件新棉袄，要亲自送到部队交给儿子穿上。母亲从早走到黑才在部队驻地的一个小村破房里见到了儿子。儿子穿上母亲一针一线缝上的新棉袄，高兴得不得了，有千言万语要对母亲说，母亲也有肺腑的话要对儿子说。还是儿子先敞开心扉："妈，我们部队在宿县、灵璧和泗县一带，接连打过多场胜仗，开辟扩大了根据地，每次打仗我都带头冲锋在前，由于表现特别突出，不仅入了党，先当上班长，后又提拔当了排长……"母亲听着，脸上露出喜悦的笑容。"俺听说了，当排长就能多拿钱，俺家以后就有希望了。""妈，在我们共产党的部队里，官兵都是平等的，当干部也不是为了多拿钱，就是要挑起更重的担子，让许许多多像我们家一样的穷苦人，都能过上好日子。"

娘俩儿拉呱直到深夜。柯万点从小就是孝顺的孩子，忙给妈妈打水洗脚，用柴草为母亲铺好地铺，把自己仅有的那条旧被子拿给母亲盖，又把自己的旧棉袄拿给母亲枕头，自己盖杂草、枕杂草。柯田氏看见被子上有几个窟窿，心中有说不出的滋味，心想，这都是儿子背被包打仗，被枪子儿打的窟窿，唉，是这条被子救了儿子的命啊！她的眼泪止不住往下流。柯万点见母亲手摸着被子上的一个个窟窿在掉泪，就瞒着母亲说："妈，这些窟窿是山上石子扎的，也没来得及缝上。"说着就穿着母亲送来的新棉袄呼呼地睡着了。由于柯万点不分昼夜的作战，棉袄从不下身，油灰多，虱子多，不一会，大大小小的虱子就从棉袄里爬出来，爬到了母亲头上、脸上和身上。难以入睡的母亲，眼泪一夜未干。

1945年底，柯万点所在部队在宿灵泗等地完成作战任务后，又向南开拔。大批队伍从北部进入晏路，沿灵固路葛沟边的小道向南行进。当队伍来到柯庄、胡桥庄时，庄里群众全都出来欢迎，柯万点的妻子丁柯氏抱着女儿柯恒英跟公公、婆婆一家4口人都站在行走的队伍旁边。庄邻们一眼就看见柯万点身背被包、挎着手枪走在队伍中间，就大声呼喊："那是柯万点！万点啊！你们到哪去？你家人都在这呢，你回家看看吧！乡亲们都挂念你、想你！"多名亲邻都在喊。柯万点一直走在队伍中，没有停留，只是摆动着手，望着全家人的面孔，第一次望见女儿在妻子的怀里，望着全庄老少爷们的面孔，他还想多看一眼，却很快地就被大踏步前进的队伍推着远去了。一位庄邻向队伍后面的干部打听到部队晚上要在濠城驻扎，就急忙跑到柯万点的父亲柯学敏和妻子丁柯氏面前说："你们要想见万点，晚上到濠城能找到。"

从柯庄到濠城有35里多路，要是让万点媳妇背着孩子跑到濠城，太难了，父母商量，从庄上找个知心的年轻人柯万友，让他帮助背孩子，丁柯氏和婆母跟着走。就这样，4人急匆匆赶到濠城，找到了万点。柯万点紧紧抱着6岁女儿，亲热一阵后，告诉妻子说，明早天一亮，部队就要向南出发打仗，我得送你们快回家。短暂的会面后，柯万点就背着女儿往家奔。他练就的铁脚飞毛腿，一气走了30多里，在柯庄南面他小时候经常来玩的旧庙里，等着落在后面母亲和妻子，随后把母亲、妻子、女儿平安送到家。万点简单安排一下，亲了亲熟睡的女儿，对着妻子说，"我得快走，不能影响部队天亮集合"。妻子丁柯氏恋恋不舍地拉着柯万点的手说："你就陪我们娘俩过上一夜吧！""不行，部队有纪律。""那你啥时能回来领我们种地过日子？""只有扛不动枪了，我才能回来！"柯万点坚定地说。说着，推开妻子的手，夺门而出。泪流满面的妻子，紧随着送出门，眼睛直盯着万点的背影，短短几秒钟，那背影就消失在了夜幕中。这也是她最后一次看到丈夫的背影。

1946年，部队打到嘉山。嘉山县城的国民党守军防御十分坚固，为了解放嘉山，在战前动员时，柯万点就做好攻城牺牲的准备。他告诉同乡的战友说："如果我牺牲了，你还活着，你要把消息告诉我的家人，就说我是为新中国而死的，死的光荣。"

部队紧紧包围县城，发起多次冲锋，仍然没有攻下，各连排伤亡十分惨重。最后，部队下达集中兵力强攻的命令。柯万点率领全排剩余人员，再次冲锋。他跑掉了一只鞋，光着一只脚，一直冲在最前面，在快要接近城楼时，一颗子弹射中了他的心脏。

柯万点和牺牲的战友们用鲜血换来了嘉山县城的解放。柯万点牺牲后，同乡战友按照柯万点生前交派，专程来到胡桥庄柯万点家里，本想把柯万点牺牲的消息告诉妻子和父母亲，但这位战友生怕他们悲伤接受不了，只是讲了"柯万点在冲锋时，跑掉了一只鞋……"把牺牲的消息隐瞒了下来。后来，在接到部队寄来的《烈士通知书》时，家人才知道儿子在解放嘉山作战中牺牲了。嘉山县人民政府把柯万点的遗体安葬在当地的烈士陵园，墓前立起一块方碑，碑文记录着柯万点的英雄事迹，2015 年，灵璧县人民政府在县烈士陵园也为柯万点烈士竖立了墓碑。

（注：此文系根据柯万点女儿柯恒英讲述整理）

灵璧英雄：程士龙

坚守心中那块阵地

小时候，特别期待爷爷的朋友来家里，他们乘着酒兴，就会聊起战争年代他们参加打仗的往事。从一开始的侃侃而谈，到激动时的慷慨激昂，再到动情处的相对无言和一饮而尽后的抱头痛哭。

那时，爷爷经常摸着我的头说："现在的好日子来得不容易呀！吃穿不愁，有学上。"今天，我来到灵璧县虞姬乡朱桥村程士龙家采访，又听到程士龙爷爷同样的话语。

程士龙，出生于 1932 年 9 月 1 日，小时候，家里一贫如洗，他跟随父母在外颠沛流离。流落到凤阳后不久，父亲就去世了。1946 年 2 月，年仅 14 岁的程士龙被国民党抓了壮丁，从此跟母亲失联。母亲日日牵挂着他的安危，积忧成疾，哭瞎了双眼。

14 岁的程士龙因为长期饥饿，长得瘦瘦小小的，国民党军让他当伙夫，跟着一路往南逃。那时候国民党军已经溃不成军，狼狈不堪，一路上都有解放军的追赶和突袭，每天都有伤亡，很多时候根本来不及掩埋，有些伤兵就直接丢弃了。

程士龙跟随着这一小股溃军逃到福建的一条河边，部队欲乘船到沿海，再逃往台湾。这时军内解放军的地下工作人员，联络了一部分人，借故修船，拖延不走，等待解放军部队。随后，解放军部队赶到包围他们，程士龙和大部分士兵一起加入了解放军。

1949年4月，程士龙被俘、经教育正式编入了解放军第三野战军第十兵团。那时候战斗十分频繁，时不时就和敌人交上了火，一晚上要换几个地方，每隔两三个小时就要集合一次，换个地方驻扎。白天大部分时间休整，天黑行军。休整的时候，程士龙跟着战友学会了编草鞋、缝衣服，还学会了很多军歌。虽然，那时候条件非常艰苦，甚至食不果腹，但是，没有人喊苦叫累，都想着打胜仗，让老百姓过上没有战争的安稳日子，每个人身上都有使不完的劲。

后来，他参加了厦门战役，追歼敌人。所在部队占领了厦门市的集美区域，又移防白石炮台，后又驻防鼓浪屿，与对面不远的金门国民党军对峙。

在鼓浪屿，他当了副班长，成长为一名出色的重机枪手，抵御了国民党军多次反扑大陆的战斗。他思维敏捷，枪法稳、准、狠，在多次战斗中表现突出。

有一次，敌军出动战机对他们驻守的阵地进行轰炸，瞬间，阵地被炸得木屑、土疙瘩夹杂着战友们的头颅、胳膊腿满天飞……（程士龙爷爷说到这，哽咽着低下了头）很多战友还没来得及投入战斗就牺牲了。他在帆船上，子弹从头顶飞过，炮弹在附近的水域炸开了花，桅杆被打成了碎末。他要用手里的这架重机枪为战友们报仇，猛火阻击敌人登岛。突然"轰"的一巨声，一架敌机爆炸，带着冲天的火光坠入大海。程士龙开心地呐喊，发着狠地扣动着扳机，敌人见势不妙，掉头就跑。战场硝烟弥漫，三挺重机枪，到底是哪一个打下的敌机，实在无法分清，所以，就给他所在连队记了集体二等功。程士龙说，"记谁的功都不要紧，要紧的是把敌人打跑喽，让他们不敢来犯！"

1949年10月24日，程士龙所在部队参加了金门战役，他被编入作战二梯队，隔海待命，眼巴巴地望着第一梯队的船只归来。但三天三夜过去，竟无一人一船返回。原来第一梯队登陆后，恰逢潮落，船只统统搁浅。在国民党军的军舰炮击和飞机轰炸下，300多只战船无一幸免。程士龙和战友隔海望洋兴叹，金门战役失利。

鼓浪屿是国民党军战机时常来犯之地，战斗密集，防范压力大，程士龙所在部队就驻防在这里，他和战友们一直坚守在战场的最前沿。

1955年2月，经过多方打听，程士龙终于联系上已经失联9年多的母亲，当得知母亲因为思念担心自己而哭瞎了双眼时，陈士龙泣不成声。

他依然坚守阵地，把心事藏在心里。他说："作为一个军人，首先应该是保卫国家，忠孝自古难两全。"部队领导了解他的情况后，念他思母心切，决定让他复员，回家乡支援地方建设。1955年6月1日，程士龙回到了阔别已久的故乡，他没有接受组织安排在县城的工作，主动要求回村里当了民兵，守在家能更好地陪伴照顾母亲。

这个铮铮铁汉，驰骋战场，经受了血与火的洗礼，脱去军装，放弃工作机会，不要特殊照顾，自愿回到家乡，守着清贫、守着土地、守着双目失明的母亲，也守住了质朴、敦厚的人格。

2019年，程士龙荣获中共中央、国务院、中央军委颁发的"庆祝中华人民共和国成立70周年纪念章"一枚。

虞姬镇镇退役军人服务所出具的推荐信这样写道："程士龙1949年4月入伍，1955年退伍，参加过解放战争，现享受复员军人优抚待遇。"

采访快结束的时候，我激动地说："爷爷，您是一位英雄，也是一个大孝子，是我们学习的榜样。"

爷爷摇摇头摆摆手说："我就是一个最普通的老兵，做了一个军人该做的事，一个中国人该做的事。"

就是这些普通的老兵，浴血奋战，出生入死，用鲜血和生命换来了今天的和平与幸福。让我们记住，让我们的孩子记住，让我们的子子孙孙都记住这些普通又不平凡的老兵。

（程士龙　口述　胡雪珍　整理）

灵璧英雄：王荣伍

急难险重显身手

丁德志　范　伟

王荣伍（曾用名王荣武），男，汉族，灵璧县朝阳镇周庄村小王庄人，1966年7月出生，中共党员，退伍军人，现任灵璧县省级粮食储备库仓储科科长。

王荣伍1983年10月应征入伍，在北京军区52925部队5连，1985年10月入党，1987年参加对越防御作战，1988年3月，荣立一等功（对越防御作战云南前线指挥部授予），同年分别荣获安徽省、宿县地区人民政府授予的"人民功臣"称号，2019年荣获"庆祝中华人民共和国成立70周年纪念章"。

1987年在对越防御作战中，困难任务抢着干，危险时刻冲在前。在阵地上，参加破障56次，破障面积130平方米，排除各种爆炸性障碍物1390余件。一次，山体滑坡道路被覆盖，因其中埋有地雷，人员无法通过。他第一个站出来，趴在地上，用铁锹一层一层地铲。在他的带领和示范下，其他战士也纷纷投入了清障排险行动，1个小时后终于疏通了道路。构筑工事开始后，他率先参加了运料突击队，在背料过程中，每趟都要比其他战友多背20余斤。衣服被汗水湿透了，就光着膀子干，肩被铁筐磨烂了，就将湿衣服垫在肩上，身上的皮肤被晒得脱了一层又一层，累得多次呕吐。在施工中，身上被蚊虫叮咬100多处，红肿溃烂，脚腕肿得脱不下裤子，晚上睡觉前只好用剪子剪开。在1682.3高地施工中，他严重感冒并伴有高烧，却一直没对任何人讲过，每天坚持背料，连续五天夺得全连背料第一。第六天，他仍然每趟背100多斤重的石料，在60度的陡坡上艰难攀登。中午时分，已精疲力竭、双腿打颤的他又一次将石料背上半山腰时，累得吐了血。道路狭窄，为了不挡住运料队伍，他站稳身子稳定一下情绪，双手扒着台阶的棱坎又努力向上攀登，刚将这筐石料运上山顶，便瘫倒在地。他以坚强的意志和耐力，一人背料82吨，超出全连人均背料 12 吨。

王荣武还特别关心班里的战士。新战士朱智患上了"烂裆"症，他用药水为他擦洗；战友王锁嗓子发炎吃不下饭，他就用自己的钱为他买奶粉；战士万利辞家中遭灾，生活困难的他将身上仅有的 35 斤粮票和 50 元钱寄到他家。施工回来，为了让战友们能休息好，他坚持替别人站岗，关心战友胜过关心自己，他的行为受到了干部战士们的一致称赞。

2020 年 4 月 7 日

灵璧英雄：宋启龙

军人本色的闪光

刘万广

宋启龙，男，1982 年 5 月出生于灵璧黄湾镇陆集村，2000 年 12 月入伍，中共党员，现任中国人民解放军 42 集团军电子对抗旅训练中队某班班长，三级军士长。

2017 年 1 月 11 日，回家探亲的宋启龙路过灵璧县城南关桥头时，一个年轻女子轻生，跳入桥头西侧护城河中。宋启龙不顾个人安危，纵身跳入冰冷刺骨的河水中，迅速游到落水女身边。轻生女子身体在冰冷的河水中顿时变得僵硬起来，不听使唤。宋启龙托起女子，用尽全力划水支撑着双方身体不往下沉，并不断给予安抚、开导和激励，最终将其抢救上岸。在场的所有人无不为之感动，人们赞不绝口，都说他的英勇行为是军人本色的闪光。2017 年 11 月，宋启龙被评为宿州市见义勇为模范。

宋启龙在部队确实是一名光环耀眼的优秀军人。2004 年 12 月到 2009 年

12月，分别荣立三等功4次。2005年7月和2007年7月，分别被评为"优秀共产党员"。2006年7月，被原广州军区评为"训练尖子"。2009年5月，被某集团军评为"优秀四会教练员"。2010年10月，被广州军区评为"优秀四会教员"。2011年11月，获全军"优秀士官人才奖"一等奖。2012年，被军区评为"战士学理论先进个人"，2012年5月，被某集团军评为"军事训练先进个人"。2012年5月，被军区评为优秀士官。2012年7月，被军区评为"训练标兵"。2012年10月，获全军优秀士官人才奖二等奖，2013年12月，荣立二等功一次，2016年12月，被评为南部战区陆军"百名好班长"。

灵璧英雄：王宗奎

永远是个当兵的人

路永刚

"雄赳赳、气昂昂，跨过鸭绿江，保和平、卫祖国，就是保家乡……"一支久违的军歌，早已载入50年前中国人民志愿军抗美援朝的史册。那段历史，是中国人民应该为之自豪的历史。前不久，我采访了灵璧县水利局92岁的离休老人王宗奎，一位当年在朝鲜战场被称为"最可爱的人"，真实地向我讲述他的一段亲身经历。

时间的流逝，并没有磨灭王宗奎的记忆，随着他如数家珍的娓娓叙讲，我走进了军旅作家魏巍笔下的文字，走进了硝烟弥漫的三千里江山，走进了被敌人炮火削去大半个山头的上甘岭，走进了那一个个血与火中展开肉搏的战场……

1950年10月19日，中国人民志愿军在司令员兼政治委员彭德怀的带领下，跨过鸭绿江，开赴朝鲜战场。王宗奎1951年4月入朝，那时他是21岁的毛头小子，常被部队首长喊成"调皮鬼"，被编入二野12军35师部队当通信兵。

中国人民志愿军与美军交战几乎是一比一的兵力，但武器装备却差了一大截，一方是刚刚打赢世界大战的霸主，一方则是经过抗日与内战伤痕累累、满目疮痍、喘息未定的国家；一方是全机械化的王牌军，后勤完善到大米、白面、肉罐头和鸭绒睡袋，一方则是武器落后，吃炒面，在零下二三十度的冰天雪地里依然穿着单衣的军队。

1951年，王宗奎随志愿军一起打追击战，时间紧迫，居无定所，一年多都是吃炒面、喝凉水。1952年打的是阻击战，有时四天四夜吃不上一口饭。后来部队、师部住进潮湿的山洞里，才能开伙做饭。在战斗激烈的时候，电话、电台无法联系的情况下，消息只能靠通信兵冒着生命危险闯过敌人的封锁线把信送到。有一次，王宗奎去军部送信，回来后鞋冻在脚上脱不下来，送到医院焐化了冰，脱下鞋，十个脚指甲都冻掉在鞋里了。

在朝鲜战场，每一个通信兵对于部队的生死存亡都至关重要，因为他们知道部队的武器装备、作战计划、人员数量以及一切军事秘密。他们的配备也不同于战士，有专用战马，有能打连发的卡宾枪另配一把短枪，还有瑞士表、指南针。通信兵在紧急情况下，秘密的纸条能毁掉就毁掉，来不及毁掉就吃掉，绝密的消息都是口传。有时为了保住秘密，不让敌人得到活口，通信兵在危机无路时就选择自杀。通信兵是部队首长的左膀右臂，知道的多，因此，美国兵就扬言，捉住一个团部的通信兵就等于捉住一个团长，捉住一个师部的通信兵就等于捉住一个师长。

王宗奎机灵能干，多次出色地完成艰巨的任务，曾被部队首长通令嘉奖，他的战马也曾荣获一等功，得到"双口粮"的特殊优惠。1952年2月，王宗奎从连部调到师部，1953年，王宗奎在炮火纷飞的朝鲜战场光荣地加入了中国共产党。

有一次，师部与611前线阵地相距20多里，电台失去联系，情况十分危急。敌人的三道封锁线设有机枪、步枪、大炮，而崇山峻岭之中仅有一条路可走，别无选择。师部首长考虑到送信的危险性大，随时都有伤亡的可能，就派有经验的王宗奎带领3名通信兵一起去送信。

要闯过敌人封锁的三道封锁线，只有选择晚上才能减少伤亡。作为通信兵，具备临危不乱和超常果敢的良好素质，是完成任务的关键。王宗奎带头走在前面，临近敌人的封锁线脸和身子都贴着地向前爬。好不容易越过两道封锁线，过第三道封锁线时，美国兵的照明弹使王宗奎和三个战士都暴露了，机枪子弹像雨点一样扫过来，王宗奎身后不远的四川籍战士当时就牺牲了，第三个家在山西的战士也被打伤了腿。信送到 611 前线阵地，还得抢在天亮之前返回，路上牺牲的战士还不能扔下。王宗奎一边爬，一边用脚尖勾着他往前拽。过了封锁线，王宗奎背着牺牲的战士，另一个背着受伤的战友往回赶，王宗奎身上被牺牲战士的鲜血染红了。到了师部，失去战友的悲痛和极度劳累，王宗奎两眼一黑，一头栽倒地上不省人事。

不久，611 前线阵地传来胜利捷报，人们怎能忘记，这胜利的取得，通信兵为传递情报付出了生命的代价！

抗美援朝战斗英雄高唱凯旋，在鲜花和掌声中转业到地方工作，带着满腔热情投入到和平建设中。1954 年 4 月王宗奎回到祖国，他不居功自傲，不要名利不要官，在灵璧，让他担任九顶区书记和劳动社社长。但多少年戎马倥偬、驰骋沙场的他却闲不惯，他辞去这些职务，带领一队人马去明光修铁路，铁路竣工后，1959 年回到灵璧水利局当一名普通工人，平凡的岗位他兢兢业业，一干就是几十年，1986 年退休。

王宗奎老人在家颐养天年，灵璧县水利局的领导并没有忘记他，年年春节都要给他送去米、面、油、酒等慰问品，看望这位曾在朝鲜战场硝烟中闯过来的功臣。

半个世纪的风风雨雨的淘洗，并没有冲淡王宗奎老人刻骨铭心的记忆，在泪光潸然中追忆朝鲜战场那些燃烧的日子，不免感慨万千，有多少英烈的名字连同坟冢被岁月尘封湮没，但中国人民志愿军在抗美援朝战争中的忠骨军魂和惊天动地的史诗，将流传千古！

灵璧英雄：李振怀

秉性忠厚又倔强

邵明宣

我县向阳乡大李庄西头的李凤祥与老伴张氏育有三子：长子李殿玉，二子李殿喜，三子李殿宇。二子李殿喜的儿子李振怀是抗美援朝烈士。

李振怀小时候在本村读过多年私塾。他忠厚老实，从小就勤劳俭朴、和睦邻里、乐于助人。18岁那年秋收，为了给邻居帮忙，被平车上翻塌下来的青秫秸捆砸伤臂膀。母亲心疼，要让邻居家给他保骨养伤，他却劝说母亲："这点小伤，没事，邻里之间互相帮助是应该的，不能太计较。"

有一年冬天，为了防止汛期内涝，他带病坚持挖沟，结果病情加重，差点要了性命。

20岁那年，有个媒婆想给振怀说媳妇，带女孩的母亲到他家来看门户，女孩的母亲看他家房屋窄小、家具简陋，转身就走。李振怀听说后，非常懊恼，从此他就拼命多干活，还养猪积肥，想为家庭多攒些钱。他告诉村里人，我李振怀不盖起大堂屋决不娶媳妇。

1948年春节刚过，24岁的李振怀跟本庄人一起去滁州一家生产草纸的作坊打工赚钱。不料刚干了两个月，黑心的老板把他当壮丁卖给了国民党军队。

1949年4月下旬，国民党长江军事防线被突破后，其京沪杭警备总部所属部队的5个军在郎溪、广德山区被歼灭，其余大部退往上海，李振怀也跟随其中。

上海战役打响后，国民党京沪杭警备总司令汤恩伯看形势不妙，临阵逃跑。经过激战，上海守军大部分被歼灭。在人民解放军的强大军事压力下，上海国民党守军的余部，在淞沪杭警备副司令刘昌义的率领下，起义投诚，1949年5月27日，上海解放。李振怀随所在部队愿意留下改编的人员，被编入了三野。

1950 年 10 月，朝鲜战争爆发。11 月，李振怀所在的三野第 20 军编入抗美援朝的第九兵团，开赴朝鲜战场。

1950 年 11 月 27 日至 12 月 6 日，在朝鲜八大战役之一的长津湖战役中，志愿军第九兵团约 15 万人，三面包围下碣里的美英韩联军。下碣里是 10.3 万美联军的退路，战斗异常激烈。李振怀在这次战斗中壮烈牺牲。

1953 年 7 月，朝鲜战争结束。1954 年，李振怀所在部队，给其父亲李殿喜寄来了军属、烈属证。由于天长日久，此二证均已损毁、丢失。李振怀相关信息，县民政局有档案记载。

（李振怀烈士的相关信息资料，系采访其二弟李振龙、三弟李振荣所获）

灵璧英雄：张学栋

黄继光式的战斗英雄

同龄人

张学栋（1921—1953），灵璧县朝阳镇大湖村（原九顶区高圩乡堌塘村）泥湖庄人，他出生于一户贫苦农民家庭，因为贫病交加父亲和母亲先后去世，16 岁时成了孤儿，跟其叔叔长大成人。

1949 年 1 月，在淮海战役中，张学栋毅然决然地参加中国人民解放军，被编入 28 军 224 团 1 营泰安连五班当战士。他在解放军的大熔炉里锻炼成长，政治觉悟迅速提高，进步很快。他入伍才 3 个月，就光荣地加入了中国共产党。又过了 3 个月，他当上了班长。并且在解放上海的战斗中，荣立二等功，在解放大军南下福建前线途中，荣立一等功。他没有上过一天学，在部队里自学文化知识，苦练军事技术，担起了全连机枪手教练的重任。

1953年7月16日，在美帝国主义的支持下，在海军、空军的配合下，国民党军12000余人窜犯福建省东山岛。蒋介石叫嚣："东山一战是反攻大陆的序幕战。"

我解放军东山岛保卫战打响了。为了全歼来犯之敌，224团奉命增援兄弟部队。这时，五班长张学栋身患严重胃病刚出院，身体还没有完全恢复，指导员决定让他留下来搞后勤，不让他上前线参加战斗。张学栋听说自己不能上前线，心里很难过，他找到指导员说："狗咬上门来了，我怎能不去打呢！"在全连指战员整装待发，汽车就要开动之时，张学栋带着武器急忙赶上去，再次找到指导员，坚决要求说："我要去，就是三天不吃饭，有任务也照样干。"在张学栋的一再请求下，指导员最后同意了他参加战斗。

为了保卫国防，保卫社会主义建设，张学栋表现出一名共产党员、革命战士的英雄主义精神，和部队指战员一起，迎头痛击来犯之敌。在解放军的猛烈反击下，敌人丢盔弃甲，狼狈逃窜。

7月17日下午2时许，敌人被逼迫到东山岛214高地。前面就是大海，已经到了穷途末路。敌人狗急跳墙，急忙拼凑两个连的兵力，企图利用214高地上的几个地堡和一些战壕负隅顽抗。

解放军前线指挥所决定首先拿下214高地，这个艰巨任务就交给了泰山连2排。214高地是个光秃秃的山头，既陡又滑，没有隐蔽物。敌人居高临下，火力集中，疯狂阻击。张学栋带领全班战士冲锋在最前面，几次冲锋都没有成功。在冲锋的道路上，排长身负重伤，副排长壮烈牺牲，全排只有9人还能继续战斗。在这紧急关头，张学栋挺身跳出战壕，举起拳头大声喊道："同志们，为牺牲的战友报仇，为祖国立功！"他一边喊，一边端起轻机枪，带领战友们，冒着枪林弹雨，向敌人发起了猛烈进攻。在进攻中又有两名战友牺牲，他心中燃起复仇的怒火。张学栋迅速地从受伤的战友手中接过轻机枪，勇猛地冲向敌人的火力点，在离地堡10米远的地方，他的胸部和大腿负了重伤，昏倒在地。敌人的枪声把他震醒，他忍着剧痛撑起身来，投出一颗手榴弹，"轰隆"一声，敌人的枪声哑了，他再次昏了过去。后面的战友刚要冲锋，突然遭到另一个地堡里敌人的机枪压制。张学栋再次苏醒过来，立即向着敌人的枪眼射击，子弹很快打完了。就在这决定战斗胜利的关键时刻，张学栋从弹雨中站立起来，高喊："同志们，为了祖国，冲啊！"说着就用自己的血肉身躯堵住了敌人地堡的机枪眼，敌人的机枪立即变成了哑巴。张学栋壮烈牺牲了！2排战士刹那间冲上高地夺取了地堡，把红旗插在了214高地。阵地周围响起了："消灭敌人，为张学栋报仇！"的怒吼声，一举歼灭来犯之敌，东山岛保卫战取得了最后的胜利！

东山岛战斗结束之后，各地隆重集会，悼念张学栋烈士。1953年8月25日，华东军区发布命令，批准张学栋同志为"华东军区黄继光式的一级战斗英雄"。华东军区党委首届党代表大会批准他为"模范共产党员"，并且授予他生前所在班为"张学栋班"。

与此同时，灵璧县人民政府报请安徽省人民政府批准，把张学栋烈士的家乡——灵璧县九顶区高圩乡命名为"学栋乡"，把高圩小学命名为"学栋小学"。1958年10月1日，灵璧县成立17个人民公社，原九顶区成为"学栋人民公社"。

灵璧英雄：糜双品

青春生命绽放人性光辉

张少秋

那年的"五四"青年节，在灵璧的馍馍山下，一位解放军战士为了抢救两个落水儿童而沉入潭底，年轻的生命永远定格在了24岁，解放军的英烈谱上又多了一名罗盛教式的英雄，他的名字叫糜双品。

我所知道的他的信息极为有限，墓碑上刻着：糜双品，男，出生于1943年2月，浙江省上虞市陈溪乡糜山村人，1964年入伍，生前为驻灵73862部队驾驶班战士。可他的英勇行为感动了几代人。对我的影响尤为深刻，我常常用英雄的精神来衡量自己的世界观，鞭策激励自己前行。需要说明的是墓碑系灵璧县人民政府在 2001 年重立的，碑文上的陈溪乡应为公社，73826 部队也是 1973 年后的番号，当时叫 220 部队，是一支开凿山洞的工程兵部队团级建制单位。北山在驻军前叫馍馍山，其实它是一组群山，因主峰险峻极像馍头而名，小金山、叶家山、盐山、董山、石榴园山均不便称谓部队，改称北山也是因为受军语简洁的影响。如今怀着崇敬，拼接记忆的碎片，努力还原英雄的壮举，回忆灵璧人民悼念烈士的场景。

1967 年 5 月 4 日下午 2 时许，祥和平静的灵城南关大街上突然多了几个拿花圈的人，人们很是惊奇。那年月花圈是稀罕物，我们般上般下的孩子都是刚刚接触到花圈呀，追悼会啦那一些新事物，看到花圈后潜意识就是有大人物去世了。好奇的天性促使我跟上人流，边走边听人们议论。走到北关桥时了解到是一位解放军为救人牺牲了，再前行到关老庙（今二中）便知道是救东关菜园的两个顽皮孩子。这时，路上的行人开始多了起来，成群结队，络绎不绝。走到双槐树（1966 年破四旧立四新时被红卫兵造反派砍伐）遗址，往山上拐的山口地方已经是摩肩接踵了。大家都是自发地来祭奠英雄的，每个人都神情庄重，没有人人声说什么，只有匆匆的脚步声。我是在这种氛围中到达了英雄罹难地，也是第一次跨入军事禁区。半个月前，县城各机关单位响应军管会号召来捡拾片石回家砸成石子儿铺南关大街，我跟着县石油煤建公司的四轮马车来过一趟北山捡过几篮子巴掌大的石片，但只到了营门口就没敢越过警戒线。这番进军营没人阻止，没人引导，像是冥冥之中早有安排似的。几十年过去了，我依然难忘那几天"特殊的军营开放日"。

英雄救人的水塘在山根处，呈半月形，长不过十几米，宽约七八米，对面陡峭如壁的山崖露出红泥的痕迹，显然是开凿出来的。水塘里交叉漂有两根毛竹，不知道是不是救人所遗。塘边上放一只黄色瓷盆，里面还有拧干水了的白衬衣。一只帮高及腰、一米多长的椭圆形大木桶溜到了对面岩边，就这个似船的东西引来了两个少年，后来双双落水。糜双品当时正在塘边洗衣服，发现险情不顾自己不谙水性，立刻奋不顾身跳入水塘，扑向那两个挣扎的男孩……据那两个孩子口述，他们被推上岸后回头看到救他们的糜双品就在离塘边二三米远的地方昂着头，嘴里喷着水，伸出左手扒了一下大木桶的桶沿，那个木桶瞬间倾覆扣住了他……这是英雄留在世间的最后影像（1983年第一次"拉网"时，我曾以县检察院法警的身份盘问过当年那两个被救的孩子，他们说，英雄跳水救他们到沉入潭底的时长不过10至20多秒），24岁的生命闪耀着人性的光辉。战友们齐声向水塘哭喊，希望英雄只是扎个猛子；几名战友冲向深潭，无奈水深五六米，人不能及；驻地的老乡送来了耙地的耙子，可惜潭内怪石嶙峋也无济于事；打捞进行到深夜，没有结果，战友们谁也没去动他洗衣服的盆子，心中祈愿着出现奇迹；第二天早上（5月4日）英雄的遗体被发现，他原来就在那个木桶下面，而那个木桶被荡在塘边，一个缓缓的斜坡，一个浅浅的水窝窝。战友们悲痛欲绝，痛恨自己忽视了浅水里的木桶，责怪他为什么不自己站起来。英雄就这样走了。无数人自发来到英雄离去的塘边，瞻仰英雄的遗容。那只木桶生怕遭人唾弃，悄无声息地躲到了对岸岩边……我只远距离看了看心中的英雄，心灵的震撼已难以名状。

当晚回到家里就和姐姐找出家里的白纸，又撕掉作业本，扎起了象征崇敬的白花。第二天（5月5日）父亲又买了十几张大白纸让我们继续扎花。下午我挎了一篮子白花又到北山送给营门口站岗的解放军叔叔，我以为不让进去了呢，谁知道回来的路上听说现场正扎松枝布置追悼会，方知军营仍向群众开放。晚上我们继续扎花，我还用红墨水把一朵大白花的花蕊染红，准备献给糜妈妈。

5月6日上午，听灵璧广播站挂在大街上的高音喇叭通知，为了部队的管理请不要自己个人去悼念，要等追悼大会再集中去悼念。我再崇拜英雄也得学着有组织纪律，只能把敬仰扎在白花里。县石油煤建公司敬献的两个花圈上的花差不多都是我们家扎的。记得花圈骨架由大人们把芦苇圈成个大圈，糊上白纸，边上插上松枝再扎上白纸花，比现在的花圈还要庄重，因为这是我们自己心意啊！当年我家住在三用礼堂（今灵璧剧场）南原灵城镇前院，现赵后根寓所东院，南关大街近在尺咫。那时没有环城公路，去北山的汽车只有走南关街。就因为这点优势，我决定在家门口等候糜妈妈路过时献上自己扎的花，现在想想真幼稚，怎么可能向人母亲献白纸花呢？

下午一辆客车载着花圈从南向北驶去，人们追着喊着："糜妈妈来了！糜妈妈来了"！我也跟着就跑，想见一见英雄的妈妈。半路迎着折返的客车，原来是汽车站来送花圈去的，类似这样的情况还有好几回，到后来我也不知道糜妈妈何时走过的南关街，我一心想献花，也没献成。

5月8日的追悼大会在部队大院里举行。现场搭的台子面南，参加悼念的人在南山坡。那可是人山人海，整个南山坡坐满了机关干部、灵城居民、四关大队社员、东风公社（今虞姬乡）、界沟公社（现属灵城镇）、邱庙公社（现属杨疃镇）的部分群众，泱泱万人之众，如此宏大规模，足以说明英雄的壮举感染了灵璧人民，灵璧人民崇尚英雄！上午约10点钟，追悼大会开始，有领导讲话，有介绍英雄生平，唯独没有我反复想象中的"弟弟接过哥哥手中枪"被直接批准入伍的环节，因为陪糜妈妈来的是英雄的哥哥。

我的军旅情结就源于那次追悼大会，我发誓向他学习，要以他为榜样，把一切献给党和人民。仿佛上苍的安排，抑或巧合，我同糜双品的人生经历有几分相似，他长我12岁，我俩都属羊，我也跳水救过两个人，不过是分两次。和他所不同的是我在父母严格禁令下偷偷学会了游泳，而他不识水性。我第一次救人是在1970年夏天暴雨后的东北楼大队庄东汪嘴子（雨水冲刷的沟），救起一个蹚水滑向深沟的小孩张青（后来他成长为村支书）。第二次救人和糜双品的英勇行为十分相似。那时我入伍和他一样在团里担任小车驾驶员，跳水救人也是在青年节……1974年5月4日午休，我救起了落水的师首长的小女儿，那个女孩现在已经成为一名大校军官。

应灵璧县人民要求，糜双品烈士没有魂归故里，先是安葬在凤凰山东北角的山坳处一片槐树林里，此地草木清秀，幽静安逸，可遥望他曾工作过的营房，又似枕在凤凰的臂弯上聆听松涛清风。每年清明节都有大批的红领巾来这里祭扫。后来，建起了粮校阻断了他顾盼营房的视线（他的事迹渐渐被人淡忘）。再后来，修建陵园居然被阻在院墙外5米处，且建园挖的深涧下水口直冲墓冢，加上十里窑厂取土形成的大塘使英雄墓冢如临深渊、险象环生。于心何忍？无奈！在很长一段时间里，纸醉金迷淡化了对英雄的崇拜。

2001年，灵璧县人民政府斥资修建烈士陵园，并辟为爱国主义教育基地，糜双品墓迁入了烈士陵园。英雄长眠于此，事迹昭彰于斯。青春英魂，永世长存！

2019年10月19日

灵璧英雄：周新海

欧阳海式的好战士

佚名

周新海是 83109 部队原高机连战士、共产党员。1975 年 1 月 15 日，在苏州执行运粮任务时，为保护人民生命财产，临危不惧，力挽惊马，勇制飞车，坚守岗位，直到最后一秒，献出了宝贵的生命。

踏着英雄脚步走

周新海出生在安徽省灵璧县一户苦大仇深的贫农家庭。新中国成立前，他家连一块垒鸡窝的地方也没有，一家八九口人，挤在富农家的两间牛棚里，全靠祖父和父亲给地主扛长工、打短工、编柳货、逃荒要饭过日子。因为生活所迫，周新海的两个姑姑、一个叔叔被卖掉，有两个哥哥出世不久就因病和饥饿先后死去。

新中国成立后，周新海一家带头走社会主义道路，爷爷担任过互助组组长、高级社生产队队长，父亲是农业合作社的积极分子，母亲是生产队干部。

周新海从小就爱学习，爱听英雄人物的故事，爱看英雄人物的书。在他还不识字的时候，就找些英雄画书来看。有一天，他找到一本刘胡兰的画书，翻了几遍，并请队委张贡乔把刘胡兰的故事讲给他听。新海听出了神。

后来，新海上小学，识了点字，他看英雄故事更带劲了。他非常钦佩黄继光、董存瑞这些英雄人物。他爱英雄，学英雄，踏着英雄脚步走，照着英雄样子做。有天，他给同学吕允朋讲董存瑞的故事，竖着大拇指不住地夸"董存瑞可勇敢啦！"吕允朋赞叹地说："咳！俺们又没当兵，又不打仗，想勇敢也勇敢不起来。"周新海激动地说："瞧你说的，不当兵不打仗，在生产队干活拼命干也是一样勇敢嘛！"有年冬天修水渠，挖到下面，渗出水来，早起结一层冰，新海就带头下去，打开冰冻，把水戽干。

1963 年，毛主席发出了"向雷锋同志学习"的号召，使周新海获得了巨大的动力。

一天，他和叔叔到城里赶集，爷爷给他 4 角零用钱。他一不买吃的，二不买用的，到书店买了一本《雷锋的故事》。回来的路上，他一边走，一边看，老是掉在后面，叔叔喊一声，他追上几步，又继续看起来。

雷锋爱国家、爱集体、爱人民，新海学着做。下雨天上学，他带的雨伞自己不打，让给同学打。上学的路上有条界洪河，一到雨季，干河有了水，庄上几个比他小的同学，上学他一个个背过去，放学他一个个背过来。

雷锋做好事不留名，新海做好事不吭声。他带着庄上几个小伙伴搞"无名英雄"活动。夜深人静，他们悄悄地到田里运麦子、堆秫秸、收山芋干……，做了好事保守"秘密"，连他母亲也不告诉。

1970 年 1 月，周新海光荣应征入伍。到部队的第一天，党支部发给他一本精装的《毛泽东选集》和一本《毛主席语录》。他在家只读过两年书，有的同志关切地问他："你学习有啥难处？"他回答说："困难是有的，向雷锋学习就不觉得难了！"

原来他在炮班当炮手，他多次向党支部申请，争取要去当驭手。连长看他个子小，怕他吃不消，跟他说："干驭手是个苦累活……"不等连长话说完，新海就说："我就是要干最苦最累的活，只要革命工作需要，我什么也不怕。"领导看他决心那么大，就答应了。

当驭手后，他把军马当作"无言战友"，处处先马后人。爬山训练中，马渴了，他用自己水壶里的水饮马；马饿了，他用自己的干粮喂马。冬季野营行军休息，他把大衣盖在马背上，自己挨着凉。新海喂马，总是把草铡得又细又匀，连端碗饭的工夫，也要守在马旁。

1974 年夏天，连队在太湖进行骡马游泳训练。一天正在训练时，突然发生了意外的情况：一匹初次进行游泳训练的骡子，刚下水就受惊了，在水里挣扎，眼看就要被淹死，周新海不顾一切跳到湖里，和战友们一起救出了骡子。

全心全意为人民

1963年，淮北地区暴雨成灾，周新海停学在家劳动。一天，生产队的牛跑了，要糟蹋庄稼。新海光着脚一气撵了好几里。牛逮住了，新海的脚扎了好多血口子。

周新海为集体干活从不讲条件，从不计报酬。种山芋，队里搞"火炕育苗"，这是关系到秋季生产的大事，又是一个苦累细活，马虎一点就要出事。干部群众见新海从小觉悟高，都要他和老贫农张协甫揽这个活。他把铺盖一卷，就住到火炕庵子里去。日日夜夜忙着量温、压火、加火，晴天一身黑糊糊，雨天一身水淋淋。山芋催出芽，每天要浇水，队上规定：育苗的只管保温，挑水浇苗另派工。新海就没按这条规定办事。他对队长说："水由俺挑吧，不派人了，这里省一个，干别的活就多双手。"

平时劳动，他总是出满勤、出满力。上工时间还没到，他就干起来。他春天育苗，夏天看麦子，秋天看玉米，冬天看仓库，一年难得在家睡几宿觉。他看到有时牛吃庄稼，就很心疼。阴雨天他放下家里的活不做，找来柳条编牛兜嘴给牛套上，每年都要编上20多个，从来不要一分工。有人给他编了个顺口溜，说他是："家活懒，外活勤，干集体的活不嫌累人。"

平时，新海走路干活，拾到一把草、一颗麦穗、一个山芋都要交给集体，家里的东西只要集体需要，他都舍得拿出来。育山芋苗，塑料布不够，他把自家床上的席子、门上的吊栅都抱出来。一年午季发水，放倒在地里的麦子泡在水里，小板车不能使，麦子运不上来。新海不声不响地跑回家，把家里的两张床搬出来运麦子。麦子托上场了，一张床被托坏了，队里要赔给他，新海连忙说："赔什么，自己修修就行了。"

1969年冬天，周新海报名参军，体检合格后，大队和生产队都叫他在家歇歇，可周新海一天没歇，天天在队里干活。送入伍通知书那天，敲锣打鼓到家门口，他还在地里耕地。到公社报到的那天上午，他还坚持要出工，队里说啥也不让，新海就找一捆槐树条，给生产队又编了十来个牛兜嘴。临走那天晚上，他还在为队里看仓库。

一年冬天，气候寒冷，雨雪不断。一天，他到社员方翠萍家串门，看到他家小孩的尿布用两根树棒搭在火盆上，很不牢靠，不留神就会掉在火里烧掉。这点小事，他也记在心上。回到家里，他找来一捆柳条，编了一个烘罩，给方翠萍家送去。送后，他想到有小孩的不止一户，就又编了八九只烘罩，给每户有小孩的人家都送去一只。

周新海对五保户卓大娘，更像对亲奶奶一样体贴。卓大娘五六十岁了，身边只有一个小孙女，生活上需要人照顾，新海就主动为大娘操心。分粮分草，自家的没挑，先给大娘挑；吃水用水，从没让大娘的水缸空过；自留地上庄稼熟了，他抽空帮大娘收回来，种上去；下雪天，没等大娘开门，他就把大娘门口的雪扫得干干净净，还拿自家的柴禾给大娘生火……

还在新海当新兵的时候，一次，他参加了连里组织的小拉练。回来的路上，他看到前面的一匹马踩坏了几棵群众的山芋苗。第二天中午他向连里请了假，带上山芋苗，顶着烈日跑了五六里路，把山芋苗一棵棵补好浇上水，并向老乡道了歉。

一次，连队在一个山村驻训，马厩临时设在一间铺着砖的公房里，新海看到地上的青砖抗不住马折腾，他向班里建议，把青砖揭起来，铺上石块。有的同志摇头说："那要费多大劲，我们能在这住几天。"新海说："住一天也要爱护群众的利益！"这个建议得到了连队的支持和地方的同意。他和全班同志一起动手，几个中午不休息，跑到山上，找了不少石料，大家抬的抬，铺的铺，忙了几个早晚，就把地面全部换上了石块。

去年野营拉练。一天，部队从驻地出发了，新海留下检查群众纪律。当他到一户社员家里询问时，发现房东的小孩正在发高烧，家里只有一个老奶奶，正急得发愁。新海抱起小孩直奔公社医院，经过诊断，需要打针。

艰苦奋斗不忘本

入伍几年，周新海在生活上克勤克俭，保持了艰苦朴素的作风。住在苏州城，新海还和在家里一样，衣服破了自己缝，鞋子破了自己补，不抽烟，不吃零嘴，从不乱花一分钱。有的同志看他衣服补得歪歪扭扭，跟他开玩笑说："花点钱，比你补的好，几分钱都舍不得么？"新海回答说："花钱啥都能买到，就是买不到艰苦奋斗的精神。"

周新海对自己克勤克俭，办公家的事儿更是点滴节约。平时，他看到地上一块铁板，一颗铁钉，一截铁丝，他都要拾回来。废铁板敲敲焊焊，做成马刮子；铁丝，一截一截扭接成链条，代替马缰绳头。他在班里还担任着小仓库的管理工作，又把艰苦奋斗的作风带到全班。他对公家的东西相当抠，马笼头坏了，他两付拼成一付使，缰绳断了，他几根接成一根用。一次，军马所发来一批新马刮子，新海没有发给大家，而是把自己加工的马刮子发给大家，个别同志不乐意，他就耐心地劝说："为国家能省点就省点，能用就凑合着用吧！"

新海为国家节约，少到几分钱，多到上百元。驭手班清除马粪要用小板车，买一辆新的要百把块钱。新海建议自己做。这个建议多数同志赞同，少数同志叫困难，说："我们一没有技术，二没有材料，三没有工具，公家东西公家买，理所当然。"新海不同意这种看法，他说："我们人都是公家的，为公家省点也是理所当然。不会，我们学着干。"他和副班长张岳远找来废旧材料，借来斧锯刨凿，接连几个中午没休息，几个晚上弄到深夜，做成了车架。又到旧货店买来一付轱辘装上去，只花了13元钱，小板车就做成了。

新海的工作，远远超出了驭手的职责范围，他行行学，样样管，闲不住。份内份外都抢着干。他到后勤木工间向老师傅求教，学会了修理桌子凳子的技术。电工来马房修理电灯，他也留心观察，虚心学习，这样经过几次，他又学会了修电灯。过去，马车坏了，要送到修理所修理，新海觉得，驭手光赶车不修车，平时有麻烦，打仗要误事，便下决心学会修车。班里有几次送车到修理所，他都跟车去，一边打零杂一边学习修车技术。他还到街上修理店学补胎，买回一套补胎工具。新海学会了修车，一般故障不需再送修理所了。

去年夏天，连队在江阴执行拍电影的任务。紧张的工作，过度的劳累，使他一连10多天感冒发烧，不但咳嗽，有时痰里还带血。他为了不让大家知道，白天吐痰跑得远远的，夜里咳嗽蒙在被窝里，痰血吐在信封里，第二天一早悄悄地甩掉。在行军途中，班长发现他用手按住胸部，额上滚着汗珠，不禁大吃一惊："看你，病到这个样子，为什么不吭一声？赶快上车！"他尽力振作精神，笑着说："没啥，坚持一下就过去了！"说着又和战友们快步前进着。可是，走着走着，摇摇晃晃，两腿怎么也不听使唤了。大家硬把他推上了汽车，他到达营地，和打前站的同志烧好了洗脚水，又跑了五六里路，去行军的路上接应部队。

周新海入伍 5 年如一日，始终保持着旺盛的革命斗志，有一股子使不完的劲，曾多次受到领导的表扬和奖励。有的同志看他整天闲不住，跟他讲开心话："老兵，快走的人了，该歇歇哪！"新海手一指桌上的钟说："要像它，24 小时嘀嗒响。"又一指墙角的扫把，接着说："可别像它，划拉一下就靠了边。"

危难时刻显本色

周新海曾 9 次奋不顾身地抢救国家财产、保护战友和人民群众的生命安全。

就在新海入伍第一个月的一天晚上，熄灯号刚吹过，突然，腾起一片火光，附近瓷厂的油管着火了！火光就是命令，新海喊了一声"快，救火！"抓了个脸盆就冲出门，赶到火场，火焰已沿着管道向上蔓延，10 米高的油塔里，贮满四五吨柴油，如果烧到油塔，整个车间就要毁于大火，工人们正紧张地进行灭火战斗。周新海抓起灭火机，毫不迟疑地爬上油塔旁边的梯架，迅速地向上攀登，在场的许多群众，有的高喊："解放军同志，快下来，危险！"新海全然不顾个人安危，一股劲地往上爬，他同上窜的烈火争时间，抢速度，用灭火机泡沫直喷火团，很快压住了火头。在场的工人、战士一起动手，赶在救火车到达之前，就把烈火扑灭了。

1971 年夏季，新海刚当上驭手不久，连队组织一次小拉练。周新海牵着一头骡子，驮着弹药，跟随炮排前进。当他从一座铁路桥下穿过时，忽然，一列火车响着刺耳的汽笛声，"轰隆轰隆"地从桥上通过。骡子被这异常的响声惊扰了，顿时狂蹦乱跳，接着，前腿打了几个直立，一纵身，飞跑起来。这时，公路两旁的行军队伍，迎面过来的几个骑自行车的群众，随时都有被踩伤、撞伤的危险。新海沉着镇静，紧紧抓住缰绳不放，但因力不能胜，被拖倒在地。1 米、2 米、5 米……新海被拖了 20 多米，衣服被拖破了，胳膊肘和腿被擦伤了，可是，那双紧握缰绳的手，就是不放。在战友们的帮助下，受惊的骡子到底被拖住了。新海被搀扶起来，看到战友和群众都没有受到伤害，心里一块石头才落了地，他舒了一口气，拍拍身上的尘土，继续赶路。

1974年6月，周新海赶到江阴买马料，回来的路上，迎面来了一辆汽车，后面紧跟一个10多岁骑着自行车的小孩，汽车和马车交会时，双方都放慢了速度，那小孩为了超在汽车前面，突然蹬快了速度。但由于心情紧张，自行车歪歪斜斜地夹在汽车和马车中间，自行车直对马车冲来，眼看一场车倒人亡的事故就要发生，新海急忙从车上跳下来，两腿使劲夹住自行车前轮，两手抱住车上的小孩，结果小孩脱了险，可是新海的脚被车轮擦伤了。

1975年1月15日下午，天下着蒙蒙细雨，新海和副手王贤朋赶着马车，到苏州市第三米厂运粮。马车拉着1600斤大米，行至延安南路红旗桥头，新海发现前后重量有点失调，及时停车调整。他站在车闸旁边控制马车，让王贤朋到车右侧解绳头。正在这时，意外的情况发生了：辕马咬了梢马一口，梢马踢了辕马一脚，两马同时受惊，"呼啦"一声，拖着马车猛跑起来。

惊马在闹市飞奔，可以想象，会出现怎样严重的后果！新海右手猛扳车闸，左手紧拉缰绳，跟着马车跑了200多米。由于车速过快，木制车闸刹不住，马车发出吓人的怪响，行人纷纷闪开。这时，他不仅没有撒手，反而纵身一跃，全身伏在辕杆上，把全部的力量压在车闸上，但马车仍然没有刹住。剧烈的颠簸、晃动，他随时都有被掀掉在地的危险。街道两旁的群众，被新海的英勇行为所感动，都关切的大声呼喊："解放军同志，下来，快下来！"

新海没有跳下来，拼着全身力量压住闸把。马车拐了个弯，又跑了100多米，猛一颠，新海的下身被颠了下来，两条腿在地面上拖着，但是两只手仍然紧紧吊在闸把上。情况十分危急，群众都捏一把汗。苏州电机厂干部程立高，再也忍不住了，踏上自行车边追边喊："同志，危险，快蹬开，快！"

新海这时只要蹬蹬地，也还来得及最后脱险，可他全然不顾自己，坚守岗位，两手始终没有松开车闸，又拖了50多米。直到筋疲力尽，随着一阵猛烈抖动，他从辕杆上掉下来，车轮从他胸部压了过去。街道两旁的群众，含着热泪，立即围上来。

这时，从对面开来的一辆汽车，紧急刹住，司机费水生跳下汽车，把周新海抱在怀里。新海非常吃力地向他说了几个字："快……快……打电话……马车！"费水生含着热泪，点点头，把他抱上汽车，用最快的速度把新海送到了医院。

骑自行车追着新海喊"下来"的程立高，心情激动地赶到部队，报告他亲眼看到的一切，为这位无私无畏的战士请功。他对部队领导说："这位解放军同志真勇敢，不怕死，他完全可以跳下来的，我们大家都喊他跳，他始终不松开刹车，尽最大努力保护群众，他的精神真感人哪！"

当部队领导和连队干部赶到医院看望时，急救室内外挤满了人群。可是，周新海由于伤势过重，抢救无效，再也没有苏醒过来。

周新海同志虽然英勇牺牲了，但他的光辉形象，永远活在我们心中，他的崇高思想和优秀品质，永远激励着我们前进。

（原载 1975 年 9 月 25 日《灵璧通讯》，有删节）

灵璧英雄：李峰

奇迹书写蓝天上

李峰，空军航空兵某团副团长、特级飞行员，安徽灵璧县禅堂乡人，2009年 3 月 7 日，因成功处置歼 -10 战机空中停车重大特情，创造了我军三代战机飞行史上奇迹，2009 年 3 月 17 日，空军司令员许其亮、政委邓昌友签发通令，给李峰荣记一等功，并授予他"空军功勋飞行人员"金质荣誉奖章。李峰飞行技术精湛并有丰富的特情处置经验，1998 年曾成功处置一起某型战机起飞阶段着火特情。

2009 年 3 月 7 日，空军航空兵某机场上空，13 点 59 分，李峰驾驭歼 10 战机飞到 4 号空域，开始进行组合战术机动课目的练习。他在数千米的高空打着加力，时而作斤斗过后小半径侧身盘旋，一会又作俯冲后迅速拉升等一连串战术机动动作。正当他全神贯注准备作"向上瞬时急转"的战术动作时，发动机"降转信号灯"突然闪亮，同时耳机里传来语音告警信号，随即症状消失。这瞬间发生的现象，立即引起李峰的警觉。他脑海里快速闪过是真的信号还是虚拟的信号，心里有一丝矛盾。如果是虚拟信号，我还要完成这个动作；如果真的是告警信号，飞机发动机随时都会停车，而此刻自己在 4 号空域，离机场较远，自己的飞机发动机是单发的，飞机没有动力，后果不堪设想，不管是真信号还是虚拟的信号，都要当作真实告警信号来处理。他立即向指挥员报告，请求退出。指挥员王列虎问明情况，同意返场，并及时提醒检查飞机状况，下降高度不要快。空中，李峰立即停止战术动作，按照平时做的特情处置准备，快速检查了飞机发动机的工作情况，对准机场返航。整个返航过程中，他始终在考虑一个问题：发动机空中突然停车怎么办？一旦飞机发动机真的出现空中停车，就要根据当时的高度和速度，决定是迫降还是跳伞。地面，飞行总指挥员也按照真实特情采取紧急措施，迅速与地方民航取得联系，调开民航飞机，清空了航路，为飞机迫降提供了条件。

飞机刚刚到离机场 6 公里时，发动机"降转信号灯"再次闪亮起来，伴随而来的是再一次语音告警信号。他立即向指挥员报告情况。

14 点 13 分，距离返着陆航向还有二三公里的时候，只听到座舱里传出"扑哧"一声，冒出一股烟，发动机声音变小，飞机发动机空中停车了。这时，飞机高度在 1100 米，速度 500 公里 / 小时左右，机载设施的屏显画面在李峰眼前转了两圈后，全部数据消失，出现黑屏。机舱内，飞行员可以看到的只有一片红红的告警灯，什么可以依据的数据都没有。李峰唯一可以利用的是通信设备。此刻，他稳定自己的情绪，向指挥员报告："发动机停车了。"

指挥员问："你的高度？"没有回答。

指挥员紧接着问："现在怎样？准备跳伞。"仍然没应答。此刻，李峰的无线电通讯中断了 20 秒左右。在机上没有任何数据可依靠。他凭借良好的天气，依靠目视观察，通过自己对飞机的了解，依照天地线，判断出自己飞行的高度在 1100 米左右。凭着过硬扎实的航空理论功底和以往的经验，计算着自己的飞机进入第三转弯、四转弯的时机。他心里明白，自己驾驶的是国产第三代新型战机，起动设施很完善，飞机具备自动开车的能力。如果自己此刻强制开车，反而不利于操纵，特别是飞机高度偏低，再次开车已经没有意义。按照训练大纲的有关规定，飞机在 2000 米以下的高度，飞机发动机空中停车，飞行员可以弃机跳伞。他的最后抉择时刻到了，是迫降，还是弃机跳伞？

这一刻，李峰义无反顾地选择了空滑迫降。他迅速将飞机调整好，飞机进入三转弯。

飞机转弯过程中。他在指挥员下达的"准备跳伞"的指令后，从容不迫地回答："现在我再试一试吧？"

指挥员立即给予飞行员莫大信任和支持，回答："好的，好的。"同时提醒道："对正了没有？可以放起落架，可以场内迫降。"

"可以，可以。我看看。"李峰仍然没有一丝慌乱。

指挥员问："现在高度多少？"

"屏显没有画面。"

指挥员提醒："现在放起落架。检查起落架放了没有。"

"起落架放了。"

指挥员提示："现在可以下降了。可以正常下降高度了，往后对点。"

"对正了。"

指挥员再次提醒："注意方向。下降点高度，放减速板。"

飞机在失去动力的情况下，空滑迫降，下滑速度很大，加上飞机自身油量比以往多出900公斤，危险性增大，但丝毫没有动摇李峰驾机飞回来的信念。飞机下滑、接地着陆、滑跑等一系列过程，前起落架自动收起后，李峰都是躬着身体半蹲着完成的。

14点15分55秒，飞机在T字布前100米平稳着陆，成功迫降。从特情发生到成功处置仅用了1分44秒。

由于发动机停车，液压动力不足，前起落架未锁住，在飞机直线滑行到1400米处时，自动收起。他牢牢地把住飞机，他想着空中还有未着陆的战友，在距跑道头500米时滑向跑道右侧，稳稳地停住飞机，飞机只有轻微受损。英雄飞行员李峰，面对突如其来的特情，以临危不惧的良好心理素质和娴熟的驾驶技术，创造了该型战机飞行史上的奇迹。

空军专家认为，现代飞行有三大困扰飞行安全的技术难题：失速螺旋、发动机"停车"、失去操纵，其中发动机"停车"是最难以处置的故障。这次，李峰在发动机"停车"、姿态显示消失、大气数据显示消失的复杂情况下能够成功挽救飞机，的确是飞行史上的创举，这在中国航空史上是绝无仅有的，在世界也是极其罕见的。

2010 年 1 月 25 日，李峰荣获"心动 2009·安徽年度新闻人物"称号。

（周宗谋　陈长柱　刘　凯　供稿）

灵璧英雄：杨培芬

让人生时刻准备受阅

杨培芬

我叫杨培芬，男，安徽省灵璧县禅堂镇八一村人，1981 年出生，2000 年入伍，现为中国人民武装警察部队河北总队某部中校军官。先后参加武警部队培训、奥运会安保等重大任务，荣立二等功两次，三等功三次，被部队评为武警秦皇岛支队"十大训练标兵"，武警河北总队"十大训练标兵""优秀导调员""优秀侦察参谋"，被武警部队评为"特种作战外语人才""优秀教练员""标兵教练员"。我还有幸参加了庆祝新中国成立 70 周年阅兵式。

2019 年我参加庆祝新中国成立 70 周年阅兵，位于"领导指挥方队"第 10 列第 18 名，顺利完成参阅任务后，受到中央军委主席习主席亲笔签发的嘉奖令嘉奖。

回望我从受领任务到接受检阅的 186 天，共踢烂 3 双皮靴，训练里程约 2000 公里，每日六餐体重下降 16 斤，用掉 60 余盒止疼膏，流过的汗水无法计量。然而，功成不必在我，因为成绩的取得，背后凝聚太多的是党组织的关怀、战友的付出和家庭的支持。

现辑取几个片段来见证我参训和成长的经历：

5 月 6 日，晴，距离国庆 147 天，我顺利通过入排面考核，编入 10 区队，拿到了属于自己的第一个位置帽牌"10—18"。我入列了，我们领导指挥方队中年龄最大的59岁。由于年龄、体力差距大，训练水平很长时间难以显著提升，甚至被别的方队戏称为"波浪队"。为扭转局面，方队要求动作较好的同志担任助理教员，结对子负责协助将军队员训练，我就是其中一员。那年北京暑期温度明显高于往年，阅兵村地面温度达到50多度，训练时间也增至每天11个小时。而我负责的两位将军从不叫苦叫累，在烈日下军姿训练连续1个小时一动不动，汗水滴在脚下的地面形成一个水圈，出现中暑先兆也只是简单吃药后继续坚持。在地面升腾的热浪中，只见他们一遍遍重复着基础动作，体现了对党和国家的忠诚，更有聚力练兵备战，将军表率带头的示范作用。经过不懈努力，我们方队整齐性、一致性日益增强，横竖斜线逐渐清晰，先后2次夺得"优胜方队"，并在国庆节当天以最佳状态在全世界人民面前"亮相"。

6月23日，小雨转多云，距离国庆99天。夜训时我不慎摔倒，膝关节处缝合12针，无法再做剧烈运动。在关键的强化训练阶段，受伤对于参训队员来说是最可怕和最担心的事。在阶段性排面考核中，我的成绩下滑到第34名，倒数第二。被安排进了预备队，自己的位置帽牌被调整为"10—28"。就在这时，本想在家人那里寻求些许慰藉的我，却总感到他们欲言又止、吞吞吐吐。直到部处长的一个电话，才得知我父亲脑梗和前列腺癌复发。总队首长亲自出面协调住院治疗事宜，家人也得到了组织的关心和照顾。听到这些消息，我十分激动，内心汹涌澎湃，发誓有党和人民为我作坚强后盾，再大困难我也不能退缩。在随后的训练中，我一方面加紧伤情治疗，另一方面开始恢复性训练。膝部疼痛逐渐有些缓解，而每天脚底板如同撕裂，脚上的血泡和茧子一动就激出一身冷汗，脖子和耳垂上的晒伤晚上结痂，第二天重新裂开流脓。即便如此，也再没有一丝退却和犹豫。我心里清楚，在祖国人民需要我的时候，决不能临阵脱逃。

7月12日，晴，距离国庆节79天。经过严格考核，我又终于拿到了属于自己的位置帽牌"10—18"。那时，我的眼睛湿润了……我入方队了，随着合方训练的展开，我坚持把平时的一举一动都当作训练，迎风向阳练眼神，别上图钉练脖颈，收腹立腰练形体，一步一动练重心。进入伏天，每天在村训练11小时，身上衣服从早到晚都是往下滴汗；由于汗水腐蚀，帽子两侧的铆钉都掉落了，留下一圈厚厚的汗碱。近2000公里的正步行进，踏坏3双皮靴，终于达到了不看步幅线每迈一步固定在 75 厘米（误差不超过 2 厘米）、军姿站立 2 小时纹丝不动、行注目礼 40 秒不眨眼、保持一副"阅兵脸"的硬性标准，6 次被评为训练标兵，实现了从第 34 名到第 1 名的逆袭目标。

8 月 6 日，阴，距离国庆 56 天，这天也是我 38 岁的生日。这次，虽然没有蛋糕、蜡烛和歌声相伴，但成为参阅预选队员的通知，却是我收到的最有意义的"生日贺卡"。我入选了，可是当晚，教练员一脸严肃地告诉我们，由于第一批队员已于 3 月中旬报到并先期展开训练，作为预选队员的我们，在入营基础训练阶段结束后，方队还将继续开展淘汰考核，相当部分同志将无缘参加下个阶段的训练。环顾同少校排面的队友，我顿时如同被泼了一盆冷水。他们平均年龄比我小 5 岁，最小的比我小 10 岁，加之我有骨盆前倾和脊柱侧弯，与他们同台竞技，我毫无优势可言，只能靠更多的训练时间和更严格的要求来提高自身动作。阅兵入营训练规定每天 8 小时，我就把早晚时间充分利用起来，早晨跑步半小时练耐力，夜间对着镜子加训 2 个小时压脚尖、练端腿、强动作。为矫正体型、增强体力，我悄悄地购置了背背佳和铅绑腿，每天训练结束，脚底板如同撕裂，脚趾缝间和脚后跟磨出了血泡和茧子，也曾有短暂的血尿，但是我心里清楚，我们肩负着总队党委首长和战友们的期望，决不能轻言放弃。记得有一次，收操前组织会操，我因为过度疲劳动作迟缓，受到教练员批评。当我重新在全排面前做动作时，绑在裤腿里面的铅绑腿松脱滑落，一下子掉在了地面上，队列里顿时传出"哇"的感叹声，教练员瞬间愣住了，片刻安静后，大家赞许的掌声随之响起……

10 月 1 日，晴，今天就是国庆节，这是我一生中最高光的时刻，我真真切切感受到自己与祖国心跳如此之近，我流泪了，在这最激动人心的时刻，我将河北总队胸标别在衬衣胸前，正步走过天安门向前看的一瞬间，泪水止不住掉落下来，心中一遍遍呐喊着：祖国万岁！

冰心老人曾有这样一首诗：成功的花，人们只惊羡她现时的明艳！然而当初她的芽儿！浸透了奋斗的泪水，洒遍了牺牲的血雨。

战友们奋斗的青春最美丽，只有不断超越自我，才能完成一次次蜕变，在人生的阅兵场上一次次超越。

"不积跬步，无以至千里"，现在回想起来天安门前关键的 96 米，128 步、

66秒的精彩呈现,是大家对每个受阅动作进行上万次的反复训练精雕细刻换来的。从训练场到走过天安门,对我来说,不仅仅是队列动作、外在形象的塑造,更是内在气质、意志品质的洗礼。一是增强了自信,由开始内心诚惶诚恐到最后坚毅干练,站立从摇摇晃晃到稳如泰山,步伐绵软无力到气势如虹,这些都是阅兵训练所带来的自信,在以后工作训练中能平添更多底气,更加有所作为。二是强化了担当。参加了阅兵的人,会有一种阅兵的印记和一种阅兵的气质,人们或许会高看一眼、厚爱三分,而享受荣誉是一时的,担当和责任是永久的。每当遇到困难挫折时,就会想到我是参加过阅兵的人,每当遇到风险桃战时,就会想到我是正步走过天安门的人,每当遇到生死抉择时,就会想到我是经过最高统帅检阅的人,从而激励着我忠诚担当、不辱使命,永远做一个铿锵豪迈、奋斗无我的阅兵战士。一次阅兵行,终生阅兵情。

事情已经过去快两年了,面对新时代,在走好中央军委习主席为我们开辟的现代化强军之路的征程上,我更怀念庆祝新中国成立70周年的那天凌晨两点,长安街两旁群众的掌声,怀念自己在撤回的车上流的泪水,怀念这段不能忘记的经历。没有比人更高的山,没有比脚更长的路。受阅任务已圆满完成,我将倍加珍惜这份来之不易的荣誉,重整行装再出发,将阅兵精神传承下去,将阅兵场上那种追求卓越、突破极限、精益求精的态度带到今后的工作中,与战友们一起正步书写忠诚,立志精武强军,让自己的人生时刻准备接受党和人民的检阅。

灵璧英雄:张亮

精武强军当标兵

姜德明

张亮,灵璧县朱集乡人,是2005年12月入伍的老兵,13年来,他先后参加过"北剑""跨越""上合联演""132 战略战役集训""和平使命 –2014"系列演习以及"尖兵 –2010""铁拳 –2011""铁拳 –2013""利刃 –2013"全军侦察兵、特种兵比武、庆祝建军 90 周年沙场阅兵等重大军事活动。荣立二等功一次、三等功五次，全军士官优秀人才奖二、三等奖各一次，被表彰为战区陆军强军精武标兵。张亮还先后多次被评为"优秀共产党员""优秀党小组长""爱军精武之星""特战尖兵""军事训练标兵""演习先进个人""十大优秀士官标兵""最美战狼尖兵"等。

我在看了上述荣誉证书和奖章后，和张亮进行了简短的谈话。他说："13年的军旅生涯、多次的比武经历让我深深明白：比武场就是战场，是为了捍卫单位和个人荣誉拼死一战的地方。也是落实习主席'能打仗，能打胜仗'的指示，苦练杀敌本领的地方。只有练时多流汗，战时才能少流血。"

当我问到："你能取得这样优异的成绩，是谁给你动力和意志？"他微微一笑说："我取得这些成绩，其实没有什么，每一位军人每天都在苦练杀敌本领，都在努力提高自己的军事素质。如果非要说，我觉得来自三点：一是从

小父母对我的严格要求和教育；二是党的教育和部队首长的培养；三是保卫祖国、维护世界和平的需要，只有提高了个人军事素质，才能打胜仗，才能有能力保家卫国。"这掷地有声的话语，使在场的人们无不赞叹。

我们深知，任何荣誉的获得都是要付出艰辛劳动的。张亮他们旅抽出的训练班刚到宣化和集团军其他单位一起训练时，他就意识到面临的困难：对场地和环境的不适应，参赛队员进入状态较慢。在集团军组织考核中他们旅成绩靠后。作为班长的他就必须作出样子来。在一次组织警戒露营课目训练时，他迅速完成了自己的排水沟，又去协助别人完成任务。再回头一看却发现自己刚挖的排水沟被别人挖出来的土填上了，于是又要马上清理。就在挖沟过程中，工兵锹挖到了石头，来不及收力，中指碰到工兵锹上掉下来一大块肉，血流不止，他又投入到搭帐篷的行列。

在宣化的集训中，他们的考核成绩总是上不去，特别是最后一次集团军组织的考核，他们又拿了个倒数第一。沉痛的打击又一次席卷了他们。他们的参谋长没有放弃他们，一方面鼓励他们，给他们加油；另一方面加班加点地为他们的训练奔忙着。政委代表旅长前来慰问他们，给他们带来了食品等物资，同时还带来了各营制作的视频和寄语，为他们加油鼓劲。首长的信任、战友们的鼓励，使他们增添了无穷的力量。紧接着他们又到了孝感。孝感的 20 天，是他们脱胎换骨的 20 天。在集团军组织的第一次全程连贯考核中，他们参赛班就由原来的倒数第一，一跃成为第一名。突如其来的胜利没有冲昏大家的头脑，他们深知，一次胜利说明不了什么，比武场上的胜利才是真正的胜利。

在接下来的高强度训练中，他们战胜疲劳和伤痛，在集团军的多次连贯考核中他们的成绩一直稳拿第一。集团军的最后一次连贯考核时下起了中雨，障碍场上的每一个障碍物都非常湿滑，积了一层泥浆，在通过高板时，张亮第一次没抓住，从四米多高的墙上跌落，另一组的人也跌落下来，砸到他的小腿上，疼痛难忍，他咬紧牙关，起来活动一下，一跃登上了高板墙。他们班就是这样顽强拼搏从排尾走到了排头！就是这样夺得了比武场上的第一！连裁判都为他们竖起大拇指！

张亮的光荣是他全家的光荣，是我们张家村的光荣，是朱集乡的光荣，也是我们灵璧县的骄傲。

灵璧英雄：马震

他义无反顾踏上薄冰

刘振斌　赵现科　郝　伟

马震，1976 年出生，灵璧县朱集乡人，1993 年 12 月应征入伍，现为郑州联勤保障中心所属丰台综合仓库助理员。入伍 23 年来，马震两次荣立三等功，多次被评为优秀党员、优秀党务工作者。

"要不是你，我和儿子……" 2017 年 1 月 13 日上午，中央某部委调研员江海龙几经辗转来到郑州联勤保障中心所属丰台综合仓库，亲手将两面锦旗送到该单位管理处马震助理员的手上，感谢马震的救命之恩。握着马震的手，许久不肯放开，江海龙哽咽着，身体颤抖不已，一次又一次深深地鞠躬，一句又一句真心地感谢。

事情还要从 1 月 7 日说起。这天是周末，一大早，住在北京的马震送女儿到学校上兴趣辅导班以后，便在学校旁边的北坞公园慢跑健身，等女儿下课。9 时许，马震跑到公园制高点观景台附近时，突然听到旁边一对老年夫妇指着山坡下的湖中说："不好了，有人掉到冰窟窿里面了！" 马震来不及细想，从路边绿化带拔出一根 3 米多长、手腕粗细的支撑木棍飞快地从观景台向山坡下冲。从观景台到湖边有一条蜿蜒的健身便道，马震嫌耽误时间，直接从十余段堆砌如梯田状的绿化带飞奔，其中好几段 "梯田" 之间的最大落差约 2 米高。有着 23 年从军经历的马震一边跑一边琢磨怎么救人。往下冲的时候，他看到几个正在施工作业的工人，便大叫："大家赶紧来救人，快找绳子！" 看似 300 多米的直线距离，马震跑到湖边，内衣几近湿透。

来到湖边，马震从岸边又拔下一根支撑木棍，先用脚探了一下湖边的冰，然后双手各握起支撑木棍，小心翼翼地朝湖中心前行，走了几十米的距离，脚底下传来冰裂的声音，冰面上隐约透出了冰缝。尽管危险在前，但急于救人的马震义无反顾。

就在这时，十几米外的冰面上，一名男子托举着一个男孩大叫："使劲啊！快使劲啊！"马震赶紧喊道："赶紧把孩子推上来！"水下的男子拼尽全力，终于把男孩托上了冰面。男孩刚要站起来，马震立即大喊一声："小朋友，快趴下，往前爬！"男孩很听话，手脚并用朝着马震所指的安全位置爬了过去。

过了两三分钟，男孩安全上岸。马震慢慢向男子靠近。男子在冰水里冻得浑身发抖、脸色发青。他憋了一口气，试了试水的深浅，试图爬出冰窟窿，可水深一下子就没到了眉毛，他几次试着用胳膊撑住冰面爬出来，但冰面太滑使不上劲。

看到男子无助的样子，马震大喊："兄弟，别怕！坚持住！"接着，扔过去一根木棍，不料冰面太滑，木头偏离了方向。马震冒着冰面随时可能大面积破裂的危险，缓缓移着步子又向男子前进了几米。还好，这一次，他准确地把木棍推到了男子面前。马震让男子把木棍垫在身体与冰面中间，增加摩擦，减缓体温的流失，但由于该男子在冰水里待的时间实在太长，腿已完全麻木，整个手臂也不听使唤。

那边，施工的工人找来了一大捆电缆并扔了过来。马震拖着电缆的一头抛向男子，但男子的手已经冻得握不住电缆，于是马震一边让男子用牙咬住电缆，一边将电缆往自己的手臂上缠绕，套住上肢。

争分夺秒救人，一刻也不能耽误。这时，岸边的3名工人也靠拢过来，和马震4个人一起合力，终于把落水10分钟之久的男子从死神手里拖了回来。

拖出冰面后，该男子的身体已经全部被冻僵，好在孩子已被安顿在闻讯赶来的警车里。马震一边搀扶着不能动弹的男子向岸上走去，一边不停地宽慰着："没事了，没事了，都安全了！"

落水男子名叫江海龙，当天，他带着5岁多的儿子江相都在北坞公园结冰的湖面上滑冰游玩。按照往年的经验，这时"三九"天的湖面早已冻得很结实，没想到湖中心的冰却很薄，孩子不小心一下子掉入冰窟中。江海龙立刻跳进去，试图把儿子托举到冰面上，但几次尝试都因冰面薄而破裂未能成功。在冰窟中，江海龙因慌乱呛了几口冰水，心里感到异常害怕，他赶忙向岸上干活的工人和健身路过的群众大声呼救。但很快他就发现，人们虽然闻声都朝岸边围了过来，但可能因为没有施救工具和害怕冰面破裂，没有人敢走到湖中心来救他们父子。

江海龙请求岸边围观的群众拨打 110 和 120。1 分钟，2 分钟……时间很快过去了 5 分钟，江海龙感到寒气逼人，又心疼自己的儿子。他在冰水里深吸一口气，再次托起儿子的屁股，试图推到相对结实的冰面上。而这时，马震正好来到了跟前……

上岸后，征求了江海龙的意见，马震开车将江海龙及其儿子送回家。15 分钟后，来到小区楼下，马震立马抱起孩子一口气冲上五楼，打开房门后，赶紧把孩子湿透的衣服脱下裹上被子，接着又跑下楼把江海龙扶进屋。安顿好这对父子，马震又开始忙碌起来，他先找到电陶炉升温，又给单位的军医打电话询问处理办法，接着给这对父子倒好热水暖手，一直看着父子俩没什么大碍了，马震才借口女儿马上要下课了，准备起身离开。江海龙拿出现金要表示感谢，被马震婉拒。

"真是生死一线间啊！"江海龙回忆起数天前发生的那一幕，仍激动不已，"在冰水里觉得时间是那么漫长，感到一种坐以待毙的绝望，我要是死了，我们家也就毁了，当时真是……那么……无助！真是使不上劲啊……两眼发黑……我真的觉得……就快要死了……"

"他救了我的命，我要感谢他！"这样的念想一直在江海龙的脑中盘旋，他顾不上被严重冻伤的后遗症，还是想尽各种办法找到了马震和他所在的部队。

1 月 13 日上午，江海龙来到郑州丰台综合仓库，大老远地看到马震就冲上来一把紧紧抱住了自己的救命恩人。

仓库在场所有的人听闻江海龙讲述自己和儿子坠入冰窟，马震冒着生命危险在薄冰上英勇施救的壮举，都感动不已。对此，马震只说了一句："听到有人喊救命，也没想那么多，救人要紧！"

（原载 2017 年 1 月 18 日《皖北晨刊》）

英范篇

灵璧英范：姚大娘

毛主席的巨手温暖她的心灵

胡兴臣　程共灵

　　姚大娘原本姓吴，生于 1895 年，因家境贫寒没有上过学，也没有学名。嫁到姚家后，因其淳朴厚道、体贴群众，又关心国家大事，受到人们的交口称赞。她早在 1948 年 6 月，就送大儿子姚仕臣参加了解放军，投身到解放战争中。姚大娘深明大义的举动影响着许多人，人们谈论起她的时候都亲切地称她为"姚大娘"，久而久之，"姚大娘"便成了她温馨而富有个性的名字。

　　新中国成立后，姚大娘加入了中国共产党，相继担任村、互助组、合作社的负责人，更加自觉地为国家为群众着想。20 世纪 50 年代初，当地连年遭受严重水旱虫等灾害，生产救灾成了中心任务，姚大娘处处走在前头。有一年，为了补种晚秋作物，她拿出 11 元钱，帮助大伙购买荞麦种。为了解决群众生活困难，她领头组织起一个打席组，3 个月盈利 1125 元，解决了 60 多人的生活困难。1955 年初，当地大雪封门，部分群众断炊。姚大娘将省里发给她的 120 元奖金，连同她儿子寄来的 10 元钱，全部拿出来救济困难群众。姚大娘关心群众的事，数不胜数。

　　从 1951 年起，她多次出席县人民代表会议，并当选为县第二、三届、四届代表会议常务委员会委员和县第五、六届、七届、八届人民代表会议常务委员会副主席。

　　1956 年，她被选为代表，出席县第一次党代会。同年，她还荣获省一等劳动模范称号。1956 年 11 月，她光荣出席了全国烈属、军属、残废军人、复员军人社会主义建设积极分子大会，受到毛主席和周总理、邓小平等党和国家领导人的接见。毛主席走到她的跟前微笑地看着她并和她亲切握手。姚大娘时常这样说："毛主席的手会温暖俺一辈子！" 1958 年，她被推选为出席省第二届人民代表大会代表。

姚大娘愈来愈受到干部群众的爱戴。1962年，姚大娘再次被评选为省一等劳动模范。1963年，她再度当选出席省第三届人民代表大会代表。

1964年，姚大娘患病住进了蚌埠一家医院，时任安徽省委书记李葆华等领导前往看望，妥善安排姚大娘就医事宜，使她的身体很快得到康复。

姚大娘以德立家、勤俭持家，家教严格、家风正派，对子女言传身教，循循善诱。姚大娘送大儿子姚仕臣入伍参加了淮海、渡江和解放上海和剿匪等战役、战斗，1955年4月，转业到地方，1986年离休，享受县处级待遇。姚大娘的二儿子姚仕岭、三儿子姚杰同样在母亲的教育引导下，都成长为国家干部，并长期坚持在基层工作，直到退休。姚大娘共有16个孙子孙女，他们在祖母的带动下，有12人走上了国家公务员工作岗位。姚大娘孙子姚建超，被吸收加入安徽省拳击队，并到国家训练队接受训练，还参加了国际拳击邀请赛，荣获二等奖。

灵璧英范：郑良六

毛主席握过他的手

刘万广　许　林

郑良六，男，1920年生，黄湾镇砂坝村大郑庄人，1971年6月入党，高小文化。1948年，郑良六担任村长，1954年到1956年，任小社社长，1957年到1961年，任联防队队长，1962年到1981年，任大郑生产队队长。1968年，被评为省劳动模范。1978年被选为安徽省第五届人大代表。从1968年直到1981年，他任大郑生产队长期间，同时任大队副大队长、副书记等职，1980年任砂坝公社管委会副主任，不久离职。在远近乡里，他可是位传奇人物。

1969 年 9 月 24 日，郑良六作为安徽省劳动模范代表，赴北京出席新中国成立 20 周年国庆庆典活动，他是宿县地区唯一出席的劳模代表。10 月 1 日，他站在天安门观礼台上，参加庆祝中华人民共和国新中国成立 20 周年活动，晚上在原处观看天安门广场文艺大联欢庆祝活动。10 月 11 日，郑良六等劳模代表在人民大会堂再次受到毛泽东、周恩来等党和国家领导人的接见，并有幸站在前排与毛主席握手。活动结束，郑良六 10 月 15 日返回，他先后应邀到多处作报告。1971 年，他被选为中共灵璧县委委员。

郑良六在担任大郑生产队长期间，大郑生产队一直是宿县地区、灵璧县"农业学大寨"的一面红旗。他多次随地、县、社组团到山西大寨参观学习，受到昔阳县领导和大寨大队的陈永贵、郭凤莲的亲切接见。他把大寨经验运用到大郑生产队中，带领全队社员艰苦奋斗，改造农业生产条件，使大郑农业生产年年都获得较高的收成。粮食产量和社员生活水平不断提高，居全社、全县第一，在整个地区、全县知名度和影响力较高。他所在生产队多次被地、县评为先进集体，多次被上级奖给拖拉机、脱粒机、平板车、马匹等物资。省、地、县有关领导也多次到大郑开展视察调研，大郑生产队的经验多次被上级印发简报和会议材料，宣传部门和媒体常对大郑开展多方位的宣传，郑良六的名字也被广为传播。

郑良六性情耿直，喜做善事。他特别关爱群众，凡在青黄不接来找他借粮的，从不拒绝，都及时安排仓库保管人员，开仓济困。他认为，能解除群众饥饿比什么都重要。在特殊年代，曾经有许多断炊户他都不认识，既然奔他来了，就得开仓借粮。从 1966 年到 1979 年的 10 多年间，大郑生产队借给方圆几十里困难户数和粮食斤数记不清、更算不清，在多个记账本都记得满满的，保管员收存的借粮条字，厚厚的多打借据、账本和介绍人、担保人的字条，几乎装满了小木箱。郑良六对众多群众行善济困的口碑越传越远。

2006 年 1 月，郑良六在砂坝村大郑庄的家中病逝，享年 86 岁。

灵璧英范：孙长杰

毛主席接见过的老兵

刘万广　王山虎

　　灵璧县黄湾镇红星村退伍军人孙长杰，曾受到过毛主席接见。这还是灵璧县人武部在征集《灵璧县军事志》中，通过走访多名退伍老军人，才让孙长杰带有传奇色彩的事迹为大家所知。上级领导同志几次登门，这位老兵才满含泪水，细细地讲述他当年作为铁道兵在山洞里度过的年月，以及作为全师唯一的"五好战士"代表出席铁道兵总部召开的"三代会"，参加国庆20周年观礼，后又在人民大会堂受到毛主席接见的催人泪下的事迹。当年的出席证和国庆观礼证早因房屋倒塌而遗失。县人武部领导在打开孙长杰退伍档案中，才看到鉴定表中闪光的评语："孙长杰曾任战士、副班长、班长，多次被连、营评为'五好战士''优秀班长'，多次受到连、营嘉奖。1969年9月出席铁道兵'三代会'，应邀参加新中国成立20周年国庆观礼活动，幸福地受到毛主席的亲切接见。"在场的人们看到这段金子般的评语，都向孙长杰投去敬佩的目光。因为他是全县成千上万名复退军人中，唯一受到毛主席接见的退伍铁道兵。

　　孙长杰，1951年10月出生，1968年4月1日入伍，1969年7月入党，1973年3月因施工患上多种疾病退伍回乡。孙长杰当年入伍来到铁道兵5860部队某部4营7连。他先后随部驻扎在四川米易县、渡口市，湖北襄樊，陕西紫阳等地，长期驻在山窝里，在山洞里施工。入伍5年，他与战友们一起风餐露宿，披荆斩棘，其所在班每年在崇山峻岭开孔1000多米，创全师之最。他先后参与了成昆铁路、渡口铁路、湘渝铁路三条铁路的修建。

　　孙长杰所在连被师、团列为"尖刀连"，主要任务是首先打通穿山隧道，为其他连队进洞后续施工打开一条通道，而孙长杰的班又是"尖刀连"里的"尖刀班"，营连干部和战士都称他是"双尖班长"。在施工中每遇到大山，孙长杰的班必须首先夯锤击石，直线一字型打通孔道，让其他连队的人员和工具能进入孔道施工。孙长杰入伍的下半年就跟班施工，第二年就升为副班长、班长，并担当带起全排施工的重任。他本着"指挥别人冲，首先自己冲，指挥别人干，首先自己先去干"的思想，身先士卒，冲锋在前。他有一种坚韧不拔、宁折不弯的意志力和一呼百应的领导才能。在他当战士时，许多任务连、排长都指挥不动，他只要一张嘴、一声吼，战友们就能一起往上冲，凝成一股绳。在担任班长期间，孙长杰就能天天带领一个排施工，而且效率高，成果完美。他常常被淹没在首长和战友们的夸赞声中，营、连领导常问他："你是如何带好这么多人完成施工任务的？"他常笑着说："凭自己先干，凭对战友们的感情！"说得领导连连点头。

孙长杰每天打钎放炮、搬拉出孔中的石头，需要打出孔高2.5米至2.8米，洞宽4米，打钎的手被震出了血，撬搬石头常被砸伤。由于常期受山洞水浸泡，孔洞壁上石头易松落，孙长杰经常冒着自己受伤甚至失去生命的危险去掩护战友们。有一次，在修成昆铁路时，大家在一处山洞清除碎石，一块大石从孔道中间处即将掉下，孙长杰冒着危险快步向前推开两名战友，而自己的腿被砸伤了。用他的话说："轻伤常常有，重伤易发生。"孙长杰带着全班人员，每天打孔洞的进度都在2米以上，居全团之首，他平时常受营、团领导表扬，年年受嘉奖。

孙长杰的班，不仅开山洞打先锋，而且在地面工作也是争先在前。1970年夏季，部队在山间施工时，面粉无路运进来。团领导命令孙长杰班，劈路翻山到百里外打面，孙长杰带领30多人，走着一线峭壁路，而且只能背靠着山行走，累了就靠着山休息一会儿，当他们把面粉扛到营地时，汗水都把面粉浸透二指厚，营领导流着泪水与孙长杰握手。孙长杰还多次带着尖刀班，劈丛林，踏新路，冒着被毒蛇袭击的危险，为部队开辟原始道路十多次。

孙长杰的"尖刀"施工班，在全师出了名，他本人也在当兵的5年中，受到连、营嘉奖7次，年年都被评为"五好战士"。1969年9月6日，他以"五好战士"代表身份，被评选出席铁道兵总部召开的"三代会"，"三代"即"活学活用毛主席著作"积极分子、"四好连队"代表、"五好战士"代表，全师仅评选出三人，他是唯一的"五好战士"代表。1969年9月1日，孙长杰从师部坐上专列，去北京出席代表大会。这是他第一次坐着专列，从自己和战友们用血汗铺就的铁路上走过，他尝到了从未有过的幸福滋味。

1969 年 9 月 6 日上午，在铁道兵总部大礼堂，庄严、隆重地举行了铁道兵"三代会"开幕式。中央军委领导、铁道兵总部领导全都出席了大会，会上，总部首长传达了毛主席对"三代会"的指示。下午，集中安排部分先进单位代表交流发言。第二天讨论结束时，大家就接到军委指示，要求加强对铁道兵"三代会"人员的集中训练，准备参加国庆 20 周年集会，组建铁道兵方队，接受毛主席等中央领导人的检阅。他们就这样变成了应邀代表，和劳动模范一样，出席新中国成立 20 周年大庆观礼。

10 月 1 日，孙长杰他们 5 点半钟就起床，专车送到天安门西侧，他们被中央军委办公厅编为第五代表团第四分队，手持由国务院发给的国庆观礼票，进入天安门广场，在指定的地点等待活动。8 时许，当毛主席、周恩来，朱德等党和国家领导人登上天安门城楼时，整个广场沸腾了，"毛主席万岁"的欢呼声，像大海一样，一浪高过一浪。孙长杰所在的"三代会"的代表们，都是第一次见到毛主席，他们的心情无比激动，他们的欢呼声更加响亮。孙长杰不时用手擦着泪花，向着毛主席细细远观，他发誓，要把看到的毛主席的光辉形象，铭记终生，并流传到下一代。整个上午，孙长杰都在忙着观看游行的队伍，看着毛主席，他无法形容那天上午是怎样度过的。

下午，孙长杰和代表们在原地观看广场上的各种文艺节目。

晚上，他们仍在原地与广大群众代表联欢，观看节目和国庆礼花。夜 8 时许，毛主席等党和国家领导人，再次登上天安门城楼，广场上再次出现欢呼的海洋。沸腾的人群，一边欢呼毛主席万岁，一边载歌载舞，向毛主席致敬，向中华人民共和国致敬！当各种喜庆烟花升空时，美丽的首都夜空，更是绚丽多彩。孙长杰看着毛主席在灯光照耀下，红光满面，脸上挂满了笑容，不停地招手，不停地拍手，他看的是那样清楚和认真，他的心早就飞到了毛主席的身旁，他是多么想去和毛主席握手问候啊。直到 11 点半，孙长杰和代表们及广场上的人群才慢慢散去。

1969 年 10 月 11 日 17 点 17 分，这是孙长杰一生中永远不会忘记的幸福时刻。按照中央军委办公厅安排，出席铁道兵"三代会"的代表，集中到人民大会堂接受毛主席等国家领导人的接见。"三代会"的代表们被提前接到人民大会堂等候，由于孙长杰个子小，长期在山洞里施工又很瘦，他被安排在第一排头一个。17 点 17 分，毛主席和中央军委领导进入人民大会堂，毛主席向代表们不停地挥手、拍手。毛主席向全体代表们发表了 10 分钟讲话，讲话主要内容是赞扬铁道兵自组建以来，为祖国的铁路建设所作出的突出贡献，为国家富强立下的功劳，并再三勉励广大指战员，要艰苦努力，继续又快又好地完成党和国家交给的光荣任务。

简短的讲话后，毛主席迈着健步向孙长杰走去，他走到孙长杰面前，握住他的手问："小战士是哪个部队的，驻在啥地方？"孙长杰激动得只是紧握主席的手，流着幸福的泪，一句话也想不起来，更说不出来。这时后面的人都齐向毛主席伸手，毛主席的手向下面握去。

1969 年 10 月 16 日，孙长杰带着幸福，带着干劲，返回部队。从此，他在战友中威望更高，领导影响力更强了，由以往带领一个班施工，变为带领一个排施工。在三年的建设施工中，孙长杰因长期在潮湿的山洞里超常劳动，积劳成疾，他患上严重的坐骨神经痛、风湿性关节炎、支气管炎、哮喘病等多种疾病，弥天盖地的粉尘，慢慢地侵入他的肺部，他经常在山洞里出现呼吸困难，天天吃药打针。在身体确定再也无法坚持的情况下，团领导还是不忍心叫他退伍，一直拖延到 1973 年 3 月才决定孙长杰退伍。

1973 年春，孙长杰带着病体回到家乡。退伍后，孙长杰隐藏起自己的功劳，默默奉献，在家庭拮据的情况下，他和父母咬紧牙关，度过了饥荒。1978 年，党的十一届三中全会召开后，孙长杰被村民们推选当上了生产队长。他顶着压力，带头实行了包干到户的生产责任制，第一年，就让群众解决了温饱问题，他推行统分结合的经营体制，在全乡推广。

20 世纪 90 年代，农村进入了全民奔小康的新时期，这时孙长杰已担任村里民兵营长、副村长、党支部委员等多项职务，他认为，要让家家达小康，关键是增加农民收入，而增加农民收入必须在调整经营结构上作出新文章。他带头从山东请来技术员，首先自己带头栽种苹果 5 亩，推行果粮轮作，使收入翻了几番。在他带领下，全庄发展苹果园 50 多亩，都取得了较高的经济效益。他还带领群众大搞吨粮生产，大搞优质地膜花生种植，使群众收入又进一步提高。

孙长杰在任生产队长和村副职干部期间，多次被镇委、县委评为"优秀党员"，被县人武部、民政局评为"优秀民兵干部"和"优秀退伍军人"。他在任生产队长和当年任班长一样，生产队也多次被上级评为先进。现在，这位60多岁的老兵，仍保持着"退伍不褪色"的革命英雄主义本色，在希望的田野上努力耕耘着。

灵璧英范：王大玉

做为群众服务的公仆

叶晓峰　单西忠

今年58岁的共产党员、灵璧县虞姬乡农业助理员王大玉发扬党的艰苦奋斗优良作风，为了人民利益，一心扑在工作上。他经常说："我就是一个为群众服务的公仆。"

王大玉是1960年的老共产党员，1962年应征入伍，服役7年，多次立功受奖，并到北京人民大会堂参加过全军积极分子代表大会，受到毛主席和周总理的接见。退伍回到家乡，当过11年税务干部，年年被评为先进，当选过县委候补委员，出席过安徽省第二次劳动模范表彰大会，1982年以来，一直在乡里工作。10多年来，他虽然没有显赫的头衔，在平凡的工作岗位上却继续谱写了一首首不平凡的乐章。

为党工作绝不讲价钱

三山村原属大三山村，因原来村干部不团结、工作不理想、群众多次上访。新分出来的三山村书记、村长都是新选配的，有许多难题要解决。今年三月初，乡领导决定由王大玉同志负责联系三山村的工作，组织上问他有啥想法，他说："为党工作没有价钱可讲，一切服从组织安排。"

3月4日一大早，王大玉就来到了三山村，召开村组干部及党员大会；一起摆落后情况、分析落后原因、研究改变落后面貌对策，会议一直开到中午12点。村干部说他刚来本村工作，午饭要好好招待一下。可是，安排他吃午饭时，他却笑了笑说："不用你们费心了，午饭我已经准备好了。"说着便从包里拿出自带的3个菜包子，津津有味地吃了起来。在场的人无不为之感动。第二天到村里，他又带去了方便面，中午让村里弄点开水就行了。从此，他早出晚归去村里，有时间他就回到乡里吃饭，不能回来就带馍，情况有变化，他就在干部或群众家里吃便饭。干部有时确实需要一起吃饭了，坚决按乡里规定办，不能超过每人每餐6元的标准。

王大玉开展工作，更是注重发挥带头作用。他和村干部一起组织群众挖土方、拉砂石，铺了一条长达1200米的砂石路，组织群众上山采石，发家致富，接着又着力改变村容村貌。几个月来，帮助村里盖了4间标准办公室，添置了275型扩音机一部，建成了占地500平方米的村服务大院，打好了22间教学楼地基，新建桥涵13座，新打机井4眼。

王大玉以身作则、带头苦干是一贯的。1996年冬天，王大玉负责联系灵光村，12月间，该村组织民工疏浚黄泥沟，抽水机的莲蓬头因淤泥和杂草的堵塞无法正常抽水。面对这种情况，王大玉毫不犹豫地跳进齐腰深的水中，用手一点一点地向外抠堵塞物，在他的带动下，书记、村长下水了，群众下水了，问题很快得到解决。当他上岸后，才发现脚被扎破了，腿被冻肿了，可他没叫一声苦，没说一声冷，继续与民工一起挖泥抬土，直至完工才回家，受到干部群众一致好评。

干工作敢于碰硬

三山村蒋庙生产组张某，拖欠计划生育抚育费多年。受他影响，该组有5户村民长期拖欠各种款项，乡村多次派人征收，可张某置之不理，并威吓工作人员。王大玉说："违反计划生育政策，是不能容许的。"今年3月，他亲自到张某家去做工作，张某竟指使女儿、儿媳谩骂。王大玉回到乡政府后，立即同乡司法所、派出所同志二次到张某门上依法办事，张某终于承认了错误，交齐了计划生育抚育费。其他违反计划生育的户，都主动按章办事。

今年4月，在包扶三山村期间，王大玉发现群众散放猪羊情况严重，成片小麦被牲畜糟塌。村多次召开广播会，禁止散放猪羊，可部分村民置之不理。4月14日凌晨3点钟，王大玉骑车到村察看，当场在小麦地里捉住4只羊和一头小牛，王大玉立即召开全村广播大会，叫散放牲畜的户主当众检讨。并给了罚款处理。从此刹住了猪羊散放风。使全村小麦免受损失。许多群众说："应该给王助理送面大红旗。"

当干部就要为民解忧

王大玉同志说："党的干部是人民的公仆，人民的公仆就是要为人民服务，就要想群众之所想、急群众之所急、办群众之所需，就要设法为民解忧。"他这样说的，也是这样做的。今年午收期间，乡里安排他回家帮助午收，他人在家里，心却在村里。在8天之中，他先后有5天在三山村度过的。6月7日下午，他看到一个麦场堆着许多小麦，颗粒未脱，一打听，才知道是残疾人王计响家的小麦，王计响一家四口人，本身残疾且又双腿浮肿，大孩子也只有11岁，家中没有劳力，加上经济十分困难，一家人眼睁睁地瞅着堆在场上的5亩小麦，心急如焚。王大玉知道情况后，当即为王计响联系了一部脱粒机，并随身掏出20元钱为其买柴油，尔后，他同王家大小一起抢脱小麦。在他的带动下，邻近的村民也纷纷前来帮忙，大家一直忙到晚上11点，共为五家抢脱小麦近4000斤，浑身汗透的王书记放心地笑了，王计响一家人却感动地哭了。他们拉着王书记的手说："王书记，你的恩情我们家永远忘不了。"早在1993年，王书记到后桥村检查计划生育工作时，发现五包产王大爷睡在炕上，衣被单薄，瑟瑟发抖，王大玉就把自身穿的4件单衣脱下两件给王大爷，并送给他30元钱。

顾大家不惜舍小家

王大玉今年 58 岁，家庭 10 口人，均为农业户口，本该先照顾好家庭，然而，王大玉热心自己的工作，愿舍小家。1992 年 8 月，大儿子在一次修理汽车中不幸起火，手、脚、脸烧伤。王大玉知道后，利用晚上时间回家一趟，看看儿子，第二天一早又回到乡里参加防汛工作。

1993 年，妻子生病，他带妻子到蚌埠检查，需第二天才能给结果，可王大玉当天就回来了，第二天叫儿子去看结果，而自己又匆忙赶回去乡里上班。

去年防大汛，他母亲突然病故，他也只是在家三天，处理好丧事，马上又返回到防汛抗洪工地。

1991 年中秋节，王大玉没有同家人团聚，在虞姬乡敬老院和孤寡老人一起过了一个祥和的中秋节，他用自己的工资为老人们买了脸盆、毛巾和其他日用品。

今年午收期间，由于他心系群众，牵挂工作，大部分时间他都在所联系的三山村指导工作，帮助无机户调剂机械，帮助无劳力户组织人力，亲自帮特困户抢脱小麦，把村里午收工作搞得有条不紊，家里的午收却耽误了。别人的小麦都抢脱结束了，而他家却还有些小麦在地里站着，妻子抱怨地说："他工作在哪里就把家卖到哪里，家里只是他的临时招待所。"

1997 年 7 月 10 日

附：

王大玉简历

王大玉，1939 年生，灵璧县虞姬乡人，1960 年 3 月加入中国共产党，1962 年应征入伍，历任战士、班长、副排长、代理排长，荣立三等功一次，连续 6 年被评为五好战士，受奖励 20 余次。曾被兰州军区树立为学习毛主席著作标兵，出席全国六兵种两学院"积代会"，受到毛主席、周总理接见。

1969 年退伍回乡务农，后任民兵营长。1970 年起，先后在灵璧县财经站、灵璧县税务局、邱庙税务所工作。曾任中共灵璧县委第四届候补委员。1973 年，任冯庙税务所所长，该所连续 9 年被评为先进集体。1982 年 11 月以来，历任灵璧县城关区凤河乡党委副书记、代理武装部长、城关区企业区员兼十里轮窑厂党支部书记、虞姬乡党委副书记、纪检委书记。1992 年撤区并乡后，历任虞姬乡纪检员、监察委员、乡农业助理员等职。曾多次被评为优秀党员、五好干部，多次获省、地、县级劳动模范，并受奖励数十次。其先进事迹在《党员生活》《拂晓报》《安徽科技信息报》等多家报刊上报道。

灵璧英范：戴兰英

全国妇女的好榜样

    戴兰英，女，1936 年 8 月生，灵璧县韦集镇南戴村人，安徽省和全国劳动模范。1952 年 10 月参加工作，1960 年 5 月加入中国共产党，历任韦集区藕庄乡乡长、韦集乡乡长、晏路公社妇女主任、韦集区妇联主任、灵城镇妇联主任、向阳供销社副主任、食品站站长、向阳公社革委会副主任、党委委员，灵璧县妇联副主任、灵璧县第八届人大代表、县人大常委、第二届县政协委员。

    在 1958—1959 年全国大兴水利运动中，她带领干部、民工，优化劳动组合，开展劳动竞赛，并组织研制出滑车挖土机、推土机、自动倒土机等八种先进工具，提高工效 2 至 4 倍。除提前完成本乡工程外，还支援陈圩、郑光两乡的工段，受到工程指挥部的多次表扬。她还在本乡组织兴修了两条大沟，长度 10 余华里，解决了全乡内涝问题。1958 年、1959 年，戴兰英先后被评为县、省级劳动模范并被评选为"全国妇女社会主义建设积极分子"，于 1958 年 12 月出席北京全国妇女群英大会，被授予奖章一枚，受到刘少奇、周恩来等国家领导人的接见，出席了谢觉哉部长代表周总理举行的有 52 位代表参加的招待会。

戴兰英在向阳公社工作时，亲自组建了"石姑娘队"，造桥百座，成绩突出，被评为先进集体，本人出席了全国英模大会。在向阳供销社任职时，该社被评为全县和地区商业系统先进单位。在县妇联工作时，她主管和分管的工作多次被列为全地区先进。

1979 年，戴兰英调入灵璧县妇联会任副主任。时任主任调到宿县地区妇联任职，组织安排戴兰英主持县妇联会全面工作，这对仅上过 3 个月学的她来说，确实有压力。但这位 19 岁就担任藕庄乡乡长的妇女干部，天生就有着一股子韧劲，凭借着多年在基层摸爬滚打积累的经验，她带领妇联会一班人，团结一心，有事多商量。适逢农业农村改革大潮开始兴起，她们便在全县妇女姐妹中连续开展"五好家庭"创建、妇女"劳动致富能手"竞赛，建设新农村等多项活动，全县上下一致响应，一时间"妇女也顶半边天"的思想深入人心，各项活动取得了良好的社会效应。灵璧妇联多次受到地区和县委表扬和奖励，县妇联工作也一直走在全宿县地区先进行列。在这期间，县委曾动议让戴兰英担任主任一职，但她却以自己文化水平低、身体也不好等理由婉谢组织的好意，并真诚向县委推荐合适的主任人选。就这样，戴兰英主持县妇联会工作直到 1985 年新主任到来。之后她甘做配角，积极配合一把手，做好自己分内的工作，1988 年被省妇联评为"妇女工作先进个人"，并获 10000 元的奖励。

戴兰英在县妇联工作近 15 年，她始终勤恳敬业、任劳任怨，关心同事，乐于助人，直到 1993 年光荣退休。

戴兰英有两个哥哥在 1944 年壮烈牺牲，烈士遗体就葬在家乡戴家村南边。作为烈属家庭，戴兰英是烈士的妹妹，多年来，墓地都是戴兰英家庭以个人名义进行维护，总体有些简陋，也不上规模。为了弘扬先烈大无畏革命精神，教育后代珍惜今天的幸福生活，2017 年清明节前，84 岁的戴兰英个人出资，在哥哥墓地原址修建了陵园，填补了灵南无烈士陵园的历史，为当地干部、群众、学生清明祭扫活动，提供了一处爱国主义教育基地。

2018 年 3 月 30 日，韦集镇戴家村戴氏烈士陵园举行开园仪式。戴氏烈士陵园是戴兰生、戴兰珠兄弟俩烈士墓园，兄弟二人一为灵南大队战士，一为八路军胡炳云大队 31 团 2 营一连战士，生前均为共产党员。开园仪式上，戴兰英讲述了哥哥们坚定信念英勇杀敌的事迹，并教育学生们要珍惜来之不易的美好生活，刻苦学习、不懈努力，为建设强大的国家作出自己的贡献。韦集中学党支部、团委分别在烈士墓园开展重温誓词活动。

（县政协办公室　供稿）

灵璧英范：井学荣

全国售粮大王

刘万广

　　井学荣，1932年生，黄湾镇晏路村井王庄人，农民，少时读私塾。1983年入党，多次被镇、县、地区和省评为"优秀党员"、先进产粮和售粮大户、"劳动模范"等荣誉称号。

　　1988年，井学荣承包村农科队土地获得大丰收，被评为"全国百户售粮大户。"农历11月28日，井学荣接到县政府通知，让他到合肥乘飞机去北京国务院办公厅开表彰会。农历11月30日，井学荣与全省4名售粮大户一起，乘飞机来到北京。晚上，国务院办公厅安排大家到钓鱼台国宾馆，参加国务院举行的宴会。来自全国各地的百名售粮大户，受到高规格的接待。时任国务院秘书长罗干同志，出席宴会并讲话。当罗干举杯来到井学荣面前时，问他叫什么名字、是哪个地方的？又问他全年产多少粮、售多少粮？井学荣激动地一一回答。罗干高兴地说："你是全国农民的好榜样。"并与井学荣碰杯饮酒。第二天上午9点，井学荣和大家一起走进中南海国务院小会议室，出席全国产粮大户的表彰大会。国务院副总理田纪云、国务委员陈俊生、秘书长罗干等国务院领导人走进了会议室，大家齐声鼓掌。领导们也向大家鼓掌、挥手步入主席台就座。罗干代表国务院发表讲话，然后由办公厅其他领导和商业部领导，宣布对百名售粮大户表彰和奖励的决定。主席台上的国家领导人，分别向大户们颁发荣誉证书、奖杯、奖金。罗干向井学荣颁发证书、奖杯和 1000 元奖金，他握着井学荣的手说："老井，祝贺你！"会议共开了两个多小时。会后，田纪云、陈俊生、罗干等领导人，又与大家在紫光阁合影留念。

表彰会议结束后，按照国务院领导人的安排，由办公厅统一组织，让劳累一年的大家在北京参观浏览了一个星期。农历 12 月 7 日，井学荣和全省其他 4 名代表一起，乘飞机回到合肥。当日晚上，时任安徽省政府副省长张润霞，在稻香楼宾馆接见并宴请大家，省政府还奖给他们每人 3 吨尿素和彩电票。

井学荣是 20 世纪 80 年代的地、县产粮大户，是当时农村农业改革的风云人物。他从 1982 年开始承包井王村农科队 70 亩耕地，采取科学种田，第一年就向国家卖余粮 2 万斤。1983 年向国家卖粮 5 万斤。到 1988 年，总计向国家卖粮达到 89 万余斤，是宿县地区第一产粮大户，曾多次出席省、地、县农业会议、先进表彰会议。省、地、县政府、农业部门及新闻媒体多次来到他家采写先进事迹。《农民日报》、《安徽日报》、《党员生活》杂志、《拂晓报》等都对他进行了报道。著名画家张建中、书法家刘夜峰得知井学荣事迹后，分别作画《大鹏展翅》和题词赠送。

井学荣同志于 2016 年 8 月在家病逝，享年 84 岁。

灵璧英范：彭伟平

浪花里涌起人间大爱

"如果真的有天堂，如果你逝去的孩子能听得到你的呼唤，那么此时此刻你最想对他说的是什么？"

"我想说：孩子，妈妈对不起你、舍不得你！以后的日子没有妈妈陪护在你的身边，你一定要健康成长，快乐学习，妈妈会永远记住你在遥远的存在。"

上面的这段录音，来自 2012 年 11 月 16 日在马鞍山市举办的"全国道德模范与身边好人交流活动"期间，主持人现场采访被誉为"最美孕妇"的彭伟平时，面对这位善良、勇敢、坚强的母亲因怀孕双胞胎而痛失其中一个爱子的情景对话。主持人哽咽了，彭伟平泣不成声，台下观众泪如泉涌。

那么，这一切都要从那个骄阳似火的下午说起。

2012 年 6 月 6 日下午两点多，宿州市灵璧县高楼镇张场村显得异常平静，家家户户大门紧锁，人们都在田地里忙着收割成熟的小麦。突然，这份平静被彭伟平女儿的哭喊声打破了："小雅掉进水塘了！""小雅掉进水塘了！"

身怀六个月身孕的双胞胎母亲彭伟平，听到女儿的哭喊声急忙从屋里跑了出去。当她跑到水塘边时，一眼就看到邻家的孩子小梦雅正在水里拼命地挣扎。在这生死攸关、命悬一线之际，彭伟平毫不迟疑勇敢地跳进了近两米深的水塘。在那一刻，她忘记了自己怀有双胞胎的身孕，忘记了自己一直对水心存恐惧，忘记了自己在 12 岁那年、几乎命丧水中。善良的本能促使她义无反顾的完成了这纵身一跳。

在似乎深不可测的水里，彭伟平一边大声地呼救，一边拖着笨重的身体一步一步艰难地向小梦雅靠近。此时的小梦雅，面色苍白、嘴唇发紫、奄奄一息。彭伟平用尽全部力气，抓住了、抓住了小梦雅颤抖的身体，紧紧抱在怀里，拼命将孩子的脚抬起、头朝下、倒出口腔里的水。直到听到小梦雅"哇"的一声哭叫，伟平悬着的心才放了下来。这一刻她已无半点力气，面对陡峭湿滑的坡岸，伟平抱住孩子拼命向岸上爬去，但是挣扎了几次都没能成功。就在这岌岌可危之际，同村村民陈德民碰巧路过，被眼前的一幕震惊了。他立即奔向水塘，边跑边将身上的衣物丢给身后的妻子，纵身跳进水中，奋力将怀有身孕的彭伟平和小梦雅拖拽上岸。

望着伟平那头发散乱、双目无神、面色憔悴的表情，大家最为担心的就是怕她出现早产。陈德民和闻讯赶来的村民立即将她送往大路乡卫生院救治。经过主治医师的检查、会诊、全力抢救，伟平终于母子平安。

得知彭伟平入院了，乡邻们自发排班，每家出一个人轮流照料。伟平的女儿由 66 岁的村民杨雪芹照看着。伟平家的麦子有村民帮着收割晾晒。病榻上的伟平感激地说："我没帮过乡亲们什么，可他们为我做得太多了。这几年，他们看我母女没人照应，经常串门、聊天，帮我带孩子。我下水救人，又算得了什么呢。"

彭伟平，1986 年 5 月生，灵璧县高楼镇张场村村民。2009 年，伟平从浍沟镇蒲湾村嫁到高楼镇索家。婚前，她外出打工积攒嫁妆；婚后，丈夫索磊长年在温州打工，她留守村庄抚养女儿，还要侍弄家里 6 亩地……村里很多人不知道她的全名，但只要一提"索家嫂子"，人们都说：这女孩开朗活泼、尊老爱幼，见人不笑不说话。"大伙都知道她勤快能干，给庄稼打药、撒化肥……啥活都干，100 多斤一袋的化肥，没有二话，扛起来就走。" 66 岁的村民杨雪萍，说起彭伟平，直伸大拇指。但是，曲折和磨难不因为伟平的贤良淑德就不降临到她的头上。

不知不觉，时间来到了 2012 年 7 月 25 日。这一天彭伟平突然感到身体不适，再加上近两天腹内胎动少了许多，就和丈夫一块去附近医院检查。检查结果犹如晴天霹雳：双胞胎其中一个有可能发生危险！情况十分紧急。县领导得知后果断决定：立刻转到徐州市妇幼保健医院。经专家诊断：伟平腹中的双胞胎其中一个因单卵双胎、单羊膜囊脐带缠绕已不幸夭折！而且更为严重的是，夭折的孩子会改变胎内的生存环境，使得另一个孩子和母亲的生命都处在危险的边缘！

获悉紧急情况的省领导当即作出批示：把伟平转到安徽省立医院！为确保其路上安全，徐州市妇幼保健院调派了全市设备最好的救护车，并派出了本院医术最高的 6 位医生组成医疗组随车救护！

凌晨三点多钟，彭伟平住进了省立医院。医院为她开通了绿色通道，成立了专家治疗组。当天下午二点，伟平被推进了手术室。焦虑、紧张写在了每一个人的脸上。空气在这一秒似乎凝固，大家都在静静地等待着、祈祷着。终于，手术室的门被轻轻地推开了，彭伟平顺利早产下一个男婴。但是另一个孩子却永远离开了这个世界、永远离开了这样一位善良、果敢、美丽的母亲。

伟平是善良、勇敢的。当她义无反顾勇救落水女童时，身旁还簇拥着一群同样善良、好心的人。正是他们的"爱心接力"，才使这个故事有了一个完美的结局。伟平又是幸运、幸福的。在每一次的危机关头，总有那么多好人出现在她的身边。特别是在她几次住院期间，全社会对其表现出了极大的关爱和眷顾。省、市、县各级领导分别专程探望，乡里、村里给予了很多帮助，安排人员轮流守候，直到她脱离危险，出院回家。

彭伟平先后被授予安徽省道德模范、三八红旗手和全国优秀共青团员等荣誉称号；荣登"中国好人榜"，当选中国十大最美人物和"全国孝亲敬老之星"；先后被评为"2011—2012年度中国十大'最美公民'"、2012年度安徽"十大新闻人物"、心动2012·安徽年度新闻人物、第四届"全国道德模范"候选人和第五届"全国道德模范"；是第十二届全国人大代表。

平凡的人总是给我们最多的感动。彭伟平的纵身一跳，激起了层层爱的涟漪和浪花。层层浪花演绎了一曲人间大爱的乐章。这爱的浪花、这爱的乐章奔腾着、壮大着、温暖着、感动着，并且一路前行，一直向前。

（县总工会办公室　供稿）

灵璧英范：王玉柱

汗水酿出美酒香

王玉柱，男，中共党员，1954年5月生，现居住在灵璧县滨河社区。原灵璧县钟馗酒业酿造车间酿造班长、技师。1980—2003年就职于钟馗酒业集团。1997年获"安徽省劳动模范"称号，2001年荣获"全国五一劳动"奖章。

1954年，王玉柱出生在皖北一个普通的农民家庭。小学毕业就开始务农，农村艰苦的生活锻炼出他坚毅的性格，不服输，敢想敢做。他家祖辈都过着面朝黄土背朝天的生活，由于穷困，1976年秋，22岁的他从灵璧县韦集镇农村走了出来，来到灵璧县城准备闯出一片属于自己的新生活。刚到县城身无分文，凭着能吃苦有力气，他很快找到一份泥水匠工作，而且工地上还管饭，正是这份工作，让他对未来生活充满信心。农村的孩子能吃苦，每日靠在工地上的勤奋，他熬过了艰难的开始，慢慢地稳住了脚。

除了泥水匠的工作，王玉柱还做过制砖工及其他杂活，这些工作收入很不稳定，他就开始在闲暇时间四处打听其他工作。1980 年灵璧县钟馗酒业集团对外招聘，当时应聘的人可以用人山人海来形容，他抱着试一试的想法参加了应聘，由于各方面都符合要求，有幸被录用。刚进厂他就被分配到一线车间从事白酒酿造工作，厂里的工作并没有他想象中的轻松，每日都要进行繁重的体力劳动，夏季的生产车间温度都在 35℃以上。面对艰苦的工作条件，和他同期进厂的人很多都选择了辞职，但是他没有退缩，坚持了下来，这一坚持就是 23 个年头。

当时的白酒机械化量产技术并不成熟，面对设备简陋，生产技术低的实际情况，他自己不断钻研学习总结经验，改良生产设备，改进工序的衔接，解决了大量生产中存在的制约因素。他带领班组所有同志，创新思维，攻坚克难，合理安排生产，努力提高出酒率，提高酒品品质。生产中他严格执行工艺规程，对产品实行自检、与其他班组互检、品质管理专检相结合，同时也带动了其他工作组的生产效率。在他的带领下，班组单位产量由每月的不足 10 吨提升到月均 24 吨。合格率达 98.97%，优质品率达到 92.5%，创造了同类班组乃至同行业的高记录。

1982 年夏季，地市酿酒行业内选派人员远赴江苏洋河酒厂学习，王玉柱得知这一消息后，兴奋地一路小跑到主任办公室，主动要求前去学习。此时汗水已沿着额头往下淌，主任不急不忙地递过来一条毛巾，他的目光始终没离开主任的嘴，焦急地等着回话，当主任说组织上已经商定他为选派人员时，他高兴地连忙道谢，汗都没擦就回到车间继续工作，此时的他已经忘记了夏季的炎热。那一年他 28 岁。

学习归来的他继续改良工艺工序，力争把每一粒粮食都发挥到极致，做到"多出酒，出好酒"。他加强安全生产监督管理，严格执行班组的安全文明生产制度，班组从未发生过一起人身设备事故。他把学到的理论知识与实际工作紧密结合，主动将自己的技巧传授给自己的班组成员，被同事们亲切地称呼"王班长。"

王玉柱是个追求上进的人，只有小学文化的他，却非常喜欢看报纸。每天他早早地去上班，为的就是能到单位看会儿报纸，每次传达室的同志看到他来就知道他这是看报来了，他们有时候会特意留一些过期的报纸给他。当别人问起他："王班长，你认得全报纸上面的字吗？"他总是笑呵呵地回答道："一回生，二回熟嘛。"通过看报纸，看电视，他逐渐开阔了视野，思想观念也更新了，胸怀也宽广了。

他说做人总要有追求，小时候的梦想就是能光荣成为一名共产党员。他是在新中国呵护下长大的，同时经历过"三年自然灾害"，经历过"文革"等艰苦时期。在党的领导下，各项事业蓬勃发展，人民的生活富裕了，家里不愁吃不愁穿。每当看到党员能参加厂里的会议，能为发展献计献策，王玉柱总觉得自己应该可以更多地做点什么，当年那份入党的想法就越发强烈了。

20多年来，王玉柱在平凡的岗位上，虽然没有作出惊天动地的业绩，但他用自己爱岗敬业、无私奉献的精神得到了党组织的认可，1998年6月他光荣地加入了中国共产党。入党后他工作起来更加干劲十足，除了积极参加党组织的各项活动，还积极向组织建言献策，充分发挥党员模范带头作用，为企业作出了突出贡献。

这么多年来，王玉柱始终工作在生产一线，勤勤恳恳、爱岗敬业，凭着执着在自己的岗位上作出了突出的成绩。他17次被评为企业劳动模范，1989年、1997年分别被评为宿州地区及灵璧县级劳动模范，1997年荣获安徽省劳动模范。2001年被授予全国"五一"劳动奖章。一张张奖状，一枚枚奖章背后都镌刻着无数辛勤的汗水。

如今的王玉柱已步入花甲之年，从他已斑白的双鬓中不难读出他曾经经历过的岁月。他从一个普普通通的农村孩子成长为一名党员劳动模范，背后有很多不为人知的付出，酸甜苦辣只有他自己能体会。他用坚守和奉献向我们诠释了在社会普通一岗上的敬业精神。

（县总工会办公室　供稿）

灵璧英范：庄宗昶

生产能手 技术专家

井茂龙　程　洁

庄宗昶，1979 年招工进入化肥厂工作，1986 年入党。凭着对化工事业、对企业、对岗位的无限热爱，他由一名学徒工到班长到工段长，逐渐成长为党的一名基层干部，直至任车间主任兼支部书记。在灵璧化肥厂的功劳簿上记载着：1987 年至 1992 年连续 6 年被评为厂级"劳动模范"和"生产标兵"；1989 年至 1992 年连续 4 年被评为县级"劳动模范"和"生产标兵"；1989 年至 1995 年连续 7 年被县委授予"优秀共产党员"称号；1997 年又被地区劳动竞赛委员会授予"技术状元"称号；1998 年获全国"五一劳动奖章"；2005 年被评为全国劳动模范。

化肥厂是一个具有高温、高压、易燃、易爆、易中毒等生产特性的特殊生产企业，而造气车间又是全厂最脏、最累、技术性强的龙头车间，每天都是与煤、炉、火、蒸汽、煤气打交道，就是在这样的环境里，庄宗昶一干就是30 年。30 年间，庄宗昶平均年出勤 355 天以上，同时加班 736 个，修旧阀门883 个，拣回反焦 700 余吨，仅此就为厂节约 100 多万元。

庄宗昶是一个生性活泼的人，他既爱唱歌，又爱跳舞，但是为了事业和工作，这些爱好几乎都舍弃了。没有节假日，也照顾不了家务，甚至连家人生病也没有时间照料。常年累月在艰苦环境下超负荷地工作，他在 1993 年 34 岁时就患上腰肌劳损和坐骨神经痛。有时病情发作疼痛难忍，腰都直不起来，但他从没有因病请过假，减轻工作量，反而在困难面前勇挑重担，冲锋在前。

在化工企业工作过的同志都知道，管道化生产，抓不着看不见，事故隐患和险情会时常出现。但作为车间的安全第一责任人，他不仅苦口婆心教育职工注意安全，增强大家安全意识，而且每天还要从东到西，从南到北，从上至下，条条管道，台台机器，座座炉塔，只只阀门，都要查个全遍，且不说多吃点苦，受点累，而且有时要面临生与死的严峻考验。就这样，30 年啊，庄宗昶以共产党员无畏的精神查出隐患 61 处，冲锋在前排除险情 8 次，有力地维护了工友们的人身安全，保障了生产的正常运行，而他本人却留下了遍体伤痕。

庄宗昶常说："一个工人，没有技术，他就是瞎干。"虽然只有初中文化，但三年的学徒期，他半年完成，并在化肥厂史上破天荒地被破格提拔为操作班长。二十几年如一日，他先后自修完了《化工设备结构与原理》《化工工艺技术》《化工仪表自动化》等技术书籍。1997 年厂里举办化工工艺电视业余中专班，他第一个报名参学，而且也是全班年龄最大的学员，凭着笨鸟先飞的精神，他比别人多付出了几倍的心血完成了学业，并在生产中，处处用心，把所学知识应用于实践。

2003 年上半年，一个"提高造气炉温度，增高炉内气化层，保证供气量的实施方案"从他手里出笼，经过一个多月的实践，达全国领先水平，使本厂的这三项能耗水平一直雄居全省同行业最好水平。此后，他又建议在造气炉水夹套壁上安装温度计，避免了水夹套连年被烧坏的恶运，年直接为厂节约 10 万余元。与此同时，他组织带领全车间的党员，开展"块球混烧降低消耗"的攻关活动，为此一车间的造气工段连续三年被省公司授予"优秀造气工段"，他本人 2000 年也被市劳动竞赛委员会授予"技术状元"称号。

2005 年是化肥厂最难忘的日子，化肥厂从 2002 年租赁给上海某企业投资生产，3 年多的生产经营，最终因很多原因被迫停产。原化肥厂也随之宣告破产，遂决定对社会公开拍卖。这时全厂职工全部下岗失业，政府派来破产清算组驻化肥厂工作，并邀请庄宗昶代表职工参与。这时几家外地化肥厂高薪聘请他，都被他一一回绝了。留在清算组两年来，庄宗昶积极配合县政府领导到外地招商，介绍化肥厂整体生产、设备状况，有时外地客人来看厂，无论何时随叫随到。在看守工厂时，他白天、夜间认真看管，有些职工想从厂里拿走东西，他都坚决反对，为此得罪了很多职工。

2005 年 8 月 22 日，县化肥厂成功拍卖给山东高密永辉化工有限公司。山东高密化工有限公司收购化肥厂后，想对全厂的设备进行检修，投入生产，但由于厂子停产时间较长，大多数有技术的职工都外出打工，马上想招回两百人来上班，实在太难。这时公司研究决定，把这项艰苦的任务交给庄宗昶。他每天骑着自行车逐家去找，电话联系，经过他的艰辛努力，最终把大部分原化肥厂懂管理、有技术的职工招了回来，他本人也被聘为化工一车间主任。庄宗昶又开始了夜以继日带领全车间的职工加班加点的工作。

灵璧英范：李玉斗

用热血为生命加油

刘万广

李玉斗，男，1984年9月生，黄湾镇张龙村前李庄人，农民，县人大代表，先后被评为"宿州好人""中国好人"。

李玉斗在外出务工期间，每年定期参加义务献血、献血小板活动，每次献血都在400～600毫升。2012年，他献血时留下了8毫升血液样本，加入了中华骨髓库。2015年7月，他接到了上级红十字会通知，自己的骨髓与江苏常州一名40多岁农民白血病患者的HLA（人类白细胞抗原）初步配型吻合，自己的造血干细胞可以挽救患者的生命。经过血液检测、全面体检后，李玉斗被告知他与患者HLA高分辨配型成功。他毫不犹豫地答应捐献，并表示要积极配合造血干细胞采集准备工作。

为了捐献造血干细胞的成功，李玉斗从7月就开始从事各个方面的捐献准备。他是家里农业生产的顶梁柱，为了百分之百的成功捐献，他放弃家中的一切农业劳动，多次往返宿州市医院进行体检。为了减肥降压，按照医生的安排，李玉斗坚持锻炼身体，把自己身体调整到最佳状态。为此，他既不能务工，也不能进行农业生产劳动，使家庭蒙受了一定的经济损失。从7月到11月，长达5个月的时间，他都为捐献造血干细胞的成功，而全心全意全力在家里时刻准备着。

11月19日上午9时，李玉斗在省立医院血液科三病区干细胞采集室，经过医生4个多小时的血液分离，成功分离出261毫升的造血干细胞混悬液。这袋"生命种子"立刻运往江苏省常州市第一人民医院，移植到那位急性淋巴白血病患者体内，使患者得到重生，给其家庭带来了新的希望。这位患者全家为李玉斗写来感谢信，对李玉斗的救命之恩表示深深的感谢。李玉斗是全县、全市首位农民造血干细胞捐献者。省、市、县红十字会领导及县、镇领导登门慰问，向他表示感谢和敬意。黄湾镇委镇政府主要领导多次登门看望，并安排张龙村党支部帮助他家解决生产和生活上的困难。

县红十字会领导还连续几次带领各级新闻媒体到李玉斗家采访，省市县电视台和报纸先后刊登李玉斗这位青年农民坚持义务献血，坚持参加社会公益活动的事迹，称他是新时代的优秀农民。2015年11月，李玉斗被评为"宿州好人"，12月，被评为"中国好人"。2016年，李玉斗当选为灵璧县人大代表。

灵璧英范：李成恩

精神明亮的人

李成恩，1942年出生，中共党员，灵璧县灵城镇虹川社区人，灵运集团退休工人。2013年6月15日傍晚，李成恩老人在送货途中听到有人呼救，他快速赶到事发现场，见路边一处猪粪池有人落水，面对又脏又臭的粪池，不顾自己年事已高，毅然跳进粪坑救出5岁的幼童彭刘力。而后，老人经简单清洗，便悄然离开现场。老人的义举一时被传为佳话，当选"安徽好人"和2013年10月的"中国好人"（见义勇为类）。

刚参加完一个文学笔会，就接到采访李成恩老人勇跳粪坑抢救幼童先进事迹的通知，我匆匆赶往灵璧县交通局，周末的办公室里寂静寥寥，一位姓朱的领导接待了我，并打电话给李成恩老人。我静坐等待，一边听介绍，一边浏览桌上电脑里播放的《第一时间》好人榜——寻找最美安徽好人，突然间，我像经历了漫长平静之后，受到突如其来的震撼，这是我的感觉，一种久未激活的震撼，在瞬间出现了。那震撼的感觉来自一位平凡老人的精神光芒，不仅照亮我们的灵魂，提升我们的心灵视力，而且它的大美营养还润泽了我们平淡的人生。

罗曼·罗兰说："世上只有一种真正的英雄主义，那就是在认识生活的真相后依然爱着生活。"这就是我心目中的好人标准，最美标准。一个精神明亮、思想闪光的人总是用行动践行着，李成恩就是。他71岁，是位有着40多年党龄的老党员，灵运集团退休工人。6月15日傍晚，他用一辆电动三轮车为别人拉送货物，在城北花园街，听到一个妇女带着急躁、嘶哑的声音大声叫喊，好像说什么掉进粪坑里了？李成恩老人被喊声惊得一头雾水，那喊叫声声急切，似万箭齐发，比雨点更密集、更迫切，让人来不及细想就一下子冲过去。近前，他看到一个小孩掉到猪粪池里，身体已没入水里，只露出两只小手不停地挣扎、扑腾。喊叫的妇女几乎是绝望地站在粪池边上，胡乱地挥舞着手背，不知所措。李成恩望着泛冒水泡、臭气熏天的猪粪，那是命悬一线的大粪池呵！但人命关天，此时巨大的良知，迸发出一股强大的能量，万分危急之时，李成恩不顾池水的深浅，就"扑通"一声跳了下去。

我没有亲历救人现场，只能从视频里老人的口述中想象。当时那是怎样的一场营救！从一开始，李成恩老人就跳进一个危险之地，从一开始，凶险，就随时可能发生。粪池大约深2米，直径7米，老人跳下去时，水一下子就淹没到他的脖颈，随之一股恶臭填塞胸腔，气短、胸闷，一种浑浑噩噩的感觉压迫着他、威胁着他。老人努力调整好自己的身体，不顾一切要救出孩子，但池坑太大，他多次伸手都够不到。几经靠近，老人终于抓住了孩子的身体，使劲地向上托举，孩子终于露出水面，"哇"地一声大哭。这是一个最好的结局，这种结局在所有善良的人的心中得到了安慰。但让我震惊的是，一位七旬老人，遇到险情忘我地投入，在他身上，那种对生命的珍爱，那种舍身忘我，那种对美的守护，是如此坚定。面对危情，他不考虑自己的安全，似乎临危救人就是他的信仰，救出的孩子就是他的子孙，是他的职责，是他心灵的糖果，也是他思想的光芒。

孩子得救了，李成恩老人没有告诉任何人，独自骑着电动三轮车回到家。洗完澡，将脏衣服浸泡清水中，他说两天后还能闻到猪粪的味道。其实，有些东西永远地留在了他的身体里，它们已经被心灵打磨成了一个人躯体里闪亮的东西。

人世间思想家很多，"生活家"却很少。而李成恩老人生命经过的就是一种纯正意义上的生活，聚精会神的生活，超越阴暗和苦难的生活，不被时代之弊所干扰的生活。他是一位朴实而又不乏情趣之人，是我们的精神邻居。事情过去后，李成恩老人从没想过，要去打听被他救出的孩子是谁家的，更没想过炫耀自己英雄壮举，甚至连自家的人都没告诉一声。直到后来有记者采访他，追问他当时的内心想法时，他才轻描淡写地说："猪屎弄了俺一身，确实怪脏的，但人命关天，遇到谁，谁都会跳下去救人的。"就是这么简简单单的一句话，在理性和感性交织的一刹那，人性的闪光点"良知"占据了上风。正是这种勇于承担，不计得失，敢于奉献的品质，让美德和正气得到发扬。

视频里的李成恩老人，脸上一直荡漾着阳光和爱的笑容。这是所有好人的笑容，是大街上流行的风景。这样的人是不会把困难留给别人，不会找借口逃避责任的，因为一个好人，无须世人去感激，只要心中有良知。看完电脑里播放的寻找最美好人榜，生活中的李成恩老人一直没有出现，有人告诉我说，他每天开着三轮车运货很忙，今天可能不会来了。我有点失望，其实我只是一个采访者，虽然没能见到要采访的对象，但我已经感受到他平凡中的崇高。在中国，平凡与崇高从来就不是悖论，而是互为因果。为了这样一个结果，李成恩老人用行动作出了最美好的诠释。

在我离去之前，我想对李成恩老人写下这样的诗句：请允许他带着满头白发和风尘仆仆，请允许他带着这个世界的笑容和疼痛，请允许他说出："我快要坚持不住……"但他始终没有说出口。直到他将一个鲜活的生命托举出水面，我忽然明白，被手臂举起的不是壮举，是人的良心。

（县文明办　张晶晶　供稿）

灵璧英范：李军

最美协警的勇敢一跳

"如果不是警察跳河救我们，我们全家人可都没命了。"2014年12月5日，提起不久前惊险的一幕，灵璧县灵城镇山西村村民朱飞仍然激动不已。原来，11月29日，朱飞开车载着全家共5口人在路上行驶，车子意外坠入河中，紧急时刻，协警李军及时赶到，抱起一块石头跳入河中，砸破车窗玻璃，将车里5人救出。

李军今年30岁，是宿州市灵璧县灵城交警中队的一名协警。11月29日下午，李军下班开车回家行至邱庙街附近时，发现前方不远处一辆面包车为避开突然转弯横穿马路的两轮电动车，急转弯冲向路边，翻了一圈后，栽进河里。河水瞬间浸没了半个车身，只露出前挡风玻璃。

"我的车当时就在面包车后面，看到车祸就赶紧下车跑过去。"李军告诉记者，急刹车后，他就向河边跑去。远远看到面包车逐渐沉入水底，车里的孩子在驾驶室内扑腾，哭着拍打前挡风玻璃，试图逃出去，却无济于事。此时，面包车驾驶员卸下驾驶座靠枕，想用靠枕下方的钢棍砸破玻璃。但由于车厢内空间有限，砸了几次都没成功。

凭借着以往的经验，李军认定如果贸然跳河很难救人，另一边，岸边有群众拉着李军的胳膊说："小伙子，天冷水凉，还是等警察来吧。"李军却认为，救人如救火。只匆忙回一句：我也是一名警察，如果现在去救人，他们还有活的希望。说完，不顾议论纷纷的围观群众，他抱起一块石头纵身跳进河里。这时，面包车已经逐渐沉入水中，李军用石块击打车前窗玻璃，未能砸破。于是，他又游到驾驶室车门处，由于车体变形，车门无法打开。"我用手把侧窗砸开，配合驾驶员把车里的3个小孩依次从车窗拽出来。"李军回忆道。3个孩子最小的只有8个月，最大的7岁。李军妻子也在岸边协助，把孩子安全接上岸。孩子们获救后，李军再次游到河中间，分别将小孩母亲和驾驶员从车窗内拉出来。三人刚回到河岸，面包车已经完全浸没在河水里。岸上的群众不停地议论着这是一场和时间赛跑的救援，如果没有小伙子的及时施救，后果不堪设想。短暂休息后，李军悄无声息地离开了现场。

经过多方打听，获救者朱飞终于得知当天是灵城交警中队的辅警李军跳入河中营救他们全家五口的。在灵城交警中队，朱飞举着锦旗含泪说："当时车里有我和家属以及三个孩子，是李军同志给了我们全家人第二次生命。"李军的先进事迹在磬乡大地广为传诵，被人们称为"最美协警"，他分别获评2014年11月"安徽好人"和2015年1月"中国好人"（见义勇为）称号。

灵璧英范：王艳秋

捐肾救胞姐

王艳秋，女，灵璧县开发区十里村村民。她不顾自身安危，毅然捐肾延续尿毒症姐姐生命的事迹感动了社会。2014年1月，王艳秋获评"安徽好人"、2014年3月获评"中国好人"（孝老爱亲）荣誉称号。

10个小时的手术

2013年12月31日下午，47岁的灵璧人王艳秋躺在省立医院保健中心13楼的病房里，一扭头就看到57岁的姐姐王秀荣在左侧的床上睡得香甜，虽然看上去有些疲惫，但呼吸声均匀。同样疲惫的她动了一下身子，笑容出现在脸上。已经是手术后的12天了，医生说效果比想象得还要好，顺利的话，一周后她和姐姐就可以出院了。

张民荣仍清楚记得，妻子王秀荣和妹妹王艳秋是10月16日住进省立医院的，"捐肾"手术安排在了12月19日。

早上 8 点，王艳秋先被推进了手术室准备，随后是王秀荣。直到下午 2 点，妹妹出手术室。晚上 6 点，姐姐出来。手术整整进行了 10 个小时。

焦急，害怕。王秀荣的丈夫张民荣用这两个词形容当时手术室外两家人的感受。据他介绍，王秀荣的尿毒症已经 3 年了，查出时已是晚期，之后一直采取透析治疗。入住省立医院后，又出现了心脑血管、胃溃疡、心衰等多种并发症。这些病痛虽在手术前已治愈，但也过度消耗了她本就虚弱的身体。而且，57 岁的年纪进行肾移植手术，风险也比较大。而最令张民荣担心的是一旦手术不成功，不知道该怎么面对妹妹王艳秋一家人。

好在，所有的担心都没成为现实。"手术很成功，效果相当好。"负责此次手术的医院肾移植病房主任刘洪涛告诉记者。

没想那么多，就想救姐姐

"不光是我和我姐感情好，我们家兄弟姐妹感情都很好。"王艳秋说，最初知道姐姐得了尿毒症后，五个兄弟姐妹都有捐肾给姐姐的想法。

但姐姐王秀荣却不同意，她担心自己没治好，反而耽误了妹妹。直到去年，王秀荣的身体一天不如一天，王艳秋感觉不能再拖了，坚决要求捐肾给姐姐。据医生刘洪涛介绍，刚入院时，王秀荣时常昏迷，不认人，大小便失禁，随时都有生命危险。

"当时没想那么多，也没觉得害怕，就是想如果我不救我姐，感觉自己像犯罪。"昨日，躺在病床上的王艳秋又朝姐姐看了一眼，温暖一笑，随即哽咽了。

"父母给了我第一次生命，妹妹给了我第二次生命。"这是手术后王秀荣对丈夫说得最多的一句话。张民荣说，王艳秋不仅是救了姐姐，更是救了他们一家人。

但并不是每一个尿毒症患者都能像王秀荣一样幸运，有捐肾的亲人或者找到合适的肾源。更多的尿毒症患者，只能靠透析维持生命或等待有捐赠的肾源。"目前肾源非常困难。"刘洪涛坦言，因为观念的原因，除了寄希望于亲属，想找到捐赠的匹配肾源机会并不大。刘洪涛告诉记者，"绝大部分尿毒症是查不出具体原因的，遗传、免疫学因素、环境和滥用药物都有可能。"据其介绍，目前通过换肾治愈尿毒症成功率已高达 95% 以上。

新闻背后的故事

术后王艳秋的近况如何，笔者专程来到灵璧县灵城镇北关五里井村看望这位平凡而又坚强的女性。

见到王艳秋时，村民们正陪着她聊天。得知自己荣登好人榜的消息后，王艳秋谦虚地表示，自己的所做所为没什么特别的，换成别人也一样会做。与获奖相比，现在最让她高兴的是，姐姐王秀荣换肾后身体一天比一天好转。

王艳秋兄弟姐妹 6 个，她是老四，姐姐王秀荣是老大。王秀荣患尿毒症已经 3 年了，查出时已是晚期，之前一直采取透析治疗。2013 年 10 月王秀荣由于并发症入住省立医院，生命垂危，肾脏移植成为延续生命的唯一办法。当时由于没有合适肾源，王艳秋就瞒着家人偷偷进行了肾脏移植配型测试，结果抗排斥等生理指标符合手术条件。当王艳秋向家人征求捐肾给姐的意见时，考虑到她的健康状况和手术风险，医生和家人都极力反对。

一边是生命垂危的姐姐，一边是亲人的担忧反对，在艰难的亲情取舍中，王艳秋最终用坚持、大义和大爱，换取了亲人同意手术的签字。王艳秋说："当时我儿子拿笔签字拿不住，手一直在发抖，笔掉了两次在地上。9 点进的洽谈室，一直到凌晨 1 点，丈夫和几个孩子含着泪才把名字都签上，然后和我抱头痛哭。"天佑好人，手术最终圆满成功，2014 年 1 月 3 日下午 5：20 分，王艳秋捐肾康复后出院回家静养。姐姐王秀荣继续留院观察治疗。

乡邻张朝见告诉笔者："王艳秋确实是个好人，我们从她身上看到了好多珍贵的品质，我发自内心地说真该向她学习。"乡邻陈士田说："虽是同胞姐妹，我觉得一般人是做不到她这样的，这种精神值得发扬。"

王艳秋和代文永夫妇都是下岗职工，家境一般。由于王艳秋的身体还在康复中，不能从事任何农活，虽说其事迹已感动整个安徽，但对于其家人来说，如今姐妹俩的健康平安，才是他们最大的幸福和期盼。这期间，当地政府和乡邻都在积极采取措施，尽力照顾和帮助王艳秋和她的家庭。王艳秋的女儿王媛媛说："看到大姨和我妈身体恢复得这么好，我就放心了，我现在能做的是把我妈的身体照顾好。"

（县文明办　张晶晶　供稿）

灵璧英范：刘玉兰

大孝养女

吕允峰

穿行在灵璧建设北路，路边的奇石千姿百态，路牙的紫荆花姹紫嫣红，刘桥的湖塘里田田的荷叶随风摇摆，含苞待放的芙蓉隐现在碧波里，偶尔探出头来，仿佛细声问我："你到哪里去呀？"我说："我要到灵城镇山桥村刘桥庄拜访孝老爱亲的美女刘玉兰，她荣入中国好人榜啦！"

见到刘玉兰，她已是两个儿子的母亲，白净面容，细条身材，1米65个头，谦和的话语里蕴含着对生活的满足。丈夫出去打工，她带着孩子，照顾公公婆婆住在两层小楼里，幸福满满。

刘玉兰，1995年11月19日出生在杨疃镇小刘村杨东庄。刘玉兰有姐妹四个，思想传统的父母想要儿子，把两个女儿送了人，当时才8个月大的刘玉兰被刘銮东抱养，养父刘銮东未婚无儿女，养父的母亲已高龄，祖母、养父和养女三人相依为命。养父对她呵护有加，悉心喂养，干活归来，总是笑逐颜开："我家兰兰呢？"2004年，奶奶去世，她当时9岁，已经记得奶奶对她的疼爱。刘銮东自己可以做些小工，生活勉强过得去，再加上刘玉兰在杨东小学读书，成绩优秀，老师也额外关照，养父觉得苦点也值得。养父常说："等兰儿大了，给你找个好婆家。"刘玉兰虽然是在这样一个家庭，但她的童年还是快乐的。

天有不测风云。2011年初，养父在浴池突发脑溢血，重度昏迷。那年她才17岁，她变卖了家中算得上值钱的东西为父亲治病，但父亲醒来后，严重的后遗症导致他行动失调，卧床不起。孝顺懂事的玉兰坚强面对，包揽家里的大小事务，悉心照顾病重的养父，坚持带父亲针灸，锻炼。邻里看在眼里，疼在心里。父亲终于渐渐地好转起来。

为了给父亲治病，刘玉兰辍学了，她卖完了家中可卖的东西，家中积蓄几乎花光了，幸运的是父亲活了下来。住院期间刘玉兰一直陪在养父身边，悉心照料。病情稳定后，刘玉兰将父亲接回家中，面对卧床的父亲，刘玉兰哭过、绝望过。痛定思痛，看着可怜的父亲，她决定要给父亲撑起一片天空，从此，刘玉兰仿佛一夜长大，洗衣、做饭、照顾父亲生活起居等所有担子她一肩扛起。父亲卧床，解决大小便问题有时会让刘玉兰感到很尴尬，但羔羊有跪乳之恩，乌鸦有反哺之义。孤立无援的她也顾不了太多，只能自己动手。村医张昭仲次次就诊，都被感动哭了，俗话说床头百日无孝子啊！何况是17岁的黄花闺女？为了使父亲能够康复，刘玉兰在亲邻帮助下给父亲做了个大铁架，每天她都坚持架着父亲进行行走训练。每星期刘玉兰还会准时带着父亲到医院进行针灸，看着父亲一点点好了起来，刘玉兰流下了激动的泪水。父亲喜欢吃蔬菜，刘玉兰就在院内空地种上了蔬菜，精心培养，这些蔬菜长势喜人，叶绿汁足，盖万物有情吧。对于女儿做的一切，刘銮东看在眼里，急在心中，他恨自己是个累赘，恨自己拖累了女儿。每次听到父亲这样自责时，刘玉兰都会温情地坐在父亲跟前开导父亲，刘玉兰说：父亲在，家就在，是父亲辛苦把她养大，无论父亲身体变得如何，她都会一直陪在父亲身边，不离不弃。

女儿大了要找婆家，这成了刘銮东的心事。在亲友帮助下，刘玉兰认识了刘桥的刘传生。刘玉兰提出的条件就是带养父出嫁，刘传生憨厚朴实，是个孝子，他说："你的美德就是我的福音，对养父都这么好，对公公婆婆不会孬，一起来吧。"2014年农历4月16日，"荷花并蒂，玉树连枝"，刘玉兰与刘传生喜结连理，那年她20岁，养父流下了喜庆的泪水。农历4月17日，刘銮东老人成为刘传生家特殊成员，刘传生悉心照顾他。然而因病发三次，刘銮东又住进医院，2014年农历八月初二，刘銮东在刘桥去世。夫妻俩把他的灵柩送回老家，"素车白马，张幡挂帐"，给养父办了体面的葬礼。

当我问及对生父母是否怨恨时，刘玉兰直言："不恨，因为是特殊年代，父母养4个孩子不易。"这种宽容坦荡的胸怀非常人可及啊！弟弟也长大了，得知因为自己姐姐才被人抱养，对姐姐更多了一份敬意。现在，刘玉兰和胞姊妹过往亲密，对婆婆照顾体贴，对丈夫理解支持、相亲相爱。

告别刘玉兰，看到两个可爱的宝宝健康活泼，一家人其乐融融，我想这是老天的昭示："善人必有福。"孟子曰："君子所以异于人者，以其存心也。君子以仁存心，以礼存心。仁者爱人，有礼者敬人。爱人者，人恒爱之；敬人者，人恒敬之。"

2016年5月，刘玉兰荣登"中国好人（孝老爱亲）"榜。谨以薛新华为其撰写的颁奖词来表达我的敬意：

"孝道，是她做人的信条，报恩，是她心灵的灯塔。操持家务，她不嫌繁重，服侍养父，她不顾羞怯。善良养女，知恩图报，羊羔跪乳，感天动地！"

灵璧英范：王成

冲锋在前的折翼勇士

王成，1993年5月出生，灵璧县娄庄镇沱北村人。自幼患有癫痫病，精神残疾三级，父母均去世，和姐姐一起生活。王成一家是村里的建档立卡贫困户，但他人穷志不短，在党和政府的帮助下，他一心致富并成功在2018年底脱贫。他不忘党恩，积极参与村里组织的志愿服务活动，为乡亲们做好事、办实事。

2020年8月30日下午2点多，有4名儿童在灵西运河黄湾镇境内的一处节制闸闸口游泳时，3个儿童游到闸口深水区遇险，一人站在水里大喊救命。在附近钓鱼的王成听到呼救声之后，飞奔到闸上，快速脱掉衣服后，毫不犹豫地从4米多高的桥面跳入水中。王成跳入水中之后，落在遇险儿童身旁，便顺手拉住他一只胳膊，用力将小孩拽出水面，然后一只胳膊搂着小孩，一只胳膊划水，把他迅速拖上了岸，此时的他已经气喘吁吁，但是看着还在水中挣扎的孩子，他咬紧牙关，毅然又向河中间游去，就这样，他一次次义无反顾地游回河中。在来回四次潜入水中后，王成成功地救出了3名落水儿童。

"我都沉到水里了，就感觉有个人一下子从上面跳到了我跟前，真厉害，要不是这个人，我就被淹死了。"一名被救儿童告诉自己的父亲。

9月10日，被救3名落水少年的家长到王成家表示感谢，其中一位家长说："我们当父母的给了孩子第一次生命，是你冒着生命危险给了孩子第二次生命，如果孩子出了事，我们这3个家庭就毁了，我们都不知道怎么感谢你。"

"河水那么深、水流那么急，王成能奋不顾身下水救人真不简单……"在沱北村老百姓眼中，王成临危不惧、见义勇为的精神值得所有人学习。

王成救人的事迹迅速在当地传开，他挽救了3个家庭更是让大家拍手称赞，为社会注入了一股学好向善的正能量。中共灵璧县委平安灵璧建设领导小组授予王成"灵璧县见义勇为先进个人"称号并发放见义勇为奖金10000元。2020年11月，王成获评"中国好人"荣誉称号。

生活中的王成是一个积极阳光的大男孩，虽然身患残疾，但是他从不气馁，一直热心参与村里的公益事业。在乡邻中口碑很好，深得大家的一致好评。平日里，在外面看到年纪大的人干体力活，他总是伸出援助之手，尽自己的微薄之力帮助他人。在家里帮助姐姐照顾家庭，打扫卫生做家务，在姐姐忙于生计之际帮助姐姐照看好家里。

尤其值得一提的是，在近两年的秸秆禁烧工作中，王成都是主动请缨，值守在田间地头，为守卫沱北的碧水蓝天作出了自己的贡献。王成所在的沱北村南王组秸秆禁烧值守点设置在村头，仅有帐篷和板凳，条件比较艰苦，值守时间也比较长，但就是在这样艰苦的条件下，王成仍然每天准时准点地出现在值守点。他工作态度认真负责，在禁烧期间和操作不规范的农机手认真讲解政策，因为恪尽职守多次受到县镇两级的表扬。他勤勤恳恳，给其他值守人员作出了榜样，也带动了大家去共同战斗。连续3年，王成所在的村不冒一丝烟、不见一把火，圆满了完成秸秆禁烧任务。

在创建美丽乡村事业中，王成光荣地成为一名环境督察员。平日里，在村里的道路旁、房前屋后，总能见到王成那高瘦的身影在忙碌着，看到他在劝导乱丢乱放生活垃圾的村民，在尽职尽责地帮助保洁员工作。经过几年的努力，沱北村的人居环境得到了进一步的改观，很大程度上提升了群众的幸福感。

2020年的春节，疫情来势汹汹，形势严峻，大家谈病毒而色变，对其避之不及，镇村党员干部迅速投身于全县的疫情防控阻击战中。疫情就是命令，王成所在的娄庄镇紧急成立了"娄庄镇新型冠状病毒应急服务队"。王成知道后，第一时间要求报名参加，帮助村里开展好疫情防控宣传工作，时刻准备着听从党和政府的号召，投身于政府下达的任务和各种防疫抗疫的公益活动中去。

疫情初期，村里进行卡点值班管控时，工作人员力量不足，王成和其他志愿者一起响应号召，担负起全村的出入管理，他们不怕辛苦，轮班值守，耐心劝导和宣传防疫抗疫知识，对外出者耐心解释，把好防控关，做好防护工作。随着疫情形势的严峻，镇村两级防控人员需要对小区居民住户登记排查，工作量巨大。他又主动担任起楼层网格员的任务，细心排查，用心登记。

在疫情防控期间，王成和其他志愿者们一起抗击疫情，为全村乡亲的生命安全保驾护航。对于未来，王成也有自己的期待，他想报名技术班，学习一项实用技能，为姐姐减轻负担，让自家的日子红火起来。

（县文明办　张晶晶　供稿）

灵璧英范：闫秀芹

自强不息　提前脱贫

闫秀芹家有4口人，丈夫游计永，16岁的儿子和9岁的女儿。本来这是一个幸福美满的家庭，但在 2010 年初，丈夫因事故造成瘫痪，对这个家庭来说，简直是灭顶之灾。为了给丈夫治疗，不仅花完了家中的多年积蓄，还欠下了很多外债。闫秀芹面对这个天大的压力，擦干泪水，挺起腰板，一边伺候好丈夫，照顾好儿女，一边拼命挣钱，来维持家庭的生活支出。

8 年来对闫秀芹来说，每一天都是非常漫长。很早就要起床，先是伺候好丈夫，帮助他清理大小便，穿衣，洗漱，保障丈夫身体上的舒适。喂好丈夫早饭，闫秀芹匆忙收拾家务，就要送孩子去上学，然后又急匆奔去挣钱。首先是种好承包田，再挤出点滴时间打零工。每到中午和晚上，她怕丈夫在家着急，都是按时返到家中，及时给丈夫做合口的饭菜。晚饭后，对闫秀芹来讲，是她最劳累的时候，既要照顾好年幼的孩子，更重要的是要照顾好不能动的丈夫，脱衣洗澡和擦洗大小便，帮助丈夫按摩，进行精神安抚，有时忙到半夜还不能休息。就是这样的一天天，一年年，由于闫秀芹精心服侍，丈夫从没有生过褥疮，皮肤红润，精神饱满，庄邻都夸闫秀芹是个大好人、打着灯笼都难找的好妻子。在维持家庭生计创收上，闫秀芹不怕苦、不怕累，年年靠种地收入和养羊，再加上打点小零工，只能勉强维持家庭生活和孩子上学的支出，但一家人能在一起，闫秀芹觉得苦点累点也值得。

2015 年初，游东村按照上级党委政府安排开展扶贫攻坚工作，经全村群众一致推荐和村委会组织的评议，闫秀芹一家 4 口人，被村委会纳入贫困户对象进行扶贫，建档立卡资料上报到各级扶贫档案库，计划对她家开展全面帮扶，定为到 2017 年实现全家脱贫。从 2015 年 2 月开始，各级帮扶干部多次深入闫秀芹家，对她家庭全面调查了解，按照扶贫政策，先后对她家进行钱和物"输血"式帮扶。镇委政府主要领导对闫秀芹从扶志及扶智中重点引导，使闫秀芹全家都深受感动。特别是对闫秀芹这个多灾多难的弱女子来讲，从物质上和精神上，都得到极大的支持。每次上级扶贫干部到她家，陪她聊天、给她生活上的信心，都让她心怀感激、彻夜难眠，她暗暗下定决心，要自强奋斗，提前脱贫，来报答党和国家对她家的帮助和关爱。

要摆脱贫困，首要的硬指标就是增加收入，闫秀芹天天都是一门心思，都在想如何增收实现脱贫的办法。她计划用一年的时间来实现脱贫，制定了"三路并走增收法"：第一，种好自家承包田，实现增收；第二，发展养羊，投资少，见效快；第三，居家务工。在包扶干部帮助下，闫秀芹到游集街面上一家美容护理店打工，她虚心好学，一边打工，一边学习美容知识和技术，在短短两个月时间，她就全面掌握美容护理技术。2016 年初，闫秀芹所打工的美容护理店要转让经营权，在扶贫干部帮助下，闫秀芹向亲友借钱，把店租包下来，自己当老板。由于她服务特别热情，美容美发技术快速提高，生意渐渐红火起来。上半年，是站稳脚，创牌子，下半年，是创增收。到年底，实现营业纯收入 1.8 万元，闫秀芹付出的辛劳得到了回报。2016 年底，闫秀芹家种植和养殖业，加街上店面收入，总计超过 2 万多元，这使闫秀芹感到无比喜悦，她常在全家人面前分享这增收过上的好生活。

"这都是党的扶贫好政策才使俺家摆脱贫困，俺不能光想着自己，不顾别人，俺要提前一年脱贫，把党的好政策再让给其他贫困户，这样，才算对得起党和政府。"这句话她是对自己说的，也是对全家人说的。后来一些亲邻听说后都吃惊，不仅当面劝，有的还上门来劝她："上级没有叫你脱贫，还得一年后才脱贫，这一年中，还有许多好政策、许多钱和物要扶持你家，许多人想当贫困户还当不上，你竟想脱贫，太傻了。"对这些好心亲邻，闫秀芹都是苦口婆心讲解，想让他们都能理解自己这样做，是为了更多的人早日摆脱贫困。后来家人也理解了她，支持她主动脱贫，她享受到了党和国家的温暖，主动去帮助和激励更多的贫困户，也感动到更多的人。

2016 年 12 月，闫秀芹郑重向村委会递上脱贫申请书，村党支部领导热情地接过申请书，并详细向她讲述脱贫标准和流程。经过镇村组织的考察小组，严格按照脱贫标准和程序，一致决定闫秀芹家已够脱贫条件，在进行完正常的公示等程序后，正式批准闫秀芹家脱贫，向她颁发了《脱贫光荣证》。

2018 年 2 月，闫秀琴获评"中国好人"和第三届"宿州市道德模范"光荣称号。

（县文明办　张晶晶　供稿）

灵璧英范：杨腾飞、董伟

扶贫路上见义勇为

杨腾飞，1987 年 3 月生，党员，灵璧县交通运输局县乡管理所工作人员。董伟，1973 年 4 月生，党员，现任安徽省电气工程学校驻灵璧县菠林村扶贫工作队副队长。

2020 年 7 月 29 日上午，作为国家脱贫攻坚灵璧县普查组人员，在萧县赵庄镇开展工作的杨腾飞、董伟等普查人员路过陈阁自然村河塘附近时，突然听到不远处传来撕心裂肺地呼喊："有人落水了！快啊，快救人啊！"

杨腾飞等 4 人循声飞奔过去，发现 1 名大人和 3 名儿童由于发生车祸，连同三轮车坠落路边河沟中。情况万分危急，路过沟塘的 4 人拔腿飞奔过去，有过 8 年部队经历的杨腾飞立即意识到事故的紧迫性，他顾不得个人安危、来不及脱去随身衣物，纵身跳入 2 米多深的河沟中。随后其他 3 人也迅速下水加入到救援的队伍中，河水没过了胸口，他们一边克服湿滑淤泥和水下潜流造成的救援困难，一边奋力游到离岸 4 米多远的落水三轮车旁边，急忙从水中救起 3 名儿童和 1 位老人，并安全护送至岸边。

经过数十分钟的紧张救援，落水人员全部脱离了危险，董伟一行全身上下已经湿透。落水老人回过神后连声道谢，闻讯赶来的村民们也纷纷表示感谢。而董伟一行只稍作调整就立即投入紧张的普查工作了。

据了解，落水的老人叫陈书华，当时开着电动三轮车经过此地时，由于未控制好车速和方向，车子栽进了沟塘，车上 3 个孩子最大的仅 6 岁，最小的才 2 岁多，若不是杨腾飞、董伟一行抢救及时，后果不堪设想。对于救人的壮举，杨腾飞、董伟则表示："我是一名共产党员，这是我应该做的，看到群众有危险，尤其还是这么小的孩子，我当时没有多想什么，满脑子只想着救人。"戴着党徽的杨鹏飞道："这真的没什么，作为一名党员，不忘初心，牢记使命，我只是做了党员应该做的。"朴实无华的语言，关键时刻的行动，赢得了在场所有人的阵阵掌声，也道出扶贫干部的心声。事后，被救孩子们的爷爷找到董伟几人赠送了锦旗，并再次表达诚挚的谢意。

2004 年 12 月，杨腾飞入伍来到部队，8 年的部队生活中，他一直以党员的标准要求自己，以党员的标准诠释军人使命。入伍伊始，杨腾飞就感觉自己的高中文化适应不了部队的现代化发展，便一边艰苦地军事训练，一边参加高等自学考试，期间多次被评为军事训练先进个人，并以优异的成绩顺利从南京军事学院毕业。由于各项工作都非常优秀，2006 年 5 月他被任命为班长，并于 2008 年 8 月，加入中国共产党，成为他梦寐以求的中国共产党党员。2010 年初，杨腾飞从无线电传输岗位调到有线机务传输岗位，为了尽快适应现代有线通信的专业需要，他刻苦钻研有线通信专业技能知识，熟练掌握了现代有线装备和传输装备的操作与维护，成为一名"精一岗、会两岗、懂三岗"的通信尖兵，多次担任团通信集训队训练教练员，为团队培养了一大批通信专业人才。在部队 8 年里，杨腾飞先后受到 3 次嘉奖，荣立三等功一次。

2012 年 12 月，杨腾飞退伍回来，被安排在灵璧交通局县乡公路管理所工作，从事县乡公路的清障、规划和施工检查。在平凡的岗位上，他始终没有忘记自己是一名党员，没有忘记一名交通人的初心。

2018 年 8 月，浍沟镇大庄村村通公路即将竣工。杨腾飞在路段施工检查中发现，施工路段中有 100 米长的路面水稳层出现问题，由于商砼失水严重，导致路面龟裂，伴有大面积断裂。杨腾飞立即找到施工方，果断要求其返工。这时，施工方找到了杨腾飞的家人、亲戚和朋友来说情，希望切除部分路段，简单修复一下，这样施工方的损失小一些。"施工方的损失小一些，群众的损失就大一些！"杨腾飞断然拒绝施工方的请求。"全部返工，一分一厘都不能少！"杨腾飞这样义正词严。最终，100 米的龟裂和断裂路面全面返工，直到符合工程质量要求。

多年来，杨腾飞在朱浍路、禅尹路、尹浍路等县乡公路的施工检查中，始终坚持质量第一、群众利益第一的原则，深入推进乡镇的"四好农村路"创建工作，塑造了良好的交通形象，受到了当地百姓的一致好评，进一步提升了党和政府的形象，杨腾飞也多次荣获县交通局安全生产个人的称号。

董伟是安徽省电气工程学校驻灵璧县菠林村扶贫工作队副队长。在扶贫工作期间，他对群众坦诚相待，经常和群众聊天谈心，和当地群众建立了深厚的感情，和镇村扶贫工作组之间，充分发挥桥梁纽带作用，积极做好村组织、帮扶单位、驻村工作队的沟通协调工作，充分调动干部群众积极性，创新工作方式方法，形成脱贫攻坚合力。在扶贫工作中任劳任怨，结合本村实际，拓展多种渠道实现贫困户资源优势互补，千方百计为贫困户增加务工收入。董伟脚踏实地为扶贫攻坚事业付出了满腔热忱、捧出了全部真诚，表现出了一名优秀共产党员应有的政治觉悟和优秀品格，发挥了党员的先锋模范作用。

2020年10月，杨腾飞和董伟同时获评"中国好人"称号。

（灵璧县文明办　张晶晶　供稿）

灵璧英范：叶林

警营淬炼壮美人生

每一场激烈的火场战斗，他赴汤蹈火，冲锋陷阵；每一次抢险救援，他挺身而出，不畏牺牲。战友说，那么拼命你得到了什么？而他却说，自己最享受的是，成功救援后走出现场的那一瞬间。在一次次血与火、生与死的考验中，他磨砺出壮美的人生，用行动诠释了当代军人"人民利益高于一切"的英雄本色。他，就是叶林。

自2009年入伍以来，他先后参加灭火救援战斗500余次，营救遇险群众100余人，被记个人三等功1次，被省消防总队评为"全省优秀共青团员"，荣获嘉奖、优秀士兵等荣誉数次。先后被评为"中国好人"候选人、"安徽好人"提名、"宿州好人"等称号。他勇救落井幼童的壮举在社会各界引起强烈反响，网友亲切称其为消防"倒立哥"。

起死回生——倒立入井勇救坠井男童

2014 年 7 月 7 日 18 时 54 分，灵璧县杨疃镇山李村的一名 3 岁男童在田边玩耍，不慎掉入缺少井盖的水井中。情况十分紧急，急需救援。当消防救援人员赶到现场时发现，在农田地头有一口水井，周围空地聚集了很多群众，幼童掉进的井口直径约 30 厘米，井水距地面深达 7 米，井中男童的下巴与水面持平，仅头部露出水面，呼救声非常微弱。而据了解，男孩掉入井中已经近 1 个小时，考虑到井中没有空气流通，且井水温度较低，男孩掉入井中后喝了很多水。男孩随时可能昏厥溺亡。

时间就是生命！危难之际，叶林挺身而出，主动申请下井实施救援。在倒立下井中，战士叶林双肩与井壁紧紧贴在一起，顺着井壁下到井中，在下到井底后，他用双手托住男孩腋下，虽双肩与井壁摩擦，疼痛难耐，咬牙坚持了下来。整个救援过程用了 2 分钟，男孩被成功从井底救了出来。

由于男孩长时间泡在水井中，喝了不少井水，在被救上来时，因溺水无法呼吸，处于昏迷状态，在现场 120 医护人员没赶到的情况下，战士叶林随即对男孩进行人工呼吸，实施紧急救援，在尝试两次后，男孩腹中积水吐出。随后，他又将男孩抱上随后赶来的 120 救护车，将其送到医院进行进一步检查。直到此时，叶林才瘫坐在地上大口的呼气，发现双肩因与井壁摩擦造成大面积擦伤，早已出血。而据了解，由于战士叶林救援及时，男孩无大碍，于当天晚上出院回到家中。

7 月 8 日晚，叶林救人的事情登上了中央电视台综合频道的"晚间新闻"，7 月 11 日，央视新闻频道的"新闻直播间"和"共同关注"也都对此事进行了报道，安徽电视台、《安徽日报》等省级媒体先后做了相关报道，网友纷纷为叶林点赞，称其为"倒立哥"。

"消防蛙人"为人民，敬老真情暖人心

在中队，叶林被战友公认为"消防蛙人"，哪里有水下排险、水中救援的任务哪里就有叶林的身影。凭借着过硬的水性，他参加水上救援数十次，多少

次与"尸体"打交道，有人问他"怕不怕？"叶林说，"这是我们的职责，也算是对生者的安慰吧。"

他情系孤寡老人，用真情温暖人心。"我是个孤寡老人，但我却不孤单，因为有一群亲人在身边。"灵璧县社会福利院的70多岁的宴华清老人笑着说："消防战士林子就是我最亲的亲人！"宴华清经常挂在嘴边的"林子亲人"就是宿州市消防支队灵璧消防大队的战士叶林。自入伍以来，由于消防官兵身份的特殊性而不能经常回家尽孝，叶林就把对家乡父老的孝敬之心、爱老之情转移到灵璧县社会福利院老人的身上，一坚持就是5年。

平时他不但自己去社会福利院照顾老人，还带动身边的战士去为孤寡老人拖地、扫屋。在他的带领下，哪个队员有了闲暇，都要去社会福利院看一看，问一问，帮老人们干点活，说说话，送些日用品，这已经成了灵璧县消防大队的一个惯例。他把孤寡老人当亲人，放心上，老人们也把叶林当亲人，心也为叶林惦记着。"消防队是救急抢险的，我心里担心他们的安危，夜里听到门外消防车的警报声心就悬了起来，直到又听到他们回来了，我才能睡得着。"社会福利院的老人们朴实地说。"这些年，他一直对我们社会福利院的孤寡老人好，院子里的老伙伴们提起他，都要竖起大拇指。"宴华清老人对这份坚持了近5年的"亲情"感受很深，说着便动情地流出了眼泪，嘴里还一直在念叨"他就是活雷锋，他就是人民的子弟兵，看到他我心里很高兴"。

训练场上的"拼命三郎"，队伍中的"器材通"

危难时叶林英勇无畏、挺身而出，源于平日的勤学苦练与不断积累。当兵5年，叶林始终把训练作为警营生活的重中之重，因为他清楚地知道：平时多流汗，战时才能少流血。

不到1米7的个头，身体瘦小而单薄，叶林刚入伍时连单双杠都做不了几个，扛起60多斤重的两节竹制拉梯步子都踉跄。为了赶上大家，他给自己加大了训练强度。大家都练，他抢着练；别人休息，他继续练，起早摸黑偷着练。业务技能训练上，他更加刻苦。训练场上的叶林身上总是湿漉漉的，无论单衣还是棉衣，上面总有一圈一圈白色的汗碱。高强度的训练使他的小腿磕破了又好，好了又破，长时间下来，他的小腿面磕的坑坑洼洼像个"搓衣板"，新伤叠老伤，至今很多留下的疤痕都变成黑色。叶林时刻提醒自己，当兵就要吃苦，就要训练，就要灭火战斗。

功夫不负有心人，通过自身的不断努力，叶林脱颖而出，先后代表支队参加过执勤岗位练兵、大比武等各项比赛活动，并取得优异成绩。

叶林深知，只有练好各项本领，才能在抢险救援的现场发挥作用。每一次的抢险救援，都容不得半点马虎和闪失，为了应付各种复杂环境下救援工作的需要，叶林付出了很多。作为一名特勤班班长，他深知必须熟练掌握和使用各类器材装备，才能很好地胜任本职，为此，他把中队近百种防护、破拆、救生器材的工作原理、性能参数和操作要领编成册子，随身携带，有空就拿出来熟记熟背。现在，中队主要装备器材的性能参数和操作要领，他都能脱口而出、对答如流，成了中队有名的"器材通"和"活材料"。

战友的亲兄弟，中队干部的左膀右臂

"我要发挥班长的作用，当好最基层的带兵人。"叶林说到做到，成了战士们思想和行动的引领者，被誉为警营里的"多面手"。训练场上，叶林铁面无私，对战士严格要求；日常生活中，他对战士总是和颜悦色，把他们当成自己的亲兄弟。

作为一名班长，叶林十分关心班里战友的思想情况和家庭生活，把他们当作自己的兄弟。战友家中有困难，工作上有情绪，叶林总会主动找他们谈心。他的行为深深地感动了这些战友，在多次灭火救援战斗中，他们也能时刻记住叶班长的话，勇挑重担，冲锋在前。

严于律己，宽以待人，大公无私，默默奉献，是大队全体官兵心目中对他的一致评价，他有着很强的人格魅力。大、中队干部把他当成了工作中的"消防员"，哪里有困难，就把他安排到哪里，称作"好钢用在刀刃上"，而叶林总能不辱使命，每一个难题，每一个任务，他都能用心尽全力地去解决好。

勇挑重担，敢为人先，大胆创新，积极进取，是他一贯的工作作风。有的人说班长这个"兵头将尾"的角色不好当，叶林却认为，班长是上连干部下连兵，架好了官兵间的桥梁，上通下顺，看不破这层理儿，处处碰壁。

五年来，叶林同志在艰苦的训练场上摸爬滚打，与肆虐的大火拼杀搏斗，用青春、汗水和热血保卫着灵城人民生活的安宁，体验着追求理想的艰辛与幸福，展现着自己人生的价值。

5年来，叶林同志工作成绩一流，模范表率作用突出，成为干部眼中的好士官，战士眼中的好班长。所带班集体更是在全队脱颖而出，从日常考核到年终评比样样拿第一，多次被评为优秀班集体。

5年来，叶林同志怀着对党和人民的无比热爱之情，凭着过硬的业务技能和勇敢顽强的战斗作风，出色地完成了一次又一次灭火救援，用美好的青春保卫着灵璧人民生活的安宁，用辛勤的汗水体验着追求理想的艰辛与幸福，用自己的行动诠释了新时期消防官兵对"赴汤蹈火、追求卓越"精神的认识，践行着"为人民服务"的宗旨，实现着自己的人生价值，也把消防员的最美形象深深地烙在了人民群众心坎里。

（县政协办公室　供稿）

灵璧英范：张志贤

岗位平凡 事业不凡

姜德明

张志贤任灵璧县朱集乡文化站长近40年，在平凡的工作中，作出了不平凡的业绩，获得了骄人的荣誉。

20世纪80年代初，张志贤所在的文化站全部面积仅有320平方米。而现在的文化站拥有 10000 平方米的活动场地、900 平方米楼房、530 平方米影剧场、1000 多平方米篮球场、1000 平方米少儿活动场地和 1700 平方米垂钓中心。该站建立了 9 个文化活动组织，拥有会员 170 人。目前文化站拥有固定资产达百万元。回顾文化站从小到大、从弱到强的发展历程，靠的是什么？靠的就是执着创业和无私奉献精神。

20 世纪 80 年代，乡级文化站经费十分紧张，文化站的几间旧瓦房的瓦经常脱落或断裂，张志贤从来不花钱找人修理，都是自己爬到房顶自己干。就连公社的大会堂的瓦坏了也是自己爬到近 10 米高的房顶自己更换。有一次省文化厅领导来朱集视察工作，要找站长，在下面帮助向上传瓦的同志指着房顶说："站长在那儿呢。"省领导看了十分感动。

随着新时期文化工作的转移，采用电教的方式提高党员干部思想政治水平和引领群众脱贫致富奔小康，十分必要。张志贤义不容辞地负责了此项工作。搞好电教工作不仅需要热情，而且需要资金投入。虽然党委、政府很重视，却一时拿不出钱来支持电教楼的建设。为了电教楼早日建成使用，张志贤不等不靠，当即拿出了自家多年的积蓄 5000 元，交给建筑部门作为开建费，接着又卖掉自家小麦、大豆、玉米，东拼西凑了 4 万多元交给了建筑单位。后来政府作了后续投资。1995 年 5 月，一幢 370 平方米，投资 13 万元的电教楼开工建设，第二年投入使用，使全乡党员、干部有了学习、活动的场所。然而，张志贤一家老小仍住在三间漏雨的破草房里。

张志贤为电教事业不仅付出了经济代价，同时付出了巨大的心力。全乡 20 个行政村、140 个自然庄，他几乎每天都要和同志们拉着平板车带着放映器材下村，把党的声音和科技知识送给每个党员、每个农户。几年来累计播放各种电教片 400 余盒 8000 多场次，受教育党员干部 30000 人次、群众 100000 人次，带动了 1500 余户养殖、种植大户。记者采访时，他说起电教眉飞色舞，总有说不完的话；可一提及家庭来，他的心情顿时就会沉重起来。有一次他正在一个村里放电教片，突然，家里有人捎信说他妻子患急病，让他赶快回去。可是，当他看到周围群众是那样专心致志地看电教片时，他犹豫了。直到片子放完，他才赶到医院。由于抢救不及时，妻子落下了心血管疾病，10 多年来做了三次心脏手术。他的事迹曾被市电教中心拍摄成电视片"一个电教员的故事"，在省"平凡明星"栏目播放，并在全省巡回播放。

为了给群众提供更多的娱乐项目，营造舒心的娱乐环境，张志贤同志作了很多努力。

一是立足于扩大阵地建设。他通过引资新建了一座 500 平方米的文化综合楼，同时为了改变过去文化阵地分割、零乱的局面，他一举拆掉旧房三间、院墙百米，投资 2 万元，新建了欧式栏杆，使文化楼、剧场、儿童文化园和垂钓中心形成一体。二是着眼于阵地建设的配套。在原开设电化教育、科技培训、幼儿教育和文化协会等项目上，他又整合现有资源，增设了广播宣传室、图书室、书画展室、乒乓球室、文艺培训室、有线电视传送室、钓鱼协会等文化项目。

为适应市场经济发展要求，张志贤同志不断拓展宣传文化服务领域，坚持走改革的路子、走产业化的路子，实行"多条腿走路"，积极参与市场竞争，广开渠道，以文养文，多业助文。一靠自办实体立站。文化站自办了摄影门市部、成立了装潢服务社、电脑扩印社，年创收 1.5 万元；二靠办班兴站。除了开办幼儿教育外，还根据群众要求，与县、乡学校配合，分期分批举办了音乐、美术、书法、电脑应用、舞蹈等各类培训班。每年创收万余元。三靠店面出租。文化站将朝街底楼对外出租，年收入 7000 元左右。四是发挥设备优势强站。利用有线电视、广播点歌、电影放映、图书开放、剧场接待外来演出等渠道，年创收 6000 余元。这样既保证了文化站的办公费用，又保证了自聘人员的工资及文体设施添置费用的自供自给，使文化繁荣景象在朱集乡得到了充分体现。

2003 年 3 月，经朱集乡党委同意，由文化站长张志贤牵头成立了农村专业技术协会，并任党支部书记。使文化工作与科技培训相结合，起到了良好效果。

突出特色，注重科技传播。在科技兴农方面，针对广大群众对科技信息利用率低、科技意识不强的实际，利用宣传车、广播讲座、办培训班、书报阅读、印发材料、田头宣传指导、集日咨询等形式，广泛向群众传授科技新知识、新技术。并且采取文艺与科技联姻的形式，上演文艺节目 80 多个。农民掌握了技术，引进速生杨面积 2200 亩、优质甘蔗 50 亩、油桃、凯特杏、沾化冬枣 200 亩、脱毒马铃薯 1000 多亩、大棚蔬菜 300 多亩，农民人均增收 100

多元。

丰富活动，注重陶冶情操。多年来张志贤同志根据农村实际，开展了形式多样、生动活泼、健康向上的群众文化活动。办起了艺术学校，举办了电子琴手风琴演奏比赛、歌曲演唱比赛、智力比赛以及书画展览、诗朗诵等文化活动，积极组织民间艺人组成大篷车，送戏下乡，尽可能地满足群众的文化需求。站里还组织了固定的泗州戏剧团，紧密配合时政义务宣传演出。

由于张志贤的多年不懈努力，取得了一系列不平凡的成绩，党和人民给予他和文化站多项荣誉，县级及县级以上的奖励几乎年年获得：文化站先后被省、市、县评为先进电教工作站、先进文化单位、杜鹃花工程、双百工程、蒲公英工程试点单位；全国、全省"亿万农民健身活动"先进乡镇；全市文化先进乡镇；全市"三个代表"重要思想学教活动先进单位；连续三年被评为"人民满意基层站所"。他本人年年获奖，先后被评为安徽省文化系统劳动模范、市优秀共产党员、市优秀电教员等，受到了30多次表彰。2005年10月被评为全国文化系统先进工作者，在人民大会堂受到国家领导人的接见。

张志贤已于2018年退休，本应颐养天年，但他仍主动协助新站长搞党建工作，帮新站长看家护院，真可谓扶上马还要送一程。

灵璧英范：黄俊

当代孝女

邵明宣

古老的中华民族，向来就有"以德治国，孝治天下"的优良传统。东汉孝女曹娥的故事流传至今。灵璧向阳乡苏圩村小黄庄村民黄俊，可称得上是当代的孝女。她全心守护因脑梗卧床的养父，直到28岁未谈婚论嫁。在自己的婚姻问题上，她曾出言：不要彩礼，不要嫁妆，只须老爸随嫁。上门提亲的小伙子，一听到这个苛刻的"彩礼"，都望而却步。黄俊守护重病养父的事迹名闻遐迩，各新闻媒体争相报道。

1992年，年届半百的小黄庄村民黄现杰夫妇，相继收养了两个女婴：姐姐黄俊，妹妹黄梅。老俩口对孩子视如珍宝，逢人就说："我们有孩子喽，有女儿喽！……"但一下收养两个千金，这对当时还处于贫困之中的农村两口之家来说，困难是可想而知的。经济拮据，买不起牛奶，面对两个嗷嗷待哺的女儿，夫妇俩心疼得扑簌落泪。老俩口商议卖掉了家里唯一的老黄牛，给孩子买奶粉，耕种时求亲戚帮忙。俩口子用心地给孩子做营养餐：放点奶粉，放点面粉、少许白糖，打个鸡蛋，放进适量的水搅和后，煮开做成营养糊糊，放进奶瓶，这小姐俩吃起来有滋有味。黄现杰夫妻俩真心疼爱两个女儿，把她俩看得胜过亲生，精心抚育，细心呵护。培养孩子读书，上小学，上中学，别的孩子有的，她们一件也不少。

花季少年，正是放飞梦想，积极学习，积蓄能量之际。然而好景不长，2006年黄俊姐妹俩17岁那年，母亲一病不起，花去家里所有积蓄，也没治好母亲的病。母亲病逝后，黄俊暗自思忖：我不能再继续读书了，要出外打工挣钱，还母亲治病借的债，供妹妹上学，帮助父亲支撑起这个陷入困境的家。于是黄俊珍藏起八年级的课本，毅然走上了打工之路。

黄俊小小年纪，她以常人难有的毅力打工做事。她经常给人说："我爸是个老实庄稼人，没上过学，没有文化，可他对我们的言传身教，都是朴素的正能量。我们就是要像父亲那样做老实人，做老实事。"在食用油厂打工时，一次她用硫酸混合水，冲刷回收油桶上的污渍，不小心硫酸从胶靴的烂洞渗入靴内，把脚烧伤了，200元的医药费都舍不得花，抹点药膏，强忍疼痛，让伤口慢慢痊愈。在食品厂打工时，为了挣20元的加班费，她在零下20度的冷库房间加班包装出口的速冻蔬菜。"不吃苦中苦，哪来甜上甜"，这是黄俊常挂在嘴上的自勉之言。

黄俊心地善良，爱心淳浓。她常说"长姐如母"，我不但要赡养好父亲，而且还要关爱妹妹。2012年，21岁的妹妹黄梅喜结良缘，她像母亲嫁女儿一样，为小妹买衣服，置办嫁妆，风风光光嫁妹，博得了广大村民一致好评。

打工挣的钱为妹妹陪嫁了，父亲已年逾古稀，做不了重体力劳动，家里住的仍是破旧的危房。面对这些眼前的困难，黄俊与父亲相依为命，日子过得实在艰辛苦涩。2014年，扶贫工作队和村委会，走访考察，征得小黄庄村民的意见后，确定黄俊家为建档立卡扶贫户，可领取低保补贴，又给予危房改造补贴款项。在国家扶贫政策的关照和帮助下，黄俊爷俩的生活状况大有改善。

然而，天有不测风云，人有旦夕祸福。2016年7月17日，黄俊75岁的父亲突然昏厥倒地，发生了大面积的脑梗。首次发病住院治疗40天，这期间黄俊日日夜夜精心守护养父。父亲大小便失禁，全在床上处理，擦洗，换洗垫单、喂饭、喂药、按摩、推拿，她做得样样到位。老父亲从昏迷中醒来第一句话就是："闺女，委屈了……"说完，他把头蒙在被窝里，呜呜地老泪潸然。

父亲病后，黄俊辞职长期在家服侍父亲，独自耕种8亩多的农田。在家里，黄俊天天帮父亲坚持康复锻炼，一个月后奇迹出现了，架住他能慢慢走动了。

然而父亲的脑梗病灶没能彻底化除，又一次地昏迷倒下。120急救车把他拉到医院，及时抢救。不幸的是这次他犯病太危重了，昏迷不醒，成了个植物人。这可疼坏了女儿黄俊，她拉着老父亲的手，呜咽着："爸，您不能离开我，您要赶快醒来，好好地活着，您要是走了，那我就是个孤女了……"黄俊伤心地泪流满面，然而这个难以抗拒的灾难没有击垮她。黄俊擦干眼泪，坚定信心：我不能倒下，要坚强起来，治好父亲的病，把这个家支撑起来。

为了配合医生给父亲做康复治疗，黄俊给父亲按摩、推拿，喂饭喂药外，还经常拉着父亲的手，亲切地和他说话。有时奇迹突然出现，父亲眼睛睁开，又慢慢合上，好像用这个艰难的眼神告诉女儿："好闺女，你的话我都听见了，难为你了……"为了让父亲能尽快康复，黄俊在饭菜上下功夫，她每顿饭都给父亲做两菜一汤，调配口味，加强营养。父亲昏迷，吞咽意识很差，她把肉、鱼、青菜、水果等用豆浆机分别打成糊糊，烧熟加上佐料，用小勺一勺一勺耐心地喂食。父亲虽然始终处于昏迷状态之中，但由于她的精心护理，在一段时间里，父亲面色红润，呈现顽强的生命体征。

这一次住院是4个多月，花去医疗费5万零4百多元。由于是建档立卡贫困户，享受低保医疗保障补贴，医疗费几乎全部报销，个人只出了405元。黄俊常跟人说：我们一家4口人没有一点血缘关系，是无限的大爱，营造了亲情，不是亲生，胜似亲生。父母对我们付出无私的爱，种善因，必得善果。父亲病在床上，我要专心守护他老人家。没有当初父母的收养，哪有今天长大成人的我们？他们养我小，我要养他老，为他治病，爱心守护，这是良心所在。

黄俊长年累月守护父亲，从无怨言。尽管父亲昏迷不醒，可能听不清女儿说的话，但黄俊总是面带微笑，和颜悦色地和父亲说着话。俗话说，"床前百日无孝子"，可她这是几年，是一千多天啊！"孝子色难"这个典故出自《论语·为政》：一天，子夏问孝，孔子说"色难"。意思是子女侍奉父母，要经常保持和颜悦色的脸色，是件很难的事。可自古以来，多少亲生子女都做不到的事，作为一个养女，当代的孝女黄俊做到了。难怪医院的医生、护士都夸黄俊："护理父亲做得的好，很干净，无一点异味，她是个大孝的好闺女啊！"难怪同病房的叔叔、阿姨齐赞黄俊"三观端正，品德高尚。一个养女孝敬养父的事，是许多亲生子女都做不到的。"

黄俊以火热的大爱之心，10多次电话叫来救护车，急救病情垂危的父亲。10多次的生死轮回，她硬是一次次地从死神手中，把父亲抢了回来。不为别的，只为感恩。知恩图报，这是黄俊高尚品德的熠熠闪光点。黄俊为父亲喂饭、按摩、护理之外，多半时间是握着他的手，与父亲说话，黄俊常温馨地跟父亲说："俺爷俩前世有缘，这辈子您老人家收养了我。您养我小，我养您老，种善因，得善果。要不，您孤老终生，这病倒了谁给您洗涮，侍奉您呀？所以，老爸，您别说委屈我了，守护您，侍奉您，这是女儿应该做的首选之事……"

黄俊这样一个困难重重的家庭，在国家精准扶贫政策的帮助下，通过她顽强的拼搏，竟然于2019年如期脱贫了。2019年1月9日，中央电视台"走基层"的记者，采访了孝女黄俊的事迹。在国家扶贫日，黄俊在县委大礼堂做了声情并茂的演讲。2020年2月4日，中央电视台《朝闻天下》《东方时空》等栏目报道了黄俊的感人事迹。

黄俊的小学同学，同村大孙庄小伙子孙猛，闻知黄俊的事迹，非常感动。2017年国庆节，在外打工的孙猛回乡探亲。一天，他备了点礼品赴县医院看望黄俊父亲。当时，孙猛就提出夜晚替班护理老人，黄俊再三推却后，只好同意了。就这样，热心肠的孙猛，隔三岔五就去照顾老人，行走在爱的路上……孙猛说："黄俊，你太累了，需要一个可以依靠的肩膀！"这分明是向她示爱啊。此时精力透支的黄俊，觉得有了孙猛的帮助，自己的困顿有所缓解。她从心灵深处，觉得孙猛忠厚热情，是一个可以依靠的男人。但要照料父亲，他能与自己一道坚守下来吗？接下来的两年，执着的孙猛，渐渐走进了黄俊的心灵深处。一天，孙猛郑重地向黄俊表白：愿意和她一起照顾病榻上的老父亲！黄俊感觉这善良的男人应该是自己理想的人生伴侣，她欣然答应了。

不要彩礼，不要嫁妆。2019 年 10 月，黄俊带着老父亲嫁到了孙家，与孙猛一起走进了幸福的婚姻殿堂。婚后，黄俊精心护理父亲的同时，也细心孝敬公婆。孙猛、黄俊夫妻携手，勤俭持家，共享美好生活。

一天，昏睡的父亲突然不愿张口吃饭，他绝食了。为什么？孝顺的黄俊急得二目垂泪，不知所措。随口说道："爸，你想家了吗？要不，吃过饭，我带你回家看看？"不料，父亲听了这话，先是慢慢地睁开眼睛，像是表示同意，接着嘴巴微张，要吃饭……黄俊心想：老爸向来是个怕麻烦别人的人，可能他认为在亲家家里，给人家增添了麻烦，所以要回家。

饭后，黄俊与孙猛用三轮电动车，把老爸拉回小黄庄。从此，孙猛往来于大孙庄与小黄庄之间，忙做两家农活，照看双方老人。这真可谓："古来孝女能几人？当代宿州有黄俊。众口皆碑胜谱牒，高风亮节好精神。"

灵璧英范：张先聪

争先创优当标兵

张先聪，灵璧县朱集乡歧张村人，1969 年生，中共党员，大专文化。1987 年 11 月入伍，先后在 32110 部队新兵连、32404 部队司训大队集训学习。1988 年 10 月分到 32110 部队服役，历任舟桥营 4 连战士、班长、代理排长，1990 年 3 月入党。1992 年 8 月在 32404 部队教导大队参加预提军官集训学习

4个月。同年12月起先后任汽车连排长兼副队长、桥梁连连长等职。2000年4月调任73116部队运油股股长。在部队服役期间，由于表现突出，多次受到上级表彰。1988年2月在新兵连投弹比武中取得第一名，获嘉奖一次，同年9月在司训大队毕业考核中获得总分第一名，受嘉奖一次。1989年5月被评为优秀共青团员，同年底被评为优秀士兵。1991年4月被顺昌县森林防火指挥部评为先进工作者，同年12月被评为优秀班长。1992年由士兵提升为基层军官。1993年6月被评为优秀党员。1994年12月被评为优秀教练员。1997年12月，被31集团军工兵团政治处评为优秀基层干部，并荣记三等功，所带领的连队在年度专业技术课目对抗比武中被评为"优胜单位"。1998年在执行抗洪抢险任务中作出较大贡献，先后被评为团抗洪抢险先进个人，军区抗洪抢险先进个人，被共青团中央命名表彰为"抗洪突击队员英模"，被集团军荣记一等功；其抗洪事迹相继在江西电视台、九江电视台、厦门电视台、《厦门日报》、《厦门晚报》、《人民前线报》《解放军报》进行报道，并被编入军区《'98抗洪抢险英模谱》一书中。所带的连队被军区评为抗洪抢险先进单位，被集团军荣记集体二等功；同年4月在共同课目对抗比武中获得"优胜单位"，其中军事理论、器械体操、400米障碍等科目中取得全团总分第一，战术基础第二的好成绩；年底被评为先进连队。2000年2月因1999年度连队管理严格、安全、稳定而被评为抓行管安全先进个人。

（县政协办公室　供稿）

灵璧英范：王宏

爱在真情坚守中

他，用爱演绎人间真情，几年如一日呵护胃癌妻子；他，爱岗敬业，在农村默默工作十几年；他，在工作中奉献有为，连续 6 年被灵璧县地税局评为先进工作者。他就是 2013 年 9 月的"中国好人"——现年 38 岁的灵璧县地税局渔沟分局的王宏。

也许真是两人前世注定的姻缘，所以今生无论生老病死都要不离不弃。这样的誓言在王宏的心中打下了深深的烙印。爱妻刘丽红患病前，两人心心相印。2009 年后妻子不幸身患绝症，他更是不分昼夜、无微不至地照顾她。王宏哽咽着告诉记者：妻子在患胃癌的 4 年的时间里，我是她唯一的依靠。自从她患上胃癌，被病魔一天天地折磨着，知道她的离去是迟早的，但是心中还是无比的悲痛，曾经的幸福时刻我不会忘记，她将永远活在我们的心里。老人和孩子是她生前的最爱，我会在工作之余，把孩子和老人照顾好，让她放心。

2013 年 12 月 18 日下午三点左右，临时接到采访灵璧地方税务局渔沟分局副局长王宏先进事迹的通知，他 4 年来不离不弃照顾亲人，这是一个看似平常却蕴含着对家庭、婚姻完全负责任的深刻人生哲理的故事。一个年轻的丈夫丝毫不嫌弃、无任何怨言地悉心照顾重病妻子，艰难生活画卷随着采访在我们的面前铺展开来。

王宏身高约 1.75 米，平头，黝黑的皮肤，深邃的眼睛里闪烁着坚强的目光。他前额很宽，额头上清晰地刻着三条深深的皱纹，似乎藏着饱经沧桑的磨砺。

他是中共党员，1994 年从武警淮阴消防支队退伍回乡，1995 年 7 月参加地税工作，先后在灵璧县黄湾、杨疃、娄庄、渔沟等边远基层一线工作，现任灵璧县地方税务局渔沟分局副局长。王宏的性格有些内向，儒雅写在脸上，颇有"温良恭俭让"的君子之风。熟悉他的人都知道，他是把豪气埋在心底、激情隐于血液里，刚柔相济正是一名优秀税务人员必备的素质。

1996 年，王宏与县自来水厂职工刘丽红结婚，组成了一个温馨的家庭。1997 年俩人爱的结晶——大女儿出生了，这给他们的生活带来了无限的欢乐。2004 年又喜得贵子，四口之家其乐融融。然而，幸福和甜蜜的日子没能长久。正当夫妻俩精心哺育一双儿女，辛勤构建温馨爱巢的时候，厄运不期而至。可怕的病魔突然降临到了刘丽红身上。2009 年 7 月的一天，正在水厂上班的刘丽红感到胃痛，原以为是受凉或者是做家务、上班劳累导致，歇一会就好的。谁知坚持过了一天，胃疼不但没有减轻反而愈加严重，不仅如此，甚至连一口水都喝不下，还不时从胃中吐出褐色的黏液。到后来，刘丽红感到吃止痛药已无济于事。于是她在丈夫王宏的陪护下到徐州一家医院诊治，拍片子，做CT，当医师拿着检查报告说出刘丽红患有胃癌时，王宏简直不敢相信自己的耳朵，无法接受这样的残酷现实。紧接又陪妻子到上海、北京、蚌埠医院检查，经专家们会诊后证实，刘丽红的确患上了胃癌，并且已到晚期。医师甚至断言，妻子的寿命将以日计算了。王宏告诉记者，当时妻子得知自己的病情，心仿佛是被撕扯般难受。

病魔在肆虐地侵蚀着刘丽红的胃部，更击倒了她的信心，对生活和未来她彻底地心灰意冷了。还在医院治疗时，有一回她怔怔地对丈夫说："咱们回家吧，不治了，别说家中没有钱，就是有钱也医不好。"话刚说完，泪如泉涌，王宏一听赶紧握住妻子的手安慰说："老婆，别怕，我会一直陪在你身边，咱们去看病，现在医学这么发达，你会好起来的。"每当回忆起当时的情景，王宏都哽咽地说不出话来，闻者也不禁潸然泪下。

一双儿女嗷嗷待哺，王宏每日还要到边远的渔沟税务分局上班。

原来平淡幸福的家庭，像石头投入湖心一般，打破了安宁和平静。生活、压力并没有吓倒王宏，他用自己的坚强和微笑来应对生活中的不幸，在尽心尽力做好本职工作之余，更多的是把心拴在了儿女成长上、拴在了为妻子治病上，苦难不仅没有压垮他的双肩，反而更加坚定了他与妻子并肩携手战胜病魔的信心。此时他们才刚刚30出头。

刘丽红在蚌埠肿瘤医院做了胃癌切除手术，在经历了一次大手术后，体质状况一落千丈。出院回家不久，紧接着就是一次次化疗。王宏看着化疗后疼痛难忍的妻子还要承受来回乘车颠簸之苦，深深地痛在心里，聪明的他硬是自己学会了配药、打针、吊水技术，此后，他就在家里按照医师的嘱咐，亲自为心爱的妻子吊水化疗。

每一个疗程的化疗，病痛都比上一次加重，妻子总是一脸汗水，紧咬着牙强忍着疼痛，而此刻的他恨不得自己去替妻子承受。为了减轻妻子的病痛，王宏只好含泪轻声细语地安慰她，一会儿帮她抬抬腿，一会儿帮她翻翻身，一会儿把她扶坐起来，一会又把她放在床上躺下。吊瓶里的药水一滴一滴地注入妻子的血管，如挂在墙上的钟表嘀嗒嘀嗒地响，又是整整的一个夜晚，王宏眼都未合一下……被病魔抽去了精力的刘丽红头发大把大把地脱落，四肢无力，人消瘦得站不起来了，洗脸、吃饭、穿衣，连大小便这起码的生活自理能力，也被这可恶的病魔剥夺了。此后4年来，王宏每天总是早早地就做好了可口的饭菜，然后给妻子从里到外、从上到下，一件一件穿戴好衣服、鞋袜，再把她从床上抱到饭桌前，打好温水，洗好手脸，再一勺、一勺、一筷、一筷地把饭喂进她的嘴里。吃好饭再把她从饭桌前抱回床上或轮椅上。冬天，王宏就早早把滚烫的热水灌进热水袋，外头裹好毛巾再放到刘丽红的身边。到了春天，天气暖和了，刘丽红因为不能直立，更不能行走，王宏每天就早、中、晚三次背着她、或推着坐在轮椅上的妻子出门走上两圈，散心，活动一下筋骨。夏天里，他就坚持每天不止一遍地给她洗澡，比平常还要仔细，久卧病人最怕长褥疮，一旦长了褥疮，伤口溃烂难愈，极易感染，可刘丽红的身上4年来从没长过一次褥疮，甚至没有感冒过一次。

环顾周围，在人们追逐名利的当下，这份苦苦坚守的爱，是多么的难能可贵。

在娱乐化盛行的今天，30来岁的年轻人，正是好动爱玩的时候，许多人在工作之外的时间，都聚在一起聊天、打扑克、玩麻将或者听歌、跳舞、洗桑拿，而王宏却把时间留在了妻子刘丽红的身上，把自己拴在她的轮椅上，除了上班就是陪护。这么多年有谁听说王宏在大街、闹市上溜达，有谁看过上班的时间里王宏不在工作岗位上。4年来，王宏的心不仅贴在工作上，也贴在刘丽红身上，成了她一剂无形的止痛良药。"屋漏偏逢连阴雨"，妻子的病情仍在恶化，他的岳母又突发糖尿病，双目失明，以致生活不能自理。一边是妻子，一边是岳母，单位还有工作，一时间他忙完工作，忙伺候妻子，再去照顾岳母。他就像个陀螺不停地旋转，毫无怨言。再苦再累，他从来没有在妻子和岳母面前流露，他连续6年被评为单位先进工作者。在税务征管工作中，他连年超额完成税收任务。岗位大练兵，多次取得优异成绩，并连续被县地税局评为"优秀公务员"荣誉称号。

王宏是个平凡人，却作出了不起的事，当他再无回天之力挽救妻子生命时，沉痛的打击没有摧垮他的意志，他依然用坚强的双肩担起赡养老人、照顾孩子的重任。

当王宏对爱情坚贞、对亲情坚守，不离不弃照顾亲人的事迹在网上传颂的时候，许多市民被感动了，他成为"灵璧好人"，被人们推选上了"中国好人榜"——孝老爱亲好人，荣获"中国好人"称号。但王宏却越发淡定，他把荣誉看得很淡，把情字看得很重，事业看得很重。

采访接近尾声时，我忍不住内心的疑问，问他究竟是什么力量，能够让他持久地坚守。敦厚老实的王宏平静地说："照顾老婆，这是做人最起码的本分，能让妻子多活一天，是我的一份责任、一份任务，也是我的一份期盼。"多么质朴的话语。就是这么一位朴实的皖北汉子，多年如一日，用男人的铁肩，担起了做丈夫的责任。就是这样一个有情有义的男人，用实际行动诠释了爱情与孝顺的真正含义，诠释了中华民族的传统美德。

（县委宣传部办公室　供稿）

灵璧英范：汤兴泰

公而忘私　平而不凡

汤曙光

我的父亲汤兴泰，已逾90高龄了，身体还可以，但是已经有了轻微的老年痴呆。我一直以来并不是很了解父亲，幼年时，在我印象中，父亲脾气不好，喝酒易醉，酒后还会躲藏起来，让家人焦急万分地四处寻找。我是父亲在40多岁中年时生的幼子，当我退伍回来参加工作后，他就退休了。由于工作关系，我也很少和他交谈。直到这几年，个人有了一些业余时间，和他闲聊的时候，才陆续了解到父亲的很多经历，才明白了当年他为何喝酒易醉。闲谈多了，就动了给父亲写回忆录的念头，只是个人文笔欠佳，几次动笔又几次放弃。直到现在，父亲年龄越来越大，才提笔替他做一个简短的回忆。

父亲经历了新中国成立的过程，也经历了国家从积贫积弱走向繁荣昌盛的过程。他是从一个有文化的农村少年，走上革命道路，逐渐成长为一名基层干部的。

父亲出生在灵璧县高楼镇汤庄（当时隶属江苏省睢宁县桃园镇），家里弟兄四个，我父亲排行老三。家里属于自耕农，虽然家庭条件并不好，但是我的奶奶认为，家里要有一个读书识字的，将来不受人欺负，所以送我父亲去读书。我父亲读书有拼劲有毅力，开始读书的动机是个人能出人头地，但是后来遇到一个思想进步的老师，就有了为改变不公平社会而读书的念头。父亲积极向当地的地方党组织靠拢，当时还参加过对地主的批斗，后来由于形势变化，共产党的队伍撤离了高楼。我爷爷听说，被批斗的地主要报复我父亲，要将他活埋，于是父亲就出去躲藏了半年多时间。这段时间，父亲在外以打小工为生，因为当时年纪小，很难找到活儿，多半时间都是乞讨要饭，后来风头过了，才回到家里。这时候，父亲与党组织失去了联系。

新中国成立后，父亲继续读书，这时上学的地方是灵璧县城，离我父亲老家高楼很远，每个假期都是步行来回，途中必经禅堂。那时候现在的禅堂还叫禅堂湖，是一片汪洋，来回如果没有船时就需要泅水过河。有一次放假的时候，父亲从家里带的干粮已经吃完了，恰巧遇到一个住在湖边的好心的大嫂，这位大嫂见我父亲又冻又饿很可怜，又是学生，于是又煮红薯饭又擀单饼给我父亲吃。后来父亲参加工作后，多次去寻找那位好心大嫂，都没有找到，心里一直念念不忘。

父亲由于上过私塾，受过严格的传统文化教育，思想又先进，积极要求进步，所以工作后很受领导器重。父亲工作能力也很强，面对困难时，总能够自己想办法解决问题。当年在任学校校长的时候，由于当时经济困难，粮食不足，住校学生和老师的生活成了问题。于是父亲带着全校教职工采野菜，上树抓麻雀，下河抓鱼，解决了全校教职工的吃饭问题。在任向阳公社生产组组长的时候，他带头成立"铁姑娘队"，生产涵管、水泥管，成为当时全省一面先进的旗帜。

父亲参加工作后历任教师、朝阳区教育区员、灵璧县固镇沱河小学校长、灵璧县文化馆长。在任灵璧县文化馆馆长期间，正是新中国完成社会主义改造的时候，百废待兴，社会主义建设如火如荼。父亲响应毛主席"文艺要百家争鸣，百花齐放"的号召，组织灵璧县的民间艺人深入发掘、整理流传于我们本地的扬琴、大鼓、拉魂腔（即泗州戏）等民间艺术。由于成绩突出，父亲1956年4月被授予"安徽省劳动模范"，并参加了安徽省建设社会主义积极分子大会，有幸与黄梅戏表演艺术家严凤英、书画名家萧龙士等共同参会。

由于历史的原因，父亲经历了很多政治风暴，被打成右派，撤职批斗，做回了教师，后来因为教师回原籍政策，又回到灵璧县高楼老家劳动。在恢复工作后，又成为向阳公社干部。后来又回城参加灵璧县西关电影院的建设工作。最后离开文化教育系统，到了供销社工作，后来在供销社职工学校负责人的岗位上退休。

我的父亲工作能力很强，但是不够圆滑世故，所以一辈子吃亏就在这个性格上。虽然早早就入了党，也走上了一定的领导岗位，成为灵璧县文化馆馆长，工作中也取得一定的成绩，多次成为先进工作者，还是全省劳动模范（近年来，省工会在寻找历年劳模的时候，还专门送来慰问金，每年还享受国家的劳模高龄补助），但是因为性格耿直，在仕途上并没有太多发展。在被排挤被批斗的时候，我父亲并没有屈服，至今灵城镇老东关人，还会津津乐道于我父亲在被批斗的时候，从东关第三小学和几十个造反派一直扭斗到灵璧隅顶口，直到遇到一位正直的解放军军管干部，才制止了他们的行为。

在我幼年的时候，也是"文革"末期，正是我父亲继续受排挤受批斗，不能正常为党工作的时候，所以当时父亲心情苦闷，所谓酒后躲藏起来的行为，可能是他想要逃避现实的一种方式。打倒"四人帮"后，父亲被平反了，能够正常工作了。他又一次焕发了活力，他主持的工作在全省供销社职工培训中名列前茅，现在灵璧县老一点的商业系统的人，多数都在我父亲负责的供销社职工学校学习过。

父亲思想活跃，善于接受新鲜事物，尤其在艺术方面，琴棋书画都很精通，黄梅戏，泗州戏，京剧都能来上一段。他还经常虚心向民间艺术家学习。父亲行事洒脱、不拘小节，在20世纪90年代退休后，是灵璧县首批购买机动三轮车的人，既作为自己的代步工具，又在方便的时候运送旅客，只收取油费。那个时候在灵璧县城开三轮车的都知道有一个退休老人也开三轮车，按父亲的话说，这是老有所为。后来政府部门限制三轮车运营，父亲就不再运送旅客，只是开车带着我母亲和我女儿在城里兜风，两位老人和一个小女娃子、一辆三轮车成为一个小县城独特的风景线。

大约过了几年，交通管理进一步规范，父亲响应号召，不再开三轮车了。他又把以前的书画艺术重新拾了起来，父亲不仅上过新式学堂，也上过私塾，受过严格的书法教育，毛笔字一直很好，还受过萧龙士等书画名家的指点。恢复练习后，书画技艺提高很快，无论是书法还是绘画都取得一定成就，他的书法、钟馗画、牡丹画都堪称一绝，还是江淮书画院灵璧分院院长。

我父亲这代人经历很多，在革命、建设工作中勇于奉献、不计名利，面对挫折和磨难又是那么的隐忍、默默承受，在形势变好的时候，又能放下包袱继续为党为国家为人民做贡献。父亲，是平凡的，但并不简单。

灵璧英范：胡振东

铁面无私惩腐败

胡振东，灵璧县大路乡胡堆村人。1932 年他出生在蚌埠，后随父母定居在尹集镇解阁村。1950 年，胡振东响应党的号召，参加抗美援朝。在朝鲜战场上，他不怕困难，英勇杀敌，次年光荣加入中国共产党。在 4 年的军营生涯中先后荣立三等功 3 次，受到首长嘉奖 1 次。抗美援朝胜利后，胡振东随军凯旋。

1953 年，他转业到地方工作，先后任砀山县民警队班长、灵璧县民警队班长、杨疃区武装部副部长、浍沟区武装部部长等职，他所从事的公安民警和基层武装工作，连年居于先进行列，并受到有关领导的好评。1980 年，胡振东调任尹集区党委委员、纪检委书记，1992 年退休。

在从事纪检工作的 12 个年头里，胡振东坚守在纪检工作第一线，坚定不移地执行纪检方针，坚持实施信访接待日制度，同时变上访为下访，深入群众了解重大案情，特别是对于群众反映强烈的热点、难点问题，敢于坚持原则，敢于碰硬，从严惩治严重违纪的腐败分子。撤区并乡前，有一名村支部书记和两名乡党委书记有严重经济问题，引起党员干部及人民群众的强烈不满，他接到举报后，及时立案查清事实。在紧张的工作中，由于劳累过度胃病复发，但是他仍带病坚持工作，冲破人情关系网，顶住来自各方面的压力，最终以事实为依据，以党纪为准则，使犯有严重经济问题的腐败分子受到了应有的惩治，维护了党在群众中的形象。他因此受到了上上下下的普遍赞扬。1991 年 10 月他被中共安徽省纪律检查委员会评为全省"优秀纪检干部"，并去省城参加授奖大会，在会上受到中共中央政治局常委、全国人大常委会委员长乔石同志的接见。在此以后的工作中，他这个当时唯一受到省纪委表彰的乡镇纪检干部，不以功臣自居，始终保持一位普通共产党员的形象。到了退休年龄，他荐贤任能，主动把职位让给德才兼备的年轻人，退休后他仍帮助纪检干部排忧解难，当好他们的顾问和良师益友。同时还加强对子女的学法守法教育，使之成为合法公民，在晚年生活中继续履行共产党员的义务。2002 年 2 月 23 日，胡振东因病医治无效去世，享年 70 岁。

（县政协办公室　供稿）

灵璧英范：翟明文

平凡因创新而精彩

翟明文，男，1970 年 4 月出生，安徽省宿州市灵璧县人。第十三届安徽省人大代表。现任安徽四方精工机械制造股份有限公司工程师。2017 年 4 月荣获安徽省劳动模范荣誉称号。

自 1992 年参加工作以来，翟明文从韶华年茂到如今眉宇沧桑，28 年坚守在农机生产一线，用自己所学的知识不断改进和研究农机，用一腔热血为农机事业贡献自己的力量。

踏实务实，孜孜不倦

毕业于蚌埠坦克学院机械制造工艺及设备专业的翟明文，在 1992 年 10 月被分配到灵璧县机械厂工作。起初在技术科做绘图、描图工作，后被安排到安装车间工作，在安装车间工作期间，又多次被抽到技术科帮忙开发 519 电缆设备、玉米脱粒机等项目。无论厂里怎么安排，他都任劳任怨去工作，因其专业的技术知识和严谨的工作作风，不久便被提拔为安装一组组长。在任安装一组组长期间，他带着全组同志保质保量圆满地完成了车间安排的各项任务。

由于工作突出，1997 年翟明文被调到质量科工作，负责安装车间的质量检验工作，由此，出厂产品质量得到大幅提升，后因工作需要被调到技术科，负责新产品的研发工作。1999 年，厂里决定上马麦稻联合收割机项目，当时联合收割机经过世界许多国家多年的研究发展，技术比较成熟，但仍有不足之处，因为输送带的存在，使得收割机的体积庞大，所消耗的动力较大，而当时我国农村大量使用的 12—20 马力拖拉机带动的联合收割机，普遍存在动力不足、体积过大、重量较大、使用不便的缺点。翟明文带领研发小组，根据已有技术存在的缺点，对收割机进行结构改进，在原有的结构中设置一个二级拨草器，将割台搅龙输送过来的作物拨送到脱粒滚筒中进行脱粒，取代了传统结构中的输送带，采用这种技术方案，使得新型麦稻联合收割机同已有技术相比具有体积小、重量轻、动力消耗小、使用方便灵活、清选净等优点，它是特别适用于 12—20 马力拖拉机驱动的联合收割机。新型麦稻联合收割机取得了很好的社会和经济效益，并于 2000 年 11 月获得实用新型专利。期间，生产科、技术科、质量科合并为生产办，因成绩突出，翟明文被任命为生产办副主任。

勇于创新，与时俱进

2001年停产的灵璧县机械厂被灵璧县精工机器制造厂承包，翟明文进入新厂工作，担任技术员、质检员。他带领小组技术人员手工绘制出该厂第一套饲料粉碎机图纸，生产出第一台饲料粉碎机，进入市场后，深受广大养殖户的认可。

2003年，为了跟上时代的发展，翟明文自学了计算机辅助设计（CAD），完成了从手工绘图到能熟练的在计算机上进行设计工作的转变。"一枝独秀不是春"，他深知这个道理，因此在提高自身业务技能的同时，时刻不忘提高团队的整体素质，将所学到的知识和积累的经验毫无保留地传授给技术团队成员。

2006年公司改制，更名为宿州市四方精工机械制造有限责任公司（注：该公司现名为安徽四方精工机械制造股份有限公司），翟明文任技术员、外协检验员。期间，在他的带领下，技术人员废寝忘食，研发出砖块成型机，并投入市场。2009年，他带领技术团队研发出饲料混合机产品，被广泛用于养殖户、农场、畜牧场颗粒类物料的粉碎和各种配合饲料的混合，给广大从事养殖业、农副业加工业的用户带来了便利。

工匠精神，精益求精

俗话说，市场是块试金石，只有满足市场需求，产品才有出路。有部分用户使用饲料混合机搅拌滑石粉涂料后，向厂内反映轴承的密封不好。获知此消息后，翟明文和团队成员披星戴月工作在攻坚第一线。"为了攻克这个技术难关，加班加点是常事，吃饭都是叫外卖。"他说，有了想法就会画出草图，再经过反复修改，不停试验、检测……在整合了技术团队的集体智慧后，轴承密封问题终于得到解决，同时还改进了饲料混合机的搅拌技术，给用户带来了更新型、更好用的饲料混合机。其研发的饲料混合机搅拌装置密封结构、改进的饲料混合机搅拌装置、饲料混合机喂料装置密封结构皆获得实用新型专利。

近年来，农作物秸秆成为农村面源污染的新源头。每年夏收和秋冬之际，总有大量的小麦、玉米等秸秆在田间焚烧，产生了大量浓重的烟雾，不仅成为农村环境的威胁，而且成为殃及城市环境的罪魁祸首。国务院办公厅于

2008 年 7 月 27 日发布了《关于加快推进农作物秸秆综合利用的意见》，公司为了积极响应国家号召，促进农作物秸秆的综合利用，根据市场调研，决定研发农作物秸秆揉丝、打捆、包膜一体机。研发无止境，翟明文带领团队合力研发设计，一种草料捆扎包装系统于 2013 年 12 月获得发明专利。本草料捆扎包装系统可以对经过揉丝机加工后的秸秆、草料进行绕线捆扎，然后对捆扎好的秸秆和草料自动进行薄膜包装。本发明自动化程度高，操作方便、快捷。捆扎好的秸秆和草料密度大，有效地减小了占地面积，而且便于贮存。包膜装置对捆扎后秸秆和草料自动进行膜包装，保障了秸秆和草料在储存时的质量，避免在雨雪天气，秸秆和草料出现发霉的现象。

坚守岗位，严以律己

多年来，翟明文一直在农机生产一线从事农机生产、研究工作，经常深入了解农机前沿科技，认真调查普通群众最迫切、最需要得到的科技服务，掌握大量第一手资料，并潜心于农业技术的推广应用和研究，大力推广农机新技术。他带领技术团队先后开发出饲料粉碎机、饲料混合机、秸秆揉丝机、柴油机免摇启动器、青贮圆捆机、圆捆包膜机、全自动压捆机、秸秆捡拾压捆机等产品。其中饲料粉碎机于 2011 年 9 月获得宿州市名牌产品称号，且分别于 2010 年、2013 年、2016 年获得安徽省名牌产品称号；秸秆揉丝机于 2010 年获得安徽省高新技术产品认定证书；柴油机免摇启动器于 2012 年获得国家科技型中小企业技术创新基金立项证书。

翟明文作为专利的第一、第二发明人，获得发明专利 1 项，实用新型专利 25 项，新型饲料粉碎机、连续作业式秸秆捡拾压捆机两项专利正在实申，新研发的秸秆捡拾压捆机填补了省内空白。公司分别于 2005 年 10 月、2010 年 12 月获得全国工业产品生产许可证，2012 年 12 月、2015 年 6 月、2018 年 10 月获得高新技术企业证书，2008 年、2011 年、2014 年、2017 年取得 ISO 9001 质量管理体系认证证书，公司还于 2011 年 5 月获得了灵璧县第一届县长质量奖，2012 年 12 月获得了安徽省著名商标，2013 年 4 月获得了安全生产标准化证书。公司各系列产品分别取得了 30 多项安徽省农业机械管理局颁发的农业机械推广鉴定证书，并分别进入 2009—2011 年、2012—2014 年、2015—2017 年、2018—2020 年各省农机购置补贴辅助管理系统，2017 年获得宿州市政府质量奖、安徽省专精特新中小企业公司。

2017 年，翟明文被评为安徽省劳动模范，2018 年当选为安徽省第十三届人民代表大会代表。自参加工作以来，翟明文始终不忘加强理论知识的学习，自觉加强政治理论和企业文化理念的学习，树立正确的世界观、价值观和人生观，不断提升自身综合素质，始终将自身的思想和行为与公司的发展保持高度一致。他始终严格要求自己，一直对自己高标准、严要求，向先进看齐，争做业务骨干。他刻苦钻研专业知识，勤勤恳恳，做到了干一行、爱一行、钻一行。在工作中，他始终保持着端正的工作态度，严守工作纪律，树立了不骄不躁、扎实肯干的工作作风，不断增强工作的主动性，以高度的责任感、使命感和工作热情，用心负责地开展工作。他严格遵守公司各项规章制度，尊重领导，团结同志，谦虚谨慎，主动听取来自各方面的意见，不断改善工作，认真开展批评和自我批评。自 2014 年起，他坚持无偿献血，从点滴小事做起，用自己的力量为社会公益事业作出贡献。在成绩荣誉面前，他从不骄傲，而是继续努力，力争"百尺竿头更上一步"，为公司和社会作出更大的贡献。

（县总工会办公室　供稿）

灵璧英范：谢皆志

勇当改革排头兵

井茂龙

谢皆志，1951 年 6 月生于灵璧县下楼镇谢楼村，灵璧县原中粮运输有限公司法人代表，中共党员。1969 年 1 月到南京工程兵部队服役，1972 年至 1974 年在解放军工程兵学院为驻校学员，1975 年至 1978 年抗美援老 3 年筑路架桥，1986 年从北京部队转业到灵璧县粮食局面粉厂任副厂长，1989 年初兼厂党支部书记。1991 年 8 月任灵璧县粮食局汽车队队长，1994 年汽车队改为中粮运输有限公司，他经全体股东选举为公司董事长兼总经理。

在部队期间，谢皆志先后三次荣立三等功；在公司任职期间，先后获得县政府"最佳经营者"称号三次，获得市首届"劳动模范"和安徽省"五一劳动"奖章。他还被推选为县政协七届委员和市第二、第三届人大代表。

20 世纪 90 年代初，灵璧县粮食局汽车队因适应不了由计划经济向市场经济的转化，多年亏损，债务累累，濒临倒闭。为改变这一局面，1991 年县粮食局曾三易车队队长，时任面粉厂书记、第一副厂长的谢皆志被调任为当年的第三任队长。上任后，面对困境，他不气馁，寻求发展创新业。通过调查，谢皆志队长摸清了车队管理松、人心散、漏洞多的症结，首先开展了劳动、人事、工资等制度改革，推行全员劳动合同制，优化组合、择优上岗，1992 年即扭亏为盈。1993 年为适应市场化的需要，他适时抓住机会扩大运力。通过改革，实行产权多元化，除车队自有车辆实行承包外，还先后采取吸引车队内外资金合股购车、吸引社会车辆到车队挂户经营等方式，1993 年底使货运车辆由原来的 8 辆发展到 130 多辆。

为保证车队轻装上阵，1994 年谢皆志积极响应并参加宿州市首批企业产权制度改革，把国有资产一次性买断，成为灵璧县国有企业改制后唯一无国有资产的企业，成立了灵璧县中粮运输有限公司。改制后，为积极拓展经营空间，公司实行一业为主、多业并举的经营模式。他先后又创建了灵璧县公共交通运输有限公司、灵璧县危险品货物运输有限公司、灵璧县汽车修理有限公司、灵璧县农村班线客运公司、灵璧县出租客运公司等经营实体，均取得了较好的经济效益和社会效益。

进入新世纪以来，为促进地方客运发展，改善地方客运环境，2004 年，响应灵璧县委、县政府招商引资号召，公司以商招商，通过合资入股形式引进新国线集团到灵璧落户，投资 1000 余万元组建了新国线集团（灵璧）运输有限公司，并建设了新国线集团（灵璧）汽车客运站，为灵璧的旅客出行、经济发展起到了较好的推动作用。

改制以来,灵璧县中粮运输有限公司,始终坚持"创新安全发展、科学经营管理、诚信铸就品牌、注重业绩奉献"的核心价值观,积极倡导说实话、办实事、多奉献的精神,着力提升"安全第一、质量第一、效益第一、信誉第一"的核心竞争力,全力打造灵璧道路交通运输行业第一品牌。为此,灵璧县中粮运输有限公司连续多年被灵璧县政府评为最佳经济效益单位,连续多年被市、县评为文明企业,先后40余次获市、县相关部门表彰。公司董事长谢皆志同志在赢得全体员工爱戴的同时,也得到了社会各界的认可,连续多次被灵璧县政府评为十佳经营者,荣获安徽省五一劳动奖章,连续两届当选为宿州市人大代表。

退休后,谢皆志是人退心不退,时时刻刻关注企业的发展,经常到公司走一走、看一看、问一问,积极主动为企业的发展继续出谋划策、奉献余热。

经过一代又一代"中粮"人的共同努力,人们看到一个现代化企业正展现着蓬勃向上的勃勃生机,令人鼓舞、令人振奋。谢皆志规划的企业宏伟蓝图正在实现,灵璧县中粮运输有限公司的未来一定会更加美好。

灵璧英范:柯增华

生命不息 工作不止

刘万广

灵璧县黄湾镇柯湖村党总支部委员柯增华身患绝症,但仍抓住余生,以乐观的态度、顽强的精神,全身心投入到工作中去的先进事迹,在社会上引起强烈反响。时任安徽省委书记张宝顺、宿州市委书记李宏鸣等分别作出重要批示,号召广大党员干部和群众向柯增华同志学习。

2012年12月22日晚，记者一行来到黄湾镇柯湖村柯增华的家中，对人生乐观的他，没有被绝症吓到，尽管身体疲弱，肝部时常疼痛，但他勇敢地坚持着，和记者一行畅谈了他当村干35年来的点点滴滴。他说："身患绝症不可怕，人生到死是每个人都要经历的过程，我要抓住余生有限的时间，为党和人民多做点工作。"

柯增华，男，1955年10月出生，1976年12月高中毕业于晏路中学，2001年12月加入中国共产党，现任柯湖村党总支部委员。黄湾镇党委书记晏金两动情地说："柯增华自1977年任村副职干部35年来，对党忠诚，工作认真负责，不计得失，勇于担当，乐于奉献，无怨无悔，确实值得敬佩和学习。"

只要身体还能撑住就得干好工作

认识柯增华的人都说他有一种视工作如生命、为工作不要命的奉献精神。

2012年10月5日，当他在蚌埠医学院第一附属医院经专家诊断为肝癌晚期的时候，他首先想到的不是自己还能活多久，而最牵挂的是他所包的两个村民小组小麦良种还没有发放到户，他觉得不能因为自己治病误了群众秋种，得赶紧回家，实现收缴良种款时许下的承诺，把种、款给群众兑现清。10月9日，他放弃在蚌埠住院治疗，返回村里，继续开展他的工作，立即安排儿子和女婿放弃自家的农活，开着自家的四轮机把国家补贴的小麦良种2.4万斤兑现到户。在收取良种配套款日子里，为了使他所包的两个村民组所有农户都能种上国家补贴的良种，他起早贪黑上门做工作，有的农户不愿买，他就不厌其烦、三番五次地上门做工作。个别群众看到他身体消瘦、脸色发黑，猜测他可能是得了重病，怕他活不了几天，不敢把钱交给他。他就郑重其事地表态："我以我的党性保证，我死，钱都不会少你一分，种子也不会少你一两。马上就要秋种了，再不交配套款，良种就买不到，来年丰产丰收就成了大问题。"一些农户看着他多次带着重病上门，被感动了，当即就把钱交给了他。随着病情的加重，当他再一次拖着走动不稳的身子上门送麦种，豆粒大的汗珠从黝黑的皮包骨头脸上不断滚落下来，一些村民忍不住地掉下了泪。目前，他所包的两个村民组小麦到处葱绿，而他的病情一天天恶化，变得更弱、更瘦。更令人感动的是，他家到处借债治病，而他为困难户垫付的 1800 多元麦种款还没去要。他说："我为乡亲多增收，不怕人死债烂。"

从 11 月底开始，按照镇党委、政府安排，集中时间收取 2013 年度新农合款。他所包的两个村民组有 245 户、1500 余人，且居住分散。加之外出流动人口多、困难户多、需要照顾服务的空巢老人、儿童多，这给他收取新农合款带来更多的困难。他采取近处自己上门收，远一点的安排其儿子骑电动车带他上门收。每天晚上回家，他顾不得吃药就急着加班，整理每户每人的资料，核算账目，打电话、发短信向众多在外务工人员做宣传，促使他们积极参加家乡的民生事业，一般熬夜都到 12 点左右。每每出现肝疼发作难忍时，他就采取用东西抵一抵，或用手揉一揉。12 月 4 日，是他第 8 次来到村民徐善灵家催要农合款，刚下电车，肝疼加剧，他用力揉压过猛，鲜血从两个鼻孔里喷出，在场的群众惊呆了，徐善灵被感化了，当场把款项交齐了。到 12 月上旬，他创出奇迹，拖着与癌症抗争的弱躯，在全村第一个超额完成了 2.5 万元的新农合款收缴任务。他还为在外务工户和特困户垫交 1500 多元，实现辖区内村民参合率达 100%。

我是党员干部，向我看齐

多年来，柯增华先后分管村里的社会治安综合治理和党建工作，并包东柯、徐圩两个自然庄，1500 多人，为全村人口的四分之一。他凭着多学习、多观摩、多请教、多结合村情民意、多实践探新路的方法，以认真负责的态度，把一个原本综治、党建工作较为落后的村，一跃变为全镇的先进村。

他常说："一名村党员干部形象如何，直接影响党的基层组织在群众中的威望和形象；党员干部在群众中的形象就是凝聚八方力量的一面旗帜。"他长期以"我是党员干部，向我看齐"的形象来开展工作。他的先进品质，集中体现在他的"三先两带"上。每年他在组织群众开展兴修水利和村庄修路工程中，他总是第一个先缴自家的集资款，先放自家工程段，先干出标准让大伙看。2004 年春节前后，镇里在灵固路两边绿色长廊、姚沟堰上植树和黄湾北部 2 万亩低产田改造工程，家家户户有任务，任务都十分艰巨。天寒地冻，谁都不愿意多干一点。柯增华为了保质保量按时完成任务，起早贪黑带领一家老小干，还要指挥检查其他户的工作。他在检查验收一农户低产田改造工程时，发现质量不合格，要他返工，他有意见并要求丈量柯增华家的工程段。柯增华当时向在场的群众承诺："如果我少干一寸就帮你干一米。"丈量结果，柯增华工程段多了30公分。这名群众服了，其他群众也服了。后来，柯增华包的组工程被镇里评为优质工程。在姚沟堰上打穴栽树中，柯增华为确保植树的成活率，亲自抱着抽水机管头一个一个树穴浇灌。镇检查组看到柯增华一身泥水，中午在沟底吃几个凉烧饼算作一顿饭，非常感动地说，全镇的村干部都像你柯增华这样，就不需要镇干部督查质量了。

对于受灾困难户，他总是掏钱垫资来带动全体村民齐参与；对无劳力的户，他总是组织家人和亲朋出工，义务完成工程任务，以求带动整体工程全面完成。在他的模范带领下，徐圩、东柯两个自然庄近年来先后完成集资修路1000多米，打机井13眼，改造低洼产田800余亩。在各项工程建设中，他为困难户垫资1200多元，垫工程集体开支500多元。为此，他多次被镇党委评为优秀党务工作者和优秀共产党员。

把党的温暖送到每一户

近年来，党的惠民政策越来越多，开始，由于一些农民朋友不了解、不理解，没有尝到甜头，持观望思想或不愿参与。收取农民的合作医疗、养老保险、农作物灾害保险，一事一议等项惠民工程款，成了村干部最头疼、最难干的工作。而在柯增华包的组，年年都是提前超额完成，在镇里评比中，都是前几名。为把党的惠民工程落到实处，他爱动脑筋，善做会做群众思想工作。他的方法是：嘴勤、腿勤、眼勤加多付出。嘴勤就是积极宣传党的惠民政策的好处，让大家认识到付出的少得到的多。腿勤就是不能怕吃苦，坚持深入农户家中，一边讲政策、一边催要，以此来感动村民。为了完成收款任务，柯增华真的没少吃苦。他抢抓一天三顿饭的工夫，起早贪黑，以情感人，好事多磨。去年冬天收"三保"款，一农户说，你明天早晨5点半前来我家拿，超时我就走，等外出打工回来再说。冬天早晨6点半天还不亮，可柯增华第二天早晨5

点就来到该户门口等着了，这已是他第 4 次上门，终于使该户交清了"三保"款。眼勤就是学会观察，在工作中发现问题及时总结处理。个人多付出，就是对暂时无钱的户，个人先垫付，等有钱再给。

柯增华每天出门，都手提着黄皮包，包里放着各种农村政策书、报、文件、科技资料、笔记本、记账本和为民办证本。群众说他提的是"百科包"。对党的政策和国家的法律法规，他总是不厌其烦的宣传，常常说得群众频频点头、阵阵掌声。他的科技资料经常换，到什么农时就装什么资料，耐心地向群众讲解科学种植、养殖知识，给群众解决了一个又一个生产上的难题。对群众要办的事情或是好的意见建议，他都及时记在笔记本上，以便逐一兑现。他说："作为村干部，只有把政策给群众讲清讲透，群众才愿意接受你，才会支持你的工作。"

35 年来，柯增华没有星期天和节假日，人们经常能在"两头"看见他疲劳奔波的身影。一头在群众家中看他做思想宣传工作，一头在镇机关大院看他为群众代理办事。这 35 年来，他本人及亲属，在为群众为集体办事，在助残、救灾、帮困等方面，所付出的劳力、物力和财力，每年都在 300 件（次）以上。他的四轮机是农村实行责任制时赊回的，现已更换到第 3 台，一直都是无偿为五保户、困难户、军属户和村组集体公用。为表感谢，5 名五保户、困难户，去年中秋节一起给他送块肉却被他退回了，而且他还从自家树上摘了几斤石榴分给他们吃。在征收农业税费的年月里，他看到连孩子上学都掏不出钱的困难户，心软了，"我给你家垫，等有钱了再还我。"就这样，一户户、一年年，给困难户垫付的农业税费达 8000 多元，至今还都是一张张空账据。自在农村推行新农合、农保和农作物灾害保险以来，为了使更多的村民均等参与，得到政策带给的更多实惠，他又为一些弱势群众垫缴"三保"款 8000 余元。他说："每当我看到一家家领到'三款三笑'时，顿感幸福和满足，个人付出点，换得更多人的笑，值！"

化解矛盾保民安

柯增华说："农村的工作千头万绪，一个村干部要想管好 1500 多人，确实不是一件容易的事，如果想管事，你就有天天管不完的事。"在群众的眼里，柯增华就是一个爱管事的人，因为他能管好事。谁家要有矛盾纠纷和要帮忙的事，只要群众找到柯增华，他都积极去想办法解决。

那是 2003 年 5 月的一天下午，柯增华接到柯巷组党员柯庆举的电话说，他组柯永玉与邻居因换宅基地的问题发生矛盾，两家吵架了，发誓还要找人来打。柯增华丢下手中的农活，立即赶到现场，简明了解事情经过后，就在中间协商。稳定双方的情绪后，和柯庆举一起，经过 10 多个小时苦口婆心的说理，又列举打架的危害性，然后再说矛盾的焦点，因为一棵不值百元的椿树闹矛盾不值得，终于使矛盾化解，两家握手言和。柯增华回到家时已是深夜 12 点多钟。当他要吃饭时，妻子批评说："干工作不要命了，饭都顾不上吃。"2010 年夏天，该村小张组的两家村民因土地边纠纷一事，半年多时间，村里其他干部多次调处不成，双方多次找村、镇干部处理，并且打骂过。柯增华看在眼里急在心里，详细了解事情的来龙去脉后，便主动向村书记要求去处理此事。其中有一名村干部说："如果你能把此事调处好，我个人请你一顿酒。"他当场承诺说："如果我处理不好，3 天不吃饭。"结果，第 2 天在其他干部的配合下用了 3 个小时把问题解决了。村上有一家 3 个儿子因分老人土地不成出现不养老问题，柯增华把这家几个儿子找到一起，从赡养老人义务是中华民族的美德，讲到和睦、诚让是成事兴家的基础，针对问题又讲了处理的办法，使他们口服心服，主动让步，主动尽赡养义务。

柯增华是个热心人，是个能干成事的人。村民们都如是说。他包的两个自然庄 200 多户，谁家有红白事或难题都愿找他当"老执"帮忙。"没有花香，没有树高，我是一棵无人知道的小草……"柯增华，你就是一颗默默无闻的"小草"，时刻为美好乡村建设点缀绿色，散发着令人难忘的清香。

柯增华于 2013 年 4 月去世。他用自己的实际行动塑造了新时期农村优秀共产党员的光辉形象，其事迹被改编成大型话剧《石乡党魂·柯增华》，在北京剧院首演，在省城合肥进行两场汇报演出，其先进事迹感动了现场观众。柯增华曾当选 2012 年 12 月"安徽好人"，入围 2013 年 7 月"中国好人榜"候选人，2014 年被安徽省委追授为"全省优秀共产党员"。

灵璧英范：王艳

孝心媳妇美名扬

高西梅

　　王艳，女，1987年6月生于怀远，灵璧县高楼镇张场村村民。她一个普通的农家妇女，在平凡琐碎的生活中作出了感动乡邻的事迹，心甘情愿留守家庭，十一年如一日伺候瘫痪的婆婆，把卧床不起的婆婆视同亲生母亲，用真诚朴实的孝心，弘扬了中华民族尊老孝老的传统美德，被周围群众争相传颂，于2016年评为"安徽好人"。

　　王艳十六七岁时从娘家怀远去上海务工，与丈夫郑战相识相知相恋。恋爱时就知道未来的婆婆郑金荣身患脑梗死，需要照顾，家里还有一个弟弟一个妹妹，只有公爹张其良一人耕种十来亩土地维持生计。成家后，全家人的负担都将压在他们夫妻身上，可王艳一点也不嫌弃。王艳的父母却坚决反对女儿远嫁负担这么重的家庭，担心女儿成家后生活艰难、吃苦受累，就把王艳关在家里不让出门。王艳怀着对爱情的忠贞和美好的向往，不怕苦不畏难，义无反顾，毅然决然于2005年嫁入郑家。

　　当爱情褪去五彩缤纷的光环，现实生活显露出骨感的真相。郑家实际生活远比想象艰难，公爹起早贪黑耕种十来亩土地，收入甚微，丈夫外出务工挣钱养家，一弟一妹还未成年，王艳刚进郑家门就承担起家庭主妇的重任。一家六口人每天的生活家务杂务，照顾架着双拐行走不便的婆婆，成了日常必做的事情。每天天刚亮，王艳就起床，先把鸡圈门打开放鸡，拿扫帚把院里院外打扫一遍，再烧锅做饭。饭做好后，去婆婆房里帮助婆婆穿衣服，把洗脸水打好，帮她洗脸刷牙，再把婆婆搀扶到院子里，安排她坐在板凳上呼吸新鲜空气。然后，去烧猪食喂猪，一切刚弄好，早起下地干活的公爹和上学的弟弟妹妹又回家吃早饭了。饭后，刷锅洗碗洗涤全家换下来的衣服，洗好晾好去买菜，买菜后回家做中饭。饭后，把婆婆扶到床上睡午觉，喂好猪和鸡，王艳趁空去拿手工活来家做，每天做一两个小时，能挣十元二十元，用以补贴家用。婆婆午觉睡醒了，王艳就把婆婆扶到院子里来回走动，锻炼身体，防止肌肉萎缩，缓解病情，走累了，就休息一会儿。王艳一边做手工活，一边与婆婆话家常，不知不觉到了晚上，王艳起身做饭，吃饭时，王艳体谅公爹干了一天农活劳累，就主动照顾婆婆吃饭睡觉，再喂猪喂鸡洗洗涮涮。每年夏收夏种农活紧张时，还要力所能及地给公爹搭把手，每天都要到十点左右才能忙完，日复一日，天天如此，一做就是11年。

当时刚嫁入郑家的王艳，才十七八岁，在娘家还是父母眼中稚气未脱的小女孩，也在上海大城市里做过工作见过世面，却能够像成熟女人那样收敛住思绪，用柔弱的双肩担负起照顾家庭的重担，心甘情愿做着琐碎繁复看不见成绩望不见头的家务事，为公爹与丈夫做好后勤保障，为他们父子解除后顾之忧，这种吃苦耐劳、坚韧不拔、甘愿牺牲自我的优秀品质在她身上表现得淋漓尽致。

最艰难最考验人的现实还在后边。结婚一年后，王艳与丈夫的爱情结晶降临，别人家的媳妇生孩子做月子都有婆婆煮饭照顾大人和小孩，王艳的婆婆患脑梗死，平时都是王艳在照顾，哪里还能管得了王艳吃喝？没有办法，王艳只有把丈夫从上海叫回来，照顾到孩子满月。王艳添了一个宝宝，增添了很多乐趣，也增添了许多劳累，除了日常家务，还要喂养孩子，给孩子换洗尿布，孩子头疼脑热唯有自己抱着去医院，孩子哭闹，也只有自己一个人受苦受累，王艳开始感到压力与疲劳。当精疲力尽就要支撑不住时，她就在心里努力地劝解自己："今天累过了，明天太阳出来就又是新的一天，哪一家哪一个女的不是这样过来的，孩子大一点就好了。"她从不在丈夫和公爹面前叫苦喊累，一天一天，就这么往前熬着，笑呵呵地熬着。眼看孩子就要满两岁可以离手自己玩了，刚想松口气，王艳第二个宝贝女儿出生了。正当这个节骨眼上，王艳婆婆病情加重，花了很多钱才捡回一条性命，却彻底瘫痪在床。王艳一个人养育、哺乳两个孩子，还要洗衣做饭收拾家务，精力体力渐渐不支，人瘦得一风就能刮倒。丈夫的工作是家庭的经济来源，肩负着一家人的生活开支吃喝用度，万万不能辞职回家专门照顾她和孩子。

王艳的公爹张其良，是入赘到郑家的，精神上一直依靠老婆郑金荣支撑着，老婆一瘫痪，他也失了心神。这个参加过对越自卫反击战的退役军人，面对枪林弹雨都没有退缩的铮铮硬汉，却被生活的困境压垮了，竟然产生了轻生念头，自寻短见，想一死逃避困苦艰难。王艳知道公爹对未来生活产生了绝望，心中甚为焦急，忍住自己的疲劳不适，强打精神劝慰公爹："俺爸，俺妈已经这样了，家里也难的不能再难了，生活再苦再累都没有关系，人只要活着就有希望，苦日子总会熬出头。您可千万不能抛下还没成家的一儿一女和这么小的两个孙女，还有卧床不起的俺婆婆，亲手毁掉这个完整的家。您健在，俺妈活着，我们做儿女的就是有父有母的人，我们家就是有老有少完整的家，只要我们一家人和和睦睦生活在一起，就是最大的幸福。"张其良听了儿媳妇王艳一番话，不由老泪纵横。都说"男儿有泪不轻弹，只是未到伤心处"，张其良哭着对前去看望慰问他的镇扶贫干部说："多亏了儿媳妇，是儿媳妇给了我生活下去的勇气，要不然，我这把老骨头早就生了黄锈。我这个儿媳妇比亲闺女还亲！"

婆婆卧床以后，王艳除了天天给婆婆洗脸喂饭之外，还要定时给婆婆翻身擦洗更换尿不湿，天气晴朗时，还要把婆婆抱到轮椅上推到院子里晒太阳。有时，婆婆还会"啊啊啊"指着院外边，王艳就把婆婆推到大路边或者田间地头，让婆婆看看花草树木禾苗瓜果。回来再把婆婆的被褥抱出来搭在院外的铅条上曝晒杀菌，整整11年，不离不弃，天天如此。这么多年，瘫痪在床的婆婆没有生过褥疮，身上没有异味，住的屋里，摆设整整齐齐，干干净净。11年间，王艳带大了自己两个女儿一个儿子；协助公爹给弟弟妹妹成了家，让弟妹有了幸福的归宿；把婆婆当作自己的亲生母亲照顾的无微不至，再苦再累从无怨言，整天乐呵呵的，开朗、直爽、阳光。现在，王艳家里，孩子大了，土灶换成了煤气灶电饭煲，洗衣盆搓衣板换成了洗衣机，繁复琐碎的家务活轻快了许多，生活过得开心快乐！

王艳放弃外出务工，心甘情愿留守家庭，11年如一日伺候照顾瘫痪婆婆的行为，充分显现了她身上具有的中华传统美德，感动着亲朋好友，被左邻右舍竖着大拇指交口称赞，成为广大农村留守妇女学习的榜样！

灵璧英范：李洪兰

潜心育德 桃李芬芳

李洪兰，女，中学高级教师，县政协七届委员，八届、九届和十届政协常委。现任灵璧高级职业学校教师。2014年获"安徽省优秀教师"荣誉称号。

作为一名政协委员，她充分发挥自身优势，为德育工作建言献策。每年提案都要涉及学校教育内容，比如，加强未成年人思想道德建设、关爱农村留守儿童健康成长、加强网络监管、建立贫困家庭学生救助机制、要重视学校德育教育等，许多提案都得到了领导高度重视并被较好地解决。

作为一名班主任，在长期的工作中，她通过不断实践和反思，认识到作为一名一线的教育工作者，不仅是教会学生学习，更重要的是教会学生做人，帮助学生在学习、生活中锻炼自己，提高自己，从而逐步走向成功，做一个全面发展的人。

宽严相济，诚心待生。班主任工作不好做，学生在初中阶段多数基础较弱，他们心理不成熟，情绪不稳定，意志较薄弱。对于后进生，李洪兰都想方设法接近他们，并与之交朋友，了解他们的性格、兴趣、爱好和特长。尊重他们，鼓励、表扬、肯定他们的聪明才智；注意为他们提供展示才能的平台，如让他们担任班干部或负责某项工作，这样可使他们感到班主任欣赏、信任他们，使他们体验一种成功感，意识到自己可以为集体出力、为集体争光，进而唤起他们的进取心。同时，还特别关心他们的学习、生活，如，课堂上多提问他们，课后多辅导他们，主动与他们多交流，对他们多些微笑等等。即使这类学生犯了错误，也应先不向家长通报，为学生保密，以使其更信任自己。久而久之，潜移默化，后进生变成了优秀生。

以身作则，关爱学生。在班级管理中，她把热爱学生放在第一位，有了这种心境，师生之间就能处于一种和谐的状态，许多事情便迎刃而解。尊重信任学生，关心爱护他们，对每一个学生，她都能一视同仁。天凉时，告诉他们多穿衣服；生病卧床时，第一个送去亲切的问候；调皮犯错时，悉心教导，绝不放弃；成功进步时，毫不吝啬赞扬与鼓励。这些"爱"虽然极为质朴，但却是发自内心深处的真挚情感，它一次次打动着学生的心扉，缩短了师生间的距离。

求新求实，提高工作水平。班主任工作繁琐而具体，她每次接手新班级，首先进行调查研究，掌握班情。深入到学生当中，做学生的朋友，多与学生进行心理沟通，了解学生的个性特点，及时掌握班级学生的思想动态。通过周记和班级日记的形式，让学生敢于反映自己的心声，反映班级实情。这样才能对症下药，使班级工作切合实际。当充分掌握了班级实情和学生的特点之后，她就以积极的态度、民主的工作方式，制订适合班情实际的工作计划和班规，并积极引导学生严格执行。她注意指导班干部的工作，花大力气培养学生骨干和积极分子，组建各种班级活动小组。通过不断增强师生间的相互了解、相互信任，潜移默化地树立自己的威信，巩固自己在学生心目当中的地位，使学生在不知不觉中接受班主任老师的工作方式和教育，自觉自愿地规范自己的行为，积极主动地创造奋发向上、文明健康的班集体。

注重实践，培养健全人格。在班级管理中，她教书与育人并举，注意在活动中渗透道德教育，严格要求学生，帮助学生养成精益求精，严肃认真，一丝不苟的学习习惯，培养学生健全的品格和健康的人格。她经常组织学生参加演讲比赛、朗诵比赛、征文比赛、知识竞赛等各种活动，鼓励学生积极参与。在校运动会上，她所带的班级常常能获得好成绩。此外，她积极组织学生开展社会实践活动，帮助孤寡老人打扫卫生、清理路边的垃圾、清理臭水沟……使学生增长了见识，提高了学生的社会实践能力，增强了集体的凝聚力，培育了学生良好的道德观念。

以身示教，感化关爱学生。针对学生腼腆不敢与老师打招呼的问题，她首先主动向学生们问好，让学生感受到老师的热情，帮助他们养成文明礼仪的好习惯。再如，学生军训时怕吃苦，军训动作不规范，她干脆和同学们一起顶着烈日训练，和学生一起站军姿，结果脚磨出了血泡，学生们看到班主任的陪同和付出，都默默记在心间，并以实际行动作出回应，班里纪律好了，动作标准了，军训汇报还拿了第一名。

作为一名教学教研学科带头人的李洪兰，参加工作20余年来，曾3次获评县"三八红旗手"称号；在《班主任》和《行知研究》等省级以上刊物发表论文 7 篇，30 多篇文章在省、市、县级论文评选中获奖。

（鲁　兵　整理）

灵璧英范：李恳

乐做好事的"活雷锋"

刘万广

李恳，男，1986 年 1 月生，高中学历，灵璧县黄湾镇王桥村人。2019 年 6 月被评为"宿州好人"。2020 年 1 月被评为"安徽省见义勇为三等奖"。

2019 年 5 月 1 日，他在湖北省洪湖市岳父家度假，当他带着妻子前往当地医院，走到洪湖市金湾花海游湖时，忽然听到有人喊"救命"的声音，李恳立即向呼喊的方向奔跑。只见游湖的宽大的水面上，时隐时现两个小人头，李恳立刻感到情况危机，当时没有多想，脑海里只想着救人要紧。他急速跑到湖边，奋不顾身地跳进水中，由于跑的过急，加上身上衣服裹身，本来水性并不好的李恳，只游了几米时，就感到力不从心，直喘粗气。当时，他只有一个念头，就是用完最后一点力气，也要把孩子救上岸。他在游到两个孩子跟前时，已经筋疲力尽了，是一定要把孩子救上岸的信念，让他产生了力量，他抓住两个孩子向岸边游去。当他艰难地游到岸边时，由于湖岸十分陡峭，李恳只好分两次，竭力用头把两个孩子分别顶到岸上。在群众的帮助下，李恳也爬上了岸，随即栽倒在地，满脸苍白，他有气无力地对周围群众说："你们不要管我，赶快把孩子送到医院。"游湖的工作人员赶来了，李恳也被一起送进医院，经过两天住院治疗，李恳和两个儿童都康复出院。

事发后，两个儿童的亲属对李恳这位外地小伙十分感激，都拿出重金给予酬谢，两家各自拿出 5000 元送给李恳，还要给医药费和补养费，都被李恳婉言谢绝。他说："只要两个孩子都能平安，比什么都珍贵，我也放心了。"被救的一个是男孩，一个是女孩，都是六七岁，两家孩子的父母紧紧拉住李恳的手，要求他留下地址和联系电话，李恳说："你们知道我是安徽人就行了，这是我应当做的事。"不愿透露姓名和家乡住址，李恳便匆匆赶到上海务工去了。游湖工作人员和两个孩子的亲属，经过多方打听，才知道这个见义勇为的小伙是安徽省灵璧县人。安徽小伙在湖北洪湖市勇救两名落水儿童的事迹在当地迅速传开了，游湖管理单位给李恳送来锦旗，当地广大干群到处颂扬这个不留地址和姓名的好青年。2019 年 5 月 6 日，李恳的家里收到被救的两个孩子的家庭寄来的感谢信，表达对李恳见义勇为事迹的感激和敬佩之情，这在王桥村及整个黄湾镇引起较大反响，大家都表示要向李恳学习。

李恳在上学时就乐于助人，他拾金不昧，积极参加义务劳动和献爱心活动。有同学生病了，他主动带去就医，还帮助垫付医药费。有的困难同学临时没有生活费，他就主动上前关怀，解囊帮助。高中毕业后，李恳和其他农村青年一样，选择到外务工，由于初到大城市啥也不懂，能找到合适的工作非常困难，他曾把辛苦找到的工作主动让给家里有重病人的朋友去做，自己却苦苦等待去寻找工作。这位朋友上了班，当月就挣到高工资寄给病父，感激之余要给李恳感谢费，被他谢绝了。由于李恳有文化，为人勤恳又忠实，做事认真，很快就被一家大公司聘用。上班后，由于表现特别突出，3 个月就晋级和晋薪，负责管理部门工作。和他一起务工的家乡同事，都夸李恳为家乡人民争了光。

李恳在上海主动参与当地的公益活动，积极参加义务献血，打扫公共场所卫生，维护公共场所秩序，被单位评为"优秀义工"。他平时助人为乐，只要别人有困难，他都热心向前。近年来，他在上海和其他地方，做了许多好事和善举，被人们称为"务工雷锋"。多年来他还慷慨解囊帮助弱势群体，捐助资金达到四五千元，帮助工友做好事达 60 多人次。

灵璧英范：陆荣飞

爱生如子铸师魂

陈成光

1978 年，陆荣飞出生在一个教师家庭，父亲是一名小学教师，从小跟随父亲辗转各地，不仅养成了他自立自强的性格，更从父亲的教育中历练出勤劳、友爱、助人的良好品德。1996 年，18 岁的陆荣飞从灵璧师范学校毕业后，成为一名人民教师。2009 年秋，晏路中学被撤并，陆老师来到了他的母校——黄湾中学教书。从教 16 年来，在班主任的岗位上，他兢兢业业，付出了无数心血和汗水。先后被授予黄湾中学优秀教师、先进班主任、灵璧县教学能手、灵璧县优秀辅导员、灵璧县关爱留守儿童"爱心爸爸"、宿州市优秀教师、安徽省优秀教师等荣誉称号。

2012 年 5 月 21 日晚上，惬意凉爽的晚风轻轻拂过黄湾中学校园，一切都那么宁静安详。像往常一样，劳累了一天的陆荣飞老师在巡查过学生宿舍后，走出校门，踏上了回家的路。

在校门外，一伙歹徒手持砍刀、铁棍等凶器伺机行凶。面对气势汹汹的歹徒，陆荣飞可以选择退避，装作视而不见转身离去，但是他没有退缩，也没有回避，而是勇敢地走上前去，询问打听情况，对这伙人进行好言劝阻，并顺势收缴了一名被劝青年的钢棍。同伙的一个张姓青年企图索要钢棍，继续寻衅滋事。为防止事态扩大，陆荣飞老师不同意交还钢棍，他一边和这伙人周旋一边督促学生们尽快回家。正当陆老师返身走出十几米远时，心存怨恨的歹徒在张的带领下，追上前去，举起手中的刀疯狂地向他身上砍去，最让人后怕的是，其中的一刀重创陆老师的胸口，危急时刻，陆老师本能地举双手抱头防御，但歹徒又是几刀下去，陆老师的左手顿时鲜血飞溅，他倒在了地上，鲜血湿透了衣襟，地上血迹斑斑……闻讯而来的同事们赶紧把他送往医院，由于伤势过重，又被连夜转到徐州仁慈医院抢救。经诊断，陆老师左手肌腱、动脉血管、手腕筋脉均被砍断三截，胸前中了两刀，逼近心脏。经过长达 4 个多小时的手术，陆荣飞老师终于脱离了生命危险。

今年，陆老师带的是七年级，全班 35 名学生，有近 30 个学生的父母在外打工。这些从小到大都没离开家半步的孩子，如今要在学校学会独立生活，加之学校撤并，环境变化，一时间不少学生难以适应。家住艾李村的艾同学想父母、想家的思绪越发浓烈，以至于影响了学习。陆老师看在眼里，急在心头，那段时间他和艾同学同吃一日三餐，吃饭的时候，他倾听艾同学的心里话，并尽心帮助其解开心中的疙瘩。

"跟陆老师一起吃饭是快乐的，他会讲一些小故事让学生明白挑食、偏食的害处，说几个小笑话疏导学习带来的紧张情绪。这虽然都是小事，但作为一名男老师能做到这些是不容易的。"李敬农说。温暖心灵的话语，细致入微的关爱，让艾同学渐渐把思亲情绪转化为努力学习的动力。"陆老师和蔼可亲，是我们大家的爱心爸爸。"一提起陆老师，泪水就在艾同学的眼眶里打转。

"我们全家都要感谢陆老师，没有他我根本就没有未来！"说这番感人肺腑话的是郭同学。事情还要从两年前说起，2010 年 10 月，从外校转到黄湾中学的郭同学被分到了陆老师所带的班，由于来到了完全陌生的学习和生活环境，加上思家心切，学习成绩一落千丈，一想到自己迷茫的未来，心急如焚的她萌生了一个大胆的想法：去南方打工，学习不行，那就及早挣钱。于是，她不顾父母的反对，瞒着陆老师来到浙江萧山一家纺织厂打工。陆老师知道后，发动学生多方联系，发去了感人至深的短信：梦莉，你现在出去打工，白白耽误你大好年华，回来努力学习，这样你的未来才是光明的。"陆老师天天给我发短信，不断催促我赶快回来。基本上一天都给我发三四条短信，有时候还给我打电话。"郭同学回忆道。那时心高气傲的她哪能听得进去，在那工作了一个月之后，她才逐渐知道陆老师话中的深刻含义，每天要工作十二小时，繁重而枯燥的劳动让她有些吃不消，残酷的现实让她不得不低下头重新回味陆老师说的每一句话，那里面饱含着陆老师对自己浓浓的爱啊！清醒过来的郭同学回到了熟悉的校园，在陆老师贴心的关怀和帮助下，努力学习，终于以优异的成绩考入了高中。

"教师不仅要教好书，也要育好人，要培养孩子的健康心态，独立生活的技能，让他们既成才又成人。"这是陆老师经常说的一句话。平时，他总是抽出时间住在学生宿舍，事无巨细地关怀着班里的每一个学生，无微不至地照顾着他们的生活起居，帮助他们逐渐适应集体生活，培养良好的生活习惯。在学生宿舍值班是个苦差事，想一觉睡到天亮是不可能的。陆老师一晚要多次起床，看看学生睡得怎样，有没有蹬被子的，有没有半夜发烧生病的……第二天早上五点多钟还要叫学生起床，无论从身体上还是精神上都相当疲惫。但是"陆老师主动要求多值班，每次值班，他都兢兢业业，无怨无悔"。同事胡老师说。

陆老师受伤住院以后，他所带的七年级（10）班的学生个个都牵肠挂肚，有的学生还给陆老师发去了爱意浓浓的短信：老师，我们想念您，等您身体好了之后，快回来给我们上课吧！"由于要求去医院看望陆老师的学生太多，我们只能在近期选几个学生代表去，这些学生知道后，都争着抢着当代表，能看出来，学生们是真心喜欢陆老师！"该校学生处李主任深有感触地说。

受外部多种因素影响，黄湾中学的控流保学任务繁重。陆老师去年带的是初三毕业班，本着"我班的学生一个都不能少"的坚定信念，刚一放暑假，他就骑着摩托车，顶着炎炎烈日，走村串户，挨个对学生进行家访，劝说父母让孩子继续上学。

由于家庭贫困，路同学在父母的支持下，早早就下了出去打工的决心。陆老师多次到他家进行劝说开导，"孩子现在出去打工，马上就能见到现钱，继续上学还要花更多的钱。"路同学的父母自有一番道理。"是的，可是你的孩子由于文化程度低，只能打短工，挣小钱，将来还没什么发展前途，让他继续上学，学到更多知识，以后再出去工作，一年挣的钱顶你现在几年挣的！"一番入情入理的话让路同学父母的脑筋转过了弯。新学期一开始，路同学就回到了高中的课堂上。抱着"我班的学生一个都不能少"的坚定信念，陆老师忙活了一个暑假，跑遍了每个学生的家，辛勤努力结硕果，陆老师所带的学生顺利升入了高中，开启了崭新的学习生涯。

从教以来，陆荣飞老师积极参加教研组的各类教学研讨活动，教学大赛、讲课大赛、公开课上都有他孜孜以求的身影，他积极向有经验的老师学习，和同行们交流，和学生座谈，总结出了一套行之有效的教育教学方法。教研组长马思成老师称赞他不仅能吃苦、肯钻研，而且勇于实践、积极改革，教育教学方法新颖，有实效。"真教育是心心相印的活动，唯独从心里发出来，才能直达学生心灵深处。"

他对"尖子生""学困生""贫困生""调皮生"一视同仁，平等对待班里的每一位学生，为全班学生创造了良好的学习环境。他现在任教的七（10）班，有一名王同学，虽然个子很高像个大人，但自控能力很差，同学们都取笑他，给他起绰号，这让王同学极度自卑，索性破罐子破摔，在班级中和同学打架也是常有的事。面对这样的学生，陆老师并没有对他进行责骂和惩罚，而是召集全班同学玩起了角色扮演游戏，他让几个扮演王同学的同学切身感受到了被人起绰号、被人取笑的痛苦。他通过这种有趣的游戏方式教育引导全班学生学会换位思考，体会王同学的苦恼。同学们深受教育，大家再也不取笑王同学了。在王同学逐渐认识到自己的弱点并慢慢融入到班级这个大家庭的过程中，陆荣飞经常对其进行一对一地辅导。有一天中午，他将王同学叫到办公室说："这个知识点不把你教会，我就不回家。"正是在陆老师一丝不苟的教导下，王同学的成绩才取得了明显的进步。

他是老师眼里的好同事，也是好邻居。他不仅经常资助贫困学生，也经常帮助同事。2010年，陆老师的同事田老师被查出患有白血病，昂贵的治疗费用，让这个本身就不富裕的家庭不堪重负。陆老师知道后，就积极发动学校的教职员工捐款，并带头捐了一笔数额不小的钱，让田老师的病得到了有效治疗。"其实那时候，陆老师才来学校一年，和田老师都不熟，从这件事上我看出陆老师是个古道热肠、乐于助人的好老师。谁的家里有困难，陆老师总是第一个站出来竭尽全力帮助谁。虽然他年纪不大，可他处处给我们做表率，我们都尊称他大哥。"陆老师的另一个同事贺老师的话语里充满了敬佩之情。

自从受伤住院以来，陆老师心中牵挂最多的还是他的学生："我的小孩有人带，可是我的学生大都是留守孩子，换了新老师这么多天了，他们能适应吗？他们的学习、生活怎样了……"他多次谢绝学校派人来照顾他的好意，他说："学校的教学任务那么繁重，我不能再麻烦学校了。"

陆老师的爱人高老师也是黄湾中学的老师。作为三个班的外语老师，她一边照料着丈夫，一边给学生上课，很是辛苦。一个星期她要教四天的课，在这四天的时间里，陆老师就由他的父母和弟弟帮助照看。"陆老师住院以来，高老师没有耽误一天工作，没有落下一堂课。""学校已经支付了一万多块钱的手术费，前几天我们又往陆老师的银行卡上打了两万块钱，保证让他得到最好的治疗。"刘校长说。高老师也对未来充满期待："我们一定会悉心照料荣飞的，直到健康出院，回到他热爱的工作岗位上。"

那晚的经历确实惊心动魄，但陆荣飞老师对自己的英雄壮举看得很平淡："为人父、为人师，我怎么能看着孩子受到伤害而坐视不管？孩子们需要我，我要好好养伤，尽快回到他们身边……"

当媒体报道了陆荣飞老师的先进事迹后，他们想刊发几张照片，让大家一睹英雄的风采。可是当大家翻遍了学校电脑中存储的一万多张照片，居然找不到一张他的照片！这就是为人低调、不事张扬的陆荣飞！当记者走进了他一家三口居住的那30多平方米的房子时，眼前的一幕让记者心酸不已：两张窄窄的木床顶头摆放，一个用旧木板钉成的简易柜子里堆满了衣物，一个单头灶台安放在一张破课桌上。屋内唯一的"装饰品"就是贴在墙上的课程表和作息时间表。周老师动情地说："生活的清贫从来没有让他对工作降低要求。从来没见他要求过什么，抱怨过什么。"面对奖励给他的慰问金，陆老师说："我只不过做了该做的事，换作其他的老师，也会这么做的。这钱，我不能要！"这就是甘守清贫、毫不利己的陆荣飞。

灵璧英范：刘爱梅

愿将青春献"三农"

刘万广

刘爱梅，1963年3月生，灵璧县黄湾镇人，中共党员。1981年参加工作，曾任灵璧县黄湾镇供销社生资门市部营业员、分站站长、主任，现任晏路村党总部书记、村委会主任。1992 年荣获安徽省"劳动模范"称号、五一劳动奖章获得者，多次被省、市、县、镇评为先进工作者、"三八"红旗手、"巾帼建功立业英雄"等荣誉称号。

刘爱梅自 1981 年参加工作，直到退休都在黄湾镇供销社工作。退休后的 2018 年 3 月，经组织考察和党员群众选举，到晏路村任党总支部书记、村委会主任。刘爱梅从参加工作到目前（2020 年），39 年来，一直坚守在农村一线，为广大农民服务，把美好青春都献给了"三农"事业，为家乡建设作出了特别突出的贡献。

深入田间找商机

刘爱梅参加工作之时，正是农村全面开展包干到户生产责任制之际，广大农民为了提高生产水平，生产方式开始从牛耕方式向农业机械化时代转变。刚到黄湾供销社晏路分站生资门市部任营业员的刘爱梅，这个在学校里就不服输的犟女孩，更不想天天坐在"三尺柜台"拿工资、享清福，迎来送往寥寥无几的顾客。她利用休息时间，深入到村户调查，发现开始走上富裕的农民，有少部分开始购买农机具从事农业生产，赢得大家羡慕，更多的农户都在纷纷筹划购买农机具。刘爱梅从调查中发现到，包干到户带来了从事农机经营的大商机，她想到，要把小农资门市部，脱胎换骨改为农机门市部，大力经营农机具。这本来都是上级领导才能决定转营方向的大事，这个十八九岁的小女工，顶着压力，执意建议要改，她这种十头牛都拉不回来的犟脾气，征服了供销社主任。

1982 年春，刘爱梅在晏路供销分站开设的农机门市部终于挂牌了，这在全县供销系统来讲，是第一家转型的生资门市部，引起了县、区领导们的关注，在灵南引起轰动。她第一步采取稳妥经营法，先从县生资公司组织货源，逐步发展到从山东聊城等 6 家机械厂家直接进货，仅仅 3 年时间，就销售农机械 247 台，其中四轮拖拉机 97 台，手扶拖拉机 82 台，130 型和 140 型稻麦收割机 162 台，总价值 98.9 万元。一家家农户被机械装备起来，田野里的机器隆隆声，代替了牛叫声，大包干后的机械化方显时代特色。

讲信誉,讲售后优质服务,这是刘爱梅赢得农村市场又一法宝。凡是经她手售出的各种农机具,她都坚持做到"三包、五代、六个一样"。"三包"即包修、包退、包换,"五代"即代修理、代包装、代装配、代挑选、代送货,"六个一样"即大人孩子一样周到,生人熟人一样亲切,买多与买少一样欢迎,挑多与挑少一样看待,挑选商品时间长短一样耐心,检查与不检查一样经常。刘爱梅常年都坚持走村串户送货上门,赢得晏路全乡群众信任,她年年都收到很多基层单位和群众送来的感谢信和锦旗。

开展好售后跟踪服务是刘爱梅赢得民心的重要一点。1989年、1990年两年中,她组织跟踪服务,提供农机具零件维修,多达150多次。按照群众提出的农机需要调试和部分零件配备不齐的问题,刘爱梅都及时进行登记,与厂方联系,派出技术人员上门帮助修理,做示范,传授驾驶和使用技术,在小店农机现场开展农机驾驶和技术操作培训,使广大农民既买到机械,又学习到了新技术。20世纪80年代末到90年代初,黄湾全区农民拥有各种收割机械1000多台,在抢收小麦的关键时刻,造成机械出故障停机的较多,刘爱梅就亲自到怀远农机厂组织购进各种配件,总品种达到4000多件,敞开向全区农机户配送,保障机械都能安全操作,收割顺当。

小草店里创辉煌

刘爱梅的生资门市部是黄湾供销社设在晏路街的三间土房草顶的农村小店,刘爱梅就是在这个小店里,一年能卖40多万元,她自筹资金3.6万元,年周转金11.1万元,她是如何做到"无米也能做出饭"、无本也能取来利的?用刘爱梅的话说:"做店外生意,数额大的要稳扎稳打,保险系数高才能免的出问题。"她主要采取以销定购,签订合同,在付款问题上采取缓期或分期支付的方式方法,先后与山东菏泽、怀远等多家公司和生产厂家建立了互相信任的供货关系。在联系本地购买农机的户数、台数后,她及时决定购入台数,使购入的农机直接销到农家。同时她还走农机具代销之路,待农机具销出后分批付清款,这样使小店获得较高的资金周转空间和利润。

刘爱梅特别看重事业,有时把个人和家庭问题放在一边而无暇顾及。她经常因下村服务劳累过度引发昏厥，还被村里的狗咬过，但她从不离开岗位。家庭因疏于照顾，孩子不能及时吃上饭，挨饿受冻，一次，孩子不小心掉在水池里，挣扎后沉入水底，幸亏抢救及时才救了过来。

由于刘爱梅表现突出，先后从晏路调到黄湾供销社任生资门市部主任、砂坝分销站长。1995年，刘爱梅任灵璧县生资公司与黄湾供销社联营种子化肥农药总仓库负责人，单位在商品保管和经营上年年都被评先进单位。多年来，刘爱梅在基层供销战线上取得了很多的辉煌成绩：1988年被县供销总社评为"先进工作者"，1989年被县政府授予"十佳营业员""十佳采购员"，1990年被评为市供销系统"先进工作者"，1991年，被省妇联授予"三八红旗手"巾帼英雄称号，1992年被灵璧县妇联评为"双先"个人、巾帼建功立业竞赛活动先进个人。她还被省政府授予劳动模范、五一劳动奖章获得者等荣誉称号。

乡村振兴立新功

刘爱梅从供销社退休后，本来应当过上轻松的生活，2018年3月，经黄湾镇党委考察，决定她到晏路村担任党总支部书记、村委会主任。刘爱梅愉快地接受了，并向党委表示，决不辜负党委和群众期待，充分发挥余热为乡村振兴再做新贡献。她担任晏路党总部书记两年多时间，把一个落后村变为全镇先进村，各项工作都走在全镇前面。

她以昂扬的斗志，饱满的热情，充足的干劲，践行全心全意为人民服务的宗旨，切实抓好产业扶贫、就业扶贫、健康扶贫、"双基"建设等重点工作。她带领两委干部、扶贫专干及扶贫小组长，奋战无数个日日夜夜，迎接一次次的脱贫攻坚考核，2019年稳定脱贫18户31人，顺利通过第三方评估验收。在党建方面加强对后备干部、入党积极分子的选拔和培育，2019年，发展预备党员2名、党员转正1名、培养积极分子9名。为晏路村新建道路35公里，道路亮化工程140盏路灯，201省道拓宽工程顺利开展，新建灵南大型变电站一座，新建自来水厂一座。在禁烧工作中，她带领全体干群日夜奋战在田间地头，确保零火点，村民们的禁烧环保意识不断增强。土地增减挂工作中，井王组、小郑组、小郭组、大周组共拆除 252 户、复垦土地 390 亩。加强生态环境治理工作，拆除了两个搅拌站、一个石料加工厂、一个废品收购站，治理北沱河及改厕 516 户，人居生活环境逐步改善。在疫情防控中，全村合理布置 4 个关卡"劝返点"，按要求合理划分 8 个网格区，配足配全 61 名网格员，实行村两委干部带班制，24 小时轮流值班，对出入人员严格执行出入证制度，实现无一例新冠肺炎感染者。

两年多来，在刘爱梅的带领下，晏路村和她个人获得县、镇多项先进奖励。2018 到 2019 年，刘爱梅被县和镇评为信访维稳先进个人、优秀共产党员。2018 年晏路村被镇委评为环保、重点工程、土地增减挂等项工作先进单位。

灵璧英范：马健康

见义勇为暖三冬

马健康，男，1985 年 5 月出生，安徽省灵璧县渔沟镇渔沟街人，经营一家小理发店。大年初四，他不顾天气寒冷，冒着自身生命危险勇救落水的一家三口，在寒冷冬日里，用实际行动温暖了社会，传播着普通百姓的正能量。2016 年 4 月，获评"安徽好人"荣誉称号。

2016 年 2 月 11 日，时值农历大年初四，正是四九严寒的天气，当天气温是 -3 度至 10 度。中午十二点半，在灵璧渔沟镇至朱集乡路段，一辆白色轿车因操作不当直接翻落到路边的河中。出事的车子里有一对年轻夫妻和他们一岁多的孩子！由于车子翻入河中沉落的很快，年轻的妈妈急中生智把孩子推出了车外。

在情况万分紧急之时，一辆路过的车子戛然而止，从车子里冲下来一位年轻人，他正是在渔沟街"青春发艺"的小老板马健康。马健康二话没说，连衣服都没有脱就奋力跳入河中，首先把飘在河面上的孩子给救上岸来，交给已经下车在岸边守候的爱人，然后又再次跳进冰冷的河水中，对车里的夫妻进行施救。可是由于车子是倒翻的，车门无法打开，若想救出车里人，必须以最快的速度把倒翻的车子掀过来。在举手无措的情况下，马健康开始对岸上的人呼喊，让他们下来帮忙，可是连喊了几句只得到一个人的回应，就是天太冷水太凉他们不敢贸然下来。无奈，马健康拼尽了吃奶的力气，用手扣住车门缝，最终把车子掀了过来。车子里司机可能是因为受了伤，并且溺水时间过长，而出现了昏厥状态。他的妻子在里面拼命地呼救，马健康的出现，让她看到了生的希望，请求先去救已经昏厥的老公。马健康没再犹豫，一手别着车门，一手拽出人事不省的司机，用力地向岸边拖去，这时他发现一个熟人卓科学也赶了过来，便喊他一起过来帮忙。卓科学和另外一位老者没有丝毫犹豫，急忙帮着把司机拖上了岸。

马健康想到车里还有一人，便迅速返回去，最终把那个女的也救上了岸。此刻，由于天寒地冻加上持续用力，马健康已经精疲力竭，他爬上岸之后，便和卓科学及那位老者迅速对昏厥的司机展开了紧急救治，用手平按着那司机心脏下端，连续做按压。不一会儿，那司机一口淤泥水喷了出来，旁边的围观者欢呼，司机被救过来了。那位老者建议赶紧送医院救治，大家很快找了一辆车把那对夫妻就近送到了渔沟镇卫生院。

此刻，浑身湿透的马健康并没有跟着去医院，冻得直哆嗦的他，就近去了他岳父家，找了衣服更换。换好衣服他忽然想到了被救起的那个孩子，忙问爱人，孩子呢？他的爱人告诉他，那个被救起的孩子交给了卓科学，因孩子浑身也湿透了，就去他家里换合身的衣服。据说卓科学和被救起的司机一家之前就认识呢。听到了这些，马健康方才放下心来。

这件事发生有一段时间了，周边的人却很少有人知道。原因我在这里不说，相信读者也能明白。因为马健康比较低调，电话采访他时，他很谦逊地说，只是碰巧被自己遇见了，换作谁都有可能会去施救的。他还告诉笔者，别把这么小的事宣扬出去，没必要。多么朴实的一个人，多么朴实的一句话。

（灵璧县文明办　张晶晶　供稿）

灵璧英范：夏莹

学生心中的夏妈妈

高西梅

夏莹，宿州市灵璧县高楼镇卓海小学教师，1998年毕业于宿州农业学校，1999年参加工作，2013年7月，在高楼镇孟山小学任教时，被评为"安徽省最美乡村教师"。

夏莹是非师范类学院毕业的教师，为了搞好教学，她付出了常人难以想象的艰辛努力。常言道："台上十分钟，台下十年功"，每次备课，她自己首先熟读课文，并拓展阅读大量的有关文章，上网查询资料，每则教案改了又改，字斟句酌，仔细推敲，力求用最精炼的语言教给学生，启迪学生的思维，增强学生的理解能力，提升学生的综合素养。播下知识的种子，会开出智慧的花朵，她所带的班级在高楼镇中心校举行的学科质量检测中，及格率优秀率总是名列前茅。

夏莹的优秀使她从校内走向校外，走向更广阔的天地。她是高楼镇教育实验课题组的骨干教师、高楼镇教师培训辅导教师、"知行中国"中小学远程教育班主任培训灵璧五班学员导师。她主动加入了"自育自学"实验，积极倡导并践行"引导自学型"课堂的教学模式，多次为全镇教师提供研讨课和观摩课，她的"卓越班级"创建为全镇教师起到示范和带头作用。她多次为全镇小学教师做新课改理念的专题培训，共同探讨教学改革话题，并理论结合实践，把新理念运用到教学中，不断提高教学业务能力。

夏莹积极响应灵璧县教育局和高楼镇中心校号召，努力推动学生的课外阅读及诵经典活动，激励学生与书为伴，以书为友，打造"书香校园""书香班级"，她"自主作文"的教学模式成为全镇小学语文课的典范。每学期开学后，学校听课、评课活动都会在她的组织和带领下，秩序井然的进行。为了帮助新入编的教师，夏莹随时为他们提供推门听课的机会，每学期，她都要为全校教师演示"上好一堂语文课"的教学示范，都要在全镇开设一堂观摩研讨课。长期的课堂教学实践研究与积淀，使她的课堂逐渐形成了自己的教学风格。"夏老师的课上得真好！"听过夏莹课的同事和学生都这样说。经过她身体力行的传、帮、带，地处偏远的卓海小学教师更新了教学理念和教学方法，提高了学校整体教学水平，推动了学校各项工作的开展，为全镇小学树立了榜样。

夏莹在教学上竭尽全力，在生活上对学生无微不至。学生病了，她像母亲一样，不厌其烦地嘱咐按时吃药打针。在孟山寄宿学校任教时，学生的衣服脏了，她及时为他们换洗；深夜，学生们已进入梦乡，她挨个寝室查看，轻轻地把露在被子外面的小手小脚丫塞进被窝；学生的衣服破了，她课后给予缝补，细密的针脚缝进夏莹对学生的关爱。班里每一个学生的生日，夏莹都记得，总会适时送上生日礼物。外出学习结束，她会像对待自己的孩子一样，带回学生们喜欢的小礼物小零食，学生们会像一群小燕子，叽叽喳喳欢呼雀跃地围在她的身边，高兴地接过礼物，亲热地大喊："谢谢夏老师，谢谢夏妈妈！"纯净的感谢自然的流露，每每感动着夏莹，让她热泪盈眶，她说："我爱极了这些孩子们！"

夏莹在送生日礼物给学生时，看到其他学生渴望羡慕的神情，内心里非常触动。夏莹说，我也有过童年，我也有过渴望老师关心爱护的稚嫩，换位思考，我要把快乐分享给全班学生。思来想去，夏莹把赠送生日礼物这件事改成全班同学集体过生日，每月一次，安排在月末最后一个星期五，当月出生的学生与全班同学共欢乐。夏莹利用闲暇时间，购买了生日蛋糕，还会为小寿星每人煮一个鸡蛋，再买些糖果。周五到了，夏莹安排小寿星坐在前排，同学们一齐动手，给他们戴上生日桂冠，小主持人宣布全班同学齐唱歌曲《校中红花》，然后由同学们表演小品，如《一封家书》《留守孩子的心愿》等。表演结束，在充满爱与温馨的教室里，同学们点亮蛋糕上的蜡烛，待小寿星们许过愿后，夏莹亲自操刀，将每个蛋糕等分，让大家一起分享糯软甜蜜，让每一个学生平等地分享快乐。暑假前夕，把7、8月份出生的学生集中到一起过生日，并邀请家长参加。2020年端午节前一天，夏莹就邀请了近30名家长给孩子们过了一个大集体生日。除了例行的蛋糕糖果，夏莹早晨煮了一大锅鸡蛋，全班学生每人一个，来的家长也有。欢乐的气氛在分完蛋糕时达到高潮，学生们开始相互嬉闹，纷纷往同学脸上涂奶油，把同学涂成了大花脸，这个时候，夏莹就像一个大孩子，加入到闹腾的孩子们中。留守儿童徐文青说："这是第一次由老师给我们过生日，蛋糕真好吃！我要对在远方务工的爸爸妈妈说，夏老师给了我妈妈一样的关爱，女儿长大了，能够照顾好爷爷奶奶，照顾好自己。"陈雅莉说："从小到大，我一次生日都没有过过，妈妈虽然在家，但是她一天忙到晚，特别辛苦，我不好意思开口。今天，是妈妈一样的夏老师为我过了生日，这个生日我会牢记在心里！我多想叫夏老师一声夏妈妈！"

感人的事一件接一件。一天，一位老奶奶来到学校，拉住夏莹的手，老泪纵横地说："闺女，谢谢你！谢谢你救了我的两个孙子，挽回了一个完整的家庭，现在，我儿子儿媳妇和好了……"这位老人的孙子在夏莹班级就读，小男孩聪明淘气，学习成绩也不错。有一段时间，夏莹发现这个活泼的学生上课时发呆，课外活动也不见他与同学嬉闹，成绩有所下降。夏莹去家访，得知小男孩的父母闹离婚已半年有余，夫妻两地分居，根本顾不上督促孩子的学习。夏莹主动承担起家庭调解员这个角色，多次联系夫妻两人，把孩子原来的活泼、淘气、可爱、聪明、爱学习说给他们听，也把孩子现在的木呆、寡言、畏缩、成绩下滑直白地描述于他们，劝他们理智面对现实中遇到的坎坷，劝他们夫妻携起手来共同克服困难。她一遍又一遍地规劝，为了孩子的未来，绝不能一拍两散离婚了事，离婚，不仅仅是大人的事，受伤最重的是孩子，作为父母，怎么忍心让孩子在快乐的童年失去家庭的温暖，影响孩子的学习，带给他们一生的伤害。经过夏莹苦口婆心的劝说，夫妻俩方才醒悟，他们闹离婚已严重影响到孩子，为了两个孩子的未来，夫妻握手言和。老奶奶看到儿子儿媳其乐融融的一家四口，和和美美过日子，特地来到学校感谢夏莹。

夏莹从教 22 年，教过的学生数不胜数，几乎每个学生都得到过她的关心爱护，尤其是建档立卡贫困户家的孩子，得到了更多更深的关爱。夏莹班级里有个学生叫张芳，与养父相依为命。养父已 60 多岁，患有癫痫病，说犯就犯，是村里建档立卡的低保户。10 来岁的张芳，从来不知妈妈是什么概念，不知母爱是什么滋味。从记事起，就像小大人似的帮助养父烧饭、刷锅、洗碗、扫地、洗衣，有时，还要给养父搭把手干一些力所能及的农活。上学时，穿的衣服不分季节，春暖花开了，还穿着冬季的小棉袄，深秋，风裹寒气，依然穿着夏天的衣裤，衣服又肥又大又陈旧。头发散乱，小手粗糙，脸上有时抹的就像一只花脸猫。性格虽然很开朗，但是，同学好像不太喜欢与她一起玩，成绩中等偏下。夏莹一眼看到她，就判断这是个缺失母爱的孩子。没有妈妈的孩子，真的很容易辨识，夏莹心里莫名地难过。夏莹也曾生活在贫困的家庭中，考上宿州农业学校时，6000元学费是父母借了四五家亲戚邻居才凑齐的，有了父母的支持、亲戚邻居的帮助，她才得以顺利完成学业，有了今天这一份体面工作和幸福生活。她知道贫困的滋味，知道贫困对人的影响，更何况，眼前的张芳，不仅贫困，还缺少母爱。夏莹对张芳充满了同情和怜悯，一下课，就把张芳带到教师宿舍，用香皂给她洗手洗脸，帮她把头发梳起来用皮筋扎好，把自己用过的头饰别在她的发辫上，找出自己穿过的一身衣服，换下她肥大陈旧的裤褂。经过这样一番梳洗装扮，一个清爽俊俏的小女孩站在镜子面前，张芳惊奇地看着自己，转身扑在夏莹的怀里，哽咽地说："夏老师，你是我的妈妈！你就是我的妈妈！！"夏莹轻轻抚摸着张芳的头说："你要好好学习，老师这个星期六，去你家看看。"

张芳的家乱糟糟的，院子里杂草丛生，屋内纸屑、柴禾、杂物遍布，灶台上，碗筷胡乱放着，一个没有生机的家庭尽现眼前。夏莹放下给张芳购买的香皂、毛巾、方便面等生活用品，还有自己穿过的春秋两套衣服，到邻居家找来一把扫帚，帮助张芳把屋里扫了一遍，把灶台上的碗筷归拢整齐，教张芳铺床、叠被、叠衣服，又找来镰刀，把院子里的杂草割掉。中午，用铁锅烧开水，教张芳泡方便面吃。那个患癫痫病的养父，舍不得吃，只泡了一包，还用筷子挑出一半放到女儿的碗里，自己就着方便面料汤吃馍，看得夏莹热泪盈眶。张芳仰着小脸，无限满足地说："夏老师，这是我吃过的最好吃的面条。"夏莹怜爱地说："从今以后，你每次考试，如果都能考到90分，下学期，老师还送一箱给你。你坚持每次考试都保持这个分数，就能考上大学，就能天天吃上这么好吃的面条了。"张芳用力地点点头。临走，夏莹从身上掏出200元钱给张芳，说："收好，留着买点油盐，别乱花。"镇民政部门每个月都把最低生活保障费打到张芳家卡上，能够保障父女俩的基本生活，加上夏莹的爱心与鼓励，让这个家庭有了盼头。夏莹给予张芳的，不仅仅是母亲般的疼爱，还有教书育人、雕琢灵魂的精神滋养。张芳这个孩子，一年时间，成绩从原来的中等偏下，跃升为班级的优等生，性格变得更加活泼开朗，课外活动时，同学们也都乐意与她一起跳皮筋、踢毽子。夏莹看到张芳的变化，心里由衷地欣慰，更深刻理解了"教师是天底下最神圣的职业"这句话的内涵，更加热爱这份教书育人的工作。

还有一个叫王巷东的男孩，他父母常年在广东打工，姐弟四人跟着年迈的爷爷奶奶生活，这个淘气的孩子，经常串网吧玩游戏，不爱学习，上课时不注意听讲，课外活动时，撒着欢地嬉闹，大错误不犯，小错误不断，违反纪律成了家常便饭，实在让人操心。夏莹采取了很多方法都不起作用。犯错时被批评，也乖巧得很，不到三天，又犯纪律，周六周日偷偷去网吧。如果不管不问，由他混到小学毕业，流入社会，真是于心不忍。夏莹绞尽脑汁，决心帮助这个孩子戒掉网瘾。首先，她联系王巷东的父母、爷爷奶奶，控制王巷东的零花钱，周六周日喊他和另两个学生来学校，安排他们给花园里的花草浇水施肥，一学期坚持下来，王巷东负责浇水的花开放了。夏莹为了鼓励他，在给班级里 5 个贫困家庭的学生购买新衣服时，也给王巷东买了一套，在班级里表扬他周六周日义务劳动的美德。夏莹没有想到，这套新衣服竟然唤醒了王巷东沉睡已久的向善向美的心灵，培养了他热爱劳动的优秀品质。刚下课，他就欢天喜地带着同学去花园看花，自豪地说："那花儿是我浇水才开的！"同学们羡慕的神态令他骄傲地像个胜利凯旋的将军。从此，王巷东开始遵守纪律，而且主动承担起班级洒水、擦黑板、打扫卫生等事务，周六周日，会跟着爷爷奶奶到田地里做一些力所能及的农活，课外作业也能及时完成，成绩有了明显进步。

当夏莹得知班级里徐浩男的妈妈，一边照顾抚养三个孩子，一边带着下身瘫痪的丈夫，四处求医问药，经济捉襟见肘，生活拮据时，她伸出了援助之手。不仅给徐浩男买新衣服新书包，还送去了慰问品和 300 元钱。当学生胡璇璇一家几口人出了车祸不省人事，而肇事者又逃之夭夭杳无踪迹时，夏莹不假思索地送去了 500 元钱。厉雪婷父母双亡，祖父年迈，夏莹没有与家人商量，就把她领到自己的宿舍，与她同吃同住，付出了极大的精力来帮助这个不幸女孩，让她感受到校园的温暖、老师的关爱。那段时间，夏莹的宿舍不仅是厉雪婷的家，也成了孩子们课后的乐园。

作为两个孩子的母亲，夏莹一走进校园就忘记了身为人母的角色。有一次，儿子发烧，儿子班主任打来电话告知，因为正在上课，夏莹班级里的学生冯向楠也在发烧，她急着带冯向楠去医院，根本顾不上自己儿子。扎针时，冯向楠害怕极了，夏莹温和地把她搂在怀里。当夏莹带着冯向楠刚出医院大门，恰好遇到了儿子的班主任带儿子来看医生，真是"爱出者爱返"。夏莹简单地与班主任交流了几句，又问了儿子的感觉，向同行致以最崇高的感谢，带着对同行的充分信任，带着生病扎好针的学生走向自己的岗位。中午，回到家，当夏莹问起儿子的病时，儿子委屈地向父亲哭诉："妈妈不是我的妈妈，她是六一班同学的妈妈。"夏莹听着儿子抽噎的语言，愧疚地流下了泪水。学生冯向楠告诉前来采访的《中国教育报》记者："我是个留守儿童，爸爸妈妈不在身边，夏老师就像父母那样无微不至地爱护我，每个月都给我们过一次集体生日，自己掏钱给我们买蛋糕、买糖果、买礼物。我生病了，夏老师像妈妈那样照顾疼爱我，她不是妈妈胜似妈妈！"

夏莹班级里的毛雅慧哭着对记者说："我从小失去母爱，两岁时父母离异，看着别人在妈妈怀里撒娇，有父母疼爱保护，心里又羡慕又嫉妒，不由得埋怨妈妈狠心抛下我，不来看我，也不给我打电话，同学都有妈妈，我没有，心里很难过很自卑，就不想与同学说话，不会的题目也不想问老师问同学，害怕他们嫌弃。夏老师疼我，给我买书包、买文具、买新衣服，给我买小饼干和大白兔奶糖，给我和同学过集体生日，我吃上了生日蛋糕，品尝到了母爱的滋味，非常非常依恋夏老师。夏老师辅导我作业时，更是倾注了大量心血，不厌其烦指点、纠错，耐心细致，循循善诱，教室里，花园旁，办公室，老师宿舍都有夏老师辅导我学习的身影。在她精心辅导下，我上学期单元测试考了 92 分。我多想叫她一声'妈妈'，可是，不好意思开口，就在日记里称呼'夏妈妈'。在我的心里，夏老师比我的亲妈还亲，她就是妈妈，是我们全班同学的妈妈，我好想好想对夏老师说，'夏妈妈，我爱您！'"

夏莹倾尽心力，教育关爱着一群又一群孩子。22 年来，夏莹辗转青谷堆小学、明德小学、孟山寄宿制小学、历路小学、卓海小学 5 个乡村学校，把一个女性教师所有的母爱与知识，奉献给她所带的孩子们，把青春与热血奉献给高楼镇的教育事业！她从教过的每一个学校，都留下了她可歌可泣的感人事迹。她的付出，她的奉献，获得了领导、同事、家长的广泛赞誉，她先后被评为"宿州市先进教师""宿州市优秀班主任""宿州市模范教师""宿州市教坛新星""宿州市师德标兵""宿州市最美十佳职工""安徽省最美乡村教师"。

夏莹说："我一直特别感激，感激生命中遇到这些可爱的孩子，是他们用彼此间的温暖，增添了我工作的热情，是他们单纯的快乐消解了我的疲惫，是他们求知若渴的童心，激发了我不断创新教学理念的灵感，是他们的进步与成长，点燃了我的幸福。为了我热爱的事业，为了我挚爱的孩子们，付出我的全部，我无怨无悔！"

灵璧英范：王翠平

给留守孩子补上亲情课

刘万广

灵璧县黄湾镇陆集村教学点青年女教师王翠平，1985 年 7 月出生，本科学历，中共党员，2003 年中师毕业就被分配到镇最边远的红星村教学点当教师。15 年来，她培育出一批又一批品学兼优的学子，其中有 450 多名是留守儿童，她也因此成为全镇同类学校育人最多的一位边教老师，先后被评为"宿州好人""安徽最美教师"。

2003 年，王翠平自愿报名到黄湾镇大西北 20 多里的红星村教学点当老师，这个村是务工大村，属"三角边"的旮旯区域，是娄庄、灵城和黄湾镇的拐角，学校是"两多一少"，即留守儿童多，跟随爷爷奶奶生活的多，老师少。这种艰苦的教学环境，必然给教育工作带来一系列的困难。王翠平首先要克服的就是上下班交通之难。

2006年冬天的一个早上，当王翠平穿上厚厚的棉衣准备骑车去学校时，天空飘起了雨雪，道路湿滑不堪，一路上她好几次差点摔倒。当她快到学校时，对面来了一辆运载石子的工程车，为了避让这辆车她急忙想去刹车，可是此时手已经冻僵了不听使唤，刹那间她连人带车跌落在路边的水沟里，身上的衣服全湿了，右腿动弹不得，顿感寒风刺骨、疼痛难忍。在送进医院后，她躺了仅仅一天，想起给学生们安排的任务，就再也躺不住了，一瘸一拐骑着电车又站上了讲台。15年来，她每天往返红星教学点4趟，所走过的雨雪路、扬沙路、泥水路、蹦蹦路总里程达到40万余里。毁车、翻车、推不动的泥车，记不清有多少次，身体被碰伤的也记不清有多少处，但她始终保持着坚守岗位、绝不掉队的信念，从来没有让孩子失去期待的目光。

"要教好孩子首先要了解孩子。"她年年所带的班级学生都在30多名，她重视课内、课外、家庭三个课堂相互融合，相互促进。在做好课堂教学同时，她注重家访，全面掌握每一位学生家庭所有信息，进行专项建档立卡，为有针对性的帮教奠定基础。补上亲情课，是她做好教育的第二个特色。王翠平班里90%以上都是留守儿童，多是跟着爷爷奶奶一起的隔代教育、隔代抚养，尤其是家境环境和生活都比较差，有的还是孤儿和残疾儿童，对于这些长期亲情缺失的孩子，王翠平的做法就是一个"补"字，补上关爱，补上亲情，做"代理妈妈"。班里一位叫张金鑫的同学，性格孤僻，学习消极，王翠平有针对性的进行了两次家访。张金鑫的父亲车祸早逝，母亲改嫁，幼小时就与奶奶相依为命。当王翠平看到白发苍苍的奶奶在浓烟里做饭，张金鑫趴在小饭桌上写作业，眼前这一幕让王翠平眼眶湿润了，她把张金鑫紧紧搂在怀里，泪水滴在了孩子的头上，她动情地说："好孩子，让你受苦了，往后我就是你的妈妈！"小金鑫满脸泪水，痛哭失声，一句"妈妈！"喊出了久违的亲情。这么一搂一喊，不仅温暖了孩子的心，更搂出了孩子的梦想。之后，王翠平用真情担起"妈妈"的责任，常与张金鑫谈心、辅导、家访，组织班里同学给他过生日，送学习用具，使这个孤独的孩子找到了家的温暖，成绩很快就进入班中的上游水平。

王翠平在 15 年的教育生涯中，年年教学业绩突出，教育主管部门的评优评先为她调回县城创造出许多机会，与她前后分配到红星的老师，一拨拨都调走了，而王翠平仍然选择坚守。在她身怀六甲之时，是有理由到交通好、条件好的学校代课的，但她仍然按时到校，节节课都坚持站在讲台上，过度劳累使她常出现呕吐、双腿浮肿，走和站都很吃力，但她从未耽误孩子们一节课。

为了学生，她舍弃掉许多与家人在一起的时光。她把幼小的孩子托付给公婆抚养，在 2007 年，公公病情加重，对远在埇桥区的婆家，面对 30 多个孩子的班级，她选择了学校。无暇顾家啊，她没有时间去病床前照顾公公，抚慰婆婆和孩子。当公公闭上双眼的那一刻，她仍然和班里的孩子们在一起。公公的离去成为她今生的遗憾，心中永远的痛。

王翠平天天面对学生，关爱尽责多多，却对自己儿子尽责太少。2011 年，孩子感冒了，她怕误了学生上课，利用晚上下班后才带儿子去附近诊所打吊针。可几天过去了，孩子的病不但没有好转，却更严重了。当她和爱人带着儿子去医院检查时，检查结果让她们大吃一惊，孩子被确诊为急性支原体肺炎，并且感染面积大，需住院治疗，她抱着生病的儿子，听着医生的埋怨，心里难受极了，眼泪在眼眶里打转，心针扎似的疼痛。孩子住院期间，虽然学校领导已给她批了假让她陪孩子几天，但她考虑到刚接的班，忍着心痛，让母亲帮着白天在医院照顾孩子，自己义无反顾地回到工作岗位继续工作，不辞劳累地奔走于医院与学校之间，并没有因为孩子住院而耽误学生的学习。

王翠平在红星任教多年来，所任班级 8 次被评为"镇优秀班级"，自己被评为"先进个人"；7 次被评为"灵璧县优秀教师""师德先进个人"及"优秀班主任""优秀共产党员"等荣誉称号。到陆集教学点支教以来，她还不断学习，努力提升自己的教育教学素养，在思想政治、教学科研等方面又取得了一系列突出成绩：2017 年 9 月荣获县级优秀教师；2017 年 9 月在"践行社会主义核心价值观、弘扬劳动精神、喜迎党的十九大召开"演讲比赛中荣获省二等奖；2017 年 9 月被省教育厅评为"安徽最美教师"；2017 年 10 月，论文《浅议有效的语文课堂提问》获县级三等奖；2017 年 11 月，所制课件《好汉查理》在全县乡村信息化教学竞赛中获县级二等奖；2018 年 5 月在"中国梦·劳动美·安徽篇章——学习贯彻习近平新时代中国特色社会主义思想和党的十九大精神"全省职工演讲比赛预赛中荣获一等奖。2018 年 10 月，王翠平被评为"宿州好人"。

灵璧英范：闫芳

好媳妇撑起大家庭

刘万广

闫芳，女，1980 年 6 月生，中共党员，灵璧县民政局救助站职工。她把 3 个家庭和谐融为全县少有的大家庭，不仅伺候好瘫痪多年的丈夫，孝敬多病的婆婆公公，关爱 5 个年幼的子女上好学，还把这个大家庭创建为"安徽省五好家庭"和"安徽省最美家庭"，本人还被评为"宿州好人""安徽好人"。

闫芳家住灵城镇山西村，2004 年她与张波结了婚，2007 年在儿子两个月大的时候，就带着孩子到北京和打工的丈夫一起生活。8 月 10 日，张波因喉咙水肿被送往医院，随即就转到重症监护室，经过诊断，是因喉头水肿缺氧时间过长，导致脑表皮细胞坏死。一个好端端的丈夫，突然间变成植物人，这对闫芳打击太大了。她怎么也不相信这个现实，更不愿意放弃，坚持推着丈夫辗转北京几家大医院进行高压氧治疗，总计花去 60 万元治疗费用，不仅花完了多年打拼的积蓄，还欠了一大笔外债。她一直不放弃坚持治疗，直到 2008 年 3 月，张波的病情仍然没有好转，在多家医疗部门领导和医生劝说下，性格倔强的闫芳，不得不含泪带着丈夫返回老家。

回到家后，闫芳更加精心护理没有感觉、没有知觉的丈夫。白天，她按时三餐喂饭，帮助排解大小便后，又进行清洁擦洗，换洗脏衣。晚上，还要给丈夫按摩洗澡。为了护理方便，她坚持和丈夫睡在一起，深情地安慰、呼唤，从不放弃一丝希望。由于闫芳精心照料，10多年来，丈夫身上皮肤一直保持红润，从没有生过疮，没有过异味。尽管辛苦，闫芳从未在家人面前说过怨话，发过牢骚。村民们看着这样年轻漂亮的小媳妇，多年来对卧病在床的丈夫照顾得这么好，不嫌弃，不离弃，都竖起大拇指夸：这美女媳妇，在灵璧县打着灯笼都难找！

庄邻说，闫芳心灵美不仅体现在丈夫身上，还体现出她对4个家庭的奉献大爱上。在她的大家庭里，除了丈夫和孩子三口外，还有公公婆婆，张波大哥家两个留守孩子及弟弟一家四口。婆婆患高血压和心脏病，常年靠吃药维持。哥嫂长期在外打工，把孩子交给闫芳代抚养。弟弟在2009年结婚，因没有能力购置婚房，全家四口人也只有随闫芳一家在一起生活。这样三家合一家，老的老，少的少，病的病，瘫的瘫，共11口人，全靠闫芳操持。不仅如此，她还得做好救助站这个"大家庭"里的工作，身边的人都感动地说，她是4个家庭的顶梁柱。

每天早饭后、上班前，闫芳除了照顾好丈夫，还要安排好家里其他人，有条不紊过好每一天。在一个大家庭里，首先是吃、穿、用等日常生活安排，生活费用就是一项大的开支。弟弟和弟媳打点零工主要维持两个孩子上学，就是有点积蓄，还要考虑购房子的大问题，家人还要治病花钱，千斤重担全由闫芳一人担起。以前家里靠闫芳打零工支撑，现在又全靠她2200元的月工资来维持，生活紧紧巴巴，有时还不够。但全家人都非常开心，从来都没有因吃孬吃好、花钱多少，而闹过不愉快。有一年，中秋节到了，闫芳工资因给家人治病而无有分文，她不声不响借来500元，使全家过上了欢乐的节日。平时，孩子身体成长得有营养，丈夫和多病婆婆得要照顾，闫芳只有靠自己处处节俭，少休息，多打点零工来补贴家用。

在家庭生活中，闫芳时时处处以身作则，营造、传承好家风。她带头孝敬公公婆婆，精心照顾丈夫，关爱自己儿子和4个侄儿、侄女。婆婆多病，一直都是她带着婆婆看病，为婆婆购药，比待自己亲妈还亲。她对待哥哥家两个孩子像自己孩子一样，接送上学，买吃买穿，不知情的都认为她是孩子母亲。在闫芳言传身教下，家中的孩子都学着她孝敬老人。由于闫芳本人最美，才使这个全县少见的11口人的大家庭，在2015年被评为"宿州市最美家庭""安徽省五好家庭""安徽省最美家庭",她本人被评为"宿州好人",2020年3月,被评为"安徽好人"。

如乡邻所说,闫芳是四个家庭的顶梁柱,那么这最后的一个大家庭就是她所在工作单位的救助站。自从她带回丈夫返回家后,为了给家人治病和维持生计,闫芳拼命四处找工作,多打零工,能多挣到1元钱也不放弃。先后在灵城干过饭店和宾馆服务员,发过小广告传单,做过家政,尝尽了谋生的艰辛。

2012年,县民政局招聘公益岗位工作人员,闫芳报名参加考试,并被顺利录取,分配在县社会福利院工作,2014年底,被调到县救助站工作。对这份来之不易的工作,闫芳特别珍惜,在工作中,无论是在社会福利院还是在救助站,样样干得非常出色,项项表现得特别优秀,2013年12月,在所有招聘人员中,她第一个加入了中国共产党,成为一名党员。

到救助站工作后,闫芳给自己严定"三字经",追求卓越工作法:一是懂,二是勤,三是爱。懂,就是认真学精救助工作的法律法规和政策。在很短的时间内,她就能熟悉掌握救助工作中的各项法规和政策,救助系统工作条例和范围,千方百计确保社会最基层弱势群体和最需要救助的人群,都能享受到党和政府的温暖关怀。勤,投向工作出满勤,不干空饷岗,不拿空饷赏。爱,爱单位,爱受救助的人群。短短的3年时间,闫芳在救助站所接待和参与救助的各类人群达到一千多人次,为他们送去爱,送去了关怀,送到了亲人身边,使他们重返家庭。

2016年1月,派出所送来一位未成年人,处于青春叛逆期的孩子不愿交流,不愿提供家庭信息。闫芳主动热情接近他,把他当成自己亲人一样,经过一个星期的关怀和心理疏导,这个孩子终于说出实情。经过闫芳多处联系,并带着孩子奔波在灵璧和泗县多个村庄,才最终找到他家住址,把他送到亲人身边,受感动的亲人向闫芳行大礼磕头感谢。

近年来,救助站收救的智障和残疾老年人比较多,不仅无法沟通,身上还都脏兮兮的。对这类救助较多的群体,闫芳首先帮助他(她)们擦洗清洁,然后热情地送吃送穿送亲情。去年11月,下楼镇梨园村一位流浪乞讨老人叫谢学义,公安部门没有该人一点信息,闫芳就多次到该村寻访,一家一家的打听,才找出老人是叫谢全德,离家40多年,家中房屋早就倒塌,没有土地,无有儿女。为了妥善安置老人，闫芳多次协调公安部门，帮助办理了户口，还给办理了五保户的救助手续，使这位迷失多年的智障老人，被安置到镇敬老院安度晚年。老人所在的村邻都夸闫芳就像老人的亲闺女。像这样走失、智障和没有亲友、长期流浪的老年人，得到闫芳关爱救助的数不清，也记不清，我们在翻看她那厚厚的救助日志和登记簿上，页页是那么密密麻麻，所能表达的方式，也只能是发出惊叹和向她投去敬佩的目光……

灵璧英范：杨捷

扶志扶智育英才

吴宏峰

杨捷，1979年9月生，灵璧县灵城镇人，中学高级教师，2017年4月被省委、省政府评为安徽省先进工作者。2000年7月从阜阳师范学院外语系毕业后，杨捷分配在灵璧一中任教高中英语，2003年10月开始担任班主任。在日常的教育教学中，他因材施教，尤其在脱贫攻坚助学中，确定"扶志与扶智"的思路，工作务实，取得较好成效。2014年9月被省人社厅、教育厅授予"安徽省模范教师"荣誉称号。

作为劳模的杨老师积极参加政治学习，他深刻认识到打赢脱贫攻坚战的伟大意义，勇当领跑者，引导贫困学生积极向上，依靠勤劳奋斗，实现脱贫成才的美好梦想。

杨老师深知农村英语教学常常成为农村孩子获取进一步发展空间的绊脚石，因此，除了课上认真授课，课下也不忘关心学生，经常找他们谈心聊天，帮他们补缺补差。有贫困学子感慨地说："我已经不记得多少次从杨老师手中接过英文杂志、下载好的听力材料……"学生投桃报李，杨老师所带班级的英语科在 2017 年、2018 年和 2020 年高考中成绩突出，每届既培养出一批 140 分以上的高分段学生菁英，也成就了班级平均分 120—130 分的普通群体。

他的学生发展后劲足，许多学生在考研英语、IELTS、GRE 或 TOEFL 测试中脱颖而出，赢得了在国内外一流名校研修深造的机会。常有学生说："没有杨老师，我的英语会严重拖后腿，就不会有今天的发展。"

作为地方名师，杨老师积极发挥示范辐射作用。2017 年评先以来，他每学期都会执教校级或县级教学研讨示范课、交流课，时常承担市级省级教育主管部门安排的重要工作任务。他辅导的青年教师，现在不仅是学校的业务骨干，还走出校门，在上级部门组织的教学比赛中屡屡获奖。自 2017 年被评为"全省先进工作者"以来，杨老师倍加勤勉教书，用心育人。学科教学方面，自创"LIST-4 in 1"的四位一体的新课程一线课堂落地实施方案，并受教育主管部门安排执教示范课。

在班主任工作方面，他针对家乡是国家级贫困县的情况，以扶贫先扶志为切入点，践行"胸怀家国，不骄不躁，优长健行，薄弱稳进，成就自我，服务社会"的教育教学理念，做学生的引路人，指导大批学生通过"国家专项""地方专项"和"高校专项"等项目进入 985 高校、211 高校、双一流名校，帮助数百孩子和家庭享受国家发展的红利。李鑫想同学高考 618 分，南京大学励学计划项目 A 等通过面试，被该校顺利录取。

国家助学金评定工作，事关国家对贫困学生资助政策的落实。资助金解决学生一定的实际困难，受助学生实际地感受到党和政府对他们的关心关怀，激励他们专心于学业，带动了优良班风建设。杨捷老师任班主任的班级在 2019 年被评为"宿州市先进班集体"。现摘录部分典型受助者的反馈心声。

王同学，2020 届毕业生，高考 608 分，录取安徽大学。——"高二的时候，我沉迷于网络小说，深陷其中不能自拔。在上学期间偷偷看小说，不认真听课，课业和作业一拖再拖，导致我的成绩大幅度下滑，一度成为班级中的倒数。当时我就像迷路的孩子，杨老师的耐心指引和陪伴让我迷途知返，把心思用在学习上。杨老师细致的工作，使我得到国家助学金的资助。这承载着国家对我们的希望，也信任我们会用好这笔钱，激励我奋发图强。感恩的心是不可缺少的，感恩国家，感恩社会，感恩帮助过我们的每一个人，我一定做一个有爱心、对社会有用的人。"

叶同学，2020届毕业生，高考664分，录取华中科技大学。——"都说金钱不是万能的，但运用得当便可发挥巨大的作用。我是农村孩子，经济方面本就不算富裕，再加上爷爷突发脑溢血，因压迫脑神经而半身不遂，躺在床上离不开人。杨老师在信息公开透明、国家助学金精准发放的前提下，尽最大可能保护我们这些领助学金的贫困同学的家庭隐私和个人自尊心，深入细致地了解我们的学习情况，帮我们阶段性的总结，并对接下来的学习做规划和展望。他经常和我们分享时事，培养了我们的大局观，让我更安心地学习。古人云：仁以知恩图报为德，滴水之恩定以涌泉相报。未来任重而道远，我们不可不弘毅。"

2020年新冠疫情防控期间，为帮助学生停课不停学，杨老师第一时间组建"战疫情、胜二〇"微信和QQ家长师生交流群，和班级各任课老师沟通协调，和家长主动交流，积极探索，勇于实践，进行线上教学和家校互动。他不仅疫情防控工作有力有效，2020届高考所带班级成绩骄人，一本上线率97.78%，645以上8人，620以上17人，600以上24人。

灵璧英范：杨之亚

冰水救人不留名

杨明方

2008年3月中下旬，石家庄铁道学院的校领导和校团委相继收到三封挂号信。有一封是安徽省宿州市灵璧县向阳乡苏圩村村民沈秀堂写给校领导的，另外两封是该县向阳乡河王村党总支、村委会写给学校的。他们来信反映的是同一件事：春节期间，该校电气分院自动化专业04级学生杨之亚跳进河中，救起了因车祸落水的沈秀堂一家三口，乡亲们感谢学校培养了这样一个好学生。

冰水中勇救三名落水者

2月15日是大年初九，下午3时许，在安徽灵璧老家过年的大四学生杨之亚正在亲戚家。突然，"嘭"的一声闷响，打破了村庄的宁静，随后传来一阵惨烈的呼救声。"一定是出事了！"杨之亚和本家侄子杨波一起冲出门外，循着呼救声，奔向百余米外的向阳沟河王闸桥头。

眼前的一幕，令杨之亚触目惊心：一辆摩托车横卧桥边，前轮变形，车圈碎裂；桥下深水区，一个人呈"弓字形"浮在水中，只有背部露在水面。旁边浅水区，一个浑身是泥、满脸是血的女人，紧紧地抱着一个孩子，拼命地挣扎着。河堤上，有一个先赶到的村民，手里拿着长棍和绳子，试图抛到水中实施营救。

"这样哪能救人？"杨之亚扔下外套，连鞋子都没来得及脱，就纵身一跃跳进河中救人。

河水齐着杨之亚的脖子。他迅速游向深水区的那个男子，用力把他托起，让其头部露出水面。这时，只听河岸上有人喊："快救孩子！"杨之亚便把男子交给随后也跳了下来的侄子杨波，转身奔向妇女和孩子。

一分钟都没耽搁。一家三口被两个年轻人和乡亲们齐心协力救上岸来！

关键时急救知识帮上忙

雪后的江淮大地寒气逼人，河堤上，被营救上岸的一家三口躺在地上，有村民从家里抱来棉被、棉衣给他们取暖。

杨之亚发现，那个男子躺在地上完全不能动弹，牙关紧咬，几乎感觉不到呼吸。

"必须进行急救！"杨之亚顾不上回家换衣服，轻轻地将男子平放在地上，试图为其"控水"，但没有水出来。他又将其嘴巴撬开，排除口中异物。紧接着，他按照军训时学到的急救知识和电影中的镜头，有节奏地按压男子的胸部。一下，两下，三下……约两分钟后，男子开始有了明显的呼吸。

后来，乡卫生院的救护车赶到，这一家三口被顺利送往医院。直到这时，杨之亚才突然意识到冷，湿透的衣服冰凉刺骨。

据了解，被救的一家三口就是灵璧县向阳乡苏圩村村民沈秀堂、他的爱人胡彩云和不到6岁的孩子沈朋飞。

3月8日，沈秀堂和亲朋好友一行人敲锣打鼓，专程来到河王村，将两块写着"水中救人，人间楷模""奋不顾身，水中救人"的感谢匾，送到杨之亚和杨波家里。而此时，杨之亚早已回学校，杨波也已出门打工去了。

"没有这三封信，大家还蒙在鼓里呢"

记者了解发现，杨之亚刚上高一时就不幸失去了父母，靠着爷爷奶奶和哥哥姐姐东拼西凑借来的钱念书。他一上大学就开始勤工俭学，每天课余时间都在宿舍楼值勤，到了大三时他还兼职做三四份家教。由于他认真负责，为人厚道，一个学生家长还主动提出要帮他在石家庄安排工作。但是，依靠自己的努力，杨之亚去年11月就在学校组织的人才招聘会上与中铁四局南昌机电公司签约。

4月3日上午，记者在石家庄铁道学院见到杨之亚。小伙子今年24岁，中等个头，性格内向，话语不多。开学返校后，他也没跟人提过寒假救人的事。"要不是学校相继收到三封挂号信，大家可能现在还蒙在鼓里呢"，石家庄铁道学院学生处处长高晓峰说。

高晓峰告诉记者，在收到第一封感谢信后，他曾让同事肖剑去找杨之亚了解情况。没想到，杨之亚没有讲自己救人的英勇事迹，反而为自己在寒假期间"未能坚持值班、私自回家过年"而向肖老师检讨。

原来，去年放寒假前，杨之亚并未打算回家过年。学校为留守学生提供勤工俭学岗位，因杨之亚是特困生，工作又很负责，"竞聘上岗"在宿舍楼值班，并已值了几天班。后来，因为电气分院准备在新学期发展杨之亚为预备党员，需要他送政审函回当地，他便在年前临时买车票回家办事。

杨之亚的同学李晓婷告诉记者，尽管杨之亚家里困难，但他很乐观。每年秋季开学迎新，他都提前返校，主动帮忙迎接新同学，忙前忙后，从无怨言。去年，杨之亚成为他们班上唯一一位国家励志奖学金获得者。

（原载《人民日报》2008-04-29 第 05 版）

注：2008 年 5 月 17 日，教育部作出决定，授予石家庄铁道学院电气分院自动化专业 2004 级学生杨之亚"全国见义勇为优秀大学生"荣誉称号，并号召广大青年学生向他学习。

灵璧英范：诸贺琴

三尺柜台 一心为民

诸贺琴，女，1935 年 10 月出生，中共党员，系灵璧县土产杂品公司退休职工，曾任副食品门市部负责人。1979 年被安徽省妇联授予"三八"红旗手，1987 年被授予安徽省"五一"劳动奖章，1988 年 4 月荣获"安徽省劳动模范"光荣称号。

自 1956 年参加工作直到退休，诸贺琴同志一直从事营业员工作，在平凡的岗位上，踏实工作，无私奉献，用自身的实际行动践行了共产党员全心全意为人民服务的宗旨，多次被市、县评为优秀党员、先进工作者等荣誉称号。

"打铁还须自身硬"，只有不断提高自身业务素质，才能更好地干好本职工作。从参加工作的第一天起，诸贺琴就下定决心，要干就干最好，要争就争第一。她从营业员的基本功练起，对销售的所有商品了然于胸，品名、价格张口即出；对营业员常用的算盘、尺子、端子、杆秤能熟练运用，做到商品一抓准，账目一口清；对于需要包装的商品做到包得快、包得俊、扎得牢；各种单据、报表、账目清晰明确。在单位的业务比武中多次勇夺第一。在担任门市部负责人期间，她以身作则，率先垂范，不仅加强自身的业务学习，还能带领班组进行业务训练，提高整个班组的业务水平，多次夺得优秀班组称号。她带的徒弟卜庆芹也因业务能力强，工作出色被评为省级劳动模范。

"为群众服务，就是处处要想到群众，为群众打算，把群众的利益放在第一位。"这是诸贺琴同志的座右铭。20世纪七八十年代的计划经济时期，供销社担负着人民群众的物资供给，副食品门市部更是与群众的生活息息相关。油盐酱醋、烟酒糖茶、干鲜果品、生蔬副食都是生活的必需品。每天都要和成千上万的群众打交道，面对顾客，她总是本着"顾客至上，服务第一"的宗旨，以耐心、认真、负责的态度，切切实实地把顾客的事情办好、做足。她数十年如一日，总是早早地到门市部，清洁卫生，陈列好商品，等待顾客的光临；总是最后一个下班，把当天的营业额算好，交清。

为了使顾客第一时间买到优质的商品，她亲自带领班组人员到仓库选货进货，用平板车拉货，所有货物都是亲自装卸，从未报过一分钱的装卸费。夏天，水果成熟的季节，为了让更多的人民群众吃上新鲜的水果，她组织批量进货，门市部装不下，就在门口的大街上，顶着三四十度的高温进行销售。春节期间，购年货的顾客多，门市部前就会出现拥挤、排队的现象，为了方便顾客，她就会带领工作人员冒着零下十多度的严寒在门口摆摊，却从未领过加班费。对待每一位顾客她都充满热忱，微笑接待，对待年老的顾客和小孩她更是百问不烦、百拿不厌、热情周到。她常说："顾客的满意就是对我最大的奖励，顾客的微笑就是我最大的满足。"优质的服务、无私的奉献赢得了广大顾客的赞扬，也赢得了上级的嘉奖。

作为副食品门市部的负责人，在那个物资匮乏，很多商品都需要凭票供应的年代，无疑是"吃香的"。很多亲戚朋友找到诸贺琴，希望走走后门，购买些紧俏商品，她总是严肃回绝："对不起，我不能违反公司的规定。"也有人劝她利用手中的权利带些"小伙"，为自己谋点福利，她总是坚定地说："我不能违背自己做人的原则。"

随着年龄的增长，公司领导为她的身体考虑，觉得营业员的工作太累，想给她换一份相对轻松点的工作。她坚持说："营业员是我的本职，柜台是我的阵地，我就在这里干好我的本职，守好我的阵地，哪里也不去。"在很多人眼里，诸贺琴是一个"死脑筋"。但是，我们的事业是多么需要多一些这样的"死脑筋"啊！

（县政协办公室　供稿）

灵璧英范：路新民

屡立新功受嘉奖

曾用名董志民，1931 年 10 月生，安徽省五河县大新镇毛滩村人，大学文化。3 岁丧父后，随母亲到舅父家生活。1948 年 11 月参加革命工作，在五河县浍南区队任第二班班长，兼驻地村长。1949 年 2 月参加支前民兵中队，先后任班长、副中队长，同年 5 月调任五河县新集乡政府代理助理员，8 月加入中国共产党，9 月进入五河县干部训练班第八班学习，任班长。学习结束后，于 1950 年 1 月到五河县浍南区工作，先后任生救会筹备组副组长、王场乡副乡长、三岔乡政治指导员（乡支部书记）、区委组织部长。1952 年 3 月到宿县地委党训班学习，任班长，同年 7 月参加地委整党工作队，任工作组长。1952 年 11 月任泗洪县公安局副局长。1954 年 1 月调任宿县地委组织部干部科干事。1954 年 7 月进入中央政治学院学习，1957 年 8 月毕业后分配到蚌埠地委政法部工作，任审批组副组长。1959 年 9 月调任五河县濠城区委第二书记，1962 年 5 月兼任三冲公社党委书记，1963 年 11 月调到新集区工作，先后任区委副书记、书记。1966 年 12 月调任五河县抓革命促生产指挥部保卫组组长，1968 年 1 月任县革委会人保组组长，1970 年 8 月调任五河县头铺公社党委书记，1974 年 7 月任五河县城郊区区委书记。1980 年 5 月调到灵璧县工作，任县委组织部副部长，1983 年 3 月调任县政法委书记、综治委副主任。1992 年 2 月离休，享受县级政治生活待遇。在几十年工作中，多次立功受奖，1949 年 4 月参加支前工作，荣立一等功。1952 年在泗洪清剿、反特工作中成绩显著，记二等功，被提升为公安局副局长，1959 年在五河县濠城区任第二书记期间，曾获得省人民政府和省军区司令部嘉奖。在五河县城郊区工作期间，连续 5 年超额完成生产任务，摆脱了在过去 24 年吃回销粮，向国家要救济的落后局面，并且一年完成了 3 年征购任务，所在单位和他本人分别受到省、地、县的表彰奖励。1990 年在灵璧县政法委工作期间，被省、地、县三级党委授予先进工作者称号，并获得嘉奖和晋升一级工资的奖励。

（县政协办公室　供稿）

灵璧英范：陈素芳

孝顺媳妇慈爱嫂

汤曙光

30 多年前，21 岁的陈素芳嫁给了灵璧县冯庙镇的周军。这 30 多年来，陈素芳精心伺候爷爷、公公两代瘫痪老人，照料三个年幼弟弟长大成人，完美诠释了中国传统女性善良贤惠的美德。

陈素芳刚刚嫁到周家，就看到年迈的爷爷已经瘫痪在床，无法行动，奶奶也是高龄老人。公公虽然还是壮年，但是由于常年劳累，腿部积劳成疾，不能从事重体力劳动。上面有一个姐姐在外地上学，下面还有 3 个年幼的弟弟在读书，最小的弟弟刚刚上一年级。一家都靠婆婆操劳。陈素芳看到这儿没有丝毫的抱怨，因为她觉得丈夫是自己选的，一切好与不好都要和他一起承担。

刚刚成婚，陈素芳就和丈夫周军一起承担起家庭的重任。天天不仅要忙于家里十几亩土地的农活，还从婆婆那里接过照顾爷爷的担子，给瘫痪的爷爷喂饭喂水，和丈夫周军一起给老人洗澡擦身。没过多久，丈夫周军参加了工作，基本上都在县城，很少回家，家里的重担都落在陈素芳一个人身上，陈素芳仍一如既往地照顾老人。刚开始的时候，婆婆和奶奶还能帮上点忙，后来公公的身体也不好了，生活起居也要婆婆照顾，奶奶也已经是 70 多岁的高龄老人了，基本上没有了劳动能力。这样，照顾爷爷的担子和一大家子的家务都落在陈素芳一个人身上，自己的孩子还小也需要照顾，但是陈素芳一个人咬牙坚持，一点没有亏待瘫痪的爷爷。

过了几年爷爷去世了，本以为生活可以轻松一点，可是这个时候，公公也和去世的爷爷一样，突发脑溢血，再也无法站立行走，也瘫痪在床了。虽然这个时候，家已经搬到县城，陈素芳已经和丈夫团聚，但是家里公公瘫痪了，年迈的奶奶也需要照顾，婆婆也检查出高血压、心脏病还经常眩晕，家庭的担子更重了。丈夫周军在公安部门上班，工作忙任务重，经常顾不上家里，一切担子都压在陈素芳一个人身上。如果换了常人，也许就会崩溃，但是陈素芳有着中国传统女性的隐忍和善良，勤劳与智慧。她每天时间安排满满的，天没亮就早早起来，做好一大家子的饭菜，安排自己两个孩子吃饭上学。接着给瘫痪的公公洗漱，喂饭。老人由于常年瘫痪，下巴经常脱落，久而久之陈素芳竟然学会了给老人下巴复位的手法。不仅如此，陈素芳还会给老人理发剃须，还按照医生的建议学会了给老人按摩翻身。由于精心的照顾，从 2000 年到 2014 年公公去世，老人虽然瘫痪在床 10 多年，但是身上一直没有长褥疮，在最后的时间，老人是一直流着感激幸福的泪水走的。年迈的奶奶也在陈素芳精心照顾下，活到了 83 岁的高龄才离开人世。每当提到这些，陈素芳总是说爷爷奶奶及公婆对自己很好，都疼她，这也许就是中国人血脉中长存的感恩之心吧。

陈素芳嫁到周家的时候，三个小叔子都还小，都在上学。陈素芳以最大的善良来对待这 3 个弟弟。刚刚成婚的时候，最小的弟弟还在上一年级，有着村里孩子的顽皮和邋遢，陈素芳一点都没有嫌弃，抱在怀里给他擦脸洗手。丈夫周军问她，你可嫌他脏？陈素芳笑着说，自己弟弟有什么脏不脏的。

3 个弟弟在这位贤惠的嫂子照顾下，都已经长大成人，还在哥哥嫂子的操持下成家立业。他们都在各自的工作生活中有了一定的成就。俗话说"长嫂当母"，3 个弟弟弟媳都十分尊重哥哥嫂子，都感激嫂子对家庭的付出。每到节日的时候，全家都要在哥哥家团聚，团聚的时候举得最高的酒杯，一定是敬嫂子陈素芳的。

家风传承，善良传送，现在 3 个弟媳都像陈素芳一样对婆婆孝顺恭敬，就连刚嫁入周家的陈素芳的儿媳妇也传承了善良和贤惠。陈素芳并没有觉得自己有多伟大，她只是认为这是做人的善良本分。2014 年，安徽省政府授予陈素芳"安徽好媳妇"荣誉称号。

灵璧英范：巩菊

幸福着弟弟的幸福

周宗谋　陈长柱　刘　凯

巩菊，女，1968 年 9 月出生，安徽省宿州市灵璧县禅堂乡司庙村大杨庄人，农民。

巩菊和丈夫张殿云一起坚持 30 多年如一日照顾残疾弟弟，演绎出一个"千里难寻姐弟情"的动人故事。她的事迹也因此入选"安徽好人"馆。

巩菊有个弟弟叫巩文丑，比她小两岁。文丑五六岁时一场大病，连续多天高热持续不退，经过乡、县医院一个多月住院治疗，出院不久，文丑的父母发现孩子不能站立，接着又出现四肢发育不正常，再后来又发现文丑根本失去正常应该有的健全身体，经县残联专家认定为一级残疾。早年，那时是生产队，父母为了挣工分，把照顾弟弟的担子交给了小巩菊。为了照顾残疾弟弟，巩菊失去受教育的机会，只要在家里，弟弟的吃喝拉撒睡等方面都由巩菊来做……

巩菊到了谈婚论嫁年龄了，好多亲戚朋友都来上门提亲，巩菊只有一个条件：必须能照顾好弟弟，否则对方长相再好，经济条件再高也不行。经过多次相亲，尹集青年张殿云1982年走进了巩家大门，与巩菊一起担当起照顾好弟弟的责任。

要是一天两天的照顾还好说，难得是30多年如一日，巩菊与丈夫一起照顾弟弟没有一句怨言。父母去世了，巩菊夫妻俩就把照顾弟弟的重担全部承担下来。上几年巩菊的3个孩子小，连父母在一起的承包地14亩，家里里里外外农活都由他们夫妻做。丈夫也是个二级残疾人，每天的劳累也感到吃不消，有时累极了也难免发几句牢骚。巩菊听了后与丈夫"论起理来"，当初我们结婚是有言在先的，必须照顾我弟弟。你要是嫌弃了就带着孩子回你老家去，反正我是离不开我的弟弟。这样一说话，丈夫也就不再说什么了，与妻子一起默默地承担起继续照顾弟弟的重任。

弟弟文丑不能行走，连生活也不能自理。这些年，每一天早晨起来，她要给弟弟穿衣服、挤牙膏刷牙、洗脸。父母在的时候，照顾弟弟还有父母来分担，父母去世了，弟弟要上厕所就由丈夫来帮助了。这些年每到冬天，巩菊都是给弟弟床上铺得厚厚的，她不敢给弟弟铺电热毯，怕弟弟不能按开关发生不测，总是烧好热水装满热水袋塞到弟弟的被窝里，怕弟弟晚上受冻。

他们夫妻俩照顾残疾弟弟无微不至，这些年家里再忙也要把照顾弟弟的事情作为头等大事办。去年秋天，弟弟文丑高血压又感冒，一连好几天都没见好转。巩菊不顾"三秋"大忙，让丈夫把弟弟送到医院，直到弟弟感冒好了才做家里的其他农活。前年年底，巩菊看到村上的老年都有电动车骑，为了让弟弟也能有现代化代步工具，就让儿子从网上订购一个电动轮椅，与众不同的是别人骑的电动车电源控制钮是在右边的，由于文丑的右手失去一切功能了，给买的轮椅式电动车的电源控制钮是专门设计在左边的。车子买来了，弟弟不能自己上下车子，每次不是自己把弟弟抱上抱下，就是丈夫来做。这些年巩菊时刻把弟弟挂在心上，哪怕是需要到外出礼或者办事情，很少在外吃午饭，即使是回不来了，也要把弟弟交给邻居大婶来照顾，从来没有因为自己办其他事情让弟弟不吃午饭饿肚子。

弟弟是残疾人，一切不能自理，他也曾多次感到痛苦，也曾不止一次的为此产生过轻生的念头。巩菊知道后抱着弟弟痛哭，边哭边安慰，做弟弟的思想疏导工作，引导弟弟鼓足生活勇气。她也不止一次地劝导弟弟说：好弟弟，你不能这样，我不能没有你。

这些年，村上人赶时代潮流，兴时玩智能手机，可是由于巩菊从小带弟弟而失去上学机会，不识字，不光不能玩智能手机，连最普通的手机也没有。就是这样巩菊也没有丝毫埋怨，反而很坦然，她说，为了我弟弟的幸福，这些没有我也值得。

巩菊的一片爱心得到了社会上的承认，村上有个钓鱼爱好者，被巩菊的精神感动了，有时候为了给文丑解闷，他去钓鱼的时候总是带着文丑去，让文丑在旁边欣赏自然美景。理解和帮助他们一家人的群众常常这样说，能为弟弟的幸福牺牲一切的姐姐，真是了不起的好姐姐啊！

2017 年 9 月，巩菊获评为"安徽好人"。

灵璧英范：李玉红

为爱坚守

肖文玺

朋友，在灵璧南关的步行道上，你也许会看到这么 4 个人。那位健壮的中年男人，推着一个轮椅，上面坐着位慈眉善目的老太太；旁边，一位面目清秀的中年女士，架着一个姑娘，他们匆匆，而又从容。也许，对我们而言，是一次邂逅，但却是这相亲相爱的一家人的生活常态。

中年女士叫李玉红，1974 年生，灵璧灵西中心校教师，2016 年 7 月，被授予"宿州好人"荣誉称号。

　　李玉红老师的家庭很特殊。1994 年，女儿因难产，缺血缺氧造成脑萎缩，成了一名严重的智障儿童。多年来，李老师和家人对孩子无微不至地照顾，在医疗方面耗费了大量的时间和财力，更是付出了常人难以想象的心血与精力。

　　李玉红老师为了这个孩子付出了太多太多。孩子由于脑瘫，缺乏正常意识，行动不便，生活完全不能自理，需要长期服药。孩子的生活起居需要照顾，一丝一毫都要耐心细致。每天，李老师都按时给孩子喂饭喂药。白天，孩子需要有人陪伴、散心，不顺意时，她会暴躁地大喊大叫，甚至打人。晚上，必须李老师带着睡，她才可以安眠。最让李老师忧心的是孩子犯抽疯病。每次犯病，对李老师来说，都是一次煎熬。孩子多数犯病在夜间，一犯就是几个小时，每次看着难受的孩子，李老师的心像刀割一样，泪水像断线珍珠般不断落下，心里不断祈祷着孩子快从病魔中走出来。孩子停止抽疯又会哭叫不止，需要吊水治疗，10 天之后孩子的病情才能稳定。不知道李老师和家人伴随着孩子度过了多少个这样的日日夜夜。"久病成医"，渐渐李老师发现，孩子身心的调整有利于健康。于是，李老师会经常给孩子播放一些轻松悦耳的音乐，给孩子按摩，带孩子一起散步锻炼。由于孩子四肢变形，每次散步，必须是李老师架着走才可以维持平衡。每次散步，对于李老师都是一次艰苦的体力劳动，常常是汗透衣裳。功夫不负有心人，孩子和以前相比，进步百倍。

　　李玉红老师从来没有嫌弃这个孩子，反而像宝贝一样爱着。每天给她洗得干干净净，照顾得井井有条。寒来暑往，她不知疲倦地抚育着这个不幸的孩子。路人看着她领着孩子散步，多少次对她说："你真是个伟大的母亲，孩子有你这样的母亲真幸运！"

　　李玉红老师 1993 年毕业于灵璧师范学校，同年 9 月分配到灵西中心校任教。她从没有因为家里的事情，耽误自己的教学。她带高年级语文时，班级人数经常是全校最多的。作文在学校批不完，她就把作文带回家。每天晚上，她先把孩子哄睡着，然后坐在床上，改起作文来。批改学生作业、试卷，常常是忙到凌晨，真可谓披星戴月啊！每到星期天，丈夫带着孩子，她先把扫地、洗衣服等家务做完，然后利用午休的时间开始备课，从十二点钟开始写备课，一备就是六七个小时，几乎年年如此。她对工作尽职尽责，把爱无私地奉献给自己的学生。对此，李老师说："也要感谢孩子，是孩子把我磨出来的啊！"

李玉红老师由于长期忙于工作，不能及时吃早饭，得了胆结石。晚上睡觉，她经常从疼痛中醒来，本来可以向学校请假治病，可她为了不影响工作，特意把手术安排在暑假中。手术结束后，医生告诉她不能多吃饭，不能吃营养食品，以至于她的身体很虚弱。她本想多请几天假在家休养，可是，她的班级是毕业班，是孩子们关键的一年，学校又没有合适的人选可以替代，一心好为学校着想的她，在手术不到两个星期，她就带着病体走上了讲台。由于李老师忘我的工作，在中心校抽考中，十几个班级中，她班学生的语文成绩名列第一。

有一次，她出了车祸，造成骨裂。俗话说，伤筋动骨一百天，可她在家休息不到两个月，校长就打电话来说，有老师住院了，她的班级没人带，能不能来校帮忙一下。虽说是商量，但是一向乐于奉献的李玉红，知道班级没有老师的后果。于是，她就又忍着痛走上了讲台，由于上班过早，以致留下了腰痛的后遗症。李玉红老师就像老黄牛一样默默无闻地工作着，从不叫苦叫累，而是专心于教学之中。学生都很喜欢她，家长也尊敬她。她不会忘记她曾经带过五年的学生，当得知她要调离学校时，全班学生哭成一片；她不会忘记她的学生步行七八里路来看望她；她不会忘记家长带着孩子来感谢她……

照顾好孩子，完成教学任务，孝敬公婆，支持爱人的工作，这几乎就是李玉红老师生活的全部。公公患有糖尿病，伴有老年痴呆症。婆婆心脏不好，高血压，两腿长满骨刺，靠双拐走路。她从不讨厌他们，平时和他们有说有笑，对待他们就像自己的亲生父母。20多年来，她都和公婆生活在一起，从没有和公婆红过脸，吵过架。婆婆逢人就夸："俺有一个好儿媳，如果没有她，这个家不知会怎么样。"老人的眼里充满了泪水。李老师的爱人是电力工程师，常年忙于工作一线，任劳任怨。夫妻二人相敬如宾，相互支持，和和美美。

多年来，李玉红老师从来没有出过远门，同事们约她出去旅游，她说，我没有那么长的空闲；她的同学请她出去吃饭，她说，家里孩子离不开我；星期天，左右邻居邀她一起去买衣服，她说，家人需要照顾。

李玉红老师的感人事迹渐渐传开了。2015年，她被灵璧县关工委、灵璧县教育体育局授予"十佳最美乡村教师"。2016年，被宿州市委、宿州市文明办授予"宿州好人"。2018 年，被灵璧县人民政府授予"灵璧最美教师"。2020 年，李老师所带的班级四（4）班被宿州市教育体育局授予"宿州市优秀少先队集体"荣誉称号。

这样的好老师，这样的好母亲，这样的好儿媳，这样的好妻子，怎么会不被人称赞呢？但是在赞誉声中，李玉红老师从不觉得自己有多么伟大。她会谈起自己母亲的善良仁爱，会谈起公婆的慈爱宽容，会谈起丈夫的善解人意。面对生活，她说，善良、尽责、宽容、勇敢，生活的困难才会迎刃而解。自信是打败困难的唯一武器，遇到困难，多给自己一些自信。她还说，没有一帆风顺的人生，遇到了事情，就应该坚持下去，这就是人生吧。

李玉红老师于百忙之中，在家门口栽培了一些花卉绿植，看到这些花儿，她的喜悦溢于言表。李玉红老师，就是一朵绽放在皖北大地上的红梅花！历经冬的严寒，用那颗炽热的爱心坚守，她的芳香，催人振奋，发人深省，感天动地！

灵璧英范：陆兵

扶贫能手 救人好汉

晏金福

陆兵，1982 年出生，毕业于灵璧师范学校，原为韦集中心小学教师，2017 年 6 月，因扶贫工作需要，被借调到韦集镇政府工作。2017 年 9 月，任韦集镇扶贫工作站副站长。2017 年 11 月，韦集镇徐圩村扶贫工作在全镇乃至全县垫底。陆兵主动请缨，前往驻村攻坚。

脱贫攻坚显身手

徐圩村自 2017 年以来，由于多种原因导致扶贫工作严重掉队，并一度处于停滞状态。陆兵看在眼里，急在心里，便主动请缨前去攻坚。因此，成了徐圩村扶贫驻村工作队的选派干部。

习总书记说："一个萝卜一个坑，出水才见两腿泥。"在扶贫的道路上要不断地探索、思考，减贫宏愿要落实在"动真格"的实践中。徐圩村首先要做的是组建扶贫工作队伍。陆兵选择年轻、工作扎实的村民为小组长，并且从中选定了刘影作为村扶贫专干候选人。他利用周末，组织刘影和小组长们到虞姬乡朱桥村等地取经、学习，该村还与垓下村结对帮扶，经常开展互帮互促活动。他们先从贫困户的"一户一档"和"一户一袋"资料进行整改。他和扶贫小组长带着"一户一档"资料逐个走访贫困家庭。在每次的入户走访中，能及时完善的，就当场完善。他每次都随身携带一个笔记本，将建档立卡贫困户的致贫原因、家庭人口数、土地亩数、联系方式、家庭年平均收入、住房面积、是否危房等信息详细记录。他们白天走访贫困户收集资料，晚上针对走访情况进行"一户一档"和"一户一袋"资料整理归类。一分耕耘，一分收获。经过几个月不分昼夜的连续战斗，徐圩村的村级扶贫资料基本完善了。在上级多次扶贫专项督导和评估中，该村受到了上级领导的充分肯定和表扬。徐圩村的脱贫攻坚工作已从后进，跃入先进行列。尤其值得一提的是，今年 4 月，徐圩村作为安徽省脱贫攻坚普查首批试点村。他们出色地完成普查试点任务，不但为国家正式普查积累了经验，而且县内外多个乡镇到该村观摩、学习、交流。

陆兵深知，要巩固扶贫成果，让扶贫工作有持久性，必须打造"一支不走的工作队"。在加强对扶贫小组长们进行扶贫业务培训的同时，他专门给他们培训电脑技术，教他们学会绘制表格、处理 word 文档。他觉得，如果专干和扶贫组长掌握了扶贫业务知识，又学会了电脑应用技术。即使以后驻村工队撤走了，他们也是徐圩村"一支不走的工作队"。

在脱贫攻坚中，陆兵不但工作细致认真，而且他对待贫困户就像对自己的亲人一样有爱心。有一次，他来到徐圩村徐桥组五保户徐长路家，发现地面很脏，就习惯性地拿起笤帚打扫卫生。扫完地后，陆兵又帮老人叠被子、整理床铺、收拾屋子。在谈心中得知，老人家的电灯开关坏了，陆兵马上开车到韦集镇买来新开关并当场安上。对陆兵来说，这是件很平常的事情，却让老人感动得流下了热泪。徐长路老人逢人便夸："我一个无儿无女的五保户，平时村邻都嫌我脏，身上难闻，离老远都躲着走。可陆站长不这样，他经常来给我铺床叠被、打扫卫生，从来没有人他这样真心关心过我。"

陆兵根据贫困户的实际情况，因户施策，制定相应的帮扶措施。王占华是徐圩村湖西组贫困户，陆兵发现他有过养牛羊的经历，适合搞特色种植和特色养殖。就向他推荐了黑麦种植和特色养殖项目。王占华家 2017 年利用政府补贴 8000 元，种植了黑麦 8 亩，养羊 8 只。陆兵还帮助王占华家申请了小额信贷 50000 元，用于建造羊舍。年底，母羊已陆续繁殖小羊 12 只，山羊存栏量已达 20 只，可实现经济收入三四万元。陆兵还利用自己的人脉，推荐王占华的儿子王奎龙到江苏省丹阳市务工，月工资 4000 元左右。陆兵并帮助王占华申请政府一次性危房改造资金 2 万元，将危房改建成楼房。经陆兵帮扶，王占华家 2017 年底顺利实现脱贫、领上了脱贫光荣证。

王扁是徐圩村湖西组建档立卡贫困户，是陆兵的帮扶对象。他父亲王丁成年老体弱，无劳动能力；母亲哑巴，智力残疾。王扁本人也是肢体残疾。一家五口人住在低矮漏雨的房子中，生活非常困难。根据他家的情况，陆兵实施精准施策：该户享受了低保、残疾人补贴、教育补助，还实施了产业到户项目。有了国家扶贫政策的帮助，王扁一家的生活逐渐好转。

国家的扶持是在"输血"，怎样才能变"输血"为"造血"，让贫困户靠自己的奋斗脱贫致富呢？扶贫要先扶智！根据现在农村大部分是留守人员，接送小孩上学、赶集都是使用电动车的现状，陆兵建议王扁学修电动车。王扁茅塞顿开，说做就做。陆兵推荐他到灵璧县农广校学习电动车维修技术。王扁刻苦学习了六个月，学会了修电动车技术，在韦集街开了家电动车维修店。现在，在韦集镇周围，人们只要是车子突然没电了、爆胎了，或是电路出现故障了，马上就会想到王扁。一接到求助电话，王扁很快就会赶到，并能迅速地帮助解决。他坚持不管白天黑夜、刮风下雨，随叫随到，在群众中树立了良好的口碑。

习总书记说"只要有信心，黄土变成金"。有这份修车的手艺，王扁家每年增加收入 18000 元左右。再加上家中 8 亩土地，一年收入在 8000 块左右，此外他的妻子袁连芝在外务工的工资每年有 3 万多元。他家越来越富裕，盖起了两间两层的楼房，院子里铺上水泥地坪，日子越来越好。他的父亲王丁成过去总认为自己的命不好，信仰基督教。如今王丁成再也不信基督教了，逢人便说："是国家的扶贫政策使我全家过上了好日子，我要感谢党、感谢政府！"

见义勇为传佳话

2017 年 10 月 25 日晚上 7：30，灵璧县韦集镇扶贫工作站副站长陆兵，从徐圩村返回韦集。在经过韦集小学附近时，看到一家正在办喜事。令他感到新奇的是，唢呐班子正在演出高空杂技"空中飞人"。陆兵忍不住好奇，停下车，想上前看看。哪知他还没走到跟前，就听到"哗啦啦"连声巨响，高高的铁架子顷刻间倒了下来。紧接着"扑通"一声，正在空中高速旋转、做着高难动作的女演员，重重地摔在地上。在场观众齐声惊呼，场面非常混乱。陆兵艰难地挤进人群，只见女演员躺在地上，口鼻流血，一动不动。陆兵立即掏出手机，拨打了 120。可是，陆兵旋即意识到，120 可能不会那么及时，于是当机立断："来两个人，把她抬到我车上，我送她去医院！"这时，惊魂未定的人群中走出来几个人，手忙脚乱地和陆兵一起，把女演员抬上车。"跟两个人！"陆兵命令道。上来两个男人，一个坐在副驾驶座，一个在后座照看女演员。陆兵发动汽车，飞速驶向灵城。时间就是生命，陆兵脑子里只有一个字：快！在过 343 国道时遇上了红灯，陆兵左右扫了一眼，没有车辆，"过！"这是陆兵有生以来第一次大胆闯红灯。到了县医院，几个人等不及护士和担架，轮流抱着女演员，飞速上楼。在登上二楼平台时，陆兵怀中的女演员闪了闪眼皮，发出微弱的声音："谢谢你！"接着，又闭上了眼。"你不要讲话，会没事的。"看到女演员还有救，陆兵的心顿时宽松了许多。

女演员被推进了手术室，医生拿着一张收费单，喊了一声："谁是家属？楼下交费！"同来的一个男人哆哆嗦嗦走上前，接过单子，两手一摊，结结巴巴地说：“你看，我慌慌张张就来了，手机、钱包都没带——”陆兵上前抢过收费单，说：“我来吧。”飞奔下楼交了费。

手术结束了，女演员被送进病房。医生说，伤者颅骨有损伤。门牙掉了三颗，上颌骨骨折。肩胛骨骨折。最严重的是肋骨骨折，有气胸，严重压迫心脏。幸亏你们送医及时，否则，会有生命危险。

赠人玫瑰，手有余香。陆兵因为见义勇为的动人事迹和扶贫攻坚的出色表现，2018 年获“宿州好人”和“灵璧县见义勇为先进个人”等荣誉称号。

灵璧英范：任少杰

消防卫士 救援尖兵

肖文玺

2016 年 7 月 7 日上午 8 点 37 分左右，灵璧县韦集镇一民用建筑楼顶阳台处，一名年约五旬的女子坐在阳台边缘，情绪非常激动，只见她半个身躯悬在空中，摇摇欲坠……在家人救援无果，女子生命遭到严重威胁时，千钧一发之际，灵璧县一名消防员挺身而出，他抓住时机，百米冲刺上前，紧紧抱住女子腰部，将女子从死亡线上拉了回来。这位英勇无畏、机智果敢的青年叫任少杰，他是灵璧县消防救援大队专职消防员，2016 年“宿州好人”。

任少杰的智勇壮举被省内外多家媒体广泛报道，各大门户网站对救援事件做了全面细致的报道。是什么力量驱使这样一个 90 后冲锋向前、不顾个人安危拯救生命于瞬息之间？带着感佩与好奇，我拨通了任少杰的电话。预约并不顺利，电话那头要么是谦逊的“那已经过去很久了”，要么是诚恳而歉意的“最近没时间啊”的答复。终于，2020 年 8 月 30 日，星期天，早上，我来到了灵璧县消防救援大队，远远看到院落及主体建筑上的红字标语——"对党忠诚 纪律严明 赴汤蹈火 竭诚为民""消防卫士枕戈待旦 时刻保护您的安全"。步入大厅，一个身形高挑、瘦削精干的青年迎了过来，这便是任少杰。他身姿矫捷，几乎是从楼梯跳着来到我面前的，他肤色是那种挺阳光的小麦色，笑容谦和，眼眸明亮。我们来到了三楼会客室……访谈进行得很轻松，少杰可以就一个话题侃侃而谈，同时又注意纪律所要求的节制，有些则会带有个人的思考与感悟，可见，这是一个有经历的年轻人。

任少杰，1994 年 8 月生，灵璧县娄庄镇姚山村人。2012 年中学毕业后，任少杰参军入伍，成为河南沁阳一名武警消防战士。武警消防部队的生活是艰苦的，但却是培养专业救援人才的摇篮。少杰和其他武警消防战士既要承担着灭火救援、抢险救灾等消防保卫任务，又担负应对非暴力突发事件、救援平民的职责。为了能出色完成任务，战士们要学习灭火、抢险救援（包括处理交通、水域事故及救助被困人员）等专业技能，可以说是"十八般武艺样样精通"。任少杰刚入伍时，身材偏瘦，体重不足百斤，基础体能训练对他是艰巨的挑战，尤其是负重越野，对别人来说是扛着跑，而对于他则是"压着跑"。绝不落下！骨子里的坚韧使得他咬牙坚持，生生挺出了钢筋铁骨！新兵训练结束，表现优异的任少杰又被选拔到有"消防铁军"之称的"攻坚组"进行强化训练，训练课程是针对环境条件困难、救援难度大、突发性的任务。就这样，经过艰苦磨砺、百炼成钢的任少杰逐渐站到了抢险救援的第一线，时刻准备着，为了人民群众生命财产安全而冲锋陷阵！

从事救援工作已整整 8 年，经历了数百起任务的任少杰，表情却是异常平静。所有的惊心动魄，在他身上留下的是处处伤痕，在他心里，沉淀下来的是坚定的信念。对于那次让自己名声在外的"生死时速"，任少杰绝口不提。当我问起时，他淡淡一笑，谈起了这么几件事。在少杰入伍第二年，他和战友接到任务，去紧急处理一起发生在高速公路上的交通事故。这是一起小轿车与装牛奶的罐车之间的追尾事故，事发时，前方修路，两辆车车速都不快。碰撞导致小轿车车体中轻度损伤，而其驾驶人员，一个 30 多岁的年轻人，外观上看不出任何损伤，但当时在救援人员面前，已无任何生命迹象。少杰被这场景震撼到了！他第一次感受到，生命竟是如此脆弱！还有一次公路上的车祸，一辆小货车上的猪肉散落一地，一位班长是回民，当时脸色铁青，因为对回族同胞来说，猪为"秽物""不洁之物"，是极其禁忌和厌恶的。但使命在前，这位回民班长强忍不适，指挥战友们一起完成了任务。少杰又深深意识到，对于我们的人民卫士来说，真是"责任大于天"啊！少杰对于服役期间点点滴滴地回忆，一个小小的细节都能勾起他款款深情……常服上的肩章，是沉甸甸的责任！授衔仪式，感受到军人的神圣感、使命感！救援任务完成时，老百姓热情地送水、递食物，挥手道别，送锦旗，是军民鱼水情！是崇高的荣誉感！

镜头拉回，少杰脸上又显出一丝凝重。不能放松啊！少杰告诉我，现在的中国人民武装警察部队消防部队已脱离现役体制，转为中华人民共和国综合性消防救援队伍，隶属于中华人民共和国应急管理部，武警消防部队已成为一段载入史册的历史。"作为历史的见证者，我没有遗憾！队伍名称变了，使命不变！"少杰神态坚毅，2015 年，他成为灵璧县消防救援大队的专职消防员，现在任班长，续写着"救援尖兵"的精彩华章！少杰所在的班共有 11 人，他们中有退役军人、毕业大学生、社会青年，这些满怀报国之志的有为青年，经过严格选拔，组成了专职消防救援队伍。"工作训练是辛苦的！"少杰他们工作实行 24 小时值班制，每天都要进行基础体能训练，包括五千至一万米长跑，负重百米，单双杠、杠铃深蹲、硬拉、卧推及壶铃等力量训练。"还要进行专项强化体能训练！"少杰带我边参观着训练器材、专业设备，边介绍说。训练人员要负重六七十斤的装备，包括空气呼吸器、输水器材、全套灭火战斗服，冲上 10 楼。"打铁先得自身硬啊！"每次训练，少杰总是身先士卒、率先垂范，常年的磨砺，累累伤痕，在少杰的嘴角，已变得云淡风轻。由于成绩优异，任少杰被安徽省消防救援总队评为全省消防救援队伍 2018 年度"优秀专职队员"，被宿州市消防安全委员会评为 2019 年度宿州市"十大消防忠诚卫士"。任少杰所在的灵璧县消防救援大队，先后获得 2015 年度宿州市政府专职消防员比武竞赛团体总分第一名，2016 年度又蝉联第一名！正是这些铁血群英，撑起了我们百姓生活安全祥和的一片天！

谈起这些年救援的一些经历，少杰语气中又多了一份沉重和急切，"希望大家珍爱生命,多多注意安全!"从家庭用火用电、儿童防溺水等安全常识,到当前救援的难点问题——城市高空救援,再到宣传见实效的"小手牵大手"行动,少杰娓娓道来。面对我追问的"煤气灶漏气着火怎么办?",少杰站进来,边说边用手示范着,娴熟的动作,严谨有序的操作,让我暗暗叹服紧急排险中的心理与技术元素。"安全无小事!"说起现在城市新兴社区的消防安全管理,"有些社区室内消防设施的损毁,会直接给救援工作带来难题,影响救援,我们的公共安全意识啊!"少杰长长地叹了一口气。时间过得很快,参观了整个器材室、训练场,看着一个个英武的身影从我们身边闪过……"这么多年了,经历那么多应急抢险,感到灾难并非不可避免,还是希望国人安全意识高一些,毕竟,灾难一旦发生,往往是不可挽回的损失,无论生命还是财产!"任少杰说着……此刻的骄阳洒向他整个身躯,这个 90 后青年的身形愈发的清晰硬朗起来!这是一个消防救援战线上的排头尖兵!这是一个有大爱情怀的铮铮铁汉,是值得信赖的社会栋梁之材!

灵璧英范:沈雪冰

心系公益的律师

沈雪冰,男,中共党员,1977 年 1 月生,安徽灵璧人,安徽沈雪冰律师事务所主任。曾荣获安徽省第二届优秀青年律师、安徽省律师行业创先争优优秀共产党员、安徽省维护职工合法权益优秀律师、安徽省五一劳动奖章等称号,2017 年被授予"宿州市劳动模范"。

沈雪冰从事律师工作 10 余年来,始终心系公益,关注社会弱势群体,注重运用法律手段化解社会矛盾,维护社会公平正义,工作能力突出,多次受到省司法行政部门和律师行业嘉奖。

律师作为社会主义法律工作者,不仅要维护法律的正确实施,还要注重维护社会弱势群体的合法利益。相对于用人单位，职工处于弱势地位，在发生工伤、保险、劳动报酬、社会福利等方面争议时，需要经过劳动争议仲裁委员会进行仲裁处理，仲裁委员会在维护职工合法权益方面发挥了重要的作用。沈雪冰自 2009 年通过考试取得安徽省劳动和社会保障厅颁发的劳动仲裁员资格以来，长期无偿担任灵璧县劳动争议仲裁委员会兼职仲裁员。他积极参与仲裁委员会的开庭审理和评议工作，充分运用自己掌握的劳动保障方面的法律和法规，履行仲裁员职责，在保障单位职工合法权益方面取得了较好的成绩，多次被灵璧县劳动争议仲裁委员会评为优秀兼职仲裁员。由于沈雪冰在维护职工合法权益方面表现突出，2013 年 11 月被安徽省司法厅和安徽省总工会联合授予"全省维护职工合法权益优秀律师"荣誉称号。

沈雪冰律师在长期的律师执业过程中，运用法律知识为大量的职工在工伤、社会保险、工资案件方面提供了法律帮助。近年来，沈雪冰律师办理了多起有重大社会影响的职工维权典型案件，切实维护了职工的合法权益。比较典型和有一定社会影响的是灵璧县邮政局职工代某某、张某某、金某某劳动争议维权案件。案件当事人自 1990 年初到灵璧县邮政局的前身灵璧县邮电局工作，1998 年 8 月灵璧县邮电局分立为灵璧县邮政局和灵璧县电信局，当事人继续在灵璧县邮政局工作，在岗期间双方一直没有签订劳动合同，也没有签订委托代办协议，2004 年初，当事人被单位通知在家待岗，单位没有办理相关解除劳动关系的书面通知。2007 年 11 月，当事人委托沈雪冰律师向仲裁部门提出仲裁，请求单位支付经济补偿金、基本生活费、基本养老金、失业金等，经过开庭审理，仲裁委员会裁决支持了职工的请求，但是灵璧县邮政局对裁决不服，起诉至灵璧县人民法院，并主张当事人是单位招聘的邮政代办员，双方之间不是劳动关系而是代办关系，不存在支付基本养老金和基本生活费等用人单位义务，并主张劳动仲裁已经超过仲裁时效。沈雪冰为当事人提供法律帮助，本起劳动争议职工维权案件历时 3 年多时间，经过灵璧县人民法院一审，宿州市中级人民法院二审，发回灵璧县人民法院重审，最终经过宿州市中级人民法院终审判决全部支持了职工的请求，通过法院强制执行，灵璧县邮政局支付 3 名职工各项费用共计 10 多万元。沈雪冰律师为 3 名邮政职工提供法律维权案件事迹不仅感动了当事人，也产生了较大的社会影响，该案件也成为法院系统和律师办理职工维权方面的典型案例。由于热心公益事业，工作成绩显著。2013 年 11 月，沈雪冰被安徽省总工会授予"安徽省五一劳动奖章"称号。

2012 年 8 月，我县虞姬乡发生了一起重大交通事故。事故造成受害人夫妻两个当场死亡。该夫妻上有一个近 70 岁的老母亲，下有两个年幼不经事的孩子，全家人的生活一下因此起事故的发生陷入了深谷。在悲痛之余受害人家属找到沈律师维权，沈律师在听完受害人家属的哭诉后，平静的表情立刻严肃起来。在加班加点看完材料后发现两个受害人都是农村户口，如果按照农村赔偿标准要求赔偿的话，老人和孩子今后的生活不能得到最大化的保障。沈律师在得知受害人生前在城里带孩子上学后，认为结合现行司法解释规定，可以按照城镇标准进行赔偿。沈雪冰通过艰辛的调查取证，运用过硬的业务能力在一审法院为受害人获得城镇标准赔偿，赔偿款比农村标准多争取数十万元。保险公司不服一审判决，上诉到二审法院。沈律师考虑到当事人的困难，又为当事人申请法律援助为其二审代理。最终二审维持原判。在受害人近亲属拿到赔偿款后，紧紧握住沈律师的手，满眼含泪地说谢谢的时候，沈律师也深深感到这一声谢谢比金奖、银奖来的都重要。

2013 年初的一天，沈雪冰像往常一样在整理卷宗。突然一阵急促的电话铃声响起，在接听后才知道是一位母亲在为已经被拘留的儿子了解情况。由于当事人的儿子被关押在看守所，是刑事案件，沈律师叫当事人来所里面谈。沈主任通过这位母亲详细的介绍，了解到被告人存在精神障碍，案发时不能完全控制自己的行为，属于限制刑事责任能力人。该犯罪与正常人的犯罪存在区别，量刑时应考虑这一情节，对其从轻处罚。由于案件特殊，当事人家庭经济比较困难，沈雪冰对于该案进行了法律援助。考虑到案件的被告人有精神分裂症，沈律师及时通过法院做好与受害人在民事方面的调解工作，最终被害人对被告人表示谅解。法院判决采纳了沈律师的辩护意见，对被告人判处管制的非监禁刑罚，为被告人争取了重新做人的机会。沈律师再一次运用法律知识和无私奉献之心，为群众扶危济困，体现了律师良好的社会担当。

（县总工会办公室　供稿）

灵璧英范：苏小梅

凛冬寒梅盼春归

邵明宣

向阳乡艳阳村邵庄村民苏小梅，7 年如一日，精心照顾、守护因车祸高位截瘫的丈夫邵宝珠，十里八乡传为佳话。2016 年 11 月 15 日，记者登门采访后，16 日在灵璧新闻节目专题报道了苏小梅的事迹，当年她被评为"宿州好人"。

邵宝珠 1994 年初中毕业，当年 12 月参军入伍，服役于河南安阳某集团军某炮兵团。1997 年 12 月退伍。2003 年光荣地加入了中国共产党。作为一名党员，他积极发展农业生产，以雷厉风行的军人之风，以共产党员先锋队的带头作用，和广大村民一起共同建设美好的家园。不料 2013 年 2 月 6 日一场车祸致使他身体残疾，肇事司机无德逃逸。 邵宝珠在这场车祸中，肋骨折断 9 根，右肩胛骨裂，胸骨断裂 3 截，左腿多处骨裂，双肺严重挫伤。在 113 天的抢救治疗中，花去医疗费 60 多万元，术后家里欠外债 30 多万元。

从此，苏小梅便陷入了生活的困境。短暂的消沉之后，她痛定思索：上有年届古稀的公婆生活不能自理，下有两个幼小的孩子，面对塌天般的横祸，不能倒下，我要坚强地挺住，支撑这个家。如果我倒下，家将不像家样，人将不能完好生活。邵宝珠车祸后，懂事的儿子邵将、邵校不愿上学，要下学帮妈妈料理家务，服侍爸爸，可十来岁的孩子能帮什么忙啊？苏小梅再三劝说两个儿子继续上学，只有学有所成，长大后对国家对家庭才能作出贡献。

苏小梅是一个勤劳、善良，能吃苦耐劳、勇往直前的坚强女性。七八年来，她细心护理丈夫，默默付出，不厌其烦。每天反复做着同样的事：帮邵宝珠处理大小便，抱他翻身，喂饭喂水，吸氧，按摩推拿。由于长期卧床，宝珠臀部出现了褥疮，她天天为其清洗，消毒抹药消炎，经过近两年多的康复锻炼，邵宝珠的肢体不但没有出现肌肉萎缩的现象，而且体能还有了一定程度的恢复，扶起来他能倚靠坐起，自己吃饭、饮水了。接着把他抱到轮椅上，他能手操轮椅在院子里活动散心，精神状态渐渐好了起来。苏小梅起初抱起体重 160 多斤的邵宝珠很是吃力，天长日久，体力增强，轻而易举就能抱起宝珠。

苏小梅在近 3000 天的日子里，坚定信心，苦苦打拼。面对重重困难，她甩开膀子，拼命苦干，勤俭持家。2014 年，她开始学习养猪技术，她购置了粉碎机，学会打饲料，给猪注射防疫针，喂防病药物，打扫猪圈……她掌握了养猪所有的关键技术，大小猪接茬饲养，每年都有可观的收入。苏小梅日常劳动量很大，事务多，非常忙碌。为患严重类风湿的婆婆治病、洗头梳头，洗衣做饭，护理服侍丈夫，田里农活，养猪，千头万绪。繁重的体力劳动，憔悴了她的身心，错位了她的年轮，她从不怨天尤人，而是无怨无悔地面对严峻的现实，笑迎困难，勇往直前。她坚信，国家欣逢盛世，一切都会好起来，孩子长大后，会更好。她摆脱了愁苦，性格逐渐趋于乐观，对前景充满了希望。

说得容易，做起来难。七八年来，苏小梅在一个个困难面前，不止一次地流过泪，但她清楚地知道，眼泪是懦弱者的弃儿，它只能削弱人的勇气，消磨人的斗志。她的眼泪一次次淬砺了她的性格，坚定了她的信念，增强了她战胜困难的决心和勇气，在困难魔力的重压下，她非但未被击倒，反而坚韧地走出了低谷。

如今，苏小梅为邵宝珠治疗所欠的外债已偿还了大部分，儿子邵将高三毕业，即将参加高考，邵校也读完了六年级，即将升入初中。这就应了 4 年前，她向记者说的话："会好的，一切都会好的。"一切都会好的。苏小梅用辛勤的汗水，克服了接二连三压在肩上的困难，换来了爱人病体的几多康复，也换来了家庭的未来和希望。

苏小梅用她单薄的肩膀，挑起家庭生活的重担。她精心呵护丈夫，孝敬公婆，教育两个儿子积极上进的事迹，在周边村庄广泛传扬。大家都竖起拇指为她点赞："苏小梅确实是我们学习的道德模范，是令我们敬佩的宿州好人！"

灵璧英范：魏远

病休志不休

魏远，1980 年 5 月出生，灵璧县禅堂乡张宋村人，现为中国人民解放军南部战区某部代理连长，历任班排长、教员、代理副连长等职，因病在家休养。2019 年 11 月获评"宿州好人"荣誉称号。

在家庭良好的教育熏陶中，魏远度过了幸福的童年、憧憬美好未来的青少年时光。2000 年 12 月中学毕业后，他积极响应国家号召，应征入伍来到部队，在人民解放军 31639 部队服役，2003 年 7 月光荣加入中国共产党。他扎根边防，任劳任怨，曾多次被评为"优秀带兵骨干""优秀四会教练员"。由于政治学习、军事训练成绩突出，多次受到团嘉奖，2001 年参加南宁涌决堤江抗洪抢险荣立三等功 1 次。

病休在家的他始终保持军人作风，身处逆境不向命运低头，2018 年 8 月，魏远加入灵璧县"全程大爱义工队"，积极参加普法宣传、义务献血宣传等公益活动。在灵璧县城街头志愿服务活动现场，经常可以看到一个戴着墨镜的"红袖章"，这人穿得干干净净整整齐齐，长得高高瘦瘦帅帅的，而且还经常带着一个不满 10 岁的孩子，他，就是魏远。

不怕吃苦，落下重疾

2000 年，魏远念完初中后应征入伍，扎根边防。年少的贫困磨炼了他肯吃苦的品格。在部队，他坚决履行使命，历任班排长、教员、代理副连长等职，曾多次被评为军区边防执勤先进个人、优秀带兵骨干，优秀教练员等荣誉。以身示教培养出 5 名战士考上军校，他所在的连队也多次被评为军事一级单位，标兵连队等。除此之外，魏远还积极参与军地共建社会公益活动，多次得到军地官兵的好评，2003 年 7 月光荣加入中国共产党。佳绩不断的他，2009 年娶了当地城里的姑娘。

2010 年 6 月，因参加军区夜间"四会教学"示范评比，他和战友们一起按照军区教导队教学大纲要求，分析探讨教学新思路。随后他们的教学与训练经验被纳入军区科目培训教材，在军区推广。当时，连续一个多月连轴转，魏远因生活无规律，劳累过度，出现了头晕头痛的现象，为了出色地完成任务，延误了治疗。7 月出公差押运弹药途中高烧，被诊断为大型"左侧蝶骨嵴脑膜瘤"。

大型蝶骨嵴脑膜瘤可包绕颈内动脉或压迫大脑后动脉引起脑梗死。魏远九死一生，当时做了四次开颅手术，放疗长达 35 天，术后又遇脑脊液鼻漏。转到广州总院做伽马刀手术，仍然鼻漏，肿瘤复发，只能手术修补术 + 肿瘤切除。2016 年病情复发恶化，转至解放军总院又进行手术切除，但颅内仍有残留肿瘤，术后左眼失明，右眼高度近视，左额头补了人造假骨头。这两年，他经常高烧头痛，四肢无力，广州的医院已无能为力，2019 年到北京复查，肿瘤复发，又头部麻醉切除左眼眶外肿瘤。至今前后七次手术，刀刀都在头部。由于病情恶化，无法顾及家庭生活，妻子在 2013 年就与他离了婚，留下一个女儿与他生活。

不懈奋斗，投身公益

魏远因病回到家乡休养。2018 年 8 月，在灵璧县民政局、双拥办了解了魏远的情况后，主动协调相关职能部门，将他女儿从农村转往县城的小学就读，魏远就近租房带孩子上学。

"我经历了生死的考验，因为我是一名军人，所以我必须勇敢面对现实，积极向上，挑战自我"，魏远想到，虽然自己在病休，但是不能从精神上彻底休息，要为社会做点力所能及的事情，不断充实自己的人生。

2018 年 8 月，魏远刚进城不久，一天，他因感冒到医院拿药。看到路上不少人正在帮助市民从没膝的积水中推出损毁的汽车，他没有迟疑，立即参与帮助推车和扶老人过马路。他看到这些人佩戴着"全程大爱义工队"标识，当即就决定要加入这个志愿服务组织。义工队的负责人看了他眼镜背后的眼睛，又看到他忙前忙后地帮助人，觉得这个"新兵"是诚恳的。到了义工队之后，短短一年间，魏远和队友们 10 多次参加普法宣传、义务献血宣传等公益活动。

今年清明节那天，魏远和他的队友们怀着无比景仰的心情到烈士陵园开展祭奠革命先烈活动，缅怀革命先烈，继承革命传统，誓言奉献社会、服务人民。

魏远在义工队还积极响应灵璧县文明办的号召，参与到"保护母亲河，环境打扫"的全民健身公益志愿活动中。不仅自己在行动，他还带着不满10岁的女儿一起参加环保公益活动。一年多来，魏远和队友们以"倡导绿色、健康、环保、保护母亲河"为主题，开展各种保护灵璧的"母亲河"——新汴河环保公益活动计十余次，打扫汴河两岸环境，并通过各种渠道发布爱护环境倡议书。

为了关注身边的孤寡老人，倡导全民健身，弘扬民族传统文化，他还与舞蹈爱好者共同组建共享健康曳舞团，从5人增至50余人，每到闲暇时他总要辅导市民学习健身操，让更多的人增强健身理念，积极参与到强身健体活动中来。

不忘初心，自我升华

2019年10月，魏远从北京出院回老家医院输液消炎，一个星期后就能拆线休养。医生嘱咐回到家后不能运动，但听到全程大爱义工队要参与灵璧马拉松比赛的公益保障服务的消息后，他就立马报名请战，按组委会的安排进行裁判员的培训，并圆满完成任务。

"宪法宣传日"到来之前，魏远和队友们又响应灵璧县文明办的号召，积极跟随全程大爱义工队，在县城街头参与宣传宪法及推动移风易俗，树立文明新风等活动。

谈起今后的打算，魏远说，"在和病魔做斗争的同时，让有限的生命力量为社会奉献一点爱心，如果哪一天生命走到尽头，我会把我身上这些有用的器官捐献给他人……"

先后七次手术均在外省，家中父母年迈，妻子早已转身，病床上的魏远总是一人面对入骨的刀子。在这场个人的"生死战斗"中，他展现了一个军人的钢铁意志。而其间，他不仅克服了病痛，还积极奉献投身公益，更是展现了一个共产党员的初心。

"我要继续保持党员初心，军人的本色，病休志不休，坚定不移地跟党走，在工作、生活中从自身做起，从点滴入手，挑战自我，尽自己的微薄之力为家乡增光添彩！"病休期间的工资不高，魏远在女儿小学附近租住的房子月租 500 元，虽然生活条件简陋，但是他的意志坚决、信念如钢。

（中安在线　供稿）

灵璧英范：魏泽洋

弱躯因宏志而挺拔

魏泽洋，1985 年出生，灵璧县渔沟镇杏山村人，中共党员，现任全国矮小人联谊会副会长。2007 年 6 月 18 日，魏泽洋的成长经历被评为"直辖十年新重庆十大感动故事"，他被评为重庆工商大学十大感动人物、重庆市 2007 年十大感动人物提名奖、团中央"寻访大学生自强之星"入围奖。曾荣获灵璧县首届"道德模范"、宿州市首届"道德模范"称号，安徽省首届"道德模范"提名奖。

因出生时难产导致脑垂体坏死，魏泽洋从小身材矮小，22 岁时身高只有130 厘米。由于家境贫寒，魏泽洋从上初二开始就利用寒暑假外出流浪，靠捡垃圾、卖报纸、摆地摊等赚钱交学费，独立自主完成了中学学业。2003 年，魏泽洋以全校第二名的成绩考入重庆工商大学。进入大学后，魏泽洋更加乐观向上、奋发图强、乐于助人，以其坎坷的生活经历和独特的人格魅力感染了很多人，并被中央电视台、中央人民广播电台、新华社、中国青年报等数十家采访报道，成为当代大学生和残疾人学习的楷模！

1985 年 11 月 17 日，魏泽洋出生在灵璧县渔沟镇杏山村一个贫穷的农民家里。童年的他，享受着和别人一样的无忧无虑的快乐时光，只是家庭的贫穷在心里留下了厚重的阴影。那个时候，家里房屋破旧，四壁皆空，一家人只有靠借粮借钱才能勉强维持温饱生活。8 岁那年，他成为本村小学的一名学生，由于天资聪颖、记忆超强，很快成为班级的第一名。这个时候，一个现象却引起了大人们的注意：他和所有的同龄人相比总是矮一头，甚至小一两岁的孩子身高也超过了他。由于农村根深蒂固的"早长晚长""二十三窜一窜"的错误观念，父母也没有太过注重这个问题。就这样，他一直以班级最小的个头和最好的成绩读完小学，升入初中。

1997 年，魏泽洋的奶奶先于春节不久后病逝，接着父亲又在南方当苦力的时候从卡车上掉下来摔折了腿，贫寒的家境一下子雪上加霜。由于此时的他身高已经大大落后于正常孩子，父母无奈把全部希望都放在哥哥身上，在这种情况下被迫让他辍学。但是对他而言，读书上学无疑是改变命运的唯一途径，否则未来和人生简直不敢想象。在同村打工青年的带领下，他来到千里遥远的浙江台州，由于年龄和身高都还太小，没有任何地方敢要这个童工，他只好靠捡垃圾谋生。当时正值盛夏，天气酷热，蚊虫滋生，烈日炎炎，背着一个装着废品的蛇皮口袋穿梭于垃圾堆之间真是莫大的煎熬。虽然吃馒头、喝凉水、睡破屋、穿旧衣，白天风吹日晒，晚上蚊叮虫咬，还要时时忍受别人的嘲笑和喝骂，一天有时候连 20 块钱都挣不到。晚上回到简陋的住地，躺在地铺上回忆着自己经历的那些痛苦和屈辱，有的时候真的难以承受。可是想到自取的名字"泽洋"——给广袤大地上的人们带去恩惠和幸福，他又把泪水咽进肚子里继续坚持，他在日记本上写下"千淘万漉，方显真金本色；风吹雨打，更见青松巍峨。假如人生是一次艰苦的跋涉，哪怕夜再黑暗，路再泥泞，他都要孤独而执着地走下去，永不退缩。"从初二到高三，他先后流浪过黄岩、无锡、湖州、烟台等地，捡过破烂、卖过报纸、发过传单、摆过地摊，一直半工半读。不仅没要家里一分钱，独立自主完成了中学学业，而且还承担起了妹妹上学的费用。纵然过程千辛万苦，他还是证明了：虽然他是一个残疾人，但是在人生的起点上他不需要靠谁而活着，在未来的人生里他要让别人因为我而活得更好。

2003 年 9 月，他以超过安徽省本科录取分数线 32 分的成绩接到了重庆工商大学的录取通知书。由于哥哥已经先他一年考入四川师范大学，家里为了支付他的学杂费和生活费已经负债累累，他只好带着区区 200 块钱孤身一人赴校报道。因为学校的开明和领导的博爱，他得以顺利办理入学手续，正式成为一名大学生。因为深知自己的大学来之不易，进入大学后他坚强乐观、心态平和、刻苦努力，奋发图强，获得了同学的认可和老师、领导的喜爱。在学习之外，他大学4年先后担任了校报记者团记者、学生会通讯部部长、楼长和班长等学生干部职务；在学校之外，他又先后做过家教、市场调查员、企业兼职策划等勤工俭学工作，独立承担了生活费和部分学费，大学4年为家里节省了约8万元开支。一分耕耘，一分收获，自己的辛苦努力换来了累累硕果：学校奖学金、国家奖学金、重庆工商大学优秀共青团员、重庆工商大学优秀学生干部、2005年第九届"挑战杯"全国大学生科技竞赛重庆赛区二等奖、重庆工商大学十大感动人物、2006年重庆市自强不息先进大学生、重庆市2007年十大感动人物提名奖、团中央"寻访大学生自强之星"入围奖。值得一提的是，2005年他参与了"农村税费改革"实地调查活动，受到了国务院办公室领导同志的表彰。

2004年，他在一次体检中被查出股骨头坏死这一"不死的癌症"，全校师生迅速在两天时间里为他捐款23000元。2005年，他趁着在中央电视台做节目的间歇到医院重新检查，只是被诊断为"股骨头发育不良"，没有太大危害。2006年年底，他在先捐出1000元捐给学院"朝阳助困基金"后，又把剩余22000元悉数捐给学校成立爱心基金。2007年，毕业前夕他光荣地加入了中国共产党，成长经历又在重庆直辖十年的庆典活动中被市民票选为"直辖十年·新重庆十大感动故事"，圆满地完成了大学学业。

2007年，魏泽洋应中国红十字会和北京首都儿童健高门诊邀请，前往北京检查治疗，在北京他一边治疗，一边工作，并发起成立了首都身低患者俱乐部，他被推举为首位理事长，对身低患者进行救助。因此，他被中国红十字会矮个儿童基金会聘为形象大使。

魏泽洋的事迹先后被中央电视台报道5次，中央人民广播电台《神州夜航》、中国青年报、新华社报道3次，重庆电视台、北京电视台、上海电视台等地方媒体报道数十次。

（县委宣传部　供稿）

灵璧英范：汪祥龙

热心公益的白衣战士

蓝轩文

汪祥龙，男，1973年5月出生，中共党员，大学文化，医学学士，国家执业医师，红十字应急救护师资，县健康巡讲专家，灵璧县卫生进修学校教师。长期从事医学教育，担任《人体解剖学》《组织胚胎学》《病理学》等基础课授课，曾参加首都医科大学在合肥举办的"全科医学培训班"、安徽省红十字会"应急救护师资培训班""皖北卫生职业学院教师教育教学能力提升班"、山东大学"灵璧县新时代文明实践骨干培训班"等业务学习，具有丰富教学经验和较强健康科普演讲能力。在《拂晓报》《黄淮海杂志》《安徽日报》客户端、凤凰新闻等媒体发表过多篇文章。

汪祥龙曾被评为"县卫生系统先进个人""县优秀团干部""灵璧好人""县红十字疫情防控优秀志愿者""市学雷锋志愿服务典型""市禁毒工作先进个人""市红十字优秀志愿者""宿州好人""第五届宿州市学雷锋志愿服务四个十佳先进个人""安徽省红十字会通报表扬抗疫志愿者""灵璧县平安家庭""宿州市抗疫最美家庭"等荣誉称号，事迹多次被省市县各级媒体报道。

在县卫校任团委书记、教务主任期间，汪祥龙经常组织学生开展各种有意义的公益活动。2003年至2006年选派在渔沟镇人民政府任科技副镇长期间，他曾在镇政府东大塘成功救上一名落水儿童。2003年抗击非典时期，他带着卫校学生在车站为乘客测量体温。2008年汶川地震发生后，他积极为灾区捐款。2015年加入灵璧蓝天救援队以来，他利用业余时间，积极参与公益事业，每年志愿服务时长平均不低于200小时，个人累计志愿服务时长达上千小时。近几年进校园、进社区、进企业主讲的"防溺水"讲座、"防拐骗"讲座、禁毒宣传讲座、近视防控知识讲座、急救知识和技能培训达260余场。进校园、进企业、进社区开展应急疏散演练多场，到农村"送温暖、献爱心"为贫困户服务数十次，参加了多起救援打捞溺水者活动。去年的新冠肺炎疫情防控战场上，他又冲锋在前，协助社区疫情防控宣传，帮红十字会搬卸战疫物资，参加高速口值班，对小区和学校等重点区域防疫消毒，彰显了志愿服务典型的榜样力量。

作为灵璧蓝天救援队副队长、宣教组首席讲师、红十字应急救护师资，汪祥龙多次组织开展安全知识公益讲座并亲自主讲，走遍全县的大部分中、小学及幼儿园，受益师生逾 10 万多人。特别是通过"防溺水"讲座给孩子们传授了相关知识和技能，加强孩子们安全意识和自我保护意识，提高孩子们的避险防灾能力，让中小学生了解和掌握了防溺水安全知识和自救、他救技能。防溺水讲座效果明显，与前两年相比，全县学生溺水事件明显大幅减少。

平时，汪祥龙充分发挥自己的专业特长，为县红十字会培训了大批救护员。他为广大群众普及培训了"心肺复苏""海姆立克法""创伤包扎"等救护知识和技能，提升了灾难来临时人们的生存和自救、互救能力，让群众的平安生活多了一道安全栓。2021 年 8 月，他又精心制作 PPT，起草讲稿，主讲《防溺水安全主题教育》《心肺复苏术培训》两个讲座并拍摄成网上课堂视频。

汪祥龙热爱扶贫工作，尽责尽力发挥自己的作用，带着对群众浓厚的感情和对工作的一腔激情，奔波在扶贫路上。他不畏酷暑严寒、不惧风雨泥泞，即便是胳膊骨折时也坚持带伤入户走访。用真心、带真情，视群众如亲人，与群众促膝长谈，深入宣传扶贫政策。他和群众打成一片，鼓励他们不等不靠自立自强，引导群众树立积极乐观的精神面貌，形成"勤劳致富光荣"的认识，得到了广大群众的认可和好评。

他竭诚为贫困群众服务，为老百姓办实事。2018 年 6 月，他倡议并组织了数家爱心企业为渔沟镇卓庄村群众免费检查视力、筛查眼病，向贫困户捐赠 64 副老花镜和 2000 余元的食用油等，让广大人民群众感受到了来自社会各界的温暖和关爱。2018 年 8 月，在"温比亚"台风过后，他从县疾控中心请求物资支援，散发了数百张《洪涝灾害、预防疾病》彩页，并亲自背着几十斤重的药桶跑遍整个上渡自然庄的每一个角落，为群众进行防疫环境"消、杀、灭，"保障人民群众身体健康，确保大灾之后无大疫，把为人民服务付之于行动。2019 年 5 月，他影响带动爱心企业为贫困户捐赠价值十几万元新皮鞋

1170 双。2019 年 6 月，娄庄镇姚山村贫困户种植的西瓜滞销，他又带头和队友们帮采摘、购买，帮助贫困户解决了燃眉之急，渡过了难关，彰显了一方有难八方支援的美德。2020 年 4 月，他带动爱心企业捐赠价值 140 余万元的衣服，随后牺牲个人时间，不辞劳苦跑遍 40 多个村，将 10785 件衣服送到建档立卡贫困户手中。

浍沟镇郭许村贫困户许长月在他的帮扶下，依靠养鱼鹰已于 2016 年顺利脱贫，至今他仍坚持不定期走访。汪祥龙真正做到了弯下身子，亲民近民，聚力脱贫攻坚，撸起袖子加油干！

汪祥龙积极参加队里的拉练和集训，苦练救援技能。他积极参加防老年人走丢发黄手环活动，寻找走失人员及流浪汉救助，到敬老院为老人服务，春运期间车站志愿服务和除冰扫雪保安全及各种大型公益活动的医疗安全保障和各主题日活动。为企业和学校开展应急疏散演习，参加 2019 年县应急管理局防震演练、2019 年宿州市防汛抢险救灾综合应急演练等。2019 年"99 腾讯公益日"个人捐 4551.68 元并发动 293 位朋友捐款，共为防溺水项目筹款 13384.53 元。经选拔，他参加了 2021 年宿州市志愿服务项目交流会，经过现场路演、答辩，荣获二等项目奖。

汪祥龙曾多次参加抢险救灾，在 2018 年城市内涝时他积极主动帮助群众转移人员和财物。在突发意外事故时，他挺身而出参加救援。曾参加本县和周边县的多起打捞溺水者救援，其中 2016 年，在泗县丁湖打捞落水妇女时正值小年，在滴水成冰的天气里和队友连续奋斗一天一夜。2020 年 2 月和 3 月又分别在本县叶庙村小河里和灵璧中学鱼塘里打捞了两名溺水老人，其中一名浸泡多日已经腐败，但是他不怕脏不怕臭，毅然和队友一起将遇难老人拖抬上岸，以告慰逝者家属。2020 年 8 月分别在灵城虞美人大桥和西集闸协助公安、消防一起打捞溺水人员，其中两次是从深夜干到黎明，一次是中午顶着烈日暴晒在西集闸打捞。他趴在船头作业几个小时，忍着水面反射刺眼的阳光，晒的皮肤发红起皮，几乎中暑，终于亲手用钩子钩住渔网将捕鱼遇难者打捞上岸。9 月，他又在杨疃刘圩和公安人员一起打捞宿州苗庵走失多日的老人，协助公安将腐烂的尸体抬上岸。2021 年 8 月在夏楼打捞溺水少年。平时，诸如扶老人过马路、帮助走失人员、救助遇到的交通事故伤员等事情，对他来说更是常事。

在这次新冠肺炎疫情中，汪祥龙从 2020 年 1 月 27 日起，一直积极主动地投身疫情防控志愿服务工作。他舍小家顾大家，不计个人安危，瞒着年迈多病的父母冲在疫情防控前线。爱人作为疾控人员，也每天奋斗在流行病学调查的一线。在他的影响下，读大学的女儿也跟着参加社区的疫情防控志愿服务工作，可谓是全家总动员。

疫情伊始，响应县委部署，汪祥龙立即亮明党员身份，到居住地隍庙社区报到加入到疫情防控工作。随后他自费加油，驾私家车贴上条幅、载着喇叭，来回穿梭在大街小巷，每天上午或者下午半天进行流动广播宣传抗疫政策和防疫知识，经过近 10 日的持续宣传，使广大市民了解了疫情防控的相关知识。他还协助社区悬挂条幅、封闭路口，在寒风中坚守疫情防控宣传劝导台值班、发传单，倡导公众不信谣、不传谣，劝导市民履行戴口罩、勤洗手、减少外出等防范措施，协助社区工作人员对出入人员进行信息登记，并礼貌劝退外来人员，切断传播途径，保障社区群众安全。

疫情防控期间他经常到县红十字会帮助搬运社会各界援助的大量物资，参与搬卸了医用酒精 15 吨、84 消毒液 10 吨、西红柿 2 万斤、萝卜 1 万斤……寒冷的天气中，他大汗淋漓、斗志昂扬。每次搬运后在临时食堂吃点饭或泡面后就匆匆忙忙赶到城区的菜市场、街道和各居民小区及窗口单位等重点区域进行环境卫生防疫"消、杀、灭，"他背着沉重的药桶，穿着不透风的防护服，每次半天下来，手都被药水侵蚀的发白，肩和脚磨的通红，大汗淋漓浑身湿漉漉的像从水里出来一样。他参与消毒了灵城 50 多个小区，其中仅宏泰一个小区就和大家一起消毒了 62 栋楼 152 个单元 27 万平方米。消毒结束后他又拖着疲倦的身躯到高速入口值夜班对入境车辆进行消毒，冻得来回跺脚仍坚持彻夜严守岗位，去年疫情防控期间个人志愿服务时长累计近 300 多小时。

汪祥龙还发挥自身的医学专业特长拍摄了《七步洗手法》《正确佩戴医用口罩》《疫情防控倡议》《离病毒最近的战士》等系列科普和宣传视频，通过网络社交媒体向大众宣传，获得很好的曝光率和转发量，取得了良好的教育效果。

他从微薄的工资中拿出 300 元捐给灵璧蓝天救援队的志愿者们买抗疫用

品。他带动了自己在北京工作的学生卓建芳为家乡疫情防控捐赠了价值15000元的医用橡胶手套，他感召了朋友岳德东向红十字捐款10000元用于疫情防控。

随着疫情防控形势的转变，他又把志愿服务的重心转向了为复工复产和学校开学前的防疫消杀义务服务。跟着志愿者队伍一起，汪祥龙的足迹遍布了城乡的中小学、幼儿园及部分企事业单位，他用脚步丈量着家乡的每个角落。

灵璧英范：王志芳

农机标准自在心中

王志芳，女，1942年8月生，灵璧县灵城镇人，中共党员。曾就读于灵璧县实验小学，1955年考入灵璧中学，1961年高中毕业考取安徽工学院机械系机制机床专业，1966年毕业，同年8月分配在宿州市机械厂（原宿县地区第二机械厂）工作。1978年主持厂计量室的筹建工作仅用不到一年时间，就开展正常的工作，使该厂在1981年全省标准化计量工作会议上受到表扬。1981年参加开发新产品小四轮拖拉机的测绘与试制工作。1983年负责全厂的标准化工作，对产品图样，工艺文件的标准化认真审查、组织人员制定拖拉机、三轮车产品的企业标准，使该厂产品（拖拉机）顺利通过机械部"生产许可证""推广许可证"的检查，通过了省优产品检查。1984年参加安徽省机械厅组织的"质量管理咨询诊断组"，并担任组长，为合肥叉车厂进行了咨询诊断，作出了正确的评价。1985年任宿县地区技术监督局举办的"标准化学习班"教师。同年，还参加了机械部组织的"采用国际标准验收组"，验收了陕西拖拉机厂和石家庄拖拉机厂的采用国际标准工作。1986年任厂办公室副主任、总工程师，同时还兼负责标准化工作。1989年被评为高级工程师，担任安徽省企业标准《小型轮式拖拉机技术条件》的主要起草人之一，它的发布填补了安徽省农机标准的一项空白。同年获宿州市科学技术协会先进科技工作者称号；1990 年获安徽省机械工业厅科技成果二等奖。1992 年被安徽省机械工业厅评为"七五"期间安徽省机械工业标准化先进工作者。1994 年担任厂质量管理科科长，负责全厂质量管理工作，同年被宿州市经委口评为优秀党员。

（县政协办公室　供稿）

灵璧英范：杨静

十六年相伴风雨路

鲁　兵

杨静，灵璧县冯庙镇王刘村人。早年和丈夫钱军在外打工，尽心养育一双年幼的儿女。

天有不测风云，钱军因一次意外事故造成高位截瘫，下半身失去知觉。钱军回忆说，住院期间自己情绪十分低迷，胡思乱想过很多事情。是杨静一直陪在他身边，耐心细致地照顾他，安慰他，鼓励他，不仅减轻了他身体上的病痛，也帮他缓解了心理上巨大的压力。然而，他知道，背对着别人的时候，脸上一直挂着笑的杨静，就会哭得特别伤心。几个月过去，他看着自己的妻子一天天地憔悴了。

但是，杨静的努力付出并没有换来丈夫病情的好转。经医生确诊，钱军被告知，他已不能恢复正常人的生活。钱军的医药费已经消耗了这个靠夫妻打工为生的家庭不少积蓄。今后，钱军不仅失去了赚钱养家的能力，还会和两个孩子一起，成为需要杨静照顾的对象。

巨大的打击并没有使杨静产生逃避的想法。把丈夫接回家后，她任劳任怨，始终坚持每天都为丈夫按摩腿脚，还用中药烧水给他擦身洗脚，做什么都格外细心和体贴。可不论杨静怎么做，钱军躺在床上，样子总是十分痛苦。杨静知道，他并不甘心这辈子就这样过了，他还想站起来，过正常人的生活。于是她又把钱军带到南京和上海去治疗，得到的依然是同样的回答。

无奈之下，钱军夫妇只好向命运妥协。回家之后，杨静依旧日复一日地为丈夫按摩、擦身。由于长时间卧床，钱军身上生了褥疮，为了让褥疮尽快地好起来，杨静每隔两三个小时就要为他翻一次身，白天黑夜都是如此。因此，杨静至今都没有睡过一次安稳觉。

然而，这并不是杨静日常生活的全部。由于丈夫钱军瘫痪，杨静一家失去了经济来源。可是一家老小的生活费、丈夫的医药费、两个孩子的学费……在照顾丈夫的同时，杨静又坚强地担负起赚钱养家的任务。

不能外出打工，杨静便在家种地。钱军说，秋收是妻子最劳累的时候。那时，杨静一边在农田里收玉米，一边还要惦记着，每隔两三个小时还要回家给他翻身。玉米收回家后，她还要忙着给玉米脱粒，一刻也不得闲。白天累了一天，到了晚上，杨静还要用药水给钱军清洗褥疮，夜里依然要起来三四次为他翻身。秋收后，杨静还要忙着把地里的秸秆拉回家，然后清理田地，施肥，种小麦。当时孩子还小，虽然知道母亲劳累，他们却也帮不上忙。钱军把一切都看在眼里，对妻子既感激，又心疼。

而最让钱军感到揪心的，还不是妻子辛苦的农忙，而是她的另一份工作。孩子们在渐渐长大，他们的学费也在日益增长。为了让儿女们健康成长，同时也为了补贴家用，杨静决定在农闲的时候再打一份工！

此后，原本就睡不好的杨静，天不亮就到做鞋面的老板那里取货，回到家中后再分发给各个邻近村庄的人去做。收货时，杨静再骑着摩托车去每个庄子去取。收货时间多是下午，有时车子在半路出了故障，杨静便要一个人推着车走，回到家，抬头可见满天星。为了第二天准时把货交给老板，她连晚饭都顾不得吃，赶紧就要整理收上来的货，每次都到十一二点才能睡，并且第二天早晨依然要早起。

为了按时收货发货，就算夏天胳膊被烈日晒到脱皮，冬天脸和手都被暴风刀割般刺破，杨静都义无返顾地上路。为此，她也曾因车祸与死神擦肩而过。钱军说，一年夏天，吃过午饭，杨静在去收货的路上被车撞倒，把头撞破了，缝了四五针，在医院住了十几天，回家休息一个星期又去忙碌了。而 3 年前的另一场意外，钱军想想都觉得害怕。

2013 年的一天，收完货的杨静正骑车往家赶，忽然天空电闪雷鸣，风雨大作。由于无处躲雨，杨静决定冒雨骑车往家赶。在离家还有几里路的时候，突然杨静连人带车摔倒在地，她耳朵嗡嗡作响，脑袋一片空白，好半天才把车子扶起来。回到家后，看到车尾上的货时，杨静当时就愣住了。钱军看到露出来的几双鞋面都焦了，也吃惊地问她怎么回事。明白过来的杨静也吓了一跳，她说，车尾是在路上被闪电打到了。钱军听后十分震惊，如果闪电击中的不是摩托车的车尾而是再往前一点儿……他想都不敢想了，便和杨静商量，以后别再去做这么危险的活儿了。杨静听后，却咬牙拒绝了，她说她必须做，不然孩子们的学费怎么办？

十几年了，杨静从不叫苦叫累，心甘情愿地默默忍受苦难的折磨。因此一提起杨静，村里人无不交口称赞。杨静的邻居杨振迎说："杨静自嫁到小刘庄以来，一直尊老爱幼，和睦邻里。钱军受伤后，多次带他到大医院诊治，持家受累，能坚持一段时间不易，能坚持这么多年，心境有多大啊！只能说她太辛苦了！"妇女主任张如翠则说："杨静真是个大好人，这方圆十里的家庭都知道，她与人和善，教育子女，侍奉丈夫可称典范，是俺们妇女学习的榜样！"

一方有难，八方支援。2005 年并村时，了解到钱军一家的状况后，村两委积极协调民政部门为其夫妇办理了低保，每人每月享受 130 元补贴。这两年，家中两个孩子分别考上大学和师范院校，村里又帮助他们办理享受"雨露计划"项目，让孩子们继续完成学业。想到孩子们都有出息了，自己也不用再为他们的学费发愁了，杨静觉得，她这么多年的苦都没白受，一切都是值得的。

由于长时间劳累过度，杨静腰间盘突出做了手术。医生嘱咐，术后不能劳累过度。看着杨静日益苍老的面容，钱军心里愧疚万分。他说，现在他对自己的身体已不抱有任何希望，只盼妻子身体健康，将来要让两个孩子好好地孝敬她，不让妻子再受累了。

丈夫瘫痪卧病在床 16 年，她无怨无悔，一边务农打工，一边照顾家人。从未睡过一个踏实觉，从未放弃过家庭中任何一人的杨静，用自己的实际行动坚强地支撑起贫苦的四口之家！经各级推荐和"宿州好人"评审委员会评定，杨静当选为 2016 年 1 月"宿州好人"。

灵璧英范：杨天

勇救老人传佳话

高西梅

杨天，1991 年 9 月生于灵璧县。大学毕业考入安徽省宿州市灵璧县灵城交警中队，任辅警。在春寒料峭的一天，他舍身跳入冰冷的河水中施救落水老人，其勇敢、无畏、全心为民的精神被广为传颂。经各级推荐评审，光荣当选 2019 年 4 月"宿州好人"。

2019 年 4 月 13 日上午 8 点半左右，灵城交警中队辅警王晓峰在执勤中突然发现，南关桥头东侧约 50 米处的护城河中，一位老人失足落水。王晓峰不谙水性，急忙用对讲机呼叫同事支援并赶往出事地点。正在巡逻的杨天听到了对讲机的呼叫声，立即驾车赶到南关桥头。护城河中，一位老人站在水中浮板花台上，趔趔趄趄，瑟瑟发抖。杨天迅速跑到离老人最近的河边，与王晓峰一起采取各种措施对老人实施救援。老人可能惊吓过度，精神恍惚，口齿不清，语无伦次，一点都不配合救援，各种救助均告失败。时间一分一秒悄无声息逝去，浮板上的老人精神逐渐萎靡，体力逐渐消耗，也许是寒冷的缘故，老人身体开始大幅度地摇晃，浮板在水中颠簸随时都有翻转的可能，老人随时都有可能再次落水。此时此刻，杨天顾不得寒冷，迅速脱掉外套、毛衣、绒裤跳入水中，冰冷的河水激得杨天打了一个冷战，上下牙齿不由自主地磕在一起。杨天强忍不适，快速向老人靠近，游到浮板花台前，一手拽着浮板，一手奋力划水，把老人拉到岸边，在水里将浮板花台抵住，方便岸上的同事施与援手。岸上的王晓峰等同事与热心群众一起，有的抓住浮板边沿，有的拉住老人的手、胳膊，齐心协力把老人救了上来。当人们把杨天从河水中拽上来时，他的嘴唇已被冻得发紫，身体筛糠一样哆嗦，胳膊腿像木棒似的有些僵硬。同事赶紧帮他穿上衣服。事后好长时间，杨天还感觉在凉水里，捂了一天才觉得暖和过来。

杨天入警五年来，始终如一热爱工作，把全部精力都投入到工作中。每年的春节、年假，他都主动请缨值班，把休假时间让给离家路远的同事，5年有4个春节没有陪家人吃年夜饭，把与亲人团聚的机会让给同事，受到同事的好评。在平时的工作中，杨天总是急群众所急，想群众所想，力所能及地为群众解决困难，搀扶老人过马路，帮助儿童找妈妈，只要遇到群众有困难，就无私地施与援手。他所值班的岗亭里，挂满了群众给他和同事送来的锦旗，时常能收到表达谢意的鲜花。杨天在平凡的岗位上，默默地践行着无私奉献的精神。

灵璧英范：尤理想

军营标兵　脱贫楷模

尤传化　晏金宝

2018年6月"宿州好人"评选揭晓，灵璧县游集镇游圩村优秀退役军人尤理想，凭借诚实守信的优良品德光荣上榜，荣膺"宿州好人"称号！

懵懂年少郎，胸怀报国志

1994年，尤理想出生在灵璧游集镇游圩村一个贫苦的农民家庭。父辈是憨厚淳朴、老实巴交的农民，土里刨食，生活维艰。由于贫穷，尤理想父亲当年将近而立之年还没有成家，经过亲朋的帮助和"好心人"不辞劳苦的多方奔走撮合，才得以"千里姻缘一线牵"。可想而知，能组建起这样一个家庭，是多么的不易！这也注定了尤理想今后的人生道路不会平坦，必定要靠自己披荆斩棘，负重前行。

俗话说的好："穷人的孩子早当家！"尤理想从小就比较懂事，身上没有一点同龄孩子所具有的娇惯之气。他的童年时光还算是比较快乐和幸福的，和小伙伴们在广袤的农村大地过着无忧无虑的生活。尤理想进入学生时代，懵懂的他开始了解那些为国捐躯或为国争光的英雄。无论在书上或是在影视剧中，每当岳飞、黄继光、董存瑞这样的英雄出现时，都会一次次地震撼他那幼小的心灵。他暗暗发誓，有朝一日，也要去当兵，为国家争光成英雄。随后的日子，他总是急盼着自己早日长大，也能尽快扛起枪，穿上绿军装，走进绿军营成为一名纵马扬鞭、驰骋疆场、保家卫国的大英雄。

热血男儿，志在军营

2012 年，刚满 18 岁的尤理想积极响应祖国的征召，经过体检，各项体能完全符合应征条件。尤理想如愿以偿，终于可以穿上心仪已久的绿军装，换装的那一刻，尤理想不由自主地喜极而泣。随着欢送的鞭炮声响起，他踏上了远去的列车。虽然只是两天的行程，但是对于尤理想来说，却度日如年，他恨不得一步就能踏上心中的圣地——绿军营。期待着，期待着，终于来到了祖国西南边陲，隶属于广州军区的新兵营报到，后来他又成了广西桂林的一名武警战士。

尤理想在军营里，不仅团结战友，服从命令听指挥，还勤学苦练各种杀敌本领。无论寒暑，训练场上总是能看到他生龙活虎的身影，每次都是出色完成各项训练任务。在一年一度的军训大比武中，尤理想为连队勇夺桂冠，多次受到上级的表彰和嘉奖！

俗话说得好："忠孝不能两全！"尤理想虽然身在他热爱的绿军营，但心里总是还放不下千里之外的亲人。每次和家人通完电话，尤理想心里都是酸溜溜的。父亲的身体每况愈下，还有年事已高的爷爷和长期卧床不起的奶奶需要照顾……

服役期满，部队有心让尤理想留在部队，尤理想听了，顿时高兴地跳了起来。可是鉴于家庭情况的特殊性，尤理想又左右为难了，经过几个不眠之夜的思想斗争和再三考虑，尽管有一千个不情愿，最后还是不得不申请退伍。2014年，经部队领导批准，尤理想恋恋不舍地脱下军装，离开了他为之狂热、为之奋斗的军营。此刻，原本身轻如燕的他，双脚犹如灌满了铅似的，步子迈的那么吃力又那么沉重。尽管他一步一回头，但随着汽笛一声长鸣，军营的一草一木在他噙着泪的眼帘里渐行渐远。

诚实守信，男儿本色

尤理想退伍归来，看到卧病在床的奶奶和父亲，已年近90的爷爷和未成年的妹妹在操持着一贫如洗的家庭，还有远走改嫁的母亲，望着眼前的一幕幕，惨痛的现实摆在面前。尤理想的心在滴血，而在部队塑造的坚强告诉他，不要低头，不要流泪，应笑对上天的不公和悲惨的命运。当躺在床上的父亲用低沉的话语吞吞吐吐地告诉他还有几万元的欠款时，尤理想看着父亲凝重的表情，深知他在为自己的无能为力而感到自责和愧疚。尤理想当即答道："爸爸，你放心，有我在，决不让您为难，父债子还，天经地义，咱家欠下的钱我会想办法尽快还上！您只管好好养病，不必再为此事操心了！"父亲听后默默的点头，也许是了却了一桩心愿吧，不久便撒手人寰。

待料理完父亲的后事，尤理想详细地整理了父亲生前留下的欠款记录。随后制订了还款计划，把欠款分为轻重缓急进行分档归类，做到心中有数，以便制订依次偿还计划。第二天他就来到游集农村商业银行，用自己的退伍安置费还清了银行贷款。然后就去找借过钱的亲邻，凡是急需用钱的，亲自登门还钱，并真诚地感谢他们往日给予的帮助和关怀。就这样他用仅有的退伍安置费还了大部分欠款，剩下暂时没有能力偿还的欠款，他按照欠账记录，也分别登门道歉，并表示想办法一定会尽快偿还。

父亲病故，母亲改嫁，还有年近90的爷爷和瘫痪在床的奶奶以及未成年的妹妹，家里还欠几万元的债务……尤理想忍着巨大的悲痛，毅然决然地承担起了家庭的重担和替父还债的重任，传承着中华民族诚实守信的优良美德，在乡里传为佳话。受他的影响，以前很多因讨债而发生矛盾冲突的事儿也很少发生了。

自强不息，军魂永驻

父亲去世后，家庭失去了顶梁柱，所有的重担全部落在了尤理想一个人的肩上。年近九旬的爷爷、奶奶及未成年的妹妹都需要照顾。特别是奶奶长期卧病在床，生活不能自理，需要专人服侍，家里的日常开支和奶奶的治病费用都要依靠他打工来维持。村里已经帮助他爷爷奶奶申请社会救助，通过公示评议成为建档立卡贫困户，虽然，目前二老的生活已经得到妥善安排，但是这些都不是尤理想所要的，他今后要靠自己的努力打拼撑起心中的一片天。

尤理想的一位战友，事业有成，知道他家的情况后，非常同情，主动要求给尤理想经济上的资助，帮助他的家庭渡过难关，但被他婉言谢绝了。尤理想经过这些年在军营中的打磨锻造，品格得到了升华，他不仅具有顽强拼搏、坚韧不拔的精神，还有不畏困难、永不服输的斗志。对于家庭的困难，他不等不靠，主动要求自己脱贫。首先外出打工，临时让家庭渡过难关，以后再从长计议，另谋发展。尤理想是个有心人，他在打工期间，通过拜师刻苦学习厨艺，成了一个工资不菲的高级厨师。他完全相信，凭着自己勤劳的双手去努力奋斗，不久的将来，一定能慢慢地改变家庭目前的困境。

当问他今后有何打算时，尤理想认真地说："梦想是有的，但是我要面对现实，目前最迫切的任务就是要努力地去打工赚钱，让全家的生活有所保障的同时，首先把父亲的欠款还清，再努力奋斗，争取尽快脱贫，决不能再让政府为俺操心，不能再给政府添麻烦。下一步，等手上有了积蓄，再打算去创业，心中的愿望是今后能开一家有特色的饭店，希望能闯出属于自己的一片天空。到那时，若有经济基础了，也要奉献爱心，回报社会，做一个对社会有用的人。"

后记

采访归来，听说尤理想已经主动向政府申请全家脱贫出列。心中不禁肃然起敬，口中也不由自主地迸出几个字："尤理想，好样的！为你加油！给你点一个大大的赞！"

不禁感叹：脱贫攻坚，决战全面小康是中国政府的第一个百年目标，也是向全世界的庄严承诺。在脱贫攻坚路上，我们需要有千百万个尤理想这样的农村有志青年！

灵璧英范：张建道

抗疫铁人 健康卫士

刘 志

张建道，灵璧县人民医院大内科党支部书记、呼吸感染科主任。从医 30 年来，始终坚守治病救人的初心，勇担责任、甘于奉献，在防控传染病这个没有硝烟的战场上，默默奉献。用医者仁心的大爱抒写着为人民服务的忠诚。

这些天，张建道每天都要从百忙之中抽出一定时间，到医院门诊坐诊。随着连日持续高热多雨天气，县人民医院感染科，前来问诊的病人持续增多，加之当前新冠肺炎疫病防控的常态化，感染科的工作压力很大。张建道每天冲锋在前，一马当先，用耐心、爱心、奉献之心，鼓舞着科室医务人员坚守一线，把好医院疫病防控第一关。

县人民医院呼吸感染科主治医师王宏达说："张主任今年已 58 岁，身体不好，仍然坚持工作一线。我们劝他要适当多休息，他说只有到一线工作才能了解病人的病情变化，所以无论多忙，他都要坚持到门诊上班。"

张建道今年 58 岁，是一名防治传染病的老兵，从 1984 年蚌埠医学院毕业后，他一直战斗在传染病防治的第一线，从朝气蓬勃的青年到年届花甲，这一干就是 30 多年。这些年来，无论岗位在哪、职务如何，张建道从医为民的初心始终没变："记得我高考结束报志愿时，老师鼓励我报考当时前景比较好的师范、机电学院、农学院等。但我看到我们村叔叔大爷们，得病后的痛苦模样，我依然报考了医学院。并发誓认真学习，为解除病人的痛苦做贡献。"

张建道是这样说也是这样做的，从医以来，他始终视病人为亲人，一切从病人角度出发考虑问题、救治病患。这些年来，他问诊治疗的病人每年近万例，很多病人都是闻名而来，满意而归。病人女儿袁凤说："张主任对病人非常细心，态度非常和蔼，不厌其烦。病人一开始来到时发烧、咳嗽、难受，有时病人态度不好，但是他们也都甘于受委屈，不计较病人的恶劣态度，对我父亲照顾得很好，我们病人家属非常感谢。"

2003 年抗击非典时，张建道作为县人民医院感染科主任，他主动请缨奔赴非典抗击前线，担任非典病毒专家治疗组组长，在抗击非典病毒战"疫"中坚守阵地，舍小家为大家，守护全县人民生命健康。由于表现出色，被安徽省政府授予"抗击非典先进个人"称号，被市委组织部授予"优秀共产党员"光荣称号。多次获得医院"先进个人"、党委大内科支部"优秀共产党员"等荣誉称号。2009 年的 H1N1 病毒和今年的新冠肺炎疫情防控中，张建道更是冲锋在前，不计个人安危。在新冠肺炎疫病防治期间，张建道作为县隔离病区的负责人，承担着巨大压力。为提高诊断率，他亲自为隔离病人抽血采样；对新型冠状病毒感染肺炎的每一版诊疗方案，他都细细研读并与其他同事深入讨论，特别是对疑似病历，总是一而再，再而三地斟酌考虑，生怕一点疏忽。这样高强度的工作，张建道每天都是持续到凌晨，甚至好几夜都没有合眼。回想往事，张建道告诉我们："我县成立了隔离病区时，我作为一名共产党员，感染科主任，又是这次新冠肺炎专家组的组长，我毅然担任了隔离病区的负责人。每天和队友们不但对病区的病人进行诊断、治疗、跟踪、随访，同时还要做好他们的思想工作，照顾他们的生活、解决他们的后顾之忧。"

呼吸感染科主管护师尹海瑞说："我们在隔离病区工作的时候，刚开始大家都比较紧张。张主任看出我们的紧张，为了消除我们的顾虑，主任每天和我们一起亲自下病房，察看病人，给病人采咽拭子。每天工作都要在十几个小时以上，我们年轻人都累得受不了，但是主任从来没在我们面前表现过累，我们都戏称他是铁人。"

2020年疫情发生时，张建道主动请缨，向院两委提出申请，要求到隔离病区工作，当时考虑到他长期在传染科工作，患有老慢支，年龄也大了，身体能不能吃得消，医院党委负责同志也存有疑虑，但是张建道义无反顾地说，我是党员，还是一名医生，这个时候我必须冲在前，他说到也做到了。

作为一名呼吸内科专家，张建道十分明白科学防疫的重要性。从业近30年来，他始终坚持不懈地加强业务学习和技能创新。他积极组织医务人员开展对新型冠状病毒感染肺炎诊疗与防控知识培训，学习掌握国家卫健委发布的最新的防控要求及诊疗规范，认真做好诊疗救治工作。疫情期间，他负责的隔离病区，共接收了15例疑似病人，其中已确诊7例新型冠状肺炎患者，未发生一例医务人员交叉感染。会诊筛查数百人次，未出现一例漏诊，经治病人均病情稳定，圆满完成了上级交付的隔离治疗任务。

院党委书记潘明志说："张建道同志从医30余年来，默默无闻无私奉献，每逢重大疫情来临，他总是冲锋在前，体现了敬佑生命、救死扶伤、甘于奉献、大爱无疆的医者精神，他以自己的实际行动践行了一名共产党员的初心使命，他是我院广大党员干部学习的楷模，曾被授予第四届宿州市道德模范特别奖。"

灵璧英范：赵后动

一辈子做好事的"五保"老人

赵秀永

在灵璧县朝阳镇大赵庄的道路上，人们会经常看到一位老人，中等身材，满头银发，慈目善面，推着三轮车，用锨和扫帚清扫着路面。遇到路面低洼存水，他首先用铁锨放掉水，然后用车在沟底取土运到低洼处填平，再用脚均匀踏实。这样的情景，在村民和开车司机的眼中早已习以为常，他就是82岁高龄的五包老人赵后动。

赵后动，现居灵璧县朝阳镇大赵庄第九居民小组。1938年6月，赵后动出生于一个贫苦农民家庭，8岁时，父亲病亡，撇下了母亲及子女四人。家境贫寒，度日如年，母亲体弱多病，"屋漏偏遇连阴雨，人不逢时灾难多"，16岁时，母亲忽得急症不治而亡。家里无依无靠，他只身到萧县、砀山、永城、濉溪等地乞讨要饭苦度年华，直到1988年秋才回到自己可爱的家乡。

赵后动老人的收入主要靠讨饭、拾破烂、生活节俭而来，平常粗茶淡饭、穿衣随和，傍晚及早吃过饭，也不看电视，七点多钟就睡觉。有人问他为什么不出去溜达，找人拉拉呱唠唠嗑，而他却不好意思地笑了，说："趁着亮，不开灯省电费。"

赵后动老人对家乡充满了深厚的感情，30年来，当看到村里道路损坏严重，父老乡亲出行困难，就主动挑起管护村庄道路的任务。路上有石头他搬走，道路上有坑洼积水，放水拉土他填平，他用扫帚清扫路面，为广大群众提供出行方便。仅这二三十年，用毁铁锨60多个，扫帚近百把，穿坏的鞋也数不清，身上的伤痕，手上的老茧历历在目。

赵后动家门前东南方有一条路，是连接邻村的主要通道，人流车流多，因靠近洼塘路面狭窄，好几次因有人抢道而造成车祸，严重危及了行人安全。他看到眼里，急在心里，找到村党支部，拿出自己多年讨饭、捡破烂积攒的25000元养老费，做垫洼塘加宽路面的费用，为行人车辆提供安全保障。有些人得知情况后，对他说："老赵，你真傻！你是五包户，这些是你平常积攒的养老钱、棺材本，你图个啥？"而后动老人却说："路宽了，父老乡亲、路过行人安全了，就图为大家提供方便吧！"老赵淳朴诚厚的语言，让乡亲们十分感动。路加宽了，人们出行安全了，大家因此享受到他垫洼修路带来的益处。当人们看到赵后动弯着腰在清扫维护路面的熟悉身影时，无不举起大拇指，称赞赵后动是难得的好人！

毛主席说："一个人做点好事并不难，难的是做一辈子好事。"赵后动老人默默无闻地维护村道路 30 年，为守护乡亲出行安全而甘于奉献。有的人认为村里一定给了他不少钱和好处的。但是经笔者采访调研后得知：老赵不仅没收一分钱和一点好处，而且维修道路所有用的工具、车辆、石子，都是他用平常捡破烂、讨饭、节俭积攒而来的，据不完全统计有 10000 多元。这些钱对于一个普通家庭算不了什么，但是对一个 82 岁五包老人来说是一大笔巨款，是他多年来的血汗钱，而他全部用在了村里修路上，这种精神可敬！可赞！当笔者问赵后动老人："你义务修路 30 年，捐款垫塘变通途，为民出行供方便时，有何感想？"赵后动老人说："我是五包户，这一生多亏党和人民政府养育了我，否则我骨头早生黄锈了，现在我年龄大了，要在有生之年为村民做点力所能及的事，大事俺干不了，像维修村内道路的小事，俺还能行！"

赵后动的模范事迹，感动了周围的人，引起了广泛的社会效应。村委会为此设立"赵后动好人基金会"，鼓励众人为村公益事业做贡献。2017 年 8 月、2018 年 7 月，赵后动先后被评为"宿州好人""灵璧县学雷锋志愿行动队先进个人"光荣称号，受到宿州市委、市政府，灵璧县委、县政府的表彰奖励。

灵璧英范：周法录

老兵忠心

陈长柱

周法录，1949 年 5 月生，灵璧县禅堂乡禅堂村人，退伍军人，中共党员，于 2016 年获得"宿州好人"称号。

1972 年，在禅堂中学读高二的周法录，积极响应政府的号召，应征入伍，成为一名中国人民解放军"特种工程兵"战士，服役于陕西某地。

在部队期间，他勤奋好学，积极上进，刻苦钻研业务，曾三次受到连队嘉奖。并于 1973 年光荣地加入了中国共产党。由于思想觉悟坚定，业务成绩突出，当年被任命为副班长。1975 年又被提拨为班长。正值黄金年华的他，在感激部队领导信任的同时，对人生也充满无限的憧憬。

1977 年，因家庭的原因，周法录无奈放弃在部队的大好前程退伍回乡，成了禅堂中学的一名校工，享受民师待遇。回到母校工作，他失落的心里有了些许的安慰，整理好纷乱的心情，他立即投入到了紧张的工作中。在禅堂中学工作期间，他一如即往地严格要求自己。对同事热情友爱，对领导尊敬服从。因为他敬业严谨，勤奋能干，赢得了大家的认可，年年被评为先进工作者。他在新的岗位上，诠释了一个共产党员，一个革命军人应有的高尚品质。

1990 年，因校办工厂停产，工人遣散，周法录回到生产队。对于自己命运的起伏转折，周法录从无怨言，只是平和地面对。当时，有位乡主要领导得知周法录从学校回了村，就找到他，要安排他参加村务工作，周法录婉言谢绝了这位领导的好意。但是他承诺，只要是村里工作需要，他一定会尽力参与。鉴于他为人正直，热心公益，村民们就推荐他担任"村务监督委员会"主任，对这份没有任何报酬的工作，他一直干到现在。他常说，钱是小事，能得到广大村民的信任就是最好的报酬。

从校办工厂回来后，周法录因为在部队是工程兵，就置办了必须的工具设备，在家里开了一个电焊铺子，为周边的村民提供修理农具服务。用他自己的话说，生意虽然小，好歹有份事做，有点收入。因为他手艺好、收费低，为人又谦和，电焊铺子的生意很快就红火起来。

日子如一叶小舟在平静的水面上轻滑，日子中的人也乐意享受这份平静安然。如果不起风浪，如果不遇风雨，如果……，可是，世上没有那么多的假设和如果。生活中突然出现的往往不是惊喜，而是令人措手不及的意外。2007 年，周法录的妻子被查出患了严重的脑血管疾病，虽然经过多方医治，还是于 2008 年不幸去世。突如其来的打击，并没有击垮他坚强的意志。那时候孩子们都在上学，他强忍住悲痛，一边鼓励孩子们好好读书，一边坚持开门挣钱还账。可以想象，那段日子是何等艰难。尽管如此，他没有向组织诉过苦，更没有向村里伸手要过救济。他硬是省吃俭用，凭着几亩土地和电焊铺子的收入还清了债务。

苦尽甘来。孩子们终于大学毕业，参加了工作。并按月给他寄来了生活费，日子又复归了平静祥和。这时候的他已是 60 多岁，按说也该安度晚年，含饴弄孙了，可他是一个闲不住的人。

从 2012 年开始，在国家大力治理环境污染的背景下，农村全面实施禁烧秸秆。禁烧秸秆初始阶段，群众不理解，不配合，偷烧麦茬现象严重。为了抓好禁烧工作，村里组成了禁烧队伍，日夜巡逻在田间地头。周法录主动找到包片干部，要求参加禁烧，贡献自己一份力量！60 多岁的他因为这些年的生活重压，积劳成疾，患上了严重的高血压，糖尿病。当包片干部关心的对他说："你身体不好，不适合熬夜，就别参加了。"周法录却说："我是一名共产党员，我更是一名退伍军人，在国家需要的时候，我不能当逃兵。"就这样，他参加了村里的禁烧工作队。几年来，因为人员流动性大，村里的禁烧人员换了几茬，就周法录一个人没"下过岗"，村民们笑称他为"禁烧专业户"。也曾有人误会，说他是为了钱才如此热衷于这份得罪人的工作，当了解到，在那么高温的天气，不分黑白的整天值班巡逻，一个多月才三百元工资后，大家都由衷地佩服他。

2016 年，周法录的事迹被"灵璧先锋网""宿州文明网""安徽日报网"先后报道，当年他被评为"宿州好人"，并被推选为灵璧县人大代表。得到这么高的荣誉，当面对人们赞扬时，他总是谦虚地说，我做得还很不够！

也是在这一年，因建设美丽乡村的需要，村里要组建一个环卫队，负责全村的卫生清洁工作。因为环卫工作又脏又累，工资很低，人员不好找，村领导一时犯了难。周法录就给村领导建言，把能劳动的贫困户组织起来，既能帮助贫困户增加收入，又能解决环卫人员紧缺问题。这个建议当即被采纳，周法录就和另一个热心村务的村民挨家挨户地去做工作，不到一天，由贫困户为主要成员的十三人"禅堂村环卫队"成立起来了。周发录因为是"发起人"，就被环卫队员们推选为环卫队队长，他也是闲不住的人，就开始与大家一样，起早摸黑地干了起来。这一干就是四年。直到因为腰椎出了问题，实在不能再参加繁重的体力劳动，才不得不"卸了任"。尽管离开了环卫队，他还是时常骑着电车到环卫队工作的地方去看看。队员们总拿他开玩笑，说他是对大家的工作不放心不信任。其实大家都清楚，他是舍不得朝夕相处了 4 年的环卫队员们。

2019 年，新冠病毒在华夏大地肆虐，全国人民上下一心，共同抗击病魔。禅堂村响应政府号召，社区采取全面封闭管理，严防外来人口进入。已 70 高龄的周法录又主动找到村领导，要求义务站岗值班。大年初三，周法录同其他志愿者一起，冒着低温，顶着寒风，战斗在了抗疫一线。因为开始的时候人员少，志愿者们要从早上五点上班，一直到晚上十一点左右才能换班。每天面对以种种理由要求进入社区的陌生人，和有些不理解"封村"的村民，都需要做解释工作，遇到蛮横的欲强行闯卡者，就得上前阻拦。高强度的工作，致使他的血压突然升高，有几次差点晕倒，可是他没有告诉任何人，只是加大了服药的剂量。好在陆续有了新的志愿者加入，值班站岗的压力才减少了一些。寒风中，连年轻人都会瑟瑟发抖，可是他却依然昂首挺胸，表现出一个退伍老兵应有的素质。直到疫情缓解，奉命撤岗，这 40 天中，他没有缺勤一天。

在疫情参战的党员志愿者中，周法录年龄是最大的，身体也是最差的。可他没以任何理由缺席，他的高度自觉的奉献精神，再一次赢得了大家的赞扬！有人关心地问他，你都这把年纪了，还这样不顾命，图个啥？他回答的还是那句话，我是一名共产党员，我更是一名退伍军人！

周法录常说，我曾是一名共和国的军人，又是一名共产党员，多年受党的教育和培养，我不能给党丢脸，更不能给军旗抹黑。我要对得住政府给我的这么多的荣誉。在有生之年，我唯有给家乡多做些力所能及的工作，才能对得起"共产党员"和"军人"这么神圣的称号！周法录就是这样一个人，是对党和人民具有无限深情，对党和人民事业高度负责的人！他是村里全体党员学习的榜样，在群众心里，更是一面高高飘扬的旗帜。

灵璧英范：朱淑荣

不计名利计数据

朱淑荣，灵城镇首席统计员，妇联专职副主席，县十届政协委员，县三八红旗手。自 1992 年参加工作以来，她就一直坚持在基层统计战线，20 多年如一日，勤勤恳恳、兢兢业业，无私奉献，以自己的实际行动诠释了一名优秀统计人的人生追求。

勤奋好学，苦练内功，她是统计业务上的"活字典"。朱淑荣深知"知识就是力量"的道理，参加工作后，她以"勤能补拙"为座右铭，把加强学习作为适应工作、干好工作的基础。在工作之余，利用别人休息、娱乐的时间，深入学习与统计工作有关的知识，并参加了全国统一技术职称、资格认定考试，先后取得统计师、会计师中级职称和税务师的资格。她特别珍惜上级主管部门组织的业务知识培训机会，从不缺课且总是坐在最前面，仔细听，认真做好学习笔记，积极思考、认真探讨业务问题。同时她善于在实践中探索，在统计工作时，凡有关统计的大小事情，她坚持做到在实践中学习归纳，学以致用，不断完善自己的统计知识体系。

爱岗敬业，积极进取，她是统计战线上的"工作狂"。灵城镇是灵璧县政治、经济、文化中心，2014 年第三次全国经济普查需要登记单位 1215 家、个体户 8718 户，工作量超过全县的 1/4。为了搞好乡镇经济普查工作，朱淑荣常常是踏着曙光上班，伴着夜色下班，别人有节假日、星期天，她却没有，每天工作近 12 小时，长期处于超负荷工作状态，身体日渐消瘦，常常感到头晕。每天接打近百个业务指导、咨询电话，长期不停地说话，导致声带充血受损，声音嘶哑。医生和同事都让她休息治疗，她却说："现在经济普查正处于关键时期，不能因为我治病而影响全镇的工作进度，我还年轻，等把普查工作完成了，我再到医院去检查治疗。"2016 年底开展全国第三次农业普查工作，这项全镇有普查员、指导员 150 多人参与的大型普查业务指导工作又一次落到她的肩头，她依旧如过去的几次全国性普查一样负重着、坚持着且圆满完成普查工作。

坚持原则，实事求是，她是统计战线上的"去伪器"。保障统计数据质量准确可靠，是统计工作者的神圣职责。为了做好基层报表，无论是到企业单位还是去记账户家里收集资料，她坚持对每一个数字都进行认真核对，切实做到数据来之有据，查之有源，不虚报，不瞒报，做到真实可靠。她非常重视统计基础工作，狠抓源头数据质量，坚持原始数据入账和及时记账，严把统计数据"入口"质量关和"出口"质量关。在与县统计局专业人员交谈时，她经常表示："现在社会对数据的质量要求特别高，我一定要做到对我报送的数据负责，也算是为社会尽自己的一份力量。"多年来，她负责的统计报表，从没出现过质量问题。

在她的努力下，灵城镇统计工作取得了显著的成绩，先后5次普查都被评为全国先进集体。她本人也先后多次获得省、市统计工作先进个人称号，连续三年荣获"优秀公务员"称号，并荣获三等功一次，还被授予县三八红旗手，市、县先进妇联干部。

淡泊名利，甘于奉献，她是统计战线上的"老黄牛"。统计工作整天与数字打交道，别人都认为这项工作枯燥、乏味、清苦。很多统计员都选择了转岗。但朱淑荣却怀着对统计事业的热爱，一干就是20多年，从不叫苦叫累。她时常说："统计员这个岗位虽然很平凡，但统计作为提供国民经济运行情况信息的重要工具，对党政决策和国计民生却影响巨大。作为一名统计人，是我最大的幸福。"

作为十届政协委员，她积极参加政协开展的各项活动，深入实际，广泛调研，围绕我县经济社会发展中的重点、难点、群众关心的热点问题积极建言献策，认真撰写提案，提出了反映社情民意、事关民生实际和社会事业发展的有效建议，得到了领导高度重视并被较好地解决。

（鲁兵　整理）

灵璧英范：曹府

创业先锋一奇女

马路长

在朝阳镇镇南头路西有一家"涛涛大药房"，这家药店，与其他药店不同，有点像乡村医院，因为里面有医生坐诊。坐诊的那位美丽的白衣天使就是曹府女士。初识曹府是在 2018 年 10 月的宿州市残疾人励志报告会上，她身残志坚，学有所成，发家致富，回报社会。2020 年 2 月，曹府被宿州市文明办授予"宿州好人"荣誉称号。

曹府，1984 年生，灵璧朝阳镇京渠村人。从小到大，命运好像总喜欢跟她开各种各样的玩笑，但无论生活怎样，她都以微笑面对，凭借坚强的毅力闯出一片天。

3 岁时，曹府不幸患上了小儿麻痹症，落下了残疾，至今右腿走路没有力气。美好的人生刚刚开始，就蒙上了一层阴影。临近高考时，本该迈入大学校门的曹府，却患上了眼疾，只能休学，四处求医。一条腿残废了，一双眼睛又失明了，这就是命运多舛吧！焦急的父母带着曹府辗转各地求医，却一直不见好转，绝望中父亲把她送到邻村卫生室，请赵荣启医生治疗。赵医生也是个苦命的人，他是装了一条假腿的残疾人。同病相怜的赵医生，对这个身患顽疾的小女孩非常同情，在他的治疗下，奇迹出现了，曹府的眼睛慢慢地恢复了视力。这似乎是上苍眷顾吧！饱受疾病折磨的曹府，深知疾病的残酷！疾病能摧毁一个人、一个家庭！从她再一次见到阳光的那一刻起，就立下要做一名医生的志愿——"我要为更多的病人解除痛苦！"

就在曹府想回校复学时，家里已经无法凑出学费了。于是她拜赵荣启医生为师，接着在赵老师的帮助下走进卫生学校，又以优异的成绩考进了安徽医学院。她多么渴望快快完成学业啊！天道酬勤，曹府终于学有所成。2002 年秋，曹府实习还未结束，便被上海一家三甲医院录用了。为了不离开亲人，一年后，曹府回到乡镇卫生院工作，在不断学习中她顺利取得了乡村医生资格，便申请回村开办村卫生室。婚后的她幸福满满，卫生室也有了收入，生活开始蒸蒸日上。

这时候，生活又和曹府开了个不大不小的玩笑！2005年4月，她的公公在帮邻居拆老房子时，无意中触碰到遗留在墙里的手榴弹！公公被炸成重伤。她和爱人带着公公治疗，庞大的医疗费压得她们喘不过气来，一点积蓄都花在医疗费上，又借遍了所有亲戚朋友的钱。好在公公恢复得不错，身体渐渐康复。"屋漏偏逢连夜雨"，公公的伤还在康复期，婆婆又因急性卒中住进了医院，近乎瘫痪。抱怨解决不了问题，生活还得继续，婆婆的病要治，曹府和爱人想尽办法给婆婆凑齐医疗费，在二人的精心照料下，婆婆的身体终于有了起色。

在公公、婆婆康复期内，灾难再一次降临到曹府的家庭！她的爱人在一场车祸中，被撞成重伤，肋骨、大腿骨粉碎性骨折！家里的顶梁柱塌了！真是祸不单行啊，短短3年内，灾难接踵而至，让原本就困难的家，在风雨中飘摇。"这日子是没法过了！"村里传出各种议论声。

爱人出院后，曹府坚持上班，白天微笑着面对每一个病人，照顾着家里的老弱病残，筹划着一家人的生计，夜晚都是伴泪入眠。就算睡了一会儿，也常常被噩梦惊醒，吓出一身冷汗。不屈服命运的她，苦苦支撑着，迎难而上，她默默地告诉自己，对病人要耐心，照顾爱人要细心，自己必须乐观坚强，这个家只能靠自己！她心中只有一个信念，那就是一家人都在一起就是最好的，再苦再累都值得！她常常想到："我是弱者，但面对苦难我又是让人钦佩的强者！逃避解决不了问题，既然老天给我关上了一扇门，但还是给我打开了又一扇窗，我就应该好好享受这窗外的风景。"

她站在山顶向命运呐喊："我用一条腿的力气也要撑起这个家，走！打工挣钱还债去！"告别亲人，告别山村，曹府先后在昆山和苏州的两家连锁药店做店员、店长、高层管理，3年多的辛苦工作还清了所有债务。如释重负的曹府，开始了创业的新征程，我要开自己的药店！下了决心，曹府在昆山开了自己的药店。爱人看着她吃力的搬货、踩着凳子打扫货架很不方便，总是心疼地说："你若累倒了，要钱有用吗？"曹府告诉爱人："我宁愿累死，也不愿穷死，我是穷怕了。穷困潦倒，负债累累，借钱度日，我怕了，真的怕了。"本以为好日子又回来了，可曹府又病倒了，初诊为"白血病"！"不能倒下！这个家需要我！"到苏州市医院复查，结果虚惊一场，原来曹府只是操劳过度、身体透支。

凭着诚信经营，曹府的药店在当地口碑极好。为了家里的老人、孩子，为了服务乡邻，2013年底曹府毅然回到家乡，在党的政策的大力扶持下，她开办了"涛涛大药房"，现在已发展为6个店面，为社会提供20多个就业岗位。

曹府常想，"我生在黄土地，长在红旗下，沐浴着党的阳光，我应该回报社会、回馈乡亲！"2013年，曹府资助了一名孤儿。她记得第一次见到那个孩子的时候是在药店门外，那矮瘦的身躯，衣衫褴褛，唯独那一双小小的眼睛发着亮光。看着这孩子可怜的模样，想想曾经赵老师对她的帮助，于是，曹府顶着身边亲人的不理解，坚持收留了她，给她洗澡理发换上新衣服，并和她住在一起。2018年，这名孤儿从淮南医学院毕业，踏上了工作岗位。

2017年，"涛涛爱心助学协会"成立，在崔楼小学首批选定10名特困学生作为定期帮扶对象，每年每个孩子一千元，保障他们都能顺利完成学业。曹府经常去关心这些孩子的学习生活，陪他们游戏，带他们旅游开阔眼界。她还给幼儿园留守儿童送去新衣服，送去温暖。2019年6月，朝阳镇中心学校举行"六一"儿童节庆祝活动，曹府给贫困儿童捐赠了1.2万元现金，平均每生500元，用于购买学习用具、书籍等。

曹府对贫困病人总是给予最大的优惠，最大限度地减少他们的购药费用。她经常电话回访，叮嘱他们生活细节，服药注意事项等。对于电话不畅的病人，她就上门探望。孟村贫困户张阿姨，得了强直性脊椎炎生活不能自理，家人很是着急，曹府大幅度减少她的购药费用，并按时上门帮张阿姨进行康复按摩。有一天晚上，曹府上门服务后，在回家的路上，因路滑摩托车摔倒了，她的脸摔破了，至今疤痕未退。张阿姨现在除了生活可以自理之外，还可以分担些家务了。在多年的行医路上，有太多太多像张阿姨这样有病在身，却由于家庭条件的限制得不到更好的治疗康复的病人，曹府都会竭尽所能地帮助他们。

2019年8月，曹府在朝阳镇选了8个贫困户、2个残疾户，每个月组织一次送医送药上门服务，并为每户带去礼物。2020 年 3 月防疫期间，曹府向朝阳镇敬老院和 36 个值守点捐赠 2 万多元的慰问品。

"梅花香自苦寒来"，曹府尽管身患残疾、历经磨难，她曾经是弱者中的弱者，但现在她是事业和生活中的强者。习主席说："幸福从来都是奋斗出来的。"这句话曹府体会最深。如今，曹府身穿白大褂、忙碌在她的每一个药店，把幸福送给身边的每一个人。她想告诉那些和她一样经历过苦难的朋友们，和她同样残疾的朋友们，"一个人身体残疾并不可怕，就怕心里不阳光，劳累也不可怕，就怕迷失方向，看不到希望。"她想把祝福献给大家："我们都健康，我们都是幸福的，爱与健康是我们最大的幸福！"

灵璧英范：陈德民

不是为了荣誉

王 磊

2013 年 11 月 16 日下午，接到省作家协会的一个通知，要我到灵璧县交通运输局采访"灵璧好人"。赶到了交通局，有位领导交给我一沓关于陈德民同志的材料，这时，一位陌生人也来到了我旁边，我猜测他就是陈德民。

陈德民身材不算高大，看上去 30 多岁，额头很宽，憨厚的脸膛，一双眼睛也很精神，给人的第一印象是实在、忠厚、豪爽。他知道我采访他，开始时还有一点拘谨，像个小学生。

陈德民，1977 年出生，大专学历，2009 年 4 月从部队转业到灵璧县交通局工作。2012 年，陈德民荣获"灵璧好人""宿州好人"等荣誉称号。

2012 年 6 月 6 日下午 2 时许，陈德民请假回家收小麦。他家在张场村，刚刚进家门，就听见不远处的水塘旁边传来喊救命的声音。陈德民听到后，风驰电掣般地跑过去。他看到自己的邻居彭伟平在努力救助女童小梦雅脱离危险，但没有成功。这时，她们两个人都处于精疲力竭、无法上岸、十分危险的状态，陈德民便奋不顾身地跳入水中，在众乡亲帮助下，全力将落水女童小梦雅和重孕在身的彭伟平营救上岸。

上岸后，彭伟平已经处于昏迷状态，陈德民顾不得换衣服，又连忙开车把彭卫平送到附近的大路卫生院进行救治，彭伟平和腹中的胎儿才转危为安。在彭伟平临时需要照料的时候，陈德民的爱人汤从兰也是热心肠，自愿留在医院照顾彭伟平。

事后，勇于舍身救人的彭伟平，得到了社会的广泛赞誉，先后受到了各级政府的表彰，其先进事迹被全社会广为传颂，被人们亲切地誉为"最美孕妇"。

不事张扬的陈德民却一度淡出人们的视线，直至各大媒体的持续报道，陈德民的名字才逐渐为人所知。现在陈德民的事迹，已经受到广大干部群众的充分肯定和一致赞扬，他本人被宿州市授予"宿州好人"称号，同时被誉为"最美交通人"。

在姗姗来迟的荣誉面前，陈德民很淡定，他对别人说："救人，不是为了荣誉。我只做了自己应该做的事，换了谁都会这样做的。"

陈德民谈起他的一件往事，也让人震撼。在 2008 年 12 月，他刚从部队回家，途中遇到同村 70 多岁的村民索树标。索树标老人曾参加过抗美援朝战争，是一位老战士。由于年龄大了，骑脚踏三轮车的时候，不慎连人带车掉入路边的水塘中。车子将人压在冰冷刺骨的水底，情况非常危急。在这生死关头，陈德民恰巧碰见了，他立即跳入水中，奋力将老人救起，并及时送往医院救治。事后，索树标老人的家人送来重金酬谢，陈德民和家人婉言谢绝。

还有一次，陈德民和小时候的同学一起在街上走，发现一个新疆少年紧跟着一对青年夫妇，准备行窃，正当他把手伸进了一个人的口袋时，陈德民迅速上前将小偷抓住了，制止了这一偷窃行为，挽回了那对夫妇的财产损失。

哪里有问题，有情况，陈德民只要遇见，总会冲上前，保护人民群众的生命财产安全。

陈德民说，遇到这种情况，"我不上前去，谁上前去，这是我应该做的。"

在陈德民身上，处处可见他对人民群众的热爱。陈德民之所以能作出许多义举，其原因就在这里。

陈德民从小时候起就崇拜刘胡兰、黄继光、董存瑞等英雄人物。他是通过小画书了解这些英雄人物的，这些英雄人物无不热爱国家、热爱民族、热爱人民，勇于奉献，敢于牺牲。正是这些英雄人物，给了陈德民无穷的力量。陈德民只上到初中，因为家庭负担重，就下学了。下学后的愿望就是当兵，在部队这个大熔炉里锤炼自己。

报名参军的头两年，因为报名数额有限，他没有被通过。到了第三年即1995年，陈德民才实现了参军的愿望，应征入伍在南京军区野战部队。陈德民说，到部队之后，班长问过他，为什么要来部队。他对当时的回答记忆犹新：到部队来锻炼自己，圆自己的军人梦，为部队做一些自己力所能及的事情。

在部队的生活，陈德民的表现真是不凡。作为来自农村的大头兵，陈德民格外能吃苦。从画书和英雄故事片中所学到的"一不怕苦，二不怕死"的大无畏精神一直激励着他不断成长。在服役期间，陈德民通过努力学习、刻苦训练，不断提高自己，取得了显著的成绩。从战士成长到班长，后来又成长为装备技师，他多次被评为先进个人、优秀士兵、优秀学员，多次受到部队嘉奖。

1998年在参与长江抗洪抢险中，陈德民冲锋在前，不怕牺牲，救助群众，被评为"抗洪抢险先进个人"；在"东海六号"演习中，还荣立了"三等功"。他和他开的装甲车被《战地报》誉为"东南第一车"。

在思想政治上，陈德民积极争取入党，最终被党组织吸收，成为中国共产党的一员。

灵璧英范：丁树军

只手撑起一片天

刘万广

丁树军，1948 年生，黄湾镇庙李村人，二级残疾，2019 年被评为"宿州好人"。

独臂巧匠

庄里人人都夸丁树军："别看 70 多岁了，小伙子也干不过他。我们两只手，不如他的一只手，种田产量比人高，连逮鱼都比人多！"他在农业生产中样样在行，没有他不会干的活，不会做的事，而且干的都比人好，挣得比人多。丁树军因在 3 岁时不慎绊倒，被大铡刀铡掉右臂，成了一个残疾人，但他性格特别坚强。上学时，他用左手写字，老师常拿他的作业在同学面前表扬。因家里贫穷，小学毕业的丁树军就回家跟着父母学干农活了，由于勤奋能吃苦，青年时就成为会干各种农活的行家能手。用牲畜犁地，耕起的土花都是一条线，庄里人犁直邻边地界沟都肯请他。扬场，他用右胳肢窝夹住把柄，左手用力向上扬开，使粮糠分离十分干净。撒种，他把种袋挂在脖子上，左手撒开种子，出的苗非常均匀，大伙都是看在眼里，感动在心里。一些家庭缺劳力的，都请他帮做农活，他被颂为农匠能人。农业生产机械化后，丁树军和村里农户一样购买拖拉机。庄邻都愁他无法使用农机械，出乎大家意料，他用左手摇发动把，减压器用绳子带到脚下，咚咚……发动成功，在场老少爷们齐声拍手喝彩。他越干越精，无论是下田耕和播，还是运输，都非常快速。他还学会拆修机械，庄里人称他"独臂农机师"，都说是老天厚爱，赐给他的本领。由于丁树军家靠近沱河，他还是织网捕鱼的行家，他练就绝技，左手织网，飞梭走线，无论是拉网，还是撒网，或是水下地龙网，他都会织，都会使用，还教会带动一些村民织网捕鱼技术，让更多乡邻获利。

只手脱贫

丁树军被县残联评定为二级肢体残疾，他与家属蒋丽琴一起生活，没有儿女。老婆患慢性病多年，一天三次靠吃药维持，年年都得花去巨额医疗费，家庭因病致贫，家中一切生产和生活全落在丁树军的一只手上。基层党组织在开展扶贫工作中，针对他家实情，2016 年民主评定为建档立卡贫困户，镇村两级确定干部包扶。由于是长病、重残和老年户，脱贫难度大，村委会把他家定为到 2018 年实现脱贫。而丁树军被各级包保干部上门热情服务，次次感动流泪，往往深夜难眠。他下定决心，决不能拖到 2018 年才"摘帽"，必须提前脱贫，不叫干部来操劳。他自己规划出发展"三产"并进脱贫法：第一，提高种植业的收入。把承包 15 亩地，都种上优质小麦和高产玉米，亩产收入要实现近 2000 元。第二，摆好菜园子。充分利用靠水源田块，种好常规蔬菜，确保在收获季节天天赶集有菜卖。第三，从水里多"抱金娃娃"。扩大地网和片网捕鱼面积，力争每天卖鲜鱼收入 100 元左右，并做好加工咸鱼和干鱼上市出售，提高附加值。为了快速实现增收，他增购了渔具和渔船。2017 年，捕鱼收入达到一万元。2018 年，上升到 1.6 万多元，加上种粮和蔬菜出售，总收入超过 3 万元，提前一年实现脱贫。丁树军一只手胜过两只手，事迹感动了更多的贫困户，成为全镇奋进脱贫的示范户。

奉献为乐

党的扶贫工作使丁树军有了更多的获得感和满满的幸福感。现在，他天天都在想多为村集体和群众做好事，来报答党的恩情。在龙水庄里和沟边、路边、田头，经常能看到丁树军身穿黄马甲，不是在清理环境卫生，就是垫路和修补桥涵，干群都夸：他一只胳膊，能干多个人所干不到的事。每年在午秋两季禁烧工作中，丁树军都坚持和村里干部一样，白天在田中巡查，晚上在村头值班，不吃村里一口饭，不拿一分报酬。保持村内环境卫生是一项很难的事，丁树军认为，只要看到有脏乱的地方，就得去清理干净，就能为美丽乡村做点贡献。近年来，他一直坚持义务清理道路和村边、沟边方圆3华里的卫生区域。在禁烧工作中，他对龙水庄东西镇级主干道两边的秸秆和杂物，天天顶烈日捡、扫干净，感动了许多过路人和驻村干部，在镇村多次会议上，大家都表扬他是"禁烧先锋"。村庄西头有一座生产桥塌倒了，机械和车辆都无法入田劳动，丁树军用一只手挖土埋上小涵管，垫土后，又从远处捡砂礓铺在上面，使入田作业的机械都畅通无阻。丁树军助人为乐是有求必应，无求也去做。他是全村出了名的建锅灶能手，为了节省能源，义务为村内大多数农户改建新灶，使村民都能用上既节柴又清洁卫生的新灶。村民丁开星家门前低洼无路，一到阴雨天，家人出门受阻，丁树军主动为他家用碎砖和石子修通一条50米的砂石路，使这家人出门再也不受难了。庄中留守妇女和老年人多，每年一到收种庄稼，运输就成了难题，丁树军主动开着四轮机上门帮助拉回庄稼，每一季都帮助10多户，受助户都要给他油钱和报酬，他从不收一分钱。

2019年9月，丁树军被评为"宿州好人"，9月底，安徽电视台对他进行了专题报道。

灵璧英范：葛思凤

回眸人间尽繁花

张少秋　鲁　兵

当你步履蹒跚走上舞台的采访席，谁会想到一年前你在人生最难抉择的时刻是那样果敢坚定；当我们最不情愿撩开那些终生难以忘怀的往事，又不得不用镜头语言和现场采访形式表现时，你是那么淡定；当你知道受捐人毁约把"女儿看我一眼"梦想彻底击碎的时候，你平静地说："帮助别人，我不后悔……"当主持人朗诵你的致敬词："那是一双天使的眼睛，洞察世俗超越亲情，童真的稚嫩留下帮助别人的声音。那是一对坚强的父母，替女圆梦涅槃重生，艰难抉择义捐使他人重获光明；灿烂的笑脸、明亮的眸子闪现七色彩虹，缤纷的彩练织成了爱心花环——大义母亲葛思凤。"那一刻，如潮的掌声是对你义举的高度肯定，奔涌的泪水与其说是感动不如说是心灵相通。你高举鲜花，仿佛要送上天庭，在心底默诵：姗儿，我为你高兴……这是 2013 年 12 月 21 日在灵璧县举办的"全国道德模范与身边好人"现场交流会第五单元的一幕。

葛思凤，1986 年 3 月出生，灵璧县娄庄镇葛店村人，她 5 岁的女儿因患肾母细胞瘤被夺取幼小的生命，在女儿生命的尽头，这位坚强的母亲不图回报，捐献了女儿的一对眼角膜，让两名患者重见光明。2017 年，葛思凤获评宿州好人、宿州市"五四青年"和宿州市劳动模范等荣誉称号。

往事不堪回首，这位年轻的妈妈和女儿又走过了怎样的艰难心路呢？

女儿叫杨紫珊，出生于 2007 年秋天，因为是第一个孩子，一家人都小心翼翼地呵护着，看到孩子一天天快乐成长，妈妈葛思凤心里很是欣慰。就在孩子 5 岁那年，幸福家庭的平静被彻底打破了。2012 年 3 月 12 日，正在上学的小紫珊老说肚子疼并伴有高烧。到蚌埠医院就诊时，医生建议做核磁共振检查，懵懂天真的孩子看到妈妈担忧，便说："妈妈，我没事，一会儿就出来啦！"可是，当医生拿着报告单通知家人时，葛思凤整个人都懵了——"肾母细胞瘤"，听到这难以接受的残酷结果，任由眼泪往下流，她暗暗发誓，不管怎样一定要给孩子治好病。爸爸杨新军变卖家产，多处打零工，四方筹措钱款为女儿手术、化疗。妈妈则不分昼夜守护在女儿身旁，百般呵护，朗读课文以缓解病痛，树立她战胜病魔的信心。

治疗的路是痛苦的，需要先动手术，看到孩子天真烂漫的笑容，葛思凤心里有一万个不舍，可这是唯一能留住孩子的办法呀。手术前的一天，主治医生就说，手术危险性非常大，让家人做好心理准备，作为孩子母亲的葛思凤，心都碎了。孩子从小就想去儿童游乐场玩，由于经济条件有限，这愿望一直没能实现，万一手术台下不来该有多遗憾！在和医生沟通过之后，葛思凤带着小紫珊去了南山儿童公园，看到孩子满足的笑容，葛思凤的心里一阵内疚。

到了手术的这一天，女儿早早就起床换好手术服，葛思凤对着她说："你身体不舒服，恨不恨妈妈？"孩子眨着大眼睛说："妈妈我没事，你放心吧！"当医生从葛思凤怀里抱走孩子的时候，葛妈妈彻底崩溃了，眼泪不由得掉了下来。

爱笑的孩子运气都会很好，经历了7个小时的手术，医生说手术很成功，所有的亲朋好友都流下了激动的泪水。孩子被转移到病房，麻药还没过，就迷迷糊糊的在找妈妈，听到她的喊声，葛思凤心里有说不出的激动。手术很成功，但并没有想象的那么简单，医生说这个瘤是恶性的，后续还要做化疗，刚放下的心，又被揪了起来，真怨恨老天爷不公平啊。

住院期间，杨紫珊最喜欢的玩具就是拼图了，聪明的她从来不向妈妈要贵的玩具，一张拼图两块钱，可以打发一整天。刚动手术不能行走，对一个5岁的孩子来说，她承受了多么大的痛苦，葛思凤只得每天都哄她："明天就好了，先忍耐一下吧。"

手术过去半个月回家，看到孩子高兴的眼神，葛思凤心里有说不出的滋味，出院时医生嘱咐，20天后再过去化疗。因手术费是向亲友借的钱，第一次去化疗时，不得已只有让妈妈带孩子去医院，孩子爸爸则外出打工挣钱，奶奶在老家照顾刚满6个月的弟弟。在化疗期间，虽说孩子懂事，但难受的时候还是会哭闹的，每当这个时候，妈妈就告诉她一定要坚强，不可以放弃，只要不放弃就会有希望。每次小紫珊身体恢复点，都会想着出去玩，只要带着出去玩，都会缓解一些病痛。

盛夏的蚌埠天气炎热，每次出去玩，为省点车费，娘儿俩只坐公交车。小紫珊还为自己制订了一个计划，每次出去坐普通车，每次去公园玩，花钱不超过10块钱，这样的话就可以多出去玩几次。漫长的化疗过程虽辛苦，也有快乐，因为每次打完点滴结束后，都可以带她去玩，看到孩子那满足的神情，妈妈也很开心。每次化疗都会有副作用，在药物的作用下，孩子的身体一天不如一天，每次都会呕吐得特别厉害，导致后来一头乌黑的头发慢慢地往下脱落。有一天早上，当孩子醒来的时候，看到枕头上有很多头发，又摸摸自己的头发，一抓掉一把，自己吓哭了，葛思凤心里难受，还要开导她，"珊珊不怕，头发掉了还会长出更漂亮的，你看妈妈的也会掉。"孩子是父母的心头肉，自从孩子得病，葛思凤每天都不敢离开她半步，生怕有什么意外。

　　女孩子都爱漂亮，每次姨妈来看她，都会给小紫珊买很多新衣服，每当她穿上新衣服都要高兴好一阵子，可是，最可怕的事情还是发生了，癌细胞疯狂地转移到小紫珊的肺部，经历七次化疗，还是没能控制住。为了看病，家人能借的钱都已经借了，带她到上海儿童医院和北京肿瘤医院，医生都给同样的答复"最多只剩下两个月"，听到这样的回答犹如晴天霹雳，葛思凤出了医院大门，看着孩子绝望地大哭一场。小紫珊看到妈妈哭得这么心痛，就说："妈妈，我们回家吧，我不想去医院了。"听了女儿话，葛妈妈一把把紫珊搂在怀里，"回家，你的病就治不好了，咱不能放弃！"女儿哭喊道："妈妈，我想回家。"为了不让孩子再遭罪，葛妈妈选择了放弃治疗，让剩下的日子由女儿自己安排。

　　回家的路上，小紫珊说想要看电脑，喜欢看《喜羊羊》，葛妈妈答应回家就去买，孩子一听笑了，可是妈妈的心在流泪。回到家第二天，电脑就买回来了，孩子坐在电脑前，开心地玩着游戏，看着喜欢的动画片，可这种状态也没持续多久，病情还在加重，孩子开始卧床不起，也很少吃东西。由于她不同意去医院，葛思凤只得把她放在家里，玩电脑就是她的精神寄托，看累了就歇一会儿，床头放着她喜欢的书。每当累的时候，她就闭上眼睛让妈妈念给她听，不累时就看动画片。

　　有一天，小紫珊看电视上有眼角膜捐献的新闻，就问妈妈什么意思，妈妈告诉她后，孩子当时沉默了。有一次，趁孩子清醒的时候，葛思凤问她："珊珊，你的心愿是什么？""等病好了长大了，考大学。"妈妈何尝不是这样想啊？以后的日子孩子都是半睡半醒，迷迷糊糊，电脑24小时打开，放在她睁开眼睛就能看的到的地方，每天仅靠喝点奶维持。

　　有天早上刚睡醒，小紫珊跟妈妈说："捐献眼角膜。"问她为什么，她说可以有人替她，看到美丽的东西，看到爸爸妈妈。原本坚强的父母，再也忍不住泪水，听孩子有这个想法，葛思凤和爱人杨新军开始也是不同意，爷爷奶奶也反对，亲戚朋友都在劝——不可以这样啊。经历了一个月的思想斗争和孩子的一再坚持，葛思凤心软了，和爱人及公公婆婆进行了沟通，还是含泪给安徽红十字会打去了电话。

2012年12月24日，省红十字会屈志国主任来到娄庄与家长见面，双方签订了"无偿捐献眼角膜"的同意书，因孩子是为了以后能再看爸爸妈妈一眼，所以在签同意书时，附加的条件要求见到受捐者，省红十字会代表当时就进行了承诺。12月25日，娄庄镇政府的领导听说此事后，第一时间送来了礼物和慰问金。翌日凌晨1点半，虚弱的小紫珊睡不着，对葛思凤说："妈妈，谢谢你，可以抱抱我吗？"在妈妈的怀里，她安静地看着，好像有太多的放不下，最放不下的就是她的弟弟，"弟弟在哪里？"紫珊慢慢问道，葛思凤就要去抱弟弟过来，紫珊却拉着妈妈说："不用了，弟弟睡觉了，别把他吵醒，你好好照顾他。"葛思凤含泪对她点点头，小紫珊又趴在妈妈肩头，让爸妈不要想她，葛妈妈再也控制不住自己，紧紧地将小紫珊搂在怀里，任由泪水沾湿双襟……凌晨1点40分，小紫珊带着她的种种不舍离开了家人，离开了她无限向往的世界。

闻讯而来的省红十字会的专家，取过小紫珊的眼角膜后，向捐献者的遗体深深地致敬并郑重承诺，"一定会尽快找到受捐者，能替小紫珊实现看这个美好世界的愿望。"随后，小紫珊的眼角膜成功移植给了两个眼角膜障碍患者，一个是安徽阜阳的在校大学生，另一个是江苏昆山的一位中年女士。

啊！天使眼睛，看到美丽中国，大义双亲，续写美德新章。雪摧花蕾、芙蓉枯萎，年仅五龄，遗愿宏伟。"只想读书、帮助别人。"人生长河、短暂一瞬，将失爱女、痛彻心扉，艰难抉择、义捐助人。高德母爱，思女成凤，受捐两人，重获光明。最高境界，超越亲情，回眸人间，繁花正红……看啊！河山重装点，绿野展新颜，千年古县城、劲吹文明风！你的义举引领了文明风尚，天堂的小紫姗也绽开了天使般的笑脸。

灵璧英范：贺万民

甘于奉献 乐于助人

刘万广

　　贺万民，1943 年 5 月生，中共党员，灵璧县黄湾镇三桥村人。曾任乡村基层干部、种子员、农业技术员。2019 年 9 月被评为"宿州好人"。

　　2019 年 8 月 24 日，在灵璧县黄湾镇三桥村委会大院里，村党支部书记贺振海代表村两委干部，双手从单营村村民孙恒坤和妻子骆素珍手里接过感谢信，他们专程送来感谢信是衷心感谢该村老党员、78 岁的贺万民的救命之恩。夫妻二人手指感谢信，含泪诉说着被救的那一幕，感动了大院里 30 多名干部和群众。贺万民在关键时刻显示出一位老党员不忘初心的爱民情怀，他的事迹被当地干群广为传颂。

　　2019 年 6 月 15 日，骆素珍在黄湾街东头的 201 省道旁边，被突然驶来的大货车撞倒在地，头部流血昏迷过去，有 20 多名群众在围观，大家都认为骆素珍被撞死了，有的叫喊："不要上前，不要动，保护好原地现场，等待交警来处理。"贺万民听说是汽车撞人了，急急忙忙赶到现场，他立即推开人群，看到血泊中的骆素珍，头面部还蒙上褂子，没有人敢掀、敢贴近。贺万民快步上前掀开褂子，只见骆素珍头部被撞，现出一个窟窿，还不断向外流着血，他大声喝道："什么保护现场，赶紧得争分夺秒救人要紧，赶快送医院抢救！"贺万民又快速招呼车和人进行帮忙，把骆素珍送到镇医院，经过医生们紧急施救，这位年轻妇女得救了。医生说："再晚来，失血过多就无法抢救了。"骆素珍康复出院后，就立即到处走访打听救命恩人在哪里？经过几个村庄的辗转打听，在场围观群众介绍后，才知道这位救她的老人是三桥村 78 岁的老党员贺万民，便给他所在的党支部送来感谢信，感谢贺万民的救命之恩。

　　贺万民 18 岁就任村、乡基层干部，20 岁入党，由于工作突出，多次被乡、区、县评为优秀共产党员、先进工作者。在乡任团委书记时还受到地区表彰。从青年到老年，他始终不忘初心，时时刻刻都以共产党员的标准严格要求自己，在党员中是榜样，在群众中有威望。他长期助人为乐做好事，是全村群众公认的好人。2008年3月，一辆手扶拖拉机翻倒在灵固路北侧三米多的沟里，贺万民发现后，不仅把驾驶员救上来，还找来亲朋好友把手扶机也拖到公路上，使机主无比感动，要给贺万民钱被他拒收，问他住址和姓名，要上门感谢。贺万民说："不要问我姓名，也不要感谢，你能平安到家我就放心了。"2014年3月，一辆白色轿车栽倒在灵固路南侧沟底下，贺万民遇到时就积极施救，他迅速跑到侄女家，招呼五六个邻居，用了一个多小时把人和车都救了上来。事后，这位司机两次上门要重金酬谢，都被贺万民拒绝了。

黄湾镇在开展"三线三边"环境整治中，贺万民默默地义务参加，不图名利。在每天车流量较多的灵固路上，都撒落较多的石块和其他废弃物品，贺万民每天都是及早起来步行10多里，把石块和废旧物品一个一个捡拾出去，有效保障人车运行安全。他已坚持清理路上障碍物和垃圾10多年，从不向村和镇里索取报酬，被群众称为"义务清道工"。

在村里，贺万民处处都以做好党员和群众的带头人的高标准严格要求自己，受到党员和群众们的一致夸赞。他首先带头做好一名优秀党员，认真完成党支部安排的学习习近平新时代中国特色社会主义思想，除按时参加党支部组织的集体学习外，还坚持自学。党的十九大后，他系统地学习了党章和习近平新时代中国特色社会主义理论系列书籍，写下了多本学习笔记。在党支部安排的工作中，贺万民都是带头去完成，全力支持村两委的各项工作，按时参加"三会一课"和党支部组织的各项活动，多次被评为优秀党员。由于贺万民多年从事农技推广和种子工作，他自学成才被评为高级农艺师，对农技推广和种子工作有着较高理论研究和实践水平，群众称为农业专家和育种能人，为农业发展和集体、农民增收作出了突出贡献。多年来，他一直坚持为农民送技术、送良种上门服务，还对家庭有困难的农民采取赊给良种，使困难群众没有钱也能不误农时的种好田，获得好收成，带来好收益。多年来，他入户送技术、送良种超过2000多户，免费到庄开展农技讲课400多场，发放宣传技术资料5000多份。退休后，他仍然为群众宣讲科学种田技术和知识，把报刊上的科技知识抄录下来，向群众宣传，有的村请他作报告，使广大农民既学习到农业技术，又获得农业丰收，为农村振兴作出了新贡献。

灵璧英范：胡启珍

母爱如天

刘万广

胡启珍，女，1960年生，黄湾镇砂坝村刘沟村民组农民，她不顾自己多年重病，毅然决定，割掉自己的一个肾，来挽救儿子的生命，无私母爱的举动，不仅在就医的省城引起震动，更是感动了家乡亲邻，大家纷纷夸赞她，敬仰她。

胡启珍只有小学文化程度，是一位很普通的农村妇女，2015年她55岁，她丈夫刘朝政，文盲，已60岁，因为身体一直瘦弱多病，在胃穿孔手术后，无法干体力农活，胡启珍就成了家里的顶梁柱。她的大儿子叫刘平安，当年24岁，与媳妇一起在湖州务工多年，已结婚生子。因创业办服装店，刘平安长时间紧张劳累，他身体开始出现状况，但他并没有顾及身体不适的反应。2015年春节后，刘平安走进当地医院进行检查，被医生诊断为肾衰竭、尿毒症晚期。全家人都吓蒙了，急速筹钱住院治疗，在很短的时间内就花完了务工积蓄，只好转到本地县医院做透析治疗，全家人到处借钱，来维持透析费用。但是，刘平安的病情并没有好转，吃不下饭，还在加重，唯一能挽救儿子生命的办法是手术换肾。在无钱买肾的情况下，只有用亲人的肾。胡启珍毅然要求割下自己的肾，来换取儿子的生命，经过医院化验，胡启珍的肾与儿子匹配成功。医生虽然受感动，但更是担心胡启珍的身体难以支撑，因为她患肝胆管结石多年，只因无钱一直无法手术，天天忍受痛苦，不为自己大病做手术，而要坚持为儿子割肾做大手术，主刀手术的医生被感动得两眼涌潮，向胡启珍伸出拇指说了一句："世上只有妈妈好！"

2015年6月8日，胡启珍被推进省立医院手术台，经过长达9个小时的手术，她的肾被成功取下。又经过11个小时手术，胡启珍的肾被成功地移在儿子的身上。两人手术费共花去18万元。胡启珍割肾救子的举动在手术前就感动了省城人，省电视台进行专访报道，一位服装业老板看了电视深受感动，一次捐助10万元作为她母子的手术费，还有些好心人也在捐助，加上胡启珍和儿媳到处跪求向亲朋好友借一部分，才勉强凑齐手术费。到8月，为刘平安治疗共花去30多万元费用，换肾后，经过一个多月的治疗，刘平安的病情大有好转，已能吃饭，不用透析了。但是，服药费用已然过高，每月都在3000多元。割肾手术后，胡启珍顾不上疗养休息，更无钱补养，天天不停地冒着高温，到处奔波，为儿子去跪、去求、去向更多的好心人讨要吃药钱。她流着泪向庄邻说，儿子需终身服药，我要终身为他挣钱吃药。医生看到胡启珍大手术后无补养、不休息，又为儿子讨药费，又受感动了，赞扬她是农妇中"第一奇母"。

胡启珍割肾救子的事迹感动了家乡的干部群众，镇村领导给她家建档立卡作为贫困户进行包扶，办理低保，发给5000元扶持产业发展资金，帮她家买了一头牛进行饲养，使她家生活发生了很大变化。镇宣传办积极向县文明办进行推荐，2016年7月，胡启珍被评为"宿州好人"。

灵璧英范：张良林

皖北"养鸡大王"

马香俊

提起"皖北养鸡大王"张良林，在灵璧县几乎无人不晓，而他的创业经历却鲜为人知。他是本县大庙乡人，1958年3月出生于普通农民家庭。他自幼上学读书，1976年高中毕业，年底他积极报名参加征兵，体检和政审合格，如愿以偿地当上了一名光荣的中国人民解放军战士。他在铁道兵89211部队修理营三连服役8年，驻军在北京市密云水库变电所。1984年铁道兵部队整建制转入铁道部，他当铁路工人又干了7年。1991年4月他从北京调动回到原籍，在灵璧县丝绸厂当电工。时间不长，就赶上了工业"破三铁"、商业"四放开"的大潮，1993年张良林下岗失业了。于是他回到了老家大庙乡齐张村，夫妻俩一边种地，一边跟着养鸡专业户学习养鸡技术。

20世纪80年代后期到90年代，灵璧县兴起了养鸡热，涌现出一些养鸡专业户，每户大多养鸡500只、1000只。张良林也是从饲养500只良种产蛋母鸡开始，通过小规模的饲养来摸索养鸡的经验。养鸡规模小，成本少、风险也低。张良林干一行、爱一行、钻研一行，他刻苦学习科学养鸡知识、鸡病防治技术，使他的小规模养鸡试验获得了成功。1995年，张良林来到工作过的地方——县丝绸厂，租赁闲置厂房养鸡，养鸡存栏量达到上万只。养鸡业的稳步发展和成功，给张良林增添了信心和力量，同时也让他感到知识的缺乏，必须充电！他自费到外地现代化养鸡场学习3个月，学习现代化养鸡场的规划布局和鸡舍建设，学习种鸡的饲养管理、操作规程，学习用电孵箱孵化雏鸡技术。他如饥似渴地学习现代化养鸡流程，通过学习，他开阔了眼界，认准了方向，下决心在养鸡业上大干一场。1997年，张良林在离县城最近的虞姬乡政府附近，租赁几十亩土地建设比较规范的养鸡场，开始饲养种鸡。他购置了两台电孵箱孵化雏鸡，雏鸡苗对外销售。同时，他还向养鸡户进行技术指导，帮助养鸡户搞好鸡舍防疫和鸡病防治。优质的售后服务赢得了养鸡户的信赖，越来越多的养鸡户成为他的固定客户。

张良林从媒体上得知外地有各种养殖专业协会，于是他在1999年8月18日成立了灵璧县第一家养鸡专业协会——虞姬养鸡协会。经过两年时间的发展壮大，协会的服务范围扩大到灵璧县各乡镇，以及毗邻的本省泗县和江苏省睢宁县等地。协会会员也由最初的19户发展到1000多户。张良林从军8年，在部队里入党，他知道毛主席的建军思想核心是"党支部建在连上"。他通过了解发现在协会会员中，仅虞姬乡就有10多名中共党员，便向虞姬乡党委提交报告，申请成立虞姬养鸡协会党支部。虞姬乡党委认为这是党组织发展的一个大胆创新，经过慎重的研究正式下文批准成立"虞姬养鸡协会党支部"。2001年10月22日，虞姬养鸡协会党支部召开全体党员大会，选举张良林同志担任党支部书记。

2002年11月，中国共产党第十六次全国代表大会召开。十六大报告中提出：要在民营组织中建立党组织。2003年初，灵璧县科学技术协会党组把虞姬养鸡协会在协会中建立党支部的先进典型，写出书面材料上报中共灵璧县委组织部。县委组织部为了向全县推广虞姬养鸡协会建立党支部的新鲜经验，于2003年8月下发红头文件并且召开全县各乡镇组织委员会议，要求在全县各类（种植业、养殖业、加工业等）农村专业技术协会中，根据实有党员人数建立党支部或者党小组。灵璧县科协又进一步的深入调查研究，总结撰写出《协会之上党旗飘》的文章，上报宿州市、安徽省和中国科学技术协会。中国科协安排灵璧县科协主席，在四川成都召开的全国经验交流大会上做典型发言。安徽省灵璧县虞姬养鸡协会，先后被中国科协评为"全国优秀农技协"（"农技协"是农村专业技术协会的简称）、"全国科普惠农兴村先进单位"，张良林同志获得"全国优秀科技工作者"殊荣，协会和个人还获得奖金30万元。2010年11月，在第十七届中国杨凌农业高新技术博览会上，张良林同志代表中国农民发表演讲，向来自27个国家和地区的嘉宾介绍虞姬养鸡协会的管理经验。

虞姬养鸡协会成立21年来，滚雪球式的发展壮大，至今已拥有3163个会员，分布于全国23个省109个县。协会建基地（养鸡场）、办公司（灵璧县林汇家禽育种有限公司）、搞研发（研发富硒产品），已经发展成为"协会＋基地＋公司＋农户"的农业产业化示范联合体。协会现有总资产一亿元，年产值1.8亿元，年创利税1000万元。协会总部位于安徽省灵璧县虞姬乡政府驻地斜对面，坐南面北，占地面积200亩。科普惠农服务站大楼（五层）和良种雏鸡孵化大楼（四层）并排在大门两侧耸立。两座大楼中间有一条南北长280米的主干道。沿着主干道向南走进第一道大门，大门下面是消毒池，过了消毒池进入生产区。生产区是在南北主干道两旁建设的标准化鸡舍，分别建设1000平方米的育雏鸡舍、2000平方米的青年鸡舍、10000平方米的成年种鸡舍，存栏蛋鸡、种鸡10万只。养鸡场实行封闭式管理、电脑监控，自动上料，自动供水，科学防疫。现代化的饲养管理水平在安徽省内领先。雏鸡孵化实现完全自动化，从种蛋进入孵化器到 21 天雏鸡出孵化器全流程恒温控制，目前已经处在国内领先水平。

张良林同志下岗以后自谋职业，从事养鸡事业，不但自己脱贫致富了，而且带动众多的农户发展养鸡业，走上了脱贫致富奔小康的康庄大道。"决胜全面小康，决战脱贫攻坚"，这是党中央的庄严承诺，也是全国人民责无旁贷的事业。张良林和他的养鸡协会，把帮助贫困户脱贫当作义不容辞的责任，义无反顾地投入到脱贫攻坚战的主战场中去。虞姬养鸡协会把本县 8 个乡镇的 12 个重点贫困村作为扶贫基地，把这 12 个贫困村的 634 个建档立卡贫困户作为帮扶对象。为贫困户举办养鸡技术培训班 52 期，发放"养鸡技术手册"2000 余册，免费送良种雏鸡苗 154500 只，合计投入扶贫资金 120 万元。鸡苗发放之后，协会派技术员跟踪服务，对贫困户养鸡进行技术指导，落实防疫措施。并且对贫困户优惠 5% 供应饲料，优惠 10% 提供药品。贫困户饲养的成年鸡出栏，如果出现滞销情况，协会实行保护价回收。协会还捐资 2.4 万元给大庙乡齐张村，帮扶贫困村进行新农村建设，把齐张村建设成为文明社区。

20 多年来，中共中央农村工作领导小组局长张建军、中国农技协理事长吕飞杰、原中共安徽省委副书记张平、原安徽省政府副省长卢家丰和安徽省科协主席、副主席等领导同志曾经亲临灵璧县虞姬养鸡协会视察和指导工作。虞姬养鸡协会共获得国家部委以及省、市、县颁发的奖牌 22 块；协会会长、党支部书记张良林同志获得"全国优秀科技工作者"（2010 年 12 月）、"全省优秀共产党员"（2006 年 6 月）、"宿州市劳动模范"（2004 年 4 月）等荣誉称号 14 个。

灵璧英范：鲍真吾

巾帼"老先生"

高　健

　　鲍真吾，生于 1903 年，祖籍灵璧县灵城镇。1913 年，鲍真吾首期入学县立女子初级小学就读。她在同学中年龄偏大，身材较高，她学习勤奋、自觉刻苦，学业成绩优秀，尊师爱友，有很强的组织能力，深受师生好评。

　　毕业后，鲍真吾留校任教，仍然保持勤勤恳恳、兢兢业业的学风和作风。抗日战争爆发后，学校停办，她与留守同仁一道照看保护校产。

　　1939 年春，日伪县政府恢复办学，聘请鲍真吾于灵璧县模范小学任教。在她所担任的学科中，鲍真吾巧妙地融入对学生的爱国主义教育，她一直用自己的方式与日本侵略者进行抗争，直至抗日战争胜利。

　　1945 年秋，鲍真吾先生在中国共产党创办的灵璧县新华小学任教，她以"拥护人民民主政权""拥护共产党""工农团结""妇女翻身解放""人民当家作主""破除封建制度"等先进思想来教育学生。1946 年解放战争爆发，同年冬中共灵璧县委机关及县大队战略转移东撤，新华小学停办。此后，她又任教于灵璧县中正小学，直至 1948 年灵璧县城第二次解放。

　　1949 年初，鲍真吾先生应灵璧县人民政府之邀，参与商讨恢复办学大计，并在当时的灵璧县第一小学任教，至 1951 年调任灵璧县娄庄小学校长职务。1953 年，鲍真吾调至灵璧县乡村师范附小（1954 年更名为灵璧县第一小学，即今实验小学）任教至 1956 年。

　　1957 年，鲍真吾先生奉调灵城东关三小任教。是年当选人民代表，出席灵璧县第二届人民代表大会。直至 1980 年，鲍真吾于东关小学退休，时年 78 岁。鲍真吾先生于 1999 年病逝，享年 97 岁。

　　鲍真吾老先生退休之后，仍然心系教育事业，热情地向青年教师传授教育教学经验，培养后继人才。她经常走访学生家长，征求意见建议，向有关领导和学校负责同志及时反映情况并且进行沟通，探讨解决办法，受到社会各界人士爱戴和赞誉。

鲍真吾先生一生光明磊落，为人正直，把毕生的心血奉献给家乡的初等教育事业。在长达60余年的教育教学生涯中，她甘于清贫，辛勤工作，治学严谨，桃李满园。她终身无儿无女，视学生如同自己的孩子。灵城地区有许多家庭祖孙三四代都是她的学生。因此，众人都尊称她为"老先生"。

鲍真吾逝世后，几代莘莘学子前往吊唁恩师，颂扬她"为人正直、师德高尚、默默奉献、无怨无悔"的高尚品格。

灵璧英范：宋永状

忠勇只为报党恩

宋永状，1918年11月生，山东省蓬莱县人。幼读私塾，青少年时期学做生意，当过店员。1940年5月，他怀着报国之志加入抗日革命队伍。在长期的武装斗争中，他英勇顽强，不怕牺牲，多次荣立战功。

1941年10月任副班长时，在莱阳寨子战斗中立下战功，受到上级的物质奖励。1942年1月提升为班长后，他的思想进步很快，于同年5月1日光荣加入中国共产党，5月下旬随部队攻打莱阳佐村顽军据点，在战斗中，他担任突击班长，带领战士勇猛地冲到敌人圩壕下，正当他准备最后突击时，其头部被敌人手榴弹炸伤，在后方医院昏迷三天后才苏醒过来。痊愈后，他立即归队，继续坚持武装斗争。1944年1月，任分队长时，他主动配合蓬莱县大队打击敌人，曾勇夺敌人短枪1支，步骑枪2支，打死敌伪军4人，为此获县大队发给的奖金。1947年2月，到胶东军政大学学习，在学习的3个月当中，他积极参加生产劳动，荣立劳动三等功一次。1949年3月，部队被编入第8兵团警卫团，他任团警卫团3营8连排长，4月随军南下，参加渡江战役。南京解放后，他所在部队整编为公安总队，经过轮训后，升任副连长，后任连长。

1953 年 1 月，宋永状随部队移驻皖北，担任看押囚犯劳动改造任务。他坚决执行命令，认真进行军事训练，严格布设警戒，出色地完成了上级交给的任务。1954 年，宋永状升任营参谋长。1955 年 6 月获中国人民解放军南京公安总队颁发的三级独立自由勋章和解放奖章各一枚，1955 年 10 月升为副营级，并获大尉军衔。

1958 年 3 月，宋永状转业到地方工作，先后在宿县通用机械厂、固镇通用机械厂、灵璧县印刷厂、灵璧县服装社、灵西闸管理所工作，曾任闸管所副所长、党支部书记等职。1980 年 12 月离休，享受县级政治生活待遇。

宋永状始终对党忠诚，襟怀坦白，光明磊落。党的十一届三中全会后，他拥护党的改革开放的方针政策，对工作一贯积极负责、勤勤恳恳、廉洁奉公，向来不以功臣自居。尤其是在晚年，在任灵西闸副所长时，与干部和工人通力合作，管好用好水利工程设施，充分发挥其应有的效能，为服务于灵璧的工农业生产，作出了自己的贡献。在病中，他仍关注国家大事，关心着本单位的工作，他把自己的毕生精力献给了党，献给了革命和社会主义建设事业。

1988 年 8 月 16 日，宋永状同志不幸病逝，终年 71 岁。

（县政协办公室　供稿）

灵璧英范：尤瑞芹

磬乡的南丁格尔

马香俊

"灵璧县有人评上主任护师了！"喜讯在灵璧县卫生系统不胫而走，迅速传播开来。这位能够在全省护理专业技术职称评审中脱颖而出，晋升为正高级护理职称——主任护师的，是灵璧县人民医院骨科护士长尤瑞芹同志。人们带着好奇的心情，探讨她取得成功的奥秘。我有幸采访了她，从与她的交谈中，我看到了一个奋斗者的足迹。

尤瑞芹出生在灵璧县游集镇一个农民家庭里。她上面有 3 个姐姐一个哥哥，下面有 3 个妹妹一个弟弟，兄弟姊妹九人靠着在生产队里劳动挣工分的父母亲抚养，其家庭生活困难状况可想而知。在困境中，她发愤读书，1979 年初中毕业，一举考上了宿县地区卫生学校护理专业。为什么她不选择上高中、考大学，而要选择上中专呢？是她的学习成绩平平吗？不是的。恰恰是她的学习成绩优秀，才被中专学校录取的。那个时候灵璧县的中考录取顺序是：优先录取中专学校，然后是灵璧一中、二中、三中、各乡镇中学。当时中专学校的录取率很低，也是百里挑一挑二的。农村娃能够考取中专，就能转为非农业户口，在校学习期间国家包生活费，毕业分配在机关单位工作，是国家干部身份。在兄弟姊妹九人中，有一个人跳出农家门，端上铁饭碗，足以让整个家庭蓬荜生辉，全村人沾上喜气，传为佳话。

尤瑞芹在宿地卫校（现宿州卫校），经过 3 年的护理专业系统理论学习和临床实习，毕业时直接分配到灵璧县人民医院工作，在儿科护理部成为一名白衣天使。白衣天使的称号是骄人的，但白衣天使的工作又是辛苦的。每天要从为病人铺床叠被换床单做起，定时为病人测量体温、脉搏、呼吸，遵照医嘱为病人发药、打针、输液，严格执行护理操作规程，做到"三查七对"，避免发生医疗事故。每一位护士都要主班、主治、护理岗位轮换，白班、夜班、中午班、早晚两头班轮流上。特别是上夜班实行"七大七小"，即一位护士连续上 7 个小夜班（上半夜），另一位护士连续上 7 个大夜班（下半夜），上了七天两人交换班次。并且护士在值班室坚守岗位，坚决不准睡觉。那时候病房没有空调，忍受严寒酷暑，"七大七小"夜班上完，人熬得面黄肌瘦，好像生了一场大病。

尤瑞芹在儿科护理部整整干了 13 年。她虚心向护士长和同行的姐妹们学习，扎扎实实地苦练护理基本功，练就一身过硬本领。小儿头皮静脉针是儿科护理工作的难点。每个患儿有几个家长陪伴，如果不能一针见血就会遭到家长埋怨，甚至辱骂。经过勤学苦练，尤瑞芹很快成为技术操作能手。她多次代表灵璧县人民医院参加地（市）、县护理技术操作比赛和护理知识竞赛，并且取得优异成绩，为灵璧县护理界争了光。

1995 年，尤瑞芹迎来了"双喜临门"。她光荣地加入了中国共产党，并且提拔担任传染科护士长。这意味着她的担子重了，责任大了。县医院每个临床科室配备科主任、副主任，由医生担任，护理部配备护士长、副护士长。作为护士长既要接受县医院总护理部领导的安排，把本科室护理部工作组织开展好；又要主动配合科主任的工作，协调好医护关系，共同把本科室的工作抓好。医生的医疗工作与护士的护理工作密不可分，如果说医生是红花，那么护士就是绿叶，要想红花开得鲜艳，必须有绿叶的光合作用产生、输送养分。医生和护士的服务对象是病人，而需要面对的不仅仅是病人，还有病人的亲属，所以医生和护士的医疗技术水平高低、服务态度如何，直接体现在医患关系上面。县医院传染科令人们避之不及、谈之色变。长期的住院病人有甲肝、乙肝、丙肝、肺结核等患者，季节性住院病人有流行性脑膜炎、小儿结核性脑膜炎等传染病患者。传染科护理部人员除了要做好对病人的常规治疗和护理工作，特别要做好人员隔离和病区消毒工作，预防医院内部交叉感染。并且有时传染病发病急，来势凶猛，死亡率高，导致入院病人急剧增加，医生和护士需要加班加点的工作，及时抢救病人，努力降低死亡率。尤瑞芹同志带领传染科护理部全体人员，视病人如亲人，尽职尽责地做好护理工作，深入细致地做好病人及其亲属的思想工作，使医患关系处得和谐融洽，避免医闹事件的发生。

1998 年，尤瑞芹调任骨科护士长。一般说来，在医院内部儿科、传染科属于大内科序列，而骨科属于大外科序列。从大内科转岗到大外科，跨度是比较大的，况且她原来在卫校学习的外科护理知识基本忘光了，没有忘的也过时了。于是，她夜以继日地潜心学习外科护理知识和操作规程，尽快适应新的工作环境，胜任新的工作岗位。随着经济的快速发展，交通事故增多，骨科急诊复合伤增加，患者伤情复杂、严重，致残率和病死率极高。面对众多的病危患者，尤瑞芹以高度的责任心和争分夺秒的精神，迅速组织护理人员参加抢救，最大限度地提高抢救成功率，降低死亡率，为进一步全面救治赢得时间，为患者后期康复打下良好的基础。由于骨科患者大多是被动、被迫体位，易发生便秘、压疮等情况，骨科护理部针对高位截瘫、骨盆骨折、脊柱骨折以及长期卧床、昏迷的患者，因人施策制定个性化护理措施，达到精准护理效果。

2010年4月至6月，尤瑞芹参加了安徽省第二届"护士长管理理论与实践培训班"。回来后，她积极开展以"落实基础护理、提高满意服务"为主题的"优质护理示范工程"活动，带领全科室护理人员认真学习上级文件精神，结合骨科临床护理工作实际，从细微入手，为患者喂水、喂药、喂饭、洗头、洗脚、擦身等，尽其所能为患者提供温馨、舒适、优雅的住院环境和亲情般的关爱，加强护患沟通，提高护理服务质量，达到了"患者满意、亲属满意、护士满意、医生满意、医院满意、社会满意"的"六个满意"目标。从而把骨科病房创建成为"优质护理模范病房"，骨科被县医院评为先进科室。近年来，在安徽医科大学、蚌埠医学院专家的指导下，县医院骨科开展了"膝关节镜微创手术治疗膝关节病""椎间孔镜微创手术治疗椎间盘突出"等新的医疗技术临床应用。尤瑞芹带领骨科护理部积极配合医生，耐心做好患者及其亲属的思想工作，精心细致地做好"围手术期护理"，以保证新技术顺利施行并且取得良好效果。骨科护理部学习外地先进经验，主动开展了"VSD负压引流护理技术""静脉血栓栓塞护理技术"和"疼痛模式病房管理""快速康复理念在骨科术后的应用"等新的护理理念、模式、技术的临床应用，从而使骨科护理工作的技术水平和服务质量跃上了一个新台阶。

也是从1995年起，尤瑞芹受聘于灵璧县卫生学校中专班和安徽理工大学灵璧教学点专科班、本科班任教师。担任《基础护理学》《儿科护理学》《传染科护理学》《外科护理学》《护理学导论》《护理管理》等课程的教学工作。常言道："要教给学生一桶水，老师自己需有十桶水。"为了提高自身的教学水平，尤瑞芹刻苦自学高等护理专业十几门课程，于1999年取得了蚌埠医学院护理专科自学考试大专文凭，2006年又获得了蚌埠医学院护理专业自学考试本科文凭。在医院临床护理和卫校教学工作中，她注重理论结合实践，认真总结经验，撰写了数十篇护理专业论文，参加省、市护理学会年会进行交流学习，发表在各级护理刊物上。其中在国家级刊物上发表四篇：《氧气湿化瓶清洗、消毒、保存有效方法研究》《老年股骨颈骨折的康复护理》《急诊开放伤口创面冲洗预防伤口感染》《人工全髋关节置换术的康复训练指导与护理分析》。由于她工作踏实、成绩突出，获得了"人民满意护士""三八红旗手""优秀教师"和中共灵璧县委授予的"优秀共产党员"等荣誉。

一个人必须经过一番刻苦奋斗，才会有所成就。尤瑞芹坚持不懈地努力奋斗，让她最终摘取了护理专业正高级职称的桂冠。她于 1997 年被评定为主管护师（中级），2012 年晋升为副主任护师（副高级），2018 年晋升为主任护师（正高级）。到目前为止，在县（市、区）二级医院中，已经获得主任护师职称的人员，尤瑞芹是灵璧县第一人。

尤瑞芹同志说："白衣天使属于病房。"是的，她从参加工作的第一天起直到现在，始终在平凡的临床护理一线工作。37 年 13000 多个日日夜夜，她的奋斗足迹留在了灵璧县人民医院儿科、传染科、骨科的病房里。她以南丁格尔为学习榜样，她就是新时代的南丁格尔！

灵璧英范：张志军

用爱书写完美

张志军，1993 年 7 月出生，灵璧县尹集镇人，共青团员，大学文化，艺术学学士。他先天肢体残疾，但他自强不息，学业事业有成，现为宿州市师一培训学校的负责人。

在日常生活和工作中，张志军总是在思想上严格要求自己，时刻以"与时俱进，开拓创新"的时代精神自勉，他立足本职工作，在教育事业中时时以"爱心、耐心、细心"贯穿工作的始终，去关心每一位学员，让每一位学员都绽放出应有的光芒。6 年来，他共免除了 50 位困难学员的学习费用。张志军的培训机构从事的是成人教育工作，6 年来，学校共培养学员 2000 余人，为灵璧教育事业乃至皖北教育事业，输送了大量人才。2019年，张志军荣获团县委和人社局两家单位颁发的"全县青年岗位能手"称号，2020年，他又获得团市委和市人社局两家单位颁发的"全市青年岗位能手"称号。

张志军还是一名自媒体工作者，平时活跃在网络上，通过自己的自媒体平台宣传灵璧，服务灵璧。2018年6月，一名因工地受伤造成伤残的农民工未得到合理的补偿，张志军通过微博的呼吁及关注，很快使该企业迅速联系当事人，妥善处理了此事。张志军经常受邀参加宿州市委宣传部、灵璧县委宣传部组织的各类活动，积极配合政府宣传，传播社会正能量。张志军在担任政协社情民意代表期间，广泛收集社情民意，为民代言，帮助老百姓解决多项民生问题，得到县委、县政府的高度重视。

张志军虽身有残疾，但国家和时代给了他良好的发展机遇，美好生活促使他暗下决心要回报社会。2019年，一个偶然的机会，他了解到灵璧县虞姬乡陈埝村有一些留守儿童在学习生活上有困难，他没有犹豫，立刻自筹资金，给留守儿童送去价值2000多元的书包、铅笔、本子、图书等学习用品，让留守儿童的学习生活有了保障，也让留守儿童感受到社会的温暖。

2019年8月，张志军又在灵璧团县委的号召下捐资助学，帮助两名家庭困难的大学生。这两个家庭，都是残疾人家庭，家中生活拮据，拿着录取通知书，这两个家庭陷入了矛盾之中，家中实在是拿不出孩子上大学的钱了。张志军给每人捐助了2000元钱，让他们没有因贫困而失学，也给了他们重新发展的机会。张志军也荣获了灵璧团县委、灵璧教体局、灵璧扶贫办等5家单位表彰的"爱心企业"称号。

2020年，新冠疫情突然袭来，因疫情影响，人民群众的工作、生活、学习都受到冲击。为了共同抗击疫情，社区、街道都设立劝导台、值班岗，大量工作人员冒着危险坚守工作岗位。但是，由于疫情突然，物资短缺，食品告急，口罩告急，很多防疫人员的防护用品都不能得到保障，从而影响了疫情防控工作。这时候，很多人都在捐款、捐物，张志军在自己力所能及的情况下，向灵璧蓝天应急救援队以及社区分别捐赠了价值1000多元的口罩及食品等物资，帮助他们应对疫情，做好疫情防控工作。疫情还使一些种植养殖户、农村企业受到冲击，让他们的销售陷入困境。张志军利用自己所学，通过腾讯直播的线上方式，帮助灵璧县浩园果蔬种植合作社、灵璧七稀商贸以及灵南生态三家企业进行网上销售，较好地解决了农副产品因疫情而滞销的问题。

张志军勤奋学习，时刻不忘提升自己的个人素养，以更好地服务社会。2018年3月，他参加灵璧县残联组织的演讲比赛获三等奖，2018年6月参加灵璧县人社局组织的全县创业大赛获三等奖，同月，参加宿州市残疾人技能大赛获摄影组三等奖。由于张志军勤于奉献，表现优异，2019年1月，他获得灵璧县政协"优秀社情民意信息员"称号。2019年12月，再获灵璧县政协"优秀社情民意信息员"。2020年，获得宿州市"优秀青年企业家""优秀会员"称号。2020年7月，他获得"宿州好人"称号，2021年获得灵璧县"优秀共青团员"称号。面对荣誉，张志军说，虽然自己很努力，但还不够尽善尽美，今后一定会努力再努力，为社会传播正能量，更多地服务百姓，为社会尽一份微薄之力。

（县政协办公室　供稿）

灵璧英范：周言华

三代同谱文明曲

周宗谋

俗话说："婆媳关系最难处，弄不好连邻居都不如。"可是在灵璧县禅堂乡黄桥村周言华家，却呈现出不一般的景象。39年来，周言华与婆婆王韩氏，15年来她又与儿媳倪晓云，三代媳妇同吃一锅饭，没有听到她们的锅碗瓢勺交响曲中有一点点"杂音"，她家成为十里八村乡亲们都羡慕的好家庭。她的事迹在十里八村产生很大影响，2017年，周言华被评为"灵璧好人"。

周言华年近七旬，结婚来到王家已经43年，多年来她视婆母如亲母，努力尽儿媳妇的义务。言华深知婆婆一生含辛茹苦把5个子女抚养成人成家不容易。过门后她们娘俩能互相理解与支持，遇事就在一起商量，大到家庭比较大的经济开销，小到买个油盐酱醋，从没有去争长道短。老人该添衣服，言华老早就给安排好，老人有个伤风感冒，言华也是跑前跑后照顾老人。

2009年老人患了脑积水，言华在城里带孩子上学，听到消息把孩子交给熟人照看，马上往家里赶。见到婆婆抱着就哭，"老天爷你怎么这么不公，怎么让俺娘得这样的病？"婆婆虽然有病，头脑还是清醒的，看到儿媳言华这样就劝道："乖孩子，别哭了，你们哭老娘我心里也不好受！"老人治疗需要在附近医院打针吊水，言华就与家人一起精心照顾。婆婆牙口好，有一天想吃炕饼了。言华到了做饼的地方，人家卖完了。言华自言自语地说："俺娘肯吃炕饼，这买不到怎么办？"正在吃炕饼的顾客听到后，问道："你是买给你娘吃的吗？""不，是俺婆家的娘！"那位还有准备带回家的炕饼，知道情况后也感到稀奇，人家媳妇都是顾着娘家的妈妈，没有看到还有想着婆婆的人？于是就招呼道："喂，把我准备带回去的炕饼拿走吧，好了却你的心愿。"言华拿到炕饼要给钱，那位顾客说什么也不要，说就凭你这点对婆婆的孝心，我这块炕饼也该给你。

婆婆在这个医院住了10多天，还是不见明显效果，转到徐州医院。在徐州医院需要动脑积水导流手术，医生担心老人年纪大会有风险，言华和儿子商量，老人平时做轻体力活多，体质很好，做这样的手术应该不会有多大问题。儿子春高代表家人与医生"谈判"，按照医院常规，80岁老人做这样的手术，出问题的概率比较高。春高央求医生说："你们大胆给老人做吧！哪怕是下不了手术台，也算我们家人对老人家尽了心。"经过手术，老人恢复很快，直到现在老人的身板还很硬朗，轻微家务照做不误。

2014年周言华的丈夫病逝，婆婆悲痛不已，哭得死去活来。言华她强压内心的伤痛，安慰婆婆，他不在了，还有我们娘几个在，我还会好好照顾你老人家的。在言华和家人的安慰与精心照顾下，老人渐渐地从悲痛的阴影中走了出来，继续与儿媳孙媳一起，面对新的家庭生活。

　　儿媳妇倪晓云结婚 15 年来，也从内心佩服婆婆孝顺奶奶，就以婆婆为榜样，把婆家的奶奶看作是亲奶奶，把婆婆看作是自己的亲娘。平时看到奶奶和婆婆这么辛苦，遇到家务活争着做，哪怕是坐月子期间也是与婆婆争着去做自己能做的家务活。奶奶爱吃什么了，晓云就熟记在心，走娘家回来总要给奶奶带来糕点等一些好吃的。

　　晓云在外与丈夫一起打工，没有超过一周时间不打电话询问奶奶和婆婆身体情况的。晓云上次回来家给父亲上坟，也没有忘记给奶奶 300 多元零花钱。奶奶不要，晓云就把整钱换成零的给奶奶，她说俺奶拿 100 的票子舍不得花，我就给她零钱花。她说："用良心善待两代老人是我的本分。"

　　在与周言华聊天时，她还给我讲了这么一件事，2017 年 8 月的一天，她和婆婆一家人去禅堂赶集。走到一个卖香瓜的车子前买瓜，"你买给谁吃的？" "给俺娘" "哪头的娘呀" "婆家的娘。" 简短的交流后，卖瓜人收了钱后又拿出一个稍微大一点的香瓜放到言华的篮子里。"怎么回事？" 言华不解地问。卖瓜的说道："我还没有看到专门买瓜给老婆婆吃的？人家媳妇想着的都是娘家妈，可你想着却是婆母娘？这瓜就算我送给你的了。"

灵璧英范：朱新涛

"野外救星" 爱心奉献

　　2014 年 8 月 3 日 16 时 30 分，云南省昭通市鲁甸县发生 6.5 级地震，100 多万人受灾，600 多人死亡……近万名解放军、武警部队官兵及来自全国各地的专业救援队伍奔赴灾区一线抗震救灾，灾情牵动着全国人民的心。

　　眼尖的深圳人又一次在电视里看到了让本市人民骄傲的"深圳山地救援队" 队员们在灾区救援时忙碌的身影，甚至有物业人对着电视惊讶失声："咦，走在队伍前面的那不是抱朴物业的朱新涛朱总？"

是的，那是朱新涛！深圳市抱朴物业服务有限公司年轻的总经理、"深圳市公益救援志愿者联合会"创会发起人之一及深圳山地救援队行政外联部外联负责人。8年多来，朱新涛和他救援队的志愿者战友们一起，秉承"有警必接，有难必救"的原则，在数十次山地抢险救援中，拯救了数十条生命，被深圳人民称为"野外救星"。此外，作为接受过"中国国际救援队"特训的专业救援队伍，他们先后参加了"5·12汶川大地震""2010年玉树地震""2013年广东潮南水灾"等大型自然灾害的一线救援工作，为灾区救援工作作出了突出的贡献！他们专业高效的救援工作和无私奉献的大爱精神，多次受到国家地震局及有关省、市领导的赞扬！他们的感人事迹，被包括中央电视台在内的国内多家媒体相继报道。

这一次，朱新涛又一次放下手头正在忙碌的工作，和队友们第一时间出现在鲁甸灾区。

我从来不觉得自己是英雄

在深圳山地救援队，朱新涛一方面是对外联络人，负责配合深圳山地救援委员会对外（媒体、政府部门和社会企事业单位等）联络、沟通等工作；另一方面，他也是技术骨干。朱新涛曾被选派到"中国国际救援队"接受专业的地震救援训练，技能全面，所以每次重大任务中，去前线救援的名单中也总是有他。

接到救援队发出的"（5RBW）（一级救灾）云南昭通救援报备"的指令时，朱新涛正在与客户洽谈一个重要项目的合同事宜。看完指令后，他首先想到的是以广东省灵璧商会秘书长的名义，请求会长组织筹款及筹集救灾物资——朱新涛是安徽省灵璧县人，然后才匆匆与客户做了交代，又匆匆离去。

"不担心这个项目就这样丢了吗？"事后有人问他。"当然担心了……跟了这么久的项目，客户也急着赶紧定了物业公司后好销售——深圳规定必需选定物业公司才能开始销售。其实不仅我急，对于甲方来说也是比较急的事。"可他还是把这些放下就走了。

安顿家里、安排公司事宜、紧急募捐……朱新涛在半天多的时间里紧张、紧凑又有条不紊地做完了所有的安排。特别值得一提的是，在如此紧急救援的情况下，灵璧广东商会在会长张帆、副会长倪伟、谷勇、名誉会长陈德启等共同努力下，当天就筹集了近20万元的物资，并通过深圳山地救援队把物资运往灾区。

救援工作中，朱新涛有一次"奇遇"。那是一天晚上11点左右，救援队回到驻地后，朱新涛照例外出去找当地村、镇的有关领导和干部联络沟通第二天的救援工作，在路边遇见了一个老人家。老人家问他："你们这些志愿者救援队为什么要来这里？"朱新涛想了想说："虽然是志愿者，但我们掌握了目前国家最先进的救援技术，事实上大家也看到了，我们做的并不比军队差。"接着他们就各类救援战略进行了交流，最后，老人家问他："你现在有什么困难或要求？"朱新涛说："第一，我们带了大量的救援物资到了镇上，需要运输的车辆转运到各个受灾村庄；第二，我好几天没有洗澡了，希望有个地方能洗个热水澡。"

老人家当即就带着朱新涛去现场部队（救灾部队）的驻地找了辆沐浴车，实现了他的第二个愿望，两人一起洗了个热水澡。

朱新涛带着洗了热水澡的幸福回到了救援队驻地。第二天一早，部队就派人送来了一辆运输车给他们。经了解，朱新涛才知道，原来昨晚自己偶遇的"老人家"正是此次云南鲁甸地震救灾的前指指挥长、某集团军副军长邓志平将军。

"此次救灾工作中，邓将军亲率部队在重灾区的一所震后快倒的龙头山小学院内进行各项救灾指挥工作……让人钦佩和感动。"朱新涛说。更让他感动的是，后来他在灾区患急性病，是邓将军亲自指示派车将他送往医院。

除了与邓将军的"奇遇"，朱新涛说这次救灾工作让他印象最深的是：经过汶川、玉树救援的洗礼，政府及志愿者对自然灾害的应对能力"超乎想象"，政府、军队及民间救援队联合协作，国家救援力量在当天就展开了救援，这是我国以前从未有过，且国际上都极为少见的。在灾区搜救伤员，打通道路，搭建桥梁和兴办临时住宿点，免费饭堂、免费医院、免费通信、免费加油、临时户籍办理点、流动银行等，确保了在全国救援物资源源不断运抵灾区时，人员及物资接收顺畅、分配快速。灾区人民自发积极开展自救，所有车辆及摩托车均免费参与救灾，尤其是摩托车在各村庄运送物资及人员发挥了巨大的作用。

说起以上这些时，朱新涛如数家珍、滔滔不绝，脸上的表情既骄傲又欣慰，焕发着光彩。然而，救灾过程中有的不仅是让人意外、骄傲、欣慰的经历或感受，更多的是重重艰苦和危险，因为，每一次救援，都是真正的千难万险和生死考验。

在鲁甸，有一次朱新涛和队友要去一个叫"龙井村"的偏远村庄实施救援。前往该村的盘山公路上不停有巨石滚落，险象环生；行到中途，道路被塌方的山体大面积掩埋了，需要爆破才能通过——但就是在爆破过程中，同行另一支负责打通道路的救援队伍中有 6 人被二次塌方推下山崖……在灾区，几天吃不上热水、热食，洗不上澡是常事，有时甚至吃不上干净的食水，所以自称"几年都没有感冒过一次"的朱新涛，患上了严重的痢疾……

去年广东潮南及英德的洪水救援中，朱新涛和队友们在漆黑的夜里蹚着齐腰的洪水前行，不时有死去的动物随水漂过来，空气中充斥着腐臭气息，这些都是可以忍受的，让人害怕的是，当地流传着鳄鱼养殖厂里养的鳄鱼趁洪水"出逃"了，也许就潜伏在四周……今年另一次的台风救援，朱新涛开车前往救援地点时，车辆被台风卷得单侧悬空，几乎侧翻进海里……

尽管在许多人的心中，他们都是真正的偶像和英雄，但朱新涛却说："我从来不觉得自己是英雄。"他说自己经历以上的这些"生死时刻"时，因任务在身，纵使害怕也没时间多想，但事后回想起，总是让他恐惧到发抖。

"我也是上有老、下有小的人了（母亲 80 多岁了，儿子今年 6 岁才开始上小学），干吗还要去冒这样的险？如果真出了点事，家里怎么办？"朱新涛说。好多次做完任务后回到家，他都对自己说，"再也不去了！"可是，下一次指令来时，他还是以最快的速度收拾起了行囊，奔赴前线。"为什么又毫不犹豫地去了呢？"人们问他。朱新涛也这样问过自己。责任？使命？习惯？或者是别的什么？他说："我也说不清楚……就是知道，那里需要我们，我们要出发了。"

每个人都应该有自己的坚持

从"法院书记员"到"社区保安"到"项目经理"再到"公司副总经理""总经理"，朱新涛走过的职场之路，没有他的山地救援事业那样惊险，但同样曲折而精彩。

朱新涛的家乡灵璧县是国家级贫困县，1999年3月从学校毕业后，他得到了一份让许多人羡慕的工作：县人民法院书记员。朱新涛说："就是这份让人非常看好的工作，让我看到了我的未来——一辈子就在小县城里，拿着绝对稳定的工资，安逸地过完这一生。"内心深处充满激情和梦想的朱新涛不甘心过这样的生活，2001年6月，他力排众议果断辞职，南下深圳。

美丽的深圳给了这个"自以为还行"的、远道而来的年轻人一个"下马威"：找工作处处碰壁，钱也花完了……朱新涛无奈之中受人指点去应聘保安。哪知道保安也不是那么容易就能做的，大多数单位都要深户担保，此时举目无亲的朱新涛上哪里去找个"深户"给自己做担保呢？连应聘了几家单位都没被录用，就在他山穷水尽的时候，泰然物业公司当时的"保安部长"汤显和先生向他伸出了橄榄枝，主动做了他的"深户"担保人……朱新涛带着庆幸和满腔的感激之情加入泰然物业，做了一名安管员，开始了他的物业管理职业生涯。

朱新涛彻底放下自己曾经的"法院书记员"身份，积极、踏实地从物业最基层岗位做起，在泰然物业工作8年，从一名安管员做到项目经理，是该公司当时唯一一名做到中层管理人员的"临时工"（泰然是国企，所以有此称呼）。期间他自学了物业管理专业，并先后考取了"物业管理员上岗证""注册安全主任资格证""物业企业经理上岗证""注册物业管理师"（国家首批）证书。

同样，我们不能忘记，正是这段时间内，在繁忙的工作和努力学习之余，朱新涛加入了"深圳山地救援队"，和队友们一起训练、一起守护深圳山野、一起奔赴灾区……

2009年，朱新涛追随自己职业生涯的导师、现"花样年物业国际"总经理陈湘明先生一起创建了"深圳市抱朴物业服务有限公司"，并担任副总经理

（2014年任总经理），开启了自己新的事业生涯。朱新涛很喜欢自己公司的名字"抱朴"——"抱"是"保持和坚守"，"朴"是"没有经过加工的原木"，抱朴物业的宗旨也因此而来："保持和坚守一颗淳朴的心，实实在在地为业主服务。"

"我认为每个人都应该有自己的坚持。"他说。他认为人只有坚守住人性最质朴的本色，才能活出真正的自己，生活中如此，工作中同样如此。所以，8年过去，时间改变了许多，却没有改变朱新涛当年南下深圳时青春的激情和锐意。他勇敢变革传统物业管理行业模式，在陈湘明先生的指导下成功锻造出"抱朴物业服务模式"，即以"去物业化、类酒店化"的理念，借鉴"五星级"酒店的理念、方法、形式、手段来改变物业管理行业模式。如在金运大厦的物业服务中，他在大堂设立"CPU"客户服务中心，配置礼宾员、大堂副理、大客户经理等岗位，充分运用互联网资源，客户只要有服务需求，一个指令或系统自动提示，即进行个性化的上门服务，充分降低各企业的行政成本。独特的经营理念也带来了良好的效益，他只用一年的时间，就将大厦租金由60元/平方米/月，提升到170元/平方米/月，总裁车位服务每个车位1680元/月（开创了深圳市最贵车位的先河），到目前为止远远超过同地段，同档次的写字楼，并且大厦创造了百分百的出租率和百分百的业主满意度。

近期，朱新涛和抱朴物业又有了新创意：创建"爱情公寓"。在关外装修几栋楼房，带"标配"、Wi-Fi、热水器和往返市内的直通巴士等，专供给目前不堪房租重负的深圳市区打工青年。此外，公司刚接管了广东省最大的统建楼——深圳光明新区"楼村花园"项目。"我们要把'楼村花园'打造成社会主义新农村的典范！通过我们的服务改变楼村人民的生活方式！"谈起工作，朱新涛满怀憧憬，信心十足。

对于目前中国物业行业，朱新涛这样评价说："真正能够满足业主需求、让业主感到贴心的物业服务，少之又少。虽然也涌现了所谓的'酒店式服务''英式管家服务'等等，听着好，但执行起来却不是那么一回事。"在一次行业高管论坛上，朱新涛就曾这样直接反驳一个"一级公司"（取得物业行业一级资质的公司）老总提出的"英式管家服务"说法，他说："您的服务人员，根本没有去过英国接受过英式培训，您的英式管家服务能让人相信吗？"

朱新涛还说："有的物业公司'管着'高端的物业项目，却卫生都搞不干净，严重影响了物业的品质及价值。作为物业人，我感到很痛心。"评价尖锐十足，带着朱新涛的"实在"本色，却也充满对行业的爱和期望。

要抱着一颗感恩的心去工作和生活

"物业"和"救援"两项都是朱新涛的"心头好"，以至于他自己也难以说出哪个在心里更重要，但这两者之间肯定不是矛盾存在的，"她们"一起促进了朱新涛的成长。他说，物业工作内容烦琐复杂，最能磨炼一个人性情和耐力，从事物业多年，让他变得习惯于倾听他人的心声，乐于与他人交流，处理事情、协调各方关系的能力也由此成长。

而在深圳山地救援队的经历，同样让朱新涛深深受益：深圳山地救援队的成员来自各行各业精英分子，在这个群体中大家相互学习和交流，使他变得更加积极、乐观向上。朱新涛说："尤其是每次从灾区回来，经历了太多的生与死，感觉没有任何事比活着更重要！现实生活和工作中的那些困难算什么呢？"这让他以更好的心态工作和生活。

可是，作为一家公司的老总，总是有许多具体的事务需要忙碌的。救援工作与公司重要工作终于不可避免地产生了时间上的冲突——

今年8月6日，朱新涛正在救援队的战友们在云南鲁甸灾区一线求援，就接到前文所提的重要客户的电话，对方问他："打您几天电话也打不通，合同的事情还谈不谈了？"朱新涛说："我在灾区。"对方说："好吧，那等你回来再说。"一周后朱新涛回到深圳，怀着忐忑的心情来到客户公司，到那儿一看，客户啥话不说连合同都准备好了……朱新涛每每想起这件事就满怀感恩和感动，必须要提一下的是，这位客户是盐田"半山半海"别墅项目的开发商，中通投资。2014年9月6日这天，由抱朴物业签约服务的"半山半海"别墅项目正式开放样板房。

朱新涛说自己很幸运，总是遇到帮助自己的"贵人"，在老家工作时的老庭长及刚出来找工作时主动替他做"深户担保人"的"汤部长"、何干事，到悉心培养和教导他，对他的职业生涯影响最深的陈湘明总经理，再到邓将军、

"中通投资"的老总等……

他告诫自己："要抱着一颗感恩的心去工作和生活！"尽自己的力量为他人、为物业管理行业、为社会和国家做一些有益的事情。

对朱新涛性格影响最大的是他的父亲，一个对党忠诚的老共产党员。做了一辈子的干部，大起大落，都没有改变他的信念。清贫的生活已成了习惯，虽然没有留下任何物质财产，留下的宝贵精神食粮让朱新涛受用终生。他母亲在青年时期因家庭极度贫困，外出讨过饭……至今父母仍对当年给予过自己一粥一饭的人充满感激，并不断教导朱新涛，在享受社会主义新生活的同时，要做一些回报社会的事。

因为工作忙碌，朱新涛很久没有回安徽老家看望父母了。"今年年前想回去一趟。儿行千里母担忧，我无数次在梦中见到我的老妈妈……"说起母亲，这个坚强的汉子突然红了眼眶，流下泪水。他说，他要回家带着父母到他们以前逃荒要饭的地方去，感谢曾经帮助过他们的人——这也是他已经80多岁老父母亲的心愿。

朱新涛还感动地提起了妻子对自己救援工作的理解和支持。明知这份工作艰险，心里也担惊受怕，但妻子理解他对这份事业的热爱及责任感，从未出言阻止过他……朱新涛自己也挺有办法，他有时会特意带家人去参加一些救援队不太危险的活动，在陪家人的同时，也能让家人了解他在做什么，为什么不能抽出时间陪陪他们。

朱新涛有一个梦想：他要努力、快点将"抱朴物业"做大做强，并培养出接班人，这样他就可以有更多的时间、精力和财力（深圳山地救援队主要依靠企业和个人的捐助，及队员AA制运作）去专门做救援工作，传播安全理念，守护山野平安。

（县政协办公室　供稿　2014年12月）

灵璧英范：戴兰玲

慧心修史留清名

戴兰玲，1942年9月生，灵璧县韦集镇戴家村人，中共党员。1952年入单圩小学读书，1958年7月考入灵璧师范学校，1960年7月以优异成绩提前一年初师毕业留校工作，先后任教务员、教师等职。1969年4月调到县"三代会"工作，1970年9月起先后在"一打三反"办公室、"批林整风"办公室、县政工组组织小组、组织部审干科任办事员、干事等。1978年10月调任韦集中学副校长。1982年4月，调到县委史志办公室，先后任副主任、主任，1988年任县委办公室副主任。

戴兰玲出生于一个贫苦农民家庭，从小常随家人到外地讨饭，解放后全家才得以安定，生活逐渐好转起来。他自幼聪颖好学，上小学期间连年被评为三好学生，并于1955年3月加入中国共产主义青年团。考入灵璧师范以后，曾担任团支部书记、总支委员、团委委员等，并多次被学校评为学习标兵、劳动模范、六好团员。他留校工作后，积极肯干，爱动脑筋，想方设法把工作做好，并尽量抽出时间，走进中师班课堂系统地学习基础知识。1961年戴兰玲加入了中国共产党。1964年秋，他担任中师年级的政治课教师，不负重托，虚心向有经验的老教师学习，在业余时间阅读了大量的政治理论书籍，较好地完成了教学任务。

戴兰玲有较强的组织领导才能，1978年他调任韦集中学副校长，主持全面工作。1982年4月，被县委调到刚刚成立不久的史志办任副主任，主持全面工作。他积极争取县委、县政府的支持，充分调动办公室全体人员的积极性，很快打开了工作局面，使灵璧县党史和地方志工作步入全省先进行列。

他担任领导工作坚持身先士卒，吃苦在前，享受在后。民主革命时期的党史大多是没有现成的档案资料，党史征集主要根据调查掌握的线索逐步扩大，访问当事人，再加以考证。为了征集党史资料，他和同志们跑遍了大半个中国。1983 年 11 月，他冒着严寒，带人到哈尔滨访问原在灵璧工作的老同志，全然不顾患哮喘的病躯。1985 年 8 月，他在北京完成了征集任务后，根据新掌握的线索，又赶到素有"火炉"之称的武汉，白天出去调查访问，晚上整理访问笔记。当从武汉返回时因船票紧张，只买到九江的退票，同行的两位同志到九江后提出顺便到庐山看一看，他没有同意，便在船上补票顺流直下南京，在南京转乘火车时已是午夜，赶到蚌埠天尚未明，便在汽车站坐等回灵璧的早班车。

史志部门是个清贫的单位，经费从没有宽裕过，要让有限的经费保证资料征集和正常办公，就得艰苦创业，勤俭持"家"。一次他到合肥出差，和一位部队老乡同行。那位老乡让车子开到稻香楼宾馆，并且言明每人每天食宿 20 元，超出部分均由老乡解决。当时天色已晚，便住了下来，第二天一早他便执意带着一起出差的同志搬到了省委第四招待所，在 5 元一天的简易客房住了下来。有一次到上海征集资料时，顺便为办公室购买一台誊影机，为了节省经费，他出门从不坐出租车，背着机器挤公交车，100 多斤的机器硬是他一个人背回了灵璧。他和办公室的同志共征集资料 1000 余件，600 余万字，掌握了第一手资料，因此，编撰起来得心应手。灵璧县在全省率先完成了民主革命时期党史征编任务。他主持编写的《灵璧县革命斗争史》《灵璧县党史资料选编》《灵璧精英》受到了各界的好评。其中《灵璧县革命斗争史》获全省党史优秀成果一等奖。办公室的另一项主要工作编修《灵璧县志》，该书四易其稿方告成书，篇目前两稿的设计和拟定均出自他手，而百余万字的书稿完成后，他每天晚上审稿至深夜。《灵璧县志》出版他没能见到，该书分别获省和国家方志优秀成果二等奖，这里面蕴含了他大量的心血和汗水。

戴兰玲不仅业务知识全面，而且还能够用理论知识指导实践工作。他撰写了大量的理论性经验性文章，其中有 4 篇被《安徽党史通讯》刊载，还有多篇在全省和全区会议上介绍或转发。

戴兰玲为人正直，豁达大度。对办公室的工作人员政治上关心，生活上照顾，工作中善于掌握每一位同志的特长，做到精心分工，合理安排，让每一位同志都能拉满弓，出满勤，经常加班加点，但人人心情舒畅。

1988 年，他任县委办公室副主任，工作量更重了。既要审校书稿，又要忙于行政事务，超负荷的工作，过度的劳累使他的高血压和哮喘病时常发作，几次晕倒在办公室和家中。1989 年 12 月 1 日，为赶写全省第五次党史工作会议交流材料《整理编纂地方党史资料遇到的问题和对策》时，突发脑溢血摔倒在办公桌前，经抢救无效，于 1989 年 12 月 3 日逝世，年仅 47 岁。戴兰玲一生清政廉洁，克己奉公，在工作中没为自己谋一点私利，直到他去世时家里连住房都没有，只好借其叔叔的房子来设灵堂，前往吊唁的领导和其他同志无不为之感动。省第五次党史工作会议如期举行，他写的文章在会上交流时，与会者不约而同地起立为他默哀致敬。

（县政协办公室　供稿）

灵璧英范：邓秀华

以小教事业为荣

邓秀华，女，1935 年生，安徽省怀远县城关镇人，中共党员。自幼在怀远县城关镇模范小学读书，1952 年在淮西中学初中肄业，经介绍来灵璧县从事教育工作。1952 年 2 月至 1962 年 1 月，先后在灵璧县沱河区老户朱、砂坝、晏路等小学任教，1955 年 9 月调到浍河区（今属固镇县）的张圩。1956 年离职在灵璧初师进修一年，后调到朱庄、楼底任教，1959 年 2 月调到城关区界沟等小学任教，1962 年 2 月调到渔沟小学任教。1987 年 12 月被评聘为小学高级教师。

邓秀华长期从事低年级教学，除认真备课，搞好教学外，经常深入学生家庭走访，注意听取学生家长的意见。在渔沟小学任教期间，自己家里并不宽裕，但对特困儿童尽力给予资助。对初入学的儿童，她不嫌脏、不怕累，为他们擦屎洗尿，甚至用自己的乳汁哺育学生带来的幼儿。1976 年秋，她的小女儿因病夭折，为了不耽误学生的课程，当天晚上将小女儿草草地埋在山岗，次日照常到校上课，把对女儿的爱倾注在她的学生身上。校领导、师生和学生家长深受感动。

由于邓秀华工作成绩突出，1973 年至 1979 年连年被评为县先进工作者。1977 年 12 月还光荣出席安徽省教育革命先进单位、先进教师（先进工作者）代表大会，受到万里等省领导的亲切接见。她先后当选为灵璧县第八届人大代表和县第一、第二届政协委员。邓秀华不但是一位优秀的教育工作者，而且是位贤妻良母，全家在她的带动下，尊老爱幼，和睦相处，1983 年 3 月被评为县"五好家庭"。邓秀华不幸于 1986 年 10 月患了重病，不得不离开她热爱的教育事业。经过几年的治疗无效，于 1990 年去世。

（县政协办公室　供稿）

灵璧英范：郭永

用心托起致富梦

周宗谋

在 2018 年灵璧县委宣传部组织的"精神脱贫"宣讲团中，有一位失去双手的年轻人站在宣讲台上，向数以千计的观众展示他美好的心灵，介绍他命运多舛不失志，用心托起致富梦的事迹。他本身也是村里的建档立卡贫困户，脱贫后担任扶贫小组长，他身残志坚，自强不息、坚韧不拔，用自己的实际行动，感恩社会，积极回报社会，受到县委领导和广大干群的一致好评。他就是禅堂乡的郭永，他的事迹经安徽日报网、宿州文明网、凤凰网安徽频道等媒体作了报道，在省内外产生很大影响。

郭永，1981年生，禅堂乡郭海村人。据他父母介绍，还是在郭永四五岁的时候，有一次去王莽村外婆家，他与小伙伴们一起玩耍，小郭永趁小伙伴们不注意爬上了未加防护设施的农用电变压器台，一个电闪，小郭永顿时就失去了知觉。虽经医院全力抢救，他的性命保住了，右手剩下残肢，左手感染被截肢，落下了双手臂残疾。

上小学时，他在学校没少受小伙伴们的冷嘲热讽，他那时虽然小，却经受住了来自各方面的压力，在得到了父母家人、老师同学和社会上、亲戚朋友圈子中大多数人的关爱后，他的心灵得到了抚慰，也就没有什么阴影了。课堂上回答问题，别的同学能把手举得高高的，他不能像其他小朋友那样，但仍举着属于自己的那只不健全的手回答问题。别的同学做作业不怎么费劲就完成了，可他呢？付出的要比其他小伙伴不知多出多少倍。小小的铅笔在其他小朋友手中能运用自如，可到郭永"手"中怎么也"不听话"。他用残手指夹住笔一写就掉……，可是他从来不泄气，笔掉了就费力地"捡"起来。一次两次，一天两天，一年两年……，有时候为了能夹住笔，让手中的笔也能像在其他小朋友手中那样"飞舞"，他课间不出去玩，在坚持练……，直到手中的笔"听话"了，他小脸上的笑容也绽开了。就这样一直到初中毕业，高中没上完就回家跟父母学做活了。

回到家里，看到村上的年轻人在玩电脑，不服输的他心里就痒痒，别人能做的事情，难道我郭永就不能做了吗？他不止一天地在心里嘀咕着……2004年的一天，他来到亲戚家，看到电脑就用右手在键盘上捣鼓。开始键盘、鼠标老是不听自己的话，郭永没有灰心，从小养成要强性格的他就是不信这个邪。没有过不去的火焰山，他不相信自己学不好电脑！一天两天，一个月两个月，半年多过去了，看到自己能在键盘上敲出一段一段话了，他就愣在屏幕前欣赏自己的"杰作"，流下了激动的泪水。"我成功了！我成功了！"开始他只是在自己住房里喊，后来干脆跑到外边喊。他父母知道他们的残疾儿子能在电脑上打出来字了，也为有这么一个身残志不残的儿子而骄傲！

当郭永看到庄上的青年在玩QQ，他也不示弱，就在电脑、手机上用起了QQ。别人玩多是为了消磨时间，可郭永是想通过这个平台多学点知识。在这充满着神奇和希望的网络世界里，他的视野更开阔了……，也是这个世界，为他打开了一扇爱的大门。2010 年，远在贵州的姑娘周金羽，通过 QQ 平台与郭永聊上以后，她被郭永自强不息、坚韧不拔的精神感动了。半年后，周金羽冲破了家庭以及社会的重重阻力，来到郭永身边，他们这对有情人，在欢快的乐曲声中走进了婚姻的殿堂。一年后，他们家喜添小宝贝，做了爸爸的郭永脸上乐开了花，他心里荡漾着的不仅仅是爱情的甜蜜，更是他人生路上"丰收"了的喜悦。当孩子 4 个月大的时候，他们这一小家三口去了一趟岳父母家。岳父母细细打量着郭永这个来自安徽的小伙子，虽然双手不健全，却有一种淳朴敦厚之态，也就相信自己闺女眼睛没有选错人。

从岳父母家回来后，郭永就与妻子商量要找点事做，好给父母减轻点负担，生就温柔贤惠的妻子非常赞同他的决定。经过考察，在灵璧一位好心大姐邱淑玲的帮助下，郭永在郭海街开了间专卖儿童奶粉的"宝宝店"。邱大姐鼓励郭永好好干，并且不收一分钱押金全额供货支持。由于郭永夫妻俩忠厚老实，经营有方，4 年下来挣了四五万块钱。

到了 2014 年 8 月，郭永的"宝宝店"的年房租涨到了一万，他考虑到，郭海街是农村偏远小街，生意虽然不错，可这房租一涨纯收入就会大受影响。怎么办呢？他在与朋友聊天中得知，有一个养鹅项目不错。经商定，他只负责提供场地和劳动力，对方供应鹅苗、饲料和提供防疫技术，鹅长成后全部由对方回收并给每只 4 元的提成。于是郭永夫妻俩筹措了 5 万元钱，利用邱家东的唐河滩地建起了养鹅场。一年后，由于对方资金链出现问题，原来的合同承诺不能实现，致使郭永除了拿到对方的一张 4 万多元欠条外，其他什么也没有得到。

养鹅失利，提成款没有追回，郭永为自己的命运苦闷过，难道他错了吗？不，不会的。不信天不信地，只信意志能战胜一切的郭永，在 2015 年秋天，听说村里要评议决定贫困户了，还有好多帮扶脱贫政策，他心头一亮，国家有这么好的政策，我何不借这个东风再好好试一试呢？他的这个想法又得到了善解人意的妻子的支持。

郭永写好申请找到了村书记谷元军，经村民评议公示后，他家被确定为贫困户。包保干部尤传会与村干部一起，经常来到郭永家问寒问暖，介绍脱贫项目，解决实际困难。郭永拿到了 12000 元脱贫专项资金，他用这笔钱买了 3 只山羊，做了羊棚，安装了羊床（一种壁挂式的喂养器具）。到现在，他喂的羊已经出栏 7 只卖了 5000 多元，现存栏 5 只。在买羊的同时，他还买了 200 只小鸡，搭了个鸡棚。由于夏秋之际天气原因没有做好防疫，这 200 只小鸡死完了。可是郭永没有灰心，又买了 200 只小鸡。他吸取了教训，从防疫上找出自己的不足之处，不仅仅向别人学习，还通过网络学习防疫技术，不断丰富自己的知识，增长脱贫致富的本领。

这几年，郭永家享受到了健康扶贫、教育资助政策，孩子上学在校有营养午餐，郭永妻子和孩子生病还得到健康扶贫帮助，妻子还参加了乡扶贫办组织的脱贫技能培训。妻子除了支持丈夫的事业以外，还找到一份在街上电信营业室做业务员的工作，每个月可以有 1000 多元的收入，他们这一家三口过着甜甜美美的小日子。庄上人看到他们夫妻出出进进，无不投去赞赏的目光。

2017 年 10 月，乡、村领导经过多方面考察，让郭永担任扶贫小组长，负责联系本组里的 15 个贫困户。他深切感受到，这是党和政府的关怀与信任，作为扶贫对象，他家得到党和政府无微不至的关怀，要学会感恩，通过切实履职回报社会，用自己最大的努力，多为乡亲们办点好事。从那一天开始，郭永就用他的残手记录他联系的 15 户资料信息，包括这些贫困户的姓名、贫困类型、建档时间、家庭情况、预脱贫时间等等。别看写得不多，可对于郭永来说，好像是过火焰山，残手夹着笔有时还"不听话"，写着写着，手臂就有点受不住了。他在心里默念着：我郭永虽然手残疾，但是比起保尔和张海迪，我还强壮得多！爱人在一旁看着也感到心疼，可她还是热情鼓励道："你要是我的好丈夫就不要退缩，胜利就是属于你郭永的！"在爱人的鼓励与鞭策下，他就坚持写着，直到完成这 15 户信息资料登记草稿，接着又一鼓作气在电脑上录入。望着他的"得意之作"，看着他那心爱的妻子，郭永感到自己仿佛是一个战场凯旋的勇士。

郭永在担任扶贫小组长后，遇到不懂的问题就问村扶贫专干，到乡里开会就请教扶贫办主任，回到家里就上网查询……仅用了 20 多天时间，郭永这个脱贫攻坚战场上的新兵，对扶贫户应该享受的优惠政策和走访调查记录的填写等业务知识，就基本掌握了，这为他以后更好地履行职责，为其他贫困户做好服务创造了条件。由于郭永工作突出，深受干群的好评，在村"两委"换届选举时，他被选为村委会委员。他还被抽去参加全县"精神脱贫"宣讲，在全县巡回宣讲"用心托起致富梦"的脱贫事迹，受到县委、县政府领导和听众们的一致好评。

灵璧英范：姜彩艳

孝媳胜过亲生女

姜德明

朱集乡湖光村李庄有个远近闻名的孝老爱亲的贤妇，她叫姜彩艳。

姜彩艳的公公王四轮是农村里的小能人，年轻时就跟人干泥瓦匠，由于处处用心，几年下来盖房子的窍门没有他不知道的，可以说是全活。于是他召集年纪大的，不能出去打工的老人和妇女自己成立了一个建筑队，专揽大建筑队不干的活，例如，盖个门面、建个东西偏屋、拉个院墙、铺个地坪，甚至垒个猪圈他们都干。在农村这些活儿还不少，尽管他们有几十个工人，一年到头都干不完，平时都要分几个工地同时干，这样管理就成了问题。2005年，姜彩艳嫁到了这个家庭，为公公扛起了半壁江山。经过几个月的锻炼，姜彩艳基本掌握了这些工地活的门道。哪个工地还有多少活，技术难度如何，需要什么工具，需要几个什么样的人，她都了如指掌，分派起来得心应手、恰到好处。这样就大大节约了用工成本，增加了劳动收入。相应的工人也能多得工钱。

不幸的是，公公8年前得了胃癌，到处就医都是她陪同、侍奉。在蚌埠肿瘤医院做手术住院的全过程都是她陪护。每天端屎端尿，擦身子，喂饭喂水，洗脏衣服，她不光没有怨言，而且总是面带微笑。这对于一个20多岁的儿媳妇来说，真是难能可贵啊！

在她的精心护理下，公公很快恢复了健康，出院回家。家里人都劝他在家好好养身体，别的事不用管，有儿子、儿媳妇忙就行了。可他总是闲不住，每天和其他人一样上工地，并且不惜力气。其他管理几乎都是由姜彩艳打理。揽活、派工、与户主交流、结算等，忙得姜彩艳吃不上一顿应时饭，睡不上一个安稳觉。

由于王四轮过于劳累和生活上不太注意，2016年初，他的胃癌又复发了。由于癌细胞已经扩散，无法手术，只能靠化疗维持生命。姜彩艳始终寸步不离地陪他看病，灵璧、蚌埠、合肥，都是她拉到车站，陪他坐车去。下车后，开始还能扶公公进医院，后来就只能背进医院了。同病房的人，开始都以为他们是父女关系，后来才知道他们是公公和儿媳妇的关系，大家都赞叹不已！纷纷说："真是胜过亲闺女啊！"

后来，医院已无能为力，家人只好把王四轮接回家中调养。王四轮有两个儿子，并且，自己也有家，可他哪儿也不去，只愿住在姜彩艳家。当我听到这里时，不由问："他为什么不回家住，让自己的妻子服侍呢？"大家迟疑了一会儿说："其实，他爱人也很好，就是有时候说话有点冲，服侍病人不如彩艳有耐心。"

通过仔细打听得知，大家说的一点也不假，姜彩艳侍奉他公公可真是太细心了。一天二十四小时，最少要做十次饭，而且顿顿不重样。在公公自己无法坐起来吃饭的时候，姜彩艳总是把他扶起来，靠在自己的怀里，一勺一勺地喂。每天要多次换尿不湿，帮他翻身，为他擦身子。像这样没日没夜地熬，是铁也熬化了。有一次婆婆说："你回你房里休息一会儿吧，我在这儿看着就行了。"姜彩艳听了婆婆的话，回房休息了。哪知就在这两个多小时里，公公大便了。公公喊婆婆，婆婆却睡着了。当姜彩艳醒来，不放心来看看时，公公用手示意，姜彩艳知道是怎么回事了，马上给处理得干干净净。公公生气地说："让她赶快回家，在这也没用，她明天还要忙工地上的事。"姜彩艳只好劝婆婆回去了。

就这样，姜彩艳把公公服侍到咽下最后一口气。

姜彩艳公公去世后，家里还有个年近90的奶奶。由于年岁已高，再加上失子之痛，身体一下子垮了下来，大脑也不清楚了。她有个女儿在姜庄，离她家不足千米，她每天都要跑去两三趟，尽管每趟都要走一个多小时，有时候还往别处跑。家里人总是得跟着到处找。姜彩艳的心就更加定在了奶奶身上。每天早晨起来要给奶奶穿衣服，做饭，洗衣服，侍奉她吃药，就这样过了两年多。要是别人会想：她大儿子不在了，还有小儿子，儿媳妇，哪能轮到我侍奉呢？但她从来也没这样想过。有人这样问她，她的回答是："都是她的儿孙，谁服侍都是积德的事，谁服侍都是应该的。大家都争着孝顺，老人会开心些。"

2018年春天，奶奶病重了。小儿子把她接到他家抚养，奶奶虽然已不能说话，但仍用手指着姜彩艳家，表示要到她家去。其实小儿子和儿媳妇对他们妈妈都很好，可能只是奶奶觉得彩艳比较细心罢了。

奶奶虽然在叔叔家，彩艳一天也没离开过奶奶身边。换尿布、擦身子、洗衣服、喂饭还是彩艳干得多。现在奶奶已去世半年了，姜彩艳为老人忙碌的情景，仍然留在人们的脑海里。

虽然姜彩艳公公已去世3年，但由于姜彩艳为人诚实、善良，工资给的高，并且及时兑现。原来跟她家干活的工人，都不愿离去，还都跟着姜彩艳干。由于他们干活质量好，价钱低，因此，他们的活干不了。到今天，她一个女同志带着几十人的建筑队，干着方圆几十里的活，让乡亲们都很佩服。

进一步了解她的人，更敬佩她孝老爱亲的优秀品质。

灵璧英范：李华

留守儿童的"爱心爸爸"

周宗谋

他，是偏远农村普通农家走出的大学生，刚过而立之年的他，教过书，当过校长，人很普通，岗位也很平常，但熟知他的人无不心悦诚服地跷起大拇指，夸奖这位年轻的小伙子是留守儿童的"爱心爸爸"，他就是全国公立寄宿制爱心托管教育、留守儿童之家的创始人——李华。他感人的事迹广为社会传颂，多次被安徽日报、安徽青年报、新华月报、人民日报、中国教育报、新华社等国家级媒体采访报道，突出事迹被国家新闻出版总署载入《中国地方领导创新与发展》一书。

从事教育工作，尤其是任基层教育管理者以来，李华心系留守儿童，不断创新办学模式。为从根本上解决大量农村留守儿童的教育难题，李华深入社会调查研究，广泛听取群众的意见和建议，认真剖析农村教育现状，诊断教育症结，探讨教改新路，结合农村实际撰写了《创办农村"留守子女"公立寄宿制教育符合农村实际》和《怎样破解农村教育发展难题》的调研文章，制定具体的办学方案，为本县"留守儿童"寄宿制托管学校的成功启动和发展奠定了理论基础。然而，办好寄宿制教育不只是理论上的事，需要建宿舍、餐厅、聘用大量的后勤工作人员和资金。在当时，留守儿童公立寄宿制爱心托管办学是新事物，虽然没有政策依据，但群众仍争先恐后地与学校签订托管协议，按下一个个真诚、期盼、急不可待的红手印，强烈要求学校尽快启动寄宿制托管办学。家长、社会的强烈要求，更坚定了李校长办好留守子女寄宿制托管教育的决心和信心。学校的大胆探索得到教育主管部门的大力支持，李华不顾困难，亲自带领学校一班人迎难而上，多渠道筹措资金近 20 万元，修缮、改造校舍 30 间，建综合服务室 1 间，垒院墙 60 多米，铺路 40 米，改建食堂、餐厅 9 间，购买学生用床 100 套。为缓解学校建设资金不足，李华校长说服家人自付利息、以自己的名义贷款 3 万余元为学校救急解难。精诚所致，金石为开。李华终于在 2004 年成功创办安徽省乃至全国第一所"农村公立寄宿制留守儿童爱心托管学校""农村留守儿童爱心之家"。

开学了，李华本该放松一下，但作为乡镇中心校长的他，除了每周要上近 20 节课，别的老师有事，他还要顶班值日、打饭、接送学生、看寝室。日复一日，自己为工作瘦了近 10 公斤，知情人无不赞誉他是个不知疲倦的"铁校长"！寄宿制爱心托管学校的成功创办，受益最大的是留守学生和务工、经商的学生家长，90% 以上的寄宿生能基本脱离父母，学会同学间的相处与互助，养成自己叠被子、洗衣服、做好个人卫生等独立生活习惯。有效破解了农村留守子女的教育难题，优化了农村孩子的成长环境，解决了大量外出务工群众的后顾之忧，为解放地方劳动力、推动农村经济发展创造了有利条件。累累办学成果受到主管部门的充分的肯定，成功的寄宿制托管办学经验已在全市乃至全省推广。李华校长所创建的禅堂寄宿制托管学校被团省委授予"留守未成年人关爱之家"，关工委授予"关心下一代先进集体"，被中央人民广播电台、国际广播电台赞誉为"为留守儿童撑起一片蔚蓝的天空"！

为教育，李华舍"小家"为"大家"。为尽快解决农村"留守儿童"的教育难题，赶时间、抓进度尽快启动"留守儿童"公立寄宿制爱心托管办学模式，他领着部分老师加班加点，"年三十""年初一"都是在学校度过的，先后完善、新建规章制度40余项，并按照"多劳多得，优劳优酬"的管理思路，制定详细的量化管理细则，彻底改变过去"干与不干一回事，干孬干好一个样"的消极工作局面，从根本上调动了广大教师工作的主动性和积极性。

年假期间，当老家传来督促的电话：李华，你爷爷病重，快不行了，赶快来家陪你爷爷过个年吧！你爷爷最疼你！接到父亲的电话，李华顿时泪眼蒙眬。他六七岁时就失去了母亲，是爷爷、奶奶把他拉扯大，劳苦一生的爷爷瘫痪卧床、病情又恶化，这怎能不令他牵挂呢？此时此刻，他的心情很是矛盾和复杂。他舍不得老人，然而每当他看到一件件急待他安排解决的事情，就愈使他坚定工作就是"尊老尽孝"的信念。为工作，他没能回家陪老人过年。李华平时确实没有做到儿孙应尽的义务，但他为更多孩子的家庭，尽了自己的职责，李华在电话里告诉家人："我也想爷爷、奶奶，我也想回家过年，但寄宿办学正在启动，大家又没有经验，学校离不开我呀！"强烈的责任感使这位爱生如子的教育工作者最终选择了群众、选择了工作、选择了需要他的教育事业。

灵璧英范：邱大泉

呕心沥血为党务

邱大泉，1945 年 10 月生，灵璧县朝阳镇陆圩村人。出身于农民家庭，1965 年 7 月毕业于灵璧中学，同年 9 月考入合肥师范学院外语系英语专业。1970 年 5 月参加工作。1973 年 1 月加入中国共产党。1983 年 9 月进入安徽省委党校学习两年。历任县文教局秘书、县委办公室秘书、县委办公室副主任、县委整党指导委员会办公室副主任、宣传部部长、县委常委。1988 年 12 月 1 日因病去世，终年 43 岁。

1970 年 5 月，邱大泉随合肥师范学院外语系英语专业 69 届学生一起被集体分配到安徽省白湖军垦农场接受解放军再教育。1971 年 12 月，他被重新分配到灵璧县文教局，负责中学教育和文教局办公室的文字工作。当时正值"文革"时期，会议多，材料多，加上由学外语改行搞行政工作，困难较大。邱大泉刻苦好学、虚心求教，很快适应了组织安排的工作。从 1973 年开始，邱大泉连续三年被县委抽去筹备全县劳动模范表彰大会，负责起草会议材料，多次受到县委领导同志的表扬。

1977 年 4 月，邱大泉调入县革委会办事组从事秘书工作，仅一年时间，写出各种材料百余篇。县办事组改为县委办公室以后，邱大泉的主要任务是了解县况，上报下达，并主编县委刊物《灵璧情况》。几年中，每年平均撰写、编发《灵璧情况》40 余期。同时，他还注意搞好情况调查，抓住带有倾向性的问题，准确、及时地为领导提供情况，当好参谋。1980 年下半年，县委召开八届一次人民代表大会，邱大泉承担了《开幕词》《政府工作报告》的主笔工作，并对大会 30 多份材料进行校阅，最后又为《政府工作报告》《人民法院工作报告》《人民检察院工作报告》《财政预算报告》等报告写了《决议》。中央关于农业方面两个文件下发不久，农村推行包产到户，实行农业生产责任制，阻力较大，认识不一。为此，邱大泉同办公室的两位同志一起到包产到户较早的原王集公社程庙第 11 队进行调查，写出了一篇《程庙第 11 队是怎样实行包产到户的》调查报告。报告从理论和实践的结合上，说明了以生产资料公有制为基础的责任制，不会倒退到资本主义的基本道理，讲清了包产到户责任制这种生产关系中的生产、交换、分配、消费的4个环节，是完全适应当时的生产力水平的。报告中还介绍了包产到户的具体做法，提出了完善生产责任制的具体意见。县委负责同志看了这篇报告以后，给予充分的肯定，并将其批转全县，地委又将此报告铅印成册向全区推广，对全区实行农业联产承包责任制起到了促进作用。1982年3月打击严重经济犯罪活动的斗争开始后，邱大泉被抽到"大案要案办公室"。在一年多的时间里，邱大泉就写出了动员报告、案件分析、情况汇报、经验总结等材料60余篇，参加各种会议100多次，处理终结案40余件，同时还负责工商、农办财贸系统的案件督查工作。

1983年初，省委为加强党的后备干部队伍建设，要求各地、市、县选拔一批优秀的年轻干部到省委党校学习培训。通过考察，邱大泉被推荐到蚌埠市参加省党校选拔学员的考试。因考试合格，于同年9月1日进入省党校学习两年。1985年7月以各科全优的好成绩毕业于中共安徽省委党校。

邱大泉从省委党校毕业后回到他原来的工作单位县委办公室任副主任，分管机要、调研、人事和行政事务工作。同年8月20日抽到县委整党指导委员会办公室任副主任。在任职时，他给自己定下三条准则：（1）谦虚谨慎搞好服务。职务变了，为人民服务的宗旨不能变，地位变了，共产党员的本色不能变。（2）积极努力，勤奋工作。要做好自己所分管的工作，学习新业务，吸取新知识，要把自己锻炼成为一专多能的新型干部。（3）搞好团结，正确处理分工与合作的关系，做一名团结合作的模范。并要做到自尊、自重、自爱、自强。他是这样说的，也是这样做的。在县委办公室工作不到20天的时间里，分别到机要科、调研科了解情况，帮助解决经费问题；协调处理县委办公室两对新婚职工的住房问题；参加县委召开各种会议13次，凡他参加的会议，会会有记录，件件有汇报，事事有安排。抽到整党办公室后，为了尽快进入角色，邱大泉认真学习中央省地委整党工作文件和外地整党工作经验，并对有关重要规定作以摘录，主动找领导和同志们介绍我县整党工作情况，注意理论联系实际，并根据实际情况，创造性地开展全县整党工作。按照省地整党指导委员会要求，每个县可选择一个村作为试点村，邱大泉认为，搞一个村的试点，只有个性，没有共性，建议搞一个乡镇的试点，后来省地整党指导委员会采纳了这一建议。邱大泉主动带领 22 名队员到城关区灵西乡搞整党试点工作。在灵西乡试点的那段日子里，邱大泉由于劳累过度而生病，每天都拉肚子，但他从没有给领导和家人讲，只是到医院拿点药吃，由于吃磺胺类药过敏，致使全身起小泡，无法行动，直到家人发现他的内衣沾满了脓血，才知道他生病，本就瘦弱的身体又瘦了七八斤。1986 年 11 月，县委举办全县整党联络员和区乡党委书记培训班，在这次培训班上，介绍了灵西乡整党试点工作情况，在全县引起了强烈反响，一致认为都像灵西乡那样，全县整党工作就好干，都像邱大泉那样，老百姓就有希望了。在整党办公室一年零八个月的时间里，邱大泉写下工作笔记 12 本，编写整党材料 60 余篇，在省地整党刊物发表文章 30 余篇，整理个人讲话材料 50 余篇。这些资料记录了邱大泉所走过的每一步路程，显露出邱大泉的组织和领导才能。

1987 年 5 月，邱大泉被提任县委宣传部部长、县委常委。职位变了，他对自己要求更高了。在到任的第一天，他在工作笔记的扉页上写道："以铜为镜，可以正衣冠；以古为镜，可以知兴替；以人为镜，可以明得失。"记住："蟹训、蝶戒、鼠忌。"用唐太宗李世民的三镜和警世三喻，以防己过。宣传部摊子大，战线长，任务重，为此，他付出了辛勤的劳动。特别是刚到宣传部，他带着同办公室主任，用不到一个月的时间，掌握了所属单位的行政概况、班子情况、工作状态，并写出了调查报告呈报县委；解决了一个局班子工作不协调的问题；调整了两个局属单位领导班子，使宣传系统呈现出一派生机勃勃的好气象。同时紧紧围绕党的中心工作，深入开展宣传工作，加强宣传队伍、宣传阵地和宣传工具方面的建设。这一年由于成绩显著，灵璧县委宣传部受到了省地委宣传部的表彰。1988 年 3 月，邱大泉参加地委宣传部组织的赴江浙学习考察团，历时 10 天，写下了近两万字的笔记，总结出江浙抓好宣传工作，促进经济发展四字经验：实，宽，深，新，并提出了本县改革宣传工作，调整宣传工作部署的七项措施。

邱大泉事业心强，对工作极端负责任，既要抓全县宣传工作，还要抓全县宣传工作改革，既要深入所属部门指导工作，还要到乡镇蹲点包片。每天从早忙到晚，有时忙到半夜才回家，两个女儿一星期难见他一面。在宣传部的办公楼上，人们经常可以看到部长办公室的灯光是亮着的，有时亮到天明，那是邱大泉利用晚上时间在读书看文件写材料。他的讲话稿也从不叫秘书代写。由于他长期超负荷工作，积劳成疾，得了不治之症。在他生命的最后日子里，病痛折磨得他吃不下饭，睡不好觉，仍不忘自己的职责，先后于1988年7月3日主持召开全县宣传工作会议和于7月14日召开宣传部全体人员会议，传达贯彻县委六届三次扩大会议精神，安排部署宣传当前工作。会议结束以后，于7月15日才去合肥检查治疗。11月20日病危回到灵璧，12月1日在县医院去世。

邱大泉为政清廉，作风正派。1988年7月14日晚，邱大泉安排好全县宣传工作以后，原定第二天同爱人坐客车到合肥看病。许多同学、同事知道此事后，怕天气太热，他的身体支持不住，纷纷出车出钱要陪他到合肥去，被他一一谢绝。第二天早上，当他去车站时，在县委大门外硬被几个人推到县医院的车内，还去了两人陪同去合肥检查。邱大泉的心里不好受，过意不去，拿出200元作车费，请司机代收。在任县委宣传部长、县委常委期间，他既没有给家人、亲戚、朋友安排就业、入党、提干、调整好的工作，也没有因干部升迁或民师转正收受他人的馈赠。他待人诚恳，处世忠厚，说话办事言行一致，从不搞吹吹拍拍，拉拉扯扯的庸俗一套。

邱大泉才思聪敏，勤奋好学，从小学、中学、大学到省委党校，一直成绩优秀。几十年来，他系统地学习了法学、哲学、政治经济学、科学社会主义、国际共产主义运动史、中国共产党党史和马克思、恩格斯、列宁的《关于费尔巴哈的提纲》《资本论》《反杜林论》《哲学笔记》等理论书籍。他广泛涉猎中外名著和唐诗宋词，崇拜英国文学家培根和中国古代、现代的文学家，喜欢收藏他们的著作，对书中的精华部分大都能吟咏，是他们的作品陶冶了邱大泉的文化素养。他写的文章和诗词曾在《名作欣赏》《诗刊》上发表过。他热爱生活，兴趣广泛，喜欢养花、画画。至今，人们对邱大泉的英年早逝感到十分惋惜，仍在默默地怀念他。

（县委宣传部　供稿）

灵璧英范：王啥啥

脚趾敲出别样人生

鲁 力 王媛媛

"我要绣两面党旗，一面寄到北京去，感恩党的扶贫好政策；另一面要送给村里的帮扶干部，感谢他们给我们带来的无私帮助！"只言片语间驻满阳光的女孩名叫王啥啥，是灵璧县娄庄镇姚山村建档立卡贫困户。

32 岁的她，自幼患病导致身体除了脚趾以外全部变形、僵硬，生活完全不能自理，被鉴定为一级残疾。命运的绳索没有束缚她对美好生活的向往，她身残志坚、好学上进，用脚趾操控手机，学知识、开微店、做微商，为自己敲出一段不向命运低头的别样人生。

日前，2020 年"全国脱贫攻坚奋进奖"安徽省组委会拟推荐候选组织和候选人公示，王啥啥作为全省五位脱贫典型之一入围奋进奖推荐名单。

绝不做家里的拖油瓶

王啥啥一岁时患上脑膜炎，因错过了最佳治疗时机，落下严重的后遗症，肢体完全扭曲、僵硬，全身上下只有部分脚趾能活动，生活全靠父母照料。7 岁时，看到别的孩子背起书包，啥啥也闹着上学。父母拗不过，把她送到学校，可她连椅子都坐不住，无法完成拿笔、写字、翻书这些简单的动作，需要母亲全程陪护。放学时，几个顽皮的同学在她身边转着圈地笑话她是"怪物"。

晚上回到家，啥啥哭着问母亲："妈，我是怪物吗？"母亲强忍眼泪抱住啥啥说："啥啥，你要坚强，因为以后的路还很长。"懵懂的啥啥并不理解"坚强"的含义，但隐约明白坚强就是遇到委屈不哭鼻子。只在学校待了短短几天后，啥啥就没再去上过学，但"妈妈告诉我要坚强"这句话成了啥啥的口

式，使网店的营业额翻了两番。啥啥不仅自己把店铺经营得风生水起，还拉上贫困网友一道发展业务、共同脱贫。

2019年10月17日，在灵璧县"志智双扶"先进典型宣传会上，坐在轮椅上的王啥啥上台讲述着自己的奋斗经历。"我知道天上不会掉馅饼，要改变命运，就要自己去拼、去干才行！""我要和更多的贫困户、残疾人一道，用自己的汗水实现人生价值！"啥啥的每句话都深深感染着在场的所有人。

"和啥啥交流，我感受到的是一股向上的力量。同她比，我这点残疾和困难算个啥。"残疾贫困户尹成轩与啥啥是微信好友，在王啥啥的多次"点拨"下，把网店运营得有声有色，现已顺利脱贫。

2019年6月，省城来灵璧调研的一位干部在村里见到王啥啥后很受感动，主动要转给啥啥500元红包，鼓励她继续进步。但被她拒绝了，她说："每个人的钱得来都不容易。我需要钱，可以自己去挣！"

不想给别人添麻烦的王啥啥，也从不吝惜自己的爱心。2019年7月，邻村一个贫困家庭孩子患上白血病，急需30万元治疗费，啥啥立刻通过网络给孩子家人打去爱心款。疫情防控期间，啥啥背着家人，在网上向红十字会捐出5000元的全年电商收入。"国家有难，我总要做点什么。将来不论挣钱多少，我都不会忘记报答国家。"

一针一线绣的都是希望

三天两头上门走访、给她送去鼓励和帮助的驻村扶贫干部戴安君，啥啥对他是无话不说。可是唯独这次，啥啥却对他隐藏了一个"小秘密"。原来，她在开网店之余自学了十字绣，每天她都要花两三个小时的时间绣党旗。

其实，网上有十字绣成品供应，但啥啥还是坚持要用自己的脚趾一针一线地绣出来，她认为这样做更有意义。"每绣一面党旗都要花很长很长时间，但我一点都不感到辛苦，这一针一线绣的都是我的希望，所以我每绣一针都感到特别开心。"啥啥说，"我要绣两面党旗，一面寄到北京去，感恩党的扶贫好政策；另一面要送给村里的帮扶干部，感谢他们给我们带来的无私帮助！"

啥啥还在手机上写好了感谢信，她要请弟弟帮忙手抄出来，与绣好的党旗一并送出去。

宿州市扶贫局副局长陈迎冬探望啥啥，问她是否需要帮助，本以为她会要一些资金或政策扶持，可啥啥提出了令人意想不到的要求。"我能申请入党吗？我知道我离一个党员的标准还有很大差距，但我一定会努力做得更好！"啥啥说，"这么多年来，一批又一批党员干部到我家，给我送来无私的关爱，让我感到共产党员是真心对我们群众好！"

不向命运低头，真诚热爱生活。王啥啥还有很多绚丽的梦想，正在她的心中酝酿，在她的趾间跃动……

灵璧英范：潘有庆

一片丹心书春秋

潘有庆，1944 年 3 月生，安徽凤阳人，1964 年 7 月于安徽高等农机专科学校毕业后分配到灵璧县农机系统工作。先后任区农机站农机驾驶员、业务员、站长等职，后调到县农机培训班负责全县的农机员培训工作。1973 年加入中国共产党，1982 年 3 月被评为农业助理工程师。同月，调到县委党史办公室工作，1985 年 3 月担任秘书。1989 年 3 月调到县二轻局工作，先后任副局长、局长兼党组书记等职。1995 年 3 月调回县党史办公室任主任。1997 年 9 月 22 日因病逝世。

潘有庆自从分配到灵璧后，在农机系统工作了 18 年。他驾驶着农机驰骋在田间地头，不分寒暑，同农民一起生产、生活，乐在其中，无怨无悔。他带领学员在训练场上严格训练，顶着烈日和风雪，培养出一批又一批农机实用人才。

1982 年 3 月，潘有庆调到县委党史办公室工作。当时，灵璧县党史征编工作刚刚起步，困难一大堆。人员少、任务重、时间紧、资金缺。他和办公室的同志们一道齐心协力，迅速把工作开展起来。为了征集资料，他和办公室的同志首赴两广、云贵，两次出关，3 次入川，4 次去沪、杭，5 次进北京，行程约 4 万公里，访问老干部达 300 多人次，征集各种党史资料 600 余万字，是办公室出差时间最长，访问人数最多的同志。1989 年民主革命时期党史编写任务基本完成，共出版了《灵璧革命斗争史》《灵璧县党史资料选编》《灵璧精英》3 本书，约 65 万字，他分别担任了副主编和主编。由于办公室成果突出，受到了中共中央党史研究室、中共安徽省委的表彰，他也多次被评为县级和省级先进工作者。

1989 年 3 月，他被调到二轻局，先后任副局长、局长兼党组书记。在这全新的工作岗位上，在市场经济大潮中，他不断汲取营养，使自己成为行家里手，带着二轻人，在市场中求生存，在拼搏中求发展，使二轻的经济形势有了一定的好转。由于工作繁重，积劳成疾，1992 年底他到上海肿瘤医院就诊，被诊断为纵隔淋巴癌。经过两年的治疗，病情有了好转。这时，他的身体状况不容他再担任局主要领导职务，他向组织申请辞去局长职务，希望安排一个适合他干的副职工作。结果县委安排他第二次进入党史办公室。他深知党史部门是清水衙门，党史工作是一项艰苦、清苦的工作。对他来说，工作艰苦并不可怕，可怕的是没钱治病。组织上的决定已经作出，几十年党的教育使他养成了服从组织安排的自觉性。1995 年 3 月，他带病踏上了新的征程。

潘有庆是一个事业心很强的人，虽然原来从事党史工作，但毕竟已离开多年，业务有些生疏，知识也在日新月异。为了能使自己很快进入角色，他一到办公室，就抓紧学习，钻研业务，虚心学习外地经验，在很短时间内，他又掌握了工作规律，取得了指导业务的主动权。每天，他的活动范围是两点一线：家——办公室，办公室——家。经常第一个上班，最后一个下班。以前的同事、朋友听说他又回到了党史办公室，干起了老本行，前来看望他，出于对他身体的关心，说："好好休息，把身体养好，身体是'革命'的本钱，没有好的身体，说啥都没用。你的病这么重，身体这么虚弱，还拼什么命！"面对这质朴的规劝，他笑笑说："闲着没事也无聊，我知道自己快画句号了，已经到了'老牛自知夕阳短'的时候了，此时不奋蹄，还要待何时？"是的，他知道自己的时间越来越少，并潜伏着某种不可预见性。所以，他更珍惜时间，争取多做工作，为党的事业多贡献一点光和热。

上任伊始，他首先做的事就是加强工作宣传力度。为了使党史工作能在党委、政府工作日程中排上队、挂上号，他常拖着疲惫的身躯，找书记找县长找局长。领导有时间就汇报，没时间就送材料，让他们了解，支持党史工作，使党史工作获得它在社会上应有的地位。1995 年 6 月 30 日，县委常委、县长联席会议将党史工作列入议程，听取并通过了他作的本县 5 年党史和地方志工作规划汇报，为以后办公室工作的开展创造了条件。

自党史办公室成立以来，出版经费全是县财政拨付的。但拨款出书，越来越成为财政的负担，向财政要钱也越来越困难。为了改变全部依赖财政的被动局面，他联系自身多年从事经济工作的实践，组织办公室全体同志讨论，集思广益，形成共识：随着市场经济的发展，党史工作必须与市场挂钩，借款出书，卖书按照比例还钱。这一方案立即得到了县委、县政府的批准。1995 年为纪念抗日战争胜利 50 周年，办公室编辑出版的《灵璧革命斗争故事》一书，就成了这一方案的最好实践。实践证明，其社会效益、经济效益俱佳。

办公室编撰了《灵璧革命斗争故事》一书。初稿形成时，正值盛夏炎热天气，办公室条件差，为了让此书尽快问世，他天天汗流浃背，带着疲倦的病体和办公室全体同志一起修改、校对。从史实的核对，到篇章、语言的组合，到标点的运用，他都逐一琢磨，细心推敲，力求完美，但是癌症后遗症经常折磨着他，长期的化疗、放疗损坏了他的气管，大热天仍咳嗽不止，有时痰中带血，他也不屑一顾。癌痛难忍时，他就吃片止痛药，站起来走走，舒缓一下，再坐下来改稿。经过一个月的拼搏，书稿终于完成。为了尽快出版，他不顾旅途劳顿，和办公室的同志一起进京。时值三伏，车厢内热浪滚滚，就连健康的人都难以忍受，更何况是病躯。到了北京，身体出现反复，他抓紧时间联系出版，商谈出版合同，直到合同正式签订，他才喘了口气。为节省经费，他一个人留下，住在旅馆的地下室里，一边治病，一边校对书稿。

党史办公室是史志合一的工作机构，既编写党史，又编写地方志。他主编《灵璧年鉴》（1986—1995 年卷），从编纂方案的设计，到篇目的拟定，到文稿的修改、校对，到发行工作，他都精心策划，从严要求，大处着眼，小处着手，力图高质量地完成任务，就连部门的业务指导，只要身体允许，他也亲自前往。正当《灵璧年鉴》（1986—1995 年卷）进入紧张的汇编阶段的时候，他因劳累过度，病情加重，再一次住进了医院。住院治疗中，仍为书稿的编辑、整理和出版问题而操劳。就是这一次住院，他再也没能回办公室一趟，1997 年 9 月，潘有庆抛下他热爱的党史事业，走完了他人生的旅程。从 1995 年 3 月到 1997 年 9 月，在潘有庆领导办公室工作短短两年多的时间里，接连出版了《灵璧革命斗争故事》《灵璧年鉴》（1986—1995 年卷），使办公室成为全省党史系统的佼佼者，连续被省、地评为先进集体。他个人也因其贡献突出，于 1996 年受到省党史研究室和中共中央党史研究室的表彰，并在表彰会上做了典型发言，受到了胡锦涛、尉建行、丁关根等中央领导人的接见，并合影留念。

（县委党史研究室　供稿）

灵璧英范：李振超

妙手丹青绘乡景

刘万广

　　李振超，男，1954 年 3 月生，中共党员，高中文化，黄湾镇王桥村人。曾任电影放映员、民办教师、村党支部书记。现为黄湾镇文化站聘用工作人员，灵璧县钟馗画县级传承人。2017 年 4 月被评为"灵璧好人"。

　　走进黄湾镇辖地，看到墙壁上的宣传标语、漫画，还有以王桥为中心的十里八村农民家中张贴的对联，多出自李振超一人之手。他的毛笔书法刚劲有力，布局合理，漫画切入宣传主题，喜闻乐见，入脑入心。李振超的艺术作品已深深融入了家乡这片热土。李振超自幼喜爱书画，1972 年开始，师从孙淮滨先生学习书画，并多次参加县、市书画专业培训，他多年痴迷于书画艺术研究和创作，终有所成。他是中国诗书画研究会会员，中国北京东方名家书画院特聘画家，安徽省书法家协会会员，灵璧县钟馗画研究会会员，中国非物质文化遗产"灵璧钟馗画"传承人。其书画作品多次在全国大展中荣获一二等奖，作品已编入多部专著中，部分作品被海内外书画收藏家收藏。

李振超热爱书画艺术，更乐于奉献社会。他认为艺术来源于人民群众中，只有回报社会，服务于人民才算是有成就、有价值的艺术家。李振超自1972年高中毕业以来，逢年过节都为千家万户写春联。每年春节前十几天就开始写春联，家里红纸卷堆放的遍地都是，累的腿疼腰酸，连饭都吃不下去。到年三十中午，人家都放鞭炮喝酒吃饭，而自己家连春联都没来及贴上。当他看到村民的大门上都贴上他写的对联时，心情特别舒畅。近几年来，黄湾镇各机关单位，为了面向群众宣传党的惠民政策和部门工作，纷纷邀请他在黄湾大街搭建宣传台，义务为赶集群众写春联，发放春联。每年经他手写发放到户的春联不计其数，非常受广大农民朋友欢迎。

李振超是个为群众热心办事的人，30多年来，凡是十里八村所办的红白事、生孩子、建房、升学、开业庆典、青年入伍等活动，只要给他打招呼，他都满口答应。宁愿把自家活丢掉，也要前去给人家办理。可是，遇到收种的大忙季节不仅给家庭造成了损失，还得出一份人情礼。30多年来，李振超为多少家庭操办红白事，写出多少副楹联，家庭造成多少损失，谁也难以记清算清。对此，李振超总是乐呵呵的，从不计较。

李振超对各级党委、镇政府和单位、社会团体所组织的公益活动，都积极参加。特别是对于大型集会、会议、工程、庆典、比赛、汇演等活动，他都提前接受指派，书写标语、会标，把所有场面的文化气息布置得浓浓的。如，每年重大节日庆典及计生、征兵、秸秆禁烧、扶贫攻坚等宣传活动，到处都是他写的标语、过路牌幅，有效地协助了镇党委政府和各个部门宣传工作的开展。

自2008年以来，李振超先后参加县、市、省和国家举办的大型书法、钟馗画参展比赛。书法获得国家级奖14次，其中一、二等奖13次，钟馗画参赛16次。在2015年11月，他参加了省文化厅、宿州市政府组织的钟馗艺术晋京展，是全县唯一农民书画家代表。目前，他参加书画展被收录文集出版的作品共 22 幅，参加钟馗画展被收录出版文集的作品共 28 幅，成为灵南唯一的钟馗画传承人。

灵璧英范：王元琪

鞠躬尽瘁 情系"三农"

王元琪，1943 年 9 月生，灵璧县下楼镇石集村人。1956 年考入灵璧中学读初中，次年加入共青团。1959 年升入本校高中，在整个中学阶段，先后担任班主席、学生会学习部长等职。1962 年高考落榜，回乡务农，其间深知农民的艰苦和发展农业的重要性。1964 年考入安徽农学院，成为农学系的一名本科大学生，并被选为班长，1968 年 12 月毕业分配到灵璧县九顶园艺场。1970 年 11 月被调到王集公社农技站做农业技术推广工作。年后调任公社团委副书记，他除了做好团的工作，常年在大队蹲点与农民和农村干部生活工作在一起。由于成绩突出，1972 年 5 月光荣地加入了中国共产党。

1973 年 11 月，王元琪调任共青团灵璧县委副书记，主持全面工作。1974 年 12 月调任界沟公社党委副书记。在担任界沟公社党委副书记的 3 年多时间里，年年在大队蹲点，继续与农民和村干部生活工作在一起。他组织实施了多项水利工程，曾在县分区召开的水利会议上交流经验。同时还负责教育、卫生、计划生育等项工作，都取得了显著成绩。1978 年 6 月，王元琪调任灵璧二中副校长，主持全面工作。在二中工作的两年多时间里，他认真学习贯彻党的十一届三中全会精神和党的教育方针，拨乱反正，把学校工作重点转移到教育教学上来，努力为社会主义现代化建设事业培育有用人才。

1980 年 8 月，王元琪调任灵璧县农业局副局长，分管农业生产。他积极推广农业科学技术，除办好区社农技站，还抓了 2300 个示范户，聘请 157 名农民技术员，在全县建起农业技术推广体系，曾三次荣获省农业厅颁发的农业技术推广奖。1982年，他主抓的100亩花生地膜覆盖试验，亩产增加50%左右，73亩小麦根外喷肥增产5%左右。通过承包方式，抓了30万亩农作物病虫害防治，大大减少了病虫害造成的损失。1981年春，省农业厅在灵璧召开淮北土肥会议，王元琪在会上提出"化肥起步，氮磷配合"的增产措施，受到省农业厅和国家农业部的重视，省里每年价拨3000吨化肥支持这个措施的实施。1982年春，在参加省农业厅举办的农业局长培训班期间，王元琪联系实际撰写的论文《关于砂礓黑土改良的几点看法》在培训班上交流并被《安徽日报》刊登。

1984年2月，王元琪当选为灵璧县人民政府副县长，仍是管农业生产。他坚持改善农业基础设施，加强农业社会化服务体系建设，努力提高农民科技素质，抓"点"与跑"面"相结合，不断奔波在农业生产第一线。为了把科技知识传送给千家万户，他带头深入村庄田头，为农民讲授农业技术，并深入实际调查研究，切实解决农业发展中的实际问题。每当灾情发生，他总是艰苦奋战在第一线。1991年冬，根据省地统一部署，全县安排2.8万名民工参加怀洪新河治理，他担任县工程总指挥，坚持吃住在工地，抓进度、抓质量、抓安全施工。在他的领导下，灵璧工程队又快又好地完成了第一期土方工程任务，被省怀洪新河总指挥部评为先进单位。王元琪长期从事农业管理工作，又是学农的科班出身，但他从不以此为满足。他先后到芜湖农校、省农业领导干部业务培训班、中央农业管理干部学院、现代农业经济管理培训班进修学习，不断地更新科技知识，充实自己，更好地开展工作。在他担任农业副县长期间，全县粮、棉、油、肉等农副产品，不断增产，粮油生产曾两度跻身于全国百强县之列。

王元琪相继被选为县第九届、第十届、第十一届人代会代表，中共灵璧县第五届、第六届县委委员。1992年11月，他调任中共灵璧县委常委、县纪律检查委员会书记。到任后，他积极开展纪检监察工作改革，狠抓党风廉政建设。工作刚刚起步，他却因积劳成疾住进了医院，于1993年6月病逝，年仅50岁。

（县史志办　供稿）

灵璧英范：吴峰

献爱尽孝两周全

周宗谋

在灵璧县禅堂乡大吴村有这么一个年轻人，他一个人挑起家庭重担，不仅要照顾年迈的父母双亲，还要护理因意外伤害而下肢瘫痪的妻子。平日里一个人顶上八个人忙，而他没有一句怨言，默默地承担孝老爱亲的义务，受到十里八乡人们的称赞，这个人就是吴峰。他的事迹经安徽日报网、安徽广播电视台、香港凤凰网、安徽频道、灵璧文明网等 10 多家媒体报道后在社会上产生了很大影响。

吴峰今年 44 岁，忠厚老实的他娶上了淳朴善良而又贤惠的妻子闫素珍。夫妻俩你恩我爱，过着"你耕田来我织布"的甜美日子。吴峰生就勤快，虽然年近 80 的父亲双目失明，70 多岁的母亲又患上膝关节囊肿，都失去劳动能力，可吴峰夫妻俩种七八亩承包地，还把家里事情安排得井井有条。不仅如此，他们俩还要抽出农闲时间，结伴出去买树去卖，赚点钱贴补家里。由于他们俩吃苦能干又精打细算，从经济上来说，虽不是村里最富裕的农户，可这家庭小日子也过得有滋有味。村里不少老年人在教育自己子女时，都会拿吴峰夫妻俩作为范例，因此，他们夫妻俩也就自然而然地成了乡邻们羡慕的人。

天有不测风云，2016 年 3 月 16 日，夫妻俩去买树，妻子素珍在伐树过程中被一棵树砸到腰部，顿时失去知觉。遇到这情景，吴峰像塌了天一样，他当时懵了。在场的人七手八脚忙着把素珍弄到医院，灵璧不行，又转到蚌埠解放军 123 医院。经病理检查，素珍第六七腰椎粉碎性骨折，附带腰肋骨折。三天过去了，醒来的素珍痛哭失声，她在迷茫中寻找自己失去知觉的腿。当素珍知道自己的情况后，怕给丈夫带来经济压力，认为就是治疗了自己也是个残废，宁死不愿继续治疗，甚至不让接诊医生靠近检查症状。吴峰见状抱着妻子，边哭边做妻子的思想工作，"素珍，我不能没有你，我和孩子都离不开来你呀！

只要你有一口气，我们也不放弃你！"而迎来的只是素珍的摇头和痛哭。没有办法，吴峰不仅搬来岳父家人，还让孩子也来做素珍的工作。懂事的儿子跪在素珍面前，哭着请求妈妈接受治疗。丈夫的深情，儿子的哭求，娘家人的劝化，素珍才愿意配合医生治疗。需要手术了，在省立医院专家配合下，手术从上午的九点多开始，一直到下午两点才结束。手术虽然成功了，但素珍落下来的却是下肢瘫痪。

素珍出院后，吴峰肩上的担子更重了。他每天除了要看望父母，照顾两位老人的生活，主要精力放在了妻子素珍身上。一天几顿饭，变着花样去给素珍增加营养。由于素珍下肢瘫痪，腰椎以下失去知觉，大小便失禁。这下子可就难为吴峰了，他每天要给素珍换两次尿片，擦洗身子。除此之外，吴峰还从医生那里学会了简单按摩。每天只要有时间，就坚持给妻子按摩以减轻妻子的痛苦。刚开始那会儿，按摩手法轻重不好掌握，他就看妻子的眉头来判断。要是素珍眉头紧锁的话，就是手下得重了，于是就少用点劲。要是素珍眉头舒展就是手下得轻重适中。每一次按摩都得用一个多小时，直累得吴峰满脸是汗腰酸背痛，可是想到了为妻子以后能站起来，再累吴峰也感到心里甜。不管平时有多忙，吴峰也不忘给妻子按摩，有时实在忙不过来，他就抽空给妻子按摩，哪怕是 10 分钟，吴峰也会乐意去做。

一年多过去了，四百多个日日夜夜，吴峰真情的奉献，让素珍开心多了。每当看到丈夫疲惫的样子，素珍心疼极了，没有什么感人的话语，只是转动着脖子冲着丈夫给予甜美的笑。

去年以来，乡脱贫包保干部、乡党委副书记解安徽，接任的包保干部、乡宣传委员赵英美，不止一次来到吴峰家里看望。乡里还从脱贫攻坚专项资金中拿出 4000 元予以资助，吴峰用这笔钱买了 4 只山羊。在吴峰精心料理下，去年卖了 7 只羊收入 4000 多元，如今吴峰家羊圈里大小山羊已增添到 7 只。为了能给家庭增加点收入，吴峰每天照顾好妻子后，还抽空开上三轮车给附近建筑工地拉建材，一次挣上它几十元以缓解家里的经济压力。

去年 9 月吴峰被评为"灵璧好人"，10 月被聘为扶贫小组长。被聘为小组长以后，吴峰十分珍惜上级党组织给的荣誉，为了做好工作，他把每天早晨六点给妻子做理疗的时间提前了半个小时。每天去村公益岗上班，入户走访调查，填写贫困户有关信息材料，这些工作都是挤出时间来做。

现在，只要有时间，吴峰都会用轮椅推着妻子素珍出来散步，让她领略新农村的美……，每当吴峰推着妻子在村里散步时，大家都投去敬佩的目光。

今年春节，肆虐的新型冠状病毒肺炎疫情给新年蒙上一层厚厚的阴影。面对疫情，吴峰作为扶贫小组长没有退缩，他向村书记提出要求参加疫情防控值班。村书记考虑到吴峰家里的实际情况，就婉言拒绝了吴峰的请求。吴峰当着村"两委"干部的面表示，我吴峰是有困难，但与当头的国难相比，我家的这点困难又算得了什么呢？那些天吴峰一边照顾病患的妻子，一边参加村里疫情防控值班。每一天早晨五点钟就起床，给妻子做饭、按摩，料理完就到户里走访，看有没有从武汉或者途经武汉等地回来过节的村民，与村医务人员一起给村民测试体温。中午回家给妻子做好了饭，照顾妻子吃完饭后又到值班点去。晚上九点多了才拖着疲惫的身子回家，给妻子做饭，然后再做家务，陪着妻子聊天，一直忙到半夜才能休息，第二天又是这样忙碌着……看到丈夫这样劳累，妻子有点心疼，就建议让丈夫向村里请半天假在家休息一下，吴峰听了后摇摇头，有点"生气"地说：国难当头，正是用人的关键时刻，我怎么能请假在家休息呢？

灵璧英范：孙秀兰

超越血缘的爱

张少秋

说起灵城镇东蔬社区很少有人了解，因为它是城市扩容由行政区划更迭而来。要是说起东关街孙秀兰，那可是许多人都会竖起大拇指，因为她无微不至照顾瘫痪公公而被广为传颂。

我是在众多口耳相传中认识孙秀兰的，她虽年逾不惑，仍是身材高挑，娟秀端庄，举手投足，温文雅尔。一句时尚话：亲和力爆棚，气质不输网红。有谁知道她靓丽的身段背后曾撑起一个家庭？有谁了解她如何在传统意识与美德之间的交锋？

1999 年初春，在县化肥厂机修车间的公公张建平突发脑溢血被紧急送医。后经医生全力抢救虽保住了性命，但落下了终生残疾，生活完全不能自理。时值化肥厂改制处于不景气时期，企业难有过多的援手……家庭的顶梁柱一倒，生活的窘境可想而知。婆婆患有类风湿等慢性病，平素没有收入，而且是手不能沾凉水不能干炊事等家务。一应家务全由孙秀兰承担，那时是她刚嫁入张门两年，尚属新婚燕尔之余。

遇到这档子事情不要说是媳妇，就是亲生儿女恐也难逃"百日床前无孝子"的魔咒。这里笔者无意指责儿女，但需要说明的是孙秀兰丈夫张杰因为受不了突如其来的家庭变故，看着日渐消瘦的父亲，思虑过度久成抑郁，渐有烦躁，终是心脏病爆发做了心脏支架手术，需要长期服药维持。家里的生活节律用凌乱来形容毫不为过。

雪上加霜的生活天平向着羸弱的肩膀倾斜，一边哺育幼儿，一边照顾公婆，还要兼顾丈夫……爱情在保鲜期遇到了严竣地考验，没了相夫教子的温馨，缺少相濡以沫的欢乐。如果说一年两年也倒好说，可十年二十年如一日需要多么大的毅力？这 20 年来，孙秀兰在家里面敲响的是锅碗瓢盆协奏曲，还在演绎着突破世俗、超越血缘的关爱。伺候公公起居，为公公喂饭，抱他上轮椅，推他晒太阳，替他按摩擦洗。一开始换尿不湿，不要说孙秀兰不好意思，就连公公也在无奈中抗拒着，经常无端发火骂人。孙秀兰委屈过，背着人也哭过，也曾想过放弃和逃避。但当她看到公公为避免难堪而憋尿时的痛苦，看看这个家如果没有她的坚守将会不成一个家，她选择了隐忍，选择了迎难而上。她开导公公："任何人都抗不过命！既然我是张家媳妇，我们爷俩就该服从命运安排。媳妇不就是你的亲人吗？"在她的坚持下，公公渐渐从妥协变成了配合。其实她说这话是违心的，试想一个风华正茂的女人为瘫痪的公公擦洗隐私部位能没有一点点害羞？可在孙秀兰心里亲情战胜了世俗，并且成功地为丈夫戴上"孝子"的桂冠，她向外界隐瞒了照顾公公的那一部分事实。

为了更好地做好护理工作，她买了专业护理书籍潜心学习，渐渐做到娴熟融通。瘫痪病人护理质量的评判标准有两个，一是病员的满意度，二是褥疮有没有发生？先说第一个病员的满意度，孙秀兰能够为公公打开塞露，炎炎夏日她亲自为公公冲澡，她还别出心裁地用吹风机烘吹裆部。因为她知道公公那个地方会不由自主地溢出便溺，极其容易造成感染。她还学会了理发，承揽了公公婆婆理发修发的任务。有了这样的媳妇这么体贴入微护理公公，岂止是满意？简直是依赖了。因为只要孙秀兰在家，他便不会让其他人为他做任何事情，就连洗脚水的温度也要她掌握。他更清楚儿媳的手只要伸到盆里，接着就是一通揉搓……再说第二项，这20余年来不仅没有褥疮，就连笔者站在她公公卧榻之侧也没闻出什么异味来，我由衷地夸赞护理之精细，她却腼腆地说："让公公有尊严的生活是儿媳妇的责任！"一句"责任"与当今社会道德滑坡，不孝丛生现象相比真乃云泥之别。孙秀兰把火样的年华化作热情奉献给了亲情，在琐碎的家务中体现了中华传统美德。

目前，孙秀兰在灵城镇和相关部门的帮助下开了一家小文具店，用她自己的话说是要为这个特困家庭"造血"，不愿借救济生活。笔者相信她一定能够成功，因为20载的美德陶冶，20年的坎坷历练，她更加成熟，更加坚强。风雨过后，天染彩虹。愿她的生活更加绚丽。

灵璧英范：方少杰

甘为人梯 痴心不改

方少杰，女，1979年3月生，中共党员，安徽省特级教师、安徽省骨干班主任、安徽省第三届教坛新星、宿州市学科带头人。2016年当选为宿州市第五届党代表，先后被评为"安徽省优秀少先辅导员""安徽省优秀教师""安徽省特级教师""安徽省五四青年奖章""安徽省三八红旗手""安徽省三八红旗手标兵"等荣誉称号。

"教育是一项事业，事业的意义在于献身；教育是一种艺术，艺术的生命在于不断创新。"方少杰老师以自己的辛勤汗水诠释着这段话的真谛。方少杰的爱人原是一名大学教师，结婚后，多次劝她，离开灵璧来大城市发展。但方少杰舍不得和她朝夕相处的孩子们，她毅然放弃了和爱人一起去外地工作的机会，在灵璧县灵西中心学校一干就是 23 个春秋。23 年来，她一直坚守着教书育人的理念，固守在农村教学第一线，在小学教师的岗位上无悔地奉献着自己的青春。2005 年 9 月，她的爱人远到西安交通大学攻读博士，当时孩子仅仅两个月，沉重的家庭负担就落在她一个人身上。在方少杰休产假期间，单位领导找到她，由于单位缺少教师，由于梨树教学点有个班开学两周了一直没有固定的数学教师，让她到教学点救急。看着领导期待的眼神，想到了一班的学生，她没同家里人商量，就毅然回到了学校。在这个偏远的教学点，首先要克服的就是上下班行路之难。从家里到学校正在修路，一半是坑坑洼洼的土路，碰上下雨天就是名副其实的"水泥路"，一半就是重新动工的路，路面上全部是大石块，无法骑车。每天喂过孩子，她就骑上电动车走上 10 多里路到学校。上课、辅导，晚上须待孩子熟睡后，才能批改作业、备课。长期的过度劳累，原本就弱不禁风的她变得更加消瘦了，先后患上了腰椎间盘突出和胃溃疡。但不管有多少困难，都没有影响到她对教学工作的热情。作为女教师，方少杰也曾多次渴望一家人能够团团圆圆，生活在一起。2018 年 8 月她通过高层次人才引进，得到了去南京工作的机会。面对这大城市高工资的诱惑，她动摇了，但她内心深处还有另外一笔账：我的学生都是留守孩子，每一个孩子就是一个家庭的希望呀！如果我不去关爱他们，将来这些孩子就会像他们的祖辈一样，过着贫穷的生活。我的一切都是灵璧培养的，我不能忘了根，不能忘了初心。她舍不得她的那些留守孩子，舍不得这方生她养她的热土。正是因为这份舍不得，她与丈夫两地分居 17 年，独自带着两个孩子，虽有心酸和泪水，但她永远坚定对灵璧教育的赤诚之心。

"教师的活是良心活"，方少杰时常把这句话挂在嘴边，她不求桃李满天下，只做润物细无声。当老师是辛苦的，当留守儿童的老师更辛苦。为了解决留守孩子的学习生活问题，学校于 2009 年 9 月创办了寄宿部，方少杰主动请求担任寄宿部的班主任和数学教学工作，那时她的孩子才刚 4 岁。一个人带着年幼的孩子每天早上 6 点到校，晚上 8 点 30 分才能回家，在校不是给学生整理床铺，就是给学生盛饭打菜，或是在教室里补习功课，至于自己孩子在哪，早已抛之脑后。有一次值完班后回到家已经 9 点了，哄完孩子睡觉已经很晚了，她也疲惫地休息了。半夜 11 点半，一个急促的电话打来，学生薛赞发高烧。她二话没说，不顾自己幼小的孩子，连忙赶到学校，带薛赞去医院。凌晨 1 点才回到家，孩子已经哭着说不出话来，她一把把孩子搂进怀里，顿时泪流满面，强忍着没有哭出声来，内心愧疚万分。对儿子，方老师也许不是个好母亲，但对学生真挚的关爱，使她不仅成为学生的良师益友，更成了学生心目中的伟大母亲。在 24 年的教学生涯中，她不仅在学习上关心每一位学生，在生活上也予以细心呵护。灵西中心学校梨树教学点的余磊同学自幼父母外出打工，学习、生活一度陷入困境，方少杰发现后及时家访，在学习、生活上及时鼓励与帮助，手把手地教余磊整理衣物，洗衣做饭，一点一滴培养她的生活自理能力。2007 年 6 月，在她的帮助下，余磊以自理好少年入围"江淮十佳好少年"，并当选"首届江淮优秀少年"。此外，她辅导的左娜同学 2014 年被评为"安徽省模范留守儿童"。

方少杰不仅是"留守儿童"生活的知情人，也是他们学习的引路人、成长的保护人。她在志愿服务中发现，农村留守儿童节假日无处可去、无事可干，尤其是暑假时间长，特别容易出问题。怎么办呢？ 2016 年暑期开始，方少杰利用学校乡村学校少年宫，组织近 200 名留守儿童，开展"圆梦蒲公英"主题实践活动，免费为这些留守儿童提供教学服务。她和校长一起深入家庭调研，对留守儿童兴趣爱好进行整理归类。在此基础上，根据留守儿童的兴趣爱好及特长，分低中高年级开设了活动班。每天下午有一个年级上活动课。方少杰注重结合灵璧当地丰富的的泗州戏、钟馗画及灵璧石等文化，用民俗传统文化的浓墨为留守儿童教育"点睛"，几年来，方老师公益性授课 1750 课时，覆盖 12 个村庄和社区，600 多名孩子受益，使志愿服务工作形成连续、科学、系统的制度。方少杰注重带领孩子走向社会，撒播志愿足迹，展现红领巾风采，创建了"红领巾志愿者服务队"，深化"主题活动"，搭建"体验舞台"，教育引导留守儿童健康成长。每一次的红领巾志愿者服务队活动，她都精心设计，从小、细、实处入手。2013 年方少杰设计了《爱奇石爱家乡》这一主题志愿者服务系列活动，引导留守儿童多角度深入了解灵璧家乡的风俗习惯、人文景观、经济发展等信息，在此基础上，升华学生的感情，使学生懂得可以自己的劳动来表达对家乡的爱，以实际行动为家乡争光彩。几年来组织"红领巾志愿服务小队"深入留守儿童家庭进行学习、生活志愿帮扶 300 多次，到孤寡老人家庭献爱心 400 多次，组织"红领巾志愿服务小队"开展文明交通宣传、义务大扫除活动 100 余次等。经过长期的一系列的志愿服务活动，培养了孩子们爱家乡，为发展灵璧而勤奋学习的思想感情。

方少杰教育教学严谨、细心、周到。2018 年 5 月，她接到参加安徽省乡村教师信息化大赛团体赛的通知后，每天在忙完一天的工作后，就仔细审阅教材，寻找信息化与数学融合的切入点，不停地读、品、改、酌、思。从大的环节的设置到每一个预设的生成，她都要反复琢磨。她整理教材一个月，然后刻苦学习信息技术。比赛前的一个月，她每天都要研究到深夜。在 2018 年 8 月 23 日全省乡村教师信息化现场大赛中，她带领的团队获得了安徽省一等奖第一名的好成绩。方少杰在被评为"首届宿州市学科带头人"后，并没有安于现状，她多次承担省市县级示范课，到乡村"送培送教"40 余次。2013 年 12 月参加安徽省优质课大赛获得一等奖，2016 年作为宿州市代表参加安徽省首届青年教师教育教学技能大赛荣获一等奖，并被评为"安徽省优秀青年教师"。她撰写的论文 5 篇获省特等奖，4 篇获省一等奖，并有多篇在省级刊物上发表。

由于数学教研工作突出，2017 年方少杰被聘为县教研室小学数学兼职教研员，但她并没放弃课堂，她舍不得那些些留守儿童，依然深入教学点，走进课堂为留守儿童上课。她把自己定位成为"服务员"，为了提高农村孩子的学习能力，她充分发挥共产党员的先锋模范带头作用，带领大家努力探索，大胆实践，她结合时代特色，紧密结合当前进行研究，在少先队工作、创新课堂教学、数学教学研究、乡村教师信息化教学应用等领域作了大量富有成效的工作。她先后负责省级立项科研课题 2 项、市级立项科研课题 2 项。2016 年，作为学校少先队总辅导员，方少杰主持了安徽省少先队特色项目系列活动《美丽的灵璧我的家》课题研究，该课题成果获得安徽省优秀少先队工作研究成果一等奖 2 项，二等奖 1 项，创新了灵璧县少先队活动。2017 年，方少杰主持了《小学数学文化渗透策略研究》课题，2018 年起开展省级研讨会 1 次，市级研讨会 1 次，县级研讨会 7 次，参与研讨教师达一万余人次。在全县多个乡镇开展基于数学文化渗透策略的课堂教学效果研究，形成调研成果报告近 6 万字，并于 2019 年 12 月在北京师范大学主办的全国小学数学杰出人才第五届高研班中获优秀论文第一名。2018 年，她主持研究了安徽省教育科学规划立项课题《小学数学课程中传统文化理解与传承实践研究》，选取全县具有代表性的 5 所上规模的学校开展课堂教学研究，对不同层次学生、不同教学背景教师结合此项目应用情况进行实地观测，作示范观摩课，举办专题讲座，有效地推动了全市的小学数学传统文化的研究活动。

方少杰始终以对党和教育事业的无限忠诚，书写着一个普通教师的新时代风范。她用执着的追求、坚实的脚步、劳动的汗水阐释了 "甘为人梯，痴心不改" 的真谛，为留守的孩子架起了攀登幸福的云梯。

（县文明办　供稿）

灵璧英范：侯立刚

无怨无悔铸师魂

侯立刚，1964 年 5 月生，1985 年参加工作，同年加入中国共产党，中学高级教师，安徽省特级教师、安徽省先进工作者，现任灵璧中学教科处副主任。2002 年荣获安徽省劳动模范称号，作为一名优秀的教育工作者，他脚踏实地、追求完美的工作态度，积极探索、刻苦钻研的工作精神和诚实、宽容的为人态度，被学生誉为良师，同事视为益友，领导称为楷模。还曾获得安徽省课改模范教师、宿州市学科带头人、市教坛新星等荣誉称号。

侯立刚老师始终秉承 "爱就是教育，没有爱，就没有教育" 的教育理念，关爱每一位学生。课堂上，他注重将氛围之美、探索之美、发现之美融入到数学教学中，引领学生感悟数学、欣赏数学、玩味数学，重视智力因素的核心作用，让每位学生都能够张扬个性、全面发展。担任班主任时，他在班级里重视培养学生刚毅的性格，激发他们学习的热情，形成勤奋好学、团结友爱、心情舒畅的氛围。在他的管理下，学生们的学习热情高涨，成绩全面提高，正如一位学子在给他的来信中写道："真诚地感谢侯老师给我的无私关爱，没有您的教诲，我跨不进清华大门……您讲课生动有趣，注重启迪心智，您对学生、事业无私奉献，师德高尚，不愧为人类灵魂的工程师。"

侯立刚老师认真钻研专业知识，自费订阅了几乎所有能订到的中学数学教育教学期刊，仔细研读、认真领悟，形成了全新的课程理念，不断完善教学方法。必修课，他精选教学内容，优化教学方法，加强学法指导，培养学生自主学习的良好习惯，积极引导学生体会知识发生、发展的过程，主动获取知识，注重变式教学，培养学生思维的灵活性、深广性、独立性；选修课，他根据学生的实际需要因材施教，巩固了学生的数学知识，拓宽了视野，培养了一大批拔尖人才，学生们都踊跃选修他的课；活动课，通过"生活中的数学""数学中的美""高考中的数学"等丰富多彩的活动，侯立刚老师积极激发学生的学习兴趣，营造研究型的学习氛围，取得了良好的教学效果。

侯立刚老师积极探索、创新教学方法，大胆摒弃传统的教师讲定义、推公式、演例题，学生模仿练习、教师再评判的教学模式，形成了一套"设疑、诱导、探索、创新"相结合的教法，真正让学生成为学习的主人。他善于运用教材、多方挖掘课程资源，通过设置问题情境，揭示教学内容的本质及纵横联系，激发学生的学习兴趣，提高学生的学习积极性，培养学生的创新意识。

侯立刚老师把多奉献、勤服务作为人生行为准则。他举办读书讲座，带领青年教师开展读书研究活动，循序渐进、由近及远、由浅入深地引导他们走上终身学习的发展之路。上示范课、观摩课、研讨课，帮助青年教师尽快入门。他热情辅导、帮助青年教师优化教学设计、研究教法，加快青年教师的成长。他以身作则，当好青年的师傅，真正成为青年教师稳定专业思想的引领者、教育教学的领路者、生活工作上的关爱者。作为教科处副主任，除身体力行做好教学引导工作外，他还在在管理实践中摸索出的一套行之规范的管理服务方法，促进了全校教学水平的普遍提高。侯立刚老师还积极参与教学改革，在紧张的教学之余，潜心教研，不断提高个人的教科研水平。近几年，他除了主持、参与多项省市级课题研究外，还发表教育教学论文近百篇。

长期超负荷的工作使侯立刚同志身患多种疾病，但是他并没有因为生病而耽误学生一节课，经常带病坚持工作。几次晕倒在课堂上，被学生送到医院抢救后才醒过来，在治疗的过程中，经常偷偷拔掉输液针跑去上课。2011年，他身体消瘦得特别快，经常便血，校领导和同事们劝他到医院检查，他都以走不开、减肥等理由搪塞过去。有一次便血量很大，他利用周日到外地检查，竟然是结肠癌！医生要求他立即住院手术，但是他考虑到学生还有几个月就要参加高考了，他挂念的是孩子们的未来，坚持先保守治疗到高考后再手术。他向家人和同事们隐瞒病情，说只是肠炎而已，每天忍着病疼吞服大剂量药物，拖着疲惫不堪的身体一直坚持到高考结束。手术时发现，肿瘤已经由Ⅰ期变成Ⅱ期，医生责怪道：没见过你这样不要命的教师！手术后，他放弃继续康复治疗，从上海带了近万元的中西药返回学校，回校后主动要求上课，又回到他魂牵梦萦的讲台。

（县政协　供稿　载《灵璧发布》2016-07-26）

灵璧英范：郭永乐

乐当"新农人"

马东义

郭永乐，男，1986年6月生，灵璧县朱集乡湖光村人，羊肚菌种植能手，灵璧县"十佳农民"，灵璧县食用菌协会副会长，现任安徽省乐永园农业科技有限公司法人代表。

2013 年，刚满 27 岁的郭永乐在上海浦东新区张江镇一家物流公司做"外卖小哥"。在送货的时候，他发现一些菌菇的价格远远超过其他食材，小小的一盒就能卖 100 多，这可抵得上他送好几单外卖的钱。有经济头脑，喜欢思考的郭永乐，开始在各大超市观察菌菇的价格，然后锁定几样"高价值"的菌菇在网上查找种植办法，几经筛选后，郭永乐"相中"了羊肚菌。因为这种菌菇种植技术门槛相对没那么高，国内的种植规模也不是特别大。恰好自己租住的郊区房屋后面有一亩空地，于是说干就干，郭永乐开辟了自己的实验田。

通过网上教学和报名参加农技课，郭永乐学会了种植技术，随后他买来羊肚菌，采种、分管、进瓶、做种，当年郭永乐就喜获成功，由于房东免费提供这一亩实验田，他还送了十几斤羊肚菌给房东当感谢礼。

2015 年初，郭永乐返乡种植羊肚菌的想法，招到家人的强烈反对，一致认为回农村没有出息。外卖公司得知情况后根据郭永乐的人品和工作实绩，决定以高薪挽留他，被他婉言谢绝了。决心要回家干一番事业的郭永乐，根据他前期的走访调查，发现在灵璧县甚至皖北都找不到有人有种植羊肚菌的先例。羊肚菌究竟能不能在自己家乡"落户"？这成了郭永乐悬在心头的一块大石头。

国内羊肚菌的种植基地在云南，主要的种植户都集中在那里。为了能让这些"娇气"的菌菇落户灵璧，郭永乐又去云南学习种植管理的技术。通过学习，他感觉只要控制好温度和湿度，把握好水的酸碱度，皖北平原应该是可以长羊肚菌的。

在调查走访中，郭永乐发现有不少外地的种子在皖北种植失败的先例，所以他决定找羊肚菌的"土著"。羊肚菌和梧桐树是共生关系，在皖北有梧桐树，那么很大概率也是有野生羊肚菌的。郭永乐在野生羊肚菌生发的季节，进山寻找，功夫不负有心人，果然找到了不少野生的羊肚菌。他买了标准化的试验台和工具，以这些"土著"为原种，在家里培育出了第一批本土羊肚菌的种子。羊肚菌在湖光村还是个新鲜事物，因为老家没人种，郭永乐一开始怕人笑话，就悄悄地用自家的一亩地做实验，没想到效果比在上海做的实验还要好。长出来的羊肚菌又厚又大，产量还高。这下郭永乐悬在心头的大石头总算放下了。

实验成功后，郭永乐决定正式在家创业。在外打工多年，郭永乐虽然稍有积蓄，但是想要搭架好几亩地的种植大棚还是杯水车薪。看到村里正在安徽新媒体集团驻村扶贫工作队的带领和支持下，大力发展特色产业，郭永乐决定把心中的想法跟工作队和村"两委"说说。为此，他准备了好几份材料，详细地阐述了自己种植羊肚菌的原理以及羊肚菌的市场价值和发展前景。

没想到和村里一拍即合。驻村扶贫工作队在了解到他的情况后，积极协调，帮扶单位安徽新媒体集团在两位集团领导班子成员到访之后，最终由总经理章理中实地考察并拍板捐资 30 万元支持村里和郭永乐共同种植羊肚菌，同时村里还流转了部分贫困户的土地加上村集体的部分土地和他一起发展羊肚菌种植。这些土地加上他自己的地，总共有 30 亩。这个规模远超郭永乐原先的设想，让他信心倍增。

有了村"两委"和父老乡亲的信任和支持，郭永乐更加坚定了信念，他几乎天天扑在新建起的 30 亩大棚里，每天观察棚里的温度、湿度和水的酸碱度。2018 年 10 月菌包入棚，才过年，气温一回暖，大棚里的羊肚菌像雨后春笋一般长出来，一个个又大又厚，品相极好，郭永乐这下心里乐开了花。

"一定要宣传出去，不然没人来收购。"喜获丰收的郭永乐，深深明白这个道理，在扩大种植的时候，他就已经联系好一些有收购意向的客户，但是没想到产量这么大，担心会卖不完的郭永乐开始在网上做起了自家羊肚菌的宣传。

"皖北也有羊肚菌种植？"面对网友们的质疑，这位 86 年出生的小伙子，跟风拍起了短视频，自己做自家产品的代言人，镜头里他在自家大棚中，拿着羊肚菌做着介绍。没想到这一来还真吸引了不少客户。有些出口韩国、欧洲的公司都来联系他，因为他种的这个羊肚菌品质要优于市场上现有的品种，而且价格较低。

在市场上打响了名号，还有不少种植户慕名来买郭永乐的种子，向他请教种植技术。人买了种子，他就包教种植，目前为止，买了他的种子的，还没有不出菇的。30 亩地的羊肚菌，一年收入 90 多万，卖种子按 4500 元一亩，也收入了十几万。前期自己和村集体共投入了 40 多万成本，这一下就收回来了。

为了提高羊肚菌品质和市场占有率，2020 年，郭永乐先后参加在安徽、上海举办的农展会。郭永乐大力开展羊肚菌科技攻关，成立了羊肚菌品种科技研发和推广创新团队，建立羊肚菌育种基地。以皖北"野生"羊肚菌为原种训化培育孢子，培育了"湖光一号""湖光二号"羊肚菌品种。目前，郭永乐发明创造的"羊肚菌育菌的培养基的制备及使用方法、人工养殖羊肚菌的养殖方法、有效收集羊肚菌孢子的方法及其"等3项专利，已经获批。

郭永乐带头学习推广农业技术知识，他先后参加了农业部党校举办的乡村振兴青年创业培训班、安徽农业大学举办的现代青年农场主培训班。他积极为地方农民提供技术服务，一方面充分利用羊肚菌种植基地进行面对面、手把手培训，另一方面利用抖音、快手、微信群、宣传单等推广羊肚菌育种、栽培技术，目前受训人数已达3000余人次。安农大教授陈友根多次来基地考察指导，提供技术支持。

在自己发展100亩羊肚菌种植的同时，郭永乐积极带领群众走共同致富道路。目前，该基地已经吸收本村42户村民在此就业，其中贫困户4户，一个月多的能拿到2000多元。劳务收入加上土地流转的收入，"加盟"的贫困户一年增收两三万。今年郭永乐的羊肚菌总收入除去成本，有望净获利润60多万元。同时带动周边20户村民发展羊肚菌种植，种植面积达300余亩，增收200多万元。公司目前业务已发展到陕西省、江苏省、山东省、河南省、四川省、安徽省、湖北省等7个省，发展羊肚菌种植面积1000余亩。

2021年7月14日，郭永乐研发种植的羊肚菌通过省级专家组评审，被安徽省农业农村厅评为第六批安徽省无公害农产品。

灵璧英范：王静明

水利老兵 电力卫士

王立兴

"夫君子之行，静以修身，俭以养德，非淡泊无以明志，非宁静无以致远。"这是水利工程师王静明名字的来历，也是他一生秉持的信念。

　　王静明，男，1938 年 8 月生，灵璧县冯庙镇人，县第四届至六届政协常委。从 1955 年 10 月参加工作到 1998 年退休，在水利电力系统工作的 45 年中，他凭借宁静致远的态度和淡泊明志的情怀，从一名普通的技术员，先后担任助理工程师、工程师和测量队长、统计股长、县防汛办公室主任等职。他不仅是一名精进不休，有责任担当的水利老兵，更是一位坚守电力一线、平凡无私的电力卫士。

　　作为一名职工，他干一行、爱一行、专一行、精一行，不论处在哪个工作岗位，不论是接受何种任务，都能够认真负责，很快全身心地投入工作并能开拓创新。1958 年参加灵固运河、符淮新河等多条河道的勘测设计与施工工作。他在施工中注重创新，采取分层下挖、苇固堵沙、龙沟排水等举措，提高了工效，加快了进度，得到上级领导的表扬。1963 年被派到浍沟闸开展建立工程及水文观测设施和制度工作，编写了水闸设施规范，设立水闸位移、沉陷观测点和水位观测标志，得到省水利厅的高度评价。

　　对取得的这些成绩，他没有放在心上，他也没有时间去放在心上。1965年，他被抽调到县人武部配合作战科编制兵要地志，1966 年又赴地区参加淮北供电规划设计工作。虽然工作跨度大，且是跨行跨专业，但他努力钻研，夙夜为谋。白天，他身穿工作服，来往工地，奔波忙碌；夜晚，他在办公室伏案工作，整夜灯火通明，加班加点做规划设计。"文革"期间，坚持电力建设，配合徐州电业局勘测宿灵 110 千伏输电线和杆塔定位工作。之后连续7 年参加县电力建设，共勘测设计建设 35 千伏线路 186 公里，10 千伏线路 163 公里，0.5 千伏线路 200 多公里。不管是烈日当头的酷暑盛夏，还是寒风刺骨的三九严冬，只要是工程勘测一天不收工，只要电力建设一天不峻工，他都始终坚持在一线，任劳任怨。每当他谈起电网建设艰难走过的每一步时，脸上都洋溢着幸福与满足，可谁又清楚他内心里亏欠家人的愧疚心情有多许？

　　位卑未敢忘忧国。1978 年调到县防汛办公室，从事保持上下游市县联系，及时掌握天气变化和降雨时空，以及水闸控用工作。他感到身上的担子更重了。1985 年唐新闸地区普降大到暴雨，由于降雨时空分布特殊，他根据降雨时空差，怀着高度的责任感和担当精神，力请地区防办开唐河地下涵放水，并坚持七天七夜吃住在岗位，确保联系畅通，排涝方案能顺利实施到位，使我县56万亩农作物免受涝灾。

在抓好具体工作的同时，他还善于总结工作经验，利用收集起来的点滴时间，先后撰写《淮北洼地治理》《濉北防洪除涝》《河道堤防与绿化》《利用动力机马力与转速实施软管多孔微喷灌》等论文，受到同行的赞许并被收入《中华英才大辞典》，给后人留下了许多宝贵的工作经验。

宁静致远，淡泊明志。多年来，他一直在践行着自己的人生信念，不管是从事专责岗位工作，还是作为部门的管理人员，不管工作有多苦，压力有多大，他始终立足岗位，敬业执着，甘于淡泊，默默无闻地奉献，勤勤恳恳地坚守。他把自己的人生支点立于灵璧的水利电力事业发展当中，让生命的浪花不断激昂翻腾，奔涌向前。

灵璧英范：李雷

科技强企 造福"三农"

井茂龙 马 建

李雷，1967年7月生，毕业于南京大学，本科学历。安徽省第十二届人大代表、第九届灵璧县政协常委，历任第七届、八届政协常委，世界家禽学会会员、中国畜牧协会禽病学会会员、安徽省饲料协会理事、立腾绿色生态牧业有限公司总经理。

李雷一直在农村从事禽病防治技术推广工作。在工作中，他任劳任怨、扎扎实实，走遍了皖北地区五市八县，有2万多农户在他的服务下直接受益，使这些地区养鸡户增收上亿元，为实现科技增收作出了突出贡献。他在科普工作中，以通俗的语言、生动的生产实例和独特而灵活的讲课方式，使广大农民听得懂、记得牢、用得活，是皖北地区养殖户们最熟悉的科普志愿者。他以爱心、耐心、奉献之心与农民交心，服务于广大人民群众。在培训工作中，他把自己的手机号码作为科技咨询热线公布于众，不管是白天晚上还是节假日，对养殖户打来的咨询电话有求必应，而且经常进行电话跟踪服务，成为广大养殖公司及养殖户的主心骨、贴心人，受到了广大农户及有关领导部门的一致好评。因此，他先后获得 2002 年度 "百佳致富带头人"、2004 年度 "双培双带标兵"、宿州市 "百强示范场" 称号；2006 年获得灵璧县科学技术推广二等奖，2008 年获得灵璧县科学技术推广一等奖；2009 年获得国家科技部财政部授予 "科普惠农兴村致富带头人"；2010 年获得宿州市青年科技奖；2011 年获第四届安徽省民营企业优秀创新人物奖；2012 年获安徽省青年科技创新奖，同年获灵璧县第八届技能标兵称号。

多年来，李雷积极参加 "科技三下乡" 活动。为了适应工作的需要，他刻苦钻研基础理论知识，坚持深入生产一线搞调查，脚踏实地搞科学试验，先后编写了《蛋鸡诊疗技术》《猪病诊疗实用技术》《仔猪腹泻的疾病诊疗技术》《蛋鸡四季诊疗》等 7 部著作，200 多万字，发表有推广价值的科技论文 172 余篇，诊疗文章 200 余篇，在《家禽科学》禽疾专栏连续发表文章20 余篇，对畜禽养殖生产实践起到了重要的指导作用，受到各省、市专家的好评。他创办的中国禽病门诊信息网，点击率达 10 万余次以上；由他主编的《皖北畜牧》年印刷量超过 30 万份，以免费发送养殖户的形式，积极传播养殖科学技术知识，深受养殖户喜爱，为提高广大农民科学素质，加快农村经济发展作出了积极的贡献。

为了向广大养殖户普及科技知识，李雷常年奔波在生产一线，并努力探索养殖户接受的工作方法。他自制培训课件及图表，还总结出了一套声情并茂、图文共赏的培训授课方式，深受广大农民的欢迎。近年来，他在乡村开展科普培训讲课 30 多次，培训农民达 1 万多人次，走访养殖户，开展科技适用技术指导百万余次，已成为皖北地区很有名气和影响力的禽病防治技术专家。从 2005 年至今，李雷帮助宿州解集王加运孵化场技术改造，帮助其销售鸡苗达几十万只，使其几年间获得较为可观的经济收入；先后为征宇制药有限公司和康普善药业有限公司培养技术员 20 名；帮助指导泗县长沟镇郭其祥种鸡养殖，使其学会了人工授精及免疫程序等技术，并在长沟镇开畜禽科技服务门诊。

自2002年起，李雷通过自己的不断努力，现已拥有发明专利13项。通过不断的产、学、研相结合，项目专利科技转化成果累计达13项，分别为：初产康（2002年）、肠球宝（2006年）、舒味宝（2008年）、羊发酵饲料（2009年）、超效能（2009年）、淮北麻鸡发酵饲料（2009年）、鹅发酵饲料（2009年）、朗德鹅发酵饲料（2009年）、牛发酵饲料（2010年）、畜牧保健蚊香（2011年）、肉仔鸡发酵饲料（2011年）、蛋鸡发酵饲料（2011年）、火鸡发酵饲料（2012年）。在获得科技专利的同时推出自己的科技品牌产品，创造出了科技＋品牌＋产品的发展经营模式，赢得了进步、赢得了发展。

身为饲料行业的领头羊，在饲料原料季节性短缺和养殖公司及养殖户不断对饲料营养结构、饲喂安全有新要求的问题上，李雷通过不断摸索、自我创新并与济南同创生物科技有限公司等企业、科研部门合作，成功推出具有自主知识产权的发酵饲料品牌。这不仅解决了饲料原料来源的问题，跟随解决了秸秆焚烧带来的环境污染问题，通过秸秆发酵来制作的饲料，根本上解决了饲料营养搭配不足的问题，降低了饲料成本，发展了自身经济，带动了周围农民致富奔小康。

为更好地服务养殖户，李雷还创办了立腾绿色生态牧业有限公司，公司是一家集种禽养殖、禽病研究与诊疗、颗粒饲料、浓缩饲料、预混饲料生产、销售为一体的高科技公司，中国畜牧协会会员单位；安徽省工业协会理事单位、宿州市养猪行业理事单位，宿州市凯达饲料科学技术研究参股企业。公司成立伊始，李雷就确立了"科技强企，走精品战略"的发展思路，"以人为本，服务社会"的企业宗旨，严格履行100%的服务精神，"靠服务赢取市场，靠服务赢得顾客，靠服务树立品牌，靠服务赢得发展"，建立起"四靠"承诺服务体系，本着"做事诚实、态度诚恳、处事诚信"的"三诚"风格，开畜牧业"真诚服务品牌"的先河，确立"质量第一，一切以客户为中心，关注产品、关注客户、关注市场"的服务理念。采用"服务到位、指挥到位、水平到位"的服务模式，凭借雄厚的研发力量，精良的生产检验设备，一流的现代管理，成功的营销战略，使公司竞争力大大增强。他从市场上、技术上、管理上、组织上进行创新，跟上时代的发展步伐，在同行中树立起良好的形象，取得了明显的经济效益和社会效益。

立腾绿色生态牧业公司现拥有 10 余名畜禽病诊断专家，高、中级职称专业技术人员占 80%；有一个把握科技前沿及开发市场需求的畜禽病防治推广中心和凯达饲料研究所。李雷提出"好饲料，立腾造"，"立腾饲料，城乡走俏"；"立腾公司造好料，畜牧行业都知道"的口号。公司现已形成"公司+门诊"的连锁，打造直销经营模式。他创办的立腾禽病技术推广中心现已形成三个连锁门诊，服务灵璧的夏楼、尤集、尹集、朱集、朝阳、渔沟等地，辐射宿州市、泗县、固镇、五河等地。

李雷通过自己的诚恳、诚实、诚信，赢得了山东同创生物科技有限公司吕瑞军总经理的信任和认可，确立在尤集开发区创办安徽立腾同创生物科技有限公司。他的诚实守信，留下了扎实的创业脚印；他用科技为家乡脱贫致富大显威力；他在淮北大地树起了一块诚实的丰碑，为美好乡村建设写下光辉的篇章。

灵璧英范：尤加林

矢志不渝的农机人

安徽作为农业大省，农机事业更是具有良好的先天性发展基因。在安徽农业波澜壮阔的发展进程中，孕育了很多优秀的农机人，尤加林就是其中的一个杰出代表。

尤加林，现为安徽省总商会副会长、安徽加林集团董事长兼总经理，数十年来，他矢志不渝地"耕耘"于安徽农机行业，为助推安徽"三农"事业发展，付出了智慧和辛劳。

尤加林，凭着执着和坚韧，硬是在肥沃的土地上写下了隽永的诗行！

起于陇亩创辉煌

尤加林，是一个地地道道的"皖北汉子"，为人厚道、大气、守法、诚信、进取！

一方水土养一方人。灵璧县曾经的贫瘠，让尤加林从小就尝到了生活的艰辛，培养了他和命运抗争的精神，创业梦在他的心田扎根"疯长"……

1984 年，高中毕业后，因家境贫困，无法继续学业，尤加林眼角噙着泪水，步入社会，从此，他在摸爬滚打中历练自己。他做过孵化小鸡的生意，也曾在国企、乡企做过临时工。无论干哪个行当，再忙再累，他从不叫一声苦。

尤加林是一个特别爱思考的人，直觉告诉他农机一定会有广阔的市场。1987 年，他靠 3700 元本钱起家，开办了一个农机配件门市部。在经营中，他发现前来购买零件的，多是农用三轮车车主，便决定经营三轮车生意。为此，他三赴合肥、五去宣城考察联系业务。一开始，由于资金少，他就采取少进货、勤进货、薄利多销的策略，并从厂家请来维修技术员，出现问题及时解决。由于有良好的售后服务，很快，经营局面打开，业务迅速扩展到皖苏鲁豫等周边 20 多个县市。他告诉记者，到 1992 年底，销售农用三轮车数量就达 2000 多台，实现利润十几万元，在 20 世纪 90 年代可不是一笔小钱啊！

看到尤加林卖三轮车赚了不少钱，他老家游集镇的周边就冒出十几家三轮车经营户。"僧多粥少"，竞争必然激烈，加之三轮车价格上调等因素的影响，经营一度跌入低谷，不少经营户扛不起，干脆收摊。但尤加林认为，危机就是危中藏机，他坚信，胜利往往就在于再坚持一下的努力中。为此，他毅然成立起灵璧县加林有限责任公司。坚持就是胜利，公司业绩获得飞速提升，1994 年，他销售农用三轮车达 5000 多台，安徽"飞彩"奖励加林公司桑塔纳轿车一部。1996 年，尤加林投资 100 万元，在灵璧县城购买了原交警队办公楼及大院，成立起灵城分销处。1997 年，尤加林投资 80 万元，成立了宿州分公司，游集、灵璧、宿州市 3 个分公司呈三足鼎立之势。同时，尤加林又在河南鹿邑、安徽涡阳、江苏铜山等地设立了销售分公司，实现了跨区域经营，经营品种也由单一的农用三轮车，发展为三轮、四轮、农用车、农机配件，以及各种大中型农机具等多种名牌产品并存，企业发展蒸蒸日上。

尤加林告诉记者，当时，有很多亲朋好友劝他见好就收，但是通过认真学习党的有关社会主义市场经济的方针政策后，他坚信党的方针政策不会变，要变只会变得对私营经济会更加有利。尤加林的主见，使他赢得了发展先机。

尤加林说，随着企业的做大，鲜花和掌声也接踵而至：1997 年，公司进入全省民营企业 50 强；2000 年，被安徽省政府授予先进私营企业称号，被宿州市政府授予诚信企业称号；2001 年，被全国农机协会评为中国 100 家农机经销大户。

斗转星移间，加林集团坚持创新发展，现已成为安徽省规模最大的农机销售公司，并与全国 100 多家农机生产经营企业建立了合作关系，真正实现跨区域和集团化发展。同时他的企业在完成一定的资本积累后，逐渐形成了自己的企业文化。树立为社会做企业，打造百年信誉，崇尚经营企业如同经营人生的价值理念。

采访时，尤加林笑着告诉记者，随着全国和安徽"三农"事业的发展，企业将会迎来更多的发展机遇。由于要做的事情太多，有时也感到很累，但想到自己做的事情有意义，就打心里感到快乐！

确实，记者见过尤加林多次了，但是从他的脸上，从来看不到倦意……

做企业贵在有道

世界上从来就没有无缘无故的成功，尤加林一定有自己的成功秘诀！

尤加林告诉记者，做企业，首先是贵在有好思路，思路永远决定出路。企业负责人贵在做好两件事：出主意，用好人。作为企业家，如果不能发挥"舵手"作用，企业定位不准，发展一旦偏离"航向"，迎来的将是灭顶之灾。

所以做企业，千万要记住"兢慎"二字，飘飘然，是很危险的。

企业是贵在有道，就是守法、诚信、责任和良知。我国法治化进程正在有序推进，讲诚信也蔚然成风，无论是作为企业还是个人，要想取得发展，就一定要做到守法诚信，这是绕不开的大前提。

谈到守法诚信经营，尤加林兴致很高地说，几十年来，自己和企业总是把守法诚信当作是立身处世之本，从来不敢懈怠。企业总是严格遵照合同办事，从不违约，赢得一致好评。具体体现为：在业务往来上，严守信用；企业自创办以来，坚持诚信纳税，做一位模范纳税人；深知农民挣钱不易，绝不做坑害农民兄弟的事情，绝不经营假冒伪劣商品；切切实实做好售后维修等服务，譬如，宿州市时村镇一位叫周五的农民，到砀山进葡萄，哪成想，路上四轮机前桥断了，于是就试着打电话给尤加林。了解情况后，尤加林二话不说就安排技术人员进行维修。很快，问题解决了，并且分文不收，为此，把周五这位朴实的皖北汉子感动得热泪盈眶。守法诚信的例子，在加林公司有很多，在此就不一一枚举了。

企业要发展壮大，还要有定力，要"胜不骄，败不馁"。尤加林说，凡事都不会一帆风顺，做企业也是如此。他很欣赏马云说的这段话："压力是躲不掉的。一个企业家要耐得住寂寞，耐得住诱惑，还要耐得住压力，耐得住冤枉，外练一层皮，内练一口气，这很重要。武林高手比的是经历了多少磨难，而不是取得过多少成功。"

另外，还要重视人才，做到人尽其才、才尽其用。尤加林告诉记者，人才是助推企业发展的永恒主题，没有敬业爱企的人才，企业就会失去发展的后劲。只有做到知人善任，充分发挥发挥人才这个生产力的作用，企业才能做大做强。

记者采访了解到，尤加林在用人上总是不拘一格，目前，在他的麾下，有退休人员，有大中专毕业生，也有下岗工人和有农民朋友。

"唯才是用"是他的用人根本原则。正是因为尤加林的知人善任，让全体员工都有归属感，更激发起他们的主人翁意识，决心为企业发展贡献力量。

还有，就是积极回报社会。尤加林意味深长地告诉记者，企业发展后，一定要做到取之于社会、用之于社会，这体现了企业家的社会公德心，更是建设和谐社会的需要。为此，加林农机在自身获得发展后，总是踊跃投身社会公益事业。比如，扶贫济困、捐资助学、抗洪救灾、抗震救灾，每逢中秋、春节等重大节日，都到敬老院开展慰问等。特别是，自党和国家提出精准扶贫的号召后，加林公司积极响应，并取得不俗的业绩！

参政议政履职责

尤加林，作为非公经济人士的优秀代表，他有很多的社会头衔：从1997年就当选安徽省工商联常委，现在已是安徽省总商会副会长，安徽省政协委员。尤加林告诉记者，这是党和政府对他工作的褒奖和认可，但他总是时刻告诫自己，一定要履行好职责，不能名不副实。

尤加林是这么说的，更是这么做的，在每年的安徽省"两会"上，他总是积极建言献策，提交很多质量高的提案和建议，彰显出他作为工商联界别政协委员的风采。

比如，在今年安徽省"两会"召开期间，就如何做好精准扶贫工作，尤加林结合企业实际积极建言。

尤加林说，一要因人制宜区别对待，对先天性及不可抗因素造成的贫困，采用物质帮扶手段助其脱困。对因疾病或突发事件造成贫困的家庭，及丧失劳动能力的老人，直接捐款捐物，以最快速度解决他们的基本生活保障、子女教育经费或治病急需的医疗费用。加林农机为此累计捐款捐物500余万元；帮助刘永民、陈维等20多名重大疾病患者解决了医疗费；资助刘平、李东等几十人上学；对游集、冯庙等多家敬老院及一些特困户，多年来一直捐款捐物，改善他们的生活水平。

二要放眼长远注重根本，对因知识不足技能缺乏造成的贫困，做好技能培训，引导贫困者自立致富。对于"懒等靠"人员，一定要首先从精神思想上进行脱贫，让他们树立劳动光荣的意识。在灵璧县工商联的牵头下，加林农机与游集镇九集村结对帮扶，并给村里送去电脑、打印机等设备。

三要注重实体经济发展，积极推进市场扶贫新机制的建立。实体经济是解决社会就业的"大容器"，是创造财富的动力机。多年来，加林农机注重推动实体经济稳步持续发展，安排了大量人员就业，帮助贫困人员创业。

采访最后，尤加林告诉记者，下一步，加林农机将利用自己的资金、技术、信息等优势，把上游资源、下游市场和农村经济合作社以及种植大户、普通家庭农户有机结合起来，联动发展。同时，加林农机将积极发展现代农业产业，创造新的就业模式，使广大农民参与进来，让贫困户早日脱贫致富。

（尤传化　供稿）

灵璧英范：胡文华

风雨彩虹

陈益芳

认识胡文华的时候，她在操持着灵璧县天虹印刷厂和灵璧县天虹广告有限责任公司，她温文尔雅，体态清秀。凭二叔开办教育印刷厂的那点业务联系，我早早和她熟悉，我不清楚她这么小的个头怎么把企业名称都往天上起？可我能够从她的敬业程度，待人接物的态度猜测出她有天大的抱负，自信风雨过后一定是彩虹挂空，绚丽灿烂……因为我看到了她事事亲力亲为，无论是洽谈业务、铅字排版、开机印刷，抑或是送货上门的活儿总能够看到她的身影。她不施粉黛，一直素面朝天。知道她的是个老板，不知道的还以为她是业务员呢。就是这样的诚实守信，就是如此这般的踏实任怨，她在灵璧县城站稳了脚跟。

其实她的厂不叫厂，严格意义上应当叫"铺"。租一间屋，一台老式铅字印刷机，一台切纸机，几块字排，一堆字丁。干的都是别人不屑干的活，像乡镇医院的处方，饭店用的菜单，大一点的是单位信纸便笺，小一点的是出门证、浴池的澡票。请不起师傅她就自己动手，我曾亲眼目睹过她往机盘上涂墨，骑踏板摩托车送货。回首创业之初的那个时候她自己调侃是混日子，而我却认为她在拼事业。她拼的不分晨昏，拼的抖落星辰，拼着身体的卡路里，拼的业务不断扩大。她这么拼赢来了客户的尊重。回忆这段往事，她脸上立刻涌出幸福的笑容。她原在电力部门下属工厂，创业之初是请假，而后是请辞。事业像滚雪球，资金周转也如垒债台。

2002 年升级购置了胶印机，需要电脑排版了，她筹措资金上了电脑学校学习起了电脑技术，这在当时可算得上是前沿科技。

学成归来的胡文华审时度势，赶上了城市综合治理的早班车，于是在灵中学校门口租了门面，置办了喷绘机、条幅机等设备，注册了灵璧县天虹广告有限责任公司。又干印刷，又干广告，还增加机器，丈夫见她如此执着，表面上没有什么，背地里却嘀咕："结婚时我是借了 3 千块钱，婚后等于一穷二白。那时你小打小敲贴补家用还行，谁知道你还辞职！你说留买房买车，给孩子一个好的生活也就算了。你这么折腾等于回到了解放前……"对于他的不满情绪她是理解的，但越过这道心坎还得感谢一位善良的老人。

寿新元老师是文化局退休干部，他常印刷灵璧诗社的小册子，同一家人相熟。赶巧就遇到了小两口嘬嘴，于是就一通谈话，接着两人脸上阴转晴，继而丈夫 180 度转弯，主动刷锅洗碗，自觉接送孩子上学，让她得以全身心地投入到了工作当中。至于寿新元老师如何使他们家开创新纪元的，限于篇幅不再赘说。

科学的决策，热情的服务，业务如鱼得水，事业做得风生水起。她成功的秘诀其实是两个字——诚信。在许多人口里或许是个口号，而在胡文华心中却是生命线。有两个故事说来请大家感受一下她遵守诚信的程度。

第一个故事。印刷厂的纸张属高消耗品，多半采取赊账来解决资金不足的问题。2006 年 11 月底，埇桥区一家纸品老板催账，赶巧胡文华手里没有钱，就许诺年前一定付款，直到年三十上午才有客户给结算货款，已经答应过纸品老板年前一定付清纸款，所以她安排弟弟骑摩托车冒着雪花送钱去了。那个老板感动得当场宣布，灵璧县天虹印刷厂是永久赊销户！在那个万家团圆的年三十她和弟弟是在茫茫的黑夜中度过，因为返程时摩托车发生故障停在泗宿路娄庄段。胡文华只身救援也阻滞在那里，凛冽的寒风中胡文华手举钞票向过路车辆求助，可漆黑的夜晚谁会相信两人是在干什么。结果，姐弟俩推着车子走了 15 公里才回到家。

第二个故事。2011 年，她承包经营高速路边的"城区跨路龙门架、高炮广告牌"。建造这个广告牌投入巨大，且收益尚不明晰，主管部门采取"谁投资谁经营，谁维修谁收益"的方法，一时没有人愿意做"扒河饮水"的事。结果诸多因素叠加，机遇选择了诚信的胡文华。那时的她在商海沉浮中已经不再是随波逐流，而是矫健的泳者。那时的她虽说完成了原始积累，可许多都是账面的，她妥妥一个"负婆"，还要再拆借几百万去跨这么大步，对此，丈夫以"离婚"相胁，坚决阻拦。。她知道他是假的，明白他是爱她的。于是，有了"挣钱是小事，诚信是天命"的豪言壮语。在他不让步，她不妥协的僵持中，她找到一家房企做跨路龙门架广告合作，谈妥了两个黄金朝向的版面 46 万元 / 年，并签订了垫付 20 万元代建费用的合同。家里的风波小了，外面的却汹涌澎湃。另一家房企强势登陆灵璧，当然也带来了广告风暴。他们"撬行"，出资 120 万元，胡文华不为所动。他们找到了县领导协调承诺由他们赔偿违约金，签 5 年承包合同。胡文华以"做生意需要钱，做人比做生意更重要"而拒之。领导收声了，同时也向她投来了敬佩的目光。几天后，天虹广告公司账户上突然多出来了 26 万元，一查，是那家房企打来的。电话沟通中，那头传来："这是我们的诚信保证金，做人比做生意更重要……"胡文华的脸上绽开了一朵芙蓉，心里满是欣慰。

胡文华跨界经营种植中草药不是冲动，而是孝行的启发。2014 年，她的老父亲突患心脏病需要手术，西医见她父亲年事已高，恐有不测推不揽。胡文华救父心切，便四处寻医问药。亲友推荐用中医治疗，治疗效果显现。中医的辨证论治能够取得奇效，让胡文华感受到中医的博大精深，尤其是药材的质量对疗效至关重要。她用了 1 年时间进行市场调研，察觉到了市场有不良商家弄虚作假。这是对健康的不尊重，是对生命的漠视！孝女的诚信守正即被激发，买不到真的咱们就自己种植。

2016 年，雷厉风行的她回原籍租用了 130 亩土地，种上了丹参、白芷、白术。2017 年，注册灵璧县天虹种植专业合作社，收益达到了 2000 元 / 亩。牛刀小试即获成功，沉浸在丰收喜悦中的她又扩大种植 400 亩。2018 年，她承包了当时的虞姬乡206亩土地，加上以前流转的超过了600亩，并斥资投建了烘干车间。然而，天有不测风云，大水淹没了所种的药材，直接经济损失达百余万元。

可大水没有泯灭她创业的激情，2019年，公司根据不同土壤质量分别种植了丹参、玄参、白芷、白芍、白术、苍术、紫菀、知母、胎菊、金丝黄菊等中草药。带动群众种植，面积近6000亩。当年11月，仅收购丹参就筹措了800万元，正当她在尝试向土地要效益取得进展的时候，谁料想一场突如其来的新冠病毒疫情席卷而来，一时间生产活动停摆，他们收购的丹参垛在仓库里。眼看抗疫遥遥无期，千万元资金的沉淀有可能缩水，胡文华第一次感觉到了无形的压力。但是，她已经历练成的越挫越勇的顽强精神，支撑着她从容面对困难，自信"胜利往往产生于再坚持一下的努力之中"。或许应验了机遇都是留给有准备的人的名言，在曾筛选的优质客户通讯录里面她找到了一家中药饮片厂，可人家不要原药材，需要把丹参切成片。精明的胡文华发现了商机，几番电话推挡拉拽，切片丹参谈到了18元/斤。她还能够游说对方先付定金，拿着定金网购了4台小型切片机，几个工人日夜加班赶工，按时交付了合格的产品。这次不仅化解了库存积压的危机，还有近两百万的利润入账。此后，不断地有厂家电话订货，并透露了供不应求的秘密是天虹种植专业合作社的丹参没有用硫黄熏制，是真正的绿色安全的药材。胡文华立即召开员工会议，向大家出示了四川升和药业股份有限公司的检验报告书，重申了诚信经营的重要性。由于天虹种植专业合作社的发展需要，2020年，注册了"安徽绿信现代农业发展有限公司"。我终于明白了她的公司怎么叫"绿信"的了，原来是蕴含了她毕生的追求。

安徽绿信现代农业发展有限公司依托种植中草药，向加工、生产、研发药食同源的养生茶发展，成为产学研、康养游示范基地的联合体。同时，公司还注册了博恒昌商标，所生产的系列养生茶均坚守不加香精、色素、防腐剂的"三不"戒律，市场口碑极佳。

风雨过后，始见彩虹。由跨界的辅助经营变为了主攻方向，至2021年，先后成立了安徽绿信电子商务有限公司、安徽绿信制药有限责任公司。以基地带动，指导种植本省四县一区19个乡镇和甘肃、黑龙江、云南等地的群众种植丹参、玄参、防风、板蓝根超 2 万亩，并且签订了收购合同。

公司坚持创新的经营理念，安置了 45 名工人就业，每人年增收入 2.6 万元。吸纳附近农民 300 多人从事季节性耕种采摘，不仅增加了农民收入，还解决了土地流转后农民成为"农闲人"的问题。

胡文华带着我浏览了基地会议室墙上的"挂图作战表"。标明了安徽绿信制药公司的位置是在灵璧县经济开发区，占地 70 亩，虽然因种种原因没有开建，但他们早已秣马厉兵，只待号令……她向我介绍说一期工程是饮片生产车间，建成投产后可完成年产值一个亿，税收 300 万元。二期是中成药颗粒生产车间，至时"火力全开"，年产值可达 5 亿元。

看着自信心满满的她，我仿佛看见了绚丽的彩虹。

灵璧英范：毛士方

开启逆袭之路

今年刚进不惑之年的毛士方，15 年前的正月初九，只身一人坐上从家乡灵璧开往浙江温州的长途客运汽车，开始了他常年在外艰难的职场打拼生涯。和成千上万外出打工人员中一样，他始终不忘"天道酬勤，业道酬精"的古训，从没有任何技术含量的体力活做起，不断在市场大潮中汲取知识养分，精准把握市场需求导向，不仅使自己更使自己从业和创办的企业不断适应市场变化，引领企业敢立潮头，他本人也在参与企业生产、经营和管理过程中不断积水成渊、聚沙为塔，踏上逆袭之路，从一名企业底层搬运工逐步成长为企业高层管理者，成功地创办了温州隆润科技有限公司，实现了人生华丽转身，成为时代的弄潮儿。

1976 年 10 月，毛士方出生在灵璧县高楼镇毛庄村一个贫困农民家庭，祖辈几代人都以务农为生，他兄妹 3 人，毛士方排行老大。尽管自己平时在校表现和学习成绩都很好，但是为减轻家庭紧张的经济压力，腾出学费以供弟弟妹妹读书，作为家中长子的毛士方中学毕业后，就不得不离开自己心爱的课堂，及早步入社会，并通过在家乡企事业单位做临时工实现经济上自给自足和贴补家用。

看到周围亲戚朋友一个又一个外出打工发了家、致了富，毛士方的内心开始躁动起来，他暗下决心，要走出家门外出务工，彻底改变面朝黄土背朝天地土里刨食的落后面貌，在和外出打工的亲朋好友交谈中，他毅然确定把自己外出打工创业的目的地锁定在素有"世界工厂"之称的浙江省温州市。正是怀着对美好生活的向往，2002 年的春节刚过，26 岁的毛士方开启了他人生的务工创业模式。

屡败屡战

和许许多多的外出打工者一样，一开始毛士方的心里面温州遍地黄金，然而，等他一到温州开始找工作时，才发现自己的想法是多么稚嫩，与现实有多么大的反差，到哪哪不要，找谁谁不收，他面临着在外务工创业人生第一道坎。初来乍到，他先是投靠了自己在温州打工的表哥，总算有了个一栖之地。在表哥的帮助下，到了表哥熟识的几个厂子去应聘，结果无一录用，无功而返。人生给毛士方开了一个不大不小的玩笑。就这样，从农村来到一个陌生的城市里，一无学历二无经验的毛士方，感受到挫折的中伤，四处找工作是四处碰壁。

但他始终没有在挫折面前屈服，始终保持着积极进取的心态，乐观地面对人生磨难。他心中始终坚信：只要自己有真才实学，是金子总会发光！只要不断经历风雨，知难而进，就一定创造自己别样的人生。

从此，温州人才市场里的大大小小职业介绍所他跑了个遍，一趟又一趟，不厌其烦，跑断了腿，磨破了嘴，历经九九八十一难，终于得到一个小包装厂仓管员的工作岗位，每天工作 10 多个小时，但一想到包装厂包吃包住，一个月还能拿 400 块钱工资，他觉得这也总比没有事做要强得多。

美其名曰的包装厂仓管员实际就是这个企业的免费装卸工，收货、发货都要他这个仓管员自己装卸、整齐摆放货物，但他很珍惜这个来之不易的工作，合同说是每天工作 10 个小时，实际工作中加班加点是家常便饭，毛士方每天起得比鸡早，累得比牛狠，睡得比谁都晚。在厂里，他是遇到活就干，脏活、苦活、重活他总是抢着干，有时汗水都把衣服湿透一遍又一遍。他不仅把仓库规整得井井有条，而且货物进出库与台账零误差。白天晚上干活之余，他还不忘学习现代企业管理知识。

"骑驴找马"

毛士方短短几个月的仓管员工作，他的吃苦耐劳、任劳任怨和认真负责精神深深感动了包装厂老板，也赢得了工友们的赞誉，很快他就被提拔为主管，工资待遇也从开始的月薪 400 元提高到月薪 800 元。

可他是个不安于现状的锐意进取青年，知足而不满足，"燕雀焉知鸿雁之志"，在大家伙都在为他喝彩、大为点赞，甚至有的人羡慕嫉妒恨之时，他已将目光投向更远方。在努力干好本职工作同时，他不断边寻找下一个更大的展示自我的发展空间，温州市场上可以见到的报纸上每一条招聘信息都像一块巨大的磁石吸引着他睿智的目光。

功夫不负有心人，一家知名的鞋业集团公司在招聘一名办公室副主任的招聘信息激起了他极大的兴趣，但职场竞争激烈"一职难求"，深谙"好将士不打无准备之战"道理的毛士方精心准备了一份个人简历，在 20 余应聘者中脱颖而出，顺利通过初试。在刚刚结束应聘初试返回包装厂的路上，就接到了该公司文秘打来参加复试的电话通知，请他第二天下午 2 时到公司参加复试。

最终，一举击败其他 6 名参加复试的高学历求职竞争对手，实现由"毛仓管"到"毛主任"的重大转变，从企业底层一跃上升为企业上层管理人员。

毛士方倍加珍惜这份来之不易的白领工作，在拥有上千员工的公司做事，既是充电学习提升自己的绝佳机会，同时也是一种砥砺和锤炼。企业规模大，个人发展空间就大，施展才华展示自我的机会自然也就多，他如鱼得水地找到了自己的"用武之地"。走马上任后，毛士方摆正自身位置，找准角色定位，尽职不越位，履职不争功，主动协作配合，当好上司的助手和参谋。

在办副的位子上，毛士方干了半年，正是这 6 个月的出色表现，公司董事会很快提拔毛士方为公司办公室主任。要知道，这个办公室主任可非同一般，他主管公司行政、人力资源、后勤、安全生产、职业健康、环境保护、企业宣传、企业文化建设、党工团建设、外联等多项工作，是公司名副其实的"大内总管"。这些工作任务、责任和压力着实给他上了一课，他坚持学中干、干中学，积极报名参加外部各种相关培训，抓住各种机会学习提高，以弥补"先天不足"。

很快，毛士方善于协调沟通、创新创造的优良工作作风在管理公司办公室日常事务中表现得淋漓尽致，在企业文化、组织创新、人力资源管理、业务拓展、对外投资等企业发展的关键领域实行战略管理，为公司经营决策提供了许多可靠的参考依据。他坚持把人才建设和制度建设融入到公司日常经营管理的每一个环节、每一个细节、每一个人身上，从和谐劳动关系着手，积极推动人性化管理，最大限度地维护企业员工利益；逐步完善公司一系列规章制度和员工激励措施；加强企业文化建设，经常组织开展岗位练兵技术竞赛、生产竞赛、质量竞赛及管理评比等活动，丰富了企业文化内涵，提高了公司综合管理水平，增强员工归属感、获得感和荣誉感。

初露锋芒

民工荒时期，劳动密集型企业员工流失率一般都在 40% 以上，有的高达 60% 以上，而毛士方确保公司以 5% 以内的员工流失率，创造了神话般的企业管理奇迹。2004 年 5 月，他应邀参加温州电视台"政情民意中间站"栏目举办的"明年你还愿意回来吗"访谈节目，畅谈企业选人、育人、留人的问题时，毛士方"用敏锐的洞察力选人，用科学合理规范的管理制度和激励措施育人，用和谐的企业文化和感情留人"赢得场内外阵阵喝彩声。在对外联络和公共关系方面，他不仅为企业争得了诸多荣誉，建立了一个良好的发展平台，也为公司健康稳定发展夯实物质基础，为公司申报技改立项和科技计划等项目，获得政府退税及政策贴息近 500 万元。

圆梦大学

上大学一直是毛士方童年梦想。在企业经营管理工作之余，他不断地为自己充电加压。2004年10月，他参加了每年一度的全国成人高考，被温州大学录取，攻读行政管理专业，于2007年顺利毕业。2008年9月新学期开始，他又考试通过中共浙江省党校"经济管理"专业专升本的学习，现已毕业。

独占鳌头

2006年1月13日，毛士方作为优秀企业代表和优秀个人代表参加了在北京人民大会堂召开的"第二届中国品牌大会"，荣获"中国优秀品牌经理人"殊荣，并登台作了"品牌成就发展"的主题演讲，赢得了与会代表的好评，受到了时任全国人大常委会副委员长布赫的亲切接见。

2005年至今，国家级温州经济技术开发区党委、星海街道党工委、温州市工商联联合党委等单位，先后多次授予毛士方"优秀共产党员""优秀党务工作者"等诸多荣誉称号。2005年12月，原安徽省人民政府副省长、省人大常委会副主任吴昌期在温州接见了他，并与其亲切交谈。2006年度，毛士方以其在外务工创业的先进事迹，被评为"灵璧县十佳打工状元"第一名。

2010年底，他又与自己所任职的集团公司2位大股东一起创办了集单晶硅太阳能电池片、太阳能光伏组件等光伏产品的研发、生产、销售于一体的高新技术企业——温州隆润科技有限公司，出任常务副总经理。

乌鸦反哺

身为灵璧籍在外游子，他一直心系家乡，情恋故土。15年来，毛士方先后为家乡输出剩余劳动力达8000余人次，带动了一方乡邻就业并走上致富路。在家乡招商引资工作方面，他当好信息员和服务员，架设无缝对接的空中桥梁，推动温州企业产业转移，他先后引荐、介绍及亲自组织相关行业和各领域客商、企业家前往家乡投资考察及洽谈近 20 批次，促成一批招商项目在家乡灵璧落地生根。

"有为才能有位，有位才能有大作为。"身为温州市安徽商会党委副书记兼副秘书长、温州隆润科技有限公司常务副总经理毛士方如是说。

（县政协办公室　供稿）

灵璧英范：刘殿忠

逐光而行　明心以忠

肖文玺

百年承继

清末民初，刘清泉与父亲肩负着眼镜挑子，从天津一路南行，来到了山东地界。旧中国内忧外患，老百姓像蝼蚁一样生存，刘家人凭着手艺艰难谋生，经常是食不果腹、居无定所。那时的眼镜业手工艺人，做的是慢工细活，镜片全靠手工打磨，而镜架则需要用火烤制，白天经营，夜间加班，是个非常辛苦的行业。凭着仁厚诚朴的品性、精益求精的匠心、炉火纯青的技术，刘氏父子家业一点点积累起来。后来，父子一家人由山东又辗转来到皖北平原的千年古城灵璧，就慢慢安定了下来。1913 年，刘清泉在灵璧城西开办"光明眼镜厂"，创立"大光明眼镜"品牌，大光明眼镜由此真正开宗立业。家族企业传至刘清泉之孙刘金章，已发展成为一家主营眼镜，兼营钟表、钢笔的综合商店——"大光明钟表眼镜店"。20 世纪 50 年代，"一化三改造"，实行公私合营，大光明眼镜成为县"综合工艺厂"（厂址在灵璧县城隅顶口东路北）的一个眼镜专柜，刘金章也成了一名集体企业的职工。

光阴荏苒，2022年暮春的一天，大光明镜业有限责任公司总部的办公室里，董事长刘殿忠看着面前珍藏的刻着"灵璧县灵西光明眼镜厂"字样的红色萝卜形老印章，谈着百年老店的渊源，家族的曲折奋斗史，不由得感慨万千……

磨砺显光芒

刘殿忠，灵璧大光明镜业有限责任公司董事长，灵璧县第八届至十一届政协委员，宿州市第五届政协委员，安徽省眼镜协会副会长、灵璧县工商联第十二届副主席、灵璧县同诚商会会长。

1968年9月，刘殿忠出生在灵城刘家老宅（现公司总部），冥冥中他被赋予了家族的神圣使命——成为新一代的眼镜艺人。谈及父亲刘金章，刘殿忠的神情渐渐深邃起来，那个年代，这个行业那么辛苦又不受社会待见，父亲怎么就认准了他？4岁开始，在父亲口传身授、耳提面命下，刘殿忠开始了人生初始的"磨砺"。每天用砂轮打磨镜片，每枚镜片要千遍万遍的打磨、校准，考验的是专注、眼力、机巧与耐心。幼小的殿忠一不小心，手指会被飞转的砂轮打破，上学以后，晚上要在昏黄的灯光下加班练习，最多要打磨30多片。看着一片片明亮剔透的镜片从自己手中诞生，又来到每一位顾客眼前，看着人们满意的微笑，刘殿忠的心一下就亮了起来。父亲的良苦用心啊！这"磨砺"，是技艺，是成长，是"正大光明"的做人之道！同时，也是大光明镜业崛起的真正奥秘！

20世纪90年代，经过在上海专科医院几年的认真进修学习后，刘殿忠放弃了可以在大城市发展的机会，毅然返回家乡挑起了家族事业的重担。父亲年事已高，刘殿忠在妻子王晓梅的全力支持下，专心从事眼镜配制和视力防护工作。父亲临终前，谆谆托付，一定要把大光明眼镜做好！那时的刘殿忠，晶莹的泪光中闪烁着坚毅，他像一只振翅欲飞的雄鹰，奔向广袤的天空。

业界精英

大光明虽历经百年，而刚接手的一个普通的家庭式夫妻眼镜小店，如何发展，才能真正成为享誉省内外的知名眼镜品牌？刘殿忠下定决心，秉承家族创业文化传统，一定要把大光明眼镜做大做强！要进一步提升品牌效益，必须在产品服务质量上下功夫！在员工技术培训和先进设备引进上，刘殿忠不仅有一双慧眼，更有一股"猛劲"！

刘殿忠带领员工们，每年不定期前往北京、南京、上海等地高等医学院校及比较权威的专科医院进修深造，学习先进的视光技术，回来再结合工作实践，这为他在预防和控制近视、远视、斜视、散光、老花等不良视力方面，积累了丰富的临床经验。他本人被国家职业技能鉴定中心考核鉴定为高级验光技师，被江苏省职业技能鉴定中心评定为眼镜验光员和定配员。2001年，刘殿忠依托苏州、上海等地医科大学眼睛研究中心的技术支撑，斥资数百万元，进一步完善了灵璧县大光明镜业有限责任公司的整体架构，使公司集配镜、维护、眼睛保健、中小学生用眼卫生咨询、心理引导等服务为一体，每年为全县青少年提供眼睛康复保护服务10万人次之多。

鉴于目前青少年普遍存在着视力问题，2016年，刘殿忠再次斥资数百万元，引入北京嘉铖视欣近视防治研究中心技术成果，创办了宿州市灵璧县眼病防控研究所，引进国内一流检验诊治设备和大型流动眼保服务诊疗车，专门服务于青少年视力问题。目前，该机构每年免费为3000名贫困生进行视力矫正治疗，为近10万名学生建立视光学档案，年开展眼保健知识讲座60余场次，使4万多名青少年受到眼睛保健方面的科普教育。

始终做到用一流的服务和专业的技术回馈消费者，服务青少年视力的改善和提升，是大光明眼镜多年来不断发展的初心。历经30年发展，凭借满腔的热情和敢闯敢干的作风，现在的大光明眼镜已发展为在灵璧、宿州、合肥、上海等地拥有10家分店的公司型专业连锁店，员工近百人，年服务群众40万人次，其中青少年20万人次，被群众亲切地称为守护青少年视力的"光明使者"。大光明镜业有限责任公司现在是灵璧及周边地区最有实力、设备最先进的老字号眼视光配镜企业，是当之无愧的本土视光行业领导者。

"小小眼镜挑、滚滚磨砂轮"，在大光明眼镜开拓进取、奋发图强、精益求精的精神加持下，刘殿忠率领企业披荆斩棘、一路高歌，终于成为业界翘楚！

仁心鉴日月

刘殿忠曾任县、市两级政协委员，政协平台的历练更使他坚定了服务群众、奉献社会的决心。他以回报社会为己任，经常慰问敬老院孤寡老人，热心参与蓝天救援队的志愿服务等公益事业。他用一颗爱心展现了新时代民营企业家的社会责任——作为一名拥有 10 家连锁眼镜店的老总，只要事关青少年的事情，再忙、再累，刘殿忠总要抽出时间亲自过问，现场把关，这是他这么多年来坚持不变的习惯。对于家长的疑问，他总是不厌其烦、耐心细致地解释，深得家长信任，孩子们视力矫正的效果也非常的好。

刘殿忠致力于希望工程与扶贫事业，先后捐助数十名贫困学生顺利完成学业。他策划并参与了"万副眼镜光明行活动"，向贫困户捐赠老花镜，并免费为他们进行视力普查、眼病筛查。他还多次受邀赴合肥周边地区开展扶贫工作。当地的一位老奶奶有生以来第一次戴上刘殿忠配送的高度近视镜，不禁热泪满面，而刘殿忠的眼眶也湿润了……他还组织公司员工成立"光明行动"护眼科普服务队，走进校园开展形式多样的"爱眼、护眼"眼健康知识科普讲座及视力普查。

追溯大光明眼镜的历史，其企业文化始终与中华传统文化的"仁、义"相契合，许多老灵城的古稀老人都对大光明眼镜昔日的情景记忆犹新。曾有位百岁老人临终遗愿是——戴一副大光明的眼镜下地，刘殿忠听闻后，急忙连夜免费精心赶制了一副……刘殿忠深知，只有对顾客、对人民、对社会"忠、信"以待，大光明的价值才能得以真正体现，企业才能够行稳而致远。

大光明刘氏家人，他们像大中国亿万个家庭一样，都曾在艰难困苦中挣扎过、打拼过，曾经的黑暗中，他们从来都没有放弃过希望，因为这个民族，是不断追寻光明的！大光明，志为家乡民众福祉、为健康中国建设、为中华民族伟大复兴尽绵薄之力、发熹微之光！

灵璧英范：张峰

磨砺成巨擘 奋斗出奇峰

肖文玺

在灵璧广告传媒界，有这样一个奇人，如果，他说是行业第二，没人好意思说第一。他云淡风轻的笑容里有万千气象，瘦削的身躯中蕴藏着巨大的能量。他，就是宿州市标尚广告传媒有限责任公司总经理张峰。

少年初识五味，凡尘难忘亲恩

张峰记忆中的童年格外幸福。他出生于"文革"结束之年，那时的生活淳朴而温馨。父母都是县工艺厂的职工，他的家就在工艺厂的大院里。院子里的小朋友们，经常是一群人一块儿玩耍。明媚的春天，年龄大的伙伴放起了风筝，身后总有一群小不点儿跟着跑；夏日的星空下，啃着井水拔凉的西瓜，然后拿着手电筒，三五成群的在树丛中捉知了猴；仲秋的傍晚，全厂唯一的一台黑白电视机搬了出来，大人小孩们围坐在一起看电视；冬天的暖阳下，屋檐下挂着的冰溜溜闪着耀眼的光。

1980 年某日，灵城北山部队的一辆救护车把张峰撞倒了，车轮从头边压了过去，造成他的脑颅骨破裂，据大人讲当时脑浆都流出来了。命悬一线，张峰被紧急送往蚌埠医学院附属医院，昏迷了三天三夜，虽然手术很成功，却给他留下了终身的残缺。由于脑部交叉神经受损，他身体的右侧功能基本丧失，右手右腿都不能动了。经过一年康复治疗后，右侧身体的活动能力基本恢复了，可他右眼的视神经彻底萎缩了，视力几乎为零，他现在 1.6 米的身高也与这次事故有关。40 年过去了，遗憾是有的，但张峰心存感恩，毕竟老天让他活了下来，而且，还有左眼能让他感受到五彩缤纷的世界！

曾经，大家都怀疑这次事故会影响到张峰的智力，后来的事实证明这是多虑了。上小学的那年，灵璧县实验小学招收第一个实验班，张峰幸运地进入了这个班。5年间，张峰学习成绩优秀，培养了很多兴趣爱好，顺利考上了心仪的中学。

父亲退伍前在部队是宣传干事，喜欢写写画画，只要看到报纸好文章，就剪下来，拼贴在一张大纸上，汇集成册。张峰经常浏览父亲剪报册上的那些美文佳句，渐渐地让他喜欢上了写作。在班上他的作文分数都很高，其中两篇作文还被全国性的优秀作文选集收录，写的几首诗歌也曾在广播电台播出过。他还记得小学四年级时第一次拿到了8元3角钱的稿费，父母允许他自己支配这"第一桶金"，他想了几天，最后还是买了些好吃的送给了外婆。从小是外婆把他带大的，"百善孝为先"，这是父母经常教导他的。除了写作，还有画画、集邮等，现在张峰回想起来，小学时的这些爱好培养了他的审美能力，对于他现在从事的设计工作是一个重要的铺垫。

张峰上小学三年级的时候，父亲被诊断出患了绝症——白血病。那时候的张峰少不更事，不知道情况的严重，后来才知道，医生当时判定父亲只有3—6个月的生命了，为了不让家人悲伤和担心，母亲对所有人隐瞒了一切。

母亲陪着父亲四处求医，结果都让准备后事。母亲除了每天独自落泪，就是好酒好菜、无微不至地照料父亲，陪他走完最后的时光。然而，奇迹出现了，5年过去了，父亲还活着。现在张峰想想，他的健康、快乐、爱好……一切的美好都是母亲强颜欢笑悄悄给予的。

张峰上初二的时候，父亲出差去送货，车在途中坏了，偏偏又下起了雨。为了保护货物，父亲帮司机拉雨布遮盖，结果感冒了。患白血病是不能感冒的，这次感冒让父亲的病情急剧加重，回来后就病倒了。每周都要输血，反复的化疗让父亲的头发一撮一撮地掉，人消瘦了很多。那是一个夏日的黄昏，张峰陪父亲坐在院子里乘凉，夕阳的余晖照在他苍白的脸上，父亲伸出枯瘦的大手摸着他的头，平和地对他说："儿子，以后要好好学习，听妈妈的话。"张峰似懂非懂地点点头。第二天正上课时，老师通知张峰赶紧去医院。他急忙跑到爸爸的病房，发现大家都在哭，唯独没看到父亲。他急问："俺爸呢？"大伯家的哥哥掀开病床上的白单，他这才看到了父亲那张苍白的脸。

父亲走了。

丹凤涅槃朝阳，金刚浴火愈强

父亲的去世让张峰突然长大了。

父亲的长期治疗花光了所有的积蓄和从亲戚那里借来的钱，家里一贫如洗了。那时，张峰母亲在丝绸厂工作，单位效益不好，每月工资只有 220 元。他和弟弟上学还要花费，全家生存都成了问题。母亲在厂里空地上开垦了一块菜地，这样就能省下很多买菜钱。不过经常会出现这样的情况：种的白菜成熟了，家里餐桌上天天都是炒白菜、炖白菜；莴苣成熟了，一家三口就天天吃凉调莴苣、炒莴苣……甚至莴苣叶都烧着吃。偶尔也会有肉，不过弟弟还小，正在长身体，懂事的张峰都尽着他吃。

母亲的辛苦，张峰看在眼里，他就帮着干点力所能及的事。擀面条、包饺子、洗衣服、刨地、浇水，以前衣来伸手饭来张口的他，渐渐什么都会了，甚至自行车胎扎了都是自己补的。困苦的生活让很多事情都无能为力，有时连学费都交不起。初中班主任张兴华老师得知张峰家庭情况后，每学期都组织班里的同学捐款，凑齐他的学费。

成长是痛苦的，这种痛苦有物质上的，更有精神上的。虽然这段经历对于张峰来说是不堪回首，但他内心深处却格外感谢这段急转直下的生活，它磨砺了意志，让张峰懂得担当、知道感恩，深知对家庭的责任，也培养了他独立的性格、能力和乐观向上的精神。

这种苦难的生活一直延续到张峰在合肥粮校上学的三年。他在合肥粮校学习的是计算机及应用专业，电脑这个新鲜事物引起了他极大的兴趣，城市的生活和全新的知识开阔了他的眼界。尽管生活捉襟见肘，他还是挺快乐的。

1997 年，从合肥粮校毕业后，张峰被分配到灵璧县省级直属粮库工作。高兴的是，他终于能自己挣钱了，烦恼的是，那时电脑应用还没普及，微机室的工作枯燥无聊。偶然的机会，他到一家广告公司闲逛，发现他们也在用电脑，而且能够使用电脑设计出精美的画面，那时候真是高科技啊。年轻的张峰马上去单位办理了停薪留职，跑到这家广告公司打工。

虽然在粮校学的是计算机，但都是数据库和编程这类知识，这时的张峰对电脑美工设计一无所知。进入广告公司后，他一边干些苦活累活，一边偷学电脑设计。刷墙壁广告、安装广告牌、写美术字、画墙画……就这样干了近一年，终于被老板允许用电脑了。那时候没有老师、没有互联网，张峰就抱着专业书一点一点学操作，慢慢琢磨。通过艰难的自学，他终于练就了熟练的操作技能。打工的这段时间，让张峰看到了以后的发展道路，也让他遇到了现在的亲密爱人。他辞职了，成立了自己的工作室——张峰设计室。依靠坚实的技术能力和积累的客户资源，工作室的生意蒸蒸日上，他还和朋友合伙开了个网吧。但自学的知识有很大的局限性，他遇到了发展瓶颈，于是，他果断地转让网吧，关闭了工作室，去外地深造了。

张峰先后去武汉、合肥等地，系统学习了电脑平面设计的各种常用软件。学成回来，他发现县城里各种培训学校开得热火朝天，就加盟了一所电脑培训学校——新晨电脑学校，当起了老师，讲授平面设计课程。这段经历让他体会到了教师的不易，把掌握的知识通俗易懂地传授给学生不是个简单的事情。为了让学生能有真才实学，设计课件、组织语言、检验成果……张峰努力做好各个方面的教学工作，他先后培养出了数以百计的设计员，其中好多学员后来自己当了老板。

体味桃李芬芳的同时，张峰的专业知识、技术能力也有了长足的发展。电脑学校开设了很多课程，其中三维设计引起了张峰的兴趣。他熟知的平面设计是二维的，三维设计要比平面设计复杂多了，浓厚的兴趣又给了他学习三维设计的动力。在工作的同时，他开始找资料，自学起了三维设计。过程是艰辛的，结果是美好的。通过自学以及反复的练习，他终于能熟练地操作三维设计软件了。此后，不但是平面设计，复杂的工程图纸、建筑效果图、装修效果图等，张峰都能轻松驾驭了。

弄潮偏好独立，逐浪无惧风高

时代在发展，市场在变化，技能培训行业渐渐没落了。2014 年初，张峰成立了宿州市标尚广告传媒有限责任公司。"标尚"，取"行业标杆，引领风尚"之意。多年来知识的积累、丰富和技术的精心打磨，让张峰有足够的自信，在地方广告传媒界，他，就要独树一帜！要做，就要做到最好、最强！很快，如他所愿，神奇的创意、辛勤的劳动转化为公司优质的产品与服务，赢得了众多客户的好评！

一如年少时，已到不惑之年的张峰，对生活依然充满了无比的热爱。春暖花开之际，他带着家人漫步田野，闻着花儿的幽香和泥土的清香，听鸟儿歌唱，沉醉在大自然的韵律中，其乐融融；闲暇之时，邀上三五好友小酌两杯，谈工作聊家常，你一句我一句，流露着朋友之间的关切，不亦乐乎；惠风和畅，他背着相机和爱人又出发了，黄山迎客松下，西安古城墙上，九寨沟诺日朗瀑布旁，都留下他们的足迹，走张家界玻璃栈道，爬八达岭长城，拜普陀南海观音立像，峨眉山金顶看日出云海，户部巷吃武汉热干面，游锦里寻成都小吃，逛磁器口品重庆小面……人生何求！有人问张峰，什么是幸福？他说：幸福，就是有一颗感恩的心、健康的身体，称心的工作，深爱的家庭和可以信赖的朋友。

生活佛性的张峰，对待工作却是"狼"性的。接到客户交办的工作后，不论业务大还是小，不管赚钱多还是少，他都认真对待，竭尽全力做到更好。为了准确地表述客户的广告诉求，他对每句广告语都要反复琢磨；为了体现客户的企业理念，设计商标时他会绞尽脑汁；为了使产品包装能吸引消费者，设计过程中他会不断更改思路，几易其稿；为了得到完美的效果，做一张效果图，他有可能要熬几个通宵。很多和他合作过的客户，除了对他的专业技术赞不绝口外，更对他"拼命三郎"的工作态度赞赏有加！

这种对作品追求完美的执念，让张峰的头发都白了不少。有时客户不忍心他这么辛苦，就说别这么认真，差不多就行了。但他总是说："在这么多广告公司中，你选择了我们，就是对我们的认可和信赖，我决不能辜负你的重托！"凭借这种近乎"自虐"的工作态度，很多客户都被张峰圈粉成了好朋友，同时，也使标尚广告的业绩不断攀升，许多政府部门、企事业单位都和他建立了稳定的合作关系。多次参加市级的广告设计竞标，张峰凭借其创意作品，在众多强劲对手中屡屡脱颖而出，顺利中标。

张峰是爱美的，他追求家庭的和谐之美、生活的缤纷之美以及作品的尽善尽美。相机里定格的美景，那些回味无穷的美食，还有一幅幅出自他手的美图，勾勒出了张峰的多彩人生。当下正好，未来可期。

白手起家、困知勉行的经历，让张峰对品德高尚、学识出众的人格外尊重。在工作当中，他结识了许多朋友，其中不乏文化底蕴深厚的有识之士，从他们身上，张峰汲取了很多知识和正能量，也渐渐拓展着自己的视野。

灵璧具有丰厚的历史文化底蕴，作为本乡本土的一名传媒企业家，在完成众多商业广告宣传业务的同时，张峰深感在宣传推广家乡文化方面，自己有着不可推卸的责任。他先后参与了《中国灵璧石大观》《磬乡文学》《灵璧报》《灵璧赏石报》《灵璧政协》《灵璧记忆》《灵璧文史》《灵璧扶贫》等书刊的编排，参与了"百年灵璧"图片展、"千年古村镇"申报等工作，在拓展自己知识面的同时，也为家乡的文化事业贡献了自己的智慧与力量。

多年来在广告传媒界摸爬滚打，张峰在业内已经达到了别人难以企及的高度。但他自认为，自己就是一个平凡的人，做着平凡的事，肩负着对家庭、社会应尽的责任。通过学习，他反复锤炼、不断充实着自己，通过工作实践，他又散射出炽热的能量、发出美丽的光华！他，就像一块行走的金刚石，生活的苦难、重压没有压垮他，反而磨砺、成就了他！因为，他，本就有一颗如钻的不屈的美丽的灵魂呵！他的坚毅、勤奋还在继续铸造着美丽与神奇！

灵璧英范：王晓燕

翩翩春燕衔春来

肖文玺

安徽灵璧，一个古老而神奇的地方，因"山川灵秀，有石如璧"，故名"灵璧"。这里是垓下之战古战场、奇石之乡、钟馗故里、中国民间文化艺术之乡，素有"虞姬、奇石、钟馗画，灵璧三绝甲天下"之誉。丰富的历史文化资源使其先后被评为"中国最美观光旅游名县""中国十大文化特色旅游名县"等称号。沐浴在改革开放的春光里，灵璧旅游业渐渐发展起来，其中，王晓燕女士更是把事业做得风生水起。

外展内联，行业标杆

王晓燕，现为灵璧县磬乡文化发展有限公司总经理、灵璧县磬乡旅行社有限公司总经理。1974年10月15日，王晓燕出生于安徽灵璧。上初中时，她参加了一次赴南京的春游活动，广阔的大千世界、旖旎的自然风光、悠久的历史文化以及导游渊博的学识、优雅的风采，无不让王晓燕深深为之着迷，她的心中悄悄埋下了梦想的种子。1995年，王晓燕从安徽省经济干部管理学院毕业。1999年5月，她辞去机关单位的舒适工作，申请成立了中国旅行社灵璧营业部，她也由此成为灵璧从事旅游业的第一人。

从事这么一个新兴行业，又是从头摸索，可以说是举步维艰。但王晓燕抱定这么一个信念：旅游行业是服务行业，顾客需要优质舒心的服务，"没有最好，只有更好"，必须实行科学化、专业化、精细化的管理，要以诚待人、用心服务。2004年冬，她带一个旅行团远赴云南，需要从南京登机。她研究了天气状况，发现出行的早晨，路上会有大雾，于是她果断决定把原来预订的出行时间提前，并逐一打电话通知游客。哪料想，路上一波三折！先是高速公路因交通事故堵车，需要转运游客，到了南京，又因规划线路路段修绕城高速、地铁而封路，王晓燕随即又通过安排出租车运送游客，即便是如此机变，还是因运送游客的四辆出租车中的两辆因路遇婚车堵路，没有及时赶到机场，耽误了整团的航班。换乘航班，原来三折的机票变成了全款，按照合同，因不可抗力导致的损失，旅行社可以不承担责任。但王晓燕考虑到游客的实际困难，决然承担了一切，仅此，她就赔进去几万元，辛辛苦苦干一年的利润也未必能补缺。然而，旅行社的声誉，却从此一炮打响，大家口口相传，王晓燕的业务愈发顺风顺水了。

在创业实践中，王晓燕逐渐认识到，旅游企业其实真正做的是文化。于是，她刻苦钻研自然地理、历史文化、风土人情及其他相关旅游知识，同时组织带领员工一起学习。她要求员工每次带团回来，要及时写工作日志、心得感想，发现问题，认真总结经验教训，通过积累，慢慢提升专业能力。公司上上下下都以"专家型导游"的高标准严格要求自己，在打造"学习型企业"的过程中，王晓燕和大家一起成长，在这些年全市导游讲解大赛中，公司员工屡获佳绩，公司多名导游被评为"宿州市优秀导游"称号，她本人也成长为一名真正的业内专家。

随着灵璧旅游文化资源的开发，灵璧本土旅游业发展开始提上历史日程。2014年，王晓燕创立了灵璧县磬乡旅行社，她开始不遗余力地向外推介家乡的旅游资源。经过市场分析，王晓燕把业务项目定位为灵璧周边二三百公里范围内的短期周末游。精密设计后，她就带着员工到宿迁、泗洪、徐州、淮北、宿州、蚌埠、淮南等地做宣传。在2013年、2014年，是王晓燕与员工们宣传最辛苦的时候。在节假日里，尤其是春节期间，他们远赴他乡，专门到人员集中的超市、广场、街头、公共交通工具内，一个个去散发宣传单，重复着进行宣讲、抽发宣传单，由于频次过高，锋利的纸边竟然把手划得伤痕累累。那几年里，每一年的中秋节和春节，王晓燕和员工们的手掌都是烂的，连拿个馒头都嫌疼。灵璧的旅游品牌渐渐树立了起来。

立足灵璧本地丰富的旅游文化资源，王晓燕带领公司员工利用各类旅游会议积极推介、展示灵璧三元文化、人文景观，先后组织接待中国陶行知研究会、省卫计委系统、全国防疫系统会议、全省农委系统等领导来灵璧参观考察，得到了各级各部门的高度好评。公司通过各种方式招揽外地游客近30万人次，为发展灵璧县旅游业作出了贡献。2017年，公司获评"宿州市十佳旅行社"。2018年，获评"宿州市4A级服务质量诚信旅行社"。

研学导师，育化栋梁

王晓燕第一次做的旅游业务，是组织300多名中小学生参加"我到北京上大学"的夏令营活动。同学们参观了北京大学的校园，在北京大学的食堂用餐，听取了北京大学优秀学生代表的经验分享。这些活动使同学们亲身感受了北京大学的校园环境、学习氛围，这些体验激励着他们努力学习、积极奋进。

后来，参加那次夏令营活动的耿泉同学成为2005年安徽省"高考理科状元"。王晓燕觉得，组织学生参加夏令营活动，能够帮助他们开阔视野、增长见识，激励学子们努力学习、励志成才。从那以后，公司每年都积极组织学生参加夏令营活动。在前往目的地的大巴车上，王晓燕全程进行生动有趣的讲解，同学们积极展现自己的才华；景区内，大家认真听取讲解员的介绍；返程后，公司又配合学校评选积极参与的优秀学生，给予优秀学生奖励。

后来，当王晓燕陪孩子在欧美、日韩的学校参观时，进一步了解到，欧美、日韩的学生，每个学期，学校都会定期组织他们参加研学活动。他们身着统一的服装，在老师的带领下，井然有序地参加这种特殊的学习活动。放眼世界，许多国家特别是发达国家在发展现代旅游业中，除了将旅游视为一种生活方式外，更注重将旅游作为一种重要的学习方式和成长方式来加以推广。随着我国旅游业的深度发展，人们也逐渐形成了这样的共识。这些经历与感悟使王晓燕深受震撼，促使她积极开展研学活动。

习近平总书记指出，旅游是修身养性之道，中华民族自古就把旅游和读书结合在一起，崇尚"读万卷书，行万里路"。2013年，国务院印发了《国民旅游休闲纲要》，在纲要中提出"逐步推行中小学生研学"，随着教育部等十一部委联合颁布的《关于推进中小学生研学旅行的意见》和教育部《中小学生综合实践活动课程指导纲要》等文件的出台，研学活动的开展已是势在必行。王晓燕的工作重心转移了，自2014年起，她每年组织上万名学生参加研学活动。在研学活动中，大自然、社会是课堂，孩子们在游玩中学习成长。而作为研学导师，除了具备导游的知识储备，还应该掌握教育学、心理学等相关知识，以满足研学旅行的新需求。最重要的是，研学导师必须要有职业精神，要认真备课，熟悉旅行中的教育目标、教学任务、活动流程，积极引导学员完成课程内容。同时要随时关注学员的动态，包括生理与心理两方面的状况，以便能全方位、多角度地对学生进行评价与指导。看到社会缺乏拥有专业知识的研学导师和研学教育课程设计的专业人才，王晓燕就积极参加培训，努力学习，终于成了一名专业的研学导师。

2015年，灵璧县奇石文化园被评为第一批"安徽省研学基地"，王晓燕发现奇石文化园的导游讲解词不适应学生，就开发编写了研学讲解词，并在实际带团中，给每位同学印发《灵璧张氏园亭记》，让每位学子充分了解灵璧本地文化，"不做家乡陌生人"。2019 年，王晓燕的公司获评宿州市中小学生研学旅行承办企业（机构）推荐目录名单。同年 5 月，王晓燕入选宿州市旅游行业专家库，她是其中唯一具有导游证、研学导师证且在前线实践的专家。

乐于奉献，不负桑梓

王晓燕是灵璧县第十六届人大代表，第十届政协委员，第十一届政协常委。作为县人大代表、政协委员，她认真履行职责，积极参与灵璧的经济社会发展事业，为推进实力灵璧、活力灵璧、生态灵璧、幸福灵璧献计献策。她在人代会期间提出关于发展灵璧县旅游业的建议，被作为县人大重点督办提案采用。她因良好的社会声望，被选为灵璧县新联会副会长、灵璧县青年企业家协会副会长、宿州市工商联委员、灵璧县工商联常委。

2020 年，王晓燕受聘为灵璧师范学校旅游服务与管理专业外聘兼职教师，其公司还成为灵璧高级职业技术学校校企合作单位。她开始为培养家乡的旅游人才而倾情发力了。经她培养的学生通过在旅行社跟团实习，理论与实践相结合，综合素养提升很快，很多学生顺利考下了导游证。其中有位学生参加全省导游大赛，喜获第一名，被保送到本科院校旅游管理专业深造。

王晓燕还一直积极参与社会公益事业。当她了解到，县城北关的儿童福利院，那里很多的小孩都是无父无母的孤儿，虽然他们物质生活有保障，但是在情感上特别需要关爱。王晓燕立即行动了！她刚开始去做活动时，孩子们是排斥的。她就经常去，跟他们一起包饺子、一起做饭，经常陪他们玩，后来每一次再去的时候，孩子们都拽着她的手，问她："阿姨，你下次什么时候来？"在她的影响下，灵璧旅行社群里的朋友也都跟着一起去做活动，每逢春节，就带礼物去慰问孩子们，这已形成了惯例。现在，王晓燕是灵璧县青年志愿者协会的一名志愿者，她积极参加协会组织的文明创建及防疫抗疫等活动。她还经常赞助贫困生、慰问五保户、为患病学生组织捐款等，努力实现着自己的社会价值，默默传递着社会正能量。

王晓燕，在国家改革开放浪潮风起云涌之际，她，就是那浪尖上勇敢搏击翱翔的海燕！当事业发展根深叶茂时，她，又像那依恋故土、心向家园的春燕，辛勤耕耘着、忙碌着……

她，沐浴在春光里，也为人们送去春天一样的温暖与感动。

灵璧英范：张凯

引种小蘑菇 带出大产业

代 征

问起杨疃镇一里王村支书是谁，恐鲜有人知。而你若提起杨疃"蘑菇王"，许多人都会竖着拇指异口同声地说是张凯。其实，村支书和"蘑菇王"就是张凯一个人。

张凯是2018年村支部改选被推选当上了支部书记的，此前他担任村委副主任、支部副书记。张凯还有个雅号叫"喇叭张"，皆因他继承家传，自幼练习唢呐，少时即可领班，鼎盛时期他自己就有5辆演出车，不难看出他做啥都是争取做到极致。因此，人们不相信他会放弃如日中天的演艺事业去研究蘑菇种植。

张凯1981年出生在一里王村的小张庄，有人称这小张庄叫"喇叭张家"，缘由是他家几代人吹喇叭，且名扬梨园。"喇叭张家"逐渐取代了庄名，也算是顺应了自然，遂了民意。80后的张凯生得虎背熊腰，血气方刚。也就是他又几乎改变了庄名称呼，差点就被人称作"蘑菇张家"，或"蘑菇王家"了。请随本人的笔触划向2018年9月，掀开"改名"风波幕后的故事。

一里王行政村地处杨疃镇西，沿灵西运河由北向南呈竖1字形排开17个自然庄，土地面积 1.8 万亩，是杨疃镇"边区"的人口大村，也是出了名的贫困村。南北相距 11 公里，村里要召集组长级半小时的会，集合要半天时间，因此，又是干部们心里的"问题村"和重点关注村。穷则思变，一里王人选择了张凯为自己的当家人。那个充满希望的秋天，张凯接过了父老乡亲们的希望，出任村党支部书记。那一刻他把自己的命运和脱贫攻坚战役牢牢地系在了一起，从那时起他仿佛成了没有家的孩子，骑上久违的自行车走庄串户"访贫问苦"，田头地边征求发展意见，花费了半个月的时间。就这样，他俯下身子，走近群众，找到了脱贫的出路。

没有想到他根据村情提出的"因地制宜""秸秆变宝"的发展思路却在支委会上被否决了，而且是 5∶1，即 5 人反对，1 人弃权。他的热情如一块烧红的铁伸到一盆水中，立刻激起沸腾，顿时腾起汽雾……可这雾没有迷住张凯的双眼，这凉水更没有浇灭他的激情，反而"红铁入水淬为钢"，更加坚定了他"因地制宜"的发展策略。所谓因地制宜就是利用秸秆制成蘑菇生产基料，发展特色种植，走循环经济之路。客观上讲，支委们的反对意见不是没有道理，人老几辈子也没有种蘑菇、吃蘑菇的习惯，你种植蘑菇卖给谁？有人更直接地说："蘑菇这'鬼蛾子'，生产不易，保管不易，买卖更难！"张凯据理力争："如果采用温控技术规模种植菌菇就能够形成产业化。"明显两股劲拧不成一股绳，散会了，还得往跑村干部家，他要统一思想，找出同频共振结合点。

过去，张凯经营演艺养成了我行我素的做派，毕竟演艺是卖方市场，无论是红白喜事，爱看不看。可当村支书就不能够直来直去地任性，就连请他们外出考察也不能说走就走。张凯花费了一个星期的时间，总算动员了两位支委愿意跟他一起去河南省夏邑县考察蘑菇种植。不必说，镇委、镇政府对他的"发展纲要"是支持的。考察归来后，有村民问他们有何考察感受？两位支委回答说："这趟考察就是学算术。"开着自己的私家车兜了一大圈，只学了道算术题？时任镇长孙建很认真地向张凯讨教了算法，然后，召集杨疃镇 5 个贫困村两委班子在一里王村开了会。会上，张凯一五一十地把他们的算术题算给了大家听："一个蘑菇棚长 21 米，宽 10.02 米，占地 210.42 平方米，架 6 层蘑菇床，蘑菇种植面积 650 平方米，一个棚消化秸秆 30 吨，1 平方米可以出 15 公斤鲜菇，1 斤鲜菇 4 块钱，1 平方米可收入 120 块钱，一个棚能收入七万八千块钱。这样，秸秆不出村，增加附加值，利民又环保。"他哗哗啦啦像竹筒倒豆子，现场出奇的平静。孙建接过话茬："张书记他们一次考察，明确了一个方向，一个蘑菇，找对了一个脱贫路子。在座的各位都是本村老少爷们最信赖的人，能不能带头试验，做一件带领老百姓脱贫致富的事？这个算法我会提请镇党委研究，我想，应当把蘑菇种植当成全镇的一个产业来发展。下一回考察咱们一起去。"得到镇长如此旗帜鲜明的支持，张凯突然压抑不住内心的激动，失控地哭了，像个孩子。

第二次考察回来，许多人仍在停留观望，有的还散布"算计不打算计来"的消极言论。跨大步是张凯的秉性，他不等不靠，出手迅速，斥资建起了15 个蘑菇大棚，率先在全镇搞起了规模化蘑菇种植。杨疃镇党委政府为蘑菇种植营造了外部环境，树他为脱贫致富带头人的典型。张凯也不负众望，克服了曲曲折折，摆脱了磕磕绊绊，实现当年投资几乎当年回本的目标。

张凯的经验在全镇推广，村村都在试点效仿，2019 年，杨疃镇 5 个贫困村同时出列。这模式引起了县科技局、县农业农村局和对口帮扶一里王村的县住建局等单位的重视，也引起了社会的广泛关注。

如今杨疃镇的蘑菇种植已经普及到了"村村有菇棚，庄庄有菇农"，去年仅蘑菇生产合作社一个 4 万平方米菇棚集群点就销售了 650 吨鲜菇，产值 400余万元。张凯自建的 2 万平方米菇棚收入了 200 万元。

杨疃镇的蘑菇种植逐步加长产销链条，产品行销沪闽浙，还延伸到了墨西哥。小蘑菇推动了大发展，灵璧县食用菌协会在杨疃镇隆重成立，张凯被推举为会长。一个带头人改变了一个村，一只小蘑菇成就了一个大产业。放眼望杨疃，蘑菇产业集群快速发育、稳健发展，一个年产 5800 吨鲜菇的巨大联合体正在杨疃大地崛起，一艘乡村振兴的朦胧巨舰向我们驶来……

2022 年 4 月 25 日

灵璧英范：崔佰双

播种希望在田野

高西梅

崔佰双，今年 47 岁，灵璧县高楼镇崔庄村人。他放弃外地丰厚的收入，怀着一颗改变家乡产业结构、振兴农业农村经济、回报家乡的赤子之心，返乡创建"灵璧县百川粮食种植合作社"，践行习近平主席"中国人的饭碗任何时候都要牢牢端在自己手中，饭碗主要装中国粮食"的指导思想，规模运作1800 亩土地，种植高产传统粮食和高效特色农村经济作物，发挥土地最大作用，增产增收增效，实现土地应有的价值，致力于为农业产业化蹚出一条可复制、可持续发展的新路子。

崔佰双 20 多岁时，随着打工潮的风起云涌，离开家乡外出谋生。凭着吃苦耐劳的精神、坚韧朴实的品质，起早贪黑辛勤努力，把一个不起眼的小生意经营得风生水起，每年收入三四十万元。

1998 年底，崔佰双回家过年，与大哥崔百胜、二哥崔百川团聚对饮，把酒言欢。大哥崔百胜毕业于安徽农业大学，当过乡镇农技员，分管农业的副镇长，一直从事农村基层工作，非常热爱农业，对土地有着深厚的感情。年届退休，他看到农村青壮年纷纷外出打工，村里农田大多数由留守老人耕种。老人们年老体弱，精力不足，疏于田间管理，粮食减产减收就心痛不已。每到午收秋种双抢季节，在城里务工的青壮年像候鸟一样，请假回家，心急火燎地抢收抢种，还没有来得及等到粮食晒干就慌忙赶回城里上工，城乡之间来回奔波，心挂两肠，疲于奔命。收获的粮食除掉种子化肥、来回路费、误工扣款所剩无几，一年到头白忙活。但，土地是农民的命根子，绝对舍不得放弃。怎样才能解决这个问题？崔百胜一直在思考。二哥崔佰川一直在家务农，耕种着大哥三弟和邻居家的土地。年底，崔百川把代管土地上收获的粮食送给他们几家，兄弟邻居淳朴厚道，均推托不要。崔百川心有歉意，觉得不能白种人家土地，多多少少总要给人家才安心。这样一来，那些外出务工的人觉得把土地交给崔百川耕种，土地还是自己的又不会撂荒，每年还多少有点收入，就陆续有农户把土地交给崔百川耕种。崔百川开始忙不过来，农忙时找人帮忙收和种。随着时间的推移，出租土地的农户越来越多，一个人实在顾不过来。弟兄仨聊到这个话题，大哥崔百胜建议三弟崔佰双回乡帮忙，说："你来家搭把手。不然，土地撂荒太可惜了。以后，如果人人都不种粮食，吃什么呢？"一开始，崔百双的妻子坚决不同意丈夫放弃外地收入丰厚的生意回乡种地。崔佰双出生在农村，是家乡的土地养育了他，他想，走千走万最后还得回到家乡，这方热土才是自己立足的根本。同时，体味着兄长对土地由衷的热爱，被两个兄长感召着，怀着一颗热爱家乡、建设家乡的赤子之心，毅然回乡与二哥共同创建"灵璧县百川粮食种植合作社"，并出任董事长，把个体家庭式的小农场改制壮大为股份制的合作社，股东各负其责，风险共担，利润平分。农民原来零星的土地每年每亩租金只有200—300元，流转到合作社后，提高到每年每亩700—800元，仅这一点就为群众每亩增加500—600元的收益，因此受到广大农民朋友的大力支持，为农户增收、土地增效迈出了关键一步。

从2018年开始至今，合作社共租赁土地1800多亩，进行传统农业和特色高效农业相结合模式运作。崔佰双说：传统农业种植这块，为了保证饭碗要端在自己手里，我们用90%的土地种植小麦、玉米，全面推进双百工程，努力提高单位面积产量，达到增产、增收、增效的目的。去年，小麦产量达到1300斤/亩、玉米产量达到1400斤/亩，产值450万元。过去玉米大部分是当作饲料出售的，价格低收入不理想。今年，合作社引进两套玉米烘干设备，每天可烘干15万斤。玉米烘干后，合作社尝试做深加工，把它做成可口的食品，进行精包装，可以给孩子当零食，也可以给有需求的人当粗食，以质量创品牌，增加收益，以保证粮食高产高效。其次发展养殖业，利用收获的玉米作饲料，饲养纯天然的淡水鸭，与肉联厂签订购销合同，给群众菜篮子输送优质鸭肉。同时把注意力集中在探讨高效农业模式上，种植农村特色经济作物。前年，全社安排种植400亩杭白菊，在去年受灾的情况下仍获得了每亩3000元的收益。去年他们斥资建设了日加工3万斤鲜花的烘干设备，对菊花产品进行加工包装，每亩可净增加产值 300 元。还种植了 60 亩金银花、100 亩瓜蒌，去年瓜蒌刚挂果，瓜蒌子每亩产值就达 1000 元，预计今年每亩产值可达到 5000 元。还尝试种植了 116 亩薄壳山核桃，现已进入产果期，2021 年 11 月，合作社和安徽省农科院、安徽农业大学合作，共同研发富晒康杭白菊高产种植关键技术，这是宿州市科研计划研究推广项目之一，合作社安排两名职工（股东）专门负责单位空间上的增产增收。现在，绿丹农牌富晒康杭白菊礼盒已上市，远销上海、浙江等地，产值达 150 万元。2021 年灵璧县百川粮食种植专业合作社在县政协引领下，利用科技平台实现网络销售，利用科技助力农业发展。

由于业绩突出，灵璧县百川粮食种植专业合作社先后被宿州市授予市级产业化龙头企业、市级示范社，被省农业生态商会认定为全省生态种植示范基地及诚信守法经营企业，他本人也被推荐为县政协委员。目前，已有 1356 户自愿加入农业合作社。合作社已吸纳至少 800 人灵活就业。去年，仅 40 亩富晒康杭白菊基地除草，就支付工钱达 8 万元，2021 年支付农民工资达 140 多万元，为带动地方经济发展、农民致富起到了较大的推动作用。合作社稳定就业 21 人，每月支付工资 3.7 万元，一年支付 44 多万元。

近年来，崔佰双带领的专业合作社，不仅承担着灵璧县农委土地托管的试点工作。而且，还承担了宿州市重大科研项目，即富硒杭白菊高产试验攻关。崔佰双说："我们有信心有目标，打算用 3 年时间，以 5000 亩土地，探讨如何在新形势下，不仅使自己生存下去，还要带动农户增产增收，找到一条可复制可持续发展的农业产业化的路子，解决大农业的出路问题，力求把利国利民的道路走稳走好。"

2020 年 3 月 29 日

灵璧英范：张春

金凤还巢 回馈乡里

张少秋

　　认识张春是在 2015 年 5 月上海市徐汇区的一个招商说明会上，那天的他身着浅灰色西装，显得英姿勃发，格外精神。尽管商务会议没有政务会议那些政治规矩和组织纪律些，也没有严格的排序，但与会者还多多少少会有资本强弱、贡献和影响力大小之分的。凭职业的敏感，我从他的座席位置上看出了他的分量。他年近不惑，举止沉稳，眸子里闪烁着精明。他出生于 1978 年，与伟大的时代变革同岁，改革和创新是他与生俱来的烙印。他祖籍安徽灵璧县娄庄镇淹周村张家庄，我诧异他何以参加如此高规格的会议，尽管我的疑问是伪装的眼神，却被他犀利的目光揭穿。娓娓道来中我了解他是北上广大军的一员，17 岁始沪漂十年，27 岁起创业十年。虽没有缔造成商业帝国，商业版图却布遍上海几个区，是 6 家餐饮店的总经理。

　　1995 年高考，在大山中学就读的张春，以优异的成绩考取了合肥师范学院。可是，由于家庭的突然变故，使得他不得不作出了人生的一个痛苦的选择——放弃学业外出打工。以减轻家庭负担，用羸弱的肩膀帮助父亲扛起家庭的重担。

　　那时候他睡过闸北路街边花园的长凳，待过火车北站候车室，后来进入餐馆当小工。那时的张春心里五味杂陈，他明白理想很丰满，现实很骨感，但开弓没有回头箭！沪漂几个月后，他终于有了相对稳定的住处，也有了点余钱，更关键是他的豪爽交结了一帮朋友。他向那帮仗义的朋友借了点钱凑够了上海新亚培训学校烹饪专业的学费，开始了真正意义的勤工俭学。他边做工边学习，工作任劳任怨，学习刻苦认真，厨艺日渐提高，工钱也随着增加。从每月 800 元涨到了 1200 元，又从 1200 元涨到了 1800 元，而后又从 3000 元涨到了 4280 元，几乎是每个月都在调资，别人升职要一两年，他 7 个月就完成了从后堂洗刷、前堂保洁、后厨备菜、冷配操作、红案掌勺，做到了迎宾领班、代厨师长。别人只羡慕他升职加薪，却不知道他比别人多付出了多少艰辛。接着，张春在月薪 6000 元的大厨岗位上一干就是两年，他做的菜肴花色时常翻新，把店铺打理得井井有序。别家的店老板想出一万元月薪引诱他跳槽，他不为所动。有伙计不解，他斩钉截铁地说："当初老板留我、用我、容我，我才有今天，人不能没有良心！"人心都是肉长的，张春倾心为店里着想，老板岂能不知？精明的老板更懂得如何拴住他的心留住他的人，于是悄悄地把他的月薪调到了一万元，这在 1999 年的上海市餐饮界可算是高薪了。他事业成功的关键，首先是是他做人的成功！

灵璧县娄庄一带乡俗俚语夸年富力强的小伙子叫：二五中十，意思是 25 岁到而立之前要确定人生目标。张春经过 10 年的打工历练，有了自己的高光时刻，2006 年他 27 岁时已经做好了人生的布局，展开了另一轮的人生拼搏。相继在上海市的几个区繁华地段开设了张记小菜、张记小厨、张记私房菜、张记粗粮等餐饮店。注册成立了上海耀园餐饮管理有限公司、上海祁轩企业管理有限公司，同时成为新繁阳大食堂连锁餐饮（集团）的股东。十年树木，开枝散叶。枝繁叶茂的张春越发萌生对根的深情。他开始关注家乡的建设。2016 年 1 月 19 日，他注册成立了安徽省永泰丰餐饮管理有限公司，把餐饮服务管理的经验带回了家乡。在灵璧县城龙山广场开了两家永泰丰汤包馆，把海派风味的汤包、面条、锅贴等风味小吃奉献给家乡父老。

2021 年是我国十四五规划的开局之年，正值巩固脱贫攻坚成果转化到乡村振兴的关键之年。张春在家乡娄庄镇姚山村流转了 200 多亩土地，种植红心蜜薯，注册了娄子镇商标，将产品销往北、上、广等一线城市。这里土地肥沃，含有多种人体所需的微量元素，适合种植块茎作物。张春种植的山地蜜薯是经过科学选育的品种，具有个体均称，色艳味甜的特点。2021 年 11 月初收获蜜薯的季节里，安徽电视台《安徽县域新闻联播》表扬了张春以"能人 + 基地 + 合作社的模式助力乡村振兴"。《学习强国》也以《安徽灵璧，小蜜薯推动乡村振兴》为题对张春的事迹进行了报道。同月 25 日，"张春邀请你一起吃蜜薯，续乡情"活动在上海市嘉定区张记私房菜会议室里举行，参加品鉴的朋友异口同声夸赞"娄子镇"牌蜜薯绵甜无筋，松软香柔。盛赞张春做了个

"绿色食品的搬运员"。2021年底张春被推选为灵璧县政协第十一届委员会委员，他说："政协委员不是权力，而是至高无上的荣誉，更是我前行的动力！"

情系乡梓地，担纲为振兴。为了回报哺育他的这方土地，张春除了扩大蜜薯种植面积外，还与娄庄镇汴河村签约，斥资投建"娄子镇食品厂""收储中心"，指导农民种植蘑菇、鲜糯玉米、香椿和蒿菜等鲜蔬作物。并帮助农民对农副产品进行深加工，再冷链配送到沪浙闽，伸长产业链，增强附加值，做到了联农带农，走出一条向土地要效益，为农民增收益的新路。

今年上海市暴发疫情以来，张春利用自己担任上海市烹饪协会理事的便利，和做餐饮交结的鲜蔬供应商以及做配送的优势，每日组织鲜蔬二三十吨分发放给社区和企业单位，为上海的保供提供志愿服务，为稳定大上海作出了积极的贡献。

春天的磬乡大地生机盎然，家乡的父老们期待着像张春一样的游子凤还巢，巴望着张春们带领着乡亲们一起奋飞。

2022 年 4 月 30 日

灵璧英范：高虎

再续"木塞来斯"传奇

葡萄美酒维秘香

盛唐著名诗人王昌龄在《从军行》中有"黄沙百战穿金甲，不破楼兰终不还"一句，表现了身经百战的将士们不获全胜决不收兵的豪迈气概。而今在新疆，有这样一个敢闯、敢拼的把葡萄变美酒的追梦人，他就是中国民主建国会会员、新疆木塞来斯酒业有限公司董事长高虎，从 10 年前成功创办维秘·木塞来斯酒业，这匹国内葡萄酒行业的黑马，在葡萄美酒市场大潮中勇立潮头，到现在正一步步向中国传统葡萄酒第一品牌迈进。他始终怀揣着不达目的不罢休的梦想，在葡萄酒酿造、市场销售方面积极树品牌，做名牌，在传统中传承，在传承中发展，他认真组织酿酒专家、营养专家、医学专家、无数次深入民间，细心挖掘整理秘方，改进葡萄酒酿造工艺，使古老的木塞来斯酿酒方法（三选、三榨、三煮）与现代科技结合，有效地解决了保质期不稳定、口味粗杂、品相陋俗的问题，完成了 Q/XMS001 行业生产标准，终于使新疆流传千年的西域古法秘酿葡萄酒，走出大漠，向世人揭开神秘面纱，续写了木塞来斯的传奇。

坐落在阿克苏纺织工业城（开发区）占地 100 亩的新疆木塞来斯酒业有限公司，拥有现代化控温发酵车间和国际一流的全自动灌装生产线，年生产能力5000 吨，主要从事 "维秘·木塞来斯" 葡萄酒、苹果酒、香梨酒、红枣酒、果酒白兰地等系列葡萄酒及新疆特色果酒的生产。该公司生产的葡萄美酒有干型、半干型、半甜型、甜型等 4 大类，按酒精度又分为 8%vol、10.8%vol、12%vol、14.5%vol、50%vol 等 5 个系列品种。"维秘·木塞来斯" 系列葡萄酒及新疆特色果酒产品先后获得中国著名品牌、北京人民大会堂指定用酒、第四届新疆国际旅游节指定用酒、新疆最佳宴会酒、阿克苏地区政府接待专用、阿克苏地区旅游接待专用酒、第四届新疆国际旅游节指定用酒。高虎创办的新疆木塞来斯酒业有限公司也先后被中央七部委 "2006 中国自主创新型企业"，2006 新疆维吾尔自治区诚信企业，2007 新疆维吾尔自治区诚信企业等荣誉称号。

经过 10 多年来的发展，"维秘·木塞来斯" 系列葡萄酒及新疆特色果酒产品已覆盖新疆 16 个地州，上海光明集团第一食品商店，农工商超市与公司强强联合开拓长三角地区市场，并在广东、福建、江苏、浙江等省市设立了大区经销商。

闯荡天山办酒庄

1987 年不足 18 岁的高虎从灵璧二中以优异成绩考入阜阳机械学校，10

年后的 1998 年他毅然从安徽省阜阳市棉纺厂厂长任上下海，远赴新疆自主创业。

刚到新疆的时候在南疆库尔勒市和三哥高龙合伙经营一家小型面粉厂，南疆的自然条件特殊，干旱，少雨，饮食多以牛、羊肉为主。他主动改变长期在内地形成的生活习惯，克服自己心理上的障碍，生活上的不适，语言交通上的沟通不畅，自觉融入维吾尔族、蒙古族、哈萨克族等多民族生活，渐渐地被少数民族豪爽、好客所感染，感受到载歌载舞的西域风情和塔克拉玛干大沙漠的浩瀚之美。

"早穿皮袄午穿纱，围着火炉吃西瓜"，新疆的气候昼夜温差大，每当夜晚来临的时候大家相聚在一起，常常以酒驱寒、以酒助兴，看到新疆当地人酒量大、酒风好，于是他就萌发出做酒、卖酒生意的想法，来到新疆的第二年底，他创办了新疆老窖酒业，生产新疆老窖、新疆特曲系列白酒，2003 年由于经营不善，整体出让。

二次创业续华章

既然生产经营白酒不行，生产葡萄酒该不会也不行吧？带着对新疆这个创业思考，高虎及时把二次创业紧紧锁定了葡萄酒生产、经营和销售上来。要知道，在中国一说起葡萄酒，人们会很自然地想起张裕、长城、王朝等一个个响当当的红酒品牌，自己生产怎样的葡萄酒才能站得住脚，行稳而致远？他想到，必须赋予葡萄酒历史内涵，丰富历史文化传承，做葡萄酒文化的使者，才能使得自己酿造的葡萄酒有生命，才能屹立葡萄酒之林一枝独秀。为此，他潜心钻研新疆葡萄酒的历史，向书本查询，向身边的老农学习，拜人民为师，从唐代诗人王瀚的"葡萄美酒夜光杯，欲饮琵琶马上催"，《旧唐书》称"龟兹国，饶葡萄酒，富者数百石"。到无一不提到新疆的一种民族饮料维秘·木塞来斯。从文献记载来看，汉武帝时期张骞出使西域，在大宛国见"左右以葡萄为酒，富人藏酒至万余石，久者积数岁不败"。诗仙李白，原籍碎页（在今巴尔喀什湖地区），对葡萄酒情有独钟，写出了大量脍炙人口的诗句。

据史料记载，汉宣帝神爵三年（公元前 59 年），置西域都护，都护治所在今新疆轮台县。唐时龟兹，即今天的库车，属阿克苏地区。这也正是高虎二次创业，古法酿造木塞来斯葡萄酒的发祥地。

对于远居新疆的高虎来说，他深知"木塞来斯"所指的"葡萄酒药"，是指酒中加入了枸杞、大芸、红枣、红花，甚至有乳鸽，体现木塞来斯葡萄酒的营养价值和保健功效。但他更看好的是"木塞来斯""优中选优"的另外一重含义。相对于一个酿酒人而言，更加趋于科学、营养、上好的葡萄酒酿制方法是：在所有的葡萄中选出三分之一最好的，煮熟发酵，在发酵好的酒液中选择三分之一，封坛贮存。如今，高虎一直秉承这种古老的传统酿酒法，保证了木塞来斯酒品纯正、贵重。千年以来一直沉寂在天山南麓塔里木河绿洲的民间上好葡萄酒木塞来斯，人们相信它是一种神秘的快乐之饮，只有在贵客到来或大型刀郎麦西来甫的时候，大家尽情享用，彼此忘情交融。同是，木塞来斯更是一种健康之饮，长期生活在沙漠腹地的维吾尔民间，每年在葡萄成熟时，采下来最饱满的果实，用手捏碎，用"艾迪莱斯绸"压榨成鲜酿的葡萄汁。放入土陶瓦罐中，加入当地觅食沙漠绿洲浆果的野生乳鸽血，和十几种沙漠中的维药，经秘方配置，特殊方式发酵，产出一种口味美妙，有神奇滋补功效的土醇葡萄酒维秘——木塞来斯，它质稠如胶、气味芬芳、色如粉桃，既有鲜葡萄的清香，又有少许酸涩，醇厚而柔和，香浓而滑畅……，一杯下肚，暖意从腹中缓缓涌上来，不觉一杯杯喝下去，浑身上下滚热而舒畅。当地年轻人入洞房前，喜欢先喝上几杯神奇土酿，旺盛精力使新人龙精虎猛，情绻倍增。当地妇女经常喝上半碗，在奇寒刺骨的雪水中洗涮，手脚却发暖，很少有关节炎。当地是世界三大长寿之乡之一，鹤发童颜的耄耋老人比比皆是，神奇土酿让他们各个精神矍烁，身轻体健。当地这种神奇的饮食习俗，也孕育出"维吾尔族姑娘一朵花"的说法。据说当年香妃就喜欢饮用此秘制土酿葡萄酒。维吾尔人相信，木塞来斯是可以治病的饮料。药物和酒的结合是中国古老的创造。葡萄酒的特殊营养和多种植物药材的配伍，达到融合放大的效果。在新疆，木塞来斯产生过很多神奇的疗效。现存柏林的古代回鹘文《关于医疗工作的书画文物片段》说道："把石鸡胆放在木塞来斯中浸泡，喝下去之后，不会醉，看不清东西的眼睛好了。"维吾尔医院的阿院长也说了一些神奇的治愈病例，他说有些东西无法解释。男人可能是品饮木塞来斯最大受益者，在当地风俗中，木塞来斯是新郎入洞房之前的必喝饮料，有人戏称为"没事来事"。有时候，木塞来斯不仅是对体力的支持，而且也是对精神的支持。

不仅如此，木塞来斯还是一种爱情之饮。传说楼兰王国的一位公主叫木塞来斯，一位北方草原上的王子罗布诺尔不愿继承王位，来到龟兹学习歌舞。在一次楼兰国王接待外国师臣的宴会上，罗布诺尔随乐师献舞，公主和王子一见钟情，于是他们常常在葡萄架下约会，约会时罗布诺尔总要带上自酿的葡萄美酒与公主同饮。由于政治需要，后来公主嫁给了龟兹太子，罗布诺尔依然每年都要自制瓦罐献上葡萄美酒给公主，以表示自己对公主的思恋。公主郁郁寡欢，33 岁时患病去世，那些装美酒的瓦罐随她陪葬。罗布诺尔每年都带着美酒到坟前祭奠，呼唤着木塞来斯的名字。后来人们为了纪念这个感人的爱情故事，就把这种酒叫木塞来斯，意思是忠贞的爱情。

发现了木塞来斯以后，高虎就不断的考虑着，从专业角度分析它的独特文化底蕴和口感。10 年前新疆地区葡萄酒的口感上没有统一标准。于是他开始不断钻研，大胆提出木塞来斯的色泽、口感标准问题，做行业风向标领军人物。作为一种饮品，木塞来斯不仅是一种人生发泄的方式，更是一个人的灵魂。而高虎就是坚持把喜欢的事情做到极致，已然把木塞来斯做成了品牌，做成文化传承，做成人生的成功。 新疆本土作家陈漠写了一本关于新疆、关于木塞来斯的 37 万字的书：《你把雪书下给谁》，随着这本书的广泛传播，木塞来斯这个民间家庭自制饮品声名鹊起，成为人们津津乐道的一个品牌。

已过不惑之年的高虎，创业的路上饱经沧桑，从政界到商界、从白酒到红酒，在一次次机遇与挑战中都实现了华丽转身。面对维秘未来，他正在规划实施打造年产葡萄酒 3000 吨酒维秘葡萄庄园， 不断推动木塞来斯进村寨、进学校，酒店， 把木塞来斯贴上文化旅游标签，吸引更多的人在参观葡萄酒庄园、学习葡萄酒文化、品尝维秘葡萄酒和游人自己亲手采摘葡萄，在酿酒师的指导下自酿葡萄酒，打好销售牌，让木塞来斯走下神坛，走向民间。

"人生短暂，浅显的人生经历不足挂齿，多年的漂泊，没有给家乡的父老乡亲做一点贡献，惭愧呀，如有机会我将回乡创业！"高虎感慨地说。

（县政协办公室　供稿）

灵璧英范：张子睿

用心编织炫彩人生

一年两登东方卫视

2009年7月12日，安徽省灵璧籍江苏昆山华阳纺织染整有限公司总经理张子睿受邀参加《谁来一起午餐》节目。《谁来一起午餐》是上海卫视第一财经频道和唯众传媒联袂打造的国内第一档商务智性脱口秀节目，该电视栏目旨在凝聚两代创业人的力量，倡导中国式奋斗，也是继《波士堂》《上班这点事》之后又一领跑中国电视节目的创新力作，获胜者不仅有机会获得与知名企业高管共进午餐的机会；还有可能被这位职场导师收为徒弟。张子睿与做品牌童鞋的姚瑛同台PK，经过激烈的比拼，最终张子睿以智慧与勇气赢得与中国奥康集团总裁王振滔以及知名投资人、金牌职业经理人共进午餐的珍贵机会……

2009年上海东方电视台热播的一档励志财经类真人秀节目《风从东方来，我为创业狂》，深受观众关注，收视率极高。2009年10月11日晚，《风从东方来，我为创业狂》的第七场比赛在东方卫视开赛，参赛的创业项目来自365行，身着自己品牌西服的"舞林高手"奚克奇、家政行业的第一位本科男性"月嫂"余治中、高科技纺织人才张子睿、"羊毛业检测老大"姚瑞，还有职业技能培训的"西点军校"的校长刘勇和打造手绘制造王国的赵婷婷6位高手中之高手云集上海东方卫视。

在这场顶尖高手的PK中，三号选手张子睿笑到了最后。凭借着高科技的纺织技术和世界为数不多的竞争力量赢得了投资人的青睐和评委们的好评。最终捧得了100创业重金。

这位睿智诚信、专注执着、善于学习的年轻人，就是安徽灵璧人——张子睿。1993年，刚刚大学毕业，不甘平凡的他怀揣着"海阔凭鱼跃，天高任鸟飞"的理想，辞去教师的铁饭碗，毅然决然地来到江苏盐城，踏上了充满艰辛的寻梦之路……

一块豆腐转动砂轮

怀揣着家中仅剩的 800 元现金，满怀踌躇地伫立在盐城街头，这个刚刚走出校门，远离父母，步入社会的小伙子，心中不禁茫然。工作在哪里？未来的路在何方？坐在路牙石上，狠抽了两根烟后，他暗暗告诉自己："既然已经选择了，再苦再难也必须坚持下去……"

租房的房东一家靠卖豆腐为生，子睿每天除了出去找工作，有空就主动帮助房东做事，洗黄豆、磨豆腐、蹬着三轮车走街串巷帮着卖豆腐……时间久了，子睿的踏实、勤快、朴实赢得了房东一家人的认可，全家人都非常喜欢他。可是，由于一直不曾找到合适的工作，他内心的焦虑却与日俱增……

房东阿姨是个热心善良的女人。有一天晚饭时，她告诉子睿，已经托亲戚帮子睿在盐城砂轮厂谋到了一份工作，让他第二天就去面试。听到这个消息，子睿欣喜若狂，这也让他第一次深深感受到了"予人玫瑰，手留余香"的快乐。

江苏盐城砂轮厂是一家国有企业，入职后，子睿谦虚谨慎、勤学苦练，很快就成了单位的骨干，得到了领导和同事们的认可，单位多次派他赴外地学习。正值事业步入轨道、顺风顺水引许多同龄人钦羡时，子睿却再次作出了令人意外的决定：离开，去昆山。

一个工种两个工厂

人，最痛苦的就是取舍的抉择。离开稳定的国有企业，并非子睿冲动的选择。其实，他一直在思考：离开父母、辞去工作、背井离乡、孤身南下，究竟所为何来？难道就是为了谋求一份安逸的工作？难道今生就要这样四平八稳、碌碌无为地度过？不，这不是初心！子睿深入研究思考，觉得锦绣江南自古便是丝帛之乡，纺织业更是中国千年传统行业，是未来可持续发展的产业。

昆山，地处长江三角洲，是江苏省的"东大门"，东邻国际大都市上海，西依历史文化名城苏州，历史悠久、文化底蕴深厚，是江南典型的"鱼米之乡", 也是全国县域经济发展百强县之首, 是我国经济最为活跃的地区之一。为了寻找更多的机遇, 更好的发展, 子睿选择了昆山。初到昆山, 几经辗转, 子睿进入台资纺织企业——昆山华成织染有限公司工作。

一切归零!"搜街扫楼"、开发客户、推广产品、跟踪订单、服务售后……烈日炎炎、寒冬酷暑, 学习、实践、感悟、提高, 一分耕耘一分收获, 很快, 他便轻车熟路, 成了行家里手。两年后, 他被昆山大育(台资)纺织有限公司聘为销售副总。然而, 不甘平凡的他很快便内心躁动起来, 他再次不断反问自己: 收入稳定, 衣食无忧, 难道就是自己此生的追求吗? 几番思量, 子睿再次作出了人生的又一重大抉择: 自主创业。

一手编织人生梦想

对于一个白手起家的年轻人而言, 创业何其艰难! 无资金、无人才、无办公场所……重重困难摆在面前。经过不懈努力, 2000 年 1 月 8 日, 昆山华阳纺织染整有限公司终于挂牌成立了。

改革开放, 市场经济为弄潮儿提供了广阔的发展空间, 也对每一个经营者提出了越来越高的要求。子睿清醒地认识到, 作为一名年轻的企业经营者, 不能满足于现状, 一方面要"实实在在做人, 踏踏实实经商", 另一方面, 要有拼搏于更广阔市场的雄心与气魄, 用积极的态度去应对国内外环境变化带来的困难和挑战。面对日益完善的现代市场, 他深深感受到自己现有的知识水平远远不能满足社会发展的要求, 必须抓紧时间学习相关知识, 给自己充电。为此他阅读了大量关于企业管理、市场研究与经济理论方面的书籍, 并且研究了国内外著名企业家的自传, 运用他们的成功经验, 吸取他们的失败教训, "取人之长, 补己之短"。他不断地吸纳人才进行后续产品的研制和开发, 使企业不断从小到大, 而他也在企业发展的过程中, 努力使自己成为一名既有商业头脑, 又有丰富学识的现代企业家。经过他的努力, 公司稳步快速地发展起来, 2004 年, 公司收购了一家涂层厂, 成立了工贸公司。2010 年, 公司进一步扩大规模, 在昆山经济开发区征用土地 43 亩, 新建集研发、销售、涂层、转移、印花、复合为一体, 以后整理为主的新工厂。2014 年, 公司实行股份制改革，并更名为昆山华阳复合新材料股份有限公司。公司获发明专利 17 项，实用新型专利 22 项，其中"高分子防水透湿薄膜"专利项目被列入国家火炬计划。企业被江苏省科技厅、苏州市科技局指定为"高性能纺织复合材料工程技术研究中心"。公司于 2010—2013 年，连续被昆山市文明委命名为"文明之星企业"，2015 年，被昆山市推进转型升级创新发展领导小组办公室、昆山市经信委命名为"昆山市科技成长型重点培育企业"，并有多种产品入围中国流行面料评选。

一个容易满足的人，取得成功的时候，他会得意地停下来欣赏风景；一个充满前进动力的人攀上一座高峰时，他会仰望另一座更高的山峰。企业的初步成功，子睿并没有沾沾自喜。2014 年，子睿进入西安交大参加 EMBA 学习，香港科技大学工商管理学院教授、东方智慧商研院创始人赵越成为他的导师。赵越教授渊博的知识及对宗教、灵性的深入研究，对子睿的思想产生了深刻的影响。他每天都会禅坐冥想：公司今后向何处发展？公司未来发展的战略如何定位？从 2014 年起，子睿开始着手筹建南通东屹高新纤维科技有限公司。南通东屹坐落于南通海安纺织科技示范园，投资 4.8 亿元，占地面积 12 万平方米，建筑面积 10 万平方米，年产能 8000 万米，产值 20 亿以上。公司宣导"专注诚信、绿色引航、精进创新、和谐共享、真诚高效、关爱奉献"企业文化，秉承"绿色工厂""智能工厂"的发展理念，集高新纤维研发、超细纤维织造、绿色环保染整、高分子薄膜制造、时尚服装设计为一体，专注为高端服装品牌提供整体解决方案。经过近 3 年的建设，东屹将于 2018 年初投入生产。这是张子睿人生重要的跨域，也是他人生一座重要的里程牌。

利己利他，是子睿始终坚守的宗旨。在不断实现梦想、砥砺前行的进程中，子睿始终坚守着大国工匠精神，用心做好每一寸布，用心服务好每个客户，他常常讲："眼中只有金钱的人，充其量只能算作一个商人；而心中具有社会责任感的人，才能称为企业家。"

华阳，如一轮初升的朝阳，正在东方冉冉升起……

（县政协办公室　供稿）

灵璧英范：王士峰

拼出自己一片天

郭　亮

在北京海淀，有一个熠熠生辉的企业孵化、加速器平台，她的名字叫自由者创业社区。自 2015 年成立以来，因其战略定位高远、运营管理规范、孵化成果显著，自由者创业社区得到业界高度认可，现已进驻企业 60 多家，接待地方各级政府考察团 103 批次。在"大众创业、万众创新"的天空下，她犹如一朵红花竞妍绽放，引起无数自由创业者的蝶恋。

辛苦掘得首桶金

王士峰，灵璧虞姬乡田万村人。他的父亲曾是县里一家建筑公司的经理，对他要求很严格，希望他以后能够子承父业，做一名建筑行业的老板。1996 年王士峰高中毕业后，很长一段时间与父亲为自己设计的人生路线产生争议，最终说服了父亲，选择前往北京求学。进入大学后，他对新兴的计算机及数码技术产生了兴趣，于是，瞒着父亲，开始偷偷进行自学。那时候学习的条件很艰苦，生活上的困难倒是其次，最重要的是计算机类专业书籍奇缺。兴趣产生的力量是惊人的，他一个书店一个书店地跑，几乎把能找到的计算机类书籍都读遍了。

学习计算机，光看书不行，最重要的是要上机进行操作。他报了一个计算机应用班，一入班就发现了一件怪事：这个应用班仅有几台电脑，但学生却有几百人。"僧多粥少"，学校就想了一个办法：先让学生买键盘示意图来练习。学校有键盘示意图，但不是免费使用的，学生要想用，10 元一张自己买，还要提前预订，因为学校一次只能进到 10 多张。

王士峰虽然家里不太困难，但也舍不得买那么贵的键盘示意图。于是他就利用放学的时间到大街上购买。找来找去，他终于在一家新华书店找到了卖家，价格是一张 7 元，而且质量特别好。王士峰没有犹豫，就把父亲给的 50 元生活费再加上自己的零花钱凑在一起，买了 10 张。他回到学校不敢声张，怕被老师抓住，就 1 张 1 张的卖，给同学说他自己已经会了用不着了。一晚上，这 10 张键盘示意图就卖完了。尝到甜头的王士峰一发不可收拾，几乎把那家新华书店所进的键盘示意图全部给买下来了。于是，王士峰在读大学期间，利用自己的聪明头脑，专门做这种既能给自己带来收入，又能方便学生的生意。更重要的是，他得到了历练，初步掌握了营销的本领。因为这方面的过硬素质，他大学实习时的收入就是其他同学的 2 倍以上。

北漂一族成金领

大学毕业后，王士峰没有遵从父命回家继承父业，而是选择了留京打拼。一开始，王士峰进入一家计算机销售公司做技术工，专门从事电脑的软件和硬件安装。他善于钻研，操作熟练，很快便成为公司的技术骨干。很多公司慕名前来约他洽谈，希望他能跳槽。可是，王士峰毫不犹豫地拒绝了，因为他看到了另一个商机。

虽然说靠技术能生活无忧，但是要想更上一层楼，必须学会销售。"赢市场者赢天下"，王士峰下定决心做销售，于是向公司提出了要求。公司答应了他，但只答应让他做最普通的销售员。王士峰没有挑三拣四，愉快地接受了公司的安排。一个月下来，他的业绩远远超过其他同事，于是被破格提拔为销售部经理。2000 年，他的工资已经超过 3000 元，那时候北京中关村的房子 1500 元每平方米。可以说，王士峰已经成为人人羡慕的金领人士！

但王士峰没有满足，他希望自己一个月能挣到 5000 元。他把想法告诉了公司老板，公司老板觉得他疯了。于是，王士峰离开了这家公司，投身于数码电子领域。他选择的第二家公司是专做摄像头的，他干了 2 年，终于拿到了月薪 5000 元。很多同学听说他发展得风生水起，于是都来投奔他，他没有小看那些曾经和他朝夕相处的同学，尽力帮助他们。2002 年，他的第一个五年计划提前 2 年就完成了——在北京买房子买车定居。

2003 年 3 月，王士峰又做了件疯狂的事情：辞职创业。他和两个同事一起开了第一家公司。他们租了自己的办公室并进行了精心装修，大张旗鼓地干了起来。5 月，深圳、广州"非典"四起。王士峰不以为意，仗着胆子大，一直在深圳看着工厂加班生产。6 月，北京"非典"四起。他从深圳回京后像是瘟神一样被看待，而公司在开了 2 个月后，他的积蓄就全部赔掉了。他决定东山再起，于是借钱进货。那时候，他对投资、收益率等还没有概念，向中关村隔壁的柜台借了 1 万元，每个月给人家 1000 元。现在算算，挺害怕的，年回报率 120%，简直就是疯子嘛，现在打死也不敢这么干啊！可是，那时候为了实现梦想，不害怕！

接下来的 10 年，是王士峰的黄金十年，他旗下的公司如雨后春笋般纷纷出现，从北京到上海，从上海到深圳，从深圳到广州，他的合作商多达 100 多家，年营业额高峰期过亿。

断尾求生再创业

电商时代，说来就来了，而且来势凶猛。从中关村起家的刘强东，非常了解中关村的经营规则，"打白条赚钱"，在京东上掀起网络超底价，而且保证：厂家正品、质量第一、价格最低。2012 年，淘宝也推出了天猫认证店。那个暑假，他们撕开杀场，广告铺天盖地，补贴超过 10%，也就意味着他们在网上亏损 10% 进行销售。于是，实体店就顶不住了。原因很简单，因为实体店要租金，要发更多员工工资，低于 15% 的利润就要亏本。由于京东、淘宝的冲击，连苏宁、国美这样的电器数码商业巨龙都顶不住了。

王士峰旗下的公司更是频频告急。正值春节，别人都回家过年，他就是热锅上的蚂蚁到处转着借钱，给员工发工资，抵御这场号称是"短期的灾难"，希望过完春节，他们就会歇战。谁知道战火一旦拉开，就没有结尾，次年 3 月，亏损已经近千万。眼看着 10 年打拼挣的钱全部要蒸发了，厂家的新款产品都出来了，老款产品必须半价出售，否则将成为"死库"，他果断地把货半价让店长接走。2013 年，他又果断卖掉了两家企业，歇战半年，寻找新的机会！

王士峰决定利用自身优势，以技术创新与金融创新的"双轮驱动"，开发创业服务项目。经过缜密研究和科学论证，他联合业界几位志同道合的朋友创立了自由者创业社区。

自由者创业社区初创之际，千头万绪，异常艰难。不知经历了多少个不眠之夜，也不知道解决了多少个麻烦难题。妻子看到他这样辛苦的工作，偷偷地流泪，担心他的身体健康问题，王士峰告诉妻子说："我会注意健康，注意调整我身体状态的，你看我不是一直坚持健走吗？"在妻子坚持下，他每半年要去体检一次。就这样，年已不惑的他坚持了下来，等来了春暖花开。目前，自由者创业社区运营良好，已有60家企业入驻并且完成了第一轮的并购计划。

灵璧英范：杨亚

善行不言 爱心永动

张少秋

杨亚是一个平凡而又遐迩闻名的人。说他平凡，是因他不爱张扬，说他闻名，是因为他是灵璧志愿者队伍中的佼佼者。他发起的"红十益剪"为老人和留守儿童免费理发活动，体现了"莫以善小而不为"的理念，在社会上产生不小的影响。2020年全民防疫阻击战最紧张的时候，他不仅积极参与抗疫消杀等工作，还捐给红十字会800元钱，成为灵璧县抗疫捐款第一人。我见到杨亚，是在他组织爱心人士为朝阳镇一智障患者捐助的活动中。那天，我驾车跟在他车后面，刚进村时就发现有人引导，到了受助人家门口已经有许多人围观了，足见杨亚不是一次两次来资助。趁着他和志愿者往屋里拿东西的工夫，我问一老者："前面的那个人你可认识？""我就没见过这么好的人！非亲非故给人盖屋，管人吃穿。"老人言简意赅的夸赞，撩起了我采访的兴趣，开始正视杨亚这个浑身洋溢着热情的小伙子。

杨亚出生在 1976 年隆冬。他身材魁梧，面带慈善，极富亲和力。采访杨亚绝非易事，因为他自己不愿说。好在我以资深媒体人的经验，发动记者同行共同查找。县多媒体中心的刘志提供了"老人三个月逮住一警察"的线索。

2017 年底的一天，灵璧县城东南的平山路与汴河路交叉口发生一起交通事故，一辆机动车将一路人撞倒在地。恰杨亚路过此地，迅速跑到跟前，俯身询问伤者情况，并用自己的车将伤者送往二院急救，后又借用担架转送县医院。看杨亚忙前忙后的，就连急救的医生都误会他是肇事司机。三个月后，伤者康复欲寻救命恩人，可他仅凭昏迷前听到的"我有救援经验，听我指挥"的只言片语记忆，寻人犹如大海捞针。交通事故中队卷宗没有记载，电话打给事故的另一方，那头也不清楚是谁帮助了他们，好在提供了杨亚的相貌特征，办案人员从助人者娴熟的救援动作圈定了做好事不留名的人不是警察，而在蓝天救援队员的范围内。没错，杨亚是虞姬派出所辅警，同时也是蓝天救援队的队员。几经周折，人们才知道杨亚救人的故事。

在蓝天救援队里，无论是出勤还是训练，杨亚都冲在最前头。2018 年 8 月 18 日，台风"温比亚"袭击了灵璧，县城多个小区积水，突发的灾情使得救援力量严重不足，灵璧两支救援队的队员们都是用肩扛人背转移老人孩子，带着疲惫与水患拼斗。杨亚所在的队从早上 7 点投入救援，到下午 2 点也没有吃饭休整，就又接到指令，去钟灵大道参加搜救一名被洪水吸入下水道的青年。杨亚和队友拖着皮划艇，蹚过齐腰深的水淹段来到了出事地点。这里靠近吴沟泄水道，由于下游顶托的作用，已经是水茫茫的一片。没有标识物和下水口的漩涡，不清楚水下情况，打捞何从下手？杨亚根据自己参加公安体能训练时留下的地形地貌印象，向指挥员提出了自己的看法。他认为下水井盖可能是被吴沟山洪顶开，洪水满槽后形成吸力把那人吸入过路涵洞的，所以，搜索范围应从落水口到桥涵区间，再向下游扩大 50 米。果真，按照杨亚划定的区域，在没有水下声呐设备的情况下很快完成打捞任务。杨亚的水中救援技能得到了队员们的认可，从此，凡是有水上救援的任务，他总是第一个报备，也总是能够获得批准。

2020年7月22至27日，安徽省庐江县发生特大洪涝灾害，接到救援任务时，领队的郭启秀刚发完招募信息，在合肥出差的杨亚就从合肥直奔庐江抗洪一线，比灵璧县救援队还早抵达。他们在地势稍高的庆复禅寺里扎营，根据现场救援指挥部统一调度，参与了堤坝巡防、管涌排查。24日凌晨接到"破坝泄洪"命令，紧急转运灾民。灵璧县8名队员驾起冲锋舟在夜色中扑入汹涌的波涛……转运的尾声是"搜救"。郭启秀敲着破盆，因为嗓子喊不出来了。杨亚和几个男队友踩水拖着皮艇前进，发现一幢楼房的二楼（一楼被淹没了）窗帘闪动了一下，抵近一看，是一个因听不到广播通知没有及时转移的聋哑人，被堵在了家里。如果不是灵璧救援队及时赶到，30分钟后一个生命就会被洪水夺走。

当时全国有２２支救援队，他们最后一个撤离。由于庆复禅寺营地也被淹没，他们的冲锋舟还带上了普度众生的寺庙住持和五位尼姑师傅。泄洪时电力通信全断，导航顿时失效，洪水淹没了来时路的树梢，平时威风凛凛的皮艇在一片汪洋中显得格外渺小。灵璧救援队靠着过硬的素质，在庐江抗洪中表现突出，受到了前指的表彰。8位同志回来后什么也没说，只有灾区人民记住了他们的身影。

2021年7月25日，河南省郑州市发生特大洪涝灾害，杨亚又随队赶往救援现场。这一次洪水更为凶猛，救援队身处险境，险些被别人救援了。杨亚他们为扩大搜救成果，深入泽国过远，由于一个未知的原因，他们没能及时接收到"炸坝"的短信。然而，真情最终化作奇迹，灵璧救援队的冲锋舟还是平安返回了。原来是撤离前临时应急发电停机，救援区域内顿时成了盲区，是队员们感觉附近水面怎么没有其他皮艇穿梭？意识到情况异常才用手桨划了回来。他们在灾区的表现家乡人一概不知，因为他们谁也没向任何人说起过，而河南灾区人民却记住了他们的深情。

灾害中的救援体现智慧和毅力，靠着体能和团队协作。为了提高整体素质，达到纪律严明、作风优良、技术过硬、每战必胜的要求，杨亚决定把自己旗下的灵狼拓展训练中心无偿提供给蓝天救援队训练之用，使其成了安徽省首家蓝天救援队专业训练基地。

灵狼拓展训练基地创建于2018年11月，坐落在开满虞美人花的虞姬文化园旁边，是集成人团建、魔训、青少年体验国防教育为主的专业拓展训练基地，也是经灵璧县退役军人事务局批准的退伍军人再就业基地、社会公益组织志愿者培训基地。训练基地占地53亩，各类拓展训练器材设备完善。有退出现役的教官10名常驻基地，他们是经过专业培训并取得了相关资质的拓展、魔训、研学导师。灵狼拓展训练基地，与南京大金山国防教育基地、安徽贝雷军拓研学基地、山东日照陆海空研学基地、马鞍山伏龙军拓研学基地签署了长期战略合作协议，并成为中国最大的拓展训练基地——明阳天下拓展（北京）企业管理咨询有限公司的合作伙伴。

灵狼拓展基地自成立以来，承接青少年一日素质拓展训练3.5万人/次，企事业单位团建、魔训1000人/次，各类辅导班、幼儿园的拓展训练2000人/次，为留守儿童免费拓展体验训练2000余人/次。灵狼拓展训练基地的在职教官全是灵璧县各公益组织的成员，基地成了蓝天救援队的训练地后，大家训练起来更是如鱼得水。军事化的管理，全方位的体训，寓教于乐的拓展训练使队员们增强了体质，增进了友谊，强化了协作，提高了技能，为高质量打造救援队伍奠定了基础。

各公益组织都把这里当成了自己的"家"，这里成了社会维稳的风向标，训练中产生的"用度"自然是杨亚"垫付"。特别是2020年突发新冠疫情以来，杨亚自费购买两台消杀迷雾机，与灵狼拓展训练基地的6名教官成立了一支义务消杀队，参与迷雾消杀学校120余所，消杀面积达10万平方米，为取得全民防控阶段性胜利贡献了积极的力量。他们开展了以"童实践 童成长"为主题的关爱留守儿童活动。联合灵璧县红十字会，组织40名红十字"三献"志愿者在灵狼拓展训练基地开展"强素质、增合力"的拓展活动，增强了队友之间的团结和信任，增强了团队核心凝聚力，使每位参与者对公益事业认识上升到一个新的高度。

杨亚说过"有钱做慈善，无钱做公益"，而他拿什么年复一年地支撑？有人告诉我说，他有个"亚东养老公寓"，可我深入了解才知道，这个养老公寓也仅"支撑"着，是他卖掉了几套北关拆迁回迁房硬"努"起来的。尽管有诸多不便说起的缘故，毕竟养老公寓开得"风生水起"，称得上是真正的老人们的乐园。杨亚说："养老不能停在'养'字上，不能只是一日三餐，照顾起居，洗换衣物。而要让老人们生活得更舒适，有尊严。"每年的重阳节，杨亚都会为入驻的老人们举办别开生面的集体生日活动，让老人们感受被关爱、被尊重的温暖。他还组织老人们到奇石文化园、虞姬文化园等地户外赏秋，感受改革开放的巨大变化和亲近自然的快乐。组织志愿者利用节假日来陪伴老人们已经是他常态化工作内容。他在公寓院子里辟出一块菜园地，让老人们"动"起来，品尝自产自销的果蔬，享受自食其力的愉悦。杨亚不仅在公寓内努力演绎着孝老敬亲，还延续到了社会上。2021年中秋节，杨亚带着棉被、米面、色拉油、糕点等物品前往虞姬镇朱桥村看望慰问十多位孤寡老人。这里是他口中的第二故乡，是他父亲下放的地方。

谨以此书献给中国共产党成立 100 周年

政协安徽省灵璧县委员会　编

薛新华　主编

灵璧记忆

人物卷

（下册）

中国文史出版社

目 录

英博篇

英才篇

灵璧英才：陈咸、陈宠、陈忠

汉朝三代法学家

卜献华

早在汉朝，就有以研习法学而著称的陈宠和他曾祖父陈咸、儿子陈忠陈氏三代，并称为汉朝三代法学家。

陈咸，字子康，灵璧县城南人。18岁出任宫廷侍从官，先后担任过长史、冀州刺史、谏议大夫、楚国内史、北海以及东郡的太守、南阳太守、少府、尚书，后被擢为御史中丞。虽与其父陈万年同为西汉显臣，但父子俩做人风格却截然不同。父亲世故权贵，而陈咸刚直不阿。据历史学家班固《前汉书》中记载："陈万年乃朝中重臣，尝病，召其子陈咸戒于床下，语至三更，咸睡，头触屏风。万年大怒，欲杖之，曰：'乃公戒汝，汝反睡，不听吾言，何也？'咸叩头谢曰：'具晓所言，大要教咸谄也。'万年乃不复言。"由此可见陈咸为人正直率真的一面。他曾几十次上书皇帝，指责皇亲和宦官贪赃枉法、徇私舞弊，谏言要依当时汉朝制定的法律严加惩罚。而陈咸自己向来是严于律己、依法从事、依法立威、依法立信的人，凡是他主断的贪赃枉法案例，不管是下属官吏还是世家大族，一律论罪交司空行处，绝不姑息，陈咸依律严明的办事作风，在当时受到人们的普遍信赖和交口称赞。

陈咸曾受好友朱云一案连累，被处以城旦之刑，废为一般平民，剃去头发送往边关，白天守边晚上修长城。汉成帝登基时，大将军王凤因陈咸忠诚正直，奏明皇帝让他做长史，之后又任冀州刺史、谏议大夫、楚国内史、北海以及东郡太守和南阳太守。陈咸每到一处，都严格维护律令的尊严，令属下廉洁奉公，安分守己，不做违法的事情，在郡中做到了令行禁止。之后，陈咸调任少府，位列九卿。平帝即位，王莽辅政期间多处修改汉制，陈咸为维护法律的庄严，愤而辞官。王莽篡权后，召令他回来任掌寇大夫，陈咸以身体有病作为推辞，并责令儿子陈参、陈丰、陈钦同时辞官。自此父子4人一同返回故里灵璧，陈咸从此闭门不出，沿用汉制，每日专心整理、完善东汉所存律令之类，为汉朝的法律完善奠基了坚实的基础，直到病死。

陈咸的一生性格仁慈、宽厚，他常常告诫自己的子孙说："为人议法，当依于轻，虽有百金之利，慎无与人重比。"

陈宠（？—106），字昭公，东汉沛国洨县（今安徽灵璧县南）人。曾祖父陈咸，祖父陈钦皆在朝中为官。

因为陈家世代研习法律，并通晓儒家经义，到了陈宠更是把家族传统发扬光大。他任州郡吏时专心处理政务，司徒鲍昱非常欣赏他的才能，被征召到司徒府任属官，后转任辞曹，掌管天下的刑狱和诉讼。陈宠以律行事，所有评定审判的案件人们都心服口服。因此，鲍昱让他代替自己撰写《辞讼比》7卷、《决事都目》8卷，并上报给皇帝，获准颁布施行，从此成为官府办案的法律依据。这两部法律著作虽然后来均已失传，但它作为一个国家的司法依据，却在历史上捍卫着它的神圣与庄严，

章帝即位后陈宠受命为尚书。陈宠认为应改变苛俗之风，主张严明之后济之以宽。皇帝采纳了他的意见，诏示司法部门禁用酷刑，解除不合理的禁令，废除苛刻的法律条文，后来，此诏示被公府载入法令，奉以为法。

陈宠谨慎周密，讲究臣子道义，谢绝人情往来，因而很受朝廷器重。陈宠为广汉郡（今四川广汉县境）太守期间，西州豪右并兼，官吏贪赃枉法，社会混乱，民不聊生，案件多发。陈宠到任后大胆启用优秀的官吏王涣、谭显等人，把他们放到重要的位置。于是社会趋于安定，郡中混乱局面也开始平静下来。然而有件事却一直困扰着他，就在洛县城南荒山岗上，每到阴雨天常常传来悲恸的哭啼声，声音大得在县衙里就能听得到，据说这件事已持续数十年了，百姓一直生活在惊恐之中。陈宠便派官吏去查办。陈宠悲怆地叹息说："世风衰败，时事混乱，那里丢下那么多病死、饿死、冻死的人，因为贫穷他们的骸骨没有人掩埋，是他们的灵魂在哭诉啊！"于是命令衙役将骸骨收殓埋葬，让游荡的灵魂入土为安。从此洛县城南再没有了悲切哭声，百姓也安居乐业，过上了太平日子，陈宠也因此受到当地人们的拥护和爱戴。

窦环任大将军到北方征服匈奴，郡国多派遣官吏子弟前去奉献礼品、拍马献媚，而陈宠刚正不阿，拒不送礼。太后和皇帝听到这件事，欣赏他一身正气

和傲骨，提升为大司农。永元六年（94），陈宠为廷尉。理官时发现很多审议有疑点的刑狱案件，于是他亲自写奏表，引经据典，务求宽恕和从轻处理，皇帝同意他的请求，为此陈宠平反了多起冤假错案，救活很多无辜受难的人。

陈宠对汉朝立法事业作出巨大的贡献，他用大部分时间来查对律令条法，整理西汉以来制定的法律，他对当时《甫刑》中存在的苛刻条文进行删除、修改，将原有的4989条刑法，按照律刑标准删减为3000条，并奏皇上。然而他修改后的法律还未来得及施行，就于永元九年（97）发生了狱吏与犯人互相勾结的违法事件，他为此受到牵连而被治罪坐牢。但因为陈宠的品德高尚，后来被皇帝诏令免刑，并任命他为尚书，又转任大鸿胪。永元十六年（104）十月，陈宠接替徐防任司空，从此他专习法律。每当奏举议事，他言词畅达，被号称"任职相"，在位三年死于任上。

据《后汉书·陈宠传》记载，陈宠晚年"乃收敛其家律令书文，皆壁藏之"。可见当时陈宠藏书大多是法律文件和图书居多。

陈忠（？—125），字伯始，是陈宠的儿子。

陈氏家族世代通习法律，陈忠才华出众，在法学界颇有声誉，陈忠经司徒刘恺的举荐提升为尚书，位居三公曹，主管断狱事务。他继承父亲办案风格，在处理事务上尽量做到宽大仁厚，父亲的执法品质一直影响着陈忠。后来随着逐渐增多的、不合理的苛刻法律，陈忠在原有法律的基础上删除整理出二十三条，并题书名为《决事比》奏报给皇帝，以此解除当时办案论罪无依据的弊病。陈忠对汉朝极刑和大量不合情理的律令做了删改，他第一次上书要求国家废除残酷的"蚕室刑"。"蚕室刑"也叫"宫刑"，就是割去男性的生殖器官的刑罚。我国伟大的历史学家司马迁就遭受到此腐刑。第二次上书要求解除惩治贪官污吏三代不准做官的禁令。东汉时期治理腐败比较严厉，如果发现官员腐败，不但本人要遭受惩罚，而且子孙三代不得为官。陈忠上书废除"三世禁锢"的规定在当时起到一定的积极作用。第三次上书要求对神经失常、因发病而性情狂暴滥杀无辜者，法律应从轻判罪。这一条放在今天的法律天平上也是符合现代法律精神的。另外一条是对母子兄弟之间互相代替死罪的人免除其死罪。当时人们以家族为单位生存，经常会出现一人犯罪，其亲情之间就会互相代替死罪。陈忠修改后的法律对极刑和不合理的条款都做了修改，这些都被当时的朝廷批准施行了，这是陈忠在法学方面作出的突出贡献。

延光三年（124），陈忠再提拔为司隶校尉。因为陈忠的严明执法，就连当时皇帝的宠臣、外戚、幕僚们都敬畏他。第二年，陈忠被任命为江夏（今湖北武昌）太守，没来得及过去任职，又留下任尚书令，不久病逝。

灵璧英才：张礼

张氏园主 平章政事

北宋张礼，灵璧人，世居汴水之阳。登神宗绍熙庚戌进士，官至平章政事（宰相）。为人敏学乐善，治才通达。灵璧著名的张氏园亭，据传，即为张礼所建。

张氏园亭，建于北宋天圣年间（1024—1032），今虽已夷为丘墟，但从苏轼《灵璧张氏园亭记》和《墨庄漫录》等史籍的记载里，可以看到它当年的繁华堂皇。

张氏园亭的建筑，借鉴了我国古代园林的"借景"手法，融山河之美于一园。《灵璧张氏园亭记》载："蒲苇莲茨，有江湖之思；椅桐桧柏，有山林之气；奇花异草，有京洛之态；华堂厦屋，有吴蜀之巧，其深可以隐，其富可以养，果蔬可以饱邻里，鱼鳖笋茹可以馈四方之宾客。"园中百物，无一不可人意。张氏园亭可谓集"气（气势）、态（写实）、思（虚拟）、巧（完美）"等多种园林风格之大成。

文坛巨擘苏轼于元丰二年（1079），爰笔撰写了《灵璧张氏园亭记》。东坡居士苏轼、荆溪居士蒋淑颖、紫溪翁礼安中，三大名贤聚于张氏园亭，流连忘返。苏轼酒醉挥笔题："东坡居士醉中观此洒然而醒"，并铭刻于石，名曰："醒酒石。"此石被宋神宗欣赏，搞到"禁中"去了，凡此种种，可见张氏园亭在当时已声誉遐迩。

张氏园亭因《张氏园亭记》而声名大噪。据传，位居唐宋八大家之首的曾巩，宋代书法家米芾，北宋著名文学家、书法家黄庭坚等人都曾到访过张氏园亭。

（晏金福　整理）

灵璧英才：马英

毁誉参半任评说

牛士中

马英（约 1369—约 1449），灵璧县浍沟镇申村人，明后府右都督（正一品武官）。

靖难之役之始，建文元年（1399）秋七月，马英参与了对于朱棣来说最为关键的夺取北平九门行动。由于在九门之役中立下功劳之大，建文四年（1402），马英即成为浙江都指挥使，正二品。永乐元年（1403），又恩赐前军都督府金事。

宣德元年（1426）春，王通佩征夷将军印，充任总兵官，马英以后府右都督身份作为参将，往讨交趾叛贼黎利。

宣德元年（1426）冬十一月，马英以后府右都督身份充任参将，在总兵官、成山侯王通等进兵击贼大败情况下，到清威与贼遭遇，大败清威贼兵，到达石室县和王通合兵一处。宣德元年（1426）十二月，马英按照皇帝命令，和交趾总兵官成山侯王通一起，固守城池，操练军马，等待安远侯柳升、黔国公沐晟等率军从广西云南两路并进，一同进兵。

然而王通先期轻敌，不等援兵到达，擅自出兵，得胜后又未能乘胜出击，扩大战果，为事官陈智、李安、方政、布政使弋谦和内官山寿、马骐等任行其事，以致交趾贼兵死灰复燃，形势出现反复。在此情况下，王通等人不设法弥补挽救危局，却私心作祟，宣德二年（1427）十月，王通等和交趾叛贼黎利订立盟约，双双罢兵，互赠物品。擅自与交趾贼兵黎利媾和。宣德二年（1427）十一月，朝廷专门下令，要等班师回朝命令到达才允许回师。但王通不等命令到达，于宣德二年（1427）十二月，撤离交趾城，退回广西南宁，马英亦随同退回南宁，导致藩属交趾国事实上的独立。

朝廷对于交趾事实上的独立无可奈何，只能承认既成事实。但是，为维护朝廷威严，必须追究当事者的责任。宣德三年（1428）闰四月，马英同成山侯王通、内官山寿、马骐等带领隶属京城官军回还京师后，遭到文武群臣弹劾，上奏追究王通、马英、山寿、马骐等违抗皇命擅自和交趾贼兵讲和，并丢弃城池班师的罪行。按照律例，俱论死下狱，籍其家；但帝终未诛，王通等人被关押狱中 11 年之久，直到正统四年（1439）闰二月，英宗皇帝赦免，成山侯王通、左都督马英等人，始释放为普通百姓。此时马英时已 70 岁左右。

削职为民后，马英带领家小迁居到凤阳府宿州灵璧县固镇保（今安徽省蚌埠市固镇县），后又迁灵璧县浍沟镇申村。本以为就此终老灵璧，可是这批当年跟随朱棣出生入死立下赫赫战功的老臣，在忠国公石亨等昔日同僚斡旋下，出狱 10 年后，正统十四年（1449）九月，又重新得到皇帝重用。马英时已 80 岁左右。据申村传说，马英因皇帝诏命到达，不知内情，以为杀身之祸降临，惊吓过度而逝。现申村有马英墓塚和宗祠。

灵璧英才：王守谦

为灵璧石立名

王守谦，字道光，号凤竹，明成化进士。灵璧娄子镇人。以岁贡授和州训导，升河清县教喻。

王守谦学士渊博，著书颇丰。平时"集群书多"，所著《唤世编》"上下古今，纵横浩瀚，大江南北，首屈一指"。所著《娄子庄大石及汴堤奇石记》，记述朱勔主持操办的"花石纲"遗留于此的情景。《古今文评》评论从先秦到明代的历代文章，强调以灵为文，"文章之气格，因乎世代，不能不异者也；文章之精粹，本乎性灵，不能不同者也"。于历代文章家，尤其推崇庄子、司马迁、苏轼，称"三子者，文中仙也"。

崇祯九年（1636），流寇攻城，王守谦年逾八十犹率子孙守城，并纪其事，书名《子丑纪事》。崇祯十年，流寇再次攻城，他在围城中亦登城率子孙瞭望，随笔纪其事，至或伏地书写，以助守城之气，书名《全城纪事》。

另所著《小隐窝爽言》一书，除记其逸事外，多记世人怨言，和劝世良言等。内有一篇《灵璧石考》，专门研究和探考灵璧石。中云"石堪作玩者，吾灵璧石称最"。从此灵璧石便有了一个较稳定的名称，并得到世人认可，流传至今。

（晏金福　整理）

附：

灵璧石考
（明·王守谦）

石之堪作玩者，吾灵璧石称最。围其峰峦洞穴，浑然天成，骨秀色黝，扣之有声。按谱有形如蟠螭、如菡萏、如卧牛者。又有卧沙不起峰者，甚尽天划神镂之巧者。总之万石万局，于深山中掘之乃得。不知的系何时发坑，弟考之载籍，宋以前未闻有灵璧石。按樵李顷氏有灵璧石一座，长二尺许，色清润。色也冷然，背有黄沙纹一带峰峦皆隽，下金填刻字云：宣和元年三月朔日御制书。其下压一字。又广济寺有灵璧小峰，长仅五六寸，玲珑秀润，所谓胡桃玉色。徽宗御书八字刻于峰旁，云：山高月小，水落石出。略无雕琢之形。观此则灵璧石始见于宋，曾为至尊之宝，爱此品可知已，自米颠酷嗜而声价益重。其为扬次公攫去者，乃所谓天划神镂之巧者也。后得李后主所宝之灵璧研山径长才逾尺。研前耸三十六峰，高者为华盖峰，具参差错落者为月岩，为玉笋，为方坛，为上洞，为翠峦；又有下洞，三折而通上洞。中有龙池，遇雨则津。滴水少许在池内，则经旬不燥。米老珍之，及归丹阳也。爱甘露寺下并江一古基，多群木。唐晋人曾居，则苏氏之宅也。时米欲宅而苏觊得研，于是竟相易。米后号"海岳庵"者是已。公终惋惜，乃云此石一入渠手，不得再见，每同交友往观亦不出示，彭绍公真忍人也。苏东坡画丑石风竹。易得张氏灵璧石一株，具有四面，如麋鹿宛颈状，后载归阳羡。赵松雪有灵璧石香山一座，下刻雪根二字。又一石，其大如拳，峰峦皆五列，公名之五老峰，手抓之拂之有声，此皆得之本子上者也。余在南中曾见一灵璧石，长仅数寸，十二峰，峰差尖毫无雕琢。又一石，天生双蟠螭结，中有小水池，如钞许大，其黑如漆，间有白纹如玉，扣之声泠然，此天下所无而灵璧独有，偶一有之而绝不复出。良不可解，然余犹及一耳。又见如卧牛者，想亦宋元旧物流传人间者也。国朝垂二百六十余年，寥寥无闻。即问之土著者，也竟不知灵璧石为何物。迨万历己酉，南台侍御崝山鸿屼张公访此石甚殷。乃好事者于磐石山润壑中乘西雨觅之，稍稍见一二。于是习兹山者，凡牧竖樵子莫不求石，有力者逐发坑取之，而石渐出矣。戚庚申庠师吴兴长祖先生天中浚源先生亲采石。而君侯竟陵别凤藻先生单骑往视之。众称南宫之后，再睹此举。亦稍稍获有佳者，其人情好尚之极。即山灵亦终秘其珍，遂为此石中兴。与此后掘石者日益伙，苏人不爱善价。买舟载去，一入灵境，莫不侈口谈石。突然风尚，良可骇异。走南中贩石者踵相接而价格顿减。虽观有峰峦洞穴而青润有声亦取狂狷之意。求所谓研山蟠螭与尽天划神镂之巧者，则绝不可复得矣。盖物之尤者，多见于始出时。而其后渐销落也，端溪下岩发于宋而竭于宋。安知念日之石，不收为广陵散乎。海内王元美之祇园，董玄宰之鸿堂，朱兰隅之柳浪，米友石之勺园，正伯毂之南有堂，曾莲生之香醉居，刘际明之悟而斋，刘人龙之梦觉轩，彭政义之啬室，清玩充斥，而皆以灵璧石作供。果得未曾有乎，而诸公之韵，固均足以献之亦。独喜吾邑刘节斋先生其别业观音阁前一石，径数尺，嵌空玲珑，色极清润，先生钟爱之。令此石旦暮闻钟磬声，且与苍松碧梧相依傍。则其情怡其神往，片石堪共语，其在期乎。或云此系张氏园亭物，然竟非新坑石也。

灵璧英才：贡震

为民做主的父母官

杭建中

清乾隆十七年，江阴拔贡贡震任灵璧知县，乾隆二十年去职，二十三年离开灵璧。他为官清廉，鞠躬尽瘁，为老百姓做好事、办实事，得到人民的拥戴。

据清《灵璧志略》记载："灵璧设县宋代，历金、元至明尚未有城墙，明朝弘历八年（1495年）知县陈玉筑土城。到明末百余年间又有几次修筑，但经天灾人祸的破坏，修也无补。清兵入关，小城彻底毁于兵事。康熙七年（1668）六月，山东莒县、郑城一带发生8.5级大地震，更是给皖北各地带来毁灭性打击，灵璧县受灾更重，震后到处都是残垣断壁、哀鸿遍野、民不聊生。大清王朝经过康熙、雍正、乾隆三帝一百多年的励精图治，国家财力充裕，空前繁荣，史称'康乾盛世'。乾隆十八年（1754），贡震上任第二年十月二日，报请省府批准用以工代赈的方法，组织全县民夫六千人，开山凿石、修建城墙。城墙为砖石结构，下部用条石砌成，糯米汁调和石灰膏灌浆非常结实。城垛用长方形大砖砌成，每距一公尺筑一个城垛，并留有瞭望孔。四关有四个拱形城门，上建四座飞檐走壁式城楼，供城防士兵驻防。正檐四角向外延伸上翘，角下系一风铃，每当风起，风铃叮叮当当，非常悦耳。城墙高一丈八尺六寸，砖碟高五尺四寸，基厚二丈五尺八寸，顶宽八尺，周长一千一百八十丈。又开凤河，引睢水入城池，城河宽六丈，河水清澈，四时不断。城门外有一个吊桥，如有紧急军情，桥即吊起，城门紧闭，以便御敌。城河外有环城路，环城一周约九里十八丈。城的东北角上建一座镇城宝塔，高三丈，蔚为壮观。贡震根据董子、周子阴阳说，为四门命名：东门名为'仁育'门、西门为'义正'门、南门为'成岁'门、北门为'佐阳'门。"传说每当初秋，雨过天晴，登上南关城楼向远眺望，可看见怀远县的荆山。

贡震修城墙，亲自监工，一丝不苟，严把质量关。有一个有趣的传说，一天贡震的父亲从江阴老家来看望他，满以为父子俩多年不见，儿子会陪他说说话，没想到贡震见了他，只说一句："您老先回家里歇息吧，我要到工地监督。"老人家一个人在家，感到无聊，便到工地看看，见城墙修得如此之好，在大江南北也数一数二，心里对儿子不能陪他也感到理解。晚上贡震回到家，父亲欣慰地对他说："你修的城墙，坚固无比，就是在四角少装了个铁环。"贡震不解地问："安铁环何用？"父亲说："别人说你修城墙如建自家的房，城墙修好了，不安铁环，怎能抬回家！"一席话说得大家都笑了起来。

城墙到次年四月二十五日竣工。据史志记载，此工程耗官银 35700 两，建得非常美观，灵璧城墙在江淮地方城池中修建得最坚固、最雄伟。

乾隆十八年，坐落在虞姬墓西侧唐河上的吴公桥被洪水冲坏。该桥是连接宿州、灵璧、泗县的要冲，又是徐州南下船队驶到五河县入淮河的必经之地，贡震心急如火，立即上报，州府拨官库银，组织民夫修建了三孔拱形大石桥，桥下通船，桥上车行人往，交通十分方便。

灵璧县北部地处黄河故道南岸，西北部宿州栏杆一带群山叠嶂，每逢汛期老汪湖水破堤漫过灵璧大平原，肆虐的洪水给人民的生命和财产带来巨大的损失。贡震不畏严寒酷暑，带领随员跋山涉水，观测地形水势，勘察河流的走向，呈报省府同意，开挖拖尾河。乾隆十九年十二月六日，集民夫八千人动工，到次年三月二十日竣工，共耗银 15440 两。免除了灵璧北部尤集、朱集、尹集、浍沟等乡村水患，肥沃的土地连年丰收，该地至今还是灵璧的大粮仓。兴高采烈的老百姓舞龙耍狮，放着鞭炮、敲着锣鼓给贡震送来了"治水清官""为民造福"二块匾牌，现在拖尾河依然是灵璧境内重要的防洪排涝的河道。

乾隆二十年二月到六月，灵城水灾严重。新任知县邵谦吉请求贡震协助救灾，此时贡震虽已卸任，但他爽快应允，亲自出面，动员城中 30 余户绅士捐银一千两，粮食一千二百石，在县城东关外的三官庙，西关外的真武庙前设粥场二处救济饥民，贡震自捐棉衣一百件供灾民御寒，得到新任官员的赞许和饥民的感激。

乾隆十八年夏，灵璧县大旱。灵璧北部的杨疃、圩疃二湖久旱干涸，灾情更重，湖中芦苇蒿草叶片上附着的虫籽皆化为虫，飞起来遮天蔽日，黑压压一片，所落之处，田里的庄稼、农作物被啃噬一空。上任不久的贡震立即组织两千余农夫扑打，但人少蝗威，杯水车薪，无济于事。州官到宿州时村巡视时，贡震骑马驰往，向上峰汇报告灾情，他说："不兴大众而不灭蝗虫乃罪也，兴大众而蝗不灭也亦罪也，此时蝗有不可灭之势，与其劳民而不免于罪，不如兴大众而速灭蝗，灭蝗拖时愈久，蝗则愈盛，民众愈劳累。"州官大中丞听其报告，又向府衙白大人禀报，府官即命监司钱公、尤公调集官员三十余人驻杨疃集，募乡夫六千人，又命令左营游击队官兵驰赴灵璧协力扑蝗，由知府白大人总管调度，组织夫役器具米蔬供应，人员组合划地分片包干，前线由贡震负责，监察勤堕，赏罚分明。贡震率随员乘马驰骋各片，对扑蝗者鼓励慰劳。蝗势盛时每天扑灭的蝗虫约千斗之多，以火焚之遍野烈风炎日，毒秽熏蒸人员几乎窒息。数日后蝗势渐衰，民众更加奋力扑打。那时灵璧睢宁二县边民，因扑蝗争界，造成械斗，白知府即派要员巡检，张鼎疾驰孟山解决纠纷，命其全力扑蝗，不久天降大雨，二湖洼地一片汪洋，余蝗抱苇而亡，剩余存活的，民众乘舟歼之。到六月初六，贡震上报州府官称，蝗虫已灭，不为灾害。

中国传统"盛世修志，清明撰史"。贡震在任署知县的三年多时间里，查阅前人编的灵璧地方史志，明代万历二十四年的《杜志》、万历四十七年的《陈志》、清康熙十三年的《吴志》，发现前志均有疏漏、不实的地方。凭着对灵璧父老乡亲的情感，对灵璧一草一木广袤大地的热爱，决定利用卸任的时间，留在灵璧重新修订县志。为了把志书编纂好，他走访各方人士，到各乡村考察，留心采访。在5年多的时间里"网罗数百载散失旧闻"，再以省志、郡志、史传碑碣等记载参校，去伪存真，成本四卷分别为"域地""经制""人物""杂志"。因"思补往年史事之阙，费能该补"，故题志书曰《灵璧志略》。他集中精力，精于修志，决定定居灵璧，在东关南后街购置十余间房子，把自己所藏经史子集及收集的资料搬到这里进行分门别类的整理、编纂书写。然后不顾鞍马劳顿，披星戴月地来回灵璧县城到宿州符离集之间，刻版附印157方。贡君孜孜于此，直到史书完成，才离开他眷恋的灵璧。《灵璧志略》是本县至今保存比较完好的一部史志，现存县档案局。

尽管风雨已过300年，贡震主政灵璧3年时间，为官清廉，兢兢业业，为老百姓做的好事有目共睹，被数百年史志记载，得到后人的肯定和赞许。

灵璧英才：吕景先

清太学士加五品衔

君讳景先，字守之，宋儒吕成公裔孙也。初由汴、洛徙宁陵（南京），北宋末，避金人乱，再徙灵璧。有明一代，蜚声庠序者累世。迨六世祖崑爱，清康熙间附贡生，候选直隶州州判，五世祖起山，乾隆初，岁贡生，授石埭[1]县训导兼教谕事，捐赀修学宫，事载皖省通誌、教谕。君生四子，伯早逝，仲叔季皆博士、弟子员。季鸿典配尤氏，君之高祖考妣也。曾祖世缙，配朱氏，祖书麟，配王氏，咸能继儒业。考讳钊，字康侯，初亦业儒，值清咸丰间大乱，投笔从戎。隶郭善臣镇军部下，充队长，以功保五品衔，然性旷达，不屑理家人生产，娶田氏，能佐夫，奉孀姑以孝。目君生稍长，教之綦严，君性聪颖，学亦不倦。从清岁贡生单春先生游，先生曾以成材相期，许应县府试，屡列前茅，而院试竟未获。雋[2]乃纳粟入国学拟乡试，顺天（南京）值清末萑[3]苇遍野，家四兄蓸龛[4]摄灵邑（灵璧）。篆筹办保甲耳。君才一再聘君，君辞不获，已勉就厥职，即以操练，靖 [jìng] 匪为务。仿古保甲法，实行守望相助之意，家兄下其法于全邑，且咨邻封仿办，忧莽，因以肃清。家兄上其功，得上峰嘉奖并咨部加五品衔。光绪季年，皖北水灾，襄办本邑各项赈务，全活灾民无，本邑水利、桥梁、道路诸善举多倡捐，督修之，乡人称便者念余年。邻里有争端，必竭诚劝之息。稍暇，辄教授贫苦子弟而辞其修金，成全者颇众。至于和以处众、诚以待人、孝以事亲，时人皆信仰焉。君娶闫氏，孝顺、勤慎，克相其夫。生一子（吕）荣桢，君本祖训以训之，会清廷废科举、兴学校，乃命荣桢负笈金陵师范学堂，以最优等毕业。（荣桢）归，办本县教育，后历任

---

① 石埭 [dài] 县，在安徽省，石台县的古名。

② "雋"同"俊"，优秀。

③ 萑：音 huán，密生芦苇，盗贼出没。后因以代指贼之巢穴或盗贼本身。

④ 蓸龛，通"姜龛"，十六国时后秦天水人。后秦主姚兴时隐居不仕，教授于长安，门徒数百。兴每于听政之暇，引龛等于东堂，讲论道艺，错综名理。后比喻耆儒硕德，经明行修。

直、皖两省属县警务长、警备营长、本邑商会长、红十字会分会长，凡地方慈善、工赈、水利等役无弗与。屡蒙上峰嘉奖，得一二等金银各质奖章，暨陆军步兵少校，是皆承君庭训，故能宣力梓里也。君晚年因尽力公益，积劳成疾，抱病数年，以民国八年九月二日寿终，距生于清同治八年正月一日，享年五十四岁。卒后三月而葬，以乱故，又三年，荣桢始以状来乞表其墓，余以义不容辞，乃为之表而系之以铭曰：

逊清取士，特重科第，不入厥彀，抱才难遇。吁嗟！吕君迭踬文战不幸，季世忧莽扰乱，兄尹聘君总练，翦寇靖上，申嘉奖，君授头衔荣膺，君实无愧。造福济人不辞劳瘁，五旬病殒，人咸悼惜，封冢刻铭，用谂弈禩[1]。

安徽财政厅厅长　　武进袁励宸　　拜表

族侄孙　　晋耀　　薰沐敬书并篆额

孝男　　荣桢　　孝孙　　耀恒　　耀谦　　敬立

中华民国十九年三月　　清明节　　穀旦

（胡建亚　抄录　吕允峰　校对）

灵璧英才：袁励衡

清廉知县

杭建中

清朝末年，常州武进人袁励衡受朝廷委派，任灵璧知县（1908—1909）。江南水乡，山川秀美，人杰地灵，袁励衡祖上五代都在朝廷做官，其父袁学昌

---

[1] 用谂 [shěn] 弈禩（si，祭祀）：深切思念，虔诚祭祀。

为光绪五年举人，曾任全椒县知县、湖南提法史等职，其母曾懿为清末著名女中医和诗人。他家可谓典型的累世书香、仕宦之门。二哥袁励准为清末翰林，做过宣统皇帝的老师。精于书法，造诣颇深，配之袁氏功力醇厚的馆阁体闻名于朝野。据史料记载，中南海南门牌匾"新华门"三个遒劲有力、磁青底金的大字就是袁励准书写，至今还受到人们称赞，为此袁世凯特准拨付五百块银元作为润笔费。

袁励衡在灵璧县为官期间，励精图治，为官清廉，生活简朴，公正无私。不是公事或坐堂，他不穿官服。夏天便服布鞋、冬日棉袍草毛窝。南乡北乡长约 300 里，他时常微服出行，洞察民情，访贫问苦，开仓赈济，兴修水利，造福一方，深得百姓的赞扬和爱戴。

1909 年 8 月的一天，秋雨连绵，县城东关外来了一位头顶蓝花头巾、身穿旧衣、手挎竹篮的六旬老太。秋风萧索，道路泥泞，街道两旁的小商店和小饭铺都关门了。老太太见有一个烧饼铺，棚底下炉子里的火还未熄灭，就前往拍门。开门的是一个十四五岁的小伙子，问明来意后就把老人家请进店内，烧锅送上热水热饭，并按老人的吩咐整理了一间极为干净的房子供其歇息。老妇人白天进城消闲，饭时即返。店主名叫吕维周，虽然好奇，但从不打听，只管把老人家服侍得很周到。

这一天老妇人把吕维周叫到面前说："维周，我看你为人忠厚老实，又很机灵，想认你做干儿子，你愿意吗？"吕维周听了，当即应允，双膝跪地，给老人家磕了三个头，叫了三声干妈，老人家高兴得合不拢嘴。接着母子俩又拉起了家常，老太太问："孩子，听说你这县里的知县姓袁，他干得咋样？"吕维周立即答道："干妈，你有所不知，这个知县是常州武进人，咱灵璧老百姓都说他是一位青天大老爷，为官清正廉洁、办事公道、兴利除弊、一心为民，他来灵璧做官，是咱们的福分！"老太太听了，眉开眼笑，连连颔首。

第二天早饭后，老人从头上拔下一根簪子，交到吕维周手中说："你今天进城卖烧饼，顺便到衙门帮我办件事。"吕维周说："干妈，你有啥事？"老太太说："你去把袁知县请到这里来，我想见见他。"吕维周说："我一介平民，他平常事务繁杂，万一请不来咋办？"老太太说："你拿这根簪子去试试吧。"吕维周挎篮烧饼到衙门口说有事找县太爷。衙役看小伙子衣冠不整，又是卖烧饼的，就不想通报，吕维周急了，和当班衙役理论起来，争吵声越来越大，恰巧袁知县正在县衙，连忙出来问个究竟。衙役向他禀明原委，袁知县当场就把衙役数落了一通，然后和颜悦色地问："小兄弟，有啥事找我？"吕维周顺手把簪子呈上，袁知县接过簪子看了一下问："此人现在哪里？"吕维周说："她已来我家十多天了。"袁知县说："请你回去告诉她老人家，我忙完手头公务就去。"向吕维周问明住址后，当晚袁知县就到吕维周家和老人见面，原来这位老太太就是曾懿。她担心儿子做官不清不廉，才有意乔装打扮，不顾路途遥远，前来暗访。曾氏勉励袁励衡要牢记袁氏祖训，弘扬光大家风，做官要一心为民，不得徇私枉法，祸害百姓，袁励衡连连点头称是。曾氏最后告诉儿子："维周这孩子忠厚老实，机敏正直，将来必有出息，我已把他认作干儿子，你要好好调教他。"吕维周向袁知县跪下磕头，袁励衡连忙把他扶起，母子三人一同叙话。

袁氏任满奉调时，城里商户、市民沿街在家门口、店门口摆放香案，送匾献酒。还有的人高举着明镜，端着盛水的盆钵将他团团围住，不忍让他离去。袁励衡看到此情此景，心潮起伏，热泪盈眶，为了感谢灵璧百姓的厚爱，于是脱下一只靴子作为回赠，表示无论今后走到哪里，都不会忘记灵璧父老乡亲的真情厚谊。

袁励衡离开灵璧后到开封银行任经理，参与创建民国交通银行，并出任交通银行第一任行长，成为民国期间有名的金融家。虽是高管，他不贪不占、廉洁奉公，得到上上下下的一致赞许。据史料记载，袁励衡在书法、绘画上颇有功力，尤喜扇画，又精于汉隶，现在北京、天津、上海等古玩字画商店还存有他的真迹墨宝。

他在子女教育上，更是一位成功的父亲，为国家培养出一群在社会上、文坛界享誉盛名的优秀儿女。大女儿袁晓园一生都充满了传奇色彩。青年时代赴法国勤工俭学，1936年回国任厦门市税务局副局长，成为中国第一位女税官，1945年任国民政府驻印度领事馆副领事，是中国第一位女外交官，1947年定居美国，1953年任联合国总部秘书。70年代她作为著名美籍华人、学者率团访问祖国，受到了宋庆龄、周恩来、邓颖超的接见。1985年，她带着半个世纪的风尘，怀着一颗赤子之心，离夫别子，放弃美国国籍只身回到祖国定居北京，受到江泽民、李鹏等党和国家领导人的亲切接见。连任六、七届全国政协委员、民革中央监委。她将积蓄的 6 万美元悉数捐给慈善事业，又任国内 6 所大学名誉教授、中国汉字研究会会长、国际书画研究会会长等职。袁晓园在诗词、书法、绘画等方面都有很高的造诣，诗书画相互辉映，表现出她的满腔爱国情怀和艺术活力。2003 年 11 月 17 日，102 岁高龄的袁晓园在众多晚辈的呼唤声中，安详地离开人世。袁励衡三女儿袁行恕是诗书画俱佳的江南才女，其女儿琼瑶受到外祖父袁励衡和母亲的影响，酷爱写作，是台湾著名高产小说家，其作品大多改编成电影或电视剧，其中较为著名的包括《庭院深深》《梅花三弄》系列、《还珠格格》系列等，迷倒了无数青年男女。袁励衡四女儿袁静写了《新英雄儿女传》，影响了几代热血青年，新中国成立后曾任天津市文联副主席，中国作家协会天津分会副主席。袁励衡两个儿子都曾留学法国，成为社会活动家和实业界人士。

当年袁励衡走后，留下的那只靴子，被后人尊称为"袁公靴"，灵璧县城的乡绅用箱子装着，开一面口，挂在灵城东关城楼的飞檐下，供进出城门的人们瞻仰怀念。直到 1951 年扒城墙，那只靴子才被取下，如今是否在世是不得而知。袁励衡虽然离开灵璧已过百年，可一些上了岁数的老人们谈古论今说到"袁公靴"的故事时，仍然津津乐道，绘声绘色，对袁励衡充满敬仰之情。这正应了当今常说的两句格言：金杯、银杯，赛不过老百姓的口碑，金奖、银奖，比不上老百姓的夸奖。

灵璧英才：魏维幹

献身治水为黎民

魏学武　杭建中

魏维幹，字云卿，清末民初人，祖居安徽省灵璧县城东关街。其高祖、曾祖在世时，家庭富裕，讲义守操，威望很高，深受当地官绅和民众的尊敬和爱戴。

魏维幹 7 岁时，父亲病逝，家道中落。他跟随大哥魏巢梧在家读书认字，又参加当地童子军习武强身。天有不测风云，二哥魏鸿才突发重病去世，遗孀嫂子及孤侄亟须抚养。他毅然放弃学业，在地方衙门寻个差事，挑起养家糊口的重任。

当时，灵璧县水患严重、民不聊生，这时已身为县议会议长的魏维幹心急如焚。他联络一批议员联名向省议会呈上提案《非开濉河不能救灵荒》，要求疏浚濉、沱二河。1915 年灵璧知县包允荣登门拜访，聆听魏维幹对本县治水救灾的见解。魏维幹坦诚地告诉他"吾灵弊害，悉由于濉、沱不开，不惟灵病，且病及宿、泗，殃及淮北众苍生"，包知县根据魏维幹的高见，据实上报省府。民国四年春，安徽督军倪嗣冲决定拨款 150 万银元治理濉河、沱河。当年三月，集宿、灵、泗县三万民工先是疏通南沱河，解决灵璧南部水患，再后西起霸王城，东至泗县安湖沟、沈家沟，总长 200 余里的濉河治理开始施工。魏维幹与地方知名乡绅吕维周、吕继石、张含章等被聘为河道分段质量把关的监督官。历经二年完成土方七百余万，流经三县的濉河终于疏通，水患得以解除。

魏维幹自公干以来，奉公守法、兢兢业业，每到一乡留心地方利弊之事，注重结交地方德高望重之人。濉河疏通后，上游萧县人欲把境内龙湖、岱湖之水泄入濉河，这样不但会造成水系的混乱，而且会加大濉河排洪的负担。他得知这个情况后，立即前往蚌埠，邀请好友商会会长高蔚轩同往萧县龙城，对萧县官民晓之以理、动之以情，劝阻二湖之水侵濉，从而保护濉河的安全。

魏维幹不仅身体力行，带领灵璧人民治水。他还时时刻刻关注民间疾苦和百姓的灾难。宣统三年（1909 年）春末，洪水肆虐，数千灾民流离失所。他立即邀请绅士庄乐亭、吕继石觐见知县袁励衡，要求发放官银救济百姓于水火。经获准，他亲自携带官银到南方购进淮米，督运赈灾，为此获得清廷奖励六品职衔。

武昌起义爆发，安徽各地积极响应，同年 11 月，淮上军一部由杨穗九、李诱然率领，以革命的名义东征。至 11 月 22 日先后光复五河、泗县、灵璧等地，革命军进占灵璧县城时，魏维幹率领县城商绅民众，敲锣打鼓、抬猪牵羊，慰劳官兵。淮上军纪律严明，秋毫无犯。

县北土匪陈茂召的马仔约数百人，一夜间占据了城东关外的三官庙，以诏安名义竖起大旗招兵买马，并派人到城里向商人索要钱财。他们把县长、市绅骗到三官庙关了起来，魏维幹也在其中，当晚他趁土匪不备，设法逃出虎口，凭他个人的声望到长集、西大山一带招来乡团、大刀会和红枪会的会众万余人，第二天把县城围住，杀声震天。陈茂召的土匪队伍如惊弓之鸟抱头鼠窜。

1927年春3月，北方张宗昌的直鲁联军李清真师占据灵城，勒索地方官府，敲诈乡绅、商民，索要钱粮，他们无故枪杀了出国留学刚刚归来的文仕蔡文成，全城弥漫在一片恐怖之中。县官及乡绅市民共同请求魏维幹出面同对方交涉。他为救百姓于水火，不顾身体不适，独自一人深入虎穴，义正词严地向李清真述说本县的困难，并指出李师军纪不整，军风败坏，在灵璧县的民众中造成了恶劣影响。李清真理亏，悄然撤走。

4月李师刚走，奉军第五军的喻团又至，索要给养如前。这时何应钦指挥的北伐军拿下泗县后，向灵璧进攻。炮火轰隆，两军激战了七天七夜，灵城居民不敢出门，人心惶惶，为了求得灵城安宁，平息战端，魏维幹带领几个胆子大、身手好的商民，用白布缠身，从城东北角越城而下到了北伐军的司令部，说服北伐军网开一面，使奉军得以撤出，拯救了城内的百姓，保住了存在几百年的灵璧古城。

1929年春，灵璧决定疏通从杨町湖经过山西湖，再通往环城河的凤河，使灵城西北的水通过凤河进入下游岳罗河，以减轻上游水患。大伙都知晓魏维幹有丰富的治水经验和崇高的社会威望，一致推选他负责监管施工，殊不知此时他已经病入膏肓，看到父老乡亲期盼的眼神，他欣然应允，因为行走不便，就叫家人用小车推着他前往工地视察。五月廿三日，他很晚才从工地回家，当夜吐血不止，魏维幹怀着对家乡、百姓的眷恋，对家庭子孙的慈爱溘然长逝。

灵璧县名绅吕荣甲为他撰写了墓志铭，再由同城好友、贡生何兆庸敬写书丹，由灵城人共同捐资为其竖立了一座功德碑。魏维幹之子魏彦哲于当年十月将其父葬于城北龙车山东麓的祖坟旁。

1998年县印刷厂在开挖办公楼地基时，埋藏在地下近70年的功德碑重现天日。它不仅记载着魏维幹为民办事的无量功德，也记载着近代灵璧人战天斗地的治水历史，还记载着灵璧县从晚清到民国所发生的重要事件。此碑现由县文化局文物管理所收藏，放置在省级文物保护单位、国家 3A 级旅游景点虞姬文化园的碑廊里，供游人瞻仰参观。

灵璧英才：张衍

抗大名教授 红色理论家

在 1955 年至 1965 年期间授衔的 1614 名将帅之中，灵璧籍的仅张衍少将一人。张衍如同众多将帅一样，为中华民族的解放作出了重要贡献，他也是灵璧人民的光荣和骄傲。

立志投身革命

张衍原名张剑凯，1917 年 4 月生于大庙乡小高家一个农民家里。幼时读私垫，1928 年入李集私立李氏小学，校长王健民是大革命时期的共产党员，很器重品学兼优的学生张剑凯，并与其同住一室，使其少年时期深受进步思想影响。通过参加诸多国耻日纪念活动和听取列宁、孙中山的故事，萌发了爱国主义思想，向往美好的社会。王校长在室内从事党的活动，常安排张衍在门外放哨。

1931 年，张衍小学毕业，考入蚌埠江淮中学。入学后就遇到"9·18"事件，东三省被日本占领。张衍同许多学生一样，爱国思想更加高涨。江淮中学由共产党员发起组织了学生抗日义勇军，张衍积极参加军训、抗日宣传和募捐活动，援助前方抗日将士。学生抗日义勇军随后组织"黑队"，授助黑龙江抗日的马占山将军，张衍积极报名参加。因他当时只有 14 岁，没有批准北上，被安排就地搞宣传，抵制日货，而且查烧一些日货，既激发人民群众的抗日情绪，又震慑出售日货的奸商。

1935年，张衍进入凤阳师范读书，又结识了大革命时期的共产党员童汉章老师。因为张衍爱国热情很高，又积极做宣传工作，同时爱写些短篇文章，很受童汉章老师的赏识。他经常同张衍谈活，经其帮助，张衍阅读了《共产党宣言》《政治经济学入门》《资本论》等书，并订阅《光明》《中流》等进步刊物，从而奠定了后来奔赴延安，投身革命的思想基础。

在凤阳师范读书时，又遇到了北平"一二·九"运动，在童汉章老师的指导下，张衍积极串联，组织青年学生游行示威，响应"一二·九"运动，反对华北自治，反对投降妥协。张衍也越来越明白，在半封建半殖民地时代，帝国主义、封建主义、国民党反动派勾结在一起，旧的救国道路是走不通的，只有坚持马克思主义，坚持共产党的领导，革命道路才能越走越光明。

1937年"七七"事变发生后，凤阳师范组织起了宣传队，心理学老师何寿昌担任队长，张衍担任副队长。他们跑城里跑农村，揭露日本侵略者的罪行，动员人民群众团结抗日。当时校方不同意学生在上课时间外出宣传，特别不同意到农村去宣传，张衍和部分学生与校方发生了冲突。这时，有的教员主张把张衍开除学籍。童汉章、何寿昌则坚决反对说："我们开除积极抗日的青年，这个罪名可就难当了！"结果张衍被保了下来。

张衍在凤阳师范读书期间，学校搞军训，国民党南京中央军校前来招生，军事教官积极动员张衍报考。张衍考试后，回到家乡，就收到了录取通知书。不少亲友支持张衍上军校，理由是上军校可以当官。张衍却不愿当国民党的官，考军校只是应付军事教官而已。他的父亲张子云清末当过兵，参加过孙中山的同盟会和辛亥革命，很开明，主张道路由张衍自己选择。由于张衍早就树立了追求共产党的思想，1937年10月，在童汉章和张月潭老师的帮助下，他毅然离开凤阳师范，奔赴延安。

奋发学习理论

1937年10月下旬，张衍和同学耿家舒一起赶到西安，经西安八路军办事处介绍，先到冯文彬、胡乔木办的青训班学习，1938年1月便转到延安，成了抗大第三期学员。由于张衍理论学习和军事素养都好，被安排为班长并代理区队长。入学仅一个多月，就被接收入党、张衍在抗大学习了3个月，训练部政治教育科长杨兰史即找他谈话，说是形势的发展需要他做教员。随后张衍被编入政治员训练队，专门学习理论。1938年5月，延安马列学院组建起来了，张衍又被送到马列学院深造，得以直接听到毛泽东、刘少奇、张闻天、艾思奇等为他们讲课。张衍珍惜大好学习环境，更加如饥似渴地苦学习知识，并被选为政治经济学科代表、党支部宣传委员。张衍在延安马列学院学习6个月后，组织决定他回抗大当教员。张衍认为自己马列主义理论底子浅薄，想留在学院继续学习。院长张闻天亲自找他开导说："你们不想走，我也不想让你们走。可是形势发展了，抗大三期学员才千把人，四期就有一万多人了，到第五期就办起了多所分校，形势不允许你们继续留在这里学习，你看是去好还是不去好？"张闻天提出问题，让学员们作答案，张衍便心悦诚服地于1938年11月到抗大总校当了政治教员。以后将近60年的工作生涯，大部分时间是在学校度过的。他回忆了这一段历程，曾深有体会地说："教育救国我相信过，工业救国我相信过，但都走不通，只能走马克思主义指引的革命道路，只有社会主义才能救中国！"

战地艰苦教学

张衍到抗大从事国防教育，先是在四大队，后调到一大队，所教的学生年龄有大有小，文化有高有低，从大学讲师到中、小学生都编在一个队里。而张衍当时刚满21岁，如何把课讲好，使他们都能接受，确实是不容易的事。他感到压力很大，但他把压力变为动力，首先是态度认真，注意了解学员已学了什么，还需要学些什么，做到心中有底，有的放矢。其次是实事求是，凡是要讲解的东西，自己一定先弄懂弄通，并能用通俗的语言表达。凡是自己没有弄懂弄通的东西，绝不给学员讲。课后，队长、指导员及助教去收集意见，学员们都反应很好，张衍在教学上也提高了信心并站稳了脚。

1939年7月，党中央、毛主席决定抗大总校搬到敌后办，坚持就地育人，在战争过程中培养干部。这样一来，教学上的难题就更多了。抗大总校四大队7月9日从蟠龙出发，同年9月到冀察晋与1、2、3大队汇合，就地进行教育。待第五期学员毕业后，于1940年3月才转移到晋东南武乡县。此间，开展行军教育，即上课、讨论都在行军间进行。别人休息了，张衍却要备课，内容要求少而精，备课就格外需要下功夫。经常是早晨天不亮起床、吃早饭，饭后开始行军，上午11点左右休息。张衍就利用大休息时间给学员上课，一讲就是一个来小时，有时还组织学员一边行走一边讨论，名之"日行谈会"。

在敌后进行教育，既要上课又要打仗，抗大学生在敌后，已全部武装起来，必要时也要参加作战。张衍和同学员一起参加了著名的百团大战。正如毛主席所说的，学校要到敌后去，教学与战争结合起来，在战争中学习战争。在太行山，常常是山那边打仗，山这边上课。张衍坚持战地上艰苦教学获得了显著成效，被誉为抗大四大名教授之一。他1939年开始给学员上课，1940年担任了大队主任教员，1942年任抗大六分校政治教育科长。1943年冬，张衍被调到八路军前方政治部宣传部任部员，不久调任八路军前方指挥部情报处任情报资料研究科科长。在1943年至1944年整风运动中康生发起了"抢救失足者"运动，清查出一批所谓"特务"，整风后期组织上安排张衍负责甄别平反工作。在当时的条件下，他高度负责，逐一实事求是地作出结论。其中有个同志坦白自己是"日本特务"，在别人都已甄别平反后，他仍然承认参加过"日本特务组织"。张衍与其谈话，问他："你为日本特务组织做过哪些事情，你怎样给日本特务组织送的情报？"那人又把过去坦白的事重谈了一遍。张衍说："你讲的事我都作了调查，都是假的，你把真的讲出来。"那位同志说："此外再也没有了"。张衍说："对于你，我亲自做了调查，你讲的都是一些不实之词，调查结果证明你是个好同志。"那位同志痛哭失声说："我被整怕了，所以不敢翻供。"

敌后开辟新区

张衍担任抗大六分校教育科长时，曾参加开辟新区工作。1943年5月抗大二分校参加豫北战役，把豫北敌伪赶出林县、琪县，开辟了新的区域。抗大六分校，从领导干部到教员、学员，都分头包区包村，搞宣传，搞救灾，发动群众，组织武装，把原来敌人占领的地区建设成为巩固的解放区。

1947年11月，张衍被分配到豫西担任中共五地委副书记兼第五军分区副政治委员。因为当时没有书记和政委，实际上一切工作均由张衍主持。该地区土匪特别多，剿匪反霸是军分区头等大事，而解决土匪问题非常困难。第五军分区的刘副司令员是起义将领，又是本地人，过去结交很多匪首，在当地很有影响。张衍通过刘副司令把16股土匪收拢过来，集中进行教育，然后分散编入解放军。结果一枪没打，就把16股土匪解决了。1948年刘邓大军从大别山转战中原，其司令部就驻在豫西五分区的宝丰。

大股土匪解决了，老百姓怕变天的心理并未消除，仍怕国民党再回来。分给他们土地，他们不敢要，说："分给我田，还要分给我棺材，国民党回来杀俺，好有棺材盛。"为了消除老百姓的害怕心理，以稳定形势，地委召开几个县的知识分子大会和积极分子座谈会，讲政策，讲形势，讲我党我军的胜利情况。知识分子们纷纷带头报名参军。地委与军分区又合办了军政干校，吸收了很多中小学老师等青年知识分子，既培养了干部，又扩大了影响，慢慢地使老百姓的思想稳定下来。接着军分区又把上级调来的一个团的官兵，分到几个县里发动群众建立人民武装，半年时间建立起五个独立团，经过训练，都能打仗。就这样，经过一年多的努力把豫西第五分区变成了安全区。

民主改造旧军官

日本投降后，蒋介石调动军队向解放区大举进攻，1945年10月以4个军的兵力沿平汉路进入邯郸地区即为我军包围。战斗中高树勋率新八军、河北民军起义，其他各部基本上为我歼灭。高树勋起义后，整编为民主建国军。组织上派张衍、朱穆之到该部组建政治部，从政治上改造这支部队，张衍任组织部长兼军官训练团教育长，根据军区指示精神，工作分两步走。第一步是改造旧军官。他利用抗大讲课中积累的经验，为军官们讲党的政策，讲形势，宣传毛主席在七大会议上做的报告《论联合政府》和朱总司令的报告《论解放区战场》。通过4个多月的时间，将民主建国军1500余名排以上的军官训练一遍。第二步是做士兵的工作。军官的思想进步了，再通过他们配合我军派去的政工干部展开对全体士兵进行政治教育，士兵们进步很快，纷纷要求参战，解放家乡的老百姓。为了改造这支部队，1946年秋该部组织军、师、团干部赴延安参观。参观团由张衍带队，10月初到达延安，朱总司令派人到清凉山下迎接，并于当日晚接见参观团全体人员。随后参观团参观了部队、学校，走访农民和被改造的地主，也参观了工厂、监狱等单位，使他们从多方面受到教育。

在参观过程中，毛主席曾两次接见。1947年3月5日下午3时参观团奉命晋见毛主席，主席简要询问参观情况后作了重要讲话，根据张衍的回忆，主席讲话主要内容是：第一，当前中国的和平希望还有没有？在讲解我们与国民党的和平谈判过程后，主席说："国民党已向解放区发动全面进攻，和平已经没有希望了，我们只有进行自卫战争，以战争去争取和平！"第二，战争打起来了，我们能不能胜利？主席在讲解了当前战争的形势，分析了敌我双方的力量之后，坚定地说："我们有胜利的信心！"并强调说："什么是政治？政治就是人心问题，是人心的向背问题，人心向我，我们的政治力量就强，现在是天下人心归延安，所以我们的政治力量是强大的！什么是军事？军事就是军心问题，军心振奋战必胜。我们的军队为人民解放而战，当前各战区官兵纷纷请战。我们的军事也是强大的！"第三，怎样才能争取胜利？主席说："放手发动群众，各解放区通过土地改革发动群众，在蒋管区通过工人运动、学生运动发动群众，在军队也要发动士兵群众，你们部队也要发动群众，广大群众动员起来，我们就一定能够胜利！"

毛主席讲话后设便宴为参观团送行，饭后又陪参观团观看京剧《逼上梁山》。参观团至夜12时始回驻地，对于主席这次接见群情激奋，回去后自动聚集在张衍窑洞中谈论起来，张衍当即因势利导，组织大家讨论主席的讲话，结果得出一个共同的认识：国民党有400多万军队，有先进的武器装备。有全国的政权，还有美国的大量援助，然而老是打败仗，共产党虽然军队少装备差，经济无，供应不足，可是老打胜仗，对此一直很难理解。听了主席的讲话完全明白了，国民党是人心丧尽，不能不打败仗，而共产党是人心所向，天下人心归延安，军心振奋，纪律严明，所以必然胜利。并惊叹毛主席共产党真正伟大。

中华人民共和国成立后，张衍出任二野军政大学和西南军政大学政治部副主任。除总校外，相继又办起 8 所分校，先招收知识分子后承担改造 10 万旧军官的艰巨任务。当时总校里有 900 多名起义将领和 500 多名被俘的将领，校级军官 300 余人，分别组编为西南军区高级研究班（起义将领）和教导总队（被俘将校级军官）这些高级将领中不少人是黄埔军校毕业生，参加过大革命，但是他们长期执行蒋介石反共反人民的政策，思想反动是根深蒂固的，对他们的思想必须进行脱胎换骨的改造。但是对他们的教育，采取对一般青年知识分子的教育办法是不行的。当时的专职教员谁也不愿给这批起义军官上课，任务又落在了张衍的身上。经过研究，张衍采取"先讨论，后总结"的办法进行世界观的改造。即把教育内容分成若干个专题，每个专题先由张衍作启发报告，然后安排学员进行读书、讨论。在讨论中让他们把真实思想统统讲出来，最后根据马克思主义的基本原理，结合学员的思想观点进行民主讨论，以理服人，效果很好。经过半年的学习，这批高级军官，基本上抛弃过去的反动思想，接受马克思主义的观点，被分配做新的工作。

为国防现代化育人才

新中国成立后，党中央和中央军委决定加强国防现代化的建设，特别是抗美援朝战争爆发以后，要求加速军队现代化的进程，1952 年 3 月中国人民解放军代总长聂荣臻给毛主席写报告，建议组建军事工程学院培养自己的国防现代化的建设人才。毛主席立即批准，并批示："约请陈赓同志筹办。"随后军委又决定以西南军区第二高级步校为基础，并从全国全军抽调人才创立军事工程学院。第二高级步校（原为西南军大）培养解放军中的团、营、连级军政干部，学生尚未毕业而该校政委余秋里、主任刘华清相继调离。政治部主任、代理党委书记张衍在接受新的任务后，经请示军区同意，让二高学生提早毕业，8 月中旬，学校全体干部和战士开赴哈尔滨，张衍亦赴北京协助陈赓筹办哈军工。1953 年 9 月军事工程学院举行建院开学典礼，陈赓任院长，张衍为政治部主任。培养国防科技人才张衍是外行，不少同志也都感到工作有许多困难，先进的知识尚未学到手就要进行新的教育工作，怎样办？张衍在党委会上提出"边学、边教、边建"的方针，并向全体人员动员。一个边学、边教、边建的热潮轰轰烈烈掀起了。那时的学习主要向苏联学习，向苏联学什么？根据陈赓的指示："有的全学，有的半学，有的不学。"

即科学技术要全学，行政管理上有的学有的不学，政治工作不学。陈赓说："从井岗山建军起，毛主席为我们创造了一系列行之有效的政治工作经验，我们的政治工作是先进的，他们的政治工作是形式主义的，不要学。"因此，军工在学习苏联方面得以健康的发展。

军事工程学院以工程技术教育为主，但对政治要求很高，军委要求培养革命的工程技术人才，首先要树立革命的世界观，彭德怀指示："军工的学生如果出现一个反革命就意味着你们整个教育的失败。"根据这一精神，张衍动员全体干部人人做政治工作，政治工作要深入教学深入群众，运用党团组织不断提高人的政治觉悟，调动人的积极性和创造性。而张衍自己也是一面学习，一面深入到教员和基层中做政治工作，并定期为全校人员作政治报告、形势报告，或亲自给学生讲政治课。

军工里高干子弟很多，根据中央指示对高干子女的教育也特别严格，要求他们以普通工农子女为榜样，和工农打成一片。为此，张衍常常给高干子女开"小灶"，以消除其特殊化的作风。在陈赓的正确领导下，军工迅速建成，1953年科学家钱学森到军工参观，看见军工这样完整的规模，惊叹说："只用三年多的时间，就建成这样的大学，在世界教育史上也是一个奇迹。"

张衍任军工政治部主任14年，工作勤奋，艰苦朴素，为办学付出全部精力。1965年8月军委任命张衍为西安军事电讯工程学院政委。

1976年，张衍被调到国防第十研究院任书记，半年后，又调到国家计划委员会任副主任。

1978年，中央军委决定将长沙工程学院收归军队建制，改名为国防科技大学。张衍于1979年7月到国防科委任副主任并兼国防科技大学校长。国防科技大学迁移长沙后远非军事工程学院的面貌，其困难难以言表，教学缺少教室，科研缺少实验室，干部缺少住房，许多精密的教学设备长期堆积在房外，任凭风吹雨淋，而教学经费又很少，需要解决的问题又很多。张衍到职后提出，"以教学为中心积极开展科学研究"，学校的一切建设，首先考虑教学的需要。然后解决干部住房，他自己住的旧房子则禁止修缮。对科研重点项目则组织精锐力量攻关，为了搞好当时国家重点研究项目"巨型计算机"，则调集全校电子技术专家集中攻关，通过 3 年时间奋战终于通过国家鉴定，使我国电子计算机跃居世界先进行列，教学水平也大大提高。经过 4 年的艰苦奋斗，国防科大的教学质量已有明显的提高。

1983 年 11 月全军进行整党，军委决定调张衍组建军委整党办公室，负责全军整党的日常工作。

张衍 1961 年晋升为少将军衔，是中国人民政治协商会议第六、七届全国委员会委员。1998 年离职休养。

（古月　供稿）

灵璧英才：江祥斋

文武兼备 忠勇双全

知识分子出身的江祥斋，从 1939 年 6 月随八路军苏鲁豫支队来到灵璧敌占区做地下工作，到 1946 年 11 月壮烈牺牲，共在灵璧艰苦奋战了 7 年多。他既有儒雅之气，又具武将雄风。当时，灵北地区群众广泛流传一首歌谣："说老江，唱老江，一天不见想得慌。领导咱们闹翻身，抗日抗丁又抗粮。"由衷地表达了对江祥斋的感激之情。

弃教从军

江祥斋 1902 年出生于江苏丰县和集乡江庄村。10 岁时父母双亡，全靠祖父母和叔父抚养，从小养成了爱憎分明，坚韧不拔的顽强性格。1920年入小学读书，1932年初师毕业后，相继任小学教员、校长。随着知识的增长，教书生涯的磨炼和时局变化的影响，江祥斋热爱祖国、热爱人民、疾恶如仇的情感，日渐强烈。他把岳飞、戚继光等历史上抵抗外族侵略的民族英雄的事迹，编成故事，经常讲给学生们听，以增强学生的爱国之情，坚定学生为国献力之志。日本占领东三省，继而魔爪伸向华北。江祥斋怒不可遏，组织学生罢课，张贴标语，游行示威，抵制日货，抗议日本帝国主义侵略中国的罪行。上海"1·28"事变后，江祥斋组织学生开追悼会，悼念抗日阵亡将士，既表达热爱祖国之情，又激励学生的爱国之志。

1936年，由中共徐西北区委书记王文彬介绍，江祥斋光荣地加入了中国共产党，从此更加自觉地走上了革命道路。抗日战争全面爆发，江祥斋积极宣传动员青年学生起来抗日，组织大批青年参加抗日训练班，走上武装抗日的道路。

1938年5月，日本侵略军的铁蹄踏上了丰县土地，江祥斋目睹侵略军烧杀掳掠，无恶不作的凶残行径，毅然决定弃教从军，拿起枪杆子保卫家乡。当年7月，江祥斋亲自创建了丰县抗日游击队，到年底扩大到200多人，不断给敌人以打击。1939年春，这支队伍被编为八路军苏鲁豫支队第十一连，江祥斋任连政治指导员，从此开始了戎马生涯。

化敌为友

1939年5月，中共山东分局根据中共中央"巩固华北，发展华中"的方针，先后派出一大批干部和军队，出山东、入徐海，深入敌后开展游击战争，创建根据地。江祥斋于6月间随八路军苏鲁豫支队来到灵璧。支队决定他留在灵北做地下工作，任务是秘密发展抗日武装，为主力部队输送兵员，尽快开辟敌后根据地。灵北当时环境十分险恶，日军占领了交通要道，在中心区设据点30多处，兵力万余，顽伪势力猖獗。江祥斋只身留在灵北，要做好上级交给的工作，任务十分艰巨。

面对险恶的环境，江祥斋秘密活动于渔沟、尤集之间一带的村庄，明察暗访，了解社情，宣传抗日，为创建抗日武装创造条件。根据党中央提出的坚持抗日民族统一战线中的独立自主原则，江祥斋积极团结进步势力，争取中间势力，打击顽固势力，尽力化敌为友，变阻力为助力，团结一切可以团结的力量，从事抗日活动。他以隐蔽的身份主动与当地实力派人物建立关系，广交朋友，特别注意争取有爱国之心的地方绅士参加抗日活动。浍沟北中凌子村程兴福是地方帮派势力的头子，虽有剥削劳动人民的一面，但他为人正直，性情豪爽，痛恨日本人，在地方上颇有影响。江祥斋有意拜程为师。程兴福见江祥斋身材槐梧，气宇轩昂，态度诚恳，收下江祥斋做关门徒弟。江祥斋白天在程家干活。夜间外出进行抗日活动。既广泛发动了群众，又使程兴福受到感化，主动把自家部分土地财物分给穷苦百姓，并出枪支持江祥斋创建抗日武装。江祥斋在三个月的时间内，即组建起200多人拥有80多支枪的抗日游击队。因为人多枪少，被群众称为"捶头队"。这支"捶头队"在江祥斋的带领下在龙潭、马庄、渔沟一带迂回活动，与日伪周旋，不断取得胜利，初步把这一带根据地开辟出来。

1939年底，上级把这支共有274人的"捶头队"编入八路军苏鲁豫支队。江祥斋继续只身在灵北，开展抗日统战工作，组建新的抗日武装，巩固发展已创建的根据地。朝阳集北门外，有个叫杨复兴的民主人士，与敌伪顽均有联系，而且常与我方接触。江祥斋诚恳地与他交朋友，启发他以抗日的大局为重，为开展抗日活动作贡献。随后，每当我们的人被抓，杨复兴都尽力周旋，帮助解救，并不断为我抗日力量解决粮草、布匹、子弹等缺乏的难题。王丙章原是土匪头子，但性格豪爽，江祥斋反复做工作，使其去恶扬善、积极抗日，后来成了我县张集乡乡长。白秀俊原是国民党33师的一名副官。江祥斋了解到此人不满国民党军队的腐败作风，而且抗日思想坚定，便反复进行启发引导。结果白秀俊向我投诚，并认真克服在旧营垒中养成的恶习，争做抗日勇士，后为革命壮烈牺牲。江祥斋由于统战工作做得好，地方上各方面人士都经常向他报告敌情。一次，尤集伪军头目，带500人赶往渔沟东杏山村建立据点。敌人出发后，每到一地都有人向江祥斋报告情况。江祥斋带领区队配合县独立团做好周密的迎战布署。敌人刚过渔沟东的一个山头，山上马上有人点火，我方抓住时机迎战，敌人未到目的地，即全被歼灭。

江祥斋通过加强统战，加快了组建抗日武装的步伐，在为主力部队输送第一批兵员之后，短期内又组建一支200余人的抗日武装，定名为灵璧支队。这支队伍在江祥斋的领导下，随县委、县政府活动于尤集、王集和九顶山区等地，创建了九顶山区抗日游击根据地。1941年夏季，组织决定将灵璧大队部分人编入新四军四师九旅。江祥斋把余下的人编为灵睢大队，继续坚持在九顶山区开展活动，后撤往海郑公路以北，被编为邳睢铜灵联防办事处警卫连，继续为抗日根据地建设作出贡献。

多谋善战

1942年3月，新四军四师九旅长途奔袭国民党灵璧县政府驻地张小圩子，活捉县长赵觉民和国民党17纵队司令许志远，使灵北边区的局面开始好转。邳睢铜地委决定重新开辟灵北边区，江祥斋带队伍打回灵北边区。4月，萧铜县决定恢复灵五区，任命江祥斋为区长，江祥斋的队伍充实灵五区区队。随后江祥斋便率队转战于濉河以北、尤集渔沟以南地区。当时，这一带地方大大小小的敌人据点很多，战斗异常频繁。江祥斋与区队长张维献一起采用声东击西、虚虚实实、穿插迂回、出其不意的战术，机动灵活地带领区队在林立的敌伪据点中，巧妙地组织战斗，打击敌人，取得了一个又一个以少胜多的战果。经过近一年的努力，使灵五区在这一带地方建立了部分乡村政权，站稳了脚跟。5月，灵北县建立，灵五区划归灵北县领导。江祥斋带领全区干部武装，依靠濉河南岸的根据地，更好地掌握了斗争的主动权。8月的一天，江祥斋得知驻渔沟之敌，要到马楼抢粮。因为敌强我弱，江祥斋果断指挥区队首先占领申村北侧山口，同时让区队把树枝拴在马尾巴上，派人骑马在山下边的土路上来回奔跑，造成大队人马行军、尘土飞扬的假象。抢粮之敌果真以为是新四军的大部队，吓得半道退回。

1942年11月的一天，江祥斋同区委书记鲁霞光一起正在申村开群众会，盘踞在杏山的国民党军突然来到申村附近的伙房村抓丁抓粮。而此时，区队分队均已外出。江祥斋手里暂无一兵一卒，怎么办呢？他急中生智，在火速派人通知区队的同时，迅速组织起30多名青壮年拿着鸟枪棍棒伪装枪支，站在山头上，并指定人员化装成新四军指挥员模样，于高处向敌方瞭望。顽军见山头上人头攒动，还有指挥员，以为碰上了宿东游击支队，便慌忙逃走。1944年4月间，驻时村日伪军到白马山抢粮，后又向周寨蠕动。江祥斋为打退敌人，保护群众利益，即指挥区队和民兵抢占了有利地势，并在白马山顶插上数面红旗，以民兵诱敌至白马山山脚下，我伏击战士突然开火，敌人突遭打击，晕头转向，又见山上红旗飘扬，吓得丢下粮食，慌忙逃窜。途中又遭江祥斋指挥士兵的伏击，死伤10余人，其中3名日军被击毙，而我无一伤亡，并缴获了敌人部分枪支弹药。

江祥斋机动灵活，巧妙地指挥战斗，屡建奇功，深得广大干部战士的信赖，而敌人一听到江祥斋的名字，总是感到头痛。

勇往直前

经过两年多的东征西战，灵五区范围扩大到大路一带。1944年6月，灵北县委决定撤销灵五区，设朱集、大路两个区。由江祥斋任大路区区长。而靠近大路的高楼驻有国民党军段海洲33师，渔沟驻有国民党14纵队苗秀霖部，与敌战斗相当频繁。江祥斋率大路区武装积极抗敌，并紧密配合主力部队作战，使大路区成为灵北抗日根据地的北部屏障。

当年8月15日，四师官兵在半城誓师后，彭雪枫师长率四师主力经灵北的冯庙、浍沟、田路一线，西进津浦路西收复失地。江祥斋指挥大路区军民积极动作，严守北部阵地，抗击来犯之敌，确保南部运兵线的畅通。9月上旬，段海洲、苗秀霖部为配合津浦路西顽军，合击我挺进津浦路西的四师部队，集结西进，企图进击我军尾部。为粉碎敌人阴谋，我四师在友邻部队的配合下，在灵北发起堵击段、苗西窜战役。江祥斋则及时组织武装，分抵高楼和渔沟两地，以乘机进占段、苗两敌巢穴。9月16日，我堵击段、苗西窜战役胜利结束，渔沟据点已被江祥斋武装乘虚占领，随后，灵北县委决定建立渔沟区。江祥斋奉命出任渔沟区区长，除加强渔沟新区的开辟，并不断向朝阳集之敌逼近。1945年2月，尤集敌人据点被我里应外合，一举拔除，驻守高楼的国民党军33师也被我分区部队和民兵围困。灵北境内仅剩王集小高家国民党顽县政府和朝阳集北张庄子土顽唐广金两处据点。灵北县委决定建立九顶区，江祥斋又一次奉命担当起开辟新区的重任，走马上任九顶区区长之职。他又因地制宜，采取蚂蚁啃骨头的办法，经过月余战斗，使敌人地盘逐日缩小。5月，组织上提拔江祥斋为灵北县副县长。7月间，江祥斋指挥九顶、渔沟、大路等区的民兵，配合主力部队，向灵北境内最后一个敌人据点张庄发起围攻。包围圈日渐缩小。土顽头子唐广金在徐州援敌的接应下，才得以突围逃命。至此，灵北全境获得解放。

视死如归

抗战胜利后，灵北县委、县政府迁入灵城，灵北县改称灵璧县，江祥斋继任副县长。

江祥斋继续不辞劳苦，一方面下力加强解放区建设，另一方面教育引导干部群众提高认识，做好争取和平和反对内战两手准备，处处身先士卒，奋战第一线。1945年10月至11月间，娄庄、沱河一带遭国民党军野蛮洗劫。江祥斋亲临受害地区，帮助群众恢复家园。1946年春，地主、反革命分子、反动道会门等在杨疃举行武装暴动，杀死我乡党支部书记。江祥斋亲率武装前往平叛，枪毙了一批反革命分子，巩固了区乡政权。

1946年内战全面爆发，灵璧县委、县政府和地方武装，分散撤至边区活动。江祥斋和县长农超谋一道率县总队部分力量坚持打游击，先后袭击了冯庙、大李集等五六处敌人据点，不断歼灭敌人。敌人增兵清剿，为保存革命力量，江祥斋协助县长农超谋带领党政干部及武装人员逐步东移，继续战斗。11月下旬，在洪泽湖畔金锁镇遭国民党军围困。江祥斋置个人生死于不顾，主动承担带领少数战士掩护大家突围的任务。11月25日，激烈的战斗开始，江祥斋指挥战士用机枪集中火力打开一条血路，高喊："同志们，为了人民的解放，冲啊！"就在此时，他被敌人一颗罪恶的子弹打中，42岁的江祥斋壮烈牺牲。

（县政协办公室　供稿）

灵璧英才：李任之

驰骋泗灵睢 智斗日伪顽

1983 年 2 月 28 日，李任之因患癌症不幸去世。其治丧委员会在沉痛悼念他的悼词中说："无论是抗日战争时期开辟泗灵睢，还是解放战争中坚持泗灵睢，李任之同志都作出了重要贡献！"

李任之 1919 年 4 月出生于广东省东莞县横江厦村一个贫农家庭。青少年时代在学校读书时即开始接受革命思想教育，加入了党的外围组织反帝大同盟。1937 年抗日战争爆发，当年 12 月他进入延安抗大学习，翌年 4 月加入中国共产党。8 月抗大结业，年仅 19 岁的李任之即受党的派遣到安徽从事地下党活动，相继担任六安县民族抗日自卫军干训班学生队中队长兼指导员，张店区委组织部长，中共霍邱县委宣传部长、统战部长、组织部长，皖北地委组织部长，亳县县委书记，中共泽东地委书记等职。

1942 年春，泗灵睢县成立，组织上调李任任泗灵睢县委书记，任务是搞武装斗争和发动群众，消灭灵璧境内的敌人，建立和扩大泗灵睢抗日根据地。面对当地复杂的形势，李任之带领干部区别情况，采取不同的策略。大庄以东地区有一定的工作基础，就进行公开的武装斗争。大庄以西到冯庙一带是隐蔽区，就派人做秘密工作，并秘密建立组织。冯庙大绅士王雨辰公称王老品，有很多土地，且有一千多个徒弟，在冯庙一带很有势力。李任之除了亲自深入其家做工作外，并派灵泗区区长丁汝琛做他的工作，引导王雨辰向我靠拢。根据王雨辰提供的情报，我四师十一旅一部和泗灵睢县大队，有效拔除了曹场曹老五据点，摧垮了大汉奸雷杰三在冯庙一带的势力。三候家有个小绅士叫候宜达，通过做工作，其全家人都参加了革命。李任之通过秘密做工作，相继在三候家、曹场、巩沟建起了秘密联络站。这些联络站后来成为九旅韦国清的情报站。针对日、伪、顽三方面的势力，李任之组织干部利用矛盾，各个击破，有效地争取了多数。1942 年底，日伪军发动 33 天大扫荡，占领了泗灵睢东部的新庄、黑塔、刘圩、枯河头等地。李任之等坚持"敌进我退"的办法，敌人向东来，我们就向西去，与敌人"换防"，跳到大王庄以西冯庙以东地区，发动群众，使这个地方由隐蔽区变为游击区，由游击区变为游击根据地。通过配合主力部队发动攻势，先后打击了曹场、大李集、冯庙、张大路等处的敌人，从而使从洪泽湖、青阳、半城到泗灵睢，再到宿东都能白天通行了。

1944年9月，李任之调任四地委委员、组织部长兼灵北县县委书记，常在菠林子、浍塘沟、冯庙、申场之间来回移动，保证路西作战部队的给养从这一带运过去。

随着根据地日益扩大，1944年冬，成立灵北中心县委，由李任之任书记，负责领导宿东、宿灵、灵北三县并继续兼任灵北县委书记，并任具有3个团兵力的灵北独立团政委。当时，李任之的中心任务是除了管全面外，主要抓独立团巩固灵北地区，打开扩大与萧铜的联系，保证路东路西供应线的畅通。他加强尤集伪据点的内线工作，使我军里应外合一举攻克尤集伪据点。他组织部队与有关方面配合，围困驻在高楼的国民党军段海洲三十三师，使其待援无望，给养渐无，不得不突围逃窜。接着围困攻打了朝阳集北张庄子唐广金的据点。盘踞在小高家的国民党县政府及其常备队几百人也被赶走。至此，灵北境内已无日、伪、顽据点，抗日战争胜利后，李任之继任灵璧县县委书记。

1945年10月，华中七分区成立，李任之调任分区独立三团政治委员，率团驻守灵璧。内战爆发，国民党大举进攻淮北解放区，灵城失守后，他带领三团在泗灵睢地区坚持游击斗争，并兼任中共泗灵睢工委书记和泗灵睢联防办事处主任。1946年12月，李任之任华中野战军第九纵队八十一团政治委员兼淮北军政委员会委员。1947年4月至1949年4月，相继任中共华中七地委副书记、江淮军区独立旅二团政委、中共江淮三地委书记，1949年4月任中共宿县地委书记。

1952年5月，李任之调任中共淮南市委书记，后任中共安徽省委工业部部长、省委常委、省委副书记、书记处书记、省委书记。1968年后任安徽省革命委员会副主任、中共安徽省委副书记。1978年3月以后，担任湖北省委书记兼武汉市委第一书记、武汉市市长等职。李任之是中共第十届、十一届中央委员会委员。在党的十二大上，被选为中央顾问委员会委员。

（古月　供稿）

灵璧英才：陈立祥

为革命而战 为人民而死

    抗日战争胜利前后，灵璧县委有位至今令人难以忘怀的副书记，名叫陈立祥。陈立祥参加革命以来，一直战斗在烽火第一线，无私奉献自己的光和热，直到献出年轻的生命。

    陈立祥 1917 年出生于五河县长淮乡，幼年读私塾，18 岁时考入蚌埠江淮中学。抗日战争爆发，学校解散，陈立祥怀着满腔热情，回到家乡，参加了五河旅外学生抗日救国团。他四处奔走，联络进步青年，跟着共产党，积极从事抗日救亡活动。

    1939 年，陈立祥被吸收加入党的组织。在党的教育引导下，进一步焕发了抗日救国热情，增强了依靠群众夺取胜利的自觉性。当年，中共泗五灵凤县工委成立，陈立祥出任工委宣传部长。他深入第一线，宣传群众，发动群众，组织群众，积极抗日。尔后，陈立祥相继担任泗南县后窑乡乡长和峰山区联救会主任。他深入农村，发动贫雇佃农，组织农民协会，开展减租减息运动，壮大抗日力量。他教育民众爱憎分明，以身作则带头坚持与邪恶势力和不法行为作斗争。他有个亲戚以他的声望作保护，妄图把一批粮食运往敌占区，以牟取暴利。陈立祥得知后，坚决按照解放区禁止粮食外运的规定，予以全部没收，为抗日队伍所用。这一举动深受干部群众的拥护，促进了扩大抗日根据地方针政策的落实。

    1943 年，陈立祥由泗南县调来灵北县任县联救会主任，后任灵北县委副书记。日本鬼子宣布无条件投降后，灵璧县城解放。灵北县委、县政府迁驻灵城，灵北县改称灵璧县，陈立祥继任县委副书记

    陈立祥来灵璧工作后，一如既往，继续坚持深入基层，走村串户，发动各阶层人民群众开展抗日救亡活动，与国民党反动派作斗争。1946 年 5 月 4 日，中共中央根据面临的形势和广大农民对土地的要求，发出了《关于土地问题的指示》，决定将减租减息政策改变为实行没收土地分给农民的政

策。县委根据中央部署，决定把高楼区张刘、王楼两村作为土改试点。陈立祥亲自带领工作队深入到两村群众中间，实行"依靠群众、团结中农、中立富农、消灭地主"和"中间不动、两头推平"的方针，没收地主的土地和财产，分给贫苦农民。

1946年，国民党反动派背信弃义，撕毁停战协定，向各解放区发起全面进攻。1946年7月中旬，国民党一个师进犯灵城。为阻击敌人进犯，陈立祥带领民兵、民工5万余人，胜利完成破坏徐州至夹沟一段铁路的任务。灵城失守后，陈立祥又带领部分武装在灵南和灵西坚持游击斗争，在大山、娄庄、杨疃、尹集、尤集一带，打击还乡团，建立情报站，锄杀汉奸，并多次配合九纵七十九团对敌作战。因为敌人加紧对我"清剿"扫荡，加之秋水较大。我七十九团在萧宿灵边区斗争失利，向东转移。陈立祥带领地方武装，转移到沙滩、大路一带，继续坚持斗争，相继攻下了大李集、大庙、沙滩、大路、冯庙、尹集和时村等多个敌人据点，摧毁多个敌政权，歼灭1000多敌人。

1946年11月间，国民党调集10个团的兵力，对我扫荡、围剿，灵璧形势再度恶化。陈立祥带领地方干部和武装队伍，边打边撤，在泗北与泗县、五河、睢宁等县干部、武装会合。

四县联防大队成立之后，陈立祥任联防大队副政委，协同兄弟县干部战士，继续坚持游击斗争。后因形势再度恶化，陈立祥与县委书记农超谋一起向洪泽湖撤退。11月25日撤至金锁镇，不幸被敌人包围。他们英勇战斗，冲出重围，东渡运河，寻找主力部队。途中，遭到泗阳县曹庙乡顽保长陈同树抓捕。陈立祥与农超谋视死如归，顽强不屈，被丧心病狂的顽保长活埋于同一个坑内。陈立祥同志牺牲时，年仅29岁。

（古月　供稿）

灵璧英才：张太生

转战灵璧显神威

1942 年 4 月，中共宿东地委为使宿东抗日根据地与泗五灵凤县抗日根据地连接成片，派宿东游击支队支队长兼政委周启邦率部到灵璧大山一带开辟新区。4 月 23 日，游击支队在倪圩子与日伪军遭遇，由于敌强我弱，周启邦在掩护部队撤退中，不幸中弹牺牲。由张太生接任该支队支队长，后又兼支队政委。

张太生系江西省吉安县人，生于 1913 年。1932 年，参加中国工农红军。土地革命战争时期，任红三军团第 4 师 12 团排长、连长，红 15 军团 78 师 234 团营长、团参谋长。参加了长征。抗日战争爆发后，张太生相继担任新四军游击支队中队长、营长，第 6 支队 1 团团长。1939 年 12 月下旬，张太生奉命率老 1 团跟随张爱萍东进皖东北开辟根据地过程中，先后在灵北渔沟、沙滩、张大路、申村、尤集、陆圩等地转战。1941 年 2 月 19 日，张太生所率老 1 团编为新四军第 4 师 11 旅 31 团，张太生任 4 师 11 旅副旅长兼 31 团团长和政治委员。他接任宿东游击支队支队长兼政治委员以后，先后在杨疃、杨集子、朱集、狗皮张、渔沟、土山、朝阳、张大路、禅堂、申村等许多地方开展打击日伪顽的战斗。

1943 年 4 月 11 日，宿东游击支队配合 9 旅 25 团于杨疃以西参加反围剿战斗，狠狠打击了灵璧伪军 2、3 两个大队，击伤大队长陆洪斌，俘获伪军 100 多人。次日，又单独在大山西杨集子展开了打击日伪军的阻击战。也是 4 月间的一天，伪县政府的一名科长同伪区长朱汉三等人去尹集。宿东游击支队在狗皮张进行伏击，活捉了伪区长朱汉三和 10 多个伪兵。10 月 8 日，宿东游击支队强攻土山伪据点，将守敌所住庙宇摧毁，第 4 区队王殿喜的 150 余人，除王殿喜带少数人逃跑外，其余全部被歼。张太生所率宿东游击支队官兵，发扬艰苦奋斗、连续作战的作风，又于 10 月 16 日打响了夜袭朝阳集北后圩子伪据点的战斗。国民党 13 纵队孟少兰部盘踞在据点里，经过一阵激战，据点被攻破，俘敌 95 人。

张太生率领宿东游击支队在灵璧境内打游击，对重点地区的敌人，则连续不断地进行打击。他亲自组织了四打渔沟集、三打张大路的战斗。灵北土顽唐广金部多次乘机进占渔沟，为非作歹，破坏抗日，张太生适时组织力量对其进行打击。1943 年 6 月，唐广金部下张维良带领 1 个中队进驻渔沟，张太生安排支队警卫连配合灵北大队，对渔沟据点进行突袭，俘敌 1 个班，援军赶来，张维良才得以逃脱。1943 年 10 月，唐广金部又有 200 余人进占渔沟。张太生又组织支队官兵于 10 月 21 日对渔沟伪据点进行袭击，一举攻破据点，俘敌 90 余人。当年 11 月间，伪区长张月樵部队及伪渔沟联保又进占了渔沟。张太生又组织特务连配合宿东大队，于 12 月 28 日第三次攻打渔沟伪据点，俘获伪军排长彭现成以下 41 人。1943 年 12 月 21 日，土顽唐广金部再次进占渔沟，张太生又及时组织支队主力于 21 日晚第四次对渔沟据点进行袭击，一举又俘敌 90 余人，获枪 60 余支，机枪一挺，战马 18 匹。

灵璧张大路是我与敌伪顽争夺的要地。1943 年 12 月中旬，驻张大路的日伪军下乡抢掠，因遭我 11 旅 32 团阻击，退回灵璧城里，顽 33 师 3 团张克修部及雷杰三部共 600 余人随后进驻，并大修工事。为歼灭张大路之敌，我 4 师司令部令 31 团 2 营、师两个骑兵大队，统归宿东游击支队支队长张太生指挥，于 12 月 26 日和 28 日，两次攻打未克，但造成敌人恐慌，意欲突围逃走。张太生组织各部队继续围困张大路，于 1944 年 1 月 6 日至 8 日，发起二次攻打张大路的战斗。正有所进展，灵城等地日伪援军逼近。我军为保存有生力量，于 9 日撤出战斗。守敌迫于我军的压力，在我军撤出战斗时，逃往高楼。

段海洲之顽军退走后，伪灵璧县保安队 2 中队及伪区长张月樵的特务中队又驻守张大路。顽军经常派人到张大路活动，企图重新占领张大路。1944 年 4 月 19 日，张太生支队捕获了伪胡泽普部的 5 名侦察兵，所捕获的伪侦察兵供称，胡泽普准备于 4 月 20 日率部到尹集西扰乱，吸引我军向西注意，以便驻杏山子一带的段海洲顽军重新进占张大路。张太生遂与我 11 旅 32 团联系，准备 4 月 21 日晚第三次强袭张大路。我 32 团得到信息后，当即与当地党政及敌工部门联系，准备使用政治力量来解决张大路据点。一方面做伪灵璧保安队二中队洪队长的工作，另一方面做伪区长张月樵特务中队朱队长的工作。张太生宿东游击支队待 30 团的政治攻势布置就绪后，又派 6 名便衣手枪队队员进入张大路小圩子内埋伏。32 团于 4 月 22 日晨冲进圩内，门岗一枪未放，并听从我军的命令，将圩门打开，我军进至街上时，伪军尚在梦中，当即将伪灵璧保安队第 2 中队堵在室内，人枪全被缴获。张太生便衣队此时亦占领小圩子，将伪区长张月樵的特务中队人枪全部俘获，顺利收复了张大路这块失地。随后动员民工 2000 余人，将该据点平毁。

顺利收复张大路之后，张太生又组织了收复禅堂伪据点的战斗。当时，禅堂驻有灵璧县伪军保安总队 2 中队 150 余人，有捷克式轻机枪 1 挺、手炮 1 门、步枪 87 支。圩寨小而坚固，南临唐河，东、西、北三面有深 2 丈宽 3 丈余之圩壕，四周筑有高丈余的垣墙，圩内有炮楼 4 座。炮楼下面挖有交通沟，曲折入圩，吊桥口有马鞍型铁丝网，上系铜铃，攻打起来有一定难度。但大路据点的平毁，对禅堂伪军震动很大，中队长吉某给张太生支队长写了封长信，表示极度恐慌，渴望"稍缓时日"，再"解决禅堂"，等其妻母接来后，一定反正。张太生未予回信，而是多方面利用关系，安排我游击支队 4 连移驻禅堂北土山，4 月 27 日晚，派便衣将吉某请到土山吃饭，就解决禅堂问题进行谈判。几经周折，迫使伪军中队吉某不得不答应我方条件。4 月 28 日晨 3 时，吉某随我部队到禅堂，一切按照我方安排行事，顺利将禅堂伪军人枪全部缴获，动员民夫 1000 余人，将其工事全部平毁。使冯庙张月樵部及灵璧县保安总队 2 大队赵希之部更加恐慌。4 月 28 日晚，他们便分三路逃出冯庙，投靠土顽唐广金去了。我军纵火烧毁伪军驻扎的圩子炮楼。灵四、灵五两区区队随后赶到，动员民众 2000 余人将冯庙工事平毁。

1944 年 5 月，驻时村的日伪军 200 多人到申村南叶家一带，进行抢掠。我宿东游击支队迅速组织特务连截击，使敌人一部被歼，其余逃窜。

张太生后任中共淮北三地委书记兼第三军分区政治委员、新四军 12 旅政治委员。解放战争时期，张太生相继担任华中野战军第 9 纵队 12 旅政治委员，华中军区第八军分区司令员兼政治委员，开封市警备司令部副司令员。1955 年被授予少将军衔。曾任第一公安军学校政治委员、第二人民警察干部学校政治委员。

（古月　供稿）

灵璧英才：欧远方

一颗红心创《红心》

欧远方，1935 年入凤阳中学读书。1939 年冬来到灵北加入了灵璧县政治工作队。灵璧县政治工作队是经过我党的努力，取得了国民党灵璧县县长王尔宜的配合建立起来的。当时，政治工作队的活动可以公开，但党的活动是隐蔽的，灵北县委和灵五区委以工作队的名义作掩护，积极开展党的活动，并不断发展党员，欧远方就在此时被吸收加入中国共产党。工作队活动的范围，先是在尤集以北和渔沟西白马山、周寨一带，后随着形势的发展，逐步向渔沟以北及九顶山区转移。灵璧政治工作队活动与各个方面接触，通过宣传发动，促进了抗日根据地的开辟发展，也使工作队员得到锻炼成长。1940 年 5 月，临时灵睢县委与萧灵睢铜边县委合并，新建灵睢县委，欧远方被任命为县委秘书。

灵睢县委活动在九顶山区，离日伪据点很近，县委是隐蔽的，条件很艰苦，吃饭也靠在群众家中吃派饭。县委在杨集子住了些时间，欧远方就住在杨集子一个姓蒋的党员家里，具体负责创办了灵睢县委宣传抗战的红色刊物《红心》，用以推动抗日活动发展。

1941 年 1 月，欧远方调到邳睢铜灵地委办的团结报社工作，后又调到拂晓报社工作。

新中国成立后，欧远方相继担任《安徽日报》总编辑、中共安徽省委宣传部部长、省委副秘书长、省委党校副校长、省社会科学院党组书记、院长等职。

（县政协办公室　供稿）

灵璧英才：滕海清、孔石泉

灵南灵北 连战连胜

1942年1月中旬，新四军第四师十一旅旅长滕海清、政治委员孔石泉奉命率部由淮宝、淮泗地区，转战泗五灵凤地区，接替第二师第五旅的防务。其主力进到单圩、韦集、晏路等地后，从灵南到灵北相继在藕庄、晏路、沙滩、朱集、小王圩、高场、虞姬墓、张营子、大车头、张大路等地，连续不断地对日伪顽势力进行了打击。

1940年6月，新四军第六支队与八路军南下支队在新兴集整编为八路军四纵队，辖四、五、六旅。原新四军六支队二团团长滕海清任五旅旅长，水东独立团政治委员孔石泉任五旅政治委员。1941年1月6日"皖南事变"发生后，中央军委决定重建新四军。八路军四纵队五旅改为新四军第四师十一旅，滕海清与孔石泉分别任旅长和政治委员。1942年7月4日，驻在五河的日伪军到灵璧藕庄一带抢粮。十一旅第四营营长杨森奎、政治教导员王绍渊带领全营干部战士，一举将其歼灭，共打死打伤敌人20多个。1942年冬，日伪集中7000余人，分兵五路"扫荡"我淮北地区。11月14日，反"扫荡"战斗打响，从11月13日到12月15日，33天的反"扫荡"中，十一旅共进行了11场战斗，其中在灵璧就连续打了多仗。12月3日，十一旅第一营在外线作战，为配合中心区反"扫荡"，牵制敌伪，营长朱敬德、政治教导员冯芝芳带领官兵，当晚向段路口进袭。经过两个小时激战，毙伤部分敌人，俘获灵璧县保安第三大队大队长张耀先以下百余人，缴获机枪和步枪百余支。12月8日夜，十一旅第二营营长佘骑义、营政治教导员杨军带领官兵破坏了泗灵公路线上的敌人电话线10余里，获电线数百斤。12月13日，十一旅二、三两营相互配合，在灵固公路线上破坏敌伪电话线，又获电话线千余斤。

滕海清、孔石泉率领十一旅，在灵璧周边地区所进行的反"扫荡"战斗，同样获得了胜利，1942年11月22日，在泗县东箕的平路沟阻击敌人，毙敌小队长以下 15 人，生俘伪军 3 人，缴获步枪 7 支，战马两匹。11 月 24 日，第四营一部进袭魏巷子敌伪军，毙伤数名敌人。25 日晚上第一营一个连进袭小蚌埠，经过 20 分钟激战，将分驻三处的伪军全部歼灭，并将增援之敌击退。26 日，第一营部黑夜袭击泗南蔡圩敌人，速战速决，杀伤敌伪 20 余人。12 月 1 日，第四营袭击泗县马公店据点，毙伤敌伪百余人。12 月 3 日，第一营在进袭晏路口获胜的归途中，为牵制敌人回师，又突然袭击新马桥车站，激战 20 分钟，毙伤伪兵 10 多个，俘获 40 多人。12 日，第一、四营又合力攻击马公店，毙伤敌伪 40 余。十一旅进行反"扫荡"斗争所取得的胜利，为整个淮北地区取得反"扫荡"斗争的成功，作出了很大贡献。

1943 年夏季到年底，滕海清率部不断进入灵璧以北地区开展对敌作战，在 1943 年 4 月间，就接连打了三仗。4 月 6 日，二营打响了朱集奔袭战，俘驻在朱集的伪保安团 200 余人。14 日，二营和一营三连同四师特务营一连，于小王圩和高场，发起攻打汉奸雷杰三的战斗，将其第二、第三大队打死打伤 130 多人，雷杰三负伤逃跑。21 日，十一旅参加小王圩和高场战斗的官兵又同宿东游击支队三个连和骑兵团三大队一起发起朱集战斗，雷杰三残部和苗秀霖的保安团二营共 450 多人，除雷杰三带少数人逃脱以外，其余全部被歼。

1943 年 10 月 2 日，十一旅三十一团攻打虞姬墓伪据点，毙敌 10 余名，俘虏敌人 70 多名。同月 13 日，十一旅三十二团奔袭张营子伪据点，缴获国民党睢宁县长刘天展部队 10 余人枪。10 月 14 日，十一旅三十一团配合师骑兵团，在大车头与国民党三十三师所属 500 多名顽军作战，俘敌 3 人，毙伤团长以下 30 余人。次日，三十一团与师骑兵团赶到九顶山区的杨庄，攻击刘天展的一、三两个连，俘敌 85 人。

灵北张大路是我与敌人争夺的要地。12 月 14 日下午，原驻大路的 8 名日军和 13 名伪军窜到沙滩伐树抢粮，与我民兵接触。驻胡场的三十二团二营闻讯，由六连派一个排前往还击，约战 1 个小时，将敌击溃。毙死日军 3 人伪军 2 人，内有日军小队长 1 名，并俘获 1 名叫远滕清的日军士兵，获步枪两支。日伪遭此打击后退回灵璧。顽三十三师张克修部及雷杰三部 600 多人随后进占张大路并修筑工事。我部队于当年 12 月 26 日、28 日两次攻打张大路未克。

1944年1月4日，彭雪枫、张震亲自赶来指挥战斗。滕海清率三十一团主力，同时到达。4月21日，十旅三十二团一部又与宿东游击支队合力开展收复张大路的战斗。通过内线工作，利用敌人间的矛盾，结果未费一枪一弹，便将驻守张大路的灵璧县保安团第二中队和张月樵特务中队的200多人枪全部俘获，顺利收复了张大路。

1944年11月间，滕海清调任九旅旅长。他又同九旅政治委员康志强一道，率领九旅官兵在灵璧开展了打击敌伪顽的战斗。驻卓圩、卓海的顽睢宁县孙家钊保安团及王郁文保三团，不断配合敌伪向我泗灵睢、灵北中心区袭扰，杀害我抗日行政人员及其家属，破坏我抗日民主政权。1945年5月9日，九旅组织二十五团、二十六团发起睢南战役。首先一举打掉卓圩、卓海两个据点，接着又向盘踞在邱集、朱碾盘一带的顽伪发起猛烈进攻，全歼守敌。睢南战役的胜利，使1943年开始向我进攻并占据高楼的国民党三十三师，失去固守信心。

滕海清系安徽省金寨县人，生于1909年。1929年参加游击队，1930年参加中国工农红军。参加了长征。解放战争时期，相继任华东野战军第二纵队六师师长兼政治委员、第十三纵队副司令员、第二纵队司令员、第三野战军二十一军军长。孔石泉原名孔石苏，湖南省浏阳县人，生于1909年。1930年参加中国工农红军。参加了长征。解放战争时期，任东北民主联军吉东军区副政治委员、吉林独立师政治委员、东北野战军第十纵队三十师政治委员、纵队政治部主任、第四野战军四十一军副政治委员兼政治部主任。1955年，两人均被授予中将军衔。滕海清先后任北京军区副司令员兼内蒙古军区司令员、济南军区副司令员等职。是中国共产党第九届中央委员。孔石泉先后任广州军区政治委员、成都军区政治委员等职，是中国共产党第九、十、十一届中央委员。

（古月 供稿）

灵璧英才：廖量之

卓尔不凡 堪当大任

1943 年 3 月 9 日，《团结报》社社长廖量之病逝，年仅 30 岁。灵璧人民为其英年早逝感到惋惜，他在灵璧虽然仅仅一年时间，却创造了辉煌业绩。

廖量之 1913 年生于湖南湘潭县。1933 年考入中山大学，因办进步刊物《文研》被国民党当局逮捕。1934 年释放后，即到上海继续从事编辑出版工作。抗日战争爆发后，他参加了上海流亡青年战地服务团，来到安徽舒城做抗日宣传工作。1938 年 11 月到皖东北，在党的安排下，任国民党安徽省第六专区抗敌指挥部政治部副主任。1939 年 2 月入党。当年 10 月受党组织委派任国民党灵璧县政府秘书，主要任务是做好新任县长王尔宜的统战工作。

王尔宜同廖量之都是 20 多岁的人，又都是大学生，相处很好。廖量之利用工作之便，经常向王尔宜谈联合抗日、拯救民族的大事，使之不断增强民族意识，与我党我军建立了合作关系，多方面支持我党我军在灵璧开展活动，并建立起了灵璧县政府政治工作队，使 30 多名共产党员和进步青年成了工作队员，得以利用合法地位，在渔沟、尤集、朱集、九顶一带，宣传抗日，发动群众，发展抗日武装，使主力部队在这些地方活动有了较好的食宿环境。我八路军苏鲁豫支队一、四大队，新四军六支队四总队共有四五个团的兵力，经常驻在灵璧濉河以北地区，王尔宜不仅给予解决粮草等军用物资，而且组织民工开挖军事交通沟。11 月间，张爱萍组织兵力发起讨伐大汉奸雷杰三的战斗，王尔宜既为参加部队提供弹药，又安排县政府常备队配合主力部队作战。

1940 年 2 月，廖量之任中共灵北县县委书记。当年春，盛子瑾出走，导致皖东北国共合作破裂，县长王尔宜携印离开灵璧。4 月，苏皖边区抗日民主政府批准建立灵璧县抗日民主政府，任命廖量之为县长。廖量之把县政府由渔沟西周寨迁到尤集北小康家。廖量之任国民党县政府秘书即努力把旧政权变为抗日民主政权。他大力加强党的建设，在县政治工作队内部建立起秘密党支部，并担任党支部书记。他组织工作队及县政府、县常备队中的进步青年，学习时事政治，学习党的方针政策，并亲自为大家宣讲《帝国主义》《大众哲学》《党的抗日民族统一战线的方针》《中国共产党告全国各族人民同胞书》等，使参加学习的人觉悟不断提高，先后有 10 多人参加了共产党的组织。他在尤集、王集等地发展了一批党员，建立了党的组织。

王尔宣离开灵璧后，廖量之及时把共产党员充实到县各科室担任领导工作，对原县政府机构进行改造，对原机关人员进行教育，使大多数人员转到我党方面来。同时委派共产党员担任原县常备队政工干部，加强思想政治教育工作，并从中培养骨干，发展党员，促进了常备队整体素质的提高，使其成为我党直接领导的抗日武装，后被编入新四军主力部队。廖量之还教育引导各抗日团体健康发展。当时渔沟一带村庄为抗击敌伪的侵扰，成立了很多"联庄会"组织。廖量之便派干部深入各村庄，以"联庄会"为基础，组建起一批基干民兵，并不断开展军政训练，使他们平时生产，战时打仗巡逻守夜，惩敌锄奸，保障群众安全。廖量之还将进步青年张维献组织的"抗日青年救国团"改编为"灵璧县抗日独立营。"后来，这个独立营又上升编入八路军苏鲁豫支队第四大队，转战抗日第一线，。

廖量之身挑重担，连年累月，日夜操劳，加上生活艰苦，身患肺病，他依然只顾工作，忽视治疗，病情越来越重，以致过早地离世。

（古月　供稿）

灵璧英才：王烽舞

武装区乡村　巩固根据地

王烽舞兼任灵北县县长的时间是 1943 年 4 月至 1944 年 9 月。王烽舞又名王凤舞，系安徽宿县人。曾在怀西中学、蚌埠乡村师范读书。1938 年 1 月入伍，4月入党。曾在家乡组织"抗日救亡社""抗日动员委员会"和抗日游击队。1939年他所率游击队上升编入八路军苏鲁豫支队，他在支队中相继担任连指导员、团干事，后任旅宣传教育科长、民运科长等职。1942年1月，任中共宿东地委委员和新四军四师宿东游击支队政治处主任、淮北军区第四军分区政治部主任。

根据淮北苏皖边区党委和四师师部的指示，要坚持、巩固、发展宿东抗日民主根据地，打通与中心区的联系，把好淮北地区的西大门，为将来恢复路西做准备。地委于1942年春召开会议，分析形势，总结经验，确定了坚持巩固宿东、宿灵，开辟发展灵璧的方针。王烽舞随部队与四师主力配合，积极开展开辟发展灵璧的战斗。至1943年春，濉河以南，禅堂以北，冯庙以西一带地区，基本为我占领。5月宿东地委根据这一有利形势，决定成立灵北县，并将宿东县管辖的七区、八区改称杨疃区、尹集区，划归灵北县领导，原属萧铜县管辖的灵五区也划归灵北县管辖，并派王烽舞兼任灵北县县长。

灵北县建立之初，由于干部缺乏，机构很不健全。王烽舞坚持深入第一线开展工作。当年麦收后，他到杨疃区召开开明绅士座谈会，配合区党委派来的一批干部在杨疃区开展"惩奸反霸""减租减息"以及发展党员、发展民兵等项工作。通过开展"减租减息"和"惩奸反霸"运动，涌现出大批积极分子，从中发展越来越多的人入党。区队很快发展到100多人，各乡也建立了乡队，各村都建立了民兵组织。1944年1月，淮北行署命令成立灵宿行政区联防办事处，王烽舞兼任办事处主任。

王烽舞兼任灵北县长期间，继续抓好武装斗争。灵北县成立不久，禅堂民主人士杨广胜的部队改编为灵北大队。宿东游击支队又打掉了土山伪据点，建立了土山区，年底前后，他们配合四师主力攻打张大路。通过不断开展战斗，开辟新区，使濉河以南地区成了比较稳定的根据地。1943年底开始，宿东地委机关大部分时间，都住在灵北一带。

时至1944年9月，王烽舞不再兼任灵北县县长。1944年12月调任淮北三专署专员。抗战胜利后，任苏皖边区第七专署副专员、专员，淮北挺进支队政治部副主任，江淮军区第三军分区（后宿县军分区）副政委兼政治部主任，解放战争期间，在灵璧境内许多地方转战。新中国成立后，任宿县专署专员、皖北行署民政处副处长、安徽省委统战部副部长等职。离休前，任五机部第二十研究院党委副书记。离休后，享受部级待遇。

（古月　供稿）

灵璧英才：刘玉柱

赴张大路　促许盛和

刘玉柱原是新四军游击支队政治部秘书，地方工作队队长。受彭雪枫派遣于 1939 年 7 月跟随张爱萍前来皖东北开辟抗日根据地。

刘玉柱随张爱萍过津浦路后，途经宿县，通过我党灵宿县县委书记孔子寿了解皖东北的情况。然后来到灵北，和国民党灵璧县县长、六抗二支队队长许志远会谈，建立了合作关系，许志远愿意与我党合作，并答应供应我们部队粮草。同时也了解了许志远与盛子瑾党同伐异，矛盾很深。

刘玉柱随张爱萍离开许志远，即又和先期来到灵北的八路军苏鲁豫支队政委吴法宪部分手，途经张大路前往泗县盛子瑾处商谈。

和盛子瑾建立统战关系后，即成立了皖东北工作委员会，由张爱萍任书记，刘玉柱与杨纯、吴法宪为委员。1939 年 7 月底，刘玉柱等从盛子瑾处回到苏鲁豫支队司令部驻地张大路，召开了皖东北工作委员会成员会议，研究如何促成许志远与盛子瑾和谈，以有利于皖东北的统战工作，有利于抗日斗争。通过分头做工作，促成许志远与盛子瑾在张大路进行会谈。1939 年 8 月 29 日，盛子瑾带着秘书江上青，许志远带着副官徐合璧相继入会场。会议由张爱萍主持，吴法宪与刘玉柱均参加，促成盛许握手言和，不再摩擦，共同抗日。

当时正值发大水，会谈之后，盛子瑾等沿着濉河岸回专署，行至泗县小湾子，遭到地主武装的袭击，江上青等牺牲。盛子瑾等由胡大队护送回专署。

小湾子事件后，刘玉柱和大庄区区长石青带着武装出面，妥善调停后，盛子瑾感到不依靠共产党是站不住脚的。于是张爱萍、刘玉柱提出建立八路军、新四军皖东北办事处。由张爱萍、刘玉柱分别任正、副处长，同时要盛帮助解决军备问题，盛子瑾都同意了。1939年9月间，刘玉柱又随张爱萍、吴法宪在张大路迎接金明。金明前来建立苏皖区党委，由八路军、新四军办事处掩护，两套班子、步调一致，使皖东北的抗日工作，搞得红红火火。

1944年12月，三地委与四地委合并为淮北三地委，三分区，刘玉柱担任三地委副书记、三分区副政治委员。1945年5月国民党三十三师逃离高楼后，三地委、三分区、三行署搬来灵璧高楼办公，刘玉柱住高楼西梁庙。1945年9月灵城解放后，地委副书记刘玉柱、专员王烽舞随同灵北县委县政府进入灵城，随后刘玉柱代表地委宣布成立灵璧县委、县政府。当年10月，津浦路东淮北地区成立了华中七地委、七分区、七专署。刘玉柱为地委副书记兼分区副政委。内战爆发后，灵北形势失利，刘玉柱与地委书记、分区政委赖毅等撤离了灵璧地区。

刘玉柱离休前任国家航天工业部副部长。

（县政协办公室　供稿）

灵璧英才：李浩然

率部激战张山口

李浩然，1911年1月生，四川省渠县人。1932年8月参加革命，1935年2月加入中国共产党。抗日战争爆发前，曾在中共云南临时工委从事党的地下工作。

1938 年 12 月初，中共山东分局和八路军山东纵队，根据中共中央六中全会精神，决定组建八路军山东纵队陇海南进支队，开展苏皖边区游击斗争。李浩然任支队政治部主任。后成立了先遣第一梯队，由李浩然兼任梯队长。1939 年 5 月，山东分局决定成立苏皖区党委，金明为书记，李浩然兼任组织部部长。1939 年 6 月，李浩然率部进入灵北，打击日伪，并将九顶山区青年救国团百余人编为南进支队先遣第一梯队第二十大队。

1939 年 10 月的一天，南进支队到达灵璧与睢宁交界的九顶张山口，即发现有一个大队的日军 500 余人，分乘 25 辆汽车、4 辆轻型坦克，从双沟方向猛扑过来。李浩然率部立即冲上山头，占领有利地形，与日军从清晨激战到下午四时左右，毙伤敌 100 多人，后留下一营一连三排继续阻击，其余向东南方向转移，完成了预定任务。

李浩然梯队在京渠、独谷堆、塌子一带活动，不断打击敌伪顽。为开辟皖东北抗日根据地作出了贡献。

1940 年 2 月底，孙象涵领导的独立大队编入陇海南进支队第一团，李浩然任该团政委。1940 年 8 月，黄克诚率部开进苏皖地区，成立八路军第五纵队，陇海南进支队与四总队整编为该纵队的三支队。后陇海南进支队第一团成为九旅二十五团，李浩然仍任二十五团政委，继续转战在灵璧许多地方。

1944 年 11 月，李浩然任十一旅政治部副主任。1945 年 10 月，李浩然又调任第八军分区政治部主任。以后，李浩然又相继担任豫皖苏三分区司令员、六分区司令员、阜阳军分区司令员。

新中国成立后，李浩然历任中共六安地委书记、安徽省交通厅厅长、交通部基建局副局长、局长等职。1982 年离休。

（县政协办公室　供稿）

灵璧英才：戚庆连

九顶山区打游击

　　戚庆连，灵璧县朝阳镇人。生于 1919 年，1938 年 10 月由同乡戚超牵头成立起抗日青年救国团戚楼乡团，戚庆连参加了这一组织，随着这一组织不断发展壮大，抗日活动不断开展。1939 年 3 月，李浩然率陇海南进支队第一梯队在邳南一带开展游击战，戚庆连随戚超等到第一梯队学习。同年 6 月，第一梯队挺进九顶山区后，受组织派遣，戚庆连又随戚超等回乡组建了第 20 大队，戚庆连任第 20 大队第二中队指导员。戚庆连随 20 大队以戚楼为中心，以九顶山区为后方，在方圆近百里范围之内，开展游击战争。1939 年底，第 20 大队编入南进支队二营，后南进支队相继编入八路军第五纵队第三支队，新四军第三师第九旅第二十五团、四师九旅二十五团，戚庆连随队转战灵璧，转战全国许多地方，为取得抗日战争的胜利，为全中国的解放，不断作出贡献。

　　戚庆连离休前曾任江苏省军区参谋长。

（县政协办公室　供稿）

灵璧英才：彭明治

这一仗打得真漂亮

　　1939 年春，以彭明治为司令员、吴法宪为政治委员的苏鲁豫支队主力派一大队绕过徐州，到宿县、灵璧交界一带活动，带队的是副支队长梁兴初，当时一大队还在灵璧尹西小雷家打了一仗。时任豫皖苏省委书记的张爱萍奔赴津浦路东，开辟皖东北抗日根据地，在靠近灵璧边界的时村巧遇梁兴初，因遭遇日本鬼子，他们便一起撤回路西。张爱萍让梁兴初带信转告彭明治、吴法宪，他将到路东开辟敌后根据地，希望他们到时派支部队在津浦路东边灵璧附近配合行动。

1941年皖南事变后，新四军重建，第一支队被编为第三师第七旅，彭明治任旅长。

1944年9月初，国民党顽固派汤恩伯在津浦路西调兵遣将的同时，又令驻扎在灵璧境内的三十三师段海州部及十四纵队苗秀霖等部，于9月中旬西进，妄图由东、南、北三面夹击我四师西进部队于萧永边，并限9月底肃清该地区的我军。

新四军军部为粉碎敌人这一图谋，9月6日决定成立路东战役指挥部，由三师七旅旅长彭明治任司令员，由四师九旅旅长韦国清任政治委员，统一指挥阻击段、苗西窜战役。彭明治、韦国清迅速调集一旅的二团、七旅的十九团、二十团，九旅的二十六团、二十七团，做好部署，9月12日拂晓，在灵北邱楼、周场一线展开了激烈战斗，把苗秀霖部2000多人打得只剩200来人。该残部被迫逃到灵北的小高家，与顽灵璧县长赵觉民合伙。我军乘胜追击到宿县境内刁山一带，将段海洲的主力打垮，使其失去二团全部、师直大部及一团、特务团一部，再也无力西进，不得已又窜回高楼。阻击段、苗战役胜利结束后，彭明治带领部队留在灵璧北部三姓庄、王庵子、郭沟、土山等地，继续监视段、苗残部。10月中旬，彭明治又奉命率七旅部队全部离开灵璧，开赴路西。

彭明治是湖南省常宁县人，生于1905年，1925年加入中国共产党，曾任国民革命军第四军叶挺独立团排长。参加了南昌起义，1930年参加中国工农红军。参加了长征。解放战争时期相继担任东北民主联军第三师第七旅旅长、第四野战军十三兵团副司令员兼参谋长兼南宁警备司令员。1955年被授予中将军衔。曾任驻波兰人民共和国大使、河北军区司令员、中国人民解放军武装力量监察部副部长。是第五届全国人民代表大会常务委员会委员。

（古月　供稿）

灵璧英才：王亚箴

出入九顶山 血洒洪泽湖

王亚箴，生年、籍贯不详。1940 年 5 月，王亚箴调任灵璧县抗日民主政府县长。1941 年 9 月调离，相继担任泗五灵凤县县政府秘书、参议长、县长。抗日战争胜利后，任五河县县长。因蒋介石发动内战，王亚箴于 1946 年 11 月，带领干部群众在洪泽湖畔与国民党军作斗争中，不幸壮烈牺牲，时年 43 岁。

王亚箴早在 1926 年读农业中学期间，就加入了中国共产党。1927 年受党组织派遣，回到家乡五河县界沟从事党的活动，发动群众参加农民暴动，后打入国民党部队做军运工作。因长淮特委军委书记刘平叛变告密，而被捕入狱，判处无期徒刑。抗日战争爆发后，国共二次合作，1937 年 11 月王亚箴始得获释。曲折斗争历程的磨炼，使王亚箴的革命意志更加坚定，一出狱便又投入到抗日斗争的热潮之中。

抗日民主政府的活动是公开的，但工作是艰巨的。王亚箴出任灵璧县抗日民主政府县长之时，适逢灵北斗争形势恶化。他带领县政府人员，与萧灵睢铜边县委的同志，一起活动在尤集、渔沟以北一带地区。因为日伪军在这一带地区力量加强和扫荡频繁，我党活动向九顶山区转移。王亚箴坚持同中共灵睢县委的负责同志一道领导干部群众在京渠、独谷堆、三楼、贯山一带开展活动，发展抗日力量，打击日伪势力。县政府的县队由原来的 40 多人枪发展到 200 多人枪，各区也都组织起了二三十人的区队。县队编入八路军南进支队第二营后，县委、县政府又以区队为骨干，重新组建了百余人的灵睢大队。

1941 年 7 月间，灵睢地区形势更加恶化。根据地委的紧急命令，灵睢县委全体工作人员要迅速撤到海郑公路以北活动。县委、县政府机关 30 多名非战斗人员，马上撤往路北。王亚箴同县委书记王觉民等，继续留在九顶山区坚持斗争。后来形势继续恶化，王亚箴等才撤往海郑公路以北活动。

不久，王亚箴调离灵北地区。他在灵北战斗时间虽然不足一年，其业绩却不容遗忘。

（古月 供稿）

灵璧英才：王觉民

建乡级政权 办抗日小学

1940年3月，灵北县委撤销后，邳睢铜地委决定成立萧灵睢铜边县委，王觉民任书记，组成人员还有林元、严伯山、杨久滋、张建邦、张邦干、黎旭等。因为当时本地党的力量很弱，县委对外没有公开。他们主要活动在尤集北一带，该地党员相继发展到13人之多，并已建起尤集、张桥、南宅3个党支部。后因形势恶化，他们又转移到九顶山区活动。

王觉民等转移到九顶山区活动之前，即1939年10月，邳睢铜中心县委已在灵北建立了临时灵睢县委。1940年5月，王觉民等萧灵睢铜边县委的同志转移到九顶山区活动之后，邳睢铜地委宣布萧灵睢铜边县委与临时灵睢县委合并，正式成立中共灵睢县委，由王觉民任书记。县委下设东山、九顶、路北、李集四个区。当时条件很艰苦，县、区干部吃饭靠找保长派饭。王觉民带领县区同志，深入群众，开展宣传发动工作，建立了100多人的县大队，单是东山区就建起了六七个乡级政权。还在贯山、三楼、小沈家的公路线上设立了盐税站，每天能有10元的收入，成了县区乡及武装人员的经济来源。还在京渠、三楼两地，分别开办了抗日小学。1941年7月底，灵睢地区形势恶化。一天上午，县委在杨集子召开县委扩大会，县大队大队长江祥斋和各区区委书记都参加了会议，主要研究如何应付新的斗争环境。午后即接到地委紧急命令，要求县委全体工作人员，当晚要全部撤到海郑公路以北。根据地委指示，王觉民组织大家联系具体情况研究决定，县委、县政府机关 30 余名非战斗人员，由宫伯奎、黄景贤带队，撤往路北。王觉民、江祥斋等在路南坚持继续斗争。后因形势继续恶化，王觉民等亦撤到海郑公路以北。不久，王觉民调离。9 月，灵睢县委撤销，改组为中心区委，由宫伯奎任中心区委书记，领导区乡干部继续在灵睢地区开展斗争。

（古月　供稿）

灵璧英才：吴云培

最有灵璧缘的县委书记

　　吴云培，又名吴景山，江苏省新沂县人。1932 年毕业于灌云师范，在邳县农村小学任教。1937 年 12 月入伍，翌年 12 月入党。在战争年代，吴云培曾四次到灵璧属地出任书记。

　　吴云培入党当年即任邳县沂河区区委书记。1939 年后，相继担任宿迁、宿水县委书记，陇海南进支队第二梯队长兼政治委员、邳铜独立团政委、邳南县县长等职。1940 年 2 月随地委机关来灵北活动。吴云培继 1943 年 1 月担任淮北三地委敌工部长、睢宿工委书记之后，首次到灵璧属地任灵睢工委书记。接着担任邳铜灵睢 4 县联防办事处副主任、淮北行署第三专员公署专员等职，在灵北不断参与打击敌伪顽的斗争。1943 年底，上级组织为了加强各根据地的联系，决定拔除张大路据点。1944 年初，彭雪枫师长亲临战地指挥。吴云培受邳睢铜地委书记康志强的派遣，由睢六区护送电台到张大路，交给彭师长，胜利完成了任务。

　　1945 年 8 月，日本侵略军宣布投降，随后我分区部队解放了灵城。此时，除固镇外，灵璧全境解放。9 月，灵璧县委正式成立。一个月后，吴云培接替李任之出任中共灵璧县委书记。国共两党签订了和平协定后，县委组织人员分头传达贯彻。全县普遍开展反霸斗争，并在部分区乡实行土改，未有实行土改的地方实行减租减息。1946年5月，地主、反革命分子、反动道会门活动猖狂，在杨疃举行暴动，杀死我乡支部书记。县委进行了一次大镇压，枪毙反革命分子70余人，巩固了我区乡政权。县建立了总队，辖2个连。各区成立了50人左右的区队，各乡有10余人的乡队，配合主力部队保卫后方的安全。1946年7月自卫战争爆发，吴云培带着县总队守城。接到地委撤退命令以后，他带着总队边打边退，安全转移到沙滩、大路一带。安排妇女、干部家属及老弱病残等非战斗人员先行转移，大部分人员留下坚持游击战。1946年10月，吴云培调任睢宁县委书记。

1946年10月下旬，灵璧、泗县、五河、睢宁等县干部、武装东撤到洪泽湖畔与敌人作斗争，灵璧县委书记兼县长农超谋、县委副书记陈立祥、副县长江祥斋、县总队副总队长张维献等不幸牺牲。1947年1月，我党在运河东组织干部和部队重返淮北，收复失地，随后组建了泗灵睢县委，又由吴云培担任书记。当时县委由吴云培与县长胡铁民、总队副杨子平3人组成，县里另有1个区干、4个乡干、2个警卫员、1个炊事员，总计11人。主要配合81团做些情报、宣传和秘密的群众工作，先是在泗县北部活动，尔后逐渐向灵璧发展。

1947年底，淮北地委决定开辟灵璧根据地，成立灵璧县委。翌年1月，吴云培同志第四次出任灵璧县委书记并兼任县长。当时的县委仅他一人。1946年东撤时，被打散的刘焕位、马明泮、马孟章、姜德传、邱朝刚等10余人相继回来，组成了武工队。1948年初，地委又派冯希仁、许则贤、薛圣贤等10多位干部来灵璧开辟地盘。淮北挺进支队也派一个团和一个骑兵大队入灵作战，先后扫除了一些顽据点及其基层政权。敌人疯狂扫荡灵璧进行报复。吴云培组织干部利用地方关系，深入灵北开展活动，一方面打击反革命分子，争取可以争取的力量；另一方面侦察敌情，寻找战机，配合部队歼灭敌顽，相继建立了冯庙区、高楼区、渔沟区。接着我军区部队又从洪泽湖西进灵北，消灭了沙滩、浍沟两处之敌。至此，灵北的局面基本打开。

1948年4月，淮北西工委成立，领导泗睢、灵璧、宿东三县，吴云培调任西工委书记，灵璧县委书记由刘永章接任。吴云后任淮北三地委副书记。

1949 年 3 月至 1952 年 8 月，相继任宿县地委副书记、书记，1952 年 9 月以后，先后任安徽省委农委第二书记，芜湖专署水利局副局长，阜阳地委第二书记、副书记等职。

（古月　供稿）

灵璧英才：彭鹏

发展党组织　奔赴大战场

彭鹏，原名彭献功，曾用名张践，生于 1921 年 6 月，灵璧县尤集镇小康村人。初小失学在家务农。1937 年 10 月参加抗日部队，先在国民政府第五战区特种工作团第五分团短训班受训，后参加国民政府军事委员会第五路军李明阳部独立旅一团。一次在与日军激战后退回灵璧、萧县一带活动，因病离队在尤集治病。期间曾组织一批同学进行抗日宣传活动，自己作为骨干，成立起青年抗敌协会。

1938 年底，彭鹏在"六抗"部队政训队任队员，1939 年 3 月加入中国共产党地下组织，后被分配到新四军第六支队张爱萍支队做青年工作，同年 7 月受党组织派遣回原籍秘密从事党组织的发展工作。他通过熟人关系打入赵觉民的流动学校，先后发展 4 名党员，经组织批准成立起党支部，并由彭鹏任书记。

1940 年 1 月，彭鹏受组织安排，离开灵璧相继在华中鲁艺学校、抗大分校学习，后任淮海干校政治指导员、团组织干事。1943 年上半年在邳睢铜联合中学任教，后相继调到运西联防办事处民政科、地区干部整风轮训队工作。

1945 年 10 月，彭鹏调到东北工作，先后任步兵连长、骑兵连长、政治指导员、团组织干事、师司令部作战科副科长、侦察科长、敌工科长等职。参加了辽沈战役、平津战役之后，随部队南下，一路沿河北、豫东挺进湖北，插进湘西，到达广西，不断参加战斗。

从1950年初，彭鹏先后任师政治部秘书，政治部文化科长。1952年调中南公安军政治部任文工团团长，后任公安10师政治部文化科长。1954年彭鹏被授予陆军步兵少校军衔，被授予独立、解放两枚三级勋章，被授予东北、华北、中南和全国解放纪念章各一枚。后任广州市国防体育协会副主任。1958年6月转业，相继任贵州省电影制片厂、峨眉电影制片厂副厂长，1982年离休，享受地厅级待遇。

（县政协办公室　供稿）

灵璧英才：孙象涵

退"红枪会" 拔伪据点

孙象涵，原名孙绍坤，外号"孙豁子"。生于1909年8月，宿州市埇桥区曹村镇桃山村人。少年读书，美术专科学校毕业后，回乡教小学，后民选为桃山乡乡长。1937年10月在西安八路军办事处参加革命，当年从延安回到家乡，组织领导敌后抗日游击队，1938年10月加入中国共产党。

孙象涵积极发动群众，开展抗日救亡运动，抗日队伍不断发展壮大，相继担任桃山抗日游击队队长，萧县人民抗日义勇队支队长。孙象涵所率队伍升编为八路军苏鲁豫支队第七大队后，他任副大队长，后七大队改为四大队，孙象涵任大队长。期间，孙象涵率部700多人，随吴法宪东进，通过灵北圩疃时，打退了伪军雷杰三和红枪会的进攻。

1939年10月，苏鲁豫支队孙象涵领导的四大队，配合一大队即胡大队取得了袭击冯庙敌伪据点的胜利，共歼灭日伪军400多人，烧毁敌汽车20多辆。

八路军苏鲁豫支队四大队归建新四军三师九旅二十五团，孙象涵任副旅长兼二十五团团长。后任新四军军工部副部长、三师军工部部长。新中国成立后任山东省工矿部副部长，第一机械工业部机械科学院顾问等职。1982年12月离休。2003年10月去世。

（县政协办公室　供稿）

灵璧英才：王可风

青春献革命　书画展才华

王可风，原名王克凤，笔名爱古，1920年4月生，灵璧县长集乡碾盘村曹刘王庄人。少年时，因家贫靠借债在吴堂庙断续读了七年私塾，后在家务农。

1942年4月入党，不久以秘密身份到泗县、宿县、固镇等地为组织收集情报。1943年秋，任娄庄乡助理员。1944年春，任龙山乡助理员，同年秋调任大山区会计。1945年春，任杨集乡指导员，同年8月，任大山区副区长。1946年2月，在泗州北老子山参加七地委干部轮训班学习，后任宿东任桥区副区长、支前大队大队长。同年10月，随联合干校北撤到山东，任临淄县路山区土改工作队队长。1947年冬，被编入洪湖大队。1948年随部队南下。同年12月，任宿东草寺区代理区委书记。1949年夏，任湖沟区委副书记，同年调任宿县独立团保卫股副股长。1950年10月，任宿县军分区警卫营教导员、书记。1951年3月，调到三野（华东军区）直属政治部，任军委雷达研究所特派员，后任三野直属政治部审讯干事。1952年7月，任三野文化干校学员班班主任和支部书记。1954年9月，任安徽省商业厅油脂公司副经理、书记。1955年油粮合并，任省粮食厅机关总支副书记。1956年9月派往中央第四中级党校学习，后任省粮食厅粮食干校副校长、书记兼组织科长。1957年8月，随省委整社干部工作队在无为县东乡兴卫农业社搞试点。1958 年调当涂县任工作队负责人。1959 年任省粮食厅粮食汽车运输大队大队长、书记兼储运处副处长。因工作出色，曾受到粮食部全国电话会议表扬。1964 年 10 月，调省汽车运输公司，任省联运公司副经理。1968 年 3 月，任公司革委会副主任、书记。1980 年 10 月，任省交通厅汽车运输公司顾问，1982 年离休，享受厅级待遇。

1986 年参加安徽省老年大学国画班、国画研究班学习。现为安徽省美术家协会会员、中国老年书画研究会会员、东方书画艺术研修中心高级书画师。参加省级以上书画展 50 余次，获荣誉金奖、三等奖各 1 次，优秀奖 5 次。在《安徽画报》等省级以上报刊发表作品 44 幅，2 幅被省图书馆收藏。代表作品有山水画《涧中幽阁》《青峰楼阁》、书法《百寿》《鹅》、人物画《钟馗打鬼》《仕女图》《仙图》、花鸟画《牡丹》《梅花》《竹子》等。

个人事迹被收录在《中国文艺家传集》《世界名人录》《安徽当代美术家人名作品录》《书画老人风采录》等多种版本的艺术家名录中，并入选山东潍坊国际艺术碑林。

书画创作之余，王可风积极参与社会公益活动，曾为残疾人福利事业、赈灾义卖、西藏工程、抗洪抢险英雄等活动，捐赠书画作品 10 余幅。1989 年荣获省交通厅"老有所为精英奖"。

（县政协办公室　供稿）

灵璧英才：钟辉

挺进敌后摆战场

1938 年 5 月 19 日，徐州失陷。中共中央书记处在《关于徐州失守后华中工作的指示》中指出，要在津浦路以东、陇海路以南、长江以北的广大地区开展抗日游击战争。根据中央的要求，同年 12 月，中共中央山东分局和八路军山东纵队决定成立陇海南进游击支队，任命钟辉为支队司令员兼政委。任务是出山东，入徐海，组织发展苏皖地区的抗日武装，开展敌后游击斗争，阻止和破坏日军打通从徐州至连云港的海、铁路的企图，创建苏皖边区抗日根据地。钟辉一行南进，与沿途地方党和抗日群众团体负责人，共同努力，队伍不断发展壮大。1939 年 4 月，支队根据斗争的需要，决定成立先遣第一梯队，由李浩然任梯队长兼政委。该梯队很快由 200 多人发展到 1500 多人，下辖两个独立营和 7 个大队。

陇海南进支队先遣第一梯队挺进九顶山区，相继驻守在京渠独谷堆子一带，并在郑巷子与张爱萍部会师，使灵璧境内的抗日活动逐步活跃起来，活动在九顶山区一带的青年救国团被编为八路军陇海南进支队先遣第一梯队第二十大队。该大队在 10 月间主动发起了海郑公路阻击战，在邵堰、焦营一段打击了来自双沟的 300 多伪军，毙、伤敌人 30 多个。

抗日战争爆发后，爱国民主人士戚少伯在家乡九顶成立起了自卫大队，在八路军苏鲁豫支队和陇海南进支队的影响下，积极配合主力部队作战，自卫大队的活动多在李浩然的领导下进行。他及时向主力部队输送兵源，为主力部队筹集经费，购买枪支弹药、布匹、药品等物资。

钟辉是江西省瑞金县人，生于 1914 年。早在 1932 年就参加了中国工农红军。参加了长征。抗日战争时期，南进苏皖后，为开辟皖东北抗日根据地作出了贡献，后奉调赴延安学习。解放战争时期，任热河军区热西军分区司令员，热北军分区司令员，东北野战军第十纵队 161 师政治委员，第四野战军 48 军 142 师政治委员。中华人民共和国成立后，曾任中国人民志愿军炮兵指挥所政治委员，中国人民解放军炮兵副司令员、副政治委员等职。1955 年被授予少将军衔。

（古月　供稿）

灵璧英才：毛更甦

首任灵北县委书记

1942年春，淮北苏皖区党委为打通津浦路西到洪泽湖畔的联络通道，指示宿东县委向灵璧境内开辟发展。宿东地委根据区党委的指示，配合四师主力部队在灵北不断打击敌伪顽，扩大地盘。

1943年5月，决定建立灵北县，派宿东游击支队政治处主任王烽舞兼任县长。但灵北县建立之初，干部很缺，机构很不健全。1943年11月，组织上派毛更甦同志担任灵北县委首位书记兼副县长。

毛更甦，1919年12月出生于湖南长沙市。少年时代在长沙雅礼中学读书，1938年5月到陕北公学分校学习，同年8月加入中国共产党。1938年任河南永城区委书记，1939年任新四军游击支队政治部组织干事，后任中共永城县委委员，宿东县委副书记兼组织部长、县委书记。毛更甦到灵北县任职后，县委、县政府得以逐渐完善。当时灵璧县城和大集镇均为敌伪军占领，尚属游击根据地。毛更甦等领导带领地方干部配合部队，穿插于敌伪据点之间，多在农村和较小集镇活动。他们发扬艰苦奋斗的作风，发动和依靠群众，做好根据地的开辟发展工作。他曾带领李浪生、陈铁夫等人到杨疃、尹集一带的四门湖、盛汪、许闸等村庄，发动群众，减租减息，建立农会和民兵组织。1944年春，土山区的形势比较稳定，县委又安排工作队到该区，与区委一起发动群众减租减息，培养干部，发展党员，健全乡村政权，组织人民发展生产，支援前线，动员民兵参军参战，有效地加强了根据地建设。

毛更甦同在灵北县任职时间，总计不足半年，1944年4月即调离灵璧，相继担任徐州工委书记、淮北八地委联络部长、豫皖苏区党委组织部干部科科长、鹿拓县委书记、阜阳市委副书记兼副市长、豫皖苏中央分局组织部干部科长、南京华中矿务局军事代表，为人民解放事业作出了贡献。

新中国成立至1966年，毛更甦历任云南省工业厅副厅长，省委工业部副部长、部长，省经委主任、党组书记，云南省委常委、省经委主任、省财办副主任，为新中国的成立和建国初期云南省的国民经济恢复与发展，贡献了智慧和力量。"文革"中，毛更甦同志受到不公正待遇。但他坚定对党的信念，表现了共产党员的立场和原则。粉碎"四人帮"后，毛更甦先后任云南省机械局副局长、党组副书记，局长、党组书记，云南省经委主任、省政府党组成员。1981年3月，他调到湖北，先后担任湖北省进出口管理委员会主任、党组书记，省顾委委员，省经济研究中心副总干事、党组副书记。1986年5月，在湖北省政协五届四次会议上，毛更甦被增选为五届省政协副主席，享受正省级医疗待遇。

2008年8月8日，毛更甦因病医治无效，在武昌逝世，享年89岁。

（县政协办公室　供稿）

灵璧英才：赵汇川

战功写在灵璧大地

赵汇川，安徽宿县人，生于1913年。他从20来岁就在自己的家乡拉起一支队伍与日本鬼子开展游击斗争，后来，担任淮北军区第三军分区司令员。在抗日战争和解放战争期间，赵汇川多次率部转战灵璧大地，为灵璧地区打击敌伪顽的斗争作出了重要贡献。

早在1938年初，赵汇川就担任了宿县抗日游击队副司令，组织抗日自卫队，袭击日寇，消灭汉奸，打击土匪。1939年2月，赵汇川到泗县，在中共皖东北特别支部书记江上青的协助下，被国民党安徽省第六行政区专员盛子瑾委任为第六专区抗敌指挥部（简称六抗）三支队支队长。当年7月，我皖东北开辟抗日根据地，与盛子瑾结成抗日统一战线。张爱萍了解到三支队是地下党员赵汇川在家乡拉起来的一支抗日武装，对其非常看重，对三支队连同地下党员徐崇富领导的四支队着意进行慰问、座谈、讲课。赵汇川则率领三支队听从张爱萍直接指挥。1939年底，我内部决定皖东北部队编为新四军第六支队第四总队，由张爱萍任总队长兼政委。1940年3月，赵汇川三支队正式改编为四总队11团，赵汇川任团长。皖南事变后，十一团编为新四军九旅二十七团，赵汇川继续任团长。

赵汇川部在灵璧多次参加战斗。皖东北和灵璧抗日民族统一战线形成后，汉奸雷杰三出于其反动本性，凭借手下有千余名伪军，公开反对盛子瑾、王尔宜与共产党合作抗日。中共苏皖区党委为发展进步力量，打击反共势力，促进皖东北抗日民族统一战线局面进一步发展，决定对雷杰三进行讨伐。在张爱萍的统一指挥下，赵汇川带领3支队同苏鲁豫一支队和四支队一起，于1939年11月，在浍塘沟一带发起了讨伐大汉奸雷杰三的战役。从4日到10日，通过连续战斗，共歼灭雷杰三伪军900多人，雷杰三带残部逃往宿县境内。

同年末，赵汇川率3支队护送张爱萍去路西彭雪枫处。后来，金明又发电报称：根据中原局意见，张爱萍不去延安，仍回路东。赵汇川又率11团与张太生的老一团一道在张爱萍的带领下返回路东。由于张爱萍决定四总队暂不回湖西，赵汇川又随同张爱萍先在灵璧、萧县、宿县一带巩固扩大根据地，为灵璧抗日形势的发展进一步发挥了重要作用。

1940年4月，驻在灵璧、双沟、睢宁的日伪军勾结起来对我灵北进行扫荡。在张爱萍的指挥下，赵汇川率部进行反击，使灵北群众免受其害。1941年7月底，赵汇川在旅政委韦国清的指挥下，在灵北王集、陈楼、杨集一线，狠狠打击了国民党睢宁县长兼常备旅旅长刘天展的部队，毙俘敌伪700余人。同年10月20日，赵汇川又率领二十七团在九顶裴集攻打了刘天展的残部，消灭其所属沈其黄分队20余人。1942年3月上旬，韦国清奉命率部从泗洪新行圩地区前往灵北攻打张小圩子，以阻顽东进。正率领二十七团在邳睢铜地区活动的赵汇川，紧密配合参战的二十五团和二十六团等兄弟部队的行动，及时带领二十七团由双沟、房村之间穿过铜睢公路，向古城方向搜剿。在韦国清部署对张小圩子包围的时刻，二十七团由北部、东北部和西北部完成了对张小圩子的包围。通过五个小时的激战，张小圩据点被攻下，俘获了国民党灵璧县长赵觉民、十四纵队司令许志远及其部下400余人。有效地铲除了顽军东进的阵地，粉碎了顽军东进的企图。

1943年1月，赵汇川任淮北军区第三军分区司令员，二十七团团长由赵海峰接任。赵汇川除指挥分区所属独立团和县区武装开展斗争，还与九旅一起继续指挥二十七团，在灵璧开展了系列打击敌伪顽的斗争。1943年5月20日，九旅二十七团4个连队与骑兵团一个大队在九顶山附近的大旺李家袭击刘天展部，俘获6名电台人员和10多名工作人员。同年8月24日，唐广金之弟唐广银的保安团到双沟西抢粮，九旅二十七团两个连队对其进行袭击，并俘获保安2团营副张学云及中队长以下50人。1944年1月，赵汇川又指挥二十七团主力配合宿东游击支队和十一旅三十一团攻打张大路，迫使顽军张克修团和雷杰三部退出张大路。1944年8月，彭雪枫师长率部西征，盘踞在高楼、渔沟一带的国民党段海洲部和苗秀霖部尾随跟进，企图配合在路西的国民党反共军夹击我四师。二十七团主力又奉调参加阻击段、苗西窜战役，为粉碎敌人尾追我西进部队的图谋里下了战功。

1944年底，淮北军区三分区与四分区合并为三分区，赵汇川为司令员，张太生为政治委员。1945年2月9日，张太生指挥独立二团里应外合攻占了尤集之后，4月18日，赵汇川指挥三分区独立团远道奔袭靠近灵璧县境的大店伪据点，以闪电般的攻势顺利打下大店，全歼守敌200余人，生俘伪大店区长张国邦以下近百人。随后，又指挥独立一团三营攻打灵城东虞姬墓伪据点，消灭敌人1个中队。大店、虞姬墓等伪据点的相继攻克，拔除了宿灵公路上的钉子，切断了宿县、灵璧敌人的交通联系，使宿东、宿灵连成了一片，向东与泗五灵凤县的联系也更接近了。

5月，淮北三地委调动萧铜、泗灵睢、灵北三县地方武装，在灵北县渔沟、大路等区区队和民兵的配合下，由赵汇川统一指挥，将高楼反共军段海洲部团团围住，断绝据点内的一切供应来源。5月10日，九旅二十五团、二十六团等主力部队顺利拿下高楼附近的卓圩、卓海两个伪据点，歼灭敌900多人。段海洲困守待援无望，加之军需渐无，军心涣散，于15日夜放弃据点，带领残部经岚山向北逃窜。此役既解放了当地群众，又孤立了灵璧、泗县、睢宁等县城之敌。9月5日，赵汇川同张振球一起指挥了攻打灵城的战斗，除击毙者外，生俘伪军官兵及伪职人员1100余人，缴获各种枪械900余支。

解放战争时期，赵汇川相继任华中军区第七军分区副司令员，华东野战军第九纵队参谋长，淮北挺进支队副司令员，江淮军区参谋长，多次率部在灵璧参战，后任第三野战军第九兵团司令部参谋处长，华东军区海军司令部作战处处长。1961年晋升为少将军衔。曾任中国人民解放军海军航空学校校长，海军航空兵部参谋长，海军航空兵部副司令员兼参谋长，北海舰队副司令员。

（古月　供稿）

灵璧英才：钟玉祥

灵璧战场立战功

钟玉祥，江西省吉水县人。1910年3月生，1930年8月参加中国工农红军，1934年6月加入中国共产党，历任学员、班长、副排长、排长、测绘参谋，参加了两万五千里长征。

抗日战争初期，钟玉祥曾任八路军三四三旅六八五团收发、侦察参谋，八路军苏鲁豫支队一大队副参谋长，协助大队长胡炳云，大队政委王东保取得了灵璧东北魏洼子战斗、冯庙战斗的胜利。1941年9月起，钟玉华任三师七旅二十一团参谋长、七旅十九团参谋长，随团参加了阻击国民党段海洲部和苗秀霖部西窜战役，配合淮北军区三分区独立二团开展里应外合攻尤集战斗。

解放战争时期，钟玉祥相继任华中野战军第十纵队八十四团副团长、团长，苏北军区六分区副参谋长、参谋长，南通军分区副司令员兼参谋长，苏北军区副参谋长。

新中国成立后，钟玉祥先后任苏北军区副参谋长兼第十五步兵学校校长、江苏省军区后勤部部长、盐城军分区司令员。1975 年 12 月 23 日在上海逝世。

（县政协办公室　供稿）

灵璧英才：杨纯

最能干的女将

杨应响　赵华国

在抗日烽火连天的岁月里，中共苏皖区党委、淮海区党委曾经拥有 15 个县级政权、480 万人口，是淮海抗日根据地的核心。皖东北作为其重要组成部分，很多革命前辈在这里留下了光辉的足迹，女中豪杰杨纯就是其中之一。

承担使命，开辟抗日根据地

杨纯，原名万国瑞，化名陈光薇。1917 年出生于四川峨眉县一个士绅家庭。其父万希成 1900 年考入北京铁道学堂，1901 年被朝廷派到日本早稻田大学攻读土木工程专业，并加入同盟会。学成回国后，与詹天佑一起参加了京张铁路设计施工，是中国铁路建设的先驱者。

杨纯幼时受其父亲进步思想影响，胸怀大志，性格刚强，敢作敢为。随父亲在南京读小学时，她坚持把自己的名字按万家字辈改为"国瑞"，被同学视为"假小子"。1935 年随父就读武汉女子中学，直到武汉大学化学系毕业。

在武汉读书期间，"一二·九"运动爆发，由于杨纯的刚强个性，卓越的组织能力，被推崇为全市学联负责人，担任全市学生大游行总指挥。她带领上万学生走上街头，呼吁抗日救亡，其英武与飒爽令人侧目。七七卢沟桥事变爆发，她毅然走上抗日救亡拯救中华民族的道路，与一位叫李锐的大学同学一起去北京找党。后来辗转到山东，从事秘密党支部工作，参加了山东徂徕山抗日武装起义，并于1937年加入中国共产党，任八路军山东抗日第四支队宣传队长，团政治处主任，淄博特委组织部长。

江上青是我党的地下党员，发展了一批党员，共有600多人，并编入国民党部队中，急需与党取得联系，需要派得力领导来主持工作。1939年2月，杨纯受中共山东局的派遣，与江彤（刘瑞夫人）女扮男装，来到皖东北与江上青接上头，并于同年3月组建了中共皖东北特委，杨纯任书记。仅几个月时间，杨纯在党建、发动群众、统一战线做了卓有成效的工作，把皖东北特委工作与大别山、上海、山东等地方来的同志工作联系了起来。最突出的是在她的推动下，成立了八路军、新四军驻皖东北办事处，建立了皖东北抗日根据地。刘少奇赞誉说："杨纯是新四军中最能干的女将。"

1939年5月中旬，杨纯曾到灵宿地区组建了中共灵宿县委员会，由孔子寿任书记，赵汇川、赵一鸣、石青等为委员。7月，杨纯来灵宿县检查工作的途中，巧遇张爱萍、刘玉柱。她向张爱萍、刘玉柱介绍了皖东北党的群众工作和武装队伍的情况，使他们增强了开辟皖东北抗日根据地的信心。7月初，杨纯在张大路与张爱萍等再次相见，经商量研究，成立起中共皖东北工作委员会，杨纯为委员，办公地点设在张大路村。7月底，杨纯又同书记张爱萍，委员刘玉柱等在苏鲁豫支队司令部驻地张大路召开了皖东北工作委员会会议，研究如何促成盛子瑾、许志远和谈。会后，分别做了许志远和盛子瑾的工作，促成盛、许于8月29日在张大路进行了和谈，双方达成共识，并表示共同抗日。9月，杨纯又同张爱萍、刘玉柱等一起，在张大路迎接苏皖区党委书记金明一行，组建中共苏皖区党委后，金明任书记，杨纯任二地委（即淮海区）书记。

1939年7月，在东灌沭地区坚持抗日的八路军山东纵队陇海南进游击队第三团团长汤曙红，遭到国民党顽固派沭阳县长夏铸禹杀害。惨案发生后，抗日武装面临顽军围歼的危险。在这危急时刻，中共苏皖区党委任命杨纯兼任三团政委。杨纯到任后，首先整顿组织，撤销原设的三个县委，统一组建四个新的县委，宿北为第一县委，沭阳西部与东海南部为第二县委，沭阳东部为第三县委，灌云为第四县委。指示各县举办培训班，培训干部，发展基层党组织，发动群众，树立党的形象。杨纯超强的领导能力迅速使淮海区第二地委辖区的抗日斗争形势发生了很大的变化，扭转了被动局面。1940 年 5 月统计，第二地委共有党员 1000 多名。杨纯还利用"拜把子"形式，组织发展"抗日兄弟团"，通过这种形式争取不少赞成抗日的地方实力派，发展了抗日武装，使灌东地区党组织拥有了 300 多条枪，沭阳地区有了近 200 条枪，逐渐具备了打击日伪顽的基本武装。1940 年 2 月，孙秉惠、孙良浩等人化装成粮商突袭义泽河日军据点，冲进碉堡毙敌 7 人，在地方引起了很大轰动，增强了民众抗日热情。东海县委派遣人员打入国民党县常备军，将其特务分队拉出来与地方武装合并成立了云台大队。

1940 年 3 月 14 日，刚组建的淮涟抗日武装在沭阳钱集一带被敌军五个团包围，损失惨重，突围后反动势力配合顽军到处缉拿战士，淮涟抗日武装一度士气消沉。此时，杨纯临危受命兼任三地委书记。杨纯到任后，审时度势，毅然决定队伍打出"淮河大队"的旗号，撤到盐河两岸活动，坚持游击斗争，保存实力，寻机打击反动顽匪。老百姓知道八路军没有走，共产党没有走，对抗日又有了信心，为八路军东进和淮海抗日根据地的建立奠定了基础。

开辟淮海，唤起民众抗日顽

1940 年 8 月，中共苏皖区党委机关迁入沭阳张圩，进入淮海区，直接领导淮海区各项工作，杨纯仍兼任第二、三地委书记，同时任八路军五纵（黄克诚任司令员）一支队后方办事处主任，配合部队开辟淮海抗日根据地。1940 年 9 月，中共淮海区党委成立，金明任书记，杨纯任组织部长、总农会会长等职。她奔赴各个群众工作的战场，雷厉风行，大刀阔斧，深入细致地发动群众，由点到面，波浪式发展，实行减租减息增加工资，改善人民生活，建立健全各级基层政权和农、青、妇、儿童团、文艺宣传等群众组织，在涌现出的积极分子中发展党员，建立农村基层党支部。

锄奸除匪，杨纯绝不手软，并亲自上阵。涟水麻垛乡有几个王跃五部下的残匪，尤其是土匪头子，到处兴风作浪，人民恨之入骨，杨纯派人侦察好后，只带两名警卫员，骑马来到匪窝高声喊道："王老大，有人找你。"从屋里走出一人，杨纯伸枪将其击毙，打马就回，几个顽匪还没弄清怎么回事，已结束战斗。杨纯只身毙匪的壮举至今仍为百姓所传颂。

在减租减息运动中，开始时群众害怕，不敢接纳，怕地主秋后算账。杨纯要求各县区成立工作队，深入群众之中，访贫问苦，帮助困难群众收麦做事，对顽固地主做重点去攻，分化瓦解。由上而下成立农会小组，自己也经常在《淮海报》撰文宣传。由于杨纯超强的领导才能，很快减租减息运动蓬勃开展起来，实现了减租（到四六分）、减息（一分五利息）、增加雇工工资（由雇主为长工买小褂、大手巾，工资达到奉养一妻二子的标准）。农民得到实惠，一片欢腾，抗日斗争形势一片大好，军队得到壮大。淮海军区部队原有战士9000余名，仅半年时间，就发展到15000余名。发展党员干部1000多名，在后来开辟苏南、浙江抗日根据地时，为中央提供了一大批人才。

淮海抗日根据地建立之初，日伪频繁扫荡，重点封锁粮食、棉花等物资。为了生存，为了供养坚持抗战的新四军（军分区），杨纯发表文章《双十节告农救会员书》，在淮海报上登出，号召人民一手拿枪，一手拿锄，粉碎封锁，开展大生产运动。一场轰轰烈烈的造肥、纺纱织布、做鞋、军衣活动，在15个县区开展起来。造肥每亩达10担，总农会发给"造肥大王"证书。纺纱每天4两为模范，8两为纺纱英雄，奖1000元淮海币。淮海区人民不仅粉碎了日伪封锁，生产的粮食与棉布还支持了其他根据地的生活用需，受到中央的嘉奖。

戎马倥偬，两舍爱情写春秋

杨纯在婚姻上却阴差阳错，有一段鲜为人知的短暂婚姻和一段纯真的革命爱情。

1939年2月，杨纯受中共山东局派遣来到皖东北建立地下党组织，担任特委书记。7月，中共豫鲁苏省委书记张爱萍以八路军代表身份从津浦路西也来到这里，计划开辟路东根据地。单枪匹马的张爱萍找到杨纯，商讨如何开展工作，杨纯说："首先要取得盛子瑾的信任与支持。盛子瑾是国民党安徽第六行政区专员，正办军政干部训练班，你去给他讲课，材料我来准备。"

7月12日，张爱萍在军政干部训练班上侃侃而谈，不时引用盛的主张，阐述建立和巩固皖东北抗日民主统一战线问题，他强调拥戴盛专员抗战、打击日寇与反动地方武装势力。盛子瑾此人精明、自负，很想有一番作为，他又亲自到场听了张爱萍的演讲，心中非常高兴，赞许张爱萍是济世之才，大有相见恨晚之感。张爱萍取得了盛子瑾的信任，加上杨纯的努力，盛子瑾爽快地接受张爱萍的提议，公开成立了八路军、新四军联合办事处，与共产党建立了统战关系。张爱萍与杨纯在错综复杂的形势下纵横捭阖，赶跑国民党新任专员马馨亭、雷杰三，将先前鱼龙混杂的国民党地方武装、民间武装整编重组，成为一支有4000多人的队伍，仅3个月时间，皖东北五县十六区全部成为中共敌后根据地。这支部队后来编为新四军6纵队4支队，张爱萍任支队长兼政委。杨纯四两拨千斤的指点，成就了皖东北抗日根据地，也是张爱萍戎马生涯中最难忘的精彩篇章。此时，他们在这块贫瘠的土地上相爱了，并经组织批准结了婚。婚后，杨纯赴淮海区任二地委书记，很少有卿卿我我的时间。

1940年9月，张爱萍率部东进淮海，可是杨纯却奉命东进盐阜地区。半年之后，盐阜的局面打开了，杨纯奉命调回淮海。而张爱萍已率部调皖东北执行"肃清当地土匪和顽固武装，巩固根据地"的任务去了。1941年9月，张爱萍升任三师副师长兼八旅旅长，活动在盐阜，他们如牛郎、织女般遥遥相望，难得相聚。离多聚少，为他们的婚姻投下了阴影。在战火中盛开的爱情之花，很快又因战火而凋谢。

杨纯在武汉大学化学系学习期间，积极参加抗日救亡活动。在学生运动中与她高两年级的秘密学联负责人、机械系学生李锐（曾任毛泽东的秘书，后来任中组部副部长等职）接触较多，志同道合，彼此产生恋情后，一同到北京找党，李锐为这位原叫万国瑞的女友起个化名"杨纯"，以纪念两人纯洁之爱情。卢沟桥事变后，他们随同流亡学生撤往济宁。分别时，李锐将自己名字李厚生改为李锐，"锐、瑞"同音，含深深眷念之意。原认为是暂时的分别，没想到，从此天各一方。

1941 年 5 月，杨纯自盐阜调回淮海区任组织部部长，兼民运部部长等职，这期间认识了镇江人张彦。张彦原名张世桢，1918 年生，南京中央大学学生。1937 年 11 月一腔热血奔赴延安，1938 年 10 月，从抗大学习结束后分配到山东抗日前线。张彦温文尔雅，为人沉稳，工作细致认真。他俩在工作中产生了感情，经组织批准在沭阳张圩举行婚礼。他俩伉俪情深，相濡以沫，工作中相互支持。1955 年杨纯调任周恩来秘书，张彦任总理办公室副主任，1970 年在外交部受迫害离世。杨纯后来担任卫生部副部长等职，2005年在北京逝世。

灵璧英才：吴玉书

投笔从戎干革命

吴玉书，曾用名吴恒儒，灵璧县人，1922 年 10 月生。他出生时的旧中国正处于半封建半殖民地社会时期，虽出生于农村，但家境还算殷实，家里便请了先生教他念书。通过自身努力，他考入徐州鼎铭中学。在中学阶段，他开始接触共产主义新思想。

1937 年抗日战争爆发鼎铭中学解散，他失学返乡。返乡后他积极参加地方进步青年组织"青年救国团"开展的各项抗日活动。1938 年 7 月吴玉书正式加入该组织并担任乡团部主任。1939 年八路军陇海南进支队第一梯队挺进灵璧境内的九顶山区，"青年救国团"被编为八路军陇海南进支队先遣第一梯队第二十大队。该大队在 10 月间主动发起了海郑公路阻击战，在邵堰、焦营一段打击了来自双沟的 300 多伪军，毙伤敌人 30 多人。

1940 年 2 月，吴玉书加入中国共产党。任党支部委员、分区党委委员兼区青救团副主任。1941 年受组织派遣，他进入淮海区党校学习，毕业后陆续在淮海区专署司法科、专署法院任科员、书记官，后任宿迁县公安局审讯股股长。1945 年 9 月调任淮海专署公安局审讯科科员。

1946 年 6 月，国共内战全面爆发。同年 11 月，时任灌云县大伊山公安局局长的吴玉书，带领 50 余名民兵退到乡村坚持游击战，配合部队主力北撤转移。

1948 年 2 月，吴玉书进入华中局党校学习，10 月，先在苏北兵团民运工作团工作，后调入十二纵（后编为三十军）保卫部审讯科任审讯干事，随军参加了淮海战役、渡江战役和解放上海等军事行动。新中国成立后，先后在华东海军（后改为东海舰队）保卫部、军法处（法院）、海军军事法院等处任审讯干事、助理审判员、审判员，1955 年被授大尉军衔。

1958 年 5 月，吴玉书转业到蚌埠市工作，先后任市委工交部新产品试制办公室主任、市委办公室副主任、蚌埠钢铁厂分厂书记、厂长等职。1962 年，调任市工商局副局长。"文革"期间，曾入市"五七"干校学习。1971 年，任蚌埠钢铁厂领导小组组长。1973 年起，任市工商局副局长、局长、党组副书记。1983 年 11 月离休，享受地市级待遇。

（县政协办公室　供稿）

灵璧英才：宫霞光

奉命于危难之间

宫霞光，又名宫伯奎、鲁霞光。1939 年冬，在河南省东部活动的新四军六支队，奉命派部东进，到津浦路东开辟抗日根据地，抽调地方干部组成民运工作队，由李济民任队长，宫霞光作为工作队员随军东进。

工作队随张爱萍所率部队到宿东地区，活动在萧宿铜灵边境。约过半月，宫霞光被分配到宿东县第四区任区委书记。同年2月，宫霞光调到灵璧县工作。灵璧县当时是国共合作形势，国民党县府成立了一个工作队，宫霞光任副队长，党内成立了一个地下区委叫灵五区委，宫霞光任副书记，后任书记。工作队跟着县政府活动在尤集一带，主要任务宣传党的抗日主张和国共合作方针。两个月之后，形势恶化，县政府、县大队向东转移，县委、灵五区委随之转移到九顶山一带。灵璧县委与灵睢县委合并为灵睢县委后，灵五区委随之改组，宫霞光继续任区委书记。

1941年初，由于形势进一步恶化，灵睢县委撤销，成立灵睢中心区委，辖灵五、睢六两区，宫霞光任中心区委书记，在此工作大约半年，形势更加恶化，灵睢区委撤销，转移到海郑公路以北活动。

1942年12月，宫霞光调回灵璧，继续任灵五区区委书记，经常活动在尤集一带。

灵北县建立后，灵五区划归灵北县领导。主要任务是发展武装，开展游击斗争，打击敌人，保卫群众，发动群众，减租减息，成立农会，发展党员，建立党的组织，巩固和扩大游击根据地。1944年6月灵五区撤销，分设朱集、大路两区，宫霞光任大路区区委书记。

1945年春，宫霞光被派往参加淮北区党委开办的轮训队学习，从此离开了灵璧。

宫霞光离休前，任营口市人大常委会主任。

（县政协办公室　供稿）

灵璧英才：康志强、刘震

拔除两据点 重创敌伪顽

1941 年 1 月 28 日，新四军军部在苏北盐城重建，并将华中地区八路军、新四军统一整编为新四军，全军编为 7 个师和 1 个独立旅。八路军第四纵队改编为第四师，2 月 18 日宣告正式成立，辖有十、十一、十二共三个旅。原八路军四纵队四旅旅长刘震、政治委员康志强分别任新四军四师十旅旅长和政治委员。

1941 年 2 月 10 日，豫南战役刚结束，国民党汤恩伯集团军 9 个师共 10 多万人，东渡黄河，向豫皖苏边区发起猛攻。新四军四师顽强进行自卫反击。十旅在自卫反击中遭受重大损失。3 月 14 日，军部命令该旅越过津浦铁路向东转移，康志强、刘震率部经过灵璧北部地区，赶往石梁河东岸休整。

1941 年 5 月初，以张爱萍为旅长、韦国清为政委的第三师九旅，已挺进到邳睢铜和泗县、灵璧边区开展游击战争。9 月 9 日，军部决定第三师九旅与第四师十旅对调建制，其旅、团番号不变。11 月，张爱萍任三师副师长，韦国清改任九旅旅长，康志强任三师九旅政治委员。在 1943 年 8 月至 1944 年 12 月间，康志强还任中共淮北三地委书记兼第三军分区（即原邳睢铜灵军分区）政委。1943 年 9 月至 12 月，九旅二十五团在九顶山区一带开展游击活动。1944 年 1 月，彭雪枫师长、张震参谋长，亲临张大路，在阵前指挥，调九旅二十六、二十七团参加攻打张大路战斗。时任淮北三地委书记兼三分区政委的康志强，亲自安排地委敌工部长吴云培带人从睢六区护送电台到张大路交给彭雪枫师长，以利指挥。1944 年 12 月，中共淮北三、四地委合并为三地委，三、四军分区合并为第三军分区。康志强不再在地方兼职，仍回九旅，与时任九旅旅长的滕海清一起开展打击敌伪顽的斗争。1945 年 5 月，九旅二十五团、二十六团从津浦路西撤回到灵北，于 9 日夜至 10 日上午 8 时，先后打掉了卓圩、卓海两个敌人据点。在攻打卓圩战斗中，计毙伤顽伪官兵百余人，生俘团长孙家钊以下官兵 693 人，缴获轻机枪 8 挺，长短枪 547 支。在卓海战斗中，俘虏睢宁第五区大队长袁志臣以下官兵 219 人，毙伤伪军 10 余人。缴获轻机枪 5 挺，长短枪 161 支。九旅官兵又乘胜先后向盘踞在邱集、朱碾盘一带的顽伪发起猛烈进攻，一举攻克并全歼守敌，睢南战役胜利结束，从而使 1943 年开始向我进攻，并占据高楼的国民党 33 师失去固守信心。

康志强是江西省兴国县人，生于 1912 年。1930 年参加中国工农红军。土地革命战争时期，相继任排长、连长、连指导员，团政治委员等职。参加了长征。解放战争时期，任华东野战军第二纵队副政治委员、政治委员，第三野战军二十一军政治委员，华东军区海军政治部主任。1955 年被授予中将军衔。先后任华东军区海军副政治委员兼政治部主任，海军东海舰队政治委员，海军学院政治委员，海军副政治委员。

刘震是湖北省孝感县人，生于 1915 年。1931 年参加中国工农红军。参加了长征。抗日战争时期还曾担任新四军三师副师长。解放战争时期，任中共吉江省委书记兼吉江军区司令员、政治委员，东北民主联军第二纵队司令员，第四野战军十四兵团副司令员兼三十九军军长。抗美援朝时，任中国人民志愿军空军司令员。1955 年被授予上将军衔。先后任沈阳军区副司令员，新疆军区司令员，军事科学院副院长。是中国共产党第八届候补中央委员，第十一、十二届中央委员。

（古月　供稿）

灵璧英才：吴瑾瑜

爱与痛的戏剧人生

吴瑾瑜，1938 年参加革命，1939 年 3 月经东北军 111 师地下党组织介绍，到山东沂水县岸堤八路军山东军政干部学校学习，6 月间参加了南沂蒙游击队，后到苏皖纵队政治部宣传科任干事。与钟辉的陇海南进支队汇合后，一路战斗，于 1939 年 11 月来到灵璧张大路，为开辟皖东北抗日根据地展开了艰苦的斗争。

1940 年 9 月，随部东进淮海，南下盐阜，1942 年底参加了反扫荡斗争，1943 年精兵简政到边沿区工作，1944 年参加整风学习，1945 年又随部重回灵璧，担任新四军四师十二旅文工队队长，负责开办文化大队，抓文艺干部培养。当年 6 月，又随十二旅司、政、后机关先行到达灵北高楼。旅部决定当年 7 月上旬攻打睢宁县城时，安排吴瑾瑜带领文工队一个精干小组，随攻城部队一道攻城，结果吴瑾瑜受重伤，到设在高楼的后方医院治疗。

同年 11 月底，吴瑾瑜伤愈出院后，调到华中野战军第九纵队文工团任副团长，继续活动在灵璧境内。吴瑾瑜深入到七十七团，同指战员一起在沱河一线迎战国民党广西部队。他根据战地体验，赶写出了话剧《新四军的母亲》，由九纵文工团突击排练演出，鼓舞了军民士气。

沱河战斗后，吴瑾瑜随部队退守灵璧，随后又开赴灵北朝阳集方向，担负朝阳集战斗中的打援任务。蒋军九十二旅被全部歼灭后，被俘旅、团两级军官直送野战军管理。100 多名营、连、排军官，经审查教育后编为一个军官大队，由吴瑾瑜任大队长，负责对被俘军官进行教育管理。他先是在朝阳集东边一个庄子里从事教育活动，后带着全大队俘虏军官随部队移动，直到 1946 年 11 月涟水战役前，顺利完成了此次负责管理俘虏军官的任务。

中华人民共和国成立后，吴瑾瑜相继担任上海戏剧学院戏文系副主任，戏剧学院学术委员会副主任，《戏剧艺术》副主编，戏剧研究所副所长等职。

"文革"结束后，吴瑾瑜恢复了在上海戏剧学院的职务，重新组织正规教学，面对着被"四人帮"严重破坏的教学思想、教学体系，首先做好拨乱反正工作，把被"四人帮"弄颠倒的东西翻过来。此时，全国还无一家戏剧刊物承担这一重大任务。在其牵头并倡导下，《戏剧艺术》承担其戏剧理论研究这一光荣任务，这期间他发表了一系列文章，影响最大的是为斯坦尼在理论上平了反，受到了戏剧界的欢迎。杂志发行量从开始的不足 3000 份，逐日上升，最多时订户达到 5 万余份。作为刊物领导核心，吴瑾瑜、陈恭敏、张可三位思想一致，为形成理论上的坚强合力起了决定作用。

在中央召开的全国戏剧创作讨论大会上，他代表杂志在北京政协礼堂，以"爱人民所爱，痛人民所痛"为题，发表了5000字的长篇发言，获得了与会者长达数分钟的热烈鼓掌。与会者认为上海《戏剧艺术》是全国戏剧界最好的朋友和坚强后盾。

（县政协办公室　供稿）

灵璧英才：杨瑞堂

创建灵南抗日武装

杨瑞堂，河南镇平县人。1933年因在家乡从事党的活动，身份暴露，先到怀远、蚌埠一带活动。1934年春，来到灵南以教书为掩护，继续寻找党的组织。

1940年3月，杨瑞堂到洪泽湖边遇到了八路军的营长张华山，说明原委后，张华山即派杨瑞堂到灵南杨庄，继续以教书为掩护，为我军收集情报。

当时灵南，日伪、土匪、地主混杂，环境非常恶劣。日伪顽经常抢劫烧杀，给人民生命财产安全带来严重威胁。为了配合主力部队的活动，杨瑞堂积极活动于各种势力之间，多方收集情报。1940年5月的一天，杨瑞堂将韦集伪军陆洪斌的情报辗转送到八路军苏鲁豫支队一大队即胡大队的手中。胡大队接到情报，即由大队政委王东保率队前往韦集攻打陆洪斌。陆闻风而逃，留下的十几名伪军全部被俘。胡大队挥师东进，途经韦集东南王圩子，反动圩主王开品首先开火，王东保果断命令两个排进行强攻，经过几个小时激战，圩子被攻下，圩丁30多人被打死，40多人被打伤，60多人被俘获，圩主王开品逃跑。

为了减少开辟灵南的阻力，杨瑞堂决定趁此机会拉拢王开品，利用其势力和影响为我服务。于是伪装同情王开品说："八路军里有我同乡，我想去一趟，看看能不能把你的人保出来。"王开品听了非常高兴，说了很多感激的话。随后，杨瑞堂到胡大队驻地，向大队领导汇报了自己的想法。结果，胡大队将俘虏交给杨瑞堂带回王圩子。杨瑞堂向王开品转达了八路军要成立藕庄乡，并要求王开品为八路军办事。王开品满口答应，在单圩子召集灵南32保保长聚议，推选杨瑞堂为藕庄乡乡长，并议定每保出一人一枪，成立起乡队。乡队活动在藕庄、单圩、韦集一带，发动群众抗捐抗税。鉴于当时环境险恶，该乡只能以两面政权出现，既为我方办事，也与日伪周旋。维持会的头子陆洪斌在晏路得知情况很恼火，便带人把乡队全部掠走。王开品将情况传给杨瑞堂后，杨瑞堂很快找到泗五灵凤县县长徐崇富，徐崇富把杨瑞堂临时留下。

1941年3月，县政府又派杨瑞堂回到灵南，很快成立起灵南大队，由杨瑞堂任大队长。杨瑞堂吸取教训，坚持与日、伪、匪展开针锋相对的斗争，带领大队天天晚上出来活动，打土匪、抓坏蛋，继续发动群众抗捐抗税。灵南大队一天天发展壮大，至年底已发展到100多人，10多支短枪，100多支长枪，还有十几匹马。

1942年春，灵南的形势开始好转，随之灵南区建立，乡政权也由藕庄、龙岗两个，又相继建立了胡庙、单圩、王集、院寺、韦集、沙坝、陈元、官庄、西陈元等9个。1943年春，灵南大队上升到县总队，杨瑞堂接任灵南区区长。

1944年5月，杨瑞堂调动泗五灵凤县受训，从此离开了灵南区。

（县政协办公室　供稿）

灵璧英才：李广涛

指导建立灵北五区委

1939年12月底，时任中共永城县委书记的李广涛奉命随张爱萍率领部队离开永城，来到津浦路东苏皖区党委。1940年1月，组织决定李广涛担任灵宿县委副书记兼灵北县县委书记。李广涛曾用名李济民，安徽省合肥市人。1936年夏参加革命工作，次年8月到延安陕北公学学习。1938年1月分配到中国青年救亡协会宣传团工作。3月加入中国共产党，从9月起，相继担任中共河南省新蔡县和永城县县委书记。李广涛担任灵北县委书记时，县委只有他和民运部长夏际霞两人，为了把工作开展好，他指示当时以公开身份活动的灵璧县政府政治工作队队长苏英迅速组建一个地下区委。

苏英是与爱人廖量之一起由中共苏皖区党委分来灵璧工作的。她的任务是筹建县政府政治工作队。根据当时的组织原则，她同县委直接联系人只有李广涛。根据李广涛的指示，苏英主持成立了中共灵北县五区区委，她被委任为书记，宫伯奎任副书记。区委下面没有基层组织，仅县政府政治工作队里的几个党员。县委和区委都在工作队的掩护下开展活动，主要在尤集、九顶一带发展党员，宣传党的抗日主张和国共两党合作抗日的方针，发动群众，壮大抗日力量。

李广涛在灵北工作不过月余时间，张爱萍又找其谈话，调他任淮阴县委书记。其后廖量之任灵北县委书记。三月间，灵北县委撤销。

中华人民共和国成立后，李广涛相继担任中共合肥市委副书记、书记，省委宣传部副部长，安徽医学院院长、党委书记，省体委主任，省委文教部长、省人大常委会副主任等职。

（古月　供稿）

灵璧英才：张有奇

艰苦奋战"宿灵边"

1941 年 9 月，中共宿灵县委成立，姚克为书记，李玉亭为副书记，县委成员先后有张有奇、王鸿钧、邵光、郑良瑞等。1942 年 9 月，姚克调离后，李玉亭接任书记，李不在时，由张有奇代理书记。宿灵地区所处位置十分重要，宿灵地区的环境也十分复杂。境内据点林立，又靠敌人铁路、公路交通线，开辟工作靠隐蔽发展。为了开辟宿灵边地区，1942 年 4 月间，张有奇、王鸿钧等随宿东游击支队政委周启邦所率部队一起，到灵璧大山一带开展工作。4 月 23 日凌晨，部队开到倪圩子，由于这里是敌占区，土匪曾冒充八路军抢劫百姓，虽然部队一再申明是八路军，群众因为不了解底细依然高高拉起吊桥不敢打开圩门。大家只好在门外等。天亮后，群众看清了是八路军的队伍，便打开圩门让部队进去。大家忙着烧水做饭。圩里的汉奸却乘机溜到沱河敌人据点告密。驻固镇日军接报后调集日伪军乘汽车赶来，分三路对我进行突然袭击。周启邦临危不惧，率部奋力还击，把敌人的注意力吸引到自己方面来，使张有奇等人带领部分队伍突围脱险，而自己终因寡不敌众，壮烈牺牲。

张有奇回忆说："周启邦同志牺牲后，我们的处境更加困难，但是，我们开辟宿灵边的决心一点也没有动摇。"因为"绝大多数人民群众的心是贴着我们的。"此后，张有奇等人坚持依靠群众，在宿灵边地区艰苦奋战了 4 年之久。

张有奇是河南人，1932 年在汝州（现临汝）省立十中上学时，加入了中国共产党，1939 年 2 月，张有奇任中共伊阳县工委书记，开展地下抗日救亡活动，后被国民党县党部拘留，经亲友周旋，得以释放。遵照中共临汝地委指示，来到豫皖苏根据地，在涡北县抗日民主政府任民政科长。1941 年 5 月间，四师转移到津浦路东，张有奇随之东来，奉命留在路东宿灵边地区开展斗争。1945 年 2 月底，张有奇受命到淮北地区党委轮训队学习。尔后，调到路西夏邑县，任县委副书记、代理书记。新中国成立后，工作几经调动，1963 年 2

月调来宿县专员公署任专员。

张有奇战地重游，倍感亲切，分外"怀念生死患难的人民，怀念那些把热血抛洒在这片土地上的战友"。

（古月　供稿）

灵璧英才：顾寒星

奔袭活捉顽县长

顾寒星，原名梁鸿志，今埇桥区曹村镇桃山村人。生于 1914 年 10 月，1937 年 8 月参加革命，1938 年加入中国共产党。

1937 年"七七"卢沟桥事变后，顾寒星在家乡组织抗日救亡工作，同年 10 月，在孙象涵的带领下，组织起青年抗日自卫队，后改名为彭南抗日游击队，顾寒星均任小队长。1938 年 8 月初被改编为八路军山东纵队人民抗日义勇军第二总队第十八支队，顾寒星任中队长。1939 年春，该大队暂编入苏鲁豫支队二营，后被整编为苏鲁豫支队七大队，顾寒星任该大队东进队排长，1939 年 7 月，吴法宪带胡炳云的一大队、孙象涵的七大队开辟皖东北，顾寒星随部通过灵北圩疃时，打退了伪军雷杰三和红枪会对我方的截击，尔后进入灵北张大路进行休整。期间顾寒星参加了七大队配合一大队取得了冯庙反击战的胜利。

七大队改编为四大队（团级）后，顾寒星由营教导员提任大队政治处主任。四大队编为江纵第一团时，顾寒星任团政治处主任。后任九旅二十五团政治处主任。1941 年冬，顾寒星为九旅二十五团政治处主任兼独立营营长。1942 年 3 月 9 日，顾寒星奉命率全营配合九旅奔袭灵北张小圩子，灵璧顽县长赵觉民、十七纵队司令许志远等被我俘虏，其部队 400 余人全部被歼。

1944 年，萧铜总队提升为萧铜独立团，顾寒星任团长。1945 年 6 月下旬，顾寒星奉命率团东去配合三分区主力攻打睢宁县城后，乘胜转向灵北九顶老母猪山、张圩子、陈潭子等地清剿，共歼灭顽敌 200 多人。

1945 年 8 月下旬，萧铜独立团改编为四师十二旅三十六团，由顾寒星任团长。1945 年 11 月，上级以十一旅、十二旅为基础组建起华中野战军第九纵队，以顾寒星为团长的三十六团，编为华中九纵七十九团。在解放战争中，顾寒星率团在灵璧转战，并参加了朝阳集战斗。

顾寒星后任解放军华野二纵五师十五团团长，华东特种纵队军械处处长，山东南下干部长江支队参谋长，江淮军区第三军分区参谋长，三野特纵后勤部部长，华东军区后勤部油料部部长，南京军区后勤部司令部参谋长等职。

顾寒星于 1964 年 9 月离职休养，2001 年 12 月逝世。

（古月　供稿）

灵璧英才：卓凤鸣

文韬武略真才干

笔名耿卓，灵璧县渔沟镇卓庄村人，1925 年 10 月 26 日生，中共党员，大专文化，副军级研究员。

1939 年 10 月，参加八路军苏鲁豫支队第一大队，任勤务员，1940 年冬任勤务班长。1941 年 1 月入党，随后调到团政治处任宣传员。同年 2 月，部队改编为新四军 3 师 7 旅 19 团，参加了盐阜区第一次反"扫荡"。8 月，团宣传队撤销，调团通信排任通信员。10 月，参加程道口战役。1942 年 3 月，到七旅教导队学习。5 月，任旅司令部收发员。同年底，部队实行精兵简政，再次入教导队学习。1943 年春，再次参加盐阜区反"扫荡"，转战于盐东、盐城。1943 年 5 月至 1946 年 12 月，调苏北军区盐阜军分区涟东总队 4 连（后改称涟东独立团二连、华野十纵八十二团二连），历任支部书记、政治指导员、连长。1944 年，被新四军三师授予政治工作模范称号。1945 年 8 月至 9 月，参加两淮战役。因带病作战，受到团首长通令嘉奖。

1947 年 1 月至 1949 年 9 月，先后任华中军区第五军分区叶挺总队（团）、五分区二团一营、三野十兵团、二十九军八十二师二六一团作战参谋、副营长、营长等职。先后参加了苏中、益林、盐南、淮海、渡江、上海等战斗、战役 30 余次。负伤 3 次，曾被评为二等伤残，1960 年复查改为三等甲级伤残。1949 年 10 月，任师部侦察科长。1950 年 1 月，奉命率两个连攻克福建省永安城，活捉福建省第 6 专区专员兼保安司令高凯，俘敌 151 名，缴轻机枪 4 挺，短枪 137 支。随后改任作战科长。1951 年 3 月，调任二六一团参谋长。1952 年 2 月到南京总高步兵学校学习，随后任战术教授会教员、组长，1959 年 12 月至 1970 年 1 月在南京军事学院历任战术教员、教学组长、研究员。

在院校共工作了 18 年，期间，曾参加总参、军事学院、总高步校组织的全军各种战术演习近 10 次。1954 年被评为教学优秀三等奖。

1955 年 5 月到朝鲜志愿军司令部帮助工作，在志愿军 1 军参加导演了实弹与非实弹相结合的陆空协同作战的团进攻实兵示范学习，因成绩突出，受到志愿军领导的称赞。同年 11 月返回南京。年底被步校评为三等奖。1956 年 6 月，参加师资训练班学习，于 1957 年 6 月授勋，荣获三级独立自由勋章、解放勋章各一枚。

1958 年 8 月至 12 月，在参加崂山湾步兵师海岸防御实验演习。1959 年春，完成海岸滩头防御课题研究的初稿，并上送总参谋部。1960 年初，总高步兵学校与南京军事学院合并后，调到训练研究部第一教研室工作，参加《合同战术概则》的编写工作。5 月，调到军事科学院参加军事博物馆的筹建工作，拟制红军馆的 6 张战役图及说明词，并任编写组长。完成任务后，又与 6 名同志转入编写红四方面军战史。

在反右倾运动中受批判。1960 年 12 月返回原单位，在第一教研室参加一系（指挥系）教学工作。1962 年平反。1963 年春，任司令部研究室教学组长。同年秋，结合历次参加演习的经验，写出第一本《战训法概则》。1961 年至

1964 年，连续三次被评为先进分子和学习毛主席著作积极分子。1964 年 1 月至 1966 年 10 月参加三次核试验工作，收集试验资料，为写原子防护条令做准备。1966 年 10 月，回军事 院校参加"文革"，在运动中受到冲击。1970 年 2 月，南京军事学院撤销后，调到福州军区守备第二师任副师长，1976 年 4 月，任第三师师长。

1980 年秋，重点抓了军事训练中师海岸防御沙盘兵棋对抗作业实验和实兵对抗演习，年终受到军区表彰，并将该试验推广到全军区。1981 年 11 月，调到福州军区研究室工作，参加《中国大百科全书》（军事卷）的编写工作。1983 年 12 月，被中央军委任命为副军职研究员。

1984 年 12 月离休后，继续完成撰写任务。在 1986 年 3 月的总结会上获一等奖。随后又接受聘请，参加编写新中国第一部军事工具书《军事百科全书》，于 1988 年夏完成初稿。同年 7 月 15 日被授予功勋荣誉奖章一枚。不久又投入到《福建省军事志》的审稿、定稿工作中。

1995 年 4 月，参加编写陆军第 29 军军史，任编写组副组长。1996 年夏完成送审稿后，奉命转入编写第 87 师的战史，并担任编写组长、顾问委员会副主任，1999 年 5 月定稿出版。同年秋，被选为福建省新四军历史研究会副会长。2000 年 5 月，又被中国新四军和华中根据地研究会第三次常务理事会聘为特邀研究员。

（县政协办公室　供稿）

灵璧英才：周思平

加强统战　巩固政权

周思平，生年不详，原名周登岳，蒙城县人。1941 年 9 月，沱南区建立，周思平任区长。周思平等相继在沱河北岸的长集、永定、吴塘、任庙等地建立起联庄分会，遂后建立了沱北区。经过几个月的努力开辟，1942 年 7 月，建立了大山区。周思平又被调任大山区区长。周思平在任大山区区长期间，与区委书记申传义、副区长戴文生等一道，先后建立起 10 多个联庄分会，后改为乡，政权建设不断加强。1942 年冬，日军集中兵力对我淮北路东根据地进行了 33 天大扫荡。宿东县周围之敌集中向我中心区扫荡，四面包围，步步为营，庄庄搜查。周思平等组织干部群众利用交通沟与敌周旋，最后跳出包围圈，使敌人扑了空，取得了反扫荡的胜利。

为了巩固大山区的抗日民主政权，周思平等首先强化武装建设，到 1944 年 8 月，区队发展到 200 多人枪，各乡也都建立了一二十人的乡队。大山区、乡武装多次配合县大队粉碎了固镇、沱河、晏路、灵璧等地日伪军的扫荡和抢掠。1943 年 3 月下旬，周思平一方面安排好战斗准备，一方面请大山伪联保主任张洪春吃饭，劝其缴械。结果张洪春责令手下共交出长枪 50 支，手枪 8 支，子弹 4600 发，手榴弹 70 枚。

周思平等还同时开展了减租减息、增加雇工工资运动。通过减租减息的群众运动，培养和发展了党员，不断加强党的建设，并建立起农救会、妇救会、民兵等群众性的组织，有效地保卫和巩固了政权。

此外，他们还发动群众加强敌伪工作、统战工作和情报工作，使得党的地下工作既得到掩护，又消息灵通，多次得以化险为夷。同时加强了根据地内的财经工作，在集镇和交通要道上设立盐卡，征收盐税，既解决了抗日民主政权的财政困难，又减轻了群众负担。与此同时对敌人采取推、拖、磨、滑的办法，使敌人少收或收不到粮款，保护了群众利益。

周思平等通过如此多项工作的开展，有力地促进了根据地的建设，巩固了抗日民主政权。

（县政协办公室　供稿）

灵璧英才：周纯麟

金戈铁马出奇兵

1941 年 5 月，新四军 4 师奉命从津浦路西转移到路东，认真总结平原游击战的教训，于当年 8 月 1 日宣告成立了骑兵团。周纯麟因为曾被党派到国民党新疆省主席盛世才的骑兵部队学习过，且当过骑兵连长，对骑兵的一些战术和技术比较熟悉，被调到骑兵团，相继担任副团长、团长、团长兼政治委员。他率领全团骑兵在淮北平原上驰骋疆场，在灵璧大地上一次又一次取得辉煌战绩。

1942 年 10 月的一天，部队得到情报：驻在灵北冯庙伪据点的敌人要撤退。骑兵团经过一夜行军，天亮时赶到泗县西北的曹场。又得知冯庙敌人已向灵璧县城方向逃跑，周团长立即命令全团追击。追行 1 个多小时，在禅堂附近的旷地里追上了逃窜的敌人。此时，灵璧城里的日伪军也扛着机枪、小炮出来接应。面对此情此景，周团长大声命令："同志们，赶紧冲上去，不能让两股敌人汇合！"骑兵们勇猛地扑向敌人，挥刀劈杀，几个回合，便把伪军全部冲垮杀散，抓了大批俘虏。来接应的日伪军也被压缩到一个小村子里。激战到下午，又打死一些日军，抓了一部分伪军，缴获了两个 8 式掷弹筒。剩下的敌人仓皇逃回灵城。

在此之前，新四军 4 师骑兵部队已在灵璧战场上显示出神威。1942 年 8 月上旬，9 旅旅长韦国清从泗洪境内远道奔袭灵北张小圩子安排骑兵团五大队与二十五团、二十六团一个营与二十七团，共同参战。部队于 3 月 5 日下午 3 时出发，6 日黄昏时通过灵双公路至小张家，遇到顽敌睢宁县长刘天展所属葛英舟区常备队残部约 20 人，我骑兵当即解决之，以使我军继续向前挺进，及时到达指定地点。当指挥所部署围攻张小圩子之时，骑兵大队同旅骑兵侦察队迅速由小康庄出发，经花楼、大谭楼向西北以阻击敌人。经过 5 个小时激战，攻下该圩，顽敌全部被歼灭。战斗刚结束，又接报，有敌伪百余人从尤集方向向我进犯，企图增援顽敌。在两个连的步兵前往迎击的同时，骑兵大队迅速迂回敌后，双方接触后，敌人很快被击溃。1943 年 3 月间，我军在灵北发起反雷战役。抽调骑兵团三大队配合宿东游击支队和十一旅的主力部队消灭雷杰三部。根据统一部署，骑兵三大队于 4 月 11 日前，已活动于濉河沿岸的尹集附近，待命出动。4 月 14 日上午 1 时，我部一举攻入小王圩，先后毙敌 20 余人，雷杰三率 10 多人向南逃窜。14 日下午 2 时，部队由大董家出发，向高场前进，骑兵排到达高场后，与雷部发生激战，顽敌发现我尚有后续部队，即向西逃窜，遭我骑兵迎头截击，又转道向南涉濉河向西逃窜，我骑兵过河追击，毙敌 30 余。敌人大部分溃散。

雷杰三部遭我两次打击后，其残部及顽保安团共 450 余人驻扎朱集，四周布有游动哨，且警戒森严。4 月 21 日凌晨 4 时，我各部均按原定部署，一致行动，当即突破东南一隅。敌人全部溃乱，向西北突围逃窜，骑兵 3 大队立即发起冲锋，配合步兵进行尾追，20 分钟左右，将逃敌全部歼灭。

1943 年 5 月 20 日，骑兵团一大队配合九旅二十七团 4 个连队奔驰至九顶山附近的大旺李家袭击国民党睢宁县长刘天展部，一举俘获其电台工作人员等近 20 人。1943 年 10 月，顽军段海洲部 500 余人驻扎在高楼北大车头，当月 14 日，我骑兵团配合十一旅三十一团共同与敌人拼搏，结果俘敌 3 人，毙伤敌团长以下 30 多人。次日，骑兵团又与十一旅三十一团赶到九顶山杨庄与刘天展的二团开展战斗，一举俘敌 85 人。

国民党顽 33 师张克修部及汉奸雷杰三部共 600 多人进占张大路，他们与唐广金顽兵配合，在周围扫荡，欺压百姓，又对抗日民主根据地造成严重威胁。1943 年 12 月 22 日，我四师即下达了攻打张大路的电令。骑兵团团长周纯麟亲自率领全团骑士参加战斗。12 月 30 日 22 时，段海洲派 7 个连从孟山、半楼前来增授张大路顽、伪军，被周纯麟骑兵团及三分区骑兵连和我二十七团一营击溃，俘人枪 30 余，轻机枪两挺。1944 年 1 月 1 日晨，苗秀霖、段海洲各一部集结杏山，向南进犯，以增援张大路之敌，又被周纯麟骑兵团和我 27 团击溃，援敌扼守杏山南张场圩顽抗，遭我继续打击，被追向杏山据点窜去。

彭雪枫师长、张震参谋长 1 月 4 日午后，赶到张大路进行战前指挥，骑兵团与各兄弟参战部队一道勇敢战斗。1 月 8 日晨 6 时，周纯麟团长率骑兵 3 大队赴渔沟以北游击，经过渔沟南火房子山地，遇敌伏击。周团长指挥部队以三渠河与敌对峙，我二十七团及时赶来向敌猛冲，将敌击溃，毙俘 10 余人，并发现了日军，骑兵三大队由侧翼迂回，俘伪军 2 名，获枪 2 支，马 3 匹。得悉其系来自时村的日伪援敌，及时向指挥部作了报告。参战各部首长依据当日敌伪动态，经过充分讨论研究，决定撤出战斗，以保持有生力量，待机进击。1944年8月16日，周纯麟率骑兵团紧跟彭雪枫师长，浩浩荡荡冒雨西进，在津浦路西接连打了一个又一个胜仗。1941年皖南事变后，反共军骑八师在路西疯狂向我新四军四师部队攻击。1944年10月中旬，兄弟部队与国民党军在永城以北的保安山展开激战，击溃了国民党军。周纯麟率骑兵团作为师预备队分三路追歼逃敌。这个逃敌正是当年不可一世的国民党骑八师。我骑兵团的战士不顾疲劳，催马猛追，在永城、涡阳交界一带，与骑八师展开殊死搏斗。战士们挥舞战刀，左砍右杀，敌人纷纷落马，最后被我骑兵杀得七零八落，溃不成军。

以后，周纯麟所率骑兵团遵照新四军总部的指示，转战淮北各战场，参加了抗日大反攻，迎来了抗日战争的最后胜利。

周纯麟系湖北省麻城县人，生于1912年，1930年参加中国工农红军。参加了长征。解放战争时期，任华中野战军第九纵队73团团长兼政治委员，华东野战军第二纵队五师副师长，第三野战军二十一军六十二师师长。中华人民共和国成立后，任华东军区炮兵副司令员、司令员，南京军区炮兵司令员，南京军区副司令员兼上海警备区司令员。1955年被授予少将军衔，是中国共产党第十、十一届中央委员，政协第六届全国委员会委员。

（古月　供稿）

灵璧英才：周启邦

开辟灵南根据地

娄庄、黄湾镇的一些老人提起周启邦都能了解一二，说他在带领地方武装力量在开辟灵南抗日根据地上是个大功臣。尤其是黄湾西部从沱河集到娄庄及娄庄西部，是周启邦游击活动的重点地方，为抗击日伪军和清扫反动势力、建立红色基层政权立下了汗马功劳，灵璧人民永远不会忘记他。

周启邦带领游击队在沱河集、晏路集、大山开展多次对日伪军和地方反动势力的战斗。1942年1月，周启邦任宿东游击支队长。1942年4月23日晨，周启邦率宿东游击支队一部和地方干部及武装力量，刚到达倪圩孜村，部署尚未安完毕，日伪军数百人，兵分三路向游击队扑来，周启邦率部奋力抗敌，且战且退，掩护部队迅速转移。敌人乘汽车尾追。部队撤到王庙孜时，周启邦不幸中弹，壮烈殉国，时年仅25岁。同时牺牲的还有游击支队参谋邓伦等十多人。

周启邦牺牲后，彭雪枫、张震、萧望东等四师首长分别撰写纪念文章。5月11日，在泗县管镇隆重举行追悼大会，彭雪枫师长亲自致悼词，高度评价了周启邦英勇的一生和坚持宿东战斗的事迹。彭雪枫深情地说："大山永存，沱水长流，启邦同志精神永远不死！"

（刘万广　整理）

灵璧英才：姚克

领导开辟"宿灵边"

1941年9月，中共宿灵县委成立，由姚克任县委书记。该县隶属宿东地委领导，管辖范围为宿灵公路以南，灵固公路以西，津浦铁路宿县至固镇段以东，是块狭长的三角地带。地块虽然狭小，但对于打通宿东与淮北基本区的联系，意义却十分重大。姚克任宿灵县委书记之前，担任宿南工委书记，对宿灵边的情况极为熟悉，深知该地区伪顽匪势力杂陈，经常抢劫百姓，危害地方，群众迫切希望得到保护。姚克等县委领导虽然只能隐蔽活动，但他们因势利导，通过联庄会等多种形式宣传发动群众，发展党的组织，壮大抗日力量，打击敌伪，破坏敌人的交通线。征粮、筹钱、做军鞋，为部队排忧解难。

姚克等认为，开辟宿灵，建立游击根据地没有武装是不行的。为此，县委将在宿灵活动的几股小型武装组织起来，成立了宿灵大队，由 1928 年入党、富有武装斗争经验的郑良瑞担任大队长。一次敌人集中进行大扫荡，郑良瑞率领大队人马到灵宿公路附近的戈店子隐蔽起来。待敌人返回时，我大队突然出击，打得敌人屁滚尿流，把缴获的物资全部还给了老百姓，群众非常感激，我军士气大振。1942 年二三月间，宿灵大队相继拔除了青集、仲兴集两个伪据点，争取了长集伪维持会长桂老兰和戈店联保主任张国帮，建立了沱南区。和平解决了大山集伪联保队，收枪数十支之后又在吴塘子处决了大土匪许明昶，使长集、戈店、永定之间的一块地方，基本为我控制，遂建立沱北区。县委以沱北区为依托，继续往东南灵璧境内深处发展，为开辟大山一带提供了依托。姚克在险恶的环境中，无私无畏、镇定沉着、艰苦奋战，最终累病了。组织上决定，他于 1942 年 9 月离开宿灵，赴新四军四师后方医院治疗。

姚克是陕西省户县人。1936 年 9 月到西安高级中学读书，当月底参加了中华民族解放先锋队，任队部秘书。1938 年 1 月到延安抗日军政大学学习，当年 8 月毕业后，到河南确山竹沟镇新四军留守处任排长，9 月加入中国共产党。10 月在窦楼战斗中负伤。后到地方相继任中共永城县委秘书、组织部长、县委副书记、书记。随新四军四师转移到津浦路东后，被留在宿东地区工作。病愈后于 1943 年任淮北二地委组织部长，3 月调任三地委组织部副部长兼邳睢铜灵联防办事处民政科长，6 月调任萧宿铜灵县委副书记，1944 年 8 月初接任县委书记。从 1943 年 1 月至 1944 年 11 月的一段时间内，姚克奋战在萧宿铜灵一带不断扩大地方武装，军事上取得了一系列胜利，政权方面新建了灵五区，并成立了萧宿铜灵县政府，使萧宿铜灵联成一片，打通了与邳睢铜、宿东的联系，为四师西进建立了通道。

1944 年 11 月，姚克调任淮北区党委城市工作部副部长。抗战胜利后，相继任华中七地委联络部（又称敌工部）部长，中共洪泽湖工委书记，淮北支队党政军委员会联络部长。1948 年 6 月，姚克任江淮二地委副书记，1 月又兼任江淮二地委支前司令部政委，他带着民工越过海郑公路，在邳南赶上了江淮军区的部队，送上了粮食，抢运了伤员。我江淮军区部队奉命南下围攻灵璧守敌，于11月24日夜攻城，25日拂晓攻克灵璧县城，支前民工又及时将伤员运到后方。新中国成立后，姚克任安徽省委常委、副省长。"文革"中不幸逝世，年仅51岁。

（古月　供稿）

灵璧英才：崔绪龙

扩充武装　袭扰敌人

崔绪龙，生年、籍贯不详。泗灵睢县抗日民主政府是1942年3月在泗宿县刘圩区小湾村成立的，境内主要集镇有刘圩、枯河头、大庄、冯庙、禅堂、张大路、高楼、大李集、卓圩等。1942年5月，泗灵睢县大队成立。名义上是大队，实际上只有一个中队，人枪各百余，由杨子平任副大队长，1942年11月，33天反扫荡开始时，上级任命崔绪龙为泗灵睢县抗日民主政府大队长。县大队不断地分散游击，袭扰敌人，闹得敌伪顽不得安宁。同时通过写抗日标语，散发抗日传单，插稻草人，埋地雷，使敌人摸不清头脑，既疲劳又惊恐。

1942年11月末，县委把泗北灵北的几支游击队合编为县大队的第二中队。1943年2月，县大队奉命改番号为泗灵睢县独立大队，崔绪龙任教导员。独立大队以三侯家、巩沟为中心，经常来往于潍河两岸地区，战斗在日伪顽军据点之间，由原来隐蔽性的游击，逐渐转向公开活动，有效地开展了夜袭小王圩、击溃雷杰三、赶走张月樵，打击土顽王郁文等战斗，保卫和发展了泗灵睢县各级抗日民主政权。

1943年春夏，在泗灵睢辖区明显扩大的形势下，县总队成立，县长苌宗商兼总队长，县委书记李任之兼政委，崔绪龙任县总队总支书记。县总队历时一年，活动遍及全县，战斗频繁，战斗力不断提高。

1944年10月10日，在泗灵睢县总队的基础上，成立了泗灵睢县独立团，杨德隆任团长，县委书记石立志兼任政委。崔绪龙任独立团政治处组织股长，随团继续不停的参加战斗，继续为泗灵睢地区的巩固发展贡献力量。

崔绪龙离休前，任北京市财贸局政治部主任。

（县政协办公室　供稿）

灵璧英才：孟宪生

中共九顶支部创始人

孟宪生，又名孟迪，灵璧县九顶人，共产党员。灵璧沦陷后，孟宪生同戚庆超、戚德举等九顶山区一批进步青年，在睢宁县抗日青年救国团活动的影响下，积极联络有志青年，建立起抗日青年救国团。在不到半年的时间里，青年救国团就发展到100余人。1939年6月，建立了青救团邳睢县团部睢南支团部，由共产党员柴元堂担任支团部主任。这一抗日群众团体，在共产党的领导下，积极开展抗日斗争。随着抗日斗争的开展，九顶山区党组织也不断发展。1939年5月，在孟山口孟宪生家中成立九顶党支部，柴元堂、孟宪生分别担任党支部正、副书记。张树实、戚德举、杨宏锡为党支部委员。活动范围遍及孟山口、京渠、独谷堆、卓海、槐树园、倪贯营、杨集、陈集、戚楼等地。1939年11月，中共临时灵睢县委建立，县委机关则设在孟宪生家中。

1940年4月，中共邳睢地委决定成立萧灵睢铜边县委，孟宪生担任县委青年部长，县委活动区域为萧县的十区、铜山的七区、睢宁双沟以西，灵璧九顶山以西及尤集以北地区。

1940 年 5 月，中共萧灵睢铜边县委与临时灵睢县委合并为灵睢县委，下设东山、九顶、路北、李集 4 个区，孟宪生任九顶区委副书记，主要活动在海郑公路以南的九顶山区。至 1941 年下半年，灵睢地区形势日趋恶化，灵睢县委和区干部与留下的少数人坚持隐蔽活动，其余人员均相继撤往海郑公路以北。

孟宪生离休前任四川省渡口市计委主任。

（县政协办公室　供稿）

灵璧英才：郝鸿基

创建灵北抗日武装

郝鸿基，河北省清苑县人，生于 1912 年 11 月，1942 年加入中国共产党。九一八事变后，参加辽吉黑抗日民主后援会直属教导队。七七事变后，举家南逃途中，他参加了国民党孙殿英的部队，在第一战区联络处当通讯兵。后随同乡组建豫北游击支队，进行抗日活动。失败后，返乡途中参加八路军。1939 年初，郝鸿基进入晋东南抗大一分校学习。1940 年后，相继任新四军四师警卫团、十一旅三十一团参谋及宿东游击支队参谋。期间不断在灵璧境内开展抗日活动。1943 年初郝鸿基随部攻打日军驻守的禅堂敌据点，救出在灵北较有影响的民主人士杨广胜。随后受领导派遣，郝鸿基与杨广胜隐蔽联系，研究成立灵北武装，开辟区域等问题。不久，宿东游击支队特务连、宿东大队则在禅堂一带活动，支持杨广胜扩充队伍打开局面。后灵北大队成立，开展了打土山、打渔沟等战斗。1943 年 11 月，郝鸿基任灵北大队大队长，杨广胜任副大队长。郝鸿基后又任灵北县总队副队长兼参谋长。1944 年 8 月，灵北独立团成立，郝鸿基任独立团参谋长。在灵璧境内转战多个地方。

从 1944 年冬起，郝鸿基相继任淮北八分区作战股长，副团长、支队长等职。1946 年春起，先后任淮北八分区二支队队长，豫皖苏六分区十一团团长。1949 年春任十八军五十四师十一团团长。1951 年春进入南京军事学院学习。1952 年任南京高级步校战术教员。1959 年春任湖北军区孝感军分区副司令员。1965 年春转入地方工作，任中国人民银行湖北分行副行长，1984 年离休。

（县政协办公室　供稿）

灵璧英才：杨森奎

管教鬼子打不赢

杨森奎，生年、籍贯不详。1942 年 6 月，杨森奎任新四军三十二团二营营长，政治教导员是王绍渊。

1942 年 10 月，二营在杨森奎和王绍渊的领导下，在泗五灵凤县对敌作战多次，主要有藕庄、草沟、霸王城等战斗，拔除日伪据点 3 处，毙日军小队长和日伪军数十人，生俘伪大队长、警察所长以下 300 余人，获步枪 300 余支，轻机枪 10 余挺。这期间，三十二团三营营长佘骑义带领三营在泗五灵凤地区，仗也打得很漂亮。当地群众编了顺口溜地称赞说：“走佘营，来杨营，鬼子还是打不赢！”

1943 年 3、4 月间，二营主要战斗在泗灵睢县一带，在兄弟单位配合下，两攻朱集，两攻小王圩子。4 次战斗，共毙俘伪顽合一的雷杰三部 1306 人，获步枪 974 支、轻机枪 16 挺、驳壳枪 19 支、战马 30 余匹。

1943 年 6 月，杨森奎升任三十一团副团长。他亲自率部参加了灵北张大路等战斗。后曾任旅司令部作战股长。

1945 年 11 月中旬，根据上级命令，以新四军十一旅、十二旅为基础，编成华中野战军第九纵队，原十一旅三十一团编为九纵七十三团，杨森奎任副团长。

内战爆发后，杨森奎所在的七十三团接连重创来犯的蒋军。七十三团在灵南槐巷子反击战中，毙俘敌人近 400 人，获各种武器数百件，战马 10 多匹。在灵璧西南大山战斗中，我七十三团一次又一次打退敌人进攻，使敌伤亡数百人。

1946 年 7 月下旬，在我军开展的朝阳集战斗中，我九纵七十三团进至渔沟以南胡堆，大蒋家一带，驻守渔沟之敌惧歼，于 28 日中午向西逃窜，七十三团派骑兵飞奔追击，在郑楼子附近截住了逃敌。七十三团各营在团长周世忠、政委宋治民和副团长杨森奎分别率领下，边追边打，边缩小包围圈，经过两个小时追击，将敌人逃跑的这个营全部歼灭。

后杨森奎升任七十三团团长。

（县政协办公室　供稿）

灵璧英才：洪流

加强干部队伍建设

洪流，又名洪坚，生年、籍贯不详。1943 年 4 月，灵北县建立，洪流任县委组织部长。1945 年 9 月灵城解放，灵北县改称灵璧县，洪流继续担任县委组织部长。洪流担任灵北县委和灵璧县委组织部长期间，一直紧跟县委、县政府部署，注意加强组织建设，既抓党员队伍的发展壮大，又注意加强干部队伍建设，促进红色政权的发展巩固。特别灵城解放，灵城秩序得到初步安定后，全县组织建设有序开展，发展党员、建立民兵和工、农、青、妇等群众组织，成效显著。

由于内战爆发，特别灵城失守后，全县干部武装转入游击斗争，根据县委部署，洪流同县政府秘书叶煦、县委宣传部长戴增斌、县妇联会主任王杰等，于 1946 年 8 月，带领妇女、老弱病残和干部家属先行转移，向地委靠拢，尔后经淮阴安全转移到山东。

洪流离休前，任四川省冶金局局长。

（县政协办公室　供稿）

灵璧英才：孙朝旭

避强打弱　巧战顽敌

孙朝旭，江苏省铜山县人。1916 年 6 月生。1937 年 10 月加入中国共产党，1938 年 7 月参加新四军。在"六抗"三支队编为四总队十一团时，孙朝旭任十一团政治处主任。1941 年 1 月，十一团编为新四军三师九旅二十七团，孙朝旭继续担任团政治处主任。此后，他还曾担任过萧宿铜灵县委委员、萧铜总队政治处主任等职。1944 年 12 月，原淮北三四军分区合并为三分区后，原萧宿铜灵县总队升编为分区独立三团，孙朝旭任独立三团政委。1945 年淮北分区部队编为新四军四师十二旅，独立三团编为十二旅三十六团，孙朝旭任三十六团政委。1945 年 11 月，十一旅、十二旅编为华中野战军第九纵队，三十六团编为九纵七十九团，孙朝旭任七十九团政委，后又任七十七团政委。

孙朝旭在任上述职务期间，所在部队数次在灵璧境内开展斗争，诸如崔楼战斗、灵睢地区反顽战斗、袭击裴集顽据点、攻打灵北张小圩战斗、袭击双沟战斗、攻打张大路顽据点、堵击段海州部和苗秀霖部西窜战役、攻打尤集战斗等，灵城第一次解放之后又参加了著名的朝阳集战斗。

1947 年初，华中野战军第九纵队一部组成挺进支队重返淮北，挺进支队政治部副主任王烽舞和七十七团政委孙朝旭，率挺进支队一部进抵灵璧，绕灵城一周，摧毁了一些国民党据点及其基层政权，镇压和惩治了三个罪大恶极的恶霸地主。后又在灵北打掉了 5 个国民党乡公所。当年 5 月至 6 月间，王烽舞、孙朝旭率挺进支队一部再度进抵灵北，在濉河两岸跳跃迂回，避强打弱，先后袭击了大庙、大路、下街、胡场、浍沟、田路、渔沟、尹集等地的国民党基层政权和据点，歼灭百余人，俘敌数十人，为收复灵璧作出了贡献。

中华人民共和国成立后，孙朝旭相继担任二十八军政治部组织部部长、干部部部长、上海市民政局局长、舟嵊要塞区政治部副主任、国防工业政治部群工部部长。离休前任浙江省军区副政治委员。

（古月　供稿）

灵璧英才：洪沛

炸敌碉堡　端伪据点

1942 年底，原担任泗南县县委书记兼组织部长的洪沛，从华东局党校学习回来后，出任泗五灵凤县县委副书记。1941 年夏，泗五灵凤县委根据区党委部署，已把开辟灵南摆在重要位置，组织县独立团、沱北区队以及灵南大队不断配合四师主力部队，连续对敌伪势力进行打击，使我控制区得以扩大。经批准，于 1942 年 4 月间建立了灵南区。1943 年 10 月初，县委接到配合四师十一旅三十一团攻打虞姬墓伪据点的通知，洪沛亲自带领灵南的一个区队和两个乡的武装，共四五十人前往参战。虞姬墓南有条小沟，桥头和街上有四座碉堡，圩主和一个连的伪军住在碉堡里。为了攻下敌人据点，我军部署从南北两面进攻。洪沛带队越过小桥，进入指定地点，与主力部队紧密配合，用炸药炸开了敌人碉堡，打死敌人 10 多个，其余 70 多人，全被我方俘虏。

洪沛是江苏省盱眙县人。1937 年入伍，1939 年 5 月入党。抗日战争胜利后，相继任泗县县委副书记、书记，泗南县委书记等职。1948 年 5 月调任灵璧县委书记。他带两个警卫员经冯庙来灵北找县委，遇到敌人，即返回泗县县委住地，一天步行了一百多里。后来了解到灵璧县政府搬到泗县大庄一带，接着找到了县政府。洪沛二次来灵璧开展工作，主要是随部队开展军事斗争。当年午收后县武装经扩充有两个连的兵力，公安局下边有一个排的便衣队，称公安排，总计200多人，主要是对付土顽。灵城、双沟等敌人据点内，县委都安排有情报员，以随时了解到可靠消息，加上机动灵活的游击战，有效地打击了敌人，到当年夏季，灵北地区形势基本稳定。西边以圩疃为中心，北从田路南到杨疃，东边以下街为中心，北从孟山南到冯庙，中部以马庄为中心，南从浍溏沟北到渔沟，都很稳定。从渔沟北到九顶，从冯庙南到十里店皆为我方游击区。根据灵璧当时形势，恢复发展了党的组织，加强了县乡政权建设，区乡建立了农会，进行减租减息，同时惩办了一批坏蛋。1948年10月，洪沛调离灵璧，任三地委组织部长。新中国成立后相继担任安徽省财经委员会秘书长，省人事厅副厅长，省委统战部副部长、部长，省文物局局长，省委宣传部副部长，省政协副主席，全国政协委员等职。

（古月　供稿）

灵璧英才：戚超

壮大救国团 开展游击战

戚超，又名戚庆超，灵璧县人。1937年七七卢沟桥事变后，曾与几十位同乡自发成立抗日自卫队，后与几个小学同学一起又组织起抗日联络团。后经中共地下党员睢宁县陈新然的介绍，参加了青年救国团，随后发展多人一起参加了青年救国团，成员分头向周围各村发展，人数不断增多，1938年10月，成立抗日青年救国团戚楼乡团，戚超任乡团主任兼游击队队长。乡团成立后，一是继续发展壮大青年救国团，纵横几十里，如九顶、京渠、独谷堆、张山口、宋山口、小君庄、黄庄、邵埝、焦营、双沟西南小贾庄等都有青年救国团的成员，包括青年学生、农民、店员、教师等，也有少数中年人，穷的富的都有，只要爱国，愿意抗日都可以参加。二是积极开展抗日救国宣传。通过张贴标语，散发传单，发动人民群众共同抗日。他们还经常去双沟日伪据点里贴标语，散传单，敌人十分惊慌。不少敌占区的青年走上了抗日斗争的前线。

戚超带领青年救国团的成员，不断开展武装斗争，主要破坏敌人的交通、通讯联络，打击、阻止向敌人据点内送粮送肉以及送其他物资的行动，既保护了群众利益，又打击了敌人。此外，他们还利用亲戚、朋友、师生、同学关系争取伪人员为我提供情报，做有益于抗日的事情。

1939 年 3 月，李浩然率南进支队先遣第一梯队来九顶山区活动前后，受组织委派戚超与戚庆连、黄明华三人先是到第一梯队学习，后回乡组建二十大队，并动员当地爱国群众参加，自带武器，很快由五六十人发展到 100 多人。戚超任大队第一中队队长。大队成立后建立了党支部，戚超被选为党支部委员。

二十大队坚持以戚楼为中心，以九顶山区为后方，南自九顶山区，北至黄河故道，东自大王集，西到杨山，在方圆近百里的范围内不断开展游击战斗。

1939 年底，戚超随二十大队编入南进支队二营。

戚超离休前任合肥市委统战部部长。

（县政协办公室　供稿）

灵璧英才：蒋树铭

尖刀插进敌心脏

蒋树铭，1943 年春由盱凤嘉县调到灵北县任敌工站长。敌工站常住在浍沟西部的一些村庄，站里有七八个人，有时十几个人。各区也都有一个负责人做这方面的工作。县敌工站还直接领导一个有三四十人的武工队。当时，尤集、渔沟、大路、冯庙及灵城周围等地都是敌、伪、顽据点，敌工人员经常活动在敌人的心脏，加强敌军工作，争取敌人起义或为我工作，以分化瓦解削弱敌人力量。1943年春，伪军中队长宏士达和伪军特务中队长朱廷宽率部进驻张大路据点。蒋树铭等了解到宏、朱之间有矛盾。随即派人到张大路做分化瓦解工作，争取了宏士达，我军在无一伤亡的情况下收复了张大路。

尤集伪据点1000多名伪军，与时村等敌伪据点相呼应，不时向我中心区扫荡、侵扰。头目刘夫庭又是个凶狠残暴的大汉奸，他用各种残暴手段残害我方革命干部、群众。为了拨除尤集伪据点，根据领导安排，敌工站派人打入敌内部，既争取了敌人内部关键人员，又为我军队指挥机关提供了据点详图，结果在约定时间，通过里应外合，一举攻克了尤集据点。

敌工站派一个姓邵的同志，打进灵城敌人内部，结果争取了两个连的伪军投诚。在第一次解放灵城时，敌工站首先把守南关的一个伪军排争取过来。该排积极配合，我军很快打开缺口，攻进城内，击毙、俘虏敌人1000多名。

灵西界沟敌据点，有一个伪乡公所和四五十个伪军。敌工站通过关系，派拐李庄李广仁打进去当了伪乡长。李广仁表面上应付日伪，实际上为我党我军提供了很多日伪方面的情报。

杨疃陈广勋是地方较有名望的小绅士，他爱国，主张抗日，与灵璧县上层人士有很多关系。通过争取，他参加了革命，当上了我方民政区员，又是敌工站的秘密工作人员，为了革命，他做了很多敌伪军的工作。

1945年9月，蒋树铭调离了灵璧。离休前任中国外交学会总支书记。

（县政协办公室　供稿）

灵璧英才：牛子明

尤集战斗当尖兵

牛子明，宿县（今埇桥区）人，1908 年生，18 岁时曾参加冯玉祥部学兵队，抗日战争爆发后，参加了李宗仁指挥的台儿庄战役。后回到家乡，参加了赵汇川组织的抗日游击队，该队被编入六抗三支队，牛子明任三支队八大队副大队长，后接任大队长。1939 年 7 月，彭雪枫派张爱萍、刘玉柱来皖东北开辟抗日根据地，"六抗"三支队实际上在张爱萍的领导下开展工作。1939 年 10 月，牛子明加入了中国共产党。"六抗"三支队编为新四军六支队四总队十一团，牛子明任十一团二营营长。该团相继编为八路军五纵二支队九团，新四军九旅二十七团，牛子明均任所属团二营营长。1941 年 11 月，牛子明去抗大四分校学习 5 个月后回来，担任九旅二十五团一营营长。不久调任宿东游击支队宿灵大队副大队长。后宿灵大队升入宿东游击支队，牛子明任三营营长。1943 年冬，国民党三十三师的团长张克修与大汉奸雷杰三盘踞在灵北张大路。彭雪枫师长亲自指挥攻打张大路，牛子明所率营担任第二梯队，于夜间顺着河沿接近敌人，接连发起冲锋，为打击敌人作出了应有贡献。

1944 年 12 月，淮北军区第三军分区建立，牛子明所在第四军分区独立团编为第三军分区独立二团。领导决定，1945 年 2 月 9 日，通过里应外合，攻打刘夫庭盘踞的尤集伪据点。由独立二团担任主攻，三营则是先头营。牛子明与副营长刘万全由打进敌人内部的李绪功连长引路，首先带领全营进到圩内，直捣敌团部，其余部队相继攻入圩内，占领据点。刘夫庭被活捉，其部下 1500 余人全部被俘，缴获长短枪 1 千余支，轻重机枪 20 余挺，高射机枪一挺。军分区政委张太生表扬了牛子明所带领的三营。

尤集战斗后，牛子明调任独立一团参谋长。在独立一团配合独立二团顺利打下大店集之后，牛子明又带领一团三营奇袭灵璧县城东虞姬墓伪据点，消灭敌人一个中队。

1945 年 9 月，淮北三分区部队奉命改编为四师十二旅，独立一团改为三十四团，牛子明继续任团参谋长，转战濉溪口，宿北、九孔桥、灵璧、冯庙等地。

1945 年 12 月，四师三十四团又奉命改编华中野战军第九纵队七十七团，牛子明仍任参谋长，在灵璧地区整训时，又调任九纵司令部训练大队长，一个月后则调到华中七分区二团任副团长，自卫战争开始后，牛子明随部队转战许多地方。

牛子明 1979 年离休前，任西安炮兵学院院务部部长。

（县政协办公室　供稿）

灵璧英才：卢辉

测绘尖兵　军旅学者

胡兴臣

卢辉，原名卢灿懿，生于 1926 年农历三月，安徽省灵璧县冯庙镇三卢村人。因为家贫，仅读了三年私塾便辍学，农忙跟着父亲给地主家干农活，农闲走村串户做点花生、烟卷、糖果之类的小买卖。困难的生活，特别是日军入侵灵璧后的胡作非为，使他从小萌发了改变现状的愿望。1941 年 1 月，他找到中共地下组织负责人卢丙哲报名参加了革命。15 岁的他带着卢丙哲的介绍信，沿着濉河岸东行 50 多公里，到达泗宿县刘圩抗日民主政府，受到领导的欢迎，被安排入抗日青年训练班学习。学习结束后，先任马场乡助理员，后任马场区公所文书，由于工作积极，1941 年 11 月，被吸收加入了中国共产党。

1942 年 5 月，泗灵睢县抗日民主政府成立后，泗灵睢县大队成立，崔绪龙任大队长。卢辉被调任泗灵睢县大队文书，主要任务是做统计，造花名册，写行军、宿营、战斗通知、命令、报告等公文。

1943 年 10 月，泗灵睢县大队改为县总队，卢辉调任县总队三连文化教员。不久，领导安排卢辉去师部学习测绘技术。卢辉从泗灵睢县总队驻地吴圩子出发，几经周折，赶到了新四军四师司令部驻地大王庄。1943 年 12 月，测绘训练班编组开课。师参谋长张震代表师长彭雪枫、政委邓子恢到场看望大家并讲话，使卢辉等学员们受到很大鼓舞。

1944 年春节前，卢辉与学员们一起到师部参加会操团拜。彭雪枫、邓子恢、张震和政治部主任吴芝圃、淮北行署主任刘瑞龙均参加了团拜会，彭雪枫作了新年祝词，更使大家认清了形势，鼓舞了斗志，通过半年的学习和实践，卢辉既熟练地掌握了测绘技术，更明确地树立无产阶级的革命人生观、世界观。

1944 年 5 月，卢辉在师部测绘训练班毕业后，回泗灵睢县总队，继续从事测绘工作，具体任务是部队行军前搞测绘路线图，宿营后绘制宿营部署图，并兼做总队收发工作。卢辉认真做好工作，而且勇于身入虎穴绘制敌图。1944 年 9 月 15 日，泗灵睢县总队一举解放了睢宁县大李集镇，随后成立了大李集人民政府。为了搞好大李集的市政建设，卢辉等前往实地考察测图搞规划。卢辉等正在努力工作中，突然接到新的任务，要前往侦察和绘制泗县敌伪军城防工事建筑地图，以便我总队伺机攻取泗县城。卢辉等先到泗城北八里桥，测看了港河两侧的地形，而后卢辉打扮成中学生模样，和化了装的同志们一起，带着淮北苏皖边区行政公署颁布的《惩治汉奸暂行条例》和县长芮宗商给伪县长张宝鉴的信，巧妙地躲过敌人盘查，利用所学的测绘技术，从西关到东关，转了大半个县城，跑遍城内日军联队司令部驻地和伪县政府大院等多个角落，通过目测、心记、步量等方法，搞清了敌军城防、地形、工事以及人员、装备等情况，并绘制了草图，及时向领导回报，受到了首长的赞扬。

1945 年初，泗灵睢县总队扩编为县独立团，由原来几百人扩编到 1200 多人。在扩军中卢辉动员其叔父卢炳友、卢炳富和 3 名贫苦农民参军。

　　泗灵睢县独立团成立后，卢辉在县独立团任见习参谋，随团多次配合新四军四师九旅主力部队，对日伪顽作战。1945 年 5 月 9 日，泗灵睢县独立团配合新四军主力攻克卓圩子敌据点，俘睢宁县保安团长孙家钊部和保安三团王郁文部官兵 693 人，毙其百余人，缴获步枪 538 支。同日攻克卓海子敌伪据点，俘伪睢宁第五区大队长袁志臣以下官兵 219 名，毙伤伪军 10 余名，缴获轻机枪 5 挺，步马枪 15 支，驳壳枪 8 支，掷弹筒 6 个，骡马 7 匹。迫使顽军三十三师段海洲部逃离高楼。为防止敌人重新占领，卢辉奉命绘制了卓圩、卓海两个敌据点的地形图。在抗日战争胜利前后，卢辉还随部队参加了攻打邱集、朱碾盘等敌伪据点和解放睢宁县城等战斗，在多次战斗中出生入死，经受了考验，坚定了为国家为民族奋斗一辈子的思想。

　　抗日战争胜利后，卢辉调华中七分区教导大队学习，毕业后到华中七分区独立二团直属队任指导员，后到团参谋处任侦察参谋，参加了反内战斗争。后又到华野二纵司令部作战科书测室任测绘组长。随华野二纵司令部转战山东，参加了淮海战役。后又任军司令部作战科书测室主任，参加绘制渡江作战地图，为渡江作战胜利创造了良好条件。继之又圆满完成千里急进杭州行军路线图的绘制和赶制杭州城防地图等任务，并参加了浙东沿海作战。1950 年 11 月 10 日，到南京第三高步校学习后，在一江山岛战役中任登陆大队大队长。1958 年调南京总高级步校学习，毕业后，先后被分配到军委防化兵学校、总参防化学院工作，历任系主任，计划、技术处处长和研究员等职。先后 6 次参加西北核实验，任八大队大队长，组织领导安全防护和技术效应工作，为防化兵建设作出了积极贡献。1955 年被授予少校军衔，并荣获三级独立自由勋章和解放勋章。1988 年获独立自由功勋荣誉章。

　　卢辉 1986 年 4 月离休，属正师职干部。卢辉离休后，笔耕不辍，先后撰写出版了纪实文学著作《三军首战一江山》和学术著作《核化生武器的历史与未来》等 8 本书，计 200 多万字，发行 6 万多册，销往国内外 10 个国家。其著作和珍贵史料分别被国家图书馆及军事博物馆收藏。军内外 20 多家报刊杂志作了报道，受到了读者好评。

灵璧英才：王琦

建抗日政权 打卓圩据点

王琦，生年不详，江苏淮阴人，1940年入伍，1942年3月，泗灵睢县建立后，王琦随所在部队在泗灵睢县所辖的高楼、冯庙、陈埝以东地区活动。1943年春，新四军四师十一旅一部和泗灵睢县大队摧垮了大汉奸雷杰三在冯庙一带的势力。于是，泗灵睢县委决定在睢河以南灵璧、泗县交界一带建立起了灵泗区，并成立了灵泗区队，由王琦任区队长。王琦带领区队在区委书记胡志坚和区长丁汝琛的领导下，不断发动群众，开展武装斗争。经过两个多月的努力，又在灵璧境内建立起了张集、冯庙、陈埝等乡抗日民主政权。当年8月，区队配合师骑兵大队，打开了曹场，全歼曹老五的几百名武装，促使泗灵睢进入了巩固发展时期。是时，灵泗区区队也上升到了主力部队，王琦曾参加攻打卓圩等敌据点的战斗。

解放战争时期，王琦任华野二纵的连指导员。淮海战役中，在围歼黄维兵团的战斗中身受重伤，昏迷6天才苏醒过来。之后，王琦又相继参加了渡江战役、上海战役以及大陈岛战斗，后被安排任芜湖市人武部部长，1962年5月调任濉溪县人武部副政委、政委，1970年12月，调任宿县军分区副政委。1979年离休，1995年与世长辞。

（县政协办公室　供稿）

灵璧英才：尚安平

灵南灵北任驰骋

尚安平，河南省杞县人。1922 年 11 月生，1938 年 4 月参加革命，同年
10 月加入中国共产党。

抗日战争初期，尚安平曾任新四军第六支队三团政治处青年干事，三团
教导队政治指导员，三团政治处组织股长。1941 年 8 月起，历任新四军淮北
军区特务营政治教导员、新四军淮北军区三分区独立一团政治处主任，曾参加
尤集战斗。后任新四军第四师十二旅三十三团政治处主任、华中野战军第九纵
队七十七团政治处主任。期间随部在灵璧冯庙，尹集一带活动，并参加了灵南
槐巷子战斗，阻击了固镇桂顽一个团，使其伤亡一片；参加了大山战斗后，又
参加了朝阳集战斗，在侯湖围敌一部，使敌 100 多人全部被歼。

尚安平后又任九纵留守处政治委员、华东野战军卫生部第二野战医院政
治委员、华东军区后勤部汽车第一团政治委员。

中华人民共和国成立后，尚安平曾任华东军区后勤部卫生部政治部副主
任、华东军区后勤部政治部副主任。从 1956 年 11 月起，先后任南京军区直属
政治部主任、安徽省军区政治部主任、浙江省军区政治部主任、南京军区工程
兵副政治委员。

（县政协办公室　供稿）

灵璧英才：薛毅

发动群众斗顽敌

薛毅，1943年6月由宿东县宿北区调到灵北县杨疃区任区委书记，主要活动在四门湖、尹家堂庙、大尹家一带村庄。同年12月，参加区党委第七期整风轮训队学习，翌年6月结业，分配到灵北县朱集区任区委书记。11月，调任渔沟区区委书记。1945年4月，调任九顶区区委书记。

薛毅在朱集区工作期间，尤集伪军刘夫庭组织有突击队，被群众称为黑杀队，经常在夜间捕杀我党员、干部和基本群众。区委区政府针锋相对，组织区队和基干民兵打埋伏，使其不敢轻易出来。

在开辟渔沟、九顶两区的过程中，薛毅同区长江祥斋等坚持斗争，一是发动群众，扩大民兵组织，一个村寨一个村寨地向前开辟，号召人民群众拿起武器，与敌人针锋相对，抗粮、抗款、抗夫，不给敌人一粒粮、一分钱、一个人，断其生存条件和兵源。二是组织武装力量深入敌占区，宣传发动群众，对付敌人的扫荡、抢掠。一次驻渔沟敌人出动兵力，把渔沟西周寨村包围起来。周寨全村民兵和男女老少齐上阵，步枪、土枪、土炮、大刀、长矛、锄头、石块全都用上，从早晨打到中午，顽军也未能突进寨内。后来各村民兵、区队、县大队赶来支援，结果顽军丢下20多具尸体逃回渔沟。

1945年7月，灵北民兵千余人配合三分区主力，将张庄子唐广金的据点围困起来。除在据点周围挖封锁沟外，还挖了七八条战壕通到据点圩内，战士、民兵日夜向圩内目标射击，投手榴弹，并不准据点周围村庄的坏人及伪顽家属接近据点，以断其粮草供应。在围困的几十天中，敌人几次突围，均未得逞，最后在徐州国民党军的援助下，唐广金才领残兵突围逃窜。

1945年9月，薛毅调任灵璧县武委会主任。主要负责全县民兵工作。当时灵南属新解放区，国民党军队派兵在槐巷子、沱河集、周圩子等地驻扎，经常侵扰我解放区。薛毅等主要在灵南几个区内开展活动，在灵南区搞一段民兵整顿和建设工作，组织武装、民兵，防御国民党的侵扰。内战爆发后，薛毅根据组织安排，带领一部分武装，在以冯庙为中心的几个乡里发动群众，把我军后勤部存放的一批粮食等物资，分散保存起来，继续坚持斗争。国民党军发现后，不断进行清乡扫荡，薛毅等退到灵南大山一带活动，后又遭敌人不断袭击，薛毅等便化装绕道固镇、蚌埠、五河等地到了洪泽湖。

薛毅离休前，在安徽省劳动局工作，享受厅级待遇。

（县政协办公室　供稿）

灵璧英才：农超谋

巧计退敌兵

康　凯

1946 年 6 月，蒋介石全面发动内战，我地方部队受到占绝对优势的国民党军队的进攻。这年 7 月间的一天下午，灵璧县县长农超谋率领县武装总队战士在袭击占据晏路口的顽敌之后，正向革命老区大山集急速行进。这时，突然西南方向枪声大作，群众四散奔逃。前方侦察员向农超谋报告："驻在固镇方向的国民党桂系——七师 1000 余人，经沱河向大山集扑来。"当时，农超谋所率领的是地方武装，只有 200 多人，且装备很差，敌我力量悬殊很大，若是正面抗击，必然吃亏。于是，农超谋一边派人通知大山集一带村庄的居民火速撤离，一边把部队隐蔽在大山附近的几座山坡和山顶上的防御工事里。

国民党反动派的军队依仗人多，武器精良，气势汹汹地扑向大山集。他们边走边发射炮弹，轻重机枪一起扫射。只见大山街上硝烟弥漫。半小时后，敌人抵距大山街不足一华里的地方放慢了速度，一字散开，弯着腰，一步步逼近街上。敌人见街上毫无动静，就派出少量士兵匍匐前进。先进街的敌人见街上空无一人，以为我部队被吓跑了，便挥舞着青天白日旗，大摇大摆地涌进了大山集。他们一进街就抢东西，一下就像炸了营，又一把火点燃了民房。

战士们看到父老乡亲的房子被烧，心急如焚，一致要求冲出去和敌人拼了。这时农超谋看天色已晚，立即做了部署，决定由分队长带领不足50人的小分队绕过隐蔽的山顶，向敌人的背后插去，引诱敌军，使他们走出大山集，进入我军埋伏圈，来个出奇制胜。分队长带领的队伍绕到敌人背后一打响，敌人果然中计，以为是我主力部队，遂集合全部兵力，疯狂向山顶扑来。小分队边打边退，敌人紧追不放，当敌军离我军埋伏圈三四十米的地方，农超谋一声令下："打！"机枪、步枪、手榴弹一齐向敌人倾泻。一阵猛攻之后，只见农超谋冲出掩体，高呼："冲啊！"战士们紧紧跟上，端起武器向敌阵冲去，顿时"冲啊！缴枪不杀！"的喊声惊天动地。敌人一见这阵势，吓得晕头转向，乱成一团，连滚带爬，狼狈逃窜。

敌人被打散逃跑后，农超谋考虑我兵力不足，急令战士停止追击，开进大山集。然后，全力灭火，抢救民房。经过近一个小时的奋战，大火才渐渐熄灭。然而，多数着火房子已被烧毁。陆续返回家园的老百姓，见到毁坏的房子十分愤恨，悲伤不已。农超谋面对无家可归的父老乡亲，心情十分沉重，安慰大家说："我们是共产党的军队，是人民的子弟兵，老百姓的困难就是我们的困难，我们将全力帮助大家重建家园。"听了农超谋的讲话，老百姓非常感动，一致感谢农县长，感谢共产党。从此，农超谋巧计退敌兵的故事也就在当地流传开了。

灵璧英才：王杰

夫妻一别成永诀

王杰，女，生年、籍贯不详。1944年春，她和爱人农超谋到淮北区党委参加干部轮训班学习。1945年2月，轮训班结束，他俩同被分到灵北县工作，农超谋任灵北县县长，王杰任灵北县委妇女救国会主任。当时，灵北县委正在召开区以上干部会议，进一步放手发动群众，壮大抗日力量，争取抗日战争的胜利。王杰参加了这次会议，根据会议精神，积极开展工作。

1945 年 9 月，灵城解放后，灵北县委县政府机关迁驻灵城，灵璧县委、县政府宣告成立，农超谋任县长，王杰担任妇女联合会主任。作为县长爱人的王杰，理应留城，但她却没有留城，而按照农县长的安排，一直在高楼一带开展群众工作。东撤中，她与丈夫失去联系。直到革命胜利后，王杰得以从大连专程来宿县地区，打听丈夫的情况，方知丈夫早已牺牲，一直深深怀念。

王杰离休前任大连市物资局副局长。

（县政协办公室　供稿）

灵璧英才：石立志

对敌斗争有策略

石立志，生年、籍贯不详。曾任泗宿县县委书记，1942 年春泗灵睢县成立后，1944 年 5 月，石立志任泗灵睢县委书记。泗灵睢县的管辖范围东到马公店、枯河头、刘圩，西到冯庙、禅堂、张大路、高楼等地。

石立志担任泗灵睢县委书记，继续坚持武装斗争，发动群众，开辟地盘，不断扩大抗日根据地。1945 年 4 月间，三地委副书记刘玉柱和三分区司令员赵汇川来灵北召开了两个会议：一是在灵北独立团驻地渔沟东郑巷子召开的会议，专门研究如何解决高楼顽据点的问题；二是在灵北大路区晏湾村召开的会议，一方面研究制定对敌伪顽进行武装斗争的策略，另一方面是研究对敌开展经济斗争的策略。石立志与有关负责人参加了这两个会议。在郑巷会议后，各有关县都按照分工，组织民工到高楼周围挖封锁沟，灵北县负责西面，泗灵睢县负责东面，南北两面同时有人在挖。封锁沟很快挖好后，泗灵睢县与灵北县的地方武装、民兵配合分区部队，沿封锁沟布点设防，巡逻警戒，只要顽军出动，就给予迎头痛击。5月9日，卓圩、卓海两敌伪据点相继被我攻克。高楼的顽军抢掠不成，待援无望，眼看弹尽粮绝，便于5月15日夜强行突围，经岚山、桃园向北逃窜。至此被国民党三十三师盘踞两年之久的高楼宣告解放。

1947年12月，石立志又任泗灵睢县委书记，带领干部为重新开辟泗灵睢，重建泗灵睢政权，作出贡献。

（县政协办公室　供稿）

灵璧英才：吴宪

敌工战线屡建奇功

吴宪，河北省吴桥县人。1915年生，早在天津南开中学读书时，曾任天津市学生联合会常委，参加了"一二·九"学生运动，1936年参加民族先锋队，担任赴南京请愿团总指挥，1931年1月加入中国共产党。抗日战争初期，曾任新四军第六支队联合中学副校长，豫皖苏边区政府秘书主任，新四军第六支队驻安徽涡阳联络站站长。1941年8月，华中局决定成立淮北苏皖边区党委，吴宪开始任苏皖边区党委敌工部长，至1945年10月，他一直做敌工工作，在组织内线拔除据点方面已积累了经验，他介绍说在灵璧除里应外合攻尤集成功以外，还有一些典型。

张大路是我与敌伪顽争夺的一个重要阵地。1943年底和1944年初，我对盘踞在这里的顽三十三师张克修团进行打击，其迫于压力逃离后，又恭让给伪灵璧县保安队第二中队及伪区长张月樵之特务中队驻守，两敌共有捷克式机枪一挺，手炮1门，步枪100余支，手枪10余支。我方通过敌工工作，很快弄清楚了伪保安中队和张月樵特务中队的情况，又弄清楚了保安中队洪队长及张月樵特务中队朱队长的不同作风和意愿，同时弄清楚了洪与张月樵之间的矛盾。通过拉洪打张，形势对我越来越有利，便及时将情况报告我军。结果我三十二团与宿东游击支队合作，通过里应外合，没费一粒子弹，没流一滴血，便将洪、朱两部人枪全部缴获，对洪部机枪手给洋5万元，有步枪者给洋1000元。对朱部官兵则以一般俘虏优待。

同样通过敌工工作，争取了住禅堂伪军保安总队第二中队的头目吉某等人的配合，顺利俘获了禅堂伪据点全部人枪，伪兵计150多人，武器有轻机枪1挺，小手炮1门，步枪87支，中队长吉某和吉部第二分队长刘某等有功人员，受到师敌工部的优待。

如何布置里应外合拔除据点的工作？吴宪总结说，一是要掌握要拔除的据点各种情况，即该据点所处的形势，及其对敌顽我在军事上、政治上各方面的作用，据点之兵力，工程建筑设防情况，据点之伪军内部的政治情况，敌伪关系，伪军官的倾向，士兵的情绪要求，对我的基本态度：我方平时在据点内工作的基础，关系所能起的作用，谁可作为主要活动的骨干，谁可作为后备力量等等。二是要根据具体情况来确定具体方针，即主要依靠收买或争取上层解决，主要依靠争取下层来解决，采取上、下层同时争取的方式解决，采取利用上层，争取下层的方式解决。

解放战争时期，吴宪历任中共中央华中分局城工部副部长，华中军区联络部部长，华中野战军政治部联络部部长兼民运部长，第三野战军三十五军政治部主任，三十四军副政委，中共浙江省委秘书长等职。

中华人民共和国成立后，吴宪先后任中共杭州市委常委杭州市副市长、市长，中共浙江省委常委兼杭州市委书记，浙江省委书记处书记，浙江省副省长，"文革"中遭迫害而瘫痪，1980年离休。

（县政协办公室　供稿）

灵璧英才：谢文秀

率领灵北独立团

谢文秀，生年、籍贯不详。1938年12月21日，八路军山东纵队陇海南进支队在邳县许楼宣布正式成立，辖一个团两个营，谢文秀任一营营长，随南进支队到皖东北开展抗日活动。

1944年8月，灵北独立团成立，谢文秀为团长，李任之任政委，活动在灵北地区，开展了一系列战斗。1944年11月的一天深夜，时村伪军500余名，由副司令胡坦斋带领，向我灵北根据地进犯。灵北独立团在尹集区队和民兵的配合下，一举将其击溃，并击毙了敌副司令胡坦斋。此后灵北独立团参加了攻打张大路战斗，参加了里应外合打游击战斗，以及封锁国民党33师师部战斗。

1945年5月24日夜，谢文秀、李任之率灵北独立团在朝阳集附近宿营。当天，驻双沟镇的10名日本鬼子和30多余名伪军，同段海洲、唐广金、刘天展、陈彬三等部共800余人，集结于唐广金老巢张庄子附近，决定次日拂晓分五路向九顶山区扫荡。得知情报后，谢文秀、李任之一面组织区、乡分队和民兵参战，一面请军分区调来两个连队支援。当晚做好战斗部署，分头占领有利地形，隐蔽观察，待命行动。25日一大早，敌人第一路奔向老母猪山，第二、三两路奔向朝阳集，第四路奔向凤凰山，第五路由宁庄奔向裴集。上午九时许，敌人进到阵地前沿时，我部队和民兵随着令下，各种武器齐发，一切都出乎敌人意料。日本鬼子见势不妙跳上马车溜了，各路敌人顿时大乱。我骑兵趁势冲入敌阵，英勇砍杀。敌人慌忙逃窜，结果有20多人被我毙伤，连长以下20多人被我俘获，而且有3挺机枪被我缴获，从而使九顶山区根据地得到进一步巩固。

此后，灵北独立团在有关区队的配合下，相继开展了围困国民党县政府驻地小高家战斗，围困唐广金老巢张庄子战斗，以及灵北老母猪山、张圩子、陈潭子等战斗，为灵北地区全境解放作出了贡献。

在十二旅组建时，正在围困张庄子唐广金据点的灵北独立团和宿东游击支队奉命撤出，补充到三十五团。后谢文秀任淮北路东军分区独立三团团长，率部参加了解放灵城的战斗。内战爆发后，又参加了守卫灵城等战斗。

（县政协办公室　供稿）

灵璧英才：尤祥云

首任灵城市市长

尤祥云，生年不详，江苏省睢宁县人，原在睢宁县龙集区任区长。1945年4月，调来灵北尹集区任区长兼区大队长。两个月后，尤祥云又被调任虞姬区委书记兼区长，负责开辟虞姬墓一带新区。月余，县委又改派尤祥云任禅堂区区长，主要带领区队向灵城附近和虞姬墓一带开辟工作。

1945年8月初，县委已决定成立灵城市，由尤祥云任市长。尤祥云等组织进城工作队的同志，先行学习城市工作常识。在我军组织攻打灵城时，尤祥云带领区队100多人住在灵城北关关帝庙看守北门。主力部队开始攻城，尤祥云率队积极配合，灵城很快被攻开。

入城两三天后，地委副书记刘玉柱宣布灵璧县委、县政府和灵城市委、市政府成立。灵城市下设东关、西关两个镇和城东、城西、城南、城北4个乡。尤祥云为市长兼市参议长。市政府每周开一次，各方面代表会议，让大家献计献策，搞好市政管理和建设，恢复商业、手工业、农业和文化教育事业，建立了灵璧中学，并由尤祥云兼任校长。建立了文化馆、剧团，经常搞些文化娱乐活动。

尤祥云离休前，曾任上海市水产供销公司党委书记兼经理。

（县政协办公室　供稿）

灵璧英才：李玉亭

与群众鱼水情深

李玉亭，生年不详，河南人。1941年5月，新四军四师从津浦路西豫皖苏根据地转移到皖东北地区，李玉亭随部队由路西转移到宿东地区，担任宿灵县县委副书记，1942年9月，县委书记姚克调走，李玉亭又担任书记，至1945年10月，其间还兼任宿灵县总队政委。

李玉亭初到宿灵县，以教书为掩护做党的秘密工作，1941年9月，李玉亭的爱人李骏（其身份是秘密县委宣传部部长），也以教书为名开展工作。他们一是发展党员，壮大党的组织；二是组织发动群众，开展抗日活动；三是开办农民盐行，既保护盐贩，又从中收点税；四是组织民兵；五是组织青年读书会，团结教育青年，教妇女识字，引导青年妇女走上革命道路。

为了更好地引导青年成长，1942年4月，经组织批准，李玉亭亲自带领一批青年到淮北根据地中心区泗南县参观学习，听取新四军师长彭雪枫和区党委书记刘子久报告。使青年们提高了认识，开阔了眼界，全心全意投入革命洪流。

李玉亭在宿灵县任职期间，不断加强武装建设，宿灵大队很快发展到500多人，区队有200多人，乡队有300多人。有效地进行反扫荡、反"清乡"斗争，促进了宿灵游击根据地的发展，原来只有花庄一个区，到1944年已发展到大山、沱南、沱北、宿南、界沟等6个区。

李玉亭的工作得到了党的重视，地委派得力的干部加强宿灵县的领导。他还注意发挥地方干部的作用，加强当地干部和外来干部的团结，并注意做好对敌伪军的统战工作。通过一些社会关系，直接做一些当地有正义感人士的统战工作，团结一批抗战人士，为抗日宣传奔走。县敌工站还通过地方关系，在敌伪中安插内线，了解日伪军计划，加强策动敌人内部矛盾，以利用、瓦解、分化，更好地打击日伪。

李玉亭的工作得到人民群众的大力支持，他回忆说，一次他发疟疾，躺在床上不能动，外面又风雨交加，房东老大娘像照顾自己的孩子一样照顾他，端茶倒水，还把家中仅有的几个鸡蛋煮给他吃，令他一直不忘，为此曾写诗一首：

> 云浓风雨路途远，
> 病魔无力步行难。
> 老妪殷切如子待，
> 天明登程几回还！

李玉亭晚年还回忆说："我很怀念宿灵的父老乡亲，他们为革命做了那么大的贡献。"

抗战胜利后，宿东、宿灵两县合并为宿县，李玉亭又任宿县县委书记，兼宿县总队政委。

（县政协办公室　供稿）

灵璧英才：李亚东

革命立功劳　建设做贡献

李亚东，原名李玉振，生于 1928 年 11 月，灵璧县杨疃镇四门湖村人，1942 年 10 月参加革命，1943 年 5 月加入中国共产党，1944 年 6 月灵北抗日中学开办，李亚东任学校党支部青年委员，并任学校学生救国会主任。宣传党的抗日路线、方针、政策，组织学生参加征收公粮、动员参军、减租减息等活动，培养党的积极分子。1946 年 9 月入伍后，历任班长、文化教员、连副政治指导员、营副教导员、营教导员、团政治处主任、海军护卫艇大队政委、海军温州水警区政治部副主任、第一海军学校校务部副政委、海军第一水面舰艇学校航海系政委、海军水面舰艇学院政治部副主任（正师职）等职，1955 年被授予大尉军衔，1964 年晋升为中校军衔，1985 年 10 月离休。

李亚东加入革命队伍以后，曾随新四军在淮北等地从事抗日工作，解放战争时期，随部队参加了著名的淮海战役、渡江战役和解放上海等战役战斗，曾六次荣立战功。1956 年被授予解放奖章，1988 年被授予独立功勋荣誉奖章。他在战争年代，不怕流血牺牲，不怕艰难困苦，勇敢作战，忘我工作，经受了恶劣环境和残酷斗争的考验。在新中国成立后的各个时期的部队建设工作中，作为一名政治工作者，深入部队、深入基层，与战士同甘共苦，打成一片，为部队的建设作出了贡献。他无论在政治上、思想上，还是在行动上，同党中央保持高度一致，表现了一个合格共产党员的坚强党性。

李亚东于 1995 年 9 月去世。

（县政协办公室　供稿）

灵璧英才：郭文之、耿建侠

为了革命 寄养爱女

郭文之，河南省商丘人，生于 1920 年 10 月，自幼读书，参加革命后，先在抗大学习，1938 年 9 月入党，1942 年，分配到津浦路西工作，后到津浦路东。曾在宿东游击支队政治处任书记，继之来灵北地区，在浍沟、大路一带，从事地下交通工作。他与爱人耿建侠曾在大龙村住过一段时间。

郭文之爱人耿建侠是河南省商水县人，生于 1921 年，1939 年入党，自幼也在家乡读书，后与郭文之同在抗大学习，又一起分到宿县津浦路西工作，后也来到灵北，与郭文之一同工作，并结婚生子。

1944 年 11 月，渔沟区建立，郭文之被分配到渔沟区工作，1945 年 4 月，接替江祥斋任渔沟区区长。同年 5 月，高楼解放，大路区改称高楼区，耿建侠任高楼区妇救会主任。

日本投降后，郭文之、耿建侠夫妇奉命赶往东北做接收工作。临走时只得把唯一的女儿小红寄托于大路前姚村一张姓人家喂养，直到 1987 年，全家才得以相认团聚。

郭文之、耿建侠夫妇到东北后，相继在吉林、佳木斯、沈阳等地工作。

中华人民共和国成立后，郭文之夫妇一起调到北京。郭文之先在国家文物局工作，后任故宫博物院副院长，1985 年离休，2008 年春病逝于北京。其妻耿建侠到北京后，一直在国家冶金部做妇联工作，1983 年离休，1989 年 10 月病故。

（县政协办公室　供稿）

灵璧英才：李春元

指导整风　惩前毖后

李春元，又名李介夫，河北省魏县人，生于 1912 年 1 月。1929 年春进入河北省立第七师范读书，在校参加了学潮运动。1931 年 3 月加入共青团，1932 年 7 月加入共产党。

1938 年至 1940 年 4 月，李春元先后任大名县二区区委书记、大名县工委书记、县委书记等职。1940 年 5 月，李春元被抽调担任指导员，随黄克诚南下支援新四军，8 月到达豫皖苏边区，先任淮上地委组织部长，后被派到宿东任工委书记，宿县人民政府成立后，李春元又任宿县县委书记。灵北中心县委成立后，李春元又担任灵北中心县委副书记。

灵北这块抗日根据地，自 1943 年底以来就比较稳定安全，成为宿东地区政治军事活动的中心。1945 年 2 月至年底，中共灵北中心县委举办了灵北、宿东、宿灵三县 180 多名区乡干部参加的整风轮流班，由李春元具体负责。根据形势的发展变化，李春元带领参加轮训班的党员，相继在菠林子、车屋李、浍塘沟、马厂、杨疃、圩疃、尹集、简吴家等地学习，内容是中央规定的十二个整风学习文件，轮训班并请地委副书记刘玉柱来学习班作报告，学员们还集中到简吴家参加第三军分区司令员赵汇川主持召开的庆祝战斗胜利的军民大联欢。组织学员联系实际学习讨论，开展批评和自我批评，在弄通思想的基础上，有的坦白了自己的历史问题，有的检查了在思想上、工作上存在的官僚主义、主观主义的问题，有的交代了生活作风和经济上的问题，对少数问题严重者进行了帮助。

新中国成立后李春元先后在济南铁路局、铁道部、南昌铁路局工作，离休前为上海铁路局党委副书记。2012 年 8 月逝世，享年 101 岁。

（县政协办公室　供稿）

灵璧英才：刘星

减租减息　锄奸反霸

刘星，江苏省睢宁人。1945 年 2 月从邳睢铜地委（即三地委）调到灵北县任工农青妇联救会主任，主要是协助县委发动群众，开展减租减息和惩奸反霸斗争，以进一步调动广大群众抗日积极性，夺取抗日战争的全面胜利。

为了把双减运动搞好，县委加强对运动的领导，组织了多时上百人，正常也有五六十人的工作队，到浍沟、杨疃、尹集、禅堂等重点区，在广泛发动群众的基础上，召开斗争恶霸地主的说理大会，让佃户和受害的苦主在会上算大账、诉大苦，切实按照规定减租减息，并宣布废除"驴打滚""见风涨"等高利贷。分别给长工中的大领、二领，以及短工、放牛娃适当增加工资。为推动运动的深入开展，刘星同县委宣传部长王正林到简吴家蹲点，摸索经验，指导全盘。在尹集、杨疃、土山、禅堂、朱集、大路几个区，共召开 38 次说理斗争会，斗争 46 个违法地主，退回租粮 265.47 石，租田 731 亩。其他区、乡的双减惩奸工作，也取得了很大成绩。

减租减息、惩奸反霸斗争的开展，改善了群众生活、生产条件，抗日热情空前高涨，促进了各级政权的巩固和武装建设。人民群众纷纷要求参加各种抗日组织，青壮年踊跃报名参军参战，县、区、乡武装得到了充实和加强，并为主力部队输送了一批又一批兵员。中心区内还开展了大生产运动。

1945 年 7 月，刘星在淮北苏皖边区工青妇代表会上被选为淮北"青联"主任和"赴延安"青年代表。此后，刘星调离了灵北县。

刘星曾任安徽省广播电视厅党组副书记，副厅长，后任安徽省新闻工作者协会常务副会长。

（县政协办公室　供稿）

灵璧英才：李挽伦

战斗足迹踏遍汴水两岸

李挽伦，1908 年 8 月生，河南省内乡县人。1930 年 6 月起，曾在国民党第十七路军担任过副官、见习排长。1935 年参加中华民族先锋队，西安事变以后，赴延安红军大学学习。1937 年 9 月，加入中国共产党。

抗日战争初期，李挽伦担任过陕北大学分校政教科科长，抗大一分校教员、副营长、副大队长。1940 年 6 月起，历任抗大四分校军事教育科科长，新四军淮北军区淮泗总队参谋长，新四军三师九旅作战科副科长，九旅二十五团参谋长，他协助旅团领导，相继在灵璧境内开展了一系列反击敌伪顽的战斗。诸如1942年3月跟随韦国清远道奔袭灵北张小圩战斗、1943年4月杨疃反围剿战斗、1944年秋渔沟北马集伏击战斗、1945年5月解放卓圩和卓海战斗等。

解放战争期间，李挽伦任华中野战军第九纵队参谋处长。在纵队首长张震、饶子健等领导下发挥参谋助手作用，相继开展了灵南槐巷子战斗、大山战斗、凤凰山战斗。参加了朝阳集战斗，迎击了来犯的国民党部队。

李挽伦后任华东野战军第二纵队五师十五团团长，二纵队教导团团长，第三野战军二十一军六十一师参谋长。

中华人民共和国成立后，李挽伦历任华东海军训练团团长兼政委，海军司令部作战处处长，海军高级专科学校副校长。1959年转业后，历任交通部水运总局直属港口处处长，交通部救捞局副局长，全国海上安全指挥部办公室主任。1983年离休。

（县政协办公室　供稿）

灵璧英才：王路

执掌财政 保障军需

王路，生年、籍贯不详。原任宿东专署财政局长，1945年4月又兼任灵北县财政局长。当时灵北县的财政收入比邻近县高，但灵北的盐卡大都在敌人的封锁之下，偷税和漏税现象严重，各种货币混乱使用，当时敌占区群众负担较重，而供应部队需用的物资任务非常艰巨。为了减轻群众负担，又确保物资供应，王路等通过调查研究，制定了当年四五月份的工作方案。一是由专署调来15名中层干部，充实尹集、浍沟、尤集等地的税务领导力量，并安排一名老红军任县金库主任。执行预算、决算制度，配合武装力量征收尾欠秋粮。二是发动群众开展驱逐伪币活动。从当年 5 月 1 日开始，禁止伪币在当地市场流通，群众手中残存的伪币，则动员他们到伪区使用或到我贸易部兑换。商人可以带伪币到伪区买进必需品。集市贸易一律使用抗币。三是加强盐路管理。规定了两条盐路，一条是从梁集、渔沟、秦湾、申村至尹集，另一条是从梁集、大龙嘴、大路到浍沟。其余盐路禁止通行。为保证盐路畅通，还在濉河上修了一座桥，建了盐站，并规定大店为通过津浦路的集散地。四是对 66 万斤粮食的缺口，则通过秋粮补征和借粮的办法解决。

通过采取以上办法，解决了部队物资上的困难。

1945 年 8 月，王路根据需要离开了灵璧。王路离休前任北方交通大学校长。

（县政协办公室　供稿）

灵璧英才：扶廷修

灵璧战场打胜仗

扶廷修，河南省光山县人，1930 年加入中国工农红军，同年加入中国共产党。曾担任连长，营部副官、科长、处长等职，参加了长征。从 1940 年 7 月始，担任八路军第四纵队五旅十四团参谋长，该团是由彭雪枫、张震从山西临汾八路军驻晋办事处带到竹沟的两个班和经教导培训的三四十名青年学生发展起来的，相继整编为新四军游击支队（第六支队）第二大队、第二团再到八路军五旅十四团，后又编为新四军四师十一旅三十二团，扶廷修继续任参谋长。这期间，三十二团所部一营、二营在泗五灵凤县相继展开了藕庄战斗、草沟战斗、霸王城战斗等，有效地打击了日伪顽。1943年3月，三十二团在泗县、灵璧、睢宁境内，在兄弟单位配合下，不断取得打朱集、打小圩子等战斗的胜利。

1944年8月，十一旅奉命回师豫皖苏，三十二团从泗灵睢出发，西进到萧县，扶廷修又担任萧县县委委员和萧县总队副总队长。1945年8月，三十三团恢复建制，扶廷修又担任三十三团团长。后该团隶属十二旅，编为十二旅三十四团。

中华人民共和国成立后，扶廷修任进藏部队后方司令部参谋长，西藏军区后勤部副部长，军区副参谋长。1964年晋升为少将军衔。

（县政协办公室 供稿）

灵璧英才：冯登紫

加强灵北根据地建设

冯登紫是河南息县人，1938年入伍，1939年7月入党。曾任第五战区长官司令部政二队队员、泗县刘圩区区长、泗北办事处主任、泗宿县政府以及淮北行署秘书。从1944年10月到1945年2月，任灵宿行政联防办事处秘书，兼灵北县县长。前后不足5个月的时间，主要从事根据地建设。

冯登紫初任灵北县县长之时，灵北根据地稳定而且在不断扩大。因为三、四地委合并，宿东、灵北、宿灵三县离三地委太远，领导又决定成立了灵北中心县委。灵北县委书记李任之同时担任灵北中心县委书记，而且是灵北独立团政委，任务较重。冯登紫担任该县县长期间，在李任之的直接领导下，组织区乡干部扎根串联，访贫问苦，发动群众，实行减租减息。培养干部，发展党员，加强党的建设和乡村政权建设。组织人民发展生产，保障生活，支援前线，组织民兵，搞好站岗放哨，监视敌人，发展壮大地方武装。突击进行扩军工作。在1944年10月半到11月初两旬时间内，禅堂、土山、大路、渔沟、杨疃、尹集、朱集等7个区，计有230名新战士入伍。

冯登紫任灵北县县长期间，还十分重视宣传工作，经常为《路东通讯》刊物和《路东报》写稿，用以推动工作。

1945年2月，冯登紫即调离灵北，到津浦路西任亳县县长，豫皖苏军区政治部秘书、八地委办公室主任等职。新中国成立后任中共河南省委宣传部科长、处长、主任、副部长等职。

（古月　供稿）

灵璧英才：叶道友

从灵璧战场走出的将军

国民党灵璧县县长赵觉民，曾于1942年3月7日在张小圩子与十七纵队司令许志远一起被新四军四师九旅活捉。释放以后，赵觉民又于1943年9月复任灵璧县县长，盘踞在小高家，依然经常派队伍到周围村庄进行骚扰和抢劫，我方经过侦察，掌握了敌人活动规律，决定歼灭该敌。

1945年5月某日夜，淮北军区三分区独立一团团长叶道友亲率该团第一营及尤集区区队，从尤集出发，拂晓到达鄂山。随即封锁消息，并派出隐蔽岗哨，观察敌人动静。上午7时，发现一股敌人从小高家出来后，沿交通沟向西南方向赶来，必经鄂山。叶团长急令两个连从鄂山南部隐蔽迂回到黄泥沟截敌退路，另一个连从鄂山西进入北部，切断敌人逃往杨山的去路，尤集区队则埋伏于正面堵击的位置，将鄂山东侧大桥附近要点部位全部控制起来。

8时许，敌人走上大桥，进入伏击圈，叶团长一声令下，我军突然开火，打得敌人晕头转向，纷纷投降。结果毙伤敌人 7 名，俘大队长徐梓英的官兵 120 名，缴获步枪 80 余支，机枪 2 挺，短枪 5 支，子弹 1000 发，战马两匹，为我军早日攻克小高家国民党县政府打下了基础。

叶道友系河南省新县人，生于 1914 年。1929 年参加中国工农红军。参加了长征。抗日战争时期，任八路军山东纵队第一大队大队长、团长，新四军南进支队第二团营长，新四军第三师九旅二十六团营长、副团长。1944 年 1 月，铜山、睢宁、邳睢三县大队上升组建分区独立团，叶道友任团长，1944 年底淮北军区三、四分区合并为三分区，叶道友任三分区独立一团团长。1945 年 9 月，淮北三分区改编为新四军四师十二旅，独立一团改为三十四团，叶道友继续任团长。在组织鄂山伏击战之前，叶道友在灵璧曾率部参加了奔袭张小圩子、攻打虞姬墓等战斗。解放战争时期叶道友任华中军区第九纵队七十七团团长，淮北军区独立旅副旅长，第三野战军三十四军一〇一师师长，又率部在灵璧相继参加了朝阳集等战斗，在张大路一次战斗就歼敌交警第三大队 300 余人，不断为灵璧人民的解放事业作出了贡献。

中华人民共和国成立后，叶道友先后任华东军区第四舰队副司令员，江阴要塞司令员，淞沪基地副司令员，海军淞沪水警区司令员，舟山基地副司令员。1961 年晋升为少将军衔，当年去世，年仅 47 岁。

（古月　供稿）

灵璧英才：章希平

为泗灵支队保供给

章希平，生年不详，泗州葫芦套铁佛寺人，9 岁入私塾读书，后当学徒，当店员。1940 年 6 月，参加了泗县水上游击大队。同年 7 月加入中国共产党。

1941 年元月，担任苏皖边专署警卫营一连三排副排长，后改任独立一团一连事务长。1943 年，改任泗阳县第七大队供给员，后又调任总队供给科会计、财粮股长。1945 年日寇投降后，章希平被分配到七分区供给部供训队任副队长。1946 年 7 月，章希平又由华中第七军分区供给部分配到灵璧支队担任供给股长，受到支队长张维献的欢迎。张维献召开连以上干部会议，要求大家遵守供给制度，支持供给工作。

内战爆发灵城失守后，章希平随张维献支队打游击。随着形势越来越紧，灵璧支队与泗县支队合并为泗灵支队，供给股随之合并。随着天气变冷，张维献安排章希平去分区供给部，要求为部队解决棉衣问题。供给部同志告诉他，泗县支队已经出发，要章希平随供给部行动。章希平打听灵璧支队驻地，一直没有打听到。供给部领导告诉他，泗灵支队可能出事了，就安排他随供给部财务科行动，章希平从此离开了泗灵支队。

章希平多年来一直将张维献的情况挂在心头，当得知张维献已壮烈牺牲的消息后非常悲痛。在他从铜陵市教育局长的岗位上离休后，曾专程来灵璧，到张维献墓前敬献花圈，表示哀悼。

（县政协办公室　供稿）

灵璧英才：李彩銮

率特种部队　做特殊贡献

李彩銮，1938 年 2 月生，灵璧县杨疃镇陡沟村人，大学文化。曾就读于郑庙小学和大余中学，1956 年 7 月加入中国共产党。1957 年，应征入伍到 7076 部队服役，历任战士、班长、排长。1960 年，在北京昌平学校学习，毕业后任副连长、连长。1965 年，在 7076 部队任股长。1968 年，任工兵 2 团某营营长、团参谋长。1976年，任工兵2团副团长。1978年，任舟桥第31旅旅长。1984年，任南京军区司令部工程兵部部长，同年7月，被中央军委授予少将军衔。1993年，调任江西省军区参谋长。在党内曾历任党支部副书记、营党委副书记、团常委委员、南京军区直属党委常委、江西省军区党委常委、江西省军区司令部党委书记。还担任过总参人民防空委员会委员、总参工程兵保密委员会委员、总参工程兵学术委员会委员、总参全国防护工程协会会员、南京军区保密委员会委员、南京军区战备交通指挥成员、南京军区学术委员会委员、南京军区人民防空委员会委员、南京军区工程兵学术委员会主任。在江西省军区任参谋长期间，兼任江西省国防动员委员会秘书长、江西省人民武装委员会委员兼秘书长、政协江西省委员会委员、江西省军事设施保护委员会副主任、江西省征兵办公室主任、南京军区无线电管理委员会委员、江西省无线电管理委员会副主任、江西省退伍军人安置领导小组副组长、江西省人工影响天气领导小组副组长、江西省军区学术研究会主任、江西省军区保密委员会主任等职。

1979年，赴云南中越边界参加对越自卫反击战，胜利完成作战任务，受到中央慰问团接见，并受到广州军区表彰。1983年夏，奉总参和南京军区党委的指示，组织特种舟桥第31旅和重型舟桥83团，首次在洪水滚滚的长江江面上架通载重50吨、长1331米的浮桥，天堑变通途，保障了重型装备的顺利过江，圆满完成演习任务，受到了中国人民解放军总参谋长杨得志的贺电嘉奖，个人也被南京军区党委批准荣立三等功一次。1991年，组织特种舟桥第31旅和南京军区所属工程兵投入了百年未遇的特大洪涝灾害抢险救灾工作，抢救了大批受灾群众和数百万吨物资。由于出色地完成了任务，被南京军区党委批准荣立三等功一次，工程兵所属部队、特种舟桥第31旅被中央军委批准荣立集体二等功，2团、舟桥83团分别荣立集体三等功，另有9个营、39个连荣立集体二等功、三等功。

（县政协办公室　供稿）

灵璧英才：周世忠

主攻尤集建奇功

周世忠，生年籍贯不详。1945 年 2 月 9 日夜，淮北军区 3 分区参谋长兼独立 2 团团长周世忠率部向灵北尤集伪据点发起了进攻，经过 5 个小时的激战，攻克了据点，俘虏伪军团长刘夫庭以下官兵 1500 多人，这一仗的胜利，畅通了灵北、邳睢铜、萧铜之间的道路，保证了我西进部队供给线的安全，为宿东地区抗战取得最后胜利奠定了基础。

当时的尤集，位于萧县、铜山、灵璧三县交界处，是我路东路西的交通要道，抗战后沦陷敌手。大汉奸、伪军司令的一个团盘踞在这里，妄图封锁我路东路西的交通，切割我西进部队的补给线。团长刘夫庭是土匪出身，其下属 5 个大队 1500 多人，也多系土匪，经常到周围村庄抢劫，并配合敌人对我根据地进行扫荡。群众对其恨之入骨，我军也早想消灭之，但由于其武器精良、兵力较多、据点坚固、易守难攻，一直未能行动。

为了打掉尤集伪据点，新四军四师师部早在 1942 年就派遣蔡铁群打进敌人内部。1944 年，抗战已至反攻阶段，上级指示，部队要积极行动，扫清徐州外围据点，以孤立徐州。1944 年 12 月邳睢铜三分区与宿东四分区合并后，决定由分区独立二团去灵北主攻尤集，且由分区参谋长兼独立二团团长周世忠具体指挥主攻。1945 年 1 月 18 日，蔡铁群来灵北中心县委报告内线工作开展情况，乃向分区建议里应外合攻占尤集。决定由分区二团派三营七连副连长李绪功化名王有，随蔡铁群一起返回尤集，进一步侦察地形、了解情况、考察内线是否可靠等。随后，李绪功带伪军中队长胡仕远来二团拜望分区政委张太生等，讨论解决尤集据点的具体办法，蔡铁群又送来了有关尤集伪军的工事构筑、兵力配备的详图。之后，我军制定了里应外合攻占尤集的具体方案，并充分做好一切准备工作。

进攻日期选在 1945 年 2 月 9 日，即农历腊月二十七。根据作战计划，部队加强了临战前的准备工作，密切注视尤集敌人的动向，加强爆破训练，特别加强了爆破炮楼的训练，进行肃静行军和钻洞训练，在部队中通过沙盘贯彻作战计划，加强战前政治工作，安排好司、政、供、卫等有关具体工作。2月9日黄昏，周世忠团长、张彤政委率作战部队由中心区后车屋李出发。与此同时，安排灵北独立团做好朝阳集方向的打援部署，由三师七旅十九团做好时村方向的打援部署。10日，约1时，作战部队到达了尤集东北角集结。为了实施好预定的作战计划，指挥尽力向前靠近，团长周世忠随尖兵连前进，先头部队赶到约定地点后，按照预定信号，很快与李绪功接上了头，命令各营爬墙进圩。

一切按预定计划进行，三营由伪军胡仕远中队人员带领，很快解决了北街和圩墙上的敌人，接着缴了小圩子门岗的枪，解决了过街楼上的敌人。三营及警卫连很快进入小圩子，由警卫连把敌人的高射机枪扛了出来，并缴获了不少子弹，攻占发电厂的连队，很快也占领了发电厂。八连经过战斗打开了大门，解决了院内的敌人，缴了不少短枪和子弹。刘夫庭在小圩内大炮楼上顽抗。团首长随即调来爆破班，在三营火力的掩护下，爆破班长王超群等送上炸药点火爆破。第一炮将炮楼炸了个大洞，第二炮把炮楼全部炸塌。刘夫庭的大老婆和一部分人被炸死，刘夫庭和他的小老婆从五层楼上和砖头一起滚下来被活捉。三营通过让刘夫庭及其小老婆喊话，使其儿子乖乖地缴了枪。

二营进入大圩子南大街后，首先解决了一个大队部，大队长跑了，副大队长和他的老婆在床上被捉住。东过街楼上的敌人顽抗，二营马上组织爆破，将楼炸倒。二营很快将大圩子内的大部分敌人解决。其余的敌人都集中在西南角的几个炮楼上。通过政治攻势全都缴了枪。最后只剩下南圩墙上一座炮楼上的敌人据守顽抗，不肯缴枪，后在突围向南逃跑的路上被我消灭。

此次里应外合攻尤集的战斗，从10日晨2时许主力部队开始爬墙进入圩子到7时左右基本结束，历时约5个小时。仅排长余敬民、副指导员韩效魁两同志分别在攻打小圩大门和攻打大炮楼中不幸牺牲。师首长来电嘉奖，群众欢天喜地庆贺胜利。县委报经分区批准，奖励内线工作有功之臣蔡铁群金星钢笔一支。

周世忠是湖北省黄安（今红安）县人，生于1918年，1930年参加中国工农红军，参加了长征。解放战争时期，任华中野战军第九纵队七十三团团长，率团在灵城开展"百日练兵",并参加了灵南槐巷子反击战和大山战斗,后任华东野战军第二纵队教导团政治委员、第四师副师长、第三野战军二十一军六十二师政治委员。1955年被授予少将军衔。周世忠曾任福州军区参谋长、副司令员,中国人民解放军通讯兵部主任,武汉军区副司令员、司令员等职。他是中国共产党第十二届中央委员。

（古月　供稿）

灵璧英才：徐秀伟

南下剿匪留广西

徐秀伟,祖籍安徽省灵璧县,1919年8月出生于江苏省睢宁县王集镇徐庄村。1938年参加共产主义青年团,1939年1月加入中国共产党。历任中共灵睢县九顶区委支部书记、区委书记、睢宁县张圩区民政助理、睢宁县政府秘书。1944年9月,调任淮北三地委秘书、淮北地委秘书。1946年,调任睢宁县双沟区委书记、区长。同年东撤后,到苏中和山东做支前工作。1947年2月,任山东省渤海地区相忠县肖圣庙区区长、区大队长,开展土改运动。同年9月,南下开辟新区。1948年1月至河南省鄢陵县开展游击活动,先后任县委民运部长、组织部长、宣传部长、县委委员。1949年7月,南下到广西省阳朔县进行剿匪和土改,任县委组织部长、县委委员。1951年7月,任广西省钦州县委副书记、副政委。1953年5月,任中共合浦地委宣传部第一副部长兼地委党校副校长。同年10月,任钦州县委第一书记。1955年4月,任中共柳州市委委员,工业部副部长。1956年4月起先后任广西壮族自治区区委办公厅秘书处处长、档案局专职副局长。1970年9月,下放到广西河池地区东江棉纺织厂任厂革委会副主任、副书记。1973年9月,调任广西壮族自治区档案局第一副局长，1977 年 2 月档案局撤销，调任广西壮族自治区革委会机关事务管理局副局长、机关党委书记。1983 年 12 月离休。

（县政协办公室　供稿）

灵璧英才：饶子健

激战朝阳集　解放灵璧城

1984 年 3 月，75 岁的饶子健偕夫人专门来灵璧战地重游，表达了老将军对灵璧和灵璧人民的依依深情。

饶子健原名叫饶国汉，湖南省浏阳县人，生于 1909 年。1925 年参加本地农民协会和缝业工会。1927 年参加工农自卫军。1930 年参加中国工农红军。土地革命时期，先后任班长、排长、连长、营长、团参谋长、团长、师参谋长。参加了长征。抗日战争时期，先任迪化（今乌鲁木齐）西路军大队长，后任新四军第六支队团长，八路军四纵队六旅代旅长，新四军第四师十二旅代旅长。因津浦路西反顽斗争失利，饶子健奉命率十二旅于 1941 年 5 月初越过津浦路，经灵璧南部撤至洪泽湖地区。当年 11 月以十二旅机关为基础建立了淮北军区机关，饶子健任淮北军区副司令员，主管地方武装工作。1943 年 1 月，饶子健从华中局党校学习结束后，被分配担任第十一旅副旅长兼第二军分区副司令员。当年秋天，饶子健到泗灵睢县指挥十一旅贯彻新四军军部关于迅速肃清土顽武装的电示，不足一月，接连夺取了攻打高楼、九顶、大李集、邱集等战斗的胜利。

1945 年 8 月，淮北三分区部队改编为四师十二旅。饶子健任旅长。不久该旅奉命从灵北赶到津浦路西濉溪口配合兄弟部队打击敌人。随后，饶子健同十二旅政委张太生又奉命率部，连夜经西寺坡附近越过津浦铁路赶到灵璧冯庙、尹集等地宿营。尔后又转战宿县攻打时村和道庄等地。

1945 年冬，华中分局和华中军区决定由四师十一旅和十二旅的主力编成华中野战军第九纵队，张震任司令员兼政委、饶子健任副司令员。1946 年初，张震与饶子健会合，在灵璧高楼宣布九纵正式成立。尔后九纵活动在灵璧大山、界沟和大小余家及蒋圩等地，当年 7 月 28 日，华野九纵在山东野战军陈毅司令员的统一指挥下，夺取了朝阳集战斗的重大胜利，歼敌 5800 余人，缴获了大批武器弹药，受到毛泽东同志的高度评价。

随着内战爆发，灵璧重陷敌手。后来，根据斗争形势发展，华中野战军九纵一分为二，一部分恢复十一旅番号，由张震带领与山东野战军二纵第四、九两旅合编为华东野战军第二纵队，另一部分组成淮北挺进支队，由饶子健担任司令员兼政治委员。在饶子健带领下，挺进支队于 1947 年 1 月 18 日强渡运河，重返淮北，拉开了收复失地的序幕。从 2 月初开始，饶子健率部不断在灵璧开展斗争。2 月 9 日至 24 日，王烽舞、孙朝旭率挺进支队一部在灵璧先后经大庙、下街、许闸、宣圩、娄庄、蒋圩、沈家等地向敌人示威和警告，表示我军收复失地的决心。5 月 29 日至 6 月 18 日，赵汇川、王烽舞等又率部进入灵北，相继打垮了大庙、大路、下街、胡场、浍沟、田路、王井子等敌人基层组织和据点，并设立了秘密联络点，以便更好地打击敌人。10 月，华野三纵何以祥司令率部进入灵璧地区。12 日，饶子健、王烽舞等率部与三纵会师，后又转到灵北，相继推毁了高楼、卓圩、大李集等敌人据点。11 月中旬，赵汇川、孙朝旭又率部由洪泽湖畔跳到灵北，打掉了冯庙敌人据点。从 1947 年 12 月至 1948 年 5 月，饶子健领导的淮北挺进支队，继续不断地到灵璧境内打击敌人，为开辟灵璧作出贡献。

1948 年 5 月底，淮南、淮北合并，成立了江淮军区，饶子健任江淮军区副司令员。他率部北上到淮海决战第一线，共同为推翻蒋家王朝而战，不断立下新的战功。当年 11 月，饶子健率部与十三纵相配合，开展解放灵璧县城的战斗，到 25 日上午 8 时战斗胜利结束，除击毙者外，俘敌 4460 余人，缴获了一大批武器弹药。灵城的解放，为淮海战役的胜利作出了重要贡献。

渡江战役前夕，饶子健开始任第三野战军三十四军副军长，后任南京警备司令部参谋长。中华人民共和国成立后，任九兵团军长，华东军区海军第六舰队司令员兼政治委员，苏北军区司令员，江苏军区副司令员，上海警备区司令员，南京军区副司令员。1955 年被授予中将军衔。是政协第五届全国委员会委员。

（古月　供稿）

灵璧英才：孙德乾

枪毙顽乡长　巩固区政权

孙德乾，生年、籍贯不详。1945 年 9 月抗日战争胜利后，孙德乾任冯庙区区委书记。冯庙区在灵璧县委、县政府的领导下，为了保卫抗战胜利果实，巩固发展解放区，认真开展惩奸反霸、减租减息和大生产运动。1946 年内战爆发，特别灵城失守后，孙德乾领导冯庙区干部武装配合县委书记吴云培、县长农超谋一起在冯庙、高楼、张大路一带，坚持游击战斗。后因情况日益恶化，立足本地十分困难，随即向洪泽湖方向撤退。

从 1947 年底，淮北形势开始好转，地委决定开辟灵璧，同时派十几个干部分赴到各区工作。孙德乾担任冯庙区区长，石玉玺任区委书记，他们在主力部队的支持下，打掉了冯庙乡乡公所，活捉了顽乡长靖马生等几十人，枪毙了乡长靖马生几个罪大恶极分子，其余的经教育释放，这既清除掉了靖马生这个障碍，又教育了群众，使冯庙区委、区政府在当地站稳了脚跟。形势发展得越来越好。

孙德乾离休前任安徽大学后勤处总支书记。

（县政协办公室　供稿）

灵璧英才：姜德传

"东撤" 逃生 继续革命

　　姜德传，1924 年 2 月生，灵璧县朱集乡姜山村人，中共党员。自幼读私塾，1944 年 7 月参加工作，历任朱集区委宣传队员、申村乡农会主任、曹马乡指导员、朱集区委组织委员等。1946 年 11 月随区委东撤，遭敌围剿，处境艰难，勇敢拼杀，死里逃生，在洪泽县总队洪泽湖 "钢板划" 游击队任战士。1947 年 2 月，在泗阳县龙集区高集乡任指导员，同年 5 月，任淮宝县双沟镇指导员，10 月，任泗灵睢县泗北区区委副书记，1948 年 1 月，任灵璧县朱集区委副书记，1949 年 5 月，在皖北区党委党校学习，后留宿县地区贸易公司任代理人事科长，1950 年 1 月，任永城县粮食办事处主任，1951 年 10 月，任泗洪县粮食办事处主任，1953 年 6 月，先后任宿县地区行署粮食局副局长、蚌埠地区粮食局副局长，1957 年 1 月，任灵璧县政府副县长。1962 年 11 月，在宿县地区历任五金公司经理、食品公司经理、商业局副局长兼党组副书记；1977 年 4 月，任宿县地区行署粮食局副局长兼党组副书记。1985 年离休，享受地专级待遇。

灵璧英才：周广智

身经百战　戎马一生

　　周广智，1930 年 5 月生，灵璧县禅堂乡三周村人，中共党员。1943 年 9 月参军，抗战后期先后在本县区中队、县大队、县独立团和新四军四师十二旅三十六团当战士。在全县内多个地方，参加了打击日伪顽的战斗，解放战争期间先后在九纵七十九团、二纵五师和二十一军六十二师当战士。1946 年秋，在灵璧守备战中负伤，伤愈出院后参加了苏北涟水守备战。随部队到山东后，先后参加了攻打临沂、南麻、临朐、诸城、孟良崮等战役战斗。1948 年后，参加了淮海和渡江战役，跟随部队转战直至全国解放。1949 年，任二十一军六十二师通信连指导员。1953 年初参加了抗美援朝战争，1959 年，参加西北"平叛"。1960 年任二十一军六十二师炮团榴炮营教导员。1965 年至 1967 年，先后任甘肃省张掖军分区司令部动员科科长、政治部组织科科长。1968 年至 1970 年，先后任甘肃省民乐县、张掖县武装部政委。1971 年至 1979 年，先后任张掖军分区和酒泉军分区副政委。1980 年，任酒泉军分区政委。1983 年离休后，到合肥市卫岗兰州军区干休所休养。

（县政协办公室　供稿）

灵璧英才：方忠国

二进灵璧当"班长"

方忠国，1922 年 1 月生，江苏省盱眙县鲍集乡蒋庄村人，初中文化。1939 年 11 月加入中国共产党。1940 年 2 月，任泗县政治工作团员。1940 年 4 月，任泗县双沟镇中队长、党支部组织委员。1940 年 9 月，任泗县沈集乡总支书记。1941 年 11 月，任泗南县管镇区委组织委员。1942 年 6 月，任管镇区委书记。1944 年 2 月，任泗南县武委会主任。1945 年 2 月，任盱凤嘉县公安局副局长。1946 年 11 月，先后任洪泽公安局侦察股长、第四连连长兼指导员和鲍集、管镇两区区委书记。1947 年 4 月，任泗南县公安局局长、县委委员兼鲍集、管镇两区区委书记。1947 年 8 月，任盱凤嘉县武工队政治指导员、县委委员。同年 9 月，任盱凤嘉县县委副书记、副县长。1948 年 9 月，任盱凤嘉县办事处主任，工委副书记兼部队支队长。1949 年 6 月，任五河县总队参谋长、县委委员。1950 年 4 月，任泗县县长、县委委员。1951 年 7 月，任灵璧县委书记。1954 年 9 月，任宿县地委工业委员会书记、工交部部长。1955 年 3 月，任蚌埠地委工交部长、地委常委。1957 年 3 月，任灵璧县委第一书记、地委常委。1959 年 10 月，任蚌埠地委工交部部长、地委常委。1961 年 7 月，任宿县地委工交部部长、地委常委。1964 年 5 月，任宿县地委政法领导小组副组长。1965 年 7 月，任固镇县委第一书记。1971 年，任宿县地区医院院长兼党委书记。1975 年 3 月，任宿县地区生产指挥组副组长。1980 年 3 月，任宿县地区经济委员会主任兼党组书记。1983 年 11 月离休。

（县政协办公室　供稿）

灵璧英才：余健

对党忠诚 为官清明

张少秋

　　余健，1921 年 10 月 19 日出生于肥东西山驿坝湾余村。念过私塾，因不满日寇铁蹄蹂躏中华，愤然弃笔从戎，参加了新四军。1940 年加入中国共产党。1945 年日本投降，余健受党的指派随地方同志准备接收蚌埠，由于国民党顽固派的阻挠而未能接收成功，后留在地方坚持斗争。1946 年 5 月 10 日，国民党撕毁停战协议大举进攻解放区，国民党军队以 9 个团的兵力分 7 路向津浦路西地区进攻。5 月 19 日，华中四地委领导机关和淮南军区第六旅主力部队及时转移到津浦路东。根据华中四地委决定，留下定凤怀县支队司令孙传家、县委组织部副部长周衣冰和凤一区区委书记余健、凤二区区委书记宋乃冰等，率县支队一个连和少数区乡干部在凤阳山区就地坚持游击斗争。后因局势恶化，孙传家、周衣冰等率部队百余人于 8 月 25 日被迫北撤到苏北泗洪县休整，留下余健、周泉和支队警卫连指导员柳北辰组成的武装工作委员会，带领 30 余人的小部队，留在凤阳山区，继续坚持斗争。1947 年春，余健担任定合县委书记兼县大队政委。新中国成立初期，余健担任盱眙县委副书记、滁县县委书记、滁县专署城市工作委员会副书记、滁县地委副书记。

1955 年 10 月 28 日凌晨，毛泽东主席的南方视察专列停靠在滁县站，余健受到了最高领袖的接见，并随专列到南京。

在采访余健爱人周群过程中，我总结了"四个一"的小故事和大家一起缅怀这位灵璧县的老县委书记。

一条鱼

1959 年的一天，时任县食品站站长的仲兆兰打个电话给时任县文教局中教股股长的周群说："有照顾县领导的一条鱼。"周群不假思索就去买了一条一斤多重的回来，收拾好，挂在门旁控水，准备改善一下伙食。余健下班回来，看到了很诧异，不年不节的怎么会吃鱼？当知道是食品站照顾县领导的，当即责令周群送回去。从这件小事上可以看出余健廉洁奉公的高贵品质。

一只瓜

1958 年 11 月，余健任宿县地委副书记兼灵璧县委书记。据小车司机倪以泽回忆，余健体恤民情，关爱部属。有一天到一个公社正值午饭时间，公社书记说："余书记，我们刚开饭，一起吃吧。"余书记连忙摆手说："我们已经吃过了。""这不刚刚端碗，你们怎么吃的这么早？"那位公社书记不相信。"我们真吃过了，要不你问问倪师傅。"余书记把司机拉出来，倪师傅无可奈何当了"挡箭牌"，只得连声说："是啊，是啊，我们吃过了，吃过了。"

车子开到下一个公社又下一个公社，太阳西坠、饥肠辘辘时，遇到了路边有个卖瓜的，余健让车停下来，花了五分钱买了只面瓜头，两人分而食之。余健一边啃面瓜头，一边说："充饥压饿，这瓜很好，咱们不能给基层增添麻烦，虽然饿了点，可心里舒坦。"

一个厂

1961 年，县委有两辆美国吉普车，那些当年缴获又超期服役的车辆经常出故障，县委书记常常是坐一段车推一段路。小车司机李世民自己动手维修，使两辆车的车况有了很大好转。余健发现李世民是个有理想抱负的青年，开车埋没了他的才华，他说："我宁肯再推车，也要他发挥专长。"李世民旋即被调入县水电局负责小火电攻坚。经过李世民的努力，灵璧建成了小火电厂。当时，周围市县经常停电，唯独灵璧因有了小火电厂，居民免受停电之苦。李世民说："没有余书记的鼓励和支持，灵璧县的小火电厂根本不可能建成。"

一副联

2002 年 9 月 20 日，余健走完了他辉煌的一生，享年 81 岁。从 1958 年到 1976 年，在他主政的 18 年里，灵璧有了长足的进步，先后建成了化肥厂、磷肥厂、水泥厂、大理石厂、三个农机厂、酿酒厂、两座轮窑厂、两个轧花厂、农药厂等较为完善的工业体系。境内河道得到了疏浚治理，灵西闸成了著名的景点。宿州市委在余健的追悼会上敬献了一副挽联：对党忠对民诚忠诚战士不朽，为官清执政廉清廉公仆可风。这是对余健的最高褒奖，也是对他一生最公正的评价。

灵璧英才：陈乃胜

敢拼实干 事业乃胜

陈乃胜（1917.9—2002.5.18），江苏省泗阳县仓集镇罗庄村人，中共党员。少年时期，家境贫寒，1937年离家到洋河镇帮工。1940年在泗阳参加革命工作，1943年7月加入中国共产党。先后担任过泗阳县仓集区新化乡民兵班长、中队长、乡长兼指导员。1943年12月，先后任泗阳县仓集区三张乡乡长、仓集区区队长。1945年6月，先后在七分区抗大四分校、泗阳县委轮训班学习。1946年3月，调到七分区地委群众工作队工作。6月，任仓集区卓马乡党支部书记。同年12月，在华东野战军二纵队四师师部工作，并随军南下，曾任武工队长等职。1947年，在山东南麻战斗中，曾带领一队员与敌人肉搏，夺下敌人一架重机枪，为此荣立一等功。同年在临渠三叉店阻击战中又荣立一次二等功。

1947年9月，陈乃胜调到灵璧县工作，先后任尹集区副区长、副书记，冯庙区区长，虞姬区、城关区、固镇区区委书记等职。1952年8月，先后任灵璧县城工部长、副县长、县长、县委书记等职。在灵璧期间，参加了淮海战役，参与平息了1958年的道会门暴动，参加了生产救灾、反匪反霸、创办合作社、土地改革等运动，为灵璧人民的解放、社会的稳定和经济建设作出了很大的贡献。

在任灵璧县人民政府县长期间，带领全县人民开挖了新汴河、新沱河、新濉河等境内主要河流，全县水旱灾害得到了控制。1970年调到宿县地区工作，任地区计划组组长、地区信访组组长、政法小组组长等职。1978年11月，在检察工作继往开来的重要时刻，陈乃胜担任了宿县地区恢复重建检察院后的第一任检察长，为发展社会主义民主和法制建设作出了重要贡献。

1980年3月，陈乃胜回宿县地区政法小组工作。1981年离休，享受地级待遇。2002年5月18日因病逝世，享年85岁。

（县政协办公室　供稿）

灵璧英才：王庆隆

勤恳工作 平易待人

　　王庆隆（1921—1985.3），江苏省泗洪县管镇人。1941年10月参加工作，先后在泗洪县刘圩中心小学、鲍集完小从事教学工作。1943年2月加入中国共产党。1944年1月，任观桥乡指导员。同年4月调到鲍集区工作，先后任民政区员、区委组织部长。1945年3月，到泗南县委参加轮调及整风，6月，任泗南县委组织部干事。1946年随部队撤到苏北及鲁南地区，先在9纵队教导队学习，后在山东地区随9纵县5师教导团做支前工作。1947年4月，到勃海杨忠县工作，先后任常王区工作组长、王判区联救会主任。同年10月，到华东局参加"三查"学习两个月，11月，奉命南下到淮北。1948年3月，调任泗南县公安局审讯科长。1949年8月，任泗洪县司法科副科长。1950年8月起，先后任泗洪县人民法院副院长、院长。1953年2月，任泗洪县副县长。1954年6月，调任灵璧县县长，1958年12月，兼任灵璧县委书记处书记。1964年1月，任灵璧县委副书记，1969年9月，任灵璧县生产组副组长兼财税局局长。1978年9月，任灵璧县革委会副主任、县委常委。1981年12月离休。1983年3月8日因病逝世，享年64岁。

　　王庆隆为党工作40余年，兢兢业业、忠心耿耿。在战争年代他不畏艰苦，不怕牺牲，为中国人民的解放事业作出了积极的贡献。在社会主义革命和建设时期，勤勤恳恳任劳任怨，始终保持和发扬党的优良传统和作风。他身体不好，长期被病魔困扰着，他从未因此而影响工作，他艰苦朴素廉洁奉公。新中国成立初期，国家经济极为困难，为减轻国家负担，他从小事做起，勤俭节约，受到上级的表扬。他还经常深入基层，帮助解决实际问题，到工厂和工人一起参加劳动，共同研究仿制和创制生产工具，推动了工业生产和工人们的劳动热情。

　　他平易近人，关心群众疾苦。20世纪60年代的一天，他下乡查灾路过北关庄陈村时，遇一老人贫病交加躺在草棚里，他从身上掏出了仅有的5斤粮票和 10 元钱递到老人的手里。70 年代一个冬天，三山乡（现虞姬乡）的一个孤儿闯进了他家，请求帮助解决生活问题。王庆隆看着衣着单薄的孤儿，心情十分沉重，马上把自己一条新绒裤拿给他穿上。时值"文革"后期，他自己的子女多，生活也较困难，但他却把那孤儿的冷暖放在心上，经常帮助解决一些生活中的问题，后来还给他在矿上找了工作。

（县政协办公室　供稿）

灵璧英才：岳步台

忠诚担当铸金盾

岳步台（1921.4—1997.10），字筱楼，江苏省阜宁县陈集乡岳庄村人。幼读私塾，1938 年，在本村教书。1939 年，在家乡从师学医。1941 年参加革命工作，同年 12 月加入中国共产党。先后任沿河乡小学校长、沿河乡指导员、陈集区区委会宣传科长等。解放战争初期，他转入区大队。随后相继担任阜宁县马集区大队指导员，罗桥区、板湖区公安干事，阜宁县敌工部外勤参谋，安徽定远县城公安分局局长等职。曾北上山东，南下安徽，辗转于江淮之间，在极为复杂的斗争环境里，积极打击敌顽势力，为保卫党的基层组织努力工作。

新中国成立后，他先后任定远县公安局治安股长、滁县地区公安处治安科科长、肥东县公安局局长、滁县地区公安处副处长、蚌埠专署公安处副处长等职。参加并领导了剿匪反霸、取缔反动道会门、镇压反革命、查处治安灾害事故、打击刑事犯罪等工作，为巩固新生政权作出了重要贡献。20 世纪 60 年代，先后担任宿县地区公安处副处长、宿县地区卫生局局长、灵璧县革委会副主任、宿县地区粮食局副局长、宿县地区中级法院院长等职。"文革"期间，遭受迫害，但仍恪尽职守，不计名利，深入基层调查研究，帮助基层和人民群众解决实际问题。

岳步台在灵璧工作期间，对灵城的建设作出了突出贡献。1974 年 7 月，他担任灵璧县城市建设领导小组组长，将灵城东西大街狭窄的石板路拓宽铺成柏油马路，同时修建了西关凤山大桥和南关新灵桥，凤山饭店也拔地而起，使灵城面貌焕然一新。1975 年，他积极抓沼气推广工作，培训技术人员 290 余人，20 个公社有 14 个已推广运用，其中有 3 个生产队实行沼气化。在当时产生很大影响，引来省内外众多参观学习者。

1983 年 12 月，岳步台离休，享受副厅级待遇。离休后，他仍然关注公安保卫事业，主动向局党委提建议，为公安队伍的思想和业务建设献计献策；主动总结撰写公安工作历史经验，供后人借鉴，并利用各种场合言传身教。他酷爱古体诗创作，经常发表诗作，讴歌公安工作和新时期社会生活，堪称公安政法战线的楷模。1991 年，他荣获国家公安部颁发的一级金盾勋章。1997 年 10 月病逝。

（县政协办公室　供稿）

灵璧英才：唐海萍

政声永留这方土

张少秋

党的十一届三中全会确定了改革开放的方向后，灵璧县委书记唐海萍表现出了较高的政治素养和领导艺术。他冲破阻挠，在宿县地区 8 个县中第一个召开"转弯子"会议，统一思想，强调纪律，要求政治上和党中央保持一致。唐海萍坚强的党性表现受到地委的赞赏，"转弯子"的做法也随之在全地区推广。

　　为了把握集体经济和私有经济之间的平衡点，稳定社会大局，进而巩固集体经济。唐海萍身体力行，亲自在灵南的官庄蹲点，摸索大沟垅白芋种植。总结出一套"火烧芯"（农家肥作墒窝）的方法，培养了一批农技骨干，其中包括"铁姑娘队长"吴琴。时农村集体经济薄弱，大部分大队只有机面机子。为了突破困局，唐海萍在渔沟公社梁集大队抓了个集体养猪场的典型。干练的梁集大队书记梁培元动员10个生产队的力量，盖起了10排百多间的石砌猪舍。在当时的皖北苏北，这样的规模是罕见的，因而引来了多地的参观者。梁培元介绍经验时，曾自豪地说："我们坚持发展集体经济，建的不是猪场，我们建的是一座化肥厂！出栏100头大队收益2万多块，节约化肥20吨，粮食可以增产3成以上，每个社员都能分到钱，过年了都能分肉包饺子。"后来撤社并区，梁培元被破格提拔为梁集乡党委副书记。对梁培元的使用，也体现了唐海萍坚持党的任人唯贤政策，做到了人尽其才。

　　唐海萍致力探索农村改革开放的做法，受到省、地委高度重视，时任安徽省委书记的万里曾两度来灵璧县调研，对唐海萍提出来的"不动碌子包到户"（除小麦、黄豆外的所有农作物包产到户）以及"缴够国家的、留够集体的、剩下自己的"做法大为赞赏，认为符合政策方向，能够解放生产力和稳定社会秩序。万里调任中央后，继任的省委书记张劲夫也两次来灵璧考察，把灵璧的做法推广到其他地区。

　　唐海萍知县情、晓民意，时时处处维护灵璧县人民利益。固镇县在县城三岔路口的三角地带建了座凉亭，命名为"垓园"。唐海萍知道后，直接找固镇县委书记陈复东理论。两人经过激烈争论，直到陈复东妥协了，答应亭子不扒，"垓下"两字不挂，唐海萍才肯吃饭。现在想想，唐书记那时对灵璧传统文化遗址的保护力度，还真让人敬佩。

　　唐海萍深爱灵璧这方热土，重视城乡基础建设。1976年主政灵璧后，建造了灵璧凤山饭店，结束了开"三干会"代表打地铺的历史。顶着压力修建了气势恢宏的县委大门，改造了县委办公楼里的卫生间，新修了县医院东和西关桥内两处公共厕所。为此他被人写了不少"人民来信"，对于这些他都泰然处之。他注重工农业同步发展。为了让周杰和赵玉怀分别能在化肥厂、磷肥厂发挥企业自主权，他大胆决策，用"两肥指挥部"取代了工业局。同时调崔海芝任灵璧县酒厂厂长，对迁址后的酒厂进行升级改造。客观说，那个时段是灵璧工业的鼎盛时期，是工厂效益最好、工人最有优越感的时期。

唐海萍注重调查研究，倾听群众意见。在农业方面他果断决策在灵南黄湾和灵北夏楼投建了两个绿肥厂。开挖了灵东、灵西运河，基本上解决了内涝问题，为农业丰收奠定了基础。由于家庭联产责任制工作做得扎实，极大地调动了农民种粮积极性。到 1979 年底，全县不仅解决了温饱，而且是长年"一块面"（即麦面），还出现了卖粮难的现象。他协调财税部门扩大征购，以开放的意识允许农民用白干换酒，酒厂不仅飘出酒香，门前还出现农民以粮换酒排成长龙的景象。他主导的灵璧白芋成了著名品牌，就连苏北几个县的农民兄弟，都推着车子、开着机子来灵璧用大米换白干。

唐海萍是江苏省沭阳县胡集乡祁庄村人，1922 年 10 月生，曾用名以政、治平、勉民，年轻时即投身革命事业，1940 年 3 月经同乡卓心斋介绍加入中国共产党，并担任党支部宣传委员，从事党的地下工作。同年 7 月，奉命转为公开活动，参与筹建地方抗日民主政权，担任沭阳县卓圩乡党支部书记。1943 年 1 月，先后任胡集区区队长、独立团排长、副连长、代理连长等职。1945 年 1 月起，先后任沭阳县城西区委常委、区武装大队副大队长，周集区委常委、区武装大队副大队长，三乡联防主任、沭阳县新兵营长、县民兵总队参谋等职务。1947 年 11 月，进华中公学学习，担任中队长、中队党支部书记。1948 年 11 月，任灵璧县灵南区区委书记兼区长，1949 年 9 月，任灵璧县城关区区长，1950 年 11 月，任灵璧县韦集区区长，1951 年 9 月，任灵璧县委宣传部副部长。1952 年 12 月，任泗县县委宣传部部长。1953 年 4 月，任泗县县委副书记。1954 年 12 月，任五河县委书记。1958 年 12 月，因被错划为右派分子，在五河县下放劳动。1963 年 12 月，甄别平反后，调任宿县县委副书记。1969 年 10 月，任固镇县委副书记、革委会主任。1976 年 1 月，任灵璧县委书记，1980 年 3 月，任县级市宿州市委书记。

唐海萍说，他是 1948 年冬接受组织委派，化装做生意的连夜过运河，从大许家进入敌占区。傍晚在双沟与卖茶为掩护的交通员接上头，溜黑被送到九顶山区。灵璧县大队大队长刘焕位招待了一碗面条，派出一个连护送到了虞姬墓。天蒙蒙亮了，他踩着垡头，在太阳一杆高时到了晏路西大周圩子，敲开一户地主家的大门，按学习班学的内容亮明身份，说是共产党的区委书记。那人担心报复不敢告密。他白天躲在磨屋里，晚上出来访贫问苦，拉起了自己的队伍……就这样中共灵南区委在大周圩子成立了。

唐海萍前前后后在灵璧战斗、工作了 10 多个年头，把青春和智慧奉献给了灵璧父老乡亲。他严于律己、克勤克俭，保持艰苦奋斗的作风和劳动人民的本色。在病重期间，他多次提出不愿住院和治疗，要求把节省下来的钱支援灾区。他生前没有给亲属子女留下多少财物，却留下了极其宝贵的精神遗产。他在遗嘱中要求子女："要坚信马克思列宁主义这个真理，为人类最高理想的共产主义事业奋斗。要热爱中国共产党，热爱我们的伟大祖国，热爱伟大的人民，为官者要清廉，为民者要正道，为国家的富强和人民的幸福事业多作贡献。"

唐海萍于 1998 年 11 月 7 日病逝。

灵璧英才：王乃庄

一生甘当"老黄牛"

王乃庄（1923.2—1994.1），江苏省泗阳县中杨乡刘庄村王庄人。童年时期在家乡读了三年私塾，后与家人一起务农。1942 年 5 月加入中国共产党，同年 7 月在家乡参加革命工作，历任村农会主任、乡农会主任、惩奸工作队员、副乡长、县武工队队员等。1946 年 12 月，随华东财经干校东撤，后进入山东洋信县何坊区任土改小组长。1947 年 12 月，由山东随军进入淮北，先后任班长、副排长。新中国成立后，先后任宿县张山区委组织部长、宿县治淮政治处组织股长、张山区委副书记、栏杆区委副书记、宿县治淮总队政治处主任、淮委二总计划管理办公室主任、二总党委副书记等职。1958 年 3 月调任灵璧县副县长。1968 年任灵璧县革委会副主任、县委常委。1978 年 8 月任灵璧县委副书记，1981 年 12 月兼任县政协主席。1985 年 10 月离休，享受地专级待遇。1994年1月病逝。

王乃庄工作积极，任劳任怨，对党的事业忠心耿耿。在干群中享有极高的威望，人们都称他是革命的"老黄牛"。1951年8月，在宿县栏杆区委工作期间，带领群众日夜战斗在抗洪第一线，抢堵奎河柏山堰决口，受到宿县县委表扬。"文革"期间，他虽然受到冲击，仍带领全县民工奋战在新汴河水利工地。严冬季节，他身先士卒，跳下齐膝深的冰水中清理龙沟，民工们受其感染，个个卷起裤子跳入水中，挖流沙、清淤泥。1967年5月，一期工程全部竣工，共完成土方328万立方米，占计划101.5%，并为国家节约工程补助粮46万斤，节约资金10万多元。后又带领民工连续作战，于1969年12月，全面完成新汴河开挖工程。1970年7月，王乃庄又踏上新的征程，带领6200名民工参加濉阜铁路建设大会战。经过一个月的奋战，胜利完成道渣9027.89吨，砼枕10365根，钢轨1058根，油枕269根，岔枕156根，完成12华里长的铺渣、铺枕任务。

王乃庄一生光明磊落，廉洁奉公。1962年，上级号召大办农业，大办粮食，他率先响应，把爱人及4个孩子的户口转到浍沟公社土山大队参加劳动，支援农业生产。后来老伴长期患病，身体浮肿，实在无法参加劳动。为了不给生产队增加负担，便把老伴接到机关治疗，用自己微薄的收入维持全家生活，从不向组织伸手。在担任县委副书记兼政协主席期间，他培养选拔了一批德才兼备的优秀干部，但他的子女招工都是分在工厂，而且是较差的工种，他从未用手中的权力为子女谋官。他几十年如一日，始终保持艰苦朴素的优良作风。每次下乡检查工作，都自己掏钱就餐，从不给基层添麻烦。1982年3月，他带着检查组下乡检查工作，到大路公社时已近中午，公社的同志在饭店已把酒菜订好，就餐时他叫饭店把酒菜撤掉，换上粗茶淡饭。他常对家人和工作人员说："生活要向下看，工作要向上看，现在的生活比解放前要好得多，不要忘本。"他经常独自骑车或步行跑机关、下基层、去工厂、到农村，深入群众，调查研究，体察民情，倾听群众的呼声，受到广大干群的爱戴。

（县政协办公室　整理）

灵璧英才：石玉玺

到最艰苦的地方去

石玉玺，灵璧县杨疃镇石家人。1912 年 9 月出生于贫苦农民家庭，曾给地主当过长工。为了反抗剥削，赶走日本侵略者，于 1942 年 9 月毅然投身革命，积极参加抗日武装斗争，并于 1943 年 7 月光荣加入中国共产党，逐步从一个普通农民的儿子锻炼成为党的优秀干部。1943 年始，先后担任杨疃区农救会副主任、联救会主任、杨疃区区长、娄庄区区长、区委书记。尔后任高楼区区长、区政委、区委书记和县治淮支队副队长、县政府副县长等职。

从 1952 年起，石玉玺听从党的安排到艰苦的地方工作，先后担任苏北建设农场场长、青海省茶甘台路工程处处长、青海省香日德农场场长、青海省农垦局局长、青海省省委工作队副队长、青海省八宝联合公司党委书记、青海省劳改局新生联合公司副经理、新生建筑公司经理、青海化工一厂党委书记兼厂长、青海省西宁市政协常委等职。1980 年离休，享受副厅级政治、生活待遇，回到家乡灵璧县休养。

石玉玺无限热爱党热爱人民，对革命事业赤胆忠心。在条件险恶的战争年代，向往光明，追求真理，不畏邪恶，坚定不移地跟党走，积极参与组织灵璧抗日根据地的开辟，卓有成效地发动和依靠群众同敌人作斗争。在任区农救会主任期间，积极宣传抗日救国道理，组织群众参加抗日斗争，发动群众，开展减租减息，增加长工工资和惩奸反霸运动，组织群众修桥补路，做好拥军参战工作。为抗日武装送信，积极开展与日伪夺粮斗争。在担任杨疃区区长期间，积极营救被伪政权抓去的革命干部。

在社会主义建设时期，他服从组织分配，听从党的召唤，到条件比较艰苦的青海省工作近 30 个年头，无怨无悔，无私奉献，体现了共产党员坚强的党性。离职回灵璧休养后，仍然心系党的事业，不顾年迈体弱，坚持学习，坚持调研，为家乡的经济发展和社会进步提出了许多十分宝贵的意见和建议，深受欢迎。1997 年 6 月 2 日，因患脑血栓逝世。

（县政协办公室　供稿）

灵璧英才：卓枫

重返母校赠"人梯"

张少秋

　　卓枫，灵璧县高楼镇人，1961 年毕业于灵璧中学。2004 年初秋，时值灵璧中学 60 周年华诞，卓枫受特邀前来祝贺，但他强烈要求回母校时不准迎送献花，不准招待就餐，不准影响学校正常教学秩序。面对"三不"，灵璧中学领导班子成员，乃至校庆筹委全体成员无不由衷崇敬将军之高风亮节。他的这种身体力行发扬党的优良传统的做法，足见其党性之纯洁，自律性之强盛。

　　8 月 1 日，这个特殊的日子，卓枫轻车简从，在大门口下车，兴高采烈地踏上离别四十余载的母校大地。由于他的回访近乎"突袭"，以至于校长王善民因临时有事未能到场。副校长刘培灿、张占先陪着他徜徉校园，校工会主席陈长华负责摄影。卓枫还叮嘱我写短讯要注意措词，一定不能写谁谁陪同，强调他是回母校，在校长老师面前还是个学生，这是他平易近人，低调行事的一贯作风。

　　跨过正学桥，他似乎认出了那是他当年和同学们一起抬着大筐、一锨一锨挖出来的大水塘。他辨认出现在的教工宿舍和教体局办公楼是当年军训的靶场，他们那会儿用中正式步枪对着东南城拐里边的半身靶射击，根本不用考虑跳弹伤人，因为城墙拐弯处又厚又高，再说那会儿也没有这么多人看热闹，射击完了再去城墙上挖弹头卖了当班费。他有说有笑，意气风发，仿佛是出征凯旋。刘培灿介绍学校的发展历程，张占先介绍学校的教学特色。卓枫听得很认真，时不时地插话。当他知道张占先名字后风趣地说："灵璧中学就是要占先嘛，有文化底蕴，占尽先机。有发展潜力，当仁不让。"他的话惹得一行人心花怒放。

校长王善民急急从校外赶来，同时，召来副校长程军、马朝民，一行人参观了教室、科学馆、天文台、田径场、校史室、正学书院遗址、学生宿舍、食堂餐厅，甚至连水冲厕所等设施，卓枫都一一涉足，他对学校翻天覆地的变化感到十分欣慰。他回忆学校的大门是朝北面对花墙口开的，站在校门里可以看到城隍庙，也能隐约看到黉学院屋顶。他说学校应该是教学圣地，是一方净土。说这话是对学校被挤占、被高楼包围的些许遗憾。卓枫瞻仰了曾国藩手植的、象征灵中精神的皂角树，他感慨十年树木，百年树人，愿母校百毒不侵，峥嵘挺拔。大家在正学书院遗存的明伦堂殿前合影。

在办公室里，卓枫挥笔写下"人梯"两个大字，把对母校老师甘为人梯、愿做烛光的精神凝于笔端。

灵璧英才：高明德

一言九鼎 两袖清风

宁广荣

高明德，1930 年 11 月生于安徽省和县善厚集，幼读私塾，高小毕业后考取和县简易师范学校，中途因家庭经济困难退学回家务农。

高明德到灵璧先任县长，后任书记。任职期间，他有个叫得频次最高的外号——"高一霸"。

高明德任灵璧县长期间，县委书记是宿县地委副秘书长徐振宾兼任的。徐振宾是个典型的大机关干部，缺少农村工作经验，只要自己没经历过的就十分谦逊地向在农村基层摔打多年的工农干部高明德请教学习。而高明德也毫不客气，诲人不倦。时间长了，就助长了高明德自己说了算的习惯。徐振宾从不批评人，高明德却是动辄不是怼这个就是骂那个。

1983年5月，徐振宾升任宿县地委秘书长，7月，任地委副书记。高明德接任灵璧县委书记后，更是说一不二了。

1984年，全国范围的农村机构改革拉开帷幕。当时的机构改革有两大举措：一是撤销人民公社建制，仍设区，区下面设股级乡镇；二是所有年满53周岁的科级副科级领导干部，一律退居二线，改任督导员。为了贯彻落实上级精神，高明德的做法就是五个字：快刀斩乱麻。机构改革动员大会开过以后，高明德一手迅速组建考察组，夜以继日地前往区、公社考察干部，另一手是连白加夜、紧锣密鼓地制定打破常规的干部调整方案。

当时，对领导干部到龄即退这一重大举措怀有抵触情绪的不在少数，一时间各种诉求交织，各种势力斗法，形成了很大阻力，绞成了一团乱麻。具体表现是，故意加大考察工作量，拉长考察时间，使得高明德急于结束这项工作的战略思维难以尽快收到成效。对此，高明德当机立断，复杂问题，简单处理，采取非常手段。在研究干部调整方案的县委常委会上，县委组织部刚开始汇报考察情况，高明德就不打任何招呼地离开了会场，到一个去处与人下起了象棋。两个多小时后，在与会人员不明就里、焦急等待中，高明德回到会场，二话没说，慢慢悠悠地从衣袋里掏出笔记本，翻开了，张口就念起了免职人员和任职人员名单，仿佛前面的考察汇报根本没有进行一样。念完后，对组织部长说："明天午饭前，必须宣布到位。"然后，扫视了一轮与会人员，说："散会！"就这样使全县农村机构改革迅速落地见效。有人说，这是一言堂，太霸道，破坏民主。也有人说，这叫对症下药，以毒攻毒，专治歪风邪气。

还有一件事，弄得高明德甚为恼怒。进入20世纪80年代，全国党政机关自南向北、自上而下，相继刮起了享乐之风。起初，对此，高明德嘴上时常骂骂咧咧，十分鄙视。他坚持认为，执政党应该一以贯之地保持艰苦奋斗的优良传统。可是，有一次他去省委开会，由于他坐的上海牌轿车档次低，被保卫人员拒绝开进省委大院，无论他又是拿出开会通知又是亮出工作证，都无济于事，多亏一位县委书记帮他解了围，但进了大院后，负责维持院内交通秩序的工作人员还是坚决不允许他的车停放在省委大院内，说是严重影响省委形象。后来，他好话说了几箩筐，那名工作人员才极不情愿地让他把车停在最靠里面的角落里。休会期间，高明德到停车场溜了一圈，看到人家的车基本都是进口的，他的黑不溜秋又脏兮兮的国产车跟油光锃亮的进口车相比，显得既寒酸又土气。

从省里回到灵璧后，高明德在传达会议精神时，把经受冷落的遭遇对县委、县政府领导班子成员学说了一通，很遗憾，没有收到预期效果，绝大多数班子成员不赞成高明德换车。但是，一个多月以后，灵璧县委大院还是驶进来一辆崭新深蓝色的日本原装尼桑蓝鸟小轿车。

高明德在坐车上，与周围县的同级别官员接了轨，也算是与时俱进了。而在公款招待上，他依然坚守着自己的底线。那些年，高明德喜欢抽亳县产的亳芍烟，三毛多钱一包，一天要抽三包，都是自己花钱买。也有胆大的送好烟给他，但都被他一手收烟一手给钱弄得很不好意思。一传十十传百以后，再也没人敢送烟送酒给他了。

高明德虽文化程度不高，但记性极好，算账能力超强。省委书记卢荣景（时任省长）第一次来灵璧检查工作，对他的算账能力和逻辑思维能力非常佩服，随即开了个玩笑："老高啊，我看你干财政厅长很合适嘛。"第二次来灵璧时又说："老高啊，看来我得让位给你喽。"卢荣景走后，县委办公室秘书们闲聊时提起这事。高明德一脸严肃地说："出了这个门，就不要再说了。人家官大嘴也大，随便说说，说完就忘记了。谁要当真，谁就是傻蛋一个。"

1987年5月1日，高明德被提拔为宿县地区行政公署副专员、党组副书记。高明德离开灵璧县的头天晚上，县委办公室系统全体人员将近30口人，为他举办了一个小型欢送宴会。大家把高明德办公室的旧报纸旧书刊给拾掇拾掇，卖了200多块钱，公家又贴了一部分钱，到花墙口菜市（如今的云路街）买了一些成品半成品，回来自己加工，弄了20多个凉菜、20多个炒菜，五六个烧菜，又跟县酒厂要了一大塑料桶原酒，还破例买了一条渡江烟，把县委常委会议室的桌椅重新摆放，弄成西方人开酒会的样子。那天晚上，高明德喝红了脸，副书记们喝红了脸，秘书干事们那就更不用说了，多数人都难得的放纵了一回。大家借酒遮脸，跟高明德开着荤素拼的玩笑。有人提起了高明德带领大家用手指头当筷子捏菜就酒的往事，有的提起每天高书记下班回家第一件事就是堵鸡圈等。大家你一言我一语，开着开着，有的眼角湿润，有的忍不住哭出了声。大家看到高明德也跟着掉了泪，就连搀带扶地把他送回了家。

高明德在副专员位置上干了8年，直到1990年退休。

1992年9月底，地委行署召开全区秋种会议。报到那天下午，灵璧县某镇镇长在地委旁边的一个棋摊旁看见一个老头，很像高明德。仔细一看，还真是他，赶紧下车跟他打招呼。正在聚精会神下棋的高明德，一脸茫然，思忖了好大一会，才想起面前这位30多岁男人姓啥名谁。"你，还在县委办公室吗？""不了，到××镇了。""什么职务？""镇长。""好啊！你们看，我在灵璧当书记时，他还是个小毛蛋孩子秘书呢，现在都当上镇长了。江山是你们的了，年轻人，好好干，前途无量啊！""嘿嘿，多谢高书记教育培养！"下棋的、看棋的，对他们的对话，毫无兴趣，眼珠子紧盯棋子子，很不耐烦地催促着："别啰唆啦老高，走棋走棋！"这时，高明德从衣袋里掏出半包"东海"烟，递给镇长。镇长双手接过，赶紧掏出打火机帮他点上。

过了一小会，镇长到地委大院对面军人接待站商店，买了四条"渡江"烟，双手递给高明德，说："高书记，你下棋吧，我去报到了。""用公家钱，买的吧？""不，是我自己的钱。""你记住，一定要管住自己，尽量少占、最好不占公家便宜。用灵璧话说，想巧是个当。""嗯，高书记，我记住了！"镇长说。然后，高明德将视线转向棋盘，接续着之前的思路，聚精会神琢磨着如何走好下一步棋。

2005年5月，高明德因患肺癌医治无效去世。

灵璧英才：曾德福

忠于革命 献身事业

　　曾德福（1925.2—1982.1），曾用名曾云祥、曾静，安徽省凤台县人。1941年7月加入中国共产党，同年9月入伍，历任新四军游击队员、事务长、武工队员、会计等职。1949年1月起先后担任怀远县新城镇书记，城关区委、沙沟区委组织部长，城关镇书记兼镇长，包集区委副书记等职。1951年9月，到宿县地委党校学习。结束后，于1952年1月调到濉溪县工作。同年10月，又到省委党校学习3个月。在濉溪县先后任百善区委副书记、书记、县农委会副主任、县供销社副主任、县委常委兼县农工部部长，县第一届、第二届、第三届县委委员、常委、县委书记处书记兼百善公社第一书记，县委副书记、县革委会副主任、宿县地区前岭煤矿领导小组副组长等职。1976年6月，调任来安县委副书记、县革委会副主任。1978年，调来灵璧，先后任县委副书记、县革委会副主任、主任兼县纪检委第一书记、县委第一副书记、县人大主任等职。

　　曾德福出身于农民家庭，3岁时母亲病逝。其父略通文墨，9岁时跟父亲学习文化。11岁时，其父因操劳过度而离世。父母双亡使他衣食无着，只好靠帮工种地、逃荒要饭维持生计，过早饱尝人生的艰辛。他渴望学习，有空时便读父亲留下的书籍。他最爱读《水浒传》《岳飞传》和革命进步书籍，十分崇敬书中的英雄人物，便立志做一个报效祖国的正直人。抗战初期，彭雪枫领导的抗日游击支队，在他的家乡一带开创了淮上抗日民主根据地。曾德福在二哥曾德茂（中共地下党员）的影响下，开始从事革命活动，帮助党组织送信、筹粮、站岗，积极参加共产党领导的农抗会、青抗会等组织，很快成为党组织信得过的积极分子。1939年秋，经凤台县委书记陈元良介绍，到新四军办的随军学校学习。3个月学习结束后，年龄大的学员到部队工作，他因年龄小，又回到家乡从事革命活动。1941年7月，曾德福加入了中国共产党，同年9月参加新四军地方抗日游击队，后随部队转战在淮上广大地区。随着淮北地区斗争环境的恶化，新四军及游击队逐步撤向皖东北，曾德福因腿部长疮，不便行军打仗，便被留在地方开展党的地下工作，与其他党员一起谋得一定的社会职业作掩护，打入敌人内部，建立地下党组织，进行秘密活动。1945年初，新四军收复路西，凤台地下党组织与上级取得联系后，他被派往八地委党校学习。结业后，于同年7月起担任宿怀县委事务长、税务科检查组组长。解放战争初期，宿怀县遭到国民党军队及地方反动武装围攻而失陷。在随县委撤退过程中，他与部队失去联系。曾德福辗转回到家乡，与党组织接上关系后，秘密开展对敌斗争。1947年3月，曾德福到了涡北，加入宿怀县武工队，参加了收复宿怀县失地等战斗。同年8月，曾德福担任宿怀县政府会计。淮海战役期间，他积极协助县领导组织力量，为前线筹集调运军用物资，圆满地完成了上级交给的任务。

社会主义建设时期，不论在何地工作，总是深入基层、深入生产第一线搞好调查研究，为发展工农业生产，繁荣科学、文化、教育等事业倾注了大量的心血。20世纪60年代，在濉溪县推行农业生产责任田时，亲自到农村搞试点，总结出一系列农村包产到组、定产到田、责任到人的经验，深受干部群众欢迎，使农业生产和社员收入都有很大提高。"文革"初期，被当成走资本主义道路的当权派、叛徒等受到批判，其工作和家庭生活受到严重干扰。他相信党最终会给他一个公正的评价。"文革"后期，作为一位靠边站的原县委副书记，在新汴河工程濉溪县总队做一些实际工作，在兴修水利中解决了濉溪与永城两县长期没有协调好的边界水利纠纷。此事得到国家水利部部长钱正英同志的赞赏。

70年代，在前岭煤矿工作两年多的时间里，他不仅虚心学习生产技术和采煤知识，使自己尽快进入角色，指导好煤矿安全生产，而且积极做好地方干部思想工作，化解煤矿与地方的各种矛盾，使地方与煤矿走上了协调发展的轨道。70年代末至80年代初，在灵璧工作期间，他与县委一班人，认真贯彻执行党的十一届三中全会以来各项方针政策，积极为灵璧的社会与生产的发展献计献策，耗费了大量的心血。就是病重在合肥住院期间，还是惦记着灵璧各方面的事业，不顾病痛的折磨回到灵璧，参加县委工作会议。由于过度操劳，病情急剧恶化，不幸于1982年1月去世，终年57岁。

（县政协办公室　供稿）

灵璧英才：陈建民

当革命战士 做人民公仆

　　陈建民（1932.5—1993.5），江苏省睢宁县古邳镇人。幼年读过私塾，聪明过人。童年时代受其长兄陈建华（时任新四军驻睢宁某部军需官）的影响，向往革命，立志要当一名报效祖国的军人。有机会就抢着为新四军送水送饭，参与支前工作，目睹新四军许多英雄事迹，思想更加进步。1948 年 9 月，进入睢宁县联合中学读书，同年 12 月加入中国新民主主义青年团。1949 年 7 月，满怀精忠报国的热望，毅然投笔从戎，走上了革命道路。

　　陈建民人伍后首先在睢宁大队一连任文化教员，由于工作出色，参军仅两个月就光荣加入了中国共产党。1950 年 8 月，奉命调往盐城东台盐警大队九中队任教员，后任盐管局党训班办事员。1953 年 8 月调到福建省军区护航炮兵，先后任三营五排排长、一连副指导员，参加过炮击金门和东山岛战役。1955 年 3 月任厦门水兵一团三营八连副指导员、指导员。1957 年 2 月，进入南京步兵学校学习，1959 年 9 月毕业，回到了福建前线部队，任龙溪军分区政治部组织科助理员。1960 年 3 月，调任靖南县人武部秘书、政工科干事。其间工作突出，受嘉奖和荣立三等功各一次，并先后晋升为中尉、上尉军衔。1964 年 5 月，任龙溪军分区组织科干事。"文革"初期，参加了漳州 市的"支左"工作。1969 年 9 月任福建省诏安县人武部副政委。同年 11 月，又参加了"支左"工作，任诏安县革委会政工组组长，直到 1974 年 4 月才回到县人武部。整个"支左"期间，正确对待两派群众组织，不搞亲一派疏一派。在落实干部政策中，比较注意安排和使用老干部，没有出现违反政策现象。在"支左"期间，手中掌握着上大学、提干、办理出国定居等权力，但他从来没有利用手中权力为自己谋私利，勇于顶住不正之风，为民办实事，在诏安县广大干群中享有很高的威望，被称为"清官"。

　　1978 年 5 月，转业到灵璧工作，先后任灵璧县革委会副主任兼科委主任、县人民政府副县长、县委副书记、县政协主席等职。先后分管科技、财贸、人事、劳动和城市建设、政法、文教卫生、宣传等工作。在灵璧工作十几年，一直认真负责，一丝不苟。在分管科技工作时，积极落实知识分子政策，为部分错划为右派的科技人员平反，为578名科技人员评定了技术职称，进一步调动了科技人员建设"四化"的积极性。同时抓好科学技术的普及和新技术的推广应用工作，促进了工农业生产的发展。

1983年分管财贸工作，上半年财政收人任务完成得不好，和有关部门负责同志认真分析研究，找出原因，突出抓了查补偷漏税和工商企业的欠税问题，共查补偷漏税款80多万元，利改税单位补交欠税款177万元，使当年财政收入超额完成任务，比1982年增加10.5%。1983年午季粮食收购工作，由于抓得紧，到7月底超额62%完成了任务。

1983年，灵城镇大街两侧和城镇附近公路两侧，违章建筑很多，既影响市容，又阻碍交通，经常出现交通事故。8月，县委、县政府研究决定，限期彻底清除违章建筑和路障，并指定陈建民负责这项工作。陈建民随即召集有关部门研究，带领有关部门的负责同志一起上阵，现场指挥。遇到难缠户、钉子户，亲自上门动员，坚决按规定办事。仅一个月时间，违章建筑就全部拆除。在分管宣传工作期间，积极支持杨疃区进行红白事改革，并在全县推开。省委、省军区专门在灵璧召开现场会加以总结推广，影响波及省内外。

从部队到地方，几十年如一日，为人正派，勇于抵制不正之风，请吃他不去，送礼他拒收，就是上边来人也很少作陪，亲朋好友请他办事，凡不符合政策要求的，都婉言拒绝。对自己子女要求一向很严，从不利用权力为子女及亲属谋求一官半职，子女几乎是清一色的工人身份。在生活上严格要求自己，艰苦朴素，全凭工资维持一家人的生活，他没有一件像样的衣服，家属、子女吃穿都比人家差，一件衣服往往是从老大穿到老小，孩子大了以后，还常穿他的旧军装，很少添新衣服。家中没有一件高档的家具，也没有存款。

长期超负荷工作，陈建民的身体渐渐垮了下来。1993年5月4日因病去世，享年61岁。病重期间，为子女立下遗言：不发讣告，不向遗体告别，不通知亲友，不开追悼会，不向上级党政领导提出任何要求。陈建民生前一身正气廉洁奉公，后事安排也严于律己。对此，县委专门召开会议，号召党员干部向他学习。认为这种要求丧事从简的做法，在灵璧前无先例，这对破除陈规陋习，树立良好的社会风气，纠正党内不正之风，树立党员、干部的公仆形象，提高党在群众中的威望将产生积极的影响。

（县政协办公室　供稿）

灵璧英才：刘统海

妙笔生辉　政绩非凡

刘统海，1950年8月生，安徽省砀山县官庄镇吴庄村人，中共党员，大专文化。1968年8月，初中毕业后下放农村，1969年9月，任宿县地区《拂晓报》社记者。1972年7月起，先后任宿县地委宣传部新闻干事、地委办公室秘书、科长、地委政策研究室主任并兼地委副秘书长。1993年3月，调任中共灵璧县委书记。1998年6月，调任宿县地区行署副专员，1999年5月任宿州市副市长。在宿县地委从事新闻报道、政策研究工作期间，曾在中央、省级各类报刊、电台等发表过数百篇新闻报道、报告文学、通讯、调查报告、评论、杂文等文章，主持编写了《农村政策法规问答800题》（农村读物出版社出版）、《经商指南》（黄山出版社出版）等，多次被上级授予"先进工作者"称号。

在灵璧工作的5年间，1995年全县粮食生产进入全国百强县行列，1996年、1997年，畜牧业连续两年进入全省十强县行列，1994年，林业生产荣获"国家平原绿化先进县"称号，1996年被省政府授予消灭宜林荒山先进单位，农机化事业1996年进入全省十强县行列，1996年全县供销工业经济效益跨入全国百强县行列，居全省第五位，1997年教育"两基"和卫生初级保健工作，分别顺利通过省政府评估验收和国家复核。党的建设在全区五县市中，由

1996 年的第二名跃居 1997 年第一名，计划生育工作 1996 年、1997 年连续两年被地区评为第一名，个人受地委、行署记二等功一次。

（县政协办公室　供稿）

灵璧英才：王毅

夕阳映童心

胡兴臣

灵璧县政协原副主席王毅担任县关工委主任的 20 多年间，与一批离退休老同志一起，千方百计抓好青少年教育，促进下一代健康成长，先后被评为市（地区）、省和全国"关心下一代先进个人"，荣获国家少工委授予的"一级星星火炬奖章"。灵璧县关工委也先后被评为市（地区）、省和全国"关心下一代先进集体"，受到中央关工委和中央文明办的表彰。

2011 年 12 月 21 日下午 4 时，王毅，这位享受地厅级政治生活待遇的老同志，走完了他 87 年的人生历程。举行遗体告别仪式那天，近千名干部群众前来为他送行，多名小学生代表也远道赶来吊唁。

王毅，1925 年生于山东沂蒙山区，是 1945 年入伍的八路军老战士、老党员。1975 年转业前是解放军高级步校团职政治教员。革命战争烽火的洗礼和军队政治工作的磨炼，使他养成了重视思想政治工作的优良作风。离休以后他牵头成立起灵璧县关心下一代工作委员会，担任主任，带头下功夫，加强基层关心下一代的组织建设，使全县各乡镇、各行政村、县直多个单位以及全县各中学、中心小学都成立了关工组织。

担任县关工委主任 22 年，王毅同志一门心思抓好这项工作。王毅经常说："当年，我们 6 位同志一起投身革命，他们同无数革命先烈一样，为着人民的利益牺牲了，牺牲时最大的不到 22 岁。如果我们活着的人，不忠心耿耿为党为人民工作，对得起谁呢？"王毅是这样说的，也是这样做的！他虽曾患脑血管病偏瘫过，又患糖尿病、肾衰、心衰、肺癌等病，但他毫不在意，只把关心下一代工作放在心上。一次，他一天中为青少年连续作了三场报告，累倒了。医师劝他休息。他连服四剂中药，精神稍有恢复，又继续全身心扑在工作上。

2011 年 11 月 2 日，省关工委和宣城市关工委的同志来灵璧检查工作时，他亲自汇报，并陪同他们到县教育局、灵城镇徐杨村、渔沟镇、渔沟中学、申场村等多个单位检查。11 月 10 日，他又同县关工委的同志一起到向阳中学检查，并为向阳乡 50 多名离退休教师作报告。11 月 16 日又到灵璧三中、尤集中学去资助特困学生，并为学生们作报告。随后，王毅因病加累，不得不住进医院，从此他再也没能回到工作岗位，直到 12 月 21 日去世。王毅同志为着下一代的成长，余热可谓发挥殆尽。

王毅抓关心下一代工作的 20 多年中，一直坚持不懈地把政治思想教育作为经常性的工作来抓。针对青少年对革命战争的历史了解甚少，从关工委组织成立之初，王毅同志就以身作则，带领老同志们撰写革命传统教育材料，他本人先后撰写的回忆录等文章 30 余篇，共 25 万多字，累计为青少年们作传统教育报告达百场以上。同时，他还先后应聘担任 5 所中小学的校外辅导员，多次到这些学校进行辅导。

1990 年七七卢沟桥事变 53 周年之际，王毅与关工委几位负责同志亲赴南京参观了侵华日军南京大屠杀纪念馆，并带回了《侵华日军南京大屠杀》画册，然后翻拍复制图片，举办了侵华日军南京大屠杀暴行图片展，先在县直机关、学校展出 40 多天后，又到县内多个乡镇巡回展出 1 个月。王毅还应邀带着展品到地直机关展出 10 天。这次展览观众总计超过 5 万人次。其中有 700 多人在留言簿上写下了自己的深刻感受。高楼两青年与宿城一中一名高三学生观展后深受教育，分别用自己的鲜血写下了自己的心声："国耻难忘，奋发图强，振兴中华……"

为了增强幼儿爱国主义教育的效果，王毅还组织了关于抗日战争的小小故事会，从18个单位挑选了23名幼儿故事选手，为少年儿童们绘声绘色地演讲了《刘胡兰》《小英雄雨来》《儿童团员王二小》《勇敢的阿牛》《潘娃子》《小铁锤》等故事，再现了战争年代少年儿童的英雄形象，用少年儿童的英雄故事教育少年儿童，反响分外强烈。

王毅坚持走上第一线，带头参与活动实践。全县举行小学生红歌大合唱比赛，王毅带头登台高歌《永远跟党走》，全县中学生"学党史，颂党恩，跟党走"的演讲会上，王毅亲自登台宣讲党的光荣传统。

王毅常常亲自出马，通过牵线搭桥，取得社会有关方面的支持，尽力为青少年们解决难题。高楼中心小学寄宿部用电原是从村庄民用电接入，设备既老又差，整个寄宿部常常无法用电，既影响学生们学习，更影响学生视力。该校少先队员们给王毅爷爷写了一封信，恳请王爷爷想办法帮他们解决。王毅反复阅读孩子们的来信，把情况向分管此项工作的县委副书记反映，并与县供电局局长联系，要求尽快帮助解决。有关方面很快重新选址，免费重新安装了新变压器，为学校架设了4条总长1000多米的低压线路，彻底解决了该校用电难题。尤集中学千余名师生一直受着缺水的困扰，学校领导向王毅反映，王毅亲自登门，到县水利局请求帮助。县水利局领导很快立项勘探，免费为该校打了一眼89米深的水井，并帮助搞好安装配套，彻底解决了学校的吃水难题。

王毅还寻求社会有关方面支持，对一些特困孩子给予资助，使之能与正常孩子一样学习生活。一天，他从报纸上获悉朝阳镇唐庄初中女学生戚璐患尿毒症，无钱医治。他马上与金种子集团的同志一起商讨，为挽救戚璐同学的生命出把力，先是带3000元前去看望，接着与朝阳镇领导一起努力，先后通过两次义卖种子酒筹款3万多元，帮助戚璐治病。娄庄镇大赵村女青年陈姗姗姐弟三人2009年同时考上大学，经济很困难，更不幸的是经体检，陈姗姗患急性淋巴白血病，考取西北大学的弟弟也患了肝炎，全家都很悲观。王毅了解情况后，又与金种子集团的同志一道先后两次前往看望，送去8000元现金，帮助姐弟俩治病，并鼓励他们消除悲观情绪，坚定信心。从2008年开始，在金种子集团资助下，县关工委连续四年召开了爱心助学捐赠会议，共对41名考取大学的贫寒学子进行资助，使这些贫寒学子顺利进入大学，继续深造。

灵璧县关工委成立 20 多年来，王毅一直注意发现典型，培养提高典型，通过总结推广点上的经验，带动越来越多的人关爱下一代。王毅听说渔沟镇近百名退休教师组成一个老教师关爱团，感到这是件大好事，便带领县关工委的人，亲赴现场与关爱团的同志交流情况，并帮助他们建立健全了活动计划，由镇里为他们安排了办公场所，帮助他们解决活动经费等难题，从而使关爱团成员们积极性更高，110 多名离退休老教师奔走在 19 个行政村，开展多种关爱活动。几年来，这个关爱团的老教师们，相继帮助了 260 多名因各种原因准备退学的留守儿童继续读书。如今，这些孩子不仅顺利读完了小学和初中，还有一些人读完高中并顺利考取大学。对于一些特困的儿童，这个老教师关爱团也千方百计帮助排忧解难。渔沟镇相继有 60 多名困难儿童得到关爱团的及时救助。渔沟镇老教师关爱团的关爱活动从此在社会上产生强烈反响，市、县《关工通讯》进行了宣传，《安徽日报》以《关爱团情暖山里娃》为题，报道了他们的事迹。渔沟镇有 10 多名干部群众捐款 2.75 万元，对 55 名特困孩子，每人给予 500 元资助。

灵璧县是农业大县，120 多万人口有三分之一常年在外务工、经商。空巢家庭大量涌现，8 万多名留守儿童急需得到关爱呵护。经县教育局、关工委多方努力，率先在禅堂中心小学开办寄宿部。很多家长兴高采烈地放起鞭炮庆贺。王毅组织人员前往调查研究，总结经验，相继在县、市、省关工会议上和刊物上推广。此后，他又到黄湾中学、尤集中学总结推广这方面的经验，为全县寄宿学校的发展助了一臂之力。目前，灵璧县已有 52 所留守儿童寄宿制托管学校，全托管留守儿童 4 万多名，由学校提供吃、住、学、玩一条龙服务。此外，全县中小学先后创建 248 所"校内留守儿童关爱之家"，让全县 8 万多名留守儿童享受到家的关爱。灵璧县这方面的工作，已被全省全国多家新闻媒体进行了宣传。

灵璧英才：赵辉

公心照亮人生

晏金福

赵辉，安徽省灵璧县朝阳镇大赵村人，1955 年出生于宿州埇桥区时村镇老汪湖边的一个小村庄。1970 年初中毕业时，为继续求学，随父亲回到老家大赵村。高中毕业后回乡务农因表现突出而"火线"入党。之后，担任大赵大队党支部书记。

1977 年底恢复高考，考取了宿州师专化学系。毕业后因成绩优异留校任教。随后，到安徽大学进修本科，1984 年考取武汉大学研究生班，1989 年调任宿县地区肉联厂副厂长兼生化制药厂厂长。1992 年筹备宿州华夏商场并成为第一任总经理。1995 年调任砀山烟厂副书记、副厂长，1997 年任烟厂党委书记，1998 年初任烟厂党委书记、厂长，砀山县委副书记。当时推出的金利牌香烟，一炮打响，红遍宿州，从而彻底改变了烟厂面貌，销售收入实现税利大幅度增长，上交税收由每年 800 万元增加到 7000 万元。2000 年 3 月，调任滁州卷烟厂厂长。当时，滁州烟厂生产经营十分困难。赵辉到任后，3 个月即推出红三环品牌，结果一路走红。仅半年，就销售 7 万大箱。从一季度亏损 1000 多万，到当年 8 月就扭亏为盈，年底，不仅还清了欠税，还超额一亿多元。2002 年 3 月调任国家大型企业芜湖烟厂厂长、党委书记，到 2005 年，烟厂上交税收就翻了一翻。精心打造、专供出口的都宝牌香烟到现在一直都是台湾市场最畅销的大陆品牌。他还领导企业在罗马尼亚成立中烟国际欧洲公司。该公司 2005 年开工建设，2007 年正式投产，到了 2010 年已成为罗马尼亚全国重点外资企业，年缴税费 1 亿多欧元，位列全国海外企业的第 5 位。2006 年调任安徽中烟副总经理，2015 年，以正厅级巡视员退休。

赵辉出身贫寒，他深知自己的一切来之不易，以此，工作认真、敢于创新，业绩突出。他不仅出色地完成了党交给的任务，而且时时刻刻把职工的疾苦放在心中。他每到一处，都尽其所能解决职工现实困难尤其重要的是住房困难。在砀山烟厂，他主持建设了 300 余套职工宿舍。在芜湖烟厂，他为厂里争取了 500 亩土地，高质量建造职工住房 2500 余套的都宝花园小区，在烟草业界产生了重大影响。

退休后，他更是把全部身心投入到公益事业上。他自掏腰包筹集资金成立安徽朝阳科技扶贫基金会。基金会下辖两个全资子公司，还在朝阳镇建立了示范农场，引进先进生产技术和优良农作物品种，引导农民科学种田。同时对朝阳籍贫困大学生进行现金资助，圆他们的大学梦。据不完全统计，自基金会成立以来的 6 年间，共资助近 300 名贫困家庭的大学生，仅此一项，就捐款近 60 万元。另外，还在九顶中学，朝阳、崔楼、孟邵等小学校设立奖学金，奖励品学兼优且家庭比较困难的孩子。从安徽朝阳农业科技扶贫基金会成立 5 周年座谈会上获悉，5 年来，基金会向灵璧县的直接捐款超过了 300 万元。县委书记刘博夫对赵辉的义举十分敬佩号召全县党员干部向赵辉同志学习。

赵辉是宋末元初著名书画家赵孟頫的 21 世孙，他的家乡朝阳镇有保存较为完好的赵孟頫衣冠冢和赵孟頫长子赵奕的墓地，赵辉觉得这是灵璧县乃至皖北地区不可多得的历史文化资源，于是他自 2017 年开始东奔西走、上下联络，积极倡导筹建赵孟頫文化园。经过艰苦细致的筹备，2019 年 6 月 18 日，占地 30 亩、总投资 800 万元的赵孟頫文化园正式奠基。两年后，主体工程已经完工，一个极具文化内涵和历史影响的文化旅游景点即将展现在我们目前。

灵璧英才：张瑞刚

载祥载瑞 志坚志刚

马传明

张瑞刚，1954年生人，1981年毕业于安徽师范大学，历任高楼中学校长、高楼区委书记、县教委主任、县委宣传部长、宿城一中校长。

张瑞刚家在尹集濉河岸边，生年八月丧父，随母成人，早年家贫。18岁高中毕业，回村任生产大队长、书记，政绩突出，曾出席全省第九次农业工作大会。1977年，考入安徽师范大学历史系。毕业后，主动要求分配到尹集中学。1984年，任高楼完中校长，期间，被评为全地区"开拓型完中校长"，出席全省教育工作大会。1987年，调任高楼区区长，因抓农村经济工作有特色，曾两次应邀在省广播电台介绍经验。1991年，任高楼区委书记。期间，他先后在国家、省级报刊上发表论文12篇，《拂晓报》曾连续刊发《真抓实干学高楼》评论员文章，向全地区推广高楼经验。

张瑞刚性格豁达，颇善辞令，博学多才，处事果断，见解独到，思维超前，尤其娴于演讲。1991年，高楼镇政府在街市上召开主题为"发财致富千条路，抓住一条就能富"的群众大会，他站在街中心一个方桌上，从上午9点开始一直讲到十一点半。由于他平时博览群书、善于积累，加之大学里又是学历史的，演讲时引经据典，旁证博引，其中，为鼓励青壮年人到外地务工、经商挣大钱，还列举了"峨眉两僧去南海的故事"，深入浅出、通俗易懂、生动有趣。当时听众都是农民，个个聚精会神。那次大会，反响强烈，对全区的经济发展起到很大的推动作用，至今，当年参会的百姓对他在会上的讲话内容还难以忘怀。

1992年，省委书记卢荣景、省委副书记杨永良先后视察高楼时，对省委领导的询问，他略略大方，侃侃而谈，对答如流，每有新意。卢书记当场赞扬他"思路清楚，反应敏捷，知识面广，是个人才"，并指示在场的地县领导要对其重点培养使用。

由于政绩突出，1993 年，张瑞刚调任县教委主任。上任后，经过反复调研，他主持制定了全县"八年教育发展战略""五大教育工程方案""两大教育目标"，促进了灵璧教育的健康发展。1995 年，他被指定在全省教育工作大会上作典型经验介绍。他倡导在全县推开的"大办教育年"活动在全省引起轰动，灵璧县的中小学布局调整被确定在全省推广。"大办教育年"活动，促成了各乡镇对教育的大投入，呈现出每到一处楼层最高、建筑最美的一定是学校的新局面。1996 年，全国人大常委会、全国政协相关机构和国家教委联合考察团来我县考察教育工作，对其工作给予肯定和称赞，并在《中国教育报》上以《希望之路》、在《新华社每日电讯》《人民日报》上以《安徽省灵璧县中小学推行董事会制度》为题向全国介绍。1996 年春，国家教委特邀其随国家考察团前往东南亚几国及港澳地区考察教育。1997 年 10 月，灵璧县通过省政府"两基"验收，提前两年完成"两基"目标任务，从而把灵璧教育推到一个崭新的发展阶段。同年 11 月，他被任命为县委常委、宣传部部长。此后，他领导并实施全县范围的"经济增收""灾后反思""阜阳大发展灵璧怎么办"三次思想大讨论，组织社会公德、家庭美德、职业道德报告演讲团和农业基本技术、农业基本法规、民主基本制度报告团到全县各乡镇巡回演讲，直接听众达 46000 余人。他大力宣传灵璧地方文化，在中央电视台宣传推介灵璧"奇"（石）"美"（虞姬）"丑"（钟馗画）"三元"文化。

1999 年 8 月，张瑞刚被破格提拔为宿城一中党委书记。履新后，他重点抓省级示范高中申报工作，仅用两个月的时间就通过了省级示范高中验收。2002 年 10 月，他赴美国、加拿大考察教育，并应邀在洛矶山威尼斯高级中学发表《孔子教育理论及哲学思想》的演讲，受到美国人的好评。2003 年、2004 年，宿城一中高考本科达线人数连续两年位居全省第一，引起全市教育乃至社会各界的轰动。他主导实施的"聚名师、育高徒、兴名校"工程和"教育理念、教育管理、教育模式、教育手段创新"方案及至 2006 年通过一个国家级示范中学验收，考取 10 名北大、清华学生，办好百年校庆大典，实现应届本科达线 1000 人，在校学生一万人的"个、十、百、千、万"计划，也在逐步落实之中。通过"三年教育探究"，学校明显呈现出"五大发展优势"：

一是被市政府确定为国家级示范高中首评学校，为办学层次进一步提高赢得了机遇。二是稳定了教师队伍，形成了四方名师汇聚的好局面，为一中发展奠定根基。三是拓展了学校面积。为学校办大办强扩展了空间。四是清理了办学思路，为一中发展指明方向。五是提高办学质量，高考本科上线连续三年居全省第一，使宿城一中真正成为安徽名校。2004年，他当选为宿州市人大代表，并被高票推选为市人大常委会委员。

正当他意气风发、大展宏图之时，由于经年累月呕心沥血勤于政事而积劳成疾，2004年，他被查出患有肝癌，可他是一个看淡生死、十分坚强的人，自知来日不多，仍坚持工作，忙于对教学及学校未来的规划，就像同死神赛跑，工作夜以继日，时间以分秒计。就在这一年里，在他的主持下，完成了市武警支队、技校、电视台、财政干校的学校周边单位土地转让工作，使宿城一中的校区面积在寸土寸金地段又增扩了95亩。

张瑞刚于2005年2月15日英年早逝。去世前他为自己撰写了挽联："乡镇求索县衙励志州府展才气一路载祥载瑞；宏观探道微观寻真政教皆精彩凭生志坚志刚。"这正是他人生的真实写照！

灵璧英才：陈广彩

美丽的格桑花

郭　亮

1978年12月，党的十一届三中全会胜利召开，中共中央组织部决定在全国范围内抽调4000名内地党政干部援藏。安徽省抽调160人，基本上1个县（区）抽调1人。陈广彩以灵璧县革委会副主任身份援藏。由于是女同志，组织决定，安排陈广彩丈夫张道栋作为技术干部一同援藏。

陈广彩,女,1946年12月生,灵璧县尹集镇土桥村人。年仅14岁的陈广彩离开学校就担任大队妇联主任,此后,先后担任大队基干民兵排长、连长和科研攻关小组组长,在紧张繁忙的生产劳动之余,她认真学习毛主席著作,当选全县、全地区和全省"学毛著"先进个人。

1969年后,陈广彩以农民女代表身份当选县革委会副主任兼浍沟公社党委副书记。陈广彩接到组织安排她担负援藏任务的通知后,彻夜难眠。娘婆两家老的老、小的小,但她最后还是下定决心,无条件服从组织安排,和爱人一起踏上援藏路。

1979年5月26日,陈广彩夫妇作为新中国成立以来,灵璧县第一批公派的援藏干部,从家乡出发了。

在县、地、省,都组织了欢送援藏干部的仪式,各级主要的领导参加了欢送仪式。接着,陈广彩带着别离、带着希冀、带着使命,乘车一路向西。路上行程长达13天,1979年6月中旬到达号称"世界屋脊"的西藏自治区首府拉萨市。

1979年6月,经西藏自治区党委研究,陈广彩被安排到西藏自治区日喀则地区担任民政局副局长,分管扶贫救灾工作。具体负责国务院和西藏自治区分配到日喀则地区的扶贫救灾物资的发放,服务对象是那些有子无夫的农牧民女人、孩子等特困群体。

日喀则建城至今已有600多年的历史,是当年后藏的政教中心,也是历代班禅的驻锡之地,藏语称"溪卡孜",意为"土地肥美的庄园"。日喀则地区下辖18个县,西衔阿里地区、北靠那曲地区、东邻拉萨市与山南地区,外与尼泊尔、不丹、印度等国接壤,国境线长1753千米,面积18.2万平方千米,平均海拔4000米以上,总人口42万人。

雪域高原风沙大,沙漠地区荒芜人烟,真是"上无鸟飞,下无禽走",四下光秃秃的风化山,既无树木,更无花草,满目荒凉。风沙刮起时,遮天蔽日。在日喀则地区民政局副局长任上的600多天工作时间里,陈广彩走遍了日喀则地区18个县中的13个县。要知道,那个年代,从日喀则地委到所属各县,只有纵向道路,没有横向路线,也就是说18个县之间是不通路的。如果第一站确定去聂拉木,第二站准备去岗巴县,从日喀则出发,到了聂拉木以后，还要原路返回到日喀则，然后再从日喀则去往岗巴县。道路网格基本上就像以日喀则为原点，向18个县画出的18条射线道路，每条射线道路之间没有连接线路。而且路况不好，又弯又窄又高。翻越6000米以上的高山如家常便饭，往往人坐云彩上，俯看身下云。山石突兀，棱角分明，遮挡行车视线，对面来车在不鸣笛情况下，撞车、翻车事件时有发生。最为惨烈的一件事就是，一个内地汉族干部家属带着两个孩子到西藏去探亲时，不幸一家几口车翻人亡。

在西藏，有"难过三年关"的说法，主要是指内地人进藏，能顺利生活、工作三年以上，才能适应那里的生活环境和条件。据说当年18军进藏以后，很多人都没有顺利度过三年关口。由于高寒缺氧，援藏人员首先要度过严重缺氧和高寒气候的生理难关、语言不通的交流难关和生活不适的饮食难关，而陈广彩凭着坚定的政治信念和良好的身体素质，一一闯过了这些难关。陈广彩说，当她为去仲巴县送扶贫救灾物资到日喀则地委医务室领取必需药品时，医务人员听说她一个援藏女干部要去那个条件最恶劣的县，不解地连问三遍："去哪的，仲巴县，你敢去吗？"生性不服输、性格倔强的陈广彩回答道："我怎么不敢去，那里还有吃人虎吗？"结果，她还真的去了。

当年从日喀则到西藏自治区首府拉萨开会需要走6个小时路程，而日喀则地区下辖18个县要参加地区重要会议，都需要提前半月通知，因为没有路，主要交通工具就是牦牛。日喀则地区东北部有个藏语意为"胜利"的南木林县，当年只有1000多口人，陈广彩回忆说，那真是"喝的是出口水（雅鲁藏布江水），呼吸的是进口风（印度洋刮来的风）"。每年10月大雪封山以前，就要将全县1000多人的吃喝拉撒等生活必需品运送进去，直到次年4月冰雪融化前，外界人是无法进入的。

平均海拔5000米的日喀则地区定日县，就位于喜马拉雅山脚下，也是登山爱好者的首选宿营地。牦牛可以将人驮到海拔6000米左右高度的大本营。6000米以上就需要人用脚一步一步往上爬。陈广彩送扶贫救灾物资到定日县时，准备亲自登一次喜马拉雅山，可惜因为有重要会议没有能爬成，这算是援藏期间的一桩憾事。

陈广彩一次刻骨铭心的艰难旅途，是一日三过鬼门关。有一次，她陪同日喀则地委组织部部长去日喀则地区西北部、距离日喀则地区八九十公里的藏语意为"一见则喜"谢通门县。早饭后沿着狭窄的山涧小路出发，由于随车的向导迷路，致使车辆陷入山沟里，找不到出路，无奈之下，大家只好下车，蹚着刺骨的沟水推车，那个冷，那个寒，非语言所能及。下午5点左右，又遭遇到了狼群围攻。当时车上几名男同志准备下车找个地方小解，刚一打开车门，四面八方饥饿的狼群蜂拥而至，狂嚎不绝。准备方便的人吓得连忙把车门一关，司机油门一踩，突破狼群的围攻，一路向前飞驰。狠劲跑了一气，车子又回到原点，后在一位当地老乡指引下，直到夜晚12点多才走出了迷路。刚走上正道，突遭山洪暴发，连人带车，顷刻间被奔流的山洪冲得老远，所幸的是车子没有倾覆。谢通门县一行来回半个多月时间，真可谓"一日历三难、三过鬼门关"。

原定五年的援藏生涯，随着西藏自治区的对外开放和国家民族区域自治政策的有力推行，到1981年4月就戛然而止。谈及当年的援藏生涯，陈广彩深情地说："西藏自古以来就是中国的领土，广大藏民都怀有爱国之心，自己能在风华正茂时，去执行援藏任务，这是人生难忘的一笔宝贵财富。虽然已经过了35个春秋，至今仍充满自豪之感，无怨无悔，真希望在有生之年在身体允许的情况下，重游西藏，亲眼目睹西藏日新月异的变化。"

格桑花，在西藏地区高寒天气下随处怒放的幸福花；陈广彩，当年一位年轻美丽的援藏干部，就如一朵美丽的格桑花，绽放在雪域高原，光彩夺目，艳丽芬芳。

英博篇

灵璧英博：赵奕

犹有奇芳遗后昆

赵奕，赵孟頫季子，元代隐士，字仲光，原籍浙江吴江，后迁居灵璧，为灵璧金山赵一世祖。

赵孟頫（1254—1322），字子昂，宋太祖赵匡胤的 11 世孙、秦王赵德芳的嫡派子孙。至元二十九年六月，赵孟頫出知济南路总管府事，政简刑轻，周边靖安。其履迹所至，墨香随雅兴而留；啸傲林泉，碑碣随文光而焕。后调职京师，不忘鲁皖河山之美，复于 65 岁游泗州，书《普照寺灵瑞塔碑》。其间几经灵璧，游览金山寺，见殿宇宏壮，赞叹不已，述及儿孙，咸萌仰慕。赵奕宗先人爱林泉，慕幽景之命，迁徙灵璧金山而居。率由繁衍，遂称金山赵，越六百五十余载迄今。

赵奕一生伍渔樵，友麋鹤，友人唯与玉山最善。《元诗选》载："奕字仲光，孟頫季子，举茂才，不乐仕进。玉山称仲光天资秀雅，如芝兰玉树，王谢佳子弟也。"赵奕隐居不仕，日以诗酒自娱，亦以书画知名，其真行草书，虽不脱孟頫家法，而行墨结字，微有不同。元至正五年四月一日（1345 年），赵奕书《梅花五十咏》手卷，款署"古汴赵奕"。今台湾故宫博物院收藏有赵奕跋赵孟頫《后赤壁赋》行书。

灵璧金山赵居于灵璧朝阳镇，今朝阳镇枕山之阳有赵孟頫衣冠冢和赵奕墓。墓碑上刻写的"半部堂"，即为赵家堂号，取北宋初年宰相赵普的"半部论语治天下"之意。自赵奕迁居金山，后裔在这一带繁衍生息，至今已成为当地望族。可能是受其先祖影响，赵氏一族人才辈出，喜爱诗词书画艺术者尤多。当代在灵璧成就斐然者有：画家赵英汉、赵基、赵志，磬石雕刻大家赵君、赵亮，企业家赵辉、赵阳等，他们牢记祖训，奋发有为，为灵璧的经济的发展、文化的繁荣作出了积极的贡献。

（灵肖　供稿）

灵璧英博：胡廷璋

文盖八属 字冠两江

灵 肖

胡廷璋，字奉宜，号雪堂，灵璧藕庄人，清嘉庆年间进士。

胡廷璋善诗文、书法。虽考中进士，他却未出去做官，而是在家吟诗、作文、写字，在当地及周边很有影响力，有"文盖八属，字冠两江"之誉。八属指泗、五、灵、宿、天长、怀远、凤阳、盱眙等八县，两江即江苏、江西两省。据传说，当年嘉庆访贤，诏见胡廷璋，惊叹其文字曰："文似锦，字如花，欲圈尔文，恐污尔字。"

不做官，也就免了许多俗事烦扰，可以不受世俗礼法拘束，放歌长啸。他的诗清新自然，通俗易懂。这从他的一首《草堂》诗中可窥一斑："草堂溪必傍山隈，道是尘居不染埃。砌石花才经雨发，邻家竹已过墙来。事从难处心方细，诗到魔时境始开。终时闭门无客至，夕阳净扫坐莓苔。"

写作之余，他就饮酒舞剑，或侍弄花草，过着"采菊东篱下，悠然见南山"的田园生活。"不勤四体也沾涂，移取名花种几株。好向忙中得少息，端从闲里做工夫。分畦细辨肥浇处，选历频占风雨无。待到满园齐放后，诗成酒熟乐乎乎。"这首《栽花》诗就是这种田园生活的写照。

胡廷璋的诗许多写眼前物，身边景。他家的东边不远处有杨家台遗址（泗县草沟镇北），台前原有一汪碧水，台上有庙宇，坐北面南，周围古木参天，杂树丛生。遗址西约4公里老营湖古战场。他常常前往游玩，并写了一首民谣《杨家台谣》：

杨家台，名远扬。行人问：在何方？前台一湾水，后台水中央，梵宫南对韦家庄。

杨家台，形可赋。高若山，平如墓。下有百亩田，上植三松树，鹿鸣北去十里路。

杨家台，颜色无。多杂树，尽荒芜。牧童求于刍，士人樵作苏，平原西入老营湖。

杨家台，草萧萧。耕古戍，认前朝。土花春雨长，箭头铁未销，侧身东望是官桥。

诗中的杨家台，有形有色有方位，更有历史的沧桑，给人身临其境之感。语言质朴，节奏明快，声调铿锵，读来朗朗上口，让人耳闻成诵。

胡廷璋著作有《清音》《采香》《古台集》《夸荷》《胡雪堂诗集》等。其墨迹载入清包世臣著的《清代书品》。清贡生、灵璧单圩人单道增曾作《赞〈胡雪堂诗集〉》以赞叹：

藕庄有诗人，异哉雪堂叟。不禄五十年，厥名犹未朽。立意矫流俗，流俗憎多口。毁誉自由人，孑然自有守。

放怀空天地，种花为宾友。东园半亩多，松竹夹杨柳。啸傲坐其中，喧哗避鸡狗。腰挂三尺剑，壮怀一杯酒。

舞剑书法神，得酒诗兴陡。于诗见性情，群愿总无苟。古之矜也廉，今则安能有。藕庄有异人，信哉雪堂叟。

灵璧英才：张锡嵘

文官兼有武将才

庄　稼

张锡嵘，字敬堂，灵璧县东关街人。此人少年苦读诗书，成人后连中秀才、举人。清咸丰三年（1853 年）北京会试，高中进士，选为庶吉士。4 年后安徽巡抚袁甲三奏请朝廷，让张锡嵘回乡总办灵璧团练，授编修，记名御史。咸丰十年奉命至云南，任滇南提学使。当时云南回民起义，省城被围，张锡嵘毅然回到省城，帮办防务，使得省城无忧，初步显示了他文官具有武将之才能。

滇省城解围后，张锡嵘母亲病故，他按当时的风俗，以丁母忧回灵璧守孝。这时，正是捻军兴盛时期，朝廷命曾国藩讨捻。然而，此时湘军已遗失殆尽，仅存刘松山老湘营万余人驻扎临淮。曾国藩欲在淮北另募新营，但统军大将难选，这时张锡嵘戴孝来拜见曾国藩。曾大喜，密奏朝廷，保其治军于濠上（今凤阳），皇命招募"敬"字军三营，随湘军作战。

张锡嵘虽是文官，但熟读兵法，作战攻守有序；平时艰苦朴素，和士兵关系很好，因而"敬"字军胜多负少，很快将淮河两岸捻军逐出苏皖境。张锡嵘又联系村寨乡民，以工代赈，让大家修圩寨，保护村庄，深受乡民称赞。

捻军张宗愚率队打到陕西，威胁西安。朝廷调湘军刘松山部支援陕西，张锡嵘率部下同行。到陕西后即了解了省城西安之危，后又追捻军于城西雨花寨，张锡嵘孤兵冲入敌阵，经过激烈拼杀，他身受创伤十余处而阵亡。时为清同治六年正月初六日（1867 年）。死后朝廷赠侍讲学士，赏世职。

张锡嵘家中并不富裕，死后曾国藩赠三千金扶其孤寡，漕运总督吴棠将其著作刻印成书。计有《孝经章句读》《朱子就正录》《孝经问答》等三本。《安徽通志》及《中国名人大词典》都有记载。

张锡嵘墓地在灵璧县城偏东北，三柱山东麓，原有他的故居，现房舍已毁，遗址尚存。墓地上原有石碑，曾国藩赠匾两块，一匾书《理学正宗》，一匾书《正学精忠》，还有一联，联曰："势如蛟龙越沧海，做与泰山比雄姿。"可惜这些碑已毁坏了。笔者以为：张锡嵘应属灵璧县近代名人，又有曾国藩、刘松山的题字（刘题联为："杀贼捐躯哀翟义，捐生完节继睢阳"）这个地方可以作为一个旅游景点，让人们在游玩乡村景色时，也记住咱们灵璧也出过清朝进士，更可贵的是文官竟然领兵打仗，也算是一代奇人吧。

灵璧英博：赵树人、徐大前、翟光远、韩本贵

代有传人 各领风骚

清代是灵璧钟馗画的鼎盛时期。据清代《灵璧志略》载：邑中画店林立，车水马龙，年复如是，"岁可售万纸，画工衣食于斯。" 这时期灵璧最有代表性的钟馗画家有赵树人、徐大前、翟光远先生。

赵树人，清初人，代表作为《钟馗八灵图》。图中绘有八个不同造型的钟馗，乘坐八种不同的神兽，八个不同的鬼卒，擎着八种不同的宝伞。画中八种神兽都出自中国古代典籍。如钟馗坐骑之一为"白泽"，本于《轩辕本纪》："帝巡狩，东至海，登桓山，于海滨得白泽神兽，能言，因问天下鬼神之事。"再如其坐骑之一为"獬豸"，本于《神异经》："东北荒中有兽如羊，性忠直，见人斗则触不直，闻人论则咋不正，名曰獬豸。"其余为"角端""驺吾""飞黄"等等，分别来自《宋书·祥符志》《山海经》等经典古籍中，皆取其忠直、勇猛、识鬼、御兵、任法、善行和象征祥瑞之兽为之。《钟馗八灵图》是钟馗画传统题材之一，构图复杂，线条繁缛，非常难画，所以作品绝少，传世之作更是凤毛麟角。孙淮滨老师祖上曾珍藏过《钟馗八灵图》，可惜"文革"期间毁于一炬。幸有孙淮滨先生根据临摹记忆和查阅大量资料，完成了《钟馗八灵图》的抢救工作。

徐大前，清咸丰、同治年间人，生性拓达，为人适意。他的钟馗画袭承古法却笔墨姿肆，酣畅淋漓，往往刚柔相济，一气呵成。所绘钟馗，极尽丑陋凶猛怪诞，其势咄咄，乍看令人掩面，细看之下，却也阴柔妩媚、憨态毕显。因传说钟馗是五月端阳午时出生，每年五月端阳正午点睛的钟馗画最"灵"，每年都有人出高价等候购买端阳正午点睛的钟馗画，每个画师每年也只能画一张，所以每年至端阳时分，他所作的钟馗画都被作为贡品上献朝廷。据说每至端阳节前，县衙均派专人俸徐先生以作画。

翟光远，清朝末年民国初时人，是灵璧钟馗画历史上里程碑式的伟大画师。他的作品工写兼备，笔墨老辣，拙厚沉稳。线条概括精练，若行云流水，

敷色古朴恬淡，自然明快。所作钟馗，墨线勾勒，刻画细腻，生动传神，不怒而威，不动有风，打鬼于画外，驱邪神气中。1915年其《神威图》经层层遴选，代表中国传统民族文化参展巴拿马万国博览会，并一举荣膺金奖。从此，灵璧钟馗画更蜚声海内外。

民国时期，由于战乱、灾荒等因素的影响，灵璧钟馗画处于萧条状态。此时仍坚守着钟馗画阵地，保留着钟馗画传统艺术风格的只有韩本贵等少数画家。

韩本贵，清末至新中国成立初期人，著名的民间钟馗画画师。幼年聪颖好学，酷爱作画，坐则地上画，寝则被子上画，牧则野外画，即使在讨饭的艰苦岁月中从未间断，后从师于民间画师翟光远学画钟馗画。

韩本贵画风朴实，技法丰富，新意倍出。其所画钟馗外表精神，内在深沉，风格鲜明，不落俗套。在其众多钟馗画作品中《百馗图》最佳。他在一个巨大的"寿"字上，画100个神态各异的钟馗，或仰、或卧、或坐、或行，形神兼备，栩栩如生。当年《申报》撰文称其为"韩百馗"。他的钟馗画早在20世纪40年代就传入东南亚，50年代多次在合肥、北京等地展出，其作品《钟馗图》后为中国美术馆收藏。

（灵肖　供稿）

灵璧英博：王奎璧

家乡的"陶行知"

晏金福

第一次走近王奎璧，是1965年秋。那时我在合肥师范学院读大三。我们的院长童世杰去世，灵堂设在学院的大礼堂里。一进礼堂，吊唁者无不被一巨幅挽联吸引。只见那挽联由顶棚直垂到地，还在地面上拖了两米多远。那端庄周正的楷书，显得庄严而又肃穆，观者纷纷颔首称赞。下联的左下角赫然写着"灵璧县历届合肥师范学院毕业生敬挽"。站在挽联前，我顿觉脸上增光。向学兄们打听，说是请一位晚清的秀才写的，他的名字叫王奎璧。从此，这个名字就深深地印在我的脑海里。

毕业后，我分回灵璧，得知王奎璧不仅是个了不起的书法家，还是一位著名的教育家，一生创办了多所学校，被誉为灵璧的陶行知。可惜我任职的九顶中学远离县城百余里，交通不便，虽仰慕先生，却无缘一面。

1987年，我调入灵璧师范学校，得见高中同学、王奎璧的侄子王建义，获悉王老先生已于10多年前仙逝，不禁为今世无缘而深感遗憾。有幸的是从老同学的身上，看到了王老先生的影子。那时，我们居住灵璧的老同学定期聚会，轮流坐庄。其他同学坐庄时，一般都在饭店里，喝的已经是十几块钱的陈年窖酒和兰皋亭之类。唯独轮到王建义时，他总是设家宴招待，拎出来的也是永远不变的、塑料桶装的、两元一斤的散装灵璧大曲。开始，我们都很不理解。就连4.5元一瓶、号称吹胡子瞪眼的霸王大曲都上不了桌面了，谁还喝灵璧大曲，何况还是散装的！有一次王建义解释说："我不是弄不起，我这是遵从大爷的家训。大爷经常教导我们，人无论穷富，都要节俭。他说：'我当过校长、教育局长、城关区长，招待人从来没下过馆子，都是四个小菜一壶酒。自己平时的下饭菜也就是一盘老盐豆。人不能奢侈，一奢侈就容易缺钱，一缺钱就容易贪污。'"听了王建义的话，我们不禁对王老先生肃然起敬，同时也理解了老同学。不知怎的，再喝起那散装灵璧大曲来，比那十几块钱的酒，丝毫也不觉得差了。

出于对王奎璧先生的敬仰，《灵璧记忆》启动后，我自告奋勇撰写关于王奎璧的文章。为此，我先后多次拜访王奎璧的孙子、75岁的塑料溶剂厂退休职工王大勤，外孙、67岁的检察院退休干部程瑛和表孙、94岁的退休教师胡建亚。

王奎璧一生献身教育事业，不愧为灵璧的陶行知。胡建亚说："奎老一生清贫，但是，为教育他甘于奉献。他一生凭着自己绵薄的财力，先后创办各类学校十余所。"

　　1911 年的辛亥革命让王奎璧发生了脱胎换骨的巨变，他由一名晚清秀才
摇身一变，成了一个顺应潮流，勇于创新的热血青年。次年，刚从南京两江
高等师范学堂毕业，他就回到故乡灵璧，创办新学堂。先是和人合作，创办
了灵璧高小，并任校长。接着，又利用隅顶口西北角的民政教育馆办起了灵
璧第一所女子小学。开始是初小，后来扩展为完小。崭新的教育理念和教学
模式，开创了灵璧教育新纪元。同年年底，王奎璧任灵璧县政府第三科（教
育科）科长，他积极倡导并力行利用庙宇、祠堂和公房兴办学校。一时灵璧
学校如雨后春笋。一年之内，县城新设小学 4 所，各乡镇新设小学 20 余所。
后来，王奎璧又先后创办了灵璧县师范讲习所和灵璧县女子师范讲习所，并
任所长。正当王奎璧为灵璧教育大展宏图之季，日本侵略者的铁蹄开始践踏
中国的领土，千里淮北已经放不下一张安静的书桌了。王奎璧为避日军，躲
于禅堂北张大庄。日军因慕其名，三次派人，邀其出山。王奎璧觉得大庄已
非桃源之地，遂于夜间，绕道睢宁、泗县，由蚌埠步行逃往西安，以当家庭
教师谋生。日本投降后，他回到灵璧，继续倡导办学。在固镇新马桥（当时
属灵璧）创办了私立正明中学，并任校长。胡建亚说："这所学校我去过，
奎老亲自设计、规划并参加学校建设。他当时没有什么钱，只盖了两间教
室，还有几间办公室、宿舍和厨房。房子都是因陋就简，只垒几个垛子，墙
壁全是用秫秸和苇子扎的把子夹的，里外糊上泥，条件非常艰苦。灵璧二次
解放后，他回到灵璧。利用西关桥外的玄帝庙办起了新灵小学。1952 年新灵
小学被县教育局接受，变为公立西关小学。奎老继续在这所学校任教，一直
到 1953 年退休。"王奎璧人虽然退休了，但他的教育事业并未停止。他除了
定期到灵璧中学教授书法课，还在家里免费培养青年书法爱好者。据孟庆兰
回忆，当时到王老家学习的，有时多达十余人。王奎璧不但耐心教授，还免
费提供练习用的笔墨纸张。

　　王奎璧廉洁奉公、勤劳节俭、谦虚待人的动人事迹更是不胜枚举。限于
篇幅，只能略举几例，期望能窥豹一斑。民国三年元月，因灵璧十年九涝，县
政府开始治滩疏沱，王奎璧先后任疏沱工程稽核员、主任和治滩东段主任。民
国五年冬，工程竣工，涌现出大量湖地。政府出告示，以每亩四角上下让人认
领，政府发放红契。当时百姓大都无钱登记，于是红契大部分落入官员之手，

少则数顷（每顷百亩），多则十余顷，唯独王奎璧一顷不要。时禅堂北陈村陈濂溪带领几位农民，拿着十几顷红契找到王奎璧，说："这些湖地土质肥沃，先生劳心费力，带人扒河，这些土地，赠送给你。今后，我们代你耕种收打，送粮到家，不劳先生费神。"王奎璧说："现出的湖地都是农民的生命。大家忍受深灾，离乡背井多年，又忍饥受冻扒河，我凭什么留这些湖地？"陈等一再恳求："就少留几顷吧！"王奎璧决绝地说："一分一厘都不能要！"后来有人谈及此事，王奎璧说："和我一起扒河的，不少人都被镇压了，为什么没有人找我麻烦？人不能做亏心事，做了迟早得报。"

1933年王奎璧任城关区区长，在区公所大门上张贴"枉用地方一文钱请唾我面，实现民主两个字方符我心"，横批是"财政公开"。并下令：区公所门前不设岗哨，百姓随便出入。他出行不骑马，不坐轿，也不带护兵。经常一个人深夜外出查访坏人。他说："当官就是为老百姓办事的。区长也是老百姓，不为老百姓办事，要你区长干什么！"

王奎璧一生待人谦虚，礼貌有加，来客迎到门口，送出门外。即使晚年半身不遂，来了客人，仍然坚持让客人坐椅子，自己坐条凳。程瑛举了一个例子：有一天，王奎璧卧在床上，行动已经很不便。一个晚辈来看望他，他挣扎着要起来让坐。程瑛说："外老你看，他是个晚辈，你那么客气干什么？"王奎璧说："无论对谁，礼节都不能丢！只有尊重别人，才能赢得别人的尊重。"

说到王奎璧的书法，所有受访人都感到惋惜。程瑛说："我家原来外老的书法作品很多，现在一幅也没有了。印象最深的是有一幅大字，用竹竿挑着挂在脊棒上，离地已不足一米。有一天，不知怎地逮了火，大家慌忙救火。火是扑灭了，那幅珍贵的大字也毁了。"程瑛还说，王奎璧的大孙子王云光手里原来有上百幅，后来文化馆借去搞展览。可是展览一毕，书法作品全丢了。他还说，虞姬乡的陈桂林有一幅，可惜我们没有联系上。到王大勤家，我本来抱有很大希望，可是王大勤只是拿出一个笔记本，说："正规的书法作品我一幅也没有了，只有俺老在我笔记本留下的两幅。"我看了，一幅是小楷毛主席语录，200多字，十分工整。一幅行书毛主席诗《题李进庐山仙人洞照》，就是著名的"无限风光在险峰"那首。字体潇洒飘逸，刚劲有力。有一天，灵璧记忆群里，薛新华主编突然晒出一幅"红军不怕远征难，万水千山只等闲"的对联，说是王奎璧手书。于是循迹找到收藏者胡建亚家。胡建亚却对我说："我原来是有一幅，是奎老81岁时给我写的，前面有'给建亚补壁'、后面有'王奎璧八十一岁书'的字样。有朋友跟我要，我说上面有我的名字，不能给。他说，名字好弄，我也没舍得给。那次王云光来跟我要，说拿去展览，展览一过，马上送还。可是，过了一个多月，他也没送来，我去他家要，他说那幅找不到了，就给了这一幅。这也没有落款，是不是奎老写的，都很难说。"於戏！一代著名书法家，留下的传世作品居然如此稀缺，能不令人扼腕叹息！

王奎璧晚年身体状况很差，孙子王大勤为了爷爷的健康，在门上贴了一张《来访须知》，让客人访谈不要超过半小时。王奎璧看了很生气，就写了一副对联，上联是：为教育生，为教育死；下联是：以廉正始，以廉正终。硬是让孙子用这副对联换下了《来访须知》。我觉得，这副联语恰恰是王奎璧老人一生人格和事业的绝妙总结。

灵璧英博：程云

音乐文化使者

程云，原名马立杰，1920年9月出生，灵璧县浍沟镇申村人，当代著名音乐家、戏剧家。

1938年4月，程云报考了中共中央青委在西安创办的艺术连，从此踏上了革命的道路和艺术的旅程。其间，他刻苦钻研，数月后就能胜任作曲和指挥工作。同年底，加入中国共产党，并从艺术连转西安青年救国战地文工团，在晋东南度过一年的抗日游击生活，1939年奉命调回延安。回到延安后，他倾心投入到音乐艺术和教学创作之中，先后担任了延安青艺、儿艺的音乐教员兼文学教员、枣园文工团乐队队长、冀察热辽联合大学鲁迅艺术学院音乐系系主任。其间，他创作编导了歌舞童话《小公主旅行记》和获中央剧协剧本奖的中型儿童音乐剧《笑吧，孩子》；在行军途中创作的大型歌剧《兵》演出轰动一时，荣立特等功。1942年为庆祝斯大林格勒战役胜利，由他任指挥，延安第二次上演了冼星海的大型音乐作品《生产大合唱》。在枣园文工团工作期间，他们制作的土乐器，受到毛泽东主席的亲笔表扬："我为自己动手制作乐器装备自己为人民服务的音乐工作者而感到高兴。"

武汉解放后，他先后任中南文工团、中南艺术剧院副团长、副院长兼艺委会主任，50年代中期担任中南音乐专科学校（现武汉音乐学院）校长、武汉市文化局党委书记。60年代，他长期担任湖北省文联副主席、武汉市文联主席、武汉歌舞剧院院长。"文革"中受到冲击，后任武汉汽车工业公司副经理。1978年7月调到北京任中央歌舞团总负责人兼中央民族乐团党委书记、中国音乐学院副院长（未到任），1980年调回武汉市任市委宣传部副部长。这期间他培养了一批演唱、创作、指挥方面的音乐人才，亲手组建了武汉交响乐团，参与规划、勘测、设计了当时全国一流的武汉剧院，在艺术创作上也进入了一个全新领域，创作了多幕话剧《劈金》、新中国第一支少数民族民歌合唱《炉边合唱》、中国现代舞蹈史上的佳作《红绸舞曲》、话剧《武则天》、儿童剧《铁脑壳历险记》、民族歌剧《向秀丽》、剧本《闯王旗》和《一湾湾流水》等音乐作品。其中创作于"文革"他被"批斗"时期的剧本《闯王旗》，后被改编成京剧、汉剧进行演出，并被长春电影制片厂搬上银幕。50年代以来，他多次率团出国访问演出，并亲自做乐团指挥。

1983年春，应湖北省委书记陈丕显的要求，也为完成当代文化名人李一氓先生的愿望，毅然接受了将屈原《九歌》搬上舞台的任务。他亲自组建创作班子，带领创作组深入屈原故里秭归县进行两个多月的采风，收集200多万字的文字资料和一些"商调式"的古乐（"楚商"曲调录音），又历时半年时间的封闭式创作后，《九歌》于1984年8月进行联排，9月上旬在武汉剧院试演，引起轰动。同年12月上旬，应文化部的邀请，《九歌》180多人的演出团赴京公演，并为高层领导进行专场演出。从1984年10月到1985年夏，在武汉、北京、南京、上海、无锡、南昌等地演出了150多场。1994年《九歌》

经重新排练加工后，以《楚韵》之名再度赴京演出，又一次轰动京华，并荣获1994 年度国家最高奖"文华奖"和中宣部"五个一"工程奖，至今，它成了武汉歌舞剧院的保留节目。在该剧中，程云除了担任总策划、总导演、编剧和全剧的合唱编配外，还担任部分场次的作曲工作。

在音乐理论方面，著有 40 万字的《程云音乐论文集》、24 万字的《洞哪里去了——民族音乐论文集》，论著《试论戏曲音乐的牌子音乐和板子音乐》，全面分析了我国戏曲各类声腔与民歌、曲艺的渊源关系和科学分类，该理论几十年来一直是国内音乐学院教材的保留篇目。还编写了《冼星海全集》，获得全国出版界最高荣誉——国家图书奖，这是他在中国近现代音乐史方面的又一力作。还先后在全国各级报纸杂志发表音乐理论及音乐史方面的论文 200 多篇。2002 年程云荣获中国音乐最高荣誉"金钟奖"终身成就奖。

除了音乐创作、教学、理论研究外，他还在书法、绘画、篆刻、美食、训话诸领域均有研究，书法师承多门自成一体，人称"枯藤体"。因其多才多艺，许多艺术家善意地称之为"杂家"。1985 年离体后，定居武汉，平日里，他写了许多散文、随笔一类文章，每年仍有 10 多万字的作品发表。他在疗养院养病期间，创作了长篇传记作品《通天河女儿歌——王昆评传》。

长期以来，除担任行政领导职务外，还曾任中国音乐家协会常务理事、中国民族音乐委员会副主任、中国聂耳冼星海学会总干事、中国作家协会会员等。程云早年离开家乡参加革命，为避免家人受到反动势力的迫害而由马姓改为程姓。他关心支持家乡的建设，20 世纪 60 年代，社会物资贫乏时期，支持鼓励长兄马立秀从武汉市财政局回到家乡当村干部，并帮助引种泡桐、水杉、柏树等优良树种及许多中草药，请人指导建设苗圃站、园艺场。40 年来，经他引进柏树绿化的故乡风凰山，现在已成为当地一道亮丽的风景线。

程云大部分时间在武汉工作，退休后仍关注武汉文化事业，直至 2011 年因病去逝，一生为艺术人才培养和艺术创作与实践作出巨大贡献。专家学者称他"是武汉城市音乐文化的奠基者和开拓者、武汉文艺队伍的打造者和引路人、武汉音乐文化艺术团体的搭建者"。

（县政协办公室　供稿）

灵璧英博：孙淮滨

翰墨诗书悦雅怀

灵　肖

在灵璧，有一位耄耋老人，被称为灵璧历史文化的活字典，许多人想进一步了解灵璧的历史文化知识，常常向他请教，外地的记者写宣传灵璧的文章、拍制宣传片，也多前往采访他。他有许多头衔：安徽省文史馆员、著名文化学者、书画家、灵璧石鉴藏家、非物质文化遗产灵璧钟馗画代表性传承人……他就是灵璧德高望重、博学多识的孙淮滨先生。

孙淮滨，1932 年生，灵璧朝阳镇人，原名孙怀斌，字文白，幼年跟随祖父、祖母生活。祖父以染布作坊养家糊口，擅画民俗画，染制的花布，多以民俗故事为范本，花样繁多，色彩斑斓，而这为孙淮滨幼小的心灵埋下了热爱绘画艺术的种子。朝阳镇出产奇石，祖父闲暇之余，就去收藏、把玩。孙淮滨耳濡目染，也喜欢上了这些奇形怪状的石头。

1948 年孙淮滨读完了师范，1950 年在镇上小学执教。他常在夜深人静时伏案书写大量的文章，并不断地见诸报端。1958 年他因为一手好字，一手好文，一手好画，被借调到县《灵璧日报》报社从事新闻工作，因稿件常署名同音异字"淮滨"笔名，时间久了，就以"淮滨"二字为名，并广为流传。

1961 年孙淮滨正式调入灵璧县文化馆工作。工作之余他开始了对传统文化的深入钻研，临读金文碑帖、研读诗词古文、读经诵史，涵养了丰沛的文化内涵，积累了浑厚的文化底蕴。

后来他又先后师从清道人高足王奎璧、吕凤子先生，成为清道人再传弟子，宗法授受，薪火相传，书法、绘画造诣颇深。其书法致力于碑学，求篆于金，求隶于石，兼习晋唐法帖，融古铸今，形成格高韵古的书风。其绘画，深谙"六法"，涉猎甚广。举凡山水、人物、花鸟、博古等，或工或写，皆能各臻其妙。尤其博古画独辟蹊径，他以中国工笔重彩技法融以西方极尽写实的油画技巧，画出造型壮美，纹饰雄浑的中国夏鼎商彝等青铜瑰宝。每件青铜画作，锈蚀斑驳，气韵高古，仿佛能够触手可感器物之重量与温凉，并似乎能够叩响器物铿亮悠扬的青铜声。他的博古画技法既葆传统，又标新立异，突破前人窠臼，独树一帜。

深厚的书画功底，使他名声大噪，成为当地著名的书画家。可是一个文化工作者的责任感、使命感，令他不想仅仅只做一名书画家。于是中年以后他又投入到对民间艺术的抢救、保护和对地方文化的研究工作中去。

在这些工作中，尤其对灵璧钟馗画用情更深，用功更多。他收集了大量的钟馗古画，并加以临摹、修复。清代钟馗画有著名的《八灵图》。图中绘有八个不同造型的钟馗，乘坐八种不同的神兽，八个不同的鬼卒，擎着八种不同的伞。《八灵图》是钟馗画传统题材之一，最具灵璧钟馗画特色，它构图复杂，线条繁缛，非常难画，所以作品绝少，传世之作更是凤毛麟角，可惜"文革"期间此作毁于一炬。孙淮滨根据临摹记忆并查阅大量资料，完成了《八灵图》的抢救工作。同时他还对灵璧钟馗画在造型、技法、画诀等多方面进行探讨和研究。在临摹、研究的基础上进行创作。他的钟馗画遵循唐人的绘画衣钵，元真性的继承灵璧钟馗画的传统，构图饱满，造型准确，线条飞动，设色精彩绝艳，具有富丽堂皇，博大雄浑的大唐气象。他笔下的钟馗，剑眉环眼，炯炯有神，一双圆眼喷射出燧火般的烈焰，具有穿透群魔的力量，具有威武而文雅的个性，庄重而诙谐的情趣，疾恶如仇，誓斩凶顽的气概。

灵璧皮影戏是深受群众喜爱的民间戏剧，"文革"期间，受到冲击，许多珍贵的皮影资料被付之一炬。为弘扬和保护这一珍贵的民间艺术，孙淮滨积极投身到皮影戏的保护、创新和提升工作中来。1982年，安徽省文化厅举办安徽省民间艺术会演，孙淮滨老师执笔创作了具有地方民间文学色彩，又能够充分施展灵璧皮影特技表演的大型话剧《水漫泗州》参加会演。

除了写作脚本，他还与皮影戏艺人一起研究设计皮影人物，在继承传统的基础上创新。《水漫泗州》剧的皮影人物设计大于正常尺寸三倍。人物和布景因类施彩，使用先进的幻灯颜料，格外透明艳丽。舞台的设置加宽银幕，照明使用 30 多根日光灯管，摒除了影人操纵杆的投影问题，并使用当时先进的三镜头投影幻灯机，在银幕上打出可缩小或放大和随意移动的字幕。通过这些高科技的运用和音乐、唱腔等技术创新，使《水漫泗州》剧的演出如同电影的效果，让观众耳目一新。

孙淮滨还是一位资深的灵璧石鉴藏家。他最早创办灵璧石研究会，对灵璧石深入研究，挖掘灵璧石的潜在内涵，独有创见。发表赏灵璧石论文 10 多篇，先后在《华声报》《中国文化报》《新民晚报》《安徽文博》《艺谭》《石趣》等报刊发表，为灵璧石的宣传推介作出了很大的贡献。在灵璧石开发上，他"发古人所未发"，踏遍灵璧大大小小的山头，寻找新石种，在传统青黛灵璧石的基础上，开发了"红灵璧""黄灵璧""白灵璧""五彩灵璧""透花灵璧"等许多新品种，丰富了灵璧石的种类和色彩。

在对磬石山进行考察时，他发现磬石山上保存着古人开采磬石的石坑。从山南麓一直延伸到山腰，分布着片状磬石矿脉。因古人逐层开采，遗址呈阶梯形平台状。每个坑都有矿层，都有做磬的石料、石坯。

为了证实这些石料就是古人做磬的材料，孙淮滨带人对古代矿层进行开凿试采。他们通过二三十层的精选，发现这些石材声音悦耳，泛音长，敲击过后至少有两秒钟的余音。于是他们精选石料，按照《文庙丁祭谱》中记载编磬的形状和尺寸，经过反复打磨、校音，成功仿制出成套的古代编磬。它们音律俱全，音色优美，不仅能演奏古乐，还能演奏复杂的现代乐曲。这有力地佐证了灵璧磬石有着清越润耳的音色，完美的音律，是古代皇家祭祀大典上不可或缺的礼乐重器，也进一步证实灵璧磬石山就是《尚书·禹贡》所载的"泗滨浮磬"的产地。

孙淮滨对灵璧历史、人文遗迹也是了如指掌。垓下是项羽与刘邦的决战之地，因战场的中心有垓下聚而得名。垓下聚为古村落，位于古洨水北岸，今韦集镇老庄胡村附近。但与灵璧毗邻的固镇为提高知名度，扩大影响力，一再声称垓下位于固镇濠城，第六版（2009 年版）《辞海》"垓下"的注文也发生了变化，将以前版本上的"在今安徽灵璧县东南沱河北岸"改为："在今安徽固镇东北沱河南岸"。这是对历史的歪曲和极不负责的态度。对此孙淮滨极为愤慨，连夜写出了《"垓下遗址"以误传误何时了》一文，对垓下固镇说予以驳斥。文章从历史文献的记载、垓下地形地貌的特征、地面遗存和出土文物等多方面进行论述，资料翔实，论据充分，条理清晰，从中可以感受到他丰富的知识储备，更能感受他对家乡的浓浓热爱之情。

一直以来，孙淮滨坚守初心使命，坚定地做一名灵璧文化的传承者、守护者和弘扬者，在保护与弘扬灵璧历史文化的路上，倾尽智慧和心血，展现了文化人的情怀与担当。他一直笔耕不辍，著有《中国灵璧钟馗画渊源探赜》《中国灵璧石宝典》《孙淮滨钟馗图》《灵韵仙姿》《孙淮滨论文集》《孙淮滨书画集》《灵璧文化》等，为人们了解、研究灵璧文化积累了丰厚的宝贵资料。

孙淮滨是从文人画家走向民间美术创作的艺术家，他以对钟馗画的理论研究和创作成就享誉海内外，先后被授予省级非物质文化遗产灵璧钟馗画代表性传承人、中国创造民间文化品牌艺术家、新中国国礼艺术大师等称号。现为中国民族文化研究院副院长、中国书画学会副主席。

灵璧英博：尹玉麟

尹氏画派创始人

灵　肖

尹玉麟（1916—1998），安徽灵璧人，生前为灵璧县工艺社退休工人、中国民间书画研究会理事、安徽省书画联谊会理事。

尹玉麟自幼跟随其父尹学道、师叔翟光远学画，家学渊源。他根据民间传说，创作了形神兼具的百态钟馗。他的钟馗画被作为"灵璧馗酒"系列商标图案。当代书画名家评其深得吴道子之神，笔墨酣畅、妙趣横生、威武逼人。

灵璧钟馗画传承吴道子之法，始于唐，兴于宋，盛于明清，是中国民间绘画艺术的瑰宝。然而民国初年至 20 世纪 80 年代，由于战乱、灾荒、政治等因素的影响，灵璧钟馗画处于萧条状态。只有像韩本贵、尹玉麟等少数民间画家，坚守着钟馗画阵地，保留着钟馗画传统艺术风格。

尹玉麟是灵璧改革开放后承上启下、继承而发扬的领衔画师。虽"文革"前后近 20 年画坛冷落，但他依然不懈创作，坚韧保留灵璧钟馗画传统艺术风格。改革开放初期钟馗画刚刚复苏，他被邀请到县文化馆作画，传授技艺，培养了一批钟馗画家和钟馗画爱好者，为灵璧钟馗画的发展作出了杰出的贡献。他擅"兰叶描"绘钟馗，笔墨疏朗，卓然大器，极尽夸张之能事。其作品继承原始而贴近民间，形肖意达而活灵活现，深具"人鬼神三合一"的艺术魅力，赢得世人普遍赞誉。由于他的不懈追求，灵璧钟馗画，在改革开放后的一片茫然中重新找到了艺术的真谛和创作方向，民俗钟馗画的大旗在灵璧猎猎飘扬。

尹玉麟的创作风格属工写结合的画法，工中有写，或写中有工，工写结合，形神兼备，既有写意画的粗犷潇洒，又有工笔画的严谨精细，所绘钟馗构图简明，笔墨精练，造型生动，多施朱砂，不究比例，但求神韵，外丑内媚，细微传神，具有浓厚的民俗风味，代表作有《三破图》《仗剑图》《百馗图》《持剑钟馗》等。这些钟馗形象，身材魁伟，豹头圆目，方口虎牙，虬髯铜须，足登朝靴，一足直，一足曲，似在寻觅人间之恶鬼，寓正气于狰狞形象之中，乍看似乎可憎，细审则威武可亲。其中《持剑钟馗》几十年来广为流传，为广大民众所喜爱，是灵璧钟馗画精气神三位一体的传世之作，曾被制作成明信片发行。

尹玉麟对灵璧钟馗画艺术的普及和传承作出了杰出的贡献。在文化馆绘画、传授技艺期间，许多绘画爱好者前来观摩、学习。在他的影响下，绘画者日益增多，达百余人，其中有工人、农民、干部、市民、青少年儿童，使钟馗画艺术再次焕发其勃勃生机。他的儿子尹友明、尹友杰、孙女尹晓燕、尹婷婷、孙子尹德浩都继承了他的衣钵，把钟馗画艺术发扬光大，形成了独特的尹氏钟馗画。尹友杰还被授予安徽省非物质文化遗产（钟馗画）传承人。

灵璧英博：牛立文

科研导师 生物学家

牛立文，1962年10月生于灵璧县，祖籍安徽省濉溪县，中国农工民主党党员。政协安徽省第八、九、十届委员会常务委员。1982年、1986年分别毕业于中国科技大学生物系和中国科学院生物物理所，分别获学士和硕士学位。1986年、1987年、1989年、1995年、1996年分别任中国科技大学助教、讲师、副教授、教授和博士生导师；1993年、1995年、1996年分别任美国普渡大学访问副教授和副研究员。1994年、1998年分别任中国科技大学生物系副主任和生命科学院副院长；1997年当选为农工民主党安徽省委员会副主委。2013年1月，当选安徽省政协副主席，同时担任农工党中央常委、安徽省委会主委、安徽大学副校长；2014年12月，兼任中国科学技术大学教授等。是十一届、十二届全国政协委员，农工党十三届中央委员，农工党十四届、十五届、十六届中央常委。

牛立文曾主讲《生物大分子晶体学》（研究生）、《生物化学》（本科生）等课程，还主讲了《生物光谱学》（本科生）、《蛋白质折叠与结构》（研究生）等课程。曾经和正在指导了多名博士生、硕士生以及本科生完成学位论文研究工作，所指导的博士生毕业论文获2001年度全国百篇优秀博士论文。在国内外学术刊物上发表了40余篇学术研究论文，参与申报国内外发明专利4项。

十五年来，作为主持人或主要参加者，先后完成和正在承担多项国家及省部级科研项目课题20多项，主要类别包括863计划"七五"、"八五"、"九五"和"十五"项目与课题；973计划一级子项目；国家自然科学基金面上、重点、杰出青年科学基金、创新群体计划项目；中国科学院"八五"和"九五"重大基础研究项目一级子项目、"八五"重大装备更新改造项目、院长基金、青年实验室项目、生命科学与生物技术财政部专项、知识创新工程（试点）和重大行动计划项目、重点实验室项目；原国家教委跨世纪优秀人才培养计划、"八五"博士学科点基金项目、教育部985计划子课题；921工程子课题等。

在生物化学与分子生物学领域，作为主持人或主要学术骨干，完成并正在承担包括国家自然科学基金和"863"计划在内的多项国家及省部级重大、重点课题，在包括美国《科学》在内的国内外核心科学期刊上发表了近30篇学术论文，参与申报了2项中国发明专利和一项美国发明专利，指导多名博士生、硕士生和本科生完成学位论文，创建了中国科学院结构生物学青年实验室和结构生物学开放实验室。由于比较出色的业务成绩，1989年获中国科学院青年科学家等奖项，并受到江泽民总书记的接见。1992年获国务院政府特殊津贴，1994年入选原国家教委跨世纪优秀人才培养计划，1997年入选全国百千万人才工程第一、二层次人选，1998年获中国科学院有突出贡献中青年专家称号。2000年获国家杰出青年科学基金；2001年获教育部高等教育科学技术二等奖（排名第2）；2001年获国家自然科学创新研究群体基金；还获得中国科学技术大学亿利达科学基金奖（1990年）、东方通讯奖（2000年）和优秀研究生导师称号（1999年）。

（县政协办公室　供稿）

灵璧英博：张贤科

当今中国的数论数学家

张贤科，理学博士，原清华大学数学科学系教授，博士生导师。

张贤科1944年2月生，灵璧县尤集镇张楼村人。1964年于灵璧中学高中毕业，同年考取中国科学技术大学数学系，1970年8月毕业到解放军127部队白湖农场劳动锻炼。1972年1月回到灵璧，在县委党校任教，随社教工作队到农村工作一年。1973 年 8 月回到中国科学技术大学，先在进修班学习，次年夏到数学系任教，并做数学研究工作，先后获得硕士和博士学位，并相继被评聘为该校副教授、教授。1992 年 5 月加入中国共产党。1993 年 6 月，调至清华大学数学系，任清华大学教授、博士生导师、数学学位分委员会主席、校学位委员会委员，并任北京市数学学会常务理事、国际理论物理中心研究员、美国和德国两国《数学评论》专聘长期评论员、美国数学学会会员、《数学的实践与认识》副主编、《世界科技研究与发展》编委。其间曾多次长期访问或工作于美国、欧洲，出席 1994 年苏黎世"世界数学家大会"、1988 年美国数学会百年庆典等。出访马里兰大学、纽约市大学、罗马大学、瑞士联邦理工大学、迪里雅斯特大学国际理论物理中心等，均作学术研究及报告。在多类代数数域和代数函数域的分类、类群、类数、密度、相对扩张、种域理论、类数公式等方面，解决了美、苏、欧等国际上许多数学家长期研究未能彻底解决的问题，其研究成果被美、苏、欧、日、澳、印等国许多数学家在论文和专著中引用。国际权威数学家唐·查吉尔和劳·华盛顿在 1988 年的评议书中评论，张贤科是当今中国的数论数学家之一。学术著作主要有《代数数论导引》《高等代数学》《高等代数解题方法》等。其中《代数数论导引》由全国研究生暑期学校、国家基金委联合推荐资助出版，被教育部评为全国数学研究生教学用书。有影响的学术论文 80 多篇，刊于《中国科学》《科学通报》《数学学报》*Proceedings of American Math Society Journal of Number Theory Pacific J. of Mathematics*，*Acta Arithmetica* 等国内外等学术期刊。

张贤科曾先后获得安徽省优秀科技论文奖、中国科学院科技进步奖、国家自然科学奖、国家"作出突出贡献的中国博士学位获得者"和"研究生的良师益友"奖等，享受国务院政府特殊津贴。其事迹被收录在《世界数学家辞典》《英国剑桥大学传记中心》《国际知识界名人录》《有成就的人》《美国传记研究所世界五千名人》等书中。

2011 年 2 月张贤科转到南方科技大学任教，负责教改实验班数学课程。

（县政协办公室　供稿）

灵璧英博：陈步雷

博学建功业 举步起风雷

刘万广

  陈步雷，男，1967 年 2 月出生，黄湾镇朱圩村大陈庄人。中共党员，法学博士，经济学博士后。中国社会法研究会常务理事，中国劳动关系研究会副会长，教育部全国高校教师网络培训中心特聘教授，中国经济体制改革研究会高级研究员，中国反腐败司法研究中心高级研究员，北京互联网法院学术顾问，多所大学兼职教授，国际劳工组织中蒙局法律顾问，香港大学法律学院特聘研究员，北京万商天勤律师事务所兼职律师。

  陈步雷 1986 年 7 月毕业于灵璧县第一中学，以宿县地区文科第一名的成绩考入北京大学法律学系。1990 年 7 月本科毕业后，在蚌埠市公安局工作。1990 年底至 1994 年 9 月，在蚌埠市人大常委会担任秘书工作。1994 年 9 月考回北大法学院读研究生，1997 年获法学硕士学位，2000 年获法学博士学位。2000 年 8 月博士研究生毕业后，在北京市第一中级人民法院知识产权庭从事审判工作。2001 年 12 月，在中国劳动关系学院法学系任教，副教授。2004 年 9 月至 2006 年 9 月，在中国人民大学应用经济学博士后流动站作博士后研究工作，同时被聘为中国人民大学劳动关系研究所研究员。后来在西南政法大学工作，担任西南政法大学教授、博士生导师、博士后合作导师，法学二级学科"社会法学"（硕博点）学科带头人。

  2005 年至 2017 年间，陈步雷应外方邀请和资助，先后到美国哥伦比亚大学、美国国家劳资关系委员会、荷兰国家社会与经济理事会、日本明治大学、美国哈佛大学、康奈尔大学和斯坦福大学、中国台湾政治大学、日本北海道大学、英国伦敦大学亚非学院、英国基尔大学作过学术访问、讲学、交流。曾受邀到联合国人权理事会等机构，就中国在经济、社会及文化权利领域的改革问题和亚太地区发展中国家对国际经贸领域"社会条款"的立场问题，提供专家咨询意见。

陈步雷的专业学术领域为法学理论、法律社会学、劳动关系学、劳动法学。曾主持完成国家社会科学基金项目、省部级科研项目多项。在重要学术期刊发表论文数十篇，多篇论文被《中国社会科学文摘》、中国人民大学复印报刊资料全文转载。在人民日报学术版发表过头条论文，在人民日报理论版、光明日报理论版发表论文多篇。在权威出版社出版过多部法理学、劳动法和劳动关系学专著。

1995 年陈步雷任北京大学法学院研究生会主席，发起成立了北京大学法律救助协会并任首任会长，使其成为全国示范性社团，引领法科学生服务公益事业。1990 年获得律师资格。1998 年至今为兼职律师。1997—1999 年，以行政诉讼方式帮助农民抵御非法、苛重的行政征收（农业税之外的"农民负担"），示范效应显著，有效维护了农民权益，产生了全国重大影响，直接促进了中央有关积极政策的出台，被影响力重大的《南方周末》头版整版报道。因推动人权教育、保护劳工权利方面的创造性努力、贡献和影响，2006 年 12 月被全球顶级期刊 TIME 以 "China's Quest for Justice" 为题作了长篇报道；2009 年 1 月被香港阳光卫视以"立言者"节目作了 15 分钟专人人物报道。

陈步雷曾应全国人大常委会法制工作委员会、原国务院法制办、国家人力资源和社会保障部等机关的委托或邀请，参与过《劳动合同法》《劳动合同法实施条例》《职业病防治法》《安全生产法》等法律法规制定、修改的专家论证，为普通公众的权利、福祉和社会公正、包容性与可持续发展等价值目标而努力建言、发声。2006—2016 年，接受国际、国内权威媒体采访数十次，作为嘉宾，在凤凰卫视、中央电视台、中国教育电视台等媒体，就劳动、社会保障、教育等社会立法问题发表意见；在影响力广泛的《新京报》上撰写社论、评论数十篇。因多年在体制内工作、从事兼职律师工作，对中国的"法律现实""行动中的中国法"较熟悉，了解相关体制、机制和实际运作逻辑，能较准、深、广地把握问题，在多个领域提出了科学、可行的"不可逆真改革、实质性小改革"具体方案；在国家发改委主管的、国内政界影响广泛的智库期刊《改革内参》多次刊文，努力推动法治化变革，为多个省市的改革事业提供了理论指导、智力支持。

个人信条为"俯仰天地，刚毅坚卓；因真理，得自由，以服务；自然自由自在，如云如海如山"。在"公德"方面，服膺人权和正义等基本价值，致力于中国、民主、法治和现代化转型的事业，为建设常态、人道、繁荣、可持续社会而努力。在"私德"方面，主张仁义、宽厚。祈愿人类在启蒙、祛魅之后能重回对自然、生命、终极本体的敬畏和谦卑，公正、有效地约束个人和群体，更有尊严、美感、意义地持久生存。

灵璧英博：张芬之

高粱地走出的总编辑

范占英

张芬之，男，1945 年生，灵璧县下楼镇小圩村人，新闻出版工作者，曾任《中国新闻出版报》副总编辑、总编辑，享受国务院特殊津贴。2006 年 7 月退休后，分别被《中国文艺家》《百姓生活》杂志聘为主编和执行主编，现为北京时代华语图书股份有限公司总编辑。

张芬之从事新闻宣传工作 40 年来，写作并发表了消息、通讯、言论、杂文、散文、报告文学、诗歌等 1000 余篇，先后获得 6 次中国新闻奖二等奖和三等奖。曾连续 15 年担任中国新闻奖评委，连续 8 年担任国家高级新闻职称评选委员会委员。曾被中国传媒大学聘为博士生导师。1989 年以来先后出版了《笔耕路》《信息录》《拾萃集》《报苑随笔》《人生是杯苦酒》《敬业走笔》《生死一步之遥》《爱的心语》等多本新闻及其他文学专著。1991 年被评为全国新闻工作者。1995 年获第二届韬奋新闻奖提名奖，同年加入中国作家协会。1997 年被评为高级编辑。张芬之退休后笔耕不辍，出版了《伏案拾萃》《文海拾贝》《做"四有"党员干部》《图书出版必备》等10多种图书。

作为新闻出版战线上的"老兵",张芬之深知出版工作岗位特殊、责任重大。他把这项工作看作是构建中国特色社会主义先进文化大厦、为党和人民提供优质文化产品的事业,敬岗敬业,一丝不苟,如履薄冰,从不有半点马虎和懈怠。

张芬之对图书出版重在"三抓"。第一,抓作者,精选优良品种。一部书稿的优劣,尤其是能否确保优质,首先著作者的政治立场、理论素养和写作技能起到决定性的作用。第二,抓选题,力求"顶天立地"。一家出版单位出版图书质量的优劣,关键要看图书选题策划。衡量图书选题的优劣,就看它是否做到了"顶天立地"。只要真正做到了"顶天立地",又善于策划和宣传营销,图书出版就能获得"双效",也才能在日益激烈的市场竞争中做到"风景这边独好"。第三,抓审读,不让一本差书、坏书出笼。要真正解决"无错不成书"的顽疾,没有什么捷径可走,关键是要认真贯彻落实图书出版管理部门关于图书出版"三审三校"的基本要求。为确保图书质量,他严把图书的出版关,对书稿"三审三校"流程严防死守,确保不出差书,真正达到"万无一失"。

"被阅读"是图书的生命。张芬之对图书出版工作严肃认真,对自己写作出版的图书更是高质量、严要求,着力打造精品。他和许罡合著的《做最好的党员》是一部向建党95周年献礼的作品,至今已发行近7万册;《图书出版必备》被广西出版集团、青岛出版集团等出版单位列为编辑的必读书。

树高千尺不忘根。张芬之自幼家境贫寒,饱尝了无饭吃、无书读的苦痛。他说,自己是从高粱地里走出来的总编辑,是党和人民养育出来的新闻出版人,也是党和人民给了他知识和力量,他永远忘不了党和人民的恩情。10年前,他从《中国新闻出版报》总编辑的岗位上退休后,便一直念念不忘家乡的父老亲朋,尤其关注家乡学子的读书情况。当了解到当年他在家乡王集公社当文书时的王集中学图书馆的图书还不很丰富时,当即决定把自己珍藏的1000多本图书和杂志,捐赠给王集中学。5年前,张芬之出版了散文集《生死一步之遥》、诗集《爱的心语》和新闻、文学作品选集《文海拾贝》,除了稿酬外,他自费近10万元从出版社购买了自己的6000册图书,通过灵璧县委宣传部和教育局捐赠给家乡的108所中小学,并向他就读的小学、中学、中专母校捐了书。

张芬之说："如今，已是古稀之人还能用自己的知识和力量，为生我养我的故乡人民做一点力所能及的好事、实事，是十分欣慰和高兴的。未来的日子里，只要身体精力许可，还将一如既往，不忘初心，为党和人民的新闻出版事业竭尽才智、辛勤耕耘。"

灵璧英才：徐士泰

一个极用功的人

唐先田

我和士泰君同住一个大院，认识很早，但当年只是面熟而已，并没有什么交往。20个世纪90年代中后期，我奉调至省社科院，从此便和他天天见面天天在一起了。再稍后，又天天同车上班、同车下班，如影随形，接触更加密切。我俩上下班的车程在20分钟左右，若遇堵车则耗时更长一些。这20多分钟，对我们很宝贵，一上车便天南地北、古往今来地神侃神聊。谈话虽然无所遮拦，但话题总有法度，始终离不开文化、历史，离不开逸闻、趣事，离不开民生、民俗，话匣子一打开，便畅所欲言，没有什么顾忌。即使堵车了，也毫不生烦性急，因为所聊的话题，会拓展得更加漫无边际，真是乐何如之！多少年之后，我俩都退休了，见面之时，总要回忆起那一段充满乐趣、内容丰富的时光，对当时的"三人沙龙"（另一位是开车的师傅），充满着难忘的情怀。现在来读士泰君的散文，不少篇章内容很熟悉、很亲切，如关于他家乡的书写、儿时伙伴的描摹、淮北风俗的叙述、农家贫困的回忆等等，原来都出自他当年在"三人沙龙"的神侃神聊哩！

士泰君出生于皖北农村，家境当年十分清苦。但物质贫困并不等于精神贫困，他父亲虽是个农民，却恪守古风、注重节操，士泰君自小接受的是如何处世如何待人的家教，耳濡目染，直接受到父亲的人格的熏陶，日复一日，年复一年，造就了他忠诚、厚道、靠谱的生命本质。他在社科院做纪检、党务方面的工作，他办事认真、负责，与人为善是他办事的出发点，他帮助过很多人，深得大家拥护信任。我本人也得到过士泰君的帮助，每念及此，感激之情不禁油然而生。他的夫人张桂勤女士，就是他在那篇《执子之手》里写到的，当年尤集小学会踢鸡毛毽子并夺得了冠军的那位姑娘，后来一直在省委医院做医务工作，我家大人小孩，凡有头痛脑热、感冒咳嗽，只要她看到了，不用开口，她都楼上楼下地支应招呼，就像是自家的事一样，多少天后见面，还要问这问那，那种助人为乐的热情，实在令人赞佩。每每看到他们夫妇喜笑颜开、同出同进的身影，我便十分感慨，感慨他当年观看踢鸡毛毽子看到了点子上，看到了心灵深处的美好，我为他们所写的那首被称为四言古风（实为打油顺口溜）的《河边杨柳》，真的是有感而发，所谓琴瑟和谐，莫过于此也。士泰君是一个极用功的人，每到一处，都用心观察周围的一切，记下很多数据和典故，然后形成文章。在他的写景散文中，关于包河的几篇极有特色，包河垂柳人见人爱，在士泰的笔下则四季不同，各具精彩，请看他对初春"柳眼"的描述吧："那'柳眼'像一个个刚刚出生的孩子，睁着惺忪的眼睛，好奇地打量着周围的一切"（《包河柳》）。多么形象，多么传神！这是他细心观察、不断揣摸体会的结果，走马观花、不用心思，是写不出来的。士泰君的散文也写到好多人，有些人我也是很熟悉的，关于那位姓沈的所长，社科院上上下下都戏称他为"省长"，而他自己则解嘲地说是"山寨版"的，士泰君稍加点染、原话照录，将社科院那种别具风味的人际关系生动地呈现于笔端。而将老主任陆子修比喻为"一株立秋后的红高粱"（《我所认识的陆主任》），则是别出心裁的传神之笔。将陆老比喻为"红高粱"，我想认识这位老爷子的人，都一定认可，认为很贴切，更可贵的是，这个比喻将陆主任倾心倾力地关心"三农"、到处为改变农民的命运而鼓与呼的精神写出来了。

（唐先田：中国作家协会会员，曾任安徽省社科院副院长、

安徽省作家协会主席团成员、安徽文学学会会长）

灵璧英博：王筠

书写灵魂 呼唤和平

张少秋

　　怀着崇敬写下这个标题，十分自豪地向各位推荐我的乡谊王筠。他祖籍安徽灵璧，今客居山东青岛，毕业于解放军艺术学院文学系，中国作家协会会员。早期作品主要包括《北方乙种》《季风地带》《蓝色城墙》《金色果园》《似水流年》《刺破青天》等中、长篇小说多部300余万字。近年来致力于抗美援朝战争战史研究和抗美援朝战争长篇小说创作，著有《长津湖》《交响乐》《阿里郎》等抗美援朝战争长篇小说160万字。《长津湖》曾获中宣部第十二届"五个一工程"奖，第十二届全军文艺优秀作品奖特别奖，济南军区大型文学创作特别奖，湖南省"五个一工程"奖，湖南出版政府奖特别奖等奖项，入选国家新闻出版广电总局"向全国青少年推荐的百种优秀图书"，《解放军报》（2012）十大军事题材好书；《交响乐》入选中国好书榜，文学好书榜，文学之光联合书单和文艺联合书单，获评北京出版集团和北京十月文艺出版社2019年度好书。《阿里郎》入选中国作家协会2020年重点扶持作品，中宣部建党百年百部重点作品。

　　新闻词汇里常有不完全统计一词，而我算是随随便便地罗列王筠文学作品的厚重，却想再用文字托出他的心路情怀。王钧出生在兵家必争的百战之地灵璧，大泽起义、张楚立旗、楚汉相争、朱棣靖难、捻军呼聚，太平天国、抗日烽火、淮海战役都在这片土地上演绎朝代更迭，正邪兴衰。许是飞马流镝的余音，抑或是战车履辙的震颤，这方土地上的人们生就爱憎分明，正气浩然。幼年的王钧由此明白了锲而不舍的韧劲是通向成功的唯一要诀。

　　1980年，王筠怀着一腔热血跨入了军营，历任某团一〇〇迫击炮连指挥排侦察班战士，团政治处宣传股通讯报道员，师政治部宣传科报道干事，军分区政治部宣传科干事、科长，县委常委、武装部政委，预备役师政治部副主任，济南军区政治部创作室创作员、专业作家。

这期间他考入解放军艺术学院深造，毕业后一直从事政工和宣传工作。用他自己的话说，虽然笔耕不辍反映军旅生涯的官兵生活，但是不够系统反映立国之战的抗美援朝战争。这场战争以中国的胜利确立了新中国在国际上的不可轻视的地位，打出了中国军队陆军之王的威名，极大地振奋了中国人的自信和自豪，至今都是中国人实现民族复兴伟大梦想征途中的重要精神支撑。"我有责任书写中国人民站起来的灵魂"，他如是说，也是如是做。他是从院校专业，下到了基层，步入领导岗位兜了一大圈子，又重回文学路用笔来圆梦。历经 18 年，算是将自己的人生画了一个圈。回归专业创作后，就没再写过别的，主要是以抗美援朝战争长篇小说创作为主。

多年来，他查阅当时敌我双方战史资料，遍访幸存的志愿军老战士，反复推演战斗态势，揣摩志司领导的战役决心，努力再现那一波澜壮阔的历史画卷，彰显了广大志愿军官兵的民族大义与家国情怀。一部史诗般，令人热血贲张的《长津湖》洞穿了 70 年的冰雪，诞生在人们的视野。这里有记忆的还原，有血与火的考验，有更高的站位思考，更有军人的职责！

王筠的《长津湖》是继魏巍《东方》之后，全景式、多层次艺术性重现抗美援朝战争雄奇的最重要的文学收获。他数十载磨一刀谓之持之以恒，他厚积薄发，不！激情喷发，诠释了军人的情怀。至今，用 10 年左右的时间，写了三部长篇，即已经出版的《长津湖》《交响乐》和即将出版的《阿里郎》。这 3 部长篇加起来，大约 160 万字。

2020 年 10 月 19 日，这一天是中国人民志愿军雄赳赳气昂昂跨过鸭绿江的纪念日，中国作家协会创研部、中国作家协会军事文学委员会和北京出版集团在北京中国现代文学馆召开"王筠抗美援朝战争长篇小说创作研讨会"。从这研讨会的主题可以看出，王筠是一位专门创作抗美援朝战争长篇小说的作家。而且，也正是因为他的独树一帜和专情创作，才有了这场研讨会。王筠的抗美援朝战争长篇小说创作作为一个系统工程，使得他成为埋头开掘抗美援朝战争这座文学富矿的标志性人物。

在"王筠抗美援朝战争长篇小说创作研讨会"这样一场高规格研讨会召开前夕，山西晚报记者独家专访了军旅作家王筠，他深情地讲述了抗美援朝战争长篇小说的创作历程和他的家国情怀。不妨录入部分内容，以飨读者。

附：

我会一直写下去，让更多的人了解它的精神内核

山西晚报：《长津湖》和《交响乐》在浓墨重彩塑造志愿军官兵形象的基础上，也花费了大量笔墨刻画敌军人物形象。为什么这样写？

王筠：我们现在写的战争文学作品与过去老一辈作家的作品不一样。老一辈作家受客观环境和意识形态的影响限制，在他们的笔下，往往是好人坏人一眼分得清。实际上战争文学里面只有人物，没有敌我。在真实的战场上，真正的坏人是看不出来的，真正的好人也得经过了时间的检验才被慢慢发现，真善美、假恶丑都不是写在脸上的。时代发展到今天，我们可以用一种更加客观、更加自如的创作心态来回望战场上的各种生灵，无论敌军、我军，他们都是真实存在的。我在小说里写到很多人，不管是《长津湖》里的志愿军营长吴铁锤、教导员欧阳云逸、李桂兰、欧阳云梅、美军少校哈里斯、二等兵刘易斯，还是《交响乐》里的侦察营营长李八里、教导员孟正平，以及马永礼、王翠兰、吴了了、喇叭刘父子、大脚怪鲍喜来、库克中校、纽曼中尉、托马斯中士、小蒙特黑人二等兵，等等，他们都只是小说里的普通人物而已。美军士兵和志愿军官兵都代表了各自的国家而战，尽管他们的信仰不同，价值观不同，但他们都是有血有肉的人。我在小说中没有把他们当成"敌人"或者"坏人"，在写到这些人物时，是与志愿军官兵一样的存在，是用同样的目光去看待他们、审读他们、描画他们，这是我写作战争文学一以贯之的原则。

山西晚报：这会让读者有一种深度的思考。您希望读者在看过您的书后是一种怎样的体验？

王筠：我在努力书写一个民族站起来的灵魂。战争文学是关于人的文学，只不过时空交换，放在了特定的战场上。我作品中所有的故事最终还是在讲人与人之间的爱，讲相互间的善意、包容、理解、尊重、爱护。我的小说里没有很坏的人物，更没有十恶不赦的人物。最终我要告诉读者的是人和人之间

需要爱，我们都在同一个世界，我们是人类命运的共同体，哪怕在残酷的战场也是如此。我会继续写下去。

已经无须再添加任何文字粉饰了，读者早从这番问答中感受到了王筠那颗赤子之心，以及《长津湖》撩拨升腾起来的民族自豪感。我该说说咱们俩人认识的经过，让读者从另一个侧面了解王筠的修养学识。我们的见面得益于灵璧县政协召集的一个座谈会，我也跟着大家一起喊他"政委"，当得知我早他八年戴上红领章时，立即起身敬礼喊了声"老班长好"！态度认真，蔼然可亲，谦逊随和倒叫我受宠若惊。他身居高位，成就斐然却如此礼贤下士，保持了我军官兵一致的光荣传统，体现了低调为人和宽宏大度。军旅情缘让我立时没了距离感，攀谈中他知道我欲创作朝阳集战役为背景的《碧血硝烟》电影剧本时，很是高兴地对我进行了指导，俨如故交。

我自然高兴攀上这位良师益友，心理的天平偏向良师一侧。我们常常"短信"飞鸿交流体会，我的是讨教，他则不厌其烦……他曾邀我参加北京的研讨会，只惜我推荐的抗美援朝老兵周围兰大哥哥年事已高，加上身体临时有恙而未能成行。周围兰是原灵璧县固镇区委书记、县财贸部长周道秀的长子，在美帝把战火烧到鸭绿江边时，周书记毅然将大儿子送往抗美援朝的前线。两个儿子送一个去保家卫国，这壮举在灵璧县领导层面绝无仅有，这精神却是中国人民以战止战，敢向豺狼横刀的写照。后来王筠知道周围兰大哥回国后一直没有靠父亲的关系分配工作，仅在"东关大队"自行车服务部勉强度日时无不动情地说："向无私奉献的革命老前辈周道秀先生致敬！向从不居功自傲的周围兰大哥致敬！我王筠欠他们一个公正，我有责任书写这段历史，我要让世界知道那一代人的家国情怀。"

灵璧与朝鲜的长津湖不同经不同纬，可灵璧人的王筠以责任之笔，洞穿时空，打破经纬，跳动了两地的时代脉搏，那就是一伟大的抗美援朝精神万岁！

2021 年 8 月 17 日

灵璧英博：陈晓卿

情生心灵处 美留光影间

　　陈晓卿，1965 年 11 月出生于灵璧县，就读于灵璧县实验小学、灵璧中学、灵璧一中，后毕业于中国传媒大学电视系摄影专业（硕士），中国内地导演、制作人。现任腾讯视频副总编辑，稻来纪录片实验室负责人。

　　1986 年，陈晓卿从中国传媒大学（原北京广播学院）电视系摄影专业毕业，被推荐免试攻读硕士研究生，研究方向为摄影美学，同年执导的纪录片《战士从这里起步》作为建军节献礼片播出。1989 年，毕业后进入中央电视台，并担任了纪录片《地方台 30 分钟》的编导。1991 年，担任人文纪录片《孤岛记事》的编导。1993 年，担任社会纪录片《远在北京的家》的编导。1994 年，担任自然纪录片《龙脊》的编导。1996 年，开始制作文献纪录片，并担任了历史人物纪录片《朱德》《刘少奇》的总编导。1998 年，担任社会纪录片《大哥大 桑塔纳 破小褂》的编导。2000 年，担任历史纪录片《百年中国》的总编导。2003 年，担任历史人物纪录片《宋庆龄》的总编导。2005 年，担任人文纪录片《一个时代的侧影》的总编导。2007 年，担任自然类纪录片《森林之歌》的总编导，2012 年，执导《舌尖上的中国第一季》深受观众喜爱和认可。2014 年，执导《舌尖上的中国第二季》，口碑持续上升。2016 年，参演喜剧电影《过年好》，同年，担任美食纪录片《舌尖上的新年》的艺术指导，出版美食随笔集《至味在人间》。2017 年，从央视离职创立个人公司。2018 年，首次出演综艺《奇葩大会 2》，同年 6 月 14 日，陈晓卿担任腾讯视频副总编辑，执导美食纪录片《风味人间》，观众青睐度再创新高。2020 年，担任美食探索纪录片《风味人间》第 2 季总导演。

　　陈晓卿从 1991 年开始创作电视纪录片起，作品屡屡获奖。《孤岛记事》（30 分钟 ×1 集），获中国电视"星光奖"二等奖；《远在北京的家》（合拍，30 分钟 ×2 集），获四川国际电视节纪录片大奖；《龙脊》（60 分钟 ×1 集），获四川电视节妇女儿童题材特别奖；《朱德》（50 分钟 ×6 集），获全国社教节目评比一等奖；《刘少奇》（25 分钟 ×12 集），获全国"五个一工程奖"；

《森林之歌》获中国（青海）世界山地纪录片节大奖、四川电视节"金熊猫"奖、金鹰奖"最佳纪录片奖""最佳摄影奖"；《舌尖上的中国第二季》获得中日韩三国电视制作者大奖、第十二届四川电视节"金熊猫"奖国际纪录片评选社会类纪录片大奖、海峡两岸电视艺术节两岸交流优秀电视作品、2012中国（广州）国际纪录片节金红棉奖评审团大奖、第23届"星光奖"电视纪录片大奖、上海国际电视节白玉兰奖年度最具影响力纪录片奖；《风味人间》获第十九届中国视频榜推委会特别大奖。

　　作为一个纪录片导演和制片人，常常要思考许多问题，使陈晓卿养成了皱眉的习惯，因此眉间留下了两道深深的纹路，即便是在开口大笑的时候，依然清晰可见。才华、敬业、时尚集于一身的他，制作出的作品，件件不同凡响，得到许多大家的好评。广西大学罗逸评其作品"不仅具有美学探讨的价值，其市场化的开拓进取精神也是值得研究的。他对镜头的造型美学和光影的运用上十分在意"，《采写编》杂志评价他的作品"别具一格，引人思考，他始终把关注点放在平凡人的普通生活上，直观地关注日常生活，不加修饰地记录当下"。哈尔滨师范大学苑芳伟评他"能通过独特的屏幕造型语言直观或含蓄地表现自己的创作思想，通过自己细微的观察，用一系列表现细腻的镜头倾诉着被拍摄者的情感"。

（县政协办公室　供稿）

灵璧英博：张友殿

带上爱飞翔

刘万广

　　张友殿，中国著名词曲作家、音乐家、策划人，中国感恩教育导师，中国品德教育专家，中国音乐家协会会员，中国艺术家协会会员，中国音乐著作权协会会员。

张友殿于 1975 年 12 月 29 出生在安徽省灵璧县黄湾镇张集村一个农民的家庭里。1994 年在灵璧中学读书时，跟郭克俭老师学习声乐。1995—1996 年在中国音乐学院师从著名声乐教育家王士魁教授进修声乐。1997 年考入中央民族大学音乐学院，学习声乐和作曲。1998 年 2 月参加中央电视台在人民大会堂举办的大型文艺晚会《春潮颂》。1998 年 7 月，参加第八届"红鹰杯"全国青年歌手电视大奖赛荣获专业组民族唱法优秀奖。1998 年 10 月创作的歌曲《大庆·我的故乡》在全国"川油杯"歌曲创作大赛上荣获二等奖。1998 年在大学学习期间开始创作歌曲，至今创作 1000 余首，其中有 600 多首成功发表，有 300 多首由全国众多著名歌唱家演唱。2001 年毕业于中央民族音乐学院，获声乐学士学位。2001 年由中国唱片总公司出版发行个人首张专辑《夕阳美》——献给老年人的歌。2002 年参加河北省综艺大赛荣获专业组民族唱法一等奖。2003 年由中国唱片总公司出版发行第二张个人演唱专辑《父母是我最爱的人》。2004 年，参加黑龙江省警察歌曲大奖赛，以一曲《爱洒这方土》荣获二等奖。2005 年由中国唱片总公司出版发行第三张个人专辑《天下父母心》。2006 年元月以一曲《咸宁桂花香飘天下》参加首届神州风采全国旅游形象歌曲创作大赛，荣获金奖。2008 年开始创作励志书籍《艺术人生》，2012 年由中国政法大学出版。2011 年由中国唱片总公司深圳分公司成功出版中国首张慈善公益歌曲作品专辑《有爱就有希望》。2012 年 6 月由中国音乐家音像出版社成功出版友殿"明星荟萃"经典作品专辑《让爱循环起来》。2013 年 1 月 13 日"让爱循环起来"（友殿作品）大型公益演唱会在北京工人体育馆成功举办。这台公益晚会，汇聚了蒋大为、阎维文、宋祖英、戴玉强、谭晶、张明敏等一批歌唱家参与，偌大的体育场座无虚席，可谓一票难求。

张友殿笔耕不辍，创作成果丰盛，杨洪基、蒋大为、闫维文、宋祖英、毛阿敏……许多著名歌唱家演唱过他的作品。作品大气磅礴，给人以震撼，激人以奋进。代表作品有谭晶演唱的《让爱循环起来》《共和国的春天》《婆婆就是妈》，毛阿敏演唱的《因为爱》、阎维文演唱的《父母恩情》《手拉手》、韦唯演唱的《爱的家园》、常思思演唱的《带上爱飞翔》《夕阳无限美》、王丽达演唱的《人民共和国》、张鹤《欢迎你》《绿色中国》、张友殿演唱的《天下父母心》、丁晓红演唱的《平安是福》、孙学翔演唱的《走进百姓里》、陈笠笠演唱的《好福气》等。

张友殿的作品都是传递真善美，弘扬正能量的。2020 年，武汉爆发新冠疫情，为了凝聚抗击疫情的精神力量，坚定全社会众志成城战胜疫情的决心和意志，张友殿创作了歌曲《让爱住进每个家》，告慰那些勇敢战疫的英魂，向那些奔赴抗疫一线、舍生忘死的英雄们送去深深的敬意！

张友殿是一位在国内有影响力的音乐家，但他始终不忘家乡，不忘本。2014 年灵璧中学 70 华诞，张友殿不仅自己应邀前来参加，还携原创歌手孙学翔、音乐家陈淑敏和新生代歌手廖芊芊、《红尘情歌》原唱蒋姗倍等一起前来。晚会上，张友殿面对全校师生和嘉宾发表感言，对加强中华圣贤经典文化教育、践行社会主义核心价值观进行了阐释，受到了师生们的好评。孙学翔、陈淑敏连袂演唱了张友殿作词作曲的《好儿女》。蒋姗倍演唱了人们耳熟能详的经典歌曲《红尘情歌》，廖芊芊一首《心在草原飞》仿佛把我们带到了辽阔的草原。晚会后，校长王峰当场填词，张友殿现场哼曲，联袂完成了后来阎维文演唱的《灵璧中学校歌》。

张友殿不仅在音乐的道路上孜孜不倦，而且在弘扬和传承中华优秀传统文化上面也取得了辉煌的成就，用诚意正心的视角重新解读并编纂了古圣先贤的经典，主要有《易经心鉴》《道德经心鉴》《黄帝内经心鉴》《六祖坛经心鉴》《大学心鉴》《中庸心鉴》《论语心鉴》《孟子心鉴》等。

张友殿致力于中国教育事业，用毕生的精力学习中华文化、传承中华文化、弘扬中华文化、践行中华文化、创新中华文化。现在是华夏心连心圣贤教育创始人、中华心学养生创始人、中国国学高级讲师、中国家庭教育高级指导师、健康中国保健服务联盟主席、中国德源希望教育救助中心常务理事、中华爱文化研究会会长。

灵璧英博：庄稼

接地气的剧作家

庄稼，原名庄怀先，国家高级编剧，中国戏剧家协会会员，中国曲艺家协会会员，农工党党员。曾任安徽省曲艺协会副主席，安徽省戏剧家协会副主席，安徽省通俗文学协会副会长，安徽省梆子戏研究会副总干事，安徽省泗州戏研究会副会长，《安徽省曲艺志—群众文化志》编委，宿县地区曲协主席，剧协副主席兼秘书长，宿县地区计生协会常务理事，宿县地区关工委常委，宿州市政协委员兼学习组副主任，农工民主党宿州总支地直支部主任委员。

庄稼于1938年9月生，灵璧县灵城镇北关社区人，1957年毕业于宿县师范，同年9月参加工作，先后在宿城、大店等区镇任教师、文书、扫盲干事等职。1963年调宿县花鼓戏剧团任编导，开始从事文艺创作，其作品生动简练，自然流畅，雅俗共赏。1971年调宿县文化馆，1980年调宿县地区文化局剧研室任创作员，1984年调宿县地区文联。2014年4月29日，宿州市举办首届优秀作家和功勋作家评选活动，77岁的庄稼被评为宿州功勋作家。

庄稼曾发表长篇说唱《杜鹃山》《杨排风》《燕山虎山》等五部，编写并上演《金蝉与金芝》《金色的晨光》《金葵向阳》《山莺》《金石缘》等29个剧本。20世纪80年代以后，曾在北京、天津、上海、山西等省市级刊物上发表过中篇小说《乾隆推磨》《孟虎哭坟》《朱笔血泪》《血溅御史府》等18篇，短篇小说、故事、曲艺70余篇，计约200万字。出版《创作戏剧小品集》一册、中篇传奇小说集两部和《庄稼文艺作品选》四卷。

庄稼的作品获国家级、华东及省级奖项30余个。少儿戏剧小品《开发票》获文化部、国家教委、中央电视台等八家联合主办的全国少儿小品比赛一等奖。《童言无忌》获全国"飞龙杯"人口文化优秀创作奖。《宋旮儿存款》获全国职工戏剧小品大赛二等奖，《"糊涂"县长》获全国新故事大赛铜奖。《局长算命》获华东七省市小品大赛二等奖。《杨宗保娶不着媳妇》获全国相声大赛纪念奖。《竹笠阵》获全国第二届曲艺节演出奖。琴书《轧狗风波》荣获第十七届中国文化艺术政府奖——群星奖，并参加第十一届中国艺术节演出。

退休后的庄老依然笔耕不辍，经常为文艺团体编写节目。作为农工党党员，庄稼老师更是发挥余热，积极宣传民族文化，撰写多篇传承民族文化的社情民意信息，并在各地宣讲弘扬民族文化。

（县政协办公室　供稿）

灵璧英博：林凤彩

建一座大坝　树一座丰碑

张殿凯

林凤彩，原名林云隆，笔名林影，壮族，1929年8月生，广西壮族自治区罗城仫佬族自治县东门镇人。1942年9月考入广西柳州高等工业专科学校，1947年7月，以优异成绩毕业。先后任广西信都县、罗城县政府土木工程技佐。1950年1月，在广西罗城县东门区任村长、小学校长，1950年9月，调任淮委测量总队第12地形测量队副队长，1953年10月，任淮委北淝河指挥所桥涵工程队副队长，1956年11月，任淮委第二施工队建筑工程队技术员，1957年9月起，先后任灵璧县水利局副局长，安徽省民族事务委员会委员，安徽省政协第四、五、六、七届委员会委员，1982年1月，任灵璧县政协副主席，连任五届。1996年7月退休。后应聘于淮河水利委员会勘测设计院任技术顾问。

1970年，林凤彩参与了新汴河灵西闸橡胶坝的设计工作，首次发明用混凝土楔块替代从国外引进的螺栓压板锚固方法，在以后全国兴建的上千座橡胶坝工程中得到推广应用。1976年上半年，在灵西闸船闸下游的航道上试验成功我国第一座"活动橡胶坝围堰",为我国水利建设填补了一项空白,国内及香港各大报纸都进行了报道,并在北京、河南、广东等地被实地运用。

灵西闸橡胶坝是我省最高、建成最早的橡胶坝,特别是锚固结构方面值得一提。我国的橡胶坝自国外引进后,其锚固型式均采用不锈钢螺栓压板锚固结构,由于不锈钢价格高、性脆,螺栓易于拉断撕破坝袋,加上灵西闸橡胶坝施工期间,正处于"文革"中期,企业生产基本处于瘫痪状态,不锈钢螺栓很难买。为了采购不锈钢固件,县里曾派人到北京、天津、沈阳、武汉、重庆、南京、上海、广州等地联系,真可谓"踏破铁鞋无觅处",最终还是一无所获,无功而返。林凤彩看在眼里,急在心里,他根据自己长期的工作实践和外地建坝的经验,大胆提出以混凝土砌块代替不锈钢螺栓压板的设想,在省水利厅和县革委会有关领导的支持下,他带领几名技术人员发扬了敢想、敢干的科学精神,经过反复地探讨和翻阅大量相关文献,终于设计出了一个以混凝土砌块代替不锈钢螺栓压板的结构型式,并在工地因陋就简地进行1:1的模型试验,仔细观察和分析受力情况,不断摸索和改进结构型式。为了切实掌握第一手资料,他和工人们同吃同住同施工,当有些技术人员面对失败气馁时,他就反复给他们打气鼓劲,最终达到了设计要求。

在实验过程中,由于没有安装经验,放样时按照平面展开图尺寸划线,安装至底板上墙转角处,发现槽底缺少30厘米左右的胶布未能紧贴槽底,只得在此处留一小口,并按转角形状用胶布粘一扇形接头紧贴于槽底。竣工充坝试水时,右岸第一孔在上游转角处的坝袋被撕开长约1.5米,林凤彩及时组织施工人员更换坝袋,以锚固槽底高程作为控制基线,在底板上墙转角处多放了30厘米,这样就满足了槽底弧度最大要求,锚固槽口多余部分的胶布被折叠垫平,然后,用楔块挤压紧实,从而避免从缝中漏水。此经验后来被列入《橡胶坝技术指南》和《橡胶坝技术规范(征求意见稿)》第4章第3节第4条。混凝土楔块挤压锚固的试验成功,为橡胶坝锚固技术填补了一项空白,为发展我国橡胶坝事业作出了不可磨灭的贡献。由于此种锚固型式结构简单、运行可靠、节省钢材、无锈蚀作用、造价低、装卸方便等独特优点,深受从事橡胶坝技术工作者欢迎。据不完全统计,目前全国已建的橡胶坝工程中,有95%以上的工程采用此种结构型式。以北京市为例,到1996年,该市已建橡胶坝42座，采用楔块锚固型式的就有40座，占总数的95.5%。《安徽日报》《人民日报》以及香港《文汇报》等报刊，均先后予以报道。

林老亲自参加灵西闸橡胶坝的设计、施工、安装和运行管理工作，收集有关资料进行研究。他撰写的《橡胶坝砌块锚固型试验、设计与施工安装》一文，发表于《中国水利水电技术》1990年第11期，苏联《动力工程》杂志转载于1991年第5期。他撰写的《合肥市南淝河当涂路桥橡胶坝设计》发表于《安徽水利科技》2000年第5期，为国内外从事橡胶坝的技术人员提供了理论依据和施工安装经验。

林老先后被评为省、地、县科技先进工作者，宿县地区科技大会一等奖，1990年被国家民委授予"全国民族团结进步先进个人"称号。退休后，北京大禹资源系统研究开发部仍聘请他任高级工程师。几十年来，他曾先后为北京、上海、河北、山东、江苏、安徽、浙江、河南、江西等省市设计和安装橡胶坝20多座，并参加《橡胶坝技术指南》的编写工作和《橡胶坝技术规范》的修改工作，被中国水利学会农田水利委员会橡胶坝学组聘任为技术顾问。2006年12月，林凤彩病逝。

灵璧英博：姜波

地矿揭奥探宝人

姜波，男，灵璧县朱集乡姜山村人，博士。现任中国矿业大学资源与地球科学学院教授、博士生导师、院党委书记，系中国地质学会构造地质与大陆动力学专业委员会委员、矿产勘查专业委员会委员、中国煤炭学会煤层气专业委员会委员，国家重点学科——矿产普查与勘探和构造地质学博士点学科学术带头人。

姜波于1957年10月生，1975年3月在安徽省砀山果园场当工人，1978

年考入合肥工业大学地质系，1982年9月毕业分配到安徽省地质矿产局312队任技术员，1984年9月考取合肥工业大学地质系硕士研究生，1987年获得硕士学位，同年分到中国矿业大学资源与环境科学学院，从事煤田构造和矿井地质的教学及科研工作，先后任助教、讲师、副教授、教授、博士生导师。1997年获博士学位，先后完成两项国家行业攻关、五项国家自然科学基金和四项煤炭科学基金在内的20余项科研项目。曾获得国家科技进步三等奖1项、部级科技进步一等奖2项、三等奖2项和中国图书奖等10多项奖励。主要有：作为骨干成员完成了国家"七五"地质行业攻关课题"中国东部煤田滑脱构造与找煤研究"，不仅在地质构造复杂及能源紧缺的我国东部地区新发现煤炭储量近百亿吨，而且建立了煤田滑脱构造研究的理论体系，实现了理论和实践上的重大突破。以马杏垣院士为主任的鉴定委员会认为该项成果达到了国际领先水平，先后被《文汇报》《人民日报》海外版等10余种报刊报道，并分别于1993年、1994年和1995年度获煤炭工业部科技进步一等奖、中国矿业大学科技进步特等奖和国家科技进步三等奖。在完成这一应用课题的基础上，通过国家自然科学基金的资助，对滑脱构造的理论进行了系统总结，提交了"中国东部煤田滑脱构造研究"的理论成果，并获得了国家教委科技进步三等奖。作为这一理论成果重要组成部分的构造地质学专著《华北南部的逆冲推覆、伸展滑震与重力滑动构造》（中国矿业大学出版社）于1993年和1994年度分别获得第七届中国图书奖和江苏省优秀图书一等奖。作为主要成员完成的国家自然科学基金资助项目"中国东部郯庐断裂系的形成与演化的研究"也于1995年获得机械工业部科技进步一等奖。在多年的矿井构造研究中，将岩组学、微观及超微观变形构造分析、有限应变分析、艾切戈巴断层擦痕法和分形理论等现代构造地质的研究广泛成功地应用于矿井构造分析中，为矿井构造的定量预测开辟了一套全新的思维方法和技术路线。近期完成的相关课题"利国矿区矿井断裂和层滑构造发育规律及其对煤层的控制作用研究"，正是由于在这一方面的突出成果和很好的经济效益而获得了煤炭工业部科技进步三等奖。近年来将变形煤的结构演化及其与构造地质、矿井瓦斯地质和煤层气地质的关系作为主攻方向，在完成了国家自然科学基金和煤炭科学基金项目的基础上，写了《煤的高温高压实验、变形煤的结构演化及其构造地质意义》的博士论文和学术专著《变形煤结构的深化机理及其地质意义》。该论文受到了有关专家的一致好评，并被评为优秀博士论文，本人也被评为优秀毕业生，并获得了 IET 研究生奖。该方面的研究成果于 2000 年获中国矿业大学科技进步特等奖。在大量的科研和实践工作的基础上，进行了理论上的升华和系统的总结，先后与他人合作出版专著 3 部，其中一部在国际著名的英国 John Wileyand-Sonsltd. 出版，另一部获得中国图书奖和江苏省优秀图书一等奖。先后在《中国科学》《科学通报》《Tectonophysics》《地质科学》《煤炭学报》《中国矿业大学学报》等刊物上发表论文 40 余篇，并多次被 SCI、ISTP、EI、BIG 和 GeoRef 等著名检索刊物收录。主要论著还有：The Tancheng– Lujiang Wrench Fault System， John Wi ley and Sons Ld.1993。完成其中的一章—— Formation and Evolu tion of the Ning–wu Pull–apart Basin， Lower Yangtze River. 《安徽省淮南煤田风区推覆构造微观变形特征及其形成机制》《论超微分析在煤田构造究中的意义》《走滑断裂在煤田构造中的作用及意义》《煤变形的高温高压实验研究》《河北兴隆复式叠瓦扇构造》等 20 余篇。1995 年被评为中国矿业大学优秀青年骨干教师，1996 年被评为江苏省优秀青年骨干教师，1997 年被评为中国矿业大学后备学科带头人和江苏省教育委员会优秀青年骨干教师。

（县政协办公室　供稿）

灵璧英博：姚朝晖

攻科研难关　攀科技高峰

姚朝晖，女，大学教授、博士生导师，中国力学学会流体力学专业委员会微纳流动专业组组员，北京力学学会理事，中国空气动力学学会风工程和工业空气动力学专业委员会委员。

姚朝晖，祖籍安徽省巢县，1968 年 7 月生于湖南省长沙市，3 岁随父母来到灵璧县。1985 年 7 月毕业于灵璧第一中学，同年以灵璧理科"状元"的优异成绩考入清华大学工程力学系学习。1990 年 9 月被免试推荐为清华大学工程力学系硕士研究生，1992 年 2 月提前攻读该系博士研究生。在清华大学的 10 年间，曾荣获"高田—清华三友"特等奖学金和多次"光华"奖学金及工学学士、硕士和博士学位。1995 年 9 月经选拔留清华大学工程力学系任教，从事流体工程方面的科研和教学工作，1998 年晋升为副教授，同年 7 月任流体力学教研室副主任。在教学上一直担任学校类课《工程流体力学》的主讲教师；科研方面从事多项国家重大科研项目和国际合作课题的研究工作，所参与的"压水堆核电站三套冷却循环系统的水镜试验和分析研究"，于 1990 年在人民大会堂接受了由国务院、国家计委、科委等单位联合颁发的"国家'七五'重大科技成果奖"。现另有两项国家"863"高科技项目快堆回路系统中热工水力及水镜效应计算研究、快堆钠池液面波动计算研究，以及国家"八五"重大科研攻关项目"核电站反应堆芯结构水力载荷及温度均计算"等五项研究成果获部委科技进步奖。在学术上，有 20 余篇论文发表于国内外期刊上，其中有 6 篇被国际权威检索机构 EI 检索，其中的"空泡溃灭水镜的 VOF 计算方法"被推荐进入《中国改革经纬录》的科学技术论文专卷。通过多年来对计算流体动力学的研究，提出了 Msoucup 格式和 Wsuc 格式及改进的 Fio 算法，其中 Wsuc 格式在精确性、稳定性、总变差有界性和经济性方面达到了整体优化，受到同行的关注与重视。2012 年 12 月，以第一作者在清华大学出版社发表《计算流体力学入门》著作。

姚朝晖 1990 年作为访问学者，赴美国橡树岭国家实验室从事微流动方面的计算研究。2000 年回国，从事着一些新兴交学科——计算气动声学、微流动等的研究工作。2017 年 9 月至今，在中国科学院大学工程科学学院任教授、博士生导师。

（县政协办公室　供稿）

灵璧英博：郑忠良

兽医科技带头人

同龄人

郑忠良，男，1938 年 2 月出生，安徽省萧县永堌乡吴庄人。1963 年 8 月毕业于安徽农学院畜牧兽医系（现为安徽农业大学动物科技学院）兽医专业，是兽医专业首届 54 名毕业生之一，也是分配到灵璧县农林局畜牧兽医站工作的第一位本科毕业生。1981 年恢复专业技术人员职称评定工作时，他被评定为兽医师职称，是灵璧县畜牧兽医系统获得中级职称的第一人。1991 年晋升为高级兽医师职称。1987 年至 2002 年连续三届（第四、第五、第六届）担任政协灵璧县委员会副主席（兼职）。

郑忠良一生从事兽医临床和科研工作，把在大学里学习到的兽医理论知识与临床诊断治疗实践紧密结合，工作中勇于创新、开拓进取，取得了骄人的成绩，作出了突出的贡献，是灵璧县兽医科技的带头人、领跑者。

一、迅速确诊耕牛疾病，及时防控扑灭疫情。1963 年 9 月，灵璧县供销联合社从辽宁省购买一批耕牛，在火车上已经有牛生病死亡。这批耕牛运到灵璧之后，本县兽医从来没有见过此种牛病。病牛症状表现为持续高烧不退，心跳和呼吸加快，可视黏膜黄疸并且有点状出血，尿液呈现红色乃至酱油色，先拉稀后便秘，粪便中带有血丝。从大学里刚毕业的郑忠良经过临床观察后立即取病牛血液样本，送到灵璧县人民医院化验室涂片显微镜检查，发现红血球内有血液原虫。通过问诊得知，这批耕牛途经山海关放牧之后在火车上才发病，并且在耕牛体表发现有篦子蜱。蜱是焦虫的中间宿主，蜱叮咬耕牛后感染发病，夏秋之交是蜱活动猖獗的季节，也是牛最易患焦虫病的时候。郑忠良根据病牛的临床症状和血液化验检查报告，结合进行流行病学调查，明确诊断这批耕牛患的是双芽焦虫病。随即采用药物胎盼蓝静脉注射，疗效立竿见影。每一头病牛只需要打一针，只花一元钱的药费就治疗好了。共治疗 80 多头病牛，既挽回了这一批耕牛的生命，又支持了农业生产。

1965 年春天，我县固镇区马林、黄店两地发生耕牛口蹄疫病。经过调查了解，原来是五河县从新疆买的耕牛，在固镇站下火车以后，往东驱赶牛群途中经过马林、黄店两地，尔后发现两地耕牛受到感染发病。家畜口蹄疫病，多发生于牛、羊、猪、鹿和骆驼等偶蹄兽，是多种家畜共患的恶性传染病，也可以感染人，被国家定为家畜五号病，必须按照国家的有关规定要求，进行严格的防控和封锁。郑忠良坐阵在固镇"防五指挥部"，划定疫点、疫区，采取隔离治疗病牛、疫点全面消毒、封锁疫区，严防人员、车辆和家畜进入等防控措施。经过两个多月的时间彻底扑灭了疫情，取得了战"疫"的胜利，保障了畜牧养殖业的健康发展。

二、开展兽医外科手术，示范引领技术进步。以前灵璧县的基层兽医人员大多是老带少、师带徒传授兽医技术，以中兽医为主。他们除了进行家畜阉割术以外，基本上没有开展其他家畜外科手术。大学生郑忠良来了以后，他率先把兽医外科手术应用于临床治疗，开展了马骡便秘疝剖腹取结术、大小家畜剖腹产手术、牛急性肠套叠手术等，并且与县医院外科医生配合做牛的脑部手术。在他的传帮带下，一批年轻的兽医人员学会了兽医外科手术的操作程序和技术要领，把外科手术广泛应用于兽医临床治疗上，从而促使灵璧县的兽医治疗技术前进了一大步。

三、"五七"大学教书育人，充实壮大兽医队伍。1969 年秋，灵璧中学开办了一个兽医班。1970 年春节后灵璧县创办"五七"大学，灵璧中学兽医班并入灵璧县"五七"大学。既然是大学就要设立专业，把兽医班更名为畜牧兽医专业。郑忠良在灵璧中学兽医班是主要授课老师，在县"五七"大学是畜牧兽医专业的专职教师和班主任。1970 和 1971 两届畜牧兽医专业毕业生 90 名，"社来社去"分配在全县 21 个人民公社畜牧兽医站工作。这些人约占当时全县畜牧兽医人员总数的三分之一，为畜牧兽医队伍增添了新鲜血液，大大地充实了基层畜牧兽医站。

名师出高徒。经过郑忠良老师的知识传授和精心培养，这些毕业生虽然不是正规大学毕业的，但是也算得上半个科班出身了。他们中间至少有三分之一的人走上了基层畜牧兽医站的领导和管理岗位，担任站长、副站长、主管或出纳会计，有的成为畜牧兽医业务技术骨干。1980年，宿县地区举行基层畜牧兽医人员业务基础理论知识统一考试，灵璧县在九个县（市）中位列第一名；在全地区考试个人成绩前50名中，灵璧县占38人。灵璧县的基层畜牧兽医人员能够取得如此好成绩，与灵璧县"五七"大学畜牧兽医专业的两届毕业生不无关系。

四、创新兽医防治体系，改变"以病养医"局面。1984年9月，本县出现了"卖粮难"问题。为了搞好粮食转化，杨疃区邱庙乡向县人大汇报，提出要发展饲养万头生猪。县领导委派郑忠良同志前去考察。该乡连续7年没有给生猪打防疫针，农户养猪病死率高达46%。农民想养猪又怕猪生病死亡，顾虑重重。要想大力发展养猪业，必须解决好猪病防治问题。郑忠良大胆提出实行"六包一扶持"的家畜疫病防治技术承包方案，即对全乡的大、小家畜实行包防疫、包阉割、包修蹄、包医药、包饲养技术指导、包母畜配种改良，对因病治疗无效而死亡的家畜给予扶持。收费标准：大家畜每年每头交费15元，因病死亡每头扶持150元；生猪每年每头交费3元，因病死亡每头扶持20元。实行"六包一扶持"，乡畜牧兽医站与农户签订技术承包合同，给农民吃了定心丸，既解除了农民养猪的后顾之忧，又改变了过去畜牧兽医人员靠治疗家畜疾病挣钱的"以病养医"局面，从而解决了以往兽医人员重治疗、轻防疫的矛盾，确保畜牧养殖业的健康发展。1985年底，邱庙乡大家畜存栏量由3480头增加到3860头，一年增长10.3%；生猪存栏量由1810头增加到5528头，是上一年同期的3.05倍；生猪防疫密度达到100%，死亡率由46%下降至0.1%。

灵璧县杨疃区邱庙乡实行家畜疫病防治"六包一扶持"的技术承包，得到了市县领导的肯定。灵璧县人民政府为此下发了〔1985〕10号文件，要求在全县全面推广邱庙乡的做法，宿县地区各个县（市）都参照灵璧县的做法，下发文件要求学习和推广邱庙乡的经验，本省还有许多县（市）派员前来灵璧县杨疃区邱庙乡考察学习取经。

五、科学试验埋植牛黄，一举成功效益显著。牛黄，是牛的胆囊结石，是一种名贵中药材。人工埋植牛黄，就是用外科手术的方法，在牛的胆囊内植入塑料网架，再注入人工培养的大肠杆菌液，使之在牛的胆囊内生成结石。1986 年，在灵璧县科学技术委员会的大力支持下，郑忠良和程玉章、储家骥等同志组成技术攻关小组，在城郊区、杨疃区进行人工埋植牛黄科学实验，共给 55 头牛做手术埋植了牛黄。经过三个月的观察，牛普遍添膘一成，六个月后手术取出牛黄，每头牛平均产牛黄 12 克。当时牛黄价格每克 35 元左右，每头牛生产的牛黄可以创造经济价值 420 元。当时每头成年牛的价格约 1000 元，而人工埋植牛黄一次的收入，就相当于一头牛价格的四成。人工埋植牛黄科学实验取得了成功，通过了省级鉴定，有关论文收入 1989 年全国科技成果大全。

郑忠良在省级以上刊物上发表了《雏鸡疑似副伤寒的临床报告》等论文 10 多篇。1990 年至 1992 年，郑忠良同志连续三年被评为宿县地区行署农业局先进工作者。在担任县政协兼职副主席的 15 年中，写出了许多思路清晰的、有调查、有观点、有对策的建议和议案，为灵璧县的国民经济发展和社会全面进步作出了积极贡献。

灵璧英博：解安林

扎根畜牧 甘守寂寞

同龄人

解安林，原名解安玲，1951 年 7 月生，灵璧县禅堂乡大吴村黄山庄人，中共党员，高级畜牧师。

解安林出身农民家庭，家里兄妹六人，他是家中长子，家境条件不好，上小学时因学校离家较远，到外祖父母家生活。1963 年考入灵璧县初级中学，1966 年毕业，成为一名回乡知识青年，参加生产队劳动，期间当过生产队记工员，大队共青团支部书记。

1973 年 9 月，考入安徽农学院（安徽农业大学前身）畜牧兽医专业，经过 3 年刻苦学习，1976 年 10 月毕业，分配到灵璧县畜牧兽医站工作。虽然机构多次变更，但从未离开他酷爱的畜牧兽医技术推广工作。

1981 年，县农业综合区划工作刚刚起步，解安林被抽调到县农业综合区划办公室工作，工作内容涉及农业、水利、林业、农机、畜牧等部门。1985 年完成灵璧县农业综合区划报告，并获宿县地区农业区划成果二等奖、灵璧县政府科技成果二等奖。

1988 年，解安林编写《灵璧县肉牛综合开发项目建议书》被农业部批准实施。解安林一直参与肉牛综合加工厂项目的立项、前期谈判、设备引进及厂房建设等筹建工作。从 1989 年到 1995 年投产前，先后多次到省市有关部门争取相关批文，20 多次前往北京到国家计委、农业部、经贸部、财政部、机械进出口公司办理批文。参加与荷兰尤尼森公司设备引进谈判，陪同国家相关部门和县政府领导到荷兰实地考察肉牛加工厂项目建设所需设备。

1994 年，畜牧兽医站和水产站合并成立灵璧县畜牧水产技术服务中心，解安林先后担任办公室主任、畜牧股长、副主任，党支部书记等职，分工畜牧技术推广工作。期间组织实施一场两村加农户养殖示范工程、千户养殖小康示范户和万头黄牛生产基地建设、推行畜牧生产技术承包等。他的足迹踏遍全县所有行政村，指导畜牧生产先进技术的推广应用。他编写《鸭的饲养管理》《氨化饲料操作技术》《牛病防治技术》《灵璧县畜牧业发展战略》《灵璧县黄牛养殖场建设方案》等畜牧科学普及资料，给养殖场户提供通俗易懂便于实施的养殖技术。1999 年畜牧水产技术服务中心更名为畜牧水产局，解安林担任副局长继续分工畜牧生产及技术推广工作，为灵璧县畜牧业发展尽心尽责、献计献策。灵璧县自 1995 年至 1999 年连续 5 年进入全省畜牧十强县，解安林做了大量工作，他本人获得安徽省人事厅、农业厅表彰十强县先进个人。2003 年机构改革，单位变更为畜牧兽医水产局，解安林不再担任行政职务，主要分工是行肉牛项目工作，编写《灵璧县畜牧志》。

围绕世界银行肉牛项目工作，他先后参加了第一期黄淮海农业综合开发治理、秸秆养牛示范县、农业部肉牛丰收计划、农业部肉羊丰收计划的工作，加快世界银行肉牛养殖基地建设。他编写的《黄牛系列开发牵动项目实施方案》《秸秆养牛示范县项目实施方案》《灵璧县优质肉牛基地建设意见》等，1997 年获得农业部农牧渔业丰收奖三等奖。

解安林独立完成 10 多篇科技论文，先后在《安徽畜牧兽医》发表《打规模养殖牌 念科技兴牧经》，在《安徽农业》发表《两种鸭病莫诊混》《肉用兔饲养技术要点》，在《四川畜禽》发表《肉鸡增重慢原因浅析》《蛋鸡地面高密度平养效果观察》《大棚密集型饲养肉鸭》《山羊冷冻人工授精》，在《牧业通讯》发表《走技术承包之路》；在《中国兽医科技》发表《雏鸡误食过量锯末垫料致死的临诊报告》；在《安徽养殖》发表《对灵璧县发展规模养牛的思考》。解安林还和他人合作、作为主要完成人在《中国兽医杂志》《中国养羊》《湖北畜牧兽医》等畜牧期刊上发表论文《洗胃和洗胃药物结合疗法对中后期耕牛前胃迟缓病的疗效观察》《萨能山羊与本地白山羊杂交改良效果》《黄牛流行热疫情调查与分析》《家畜暴死症的诊疗观察》等 10 多篇。

解安林自参加工作到退休 35 年，一直在一个单位工作。不论工作单位多次变更名称和升格级别，他始终如一地从事畜牧兽医科学技术推广工作。80 年代，农林牧等部门曾经出现了改行热，仅全县畜牧兽医技术干部，就有十几位同志改行从政或者进了工商、税务等部门。解安林也有几次改行的机会，均被他婉言谢绝了。1983 年，县科委搞小规模科学养鸡试验示范。科委主任聘请他作技术指导，他写了一篇养鸡项目总结，科委主任对他的工作能力和表现很满意，要把解安林从县畜牧兽医站调到县科学技术委员会，他婉言谢绝。1984 年行政机构改革，本县浍沟区区长要解安林到禅堂乡担任副乡长，他又一次婉言谢绝。1981—1985 年，解安林被抽调到县农业综合区划办公室工作，1985 年县区划办定编制归土地管理局，他回到畜牧兽医站，让另一位年轻同志去了土管局。1989—1995 年，从肉牛加工项目立项到灵璧县荷金莱肉牛加工厂建成，他全过程参加。荷金莱集团上报解安林拟任筹备处副主任，他再一次婉言谢绝。解安林同志至少四次放弃改行的机会，不为热门行业的利益所吸引，也不为职务升迁的权利所动心，始终不渝地做好自己痴迷的畜牧兽医工作，为灵璧县畜牧养殖业大发展奉献出自己的聪明才智和毕生精力。

灵璧英博：任季华

清华学子 雷达专家

任季华，1938 年 6 月生，安徽省灵璧县娄庄镇峨山村人，中共党员。1956 年于蚌埠市第一中学高中毕业后，考入北京清华大学无线电系，1962 年 10 月毕业分配到西安黄河机器制造厂（当时属第四机械工业部）设计所任技术员，从事炮瞄雷达的研制与生产，由于工作努力，成绩突出，1964 年被黄河厂团委授予"一等青年突击手"称号。1966 年 1 月，集体调到西安 1020 研究所，从事雷达研制生产，并担任某雷达产品的定型与生产的主管设计师。其间，负责给部队雷达技师培训班授课，受到学员好评。在该研究所划归海军建制期间，多次被评为"五好战士"。1973 年 12 月，调到陕西省三原县西北医疗设备厂（属国家医药总局）工作，从事医用诊断 X 线机的设计与生产。1976 年参加全国 X 线机统一设计工作，写出了《200MA 医用诊断 X 线机主电路设计与计算》一文 受到同行专家好评，同年被评为厂级单项标兵。1977 年、1978 年两年由于在"全国医用诊断 X 线机测试评比会议"技术准备与测试评比工作中，准备充分，考虑周到，并提出一些新的指标测试方法，使测试评比工作圆满完成，被评为厂先进工作者，1981 年被评聘为工程师。1983 年 8 月调到水利部淮河水利委员会，从事防汛通信系统的规划、设计、建设与运行管理工作。先后担任通信总站技术科长、水情处主任工程师，1986 年入党，1988 年初晋升为高级工程师，同年 7 月被任命为通信总站站长（正处级）兼党支部书记。1993 年 5 月被批准享受国务院颁发的政府特殊津贴，7 月晋升为正高级工程师。1987 年被国家防办评为淮河微波工程建设先进工作者。曾发表《单脉冲雷达概论》《淮河微波通信干线综述》等论文多篇。1996 年 5 月退休。

（县政协办公室　供稿）

灵璧英博：张成印

来自基层的农技高人

张成印，1936年11月生，安徽省阜阳市人，中共党员，高级畜牧师，农业技术推广研究员。

1956年7月，张成印毕业于安徽省凤阳农业学校畜牧专业，被分配到安徽省农业厅工作，后调任淮南农区试验站畜牧技术干部。1956年12月调灵璧县工作，历任灵璧县农业局、城关农技站畜牧技术干部，灵璧县畜牧兽医站副站长、站长、党支部书记，灵璧县畜牧水产中心副主任，灵璧县畜牧兽医学会理事长等。1974年加入中国共产党，1988年晋升为高级畜牧师，1993年经国务院批准享受政府特殊津贴，1994年经国家人事部、农业部批准晋升为首批国家农业技术推广研究员。

张成印从事畜牧技术工作40年，在家畜品种改良、畜病防治、优质肉牛生产、瘦肉型猪生产、畜牧饲料资源的开发与利用等方面的技术推广和研究中，取得了显著的成绩，为灵璧县畜牧业的快速发展作出了突出的贡献。他先后在《中国畜牧杂志》《畜牧与兽医》《黄牛杂志》《中国兽医杂志》《当代畜牧》《中国家禽》等学术杂志刊物上发表论文40余篇。其中20多篇被《农业实用技术百科全书》《畜牧兽医适用技术百科全书》等工具书和国内外权威刊物编入或收录。代表作有《西门塔尔牛改良淮北黄牛效果调查》《提高黄牛冻精配种受胎率的研究》《黄牛冻精配种适时输精的选择》《氖激光治疗黄牛疾病性不孕症的研究》《尿素氨化麦秸饲喂杂交牛增重试验》《"畜大壮"埋植育肥黄牛的效果》等。有三篇论文分别被科技杂志社和省科协评为二、三等优秀论文。此外，还撰写13项畜牧项目建议书，其中商品牛、商品瘦肉型猪两个生产基地和秸养牛示范县等项目，被国家批准实施。先后获部、省、地、县科技成果奖20余项。其中，1991年"商品瘦肉型猪生产配套技术"获农业部丰收奖三等奖，1992年"中原优良肉牛品种技术推广"获农业部丰收奖一等奖，1987年至1994年参加安徽省"饲料资源调查研究""草场资源调查""配合饲料资源及其开发利用""黄牛改良效果调查研究"等项目的实施,均获省级科技成果奖。主持的黄牛改良、畜牧区划、瘦肉型猪生产、饲料资源调查、秸秆青贮和推广罗斯鸡等分别获得地、县科技成果奖。1983年获农牧渔业部颁发农业科技推广工作者荣誉证书。1990年至1992年间,分别荣获全国商品牛生产基地建设、中国西门塔尔牛育种、全国黄牛改良先进工作者称号。

(县政协办公室　供稿)

灵璧英博:胡开明

矢志不渝沃野情

陈益芳

今年发生了两件大事令我把笔触划向农业科研,一是5月22日水稻之父袁隆平先生逝世;二是6月5日灵璧县农业农村局组织农业科技专家对娄庄镇某一地块小麦进行测产,亩产高达703公斤。可喜可贺又喜忧参半,然喜大于忧。忧是袁老仙逝,这悲痛一闪念变成了无尽的思念。喜则灵璧县实现了18年小麦连丰,说明农业农村人踏着袁老的足迹继续潜心科研,依然奋斗不息。这就不得不写我不怎么熟悉又特别崇拜的胡开明所长。

胡开明,现任灵璧县农业科学研究所所长,党支部书记,高级农艺师。他先后被省社会主义新农村建设工作领导小组、省农技推广总站、省农委、省人民政府等单位授予先进个人、先进工作者等荣誉称号。2015年4月,他被中共中央、国务院授予"全国先进工作者"荣誉称号。2016年被评为安徽省优秀科技工作者。2021年先后被宿州市委、安徽省委授予优秀共产党员称号。

或许人如其名，他豁达开朗，稳健明理。一脸的"劳动色"，一看就知道是一名基层农业科技工作者。说和他不怎么熟悉是我在粮食局，属于粮食生产链条末端的"购销"，他在农科所则是一线研究粮食"种植"。偶有闻名，难得见面。说崇拜是去年他参与"听党话 感党恩 跟党走"宣讲团全县巡回演讲，他报告的题目是《土地梦，沃野情》。他声情并茂讲述了自己从22岁开始，坚持农科一线30余载的心路历程。我崇拜他的奉献精神，追着听了好几场他的励志报告。

《管子·牧民》里说："仓廪实而知礼节，衣食足而知荣辱。"这是胡开明所长的座右铭，他深知农业科研对于农村稳定发展的重要性，作为农科所的负责人和学科带头人，他深谙身教重于言教，一身作则坚持以沃野为家，坚持在田垄间办公，积极指导并亲自参与农业科技研究。随着农业科研项目扩展，他把全部精力都投入到了科研中，每年完成试验示范项目多达8项。胡所长把这些项目试验作为实现自身价值的唯一目标，身先士卒、百试不厌，经常带领技术人员整天蹲守在地头田间，做到试验、示范安排设置精心、观察记载认真、考种数据真实、技术总结完整。其试验和示范的数据不仅为安徽省小麦、大豆新品种（系）的审定及推广提供了可靠的理论依据，还对灵璧县小麦、玉米、大豆作物品种种植布局提供了科学指导。截至目前，共引进示范推广小麦新品种10多个，累计推广面积1000余万亩，引进示范推广大豆新品种6个，累计推广面积300余万亩，取得了较好的经济效益和社会效益。为全县农作物新品种的优化推广使用提供了科学依据。

灵璧县小麦、玉米、大豆"四情"监测工作对全县粮食稳产、增产极为重要，这项工作细致、烦琐，需要掌握统计农作物种植品种及各个生育时期的生育指标等数据。"晴天一身土，雨天一身泥，冬天冻裂手，夏天晒蜕皮"，小麦越冬期苗情监测正值数九寒冬，寒风刺骨，大雪铺地，胡开明带领着"四情"监测团队，经常冒着风雪到地里查看小麦茎蘖数，研判小麦主茎叶龄和小麦次生根数量。有时一个监测点查下来，双手被冻僵，要用雪反复揉搓才逐渐恢复知觉。三伏天开展玉米、大豆苗情监测时，田间犹如一个大蒸笼，蹲在青纱帐里身上立马被汗水浸湿。就这样衣服湿了干，干了再湿，监测结束焐干的衣服上满是汗斑。可无论工作环境如何艰苦，工作条件如何简陋，他和"四情"监测团队都能够严格按时按期进行苗情监测，为各级领导科学决策提供了可靠的理论依据，也为我县粮食增产打下了坚实基础。他先后发表省级学术论文 2 篇，与他人合著发表论文 4 篇，参与编写制定安徽省地方标准 2 项。

成绩斐然，谦逊依然。他为人坦荡也很健谈，但从不在人前夸夸其谈，而喜欢到农舍与老农促心长谈。因为梦想与愿景须摸爬滚打，真枪实砍才能实现。农业科研的成果最终要由农业增产增收来体现。他自然关注农民如何运用科研成果，感受农民丰收的喜悦。为此，他把培训与指导作为重中之重。坚持把农科所打造成新型农民培训的最前沿阵地。他严格按照省、市、县实施方案要求，抓培训落地落实、促成效有应用有收成。在抓好培训项目的同时，他坚持包村到户指导，每年指导学员 50 余名，辐射村民 100 余名，集中培训 15 场次，现场指导 15 余次，印发技术资料 1000 余份，指导农作物面积 1000 余亩。在灵璧农村有个谚语是：人误地一时，地误人一年。为了不误农时他不辞路途遥远，克服苦累情绪抓住农业生产关键环节，深入田间地头，耐心细致地抓好农业技术指导工作。使受训的农民朋友不但掌握了玉米、小麦、大豆等主要农作物高产栽培技术和灾后管理措施，也使他们了解到许多农业法律、法规、乡村文明、产品安全等知识。这就是农业科技入户工程，以满足科技示范户农技需求为出发点，以服务科技示范户成效为检验标准，以提高示范户种植水平为目的，着力解决农技推广服务体系"最后一公里"问题。每当示范户生产中遇到难题时，只需要一个电话，他便及时赶到示范户的田间地头，认真查找分析问题，制定解决方案。田间的露水常常打湿了他的双腿，鞋上满是泥巴。多少年来人们对农科所是这样形容的：远看是个要饭的，近看是个掏炭的，再一看是农技站的。谁见过像胡开明这样的衣着朴素，不修边幅，卷腿撸裤的所长！望着示范户充满歉意的眼神，他总是笑着说："这没什么，你们的满意就是我最大的满足。"在他的悉心指导下，示范户们掌握了农作物的适期播种、氮肥后移等实用技术。帮助他们提高了产量，树立了种粮的信心，也经常赢得老百姓的赞赏。

脱贫攻坚是方法，建成小康是目的。作为基层农技人的他，在做好自己本职工作的同时，充分发挥自己的专长，积极协调组织本系统内不同专业的专家，利用各自的专业技术特长，依靠乡镇组织协调，集中对贫困户进行农业实用技术方面的培训，对贫困户采取一对一、一对多和集中式的大田现场技术培训，对帮扶贫困户在田作物进行田管技术指导。通过技术培训、现场指导、示范带动等方式，手把手、面对面带着贫困户一起干，推广实用农业技术，引导贫困户"一技在手、全家脱贫"。在搞好技术培训和生产指导的同时，他积极协调争取 1.2 万吨农资，免费发放给部分建档立卡特困户，尽可能解决贫困户生产资金不足的实际困难，受到广大农民真诚欢迎。2008 年、2009 年、2010 年胡开明先后被县农委授予全县农业科技入户工程先进个人和全县农业先进工作者。

平凡的岗位，需要有不平凡的付出。灵璧县 2011 年被列为全省苗情物联网监测试点县后，农业物联网选点和设备安装、调试、运行等工作时间紧、任务重，作为项目的负责人，在面对罹患肺癌晚期已经卧床不起的父亲时，他犹豫了，是伺候在侧伴他走完人生的最后一程，还是继续完成钟爱的事业？就在他彷徨之际，军人出身的父亲给了他决心，父亲的教导他至今言犹在耳："既然承担了这个工作，就一定要负责到底！不能因为私事影响工作，你去工作就是对我的最大尽孝。"位卑未敢忘忧国，被他们父子演绎成了最简单的诠释，最崇高的行为。他明白父亲的期盼，含泪离开了病床上的慈父，全身心投入到工作中去，用奋发拼搏来表达对父亲的"孝顺"。在农业物联网建好调试，正式投入运行的第二天，他急忙回家，想向父亲告知这一喜讯时，父亲却已永远离开了……

"粮丰国安"是农技人追求的目标。胡开明牢记习总书记"中国人要把饭碗端在自己手里，而且要装自己的粮食"的嘱托，全力以赴做好粮食稳产、丰产攻关。2020 年注定是不平凡的一年，突如其来的新冠疫情席卷全球，对人们的生产、生活造成极为不利的影响。由于秋种时天气干旱，又遭遇罕见的强暖冬天气，小麦生产面临严峻考验。胡开明在全力做好单位疫情防控工作的同时，积极稳妥扎实推进各项科研工作。他所主持的小麦"四情"监测工作，对全县小麦高产、稳产举足轻重。为了按时、按期开展监测，在做好防疫准备工作基础上，他带领"四情"监测小组如期展开监测工作。由于疫情防控工作的需要，乡镇之间、村与村之间均设立了疫情防控点，加之部分乡村采取封路措施，给监测工作带来非常大的困难。通往监测点的道路因封路车辆无法通行，他便带领监测人员步行去监测点进行监测，一天常常需步行几十公里，原本一天的工作量需两天才能完成。通过监测，找出小麦各个生育时期存在的问题，及时制定科学合理的田管技术措施指导农业生产，为全县小麦丰产、稳产作出了努力。

在农忙时节，在重大灾害发生之际，总能在田间看到胡开明的身影。他以身躯为桥联系在政府与群众之间，用责任、智慧、汗水描绘乡村振兴的蓝图，用坚实的步履践行一名党员、一名科技工作者的庄严使命。

灵璧英博：吴觅

看穿气象 觅得精彩

肖文玺

初闻吴觅之名，自然想起唐代诗人白居易那首著名的《大林寺桃花》，真正相识在球场上，他竟然还是一位运动悍将。结缘已久，逐渐了解了这位灵璧气象专家的非凡人生。吴觅，男，1969年2月出生于灵璧县尹集中学的一个教师家庭，自幼聪颖好学，后毕业于成都信息工程学院大气科学专业。现任灵璧县气象局科技服务中心主任、人影办主任、工会主席，灵璧县气象学会秘书长。他是灵璧县历史上第一位也是目前为止唯一一位气象类副研究员级高级工程师。

吴觅自参加工作以来，以科学严谨的精神、渊博的知识、精湛的业务技能对本职范围内的气象灾害、人工影响天气、气象灾害应急决策、科普宣传等工作进行了全面系统调查、研究和掌握，规划制定了各项工作的目标任务、具体方案、应急预案等。他组织推进了农村气象灾害防御体系和农村气象服务等建设，主持参加了县级农业气象指标体系建设，组织成立了涉农专家联盟，进行农业气象产品制作、决策咨询和指导等技术服务，对气象知识进行宣传、创作、推广，对本县的工农业生产、科普教育、人民生活等方面发挥了显著的气象指导作用。

吴觅作为县人工影响天气方面的主要负责人，在人工增雨防雹工作中，能够认真总结经验，深化队伍管理，积极组织炮手学习业务知识，严格组织纪律，做到分工明确、责任到人。他带领团队认真执行人影作业安全实施细则，建立健全人影档案，不失时机地开展人工增雨消雹工作，多年来没有出现任何事故，安全高效地完成了人影工作。他组织领导的工作团队先后多次取得"全省人工增雨防雹先进单位"，本人被授予"全省人工影响天气先进个人"。在气象影视工作中，他积极研究专业市场，吸收先进经验，建立宣传档案，探索新路径，制定可靠的工作方案。在全省气象系统中，他率先走出了电视气象宣传创收、按系统开发的新路子，在全省气象影视业绩排名中，多次名列前五位，始终处于全宿州市第一，成为全市气象科技服务的一个亮点。

吴觅精于业务且勤于钻研，在气象科学学术领域建树颇丰。2013年，所著论文《安徽雷电定位系统观测数据特征分析》入选第30届《中国气象年会》；2015年，论文《灵璧县近58年降水气候分析》入选第32届《中国气象年会》，同年，论文《漫谈气象档案》在《气象与减灾》发表，《风雨变幻绘彩虹》《午收气象服务》等科普文章在《安徽经济报》发表；2018年，论文《近62年宿州风资源变化特征分析》入选第35届《中国气象年会》；2020年，论文《淮北地区香豆子种植管理的农业气象分析》在《气象与减灾》第三期发表。他先后参与省级课题2个，全部通过验收，成果已登记。

吴觅作为县气象学会秘书长，参加了历次县委、县政府组织的"科技下乡""科技活动周""午收秋种工作演讲团"等活动，编辑印发"气象科普""防灾减灾"等气象宣传资料10万余份。由他组织辅导带队参加的历次"全省中小学生气象科普知识大赛"成绩优异，多次获得最佳组织奖和单项奖。吴觅作为一名气象高级工程师、科普志愿者，长期坚持对中小学生及基层民众开展科普知识培训讲座，每年开办讲座都达到十次以上。2000年至2012年的10多年间在渔沟中心校、高楼中心校辅导创办了两个"红领巾"气象哨并一直坚持开展活动，当地新闻媒体和《安徽经济报》都有报道。

由于吴觅突出的工作业绩，2004 年，他被授予"全省气象系统科技服务先进个人"，2007 年被宿州市科协授予"2001 年至 2006 年度科协工作先进个人"，2008 年被灵璧县委、县政府授予"科协与科普工作先进个人"，2015 年被安徽省人工影响天气办公室授予"全省人工影响天气先进个人"，2017 年被授予全县"优秀科技工作者"，2020 年获得"宿州市职业技能竞赛个人二等奖"，同年还被授予"灵璧县最美科技工作者"。2021 年，吴觅再次被授予"灵璧县最美科技工作者"并入选"宿州市最美科技工作者"。2022 年，吴觅连续第三年获评"灵璧县最美科技工作者"。

是什么造就了这样一位有着大爱情怀的科技工作者？是吴觅的多彩生活、丰富的精神内涵滋养、成就了他。从学生时代起，他就酷爱体育运动和古典文学。上学期间，作为学生干部，吴觅经常组织各种体育比赛。参加工作后，他利用业余时间参加篮球、乒乓球运动，参与创建了灵璧县篮球"金鸡俱乐部"，一段时间内对本县的群众性体育文化事业起到了积极推进作用。吴觅自 20 世纪 90 年代以来，一直是宿州市气象系统乒乓球冠军，曾代表安徽省气象局参加全国气象系统运动会。在文学上，吴觅创作了许多诗词作品，并经常参与文学圈的作品评论，在本地具有一定影响。他酷爱阅读，从古典名著、世界名著到各种文体的文艺作品，从屈原、范仲淹、苏轼到鲁迅、余秋雨……涉猎广泛，其读书笔记、心得、评论等达 10 万字之多，有多篇文章在省级报刊发表。

吴觅是灵璧县第十届政协常委，他在做好本职工作的同时，积极参与地方基层民主建设工作。他这几年参加的政协调查研究和提案审查多达百余次。2017 年，他的政协提案被评为"县级优秀提案"，2018 年、2019 年、2020 年连续三年被评为"县优秀政协委员"。进入县政协以来，吴觅的所有提案均被提案委立案，有多篇社情民意获得市、县领导签批督办，为地方政府的民主决策管理提供了科学依据。

"天行健，君子自强不息"。像世世代代辛勤耕耘在这片土地上的先辈一样，在广袤的黄淮平原上，他，从地平线走来，头顶苍穹，慧眼识得风云变幻，脚踩大地，步步生根走的是那么的坚实有力！

灵璧英博：王素贞

民国新女性 有为"少校长"

高 健

　　灵璧县实验小学的前身为县立女子初级小学，创立于1913年。建校之初有位入学就读的女生，后来学有所成，又回到母校任职做了辛勤园丁，担当起教育培养学生的重任，成为那个时代思想解放，勇于革新，呕心沥血奉献教育事业的新女性，被人们誉为"教坛巾帼"。她就是灵璧著名教育家王奎璧胞妹王素贞。

　　王素贞，1902年出生于灵璧县城太平街。自幼受学识丰富的秀才父亲影响，同时受到大她16岁的胞兄、晚清秀才王奎璧的熏陶，酷爱读书。

　　1913年，灵璧县立女子初级小学开办，王素贞首期入学就读，学业成绩优秀。1918年元月，她随兄王奎璧赴安庆市入安徽省立第一女子师范就读，接受新文化新思想教育，成为一名反帝反封建、拥护妇女解放、敢与旧制度决裂的新女性。1919年春，王素贞回到家乡，受聘担任灵璧县立女子初级小学校长职务，时年虚龄18岁。她以进步的文化教育思想治校，被大家誉为年轻有为、勇立潮头的"少校长"。

　　1919年五四爱国运动爆发，5月12日消息传至灵璧县城。县城内的男子小学和女子小学率先响应，师生们连夜进行拟口号、写标语、编歌曲等游行准备工作。5月13日上午，两校140余名师生在女子小学操场集合，校长王素贞发表慷慨激昂的动员讲话，号召全体师生行动起来声援北京和全国学生的爱国行动，倡导青少年一代反对帝国主义，废除不平等条约，反对封建主义，打破旧礼教枷锁，宣传妇女自由、解放，享有与男子同等权益的思想意识。会后，她率领师生游行示威，呼口号、唱歌曲、散传单、贴标语。游行队伍从女子小学出发，经大街小巷分别到达灵城东、西、南、北四关城门内外。全体师生深受鼓舞，同时宣传影响了广大群众，激发了更多市民的爱国热情。

1921 年，王素贞与小她一岁的冯庙人陶梦祥结婚，婚后仍然从教。除了先后两次在灵璧县立女子小学任职外，还受聘于灵璧县冯庙、睢宁县大李集、宿县、泗县等地学校任教，是一名广受师生、家长和社会群众爱戴的好校长、好老师。1926 年，灵璧县教育局在女子小学设立女子师范讲习所，王素贞任所长，兼做讲习所培训工作，对教学课程进行辅导，直至 1931 年，随兄王奎璧赴蚌埠市，任教于南山学校。

1934 年 5 月，"少校长"王素贞因长期的教育教学工作，积劳成疾，医治无效，不幸英年早逝，享年 33 岁。她的遗体从蚌埠市运回家乡灵璧县城，由其兄王奎璧为妹举行了遗体告别仪式。王素贞生前好友、同学、老师约 400 人前往吊唁，王奎璧赋诗悼念。

王素贞灵柩运往灵璧县冯庙，安葬于南湖陶家墓地。一代教坛先贤，从此长眠于斯。

灵璧英博：马君骅

古文学殿堂里的耕耘者

马君骅，原名马万才，1924 年 3 月生，灵璧县渔沟镇白马村人。诗人、学术研究带头人、安徽大学文学院著名学者、中国著名古文学专家、中国书法家协会会员。

马君骅少年时，值日寇入侵，流落他乡，上学读书时断时续。抗战胜利后，考取安徽大学，后又转考入南京大学，1951 年毕业后被分配到安徽省教育厅，任视察研究员，从事古典诗文的研究工作。1964 年 9 月调至合肥市中学任教，1978 年 9 月调安徽大学，先后在安徽大学中文系、汉语所、古籍所任讲师、副教授。1979 年以后被国家教委、国家新闻出版署联合任命为国家重点科研项目《汉语大词典》编委。参加编写、审订工作的有《汉语大词典》

《汉语大词典简编》《汉语典故大词典》《汉语典故词典》（均由汉大出版社出版）。参加撰稿的有《汉魏晋南北朝隋诗鉴赏辞典》（山西人民出版社出版）、《唐诗鉴赏辞典》《古诗分类鉴赏系列乡情篇·友谊篇》（上海辞书出版社出版）、《古今诗词鉴赏词典》（福建人民出版社出版）等。1956年曾荣获安徽省社会主义建设积极分子称号，并按规定享受省级劳模待遇，1988年在安徽大学退休。

马君骅潜心古文学的研究，孜孜不倦，笔耕不辍，曾发表《徽州文书谈略》《"明月"和"斜阳"怎能同时看见》《华岳生平事迹琐议》《韩琮〈暮春浐水送别〉》《〈陪金陵府相中堂夜宴〉诗歌鉴赏》《"康庄""权衡"辨源》《贾岛〈雪晴晚望〉诗歌鉴赏》《〈晚春江晴寄友人〉赏析》《韦庄〈陪金陵府相中堂夜宴〉诗歌鉴赏》《惶恐滩头泣孤臣——读苏轼〈〈八月七日初入赣过惶恐滩〉〉》《漫话典故》《吕氏春秋"杕步"补正》《南宋爱国志士华岳》等文史论文数十篇，古近体诗词百余首，点校古籍《翠微南征录北征录合集》（黄山书社出版）等。出版了《癸未春词》《柳坡庐诗文类稿》等著作。个人传略曾分别被收入《安徽省高等学校教授、副教授名录》《全国高校古籍整理研究学者名录》《中国当代艺术界名人录》等书中。

（县政协办公室　供稿）

灵璧英博：王世舜

潜心学问求新见

王世舜，男，1935年5月生，安徽省灵璧县人，中国古代散文学会常务理事、山东古典文学学会理事，是享受政府特殊津贴的文史学专家。

王世舜于1944—1950年在江苏睢宁桃园小学读书。1950年秋考入徐州三中，因生活困难，两月后辍学。1951 年 7 月参加工作，任安徽省灵璧县高楼区人民政府文书。1955 年 9 月，通过自学考入山东师范学院中文系，1959 年 9 月毕业分配到聊城师范学校任语文教师。1962 年 8 月调入聊城一中，1978 年 4 月调入聊城师范学院（今聊城大学），1982 年 12 月加入中国共产党，1987 年 4 月晋升为教授，1993 年被评为山东省优秀教师。

王世舜自幼受家庭影响，热爱学习，稍长则酷爱古典文学。大学学习期间，深受业师庄维石教授的厚爱，钟情于中国古典哲学。1960 年，在聊城师范工作时，考取山东大学函授研究生，导师为著名文史专家高亨先生。在高先生指导下，重点研读先秦时代儒、道两家经典，为以后的学术研究，奠定了较为坚实的基础。

20 世纪 60 年代初期，由于极"左"思潮的影响，王世舜在学术研究的道路上经历了许多艰难困苦和挫折。1962 年调入聊城一中，开始研究中国最古老的典籍——《尚书》，1966 年春写出《尚书译注》初稿，"文革"中被视为走白专道路的典型而打入牛棚，经历了长达 7 年的折磨。十一届三中全会后得到平反，《尚书译注》的手稿也随之发还，1982 年 7 月由四川人民出版社出版。该书出版后，在学术界引起较大反响，《中国 1983 出版年鉴》发表专论给予较高评价，以后，为多部学术专著引为重要参考书，1983 年被评为山东社会科学优秀成果二等奖。1985 年 5 月，第二部专著《庄子译注》由山东教育出版社出版，被评为山东社会科学优秀成果三等奖。1982 年初，受命担任《汉语大词典》聊城师院编写组业务组长，参加该词书的编写及复审工作。1994 年 5 月 10 日，作为编写代表参加了《汉语大词典》编撰出版庆功会，在人民大会堂受到党和国家领导人江泽民、李鹏的接见，并合影留念。此外，他还主编《先秦要籍词典》（已出版九部），其中亲撰《老庄词典》，于 1993 年 10 月由山东教育出版社出版。他发表论文 20 余篇，学术价值很高。其中《试论周易产生的年代》一文，发表于 1981 年《齐鲁学刊》第二期，同年《新华文摘》第六期摘要介绍，1987 年被收入《周易研究论文集》第一辑。《略论〈尚书〉的整理与研究》一文发表不久即被人大资料中心复印再次发表。《论孔子的君臣观》《论孟子的君臣观》《齐物论发微》等论文，在国际学术会议上宣读并发表。应邀为《中国史学名著评价》所写《尚书评价》一文，在

《中国社会科学》1991年第六期《近年史学史研究成果集中展示》的述评中，认为该文提出了经学史上的一个新见。由于在学术研究方面成绩突出、影响较大，1988年1月被山东大学古籍整理研究所聘为兼职教授和兼职硕士生导师，1993年5月被安徽大学道家文化研究所聘为兼职研究员，1994年被聘为《续修四库全书·经部》特约编委，从1992年10月起享受国务院颁发的政府特殊津贴。

王世舜从事教育教学和历史研究40多年，工作认真，学术造诣较深，成就突出，为党的教育事业和中国的史学研究作出了贡献。

（县政协办公室　供稿）

灵璧英博：陈佐平

毕生心血育英华

陈　红

提到灵璧县实验小学，许多人都会想起一位老校长，一位在教育征途上，整整奔波40个春秋的教育工作者陈佐平校长。

1954年7月，陈佐平从灵璧师范学校毕业后，便肩负起党和人民的重托，到杨疃区的大朱联合小学担任教导主任，兼任五年级语文、自然等学科教学。从此，他开始了一生的教育生涯，走上了教书育人的办学之路。

20世纪50年代初，我国正处在百废俱兴，教育事业急速发展的时期。那时，陈佐平白天在全日制学校教学，晚上便走村串户办夜校，帮助群众扫除文盲，深受地方社群好评。

1956年秋，由于工作的需要，组织上调他到杨疃完全小学担任副校长，全面主持学校整体工作，并兼任辅导区主任。组织上的信任，地方群众的期待，更坚定了他终身从教的信心，当时除了要搞好学校整体工作外，还肩负着六年级毕业班的语文、自然、图画等学科教学任务，每逢星期天，还要给全区教师做中师函授语文辅导。工作上的需要，迫使他不得不发奋自学。

1960年，陈佐平在禅堂小学担任六年级毕业班班主任兼语文教师，接班时学校交给他的只有5名学生，30余名学生均因家庭生活所迫已中途流失。在这种艰难的情况下，他没有被困难吓倒，也没有因自己腿脚浮肿而中途停下，而是打起精神，鼓足勇气，日夜兼程，走村串户，苦口婆心，终于使得30余名中途辍学的学生全部重返了校园。为了让学生能够进得来、留得住、学得好，他一方面征得校方同意，恳请乡政府拨粮，师生下午刨麻子根、挖野菜，创建了灵璧县灾区学校第一个食堂，使学生在校学习安心，家长在家放心；另一方面他又积极配合同年级教师马修亭改进语文教学，并在此基础上，认真探讨毕业班的作文教学，鼓励学生大胆写作，使不少学生在毕业的前夕都能写出一手好文章。一分耕耘一分收获。由于他们不懈努力，县文教科在禅堂小学召开了全县小学语文教学现场会，会上他们两个毕业班语文教师分别介绍了"在语文教学中运用启发式的做法"和"让学生到社会生活中去写作"的经验，县教研室主办的《教育战线》刊物还刊载了这两篇经验文章。

1961年春，陈佐平被调到县实验小学任教，担任六年级毕业班语文教师兼搞全校教学业务，从此他更加珍惜这来之不易的信任和重托。当时，他先后带了两届六年级毕业班，由于同志们的协调配合，两届毕业生均百分之百地考上了中学，受到了家长和社会的好评。从此，更激发了他的责任感和事业心，他勤奋工作，百倍努力，先后又兼任了两届毕业班的语文教师，学生又都以百分之百的合格成绩考取了初中。

1979年，经党组织批准，陈佐平光荣地加入了中国共产党，又被任命为校长。从此，灵璧实验小学就成了他的第二个故乡。实验小学虽然是一所小学，但是规模大、人数多，实验任务重，的确给他在精神上带来了极大的压力，可他没有向困难屈服，相反却有了做好工作、刻苦学习的紧迫感。为了充实自己，他先后订阅国内外有关教育报刊10多种，在学习中总是严格要求自己，坚持对一些重要文章反复钻研、认真思考；对材料中的重点，就画上记号，写出见解；对带有规律性的或能揭示本质内容的材料，就随手摘抄或填写活页卡片；对确有保存价值的材料，就分门别类地剪贴；对带有普遍指导意义的材料，就联系实际学习，然后在实践中检验，在检验中总结，在总结中提高。就是这样采取蜜蜂酿蜜的办法，一点一滴地提高了自己。多年来先后摘抄有关教育资料30余万字，撰写科研或经验文章百余篇，剪贴汇集资料10余本，20余万字，先后在省级以上报刊发表学术论文或经验总结30余篇。其中有6篇文章如《校长应是教育科研的追求者和激励者》《改进小学思想品德教育浅谈》等文章被选编入书，有4篇文章如《潜心教育科研推进教学改革》《依法治教，从小培养学生法制意识》等获报刊征文奖，有的文章如《谈怎样在小学进行劳动教育》还在安徽广播电台"科教园地"节目里对外广播。多年来，他还与人合作先后编写出版了《自然问卷》等书，为县教育局培训校长举办学术业务讲座80余次，参加省和全国性学术研讨会10余次。1985年4月16日，安徽省人民政府批准陈佐平享受讲师待遇。长期以来，由于不断充实和完善自他，他在教学实践中开始掌握了一些规律，如对于合格加特长的培养目标，必须坚持不能动摇；坚持以教学为主的原则，必须贯彻德育为首，五育和谐发展的原则；抓单科单项的改革，必须为全面综合改革铺垫扎实基础；领导教学工作，必须坚持科研引路的原则；创办高质量、高水平的学校，必须注意突出办学特色，突出自己的个性。从此，在这块土地上，让他走向了成熟，尽管担子重、压力大，但通过艰苦的劳动，结出丰硕成果时，他更加感到战胜自我的快乐和欣慰。1985年，安徽广播电台以《热爱教学工作的好校长》为题，报道他教学的事迹。

教育工作的实践，使陈佐平更加深刻地体会到，要办好一所学校，光有校长本人学好教育理论是不够的，校长还必须深入教学实践，在具体实践中不断探索教学规律。长期以来，他除了坚持带一门课、坚持深入教学第一线、坚持到教研活动中去以外，还特别注意把主要精力用在强化教师队伍建设上，使学校改革的内部力量真正来源于教职工全员的精诚团结，来自建设一支合格加特长、面向21世纪需要的教师队伍。多年来，学校一直坚持以"三个面向"为依据，以一专多能为方向来要求校长，培养教师，先后通过师范轮训、参加"两学两法"的统考等办法，使不及中专学历的6名教师达到了中专文化水平，使 16 名中青年教师达到了大专文化水平。为了发展教师的个性特长，形成独特而又鲜明的教学风格，他还根据教师的特长，坚持高层次对口培养，例如赵小峰有音乐天分，就推荐他去省教育学院脱产进修音乐。他针对教学需要，开展专题业务讲座，组织教学个性讲座，如教师不会上思想品德课，就举办"谈怎样对小学生进行思想品德教育""思想品德课教学的课堂类型""实行四个结合，强化思想品德课教学效果"等讲座。根据教师教学水平现状，坚持分类分层指导，如对有经验的老教师，在教育科研上，坚持高标准、严要求，要求给实验专题，交实验任务，及时帮助总结经验，鼓励师带徒，搞好传帮带；对刚刚成长起来的中青年教师，则根据个人优势，定期给他们安排与个性发展的有关专题，和他们一起研究，一起实验，鼓励他们注意积累资料，写好专题总结；对进校不久的青年教师，采取给要求、给辅导、给任务、给时间的办法，交任务、压担子，限期提高，鼓励他们大胆改革，勇于实验，尽快跨入教育科研大门，从而有效调动了教师教学改革的积极性，发展了不同类型教师的特长，使一批骨干教师队伍逐步形成。近几年来，学校教师有百余篇论文和经验文章在省级报刊发表，有 14 名教师先后被评为国家级或省市级优秀教师、优秀班主任、优秀辅导员和先进个人。高健被《中国普教名人辞典》收入，张棉生被《中国职工自学成才者辞典》收入，马树喜被《全国小学作文教学研究名人录》收入，他本人也被《中国当代教育名人辞典》和《安徽省高级专家人名辞典》收入。

多年来，为保证学校能在新形势下站稳脚跟，陈佐平一直坚持引领教师走探索——改革——实验之路，学校先后集资兴建了两座教学楼，面积约 3400 平方米，建立了人事、文书、财会、教育科研综合档案室，为学校积累了大量的宝贵资料，经省、市、县档案局验收，被评为安徽省二级先进档案，填补了省小学界的空白。

1979 年，学校为适应教学改革的需要，开始进行电化教育研究，多年来学校先后被省、地、县确定为电化教育示范学校，先后两次被评为安徽省电化教育先进单位。

在教学改革方面，学校先后进行了集中识字教学实验、小学阅读系列读写改同步训练实验、小学作文教学改革实验，特别是作文教学改革深受社会关注。1990 年 11 月，全国农村小学作文教学研讨会在灵城召开，会议由教育部中央教育科学研究所研究员张田若主持，全国 25 个省、市、自治区的专家学者、基层的教学研究人员和教师 720 余人到会听了实验小学 7 节作文研讨课，全国知名专家学者田本娜、吴立岗、徐德江、官汝慧等到会做了学术研究报告或发了言。

多年来，学校荣获省"五讲四美"先进集体、省少年儿童教育先进集体、省语言文字工作先进集体、省二五普法教育先进集体、省教书育人服务育人先进集体、省机关档案工作先进集体，学校还被全国少工委授全国红旗大队、被公安部消防局评为少先队全国防火教育先进单位。

20 世纪 80 年代以来，陈佐平个人也多次被地区、县评为优秀党员、优秀支部书记、省初等教育先进工作者、省档案工作先进个人、省电化教育先进个人。1988 年，他还被评为中学高级教师。1994 年，被评为小学特级教师。1992 年 8 月《中国教育报》还以《潜心于教育科研》为题报道了他从事教育科研的经验。退休之后，他又积极投入关心下一代和县实验小学校史编纂工作，继续为教书育人发散光和热。2016 年 1 月 10 日，深受全县众多学生及家长爱戴的陈佐平与世长辞，享年 83 岁。

灵璧英博：高健

甘做育苗护花人

胡瑞琦

高健，原名高耀祖，1937 年出生于江苏省徐州市东南 45 公里双沟镇（曾隶属灵璧县），1954 年毕业于灵璧师范学校，一直从事初教工作，兼任少先队辅导员，多次被评为县、地（市）、省模范教师，优秀少先队辅导员和教育报刊社优秀通讯员。1984 年出席第一次全国少代会，同时被授予全国优秀少先队辅导员称号，受到党和国家领导人的亲切接见并合影留念。

高健是一位善于学习的教师，知识扎实全面。师范学校毕业后，他在灵璧县韦集区韦集小学任常识、音乐和体育教师，1956 年调入灵城一小（今实验小学），任音乐教师。在教学过程中，他一直积极进取，认真学习，不断充实自己，努力提高教学水平，取得了优异的成绩。他参与了对统编音乐教材辅导培训，在地区音乐教研活动中举行公开课教学，谱写了幼儿园园歌和小学校歌与一些群众歌曲，编写的《歌谣谜语学简谱》在报刊发表，撰写的《迎接小学音乐的春天》《怎样引导小学生识简谱》等文章在县、地（市）专题研讨会交流获好评，被评聘为小学音乐副高级职称。

在灵璧实验小学，他不仅胜任专职音乐教学，还曾经代过语、数、常、体、美、劳等课程，做过班主任，始终兼任少先队辅导员，每项工作都做得非常出色。这都得益于他的勤奋好学。他说："小学教师要全面发展，一专多能做个多面手，像'万金油'似的，根据教育教学工作需要勇于担当，边教边学，教学相长。肯于自学，不断进取，善于反思总结提高。有人要问我一辈子在初等教育苗圃里摸爬滚打的体会是什么？那就是学知不足，自觉进取。"他还善于思考和总结，把教育教学经验、心得体会以及少先队活动整理成文向外推广发表。他连续多年被评为《中国少年报》社优秀通讯员，先后赴河北省承德市和北京出席全国优秀通讯员会议。

高健是一位善于创新的教师，注重教学的趣味性。他常说："当一名小学教师容易，教的知识浅显简单，而当一名优秀的小学教师并不容易，要有创新实验精神，绝不能因循守旧，不求变革，沿袭老一套。应该紧跟时代步伐，传承与发展。"他善于根据教育教学实际，引导儿童少年，使其身心在生动活泼、欢快愉悦、富有情趣的氛围里获取知识，全面发展，健康成长。不论是在课堂内外，还是于家庭、社会或者辅导组织开展少先队活动，都有所创新。

在语文教学中，他想方设法让孩子们喜欢语文，学好语文知识，创造性地尝试一些新的教学方法。如"生字笔画接力比赛""'斗'牛识字游戏""猜反义字谜语"和编歌谣等。这些方法新颖有趣，极大地激发了孩子们学习的积极性。如他编的辨别同音字的歌谣《分清 dai》："代、待、带、袋、戴，它们都读 dài，字义不同分明白：代表、代替、新时代；招待，接待、稍等待；鞋带、领带、红飘带；衣袋、口袋、方便袋；爱戴、佩戴、姓氏戴。"朗朗上口，孩子们背诵的同时，就分清了几个 dài 的区别。辨别形近字的歌谣《尧字朋友多》："尧字朋友多，有火能燃烧，水来把花浇，日出见拂晓，提手痒痒挠，绞丝可缠绕，食字做偏旁，求饶姓氏饶，羽在弯钩里，尾巴向上翘。"一下子让孩子们掌握了含偏旁"尧"的多个字。作文歌谣："写文章像画树：主题（中心思想）像树干；树枝（要写的几方面）像分段；树叶（具体内容）细描写，文章大树才好看。生活是根源。"指导小学生练习写作，生动有趣。有时候，他还组织开展"错别字词笑语会""编猜字试"，调动学生学习语文的兴趣。这些做法都在报刊介绍，受到师生欢迎。

在数学教学方面，高健也有所创新实验。他说："教小学数学课，就好像是带孩子玩数字'捉迷藏'游戏。把书本、作业本上的演算题，尽量结合生活实践，同时设计一些有趣的习题，学习起来容易并且记得牢。"他经常帮助低年级数学老师出主意，编一些有趣的歌谣算题。比如《山羊与白鹅》："爷爷孙子上山坡，赶群山羊与白鹅。孙子数腿20只，爷爷数头是7个。多少山羊，多少鹅？"曾发表在《中国儿童报》学习版。学生非常喜欢做这样的算题。此外，他还采用游戏玩耍的方法做数学题，如实地测量、画图解题，让学生互相出题、做题、批改，设计颁发"奖状作业"等，避免了枯燥乏味，提高了学生学习的主动性。

在思想品德课教学方面，高健也不断探索研究，编写了《小学思想品德课教学的课堂类型》（故事课、参观课、讨论课、实践课、报告课、访问课、展览课，影视课）和《实行四个结合，强化思想品德课教学效果》（课堂传知与课外导行结合，与各学科教学结合，与少先队活动结合，与家庭、社会教育结合），并在《小学教学》刊发。针对儿童少年特点，他探索选择生动活泼、丰富多样的教学方法，如故事吸引法、游戏玩耍法、典型引领法、风趣谈话法、书画展示法、因势利导法、技能操作法、编唱歌谣法、全员褒奖法、幽默批评法、家长参与法、社区互动法、文艺表演法、畅想旅行法、参观访问法等。他撰写的《针对少年儿童特点，加强思想品德教育》《让农村小学雏鹰展翅飞翔》《小学生养成教育要从细微处抓起》三篇文章，连续三年获得安徽省少先队辅导员论文竞赛一等奖，并发表于报刊。

高健在辅导少先队工作中，多有创新实验。他认为少先队组织起来是基础，活跃起来是关键，创新科研是生机，艺术辅导是助力。他从实践中总结出"新、活、深、实、小、美"六字经验。即活动内容新和形式新；贴近生活，生动活泼，富有情趣；深入实际，具有一定深度；扎实，注重实践，收到实效；活动角度小，短小精悍，小型多样；蕴合美育，给人以美感。做到紧跟时代步伐，充满时代气息，立足育人为本，增强教育效果。

他在工作期间，辅导织织开展许多受欢迎、有影响、可推广的好活动。比如，"做儿童阅览室小主人"，为县图书馆儿童阅览室粘补破损图书，"金色公路镶绿边"，参与家乡新修公路植树造林，"写春联""剪窗花""过春节的时候"，组织开展过文明有意义的春节，以及夏天"粘知了"，秋天"巧灭钻木蜂"，冬天"自制小冰场"等活动，都在报刊上介绍并获得好评。

在辅导组织开展少先队活动中，高健善于抓住有利时机，利用身边难得的教育资源，启发引导儿童少年接受直观现实、生动活泼的教育。比如，20世纪80年代初，我国改革开放早期，灵璧县大理石厂引进意大利的设备，同时派来两名技工帮助安装。他便通过有关部门联系准备之后，组织了一个中队的少先队员和几位辅导员一起，开展"访问外国友人"活动。1990年秋，中央教科所在灵璧召开"全国农村小学作文教学研讨会"，有来自全国25个省市自治区数百位与会代表、学者专家参加。他征得有关领导同意后，组织学校的10多位少先队员与辅导员一起，开展了"小记者采访大学教授"活动，请天津师苑大学教授田本娜奶奶谈读书与写作。此后，著名女高音歌唱家马玉涛来灵璧义演，他组织红领巾歌咏队的队员代表为其献花，并登台演唱。

除此，灵璧实验小学的少先队曾与雷锋班王叔叔通信，与少年英雄刘文学家乡的母校四川省合川县双江小学、浙江省黄岩县和海南岛小学少先队员通信建立友谊，与灵璧一中共青团组织和老师共同探讨实施中、小学团队街接。学校被全国少工委授予"全国红旗大队"称号，多次被省教委、教育厅、团省委等授予奖状、奖杯、奖牌、奖旗。《自愿结合小队》在《中国儿童报》发表，并获得全国"五四"新闻奖。

　　退休后，高健在启蒙识字与中、小学书法教学方面，进行了思考研究与实验并取得了较好的成果。他确立了《大班幼儿语言与趣味启蒙识"写"相结合》课题，编写《汉字启蒙乐园》，利用歌谣、图画、笔画、模型、拼字形、书空、划沙盘、做游戏等生动活泼有趣的方法，引导孩子认识汉字的八个基本笔画形状，知道名称，了解笔画组字。在结合语言运用的同时，适当地认识笔画少的字。通过直观感受，记住从上到下、从左到右的书写顺序，这也是学前教育中，有关语言领域里提出的目标要求。这项创新实验，填补了一年级小学生入学时没认识汉字笔画形状，也不知道笔画名称就学习识字的空白。

　　近年来他根据多年教学经验，编写出版了《中小学生学书法明细实用字帖》，既有学法指导又是书写练习册，既练毛笔字又练硬笔字，在继承优秀传统的基础上，创新实验，做到毛笔书法与硬笔书写在笔画教学和书写练习与实际应用的统一。他针对当前繁体字与简化字之间出现交流障碍和传承困难的情况，在书法教学中提出"汉字学简知繁，用简识繁，繁简兼顾，传承发展"和"书法育"的理念。用书法艺术，让大家能够了解繁体字。

　　高健是一位乐于奉献助人，不图有回报的楷模。在任教期间，他边教边学，不断丰富充实自己，书写、绘画、吹拉弹唱都喜欢。有许多同仁在教育教学工作中，需要他帮助做的事，总是有求必应，从不推辞。有时候，小学生或者家长找他帮助，同样热情，尽力而为。退休之后，高健老师经常去幼儿园或学校与领导和教师们谈心交流，介绍工作经验，举办报告会，往返也总是自己骑自行车，不需任何接待。

　　在省城合肥带孙子上小学期间，他被聘请为南园学校的校外辅导员，帮助师生组织开展少先队活动。比如，慰问汶川地震后到合肥医疗的伤员；给反击索马里海盗获胜的上海"振华轮"船员寄赠红领巾和慰问信；请公交司机阿姨谈交通安全；请海员叔叔讲大海；编唱歌谣宣传环保；组织并辅导"小蜜蜂读报组"获得《中国儿童报》社优秀读报组奖状、奖金等。共青团合肥市委、市少工委、市教育局联合颁发获奖证书给予表彰。

　　近年来，除了联系一些中、小学组织开展"书法进课堂""书法兴趣小组""书法比赛展示"等活动，他还开办"双休日免费书法班"。从小学低年级到大学生，不分年龄，随到随学练习书写，既有毛笔字教学，又有硬笔字练习，也有家长参与亲子共写和在职教师提高水平，很受欢迎。即使是小学生向他索字，也是一笔一画、一丝不苟楷体书写。他说："对于孩子的影响要有好的示范，老师书写不能潦草。应该认真细心，一步一个脚印地打好基础，练好基本功。更要铭记人民教育家陶行知先生的名言'捧着一颗心来，不带半根草去。'不图有回报，乐于助人奉献。"

2020年，为纪念灵璧县实验小学命名60周年，高健老师撰写了《从传承发展阔步向前》一文。他在最后写道："愿大家共同努力，携起手来，在新时代的阳光普照下，于幸福美丽芬芳苗圃里，倾尽各自聪明才智。当您桑榆暮景回首往事时，会骄傲自豪地说，我把美好的青春献给了祖国的教育事业，献给了天真活泼烂漫可爱的孩子们，献给了灵璧县实验小学这片热土。"高健老师做到了。

灵璧英博：薛强华

美声流韵 匠心育人

肖文玺

"南陈北侯薛霸天"，这是安徽省声乐教育界盛传至今的一句流行语。"薛霸天"这位"音乐江湖"公知，就是淮北师范大学音乐学院教授、硕士生导师、安徽省音乐家协会理事、淮北市音乐舞蹈家协会主席薛强华。

冬日暖阳，相山脚下，我见到了这位声乐教育家。他昂首阔步走来，身姿魁伟，方面宽额，浓眉大眼，鼻直口方，气宇轩昂，既有北方汉子的刚毅，又有艺术大家的洒脱。在一个雅致的厅堂里，我们对面而坐，急于了解他的艺术世界与传奇人生，我的话锋直奔主题，谈笑间，教授的记忆之轮也随即缓缓旋转起来。

性情少年郎

薛强华，1957年出生在灵城老县委大院的一个革命家庭。父亲当年栖身洪泽芦荡，带领一支地方游击队与国民党反动势力和地方民团开展武装斗争，灵城解放时，调至灵璧县公安局工作，母亲灵璧师范毕业后，被选派为蚌埠专区土改工作队文艺宣传队队员。薛强华弟兄三人，建华、强华和新华，名字中皆有一华，寓意是建设强大的新中华，父母为三个儿子取的名儿，既有革命性，又有时尚感。

薛强华与兄弟不同的性格特质在少年时就已显现，尽管家教很严，仍倔强执着、自由不羁，追逐新奇事物如痴似狂，出格的事自然没有少干，以至于县委大院的小伙伴们都喊他"贼大胆"。"文革"时期，革命文艺风潮席卷全国，少年薛强华对歌唱有着浓厚的兴趣，京剧样板戏的大多数唱段、流行的革命歌曲和电影插曲他能唱得有模有样，难以企及的高音可以从他的童嗓中随意飙出，每每受到大人们的啧啧夸赞。一天晚上，县委大院大门楼前，灯火通明，人潮涌动，一场惊心动魄的批斗会正在进行。突然，一声高亢的革命现代京剧《红灯记》中李玉和的二黄导板唱腔从空中飘了下来："狱警传，似狼嚎，我迈步出监……"，那正是爬上大树的薛强华上演的"杰作"！此刻，大家的目光都被猴在树杈上的那位少年"李玉和"吸引了过去。

在那个年代，薛家没能避过政治斗争的旋涡，父母被"双开"，全家下放到了固镇农村，三兄弟也沦为折了翅膀的小鸟，失去了那蔚蓝的天空。然而，薛强华刚强倔强的天性却依然未改。

面对生活的艰难、劳动的苦累，薛强华没有认怂，不管什么样的饭，他都能咽得下，不管什么样的活儿，他都从不输给村里的小伙伴，面对失学的残酷现实，他更是心有不甘，他要用自己的方式去抗争。一天，背着粪箕下湖割草的薛强华，走到前村的桥口小学附近时，循着琅琅书声，来到教室门口，趁着老师在黑板写字的当口迅疾钻了进去。他痴痴地盯着黑板，怔怔地听得入神，还不拿自己当外人地踊跃举手发言。那位也是城里下放的语文老师打量着这个穿着母亲的大襟褂子的呆萌可怜的编外新生，摇了摇头，脸上挂着苦涩的笑容。放学后，这位老师找到了不足5平方米大的薛家。在他的一番苦劝下，母亲只好去求大队书记徐秉银帮忙。徐秉银给学校校长说，什么都别说，先让孩子上学。校长满口答应。薛强华的这次"闯堂"行动给自己和弟弟薛新华争到了两人同班级、同泥桌、同书包、同课本（借来的）上学的机会。这种特别的上学模式虽然令大人们心酸不已，给兄弟俩带来的却是失而复得的满足感和幸福感。

下放农村的第二年，某部队文工团到固镇县各公社选拔招收小学员，薛强华从音乐老师华古今那里得到消息后，没来得及回家给父母说一声，就拉着弟弟一起跑到宋店公社考点，冲着管事的老师嚷着要报名。文工团的考官们对两个一脸稚气的傻小子（一个穿着大襟褂，一个穿着偏门裤）一番说学逗唱的考查后，一致认可，两个都要。考官们很快就找到家里，征求了父母意见。父母倒是满心期待，可后来的政审关却无情地锁住了兄弟俩的文艺痴梦。

逐梦未下鞍

懵懂的少年时光随着回城进入灵璧中学而渐渐远去，这时的薛强华作为学校和班级的文艺骨干，不只满足于京剧和革命歌曲，还喜欢上了朗诵和话剧表演，他如痴如醉地汲取着各种艺术养分。1976年底，薛强华高中毕业，下放到灵璧县九顶园艺场。从城里到农村，从农村到城里，从城里又到农村，环境几多变迁，人生峰回路转，由于薛强华等一批下放知青的到来，给园艺场带来了新鲜活力和文艺气息，于是，场部很快恢复成立了文艺宣传队。薛强华自然成了宣传队的"台柱子"，他和队员们一道自编自导自演相声、快板书、活报剧和歌伴舞等节目，到场里各大队巡回演出，去周边村庄慰问演出，上县里参加汇报演出，不仅为场里活跃了文娱生活，带来了欢乐，也使自己得到了艺术锻炼，迎来了改变命运的机遇。在一次全县文艺汇演中，薛强华那高亢浑厚且富有磁性的声音引起了时任县文化馆馆长冯灵远的高度赞赏，在他的极力举荐下，省里特拨指标，薛强华于1978年12月作为特殊人才被破格招录为灵璧人民广播站首任男播音。

1979年《人民日报》元旦社论《把主要精力集中到建设上来》是薛强华上岗后接手的第一篇稿件，凭着多年的积累和自己对播音艺术的理解，他一炮打响，出色地完成了首次播音任务，在听众中引起强烈反响。许多人都说，这个男播音活像中央人民广播电台的方明。不久，全县"严打"公审大会在县体委灯光球场举行，县广播局局长吕树荣把现场直播报道的任务交给了薛强华，这对一个播音新手来说，无疑是一次严峻的考验。薛强华在大量的文件、判决书和新闻稿的宣读播报中无一差错，圆满完成了首次直播任务，他精湛的专业素质令在场的县五大班子领导赞赏不已。1981年春，省里举办为期4个月的全省基层播音员专业培训班。其间，为了展示培训成果，组织方筹划了一次学员播报新闻报道、采访对话和长篇通讯的对抗赛，薛强华夺得了一等奖。他的一篇声情并茂的《谁是最可爱的人》，让在现场观摩的一位延安时期新华广播电台的老播音员感动得泪流满面，对薛强华声音的表现力和感染力给予高度评价。毫无疑问，沿着播音主持这条路走下去，他必定会成就一番事业。然而，年轻的薛强华，心向远方，在启蒙老师刚道如的悉心栽培下，他参加了宿县地区举办的《汴河之春》文艺汇演，以《我的太阳》《牧歌》两首曲目的出彩演唱，拔得头筹，这更坚定了他要去寻找童年梦中那个歌唱艺术的桃花源，用歌喉唱响属于自己的命运交响曲。

1981年，薛强华以艺术专业高分考取安徽师范大学艺术系音乐教育专业。大学期间，他认真学习音乐专业理论，练习美声声乐技艺，他的一曲《我的太阳》唱红全院。1985年8月，大学毕业，被分配到了淮北煤炭师范学院。1986年，到上海音乐学院进修，1992年，进入上海交通大学与上海音乐学院联办的声乐研究生班学习。10多年不懈地钻研精进，使薛强华无暇顾及生活的琐碎，他就像一个求经路上的苦行僧，浑然不计行装的窘迫，他眼前只有那辉煌的艺术圣境。他把所有收入都用在不间断学习深造上，以至于多年后，人们还会忆起当年他穿着黑汗衫、牛仔短裤、拖鞋，背负双肩包匆匆赶路求学的身影。谈及求学生涯，薛强华像个顽童似的哈哈笑了起来，他想到练声练到饥肠辘辘时的狼狈相，想到了堆放在宿舍里的那一日三餐的方便面。他不无自豪地说："那几年苦真的没有少受，但苦得其所，因为我有幸先后得到了葛朝祉、王维德、周晓燕、廖一鸣等国内、国际知名的声乐教育大家的授业解惑，这样的机会实在难得。"确实如此，他从这些大家那里学到了不同学派的唱法，更把他们的学术态度和崇高人格融进自己的灵魂。可以说，薛强华后来之所以能够出类拔萃地撑起一片天，与这几位老师的悉心指教密不可分。一次，薛强华在师生联欢会上演唱了京剧《智取威虎山》中杨子荣的一段唱腔，引起"咽音"学派大师廖一鸣的关注，廖先生把薛强华带到家里，亲授了他3个月的"咽音"唱法。这"咽音"对声乐修习者的受损的声带具有神奇的疗愈作用，因唱腔独特而传承者甚寡。廖先生一心想把他纳入门下传承技艺，而恰在这时，家乡安徽的一纸召唤来了。

学科领军人

1994年，薛强华就任淮北煤炭师范学院（淮北师大前身）音乐系副主任，主持教学工作，参与音乐学院筹建工作。后任声乐教研室主任、研究生导师并导师组组长，入选国家教育部专家库。在学科建设、教学工作、科学研究以及对青年教师培养、研究生教育等方面做了开创性的工作，践行了淮北师大音乐学院发展的全部历程，其对音乐事业的追求、成就与贡献带来了广泛的社会影响。

——精心致力于学科建设。

第一阶段为音乐教育专业阶段。作为声乐教研室主任，薛强华主持的声乐课程先后四次评为校级优秀课程，一次校级重点建设课程。此阶段也是音乐学院初创时期，他主持音乐学院教学工作，倡导引进了青年古筝演奏家李庆丰教授、二胡演奏家陈伟副教授、郭克俭博士、孟凡玉博士以及作曲家孙建国教授、指挥家余浜副教授等，为学科发展奠定了人才基础。第二阶段为音乐学学科阶段。2007年，他以第二参与人的身份申报获批了音乐学为校级重点建设学科，在四个方面代表声乐教学方向。第三阶段为音乐学科升级阶段。这个时期，他申报获批了安徽省人文社科重点项目《声乐艺术的跨界现象对声乐教育影响的研究》，声乐课程获校级质量工程重点建设课。第四阶段为音乐学学科挂靠阶段。他参与了校级音乐学重点学科验收工作，顺利结项，他是其中声乐学科带头人。2013年，薛强华获批了学术性硕士生导师，作为导师组长，主持制订了2014年招生计划，主笔制定了"课程与教学论"（音乐）人才培养等方案，出色完成方案编撰工作。经他指导的硕士研究生全部顺利取得硕士学位。此间，连续 4 年的招生命题考试工作均由他组织实施，并受省教育厅及淮北师大研究生处委托参与省内外研究生论文盲审。

——声乐课程建设及理论建树。

在声乐课程建设方面，薛强华主持校级声乐优秀课程建设教学获成果奖 4 次，主持校级质量工程重点建设项目一次，这对日后的声乐教学团队建设和声乐课程发展为精品课程发挥了重大作用。他的《多元文化视阈下的跨界演唱》《跨界现象对声乐艺术的启示》《试论我国艺术歌曲的发展历程》等多篇论文在国内专业期刊发表，在声乐专业领域产生了一定的影响。对于发表在《人民音乐》杂志上的《多元文化视阈下的跨界演唱》一文，该杂志编委之一的中央歌剧院院长田玉斌的评语："该文将对我国的声乐教育教学起到引领作用。"

由薛强华引领的声乐课程建设影响了全院声乐活动的面貌及课程覆盖领域的发展进程，从理论研究到艺术实践无不有很强的示范促进作用。在艺术实践上，他主持创办院内外的"桃李杯"歌手大赛，导演并参演了淮北师大新年音乐会。他还率本院教师赴北京、上海等地听大师声乐公开课，促进了本院声乐课程师资的继续教育，提升了师资队伍的专业层次和对声乐艺术的教育规律的认识。他倡导引入跨界演唱理念，积极探索多元声乐文化的教学之路，集多种唱法于一体，拓展了教材领域。对于学生，他要求，无论何种声型均要尝试各种风格的声乐作品，尽力实现科学唱法通行各种风格作品演唱的目的。这既与音乐学培养师资的目的吻合，又拓宽了声乐课程学习的人文视野。由于突出的教学成绩，他先后被学校评为"优秀教师"、优秀论文指导教师、教育实习优秀指导教师。

——潜心科研工作。

至 2017 年，薛强华共发表专业论文 17 篇，学术专著 1 部；主持课题两项；评为优秀声乐教学成果 1 项等。他非常重视音乐学学科的科学研究。他的研究领域从声乐学科的本体出发，涉足戏曲声乐、民族声乐、电影音乐、声乐的跨界演唱、声乐作品（艺术歌曲）发展沿革的历史等。尤其是发表在《南京艺术学院学报》的题为《试论我国艺术歌曲发展历程》的论文，其中的观点被多篇论文引用，由于其对艺术歌曲在新时代下的创作的实用价值，这篇论文获2004 年安徽音乐家协会年度论文一等奖。

薛强华通过对声乐学科的科学研究，由原来单一的普适性声乐教学方法，逐渐过渡到多元声乐教学。他通过声乐学科的探索发现，声乐教学原来就是有诸多缺陷的专业，他称之为"缺陷教学法"。他认为，人的声带就像树叶一样，独立各异，没有完全相同的嗓音。那么，在千差万别的嗓音面前，在每位声乐学员的发声吐字及歌唱行为方式中，努力达到共性与个性的结合，发现每位歌者个性特征，用科学的探索去解决学员个性发声问题、作品风格问题等。他以拓荒者的姿态问自己，你是男高音，难道只会教男高音的一类？不研究男高音的不同分类及相应作品？更有女高音及分类，男中、男低、女低及其分类与相关作品？更有民族声乐的百花齐放及相应作品积累，更有古今中外的声乐作品，你掌握了多少？以及国际国内声乐流派及其作品等，这些都是声乐教师很难周全，也确实是很难的重大课题。面对"缺陷"，他知难而进，碰到陌生的"嗓子"就去研究，把未知通过科研与教学相互支撑，变为摸索声乐人才各异的已知经验，积累各类声乐作品与之对应。近几年来，他始终保持着年平均 500 多学时的工作量，先后带过视唱练耳、声乐、声乐教学法、艺术指导、教育实习、论文指导、外出采风等课程教学。根据长期的高师音乐教学与改革实践中所暴露出的教育教学问题，他写了专著《高师音乐教育创新实践》，对高师音乐教育中存在的问题与改革实践进行了系统论述，将学科基础理论与教学改革实践有机结合，对指导高师音乐教育教学，提升高师音乐教师的教学水平，有重要参考价值。

悉心育桃李

1989 年，薛强华教出的一个女高音学生以专业分数第一的成绩考取武汉音乐学院，引起国内声乐教育界对薛强华刮目相看。35 年来，他在专业音乐教育表演与社会音乐教育表演这两条线，早已桃李芬芳。至今他已在淮北音乐舞蹈家协会主席的位置上奉献了 21 个春秋。他把学生视为"挚爱亲朋"，与学生亦师亦友甚至情同父子（女）。他的舐犊情深最为人们乐道的是这么两位学生。一位是学生单铎，当时家境困难而又勤奋好学，为便于学习，薛老师就让他在自己家寄住。时隔多年，两人还会回想起夏天，室内没有空调，爷俩穿着大裤衩，光着膀子练声的趣事。当学生有了更高的艺术追求时，薛老师又变成了帮孩子实现梦想的魔法师。在师徒共同努力下，单铎被美声故乡意大利的莱切音乐学院录取。留学 3 年间，师徒俩隔着 6 个小时的时差，每天 2 个小时的越洋通话，聊专业技艺，谈生活理想。后来，单铎圆满完成莱切音乐学院歌剧表演硕士学位学业，应薛老师召唤，回母校成为音乐学院教师。学生张璐毕业时，全系专业成绩第一名，但由于种种原因，被排除在留校任教的名额之外。薛强华力排众议："这个好学生不能放掉。"后来，张璐终于留校，现已成为副教授、硕士生导师。他俩都成了淮北师范大学音乐学院声乐教育的中流砥柱和享誉安徽的青年歌唱家。学生们说："薛老师对贫困学生，无论是校内还是社会上的，免费教学是常有的事，只是希望学生业务上能提高、再提高。"淮北市音乐舞蹈家协会副主席兼秘书长李红也是薛老师的学生，她回忆说："我们不光传承薛老师的学术专业，就连做人做事的方式态度都随他。他总以自己的言行影响别人，也总能把人最好的特质挖掘出来加以放大。淮北市文联下属 18 个协会，最团结最有凝聚力的当属音协。"迄今，在淮北，从事音乐工作的十之八九都是薛老师的学生，各类音乐比赛，弟子们更是当仁不让，大奖几乎尽入薛门弟子囊中。而他却谦虚地说："是学生们把我抬得很高。"

薛强华培养的声乐人才在全国许多所高校任教，有南京艺术学院的钱庆利博士，山东师大音乐学院的王保荣副教授，安徽师大音乐学院的张雪莉副教授，安徽大学音乐学院的李丰鹏副教授，河南南阳师范学院的应娟副教授，淮北师大音乐学院的张璐副教授、单铎讲师、张宏伟副教授、汪源副教授等，淮南师院的李珊珊副教授，西南大学传媒学院的孙燕副教授，巢湖学院的马磊副教授，宿州学院的魏莉莉副教授，安庆师大音乐学院的李艳，山东枣庄师院音乐学院的顾潇，邯郸师院音乐学院的付小波副教授及淮北工业学校人文艺术学院的刘贵久副教授、张志珍副教授、赵倩、唐红粉、魏君等。这些"薛门弟子"在各自工作岗位上已成为骨干力量，70% 以上评为副教授，其中张璐、王保荣、张雪莉已成为声乐学科硕士生导师，王辉任淮北市歌舞剧院院长，还有两名分别获意大利和美国声乐硕士学位。

近 10 年来，在省内外专业比赛中获奖的有：一人获淮北市广播电视大赛第一名，二人获全国高校艺术歌曲大赛三等奖，一人获安徽省文化艺术节优秀奖，一人（留俄声乐博士）获全国声乐孔雀杯比赛优秀奖，一人获安徽省青年歌手大赛三等奖，一人获安徽高校声乐比赛铜奖，一人获全省"五项全能"教学基本功大赛二等奖、安徽省高校声乐比赛铜奖、金钟奖安徽赛区铜奖、"HighC 中国——中国青年男高音、女高音声乐大赛"安徽赛区银奖、安徽省男高音专项比赛第二名，一人获安徽省声乐金钟奖铜奖，三人获安徽省高校声乐比赛优秀奖。追溯淮北师大音乐学院发展历史会发现，薛强华培养的学生获奖屡创纪录：一是学生首破获奖纪录，陈浩获安徽高校大学生艺术展演声乐比赛三等奖；二是 1997 年全省青年歌手大奖赛，淮北师大音乐学院教师和学生囊括前三名，第一名是青年声乐教师张红霞，二三名是薛强华的学生陈浩和武萌玲；三是奖级突破，郭伟获安徽省大学生艺术展演声乐比赛第一名。这些都提升了本校音乐学院在全省的声乐教学地位。

薛强华还鼓励、组织、指导青年教师及学生举办独唱音乐会。庆祝建党百年，他担任声乐艺术导师及艺术总监为多名弟子开独唱音乐会，指导的声乐种类分男高、女高、男中，包括美声、民族风格各异的唱法。经他调教的学生后来都通过考研进一步深造，近 10 年仅声乐研究生就达 40 多位。他指导的青年教师进行课堂大赛，三人获院校两级大赛一等奖。

薛强华为家乡灵璧培养的音乐人才有巢湖学院副教授马磊、解放军艺术学院硕士马一星、江苏卫视制作部主任薛丹、蚌埠学院院办主任刘建军、河海大学硕士杨鸣以及甘泉、殷如冰、赵晓峰、韩梅、林红等 30 多名学生，活跃在教育、文艺、行政等不同工作岗位。

知名影视演员柳云龙与薛教授也有过一段难忘的师生情缘。

尾声

薛强华长期以来有着声乐演唱实践骄人的口碑。他本人多次担任省内外声乐大赛的主任评委，在省内各级各类的大型演出活动或声乐比赛表现突出。

他参加过安徽省文化厅青年艺术节展演独唱、安徽省六大企业汇演主持兼独唱、淮北市新年音乐会策划导演兼独唱重唱以及"庆香港回归"淮北市大型庆典演出独唱等等。并在淮北各种类型的歌唱比赛、合唱比赛领唱中多次拔得头筹，在校内，各种庆典、优秀评估演出、新年音乐会、学校更名大型演出，他均有演唱、策划、主持和导演工作。学校更名系列演出活动中，他带领弟子们的出色表演给省内外评审专家留下深刻印象，展示了基础教学成果，为学校顺利更名的进程打下良好基础，受到学校的表彰和奖励。

薛强华执著于声乐基础教学，为全国培养了大量的声乐人才和师资。他的学生中有高校声乐硕导、中学音乐高级教师、各级歌舞剧院的声乐演唱人才，有近百人获声乐硕士或博士学位，有的已经成长为高校音乐学院和歌舞剧院院长，成为声乐教学和声乐表演的中坚力量。他的声乐教学受到省内外声乐专家的高度评价。中央音乐学院声乐教授黑海涛等业内专家一致认为，薛教授的基础声乐教学"能够通过系统正确的训练方法，挖掘声乐学生的声音潜能，学员声音基础牢固规范，有利于后续发展"。著名的声乐教育家周小燕和沈湘教授都说过同样意思的话，"我们占据一类音乐学院的平台，所教声乐人才都是基础声乐教师培育的辉煌成果的继续，如果让我们任基础声乐的启蒙教育也未见得多出色，甚至根本无从下手"，这也从一个侧面肯定了薛强华等基础声乐教育耕耘者的辛勤付出与劳动价值。

灵璧英博：孟宝跃

极虑专精 心手双畅

孟宝跃，淮北师范大学书法学系主任，教授，硕士生导师。系中国红楼梦学会理事、中国书法家协会会员、中国评论家协会会员、北京曹雪芹学会会员、安徽省高等学校书法协会副主席、安徽省美学协会常务理事。致力于书法理论、书法实践以及明清小说研究。有30多篇论文发表于《红楼梦学刊》《中国书法》《艺术百家》《南京艺术学院学报》《曹雪芹研究》《明清小说研究》等报刊。书法作品在《人民日报》《人民教育》《书法》《中国书画报》《书画世界》等报刊发表。撰写《红楼梦与书法文化》等著作。

孟宝跃出生于书画世家。母亲没上过学，但会写好几百个汉字，可以在购物之后准确无误地记下葱、姜、蒜的价格。父亲受祖父影响，诗、书、画、印样样精通，曾是灵璧县文化馆的专职书画干部，在灵璧乃至宿县地区都颇有影响，报纸杂志经常刊发其书画作品。门里出身，自会三分，母亲对文化的崇尚、父亲的丹青妙笔、兄弟姐妹一起习字的氛围，把年幼的孟宝跃引入书法这一方神秘的天地。

孟宝跃在灵璧实验小学上小学时，画画总是班里第一，毛笔字却只能排在第二，因为有一个小伙伴比他写得好。上大学时，他选择的是英语专业，在修好专业课的同时，他的业余时间全部投入到了书法的学习中。学校每年举办的书法比赛他都荣获一等奖。那时，孟宝跃特喜欢宿州孟繁青老师的书法，多次登门求教后，得到孟老的格外赏识，很快就成了他的学生。天下无二孟，孟老与孟宝跃同辈，不仅倾心传授书法技艺，在生活上也是倍加关心。如今，老人已驾鹤西去，孟宝跃每每赏读珍藏多年的孟老墨宝时，常感念那份弥足珍贵的师生情谊。

孟宝跃先后在多个单位工作过，最惬意的还是在淮北朔里矿中学教书的日子。那时生活极有规律，也极为简单，每天上两节英语课后，时间基本上都交给了书法。除了不分酷暑严冬地习字以外，他还经常骑车到几十里以外去拜访当地的书法名家。那时他对书法已达到痴迷的地步，在他心眼中万物皆为书法，书法包含着万物，山的雄伟、水的悠长、林的葱郁、田的旷达，尽在其中，有鼻有眼有呼吸，有格有调有情趣。风度各异，意蕴迥然。为推动书法艺术的传承，他专门成立了书法兴趣班，带着学生们在书法的天地里风乎舞雩，过着一种几近纯美的生活。那时，他的一些作品也入选了一些比赛，得了一些奖励，还登上了《人民日报》《人民教育》等报刊，其带书法兴趣班的事情《安徽日报》等报纸还做了报道。

人生像条河，不知在哪里会打个湾。35岁那年，一天在下班的路上他突发奇想，考研去！转身就去附近的书店买了很多书。当他把一摞考研书籍带回家时，老婆满脸的愕然，嗔怪道："这个年龄了要考研，你是不是疯了！"但是，她深知丈夫的执着和对书法的痴迷，虽然当年女儿正面临中考，她还是把所有的家务默默地承担起来，给予孟宝跃考研最坚定的支持。每念及此，孟宝跃对爱妻的感激之情总是溢于言表。功成不负勤学人，孟宝跃顺利考上了南京师范大学美术学院的书法研究生，更为幸运的是跟随全国著名书法家尉天池老师学习。此后，孟宝跃的书法观念和运笔技法得到了显著的提高。研究生期间，他获得了江苏省大学生专业组书法比赛一等奖，并荣获优秀研究生称号。

研究生毕业后，他回到了淮北煤炭师范学院（2010 年改名为淮北师范大学）工作。当时煤师院没有书法教师的岗位，他任美术学院学生辅导员。2007年煤师院在全省率先招收书法研究生，2009 年又开始招书法本科班，成为安徽省最早开设书法本科的高校，后来还成立了书法学系，孟宝跃成为第一任书法学系主任。在与同事的共同努力下，淮北师范大学书法学系发展形势喜人，在全国的影响也越来越大。2021 年，淮北师大书法学专业在"软科中国大学专业排名"书法学专业层次中被评为 A，位居全国前十名。

作为书法教师，因为教学的需要，篆隶楷行草以及书史、书论都要研究。孟宝跃常说自己才情不足，读书又少，知识残缺不全，常是诚惶诚恐。书法是一门纯粹的艺术，微妙玄通，知之不难而能之难，令他心存敬畏，不敢有过多奢求。在书法艺术上，他坚决走艺术个性化发展道路，追求朴素的美，力求转益多师，绝不急功近利。他常用朱熹的诗句"旧学商量加邃密，新知培养转深沉"来鼓励学生，同时也是对自己的鞭策。

近年来，孟宝跃潜心研究《红楼梦》中的书法文化，著有《红楼梦与书法文化》一书。他认为，《红楼梦》与中国传统民族文化关系极为密切：一方面，《红楼梦》积极运用并展现了传统文化；另一方面，在它诞生之后，传统文化就再也离不开《红楼梦》了。而书法作为中国传统民族文化中最典型的艺术式样，与《红楼梦》有着不可分割的内在联系。所以无论从《红楼梦》本身的可读性，和站在书法学习者的可研究性角度来说，都是一本非常值得阅读的好书。他不仅自己研读，也发动学生们常读。课堂上，经常以"红楼"来喻事说理。

"极虑专精""心手双畅"出自孙过庭《书谱》。"极虑专精"是孟宝跃的学书态度,"心手双畅"是他的目标追求。他曾以《诗经》为本做一首小诗,以表志向:"书如伊人,在水一方。姣兮嫽兮,溯游从兮。寤寐思服,辗转反侧。忽迩忽遐,与之化一。"

(鲁兵 整理)

灵璧英博:郭克俭

拼命三郎 终成大业

晏金福

郭克俭,安徽省灵璧县高楼镇人,1986年毕业于阜阳师范学院艺术系,1997年于河南师范大学获文学(音乐表演)硕士学位,2004年于中国艺术研究院获文学(音乐学)博士学位。现任浙江师范大学音乐学院院长、博士生导师。

郭克俭大学毕业后,在灵璧师范学校任教近10年,我俩虽然教学不同科,接触较少,但他却经常带给我震撼。因为我们是市属学校,所以省市两级各种名目的检查验收十分频繁。每次检查验收结束,照例要来一台文艺晚会,招待领导和来客。初出茅庐的郭克俭,就是晚会的组织者和最出彩的演员。他组织的晚会,舞台形象好,节目质量高。而且每台晚会既有传统的保留节目,更多的是让人耳目一新的创新节目,受到领导和师生的一致好评。

我印象最深的是1992年省语委来我校进行推广普通话验收的那台晚会。大合唱、独唱、二重唱、舞蹈、相声、诗朗诵……节目个个精彩。晚会高潮处，连省语委验收组组长朱乃涛处长也按捺不住，欣然应邀上台，高歌一曲《愿你过得比我好》。台上，他歌声热情奔放、舞步翩若惊鸿；台下，掌声雷动，节奏分明。台上台下，宾主联动，水乳交融。欢乐的声浪，恨不得把大礼堂的屋顶震穿。晚会为这次验收画上了一个圆满的句号。

那时，郭克俭给人的印象就是"拼"，永不满足。白天，忙于教学和指导学生课外音乐活动，晚上，伏案备课和从事音乐研究。1994 年 8 月他考取河南大学艺术学院攻读民族声乐方向硕士研究生，毕业后任教于淮北煤炭师范学院音乐系，2004 年又取得博士学位，2006 年晋升教授职称。

2007 年起，郭克俭任教于浙江师范大学音乐学院，并担任院长。在该校，他是出了名的拼命三郎。作为院长，郭克俭对学院工作倍加上心，顾全学科专业发展，建设培养师资教育队伍，常常为音乐学院青年教师开教学与学术研讨的"小灶"。作为教师，他每周还有 15 节课的教学任务。声乐课上他不厌其烦地示范，模仿学生的声音扬正纠错。就是冬天，也经常汗流浃背，湿透衣衫。由于白天忙于教学和处理行政事务，郭克俭只能在晚上加班做学问，几乎每天研究到凌晨。

十几年来，郭克俭还大力倡导和全力支持"阳光双扶贫"活动，发动党员教师带头指导，免费为贫困学生辅导课程，包括系统地组织训练，每星期至少为他们组织一次合唱团、民乐团排练。

有付出，就会有回报。拼命三郎，终成大业。郭克俭通过不懈的努力，在声乐上有了很高的造诣，在声乐研究上也取得了累累硕果。1997 年，他的硕士论文《关于"夹板音"唱法的研究》发表在权威期刊《中国音乐学》上，并获得安徽省政府社科奖优秀成果奖。2007 年，他出版了第一部著作《声歌求道——中国声乐艺术的理论与实践》。2016 年，郭克俭领衔的课题"中国传统音乐表演体系研究"，获得了国家社科基金艺术学重大招标项目，他成为该校获批该项目的第一人。2018 年郭克俭参与的课题"新时代中国民族歌剧创作研究"再次获批国家社科基金艺术学重大招标项目，他参与负责其中一个子课题"民族歌剧表演艺术的创新性转化和创造性发展"。2019 年 4 月，郭克俭入选浙江省第二批万人计划的人文社科领军人才。2019 年 12 月 31 日，在第四届"啄木鸟杯"中国文艺评论年度推优发布典礼暨 2019 中国文艺评论峰会上，郭克俭发表于《音乐研究》2019 年第 1 期的《"润腔"研究四十年》获得年度优秀文艺评论文章。

郭克俭教授现为中国音乐评论学会理事、中国教育学会音乐专业委员会理事、国家社科基金艺术学重大项目首席专家、教育部新世纪优秀人才、浙江省高校优秀教师。先后在《中国音乐学》《音乐研究》等国家核心杂志发表学术论文 80 余篇，多篇被《新华文摘》等全文转载；主编《戏曲鉴赏》等教材。获教育部第六届全国高等学校科学研究优秀成果奖（人文社会科学）二等奖等省部级以上奖励 10 余项，主持完成国家社科基金后期资助项目《中国豫剧演唱艺术》等省部级以上课题近 10 项；重视科研反哺教学，长期从事音乐学、音乐表演等专业教学与研究，培养学生获得省级以上奖励 50 余次。

灵璧英博：王肇基

谦谦君子 翩翩书家

晏金福

1987 年我调入灵璧师范学校。不久，就发现了一个令我不解的事儿：书法教师居然不属艺体组，而归我们语文组。然而，恰恰是这个我感到奇怪的事儿，让我有幸和著名书法家王肇基先生有了 3 年同事之谊。

我对王肇基先生印象最深的是，他对任何人都恭恭谦谦、礼貌有加。记得有一天上午第二节课后，王肇基先生来到了教研组。当时，只有我和语文教研组组长赵成富在。闲聊几句后，赵成富收拾东西准备离开。我随口问了一句："成富，你下节没课？"他说："没有。"说完就走了。这时，王肇基先生严肃地对我说："晏老师，你这不对！你怎么能对我们赵组长直呼其名？"我当时一愣，马上陪着笑脸说："王老师，你错怪我了，赵成富是我外甥。"王肇基先生"哦"了一声，表示理解。一位年近花甲的老教师，对一个刚逾不惑的中年教师如此彬彬有礼，老一代文人的人格魅力，让我肃然起敬。

作为书法家，最令人敬佩的，当然就是他的书法作品了。我当时只见过王肇基先生的两幅真迹，全是大字行书，一张宣纸两个字。一幅是"奋进"，一幅是"腾飞"。我不懂书法，但看到那笔走龙蛇、苍劲有力的大字，就觉得顿时来力、浑身是劲。20多年过去了，至今依然牢记于心。

王肇基（1927—2017）先生，安徽萧县人，出生于书香世家。1960年毕业于华东师范大学，灵璧师范学校书法高级讲师，从事书法和书法理论教学，是著名书法家和书法教育家。先后在《书法报》《中国书画报》《书法》《文史报》《语文月刊》《人民日报》《安徽日报》等国家和省级核心报刊发表多篇书法作品和学术论著。

王肇基先生与书法名家李百忍、葛介屏交情甚笃，经常切磋技艺。其书法，四体皆精，尤以行、隶为最。隶书得力于杨沂孙，行书出自二王。王肇基先生不泥于古，自创的草隶，笔触飞动圆劲、字体庄重醇厚、章法气势磅礴，为书界公认。其个人传略和业绩分别载入《世界名人录——书画卷》《当代书法篆刻家词典》《现代书画名家年鉴》等诸多典籍。其作品曾多次赴德国、芬兰、新加坡、日本、加拿大、法国、韩国、我国香港、台湾等国家和地区展出，并参加全国第二、三、四、五、六、七届书法篆刻展，日中书家代表作品展，中新书法交流展，日中著名书家百人展，中华人民共和国现代书法名作展等展览。其作品被收录于《中国新文艺大系》《现代书法选》《古今书法选》《临书大系（日本）》等百余种作品集。国内博物馆、碑林多有收藏、刻石。

灵璧英博：徐步达

鹰胆荷心

晏金福

徐步达（1930—2013），原名徐宗宽，曾用名徐醒。灵璧师范学校美术高级讲师，著名画家、美术教育家。系中国美术教学研究会会员、安徽省教育学会常务理事、安徽省美术家协会会员、安徽省文史资料研究会会员、宿县地区美术教研会常务理事、宿州市美术家协会艺术顾问。灵璧县政协第一、二届委员和第三、四届常委，灵璧县政协文史委副主任。

徐步达先生大我 10 多岁，和我又不是一个教研组，而且同事只有 10 多年，但是，他却是我十分尊敬的兄长和心心相印的挚友。我调入师范学校较晚，他是学校的老资格。无论在为人处世上，还是教育教学上，他都处处爱护我、呵护我。

徐步达先生一生最爱画鹰，因为他有鹰的胆识。他曾受过不公正的待遇，到炼焦厂劳动过，并被下放农村多年。但他初心不变，不仅坚持作画，而且耿直的性格始终不改，坚持正义、敢说敢做。他送我一幅巨幅画作《鹰》，那鹰尖嘴利爪、巨翅如棚，凌空而下，有摧枯拉朽、横扫一切之势。为了和这幅画相配，他还专门请书法家孙淮滨先生题写了一副对联"海阔凭鱼跃 天高任鸟飞"，一起裱好了送给我。这幅画，我到现在一直珍藏着，作为对这位兄长的纪念。

徐步达先生还特爱画荷，一生画过的《墨荷》《残荷》《荷魂》《荷与蜻蜓》《鹤与荷塘》等有关荷的画作有数十幅之多。他之所以爱画荷，是因为他有一颗荷心。常人看到的是他的傲世鄙俗、桀骜不驯，其实他是名副其实的面恶心善。为人襟怀坦荡、表里如一。教学细致耐心、百问不厌。他曾送我一幅《夏日荷塘》，也是精心装裱好的，我挂在墙上，逢人便夸。可惜的是，有一天被不更事的孙子、孙女划得一塌糊涂。我心疼得了不得，可是我又不肯向别人张口，也就注定今生与徐先生的《荷》无缘了，这是我终生的遗憾。

徐步达先生晚年致力于钟馗画的创作，走的是工笔国画的传统路子，一幅幅线条清晰、色彩鲜明的画作，让刚正不阿、除魔降妖、为民送福的钟馗形象跃然纸上，深受读者欢迎。

徐步达先生从事美术创作和美术教育近一甲子，退休后还在岗位上发挥余热10余年，2003年请辞后，仍义务辅导青少年多年。一生著述颇丰，先后在《美术教育》《安徽教育》等国家和省级报刊上发表理论著作和画作数十篇（幅），《怎样辅导儿童学画》一书1986年由河北美术出版社出版，同年参加《中师美术教学参考资料》一书的编写，并负责统编。作品《荷塘晨曦》获"世界华人艺术大赛"国际荣誉金奖，《灵璧民间钟馗画》获中华国粹图腾奖，《残荷》载入华夏文化艺术出版社出版的名家精品集《墨痕珍迹》，《三破》（钟馗画）被收入《中国书画界名人名作博览》，《墨荷》应邀在香港凤凰卫视播放。简历载入《中国当代美术家辞典》《中国专家大辞典》《灵璧人物》等辞书。

灵璧英博：晏金福

教苑老兵 文坛新锐

肖文玺

在灵璧文史界，近年来活跃着这么一位人物，圈子里的聚会总少不了他，未见其人，老远就可以听到他那慢条斯理而又如洪钟般的话音，仔细辨识，应该是个老者，但那爽朗的充满童真的笑声又让人捉摸不透。抵近一看，老者脸型与身形皆方方正正，中等个儿，鹤发童颜，厚如玻璃瓶底的眼镜片后面，一双带着审慎又不失热情的眼睛在望着你。他，便是自称"文坛新锐"的晏金福老师。

少年艰辛求学路

灵璧县北大路乡有个晏湾村，村里大部分人家姓晏，乃春秋时期齐国著名政治家晏婴之后。1941 年 11 月，晏金福就出生在这里的一户普通农家。1951 年，晏金福就读于晏湾小学，勤奋好学的他，仅用一个多月时间就学完了一年级的课程，破格插入二年级班学习。1955 年，他又到申村小学读高小（旧时学制，一至四年级为初小，五六年级为高小）。申村小学设在半山腰的马氏宗祠里，一进大门是巍峨的大殿，教室设在东西厢房，每边两口。求学的经历至今萦绕在晏金福脑海里，虽说艰苦，但点点滴滴是那么的深刻悠长而又耐人寻味。

横亘在家和学校之间有条叫作三渠沟的河，少年晏金福每天早出晚归，要两次渡过这条河。可是河上没有桥，全靠涉水。那年冬天，晏金福从结了冰的河中蹚过，水冷得刺骨，冰碴子在腿上划出一道道血绺子。时间不长，脚上就生了冻疮，冻疮溃烂，脚后根儿烂了个大洞，大得能塞进去一个鸡蛋黄。每天晚上回到家，母亲都会用煨罐子（陶制器皿）煨一罐子热水，给他烫脚。母亲一边用一块黑灰色的棉布给他清理疮里的烂肉，一边流着泪说："这得受多少罪啊！别上了，孩子。"晏金福尽管疼得割心，还是笑着说："这不行，妈！别的我都听你的，就这不行，我一定得上！"当母亲从破旧的被子里撕下一团棉花烧成灰，捂进他脚后跟的洞里时，他感到既温暖，又舒坦。

20 世纪 50 年代，农村物质生活贫乏。起初，晏金福和其他同学一样，每天带点粗面馍。后来，由于多种原因，干粮带不起了。中午，别人都有吃的，他没有。于是，一放午学，他就拿上书，去了学校后面的凤凰山，坐在石头上看书。有一天，他突然看到路边的酸枣树上有个紫红的小枣，就赶忙跑过去，摘下尝尝。没想到这小枣又酸又甜，非常好吃。他又找了找，周围零零星星的，居然摘了一小把。这小枣虽然核儿有点大，肉有点小，可他还是万分欣喜。从那天开始，他就不停地变换地点，先摘点小枣充饥，然后坐下来静静地看书。那两年秋冬，这小枣可救了他的大急。

高小入学不久，晏金福就担任了班级的学习委员，每天收发作业，有时老师还要留下开会。同庄的同学不愿意等他，早早地走了，他每天都是一个人最后走。有一天，走得太晚了，刚出村，天就黑了。村子南面有一片芦苇荡，他发现芦苇荡里有一闪一闪的亮光，是萤火虫！他一头钻进芦苇荡，捉起萤火虫来。没一会儿，就捉了一把。回家的路上，他一边玩着萤火虫，一边走路，反而觉着路近了。自从有了萤火虫，他就再也不讨厌老师开会了。

1959 年 9 月，晏金福从渔沟初中毕业，他选择了离家百里的新建高中固镇中学，因为在那里可以勤工俭学，不用交学杂费和生活费，这对于来自贫困家庭的晏金福有一种难以言喻的吸引力。这段苦乐交织的生活一直持续到 1961 年 4 月固镇中学撤并入灵璧中学。

晏金福回忆那段时光，总是满怀着深情，那些苦难又甜蜜的经历磨砺了少年的心志，开启了探求大千世界的门，那里的乡景乡情乡韵，滋养着、充实着少年的精神宝库，从此，无论他漂至何方，魂牵梦绕的热土始终是心的方向。

献身教育不言功

1962 年 9 月，晏金福考入合肥师范学院中文系。学校为家庭贫困的他免除了所有费用，第一年的冬天还给他发了一件新棉袄，这件棉袄暖到了晏金福的心里，他如饥似渴地投入到学习中去。别人可以去逛街跳舞，而晏金福每天活动的区域，除了教室，就是图书馆阅览室。他像缺奶的孩子遇到了乳汁，疯狂地吸吮着书中的养分。四年大学生活，他几乎读遍了学校图书馆所有能借得到的书，这为他以后教书育人、进行文学创作奠定了丰厚的基础。

1966 年大学毕业后，晏金福被分配到灵璧县九顶中学任教。1974 年 5 月 16 日，他光荣加入了中国共产党。晏金福深知，是党和人民培养了他，只有扎实工作、努力奉献，才能不负今生。此后，他又分别在高楼中学、渔沟中学、灵璧师范学校任教。1993 年，他被评为中专语文高级讲师，2001 年退休。

晏金福老师可谓灵璧教育战线上的一名老兵。他一生从教，忠于职守、兢兢业业、爱生如子，深受学生爱戴。关于晏老师的从教趣事，说来可真不少。一次他布置作文，有位女生在文章开头把晏老师写的邋邋遢遢不拘小节，描述得细致而又形象，接着又对晏老师的人格和教学水平大加赞扬。好多学生看了这篇"大胆"的作文，都认为晏老师肯定会生气，没想到晏老师却在课堂上把这篇习作作为范文，大讲写作中对比反衬、先抑后扬的手法，以及词汇如何运用才会生动传神等等。从此以后，师生课堂氛围更加活泼融洽了。在灵璧师范任教时，他以监考严格著称，他不讲情面、特别较真的做法，一开始得罪了不少人，但后来慢慢就被学生们理解了，有的学生毕业很久还记得他说的话："你们将来是人类灵魂工程师，成绩来不得半点虚假，成绩假了，将来会误人子弟的！"而课堂上的晏老师，不仅知识丰富、学术严谨，而且语言幽默、妙趣横生，学生们常常听得入了迷。从教生涯中，他转换了几所学校，每到一处，他都能迅速适应环境，全身心投入到教育教学工作中去。他为人忠厚，待人真诚，领导和同事们都非常敬重他。

晏金福老师曾任安徽省中师语文教研会会员、灵璧县中学语文教研会理事。多次被评为灵璧县教育战线先进工作者、灵璧师范学校优秀共产党员。

痴心文学勤耕作

晏金福老师自幼酷爱文学，上初中时即在《拂晓报》《灵璧日报》上发表过通讯报道和小小说。上大学期间，在《安徽日报》《合肥晚报》《合肥师范学院校刊》发表过诗歌散文 10 多篇。大学毕业后，晏金福老师醉心于本职工作，只是在《语言文字报》《汉语拼音小报》《淮北煤炭师范学院学报》上发表过多篇学术文章，至于文学创作，则近于荒疏。

退休后，晏金福又重拾作家梦，积极从事文学创作。他激情满怀，为波澜壮阔的时代咏与歌，赤胆忠心，积极为党为民鼓与呼。他的文章，感情真挚，文笔洗练，文风晓畅充满哲思。他的许多回忆散文，是非常珍贵的个人亲历史料。短短几年间，他创作散文 300 余篇，在《安徽日报》《拂晓报》《皖北晨刊》《春泥》等报刊发表文章近百篇。其中，《神秘而温馨的档案馆》获国家档案馆和《档案与民生》杂志全国征文优秀奖，《从一次反革命暴动看邪教的危害》获安徽省反邪教征文优秀奖，散文《捶心的痛楚》获宿州市首届优秀网络文学评选一等奖，散文《精美的石头会唱歌》获宿州市第二届优秀网络文学评选三等奖"，多篇文章获灵璧县"谁不说俺家乡好"征文二等奖。2017年，收集散文近百篇的散文集《岁月悠悠》由光明日报出版社出版。书里的作品语言通俗幽默，充满浓郁的淮北风情，深受读者，尤其是青少年读者的欢迎，许多小读者慕名到他家索取，他都热情接待、免费赠送。同年，晏金福成为安徽省作家协会会员。

晏金福老师不仅自己勤奋创作，还把大量时间用在指导青年文学爱好者和文学公益事业上。他先后参与编辑《磬乡文学》杂志 20 期，为文学青年义务修改文章千余篇，培养业余文学爱好者近百人。晏金福老师主编了《凤鸣朝阳》和《永不褪色的橄榄绿》两书，义务修改文章 200 余篇。他还协助灵璧县政协编辑《灵璧地名文化》和《灵璧记忆》两书，3 年间夜以继日，勤奋阅稿1000 多篇，有的文章还反复阅读修改数遍。晏金福老师为近几年灵璧文学的繁荣作出了自己应有的贡献。他还热心家乡建设，经常关注并反映社情民意，在他的呼吁下，2022 年春天，偏僻的家乡晏湾开通了城乡公交班车。

晏金福老师虽已八十有余，但仍笔耕不辍。他踏入灵璧文学界时间不长，但成绩斐然，其精神催人奋进，他却自谦为"文坛新锐"。

一个有着赤子情怀的人，青春，永远不老！奋斗，在路上！

灵璧英范：王居正

心中有"数" 教研有方

王居正，1945 年 11 月生，安徽省淮北市人，中共党员，大专文化，中学高级教师。1961 年考取宿县师范学校，任班级学习委员，并加入共青团。1964 年7 月毕业分配到宿县师范附属小学任教，担任班主任、少先队辅导员。1984 年 8月调到灵璧县教育局任数学教研员，现任中国教育学会数学教育发展研究中心会员，安徽省小学数学专业委员会理事。在宿县师范附小任教期间，除完成教学任务外，还主动开展教学研究工作。1979 年承担统编教材四年级教学实验任务，1980 年春，其教学经验在省实验工作会议上介绍。1982 年所带的毕业班有

2 名学生数学成绩以满分 120 分升入宿城一中。20 世纪 80 年代初，他组织学生开展读书活动和开展与青海、新疆、甘肃三省少年儿童联谊活动，得到宿州市和团地委的肯定，《人民日报》等 6 家报刊分别报道了活动经验。他所辅导的中队被团中央评为"全国快乐中队"，其个人被团中央评为先进个人。在灵璧县教育局工作期间，一心从事小学数学教研工作。他提出抓好一个区，以一个区的经验推动全县的工作思路，得到教研室领导的认可。并在全县推广实施，促进了全县小学教学质量的全面提高。研究专题"对小学生辩证思维的研究"，于 1986 年春在中科院心理研究所主持召开的大会上介绍了经验，得到国家教委领导和全体与会同志的好评。先后进行了"得数是 11 的加法改进性教学、应用题教学"、提高学习有困难学生的学习质量、小学生思维能力、优化课堂教学、尝试教学法、小学义教教材教学、小学数学学具的作用等专题的研究，有的得到省、市教委的重视，有的在经验交流会上作了介绍，有的在《中国教育报》《上海教育》《安徽教育》《贵州教育》等 20 多家报纸杂志上发表。共发表研究论文 30 多篇，编写并出版了《小学数学能力训练》《应用题学习指导》《小学数学能力训练》《小学数学教案编写》等教学专著，共 120 余万字。

（县政协办公室　供稿）

灵璧英博：汤伟

化学学科带头人

吕允峰

汤伟，安徽省特级教师，宿州市化学学科带头人，宿州市优秀教师。华中师范大学高考特聘研究员、北京师范大学《高中数理化》杂志（教育部主管）特聘编审、宿州市化学学科带头人。

汤伟，1969 年 8 月 23 日出生于安徽灵璧县高楼镇汤庄村一个教育世家。父亲汤道品是灵璧县高楼中学教师，安徽省首批高级教师。汤道品的严谨教风，谦诚的同仁关系，精细的教研精神使幼小的汤伟潜移默化。1986 年汤伟高考鱼跃龙门，也报考了师范院校。

自 1990 年 7 月毕业于淮北煤炭师范学院以来，他一直从事高中化学教学工作。他温文儒雅，思维敏锐，不争不露，潜心在教研上默默耕耘。2002 年 3 月在全国中学生科幻创新比赛中，所带学生成绩突出，个人荣获教育部中国人生科学协会"科普园丁"称号。从此英才初露，一鸣惊人，并成为全校青年教师的榜样。

在教育教学的过程中，他积极参与教育教学课题研究，推进教育教学新理念。随着新课改的不断深入，教师面临的教育教学理念也在不断发生变化，汤伟经历了各个不同阶段教育教学转型，过去注重双基，随着课改的提出，由双基走向能力，在素质教育理念的引领下，教学转型逐步走向"三维目标"，在新时代的现代教育理念下，从关注三维目标到关注核心素养，汤伟老师均能积极参与研讨并积极参与教学研究。

2011—2014 年主持教育部教师发展基金［宿州市教育局教科研函〔 2011 〕8 号）的《新课程背景下各科新教学模式的研究》课题（编号 CTF120368）］的研究工作、2014—2016 年主持教育部中国下一代教育基金会课题《有效课堂教学的行动策略研究》子课题《有效教学方法与技能发展的研究》的研究工作，另外，还参与了其他一些教育教学的课题研究工作，现在均取得优异成果。借助课题研究，他的教学水平不断提升，在教学过程中积极探究培养学生 "爱学"态度、"乐学"情绪、"会学"技巧、"自学"能力，优化学生的思维品质，使学生受益匪浅。每一届他所带的毕业班学生一本上线率均达到 50% 以上，2018 届灵璧中学所考取的 8 个北大、清华的学生均是他从高一开始任教带出来的。

为张扬学生个性，展示创新能力，汤伟精心培养奥林匹克竞赛选手参赛。首先他带领辅导组经过精心挑选，综合比对，对学生心理、技能先行培养，而后进行创新思维训练，在题型的深度、广度上探究，他带领的团队捷报频传。2011 年前后辅导学生奥林匹克化学竞赛获省级、市级奖达 20 余人，辅导的航空、无线电运动等项目中，有 10 余人获奖，2011 年他个人也荣获"安徽省优秀辅导员"。2017 年 10 月，辅导学生参与第 31 届全国化学奥赛，个人荣获优秀辅导老师"安徽省三等奖"。2017 年 8 月辅导学生参与全国创新能力大赛，成绩优异，个人荣获"全国基础学科创新能力大赛优秀辅导员"称号。2018 年 10 月，辅导学生参与第 32 届化学奥赛，又荣获优秀辅导员"安徽省三等奖"。

汤伟还参与国家新课改课题研究，创建教学新模式。2000 年全国推行新课改，革故鼎新，教育部要求各省边教学，边探究。他又投入对"教学模式"的研究。课改涉及各学科，他带领课题组深入讲课，调研学生，交流同行，励志打造完整教学体系。历经一个高中循环，2012 年 6 月他主持的教育部国家教科研基金十二五规划课题《新课标下各科教学模式的探究》顺利结题，因成绩突出，效果显著，他个人荣获"国家教科研先进实验工作者"称号。灵璧中学也成为安徽省"新教学模式"示范学校。

汤伟自己的研究课题也硕果累累。2012 年 6 月，在全国新课程中学化学教育教学理论研究与实践探索活动中，论文《化学手持技术可行性应用研究》荣获一等奖。2012 年 8 月他参与教育部全国教育科学十一五规划课题《生态体验式德育的案例与问题研究》也结题，因研究成绩卓异，他荣获"全国科研优秀教师"称号。2012 年 1 月在教育部基础教育司主办的"全国中学教学设计创意大赛"活动中，作品《原电池原理的应用》荣获化学学科二等奖。2011 年 8 月，在中国教育学会主办的新课程"你我同行"活动中，作品《高效课堂之我见》荣获一等奖。2015 年 4 月因教育教学教研成绩显著，被评为第三届宿州市学科带头人。

汤伟还任班主任。他注重从心理上疏导学生，改变班级管理模式。他走访家长，深入学生，准确把脉学生所想，所思，所做。功夫不负有心人，他带的班级平稳进步、快乐学习，班级总体成绩快速上升。他把自己的心得分享给同仁，大家都受益匪浅，推动了全校班级管理大变革。2004 年 12 月，他的论文《转差，应把握学生的心理活动规律》荣获"第三届全国中小学心理健康教育"优秀成果评选二等奖和 2005 年 5 月首届中国高中教师有奖征文三等奖。天道酬勤，由于班级管理突出，成绩喜人，2008 年 10 月他荣获宿州市首届县级"教学能手"称号。2009 年 10 月由于他带的班级高考成绩突出，他荣获灵璧县"学科成绩优秀"奖。

在教学之余，他还坚持刻苦钻研自己的业务，不断充实自己的新知识，探索在新的课程背景下，如何改进自己的教育、教学方法，提高自己的教育、教学和科研水平。平时也善于进行工作经验积累，将自己的教育、教学所得，撰写为论文或论著出版发表，惠及他人。至今，围绕自己的化学专业而撰写的书籍，出版的论著有 10 余部，如《化学新教材研究》[中华工商联合出版社 2004 年 6 月第一版]、《课堂教学的理论与实践》[长城出版社 2004 年 8 月第一版]、新课标《创新教程》[山东省地图出版社 2009 年 3 月出版]、《引领高考化学复习》[安徽教育出版社 2010 年 9 月出版]、编写的校本教材《走进高中化学》《快乐学化学》《生活中的化学》《心态·技巧·方法》等也深受众多师生的喜爱；在国家级、省级，如《中学化学教学参考》《化学教学》《高中数理化》《考试研究》《教学考试》《中学化学》等 20 余种教育教学刊物公开发表的论文近 400 篇。这些均有效传播了化学教学的新思想、新思路，使众多的青年教师快速成为教学一线教师及优秀教师。

荣誉没有使他骄傲，他再接再厉，教育教研一起抓。现在他依然行走在教学第一线，探究教育教学规律，把握教育发展脉搏。2016 年 5 月，他被评为安徽省特级教师，省正高级教师（教授级），2018 年 4 月，再次被评为宿州市第四届学科带头人。

灵璧英博：胡杰

人生如歌

张少秋

写下如此诗意的标题不是我，而是中国一级书画名家，著名功勋演员赵丽蓉老师的次子盛大鸣。说来还有段故事，那是胡杰受邀来京参加爱徒王克杰硕士毕业典礼，同行的还有县教育工会陈明主席。挚友来京，岂能不见？因此酒酣耳热……胡杰早有拜望赵丽蓉大师故居的愿望，次日我引他们到了北京海淀白家疃10号"赵丽蓉故居"，盛大鸣热情地接待了他们。当听说胡杰从事音乐教育20余载，帮助千余名农家子弟圆上了大学梦，成绩斐然，追求至诚。特别是听我介绍戴玉强教授带4个研究生居然有两个是胡杰的门生时，盛大鸣异常高兴，当即安排厨房备餐，要与来自灵璧的"小刘欢"推杯换盏，把酒言欢。

赵丽蓉大师的艺术造诣深受全国人民爱戴，人们缅怀她的功德居然忘记了老人家去世有多久？仿佛她并没有走远一样，"故居"门庭若市自然就可以理解。而"留餐"的按时兴的一句话则"非富即贵"。盛大鸣接待胡杰的地方正是赵丽蓉大师会友、聚餐之所，厅中的小舞台是当年妈妈排练打磨"打工奇遇"小品的地方，如此这般安排有艺术灵魂通达的意味，更是对胡杰致力艺术教育的肯定。

席间盛大鸣起身盛赞灵璧秀美的山川彰显深厚文化底蕴，出产玉振金声、克谐八音的灵璧磬石，还有一批辛勤的园丁澎湃着激情，秉承烛光精神忘我地奉献着。他饮了口酒，话锋一转："欢迎灵璧县的才俊，默默奉献在基层的胡杰老师为我们献歌！"掌声中的胡杰先窘后振，深情地演唱了一首《夕阳红》，那深情，悠扬的"最美不过夕阳红"伴着他富有磁性的嗓音，唱出了对赵丽蓉大师的敬仰。同时来拜访的中央歌剧院演员王娇听出来胡杰的弦外之音，也来了一曲"洪湖水，浪打浪"。这个聚餐成了艺术传承的誓师会，盛大鸣当即挥毫为胡杰写下了"人生如歌"书法。这是对胡杰遵循先贤教导勇攀高峰的认可，是莫大的鼓励和期盼。

胡杰，一名普普通通的中学教师，从教20余载不仅让千名学子圆梦，也有20名硕士生见证了梅花香自苦寒来的华彩，映衬出汗水不负努力人的光晕。他们活跃在国内国际大舞台上，为祖国争了光，也荣耀了家乡。他们唱出了绿叶对根的情思，唱出了魂牵梦萦依恋着沃土，唱出了恩报家乡游子们的心声。他们的成就令翘首以待的父老乡亲们欣慰！他们的豪迈让致力于教育兴邦、百年树人，努力办人民满意教育的各位领导们骄傲！成为胡杰旗下的骄子，灵璧县的一张张金灿灿的名片。

2017年8月20日，灵璧县教体局主办、灵璧县高级职业技术学校承办、灵璧县星和湾地产公司赞助的"胡杰师生演唱会"在灵璧一中礼堂举行，市分管教体工作的领导马杰副市长、时任市教体局局长朱守坤委派王燕副局长等应邀出席。这几位领导都是在灵璧县任过职，他们都十分了解胡杰老师的专业技能在灵璧县三中（高职的前身）主打音体美，创建全国特色学校活动中的占分比例，出席则无疑是对胡杰他个人成就的肯定。"胡杰师生演唱会"是作为灵璧县庆祝全国第 33 个教师节系列活动序幕来打造的，县政府高度重视这展示教育成果的机遇，专门成立了以张安文副县长、时任局长尹传华为组长的领导小组，由华奇云副局长、原工会主席陈明具体负责开展工作。本人有幸应邀在组担任外联，在演出时又担任舞台监督。也可真算是委屈这个职位，因为我除了有点政企关系、有点带学生的经历，参加了几次大型活动策划外，专业的大咖一概不识……那天安徽省合肥、芜湖、马鞍山、江苏省南京艺术学院的院长们悉数应邀出席。蚌埠学院的邝潮、淮南师院的张良宝、宿州学院的顾大海等方家也来到了演出现场。特别值得提及的是《再见了大别山》《大美中国》《热爱》的词作家王和泉老师，和长期从事大型活动、舞台剧、影视剧音乐创作的青年作曲家马大为老师，以及安徽省艺校音乐教授、安徽音乐协会副主席、著名音乐教育家曹玉萍女士也来了。他们的到来是受邀，体现的是同门间的互敬，更是对胡杰教学成就的高度褒奖。

胡杰老师的弟子们为了这次的演唱会也都积极参与，体现了良好的素养。演唱会上出现了感人的一幕，旅居美国的商传奇、旅居新加坡的庄杰俩人远涉重洋赶了回来。庄杰因腿伤是坐轮椅被推上台的，他饱含深情地诉说胡杰老师如何把一个顽皮少年引上了歌唱的平台。他哽咽着倾诉自己产生畏难情绪时恩师的鼓励，讲述了胡老师帮助他垫付了学费，同时表达了因伤不能起立向恩师鞠躬，无法为观众演唱的遗憾……舞台上催人泪下的话语引发场下雷鸣般的掌声，这就是尊师重教的共鸣。国家大戏院的男高音王克杰、南艺研究生亢怿、安徽省歌剧院独唱演员庄群、上海音乐学院研究生李远、江西省演艺集团的刘丹丹，以及温宁敏、朱美玉、高乐等胡杰老师的高足悉数到场参加了演唱会。序幕的花絮纷呈，气氛空前绝后，分会场开出了主会场的规模气势，恐只有"胡杰师生演唱会"了。

自此以后社会各界改变了对职教的认识，多了对高职的关注理解，合工大汽车技师学院落户灵璧县高级职业技术学校，职高也开启了校企合作的模式。现在的灵璧高职已是有六大系部，百余班级的规模，胡杰们在这里燃烧青春，纵情放歌，释放华彩渲染着职业教育的春天……

灵璧英博：邢祥伟

"双师型"教师 "工匠型"人才

张少秋

初春时节，春风拂面，我们一行几人来到了位于凤凰山西侧的灵璧县高级职业学校突击采访。采访中说起了邢祥伟，高职的校长和几位副校长纷纷赞不绝口，尤其是副校长朱会文更是推崇备至、赞美有加："他颜值最高，成就最受瞩目，是6个系部最年轻的系副主任，是最受学生欢迎、最让领导放心的'双师型'教师……"朱校长滔滔不绝的介绍早把我撩拨得急不可耐，在我的央求下，他带着我们一行几个人前往实训楼去看邢祥伟授课。

汽车系是2020年5月开办的，堪称全国同类职校中的小弟弟。实训楼是合工大汽车技师学院落户灵璧后筹建的，就设施装备而言，当属全国领先地位。去的路上系主任宁峰告诉我们说："邢祥伟正带领学生造一辆汽车准备参加全国场地拉力赛。现在，已经焊接了轻量化车底盘，拼接了碳纤维车架，安装好了行路系统和操控系统，正在调试动力，要不是'奥密克戎'捣乱，早就拉出去了……"宁主任话语里透着自豪。进了实训楼，就看到几个人正围着一辆方程式赛车捣鼓着。"闭门造车"就够我震惊的了，更让我惊奇的是邢老师是位90后，人长得英俊倜傥，其性格温文尔雅。一开始他忙碌在学生堆里，我愣是一下子没分清楚谁是师谁是生，朱校长、宁主任介绍后，他居然有些腼腆，妥妥一个孩子王！或许是本人半生与汽车为伍，自然与他教授的智能汽车

"沾亲带故"，因此，有了比其他人更为接近的共同语言。

通过攀谈，这个大男孩解除了拘谨。我了解到他是 2017 年 9 月入职灵璧高职的，担任《汽车材料》《汽车电气设备构造与维修》《汽车底盘构造与维修》等课程的教学，参与了汽车实训室、实训基地的建设，组建汽车教研组并担任组长。可以说他见证了汽车系的诞生，融入了汽车系的生命，成了汽车系的骨干，不！应该称是栋梁。在近 5 年教学生涯中，他乐于奉献，不计较个人得失。以"教书育人"为己任，在平凡的岗位上作出了不平凡的贡献。他边学边干，努力提高自身素质和业务技能，力争把最前沿、最先进的教学理念融入到教学当中，把专业领域新技术、新工艺、新标准第一时间授给学生。

在日常的班级管理上，邢祥伟仿佛不是老师，更像一位慈父，一位兄长。他耐心细致，不怒不愠，用温情把那些原本放荡不羁的"野马"感化得很是服帖。前不久全校班级综合素质评比，汽车专业在 100 多个班级中脱颖而出，拔得头筹。不仅是寝室内务，而且连课桌上的簿本码放整齐度都可以用拉线来丈量。要知道这可是一帮子男孩子啊？这个成绩令护士专业、旅游专业的女孩们都惊奇得花容失色，也是令学校的管理层惊诧不已。如若不是"孩子王"管理有方，男孩们懒散的天性怎会变成绣花女孩般的细腻？我问他怎样才能使男孩们俯首听命？他笑了笑又神秘地悄声说："璞玉得琢。"就是这么随意的一声，我听出来了他的自信，也听出来他背后的付出。打铁还需自身硬，将帅也从士卒出。他先后获得了教育部推行的 1+X 考核项目汽车运用与维修、智能网联汽车考评员，智能网联汽车运维培训师、考官等身份。努力把行业新标准、新工艺、新技术不断融入教学实践活动中，巧妙运用以赛促教、以赛促学、以赛促研的理念，2019 年，获全国优质教育科研评选优秀论文一等奖和安徽省教育厅举办的"安徽省中等职业院校教学能力大赛"三等奖。2020 年，获安徽省人社厅举办"安徽省新能源汽车关键技术技能大赛"三等奖和人力资源和社会保障部举办的"全国新能源汽车关键技术技能大赛"三等奖。指导学生参加"2020 年安徽省虚拟组拆与故障诊断"获二等奖、三等奖。2020 年灵璧县人民政府授予他"灵璧县优秀教师"，2021 年灵璧县人民政府授予他"灵璧县优秀青年教师"。担任中国人民大学出版社中等职业教育汽车运用与维修教材《汽车底盘构造与维修》副主编。2021 年获安徽省智能网联汽车应用技术技能竞赛一等奖；2021 年获安徽省人社厅、交通运输厅联合举办的"交通运输行业技能竞赛"二等奖、安徽省教育厅举办的"安徽省中等职业院校教学能力大赛"二等奖。2021 年，荣获"宿州市五一劳动奖章"，并获"宿州工匠"称号。2021 年，宿州市人力资源和社会保障局授牌"邢祥伟技能大师工作室"，宿州市总工会授牌"邢祥伟劳模创新工作室"。

一串串闪光的足迹，一枚枚璀璨的奖牌。不要说弟子们佩服，就是我也顿生敬仰。特别是"宿州工匠""技能大师"，在宿州市 600 万人口中只有区区 10 位，而他一人就获得"邢祥伟技能大师工作室""邢祥伟劳模创新工作室"两个以个人命名的殊荣。他和汽车系的同事们带领学生共获得国家级、省市级各类技能大赛奖牌共 55 块，用汗水和成就诠释为人之道、从师之道和"双师型"教师的内涵。

许是汽车情缘，我着重问起了参加国赛的情况，欲与他分享喜悦。谁知道面前的这个大男孩表情忽然凝重了许多，这显示了那次比赛的重要程度和他肩上的分量沉重。随着他的回忆，时间倒溯到了 2020 年国赛前，8 月 1 日他和队友张贺首度代表灵璧高职出征省级选拔赛集训，时值盛夏，合肥市高温爆表，他们住着只有风扇的房间。因为他们清楚学校新迁、汽车系初建、经费捉襟见肘。学校领导同意参赛，没有明确经费怎样支出，只要没有取得理想的成绩，他们压根没想到报销。8 月 12 日，也就是省级比赛的前夜，副校长朱会文前来慰问。看到这个情况，当即为他们换了空调房间。说到这里邢祥伟眼睛湿润了，这毫无做作的真情实感的流露，说明这个大男孩懂得感恩。在学校领导关怀和鼓励下，8 月 14 日他俩在全省 69 所同类学校的技能大比拼中取得了理论、实操双第一的成绩，比分把几个老牌技校甩出好几条街。

载誉归来的邢祥伟、张贺没有故步自封，而是更为努力。学校领导也千方百计为他们创造学习条件，平常少排课程让他们有了更多的时间备赛，同时，积极协调校企合作单位先行垫资 63.3 万元购买了一辆智能网联汽车用于实操。9 月 25 日，智能网联汽车运到了学校，他们兴奋地冒着大雨迎接，连夜学习组装。因为厂家没有随箱说明书，他们摸索着对应线束配件，27 日姗姗来迟的厂方技术员非常惊诧地看到，他们在没有说明书参考，没有人指导的情况下组装已经完成了大半。29 日，全面完成了整车测试。

2020 年 10 月 1 日，赶巧是中秋节。在素有"四面荷花三面柳，一城山色半城湖"之称的泉城济南，邢祥伟、张贺两人来不及去看趵突泉，无暇登临千佛山，便一头扎进智能网联汽车实操学习中。全国有 298 支参赛队，600 多人的集训只有两台车供实习，现场拥挤地密不透风。为了能够看得清，记得住，邢祥伟买来了自拍杆，伸杆越过攒动的人头，详尽记录助教的每一个分解动作，晚上回来他俩认真揣摩，这个自拍杆取经的画面也成了集训班的一景。集训结束了，实习未停息。10 月 11 日返校，12 日就上了自家车实操演练。

"我们互换角色，为的是强化记忆，也便于前沿科技的普及传播。宁主任担任'裁判员'，就连尹成新校长与马道章、李浩副校长都悉数当过我们的'安全员'。"邢祥伟说着也看出我的不解，就接着说，"比赛是两名考官，两名裁判员，两个安全员对两个选手。为什么选手分正副呢？因为智能网联汽车共有 89 根线束，63 个配件。考官给你出故障，你排障要是插错了，那么你的手臂就可能会被瞬间的高压电击成碳化了。我和副手就像是长机和僚机的关系，他专门给我观敌瞭阵的。"通过他的解释，我眼前幻化出校领导重视的画面。

10 月 16 日，就在上车摸索了 4 天后，秣马厉兵的他们代表灵璧高职出征国赛。10 月 17 日，系主任宁锋作为领队，同赴新乡。紧接着是 22 日凌晨 4：30 分起床，7：40 分入场，13：50 分离场。净比赛时间是四个半小时，这其间赛场封闭，手机关闭。邢祥伟、张贺犹如外线无后方作战，场外的宁锋就像黑了屏的雷达。里面的有条不紊，进行组装、验证、排障、编程，外面的翘首以待，期盼安全、顺畅、夺魁；里面的已经忘记了时间概念，外面的却是度时如年。当他俩平静地走出赛场，宁峰连忙迎上前来，迫不及待地说："场外传开了，你们思维敏捷，动作行云流水，差不多是优胜奖第一名！"不说优胜奖第一名还好，一说反而让他俩心情沉重起来，因为他们听成了"优秀奖"。这代表安徽省第一名来的怎么可以是所有参赛都有的优秀奖？这如何见"江东"父老？尽管宁峰反复解释优胜和优秀的区别，他俩始终高兴不起来。小饭铺的那碗河南烩面，邢祥伟感觉吃得最没有味道，情绪是可以传染的，到后来连宁峰也沉默了。踏上当日 19 时许的返程高铁，他们就像迈向江东的项羽，没精打采。

一夜辗转无眠。23 日 13 点多列车抵达宿州东站，他们默不作声地挤上回灵璧的公交车，或许离家越近心情越沉重，越沉重越感觉道路漫长。车行至娄庄段，宁峰打开手机搜索到组委会界面，突然他高叫："你们快看手机！三等，三等奖！"这一声唤回了邢祥伟的思绪，俟他看清楚了组委会23日凌晨2时的新闻发布会的信息，灵璧高职真的获得了三等奖时，他的眼泪不由夺眶而出，这泪水是甜的，是欣慰的流淌，是自豪的释放。

采访接近尾声，学校工会主席胡杰指着我面前的智能网联车颇为自豪地炫耀："这一辆代表科技进步的功勋车，在灵璧县第五届全县职工运动会开幕式上，担任了我们学校运动员方队的旗手。"我们都瞪大了眼睛，导演出身的胡主席手舞足蹈地继续说："随着《运动员进行曲》的音乐，主持人兴奋地向观众介绍：现在开过来的是灵璧县高级职业学校的运动方阵，担任旗手的智能网联汽车高举校旗引领着朝气蓬勃的运动健儿阔步走来。她的出场标志着科技兴校结出丰硕成果，她骄傲地举旗示意昭示着灵璧县站在了科技前沿，继往开来走向未来，让我们向旗手致意！为科技进步欢呼！"全场掌声雷鸣……我把目光投向邢祥伟。他立刻明白了我要问什么？马上说："旗手的创意是胡主席，录入地图、编制避障、设计特技都是张贺。"在荣誉面前他依然想到的是队友，是学校这个集体。

2022年4月4日

灵璧英博：肖文玺

让希望之光照进心灵

刘 翠

肖文玺，1971年11月生于安徽灵璧。说起他的家族渊源，颇有些传奇，他是北方移民的后代。1942年河南大饥荒，日本侵略军进逼中原，肖文玺的父亲肖振云当时才一岁，就从河南温县随生身父母一路南逃，后来父母亡命天涯，肖振云被安徽灵璧县城的一对山东移民夫妇收养。6岁时，养父又病故，从此母子相依为命，仅靠着养母做些炒货小买卖勉强度日。肖振云刻苦攻读，20世纪60年代从安徽省地质学校毕业。他一生为人忠厚，工作勤勉。他对子女家教甚严但又不失生活情趣，据肖文玺回忆，幼时父亲曾逐字逐句带他读《三字经》《百家姓》。即使家庭经济拮据，父亲也要购置书籍报纸杂志供阅读，还莳养些花木，让家庭小院里四时鲜花不断，芳香怡人，生机盎然。肖文玺就在这样的家庭氛围中慢慢成长起来。

成长的岁月，像一杯浓浓的咖啡，经历苦涩才能享甘甜之味

1994年，肖文玺从巢湖师范专科学校毕业，被分配到灵璧县虞姬乡范桥中学任教。学校位于距县城15华里的一个叫作八岔路的农村集市旁，肖文玺每天蹬着一辆二八大杠的自行车上下班，中午则用一架煤油炉在学校解决午饭问题。在农村工作，条件艰苦。有一年冬天，季风特别猛烈，遇到雨雪天，泥泞的土路正是风口地，他推着车，走两步要退一步，常常要一个多小时才能赶到学校。热情淳朴的同事、活泼可爱的学生们很快就让他忘我地投入到工作中去。为了熟悉教材内容及教学流程，在路上他常常一边奋力蹬车，一边在头脑里"过电影"。在课堂上，他出口成章，条理清晰、深入浅出、妙趣横生地讲解常令教室里充满欢声笑语。为提高业务能力，通过自学考试，1999年，肖文玺取得了安徽师范大学政治教育本科学历。深知自己成长不易的他，在家庭经济困难的情况下，拿出几乎全年的工资，资助弟弟肖文博完成了大学学业，后来弟弟获得香港大学博士学位，成为生物医药研发领域的一名科学家。

锲而不舍，路就会越走越顺。一分耕耘，一分收获

肖文玺在农村工作长达22年，先后任教于范桥中学、东风中学、虞姬中学，由于全县城乡教育布局调整，2016年，肖文玺来到新成立的灵璧县第一

初级中学任教。从教生涯中，由于工作成绩突出，他先后被虞姬乡政府授予"优秀教师""优秀班主任"称号，所带班级 2012 年被授予"灵璧县先进班集体"荣誉称号。多年来，尽管工作繁重，他还是抽出时间学习教研，先后有 10 余篇教育论文获国家、省、市、县级奖项。其中《农村中学德育之"补白"论》在"全国中学政治论文大赛"中获一等奖，《在管理中提高德育课程教育教学实效》《后疫情时期同伴教育在心理健康教育中的探索》《基于人际关系调适的班级心理建设实践》三篇论文获得宿州市中小学论文评比一等奖，《以心理委员活动机制创新同伴教育模式》在 2020 年宿州市第二届未成年人思想道德建设创新工作典型案例评选活动中，荣获一等奖。在县级、市级优质课评选中，他多次获奖，2017 年荣获宿州市初中思想品德优质课评比一等奖，2019 年荣获宿州市中小学心理健康教育学科优质课评选二等奖。

一颗生命的种子，它的胚芽蕴藏于内部，只要在合宜的土壤里播种，就有可能开出惊艳之花

在教育工作中，肖文玺不仅从事思想政治学科教学，还兼任学校的心理辅导教师。在长期的思想政治教育工作中，他深感对学生心理健康关注、研究、教育的紧迫性、必要性。通过学习，2015 年，肖文玺获得国家二级心理咨询师职业资格证书。在学校心理教育工作实践中，他又感到实践经验的不足，为深入学习，他参加了深圳幸福家家庭研究院举办的幸福家庭种子师资训练营、心理护理种子师资研习营，并以优秀心理活动课、优秀心理护理个案两个全国一等奖入选该机构举办的精英训练营。学以致用，学习的知识、技能很快在学校心理教育工作中有了用武之地，并在他参加的关爱农村留守儿童的心理援助志愿者活动中发挥了效能。爱，需要传递，他又拿出自己的工资，支持在新疆地区开展的乡村儿童教育公益事业以及 2020 年武汉疫情时捐助呼吸机的公益活动。

渐渐地，随着工作的深入，心理危机干预进入肖文玺的视野。社会的剧烈变迁给家庭生活、人们的心理带来巨大冲击，如何帮助那些困境中的有严重心理危机的来访学生？如何发现来自心理层面的校园安全隐患？他发现有这么

一条心理危机干预热线——希望 24 热线，要在合肥举办接线员培训，他毫不犹豫地自费报名参加了学习。心理危机干预包括线上、线下两种情况，有一套科学规范的操作流程与技术，而其背后的理论基础则是哲学心理学与各流派心理学理论技术的综合。通过努力学习，肖文玺先后获得希望 24 热线接线员、公益讲师证书，以及国家职业资格培训鉴定实验基地颁发的初级、中级心理危机干预师证书。

为丰富心理危机干预实际操作经验，2017 年至 2019 年，肖文玺每个月都要坐着绿皮火车到合肥去接线，他成了一名心理危机干预的志愿者。小小接线室，一根电话线，连接着爱心、希望与生机，3 年间，肖文玺线上接待了近千位来访者，为他们排解困扰烦恼、提供心理支持，真情守护、无怨无悔，经他处理的危机个案多达上百起。在处理急迫危机个案时，他也曾紧张到几乎不能自已，但专业训练的素质与使命感让他很快镇定下来，从关系建构到技话术运用、提供心理支持，直至案主（来访者）危机等级降低至转危为安，肖文玺才松下紧绷的神经。此刻，长吁一口气，他会有一种几近虚脱的感觉，但随即，又感到无比的欣慰与自豪。由于肖文玺的出色工作，2019 年，他被希望 24 热线总部授予"四白一夜勇士"（即全年保持每月四个白班一个大夜班的工作量）、"优秀志愿者"称号。肖文玺还参加了国家民政部的关爱农村流失儿童的"牵手计划"，成为承接本项目的灵璧惠众社工服务中心的一名志愿者。为进一步发展社会工作专业能力，他通过学习、考核于 2020 年又取得了国家社会工作师职业资格证书。

学校才是肖文玺心理工作的主阵地

他精心辅导，帮助近百位学生解决了由人际关系、学习压力、情绪困扰、不良行为等因素导致的心理问题。其中，有严重心理问题不能正常生活学习的学生，有轻度神经症导致正常社会功能受影响的学生，还有创伤反应需要进行心理危机干预的学生。尤其是对那些有心理创伤进而产生攻击倾向的学生，他常常绞尽脑汁、多管齐下，帮助他们走出阴霾，身心得以健康发展。肖文玺还多次接待学生家长及教师的咨询，普及心理健康知识。国家倡导的社会心理服务体系建设要求整合家庭、学校等多方面的教育资源，为青少年成长创造良好的环境。为此，在学校的大力支持下，肖文玺开展了家庭心理健康教育讲座，先后为近千名家长普及了心理健康知识。学校心理健康教育工作要落到实处，就要根据学生实际，遵循青少年身心发展的规律，要"接地气"。肖文玺在采集、分析班级心理委员反馈信息的过程中，发现某些心理委员在做班级学生心理工作方面很有成效。于是，他萌发了一个创意，那就是开发学生自己的朋辈教育资源，成立班级心理工作小组——"爱心三人组"，以班级心理委员为核心，由正直善良、好学上进、乐于助人并有一定沟通能力的三位同学组成。经过培训，这些孩子在班里开展工作，强化学生心理健康自我管理，及时发现问题，主动开展情绪疏导、冲突调解，有效维护了班级学生的心理健康。

在工作实践中，肖文玺深深感到：学校心理健康教育工作是德育工作的重要内容，通过心育，孩子们有了自尊自信、理性平和、积极向上的健康心态，德育方得"润物无声"之妙！营造充满人文关怀的校园环境，让孩子们在安心、温馨的氛围中健康快乐成长，让生命焕发美丽祥和的光彩！

通过这些年心理健康教育工作的实践，在单位领导支持与心理学同道的帮助下，肖文玺在个体心理辅导、团体心理辅导、心理危机干预、心理活动课教学、家庭心理讲座等多方面进行了探索，作出了一定的成绩，他所在的灵璧县第一初级中学也被宿州市社会心理服务体系试点工作领导小组办公室命名为宿州市首批社会心理服务示范基地。

心有多大，舞台就有多大

肖文玺的外公是民国初年逃难的山东回民，凭着谋生习得的皮匠手艺在灵璧县城隍庙街落了户。肖文玺随母系回族，也因此，他进入了十届政协组织推选人员的行列，2017年，肖文玺成为十届政协委员，十一届连任。作为一名基层政协委员，在灵璧政协这个大学校、大家庭里，肖文玺得到了充分锻炼和成长。通过政协大讲堂学习，通过老委员的"传、帮、带"，他真正领会了人民政协政治协商、民主监督、参政议政的职能。经过实地走访、调查研究、恳谈协商，通过社情民意信息、委员提案、调研报告等形式，他积极向党和政府建言献策。几年来，他的委员提案、社情民意信息涉及灵璧县政治、经济、文化、社会生活、生态环境保护等多个方面，在宣传党的强国富民政策的同时，尽心竭力为党分忧、为民解难。作为一名民宗台侨界的少数民族委员，肖文玺在国家民族政策的温暖关怀中成长，深深感受到民族团结对于社会安定、人民幸福、国家强盛的重要意义。他借受聘为县政协文史研究员之机，结合中学思想政治课教师、政协委员的身份，通过宣讲、撰写文章，积极宣传中华民族伟大光荣的发展史以及国家的民族团结政策。

由于在政协履职实践中的出色表现，肖文玺 2018 年荣获县政协优秀提案奖，2019 年、2020 年连续两年被评为县优秀政协委员。2019 年被县政协派赴北戴河参加全国政协第 140 期地方政协干部（委员）培训班，在国家级讲堂接受了一次深刻的政治教育的洗礼……

跋涉的脚步从来不曾停歇

2020 年 9 月 6 日，肖文玺受游集镇民政所长吴新元、文化站长尤传化之约，赴游集镇幸福院开展一次"关爱老人"的心理公益活动。吴、尤二人都是灵璧县政协委员，他们与肖文玺在政协开展活动时，在社会心理服务体系建设方面达成共识，于是促成了这次活动。肖文玺利用自己在心理健康教育方面的知识，精心编排了一场"关爱老人，欢度晚年"的心理团体辅导活动。通过音乐冥想、故事分享、手操游戏、"快乐三句话"等活动，老人们的心门打开了，有些老人心中长久的郁结消散了，心空开始敞亮了。活动结束后，肖文玺据此写了一部心理剧《最美夕阳情》，在灵璧惠众社工服务中心支持参与下，2020 年 12 月参加了"幸福宿州．心理情景剧"大赛，作为唯一反映老年心理关怀题材的作品，获得了与会者的一致好评。2021 年，灵璧隍庙社区开展"周五面对面"社会心理服务活动，成立了社区心理咨询室，肖文玺应邀为群众提供公益心理服务。

灵璧英博：张训彩

石头的缘分 人格的魅力

老鹰

认识张训彩将军是从他撰写的《中国灵璧奇石》一书开始的，可以说是未见其人，先闻其名。《中国灵璧奇石》一书也是记者认识灵璧奇石的开始，于是便想结识这位著书者。今年7月，记者在郑州与其相遇并相识，感受到了一个爱石军人的独有气质。在与其交谈中，笔者记下了将军与石结缘30载，从爱石到藏石再到著书立说，在赏石路上谱写了一曲曲爱石的篇章。

与石结缘，用石头扮靓军营

张将军告诉记者："个人的爱好是工作经历和环境培养的，人离开了工作经历和环境很难养成一种习性。与石头结下了30多年的不解之缘，最初是因为工作所至。"

将军出生在"天下第一名石"灵璧石的故乡——安徽省灵璧县，然而，相识石头却缘于军旅生涯。20世纪60年代末，在全社会都响应毛泽东主席"备战备荒为人民"的号召，将"深挖洞、广积粮、不称霸"的标语贴遍祖国的大江南北时，18岁的张训彩带着一腔报国志，把自己交给了军营。他刚入伍就在苏北某部当上了一名工程兵，同时，为了响应号召，他所在的部队走进了深山老林，开山打洞，这样便每天与石头打起了交道来。在当兵的日子里，他慢慢被石头所感染，并开始用石头的魅力给军营带来活力。枯燥的工作加上荒无人烟的环境，许多战士情绪低落。而张训彩认为"爱美就会爱生活"，闲暇时他就引领战友在驻地附近的山上去寻找大自然中的花草、树木和奇形怪状的山石，于是石头从此成了大家经常谈论的话题。战友们热爱生活的积极性被调动起来，军营中多了欢笑声。

后来张训彩因工作表现突出，从一名战士提干，并逐渐从排长当上连长，再后来成为一团之长。随着部队的移防，他的生活工作环境也随之改变，从连云港调到南京市郊。张训彩发现来部队探亲的家属都喜欢在营区里留影，却只能以宿舍、营房等为背景。当时部队对面的山上出土一些很漂亮的太湖石，于是他就带领战士们挖回一批太湖石放置在营区内，堆成假山作"道具"，以供大家拍照留念。大家将照片洗出后，发现自己如同置身于风景秀丽的公园里，真是没想到！一块块美妙的太湖石扮靓了军营，给简朴的营区带来了一道十分美丽的风景线。

偶得怪石，萌发研究家乡石

张将军有一同乡好友名叫张素勇，转业前在西北某部担任团政委。当时他所在的部队也属工程兵，曾担负过某发射基地国家重点工程的建设，由于施工的需要开采了许多石头，张素勇转业时挑了些带回老家。回到灵璧后惊奇地发现家乡也产奇石，于是玩石的兴趣更浓了，简直喜爱得着了魔。80年代初，将军回老家休假，巧遇战友，两人谈及最多的莫过于那些神秘的石头。当时很奇怪，为什么在苏北、大西北、南京、灵璧，野外到处都有这些奇形怪状的石头？好奇心驱使他随好友到县郊山上捡了第一块灵璧石。将军是一位遇事爱琢磨的人，这块灵璧奇石启发了他对部队驻地的太湖石的联想，于是回到部队后他开始寻找一些造型优美的太湖石作为盆景玩赏。

石头接触多了，爱石、藏石的人也接触多了，将军通过观察发现爱石的人一开始对象形石比较感兴趣，因为它很直观，容易给人一种震撼，生活中容易找到对应的东西，所以会感觉到它有一定价值；而后会喜欢山峰石、抽象石。而灵璧石的神奇也深深吸引了他，他立志要对其深入研究。事随人愿，1990年张训彩因工作需要调入工程兵工程学院当了一名大学老师，这使他研究灵璧奇石有了一定的时间保证，也是他真正解读灵璧奇石的开始。

工作一闲下来，张训彩就到图书馆查阅一些有关灵璧石、奇石和石文化的文章。每年学校放假都要赶回灵璧，一是收集资料，二是收集一些品种石收藏研究。进入90年代中期，随着年龄和阅历的增长，他对灵璧奇石开始由感性认识过渡到理性研究。

著书立说，普及灵璧石知识

喜爱的东西就要追根溯源、了解它的历史，这是张将军的性格使然。可在灵璧老家，他发现介绍灵璧奇石的有关书籍很少，有的也大多是关于地质方面的，还有一些零散的文章，奇石科普方面出现了文化断档。由于奇石知识的不普及，老百姓只知道灵璧奇石好，不知道怎么讲它的好，石农普遍缺少对灵璧奇石的认识。在南京的一个花鸟市场，将军遇到一些灵璧石农把"四大名石"之首的灵璧奇石当萝卜青菜卖，价格远远背离价值。他感到十分痛心，家乡的宝贵资源不能这样浪费，他想灵璧奇石的价位低主要还是缺乏宣传、研究。

爱家乡的使命感、责任感驱使将军着手对灵璧奇石进行系统研究，想办法怎样把灵璧奇石宣传出去，让更多的人了解灵璧奇石。1995年他正式开始做出书的准备，回家乡、到县政府找有关领导讨论，对如何开发灵璧奇石，怎么样把灵璧奇石宣传包装出去等问题谈了自己的看法。他的想法不仅得到县政府及领导的支持，而且还结交了县里的一些藏石大户和石农朋友。

功夫不负有心人，历经5年的艰辛，2000年9月家乡父老和石界朋友期盼已久的《中国灵璧奇石》一书终于问世了。该书的出版填补了灵璧奇石科普读物的空白，也是我国第一部关于灵璧奇石比较完整的专著。

书中观点，引起社会诸反响

藏石，既是积累了美，也是积累了财富。《中国灵璧奇石》一书的出版，从理论上对张将军的学术研究给予了总结。

《中国灵璧奇石》的出版，在灵璧县引起了不小的轰动，首先是老百姓的反响强烈。将军休假时回到灵璧，发现书中的一些观点被经营灵璧奇石的灵璧人写成对联、条幅贴在店里、墙上。买卖石头的人都很渴望得到此书，有时候他去买石头，卖石的对他说："我送你一块石头，你给我一本书吧！"然而就书中对灵璧奇石的界定等观点，在学术界"一石激起千层浪"。县名宿孙淮滨老先生曾撰写了不少关于奇石的文章，对灵璧奇石颇有研究，当他看了张将军的《中国灵璧奇石》一书后，对书中"灵璧石实际上是灵璧县出产的一种石头，具有观赏、收藏价值，对人体无害的这样一种石头"这观点持有异议。孙先生认为"灵璧石主要是磬石，其他石头算不上灵璧石"，他亲自来到南京向将军提出质疑。张将军阐明自己的观点，向他解释道："奇石，奇形怪状，可以玩；石头，矿物质结合体。因此，提出对灵璧石的界定还是应该按照规范性的介绍。首先，灵璧出产的石头不一定都是奇石；其次，有可能不是磬石山老坑的石头，但它的结构成分有可能和灵璧石相似相同，而且还会以灵璧石具有相同的特征来命名，因为山连着山，虽然从地理角度可以划分清晰，但是从地矿角度它们是联系在一起的。"通过真诚的交流和沟通，书中的观点最终得到孙先生的理解和认可。

《中国灵璧奇石》一书出版以后，灵璧奇石的价格在 5 年内迅增了五六倍，现在该书已全部售完。为了达到石文化普及的目的，张将军又重新查阅了大量资料，准备补充、勘误后第二次出版。新版《中国灵璧奇石》即将推出，相信很快会与读者见面。

收藏奇石，是文化内涵再现

"收藏奇石，一定要读懂它，一定要学会层层深入，发现它的美，挖掘石头潜在的内涵"——这是张将军的赏石观点。

将军每收藏一块新石，都要考虑几方面的问题。他认为，为了避免引发一些家庭争议，首先要在环保上考虑，在收藏灵璧奇石之前，他也曾到灵璧县地矿局查阅灵璧石地矿含量的检测报告，了解到灵璧石无毒无害无放射性，这才开始放心收藏。其次，对石头的真假要鉴别，也就是说弄清楚这石头是人工做的，还是天然形成的。再次，对石头进行实际价格和价值的评估，一定要物有所值。最后，才是买到石头后的把玩与欣赏，去发现每块奇石独特的美感。谈及自己的收藏，今年 50 开外的张将军发出爽朗的笑声，他谦和地说："得到石头确实是一种缘，这种缘缘于对石头的理解。"

将军收藏有传统供石、砚石、印石、宝玉石及新出产的水冲石等种类。藏石中灵璧奇石占到了 2/3，可分为景观石、象形石、抽象石等类型，精品大概有 20 块左右。其余以太湖石、栖霞石和砚石为多。他的选择要求很高，对象形石，不逼真的不选；对景观石，没有震撼力的不收；对其他石种，没有特点的不要。对于生肖石，将军认为一定要酷似，纯天然，他藏的象形生肖石已有了 10 枚。他强调说："不能强求，不要牵强地去组合一套十二生肖。"石友们认为，将军的藏品中最有韵味的是景观山峰石。山峰石因其有沟壑空洞，错落有致而且给人想象的空间比大，比较有内涵，有的很浪漫、很神奇，能够带给人一些美好的感受。有的波澜壮阔、大气天成，能给人以震撼、力量感。而在品种石的收藏上，将军认为主要追求的是造型、质地、色彩和图纹。

赏石路上，张将军矢志不渝

赏石理论研究之路，艰辛而又漫长。但在赏石路上，张将军仍然志坚不渝，他告诉记者，最近又应聘担任了中国灵璧石研究院名誉院长，江苏、河南两省观赏石协会的名誉主席，中国观赏石协会高级顾问等职务，重点工作是加大对灵璧奇石的研究，并争取商订出一种大家基本认可的观赏石评赏标准及观赏石的价值观，深入地进行一些探讨，深一步挖掘灵璧奇石在历史上能够成为"天下第一石"的历史渊源和现实原因。还有，要对灵璧奇石的品种、产地进行一下整理和界定，以便灵璧石的爱好者们能更好地赏石、评石、藏石及交流。

将军研究、收藏石头已历时 20 多个年头，所得所失、其中苦乐，只有他自己最清楚。2003 年 4 月中央电视台《艺术品投资》栏目对其研究奇石及藏石情况进行了专访并播出。香港《大公报》以《石头城里的灵璧石之父》为题，对其进行了专门报道。《南京日报》《中华石文化》《奇石市场》《中原赏石》《灵璧石报》等媒体上也有其文章登录。

最后，让我用采访中将军对我说的一段话做结束语吧，也预祝他在"石道"上不停前进，有更多更大的收获。张训彩将军说："个人的收藏终归是有限的，我看一生中有几块石头足矣，或者是有一块很满意的石头也就够了。收藏，它不是一个数量的积累，而是对石头内涵认识的一种深化，是质的飞跃！"

灵璧英博：王淑一

匠心著华章

张少秋

　　我与王先生相识在 1977 年，那时，他以营职干部身份从部队转业到了新创建的灵璧一中任政教处主任。初时对他的印象是个头不高、不善言语，有些木讷。因为本人也是行伍出身，故臆断他非军事干部而政工。后经深入了解他是1962 年参军，时在北京军区新疆某兵站任文书，负责宣传报道。1963 年加入了中国共产党，当年提干任汽车团宣传干事。1968 年 1 月 26 日中国人民解放军总后勤部第二届学习毛主席著作积极分子表彰大会在北京人民大会堂召开，王淑一不仅是基层部队的先进代表，而且是因为文化底蕴深厚，宣传工作优秀被抽在了筹备组成了全组最年轻的成员。当毛泽东主席和国家领导同志接见代表们合影时，他荣幸地被安排在第一排左四的位置。更荣幸的是伟大领袖健步走向代表时，特意向他微笑致意。接见结束了，毛主席离场时特意在王淑一等人面前停步，他情不自禁地上前握住伟人的手，口中喃喃地喊着："毛主席万岁！毛主席万岁！"激动的泪水夺眶，虽然声音不高，那可是发自肺腑。主席温暖的大手恰到好处地回礼，尽管只是短短几秒钟，可令王淑一终生难以忘怀。

　　出类拔萃的他有了如此传奇，更加端正了人生价值观，释放了无比的干劲。说是北京军区后勤部，但保障的却是新疆、内蒙古、陕、甘、山、豫的驻军。实际上部队是点线布局，驻地分散，光内蒙古就有 3 个军马场都是他们部队负责保障，后勤保障线长达数千公里。按他自己的话说：除了上级抽调学习外，他常年都在基层部队，真是一年四季，长年奔波。惯看碧草蓝天，习惯了雪域高原。也就是那么少有的几次政治业务学习，他邂逅了闫肃，也发展成了比学赶帮的挚友。人们常说解放军是座大熔炉，王淑一就是在那里淬火成钢。在宣传干事岗位他深入基层站点寻找可爱战友闪光点，用笔描绘青春的风采。有一次他由一名战士带路到一个偏远的牧区采访在那执行三支两军任务的女兵，途中遇到了暴风雪迷了路，直到很晚才找到摇摇欲坠的窝棚。断炊两天的战友见到了他来激动地给他一个深情的拥抱，她怎么也不会想到冰天雪地里兵站领导会在她濒临绝境的时候出现，这个拥抱抛开了异性，突破了少女的羞涩，诠释了当代军人火热的青春。晚上，他们点燃牛粪篝火，喝着雪化的水充饥。促膝长谈至深夜，三人共盖一床被子同眠。王淑一回忆：那夜他和衣而卧，几乎未眠。他握着五四式手枪，听着野地里的狼嚎，望着酣然入睡依偎在身旁的姑娘浮想联翩，阶级斗争形势十分复杂，我们的战士一定要安全！于是他冒着抗命不遵的政治风险在旭日东升的时候带他们踏上了回公社的路程，并以坚决的态度促成公社重新分配了我们的战士在相对安全的地方。事后部队进行斗私批修时还有人提及，不仅是男女授受不亲，甚至上纲上线说破坏军地关系。对于这些王淑一泰然处之，部队领导也是理解他爱兵心切，那些污蔑并没有对他造成多大的伤害，反而树立了他正直的形象。直到现在他也不后悔当时的决定，唯一的遗憾是他不能接受那位女战士的爱。原来部队不是生活在真空，大凡男性压抑久了就会对异性想入非非，在好奇心驱使下女兵被"审查"，被人渲染"大被同眠"的女兵被谈话被激怒喊出了："只要他愿意，我愿意"……大有非他不嫁的架式。本来很可能被逼无奈，可她真是无奈离开了军营。王淑一根正苗红，经得住考验被提拔为连政指，后被任命为营副教导员、教导员，这样一干就是13个寒暑。这些年他带领车队走马天山，驰骋草原。这些年无论是驻地还是驾驶室堆满了各类书籍，爱兵爱学习几乎是他的代名词。那年骑兵建制撤消，军马场移交，保障任务随之改变成仓储、运供。部队领导根据需要，着眼于发展，让他到河南伏牛山中一秘密粮储基地担任副团职主任。接受谈话后他非要站好最后一班岗，一定要亲自带队再走一趟川藏线。结果火红的军旅生涯在血火中定格，车队遇到了山体塌方，他带车探险被巨石砸下山崖翻车着火……醒来时他在北京301医院，身体大面积烧伤，这个事故发生在他被任命副团职主任的前夜。一年多的治疗后，他回到了家乡。

　　他之所以选择了一中去教书育人，是因为满腹经纶无处使用。他家学丰厚，自强不息，行伍不成改弦更张百年树人，奈何一纸教师资格证把他挡在三尺讲台外。不气馁，不停歇，他以昂扬的精神在政教岗位屡有创新。他习书临帖当作日课，研修诗词权作宵夜，修得古典诗词歌赋精进，凝练成与人作对出口成章，填词下笔游刃有余。终厚积薄发在新千年伊始完成了万行政治叙事诗《神龙颂》的创作，然新闻出版的改革阻碍了传播，有当权者甚至"左"的吓人，竟然不允许正能量歌颂里带"神"字，全然不顾王淑一老师对"神龙"的释义。王老师在开篇的"龙吟曲"中写到：龙的故乡／应该有龙的颂歌／龙的传人／应该有龙的威名／龙的事业／应该有龙的壮举／龙的前程／应该有龙的恢宏／龙的传奇／应该让世人尽晓／龙的史诗／应该让子孙传颂／龙的精神／应该好好发扬光大／龙的威名／应该让五洲四海钦敬。这本是气势恢宏的大吕黄钟，却被人挂上标签欲拖褴褛之中，真乃气煞人也！王老师是我亦师亦友，早我 10 年当兵，晚我一年离开军营。军旅情结使我们互相尊重，他的文学造诣是我力不能及的高峰，我岂容别人亵渎文化的神圣！当我翻开王老师的书稿立时被内容震惊，全书使用 140 多诗词曲赋作为引言，从 1840 年写到了中国加入世贸的欢腾。151 段叙事有回顾，有峥嵘，有政论，有警醒，洋洋洒洒 268 千字。观之热血沸腾，令人豪情顿生的书不付梓面世简直是历史的罪人！我是带着王老师的重托，带着使命开始了出版运作。也就有了后来的时任中国文联党组书记高占祥题写书名，吕志先、陈瑞鼎写序，20 多位老将军、老部长等领导题词祝贺的阵容。陈瑞鼎同志专程赶来灵璧参加了由大众文艺出版社出版的《神龙颂》一书首发式，恰那天牛群来卖蒙城"五子牛"桶装水，把个一中堵得水泄不通。据说牛县长后来知道了相当多的人是从售水舞台前涌向《神龙颂》首发式的。

说到《神龙颂》出版可谓一波三折，除了先前说的那些懒政不作为的，还有搪塞推诿的。但中国文坛毕竟清风犹存，正气凛然。在运作过程中有段故事不得不说。我捧着书稿向中国文联党组高占祥书记汇报，高书记浏览了书稿的前面部分后，居然低声吟了起来：可惜／我的歌喉太小太小／我的声音太轻太轻／我的阅历太少太少／我的笔头太重太重／实在无法胜任这伟大的使命／不过／我毕竟也是龙的传人／血管中流淌着龙的血液／细胞中灌注着龙的赤诚／爱龙是我最执着的感情。他的目光在书稿上凝视了片刻，缓缓抬起头看向我们（我和张金卫）说："我能不能见见作者？"啊！这是什么样的文字能让德高望重的老文化部部长发出要见基层作者的请求？我俩喜出望外，立刻组织王淑一老师拜见高书记。

会晤的地点是在东城区高书记的寓所，幽静的四合院给人以温馨。高书记的平易近人更是感动了王老师，他谦虚地介绍自己来自基层也没上过大学。没等他说完高书记微笑着接过话头："哈哈！英雄不问出处嘛！我和李瑞环主席都在人民大会堂工地干活，哪个不是来自基层？"一句话拉近了彼此之间的距离，他们同坐一个沙发相谈甚欢，相识恨晚，亲密地像旧友重逢。看到这温馨的画面，我举起相机按动了快门，留下来珍贵的影像资料。原本计划会晤20分钟结果谈了两个多小时，秘书来催了好几次我们才恋恋不舍地离开。临别高书记将自己的书法作品集送给王淑一留念，王老师至今都珍藏着。

2004年"邓小平百年诞辰全国书画展"在北京军事博物馆举办，获奖的奖品就是一本《神龙颂》。该书获宿州市首届文学奖金奖，"中华颂"全国老少文学艺术大赛优秀图书奖。

"老牛自知夕阳短，不待扬鞭自奋蹄"。2005年王淑一老师以常人不及的才学，克服了常人难以逾越的障碍，成功点注了灵璧县志康熙本。说到困难有多大？我负责地告诉大家，康熙的年代正处于新旧文化交替时期，文言文八股文叠加，没有标点符号。繁体字生辟字横陈，断句可想而知，尤其是手抄本更是难上加难。王老师以严谨治学的态度，挑灯夜查资料，引经据典论证，审音拈韵，细致入微，真是废寝忘食完成了850千字的《灵璧县志》。2007年8月由黄山书社出版发行，这本书成了邑人的至宝，更是成了外地客商了解灵璧历史的索引。这本书获得宿州市文学"特别成就奖"。

2008年创作出版《百花吟·诗词曲赋三百首》，该书吟名花108种，附108篇花卉常识简介，自摄600多幅花卉图片，196首诗（含五、七言绝句、律诗、古风），123首词，12首散曲，1篇《百花赋》，1篇《后记行》，300副网上咏花接龙对联及10多幅咏花真草隶篆书法作品，被宿州市授予"新世纪优秀作家"称号。

2009年王老师完成了"一书在手能超越苏门弟子，百日经心可成为华夏词家"的大型工具书——《实用词谱新编》。这部书集词学解秘、词谱大观、词韵增编、词典选释、词家简介于一体，是学习诗词的必备神器。全书62万字，真谓是宏篇巨著。2014年1月26他日获得了"安徽省老作家文学贡献奖"，同年5月获"安徽省宿州市功勋作家称号"。

习诗人常说诗言志，词抒情。而王老师用厚重的文化内涵，优美的笔触，特殊的视角，无与伦比的责任感著书立说是在向我们传授博大精深的知识，传递着文学创作当有舍我其谁的精神，印证了书山有路勤为径的哲理。他并非科班出身，1962 年高考名落孙山后，即入伍戍边，靠着锲而不舍的精神走上文学的顶巅。他尚有 35 万字的长篇侦探言情章回小说《花落知多少》待字闺中，还有电影文学剧本《红笺泪》，戏曲剧本《买卖娘》，1840 韵的《薛涛吟》《醉八仙外传》《桃林风流记》等百万字文学作品等待付梓……

夜深人静，匆匆草成，实感不足为敬。

灵璧英博：王善廉

"长征"路上写《长征》

武新坦

2006 年，在纪念红军长征胜利 70 周年之际，灵璧中学的语文教师王善廉创作的大型史诗《长征》，由中国文联出版社正式出版。当他把这本厚厚的诗集交给我时，我非常感动，非常惊讶，一个已经退休的老人却有如此的毅力和激情。王善廉创造了诗坛"不朽的神话"，一部被誉为"汉语盛宴般的诗史"《长征》，震惊了中国诗坛。这部史诗总共 42 章，57200 行，浩瀚如海，厚重如山！《长征》，他写了 5 年，其间八易其稿，经过多次增删修改。要知道，他的心理准备和力量的积蓄却是整整 50 年！他的长途跋涉，也就是他一个人的长征。《长征》诗气势如虹，而诗的"长征"却辛酸如雨，如同爬雪山，过草地。一个老人在"文化苦旅"中，岂止是"四渡赤水"，而且横在他面前的也绝不是一座"娄山关"！

10 年后，在纪念红军长征胜利 80 周年之际，他已经是古稀之年，而他仍然是精力充沛，活跃在安徽的文坛上。王老师 2006 年加入安徽省作家协会，2010 年，以创作出版长篇叙事诗《长征》，一举成名，参加了中国作家协会。这部诗歌巨著，生动地描述了 20 世纪中国工农红军长征的伟大事件，热情讴歌了红军精神——《长征——不朽的神话》。他的诗篇和二万五千里长征一样，英雄史诗，光照千秋万代。

二万五千里长征，一个改变中国命运的征程，已在人们的评说中过去了大半个世纪。长征是世界人类战争史上的奇迹，它特有的魅力就像是一部最完美的神话，王老师重新认识长征，解读长征，长征还应该是一部教科书。甚至，长征可以指导我们工作、生活、学习的方方面面，而最根本的一点就是两个字——精神。

长篇叙事诗《长征》以叙事的文体回顾历史。1934 年 10 月，第五次反"围剿"战争失败后，中央红军主力被迫撤离江西革命根据地，准备与二、六军团会合，沿途突破敌人四道封锁线，兵力损失过半。黎平会议后，红军改变会合计划，向贵州腹地进发。红军攻打娄山关，占领遵义城，召开政治局扩大会议，毛泽东在中央的领导地位开始确立。会后，红军四渡赤水、巧渡金沙江、强渡大渡河、翻越夹金山。左路军走过人迹罕至的草地。随后，红一、三军团和军委纵队继续北上，攻克天险腊子口，翻越六盘山，到达吴起镇与陕北红军会师……所有这些构成了伟大的长征精神：坚忍不拔，自强不息，勇往直前。

诗中回首风雨来时路，漫漫征程，说不完的艰难困苦，道不尽的严峻险阻。冰封的皑皑雪山、人迹罕至的茫茫草地、峡谷急流、有乌江天险、有弯弯赤水、有大渡激流……加之蒋介石百万大军的围追堵截、粮食的严重短缺，每一条都足以让人恐惧、绝望。可长征中的战士们，却利用自己的两只脚，长驱直至两万余里，纵横十一个省。他们血战湘江、四渡赤水、巧渡金沙江、强渡大渡河、飞夺泸定桥、翻越大雪山、攻占腊子口……二万五千里长征路，二万五千里血与汗的洗礼。所到之处，哪里没有浸透着红军战士的热血？哪里没有谱写着动人的壮歌？长征向全世界宣告，红军才是英雄好汉。他们排除万难，经历了九死一生的激烈战斗，战胜了任何人都难以想象的艰难困苦。他们在一条布满荆棘和鲜血的道路上一步步艰难地走来，走向了光明和胜利。

诗中颂扬的一种精神，让长征途中的人们明知征途有艰险，却毫无畏惧、前仆后继地奔向一个目标！这种精神，让他们突破国民党军队的围追堵截，跨越万水千山，战胜无数艰难险阻，创造了无与伦比的英雄业绩，谱写了惊天地、泣鬼神的伟大革命篇章！这种精神，就是坚定不移的信仰、不屈不挠的求索、无所畏惧的前行、向着理想勇敢奋斗的精神。就是老人们口中述说的长征精神。

《长征——不朽的神话》的作者王善廉，笔名远村，1950年生于安徽灵璧县，中共党员。1978年从事创作，1966年参加工作，在灵璧中学任教，1997年调灵璧县教育局教研室，任中学语文教研员。主要作品：1978年开始在省刊发表作品。2006年5月，出版长诗《长征——不朽的神话》（中国文联出版社）。2007年2月出版长诗《春天里的怀念》（大众文艺出版社）。2008年5月出版诗集《从春天走向明天》（作家出版社）。2009年6出版散文集《未染色的梦》（大众文艺出版社）。 2006年5月《长征——不朽的神话》获宿州市首届文学金奖。2009年9月《未染色的梦》（散文集）获安徽省散文家协会"美伦杯"一等奖。2009年10月《未染色的梦》（散文集）获中国散文年会2009年度中国散文百篇（部）评选第六名。2007年加入"安徽省作家协会"2007年加入"安徽省散文家协会"担任理事。2010年1月加入中国散文家协会。

（原载《拂晓报》有增删 ）

灵璧英博：陈光林

一路虔诚

梁长峨

陈光林，笔名大林、老兵。中央文史馆书画院研究员，安徽省人民政府参事，中国美术家协会会员，安徽省美术家协会主席团成员，中国艺术研究院高级访问学者，中国华侨画院副院长，北京炎黄钟馗画院院长，宿州市政协书画院院长，宿州市美术家协会主席。中国文联系统"世纪英才"荣誉称号获得者。国家一级美术师，享受省政府特殊津贴的专家。

我与陈光林神遇，是12年前在已故的国画家梅纯一先生府上。一日，我拜见梅老，走进他的南屋画室，第一眼就看见挂在东墙上的一幅钟馗画和一个年轻人同梅老的合影。梅老告诉我，同他合影的叫陈光林，在大学里我是他的国画老师，现在灵璧三中任教，此子笃志勤学，专画钟馗，日渐长进。窃以为梅老如此垂爱，日后必有所成，当验之异日也。

匆匆十余载过去，而光林果如梅老之言，已卓然成家。翻阅光林的钟馗画集及简历，我清晰地看到，他一路虔诚走来，留下的执着的脚印。

他生于灵璧县娄庄镇陈家庄。这个村庄隐没在国家的版图中，没有经纬度，史无文典武范，历朝历代统治者，都不晓得他的疆土上有这个村子，这个村子的人，世世代代没有多少向往，木然的生存。但生于斯长于斯的光林却不同于他的父辈，他是一只雏鹰，无数次日升日落，望着平旷的荒野，渴望飞翔。

20世纪70年代末，他应征入伍，带着追寻梦想的希翼，舒展着青春的翅膀飞翔了。那一天，他唱着"长亭外，古道边，芳草碧连天"那首歌，只唱到一半，就已泪流满面了。因为初次的飞翔，他为不可知的前程而感到迷茫。尽管他全家都行武出身，父亲参加抗美援朝，母亲参加解放战争，两个弟弟也相继戎装在身，但他内心射出的闪电指引给他的是瑰丽的绘画殿堂，军旅终究不是他的归宿。因此他后来身在部队而心却沉浸在艺术之海中。

青春在风中一点一点飘逝。光林内心的激情始终在燃烧着。4年后，他毅然脱下戎装，又重新回到他那千年不变的家乡。他在自己家那低矮的茅屋，昏暗的油灯下，开始自己梦寐以求的追寻。第二年，他顺利考上了安师大滁州分院美术系。

"杏花疏影里，吹笛到明天。"在美术系里，他如饥似渴地汲取绘画艺术的营养。他日夜不停地同古今中外美术大家进行对话，他虚心的坚持不懈地求教老师，他认真地严肃地同同学进行艺术交流和碰撞。为了他日的灿烂，为了在天空和大地之间抖出一片辉煌，他竭尽全力、始终不倦地储备着创造的知识和能量。

走出安师大的校门，他就跨进灵璧县三中，一待就是15年。从艺术的历练上说，这 15 年是最值得他记忆的。如果说在安师大深造为他走上美术殿堂铺上了坚实的基石，那么在三中的 15 年则为他同美术殿堂之间缩短了极大的距离。这 15 年是一段长长的不可言状的、艰辛的长跑。

人们不会忘记他是怎么在那间床连着画桌，白天尚需开灯的小屋里度过的。

白天，他带一个又一个班的学生，晚上的时光就都是他的了。不管夏日的蚊叮虫咬、汗流浃背，不管冬日的急雪打窗，墨冻砚池，他都始终忘记一切，默默耕耘，在探索中攀登。

早晨，阳光执拗地透过门窗，把一把把碎金洒在斗室之内，他立马神清气爽，感到全世界的美景都聚拢而来。他搂着美景，美景也拥着他。于是，他挥舞着画笔又情不自禁地泼洒起来。

假日里，他常常把自己禁锢在小屋里。"结庐在人境，耳无车马喧。"他自己是自己的风景，他成为自己门上一把好久没有打开的生锈的锁。他在寂寞的时光里，采撷艺术原野上的美景。他深深感到，艺术是需要寂寞的，只有这时心灵才显得圣洁、纯真、深邃，灵感和情思才能源源不断涌来，才能听到心中艺术之泉在汩汩地流淌。

时光在不停地流逝着，光林不敢稍有懈怠，总是紧紧地向前追寻着。他在他那间斗室稍感疲劳和迟钝，就马上出走，走向旷野、走向大山、走向大海、走向都市，呼吸外界的新鲜的空气，让大自然的生机和灵性感染和激活自己，让外界的新思想冲击、洗涤、丰富自己。那荷塘的云影，那舟上的明月，那湖泊的涛声，那园林的清香，那草原的幽绿，那大山的起伏和雄伟，那大海的深邃和博大，曾给光林心中带来多少可喜的碰撞和启迪。

有一个哲人说，你拿一个苹果去换对方一个苹果，彼此得到的还是一个苹果，若拿自己一个思想去同对方交换一个思想，彼此就有了两个思想。光林似飞鸟、骏马和游鱼一样，纵情自由的飞翔、奔腾和游戈。在这当中，他同外界经历了无数次思想和艺术的碰撞，在这一次次同他山之石的碰撞中，他使自己逐渐深邃起来，丰富起来，从而使自己的艺术得到提纯、得到升华。

蒲松龄说过："性痴则其志凝。故书痴者文必工，艺痴者技必良。"任何成功都离不开专一，离不开痴。痴，专一，才能铆足劲，心无旁骛，全身心投入。铆足劲，心无旁骛，全身心投入，才能走得快，走得远。

由于少时的沉迷，大学的锻造，在教育岗位 15 年的执着，一路虔诚的追寻，光林终于在钟馗画上形成了独特的风格。他的钟馗画既有别家的精奥，又有自己的慧心。他那潇洒的线条，豪放的笔墨，古朴的章法，恢宏的气势，使他在古今钟馗画中傲然独立。由于艺术上的成就，家乡人民给了他很多荣誉：县政协副主席、县文联主席、市政协常委、市美协副主席、中国钟馗画院院长。于此可知，梅纯一老人十几年前青睐之不失耶。

如今人们被物欲的狂风和旋涡所裹挟，其良心良知被慢慢地一点点地分割了，切碎了，污染了，异化了。人们的眼光变冷了，心肠高精尖硬了。谁看莎翁的悲剧还会有悲天悯人、热血沸腾的情怀。电视电影里的刺激镜头和下流小说中的刺激情节才能被人津津乐道。那么多贪污腐败，那么多冤假错案，有几人敢拍案而起，真正主持公道！米兰·昆德拉说："我们面临的不是无知，而是麻木无感觉。"在这种境况下，光林以民间传说的原型，创造出全心为黎庶，仗三尺剑，走遍天下，扫鬼魅，镇魔妖，敢叫公侯立正风，定让正气满乾坤的钟馗，着实让人兴奋。这种教人独特的崇高的生存的艺术品实在太少了。这是我们最该称道和谢谢光林的。

知其以往而证诸之今日，然则知其今日则可预知之将来。我对光林是有期待的。愿光林一如既往、虔诚下去，愈走愈好，倾其全部生命华彩创造出更多的斑斓。届时，余深为画坛庆。

（原载台湾《艺术新闻》2003 年 12 月号）

灵璧英博：王锰

腹中有乾坤　笔下生风云

王锰，字铁峰，号积字轩主，男。1970 年 3 月生。安徽省灵璧县人。现为中国书法家协会会员；全国书法十杰；北京东方书画院常务副院长；安徽省书法家协会楷书创作委员会委员；安徽省书法家协会评审委员会委员；安徽省青年书法家协会常务理事；宿州市书法家协会副主席；灵璧县书法家协会主席。

书法成果：1995 年，参加中日破体书法大展并获奖。1997 年，参加中国书法家协会举办的庆香港、澳门回归大展。1999 年，参加全国首届隶书大展及魏碑大展。2000 年，参加北京 1000 人书法大展。2003 年，参加西安全国第八届书法篆刻大展（隶书）。2004 年，参加厦门中国书协全国第四届正书大展（楷书获最高奖）。2005 年，参加河南国际书展（行书）。2005 年，参加秦皇岛首届大字展。2005 年，参加中央电视台第二届杏花村汾酒杯电视书法大赛。2006 年，参加湖南中国书协举办的建党 85 周年书法篆刻大赛（三等奖）。2006 年，参加陕西榆林中国书协举办的纪念红军长征 70 周年书法篆刻大展（三等奖）。2006 年，入围全国第三届兰亭奖。2008 年，参加中国书协千人书法大展。2008 年，参加全国第二届草书大展。2008 年，参加全国首届册页展。2008 年，参加第四届天津书法百家精品展并获奖，被中国文联、中国书法家协会授予"全国书法十杰"称号。2008 年参加全国第二届隶书大展。2009 年，入展全国第九届书法大展。2010 年，获纪念改革开放 30 周年书法大展特等奖。连续获第二届、第三届全国书法百强奖。2012 年，获全国"个私杯"书法大展一等奖。2013 年，入展全国首届楷书大展。入展全国首届小品展。入展全国第四届扇面展。入展全国第三届行草书大展。入展"钟繇奖"书法大展。入展"陶渊明奖"书法大展。入展"王安石奖"书法大展。入展"乾元杯"书法大展。作品在报刊发表的有《中国书法报》《青少年书法》《青少年书法报》《书法世界》《书法报》《书法导报》《人民日报》（海外版）《人民画报》（海外版）。被评为中国实力派青年书法家 200 人。

现被全国 10 多家专业书画网站专门介绍。其作品被翰墨碑林、曲阜、西安碑林、毛主席纪念堂、国务院礼仪司及国务院下属局收藏，被北京锦龙堂特聘创作书家。

（县政协办公室　供稿）

灵璧英博：徐伟华

发出工会好声音

黄　永

徐伟华，1953 年 9 月生，灵璧县杨疃镇杨疃街人，工会工作者。1973 年 6 月在灵璧县文化馆曲艺队工作，任创作员兼演奏员、演员，后调入灵璧县人民银行任出纳员，1979 年调入灵璧县总工会任办事员、俱乐部副主任、办公室秘书和组宣部长，期间有两年挂职县东风造纸厂兼任副厂长。1996 年调安徽省总工会，分别在办公室、调研室和杂志社等部门任职，曾获华东六省一市工人期刊编辑最高奖，2013 年 9 月在《安徽工运》杂志主编任上退休。

早在参加工作前 18 岁时，徐伟华就为杨疃公社文艺宣传队写作剧本《抗旱曲》，被搬上舞台赴县城参加汇演。从到县工会工作起，他就开始写作并在全国各类报刊上发表不同体裁文章。1990—1993 年，他写作并出版了《与工会干部拉家常》一书。该书经由国家级出版社——中国工人出版社出版发行，再经各地工人报刊转载或评论后，立即在全国工会系统引起巨大反响，成为全国各级工会推荐读物。

他在全国各类报刊上发表的文章主要有《对依靠工人阶级的思考》《对工会要依照法律和章程独立自主地开展工作的理解》《西方工业化国家劳动者参与管理的比较分析与借鉴》《邓小平理论与工会工作》等工运理论系列，"我说工会"专栏，《魂惊三国旅》《咪咪，一路走好》《酸佬南行记》《似水年华乒乓乐》等嚎文系列，《黄山印象》《新疆游记》《虞姬墓》《香港掠影》等游记系列，趣谈三国人物系列，杂说水浒系列。其中"趣说三国人物系列"，不仅被《金陵时报》《彭城晚报》《合肥晚报》《拂晓报》《安徽工人报》等省内外主流媒体刊载，而且引起了中央电视台"三国"剧组的关注，邀其前往南京和无锡，与"三国"剧组总制片任大惠、曹操扮演者鲍国安等名家相聚，共同茶话"三国"。《西方工业化国家劳动者参与管理的比较分析与借鉴》被省社科院、省委宣传部、省体改委、省经贸委和省总工会等五部门评为"安徽省全心全意依靠工人阶级优秀论文"，被国家级刊物《工运研究》全文刊发。"我说工会"是为《劳动者报》所写专栏，每周一期，全年48篇，每篇题目由报纸出，他根据题目撰写文章。这个专栏于2010年1月20日（星期三）开栏，此后每到周三必须见报连载。"我说工会"开栏后即受到广大读者的热烈欢迎。《惊魂三国旅》2014年由安徽文艺出版社出版发行，像第一部著作一样在全国广受读者喜爱。号称中国第一书店的北京王府井新华书店，把《惊魂三国旅》摆放在"名家散文"书架上，与余秋雨、于丹等名家的作品并列。该书共35万字，荟萃作者21篇幽默噱文，从历史到人文，从科学到悬疑，从考证到假设，从现实到理论，从家庭到社会，从平民到领袖……题材广泛，叙述生动，文笔幽默风趣，集知识性、趣味性、可读性于一体，想象丰富，妙趣横生，独具特色，脍炙人口。

为发挥余热助力经济发展，徐伟华退休后重新出发，于2014年在省会合肥开始他人生的第二次创业，亲手组建合肥高丽今生实业有限公司。经过几年拼搏与奋斗，该公司目前已经被认证为安徽省科技型中小企业、安徽省高新技术培育企业和合肥市平安企业。2021年被中共安徽省委老干部局授予"省直机关离退休干部正能量活动之星"称号。

灵璧英博：李晓江

以出世情怀写入世华章

牛士中

李晓江，灵璧人，主任记者，宿州市民间文艺家协会主席、宿州市作家协会副主席、宿州市散文家协会副主席、宿州市"首届杰出作家"、宿州市首届文艺奖获得者、安徽省民间文艺家协会理事、安徽省第七次文代会代表、中国民间文艺家协会会员、中国散文家协会理事。

李晓江在宿州市是一位实力派作家，出版诗集《紫影集》、散文小说集《南行流水》《视觉》，创作纪录片多部，《视觉》被天翼、咪咕、豆瓣、网易云等发行，网络阅读量百万余。荣获国家级省级文学奖近二十项、国家级省级新闻奖三十六项……

李晓江的文学情缘早在求学期间就已缔结。凤山下，李晓江积极求知，广泛阅读，痴迷文学创作。他曾经担任凤山文学社第三任社长兼任社刊《二月草》主编、灵璧诗词学会（灵璧诗社）创会秘书长、《磬乡风韵》编委、北方文学会会长、《北方》杂志总编。早期文学活动，提升了李晓江文学创作能力，也推动他25岁出版诗集《紫影集》。

李晓江的诗歌，白描中旋转着多样的意象，不动声色的呈现中浸润着内心澎湃的激情。诗的语言或许不是很奢华，但却有撼动人心的蓬勃力量。他观察着尘世万物，将纷繁芜杂的自然和世态摄入眼底，投进内心，融化在自己的善良、同情、热心和悲悯中。他善于从生活中选取细小视角，与社会百态和人心对接，融汇升华成普世的情感和价值。有时简单如一只蜜蜂，有时平凡像一次出行，有时朴素似一季麦收，有时悲壮若一场没有结果的爱情，在这细微平常处，却见到令人心颤的柔软和最隐秘的坚硬，见到自然的法则、生活的韵味和生命的光辉。

如《飞翔》：我看到了／一只蜜蜂／从一条陌路／她低垂的仿佛敞亮的配饰／窃去了我的芒光／她俯冲／掠过一阵真空

李晓江善于捕捉偶然的遇见和灵感。与一只蜜蜂短暂的相遇，在常人眼中可能转眼即逝，可在李晓江的眼里，却闪耀着清丽的色彩。

在李晓江的行程中，安静也许是他最突出的特征，可是一颗诗意的灵魂却在他童话般的思维时空里天马行空。他诗意的精灵见缝插针，青草，绿树，山川、民居，还有白云，飞鸟，不失时机地成为他吟诵的意象。

在《赌局》中，一只鹰英俊的身影掠过头顶，李晓江敏锐地感觉到那劲烈的羽风触及车顶的灵动。他的眼睛平静却丰富多彩，内心的风云跌宕显露无遗。在《麦客》中，他以一名固守农耕文明者的身份和眼光，虔诚守护古老农耕法则和神圣信念，诗意思维在传统与现代之间徘徊，在渴望与拒绝中挣扎，寻找着现代生活中传统的出路。

李晓江诗歌，恬静自然，富有哲思，如同一条潺潺蜿蜒的生活小溪，在平淡安静的流淌中闪耀着耐人寻味的水花。那水花时而映照一叶一鸟，时而映照天地众生，在映照中展示缤纷的诗情画意。

李晓江诗歌特色也体现在其散文创作中。

李晓江散文，语言平静或说有些平淡，有时甚至有些冷峻，给人以直观呈现的距离感，然而当你稍微停留，那语言便赋予了魔力，把你带进情感的汹涌激流中，全身心被一种别样的语言和隐匿在静水中的强大悲喜哲思左右。随着语流辗转，叙述与思考戛然而止，你却无法迅速走出语境，走出那特定时空。

李晓江散文充满对时间、对空间、对生命和对人生的冷静思考，行文冷静中流淌着深刻和温暖，流淌着深沉的人文关怀。他将委婉的叙述融合在近似素描的景色中，轻轻流动，流动中泼洒撼人的力量。如《棉事》，他将自然之美与乡村生存之艰完美融合，不动声色地铺展在世人面前。

诗意的语言、时空、生活状态，在不知不觉的境遇中烘托出一个世外桃源般令人神往的农耕文明世界。这是李晓江散文的魅力，也是李晓江关心社会关心草根阶层心态精神的再现。他要做的就是一种自然的呈现和近乎冷静的叙述，一种发自内心的热爱和安天知命的情怀之流露。在《油布伞》里，他把曾经的乡村生活之艰难化作多年后的回忆，连缀起几个人生片段，融合自己的心理感受，娓娓道来，尽显散文形散神不散之特点。在《醉秦淮》里，他沉浸在六朝古都的光影中，把思维的触角伸入这座古都的血脉，与这座古都同呼吸共心跳，感知其中的奢华迷醉、风雨跌宕。语言缓缓波动，情怀水波不兴，一泓沉静的幽思在流深静水中潜滋暗长。

李晓江文字，是其浪漫情怀的舒展，是其关注生命关注人生和社会的普世价值观体现。他善于细小切入，善于从细微中拨亮那令人深思的火光。文如其人，这些文字也是李晓江风趣幽默、灵活机智、随和包容、儒雅含蓄性情和为人的充分流露。

李晓江是一位儒雅沉静、满腹浪漫情怀、满脑低调奢华的文人，还是一位积极出世参与诸多社会活动且成果斐然的社会活动家。

李晓江是一位媒体人,主任记者的光环闪耀在他的头顶,他担任方言剧《百姓故事汇》导演、制片人、编剧,担任《北方》《公众》《新视界》等报刊总编主编,将工作做得有声有色。他曾被授予"安徽省科普先进工作者"、中国电视艺术家协会城市委员会"最佳编导"、宿州市"书香之家"等荣誉称号。他还担任两届人民陪审员,事迹被《人民法院报》等媒体头版报道。

在市委宣传部、市委组织部、市文联、市民政局的支持下,李晓江牵头成立宿州市民间文艺家协会,被推选为首届主席。他以此平台,开展文化下乡活动,发掘发扬传统文化,繁荣地方文学事业和传承地方非物质文化遗产。李晓江到过灵璧的角角落落,到过萧县、埇桥、砀山、泗县的山山水水,到过淮北百善、临涣。他建立了大庙白龙文化园文艺创作基地和钓台村天下第一石文化园民间艺术家创作基地,在宿州先后举办首届剪纸暨民间工艺精品展、民间书画展、"电信杯"网络文学大赛、中学生作文大赛等系列文艺活动,带领一批民间艺术家走进阜阳、走进省城、走进长三角、走进北京,频频斩获大奖。

在各种文化和社会活动中,李晓江始终不忘发现提携新人,让他们脱颖而出。他多次深入基层为文学爱好者授课,多次担任各类文学奖评委,为多位作者出版著作作序或写书评。很多新人从此爱上文学文艺,满腔激情走上文学创作道路。

工作之余,他接连创作了《朱桥的夜》《红柳》等系列诗文作品。他将自己的人生与文学文化紧紧糅合在一起,以自己的浪漫书写着散文诗歌和小说,以自己的儒雅厚道低调平和书写着人际交往,以自己的出世情结书写着和谐和修行。

灵璧英博：白志功

群众文化守护人

程大康

1954 年灵璧人民文化馆改名为灵璧文化馆。在那个没有电脑，电视机还未普及的年代，文化馆极大丰富了人们的精神文化生活，尤其在市场经济确立之前的 30 多年中，文化馆为那个物质匮乏的时代带去的是岁月无法磨灭的美好回忆，就像夜深人静时一首触动人心的歌曲，总会有某些情感萦绕着，那是一种历久弥新的怀念。

提起文化馆，就会想起那个时期灵璧县文化馆馆长白志功。白志功老家在萧县，1927 年 2 月出生于龙城，1948 年任萧县完全小学校长，1950 年调到黄口人民文化馆任馆长，1951 年调到灵璧县固镇人民文化馆任馆长，1954 年任灵璧文化馆馆长。

文化馆的工作主要是组织开展群众文化活动，并指导乡区（镇）文化站、群众业余文化团体开展工作，辅导培训群众文艺骨干，开展民间艺术普查等。白志功馆长特别重视城乡业余文化活动的辅导，安排专业人员下乡深入业余剧团培训主要演员，除了传授技艺，还供应演唱材料，极大地提高了业余剧团的演出水平。为了了解辅导培训工作的成效，他曾经无数次亲临城乡剧团的演出现场，特别是边远偏僻的乡村，看到那如同白昼明亮的汽油灯，那黑压压拥挤涌动的人群，那个个发自内心喜悦的面孔，那一阵阵甜滋滋的笑声，那台前台后的忙得不亦乐乎的演职人员们……这一切一切的情景，都使他激动万分。

为了掌握全县民间艺术的数量、发展状况，白志功馆长成立了民间艺术普查小组，深入乡镇村落，走访艺人，深入开展艺术普查。他亲自带队，风雨无阻，经过一个月的走村串户访问、观看演出，记录了大量的艺术资料。为使资料完整无误，回来后他都进行精心整理，每天都要工作到深夜。

文化馆工作虽然辛苦，但因为热爱，他无怨无悔，乐此不疲。现在回想起当时的情景，他的儿子白永刚眼睛还会湿润，在他的眼里，白志功馆长就是个工作狂，把文化馆视为自己的家。当年文化馆条件简陋，房屋年久失修，雨季外面下大雨屋内下小雨，有时为了保护文化馆的刊物、书籍、资料不被雨淋受潮，他常常忙到深夜，回到家已是黎明时分。

1958年，全民整风反右运动深入开展，白志功馆长被划为右派下放农村，新中国成立后十年文化馆积累的图书、报刊、宣传资料等都荡然无存，这一段时间他总是沉默不语，茶饭不思。

党的十一届三中全会以后，迎来了群众文化的春天。1978年秋，白志功重新回到文化馆，恢复馆长职务。复职后他有三个愿望：一是把文化馆工作转到群众文化轨道上来；二是努力创造条件改变文化馆的旧面貌；三是扩建职工宿舍，增加文化活动场所。在千头万绪中，他决定从提高认识，转变思想入手，从学习党的十一届三中全会文件作为突破口，把全馆职工的思想认识统一到三中全会提出的号召上来，大力开展几个方面工作：加强文化馆宣传工作；开展周末文化活动；摘掉曲艺人的"三黑帽子"；活跃农村群众文化等。在业务工作方面，他首先抓好活跃阵地的馆办活动，举办丰富多彩的美术展览、文学讲座、歌咏比赛、科技讲坛、摄影艺术、京剧晚会等。每晚组织馆内、馆外人们观看电视，门前建立20多米长的宣传画廊。设立两处时政文摘专栏和木制黑板报。文化馆工作渐渐走出低谷，初步形成一个重要的丰富群众文化生活、建设精神文明的阵地。

1980年以后，灵璧文化各个领域像雨后春笋蓬勃发展起来。在短短的时间内灵璧十几个集镇，都建立了文化中心管理委员会，依靠集体力量兴建了影剧院，把农村剧院、电影队、图书室、曲艺组杂技队、文学社、书画协会、照相馆等文化组织都统一在文化中心的工作范畴，经常开展时事政策、科学技术的宣传和各种文化娱乐活动。

1987年，白志功根据上级文件精神，大胆地开展"以文补文、多业助文"活动，以此发展、搞活文化事业。文化馆采用"以文补文"的收入，陆续举办了美术、音乐、戏剧、文学、摄影、曲艺、食用菌栽培等培训班，培养出了一批批人才。灵璧县文化馆"以文补文，以文养文"的群众文化活动受到了国家文化部的嘉奖。

白志功特别注重培养、提携爱好艺术的年轻人，不断地鼓励他们努力闯出一个新路来。艺满馨乡、音扬四方的高成富（高小眼）就是在他的扶持、帮助下走向成功之路的。高成富家在县北大路乡小杨庄，从小丧父，初小毕业，贫穷迫使他寻找生活门路，想拜师学艺。白馆长看他有一副天赋的好嗓子，高亢而婉转、透明而宏亮，字正腔圆，是个不可多得的艺术苗子，就鼓励他去学琴书，并在学艺、生活、演出等各方面提供帮助，使其成为安徽省曲艺家协会会员，"高小眼"这个艺名也响遍江淮大地。

文化馆举办的文学创作培圳，培养出了800多名青年文学爱好者。灵璧群众文学创作活动呈现一派繁荣景象，建立了23个文学社。这些文学社哺育不少人才，被省、地、区各级党委政府部门录用。

灵璧民间艺术品类繁多，主要有大鼓、扬琴、皮影戏等，这些古老的民间文艺形式，技艺仍保留在老年人的心中，多数都面临着人亡艺绝的边缘，如果无人过问也就会失传。文化馆为了挖掘、整理、保护、传承民间艺术，每年春节前都举办大型会演，并有计划地发动群众开展各类文化活动。

1991年12月，白志功馆长在职40年，光荣办理了离休手续，时年63岁。他怀着对文化工作的满腔热情和无比依恋，来到县关工委任秘书长职务。期间，他发挥余热，向广大青少年进行爱国主义、社会主义、集体主义及革命传统教育。1995年，他被评为先进个人，光荣出席了宿州地委召开的关心青少年下一代工作表彰大会。他用一生的心血做着群众文化工作，有生之年还在为下一代的健康成长，为灵璧文化的繁荣，贡献自己的力量。

退休离开文化馆工作，白志功馆长开始"回顾"许许多多的往事，收集、整理群众文化的资料，出版了《江淮大地上的群众文化》和《一个文化馆的风雨历程》两本书，为人们了解那个时代的群众文化留下了宝贵的资料，为以后文化馆工作开展积累了丰富的经验。

在《一个文化馆的风雨历程》中他说："从事40年的群众文化工作，我深深体会到，文化馆是一个培养人才、造就人才的地方。群众文化是一门内容极为丰富的科学，是城市文明建设的标志，我热爱这项工作。"因这份热爱，他撒下了一路芬芳，成为人们心中的好馆长。

灵璧英博：王为民

以笔为犁勤耕耘

刘培廷

王为民（1951—2020），禅堂街人，灵璧著名作家，生前为灵璧县计划生育委员会计生协会秘书长、中国曲艺家协会安徽分会会员、省作家协会会员。

幼年时，王为民家境贫寒，但他志存高远，勤奋好学，爱书法，酷爱读书，为他走向文学道路打下了坚实的基础。因文字功底好，在部队一直做文书工作。经过部队的锤炼洗礼，他的书法、写作水平都大有长进，转业到家乡，已是一个会"舞文弄墨"、见多识广、多才多艺的文艺青年。因此，1976年1月他被禅堂公社抽调做"路线教育"工作，后来又转到计划生育工作岗位。

除了部队经历外，王为民一生主要从事计划生育工作。工作之余，他开启了文学创作之路，数十年他以笔为犁，耕耘不辍。可能与工作有关，他的作品内容大都是计划生育方面的，可是体裁却多种多样，有小说、散文、戏曲、小品、相声、快板等，充分展示了他的文学功底和创作才华。

王为民工作踏实、认真、负责，多次荣获省市计生协表彰奖励，同时他善于思考、总结，并将其流注笔端，形成一篇篇精美的文章。1976年以来，他先后在《中国人口报》《农民日报》《半月谈》《参考消息》《农村大世界》《安徽日报》《安徽人口报》《婚育》杂志，《拂晓报》《新安晚报》《皖北晨刊》等报刊上发表10多万字上百篇文章。报告文学《万事管》获国家计生协征文一等奖。

计划生育工作政策性很强，为了配合宣传工作，他创作了一系列的相声、小品、小戏等作品，交给县泗州戏剧团排练和演出。1990年相声《找表妹》获省委宣传部、省计生委、省文化厅征文活动二等奖。1991年快书《连降三级》获省文化厅、省曲协征文三等奖。1999年戏剧小品《三结合变奏曲》

获国家计生委、计生协、中国人口文化促进会"天利和"杯文艺调演银奖。该剧又于 2000 年荣获国家计生委、国家文化部、中国电影电视总局、国家文联、中国作协等单位联合举办的中国人口文化奖（广厦杯）三等奖。2003 年泗州小戏《赎女记》获安徽省文化厅文艺调演二等奖。2006 年小品《劫案》获安徽省文联、安徽省戏剧家协会编剧二等奖。

除了相声、小品、小戏这些短平快的作品外，王为民也在酝酿着长篇巨著。1991 年出版学术专著《警钟长鸣》（合著），2002 年出版长篇小说《山路弯弯》，2010 年出版长篇小说《村落》。这些作品凝聚着他半生的心血和汗水，其中《山路弯弯》是我省第一部计划生育题材的小说，被国家计生委授予"五好作品"三等奖。

2014 年王为民被授予宿州市功勋作家称号。他的作品就像他的为人一样，朴实无华，真诚敦厚。他用娴熟的技巧驾驭着文字，去叙述他最熟悉的事，塑造最典型的人，抒发最真诚的情。他虽然走了，但他塑造的人物形象一直鲜活地映在人们的脑海，他的相声、小品、小戏带来的欢声笑语还在人们耳畔回响，他的人品，给人们留下了美好回忆和永远的怀念！

灵璧英博：刘万广

最美基层文化人

井茂龙　许　林

刘万广，1953 年 12 月生，黄湾镇砂坝村人，优秀农民通讯员。从事新闻工作 40 多个春秋，发表了 3000 多篇稿件，有 100 多篇获中央、省、地新闻单位颁发的荣誉证书，先后 30 多次被省、市、县宣传部评为优秀通讯员，2018 年 2 月 14 日被省委宣传部、省文明办评选为"安徽省最美基层文化人"，是灵璧县各行各业获得荣誉最多的人。

1970年，刘万广入伍到南京军区某部当兵，后调到北京任中国人民革命军事博物馆讲解员，在主馆讲解党史军史，接待众多党和国家领导人、军队领导人和外国元首及军队官员，被评为优秀讲解员。1972年8月1日，周恩来总理来馆参加纪念建军节活动时，他受到亲切接见。后被部队推荐参加《解放军报》培训，他利用课余时间大写身边事，被评为优秀通讯员，《解放军报》《人民前线报》《中央广播电台》等新闻单位时常出现刘万广的名字。1973年5月刘万广退伍，经县委宣传部推荐任黄湾公社专职通讯员。

身为最基层的通讯员，他每天走村串户采访，很少过星期天、节假日，几乎都是白天抓素材，晚上灯下爬格子。1994年8月间，黄湾水灾严重，刘万广随镇领导跑了一天，抓了几条"活鱼"，一夜没合眼写出4篇消息、1篇通讯，5篇稿件飞出后，全被新闻单位采用。拂晓报社总编江荣福知道后，感叹地说："一夜出品五篇文，难找第二个刘万广。"

40多年来，他在加强业务学习的同时，从没间断抓政治学习。党的十一届三中全会召开后，他先后26次来到该县搞大包干较早的庙李村，从多角度采写出40余篇反映大包干带来大变化的文章，其中4篇在《安徽日报》头版头条刊出，5篇在《人民日报》《半月谈》、中央人民广播电台发表和播出。1982年6月，他写的庙李村《三户农民喜卖万斤粮》的1500字通讯，7月7日在《人民日报》二版显著位置刊出，这是全国第一家报道包产到户后农民卖出万斤粮的稿件，被新华社发通稿，全国20多家新闻单位先后刊载。1980—1985年的5年间，刘万广以不同角度、不同形式的文体，采写出推行大包干做法及深化完善的各种文章达600多篇。《安徽日报》《拂晓报》的编辑们赞扬说："刘万广是为推行大包干鸣锣开道的高产通讯员！"

1997年6月29日，朱镕基副总理视察黄湾时他跟随记录，写出多篇文章在中央和省级报刊发表。其中，《副总理送来及时雨》获全国三等奖、全省一等奖。《朱副总理在黄湾镇发出强农惠农新信号》被中办、国办转发。《朱镕基视察黄湾纪实》被市、县党史和志书中刊载。1998年夏，写出《粮价调后第一磅》在人民日报二版头条发表，有力推动了农村改革，县政府专开表彰会进行奖励，被安徽省委宣传部评为年度最佳好新闻一等奖。

改革开放 40 年来，刘万广写出 20 余篇农村改革的重头文章，被收录在国家和省级组织编写的系列丛书中。他还被市县办公室特聘为信息调研员，在一线写出众多反映农村重大改革的调研文章，其中有 20 多篇被中央和省市领导批示。2003 年 4 月反映农村民主理财的《红星村农民二次"掌大印"》被中央办公厅印发《信息专刊》，报发给中央领导。他连续多年被市、县委办公室评为优秀信息员，在他获奖的证书中就有一部分是市、县委办公室颁发的。

刘万广是个写典型的行家里手。在他的笔下，已涌现出全国劳动模范井学荣，全省劳动模范朱守诚、朱守忠、吴建国、张朝龙，地县劳动模范李东堂、王兴章、纪春风，焦裕禄式好干部柯增华，爱生如子、见义勇为的教师陆荣飞等十几个典型，为推动两个文明建设起到了鼓舞作用。他写的《柯增华患绝症仍坚守工作岗位》《陆荣飞为保护学生受重伤》等文章，在省市媒体发表，先后被省委书记张宝顺、省长李斌、教育部长袁贵仁作出批示，树为全省典型开展学习。

刘万广还先后为镇、村和镇直单位写总结规划、调查报告、经验介绍、广播讲座等文章 2700 余篇达 400 万字。其中，《灵璧黄牛跌的原因？》《调整产业结构要讲乡情》《粮价调后农民中的三喜三忧》等 4 篇调查被中央两办转发，32 篇被国家、省、地县出版的书刊录编。

新冠肺炎疫情发生后，他始终坚持在一线用笔抗疫，写出广大党员干部群众战胜疫情稿件近百篇。其中《黄湾镇千余名党员齐上阵全力打好防疫战》在《人民日报》发表，40 多篇在《安徽日报》等省级媒体发表，为防控疫情阻击战开展作出了贡献。

刘万广一直参加县志、县年鉴、县政协地名文化和文史资料征集编写工作，写出众多篇幅文稿。他还按照省、市、县部署安排，自征、自写、自编、自打 40 余万字的《黄湾镇志》，已经出版发行。

在刘万广办公桌的玻璃底下看到一幅用毛笔字写的"重金不写违心文"几个字。他是这样写的，更是这样做的。在他发表的 3000 多稿件中无失实报道，赢得了报刊、电台编辑和广大读者、听众的好评。

一些人为刘万广至今还是个农民而抱亏，可刘万广舍不得丢掉手中的笔，他决心一辈子当精神上的富有者。

灵璧英博：尤传化

传播文化的"小喇叭"

韩　英

尤传化，灵璧县游集镇人，中国民俗学会会员，中国诗词协会会员，安徽省作家协会会员，安徽省民俗学会理事，安徽省散文家协会理事，灵璧县第十届政协委员。曾先后获得"全省政协系统先进工作者""宿州市志愿服务优秀个人典型""新时代履职先锋""优秀政协委员""优秀社情民意信息员""灵璧好人""学雷锋先进个人""灵璧民谣传承人"等荣誉称号。

"传化，传化，传播文化"，尤传化常常以诙谐的口吻这样解释自己的名字。在灵璧县游集镇，提起尤传化这个名字，几乎无人不知、无人不晓。多年来，他扎根基层，服务乡间，利用自己民俗大家的优势和政协委员的身份，常年奔波在传统文化挖掘整理、传承保护和各项公益活动的第一线上，栉风沐雨，像一支行走乡间的"小喇叭"，奏响时代的旋律，传播正能量、宣传好思想，践行着一个普通文化志愿者的初心和使命。

身为政协委员的尤传化，始终不忘一个政协委员的职责和使命，深入基层，联系群众、服务群众，了解民情、体察民意，充分发挥一个政协委员的桥梁和纽带作用，向群众解读政策，为政府分担忧愁，深受广大群众的赞扬和领导的认可。

2018年5月，尤传化在游集镇率先挂牌成立委员工作室，采取"走下去、请进来"的方法，加强与群众的沟通与联系。他把那些有威望、有文化、有思想、有见解的老干部、老教师和一些文化能人，请到工作室来，召开"乡贤谈乡风"座谈会，针对农村存在的各种现状和他们促膝交谈、深入讨论。从农村卫生情况、环保问题，谈到村容村貌、乡村建设；从红白喜事、邻里纠纷谈到家族势力、赡养老人，大家畅所欲言，无拘无束，提出一系列建议和意见，为政协工作室提供了不少有价值的社情民意信息。这一种举措也受到县政协大力表扬，并在全县推广。

为了让更多的人了解政协，认识政协，扩大政协的影响力和社情民意信息来源渠道，尤传化又在县政协和民政部门的帮助下，注册成立了游集镇文化志愿者服务站，牌子就挂在工作室门口。招募文化志愿者达 50 多人，充分发挥他们的文化技能，让他们直接参与脱贫攻坚宣传、精神脱贫、文明乡风传播、移风易俗和人居环境宣讲、秸秆禁烧、扫黑除恶、非遗传承等政府重点工作，受到了新华社的采访和报道。

无论是座谈、调研、走访，只要是群众反映的信息和问题，尤传化都会及时归纳、梳理、撰写。多年来，他反映的社情民意信息达 70 多条，其中被省政协采用 11 条，市政协采用 5 条，县政协采用 90 多条，《残疾人期盼两项补贴全覆盖》荣获全省社情民意信息二等奖；《防止青少年儿童溺水应综合施治》被县委书记刘博夫签批；《不能让乡村道路成为酒驾监管的"盲区"》获得市委书记史翔的批示；《农村分散供养户护理政策亟待完善》和《农村种粮大户期盼惠农政策倾斜》引起张曙光副省长的高度重视，由此制定出台了《农村失能失智五保户和建档立卡贫困人员集中供养》文件，惠及了全省因生活不能自理的五保户和贫困户，并专程批示鼓励种粮大户的系列政策在宿州市先行先试。

尤传化多才多艺，是尤集镇有名的小能人，也是乡间红白喜事的"大老执"。他当"老执"在当地堪称一绝！他能根据事主家庭情况现编现用，语言丰富，才思敏捷，出口成章，滔滔不绝。在主持各类婚丧嫁娶、庆典仪式的过程中，尤传化传播新思想、发扬新风尚，竭力提倡移风易俗、新事简办。身为"老执"的尤传化，时刻不忘自己的"老本行"，把传统文化与现代化思想相结合，推陈出新、活学活用，搜集整理了大量的《撒帐歌》《辞灵歌》《婚丧礼仪》等民俗文化知识，2010 年底加工整理《民间婚礼撒帐歌》100 多首，在网络平台发表，得到安徽省民俗学会王贤友秘书长的高度重视，于 2012 年春全文刊登在安徽省民俗协会专业刊物《乡音》上。尤传化被吸纳为安徽省民俗学会会员，2013 年 6 月安徽省民俗学会第四次代表大会上当选为安徽省民俗学会理事。2020 年被授予宿州市非物质文化遗产灵璧民谣代表性传承人。

诗词创作是尤传化的业余爱好，他从青少年时代起就对写诗情有独钟，尤其擅长古风体。古迹遗存、名人逸事、民间传说、花鸟虫鱼、四季风景都成为他创作的素材。近年来其诗词、散文及民俗文章有近千篇（首）发表在《中国文艺论坛》《光明网》《当代诗人作品精选》《当代文学精品汇编》等数十家文学刊物和一些网站上。2015年他又出版了个人诗集《磬韵古风》。作为游集镇农民诗书画院秘书长，他曾担任《杏韵》的主编，并且肩负农民会员文集出版的执行主编重任。进入政协后积极参与灵璧文史研究，担任《灵璧地名文化》《灵璧民谣》《灵璧记忆》的编写任务，完成了"独轮车""老屋""牛屋""毛翁""水井""蓆篷子""石磨""染坊""风箱""货郎挑""打场"等民俗文化现象的研究与创作，近20篇文章已在《安徽文化》连续推出。

为打赢脱贫攻坚战，尤传化欣然加入游集镇精神扶贫志愿者队伍，并且发挥他个人优势，成立了以游集镇农民诗书画会员为队员的精神扶贫服务组织。他采用浅显易懂、通俗形象的表达方式，让贫困家庭在了解政策的同时，积极配合脱贫攻坚工作开展。尤传化充分发挥乡村文艺人才的带头和引领作用，激发他们艺术创作、服务大众的积极性和创造性，注重引导各村组织民间非遗传承人、乡贤能人、文化骨干成立文化志愿服务队和文艺小分队，走进田间地头，学校村庄，开展纳凉书场、"非遗"进村居、进校园等活动，带领群众自编自演，以快板、大鼓书、琴书等群众喜闻乐见、灵活多样的形式进行政策宣讲。

近年来，尤传化反复查阅资料，吃透政策精神，先后创作了大鼓书《说扶贫》《老胡脱贫》《胡大嫂看病》《美德少年王甜甜》《诚实守信退伍兵》《美丽家庭张迟灵》《邻里守望张永》《孝老爱亲解会芳》《受市委书记夸奖的扶贫小组长李桂兰》《自强模范张淑惠》《王大嫂的改变》《扶贫助残好村医胡光明》《脱贫模范闫秀芹》等50多篇，不仅请鼓书演员走村串户演唱，而且在网络和报刊上发表，让更多群众了解扶贫政策和知识。

游集镇尤东村村民闫秀芹，其丈夫遭遇车祸瘫痪卧床8年多，上有老人要尽孝，下有儿女要抚养，又要伺候瘫痪在床的丈夫，家庭困难可想而知。但闫秀芹在村扶贫干部的大力帮扶下自强不息，自谋职业，硬是用自己柔弱的双肩撑起了一片天，靠努力脱贫致富，并主动申请自主脱贫。这个活生生的典型事例，尤传化及时地进行了调研采访，编写了大鼓书《脱贫模范闫秀芹》，并且录制成 U 盘反复播放，广泛宣传。闫秀芹的事迹被媒体报道后，在游集镇、灵璧县，乃至全省、全国都引起很大反响。闫秀芹也被光荣当选为"中国好人"和宿州市人大代表。尤传化又把闫秀芹等光荣脱贫的典型组织起来，成立志愿宣讲团，利用自己的亲身经历，现身说法，到各地轮回宣讲，给广大扶贫干部和贫困群众极大的鼓舞，为灵璧县的"脱贫摘帽"作出了积极贡献。

2020 年新春伊始，一场突如其来的新冠疫情蔓延全国，牵动着千千万万国人的心，使原本喜庆祥和的节日气氛一下子紧张起来。远在蚌埠市和儿孙团聚的尤传化临危受命，心急如焚，不顾儿子、儿媳的劝阻，大年初二就火急火燎地赶回老家游集镇，主动请缨并献计献策，在全县率先打响了联防联控的阻击战、群防群治的宣传战。

长期在基层工作的尤传化果断提出，非常时期，当有非常举措，打赢这场阻击战，首要任务应当做好宣传工作。尤传化克服一切困难，迅速成立一支由各村文化志愿者组成的宣传服务队。队员们身披志愿者绶带，手持小喇叭，在尤传化的带领下每日走村串户，穿梭在村庄社区、大街小巷宣传联访联控政策和安全防控知识。与此同时，尤传化充分发挥他民俗大家的优势，让各村红白理事劝导队也利剑出鞘。两支队伍同时行动，相映成趣，很快成为活跃在乡村街巷的"抗疫轻骑兵"。"各位村民要记清，防控疫情莫放松……""竹板一打响连环，我把防控知识来宣传……"这些尤传化自编自演的顺口溜、快板书响彻在街头巷尾，成了家喻户晓、脍炙人口的"口头禅"。每当他带领一群志愿者走上街头，人们便亲切地喊："小喇叭"又来了！

在当地，尤传化德高望众，有着丰富"人脉关系"。他充分发挥了这一资源优势，深入村组户中，协助政府做好摸排与劝阻工作。他首先想到的是镇里的五保户、贫困户等弱势群体，把他们当作自己的亲人、"关系户"，一有时间，就到他们家里嘘寒问暖，给他们送去口罩、酒精等防护和消毒用品。在灵璧游集，只要提到尤传化的名字，几乎人人都是他的"关系户"，再难办的事情，只要他出面都会迎刃而解。

在做好宣传与劝阻工作的同时，他还广泛发动社会各界人士募捐，在他的四处发动和感召下，共征集社会募捐物资约 10 万元。他把爱心人士捐来的口罩、消毒液、酒精等防疫物资和粮油米面、蔬菜水果、方便面等生活物资

——发放到群众手里。并帮助困难群众买菜、购物，送货上门，有效地解决了人们在防疫期间出门难，购物难的问题。当地人们提起尤传化，都感激地称呼道，尤传化是我们的"守护神"！

在防疫期间，尤传化广泛听取各界群众在疫情防控中的所思所盼，并对基层干部在防控工作中创造的好经验、工作中遇到的问题和好的建议，及时记录下来，结合自己的所思所悟，形成材料上报。他写的关于疫情防控的20多篇"社情民意"均被市县政协采纳，有的还得到主要领导的特别批示，提案《疫情防控时期要防止重复发文消耗基层干部精力》被省政协采用，创作的8篇曲艺作品被制成音像宣传片，在全县广为传播，采写的抗疫新闻稿件30余篇被媒体刊用。其中他为游集镇16个村编写的疫情防控顺口溜和三字经率先写入《村规民约》中，已被作为基层疫情防控的经验在全省各地推广，《安徽日报》和《中国文明网》等作了专题报道。人们提起尤传化，就会竖起大拇指，交相称赞他是灵璧抗疫的"吹鼓手"！中共灵璧县委组织部表彰尤传化为"疫情防控一线"的先进个人。

现在尤传化依然每日忙忙碌碌，像一支行走乡间的"小喇叭"，为繁荣乡村文化事业、树立乡村文明鼓与呼。游集镇在他的影响带动下，民风淳朴、文化氛围浓厚，乡村和谐稳定，群众精神面貌焕然一新。

灵璧英博：冉献强

呕心沥血写春秋

杨荣美

冉献强，原名冉现强，1942年3月生，灵璧县杨疃镇冉桥村人，中学退休教师。现为中国楹联学会会员、安徽省书法家协会会员、安徽省曲艺家协会会员、安徽省民俗协会会员。

冉献强自幼酷爱书法，自10岁习书，70年来笔耕不辍，真草隶篆，诸体皆通，曾在全国各级书法大赛中多次获奖。曾获"安徽省书法名家邀请展"金奖、"灵璧县馗酒杯硬笔书法大赛"特等奖、"第六届全国教师书法大赛"毛笔字二等奖、"国际榜书大赛"优秀奖等。1959年，曾在全国开展书法义务教学活动，当时招收学员百余人，从不收费。1996年，在宿州市举办"冉献强师生书法展"，共展出书法作品100余幅。20世纪80年代，发起成立"灵璧县农民书画协会"，并被推选为协会主席。会员百余人，遍及全县各个乡镇，为农村书画事业作出了贡献。

冉献强还喜爱文艺创作。自20世纪70年代以来，他曾在《江淮文艺》（安徽省刊）、《文化娱乐》（浙江省刊）、《天津演唱》（天津市刊）等刊物上发表曲艺作品20多篇，民歌、故事多首（篇）。他编写的剧本曾参加宿县地区文艺汇演，并获得二等奖。所著《警钟长鸣》（中国经济出版社出版）一书曾获宿县地区"社会科学成果"二等奖。

对民俗学他也颇有研究，20世纪80年代，曾撰写《皖北旧俗考》资料一本，其中部分内容被收入解安中所编的《灵璧风情》（香港天马出版公司出版）一书中。为了撰写《皖北旧俗考》，他经常走访一些老人、乡贤以及社会上各行各业的艺人、匠人，了解旧时人们的衣、食、住、行情况及旧时的江湖用语及行规。

他又精通楹联学，曾在《中国楹联报》发表文章多篇。20世纪90年代，曾在报上登广告，开展"冠名楹联大赠送"活动。10年内，曾为全国各界人士撰书冠名楹联600余副，得到社会的一致好评。索联者上至领导、学者、专家，下至青少年儿童。赠联内容包括喜联、寿联、事业联、颂德联。所赠的联语，都是以个人的职业、特长和爱好为内容而创作的。如所赠一位老中医王志孚的联语是："志在杏林通本草，孚存邑里精岐黄。"所赠一位解放军军官曾兵的联语是："曾子立言存四库，兵家制律约三章。"

在文字学方面，冉献强也有一些研究，并取得了一定的成果。近15年来，他曾在《书法报》（湖北省报）、《书法导报》（河南省报）发表文字研究文章300多篇，约42万字。其中《繁简字知识问答》8万字，《书法报》

和《书法导报》连载两年。《篆笔释疑》22万字，《书法报》连载6年。9万字的《金文探微》，在《书法报》连载3年。《草书解读》3万字，《书法导报》连载一年。

为了撰写文字学文章，冉献强曾勤奋刻苦地阅读大量的古典文献，其中《康熙字典》和《说文解字》就通读过很多遍。同时，他还阅读了大量的金文典籍，如《古籀汇编》《金文编》等。

2012年被《文化人物》杂志社授予"感动中国杰出文化传承人"称号。

灵璧英博：寿新元

克勤克勉 多才多艺

耿瑞英

寿新元，1943年生，灵璧县大庙乡寿口村人。文化文艺工作者，曾任灵璧诗社社长，灵璧老年书法研究会首创会长，宿州市书法家协会副主席，宿州市老年书画研究副会长，宿州市诗联学会副会长，现系安徽省书法家、曲艺家、音乐家协会会员，中华诗词、中国楹联学会会员等。

寿新元老师1961年7月毕业于灵璧师范学校，1971年从乡下小学调入县文化馆任文艺创作辅导老师，1981年调入县文化局，从事群众文化工作，1986年任文化股长，1997年调入县文联任副主席，主持全面工作，直到2003年5月退休，干了33年的文化艺术工作。

30多年来，他像一头老黄牛，为党和人民的文化事业兢兢业业地工作着，为灵璧文化事业的繁荣发展作出了不可磨灭的贡献。

在文化馆和文化局工作期间，每年的重大节日，或是配合中心工作，寿新元老师都要负责组织策划诸如戏曲会演、歌舞晚会、音乐专场、春节联演、串演、调演等大型文艺活动。同时还举办了全县卡拉 OK 大赛、少儿背诵古诗词大赛、诗歌楹联大赛、曲艺大赛、书画展览等，推动了灵璧群众文化的繁荣与发展，丰富活跃了群众的文化生活，促进了社会文明，曾三次被评为地、县先进工作者。

寿新元老师不仅是文化活动的策划者、组织者，还是创作者。为改变艺人只唱旧书的局面，让艺人演唱紧跟时代的新内容，从 1980 年起，他试着给艺人写些新的曲艺段子。不料开篇处女作《大丑猪砸镜子》一炮打响，被省刊《江淮文艺》编辑部看中，给发表了。于是创作欲被点燃了，1980 年一共写 6篇，有 5 篇被陆续刊发。之后，每年均有曲艺作品发表，1986 年快书小段《有出息》不光被《曲艺》大刊发表，还同牛群、黄宏等 30 多个曲艺创作人员一起，被邀请到银川参加全国曲艺新作研讨会。10 多年间，他创作了琴书、鼓词、快书、数来宝等曲艺作品 64 篇，有 30 多篇发表在《曲艺》《群众文化》《山东文艺》《贵州艺术》《江淮文艺》等期刊上，2020 年集成《老初曲艺集》出版。其中《有言在先》《傻了，小罗》《探亲记》《包大娘闹会》《一个孩子六个爸》等 在本省及浙江省举办的曲艺大赛中获奖。1985 年他被省曲艺家协会吸纳为会员。

为了发展壮大文艺创作队伍，寿新元和其他老师一起采取个别辅导和集中办班辅导的方式，辅导和培育业余作者以写身边人、身边事为内容进行戏剧、曲艺、小说、散文、诗歌等方面的创作，歌颂新生活，歌颂新风尚，歌颂新时代。相继出现了徐善新、许辉、魏强、周恒、潘成欢、卜献华等一大批优秀文学作者。从 1991 年至 1994 年，几乎年年都有他辅导的业余作者创作的剧本和曲艺作品参加县、地、省三级的文艺会演或调演。业余作者创作的小说、散文、诗歌，每年都会在全国各级文学期刊上发表。特别是 1986 年，全县兴起文学热，有 27 个民间文学社团在全县开花，作者多达数百人，成了文学界一大奇观，上海文学刊物《收获》，以"绿色的原野"作题，用报告文学的形式介绍这件事，轰动全国。

为保护抢救民间优秀文化遗产，1979 年，寿新元老师组织开展了全县民间音乐的挖掘工作。他发动和组织全县 21 个公社文化干部，走村串户，寻访散落在民间的老艺人，老歌手进行采风，忙于录音、记词、记谱。在所有采集的资料汇集到县城后，对只有录音而没有记词记谱的民歌，寿新元把自己关在家里（当时文化馆没有音乐室），再边放录音边记词记谱，经过一个多月的努力，整理出灵璧民歌87首，成了地、省两级收集民歌数量最多的县。而后编印成册，名曰《灵璧民歌集》（油印），给灵璧民间音乐留下一笔丰厚的财富。其中有《治淮小调》等13首民歌收录在《安徽民间音乐》第三集中，还有《拉粮船》等5首民歌收录在安徽人民出版社出版的《带露的花朵》民歌专集中。由寿新元老师改词的怀远民歌《送郎送到五里岗》、泗县民歌《对花》、宿县民歌《进花园》，由上海唱片社出版发行。1980年由地区文化部门推荐加入安徽省音乐家协会。

出色的成绩一方面源自他的艺术天赋，更多的是因为勤奋，这在他的书法方面表现尤为突出。他出身农村，自幼未得文墨濡染，不知碑帖是何物，直到1978年（虚龄37岁）在同事谢永祎的鼓动下，方临池习帖，入道甚晚。所幸，他愿意吃苦、愿意坚持。在一个人带着来自乡下的5个孩子在城里上学的情况下，抽出工余时间，不停挥毫，不停历练，常是写字忘了做事，饭煳在锅里时有发生，但他仍不停步。十年磨一剑，到1988年，在全县一次大型书画展中，他的楷书长卷令人惊目，受到整个书界的好评与认可。之后，他楷、行、草、隶、篆诸体并摩，追溯历代大家、名家及其秦、汉碑铭，逐步写出了自己的风格，通过参加省展，取得了安徽省书法家协会会员的名号。之后在全国各类书法大赛获20余次一等奖项。由于他坚持传统，字写得端庄典雅，雄浑大气，深得社会各界人士的喜爱。至今已有3000多幅墨迹或被收藏，或制作牌匾，或悬挂厅堂，散落全国各地。

寿新元老师还是一位诗词楹联大家。1989年，灵璧诗词联学会成立，他担任副会长并兼任会刊《垓下诗词》主编。到1996年共编发8期（县档案馆有存），发表了本县及外地近200名作者的诗词楹联作品2800余件。1997年起，先后担任灵璧诗社常务副社长、社长，并兼任社刊《磬乡风韵》主编，到2020年止，共编26期，发表了本县及外地600余位作者的诗联、诗钟等作品计两万余首（副）。在这期间，还配合县老干部局，县老年大学等单位，主编了《磬乡诗词选》《古垓流韵》《垓下楹联集》《磬乡诗书画》等大型诗联书画集。

于社团工作之余，他自己的创作也十分丰硕。诗词2000余首，有1300多首发表在《中华诗词》《诗刊》《诗词世界》《诗词百家》及各省市60余家诗词刊物上。集结出版了《花草情》《饮露间吟草》两部诗集。楹联创作万余副，有2000多副由《对联》《中国楹联报》等30余家诗联刊物予以刊发。集结出版了《灵璧钟馗画对联》《兰亭序集字联小辑》两本专著，还有8000多副对联将结成《拙石联稿》（上、下集）付梓出版。诗钟创作近千首，加之所撰述的诗钟常识，已于2021年3月结集出版面世。

上述创作的诗词楹联中，获得金奖的奖项共11次。其中《村景新观》18首绝句，获得北京举办的纪念辛亥革命100周年、中国共产党建党90周年全国诗词大赛唯一一等奖（消息刊发在《中华诗词》2011年第10期），作品收在《红旗漫卷复兴路》一书中。2001年和2002年，寿新元分别被中华诗词学会和中国楹联学会接纳为会员。

寿新元老师非常热心公益事业。他积极参与各方组织的书画下乡、书画扶贫、书画入校园、书画到基层等活动，虽年逾古稀，但不歇肩，有邀必至，几十年如一日，不改初心。他还自费数万元，先后出版了七本关于诗联曲艺专著，坚持一本不卖，全部免费赠给文化、教育或县直机关的图书室、档案馆，以及社会上广大诗联曲艺爱好者和亲朋好友。2016年，他把自藏的及新购的2100余册图书，赠给家乡大庙乡马庄村图书室，并要求不搞捐赠仪式，不摄像、不报道、不宣传。2019年《老初曲艺集》出版，赠给县文化局、文化馆、图书馆及19个乡镇文化站计360多册，同样婉言谢绝搞捐赠仪式等各种宣传活动。他认为，些许小事，可实实在在地做，无须张张扬扬地说，不图声名远播，只图心理满足。

更值得一提的是，从1997年始，他一直坚守在县老年大学诗词、书法的课堂上，奉献着晚年的光和热。教学中，他坚持上课必须先备课的原则，给学员上好每一节课。特别是诗词课，20多年来，他几乎没有上过重复的内容，每堂课都给学员一个新的知识点。他的备课本至今有30多本，堆了高高的一摞。可以说为上课备课，他耗尽了精力，费尽了心思，所以得到全体学员的爱戴和尊重。不少学员跟他学了10多年诗词，都不愿意离开诗词班，因为每节课学员都有新的收获，大家不光把他看作是老师，更是尊为长辈。由于他教学得法，有吸引力，学员的兴趣给激发了出来，学习积极性高，进步快，学习成果显著。20多年来，学员的诗联作品在全国各类诗联报刊上发表有8000余首（副），并有叶从绍、杜鹤舞、张国甫、陈一、李素芹等21位学员编集出版了自己的诗联专著。除教学任务外，从2005年起，寿老师还义务为老年大学主编了每年一期的校刊《夕照园》，收稿、审稿、改稿、编排、校对，不遗余力。2015年和2017年，两次被评为县、市优秀老年工作者。2020年又被评为全省老年大学优秀教师。

子曰："智者乐，仁者寿。"寿新元老师把自己的聪明才智都奉献给了党的文化事业，所以他是快乐的；他乐于付出，不求回报，以仁爱之心对待他人，所以他健康长寿。如今已近耄耋之年的他，仍然发挥着余热，继续在老年大学任教，继续奔走在各个公益活动的场所。衷心祝愿寿老师丹心不老，艺术之树常青！

灵璧英博：唐国禄

以文字为生命的人

卜献华

2003年的一天，走在灵璧隅顶口新华书店门前，不经意的一抬头，看到墙壁上贴着一张讣告，讣文写着唐国禄同志因病去世，享年59岁。刹那间，我像是被电击了一样，不能相信自己的眼睛。想起10天前他还在帮我修改文稿，转眼就阴阳两隔，我止不住泪流满面。担心过往的行人看见，我一口气跑回家，伏案大哭一场。

唐国禄老师，1944生，祖籍安徽怀远，专科毕业，生前为灵璧县文化局创作室主任、国家二级编剧、中国通俗文艺研究会会员、省作家协会会员、省戏剧家协会会员、省曲艺家协会会员、灵璧县作家协会主席。

　　唐国禄老师是一位勤奋的作家，自 1964 年以来，一直笔耕不辍，在国家及省级刊物出版发行长篇作品《无盐春秋》《风雨人生》《太阳之子》，中、短篇小说《彭城轶事》《金凤怨》《杨湾的女人》等 10 多部（篇），报告文学《孤山作证》《情系这方热土》《人杰地灵》60 余篇，散文《夜宿杨柳湾》《乡村夜市》等 10 多篇，故事《麦穗的故事》《丑八怪娶美女》《夜幕里的枪声》等 20 多篇，戏剧《慈母泪》《凤河湾》《争爹》等多部，戏剧小品《人、人，人？！》《马路上的故事》《酒前吐真言》等 20 多个，其中 5 个获省级奖，曲艺《人多为患兮》《报案》《书记请酒》等多篇，诗歌多首。累计出版发表各类文学戏剧作品 130 余篇（部），约 200 万字。

　　唐国禄是我的恩师。20 世纪 80 年代，灵璧掀起文学热潮，当时我和几位同学、文友一起创办了一个名为《华园》的文学社，那一年的一个夏夜，我们的文学沙龙聚会在县中医院一个爱好文学的医生潘成欢家里。当时任县文化局创作组组长的唐国禄老师和文化馆的戴善晋老师，都前来出席。就是在这次会议上，经唐老师的提议和大家的共同推举，我被选为文学社社长。这意味着我将成为这伙文学朋友的精神领袖。有勇气吗？有信心吗？有资格、能力吗？我在心里问自己。记得当时唐老师说：献华，不要怕，我们大家都相信你的工作能力，凭你的勤奋好学，你一定能干好的。就是这么几句话，对当时的我影响是多么的大，对以后的我影响又是多么的久远，从此我走上了一条文学创作之路。再后来，我们的刊物出来了送给唐老师看，我的诗歌发表了拿给唐老师看，我写的许多作品唐老师都不吝赐教。时光荏苒，他对我在文学创作上的关怀一直没有停止。最后一次大约是他去世前 10 天，我拿着刚写的一篇稿子，在工会楼下遇到他，唐老师笑容满面地与我打招呼，我把手里的稿纸递给他，唐老师一边看，一边从口袋里掏出笔，把文章中的"文学县城"改为"文学大县"。仅仅一字之差，文章有了提升。

　　如今唐国禄老师已离我们而去了，许多年来，我一直得到他的关怀和帮助，但我却没有想到去关心一下自己的恩师，想到此，心中总是隐隐作痛。

　　唐国禄老师是一个以文字为生命的人，去世后，在他的案头仍有许多未完成的文稿。他用毕生的心血为我们留下如此多的文艺作品，愿恩师在天国还能文思如泉，续写最美篇章！

灵璧英博：石亚萍

让"非遗"绽放异彩

石亚萍，女，1964 年 7 月出生，江苏省淮安市人，1981 年参加工作，汉语言文学专科毕业。先后在灵璧县电影院、电影公司、图书馆工作。县政协第七、八届委员。安徽省作家协会会员、中国民俗学会会员、中国散文家协会会员。

1999 年任县图书馆馆长开始，长期致力于地方文献收集、整理及非物质文化遗产保护、研究。2010 年开始陆续出版《垓下风云》《楚汉遗韵》《垓下》《磬山画卷》等地域文化研究书籍，共计 230 万字。《垓下风云》凭借大量历史考证和民间传说，以严谨的科学态度论证"垓下"所属地在灵璧，为近年灵璧与邻县固镇关于"垓下"之争，提供了翔实的资料和独到的见解，在 2010 年举办的"灵璧县垓下之战遗址高层论坛"上，得到了与会国家级专家、学者的关注和好评。

2008 年以来主持灵璧县"非物质文化遗产"田野调查、保护、开发、利用工作。无论酷暑严寒，坚持下乡采风，深入基层走村串户跟踪艺人，通过走访调查、文字记录、录音、录像等，挖掘灵璧钟馗画、灵璧琴书、灵璧皮影戏等流传久远的非遗项目。记录整理灵璧非遗 50 多万字，拍摄图片 3000 多张，拍摄大量视频等，保留了灵璧非遗珍贵资料。全面掌握本县民间的口头文学、民间艺术、民俗事项等，掌握了第一手资料，认真探究它们的起源与流传状况，挖掘、恢复多项濒临消亡的"非遗"项目。撰写多篇田野调查报告。将县境 15 大类别的 298 项"非遗"项目汇编出版《宿州印记·灵璧篇》一书，共计 25 万字。撰写《灵璧菠林喇叭》文本，获批国家级非遗名录，撰写《灵璧磬石雕刻》《灵璧垓下传说》《灵璧大鼓》《灵璧古会》等，获批安徽省非遗名录 6 项，申报市级文本 20 多项，共计 20 多万字。主持制作"非遗"申报国家级光盘 1 项，省级光盘 5 项，市级光盘 11 项。近年编写《宿州市非物质文化遗产立法参考资料》上、下册（约 500 万字），汇编宿州市非遗保护成果，共 9 个国家级非遗项目、25 个省级项目以及部分市级项目以及代表性传承人，为宿州市人大着手研究本地非遗保护条例提供翔实参考资料等。

2010 年受聘安徽大学历史系"211 三期建设工程重点项目"《徽学与地域文化》子课题"淮河流域历史文化研究"课题组，为非遗"钟馗历史文化"研究课题组第三名成员，为该课题研究提供大量的信息和第一手资料，撰写学术论文《明清时期灵璧钟馗画形成初探》等有关文章，即将整理出版研究成果《钟馗研究》15 万字。近年发表非遗文章 20 多篇计 10 万字。在《安大学报》发表《图书馆与非物质文化遗产》，《宿州学报》发表《钟馗之乡的文化活土》。《灵璧钟馗画与民俗信仰》《灵璧县民间艺术之乡的文化生态》入选《中国民间文化艺术之乡建设与发展初探》，获"中国民间文化艺术之乡编委会"优秀论文奖。即将出版《灵璧民间传说》，15 万字。

2010—2013 年参与接受省内外多家媒体非遗专题采访。2010 年参与央视《探索发现》栏目拍摄灵璧磬石雕，提供磬石手工艺资料，策划指导民间艺人访谈。2012 年参与央视《走遍中国》栏目策划组织拍摄大型记录篇"千年画一人"（非遗钟馗画），为其提供钟馗文化资料。2013 年参与省台《第一时间》栏目拍摄讲述《垓下传说》。2014 年参与安徽省文化厅拍摄《安徽省非物质文化遗产》电视专题片，主持灵璧县省级非遗名录 6 项拍摄工作。

2014 年至今挂职宿州市文化艺术中心文化馆工作，期间组织参与宿州市国家一级文化馆评估达标工作。近期主持第四批市级非遗申报工作。

2010 年 3 月，荣获宿州市妇联、文联、作家协会的联合表彰，被授予首届"百合花文学奖"，散文《永恒垓下古战场》荣获华夏散文杂志社、中国散文家协会颁发的"最佳创作奖"。2019 年，获宿州市"三八红旗手"称号。

（县文化局　供稿）

灵璧英博：张少秋

一支彩笔唤春风

许 聪

听闻张少秋名字许久，自从在县委宣传部办公室乃至分管外宣以来常见他的文章见诸报端。特别是长篇报告文学《燃放 21 载的鞭炮》占据了安徽法制报头版整幅，另有 20 多家知名网站全文转载，刷新了我对本土作者实力的认知。认识他本人是在 2018 年省电视台来灵璧欲拍摄一部改革开放的专题片，县委宣传部组织全县写作能手研讨，他在应邀之列。少秋老师的发言颇有建树，也很有纵深，能够厘清灵璧担负省委、省政府改革开放试验田任务的来龙去脉。准确说出时任省委书记万里同志来灵璧调研"不动磙子包到户"的做法，总结出"缴够国家的，留够集体的，剩下是自己的"的经验供中央决策，促成了"家庭联产计酬责任制"方略的有效推广。他能够记得清反映韦集垓下村兄弟俩丰收交公粮积极性的"金牛银牛撞铁门"通讯发表在《拂晓报》，建议拉长焦距从种粮热到卖粮难，从省委卢荣景书记《推荐一个产权改革的好典型》，到朱镕基总理视察黄湾粮库来阐述那段辉煌历史。少秋老师列举了灵璧现在有近百家"高精新"企业，四方精工、冯庙粮机等产品行销全国，还有几家企业在证交所科技小三板上市，应该把镜头对准从田地里站起来的企业家们。这些都是我们未曾涉及的宽面和深度，会场上出现久违的争鸣，我根据高文部长"可以侃侃而谈，可以交锋对挫"的理念掌控会场，非常高兴灵璧的这种文化现象和这种文风，自然更喜欢少秋老师的那种坦荡，我暗下决心要把这"高手"培养成亦师亦友。

少秋老师早年在县委办公室工作，后调到检察院，又到过企业锻炼，也曾下派到过乡镇挂职。他受家学影响，酷爱文学。1994 年曾在《当代安徽》《金盾之歌》系列丛书担任编辑。1998 年晋京策划"全国首届黄河魂艺术大展""纪念刘少奇同志 100 周年全国书画展"，任两活动组委会首席助理。1999 年策划全国妇联首届"巾帼之光"全国书画展，2000年入职"新世纪之声全国征评办"任"共和国赞歌"大型系列丛书编委。2006年后集体转隶中华儿女报刊社，从此京漂的浮萍根植文化沃土，担任团中央主管的《中华儿女》期刊副主编，他竟能够受聘如此高端的央媒？担任舆论导向的主管？不得不承认他笔下的功夫和政治素养。他凝练的笔力已经将自己推上了中国百佳诗词家的位置，被吸收为中国楹联学会会员、中国毛泽东诗词研究会会员，安徽省第五届曲协理事。我看过赵明县长写过的《但愿钟馗踏梦来——读张少秋〈钟馗嫁妹〉剧本有感》一文，便向少秋老师讨来剧本一读。翻开扉页立时感到震惊，以前只知道钟馗打鬼驱邪，哪知道钟馗在他笔下还这么有人情味？如果不是落款2000年1月并盖有灵璧县文化局的公章，我根本不相信是20多年前的作品。

《钟》剧根据钟馗嫁妹历史传说为引线，选用喜闻乐见的泗洲戏为载体，共分"离家赶考""路遇贤良""朱笔血泪""钟馗托梦""喜结良缘"五场叙述了钟馗嫁妹的故事。其思想性、艺术性、观赏性兼俱，是一出反腐倡廉，弘扬传统文化，释放正能量的好剧。想一想20年前剧本的定位，故事的链接，内容的张扬，放在今天也非一般剧作家能够游刃操刀。

2008年他根据灵璧中学汶川地震后接收一震区学生的故事，创作了22集《山娃》电视剧文学剧本，展开了灵璧人与国家共克时艰的画卷，阐述了多难兴邦的期许。

少秋老师一往情深地爱着这片高天厚土，他的很多作品都带有灵璧文化元素。他以虞姬墓冢上一棵白花杏树为题创作了"霸王吊孝"琴书，由高小眼演唱获安徽省曲艺大赛三等奖。他的《垓下遗恨》电影文学剧本参加江苏省2010年6月的首届国际项羽文化节研讨会，受到好评。以全国道德模范彭伟平为原型的琴书，《六甲孕妇救女童》由张贤让、陈书霞演唱获华东六省第五届牡丹奖大赛二等奖。他的作品都是以真人真事为线，串以唱词烘托，达到了主题鲜明，紧跟时代，贴近生活而被人们所喜爱。小品《说故乡》《少年一号》《有事没事一个样》《山乡钟声》，泗州小戏《追羊记》《特殊婚礼》《新风曲》，琴书《送哑女》均搬上了舞台。他经常到三中音乐班义务辅导学生，激发他们爱国爱乡理念。利用各种机会激发他们的文学兴趣，努力提高爱好者写作水平。看着他不知疲倦的身影，不知何故我想到了欧阳修："老夫当避路，放他出一头地也。"虽然我说不清他捧红了谁？但他效仿前贤，热心助人的做法在圈内早被传为佳话。

　　他不食灵璧俸禄，却为家乡做了许多有益的事情。2008年动员台胞王映球先生向灵璧捐建小学教学楼，游说新加坡客商刘俊杰援建贵州省黔东南千户苗寨、湖南省怀化市、安徽省霍山、金寨四所希望小学，以及向灵璧师范贫困生捐款等义举受到了省政府领导的接见表彰。他用自己的话说"灵璧是根之所系，魂之所依"。2018年底退休还乡，谓之壮士暮年，志存千里的他在2019年4月受领拍摄一部快闪的任务。他把央视摄制元素用在乡梓振兴的节点上，创作并执导了千人合唱"我和我的祖国"，用优美的旋律配上精美的画面完成了《我的快闪，你真好看》。他不畏困难，积极协调外景场地，尽量展示灵璧经济文化发展的画面。时县医院新楼刚刚投入使用，他在接诊大厅里导演"白衣天使"一场戏，扶梯上上下下10多遍的跑来跑去，只为取几秒钟的自豪笑容。他用诙谐的语言调动参演的积极性，富有哲理地说服护士们服从调度。镜头里需要贴上脸贴点缀，可大家认为那是孩子贴的，因此慢慢腾腾不怎么情愿。众所周知大场景需要赶光线，稍迟疑就有可能拍不出效果。摄像和现场制片都急得不行不行的，只见他集合了群演慢条斯理地普及国旗知识，人群中不时爆发出笑声。稍顷再整队的时候，护士们人人贴上了脸贴，天真地都像个孩子，笑容里溢出自豪，神、形、光、情具备，摄影师适时按下快门。当他洪亮地一声"过！"字后，现场各个工位的群演挥舞着道具手旗向他致意。他在奇石文化园指挥千人"向歌声聚拢"的合成环节，胡杰、卢书坤，灵璧籍旅新旅美的庄杰、商传奇，国家大剧院的王克杰，江苏省演艺集团的亢怿，安徽省歌舞团的庄群，江西省演艺集团的刘丹丹，南艺研究生温宁敏等这些唱将悉数到场助唱。他的指挥才能折服了众人，导演技巧感动了大腕。人们都常说门口的汪知道底，可大家都熟悉的张少秋却如此深不可测！该剧在七一建党节的时候由《学习与强国》、新华社客户端隆重推出，当晚点击量飙升70万。他实现了县级新闻专题直上央级的突破，是用影视讲述灵璧故事的第一人。

　　2014年5月6日第20届亚旅联金旅奖颁奖仪式在灵璧奇石文化园举行，原第十届全国人大顾秀莲副委员长到会并为灵璧AAAA级景区揭牌。如此重大的，值得邑人骄傲的活动，县里面自然是相当重视，请他来组织欢迎节目。他不负众望，大胆地启用民乐队体现传统文化内涵，并更大胆地将原来在央视大厂基地排练的队形拆散重组，在演奏员前面横排 10 面威风大鼓，遮挡住乐手体形缺陷。演出那天现场旌旗招展，金鼓齐鸣，《大周奉乐》唢呐震天。那粗犷、嘹亮、悠扬、震撼，感染了所有人。就连从北京赶来监场的《大周奉乐》的作曲苏一老师也连连向他伸出拇指致意。

张少秋的经历非常传奇，他所攀的高度别人很难企及。2010 年 12 月 26 日，他主持了首都文艺界纪念毛泽东主席 117 周年诞辰活动。那天恰是央视首次使用摄像机记录全程，他娴熟的主持技巧，稳重的主持风格被誉为央视"117"号主持人。其实那是他人生中第一次拿起如此厚重的主持话筒，第一次代表灵璧人民站在如此重要的位置缅怀毛泽东主席的丰功伟绩。次年，湖南省委、省政府，中铁十五局在北京湖南大厦组织纪念毛主席 118 周年诞辰活动，专门邀请了他和"法治中国"栏目主持人万红蕾共同完成主持。2012 年毛泽东主席 119 周年诞辰纪念活动是在中央党校举行，他和万红蕾再次联袂。这次活动他邀请了乡谊台胞王映球先生、著名青年词曲作家张友殿老师参会并发言，还邀请了灵璧县尹集镇菠林村周本银等数十人的唢呐班助兴演出。通过这些乡谊口耳相传，灵璧的乡亲们才了解这位游子站在了中国文艺的前沿。2014 年他的《磐石缘》电影主题歌"灵璧汉子"由张友殿老师完成谱曲，2017 年他担任第二届"全球华人名曲公益春晚"总撰稿，他用行动诠释了梅花香自苦寒来的内涵。

他的家乡情怀无可厚非，他所创作的诗歌，散文，报告文学，人物通讯，小说，曲艺小品，影视文学作品都带有浓郁的灵璧风情。2018 年他完成以非遗传承为主旨的《女人两朵花》电影剧本，2019 年 12 月 25 日完成了歌颂师德，反映校园周边环境安全的电影剧本《九月的歌》。2020 年 1 月 20 日县委刘博夫书记、赵明县长、高文部长等县委主要领导为他任总编导的《天南海北灵璧人》栏目揭镜。志在千里的"老骥"再次驾辕出征，不料"新冠"席卷，栏目暂时搁浅。全社会都按了暂停键，他却没有停摆，居家隔离期间继续用手中的笔为全民阻击战呐喊。大年初二李克强总理上火神山看望方舱医院建设者的视频在电视里转播，他夜不能寐，连夜创作了"向逆行的背影敬个礼"

琴书。年初三根据梁霆副县长"看，中国力量"组照创作了评书《中国力量》和歌词《中华魂》。年初六依照高文部长"一个医学院女大学生的申请书"推文，了解到是光明社区女青年甘若后，创作了琴书"一份请战诉衷情"，由张贤让、陈书霞在全县巡演引起了轰动。

他的笔不仅是在讴歌多彩的时代，而且是赶超潮头。居家隔离期间，他创作后疫情时期的电影文学剧本《人面梨花》，以争创文明城市建设为切入点，以环卫工人为故事群体，歌颂灵璧改革开放以来大跨越发展的成就。展示了地方文化元素和风情，塑造了刘小秋等成功人士的家乡情怀。该剧使用乡俗俚语，链接紧凑，悬念迭起，是一部喜剧式正能量的、美誉家乡的风光言情片。

2020年6月他编导并参演了强化农村小微权力监管的《向阳花开映日红》微电影，该片是安徽省第一部农村题材反腐剧目，获省党政廉政文化精品工程奖。2020年10月完成了大型舞台剧《楚风汉韵》，共分"大泽雄风""鸿门夜宴""霸王别姬""沛公祭天"四场，可连本可单章，可舞台可影视，笔下功夫令人叹为观止。

2021年春，他根据"中国好人"黄俊为原型创作的微电影《牵手》正筹拍中。剧中人不要分文彩礼，只求背着瘫痪养父上婚车的故事很感人。反映的不仅是有情人终成眷属的牵手，还是党和政府与特困群众的牵手。今年7月他完成了以朝阳集战役为背景的《碧血硝烟》电影文学剧本，目前正按程序申报。

从《碧血硝烟》故事梗概中不难看出该片是写实性的作品，他是以参战者后人的身份执笔，内容翔实毋庸置疑。他以责任命笔再现波澜壮阔的解放战争场景，反映朝阳人民积极参加艰苦卓绝的民族解放斗争的画面。写到这里我脑海不时浮现参观庐山时反复播放的《庐山恋》影片，在鼓浪屿旅游耳畔一直响彻"七子之歌"的场面。如果他的《楚风汉韵》搬上舞台，《碧血硝烟》摄制成片，那将对启动我县旅游文化市场形成一股推力。他手中的笔真的能够唤来乡村振兴的东风，可以染红文化复兴的新征程。

灵璧英博：周恒

骨科创奇迹 文学传佳话

韩 英

周恒，中国作协会员，宿州市作协副主席，灵璧县作协主席。20 世纪 80 年代短篇小说开始在《人民日报》《小说林》《清明》等报刊上发表。2005 年出版长篇小说《汴城》《汴山》《汴水》。2014 年，长篇小说《喇叭》入选安徽省首届长篇小说精品创作工程。

周恒不是专业作家，他的正式职业是灵璧县中医院骨科主任，是一位资深中医骨科专业人才。20 世纪，他师从安徽中医学院附属医院骨伤科主任、中华全国中医骨伤科学会理事丁锷。周恒得了真传，接骨手法高超，曾创造过两个奇迹，成功为一个 106 岁的老人和一个仅仅有两天生命的婴儿接骨。这在中医接骨史上是罕见的。

了解周恒的人都知道，时间对于他来说太珍贵了。一边救死扶伤，一边提笔作文，剩余的时间就阅读中外名著，潜心研究学问。他不上网、不玩手机，甚至不会 QQ、不会微信，除了病人，他不交友，不会客。你可千万别以为他很傲，其实，他很谦虚低调。假如你走进他的诊室，就会惊讶地发现，满屋子病人围着他叽叽喳喳，问这问那。抱着胳膊的、挂着拐的，愁眉苦脸的、咬牙切齿的，横七竖八地躺着坐着，都是从四面八方来找他接骨的。他，一个衣着朴素、满头白发的老者被围在这特殊的人群里，一边耐心地回答各种问题，一边认真查看伤情，时不时还不忘和病人开两句玩笑，诙谐幽默的语言常常逗得病人忘了疼痛，小小的诊室"热闹"非凡。

开玩笑归开玩笑，真正看起病来，周恒就会立即绷住了脸，打开病人的伤处认真查看。医者仁心，不用拍片子的，他一定不会让病人去浪费钱。只有伤势特别复杂的，他才不得已让病人拍片子。但是他从来不建议病人做 CT。他说 CT 价格太贵，而且对于骨伤病人，完全没有必要。他为病人复位、敷药、包扎，每一步都细致入微。病人临走时，他还不忘千叮咛万嘱咐，要按时吃药、注意禁忌、随时可以电话询问。他这种切实为病人着想、认真负责的职业操守常常令病人非常感动。有的病人为了表达感激之情，会从家乡带来一些土特产。这时，他就会一反常态，突然像对待陌生人一样冷若冰霜，严词拒绝。

周恒就是这样，做任何一件事情都很较真，从事文学创作亦如此。开始，他只是一个文学爱好者，写一些零头碎脑的短小说。当第一篇小说变为铅字的时候，他欣喜若狂，从此一发而不可收，文学的路越走越长。忙碌了一天的周恒，只有晚上才能沉浸在他的文学世界里。他大量阅读、潜心研究，不会用电脑的他，在灯下奋笔疾书。他仔细斟酌、反复修改，力争让每一句、每一字都恰到好处。家里的废纸，孩子用剩下的作业本都成了他的稿纸。他还经常教导那些初学写作者："创作，不是一件热闹的事情，要耐得住寂寞、受得住清苦，静下心来研究学问。任何一部厚重的作品，都来自长期的积淀与酝酿，都是一个静水流深的过程。"

梅花香自苦寒来。数十年来，周恒默默耕耘、潜心创作。长期的生活积淀和多年写作磨砺，让他厚积薄发，思如泉涌，他的小说更趋于成熟，优秀作品不断推出。小说人物形象逐渐丰满、栩栩如生，语言风格独特，具有浓郁的淮北地区乡土特色。特别是小说《喇叭》，这部在短短 3 个月就创作完成的长篇巨著，不论是从作品架构、情节布局，还是思想表达、语言锤炼，都堪称上乘之作。包罗万象的知识层面、形象逼真的场景描写、惟妙惟肖的人物刻画，无不表现了周恒厚重的文学底蕴和深刻的洞察力、感悟力，集思想性与艺术性于一体，所以获得省政府文学大奖，也是实至名归。

了解了周恒，你不禁要感叹，在这样一个人心浮躁的时代，还有几人像他这样能沉得下心来，不受外界干扰，静静地、默默无闻地去做事情。一部好的文学作品，也必能经得住时间的检验，一代一代留传下来。周恒的长篇小说《喇叭》，就是文学路上的一曲嘹亮的"喇叭"。这一曲动听的"喇叭"必将响彻皖北大地、濉河两岸，余音缭绕，经久不息。

灵璧英博：卜献华

飞纵时光的白蝴蝶

侯四明

认识卜献华、读她的诗已经 20 年了。20 世纪 80 年代，在磬石之乡灵璧，卜献华和她的诗友们创办了《韡华园》文学社，青春女孩们的金石之声以清纯、率真、热情、曼妙为人们所瞩目。在县里、在市里，甚至在国内诗坛上都受到了关注。1988 年作家费良琼专程前往灵璧，对灵璧的这一文学现象进行了系统的采访，国家大型文学刊物《收获》当年第四期不惜版面地发表了费良琼的长篇报告文学《绿色沙龙》。此文既出，更使灵璧女诗人名声大振，也更使灵璧诗歌创作如火如荼。

那时，卜献华和她的诗友黄玲君、高西梅、王增銮等诗歌创作锋芒极锐，灵璧文学创作因此成为宿县地区的文学亮点。我在宿州市里不停地从各种途径读到她们的诗，期盼和她们会晤的一天。稍后的一个金秋十月，宿县地区大型诗歌社团"红杏诗社"成立了，来自灵璧、泗县、萧县、砀山和宿州的诗友会师在"红杏诗社"大纛下，卜献华当然在其中，我们相识了。诗社成立的第一个诗会从砀山开到萧县，再从萧县开到宿州，开到灵璧和泗县，整整开了 5 天。

许多年过去了，我至今仍能记得初见献华的印象。朴素、热情、阳光而落落大方。她向诗友们介绍灵璧的诗人、诗歌；向诗友们分赠她新写的诗歌；她向诗友们倾谈自己的创作体会。诗歌，把那时的献华照得异常明亮，献华把眼中的世界也照得异常明亮。她醉心于一切美好的事物，她阳光一样的歌声，普照在蝴蝶、乡村、炊烟、花朵，甚至梦，甚至黑暗的身上。

在此后的几年间，卜献华的诗歌创作继续向着前方拓进。灵璧女诗人那时是一个整体，她们以集团军的阵容不断占据着报刊的阵地，而不少报刊也乐于以显眼的位置让灵璧女诗人驻扎，值得一提的是，在报刊上，几乎每一次的女诗人集中亮相都少不了卜献华。卜献华和她的诗友们诗歌创作的成就令人羡慕。

20世纪90年代以后，是卜献华诗歌创作的沉寂期。在大环境上，诗歌失去了原来的光环，一切向钱看的氛围下，不仅纯诗歌刊物锐减，勉强生存的诗刊处境艰难，而且报纸副刊也很少登载诗歌。写诗成为落伍的代名词，诗人被人们鄙夷。当然，这并不是使卜献华中断写作的原因。使她与诗歌执手泣别的主要原因是生活的压力。卜献华面对的生存压力是巨大的：一双儿女要她养活，婆婆和自己的二老都和她住在一起，三位年迈的老人需要照顾，尤其是她的母亲瘫痪在床12年之久，生活不能自理，完全由她服侍。她在《柴米油盐中走出的诗人》中自述说："多少年来，我所关心的事，就是瓜果酱茶，柴米油盐。从孩子学校到菜市场，又从菜市场到锅台周围，从家里到单位。伸手所及，尽是左右琐事，来不及向缪斯挥一挥手，就转身匆匆走进烟火人间。那里有我最惦记、最牵挂、最忘不了的一群人，他们需要吃饭、需要穿衣、需要照顾、需要温暖、需要我的给予。"她写道：

> 最优美最感动天地的惊世之作
> 就是全家和睦　开开心心围坐一桌
> 喝着我亲手煮的小米红枣稀饭
> 清淡的菜碟里盛着
> 白嫩嫩的家常豆腐　青菜煸香菇
> 鱼香茄丝　青椒炒鸡蛋
> 一群筷子热闹地夹着幸福
> 一不小心　孩子又将一碗热粥打翻

难以想象，卜献华在诗歌的背面是怎么顶住生存的巨大压力的。但我知道，她在沉寂的10多年里写了一首大诗：她用自己的善良与明媚写出了一首关于中国式美德的诗！

卜献华是诗的。从思想到行为都是诗的。是诗的教养使她在烟火人生中保持着诗的热情。

卜献华也不能离开诗。我相信自始至终卜献华都没有忘怀诗。进入新世纪，生活稍有好转的卜献华再次开始写诗，此时她已经40多岁。

沧海桑田，即使人到中年，难以忘却的仍是青春时代一缕残梦。卜献华自己也说，写诗是一生的事了。我信！在现实的喧嚣中，她会终生珍惜内心的宁静与美丽。

生活的压力并没有磨损和钝化对美的发现，也没销蚀诗的感觉。回归诗歌的卜献华仍保持着一贯的清纯与敏感：

> 雪花像小猫走路，悄悄地
> 在空中飞旋，在地上飞旋
> 它想看看冬天的梦是什么颜色的

这是诗歌《雪花飞来》里的句子。"雪花像小猫走路"，这想象属于卜献华。雪落如猫，如猫足一样无声，也如猫的扭动的走姿。"它想看看冬天的梦是什么颜色的"，这问题属于卜献华。雪酿造了醉人的童话，冬天的梦也像雪一样洁白。因为有着不为世俗所染的童心，献华才能想到雪花像小猫，想到冬天的梦的颜色，没有敏感多情的心，恐怕不会有这样的诘问。雪因为有了卜献华的笔，此刻妩媚动人，此刻给了我们失散多年的感觉。

很显然，卜献华的诗并不追逐时尚，她的诗歌，在朴实朴素中有着可贵的灵动：

> 门前那株桃树最早爆出一树花苞
> 如一树眼睛，眨一眨
> 尽是万种风情

这是诗歌《春》里的诗句。一个点睛的"眨"字，使花苞幻现出一群情窦初开的少女。还有《芹菜》："水灵灵的芹菜 / 从早晨绽开星星的田园里 / 腰肢婷婷地走来 / 就像我穿对襟花褂的小表妹 / 朴素而又简单 / 清新而又美丽 / 清脆欲滴的嗓音呼唤着姐妹们 / 惊喜地跳进我的小竹蓝。"朴实无华的文字中，蕴有奇异的想象，奇异的想象中，葆有对生活现象的准确捕捉。这就是归来的卜献华：不减对生活的敏锐热情，又具有了把握物情的技术，从而彰显了诗歌的骨力。

应该指出的是，从10多年的严酷生活回到诗中的卜献华思想深刻了，诗路和诗的题材也宽阔了，花草感动着她，故乡感动着她，亲情更催促她拿起诗笔，她开始用诗歌直面生活，只不过这直面中透露的仍是热情、仍是深情。她写去世的母亲："在凤凰山向阳坡上／沿石阶向上走九十九级，九排九座／就到家了／……你离开时，天好像一下子就塌陷下来／……那个色彩斑斓的夏天，我的世界一片茫然／我的双眼成了流淌不息的泉"（《怀念》），一个"泉"字，表达了无以言表的悲痛。她写父亲："那天送走了母亲，回首／看见站在瑟瑟秋风里日渐衰老的父亲／我忽然感到身体里有条河在汹涌"（《浓于水的亲情》），"如今父亲走过九十年艰辛／阅历一天天堆满了皱纹／他坐在儿女身边像一部厚厚的书／我们读着他，为自己的子女诠释着孝顺"（《我的父亲》），读这样的诗句，你自然能感受到诗人"汹涌"的诗情。

盲诗人荷马活在没有诗意的困苦生活中，他通过一双盲眼找到了诗歌也找到了快乐。准确地说，荷马是通过锐利而明亮的心眼找到了诗歌和快乐。他唱到："我要歌颂大地、万物之母、坚固的根基。它养育一切在神圣的土地上行走、在海上活动和在天上飞翔的创造物。它们靠它的丰饶而生存。"卜献华从世俗生活中找到了一份属于诗歌的优雅，她从此缘订终身于诗歌。在诗中，卜献华成了一只她笔下的白蝴蝶。那是一只注定平凡又注定美丽的白蝴蝶，却不是随季节明灭的生物蝴蝶，那是像"老子一气化三清"一样心幻的蝴蝶，心在，蝴蝶在。那只蝴蝶，"能感受到时光的流逝"，它像美丽的灯游向更深更远，游向苍茫，这诗性的世界将伴随生命始末：

> 白蝴蝶　记得春天早已来临
> 而你翩然的舞姿仍如初春的处子
> 当停在一枝茎上　扇动粉翅
> 金灿灿的花和洁白色的蝶
> 便一起溶为太阳的诗行

我们当然会记得这只白蝴蝶，记得这只没有年纪的白蝴蝶，记得这朵"长翅的云""缤纷的歌"，在科技图腾、物欲霸权、感官膨胀、快感泛滥的现实喧嚣中，我们心底都会珍藏这样的一只诗的白蝴蝶。

灵璧英博：陶福星

情系军旅书华章

同龄人

陶福星，安徽省灵璧县冯庙镇人，1946年2月出生，中共党员，大学文化，高级经济师。先后毕业于长沙铁道兵学院、安徽铜陵财经学院、中央党校经济管理学院。系中国国防文化研究会会员，安徽省作家协会会员。

陶福星先后在灵璧实验小学和灵璧中学读书，1967届高中毕业。1968年3月应征入伍，在中国人民解放军铁道兵部队服役，历任连队文书、副排长、团政治处宣传干事、宣传股股长、政治处副主任，参加过成昆铁路、渡口支线铁路、襄渝铁路、南疆铁路、南同浦铁路建设。他在部队服役15年多时间，为祖国的国防建设和铁路建设事业转战四方，从西南金沙江畔到中原秦巴山麓汉水之滨，从新疆天山南北到塞外晋北大地，洒下了汗水，留下了足迹，践行着铁道兵逢山凿路，遇水架桥精神，过着风餐露宿，沐雨栉风的生活，把青春年华奉献给祖国的铁路建设事业。由于在部队工作业绩突出，获师、团嘉奖多次，两次荣立三等功。

1983年10月，在铁道兵部队撤编前夕，陶福星转业到地方工作，在宿县地区保险公司担任人秘科长兼办公室主任。1985年被中共宿县地委抽调到砀山县参加整党工作历时一年，整党工作结束后调到宿县地区财政局担任人秘科长兼办公室主任。1989年任宿县地区财政局局长助理，进入局党组领导班子。

1992 年提任宿县地区国有资产管理处处长，后改任宿县地区国有资产管理局局长。1999 年撤地建市后，任宿州市国有资产管理局局长。2002 年国家行政机构改革，市财政局、国资局合并，又回到市财政局，直到 2007 年退休。在市财政局、市国资局工作 20 多年间，坚持以民为本，切实履职尽责，不断强化对国有资产的管理，多次受到国家及省主管部门嘉奖表彰，被评为宿县地区优秀转业干部、安徽省抗洪抢险先进个人。1997 年 12 月至 1998 年元月，受国家国有资产管理局、国家外国专家管理局派遣赴西欧德国、法国、比利时等国家考察学习，为国有资产并购及国企改制打开思路。他把学到的知识和管理经验运用到工作实践中，使宿县地区国有资产管理及清产核资工作步入全国先进行列，1998 年、1999 年连续两年被评为全国先进单位。

2007 年，陶福星从工作岗位退休后，为发挥余热，丰富退休生活，除参加当地有益活动外，还被当年部队战友推选为战友文化联谊活动理事会会长。10 多年来，在陶福星和其他理事会成员精心组织下，先后组织近 8000 人次铁道兵战友，在西安、成都、遵义、长沙、南昌、乌鲁木齐、太原、济南、安庆、邢台、重庆、昆明等地开展联谊活动，让战友们座谈、互访、重返战斗故地、祭奠牺牲战友，访问当年英模、看望烈士亲属，激发战友们发扬军人优良传统，弘扬铁道兵吃苦精神，发挥正能量，不忘初心，砥砺前行。通过开展战友联谊活动，陶福星收集到了大量的文学创作素材，便决定为铁道兵著书立说，并将其视为义不容辞的光荣使命。

陶福星在部队服役期间，以团政治处宣传干部的有利条件，经常深入基层连队和施工现场，面对面地采访一线指战员，以通讯、速写、特写等形式撰写了大量的新闻报道稿件，发表在《解放军报》《铁道兵报》《新疆日报》等军内外报刊上。他转业到地方工作后，坚持理论联系实际，撰写工作调研报告和专业论文，多次发表在国家和省、部级专业刊物上。特别是他退休以后利用充足的闲余时间，开始文学创作，撰写了超百万字的散文、纪实、游记，发表在各类文学报刊和网络上，先后在解放军文艺出版社、中国文联出版社、中国科学文化出版社、《祖国》杂志社等，出版发行《天山情》《铁色军营》《军嫂情》《新疆行》《西欧之行纪实》《杨勇将军进天山》《陈再道司令在军营》等文学作品。其中《天山情》军旅作品，被北京金茂星光影视有限公司改编成电影《天山作证》。2012 年，陶福星参与编撰的 10 集纪录片《永远的铁道兵》，在中央电视台《国家记忆》栏目中连续播放。

2018 年 11 月，陶福星应中美文化促进会、中美经贸文化协会、美国电视台邀请，赴美国洛杉矶参加首届中美国际文化论坛交流活动。活动期间，陶福星以《军魂永在，再续荣光》为题发表演讲，道出了中国军人文化、铁道兵文化对中国经济发展、社会发展之作用，传扬了中国文化、军人文化精神，受到了与会者的好评，获得了活动组织者颁发的奖杯和荣誉证书。

中国人民解放军铁道兵部队，始建于战火纷飞的 1948 年，经受了解放战争和抗美援朝战争的洗礼，立下了赫赫战功。1954 年到 1984 年的 30 年间，修筑 52 条干线铁路 12300 公里，建成了纵横交错、四通八达的铁路运输大动脉。1984 年 1 月 1 日铁道兵整建制转入国家铁道部，铁道兵退出军队编制，也就此退出了历史舞台。陶福星同志离开部队的时候，把他十几年亲手收集整理的资料和创作的文稿，装在几个大木箱里托运回来。这些绝版资料和文稿弥足珍贵，成为他退休以后进行文学创作用之不尽、取之不竭的源泉。通过他创作的《天山情》《新疆行》《铁色军营》等文学作品，把铁道兵指战员的光辉形象长留人间，把铁道兵 30 多年的丰功伟绩永载史册，把铁道兵"逢山开路，遇水架桥"的精神传承下去。因此，陶福星同志被国防部、文化部授予"军旅英模"和"中国最美军人"称号，他的军旅英模事迹收录进《中国军魂·最美军人风采》一书中。

灵璧英博：陈金凤

从文盲到文艺家

陈金凤（1937—1997），女，灵璧县韦集镇韦集村人，著名的泗州戏演员，中国戏剧家协会会员，中国民主同盟成员，副研究馆员。

陈金凤自幼跟父母学唱泗州戏（即"拉魂腔"），11 岁登台演出。1951年底，全家结束了跑坡演唱的流浪生活，加入了江苏省徐州市王素琴班社。1952 年，她随"王素琴班社"一道并入徐州市国营柳琴戏二团，曾担任该团一些大型戏曲的主演。1953 年，随全家迁至安徽省蚌埠市，并参加了蚌埠市淮光剧团。陈金凤成为该团的主要演员。她塑造了许多极富光彩的艺术形象，在广大观众中产生了较深刻的影响。其中《小姑贤》《杨八姐救兄》《英台思春》等，在省人民广播电台录音播放，《拾棉花》全剧被中国唱片公司灌制成唱片向全国发行。她擅长刀马旦，有较扎实的功底，在她饰演的一系列的角色中，如穆桂英、刘金定、小青、李慧娘等，表演生动，得心应手，并擅长从人物性格出发，塑造出不同的人物形象。特别是她主演的《李慧娘》，无论是唱腔，还是表演的创新上，都向前跨越了一大步，被一些评论家评为在泗州戏表演艺术上的一个飞跃。她还创演了一批现代人物形象，如《刘胡兰》中的刘胡兰、《红云崖》中的红云、《小女婿》中的杨香草等 10 余部戏中的主要角色，都受到观众的肯定和欢迎。1956 年获省第一届戏曲会演表演三等奖。

"文革"初期，剧团解散，她被下放到农村，但始终没有放弃作为演员的责任，积极参加宣传队，受到广大群众的欢迎。

1972 年，陈金凤调到省群众艺术馆任戏曲辅导和导演。曾和其他同志一起，先后在阜阳、宿县、无为、巢湖、肥东、绩溪等地举办"表演导演训练班"。其间编写了《导演知识浅谈》《生、旦、净、末、丑及其表演特点》等约数万字的讲稿，培养了一大批文艺骨干，排演了一批有一定影响并获省、市表演一、二等奖的剧目。陈金凤从目不识丁的文盲，成长为一名卓有成就的文艺工作者，完全靠自学和钻研。她写了大量戏剧评论和教学辅导材料，评论文章有《评梆剧演员张春荣》（载《安徽青年报》）、《唱不垮的金嗓子——魏广云》（载《中国戏曲志·安徽卷》）、《回忆泗州戏导演席绪论》（载《蚌埠市文化志》）等；泗州戏剧本有《藏锤记》、广播剧《卖鸭路上》、戏剧小品《生活的变奏》等；剧种介绍《泗州戏》（载《中国民间艺术大词典》等。

陈金凤 1987 年加入中国民主同盟，曾先后当选蚌埠市第三届人大代表、政协委员和省青联委员、省文代会代表、省戏剧家协会和中国戏剧家协会会员。先后担任安徽省艺术馆戏剧曲艺工作室主任、安徽省导演学会理事、省通俗文学研究会理事、省民间艺术学会副会长兼秘书长。1988 年被评为副研究馆员，1992 年获天津市举办的"马三立杯全国业余相声邀请赛"组织辅导奖。于 1997 年 2 月因病逝世。其事迹被收录在《中国文艺家传集》《安徽高级专家名人词典》中。

（县史志办　供稿）

灵璧英博：陈兴云

梨园一枝花

陈兴云，女，1966 年生，安徽省灵璧县浍沟镇郭瓦房人，泗州戏演员，"泗州戏皇后"李宝琴关门弟子，现任蚌埠市艺翔泗州戏剧社团长。

陈兴云 1982 年跟随叔父学艺，1983 年考入濉溪县泗州剧团，受到泗州戏名家魏盛云、李魁玉、王秀云等名家指点。陈兴云一直从事泗州戏演艺工作，除上台演出外，其余时间就在学习、练功，家里放上几面大镜子，以便练功使用。

1995 年陈兴云在蚌埠演出时拜李宝琴为师，跟随师父系统地学习泗州戏，并与之同台演出 3 年多。经过师父手把手地指导和她自己的努力，陈兴云的演技最终得到了师父以及广大观众的肯定与认可。师父经常竖起大拇指说："你是模仿我最像的徒弟。"从此，陈兴云有了自信，带着自己的剧团走南闯北，越干越红火。2003 年又跟随李宝凤、鹿士彬等名角同台演出，并得到他们的指导。陈兴云还曾与江苏柳琴戏名家历仁清、张晓霞、李兴亚和山东柳琴戏国家一级演员程华、王素珍、邵小环等多次同台演出与交流。

陈兴云泗州戏表演功底深厚，不仅能演花旦、青衣、老旦、彩旦，还可以反串小生、小丑等角色，在苏、鲁、豫、皖颇有名气。多年来参加各类大中型演出 6000 余场。代表作有《小二姐做梦》《拾棉花》《樊梨花点兵》《穆桂英搬兵》《打干棒》《选票》《男孩女孩一样好》《还债》等 30 多部古装戏、现代戏。《小二姐做梦》是泗州戏经典剧目之一。该戏一人独饰 5 角，个人独唱 50 分钟，以唱功、做功要求极高，"泗州戏皇后"李宝琴携此剧在京演出时，曾受到毛主席、周总理的接见。陈兴云演绎的《小二姐做梦》传承了李宝琴表演精髓，功底雄厚、惟妙惟肖，展现了很高的艺术水准，勾人魂魄，每到散场观众们都依依不舍，真正印证了"拉魂腔"的魅力。

2013 年蚌埠市艺翔泗州戏剧社成立，陈兴云担任团长、艺术总监职务。除了保留《樊梨花点兵》《穆桂英搬兵》《拾棉花》《打干棒》《小二姐做梦》《观灯》《小姑贤》等 30 余部泗州戏古装剧目，她还与演员们一起自创、自编、自演泗州戏小戏及小品 10 余部。创作的作品《争公公》《选票》《男孩女孩一样好》《迎爸爸》《丈母娘训女婿》等深受广大农民群众喜爱。其中泗州戏小品《选票》参加省"群星奖"，受到专家好评。2014 年剧社参与文化民生工程"送戏下乡"活动，演出了 200 余场。

2014 年，陈兴云被安徽省蚌埠市授予国家非物质文化遗产泗州戏市级传承人。2015 年荣获安徽省民营院团"十大名角"称号。2016 年代表安徽省参加"华东六省一市戏曲小品大赛"，参赛作品泗州戏小品《还债》获银奖。2017 年参加贺新春安徽优秀戏剧曲种交流展演。2018 年获河南省第十届相声小品展演节目二等奖。2019 年泗州戏《特殊面试》在马鞍山参加安徽省优秀戏曲展演，受到专家一致好评。2020 年 7 月，陈兴云受央视戏曲频道《一鸣惊人》栏目组邀请带着徒弟们演出泗州戏《懒大嫂赶会》。

在成功的同时，陈兴云不忘回报社会，每次市、县组织的公益性演出活动，陈兴云不问远近，只要有时间都亲自带团参加。陈兴云认为艺术是服务社会、服务群众的，作为一名艺人，财富并不重要，重要的是有人听、有人看、有人喜爱就是最大的收获。

泗州戏因遭遇现代社会多元化娱乐挑战，加上剧目老化，新创剧本较少，新生力量缺乏，难以吸引更多的年轻观众，使得一些演艺团体、剧团名存实亡，传统技艺濒临失传，而曾经活跃在舞台上的老艺术家，有的因年事已高，也逐渐退出舞台，传统技艺传承艰难。这种情况下，陈兴云为了让泗州戏能得到更好的传承发展，在艺术传播上，不墨守成规，只要有想学戏曲的，就手把手地教，倾囊相授，从不计任何报酬。

现在，陈兴云最大的愿望就是不断地自我提高，尽可能地培养一批年轻的泗州戏演员，把泗州戏李派艺术传承下去，并发扬光大。

（县政协办公室　供稿）

灵璧英博：马素珍

情系"拉魂腔"

同龄人

马素珍，女，1933 年出生，灵璧县渔沟镇马集村马集街人，灵璧县著名的泗州戏花旦演员。

马素珍自幼在家乡读书，喜欢听"拉魂腔"，并且学着唱。在旧社会唱戏的社会地位低下，被人贬称为"戏子"，所以家里人反对她学唱戏。在她上小学四年级的时候，家里人为了不让她学唱戏，把她转到离家 300 里地的蚌埠去上学。她在蚌埠上学期间仍然不忘学唱"拉魂腔"，甚至达到痴迷的程度。1950 年蚌埠专区成立泗州戏剧团，招收新学员，初中毕业的她不顾家人的反对，自己偷偷地去报了名。常言道"十八岁的姑娘一朵花"，如花似玉的马素珍，又具有当年比较稀罕的初中文化程度，试唱了几段"拉魂腔"之后，便被录取了。在蚌埠泗州戏剧团，灵璧县的马素珍、五河县的李宝凤和蚌埠市的李宝琴几位女学员主攻"花旦"角色。经过 3 年多的刻苦学习，唱、念、做、打基本功样样精通、演艺娴熟。那时候灵璧县隶属于蚌埠专区。马素珍 3 年学徒期满，被分配回灵璧县大众戏剧团工作（后来灵璧县大众戏剧团改名为灵璧县泗州戏剧团）。

在灵璧县泗州戏剧团，马素珍主演花旦。由于剧团里人员少，她有时候还要客串"老旦"或者反串"小生"等角色。她在剧团里工作积极，学习认真，团结同志，深受领导和同事们的好评。剧团经常下乡演出，马素珍跟随剧团深入农村体验艰苦生活，虚心向人民群众学习，带着深厚的感情为人民群众唱戏，她的表演艺术逐步得到提高。她先后主演了《小女婿》《贫女泪》《十五贯》《秦香莲》《望江亭》《白蛇传》《孟丽君》《樊梨花》《银河走国》《三看御妹》《三卷寒桥》等上百个戏剧节目，成为灵璧县泗州戏剧团的台柱子。灵璧县泗州戏剧团每到一个地方演出，群众奔走相告："马素珍泗州戏来了！"大家扶老携幼争相观看她的演出。

据1958年进灵璧县泗州戏剧团参加工作的李济方同志回忆，当时灵璧县泗州戏剧团常到外地演出，到过河南省的永城、山东省的枣庄、台儿庄、江苏省的南京、宿迁、徐州以及周边县、湖北省的武汉。本省的长江以北铜陵、巢湖、合肥、蚌埠、淮南、淮北等地更是经常去巡回演出。1964年8月，灵璧县泗州戏剧团奉召去合肥稻香楼为刘伯承元帅演出。马素珍主演了《瓜园会》《走娘家》等4个剧目，和演职人员一起受到了刘伯承元帅和安徽省委书记李葆华、省长黄岩等领导同志的亲切接见，并且合影留念。

1966年下半年以后，全国都唱京剧样板戏，地方戏曲被压制下去。曾经红红火火的灵璧县泗州戏剧团也停止了演出。全剧团50多名演职人员，有的调离改行，有的下放农村，只剩下马素珍等十来个人坚守着泗州戏剧团这块阵地。1970年灵璧县泗州戏剧团更名为灵璧县东风文工团，又从上山下乡知识青年中招收一批新学员，演出曲艺、歌舞和革命样板戏。而马素珍却念念不忘泗州戏，一心想着要把泗州戏传承下去。她从新学员中物色两名花旦角色的人选，进行重点培养。当年从蚌埠市下放到灵璧县的女知青，后来成为灵璧县泗州戏剧团团长的孙向荣回忆说："马老师对我可好了，她一字一句地教我唱戏，一招一式地教我动作，不厌其烦地一遍又一遍地反复教我，哪怕一天教会一句唱词，也要把我培养成功，真正做到了诲人不倦。马老师在生活上无微不至地关心我，而在教学上又十分严格地要求我。有时候把我批评得掉眼泪，我含着眼泪还得继续唱戏，就差没有打我了。"1978 年，灵璧县泗州戏剧团恢复演出泗州戏。排演大型古装戏《白蛇传》，马素珍和孙向荣饰演白素贞 A、B 角色。在县城演出时，马素珍上台表演。下乡演出时，马素珍就鼓励孙向荣上台表演。孙向荣记得最清楚的第一次上台演出，是在尹集公社大礼堂上演《白蛇传》。马老师硬是把她推上了舞台，使她一炮走红。此后马素珍主动让贤，甘做人梯，自己逐步退到后台，让孙向荣走向前台，成为灵璧县泗州戏剧团的头牌花旦，成长为剧团的副团长、团长。

参加采访座谈会的县文化局和泗州戏剧团的老领导、老同事们，无不称赞马素珍人品好，说她谦虚谨慎、平易近人，对戏曲艺术精益求精，非常执着地爱岗敬业，是新中国培育出来的第一代地方戏著名演员之一，是一位德艺双馨的戏曲表演艺术家。她没有辜负党和人民的培养教育，从事泗州戏表演 30 多年，她用她那嘹亮的歌喉和甜美的唱腔，放声歌唱新中国，歌唱共产党，歌唱社会主义，歌唱敢叫日月换新天的灵璧县人民群众。因而，党和政府给予她崇高的荣誉：1962 年，她被评为灵璧县文艺标兵。1963 年，她当选为灵璧县第五届人民代表大会代表。1981 年，政协灵璧县委员会成立，她成为灵璧县第一届政协委员。

灵璧英博：金士元

醉身梨园写春秋

吕允峰

走进灵璧剧团，在不足 30 平方米的陋室里，我拜谒了泗州戏名家金士元老师，而在这里，金老师度过近 30 年的峥嵘岁月。

金老师鹤发童颜，精神矍铄，目光炯炯，声音洪亮，这是他演绎"生"

角的职业特征，也是他人格的写照。金士元，祖籍湖北武昌，1937 年生于灵璧高楼镇。7 岁在高楼上学，出类拔萃，那一年母亲去世，他成了孤苦伶仃的孩子。10 岁开始学戏，刻苦可想而知。1956 年 3 月 5 日进灵璧县文艺工作队，当时家贫，工资是每天 0.35 元，还要节省给家中的父亲。他衣不暖体，食不果腹，昼夜练功，坚持不懈。同年 7 月，文工队和大众剧团（1953 成立）合并，成立"灵璧县泗州戏剧团"，后把 8 月 1 日作为剧团纪念日。这是有文化部批文，社会认可的国营团体，1960 年以后改为大集体。

谈及剧团发展史，金老师记忆惊人：1953 年前后在北关小戏园，团长是程怀宣；1957 年并了渔沟镇的新渔剧团；1959 年并了水利文工团，也并了京剧社；1961 年并了艺术学校。1958 年剧团由北关小戏园迁移到文化馆后院，1985 年搬到西关外路南，至今未变。

演戏重练功，他早晚练功，雷打不动。武功拿大鼎，练虎跳，鹞子翻身，练出场步法；文戏练台步、台风、手势等。老生看唱腔，快慢见功力。泗州戏以 8 句为特色，分慢板、快板，有时唱十几句、几百句，《樊梨花点兵》就是快板，《莲花庵》是苦戏，要慢板为主，重在表现悲情。现场表演不能闪场，一失足成千古恨。84 岁高龄的金老师雅兴上来，清唱几句，字正腔圆，饱满浑厚，形神毕至。

金老师一生与戏曲为伴，尊师重道，追求不懈。针对每一剧目、每一曲牌、每一科白，都一丝不苟，他常说："要对得起观众！"新中国成立伊始，能扛大梁的角儿凤毛麟角，他是剧团台柱子，饰演过《智取威虎山》中杨子荣，《红灯记》中李玉和，《杜鹃山》中雷刚，《秦香莲》中包公和《狸猫换太子》中包青天等，每一角色都入戏入神。1964 年 4 月 16 日在合肥稻香楼演出，受到刘伯承元帅接见，刘伯承元帅对泗州戏充分肯定，并鼓励他们要把泗州戏发扬光大。

1965 年到 1988 年，他担任团长。"文革"期间剧团被造反派控制，他自身不保，带着大家下放到尹集镇李大庄集体改造三个月，所谓"文艺工作者接受贫下中农再教育"。他们白天劳动，挨批斗，写检讨，批当权派，但晚上依然"曲子不离口"，给农民讲戏，唱戏，这是他们生存的根呀！

金老师为弘扬泗州戏跑遍大江南北。1957 年到 1959 年在南京演出，浦口、下关、夫子庙等街区都留下他们的歌声。1959 年他父亲去世，他在武昌演出，回家才知父亲已走，未睹最后一面成了他亏欠父亲的遗憾。1968 年到宿县搞戏改，把《智取威虎山》改泗州戏，地区要他留在宿县担当主角，他说："还是我第二故乡灵璧好。""文革"期间，在凤阳演了大半年，主演《焦裕禄》，场场爆满。后在合肥演出，新华社驻安徽记者站独家采访，各大报纸纷纷转载，影响强烈。

几十年来，金老师以舞台为家，把观众视作家人，一年难得两月在家，好在妻子理解丈夫事业，承揽了所有家务，无怨无悔。他年年被评为劳模、优秀党员。他扶持杨华、孙秋雁、孙向荣、焦子强等大批后起之秀，使灵璧泗州戏声名鹊起，享誉江淮。20 世纪 70 年代末他参加了全县群英会，成为县政协委员。

改革开放的春风吹绿了江淮大地，传统剧目重登舞台，他老当益壮出演《十五贯》中况钟一角，严美健演娄阿鼠，演出上百场。1996 年他出演新戏《孔繁森》，彰显了模范共产党员形象，外出演出许多场。1988 年退休后专心于对梨园新秀的发现、培养，对泗州戏的历史演变，发展革新进行探讨，传承。现为安徽戏曲家协会会员，苏鲁豫皖柳琴·泗州戏研究会理事。

"斯是陋室，惟吾德馨。"不足 30 平方米，2000 多元一月养着两位老人。墙上挂满了一生的演出照，我感觉这不再是宿舍，这是金老师的更衣室，道具室，这是许多新秀起航的地方，更是绽放艺术的殿堂。

灵璧英博：解亚娇

梨园飞出的百灵鸟

谢金陵

她常常在梦中回到童年的那片梨树园。

梨树下的草地和田埂是她的舞台，千百株梨树就是她忠实的观众，风声和鸟鸣则是她的老师，盛放的梨花便是她的演出华服……

梨园深处有个茅草庵。在夜空下，探出脑袋可以看见缀在叶片缝隙中的星星。清晨，张开嘴巴可以呼吸到缀满露珠的空气。金色的阳光穿透无数片绿叶，编织出无数颗遥不可及却又似乎伸手可触的梦。

这片梨园，她的父亲承包了多年。酥脆甘美的梨子是她通往音乐殿堂的敲门砖。

她是一只拥有天籁之音的百灵鸟，乘着歌声的翅膀飞出了家乡，飞出了皖北大地，飞向了祖国更深远的怀抱，而她的根系最终是属于家乡的。甜美的梨汁滋润了她的嗓音，醇厚的水土滋养了她的灵魂，一头从未剪过的乌黑长发盘绕着她的情思。

她曾荣获全国声乐比赛民族唱法专业组金奖，她曾多次荣获 CCTV 全国原创音乐歌曲演唱最高奖项，她曾走进人民大会堂举办大型文艺演唱会，她曾多次受邀担任各种重大音乐栏目的评委或嘉宾，她经常举办个人演唱会和参加公益演唱会……

然而，这些并不是让她最为之骄傲的。真正令她引以为傲的是在个人事业成功的同时，培养了成千上万名曾经和她一样的音乐路上的追梦人。

作为安徽省教育行业十大领军人物，她创办的亚娇艺校推举出无数优秀学子。有的在中国青少年文化艺术界全国总决赛声乐组摘得金奖，有的在中央"六一"晚会获最佳编排和最佳表演奖，有的荣获全国声乐展演金奖，还有的走出国门，喜获亚洲十强，更多的则受邀参加电视台各种节目录制……

有人说，她的音色明亮有力，音质纯美动人，是为民族的音乐而生的，有人说，她既能演唱清脆的花腔，又能演唱起伏较大的歌剧和艺术歌曲，是音乐界里的全才和奇才，有人说，她的歌声既古典唯美，又具有鲜明的时代气息，是新时尚民歌代言人，更有人盛赞，她的歌声大气磅礴，意境深远，是属于盛世中国的……

她是故乡灵璧的骄傲，她是中国音乐界的一个传奇。

没有人知道，她来到这个世界之前，她的母亲其实已经被判了生育的死刑——子宫内膜癌。在徐州医院化疗时头发大把大把地脱落，拉回家中时已气息奄奄。

她的父亲在部队文工团里已经提升为团级干部，吹拉弹唱，文武双全，深受领导器重，前途一片光明。为了拯救妻子，她的父亲选择了退役，回到妻子身边，全心全意地照顾她。

性格倔强的妻子感觉生育无望，不想拖累丈夫，为了斩断丈夫的心意，独自从医院抱养了一个孩子，并坚决要求和丈夫离婚。

不知道她父亲如何改变了她母亲的心意，从医院拉回家中等待死亡的母亲没等到死神，却等来了肚子里的她。

注定，她是命运赏赐的礼物。

为了哄她母亲开心，她父亲天天或弹或拉，或吹或唱，沉闷的气氛逐渐消散，体弱多愁的面容逐渐开朗。她的母亲有了战胜病魔的信心，平坦的肚子一天天变大变圆。

如果有胎教，这一定是父亲给予她最初的音乐启蒙。她在母亲的肚子里，谛听到这个世界用音乐编织出的美妙呼唤。

那时的她，不会知道自己将出生在一个音乐世家。她的父亲、祖父，甚至更远的祖辈都是以吹拉弹唱养家为生的。她的祖父一把唢呐吹得风生水起，名闻遐迩。父亲深受家庭熏陶，带着一身好本领走进了军营。又经过系统的专业学习和训练，如果不是她的母亲，谁能想象他会走得多高多远！

她母亲在怀孕期间服用的药物和接受的治疗，导致她出生之后先天不足，体弱多病。但幸运的是，在那个特殊的日子——八一建军节，她有惊无险地来到了这个世界。对军队有着难以割舍情结的父亲来说，这是他离开部队之后上天给予他的最好礼物。

她的眉间一颗红痣鲜艳夺目，胎发漆黑油亮，皮肤晶莹如玉，五官灵动美丽，一双摄人魂魄的大眼睛。父亲苦思冥想了七天七夜，终于给女儿想出一个吉祥美丽而又充满诗意的名字——亚娇。

亚娇的父亲是受过部队严格锤炼过的战士，希望女儿有远大的志向，有深沉的家国情怀，爱多娇山河，谱写亚洲人的壮志豪情。

多才多艺的父亲在部队里是文艺骨干，回到家乡是村庄的主心骨。身为村书记，他不仅忙着村里的各种事务，还组织了文艺团队传承发扬民族音乐，经常带着团队到各个村庄去演出。亚娇的父亲永远是舞台的主角，一个人就可以撑起全场，唢呐吹得惊天动地，二胡拉得荡气回肠，倘若引吭高歌，定会余音绕梁三日不绝。

父亲是亚娇的伯乐。刚出生时，父亲就发现了亚娇的音乐天分。她好像含着一支银喇叭来到了这个世界上，啼哭的声音嘹亮高亢，穿透力极强，几里外都可以听得到。四个半月开口说话，不足一岁可以跟着收音机嗯嗯啊啊地哼唱。

对于爱哭的小亚娇来说，哄她安静的最好办法就是抱着她低吟浅唱，或者给她播放轻柔的音乐。乐声一起，她便哭声顿停、睁大黑溜溜的双眼静静聆听，眉眼神情里全是享受和欢喜。1岁多听广播或录音卡带，便能一板一眼地跟着学习。她的记忆力强得令人震惊，听上几遍就可以全部记住，当普通的孩子还在牙牙学语时，她已经能完整清晰地演唱多首歌曲，还能惟妙惟肖地模仿各种声音。当她学会走路，无论走到哪里，父亲都要把她带上，时时刻刻深入浅出地给她灌输乐理知识。她对音乐的感觉特别敏锐，一丁点的差异她都可以准确地辨别出来。连成人都感到枯燥无味的知识，她却如饮甘露。打节奏、练时长、辨音律、学简谱……她像一棵贪长的幼苗，拼命地吸吮着养分。

别的孩子满庄野跑疯玩，她却抱着录音机学唱《白毛女》。别的孩子看大戏只是图热闹，她却跟着外婆到处追戏班子听戏曲，沉迷得满眼满脸都是泪，回到家里披着大被单，扯着两角做水袖，把床板当戏台，咿咿呀呀地开启自己的舞台人生。

她时常跟着父亲下乡，剧团里的剧目她都能有板有眼地唱出来。叔叔阿姨们演出之余，会拉过没有桌子高的她朝方桌上一放，让她给大家唱上一曲。她鼻涕一抹，嗓门一亮，总能引来阵阵惊叹。

父亲也总会在夜晚乘凉的时候，在一片空场地上拉二胡。父亲拉什么曲目，她便可以唱什么曲目，民间小调、戏剧小段、泗州戏……本村的老少爷们围得密密匝匝听热闹，邻村的乡亲专门赶来看稀罕。小亚娇越唱越兴奋，父亲越拉越开心，直唱到月明星稀，倦鸟归巢。

7岁那年，父亲的剧团受邀到县城参加一个重要演出。演出即将开始，主要女演员却突然生病登不了台。救场如救火，亚娇挺身而出，落落大方，不卑不亢，一开口就赢得了满堂彩。

亚娇的父亲清醒地认识到女儿是为音乐而生的。她有着卓越的天资和难得的音乐天分，如果仅仅满足于家族唢呐事业的传承，只需要顺其发展就可以了。他曾经在部队历练过，对音乐和艺术有着更深刻的理解和追求。他知道想成就女儿的未来，真正助她迈入艺术的殿堂，前方有漫长的艰苦道路在等待着他们。

钢琴是进入音乐殿堂的入门券。学习钢琴对于身在偏僻农村的孩子们来说，是奢侈的幻想。选择名师学习，更是遥不可及的梦。

但对于一个心怀远大理想和深情的父亲来说，一切的问题都不是问题，一切的困难都可以迎难而上。

亚娇永远记得父亲为了她的学业之路，开始想方设法寻找门路挣钱，搞养殖种植、跑场演出、办面粉厂、承包梨园，在梨园的树荫下养鸡养鸭……

因为她，对生命失去信心的母亲居然奇迹般地战胜了癌症，并且又生下了妹妹和弟弟，生活虽然艰苦，却开始露出曙光。

7岁生日那天，父亲送给亚娇一件贵重的礼物——"雅马哈"牌钢琴。这台钢琴几乎倾尽了当时家庭的全部积蓄。也正是这台钢琴，让亚娇的生命轨迹改变了航向。

在亚娇童年的记忆中，父亲为她设了专门的琴房，不准弟弟妹妹们对她有任何的打扰，不准她有片刻的偷懒或松懈，每一天的清晨总是在琴键的弹奏声中徐徐拉开。

为了让她的声乐和器乐水平更上一个台阶，父亲通过战友找到山东艺术学院的老师教学。从此她和父亲一次次辗转于徐州和济南的长途旅程。在村庄的路口，父亲领着她挤上开往徐州的公交车，车破人多路况差，颠簸几个小时才能到徐州火车站，然后又是一夜的火车。为了节省开支，他们总是买站票将就一夜。过道里永远塞满了人，车厢里永远没有下脚的空隙，她在父亲被挤得摇来摆去的怀抱中睡意深沉。当他们披着晨光来到老师家门前时，为了不打扰老师休息，还要在冰冷的门外徘徊等待数小时。她比谁都懂得"程门立雪"的真正含义。有一次下大雪，怕踩雪的声音惊醒老师，父亲陪着她站在门外不敢动弹。等到老师开门，雪地上留下深深的两双足印。

这样的时光，父亲陪同她折腾了 5 年。

15 岁，解亚娇迎来了她命运的高光时刻，从 3000 多名儿童中脱颖而出，她顺利考入山东齐鲁艺术学院，师从院长姚素霞学习民族声乐。

17 岁，解亚娇过五关斩六将，从 3 万多名考生中拔得头筹，顺利进入中国人民解放军艺术学院，师从李双江、孙频章两位教授攻读声乐和器乐理论。

当时全国只招收 3 名学员，解亚娇是其中的一名。她是幸运的，但她的幸运中又充满必然性。

参加复试的孩子几乎都有家长陪同，物质条件优越，准备工作充分，只有她是孤身一人。求学的艰辛和家庭的艰难让亚娇过早地体会到生活的不易，为了让事务繁忙的父亲安心操持自己的事业，懂事的她独自挑起了这场大型的考试。她选了难度最高其他孩子不敢尝试的歌剧《看天下劳苦大众都解放》，因为没有钱买花哨的服装，更没钱聘请设计师为自己设计形象。她只能扎着两根油黑发亮的长辫子，穿着租来的一袭破旧长衫，简简单单上了场。然而一开口，评委们的眼睛全都放出亮光。亚娇好像变身为韩英本人，唱得悲壮凄婉，催人泪下。几位评委都被感染得泪水潸然，赞叹不已又困惑不解。把一首作品演绎得如此完美准确，仅靠高超的技艺和漂亮的嗓音是远远不够的，演唱者必须理解歌曲的内容，融入自己的真实情感。它与歌者本人成长的环境和经历有关。凡是能打动人心的作品背后一定是深厚的生活积淀，没有经过生活的磨难，不经过扎实的锤炼，作为专业的歌剧演员都未必能准确把握其中的深刻内涵，小小年纪的解亚娇是如何达到这样的理解力呢？作为评委之一的李双江也擦着眼睛说："太不容易了，太不容易。这个孩子的声音是天生的，这个孩子是为音乐而生的。我要破格收她为学生。"

事实证明，在以后的学习生涯中，解亚娇没有辜负李双江教授的这双慧眼。她的音域宽广多变，音色圆润明亮，咬字清晰亲切，演唱风格淳朴优美。无论是柔媚温婉的民歌小调，还是技法多变、难度超高的民族歌剧选段，她都可以游刃有余地完美演绎。

解亚娇在不断吸收学习传统音乐文化的同时，也在不断深入思考和提升。她深深感觉到，民族音乐想要拥有更多的听众，需要多元化发展，民歌需要创新，需要跟上时代的节拍。很多年轻人不了解不喜欢民族歌曲，她觉得自己有责任有义务让民歌走进年轻人的世界，促进中国民歌事业的继承和发扬。

毕业后，解亚娇毅然走上了音乐教育的岗位。她先后在齐鲁音乐学院北京分院从事音乐教学工作，后又受聘浙江温州、青田、杭州等音乐学院的教学工作。据不完全统计，从 2001 年到现在，通过 20 多年的教学实践，她总结摸索出因材施教、快乐学习的教学方法，培养了近万名学生，数千名学子考入各大音乐院校。

2004 年，解亚娇不负众望，摘取了全国声乐歌手大奖赛民族唱法专业组金奖，2009 年，她荣获温州市流行音乐大赛十大歌手的称号，2010 年，她参加了在北京人民大会堂举办的"感恩母亲"大型文艺晚会，同年参加了全球温州商会成立 15 周年的大型晚会，2012 年，录制了个人原创音乐《啊，布达拉宫！》《祖国我心中的歌》《种田的爹，种地的娘》等，在音乐界获得广泛好评……

就在亚娇个人事业和教育事业蒸蒸日上的时候，灾难接踵而至。先是母亲一病不起，紧接着父亲因劳累过度引发肾脏衰竭。母亲和父亲不仅需要人照顾，更需要大把大把的钱。弟弟妹妹刚刚成年，还没有足够的能力应对家庭的变故。作为家庭的长女，她必须责无旁贷地挑起这副重担。

她力排众议，放弃了红红火火的事业，带着年幼的女儿义无反顾地回到了父母的身边。那几年，她花干了所有积蓄，停止了前进的步伐，像当年果断从部队退伍回家的父亲一样，全心全意地照顾着两位亲人。

母亲躺在病床上将近两年，不能吃，不能喝，全靠打营养针维持生命。她到处寻医访药，搜求偏方，给母亲做推拿按摩，自学艾灸理疗……

而父亲从身体强壮的俊朗汉子衰竭到一次走不了几步路，一星期需要做三次血液透析。她学会了测量血压、观察仪器、使用治疗仪。她花费高昂的价格托人为父亲买来康复理疗仪……

为了让父亲和母亲保持愉悦的心情，她的脸上总是挂着明丽的笑容，嘴里总轻轻地哼唱着歌曲。音乐成为家人心中的灯盏，同时成为她最强有力的精神支撑。

最辛苦的时候，她累到随时会瘫倒，压力大到随时会崩溃，瘦得一阵风就能吹走。但在艰难的日子里，乡亲们给了他们淳朴的关怀和帮助。他们有的借钱，有的出力，有的经常嘘寒问暖。让她感受到乡情的厚重。

上天似乎格外眷顾这个充满苦难和温馨的家庭。像多年前她来到这个世界上一样，奇迹再次发生。在她的精心呵护和照顾中，父亲和母亲的病情从不治到减轻，到好转，到渐渐康复。

经历了生死之劫病痛之苦的她更懂得了生命的悲欢和意义、亲情的贵重和无价。人生短促，命运无常。音乐给予她抗击命运的底气，亲情和乡情给予她抗争灾难的力量。她的内心变得更为强大，性格更乐观自信，也更热爱珍惜生活。她还有很长的路要走，她还要很多的梦要圆。

2015 年，解亚娇在我县创办了灵璧文化馆亚娇艺校。同年，该校获得了中国青少年艺术节全国声乐组金奖。2016 年，学校的原创节目《妈妈我也要去你打工的地方》，荣获央视"六一"儿童节晚会最佳表演奖。2017 年，《亲爱的妈妈》荣获第六届国家青少年文化艺术节金奖……

捷报不断，喜报频传。短短几年，她不仅做大做强了音乐教育事业，个人的事业也更上一层楼。

父母病情的逐渐稳定，让解亚娇有更多的精力投注在音乐事业上，也让她对孝道和感恩有了更为深刻的认知。

人以德为本，德以孝为本。孝，是中华民族的传统美德，能够让我们对生命充满敬畏，对父母充满感恩，对社会充满责任感。作为一名真正的艺术家，一定要心怀大爱，继承和发扬中国的传统文化。随着父母身体的好转，亚娇的这个想法越发强烈。

2018 年 10 月 16 日，解亚娇携众艺术家走进星光影视园举办感恩父母，为你"娇"傲大型公益演唱会。北京有关方面领导和灵璧县委常委、宣传部部长高文，新闻媒体记者及首都观众 1000 余人观看演唱会。助阵嘉宾有著名艺术家邓玉华、康曦、泽旺多吉、金霖等。

她先后演唱了《远方的牵挂》《啊，布达拉宫》《种田的爹，种地的娘》《祖国我心中的歌》四首原创歌曲和歌伴舞《梦想正起航》《美丽家园》、对唱歌曲《敖包相会》、独唱歌曲《阳光路上》《孝敬父母》《感恩》。现场反响强烈，社会影响深远，很多人因此受到震动和教益。

此后，她多次携手国内知名艺术家举办感恩父母传扬孝道文化的公益演唱和演出活动。

2019年解亚娇受邀参加"竞秀长城祝福祖国"长城音乐会，2020年原创抗疫歌曲《你是好人》录入中国国际教育频道，并被学习强国选用……

心之所系，情之所归。她真正做到了用歌声抒发家国情怀，弘扬孝道文化。把爱和感恩传递到千家万户，把正能量传递到各个角落。

在时光的长河里，解亚娇涉过人间冷暖，穿过红尘悲喜，用心歌唱，用爱教学，用情生活，谱写出一曲曲美妙动听的歌曲，更演绎出一个充满大爱和温情的现代传奇。

灵璧英博：卢书坤

一路高歌向前方

陈益芳

在灵璧，有一位青年歌手，歌声高亢嘹亮，悦耳动听，撼人心魄。每次演出活动，有他上台高歌一曲，就显得高端大气。每逢他上场，演出必将达到高潮，全场欢呼不断。他就是灵璧中学高级音乐教师、安徽省民歌大赛一等奖获得者、全国文联推新人大赛全国十优歌手、安徽省音乐家协会会员卢书坤老师。

卢书坤，1979年11月生，泗县黄圩镇卢圩村人。他自幼喜欢唱歌，因家境贫寒，没有条件去学习音乐。但凭借歌唱天赋，凭借模仿，他学会了《敢问路在何方》《毛主席著作比太阳》等歌曲，并在小学四年级和初中一年级获得了镇里的"歌咏比赛"第一名，也获得了县里的歌手大赛优秀奖。他勤奋好学，是个品学兼优的学生，家里墙上贴满了他的"三好学生""优秀班干"的奖状。1995年考取灵璧师范学校，音乐课上，他的音乐天赋被潘荣正老师发现，并称赞是其从教生涯中遇到的条件最好的歌唱苗子。师范一年级时，学校准备举办元旦晚会，因他唱歌好听，被推荐排练阎维文演唱的《小白杨》歌曲。由于没有受过专业训练，高音怎么也上不去，结果换了一首没有高音的歌曲《相见时难别亦难》，同样获得了师生好评。可是要强的他心里却不认输，寒假他带着深深的遗憾回到家里，对着借来的录音机反复地听，然后跑到空旷的田野去练唱，一遍、两遍，一个寒假经过无数遍的练习，终于把高音唱了出来，当时他就高兴得跳起来，那个开心呀！回到学校后，在学校的艺术月活动中，他成功演唱了《小白杨》，并迅速火遍全校，成为师生眼中的明星。

1998年毕业后，卢书坤到灵璧县长集乡双杨小学任教，为圆音乐梦想，1999年9月至2003年6月间他先后到蚌埠学院、安徽省教院进修音乐专科、本科。经过专业系统地学习，演唱技艺获得全新发展。2001年演唱《再见了大别山》，参加蚌埠市歌手大赛荣获二等奖。2004年参加宿州市歌手大赛荣获一等奖，这一年他因突出的音乐才华被调到了灵璧县冯庙中学任音乐教师，此后连续十次宿州市歌手大赛一等奖非他莫属。2005年演唱歌曲《淮河两岸金银滩》获安徽省民歌大赛一等奖。2007年演唱歌曲《父亲》，获全国文联推新人大赛安徽赛区特别奖，全国文联推新人大赛十优歌手，为灵璧，为家乡争得了荣誉。2008年演唱歌曲《大黄河》获安徽省职工歌手大赛一等奖，2010年9月调到灵璧中学任音乐教师。他不仅唱得好，而且教得好，多年来，他为全国音乐学院、艺术院校、综合类大学、师范院校等高校输送了200多名优质生源，使这些农村娃圆了大学梦，用歌唱艺术改变了他们的人生轨迹。

卢书坤演唱的都是弘扬主旋律的歌曲，气势恢宏。他的音色纯正甜美，音域宽广流畅，感情纯真质朴，台风沉稳大气。听他的歌，仿佛是明星大腕在现场演唱，有一种听了还想听的感觉。但作为一个有梦想的音乐人，他不满足于只翻唱别人的歌曲，开始尝试演唱自己的歌曲，并同样获得了成功。他的原唱歌曲主要有《同根同梦》《灵璧石赞》《天下第一石》《汴水向东流》《大别山上杜鹃红》《同心百年》《天地间有你》等。其中《同根同梦》是著名词曲作家张友殿为其量身定做，由中央乐团录制而成，展现了华夏儿女根脉相连的家国情怀。《汴水向东流》是由原宿州市档案局局长王伟作词、原宿州市音乐舞蹈家协会主席、市教育局音乐教研室主任张安谱曲，具有浓郁地方风格的歌曲。因曲风独特、立意鲜明，被安徽省文化厅选中，参加"群星奖"决赛。《天地间有你》以抗击新冠疫情为背景，讴歌时代英雄。此歌后被选入"学习强国"学习平台。他还被邀演唱睢宁县歌《走进睢宁》、泗洪民歌《一路高歌向前方》。在演唱的同时，他还进行音乐创作，创作了《一顿饭》《好男儿走天涯》等好歌。其中《一顿饭》的歌词是由砀山扶贫工作组以精准扶贫为切入点集体创作而成，朗朗上口，婉转流畅。卢书坤谱曲后，制作出的作品旋律优美动听，被宿州市教育局用于精准扶贫视频宣传背景音乐。

获奖多了，名气大了，可卢书坤还是原来的卢书坤：深沉而洒脱，自信且谦虚。除了认真教好书，用音乐陶冶学生的心灵，提升学生的综合素养，为高校输送更多的音乐人才，只要观众需要，他就会登上舞台，用心用情去歌唱，歌唱美好新时代、歌唱火热新生活。

灵璧英博：许婉頔

从小县城走向大世界

许曙光

灵璧，是皖东北的一座小城，钟灵毓秀，人杰地灵。这里是楚汉相争的古战场、大汉王朝的发祥地、灵璧奇石的原产地。这座小城，也走出了一位旅居德国的国际青年小提琴家许婉頔。

音乐的启蒙

许婉頔，1995年4月出生于灵璧县城，上幼儿园时就体现出过人的音乐天赋。在幼儿园大班时，全县举行舞蹈汇演，年龄最小的许婉頔担任领舞，伴奏曲节奏很复杂，要求舞蹈动作和音乐节奏要完美结合。许婉頔作为领舞，不仅自己要做到万无一失，更加重要的是要引领整个舞蹈队，虽然难度很大，但是许婉頔都完美地做到了。父母发现了许婉頔对音乐很感兴趣，在3岁半时为她报了电子琴班，老师是灵璧县师范学校的音乐老师宋丹。在短短的半年电子琴学习中，许婉頔的音乐天赋就有了充分的体现。在班里虽然年龄最小，接触时间最短，但是识谱最快，节奏最佳，悟性最高。宋丹老师非常欣喜，称赞是难得的音乐苗子，并建议家长可以尝试学一些正规乐器，比如钢琴、小提琴等。

许婉頔的爸爸当时在尤集镇政府工作。由于尤集镇离江苏徐州市比较近，就到了徐州师范大学（现江苏师范大学）为许婉頔找音乐老师。没有熟人介绍，她爸爸就直接到音乐系门口随机找老师和学生，打听合适的钢琴老师。当时有一个叫李月的钢琴老师，愿意听听许婉頔的音乐方面的表现。由于担心灵璧离徐州较远，一对一上课不能长期坚持，李老师委婉拒绝了许婉頔跟她学钢琴的请求，建议许婉頔可以试试学小提琴，因为小提琴可以上大班，并推荐该院的小提琴教授刘建。和刘建教授取得联系后，他爽快地答应了。从此，许婉頔与小提琴结下了不解之缘。

求学之路

在徐州师大学习小提琴是一个艰辛漫长的过程。许婉頔晕车厉害，从灵城去浍沟老家，不到30公里的路程都要吐好几次。而灵璧至徐州是100多公里的路程，还要当天往返，难受程度可想而知。时值20世纪90年代末期，灵璧到徐州没有高速公路，道路也是坑坑洼洼，单趟都要走3个多小时。车也就是老式的"大通道"客车，没有空调，窗户封闭不严，真是夏天热晕头，冬天直哆嗦。下了课，简单地吃点饭，马上又要坐车往回赶。就这样，寒来暑往，风雨兼程，每周去一趟徐州，雷打不动地坚持了4年多。许婉頔也从一个幼儿园的小朋友长成了小学四年级的学生。到2004年3月，许婉頔学习小提琴已经4个年头了。

许婉頔的小提琴启蒙老师是徐州师范大学音乐系的刘建教授和童苏教授。他们是一对伉俪，都是全国知名的小提琴教育家。刘建教授幽默诙谐，琴声浑厚有力，童苏教授严谨细致，琴声悠扬细腻，各有所长。许婉頔先是跟刘建教授学指法、节奏、运弓等基本技法，后童教授又对许婉頔的各种细节进行一点一点打磨。在这两位老师的悉心指导下，许婉頔的演奏水平有了突飞猛进的进步。2000年2月开始学习小提琴，2000年底参加安徽省器乐比赛，便获得了少儿组一等奖。节假日还经常到灵璧北山部队慰问演出。

2004年，许婉頔已经是一个四年级的小学生了。在90多人的班级中，她文化课成绩也是名列前茅，多次获得"三好"学生称号。当时小学是五年制，马上就要小学毕业了，到底是以文化课为主，还是走音乐的专业道路？许婉頔面临着人生的第一个十分重要的选择。启蒙老师刘建老师建议，可以报考专业学院的附属小学试试。在综合研判中央音乐学院附小和上海音乐学院附小多方面条件的基础上，决定报考后者。2004年4月，许婉頔踏上去上海的考试之路。上海音乐学院附小从小学四年级开始招生，面向全国，按单一的考试成绩择优录取。许婉頔很顺利地通过了初试、复试和文化课考试，经体检合格后，于当年7月收到了上海音乐学院附属小学录取通知书。多年的勤学苦练，上百次的往返奔波，琴板上的汗水与泪水，都凝结在全家人的喜悦中。

走进音乐殿堂

2004年9月，许婉頔正式迈入上海音乐学院附属小学的校园。校园里绿树成荫、小河流淌，既有古色古香的宋美龄故居，又有宽敞明亮的现代教学楼，琴房、音乐厅、操场、图书馆等教学设施，高档别致、一应俱全。一进校门，便能看到我国著名音乐家贺绿汀的雕像，小提琴、钢琴、二胡、长号等声音从琴房飘来，到处都是音乐符号，整个校园弥漫着浓厚的音乐氛围。

相对于普通学校，音乐附小的课程，侧重于音乐教育。一般是上午文化课，下午专业课，每班30人左右。由于是面向全国招生，招进来的都是在全国音乐领域内的优等生。许婉頔在小提琴专业6人中，只能算中等成绩，与原来的情况相比，失去了荣耀和优势，只有刻苦努力，才能不至于落后。每天的学习时间，都安排得很满，练琴的时间占了很大的比重。但父母并没有因此而忽略许婉頔的文化课，一般要练琴到晚上十点再完成当天的文化课作业才能休息。时光不负努力，许婉頔在校期间拿到了所有的奖学金。

在上音附小，全国著名的音乐家数不胜数，小提琴演奏家俞丽拿、钢琴家杨韵琳、男中音歌唱家廖昌永、笛子演奏家唐俊乔都是上音附小的老师，并且经常有国外乐团和音乐家到附小交流汇演。在高水平的音乐指导和浓厚的音乐氛围熏陶下，许婉頔的专业成绩也突飞猛进。在同年级、同专业的成绩中名列前茅。2007年，许婉頔成为全校为数不多的几名免试小学升初中的学生，并受邀赴澳洲交流。

2009年夏季，许婉頔远赴西班牙参加Llanes国际大赛，过关斩将，一路向前，最终获得青少年组第二名（第一名空缺）和西班牙风格最佳演绎奖。之后便代表学校参加上海音乐学院附中建校56周年校庆及在香港举办的四地汇演。

留学之旅

免试进入高中后，许婉頔面临着人生中第二次十分重要的选择。是在国内继续深造，还是到国外去接受更高难的音乐文化教育。这时，许婉頔的妈妈给了她一个看似有些冒险的建议，那就是德国。因为当时大部分的同学都会选择英美或新加坡，第一是因为语言，这些国家都使用英语，对于大部分人来说语言这关会轻松很多。第二是因为有很多前人的经验，申请考学和生活方式有更多的了解。然而妈妈的提议让许婉頔有了自己的打算，为什么一定要和其他人一样呢？因为她的性格偏沉稳，对美国的相对浮躁的气氛并不是很喜欢，而且，古典音乐艺术发源于欧洲，兴盛于欧洲，流行于欧洲，出了巴赫、贝多芬、勃拉姆斯、门德尔松等享誉世界的音乐家。小提琴艺术在音乐中占有极其重要的地位，并且受众颇多，具有广泛的群众基础，所以，许婉頔最后选择了德国作为她的留学地。

德语是去德国留学的第一道难题。为了不影响正常的文化课学习，许婉頔只能在周末和节假日到校外培训机构单独学习德语。从初三下半学期开始学习德语，直到高二下半学期，为了能够学习纯正的发音，规范的教程，许婉頔先后在多家补习班上课，最远的是在同济大学的留德学院。这个学院离住处很远，坐地铁加步行要一个多小时，每星期一次，就这样坚持了两年时间。2012年7月，许婉頔顺利通过了德福考试，闯下了去德国留学的语言关。

2012年6月，许婉頔怀着兴奋、忐忑的心情向未知的德国出发了。背着心爱的小提琴，托着沉重的行李箱，独自一人，年仅17岁的许婉頔走向浦东机场，飞向蓝天，奔向了只在书本里了解一些情况的国度。许婉頔的妈妈只能在出发前尽可能地把所有的路线都打印下来，所有会遇到的问题都写下来翻译成德语，就这样带着父母的担忧独自踏上了考学之旅。音乐类的考试只能面试，因此，所有的努力都压在那考试的10分钟里。德国的考试都是即时公布，许婉頔参加了科隆和汉诺威两所音乐学院的考试，都被正式录取。当时科隆音乐学院的院长和汉诺威的资深教授都想收许婉頔为徒，经过深思熟虑后，汉诺威教授的音乐风格更适合当时的许婉頔，她就婉拒了科隆音乐学院的邀请，选择了汉诺威音乐戏剧与传媒大学，拜入 Adam Kostecki 教授门下。2016年大学毕业，获得大学学士学位，同年考入本校研究生继续深造，2018年，又以满分的成绩获硕士学位。

<h2 style="text-align:center">追逐梦想</h2>

对于许婉頔来说，进入世界顶级交响乐团是她从18岁时便有的梦想和理想。于是，从2014年起，年仅19岁的许婉頔便成为德国北德广播交响乐团（NDR Hannover）的少数亚洲裔实习生。作为最年轻的一员，她跟随乐团参演过无数次大型音乐会，脚印遍布欧洲。2018年，许婉頔考入德国法兰克福广播交响乐团的乐队学院，这离她的梦想又近了一步。在乐团里，她可以跟同事学习乐团演奏技巧，探讨对乐曲内涵的理解以及各声部的协调配合。2019年11月，通过拉幕考试，在28∶1的激烈竞争情况下脱颖而出，成为法兰克福广播交响乐团的第一小提琴演奏员，于2021年签约终身合同，成为法兰克福广播交响乐团的正式成员。

加入该团后，许婉頔其实已经实现了她的理想，然而，她追逐梦想的脚步却没有停下。在试用期结束之后，她便继续充实自己，随后考取了德国斯图加特音乐学院，跟随 Christine Busch 教授攻读最高演奏家（博士）文凭，学习不同时期的音乐风格，探讨演奏的多样性。从 17 世纪的巴洛克风格到 20 世纪的现代派音乐，每一个时期都会有不同的感受。作为巴洛克风格的专业演奏家 Busch 教授给予了许婉顿非常大的帮助，从音乐的背景到乐器的不同，再到乐句的处理，无一不让许婉顿感到学无止境。

许婉顿常说，成功没有什么捷径可走，如果不想让以后有遗憾的话，趁年轻就拼一拼吧！

灵璧英博：周本祥

草根明星绽放国际舞台

灵　肖　李恩靓

唢呐一响，黄金万两。唢呐在灵璧是最受欢迎的民间乐器之一，传统节日、庙会、红白喜事都有唢呐班子演奏。全县大大小小有 100 多个唢呐班活跃在乡间，其中最著名的是尹集菠林的周家班。周家班自清末创始以来发展到现在，已传承家族七代。现在能够代表周家班水平的要数周家班第五代传人周本祥。

周本祥，1950 年出生于灵璧县尹集镇菠林村，是菠林喇叭标志性人物周家班第四代大班主周正玉长子，自 8 岁起随父学艺。从幼时拿起唢呐起，从未放下过。平常他接应十里八乡的红白喜事"上活"为生，不"上活"的时候会在家务农，传授子孙唢呐技艺，他的儿子、女儿、孙子，一个个都被他调教成了唢呐高手。

长期的唢呐演奏生涯，为周本祥打下了扎实的基本功。他的演奏技巧娴熟精湛，乐器在他手上仿佛生了羽翼，可变幻出千百种姿态，代表了菠林喇叭最原生态的样子。他擅长把攥、吹咔戏、豫剧调、琴书、花鼓、皮影调、泗州戏等。在吹奏过程中融入民间戏法绝活，如啃笛、吐彩纸、玩烟头等绝技表演，令人叹为观止。

周本祥是菠林喇叭现存技艺最全面的老艺人，熟练掌握各种经典曲目，其中包含《梵子调》《庆贺令》《雁落沙滩》《吹大戏》《拉魂腔》《扒碗补锅》《双管》《百鸟朝凤》等门面大曲以及咔戏双管等绝技。

周本祥在学习传承周家唢呐技艺的同时，还不断吸取各地唢呐艺人的长处，学习不同区域的唢呐曲牌及曲风，融合提高，为周家唢呐的传承，发扬光大奠定了坚实的基础。1991 年、1993 年、1994 年他带领周家班 3 次参加了安徽省春节联欢晚会的演出，并获好评，其中 1993 年演奏节目的录像被选送在中央电视台三套播出。 2007 年 12 月，他和三弟周本鸣组织周家班举办的"迎新年，庆奥运"专场民族音乐演奏会，中央电视台、安徽省电视台都进行了专项采访报道。他多次带领周家班参加省市县举办的唢呐大赛，并获殊荣。2010 年，周本祥被确立为非物质文化遗产菠林喇叭省级代表性传承人。随后，他转轨跟随着弟弟周本鸣开始中国吹打乐的传播推广之路。周本鸣也是一位唢呐高手，而且有文化，经历丰富，眼界开阔，他立志要把菠林喇叭推广出去，并发扬光大。周本祥虽不完全理解，但他知道弟弟做的事情有意义，所以全力支持，参加国内各种演出活动，只是有露脸的机会，没有演出费用，只能靠周本鸣的积蓄支撑着演出的进行，他也义无反顾。在他们的共同努力下，2014 年，周家班所传承的音乐艺术以其居住地命名"灵璧菠林喇叭"入选第四批国家级非遗名录。

作为一名著名的民间艺人，周本祥一直在乡间演出，但因技艺在身，走向都市乃至国际的大舞台，照旧是一个大腕的范。2015 年 10 月 22 日，周家班在北京第七届传统音乐节"瞿小松工作坊"进行《周家班吹打乐专场音乐会》专场演出，周本祥在现场担任主奏，演奏了《梵子调》《拉魂腔》《雁落沙滩》等经典曲目。本场演出后，周家班名气大扬，从此成为业界学术交流演出的常客。之后周本祥和周家班一起走进了北京电影学院、中央美院、中央音乐学院、北京大学（百年讲坛）等国内各大院校进行演出。

2017 年 7 月，周本祥和周家班国际巡演团队一起前往欧洲五国进行中国吹打乐的国际传播之路。此次巡演，历时一个月，走过5个国家，参加6场活动，举办7场专场音乐会和1场工作坊，受众数十万人。作为团队中最年长的乐师、主奏，周本祥始终用自己最原生态的中国音乐感染着观众。面对语言、时差、食物等各种差异，他毫无怨言，始终坚持在第一线。荷兰民族音乐学家、Pan唱片创始人Bernard Kleikamp听到周本祥领奏的《雁落沙滩》时说：我闭上眼睛，我看到的并不是6个人在演奏唢呐，而是大雁落在湖畔。所以，很奇妙！……

2018年受美国ALMA演出机构邀请，周家班开启了美国巡演之路。周本祥及周家班8人巡演团队，历时一个月，横跨8个州，行程万里，以专场音乐会、工作坊、讲座等形式进行了25场巡演：走进哈佛大学、伯克利学院、波士顿大学、密歇根大学、肯塔基大学、德保罗大学、匹兹堡大学、芝加哥世界音乐节、波士顿大学全球音乐节、全球根源音乐节、华盛顿闪灵音乐节、里士满民间音乐节，美国最高艺术殿堂华盛顿肯尼迪艺术中心。无论是哪一场，周本祥的演出都是重头戏，他唢呐一响，立即技惊四座。

随后周家班国际巡演活动不断增加，已到古稀之年的周本祥并没有在家颐养天年，而是和周家班一起走到了更多的地方：肯塔基州孔子学院、美国佐治亚州立大学、佐治亚理工大学、哥伦比亚大学、孟菲斯……他的足迹所至的上空，都曾响彻过他或欢快激昂，或苍凉凝重的唢呐声。

灵璧英博：周本鸣

让菠林喇叭走向世界

灵 肖

在灵璧乃至苏鲁豫皖一带，菠林喇叭名声赫赫。它因唢呐大师周正玉等周氏族人为乐手成员的周家唢呐班落户菠林村而得名，2014年入选第四批国家级非物质文化遗产。

周家班自清末创始以来发展到现在，已传承家族七代，历经百余年沧桑，乐手近百人，外姓徒众上千人，形成了庞大的民间音乐族群，成为华东、中原汉民族音乐不可多得的珍贵活化石。100多年来，周家班秉承着"盛世悦民，乱世保身。拥一技之长，不惧荣辱浮沉"这十九字祖训，人人以乐为生，年年迎生送死，祭天祀祖，盛世乱世始终不渝。乐手们平时种地务农，乡中有婚丧庆典时便组班表演，令他们想不到的是有一天他们能够走出国门，让菠林喇叭响振世界。2017年至2018年，这支民间乐队先后到欧洲和美国进行巡演，用事实证明了"艺术无国界"，而带着周家班走向世界舞台的就是周家班第五代传人周本鸣。

周本鸣的父亲周正玉，是当地非常有影响的唢呐艺人，有着超人的音乐天赋，并且视唢呐艺术为生命，勤于钻研，是周家历代前辈中成就最高的。周本鸣5岁开始学艺，随父亲"上活"，自幼受到传统文化的浸染，同时练就了一身硬功夫。15岁考入安徽省艺术学校，1978年毕业后在安徽徽剧团担任演奏员，后又短期到海南从事演艺。1991年至2003年，他就职于安徽电视台，做制片人。在这段时间里，他组织并带领周家班参加过多次大型演出。后来，他被聘入中央电视台，在第三套节目做栏目制片人。其间，他还是不断找机会推送周家班的唢呐节目。2008年，他退出中央电视台，和夫人经营广告公司。一边经商，一边仍然努力设法弘扬他的唢呐音乐。

作为一个唢呐人，一个唢呐家族的传承者，他的骨子里植入了唢呐的基因，血液里流淌着先人的遗训。随着年岁的增长，他开始考虑更加重要、更加深刻、也更加有意义的事情。在挣了很多钱后，突然，一种强烈的冲动，动摇了他在经商的道路上继续前行的意志。在他心中，周家班绝不仅仅是别人口中的"喇叭班子"，民间艺人们以唢呐、笙、笛子和管子为主，兼有锣鼓等乐器演奏的动人旋律是"真正能撬动人身体灵魂的音乐"，其中蕴含着人生悲喜的大智慧。唢呐的音色，加上它特殊的演奏技艺，让你喜时喜不自禁，悲时悲鸣绝倒，这是其他任何音乐都无法代替的。

像所有的传统非遗文化一样，即使曾经如此炙手可热的周家班，经历了百年中国翻天覆地的变化，也逐渐面临传承难的困境。过去的民间音乐都是没有曲谱乐谱的，完全靠师傅们一代代的口授心传，中间又经历过战乱的洗礼，现在完全保留下来的东西更是少之又少。周家班祖辈们曾经留下的 300 多首经典的传统曲目，到现在只剩下了几十首。而且，唢呐音乐的黄金时期已经过去，由于经济利益的驱使和其他艺术形式的挤压，民间传统的唢呐音乐一天天在走下坡路，年轻人学习唢呐者逐年减少，从业者数量锐减，技巧、绝活水平也大幅度下降。

目睹这一切，他寝食不安，忧心如焚。危机感和责任心让他下定决心，必须要有更大的作为了。他想投入更多的精力财力，从自己的家族做起，积极恢复并提高艺术水平，积极寻找机会参与更多的高水平演出活动，与学院、媒体密切合作，扩大唢呐音乐的社会影响，带动唢呐界人士，一步一步扎扎实实，为唢呐音乐的振兴奉献出自己的力量。为此，他在夫人支持下，把自己生意火红的公司停了大半，腾出精力来做唢呐。

在中国音乐学院青年作曲教师王珏引荐下，周本鸣见到了著名作曲家瞿小松老师。他们相见恨晚，谈得十分投机。瞿小松建议他把传统的经典恢复发扬起来，并把周家班请到他和谢家幸教授主持的中国音乐学院"三人谈"课堂上，由周本明作为嘉宾向学生介绍周家班以及他们的音乐，乐班进行现场表演。就这样，周家班走进了高等音乐学府的课堂。瞿小松深深地喜爱他们的音乐，并亲自为乐班取名"元气"，意为这种音乐是中国传统音乐的正根，代表了中国传统音乐的精神和韵味。瞿小松还不遗余力地宣传周家班，介绍他们到其他大学去演出，并亲自主持。

2015 年秋，由中国音乐学院主办的第七届北京传统音乐节开幕。主办方为周家班安排了专场演出。至此，周家班在北京音乐界已经有了较大的名气，成为学术演出的常客。为此，周本鸣已经把生意全部停掉，所需经费全靠他的积蓄。

2017 年，在中国音乐学院刘勇教授的推荐下，周家班得到了到欧洲巡演机会。这是一个走向世界的好机会，起点高，受众特殊，都是各国一流的音乐学家。周本鸣很重视这个机会，为了促成周家班出国巡演，他卖掉了自己的别墅筹集钱款。巡演以 7 月 8 日在德国 Rudolstadt 音乐节的首场演出为开端，走过了 5 个国家，参加了 6 场活动，举办了 7 场音乐会和一场工作坊，先后在瑞典马尔默夏日舞台、第 44 届国际传统音乐学会世界大会、德国莱比锡民族志博物馆、英国 WOMAD 音乐节和比利时 SFINKS 音乐节进行巡演。这场音乐会最后被大英图书馆收藏，周家班也被欧洲媒体评价为"来自中国的先锋团队"，所到之处，欧洲观众皆为如此"古老的中国爵士乐"所征服。

从欧洲回来，周本鸣又率周家班马不停蹄地准备了一场"中国元气之八仙桌"，于 9 月 1 日晚在世纪坛剧场上演。该剧的构思比较巧妙，台上的演员是没有台词的，作者仅用有限的几句旁白，便把唢呐艺人的一生，包括他们的生命、生活、事业串联起来，用经典传统唢呐曲目的表演展现出来，听众不但欣赏了美妙的音乐，而且通过音乐感受了音乐和艺人所承载的文化，这是民间艺人带到首都舞台上的创新成果，在艺术形式创新上取得了重要突破。

欧洲巡演后，2018 年周家班又开启了横跨美国 8 个州的演出之旅。9 月 17 日至 10 月 17 日，从美国明尼阿波利斯市全球根源音乐节到芝加哥世界音乐节、里士满民间音乐节，从密歇根大学到哈佛大学、波士顿大学再到肯尼迪艺术中心，这个活跃于皖北民间婚丧嫁娶仪式的家族乐班，把中国的传统民间音乐传播到了世界舞台，用纯正的中国吹打乐征服了观众。

为了让巡演的热乎劲儿保持下去，回国休整仅一天，周家班便登台正乙祠戏楼，以一场近 3 小时的演出表达对关注周家班的朋友们的感谢。纱幕拉开，周本鸣带着周家班 8 名乐师恭恭敬敬亮相，演出前话说得不多，可唢呐声一响就吹到晚上 10 点多，观众拍巴掌喝彩，喊着："再来一个，没地铁了我们打车回家！"

就这样，周家班在周本鸣的带领下，不仅像先辈那样游走于黄淮大地，更走出国门、走向世界，让菠林喇叭成为"最具中国元气的声音"。他们坚守祖训，但已不满足于"吃老本"，而是选择用农村汉子的倔劲儿蹚出一条大道，彰显着这项根植于中华大地的古老艺术的蓬勃生命力。

灵璧英博：孙加才

喇叭悠扬 徒弟满堂

刘 亚

　　唢呐，俗称"喇叭"，因其发音开朗豪放，高亢嘹亮，刚中有柔，柔中有刚，善于表现热烈奔放的场面和大喜大悲的情绪，是灵璧百姓最喜爱的民间器乐。因此灵璧涌现了一大批民间唢呐艺人，孙加才就是其中的一位佼佼者。他是国家级非物质文化遗产菠林喇叭市级传承人，国家三级唢呐演奏员。

　　20世纪50年代，孙加才出生于灵璧县禅堂乡郭海村姬家庄，祖辈、父辈都是民间唢呐高手。他6岁随父学艺，11岁时跟随灵璧县尹集镇菠林喇叭周家班第四代传人周亮，学习唢呐吹奏技巧，并参与串户表演。周家班创始于清末，以曲牌丰富、音乐独特、表现力强在灵璧深受欢迎。孙加才非常珍惜这学习机会，在习艺期间，无论寒冬酷暑，还是雨雪天气，每天都是天不亮就起床到旷野里练习，即使在滴水成冰的冬天，他的脸和手满是冻疮，仍在坚持苦练技艺。

　　1972年，刚满18周岁的他怀揣强国梦报名参军，成为一名光荣的中国人民解放军战士。由于酷爱吹唢呐，3个月的新兵连结束后，他被部队文工团领导看中，分到所在部队的文工团担任伴奏。在部队，他积极向上，乐于奉献，1975年，光荣地加入了中国共产党。

　　1978年，孙加才退伍回到家乡，通过一系列的考核，最后被安排到灵璧县泗州戏剧团伴奏组担任伴奏。1997年，被调到灵璧县文化馆，任文化馆党总支书记、馆长。2003年，调回灵璧县泗州戏剧团，任剧团党支部书记，直到2005年退休。

　　不管干什么工作，唢呐一直是孙加才的最爱。长期的唢呐演奏为他打下了扎实的基本功，演奏技巧娴熟精湛，情感丰富细腻，时而声调雄厚高亢，震撼人心，时而曲调凄凉委婉，催人泪下，音质纯正，柔和优美，具有浓厚的乡土气息，颇受百姓喜爱。他演奏的代表曲目有《雁落沙滩》《庆贺令》《十样景》《百鸟朝凤》《抬花轿》等20多种。

退休后，他肩上的担子轻了，可他心里面有一个担子却始终放不下，那就是如何把唢呐艺术传承下去并发扬光大。经过缜密的思索，他决定开门授徒。

由于他的影响力和知名度，很快就招收了一批学员，他们来自全县各地，甚至还有外地学员慕名而来。唢呐发声非常高亢，在城里很难找到合适的场地，他就带着学员，到汴河岸边、田间地头去练习吹唢呐的要领及技巧。后来通过和有关部门协调，解决了练声场地问题，从此奇石公园西侧的小公园内就成了他们固定的练习唢呐技艺的场所，长此以往，这里也成了一道亮丽的人文景观。如果有人想听唢呐过过瘾，就可以到这里，《百鸟朝凤》《抬花轿》《喜洋洋》《大开门》《小开门》《凡子调》《喜柳金》《十样景》《炮台》《雁落沙滩》等让你听个够。从这悠扬的唢呐声里，人们可以听到传承与坚守、热爱与真诚。10多年来，孙加才所授的学生遍及苏、鲁、豫、皖等省市，有2000人左右。他们有的成为唢呐艺人从事唢呐演奏工作，有的考入音乐学院去继续深造，成为更专业的艺术人才。

除了义务培训，传承唢呐技艺，孙加才还积极参加各项公益演出。2009年，他应安徽省农博会宿州市组委会之邀，参加在宿州市举办的第五届安徽省农博会开幕式演出。他用灵璧磬石做的唢呐演奏了欢快喜庆的《喜洋洋》和《抬花轿》，为活动增添了欢乐祥和的气氛，深得观众好评。每次县里有重大演出活动，只要需要，他都义不容辞地前往参加，有时为了现场氛围的需要，他还要带着他的学员一起上台演出，为此他要准备很长一段时间，既要排练曲子，又要排练队形、传授舞台演出经验。每逢传统节日，他经常带着学员到村庄、社区、养老院慰问演出，给人们增添了无限乐趣。

如今，孙加才已是一位桃李满天下的唢呐艺术大师，仍然在技艺传承上生命不息，奋斗不止。一批批学员从他这里走出去，成为社会的有用之才，就是他最大的快乐和慰藉。同时他还活跃在舞台上，以十足的气息为家乡的父老乡亲演奏音色纯净、高亢明亮的唢呐，用最真挚的情感为百姓演绎浓浓的乡音乡情。

灵璧英博：尤军

搏击商界的书画家

尤军，字默夫，1959年1月生，灵璧县灵城镇人，中共党员，职业经理人，省美协会员，省书协会员，现任安徽中山画院常务副秘书长。

尤军，1976年毕业于灵璧中学，后插队到灵璧县韦集公社。1977年2月，考入安徽省轻工业学校，1980年毕业分配到安徽省广告公司，任设计员。他设计的作品"东方歌舞""舞"等参加华东大奖展，在《知识与生活》《求知画刊》等杂志发表，设计的包装装潢作品"祁门红茶"参加全国包装装潢展，并发表在《中国包装》杂志上，后被《全国包装装潢精品集》收录。

1983年在深圳海外装饰工程有限公司工作，任设计师，参加了深圳图书馆、红岭宾馆的装饰设计工作，负责上海华侨饭店的整体设计工作，并具体负责商场、咖啡厅的设计施工安排。

1985年任安徽省广告公司设计科长、副总经理和法人代表。总体负责铜陵百货大楼、蚌埠南山宾馆咖啡厅的装饰设计施工。1987年主持合肥市及安徽省广告作品展的评选工作，任评委会主任委员。设计作品入选全国广告作品展。

1990年被派往阜南县任扶贫工作队队长。1991年调合肥商校筹建工艺品厂，分管广告装潢专业。这期间，装饰绘画作品入选华东大展，在全国院校作品中获奖。1994年筹建商之都工程，任安徽商之都有限责任公司工会主席，先后兼任中国广告协会理事、安徽省广告协会副会长、安徽省商业经济学会副会长等职。

其书画作品在中国商报、中国商界、安徽画报、新安晚报、文化时报、江淮时报、安徽广播电视报等多家报刊上发表。工人日报、安徽日报、安徽工人报、青年报、合肥晚报等媒体曾专刊介绍其书画艺术。安徽美术出版社出版发行了《尤军中国画辑》《穿越四季——尤军中国画》

1999年8月，任阜阳市恒业集团董事长助理、和华百货有限公司业务副总经理。

书画家尤军，可谓是中国商业传奇人物，是中国商业高级职业经理人，中国零售业高级职业经理人，全国商业优秀企业家。

自2004年加盟安徽金龙投资集团公司，任安庆新百总经理，2005年任集团副总裁，他与集团董事长一起，开疆拓土发展连锁，至2011年，将企业经营规模从一个亿，发展到30多亿，成为"全国百货零售业十佳""最具成长型企业"。他数次被邀请作为演讲嘉宾，参加中国百货业高端论坛，在国内外商业大咖面前，谈论对百货零售业前沿的认识和感悟。他连续多年在《中国商报》上发表整版文章，对现代零售业的经营、管理、服务、营销进行阐述，供全国商业企业家研究和学习。他参加国标的制定和编写，2013年参与起草中华人民共和国国内贸易部行业标准——《零售企业服务管理规范》《零售企业信用等级评价规范》。2013年他撰写的论文《转变经营模式、提升经营能力——探寻中型百货零售企业发展之路》，2014年所写的论文《社区便民零售服务构想》，分别获得中国商业经济学会论文评比二等奖和一等奖。

其实，尤军既是优秀企业家，又是书画家，他自己说是跨界之人。

尤军自幼住在灵璧县文化馆，上小学时便跟孙淮滨、朱克运两位老师研习书法和绘画，神奇的艺术世界深深地吸引了他，从此决定了他与艺术的不解之缘。

1977年，尤军考取中专学校后，师从石里溪、方绍武、徐永万等书画名家。毕业后从事广告、包装装潢设计。曾被省商务厅选派到深圳进修，在中国海外装饰公司学习和工作，建筑装饰对他来说是个新课题，他边干边学，自学了中国建筑史、世界建筑史、建筑透视、建筑绘画等。

尤军被提拔为省广告公司副经理时，是当时全省最年轻的副处级干部。跨界始于参与筹建安徽商之都。他作为商之都核心成员之一，培养出上百位全国和省市级劳模以及高级管理人才，目前，正活跃在全国各大购物中心和百货零售商场任总经理和区域总经理，这也是尤军最具自豪感的。

因工作的需要，他成为管理者和经营者，兢兢业业、一丝不苟是他对人生的态度，而对于书画艺术，他自始至终、执着追求。欣赏尤军的画作，如同品尝清茶美酒，既浓烈沁心，又恬淡甜雅，无论是草野山川，飞涧流瀑，还是清石修篁，老树奇葩，都是画家本人情感的吐纳。因此每每落笔，则意趣横生，风姿婉丽。先辈大师的影响、"外师造化、中得心源"的古训，他都颇有感悟。数年来南下北上、风物人文、山水景观——付诸纸墨，速写、素描、摄影等草稿堆满案几，为创作积累大量素材。浏览尤军的大部分作品，从宏篇巨制到尺幅小品，或是哲理随笔，无不渗透着他的激情和对生活真谛的感悟，凭借着多年打下的基础，其绘画作品努力在传统笔墨语言中融入西画技巧，时而笔落设色，泼洒重彩；时而勾勒点皴，施以淡墨，形、色、节奏、空间的探索以及明暗体积的技法，构成了尤军中国画别开生面、意境深厚的特点。

尤军说，每个人都有职业，这是工作和生存的需要，但也必须要有自己的事业，书画对他来说是毕生的事业和追求。从政、从商、从艺，是他人生中的三大板块，三者之间看似矛盾，但为尤军积累了丰厚的生活阅历和广博的知识储备，他把管理和经营工作作为职业，把书画作为人生的事业，他认为职业让人的生活紧张有序，有节奏感，事业让人的心灵有所净化和寄托，两者相依相存。

在其他人看来，或许很难理解尤军既要搏击商海，又要执着于艺术，而在尤军眼里，这才是他充实、欣慰的人生。

丹青写心，笔墨吐怀。2019年，尤军开始了退休生活，他从商海开始回归书画创作，将主要精力参与到安徽中山画院日常工作，每日笔耕不辍，我们祝他艺海泛舟，更进一层。

（县政协办公室　供稿）

灵璧英博：傅振羽

书写人生永远在路上

王　勇

傅振羽，中国艺术研究院中国书法院研究员、博士，中国书法家协会会员，文化部文化发展中心中国画创作研究院研究员。

傅振羽1978年6月出生于安徽省灵璧县。他十二三岁开始对书法产生兴趣，缘于他每每放学回家的路，这条路有间老师办公的房子，每次路过此处都能看到老师在练习毛笔字，出于好奇，终于有一天走进了这位书法老师的房间，体会到了书法的魅力，从而启动了他幼小的艺术追求。此后他对书法的兴趣就越发不可收拾，在老师的指导下刻苦临池。进入初二时他进入县城书法班学习，由于自己的酷爱，一直是班里的佼佼者。他连续几年为学校书写春联，每次能写上千幅，然后校长推车每家每户去送。上高中时学校建新校门换了校名，原来学校牌子上字是碑体楷书，写得沉郁苍厚，当时看了非常激动。于是，他便骑车百里赶到宿州，先是找到书画店，打听到这位当地名人孟繁青先生的住处，找到了孟老师，带着作品向他请教，孟老师看后说："年轻人开始学书法要练基本功，不能不会走就去跑，这不是正道！"那时他极喜欢练习草书，自从认识了孟老师，就改成了临帖、练习楷书、隶书和行书了。

初中期间，他对书法的兴趣宛如一堆欲焚的干柴，老师就是那引燃的火苗！傅振羽狂热的书痴练习，已经利用了一切的可能。当初，学习书法被家长认为不务正业，为了躲避父母的责怪，他悄悄地将小桌放在自家院里密密麻麻、树草丛生的中间，只有他能看到别人，而别人却看不到他，大人们便以为他出去了，也就少了许多责怪与训辞。但每到吃饭的时候，他总是第一个来到锅台前的人。之后，他所取得的成绩得到家长的认可。于是，他如鱼得水，每天练笔18个小时，起床天微亮，收笔日近山，笔墨成了他孩提时代真正的"玩伴"。大量的毛笔字练习，纸张却成了问题。于是，他将报纸正反面利用起来，找来旧书和破本，捡来人们未燃烧的冥纸。他多么期望能在宣纸上练练字，感觉一下宣纸写字的味道啊。当他终于用5毛钱买来一张宣纸后，如获至宝，他便小心谨慎、有计划地使用和珍惜每一寸面积，他把这种"奢侈品"当成了追求自己希望、完成人生梦想的一次难得的尝试，这促使他在奋发的路上更加铿锵前行！

草蛇灰线，伏脉于千里之外，刻苦训练，必定为厚积薄发。久日的锻炼，在不懈地探求"内法心源、外师造化"的中国书法艺术的真谛中，也不断地提高着他的书法技艺，从而彰显出他的成就。在他参加一系列作品参展中，接连不断地获得奖项令他目不暇接。他创作的作品先后荣获全国第三届行草书大展优秀作品奖、"纪念虞世南诞辰1450周年"全国书法大展金奖、全国第二届草书大展奖提名、安徽省首届临帖展一等奖；曾参加全国第九届书法篆刻展，全国第十届书法篆刻展，全国第三届正书大展，全国首届行书大展，全国首届册页展，全国第二届册页书法展，全国第二届青年书法篆刻展等国内众多展览。此外，其作品还在中马建交40周年书画名家邀请展（马来西亚国家美术馆）、"大道书怀——中国书法院成立10周年展（中国美术馆）、"道法自然"—中国当代书家五人作品展（加拿大多伦多美术馆）等海内外美术馆展出。

在学书的道路上傅振羽可谓历经艰难，也正是这种艰难给予了他今天的成功。但他仍不满意，认为在艺术造诣上还需要很多东西来补充，比如说距离古人的那种高屋建瓴、气势恢宏、清和隽永、淡远诙谐的气势还差很远。他常说，在自己奋进的路上，一定要给自己找到一个"敌人"，这个"敌人"就是古人，要战胜敌人，就必须学习古人，学习古人的技法，就是要从古人的一笔、一点、一撇开始，掌握古人那种玉树临风和与天地精神往返的博大情怀与创新精神。所以，临摹古人的东西是唯一捷径，而且是一生中的事情，不是一时一会的权宜之计。另外，艺术家还要读书，读书不是为了写字，如果是为了写字，那人就变成了工具，应是写字是为了读书，在读书中实现感觉上与古人的默契与沟通，通过字这个通道去感知古人的情怀，去领会古人的意境，甚至于古人的世界观。他最喜欢的一句话，就是欧阳中石先生说的："搞文化的人不一定会书法，学书法的人必须懂文化。"

傅振羽在书法创作上也有自己独到的见解。他在人民网上发表的《〈欧阳中石谈书法〉读后感：传道授业解惑也》一文中说道："书法创作要在一次性的挥写中做到点画形态、空间结构的准确到位以及线条、笔法的丰富变化，需要过硬的书写技术，这是书法创作的基石。而要想在某种书体上有所突破，有所成就，也必须在技术上下功夫。"他的这些认识，在他的书法中也表现得淋漓尽致。

他写草书，笔势如龙，有的字左撇右捺，犹如剑出银鞘，弓张手臂，剑拔弩张般张狂着一个怒势。着笔时力透纸背，显示出遒劲有力，气韵流畅。

当一幅字写就整体看上去，你会顿觉龙蛇飞动，鸾飘凤泊，再仔细观摩，总觉他的手下顿点如雷，拖捺风翥，布局穿插争让，浓淡交织，在意境上有种苏轼《西江月·平山堂》词里的"十年不见老仙翁，壁上龙蛇飞动"的境界与景况，让人遐想连篇，唏嘘不止。

他写楷书，细细琢磨后感到有草书逸味，而又趋于静中有动，能看到他的笔端周正，心稳气正，且暗笔藏锋，略显丰筋多力，骨气清新，在保留古人那种金刚之体外，别有一番现代的铿锵蕴藏其内，透着灵动的韵律和矫健的身姿，这可能是作者文化修养的显现，更是增添了艺术家身上的那一抹温文尔雅的气息展露，正正的，没有一丝的邪念！

他写篆书，字字清新率真，遒媚劲健。要知道，篆书离我们的生活已经很远了，几千年的不断衍变、拗传，有很多字形已经丢掉了原来的模样。从目前全国各类书法展览中入展的篆书作品看，有专业人士惊呼正在走向两个极端：要么工整，要么狂放。工整的写出来的像白描人物画里的铁线描，或者中山王式的，有的竟然将绘图的方法用在了书写篆书，有的对篆书的写法不甚了解，歪歪扭扭的放在那里，说是创新，甚至于我们的专家也敷衍顺势，这是一种悲哀。但是，纵观傅振羽的篆书，一股清风迎面而来，每一线条都很有思想，绝非胡意着笔，那种神气畅然、挥洒自如之气势浑然天成，用笔酣畅淋漓又赏心悦目，清雅秀媚又潇洒俊逸，挺拔刚劲中不免刚柔相济，线条像潺潺的流水，软软的春风，扑面而来，让人心旷神怡，潇洒尽享。

他写行楷，总是收放有度，运笔简洁，在笔势上有藏有露，侧笔取势，彰显出他的自然精妙。大体上看上去变化多姿，匠心独运，每个字大小参差，敛放揖让，承接呼应，大有奇诡之势，亦有古人王羲之"清风出袖，明月入怀"之逸风。欣赏他的字，总感到有一种力度在悄悄地伸展，尤其是在收笔时，那笔下重重的一顿，成全了多少遐想，有万千语言寄予一毫之叹，也是作者心中气势的宣泄，是对人生苍茫的一叙，是对古人一撇的沟通与问好，融会贯通在这里显得格外的温馨和重要，字里行间荡漾着智慧，布局中流溢着恢宏，气度中看得出作者的风雨历程，也展示出人生对未来充满希冀的长长呼号，动天地惊鬼神，都蕴藏在这点点墨迹、如弓似镝般的路上！

为了传承和发扬中华民族优秀传统文化和民族精神，傅振羽把普及传统书法教育当作职业，配合国家"书法进课堂"战略，为许先网教学课件写字，尽力为孩子们创造一个艺术人生发展的空间。他认为这是教育孩子的千秋功德大事，累点很值。

傅振羽并不满足于现有的收获，继续励志"师古创新"、奋搏于明天的路上，是他书写人生、实现雄伟理想的无止境的精神追求！

灵璧英博：程共飞

笔走龙蛇共梦飞

张殿伟

我与程共飞是乡谊且战友，当年我们怀揣一腔热血，立志建功军营，在上海警备区共同度过那终生难忘的岁月。人常说投笔从戎，他可是携笔虎帐……我目睹他勤奋用功，欣慰他日渐精进。

程共飞1958年7月9日出生，灵璧县浍沟镇人，自幼家境不宽，然少年立志，练笔不缀，师生共敬，成为励志楷模。1977年入伍，紧张的军政训练、繁华的都市喧嚣没能搅扰他对书法的探索。就连"拥政爱民"打扫豫园的院落时，他扫把当笔，跨撩袍之势，其练书痴迷足见一斑。也是他的执着，引起上海书法泰斗、时任上海书协主席高式熊先生以及业界砥柱们的注意，后经高人点拨，顿悟"大破天门"之法，技艺精进，楷、行、草三体通达，神韵潇洒。年余，他捧回了军地两用人才沪浙书展的金奖，也引领绿营的学书风尚。他自告奋勇，业余教授，在分享中陶醉，在共学时提升。历经磨砺，他终于化蛹成蝶，飞向他梦想的天空。

有人说程共飞因笔得福，殊不知光鲜背后的辛劳。他自己授课时只说体会："初学赵孟頫、欧阳询，又兼学魏碑，行学王铎、米芾、陆柬之，膜拜过米襄阳的'无垂不缩，无往不收'，草习张旭、怀素，并上追'二王'。二王笔势转折而连绵，结构富于变化而线条流动，让我会意养涵，又从'狂草'如兔起鹘落的笔中悟出了风神潇洒、姿态横生的书写意境。之后，再一次上溯魏晋、更上溯战国，咀先秦楚文、石鼓文与鼎铭……"而从来不说苦衷，试想一日几时？一生几何？谁人可如他一般把一日的四分之一沉醉墨海？谁可似他一般把弘扬传统文化当作人生追求？

怀揣着嘉奖令和军功章的他还乡故里，在文化站谋得一份宣传工作。曾经的鸿鹄从这里起飞，如今羽翼丰盈却又在原点降落？刚强的汉子也难受得了这般失落和命运的揉折，可程共飞却像毛笔着纸一般，柔中带刚，挥洒有度。惯听黄浦江波涛的他守住了寂寞，难能可贵的是他抵制住"孔方兄"的诱扰，婉谢亲友经商的邀请，每日坚持临帖、运笔、布局。真是两耳不闻窗外事，一心只求书中乐。文化站本是清水寺庙，程共飞是不是方丈的方丈，其物质清贫程度可想而知，而他的精神富有是常人所不及的。

枯燥常常是锤炼意志的利器，种子萌芽须先得蛰伏，俟时节运来则破土而出。程共飞带着浍塘沟的沃土芬芳，带着淮北壮汉的豪迈又回到了第二故乡。多元文化共荣的大上海无比热情地接纳了他，从此"饱蘸浦江水，来写申城春。"2000年获得了全国第二届新人书法大赛铜奖；2006年获上海市"五一文化"奖及"宝山杯"优秀奖；被上海市书协推荐参加了2008年中国书坛第六届新人展和2009年第三届中国书法兰亭奖新人展。这些可不是花拳绣腿舞文弄墨就可以参加的，而是笔力遒劲入木三分上乘功夫方可有缘。上海市派他参赛，这殊荣的本身就是对他努力笔耕的高度认可。

而程共飞则剑气内敛，墨藏于胸，悬腕凝练，发轫毫尖。其作品先后在2010年上海世博会演艺中心等地展出，荣获"上海市首届草书展""上海市首届隶篆展""上海市首届海峡杯大赛"三个三等奖。虽是"榜眼"，但含金量十足，他创作也渐入佳境，2013年跻身上海市百名书法家之列。"携笔离土追梦去，鲲鹏振翅向蓝天。"这是2015年我去上海探望战友，在东方卫视一档节目里看到他现场表演教习书法感慨赠他的楹联，后来我才了解到他已经成为中国书协会员、上海市书协会员、上海市书协草书和篆隶专委会主任、上海市香梅书画院创研室主任。

士别三日当刮目相看，匆匆一别的三年后，他被中书协评为高级教师职称。从爱好到书家，从挥毫到执鞭，程共飞用笔耕回答了时间，用磨砺诠释了努力。在他那洋洋洒洒草书作品中，我依然能够看到疏可跑马，密不透风的布章里有淮北的风情。那提按点顿恰似新濉河的碧波涟漪，风吹律动，变化万千……以毛笔圆梦，与梦想共飞。这是他情结所在，也是他的追求，我愿他借波驶舟，把中华民族传统文化传播到四海五洲。

灵璧英博：袁峰

浑厚方正　道法自然

史红山

袁峰，字卓山，号四石轩主、大泽乡民，1965 年生于灵璧。1987 年加入中国书法家协会安徽分会，现为宿州市书协副秘书长、揽月书画院副院长、武夷书画院副院长、中国灵璧石保护供赏会秘书长。

8 岁时，随当地书画家学艺，30 余年临池不辍。其间，曾得王少石、葛介屏、李百忍、张翰、曹志桂等名家亲教。1984 年、1990 年先后在山东、安徽举办个人书展，作品入选《楹联书法大观》《当代书画家篆刻辞典》《宿州书画》等，数十次参加全国及省市展览并获奖，宿州电视台《翰墨飘香》栏目和十几种报刊曾做专题报道。

书法艺术确实是奇特而玄妙的，其博大精深总使我在钦羡的同时伴生欲解不能的冥想。提笔写字，对人们来说并不陌生，习常于几句唐诗可以脱口。然而要定义书法究竟为何，诗为何，堪谓难矣。本人涂鸦小诗几年，广交书家而求证之，至今皆不得其真谛。也许正是它们这种魔幻般的高高在上，召使着袁峰令我等心驰神往，乐此不疲也。

书法艺术于本人是个盲点，评说起来或是摸象似的荒诞。幸好袁峰君是净友，加之窃以为诗书一家，观其书且当读其诗罢了，学而习之，谬言无妨。

我与袁峰晤识已有20年了，那时他在灵璧工作，恰是风华正茂，青年才俊。身材高大魁梧，风度翩翩，英气逼人。平素场合，他并不显山露水，举止言谈低调，给人磬石般沉稳之感，厚重而内敛。那时人们就称他"书法家"了，尽管他付笑，并不情愿。他认为有了省书协会员的名号，取得些许成绩，并不等同于自己就成"家"了。显然，他秉持有自省慎独之明，思辨敏慧之悟。此君喝酒堪称海纳，朋友聚会把盏，随性而为，己不屈量，也不拼人。酷爱辣椒，属于"不怕辣、辣不怕"系列，但大伙一起吃饭，从不霸道强制"怕不辣"，真乃身生大耳，心种菩提，善解人意矣。他的德行品位就是这样，为人做事坦诚纯正，谦和重义，对于书法艺术及其所处的现实生活，皆怀揣着敬重和感念的情愫。

20年光阴荏苒，物是人非，而他依然如故，我行我素。君若佳酿，历久弥香，每每品味，令人感叹。

后来袁峰君调到宿州供职，我俩交往自然平添。我看（其实是读）到了他更多的书法作品，有时还是第一读者，且偶得墨宝收藏，成为快事。"字如其人"的说法再次得到印证。其书法创作，不浮躁玄虚，无烟火之气，食古而化，巧为己出，方正自然。行草隶篆，斗方条幅，人书合一，概莫例外。尤其隶书，大多用笔蕴藉，意长笔短，平静中寓动感，收敛中寄豪放，端秀隽美，趣韵深长。我不禁这样思忖：这毫帛之间流露呈现出的气质性情，岂非袁峰君自我身心之真切写照乎？

在我看来，四石轩主人点横竖撇组合结体的汉字，仿若一块块钟灵毓秀的灵璧石，始源于大海的广阔而沉淀于土地的朴厚，一如它们的主人，发端于生活的纷繁而归寂于翰墨的纯粹。

我与袁峰相聚，二人空间，畅所欲言。话题除了日常工作生活，还漫谈艺术，譬如文学、绘画、书法等等。他很少论及书法技艺方面，因为鄙人不懂，更多的好像是艺术之外。

我曾问他：入省书协这么多年，不无建树，为何不积极参加大赛大展？他说：我觉得自己的字不行，也不合时宜。他还说1990年代初，曾求教于书法大师李百忍先生，李先生诲道：书法创作要搞好学习，耐得住寂寞，不可随意跟风，学到点滴就想玄弄，则会流于肤浅，只要不间断地习练，你的书法自然会产生变化，越写越好，形成自己的风格。

袁峰君心向尺度章法，平常心写平常字，有话实说，不奢空冠，难能可贵也。我知其出身文化之家，年幼即师从邻居——文化学者、书画家孙淮滨先生，得其亲授真传，磨练童子功，后又师事金石名家王少石先生。研修数十载，笔耕不辍，将知天命，不骄不躁，孜孜以勉，书法造诣与襟怀胸臆俱得阔升，善莫大焉。

书法怎样写，就像诗歌如何，非一语所能道破。它们当是作者审美理想与艺术表达的自然结合，是其追求者穷尽一生也无法终极的过程。我想，浑厚方正，道法自然，无论是艺术本身，还是其创作者，追求在这充满精神力量的境界过程之中，即可谓是十分幸运的了。不知袁峰君以为然否。

峰高也，山大也，你我盛名，其实难副。四石轩，卑微而显尊贵，喻义恳切而笃定，形神兼备，或可铭鉴。正如其主人《题灵璧石》诗曰："山中何所吟？抚磬思瑶琴。深秋霜叶红，流水恋故人。"诗书者，抒情言志也。亲历他把这首诗作挥毫渲染于素帛之上，我深深感受到了一种莫名的大美。他一定不仅仅是写给灵璧石的。

我原本想为袁峰君献写一首诗，以期也让它复活生动在浓淡干湿线条的氛围之间，但现在我改变了初衷。的确，此时我更想学着临摹他的诗句相赠，以证明自己正由此开始学会看懂奇妙的书法：愿我们是深秋浑厚的红叶吧，愿我们是自然的流水！

2013 年深秋写于宿州

灵璧英博：赵英汉

造理入神 回得天意

晏金福

说起灵璧瑰宝钟馗画就不能不提到赵英汉，是他大胆创新，勇于探索，让钟馗画这个传统的灵璧民俗画以崭新的面貌展现于世人面前，并登上世界艺术的殿堂。

在我的印象中，赵英汉先生就是一位土生土长的草根画家。

我和英汉相识于 1968 年。那年我大学毕业，分配到九顶中学，他在九顶煤建工作，两个单位只隔一条小路。他们单位只有几个人，没有食堂，他就在我们学校食堂搭伙。所以，没几天就熟悉了。由于我俩同年，又有相同的爱好，很快就成了莫逆之交。他的家境比较困难，爱人又患有严重的哮喘病，一遇紧急情况，就让我代班。我经常这边上完课，那边就去帮他卖煤。他虽然处境艰难，但是对艺术的追求，丝毫也不放松。他很有艺术天赋，国画、油画、版画，样样来得。他当时经常在墙上画油画，既有毛主席像，也有其他宣传画。至今我家老屋的后墙上还挂着他画的《滔滔延河水巍巍宝塔山》的巨幅匾额。有一天，他拿了一幅木刻，让我帮他提提修改意见。木刻的题目是《夜读》，刻画的是一位老农，夜读"毛选"的情景。选取的是老农刚剪完烧焦的马灯芯子，拧亮马灯的瞬间。桌子上放着打开的"毛选"，取马灯照亮夜空，毛泽东思想照亮心间之意。不仅立意深刻，而且老农沧桑老脸上喜悦的皱纹、粗壮而有力的大手，被刻画得淋漓尽致。经过反复修改，这幅木刻参加了当时宿县专区举行的画展，并入选了展后出版的画册。这本他当年送我的画册，我至今仍然珍藏着。

后来，英汉去了县电影院，专门画电影海报，我们见面的机会就少了。但是每次到县城，只要遇见，他总要把我拉到家里，用他那微薄的工资，打酒买菜，陪我喝上两盅。他酒量很小，每次都是一醉方休。兄弟情谊，可见一斑。

再后来，我也调进城里，见面的机会多了些，但我知道他忙于创作，也就尽量少打扰他。有一次，在他家里喝完酒，他把我带到电影院楼上他的画室里，指着桌子上一大摞钟馗画让我看，并说："尽挑尽拣。"他一边一张一张地给我讲他的创意，一边征求我的意见。面对上百幅琳琅满目的画作，我对每一张都爱不释手，但是我最后只挑了有相同画面中的 3 张。我想，英汉的工资微薄，全靠这些画养家（当时他的画已经价值不菲了）。再说，也要尊重他的劳动，那些只画了一张的，再喜欢我也不忍心拿走。遗憾的是，我收藏的这三幅画，全被朋友拿走了。

我最后一次见英汉是 2011 年春，在他家里。他欣喜地告诉我，他的百米长卷《百馗图》即将完成。他一如既往，热情留我，可是我没有像往常那样留下来，我实在不忍耽误他的宝贵时间。我怎么也没想到，这就是我们的永别！

赵英汉先生多才多艺，但他最钟爱的还是钟馗画，艺术成就最高的也是钟馗画。钟馗画在我们灵璧有着悠久的传统，民间俗称"判子"。英汉先生的父亲就是当地有名的"判子"画师。英汉先生从小就跟着父亲学着画"判子"，卖"判子"。可以说，"判子"从小就种在他心里。赵英汉先生一生对钟馗画情有独钟。他深研民间传统画法，博览历代名家钟馗画作，苦练各种画派技法，形成了自己的独特的写意画法。《中国美术报》在评论中写道："赵英汉先生画钟馗，善于以笔传情、以墨造势，挥洒自如，重在传神。用笔大胆而谨慎，豪放而不粗流，洒脱而不漂浮，可谓'造理入神，回得天意'。"赵英汉先生一生创作钟馗画 300 余种，因以传神著称。他不仅多次在国内举办个人画展，他的画作还在日本、韩国、新加坡、加拿大等地展出，并被日本爱华路多国际书画函授学院、韩国国际书画家协会、香港书艺会、台湾中华艺术学会等众多展馆和团体收藏。尤其是他的巨幅长卷《百馗图》更是创钟馗画历史之最、全国之最。安徽省非物质文化遗产灵璧钟馗画传承人的授予是对赵英汉先生钟馗画作的高度认可。

赵英汉先生在艺术创作的巅峰时期溘然而逝，是灵璧艺术界的重大损失，更是中国钟馗画界不可弥补的损失。

灵璧英博：赵基

美诗妙词"活钟馗"

晏金福

赵基，字磐之，号如石，又号松禅居士，别署松雪斋后人，系赵孟頫22世孙。出生于安徽省灵璧县旗杆村，现任灵璧一中党委副书记、副校长。中华诗词学会会员、中国艺术研究院访问学者。

少年时期，赵基跟随著名画家孙淮滨学习书法。孙淮滨擅长钟馗画，是安徽省非物质文化遗产项目（钟馗画）代表性传承人。赵基耳濡目染，对钟馗画产生了浓厚兴趣。

赵基年轻时与中国当代著名书画大师赖少其交谊深厚。赖大师对赵基精心赐教，对其作品悉心点评，使赵基有了长足的进步。他对赵基的画作《如意年年》点评道："赵基笔下之钟馗既葆灵璧之特色，又具时代风貌，丹砂所绘，色鲜质朴，造型神态高古，飒飒凛然之正气，跃然纸上，诚可宝之。"

此后，赵基先后师从王少石、周笃文，李心峰。擅书画、工篆刻、好诗词，尤痴情于钟馗文化之研究与创作。为了画好钟馗面丑心美、刚正不阿的神韵，赵基曾六上泰山、游三峡、登黄山、览吴越、观东海，还曾赴西安、山西、河北等地，访寺庙、观笔画，用心揣摩，逐渐形成了自己独特的画风。艺术大师刘开渠先生曾盛赞赵基所画钟馗："既有传统人物画之风韵，又不失民间艺术之纯朴，神威逼人，可谓'活钟馗'也。"美国《世界日报》《星岛日报》曾分别以《挥笔画钟馗最传神》和《挥毫熔古铸馗魂》为题撰文介绍其钟馗画艺术。

2005 年，应邀为央视《探索发现钟馗传奇》特别节目创作钟馗画作品，2007 年应邀出任央视《探索发现门神演义》顾问兼美术指导，同年 4 月《赵基作品选集》由安徽黄山书社出版发行。2012 年 4 月接受央视《走遍中国千年画一人》专访，同年 5 月所作钟馗图《洪福盈门》被美国国会图书馆收藏，

6月赵基诗词选《松禅吟草》由中国文联出版社出版发行。2013年9月，应邀赴美国华盛顿举办书画展览暨文化交流，其诗集《松禅吟草》被美国国会图书馆收藏，同年11月接受央视《文化大百科》专访。2015年8月香港《文汇报》专版介绍其钟馗画艺术。2016年5月为央视《探索发现·青田三章》作篆刻艺术展示。2017年初接受中新社、《中国日报》专访，3月底日本前首相鸠山由纪夫、日本京都美术馆分别收藏其钟馗画作品，8月中国文联出版社出版发行赵基第二部诗集《诗心词梦》。2017年、2018年先后应邀赴安徽大学、合肥师范学院进行学术交流与讲座。

赵基虽然在诗词、书法、绘画、篆刻等领域都有较深造诣，但他对一切向钱看的所谓艺术家一向嗤之以鼻。他把自己的作品义卖的收入，用来救助贫困学子。还将价值12万元的赵孟頫、赵奕的汉白玉雕像捐赠给赵孟頫文化园。他说："写字作画是陶冶性情，自乐乐人的事，不要把它看得过重，一切随缘，岁月静好。平静地作画，平静地做人，不追风，不图热闹，远离喧闹场。"

灵璧英博：蒋兴才

妙笔生出富贵花

陈平胜

蒋兴才，灵璧县大庙乡找营村人，牡丹画家，现为安徽省美术家协会会员、安徽省民间艺术家协会会员、灵璧县政协书画院院士。

蒋兴才于1944年12月出生于一个地道的农民家庭，10岁时受一户陈姓父子的影响，喜欢上绘画。陈父陈再睿是一位雕塑神像的大师，北到山东济南，南到江苏苏州，方圆几千里的庙宇道观神像雕塑都少不了他的参与，同时还画出一手栩栩如生善恶分明的"判子"（即现在的钟馗），儿子陈秉衡除了给父亲当好助手外，也能画出一手出淤泥而不染的莲花，如此激起蒋兴才老师心中的涟漪，萌发了绘画的兴趣。

50年代初期，国家贫穷，学生做作业也没有像样的作业本，更何况画画呢？蒋兴才老师就以大地为纸，枝棒为笔，仿照陈氏父子的画法，伏地习画。1964年初中毕业，他参加了人民解放军，出专栏，画刊头，初显才艺。1972年从部队转业到灵璧县邮电局，工作之余，他就专心致志地投入到美术绘画的练习之中，他在鸡蛋上画梅兰竹菊，在玻璃上画风情山水，画灵璧纹石。一段努力后他初显成就，但他发现，自己画的种类繁多，精力不够专注集中，一次出差偶然的机会，他看到了大片大片的牡丹盛开着鲜艳的花朵，便突发奇想，牡丹是我国的国花，是吉祥富贵的象征，它纯洁如净莲，从容华贵，气质天成，古往今来一直受到人们的敬仰和崇尚，我为何不画牡丹呢？

自1990年开始，他专修牡丹，细心地临摹孙玉德、任恒泉老师的牡丹画作，临摹全国著名大师王秀的牡丹写意画。1997年，他为提升自己，进修于天津市神州书画院，师从全国著名画家贾保珉教授，使其绘画艺术得到了升华。数年来他始终勤奋好学，只要到外地，他第一件事就是到新华书店购买名家牡丹画册画集，取众家之长，形成自己的独特风格，且先后8次去河南洛阳，三次去山东菏泽就地写生。他认真地观察牡丹的花开过程，从花蕾到花朵不同时期的形、色，分别观察茎、枝、叶，不同的动态形状。为便于观察，他专门从河南买来了多株品质较好的牡丹栽在自己的宅院里，既陶冶了情操，又给自己的观察提供了方便。从1990年至今，30年的临摹，拜师写生，蒋兴才老师笔下的牡丹虚实相间，动静互生，气宇轩昂，风貌旷发。用笔奔放洒脱，沉着厚重，沐风怒发，浓艳可爱，其墨气淋漓，挥洒自如，神形兼备，其色泽腴润，各有所异，受到书画界的一致好评。

蒋兴才先生几十年来孜孜以求，数十次参加国家、省、市、县的画展并屡屡受奖。1998年他的牡丹作品荣获全国黄河魂书画大赛优秀奖。2003年获得宿州市第二届艺术节美术作品展二等奖。2008年荣获"安徽省首届农民画，画农民"作品展优秀奖，并选入《金色田野》作品集。2009年获河南商丘、安徽宿州两市联合举办的"老年书画作品展"优秀奖。2011年元月获宿州市委组织部等6大家联合举办的"庆祝中国共产党90周年书画大展赛"二等奖。

2013 年 10 月获安徽省民政厅等举行的"第三届书画艺术赛"优秀奖，同年 2 月绘画作品在北京"中国联合商报"发表。2014 年 8 月作品"牡丹图"参展宿州宣传部等多部门举行的"庆祝中华人民共和国成立 65 周年"美术展。2015 年获宿州市人大常委会举行的"庆祝全国人大建立 60 周年书画摄影展"优秀奖，同年 12 月获宿州市网络文化建设组织的《花开时节动京城》优秀奖。2016 年被灵璧政协书画院聘为"名誉顾问"。2017 年 11 月，在安徽书画院首届"安徽 100 名实力画家"评选活动中，荣获"最具实力奖"。2018 年 12 月作品入选"宿州市老年书画作品展"。

蒋兴才先生的艺术生涯已功成名就，但他为人谦和、低调，大家都称他是"灵璧牡丹王"，他却总是面带微笑回答着："我只是爱好者。"多年来好多人前来拜他为师学习画牡丹的技法，他都是毫不保留地传授给别人，为灵璧培养了一大批画牡丹的人才。

蒋兴才先生每年都要积极参加县委县政府及有关单位组织的公益活动，深入到机关、部队、学校、社区、乡镇等义务作画，特别是 2020 年 2 月期间在抗击新冠肺炎的关键时期，他积极参加书画界组织的书画义捐活动，将拍卖款悉数捐赠给灵璧县红十字会。他有一句让我十分感动的话，他说："是党和人民赋予我展示绘画艺术的平台，我应该把自己的绘画艺术奉献给人民，为灵璧的发展多做一点贡献。"在建党 100 周年，具有 50 多年党龄的蒋兴才先生为了表达对党的无限热爱和忠诚，精心创作了 10 米牡丹长卷、共 100 朵争芳斗艳的牡丹花，祝贺党的百年华诞。该作品在灵璧和安徽省电视台播出，受到一致好评。

灵璧英博：尹友杰

子承父业传薪火

灵璧钟馗画有一种传统造型，多施朱砂，不究比例，但求神韵，外丑内媚、细微传神，人们称其为民俗钟馗画，也称尹氏钟馗画。尹友杰就是尹氏钟馗画的重要传承人。

尹友杰，男，汉族，1951 年出生，钟馗画大师尹玉麟长子，安徽省工艺美术大师，安徽省美术家协会理事，安徽省传统工艺美术促进会副会长，安徽省非物质文化遗产（灵璧钟馗画）传承人，灵璧钟馗画院院士。

尹友杰自幼随父尹玉麟学画钟馗画，功力深厚，所绘制的钟馗胡须，须须入肉、力透纸背，与其父如出一辙，可谓"前有尹玉麟，今有尹友杰"。

自学画以来，尹友杰几十年如一日，一直孜孜不倦，精益求精，在继承传统的基础上创作出 200 余种题材不同、风格各异的钟馗画作。其作品熔传统及民间技法于一炉，章法深厚古朴，笔墨疏朗，赋色恬淡，代表作有《三破图》《威武图》《醉馗图》等。尹友杰所绘钟馗形象多是豹头环眼、阔额虬髯、方口虎牙，给人以粗犷雄强威武逼人之感。他的钟馗造型不求比例，只求神韵，英武中不乏儒雅，粗丑中不失妩媚。钟馗身着朝服，足蹬朝靴，一足直，一足曲，似在寻觅人间之恶鬼，寓正气于狰狞形象之中，具有很强的民间色彩。

尹友杰得尹玉麟真传，在当地及全国乃至国外都有较大影响。其作品多次参加全国美展并获奖，各大报刊媒体争相刊登连载。钟馗画作品先后被日本爱华路多国际书画函授学院、韩国国际书画家协会、香港书艺会、台湾中华艺术学会等众多展馆和团体及收藏家所珍藏，作品曾在《中国书画报》《人民日报》《解放军报》《安徽日报》《安徽商报》《香港大公报》《深圳日报》《青岛日报》《联合早报》等诸多报刊发表，并被政府机关、企事业单位作为与世界友人交流的礼品，流传到英国、美国、德国、俄罗斯、加拿大、新加坡、印度、日本、韩国、泰国、荷兰及中国台湾、香港、澳门、上海、广州、深圳等 30 多个国家和地区。2005 年，应邀为央视《探索发现钟馗传奇》特别节目创作钟馗画作品。2006 年被邀参加郑和下西洋 600 周年庆典，并为其创作钟馗画作品。2006 年 7月获国家专利局知识产权专利号（2006301222800）。2009 年，新中国 60 华诞，文化部制作的文化资源专题片为其作专题报道，香港大公报邀其为艺术顾问并发表其作品。2010 年，作品在上海世贸商城参加世博会《让艺术更精彩》展览。2011 年 3 月，钟馗画作品相继在美国和台湾高雄市立美术馆展出。2012 年 4 月应邀出任 CCTV4·走遍中国之《千年画一人》首席艺术顾问。2013 年元月参加在合肥亚明艺术馆举办的凤阳的凤画、天长的天官画和灵璧灵判子联展并获奖。

尹友杰是一位心中有大爱的画家，他常常参加国内一些大型义拍捐款慈善活动。2003年应邀参加在武汉黄鹤楼举办的艺术展，他的《钟馗赶考图》拍得18000元全部捐助了慈善基金会。2005年应邀参加"南京零距离"大型爱心慈善义拍活动，作品义拍拍出的12000元全部捐助了慈善基金会。2008年5·12日汶川大地震，他应市民政局、灵璧县宣传部邀请，为灾区捐助5幅作品，每幅以10000元的价格拍卖，拍卖款全部捐出，支援灾区重建。他还积极参加政府及有关部门组织的各项公益活动，多次参加县文化部门组织的非遗进乡村、进社区、进校园、进景区和各种展览活动。

尹友杰十分注重灵璧钟馗画的传承，他的女儿尹晓燕、尹婷婷、儿子尹德浩都学习钟馗画，且都学有所成，原真性地传承了尹氏钟馗画的风格特征。同时他还积极参加社会传承活动，常到文化活动中心开展辅导讲座，传授技艺，对求教者，总是不吝赐教，耐心讲解。2015年尹友杰被授予安徽省非物质文化遗产（钟馗画）传承人。

（县政协办公室　供稿）

灵璧英博：张海峰

博采众长成大器

灵　肖

张海峰，字百奇，号灵判子，灵璧下楼镇人。安徽省美术家协会会员、安徽省书法家协会会员、安徽省民间文艺家协会会员、灵璧县美术家协会副主席，宿州市书画艺术研究会灵璧钟馗画研究院执行院长。著名书画家、国礼艺术大师孙淮滨先生入室弟子，安徽省非物质文化遗产灵璧钟馗画市级代表性传承人。

张海峰少受其伯父、民俗收藏家、科普作家张殿民先生之熏陶，喜爱书画和乡土气息浓厚的民俗艺术，尤爱钟馗画。小的时候邻居家中有一幅老判子画，画上的判子左手持剑，右手捉一小鬼，铁面虬髯，怒目圆睁，甚是传神。这给儿时的他留下了深刻印象，常常在心里揣摩如何画出画中的判子。

18 岁时，在杜鹤舞老师的引荐下，张海峰认识了当时的灵璧书画协会主席庄怀虎老师，学习书法和绘画，重点学画钟馗画。他初学的是工笔钟馗画，并一发而不可收拾，经常通宵达旦，有时候画着画着笔都拿不住掉了下来，真有"一支彩笔千斤重，半尺花笺百米长"之感！后来在赵基先生引荐下，拜著名书画大家孙淮滨为师，成了孙淮滨老师的关门弟子，主修工笔重彩钟馗画法。张海峰的工笔钟馗，设色多以复合重彩绘制，融入了永乐宫壁画与西藏唐卡等技法，造型生动，谨合六发，三矾九染，艳而不俗。

后来所在单位倒闭了，为了生计，他成了专职从事钟馗画创作的画师。他的作品广受社会大众的喜爱，而工笔画非常费时，创作量满足不了需求，后来他又兼修民间小写意画法。为了提升技艺，他虚心地向古今钟馗画大家学习，沉下心来，反复思考、琢磨、练习，以致达到废寝忘食的地步。他深知"取法乎上，仅得乎中。取法乎中，仅得其下"的道理，他的小写意钟馗画多取法于吴道子、任伯年、高其佩、溥心畬、翟光远等诸家，结合地方特色对灵璧钟馗画的技法进行了创新，如选用特制小号兼毫画胡须，借鉴披蓑丝毛法，逆锋颤笔，加强层次，花青调墨分染，去除火气，既避免了小拍刷的匠气，又增加了线条的律动感，更好地表现了"毛根出肉，神采飞扬"的特征。边染边写增加了笔墨的变化，极度精练的笔墨线条与概括的结构，让民俗画的格调得到了很大的提升。

经过十多年的潜心钻研、博采众长，张海峰在传承灵璧钟馗画传统工笔技艺基础上吸收大写意、小写意、工写结合等艺术手法，形成了胸怀大气、独具特色的艺术风格。他的钟馗作品将人物画的笔、墨、线等技法、表情达意之特色与"灵璧钟馗"固有的造型、脸谱有机融合，做到了雅俗共赏，赋予这一传统民间画种特别的意味和格调。

数十年来，本着广览博取，厚积薄发的态度，张海峰创作了近万幅作品。代表性作品有《灵璧钟馗图》《钟馗神威图》《钟馗三破图》《钟馗赐福图》《钟馗惩恶图》《钟馗嫁妹图》《岁朝钟馗图》《馗魂》等，其中《灵璧钟馗图》入编《安徽省公共文化艺术》读本。2009 年《馗魂》入展第三届安徽省美术大展；2010 年《灵璧钟馗图》入展首届全国农民画大展获优秀奖，《醉钟馗》入展全国钟馗画优秀作品邀请展；2012 年《钟馗图》入展安徽省首届青年美展；2014 年《钟馗引福图》入展皖北非遗文化邀请展；2015 年《钟馗嫁妹》《钟馗神威图》《岁朝钟馗图》《钟馗赐福图》等入展灵璧钟馗画晋京展。艺术成就被收入《中国民间工艺美术大辞典》《安徽省美术家暨工艺美术大师》《中国灵璧石大观》等。2014 年受中国文化部资源共享工程之邀，参与拍摄了安徽省非遗项目《灵璧钟馗画》，受到摄制组高度赞誉！

在研究创作灵璧钟馗画的同时，张海峰十分注重对传承人的培养。他广泛授艺，创办了灵璧钟馗画工作室，给中小学爱好者讲授灵璧钟馗画，培养他们对当地传统文化的兴趣。对具有一定书画基础，热爱传统美术的爱好者，则侧重培养他们的专业技法、笔墨表现力和艺术修养。他先后接待了湖南大学美术系，安徽大学历史系，安徽大学艺术学院等高等艺术学院暑期实践考察团的访问，阐述了灵璧钟馗画的艺术特点。近几年在灵璧四中非遗兴趣小组传授灵璧传统钟馗画画法，受到学校和同学们的欢迎和喜爱。目前，他的学生有的已成为县级非遗传承人。

在创作传承的同时，张海峰积极参与社会公益事业。他曾受省非遗文化研究会之邀到宿州学院讲授灵璧钟馗画技法并赠送作品留存展示，数十次参与政府招商、旅游文化宣传等活动，有数十幅作品无偿捐赠给了市、县博物馆、非遗展示中心等单位。

激三千以崛起，向九万而迅征。在文化大繁荣的时代背景下，张海峰正孜孜不倦地耕耘在灵璧钟馗画的传承与发展上，为让这一古老民间艺术发扬光大不懈努力着。愿他在艺术的道路上越走越好！

灵璧英博：叶继红

"磬乡格桑"雪域绽放

井茂龙　徐　辉

在高寒缺氧的青藏高原，盛开着一种花，名叫格桑花，又称格桑梅朵。在藏语中，"格桑"是"美好时光"或"幸福"的意思，"梅朵"是花的意思，所以格桑花也叫幸福花，长期以来一直寄托着藏族人民期盼幸福吉祥的美好情感。有一位来自磬石之乡——安徽灵璧的援藏女教师，以高度的敬业精神、过硬的专业知识、无私的大爱和细腻的感情，架起了灵璧与藏族同胞沟通交流的桥梁，被称为"磬乡格桑花"。她就是德艺双馨的美丽教师叶继红。

叶继红，安徽省灵璧师范学校美术高级讲师，安徽省美术家协会会员，安徽省书法家协会会员，安徽省书法教育学会理事，宿州市女书协副主席，宿州市工笔画学会副会长，宿州美协理事，灵璧县美协副主席，灵璧县政协书画院副院长，灵璧县政协第九届、十届政协委员。从教32年来，她一直以执着坚韧的态度、精益求精的追求，培育了一批又一批优秀学生，用真情和汗水赢得了学生的爱戴、家长的信任和社会的赞誉。

2019年7月，年近半百的叶继红积极响应党中央的号召和组织安排，成为一名光荣的援藏教师。8月初，叶继红一直身体硬朗的慈父突然去世。她忍痛安葬好父亲、安顿好母亲，第三天便带着慈父生前的嘱托，如期随同安徽第七批援藏干部人才工作队，来到了她心目中神圣而美丽的西藏，开始了为期3年的支教工作。

叶继红所在的学校，是西藏自治区母亲河雅砻河和雅鲁藏布江交汇处的山南市第二高级中学，是一所全区招生的重点高中。藏族同胞民风淳朴，善良热情。走进二高的课堂，她就感受到藏族学生们的真诚和热情，学生们的敬语和举动及对内地的文化知识的渴求，让她发自内心地去爱这些天真、单纯的孩子们。作为一名美术教师，她在传授知识的同时，很注重在创设愉悦的教学环境中，教会他们如何去发现美、认识美、感受美。

叶继红 2019 年所带的高二 9 个班级，师生都没有教材，她就让朋友从内地邮来一部分教材，结合藏区的文化特点和学生们具体情况，有目的、有计划地设计具有适合藏区学生可操作、可实施的教学内容，大大地提高了学生们的学习兴趣，在教学中既锻炼了他们的独立实践能力，又培养了他们的小组合作意识，教学效果得到学校师生们的认可。2020 年 9 月开始带高一四个班和一个高三美术高考辅导班，都是美术鉴赏内容，叶继红就发现学生们对内地的历史、文化的了解少之甚少，每一堂课，她都会结合教学内容给学生补充很多知识，学生们的学习兴致很高。比如，讲灵璧的"三元"文化，既宣传了家乡的文化旅游又激发了学生对内地的向往。

进藏第一学期因高原反应，叶继红的右膝关节经常出现突发症状，导致行走不便，但她时刻牢记自己是来援藏的，不能耽误学生的学习，所以没有因此请假，没有影响上课。有时课堂上讲多了会出现气短，她就会休息几秒钟再继续。在教学过程中，她平时非常注重汉藏文化的交流、交融，经常以教学示范的形式向藏族学生介绍内地的书法、国画、剪纸，并指导他们亲自感受这一传统艺术的独特魅力。今年她所带的高三艺考生虽然成绩还没出来，但学校藏族领导结合以往艺考生的教学情况在学校教师群图文并茂给予了很高的评价。

"书不尽其言，言不尽其意"，唯有"立象以尽意"。书法和绘画同质而异体，两者有相同共通和不同之处，"书画同源"是以自然生活为源，通过对自然生活的体验形诸于书画作品。书画两艺也能同兼，以书入画，以画绘书，才能更合心意地书写画出胸中之象。工作之余，叶继红一直坚持主动学习，在自己的书画世界里，教到老学到老，教学相长。这对于老师提高自身素质和修养是非常重要的，也是她 30 多年来一直恪守和追求的准则。每天工作之余，她都坚持书法和国画的练笔，一年来她创作了 40 多幅西藏的山水作品，参加在藏举办的建党 100 周年师生书画作品展，准备明年两会期间在灵璧举办个展，为两会敬献一份大礼。

在西藏，叶继红经常和那里的藏族老师、学生分享她的感悟和心得，他们也及时与她沟通交流，一起探讨、摸索和实践，进行教研活动，使她对藏区的教育也有新的认知与提高。她把她的理解融入日常教学当中，也常常获得了意想不到的收获。她尝试用彩泥做藏族的藏戏面具，很受师生们的喜爱。2020年12月初，她受自治区教育厅聘请，为全区的美术骨干教师上了一堂示范课，做了一次国画讲座并为他们写生做指导，这个彩泥手工就被教师们推广采纳。在平时的教学过程中，很多老师和同学们对汉字书法、国画开始有了初步的了解和认识。作为中国传统文化的重要组成部分，在西藏开展书法和国画教学具有现实价值和历史意义。她认为，书法、国画作为传统文化艺术必须要在西藏传承发扬下去，尤其要让这些国粹同格桑花一样在雪域高原上永久盛开。所以她决心要做好这个文化的使者，让汉藏文化更好地交流交融。

"爱是一种伟大的力量，没有爱就没有教育"。教育家陶行知这一句话一直是她教育生涯的人生信条，教育没有爱是一种缺失。从教32年来，她资助过很多学生。进藏一年来，她积极参与学校的爱心扶贫工作，捐款捐物。10月底一位援友发朋友圈，她看到藏区高海拔地区的小学生手被冻得红肿，还有的冻烂，于是，她就在网上给学生订了1000元的手套，委托援友送给这些孩子们。扎西拥措，一个来自阿里地区很腼腆好学的女生，每次从家到学校路上都要两三天，很不方便。看到勤奋的学生，不由得心生喜欢，叶继红经常会带她去自己住地，给她拿一些吃的带回宿舍，留她晚上补充营养，并告诉她，生活和学习上有什么需要都可以提出来，她都会尽力去帮助的。不仅如此，藏族老师有需要帮助的她也是积极去做，她觉得这是援藏人应该做的。

从内地来到雪域高原，大家都或多或少有点不适，作为老大姐，更应该在生活上给予关心，叶继红经常做一些家乡的美食供大家分享，谁有困难，都及时给予帮助，受到援藏工作队的一致认可。

山一程，水一程，风雪弥漫向西行。援藏西行的叶继红，在美丽的山南市，让知识的格桑花盛开在三尺讲台，盛开在雪域高原。她说："当我们以满腔热忱投入援藏工作中，就会发现我们拥有更多的乐趣、幸福和自豪。其实，援藏就是一种缘分、一种责任、一种选择、一种奉献、一种历练、一种收获，更是无法用金钱买到的人生财富。援藏，我无悔：因为援藏，生活更加充实；经历援藏，人生更加精彩。"她不忘初心，认真工作，2019年被学校评为"最美援藏教师"，2020年被评为"优秀党员"。

灵璧英博：吴河江

执刀夺天工　精微藏大千

灵　肖

　　吴河江，灵璧县浍沟镇人，字渭清，号可工、金石居士、点睛斋主，中国灵璧观赏石协会理事，安徽省工艺美术行业协会理事，安徽省工艺美术学会理事，江淮工艺美术研究院副院长，灵璧石工艺协会副会长，省级非物质文化遗产灵璧磬石雕刻代表性传承人。

　　吴河江自幼酷爱书法、绘画、篆刻，20 世纪 80 年代初，应招进入灵璧县工艺厂并因其表现突出，被送到上海漆器雕刻厂深造。学成回厂后，吴河江担任了"技术创新小组"组长，开始以闻名遐迩的灵璧石为载体，潜心研究磬石雕刻艺术。

　　1995 年，吴河江在仓库角落里发现一批磬石废壶，决定把它配上图文，变废为宝。在得到厂领导的支持后，他开始大胆而又小心翼翼地创作。无规则的球形凸面，不能打底稿，不能固定，只能脱稿施刻，也只能左手用力握壶，右手操刀，更不能跑刀。由于壶壁较薄，稍用力过大，刻刀就会把壶壁刻穿。因此，握壶的左手，只能刻几刀歇一下。经过反复探索试验，他终于掌握了脱刀刻壶的技法。当刻好的 400 把壶摆在大家面前时，引起了一片赞扬声。400把壶的图文竟有 50 多种题材：唐诗宋词的一诗一画、山水楼阁、耕樵鱼钓、亭榭江帆、童子仕女、佛教古文、甲骨汉篆……把磬石壶点缀得赏心悦目。

　　吴河江创作的磬石茶壶为磬石工艺品增添了一个新门类新工艺，填补了"磬石无壶作"的空白。吴河江的创作激情也一发不可收，他决心不断发展壮大这种新工艺，促使选料、设计、制作等都有质的飞跃。他创作的茶壶，线条具有起止、承接和呼应的力量感、变化丰富的节奏感，巧妙组合的立体感，深受人们喜爱，行销 20 多个国家和地区。

　　磬石茶壶的创新成功，坚定了吴河江发掘传承、发展石刻艺术的信心。为了进一步提高工艺厂的知名度和扩大产品市场，吴河江深思熟虑后，又提出了改变千篇一律的文字图案，重新设计创作新的图文。得到一致赞同和大力支持后，他又在"资料之海"里泛舟、溯源，终于在《中国美术全集》中获悉了这门源自中国古老文化的石刻线画艺术。为此，他对历代石刻线画进行反复揣摩和悉心研究，又先后两次去开封、洛阳、西安等地仔细考察不同年代的实物，进一步掌握了古人用刀的技法和整体布局，以及图文与时代背景的各方面特点。在遵循古人刀法和韵味的基础上，吴河江勇于创新，大胆运刀，使一件件呆板、单一的磬石工艺品都有了生机，使观者流连忘返，产品未经上市便销售一空。

艺无止境的观念，还使吴河江不断发现产品的美中不足，就是刻好图文的着色问题。要改变一直沿用的单一金粉着色法，就必须采用多彩着色法，于是他反复调试，终于成功调配出"磬石工艺品专用颜料"。用这种颜料按图纸色彩对比强烈、鲜明、古朴、高雅、华贵，还不易褪色。这一具有革新意义的创作尝试，为古老的灵璧磬石雕刻工艺注入了活力和生机。

2000 年，吴河江创办了"点睛斋石刻线画艺术创作室"，在灵璧磬石雕刻线刻艺术探索、研究之路上继续前行。为在石质较硬、不宜微刻的磬石上创作《金刚经》，他通过改进刻刀和增强意念，艰难地完成了第一件微刻佛教经典。全书 5600 多字，全部采用正楷繁体，刻在 10.5 厘米 ×11.1 厘米的磬石章材上。2005 年，在长期准备和精心策划的基础上，他用半年多时间，把中国传世名作——宋代张择端的《清明上河图》全景刻制完成。磬石线刻画《清明上河图》大获成功后，吴河江又相继创作了微刻《维摩诘演教图》《孔子行教图》《万里长江图卷》《八十七神仙卷》《永恒世界》等系列古代传世精品。

吴河江在继承传统线刻工艺的同时，取百家之长，既能传承又善于推陈出新。他的灵璧磬石线刻艺术品，在保持自身独特审美欣赏价值的基础上，根据天然的肌理纹路，游刃有余地将具有深厚功底的线刻技艺与灵璧磬石独特的材质纹理结构完美结合，那些灵璧磬石自身所具有的纹路经过创作之后成为线刻艺术品完美的一部分。

吴河江的磬石线刻艺术的意味和感染力，源自中华民族博大精深的历史文化，题材广泛、精美绝伦，具有独特文化价值，作品多次荣获省级、国家级大奖。《清明上河图》磬石线刻全卷（微雕 113 厘米 ×11 厘米中图）获中国收藏家行业协会举办的"2009 上海艺术暨古玩博览会"金奖。磬石线刻"十二生肖茶壶"获中国工艺美术协会举办的"第十届中国工艺美术大师作品暨国际艺术精品博览会2009'天工艺苑·百花杯'中国工艺美术精品"优秀奖。《维摩诘演教图》磬石线刻（微雕90厘米×20厘米上图）获安徽省工艺美术学会、安徽省博物馆举办的"安徽省工艺美术60年精品大展"金奖。磬石线刻插屏《孔子·论语》（50厘米×30厘米）获中国工艺美术行业协会举办的"2010工艺美术大师作品暨工艺美术精品博览会"金奖。磬石线刻"妙法莲华经文·钵"获安徽省工艺美术学会、安徽省博物馆举办的"安徽省工艺美术60年精品大展"银奖。《永恒世界》荣获"2011年中国宁夏贺兰石（砚）设计创意大赛"金奖，被宁夏贺兰石博物馆永久收为馆藏作品。2012年，吴河江历时3个月精心创作的的十二生肖磬石壶线刻作品，被中集邮公司、中国邮币卡在线联合国家电信和国家邮政等权威部门，收录在《和谐中华——中华文化名家艺术成就专题系列邮票电话卡纪念珍藏册》中，通过个性化邮票和电话卡形式，在全国限量发行。这是继灵璧奇石之后，灵璧石文化再次成为"国家名片"。

吴河江技艺全面精湛，自成风格，为业内所公认，在省内外享有盛誉。基于他在灵璧磬石雕刻、线刻发展方面所作的贡献，以及在我国传统工艺领域取得的突出成就，2009年被全国促进传统文化发展工程授予"中华传统工艺大师"荣誉称号，2011年被安徽省文化厅授予非物质文化遗产灵璧磬石雕刻代表性传承人，2012年获安徽省高级工艺美术师称号。

灵璧英博：刘秋后

美石美刻赋石魂

韩 英

刘秋后，灵璧县著名石雕艺术家，1988年出生，安徽省灵璧县冯庙镇人，灵璧县第十届政协委员。

刘秋后是一位农民艺术家，在他的身上充满着农家子弟的淳朴与厚道，但也具备着农家子弟的聪明和智慧。他自小聪颖过人，尤其喜欢绘画艺术，初中毕业后，父亲便把他送到江苏邳州，拜当地著名玉石雕刻大师卢发明为师，学习雕刻艺术。从 2003 年到 2008 年五年的时间，他刻苦钻研，潜心学艺。由于他悟性很高，敏而好学，师傅特别器重他，把自己看家本领悉数传授给他。五年后他学艺归来，顺利出师，可是他仍然感觉自己技艺不精，于是又先后到徐州贾汪、江苏苏州等地拜师学艺，从细节入手，学习小挂件的雕刻艺术。历经三年，他的技艺更加精湛，特别是对细节的处理上，可谓炉火纯青。2011 年他开始转战蚌埠，独掌门面，从事玉石雕刻艺术的创业。在蚌埠那几年，他挖到了人生中第一桶金，在蚌埠玉雕界已崭露头角。但是身在异乡的刘秋后，常常会思念自己的家人，特别是年迈的父母。有道是"父母在，不远行"，他想，灵璧美石传天下，何不回到家乡去，利用丰厚的奇石资源，既能发展自己的雕刻艺术，又能为家乡的建设增砖添瓦，最最要紧的是可以在父母膝前尽孝，何乐而不为呢？于是 2013 年他毅然离开蚌埠，回到家乡灵璧，创办了"灵玉轩"，开启了白灵石的雕刻和经营。

初到灵璧，一脸茫然，除了一手好手艺，他一无所有，一切从零开始，白手起家，其中的艰辛与困苦可想而知。但是功夫不负苦心人！刘秋后凭借他精湛的技艺和厚道的处世风格，很快以丰厚的工资待遇招聘一批工人，他开始买石选石、用心雕琢、四处跑展，把灵璧的文化艺术带出去，也把自己的艺术作品宣传出去，他的作品逐渐被中国石雕界认可。2013 年作品《乐学归》获得中国玉石雕刻"陆子冈杯"银奖，同年获得中国玉器百花奖铜奖；2014 年作品《金钱缠身》获得第六届中国上海玉石雕刻"玉龙奖"最佳创意奖，同年其作品《刘海戏金蟾》荣获第七届中国玉石雕"神工奖"金奖；2015 年 6 月，他的作品《驼铃悠悠》在中华全国工商业联合会金银珠宝商会举办的"中华玉冠奖"中获得优秀奖；2016 年，作品《代代寿》荣获中国首饰玉器"百花奖"银奖，作品《子母蟾》获得第十三届山花奖"优秀民间工艺美术作品"荣誉称号；2019 年作品《徽州印象》获得安徽省第九届工艺美术精品博览会"徽工奖"银奖。

刘秋后的石雕艺术正如他的人一样质朴，一块平常的带着土气的白灵石到了他手里就开了花，成了艺术精品。大到山水人物，小到花鸟虫鱼，哪怕一棵大白菜，一个小顽童，无不被他雕刻得细致入微，出神入化。他善于"因石造型"，青石作背景，利用天然的白灵石来雕刻，远景和近景浓淡相宜，疏密有致。开怀大笑的弥勒佛祖，手拿浮尘的观音菩萨，挥动大刀的关公，这些人物动作形态、面部表情，都被刻画得栩栩如生、呼之欲出。一棵玉兰树，青石作枝，白灵作花，下有老树盘根，周围蝴蝶纷飞，那一番精致美不胜收。一块镂空的废石，被他捡来，利用天然的黄色和白色，雕刻出一撮小豆芽，白石作根，黄石作瓣，有的豆瓣中间还展露出些许小小的叶芽。这些大大小小、形态各异的黄豆芽夹在镂空的青石之间，别有一番情趣。特别是作品《丝绸之路》，一块巴掌大的石头，只在方寸之间，他利用青石作远山，黄金石作大漠，负重前行的骆驼，头戴斗笠的旅人，大漠孤烟，黄沙莽莽，仿佛有驼铃声声。这幅作品意境之悠远、主题之宏大，令人拍案叫绝。

刘秋后平日说话做事大大咧咧，不拘小节，可是搞起艺术创作来却判若两人，那真是张飞穿针——粗中有细。他的作品不但技艺上精益求精，而且特别注重艺术品味，注重思想性和独创性。一块原石买来后，他从不急于下手，而是把它放在墙角，走来过去看一看，有时间就蹲在那仔细琢磨琢磨，这块石头雕啥好呢？如何能充分利用这块石头的优势所在，创作出最有价值的作品？他为了专注于作品的构思，晚上常常独自一人睡沙发，这样才能静下心来，不受干扰。一旦有了创意，才开始创作，每一幅作品至少要经过五道工序，仔细打磨，方能完成。第一遍根据他的创意，因石造型，作出大型；第二遍定位，第三遍定细，这个时候他特别注重先后顺序，比如人物，先做身体，然后根据身体的轮廓、形态再做面部表情，这样才能使整个作品协调一致，形态逼真；第四遍了尾修光；第五遍打磨抛光。经过这一套复杂的工序，一幅作品才算圆满完工。

精湛的技艺，优秀的作品，为他赢得了许多殊荣。2015年被安徽省第一届玉石雕刻大师评审认定工作委员会授予"安徽省玉石雕刻大师"荣誉称号。2017年被安徽省传统工艺美术保护和发展促进委员会特聘为理事。2018年12月被第五届安徽省工艺美术大师评审认定工作委员会授予"安徽省工艺美术名人"荣誉称号。2020年灵璧县文学艺术界联合会授予其"灵璧县艺术名家"称号。

灵璧英博：迟成明

巧夺天工石生花

李晓江　迟春磊

迟成明，男，1953 年生，山东省莱州人，宿州市工艺美术大师、安徽省工艺美术名人、安徽省工艺美术大师等荣誉称号。

迟成明原是莱州市雕刻集团工艺师，从事样品设计创新工作。1985 年正是灵璧县工艺厂出口产品赚取外汇的好时候，但因缺少担当新产品创新与开发方面的技术人才，产品老化，不能适应国际市场的需求。为此，灵璧县委县政府与二轻公司领导非常重视，安排人员到莱州市招聘这方面的技术人才。迟成明被招聘到灵璧县工艺厂，担任新样品设计创新、老产品升级换代，以及新学员培训工作。经过两年的努力，灵璧县工艺厂终于在工艺雕刻人员中涌现出一大批优秀技术人才，产品销售到海外多个国家，使县工艺厂在安徽省外贸出口创汇单位中名列前茅。县工艺厂因此赢得了 130 万的无息贷款资金，开创了快速发展与壮大的新局面。

随着时代的发展，轻工业与手工业相继难以支撑集体大锅饭的模式，2005 年县工艺厂停产倒闭，迟成明成立了成明石雕创作工作室。2013 年以来，他设计创新的作品多次参加宿州市、安徽省以及国家级的展评，并荣获了多项金、银、铜奖项，为灵璧县传统工艺美术和民间工艺的保护、促进和发展贡献了一份力量。在这些年创作中，迟成明深深体会到要创作出一个好作品，它的根基是来源于生活，是通过入微的生活细节和精湛的艺术技艺塑造而成。一件好的作品，它能给观众留下无限的审美空间，把观众带入一种震撼的无声世界之中，这就是作品的生命力与感染力所在，这种力量源自于人民群众的生活，作品的构思设计创作来源于生活。

自工作室成立以来，他设计雕刻了各种人物、动物、花鸟、鱼虫等，设计创新了多件精品。《亲情》巧色灵璧石壶，作品在 2014 年安徽省传统工艺美术博览会上获得三等奖。《鲤鱼跳龙门》巧色灵璧石壶在 2014 年中国玉石雕刻作品"天工奖"获优秀作品奖。《代代封侯》巧色灵璧石提梁壶，在 2014 年苏州"子岗杯"国际艺术家作品博览会荣获银奖，并在 2015 年深圳国际文化产业博览会"中国工艺美术文化创意奖"中荣获银奖。《全家福》巧色灵璧石壶作品在 2015 年中国工艺美术"百花奖"中获银奖，并荣获中国海峡工艺博览会银奖。《喜上眉梢》巧色灵璧石壶作品在 2015 年安徽省工艺美术精品博览会"徽工奖"荣获金奖。《马上封侯》巧色灵璧石壶作品在 2016 年荣获安徽省工艺美术精品博览会"徽工奖"金奖。《双喜临门》巧色灵璧石壶作品在 2016 年在安徽省工艺美术精品展"最高学术奖"荣获金奖。《虎啸》笔筒作品在 2017 年安徽省文联、安徽省民间文艺家协会主办的安徽省民间工艺精品展上获一类优秀作品。《岁寒三友》巧色灵璧石壶作品在 2018 年获安徽省工艺美术精品博览会"徽工奖"铜奖。2017 年在宿州市第二届"文艺奖"评选中荣获"突出贡献奖"。2019 年度因创作成绩突出获灵璧县文学艺术界联合会"优秀文艺创作奖"。2019 年至 2020 年连续创作了《一夜成龙》与《九龙连环》等巧色灵璧石雕作品。

灵璧英博：胡崇舜

剪出缤纷人生

耿瑞英

在灵璧县，有一位面容清瘦，身骨硬朗，精神矍铄的老人，能够妙手生花，用刀剪将一张张彩纸变幻成一幅幅画面，虽已年近八旬，仍剪耕不辍，佳作不断。走近他，品味他的作品，你会感触到美轮美奂而流连忘返；聆听他的故事，你会感受到生命的多姿多彩而感动不已。他就是宿州市非遗项目——灵璧钟馗剪纸传承人胡崇舜先生。

胡先生 1941 年 6 月出生于向阳乡老营湖湖圩西北村。家里虽然世世代代是农民，却也是殷实之家。加上十几岁之前一直是胡家的独苗，因此胡先生小时候备受家人宠爱，但宠而不溺，娇而不惯，使得先生的童年充满着快乐。老营湖位于垓下古战场的范围内，也是宋金交战的古战场，这里地势开阔，水草丰美，有许多水禽鸟兽。他经常与村里的小伙伴一起去水里游泳、摸鱼，上树抓鸟、掏鸟蛋，甚至去捅马蜂窝。这一经历养成了先生崇爱自由的天性。

宠爱放纵的同时，家人也没有放弃对他的教育，祖父经常给他讲霸王别姬的故事，讲宋金老营湖交战的情景，教育他男儿当自强。为了让他将来有出息，父亲在他 6 岁时送他去私塾学堂读书。在学堂里，他读了《三字经》《百家姓》《增广贤文》《论语》等。先生天资聪慧，比别人都学得快，背得熟。游玩、读书之余，他常跟随奶奶玩。奶奶虽然不识字，但心灵手巧，会剪窗花、鞋花，春节、端午还剪成钟馗用来驱鬼辟邪。先生就跟着奶奶边玩边学，耳濡目染，对剪纸也产生了浓厚的兴趣。1952 年村里有了公办学校——灵璧县老营湖小学。先生就去学校读书，因为有了一定的基础，一进校门就从三年级读起。1955 年先生考取汤庙完全小学，并加入共产主义青年团，还担任了团支部宣传委员。学习过程中，他酷爱美术音乐，这为他以后的工作和艺术发展奠定了一定的基础。

1959 年冬，怀揣着强国和英雄梦，胡先生穿上绿军装，走进绿色军营，开始了军旅生涯。他和新战友们一起坐了 7 天 7 夜的火车，来到了内蒙古额济纳旗南部沙漠中的一片胡杨林，并在此接受军训。这片胡杨林对先生震撼很大，他被胡杨树顽强的生命力所折服，立志要学习胡杨树一样的精神，刻苦顽强，奋斗不息。因此他给自己取号胡杨三千。

训练结束后，被分配到军委特种工程兵 103 团修理所做机修员。先是奋战在沙漠，后又转战马兰。做机修员要从基础的理论学起，并结合实际操作努力学习才能胜任。为尽快掌握技术，他不怕脏不怕累，争分夺秒地学习和实践。正当他一头钻进去刻苦钻研业务时，部队成立"团战士演出队"。这时他的音乐天分派上了用场，他被抽调到演出队，排练演出。服从命令是军人的天职。

二话不说，他迅速参加排练，并在马兰汇演取得优异成绩。后来他又被调到103团十连先后任器材员、班长、排长、副指导员。后又临危受命，到六连任指导员。1971年调总参南京工程兵学院先后任政教室教员、训练部干事（秘书）、宣传处干事。

现在说简历感觉很简单，可他服役的特种工程兵部队可不简单。这是参战"两弹一星"建设的特种工程兵8342部队。新中国成立后，在面临美国核威胁和核讹诈、苏联全面毁约停援、国内严重经济困难的情况下，毛泽东主席果断地作出了发展原子弹、导弹等核武器的战略决策，提出了"搞一点原子弹、氢弹、洲际导弹，我看有十年功夫完全可能"的科学预言。这支部队就是为担任核武器基地建设任务而组建的，大家称他们为"造窝"部队。他们风餐露宿，在茫茫的戈壁滩上建立起电厂、机场、水库。从第一颗原子弹、氢弹的爆炸地300公里道路和实验场地、工事、地下工程、四通八达的线路到建设安放第一颗原子弹的铁塔，都是这支部队完成的。胡先生随服役的103团参加了新疆马兰核武器实验基地、青海海晏核武器研制基地的建设，为新中国的核实验作出了自己的贡献，为祖国的国防事业洒下了汗水，奉献了青春。他工作的十连于1968年9月被中央军委命名为"无限忠于毛主席的风雪高原工程兵十连"。随后胡先生组团去酒钢等地连续做了20天的"十连事迹报告会"，讲到的每一个故事，都引起万人共鸣的掌声。他说这是他当兵以来感到最荣耀的时刻，所有流过的汗水，付出的心血都值得了。

胡先生调到总参南京工程兵学院的第一项工作是到政治部政教室任教。任教的课程有《国家与革命》《共产党宣言》《反杜林论》《哥达纲领批判》《法兰西内战》《辩证唯物主义与历史唯物主义》。这对一个只有完小文化程度，从未接触过哲学的部队基层干部来说，难度得有多大。可胡先生经过南京大学、江苏农学院的短期旁听培训，加上自己刻苦的自学，硬是走向讲台，顺利完成了教学任务。回忆这段往事时他总是谦虚地说："那是赶鸭子上架，虽然完成了任务，但感觉很吃力。"后来到训练部、宣传处任干事，却是他最得心应手的工作，他的音乐、美术的特长在工作中得到了有效发挥。在工作期间，他有幸结识了剪纸艺术家李子楠先生，受其影响和启发，他将从小对剪纸的兴趣变为热爱，剪技得以升华，佳作不断。

部队是个大熔炉，也是所大学校。20年的军旅生涯，锻炼了先生坚强的意志和强壮的体魄，丰富了知识，扩大了视野，陶冶了情操，升华了精神境界，为以后的工作起到了不可替代的作用。1979年，胡先生转业回到了家乡，先后任县委党校教员、县电影公司副经理和影剧院党支部书记（法人代表）、县体校校长。胡先生喜爱宣传工作，虽然没有分到宣传部门，而且从部队的正营级到地方的股级、科级，是降级安排，可他无怨无悔，并且服从组织安排，兢兢业业做好每项工作。他说这都得益于部队的经历。

在工作之余，胡先生重拾起两大爱好，一是摄影，二是美术。在完成本职工作的同时，他还兼任摄影员，记录下许多有历史意义的精彩瞬间。

剪纸是胡先生一生的最爱。一有空闲，他就坐下来苦思冥想，反复琢磨，精心构思，认真创作，不论严寒酷暑。他为自己定下一个目标，到60岁时，要完成两百幅作品，展示家乡的风土人情和发展面貌。功夫不负有心人，2000年胡先生的剪纸作品"灵璧新貌"如期在县文化馆展出，并在宿州市部分县巡展。作品题材广泛，构思精巧，栩栩如生，展示了超强的艺术创造力。其中的"映归""夏憨"（憩）两件作品荣获1985年宿县地区电影系统书画展一等奖。

60岁是人生步入老年的开始。可工作和艺术放慢了他步入老年的脚步。因工作需要，领导再三挽留，他又"超期服役"近4年。这期间，他专注于钟馗剪纸艺术，创作了一系列以钟馗文化为内涵的剪纸作品。其中《携妹探母》《十二生肖钟馗》是这一阶段的代表作。《携妹探母》的创作灵感来源于2000年春晚一首歌曲《常回家看看》。歌曲唤起先生对父母的思念，可子欲孝而亲不在，于是借助钟馗携妹探母的艺术形象以慰心中的缺憾。《十二生肖钟馗》以十二种神态各异的钟馗造型为中心，以祝你生日快乐的曲谱线条和手持民乐的十二生肖卡通形象轮回排列，营造出消灾纳福、平安祥和的画面氛围。作品参加宿州市第二届奇石艺术节，并进行现场演示，荣获创作和演示双项大奖。

胡先生的剪纸刀剪并下，善于运用粗细线组合，阴阳剪（刻）交替的手法，融合我国北方剪纸的粗壮浑厚和南方剪纸纤巧秀丽的风格，形成了刚柔兼备、节奏和谐、朴实优美的地方特色，情趣丰富，装饰味浓。他的钟馗剪纸，在继承传统的基础上勇于创新，其刀法叠透流畅，构图严谨巧妙，蕴铁画之刚柔，现碑拓之古雅，既保持了剪纸玲珑剔透的特点，具有透光、空灵之美，同时又把握住钟馗剑眉、虎目、虬髯的形象特征；既有剪纸的夸张、变形手法的运用，又不失人物的五短身材比例造型要求，所塑钟馗形象神采飞扬，浩然正气跃然纸上。

2005年胡先生光荣退休了，可他不像大多数退休人员一样，在家含饴弄孙，或去钓鱼、打牌、旅游等以颐养天年，而是更忙碌，要么是在老年大学的课堂上、文化馆、文化站的培训室传授剪纸技艺；要么是在家进行剪纸创作，或者去参加各级部门举办的创作、研讨、交流、展示活动；要么是背起相机，到各地采风，寻找创作的题材和灵感。

退休后胡先生的艺术创作也达到了鼎盛。2008年创作了《圆梦北京》，参加由中国函授大学、外交部老年书画研究会等10家联合举办的"庆祝2008年北京奥运会全国书画联展"荣获一等奖；2009年为庆祝新中国成立60华诞，他以钟馗的雄健豪放、正气凛然、嫉恶如仇、迎祥纳福等特征创作了"厚德多福""威震中华"等60幅钟馗剪纸，并于"十一"期间在县城展出；2012年8月创作的《人民的利益高于一切》《百花齐放春满园》荣获"纪念中国人民解放军建军八十周年暨毛主席在延安文艺座谈会上讲话发表七十周年书画联展"双金奖；2012年9月创作的《一切为人民》荣获宿州市迎接党的十八大书画联展优秀奖；2013年创作的"她在丛中笑"荣获北京纪念毛泽东诞辰120周年书画大展金奖；2013年10月创作的《红心永向党》荣获宿州市第三届老年书画展铜奖；2013年创作的套色剪纸《福来如愿》和征文《弘扬民艺，播美人间》参加"美丽中国——第五届神州风韵全国剪纸大赛"荣获优秀奖，同年创作了钟馗故事连环画剪纸，讲述钟馗从出生苦读、赴京赶考、喜中状元、殿试触阶、身亡封神直到斩妖除魔、万世供奉的故事；2016年创作《如意得福》参加"中国传统工艺（剪纸）大赛"，作品被收藏，并获"剪纸达人""手工之星"称号；2017年剪纸作品《南疆卫士》参加"纪念中国人民解放军建军90周年全国诗词书画摄影作品大赛"荣获特等奖。

2014年，县文广新局为其举办了"胡崇舜钟馗百态剪纸作品展"，展品皆是胡先生耗时 10 年精心创作的佳作。其中常见钟馗造型剪纸 66 幅，十二生肖钟馗剪纸 12 幅，钟馗故事剪纸 22 幅。展示的钟馗造型各异、神态万千，或嬉或怒、或读书或斩妖。每幅作品还配以相关的楹联书法，图文并茂、雅俗共赏。2017 年，经过近 3 年的策划编审，结集出版了《胡崇舜钟馗百态剪纸集》。该书仿古印刷，手工线装装订，古色古香，精美典雅，具有很高的欣赏和收藏价值，对研究剪纸艺术和钟馗文化都是不可多得的参考资料。

胡先生是一位高产的民间剪纸艺人，也是一位传统文化、民间艺术的传播者。退休后，他被县老年大学聘为剪纸班教师。为了使剪纸技艺传承下去，他毫无保留，倾情传授，培养了百余名剪纸爱好者，其中有数名佼佼者成绩斐然，作品参加各级展览并获不同奖项。县文化馆、乡镇文化站邀请他为青少年剪纸爱好者讲课，他都欣然前往，或讲技法，或欣赏佳作，或现场示范，每一堂课都生动有趣，使人获益匪浅。他说，看到有人愿意学习剪纸技艺，并取得成绩，比他自己有佳作问世还快乐。2010 年 7 月，他被宿州市命名为市级非物质文化遗产项目灵璧剪纸钟馗代表性传承人。

花样的童年，绿色的青春，万花筒般的中年，霞光万丈的晚年……先生的一生没有大红大紫，却也色彩斑斓，精彩纷呈。衷心祝愿先生身心康健，艺术之树长青！

灵璧英博：赵君

运刀石生花 万象方寸间

灵　肖

赵君，别署刀客，1973 年生，灵璧朝阳镇人，安徽省非物质文化遗产灵璧磬石雕刻市级传承人，安徽省工艺美术大师。

赵君自幼酷爱书法、绘画、篆刻艺术。学生时代，每期黑板报大都少不了他，学校组织的书法绘画比赛，一等奖非他莫属。1990年入苏州玉雕厂学习雕刻，后得上海篆刻家余德前先生指授，进入其工作室学习金石雕刻。2000年到中央工艺美院进修学习。灵璧磬石工艺盛行时，他回到家乡工艺厂做石壶。当第一次看到雕刻师在磬石上刻字，他感到很神奇，出于好奇和喜爱，便决定学习刻字。因有书法绘画基础、玉雕经验，还有初生牛犊不怕虎的勇气，再加上机灵和聪明，他拿着刀就刻，虽然竭尽全力，但仍刻不出理想的效果。但他不气馁，不服输，咬牙坚持。为此，他苦练书法绘画基本功。他主攻颜体，下班后一有时间就临帖，每天不是写就是画，可谓废寝忘食。渐渐地，他把好多图画都刻在脑里记在心上，随手就能雕刻出一件完美的作品。为了提高技艺，他还先后拜访诸多前辈精英和能工巧匠，观摩了大量永乐宫和法海寺的壁画，汲取敦煌、莫高窟的人物绘画艺术的营养。通过不断刻苦磨砺，赵君终获成功，成为一名享有盛誉的工艺雕刻大师。

多年来，赵君手不释刀、耕石不辍，专事灵璧磬石茶壶、插屏、花盘、笔筒、笔洗的线刻石画创作，屡有作品获奖。其中磬石线刻《卧虎》和《母子情》分获2012中国玉石雕"神工奖"最佳创意奖和优秀奖；磬石线刻《金玉嘉瑞图》获2014年安徽省第四届传统工艺美术产品展三等奖；磬石线刻《孔子行教图》获2015年安徽省第五届工艺美术精品博览会"徽工奖"银奖；磬石微刻《观音》笔筒获2016年中国首饰玉器"百花奖"铜奖；磬石线刻插屏《送子天王图》和《五幅图》分获2017中国玉石雕"玉华奖"最佳工艺奖和优秀奖。磬石线刻插屏《夏梦》获安徽省玉石雕大师精品展"徽工奖"银奖。

凭着艺术上的实力，赵君赢得了荣誉，也征服了许多雕刻爱好者，他们从全国各地慕名而来购买、订制作品。目前他的作品已远销海外，许多藏家视若珍宝。

赵君以刀代笔，在灵璧磬石线雕的传统工艺上，一直孜孜不倦地追求创新，形成了自己独特的艺术技法。他广泛吸收中国传统雕刻艺术的优秀技法，在不失古韵之刀法的基础上大胆创新、精益求精，融传统与现代艺术技法于一体，风格粗犷简洁却又精致灵巧。在磬石线刻艺术创作中，人物，他多采用纯线条刻法，画面线条流畅自然，人物的衣衫裙带体现的飘逸和灵动，富有节奏韵律之美。发丝纹理排列均匀，丝丝缕缕历历可数。神态表情喜怒哀乐刻画得淋漓尽致。动物，他运用立体线条表现。他雕刻动物的毛发看似流光水滑，刀功层次分明轻重有度，明暗变化由浅入深，每根胡须或指甲都清晰可见，刻画动物的眼睛需用点刀法，轻轻点击眼部结构变化，使其呈现出眼中含情和神韵。他在雕刻中采用虚实相生与留白的手法，做到线条粗细结合，灵动而不失呆板，流畅而不失厚重。

赵君把许多图案结合自己的想象和感悟，采用高超的手法和独特的技巧，用心创作出的每一件作品都精细有致，惟妙惟肖，立体感特强，堪称精品。他创作的《金玉嘉瑞图》，9只老虎或坐或卧、或蹲或躺、或站或走、或觅食或寻友、或目光深邃、或静观远方、或体味甜蜜的亲情，形态各异，体态自然，栩栩如生。老虎身上的毛皮，纹理精细，惟妙惟肖，每一根毛发仿佛都可以数得出来，真可谓"细若蚊足，钩画了了"。此作品还借用了苏绣的诸多手法，使得原本呆板的石头变得更立体、更鲜活、更灵动。

不仅在磬石上刻画迎刃自如，赵君刻字的技法更是传神。他的作品留白处都刻上与之相关的诗文佳句，充分体现诗中有画，画中有诗的审美情趣。有的作品有许多小字密密麻麻，看得人眼花缭乱，只有在放大镜下才能观看。他在插屏《孔子行教图》上，两边配有一万五千多个字。在磬石壶《金刚经》上，配有六千多个字，字体大小均匀，撇捺有力，如书写一般流畅自如，可见他的书法功底和刀功如此硬核。

赵君以磬石板为布，以刀作针，通过手力的运作，呈现出一幅幅逼真的图案，真可谓是"在石头上绣花"。他以传承磬石雕刻文化为己任，致力于精品创作和技艺传承，先后被授予"宿州市非遗传承人""宿州市工艺美术大师""安徽省工艺美术名人"等荣誉称号。现为中国工艺美术学会会员、安徽省民间文艺家协会会员。

灵璧英博：来兴宽

灵璧皮影开创者

灵 肖

灵璧皮影是独具特色的民间戏剧，在皖豫苏鲁一带有着很大的影响。新中国成立以前，灵璧皮影叫"来门皮影"。"来门皮影"的创始人为灵璧渔沟镇来坝村人来兴宽，被称为灵璧皮影的开山鼻祖。

来兴宽，生于清朝道光年间，少年时在本村私塾读书，因无法忍受学规约束，私自离家出走。后来到了河北，为谋求生计，便在一个皮影班社拜师学艺。由于他聪明勤奋，加上对皮影有着浓厚的兴趣，学得非常快，无论是操纵影人或是雕凿影人，皆得心应手，受到师父的垂爱，不阅二年，技艺已相当熟练，三年学成后返归故里。

回到家乡后，来兴宽便在家乡组建皮影班社，从此，这一古老的传统民间艺术在灵璧境内兴起。皮影班创建时期困难重重。一开始只有来兴宽一人掌握皮影的操纵技术，上演时，他既要操纵影人和配音伴唱，又要伴奏乐器，根本忙不过来。简单的人物和戏剧情节还能应付过来，如果表演众多的人物和复杂的情节，就有点力不从心。为了解决这一难题，便于演唱，来兴宽反复琢磨，终于创出了一条自己的路子。首先他开始培养助手，在演出时能帮上一点忙，然后再进行剧本改编，在戏剧情节和出场人物的处理上尽量适宜于一至二人操纵；在唱腔设计上只分男女唱腔，不追求行当特色；在乐器伴奏上删繁就简，压缩到一铙一鼓一梆，这样只要二至三人即可演出。通过培养助手和实地排练，终于可以公开演出了。

第一次演出，即取得圆满成功，乡亲们一致好评，纷纷给予鼓励。来兴宽有一个秀才出身的族兄，看了他的演出，也欣然出面，主动帮助改编和创作剧本。他以《西游记》故事为主，吸取了元曲杂剧和唐宋传奇的艺术手法，加强了剧本的艺术性和文学性。有了好的剧本，再加上精湛的雕绘艺术和纯熟的操纵手法，每次演出，均赢得赞誉。

在演出过程中，来兴宽又吸收了地方戏剧、曲艺、民歌的唱腔，形成了来门皮影独有的唱腔风格。精湛的技艺、优美的故事、动听的唱腔完美地结合，这支古老的艺术之花，终于在灵璧的土壤中生根开花，茁壮成长起来，形成了独具风格的"来门影戏"。

在当地演出获得成功后，来兴宽并不满足，因为皮影戏在当地是新生事物，对水平的高低，乡亲们并没有经验和标准，对他们的掌声，来兴宽只当是鼓励，他想检验一下自己真正的水平，以便改进和提高。为此，他跋涉百余里，前往有"五省通衢"之称的徐州演出。结果竟然出乎其意料，在这个车水马龙的城市作首场演出即获成功，观众是掌声不断，连连喝彩，接下来的演出，场场观众爆满。这样连续上演月余，日复如此。据传，来兴宽一生曾十进徐州，艺术水平一次比一次提高。后来每次在徐州演出的时间竟达数月或年余，名声大振，以致影响到苏北、豫东、鲁南一带广大地区。

来兴宽晚年不再外出演出，只在故里收徒传艺，研究提高皮影的雕镂技巧和演出艺术。他的徒弟遍及苏、鲁、豫和安徽的淮河两岸，受业门生皆自称为"来门"皮影传人。"来门"皮影已形成个性鲜明、具有地方色彩的独立流派。

来兴宽的众多门徒中，灵璧成就最大的是来兴全，他广收门徒，把来门皮影艺术发扬光大，使我县皮影戏事业在当时有了长足的发展。随着灵璧皮影艺人的增多，演出班社也越来越多，影响越来越大。艺人的足迹踏遍苏、鲁、豫、皖等10多个省，门徒遍及全国。新中国成立后，来门皮影就被称作"灵璧皮影"。

20世纪五六十年代灵璧县皮影戏达到鼎盛时期，全县有40多个皮影戏班，剧目达300多个，演员达100多人，有的乡镇就有四五个皮影戏班子。其中活跃在民间，影响最大的是尹德彩和王学厚两个皮影戏班，他们都师承来兴全。尹德彩（1920—2001）是灵璧县尹集镇尹楼村人，他一生共收了6个门徒，其中尹成科是他的孙子，也是他的关门弟子，是灵璧皮影戏省级非遗传承人。王学厚（1910—2000）冯庙镇白柳园村人，皮影戏省级非遗传承人唐兆福即师承于他。

灵璧皮影戏的演出以人少著称，一个班子基本上是两人搭档，演出时由一个操纵皮影（艺人称"挑人子"）兼说唱（白口），另一个人伴奏（打击一铙、一鼓及木梆）兼伴唱。当地观众说："三尺白布搭戏台，两人敲打唱起来"，"一口道尽千古事，两手对舞百万兵"。

乐器伴奏非常简单，只有一鼓一铙一个梆子。唱腔吸收本地大鼓、琴书、民间小调，并融合吸收花车、旱船、花鼓灯及地方戏的曲调，先吐字后拖腔送韵，节奏明快，吐字清楚，唱腔优美，富于感情。从这些特征上可以看到"来门皮影"的鲜明印记。

灵璧英博：唐兆福

守望皮影

灵　肖

在灵璧县冯庙镇靠商业大街的一条小巷内，住着一对年逾八旬的老夫妇。早些年他们身体还硬朗的时候就在街上出摊卖些针头线脑等日用品来补贴生活，现在老了，就歇下来了。人们常常瞧见老头儿倚着巷口，手拿皮影摆弄着，有时还扯开嗓子唱两句，如"党的政策就是好，吃得好，住得好，种地不用把税来交，这个日子上哪找！"他唱的是灵璧皮影戏的调子，词是他自编的，大都是歌颂党的富民政策的。他就是安徽省非物质文化遗产"灵璧皮影戏"代表性传承人唐兆福。别看他八十五六岁了，只要你跟他谈起皮影，他立马精神抖擞，滔滔不绝讲个不停。

唐兆福出身寒门，自幼就对神秘的乡村皮影戏产生了浓厚的兴趣，每逢村里来了皮影戏班，他总是第一个到场，台前台后总是看不够。回到家就模仿剪影人、学唱腔。16岁时他毅然投拜到皮影戏正宗传人王学厚门下为徒，从此他专心学习并与皮影戏结下不解之缘。20岁时，学成出师，他就天天推着平板车，带着皮影戏道具走村串巷，为村民表演皮影戏，深受乡亲们喜爱。成家后，他就与妻子一起到外地演出。他的妻子出身于民间艺人之家，从小跟随父亲学唱琴书，天生一副好嗓子，在演出时，除了当助手，还负责司鼓兼配唱，配合得天衣无缝。后来两个儿子相继出生，他们就带着儿子坚持外出演出，儿子稍大点也成了他配合默契的得力助手。60多年里唐老汉一家先后到过苏、鲁、豫、皖等省的几十个县和500多个乡镇，行程5万多公里，累计演出一万多场次。

作为灵璧皮影戏传人，唐兆福显示出非凡的艺术天分。几十年来他雕刻制作了3000多幅形态万千，栩栩如生的影人。他用灵璧方言演唱，唱腔吸收融合了其他各地特色唱腔，并渗入了具有灵璧地方特色的泗州戏、淮北花鼓戏、梆子戏和民间歌调等，情真意切，音韵缭绕，优美动听，逐渐形成独具自己风格的演唱技巧。他舞弄的影戏人物，游刃自如、灵巧逼真、出神入化。

唐兆福表演的剧目共有200余部，主要是神话故事，如《西游记》《东游记》《龟与鹤》《火焰山》《小猫钓鱼》等。高超的技艺，精彩的表演曾经震撼了无数钟爱皮影戏的观众，他因此成了远近闻名的皮影戏艺术大师。

唐兆福坚守传统，却也与时俱进，勇于接受新生事物。1982年，他与尹德彩、刘万振等皮影艺人、孙淮滨老师联合创作并演出了《水漫金山》。这次演出有很多创新，皮影人物设计、布景、灯光等都与以前不同，并使用投影幻灯机，在银幕上打出可缩小或放大和随意移动的字幕，使演出如同电影的效果，让观众耳目一新。

在60多年的皮影戏生涯里，他始终把他刻制的皮影当作宝贝一样守护。"文革"期间，许多皮影被当作四旧付之一炬，他是想方设法竭力保护自己的皮影，使之免遭破坏。现在他家里有三个大箱子，里面层层包裹着的就是他的这些宝贝。有人要花高价钱来买这些皮影，他说，给多少钱也不卖。

受电影、电视和其他娱乐形式的影响，皮影戏渐渐淡出了人们的视野。无法外出演出，唐兆福就在外出打工的儿子家里架起银幕，兴致来了，就要弄一番，有时也为找到他的皮影爱好者、研究者、新闻记者作专场表演。但演出以后，他总是唏嘘不已：这么好的东西怎么就没人看了呢？这么好的技艺怎么就没人愿意学了呢？为了皮影技艺传承下去，他开始教孙子操作皮影。他说：

"他干不干这一行再说，但要让他熟悉、了解老祖宗留下的宝贵艺术！"在他的调教下，他的孙子唐迪在小学时就能像模像样地操作皮影了。

唐兆福一生都献给了皮影，当他回首相望时，心中充满了自豪，但看到沉睡在箱子里的皮影，他又有些失落，这是他一生的心血，他渴望它们能动起来、活起来，成为有生命的皮影。所以他现在会时常地把它们拿出来，在巷子摆弄摆弄，然后吼上几嗓。

灵璧英博：尹成科

让皮影成为一道风景

灵 肖

皮影戏是一种古老的民间艺术，深受人们的喜爱。近年来随着生活方式的转变和现代娱乐形式的冲击，开始衰落，逐渐在人们的视线中消失。但在灵璧，有一个尹氏皮影班社，一直坚守着这门传统艺术，并且做得风生水起，其班主就是安徽省非物质文化遗产灵璧皮影戏代表性传承人尹成科。

尹成科，1966年出生，灵璧县尹集镇尹楼村人。由于家境贫困，9岁那年才上小学，小学二年级就辍学下田劳动。因年龄小，在生产队干不了什么活，就开始跟着爷爷尹德彩学习皮影戏。那时"文革"还没有结束，皮影戏艺术已经没人愿意学习了，于是他成了爷爷最后的一位关门弟子。当时学习皮影技艺虽然看不到光明的前景，但爷爷想把皮影戏传下去，又看他喜欢，就把毕生的绝活都传授于他。党的十一届三中全会后，皮影戏演出逐渐恢复，尹成科也已掌握了皮影雕刻、表演的各种技艺，于是就跟着爷爷拉着板车，一起走街串巷到各地去演出。10多年的时间，他们辗转苏、鲁、豫、皖等省的数百个乡村，给当地群众带来了许多欢声笑语，也赢得了不息的掌声。

90年代爷爷的身体每况愈下，无法再外出表演，他把对皮影戏的热爱，化作对孙子期望。尹成科没有让爷爷失望，开始独自外出演出。经过爷爷手把手地调教和外出演出的实践，他在皮影戏方面的才华逐渐放异彩。他的雕刻形象逼真，栩栩如生，表演活灵活现，生动传神，唱腔声情并茂，委婉动听。演出通常由两个人完成，他操弄皮影人物兼配音演唱，助手敲锣鼓镲。他的动作不仅娴熟，而且倾注进自己的情感，让自己的情绪与人物的情绪一起波动，从而使皮影人物有了生命和灵魂。在武打戏中，他要操弄四五个人同时激战，双手辗转腾挪，有时甚至要操作七八个皮影人物，一场戏下来，他说比真的上场打斗还累。他可以给不同角色配音，惟妙惟肖，让观众丝毫感觉不到是他一人在说唱。

1997年在爷爷的鼓励以及观众的支持下，尹成科成立了自己的班社。因尹家班演出水平高，影响大，班社初成就收到宋城集团发来的信函，邀请其到杭州宋城演出。初场演出即获得业主的认可，于是他便在此立下脚跟，开始在景区演出皮影戏。他每天演出4场，上下午各两场，循环演出，游客随到随看。精彩的演出吸引了无数的观众，他们看后都竖起大拇指夸赞不已，有的还涌到后台看他如何操作皮影，有的还拿出手机与皮人合影，许多人因此忘记了时间，被导游多次催促，才恋恋不舍地离去。精美的皮影造型、精湛的表演技艺，优美的唱腔，已经让尹氏皮影成为景区里一道亮丽的风景。

2002年以后，尹成科又受邀先后去了江苏无锡水浒城（2002—2008年）、浙江横店影视城（2008—2015年）、云南丽江宋城（2015—2019年）、云南大理天龙八部影视城（2015—2019年）、贵州龙乡水力旅游景区（2019年至今）演出，所到之处，他总能让他的皮影成为景区的风景，成为游客必看的节目。

尹成科的皮影戏吸引了许多皮影戏爱好者，有从很远的地方来找他，想要拜他为师。把皮影戏传承下去发扬光大，是他爷爷的期望，也是他的愿望。于是他细心挑选了几个有这方面天赋的爱好者收为徒弟，但他们都没能坚持下来，他感到非常可惜。后来尹集镇的尹明彬、尹传超，游集镇的张明扬先后投到他的门下，要拜师学艺。他欣然接纳，开始言传身教、倾囊相授。三个徒弟也不负所望，学成出师后都可以独当一面，相继在云南大理天龙八部影视城等景区从事演艺活动。

多年来，尹成科一直在外地打拼，演出事业做得是红红火火，但他从未忘记他是在家乡这片土地上成长起来的民间艺人，没有改变对家乡的热爱之情，只要家乡召唤，他不管多忙，都立马赶回来。他多次参加"非遗"进校园、进广场、进社区、进景区活动。2014 年，亚洲金旅奖大中华区颁奖盛典在灵璧举行，根据活动总体安排，文化局组织了民俗暨非遗展演活动。当时是五月初，正是旅游黄金周，尹成科正在浙江横店演出，接到通知后，他把手头的工作稍作安排，便提前赶回灵璧，来策划、准备演出事宜。在县委礼堂成功演出后，他又在奇石大市场义务演出两场。他说："回来一次不容易，要尽量为家乡的文化发展多做点事。"

2011 年，尹成科被安徽省文化厅授予省级非物质文化遗产灵璧皮影戏代表性传承人称号。

灵璧英博：魏磊

振"大魏狮舞"雄风

侯成林

魏磊，灵璧县杨疃镇大魏村人，现为宿州市非物质文化遗产大魏狮子舞市级传承人。

魏磊所处的大魏村是远近闻名的狮舞艺术之乡，其村的狮舞艺术已流传100 多年，村上不少老人都精通此艺。20 世纪 30 年代魏氏先人魏继宇、魏凤果为保家护院去河南少林寺习武，回家后积极组织青年传授武艺，后来出了名，素有拳教士之称，土匪闻风丧胆，大显魏庄声威，魏氏生活过得非常安宁。后来他们又和魏怀荣，魏有贵等人一起创办了狮舞灯会。灯会首场演出即获成功，给人们带来了喜庆和欢乐，深受村民欢迎。为提高狮舞艺术水平，他们又请河南开封老艺人艾超群师傅来庄上传艺。在艾老师的精心指导下，又增添了很多套路。艾老师在此传艺 3 年，为大魏狮子舞发展奠定了良好基础。30 年代末，狮子舞有较大的发展，有魏有文、魏有聘、魏有云等人勤学苦练，功底过人，引狮舞士魏守本在当地更是远近闻名。魏磊自幼受上一辈老艺人熏陶，10 多岁便爱上了狮舞艺术。他在少年时与同伴玩耍，经常模仿狮舞的动作，练习狮子的蹦纵跳跃，翻滚挺立，为以后狮舞艺术的发展打下了坚实的基础。

20 世纪 80 年代，魏磊高中毕业回到村里。这时候，村上的狮舞艺人多已年高，故众人推举，让魏磊扛起"大魏狮子舞"领队的重担。魏磊接过重任，带领一伙青年，作了大魏狮舞艺术团远景规划。为了提高自己的演技，增强狮舞的观赏性和艺术性，他除了苦练狮舞基本功，还增加了一些惊险项目，有几次在练习狮子从高处向下猛跳时，腿被摔伤。

为了使狮舞艺术能够发扬光大，魏磊还在传统的节目基础上进行创新。灵璧乃至淮北各地区都有狮舞团队，他们所表演的节目都大致相同，魏磊的狮舞团队却新意迭出。此团队有"狮子倒跳、侧跳""狮子产崽"等节目。外地狮子都是向前跳登上大桌子，而魏磊的狮子却可以扬起后腿，倒跳上三张垒起来的大桌子，还可以转身侧跳上大桌子。狮舞的"狮子"都是二人组合的，表演时是雌雄一对，这些高难度的节目，必须二人默契配合方能完成。魏磊狮舞中的"狮子产崽"是一个秘不外传的节目。表演时，母狮当场可产下小狮子，有时还能连产多个小狮子。狮舞中的小狮子都是儿童披上狮子皮扮演的。然而，一个大狮子身上怎么能挟带几个小狮子呢？此节目所以倍使大众惊奇。

魏磊带领狮舞团队不仅在杨疃地区表演，还经常到本县其他乡镇以及外省外县表演，先后到过山东、江苏、河南、湖北、浙江、福建、广东等地去演出。所到之处，所演的节目均受到群众的欢迎和赞扬。

魏磊的狮舞不仅受到群众欢迎，还多次获得政府部门的表扬和嘉奖。1988年在全县"农民艺术节文艺汇演"中，"大魏狮子舞"受到县政府表扬，并获锦旗一面，旗上题词为"弘扬民族文化，振兴狮舞艺术"。1990 年，受邀参加县文化局等 8 个部门联合举办的文艺汇演，被授予"狮舞团之家"称号。2015年至 2019 年，曾多次参加县民俗文艺汇演，并受到文化局的表扬和奖励。

魏磊师承先辈，加上自己的刻苦钻研创新，已经成为大魏狮舞的领军人物。为使大魏狮舞传承下去，他又培养了魏满圆、魏明、朱静弟等几个新人，目前演职人员已达 30 多人。大魏狮舞历经百年，传而不失，兴而不衰，已成为当地一张亮丽的文化名片。

灵璧英博：亢长宾

执着成就梦想

灵　肖

亢长宾，又名亢荣号，宿州市工艺美术大师，安徽省工艺美术名人，灵璧县非物质文化遗产磬石雕刻传承人。

亢长宾，1979 年生于灵璧县尹集镇亢刘村，幼年因病腿脚落下残疾，因此他常常困惑：老天为什么贬损我？腿脚的不便没能阻止他向梦奔跑。他喜欢绘画，没有老师教，就从描摹书本插图入手，然后描描庄稼、蔬菜、画画树木、房子，只要有空闲就画，已经达到痴迷的地步。后来画得越来越像，越来越好，就暗自窃喜：我可以靠绘画为生，我也可以成为一名绘画艺术家！

1998 年他考入安徽广播电视学校影视广告专业，在学校里，他一边学习专业课，一边继续学习绘画，钻研书画理论，当时他的钟馗画已经很受人们的欢迎。毕业后他看到了灵璧石雕的艺术价值，便只身来到厦门深造雕刻艺术，期间他先后奔赴泉州、苏州等地拜师学艺，逐渐掌握了玉石雕刻的技艺。2008 年，亢长宾返乡专门从事灵璧白灵石雕刻。

白灵石产自灵璧县朝阳镇，因白如雪、凝如脂、润如玉而得名，颜色和润度与和田玉不分伯仲。因白灵石硬度较高，手中难以雕刻，加之产量稀少，一直是灵璧磬石雕中的珍宠。亢长宾接触白灵石后，雕刻的第一件作品就是一尊菩萨，他要把它作为学有所成的礼物送给父母，因为在他心中，父母就是家中的菩萨。亢长宾将传统泥塑、木雕和玉雕的技法融会贯通与白灵石雕刻中，特别是取长玉雕的阴线刻、高浮雕、浅浮雕、薄意凹雕、俏色雕、镂空雕等技艺，逐渐形成自己的雕刻风格和技法。其作品多以人物为主，线条流畅，造型生动，既有古朴厚重的历史文化气息，又具鲜明的时代特征。

经过多年的辛勤劳动，他在灵璧奇石公园72号创建了属于自己的磬艺堂白灵石雕刻工作室。工作室很小，不过20平方米，是艺术品门面又是他的创作室，同时也是灵璧、宿州乃至全国各地雕刻艺术爱好者观摩、学习、交流的活动场所。

因为对艺术的热爱，他始终坚持在继承中发展，在创新中提升，先后多次在省市级大展中获奖。2012年作品《观音》获得安徽省第二届传统工艺美术作品展三等奖。2014年作品《雄霸天下》获得安徽省第四届传统工艺美术展三等奖。2015年作品《关公》获得安徽省第五届工艺美术精品博览会暨"徽工奖"铜奖。2016年作品《睡美人》获得安徽省第六届工艺美术精品博览会暨"徽工奖"金奖。2017年作品《达摩》获得安徽省第七届工艺美术精品博览会暨"徽工奖"银奖。2018年作品《化蝶》获得中国工艺美术创意设计大赛"汉博杯"银奖，这是灵璧白灵石雕刻首次在国字号大赛中荣获的奖项。2016年1月被宿州市授予"宿州市工艺美术大师"荣誉称号，8月被安徽省授予"安徽省工艺美术名人"荣誉称号。

《化蝶》是亢长宾的成名作，取材古典爱情传说梁山伯与祝英台的故事。他利用一块长宽30多公分，厚度不足15公分的黑底白灵石料，采取深浮雕的手法创作而成。整个创作过程历时两个月，其中图稿的反复研创耗费近一个月时间，特别是上部人物祝英台的飞升造型，背后的蝴蝶翅膀更是借鉴了西方花仙子造型风格，被专家评为是一种大胆创新。

荣誉没有让他骄傲自满，反而是一种鼓励他继续前行的一种动力。在创作上他更加努力，在技术上他精益求精，2020年在灵璧磬石雕刻技能大赛获得了一等奖、在华东片区残疾人文化创意作品大赛获得了二等奖。

亢长宾乐观、开朗，积极奋进，用执着实现了他的艺术梦想。他的脸上始终挂着微笑，这微笑像阳光一样映照着他的心灵，也温暖着他人。2021年他获得了宿州市五一劳动奖章。手捧奖章，他笑得更加灿烂，愿他今后的人生依然一路阳光！

灵璧英博：王文轩

"麻风医院"创建人

　　王文轩，原名王光藻，1923 年 5 月生，灵璧县人，中共党员，大专文化，中医副主任医师。1949 年 2 月参加工作，在灵璧县三楼乡小学任教员，1950年暑期参加教师研究班学习，同年 9 月调到县卫生科（院）工作，先后任医生、防疫员、防疫队长。1952 年 12 月在城关区创建卫生所任所长，1954 年 9月在县卫生防疫站任医士，1956 年 2 月赴皖南安庆地区贵池县血防站从事血防工作，在天津医疗队领导下，3 个月时间治疗 120 名腹水患者，被评为省三等模范。1956 年 5 月回到灵璧县卫生科，从事文秘工作，同年考取安徽中医学院三年制专业函授班。1959 年春夏之交，全县开展中草药普查工作，共发现中草药植物 200 余种，整理为《灵璧县中草药材植物志》（初稿）一册。后在"文革"中被造反派抄家时毁掉。1960 年 8 月，被县卫生科派往九顶麻风村创建"麻风医院"，后改名为"焦山医院"，并任院长。1962 年在合肥张新圩麻风村专业学习两个月。1966 年 8 月"文革"期间，被打成"现行反革命、反动党团骨干分子"等，一度被送进"群专"。1969 年 7 月在县药厂、防疫站、卫生培训班、县中医院分别从事制药、防疫、组织教学等工作，1975年 7 月，在灵城开办初级卫校，1978 年 8 月任大庙公社医院院长。1980 年 11月调到江西省上饶地区（市）人民中医院任中医师。在上饶市人民中医院工作期间，撰写了 10 多篇论文，其中《中药一剂治疗八十老翁癃闭症一例》发表于《江西日报》；《莨菪在中医药学的运用》一文发表在 1983 年《中华莨菪学会文选》中，获国家二级优秀论文奖。上述两篇论文，在 1988 年江西省司法厅作品展览中获得金奖。1983 年 11 月，调到江西省政法干校，任医务所副主任中医师。1984 年 8 月获江西省卫生厅颁发的"从事三十五年中医资格"荣誉证书。1988 年 5 月，被评定为中医副主任医师。同年 10 月离休。1989 年5 月应聘到南昌市洪都中医院在深圳开设的中医治疗中心"专家门诊部"上班，至 1990 年 8 月的 16 个月内，共接诊 24000 余人次，其中有许多是新加坡、香港、菲律宾、马来西亚、澳门等国家及地区的病人。1991年4月1日，加入中国共产党。

（县政协办公室　供稿）

灵璧英博：张珂

医学无止境，求索在路上

张　瑾

张珂，女，中共党员，1976年出生于灵璧县灵城镇，2013年晋升副高职称、2019年晋升正高职称，现任浙江大学医学院附属杭州市肿瘤医院主任医师，医学博士，硕士生导师，热疗中心主任，腹部肿瘤放疗科主任等，兼任csco肿瘤热疗专家委员会委员兼秘书长、中国抗癌协会近距离放射治疗专业委员会青年委员、中华医学会放射肿瘤治疗学近距离治疗学组委员、中国医师协会肿瘤放疗医师分会青年委员、中国医师协会胃肠学组委员及浙江省、杭州市相关专业委员会等14个社会职务。

自学生时代起，张珂因受父亲职业的影响，对医生特别崇拜。父亲张炎泽曾任灵璧县人民医院儿科主任、门诊部主任等职，从事临床几十年，医治了数不清少儿患病者，受到人们的爱戴和尊重。1993年7月，张珂考入安徽医科大学临床医学系，1997年毕业后就职于灵璧县人民医院，2008年研究生毕业于蚌埠医学院，同年于浙江中医药大学读博，毕业后就职于杭州市肿瘤医院至今。

如果说父亲的影响是她行医梦想的本源，让患者绽放笑容就是她的初心。2016年6月，一位患者被诊断为卵巢癌，手术后进行了6次艰难的化疗。

本以为噩梦该结束了，可万万没有想到，2017 年 8 月这个不友好的肿瘤君居然又跑到了她的脑子里。经过手术切除后，来到了杭州市肿瘤医院放疗科二病区。

医院是一个生与死搏斗的地方，需要病人和医生的共同努力。张珂主任柔声细语地劝慰开导、耐心细致地对病情及治疗方案解释、亲切地问候和鼓励，使得她战胜病魔的信心倍增。在全体医护人员的关怀下，每次来医院治疗，走廊里都能听到她的笑声，从而也感染着更多病友重拾信心。类似这样的故事不胜枚举，也正是这些源自于医患间的真情，激励并鼓舞着张珂，一次又一次不畏艰难、勇于进取，用所学、用真心、用仁心去救护每一个生命、帮助每一位患者。

在杭州市肿瘤医院工作期间，通过自身不懈的努力，在医院和团队的支持下，在老师及同事的帮助下，张珂从三级医师，到科室副主任，直至腹部放疗科及热疗中心主任，一步步不断提升，并在学术上取得了一定的成绩：主持中药管理局青年基金项目 1 项，省自然基金 1 项，科技厅项目 2 项；参与国家自然基金课题及中药管理局重点项目，并获浙江省中医药科学技术二等奖。发表学术论文 20 余篇，SCI 收录 6 篇，参编《肿瘤科临床典型病例荟萃》《现代肿瘤诊治进展 800 问》等学术与科普著作 3 部。参与全球多中心的 MK3475-975 Ⅲ 期临床研究，更是作为全国多中心临床研究的主要研究者，为肿瘤学的发展提供更多可以遵循的依据。多次荣获杭州市肿瘤医院"最美医师"及最佳带教老师称号。

2012 年作为学科后备人才，张珂主持开展了处于国内领先水平的一体化后装治疗、自主创新技术项目：中医药联合放化疗结合增效减毒的基础和临床研究。在自己不断成长的路上也得到医院及业界同仁的认可，受邀于城报、晶报、浙医在线、百科汇、杭州医学会、杭州市卫健委、杭医生有话说等各大平台进行科普宣传，积极参与国内外学术交流等活动，为 CSCO 热疗专业委员会授课，常常为中华医学会、中国医师协会、抗癌协会、浙江省数理医学学会各级协会会议讲课。

面对日新月异的医疗技术，只有不断强化学习、刻苦钻研才是完成行医使命的根本。作为新时代的医务工作者，张珂不敢有丝毫的懈怠。"路漫漫其修远兮，吾将上下而求索"是她的座右铭，虽然已有不小的成就，而她一直还在路上，不忘初心，牢记使命，一步一个脚印，用自己的恒心、真心、爱心去全心全意为病人服务，成为一名新时代的优秀医生！

灵璧英博：马开敏

结石病专家 保健学高手

马开敏，1955 年 3 月生，灵璧县向阳乡九店村人，中共党员，中西医结合治疗结石病专家。

马开敏 1975 年应征入伍，在山东烟台 26 军 77 师 231 团任卫生员，曾两次受部队嘉奖。1978 年 12 月退伍，回乡从事医疗卫生工作，1984 年 1 月在向阳乡卫生院工作，后任院长。1988 年 11 月进入北京中医学院进修，1990 年 12 月毕业，后任北京市朝阳区太阳宫医院结石科主任，1992 年 1 月被北京市宣武区广内医院聘任为主治医师，1997 年 7 月被北京市军区 292 医院聘用，任保胆取石研究室主任，1998 年 6 月被北京顺义区第二医院聘为结石病防治中心主任。

马开敏工作认真负责，勤恳踏实，1986 年被卫生部授予"全国卫生文明先进工作者"称号，1987 年获安徽省团委授予"七五"建功者二级奖章，同年被安徽省委、省人民政府、省军区联合授予"优抚对象先进个人"光荣称号。经过专业学习后，业务更加精良，在北京工作期间，先后发表《中西合攻克结石》等论文近 10 篇。其中《中西医结合治疗泌尿结石 86 例临床观察》获中国中西医结合学会颁发优秀论文证书，《中西医结合三步法治疗胆囊结石临床体会》被国际华夏医学会评为优秀论文，并全文发表在《亚洲医药杂志》上。1996 年《人民日报》海外版，刊登《马开敏治疗结石有新方》。1997 年6 月，其医术档案被收入《中国跨世纪专科名医大典》，1998 年 4 月他通过了中国国际针灸考试中心考试获国际针灸师证书。

马开敏在针灸、推拿、拍打等疗法的启发下，还编创了"强身健体手振运动"保健体操，并于2005年由《人民卫生出版社》出版。书中介绍了中国传统医学为中华民族的健康事业作出的巨大贡献和手振运动的知识。这个手振运动，主要是通过掌心、掌背、小鱼际、大鱼际、掌根、掌轮、拳眼、拳面、拳背、拳掌等手指部位，以振击、揉按、搓振等方法和不同姿势的变化来增强体力。其机理就是通过整体和局部手振运动的结合，对全身的体表部位、经络、穴位、脏腑、气血施加有益的振动和刺激，使机体振奋，筋骨强健，内脏活跃，从而提高、调整脏腑功能。

《强身健体手振运动》是他在多年中医实践的基础上，遵循中医理论，按照经络、穴位原理编创的。按照书中介绍的步骤、动作要领，双手有计划、有规律地进行振动，可以达到强身保健、防病的目的。

（县政协办公室　供稿）

灵璧英博：凤雪华

微笑迎接新生命

凤雪华，女，1951年12月生，灵璧县灵城镇人，县人民医院副主任医师。

凤雪华自幼喜爱读书，1968年响应知识青年上山下乡号召，下放到灵城镇南李大队锻炼，先后担任大队团支部副书记、民兵营长等职，先后出席灵璧县上山下乡积极分子代表大会、灵璧县第四届妇代会、宿县地区第一届妇代会。1973年9月进入蚌埠医学院医疗系学习。1976年11月毕业后，分配到灵璧县娄庄医院工作，任内科医生。1978年8月调到灵璧县中医院工作。1979年7月调到灵璧县人民医院妇产科工作，1982年评定为医师，1992年晋升为主治医师，1998 年 12 月晋升为副主任医师，1999 年 10 月被安徽省卫生厅聘任为首任执业医师实践技能考试考官。

凤雪华善于学习，潜心钻研业务，在县人民医院工作期间于 1987 年 3 月至 1988 年 3 月参加省第二届妇产科提高班学习，在实践基础上，先后撰写论文《浅谈重度妊高症的治疗》《重度妊高症与剖宫产的关系》《妊娠合并心脏病剖宫产与麻醉》《84 例输卵管阻塞性不孕初探》等 13 篇，在省及国家级医学刊物上发表。其中《中国民间疗法》杂志上发表的论文《中药纳肛及外敷治疗慢性盆腔炎 87 例》获全国 1998 年度优秀论文二等奖。先后参加《杭州医药》杂志社举办的全国妇产科学术研讨会、安徽循环学会举办的"现代临床医学实践与研究"全国综合性学术会议，及《中国乡村医生》杂志社举办的继续教育学习班。在妇产科负责科室内带教工作，培养了乡村医生数百人。自 1989 年以来，先后在灵璧县卫生学校授课 9 届，在成人大专认证班及中专函授班各任教 2 届。在创建爱婴医院的工作中，负责为本院职工进行母乳喂养的知识培训和产前孕妇母乳喂养知识宣传教育，在爱婴医院验收中受到省、市检查团领导的高度评价。

（县政协办公室　供稿）

灵璧英博：刘桂营

妙手仁心除病魔

刘桂营，1943 年 10 月生，灵璧县大路乡下街村人，中共党员，主任中医师。

刘桂营 1968 年于安中医学院毕业后，分配到灵璧高楼医院任医师，1978 年调浍沟医院工作，1976 年赴蚌埠第三人民医院进修西医内科一年，1981 年赴上海龙华医院进修中医内科一年。1992年调到灵璧县中医院工作，任内儿科主任，兼任灵璧县中医学会理事，《安徽中医临床杂志》通讯员、中国文化研究会传统医学专业委员会委员、《河北中医》特约记者、《中华医学新论》编委、香港新闻出版社特约顾问。

刘桂营善于学习，刻苦钻研业务，曾5次被评为学习毛主席著作积极分子，10次被评为先进工作者，被选为浍沟镇第一届人大代表、县第九届人大代表。个人传略先后被收录在《世界名医大全》《中国当代中医名人志》《中国当代学者》等10余部辞书中。

刘桂营擅长中医医术，进修后曾用中西医结合法治愈各种疑难病症，尤以医治肝病闻名。在尹集、浍沟工作期间，他针对当地濉河污染严重，沿岸居民肝炎、肝癌流行的情况，在征得当地政府的同意支持下，特设肝病病房，研究此病治疗办法。调到中医院工作后，在丰富的医疗实践基础上，经参阅大量文献资料，研制出医治肝病药方"芪术三甲汤"，其后有数例"肝癌"病人服之逐渐恢复健康。他还将"芪术三甲汤"全部药方免费赠送给合肥市传染病院，让它发挥更大的作用。他曾在国内外发表50多篇论文。其中《芪术三甲汤治疗肝硬变腹水125例》《辨证治疗女性不孕症65例》《八珍二仙汤治疗席汉氏综合症48例》《疑难病针刺治验》《清开灵治疗小儿暑热88例》《旋磁排石仪治胆囊炎、胆结石178例》《黄连解毒汤加味治疗急性血性坏死性肠炎28例》《葱盐熨脐法在儿科的临床应用》等论文在国内外医学界学术论文评比中获奖，7篇论文被《中国医学文摘——中医》及《中国医学文摘》收录，14个病案被《中国当代名医类案》收入，学术思想入录《中国当代名医学术思想宝库》。其事迹被《新安晚报》《安徽科技信息》《大众科技报》《中国中医药报》、安徽电视台、安徽人民广播电台等新闻媒体做报道过。

（县政协办公室　供稿）

灵璧英博：张殿礼

仁心仁术见真诚

刘玲梅

医生是一个普通的职业，但在张殿礼医师看来，这更是自己毕生追求的无悔事业。他从小就喜欢当医生，是发自内心的喜欢。从医几十载，他不知救治了多少人。在这条治病救人的路上，他愈走愈远，脚下延伸的是患者的渴求与希望。

每天早上七点以后，灵璧县第二人民医院分院的门口便陆陆续续聚集了一些人。他们有住在县城里的，也有从偏远的乡下赶来的。他们在等医院开门，而从他们的脸上，极少看到就医的不安、担忧，或是沮丧的情绪。在他们心里，生病不可怕，只要有张院长在，病魔也惧怕三分。

大家心中的张院长，就是张殿礼副主任医师。张医师是 1940 年生人，曾任县人民医院的业务副院长，2001 年退休后，又继续被县医院返聘工作了 10 年。与县医院解聘后，休息没几个月，被第二人民医院请来，在分院的门诊一坐又是 10 年多。

二院分院的前身是工人医院，一排带走廊的十来间瓦房，还是 20 世纪 70 年代建的。20 世纪 90 年代，工人医院并到了二院，医务人员也被分流。医生少了，病人就更少了。知情的老人们谈及都会感慨，那时候，这里哪还像个医院。直到 2009 年，张医师来到这里，病人多了，医护人员也随之增加了。在灵城，特别是一些老年人，只要身体不适，都会去找工人医院的张院长。他们还习惯称这里为工人医院，习惯称张医师为张院长。

张医师精湛的医技赢得了很多患者的信任。73 岁的田姓患者 30 来岁的时候突发脑溢血，不省人事，家人将其送到县医院，接诊的正是张医师。其实家人当时心里是没抱多大希望的，却不想张医师不仅从死神手里抢回了患者的生命，且根治彻底，未留下一丝后遗症。前几天该患者脑梗发作，儿女连夜把他送到县医院治疗，可第二天一早，患者在老伴的陪伴下，径直来到了二院门诊。他老伴说，老头子就认准了张院长，让张院长治疗，我们放心。

放心二字，几乎能从每一位张医师的病患嘴里听到。他们放心的，当然是张医师的医德和医术。张医师接诊，不管是官宦大款，还是平民百姓，也无论贫富贵贱，都一视同仁。对每一位病人，他都细致地询问病情，望闻问切，一丝不苟。候诊的病人再多，都不影响张医师的耐心。对症下药后，张医师往往还有一张口头方子，诸如，少操劳多休息，要放宽心不能忧郁，别自己吓唬自己，没多大的事儿。这张健康教育处方，完全就是亲人般的嘱咐，一下子让你心里暖暖的。张医师对病人，都像亲人一样，用他自己的话说，坐在他面前的，他觉得都怪亲，哪怕不认识的也一样。特别是大老远从乡下赶来的，他会给予更多的方便。越是贫困的，他越是同情，总是尽量减轻患者的经济负担。

张医师的患者里，男女老少，什么病症都有，以患心脑血管病的老年人居多。他们认定只要找工人医院的张院长看病，就有希望，哪怕是在门诊无条件做的治疗，张院长也会告诉你到哪个医院合适，到哪个医院做哪种检查。还有的老患者根本不到场，儿女来跟张医师说说情况，张医师总能很快对应起该患者的相关治疗，给予一番嘱咐。还有的患者明明早已康复了，趁着买菜或是送孩子的空，绕过来坐一坐，让张医师再看一眼，说几句，才心满意足地离去。张医师总有足够的耐心给他们，只要不是太忙，他总会给咨询者满意的解答。在这里，医患关系极其和谐，他把病人当亲人，病人提起张医师，无不扬起大拇指赞其医术高明，对他的信任和依赖不言而喻。

张医师是位清瘦的老人，精神矍铄，又温和慈祥。他耳不聋眼不花，每天走半个小时的路上班。在他的诊室外面，每天都排着长长的候诊队伍，他经常是十二点以后才能下班回家。往往过了十一点，病人才会少些。稍微有些空隙，张医师就到输液室看望病人，去观察他们的病情，问有没有什么不适，或告知一些日常调养事宜。他穿着陈旧却始终干干净净的白大褂，顶着一头花白的头发，在病人中走走停停，似乎忘了自己是一位老人，一位已经连续工作了几个小时的老人。

在张医师身上，有着老一辈固守的勤俭与朴素，有着物我两轻只重治病救人的大爱精神。他曾被县里和地区评为劳模，获得很多荣誉和表彰，而他本人对这些却看得很淡。他为人低调，不喜欢张扬，就连患者送他的锦旗匾额，也一律收起来不予示人。在张医师看来，一个人的一生，总得给国家和社会做些什么，作为一名医生，能勤恳工作，给病人看好病，就是他最大的理想和成就。他说自己就是一个普通人，就是一个本色的医生，只管每天给病人看病，其他的都不想。

现已年逾八旬的张殿礼医师，工作之余就是读书、学习。用他的话说，医学发展快，必须不停地看书，不断学习，不然跟不上。早在 20 世纪 90 年代，张医师就曾有关于病毒性脑炎及癌性周围神经病等方面的论文发表。每天守在简陋的门诊室，对各种先进的影像和检验结果，张医师都了然于胸，知其然更知其所以然，真正做到了活到老学到老，紧跟医学前进的步伐。

听党的话，勤勤恳恳工作，清清白白做人。这是张医师的座右铭，也是他一辈子的人生信条。医者仁心，在张殿礼身上，这四个字尤其醒目，熠熠生辉。

健康所系，性命相托。在张殿礼看来，治病救人不仅是一名医务工作者的天职，更是人生价值的体现。他以务实的精神、强烈的责任感和事业心以及对广大患者的一腔爱心，在平凡的工作岗位上，几十年如一日，默默地用实际行动践行自己的诺言。

灵璧英博：张计臣

"针神"真神

井茂龙

张计臣，灵璧县政协委员、县中医院针灸科主任医师，自 1991 年 7 月从安徽中医学院针灸系毕业后，怀着一颗"救万民于病痛苦海"的心，走进了针灸临床第一线，一干就是30年。

开始工作时，给自己定下基调："不为良相，便为良医。"可临床疗效不尽如人意，此时方知"学医三年，自谓天下无不治之症；行医三年，世间无可用之方"的含义。为此，他定下思路："读经典—做临床—看疗效。"疗效是中医的生命，让疗效引领临床、引领读书。他详细阅读了《黄帝内经》《甲乙经》《针灸大成》等中医古典专著，订阅了《中国针灸》《上海针灸杂志》等现代专业期刊杂志，系统阅读了针刀本科系列教材，学习了浮针疗法、腹针疗法、董氏奇穴疗法等中医特色疗法及现代康复治疗技术系列教材。2006年，他抓住培养学科带头人的机遇，跟师我省著名针灸学家、省针灸医学会会长杨俊教授，亲躬三年，收益颇丰。

正是怀有"全心全意为人民服务"的思想，他在工作中不怕苦、不怕累，为了病人经常放弃节假日的休息时间，对病人高度负责，对技术精益求精，赢得了广大患者的高度认可，每日诊疗患者约40人次，患者赠送锦旗100余幅，感谢信60余封。他注重科学研究，发表医学论文20余篇，通过了安徽针灸学科带头人的考核，两项科研成果分别获得市级科学进步奖二等奖、三等奖，荣获"灵璧县最美科技工作者""宿州市名中医"称号，每年为乡镇卫生院、村级卫生室的广大医务工作者在县卫校举办市级中医继教，让祖国医学得以传承和弘扬。

近几年，随着我国扶贫力度的加大，张计臣也承担了医疗扶贫的重任，每月定期到定点村，挨门挨户询问百姓的健康情况、生活情况，不仅给他们量血压、测体温，还给他们详细讲解饮食、用水的卫生常识。对遇到颈肩腰腿痛、感冒、腹泻等常见病的患者，用随身携带的针灸针随时给他们施针治疗，常常针到病除。村民每每竖起大拇指称赞："针神""真神"！在努力为百姓服务的同时，他也每每获得了喜悦感，坚定对中医药文化的自信。

近年来，我国中医药服务体系日益完善，中医药传承创新发展驶入快车道。他牢记习总书记"要遵循中医药发展规律，传承精华，守正创新"的教诲，在推进健康中国的进程中，勇敢担当起历史赋予的责任和使命。

他坚守在中医临床第一线，始终不忘"全心全意为人民服务"这一初心，始终牢记"提高全民素质，保障人民健康"这一使命，把"读经典—做临床—看疗效"这一理念一直坚持下去，不断否定自己，不断提升自己，为了人民健康，为了中医药事业的发展作出应有的贡献。

灵璧英博：张健

用心看心病

井茂龙

张健，1962 年 1 月出生，安徽省灵璧县人，副主任医师。现任灵璧县人民医院心内一科主任、全科医学科主任，安徽省心血管病质控中心委员，安徽省全科医师协会基层慢病防治分管常务理事，安徽省全科医师协会教育分会理事，安徽省慢病防治分会委员，宿州市心血管学会副主委，宿州市心脏起搏电生理学会副主委。系宿州市政协二届、三届、四届委员，宿州市二届人大代表，灵璧县七届、八届、九届、十届政协常委。

1983 年 7 月，张健从蚌埠医学院医学系医疗专业毕业后，被分配到县人民医院内科从事医学临床工作，历任干部病房主任、ICU 主任、心内科主任、全科医学科主任。1995 年在上海仁济医院心内科进修学习一年。2005 年在徐州市中心医院 ICU 进修学习 3 个月。2008 年，在卫健委和院领导的大力支持下，成立心血管内科，集中收治心血管病人，结合心脏病临床最新进展应用于临床，不断开展新技术，新的诊疗方案，专科专治，使全县心血管疾病的诊疗水平上了一个新台阶，配合医院顺利通过二级甲等医院评审。2016 年，张健带领心血管团队在全县率先开展了冠心病的介入治疗，特别是对急性心肌梗死患者开通绿色通道，进行急诊冠脉造影＋冠脉 PCI 治疗（冠脉支架植入），挽救了数百例急性心肌梗死患者的生命。近两年，心内科团队又相继开展了心脏起搏治疗、室上速、房颤的射频消融治疗，使得心内科的诊疗水平基本达到了三级医院水平。多年来，他在国家和省级医刊发表数篇医学论文，其中《低分子肝素治疗不稳定性心绞痛的疗效观察》一文受到同行专家的好评。

张健擅长高血压、冠心病、心律失常、心力衰竭的治疗以及急性心肌梗死等心血管危重症的抢救。心内科第一例介入手术患者是高楼镇的一位老年患者，68岁，突发心痛，生命垂危，送到县人民医院急救。张健组织科室医生对其会诊后，确诊为心肌梗死转诊是来不及了，认为只有在本院急诊给患者心脏放置一个支架，打通心脏的血管才有可能挽救患者生命。经与患者家属沟通同意后实施介入手术，手术很成功，患者起死回生。

心内科介入手术的成功，为患者手术既减少了痛苦又节俭了开支，填补了灵璧县医院的空白。自开展介入手术以来，心内科已成功完成多例急诊、择期介入手术，不仅增加了县医院的诊疗范围，而且有效提升该院的知名度和患者满意度。

通过多年的临床实践，张健的医术水平不断提升。2020年8月27日，他协调指挥院心内科完成县医院首例心脏冠脉左主干支架植入手术，及时挽救了患者生命。有一位67岁的患者反复胸闷、胸痛半年，就诊前一周时间，老人胸闷、胸痛反复发作，每天多次，已严重影响正常生活。家人将其送入外院就诊，建议行冠脉支架植入（PCI）术。因老人家住农村，经济状况一般，且还有慢性粒细胞白血病，后辗转至县医院心内科治疗。张健心内科专家团队仔细地分析了患者的病情，经过充分的术前准备，整个手术过程熟练准确，患者未出现不适。手术后，患者的心肌缺血状况即刻得到缓解。这一高难技术成功施术，标志着灵璧县医院诊治高危冠心病步入省内先进水平之列。

张健主任不仅医术上精益求精，他高尚的医德医风更让人钦佩。他恪守"病人的需要，就是我的天职"，给自己规定了"六不"原则：不以医谋私，不搭车开药及检查，不开假证明，不接受病人的钱物，不接受病人吃请，不开大处方。对病人他笑脸相迎，热情接待，耐心倾听。做到诊断准确率高，治愈好转率高，抢救成功率高。他的宗旨是："以最少的钱为病人治好病。"

有一次，他慢性鼻窦炎急性发作在家休息，夜间一老年患者突发急性左心衰，病人危重，他立即赶到病房和值班医师一起抢救患者，直到天快亮了，患者心衰才得到控制，而他仍在发烧，差点栽倒在病房。还有一年冬季，下大雪的夜里，接到老年患者的求救电话，说胸闷难受，打不通自己的孩子的电话，非常紧张焦急。张健在电话里一边安慰老人，指导他口服速效救心丸，一边问清家庭住址，冒着大雪找到患者，联系救护车把老人接到医院进一步救治，为了争分夺秒抢救病人一路奔跑差点摔倒。平时为住院孤寡老人买饭、送吃的、送衣物，参加抗洪救灾医疗队，赤脚蹚水为群众看病，类似事例在张健行医历程中比比皆是。

近年来，张健主任致力于县域慢病防治工作。《中国心血管病报告2017》显示，我国心血管病的疾病负担日渐加重，已成为重大的公共卫生问题。中国目前约有 2.9 亿心血管病患者，心血管疾病已成为中国城乡居民第一位死因。更为重要的是，这些常见慢病正向农村地区蔓延，农村地区急性心肌梗死死亡率已超过城市，加上县级以下区域的药物可及性、慢病管理经验、慢病防控水平等都与城市存在较大差距，县域慢病管理已成为目前我国心血管疾病防控的重中之重。灵璧县高血压患者已达 13.94 万。2019 年，通过他的积极努力，成立了全县慢病管理中心，主要进行高血压的管理，通过提高高血压的知晓率、治疗率、控制率来降低恶性心脑血管疾病发生的风险。

张健经常带队组织义诊活动。在活动中，张健不仅为患者进行义诊，还在现场提醒公众，高血压是一个需要长期管理、定期监测血压的疾病，积极规范的治疗是关键。特别需要注意的是，对于大多数高血压患者而言，在清晨时段（通常在 6：00—10：00 之间）往往血黏度增高、心跳增快、血压处于上升状态，清晨血压增高会更多地引起中风、心梗等恶性心血管疾病。因此，高血压患者要特别注意清晨血压的达标管理，降低恶性心脑血管疾病发生的风险。

张健牢记习近平总书记"没有全民健康，就没有全面小康"的谆谆教诲，他积极参加扶贫工作，深入脱贫攻坚一线，通过各种方式守护贫困群众的身体健康，当好贫困群众健康的守门人。

张健所在的扶贫工作组被安排到渔沟镇梁集村，那里医疗条件落后。他们就组织开展义诊，借助县人民医院的医疗技术优势，为村民送上贴心的医疗服务。义诊现场，许多村民慕名而来，医务人员为前来就诊的村民测血压、检查病情、开方赠药，对于一些病情较为严重的村民提供可行的治疗建议。特别是对一些老年人和腿脚不便的村民来说，解决了他们看病难、看病远的实际困难，让村民感受到了浓浓的暖意。

扶贫期间，张健为了更好地解决村民的就医问题，防止因病返贫现象的发生，他注重与村医交流，与村医一起向村民宣传普及卫生防病知识，帮助他们养成良好的生活习惯。同时，他还帮助村医提高对常见病和多发病的诊断、治疗、预防水平，从根本上筑牢守护群众健康的防线。

张健医师作为一名市、县政协委员，有着强烈的参政议政意识。本职工作很忙，但他对政协组织的调研、视察、义诊等活动从不缺席。他关注社会热点，积极反映社情民意，向市、县政协提交了多件高质量的提案，得到县委、县政府及有关部门的重视和关注。

灵璧英博：张峰

"跤"傲全运会

张峰，1990年出生于安徽省灵璧县大庙乡找营村。是中国自由式摔跤运动员，安徽省男子自由式摔跤队主教练，参加了第11届、12届、13届全国运动会摔跤比赛，两次夺金，一次夺银，为安徽省和家乡赢得了荣誉。

张峰从小就喜爱舞枪弄棒，他宽大的肩膀、魁梧的身材，粗壮的四肢，长就了一身铁打的身板，他那睿智的目光中闪跃着刚毅和机灵。

2001年，仅读完初一的张峰就进入了宿州市体育运动学校，进行"自由式摔跤"训练，边习文边习武。其间训练较为残酷，我摔不倒你，你就得摔倒我，毫无情面可言。每每训练腰酸背疼是小事，皮肤流血，肢体摔伤也是习以为常，不足为奇，更有甚者，可能肩部脱位、耳朵变形，指头扭伤，鼻梁错位。如此这些，张峰从不顾惜，每天都是晚睡早起。除体能训练外，他还不断地揣摩着教练教给的基本要领、技巧。很快，在每次与对手交锋时，他都能轻而易举地击败对方。在宿州体校的几年时间里，他分别于2003年、2004年、2005年、2006年四次参加安徽省63公斤、69公斤、76公斤、85公斤自由式摔跤比赛，均获得第一名。

四次参赛第一，使张峰声名大振。社会对其倍加关注，省体育局也对他格外青睐，于2006年1月将他调入了安徽体育局重竞技运动中心男子自由式摔跤专业队接受训练。自由式摔跤不但要有强大的力气，更要有征服对方的高深技能，还要有战胜对方的信心。为了提升技能，增强信心，张峰的训练更加刻苦，每天只要有训练，他总是练不够。在训练中，他细心琢磨"如何用手臂抱对方上下肢，用腿使绊""如何用搂抱对方的肩颈、躯干或四肢后，用腿勾绊对方""如何在跪撑中手脚并用，抱腰滚桥、骑缠"的各种进攻方法。除在训练场训练外，夜间睡在床上他也反复地推敲尝试。如此地钻研，张峰的摔跤技能得到了较快的提升。2006年、2007年、2008年他分别参加了全国自由式青少年赛均获得第一名。2009年参加在山东济南举行的"全国第11届运动会84公斤自由式摔跤赛"获得冠军。

2009年全运会夺冠之后，张峰被选入了国家队。入队后，他于2010年参加了在海南海口举行的"全国成人84公斤自由式摔跤锦标赛"，并获得了冠军。同年，他代表国家队出征在印度举行的"亚洲84公斤自由锦标赛"获得第三名。2012年参加了在重庆荣昌举行的"84公斤全国冠军摔跤赛"获得了冠军。2013年参加了在辽宁沈阳举行的"第十三届全国运动会84公斤自由式摔跤比赛"中荣获冠军。2014年代表国家对参加了在韩国仁川举行的第17届亚运会86公斤摔跤赛荣获第五名。2014年、2015年、2016年连续6次参加了86公斤全国锦标赛、冠军赛，均获得第二名。2016年代表国家队参加在蒙古国举行的奥运会86公斤选拔资格自由摔跤赛获得了第三名。此后，张峰作为运动员，又兼任安徽省男子自由式摔跤教练助理。2017年他参加了全国锦标赛暨全运会资格预选赛荣获第一名，同年参加了第13届全运会86公斤自由式摔跤赛荣获亚军。

随着体育运动事业发展的需要，张峰2018年正式出任安徽省男子自由式摔跤队主教练。为尽快提高运动员的素质，他总是循循善诱、循序渐进，诲人不倦。他的团队于2019年代表安徽队参加了"全国第二届青年运动会"并获得了2金1银5铜的优秀成绩。

张峰以坚强的意志、不屈的精神，奋勇拼搏，强打猛摔，为安徽省争得了荣誉。2009年他被安徽省政府授予"优秀青年"称号，获得了"安徽省功勋青年银质奖"，同年加入了中国共产党。2010 年他被安徽省政府授予"先进工作者"之称号，2011 年被省政府授予"二等功"，同年被北京体育大学破格录取（2016 年毕业）。2015 年被授予"安徽省先进工作者"荣誉称号，并获得"安徽省功勋运动员"奖章。

张峰不忘初心、不负韶华，正带领他的团队继续拼搏奋进。

（县政协办公室　供稿）

灵璧英博：郑广全

亚洲华人名厨

灵　肖　井茂龙

在灵璧餐饮界，提起郑广全的名字，可谓人人皆知。他可以双脚踩鸡蛋，而鸡蛋不裂不破，能在人背上切肉丝，而人背毫发无损，刀切鲳鱼，肉长 2 米而不断，还能蒙眼切土豆丝、刀锋气球上切黄瓜、蒙眼胳膊上切黄瓜等，他切的土豆丝、姜丝能穿绣花针的针鼻儿，被人们称为牛人厨师。他有许多名衔，是国家高级烹调师、杰出中国名厨、绿色厨艺大使、亚洲华人名厨等。

郑广全，出生于 1980 年 2 月，灵城镇虹川社区人。他从小就对烹饪产生了极大的兴趣，并逐渐展现出一定的天赋，大人炒菜时，总是跟着看。上初中时，父亲给的零花钱都被他用来买食谱等烹饪方面的书籍。有时父母没有空儿，他就把饭菜做好，家人们都吃得有滋有味。

1998 年，郑广全初中毕业后在宿城某厨师培训学校开始了学艺之旅。厨师每天都要经受烟熏火燎，佐料辅料刺鼻熏呛，但郑广全从不叫苦嫌累，在培训学校进步最快。晚上，别人都休息了，他就用南瓜、萝卜、青菜等做原料，学做花色象形凉拼。一次，一位属鸡的女士要过生日，要求有盘雄鸡形象的拼盘。郑广全用白卤鸡脯肉、黄色蛋糕、山椒、海带、南瓜、蜜汁红椒、蒜味鲍鱼、黄瓜、白灼红虾、麻辣瘦肉、西兰花等当原料，很快将冷盘制好。当一只五彩缤纷、朝气蓬勃的大"公鸡"被端至客人面前时，人人都惊叹不已。一年后，郑广全顺利拿到了一级烹调师资格证书。

19岁那年，郑广全只身一人前往温州继续学习厨艺。温州，客流量大，人们来自四面八方，口味各异。郑广全在干中学、在学中干，经过两年时间，基本掌握了徽菜、淮扬菜、川菜、粤菜等中国八大菜系的烹饪技巧，练就了脚踩鸡蛋、人背上切肉丝、姜丝穿绣花针等刀工绝技。

爱动脑筋的郑广全还利用业余时间研究药膳，食品、药物加上调料，三者合一，烹制出既有营养价值又可防病治病、延年益寿的各种药膳。他研究烹制的清热泻火的蝎子炖乌鸡、双雪瘦肉汤、健脾养胃的山药鸡肉粥、莲子鸽子汤、葛花苦瓜排骨汤、治失眠的蘑菇羊肉丸、天麻枸杞猪肠汤，都是顾客点名要的好菜。

功夫不负有心人，郑广权凭借着不俗的厨艺一步步成长起来，从试厨到厨房出品总监，到厨师长再到行政总厨，他的烹饪技术得到了大家的认可，2008年他加入温州市名菜发展研究会任理事，2009年被中国厨师网推荐为理事。他也开始在各项比赛中崭露头角，2010年参加杭州千岛湖赛区超级明星烹饪大赛获得金牌和最佳厨艺奖，2010年超级明星厨师美食表演年度总决赛中，他战胜了来自新加坡、泰国、日本等国内外优秀的烹饪高手，被授予亚洲华人名厨的称号。同年他被中国名厨名菜丛书编委会、中国名厨资质注册全国联网查询处评为中国名厨荣誉称号。

2014年，郑广全回乡创办了名厨餐饮管理有限公司，开始收徒传授厨艺，同时创建了中国名厨餐饮联盟交流协会并任会长，致力于厨师界的交流和中华美食文化的发展。短短一年间，协会已在全国大中城市开设分会50余家，发展会员2000多人，会员企业60多家，是目前发展速度最快、成员水平较高的全国性知名厨师团体组织。2015年12月8日，中国名厨餐饮联盟交流协会和宁波市商务局在宁波市联合主办了"明星金厨旅游美食国际争霸赛"，全国各地50多名烹饪美食界一线明星厨师参赛，共评出金奖、特金奖、金钻奖、中国少帅争霸奖、金勺播主争霸奖、青年播主金鼎奖、最具价值金厨奖和团体奖等八大奖项。此次赛事与以往厨艺大赛不同，参赛名厨强调利用本地特产食材，现场烹制本地旅游特色菜肴，突出美食的区域特色、文化内涵和技法创新，实现烹饪美食与区域旅游文化的推广融合。

从普通厨师到亚洲华人名厨，郑广全完成了自己的华丽转身。目前郑广全正整合资源，致力于灵璧饮食文化同外界间的交流创新，为灵璧美食创新和餐饮旅游业的发展作出自己的贡献。

灵璧英博：李志聪

功成异国 情系乡梓

张少秋

明朝洪武年间，山西洪洞县李姓从"老槐树"的"喜鹊窝"迁徙徐淮地区。族中长老为让子孙认祖归宗，特设堂号为陇西，分支号为万昌。万昌一脉，承秉祖训，坚韧抗争，繁衍生息，逐渐壮大成几十万人丁，遍布皖、鲁、苏、豫广大地区。

新千年伊始，安徽省灵璧县游集镇李楼村万昌一脉的李志聪在美国新西兰州已取得了金融管理硕士学位，并通过国考成为注册会计师。他先后担任过马萨诸塞州的多兰——詹纳实业公司主管会计助理、康涅狄格州的霍梅特国际公司财务分析师、韦斯特波特的战略板块使用许可经纪公司财务总监、维尔顿的斯拜尼克总会计师、顾麦会计事务所高级会计等职务。

怀有一颗赤子之心的李志聪时刻牢记他是中国人，出生在物华天宝的皖苏边壤，那里有着肥沃的土地和丰富的煤炭资源，还有名闻天下的灵璧石。他决心开创自己的事业，为家乡父老争气，为华夏儿女争光。2005 年 8 月 26 日，他创办了万昌会计事务所，并于 2006 年 9 月 26 日在美国上市公司会计监管委注册登记。万昌会计事务所成立后，先后为 50 多家在美国证交所挂牌交易或正在挂牌中的中国私营企业提供了审计服务。据美国上市公司会计监管委年报，2008 年，万昌会计事务所名列全球 83 位，2010 年跃升至 28 位。万昌会计事务所的辉煌，离不开李志聪的敬业、诚信和辛勤付出。

李志聪虽举世闻名却非常低调。每次回乡都是轻车简从，一个旅行箱，一台笔记本电脑就是他的全部行当。他多次邀请美国友人到家乡中小学开设英语讲座，和学生对话、交流，既丰富了学生们的课外生活，又激发了学生们的学习兴趣。

2008 年，李志聪出资 60 余万元援建的灵璧县尤集镇李楼万昌小学教学楼拔地而起。教学楼共 3 层，建筑面积 847 平方米，有 9 间教室和一个办公室。这座教学楼的兴建，彻底改变了这所乡村小学的落后面貌，为留守儿童创造了良好的学习环境。

李志聪还出资建起了李氏庙堂，主倡修订了族谱，让苏皖鲁豫的李姓分支终于有了朝拜先祖的殿堂。

2010 年 10 月，李志聪参股的杭州浙江绿成集团隆重揭幕。翌年 10 月，江苏绿成集团投资 46 亿人民币的溧阳产业园开张，李志聪是 4 个股东之一。绿成集团战略框架是未来 5 到 8 年内复制 20 个溧阳式产业园，家乡灵璧已被李志聪当作下一网点，列入重点考察对象。

华侨李志聪虽身处大洋彼岸，却时刻心系故土，不断默默地为祖国、为家乡做着奉献。

后记：

拓荒，从心灵深处出发

薛新华

　　我们花了好几年的工夫，把一片荒原开垦成了一片园地，把家乡人记忆的种子播撒在了这里，我们还在这片园地的地头揳下了一块牌子，上面正经八百地刻下了四个醒目而又温馨的大字："灵璧记忆"。

　　这片园地跌宕起伏、错落有致，方圆千亩，蔚为壮观，是我们在"拓荒之旅"中发现的"新大陆"，现在已然成了我们的特有和专属。这看似偶然又寓于必然，道是幸运也饱含辛酸。我们怀揣期许，不辞劳苦，独辟蹊径，日夜兼程，欣喜若狂地发现了这片高峻、开阔、临水、向阳的山坡地带，那时，它还是一片无人问津的寂静荒原。感谢"上帝"眷顾，赐予我们一双慧眼和一股能量，让我们能够透过杂草丛生、乱石嶙峋的表象窥视出它那蕴藏着的活力和潜在着的魅力，激发了我们的开垦欲望和创意灵感。

　　当然，这个"上帝"不是什么法力无边的天尊神圣，而是一种由表及里由此及彼抓住关键、找到规律、看见本质的认识事物的思维方式和辩证法则，是一种善于运用知识积累、长于跨界融合贯通、精于统筹谋划研判的综合本领和践行能力，是一种不拘常规、不落俗套、敢于挑战、敢为人先、冲破思维定势、谋求全新境界的超越意识和原创精神，是一种登山则情满于山、要干就死磕到底的"笨人"情结和愚公性格。这个"上帝"还告诫我们，开垦这片园地，光有欲望和灵感还不行，还要拉起一支知重负重、知难而进、善作善成、乐于奉献的能工巧匠团队，从真情那里调热情激情之兵，从底气那里派勇气志气之士，从信心那里遣决心恒心之将，同时，还要使得想象力、创造力与执行力三支劲旅相向而动、协同作战，把"大胆设想"的作战方案通过"小心求证"的冲锋陷阵去变为胜利捷报，自始至终，从里到外，由上至下，拼的是真功夫、实功夫、硬功夫、苦功夫，一点都虚不得、假不得、懒不得、糊不得。

然而，就在我们绘就蓝图、确定方略、排兵布阵、挥师荒原的时刻，曾经上演过"愚公"与"智叟"的一段对话。"智叟"手捻胡须，见了发笑，说是你们这样干未免太愚蠢了，你们放着现成的路子不走，却要走没人走过的路，可以避难就易，偏要舍易取难，这不是疯了又是什么？就凭你们的这些想法和干法，要开垦出这么大一片荒原，是完全不可能的。"愚公"回答说，邯郸学步，虽虚心虔诚，却会遗失自己原本的能力，步人后尘，虽四平八稳，却永远领略不到前方的最美风景；困难与希望同在，机会与挑战并存，事不避难者进，志不求易者成，生命的真正价值，存在于奋身一搏的创造之中；这片荒原虽然很大，却终归是有限的，开一点就会小一点，为什么开不成呢？"愚公"对"智叟"的高深说教和好意奉劝并未在意，毫不动摇，每天开荒不止，把袖子撸得更高、劲头铆得更足了，并暗自较劲：一定要让这项拓荒工程的设计更出众、质量更出色、风格更出彩。

如果说土壤是"主板"，那么，种子就是"芯片"。"主板"和"芯片"，一个起到基础作用，一个具有核心功能，它们的强弱直接决定着我们这片园地载体的优劣、容量的大小、生产的好坏、收获的多少、价值的高低和寿命的长短。所以，园地的选址布局与选种育苗这两大主攻目标并驾齐驱、头等重要，都是"开垦"的题中应有之义。

于是，我们胼手胝足、挥汗如雨，铺路搭桥、斩草除石、垒台砌阶、造渠引水、深耕细耙、开墒作畦，让这片野性十足、桀骜不驯的处女地垄埂齐整有致、阡陌交错纵横、块块连缀结网、层层叠加成梯，全然改变了荒芜寥落的模样，出落得楚楚动人、落落大方、盈盈欲笑、脉脉含情，好一派田园风光。我们按照所播种子的草本、藤本、灌木、乔木的科目性质和金色、红色、绿色、蓝色的品种特点及其分布状况，把园地统一规划为三大区块：一号区块名曰"来去无影"（风），二号区块名曰"人人之主"（往），三号区块名曰"天下一绝"（人）。三大区块各有内涵，自成体系，珠联璧合，相映成趣。

与此同时，我们栉风沐雨，披星戴月，重兵出阵，分赴八方，多渠道、多领域、多形式、多方法地从家乡人那里获取记忆的种子，采集新鲜的，发掘贮藏的，唤醒尘封的。经过一番爬梳洗剔、目别汇分，簸去秕糠、筛除杂质，我们把源源不断调集的种子，送入检测实验室，对其进行深度分析评审，以辨别真伪、鉴定质量、检验纯度、测试活力、考证遗传信息、解开基因密码。然后，我们结合土壤的结构、环境、特性、肥力等状况，不失时机地将这些经过精挑细选的种子播种入土，得其所哉。

我们开垦了一片蛮荒之地，踏出了一条从来没人走过的路，见证了荒原变良田、坎坷成坦途的演进；我们明知山有虎，偏向虎山行，体味了不到长城非好汉、无限风光在险峰的快慰；我们用劳动创造成果，收获着人活着的最大意义；我们在拓荒中学会拓荒，懂得了，人生其实就是一次永不停歇的拓荒之旅，只有从心灵深处出发，不断地拔掉无知的野草、清除偏见的顽石、填平虚妄的沟壑、补齐短板的埂垄、打碎僵化的土垡、筑牢底线的堤坝、栽种向善的种苗，才能真正拥有属于自己的阳光明媚的满目青山。

我们深信，由我们这些"笨人""愚公"开垦出的这片园地一定会生机盎然、欣欣向荣，我们播种的家乡人记忆的种子也必将不负所望、未来可期——生信仰之根，发理想之芽，添坚韧之枝，加奉献之叶，开浪漫之花，结智慧之果……悦着人心，美着岁月，香着世界。

2021 年 12 月

谨以此书献给中国共产党成立 100 周年

政协安徽省灵璧县委员会　编

薛新华　主编

灵璧記憶

风情卷

（上册）

中国文史出版社

图书在版编目（CIP）数据

灵璧记忆·风情卷：上下册 / 政协安徽省灵璧县委员会编； 薛新华主编 .
-- 北京：中国文史出版社，2022.2
ISBN 978-7-5205-3471-0

Ⅰ.①灵… Ⅱ.①政… ②薛… Ⅲ.①灵璧县－地方史 ②风俗习惯－概况－
灵璧县 Ⅳ.① K295.44

中国版本图书馆 CIP 数据核字 (2022) 第 022169 号

责任编辑：窦忠如　秦千里
特约编辑：窦广利　张幼平　邓文华

出版发行：中国文史出版社
社　　址：北京市海淀区西八里庄路 69 号院　邮编：100142
电　　话：010-81136606　81136602　81136603（发行部）
传　　真：010-81136655
印　　装：廊坊市海涛印刷有限公司
经　　销：全国新华书店
开　　本：787×1092　1/16
印　　张：170.5
字　　数：2684 千字
版　　次：2023 年 1 月北京第 1 版
印　　次：2023 年 1 月第 1 次印刷
定　　价：580.00 元（全 3 卷 6 册）

《灵璧记忆》编委会

主　任：王怀启

副主任：徐　凯　　戚　伟　　赵天明　　张　磊　　徐　辉

成　员：袁建军　　李云东　　汤道之　　汤　颢　　崔怀志

　　　　徐　桓　　鲁　兵　　杜京雪　　张言方　　谢学强

　　　　岳华（女）　侯　杰　　李　凯　　王宁（女）

　　　　王从效　　程红梅（女）胡茂林　　武海莹（女）

顾　问：张芬之（《中国新闻出版报》原总编辑）

　　　　徐士泰（安徽省社科联原副主席）

　　　　王　筠（中国作家协会会员、原济南军区政治部创作室创作员、专业作家）

主　编：薛新华

副主编：尤传化　　张少秋　　鲁　兵

编　辑：晏金福　　耿瑞英（女）　肖文玺

特约编辑：（以姓氏笔画为序）

　　　　马东义　　马香俊　　井茂龙　　牛士中

　　　　石亚萍（女）吕允峰　　刘万广　　刘玲梅（女）

　　　　汤曙光　　李东升　　李晓江　　邱以和

　　　　张　峰　　张　静　　张新清　　张殿凯

　　　　张梦琦（女）陈长柱　　周宗谋　　单丹丹（女）

　　　　赵秀永　　胡兴臣　　胡美灵（女）晏金宝

　　　　高西梅（女）姬忠实　　韩　英（女）程大康（女）

　　　　程子珉　　谢金陵（女）路永刚

序言：

好书不厌百回读

王怀启

《灵璧记忆》是灵璧县政协推出的一部文史资料丛书，这部灵璧文史大典的出版发行注定是灵璧政治文化生活中具有里程碑意义的一件大事。党的十八大以来，灵璧县政协始终以求实创新、主动作为、勇于担当和事争一流的姿态，把准政协定位，彰显政协特色，创新履职模式，提升履职效能，积极建言资政，广泛凝聚共识，为助推我县经济社会发展、促进社会和谐稳定，贡献了政协智慧和力量，得到了全国政协和省市政协的充分肯定，为灵璧赢得了荣光。收集整理文史资料是政协组织一项特色鲜明的工作，十届县政协一直将其摆在十分突出的位置，制订千万字的文史编纂规划，《灵璧记忆》就是其中一部堪称前无先例的扛鼎之作。这部文史资料丛书，历经五年征集、采写、审编，内容广博，卷帙浩繁，工程之大、规格之高、设计之精、创意之新，独领灵璧史籍之风骚，亦属国内同类所罕见。

《灵璧记忆》之所以能够如此高质高效地运作推进，显现出优良工程的品位，首先应得益于一个思维超脱、创意独特、逻辑严谨、设计细致的策划蓝本。在策划蓝本的统驭和导引下，编写团队按部就班，照图施工，才使这项浩大的文化工程井然有序、事半功倍、顺理成章地直抵设定目标，获得预期效果。这可算是清人李渔"基址初平，间架未立，先筹何处建厅，何方开户，栋需何木，梁用何材，必俟成局了然，始可挥斥运斤"的为文之道的绝妙践行。正所谓：凡事预则立，不预则废。

翻开《灵璧记忆》书稿，顿觉恢宏气势撼人心腑、清新气息扑面而来。《灵璧记忆》以《风情卷》（上下册）之"乡愁篇""乡俗篇""乡珍篇""乡遗篇"、《往事卷》（上下册）之"事迹篇""事业篇""事件篇""事理篇"、《人物卷》（上下册）之"英雄篇""英范篇""英才篇""英博篇"的严整结构布局整体，共三卷六册十二篇四十八目。全书以超广角视线回望灵璧这座千年古城之悠久的历史年轮、独特的文化根脉、淳朴的乡风民俗、敦厚的父老乡亲、曲折的奋斗足迹、生动的时代变迁、辉煌的发展成就、杰出的英雄儿女，以及社会的痛点难题、学界的疑问悬案，携手百人写作团队和百家供稿单位，通过采访撰写新篇与搜集整理旧作的双向渠道，荟萃1200多篇文稿，结集100多万文字、130多帧图片，以纪实的笔触，全景式地呈现了灵璧千年历史长河中的那人、那事、那物、那景、那情、那理，让人既能感受小桥流水的细涓婉转，又可领略大江东去的波澜壮阔，展现出与众不同的样貌和卓尔不群的气质。

宽怀大度的架构，奠定了《灵璧记忆》的包容性和承载力，为拓展题材和丰富史料提供了广阔空间；本质分类法的运用，别出心裁、提纲挈领、化繁为简，彰显了全书的逻辑美和艺术感；多元化体裁的融合，体现了尊重作者写作意愿和表达方式的灵活性，笔记、散文、随笔、报告文学、小说、诗歌、论文、歌曲、摄影、绘画等体裁和作品兼容并收，娓娓记叙与侃侃论道各得其妙，形象思维与理性思考相得益彰，多维度多样式地述说记忆、映照历史，增强了全书的知识性、文学性和可读性。

《灵璧记忆》以"记忆"为书名，把记忆与历史有机地融为一体，雅致而倍感温馨、沧桑而富有诗意，给人以无限遐想。昨天虽已消逝，记忆依然存在。人类正是因为记忆的存在，才迈开了前行的脚步，从蒙昧走向文明，从蛮荒走向繁荣。记忆是历史的内化过程，历史是记忆的生命再现，然而，记忆是个人的、碎片的，只有把个人的、碎片的记忆集合起来，才会形成社会的、时代的和历史的记忆。记

忆萌生于社会实践，发酵于过往时空，存储于心灵深处，而要真正体现其价值，还需留住记忆，让它作用于现实生活、影响于未来世界，特别是对于那些仅存于人脑的将会湮灭的口碑史料，更需及时记述、整理，以防人在史在、人走史亡。《灵璧记忆》正是把灵璧人林林总总、形形色色的记忆的种子采集起来，播撒在自家园地，让它延续生命，生根发芽，长成一棵棵给人以智慧的菩提树，开出一朵朵给人以浪漫的蔷薇花。换言之，就是要用这些记忆，给我们的后人留下一面镜子，可以识美丑、辨对错、明得失；留下一把梯子，可以升境界、开视野、长见识；留下一池釉子，可以酿美酒、温旧梦、释情怀。

今年，适逢中国共产党成立100周年，以实际行动和优异成绩向党的百年华诞献礼是灵璧人民的共同心声。灵璧人民在党的带领下闹革命、求解放、搞建设、兴改革、图发展的奋斗历程，正是灵璧历史中最值得浓墨重彩书写的重点记忆。近年来，全县人民在习近平新时代中国特色社会主义思想指引下，砥砺奋进，继续创造无愧于时代和历史的新业绩。脱贫攻坚全胜收官，产业体系加速重构，城市发展能级跃升，乡村振兴动能激活，民生福祉持续改善，文化文明同兴并茂，全面小康、全域美丽、全民幸福的现代化美好灵璧建设迈出了坚实步伐。《灵璧记忆》"往事卷"和"人物卷"的主要篇幅正是通过灵璧人民跟着共产党从黑暗走向光明、从落后走向繁荣的历史记忆，勾勒了站起来、富起来、强起来的百年沧桑，彰显了探索、发现真理的艰辛与伟大，反衬出新时代生活更加幸福、风景更加美好、使命更加光荣，传达着坚持党的领导、坚持改革开放、坚持中国特色社会主义道路的时代强音，也蕴含着人们对执政党执政能力建设以引领国家治理体系和治理能力现代化、完成民族复兴大业的真诚祈愿。可以说，这部流淌着灵璧千年时光、散发着家乡泥土芳香的壮丽史册是由灵璧人民共同书写的，所以《灵璧记忆》与其说是灵璧政协不如说是灵璧人民献给党的百年华诞的一份文化大礼。

传承文明薪火、讲好家乡故事、启迪后人智慧、献礼建党百年，乃是《灵璧记忆》这部书的初衷所在、使命所在、价值所在、意义所在和目的所在。

《灵璧记忆》坚持"存史、资政、团结、育人"原则，突出"三亲"特色，秉持创新理念，开阔了文史资料的关注视野，刷新了文史典籍的编写方式，汇聚了文献、实物和口碑史料，让历史的见证者、参与者和创造者秉笔直书、亲口道来，不啻风土人情的画卷、寻根问祖的"家谱"、平民百姓的史诗、英雄儿女的传奇、说理论道的讲坛、社会进步的赞歌。

欲知大道，必先为史。目前，党史学习教育正在深入开展，习近平总书记向我们提出了"学党史，悟思想，办实事，开新局"的总体要求，并强调必须做到"学史明理，学史增信，学史崇德、学史力行"。地方文史之于国史党史是局部与整体、侧面与全面、个性与共性的关系，《灵璧记忆》中那些对本地革命历史人物和革命斗争史实的"红色记忆"，就是国史党史的最明白的注脚和最鲜活的例证。因此，读者不妨把《灵璧记忆》作为党史学习教育的延伸阅读书目来读，有助于提升直观效应，丰富知识内涵，推动党史学习教育更加入脑入心、走深走实，汲取现实工作的智慧和力量，在感知魅力风情、触摸风雨前尘、体味绚丽人生的同时，识得来时的路，看清脚下的路，认准未来的路。

衷心感谢为《灵璧记忆》成书面世付出心血、作出贡献的所有作者、编者、专家、老师和朋友！

翻阅书稿，不忍释卷，思潮澎湃，获益良多，好书不厌百回读的感觉自心底油然而生。

2021 年 12 月

目　录

乡愁篇

故人印象

风雪中父亲送我起程

赵远利

坐在高速奔驰的高铁上，温暖而舒适。小桌上的茶杯里袅袅地腾起一缕缕茗香，不时有旅客和列车员从走道穿过。我看看手表，大概两个小时可以到达南京，于是昏昏欲睡，眼前杂志上的字迹渐渐模糊，耳边的轻声细语也渐渐远离我的世界。

不知过了多久，忽然有人喊了一声："下雪啦，下雪啦！"车厢里的人都一齐向车窗外望去，我也猛地惊醒，抬起头向车窗外望去，只见漫天遍野的雪花大片大片地落下来，铁道两边的山峦、原野、树木、村庄都蒙上了一层白茫茫的细纱。江南的冬天很少下雪，不过这两年冬天杭州都下了大雪，雪后的西湖银装素裹，宛如仙境，美得令人窒息，我们尽情地欣赏了难得一见的断桥残雪的美景。记得前年冬天大雪铺地，单位因此还放了两天假，着实让我们开心了两天，既欣赏了雪景，又放松了身心。

是的，是雪，窗外真的下大雪了！望着窗外飞舞的雪花，我想起了家乡山村的下雪天，特别是当年我读师范一年级的时候那场大雪。那一年正月十六师范学校开学，因为连续下了几天的大雪，地上的积雪已经有半尺多厚，我家屋檐上挂着一排半米多长的冰凌。开学的日子到了，我望着漫天飞舞的雪花，皱着眉头对父亲说："雪太大了，我晚两天再去上学吧？"父亲听完，沉思了半晌，才说："读书写字是学生该做的事儿，就像农民种庄稼一样，开学了就该去上学，难道可以在家里睡懒觉享清福，不去上学吗？"我知道我是拗不过父

3

亲的，于是只好默默地整理自己的行李。父亲推着家里那辆破旧的自行车，带着我去十多里外的游集镇坐班车。

一开始父亲让我坐在自行车后座上。父亲气喘吁吁，佝偻着腰，上身尽量前倾，两只脚费力地一上一下地蹬着车子。仅仅骑了一小段路，头上就直冒热气，汗水顺着头发往下滴。我从车后座跳下来，对父亲说："雪太厚，又上冻，路太滑，我还是下来走着吧！"

父亲依然倔强地说："你上来吧！我带得动你的。"

我故作埋怨地回答："坐在车子上不舒服，还不如走着呢！"

"哦，那好吧！推着车子走也好，我们边走边聊。"父亲下了车，一下子没有了原先的严厉，笑呵呵地看着我说。

路上没有一个行人，铺满大雪的乡间小路只有几行稀疏的脚印。雪花像柳絮漫天飞舞着，落在父亲的头发上、肩上，可是他的步伐却是那么坚定和稳健。父亲边走边说："村子后边那块菜地可以申请做一处宅基地，准备给你盖三间大瓦房，等将来给你娶媳妇住。"

我耳朵听着父亲滔滔不绝的絮叨，心里却有点不耐烦，说这些干什么呢？仿佛这些事情与我毫不相干。我们走到张东湖村的砖窑厂，自行车轮胎上沾满了雪，连推车都很费力了，于是我对父亲说："我自己去镇子上坐车，你回去吧！"可是父亲却不放心，就把自行车放在砖窑厂，还是坚持送我到游集镇。

北风夹杂着细细碎碎的雪花，在半空里斜斜地掠过。镇子的街道上有几位乘客也在等车，他们聊着天，嘴里冒着热气，双手插在袖筒里，跺着脚，转着圈，仿佛这样就可以暖和一些。我和父亲也加入他们的"取暖行动"。我怕等车的时间太长，再一次劝父亲回去，可是他还是坚持着说："等你上了车，我才能放心回去。"

终于等到车过来了，乘客们一拥而上，父亲不顾脚下湿滑，扛着沉重的行李，仿佛一位冲向终点的赛跑运动员，速度比我这个大小伙子还快。我上了车，他让我坐在车窗的位置，又转身叮嘱说："记着下车拿着自己的行李，包里还有两个煮好的鸡蛋，路上饿了吃，到学校里要好好读书。"

车开动了，我擦了擦车窗上的水雾，透过模糊的玻璃，看到了父亲脸冻得通红。他朝我挥了挥手，目送着我离去。父亲那寒风中瑟瑟发抖的身影越来越小，最后消失在茫茫的飞雪中。

从初中到师范，从大学到我参加工作，在这条通往外面世界的小小山路上，父亲就是这样一次一次地送着我去上学、去上班，支撑着他的是单薄的身躯，还有那对子女满含期待的坚定信念——相信自己的孩子会出人头地，会为这小小的家庭争光。因此在这条崎岖不平的山路上，父亲送我上学的身影深深地烙在我的心底。在以后的日子里，无论我在生活中遇到什么困难，都能够勇敢面对，激励着我不断向前。

岁月流逝，花开花落，一个个平淡无奇的故事随着风雨消逝，有多少聚散离合在记忆中淡去，但是每当雪花飞舞的日子，我就会想起那条崎岖的山路，想起父亲那个雪天送我去师范读书的情景……

异禀老人和他的信摊儿

薛新华

20世纪六七十年代，老灵城南关邮电局营业厅门前有人摆了一个摊儿。这个摊儿不要把式不卖货，只给人代写书信。摆摊卖茶的叫茶摊儿，摆摊修鞋的叫鞋摊儿，摆摊算卦的叫卦摊儿，所以我就"顾义思名"，把这个给人代写书信的摊儿，称为信摊儿。

摊儿恐怕是市场上最小的营业单位了，摊主也恐怕是最小的CEO了。但是，若从市场主体而论，摊儿之与企业集团是一样一样的，如同梵蒂冈共和国之与美利坚合众国，在联合国的大圆桌上享有的席位是同等的，无分大小，不论贵贱，投一票算一票，且只算一票。在日常生活中，摊主以其辛勤劳作和低成本运营，给人们带来了便利和实惠。摊儿满足了社会的普遍需要，却似乎历来都未受到管理者待见。

那时候，邮电局门前是一片相当开阔的水泥地坪，看上去面积不比当时县政府大门楼前的那片水泥地坪小哪去。信摊儿就摆在邮电局营业厅大门前南侧台阶下边，地方很宽绰，没有打任何招牌幌子，没有挂如代写书信之类的广告字样，只是摆了一张斑驳陆离的老式条桌和几条同样老旧的大板凳。条桌上放着一支蘸水笔，斜插在墨水瓶里，一支大号拧帽式黑色钢笔，一方砚台，一支小楷毛笔，还有信纸信封和邮票。这些物件构成了信摊儿的有形资产，或者叫作硬件。这些硬件固然是必需的，但主要的、核心的、起支撑作用的，还在于信摊儿的无形资产，或者叫作软件。那么，信摊儿的软件在哪里呢？有人说，在摊主的肚子里。

提起信摊儿摊主，在当时，可以说是灵城无人不识君。他叫王成会，是位老者，中等身材，微胖，古铜色面庞周正而俊朗，透着几分古典气质。看上去像是个有些脾气的人，却待人颇温和。说话慢条斯理，抑扬分明，顿挫有致。举止略显迟缓，神情泰然自若。衣着极简朴，喜穿中便装。一副深褐色老花镜固若金汤地傲立在鼻翼上端，镜片与眼球之间形成了适当的距离与落差，很好地满足了他接待顾客时忽而抬眼观人忽而垂眼书写之需。

王成会那张斑驳陆离的老式条桌正式搬到邮电局营业厅门前，也就是信摊儿公开对外营业，始于1964年初。在此之前的许多年里，王成会在那张老式条桌上已经不知道给慕名而来的人代写过多少封书信了。王成会年轻时没有指望要凭笔杆子立命为生，更没有想过老来之年还会摆起这么个信摊儿给人代写书信。起初是街坊邻居家外地来了信，自家没有识字的，就来请王成会给念信，念罢信，那邻居又央求借他贵手给写封回信。王成会二话没说，随手就帮助邻居写了封回信。这事后来一传开，王成会手中的笔就再也停歇不下了。在那个什么都缺就是不缺文盲的年月，找他写信写申诉的人与日俱增，直至家里实在容纳不下。说来也是命中注定，邮电局又正好建在他家的正对面，隔着那条青石板大街而相望。就这样，在那些目不识丁的人期待的眼神中，王成会顺风顺水地就把信摊儿摆在了邮电局门前。这才叫作天赶地催人帮忙。

信摊儿就这么应运而生了。从我记事时起，敢于或是乐于把信摊儿公开摆在邮电局门前的，且长此守候，把代写书信做成一门营生的，王成会是第一，也是唯一。就像当年的邮电局一样，独领风骚，谁与争锋？

王成会敢于把信摊儿摆到邮电局门前，信心自然是建立在他那满肚子的学问上，而他那满肚子学问又打哪儿来？

王成会1904年生于老灵城的酱园世家。据王成会后人不无骄傲地介绍说，王成会祖父的祖父本是太平天王洪秀全的义子，可算得太平天国义王子，人称干殿下，太平天国运动失败后，为避清廷逐杀，又心念天王，遂隐姓埋名，取天王之王为姓氏，辗转流落灵城，创办了酱园产业。酱园生意好，好到什么地步？说，他们家酱园店一天到晚不停地有顾客前来打酱油，单是酱油端子滴漏的酱油，就能从隔顶口十字街北侧（原老百货公司）的酱园店，顺着青石板街道边儿一直向南三百多米，又流回到邮电局对面他们家的酱园场，画出了一幅蔚为壮观的酱油回家路线图。酱园生意好，家境不用说也是富得流油。作为富家公子的王成会，幼年便得以入私塾就学，学业有成，成年后从父亲手上接过酱园产业。不料民国倒台，新中国成立，政府对资本主义工商业实行"一化三改造"，酱园由私有改为公有，王成会也由工商业主被改造成为无产者和劳动者，从此开启了一段非同以往的新的人生。

王成会满腹学问来自他扎实的私塾功底。不用说，王成会当年入私塾就学目的很明确，是为了成年后更有能力把兴隆的酱园产业接管起来，传承下去，以施展抱负，光宗耀祖，不曾想过要用自己的寒窗苦读去成就给人代写书信的营生。但世事难料，当他接过祖辈基业不久，中国社会发生了天翻地覆的变迁，他的人生角色一下子完全掉了个个儿，酱园划归公有，财产不再姓私。所幸的是这满腹学问还属于自己所有，谁也拿它不去。应当说，正是因为有了这满腹学问，才使王成会有了观世事、看人生的头脑，当偌大的产业从他手中易主他人的关头，能够淡然面对，随遇而安。也正是因为有了这满腹学问，才使他的生存有了最后一线保障。如此看来，什么都有可能过时，什么都有可能作废，而知识却从来都不会失去它的存在价值，都是一种社会财富，都是一种社会需要。怪不得我们的古人要竭力鼓吹：万般皆下品，惟有读书高。

王成会的信摊儿出摊收摊时间跟邮电局营业作息时间同步。信摊儿的顾客来自全县城乡各地，男的女的老的少的都有，而以妇女和中老年人居多。一般上午早一些来到信摊儿的顾客多是城里关外附近的，要么就是家中有事需要赶快写信或回信的，都起早过来，有的甚至半夜就起身摸黑徒步走好几十里路往这儿赶。那些不太急的就吃过早饭，一来赶集，二来写信，等来到信摊儿已近晌午，有熟悉的人问，怎么来这么晚？就打趣地说，俺这十一号小包车跑不快呢。有早来的，有晚到的，正好把王成会写信的时间自然拉开，来个合理分配，倒是不至于一时间顾客积得太多，等得急人。

同样是写一封信，有的时间长一点儿，有的时间短一点儿，有的省劲一点儿，有的费劲一点儿。

有的顾客别看他大字不识一个，却有着过人的口头表达能力，把事情说得有条有道的。遇到这样的，王成会就会像记者一样，把那人所说原本记录下来，一封书信就写成了。

有的口笨，在家里明明想得好好的，到了说的时候却早已忘得一干二净了，东一榔头西一棒子，不知所云何物。遇到这样的，王成会就得边询问边诱导，直到拨云见日，真相大白，然后再把信给写出来。

有的是话痨，唠唠叨叨，喋喋不休，什么细枝末节、鸡毛蒜皮，一股脑地都抖搂出来，根本刹不下车来。遇到这样的，王成会就得把那人所有的唠叨话都仔细地听进耳朵，然后再进行一番概括梳理，去其杂芜，删繁就简，罗列出几条来说给那人听，那人确认了，再动笔写信。

有不少人是来写回信的。他们手里攥着外面寄来的信，有拆开封的，也有原封未动的。原封未动的人会说：拆开有黄子用？俺又不认得字，字也不认得俺。拆开封的也不认得字，只是有些见信心切，想早点看看信皮里面的瓤儿，看到了瓤儿，就好比看到了远在他乡的亲人。遇到这些写回信的，王成会得先把来信读上一遍，给要写回信的人听。信上面要是有文言，就把文言译成白话，有不好懂的词句，就详细地加以讲解，还不懂，就比个例子，多像是老师在上语文课。王成会那副云遮月的嗓音，读起信来逻辑重音显得十分清晰，他要努力把来信的情感色彩也最大限度地给传达出来，好让听信者更加透彻、确切地把握来信内容和写信人的心情。

也有不少是常年的老顾客，他们干脆就把王成会的信摊儿当成了信件往来的通讯地址。外面来了信件，他们愿意在第一时间把那些信件交由王成会处置，该回信的就任凭他写封回信，该怎么写也任凭他给做主。小小信摊儿俨然成了邮电所，王成会也俨然成了这些老顾客家里面的当家人。他们彼此当朋友来处、当亲戚来走，稳稳地建立起一种信任关系。每逢过年过节，他们都忘不了带上礼物来看望王成会。

还有一些顾客是带着满腹愁云来到信摊儿的，他们要把自己的心事乃至隐私、家事乃至家丑向王成会和盘捧出，以求写上一封能够彻底表达自己意愿的书信。王成会会把这些顾客安排在下午人少的时候到信摊儿来，或晚上到青石板大街对面他的家中，给他们单独写信。有的顾客路太远等不得下午或晚上写信，王成会就把信摊儿跟前的其他人等全都支开，给他或她一对一地单独写信。这些顾客之所以愿意把自己不为人知也不想为人所知的事情和盘捧给王成会，更多的当然还是源于信任。事实也确如他们所希望的那样，他们的那些事一旦进了王成会的脑海，就像被封存在了保险箱，无一丝一缕外泄。

信任是诚而不欺，信任是信而不疑，信任是人与人之间可依可靠的力量。在纷繁的人世间，信任，无时不需，无处不要。

"怎么续？"这是王成会动笔写信前总少不了要问明的一个首要问题。意思是，写信的人，你怎么称呼收信的人啊？

"见字如面"，则是王成会所写每一封书信正文之前总少不了的开篇词，就像过去皇帝圣旨前面都要照例写上"奉天承运，皇帝诏曰"一样。现在的人们已经不能体会到"见字如面"这四个字给写信人寄托的那份祝愿与期盼和给收信人捎来的那份激动与兴奋了。在纸质书信盛行的年代，这四个字，几乎每信必用且百用不俗，原因很简单，只因为那年月的人们，别时容易见时难。

让我们最感神奇的是王成会的那均为六根手指的双手。多出的那根手指是从小指的外缘根部生出的。王成会每每用钢笔或蘸水笔写信时，那根多出的手指会自然妥帖地、协同配合地履行着依托和支撑的职能，让其他手指兄弟能够舒适洒脱地去完成书写的任务。我们上小学中学的时候每天从邮电局门前经过，经常会饶有兴趣地过去围观王成会老人用六根手指的手给人家写信的情景。有人说了，这是天赋异禀之兆，只有在有能耐的人身上才会出现。说，不是随随便便哪个人都能伸出这六根手指头来的。

王成会凭着这与众不同的天赋异禀，写得一手骨力遒劲的颜体范儿的钢笔字，端庄大气，丰厚饱满，有金刚怒目之神，具壮士挥拳之态。颜体字讲究的是横轻竖重，他写那一竖时，常常会划穿信纸，显出运笔的力道来。在信摊儿上给人家写信，考虑到书写速度，他一般使用的是钢笔。蘸水笔是在钢笔不下水时的战备笔，也为小小信摊儿增添了几分文气。毛笔则是用来写由他为顾客全权做主的那些书信的。这样他就可以从容挥毫竖书，笔随意走，意由心生，既写了信，又练了字。

无论书信长短难易，王成会给任何顾客写信都只收两角钱。除去邮票、信封、信纸、笔墨成本，他每代写一封书信的运笔费大概是八九分钱。这个收入，看似微薄，倒也不薄。若按当时的"行情"细细算来，在那个一枚鸡蛋二分钱、大干部小干部两毛钱一条裤的年头，这个收入，用来维持一家几口人的生计是没有问题的。

除了代写书信，王成会还给人代写申诉和诉状。在那个动辄获罪的年月，冤假错案比比皆是，谁都保不齐今天还是革命派，明天就成反革命。一般需要代写申诉和诉状的人，家里一定是摊上了大事、走入了困境，所以，尽管申诉和诉状比书信要难写得多，但他给人代写申诉和诉状却分文不取，有时甚至还要搭上一顿饭。当然，前提是他认定了那人是真有冤情、确有理由，对于那些拿着不是当理讲的人，他会婉言拒绝："这个，写不好。"而如果遇到真的写不好的申诉或诉状时，他就会叫人去找他的儿子出马。他儿子叫王治平，当过小学校长，是孙淮宾先生的同窗。当年我们上中学时，几个喜欢语文的同学曾对王成会家大门上的一副字体隽永、形式清新的春联极有印象："莺歌燕舞地，鲲鹏展翅飞。"后来知道，这副难得一见的流水对春联，就出自王治平之手。

王成会扎实老到的识文断字功力也是远近闻名。邮电局收发电报中，经常会出现一些生僻字。那些工作人员有时会拿着这些字，名为讨教，实为事先查完了字典后故意去考问他，他总能如数家珍地把那些生僻字的字音字义说得一清二楚，令那些"考官"不得不心生佩服。对于"矮"字和"射"字的原始字义，他坚定认为，应该是古文人误读了甲骨文或金文上老祖宗造字的本意，把"矮"字和"射"字的原始字义给弄错了位。在他看来：委身放矢（矮）本是射，寸身之体（射）方为矮。

王成会自从摆起了这个信摊儿，就一直没有停顿过。令人难解的是，在阶级斗争、路线斗争风起云涌的年代，红卫兵们没有因为王成会的资本家身世而对他的信摊儿施以打砸，打办室没有因为王成会的交易行为而对他的信摊儿予以取缔，税务部门也没有因为王成会获取了写信收入而对他的信摊儿课以税费。长期以来，对于这个公然摆在邮电局门前的信摊儿，官方既没有人赞许，也没有人反对，民间既没有人非议，也没有人红眼，仿佛这个信摊儿压根就不存在，抑或是摆在了桃花源中。若问何故？有人感慨道：皆因信摊儿是直接为广大工人阶级和贫下中农服务的啊！工人阶级和贫下中农的现实需要，就是信摊儿的生命线，就是王成会的幸福线。

1980 年初，王成会病倒了，继而仙逝。邮电局门前的信摊儿也随之消失了。据说后来又有几人欲继承王成会前辈的遗志，将信摊儿代写书信事业进行到底，然最终又都匆匆投笔作罢，偃旗息鼓。

又过了若干年，邮电局也改名邮政局了，位置虽然原地未动，但是门前的那片相当开阔的水泥地坪已经被拓宽的街道吃了去，从而使如今的营业厅落入唇亡齿寒的窘境。遥想当年，邮电局营业厅的人气何其爆棚，简直可与粮站、汽车站、电影院等量齐观，寄信邮包裹、发电报打电话的人们把营业厅挤得水泄不通，厅内实在容不下，常常要把巨龙一样弯曲的队伍排到门前那片相当开阔的水泥地坪上去。

书信是平安的消息，书信是心事的传达，书信是情感的交流，书信是遥远的牵挂。生产力越是低下，社会越是动乱，科技越是不发达，书信就越是显得金贵，就像诗中所云："烽火连三月，家书抵万金""家书万倍金难得，远梦千回路不知""一行书信千行泪，寒到君边衣到无"。

经济贫弱，教育落后，文盲充斥，使代写书信可以成为一种职业行当，一种社会必需。由此触动了我的连环记忆。小时候，老灵城西关街有一个专事修马蹄、钉马掌的铺子，生意相当红火，天天马来马往。马到了这里就像如今的人们进了足疗房一样，显得格外怡然自得。灵璧县马车站（灵运集团前身）那时候是全县物资运输举足轻重的单位。拉车跑运输的马乃是县之重器，为保障全县人民的生产、生活物资供给，立下了汗马功勋。马要立功，光有膘肥体壮还不够，马蹄失修会疯长变形，蹄无铁掌会磨穿溃烂，马难举跬步，何以至千里？于是，就给修马蹄、钉马掌者带来了良机。与之攸关，为了给马锻造铁鞋，对面的铁匠铺也随之锤声更紧，炉火更旺了。

然而，物换星移，时过境迁，马车站、马掌铺、铁匠铺以及邮电局门前的信摊儿等等，都已消逝，只留在人们的美好记忆中。

这不是悲剧，是喜剧。

邮电局门前的信摊儿的消逝，意味着庞大的文盲群体的逐渐消逝。书信代写的需求被消灭以后，其他各种体裁文书的代写需求依然存在，诸如申请、报告、演讲稿、策划书、诉状、小说、剧本等等，它们都需要找到相应的代写人或者枪手。这说明代写不只是一个技艺，它是知识的应用，智慧的发挥，文化的输出，才华的施展。代写书信这个职业行当可以消逝，而社会对知识的需求和专业化的服务却不会消逝。

邮电局门前的信摊儿消逝了，王成会老人那张斑驳陆离的老式条桌不见了。那张标志着信摊儿存在的老式条桌，本出自清代某工匠之手。它有过英姿勃发的当年，曾经是主人最心爱的账桌，身处受人瞩目的账房之中，时刻被擦拭得光滑锃亮，尊享着得宠的荣耀，见证了主人每一笔财富的进出。后来，账房不存在了，它的账桌使命随之完结，就连身上那些装点过自己华贵的部件，也被人肆意拆卸损毁，变成了只有四条腿儿和几根称儿支着一张面儿的案子。然而，它虽然老态龙钟，却不腐不朽，依旧保持着硬朗的筋骨，向世人显示了它的好料子；它虽然面目全非，却不摇不晃，从来听不到那吱吱唧唧的呻吟，向世人显示了它的好榫眼。劫后余生，它陪伴着主人守候着信摊儿，聆听百姓故事，度过了一段平凡而温暖的时光。主人离世，再没有一个人需要它。终于有一天，它被劈成木柴，投进灶膛。燃烧的火焰，释放尽它身体的最后的光热，绽放出它生命的最后的微笑。

张豁鼻子

晏金福

20世纪50到70年代，我们晏湾有个家喻户晓的公众人物——张豁鼻子。首先，请原谅我使用这个不敬亦不雅的称呼，因为我实在想不起他的名字了，好像我从来就没听到过有人喊他的名字。

张豁鼻子是我们晏家的姑爷。他原来在渔沟街上开染坊，和我们晏家结亲后，就把染坊搬到我们晏湾了。他在我们晏湾的辈分很大，这么说吧，我在晏湾是中等辈分，还得喊他姑太，你看大不大！我们晏湾人有个不太好的习惯，就是喜欢开这些姑爷、姑老、姑太们的玩笑。何止是开玩笑，有时就是骂。可是奇怪的是，这些姑爷性格一个个都那么好，被骂了，不仅不生气，反而笑呵呵的，好像挺荣耀。举一个例子，晏湾一个姑爷叫薛奎，辈分也很大，可是大家都叫他薛大毛。有一次扒河，东庄的人听满河筒子的晏湾人都喊"薛大毛"，就跟着喊，他不干了，绷着脸说："他们叫我姑爷、姑老，他们喊，我乐意！你们也叫吗？"

还是言归正传。张豁鼻子来到晏湾后，很快受到晏湾人的喜欢。那时候，对农村人来说，印花布还是奢侈品，家家都拿家织布或买来的"白洋布"到染坊去染，可以染成藏蓝、黑色、咖啡等，还可以扎一下，染出点花色来。所以，每家每户都和染坊断不了来往。张豁鼻子做生意很和气，亲戚里道的，钱多钱少，有钱没钱，从不计较。就这，亲归亲，开玩笑的习惯丝毫不改。

有一天，染坊里聚了许多人。一个小伙子说："我讲个笑话给大家听，有一只兔子和黄鼠狼住一个窝，碰巧了，同时下窝。兔子和黄鼠狼的孩子混在一起，怎么也分不清，于是吵得不可开交。没办法，只好请猫来做裁判。猫说：'说说，你们的孩子都有什么特征。'兔子说：'我儿是豁鼻子。'黄鼠狼说：'我儿是黑爪子。'"张豁鼻子鼻子有点豁，手整天染布，自然是黑的。小伙子话音没落，立即引起哄堂大笑，张豁鼻子也在一旁嘿嘿地笑着。

张豁鼻子要经常走村串乡，收布送布，所以买了一辆加重"永久"自行车，后轮两边还焊了货架。开始，我们全庄只有这一辆自行车，于是，这辆车就成了全庄的公车。只要张豁鼻子把车往门前一扎，马上就会有人来借。真有事，借也就借了。可是，有些"讨债鬼"有事没事都去借，借了还有意作践。有一天，张豁鼻子送布回来，刚扎好车子，来了一个年轻人，说："姑太，俺妈不舒服，车子借我用用，上街买点药。"可是这家伙车子骑不多远，就有四个年轻人在路边等着。他说："你们都上来吧！""行吗？"有人发出疑问。"没问题！"这家伙大包承揽。于是，前面大杠上一个，后面三个，车子驮了五个人，玩杂技般向村外飞驰而去。由于已近中午，烈日当头，骑着骑着，突然"嗵"的一声，车胎爆了，几个人只得下了车。这家伙说："我骑回去还他，你们走回去吧。"有人说："还能骑吗？"这家伙的"六"劲儿又上来了："没问题，反正他有钱！"等他把车骑到张豁鼻子门前时，气门嘴已不知去向，一副内外胎全部报废。

还有一个缺德鬼，有一次，看张豁鼻子换了两副新车胎，就去借车。骑到街上后，把车胎卖给车行，换上两副报废的旧车胎。那时物资匮乏，车胎也是紧俏货，害得张豁鼻子到处托人买车胎，耽误了不少生意。我问张豁鼻子："姑太，你怎么由着他们作践？"他叹了口气，说："不由着咋办？和他们吵、打，有用吗？东西要不回来，枉得罪了他。再说，我日子过得总归比他们好些。"

哎，我真是服了他了。

母亲的为人

晏金福

1956年冬，我刚上初中。父母为了让我住校不受冻，倾家所有，并借了些钱，给我置了一床新棉被。这床被，里子是那种纯棉的老粗布，很柔和。面子是当时流行的十颜景花的，非常鲜亮。我可喜欢这被子了，盖着既舒服又暖和。同学们也都挺羡慕，争着跟我一床睡。

可是这床被子我盖了时间不长，一天星期六回家，母亲突然对我说："你明天到学校去，把被子抱回来，你和别的同学挤一挤。"我问："为什么？"母亲说："你东院子大爷病了。没被子盖，让给他吧。"大爷和我父亲同祖父，和我们一宅两院。要说让给别人，我还能理解，让给他，凭什么？因为一提起他，我眼前就浮现出一个月前的一幕。

那也是个星期天，我正好在家。听到大娘在门前瞎嚼胡骂，我出去想听听她骂什么。她见我出来，骂得更凶了，什么难听骂什么，什么下流的话都骂，指桑骂槐，矛头直指我家。她是长辈，我大小是个男人，拿她也没办法，只得忍气吞声地回到屋里。母亲："她骂谁呢？"我说："还能骂谁，骂咱家呗。""为啥？""为啥？说是我们嫉妒他家！"当时我家只有父亲一个劳动力，母亲眼睛不好，我上学，妹妹才 11 岁，弟弟只有一岁，是冒户，分到的粮食少，还冒钱。而大爷家只大爷、大娘、老黄哥三口人，全是劳动力，分到的粮食和钱都比较多。母亲一听这事，不愿意了，马上走出去，拉着大娘说："嫂子，做人得凭良心，今天太阳毒毒的，俺俩跪下赌个咒。"说着母亲就跪下了："俺要嫉妒你，死俺全家！你也跪下赌个咒。"可是无论母亲怎么拉，大娘就是不跪。这时，周围已经有了许多看热闹的，大娘显得非常尴尬。可是大家心里都明白，大娘一辈子不当家，逆来顺受，没有人唆使，是不会出来骂的。事情才过去几天？骂声依然在耳，母亲怎么就忘了？我知道，母亲当然不会忘记。可是母亲就是那样的人，一辈子永远都是以德报怨。这么好的被子让给他，我内心里一百个不愿意。可是，母命难违，第二天，我只得乖乖地跑到学校把被子抱了回来。

我只以为他盖个几天，病好了，就会还给我。没想到，他却一病不起，两个月后，竟撒手人寰。于是我的新被子连同他睡过的软床子被一起扔到汪里。几天后，母亲把被子捞了上来，拆了，用开水烫了又烫，洗了又洗，可是我宁愿挨冻，却再也不愿意要那被子了。

我虽然损失了今生最最喜欢的一床被子，可是，我从中悟出母亲的伟大。我这一辈子都在学我的母亲，可是我做不到她的一角儿。写出来，愿我的子孙永远继承这种精神，并发扬光大。

秃子叔

韩 英

秃子叔是我的远房本家。很小的时候就知道他是一个老实巴交的人，十里八乡的人都公认他是个好人。母亲也老是说："你秃子叔可是个好人呀！"

最初我不知道为啥要喊他秃子叔，只是感觉他有点与众不同的是因为他的帽子。长年累月，一年四季，他从来没有离开过帽子。冬日里总是戴着"三块瓦"棉帽子，黄色的，翻出来是黑色的毛绒，有点"雷锋叔叔"的感觉；夏天就是一顶破草帽，常常是中间破了一个洞，或者边缘已经被撕掉了几圈；春秋天不冷不热，他就戴着一顶褪了色的灰不溜秋的布帽子。我一直很疑惑，大热的天，人人都想拿掉帽子见见风，而他却总是把头遮得严严实实。偶有风吹过，他立即神情紧张地用手把帽子按住，唯恐被刮掉。人们总是挤眉弄眼，也不点破，我就更是纳闷。只是偶有一次，秃子叔一手牵着牛，一手拿着鞭，要到田里去耕地。走在路上忽然迎面吹来一阵风，一下把他的草帽子掀了起来，秃子叔刚想用拿牛鞭的手去按住帽子，已经来不及了，帽子被远远地刮到了路边的水沟里。秃子叔这下急了，想放下牛绳去拿他的帽子，又怕牛跑了，不去拿帽子，整个秃头都暴露无遗，于是他一手牵着牛，一手捂着头。正在两难之际，却围上来许多孩子，孩子们不敢近前，在远处跳跃着大喊大叫："秃子，秃子，都来看秃子喽！"可不是吗？一眼看到他满头白花花的肉，明晃晃的亮。秃子叔羞得面红耳赤，无地自容。至此，我才知道为啥叫他"秃子叔"。

秃子叔只是头秃，其实人长得很漂亮的。母亲说，当初秃子婶子之所以看上这个穷小子，还不是因为看上了他的一表人才，就他那家徒四壁的穷光蛋一个，谁会嫁给他？要说秃子叔的这桩美满婚姻，还要谢谢我小姨。我小姨因为经常到我家来走亲戚，看到这个叔叔沉默不语，憨干活。别人都休息了，他还在干，别人吵吵嚷嚷，他却任劳任怨。小姨开始注意这个实实在在的小伙子，琢磨着婆家的侄女要是嫁给他，肯定能享一辈子清福。小姨于是把想法告诉了母亲，母亲一愣神："他家可是很穷哦！你可要考虑清楚。父母亲都在58年、60年那时饿死了，就剩下这一个苦命的孩子，也算是吃百家饭长大的，你不怕你侄女嫁过来以后受苦？"母亲停下来，沉吟了一下："不过，这孩子还是很仁义的，又能吃苦又能干，按说跟他也没啥罪受。就是有点太老实，容易受人家欺负！这以后都分了单干，也没啥，只要能干，就有好日子过！"母亲的一番话，更让小姨信心满满，一定要成全这桩美满的婚姻。

于是，在一个暖暖的冬日里，秃子叔要相亲喽！小姨亲自带他去，因为他不会说话，见人脸就红，所以小姨必须得做好各项安排，确保万无一失。相亲的头天下午，小姨就早早地来到我家，和母亲一起规划相亲的程序，给秃子叔做好各种准备工作。到那儿不敬烟不说话，话也要想好了再说，见了老人和孩子也要客客气气，见人就撒糖，这个必须要交代清楚，要让人家知道我们是知情达理的人。另外还要给秃子叔"武装一下"，不能太寒碜。母亲陡然想起了村里有个回家探亲的军人，现在还没有回部队，于是连夜把他的军棉帽和黄大衣也借了来，秃子叔往身上一穿，那真是"人是衣，马是鞍"呀，用现在的话说，简直是帅呆了！母亲和小姨围着他转了一圈，看了又看，不禁啧啧称赞。那时，村子里有两户"冒尖户"新买了自行车，"永久"牌的，母亲便找人去借，那家人虽是买了车，却一直没舍得骑，包装纸还没有撕下，崭新崭新的，闲放在屋里。一听说秃子叔相亲要用，二话不说，大手一挥："牵去，这是好事，这孩子不容易呀，给他找一家人，也让他有个温暖。"可是秃子叔吓了一跳："我又不会骑车，借自行车干吗，想让我当众献丑吗？"小姨乐了："不用你骑，你只管牵着车子跟在我后面走就行。"

　　第二天早上，应该是阳光明媚吧。小姨提着小篮子走在前面——那时候时兴提篮子，不是现在都提着小包，这个必须得说清楚。秃子叔牵着锃亮锃亮的自行车紧跟其后，这兄妹两个就直奔秃子婶子的村子走去。村子里的人家几天前就知道婶子今天要相亲，于是家前院后围满了人，老人想看看热闹，孩子想看看能不能弄两块小糖吃，姊妹娘们就在那闲谈着耐心等待。突然有人大喊："来了，来了！"于是大家纷纷向村头看去。有老人不禁称赞："看起来是个当兵的，个头蛮高的，不错不错，一表人才！看看，人家真懂礼，还没进村子就下了车，这是有教养的后生呀！""是呀，是呀！"大家随声附和。这时婶子突然从屋里跑出来，扒着门框向外看，一眼看到越来越近的秃子叔，于是喜不自禁，竟脱口而出："长得像杨子荣！"这下村里人可笑醉了，哪有这样不害臊的姑娘，自己夸自己的女婿像"杨子荣"，这真是"老王卖瓜——自卖自夸"。这个笑话便不胫而走。

　　直到婚后，婶子才知道叔叔是个秃子，但是婶子无怨无悔。因为秃子叔会疼老婆，脏活累活不让她沾手，只管在家操持家务养孩子，要吃啥穿啥尽管去街里买。那时的女孩子大多是"在娘家青枝绿叶，到婆家面黄肌瘦"，但是婶子却恰恰相反，在娘家吃不上几顿饱饭，但是到了婆家，就吃得又白又胖。经常是秃子叔负重前行，婶子跟在后面扭扭捏捏，打扮得像"小凤仙"似的。村子里就有人开玩笑说："呦，家里饭都被你独吞了，看你又胖了。"秃子叔就嘿嘿地笑，婶子不无骄傲地说："那是，喝了婆家的水，又长胳膊又长腿，你小子还眼馋吗？"开玩笑归开玩笑，你可不能揭了婶子的短。有一次傍晚时分，婶子背着一粪箕子青草从村头走来，这时秃子叔赶过来迎她，怕她累着。有个本家弟弟突然来了灵感，皮笑肉不笑地对婶子说："你看，那边谁来了，杨子荣来了！"婶子抬头一看是叔叔，顿时羞得满面通红，把粪箕子向地上一撂，拿着镰刀就去撵这小子："你这个挨千刀的，哪壶不开提哪壶，想死吗？"

秃子叔不仅长得一表人才，关键是他特善良，用现在网络语言来说，那就是善良的不带一点锋芒。那时的农村，这样的老实人往往要被那些刁钻无赖村民欺负。盖房子的时候占上他拃把宅基地，耕地的时候多耕他犁把地，那都是常有的事。婶子可是气不过，骂骂咧咧，蹦里蹦外，指桑骂槐的。秃子叔总是一边笑着把婶子往屋里拉，一边低声劝说："干吗呢，干吗呢？都是乡里乡亲的，谁不占谁点个啥，计较个什么，赶快回家。"婶子也就消了气，回家带孩子做饭。

可是有一次，婶子却没有善罢甘休。据说整整闹了两天两夜。那是年前，秃子叔到街里去买年货，熙熙攘攘的大街，人潮涌动，叔叔突然看到一群人围了一圈，水泄不通，什么热闹事呢？受好奇心驱使，他扒开人群挤了进去。一看才知道，原来是个卖衣服的地摊，有一对母女拿了人家一件衣服不给钱，揣在怀里就想偷走，却被摊主一把抓住，又是打又是骂，还不许走，必须把这件衣服买下来。可怜这对母女在众目睽睽之下，羞得无地自容，也拿不出那十元钱买衣服，只好在那抱头哭。众人议论纷纷，却没有人上前说话。秃子叔一看，就发了慈悲心，挤上前去劝摊主，就放她们娘儿俩走吧。摊主眼一瞪："怎么？放了她们，说得轻巧，你要是同情她们，你给她们付钱呗。"这话说的，秃子叔来了气。那对母女像突然见到了大救星，一齐跑过来拉着他的胳膊，苦苦哀求。叔叔摸了摸兜里的那二三十元票子，想想这是婶子积攒了好长时间，今天才交给他来买年货，还是有点舍不得。母女俩一看白要是不行了，于是转换话题，说先借一下，回家就拿来还你。叔叔这一听就放心了，把钱交给了摊主，那母女千恩万谢，并且再三告诉他，就在这儿等着，回家就送钱过来，然后拿起衣服扬长而去。

就这样秃子叔在那左等右等，一直等到大中午，也没见个人影。摊主要收摊了，秃子叔也急了，就不耐烦地说："这人，怎么到现在还不来？"那摊主就诡秘地笑："你这个人呀，也太实在了，谁个还会给你送钱，那明明就是骗子。"叔叔不信，很好的人呀，看着怪可怜的，怎么可能是骗子。太阳渐渐偏西，街上的人慢慢散去，叔叔这下彻底死了心。这钱没有了，年货也没有买，回家可怎么交代吧，只好垂头丧气地跑回家。婶子一听，顿时肺都气炸了，"腾"地从床上跳了下来。这还了得呀，十元钱呀，那可是二斤猪肉，二斤猪肉呀，那可是一家子过年的盼头呀，就这样打水漂了。婶子连抓带挠，撕扯了一顿，重新又爬到床上，那个哭吧，一把鼻涕，一把泪，哭一声，骂一声。秃子叔反而冷静了："至于这样吗？都说是骗子，我看不像，还是穷，要是有钱，谁会去干这丢人现眼的事。"说完，把小袄襟子向胸前一揣，闷声闷气地蹲到大门边。任你骂去，总有结束的时候，我就不信，你个小女人，还能翻了天。两天后，婶子哭够了，也骂够了，这日子还得过，抹把眼泪爬起来，该做饭做饭，该喂牛喂牛。

这样类似的事情在秃子叔身上发生不止一次，村里人都偷偷地笑："秃子是个勺子，差心眼。"人们如是说。但是勺子也不是总是差心眼，比如说培养孩子读书这件事情。那时候刚刚时兴出门打工挣钱，许多人家一看，读书没有用，索性早早让孩子辍学出门，远到江浙一带去打工，每年都可以给家里挣上一笔可观的收入。可是秃子叔不这样想，再穷，也要让孩子读书，勒紧裤腰带，也要把孩子培养出来，不能让孩子再苦一辈子。偏偏两个孩子很争气，先后考了北京的大学，录取通知书发来时，却没有了上学的学费，婶子急得直哭。叔叔不声不响，跑到银行去做贷款，这一去才知道，还有无息贷款，专供培养贫困大学生用的，国家竟然还有这样的好政策，婶子破涕为笑。于是俩兄弟得以顺利完成学业，毕业后就留在了北京，做起了电子产品生意，这一做竟然风生水起，几年后成了小老板，后来又转战上海，听说在上海买了几套房子，这在我们村里可是首屈一指的。

有次我回娘家，等了好长时间才见到母亲从后面走回来。母亲说："在你秃子婶子家洗澡呢。"我问："这样天气你在她家洗澡，冷不冷啊？"母亲一下乐了："你还不知道吧，你婶子家可不是当初那样穷了，两个儿子回来给他们盖了三层小洋楼，那里面装潢的呀，比城里人还洋气。客厅里到处都挂着灯，还有什么家庭影剧院。就连洗澡间都装了空调，怎么会冷？你婶子经常让我去她家里洗澡，能帮我搓搓背，还要让我吃吃点心，都是从上海带来的。"我一边听着，竟然也喜不自禁，想想叔叔婶子终于熬出了头，过上了好日子，心里亦是满满的高兴。

平凡的母爱

高西梅

　　遥远，太遥远，远到不记得妈妈的生辰与归期，只记得妈妈是在62岁那年撒手人寰。时值秋天，田里的玉米正在等待收获，往年这个时候，妈妈已经收拾好一摞蛇皮口袋，把砍玉米秸的镢头放在门后伸手就能拿到的地方，一家5口人的棉衣及铺盖均已浆洗缝好，整齐地放在柜子里。一日三餐虽粗茶淡饭，却十分可口的等在家里。而今年的此时，妈妈躺在床上无声无息，一点也不过问那些事情，也不再问我："可饿了？可渴了？可热了？可冷了……"任凭我哭得背过气去，也不伸手帮我擦一下眼泪，也不把我搂在怀里轻拍后背哄着，就那么静静的睡熟了似的。

　　回家，我习惯性地进门就喊："妈，我放学了"，"妈——妈——"不听答应，一顿，立刻呆了呆，回过神，心里忽然少了什么，空落落的没头没绪。第二天，第三天，第四天……心里像被抽空一样，眼睛茫然地不知望向何处，可以几个小时一动不动。去厨房烧锅做饭，手里拿着火柴，从东屋找到西屋来回转悠，父亲问："你找什么？""找火柴引火。"从来都是衣来伸手饭来张口，油瓶倒了也不叫我扶的呀，我是妈妈最小的孩子，妈妈从来都舍不得支使我。妈妈辞世后，我坐在教室里，看见外边刮风了，心想，家里晾晒的衣服别被风刮跑了。下雨了，心想，糟了，家院子里晒的柴火淋湿了，晚上怎么生火做饭？晴天该淘粮食机面了，后天该和发面蒸馍了，夏天来了该拆洗被褥了，冬天到了该缝铺的补盖的了，诸如此类，怎么这么多事情！干完一件还有一件，老是做不完，想着想着就会哭一气。这些，以前都是妈妈做的啊。

记忆中，妈妈体弱多病，裹着非常小的小脚，无法下田干农活，与外界几乎没有接触，长年累月在家收拾家务，把一个贫困的家收拾得非常干净整洁，把父亲和我们四兄妹照顾得无微不至。妈妈细致、周到、敏感，对家里每一个成员都知冷知热，特别会疼人。妈妈常说："萍子身上掉一根汗毛我都知道。"这令我很惊奇，暗想，一定是妈妈带我洗澡时数过。妈妈的无微不至从没叫我尝到过磕着碰着的滋味。外婆家有几亩薄田，虽不能丰衣足食，但也能保证妈妈舅舅们的粗茶淡饭。外婆家不需要妈妈干农活，就给妈妈裹了很小的脚。妈妈做姑娘的时代以脚小为美，这就使得妈妈只能围着锅台转，那些家务活，琐碎繁杂，千头万绪，妈妈做得不紧不慢，有条不紊。我现在做事的条理性，极有可能来自妈妈的遗传。

我是妈妈在四十多岁时以无限欢喜的心情带到这个世界上来的，出生时还没有一只猫大，父亲的鞋壳就能装下，实在瘦弱。没有奶水，妈妈用米糊糊一汤匙一汤匙喂养，米糊糊热了怕烫着，凉了怕冰着，冬天温度低，还没喂饱米糊糊就凉了，喂一顿饭得反复热几次。真不知道妈妈怎么那么大的耐性，竟然以这种形式把那么弱小的一个小生命喂活了，喂大了。

妈妈生病，从外地治疗回家，我趴在妈妈的身上哭，妈妈抚着我的头说："我不能死，我舍不得这个'眼珠子'。"当时，我不懂得"眼珠子"什么意思，因不懂得，就记在了心里，成为最深刻的记忆，那时，我大约五六岁。大哥从大城市买来挂面，细细的圆圆的那种，煮给妈妈吃，妈妈每次都会留下小半碗给我，那时油粮紧缺，挂面不知有多么金贵。病痛中的妈妈一如既往地用母爱滋养着她的宝贝疙瘩。

妈妈恢复了健康，继续洗浆缝补，操持柴米油盐一日三餐。家里吃饭，一定要等到家庭成员到齐才开饭，若有一人不到，妈妈一定会拿个碗，在还没动筷前拣最好的菜和饭留一份。我现在形成的无论何事都不争不抢的笃定个性也许就来自这里。现在却显得那么不合时宜。当整个社会都在竞争，谁会像妈妈那么慈爱公正，把你应得的那份留下来？门口来了讨饭的，妈妈从来没让他们空过手。若不在吃饭时间，妈妈会抓一把山芋干或者舀一碗玉米给他们。遇到正在吃饭时，妈妈会留下让她们吃饱，说："吃口热乎饭吧，到下家不一定能遇上饭时。"饭若不够吃，妈妈就少吃或不吃，说："不饿。"尤其见到与我一般大的孩子，被母亲牵着手讨饭，妈妈眼圈就会红红的，就会悄悄地用衣角擦眼睛，临走，还会送她们一块玉米面饼或一碗粮食。

我从小被妈妈宠坏了，特别爱犟嘴。谁都敢犟，尤其对妈妈，小嘴整天吧啦吧啦的，妈妈说我一句，我有三句等着。有时，太气妈妈了，她就会扬手打我。我会吓得紧紧闭上眼睛，妈妈手扬到头顶最终舍不得落下，会轻轻地叹息一声。妈妈从来就没戳过我一手指头，母爱多么温柔。大约三年级的时候，大舅来我家走亲戚，我又与妈妈犟嘴，大舅非常生气，严厉呵斥我，并对妈妈说："你也太惯着她了，从小就这么能说会犟，长大了书念多了你不一定能管得住，干脆不要叫她上学了，下了学还能帮你替手换脚的烧个锅燎个灶什么的，你也少挨点累。"不记得妈妈当时怎么与大舅说的，只是记得，一次因交不起学费，我被老师罚站在教室门外，父亲一怒之下，到学校把我的小板凳提回家，说："不上了。"妈妈扭着一双小脚，拽着我的手，找到班里请求道："宽限两天，不要再罚孩子站了，学费到下个集卖了鸡蛋就交。"从那以后，学费和书簿钱再也没拖欠过。如果不是妈妈，我这一生估计就三年级文凭了，哪里还会有去北京全国妇女管理干部学院学习的机会，哪里会有机会坐在宽敞的办公室里敲着自己的心情？是妈妈成就了今天的我。

妈妈的爱始终呵护着我，一刻也不曾远离。一次大风天，我正好走到教室门边，那风猛烈刮来，把教室门一下子推开撞到墙上反弹回来，门上的玻璃震落摔碎了，教室里的同学因为看见我站在门外，都以为是我推门造成的，一齐报告老师。七八岁的孩子，根本无法判断真正原因，而老师当时又不在教室里，我被这突如其来的意外惊吓住了，手足无措，说不清道不白。老师找到家里要求赔偿，妈妈什么都没说把钱赔给了学校，金额4块钱。当时，火柴2分钱一盒，鸡蛋6分钱一个，食盐2角钱一斤，4块钱是一笔巨款。我冤屈得号啕大哭，妈妈把我搂在怀里，哄了好久好久，说："萍子不是撩才（注：方言：惹事，无事生非）的孩子，甭哭了，你说不是你推的，妈信，今天风太大了。"我不知道，如果就这件事被妈妈痛打一顿，我会不会对人失去信任，我的心理成年以后还会不会这么健康这么阳光。

在为人处世上，妈妈很宽厚。借人家半瓢面粉，一定要还一整瓢。邻居借我家镰刀锄头什么的，忘还了或者丢了，从不向人家讨要。妈妈去向人家借钱，会允个时间归还，到时间哪怕家里没有钱，也会去别处另一家周转还钱。人家来我家借钱不还，妈妈在人家面前只字不提，说："千万不能提，一提就像催债似的，人家若有钱，一定会还的。不到难处，谁会轻易张口。"妈妈说："上山打虎易，开口求人难。"只要有人张口，妈妈总是力所能及地给予帮助。妈妈还说："嘴稳手稳，到处安身。"妈妈对儿女的养育中，有物质的，也有精神的，这样的待人接物潜移默化地影响着、熏陶着我，几近成为我现在的处事准则。

我们一家人之间很少有纠纷。从小到大，从没听见父母吵架。小事妈妈做主，家里的钱款都是妈妈管的，人情往来吃喝用度，针头线脑四季衣裳均由妈妈安排。大事由父亲与母亲商量，很多时候还会征求大哥的意见，姐姐不参与，我太小，常常被忽略，但宠爱却时刻护佑着我。五年级毕业考试，考点设在离我家三里路远的龙王庙小学。我到现在都没弄明白，高楼小学的学生为什么要到乡下小学去考毕业试。当时，我右脚板上长了一个水泡，特别疼不能走路，第一天去考试，是大哥驮我去的考场。第二天，早晨没吃饭，我就一瘸一拐地到自己就读的高楼小学，坐在走廊上等候带队的老师，准备与同学一起去龙王庙小学继续考试。我家与我就读的小学一墙之隔，从学校院墙东边的小角门出去往北一拐，就到我家院子里了。我正在出神地看着同学们跳绳踢毽子，姐姐被妈妈一遍一遍催着，来学校找我回家吃早饭。姐姐伸手摸摸我的头，一把拽起我驮在背上往家跑，到家妈妈一看，赶紧催父亲："甭吃饭了，赶快驮萍子去医院。"到了小医院，医生说："赶紧带她上南边大医院化验，越快越好。"紧接着就挂上了盐水。几天后，医生告诉父亲："这孩子命大，再晚来一会儿就麻烦了，她得的是败血症，当时没敢对你说。"当父亲转告妈妈时，妈妈一愣，"扑通"坐在地上，半天也没能起来，那时，我已经病愈了。回过神，妈妈猛地把我拽到怀里，紧紧地抱着，好久好久也不松手。想来，不是我的命大，而是妈妈对子女的专注、细致、疼爱，还有父亲、哥哥、姐姐的亲情，及时挽救了我的生命。因为妈妈，我逃过了很多劫难，精神上的，生命上的，因为妈妈，我每次都化险为夷。妈妈的言传身教，保佑着我一生平安顺利。随着年龄的增长，我有了自己的一方天地，有了一份衣食无忧的工作，有了一个性格温和的爱人，有了一双十分可爱的儿女。养儿方知父母恩，妈妈啊，面对一堆黄土，我怎么报答您？妈妈，当您把您所有的爱都给予我的时候，那真的只是一个母亲的本能，并没想过女儿的回报，可是，您该享受的天伦之乐一点也没能享受到，真是子欲养而亲不待，这种遗憾、这种亏欠，妈妈，等来世，我一定弥补，一定偿还。

妈妈给予我的爱，琐碎，平凡，丝丝缕缕，绵延今生后世。有什么能比平凡的母爱与善良宽厚的心地更长久呢？几十年过去了，虽然已好久好久没梦见您了，但我依然相信，数万里高空之上，妈妈仍不日不夜地守护着我。妈妈，我爱您，故乡西湖那一堆黄土，生长着我永远的思念。在世间，我热爱父亲，热爱哥哥们，热爱姐姐，热爱一双儿女，热爱丈夫，热爱同事，热爱亲朋好友，热爱所有美好的人和事，这些，都源自妈妈。我延续妈妈的博爱与宽厚，直到生命的尽头。

我的妈妈，叫李振清（卿），今年是她93岁诞辰，她一直与我同在，从未远离。

烟火深处的母亲

韩 英

大姐的病好像又加重了。由于疫情的原因，到处车辆限行，交通阻断，大姐不能去医院看病，我也不能去看望大姐。但是在视频里，我明显感觉大姐的病情有所加重，她浮肿的脸、沙哑的声音，以及那接连不断的咳嗽声，让我焦虑而无奈。也是因为这些原因吧，这段时间我总是噩梦不断，父亲、母亲、二姐轮番上场，奇怪的是，梦中见到母亲时，再没有了曾经撕心裂肺的疼痛，而是极其温馨地相偎着说话，朦朦胧胧醒来时我甚至感到几分甜美，想重回梦中再继续一场温情。难道是我真的看淡了生死？还是因为排行老小，必定要经受太多亲人的生离死别，而变得麻木不仁？

清醒的时候，我才意识到，其实我还是想念他们的，特别是母亲。尽管母亲离开我们已有六七年了，思念却从未停止过，只不过这种思念已经变得断断续续，若即若离。想念母亲最多的地方并不是母亲的伟大与坚强，而是那些温馨的琐碎的生活片段，是母亲作为一个平凡的农村妇人劳苦疲惫的身影，那种在烟火深处努力生存，尽最大能力给儿女以庇护的点点滴滴。这些景象深深地烙印到我的脑海中，这一生都不能删除。

母亲年轻的时候是很漂亮的，这在我们村老一辈人的言谈里可以略知一二。父亲恰是那个年代周围许多女人迷恋的偶像，长得帅气又稍有才华，勤劳善良的母亲爱慕上父亲也是理所当然的。但是母亲嫁给父亲却注定了一生劳苦。父亲饱读诗书，对农活却不求甚解，很少下田劳动，家务事更是连锅开了都不懂。里里外外，农田劳作，操持家务，照顾孩子都落在母亲一个人身上。在那些最艰苦的年月里，父亲长年累月带着劳工在外地扒河挖沟，不能照顾家庭，母亲一个人带着我们兄妹七人，白天下地拉犁子，挣工分，晚上回家就给孩子们缝缝补补，洗洗刷刷，经常熬到通宵。由于睡眠严重不足，一年四季眼睛都是红肿的，这种红眼病一直到老都没有治愈，落下一个"烂眼子"的病根。我想母亲那时候能坚守住这个家，带着我们活下来实属不易。

我们家虽然人口多，除了两个男孩都是女孩子，缺少劳力。那个时候，农村已经实行了家庭联产承包责任制，我们皖北地区以种红麻为主。红麻是一种来钱很快的经济作物，却要付出大量的劳动，缺少劳力的人家很少愿意种。母亲为了生活宽裕一些，孩子们不再紧衣缩食，就大面积种植红麻。年龄还小的我几乎天天见不到母亲。每天早晨醒来时，母亲已经去田里了，等我晚上睡着的时候，母亲才劳动归来。有时候母亲也会早早给我穿上衣服，把我带到田头，让我在树荫下玩耍，她就带着哥哥姐姐们砍麻、撸叶、打捆，每次都到太阳偏西才能回家吃午饭。玩腻了的我又渴又饿，经常在田头大声哭喊，可是他们已经到了远远的田地的那头，茫茫的田野满地的麻捆，我只看到母亲模糊的身影。

那一年父亲被确诊为食道癌，我们兄妹，连姑姑、奶奶都跟着号啕大哭，但是母亲什么都没有说。晚饭后，母亲一人走了出去，一晚上走了十几家，凭着她融洽的邻里关系，从乡亲那借来了两千多元钱，那可是1991年，那个时候，我们家全年收入还不足五百元。第二天，母亲没有通知远在部队的大哥，把家里事情安排给几个姐姐，然后和三哥一起带着父亲去徐州做手术。在术后的两个多月里，只有母亲一人留在医院陪护，母亲把儿女都撵回了家。每人都有自己的家，母亲总是不愿影响孩子们的生活。母亲白天照顾父亲，晚上等大家都休息了，就把凉席铺在父亲的床下休息。早晨早早起来，收拾停当，不能挡了别人的路。两个月后，母亲陪着父亲回家来。我们看到父亲骨瘦如柴，面如黄纸，不禁大哭。母亲呵斥说："哭什么？现在不是好好的吗？只要人活着，什么都不怕。"在以后的几年里，母亲一边承担了全部的农活，一边耐心地照顾父亲。我记得父亲那时候，脾气特别火暴，稍不如意，就大吵大骂，饭菜不合口，一下就扔出去老远。但是母亲总是不声不响地捡起碗筷，重新再做，直至父亲吃着可口。那个时候，我们村里有十几例癌症患者，光食道癌至少也有三例，他们没有撑过三年的，但是父亲却活了下来。这期间，母亲付出了多少可想而知。

母亲再苦再累，从来没有怨天尤人，也从来没有抱怨过父亲，她总是很乐观。母亲常说，只要看到孩子们健健康康，浑身就有使不完的劲。在我的记忆里，母亲很少坐在桌边吃饭，每次都是做好了饭，父亲带着我们围坐一桌，而母亲端了一碗饭，一手拿着一根葱，或者半头蒜，就蹲在门前吃起来。看着我们狼吞虎咽，她总是乐呵呵的，跟从门前走过的东邻西舍热情地打着招呼。母亲为这个家付出的实在太多了，我想这也是她老来一直身体不好的原因。老年的母亲不再为生活担忧，却被病魔缠身，成夜成夜地咳嗽，每次带她去医院，医生都说是劳伤，治不出根，以致后来就死在这个病上，这也是我们每次回忆起来最扎心的地方。可是那时候我们不懂，我们这些不孝的子女对于她的付出习以为常，好像母亲这样做是理所当然的，就连父亲和奶奶也都这样看。

据说奶奶是个有钱人家的小姐，因为祖父是个读书人，才下嫁给祖父，可是小姐的自私而刁蛮的脾气却未曾收敛。而母亲是个穷人家的女儿，父亲一肚子"三纲五常"，又是一个孝顺得几近迂腐的人，所以母亲在年轻时吃了不少苦头。在我记事的时候，奶奶已经老迈。因为她的自私与刁蛮，叔叔婶子他们都不待见她，她到老来竟也落了难。我记得她经常拄着拐杖到我家，坐在门前哭哭啼啼地诉苦，母亲总是一边听一边抹眼泪。然后母亲就会用家里攒下的鸡蛋，做满满一碗荷包蛋给她吃。有时给她洗头，有时给她洗衣，并且对她说：

"别走了，就在我家过吧，我能养活你。"但是，奶奶也很讲"义气"，"我凭什么让你养活我，我所有的家产都给了他们，孩子也是我给他们带大的，我死也要死在他们家里。"奶奶经常是在我家吃得饱饱的回去。有东邻西舍就说母亲："不要给她吃，她原先是怎么对待你的？你也是好了伤疤忘了疼。"母亲总是笑着说："不计较这么多了，她现在不是老了吗，谁个没有个难处？别说是自家老人，就是别的老人流落到我门前，我也能帮衬帮衬。"奶奶临终前的几个月，已病入膏肓，卧床不能自理，婶子因为计较过去，对她不闻不问，母亲却每天不声不响地照顾奶奶，端吃端喝，洗屎洗尿。母亲说："你奶奶一辈子也不容易，只是心强命不强，一个快要离世的人喽，不要让她受罪。"

那时，我们兄妹都不理解母亲，我就曾经狠狠地怒怼过母亲！你为什么要让自己活得这么窝囊？但是母亲只是哈哈地笑，是笑我的幼稚与浅陋，她说："这就是过日子呀！家家都有难念的经，没有一颗宽容的心怎么行。你到我这个年龄就知道了。"人到中年以后，我常常玩味母亲的话，突然意识到，我们曾经那样不屑于母亲的作为，现在不知不觉自己却都活成了"母亲"，说不出的心酸陡然而生，也许这时才真正读懂了母亲。我们从父母那里继承了很多，父亲留给我们的也许可以让我们在人前展露，赢得一时的光鲜，而母亲对我们的潜移默化才更具有久远的意义。那种沉淀在烟火深处的朴素与善良，真诚与宽厚，才是我们永远安身立命的本钱。

幛桌先生

尤传化

小时候就知道我们村里有个大文人名叫游继儒，按族内辈分我称之为大伯。谁家有个红白喜事都要请他写个挽联幛心、婚联喜帖之类的。要是家里能挂上他画的画或写的书法更是荣幸之至。听大人们说，他是当时我们村里唯一一个教过私塾的老先生了，所以备受邻里尊敬，我更是羡慕不已。

长大以后和他的接触渐渐多起来，记得第一次到他家里的情景，那时虽然他已是年过古稀，但依然精神矍铄，两眼炯炯有神好像透着无限的智慧。穿着一身蓝色中式服装，手执一把写有郑板桥"难得糊涂"的折扇，俨然一位老学究的打扮。家里虽然有些简陋，但是让我第一次看到了什么是"四壁皆书"，感觉他家里除了床以外就剩书了。顿时让我想起了刘禹锡的"山不在高，有仙则名。水不在深，有龙则灵。斯是陋室，惟吾德馨。苔痕上阶绿，草色入帘青。谈笑有鸿儒，往来无白丁"的诗句来。当时我是满心的敬畏，站在屋里俨然像一个小学生不敢说话了。还是大伯客气让我落座，然后写一个"仉"字让我认，因为先前在书上看过这个典故，所以没有怯意地回答道："这不是孟子母亲的姓氏嘛，幛心'仉氏遗风'的古训写的就是她。为了儿子能读好书她三迁其家，是一位了不起的母亲。"大伯听罢很是满意，夸我是无师自通，并且说早就关注你这个"小老执"了。（那时我才二十几岁，经常在农村的红白喜事中做执事，也就是现在说的司仪吧）我只能羞答答地坐这那里了，不知道如何作答是好。大伯很健谈，开始讲他的故事了。

他说："我小时候家境很殷实，六岁那年家里便请了一位姓赵的私塾先生开始教我读《三字经》《百家姓》《千字文》了，小时候我很聪明，接受能力很强，不久就能把所学的文章背得滚瓜烂熟。以至私塾先生只能用《四言杂字》《五言杂字》敷衍了，后来那位赵先生还是找到我父亲说教不动我了，要他另请高明。"

他说："不久父亲便把我和大哥一起，送到了姓曹的先生办的私塾学堂来教我们《论语》《诗经》《唐诗三百首》。（据说曹先生是清末的文科举人）念完以后，又改学《古文观止》。接着让我读先秦的艰涩文章。就这样一个朝代一个朝代的文章往下读，直到后来有了骈体文，（骈文是中国古代一种特有的文言文文体，其句式多为四六句及对仗，故又称四六文、骈俪或骈体，具备骈文特点而押韵者称骈赋。）我便越读越有兴趣了。先生自豪地夸我是个'小神童'。曹先生不但学问深而且精通书法和绘画，他每天上午都要教我用毛笔蘸水在大青砖上练习大半个时辰的书画，直到砖头浸透了清水为止，以至于对我后来的书画长进有很大影响。"

他说:"十四岁时我就读完了四书五经、《史记》和《资治通鉴》等,但是那时的学生天文地理、农业水利、医卜算术、拳理兵书,都要涉猎。先生说只有精通这些才能算是个真正的文人。解放前我不但在蚌埠、凤阳、宿县等地以教书写字为生(当时亦为私塾),而且常给周围的百姓看相卜卦,方圆几十里都称我为'风水先生'呢。"

他神秘一笑接着说:"解放后我被收编为公立学校教师,用所学的知识继续教书。天下三样狂,学生猴子羊。小学生好动,不太听话,是很难调教的。所以说,家有隔夜粮,不当孩子王。但是,既然干了这一行,就要对家长负起责任,让孩子们真正地学到东西,吸收到精髓。我用自己在教私塾时的独到方法给孩子们传授儒学知识,所以,经我调教的学生大都可以称是天文地理无一不通,琴棋书画无一不精。"

他笑着调侃,语气中带着几分幽默。我被听得入了迷,暗暗佩服大伯的博学多才和深厚的国学知识,开始从心里仰慕他。

据说到了1958年他的厄运来了,因为看不惯农村大跃进中的浮夸风,他编写了几首针砭时弊的顺口溜,如"地蛋(土豆)、地蛋,亩产一万。收获、收获,只收一锅。"(言当时的产量浮夸)。"有火没有电,家家鬼扯钻。早晨萝卜棍,中午白叶饭。"(言大炼钢铁时百姓清苦)。就因这些言论他被戴上了污蔑"三面红旗"的帽子,同时,被打成了极右分子。开除公职回乡务农,并被列为"黑五类",受到管制,村里的脏活、重活、危险活都是让他干。妻子后来也因为政治压力贫病交加,不久便撇下两个尚未成年的儿子含冤离世。妻子周年祭日他在坟头哭吟道:"贤妻辞世一岁周,膝下难舍二郎留。衣服破了无人补,舍下家什谁拾收?心随良人乘风去,不想孤灯空悲愁。又思双子无人怙,艰难育儿度春秋。"听罢无不令人感到几分凄凉和悲哀,他也从此变得沉默寡言了。

直到1980年,他的问题才得到了彻底平反,由于当时他的年岁已高,上级安排由儿子顶替接班,他直接办理了退休。他也因此像获得了新生,又变得豁达开朗了。在此后的日子里,他都乐于服务乡里的红白喜事。他经常说中国的传统文化不能丢,儒家思想博大精深是中华民族的瑰宝,儒学不但济世安民而且修身养性。做人要立志、讲理、定规、习礼。所以不能说儒家思想过时了。

我们《游氏族谱》洋洋几千字的序言、族规及族训大都出自他的手笔。

记得一次村里有个光棍老汉去世，侄女前来主丧他提笔写下"一生无妻儿，侄女今作子"的挽联，被邻里称绝。乡间有一男子英年早逝，他提笔写到"堂上老母谁照顾？膝下妻儿孰做主？"的挽联，通俗易懂令人怜惜。还有一对独生女的老夫妇，女儿因家庭琐事服毒自杀，他挥笔写下"英年轻生为哪般？父母送终待何人？"，无不令人望联生悲。又有一家父子同日殡葬，他的挽联"既孝子又孝孙总然真心一片，先殡父再殡祖皆是热泪两行"看后让人慨叹。临村有一家四口棺材同日出殡的丧联他写道："四棺同日殡、饮水思源、合家儿女齐发哀、养育恩重；三桃一祖祠、食果怀树、满堂子孙共戴孝、骨肉情深。"引经据典如此之妙令人敬佩。又有一女婿葬岳母的来请教挽联，他随口说道："岳母作慈母也、执丧亦尽三年孝，半子即婿子乎、临哀常存一片心"，对仗如此工整令人一目了然。

据传乡里有一妇人辞世，亲戚拿来一匹挽幛，幛心曰"香山添座"。大伯当场指出这幅幛心写错了，并且解释道："香山九老"是指唐代白居易、胡杲、吉旼、郑据、刘真、卢慎、张浑、狄兼谟、卢贞等九位文人骚客，在洛阳香山龙门寺饮酒作诗聚会，俗称"香山九老会"。九老皆为雅士哲人，妇人怎可前往呢？瑶池是传说中西王母所居住的地方，而且设有蟠桃宴，所以挽女眷的幛心应写"瑶池添座"或"蟠桃添座"才是。类似这样请他撰写碑文、祭文、幛心挽联的故事比比皆是，早已被十里八乡传为佳话。

1998年老先生去世时，他的学友及弟子们前来吊孝，写了一篇祭文可谓对他一生的总结吧，记下全文权当结尾了：

祭良友

悼念良友　继儒游君

幼读诗书　智力超群

一目十行　聪颖过人

五经四书　丰逾三春

文学泰斗　满腹经纶

天文地理　颇晓几分
琴棋书画　无一不新
多才多艺　阊里传闻
为人处事　以诚待人
献身教育　历尽艰辛
教学有道　师德可钦
循循善诱　满腔热忱
培育桃李　遍地芳芬
呕心沥血　为国为民
生活俭朴　三德严遵
尊老爱幼　和睦亲邻
教子有方　惠子荫孙
天不假人　病魔缠身
八旬过七　仙逝归阴
香山九老　列队迎临
我辈学友　泣临送君
蒸尝俎豆　香烛果品
仪馈欠丰　聊表寸心
君若有知　泉下欢欣
请君品尝　与君情深
愿君英灵　与世长存
呜呼哀哉　伏惟尚飨

"何仙姑"下神

韩　英

提起下神这个词，我想大家并不陌生，至少在我们这个皖北平原，曾经在农村，还一度被披上神秘的面纱，蛊惑过多少善良而无知的人们。所谓下神也就是一种迷信的说法，意思是某人有"大神"上身，可以驱鬼降魔，治病救人。

二姐自小体弱多病，身体一直欠佳，十几岁时，又因为用药过敏，导致过敏性哮喘，父母亲带着她到处求医问药，中药西药，不知吃了多少黄连苦，无奈就是治不好二姐的病。冬天里还好些，每到夏天，二姐就喘作一团，坐在床上不能动弹。每次看到她呼吸困难，脸都憋得发青的样子，真的是揪心地难过，甚至感到自己呼吸都有点压抑，只好远远地逃避。

那一年夏天，二姐病得特别严重，父母看着也是一种煎熬，于是母亲就请来了"何仙姑"，这妇人是我们村西头的，据听说会下神，可以驱鬼降魔，包治百病，而且声名在外，七里八乡多有请她治病的，传得神乎其神。虽然父母也不是十分相信这些，但是病重乱投医呀！假如能治好呢，哪怕有百分之一的希望呢，为了二姐的健康，也要尝试一次。

于是晚饭后，"何仙姑"应邀来到我家。母亲早早地把我们都打发到床上睡觉去，以免撞了大神。我虽然躺在床上，哪里能睡得着，却伸长了脖子向外看，想见识见识这位"何仙姑"。"何仙姑"果然气质不凡，进得门来，表情非常凝重，一边点上香烟，吞云吐雾，一边走到二姐面前，询问病情。那样子颇有一番同情人间疾苦、体察民情的仙风道骨的气度。

一支烟抽完，"何仙姑"忽然浑身发软，双眼迷离，直打哈欠。看样子是"大神"上身了，我们都立即平心静气，不敢有丝毫动静。她指挥母亲立即把电灯关了，点上蜡烛，母亲以为进入状态了，不敢怠慢，一一照办。"何仙姑"开始下神了，忽然浑身哆嗦，眼睛直视，惊恐万分，大家都跟着惊恐，心都提到了嗓子眼。她却突然一跳，从身上拔出一把剪刀，于是在屋里又蹦又跳，口中念念有词，说什么"你快快走，快快行，晚走一时都不行。杀！杀！剐！剐！再不走，杀了你！"拿着剪刀东一下，西一下，上上下下，左右翻飞，煞有介事。

我那时候虽然是个无神论者，但是被她这一惊一乍，差点吓出了神，却止不住地蒙头偷笑，又不敢出声，只笑得浑身乱颤。这下可恼了二姐，二姐以为我在嘲笑她，就用脚狠狠地踹我。可怜我被二姐踹得又想哭又想笑，从心里还是很心疼二姐，谁让这个可恶的病魔总是折磨二姐呢？要不是被折磨得无法承受，谁又会想出这一招呢？这样想着，满心的委屈也只有忍着，满心里希望，但愿"何仙姑"，你就真的下了神吧，倘若真的能把二姐的病治好，无论你怎么折腾都不为过。

可是，这时"何仙姑"却渐渐冷静了下来，一边长吁了一口气，一边闭目不语，做沉吟状。母亲紧紧地盯着她的脸看，不敢说话。她却忽得睁开了眼，表情说话一如常态，哦，原来神下完了，返回真身了，于是又开始和母亲拉起了家长里短，仿佛前面的事情根本就没有发生。这可真不是一个简单的女人啊！那真是装神像神，装鬼像鬼呀，正常人你都跟不上节奏。临出门时，母亲悄悄地把事先准备好的红包塞给了她，她装作不在意的样子向兜里一装，就飘然离去。

当然，二姐的病也没见好转，这也是意料之中的事，大家也不以为然。可是从那以后，我却知道了什么是下神。每每思念离世的二姐，就会自然而然想到这件事情，想到二姐的多灾多难、命运多舛的一生。果真是病急乱投医呀，可怜的二姐吃了多少无法下咽的苦药，受了常人无法承受的苦，却还是没有躲过那最后一劫。

可恶的是那些所谓的"何仙姑"之流，利用病人虚弱的心理，趁火打劫，装神弄鬼，蛊惑人心，欺骗病人，赚着这种昧着良心的钱，发家致富。当然，现在，人们的科学意识越来越强，已经再没人信这一套，"何仙姑"也只得还俗，变成一个凡夫俗子、自食其力的农家妇人。

母亲为我打补丁

路永刚

"勤俭是咱们的传家宝，社会主义建设离不了，无论是一分钱还是一粒米，一分钱一针线，咱们都要用得巧……"唱起年代久远的老歌，我又想起我的母亲。

母亲心灵手巧，会做衣服会做鞋，会绣花会剪纸，打补丁更是她的拿手好戏，母亲为我衣服打补丁，是我一生难忘的。

20世纪60年代，正值困难时期，我那时七八岁，经常穿着带补丁的衣服上学。那时物质生活贫乏，调皮捣蛋的男孩子们玩什么？逮鱼摸虾打疯狗、爬墙上树掏鸟蛋，衣服破得最快。母亲总是耐心地为我的衣服打补丁，在叹息中默默地穿针引线。母亲对打补丁很有讲究：选布要对色，不能反差太大，补丁要左右对称、大小一致，裤子的膝盖处要在磨出洞之前就补上，两块长方形的补丁高低恰到好处、平整熨帖，屁股上的补丁两块接近圆形，绝对要一般大。

那年代，还没有电灯，煤油灯是唯一的照明工具。每当夜幕降临，母亲便会小心翼翼地点燃油灯，挑拨灯芯，让如豆的灯光更亮些。借着煤油灯的光亮，我在灯下书山苦攀、题海遨游。劳碌了一天的母亲仍不闲着，不是做鞋就是补衣裳，密密的针脚，缝补了生活的艰辛。

70年代，家境略有好转，添置了缝纫机，也用上了电灯。生活条件好了，过惯了苦日子的母亲勤俭节约的家风还是丢不下。有了缝纫机，在明亮的灯光下，做衣服、补衣服方便多了，母亲为我打补丁的水平也提高了一个档次。母亲为我打好补丁，还要用缝纫机缝几圈，比起手工缝的补丁更美观、更结实。那时的补丁就是时尚，大家都不富裕，穿着带补丁的衣服谁也不觉得寒碜。我也曾多次将我衣服上的补丁和别人身上的补丁暗暗比较，别人身上补丁的手艺，大都比不上我母亲的手艺，我还因此感到骄傲呢！

80年代，我妻子发扬母亲勤俭持家的优良传统。儿女们小时候的裤子，常常是大人穿过的裤子截下下半截穿上松紧带改成的，孩子小，还不知道"臭美"，给什么穿什么。儿子上四年级的时候，屁股像长了牙似的，一条裤子没穿多久就开了口子，他妈费了半天的工夫给打好的补丁，谁知他不屑一顾："妈，你看学校里谁还穿带补丁的裤子？"是补丁落伍了，还是艰苦奋斗不兴时了？

我接过母亲的缝纫机，同时也接过勤俭的传家宝，衣服破了，我也尝试用缝纫机补补丁，尽管我打补丁的水平与母亲相差太远。有一次，我的朋友看我穿的是打补丁的裤子，像看到大象飞天那样诧异："没有补丁的裤子我送你几条，啥年代了，又不是买不起，穿这样的裤子，人家会瞧不起的。"我说："我不出差、不开会、不赴宴、不采访、不授课，穿带补丁的裤子就没面子？周总理当年还穿过打补丁的衬衣呢！"

如今年轻人时兴"乞丐服"，好端端的裤子，却要在大腿或膝盖处开个洞，招摇过市，美在何处？我亲眼见过有的新裤子连商标牌子都在，却十分委屈地被遗弃在垃圾堆里，衣服未破嫌式样不新颖就扔了，谁还去打补丁？补丁与这个时代拜拜了！

补丁是艰苦岁月中的印记，如今已走出我们的视野，却走不出我的记忆。每当想起昏黄油灯下母亲飞针走线的剪影，我依然会热泪盈眶。吃得菜根，百事可为，穿着母亲为我打补丁的衣服，我坚忍顽强地走过人生的坎坷磨难。补丁如花，开在我童年的梦里，蕴含着母亲爱的芬芳，温暖在我的心里，永远芳香。

生产队长

徐士泰

生产队长，即村民小组长，是中国农村最基层的生产劳动组织的头。他似官非官，似民非民，无位无衔，在庞大的官员队伍中，犹如烟种掉进杏筐里数也数不着。然而，其中优秀者却是"官无品，人一品"。

我介绍的这位生产队长名叫张传厚，是隔壁张桥村人。他家门口紧靠着马路，门前栽种一片枳子树。这树家乡人叫它臭枳子，可能因为它结的果，虽形同于橘，却又酸又涩，难以入口，所以人们便在它的大名之前冠个"臭"字。过了臭枳子林，你向人一打听准能摸到传厚的家门。

传厚本人像他的名字一样厚实。一来他个头魁梧，典型的黑大个，双手伸出来像两把蒲扇，两只脚长得像两条小船。二来他为人厚道，尊老爱幼，乐于助人，村上的人遇到大事小情，如果找到他准能得到帮助。平日里无论见到谁，他都是笑眯眯的。借用家乡的话来概括他的为人"在南北庄上没有说倒他的"。三来他是庄稼把式，耕锄犁耙、扒河倒垄、畜牧养殖，样样农活都精通。他生性勤谨，头脑活络，能干会算，家里年年吃陈粮、烧陈柴，一家老小无饥渴之虞，早已过上孟子向往的"老者衣帛食肉，黎民不饥不寒"王道乐土的小康生活。

张传厚的生产队长当得很称职，其领导的第六生产队社员，一提起他，不少人就会竖起大拇指，夸奖他们的老队长。

其实，张传厚当队长并没有多少诀窍，就是一天到晚地自己带头干。不像有的生产队长整日里扯着破锣似的嗓子催着别人上工，自己却东游西荡地偷懒耍滑。每天早饭后，传厚抽好了一袋烟，就不声不响地扛着农具下地了。有心的社员看到队长走了，就急忙地招呼大家："队长走了，俺们还磨蹭个啥哩！"

传厚当生产队长的另一个诀窍就是，他把"你哄地皮，地就哄你的肚皮"的话成天地挂在嘴上。他带头养猪养羊积攒农家肥，把地皮喂得饱饱的。他不太喜欢化肥，因为化肥贵，还轻易买不到。种地的人，为买点化肥去求爹爹拜奶奶，那是件划不来的事。所以他一年到头组织社员沤制农家肥。俗话说"庄稼一枝花，全靠肥当家"，张传厚领导的小六队常年积肥，舍得往庄稼地里施肥，把地皮喂足了，土地里打出的粮食也把他们肚子喂圆啦。每年的午秋二季，小六队打下的粮食除上交国家的、留足集体的，还能拿出相当多的分配给社员。生产队里拿出分配的粮食越多，其工分值就越高。别的生产队社员活没少干，汗没少流，罪没有少受，累死累活地干，一个劳动日只有四五分钱的价值，好的不过七八分钱，而传厚他们小六队的分值却是一毛多钱。看着家里大囤满、小囤尖的粮食，六队社员心里像吃糖喝蜜那样甜。

真是"家中有粮，脸上有光"。小六队社员一年到头能吃饱饭，已是远近有名的事了。附近村上的姑娘主动托人说媒，不要彩礼，争着到小六队里找婆家。结果，小六队的小伙子没有一个打光棍的。

传厚当生产队长的第三个诀窍是，农民种田不能单打一。他领导生产队的农业生产，也像他经营家庭生活那样精心，更是精打细算。他主张生产队的百把亩土地，不能光种粮食作物，因为公社粮站收购生产队上交的玉米，每斤只给三分钱，这还不够工夫钱哩。但在实行粮食统购统销的大政策下，他不能带领社员把粮食拉到黑市上出售，那是犯法的事，不能干。他找来几个能说到一块去的社员合计，大家不能做一辈子的亏本买卖，决定借发展多种经济的名义，拿出一块大田种西瓜。反正粮站不收西瓜，社员拉西瓜到集市上卖，不会犯事。这个办法真灵，当年夏季他们生产队壮大了生产队的集体经济，有钱买化肥、买农机了。

传厚不仅爱动脑筋，还是心里能搁住事的人。随着粮食丰收经济作物增效，小六队集体和社员的日子越过越红火，生产大队年终评比时，一些生产队长纷纷推荐小六队为先进生产队。可是，传厚对此不动心，两手拨拉着不领这个情，不愿当先进典型。公社召开大会，书记要传厚到会上介绍生产经验，传厚还是只推不揽，说自己嘴头笨，讲不出道道来，谢绝书记的好意。

小六队的会计叫张孝瑞，是传厚的侄子。其时，孝瑞只有20多岁，也是黑脸膛，但不像他叔传厚个头大，长得身单力薄的。他只有小学三四年级的文化，勉强地记个流水账什么的，当会计对他来说，那是难以胜任的事。孝瑞父亲死得早，全靠传厚把他拉扯大。到了谈婚论嫁的时侯，是传厚张罗着给他戴亲（娶媳妇）。刚开始，叔侄俩合作得蛮好，传厚叫他咋干，他就咋干。谁知道，孝瑞年龄大了，心也大了，对生产队的事有了自己的想法，渐渐地产生脱离生产队长领导的想法。传厚对侄子和自己唱对台戏并不在意，问题是孝瑞不光唱对台戏，遇事还拉着一帮不懂事理的毛头孩子裹在一起拆台。凡事都有个是非曲直，孝瑞有些事干得太离谱，传厚就不能让他瞎掰了。

作为生产队会计，孝瑞有个致命的弱点，办事马虎，对公家的事不上心，还见空子就钻地占队里便宜。

那年的初冬，西伯利亚寒流来得比往年早，也猛。地块里的晚山芋还未来及收，就被冷风寒霜打蔫了。传厚带着孝瑞他们在牛屋里商量安排人力、牲畜抢收西湖里那片晚山芋。这时，话匣子里传来了男播音员播出的"割资本主义尾巴"的文章。在场的人听到以后，似懂非懂地议论着，有人不解地问起传厚，什么是资本主义尾巴？传厚风趣地答道："问别的事俺不知道，问起尾巴的事，俺还能估摸得差不离呢。俺们老社员不是整年整年地捋牛尾巴吗？至于资本主义尾巴，你我都没有捋过，更没见到别人割过。这不关俺们的事，还是趁着天好，抓紧把西湖地里的晚山芋收上来。"

别看孝瑞当会计不会做账，当农民不懂庄稼行，但他对上头政治形势的揣摸比别的社员强多了、热心多了。生产队按照大队要求订阅的几份报纸由他收管，别人要看报纸要到他那里去找。其他社员都是起五更睡半夜地忙着农活，谁有闲工夫看报纸？因此，队里订的报纸不是被孝瑞用来糊风棚，就是被他老婆拿去剪鞋样子。自打受到公社干部的表扬，他就把报纸当作宝贝，不让老婆孩子动弹了。

真是寸有所长，尺有所短。孝瑞虽然不是合格的社员，更不是合格的会计，但他具有别的社员所没有的政治敏感。今天听了"要割资本主义尾巴"的广播，再联系自己耳熟能详的"堵不住资本主义的路，就迈不开社会主义的步"的理论，猛然间醒悟上头要抓什么了。对此，自己要紧跟，要照办。咋跟？咋办？根据这几年开展阶级斗争的有效经验，那就是上挂下联，上头抓什么，下头就要联什么。这眼下上头不是要割资本主义的尾巴吗，俺们六队就有，他张传厚虽然是我叔，但搞阶级斗争可不能讲叔不叔的。他拿生产队的大田种西瓜，就是走资本主义道路的典型例子。他张传厚不搞以粮为纲，破坏"农业学大寨"运动，我张孝瑞要堵他的路，割他的尾巴。在大是大非面前，不能搞温情主义，就是他张传厚不批评我，不拿掉我的权力，我也要这么干。不然的话，革命理论算我白学了。

孝瑞说到做到，可不像干农活、当会计那样拖泥带水。当天晚上他就找到包片负责大队革委会的王姓委员，报告了自己要割张传厚又粗又长的资本主义尾巴的壮举。王委员是在"大跃进"时期提拔的干部，虽然没有多少工作能力，在社员群众中也没有什么威信，但他可是搞政治斗争的高手。自己虽然是这两个生产队的片长，可是小六队的张传厚对他这个片长缺乏应有的尊重。他听孝瑞这么一说，马上来劲啦，告诉孝瑞，明天一大早，他俩撇开大队直接去找公社高副书记，请他主持公道，不信就割不掉张传厚的资本主义尾巴。

　　没过几天，小六队的打麦场来了两个公社广播站年轻的业余通讯员。他们一头钻进牛屋，向正在拉呱的男女社员了解张传厚如何带领社员大田种西瓜的事。在场的人听了以后乐了起来，一个个地争着向两位青年人反映张传厚如何领导他们发展农业生产，抓多种经营，使他们有饭吃、有衣穿的事实，希望把事情往上头报报，叫公社和县领导提拔提拔他们的队长。那两个青年人便直截了当地告诉他们，张传厚带领社员种西瓜是走资本主义道路，你们队长腚上长了资本主义的尾巴要割哩，哪里还有提拔的事。这时，在场的社员惊奇地瞪着眼睛张大了嘴巴，半天接不上话来。他们当中有几个社员在个把月前就在牛屋的广播匣子里听说过"割尾巴"的事，当时大家还和队长嘀咕过，怎么现在割到俺们队长的身上？那不行。转眼又看看两个年轻人，想他们准是无职无权的人，就半真半假地跟他们俩周旋起来。一个说，既然种西瓜的人长了资本主义的尾巴要割，那么你们上街买瓜的人也得算长了资本主义尾巴，要割大家伙就一块割。他这么一说，把大家都逗乐了。另一个社员也大胆地向他们两个发难，俺们队种瓜的不止队长一个人，要说长资本主义尾巴俺们都长了，就请你们找些人来俺们队，俺们排着队让你挨着个地割吧，在场的社员一齐嗷嗷叫地说俺们和队长一样都有尾巴。其中两个泼辣的妇女边说边解腰带，向两个年轻人走去，笑着对他们说，不信俺就脱掉裤子给你们俩看看。这可把两个年轻人吓坏了，红着脸，边跑边说，我们不看我们不看，身后留下社员们的一片笑声。

　　这场闹剧过后，社员们认清了孝瑞的人品，纷纷说他讲话干事不凭良心。孝瑞可是从来不讲什么良心不良心的。上头这次来人不仅没有割掉张传厚的资本主义尾巴，反倒被小六队的社员揪住了自己的尾巴，但他并不愿意当半途而废的革命派。当晚他又约着王委员找到高副书记，一五一十地反映两个年轻人到小六队割资本主义尾巴的事。高副书记鉴于上次派下去调查的两个年轻人被轰走的教训，要求他们回到村后，立即通知张传厚于明天中午前来公社找他。

　　第二天，太阳出了一竿子高，张传厚没敢怠慢地找到高副书记办公室，看到他黑着脸，身边还站着两个民兵小分队队员，他轻声问："恁找俺？"高书记鼻子不是鼻子、脸不是脸地训起他来。但说来说去都是，你张传厚养母猪是资本主义势力，公社要割掉你的资本主义尾巴。你张传厚不光养老母猪，你还用大田种西瓜。现在新账老账一块算，你张传厚的资本主义尾巴已经长得又粗又长啦。限他明天掌灯之前，送来 30 元罚款，不得有误。否则，公社将派民兵小分队前去执行。到时候，别怪公社不给你面子。

小六队的社员听了公社对他们队长的处罚，是一百个不理解。当然，高副书记这个糊涂官判的糊涂案，还没有等到"文革"结束就被县领导制止了。但对交上去的罚款，张传厚始终没有追回。

真是无独有偶，我曾在电视剧《老农民》里也看到，剧情中有不准养老母猪的事，有的观众以为这个情节是编造的。其实，当年农村确实有一些干部不让农民养母猪，在我的家乡确实发生过如此荒唐的事情。当然，这仅仅是一时一地的极端案例。

（节选自《故园拾梦》之《故乡人》）

表　兄

邵明宣

我的表兄张宽宏先生辞世已经 40 多年了，现在想起他那神态怡然，风趣大度，大家子气势，真令人敬佩。他三十六七岁时，仪表端庄，风度翩翩。一米七米多的个头，国字脸，一字眉毛下，两只看穿世界的大眼睛，炯炯有神，乌亮的头发向后梳理，一丝不乱。深蓝色的中山装左上的口袋里挂着两支钢笔，一股子学究气派。1957 年春，我在梨树小学读五年级，那时表兄在灵城东关三小（现东关小学）任教，三小是城关区的中心校，有一次抽考在三小举行，考完试，中午我找到表兄，他带我到学校教工食堂吃饭。带队老师和其他两位同学先走了，饭后，我自己从三小出发向南顺着东路，经过八张庄回到家里。

表兄的事迹有些是我祖父说的，大部分则是父亲多次与表兄的接触中，听表兄所述。

我家和宽宏表兄家有老亲关系，他家现在和我一个村子：向阳乡艳阳村前八张庄，离邵庄仅一里多路。他的祖父张员外（名讳失记）是我祖父的表兄，我喊他表老，同样，宽宏表兄也喊我祖父表老。张表老家是中产阶级，有200多亩土地。他读过一些书，为人正直，弘道养正，德善齐家，是闻名远近的大善人，"张员外"是当时人们对他公认的雅称。

1917年，我祖父邵泽礼（和斋）先生，在前八张庄张表老家里设馆教学私塾，学校一直开到1943年，日本军进了灵璧，私塾才停办，历时26年。其间经历好多事：1921年，宽宏表兄出生，1928年，表兄跟祖父读书，1938年，宽宏表兄年庚18岁，读完了《大学》《中庸》，他看到祖父教学忙碌，下学和祖父一同教学。当时前八张庄张员外府上的私塾馆办得红红火火。生源是六个自然庄：前后八张，南边土李庄，土李南边小杨庄、骑路马庄，西南邵庄，最远离骑路马庄三里多路。三十多个学生分成大、小两个班，表兄带小班，祖父带大班。

私塾教育是很枯燥的，学习古文识字，起蒙教材是《三字经》，学文识字外，一天还要写一次毛笔字，分大字、小字，还有对子课，学习简单的对联知识，老师说"天"，学生对"地"，由浅入深，名词对名词，动词对动词，天文对天文，地理对地理，颜色对颜色，数量对数量……没有数学、体育、绘画、音乐课程。据说：祖父要是被人请去办红白喜事上账桌了，表兄就把两个班级的学生集中起来，教些当时的流行歌曲。有一次，表兄教《义勇军进行曲》、《大刀进行曲》："大刀向鬼子们的头上砍去……"祖父是个胆小怕事的人，他听了很害怕，严厉批评表兄："掉头的事，你不想活也不能给学堂惹麻烦。"接着表老也狠狠地臭骂了表兄，还扬起拐杖要打他。表兄很滑稽："老爷，您老拄的可是文明棍啊！用文明棍打人，那可就不文明了……"一句话逗得祖父他们老弟俩哭笑不得。

前八张庄私塾馆办得风生水起，可是1943年，日本侵略军闯进了灵璧，经常在城区附近抢劫骚扰，八张庄离县城十来里路，日军抬腿就到，私塾馆就在那种非常时刻停办了。

表兄是个爱国、激情的热血青年，当时他恨死了日军，恨透了黑暗腐败的国民党政府。他崇尚共产党，渴望光明。他从报上看到有关人民教育家陶行知在南京办的晓庄乡村试验师范学校的消息，和祖父、父母商议后，打点行装，备了盘缠路费，表兄怀着一颗追求光明、求知明理、完善自我的雄心，到了南京晓庄试验乡村师范学校。

他第一时间拜见了陶行知校长，说明来意。陶行知叫来教务处主任、总务处主任，当即安排表兄到普通班学习，并给总务处主任说："农村来的不容易，让他在校勤工俭学，免费吃住、读书。"就这样表兄在这里开始了新的学习生活。上课学习外，课余和星期天、假日，他还要参加勤工俭学劳动，校办教具厂、学校菜园、厨房里择菜、烧开水……不停地忙碌着。

1945年日本投降后，晓庄师范学校本着发展乡村教育，最重要的是建立一支合格的乡村教师队伍的主旨，把普通班和大专班毕业的一批学生，派往乡村，办好乡村学校，发展教育事业。表兄那时被派往南京市浦口桥林街学校任教。桥林街在浦口区西南，当时只开初小四个班。学校校长王某善待表兄这个当时人们认为有大学问的人，报请浦口教育管理机关批准，表兄担任桥林小学教务主任。

1946年7月25日，陶行知校长突发脑溢血，在上海逝世。葬在南京北郊晓庄劳山的行知园，表兄亲赴吊唁。当时，毛泽东主席发唁电，称其为"伟大的人民教育家"，宋庆龄称他是"万师之表"。

表兄受他的祖父影响，心地善良，友爱亲邻。全国解放后，表兄仍在桥林那边工作。1950年夏，祖父接到表兄的一封信，说家里如果收成不好，可来人到桥林这边拾稻子。夏至过后，早稻就收割了。母亲带着我和二弟，还有二奶奶和八张庄几个人一起奔表兄去了。一下子去了十来个人，安排住处、生活，可把表兄忙坏了。

1952年寒假，表兄一家几口回家过春节，他到灵璧教育局请示，回家乡教学，教育局同意接洽安排。春节后他被安排到院寺小学任教。

1956年春我在梨树小学读四年级，那时生活极为艰苦，吃不饱饭，特别是正值春荒，坐在课堂里上课，肚子饿得咕咕叫。看到学校食堂里老师吃着白面大馍，于是我就动起了脑筋。

我想，宽宏表兄在院寺小学，那学校是完小，老师多，食堂大，准有吃的。一个星期五的上午，上了两节课，我撒谎向老师请了假，一气跑了十来里，到了院寺小学，只有 11 点多钟。表兄见到我："你来有事吗？""没事，想表兄了。"我吞吞吐吐地说。"好，歇一会儿，马上就吃饭了。"我心里嘀咕着，这下能吃到白馍了。不多时，表兄端来了两碗鸡蛋汤，四个大馍，一盘炒大蒜苗，我们在办公桌上吃了起来。我狼吞虎咽地吃着，表兄吃得很慢，四个大馍表兄让我吃了三个，他愣是说："我不饿，你吃吧！"现在想起来，真是不好意思。表兄太重亲情了！

记得那次表兄对我说："我对教学很感兴趣，你家俺表老知道，我是 1921 年出生，那可是中国共产党诞生的一年，我要好好干，争取加入中国共产党……"多么有抱负的热血青年啊！

1956 年秋季开学，表兄被调到灵城三小任教（东关小学）。县教育局发现这个晓庄师范毕业的人才，把他往城里调。当时城关区的文教区员乔区员，经常到表兄住处促膝长谈："张兄，你是个人才，国文很好，我打算向教育局举荐，把你调到灵璧中学去。"

真的，那时人才缺乏，好多小学教师是高小毕业生，有的在私塾里刚念完《三字经》《论语》就教书了。中教里好多初中毕业生，表兄当时是从陶行知创办的晓庄师范来的，牌子硬，名声响亮，到中学里当教师，那也是能数得着的。然而，乔区员的允诺，以及他入党的愿景，由于命运的乖舛，最终成了表兄未能实现的一个残梦。

1957 年，国庆节后，学校把庆祝国庆节时，挂的四个大红灯笼存放在他们的大寝室里。一天晚办公，表兄翻穿大衣，白里子向外，头戴大红灯笼，摇摇晃晃进了办公室，几个女老师见了，大叫："毛人来了……"她们吓得瑟瑟发抖，王某老师发现是表兄："死张老师，可把我们吓死了……"幽默的玩笑，当时一笑了之。但那时台湾的蒋介石正叫嚣反攻大陆，向大陆派遣间谍、特务（当时老百姓称之为毛人、水鬼），闹得很厉害。寒假时教师集中到县里学习，大鸣大放，进行反右斗争，表兄不幸因此玩笑，硬是被对号入座，把他划成中右下放回家。

我去过三小，对那里很有印象。1961 年灵师毕业，我主动要求进三小工作。在东关小学任教时，表兄去过几次。有一次中午在我那吃饭，每人两个白芋干面窝窝头，一碗萝卜丝汤。我说："表兄实在对不起，那次您请我吃白面大馍，今天我请您吃黑窝窝头……""表弟，别说了，此一时彼一时，这就很好了……"表兄宽厚仁慈，至今我对他还有深刻的印象。

1978 年 4 月 5 日，中央发了 11 号文件，要给全部的右派摘帽，给错划的甄别、平反。可就在那年秋天，表兄却一病不起，当年冬天，与世长辞，时年 57 岁。表嫂胡氏也在 1986 年病逝，享年 64 岁。

我的好表兄，现在您儿孙满堂，孙子、孙女都在外地打工。您的孙子张兆刚，原在向阳中学任教，前年调到乡里任文广站站长，还在乡党委组织部做助理工作。

国家富强了，人民遇上了盛世好年华，过上了好日子。您希望的好时代已经到来了。表兄，愿您抛去一切烦恼，在天府之国长乐、安康！

2018 年 9 月 11 日

三先生

邵明宣

我的祖父邵泽礼先生（1893—1960.2），私塾教师，字和斋，号洛邑居士，因为祖籍是洛阳人，所以，他给自己取这个雅号。祖父姊妹九人，兄弟五人，行三，人称三先生，外庄人都称他邵三先生。

祖父在民国初年（1917 年），就在前八张庄设馆教学私塾。那年他 25 岁。据他说，是租用张员外家的三间大堂屋作学堂。主人家是五间宽的大院子，东三间，西两间，东西两边各四间厢房。前边没有过道，两个大门楼，东三间与西两间当中一道南北院墙，当中留个月亮门，东西两院隔而不隔，主人家的人口都住在西跨院和东西厢房，祖父在主人张员外家搭伙，东厢房北头一间是祖父的卧室。房子租金是主人家两个孙子读书不收费。祖父说：我们家和张员外家有老亲，他们是表兄弟，他喊张员外表兄，我喊张员外表老爷。张表老家仅是中产阶级，他读过一些书，为人正直，弘道养正，善德齐家，是远近闻名的大善人。"张员外"是乡亲们对他公认的称呼。

每天三顿饭，都是张家厨娘把菜饭送到学堂一张学生的课桌上，张员外陪着祖父进餐。张家和祖父要是来客了，也在这个桌上一同招待。

我们邵庄离前八张庄一里半路，在该庄设馆教学期间，我庄有个学生，调皮不学习，经常挨戒尺，他被祖父的戒尺打怕了。有一次趁人不注意时，他把戒尺甩到大门外路南 30 米处的厕所粪坑内，用他以后的话说：这是他对封建教育制度的反抗。

有一次，那个学生又犯了错误，不会背书，祖父让他站在门外把书读熟，中午放学时，那个学生不见了。祖父饭也没吃跑到他家，没见到他。其父听说儿子不见了，与祖父大闹一场，他的父亲，在庄邻中祖父喊他表叔，他乱骂一气，用烟袋头把祖父的头磕出一个大疙瘩。结果，当天下午三点钟左右，张家在西跨院堂屋张员外卧室的南窗下凉床上发现了他，他还睡得正香。

祖父带着他，把他交给他的父亲，此后，这个学生因家庭生活困难辍学了。其实，他家生活困难，祖父经常照顾他，束脩费减半，有时不收费。

八张私塾馆学生来源六个庄子：邵庄、土李庄、前后八张庄，南边小杨庄、骑路马庄，正常情况下 30 多个学生。

张员外的长孙张宽宏，他也喊我祖父表老爷，是祖父得意的门生。跟祖父读书读到《大学》《中庸》后，便下学帮祖父一起教学，他们俩教 30 多名学生。那时大、小学生一个班上课，等于后来的复式班。学生读书量力而行，同样一本书，因材施教：接受能力快的，就向前多教一些，接受差的，就少教一些。祖父把十几个 10 岁以下的学生，分成小班，放在西跨院两间偏屋内，由宽宏表兄教学。

在我与祖父平时的交谈中，他对我说：以后你毕业教书了，树人要贯穿教学的始终，有知识，还要有报效祖国的雄心壮志。为了做到这一点，那时他把学生学过的一些书中的格言，集中起来，书写张贴在教室，就像后来的标语，学生举目可见，对学生综合素质的陶冶，时刻起着潜移默化的作用。老子的"上善若水"，《易经》的"天行健，君子以厚德载物"，《礼记》的"君子慎独。"诸葛亮的"静以修身，俭以养德"等，时刻熏陶着学生。

祖父那时教学报酬，是学生一年两季拿出束脩费折合的粮食，大、小学生有所区别。表兄张宽宏带的小班收的束脩粮食归他所有，大班的束脩粮是祖父的，他每月交给张家伙食费三斗粮食（九十斤），包括菜津钱。

当时读书人不多，每到春节，从腊月二十开始，祖父和宽宏表兄，要为周围几个庄上的农户写春联，一直要写到二十九日。前八张私塾馆坚持办到1943年，日本鬼子侵占了灵璧，驻扎在灵城的几十个鬼子，经常到城周围抢劫骚扰，私塾馆只好停办了。

1945年8月15日，日本投降后，祖父到藕庄街设馆教学，因为那里邵庄邵氏，是1720年从我灵南十里邵庄二十世迁去的。到那里教学，祖父得到自己族人的很多帮助。

祖父在教学的闲暇时间里，经常和当时灵城的名儒来往，如清末秀才王奎璧老先生，东关私塾小学校长吕曙帆老先生，山董庄的邵正文老先生等，他们交往甚密，经常在一起研讨学问，切磋教法。

1949年后，祖父双腿患严重关节炎，拄双拐，没有再继续教学，结果没享受到退休的待遇。

1960年2月，祖父去世时，我正在灵璧师范读书。回忆我与祖父的生活接触中，有几件难忘的事。

听小叔说，祖父很爱他的辫子，辛亥革命后，剪掉辫子，他非常不情愿，难过了好长时间。

我上小学时，祖父教我写毛笔字，让我在草纸上练习写字。他帮我叠好格子，每张纸十二格，暑假期间，中午不许午睡，先用秃笔蘸水，在太阳下的石台子上练写。写100多个字后，再到屋内在叠好格子的纸上写，每天写五张纸60字。我现在酷爱书法，应感谢我的祖父。

我们这地方1953年春土地改革。1952年冬，三叔从部队转业，带回300多元退伍安置费，那回叫300万元，当时土地10万元（后来的10块钱）一亩，祖父一下买了十亩土地，我说："老爷，不要买地，马上土改了，地少的人家能分到土地。""去，去，去！小孩子乱插嘴，你知道个屁……"

第二年土改了，我们家真的少分十来亩地，为此，他感到很郁闷。

我读小学三年级时，早晨读课文：拖拉机来耕地，突突突，一天能耕几百亩……祖父听了大有反感："吹牛，什么机？一天耕地几百亩？"

1958年暑假，一天上午，庄后一里多地有大拖垃机耕地，突突的声音传到祖父的耳里，他问我是什么声音，我说是拖拉机耕地，一天耕几百亩，不信可以去看一下。祖父拄着双拐，我提着凉开水，陪祖父来到地头，他并排放下双拐，坐在上面，用心地看了起来。东方红大拖拉机一排八犁，地节200米长。他很震撼："照这样耕，一天200亩也要多，打今天起，我服了共产党了！"祖父发自内心地对我说。我想，在事实面前，老顽固也是能被说服的。

回忆祖父60多岁时，长方国字脸，宽额头，牙齿掉完，嘴巴内陷。头发、胡子花白，两眼昏暗，说话声音却还洪亮，坐在门前小树下，虽然行动不便，但只要见人说话，总要艰难地起身应对，给人以"温、良、恭、俭、让"的感觉。

祖父一生喜爱书法、吟诗、赋词，可惜他连一首诗词、一幅书法作品也没留下。记得祖父去世时，小叔把他教书用的一箱子书，都放在棺材里陪葬了，全是线装竖排宋体字雕版印刷本，太可惜了，有的版本说不定还是孤本，现在很珍贵。那些诗词、书法作品可能是那次一并放进棺材里了。

祖父逝世已经60年了，他的人品、学识对我的人生影响、激励很大。我爱我的祖父。

四　姐

赵秀永

年轻时的四姐，中等身材，瓜子面相，脸上有两个小酒窝，头上扎了两个小辫，精神爽朗，神采飞扬。她，机灵、睿智、勤快、能干。拾柴、做饭、洗衣服、刷锅洗碗所有家务全包下。挑水在农村是个重活，那时不像现在有自来水，生活用水要到500多米远的深井，用泥罐、木桶挑到家中。洗衣服更不容易，得抱着衣服，提着桶盆，到汪塘边洗涮。那可是苦活累活，人们衣服少不能经常更换，因此，脱下来的衣裳又脏又臭。当时没有洗衣粉、肥皂，只能靠点碱粉和淋下的草木灰水去污，其余都得用手搓揉按，棍棒捶打。四姐还利用空闲时间，带着我们游戏玩耍。虽然她正值青春年华，但面容并不妖媚，连她的笑脸，都显露出一缕疲态。她是家里吃苦最多、挨累最多、享受最少的一个人。

有一次，四姐在赶集的途中捡了一元钱，当地有一种风俗习惯：只要拾到钱必须立即花掉，否则不吉祥，必遭灾。她到了肉摊上割了一斤多猪肉提回家。那时猪肉便宜，带骨的肉五毛一分钱一斤，鸡蛋二三分钱一个。四姐到家里切好肉，配上辣萝卜，贴上红芋面喝饼，炖了一锅。待饭做好后，她到处找我们吃饭。当时我们在打谷场上玩得正高兴，忽然听到四姐喊："俺弟，快回家吃饭，俺们今天有肉吃了！"当时生活困难，能吃饱饭就不错了，上哪弄肉吃？以为是四姐哄俺的。我们笑着问："四姐，哪里来的肉？"她把原委告诉我们，我说："就四姐你最棒！"她拉着我们兴高采烈地跑到家。她看着我们拿着山芋喝饼，夹着菜，狼吞虎咽吃得津津有味的样子，笑了，她的笑容是那么美丽……

四姐是俺最贴心、最信任的人。只要俺有什么需求，她都想方设法帮助我们。我们与别人发生纠纷时，父亲胆小怕事，总是给人家赔礼，只有拿我们兄弟出气。棍棒、鞋底、捶头、扁担，都是惩罚我们的工具。每当棍棒快要落在我们身上的时候，四姐总是勇敢冲上前替我们遮挡。为此她不知挨了多少打，受了多少委屈。

有一年，淮北地区遭受洪涝灾害，庄稼颗粒无收。母亲带着我外出讨饭，并寻找合适人家把我给人当养子。那时我才五六岁，跑不动路，只有母亲背着我走一会儿路，我再跑一段。实在走不动时，俺娘俩才停下来歇歇再走。记得有一次，我娘俩要饭到了一个叫杨集的小山村，已经是下午的三四点钟，母亲领着我边走边喊："谁家要小孩！谁家要孩子！"我也弄不明白这是什么意思。当走到这个庄的东北角，从巷口里出来一个十五六岁的小女孩，跑到了我们面前说："我要一个小弟弟！"母亲听了喜出望外。心想这下我们母子有救了。我们跟着到她家里，只见那女孩家三间北屋，二间东屋，全是草房。她上有祖母，父母，自己是独生女，是老老实实普通人家。晚上我们母子住在牛屋草堆里，我搂着母亲安然入睡。天刚蒙蒙亮，隐隐听到有人和母亲讲话，用20斤红芋干，换我做人家的养子。母亲忍心这么做，一是为我找一条生路，二是减轻家庭生活负担。我知道后仔细盘算，这家条件不错，生活没有问题，但是，我将永远离开母亲的怀抱，这一家人对我能有亲情吗？这不行！因此主意拿定，我和母亲形影不离，她走到哪里，就拽着她的衣角到哪里，即便到厕所也不放松。晚上睡觉时，我搂着母亲的脖子不松手，叫她没有甩掉我。

过了两三天，母亲看到这种情况，实在没有办法把我丢掉，她泪流满面搂着我说："想把你给人家寻一条生路，都丢不掉你，我们母子命苦啊！那咱就回家吧，我们娘几个一个不能少，就是死，也要死在一起！"说着说着，母亲早已泪流满面。她擦干了眼泪，找到户主说："本想把孩子给你们，但我这孩子太机灵脱不开身，实在没有办法。我娘俩在这里吃住两三天，给你们带来不少麻烦和负担，我们没有别的东西，这里有一块豆饼，是大闺女给我们应急之用，算给你们作补偿吧！"这家人厚道善良，说什么死活不要，并说："你们娘俩也是苦难之人，到我家也是缘分，谁能没有受难之时。虽然吃了俺两三天粗茶淡饭，可也干了不少活，没有白吃饭，所以不能要。"母亲听后感激不尽，急忙叫我跪在地下，给他们磕了三个头，以表示感谢。

听说母亲要带我回家了，我高兴地跳了出来，回家也不要母亲抱了，走路也有劲了。当回到家门口时，四姐把我抱起，高兴地蹦着说："我弟回来了。"我扒在她的肩上哭了。

第三年秋，收成还是不好，家里生活十分艰苦。母亲带着四姐沿路乞讨，步行200多里，到了山东省郯城县北史家庄，早上中午讨饭，上下午空闲时间，到四邻村庄田地，拾残余庄稼。这里主要是些红芋、豆子、玉米、高粱。她们娘俩白天捡拾，晚上分拣、搓粒、捶打、切片晾晒，有时整夜不合眼。经过20多天的辛苦劳动，积攒了200多斤粮食。我娘对四姐说，这能减轻咱家不少困难。但是，路途遥远，母亲又是缠足小脚，她娘俩回家只能带回少量粮食，剩余的寄存在农户家中。当四姐和母亲迈着疲惫的身体，背回粮食到家门口时，我们相拥而泣。

几天后，四姐又要带着父亲到山东郯城，背回剩余的粮食。可是这时发生了一件意想不到的灾难，黄淮海地区流行脑膜炎。当时医疗条件差，也没有疫苗防治，因此，引起了人们的惊慌。但是四姐却说："我身体棒，俺不怕！"传说蒜苗煮豆腐，吃了能预防脑膜炎。因此，母亲用黄豆换了几斤豆腐，到地里拔了蒜苗，煮了一大锅，全家都吃了。为了预防病毒感染，三姐托人买来口罩，把它戴在四姐的脸上。她高兴地说："豆腐吃了，口罩也戴了，这下可没事了。"父亲和四姐步行三四天，到达郯城史家庄，准备休息几天再背回粮食。可是山东疫情突然暴发，四姐被感染上了脑膜炎，发高烧，头涨眼花疼痛难忍。恰巧父亲帮人盖房没在场。当父亲得知后，由于当地没有医治条件，便背起四姐，向二三十里远的郯城医院急奔。当他背四姐到达医院时，衣服早已汗湿如洗。可医生诊断无药可治，我那可爱的四姐即魂归黄泉。

悲情电波传回家乡，全家人悲哀哭嚎，几天几夜没有一人吃一口饭，喝一滴水。父母亲失去了好闺女，我们失去好四姐。那时她才十四五岁，正是含苞欲放的年龄，她为家庭奉献了一切，却被疫魔夺去了鲜活的生命。四姐的音容笑貌，时时刻刻在我的脑海里、眼前一幕幕重现，使我泪眼婆娑，永远难以忘怀。

老　姐

王增源

几个月没见老姐了，我很想念她。

提到老姐，她并非多老，只是我对她的爱称而已。已进花甲之年的她，依然保持着年轻时的青春、活泼、爽快、大方。在人生旅途中，她为我及弟弟妹妹的付出，时刻萦绕在我的脑际，撞击我的心府。我只能在姐前加一"老"字来表达我的感恩之情。

姐姐大我两岁，出生于50年代中期，可能是老天的刻意安排，她来到这个世上是专门付出的，而作为弟弟的我获益特多。奶奶在世时常说，我出生后，姐姐十分高兴，逢人便说："我有'小兄'了！"（"小兄"是灵璧高楼地区的方言，指的是弟弟）她时刻守候在我的身边，不愿远离，盼望我尽快长大，我能挪步时，她就领着我教我走路，有时看我走得太慢，索性将我抱起来，抱累了就放在背上驮着，这一驮一直把我驮到初小毕业。上学路上，她驮累了就把我放在路桥的石磴上休息一下，然后再坚持驮回家。我家离学校的距离有一里上下，随着年龄的增长，我渐渐长高了，体重增加了，提出自己走，她却断然拒绝，背起我就走。我不乐意，就在她背上乱喊乱叫、乱抓乱咬，她只得把我放下来，脸上显出无奈的神态。现在遇到老同学聚会，他们还打趣地问："你姐驮你七八年，你把这事忘了吗？"时光虽已逝去半个世纪，当时的情景犹如昨天！有时姐弟相见聊天，姐姐还扯起衣领说："你的牙痕现在还有呢！"羞得我满面通红，只得狡辩说："谁叫您那么疼我呢？"

说到姐姐疼爱我，有几件往事不能不提。我作为家庭的男孩，小时候经常因调皮而惹爸妈生气，每当爸妈训斥我时，姐姐就一边哭一边说我做的错事都是她教唆的，想把责任都揽回去。当爸妈拿起棍棒要教训我时，她就哀求："别打我小兄，要打就打我吧！"当爸妈真的打我时，她就像小老虎一样飞扑在我的身上，为我承受皮肉之苦。

最令我难忘的是我和姐姐初中毕业时，上高中要凭推荐。一天，一位大队干部来到我家，告诉爸爸说："你们家庭出身不好，经大队革委会研究决定，你家两个孩子只能推荐一个上高中。"我家顿时陷入一片慌乱，爸爸妈妈坐在饭桌旁唉声叹气，抬头看看我，又看看姐姐，不知如何选择，这可是关系孩子人生命运的紧要关头呀！这时，又是姐姐站起来，平静地对爸妈说："你们别犯愁，我下学回家干活，让小兄上高中。"老姐啊，每当我与你有利益之争时，你总是让、让、让，让得我流泪，让得我心碎，让得我懊愧！每忆及此，我便泪如泉涌，天底下有谁能比得过这么疼我的姐姐？！您的心灵如此纯洁，您的心胸如此博大，您的恩情深如海、高似天，世上最美的文字都无法抒发我对您的感激之情，我只能用"谢谢您"来表达我的情感，如有来世，我祈盼您还做我的姐姐。或者让我做姐姐，您做弟弟，给我一次补偿的机会吧！

随着年龄的增长，我们有了各自的家庭，但您的付出仍未停歇。在单位，你与大家和睦相处，是人们公认的热心肠、老大姐。在婆家相夫教子、侍奉公婆，公公婆婆现在都年逾九旬，把您当作亲生女儿对待，在乡邻间传为佳话，两个孩子大学毕业后分别在杭州和上海工作，现在也已成家，您升任奶奶，实现了四世同堂。尽管如此，可你对娘家的五个弟妹仍然十分牵挂。谁家一旦有事，你得知后，总是第一个冲上前来。前年七月，我上班途中，遭遇车祸，造成左臂骨折，你除了积极参与护理之外，还不顾颈椎骨质增生，挤出时间绣了一幅弥勒佛的十字绣送我，祈求佛祖保佑我平安无事。听姐夫说，为了这幅十字绣，您连白加夜花费了一个多月时间，有时连饭都忘记了吃。我的好姐姐，您为了家庭默默奉献，为了他人乐于付出，天底下还有比您更好的人吗？老同学聚会时，您最爱说："我的弟弟虽然个子不高，站在隅顶口离百把米我就能看到他，因为在我心中，他是最高的。"去年四月，您去杭州带孙子，虽然人在千里之外，还时刻惦记我，不时打来电话，叮嘱我注意身体，不要忘记吃降糖降压药。把我这个老小弟看作没长大的孩子，这叫我怎么说好呢？老姐，小弟只能把心中的思念化作祝福，遥祝您保重身体，万事顺意。

我的老姐，她叫王爱玲。

千针万线慈母情

刘玲梅　　张春娥

从来不是时尚的人，穿着也我行我素，棉麻长裙单布鞋，几乎成了我的标配。

中意的长裙好找，只是与裙子相搭的布鞋难寻。从街铺到网店，每每找得我耐心尽失。老北京布鞋还不错，偏偏配了橡胶的鞋底，怎么看都跟雅致的布鞋面不协调。要是能换成母亲纳的千层底就好了。

母亲的针线活，漂亮得远近闻名，尤其是她做的布鞋，无论棉鞋还是单鞋，周正秀气，每年都会被亲戚邻居要走一些，村里的婶子大娘去我家描鞋样子更是常有的事。

母亲的鞋样子大都是用报纸剪的，夹了满满一大本书。报纸是姥爷从村委拿来的《拂晓报》，书是舅舅从部队带回的《解放军文艺》。那报那刊，像施了魔法诱惑着我。母亲怕我弄坏她的鞋样子，把书宝贝似的压在枕头下，我只能趁她下田时偷偷翻出来看，鞋样子上被剪得支离破碎的文字，我也没放过。

乡下最大的好处是，一年忙两季，其余时间多半是悠闲的。忙完午收和秋种，母亲的大把时光，就交给了织毛衣和做鞋。

家里不能穿的破衣烂衫，早被母亲拆洗干净，齐整地码在柜橱里。寻个阳光大好的天，母亲从柜橱里拽出那摞旧布，再熬制一碗黏稠的面糨糊。拆下的门板已被刷净靠在当院，静等着母亲抹糨糊贴布片。阳光滑过槐树的叶，在母亲的脸上斑驳着。母亲的毛刷一遍遍涂抹着门板，她试图刷掉日子的粗糙，把生活的零碎抹进去，把乡土的气息抹进去，把全家五口人的幸福抹进去。大字不识的母亲时缓时急，动作娴熟，一幅色彩纷杂的"油画"完工了。

贴布片在老家叫打鞋靠子，有的地方叫鞋壳子，正式的叫法是袼褙。你瞧，一碗面粉几片布，经过一双手的打造，焕发了新生命似的，就有了学名、小名和别称。刚晒干的鞋靠子倔强得很，支角翘边的，非得在床上压几晚才能平眉顺眼。晚上四下里一安静，熟面的香味就从席底往外钻。面香里裹着阳光的味道，让更深露重的夜色，多了一丝温暖和踏实。

母亲从不用旧布做鞋面，哪怕我再怎么任性，也不会用我喜欢的那块旧布。母亲赶集扯花布，我就眼巴巴地跟着，直到她买了我想要的形色，噘着的小嘴才笑出花样。从小到大，母亲也就这时候愿意惯着我。

我对母亲充满了崇拜，她到哪儿我都跟前跟后，母亲常说我碍事绊脚。其实我就想学得像她一样，农活女红样样拿手。若真像《花市》里说的那样，捉不住针，拿不起线，拙手笨脚没人要，只能嫁到严村吃胡萝卜去，那可大事不妙。

央母亲教我做鞋，母亲忙着粘鞋底，看都不看我。说赶紧看书写字去，等你长大了离开乡下，只怕给你穿你都不穿。她不教我做鞋，却教我打线绳，我学得快，一根骨筒做的线垂砣，在我手底旋转得有模有样。

无数个晚上，我趴在饭桌上写作业，母亲坐在旁边纳鞋底。煤油灯昏黄如豆的光，随着母亲扯线绳的哧啦哧啦声，似乎也摇曳生姿起来，常惹我走神：不知古时候绣楼上的姑娘们，是不是也这样纳底做鞋。

母亲不停地做鞋，她要赶在年底多做几双出来。她要给孤寡老人郑老太送去，要给村西头没了娘的小娟子姐弟俩送去。母亲，让我心疼，又让我骄傲。

那时候过年，才真的叫过年，小孩子刚过完年又盼着过下一个年，中间的四季最好统统省略不要。盼啊盼，盼新衣，盼新鞋，盼两角压岁钱。大年三十一早，母亲踩着二板凳，把一大摞新鞋从房梁上取下来，跟公司年底分红似的，一人领一双。赶紧换上，到井边的湿泥地上渍渍底，牢固一下鞋底的线疙瘩，然后满村子疯跑显摆——谁让母亲做的鞋那么俊呢。

母亲真是个预言家。后来，我穿着布鞋一步一步走出村庄，踏上了城市的柏油路。在城里，我用体面的高跟鞋追随青春和繁华。可很多时候，我还会翻出母亲的手工布鞋，或许是有"密密缝"的叮咛，或许是有"迟迟归"的期盼。穿着布鞋，我走过生活的坎坷，走过人生的失意，可我的步履一直很稳。母亲的布鞋牵挂着骨肉亲情，无论走到哪里，我的脚下都饱含泥土的气息和大地的温度。

（刘玲梅）

一朵风干的蔷薇花，一本带锁的日记本，一个童年踢过的毽子，一摞大学同窗的贺卡，还有母亲为我最后做的那双布鞋，这些旧物我始终舍不得扔，因为它们承载了我太多记忆。特别是那双布鞋，尽管它在鞋柜里与其他鞋子相比，显得很旧、很土，但我一直珍藏着。

和我同龄的农村人，小时候大概都穿过母亲亲手做的布鞋。尽管岁月流逝，母亲做布鞋的过程我至今记忆犹新。

母亲总是先找出家里的旧衣服，洗干净，根据需要撕成大小不同的块状，再用面做成的浆子将这些布一层一层地贴在饭桌上或其他木板上，我们把它叫做打靠子。然后再用一个硬纸剪成的鞋底样子按在靠子上画好图样，剪成一个个鞋底。把这样的鞋底三个摞在一起，用线在中间简单连一下，接下来就要纳鞋底了。因为鞋底很厚，仅仅依靠手的力量是纳不透的，于是母亲就借助锥子。先用锥子把鞋底扎透一个眼，然后再用针带动着线沿着锥子扎好的眼，一针一针地纳。那时候的我觉得很好玩，经常趁母亲做饭或干别的活的时候，偷偷地纳几针，要么把锥子或针弄断，要么戳到自己的手指头，经常招来母亲的训斥。可是我纳的那几针总是东倒西歪，不成行，放在鞋底上，显得格外扎眼。我多么希望有一天自己纳的鞋底像母亲纳的一样，可是直到现在我也没有纳出母亲那样的鞋底来。

纳好了鞋底，还要做鞋帮。先在靠子上剪出鞋帮样子，再在鞋帮样子上蒙上一层比较结实的布，这种布叫鞋面，鞋面根据你的喜好来选择。用糨子把鞋面和鞋帮样子黏在一起，再用针把鞋面和鞋帮样子沿着边扦在一起。扦的时候，针脚要密一些，这样鞋帮就做好了。最后就是绱鞋了，把纳好的鞋底和做好的鞋帮用粗一点的线绳或麻绳缝在一起，母亲做的"千层底"布鞋就可以穿了。

还记得上小学的一天，我穿着母亲给我做的新布鞋去上学，很不凑巧，快放学的时候下起了大雨。我怕把新布鞋弄脏、弄湿了，就把它脱掉，装进书包里，光着脚跑回家，于是我就成了哥哥嘴里的"憨丫头"。

我刚上师范的时候，还有的同学穿自家做的布鞋。渐渐地就有同学买那种二十或三十块钱的皮鞋穿，当时觉得很时髦，但会臭脚，而且穿久了会生脚气，不像母亲做的布鞋，它吸汗、透气，既不会臭脚，也不会生脚气，更重要的是它穿起来很舒服。就是因为这样，我还是穿着母亲做的布鞋上完了三年师范。也许因为受以前穿布鞋的影响吧，现在我穿鞋还是以舒服为标准，与那些时尚的高跟鞋无缘。我的同事都笑话我："不穿高跟鞋，没有女人味。"我就纳闷了，穿不穿高跟鞋与有没有女人味有关系吗？我觉得自己穿平底鞋挺舒服的。

每当我看到那双布鞋，母亲当年为我做鞋的情景又浮现在眼前：我常常在睡梦中听到窸窸窣窣的声音，睁眼一看，劳累一天的妈妈还在飞针走线，灯光映着妈妈瘦弱的身影，头上的银丝耀眼发亮。那时我才真的体味到"丝丝白发儿女债，历历深纹岁月痕"这两句诗的内涵。

母亲，你的针线曾丈量过汗水打湿过的土地，缝补过生活的艰辛，织缀过殷实的梦想，串起来火红富足的日子。如今衣食无忧了，你却再也不能为我做鞋了。

母亲为我做的最后一双鞋，我就好好地收藏吧，作为永远的念想。

（张春娥）

大妗子和她的桃园

胡桃夹子

又到桃子熟了的季节，看着院子里树上的桃子，不由得想起俺大妗子和她的桃园。

当年，大妗子住在唐河西岸，家前院后栽有好多桃树，桃树的品种有几样，虽然现在已记不清楚，但是那满树脆甜爽口的桃子，我至今仍记忆犹新。

每年桃子熟了的五月，大妗子都会来我家接我和哥哥去帮她看守桃园。每回早上接去，到了晚上再送回，临走时，大妗子都要给我们装上一大包桃子和其他好吃的。如此延续了好多年。

后来我渐渐懂事才悟出来，大妗子哪里是让我们去看守桃园，那是让我们去吃桃子，又哪里是单单让我们去吃桃子，那是让我们哥俩去改善生活呢。

桃子熟了的季节，也正好是学校放麦忙假的时候，所以每次大妗子来，我都是兴高采烈地背上书包跟着大妗子去了。

吃饭的时候，大妗子都是把馍筐里的细面馒头或烙馍拿给我和哥哥吃，她自己和家人却是吃着粗粮面。要知道当时如果没有我们哥俩去，这细面馒头可是专给大妗子做的呢。

哥哥大我七岁，比我懂事，吃了一个细面馒头后就会主动去拿粗面的，我却是吃完一个还要去拿下一个。这时候大妗子就会笑着说："柱子吃就是，吃了长个子。"

大妗子非常疼我和哥哥，就想着法子弄好的给我们哥俩吃。有韭菜加鸡蛋的烙饼，有放了糖做的夹心白面馒头，还有加了芝麻炕成的又香又脆的芝麻薄饼。

那时候，在每年桃花盛开的时候，我会天天瞅着桃树，看花儿的盛开，花瓣的落下，看小桃纽的慢慢长大，掰着指头数离桃子熟还需多少日子，盼着大妗子来接我们。

大妗子家的房子建在街后面的唐河堰上。我上学正好要经过大妗子家前面的老街。桃子快熟的时候，我上学放学，都要顺着那街头通往大妗子家的巷子口往里面观望，从这巷子口，是能看到大妗子家桃园的。

在大妗子家房子的西边，有一条南北走向的小路。每年桃子熟了的季节，那些赶集的大人和上学的孩子，都会在路过桃园的时候，摘那树上的桃子。大妗子看见了，会笑着说："吃吧！别撅断树枝子就行。"

一晃几十年过来，我依然记得大妗子和蔼的音容笑貌，记得那结满好吃又好看桃子的桃园，记得那桃树下面，夏天吃饭用的光滑的青石台，还有那青石台上放着细面馒头的馍筐……

恍惚间，我好像又看到了大妗子向我家走来，又来接我去给她看桃园了……

后记：我大妗子叫王兰英，曾是禅堂有名的好人、能人。她老人家土改时是贫协会会员，后来积极参加农业合作社工作，是大队里的积极分子。

大枣树和小侉奶

邱德龙

记得在老家路西边不远处有个空旷的大宅子，乡亲们都叫它路西老宅子。宅子上坐落着三间大堂屋和三间东偏房的四合院，偌大的院子里仅住着小奶一个人。房子后面生长着几十棵估计树龄在上百年的老枣树，我们都管它叫路西家后老枣林。树龄虽然长，但由于管理得当，依然树干挺拔，枝叶茂盛，每到秋天大枣成熟果实挂满枝头，煞是喜人。

大枣可是个好东西，生食是脆甜可口、回味无穷的水果，干品是活血生津、滋补养气的上等佳品。按季节分有南枣北枣；按果实形状分有大枣小枣；按状态分有干枣鲜枣；按地区分有晋中壶枣、黄河滩枣、新郑大枣、和田大红、河北冬枣、山东金丝；还有什么赞黄金丝鸡心蜜、灌阳长大柿顶红；等等，品种繁多。咱这里无意对枣的品类和营养成分进行探讨和评价，单就围绕老枣林发生的一些有趣的小故事奉献给大家。

小时候贪玩，经常邀约几个玩伴在上学放学的时候，绕弯到小奶奶的枣树林捡拾被风吹落的大枣，发现小奶奶不在还时不时地就偷上几颗装在书包里慢慢品尝。

小奶奶脾气好，疼小孩，有什么好吃的只要我们去她家都会主动拿出来分给我们，所以我们都非常尊敬她、喜欢她。至于为什么大家都叫她小奶奶，我也说不清楚。只听说她娘家在河南开封一带，因连年遭灾从小逃难过来，后嫁给了我族中的大老爷。别人都这么叫，我们也就这么叫她小奶了。她的子女都有出息在外地工作，让跟去享福，她是舍不下倾尽了毕生心血置下的家产大宅，说什么也不去。儿子无奈只好在老宅子上盖了一个小院给她住，院前栽上梧桐树，屋后可就是祖上留下的老枣树了，看树的长势足有百年以上，棵棵粗壮高大，拣小的说也有七八米高。树多自然招来各种小鸟在此筑巢居住，像什么花喜鹊、野斑鸠、练碴子、小架架、黑老虫、黄鹂鸟等，黄鹂鸟长着一身的黄羽毛，粉红色的小尖嘴巴，搭配着一顶黑黄色的头冠漂亮极了。黄鹂鸟不但长得漂亮，还是一个天才的音乐家，鸣叫起来乐感极强，声音婉转悠扬，悦耳动听。黑老虫这种鸟黑羽黑嘴黑尾黑腿黑爪，反正全身黑，没有杂色。别看它黑，可时间观念却很强，每天都随着第一缕曙光出现时开始鸣叫，非常准确。

野鸟也是一种聪明的精灵，它们大多会选择树冠细小枝条的枝杈内做窝，这样既牢固又安全，但对于我们的小伙伴来说可是个不小的考验。好在小伙伴中不乏爬树上高的顶尖好手，再难上的树也能上去，哪怕是只有擀面杖粗细的树枝，在鸟巢的诱惑下，也会想方设法攀着摇摇欲坠的树杈把鸟窝拿下。如果鸟窝内有小雏鸟那可是如获至宝，拿回家中精心饲养。但小雏鸟可不都是那么好喂大的，像黑老虫、练碴子气性大，任凭你喂什么东西就是不吃，绝食直到饿死。斑鸠可就不同了，特好喂，给啥吃啥，平时我们都到湖里逮些蚂蚱、老草朴、皮几等营养丰富的活虫喂给它吃。遇到阴雨天就把小麦或高粱先用水浸泡一下，把泡过的粮食连水一起含在自己嘴里与小斑鸠口对口地喂食，这时小斑鸠就会主动地连粮食带水一起吞下肚去。很好玩，很开心。

阴天下雨，尤其是下起来没完没了的阴雨天气，大人们是最头疼的，可对于我们来说可是最开心的时刻，这样我们就可以光着脚板毫无顾忌地蹚水和稀泥玩个痛快了。地皮菜也是在这样的连阴雨天气里生长速度最旺盛的时候，你今天看见只有拇指甲大小，一夜过去再去看大的都会长到巴掌心大了，软软的，肉嘟嘟的，喜死人了。每到这时我们都会在父母面前自告奋勇地去捡拾地皮菜，母亲觉得小孩眼尖手头快也乐意让去，省得在家里瞎转悠惹人烦。我们便会提个小篮子或拿个小筐子高高兴兴地跑到路西家后的大枣树下捡拾地皮。

地皮又名地木耳、地衣，是一种真菌和藻类的结合体，生长在长期潮湿阴凉的地面或树下的小草丛中。晴天干缩如鱼鳞片，黑黑的小片贴在地面，通常不会被人注意。但几天的连阴雨之后地皮会慢慢伸展并快速生长，灰黑绿色状如鲜木耳，可以食用，营养丰富。据说含有一种活性物质，对防治老年痴呆症有一定功效。此外，还有预防"三高"发生的功效，是一种名副其实的保健食品。

来到枣树下，你可以发现地上草棵里到处都是"地皮"，简直多得让你无法停下手来，当然我们还是专挑那些大片的拣，好拾顺手。捡地皮可是个细活，必须轻轻地一片片捡拾起来，快了容易沾上草屑，难以清理。我们这些年龄小的伙伴眼尖手快，不到半天工夫就能捡满一小篮子。回到家就能得到母亲一块糖果和鸡蛋炒地皮的奖励，这一餐就会美美饱吃一顿，那个痛快劲就如三伏天吃上了一根大冰棒，美滋滋的。

秋收将近，枣儿成熟了。望着挂满枝头一个个闪着亮光的甜枣，白的、红的、白中透红的枣儿真是诱人，让你垂涎欲滴啊！每年的这个时候，也是我们几个往枣林中跑得最勤的时候，有事没事每天至少要跑去五趟，看看有没有自动或被风吹落的枣儿。落下的枣大多是熟透的或半青半红即将熟透的上等品，一经发现不管三七二十一捡起来在衣服上擦两下就往嘴里塞，嘎嘣脆甜的大红枣吃得那个心里美得甜到心窝窝。

上学放学那是必经之地，想方设法也要绕着弯儿往枣树林那边转一趟，因为这个时候小侉奶大多要做饭或吃饭，不在屋后看管，趁机我们就会有一人迅速地爬到树上，抓住一个挂满枣儿的小枝使劲地摇晃，把那些大而红的甜枣晃下来，其余几个就迅速地拾起放在书包里，不一会工夫就会弄个半书包，我们论个数平均分配，任何人也不许多吃，这是我们约定俗成的规则。

事情不是每次都这么顺利的。记得有一次放学，馋虫又上来了，于是我们几个藏在远处，先派一人前去打探情况，待一切安全就快速跑到树下，正准备遵循前例上树晃枣，冷不防小侉奶突然出现，这一下可把我们吓得够呛。刚想跑，小侉奶开口了，别跑，你们几个小骨腿子天天来，你当我不知道，我在屋里看得真真的。上树多危险，万一掉下来出了事怎么办？奶奶给预备好了，也洗净了，拿去分着吃。这时，我们几个面面相觑，无地自容。这才注意到原来屋后墙留个小窗户，专门用来瞭望的，我们每天的行动全在奶奶的监视之下。奶奶打枣是用一根长竹竿打几下就行了。奶奶说以后想吃枣，找奶奶拿这个竹竿打几下就够吃了，记住没有？我们低着头答应，记住了。

此后多日，我们都能看到奶奶在树下捡拾被风吹下来的红枣。突然有一日，上学没看到奶奶的身影，放学也没有见到，于是我们就蹑手蹑脚地走到院子里，没见奶奶，我们就齐声喊一声，奶奶你在屋里吗？奶奶答道，在屋里。明显声音无力。我们进屋一看，奶奶有点感冒发热，"奶奶别动，我们给你找医生去。"奶奶说："不用，有药，给我倒点水就行了。"这时我们才认真地打量着奶奶，老了，奶奶老了。从这天起我们几个分工，每天上学放学必须有一人提前到奶奶屋里照看奶奶。

现在奶奶和她的大枣树都不在了，留下的只是她那空落落的老宅子，还有几棵老杨树。每次回家给父母上坟，我都要先到小奶的坟前默默地伫立一时……

她和那即将消失的风景

吴恒侠

留守村庄的人，大多是守护那冷清的村庄，守护那寂寞的老屋，守护离不开家的孩子。不过，也有人守护更多的东西，更多的心思。赵家庄的张姐，就守护着一处即将消失的风景。

灵璧县九顶山下的田野里，约有二亩地的传统小杂粮，遮蔽在一望无际的杂交玉米的青纱帐中。深秋时节，那二亩地长出了曾经的风景。高粱穗红了；沉甸甸的谷穗在秋风里摇荡；绿豆和小黑豆叶子落了，黑色的枝条上托着密密麻麻的豆角，黑得发亮；小粒黄玉米穗子上的樱子已经凋谢，露出饱满的黄……庄稼地的深处有一个劳作的身影，若隐若现。那古朴的画面，厚重、沧桑；放大背景，还有几分凄凉。

那个身影就是50多岁、村庄人惯称的张姐，这片庄稼的主人。她在伴守着这些古老的生命。

一个微信帖子，让我走进这难得一见的风景里。2015年秋收时节，一个办农场的朋友，请我帮他寻找小杂粮种子。我上山下乡，走访农户，折腾两周无果而归。我有当无地在微信朋友圈发了一个帖子。一个昵称"五谷"的网友跟帖："我家的二亩地里，藏着五谷杂粮的古老生命。谁能唤醒它们的青春？"寥寥文字，在叩问与追寻中传递了信息。

我带着几分疑虑，走近张姐。张姐生于农家，自小就和小杂粮结下了不解之缘。她的娘家邻居李婶，住在九顶山脚下的村子里。她在山坡开荒地上种些小黑豆、谷子、高粱、芝麻、绿豆补贴生活。张姐自幼家境贫寒，体弱多病。她几乎每一次生病，李婶都会送去绿豆面皮、黑豆面条、小米粥给她调养身子。说来神奇，张姐只要吃了李婶的杂粮面、杂粮粥，身体就会好起来。那一段特殊的经历，至今都留在张姐的记忆里。五年前的正月初二，张姐去给90岁高龄的李婶拜年。李婶拉着她，指着那些装着小杂粮种子的坛坛罐罐说："这些可都是老祖宗留下来的宝贝啊！眼看就要绝种了，可惜啊！"张姐明白李婶的心思。这些种粮，是李婶从她的祖上接下来的，也许相传了200年，也许300年，也许更久。她为了李婶，也为了这些宝贵的生命，把种子带回去种在她家的二亩地里。

那二亩地里的景象，近在眼前，却又显得那么遥远，那么渺小。古人有云，"明君贵五谷而贱金玉"。这些五谷杂粮，是我们的祖先历经千百年培育出来的食物精华，繁衍于万顷良田；养育了华夏的子子孙孙，延续着一个文明古国。不知何时，原始纯洁的五谷杂粮似无立身之地了。

　　"祖宗留下的宝贝，眼看就要绝种了，可惜啊！"李婶无可奈何的一声叹，触动了张姐敬畏生命的悲悯情怀。粟米五谷生于斯，长于时，春耕夏耘秋收冬藏，她终岁忙碌。守护着那即将消失的风景，守护着一份情结。

┃故园情思

故乡的老井

马修歌

　　故乡的老井，位于灵璧县游集镇马集村的正中央，井口直径接近2米，用四块方正的条石围起来，高出平地三四寸。井沿因长年被井绳摩擦，留下一条条深深浅浅的凹槽，光滑、铮亮，泛着暗蓝色的光泽，手抚摸起来特别舒服，如同触着一块凉爽温润的玉石。井壁里面是青石砌成的，一年四季水淋淋的，上面常年长着一层深色的绿苔，看起来年代就很久远，靠近井口的井壁还有几株小草，长势很是旺盛。井台四周是一片20多平方米的水泥平台，上面纵横交叉印着菱形的绳痕，既可以供水流淌，也可以增加地面的摩擦力，平台的四周还有淌水的小水沟。老井的南面有两块立起来的条石，乡亲们打水时，扁担放在上面不会被打湿。条石的东西两面，各有一个磨得溜光水滑的石槽，供人们洗衣服。石槽的旁边，还有两棵高大茂密的白杨树，给人们遮阴挡雨。

　　村子里这口老井是什么年代修建、何人凿建已无从查考，它的历史也无人知晓。村里族谱记载，应该是明成祖朱棣登基不久，先祖带兵打仗途经此地，看到这块山清水秀之地，于是产生了解甲归田的念头，便携妻带子，定居此处。所以，老井或许也是那个时候凿建的，听说老井自从使用以来，从没有枯竭过，即使在历史上大旱之年，井水依然旺盛，清澈甘甜，水温冬暖夏凉。每到冬天，就能看到井口上面飘着热气，有如缕缕炊烟；而到了夏天，井水就显得非常清凉，喝上一口一直甜到心底。就这样老井滋养着一代又一代山里的村民。

每天清晨，村里最热闹的要数老井附近，挑水的村民从四面八方涌来。哗哗的水声、咚咚的桶声，加上男男女女的嬉笑声，构成了一首山乡之晨交响曲。水井旁，婶子、大娘、大嫂和老奶奶们聚集一起，有的洗衣，有的洗菜，有的洗头，但是她们的嘴巴却未闲着，嘻嘻哈哈，张家长李家短，争着抢着诉说着一件件新鲜事儿，传播着村子昨日里大大小小的新闻。

炎热夏日来临，水井自然会给村民们送来清凉。从田间地头辛苦劳作回来的男人们，见有人从井里提上来的清水，毫不客气地蹲下身子来，把草帽往身后一甩，两只手抓住桶沿，将嘴巴贴在水面上，"咕咚咕咚"一气猛饮。女人们则弯着腰，把一头青丝泡在脸盆里，涂满了肥皂泡，用纤手轻轻地揉呀揉的，再用小小的牛角梳子梳个不停，直到秀发根根飘逸。有时候我们几个小伙伴，还会从自家地里摘几个大西瓜，放到井水里泡上一两个时辰，当我们再切开西瓜，红瓤黑籽，咬上一口，又凉又甜，一直甜到心里。

每当北风吹来，雪花飘飘之时，远远看去一片白茫茫的世界，只有老井里冒着腾腾的热气，飘荡在井口上。担水的人们在老井周边的雪地里留下一行行脚印。当你将冰凉的双手浸在还冒着热气的井水中，顿时心中就会升起一股暖流，让人们忘却三九严寒。记得我们家养了一头大黑牛，有时候父亲不在家，我就会到老井挑水，当然只能挑两个半桶，走起路来也歪歪斜斜的。挑回来的井水主要用来淘草喂牛，有时候老牛渴了，低头一口气就把半桶水喝完。

也许，因为老井的泉水甘洌，无论酷暑寒冬，我们一群小伙伴都喜欢直接喝老井水。无论是从田里干活回来，还是放学回来，到家的第一件事，便是舀一瓢刚刚提上来的井水，咕咚咕咚地喝一气。即便冰天雪地也不觉得凉，夏时则暑热顿去，遍体生凉。有时候没有水桶，我们会找来一根长长的芦苇，每一节挖一个小洞，再把芦苇放进井水里，灌满了水，提上来直接对嘴喝。有一年夏季麦收的时候，大人都在村南的责任田里割麦子，妈妈让我送水到麦地里，我和弟弟便拿来一只军用水壶去老井里灌水，可是一不小心，水壶却掉进了井里，我和弟弟趴在井沿，望着老井里的水壶哭泣，后来有一位路过的村民帮我把水壶捞了出来。现在想来，小时候的做法有些太傻，也有些后怕。不过听村里的老人们说，老井里有井龙护佑着，从没有淹死过人，即使有村民掉进去，人也会漂在水面上的。

　　老井用了一二十年，村里就会组织村民淘井。儿时的记忆中，最为高兴的事情当然就数淘井了，淘井一般选择大旱季节，这样泉水的水势会弱一些。每当淘井时，村里的青壮年男人都会踊跃来到井边，争先恐后地抢着下井干活，把井底的淤泥淘洗干净。因为大家知道，冼井后井水会更甘甜。听说有一年淘井时，淘到泉眼处，泉水立刻翻滚着涌出来，淘井的村民只好用棉袄堵上泉眼。据说，老井的这口泉眼是直通东海的。后来有人还在井里抓了两条红鲤鱼，大约四五斤重，人们觉得十分奇怪，没有人放鱼进去，怎么会有鲤鱼呢？于是没人敢吃这两条神秘的红鲤鱼，村民们认为这是两条井龙的化身，于是又放回到井里了。听父亲说，20 世纪 60 年代，村里组织的一次淘井，还在井里还发现过陶罐、黑瓷碗、手榴弹、盒子枪、日本刀等物品。

　　故乡那口老井，一到晚上，便沉沉地睡去了。她退去了白天的喧嚣，只有井边的两棵白杨树，还在哗啦啦地低吟，老井睁大眼睛望着夜空里的星辰，夜色的黑暗让老井显得更加神秘而令人敬畏。不过晚上老井也有热闹的时候，那就是村子里放电影、唱大鼓时。只要一说看电影，傍晚时分一群群孩子便用小石头，或者小板凳占位，唯恐找不到看电影、听故事的好位置。等到晚饭过后，村民们一下子都来到了老井边，有的孩子还爬到了草垛上，人山人海的场面，煞是热闹！

　　几百年来，老井对村民的贡献功不可没，村里千余口人和牲口饮水都靠它。随着社会的进步，近几年村民们都用上了自来水，老井离人们的生活也越来越远了，慢慢地被村民们丢在了遗忘的角落，但是她曾经的辉煌和无私的奉献，却深深地铭刻在人们的心底。走遍了江南海北，我还是觉得故乡老井的水最甘甜。

梨花深处看下楼

谢金陵

在灵璧县的最北部，有数千亩美丽的梨园。每年春天来临，下楼镇十来个村庄的梨花银浪翻滚，浩浩荡荡，远接云天。

梨树作为我国栽培历史久远的树种之一，从《诗经》中便可见端倪。"蔽芾甘棠，勿剪勿伐"以及"山有苞棣，隰有树檖"，诗歌中的甘棠和树檖指的就是野梨。

下楼镇梨树栽培的确切时间已无查考，但在 1991 年出版的《灵璧县志》中，明确介绍"清末，程庙、崔楼、韦集和黄湾等地建有梨园，各园面积均在百亩左右"。

当年，下楼镇多个村庄的梨园，距离黄河故道不过十余华里，与坐落黄河故道相距百公里的砀山一样，饱受着黄河水患的蹂躏。盐碱质的土壤上，寸草不生，到处一片白茫茫，百姓的生活水平极为低下。为了在这块土地上生存下来，这里的百姓绞尽脑汁，想尽办法，通过各种尝试，发现梨树对土壤的适应能力很强，山地、丘陵、沙荒洼地以及盐碱滩都可以成活，在某种程度上可以改善生存的状态，并带来一定的经济收入，梨树便成为这一带区域的重要经济树种。

在对下楼镇程庙村十多位年逾八旬的老人访谈中得知，在他们的童年时代，整个程庙村和附近的多个村庄皆被怀抱粗的上百年老梨树围绕。程庙村老书记程守亭老人回忆，在 1958 年程庙村成立专业组大面积种植梨树之前，程庙村至少有上千株老梨树。家前院后、田头地间全是梨树围绕。相邻的火庙村、阎王庙、固塘、湖北村、中谢等村，因为土质相同，也多栽种梨树。还有个村子便是因为村庄附近原有一片小面积的梨园而取名为梨园村。在对全县的地名文化调查中，每个村庄名称的形成至少有三百年的历史。据此推测，下楼镇的梨树的种植历史至少可追溯到三百年。

过去，梨树的品种少、品质差、色相粗鄙、口感不好，农村实行"以粮为纲"的种植政策,有的成片果园被损坏。1958 年,在大办食堂和大炼钢铁期间,很多地方砍伐果树作燃料,果树面积锐减,树龄在百年之上的老梨树几乎砍伐殆尽,很难寻觅踪迹。但在 91 岁的程知孝老人和 80 多岁的程守亭老书记指点下,笔者在程庙村南的一块田地里,见到十株尚且幸存着的老梨树。它们沿着田埂南北一字排开,树干黢黑沧桑,枝丫虬屈苍劲,岁月荏苒,仍然生机勃勃,绽放满树梨花。

在下楼北部,政府把梨树作为主要经济树种大规模种植始于 1958 年冬天。县人民政府决定成立国营灵璧县九顶园艺场,火庙、程庙、湖北村、火谢等大队划为县九顶园艺场第四大队。打造出经济林九千四百五十亩,果木树种分别为苹果、梨树、葡萄等。1959 年,加大了种植力度,一切可以绿化的荒山野地、宅边路旁、河边都栽上了果木。出现了果树专业村,形成了千亩梨园。

其后的 60 多年中,梨树的命运在风雨沧桑中沉沉浮浮。1980 年,县政府决定,以第四大队为基础组建灵璧县园艺二场。1981 年,农业实行包产到户,果园场实行退田还农,梨树遭受了无情的砍伐。1980 年,下楼镇果树园艺场面积剩下了一千亩。2000 年前后,全县大规模种植梨树。2005 年全县森林资源规划设计调查中,下楼镇梨树面积 5959 亩。此后,因为梨的品种老化,品质没有得到提升,价格下降,市场惨淡,果农的积极性受挫。2013 年,下楼镇梨树面积仅有 1847 亩。

程庙村 2014 年被列为国家级重点贫困村,田少地贫,村中一千多亩梨树成为这个村庄的主要特色产业。近年来,在镇政府的指导和扶持下,程庙村大力发展乡村旅游文化,在原有古梨园的基础上扩大梨树种植面积,改进栽培技术,引进优良品种,果品生产由数量型向优质型发展,打造出自己的水果品牌。2017 年的安徽省第五届优质果品展评活动中,程庙村阳园果品场的"黄冠梨""丰水梨"因皮薄、肉细、汁甜、味美,获得优秀奖,成为下楼镇最为亮眼的一张名片。

精美的石头会唱歌

晏金福

电影《木鱼石的传说》的主题歌这样唱道："有一个美丽的传说，精美的石头会唱歌……"我要告诉大家的是：精美的石头会唱歌根本就不是什么传说，而是确确实实地存在着。

你见过殷墟出土的虎纹磬吗？这些精美绝伦的乐器就是用这种石头做成的。

你欣赏过大佛寺里编磬演奏的金梵音吗？那优美动人的天籁之音也是这种石头发出的。

这种石头叫作灵璧磬石，产于安徽省灵璧县渔沟镇东二里的磬云山。

灵璧磬石历史悠久，名闻天下。由于其"声如青铜色碧玉"的特点，三千年前就被制作编磬。《尚书·禹贡》称"泗滨浮磬"，因那时尚无灵璧县名，而磬云山位于泗水之滨，洪水频发，磬山如浮水上，故云。《史记》则明确记载"少昊制浮磬"。《诗经·商颂》中有描述殷人祭祀乐舞的诗句："鼗鼓渊渊，嘒嘒管声。既和且平，依我磬声。"历代王朝，灵璧磬石都是贡品，被视为"神器"，享有至高无上的地位，更被誉为天下第一石。在1999年昆明世界园艺博览会的奇石展中，灵璧石获奖21块，为世界100多个国家之首，成为真正的天下第一石。

1987年夏，我在渔沟汽车站曾邂逅北京雍和宫的李朝英，当时，他提着满满一大袋磬石石片，他说他是专做磬石编磬的。我问他为什么要买这么多，他说："不瞒你说，我做一套编磬在国内寺庙可以卖1万元，卖到国外就是3万美元。以前我都是到灵璧工艺厂买毛胚，5角一片，然后到北京进行细加工，再到苏州民族乐器厂校音。这次来，你们县工艺厂涨价了，要7角一片。我就打听，这石头产在哪儿。人家告诉我，在磬云山。我就抱着试试看，来到这里。嗬，这里多得很！许多老百姓都在做，而且每片只要3角。这不，我买了一包。停几天，我再来，买一汽车回去，够我用上几年的。你们县太不会做生意了，要是在源头上卡死，不要说7角，就是再贵，我也得买，全世界可是只有你们这一家呀。"听他这一席话，我一是惊奇，我们灵璧的石头真的这么宝贵。二是气愤，当时还没有多少经济意识的我想，他们赚那么多钱，为什么还在乎我们这点小钱。可是仔细想一想，也不能怪人家。买卖争分文，做生意，谁不想多赚点。事后，我和不少人讲过，也和有关负责人谈过，可是都没引起注意。

也就是从那时起，灵璧磬石的厄运来了，以磬石为原料的小作坊遍布城乡，他们做的石琴粗制滥造，校音不准，弹奏起来，犹如五音不全的歌声，令人作呕。更有甚者，他们用珍贵的磬石做成砚台、笔筒、砭石、酒具、茶具等，廉价销售。后果是，辉煌几千年没怎么见少的磬石，在短短的十几年间几乎消耗殆尽。尽管灵璧县在2005年出台了《灵璧石资源管理暂行办法》，但是为时已晚。

磬石不让开采了，某些人又打起了老百姓房子的主意。因为有些老百姓早年盖的房子全是用磬石盖的，这些人就出高价把这些房子买下来，拆了垒墙的石头用。而且偷采盗掘的现象也时有发生，这种种现象着实让人心痛。

精美的石头会唱歌，这歌已经唱了几千年。如果这歌声在我们这一代中断了，我们将成为千古罪人。

我们不愿做千古罪人，我们也不能做千古罪人。我们一定要保护好磬石，我们也一定能保护好磬石。我们要让这石头的歌声，响彻千秋万代。

浍塘沟掠影

高西梅

阳光轻暖，微风和畅。古老的浍塘沟在春深时节，以宁静淳朴的本色安身一隅，淡泊、灵秀、阔远，于无声处细品岁月流年。

浍塘沟，每个字里都有汩汩水流声。宽阔的濉河穿镇而过，唐河、拖尾河、三渠沟四面来水，在此汇聚成清澈瀚渺的水面，盛夏浩浩汤汤，激流奔涌，一泻千里，冬春秋三季，静水深流，风平浪静的水面上辉映着太阳的光芒，波光潋滟，水天一色。人们逐水而居，有水流过的地方，就有鲜活的生命。濉河两岸树木葱茏，禾苗茁壮，草色青青，散养的鸡鸭鸣鹅扑棱着翅膀撒着欢，昭示着生命的灵动。浍塘沟大闸下游不远处，一丛油菜花明艳动人，数株桃树与油菜花隔路相望，嫩绿色桃叶随风摇曳，朵朵花瓣已落入泥土，花蕊正在无声无息地孕育着果实。桃树的脚下斜坡延伸，纵深处是三渠沟与濉河连接形成的一个三角形滩涂，上面建造十来间简易房屋，供渔翁上岸歇脚、喝水用餐。窗外青竹纤纤，枝叶簌簌，给简朴的房舍、静寂的乡野平添一笔雅致。房舍前是一个天然的原生态港湾，几只小小的木船斜横水中，船头抵着河岸，与岸边土地上的青草相连，人们上船不用跳板，只需渔翁用竹篙稳住木船就行。立在舟楫中间的渔翁，踏着不断移动摇晃的小船却稳如磐石。船头伫立着数十只鸬鹚，像黑色的精灵，专注地望着水面。侧身用手撩一下，一湾春水骤然荡漾，一波漫一波，渐渐漫向远处，直至消失在视线的尽头。渔翁"嗨嗨嗨，嗨嗨嗨，嗨嗨嗨——"喝号声响起，竹篙拍打水面，节奏铿锵浑厚，鸬鹚像黑色的闪电，一头扎进河水深处，须臾，黑色的精灵高昂细长的脖颈，扑扇着短粗厚重的双翅，横叼着鱼背，乖巧地停伫在船上，待渔翁轻轻取下口中的猎物，就又一次迅疾地潜入水中。一次复一次，为渔翁叼回各种鱼类。看着鸬鹚不知疲倦忙碌的身影，渔翁沧桑的面庞上洒满阳光，把眼角的鱼尾纹笑成菊花模样。

春天，是鸬鹚繁殖的季节，好多黑色的精灵忙着繁衍后代，暂时不能为渔翁带来丰厚的收获。渔翁待它们依然呵护有加，精心喂养，不曾有半点怠慢。

鸬鹚繁殖很有意思。它与其他同类一样卵生，只是比同类洒脱。生蛋前，它不择地点环境，嘴脚并用，随时随地划拉一些干草柴火拢成一堆，只需少许柴火就能做成窝蹲在里面生蛋。生完蛋后就自顾自跑开玩耍，再也不闻不问。渔翁赶紧将鸬鹚蛋捡起，聚在一起放入母鸡的翅膀下抱窝。鸬鹚没有出生前，外表与鸡蛋差不多，只是个头稍微大一些，母鸡无法分辨。待鸬鹚破壳而出时，母鸡发觉这不是它的孩子，就拼命啄叨刚刚露头的小鸬鹚。渔翁此时迅速介入拯救幼小的鸬鹚，把鸬鹚轻轻捧出母鸡窝，开始了近两个月的人工哺育。

如果稍不留神，刚出壳的鸬鹚就会被护窝的母鸡啄死，失意与懊悔就会悄悄爬上渔翁的眉梢。鸬鹚出壳时，像刚出生的小老鼠，光溜溜的半拃长，肉哩吧唧的，弱小丑陋，一点美感都没有。老渔翁却宝贝似的，一天看几遍也看不够，喂水喂鱼糜，把小鱼虾机碎团成极小极小的丸子，一个一个掰嘴喂养。鸬鹚稍大一些，就不用掰嘴喂，好养多了，工序却不少一道，吃食越来越多，工作量越来越大，人越来越劳累，一直累到鸬鹚能够独自进食。

农户喂养鸬鹚的现场鱼腥扑鼻，令人退避三舍。带着我们深入生活、着装得体举止优雅的女镇长，不顾腥味难闻，微笑着站在满盆鱼糜前，亲切地与手抓鱼糜喂食鸬鹚的渔翁交谈。渔翁拃挲着双手激动地找凳子给女镇长坐，女镇长和蔼地说："你喂你的鸬鹚，不要耽误你干活。"她一边观察鸬鹚吃食，一边仔细询问渔翁有关鸬鹚的习性、育养期长短、喂养成本、育成后是自己用来捕鱼还是销售，自用产值多少，销售价格怎样，销路如何。间或，指着个头较小较弱的鸬鹚说："这个被挤压在后边，没有吃到（食）。"当听到一只好的鸬鹚可以卖到千把元时，女镇长的嘴角笑成了月牙，试探地问："能不能规模养殖？"渔翁似乎没有听懂，答非所问。看那意思，规模养殖可行性好像不大。鸬鹚作为古老的捕鱼工具，地域性特别强，与我们大众的生活已渐行渐远。女镇长转变思路，把"鸬鹚捕鱼"作为非物质文化遗产，做成人与自然、人与鸬鹚和谐共处的文化，借此把浍沟镇的人文地理民俗物产，把浍沟镇人民的淳朴勤劳诚恳，把浍沟镇原生态的鲜鱼活虾，把浍沟镇的宁静清澈灵秀推介出去，用以推动浍沟镇经济发展，帮助群众尽快致富的一系列活动，真的很有创意。站在浍塘沟大闸上，望着波光潋滟的河面，畅想原生态的乡镇，成为游人如织的皖北生态水乡，让人不禁心旷神怡，感叹不已。

小舟、鸬鹚、渔翁，大闸、流水、霞光，一杆竹篙撑起的岁月，凌波踏浪划向远方。浍塘沟的景色，美如诗画！

那 山

孙 志

那山，

是我老家村后一座小山。

然而，

她让我梦绕魂牵，

她是我心中永远的伟岸！

因为，

她陪伴了我的少年、青年，

可能直到永远、永远……

至今，

只有回忆，

全部的苦辣酸甜……

记忆深处，

也不知是何年，

父母下放，

回乡种田。

可囤中无粮，

袋中无钱，

全家三天没吃饭，

只能躺望屋顶呼喊苍天。

娘让我上山，

挖点野菜把肚填。

我第一次来到山巅，

见到处是紫色的花，
开得绚丽灿烂，
漫布全山。
我急忙着采，
把小书包塞得满满。

晚上，
外婆把花用水煮了，
全家每人吞了一大碗。
顷刻，
个个口吐白沫，
人人天旋地转。
一家人都中毒，
命悬一线！

山哪，
这是对我第一次考验，
你用野花（毒花），
把我们全家的生命质量检验……

六三年前后那几年，
全国人民生活困难，
少吃又愁穿。
那时，
我该上学了，
却拿不出学费。
心灰意冷，
我躲进了那山。
娘，

到处借，

跑了东家跑西家，

把全队跑遍，

终于借到三元钱。

可又找不到我，

只能漫山去喊，

一遍一遍又一遍，

那喊声在山谷回荡，

传得好远好远……

那喊声是对孩儿命运的启迪，

那喊声是对孩儿前途的期盼，

那喊声将在孩儿的心中一生回响……

催我努力，

催我勤奋，

催我抗争，

催我成功，

催我勇往直前……

拿着三元，

我上完了小学初中，

接着读完了高三。

恢复高考后，

又顺利考上了师范。

接着才有：

做了老师，

当了教干。

三元钱呀，

何止是千万？
母恩啊，
那是座真正的金山银山！
浩荡之恩啊，
孩儿将永远铭刻心间！
记得娘说：
　"我就是砸锅卖铁、拉棍要饭，
也要让你兄妹仨把高中读完！"

她做到了，
她实现了自己的誓言。
在那个特殊的年代里，
培养三个孩子都读书，
是多难多难……

每年秋天，
山地人总把白芋挑上山，
刨成薄片，
撒在大山石上晒干。
那几百斤，
或上千斤的白芋哟，
都是娘背上山。

一趟又一趟，
一担又一担，
日落西山总是运不完。
我困极睡了，
醒来时，
看到娘还在干。

那刨白芋的擦擦声哟，
总是响在我的耳畔，
渗进我年幼的心田。

我想听那声音，
那是娘的辛劳，
我想听那声音，
那是娘的能干，
我想听那声音哟，
那是娘为了让孩儿们吃上饱饭！
那声音比音乐还美，
那声音比鲜花更艳，
那声音比天上的彩虹还要多彩绚烂！

天要亮了，
我又睡去，
可娘却还在擦擦没完。
恍惚间，
娘似幻化成一棵高大的树，
那树立地顶天。
朦胧中，
娘就升腾成那座山。
如此高大，
如此伟岸，
如此厚重
能撑地擎天！

中国的母亲哟，
在那个特别困难的时期，

承载着家国天下!
何止半边……

那"山"的故事,
我三天三夜讲不完。
如今老娘高寿,
八五加三,
依然健硕,
也很健谈。
每日两酒,
还加一包香烟。

谢谢了,
改革开放,
让山村变得富庶又光鲜,
谢谢了,
我们的党,
让山乡人奔上了小康,
家家都幸福满满!

老娘不愿到城里住,
她也不嫌农村偏远。
其实,
她是离不开那方故土,
那方乡亲,
还有那座美丽的山!

2020.1.4

捧起煎饼想起娘

孙 志

看到炊烟升起的村庄，
我就想起自己的家乡。
捧起煎饼，总想起娘。

有人说，朝阳的煎饼
书写着曾经苦难的生活，
映照着朝阳女性
伟大母爱的光芒。

在那个贫穷的时代，
朝阳集的孩子，
能健康成长，
就是因为有
疼我们、爱我们
能为我们摊煎饼的娘。

每次摊煎饼的头天晚上，
母亲先把孩子们哄上床。
院子里就响起
母亲推磨的声响。
直到孩子们
早已进入梦乡……

有一回，

被惊醒的我透过窗，

看到母亲推磨借月光。

寒冷的院子里，

已落了一层晶莹的霜……

天不亮，

母亲就开始烧火摊煎饼。

那时候，

烧的是树叶或麦穰，

浓烟弥漫在低矮的厨房。

烟熏火燎里，

母亲任凭汗水流淌，

默默地从鏊子上，

揭下煎饼

一张又一张……

那时的煎饼，

粗糙又僵硬。

但围在母亲的身旁，

我们却吃得那么香。

有人说，

有烟火的地方

才是温暖的村庄，

有娘才会有家的模样。

在那个贫困的时代，

是母亲的勤劳，

让寒冷的生活热气腾腾。

是母亲的煎饼，

让苦难的岁月

充满欢乐和希望。

第一次去外地上学
离开家乡，
母亲仔细为我挑选了
一大包袱煎饼，
把我送到村口的路上。
母亲站在那里，
呆呆地看我背着煎饼
大步走向远方。
年少的我没有回头张望，
但背着温暖的煎饼，
觉得娘就在我身旁。
许多年后，母亲说，
那时看我自己一个人走，
她的心像被揪去了一样……

刚到学校时，半夜里，
有同学突然放声大哭。
他告诉老师，他想娘！
借着微弱的星光，
看着窗台上
那一大包袱煎饼，
我的眼泪
也不由得滑落脸庞。
那晚，喧闹的宿舍，
没有一点儿声响。
我知道，
同学们和我一样

在想娘……

日子像河水一样流淌。
吃着母亲摊的煎饼，
带着母亲的期望，
我们一天天成长。
有的读书去了遥远的地方，
有的翻山越岭去戍守边疆。
但无论在天涯，在海角，
总会有煎饼寄到我们手上。
因为我们在什么地方，
母亲的牵挂就在什么地方。
她担心自己的孩子，
没有煎饼可能吃不饱，
睡不香……

朝阳的煎饼啊，
有粮食的芳香，
也有游子乡愁的忧伤，
更有母亲山高水长的念想。
朝阳的儿女啊，
无论你身在何方，
无论你人生是否辉煌，
拿起煎饼怎能不想起亲娘！

岁月像河水一样流淌。
往日冒着炊烟的村庄，
已在岁月里变了模样。
那漆黑的鏊子，

那曾经打过我们的烧火棍，
都已经不知去向。
我们的母亲啊，
已经白发苍苍。
每次回家，
我们还是像从前那样，
捧着买来的煎饼，
围坐在娘的身旁。
餐桌上的食品各式各样，
但煎饼总是被我们
情有独钟地捧在手上。
这绝不仅仅是因为
饮食的习惯，
更不是我们想做出
矫情的模样。
因为在我们心里，
煎饼才最有营养；
因为在我们心里，
煎饼给我们力量；
因为在我们心里，
卷煎饼围在桌旁，
才是一家人景象；
因为每捧起煎饼，
我们就想起了娘……

消失的城河槌歌

张少秋

灵城，生我养我的地方。花甲之年猛回眸，高楼比肩，车流人喧……假如时光可以倒溯，我还是愿意回到从前。

那时，灵城丰富的水资源，犹如没有舢板乌篷船的水城。内城因筑城需要挖出很多土塘，以隔顶十字路划分四大片区。西南城拐里有十多口塘，顺城墙往北抵西关桥南，县渔场就诞生在这里。水塘又折向东拐向南到炭厂家后，今百货公司宿舍、地税局宿舍、新华书店仓库全是水沟水塘，灵初中是被水包围的。文化馆西是一口大塘，被县医院、建筑公司、木器厂三单位截成三块，均有小沟相通。东南城拐里是一片芦苇塘，有龙沟通往正学书院泮池，灵中北门外即有一条东西大沟通往城河，现操场东部也有两条南北小沟通往北大沟。东北内城也是坑洼连片，粮站宿舍是三口大塘围着。西北城内是大片稻田，党校东边接连三口大塘。农干校路西边有条沟贯通稻田和大年汪。

说起大年汪，可是老辈人津津乐道的谈资。这口塘连通城河，系一口活水塘，因此水肥鱼鲜。南岸是缓坡，很像沙滩。每年七八月份枯水期起鱼，城里大人小孩都来抢，大人们跳入塘中捉大鱼，人扑鱼窜，场面滑稽壮观。小孩们则在边上瞅着，若是有鱼逃上岸来，就是他们的战果。大多数孩子还是掏脚壳坑，摸些麻泥丁、鳑苗子、鲫鱼壳子，有的孩子能弄一篓篮子。大家欢天喜地像过大年一样接受大自然的馈赠，由此得名大年汪。可惜在1974年塑料溶剂厂投产，大年汪变成臭水塘，继而城河也被严重污染成臭水沟，滋生出一种尖嘴黑蚊子，很是歹毒。

1967年新汴河开通前，灵璧到处沟满河平，多有涝渍灾害。环城河里的水从来没干涸过，深度均在2米左右。那清澈碧透，水草丰盛，缓缓流淌，掬一捧含在口里，那滋味就是农夫山泉。若是伸脚到河里，立刻围上来一群小鱼，免费为你鱼疗。水边摆上几块小石板，母亲们挥动棒槌，衣裳上的灰烬随着棒槌的起落飞溅在水中，犹如烟花碧空下坠，又慢慢消融在水里。"砰砰啪啪"，此起彼伏，冷不丁儿会有条鱼跃出水面，似乎是为母亲们的槌歌伴舞。更有调皮的黄鳝会突然从石板下探出头来，惹得棒槌击水，涟漪如花。这是一道亮丽的风景线，一幅唯美的和谐画卷。

然而，开挖新汴河切断了界虹河，城河没了源头，地表水迅速下降，大黄肩、噘嘴鲢率先消遁，鸡头米、三角菱也难觅身影。汪塘消失，城河变臭，浣衣女不见了，随之而去的是那优美动听的槌歌。

槌歌是荡涤污浊的旋律，反被污浊湮没，槌歌见证历史变迁，变迁却让她消失在历史的深处。

我家门前的老槐树

张　莉

小时候，我家门前有棵老槐树，它长得又高又壮，我们姐弟四个手拉着手才能将它的腰搂过来，是真正的参天大树。听爷爷说老槐树从他记事时就有了，不知是谁哪年栽下的，树龄无法算得清。

春天的老槐树会长出嫩绿的叶子，开出一串串雪白的槐花，年年如此。花儿的清香很远都能闻到，那一串串如白色风铃般的花儿，在枝头轻轻地摇曳着，茂密的枝叶仿佛一把大伞擎在半空。倘若有风吹过，便会从嫩绿中飘落几只白色蝶儿来，那轻盈的花影打着旋儿舞动着，似诗情少年浅淡的歌吟和叹息。

记得老槐树下面，还支起一块双人床般大小、平整光滑的石板。我们把它叫作石台，这里自然是我孩提时的乐园。那时我经常在老槐树下和小伙伴们尽情地嬉戏、打闹、玩耍，累了就在石台上或坐或躺，无忌地摆着各自的造型。我常常爬上这棵老态龙钟的老槐树，每次老槐树都用它那枯瘦的枝干有力地承受着一个日渐长大的身体，以致后来让我时常怀想那些年年岁岁的相似和岁岁年年的不同。

到了夏天，老槐树繁茂的枝叶托举一个巨大的绿色冠冕，树底下漏洒不出几丝阳光。骄阳似火，树荫下却是一片清凉世界。烈日炎炎的晌午吃饭时分，乡亲们都爱端着饭碗来到老槐树下，坐在石台上，或蹲在石台旁，边吃边聊。难耐的暑气不知不觉地消减了许多。久而久之，这里自然而然地成了一片热闹的场所，老远就能看见散坐在老槐树下石台上物我相忘的老人和顽童们，他们那么的悠然自在，与耄耋而又青葱的大槐树构成了一幅浓淡相宜、温馨绝美的乡村田园风景。

午饭过后，乡亲们爱从家中拿来席子铺在槐树的凉荫底下小憩，然后再去干活。我们这些孩子则躺在石台上，做着五颜六色、斑驳陆离的白日梦，尽管四周响彻着喧噪的蝉鸣。唯有老槐树有某种坚持，不倦潜移了影子，太阳西斜了，我们方才睁开惺忪的双眼，懒懒地起身，望着大人们劳作归来的路径，满脸的期盼。

黄昏来临，大人们拖着疲惫的身子陆续回来了。吃过晚饭，他们又懒散地集聚到老槐树下，坐在石台上，汉子点上一袋旱烟，媳妇们借着朗朗的月光，动作娴熟地纳着鞋底，反复聊着天气、庄稼、牲口、年景以及婚丧嫁娶等话题。其间，也不乏我们小孩子的撒野和爹娘们的责骂。月上枝头，疏星缀天，鸟蝉息鸣，大家方才意犹未尽地各自回屋去了。

秋风劲吹，老槐树变得越发老沉了。挂满枝头的槐豆替代了曾经的一串串白雪似的花朵，给人一种沉甸甸的感觉，有好几根缀着果实的枝丫伸到我家房顶上了。在老槐树不远的地方，有一片打麦场。眼下，铺满了收获的豆子和玉米。大人们在场上忙碌着，个个一脸的喜悦。我和小伙伴们又一次爬上了老槐树，采摘槐豆，想吃却不敢吃。

流年似水，不知不觉中已届不惑之年。儿时的院落早已人去屋空，破败不堪，门口的那棵老槐树也无从寻找它的踪影了。祖父祖母早已过世，父母双亲也已霜染双鬓，少年时的玩伴都各自成家，儿女绕膝。

面对时光，不知为何，如今我常常感伤，陷入无奈，全然没有了老槐树下无忧无虑、恣意烂漫的神情。我应该感谢记忆中的老槐树，它让我最初的那段生命感受到了四季的色彩，且映照至今，萦萦于怀。我也终将老去，就像消逝的老槐树和老槐树下那些至亲的故人。

老家水塘鱼趣多

吴恒侠

在儿时的记忆中，村庄最美的是风雨把天地连接起来、一些鱼虾随着风雨漂流到小沟小河里的风景。最有趣的事情莫过于捉鱼摸虾，最好的味道是鱼香。

我的老家小君庄，位于淮北、苏北平原结合部的一个角落，虽然是远离大海、大河、湖泊的旱地，却四季都有鱼虾的陪伴。那些鱼虾像是天外来客，随着风雨漂流到村庄周边的小沟小河，先行者大都游进村庄的水塘。人们的餐桌上不仅有了难得的鲜美，更为平原村庄人的生活平添了美妙的情趣。

人们从来不往水塘里投放鱼苗，却有很多鱼；也从来不往水塘里投放饲料，鱼虾却长得很快。有趣的是，小小水塘里不仅有鲤鱼、草鱼、鲫鱼、鳊花、白鲢、鲇鱼、角鱼、泥鳅、鳝鱼、王八和各种虾类，还有蜗牛等贝类。好像天底下大江大河里的鱼儿及"虾鳖蟹将"都派了代表进驻水塘。这些水族中各个种群部落似乎是在平原旱地攻城略地，显示它们的存在，也为远离江河湖海的村庄增添了一道道风景。

每逢下雨，那雨水首先馈赠给村庄的大地。大地喝足了便汇聚成水流，从村庄的院落、道路、菜地、谷场流进水塘。那多余的水通过水塘的泄水口流入连接村庄外的小沟小河，此时此刻就会有一群群各种各样的鱼儿，沿着村外小沟小河逆水游进水塘。

淮北平原四季分明，雨水丰沛。夏末秋初，也是各种农作物扬花、受粉、孕穗、结实的季节，不仅需要大太阳，还需要大水分。天道眷顾，隔三岔五下了大雨下小雨。大雨过后，雨水沟满河平，鱼虾遍地。"大豆开花，墒沟摸虾"，"黄瓜茄子上了架，地沟里飞来小鱼虾"，小沟小河鱼翔浅底，俨然就是一幅画。大人孩子带着各式各样的小鱼网，或拿着篮子、草箕去小沟小河捉鱼。一群群大大小小的鱼儿也很有趣，大多顶着水流游，水流越急的地方鱼儿越多。这些鱼虾像到了一个崭新的世界，既好奇又兴奋，奋不顾身地顶着急流游啊游。人们把捉鱼的工具放在水流急处等着，叫等鱼。那鱼儿就会"自投罗网"。水下去了，人人有收获，家家"鱼满仓"。

盛夏时节，遇到"五天一小旱、十天一大旱"的气候，沟河见底，鱼虾全无，就连水塘里的鱼虾也遇到了生存危机。某一个午后，天空乌云密布，水塘底下的污泥直往上泛，水塘里的鱼虾受不了了，几乎所有的鱼都在水面上跳来跳去，满塘白花花的，个个都想跳出水塘。全村庄的大人小孩拿着各种工具下水塘捉鱼。等到水塘里的鱼大都捉上来了，一阵阵倾盆大雨把天地连接起来。随着风雨而来的鱼虾，又急匆匆地游进水塘。水塘大换水，鱼虾大换班。这一切，好像是大自然的善意安排。年年如此，周而复始。

冬天，水塘结了厚厚的冰。孩子们在水塘边上砸开一个个冰窟窿，那鱼就会从冰窟窿跳出来。他们只管在冰面上手舞足蹈地抓鱼，两只小手冻得发紫，小一点的孩子屁股从裤子的开裆处暴露无遗，冻得通红，却个个乐此不疲。虽是数九寒天，平原的村庄却飘着鱼香。

不知道从什么时候开始，那些跟着风雨漂流来的鱼虾越来越少了，天地间再大的风雨，小沟小河里再急的水流，也几乎没有了鱼虾的踪影。留守村庄的老老少少日子里没有了鱼虾的鲜美，多了一道乡愁的滋味。那鱼虾把天地人连起来的独特风景已经远去，村庄显得格外孤独而寂寥。

家乡那条船路沟

邱德龙

船路沟是家乡的一条小河沟，宽不过五十米，深不过三米。沟渠紧靠我家老宅，因常年不枯，吸引着八方钓鱼的、捉虾的、下网笼逮黄鳝的、下丝溜子网鱼的、撒网捕鱼的渔客经常光顾，且每次都会有很丰厚的回报。因为我年轻时也喜欢撒网捕鱼，所以对家乡的船路沟印象特别深。

追溯船路沟形成的历史，那可是很久以前的事了。

邱氏族谱记载：明末清初的时候，我的先祖邱梦江兄弟三人因避战乱从花园庄（今江苏睢宁境内）举家辗转南行，一路乞讨来到耳毛山西南约十里的地方。因这个地方地势低洼，荒草过人，芦苇蔽天，人烟稀少。兄弟三人带领家人择地搭建庵棚栖身，垦荒耕种，艰难度日。

沼泽之地，盛产鱼虾、菱角和莲藕。兄弟三人打造了一只小木船，垦荒耕种之余就下湖捕捉鱼虾，采挖菱藕，除满足自食外，将剩余部分拿到集市交易，换些银钱和生活用品。日复一日，年复一年，每天早出晚归，拉船进出，久而久之拉船辗轧的辙痕就形成了一条深沟。新中国成立后，家乡人民在原沟的基础上作了些许的整修和治理。这就是现在的船路沟，算起来也有二百多年的历史了。

记得我小时，大约在20世纪50年代初，我家的南湖，也就是船路沟两岸还是一片沼泽，长满水草，常年有野鸟在此做窝，栖息繁衍。尤其是野鸭、白鹭、野鸡、苇喳子、野鹌鹑、叽溜子、黄麦子等体形大小不一、羽毛颜色各异的鸟类非常多。每年春末夏初是这些野鸟繁殖的季节，也是我们小伙伴最快乐的时候。经常几人结伙钻进荒草滩中寻找鸟蛋。只要找到几枚或十几枚鸟蛋，就几个人平均分了拿回家，并打赌不准煮了吃，谁要是违反，下次就不带他玩。所以我们绝对遵守诺言，把鸟蛋包在破棉花里孵化。天天精心观察，但基本上是以失败告终。遇到刚出壳的小雏鸟，就会高兴得一蹦八个圈，连鸟窝一起带回家轮流值班，捉小蚂蚱、小皮几（蟋蟀）、小虫子精心喂养。你还别说，有的还居然喂活了，放在用细柳条编的笼子里提着玩。特别是小叽溜子更好玩，你把它从笼子里放出来，它就会飞到你的头上、肩膀上，一直跟着你。到晚上会自动飞到笼子里吃食、饮水、鸣叫，乖巧极了。

最令我们高兴的是在浅水草棵里逮鱼。沼泽地水浅鱼虾也多，我们几个小伙伴就找一块水草比较茂盛的地方，一人负责一个方位，喊一、二，同时向中间聚拢水草，待水草圈合龙以后，几个人同时到水草圈里把水草拔掉后就在水里跑、跳，把水搅浑，使鱼们自动露出头来，张着嘴呼吸。我们用双手猛一攥就能逮住一条。小鱼小虾我们是不要的，光大一点的都装不完。我逮鱼不在行，差不多都是负责收鱼。我把小褂两只袖子口挽住，把鱼装在里面，你捉一条鲫鱼，我抓一条鲇鱼，他逮一条鲤鱼……不到半天工夫就装满了四个褂袖子。我们高兴地满载而归，自觉回家定会受到夸奖，哪知父亲迎头就一顿臭骂："谁叫你逮鱼的，你割的草呢？"这时我才想起来割草的事，草忘了割，草畚子（一种装草的用具）也不知丢到什么地方去了，后果可想而知，饭是吃不上了。还是母亲心疼儿子，赶紧出面讲情，吃了饭到湖里找到草畚子割了草了事。

自从拖尾河开挖、新滩河治理及潍河流域的一些支流沟渠的疏浚，为害数百年的洪水一泻千里，流入大海，千顷湖荡变成良田沃土。出湖的土地松软油光，厚厚的一层水草绿苔和死亡的鱼虾田螺增加了土壤的有机质含量，种出来的庄稼肥硕粗壮，连年丰产丰收。我清楚地记得有连续十几年种地从来没上过肥料，照样获得好收成。

经过数十年的治理，加上党和政府惠农政策的逐步落实，船路沟的面貌也随着新农村的建设发生了翻天覆地的变化。笔直的堤岸上，一排排参天挺拔的白杨枝繁叶茂；清澈的溪水中，一只只鸭鹅拍打着翅膀，相互追逐嬉戏；沟渠的堤岸边，一座座电力排灌站矗立着，呵护着千亩良田沃土；平坦的堤坡内栽种着花草树木，四季吐着芬芳……

这就是我家乡的百年古渠船路沟，伴随着家乡的快速变化，也为建设家乡、美化家乡发挥着越来越大的作用。

心中的那片山楂林

张　莉

每当看到孩子们那红红的小脸蛋时，就不由得想起幼儿时家乡那漫山遍野的山楂林。儿时的记忆中，家乡的山坡上到处长满了山楂树，它们四季美丽。春天，山楂树上开满了洁白而又妖媚的小花，在绿色叶子的衬托下，显得格外娇艳动人。夏天，烈日当空，我躲藏在山楂树茂密的叶荫下，享受清凉的快意。树上小小的绿绿的果子，在叶片下露出小脸，好像在跟我玩捉迷藏呢。秋天，在飒飒的凉风中，又大又红的山楂果成熟了，散发出酸甜的馥香，馋得我口水三尺。冬天，鹅毛大雪落在山楂树上，给它穿上了洁白的棉袄。站在树下，我仿佛还能感觉到这雪中也有一股酸酸甜甜的味道。

如今，家乡那个让我魂牵梦绕的山楂林，早已被人砍伐殆尽，接着便是大型钢铁机械隆隆地开进。张牙舞爪疯狂吼叫着的怪物，原本就是按照欲望原理的组件设计铸造的，并由欲望操纵，实现着人类对大地的最为贪婪无度的挖掘、摧毁、攫取和占有。

在中国乡镇，大多的山几乎都会这样被开采，哪怕是一座不起眼的小土山。在家乡青龙山的周围就有很多开采的石塘，那里有一些停工了的半拉子工程，有大片成堆的被开采出来的大大小小石块弃置在那里，经过那里你可以看到山上到处都是裸露着的鲜嫩的茬口。

大型机械在欲望的操纵下，隆隆地滚过，在现实的推进中，我们终于发现它当初的设计制造原本没有安装离合和制动，就像人类正在实现和准备实现的宏大计划、阴谋和野心，以及贪婪、残忍和粗暴，我们只有看着它隆隆地碾过大地母亲的躯体，碾过那些树木、庄稼、河流、青蛙、山鸡、蝴蝶和野蜂，以及蜉蝣和蚊虫。作为一个生命羸弱的个体，除了无关痛痒的矫情吟诵和焦虑书写，我知道，我完全没有办法阻止那些大型机械疯狂地四处开进和作业，我甚至已不能就人类环境的未来话题表达深重的预言和忧虑。更多的时候，我能做的就是私下说出对山楂树们的怜悯和同情，说出对那些一样羸弱的生灵的怜悯和同情。然后等待着大型的机械过来对我吼叫，把我驱赶或者碾碎。

随着新城无限拓展，某一天，在我们不经意的当儿，又一座山上的果树林突然就不见了。我们并没有感到意外，因为从它栽种的那一天开始，我们在心里就有预感，似乎也有预期，知道这些树早晚会被砍伐，会被弄走，会从眼前消失。

我那永不消逝的山楂林啊！

黄泥沟岸槐花香

邱德龙

清晨，漫步在家乡黄泥沟的堤岸上。突然间，清新的空气中缕缕浓郁的花香吸引了我，强烈的好奇心驱使我情不自尽地循着花香找去。哇，一棵盛开着雪白花朵的洋槐树真真实实的就在面前！不是早就说船路沟堤岸上的洋槐树因为嫌其生长速度慢、经济价值低而全部被速生的意大利杨树所代替了吗，为什么只剩下一株还是在沟口边上？我暗自寻思。忽然我明白了，洋槐树的生命力是非常旺盛的，它不但能以其种子随风飘荡或经鸟雀啄食后从拉出的粪便撒播繁育，而且它深藏在土壤下面的大小根须均可以自行发芽生长。只要种子落地出苗成活或从地下的树根上发芽后不是人为拔除的话，那是很难让它绝迹的。

洋槐树全身都是宝，木材细密坚实，纹理清晰，是优质的家具板材。粗壮的枝条是制作小家什的上等辅料。槐叶是提取化工原料叶绿素的必备材料，鲜嫩的槐树叶子含有丰富的植物蛋白、多种维生素和粗纤维，是饲养家兔和禽类极好的饲料。槐花通过简单的烹饪调理即可成为人们喜爱的美味佳肴。槐花蜂蜜那可是蜜中珍品，色清淡雅，甜而不腻，具有止咳、润肺、止血、利尿之功效，是中老年人滋补疗疾的佳品。

20 世纪 70 年代以前，我家乡的黄泥沟、康游沟、船路沟、滩北干渠的大小河堤，时（村）游（集）路边以及宅前屋后到处都可以见到挺拔青翠的洋槐树，那一株株一排排枝繁叶茂、葱绿怡人的绿色屏障是一道道亮丽的风景，一个个巨大的天然氧仓。

春末夏初季节，洋槐树就会在不知不觉中绽放出洁雅的花朵，那一串串一簇簇槐花，洁白如雪，似锦缎样随风婆娑。每年的这个时候，表妹都会来到我们家帮助采摘槐花。

槐花可是个好东西，据说用鲜槐花煎汤服用，具有清肝、明目、泻火的功效。似开未开的鲜嫩槐花可是人人都爱吃的上佳食品，蒸、炒、凉拌、烧汤皆宜。还可以把槐花挑拣干净后晒干，密封在袋子里，慢慢享用。把淘洗干净的鲜槐花放上麸皮或玉米面，再加上一点辣椒粉和盐，蒸熟了就可食用。

槐花蒸好后分到各人的碗里，你看一个个大口地吃着，吃得津津有味。仔细品味一下除了筋道外，还带有一丝槐花的淡淡清香呢！要是把麸皮蒸槐花放在现在的大酒店里，对于那些吃腻了大鱼大肉的食客来说，指不定还能卖个大价钱呢！

洋槐树多，洋槐花自然也就开得多。春末夏初季节里是槐花开得最旺的时候，同时，也是放蜂人最忙碌的时候。因为洋槐花的花期很短，所以放蜂人大多从长江两岸的蜂场星夜转场来到我们家乡放槐花，每年如此。有次转场来的是江西赣州的王师傅。他送过来了六十箱蜜蜂。我们到达打麦场的时候，王师傅已把蜂箱有规律地摆放好了，占了大半个场，加上他们全家的生活场地，整个麦场算是用完了。只见王师傅把蜂箱上蜜蜂的进出口方向朝南，按品字形一方五箱，共排了十二方，每方中间留有五米左右的人行通道，便于检查和收蜜。我好奇地问这问那，王师傅也一边侍弄着蜂箱，一边不厌其烦地给我讲解。

"你们这儿的洋槐树多，面积大，槐花干净，流蜜好，现在还没有人使用农药，相对安全。蜜蜂很聪明，你看它们虽然不会说话，懂事着呢。它们分工明确，侦察蜂负责出去找蜜源，当然你们这儿花多不需要找，那它们也要出去看看哪儿花开得茂盛，就先从那儿开始采。蜜蜂的嘴上长有一根细而长的吸管，采花蜜和花粉时先把吸管插进花蕊中，把花蜜和花粉吸出来，贮存在翅膀下的蜜囊中，待蜜囊装满以后，它就会迅速飞回蜂箱里，把蜜口对口地从蜜囊中吐给巢里等待的外勤蜂，同时拍打着翅膀告诉同伴找到蜜源了，快去采蜜吧。外勤蜂也就是咱们说的工蜂，按侦察蜂指定的地点快速地飞去，采满蜜囊后也是迅即飞回来，口对口地吐给内勤蜂。内勤蜂把从外勤蜂那儿接收的花蜜贮藏在自己的蜜囊中，然后把囊中的花蜜反复地吐出收回，与唾液充分混合后，即成为可供人们食用的蜂蜜。"

听着王师傅侃侃而谈，我似懂非懂，却佩服得五体投地，由衷地感叹：真是行行出状元啊！

现在洋槐树少了，清香怡人的槐花少了，朴实的放蜂人也不来了。孤独的洋槐树傲然地生长着，每到春天满树枝头上依然顽强地绽放着洁白淡雅的花朵，依然毫不吝啬地把浓郁的清香洒向空中，依然为人类净化被污染的空气。

老家的油菜园

张　莉

"黄萼裳裳绿叶稠，千村欣欣榨新油。爱他生计资民用，不是闲花野草流。"这是乾隆皇帝的诗作，诗美不美不敢说，但我相信油菜花和它的籽实是美的。春风一吹，就不禁想起家乡的油菜花来，想起童年追逐在无边无际的花丛中的欢乐，那种馥郁流金的芬芳，似乎至今还在我记忆的海洋里荡漾。是的，对于油菜花的怜爱，总是源于故乡记忆元素的复苏。童年的油菜园，摇曳在我三月异乡的梦里，闪耀出年少时那些无忧的光阴。油菜花开，像灿烂的笑容和自然随意的心情，散发出乡村静美而生机勃勃的气息，扩展着乡民朴素而简明的生命本色。

老家的油菜，家家户户大面积种植，冬季播种，至次年阳春开花，夏初结籽。茎秆由青转黄，细长荚角缀满枝头，历经百日慢慢成熟。卖菜籽所得是村民那时的主要经济来源，衣食住行、人情往来、子女上学，多取于此。食用油全是油菜籽炸出来的。老家乡下的那些老人，对油菜的感情，比我们这代人要朴实深厚得多。

油菜秆上的果籽饱满呈黄色，细长的荚角沉甸甸的，乡亲们男女老少张罗着收割油菜。哪家油菜地多，忙不过来，只要招呼一声，邻里就会拿着自家的镰刀前去帮忙，收工后各回各家吃饭。今天你帮我，明天我帮你，相互之间不计报酬。那种喜悦与忙碌成为我童年时期记忆的标识，像一簇盛开的菜花投映在我小小的脑海中。成熟的油菜收回家中后，在塑料布上晾上数日，再把菜秆和籽壳挑拣出来，留下的菜籽就可以挑去卖或者榨油。晒干后的枯秆可以用来生火，也可以用来垫猪圈羊圈牛铺。在家乡，油菜实在是为百姓而生而死竭尽所能的作物。

那时只有远在几公里之外的集镇上有座榨油坊，每当油菜收获季节，总是门庭若市。榨油机的转轴"咯吱咯吱"地转动，油就顺着一端的管道慢慢流出来，接到一个专门装原油的大桶里。而菜籽渣被压榨成一片片约两厘米厚的菜籽饼。菜籽饼可以作肥料，也可以喂鱼。新炸出来的菜油，先放一阵子，让它沉淀几天，再过滤倒进一个大大的陶罐里，用沙袋盖好，把剩下一层黑黑的残渣倒掉，留下的透明菜油就可以食用了。

许多年过去了，人们的脚步仓促而踉跄，我记忆里许多珍贵的东西都丢失了。老家村子里的人，一个个离开了曾经开满了油菜花的故土，外出务工。经济的富足洗刷掉了贫困的底色。乡下的商店超市和城里一样，各类食用油琳琅满目。如今，乡亲们也像城里人一样，衣食无忧，再也不只靠种植油菜满足生活需求了。

无数次梦境里照见长满油菜花的三月的故乡，也无数次梦见炎热夏日光着膀子满身是汗的背影。他们如童年我所见到的一样，扛着锄头拿着镰刀牵着老牛，去亲近那片他们深情热爱着的长满金黄油菜花的红土地。"儿童急走追黄蝶，飞入菜花无处寻。"在某个夜晚里，月光连同那些嫩黄浅黄金黄的油菜花，铺天盖地，漫过我记忆的堤岸，淹没我浓浓思乡的身躯。

我的母校尤集联中

尤传化

我的母校——尤集联中，其实早已不复存在了。但每每想起她还是有几丝留恋。那时为什么叫"尤集联中"不得而知，现在想想可能是这样的，当时尤集是区，"尤集中学"相当于区办中学，师资力量相对要好些。"尤集联中"相当于镇村联办中学吧，当然办学条件要逊色不少。这里的学生大多来自尤集周边的村庄，但也有不少外乡镇的学生。

说是学校其实就是两排大约一二十间土墙瓦顶的房子，最好的建筑算是当时初二班的六间带走廊的砖瓦房了，老师们的寝室是七十年代的防震庵棚（因为住房紧张，大多数老师是不住在学校里面的），四面无顶土墙，中间一隔便是男女厕所了，唯有中间的操场略显大气一些。那时学校四周并没有围墙，现在想想都不知道当年"尤集联中"四个字挂在哪儿的？就是在这样一所不能再简陋的学校里，我们却快乐学习生活了三年。

我当时户口所在的学区不是尤集联中，可是相对应读的那所学校距家要近不少，所以父亲托一个远房亲戚给校长说情，才让我就近就读尤集联中的。

记得刚上初一时，教我们英语的是一位姓张的老师，四十多岁，个子不高，身材敦实，据说还会几套拳法呢。眼睛不大，一看太阳便眯成了一条缝，同学们都戏称其为"日猫眼"。他常年穿着一身蓝色中山装，上衣口袋始终挂着几杆钢笔，操着一口浓重的河南口音（据说他从小在河南洛阳长大）。大家都喜欢上他的课，并不是因为喜欢英语，而是他上课时，课堂纪律比较宽松，学生很自由，甚至可以说是混乱。大家都有点想欺负他的意思，例如他教我们英文字母 w，有的同学故意拖着长音——大——母——牛——，单词 yellow quilt（黄色的被子）大家故意读：爷的裤腰子，student（学生）读：死牛腿子，what is your name（你叫什么名字）读作：我日恁奶母……类似这样的笑话每堂课都有，张老师被气得直骂"混账、混蛋"之类的粗话，只博得哄堂大笑，同学们早已习以为常了。

但我对张老师却是应有的尊重，这源于一件小事。那是秋末的一天晚自习，放学的时候天下起了雨，我不但没有带伞，而且没有同伴，离家三里多的雨夜，我有点害怕了，索性就趴在教室的课桌上凑合一夜吧，反正天亮还要上早自习的。没想到夜里秋雨潇潇，我被冻得直打哆嗦。实在忍不住了，我壮起了胆去敲张老师寝室的门，当他听到喊声时，赶紧开门，急忙把我拉到屋里，一边帮我脱去衣服挂在墙上晾，一边心疼地埋怨我太傻为啥不早点叫门呢？我躺在张老师温暖的被窝里心里有种说不来的滋味。多年以后在街上偶遇张老师，提及此事他只是憨笑着连连说"早忘了，早忘了……"

上初二时的班主任是刘素老师，那时她五十多岁，留着短发，一副慈母面孔，身材微胖，身着中式服装，显得朴素大方。她不太严厉，也很少当面批评学生，但同学们都很敬畏她。一次上她的语文课，我因为感冒趴在课桌上不想抬头，她当时并没有责备我。下课时把我带出教室，亲切地摸摸了我的头说"你发烧了赶紧去医院拿药吧"，说着便从裤兜的手绢里掏出五块钱来，递到我手上用命令的口气说："我是班主任，准你半天假，快去医院看病！"（那时刘老师的工资每月才三十多块）我当时真的是被感动得泪流满面。虽然三十多年过去了，但每当想起这件事心里还是不由的感动。也不知刘老师如今安好吗？学生只能在这里祝您老健康长寿了。

记忆里还有一位教我们历史的李老师，那时他年龄最大，头发花白而且略显秃顶，瘦瘦的脸上架着一副老花眼镜，身材细高稍显驼背，穿戴举止不太讲究，常年穿着大腰裤子和农村自做的土布鞋，喜欢喝酒、抽烟、吐痰，形象有点"邋遢"，大家都习惯称他为"李老头"。据说这位李老师读过私塾，精通四书五经，讲话比较古板，每当读历史书上的古文时，总能发现他不停地摇头晃脑似乎很是投入和享受，俨然是一位"老古董"形象。记得一次他把我"请进"他的寝室，表情严肃地拿出一张纸来，问我，上面的诗是你写的吗？我一看吓傻了，那是我写讽刺三位姓张监考老师的打油诗（三位姓张老师的名字依次为：张桂典、张殿阁和张殿华），不知道是哪个混蛋同学告状到他这里了。我站在他床前低着头，不停地搓着双手，心想任由你"凶"吧。他一手拿着纸一手往上扶了扶脸上的眼镜，念到："三张监考我们班，监考制度实在严。别说抄书看笔记，就是转脸也是难。"念罢继续说："你写的这首诗知道应该叫什么名字吗？"我吓得不敢作声，他接着说："我给它起个名字叫《赞三张》，回头我交给校长还得表扬你和这三位老师呢。"

他继续品评：诗的第三句尾字笔记的"记"符合古诗的格律要求，就该是仄音，你无意中用的很好。写诗要学会用暗喻、隐喻，意境要深要远，做到写马不说马、写羊不说羊才行。当时还说了许多让我至今都稀里糊涂记住的话，我只能装懂不停地点头。最后他习惯地用手糊了糊下巴，闭上眼睛吟道："硕鼠硕鼠，无食我黍。三岁贯女，莫我肯顾。逝将去女，适彼乐土。乐土乐土，爰得我所。"吟罢让我学着他的样子背会再走。临走时，他从床头的席底下拿出一本皱皱巴巴的手抄《唐诗一百首》来，递到我手上，让我学会还给他。至于那本诗集后来的去处早已不得而知了。听说李老先生早已作古，但每每想起此事还是不由得怀念老先生的那次教诲和至今仍念念不忘的那首《硕鼠》。

那时候的学生好像过的很轻松，没有现在学生的繁重作业压力，家长好像也没有望子（女）成龙（凤）的奢望。周末我们可以结伴去游泳爬山。记得初二时我和李猛是同桌，他很活泼健谈，俏皮话一套一套的，会说什么反话"东西大道南北走，出门碰个人咬狗。提起狗头去打砖，口袋驮驴一溜烟。太阳西出落在东，鸡毛重来石磙轻，滚开热水上大冻，老妈子一蹦要当兵"等等，总能逗得周围同学笑得前仰后合。

　　一次，我们约好星期天去老汪湖摘马泡瓜、香箅（香姑娘）、捉蚂蚱。一大早我们就骑着自行车一路狂奔，一口气骑了十几里路。当到了老汪湖地里才发现来的时间有点早了，马泡瓜又硬又苦（马泡瓜熟透是黄颜色的），香箅也是又青又涩。就在我说要回去的时候，李猛在田间水渠里突然有新的发现，一声"有鱼"让我提起了精神。渠水不深，里面果真有鱼的影子，我们俩一阵狂喜脱掉衣裤下到水里。李猛好像很内行，命令我在水里两头打堰，把鱼聚在中间。我们俩配合的很好，不大工夫就把两头的堰用泥巴打好了。于是便开始在中间把水搅浑，手和脚都在水里不停地翻滚（好像就是浑水摸鱼吧）。不一会就发现有鱼泛头了，李猛手疾眼快，一把捉住一条大草鱼，得意地命令我上岸只管拾鱼。他对鱼的名字了如指掌，一会喊"注意了——混子到、鲇鱼到、黑鱼到、鲹耶到……"可是没带工具鱼放在哪里呢？还是李猛反应快，告诉我把裤脚扎紧，把鱼放到裤筒里，豁出去了！就这样，一条鱼一条鱼的装了两裤筒。等李猛上岸，看着他那满是泥巴的"花脸郎"，我们对视，笑得特别开心，他说你别笑我，你脸也是"花脸郎"。洗罢脸，闻着满脸的泥腥味，带着我们的胜利果实一路欢歌——回家。

　　前几天同学聚会，惊闻李猛同学已病逝多年，他的英年早逝令我唏嘘不已，在这里只愿李猛同学一路走好早登仙境吧。

　　时光荏苒，日月如梭，转眼三十多年过去了，老师们的亲切教诲和同学们的欢声笑语犹在耳畔，一幕幕往事仿佛就发生在昨天。前不久一次同学聚会，有的同学建议组织一个"尤集联中同学群"，才促使我匆匆草书，拙文一篇以示纪念。最后以那天聚会的拙诗一首为结尾吧：

孟夏学友尤集聚会

相聚尤集怡情园，昔日学友尽开颜。

举杯方醉话往事，把酒如痴忆经年。

（注："尤集"已于 2015 年正式更名为"游集"了，但本文为了尊重当时的学校名称依然称"尤集联中"）

一行白鹭上青天

谢金陵

朱集镇小张家，不过是灵璧县北数百村庄中的一个，地偏路远，平朴无奇。如果不是成百上千只白鹭的引领，真不知这寻常得不能再寻常的村庄，竟然在短短几年内面貌一新，如诗如画。田园风光胜似世外桃源，如火如荼的乡村振兴景象更使这片土地充溢着无限的生机与活力。

拖尾河水自西北来，一路迤逦向东南，水面宽阔，绿水莹澈，两面岸堤上下密植白杨，野草蔓生，护住河堤，更显林木挺拔茂盛，翠意葱茏。绿墙般白杨倒映水中，天光水蓝，波光潋滟，铺排而去，环围住千亩稻田。河沿和通向稻田的小径都铺了水泥路，即便雨天，脚底也是干干净净。排灌站钳制住拖尾河的咽喉，输送源源活水，一泓泓清流顺水泥沟渠欢快地奔向一望无际的稻田。

县北秋季作物主要以玉米、大豆为主，水稻并不多见，但眼前千亩稻田一碧万顷。新雨初晴，湛蓝天空下，青青稻田宛若一块硕大完整的翠色琉璃，带给人无尽惊喜。

而在绿波摇曳的稻田深处，纵横起伏的沟渠两边，星星点点的白鹭密布其间，像碎雪，似流云，如轻纱，或成群结队，或三五成群，或独自蹀躞。听到声响，有一只飞向天空，立刻会有许多只掀开翅膀扑卷空中，嬉戏追逐，飞舞翩跹，像漫天绽放的白色荷莲。它们像是展示舞姿，又像是炫耀身姿，盘桓三五圈之后再徐徐栖止于青禾之间。

没有人知道这成百上千只白鹭从何而来。在种植水稻之前，拖尾河畔偶尔可见零星白鹭，白鹭胆小机敏，对水质和自然环境的要求苛刻，常人很难见到它的踪影。

"振鹭于飞，于彼西雍。"《诗经》中的白鹭是高傲纯净的。

"两个黄鹂鸣翠柳，一行白鹭上青天。"唐诗绝句中的白鹭是诗意空灵的。

"何人能识意，白鹭在寒洲。"宋代梅尧臣的白鹭是孤独苦寒的。

而在这里，没有外界的干扰和威胁，民风淳朴友善，环境富饶美丽，水源充沛丰盈。白鹭们从一首首不沾人间烟火的古诗词中飞出来，飞进这生机勃勃的漠漠水田中，飞入这绿树环抱绿水环绕的无边碧野中，尽情飞舞，从容漫步。它们或筑巢做窝，生儿育女，或捕虫捉虾，随意觅食。白色的身影飞掠于天地之间，勾勒出一幅幅祥和美丽的田园风情画。

其实，在皖北历史上，朱集镇所处位置为水患之乡，十年九涝，土质又多为淤地和沙淤两合土，三天不下雨，土地就干旱张嘴巴。建国之前，灵璧县境水灾频繁，河道年久失修，常常出现"大雨大灾，小雨小灾，无雨旱灾"的现象。朱集作为重灾区，地形低凹，形如长碟，常常客水入境，内涝严重，积水难排。每当暴雨过后，田地变湖泊，陆路成水路，抬头明晃晃，四顾水茫茫。庄稼失收，芦苇和各种水生植物肆意生长。捕鱼、扒藕、割苇子或者开垦高滩荒地，成为当地一些居民维持生计的主要生活方式。当地百姓下田劳动，方言称为"下湖"。"湖"是田地的代名词。灵璧县志载："凡称湖者，昔皆民田或水汇处，岁旱或侥幸耕获。稍致雨霖，即为泽国，不足为怪，其新成者不载。"

建国之后，国家把兴修水利、防洪除涝作为造福于民的重中之重。全县建设90多座排灌站，朱集占了三分之一。朱集多沟渠河塘，东有运料河，西有新杨河，南濒拖尾河，黄泥沟、康尤沟、苗河沟等沟渠布满全境，大小汪塘数不胜数。即便如此，朱集镇因为特殊的地形地貌，每当汛期，雨水仍然如猛兽强敌，几十座排灌站虽然昼夜不停地工作，仍然不能完全解除水患之忧。

张家村位于朱集乡西南部，村南和老汪湖接壤，北部紧挨拖尾河，西与埇桥区搭界，地形低洼如盆底，每当雨季，沟满河平。每逢暴雨，水位比张家村高出将近一米的埇桥区，如同悬河源源不绝地灌入。张家村本村的水尚未来得及排完，在上游的老汪湖和埇桥地区的客水汹汹而至。大水过后，洼地成湖，平地水漫。退水之后，遍地狼藉，辛辛苦苦播种的秋季作物因为旱涝无常得不到保障。靠天吃饭，一年只收一季麦几乎成为了常态。很多百姓宁愿出去打工，低价租转土地，也不愿再把劳力徒劳地付出。张家村这种情况，也几乎成为朱集全镇的缩影。

如何变水患为水利？变废地为宝地？变靠天吃饭为旱涝无忧？如何推进农业产业现代化进程，下好乡村振兴先手棋？如何带动地方经济多方向延伸，在创造经济效益的同时创设美好的环境，让老百姓过上更称心舒适的生活？

朱集镇党委政府立足本镇乡情地域实际，领导同志深入田间地头勘察，组织科技人员化验分析土壤成分，他们发现：长年水患冲积使朱集土质多淤土，西部为沙淤两合土。全县47个土种中，较好的土种只有8种，朱集占了2种。所谓淤土，耕层质地以粘土为主，富含矿质养分，肥沃度偏高。两合土质地适中，结构良好，表层50厘米之下埋藏着黑色淤土，保水保肥，高产稳产。

他们又多方考察，实地学习，邀请水稻专家专业指导论证，推断出本地土质适合水稻规模性种植。但改变老百姓长久以来形成的思维定式，改变一季小麦一季豆或一季小麦一季玉米的传统耕作模式，把土地集中流转，扬长避短，提升现有的耕作环境，兴修水稻种植所需要的各种水利配套设施……谈何容易？何其艰难？

七十年代，朱集曾经有栽种水稻的历史，所种土地被百姓呼为"稻坂茬"。因为水稻地块零星分布，水利设施跟不上，农民欠缺管理水稻的技术和经验，虽然知道土壤和气候适合种植水稻，是利国利民的好事情，但因为各种条件的限制，没能坚持下去，更没能形成规模。

星星之火，可以燎原。所谓的大历史，其实是由无数的小环境小事件影响、发酵、推动而形成的，滚滚历史长河由此而气势磅礴，气象万千。

朱集镇政府逆势而上，克服重重困难，大力推进"旱改水"项目，扶持壮大水稻产业，其实是在改写灵璧县北传统耕作方式的历史，改写朱集千百年来农民耕种土地的变迁史，书写灾难之水变身为生命之水财富之水的传奇和凯歌。

经过朱集党委政府的积极推动和争取，自2021年以来，国家下拨项目资金1500余万元，对中低产田，低洼易涝地块进行"旱改水"改造，先后建成了机井、泵站、桥涵、沟渠、倒虹吸、砂石路等基础配套设施。2021年3月，朱集星光村率先流转土地 1200 亩进行"旱改水"工程试验，水稻亩产 1600 斤，比过去种植玉米大豆等农作物，每亩平均增收 1200 元左右。2021 年 10 月，刘寨、张家、岳巷、双杨 4 个村紧随其后，"旱改水"面积增长至 8000 余亩。2022 年小麦亩产达到 1500-1700 斤，增产近三分之一，其高产量在历史上也实属罕见。秋季的水稻长势喜人，丰收在望。从前的一年一季小麦、一季玉米或大豆，变成了现在的一年一季麦一季稻，土地的产出效益在提高，稳定的生产能力在形成，高产稳产、旱涝保收的局面已成良性循环。

征程只是刚刚开始，其后还有更深远更开放的规划——

朱集镇将继续扩大"旱改水"面积，在此基础上发展水产种植养殖；延伸产业链，拓展各种深加工行业，充分调动土地流转之后的富余劳动力的生产积极性、创造性；打造"渔、光、旅、林"宏图，建设宜养、康养、宜居、富居的生态乡镇！

"旱改水"项目的实施，在产生良好经济效益和社会效益的同时，最大程度地改善了生态环境，一切都充满了人与自然的和谐之美。

请你闭上眼睛，想象在一个月圆之夜，千亩稻田蓄满了清水，田头的灯光倒映水田，天上的月亮倒映水中，插下去的新苗在充满滋养的水田中努力地生长，林木幽幽，水光深深，那种寂静无声而又空灵诗意蓄势待发的美，让人在沉醉中忘却归路。

"漠漠水田飞白鹭，阴阴夏木啭黄鹂。"千百只飞翔在古诗词中的白鹭，翔集于江南水乡泽国深处的白鹭，一路辗转，纷至沓来。它们穿起一方又一方水田，盘旋在一块又一块土地之间，携来的不仅仅是祥瑞和美好，更给这块土地注入了灵气和诗意、信念和希望，还有不断更新着的唯美诗行。

棉　事

李晓江

谷雨前夕，土膏脉动，浮萍泛绿，春雨油一般绵稠。农人们开始做淹瓜点豆的准备。这一年，大家不约而同地选择靠西洼大谷堆那块地留墒点棉花。那块地土质细软，黑亮冒着油膏，种什么都是好底子。几个年轻人嫌种棉活碎，行情漂浮，就打算放弃。可是大部分正经过日子的人家，哪敢轻易不种。交了公粮，再留够口粮和种子，全家衣袜油盐、孩子零嘴、人情用度，全指望到一季经济作物里刨了。都知道棉花是最耗人力的，忙起来全家可能都要上。活累是累了，麻烦是麻烦，可是不累不麻烦，谁给你钱花。那一枚枚白色的棉朵就是他们的银罐子，他们可能丝毫不知道，棉花曾经是以观赏花卉的高贵身份出现的，"茧中丝如细纩，名为白叠子"，这让履行中原的阿拉伯旅行家苏莱曼诧异不已。

庄里的大喇叭一天到晚放着歌，可是农人们听不懂《白兰鸽》和《北国之春》，大家都希望能放点《卷席筒》或拉魂腔。《卷席筒》就是专为村里农人写的一样，音律特别对味。像庄里红白喜事上的菜肴，放足了油盐佐料，大木柴火爆炒，味浓浓的爽口，那尾音扬起来往上拉的时候，简直像拉在人的魂灵里，非常过瘾，真正的百听不厌，耳详能熟。这一天，大喇叭破例响起队长沙哑的声音，队长在讲种棉花。大家就笑起来：队长的棉花种的最瓤，红蜘蛛多，结桃稀，干巴拉的，收购站都不想要他家的棉花。可是这次队长讲的是营养钵，和以往种法完全不同。听说这种法子可以增产，渐渐开明起来的农人们决定接受这种新式科学，于是全村都响起打营养钵的咔嚓声。

春雨清亮起来，落在人的脸上、身上，无声，一点也不凉。萱草泛起一层淡淡的紫色，斑鸠开始抖动身上的羽毛，戴胜鸟也渐次落到桑植上。营养钵里的嫩苗拱起了顶上一层薄薄的塑料布，半天工夫就拱成平展展的一片，鹅黄嫩绿，风一吹，就往上蹿半寸。大谷堆耸起一大片绿色的地毯布，恬静温软，在烟雨中，蝼蛄挺了挺硬硬的身子，饱喝了一口露水，突然身体就活泛了起来。空中出现了衔着草根的燕子，风情万千，姿态优雅。它们在筑巢劳作，然后将恋爱、成婚、生子。它们生命的浪漫延续和温暖的棉花联系在了一起，成为大谷堆春季里万物复苏背景的一员。

大谷堆渐渐地兴旺起来，鸟雀、昆虫每天不知疲倦地演奏歌唱，植物和野草在茁壮生长，这时候的棉花聚集在一起，根须深扎，枝条劲展。田地里劳动的人愈来愈多，人们在给棉花除草，捉虫。害虫里丁族最旺的是棉铃虫，它们疯狂繁殖复制，一茬一茬，绵延不尽。还有令人讨厌的红蜘蛛，这种虫小到肉眼也难分辨，它们聚居在棉叶的背面，难以发现，待到发现，损失已在所难免。人们选择晴朗的中午，就近给喷雾器注满水，兑上白色的乳液，搅拌均匀，在棉趟里走上几个来回，手中的喷头就将红蜘蛛的巢穴清剿了一遍，效果极佳。

天气炎热起来，棉花伴随着人们热切的目光开花、结桃、爆朵。这时候的棉花纯洁、柔媚，它们温暖了人们的期望，也成就着中原古老的农业。这时候人们最怕的是下雨，尤其是暴雨。所以人们要赶在晴好天气将棉花收获。收获有两种简约的方式，一是直接采撷，姑娘们头顶紫色花巾，挎一个竹篮，一路摘下去。这种方式很唯美，可是蕴含的劳动量却惊人。另一种是迂回的方式，先连壳摘下，运到公共场屋院里，堆到地上。晚饭后，全村男女老少聚集在这里，一边聊天，一边摘除棉絮。年轻人还会说书、唱歌。寂静的村庄在繁星点缀的夜空下美丽迷人，远处传来几声夜虫的嘶鸣。皎白的月华白玉一样无尘，它照着寂寥迷茫的大地，照着安静的院落，照在人们祥和的脸上。到了后半夜，露水渐渐重了起来，孩子趴在了母亲的怀里睡熟，爱情却会在年轻人的歌曲中悄然萌生。

这时一位未来的诗人写下一句没有成名的诗：棉花在秋天里流浪，我的棉花是霜期的邮票。

杨皮匠和他的皮匠铺

肖文玺

在 20 世纪 70 年代以前，老灵城东关隍庙街南头有个皮匠铺，铺子有我童年的记忆，铺子见证了那个特殊年代的一段历史。

皮匠铺的主人叫杨玉和，人称"杨皮匠"，是我的外公。他出生于 1900 年，是山东滕县城头镇人。13 岁时因生活所迫，他背井离乡，逃荒要饭，做过童工，后在苏北窑湾随米姓皮匠学手艺，艺成出师，一路辗转，最终来到灵城隍庙街开了这家皮匠铺。

杨皮匠身形高大魁梧，仪表堂堂，方脸白面，留着一部回民男子典型的长络腮胡子。生活的颠沛流离，长期的辛苦劳作，造就了他刚烈的性情，彪悍的体格。但在为人处世方面，杨皮匠总是信义当先，和善谦恭，逢人喜作揖。据现在的老人们回忆，当他们孩提时代在皮匠铺猎奇戏耍时，杨皮匠总会笑眯眯地逗他们玩，他会把手中的茶碗伸过去，说一声："嗨，小家伙，来一口！"

皮匠铺的主打产品是马车用具，有马鞍、坐鞯、套包、三尖、大鞶、马笼头、马脑箍等，附带产品有皮带、皮鞭、皮垫子、皮褥子、牛笼头等。还有一种皮风机，即皮制的手动鼓风机，用途很广。这些产品分类摆放在货柜里，挂在墙上，甚至搭在屋里的梁上，琳琅满目，大老远就可以闻到一股浓郁的皮革特有的味道。

店铺共有两间，南面是一个小院，内有土灶一座，大缸几口，这是加工毛皮的地方。毛皮加工的过程叫作熟皮子，这既是力气活，更考验工匠的技艺和经验。毛皮在大缸里浸泡、清理，土灶生火，铁锅烧水，下皮硝。皮料在这神奇的汤液中发生化学变化，工匠用专用工具熟练而又仔细地处理毛皮，在火候与时机的把握上要恰到好处。据说过一点都不行，过了毛皮就硬了、废了。熟皮子有两种不同的工艺和处理方式，一种是光皮，一种是毛皮。皮子熟好后，挂起来晾干，然后通过切、缝、掐等手艺，就变成各种成品，走入千家万户。

杨皮匠少年即行走江湖谋生，深知信义的重要，做生意货真价实、童叟无欺。他早年在泗县曾开过饭铺，因过于实诚，蒸的肉包子味美价廉，竟引得远近街坊不做饭而争食之。饭铺因此折本经营而倒闭，杨皮匠遂转干起本行，最终落户于灵城隍庙街。

由于杨皮匠技艺精湛，货好耐用，很快就远近闻名。每当逢集，尤其是灵城"5·28"古会，那可真是客户云集，门庭若市，周边泗县、五河、睢宁、蚌埠的客户也远道而来。客户中有地本地农户、商人马夫，甚至还有军人，因为军队也需要一些皮具、车马具做军需所用。1949 年后，皮匠铺的客户变成了公社、大队、集体农场、马车站等单位。直到 20 世纪 70 年代，传统生产方式日益没落，皮匠铺的生意逐渐式微。

杨皮匠是虔诚的伊斯兰教徒，每逢节日，他必推着独轮车到泗县清真寺找阿訇杀鸡宰羊。他的品行为人应是伊斯兰教义、江湖规矩及孔孟之乡民风综合熏染的结果。尽管他没有什么文化，但他待人接物总是那么重情重义。

杨皮匠少时学艺已成，出师后在外漂泊自己谋生。1949 年后，师父亡故，生活无着的师母携子来奔，杨皮匠收留了母子二人，从此，两家相依为命达八九年之久。杨皮匠视徒如子，1949 年前，曾有一徒儿被抓壮丁，他用了两石麦子将其赎回。杨皮匠还曾支援过革命。当年活动在本地区的新四军经常派人到皮匠铺订马具、枪套。他为一位首长做过盒子枪套，工艺精良，首长爱不释手，回赠了一条带五星的黄军毯。据我母亲回忆，这条军毯一直用到了 70 年代。

杨皮匠乐善好施，广交朋友。他曾结交过一个叫鲁宗礼的革命干部。鲁1949 年前是新四军的情报工作者，曾扮作货郎到南京收集过情报。1949 年后，鲁在灵璧先后任县法院秘书、农林局股长。这两人情深义重，两家的孩子也不外气，两家的情谊一直延续至今。

1978 年春，杨皮匠溘然长逝。童年眼中的皮匠铺是我心中的圣殿，外公走了，神也远去了，这圣殿中的器物，也逐渐地烟消云散。

一日，家族中的小辈们聚在一起，谈起外公和他的皮匠铺："可惜了，传下来，怎么也得算个非物质文化遗产啊！"但，我想，外公作为那个时代典型的手艺人，他对美好生活的企盼，他同命运的抗争，他的人格魅力，才是我最值得珍惜的。

皮匠铺，没了，但，魂在。

拾粪记

卜献华

过去农村每到冬天地里没有活计的时候，大人孩子都要背着粪箕，下到湖里捡拾大粪，以便开春用于贫瘠的土地施肥。这里所说的大粪是对人畜粪便的统称。但在所有粪便中，尤以牛粪最受捡拾者的青睐，首先是因为牛吃草，排出的大便有着青草的气息，不太臭、太脏，其次是牛粪的体积大、量重，一上午只要能捡到两三泡，那就是丰厚的收获了，捡拾者会笑容满面地满载而归。

我出生在城里，4 岁时跟随父母、兄长下放到邱庙老家。以我童年对牛马驴骡粪便的了解和认识，已经不止停留在理论层面上的了，而是真真切切亲身践行过。那年我 12 岁，考到一所联中读书，开学没几天学校搞勤工俭学，老师要求学生每天上学、放学都要背着粪箕子，沿途捡拾大粪交到学校。放学后，几个孩子在湖滩里跟着牲口行走，牲口跟着草的脚步，俯身啃食，然后用牙齿和巨大的胃来反刍、消化、酝酿、创造，最后排泄出白色气体笼罩着的粪便，然后大家一拥而上，抢拾一空。我常常在哄抢中被挤到外围，不得一点。为了不受老师批评，总要想出一些法子应付。我的一位同学就有这种办法，他教我下到河沟里弄些稀泥放进粪箕，上面撒上碎干土，再借我一泡稀牛粪，放到泥土的最上面，向四周扒拉开，露出牛粪的最原质。于是，满满一粪箕任务完成了。这样不光彩、投机的事不能常做，心虚着呢。

70 年代的农村，还是一个需要牛耕田的时代，驴多数时候只用来推磨。我对驴没有好印象，它是大牲口里最不老实的，爱喊叫，干活偷懒，推磨不蒙住眼就偷吃粮食。最关键的是它把粪便解决在磨道里，一粒一粒像中药丸，然后又被踩得四分五裂，弄得我们无法捡拾。而牛就不一样，它们每天咀嚼着干巴巴的青草、豆秸，那上面有时也撒上几把豆料，繁重的劳动已经消耗去许多，牛皮、牛骨、牛肉在牛鞭的摧残下，瘦骨伶仃。拉犁翻地时，排出的粪被寒风一吹，就冻成了一坨。为了能抢拾到早出犁田牛的粪便，我常常避开其他同学，一个人一肩背书包，一肩背着粪箕，脚上穿着芦花编织的草窝子去上学。

有一天，我上学的沿途离开坚硬的小路，深一脚浅一脚地涉进翻耕的土地里，寻寻觅觅。用锹头左勾右刨，像探测地下宝藏。忽然，我的眼前一亮，那天的运气真好，我发现在浅黄色的土层下，隐约露出一团黑褐色的东西。走近，竟是一堆牛粪，我激动得心怦怦直跳。放下粪箕和书包，我用锹头除去牛粪四周的泥土，圆圆的、重重的、一座磨盘似的牛粪，便显露在我的眼前——多么亲切的牛粪啊！阳光和风，也包括虫和雨水还没有掺和进来，那上面的图案似乎还没有固化形成。这一块牛粪肯定是在冻土中，天和地一起来完成的，它的颜色有些接近泥土的颜色。可是，冬天里它生硬、冷冰冰的，已经没有了牛粪的温度和气息。轻轻地把它扒进粪箕里，正好满满的。牛粪的表层呈草质，调和着阳光与水的亲和力，似乎是有生命的。以往常捡拾牛粪的经验，每一头牛排泄出来的粪便，总是和其他牛排泄出来的粪便不同，每一块都有着不同的形状。大小不同，上面的图案也各不相同，有的像浓缩的梯田，层层叠叠；有的如水波荡漾，漫漶无际；还有的形状似顶着太阳的光圈，闪动最草本的光谱。谁会想到，在这块最不起眼的牛粪上，有着这样宏大的主题存在。它或许只是在昭示，宏大并不要靠张扬和喧哗。我猜不出是怎样的一头牛肚子孕育了它，被我捡到，像捡到金子。是我把这"肥矿"从泥土下开采了出来。

在那段漫长的时光里，我和同学每天边上学，边捡粪。冬天的风吹着，地面荒草瑟瑟。肩上背着粪箕，风轻嗖嗖擦过耳际时，仿佛听到牛反刍的声音，我觉得那是哲人在咀嚼岁月的漫长和艰辛。

那时我们生产队有一百多亩土地，养了十多头牛，还有几头驴。我家下放到农村时因为没有宅基地盖房子，队里就让我们住在牛屋东侧两间偏房里，这样每天都能看到出入的牲口。我的三大爷是生产队的饲养员，专管饲养这些牲口。他每天起早贪黑拎着一盏提灯，担水、洗草、拌饲料。还要把牛粪清理好，堆放在牛屋的后面。从我家的窗户向外看，就能看到乌金一样的小山。学校天天要缴粪，到哪里去捡拾得到啊！于是，我们就时常在心里琢磨，要是能偷一粪箕交任务该多好。这样想时，心就怦怦跳，脸也涨红了，像真做了小偷似的。虽然大家都明白，牛粪是生产队的公共财产，偷了就是破坏生产，但这样的事还是发生了。有一天晚上，满天星光，半轮红月亮挂在深蓝的天空，大地一片朦胧。一个叫满仓的孩子，瞅准我三大爷那盏挂在草屋的提灯，灯芯火苗拧小了，估计应该熟睡了，就拎着粪箕蹑手蹑脚地闪进牛屋，为了不被月光暴露，他没敢去屋后牛粪堆，而是选择躲进拴牛的屋里偷粪。屋子里黑得伸手不见五指，东头拴着牛，西头拴着驴，满仓小心翼翼地绕过牛尖锐的角，摸索着朝东山墙牛屁股方向，用镢头在地上寻找牛粪，不料镢头碰到一条公牛的蹄子，公牛发怒，一扬后蹄，正踢到满仓的裤裆，满仓仰面八叉，倒在地上捂着裤裆里的命根子号啕大哭。睡在干草屋里的三大爷，听到哭声一骨碌爬起来，拧亮提灯冲进牛屋，抱起满仓就往大队部卫生院跑。还好，医生检查总算没有大碍，只是大腿膀子红肿一片。满仓的爹跑到学校跟校长大闹一场，学校最终减免了满仓一个学期的捡粪任务。

公牛踢人事件后，很长一段时间再没有人敢去偷粪了。

我们只能把目标重新投放到田野。期待在田地里劳动的牛，那庞大的身躯能像搅拌机一样，不停地拉出一泡一泡粪便。哎呀！天上掉粪饼，哪有那样的好事啊！大家都会像捡金子一样飞快地拎着粪箕、镢头跑过去……每天与牛粪接触，满脑子想的、眼睛寻找的都是牛粪。牛粪，牛粪，一度与学习并列，成为我们每天都要攻克的难关！自己生产队的牛粪不敢偷，就到其他生产队的大场边、牛屋旁转悠，打起游击战。有时趁人们不注意，走近粪坑扒几镢头转身就跑，有时跟着运粪的车下到地里，等车一回走，我们就从土底把牛粪扒出来。不过，也有被逮到的时候。那时我们就东扯西扯说在哪里哪里捡的，只要蒙混过关，就溜之大吉。那时天天看着牛，跟着牛屁股转，渐渐对牛的排便有了研究，就发现不同的牛性格也不同，拉出的粪便也不一样。公牛雄健、暴躁，身上的皮毛像黄丝缎般漂亮。它甩着长尾巴，有着风情万种的美。排粪时似乎是要把生命中的威猛与力全部调动起来，集结到屁股上，呈拉弓射箭之势。拉下来的牛粪一团一团的层叠，像人类为某种信仰砌起的宝塔。母牛身材修长，性格温顺，用它耕田拉犁，不用挥鞭都能顺着田埂一路走直。母牛拉粪算不得大事，比起下崽要简单得多，它一边吃草，一边排泄，是青草的鲜美牵去了它大半的注意力。

我和同学在捡粪时心里都有个默契，那就是只捡畜禽粪便，绝不捡人的。似乎用人的粪便撒到地里，种出来的庄稼就会嗅到人的气味，这是我们所不能容忍的。我们把一粪箕一粪箕的大粪堆放在学校的操场边，牛粪不再像磨盘、像宝塔一样的东西，它被风吹雨淋、阳光发酵成松松垮垮的一堆，像细土，不粘不连，它当然也不再是牛粪了，它是肥料，是农作物赖以生长的营养。老师每天站在操场上给我们讲"没有大粪臭，哪有五谷香"的道理。一开春，我们就把捂了一冬的肥料运到田地里。庄稼生长的日子，我们看到绿油油的禾苗上挑着露珠，心里就有说不出的惬意，似乎那是我们的汗滴。庄稼一天天成熟，我们也要离开学校了……

这些都是三十多年前的事，已过去很久了。说来很奇怪，多少年后，只要我走在原野上看见一泡牛粪，依然禁不住想，若是肩上有粪箕子，就会用镢头把它捡拾起来。这是一个很不体面的习惯，是吧？如今在我的故土，已经没有用牛来耕地犁田了，也不再有人起早贪黑捡拾牛粪。现在种庄稼用化学肥料，长出的五谷粒硕高产，却没有原来那种粮食的馨香。我时常怀念那段时光，怀念捡牛粪的日子，就像怀念故乡和故乡的亲人。

铲麦茬

卜献华

如果不加注释，对于铲麦茬这种活计，现在很多年轻人恐怕已经不明白是干什么的了。铲麦茬就是用铲子把割麦剩下的麦茬铲下来，供烧火做饭用。过去农村贫穷，买不起煤炭，做饭烧火主要是靠植物的枝干叶根之类。这些植物经过烈日暴晒，堆放起来，一座座蒙古包一样的柴垛就出现在各家门前。

麦茬，比起秸秆植物，易燃、不经烧。算不得好燃料。放进灶底，"轰"地一下，火苗蹿出老高，再看灶底，只剩下黑色柴灰闪着火星星。烧火者只能手忙脚乱地一把一把地向灶底放。小时候，母亲在灶上做红薯面饼饼，我在灶底烧火，时断时燃，母亲就大声地呵斥："死丫头，怎么烧的，死一把活一把的！"我被烟熏得两眼直流泪，赶紧塞把麦茬，学着大人的样子，用烧火棍支起柴火，鼓起嘴巴对着灶底大口吹气，火苗呼啦一下蹿出灶口，强烈的热浪舔着我的脸和眉毛，把刘海都烧焦了。我小学毕业照片上，就保存着这样的记录。

20世纪70年代，正是我跟随全家下放农村读小学的时候。五月，过完端午节，接下来就是乡下开镰收割季节。学校都放了假，所谓"黄金满地，老少弯腰"，说的就是收麦子。像母亲这样年龄的农村妇女，一般都是割麦子的能手，一天割下1亩麦子不在话下。但我的母亲不行，她一直生活在城里，甚至连镰刀都不会拿。我父亲和四哥属于劳动力。劳动力是成熟男人的称谓，领最高的十分工，所以也干着最重的活计——拉麦子。我与五哥从学校回到家，什么也不会做，但也不能待在家里，被生产队安排去搂麦子。妇女被称作半劳力，但干的却是最累的割麦子的活。她们用镰刀揽过一大片杏黄的麦子，左手接住，右手的镰刀一拉，"嚓"地一声，地面就空出一大片，而扑腾着醇香气息的麦子已拥入臂弯，放在地下用麦绕子捆成个子。男人们赶着牛车，用铁叉一个一个地将麦个子挑上车箱，直到堆得高高的，似乎"入云端"了，才用粗绳索揽紧，拉到场上。接下来就是我和五哥，还有一些半大的孩子，手拉着竹子做的笆子，把大人们丢掉的麦子搂起、堆放，等待牛车一起拉走。

地里的麦子收割完成，大人们都到场上打麦子去了。孩子们就肩负起铲麦茬的任务。望着满湖长长的麦茬，我们无比兴奋，手持铁铲笆子涌向麦田。草屑和炸开的麦粒飞溅着，鸡和鸟儿叽叽咕咕，分享着丰收的喜悦。铲麦茬是项力气活，手握一把铁铲，蹲下身，铆足了劲向前推。力气大的就像割毛葱，力气小的手掌心都磨出血泡，也铲不掉一小撮。当然铁铲的利钝，也直接影响铲麦茬的速度。小伙伴中有个名叫余粮的，他磨铲相当在行，时常帮我磨铲。在一块粗粝的砂石上洒上水，铲面平放，前后推拉，一下一下，灰水杂着锈渍从磨刀石两侧向下流淌，磨了数十下，余粮就会拿起来，对着铲口吹几下，凭着气度就能感知铲的锋利程度，实在令我刮目相看。有时，揪一根头发在刃口"噗"地一吹，半截头发就应声落地。铲磨快了，铲起麦茬来就像庖丁解牛，游刃有余。一排排麦茬应声而倒。

通常情况下，都是五哥负责铲麦茬，我负责收拢。五哥在前面呼哧呼哧铲了大半天，我用笆子几下就搂完了。五哥向手心唾了一口唾沫，似乎像给铲柄添加润滑油，然后，回过脸来哄我说："耧麦茬累人吧？我来耧麦茬，你来铲。你看铲子一伸，麦茬就倒了，一点都不累。"我相信五哥，欢快地跑过去接过铁铲。由于用力过猛，铁铲一下子把我身子带歪倒在地上，左脚一个打呲，正碰到铁铲尖上，顿时鲜血直流。我丢掉铁铲，一把抱住脚，用手紧紧攥住脚趾，号啕大哭。五哥慌忙背起我就向家里跑，身后留下一路血滴印。母亲赶紧从火柴盒上揭掉一片带火药的纸贴在伤口上，防止发炎，然后又找来一块旧布，"刺啦"撕下一根布条缠好。母亲帮我处理好这一切，就拎着擀面杖，四处追打五哥去了。不知当时是担心五哥被打，还是想着别的什么了，真没觉得疼。我坐在大床上，抓了一把烤嫩麦，一粒一粒放进嘴里，有滋有味地嚼着，直到天傍黑还没见五哥回来。

在与麦子为伴的漫长时光里，炊烟弥漫，鸡鸣狗吠，造就了无数个童年单纯而充盈的日子，"粮食归仓，柴火归垛"，这在乡间是多么平常又是多么重要的一件事。家有万担粮，门前几垛柴，有了这些，我的面朝黄土背朝天的亲人们就可以安心度日了。

如今这些都已成为遥远的故事，现在人们不再需要麦茬烧火了，改为秸秆禁烧发愁了……

淘　井

晏金宝

20世纪80年代以前，咱们这里吃水全靠水井。我从小在水井边长大，耳闻目睹了许多与水井有关的传说和故事，其中令我印象最为深刻的就是淘井。

井底下的污泥每年都要清理一下，如果不清理，则会直接影响水的质量。当地把清理水井称为淘井。淘井一般都是在每年的夏季进行。夏天温度高，适宜井下作业。有时遇到大旱之年，也会根据需要淘井。这是我们民间的一个传统习俗。据说特别灵验，每次淘完井后，时间不长，就会天降甘霖，每到这时，那些靠天吃饭的人都跑到雨里欢呼雀跃，一个个喜形于色，相互庆祝。

在我的记忆里，淘井几乎都是在我四大爷晏东斌的招呼和安排下进行的。听说，淘的这口井也是当初他组织开挖修建的。他虽然年事已高，却热衷于村里公益方面的事。如果打算明天淘井，他就在头一天晚饭前吆呼着："明天淘井了，在家没有事的劳力，准备好绳子、水桶、扁担，都到井沿集合！"

那时候，人们心地善良纯朴，觉悟也高。第二天早上，只要是家中没有特殊情况的都不会缺席。他们都自带工具，及早来到井沿。不大一会儿，井沿就聚集了十多个劳力。四大爷看人员够用的了，就开始分工，有负责提水的，有负责换桶的，有负责挑水的。三四个人负责往上提水，他们站在井沿上，手脚麻利，左手攥紧井绳，右手把水桶直接丢下，水桶在刚贴近水面时，然后左右摇摆几下绳子，突然手一抖，水桶则一个大翻身，"噗"，桶满水溢。两手上下用力，操作娴熟，动作完美，这一连串的动作仅用十来秒钟。几支铁桶在井中上下穿梭，水、桶、井壁的碰撞声交织在一起，中间夹杂着男人们铿锵有力的号子声，仿佛在演奏一曲和谐动听的劳动之歌。

换桶的人把空桶及时送给打水的人，并把装满水的桶，每两桶保持一扁担的距离摆好。负责挑水的迅速挑起，飞奔到汪塘边倒掉。他们配合得非常默契。还有来得稍晚的人，不断地轮流换班。打水讲究的就是速度要快，打上来水的速度要快于井底下泉涌的速度。

这时，总有几个顽皮孩子在忙中添乱，好奇心驱使着他们不时地到井口瞅一瞅，然后在大人的呵斥声中飞快地跑开。

一个钟头左右，就差不多见到井底了。接下来，就是清理井底的污泥和垃圾，这才是是淘井的真正目的。在人员挑选上要求很严格，因为井底下的气温很低、氧气稀薄，长满青苔的井壁较滑，下井的人要赤脚踩着砌石的缝隙一步步下到井底。所以下井的人要具备丰富的经验和技术，还要年轻力壮、稳重、胆量大。即使如此，出于安全考虑，还要在腰部拴上绳子，以防不测。

下到井底的人把污泥和垃圾装满桶，上面的人像提水一样提上来倒掉。井底下，一些顽皮孩子扔下的石头、酒瓶，还有提水时不小心滑落的水桶等，都被打捞了上来。如果污泥较多，中途还要换人下去继续清理。这个时候，看到我们这些好奇的孩子围了过来，从井底换上来的大人便会笑着吹嘘道："我在井底下可以看到东海龙宫，龙王坐在大殿上，虾兵蟹将站立两旁，可威风了。"说得神乎其神，我们几个孩子懵懂无知，都信以为真，好羡慕下过井的"英雄"，心里暗想，等将来长大了，俺也要当一个淘井的好汉，也要看看东海龙宫到底是啥样的。

井底清理完毕，汩汩的泉水不断涌出，即宣告这次淘井成功。看着清澈的泉涌，大伙高兴地说，用这样的水做出来的饭菜，不放佐料都香，说完哈哈大笑。

这时，住在附近的几户人家纷纷地把洗干净的瓜果、桃子等拿来犒劳"英雄"。都是乡里乡亲，无须客套，大伙接过瓜果、桃子，一边吃，一边说笑着收拾好自己的工具，在一片欢声笑语中回家。

如今，水井早已被压井或自来水代替，也就不会再有淘井的故事发生了。若是把淘井的事儿说给现在的孩子们听，他们就像在听一个遥远的故事。

桑木扁担

路永刚

扁担老了，苟延残喘地斜倚在墙角旮旯，老气横秋地佝偻着腰，像来日无多的老人，面对着生命的夕阳。扁担落寞的生命状态，让我感到心酸，扁担原有一个"本是同根生"的孪生兄弟，却在半路上永远地离开了它，它兀自走过漫长的岁月。每当看到扁担，我仿佛审阅悲怆的画卷，在老一辈的讲述中，重拾在汗水与血泪中浸染过的扁担记忆。

农村有句俗话：房前不植桑，屋后不插柳，院内不栽鬼拍手。我爷爷那辈，房前不远处长出棵小桑树，按迷信说法桑是"丧"的谐音，不吉利。我爷爷弟兄俩，二老爷就要砍掉那棵桑树，我爷爷说等两年再砍也不迟，起码能用它做个锹把或抓钩柄。

几度春风秋雨，小桑树长得枝繁叶茂、亭亭如盖，树干也有碗口粗了，再想用它做锹把、抓钩柄显然已不合适。桑树木质细腻、柔韧，还有强度，木匠夸它"有榫有眼"，但正因为它倒霉的谐音，桑木不能做门，不能做床，更不能做家具。我爷爷建议，干脆用它做扁担吧，不辜负这上好的木材。

砍倒的桑树在水塘的污泥中沤泡了一个伏天，后来又被木工师傅用大锯剖开，鬼斧神工地变成了两根扁担。这两根扁担太完美了，纹路清晰，没有瑕疵，令人爱不释手。两根扁担我爷爷与二老爷一人一根，各自担起家庭的重担。

在农村，扁担像是热恋中的情人，"朝朝暮暮不分离"，挑水、担粪、运庄稼，农村土里刨食的各种场合，都有它的身影。日升月落，春种秋收，一年又一年，农民在土地上所有的倾注与获取，都与扁担息息相关。扁担就是农民的精神支柱，在让他们挑起一个家庭重担的同时，也挑起一个村庄的沉重历史与殷殷期盼。

在战火纷飞、民不聊生的年代，爷爷与二老爷是八路军最信赖的支前骨干。那时农村没有多少独轮车，爷爷与二老爷的两根桑木扁担派上了大用场，他俩为了运送支前的物资东奔西忙。不幸的是，在一次运送支前物资的途中，一颗炸弹落在爷爷与二老爷身旁，他们为革命事业忠心耿耿，献出了宝贵的生命。两根桑木扁担炸断了一根，另一根就传承到我父亲的手中。

我的家也是父亲用扁担挑起来的。母亲嫁给父亲时，家中住的是狂风骤雨中摇摇欲坠的几间破败不堪的土墙茅屋，屋里除了简单的几样锅碗瓢盆，还有一张土坯砌的床。在以后的起早贪黑、不辍劳作的日子里，父亲用那扁担肩挑日月风雨、肩挑贫穷与苦厄。

在还没有实现农村机械化的年代，平板车也不是家家都有，即使有，遇到阴雨，道路泥泞，庄稼还得靠扁担挑。长年累月，父亲的双肩被扁担磨出厚茧，磨出两块结实的劲疙瘩，一百多斤的担子，父亲习以为常，挑起来行走如飞。颤悠悠的扁担，伴随精神抖擞的父亲挑出一个家庭的崭新面貌，阴暗潮湿的茅草房拆掉了，盖起了砖墙瓦顶的三间堂屋与偏屋。

70年代，正值"农业学大寨"，农村扒沟扒河没有挖掘机，全靠人力锹挖、筐抬，家中的桑木扁担又被我接过来。扁担压肿了我稚嫩的双肩，我咬牙坚持，感受父辈们扁担压在肩上的滋味。有个知青常常和我搭伙抬筐，不知她是喜欢我还是喜欢那根光滑有弹性又不硌肩的扁担，同侪相济，一根扁担把两颗年轻的心连在一起，在广阔天地患难与共的磨合中，友情与日俱增。

随着农业机械化的发展，再也用不着扁担，越来越多的人离开了村庄，离开赖以生存的土地，扁担彻底被冷落了。家中的瓦房如今变成漂亮的两层小楼，家具焕然一新。那根曾浸透爷爷的热血和父亲辛劳汗水的扁担，朱颜未改，依旧绛紫锃亮，80多岁的老父亲舍不得扔掉它，闲暇时常常抚摩它，像抚摩刻骨铭心的记忆。

扁担不屈的精神，是昨天一穷二白的农村在饥饿中挣扎的缩影，也见证了老一辈用挺直的脊梁担起苦厄，与命运抗争，风雨兼程，走过贫穷困顿，迎来富足小康。

我的扒锅匠生涯

路永刚

我十五六岁时学校停课无事可做，就到灵璧城里路旁摆个摊，修锁配钥匙还有扒锅、扒碗。修锁配钥匙还行，扒锅、扒碗俺的确是业余水平，没拜过师傅。

铁锅烂个小洞，我砸个扒子，抹上石灰就能搞定，但要是铁锅摔裂个口子，我就束手无策了，只有专业的扒锅匠才能拿下这个活。搪瓷碗、搪瓷盆破个洞，我给它安个扒子也能堵上，若是窑里烧的细瓷碗破了，我就没辙了，正应了那句话，没有金刚钻，别揽瓷器活。

扒锅匠的板凳为啥两头翘？它的作用不说你不知道。那个年代没有手电钻，扒锅打孔全靠手工。扒锅匠都有自制的手摇钻，钻头是特殊材料制作的，一般也得是合金钢。扒锅匠的板凳不仅两头翘，还小巧玲珑，板凳面下面镶嵌了一块铁，中间有个凹坑，扒锅匠的手摇钻的钻杆上端中间有一个钢钉，操作的时候，那个钢钉对准板凳面下面的那个凹坑，扒锅匠用胸脯抵住板凳，右手转动手摇钻就可以在铁锅上钻孔了。

有时我遇到扒锅匠，就不失时机地向他探讨手艺，问问他们行当中的绝活是什么。扒锅匠也乐意向我显摆，讲得眉飞色舞、兴致勃勃。过去有钱人家吃饱撑的没事就请扒锅匠给铜铜茶壶。茶壶若是真的摔碎了是不能铜的，碎片有的太小，即使铜了也不美观。他们就在十几把紫砂壶里都装上干黄豆，兑满水泡，盖紧壶盖捆扎牢。干黄豆遇水胀大，就把壶给撑破了，选几把碎片适中的找扒锅匠用特制的铜扒子或银扒子把壶铜上，紫砂壶装点了小巧的铜扒子或银扒子，越擦拭越光亮，有钱人家用这样的壶迎宾待客、炫耀摆谱。

还有的有钱人家请扒锅匠扒灯罩子，把用铜或银打好的"福、禄、寿、财"或"喜"字固定在灯罩子上。即使扒锅匠有特殊的钻头能在玻璃灯罩上打洞，成功率也是不高，不知钻碎了多少灯罩子，才能成功一两个。

下放农村，我时常免费帮乡邻修锁、配钥匙，扒锅、铜缸、铜和面盆，在那几百户人家的村庄，我也算小有名气。有一次，生产队在河工用的大铁锅漏了，几百号人要用那口大锅吃饭，不修好锅，中午大家都得饿肚子。队长急得像热锅上的蚂蚁，到城里现买锅也来不及，因为越是特大号的锅越难买，不知什么地方有卖的。有人在队长面前提到我，队长如同抓到了救命稻草，立马从河工骑自行车直奔我家。我带上扒锅的家什，随队长到了扒河的工地，没要五分钟就把大铁锅的洞堵上了。没想到我的雕虫小技，在关键的时候还派上了大用场。

时代在发展，往日笨重的铁锅，已被如今的电炒锅、电饼铛、高压锅、电饭煲、微波炉取代。往日的搪瓷盆、搪瓷碗，已被如今的不锈钢盆，不锈钢碗取代，光洁铮亮耐用又不怕摔。往日家家户户不可缺少的水缸，碰个口子要找扒锅匠铜，如今人们用上自来水，它也淡出了我们的视野。扒锅匠走村串户颤悠悠的挑子，他那洪亮绵长的吆喝声，永远留在老辈人的记忆中。

拖　车

晏金福

20世纪70年代，有一位上海某大家具厂的木工来我们乡下走亲戚。生产队的拖（读 tuò）车坏了，队长找他商量，想请他给重做一个。他说："没问题！你只要给我一个样品，我保证做得一模一样。"队长就把队里的旧拖车搬给他做样子。几天过去了，他的假期快到了，可是拖车还没做好。队长很纳闷：一个拖车怎么这么难做？憋不住就跑去看看。只见那小子把拖车翻在地上，正在用砂纸拼命打磨。见队长去了，不好意思地说："对不起！拖车早安好了，可是这底下打磨了几天，怎么也达不到那个光洁度。"队长听了，差一点笑破了肚皮。

拖车结构很简单，上面是用几根木头安成的一个正方形或长方形的木架子，对木材要求不高，方木、圆木都行，只要直。最底下与地面接触的是两块长一点、厚一点的木板。木板的要求也不高，只要一面又直又平，另一面有点结疤或空洞都没关系。只是前头要做得翘起一些，以减少阻力。

拖车是生产队不可缺少的农具。下湖耕地，犁子、耙全放在上面，用牲口拉着，人只要赶着牲口跟着走就行了，非常省力。

拖车又是社员非常实用的交通工具，尤其是下雨时。那时，农村不要说水泥路，连砂石路也很少见。一下雨，道路泥泞不堪，自行车、平板车全都没用。那时有个顺口溜："远看一条绳，近看钢丝拧。晴天龙驮鳖，雨天鳖驮龙。"那时自行车很少，这首顺口溜既表现了普通社员的仇富和幸灾乐祸的心理，同时也反映了当时的客观现实。我相信，那时只要有自行车的人，雨天没扛过车的几乎没有。所以，一下雨，拖车就派上了用场。上面放张眠床子，再放床被，接亲戚，是它；送病人去医院，也靠它。不管泥也罢，水也罢，它都畅通无阻，既平稳，又顺溜。最下面的两根粗木底座在地上拖得久了，自然变得十分光滑。小木匠费再大的劲儿，也达不到那个效果，这就是神奇的拖车。

推 磨

晏金福

天刚蒙蒙亮，我家西厢房的磨道里，我和母亲就一人抱着一根磨棍，忙着推磨磨面了。我是在睡梦中被母亲叫醒的。一进磨坊，还睡眼惺忪。可一摸起磨棍，我的劲头就来了。因为我特疼爱我的母亲。她每天起早贪黑，特别辛劳。她的眼神不好，又是小脚，走路都是磕磕绊绊的，推磨就更不行了。一面推，一面还要往磨眼里胡撸粮食，非常吃力。为了让母亲省力，只要磨一开始转动，我就尽量跑得快些。推磨和打场一样，越快越省力。我跑得快了，母亲就跟不上了，有时连磨棍都挨不着磨了。母亲让我慢些，我也不听。我有推磨的天赋，有人推磨会晕，可是我就不晕，转得再快也不晕。

我特别喜欢我家的磨。有的磨太厚，两个人推起来都费劲儿，我们娘俩根本推不动；有的磨太薄，磨小不压麸，磨起面来，老慢。我家的磨厚薄正好，一个满劳力就能推动，我们娘俩推起来也毫不费力。有的磨磨石太硬，很难碴快，碴磨的都不愿意给碴；有的磨磨石太软，当时碴得很快，可是时间不长就不快了。我家的磨软硬适中，碴一次可以快一年多，何况我家的磨比别人的要用得勤得多。有的磨，是截麸磨，整个麦粒儿一起截断，麸皮和面容易混在一起，磨出来的面就黑。我家的磨是片麸磨，麸皮一边，面一边，磨出来的面白白的。所以，我家的磨特别受欢迎，不但没磨的人家爱到我家磨面，就连有磨的人家，也有的舍自家的不用，来借我家的磨使。我们也特别欢迎别人到我家磨面。因为那时借人家的磨有留磨膛的习俗。磨面磨到最后，是要把少量的麸皮留在磨膛里的，不能钚（读 ye 阳平）磨（意思是上下两片磨不隔东西，直接在一起磨）。借别人的磨磨面时，先要把磨膛里的麸皮磨出来，收集起来，还给磨主人。结束时再把自己的一点麸皮留在磨膛里。这样每磨一次面，主人就可以赚一点磨膛。在今天看来，这可能根本不算什么，因为每次留在磨膛里的只有斤把麸皮，遇到吝啬的，留得就更少了，可是，在那个物资极其匮乏的年代，这却是极为宝贵的，有时甚至可以救人一命啊。

由于对我家的磨特有感情，所以我特爱推磨。每次推磨，我都抢着干。

疯狂海吃"瞎猫尖"

晏金福

天刚蒙蒙亮，妻子就催我："快起来，我们去逮'瞎猫尖'！"

"瞎猫尖"就是一种豆虫，学名豆天蛾。那是 1973 年，也不知哪来的那么多"瞎猫尖"，豆地里到处都是，简直到了疯狂的程度。离地老远，就能听到一片"沙沙"声，颇像蚕房里蚕吃桑叶的声音。豆叶都被吃得花花搭搭的，这样不行，豆子肯定会减产的，于是大人孩子都下湖逮豆虫。

我们一人拿一个化肥袋子，妻子还拿了一把夹煤球的火钳子。我问："你拿那个干啥？"她说："那东西怪腻歪人的，我可不敢捉。"到了东北湖的豆地里，虽然太阳已经出来了，可是由于露水还没干，"瞎猫尖"都反趴在豆叶下，一动也不动。妻子用火钳子夹，我就直接用手抓。一个来回，只不过个把小时，我就逮了半口袋，足足有十几斤，妻子也逮了不少。

当时，我们喂了四十多只鸭子，把"瞎猫尖"背回家，往鸭棚里一撒，鸭子们便争先恐后拼命地吞食起来。不一会儿，遍地的"瞎猫尖"不见了，而鸭子们一个个嗉子撑得歪歪的。我想，这下，鸭子省喂了。

所谓乐极生悲，我正为能省点鸭食高兴呢，祸事来了。第二天，鸭子突然死了两只。正下蛋的鸭子突然死了，妻子疼得不得了。好好的鸭子，怎么就死了呢？我很不解。可是把鸭子开肠破肚以后，问题就明白了，鸭子的嗉子烂了几个洞。原来罪魁祸首就是"瞎猫尖"！吞到肚子里，居然还能如此报复，这也太疯狂了吧。我因此也就更恨它了。再逮，我就用刀使劲地剁，看你还敢咬我的鸭子不！

过了几天，庄里来了两个山东人，骑着那种后轮两边焊着货架的自行车，带着麻袋，说是来收"瞎猫尖"的，两毛钱一斤。以前别人家逮了"瞎猫尖"，除了留点喂鸡，大部分都是埋在粪堆里沤粪，有了收的，自然踊跃出售。不到半天，每人都收满了两麻袋。问收了做什么用，他们也不讲。

连收几天后，人也熟了，就透露出消息来，说是留吃的，而且都卖到饭店里，是高档食品。这也能吃？大家都直摇头，我却是信的。既然他们能吃，我们何不试试？把头剪掉，身子一翻，洗净了，一炒，满屋香味。吃到嘴里，又香又筋道，嚼得满嘴冒油，的确是美味佳肴。

打蚂蚱

晏金福　同龄人

那是 1950 年夏秋之交，也不知哪来的那么多蝗虫，漫山遍野，到处都是。有时，成群的过来了，半边天黑压压的，遮天蔽日。一群过去，无论是树木还是庄稼，全都变得光秃秃的，连一片叶子都不剩。

几个庄每户一人，组起了联合扫蝗队，10 岁的我代表我们家去参加。那时，无论大的飞蝗，还是小的蚂蚱、老草蒲，我们统统叫蚂蚱，所以，我们的任务就叫打蚂蚱。我一手提一个柳编的小篮子，一手拿着一个柳编的硕大的拍子，背着点干粮，就兴致勃勃地出发了。

先从俺庄东和化口子的交界处开始，几百人排成一排，阵势蔚为壮观。一边走，一边打，还没到一里路，我们的小篮子就装满了。于是，找了一块空地，把蚂蚱堆在一起，很快就堆有一人多高，活像一座大坟。每人再寻一把枯枝干草，一堆大火就烧了起来。随着"噼里啪啦"的响声，炸飞的蚂蚱布满上空，接踵而来的就是阵阵肉香。一股股热浪逼得我们离火堆远远的。可是，没等大火熄灭，我们就纷纷扑向火堆，捡起熟而未焦的蚂蚱，迫不及待地往嘴里塞。残留的大腿又脆又香，一咬肚子，"滋滋"地直冒油，那真是绝美的享受。

稍事休息，再往前打。打到和朱楼交界的三叉堰时，发生了一件令人毛骨悚然、终生难忘的事件。队伍正在行进时，有一个人，一只脚突然陷进地里，膝盖都没了。接着就是一股恶臭散发开来，让人闻之发呕。这时大家才注意到，这是庄稼地里的一片新土。好在离庄子不远，有人很快找来了铁锹。挖开新土，赫然是一具女尸，穿着漂亮的花衣服。这是我第一次看见死人，害怕极了。

接着再打，我就觉得浑身乏力。下午打到三渠沟西的蒲湾时，我就感到头疼，腿也酸。休息时我往树下一躺，就啥也不知道了。

醒来时，发现我睡在家里的床上，母亲、姐姐和妹妹都在床前，眼巴巴地看着我。母亲说："你可醒了，吓死我了！"母亲接着告诉我，是家后的叔叔把我背回来的，当时浑身烧得像火炭，用热水洗了数遍，还是昏迷了一整天。

"出去时好好的，怎么就发烧了？"母亲很不解。"我也不知道呀，我就觉得，看了那个死人以后，我就难受了。"我说。"怪不得呢，那是吓的。"接着，母亲又说，"圩沟东你那个姓L的同学，他父亲在南京又找了个女人，家里的离不掉，南京的又不放手，没法子他就骗那个女的说，带她回家结婚。那女的信以为真，就跟他来了。近庄时，他把她带到那个人不大去的地方，说要先回去，跟家里人商量一下，让她在那儿等。他回家后，就让他叔伯弟弟和侄子带着镢头去把她砸死了。今天，他们三个全被逮走了。"说罢，母亲唏嘘一番，还掉了几滴眼泪。

我的第一次打蚂蚱就这样结束了。

（晏金福）

20纪60年代后期，我在生产队里劳动最肯出官差了。生产队长是俺二大爷，他喊着我的小名叫我去干这干那，我一听说出官差就像过年似的，高兴得不得了。可是有一次出官差真的让我吃了苦头，就是去京渠湖打蚂蚱。

记得是在1969年午收后，小麦净湖了，农田里陡然出现了许多蚂蚱，好像从天而降似的。蚂蚱专吃春天种的小苗庄稼，玉米、高粱、黄豆和白芋的叶片被咬得稀巴烂，幼小的棉花苗被吃光，成了一根根直立的光棍。蚂蚱，学名蝗虫，对农作物危害极大，会导致农作物减产甚至绝收。社员们看着急在心中，却束手无策。这时候，九顶公社通知东南片十二个大队的社员到京渠湖去打蚂蚱。

接到公社和大队通知的当天下午，生产队长安排十几个小伙子、大姑娘明天起早去打蚂蚱。我们每人准备一根大约一米半长的小棍，柳树条、桑树条、腊条都行，粗细长短因人而异，总之一要结实，二要好用。再找来一只布鞋底，用麻绳或者棉线绳把布鞋底绑在小棍前头。这样各人的打蚂蚱工具就准备好了。常言道："兵马未动，粮草先行。"生产队里磨面粉、捆柴火放在平板车上，带上一些大头葱、地蛋、青辣椒和油盐酱醋，两个炊事员提前到大丁公庄，借亲戚家的大锅做饭。

第二天早晨，我们就出发了，从马集庄向东北走六里路，到了大丁公庄。两位炊事员已经做好饭菜等着我们。我记得烙了两大团筐的小麦面单饼，炒了两大瓷盆菜，烧了一大锅小麦面稀饭。那时候的社员难得吃上一顿官饭，就敞开肚皮吃，厚厚的烙单饼卷上炒菜，每人能吃四五个。吃饱喝足后，每人再带上几张烙单饼卷菜当作午饭。

大丁公庄在京渠湖的西南面。我们大队来的上百号人，从大丁公庄开始向东北方向，边走边打蚂蚱，实行地毯式搜捕。蚂蚱在麦茬地里一蹦一蹦的，很容易被人发现。开始时是看见一个就打死一个，后来蚂蚱越来越多，我们就边打边撵。打到晌午，正好到了京渠庄通往朝阳集的大路上，我们分别在路边的树底下歇息。人多树少，一棵树下能挤十几个人。虽然不是"男女授受不亲"的封建时代，但是大姑娘、小伙子到树下乘凉也自觉做到男女有别。不知道哪个冒失鬼说了一句话："角鱼角鱼一堆，鲇鱼鲇鱼一伙。"遭到大姑娘、小媳妇们的一通臭骂。我们一边在树底下歇息，一边吃着各自带来的午饭。吃着干饼没有稀的喝，怎么办？就喝路边沟里的水。大热天，口渴比饥饿还难熬，谁还讲究什么卫生不卫生。谁要说不卫生，谁就是"假丝皮"。

我记得那一天的天气特别好，万里无云，骄阳似火，真正是"赤日炎炎似火烧，野田禾稻半枯焦"。尽管我们头上戴着席篷子或者草帽子，女同志头上顶着手袜子，也只罩着头上一点点，身上都得挨太阳晒。大多数人脚上穿的是解放鞋，胶鞋底被地面烫热，穿在脚上实在难受。有的人鞋子被麦茬扎烂了，脚也被扎破了。为了尽快干完早回家，我们中午歇息一会儿继续战斗，在午后的高温下鏖战了三个多小时。十二个大队来打蚂蚱的社员有一千多人，一直打到下午三四点钟，才从京渠湖周边围拢到湖中间。看到遍地的大蚂蚱、小蚂蚱乱蹦，在做垂死的挣扎，人们顿时群情激昂，好像百米短跑运动员在做终点前的冲刺，抢起手中的工具狠狠地打，一场围剿歼灭蝗虫的人民战争取得了最后的胜利。

20世纪70年代以后，有了飞机喷洒农药消灭农林作物病虫害，组织人力打蚂蚱已经成为历史。

（同龄人）

姜庄老油坊

姜德臣

说起姜庄老油坊，在20世纪50年代到21世纪初的半百年中，盛名享誉十里八村，在油坊待过或听说的人都不陌生，老油坊榨出来的油澄亮透明，味道纯正，口感芳香。

姜庄老油坊坐落在姜庄西头。坐北朝南5间泥墙草顶的房子，就是完整的操作间了。其中碾压料子和榨油操作3间，存储室2间。房前是开阔场地，专供客户车辆停放。

榨油的工序首先是精选加工原料。所选原料有大豆、花生、芝麻、菜籽、棉籽等。原料中不能含有杂质，特别是小坷垃头，它不能榨油还吸油，影响出油率。其次是碾料，即用巨石做成的石碾将原料碾成薄饼。再就是把碾料放在锅里炒成三成熟，使榨出的油喷香。第四就是蒸料，就是把榨油原料放在木甑中用蒸汽暴蒸。第五就是包饼，将热蒸料倒进事先备好的丝蕾草或稻草、黄麻片和两根叠加竹箍或铁箍里包起来。最后的步骤是榨油。

在油坊里，包饼、装榨是关键。包饼就是用竹箍拢住丝蕾草包裹着的滚烫的原料，双脚不停地踩上边，将约有20厘米的厚饼踩踏成约10厘米厚，然后将 13 至 15 片饼叠加在一起，约有 1.5 米高。竹箍是用毛竹破开制成光滑、均匀的竹篾环绕编织成的环状圈，厚约 5 厘米。丝蕾草铺垫要非常均匀，防止原料绽出。装榨即将叠摞的饼装入榨槽，首先是叠加竖直放置，经过捆绑刹紧，然后将竖直饼垛扳倒横放，一定要将横放的饼高低、前后整齐一致，否则榨油挤压易扭曲变形，原料挤出，影响出油率。破竹、编竹箍、包饼和装榨这些工序均由油坊的创始人、被誉为老油把式的姜成然独自完成。姜成然对事业执着，工作负责认真，技术精益求精，为老油坊的创建、昌盛拼搏了半生。

油坊内油榨是核心部位。在机器榨油还未出现的时代，用来榨油的木制榨油仍是先进的工具。在榨油操作间内安放了两盘油榨，轮换操作。它是由坚实的木料拼接起来的一种组合榨油工具。它的外框架由两根直径约 50 厘米、长 5 米的粗壮圆木安装成，半米高。从外观上看，像是一节装了木料的小船。榨油的工作原理是将榨油的原材料炒熟后，用竹箍和丝蕾草包起来塞进油榨里，通过楔子（油坊称榨尖）强力地挤压，榨出油来。

在纵卧的两盘油榨的中间，堆放着由四五十厘米长、30 余根大小不同的榨尖，榨尖的原木一般都是用坚实的檀、桑、枣木做成的，榨尖的前端是榨头，用直径 10 厘米左右的精铁铸成的铁套子，套在榨头上。另外与之配套的木垫子堆放其间；榨锤就是精铁浇铸成 10—25 千克的纺锤体，安上 80 厘米长的木柄。每座榨都灵活、交替地安装 10 个榨尖和木垫子。重锤砸击榨尖，榨尖楔下驱使饼垛平行而稳定前移，饼垛收缩而炸出油来。这项工序主要由姜成义负责完成。姜成义身材魁梧、力大过人，榨锤在他手中举落自如。他工作责任强，每次榨油都榨到极限，确保出油率最高。曾经从事榨油工作的有刘孝全、刘孝连、张贤杰、于维良、李树桂、李树仁、戴朝良、姜德田、姜为芹等人，他们为姜庄老油坊立下了不朽的功绩，让我们永远怀念他们。

在油坊从事榨油工作的人被称叫打锤人，他们都是体力过人，任劳任怨，甘愿奉献之人。做打锤人的第一要求是有过人的臂力、麻利的手脚和机灵的头脑。因为榨油实在是一项消耗体力的重活。每天早上，打锤人进了油坊，便脱去了所有的衣服和鞋子，身着短裤，围着一条油乎乎的围裙。一般情况下，妇女是不会进油坊的，因为她们知道榨油的人们都是光着膀子干活的。开榨时，一个光着膀子的汉子，只能一条腿站在油榨尾部内侧，另一条腿半蹲在榨身上，手握榨锤，弯腰举起，挺直腰杆，双手伸直，拉开架势，运足丹田之气，增添暴发之力，一声呐喊，猛力将榨锤准确地向榨头砸过去，只听"咚"地一声巨响，榨尖下降一段距离。要不了一会，打锤人的背上就会汗流如注，气喘吁吁。

每一榨油过程需要两小时左右，一盘榨由两人轮流工作，榨油时要连续进行，趁热榨油油色清、出油率高。挤出油来，滴进油榨底槽流入油桶里。榨干了的油料渣成了干硬的饼。这些油饼根据材料的不同，用途也不同。比如棉籽的饼，叫作棉饼。棉饼可以做牲口的辅料，也可以破碎堆放发酵去做追肥。花生饼、芝麻饼可用来做各种糕点的原料。用豆子榨油产生的豆饼，是可以食用的，可以制作各种豆制品。豆饼可以直接食用，现在虽然感觉味道不怎么样好，但如果饿了，还是可以充饥的。在生活困苦的年代，豆饼成了十分紧俏的物品。20世纪一小块豆饼，往往就能救活一条人命。用油菜籽榨出的饼叫菜籽饼，它可以当肥料使用。一般家里种南瓜、西瓜、冬瓜什么的，都可以用菜籽饼去喂。

我从小就打心眼里敬佩这些打锤人，他们个个健壮如牛，身上的肌肉一块块坚如磐石，胳膊上的青筋根根凸现，说起话来嗓门粗大洪亮，掷地有声。他们举锤利索，落锤狠、击得准。那一声"依呀——嗨！"的号子，可真是惊心动魄，气吞山河，豪气冲天。用现在的话来说，他们是真正的爷们儿。

老油坊门前的开阔场地是卖油和收购油料的地方。姜德信书写"姜庄老油坊"的木牌立在场地中央，极为醒目。客户们有的担着挑子，有的拉着平板车，有的赶着马车和太平车来换油。过去卖油是不用秤的，而是用毛竹筒或薄铁皮做成的圆柱体的油端子。这种油端子有大有小，容量有一斤、二斤，也有半斤和一二两的。打油是很有讲究的。因为油的浓度很大，所以挂在油端子外面的油很多。如果打油的速度快，油端子平面上的油会凸出来一些，而油端子下面挂着的油来不及落下去。这样，一斤油往往会多出一两左右。如果慢吞吞地打，不仅油端子平面上的油会溢出保持水平，而且它下面挂着的油也会落尽了。因此，精明的生意人在卖油的时候，总是慢吞吞地打油，让你一点便宜也占不了。俗话说"紧打酒慢打油"就是这个道理。可姜庄老油坊卖油不是这样，从不短斤少两，童叟无欺。他们一般用端子在油桶里灌满之后，很快就提出来，倒进专用的漏斗里。这样一来，等于让顾客用一斤油的钱买了一斤多的油。看上去貌似卖油的在犯傻，其实是在优惠顾客，做诚信生意。客户天天络绎不绝，油坊的声誉好，买油人宁可多跑路也要到姜庄老油坊来。这也是生意越做越红火的原因之一。再之就是用传统方法榨出的熟油，油质清纯透明、无杂质，久置无沉淀，炸食品无油沫，口感浓厚，香味扑鼻。真是"油色纯正挺漂亮，香飘四溢口感爽。老不欺来少不哄，诚信生意老油坊"。

榨油机的面世，结束了传统油坊的风光时代。姜庄老油坊从此就不复存在了，但姜庄的老油坊和那虎背熊腰的打锤人，还活在人们的记忆中。

种棉花

高西梅

深秋，广袤的淮北平原上，葱茏青碧的树叶，耗尽了青春绿色的血液，枯黄地旋舞着，轻轻飘零。在这秋风抚尽青翠，麦苗还没长出新绿的寂寥里，阡陌之间几乎落尽叶片的纵横棉棵，清瘦的枝条上点缀着朵朵白云，沉静在澄澈的蓝天下，像一幅素雅淡泊的水墨画，让茫然四顾的眼神有了温暖的栖息之处。

深秋的风中隐隐有些寒凉，一早一晚需要添衣加被，姐姐及时地送来了新被套，亲人柔软的温暖在整个家里弥漫。姐姐说："在家后的园地里种了一亩棉花，留给儿子结婚时套被，多出来的打了两床被套，给你一床，给他爷爷奶奶一床，还剩一些给他奶奶套了一件棉袄，给了邻居斤把做棉马甲。"这让我想起棉田里那些四瓣或五瓣洁白如雪的棉花。棉花原本是棉花的果实，从青褐色或紫褐色的棉桃里盛开如绽放的花朵，洁白柔软朴实无华，素雅的花瓣里裹着枣核般小巧玲珑的深灰色的种子，在秋高气爽的田野里安然恬静地等待着采摘。

棉花这个在农产品中具有重要地位的农作物，不仅仅是家居一床被子的意义，三四十年前很长一段历史时期，她几乎一枝独秀地支撑着江淮平原的经济发展。以花命名的经济作物，在家乡高楼婶子大娘的眼里，是多子多福宜家宜室比较长寿的植物，历经半春一夏一秋，一生非常幸运地享受着棉花专业队的姑娘们无微不至的关怀呵护。

20世纪70年代至80年代，地处淮北平原的高楼镇广种棉花。仲春，棉花专业队的姐妹们，在准备种棉花的地头，整理出一个长方形的田畦，用专业的农具打营养钵。营养钵是一个圆柱形的泥巴，外貌像健力宝，比健力宝苗条，小巧可人，外边用报纸或旧课本的书页裹住。把经过筛选的优质棉籽一粒一粒放到钵子里，横成行竖成列地摆放在棉畦里，上面撒一层薄薄的半干半湿的碎土，扎一个大弓棚，盖上塑料薄膜保温。八九天过后，棉苗探头探脑地露出憨厚浅黄色的小脸，好奇地望着白色的屋顶。屋顶上悬吊着一颗颗晶莹的珍珠，左看右看只见白雾蒙蒙的一个不大的空间，排列着许多小脑袋。还有没睡醒的在梦里蠢蠢欲动。再过三五天，就齐刷刷地伸长了脖子叽叽喳喳。这时，棉花专业队的姐姐们，在中午最暖和的时候将塑料薄膜掀开，让棉苗沐浴在明媚温暖的阳光下，享受着春风清新微凉的轻拂。这时的天气乍暖还寒，幼小的棉苗还经不起早早晚晚的料峭寒风考验，姐姐们担心棉苗被晨寒夜冻所伤，就在夕阳还没落山之前再将塑料薄膜盖好，这样重复地一掀一盖持续到棉苗从浅黄变成浅绿嫩绿浓绿为止，身强体壮经得起风雨才作罢。

棉苗长到四片至六片真叶时开始移栽，留足一定的间距和株距，棉苗从幼儿长成少女需要充足的生长空间。迁徙的棉苗因为有营养钵供应水分不需要浇水，几乎移栽一棵成活一棵。半个月以后，棉苗旺盛起来，再过一个月，棉棵就开枝散叶铺满土地，棉田郁郁苍苍，每棵都充满蓬勃茂盛的生命力，就像活力四射青春健美的农家女孩，有一种按捺不住的生长的欣喜。生长中的棉花无一例外地会遭受病虫害的侵袭，就像所有人都可能遭遇成长中的烦恼与挫折。棉花非常幸运，专业队的姐姐们会精心地给它除草、培土、掰杈、喷药、逮虫。除草、培土、喷药是体力活，掰杈、逮虫是技术活，活计琐碎繁复。夏初除草培土可以一劳永逸，夏季棉棵开花时喷药就需要三天一次，必须在阳光灿烂的晴朗天气，药液对害虫才有杀伤力。棉棵开花时，热闹中带着难言的收敛与沉静，粉红、淡紫、浅黄的喇叭形花朵羞涩地躲藏在浓绿的棉叶下，像不施粉黛的农家女孩，天然去雕饰，美得淡定从容、质朴典雅。这么恬美的花朵对棉虫具有致命的诱惑力，药液并不能完全阻止棉虫对花朵的肆虐。姐姐们就在旭日未升晨露晶莹时捕捉害虫，一棵一棵地查看，动作快捷，不然等到太阳出来，棉虫就躲到花苞里不见了，姐姐们就得次晨再来逮捕，一亩地最快速度需要三早晨。棉虫是一茬接一茬的，逮虫的工作也就一遍复一遍。掰杈也是一项繁复的工作。棉枝分公枝、母枝，公枝长得迅速茂盛，只长头不开花，拼命地争夺水分阳光，母枝也许只顾开花结果，没有精力顾及自己的个头吧，往往被公枝挤得没有了生长的空间，甚至，公枝有时嚣张得比主干还粗壮，这是姐姐们一时疏忽放任或者缺工的结果。我上初一那年，专业队的姐姐们成批出嫁，棉花田缺少人手，队长急红了眼，就把小不点的我和他同样小不点的二女儿补充到棉花专业队里，下湖还得大人带着。到棉田里刚刚露出个头，那棉花棵像队长的心情一样长"疯"了，公枝粗壮得掐不掉，必须用劲掰掴。刚进棉田，分不清公枝、母枝，总是犹疑再三，才敢掐掉自认为是公枝的枝条，掐错了也是有的，更多的则是遗留许多公枝在棉棵上。专业队的姐姐们回娘家依然会到棉田里参加劳动，手把手教我这样的"小不点"接班人。教得耐心，学得认真，我跟着姐姐们学会了辨认公杈、母杈，掌握了给棉花打杈的技术。后来参加工作，到棉田里推广指导棉花摘早蕾技术，可谓轻车熟路。为了秋后的丰收，不管公枝如何茂盛，必须掰掉，给母枝腾出空间。随着棉棵的蓬勃生长，公杈层出不穷，掰杈也就不能停止。经过姐姐们的细心呵护，到了夏末，第一茬棉花结出了绿色棉桃，可最先开花结桃的往往被连天阴雨沤烂无法绽放，空留朵朵遗憾，这遗憾一直延续到我上班几年以后。农技站为了减少劳动成本，就有了棉花摘早蕾的技术创新，妇联会负责推广应用。棉花不管这些，依然自顾自地随着季节生长绽放，中秋成就的棉桃顺天时得地利，有秋阳的照耀，有秋风的爱恋，盛开如白云般的素妆玉容，光彩照人。这么美的棉花，姐姐们采摘时快乐无比，她们一边摘棉花一边聊天，那清亮悦耳的说笑声，让南飞的雁群都醉在这迷人的无边的秋色里。

最美的盛开是在深秋。棉花是中秋之后的花，心念里那月圆的清辉还未消逝，棉田里的棉花便簇拥着竞相绽放。棉枝上点点雪白，不招蜂不引蝶，兀自静在田野，映着日影，那样平实朴素、安娴淡泊。这样的棉花是经过姐姐粗糙的手培育、除草、修枝、喷药，才拥有如此纯美的品质；这棉花永远属于乡村，有着暄软的白，炫目的白，是朴素洁净无须回报的至真至纯的温暖亲情。

打　绳

马庆洲

绳的主要原料是苘和麻，皖北地区多用苘。苘和麻都是一年生草本植物，长成后约为手指头粗细，两米多高，秆和叶虚青虚青的，开着灿然的小黄花。结出的苘朵子一般为十四个瓣，圆圆的，长出十四个角。孩子们常常把它摘下来，粘上墨水，互相追逐着朝对方盖"私章"。

苘和麻的区别是，苘的主干是圆形，麻有些棱角；皮经过加工后，苘皮为白色，而麻皮呈淡红或土红色。麻比苘要结实很多，使用价值和经济价值都要高一些。

深秋以后，把苘砍下来，去掉枝叶，只保留主干，把苘棵捆成水桶粗细，两头捆扎结实。在汪塘里，用铁锤把碗口粗一头削尖的圆木打入水中。一排钉三个大圆木，共钉六个圆木，中间留有二三米的空当，把捆好的苘一捆捆放在两排木桩之间，再用几个小木棍横在上面压紧扎牢，以把苘全部没入水中为宜。这叫沤苘。

经过一周浸泡，苘已经"熟"了。男人们下水，把苘捆拖到岸上，妇女们就开始剥苘。苘捆往岸上拖时要小心翼翼，因为苘捆内有泥鳅、小鱼、小虾、黄鳝之类，这可是意外的收获。

妇女们把剥好的苘皮递给男劳力，男人们就在河水中，抡起臂膀，把苘皮狠狠地砸向水面。经过几番猛砸、猛涮，苘皮上的青皮被甩掉，只留下白色的老皮。老皮晒干以后，用纺车子绞成一股数百米长的绳坯子就可以正式打绳了。

打绳用的纺车子是两个类似太师椅的装置，分为主车和副车，主车不能移动的，而副车可以向前滑行。"椅子"四个腿分两边，底下装上两个两头翘的粗长木棍当"脚"；"椅子"的上前方是一个长条粗木板，上面有五六个小圆眼，每个圆眼中安一个Z形的铁钩子，铁钩的前头有一个圆形的钩，便于接绳子，后头为手柄上要加装一个类似菜刀把的圆木棍，摇起来不磨手。

打绳的车子分为三股、五股等，根据绳的粗细、长短，打绳师傅会把两个纺车按照需要的距离安放到合适的位置，纺车前后的钩子上放好需要的绳坯子，两个师傅分别坐在主副车子上，主车固定好，开始摇动摇把给绳坯子上劲。绳梭子放在绳坯子中间，两个绳梭子之间有一长木棍相连，两个车子中间还有一位师傅，从副车前头开始，推着绳梭子缓缓向主车靠拢。绳坯子由于不断上劲，开始缩短两车之间的距离，副车开始向主车移动。中间的师傅推着绳梭子随着绳子上劲的速度缓慢前行。如若纺的是一条绳，中间的师傅应为两人推着绳梭子；如两条绳，中间用一个人就行了。绳子的强度，主要取决于中间推梭人的行走速度，快走，绳就松；慢走，绳就紧。

牛行人

尤传化

过去农村集镇都有指定的行市，如牛马行、粮食行、猪羊行、鸡行、鱼行、柴草行等，有点类似今天的专业市场。每个行市都有专业的管理人员，俗称行人或行老板。何为行人？就是提供经营场地和称量器具、促成买卖双方达成交易、从中收取一定比例费用的人。集市上的行人大都是当地有些势力的人担任。

20世纪80年代前，农业生产基本靠畜力。牲畜交易量较大，那时农村经济比较落后，牲口特别值钱，一头牲口几乎就是当时农户的家底子，所以买卖双方都很谨慎。讲行的人员也比较多，开行的老板称为大行人，协助大行人讲行的称小行人，帮腔说话圆场的称帮边的。因此牛马行被列为五行之首，堪称大行。民间也称牛马行为捂行，有隐蔽神秘不公开之意。

牛马行简称牛行，因为需用场地较大，一般都设在集头街外一片空旷地带。牛行的设备很简单，就是一排木桩或石桩、几条供拴系牲畜用的经绳和一张开票用的桌子。但这里有着复杂而约定俗成的行规和交易方式。

每到逢集，一大早行人们就要把经绳拉好，俗称拉经，下午闭市谓收经。拉经不久四面八方的牲畜就被陆续牵来进行交易，这里便热闹起来。待交易的牲口拴好后，行人就过来看卖相，看牲口的外观皮毛、四脚蹄壳，还要亲自掰开牲口的嘴巴看牙口，从牙齿行人分辨牲口的年龄。然后把卖方拉到一旁，询问牲口的健康和农活情况，行话说牛包吃倒，意思是防止病牲口出售，所以要包吃草包反刍，马包五套指耕地、打场、耩地、耙地、拉车。询问完毕就要打码字，就是行人把手伸进卖方的袖筒里用手语暗暗商定牲口的最低价格数字，价格不可明言只用暗语。接着行人找来买方，走到卖方的牲口前开始品头论足，这时小行人和帮边的都要围拢过来，三三两两对牲口褒奖一番，俗称打圆场。就这样你一言我一语地说服买方，当然价格还需要行人多次来回周旋，经过一遍遍"牙价"和"磨价"，大小行人和帮边的一个眼神和手势都配合得十分默契，心照不宣。即使交易不成，因为袖筒议价，买卖双方不能直接见面和砍价，行人会另寻买主，帮边的会以"买卖不成仁义在"来圆场。

牛行里还有一种叫"拉短纲"的人，就是长期混在牛行里，这集买那集卖的牛贩子。他们和行老板、帮边的都混得很熟，有时为了生意，串通一气，一唱一和。为了不被外人看出破绽，他们各自扮演角色，故意压低或抬高价格来对付外地来的"生买卖人"。所得利益按比例分成。有时拉短纲的也会冒充买方，和真正的买方较价，以尽快促成交易，获得利益。

我们这里的人对从事牛行的行人颇有微词，诸如还有把赌瞎巴咒的和"牛行人咒""能骗爹娘，才干牛行"，"一辈子当牛行人，死了不能进祖坟"，表达对行人的看法。牛行人为了促成交易，从中牟利，确实花言巧语，不择手段。

但牛行人都有精明的头脑，他们能说会道，能答善辩。他们不但要掌握民间传统交易知识，而且要有娴熟的交易数字手语表达能力以及熟知方圆几十里乃至几百里的数码术语，例如：一叫掐子、二叫弹子、三叫品子、四叫吊子、五叫拐子、六叫挠子、七叫柴子、八叫别子、九叫弯子也称老虚、十叫镏子也叫两把掐，诸如此类的数码变化很多，他们熟背在心，的确不易。手语除一、二、三、四是按手指的原数外，五是一个大拇指，六是拇指加小指，七是拇指、食指和中指捏在一起，八是拇指与食指分开，九是食指弯曲成钩，十还原为一，这就是民间常说的捏七、叉八、钩子九。精通行内数字的人被称为码子深或码子熟。

另外牛行人在长期交易实践中对牲畜的评估、饲养、农活、防病、口齿、年龄都有独特见解和准确判断能力，例如，看牙齿就能准确地判断牛的年龄，从牛犊开始，一对牙是少年、四个牙是青年、六个牙为壮年，边牙为中年、八个牙为老年也称齐口。他们还能从牲口的臼窝和齿线来判定牲口的年限，并能从八字口或牛的外观总结出牛的优劣：

> 相牛不用秤，全凭用眼睛。
> 眼大包勤快，鼻小脾气横。
> 走路看四蹄，蹄大脚生风。
> 白蹄白脑盖，就算是毛病。
> 身上有旋毛，胆小不要用。
> 牛有白尾巴，就像拉孝绳。
> 牛包吃和倒，马包五套能。

农业现代化机械的应用和普及以及人们生活水平的提高，耕牛早已完成角色转换，由从事农业生产转变成现代化饲养场的肉牛，最终变成人们餐桌上的美味。牛行也退出了集镇市场，但作为中国古老的传统行业，它的民俗价值需要我们去深入研究和探讨。

鱼 行

尤传化

鱼行也称鱼市，是专供鱼虾的交易场所。

以前我们这里还是一片湖水，百姓大都以捕鱼为生，每天捕来的大量新鲜鱼虾需要交易，于是河边湖畔、沟渠岸上出现规模大小不一的鱼市。鱼市可以说是这里农村最早出现的行市。

后来农村逐渐有了集市，为了方便交易，集中经营，专业鱼行便应运而生。鱼行形成较早，大多都位于集镇的中心位置。

鱼行和其他行市不同。因为鱼虾是鲜货，要求阴凉遮阳，所以鱼行大都是由行老板出资用竹木搭建的一排草棚，或用白布拉扯的布棚，其他行市是没有这个设施的。

管理鱼行的人一般只需两至三人，一人或两人身穿蓝色大褂，脚蹬防水鞋，手持盘秤负责称鱼和算账，另一人怀揣钱包负责记账和收款，这便是鱼行人。行人就是管理行市的人，也被称为行纪，俗称行老板。就是提供经营场地和称量器具、促成买卖双方达成交易并从中收取一定比例费用（也称行佣）的人。他们也和牛行的行人一样大都是在当地有些势力的人。鱼行也有约定俗成的行规和特殊的交易方式。

过去赶集卖鱼的人大都挑着一副担子，前头是鱼筐，后面是一只大木桶。卖鱼人进市落挑以后，先要把扁担（行话叫梁子）竖放在木桶里，扁担这么一"立"，就是向行老板暗示这厢有礼了，请多关照。这时行老板就会意了，知道这是内行的鱼贩子，一般外行的扁担是不会这样放的。鱼贩子行话叫跑鲜的、拎水的或剃子菜。因为长期和鱼行打交道，所以行老板都要照顾他们几分。行内称自撒鱼自卖鱼的"自卖头"为拎网的或园子菜，这些人大多不懂行规和行话。

过去进入鱼行交易是不许买卖双方带秤的，也就是说不能自由交易，整个交易过程都是由行人帮助完成，就连价格也是由行老板说了算，他们一般会根据上集各种鱼的交易价格结合当天的上市量，来确定当天的交易价格，买方只需和行人谈价，卖方是不作声的，好像一切都听从行人的安排似的。民间有句俗话说"吃鱼的吃鱼，补钩的补钩"，指的就是鱼行的不公平交易。例如行老板的亲戚或熟人来买鱼，无须直接和行老板打招呼，一个眼神或手势就会意了，他们也不会讨价还价，直接到鱼摊上指着几条看上的鱼，这时行人会麻利地把鱼放在秤盘上，秤杆一抬一落不说重量直接告诉收账的，收款十块。其实这几条鱼的价格按当天的行情应值十五块的，如果是"自卖头"遇到这事就只能吃哑巴亏。倘若遇到的是懂行跑鲜的鱼贩子，鱼行人一定会用不同的方式给补上的，假如这时来了一位生人买主也和那位熟人买同样多的鱼，鱼行人也会迅速一抬秤杆并顺手另外拿一条鱼扔在买方的篮子里，大声喊道：收款十五块，饶鱼一条。买方一听饶一条鱼心里还有一丝庆幸呢，其实他买鱼的价值只值十块钱，这就把刚才熟人买鱼亏的五块钱给补上了，这就是所谓的"吃鱼的吃鱼，补钩的补钩"。因此我们这里民间流传一首比较形象的民谣：

> 鱼行人，真会蒙，
> 熟人到了不吭声。
> 值十吊，五吊扔，
> 后面生人来填坑。
> 都是行人说了算，
> 买卖只当耳旁风。
> 哄买哄卖全靠秤，
> 买卖都得交行佣。

过去鱼行人和懂行的鱼贩子一般都使用暗语交易，也叫搬坎子。例如，一是水，二是雅，三是木，四是风，五是土，六是天，七是新，八是筛，九是火，十为老水。鱼统称顶浪子，虾为元宝，鲤鱼为三十六鳞，黑鱼为火头，鲇鱼为嗨嘴子，黄鳝为长鱼，甲鱼为团鱼……不但要有熟知坎子的能力，而且还要有一手快算账的绝活，个个都称得上神算手。他们一边称鱼，一边报账，有时逢集人多应接不暇，只要秤砣一落，便可立刻报出金额来，并且故意拖着长音："收——账！白水——参子！雅子钱（两块钱）！"

因为鱼虾是新鲜货不能久放，尤其是夏天更要当天交易完毕，所以这也要求鱼行人有很强的社交能力和人际关系，到了中午要把当天所有上市的鱼虾全部处理掉，他们会把销售手段发挥到极致，把卖剩的鱼虾沿街每户拼一些，直到拼完为止。民间调侃这一销售方法为数门鼻子。这就是鱼行人的硬拼能力。

随着社会的文明进步，这个古老的传统行业也在发生着变化。现在大部分集镇鱼行依旧存在，但不再是由鱼行操纵的霸王交易了，已经开始由买卖双方自由议价，公平交易，按照市场规则来进行了。

老糟坊

尤传化

清乾隆年间，游集镇上酒肆林立，店铺鳞次栉比，是方圆几十里的官盐等物资集散地，热闹非凡。当时街上最著名的商号有"德源""恒兴""恭兴裕""开泰""福泰""万昌""万顺""万盛"等，这些商号都以经营烟酒百货日用杂品为主，一般前店经营，后店加工，像油坊、酱园、面坊、糕点坊、酒坊等，大都如此。

当时镇上最著名的酒坊，当数邢家的全盛糟坊。

据说邢家祖籍河北邢台，世代以酿酒为业，清乾隆年间辗转来此，不久便在游集街上开办全盛糟坊。到了光绪年间，邢家糟坊已初具规模。民国时期，酒坊传到邢立忠手中，因其酿酒技术很高，弟兄排行老二，因此人送外号"邢二狠子"。据传他是当时灵璧以北、双沟以南有名的酒把式。全盛糟坊时有酿酒作坊二十余间，其中酒窖房十二间，酒曲房两间，磨坊两间，烧酒甑房两处，柴草房、牲口房、原料库等数间。酒坊常年雇用酿酒伙计十余人。当时镇上众多商铺销售的烧酒都是这里酿造出来的。

邢家糟坊的十二间窖池房，每间都有一方砖砌酒池，酒池长约两米、宽约一米二、深约一米，我们这里叫作甄池或甄盒。每个甄池旁边都有约两米宽的空地为晾堂。一般街上商铺来此加工酿酒是按甄池收费的。例如一甄池几吊钱，也有的以粮食和酒折价抵作加工费，据说生意好的商号一个月可以在此加工酿造三至五甄池酒。

酒曲房，就是加工、储藏酒曲的地方。他们每年都会选在夏季做曲，因为夏天温度较高易于发酵和酒曲生成。其制作方法是将大麦面粉加高粱糁子等原料加入老"糗"和适量的水和匀后，填入一个木制方形模具中，形如砖块大小，经过多人用脚反复多次踩紧压实，其形状固定，曲块表面平滑，最后脱模。曲块成型后，送入曲房，经过一个夏天的密封、发酵、通风、翻晾、堆码，酒曲就算做成了。

邢家糟坊酿酒工艺非常讲究。

第一步选择粮食。常用的酿酒粮食有红高粱、大麦、豌豆和大米等，无论选择哪种粮食，都要当年的新粮。

第二步浸泡。由酒把式按酿酒比例掺匀选好的粮食，用水浸泡。

一般浸泡两天，然后淘去泥土和糠瘪杂质。浸泡除了使原料干净外，其主要目的是把粮食里面的酸性物质及一些其他会对酒香产生不利的东西浸泡出来，以防酿出来的酒有怪味。

第三步上锅蒸煮。把泡好的粮食，放在锅内蒙着笼布的栅子上，大火蒸煮，直到粮食大开花为止。

第四步是晾拌。蒸熟的粮食出锅后，直接送至酒窖池旁边的晾堂，充分摊开晾凉。

第五步是拌料。先从酒曲房取出一定比例的酒曲块用铡刀铡碎，再放石磨上碾磨成细糁状，均匀撒在晾凉后的熟料上，同时充分翻拌均匀，然后堆积培实，做好前期发酵。

第六步入池发酵。一至三天后培积后的熟料开始糖化，这时要把糖化后的熟料全部翻入池中用泥密封，使其继续发酵。

第七步蒸酒。酒料在窖池内经过一个月时间，发酵完成，就可以蒸酒了。蒸酒是件喜事，要选个吉利日子，先要烧香放炮，祭拜酒神杜康，然后把发酵好的熟料从甄池内取出，装进甄锅里。经过大火蒸馏一会甄笼就热气腾腾，酒香杂着酒糟气味溢出好远，甚至整条街都能闻到蒸酒的香味。随着蒸汽的不断上升，不大工夫，头酒便顺着锅沿的漏斗流了出来，新酿出的酒液掐头去尾后封坛储藏，便是最好的酒了。

这样的酿造方法十斤粮食最多只能酿出一斤多的原酒。客商把酿好的原酒取回，自行加水调节酒的浓淡，这样就变成了柜台上销售的花酒了。

随着酿酒业的迅猛发展和酿造技术的不断提高，传统酿酒的设备和工艺早已被现代化装备和技术所替代。岁月流淌，世事沧桑，糟坊酿酒渐渐远去，但它的历史价值和蕴藏的文化内涵依然值得我们深入探索和研究。

老茶馆

尤传化

茶馆是人们对过去集镇记忆的一部分。

我们这里的茶馆和南方的茶馆或茶楼其实是有很大区别的。这里的大部分所谓茶馆只不过是卖开水的店面而已，就像过去街旁路边供过往行人歇脚饮水的茶棚、茶摊，其实卖的就是几碗白开水。大家习惯管白开水叫作茶，把盛开水的暖瓶称为茶瓶。家里来了客人，主人会热情地递上一碗白开水，说道："请喝茶！"其实碗里连一片茶叶也没有。因此街上的开水房被称作茶馆也就不足为奇了。

当年我们镇上却有一处老茶馆与众不同。

老茶馆位于街道中心，主人在弟兄中排行老四，大家都习惯称之为老四茶馆，反过来茶馆老四也就成了茶馆主人的绰号了。老四茶馆沿街有三间店面，东面一间为茶炉房，西边两间是茶馆，全是白灰粉墙，显得干净而卫生。

首先说说茶炉房。紧靠东山墙是一排砖砌长形茶炉，四五米长，半米多宽，高约六七十厘米，上有十几个炉口。每个炉口都放上一个铁制高粱提水壶，我们这里叫茶炊子或茶吊子。烟囱伸出墙外，无论烧柴或燃煤，屋内一丁点灰尘油烟都没有。茶炉北边是一个吹风助燃的大风箱，南边是一个盛满水的紫釉大水缸。

每天早晨，茶馆在熹微晨光中最早苏醒。伙计们早早地挑起大木桶，挑来新鲜井水，灌满茶吊子，放在一个个炉口上。然后生起炉灶，"呱哒——呱哒——"拉起风箱。他们时而拉几下风箱，时而添柴加炭。一会工夫开水便在吊子里翻腾着，壶嘴"嗤嗤"冒着蒸汽，热气在茶馆的屋顶上弥漫着。这时打开水的茶客陆续排起了长队，红的、绿的、铁皮的、竹编的，各式各样的开水瓶摆起了龙门阵。老板一边忙着收茶牌，一边不忘提醒茶客，注意别拎错茶瓶。伙计们则一手提壶，一手拿着漏斗熟练地一瓶一瓶地灌满。

早饭后，客人陆续来到茶馆里。茶馆不大，两间房内摆放四五张方桌，青一色的长条凳子，拐角的角柜里放有麻将和纸牌。每个桌子上都有一个青砂茶壶和几个白釉蓝边茶碗。墙上挂着几把蒲扇。伙计们先要给客人送上一壶开水，茶叶大都是客人自带，有需要店里提供的可向老板单要，当然价格也是另算的。这里的茶客外地人很少，大多是乡里乡亲和街坊邻居。他们有的三五个围在一起拉些家长里短、街谈巷事，有的三两个交头接耳、窃窃私语，有的大嗓高调、天南地北、大侃一番，有的一边抽着旱烟，一边站在牌桌前指指点点。茶馆伙计则拎着大铁壶忙碌不停地给客人续茶倒水，陪着茶客们谈笑风生。

晚上，茶炉房除了收牌、排队、打水重复早上的景象外，茶馆里要更加热闹。吃过晚饭，街坊们三三两两说说笑笑，坐满茶馆。这时一位老者寒暄几句，便走到中间的桌子旁，伙计走过来帮着拨亮油灯。老先生不紧不慢地戴上眼镜，取出厚厚的书本，手指习惯地在嘴唇上沾些唾液翻开书页，开始他的每晚一讲的说书。说书就是照着书本里的内容念给大家听。读的多是《西游记》《三国演义》《三侠五义》《封神演义》等古典演义小说。先生读得抑扬顿挫，声情并茂，津津有味。他时而表情凝重，时而摇头晃脑。读到关键时，也学街上书场上唱书人的样子卖个关子，他摘下眼镜，抬头环视一圈，捋捋胡须，把书一合说道，欲知后事如何，且听下回分解。

这时茶馆里的伙计要特意给先生送壶热茶来。先生抽着烟袋，再饮上几口茶水。大家则在一旁窃窃议论着书中的剧情和人物。休息片刻，先生继续讲书中的故事，也有中途换人轮流讲的，一直讲到每晚约定的散场时间。

老客栈

尤传化

乡间集镇上过去都会有几家大小不等、供来往客商住宿的地方，谓之客栈。有的地方戏称为挡子店，有出门在外遮风挡雨之意。客栈类似于今天的旅馆或招待所。

旧时规模大一点的客栈大多位于集头街口。客栈门口都挂有白地黑字的牌匾，左边是 X 家客栈，右边是安寓客商。也有的在檐下挂副横匾写上仕宦行台、生意兴隆或宾至如归之类的大字。

晚上客栈门前会亮起写有某某客栈的马灯，格外醒目。倘若客员住满，便会亮起客满的灯笼。

客栈档次分三六九等，一般前店都是三五通间的通铺。通铺就是用麦草和秸秆沿着屋内墙根四周铺垫的柴草地铺，约有半米来厚。通铺上面通常是没有被褥的，冬天上面铺条草苫，夏天换成芦席。客人一般自带被褥。那时长期在外做小买卖的客人，出门都会带着一张狗皮褥子，因为狗皮隔风挡寒，俗语狗屁不通就是这个道理，如有需要被褥的客人可向店主租赁，当然价格也要另算。客人躺下头朝着墙，一个挨着一个睡，一个通间房屋可住二十至五十几人不等。两边山墙上分别挂着一盏油灯，中间放一茶炉，炉火四季不熄，可供客人取暖、饮水和洗漱。这类客房住的大都是些赶集溜乡做小买卖的外地人和过往推盐的盐客，甚至留宿赶门杂耍的乞讨人员，店里统称睡通铺的人为短腿客人。他们大都是常客，和店主关系混得很熟，住店费用也没有特别要求，拖欠房费也是常有的事，店主也不会过于计较，有钱就给，没钱下次一样住店。客人之间也大多熟悉，他们互相称之为混穷的。晚上为了解闷，每人轮流讲一个荤素段子，倘若店里晚上住上个说书唱戏的客人，店主一定会鼓动他就地支起家什随时演唱开来，那悠扬的琴声或粗犷的鼓声，不一会听客就挤满客栈，直到深夜唱书人三番请辞，方可作罢。当然大伙走时也不忘给店主撇下几个灯油钱。倘若偶尔遇到几天雨雪天气，客人们不能出门赶路，他们会约集全屋或一部分合口味的人，集资起伙改善生活，让店里伙计擀面条、包饺子，简单弄上几荤几素，然后老虎杠子、三星五魁地畅饮起来。酒足饭饱，围坐地铺，手捧纸牌，输赢很少，权当消时取乐。这类客房很少留宿女客，因为店里客人说话举止都较粗俗，有的晚上当众脱掉裤子在油灯下逮虱子，也都习以为常。通铺有时也会容纳绺徒、盗贼等人，所以常受官府缉查，尽管如此却丝毫不影响生意。

店铺后院东西两侧各有一排厢房，东边是厨房和柴草房，供客人烧水做饭。西边是马号，马号里面有一排石槽，内有草料，供客人的骡马歇脚喂草。院子中间停放着客人的车辆和货物，车辆多为手推的独轮鸿车子、土车子，最大的要算马车了。

院子后面是一排青砖黛瓦的主客房。房子的地基通常高出院子三个台阶，这里比起前店要气派很多，设施也比较讲究，能有三四个单间。每个单间都有木制床铺，被称为高铺。床上被褥枕头摆放整齐，内有书桌茶几、烛台和暖壶，门后盆架上放置脸盆，床前一瓦罐便盆，谓之尿罐。这类客房住的多是做大买卖的商贾和官府差人，被称为高腿客人。

厨房分为大灶和小灶，大灶是一口大锅，多为短腿客人使用，有案板、面粉、油盐、酱醋，他们白天溜乡赶集晚上归店，多是合伙做饭，就餐费用均摊。也有的自带干粮，只在大灶上烧些盐茶面汤。

小灶为高腿客人的专灶，他们会吩咐店主另买些肉蛋蔬菜。熬炒烹炸、甜食面点，店里伙计样样俱会，当然费用也是另计单算的。

我们这里有一段琴书对过去客栈的描写很是形象：

> 一位客官找客栈，堂倌前去把马拦。
>
> 堂倌拦住马，开口叫客官。
>
> 今晚住下吧，哪里不花钱？

俺这店房好，宽敞又清闲。

东山挂琵琶，西山挂丝弦。

客人心闷倦，取下尽管弹，

若是弹断了，不用你买弦。

客人要喂马，石槽大又宽，

干草铡得碎，香料随你添。

客人要吃饭，荤素样样全，

包子四两重，馒头大又暄，

想吃糖火烧，沙糖蜜蜜甜，

想吃面条子，多加油和盐，

想吃薄单饼，伙计会烙我会翻。

一斤面能烙三十三，一口气都能吹上天，

好一个能说会道跑堂的嘴，

说得客人下马鞍，手牵骏马进客栈。

时过境迁，现在客栈早已被遍布城乡的宽敞明亮、功能齐全的主题宾馆、商务宾馆和高档大酒店所替代。别具时代特色的客栈渐渐成为遥远的记忆了。

老染坊

尤传化

染坊，顾名思义就是染布的作坊。民间俗语云：染坊倒不出白布来。意思就是说拿来染坊的白布一定要被染成有色的才行。

染坊是 20 世纪 70 年代之前存在于市井乡间的一种传统手工业作坊。其后，染坊便渐渐消失，从事这种行业的老手艺人也大都相继离世，这项古老的民间传统工艺将后继无人。说到这个话题，我不免生出几许伤感。于是近日我便带着些许疑问和好奇走访知情人，试图从他们的口中找回对染坊的记忆，再现染坊的当年场景，也算是给今天的年轻人一个了解中国传统工艺的机会吧。

几经周折找到了镇上当年老字号同兴染坊的第四代传人——现年 81 岁的刘言民师傅。我向他说明来意后，他很诧异，带着几分茫然问我："今天问这些还有什么用？谁还学这个手艺！"我又重复了一遍来意，他好像释然了，然后带着几分自信说道："幸亏你找到我了，不然没有人会知道这些事，估计会做染坊手艺的，咱镇上也只有我一个人在世了。"

谈起染坊那些事，刘师傅兴致很高。一打开话匣子，他便仿佛回到了那充满荣耀和快乐的岁月里。

他说，过去能开得起染坊可不是一件简单的事，当年有一句形容人做事狂妄自大的俗语："给你三分颜色就想开染坊"，就是说没有两把刷子染坊是开不起来的。过去的染坊大都是前店后坊，前店用来收布接活（要在布上用布条或竹牌做标记，以免发错）和发货，后坊用于加工和晾晒。

我们刘家是染坊世家，从清代我老太爷那辈在灵璧开染坊算起，到我这里已经算是第四代了。刚记事的时候，就知道我家的院子里摆了很多大染缸，立了很多高高的晒布杆子，染好的黑布、蓝布、花布挂满了院落。

染坊里的设备俗称三缸一石，后来又多了一口大锅。染坊里最多的就是大缸。一是泡缸，泡缸里挑满清水，放上适量的石灰和碱。因为送来染色的白土布加工时都是用面糊浆过的，染色前必须在泡缸里浸泡掉浆头，布才能染上色。二是染缸，又称靛缸，用来染色。染缸里放从植物蓝草中提取的染料靛和碱及石灰。至于比例，那是染坊的秘密，一般师傅不会轻易告诉徒弟的，怕教会了徒弟，饿死了师傅。掌握这项技术要靠自己的悟性。配好料搅拌均匀后，就要醒汤了。醒汤就是把调制好的料汤放上几个时辰甚至几天。染布之前先要试色。试看颜色的深浅，一般要拿来一个白瓷碗，舀起少许汤料，在碗内转一圈，看看挂在瓷碗上的色度，再确定如何调料。颜色调配好以后就要把白布放进染缸内，用木棍不停地搅翻，使布着色均匀。等布上色取出沥干后，就要放到第三口缸里渍洗了，这口缸也叫洗缸、淘缸或汰缸。经过洗渍拧干后的布就要上杆晾晒了。晾杆高约六米，两面搭起来刚好离地面还有一米的距离。上杆晾晒也是要技术的,行家一手捧着布,一手抛向晾杆,"呼"地一声垂落下来,不偏不斜,布的两面幅长刚好一样。

染缸里染过布的水,称为老汤,是不能清底的,下次染布时再添些染料即可继续使用。染坊忌讳染缸清底,因为染缸清底意味着关门歇业,是不吉利的。缸底沉淀物太多时,就会用有一铁嘴铲壶子取出。染缸偶尔配料不当,或温度没有掌握好,染料加了很多,但也染不好布。弥补办法是到其他染坊老缸中取些缸底老料来,让染缸醒过来重染。天冷时泡缸和染缸并排在一起,两缸之间留有空隙用于烧火煨热。后来使用化学染料,染色就改用铁锅了。

上面说到三缸染坊里还有一石,过去的染坊里都要置有一块三五百斤重、形似元宝的大石块,被称为元宝石。染好的布匹晾干后,要卷在滚筒上用元宝石滚平,这个是需要有一定功夫的,一块几百斤重的石块,人站在上面脚蹬两端来回自如滚动。经过滚压的布看上去既平整,又有光泽。另外也会把染后缩水的尺寸给碾压出来,省得听顾客说店里扣布的闲话了。

刘师傅还介绍,过去街上的布店里绫罗绸缎虽然有售,但是普通百姓是消费不起的,百姓只能用自己家里手工织的土布或者从店里买的廉价粗白布,拿到染坊来染出自己喜欢的颜色。染坊的颜色也是单调的,平常以蓝和黑为主,黑色被称为青色。因为过去本地百姓忌讳黑色,民间认为黑色是骂人的话,如黑驴、黑猪等,所以称黑色为青色。蓝色从浅到深分为月白、青蓝、藏蓝、宝蓝、泥蓝等,都是用靛青染料染成。颜色深浅是根据投料的多少和染色的次数决定的。

当年染坊还有两种染法,一是扎染,就是用软牛皮或者竹箬一段段均匀地扎出花型,然后放入染缸染色,被扎住的部分因染不到色,就会出现蓝白相间的鸡袪花来,别有一番意趣。二是印花。印花过去很流行,但我们这里印的较少,因为除了工序复杂,成本也比较高。但是因为那时民间需要,所以我们也做了一些。印花的具体做法是:先要刻花板,要请专门的刻花师傅在虎皮油纸上刻上镂空的花纹图案,多数是动植物和花鸟组合的吉祥纹饰,也有单独的梅花、桃花、菱形等。然后把洗过晾干的白布平整地铺在案上,用石灰掺黏性大附着力强的绿豆面按一定的比例加水调成糊状,将面糊刷在紧贴在白布上面的花板上,通过花板镂空处,白布上就留下了石灰糊的图案花样了,染色时因石灰面糊阻隔，那里的白布染不上色，染好的布晾干后刮去上面的石灰面糊，一朵朵漂亮的白花就显现出来了。

过去逢年过节，染坊的门上都要写上"能工调和三缸水，巧手染出五彩云"的春联，就算是对我们染坊的褒奖吧。

采访即将结束时，刘师傅无奈地说，染坊这个中国古老的传统老行业已经后继无人了，这个传统的手艺在我这一代就要永久地失传了，你能把它记录下来，也算我对后人一个交代吧。

铁 匠

尤传化

打铁是中国民间一门古老的传统手工业。作为民俗爱好者，近日笔者带着敬意走访了我们灵璧游集镇上现在唯一一家铁匠铺主人尤继军老师傅。

我们先前就认识，所以见面后稍作寒暄，尤师傅便打开了他的话匣子。

他们家是铁匠世家，代代相传，到他这辈已经是第十一代。过去他们家里有青砖支的铁炉俗称红炉，工具和设备有风箱、铁砧、大锤、手锤、火钳（筒钳、尖钳、沿钳、松口钳、半口钳）、锉和锇子等。这些设备和工具集中到一间简陋的土坯房里，就是铁匠铺了。每年开炉之前，他家都要烧香放炮祭拜祖师爷——太上老君。因为太上老君在仙山上建炉炼丹，江湖上便称铁匠为"干山红的"，据说后来的铁匠炉就是太上老君流传民间的炼丹炉。

过去农村每个镇上都会有几家铁匠炉，那一串串"叮当叮当"的声响就是乡村的美妙音符。铁匠打铁一般需要两人，大多是师徒关系，徒弟抡大锤，师傅持手锤。当风箱将炉膛内的炭火烧旺以后，师傅便会用火钳夹着需要锻打的铁料伸进炉内，不时翻弄着炉内烧红的铁料，以保证铁料既不会烧得太熟，也不会半生拉熟。待铁料恰到火候时，师傅便用火钳将红彤彤的铁料夹着放在大砧上，然后用手锤敲打铁料。一般是"小锤两声响，大锤一声夯"，就这样循环轮回。随着响声火星四溅，徒弟会不时往手掌心吐些唾沫，双手抡起大铁锤随着师傅小锤的敲击指示反复击打着。铁块的颜色随着阵阵敲打声慢慢由红变暗，由厚变薄，经过几次"回火"，渐渐有了形状。整个过程，师徒二人虽默不作声，但配合得十分默契。铁料溅出的簇簇火星和敲打的阵阵声音构成了一幅美妙生动的乡间作坊画面。

铁匠的技术主要体现在钢火和式样上，俗称看火口。这个技术和窍门一般是不会轻易外传的。过去铁匠大多加工的是生产和生活用具，如：菜刀锅铲、犁铧耙齿、锄头镰刀、抓钩铁锹等。他们把锤打过的铁料放到水里淬火，拿出来从铁料的颜色变化来观察硬度，那场景很是神奇。师傅根据煅烧火候，迅速把铁料从炉里夹出放入水槽内，随着"吱啦"一声，一阵白烟倏然飘起，这就是淬火的过程。我们这里俗称溅火。再经过一阵细心敲打，一件物件就算大功告成了。

铁匠活讲究光、平、齐，没有几年的功夫是不够的。所以铁匠和木匠的学徒规矩是一样的，都讲究"三年满四年圆"的行规。徒弟出师，铁匠行话叫"下山"。徒弟下山要宴请方圆二三十里路的同行，意思是请他们以后多多关照。

铁匠是个比较辛苦和危险的行业，不但需要持久坚强的体力，更讲究稳、准、狠的技巧。我们这里有句俗话叫"世上三样苦，打铁撒鱼磨豆腐"。因为铁匠打铁离不开火星，烧伤烫伤是家常便饭，甚至铁星崩瞎眼睛也不是稀奇的事。据尤师傅说，他的同行和师弟有几个人都被铁星崩瞎了一只眼。有时不慎，火红的铁料从铁砧上掉下来，落在脚面上，烧伤致残，也时有发生。因此干铁匠的人比做木匠的人要少很多。正因如此，铁匠也被民间认为是最挣钱的行业，俗语道："铁炉一冒烟，木匠砍三天。"说的就是铁匠比木匠挣钱快，而且是一本万利。过去民间还流传着这样的俗语，"学会打铁开医院，给个县长都不干"和"黑铁匠、铁匠黑，值五十要一百，一把锄头一斗麦"。

尽管挣钱容易，铁匠也有自己的原则，他们有三不打的祖训，即给再多的钱，一不打凶器，二不打兵器，三不打贼人工具。还有"不给钱也要忙打急打"的行规，遇到死了人做棺材急用的大钉铆钉，不讲价格再忙也要先打，即使熄了炉也要生炉急打。我想这就是铁匠的处世高明之处吧。

随着社会进步，铁匠这个古老行业渐渐淡出了我们的视线。唐代大诗人李白有诗云：

> 炉火照天地，红星乱紫烟。
> 赧郎明月夜，歌曲动寒川。

大诗人笔下的这种盛况，只能存在于我们的记忆中了。

木 匠

尤传化

对于现在的年轻人来说，木匠已是个陌生的名词了，但在 20 世纪 80 年代前的农村，木匠却十分吃香，而且备受人们尊敬。因为当时日常生活所用的桌椅板凳、睡床衣柜、案板风箱，还有农业生产用的犁耧锄耙、马车平车，以及建造房屋的房梁木架、门窗木棒，甚至人死后用的棺材等等，处处都离不开木匠，木匠已融入人们生活的血脉里，变成一种令人向往的崇高职业。因此木匠在农村和铁匠、石匠、茅匠、泥瓦匠、篾匠等并称为手艺人。

木匠也称木工，是民间传统的手工制作者。他们的主要工具有锛、凿、斧、锯、尺、钻和墨斗等，这些工具都装在一个长方形、带有梁子的木箱里，这个木箱称为工具篮，木匠出门干活时一般挎着或由徒弟挑着。

木匠分为祖传和师传两种。祖传，因为世代是木工，行规和手艺自家传授。师传就是要拜师学艺，学艺前要举行拜师仪式，先烧香放炮祭拜鲁班祖师爷，然后向师傅行磕头改口礼，再由介绍人和同行们做证摆上拜师席，献上拜师帖。徒弟进门后，先从粗活杂活做起，担水、扫地、拉大锯、识尺码、磨刨刀、锉锯齿，再到抢斧头、开木料，推刨子、打眼、开榫，一样样地学，一件件地做，不得有半点松懈。

木工具体操作主要是锯、砍、刨、凿四个方面技能。锯就是下料，截段的长度要比做出来的成品稍长些，这是木匠们的原则。因为长一点有加工的余地，所谓长木匠、短铁匠就是这个道理。砍，就是用斧头将木头尽量砍削成接近所做成品的模样，然后再进行刨光、凿榫眼、做榫头，最后整体安装。徒弟学艺时，师傅大都会让他独立制作一张小板凳。因为板凳虽小，但要将其制作得像模像样并不容易，起码需要粗通锯、砍、刨、凿四大技术要领。因为小板凳和方凳不同，稍微有点木工知识的人都知道，小板凳四腿八叉，就是四条腿不是直上直下，而是向八个方向倾斜，榫和眼的角度要求都非常高。角度准确，做出的小板凳不仅平整、美观而且坚固、耐用，稍有差错就不协调，甚至无法保证四腿着地。

徒弟不仅要一点点学手艺，还要跟师傅虚心学做人做事的礼节。因为木匠吃的是百家饭，所以讲究也很多，例如，坐席要坐下位，吃饭不多言，师傅不动筷徒弟不能先吃，吃菜不可满盘子夹菜，眼睛不可直视女人等。行话道："三年满，四年圆，离开师傅去挣钱。"一般经过三年的学习锻炼就可以出师了。出师时师傅要给徒弟置办一套锛、凿、斧、锯等工具。当然徒弟也不能忘了恩师的栽培，逢年过节都要买些礼物来看望。假如师傅去世，徒弟也要和孝子一样披麻戴孝领棺下地。

农村木匠大多走村串户进行加工。每年秋收后直到第二年午收前是木匠们最繁忙的时间。其中多半是被人家请去做嫁妆。因为过去街上没有专业的家具店，也没有电锯、电刨等机器，所有嫁妆全靠木匠一锯一斧，手工制作。农村女儿出嫁是件大事，嫁妆反映娘家实力，家主都很重视。主人一般都是先准备好木料，然后把木匠请到家里来做，木匠吃住在家里，一干就是十天半个月，有的甚至一两个月，主家每天都是好酒好菜地招待，不敢怠慢。当然木匠们干活也格外认真细致。嫁妆做好后，主人还要拿足工钱和烟酒之类的东西酬谢木匠。

建房也是木匠大显身手的时候。农村建房，木匠除了房屋的门窗还要叉房梁。过去房屋多半是土坯墙，在泥瓦匠们垒第二层土坯墙的同时，木匠们就开始忙乎叉房梁和顺棒了。叉梁一般在新房附近的树底下进行。三五个木匠各执工具，耳朵上夹着个铅笔头，有说有笑地操作着。他们有的弹线，有的锯，有的砍，有的刨。经过他们的辛勤努力，一架三角形人字大梁就巍然立起。

上梁是木匠们最风光的时候。上梁是技术性很强的活。木匠师傅把房梁用绳子系好，爬上砌好的墙顶，就吩咐下面的人将绳头扔给他们。木匠在上面用力拉，下面的人往上擎。擎到手够不着时，就用叉子继续往上擎。房梁上好后，梁的正中用红纸或红布写上"上梁大吉，吉星高照"或"太公在此，百无禁忌"等吉联，高悬耀目，煞是喜庆。这时，木匠将一串鞭炮系在房梁上点燃，"劈劈叭叭"地响声，引来一群大人小孩来看抢滚梁馍和喜糖。

此外做寿棺也是木匠要做的大活。寿棺即棺材，一般木匠不愿意在自己家里做。做棺材不是一个人的活，一般需要三四个木匠合作完成。木匠会根据主人要的标准"二四""三五""六六"来开工，棺材的长度过去都是老尺子四尺二寸。如果遇到主家病重的急用棺材，他们会连夜加工出来。当然这里也有讲究，主人要给什么开锯礼、翻盒礼等喜钱或香烟作为酬谢。

随着市场开放和人民生活水平的提高，到了90年代，现代化木器厂渐次出现，款式新颖漂亮的各式家具迅速占领了市场。同时起脊房屋已改成宽敞明亮的楼房，门窗也逐渐被塑钢和铝合金所替代。木匠渐渐失去用武之地。他们为了顺应市场需求，大部分改行搞装修和铝合金安装。于是木匠和那"哧啦哧啦"锯下的雪花般木屑，伴随着"拉大锯扯大锯，姥娘家里唱大戏"的童谣，以及"呲呼呲呼"刨下的圈圈薄薄的刨花，永远成为那个年代的记忆了！

鞋 匠

尤传化

在那"新三年，旧三年，缝缝补补又三年"的年代，城市的街头巷尾、农村的墙根树下，我们都能看到鞋匠们忙碌的身影。

鞋匠是古老的民间传统手工业者，也叫修鞋匠或补鞋匠。据说他们的祖师爷和皮匠一样，都是战国时期齐国著名的军事家孙膑，因此鞋匠和皮匠无论是收徒传艺，还是每年的农历十月初一的孙膑祭日，都要焚香磕头，祭拜师祖。

我们这里过去有一位老鞋匠游之伦师傅，他修鞋手艺高超，三村五里，无人不晓。几经打听，我在一家敬老院里找到了他。说明来意后，他欣然应允接受我的来访。

游师傅虽已89岁高龄，但精神尚佳，除了耳朵有点背外，思路还算清晰。他说，他家祖传三代都是鞋匠，可说是鞋匠世家。他家过去都是在街上以修鞋为生，养家糊口，到现在已经有150年的历史，但是下一代已经没有人从事这个行业了。

过去乡下人都是穿自做的土布鞋，而一双鞋的制作，从煮浆打袼开始，剪布铺底、捻麻绳、做鞋帮、纳鞋底、沿鞋口，一步接一步，历经艰辛。光是纳一双密密麻麻的鞋底，在油灯下没有十晚八晚也是纳不出来的。一双布鞋需要经过十几道工序和千针万线才能做出来，所以穿起来也十分珍惜。为了尽量多穿一些时日，鞋子破了烂了绝不轻易扔掉，常常是及时缝补，自然就离不开修鞋这个行当了。

谈起修鞋的工艺，游师傅顿时来了精神。他一边用手比画一边说，过去鞋匠赶集溜乡都要担着一副担子，前头是一个小木箱子，里面装有钳子、剪刀、片刀、针锥、锤子、鞋钉、麻绳、线绳、胶水、手锉和干粮等，后面担一个旧编筐，里面装着小板凳、钉拐、散碎皮子、旧橡胶轮胎和待补的旧鞋等。鞋匠每到一个地方，冬天找块朝阳避风处，夏天找个阴凉大树下，落下担子，先要吆喝几声："有烂胶鞋布鞋拿来补喽——"千万不能喊修理破鞋喽，这是民间的忌讳。不一会就陆续有人把要修理的鞋拿来。鞋匠打开工具箱，取出工具，围上围裙，坐到小板凳上便修补起来。

游师傅吸了几口纸烟，接着说，修鞋一般分为四种：补鞋、掌鞋、绱鞋和钉鞋。

补鞋，先要看鞋破的位置和破口的大小，然后根据鞋跟、鞋尖及鞋帮的不同形状，把皮子剪成月牙、椭圆或者长条形，再用针锥穿引线绳缝补到鞋底上，反过来用中针缝补到鞋面上。那时还没有补鞋机，所以针眼讲究整齐缜密、匀称美观，补好的鞋，前有包头，后有包跟，两边鞋帮也有长条连补，两只鞋补的比例协调，所补的皮革又是和鞋的颜色一致，所以显得格外结实好看。

补鞋还有一种雨鞋，多为橡胶制品，也叫胶鞋，这类鞋不需要针线，只需用锉在破口周围锉毛糙，涂上胶水再用一块同色橡胶皮锉毛涂胶黏合即可。

掌鞋，也是细致活。过去手工纳制的鞋底穿得时间久了就会磨损，不及时修补，就会造成鞋底磨透和鞋帮分开。为延长鞋的使用寿命，就得掌鞋。鞋匠掌鞋时，让鞋底朝上，鞋壳套在钉拐子上，然后拿出一块旧轮胎橡胶，同时在嘴唇上含着几颗鞋钉，用一颗从嘴里拿一颗，左手把钉摁在鞋底上，右手用小锤敲打。因有铁拐垫着，鞋钉自然会弯趴在鞋里面，也就不会露出钉尖扎脚了。鞋掌钉好后，用片刀把周围多余的部分削去，保持鞋掌与鞋底周边的平整和美观。这就是掌鞋的过程。

再说绱鞋。绱鞋就是人家自己纳好或买就的鞋底，做好的鞋帮，请鞋匠把鞋帮、鞋底缝合在一起。游师傅说，绱鞋看似简单，其实也是个技术活。绱鞋有明缝、暗缝两种工艺，过去行内说"一根针锥两根龙，来来往往一条绳"，说的就是绱鞋的工艺。绱鞋除了用针锥外，还要用两根大针来回穿绳引线，后来有了筒锥就方便多了。筒锥和普通锥子不同，针尖一侧为斜面，并有针鼻可以勾绳引线，先扎透鞋底，再把穿着麻绳的钢针扎进筒里，在拔筒锥的同时，把钢针和麻绳也带过来，绝不会因穿不透针而烦恼，不但拔线相当省力，而且速度也比较快。绱好鞋以后，还得用鞋楦来定型。鞋楦是用木头制成、像脚形状的模型、放到鞋壳里面来给鞋子定型的工具。鞋匠会把合适的鞋楦放到鞋子里面，把鞋子撑得满满的，放置一段时间后，鞋子就能定型了。

最后游师傅说，钉鞋一般比较简单。钉鞋大都是人家买的成品新鞋，怕磨破了心疼，交给鞋匠钉掌。鞋匠先把鞋底朝上套在铁拐上，清理干净鞋底后，分别在鞋的前跟和后跟涂上胶水，钉上成品铁质或塑料的月牙掌，有时根据客户要求也可以在鞋底两侧同时钉上几个偏掌，这样钉出来的鞋走起路来"咔嚓咔嚓"作响，像是在炫耀自己的新鞋一般。

随着人们物质生活水平的提高和制鞋技术的日新月异，各种款式新颖时髦的鞋子频频更新上市，人们更换鞋的频率不断加快，缝缝补补的时代一去不返。修鞋这种行业与我们的生活渐行渐远，鞋匠修鞋的场景不久也将成为一个特定时代的特定印象了。

剃头匠

尤传化

乡下集镇逢集的日子，三五个老年人围在背街蔽巷极不起眼的理发摊旁，或蹲或坐，一边抽着旱烟一边拉着家常，他们都是在等待理发的老顾客，那样悠闲，让人仿佛穿越到另一个时空。如今集镇上与现代生活格格不入的理发摊，已经成了农村老年人赶集聚友、聊天怀旧的好地方。我不禁对传统剃头匠产生了兴趣，近日带着好奇走访了镇上 82 岁的理发师张勤义老师傅。

张师傅介绍，他 13 岁便拜师学艺。理发师是个新名词，过去都叫剃头匠，江湖上称为"扫青苗"。因是伺候人的行业，旧时被列为下九流，但行内和民间却认为剃头匠是天下三百六十行中头等行业，因为他们连皇帝的头都能摸，天下还能找到第二个敢摸皇帝脑袋的行业吗？民间流传着内容形象而滑稽的民谣，诸如"上摸君下摸臣，能摸武官能摸文。文武百官都敢摸，别说百姓和平民"，"皇帝地位高，照样敢动刀"，"无论国公和将相，把头一低不敢撵"，"不是臣，不是官，剃头担上旗杆拴。文坐东，武坐西，皇帝见我把头低；桥下有水桥上空，一盆红炉在当中，诸侯见我都施礼，太上见我打一躬"等。

剃头匠的工具看起来简单，全部设备就是一副剃头挑子。那挑子一头是带有小斗的高粱木杆，下为火炉，中为水罐，上有脸盆和镜子；另一头是一张带有小抽屉的坐凳，小抽屉是简易工具箱，主要工具有剃头刀、荡刀布、剪子、梳子、磨石等。张师傅说，剃头是从清代开始的，因此剃头所用的刀子叫"清子"，当然也有清理的意思，剪子叫红口，是送红运之意，荡刀布被称为"圣旨"。据说清帝入关以后为了便于对汉人的统治，强令汉人剃发留辫，剃头铺立着旗杆就象征皇上的圣旨。当时就流传"天大地大，没有剃头匠大。挑子一放，旗杆升上"的民谣。因为剃头挑子一头挑着剃头工具，谓之"凉"，另一头挑着用来烧水洗头的小火炉，就是"热"，民间就形容一厢情愿自献殷勤的人为"剃头挑子一头热"。

过去，剃头匠的经营方式有两种：一种是在街上开店剃头，称为坐铺；另一种是挑着挑子，走村串户上门服务，称为溜乡。

挑着挑子溜乡的，每到一处安下挑子，先吆喝几声，接着在盆里兑好热水，然后给来客围上围布，就开始剃头了。

剃头有一套严格的程序。第一步是洗头，剃头匠请顾客低头面对一盆温水，撩起温水浇湿顾客头发，再抹上皂粉，然后开始抓挠头皮。抓挠时，剃头匠时而单手慢挠，时而双手快搓，轻重缓急尽随人意，然后用毛巾擦干。第二步是剃头，剃头匠取出剃头刀，一手扯紧挂在座椅背上的荡刀布，一手拿着剃刀在上面来来回回荡磨几下，接着就开始剃头了。左手轻轻按头，右手拿刀轻轻下刮，随着"嗤嗤嗤嗤"声响，一刀一刀地头发就如杂草一般直往下落。剃头匠一边和等待的顾客聊天，一边娴熟自如运刀，不知不觉的工夫，一个光头就被剃出来了。第三步是光脸，光脸一般是剃头匠的拿手绝活。他们先用热毛巾敷在顾客面上，让毛孔张开，再用小刷蘸上肥皂沫细细涂抹在顾客胡须上，右手悬腕执刀，拇指紧贴刀面，食指、中指勾住刀柄，无名指、小指顶住刀把。再将剃头刀在荡刀布上轻荡几下，左手绷紧顾客脸皮，刮刀所到之处，须毛纷纷落下，连眼皮、耳背上也都要面面俱到。接下来一步就是掏耳，这可是个细活。剃头匠从包里掏出工具，让顾客耳朵朝上对着亮处。左手轻捏顾客耳郭，双眼专注地盯着耳洞，小心翼翼用挖勺将耳垢挖松，再用绞刀轻轻搅动，然后用镊子将耳垢夹出，再用鹅尾绒掸去细末。顾客掏耳后那种舒坦的享受自然妙不可言。最后再修修鼻毛，按摩一下腰和肩。张师傅说这就是过去传统剃头的全部过程。

张师傅接着说，过去我们这里的剃头匠最喜欢剃三种"彩头"，一是婴儿的满月头，二是娇贵独苗孩子的鸭尾头，三是为死人剃的归阴头。这三种头一般都不会讲价钱，都有喜钱和烟酒作谢，喜钱更是平时剃头价格的好几倍，故称为剃喜头。

张师傅沉浸在昔日时光的回忆中，思绪继续在逝去岁月里游走。

改革开放前，在农村生产队剃头就比较简单，那时一般不用社员掏钱，都是生产队里给些粮食作为报酬，一个月剃一次，一个队一个队轮流着剃。冬天就住在生产队的牛屋里，因为那里比较暖和，用公家的柴火烧热水也比较方便。夏天就找片阴凉的大树底下，大伙围坐在树下有说有笑，一边天南地北地闲扯，一边等候剃头。有人一时来了兴致还会清唱一段大鼓和扬琴呢。那时剃头不讲究时尚和美观，也不讲究发型，只讲究头发长短。年龄大的图省事都是剃光头，年轻人剃三七分头，小孩们一律剃平头，很少给女人剃头。就这样一个生产队一剃就是好几天，社员一家家轮流管饭，直到没人剃为止。

谈到剃头匠收徒学艺的规矩，张师傅说，剃头匠收徒学艺和其他手艺人差不多，先要摆供烧香祭拜祖师爷——罗隐，据说罗隐是剃头匠、喇叭匠和扎纸匠的开山鼻祖。传说七月十三是罗隐降生的日子，过去剃头匠每逢农历七月十三都要歇业一天，同行集会纪念罗隐，做罗祖会，焚香化纸，祈求行业兴旺、平安发财。拜师仪式要请同行和地方有些名望的人做证，然后方可进门。

学徒先从杂活做起，挑水、扫地、做饭、洗头……真正学艺时，徒弟要先在冬瓜上练功夫，然后跟师傅和师兄们三分学七分悟。别以为剃头的手艺简单，要想学会推、剪、梳、剃、刮、修、掏、捏、捶、按等十八般武艺以及合臼、合关节、推拿按摩等技巧，没有几年的工夫是不行的。所以剃头也讲究"三年满四年圆"的行规，一般剃头匠出师前都要帮师傅多干一年的活，算是谢师报恩。

就在我将要结束采访时，张师傅神秘一笑，向我透露两个旧时的业内行规：因为剃头匠和吹喇叭的是同师同祖，无论是红白喜事，吹喇叭的路过剃头铺门前，都要远远地停止吹奏，直到过了剃头铺门口才可继续吹行。假如偶尔遇到不懂规矩的"凉"艺人，剃头匠会从屋里端出一盆放有毛巾的水向路中间猛然泼去，这时吹喇叭的人见状都会乖乖地认错，马上登门赔礼，请求原谅。行内认为水盆里的毛巾就是水龙，水龙挡道一定是犯了欺师灭祖的行规。

还有一条，过去剃头匠到了一个陌生地方落担剃头，一定要先登门拜访当地的剃头匠，行话叫盘道。先问："师兄从哪里来？"对方答道："乌龙山上刚下来。"接着又问："乌龙山上有何景？"答道："七面小景两面干（意思是人五官七窍，两眼两鼻孔和嘴可以出水，双耳不能出水，是干的）。"这样的回答就证明来者是有师有祖的自家人，所以要客气还礼道："乌龙驱散白云开，一朵鲜花空中来。今日欣逢师长面，一碗香茶敬相陪。"就这样客套一番，方可开张剃头。

随着生活水平的提高，人们对美和时尚的追求不断提升，传统剃头铺早已被装饰豪华的时尚发廊和形形色色的美容美发厅所替代。集镇街头的剃头摊越来越少了，担挑溜乡的已经消失在我们的视线里，淹没在历史的长河中。

打 场

尤传化

打场也叫压场或打麦，是收割小麦的重要环节。

过去，没有机械，小麦收割全靠人工。为了便于运输，要把割好的麦秆捆成捆，俗称麦个子。麦个子运到场上，先要用铡刀铡去下部麦秆，以减少打场麦秸的数量。铡过的麦穗用木杈薄厚均匀地摊在场上晾晒。晾晒好后，就可以轧场了。

轧场一般都选在中午或午后，因为这时候太阳最"毒"。趁麦秸晒干，套上牲口拉着石磙和耢石，领磙人牵着牲口的缰绳，肩上挂着皮鞭或手执柳条，吆喝起悠扬粗犷的号子，一圈一圈地均匀地碾压，这时石磙和磙廓会摩擦出"吱纽吱纽"的声响，听起来别有一番情趣。倘若几头牲口同时打场，吆喝的号子声音洪亮，此起彼伏，场面甚是壮观。若遇天气陡变，突发暴雨，场上便紧张起来，大家会不分老少，齐心合力地抢场。

打场看起来简单，其实也是件技术活，要一磙一磙撵着轧，从中间向周边旋着轧，做到不留死角，也不能拥草打堆。

碾压一遍俗称一套场（一翻一正），也被称为头穰。接着就要翻场了。翻场是把压过的麦草，用木杈沿着一边统一往一个方向翻过去，一定要翻透，翻到底。全部翻好后，再用扫帚沿着场周围圆边。有时也可以牲口不歇，边碾边翻。就这样一般需要两套才能把麦粒碾压干净。然后就要起场了。起场是用木杈和箅耙将碾压过的麦草和麦粒抖散分离。人们把麦草挑在一旁，再用木锨和推耙将场上的麦糠和麦粒混合物集中堆聚到一起，等着扬场了。

扬场一般都要由经验丰富的老庄稼把式来完成。俗话说：会扬的一条线，不会扬的一大片。扬场不但要把握好风向、风速，还要掌握好木锨的角度。扬场的老把式大都是迎风扬，木锨在空中抛出一条弧线，靠抛力、巧劲、风力和惯性，麦粒在空中就会与混在一起的尘土和麦糠等杂质自然分离，尘糠随风飘离远处，麦粒则落在旁边的略场人跟前。略场人手执扫帚轻轻扫去落在麦粒上的干瘪麦余等杂物，这样干净的小麦就可以晾晒入仓了。

记得小时候生产队里打场，男男女女，老老少少，都围在场上。从铡麦、摊场、压场、翻场、起场、扬场，一直到最后的耢场、垛垛都在一起，说说笑笑，一派热闹喜庆的景象。

午收是社员最开心的季节，因为打完场后大家都可以分些小麦回家，做最喜欢吃的白面馍了。那种快乐的滋味是今天的人们无论如何都无法体会到的。

独轮车

尤传化

独轮车的叫法很多，如土车子、洪车子、头车子、独轱牛等。史料记载，三国以后独轮车在民间被广泛使用，可以说它是我国最早的交通运输工具。

我们这里管它叫头车子，可能是因为人在后面推，车身在前头的原因吧。它是 70 年代之前农村最常见的普通农业生产和交通运输工具。

独轮车的制作工艺需要专业木匠才能完成。以前的车轮均为木料制作，为了防腐耐磨，可在轮子周围箍上一圈铁圈。后来逐步被橡胶轮子替代，故又称为胶轮车。后来建筑工地用的手推车都是在独轮车的基础上改进而成。独轮车的车盘分为两种，一种是平盘，就是用木料做成前大后小的框状平盘，中间可以坐人或载物。另一种是在车盘中间做一个宽约二十厘米、高约五十厘米的双撑木架，车轮置于中间的木架里，把车盘均衡的左右分开。两边都可以同时载人载物，但两边货物必须保持平衡。两个车把之间挂有一条用布条或麻绳编织的宽厚结实的带子，俗称车襻，挂在推车人的肩上。推车人两手持把，以减轻手的用力。车把后端设有两条木腿，支撑车盘供临时休息。行走时因轴和轮均是硬木制作，摩擦会发出有节奏的"吱扭吱扭"的声响。推行者时刻都要保持车身的平衡，不然很容易倾翻。倘若长途运输，车夫是要有一定推车技术和经验的。乡间称这样的行家车手为车把式。

独轮车一般为一个人推行，但重载货物时，前面可以一人或者多人拉绳牵引，也可以用牲畜牵拉。

独轮车因其轻巧灵便，不仅适合在狭窄的乡间土路上行走，而且方便在崎岖的山间小道上前行。所以那时候农村的乡间田地、河沿工地、集市道路上，到处都能看到独轮车忙碌的身影。

独轮车在战争年代也曾发挥了巨大的作用。徐州淮海战役纪念馆里至今仍然陈列着多辆独轮车，被称为"功臣车"。当年的支前民工和当地百姓推着粮草、衣物甚至枪炮子弹，浩浩荡荡、源源不断地送往战场，为前线部队提供了后勤物资保障。所以，陈毅元帅风趣地说："淮海战役的胜利是人民群众用独轮车推出来的。"

据老人说，离我们这里不远，有一条清代运输食盐的道路。每日里盐道上驮运盐袋的独轮车络绎不绝，昼夜不停，那"吱扭吱扭"的声音，方圆十几里外都能听到。所以当地流传民谣道："头车子唧唧唧，从东海到山西，一天到晚不停息。到涡阳到蒙城，一年四季忙不停。喝口茶歇歇脚，一直推到太阳落。青石桥也觉沉，石板碾出道道痕。"仅从这首民谣里就仿佛看到了当年独轮车繁忙运输的场景。

在我的记忆中，那时生产队里推土送粪、运送庄稼、赶集买卖，甚至走亲戚、回娘家都是推着独轮车，"吱扭吱扭"地在乡村小道上奏出那悦耳动听的声音，仿佛一首美妙动听的乡间奏鸣曲。

随着交通工具的快速发展，各式各样的农用运输车辆早已进入千家万户。土车子就像它名字一样只能成为一种乡土记忆了。

粪箕子

尤传化

20世纪80年代前，粪箕子是农村居家及农业生产常用的工具，它是用本地产的柳条等编织而成。粪箕子又分两种，高梁用肩背的为粪箕子，矮梁用胳膊挎的为草箕子。

粪箕子是当年本地最为实用的一种盛具，下地割草、拾柴、拾粪都要随身或背或挎。

粪箕子的制作并不复杂，其流程是：夏秋季节，挑选粗细均匀的新鲜的腊条、紫槐条、绵柳条、桑条、荆条等，割来后放在水中浸泡变软，以便编织时弯曲造型。然后按常规形状和大小采用穿、拧、编、缠等手法编织成型即可。那时候农村集市上都有出售。

小时候，我们没少和粪箕子打交道。那时候我们最喜欢的就是夏天。夏天不但有瓜果和冰棍吃，还可以到汪塘大河里洗澡游泳。一放暑假，我们就好像与课本无关了。那时候家长很少管孩子的学习，也没有什么暑假作业之类的。我们的主要任务就是割草喂牛，这样不但可以挣到工分，还可以喂自家的猪羊。

吃过中午饭，碗筷一推，小伙伴们就不约而同地挎着、背着放着镰刀或铁铲的粪箕子向村东头的河岸出发了。村东头的河岸可是我们的乐园，阴凉的树底下有我们挖好的"栋枣窝"，画好的"石子图"，楚界汉河般的"大车图"，还有一种叫"憋死猫"的游戏图。于是两个人一组就对垒开战了。有时候为了一粒石子的输赢，大家开始骂娘，甚至互相打起来，但是绝对不会记仇，不管怎么骂、怎么打，不一会就又和好了。快乐的时光总是如白驹过隙，有时候玩到太阳快要落山了，才想起割草的任务，总不能空着粪箕回家挨骂吧，于是就逼出农家孩子的狡黠来，想出"完成任务"的办法：迅速跑到河岸下割来几棵芦苇，在粪箕里做个支撑的架子，然后再割几把草覆盖在芦苇架子上，粪箕里的草顿时满满的。我们背着、挎着"装满"草的粪箕子，佯装很沉的样子回家交差了。当然偶尔也会露馅,家长发现后,挨骂体罚也在所难免了。

冬天的时候,我们的任务是拾粪。那时候农村化肥很少,上地都是用牲畜粪便积沤的土杂肥。拾粪可是要早起的,我们天不亮就爬起来,背着粪箕子,腋下夹着一把镢头。在满是白霜的麦地里寻找着目标。那时狗粪比较多一点,野地的狗粪都被冻成一块硬坨坨,用镢头一扒特别好拾。但有时候也会跑上好几里路以外才能拾到粪。那时候拾粪最喜欢的就是碰到牛粪了,因为牛粪多,遇上一两泡就能把粪箕子装满,算是大收获了。当年拾粪的人好像很多,背着粪箕子就是庄稼人的标志。记得我们上小学时的两位老师,去学校来回路上都要背着粪箕子,做到拾粪教书两不误。

如今粪箕子已经被淘汰了,割草、拾粪也早已成为我们那个年代的记忆了。然而,那与粪箕子相连的生活气息和快乐却深深印在我的记忆中。

吆喝声声

尤传化

过去沿街摆摊和走村串户的各行业,几乎都有自己独特的吆喝声。吆喝声就是一种广告形式,一种身份说明,目的主要是引起人们的注意,唤起和吸引人们前来消费。

小时候天刚蒙蒙亮,街上便传来高一声低一声的吆喝声:

"油条——热——粥——哦——"

"小米豇绿豆麦面一勾——五碰头稀饭——"

"五香热油茶——"

"大麻糊竖勺不倒——"

"刚出锅的热包子——"

"五香热狗肉——"

"刚出炉的香酥烧饼——"

……

那一声声吆喝声，嗓音粗犷，或抑扬顿挫，或婉转悠扬，在街巷里悠悠回荡，久而久之，就成了街市上不可或缺的美妙音符。

顺着吆喝声走过去，你看，卖饭的师傅腰系围裙，笑容可掬，一手叉着腰，一手半掩着嘴，微微仰头，挺起肚子，正向着不同的方向吆喝着："油条——热——粥——哦——"不一会吃客们便陆续聚拢过来。师傅忙碌着，时而一手熟练地托着油茶壶，一手撑碗，壶嘴一低一抬就是一碗稀稠均匀的油茶，时而麻利地打开粥甄，一勺一碗熟练地盛着粥，时而忙着从围裙上大兜里收找零钱。师傅就这样忙碌着，稍有空闲仍然不忘他的吆喝，他已经习惯了自己的动作和吆喝。

过去乡下一年四季都有不同的吆喝声。

春天来了，最早唤醒人们的是：

"炕小鸡咪——"

"赊小鸭子喽——"

顺着吆喝声你会看到有几个挑着担子，或骑着自行车的外乡人，或挑或带两个竹编大箩筐，里面是"叽叽——"叫着的雏鸡、雏鸭和雏鹅，它们圆圆的身子，稚嫩的叫声，嫩嫩的绒毛，可爱极了。小鸡有黄、有黑、有花，倘若撒一把浸过水的小米，它们立刻活跃起来，挤着拥着争食，煞是喜人。这时村中三三两两的妇女便会顺着吆喝声围拢过来，叽叽喳喳，争论着鸡鸭仔的公母颜色、胖瘦大小，然后一番讨价还价后购买。过去卖雏鸡鸭有个约定俗成的规矩，就是当时不用付钱，都是赊销，先用笔本记下买主的地址姓名，鸡鸭的数量，等到秋后鸡鸭长大，能分辨出公母时卖方再来收款。一般母的贵些，公的便宜。

夏天一到，一阵阵竹木片的拍打声过后，你会听到：

"哦，冰棒——香蕉奶油——酸甜解渴的大冰棒——"

有的故意扯开嗓子：

"奶油夹心大雪糕——绿豆包头的大冰棒——豆沙冰棍——"

伴随着吆喝声，一辆辆自行车，后面放个写着红字"冰棒"的白木箱子，或骑或牵，穿梭在大街小巷和田间地头。那时候一块冰棍只要两三分钱，但这也是普通百姓轻易不愿意消费的数字，大部分都是小孩缠着大人给买的。吃冰棒最畅快的时候，应该是午收大忙季节。这时无论是麦地和麦场，到处都有人们忙碌的身影，特别是中午，火辣辣的太阳炙烤着大地，大家就像油煎火燎一般。这时听到卖冰棍的吆喝声，大伙顿时都来了精神，立刻停下手中的活，争着买些冰棒来，互相分享着这一夏天最畅快的美食。人们一口一口地舔舐着冰棒，那种滋味，今天的人们又怎么能体会得到呢？

秋高气爽，天气渐凉。经过一个夏天的侵蚀，刀剪生锈、鞋底破损、雨伞损坏、笆斗簸箕烂边，这时乡下又响起一声又一声的吆喝声：

"磨剪刀咪——戗菜刀——"

"有胶鞋布鞋拿来补喽——"

"有布伞雨伞拿来修喽——"

"扎笆斗，扎簸箕，换箩底——"

……

声调独特，颇有韵味。戗刀磨剪子的人尤其多。他们大都头戴席篷，肩扛一条长条板凳，板凳上放着一块磨刀石，一把戗刀铲子，一小罐浑水，这就是磨剪刀人的全部家什了。他们走村串户，边走边喊。人们会把用钝了的菜刀、剪刀、锄头、铁铲以及铡草用的铡刀拿出来给磨刀师傅，经磨刀师傅在磨石上淋水戗磨，一会的工夫就会锃明发亮，锋利无比。这样经过打磨的刀具又可以用一段时间了。

冬天是农闲时，吆喝声又是另一番风味：

"又甜又酸的糖球（糖葫芦）——开胃消食——"

"豆腐——"

"又香又酥的米花糖——"

"收狗皮羊皮——收头发辫子喽——"

……

还有卖香油"梆梆"的敲击声，货郎"叮咚"作响的鼓声，更有一种吆喝声"钯碗补锅喽——"，特别引人注意。这类师傅大都有些技术，俗话说"没有金刚钻不揽瓷器活"，他们多是年龄偏大的祖传手艺人，一般手推着独轮车，车上一边是工具箱，一边是火炉风箱等。进村以后先扯开嗓子吆喝几声"钑碗补锅喽——"然后支起补锅的小火炉，放上小风箱，支起补锅的三角架，场地不需要很大。师傅先把主人送来的铁锅，用铁铲清理一下，再在有漏眼的地方轻轻敲打几下，把破锅支到三角架上，用专用的泥勺子把碎铁，放在火炉上，烧成铁水，然后用铁钳夹住勺子舀来铁水，麻利地用草灰垫在锅的伤口下面，浇上铁水，再用棉布棒一搓一压，就这样锅就补好了。钑碗更是个细致活，要把破损的器皿修整得滴水不漏，确实要看师傅金刚钻的功底了。

随着社会的进步，传统的吆喝声与我们的生活渐行渐远，但新的吆喝声又响起来了。他们大都把吆喝声录制在现代化的喊话器里，如：

"换煤气喽——"

"换大米喽——"

"收小麦黄豆喽——"

"收旧家具——旧电视电脑喽——"

……

这不断变化的吆喝声展示着社会的进步和发展，是富有时代色彩的美妙音符。

莲花落

尤传化

小时候村里和集市上，我们经常能看到这样一位中年男子，头戴花帽，衣衫褴褛，左肩搭个布兜，一手拿两片竹板，一手持用红布条和清代方孔铜币穿成的一串小竹片。他扬手扭腰，边走边唱，看啥唱啥，形象夸张滑稽，唱词生动风趣，一举一动总能逗得人们捧腹大笑，惹得我们一群小孩只顾跟着看热闹，常常忘了回家吃饭。这一表演形式就是唱莲花落。

在我们这里，人们习惯把唱莲花落称为唱花相的，不好听点就是叫花子，在江湖上则被称为"西行"。据说它形成于宋代，是一个古老的江湖行当，是有家门和师傅的。过去唱莲花落的，都是生活困难的乞讨人员，大都没有什么文化，他们的唱词基本是师徒口口相传，真正能自编自唱的很少，但头脑灵活、嘴皮利落，要有触景生情、随机应变的天赋。过去民间百姓常夸唱莲花落的人"有状元之才但无状元之命"。

唱莲花落的每到一户人家或街上摊点门面前，都会根据实际情况先夸赞一番。比如，走到菜市场看到一位卖葱的大嫂，他们就会举起落子，打起竹板，扭起脚步，高声唱道：

> 竹板一打哗啦啦，
> 卖大葱的头一家。
> 我把这大葱夸一夸，
> 这筐葱，是好葱，
> 一头白来一头青，
> 一头实来一头空；
> 咬一口，味道浓，
> 又甜又辣脆生生，
> 大葱须子闹哄哄。
> 卖葱大嫂也可夸，
> 黑布鞋，尼龙袜，
> 留着一头黑秀发，
> 叫大嫂，动动手，
> 给俺一点俺就走，
> 给多给少俺不嫌，
> 随你给俺多少钱。

这时如果卖主还不给的话，他们会继续唱道：

> 叫大嫂咋回事，
> 唱了半天恁不吭气，

咱一没仇二没冤，
大嫂为啥不开端，
你不给，俺不走，
俺不怕羞来不怕丑。

就这样一直唱到摊主给了钱物才离开。他们接着会继续一家挨着一家不停
地唱着：

过了那家到这家，
夸夸这家的好黄瓜。
这黄瓜，真不赖，
又青又嫩花没败，
有多有少卖得快，
卖得干，卖得净，
卖得一点都不剩，
能炒吃能凉拌，
买到家里真方便。

如果这时摊主说些不好听的闲话，他们就会接着唱：

上有君，下有臣，
哪朝都有要饭的人。
要饭的不为孬，
棍子扔了咱一般高，
俺一不偷来二不抢，
跟着国家跟着党，
不偷不抢不行骗，
我光明正大来要饭，
给俺一点就滚蛋。

这时如果摊主给的太少，他们也会唱：

> 一分钱，不算钱，
> 打不着油来称不着盐。
> 俺家穷，恁家富，
> 对待穷人要照顾。
> 俺家要能吃上饭，
> 不会街上来要饭；
> 俺家要能吃上米，
> 不会街上来找你！
> 你多给点俺走得快，
> 不耽误恁家做买卖。

如果经过一番讨要，一些摊主仍不愿意施舍的话，他就会借古论今地开骂了：

> 昔日有个朱元璋，要饭来到王家庄，
> 庄里有位王员外，家里有钱人品赖，
> 朱元璋要他一碗饭，他骂朱是穷光蛋。
> 十年河东转河西，莫笑穷人穿破衣。
> 朱元璋是真龙，金殿坐到南京城，
> 南京城南京东，南京城里来发兵，
> 要拿王员外见朝廷，王员外真害怕，
> 见了朝廷忙跪下，他说道：
> 任你打，任你骂，怪我狗嘴不能吐象牙。
> 朝廷说：大人不计小人过，今天放你回到家，
> 以后不许骂要饭花。
> 员外回到王家庄，打开仓库来放粮，
> 人人都夸员外好，从此以后美名扬。

这时候，一般施主就不会再和他们啰唆了，掏些钱物打发他们赶紧离开，以免引来更多看热闹的人而影响了自己的生意。

唱莲花落的一般不去药铺里要钱，因为主人会让他们唱出中药名字来。药铺的中药名太多，他们轻易不敢乱唱，怕唱错被主人笑话。

唱莲花落的进了村庄，见到什么人就会唱什么词。

比如，见到一位老大娘，他就会唱道：

> 走一走望一望，这家住个老大娘，
> 老大娘真有福，家里住着大瓦屋，
> 这瓦屋真不瓢，冬天暖夏天凉，
> 家里喂猪又喂羊。俺大娘你真可夸，
> 耳朵不聋眼不花，大娘能活一百八，
> 能穿针能纫线，什么活儿都能干，
> 给点米给点面，俺到那家去转一转。

如果遇到小姑娘，他会唱：

> 打竹板哗啦啦，过了那家到这家。
> 这家有位大小姐，模样俊俏像朵花，
> 像您爸像您妈，人人见了人人夸。
> 小大姐真年轻，好像当年的穆桂英；
> 小大姐真管谈，就是当年花木兰。

如果见到老大爷他又会唱：

> 老大爷六十八，铜头烟袋腰中插。
> 饭前饭后一袋烟，大爷是个活神仙。
> 大爷是个大脑门，一看就是个善良人。
> 俺大爷真有福，家里喂头大肥猪；

俺大爷有鸿福，几个儿子都读书；

大儿北京中状元，二儿府里做高官，

三儿中的是探花，四儿考的是榜眼，

就说五儿官不大，皇帝留下当驸马。

他们常常用通俗生动、滑稽有趣的语言逗得观众忍俊不禁、捧腹大笑。

遇到农村操办红白喜事，他们一般会先去账桌，在竹板上放几块钱上账。主家通常不会收他们钱，因为自古流传下来的老规矩，收了必须加倍甚至几倍退还他们，明白事理的老执都会谢绝他们给的礼钱。

如果是送殡，他们会头顶一块白布，打着竹板边走边哭边唱：

四筒大幡飘空中，

空中飘空中摇，四面八方都知道，

有钱君子来烧纸，无钱花郎来吊孝。

手拉棍怀抱瓢，要问花郎哪里去，

状元府内把纸烧。

人老白发赛银条，树老焦梢坏风摇，

家有金银千百斗，难买生死路一条。

一进门头观孝堂，白布素球挂两旁。

白布素球挂得高，文武百官把纸烧，

白布素球挂得低，儿孙辈辈在朝里。

一进二门观孝堂，金山银山扎得强，

金山不断千只宝，银山万代放金光；

一进三门观孝堂，八仙桌子放灵堂，

桌上摆有十碗菜，鲜鸡活鱼都摆上，

鸡摆东鱼摆西，　猪头摆在正当央；

一进四门到孝堂，毛竹帘子挂灵堂，

竹帘上面许多字，文人提笔写得强，

上写黄金入了柜，下坠老龙去归苍；

一进五门观孝堂，杉木棺材放灵堂，

杉木花棺椁木底，四块金砖垫四方，

孝男孝女跪两旁……

就这样要绕着棺材哭唱一周才算作罢。

倘若是结婚喜事，他们一般先和老执客套几句，当然免不了要夸赞老执一番，然后就点放几枚鞭炮，随口唱道：

办喜事喜洋洋，大红双喜贴两旁。

今天贵府办喜事，我给贵府送吉祥。

夸新郎赞新娘，一对如意好鸳鸯。

全家老少都满意，幸福日子万年长。

东厢房西厢房，梧桐树上住凤凰，

公的鸣母的叫，口口都叫状元郎……

在大门唱罢以后，就要来到厨房拜厨师：

来得慌走得忙，厨子老师得看望。

各位师傅手艺高，一副围裙系在腰，

脚踩龙凤凳，手使龙凤刀。

龙凤刀龙凤枪，山西的铁来芜湖的钢，

老君炉里放毫光，三寸宽七寸长，能杀猪来能宰羊。

杀的猪羊成双对，个个都摆案板上，

猪肉切成八宝琉璃块，羊肉切成荷花柳叶长。

柳叶长柳叶飘，碗碗不离花胡椒，

小小胡椒黑又黑，出在云南奥兹国；

小小花椒麻又麻，出在云南山旮旯。

又烧鱼又烧鸡，八宝米饭甜如蜜，

厨师一听笑嘻嘻，叫俺蹲着等开席。

等他们唱完后，老执会和他们盘道（问话），问其是骑马来的还是坐轿来的。如果说是骑马来的，老执就会安排人给点烟酒或几个小钱打发走人；如果说是坐轿来的，则让他等着坐席。他们临走时也会找到老执讨点剩菜剩酒，顺手把带来的空酒瓶装满，俗称"饮老牛"。

随着人民生活水平的提高和社会保障体系的完善，唱莲花落这样的乞讨行当现在几乎已经绝迹。当年这种行业不仅满足了唱者的生活需求，同时也给我们带来诸多的快乐，给我们留下往日生活的回忆。可喜的是莲花落已被列入全国第三批非物质文化遗产保护名录。但愿这项古老的民间曲艺能传承下去，继续给人们带来欢乐和笑声。

轧棉花

马香俊

以前农村的轧花机，既不用电动机也不用柴油机带动，完全是一种人力机械。轧棉花机子是生铁铸造的，大约有七十厘米高、五十厘米宽。上面是一个向机子里喂籽棉的平台，下面有一块大约一米长、二十厘米宽、五厘米厚的踏板，并且在屋梁上拴上几根绳头。操作时，一人负责向机子里喂籽棉，几个人站在他身后踩踏板。每人一手拽住绳头，一手掐着腰，一只脚着地，另一只脚踩踏板。几个人步调一致，合力脚蹬踏板，有节奏地上下运动，带动轧棉花机子上的齿轮转动，将棉籽与皮棉分离开来。棉籽落在机子下面，皮棉落在前面的箱子里。这种人力轧花机，每小时大约能轧三十斤籽棉。每三斤籽棉可以分离出一斤皮棉、二斤棉籽，也就是每小时能轧出十斤皮棉。

在计划经济时期，国家对农副产品实行统购统销，生产队生产的粮食、棉花、油料、生猪都有上缴任务。早秋收获的质量好的籽棉先上缴给国家，晚秋收获的质量差一些的籽棉分配给社员，农户再拿去轧。轧棉花的只落棉籽不收加工费，农户只落皮棉。我们生产队有一台轧花机，每年冬天生产队里就会安排几个人专门轧棉花。1968年冬天，我们生产队里有四名回乡知识青年，有从九顶区卫生学校毕业的马香迎、渔沟中学毕业的马香纯、朝阳农业中学毕业的马香玉和从高楼中学毕业的我，我们四人在一个长辈马传芝的带领下轧棉花。一开始四个人踩踏板老是不协调，用力也不均匀，干一会儿就累了不说，机子还好毁。后来逐渐熟练了，每天干七八个小时也不觉得怎么累了。有时候，农户送来的籽棉多，我们还得加夜班干。我们都很乐意加夜班，加夜班能吃夜餐。吃过香喷喷的羊肉面条再回家睡觉，浑身暖乎乎的。

做卖鞋

马香俊

也许有人会问，做鞋就是做鞋，卖鞋就是卖鞋，连在一起应该说"做鞋卖"，怎么说是"做卖鞋"呢？二者的区别在："做鞋卖"是把做好的鞋拿到集市上去卖，没有特定的买方，其规格式样颜色质量等全由卖方自定；而"做卖鞋"是有特定的买方，其规格式样颜色质量等都由买方说了算。原来这里面有一段故事。在我七八岁的时候，大概是1956年前后，我们马集街上的供销合作社收购手工做的布鞋。一些针线活比较好的农村妇女，就按照供销社的规格要求做鞋，做好后卖给供销社。我记得当时都说是"做卖鞋"，就是专门做卖给供销社的鞋。做卖鞋和为自家人做鞋也不一样。给自家大人小孩做鞋，只要用麻绳量一下每个人脚的尺寸就行了，脚的胖瘦一看便知，从来不论什么尺码。而供销社收购的布鞋是男式38至44码的。收购时，验收符合规格的鞋，随时打上鞋码，打包运走，听大人说是送给部队的。

那时候，我的母亲就做卖鞋，所以对于这件事我记忆犹新。做鞋的准备工作有三项：一是买布和麻。供销社收购的布鞋鞋帮要求青布做鞋面，白布做鞋里，中间夹一层靠子。青（黑色）布是丽芙呢也叫大公呢，白布是比较结实的白洋布，这两样布必须是从供销社买来的。要求鞋底用四层靠子，白洋布包底沿边。买麻也要挑颜色亮、质量好的，打成麻绳才能粗细一致，并且韧性较强。

二是打靠子。打靠子的原料是旧布和面粉，工具是木板。我母亲从家里找一些旧的被里被面被单子和旧衣服，撕成块洗好晒干，再用面粉打一盆糨糊，先在案板上抹一层糨糊贴一层旧布，再抹一层糨糊贴一层旧布，最后在上面涂抹一层糨糊，一共是两层旧布抹三层糨糊。晒干后揭下来就是一大块靠子。

三是打麻绳。打麻绳的工具是牛锤子。牛锤子是一根长约有 25 厘米的牛骨头和一节粗细长短像铅笔一样的竹子做成的。打麻绳时，先把麻撕成麻批子搭在肩膀上，左手上扬提着麻绳上头，右手边添麻批子边旋转牛锤子，把麻批子打成麻绳经子，缠成麻经团放下。然后，根据需要再把麻经子打成两股或者三股的麻绳。纳鞋底用两股的麻绳，绱鞋用三股的麻绳。

各项准备工作做好以后，就正式开始做鞋。做鞋要先按照鞋样子，把鞋面布、鞋里布和靠子剪裁好。鞋样子是用黄色虎皮纸做成的鞋帮、鞋底尺码样式，是成品的规格。裁剪者不是简单的照葫芦画瓢，而要适度放宽一点以便于缝制。这个适度比较难掌握，弄不好会浪费布料，甚至因不合格而报废。当时，我的一些婶子、大娘都来请我母亲剪裁布和靠子。纳鞋帮是用黑线把鞋面鞋里中间夹一层靠子钉在一起，要求针眼小而匀实，外观一条线要直。纳鞋底的手劲要均匀，针眼的大小、间距、行距要保持一致，形成横看、竖看、斜看都成行。最后一步是绱鞋，就是把鞋帮用麻绳钉在鞋底上。绱鞋也是一项技术活、门面活。绱得好了，鞋子符合尺码、美观大方，穿在脚上舒服，绱得不好扭七别八，很难看，到供销社卖不掉。所以这最后一关，有一些人也要请我母亲代劳。

为了让我母亲一心一意做卖鞋，我奶奶不仅包揽全家八口人的家务活，而且还忙中抽闲打靠子、打麻绳。冬天的晚上，全家点一盏小煤油灯，妈妈纳鞋帮、鞋底，奶奶打麻绳，我们小孩在旁边玩，玩困了就睡觉，不知道妈妈和奶奶熬到什么时候。她们为了把日子过得好一点而辛勤地劳作着。

脱土坯

牛士中

土坯，在许多人记忆中，或许已消磨成模糊的线条。然而，它却承载着人们逝去时光倔强的生存记忆，浸润着人们涩咸的汗水，闪烁着人们对美好生活期盼的目光，飘溢着千万家生活的酸甜苦辣气息，也见证着日月转移时代更替的壮阔景象。

小时候记忆中有趣的一件事便和土坯有关。

晴天上学路上，抑或放假割草的途中，三两伙伴，看到村头路口或者宽阔的场中，要建房盖屋、搭建猪圈狗窝的人家脱好的土坯按照一定空隙排成行，我们兴致顿时高涨起来，争先恐后冲上前，照准排头的土坯就是一脚，最开心的一幕出现了：排头的那块坯倒在第二块上，第二块倒在第三块上……那排成行的土坯一个接一个倒下，大家开心地笑了。为了土坯快点干燥，人们常常在土坯半干时，把它们一个个从地面掀起，接地面一面，用瓦刀削平，然后竖立间隔排成行。每块坯竖立角度难免参差不齐，一块接一块倒下时，不可能恰好从头倒到尾。大家往往不过瘾，便开始比赛谁踢倒的多。

半干的土坯几经折腾，就有一些不堪折磨，拦腰断裂。我们把断裂的土坯拿到一边，继续玩耍……

我们快乐的喧闹声不久便引来脱坯的人家，他们老远就大声斥骂。不等他们来到，伙伴们就跑得没影了。可是，跑了和尚跑不了庙，还没到家，就见脱坯的人正站在家门口和父母大声告状。人家走了，调皮的孩子自然少不了一番责骂。责骂声中我们知道了脱坯的辛苦和不易。

准备建房的人家，首先要选择连晴天，比如天干气燥的夏秋季。选择一片平整的地方，取来黄土，平放在整好的场地上，在上面撒上麦糠或铡碎的柴草，然后浇上水，用铁锨搅拌均匀，翻铲三四遍，待糠泥足够黏韧，就可以脱坯了。

脱坯要用坯模。坯模一般用坚实、遇水不变形的槐树制成。我们这儿的坯模一般每次脱一块，也有一次可以脱两块的。槐树制作坯模也很麻烦。先是将砍伐的槐树用大锯人工剖开，厚度约半寸多点，三至五块木板一起，每两块之间上下每隔二尺左右用宽度相同的木条隔开，两头用牛皮绳捆紧，放在阴凉处风干，然后截成一尺七寸长、三寸高或九寸五长、三寸高的板材，两块长板与两块短板相对两头榫接。为了增加坯模的牢固性和保证坯模不变形，延长使用寿命，常在榫接处用铁皮钉牢加固。当然也有可以每次脱两块的坯模，长板尺寸上长一倍，中间有块隔板，依然榫接。这样的坯模只有年轻力大的壮汉或者几人合作才能完成。脱坯时，还要准备一块薄而硬实的小木板，用来把坯模上多余的泥刮掉。

正式脱坯，先在场地上撒一层麦糠，直接把坯模放上，把坯模淋湿，然后托起已经团成大小合适的泥块，双手向上猛地一翻，使劲向坯模内砸去。一声"啪"之后，泥瞬间在坯模内散开，紧紧挤满坯模。拿起划泥板，在泥模上部刮平，多余的泥甩到泥堆中。

春秋季节，常有人们脱坯。有一个人单干的，也有一家人齐上阵的，还有两个壮汉相互配合的。讲究的人，按照一定间隔把脱好的坯排成行，一行行，煞是规整，赢得大家的称赞。也有随便摆放的，大家看到，不住地撇嘴。

坯的好坏不仅取决于坯模的做工，还与脱坯人技术、力量密不可分。坯模结实不变形，脱坯人力量大，技术熟练，脱出的土坯就端正平整，建房盖屋就上下左右相称，墙体结实牢固。

土坯脱好，建房盖屋时，还要和好稀泥，在土坯的上下两面涂抹均匀，一层层垒砌。因为脱坯耗时费力，人们往往只在房子封檐和砌山墙时使用。

时光流逝，人们居住条件不断改善，土坯房早已消失，土坯，这个渐行渐远的生存印痕，只能永远留在人们的记忆中。

看 青

陈长柱

"看青"就是看护庄稼，要从庄稼初长，看到庄稼成熟。

从前生产队时期，每村都有"看青"的人，特别是在玉米、黄豆、白芋、花生、棉花将熟的时候最需要看。还有的生产队种了黄麻也要看着，因为怕人打麻叶，碰断碰倒嫩麻，影响黄麻的生长。

"看青"的有年龄大的，也有年龄轻的。

年龄大了，不能参加正常的体力劳动，队长就派他看庄稼。"看青"的人，要大公无私，不讲情面，心也要狠。

那时候物资特别匮乏，许多社员，都有偷的毛病。偷点玉米回家烧给孩子吃，偷几棵花生，偷扒几个白芋，甚至还有偷摘几朵棉花留捻线的，所以生产队就需要安排"看青"的人。

小时候，生产队有一个"看青"的庄姓老头，因为个子矮，人都喊他庄橛子。

这庄橛子看庄稼可严了，所以生产队的大人孩子们都怕他。有时候，我和小伙伴放学割草，想去玉米地里割点，只要看到庄橛子的身影，或听到庄橛子咳嗽声，大家是万万不敢进地里去的。因为被他逮到，轻则把草给倒掉，重则把粪箕子镰刀没收了。如果是发现你偷掰了玉米棒子或薅了几棵豆子，庄橛子就会记下你的名字，报告给生产队长，这样，你家就等着交罚款吧。

所以那会庄橛子看庄稼是最严、最尽职的，也是最招人恨的。后来庄橛子得病死了，好多人都说，这个坏老头可也死了。

庄橛子死后，队里就派了个年轻人看庄稼。年轻人眼尖、耳朵好、腿也快。

我有一个发小，比我小两岁，因为初中没上完就退了学，生产队就派他去"看青"。

"看青"不仅是逮偷庄稼的人，还得要防偷。这个防，就是不让人进地割草，你不挨近地边，就不能捞到偷庄稼，所以那会"看青"防的主要对象就是割草的人。

我们队有块地，地边伸到了邻庄的庄后。那会好多家庭都养了猪羊，这样就需要割草饲养。那邻庄有几个女孩子，不能参加集体劳动，就成天割草挣工分，或喂家里的猪羊。地边堰头的草割完了，这些小女孩就经常偷偷地到俺队的玉米地、花生地里割草。我这看青的发小，毕竟没有庄橛子那样心狠，看到几个女孩进地割草只会好言劝说，让人家离开。如果人家不听他的劝，他到了跟前，也还是笑嘻嘻地劝，绝不会像那庄橛子倒人家的草，没收人家粪箕子。

时间长了，我这发小就和几个女孩熟了，还成了朋友，对她们进地割草也就睁一只眼闭一只眼。

后来，竟然有一个漂亮的女孩和他谈起了恋爱。再往后这女孩就和我这发小结了婚，如今他们已经是儿孙满堂，成了当年"看青"的一段佳话。

自从土地分到了户，各家管理各自的庄稼。这"看青"的职业也随之而消失，渐渐地成了人们对生产队时期的一段记忆。

收生婆

陈长柱

把民间的收生婆称为一个行业，绝不为过。在医院的妇产科出现前，女人生孩子全都离不开收生婆。

在我记事以后，因为有了医院，医院里的妇产科比这收生婆技术高，条件也好。农村的收生婆已经变成业余的了，大多数女人临产了，不是在家等收生婆，而是去医院的妇产科待产。

我有一个街坊就是收生婆，外号"大剪刀"。据说当年我们这一大片的闺女、小子几乎全是她老人家接生的。当时这老太太可吃香了，因为名声高，连外庄都有人来接去接生，所以当年这"大剪刀"家的红糖能喝到发霉也喝不完，红鸡蛋吃到发馊也吃不了，老白干一天三顿也喝不光。据说有时候，她的门口鞭炮纸都能没了脚脖子，那鞭炮是来感谢她的人家放的。一句话，收生婆当年是个吃香喝辣的行当。

早些年医疗条件差，农村缺医少药或本就无医无药，妇女生孩子全靠自己的身体和收生婆的经验相结合来闯这生死关。因为无医无药，这妇女生孩子风险太大，不仅要承受着巨大的痛苦，还可能要面临得产后风等致死的危险。所以这收生婆也不是一般人能干的。收生婆第一要胆子大，第二要经验丰富，也就是说"生插把"没经验的不能干，要有师傅才行。

据说当年这"大剪刀"两个条件没占上一条，但她有一样独门绝技——母子平安汤。这可是其他同行所没有的。据说这"大剪刀"祖上也不曾行医，也没什么师傅传授，她是咋会接生，又哪来的偏方呢？好多年都没人知道这里的秘密。用"大剪刀"的话说，她的秘方是黄药师托梦传的，她的本事也是经仙人指点，弄得神乎其神。但不管怎么说，"大剪刀"给人接生大都是母子平安，即便有的难产，喝了她的母子平安汤，也是有惊无险，化险为夷。所以当年这"大剪刀"的名声越传越远。

直到后来这"大剪刀"老了，乡村都建了卫生院，"大剪刀"才退了休。这时候人们对她的"母子平安汤"的来历又来了兴趣。因为她神神秘秘几十年，那时候是怕人抢行、偷技才保的密，现在退休不干了，总该说实话了吧？

有一天几个老姊妹又坐到了一起。有人就好奇地问："'大剪刀'，这都快钻土了，你还瞒着我们啊，快说说你是怎么会接生的，又是从哪里得来那个母子平安汤的。"这时候"大剪刀"眼含泪花，给大家说了一个下面的故事。

多年前有一个大户人家的小姐，虽不是金枝玉叶，但也是娇生惯养，父母视为掌上明珠。这大户家的小姐四五岁的时候，父母就请来了私塾先生教其读书识字。小女孩天资聪颖，一学就会，经常受到老师和父母的赞赏。这样快乐的读书日子只过了两年，日本人来了，天下一时大乱，这大小姐的书念不成了，师傅也回了家。以后的日子日本人和维持会经常向她家要钱要粮，没多久家底就被折腾光了，最后只剩下几间空屋和那几箱子书。

1952 年，因为曾经富贵的背景，她家被划成了地主，大小姐转眼成了地主的女儿。虽然这大小姐天生丽质，待嫁闺中，但就是没有媒人上门来。说着说着大小姐二十多了，父母更加着急，大小姐自己这时候也感觉到了压力，就自己劝自己，别攀门头了，随便找个人家嫁了吧。当年央媒人牵线，就嫁给了禅堂集的一个老实人。因为那时候家庭已经破落，所以出嫁的时候，只有两箱书作为陪嫁。

跟了老实人除不挨打受气外，就是要面对老实人的无用。老实人循规蹈矩，胆小如鼠。虽然生在街上，但不会做半分钱的生意，单靠那一年收半年的几亩薄地艰难地维持生活。好年景还罢了，如果遇到灾年，就要借半年吃的。

这大小姐后来添了孩子，眼看着生活越来越艰难，那老实人整天还是不愿出去做买卖补家用。大小姐心想，这样下去可怎么成啊？有一天这大小姐看书解闷，突然书中的一行字中的收生婆三个字映入了眼中，她灵机一动，何不做这营生？心念一动，即一发不可收。有一日这大小姐拿了点零钱，一大早就步行去了城里，待赶回到家里，已是傍晚了。自从这次回来，这大小姐就逢人便讲自己做梦得到仙人点化，学会了接生，另外仙人还赠了一个仙方，能保母子平安。这一天，终于有人找上门来，请大小姐去接生。可这第一次就遇上个难产，让她永生难忘。她拿着配好的药带上，让那家人熬了，给孕妇喝下。在产妇待产过程中，真的是度日如年。好在第一次竟真的成功了，自己按药书配的方子真的管用了。从此大小姐就干起了收生婆。

故事戛然而止。待大家从故事中走出来，都眼含泪花地看着"大剪刀"的时候，见她已泪流满面。不用说，大家都明白了，这故事中的"大小姐"就在眼前。

是啊，每一个人都有生存的权利和生存的选择，世上三百六十行，行行都养人。收生婆，一个迎接新生命的天使。虽然已被现代化医院的专业医生取代，但是她们曾经为社会做出的贡献，会永远受到人们的怀念和追忆。

割牛草

陈长柱

小时候的暑假期间，我们这些半大的孩子，除了要做好老师布置的假期作业，还要下湖割牛草，缴给生产队喂牛。

我有两家亲戚在一个生产队，一个是二姨家，一个是表兄家。这两家亲戚用给我做一件新小褂为条件，要我把他们家的牛草指标也完成。尽管劳动量要增加两倍，但是看在那件没有穿到身上的新小褂分上，我还是挺乐意地答应了。

记得那时候我有一个很要好的同学，他父亲是医生，家庭条件比我家要好得多。不过，他和他的母亲户口在生产队里，所以他家也有青草任务。这位同学经常找我一起割草。一是我们相处得好，二是我经常下湖，能知道哪里草多草好。

我的这位同学，生得高高瘦瘦，因为不常下湖干活，少晒太阳，皮肤比我要白些。我呢，长得粗粗壮壮，虽然比他小一岁，但我的个头却不比他矮。

我记得，下湖割草时我只穿了一个带松紧带的裤头，一双旧手工布鞋，连小褂子都不穿。我的那位同学可是汗衫、裤头、凉鞋，穿得像走亲戚一样，还带了一支红色的手套，并且还有他妈妈陪伴。

也许正应了那句"穷人的孩子早当家"吧，我早已娴熟地掌握了割草的技术，半蹲下，身体前屈，左手抓草，右手挥刀，刀落草起，一气呵成。

割草也不是一个轻松的活，一边割，一边蹲着往前挪动，时间久了就会感到腿酸。初学割草的，是受不了这个罪的，因为我常常下湖劳动，已算是个行家里手了，我的那位同学可就不行了，蹲一会就直喊腿疼腰酸。

夏天的太阳照在身上火辣辣的，蹲在那，不一会就热得全身是汗。还好，那时候地边水沟里的水是清澈干净的，热急了就跑过去喝几口，洗一洗，凉快凉快，然后继续割。这时候我的那位同学，早跑到地头的树荫下乘凉去了。

将近中午，我已割了满满一粪箕子鲜嫩的青草，可我同学娘儿俩割的草还没有我的多呢。

背起青草，从后面是看不见人的，只能看到两条小腿在向前挪动。等到了生产队收草的牛屋场上，肩膀会被压得又红又肿。

一个暑假下来，我的头发"朽了"，人黑了，脊背上也被晒脱了一层皮，但我收获的不仅仅是一件崭新的小褂和大人们的夸奖，还有一份锻炼和成长。

现在，有时去湖里走走，看到满湖的青草，心中会涌起亲切又惋惜的感觉。偶尔看到有人在挥镰割草，心中总会有种冲动，真想亲自去一试身手呢！

打牛鞭

李保璧

老家淮北，男人要想在农村成就事业，必须学会一手好农活，因此，我还在少年时期就已经掌握了农事，并耕得了一手好地，打得一手好鞭。

我的牛鞭技术，在这九村十八寨是出了名的，没有几个人能和我争高下。八尺长牛鞭我不仅可以打得像炸雷样响，并且还能指物打物。说句最普通的事，我可以在牛耕地行走之时，挥鞭打牛蛋。走在树下，可以每次只打掉一个树叶鞭无虚发。要想横扫一片，我身不倾斜，举鞭可把一棵长势良好的花生棵齐中央扫掉，并且整齐得像刀割一般。

我不仅能打一手好牛鞭，并且还会搓鞭。搓鞭就是用茼加工成绳。而鞭和鞭不一样，我这种鞭像一条蛇样，头细中间粗，尾更细，在头的上部用一根极短的小绳拴在一个只有一尺来长的鞭杆上，那鞭足有八尺，相当于现在六米多，要是打鞭的技术不好，不仅鞭甩不出去，有时还会把细而长的鞭缠绕在自己的脖子上，有时不仅打不到牛，还会打到别人或自己。因此，要想学会耕地，首先要学会打牛鞭，否则，是干不好这一行的。

农忙时，不仅要会打牛鞭，还要会喊号子。我想今日的老家也没有几个人会了，这种农耕国粹，随着机械化程度的提高，不仅会被时代所淘汰，也会被人们淡忘。

记得那是 60 年代的中后期。老家村庄的人口较多，共分六个生产队，每队都喂了不少的牛、马、驴、骡，并且都有一帮耕地能手，而每个生产队的队长也十分重视耕地这一农活，因此当时农村就流行"翻地翻得深，泥土变成金"的说法。让饲养员把牛喂好喂饱，视牛比儿子还亲。那么生产队长要是想检查耕地的质量，一是看犁花可平可齐，二是看犁花上面是否有老淤土出现。那生产队也特地为耕地能手准备好苘，一是做牛驴套，二是做揽车绳，三是做牛鞭。而每一个牛把式也特别注重牛套与牛鞭，若是遇到下雨，宁愿自己挨雨淋，也不让这些东西挨雨淋。有时在牛歇息之时，耕地手便从口袋中掏出极好的苘或麻，搓鞭的梢，梢的粗细长短，决定着鞭响与不响的关键，因此，生产队长时时凭借牛鞭的炸响和赶牛号子的响亮程度，来测量这支耕作队伍的精良程度。

我们每天出工，六七个人轮流鞭响不断，晚上踏着黄昏或顶着月亮便把牛鞭抢得像炸雷一样，告诉着人们我们胜利收工了，那生产队长听到更是满脸堆笑。

记得那是一个种麦子时节，生产队长把种麦子作为一年中的重中之重。生产队给每个人加了工分，又给牛加了料。有时生产队还会给每人发上半斤小绿豆，回家做稀饭，这是干其他农活的人莫能企及的。当时已是寒露季节，正是农谚所说，秋分早，霜降迟，寒露种麦正当时。我们每个人老早就做好了准备，我赶的是一头牤牛，一头小牛。耕地时，我挂四六盘，是为了让这两头拉得一样。我们鸡叫二遍便起床，收拾牛套，准备好柁和犁子，老早就在灯底下把准备的鞭梢系在牛鞭上，出了村庄。走上田间小道，那牛鞭被我甩得一下接一下地响了起来，生产队长听到后，会马上抬起或支起胳膊头听着，别提心里多高兴了。

而这时的淮北大地，到处是一片牛鞭声、号子声，叮当叮当的耩子播种声。当时没有天气预报，只能根据自然现象，一发现下了天丝就是早晨地上的蜘蛛丝，就预示着要抓紧时间耕地、播种。那也是一年种植的结尾，山野湖畔除了一片山响的牛鞭和号子声外，人们多半忙着粮归仓，柴归垛，争缴爱国粮。

我们七个耕地的，排成一条梯队，一个跟着一个，那每张犁泛出的犁花就像一个人耕的一样平整，人见人夸。

当结束了一天耕作，准备回家时，西方落霞满天，村庄内炊烟袅袅，不时传来狗吠人语，做饭的阵阵香味随着晚风向田野扩散。小山村热闹了，而这时我们响鞭又一下接一下地响起来了。饲养员老早就准备好了饲料，生产队长等在村部的牛棚边，询问着耕地进度和是否有什么需要解决的问题。他把烟袋拿在手上，高兴地舍不得送入口内，只是哈哈、嘿嘿地笑着，祈盼着明年的好收成。

由于长年累月地耕地，使用牛鞭，我成了这周围几个村搓鞭的高手。只要人家能点到，我就能恰到好处地做到，搓好让人满意的牛鞭。与此同时我还会做赶车鞭，不论那马、驴、骡多大，不管长套还是短套，我也能根据情况，把鞭做好，并会制作专治调皮捣蛋牲口的鞭。我的鞭也狠，一鞭下去，可让那调皮捣蛋的牲口鲜血直流。不然的话，牲口量人、欺生。再捣蛋的牲口只要交给我，保准两天后，它就服服帖帖。我的鞭打得准，捣蛋的牲口，我可以鞭鞭带血，并且只打后腿中间的部位，这是一般赶牲口的人所不能比的。因此，我成了这支队伍的组长，每天连生产队长都得给我问好。

在我家的山墙上，始终挂着二三十支长短不一、型号不同的鞭子。基本做到赶什么牲口，用什么样的鞭，做什么活计用什么鞭。一位上海知青到我家看了后，第一句便是："老李，你可建一个牛鞭博物馆了。"

现在离老家远了，那些往事也久远了，但我有时在梦中还喊着赶牛号子，打着响鞭……

盖婚房

李保璧

人老怀旧到了数着年轮度日的时候，最思念的就该是老家了。

早些年我因生计所迫，别乡离井，偏居江南小城。虽然这儿四季风光旖旎，花香草绿，三十年的居住仍未能让我把老家的一切忘掉。这怕就是历代文人墨客所写的乡思乡愁吧。真的，我每每进入夜深人静之时，倒在软软舒服的沙发床上，首先想到的是那生我养我的老家，恨不得马上回老家看看。

雨水刚过，农事不忙，我便踏上了北上的列车，仅十余个小时的车程，我便站在了记忆中的老家门口了。

第一眼看到的是老槐树没有了，石板铺的院子没有了，那当年给我做新房用的土坯房子也没有了，取而代之的是耸入云天的杨树，平整光滑的水泥路。日光灯代替了旧时的手提马灯和如豆般的小油灯，两层小楼取代了我那洞房花烛的土坯房，孩子们早把那平板电视搬进了房间。找不到当年的一丝旧影，使我无比惆怅。

记忆中为了娶媳妇，我与父亲日夜奔忙，利用工余推土垫宅基。宅基垫完，推土踩墙。接着推土脱土坯。这在今天年轻人的印象中是无论如何也是找不到的影子，那时的劳动还必须在晚上，收工以后经生产队长同意了才可进行。

单说那推土用的小推车，这时早已被作为文物收藏了，独轮行走，一边一个腊条筐，没有技术是绝对干不了的。虽然大部分人会说推小车不用学，只要屁股磨得活，可一上阵，便会洋相百出，小车就是不听使唤，这是盖房的第一步。再说踩墙，你知道什么叫踩墙吗，顾名思义，踩，即用脚和泥，把沙土、黏土掺的两合土推到要建的房内，撒上些许麦草，倒上适量的水，赤脚在稀泥中踏踩，然后再翻几遍。也就是翻几遍踩几遍，等泥和透了，便用三股专用的铁叉把泥垛起来，每次只能垛老尺子一尺半左右高，要三茬才能达到四檐齐。

下一步便是我最喜欢玩的造土坯。脱坯，要先选一块大的平整的地面，一人执土模子，一至二人往土模子里装和好的泥。而我们家，没有找人做帮手，就是我父亲掌土模子，我来回取泥。先在地上撒点麦糠，土坯脱在上面。两个人一天下来，最多也就脱八九十至一百块，而盖房垒山墙和走檐要二三百块土坯，我们往往要脱两三天。等土坯脱好二至三天后，要把土坯立起来，让太阳晒，晒干后用独轮车推回家，码起来，再选择有利时间盖房。

我们家的三间房子是高粱秸作笆，麦草铺在上面的土墙草顶房子，房子建好后，里外用泥一抹，地面推点山土垫上，我的新房就算完成了，我心里踏实多了，高兴了很长一段时间，那这件事当然是我人生长河中的一个转折点，那更是我生命中的烙印，至今每当夜深人静时想起，仍是难以忘怀。

俺村的庄稼地

程大康

土地是地球上所有生命赖以生存的所在，而对于"面朝黄土背朝天"的农民来说，从呱呱坠地到回归到大地母亲的怀抱，千百年来，庄稼地始终是他们劳作与休养生息的地方。

我是来自乡村的女子，和田地有着血浓于水的真挚感情。我的幼年、少年和青春时光都是根植在家乡那块黝黑的庄稼地上。父老乡亲淳朴憨厚的性格，如同那孕育滋养我们的土地一样，潜移默化地影响着一代又一代农家儿女。

听老人讲，20世纪50年代初，我们村只有一个生产队，当时田地是生产队集体管理，农民参加集体劳动，一切收入归生产队所有。后来随着人口的增加，分成了两个生产队。这种集体劳动的方式，延续到80年代初，农民虽然仍在田地上劳作，却没有真正意义上属于自己的田地，造成"吃大锅饭""干多干少一个样"的现象，"黄鳝泥鳅一般长"，严重影响了农民的积极性。

党的十一届三中全会以后，全国农村开展了轰轰烈烈家庭联产承包责任制。我们村是在1981年开始将土地承包给每家每户，由于二队女孩子出嫁的多，土地分配不一样。二队每人分两亩三，一队每人分两亩。生产队原来的场地、农具和牲口也按人口抓阄分。包产到户后，农民的干活积极性就显著提高了。

在我儿时的记忆中，每家每户门旁都有一个粪池，冬天没事的时候，大人们天不亮就起来，背着粪箕拿着锨子就去拾粪。我小时候，也经常挎着篮子，家前院后捡鸡屎。有一次，为了几粒鸡屎还跟一个小伙伴吵架了呢。

每年午季或秋季，家家户户都忙活着抢收抢种，全靠人力完成，就连小孩子也要下地干活。

每年动一次土地，但幅度不大，因为只有谁家有考上大学、出嫁、死亡或农转非的，才把土地退出来，量很小，而需要分地的人多，所以每年动地，家家都得减少一点。

当年分户单干的时候，两家分一头牲口，耕种时只能跟别家牛合伙。开始分地时每家的田地都是东一块、西一块的非常散乱。假如两家牲口搭伙耕地，今天耕你这块，明天就耕我那块。

分开单干以后，农民有了自己的土地，干劲十足，粮食产量提高了，并开始在田地上种些棉花、黄麻等经济价值较高的农作物。

1995年，我们村又进行了一次大动地，把零碎的地聚集成整块。这次分地，是按照国家统一尺寸分的，因为我们村土地少，每人只分到一亩四分半地。

自从实行了"三十年不动地"的政策以后，我们村里安静了不少，再也不用为动地而烦心了。现在国家的惠农政策越来越好，从分地单干到三十年不动地，从交公粮到啥也不要，种地还有补贴，让农民得到了实惠。农民那颗在庄稼地里沉浮了几千年的心，从没有像今天这样踏实。

耩　地

邱德龙　晏金宝

耩地，是用耩子将农作物种子均匀地播撒到土壤里。

耩地学问可大啦，没有一段时间的实践，是很难掌握住要领的。

记得那是在20世纪的80年代，农村全面实行了联产承包责任制。虽然我在外地工作，吃着皇粮，拿着俸禄，不用承包土地，但家属子女都是农业户口，也按实有人口承包了十几地。农村有句俗语，叫"庄稼活不要学，人家咋着咱咋着"。说是这么说，但对于我这个从来没有种过地的外行来说，还是有些力不从心，"老牛掉到枯井里——有劲使不出"。于是我就和二弟结合，遇上需要技术的农活就得靠二弟。

耩地就是一个技术性要求很强的农活。二弟从小没读过书，一直在生产队劳动，各种农活都能拿得起。每到播种的季节，掌耩把就都由他给承包了。那时用的全部是原始的老耩子，是用桑槐木打制的有三个耩腿一个楼、两根耩杆一副套的老式农具。有摇耧技术的师傅，在后面两手分开握住耧把，均匀地摇晃，一个人赶着牲口拉着耧子前行。

每到收种季节，我都要请假回家帮忙，年年如此，因为咱家有十几亩地，就是胞弟咱也不能光是依赖人家，耧地时我就要给帮耧子。

帮耧子也要有娴熟的技术才行，牵着牲口必须按照合适的速度和标准的行距行走，走快了掌耧把的跟不上，种子播不匀；走慢了，一来影响进度，二来种子播得多。再者行距要准确，牲口走远了，浪费土地；走近了，两垄苗又重叠了，种子太多不利作物生长。承包土地时我和二弟家分到了一匹骡子，这匹骡子还算好使听话，走起路来不紧不慢，稳健大方。但牲口也欺生，二弟叫它怎样就怎样，就是不听我使唤，叫它快走它非要慢走，叫它直走它非要左右摇晃。我又气又急，无所适从。二弟笑着告诉我，这骡子虽然不会说话，但它心里明白，该走在哪，一次留多宽它很清楚，走宽了你轻轻顿一下，走窄了你稍微拽一下就行了，不要用力过大，否则它会不高兴的。我按照二弟说的去做，果然好了许多。但一天下来还是把我累得不轻。

掌耧把更是需要过硬的技术，不经过磨炼，琢磨透它的技术要领，你是无法进行的。原先我认为有什么大不了的，还能比上学还难？二弟说，不服你就试试。我说，好，试就试。于是我让二弟牵牲口，我掌耧把。开始时，捧着耧把，要么腿脚速度跟不上耧子行进的速度，要么跟上速度就忘了摇耧，反正是顾上不顾下，顾左不顾右，不但垄距摆得宽窄不匀，种子播的更是稀稠不均，几圈下来累得汗流浃背，浑身酸软。

二弟劝我说别逞能了，你还是帮耧子吧。我的性格向来是不服输，只要认准了的事非干成不可。累也不怕，苦也不怕，就怕干不成、学不会。我认真琢磨着二弟教的要领：捧着耧把的两只手要端平；两只上臂要夹紧挺住，好的师傅胳肢窝夹个鸡蛋耧地时都不会掉；两条腿要走稳，腿走一步两只手要三摇，俗话说的一步三摇，指的就是耧地；两眼要盯着耧门，播种量的大小主要在耧门流出种子的速度，稀了加大两只小臂的摇摆次数；扶着耧把的两只手是捧着而不能按压。我把这些技术要领反复琢磨，熟记于心。

我把熟记的技术要领慢慢地在接下来的实践中反复摸索、比较、验证，不到半天工夫，还真基本掌握了。摇耧不那么费力气了，两臂摆动也均匀灵活了；两条腿迈步也不那么慌张费力了，可以自由地匀速前行了；两只眼睛也能看清楚耧门了，种子稀稠也可以自由调节了。只是垄沟还摆不匀，垄沟还靠不紧，需要在熟练的基础上予以提高。

通过几年的摸索实践，我的摇耧技术提高得很快，虽然达不到炉火纯青，但也算得上一个技术能手了。比如黄豆每亩播种量10到12斤，小麦每亩播种量25到30斤，基本上八九不离十。特别是种黄麻，每亩播种不超过2.5斤，那可是要考验技术的，没有十足把握是不敢接这个活的。我可是聋子不怕雷，胆大着呢，经过周密计算，从一步要掉多少颗，耧子行走速度要多快……都进行了认真分析合计。一块地下来，土地耧完了，种子用光了，赢得一片喝彩，把我美得不行。二弟也不得不竖起大拇指称赞："没想到几年下来，你的技术超过我，成了行家了。"

现在播种使用的是现代化农业播种机械，过去的播种方法连同老式耧子已经成为人们永远的记忆。

（邱德龙）

耧子，是一种普通的农业生产用具。其主要功能是播种、播肥，在黄淮地区俗称"耧地"。

往日，农业生产没实行机械化，农家播种都是以点播、撒播为主。自从耧子出现后，不仅减少了种子的浪费，也大大提高了生产力。可以毫不夸张地说，耧子曾是华夏农耕文明前进的助推器。

东汉崔寔《政论》记载："耧犁是西汉武帝时搜粟都蔚赵过所发明的，其使用方法和作用就是，三犁共一牛，一人将之，下种挽耧，皆取备焉，日种一顷。"而成书于北魏年间的《齐民要术》记载："锄得五遍，已上下不烦耧。"

由此可见，耧子是比较古老而传统的农具之一。

以前，耧子所有部件都是木制的。而在我年少记忆中，耧腿、耧铧的部分已发展为铁制了，后来整体几乎全被铁制所取代。

小时候，受经济条件所限，好多大一点的农具都是与二伯两家甚至多家"合资"的，其中就有耧子。它高至成人臀部，三条腿。从上往下依次是：摇把、连接杆、耧楼、定板、楼门、引线、耧播、耧腿、耧铧、耧杆等。一对耧杆为自制，首先要精选长约两米，粗若碗口的笔直树干为佳，去皮后，再精心打磨光滑。每杆一头各钻两孔，好与主体分合。这样在使用时，合为一体，播种结束，拆卸分离便于存放。

耩子摇把被抚摸得光滑透亮。耩楼口大底小，可容五六公斤种子。耩楼下方有一小口，俗称"楼门"。上方还有可以活动的定板，楼门的大小，由定板上下移动来调整播种量。

从耩楼里经过楼门穿有一细线出来，系于连接杆上，称为"引线"，在引线上系一个废旧的螺丝帽或核桃仁大小的石头，垂于楼门下方五厘米处，俗称"耩播"。这两物件虽不起眼，千万不能小瞧，它可是决定种子是否均匀入土的关键。老把式均匀地摇晃耩子，引线和耩播也跟着左右摆动，有节奏地发出"咣当、咣当"的声音，把种子均匀地分流入三条腿中。耩腿中空，是种子的通道，下面耩铧入地，耩铧裹着耩腿，后下方开有小口。耩铧底部较尖，略呈弧形伸向前方，入地约十厘米。耩楼播下来的种子顺着耩腿经过耩铧开道源源不断地入土孕育。

耩地在农业生产中是个精细活，非一般人能干的，需要具备丰富经验的"老把式"来操作。俗称"掌楼"或"摇楼"人。二伯就是个"掌楼"高手，不仅我们两家耩地非他莫属，还不乏前来邀请之人。

准备耩地之前，"掌楼"人首先根据要求调整楼门，俗称"定楼"。经验丰富者，还要视天气情况来定楼。因天气不同，空气中的湿度有别，而决定着种子流速不同，这都是老把式在实践过程中总结出来的经验。掌楼人可不简单，既要掌握好力度，保证耩沟不深不浅，又要有节奏地摇晃耩子使种子均匀下地，还要时刻观察种子的流速及通道是否畅通，以防"闪垄"（因杂质堵塞通道，种子断流）。

拉耩子要三至五人不限。居中驾辕的人，俗称"领耩"，需要稳重的壮年男子，只有步履匀称，才能保证耩垄笔直度及间距的合理度。两边帮拉偏套的人员几乎不限，妇人、年少者均可，要尽量配合"领耩"人，默契度越高，就越省时省力。条件好的家庭则用牲畜拉耩子，老牛最佳，一般少用骡、马等烈性牲口。

我从少年就拉耩，从开始拉偏套到青壮年时的"领耩"，不仅在劳动中磨炼了自己的意志，也从中深深感受到"一粥一饭，当思来之不易；一缕一丝，恒念物力维艰”的真谛。

每年播种结束，耧子则被父亲洗刷干净，拆卸分解，精心置放。我想，这是农民对耧子的一颗敬畏之心。

耧子，这个传承了两千多年农耕文明的古老农具，如今已在广袤的原野上消失了，而在我的脑海里仍会时常浮现耧子播种希望的生动画面。

（晏金宝）

麦 收

马路长 韩 英 张 勇 马香俊

悦耳的“呱咕、呱咕”声从远处飘来，那是歌唱家布谷鸟在歌唱；深绿色的麦海一夜间就变成了金黄的麦浪，那是大魔术师南风先生的杰作。鸟鸣、南风、金黄色的麦浪无不向人们传递着午收的信号，午收牵动着每个农民的每一根神经。

小时候，午收前，家家户户就开始忙碌起来。母亲拿出休息一年的午收农具：镰刀、叉子、木锨……父亲把锈迹斑斑的镰刀磨得锃亮，十几把镰刀整齐地排列着，就像即将出征的战士。

开割了，太阳还在睡懒觉，原本寂静的原野一下子变得热闹起来。家家户户，男女老少都不约而同地出现在田间地头。放眼麦海，一片金黄，看着整齐的麦垄，笔挺的麦子，饱满的麦穗，大家喜上眉梢。

母亲弯下腰，右手紧握镰刀，左手抓住麦子，身子往前一探，右手的镰刀轻轻一拉，麦子便顺势倒下，她用镰刀一卷，顺势把一大堆麦子放到预先打好的麦绕子上。父亲、两个姐姐、大哥也都和母亲一样，弯着腰奋力收割。

太阳升高后，不再像早晨那样和蔼可亲了，开始炙烤着大地。南风吹来，时而带来一丝清凉，时而热浪扑面，空气中散发着麦秸的味道。大哥早已热得涨红了脸，额头上脸上汗迹斑斑。汗水辣眼，大哥用手背一擦，汗水混着麦锈，就成了一张大花脸。父亲汗湿的小褂紧贴着前心后背。大姐、二姐也不时地用毛巾擦脸。

累极了，大家就坐在麦捆上休息。地邻也凑了过来。大家先喝一气凉白开，或者直接喝从压井里打来的凉水，再吃根菜园里摘来的黄瓜。糖精水是我的最爱，大哥用镰刀截取一根长麦秸，这就是最天然的吸管，插在碗里，我就可以美美地喝糖精水了。大人们一般是不喝的。大姐文静地听大家说笑，很少插嘴。二姐虽然跟着一起说笑，也不会忘记用麦秸给我编戒指。大家一边吃喝，一边说说笑笑，谈个家长里短，完全忘却了劳累。

午饭后，我们兄妹四人可以得到短暂的午休，母亲则忙着刷锅、洗碗、喂牛，父亲则要再次磨刀。

下午，太阳依旧火辣，空气更加燥热。父亲则模仿领导的口气对我们说："与天斗，与地斗，与麦斗，其乐无穷。"大家顿时觉得全身有使不完的劲。当红彤彤的太阳藏到大树后面的时候，一块一亩多的麦子就轻松地割完了。田野里人影散乱，这时哥哥会开心地唱起我听不懂的歌曲。

我们爷仨开始用平板车拉麦子了。我只管负责托车把，使平板车保持平衡。父亲和哥哥则有条不紊地安放好每一捆麦子，麦车都装到两米多高，最后用绳子揽好。每装一车，他们的衣服都会汗湿好几次，汗渍清晰地印在衣服上。顾不上休息，哥哥握住车把，身子前倾，双脚后蹬，车襻绳顿时绷紧了，我和父亲在车后用力推，麦车开始缓慢地向前移动了。车轮经过，地上留下两道清晰的车痕和杂乱的脚印。车子终于上了乡村土路，一下子轻松了很多。勒进哥哥肩膀的车襻绳也顿时松了下来。路上走不多远就会遇到其他拉麦车。只见麦车在缓慢前行，却看不到拉车的人。当拉第三趟时，太阳已经落山了。麦捆微湿，晚风微凉，星光微弱，四周一片寂静，只有不知名的小虫在歌唱。当我们深一脚，浅一脚把麦子拉完，也有八点多了。

眼前，南风依旧吹，麦浪依旧翻滚，和麦浪一起翻滚的还有我的心。镰刀、平板车这些农耕时代的符号，正在被一些新符号所替代。农耕时代，尽管很苦、很累，却让我感受到一种来自远古的精神和力量。

（马路长）

午收大忙时，我到大姐家过了两天，不敢说是帮忙，其实真的帮不上忙。现在收麦子，全部是大型联合收割机，哪里还用得上我帮忙。整个村子，不到两三天，小麦已经基本收割完毕，但是还没有完全晒干，就阴雨连绵，这要是在过去，那是最让人头痛的鬼天气！小麦最容易发生霉变，可是现在不用愁，家家门前都有一片水泥场地，只管摊开了晾晒。

邻居早早起来，把小麦摊开，虽然没有阳光，也要扒开晾晾，总不能看着小麦捂得上了气。午饭时，本就阴沉沉的天空忽然刮起了毛毛雨，邻居吓得一边大喊着"下雨了"，一边急忙跑出来收麦子。大姐也立即放下碗筷，出去帮忙，于是大家木锨扫帚一起上，一阵忙乱，终于把小麦抢进了屋里，还好，小麦没有被雨淋着，大家方才吁了一口气。于是，继续吃饭，其间，大姐就说："看看现在种地多容易，三两天就干完了，把小麦卖了，这一季就算结束了，哪像过去，没有一个月，也得二十天忙活，累得呀，现在想起来都害怕。"

大姐说得实际呀！想起20世纪七八十年代，别说整个午收的过程，就单单打麦子（即碾压脱粒）那一个流程，就足以让人筋疲力尽，要是遇着好天气，还少挨些累，倘若遇到阴雨天气，那真是哭都没有眼泪，不经历几场"风雨"，就想收获，那怎么可能！

记得那时候收麦子不是现在的大型联合收割机，可以直接脱了粒收回来，暴晒两个太阳就可以归仓，甚至有的农户根本就不进仓，直接就卖了出去。我记得最早的时候，是人工镰刀割麦子，家家户户用平车把打成捆的麦子运到打麦场上，然后要把麦捆子一个一个地打开，这种容易又省力的活儿往往由我们这些小朋友来做，因为大人们还要继续趁着好天气在麦田里抢收小麦。别以为这是一件多么轻松的活儿，再容易的活儿你干了很久也会疲惫。那时候我家有十来亩麦子，运到麦场上的麦捆子就堆成了几座大山，这些都要由我和四姐、五姐去一一解捆。最初我们感觉很有意思，一边打闹，一边弯着腰解捆，后来渐渐累了，就蹲下来，手里依然不停地干，再后来实在是累了，索性就坐在那些麦捆之间，拉过来一个解一个。后来我不知什么时候，就趴在那些麦捆子里睡着了。直到很晚很晚，大人们收工回了家，发现没了我，才在那座"大山"里面找到熟睡的我，把我抱回了家。

大人们白天干了一天，依然不能停歇，要趁着夜晚把这些麦捆子全部打开，当然他们干活的效率高多了，直接用镰刀把麦捆子砍断。第二天又是一个好天气！于是便用铁叉翻开反反复复地晒，晒干了，就套上老黄牛，拉着石磙子，一遍又一遍，反反复复地在上碾压。打麦子大多在午后，一天中最热的时候，因为这个时候，麦子已经晒好，是最容易脱粒的时候。这一幕给我留下最深印象的就是那拉磙子的牛和牵牛的父亲。牛似乎对前途充满了"渺茫"，只是机械地走啊走，对前途不抱有任何希望。父亲则戴着草帽，几乎把整个头都遮住，就在那火火的阳光下，一圈又一圈，一圈又一圈地走下去。到后来又有了些进步，可以用小型联合收割机收获，但是依然是不脱粒的，依然要连着秸秆收获，只是脱粒的时候也先进了一些，可以开着手扶拖拉机，拉着石磙子在上面反复碾压，这时，也就感觉很不错了，多少有点机械化。

这样的日子我是最怕的了，因为我从小就怕见太阳。但是没处躲呀！父亲赶着老牛终于转到了时候，于是男女老少齐上阵，不论干多干少，小孩子也得参与，要"翻场"了，所谓的翻场就是把那些麦秸全部翻过来，再反反复复地碾压。必须得翻，越热越要翻，趁着大好天气，赶快翻！那场面才真叫"热火朝天"，太阳火辣辣地晒着，大汗淋漓。这时候，最幸福的事情就是突然来了个卖"老冰棍"的。于是有人立即丢了铁叉，跑了过去，一毛钱一根老冰棍，买上一块钱的，说不定能给十二根，端着满满的一小盆，然后一人发上一根。于是大家都停下来吃冰棍，一张张晒得红红的脸上也会露出灿烂的笑容。

让我记忆犹新的是那一年午季，父亲因为刚做完手术住院期间，母亲必须要在医院陪护他。家里只有我和五姐，午收大忙呢，谁家不忙！大姐她们先把我家的麦子拉到场上，嘱咐我和五姐要及时翻晒，什么时候晒干了再来帮我们脱粒。真是"破屋尽遭连阴雨！"那一年（应该是1991年）午季雨水就特别多，好像有许多农户麦子没有脱粒，就发了芽，甚至有的没有来得及收割，站在田里就泛了绿。刚刚露了一点太阳，五姐说："赶快把麦子扒开晒，要发芽了。"我们于是奋力地去扒那麦垛子，谁知刚扒到一半，天空忽然乌云密布，狂风大作，我们不敢迟疑，立即又向一起堆积，还没有堆好，大雨便劈头盖脸地砸了下来。我听到五姐一边哭着，一边骂老天不睁眼。我狠狠地用铁叉甩着麦子，泪水和着雨水一起顺着脸颊就流了下来。

终于等到了大好天气，麦子也晒干了，于是姐姐、姐夫，还有叔叔大爷，一起相帮，一天就把那些麦子碾压脱粒完毕，不得不说一句，无论什么年月，人心都是向善的，也都是互相帮衬着，扶贫救弱的。

别以为麦子脱粒以后就没了事，这只能说是大头着了地。脱完粒还要"扬场"，就是趁着风势，把杂质和瘪粒剔除出去。"扬场"也是需要技术的，技术不过关的人，累得满头大汗，杂质和瘪粒也剔除不出去。所以这件事情要由家庭主要劳力来做，我们小孩子就可以坐在凉荫下乘凉了。扬干净的小麦粒子还要足足地晒上两个好太阳，才能归仓。倘若晒麦粒时遇到这样的天气，忽降大雨，那"抢麦"也不是一件很容易的事！即使暂时归仓，也不是彻底完成了任务，要等到七八月份，趁着好天气，把麦粒扒出来再晒一次，然后趁着热气收进仓内，这才算彻底地放了心，只等着吃新麦喽。

看！这就是我们小时候的午收，没有经历过那个年代的人是不能体会其中的辛酸的。晚上，大姐和我一起出来散步，看到他们村部门前的广场上灯火通明，音乐声不绝于耳，好多女人在跳广场舞，男人们则说说笑笑，三五成群在周围悠闲地逛来逛去，孩子们更是打打闹闹，窜来窜去，这种场景真的给我带来许多美的感受，也让我感慨万千。

（韩　英）

6月初便是麦收季节，现在的麦收季，对农民来说，简单了许多。回想我们孩提时代，20世纪80年代农村包产到户后的麦收，那是辛苦而又幸福的。

压场是麦收准备的第一步。立夏过后不久，随着麦收季节的来临，家家户户要在房前或屋后选择一片场地来压场，用来打麦。压场的程序很简单，首先是把地耙平，然后均匀地撒上几遍水，使土壤不湿不透。然后再均匀地撒上麦糠，用石磙反复碾压。一两天后，把麦糠扫起来，便是打麦场了，那也是我们儿时小伙伴们嬉戏打闹的地方。

磨镰刀是麦收准备的第二步。磨镰刀，说是简单，其实也是一份功夫活，它需要家庭成员中的老把式，也就是农技活儿比较高的人，亲自下手。磨得不到位，下地割麦，是割不动的。磨过了头，叫刀倒刃，更是不行。只有磨得到位，用大拇指在刀刃当一当，锋利无比，割起麦来，特别好用。麦收季节，一般家庭，都会多备一些镰刀的。磨好后带下地，以便能够交替使用，提高割麦子的效率。

割麦是麦收的第三步。割麦要先打麦绕儿。打麦绕儿是技术活，一般人是打不好的。不然，捆麦个子的时候，一捆就散。小时候，我们就不会打麦绕儿，和大人们一起下田割麦的时候，都是大人们给打好，我们把割下的麦子放上去。捆麦个，当然也是大人们的事。小孩子，手没劲，捆得不结实，容易散，是无法拉到场上去的。

铡麦个子、打场是麦收的第四步。把麦个子从地里用板车拉到场上，为了快速方便打下粮食，是需要铡麦个子的。把麦穗头铡下，摊在场上，反复晾晒后，就可以打场啦。最原始的打场，是人力拉着石磙反复碾压。有牲口的人家当然就好多了，省去不少人力。后来才有的三轮车、四轮机带着石磙打场，效率提高了很多。

扬场、堆麦垛是麦收的最后两个步骤。扬场和堆麦垛，都是农村老把式的活，我的几个大爷和叔叔们，算得上是老把式，什么割麦、捆麦个、扬场和堆麦垛，样样农活，麻利得很。说起扬场，一般要等到起风的时候，否则麦粒和麦糠是无法分离开来的。麦子打下来，需要反复晒上两三个太阳才能进仓。剩下的麦草，碾压后堆起来，留作喂牲口，有的也用来烧锅做饭。

待到地里种上玉米或豆子等其他作物后，便是交公粮的季节了。农民把打下的麦子一部分上交国家，一部分留作家人口粮。

随着时代的发展，联合收割机的广泛普及，彻底改变了农村几千年来生产模式。什么压场、磨镰刀、打麦绕儿、捆麦个子、铡麦个子、打场、扬场与堆麦垛等，全都成了历史的记忆。

（张　勇）

又到麦收忙，想起哭一场
幼时拾麦穗，嫩手扎麦芒
田间和路旁，一把一把绑
少时搞复收，竹耙弱肩扛
麦茬扎破脚，照样不彷徨

稍大挥利镰，五更即起床
只为天未晓，少晒毒太阳
八点割一亩，收工把车装
晨炊无菜肴，归家喝面汤
手捧黑窝头，无菜也喷香
饭后磨镰刀，带上井水凉
爸妈带头干，儿女跟着忙
烈日烤脊背，汗水湿衣裳
手上磨水泡，脚踝满是伤
口渴直冒烟，身疲麦剁躺
饥肠辘辘叫，力尽挺硬扛
过午才收工，又要把车装
架车高似山，一走一晃荡
车辙多坎坷，举步尽力量
轮胎压放炮，车翻沟桥旁
人累肚肠饥，怒气胜骄阳
真想放把火，烧尽一地黄
全是赌气话，谁舍一年粮
强按心中火，快快把车装
一路颠簸苦，忍饥摊麦场
解绳卸麦个，力竭坐地上
父催摊场急，娘做午饭忙
喝口井凉水，胜似喝蜜糖
吃馍就蒜瓣，饭烫未及尝
突然天变色，乌云遮太阳
场上垛麦垛，地里拉麦忙
一阵倾盆雨，转眼出太阳
未及喘口气，又要摊麦场
黑夜点马灯，趁空翻湿场

干完已午夜，又要碾麦场
碾够两三遍，抓紧又起场
身困睡场中，头枕圆木桩
但愿晨风起，风顺好扬场
木锨向天挥，扫帚掠地忙
筛子和簸箕，簸簸又扬扬
麦秸垛成垛，防漏压麦糠
麦子装麻袋，驼背往家扛
精疲力气尽，身困入梦乡
晒干精选好，装车交公粮

扶今忆往昔，幸福万年长
你我当自勉，莫把初心忘
虽是顺口溜，正道是沧桑

（马香俊）

沤绿肥

闫星云

庄稼一枝花，全靠肥当家。20 世纪 70 年代生产队的时候，没有什么化肥、磷肥、复合肥，种地全靠土杂肥。我记得那是 1978 年，我 15 岁，初中二年级，我们生产队 46 户人家，15 岁和 16 岁的男孩就有 13 人。那时候生活条件差，除了八月十五和春节，常年很少吃上几次麦面馍。吃麦面馍，对我们这群孩子是日夜向往的事。那年放暑假，生产队长说："有牛使牛，没牛使犊，这帮孩子大了，天天捞鱼摸虾打疯狗，大人们还得挣给他们吃，干脆，让他们参加劳动，干能干动的活，割棵物沤绿肥。"

生产队长派老党员麻老头带我们割棵物。麻老头六十多岁，干瘦干瘦的，腰有些佝偻，脑袋门上被岁月刻着好几条波纹，眼睛凹得很深，颧骨圆得像两个被摁上去的鸡蛋，风吹日晒，明晃晃的。就在这明晃晃的周围长着像奶奶顶针子上一个个的小窝窝。他走路有些跛，两胳膊一摆一摆的。听大人说，麻老头像我们这么大的时候，当过游击队员，在一次战斗中，他从水洞里爬进了围墙，用手榴弹炸死门内守敌，打开了城门，立了功，入了党。

那天，队长和麻老头把我们这群孩子招在一起开战前动员会，麻老头的牙不兜风，上下两个门牙很齐，偏偏门牙两旁掉了两颗牙，就像只有窗口没有门的三间小屋。他说："发（孩）子们，想夫（不）想撕（吃）温（麦）面喔（馍）。"大家一下子笑了，不知道他说什么。站在一旁的队长接过来说："麻老说，你们想不想吃麦面馍？"一听说是吃麦面馍，大家像课堂上回答老师的问题似的，异口同声："想——"队长接着说："想吃麦面馍，你们就得跟着麻老割棵物沤绿肥，地里有了肥，才能长出好小麦，收好麦子，就能吃上麦面馍。"大家一听，就像真的要吃到麦面馍一样，齐呼："好，管，俺干……"

第二天，麻老头刚从生产队的牛屋里拉出了一辆平板车，亮哥来了，他说是队长派他来给我们拉车子驾辕的。亮哥比我们13个都大，18岁了，长得像俺宅子边前几年前栽的一棵泡桐树，细皮薄肉的。就是这亮哥，给俺几个拉车子驾辕？

正因为想吃麦面馍，第一天大家干得很疯，亮哥驾着辕拉着车，在麻老头的指挥下，家前后、山坡河边的棵物、拉拉秧、绞股兰、狗尾巴圈子、黄蒿、婆婆蒿、野艾……见啥割啥，还有几个会到泡桐树上打泡桐树叶子。大家用绳子捆，破麻袋装，布兜子背，个个干得满头大汗。还没到中午，割了满满一大车，亮哥驾着辕，我们几个连推带拽，拉到了生产队牛屋后的大洋沟边。

原来，沤绿肥就是三合一，把割下来的棵物摁在阳沟里，在棵物上撒上一层牛粪和土，牛粪和土把棵物盖严实了，再往里放水，把棵物、牛粪和土都没在水里，这样重复着做，直到把阳沟填满。夏天气温高，一两个月后，棵物、牛粪和土沤成粪，这粪叫绿肥，也叫三合一肥。种麦前阳沟里的水有些燸干了，再从阳沟里挖出来，堆在阳沟边上晾晾、控控水。稍微干了，大人们用抓钩子搂，铁锨翻一遍，让太阳晒晒，然后就把这些绿肥拉到地里撒开种小麦了。有了这些绿肥，小麦就能长得好，来年就能有个好收成。

生产队的阳沟很大，几天后，我们割完了村前庄后河边山坡的棵物，洋沟填得还不到一半。接着我们就割周边村子的棵物。快二十天了，还是没有填满，眼看就要立秋了，温度一下降，再填不满，绿肥就沤不好了。这天，队长对麻老头说：明天找仓库保管员，从仓库里领些白干子再上街买些辣椒作午饭，带着孩子们去远一点的村子割棵物。第二天麻老头从仓库里领了半布口袋白干子，他没有上街买辣椒，他说上街耽误事，从自家的菜园地里摘了一筐头子辣椒，带着我们出发，去离我们十几里路的田庄割棵物。去的路上亮哥驾辕撑着车把，让麻老头坐在车上，我们争先恐后地推着车疯跑，喜得麻老头嘿嘿直笑。到了田庄，都快半拉晌午了。当时天气很热，阳光毒毒地晒了我们一路，可伙伴们谁也没嫌累。到了地方，大家就散开割起来了，原因是中午有白干饭炒辣椒子吃，第一次吃公家饭，高兴得很。

麻老头带我们割棵物，亮哥负责找锅做饭。谁知这顿饭，竟让亮哥后来娶了个媳妇。那天，亮哥找锅做饭找到了一个叫田娟的姑娘家，田娟父母都是老实巴交的好心人，一说人家就同意了。田娟长得稀俊稀俊的，俺庄子里没有那么俊的姑娘。她留着一条大辫子，睫毛长长的，两眼像星星一样，一闪一闪的，说话就笑，脸上的酒窝能醉死人。为了给我们锅使，田娟提前做自己家吃的饭，她家炒老南瓜贴大秫秫面喝饼子，是刚收下来的春大秫秫面。等我们割完棵物回到她家时，正赶上她掀锅铲喝饼子，那个香啊！让我们这帮小家伙馋死了。因为找人家锅使，那天亮哥帮着人家烧火的。人家田娟一掀锅，亮哥把脖子伸得老长往锅里瞅，馋得他偷偷地直咽口水。一个大小伙子面对一个大姑娘，怕人家看出来，怪难为情的，刚想转脸，就听田娟甜甜地说："想吃不？"亮哥尴尬地摇摇头说："俺不吃。""俺知道你想吃，给你一个。"说着田娟把锅铲子上铲着的一块递给了亮哥，亮哥不好意思拿，缩了缩手。"拿着吧！尝尝俺的手艺。"亮哥还没反过来神，那块黄澄澄的大秫秫面喝饼子就落到了亮哥的手上，喝饼子很烫，亮哥连吹带打地将那块喝饼子在手掌上一颠一颠地拿到了我们面前。我们一下子围了上去。"一人一口都尝尝！"亮哥看着我们这帮馋鬼说，"咬小口，咬大口不够吃的。"可轮到我时，那块香喷喷的喝饼子咬完了，气得我差点没哭出来。谁知，当我们就着辣椒吃完白干子饭时，田娟过来收拾碗筷，一只手变戏法似的从她围着的红围裙下拿出了两块圆圆的像月亮一样的大秫面喝饼子，笑眯眯的，一块递给了我，一块递给了亮哥。

那天，回来的路上，我推车子特别有劲。

一个月零三天，我们终于填满了大阳沟，棵物、牛粪和土没在水里，在阳光下嘟嘟地冒着一片片的泡，发出熏人的臭味。

第二年，我们吃上了麦面馍。

又过了一年，亮哥娶了田娟，我们都叫她绿肥嫂。

晒白芋干

王 光

黄淮一带 20 世纪六七十年代，白芋干就是人们的主粮。那时农村的经济窘迫，生活艰辛，长年要吃白芋干面。人们用它蒸窝窝头、蒸发面卷子、贴白芋干锅饼。有时还可以掺些杂面，拍成小形的薄饼子。还可以与豆子一起机面擀面条等等。因此黄淮一带人对白芋干有很深的感情。

说到白芋干面，首先要知道如何晒白芋干。

农历的九月开始，就是收获白芋的大好季节。人们用抓钩，一棵一棵地将白芋从地下刨出，通过筛选，将极小的和坏的捡出扔掉，把个头中等的、好的留下来做冬天食用，用窖子把它深窖起来，剩下大量的白芋都要把它晒成白芋干子，以作来年生活的必需品。

晒白芋干要选择好的天气，天气越晴朗越好，太阳的热力越大越好，天气晴的时间越长越好。最怕的就是下雨。无论白干是刚晒还是晒几天的，甚至是晒干没来得及收的，统统都怕淋。只要雨一淋，轻者霉变，不能食用，只得用来喂猪，重者坏掉烂掉。

晒白干的时候，都是全家出动，老老少少齐上阵，昼夜奋战，大干几天。这次晒完再来下一次，一个白芋季总要晒三五次，比午收还忙。60年代初，都用白芋刨子，靠人工用手一个一个地拿着白芋逐个地刨。刨好再用草箕子挎到远点的地方撒开，再一个一个地摆开晾晒。

到了70年代，有了手绞的白芋切片机，将白芋放进切片机的小斗里，用手握住机柄用力地搅动，机子里的两个刀片就“咔咔咔”地把白芋均匀地切成薄片。这样几千斤白芋一夜之间也就绞完了。

白芋片晒干了，也是非常忙人的。你要一片一片地把它捡起来，装进袋子运回家。捡的过程就特别累，尽管是九月天气，但中午太阳的热力还不见减弱，你要蹲下身子一片一片地捡，弯着腰只能坚持十分八分钟，就疼得受不了，必须蹲下去。蹲，时间长了也是极痛苦的。腿蹲得又酸又疼，有时蹲也蹲不住，只得坐下。胳膊累得又疼又麻，手指被土坷垃磨得红红，肿肿的，有的都出了血，更惨的是指甲边缘都磨出了很多倒刺，好多天后都还隐隐作疼。

身体的劳累已经够痛苦的了，再加上太阳的暴晒，热浪的蒸烤，你需要忍受着太阳和劳累的双重折磨。有时捡到晚上，还要趁夜色往家里运，一熬就是半夜或整个通宵。所以人们就编成顺口溜：“栽白芋苦，收白芋累，晒白芋干子更受罪。腰酸腿疼胳膊麻，指甲边倒刺像长牙。天气热得如蒸笼，不捡白干还不行。白天晒得似火烤，夜里忙得不睡觉。白芋干子是主粮，没它明春闹饥荒。受苦受累捡白干，这样才能吃饱饭。”这就是那个时代人们对晒白干子的真实写照。

编 席

王 光

20世纪80年代前，黄淮一带农村流传一种手工编织技术——编席。这项技术实用性很强，人们日常生活中使用广泛，所以很受人们的青睐。人们利用当地的野生芦苇，手工编制苇席。人们还用芦苇编织出屯粮的摺子和遮阳挡雨的席篷子。这项手工编织技术，既满足了生活的必需，又可将编制的产品在市场上出售。

编织苇席的技术由来已久，可追溯到春秋战国时期。在临淄春秋战国时期的葬墓中，出土的棺椁顶上就铺盖着苇席。到了明朝的弘治年间，百姓利用本地盛产的芦苇，继承了前人的编织技术，并不断地改进编织工艺，提高编织技术，编织出的产品不仅美观耐用，而且出现了繁多的种类，诸如床席、炕席、围席、凉席、枕席等。到了清朝和民国年间，这种技术广为流传。在我国北方，由于农民广泛地学习，男女老幼多数都会这项手艺，渐渐地就把这门技术广泛地应用在日常生活中。如人们的婚寿喜庆的喜事上，都要用大苇席铺在地上，席边用绿篾镶成，中间织个大大的"喜""寿"或仙鹤等图样，以示吉祥。

苇席编织的工具有穿子、碡子、剥裤刀、板刀子、穿刀子等。穿子，是用来劈分芦苇的工具，按其劈分芦苇的分篾数分为二穿子、三穿子和四穿子等。石碡子，是用青石做成，身长 90 厘米，直径约 60 厘米，中间略粗，用于将芦苇轧平、轧软。剥裤刀，一般就是用镰刀头代替，用于去掉叶裤。棒棰子，长约 40 厘米、粗约 15 厘米的圆木制成，一头细为柄，一头粗为棰头，用来将席边砸平。板刀子，用于编席过程中将苇篾子靠紧、拨紧、压紧。穿刀子，用于合边时穿插苇篾子头。

苇席的制作工序分为备料和编织两阶段。

首先将苇子捆成一捆或刷齐一头，平放地上，依次捡出长的、次长的和短的。大床用的席子要选长的、粗的，另加一部分短的，细的。但一定要粗细均匀。然后用剥裤刀剥去叶裤。接着劈苇篾，用穿子将苇子分劈成几瓣，再用水喷洒在劈好的苇瓣上，停留数分钟后用石碡反复碾轧，使其更柔软。

编席首先是踩底子，俗称为拉皮条。从席的一个角开始，此角为大角。编制的口诀是："压三抬二勒拿四，径角纹上抬六根。"尽量要用细篾子并把苇节压在下面，一边编制，一边随时用板刀拨紧。根据需要的尺寸，编织大小适宜时即可收边压平。最后将编好的苇席用石碡子碾轧一两遍，这样一条合格的苇席产品就可使用或出售了。

抢刀磨剪子

陈常柱

前段时间，我在城里北关偶尔见到一个抢刀磨剪子的师傅。没有这次遇见，我还以为这个行业绝迹了呢。多年没见了，乍一听那拖着长腔的"抢——刀——磨剪子喽"的吆喝，真的是倍感亲切。

一条长木凳子扛在肩头，一个简单的工具包，再配上那专业的吆喝声，这买卖就可以开张了。

虽然说是生意小，行囊简单，但是这抢功、磨工可是一个技术活。待乡亲们拿来用钝了的菜刀、剪子，这磨刀人就会放稳了木凳，人坐在木凳的一头，右脚踏紧木凳上垂下来的一个绳套，把菜刀卡在绳套下，拿来弓型的刮刀，对着已用钝的刀口均匀地抢起来，待感觉抢得适中，便从包里拿出一块磨刀石平放在木凳上，然后还是用绳套套牢，顺手拿起木凳一侧挂着的小铁桶里的刷子，给磨刀石刷上水，便两手握紧菜刀，开始磨起来。在磨刀过程中，磨刀师傅中间是要几次拿起刀观察磨的火候，以免磨过了头，卷了刃。待刀磨好了，磨刀师傅会请主人拿去试试是否锋利，待主人笑眯眯地满意了，才收取适当的费用。

记得小时候磨一把刀也就是几分钱。后来慢慢长到了一毛两毛。因为那时候物价低，所以磨刀师傅的费用定价都很低，以大家都能接受为宜。因此那时候磨刀也很少有人讲价。

磨刀人在磨刀时会与站在一旁的家庭主妇们拉拉家常，或讲一些笑话见闻，气氛愉快轻松，感觉不到磨刀师傅因生意小而显现任何的自悲和自馁，更没有感到来磨刀的家庭主妇们对穿着脏兮兮的磨刀人有任何的鄙视。应当说，那时候人们的思想大多还是挺朴实的。

这师傅一边磨着刀，一边偶尔喊上一嗓子"抢——刀——磨剪子喽"，稍远一些的乡亲，也都会在磨刀人的吆喝声中，陆续拿来菜刀、剪子交给磨刀人，然后回家忙自己的事，等磨好了再来取。

那时候的磨刀人大多是扛着木凳子溜乡。就像那现代京剧《红灯记》中的地下党磨刀人一样，一边走，一边专业地吆喝。小时候我看着磨刀人来了，心里想，莫非这个磨刀人也是地下党？一边这样想着，一边还真的对磨刀师傅投去了崇敬的目光。

随着人们生活水平的提高，大家有了钱，有的人菜刀用坏了，就随手一丢，又去百货店买了把新的，所以，这磨刀师傅的生意也清淡了许多。

红麻记事

李晓江　马路长　晏金宝

过了芒种，李道口的农人们来不及喘上一口气，立即开始作墒制畦。是时大谷堆土层湿度温度正相宜，一场夏雨将壤层泡透，搦一把，黏糊糊的，指缝里都滴油。田野里渐次响起老农们此起彼伏的耕号声。正是播种红麻的时候，于是家家都深耕精作，施足了底肥，种子里掺上了诱杀洋蛙子的药饵。很快，又一场仲夏的雨水过后，齐刷刷的一层红麻幼苗给大谷堆铺上了绿色。

转眼，红麻开始结花。漫野的花香，喜煞了割草的孩童。绯红的，洁白的，鹅黄的花朵质朴烂漫，孩子爱，大人们也喜欢。因为这种花不是温室里观赏的，它是农人艰辛劳作后结出的美物。看着它，内心有喜悦自恋的成分。这时的红麻也报答着农人们的养育，青纱帐一般，风吹过，沙沙作响，她们挺起高傲妙曼的身躯，挺起一片燎原的森林。孩子们结群潜入，在林里出没，摘野酸葡，逮鸟捉蚂蚱，忘记了劳动，忘记了母亲的责打。偶尔会发现一处野生的红果子，几个玩伴就均分享用，吃得满嘴红紫。回了家又少不了一顿年轻妈妈的嗔骂。

慢慢地，天气酷热起来，红麻长成了树般高。红麻是个省心乖巧的作物，种下去后就不用再操心它的生存和生长。密植的麻地是另一番天地，仿佛世外桃源一般，将堆外市井的烟火阻隔了起来。它短时间集结了几个村的孩子，俨然成了孩子们的领地。大家在玩耍中发现了二广家地里的一个大坑，在二广的默许下，几十个孩子利用三天时间将它扩掘成一个大汪。夏季缺不了雨水，很快池子就蓄满，孩子们就有了一个绝妙的消暑去处。红麻地多的是野兔，大家发现了两处暗连的窝口，分头掘进十余米，居然掘到一个巨窝，大大小小十几只灰色兔子，惊惧着四散而逃。但在野地里疯惯了的孩子眼疾手快，居然捉住了七八只，大家准备分工烤之，以飨寂空的肚皮。可是一句"放了它们吧"，竟使诸兔得以逃生。这个大坑的秘密一直保持到二广家给红麻追喂化肥，才被二广的父亲发现。喂肥是个苦差，要三个人协作才能完成。一个在前面用镢头刨个坑，坑不能离麻根近，近了伤麻根，也不能远，远了，肥效就浪费了。这就需要久练出来的技巧，这个工种当仁不让地被二广的父亲担当起来。二广的姐姐选择了给坑里丢化肥的活计，这活轻巧，但半天下来满手被烧起红斑。二广担任的是用脚给坑掩土的工作，掩土是为了避免化肥在强日下直接暴晒而失效。当然说苦差还不仅是这些，在麻地里这样来回穿梭，红麻秸秆上的麻刺会把人裸露的肌肤拉得伤痕遍体，疼上好几天。

等到人们再次关注起红麻地的时候，就到了收割的季节。收获有两种形式，两种形式都需要全家人的全力配合。所以这个时候是亲戚来往频繁的时节，劳力少的人户会邀请远亲近邻前来相帮。人们布满了大谷堆，来往穿梭，这就很有一场小规模战争的意味。战争在不宣而战中拉开了序幕，不用兵种紧密协同。强劳力担任主攻，他们使用锋利的镢头将红麻连根砍下，运到空旷处，女人们则用铁锤或木棒，将红麻的根敲碎，这相当于战场中的后勤人员或民兵，她们做的是些辅助的比较轻巧的工作。重头戏是最后一道工序，要将敲碎的麻头剥开，利用竖立的两根短棍，将红麻皮叭啦叭啦地分离出来，洁白的麻秆就像经过流水线一样自动聚集到一处。这样的动作充满节奏感，从事这一工序的女人姿态优雅，风情无限，她们嗅着田野里泥土的芬芳，享受着生活的辛劳，让人觉得幸福无比。

可是这种形式晾晒出来的麻皮粗陋不堪，它的价值只能做一些粗鄙的麻绳，所以价钱也低廉。为了发挥它的最大效益，人们大多选择了第二种收获的方式。就是将红麻砍下，扎成捆，运到河沟里沤上十余天。这时候的河里人声沸腾，喧嚣无比，人们下到齐腰深的水里，把麻捆成排码齐，就近从河底挖起黑泥压在麻排上。到将麻排压在水面水平时，做上记号，等待红麻们沤酥沤烂。战争暂时沉寂下来，人们在等待发起总攻的信号。十余天后，沤透了的红麻已经消失了往日的丰姿，它们战俘一样丑陋不堪，臭味逼人。人们依然要下到齐腰的水中，将压在麻捆上的黑泥扒去，捞起麻捆上岸。这时候的麻皮已经变软变薄，人们轻松地就能剥掉，洗净晾晒。晾晒后的红麻凤凰涅槃一般获得重生，它们洁白无瑕，柔软滑腻，清香四溢，这种经过重重修饰的高贵的红麻连接了农人们久违的感情，在中原农业的入口成就了原始产业的根基。可是女人们不大了解这些工作的深远意义，她们依然惧怕这项工序，因为虽然不算累，可是红麻浓郁的臭味掩盖住了她们重抹的雪花膏，使她们在生活面前自信全无。尽管她们使用的廉价的雪花膏可能是红麻换来的。

（李晓江）

20 世纪 80 年代初到 90 年代中期，红麻（也叫黄麻）是灵璧北部秋季作物中的霸主。无论你走到哪里，视野也只是眼前几米的范围，人完全被红麻这个青纱帐给包围了，就算你走个十里八村，依然也走不出这个包围圈。

在农民的眼里，红麻是可以对抗各种自然灾害的最强者。红麻不需要像玉米、大豆等作物那样，依靠农药来消灭各种害虫。玉米怕钻心虫，大豆怕瞎毛尖，红麻就没有怕过谁。就算是目中无人的杂草，在红麻的地盘，最后也会因为见不到阳光而营养不良，最后也逐渐枯死。夏至一到，大旱，似火骄阳炙烤着幼小的红麻苗。处暑三伏，大涝，水淹良田万顷，红麻就成了泡在水里的野孩子。那些最贫瘠的土壤，最低洼的地块，都是红麻的安身立命之所。

出了村，村东就是黄汪堰，西边是一大片芦苇荡，东边就是最好的大田。午收后，大家就要和地邻沟通秋种的事情。只要有一两家准备种红麻，其他各家乐不乐意都要跟着种。因为两米多高的红麻，足以遮盖地邻，这直接影响到其他作物的收成。在经济效益的现实面前，种红麻就成了他们的最佳选择。

一小粒黑色的三棱型种子就像最小的石粒，一钻入土里，就开始疯狂地生长，短短的一两个月，就能长到两三米高。眼前一片深绿，棵棵腰杆挺直。风来绿纱帐，风去绿城墙。暑气灼热，无处可逃，钻进红麻地里，浓阴处处，可以帮你避暑。南方有甘蔗林、竹林，北方有高粱地，我们这里有红麻这个理想的天然避暑氧吧。

一入秋，红麻就开出了黄色的花，再老一些就会结出宝塔形状的种子。原来笔挺的红麻，也会像老人一样弯下腰去。收完玉米，就该砍红麻了。红麻可不像其他农作物那么好对付，它浑身上下都是小尖刺。在那个手套紧缺的年代，半天下来，大家的手、胳膊便都伤痕累累，用惨不忍睹来形容也不为过。

一家种七八亩地红麻，没有特殊情况，就要连续作战半个月以上。我真的不喜欢红麻，感觉种红麻就是对人的一种摧残。

红麻砍倒后，还要剥麻皮。如果砍倒后，趁着有水分，在地里直接剥皮，那就是生麻，生麻的颜色是绿色的。如果拉到大塘里浸泡半个月，把沤好的红麻从水里拉上岸剥皮，剥下来的麻皮就是熟麻，熟麻是白色的，特别柔软。经过浸泡这个环节后，红麻实现了最重要的蜕变，它的用处广，价格也高了很多。

村里的汪塘是有限的，秋季沤红麻，地点显得特别紧张。沤红麻时要把红麻分层整齐紧凑地码好，最后要在麻排上压上重物，这样才能确保所有的红麻全部浸在水里且不会漂走。

正常情况下，半个月后，就可以剥麻了。沤好的红麻，几十米远就能闻到一股特殊的酸臭味。把沤好的红麻拉到岸边，找一片开阔的地方，在地面上砸两根半米高的木棍，距离大约五厘米，用来拉扯麻皮。这种方法高效省力。

麻皮剥好后，开始洗麻。我把扎成把的麻皮运到水边，大哥、二姐就会站在水里，一把一把地洗，洗净后仍然扎成把。当天剥的麻当天必须洗完。洗好的麻拉到家，再一把一把地搭在绳子上晾晒。

一天下来我的骨头好像散了架，有种撑不住的感觉。可是第二天仍要坚持着。剥麻大战要这样反反复复持续一个多月，最让人不寒而栗的是在立冬之后或者是过年春分之后去剥红麻。寒风吹着潮湿的手，让人直打冷战。手都被冻得发红，每剥一会麻，就要放在嘴上哈口热气取暖。

晾晒好的红麻洁白柔顺，耸一下鼻子，吸一口气，嗅着红麻特有的香味，那种砍麻时劳累，冬春时剥麻被冻惨状也会随着麻香的沁入心肺而一扫而光。

一粒黑种子到绿色的红麻，到浅黄的花，到乌黑发臭，再到洁白的麻秆和熟麻，这里既有红麻自身的成长和蜕变，也有汗水、泪水、污水甚至血水的渗入。

我实在经不起红麻的折腾，决定去寻找新生活，我一定要考上大学，远离红麻的摧残，当我拿着卖红麻的钱去交大学学费时，又是多么感谢红麻。红麻成长蜕变的过程也是我成长蜕变的过程。红麻成就了我，我却欲远离它……

随着工业化、城市化城乡一体化进程的加快，家乡种植红麻的越来越少了。最后，红麻就这样悄无声息地退出了历史舞台，给我留下的便是这永久的回忆。

（马路长）

家乡的土地，世代都是以种粮食作物为主的。一年分午秋二季，即收完麦子立马就种上玉米、豆类、红薯等杂粮作物。而在 20 世纪 80 年代末，不知道是哪位高人率先引种了红麻，由于经济效益高，人们争相效仿。一时间，种植了多年的夏粮作物皆被红麻取而代之。

红麻是一种速生作物，可春播亦可夏播，有生长快耐旱耐涝的特点。夏播红麻，百日可长近三米，无明显的成熟期，直至霜降后，叶子被完全冻干结，才无助地停止生长。红麻全身是宝，经济价值主要是麻皮，可以制麻布、麻袋、地毯等。其次是麻杆和麻叶，是最优等柴火和家畜的优质饲料。

家乡种植的红麻，植株高大，无分枝，叶似张开的手掌，边缘为锯齿状，茎有小刺。从生长到收获，都是青绿色。

想种红麻，就必须先买麻种。由于大面积的种植，麻种一时成了紧俏货。若没有亲朋跟售麻种人混个脸熟的，则是令人很犯愁的事。不管地方多么偏远，只要有卖麻种的消息，人们便会立即前往，唯恐买不到。

麻种稀贵，播种时须特别小心，需要具有多年经验的老把式持耩摇耧，既要保持合理的间距，又要最大化地减少播种量。播多了，浪费心痛，播少了直接影响产量。

红麻除了经济效益高外，还有耐涝的特性，家乡地势低洼，夏粮作物十种九淹，而红麻不受影响，因此家乡百分之九十以上的土地都种上了红麻。

家乡的土地以前是湖底，俗称老淤泥，土质异常肥沃，是远近闻名的大粮仓，用庄稼人的话说，种啥长啥。红麻出土后便一路疯长，晚秋时节，植株长得高约 3 米, 粗壮笔直, 小似手指, 大至手把, 翠绿色的叶子好像能挤出墨汁来。满眼绿色, 茂密而幽深, 阵风掠过, 给人阴森森的感觉。

收获红麻是比较费时耗力的重活儿, 需要一手持铁镰子, 一手臂反搂几株红麻向身后斜靠在立起的植株上, 再弯下身子, 右手扬起镰子准确无误地用力刨向根部, 小株一下即可刨断, 粗壮的要两至三下。一次搂多少棵因人而异, 以恰到好处为宜。每砍完一搂平放于地上, 扎成捆, 便于搬运。

麻叶收获的方法有两种: 一是先用竹竿把叶子打落下来, 再用笆子聚拢收集; 二是把砍倒的红麻平放于地上直接用手捋。麻的叶和茎都有小刺, 手臂都会被刺划得伤痕累累。

运输工具大多是平板车。由于红麻长于平板车, 装满车后, 只望麻堆移动, 不见板车前行。装满红麻的板车在地里拉相当费劲, 条件好的家庭, 可套着牲口拉, 极个别的用上了拖拉机。

收获上来的红麻要运到汪塘或河沟中浸入水里沤制。家乡汪塘密布, 沟河纵横给沤制红麻创造了得天独厚的条件。

沤制过程是首先把系成捆的红麻放入水中, 扎个方形或长方形的框框, 然后纵横交错依次层层排列, 以水的深浅来决定排列的层数和厚度, 这道工序叫方麻排。

因麻排有浮力, 水上水下各一半, 这就需要捞汪泥把麻排捂住盖严实, 一定要使其全部沉入水下, 否则会有夹生。捞汪泥的人要下到水里, 用铁锹一下一下地捞, 是非常辛苦的活儿。急性的人干脆直接用盆子, 一猛子扎进水底直接挖一盆出来, 相对铁锹捞汪泥要快些。正值深秋时节, 河塘的水温较低, 身置水中不免哆嗦发抖, 其中滋味, 可想而知。这道工序俗称压麻排。

红麻自下水之日起, 如果天气晴好, 需要十天左右沤制完成, 反之, 则要延迟一段时间。若气温较低, 沤制一个月, 甚至一冬的也很正常。

沤熟透了的红麻捞上岸来, 最好能选一片较开阔的场地来进行皮与秸秆的分离, 俗称剥红麻。这道程序比较费时费工, 要坐非常低的凳子, 上身要尽量弯腰前倾, 劳作起来极不舒适, 身手满是泥泞不说, 腥臭味令人作呕, 不小心还可能溅到头脸甚至眼睛里, 为了不影响干活, 只能强忍了。擤鼻涕、挠痒痒也都尽量避免。

剥红麻首先是抠掉根部的皮，破开一点小切口，将麻秆夹在左手食指和拇指之间，右手攥着麻皮用力一拽，麻秆射向远方，麻皮留在手上。后来，人们又想个办法，在跟前立起两根木橛子，抠出来的麻皮从橛子中间拽出来，大大提高了工效。

剥下来的麻皮，还要重新在水中漂洗干净，然后进行晾晒。一道道，一排排，沤制熟透的麻皮雪白雪白的，迎风摆动，很是壮观，成为村庄一道亮丽的风景线。晾干后根据优劣区分等级，再进行包装打捆，就可以出售了。

当时售麻的渠道有两种，一是直接去收购站，二是卖给麻贩子。刚开始，还不太相信商贩，大多去收购站。而去收购站要提前预约或排队待售，好容易排到跟前，若检验不合格，则被拒收，还得运回来按要求翻工整理。商贩则比较灵活，无论麻质优劣，当面就可以讨价议价，论质进行交易。慢慢地，麻农都爱选择与麻贩子交易。麻贩子开始是定点待购，后来走村入户收购，大大地方便了麻农。由于晏湾村人多地广，土质肥沃，产出来的红麻量大质优，深受广大厂商的青睐，一时成了抢手货。红麻竟成了晏湾村的一块金字招牌，一张响当当的名片。从此晏湾红麻作为那一时期的一个特定符号声名远扬，口碑和价格都高于其他地方。村子里每天都是吆喝声不绝于耳，大车小辆来回穿梭。

随着晏湾红麻的声名远播，先是亲朋好友把所产的红麻运到晏湾来卖，希望借助亲朋关系，也混个晏湾红麻来卖个好价钱。后来周边的人也都效仿，逐渐来晏湾卖红麻的越来越多。村里有些精明的人从中看到了商机，便直接找厂家合作在家里帮其代收红麻，慢慢地又成了中间商，从中赚取差价，好多麻农摇身一变成了麻贩子。周边乡镇的红麻收完了，触角又伸到了睢宁和宿县。这时机遇的大门再次为家乡人敞开，宿县的张山、谢集等一带的麻农正为红麻无人问津而发愁，晏湾人得知消息后，迅速过去帮他们清理库存，大车小辆，运了好些日子。

那段时间，晏湾村成了周边的商品红麻中转站。未曾想，原本世代务农的庄稼汉子一时竟成了时代的弄潮儿，大显神通，当上了老板，好不风光。

以前麻的用途非常广泛，可以织布、制衣、造袋子、地毯，随着科技日新月异地发展，新的纺织原材料不断出现，成本低廉，逐渐取代麻制品，很多的麻纺厂也随之倒闭，红麻种植也就退出了历史的舞台。

虽然种植红麻的经济效益高于粮食作物，给家乡民众带来了一些实惠，但是为之付出的代价也是巨大的。

红麻因植株高大，生长快，要吸收大量的土地养分，致使土地肥力普遍下降。最严重的是沤制红麻所造成的环境污染，使原本清澈见底、草青水秀的河塘都变成了大染缸，给所有的鱼虾及水里微生物带来毁灭性的灾难，也直接影响人畜的身体健康。

曾经辉煌一时的晏湾红麻让村人自豪过、风光过。现在回想起来，也是有得有失的。

（晏金宝）

喂　牛

程大康

由于社会的发展，现在农村养牛的人家越来越少。当年现代化的农耕机械很少，拉庄稼、打场、耕地等大多都要依赖牛来完成，所以那时候牛就是农家的顶梁柱，几乎家家户户都养牛。

依稀记得我家是村里最晚养牛的一户。我上四年级那年春天，中午放学回来看见院子里放着一个铁丝编的篮子、一口铡和牛槽。妈妈说是你爸爸看上谁家的小牛犊了，价格还没讲好，他提前就把这些准备好了。

过了几天，爸爸果真从外面牵来一头小黄牛。一身金黄色的毛，光滑油亮，活像柔软的缎子，样子温顺可爱。第一次家里有牛，我非常好奇，书包一丢，赶忙跑过去抱住牛头，轻轻地抚摸着。它一动不动地任凭我抚摸，那老实巴交的样子让我一下子喜欢上了它。爸爸把牛拴在门口的树上，对妈说："这头小母牛已经带犊了，毛色纯，腿粗又长……"吃过中午饭，爸就在房西侧靠墙搭牛棚、支牛槽、弄水缸,又用菜刀砍了一根拌草的棍子,一直忙到傍晚。第二天,又上街买牛用的家什。刚从街上回来,爸就到牛跟前,边喊妈帮忙边从袋子里拿一个铜环出来。在妈的帮助下,爸爸把铜环从牛鼻子里穿了过去,我不忍心看,转过头,只听小牛"哞哞"叫了几声。等牛不叫了,我才转过头来,看见爸把昨天搓好的绳拴在牛鼻子两边的环上系紧,再把那两头绳在牛两个角上系紧。我好奇地问爸爸为什么要这样做呢,难道牛不痛吗?爸说:"牛的力气太大,鼻子上要是不穿上环,它发脾气了,是很难治住的。"

自从牛来到我家以后,爸爸要是忙或者上班没回来,我就跟姐姐争着喂牛。爸爸知道我喜欢牛,就把喂牛的经验告诉我,淘好草倒进牛槽里,撒点料在上面,用拌草棍拌匀。吃到最后要是剩下一点草再撒点饲料让它把槽里的草吃完。假如青草掺得多,就尽量少放饲料,别惯坏它。我只要放学回家,首先放下书包,第一件事就是拿淘草篮子装上麦草再放点青草,到家前面的河里淘草,淘好后倒进槽里,再把牛牵到牛棚里喂。铡碎的麦草要是没有了,爸爸就把铡搬到麦垛前,用手拽一堆估计够牛一个星期吃的麦草。然后把麦草用膝盖按住往铡刀口里送,我两手握住刀柄将铡刀高高抬起,再使劲往下摁去,麦草被齐刷刷地铡碎。爸爸一边续草一边教我怎么续草才不会碰伤手指:"村东头的小狗子就是不注意,被铡掉半截手指头,你看铡口外侧一寸左右有一个铁疙瘩,续草时手不要超过它,不然会很容易伤到手的。"一直把拽好的那堆麦草铡完,再把铡碎的麦草用篮子挎到偏房里放好才休息。以后要是草吃完了,爸爸不在家时,像续草这样的技术活,自然就落到我的身上了,妈妈或者姐姐负责铡草。

那时候家里穷,妈妈就用瘪豆子、瘪玉米和麦余子混合在一起机成面给牛当饲料。为了省点饲料,即使是下雨天,我们也要到地里割草。跟牛接触一段时间,我知道牛喜欢吃什么样的青草,因为牛吃到最后剩下的青草就是它不喜欢吃的,下次就不割这样的草。

牛非常通人性,我每次放学回来,它躺在路边,头对着我来的方向远远地看着,一双美丽的双眼皮,长长的睫毛下忽闪着一双黑亮的眼睛,仿佛在向我问候。我总会忍不住地跑到它跟前蹲下,给它挠痒,跟它说一说学习上遇到的烦恼,分享一些快乐的事情。到了星期天,我就会早早地起来,拿着镰刀,挎着篮子到芦苇坡割毛菇草和茅草，牛最喜欢吃这两种草了。

　　每到晚上，如果爸爸忙不过来，我就学着爸爸的样子用干草引火，再撒上潮湿一点的草混在一起，拿到牛铺里燃烧，熏起浓浓的白烟，让牛免受蚊虫叮咬。白天打扫牛铺，把垃圾和粪用篮子挎到离铺子远点地方堆起来。用碎草撒在上面，让黄牛睡得舒服一些。

　　到秋收时，小母牛的肚子渐渐地大了起来，爸还是让它拉庄稼、耕地，爸说："牛跟人不大一样，带犊的时候还是能干一些较轻活，这时候喂它的时候就得仔细点了，等牛吃饱后就要烧热水多撒点饲料在里面给它喝。"

　　过秋后，牛该歇息了，爸开始忙着给牛储备草料，首先把碎豆草聚在一起，再把干玉米叶和麦秸秆铡碎，这三种混合在一起放起来，作为牛冬天的口粮。妈妈没事时就去外面扫一些树叶，留数九严寒时铺牛铺用。河里的水结冰了，就打压井水淘草。淘草缸里的水，一天换两次。冬天白昼时间短，一天给牛喂两顿，其余三个季节一天都是喂三顿。冬天喂牛麻烦点，要是牛吃饱了，得烧热水给它喝。晴天，把它拴在门口晒太阳，牛躺在那里嘴会不停地咀嚼，听爸说那是倒草，书面语就是反刍。牛和羊一样，胃的结构不同，吃的时候是囫囵吞草，过后再返回来细嚼慢咽才能吸收消化。牛要是不倒草，就可能生病了。

　　时间过得很快，终于到了小母牛下犊的时刻，爸爸开始忙碌了。早起泡黄豆，磨成豆沫给牛吃，这种待遇只有牛下犊时才能享受到。又把牛铺打扫得干干净净。到了晚上，果真生下了一头小牛犊。小牛犊长得跟她妈妈一样是黄毛，纯色的，也和它妈一样憨态可掬。未断奶时很调皮，一会儿吃奶，一会儿抬头，东瞧瞧、西瞧瞧。偶尔还甩甩蹄子，吃饱了后高兴地跑到远处撒欢儿。有时头在地上使劲地拱几下，弄得满头是泥巴。疯够了，就摇摇头甩甩尾巴。要是听到妈妈的叫声，它会飞快地跑到妈妈身边，用身子蹭着妈妈身体撒娇。妈妈会用舌头舔着小牛身上的毛，那种母子深情，谁看了都会为之感动。

挖野菜

卜献华

野菜在我的老家邱庙乡到处都是，它们有着各自的形态和名字，灰灰菜、香荠菜、面条菜、芙苗菜、野苋菜、水芹菜、马齿菜……它们统称野菜。在食物紧缺的年代，野菜不仅充当副食品，更是救活了许多人的性命。

我小时居于乡间，挖野菜，是家常便饭。每年开春，一场春雨过后，大地便泛出嫩绿，紧接着树木、庄稼、青草，都努力向上占领着高空，野菜也不甘示弱，在麦地、路边、荒坡，它纤细的叶茎吃力而又奋进。我和家族里几个半大孩子一起，挎着腊条编的篮子，篮子里放一把小铁铲去挖野菜。有的孩子没有铁铲，就用锅铲或菜刀替代，反正挖野菜注重一个挖字，能向泥土里用力的工具才行，像镰刀、镢头这些农具，尽管锋利、铿锵，但绝不是挖野菜的好帮手。右手将铁铲挖进泥土，左手一提溜菜叶，一棵完整的野菜就离开了土地，有的根须上还沾着湿土，用手轻轻一甩，泥土便抖落下来，那白白鲜嫩的菜根就露了出来。

儿时记忆里，香荠菜是乡野随处可见的野菜，而且，它多生长在干硬得一滴泪珠落下去也能摔成八瓣的路边、田埂、河堤。在野菜中，哪怕在植物群落里，荠菜也是最低贱的野草了。它单薄瘦弱，比普通的草更普通，然而，就是这香香的荠菜，给我们贫血的童年带来不可缺失的食物补充和儿时的乐趣。

还有一种我们最常挖的野菜，叫面条菜，它生长在麦地里。每年春荒，麦子还没有成熟，囤里的粮食早已经见了底，母亲就会催促我赶快到湖里去挖野菜。我和小伙伴们深一脚、浅一脚地走在麦趟里，用手扒拉开麦苗，一株株面条菜露了出来。它瘦弱的茎让人心疼，那种纤细，不像是植物，倒像是一些植物的叶柄。它的叶也是一样的细瘦，长长的。也许是长在麦子下面的缘故吧，它的形状与面条真是名副其实。由于土地松软，挖这种野菜常常让铁铲处于无用武之地，我们只需要用手抓住"面条"儿，轻轻向上一提，它就变为我们篮中之物了。半天的时间，就能薅满满一篮子野菜。回到家里，母亲满心喜悦，把面条菜放进水里洗干净，有时直接跟面条一起下到锅里煮着吃，有时也会换着花样做给我们吃。她将红薯面发酵，加进切碎的野菜和盐，然后稀稀软软地团在手上，贴在烧开了水的大铁锅里，压成一个个满月般的饼子，口径二尺四的大锅一次可贴十二个。将锅盖好，再用笼布围于周边，不至于撒气。大火烧开，文火焖蒸，水渐少时停火、开锅，底面脆黄、上面松软的菜粑粑就熟了。一个个铲出锅，放在秫秸编的饼筐子里，那香味能传出去很远很远。我和哥哥们争抢着拣贴锅香脆的粑粑，咬一口，虽粗粝，却让正在长身体的我们一天天壮实起来。

挖野菜最担心的就是挖到有毒的野菜。最早下地挖野菜的孩子，回到家，篮子里的野菜要经过大人们的挑拣，然后才敢入食。大人们会一边挑，一边告诉你，什么样的野菜不能吃，渐渐地，自己就会积累一些经验。有时对一些把握不准的野菜，宁可丢弃不挖，也不敢轻易带回家中。像猫儿眼，一掐茎秆向外淌白水，有毒，不能吃。野芹菜，这是一种跟生长在水沟边的水芹非常相似的草儿，但它却不像水芹那样能够做成菜，相反，它含有剧毒，也叫毒芹、毒手。这名字一说出来，就令人不寒而栗。据记载，古希腊著名的思想家、哲学家、教育家苏格拉底就是被野芹菜夺去生命的。当时，他被雅典法庭以"侮辱雅典神和腐蚀雅典青年思想"的罪名判处死刑，他本来是有机会逃的，但他选择了服毒自杀，来维护法庭的权威。他在阐述真理之后，服用了一碗野芹菜汁，从容逝去。其实有些野生植物虽不能吃食，但可以入药，像鹅不食、猪耳棵，它们可以被医生用来悬壶济世，治病救人，它们一样是神圣的。

随着日子一天天变好，现在吃腻了大鱼大肉的我们，又特别渴望乡间的野菜了，饭店的野菜特别受欢迎。人们有时下乡办事或假期出行，也常常喜欢到田间地头，寻找一些野菜。

挖汪泥

赵秀永

说起挖汪泥，那是20世纪六七十年代的事情。那时土地瘠薄，又没有化肥，全靠人畜粪便和土杂肥。土壤中氮、磷、钾养分都缺，因此粮、棉、油产量很低。

俗语说："庄稼一只花，全靠肥当家。"农作物的生长缺少肥料可不行，当时村庄四周汪塘圩沟里的淤泥，经多年淤积沉淀沤制，就是很好的肥料。因此每到冬季农闲季节，组织人员挖汪泥，就成了生产队的一件大事。

挖汪泥的第一道工序，是组织人员用土在汪塘里打一道围堰，用作挡水排水之用。那时没有水泵，只好用绳索把水桶撬排好，拴四根绳子，两人一组把汪里水擢掉。歇人不歇工具，轮换班。那时无污染，汪塘里水清如镜，特别是靠近村庄的汪塘，水质肥美，鱼欢虾跳，待水擢完后还能逮很多的鱼虾，分配给社员。

挖汪泥的第二道工序是挖龙沟。水排完后，就要组织人员到汪中间挖一道水沟，把淤泥抛到岸边滤水，汪沟中间供控水排水，降低水位以利于抬汪泥。挖的水沟是长条状像一条龙，因此人们俗称为龙沟。挖龙沟可不是好活，那时候冬天气温正常都在零下十三四度，滴水成冰，加上生活条件艰苦，大部分人上下身都穿着没有衬衣衬裤的空壳棉裤棉袄。脚穿着烂棉鞋或毛翁，赤着脚没有袜子。掏龙沟都得赤着脚，卷起裤脚跳到水里。掏龙沟都选择在中午十二时左右，这时，气温略高。生产队会买几斤散酒，下龙沟的人每人饮一气，趁着酒性跳进齐腿深的淤泥中，寒气刺骨，疼如刀绞，浑身打战。当然干这种活都是党员干部身先垂范，榜样的力量是无穷的。笔者当年也是亲身参与者之一。天气那么冷，为什么人都愿意干呢？一是党员、团员和干部带头起表率作用，二是报酬高，掏龙沟属于加班，工分高，干一二个小时给十分，是平常一个男劳力一天才挣的工分。刚一下去确实冷，干了一会身子就暖和了。

挖汪泥的第三道程序就是组织人力，把汪泥抬上岸边空地，堆积、晾晒。

抬汪泥一般是五至七人为一组，一个人上掀，二至三副抬子抬。布的四角用绳拴成布兜子，二人用木杠抬着汪泥，上坡时前拉后推，配合默契。小组实行自由结合，一般是以家庭、家族、亲戚结合为主。当时实行按工效计分，组合好的出力出心，抬得多得的工分就多。

抬汪泥需要起早，因为早晨冰没化，爬坡容易。待到了上午十时天气暖和，冰冻开始融化，只好收工。下午二时再上工，一直干到天黑。抬汪泥是老少爷们、姊妹娘们难得相聚的场合。你说我笑，无话不说，诸如东庄的王姑娘不守妇道，西村的刘二打骂父母，北门的李伍偷小队的粮食被送进大牢……都是人们闲聊的话题。特别是那些能说会道的小伙子，见了俊俏泼辣的小媳妇趁机说些俏皮话、调情话，欢声笑语一片，热闹非凡。这里成了传播乡情、亲情、信息交流、新闻传播的大舞台。汪泥抬到岸上，由于天气寒冷，冻成一块一块像馒头形状，非常壮观。

由于汪泥富含有机物，所以到了秋季凡是上过汪泥的庄稼都长得很好，于是挖汪泥就成了当年改善农田养分结构的重要举措。

牛兽医

马香俊

牛兽医通常是通过祖传或者拜师学艺而成的，所以牛兽医一般出自某一个村庄。在九顶山南麓、渔沟与朝阳两镇交界处有一个韩庄，庄子虽小却出了几十名姓张的牛兽医。他们分别在朝阳、渔沟、高楼、下楼等乡镇畜牧兽医站工作。在灵璧县境西南角有一个顾家庄，鸡叫听三县。顾家庄出了几十名姓顾的牛兽医。他们分别在灵璧县娄庄镇、固镇县仲兴乡、埇桥区大店镇三个畜牧兽医站工作。此外，还有一些或大或小的牛兽医家族分散于全县各个乡镇。直到1965年，一些区举办了兽医培训班，例如，娄庄区兽医顾怀鹏在永定举办兽医班，培训约 20 名学员，才打破了民间兽医仅靠祖传师传的传统。1970 年和 1971 年两年，灵璧县"五·七"大学两届兽医班，以及 1976 年灵璧县"共大"一届兽医班，共培训约 150 名畜牧兽医人员，充实进各公社畜牧兽医站，在当时全县 300 多名畜牧兽医人员中占有半壁江山。1976 年，县畜牧兽医站、县食品公司分别举办赤脚兽医培训班，九顶公社农民大学开办畜牧兽医班，各地高中、初中实行开门办学也大多办起了赤脚兽医班，基本上达到每个大队有一名赤脚兽医。再加上几十年来从农业大学和大中专院校毕业的畜牧兽医科技干部，在全县畜牧兽医系统形成了高、中、低层次知识结构、相互融合的畜牧兽医队伍，这支队伍有上千人。

1949 年以前，牛兽医的社会地位低下，仅靠每年午季向自己经常遛乡的农户收点"牛头粮"以维持生计。牛兽医遛乡，有的骑着小毛驴，有的是步跑。其标志是在右侧前边裤腰带上系一个皮革囊。这个囊约一拃长，上窄下宽，由五层皮革缝制而成，中间一层皮革厚，两边各两层皮革薄，五层皮革形成四个口袋，在口袋里装着阉割刀、针灸用的针等，囊的外面套上一个黑色或者黄色的布袋子，在囊的上头扎上袋口。另外有一把切牲口蹄子用的铲，在手中拿着、肩上扛着或者在背后背着。农村人一看就知道牛兽医来了。当时人们尊称牛兽医为哑医先生，在先生的前面加上姓氏，喊作张先生、王先生、李先生等等。

1949 年以后，随着农业合作化运动，民间兽医也走上了合作化道路，各个区都组建兽医联合诊所。1963 年，党和政府把全县 100 多名民间兽医转为非农业户口，牛兽医吃上了令人羡慕的商品粮。但是人员工资仍然要靠收取牲畜保健费发放。收费标准是，每年每头牛、驴 1.50 元，每匹马骡 3 元。1973 年，灵璧县农林局把各公社畜牧兽医站的人事、业务、财务三项权力收归县局统一管理，全县民间兽医成为"三权在县"的大集体职工。1980 年经过考核，全县210 名兽医人员吃上了供应口粮，但不转户口俗称软壳本。1984 年又都转为非农业户口，把软壳本换成非农业商品粮硬壳本。由于县农林局切实加强了对基层畜牧兽医站的经营管理，使集体经济发展壮大。各公社畜牧兽医站纷纷迁新址、建新房，大多建起 10 间左右带走廊的砖瓦房。公社畜牧兽医站在社直机关中成了一个像模像样的单位，着实令人刮目相看。在县及各公社党委和政府领导的大力支持下，我县畜牧兽医战线推行家畜合作医、畜禽疫病防治技术承包和"五包一扶持"等制度，促进全县畜牧养殖业健康发展，先后获得全国生猪生产基地县、山羊板皮基地县和全省黄牛养殖先进县、畜牧业生产十强县等称号。

基层畜牧兽医站是一个独立的经营核算单位，负责全站在职兽医和赤脚兽医的思想政治工作、业务技术培训和经济收入分配。基层站设立兽医门诊部和黄牛冷配室。留有少数人员住站，大多数人员分工包大队，称为包队兽医，由站里发工资。赤脚兽医协助包队兽医工作，站里发给每人每月7元生活补助费。包队兽医的工作职责是：负责辖区内畜牧业生产统计、畜禽养殖技术指导和包防疫、包阉割、包修蹄、包诊治以及畜禽传染病疫情的及时上报。包队兽医的常用工具是一个针刀包、一支体温表、一个听诊器、一把注射器和一把修蹄铲等。他们骑着自行车，在辖区内走村串户，默默无闻地辛勤忙碌着。有人戏称包队兽医是"三不管四不像"，即县里不管、公社不管、大队不管，不像干部、不像工人、不像农民，也不像生意人。正是他们不论严寒酷暑，不分白天黑夜，也不畏风霜雪雨，在农村为生产队和农户饲养的畜禽防疫灭病，保障和促进了畜牧业的持续发展。

进入21世纪以来，党的改革开放政策惠及全国人民，下岗工人有了养老金，农民免交皇粮国税，还有多项补贴，农村的牛兽医也是喜事连连。2005年全县有66名在职兽医选聘为畜牧技术干部，吃上了财政饭；2008年全县有200多名退休兽医转入县社会保障局，按月领取养老金，实现老有所养；2014年农村赤脚兽医也登记上报，到了退休年龄，按工龄计算享受生活补助费。我有一位年近八旬的老朋友，他22年工龄，每月补助费440元，从前年年初开始领钱。他非常高兴地说："俺比大队干部退休领得还多。"

曾经有人嘲笑说："割猪蛋的牛兽医，还想吃财政饭？"结果竟然变成了现实。党和政府关心爱护农村牛兽医的各项政策逐步落实，还有不少出类拔萃的脱颖而出，走上各级领导岗位。

牛 屋

尤传化

牛屋在我的记忆里就是村东头一排土墙草顶的旧房子，有十来间，好像还有三间西屋。说是牛屋其实不光有牛，还有骡、马、驴等牲口。牛屋不高也不宽敞，设施也很简陋，除了中间摆放一排石槽外，还有挂在北墙上的料笆斗、牛套、驴套、经绳等，紧挨着饲养房的是锅屋和草屋。牛和驴因为习性不同，全是分开饲养。骡、马则被称为大牲口，因生性刚烈是在西屋单独喂养。

那时候因为我们是比较大的生产队，共养有六七头牛，三匹马，一匹骡子和两头驴。每头牲口根据它的习性和外观皮毛不同都有它们的绰号，什么花老犍、大牯牛、白脑盖、黄牤牛、独眼龙、老牝牛、大刀坎、骢白驴、枣红马、白蹄骡子等等。它们的分工也有不同，牛因为有耐力用于耕地和耙地，骡、马因为速度比较快用于拉车和耩地，驴则因为小巧温顺用于拉磨磨面。

牛屋门口有一口硕大的淘草缸，不仅供牲口饮水，而且上面还横放一根棍子支撑着一个铁丝编的淘草筐，供喂牛时淘草滗水用。

牛屋前面是一片打麦场，每到午收时节，牲口们拉着石磙，发出"唧唧唧唧"的声响，混合着吆喝的号子，别提多热闹了。场两旁堆有几垛又高又大像圆房子一般的麦草垛，是为牲口们储备的冬天饲料。

牛屋的东旁是一排柳树，是牲口们夏天乘凉和春天晒太阳的好地方，粗糙的柳树皮被牲口蹭得滚光溜滑。

每到春季花老犍懒洋洋地侧卧在树下，安逸地闭上眼睛，不停地倒草，嘴巴上泛起了白沫，舌头一伸舔一下又缩回去。老牝牛浑身油黑像披了件黑绸子外衣，饲养员对它格外照顾。它可是有功之牛，今年又产出一头活泼可爱的小牛犊。你看，小牛犊在母亲身边窜来窜去，欢蹦乱跳地玩耍，有时窜到老牝牛肚子底下，习惯地用嘴顶一下老牝牛的奶头，然后大口大口地吸着奶。老牝牛则不停地舔舐着牛犊身的绒毛，好一幅温馨的乡村图画。

到了夏天，柳树下牛蝇嗡嗡地飞着，牲口们没有这么安逸了，不停地摇头晃脑，尾巴也要甩个不停。骡、马、驴还不停地抬起蹄子顿顿地，就像每天和蚊虫、牛虻做着生存游戏。

牲口们经过一个秋天的辛勤耕种，都有些体乏身瘦了。到了秋后该给它们加料添膘了。这时候，饲养员要从仓库里领来一大笸斗黄豆送到锅屋来炒制。每次炒黄豆，那浓浓的炒香味，弥漫了半截庄，诱惑着我们这帮馋嘴的孩子。我们一定会瞅准饲养员回家吃饭的机会，迅速脱掉身上的棉衣，麻利地一缩身从牛屋窗户钻进锅屋，快速偷上几把料豆，一口气跑到村外的大沟沿没有人的地方，一粒一粒地享用，那种滋味别提多解馋了。

冬天一到，牛屋便热闹了起来。牲口们也时不时地"哞——哞——"或"咏——咏——"地叫上几声，好像欢迎我们似的。牛屋特有的混合味道好像大家都已经习惯了，从来没有人说难闻的。吃过晚饭，大伙陆续过来了，不知谁先到的，早已经点起了油灯生起了火。大锅里的热气弥漫着整个牛屋，显得更加暖和。牛屋里没有凳子，大家都习以为常，自觉地坐在铡过的草堆里。铡过的麦草一寸来长，柔软光滑而且带着特殊的草香味。年龄大的则蹲在锅门口，悠然地吸着烟袋。中年男人则习惯地用舌尖舔着即将卷成的锥形纸筒，边卷边沾沾自喜道："尝尝你的烟叶。""小广播"开始讲今天的新闻了，哪个生产队里草驴下个骡驹子，哪个队里牤牛两天不倒草了，哪庄的牛屋失火烧死一头大水牛了，昨夜里有人看见谁家坟头蹦出鬼火了，北湖乱坟岗又扔死孩子了……大家一面听，一面你一言我一语地议论着，我则被吓得拉着大人的衣后襟，往草堆里钻。一会儿队长来了，说些在公社开会的内容，什么防火防盗、扒河倒垄的任务等。于是又听大家议论一番。队长接着说，最近下雪了没事干，明天咱们请个说书的来牛屋唱几场大鼓吧，听得大家一阵欢喜。

第二天晚上，牛屋更加热闹了。草堆里、锅门口都挤满了人，只见唱书人在中间支起了鼓架子，一手打起了钢板，一手扬起了鼓槌，叮叮当当、砰砰咚咚地开始唱了起来。说到兴奋时，"呼"的一声站起来手舞足蹈，唱到伤心处大家又跟着眼含泪花。我们小孩子听不懂，不一会就趴在草堆里睡着了。说书人要一直唱到大家打着哈欠慢慢地散去才算作罢。就这样一唱就是十天半个月。唱的都是什么《王华买爹》《三下陈州》《郭举埋儿》的故事。说书人走后大家好像意犹未尽，还要议论好多天书中的人物和剧情。

随农业机械化的全面普及，耕牛已无用武之地了。消失的牛屋也成为我们对那个年代的记忆了。

货郎挑

尤传化

20 世纪七八十年代前，物资匮乏，商品流通不畅，乡下便有一种特别受人们欢迎尤其招我们小孩子喜欢的行业——货郎挑。

货郎挑，我们这里则习惯称之为换荒挑。货郎大多为中老年男子，穿戴一般不太讲究，肩挑扁担，扁担一头是个大木箱或一铁丝编制的货笼，另一头是个大箩筐。进村以后，货郎一手扶着扁担，一手举起喝郎鼓"嘭嘭——"摇起来，嘴里配合着鼓的节奏不停地吆喝着："有绳头子、棉套子、小孩不戴的破帽子，拿来换针换线换梨膏糖喽——"随着吆喝和鼓声，不一会工夫就会聚拢一群人来，我们小孩更是积极地钻到里面，眼馋地瞅着货笼里好玩和好吃的东西。

透过玻璃或铁笼罩，我们能看到里面摆放的各种物件：鲜艳的头绳、皮筋、发卡、松紧带、雪花膏、棒棒油、针锥线团、梳子篦子等。最吸引我们的是放在大玻璃瓶里的梨膏糖、乒乓球般大小的米花糖、一吹就响的泥哨子、透明发亮的琉子、五颜六色的花棒棒，还有一点就响的擦炮、摔炮等等。货郎一定会一边拿着诱人的商品演示，一边示意我们快回家拿些破烂废品来兑换。女孩子们则喜欢发卡、头绳、雪花膏等，她们特别爱拿着小巧玲珑的圆镜子，搔首弄姿，爱不释手。中老年妇女则在讨价还价，换些针线、顶针、包网子之类的东西。她们有时候还会半真半假地调侃货郎，向他讨饶两根大针，货郎会极不情愿地说道：不行，不行，小买卖折本了，要不你再给拿把头发来吧。就这样在说说笑笑中交易完成了。

这时我们小孩子一定会迅速从家里东翻西找些什么破绳头、牙膏皮、破鞋底、碎布条来，恳求货郎能多给几粒梨膏糖。货郎还会怂恿我们再回家多找些破烂来，换个竹喇叭啥的，他一边教我们怎么吹，一边催促我们快回家再寻找破烂。最后大多都是大人们出面解围。货郎临走时一定会向我们说，攒好破烂下次来再换好玩的。就这样，我们好像特别听货郎的话，每逢星期天都会去捡些破烂藏起来，盼着货郎再来。

货郎走村串户居无定所，饿了有的吃点随身携带的干粮，有的就地讨口饭吃。当然有时他也会给主人几根大针作为报酬。晚上，货郎就住在草庵牛屋之类的地方，随处栖身。长大了我才明白我们这里为啥管货郎叫"换荒挑子"了，那其中的辛苦和艰辛，真是一言难尽，确有换货逃荒之意。

货郎挑是中国一个古老的传统行业，它见证了乡村发展的历史。货郎走村串巷给千家万户带来了方便，更给我们童年带来了无尽的快乐。

换大米

陈长柱

20 个世纪 60 年代至 90 年代，皖北主产山芋、玉米，产量高，人们的口粮略有富余，但是没有种水稻的。苏北种稻子，但产量低，口粮短缺。皖北人需要部分大米充作细粮，苏北人需要部分粗粮补充口粮不足，所以两地的人们就自发地做起了互通有无的交易——换大米。

因为苏北缺口粮，苏北人就主动到皖北来，以大米换取玉米或白芋干子回去做过冬的口粮。人们通称这些苏北客叫"换大米的"。

苏北人经营"换大米"可分为两个阶段。第一阶段：60 年代至 80 年代，那个时候主要是为了养家糊口，补充家庭口粮的不足。第二阶段：80 年代初到90 年代后期，就属于盈利性的商业活动了。

80年代以前，市场还没有放开，国家政策紧，从苏北到安徽一路上严查投机倒把的关口众多，所以那些家庭缺粮的苏北客，拉着大米来皖北都是昼伏夜行，等到了目的地，即下了马路，分散到乡下去交易。

当年皖北的各乡镇都有打击投机倒把办公室，俗称"打办室"。"换大米"如果被打办室的人逮住，所有换来的粮食就会被充公，最起码也会被强行平价卖给粮站，这样，苏北客全家的冬季口粮就算没了。所以当年"换大米"的都要躲开打办室的人。

当时的交易方式，基本上都是以物易物，各作各价。大概一斤大米能换三斤白干或两斤玉米。

这种地下交易偷偷地进行了近20年，直到市场开放了，这"换大米"的才算公开合法。

进入80年代，农村实行了家庭联产责任制，土地分到户。皖北的粮食产量猛增，人们的生活水平提升了，对大米的需求量也随之增大，这时候苏北就产生了一批从事"换大米"的专业户。

开始时仍然是一个人拉着平板车小打小闹经营，慢慢地就用毛驴代替了人力，再往后更是用上了手扶拖拉机或三轮车。"换大米"的这会可真的算是一个行业了。

随着集市贸易越来越繁荣，我们皖北的集市上就出现了专营的粮油店。"换大米"的生意慢慢地就被这些粮油店抢了去。

时至今日，这"换大米"也如很多消失了的行业一样，成为人们一个永恒的记忆。

泥囤子

朱现凤

泥囤子，顾名思义，就是用泥巴做的囤子，留作盛粮食用的，20世纪五六十年代，在农村，几乎家家都有这东西。

做泥囤子，也是个技术活，不但泥要和得对劲，而且做出的泥囤子要美观有形。开始，有人是净用纯泥做，这样的囤子易烂，后来为了结实耐用，就在和泥时放些麦草，这样做出的囤子不仅样式好，而且结实得多。

泥囤子不是一下子就能做好的，要几道工序。首先是先在地上做个锅拍大小的底子，安上三只小腿，做好后放一段时间，等底子干后，再把它翻过来，三只脚朝下，再由底子的边沿一层一层地向上堆泥巴。等堆到三分之一时，再放一段时间，等干后再继续堆，直到最后收口。但每次堆好后，都要趁泥鲜的时候，用手里外糊平，这样做好的泥囤子，就会显得光滑漂亮。

再后来，为了大而轻便，又能多装粮食，就有人用拉条编个如囤子样，然后用麦糠和泥糊上，这样晒干后就更好用了。

记得那时候，家里有两个泥囤子，虽然囤子不太大，但我很少见里边粮食满过。有一次春节前夕，父亲蒸年馍，有玉米面窝头，有白干面窝头，还有几块白面馍。蒸好后父亲将它放到泥囤子的最下面，不知是为了防老鼠，还是怕我们偷吃。有一次睡到半夜，我实在忍不住饥饿，就趴在囤子上，手尽力地伸下去，终于够到一块白面馍，就一口一口地啃起来。虽然馍馍冻得咬不动，每啃一口都会有深深的白印子，但我仍如获至宝，吃得津津有味。直到如今，我都忘不了那馍的香甜味，当然这样的偷吃，是免不了会被臭骂一顿的。

现在，生活条件是前所未有的丰富了，每餐不但有可口的饭菜，而且每天都是白面馍馍做主食，但就这样的生活，怎么也吃不出原来的那种麦香味。我想，这可能是人的食欲在作祟。在饥饿的年代，吃什么都是那么的香，现在肚里不缺粮食了，吃什么好象都少了食欲，有时真怀念当初吃泥囤里馍馍的那种香味。

　　由于泥囤子是泥做的，很容易受潮，所以一般用不到几年，底下的三个小腿就会受潮烂掉，这样一个泥囤子，通长寿命也只有不到十年时间。

窗　户

晏金福

　　站在宽大明亮的落地窗前，仰视漫天星斗，俯瞰万家灯火，近在咫尺的新汴河上，稀稀疏疏的几点渔火，像瞌睡人的眼。

　　旧时，我们农家的房子，严格地说是没有窗户的。每家只在向阳的地方留一个洞，平时可以透点儿光，天已冷，就用柴草堵上，屋里就漆黑一团了。

　　1967 年夏，我 27 岁，大学毕业已经一年多，该结婚了。可是令我犯难的是，结婚后住哪儿呢？家里只有四间老屋，两间堂屋父母和两个弟弟住着，两间偏房，一间烧锅，一间支着一盘大石磨。可那老屋，让我住我也不住，因为它没有窗户。

　　我借来平板车，顶着大太阳，到一公里外的土塘里拉筑墙的土。借来锯子，到自家承包的树上锯檩条棒，去自家的苇塘里割芦苇扎把子，苫屋的麦草也是自家现成的。新房盖好了，六七平方米的屋，屋山头留了个高两米宽一米的大窗户洞。听说我要装玻璃窗，谁见了我都摇头，说："那还够小孩砸的！"可是我还是坚持我的。

　　窗户洞留好了，可是东南西北四集却买不到窗户。一次从合肥回来，在固镇下火车，在去汽车站时路过铁木业社，看到了一合窗户，楠木的，做得很刮净，已经穿好了钢筋，只是没有玻璃。我当时就眼睛一亮。一问价格，15 元。这可是个不低的价格，要知道我那时的见习工资只有每月 42.5 元啊。可是我咬咬牙，买！工人热情地给我找了一根绳子和一截棍子，我就背着这扇窗户和简单的行李，兴高采烈地奔向汽车站。

可是，到了汽车站，人家却不让我上车。为什么？那时没有我们现在的大客车，而是用卡车蒙上帆布代替客车，你一扇窗户要占多大地方，人家怎么会让你上。看着心爱的窗户，我铁了心，背，我也要把你背回去。我硬是背着这三四十斤重的窗户和十几斤重的行李，走了两天才回到家。窗户安上了，我又专程到灵璧县城划了八块玻璃，于是我梦寐以求的玻璃窗就做成了。

在这间7平方米的小房子里，我一住就是四年多，开始是两口人，后来是三口、四口、五口，虽然很拥挤，但是我感到很温馨，心里很敞亮。就是因为这扇窗户。

后来，实在住不下了，我就搬到汪南盖了三间土墙瓦顶的房子。房子是明二暗一的格局。最西头一间是我的卧室，中间用的是实山。在屋山头装玻璃窗已经令乡邻们无法理解，这次，我又做出了一个在他们看来更大胆的举动，除了在前面留了两个大窗户，在卧室后墙也留了一扇同样大的窗户。我的想法很简单：前后都留窗户，通风透光，住着舒心。可是在他们眼里，却近乎大逆不道：自古以来，哪有在后面留窗户的？也难怪，他们生活的年代，大部分是兵荒马乱的年代，盖房首先考虑的是安全。再说，他们大多不识字，又不看书写字，屋里要那么亮干什么？我就不同了，我是我们村乃至我们那一带第一个大学生，我和他们的理念、需求都不一样，因此当这村上第一扇屋后的玻璃窗出现的时候，才会遭到那么大的非议和责难。

现在，你再到我们庄上看看吧，年轻人走南闯北，既挣了钱，又长了见识。他们建起的一栋栋小洋楼形态各异，美观大方。那样式，那豪华，让城里人都自愧弗如。每栋房子，无论前后，都留着宽阔高大的窗户。那低矮无窗的房子已经很少了，只有那些年迈的困难户还住着。

一扇小小的窗户，充分反映出时代的更迭，折射出人们观念和心灵的变迁。

偷　瓜

韩　英

仲夏的夜，没有一丝风，星儿无精打采地眨着眼，蝉儿躲在大树深处，心烦意乱地声声嘶鸣。我和小伙伴小丽每人手里拿着个破瓷缸，围着大树前后左右地转悠，正在仔细地寻找结了龟。

这时，我看到一个黑色的小疙瘩，正像趴在树上的结了龟，心中一阵窃喜，伸手就去捡，突然"啊呀"一声大叫，一下子扔出去好远，原来并不是结了龟呀，而是一个肉乎乎软绵绵的小癞蛤蟆。本来就怕蛤蟆的我，这一下吓得不轻，半天没有回过神来。小丽被我这一声大喊，也吓了一跳："干吗，一惊一乍地，吓了我一跳。"我这才渐渐镇静下来，苦着脸说："我刚才摸到了一个小癞蛤蟆，肉乎乎软绵绵的，吓死我了。"小丽哈哈一笑："一个小癞蛤蟆也能吓成这样，胆小鬼。你摸到多少'结了龟'了？""别说了，最多十来个，这儿好像被人家摸过了，找不到了，我们回家吧。"我沮丧地对小丽说。小丽翻翻眼皮，看看天："现在回家有点早，家里热得很呢，要不，我们去偷西瓜吃吧。"

"偷西瓜？"我突然觉得很可笑，对小丽的突发奇想感到不可思议，"到哪儿偷西瓜？要是被人发现，不揍死你！"小丽诡秘地一笑："告诉你，我白天割草的时候，在三队的那片棉花地里，发现了一片西瓜秧，里面肯定有大西瓜，白天我不敢偷，现在天黑了，没人会发现，走，我带你去！"嗯，三队可是我们这个小村落里生产搞得最好的生产队，那小菜园子经营得远近闻名，西瓜、小香瓜也种得好，经常看到他们成车成车地拉到集上去卖，我们这些小伙伴那看着真是眼馋嘴也馋呀。这么热的天，要是有西瓜吃，也不错。于是动了心，跟着小丽，蹚过了小水沟，鬼鬼祟祟地直奔三队的那片棉花地。

趁着夜幕掩盖，胆子好像也大了起来。尾随着小丽，一头钻进棉花地。从来没有干过这事的我，吓得心突突直跳，两腿发软，说话嘴唇都直打战。小丽看来是轻车熟路，转过脸来，压低声音说："跟我来，还在里面。"事到如今，我也不管这么多了，糊里糊涂地跟着小丽，弯着腰向棉花地深处钻去。终于找到了那片西瓜秧，小丽立即蹲下来，慢慢摸起来。我吓得左顾右盼，生怕被人发现。这下可好，小丽西瓜没有摸到，却摸到了我的脚。我正心惊胆战，突然脚被轻轻摸了一把，吓得"啊呀"一声，转脸就跑。小丽一把拉住我："干吗，你这胆小鬼！下次再也不带你来了。"我这才定了定神，壮了壮胆子，跟着小丽继续向里摸。

走着走着，小丽不见了，四下里都看不到她的影子。这下坏了，棉花地里，漆黑一片，又闷又热，我一下慌了神，带着哭腔压低声音喊："小丽，小丽。"却不见小丽的回声，心中更加慌乱，莫不是小丽被人家发现，当贼抓起来了，要不就是遇到"毛人"，被"毛人"吃了。母亲经常告诉我，小孩子晚上不能随便出去，那"毛人"，红眼绿鼻子，四个毛蹄子，只要看到小孩，上去一把抓住，就吃了。这夜深人静的，我越想越害怕，想哭又不敢哭。我正在焦急地呼唤小丽，忽然，一束手电光直直地射向我的双眼。我慌忙用手遮在眼前，这一惊，却突然来了勇气，没好气地嚷嚷："干吗，你谁？"眯缝眼睛仔细一看，来人却是小伙伴二丫。二丫走近前来，阿芳鬼鬼祟祟地跟在后面，躲躲闪闪地，一看就感到很好笑。二丫走到我跟前，神秘兮兮地问："英子，是你，你也来偷西瓜呢，摘到了没有？"我这一听，满心的委屈都涌了上来。我这是偷瓜吗？一个西瓜皮也没见到，却一场连一场虚惊，气就不打一处来："小丽带我来的，哪有什么西瓜，都被小丽骗了，也不知她跑哪儿去了。你们呢，该不是也来偷瓜的吧？"二丫嘿嘿地笑："我白天割草从这儿过，发现这里有西瓜秧，以为有西瓜，晚上就和阿芳一起来了，哪知一个瓜也没有，秧子都蔫了，白跑了一趟。"我一听，心里顿时好受了许多。

这时，有人影从棉田深处钻了出来，二丫用手电一照，却见是小丽。她弯腰弓背，抱着一个大"冬瓜"走来。看那冬瓜沉沉的，足有十来斤重。阿芳眼尖："咦！小丽，我们怎么找了半天也没找到，你在哪摸到一个大西瓜？""那是西瓜吗？我怎么看是个大冬瓜。"我很怀疑，这怎么能是西瓜呢，明明就是个大冬瓜呀。二丫说："你不懂，这是改良的西瓜，好吃得很，鲜甜鲜甜的，瓜籽也少。"小丽气喘吁吁地把西瓜交给阿芳："你们这些人真笨，还想偷瓜，大西瓜都在棉田中间，你们在地头转悠，能找到西瓜？还有英子，又笨又胆小，下次再也不带你来了。"我被说得无地自容，比偷瓜还丑。

我们摸索着从棉田里钻出来，蹚过水沟，越过小路，迅速跑到一片田埂上，那里还放着我和小丽装着"结了龟"的破瓷缸子。几个小伙伴，连累带吓，气喘吁吁，小丽一腚坐到田埂上，再也没有了说话的力气，阿芳连人带瓜滚到了田沟里，也不想动了。倒是我和二丫突然来了精神，我说："带回家吃呗，在这儿也没有刀切呀。"二丫说："你懂个啥！不能带回家，大人要是看到了，会打我们的。"二丫说着话，用眼向四周瞅瞅，发现身后有一个小石块，一头还带着尖，立即拿过来，在大西瓜上划了几下，有了裂口然后再用力掰，还是掰不开。小丽这会儿歇了过来，爬起来，一手按住西瓜，用膝盖抵住，抡起右拳对着大西瓜"啪啪"就是两拳，西瓜顿时开了几瓣儿，露出了鲜红的瓜瓤。二丫拿起来，一人一块，鲜甜鲜甜的瓜汁，凉滋滋地流进了每个人的口里。

月亮渐渐偏西喽，田野里也有了习习的凉风，我们一边美美地吃着西瓜，一边"咯咯"地笑。笑声越过田埂，在静静的田野里飘散。这一幅图片就永远定格在我的脑海深处。

捅马蜂窝

程大康

小时候家里住的是草房子，房子四周都是树。到了夏天，屋檐下、墙角里、厕所里、树丫上，到处都能看见马蜂窝。听说马蜂是益虫，马蜂窝药用价值也很高，可惜那时不懂事，不知捅了多少马蜂窝，捅掉的马蜂窝拿回到家趁着大人不注意扔进锅底烧了。烧起来"嗞嗞"响，里面的幼蜂都被烧死了。其实，人不招惹它，它也不会主动攻击人。

第一次捅马蜂是在厕所里，窝不大，我趁着马蜂不在把它弄掉了。感觉没什么事，马蜂也没有来找我的麻烦。接着又捅掉几个，偶尔也被蜇过，当时痛死了，我就用马齿苋的叶子搓出水擦在上面，很快就止痛消肿了。因为经常干，所以掌握了不少捅窝的经验。马蜂窝不大时，马蜂很少，可以从容地用长棍捅下来。晚上马蜂栖身在巢内，不太活动，此时灭蜂效果最好，且没多大危险，所以一点都感觉不到害怕。

有一回，在我家猪圈墙角上看见一个马蜂窝，有很多马蜂飞进飞出，嗡嗡作响。我虽说胆子大，但窝大，自己不敢。有几次想捅掉，拿着长棍在那站了好久，最终还不声不响地退了回来。那天，实在忍不住了，我把想捅掉马蜂窝的事告诉妈妈，想让她帮助我，妈妈不同意，说："太危险了！"可我每天看着它愈来愈大，非常担心，要是妈妈喂猪不注意被蜇了怎么办呢？我暗下决心：一定要铲除它！

过了几天，我准备等到半夜马蜂完全归巢时，用化肥袋子包住蜂窝，再把它摘下。我把想法告诉了伙伴，伙伴们不愿意，说："太黑了，夜里看不见，只能白天捅。"第二天下午，家里大人不在，我穿着长裤长褂，戴着帽子、手套，穿上胶鞋，用围巾把脖子围起来，拿着长棍和伙伴们去了。靠近马蜂窝时，我有点犹豫了，那个窝太大。可是我在他们跟前夸过海口，不能退缩呀，只好硬着头皮走到跟前，开始行动了，那两个伙伴站在远处给我助威。

正当三伏天，天气特别热，穿着这一身就更热了，加上紧张，我浑身是汗，抬起头注视马蜂窝，里面有不少马蜂，它们好像没意识到侵略者来临，还在窝前嗡嗡地飞来飞去。我拿着棍用力一捅，蜂窝里飞出一群马蜂。我害怕了，战战兢兢地又捅了一下，马蜂窝还是没有掉。汗像雨水一样往下流，我感觉耳朵好像被蜇了一下，受好胜心的驱使，我当时没感到痛，一心想："非捅掉它不可！"这时，所有的马蜂都飞出来了，外出的马蜂好像也飞回来不少。前后受敌，一大群马蜂发疯似的围着我嗡嗡叫，让我毛骨悚然，汗水流进眼里也顾不上擦。突然，我感到透过衣服又被蜇了一下。我吓死了，接着腿上、头上，火辣辣地疼，整个身子都有被火烧的感觉，我扔掉棍子赶紧逃，愤怒的蜂群紧追不舍。我想喊伙伴叫人来救援，一看，他们早跑光了。没办法，我只有跳进离我家不远的池塘，蹲在水里。过了一会儿再抬头看，直到没有马蜂才敢上来。

当时只顾逃命，还没感到怎么疼，回家把湿衣服脱掉，才看到耳朵、额头、大腿被蜇的地方红肿起来。妈妈知道后一边骂，一边用清水和醋给我洗伤口，又用棉球蘸了白酒涂抹，不一会儿，红肿就消退了一点，可还是痛。第二天，肿好多了，但没法走路，好几天才痊愈。从那以后，我再也不敢乱捅马蜂窝了。

听大鼓

王　舟

过去，农村孩子最快乐，那时作业少，因大人们多忙于农活，疏于对他们的约束，有大把大把的时间可供挥霍。女孩子跳皮筋、踢毽子，男孩子则丰富得多，如爬树、掏鸟蛋、打卡片、推铁圈、摔泥凹、斗鸡、粘知了、下河洗澡摸鱼等等，而我还有一大嗜好，就是听大鼓书。

大鼓书场一般设在河畔，时间多在春、夏、秋三季，从草长莺飞至黄叶飘零，每到逢集时，说书先生便在清晨如期而至。他们都是先支好鼓架，架好大鼓，右手拿一拃把长的鼓槌，左手执两片半月形铜板，咚——咚——咚——叮——叮——叮——的声音便传得老远，不一会那些剃了光头的老头、晒得黝黑的青壮年、流着鼻涕的小孩便三三两两纷至沓来，可谓少长咸集。待到人头攒动，围坐一圈时，说书先生见人来得差不多了，便拿起一只用罐头瓶外套塑料皮筋改成的茶杯，轻呷一口，"咳"的一声清下嗓子，先来个开场白："天也不早了，人也不少了，该来的来了，不来的拉倒了，上回说到……"说的什么书我那时并不知道，大略可以听出是打仗，或行侠仗义之类。但见他摇头晃脑，表情夸张，或低沉，或高昂，忽而怒目圆睁，忽而眉头紧锁，舒缓处如和风细雨，信步徐行，紧张处似弓在弦上，千钧一发。向上一指，一拍大腿，口喝一声"呋"，便觉得直上云霄，向下一指，似感到遁地无形，向前一指即为日行千里。说到战场厮杀，似听到人声鼎沸，战马嘶鸣，刀枪剑戟相互碰撞相击，铿然作响，只杀得天昏地暗，日月无光。若说到侠客比武，少林、武当、八卦、太极、峨眉，黑虎拳、窝心掌、地躺拳、扫堂腿，各施其能。忽而"白鹤亮翅"，忽而"泰山压顶"，闪转腾挪、蹦纵跳跃，说得唾沫横飞，鼓点和着夹板便疾骤起来，边说边唱，待到紧要处，老少爷们正支耳倾听之际，先生忽然一停，卖起了关子，于是他那年轻貌美的老婆便拿着铜锣开始收钱。说书先生五十来岁，老婆仅三十有余，细皮嫩肉，走入场内，并不言语，我一看收钱的来了，马上两眼望天，视若无睹。好在她看是小孩，也不强要，便转向那些光头老头、黝黑汉子。老头们嘴里咕哝着："这才多会，关子卖得有点快了吧！"抠抠搜搜伸出两指，从口袋里掂出一张两张皱巴巴的分票往铜锣里一放，黑汉子们直勾勾盯着说书老婆看了好几眼，才掏出钱一掷。钱收了一圈，大鼓便继续开说。

有了人气就有了生意，说书先生卖关子的时候，小商小贩便挎个篮子，弓身在人堆中低声吆喝："花生、瓜子、转莲……"不过那时口袋大都比脸都干净，偶有一分两分，便可以犒劳自己一下。转莲瓜子两分钱以上才用秤称，买一分钱的小贩图省事，便让我们抓，抓多少算多少。我每次都尽量张开五指，用力一抓，本觉满满的一把，可大部分都从指缝漏出，最后只剩下手心的一点。好在小孩子好哄，依然屁颠屁颠地边听便嗑，吃得满嘴生香。

听了几年书，只是图个热闹，其实并不知道先生说的是什么，就像有的人你经常见面却叫不上名字。有几次去得早，先生正在看一本书，见到我们就急忙收了起来。有一天，我和同学又早早地去赶场，不知为何只有先生一人，老婆不在身边。一见我俩，便远远地招手："来，来，来，那两小孩，帮我看下包！"话音刚落，便三步两步窜进旁边茅厕。我们平时都是"蹭书"，一见说书先生老婆来收钱，心里不免惴惴。今天算是给先生帮了忙，听的就理直气壮些。那天先生可能是闹肚子，蹲了好久也没见出来。我俩坐了一会，便觉不耐烦，正好没事，不如看看先生包里有什么东西。打开一看，有一账本，记录着每次收入的几元几毛几分，对此我俩并无兴趣，见包里还有本书，一看是《三侠五义》，于是我俩便交替"放风"，一人看一气。看了不知多久，正入神之际，"放风"的同学一声咳嗽，我急忙回过神来，手忙脚乱地收拾好。见先生一脸蜡黄，满头是汗，快快地问一句："你俩没翻我包吧？"我俩忙不迭地说："没有没有，我俩老实待着呢！"说来也巧，那天说的书正好是我看到的那段，听着听着，满心疑惑：怎么和我看到的不一样呢？后来明白了，先生是按照书里的大致情节来说，其余都是自己演绎的，原故事只是几片菜叶，先生加满水，再添油加醋，做成了一锅汤。

听书没花钱，挨打也是"免费"的。我们学校离大鼓书场近，一放学便直奔去了。那先生每次都说得勾人心痒，心与腿为仇，心想走，腿却迈不开步，听了一关还想再听一关，如此往复。我娘一看快一点了，我还没回家，急得到处找。找到大鼓书场，一看我蹲在那里像石猴般听得正入迷呢，不禁怒从心生，一把拧住耳朵，拎着便走。耳朵便像火钳夹的那般痛，要不是我中途逃脱，一路就被打惨了。

后来到了城里读书，大鼓书就再也没有听过，一去不复返的还有那美好的童年。30 年过去了，咚咚的大鼓声仍萦绕在我的梦里。

张营街上的凉粉摊

卜召军

张营街位于灵璧县高楼镇以北四公里，坐落在张营村的中心位置。而张营村则位于皖苏两省交界处，与江苏省睢宁县仅一河之隔。历史上曾短暂隶属江苏睢宁县管辖，1949 年后划归安徽省灵璧县高楼镇至今。

张营村是由南瓦房、南小宅、东小庄、北门口、南门口、北小庄、小新庄等自然村组成。这些自然村呈放射性，如同众星捧月一般，围绕着中心街组成了皖东北最大的村庄——张营庄。张营庄人口高峰时期已近万人。由于人口众多，历史上早已形成以张营街为中心的物资集散地，张营街集贸市场也因此远近闻名。

张营街每十天逢四个集，周围几十里路的农民都会在农闲时节，将自己积攒下的农副产品拿到集市上出售，换取生活用品或生产资料。

　　那时候街面不是很宽。南北约三百米，沿街路面用青石板铺成，大家习惯称呼为石板街。街两面店铺林立，店铺的格局也大致相同。高不过三米，都是清一色的棚板门，其中有一块门板上方，留有 20 厘米见方的小门洞，相当于过去医院取药的小窗户大小，可能是方便用来与外界联络的吧。店铺有大小之分，每间门面大概有三米宽，均是前店后坊格局。一般的商户都是两间宽门面。只有富商或当地的财主，才会拥有更多的铺面。张营庄大财主张维固，当年在张营街盘据着染坊、粮行、酱园厂等数十间店铺，解放后人民政府收归国有，交付供销社使用。财主家的老宅子也分给了学校。我的小学和初中就是在这个学校读完的。

　　每到逢集日，这些店铺都早早开门做生意。记忆中有很多铁匠铺、木匠铺、银匠铺、中药铺等老字号。这些老铺号都位于中心街的主要位置，也就是中心地段。而在中心街的两头有牛市、猪羊市、粮行、糠行、柳编行等。人来人往十分热闹。但是，逢集日最热闹的地方不在中心街，而是在街北头荷花塘周围。荷花塘不算很大，沿岸柳树成荫。搂抱粗的大柳树依水而生。偶遇发大水的时候，有的树就被泡在水中，大水下去以后，由于根部泥土流失，整棵树干都会向荷塘内倾斜。夏日里，孩子们都会坐到这些斜树干上听书、玩水。

　　靠近荷花塘东边是说书场。书场很简陋，是露天的。说书的人找一棵大柳树，树荫下支起大鼓，听书人围着说书人席地而坐，这就算书场了。荷花塘的西面就是学校，这是一所不完全中学。据说原来的书场是设在学校院墙外面的，因为逢集时说书人太多，太嘈杂，大鼓扬琴难免影响学生上课。后来校长出面协调，这书场才搬到荷花塘对面了。那些杂耍艺人和小吃摊也围绕在荷花塘周边：油条、烧饼、油茶、水煎包等小吃摊依次排列，那香味着实让人流连。当然，难免也有些卖大力丸的江湖郎中混迹其中，耍点小骗术。小贩们各种叫卖声不绝于耳，热闹非凡。但是最让人难以忘怀的还是夏日里的凉粉摊。每到逢集便是卖凉粉的日子，大大小小的凉粉摊布满了整个荷塘沿，这塘沿边自然也就成了小吃一条街。

　　大傻是我小时的同学。我们俩同乡不同村，他长我 2 岁，可我们却是同年入学，他十来岁的时候，个头在我们班是最高的一个。于是班里有什么体力活，像搬桌子擦黑板之类的事都让他干。他经常因为贪玩忘记了交作业而被老师提耳朵。又因他名字叫大山，大家都喊他大傻，久而久之大家都忘记他的真名了。大傻其实很机灵，并且动手能力很强。记得四年级的时候，学校办公室的钟坏了，校长急得团团转，找来初中部的物理老师，摆饬半天也没能修好，体育课，大傻偷偷跑到办公室，将物理老师拆下的七零八落的挂钟零件组装起来，居然修好了！为此物理老师受到大会表扬，而大傻却因为旷课被体育老师提耳朵。做好事不图名，被误解不争辩，类似这种情况发生在大傻身上很多。就这样"大傻"的绰号就被彻底做实了。

大傻的父亲从他爷爷那里继承了烀凉粉的技术，他们家的凉粉远近闻名。我因为和大傻同桌，又是好朋友，所以每逢星期天，大傻都会把我拉到他家里玩，免不了要喝上几碗凉粉。记得有一次，大傻趁他父母下地干活的时候，在他家门前支起凉粉摊，学着大人卖凉粉的样子，真的"卖"起了凉粉。

只见他戴顶草帽，肩上搭条手扶子（毛巾），把集市里卖剩下的凉粉坨放到粉案上，然后一碗一碗地盛好，浇上佐料拌匀，大声地吆喝着：

凉粉……喳牙凉粉……

这一声吆喝不要紧，招来了邻居家十几个小孩，半坨凉粉瞬间被"卖"光。

张营街凉粉摊模样独具特色。

包子铺和油茶摊都是半边篷；烧饼炉和油鬼锅都是油布伞。只有这凉粉摊最为讲究：一般凉粉摊都是由伞篷和粉案上下两部分组成，摊篷的上部分选用两根羊角粗细的柆条树干，斩头去尾取中心段，浸入池塘污泥中沤半个月，捞出后去皮磨光。然后在中间的位置钻孔打眼作伞径备用。另备一根洋槐木做伞杆，下端安装上两齿钢插，上头一端撑起一块四角伞布。这伞布也是用桐油浸泡，呈灰褐色，不仅挡雨，而且十分耐磨。伞下置一粉案，这粉案长约一米，宽约半米，高一米多，分上中下三层。像这样的凉粉摊，以张营为中心，周围各村聚集着上百家，但每家每户的制粉工艺和口味是有差别的。

张营街凉粉的制作工艺十分讲究。

凉粉是需要赶集的头一天晚上烀好的。而且烀凉粉是个慢功细活，同时也是个力气活。首先要选择上好的粉面，这粉面是用产自当地的山芋磨制而成。烀粉前先将粉面放入大号陶盆内浸泡，其间要不断更换清水数次，以去除粉面中杂质和酸味。然后女主人点燃锅灶，大火将水烧到半开状态（约80度），男人们将浸泡好的粉面和成稀粥状，慢慢倒入锅中。边到边用擀面杖搅拌，而且搅拌不能间断，如果搅拌不匀，炸的凉粉就会夹生。同时需要烧火人的配合，火大了，就会粘锅底，火小了，炸的凉粉不能成型，而且容易产生气泡。所以，炸凉粉要一气呵成。待搅拌到擀面杖可以竖立在锅中央不再倾倒的时候，说明基本可以出锅了。这时候女人麻利地去柴熄火，将早已准备好的黑色陶盆端来，把锅内炸好的热粉浆一瓢一瓢盛到盆里自然冷却。这时侯，一锅凉粉就算完工了。

通常这一整套程序下来，鸡已叫头遍了。做凉粉的人家收工以后，整个村庄才算进入静音模式。

这时，男人们会检查自家的院门，甩掉大裤衩，去水缸里舀一瓢水，劈头盖脸冲下来，就算洗完了澡。然后搬一张软床（是用细麻绳穿做的单人床，可坐可卧。一般夏日里放到树荫下乘凉用），装上一袋旱烟，侧卧在软床上，大口地吞着烟雾。浓浓的焦油味和着这夜半的凉风，渐渐地带走了一天的疲惫，这可能是那个年代乡下男人最享受的短暂时刻。女人们一边收拾着小院，一边归纳着凉粉摊的用具。皎洁的月光洒满土灶小院，整个农舍弥漫着乡土气息。

赶集天是最忙的天。夏日的集市赶早不赶晚，这是凉粉摊的习惯。太阳不出，女主人就要起床准备早饭和中午的干粮，男人们要收拾凉粉摊的所有物品和食材。那时候凉粉摊赶集是没有车用的，全靠一担挑。几盆凉粉分别放在前面粉案隔层上，担子后面还要放置布伞、马扎及水罐子等用具，结结实实地总有上百斤。当然，这挑担子的活显然都是男人承担的。长期从事体力劳动，练就男人们一身虎劲：无袖坎肩敞着扣子，厚厚的垫肩刚好围扣在脖子上，下身阔腰裤子只有七分裤腿，可能是为了干活方便灵活吧。女人的装束基本都是丝光蓝大襟褂子，紧紧地裹住上身，头上顶一块方巾，手里通常拿一把蒲扇，一路小跑跟在男人担子后面。这情景定格在那个久远的年代，也永远定格在我们的记忆中……

大傻的父亲也和众多凉粉摊一样，逢集的日子都会老早撑起凉粉摊。十多个灰白色的油布方伞围绕着一塘莲藕，映衬着满塘荷花，虽没有柳永笔下的东南形胜，却也洋溢着乡土味的繁华。那一顶顶方伞，不仅用来遮风挡雨，更是撑起了数代淳朴农民，对美好生活的追求和向往，同时也承载着这皖东北特色小吃的世代传承。

张营街凉粉味儿让人难忘。

这凉粉除了在制作工艺上有着极严格的要求以外，其佐料的配制也是十分讲究的。制作佐料的食材是取产自当地的紫皮大蒜，加上半块生姜一同放进蒜臼子里捣碎成泥。然后按一定比例兑入小麦醋、甜油（生抽），并且要现吃现制。这佐料看似简单，其实正是这单纯的味道凸显出凉粉特有的口感。不像现代人的小吃，除了杂七杂八的佐料味以外，忽略了主材的存在。

装凉粉的碗是当地瓦罐窑烧制的土陶碗。黄褐色，掌心大小。一二十个碗洗净后浸入凉水罐中拔凉备用。摊主在卖粉之前，要将凉粉坨倒扣在粉案上，用特制的凉粉搜子，一边蘸水一边将凉粉搜成细细的扁条状，接着再从蒜臼子中舀一小勺调制好的佐料批上。当然芝麻油是免不掉的程序。遇到熟人常客，摊主的香油瓶，自然会多甩两下的。但我每次喝凉粉，大傻都会背着他父亲，给我多放些香油的。

夏日里赶集的人交易完自己的买卖，骄阳下饥渴难忍，这凉粉摊当然是最好的去处。五分钱一大碗，二分钱一小碗，他们放下手中的扁担和箩筐，接过凉粉，或蹲或站，也不用筷子，一仰脖，呼噜呼噜，三口两口一碗凉粉下肚，那才叫一个爽！后来我才明白，当地人为什么不叫吃凉粉，而叫喝凉粉的缘由了。

凉粉——喳牙凉粉——！

这一声声叫卖，从大傻爷爷的爷爷那个年代，一直传至今天。也许你有咖啡，也许你有奶茶，但都取代不了这碗软糯丝滑、酸辣可口的凉粉！

那年夏天，我父亲的历史冤案终于得以平反，并恢复了工作。我也将随父母离开了张营庄，离开我的学校，离开我童年的玩伴大傻。

那是一个星期六的上午，也是这个学期最后一天，老师布置完暑假作业，就宣布放假了。我因下学期要转学，老师退了我没用完的学杂费。

记得那天刚好是逢集日，我急不可待地跑到中心街的文具店。那是我和大傻经常光顾的小店，橱窗里陈列着许多我们想买的文具。大傻说过，放暑假和我一起去捡知了壳，换了钱就买金星钢笔，每人一只，他想选那只紫色的。

我还记得，大傻接过钢笔时的眼神；我还记得，他为了送我几条鲫鱼，钻进荷花塘摸鱼时的样子；我还记得，每到夏日里，他都会拉着我，去他父母的凉粉摊，让我喝个够。

从那以后，我告别了大傻，也告别了我的童年。

我和大傻一别就是几十年。

去年春，无意间看到一篇散文《父亲的凉粉》，文字间描述的情景正是我少年时代的记忆。我试着和作者联系，终于找到了大傻！

原来大傻毕业后去了部队，第二年，参加了对越自卫反击战。在一次执行任务中受了伤，所属部队授予他二等功。退伍后被安排在南方一城市工作，并在当地娶妻生子。因此我们一直未能见面。几年前他父母相继去世。由于美好乡村建设的发展需要，大傻家的老宅需要动迁。所以我和大傻约定，在今年夏天，同回故地。一来帮助大傻搬迁叔婶留下的旧房子，二来还想去张营街喝一次凉粉，找回我们童年的记忆。

但是一个月前，我接到大傻家人的电话，大傻病了，很重。

十天后，我再一次接到电话，大傻走了……

清明前，我驱车前往张营村，将大傻家祖传三代的凉粉摊捐给了当地一家农具博物馆。

2020 年 6 月

来之不易的铁环

曙 光

小时候，在我们那条街，数我最顽皮。顽皮的程度简直到了"作恶"的地步。

那些年，小孩子并不缺少童年的乐趣，可以玩的游戏有许多，诸如踢毽子、丢沙包、跳皮筋、打老翘、老鹰捉小鸡、藏老梦等等。男孩子最喜欢玩的一般要数斗鸡、打卡片和推铁环了。推钩和铁环几乎是每个男孩子的随身装备，我爸看我盯着别人的铁环眼馋，就用 8# 铁丝给我圈了一个，并给我整了一个像模像样的推钩。从老爸手里接过这套装备，我就迫不及待地玩起来。因为铁丝做的铁环比较细、比较轻，并且上面有接口，总是不能正常推行。玩了半天，累得精疲力尽依然推不好，一生气把那铁圈子摔了很远。

后来向小伙伴取经，方才知道人家那铁环是木桶上面的铁箍。我们家住在城里，一直都使用自来水，从小没有见过木桶，苦思冥想，忽然记得在舅姥爷家见过。于是，在一个周日，央求奶奶带我去舅姥爷家。奶奶知道我一向最怕走亲戚，这次突然主动要去平时最不喜欢的舅姥爷家，感觉有点怪怪的，但还是经不住我的央求，一大早便领着我去五华里外的舅姥爷家。

到了那里之后，我就如小侦探那样，眼睛贼溜溜地四处捕捉木桶。经过不懈努力，终于在他们家锅屋一角的水缸边找到了一只木桶和一只铁桶。趁着没人看到，我悄悄地把那只木桶拎到房子后面的小树林里，然后再潜回房内，好不容易找到一把斧头。

那时候我只有 7 岁，个头小体力弱，虽然有一把利斧，无奈那潮湿的木桶固若金汤，任我竭尽全力砍剁，那个木桶除了在地上随意滚动以外，根本奈何它不得。正当我愁眉苦脸无计可施时，一旁突然窜出一个胖小子，个头比我高半截，张口就问我在干吗。我没有多想，就指着那木桶的铁箍跟他说，我想要那个。看他块头蛮大的，就央求他帮忙。那小子倒是没有拒绝，只是有一个条件，木桶上的两个铁箍必须分他一个。

事已如此，我也没有别的办法，只好答应他，便把斧头递给了他。那小子冲掌心啐了口吐沫，接过斧头对着那木桶狠砍了几下，那只木桶就四分五裂，两个铁箍活蹦乱跳地滚了出来。我上前抢到上面那个大一点的，也不管丢在地上的斧头，一口气跑回了家。

我这一跑不要紧，奶奶连同舅姥爷家那边整整一庄人全都出动，把整个村庄翻了个底朝天来找我。据说那年头经常有"老拐子"出没，我奶奶因为没有找到我，回到家里就瘫倒了，失魂落魄地说："刚子（我乳名）可能被'老拐子'拐跑了。"我爷爷和爸爸妈妈听了，惊慌到了极限，一边赶去报警一边喊亲友全城搜寻，尤其是车站和路口，随处都是盘查找我的人。现在想来，那时候自己真的像通缉犯了。

我得了那个铁环，在路上选了一根小树权，开始学推铁环。没想到这玩意儿真的好学，凭我这么聪明，不到十分钟就已经驾轻就熟。接着我就开始学花样玩法，就是找一些石子在路上每隔一步依次摆开，推着铁环走 S 路线，用最短的时间穿过所有的石子。随后，我又玩起了高难度，推铁环上 45° 的陡坡，后来增加到 60°，成功率超过了 88%。由于是刚入手的宝贝，我爱不释手，玩得不亦乐乎，以至忘记了时间。一直到傍晚，眼见天快黑了，作业还没有完成，就悄悄地溜回了家里。家里大铁门是锁上的，按照我当时的个头及麻溜身手，不费吹灰之力就从铁门上的摇头翻了进去。进了房间后，开始规规矩矩地写作业了。

或是因为推铁环玩了一天，太疲劳，作业不知道写了多点儿，就趴在桌子上呼呼大睡起来。

正当美梦做到高潮时，一下子被奶奶拥在怀里。她老人家又是气又是哭、又是爱又是怜地把我搂得紧紧的。听她那语气，万幸，刚子没有被"老拐子"拐走。我心里想，凭我这么聪明，我不把"老拐子"拐走就万幸了。随后，爷爷和爸爸妈妈他们赶了回来，都长舒一口气。接下来，妈妈问我这一天去哪里了，好孩子是不给妈妈撒谎的，我如实说了木桶和铁环的故事……

天！刚刚还满满爱心的奶奶此刻暴跳如雷，把我摁倒在地，扒下我的裤子，抢起鞋底就"噼里啪啦"地给我执行一次家法。晕哦！我抗议！电影里不是说"坦白从宽，抗拒从严"吗？为什么说了真话、老实交代了还要遭受严刑拷打？！

算了，为了心爱的铁环，这点皮肉之苦算什么，哈哈！

据说，第二天一大早，我奶奶就去了舅姥爷家，用 10 块钱（这可是我们家一个星期的生活费啊）买了一只铁桶送了过去。从那以后，我奶奶再也不带我去舅姥爷家了。

那个来之不易的铁环，我用它来跟小伙伴们一起玩耍，还参加了校运会的推铁环花样比赛，并且拿了个第一名，奖品虽然只是一个书包和文具盒，但那可是我生平斩获的第一项大奖，为此，我骄傲哦！

井

卜献华

每一个村子的水井都是有身躯、有眼睛、有灵魂的。我老家的水井掘在村子中间，像一座村子鲜活的心脏，它甘甜的井水是润泽人们生命的源泉。

井的身躯是站立起来的一脉清流，周围石壁黝黑黝黑，井口用四块条状青石，围成边长一米的正方形。从上面向下看，井的脸庞像镜子，照着天空白云，照着俗世百态。粗心的人将井沿上一粒石子碰落，那光滑的镜子便立刻不复存在，叠起的涟漪如连绵花纹，向四周荡漾。站起来的井是一种深入，也是一种悬挂。它将岁月的久远和醇厚储藏进去，石头上挂满的绿苔，记录着村庄悠远的历史和年年岁岁水升水落的往事。

村子里的人早起第一件事，就是挑满一缸清清凉凉的井水，一家人一天的吃饭、喝水、喂鸡、喂鸭、喂猪就全靠它了。男人们干完活回来，扯起水瓢，舀满水，一昂脖子，"咕咚咕咚"喝下去，满身的疲劳就被冲洗去了一半。女人们烧火做饭、洗洗涮涮，时时刻刻离不开水，新媳妇上门第一天，都要拿起扁担和水桶，到井沿先挑回一担水，才算过了公婆这一关。姑娘出嫁，临上轿，娘总忘不了端来一碗水，让闺女喝下，意思是记住爹娘，记住这片水土养育的恩情。是的，一口水井，对于一座村庄是多么重要。

我小时候下放到农村，住在生产队牛屋附近。我的三大爷给队里喂牛，每天天不亮起床，担满整整三大缸井水，东方才现鱼肚白，接着他还要淘草拌料喂牲畜。三大爷在庄子上是提水技术最好的，当时，农村使用的都是大木桶，一根扁担两头铆着铁链，链子下面连着铁钩，钩在木桶梁子上。打水时，扁担上铁钩系着木桶放进井里，木桶比重轻，浮在水面，打水人只能靠双手握紧扁担，在水面上优美地荡出一条弧线，木桶借助惯性正好底朝天，然后顺势一扣，清凉的井水就装满了整整一桶。不太会打水的人，只能凭着力气硬向上拎，我的三大爷却能根据杠杆原理，只需提上两把，就弓起腿作支撑点，把扁担放在腿上，用很小的力气压低扁担长的一端，水桶便直升到井沿，转个角度，水桶便稳稳落在了青石板上。他把扁担往肩上一放，直起身板，大步流星回走，扁担跟着脚步的节拍，在肩上颤颤悠悠。当年，那些上海下放的知识青年，为了学会这门技艺，天天跑到井沿边，观摩我三大爷提水、挑水这一连串熟稔的动作，还专门绘制成解析图，到底也只学会个七八成。

村子里的人，如果不会挑水，是让人瞧不起的。小孩子长到十四五岁的样子，全家挑水的重担就落到他的肩上了，有的家庭缺少劳动力，孩子承担的活计会更早。邻居家的女孩名叫粉面儿，因为家里没有男孩，就早早地辍学在家干活。她还不到十三岁就学着到井沿打水，木桶放进井里，桶漂在水上，急了，就用扁担压木桶，好容易盛满水，铁钩却与桶梁脱开，眼睁睁看着一只木桶沉到井底。那天，粉面儿被她娘打得鼻子都出了血。

记忆中的碎片一点点变得模糊、淡化，这些都是很久远的故事。如今，我的老家都安装上自来水，年久日深，水井早已废弃，但我始终相信，在我们的脚下，有一股甘甜的水脉在流淌，喝过井水长大的人，谁能忘记大地深处那一脉清流呢。

骂街的丑剧

陈长柱

20世纪六七十年代，骂街，在我们皖北农村很常见。就是一些年轻或年老的妇女没有目标而又似有所指的胡嘞乱骂。

骂街是愚昧、鄙俗的表现，随着社会文明程度的不断提高，骂街现象已基本绝迹。

早些年，我们禅堂湖这一带，如果谁家少了小东小西，感觉又不像远处的贼偷的，怀疑是附近人干的，这家主妇就会出来骂街，出一出心中的恶气。

那时，我家对面一河之隔的河东，有一朱姓家的媳妇，性格泼辣，特会骂街。她家只要少了东西，包括她认为鸡窝里少了一个鸡蛋，就会大声吆喝，然后就开骂。就是这位老朱家的媳妇，因为骂街，闹了两次笑话，一次差点倾家荡产，一次自己打了自己的脸。

有一天，老朱家又丢东西了，老朱家媳妇先是大声吆喝一会，就一边找，一边开骂了。边骂边走，离家越来越远，一会就走到了我们河西。咱河西人热情，就围上来问个缘由，这朱姓家媳妇就对围上来的人介绍丢东西的经过。正在唾沫横飞地说着，只听有人高喊，失火啦！众人一看，是朱姓媳妇家的方向。这朱姓媳妇先是一愣，然后就撒腿往家里跑去。原来是她出来骂街找东西，忘了弄灭锅底下的火。火掉下来，引着了锅门口的柴火，又引着了大秫秸秆编的隔墙，一下子着大了，亏得众人救得及时，两间屋烧了半间。这次骂街损失大了，这娘们被她家老头狠狠地揍了一顿，好久没听她骂街。

还有一次，这女人说她家丢了一只老母鸡。找了一天也没找到，这次她沉住了气，直到天黑没见到鸡回窝上宿，她才确定老母鸡是真丢了。第二天一大早，她弄好锅底下的火，就踏上了骂街之路。这次她骂遍了禅堂的"老街筒子"（整条街的意思），直骂了三天，也没把鸡骂出来，更没有把小偷骂出来。半个多月后的一个暖洋洋的中午，她突然听到有老母鸡的"咯咯"声，还伴有小鸡的"叽叽"声。她出得门来，一眼看见她家的那只老母鸡，竟然带了一群小鸡回来了，原来这母鸡是藏匿起来抱窝去了。

从此，这朱姓家的媳妇像换了个人，再不骂街了。

看电影

王 舟

我家住在禅堂街，禅堂街人好热闹，每逢结婚、生孩子或过寿，总喜欢包两场电影与乡亲共乐。

街北头有个棒行，放电影的地点就选择在那，有电影看的日子就像节日一样，乡亲们都提前几天奔走相告。放电影那天，我总是草草写完作业，胡乱扒几口饭，便直奔棒行而去。先到的用粉笔画一个圈，表明已经有主了，就像虎豹撒尿做领地标记一样，然后各自找乐，女孩们多跳皮筋，男孩斗鸡、打架、爬墙什么都干，反正精力就像充电，累了稍休息几分钟便又"满血复活"。

小贩们摆好桌，放盏煤油灯，再摆上几塑料袋花生、瓜子、转莲和一小包螺丝糖，就在那守株待兔，小贩儿女也帮着看摊子，时不时捏上一两颗瘪了的转莲嗑，现场做充满诱惑的广告。倘若有一两分钱便可买一点，围观的小伙伴们每人按照关系的亲疏分几粒，没有的话便咽着口水跑得远远的。

那时禅堂街有个疯子王贵征，也喜欢凑热闹，手拿一根上端带杈的木棍，着一身四季不换、补丁像叠罗汉分不清颜色的百衲衣，蓬头垢面，一身骚臭。小伙伴们倒不嫌弃，一见便近前围观。待王贵征木棍一举作势要打，便四处跑开。稍后又重新聚拢，如餐桌上的苍蝇，赶走了又来。王贵征有一大嗜好：每当讨得一两分钱便去小卖部买酱油，然后将打进破碗的酱油仰脖一饮而尽，接着在那吧唧嘴慢慢回味。小伙伴们见了无数回了，等到酱油喝完也就在嬉笑声中一哄而散。

天黑的时候，本街及附近乡村的人携家带眷纷至沓来。放映员先将几米长的黑边白银幕四角拴在两侧大树上，架好机器通电后进行调试，先吹两下话筒，说明今晚电影是某家有何喜事包的，然后电影便开始放映。原本喧闹的电影场立刻鸦雀无声，那时不明白为什么从机器的小孔里射出来的光柱投到白布上就成了有声有色的画面呢。有的小孩好奇，便站起来看，身影立刻映遮在屏幕上，马上遭来怒斥声，被斥者慌忙坐下，周围小伙伴讥笑声一片。

电影以国产战斗片居多，如《地雷战》《地道战》《南征北战》《董存瑞》《闪闪的红星》《小兵张嘎》等，故事情节有时候觉得大同小异，好多时候都是军民在白色恐怖中先经过艰苦卓绝的斗争，或伤残，或被捕，或被敌人围困，食不果腹，衣不遮体，而革命斗争意志岿然不动，到了最后紧要关头，总是苦尽甘来，大部队来了，"嘀嘀嗒"冲锋号一吹，我军从四面八方潮涌般冲杀上来，敌人或死或伤或跪地缴枪投降。虽然情节无数次重现，观众却依旧群情激昂，叫好声一片。小孩子们也会跟着欢呼雀跃，最惊悚刺激的莫过于反特片。

每当看到《黑三角》里卖冰棍的老太婆独自一人关在小黑屋里擦枪的镜头，都会觉得毛骨悚然，还有把电台放在假腿里的特务，给人印象深刻。回家后便在心里排查，揣摩哪个凶巴巴的老嫲嫲可能是特务，家中柜子里会藏手枪。还有村东头补鞋的瘸子也许有电台，夜深的时候会给台湾发报。最催人泪下的莫过于《苦菜花》，每次都看得周围的中老年妇女不知甩了多少鼻涕，流了多少热泪。还记得有部译制片，片名忘了，不过有割鼻子和在屠宰场里枪战的片段记忆犹新，等到屏幕上出现个"完"字时，老少爷们先后起身拎起板凳，在一路电影剧情议论声中各回各家。

看了几年电影，一直顺顺当当，有一年寒冬却出了意外。那天不知是加放了一场电影，时间太晚，还是身体不舒服，反正是不知不觉睡着了。半夜冻醒，揉眼一看，片场空空如也。月色迷蒙，难辨东西，心里就有了些惶恐。只好睡眼惺忪，壮着胆子往前走，到了与家相似的房子后推开门，见有一张床，合衣盖被，倒头便睡。不知过了多长时间，便意袭来，憋了半天无法再忍，只好起床撒尿。借着月光，看到窗下影影绰绰似乎有件东西像尿罐，没及细辨，脱裤便呲，一会就尿满了，正要上床睡觉，忽听到后屋有窸窸窣窣穿衣的声音，接着有灯渐近，一老头推门进来，相视愕然。老头问："你是谁家的孩子，怎么跑到我鞋壳里撒尿？"我一看可不是嘛，怪不得那么快就尿满了。自知理亏，低头不语。老头叹口气说："走吧，带你找家去。"快到桥头我二叔家的时候，看到二叔在门口提着灯在和几个人大声议论，好像是商量到哪找我的事。我一喊，二叔喜出望外，问清缘由，向老头连声道谢，后把我送回了家。

还有一次，隔壁坏小子偷偷地告诉我："今晚有《大闹天宫》，可别告诉其他人哦。"说完挤眉弄眼，意味深长地笑了笑。我从傍晚起连跑了几趟都没人，到了晚上九点多还闹着去看。我娘说："哪有什么电影，你看左邻右舍都在家。"我执拗地非得去看不可，我娘气急了，牵着我的胳膊说："我现在就带你看看，等会挨揍好不觉得亏！"到了电影场，哪有半个人影？我娘言出必行，回家后果然兑现了一顿打。

后来到了城里，看电影都在电影院看了，再后来有了录像机、VCD、电脑，看电影就更方便了，一样的电影，不同的是看电影的心情。

时钟可以回到原点，只是再也回不到昨天……

逮 鱼

姚红远

我的童年曾在老家度过一段时光。那是一个小村庄，人们平时洗衣淘菜都是到村东头的池塘里完成。每天都有不少女人挎着篮子领着孩子到池塘里洗涮。我和妹妹也时常跟着妈妈到池塘边玩耍。有趣的是在女人们淘菜的时候，就会有许多小鱼儿游过来吃漂浮在水面上的烂菜叶子。鱼儿们摇头摆尾的样子很可爱，我和妹妹看着那些小鱼，既开心又眼馋，缠着妈妈要吃鱼。妈妈经不住我们的纠缠，回到家后，找了一个竹篾编制的篮子，上面蒙上一层从废旧蚊帐上剪下来的纱布，然后再用细麻绳绕篮子一圈把纱布扎在篮子上。在纱布的中间挖一个拳头大小的洞，再在篮子边上拴上一条长长的绳子。这样，一个简易的捕鱼工具就做好了。

到了傍晚时分，妈妈带着我们来到了池塘边，这时池塘已没有了人迹。妈妈在篮子里放了一些馍渣、菜叶等鱼儿爱吃的饵料，又在篮子里面放了一块砖头，然后把拴在篮子上的长绳的另一头交到我的手上，嘱咐我拽住。妈妈提着篮子走到池塘下面，把篮子放在水面上，用一根长棍将篮子推向鱼儿最爱出没的水域，看着竹篮渐渐沉入水底，妈妈从我手中接过绳子，拴在池塘边一个裸露的杨柳树根上面，然后对我们说："走吧，孩子们！明天早上我们再来。""真的能逮到小鱼吗，妈妈？"妹妹那双天真无邪的眼睛里透露出一丝好奇。"那当然了，鱼儿和我们家宝贝一样都是小馋猫，肯定会上当的。"我和妹妹都欢呼了起来，"噢，噢，明天就能吃到鱼了！"夜里，我做了一个梦，梦见篮子里装了满满的鱼，而且都是我最爱吃的大鲤鱼，活蹦乱跳的，非常喜人。

第二天，天刚蒙蒙亮，我和妹妹就爬了起来，跟着妈妈来到了池塘边。妈妈刚刚解开拴在树根上的绳子，我就一把抢了过来，迫不及待地拉着绳子，眼看篮子离我们越来越近，激动人心的时刻马上就要到了，我的心提到了嗓子眼，随着泛起的一片水泡，篮子终于浮出了水面，当我看到篮子后，心却一下子凉了半截，哪有什么大鲤鱼啊！都是一些不起眼的小鱼小虾，和我梦里见到的情景大相径庭。妈妈看到我失望的表情，笑着说："怎么了？"我噘着小嘴说："我还以为能逮到大鲤鱼呢！都是一些小鱼小虾，害得我白开心了一晚上。""傻孩子，用这种土办法只能逮这些小鱼小虾，没关系的，妈妈回家用油炸给你们吃。"虽然是小鱼小虾，数量倒不少。妈妈把它们掐好洗好以后，放上作料，再蘸上面，放到油锅里煎炸，顿时小小的厨房里飘满了诱人的香味，惹得我口水不由得顺着嘴角流了下来。

那是我平生第一次吃油炸小鱼，当时的感觉，好像是世上再没有比它更好吃的东西了，以至于到现在我还不能忘怀。

杀年猪

晏金福

小时候，每到年关，最喜欢的就是看杀猪。只要听说谁家杀猪，我总是不顾严寒，早早地爬起来，跑到那家门前等着。

那时，俺庄只有一个杀猪匠，叫晏朝响，论辈分，我该喊他爷爷。他老人家个子不高，瘦瘦的，眼睛老是红红的，烂着，以至于后来读鲁迅的《药》，一读到红眼睛阿义，就老联想到他老人家。

不要看老人家其貌不扬，可是那杀猪的本领着实了得。远远的，他来了。挑着担子，一头是长条案子，一头是长木桶，木桶里放着刀、刨、钩等工具。来到门前，挑子一放，就让主人把预备好的开水放到木桶里。然后让主人把猪从圈里赶出来。他跟在猪后面，突然一弯腰，抓住一条腿，手一拧，就把猪掀个四蹄朝上。膝盖往猪肚子上一跪，腾出手来，接过主人递过来的绳子，三下五除二就把猪捆好了。招呼人帮忙，把猪抬到条案上，拿过长长的尖刀，对着猪的脖子，一刀下去，不仅刀和把全没了，就连他的手都好像进去了不少。只见他的手一抖，很快拔了出来，手和刀都在往下滴着血，而猪的脖子，血就像喷泉一样，"咕嘟咕嘟"地喷到主人准备好的大黄盆里。一直尖叫的猪，只能慢慢地哼哼了。渐渐地，哼哼声越来越小，那血也喷得越来越少。

终于，猪不哼了，血也停了。这时，老人家就抓起一只猪腿，用刀割一个口子，再拿过一根细长的铁棍，从口子遍捅猪的全身各个角落。铁棍抽出后，老人家一面使劲地从口子往里面吹气，一面让别人拿着棒槌捶打猪的全身。老人家的脸憋得越来越红，猪也越来越胖，最后猪鼓得像个气蛤蟆一样，老人家才把那只吹的蹄子用绳子扎起来。这只蹄子我们管它叫吹蹄，据说催奶效果特好，民间有一句俗语："吹蹄子通草通，大姑娘吃了奶也惊。"老人家招呼人一起把猪抬到木桶里，抓住两只后腿，只翻了两翻，就不顾水烫，抓过刨刀，"哧啦哧啦"刮起来。不一会儿，黑黑的猪就变得白白的了。又招呼人把猪抬到条案上，就看到他拿起长刀，"滋啦"一声，猪就被开了膛。他把刀往嘴里一衔，两手一掰，就从猪肚里抓出一块膘油来。他左手拿出刀子，右手早把那块冒着热气的膘油塞进嘴里。小小的我看得直恶心。

那时，杀猪是免费的，只是中午管顿饭，再送点头蹄下水给老人家。这头蹄下水，现在是价格高于肉的稀罕物，可那时，却是谁都不想买的便宜货。

我们小伙伴喜欢看杀猪，也是有所图的，最想得到的是那个猪尿脬，回家可以吹气当气球玩，也可以灌满水玩。可是一头猪只有一个尿脬，很少得到，有时还有大人要，据说可以用来装酒。我们最多能得到的就是一个猪蹄甲。如果能抢到一个猪蹄甲，就会央求老人家给一点点猪油，然后拿回家去，放一根棉花捻子，晚上点亮了，可以到处炫耀。

现在，生猪集中屠宰，又有了科学的杀猪法，杀猪匠也就完成历史使命了。

翻单被

晏金福

我刚刚搁下碗，弟弟就从兜里掏出他那黑不溜秋、粗细不一，还有许多疙瘩，用我们的话说，像长虫吃癞蛤蟆似的线来，说："哥，俺俩翻单被吧。"我说："行。"

翻单被是我们小时候常玩的游戏，因游戏的起始形状是个长方形，类似于单被而得名。此游戏只需两个人，工具就是一根长一米左右的线。把线的两头系在一起，做成一个封闭的缳。开始是一个人用双手把线缲成平面的单被状，另一人用双手接替缲成另一形状，如此交替进行。开始是比较简单的平面，后来就是复杂的立体形状如四支网、房子、乱劈柴等。正常情况下，每次交替都会出现一个新的形状。可是如果有人弄错了，就会出现两种情况：一种是直接缲开，成了游戏开始前的圆缳；一种是线纠结在一起，根本缲不开。如果是平顺的线，游戏会玩得很快。可是弟弟的线不好，所以我们过每一关，都要缲几下，玩得很不顺畅。当弟弟该翻乱劈柴时，手法明明是对的，可是线的疙瘩搅在一起，总是缲不开。弟弟恼了，猛一使劲，"啪"的一声，线断开了。

"你这弄的是什么线，不玩了！"我生气地说。"新线妈妈不让使，这都是她拆棉衣的旧线，我结起来的。"弟弟嗫嚅地说。"妈妈那么辛苦，当然不能用她的线。你就不会自己捻一点！"我继续训斥他，他说："线砣子我都拧不转，怎么捻呀。"我说："你就是个吃货！我替你捻。"

我找了一小疙瘩旧棉花，从妈妈的针线筐里拿出了线砣子，很快捻起来。我是捻线好手，捻出的线粗细均匀，筋道也正好。不一会儿，一根一米多长的线就捻成了。弟弟高兴得直跳，我刚捻好，他就迫不及待地抢了过去，飞快地结成了缳。然后，两手绕花线似的缲成了单被状，伸到我面前，说："哥，翻吧。"

刻手枪

晏金福

5岁那年，日本鬼子投降不久。我虽然很小，但也目睹了鬼子的飞机紧贴着屋脊掠过的情景，因此恨透了日本人。那时，没什么游戏可玩，我和大我一岁的堂哥商量好，玩一个打鬼子的游戏。我们把一件衣服吊起来，当作日本鬼子，然后，一人拿一把自制的小鞭子，用劲抽打。一边抽，一边骂："小日本，真可恶！打死你，小日本！"抽累了，歇一歇，再接着抽。后来觉得用鞭子抽不过瘾，我说："做把枪，毙了他！"说罢，找来木板和石刀，开始刻手枪。开头还小心翼翼地，唯恐划破手。刻着刻着，觉得速度太慢，就想加点力，没想到，刀一打滑，一下子划到了左手大拇指，顿时鲜血直流。堂哥吓得连哭带叫。母亲闻讯跑过来，一看我的手，就说："怎么划得这么狠，都到骨头了！"赶快拿把剪刀，剪烂自己的褂襟子，撕成布条，给我一层一层裹起来。裹了好几层，血还是慢慢浸出来。好半天，血才止住。就这，我连一滴眼泪都没掉，因为我始终没感到疼。我还要接着刻，母亲不让，还是父亲帮我刻好了那把枪。

至今，我的左手大拇指仍然能看到当年刀划的伤痕。我把这笔账记在日本鬼子的头上，看到这伤痕，我就记起了日本鬼子的罪恶。

站前的牛杂烩

晏金福

"牛杂，牛杂，滚热的牛杂！"一出灵璧汽车站大门，就听到一片盈耳热闹的吆喝声。抬眼一看，车站门前的路边，一字儿排开十几口大锅，锅里翻滚着红红的汤，冒出热腾腾的蒸汽，空气中弥漫着牛杂烩那浓浓的香味。在这寒冷的早晨，那又香又辣的牛杂烩，具有难以抗拒的诱惑力，只要从摊子前走过，很少有人能迈得动脚步。

我挑了个干净点儿的摊子坐下，要了两个烧饼、一碗牛杂。两角钱一碗的牛杂烩端上来了，是那种大白碗，牛杂堆得尖尖的，汤恨不得要溢出来。我搓了搓冻僵了的手，然后，一手拿烧饼，一手拿筷子，一口烧饼、一口牛杂、一口汤地吃起来。一块块松软筋道的肺，一片片薄薄平整的肝，一段段肥得流油的大肠……我越吃越香。再加上那又辣又浓的汤，我半碗牛杂下肚，早已满腹滚热，头上冒汗。

我有一医界朋友，特别喜欢吃牛杂烩。他常说，牛杂烩里有碎牛肉、牛肝、牛肺、牛心、牛肠、牛肚、百叶、牛血，蛋白质丰富，且含有多种稀有元素，能补中益气。牛杂炖得透，容易消化，也容易吸收，能够健脾胃。受他的影响，我也很爱吃牛杂烩。每次上灵璧，一下汽车，必吃一碗。

"嘀，嘀嘀！"忽然一辆汽车驶过，我抬头看了看，只见沙尘弥漫半个天，再看面前，剩下的半碗牛杂烩上落了薄薄的一层。这还怎么吃呀？可是，我看看周围，各个摊子边都坐满了人，有的吃油条，有的吃大馍，但每人面前都毫无例外地摆着一碗牛杂烩。有的摘下了帽子，有的敞开了怀，一个个吃得正欢，好像他们碗里没有落下灰尘。

"这是什么殴杂，怎么全是殴血？"我正看得出神，对面坐着的中年人突然发了脾气。看我不解的样子，马上解释道："我是明光人，我们那里都管牛叫'殴'。"我这才明白他的意思。一看他碗里，果然都是大块的牛血，其他东西很少。女老板一听，不高兴了，挥舞着铁勺，气势汹汹地说："怎么，牛血不是牛杂？！""将就着吃吧，别惹事了。"我小声规劝道，对面的马上住了嘴。这些看摊儿的娘们儿，谁都惹不起，何况你个外乡人。

自从孩子们买了小轿车，我有好多年没去汽车站了，不知那里的牛杂怎么样了。

廪食的悲喜剧

晏金福

1951 年初夏的一天，母亲拿着镰刀，带着 11 岁的我和 6 岁的妹妹，到了自家的麦田。这时，遍野的麦穗已经一片金黄，只有麦秆还有少许绿色。母亲割了一大把麦穗，坐下来，把麦穗放在大襟里，一边搓，一边吹。不一会儿，大襟里就是一捧干净的麦粒儿。母亲拿起一粒儿，掐了掐，只渗出一丁点儿白色的麦汁儿，拿几粒儿放在嘴里尝一尝，说："正好。"把麦粒儿分在我俩的小手里，说："吃吧，吃新麦，活一百。"我放在嘴里一嚼，疙硬地，带着一丝新麦的清香。三两下，一把麦粒儿就进了我的肚里。"妈，我还想吃。"我说。"别吃了，一会儿给你们拉廪食吃。"母亲说。"什么是廪食？"妹妹昂起小脸问。"等一下你就知道了。"母亲说着，站了起来，拿起镰刀朝着麦子拦腰割了起来。不多时，就割了一大堆。她又割了两把长的，打成绕子，把麦子捆成两捆。小捆的让我背上，自己背上大捆，回家了。

回到家里，母亲把麦子放在簸箕里，搓一搓，簸一簸，很快，半五升斗麦粒儿就出来了。母亲在锅里添上水，放上列子，铺上笼布，把麦粒儿平平地摊在笼布上，盖上锅盖，说："烧吧。"我在锅底放上柴火，点着了，高高兴兴地烧起来。当锅上"噗噗"地冒着大气时，母亲说："小火！"我改小火烧了老大会儿，母亲说"停火！"停火后又受了一会儿气，母亲便把蒸熟的麦粒儿摊在两个大拍子上，放到院子里晾。

冷凉晾干后，母亲便把麦粒儿放在磨上，说："推吧！"于是，我和母亲一人一把磨棍，推起来。母亲一边往磨眼里胡噜麦粒儿，一边瞅着磨下面。看到磨膛完了，要出新麦了，母亲说："停！"她把磨膛扫干净，我们又接着推起来。这时，令人激动的奇迹出现了，只见磨的一周，一条条比筷子还细的东西，像麻花儿一样，一拧一拧地冒出来。这家伙长的有二三指，短的只有指把。母亲说："这就是廪食。你可不要小看它，每年这个青黄不接的时候，它都能救好些穷人的命。"推了不多时，磨盘上便堆了一层廪食，空气里也弥漫着清香。一旁早已虎视眈眈的妹妹，突然从我和母亲的空隙间窜进来，抓了一把，就往嘴里填。一边嚼，一边嘟嘟囔囔地说："真好吃。"我也忍不住一手抱磨棍，一手抓了往嘴里塞，也不怪妹妹说，还真香。

　　禀食磨好了，母亲给我们一人抓了小半碗，我们趴在案桌上美美地吃起来。"哦，拉禀食呢，我说怎么这么香。"不用看，就知是东院大娘到了。母亲赶忙盛了大半碗递给她。她也不客气，接过就吃。这么好吃的禀食，我几口就扒完了。"妈，我还想吃。"我把碗递给母亲。母亲接过碗，说："可不能再吃了。禀食这东西，说好也好。说坏可是坏得很。一不能多吃，二吃过不能马上喝水。前年，东头你那个叔叔，多漂亮的骁伍（灵璧土语：个子），就是吃了两碗禀食，喝了一瓢水，活活地撑死了。唉！"说着说着，母亲掉下了眼泪。"还说呢，昨天我去赶大路（集），路过小陈庄，那一家子，哭得好伤心哪。听庄上人说，那家一个十二岁的男孩，一碗禀食，撑死了。"母亲话刚落音，大娘就抢着说。

　　"这，这⋯⋯"这吃禀食，是喜是悲，我一时真不知道怎么说好。

　　那时吃禀食，撑死的人不在少数，老一辈人说，是因为饥年，人饿细了肠子，不知有没有依据。

煹"坨子"

晏金福

　　那是20世纪50年代的一天早上，母亲把案桌子放好，搬上了和面盆。只见盆里有拳头大的一块小麦面，和半盆大蜀黍面。她把小麦面揪成两个面剂子，揉起来。我在桌子旁边用三块小石块支好了鏊子，点着了麦穰子，烧起来。

　　母亲把面剂子揉好了，按扁了，就用那根中间粗、两头尖的擀面轴子擀起来。面片在擀面轴子底下飞快地旋转着，越转越大。我很佩服母亲，她的饼擀得又圆又平，我是怎么都学不会，尽管母亲告诉我，只要一只手轻、一只手重，劲儿使匀，面片就会自己转起来，可是我怎么也擀不转。母亲三下两下，一张饼就擀好了。这时，鏊子也热了，母亲用擀面轴子把饼挑起来，往鏊子上一搭，饼刚好和鏊子一样大。稍停一会儿，我用批子把饼翻了个个儿，饼就迅速鼓起来。这种饼，学名叫烙饼，我们叫单饼。我六七岁就跟母亲学翻饼，一开始，不是火大了，就是火灭了，翻出的饼，青一块、黑一块、生一块、糊一块。现在我已十几岁了，翻饼的技术已经炉火纯青了。这烙饼很薄，尤其是母亲烙的饼，一斤面可以烙八九张，很容易熟，老百姓夸张地说："单饼烙好了，放在胳肢窝夹一夹就熟了。"这单饼由于熟得快，所以又暄又软，老百姓形容说，卷成卷一咬，没牙花子（牙龈）。

　　"我要吃单饼！"我刚把单饼挑进馍筐子里，一旁早已虎视眈眈的二弟就把他那脏兮兮的小手伸了过去。我赶紧伸手拦住了他，说："你不能吃！就两张单饼，小弟小，还发着烧呢，你等会儿吃'坨子'（圆状杂面饼）吧。""我不管，我就要吃单饼。"二弟哭着，"扑通"往地下一躺，撒起泼来。"别哭，别哭！我给你烙两个麦面包皮的'坨子'，比单饼还香呢。"母亲连忙哄道。二弟立马爬起来，不哭了。母亲把擀好的单饼又揉成一团，揪成两个剂子。擀成比手掌略大的面片，抓一把大蜀黍面往里一填，包成包子的形状，按扁了，用擀面轴子擀起来。擀成单饼一半大小，麦面就只剩下表面极薄的一层，里面的大蜀黍面几乎要露出来了。母亲把"坨子"小心翼翼挑到鏊子上。我把火按得小一点，慢慢地煏着。煏好了一面，翻过来。"坨子"稍稍鼓起一点儿。煏熟了，我把"坨子"挑起来。没容我往馍筐子放，二弟就一把抢了过去，烫得他不停地倒着手。烙完了两张麦面包皮的"坨子"，母亲开始拍纯大蜀黍面的"坨子"。之所以用"拍"，是因为大蜀黍面没有筋骨，不能烙薄，只能用手拍。这也是我把这种食品称作"坨子"的原因，我实在找不到比"坨"更合适的同音字。母亲把"坨子"拍得比手掌略大一点，随手一丢，"坨子"就飘到鏊子上。一张鏊子可以煏三到四个"坨子"。后来，我结婚了，媳妇是苏北人，她们那里只有煎饼，没有烙饼。媳妇跟母亲学烙饼，她看母亲摆"坨子"的动作很潇洒，也想学样，可是常常把"坨子"飘到鏊子外面，粘上许多草木灰。由于"坨子"比较厚，需要小火慢慢地煏。煏熟的"坨子"外焦里嫩，嚼起来喷喷香。除了大蜀黍面，小秫秫面、白干面都可以拍"坨子"，而且可以拍得更薄。不过小秫秫面"坨子"不能长吃，否则会便秘。在青黄不接的时候，我们还吃过杂粮面掺野菜和水草拍成的"坨子"。在 20 世纪 80 年代前，由于细粮少，"坨子"是我们这里的主食。

烙饼现在还可以吃到。前几年，一些老年人在叉街边上支上鏊子，烙饼卖，更多的是烙菜盒子，生意相当红火。近来很少见到了，取而代之的是机器烙饼，虽然味道差得太多，好歹还能吃到。可那形形色色的"坨子"，怕是要永远退出历史舞台了。

做蚰笼

晏金福

蝈蝈，我们这里叫蚰子。六七岁开始，每当夏秋之际，我便喜欢捉蚰子玩。为此，我学着做蚰笼子。我做的蚰笼子有两种，都是用小蜀黍秸秆做的。一种是用秸秆的下部把外层揭下来，破成细细的篾子，编成一个比拳头略大的扁圆体，里面只能盛下一只蚰子。这种笼子容易编，只是篾子比较锋利，我的手经常是横一道竖一道，伤痕累累。这种笼子的好处是可以随身携带，经常有小朋友听到我身上蚰子叫，让我掏出来看看。一看到我编的小巧玲珑的笼子和笼子里的蚰子，都很眼馋，愿意拿最好的玩具跟我交换。另一种笼子是像木匠一样，用秸秆最上端最长的那一节梃子扣起来的，体形较大，看上去就像个筒子楼，扣起来也比较麻烦。首先要设计。我扣的大多是五层：最上一层是提梁，第二层有两个方格，第三层有 4 个方格，四、五层各有 6 个方格，整个笼子共有 22 个方格，每个格子都是 6cm × 6cm 大小。第二步是备料，把秸秆按需要的长短截好。第三步把备好的秸秆在相交的节点按需要挖去一半，这道工序要求豁口要挖在同一平面上，稍有偏差，下一道工序便无法进行。最后一道工序是组装，这是最复杂的。要从内向外安装，开始的节点少，比较容易，越往后越难。安装过程中还要不断对豁口进行修正。豁口小了，安不进去，要扩；豁口大了，组装完成后笼子不牢固，要适当加塞儿。有时安装到最后一根，由于节点多，弄不好就撅断了，这是最让人恼火的。如果心情好，就再刻一根，重新装。有时心情烦躁，就站起来，几脚踩踩算完。框架组成完成后，还要用蜀黍篾子将每个格子封闭起来，整个蛐笼才算大功告成。

笼子扣好后，就差逮蛐子了。逮蛐子可不是好活。蛐子的特点是天越热越叫，俗语说非得晒热侒儿（读 an，是蛐子背上摩擦发声的翅膀）才叫。所以，我一般都是吃过午饭太阳最毒的时候到田里去。听到豆地或玉米地里有蛐子叫，就不顾豆叶、玉米叶刷得胳膊腿生疼，快速地奔过去。离蛐子老远，就要慢下来，一面观察蛐子的位置，一面悄悄地接近。蛐子也挺狡猾的，有时藏在叶子下面，只能听到它的叫声，就是看不到。有时它发现一点风吹草动，就不叫了，或者逃掉了。所以离它越近，动作就越要轻。但是当你的手伸向它的背部准备擒拿它，又要十分敏捷，要做到一击致胜。否则是很难逮住它的。逮到蛐子后就要送到地头的笼子里，然后寻找下一个目标。逮满一笼子，真是身心俱疲，比割一天草还要累。当提着满满一笼蛐子，走在回家的路上，听着笼子里此起彼伏的叫声，看着路两边小朋友们羡慕的眼神，我不由得昂首挺胸，俨然一个凯旋的将军。

糊风筝

晏金福

我自小就爱风筝。也就在 6 岁左右，我开始自己糊风筝。我家祖辈打鱼，制渔具的竹篾子多得很，可是没有纸呀。我想起了舅舅家有许多古书。于是跑到舅舅家，拿出几本来，全是那种双页的用线订起来的。那纸又薄又结实，糊风筝可好了。我怕连着撕被舅舅发现，就隔几页撕一页。撕完了，还把残余处理得干干净净。心想，这么厚的书，少这几页，舅舅不会发现的。

回家后，开始糊风筝。可能我有糊风筝的天赋，我先后糊过双头鱼、小燕子、蝴蝶等，都能飞得很高。我还糊过十二节蜈蚣，在几个小朋友帮助下，居然也放起来了。

糊好风筝，我就用小铜钱做成捻线砣子，自己捻线。线捻够了，就拿着风筝到野外去放。一路上，跟随的小朋友越来越多。风筝放起来后，不单我高兴，小朋友们也都欢呼雀跃。为了能捞到牵一会儿风筝，他们都拼命巴结我，那时，我小小的心里，很有满足感。

但是年少无知酿出的苦果，我自己很快便尝到了：上初中时，课外读物奇缺，我便想到了舅舅家的书。跑去一看，全是《三国演义》《西游记》《东周列国志》等名著。我一本一本拿来，如饥似渴地读。每当我读到最精彩的地方，突然出现缺页的时候，我就恨不得抽自己。由此我深深体会到：无知是人类的灾难。

弹琉子

晏金福

弹琉子是我小时候最爱的游戏。那时，琉子就是我们的心肝宝贝。我们每人都有一个琉子袋，里面装满了各色琉子。有的即使是布满了麻点，甚至少了一块，也舍不得扔掉。

每天，一听小伙伴喊弹琉子，劲头就来了。饭碗一推，"嗖"地就窜了出去。天寒地冻的，穿着破小袄子、开裆棉裤，往地下一趴，屁股撅得老高，冷风飕飕地往里灌，也不觉得凉。手肿得像馍馍，也顾不得了。实在冻僵了，就用嘴哈一哈，就又投入战斗。我们玩的最多的是争窝，也叫进洞。玩法很简单：在空地上挖一个洞，在稍远处画一条横线，大家先站在洞边，把自己的琉子投向横线，然后站在横线上，按各人琉子离横线远近为次序，先后把琉子投向洞边。第一轮各投各的，第二轮开始互相杀伐，谁的琉子被别人击中就宣告出局，而琉子就归于胜者。而胜者如果被别人击中，不仅自己的琉子要给人，还要把赢的琉子也吐出来，所以，每局的真正胜者，只有最后那一个人。这个游戏既考验技术，也考验谋略。把琉子投向横线时，就考验你投子的感觉了，谁离线最近，谁就占得了先机。第一轮是最考验谋略的时候。第一个人肯定把琉子投得离洞近一点，因为第二轮就由第一名先攻击，如果离洞远了，也可以直接攻击，但只能原地出击。而如果进了洞，就可以拃一拃再出击，这样，离"敌人"就近了些，击中的概率就高多了。后面的人投子就特别有讲究了：要选择合理的地形和距离，既要防止被别人击中，又要考虑自己的反击。越靠后的，选择的难度越大。规则规定，一个人一击不中，即失去机会，只有等待下一轮了；但是如果击中，可以连击。所以技术高而又有谋略的人，一旦上手，即迅速观察所有琉子的距离和地势，每次攻击即考虑下一步的走位，有时，一轮就能够消灭全部对手，就像斯诺克的一杆制胜那样。

而我恰恰是一个既有技术又有谋略的，因此，胜多负少。虽然我家里很穷，没有钱给我买琉子，可是我的琉子袋里总是装得满满的，那可全是我的战利品啊。

母亲的针线筐

晏金福

从我记事起，母亲就有一个针线筐。

母亲的针线筐是一个直径半米多的柳编团筐，筐里整天都是满满当当的，猛一看，全是破东烂西，了解底细的都知道，那可是个聚宝盆。

　　母亲的针线筐里最多的是碎布，这些布有新有旧，有土布，也有洋布，有白布，也有花布。布的块头大小不一，形状各异。这些碎布用途可广了，下文将慢慢叙述。

　　碎布掩盖不住的是一把木尺。母亲原来用的木尺黑不溜秋的，有点弯，上面的刻度也很模糊。我在上小学二年级时，亲手给母亲做了一把木尺。我找了一块直直的木板，请木匠刨得平平的、光光的，截成标准的长度，然后我用小刀刻上刻度。母亲不懂公尺、市尺，用的是当地的老尺子，俗语叫"白布尺"，一尺约等于七十二三厘米。我在尺子的正面刻上"白布尺"的刻度，在背面一边刻上公尺的刻度，一边刻上市尺的刻度。我精心制作的这把尺子整整陪伴了母亲后半生。母亲实际使用木尺的时间并不多。她裁剪衣服全凭一双手。先用手在人身体的不同部位拃一拃，零头用指头横过来量一量。然后把布摊开，同样用手量一下，用石灰块大致画一个轮廓，就开始下剪刀了。那时，经常有人找母亲裁衣服，这可能是因为母亲的人好，技艺也精。只要有人来找，母亲再忙，也会扔下手里的活计，满足来人的要求，真正做到了百找不厌。那时，买布要布票，所以，布非常金贵。同一块布，找别人裁，左量右量，怎么都不够。可是到我母亲手里，把布摊开，用尺子一量（这可能是母亲唯一用到尺子的地方），然后精心地比量一下，一般都会有令人满意的答复。因为别人计算下来，不是缺了这块，就是缺了那块。而我母亲，只要大块的满足了，那些不碍观瞻的小块就可以用剪裁剩下的碎布凑了。实在凑不够的，母亲会毫不吝惜地拿出自己的碎布，帮助来人。所以，每次来的婶子、大娘都对母亲非常感激。有些大方的，裁剪剩下的碎布就留下了。尽管母亲会坚持把这些碎布裹在裁好的衣服里，塞到她们手里，她们也会把衣服摊开，把碎布扔在母亲的针线筐里，说："我拿回去也没用，就放在这儿吧，说不定下次裁衣服时还能用到呢。"

　　母亲的针线筐里，除了常见的针和木轱辘，最小的就是针锥了。那时，纳底、绱鞋都不用锥子，而用的是针锥。这种针锥是一个木头把子，前面安上一根大纫针。为了安得牢，把子末端有一个锁紧的金属束子。所以说，歇后语"纳鞋不用锥子——针（真）管"，是确有其事的。

　　稍微大一点的物件就是线垂子了。这种线垂子是用一根竹筷，把方的一头大部分砍去，只留一小截，然后将三枚铜钱从小头串下去，就成了。那时很少能买到成品的线，用线全靠自己用这种线垂子捻。妇女们左手攥着一团棉花，右手提溜一根线垂子，一边拉呱，一边捻线，是农村最常见的风景。有的人技术不精，捻的线粗细不匀，就被人们讽刺为"长虫（蛇的土称）吃癞蛤蟆"。我母亲尽管眼睛不好，可是因为手熟，捻出的线又细又匀，筋道又适中，非常好用。

再大一点的就是牛垂子了。牛垂子是用一根牛的大腿骨，中间钻一个眼儿，安上一根带钩子的竹枝。这牛垂子是用来将苘和麻纺成麻绳，供纳底和绱鞋用的。冬天，母亲会用麻绳做经，苘和毛缨子做纬打成毛翁给我们穿。这种毛翁非常暖和，里面湿了，只需把填的毛缨子掏出来，再填一把新的，就顿时温暖如初。闲暇时节，母亲就用针线筐里积攒的碎布，打点糨糊，在案板上打靠子。靠子晒干后，用一层加上里和面，做成鞋帮。几层摞在一起，纳成鞋底，底和帮绱在一起，就是俗称的"千层底"布鞋。母亲做的千层底鞋，一针针，一线线，倾注了她对儿女深深的爱。我们穿上它，美在脚上，喜在脸上，傲在嘴里，甜在心里。别人的鞋，穿不上几天，就"前面张嘴，后露鸭蛋"，我的鞋却总能穿上一年以上。一是母亲做的鞋结实、耐穿，二是我穿得仔细、爱惜。遇到粗糙的路，比如山路、石子路，我都会把鞋子脱下来，赤脚走。宁愿脚吃亏，也不让鞋受委屈。

在封建社会里，妇女要遵从三从四德，而针黹女工则是妇德的基本功，就像读书人写得一手好字一样。由于母亲的言传身教，我的姐姐和妹妹不仅继承了母亲的衣钵，心灵手巧，蕙质兰心，而且继承了母亲的作风，心地善良、乐于助人。

母亲的针线筐里浓缩了那个时代劳动妇女的优良品德和高尚技艺，值得我们永远铭记。

饭皮子　饭黏物

晏金福

　　"我要饭皮子！""我要饭皮子！"我刚揭开锅，围在锅边的二弟、小弟就争着喊。

　　那时由于分的粮食少，我家烧的稀饭是名副其实的"稀"饭，稀到什么程度？锅里可以照出人影，因此我们戏称为"四眼儿稀饭"。食材绝大都是大蜀黍面，极少用麦面。稀饭烧开后稍一冷却，表面便会形成一层薄薄的膜，我们叫饭皮子。每天都是这样，无论谁盛饭，两个弟弟都会及早围在锅边等着抢饭皮子。"都有，都有。"我一面安抚他们，一面拿过两个碗，然后用勺子在锅中间画一条线，把饭皮子平均撇到两个碗里。他们急忙抢过去，也不嫌热，"吸溜吸溜"就往嘴里扒。

　　"我要饭黏物！""我要饭黏物！"一锅稀饭刚见底，两个弟弟就端着碗在锅边叫开了。饭黏物就是沉淀在锅底上的附着物。"别急，别急。都有，都有。"我仍然一面安抚他们，一面拿过锅铲子，在锅中间画一条线，然后把饭黏物平分到两个碗里，他们端起碗，就狼吞虎咽地吃起来。

　　说实话，我也想吃，我也只十二三岁呀。可是，我不能跟他们抢，因为我是老大。看他们吃得津津有味，我的心里也是甜的。

黑黑的白面馒头

晏金福

　　晚饭后，食堂额外发了两个白面馒头，我们个个欣喜若狂，这可是破天荒的好事。因为自进高中校门以来，我们吃的一直是用面粉和树叶、树皮等混合加工而成的加工面窝头。不过，学校同时宣布：明天开始放假，不再供应伙食。

回到宿舍，我和同乡小 m 商量怎么办。因为我所在的固镇中学紧靠火车站，勤工俭学搞得好，学生可以免交伙食费，所以我们几个家贫的学生，舍近求远报考了这所离家一百多里的学校。要是明天走，一天恐怕到不了家，坐车？那时候不仅车少坐不上，就是能坐上，哪有钱买车票？再说，离家半年了，真是想家，就是一步赶到都嫌晚。商量的意见很统一，立即动身。

我们用被袱子包了几本书和两个馒头，便兴致勃勃地从固镇东大营出发，踏上了漫漫回家路。

腊月的风，冷飕飕地吹在脸上，刀割般痛，可这丝毫不能减弱我们回家的热情。我们时而背书，时而唱歌，时而讲故事、笑话，走得快，也不觉得累。可是，到了下半夜，就觉得口干舌燥，腿酸脚疼，浑身没劲，眼皮直打架，脚步逐步沉重起来。这时，肚子也不争气，开始"咕咕"叫起来。突然，寂静的夜空中传来几声猫头鹰的叫声，我们顿时毛骨悚然，浑身直打战。接下来，我们就像小脚女人一样一步挪不了四指。就这样，好容易熬到了天亮，我们终于挪到了灵璧县城。在北关桥头旁边的一户农家，我们歇了歇。

主人刚做完饭，锅底下还有余火，我们刚好可以烤烤馒头，顺便取取暖。

过了没多会儿，饥肠辘辘的我们迫不及待地把馒头掏了出来。一看馒头我们都愣了，原本白白的馒头现在变得黑黑的。原来这家烧的是麦穰子，馒头放进去的时候还有点火星，可是余火很快就灭了，馒头外面化了冻，粘了一层麦穰子灰，里面的冻还没化呢。

我们相视一笑，不约而同地啃了起来。沾满灰的馒头吃到嘴里，微微地有点咸，还有点甜，可好吃啦。吃到里面，虽然带着冰碴子，嚼到嘴里，"咔哧""咔哧"地，可是觉得格外甜。眨眼工夫，一个馒头便报销了。直到现在，回味起来，我们好像再也没有吃到过那么好吃的馒头。

吃完一个馒头，我们相互看了一眼，不由得乐了起来：嘴唇一圈儿全都黑黑的。另一个馒头呢？还在被袱子里呢。因为按我们的速度，起码要晚上才能到家，那可是我们中午一顿的口粮啊。

一个馒头下肚，我们浑身顿时来了力气，擦了擦嘴，背上包裹，我们又精神抖擞地上路了。

那是 1959 年腊月二十二。

九顶白鳝香南北

晏金福

1973 年秋的一个星期六，九顶逢集。我去逛鱼市，想买条鱼，中午改善改善生活。突然，一条模样独特的鱼吸引了我的目光。只见它长约半米，趴在一个大号的黄釉子盆里，尾巴还蜷了半圈儿。浑身滚圆滚圆的，两只眼睛又大又圆。我从没见过这种鱼，于是问卖鱼的："老大爷，这是什么鱼？""没见过吧，这叫白鳝。"老人家带着炫耀的口吻回答。"在哪儿逮的，怎么这么大？"我有点好奇。"就在西边的海壕里。这还叫大？我小时候，那海壕里到处都是白鳝，有的提起来，比我的个头都高，那才叫大呢。"老人家有点自豪地回答。"俺家住晏湾，俺那里是湖地，俺家世代捕鱼，我什么鱼没见过，咋就没有这种鱼呢？"我更奇怪了。我的话马上勾起了他的话匣子："你是外乡人，当然不知道。在我们九顶，大人小孩都知道，海壕里出白鳝。那是陈老总的部队在这里打仗的时候，我们的部队大胜，说是还打死了他们的一个旅长，叫啥'艾艾'的。国民党军死的那个多呀，海壕里都填平了。打那时起，海壕里就出白鳝。我们街上的人都说那白鳝是吃死尸长大的，谁也不敢吃，就弄到双沟、王集、渔沟去卖。现在，这白鳝少多了，早晚儿能逮到一条，也不值当……"此时，他突然刹住了话头。剩下的话，我很清楚，就是说不值当到外地去卖。他可能是意识到自己的话会影响到生意。我可不在乎这些，就问："你这白鳝多少钱一斤？"他说："三毛吧。"我说："两毛，我要了！"他说："两毛也太少了吧。也就是你，别人三毛我也不卖。这样吧，你给两毛五，看我可是想卖的。"我说："行！"一称，六斤整。

那天中午，我们几个酒友凑在一起，美美地嘬了一顿，白鳝那个鲜呀，现在嘴里好像还有那个味儿。遗憾的是我到现在还没弄明白，那里的沟为什么叫海壕。

辣椒糊

晏金福

母亲猛地一揭锅盖，一股辣椒糊的香味扑鼻而来，闻到这熟悉的气味，我早已垂涎欲滴。母亲把辣椒糊端上桌，又铲了一块喝饼子给我，说："快吃吧，吃好了，去上学。"我咬了一口喝饼子，就迫不及待地夹了一块辣椒糊，填进嘴里。

那时，农村很少有油，所以极少炒菜。冬春两季，都是盐豆子、萝卜干下饭，至多也就腌一盘萝卜丝。夏秋之际，园里有两趟辣椒，腌辣椒就是主菜了，而辣椒糊就是我们心目中的硬菜了。母亲是持家好手，她做的辣椒糊，虽然只有辣椒、面、盐三种食材，可是那味道，真是好得没法说。多数是大蜀黍面炖椒糊。半碗大蜀黍面，十来个剁碎的辣椒，放上盐，加入水，和匀了，往锅里一放，四圈喝饼子一贴，不一会儿，喝饼子熟了，辣椒糊也好了。这样的辣椒糊，面黄黄的，椒青青的，吃到嘴里，散散的。母亲偶尔也用麦面给我们炖椒糊，那样的辣椒糊，雪白的面衬着碧绿的椒，格外耀眼。吃起来，香中带甜，绵软可口，味道更胜大蜀黍面椒糊。可是，这样的辣椒糊我们一年也难吃上几次，因为那时我们生产队，每人每年只能分到30多斤小麦。

有时家里来亲戚，一碗辣椒糊肯定不够，怎么办？母亲有的是办法：只见母亲把比平常多一倍的辣椒剁碎了，在小盆里搅好面糊，再在锅里添上水，锅开了，就把面糊倒进锅，然后，一手用勺子搅，一手撒辣椒，等到上了浆，小半锅辣椒糊就做成了。这样做的辣椒糊，面和辣椒掺得格外匀，所以更好吃。

母亲会盛上一大碗，端上桌，留大人吃。剩下的，盛在小碗里，让我们兄妹几个趴在里屋的磨盘上吃。

"今天的辣椒糊怎么这么香？"我吃了第一口，就觉得味道不同往常。"你的嘴还怪有色（读 shěi）咪，那是我加了一个鸡蛋。"母亲居然在辣椒糊里加鸡蛋，我很诧异。我家虽然喂了三只母鸡，每天都能见一两个鸡蛋，可是除非生病，母亲从来舍不得给我们吃。因为我家是冒户，每年分红时不仅分不到钱，还要挺钱。油盐火号哪来的钱，全指攒几个鸡蛋卖了换钱，所以那时候社员们有一个形象的说法，说"鸡屁股就是社员的小银行"。"妈，今天你怎么舍得打一个鸡蛋了？"我问。"这不是你要到申村上高小了吗，给你加加油。"那是 1955 年，我们村，只有初小，我高小两年要到离家九里的申村去上。母亲的话让我深受感动，这不是一个鸡蛋，是母亲的一颗心啊！这是我学习的无穷动力。

我在马氏宗祠那两年

晏金福

说起马氏宗祠，也就是申村祠堂，我和它可是很有缘分，因为我生命中有两年时光是在那儿度过的。

那是 1955 年，我还在读小学。那时的小学分两个阶段，一至四年级为初小，五六年级为高小，那年我该升高小。我们晏湾小学没有，只有到其他学校去上。可供选择的学校只有两所，渔沟小学和申村小学。因为申村离家近一点，所以我选择了它。当时的申村小学就设在半山腰的马氏宗祠里，命运就是这样让我和它连在了一起。

60 多年过去了，许多东西都只剩下一点模糊的影子了。关于学校，只记得一进大门面对着的是巍峨的大殿，大殿有好多级台阶。因为我的教室不在那里，所以很少进去，也就没有什么印象。两旁是东西厢房。每边有两口教室，我的教室在西厢房。关于老师，记得比较清楚的有两位，一位是刘钊老师，他后来担任过县教育局小教股长。另一位是张兴丞老师，后来听说在实验小学，可是一直没见过。学校的负责人一个是张兴盛，一个好像叫刘夫腾。

不过，虽然时间久了，有些东西模糊了，有些东西却非常清晰。我印象最深的东西有三个。

一是横亘在家和学校之间的三渠沟。我每天早出晚归，要两次渡过这条河。可是河上没有桥，全靠涉水。刚开始还觉得没啥，我们这些农村孩子，从小就和水亲。可是一入冬，我就后悔了自己的选择，因为贪图近这二三里，我可是吃尽了苦头。结了冰的河，水冷得刺骨，冰碴子划得腿上一道道血绺子。时间不长，就生了冻疮。冻疮溃烂，脚后根儿烂了个大洞，大得能塞进去一个鸡蛋黄。至今我还清楚地记得，每天晚上回到家里，母亲都会用煨罐子煨一罐子热水，给我烫脚。她一边用一块黑灰的棉布给我清理疮里的烂肉，一边流着泪，说："这得受多少罪啊！别上了，孩子。"我尽管撕心裂肺般的，还是笑着说："这不行，妈！别的我都听你的，就这不行，我一定得上。"当母亲从破旧的被子里撕下一团棉花烧成灰，捂进我脚后跟的洞里，我才感到又温暖，又舒坦。

二是学校后面凤凰山上的小酸枣。父母一直是不赞成我上学的，开始时让我和其他同学一样，每天带点粗面馍。后来，不知是家里真没粮食了，还是对我施压，就不给我带馍了。中午没有吃的，我总不能眼看着同学吃饭吧。于是，每天一放学，我就拿上书，去了学校后面的凤凰山，坐在石头上看书。有一天，我突然看到路边的酸枣树上有个紫红的小枣，就赶忙跑过去，摘下来尝尝。没想到这小枣又酸又甜，非常好吃。我又找了找，周围零零星星的，居然摘了不少。这小枣虽然核儿有点大，肉有点少，可是我也够满足的了。从那天开始，我不停地变换地点，先摘点小枣充饥，然后坐下来静静地看书。那两年秋冬，这小枣可救了我的大急了。写到这里，我的嘴里早已流满了口水。

三是芦苇荡里的萤火虫。入学不久，我就担任了班级的学习委员，每天收发作业，有时老师还让留下开会。俺庄的同学不愿意等我，早早地走了，我每天都是一个人最后走。有一天，走得太晚了，刚出村，天就黑了。村子南面有一片芦苇荡，我发现芦苇荡里有一闪一闪的亮光，我知道这是萤火虫。我自小胆子就大，不知道什么叫害怕。我就一头钻进芦苇荡，捉起萤火虫来。没一会儿，就捉了一把。回家的路上，我一边玩着萤火虫，一边走路，反而觉着路近了。后来我发现，这萤火虫有点特别，那种个子大的，尾巴上的发光点却很小，仿佛只有针鼻儿大。倒是那种个子小的，发光点却很大，有火柴头大小。大个的，光小不说，还浑身横纹，麻麻磕磕的，像土鳖子，很讨人嫌。那小个的，浑身光溜水滑的，尾巴上闪亮闪亮，特别撩人喜欢。所以，我就宁缺毋滥，专拣那小的捉。自从有了萤火虫，我就再也不讨厌老师开会了。

离开申村后，我再也没有见过一次萤火虫。

一天三顿白芋饭

晏金福

20世纪60年代，我们淮北农村群众以白芋为主食，可称为白芋年代。那时，我们这儿流行着顺口溜："白芋饭，白芋馍，离了白芋不能活。"

白芋，有的叫红芋、山芋、地瓜等，因为产量高、耐储存，备受青睐。每年秋季，生产队的土地大部分种的是白芋。白芋也是老百姓大半年的口粮。早饭，家家户户几乎都是一色的白芋饭。一大锅白芋饭，一人盛上一大碗，孩子趴在桌子上，甜甜地吃。大人多是端起碗，走出门，左邻右舍聚在一起，对着初升的太阳，一边吃饭，一边拉呱。不知不觉，一碗白芋吃完了，面汤水也喝光了，剩下的白芋皮顺手往猪槽里一倒。到锅屋里，再盛一碗，回到门口，继续聊。一顿早饭，不用馍，不用菜，吃得腹满肠肥，甜甜蜜蜜。

午饭，照例要吃点干的，但依然是白芋领大头。食材都是白芋干磨成的粉，有的用来贴喝饼，薄薄的，底焦上嫩，香甜可口。大人们配上辣辣的老盐豆，一顿饭下来，浑身暖暖的，头上浸着汗珠，舒坦极了。有的用面团在整子上滚成煎饼，这煎饼又薄又脆，动一动就撒渣，十分可口。来了朋友，实在没有菜，炒盘白芋丝，也能下酒。晚饭，好一点的人家，有时擀一顿豆面面条，就算改善生活了，一般人家，还是白芋饭。

每到起白芋的时候，家家都要提前把白芋窖挖好。白芋下窖是家庭的一件大事。白芋要精挑细选，有虫眼的不要，有伤口的不要，太小的不要。下窖的人手要洗净，不能喝酒。白芋下窖后，也非一劳永逸，要经常开窖检查，既不能受热，也不能受寒。要是谁家的窖子出了问题，这家子就摊上了塌天大祸，因为这就意味着一家大半年的口粮没了。

白芋从秧子栽下地，就与百姓生活息息相关。刚发叶时很珍贵，小心摘些回家，白芋梗炒菜，叶子做"马糊汤"。秧子长了，就开始割些喂猪。起完白芋，白芋当然作为口粮，精心保管，秧子也舍不得扔。收到场上，晾晒干，叶子打成糠，和白芋梗一起收藏起来，作为整个冬季猪饲料。

这便是那个白芋年代农民生活的真实写照。

现在人们生活条件好了，原本最普通的白芋身价徒增。炒白芋梗，成为上等菜肴。白芋面窝窝头也成了稀罕物。一次在饭店里，上了一盘白芋面窝窝头，小孙子吃得非常香。吃完了，转过头问我："爷爷，你怎么不吃？"

我说："当年，爷爷可是天天吃这种窝窝头啊。"

孙子说："爷爷，你那时多么幸福啊！"

我一面点头，一面笑着回答："是的。"涌上心头的是苦涩夹杂着甜蜜的回忆。有道是："有情饮水饱，知足菜根香。"

月饼皮的故事

晏金福

中秋节到了，餐桌上自然少不了月饼这道传统美食，可是，面对名目繁多的各色月饼，我实在不知道摆哪些好。于是我把孙子、孙女们喊来，让他们选择。孙子、孙女都到了，可是我希望见到的那种欢呼雀跃、争着下手的场景并没有出现，相反，他们的反应都很冷淡。问他们喜欢什么样的，都说"随便"，我只好打开各色各样的盒子，什么豆沙的、蛋黄的、果仁的、椰蓉的、莲蓉的、凤梨的……胡乱地拿一些，最后总是忘不了我和老伴的最爱，拿出两块本地产的浸着香油的椒盐月饼，小心切成四瓣儿。撒下的月饼皮我顺手捏在嘴里。"爷爷真会过，月饼皮也吃。"孙子说。"你们不要看爷爷是教师，一月拿不少钱，想当年，爷爷想吃这月饼皮都吃不到呢。"我说。"怎么会呢？"孙子、孙女们异口同声地说。这时，一旁的老伴耐不住了："说给他们听听。"

于是，我给孩子们讲起了月饼皮的故事。

那是20世纪70年代初，我国的物资十分匮乏，中秋节一口人只能供应一块月饼。当时，我的堂侄在大队代销店负责卖副食品。全大队三千多口人的月饼都由他到供销社拉回来，再卖给社员。那时月饼全是散装的，用笸斗装。月饼的皮本来就很脆，容易掉，他再有意无意地碰一碰，月饼皮自然脱落得非常多。这些月饼皮便顺理成章地成了他的战利品，堂而皇之地拿回家去，供他的老婆孩子享用。我家和他家住邻院，孩子们看他家人整天吃月饼皮很眼馋。偏偏侄媳妇又是一个肯显摆的人，到处讲，月饼皮天天吃，都吃够了。还说什么，吃鸡蛋吃够了，闻着鸡蛋就一股鸡屎味。既让人馋，又惹人烦。尽管我是教师，老婆是大队副书记，处境居然不如一个代销员，现实就是这么残酷。

切完月饼，我随手将垫月饼的纸胡噜到垃圾桶里。"咦，最下面的那一层最好吃，爷爷，你怎么扔了？"孙子问。"傻孩子，那可不是你们奶糖外面的包装。奶糖外面的是用米浆做的，当然能吃。可这是纸呀，怎么吃？"我说。"月饼下面为什么要放纸呀？"孙子问。"这也是有故事的。"我回答。"爷爷，你讲呀。"

于是我又讲了个月饼最下面的那层皮——纸的故事。

据说，月饼下面垫块纸源于元朝。那时，是蒙古贵族统治中国。为了巩固他们的统治，实行的是高压政策。比如：十五户共用一把菜刀，不准互相串联等等。汉人为了推翻蒙古族的统治，便利用中秋节前互送月饼的传统习俗，送月饼时悄悄地在下面放块纸，在纸上约定，中秋节晚上起义。俗语说，八月十五杀鞑靼（蒙古族别称）——不约而同，其实是错误的，不是没有约，而是约得秘密罢了。为了纪念祖先们的智慧和勇敢，从此以后，就留下了月饼下面垫纸的习俗，只是不用再写字了。

"爷爷，你怎么知道这么多呀？"看着孙子、孙女们羡慕的眼神，我得意地笑了。接着，勉励他们："孩子们，只要认真学习，你们将来一定懂得比我还要多。"

毛三的狗肉汤

晏金福

"毛三喽！"我和迎面碰上的老 M 几乎同时出声。毛三是街北头杀狗的，我们下过晚自习，经常一起喝点小酒，而当时最好的下酒菜就是狗肉了，于是我们就成了毛三的老主顾，而"毛三"也就顺理成章地成了我们喝酒的暗号。

我们摸黑来到毛三家，只见柴门半掩。推门进去，顿时觉得屋里屋外就是两个世界。屋外冷风刺骨，屋内却温暖如春。锅底下的木柴火熊熊燃烧，锅上咕嘟嘟的热气把锅盖顶得一张一合的。烟气和蒸汽把屋里搅浑成一个朦胧的世界，对面连对方的鼻子、眼都分不清。站在锅前的毛三转过脸来，看了看，说："两位老师稍等，一会儿就好。"我们这才看到，锅门前的柴火堆上坐了五六个人，不用说都是毛三的街坊邻居，全是奔着狗肉汤来的。狗肉块把钱一斤，狗肉汤却是免费的。大冷天的，烤着火，喝碗浓浓的狗肉汤，那可是神仙般的享受。

锅底下停了火，毛三揭开锅盖，用铁叉把一块块狗肉叉到一个大筐里，就说："老师，先来碗狗肉汤暖暖，等狗肉凉一点就给你切。""我不急，先紧他们。"毛三抱来一摞碗，不一会儿，锅门口的几个人，就一人一碗捧着，"吸溜吸溜"地喝起来。最后也给我们一人盛了一碗。这狗肉汤，除了盐，什么佐料都没有，可是喝到嘴里，又浓又香，才喝几口，就觉得浑身发热，直想冒汗。

常言说得好："狗肉滚三滚，神仙站不稳。"神仙尚且如此，也就不怪那么多人乐此不疲了。

大家正喝得高兴，突然门声一响，一个二十多岁的小伙子窜了进来。他手里拿着一个硕大的黑碗，就是农村人叫"窑楞子"的那种，对毛三说："三叔，赶快给我盛一碗。"毛三接过碗来，一面盛汤，一面说："你小子一天一大碗，喝上瘾了？"那年轻人说："哪是我喝！是给我媳妇盛的，她肚子越来越大，可能是长脾块，人家说，狗肉汤能化脾块。"毛三把满满一碗狗肉汤递到他手里。这时，锅门上一个上了年纪的人说："狗蛋，你个憨种，你媳妇是不是有了，这狗肉汤可是化胎的。"那年轻人一听，突然手一抖，那滚热的汤就洒了些在他手上。他把碗往锅台上猛地一放，汤溅了一锅台。"可是的？"他说了一声，也没等人回答，汤也不要了，一面甩着手，一面拉开门，跑了出去。屋里顿时爆发出一阵哄笑。

回校路上，尽管寒风依然凛冽，但是，我们丝毫也不感到冷，这全赖那碗浓浓的狗肉汤啊。

翻纸花

谢金陵

"惊头一棒响锣开，

落地却成七子台。

仙子繁花随手变，

七十二花竞相开。"

这首歌谣唱的是传统游戏——翻纸花。

翻纸花令人无法忘怀的美丽，是成年人遗落在童年的一个梦，是一首诗，一抹心灵的馨香和美好的追忆。

细细的两根竹棍，压着两张硬纸板，纸板中间，是一沓颜色艳丽多变的皱纹纸。初看那闭合在一起的纸板，实在是其貌不扬，让人心生轻视。倘若翻开压合在一起的翅翼，一个宛如灯笼形的花儿鼓放在你面前，再轻轻翻转竹棍，如花丛中绽开的蝴蝶，热烈欢快地扑入你的眼帘。继续不停地翻转下去，它就会生出各种各样的花瓣和形状，颜色也因为翻转角度的不同，呈现着五彩缤纷的变幻。

现在的孩子很少看到纸翻花，这种看似简单而又繁复多变的玩具因为制作程序的复杂和利润的菲薄，逐渐淡出人们的视线。

但是在我们的童年，纸翻花曾给我们带来许多联想和快乐。动动手指，就可以变换出多种花型；摇摇竹签，它的花心里会绽放出另一朵花蕾，从你意想不到的角度，它翻转出形态各异的妖娆与风情。我常常用各种手法来探索它变化的奥秘，在满足好奇心的同时，又开启了对美好事物的种种联想和渴望。

纸翻花是我国传统的纸制工艺品，距今有上千年的历史。最早起源于宫廷，为取皇宫贵族开心而创制。在清朝康熙年间盛行于民间，清朝以前称为"翻花"或"翻天印""七十二变""扇子花"等，又有地方称之为"变花""十八变""十八翻"，现在人们称之为艺术纸花。它通过手翻、摇晃、抖弹、口吹等方式，能变幻出几十种形象逼真、奇思妙想的花样。

老灵城街头的站柜酒

宁广荣

20世纪六七十年代，灵璧县城街道格局是两条主干道，南北向的叫南北大街，东西向的叫东西大街，宽度不到现在的一半，长度只到四关桥头。路面听说是宋朝年间用青石块铺就的。青石块面，被岁月、被过客、被天地之间的生灵磨砺得锃亮光滑。酷暑中，光着脚丫子踩在上面，股股凉意直达头顶；秋夜里，月光下，一拨拨三五成群的小屁孩，吃饱饭后，在青石块上疯跑，带起的风搅动着街角扇蒲扇老人久远的梦。

东西南北大街的交汇处叫隅顶口。隅顶口东南角有两家国营商店。门面朝北的是酱园店，专卖灵璧国营酱园厂生产的咸菜、酱油、醋等；门面朝西的是烟酒店，除了凭票供应烟酒外，还卖灵璧食品厂生产的各类传统糕点。

烟酒店很温馨，常年免票供应散酒，玻璃柜台上，一年到头端坐着两个黑色酒坛子。红布盖子的酒坛里，盛的是粮食酒，一毛钱一两；黄布盖子的酒坛里，则是白干酒，五分钱一两。两个酒坛子之间有一只白瓷盆，里面三个酒端子。最小的酒端子，容量一两；最大的酒端子，容量半斤；不大不小的，是二两的。白瓷盆旁边，有一摞子土黄色小酒碗，几乎常年不用刷洗，碗里碗外竟然一直洁净得可以照出人影。

那个年月的物质相当匮乏，人们期望值也很低，能吃饱饭就心满意足了。那时，收入低，物价低，家庭人口多，负担重，逢年过节，寻常待客，极少用瓶装酒，绝大多数都是撵孩子到国营烟酒店去打散酒。也有在烟酒店里现买现喝的，俗称喝站柜酒。

喝站柜酒的人，大多是拉平车、干零活、收破烂、要饭和拾粪的，也有懒汉、吃劳保的鳏寡孤独、纯粹过酒瘾的单身汉、借酒浇愁的异乡客。

喝站柜酒的时间，绝大多数是晌饭、晚黑饭时分，极少有一大早来的。

晌饭、晚黑饭时分，一个男人，或一个老年女性，神态安逸，脚步闲散，踏上一个台阶，再踏上一个台阶，从衣襟里掏出一张毛票子，要么一毛，要么五分，递给营业员，说，来一两，或说，来二两，语调从容，面容平和，眼光里略微传递着或喜悦或伤悲或疲惫或焦愁的诉求。熟客，则不必啰唆，递上一张毛票子，营业员心知肚明，省略了套话，也简化了程序。

酒坛子下面的玻璃柜台里，有好几样下酒食品。有常年不断溜的油炸花生米、蚕豆花，有晒得干巴巴的盐豆子，有腌制的咸萝卜干子，也有油炸的小果子、麻条、麻叶、羊角蜜等甜食。这些下酒食品，不上秤称，一般都是一毛钱一小把，营业员先是拿出一张大一点的土黄色包装纸垫底，接着拿出一张小一点的，平铺在土黄色包装纸上面，弯下腰去，从玻璃坛子里抓出来一小把，"哗啦"一放，余下的程序，就是恭请食客享用了。

食客先嗫起双唇，慢慢悠悠嗍一小口，让酒在唇齿之间闲逛几个来回，再细分几个更小的小口，成金珠银珠状态恋恋不舍地咽下肚，然后，张开嘴，哈出一口气，与此同时，恣意地发出一个"啊——"，然后再咂砸嘴唇子。那才是，货真价实的享受，足金足两的得劲，不掺一点假的满足呢！

第一小口酒进肚以后，食客才顾得上光顾下酒食品。只见他，慢悠悠，闲悠悠，收拢大拇指、食指、中指，轻轻捏起一粒油炸花生米张开嘴，顺手一撂，花生米便跳进唇舌之间，随后，"咯嘣咯嘣"声响起，腮边便一鼓一瘪起来，也有嘴唇子"吧唧吧唧"奏乐的，人们倒也宽容，再说了，也没那个闲心去理会他的没教养。

有的食客去喝站柜酒，就不那么从容，而是步履较快，两个台阶，一步完成，到了柜台跟前，扔出一毛钱，说，来一两，或说，来二两。接待这样的客户，营业员动作也快，眼珠子先看钱，接着，一手揭开酒坛盖子，一手拿起酒端子，舀上酒，"哗啦啦"一串响，倒进酒碗。性急的食客，还没等酒碗里的酒花平息呢，就一昂脖颈子，将酒全部倒进嘴里，一声、最多两三声"咕咚"，接着，放下酒碗，抬起手掌，抹抹嘴角溢出的酒滴，一个急转身，抬腿走人。

当然了，喝慢酒喝蔫酒的食客还是多的，一般都在晚黑饭时段。天将上黑影，就有喝站柜酒的光临了。一般是先来一两，小口呷，慢慢品。一小口酒，几撮下酒食品，或者几小口酒，一两撮下酒食品。喝出感觉以后，接着会再来一两，过一会，又会来一两，或干脆一下子来二两。

那个时期的卖家，良心大大的好，绝对不像现在的卖家，十有八九见利忘义。营业员一旦发觉面生的食客情绪异常，最多卖他二两酒，无论他怎样软磨硬缠，都坚决断供，即使面熟的食客，也在接近他酒量前面，就劝他少喝点，要二两，最多只卖一两，发现有再要的迹象，就先他一步，趁他犯迷糊之际，把柜台上有酒的酒坛子撤到柜台下面，换上一个空酒坛子放在柜台上。

稀个早晚的，也有喝多酒出了店门就直接随性倒在台阶旁边呼呼大睡的。这个场景，一般发生在晌饭以后。对这样的食客，营业员隔一会，会伸头观察观察，只要鼾声依旧，就不必理睬；反之，则捏捏他的鼻子，拍拍他的脸蛋子，吆喝他几声，等他有反应了，再撵他走家。

总体来看，喝站柜酒的还是本城里人居多。一回生，两回熟，有的三回以上，就成知心朋友了。食客一边品酒、吃下酒食品，一边跟营业员拉闲呱。话题都与时局和人生沉浮有关。

就这样，一口小酒，几撮花生米，酒肉穿肠过，佛祖心中留；就这样，你发话，他接腔，酒少话不少，话糙理不糙。说着讲着工夫，几十年光阴转眼即过。仿佛一夜之间，往天的公家烟酒店就被变成了今天的几家私营鞋店。原先稀个早晚睡醉汉的地盘上，这晚子蹲着几个大小音箱，从天明到晚黑，不知疲倦地抢着吆喝，一家比一家嗓门大："买到就是赚到，走过路过不要错过。"而站柜酒，则消失得无影无踪。

烟酒店门口的匆匆过客，卖站柜酒的营业员，来一两、再来二两的食客，这么多年，无论在天穹、在人间，你，还好吧！

石磨吱吱

尤传化

我最近跑了几个村子，发现好几处农家门口和道旁躺着废弃的磨盘，心里颇有感触，随口拈出一首小诗：

> 两片石头磨岁月，细碾生活多蹉跎。
> 推拉千载民间史，而今道旁受冷落。

随着社会的进步，石磨早已退出历史舞台，每看到它，耳边就会响起电视剧《刘老根》的主题曲："毛驴儿拉磨哟，它走不出那个圈……"

那时一个村里能有一两盘石磨就算不错了。放置石磨的房子我们叫磨屋，屋子不大，石磨墩在中间，旁边放着簸箩、箩子和面筐，这就是磨屋里的全套设备了。

我们这里的石磨大多产自山东，因为那里的石头耐磨不掉渣。石磨分两种：磨面粉的是旱磨，做豆腐的为水磨。石磨由磨石和磨盘组成。磨石分为上下两扇，上扇略厚，由专业石匠锻出斜条纹状的磨齿，也称磨牙，上扇中间分别凿有两个进料孔，俗称磨眼，下扇中心嵌着一截硬木，箍着五六厘米左右的铁头，俗称磨脐，和上扇的凹形磨脐眼刚好咬合。据传上下两扇磨齿图案源自古代太极八卦图，是天地之合。两扇磨石下面的大圆盘，俗称磨台或磨盘。由于个头比较大，运输不便，一般都用本地的大青石做成。把它们在墩子上支好就是一台完整的石磨了。

磨面之所以被称为推磨和拉磨，就是人力和畜力的区别。两手推着磨棍围着磨盘转称为推磨，毛驴和骡子蒙上眼睛，戴上笼子，套在磨棍前，围着磨盘转，称为拉磨。那时候牲畜都是生产队里的，一般拉完磨后，舀一瓢麸皮送给饲养员就算酬劳了。

磨面时，把粮食倒在磨上，要不停地往磨眼下拨，以防磨空。为防粮食滚落，有的用薄木板圈成笋框罩住粮食，这样粮食可以自由下落，同时在磨眼里插入小木棍做的磨筹，控制粮食的进入速度。磨台四周落下的通粉比较厚了，就用面框子收集起来筛箩，先筛出的叫作"头破面"，是最好的面粉，筛下的麸皮再继续碾磨。因为那时粮食稀缺，就这样要磨三四"破"，直到最后剩下一点可怜的麸皮为止。

值得一提的是过去借人家的石磨使用，是不能把磨里粮食全部磨完的，磨眼里都要留些麸子，称作"磨不空膛"。

石磨用的时间久了，磨齿就会磨钝，要请石匠师傅锻錾，俗称"锻磨"或"錾磨"。

我之所以对石磨如此情深，源于一件痛心的往事。我3岁那年，母亲便因病去世。出殡那天，乡亲们把我的双手拴在石磨上，民间有磨盘压子的习俗，说只有这样我才不会被母亲的灵魂拉走。那天我一个人在阴暗的磨屋里，丝毫没有感觉害怕，竟然趴在宽大敦实的磨盘上睡着了，仿佛躺在母亲怀里。多年以后邻居大娘提起此事，还眼含泪花地说："一看到你，就想起你娘出殡那天你被拴在我家磨盘上的样子……"说得我鼻子一酸，差点哭了出来。

如今石磨真老了，它那道道磨齿，就像老人满脸的沧桑皱纹，让我们心痛，但它已经成了我们的民俗文化符号。

春联趣事

韩 英

进了腊月，年味越来越浓了，城里乡下，大街小巷，渐渐变得热闹起来。街上人来人往，熙熙攘攘，人们忙着购年货、走亲戚，更有他乡游子，大包小行，风尘仆仆地加入这人潮涌动的行列。朋友圈里，书画界的老师们也忙碌了起来，送春联、送年画进乡村、入社区，活动轰轰烈烈，氛围喜庆祥和。看着他们临街疾书，笔走龙蛇，赞叹之情油然而生。突然想到小时候，我们过大年时写春联、贴春联的情景。那时可不像现在，有书画大家当场挥毫，更没有大街上销售的那些异彩纷呈、华丽精致的成品。那时都是自家的"小作坊"，自家买了红纸，自己写，管它七扭八斜、东倒西歪，贴到门上，见个红，那就是喜庆。

父亲虽然没有进过学堂，但也识得一些字，写得一手漂亮的钢笔字，毛笔字也不赖，虽说不是什么知名人士，但是在当时那个穷乡僻壤的乡旮旯里，也算是一个"秀才"了。所以每年春节，左邻右舍那些不识字的亲朋，都会早早地买了红纸送到我家来，请父亲给他们写春联。每年过了腊八，父亲就忙了起来。我们自家的红纸是要买的，还要买上两杆毛笔，一杆大号笔用来写"福"字和门联，小号笔则用来写横联。父亲通常还会买一本当年新版的《春联集锦》，科学在发展，社会在进步，这春联也要与时俱进，不同的年代，春联的含义就要有所不同，父亲对这些很讲究。对于集锦里的春联，父亲也会精斟细酌，有些生僻字，或者对仗不工整的，父亲都会稍稍改动一下。当然，父亲也会根据各家的不同情况，选择与之相适应的春联，比如有的家庭做点小生意，父亲就会给他们写"生意兴隆，财源茂盛"，或者"生意兴隆年年旺，财源广进天天发"；若是家庭和睦，又有年长的老人，父亲就为他们写"天增岁月人增寿，春满乾坤福满楼"之类的祝福联；但更多的还是那些辞旧迎新，欢欢喜喜过大年的对联。

每当这个时候，我也派上了用场，我要帮着父亲裁纸，拿笔取墨，父亲写字时我还可以给他拉住纸的一端，把纸张固定好。父亲每写完一副，就会把上下联铺展开来，让我看看字写得匀称不匀称，如此，我也像个"大家"似的，站到左边看看，站到右边看看，忙得不亦乐乎。父亲总是优先给别人家写春联，却把自己家的放到最后。自己家的就不再采用集锦里的春联，而是别出心裁，肆意发挥，写上一副自己原创的，颇有一番"我的地盘我做主"的豪迈气概。

大年三十一大早，母亲和大姐就起来忙乎了，做年饭，那可是一项"浩大工程"。我和父亲也会早早地起床，我们的任务就是贴春联。别看平时我很懒，每天早晨要让母亲把棉袄棉裤烤得热乎乎的，哄着我起床，要不就是父亲站在床头唱着"起来，起来！不愿做奴隶的人们……"我才会咯咯地笑着离开那温暖的被窝。但是大年三十这一天不一样，天不亮我就爬了起来。父亲抱着春联走在前面，我提着糨糊，拿着小秫秫刷头，紧跟其后。我们父女俩迎着瑟瑟的西北风，踏着积雪，去后门大哥的新房贴对联。因为大哥在部队，每年春节，大嫂都要到部队去过年，所以每年都要先给大哥家贴。这时，家家都在放鞭炮、贴春联。据说，这春联贴得越早越好，有些年轻人担心自己起不早，甚至头天晚上就贴好了。

大哥的新房贴好了，返回来再给自己的老屋贴。母亲和大姐已经做好了早饭，可是偏偏父亲对贴春联非常较真。搬上一把椅子，爬上爬下，看上下联有没有对齐，"福"字有没有贴歪，横幅有没有贴斜。我这时又冷又饿，对这些也失去了兴趣，眼看着早饭都凉了，就极不情愿地噘着嘴，明明斜了我也说不斜。母亲这时就气不打一处来，大声嚷嚷："吃饭吧，是吃饭重要，还是你那春联重要！"父亲满脸不屑："你知道个啥！"于是上下左右，这边瞄瞄，那边瞅瞅。我可管不了这么多，趁着这个机会，溜进屋里吃饭了。

说起那时贴春联，我想起了一个笑话。记得有家邻居，夫妻都不识字，于是每年就早早买了红纸，请父亲给他们写春联。父亲为别人写春联，想得很周到，写完了"福"字、上下联和横批，往往还会剩下一些小纸条，就分别写上"绿水长流""身体健康""六畜平安"之类的。大年初一，我们几个小伙伴到各家去拜年，走进这位邻居家时，逮眼看到牛槽上赫然贴着"绿水长流"，我就纳闷了，牛槽怎么可以绿水长流呢？再向厨房门前一看，水缸上贴着"身体健康"，我们立即意识到了什么，于是大家伙一起跑进他家的卧室，床头上果然斜披着"槽头兴旺"。这下我们可乐坏了，一个个笑得前仰后合。这件事在当时传得很远，成为方圆几个村的笑柄，每当小孩子不认真学习时，家长便拿这件事来说教。

这些事已经过去许多年，但是，回想起来依然历历在目。

洋火牌

韩　英

提到洋火牌，我想60后、70后的朋友们应该都有印象吧。所谓的洋火牌，就是把家里用完的火柴盒拆开了，用来做游戏，那时，农村把火柴称为"洋火"，所以由此而得名。可不要小看这些火柴盒，上面的图案有些是很有意义的，有的是《水浒传》《西游记》等名著里的人物画像，有的是具有纪念意义的历史事件，所以是集实用性、趣味性、教育性于一体的。我们小时候，精神生活和物质生活都还相当匮乏，没有现在孩子这么多高大上的玩具，但是不得不承认我们小时候相当有智慧。不就是玩吗，玩得快乐就行，干吗要花钱，到处都是玩具呀，利用现有资源，充分发挥我们的聪明才智，自己开发创造呀。摔泥巴、丢沙包、玩石子；弹琉子、跳方格、推铁圈，大自然馈赠给我们的玩具应有尽有。当然洋火牌也被开发了出来。

冬日，屋檐下、走廊里、柴垛旁、大树底，三五成群，一帮孩子半趴在地上，聚精会神地玩洋火牌。没有人在乎西北风的凛冽，一个个举着冻得红肿的甚至裂开了一道道血口子的小手，对着洋火牌，向地上"啪"地一拍，瞬间翻过来好几张，赢的高兴得手舞足蹈，输的气得面红耳赤，周围一群伙伴跟着起哄。玩这种游戏只有两个人参与，每人都有一大把洋火牌。两个人首先来一次石头剪刀布，决定谁先打。输的就会把他心爱的洋火牌放在平地，赢的不敢大意，全神贯注，狠狠地向地上拍去，利用手掌带的风，把洋火牌扇翻。只要翻过来，就为他所有，还可以继续，如果打不翻，就算输了，要由对方来打。所以，这也是需要一点小技术的，需要巧劲。有的不能巧妙地掌握这个度，用了很大的力气，小手掌拍得红红的，最后还是输得一塌糊涂。

洋火牌这种游戏其实是男孩子玩的游戏，女孩子很少玩。我之所以喜欢，并不是在乎游戏的本身，而是被火柴盒上栩栩如生的人物图片所吸引，想收集保存起来。自家的火柴盒当然更不能放过，发现有两盒用了一半，就立即把两半盒火柴集中到一盒里，有时发现有一盒火柴里面还剩下三五根，就趁着大人不注意，把那几根火柴偷偷地丢了，然后喜滋滋地据为己有。但是自家的火柴盒毕竟有限，满足不了我的收藏欲，于是看到哪个小伙伴有人物图片洋火牌，我就要想法赢过来，所以玩洋火牌的技术渐长。如果不是我喜欢的人物图片，我就会以二换一，从其他小伙伴那儿换来带小人的洋火牌。有的小伙伴很苛刻，甚至要求以五换一，这都无所谓，反正对于我来说，没有小人的洋火牌是不值一文的。这样，要不多久，我的"百宝箱"里就装得满是洋火牌了。

我上了小学，还是非常贪玩，每日里就琢磨着开发游戏，在班里也算是个孩子王。有一天，一个同学偷偷告诉我："你不是想要一百单八将吗？兰兰有，而且全部是新的。"我一听，立即来了兴致，洋火牌《水浒传》人物一百单八将，是我许久以前就收集、一直没有收完整的，这可是个好消息。兰兰是我们同班同学，也是我们所在的那个小乡副乡长的千金，家庭条件在我们班当然是一流的，人也长得白白胖胖，在我们还穿着的确凉小褂的时候，人家就穿上带金丝线的纤维布小褂了。但是就是成绩不好，别人考一百分，她考一分，还是蹲级生，所以老师和同学都不喜欢她。于是我就让其他同学替我约她，下课一起玩洋火牌，她也欣然应允。

好不容易熬到下课，几个同学立即把课桌向两边一拉，闪出一片空地。我和兰兰分别把一大把洋火牌向地上一放，石头剪刀布，开始！周围的同学也有趴在课桌上的，也有站着的，也有围到我们跟前的，都屏息静气，以观胜负。兰兰也不敢大意，低着头，趴在地上，胖嘟嘟的小脸红红的，眼睛死死地盯着她的牌。我膝盖跪地，半趴着，对准那些洋火牌，"啪"地一拍，立即翻过好几张，呵呵，这下我可高兴了！兰兰不高兴也不行，只好又放上几张。不费吹灰之力，我连连赢了她不下二十张。我越扇越有精神，正全神贯注时，突然发现兰兰不见了，猛一抬头，天哪，是王老师！他两手抱住膀子，正站在一边嘚瑟着，一边看着我，冷冷地笑："拍呀，再拍呀，怎么不拍了呢！"我立即红了脸，慌慌张张爬起来就跑，洋火牌撒了一地。

这种游戏早已远离了我们，却给我们那一代人留下了美好的回忆。

乡村年韵

刘玲梅

家乡的年从腊月二十四就开始了。这一天也就是祭灶，是拜送灶王爷的日子。所谓的祭灶，就是在黄昏时，在灶门前贴上灶王爷的神像和"上天言好事，下界保平安"的对联，神像前摆上供品，拿糖糊住灶王爷的嘴，燃香祷告，求灶王爷在玉帝面前多说好话。传说灶王爷负责管理各家的灶火，是家家户户的保护神，从头一年的除夕就一直留在家里，保护并监察着这户人家，到腊月二十四这一天，便要回天宫向玉皇大帝汇报这家人的善行或恶行。玉皇大帝根据灶王爷的汇报，将这家人新一年中应该得到的奖赏或惩罚变成福祸，再交到灶王爷手里。可见，灶王爷对这家人是相当重要的。所以老人常常告诫我们，不许对灶王爷不敬，不许碰灶王爷的神像，不许在祭灶时随便说话。他们的谦恭神态让我觉得很有意思，只是后面的仪式大多不记得了。慢慢地，乡下的灶房里便难得一见灶王爷的神像，祭灶也就只作为一种节日，人们象征性地准备些好吃的，并将这天称为小年。

按惯例，腊月二十五是最累的一天，因为这一天要打扫房间。这可不是平时一般的打扫，要将屋内院中的每一个角落都清理干净。乡下的房屋永远是与尘同光的，再怎么爱整洁的人家也难保屋里没有藏灰的死角，所以一定要仔细打扫到位。家里大大小小七八间房打扫起来也是项不小的工程，这时往往是全家一起出动。桌椅箱柜该擦的擦，床单被罩该洗的也要洗。母亲常在几天前就将所有的被子拆洗一遍了，以防天气有变。老天爷也很配合，每年的这几天往往都是阳光明媚。

都到腊月二十六了，离年更近了，人们的心情是激动的，也是平和的。左邻右舍互相询问着，你家割了几斤肉，他家买了几条鱼，家里还缺什么菜。父母便对着那些菜算着过年要请几桌客，不够的话赶快再到集上去补点回来。

过年前要蒸许多包子馒头，这是留待正月吃的。正月里人们大都不愿再忙活，说是会带来一年的劳累。于是二十七和二十八这两天都用来和发面蒸馒头。蒸一笼白馒头，再蒸一笼菜包子，接下来是肉馅的、糖馅的，还有把红薯切成丁做馅的。各种各样的都蒸上一些，辅以不同的外形花色做区分。吃过晚饭，孩子都去睡了，母亲坐在灶前一把一把地往灶膛填着柴火。等一锅新包子蒸出来，母亲将睡意并不太浓的孩子叫醒，说，趁热尝一个，香着呢。

春节肯定少不了春联。各家拿出早已准备好的红纸，裁成大小不一的长条，然后请村里的先生帮着写对联。我叔叔是教师，写得一手好字，每到过年，家里人来人往，找他写对联的挤满了院子。叔叔总是乐呵呵地认真帮大家写，写了院子大门上的，还要写贴在堂屋的，既要写卧房的，又要写锅屋的，连那猪圈和牛棚都要贴"六畜兴旺"，往往从二十九早上能一直写到傍晚。那时我便常跟在叔叔身边看他写，乖巧地将写好的对联按叔叔的吩咐拿到指定的地点去晾干，我很喜欢闻那浓浓的墨香。可惜后来很少有人再找叔叔写对联了，大家图方便，也图好看，都到集上去买那种印好的并配有花边的对联，拿回来前前后后地贴上。不过，我始终觉得那些对联上的词句有些俗气，远不如叔叔写的让人念着心里舒服。

忙活了几天，终于盼来了大年三十。我们老家真正的过年，其实就在三十中午那一顿饭，所以这一天反而是最忙的。一大早，母亲将庭院洒扫得干干净净，催着孩子起来吃早饭。这天的早餐往往是很简单的，稀饭馒头对付一下便好。母亲洗涮完毕就开始准备中午的菜。先将大块的猪肉或是整只的猪头和鸡放到锅里煮，灶里的柴火烧得通红了，锅里的香气也便弥漫开来，惹得孩子们在厨房门口探头探脑。待煮好了，母亲将肉捞出来，放在桌子上拆骨分块，并不时地随手将一根根肉骨头给围在桌边的孩子们啃。那种刚出锅不加任何调料的肉吃起来特别香。

大年三十中午有个"抢饭时"的习俗，就是哪家的炮先响饭先吃，就证明哪家的人比较勤快，好运就会先到哪家。于是我们一边关心着母亲做菜的进度，一边随时准备放鞭炮。只要母亲一声"吃饭了"，挑在长杆子上的炮仗便响了起来。然后一家人团团围坐喝起了酒，小孩子也破例被允许抿一抿，接着便要给父母敬酒，感谢他们一年的辛苦。

下午忙着包水饺。从初一到初五，每天早上都是要吃饺子的，为了省事，一次会包许多。剁馅、和面，然后擀的擀，包的包，一家人分工合作，一边包一边闲聊，一会儿感慨一会儿欢笑。包饺子时还有一个小插曲，那就是要在一只饺子里包上硬币，说是如果被谁吃到就由谁"当家"。我们便央着母亲也包一个，倒不是为了看自己有没有当家的命，而是盼着能吃到那硬币就归自己了。母亲就去找了一枚，用开水反复烫洗后包进了饺子里。于是接下来的几天早上，每顿都尽可能多地吃饺子，希望能吃出那枚硬币来。

三十晚上是人们最激动的时候。早早地吃了饭，母亲开始在厨房里用大铁锅炒花生、西瓜籽、南瓜籽、葵花子。那时村里没通电，是没有春晚可看的，守岁的形式就是一家人围在床上，一边吃着香香的瓜子，一边打扑克。等到十二点，"接天"的鞭炮齐鸣，给冷清的夜带来了浓浓的年的味道，新的一年就在弥漫着的烟雾中到来了。随后大家吃罢煮饺子便各自去睡觉。后来有了电视，大年三十晚上人们便准时守在了电视机旁看春晚。一年年不同的节目，相同的闹腾。渐渐地，零点"接天"的人少了，直到越来越多的人渐渐将这个仪式淡忘。

初一早上是要给长辈们拜年的，首先是给自己的爷爷奶奶爸妈叔伯，然后按亲疏远近到村里的各家去拜。这时候，家家户户都会准备许多零食，谁都希望去自家的人越多越好，东西被吃得越快越好。拜完年，人们就整个放松了，三个一群五个一伙，各处找乐去。这一天是孩子最自由的一天，想怎么玩就怎么玩，父母一般不会约束。

从正月初二开始，就是走亲访友请客吃饭的日子。首先是姥姥或舅舅去接闺女外孙回家小住，一年忙到头的母亲也便趁此机会放下家务带着孩子回娘家住一晚，第二天赶紧回来，因为家里还要请平时交好的乡邻吃饭。就这样今天你请客，明天他回请，迎来送往地一直持续到正月初六。这期间有一天一家人还要团聚的，那便是初五。正月初五是乡下默认的小年，重视程度不亚于大年三十。相比之下，正月十五的元宵节便被冷落了不少。也许因为是乡下，没有放灯闹元宵的条件，或者是因为一连数日的奔忙，过年的兴奋劲儿已经过了，到这天只是象征性做几道菜意思一下，下午几户人家聚在一起唱唱民俗小调便罢。

到这时，一个年算是过完了。好像完成了一件大事，人们的精神也就放松了几分。接下来的日子过得悠闲随意，偶尔串串门打打牌，一直到正月过完。这一个月是给乡下人的假期，等进了二月，春雷滚过，人们又将开始新的一轮劳作了。

母亲的顶针儿

卜献华

母亲生得一双巧手，描龙绘凤，剪花画云，样样精通，尤其是刺绣，有一手绝活。但母亲生活在清苦人家，平时最常做的多是一些缝缝补补，制作粗布衣衫的活计，这都离不开顶针儿。看到顶针儿就会想到那个年代的母亲和她那满是老茧的手指。

春日的太阳，暖暖地照在屋门里，厅堂前一张方桌子，圆圆的针线筐里放着剪刀、皮尺、针、线轴、碎布之类。母亲坐在矮木凳上，阳光在她的头发和手里的针线上跳跃，她的右手中指戴着一枚顶针儿，平时不做针线活也常常忘记拿下来。她习惯了那种金属的凉意，那种与肌肤相贴，并被轻微压迫的感觉。顶针儿有时用铁，也有用铜打制，那上面布满星星的麻点，随着一针一线缝制，顶针儿在手中不知不觉催促着针尖穿过厚层，顶力的脚步一路向前，布面上便留下密密麻麻、整整齐齐的针脚，像排列有序的日子。从前有钱人家请得起裁缝，身上穿的绫罗绸缎都是别人手工制作，清贫人家的女孩子，打小就要学会穿针、引线、缝补，学使顶针儿是必修课。"顶"是一种动作，很讲究技巧，会了运用自如，不会就被针屁股扎进肉里，那疼是连着心的。我母亲做针线活，就像跳手指舞，她用右手拇指和食指捏着针，针儿牵着线儿，左手将布料铺平，折好，放在手心。缝制从布边开始，针尖透过布丝，线儿借助针的牵引上下翻飞。母亲像乐队的指挥，双手配合，微微低首，气息均匀，每一针都是她乐谱里的音符，她绝不会让一个音符掉拍。有时，她会用顶针儿顶着，一连缝上几针才扯线儿，然后把布面一拉，指甲一刮，一排齐刷刷的针码翻上去，就像一梭子弹射出去一样，既好看又省时。母亲最爱穿的大襟褂子，那上面的每一个针脚都是缭上去的，从一边进针，另一边出针，缝出的针脚都是斜斜的，像绞绳，像麻花，像顺着键盘滑下的音符。母亲的顶针儿顶到哪里，哪里的音乐就飞起来。在优美的旋律中，一件朴素的衣衫就完成了。

是的，我的母亲，母亲的母亲……世世代代，她们的手指都戴着顶针儿，金属的光，闪耀在她们的日子里，岁月因此不那么幽暗。她们的家族和儿女，就在这星河里次第而行。顶针儿，如今到了我们这一代已经渐渐消失，我们穿着批量生产的衣服和鞋袜，从头到脚被商业包揽，但我仍时时怀念母亲那缝衣服的动作。

掏鸟窝

程大康

2016 年 12 月 22 日回老家尹集，车每经过一个村庄都能看到村庄前后的大树顶端有几个黑蘑菇似的东西，那是我好多年没看到的喜鹊窝。树上那一个个黑点似的窝，勾起我童年掏鸟窝的事来。

小时候家前院后都有树，大树上、屋檐下、墙洞里都能寻到鸟窝，就连屋里大梁上都有燕子窝。村子里有各类鸟，好多鸟我连名字都叫不上来。燕子和喜鹊深受人们的喜爱，听大人说，燕子是益鸟，在谁家住谁家就会发财，所以每家每户都愿意让燕子来家里垒窝，尽管把地上弄得都是燕子屎。喜鹊大家更喜欢了，它不但长得漂亮，姿势也优美。屋顶上、院墙上、树上时常可以见到。它的羽毛大部分是黑色的，那黑色在阳光下闪耀着光泽，太漂亮了！经常听到它短促响亮的叫声，我们孩子看到就拿棍子撵它，嘴里还唱着："花喜鹊，尾巴长，娶了媳妇忘了娘，你娘在草窠里，你媳妇在被窝里……"那时候认为它是忘恩负义的鸟。奶奶看到了就会吵我们说："喜鹊是报喜鸟，谁家要是有喜鹊叫，早上报喜，晚上报财，中午报亲戚来。"

我那时喜欢寻找鸟窝，掏鸟窝里的蛋煮熟吃，味道美极了。有一次，我在邻居家墙洞里看到一个窝，轻轻地走过去，看到麻雀不在，就把里面几个蛋拿回家。奶奶发现了，让我把蛋放回去，不然，脸上会长麻雀斑的。我问她："以前吃过了怎么办？"奶奶说："只要以后不再吃就不会长的。"我把蛋放回原处，心里想，麻雀蛋不能吃，那吃别的鸟蛋不会有事吧。

一个偶然的机会，我在一棵树上发现一个十分隐蔽的斑鸠窝，就爬上去，看见里面有三个比鸡蛋小很多的蛋，拿回家问奶奶，这样的蛋可能吃，奶奶说也不能吃，吃会怎么怎么的。接着又说："奇怪了，斑鸠跟鸽子一样，一窝只下两个蛋，怎么会是三个呢？肯定有一个是鹚鹰的，鹚鹰很懒，把蛋下在斑鸠窝里，自己不抱窝。斑鸠很憨厚，俗语说，'三斑一鹚'，就是说这事的。"奶奶知道的事真多，可是也分辨不出哪个是斑鸠蛋，哪个是鹚鹰蛋，我只好把三个蛋都放回了原处。

于是我开始每天注意喜鹊的一举一动。和麻雀相比，喜鹊可谓硕大，那蛋一定会比麻雀蛋大，也许更好吃吧。一天，我看见有两只喜鹊在我家屋后一棵大柳树上轮换着飞来飞去，嘴里衔来一根根枯树枝。经过仔细观察，才知道大树最上面有一个鸟窝，喜鹊想让自己的家更坚固，在重新修理。过了几天发现窝比以前的大，它们可能下蛋了，不像以前那样往外飞了。我盘算着怎么爬上去掏喜鹊蛋，便时时刻刻观望，得等两只鸟全飞走了才可以行动。五月天气不太热，下午三点多钟，机会来了。我赶忙叫来小伙伴拿来椅子，让他们在下面帮我看可有大人来，我站在椅子上爬树。越往上爬，树干越细，我开始有点怕，树干断了怎么办？可是还差一点就能够到窝了，我不肯放弃，就轻轻地一点一点地靠近鸟窝，没想到，手刚碰到鸟窝，树枝"咯吱"一声断了，我想这下完了，不死也得腿断胳膊折。我闭上眼听天由命，谁知命不该死，我掉到下面一个树杈上。虽说没掉到地上，但我也吓个半死，脸和手都刮破了皮，流了不少血。

从那以后，我和小伙伴们就隔三岔五地去观望，看到小鸟伸出还没长大的红红的脑袋，张着嘴接大鸟嘴里的食物，看到那些小鸟羽毛未丰就想飞翔而摔下来的惨剧，也看到了寒冬鸟在窝中过冬的温馨。

我现在终于明白奶奶说吃鸟蛋脸上会长雀斑的用意了，每个生灵都有自己的家园，鸟儿是人类的朋友，人跟鸟应该和睦相处。

锅拍子

程大康

高粱，我们家乡叫小蜀黍，小蜀秸最上边的一截叫梃子，我们用来绗锅拍子、列子和馍筐。

小时候，家里人口多，厨房灶台上并排支着两口锅，大锅是12张的，小锅是7张的。妈妈一绗锅拍子就是一大一小。妈妈心灵手巧，绗锅拍子的手艺在我们村子里是一流的。家里的锅拍子和列子都是母亲用小蜀黍梃子绗制的。秋收后，妈妈就把小蜀黍秸用平板车拉回家，把梃子截下来，晒干后，就可以做锅盖和列子了。

我经常看妈妈绗锅拍子，偶尔也帮帮妈妈的忙，所以掌握一些绗锅拍子的方法。绗锅拍子得准备剪刀、麻绳或者棉绳、菜刀、大号针、顶针、尺子，还有小蜀黍梃子。绗大锅拍子选用粗长点的梃子，绗小锅拍子选细短点的。先用大针串上线绳，戴上顶针，选择两根最长的梃子，量出中心点，交叉用线绳串起来，使四个半径相等，形成十字形。然后，挨着这两根分别一根一根续下去，但是要求每根梃子只穿四分之一的厚度，避免线绳外露。同一面的梃子粗细要均匀一致，保持表面平整。串到接近矩形以后，续串的梃子就越来越短。串到最后，便开始走边。走边是增强锅拍子的坚固性，同时可将四个角补齐。然后再用一根梃子钉在中心，以此为半径画圆，原理与圆规相同，把半径以外的部分切掉，就成了圆圆的锅拍子。列子制作方法跟锅拍子一样，只是梃子要比制作锅拍子用得少，每两个梃子之间留有空隙。妈妈绗好一个锅拍子后，我就赶忙跑过去，拾地下切掉的梃子放在一起，开始学妈妈绗锅拍子。在妈妈的帮助下，我成功地完成了一个小小的锅拍子，当玩具耍。

隔壁的李大娘每年在地头、河沿、路旁种些小蜀黍，冬天没事时她就用梃子绗锅拍子，大、中、小都有，还制作放针线和馒头的筐子，用绗锅拍子切掉的短梃子制作筐子沿，做好后拿到街上卖，有一笔不错的收入。

随着生活条件的提高，木锅拍子、铁锅拍子、铝锅拍子逐渐代替了高粱梃子锅拍子。梃子制作的锅拍子现在大多用作摆放饺子或手擀面，也有人用来晾晒食品干果等东西。

纳鞋底

程大康

近来天气越来越热，儿子嫌穿运动鞋捂脚，让我给他买双布鞋。老公说要是有卖手工布鞋的，买给孩子穿多好呀！塑料底布鞋也捂脚，自己纳的鞋底透气，穿起来舒服，可是到哪也买不到手工布鞋了。

是的，现在没人再纳鞋底做鞋。小时候村子里每个人穿的都是手工做的鞋，因为那时农村人穷，根本没有钱买鞋穿。

20 世纪 80 年代以前农村妇女基本上都会纳底做鞋，不管是谁家里都有十几样做鞋用的原材料和工具：棉绳、布头、糨糊、鞋样、剪刀、锥子、顶针箍、针拔等。纳鞋底首先要捻线做线绳，然后准备鞋料。母亲把破衣服剪成一块一块布片，在木板上刷上糨糊，把布块一块紧挨一块地粘贴在上面，一层糨糊一层布片。那些大大小小、零零碎碎的布片在母亲手里，粘贴得平整均匀。鞋帮需要粘贴三层，鞋底得四层或者五层。粘贴好后再把它拿到太阳下晒一两天，布靠子就做出来了。

备好料后，母亲就按照我们一家八口人脚的尺码开始做鞋。依照鞋样，剪出大小适中的鞋料，把鞋料缝在一起，再用白布条镶边，最后用重东西压上几天，这样压出来的鞋底容易纳。

一切准备就绪开始纳鞋底了。一双普普通通的鞋底，要纳得平平整整，针脚匀称细密，确实不是一件容易的事，快的也要四五天，慢的则更长些，一双手工鞋凝聚多少姑娘、媳妇的情感和汗水。

纳鞋底刚开始时，一般先在鞋底外围纳上两到三圈，类似篱笆，然后，由上而下，纳到最后，鞋底已变得十分坚硬，每一针都要花费很大的力气。整只鞋底纳好，再看针眼，成一行行平行线。

小时候，不管春夏秋冬，母亲只要有空，总是拿着一只鞋底在纳。左手拿着鞋底，右手拿着针锥，头稍微偏左，针锥在头上蹭一下，往鞋底上扎下去，再拔出来，那姿势好看极了。就这样一针一线不停地穿梭，不知道做了多少鞋。那时，村子里的女人都是这样，每做好一双鞋就挂在墙上，哪家墙上挂得多，就说明哪家女人勤快。没结婚的女孩要是给未婚夫做鞋，都拿着一块白布，怕把鞋底弄脏。她们聚在一起，边拉家长里短边纳鞋底，时常说些玩笑话，你看看我，我看看你，会心一笑，又不好意思地瞅瞅手上的鞋底。

我有好几次偷偷地从母亲的针线筐里拿出她没纳完的鞋底，想照着母亲纳鞋底的样子学着纳，谁知怎么用劲也穿不透那厚厚的鞋底，第一针就把针锥上的大针掰断了。母亲回来说，纳鞋底光使劲是不行的，要有技巧。可是我再学纳鞋底，没纳几下，又把针掰断了，手指还扎破几个小洞。妈妈把我的手包扎好，有耐心地教我。到我十几岁时，终于掌握了纳鞋窍门，能独立纳好一只鞋底了。

烙 饼

程大康

每次看到街口或者小巷里有人卖烙韭菜盒子，我会不由得想起小时候妈妈烙的单饼。妈妈烙单饼的时候，总是烙几样带馅的，在我们当地称之为菜盒子，有韭菜馅的、南瓜花馅的或者苋菜馅的等不同口味，味道香甜，非常好吃。

那时候家里都穷，吃这样的烙饼次数不多。妈妈经常把玉米面用开水烫一下，和成玉米团在案板上揪一个个小团，拍成扁片放在鏊子上，炕成玉米饼，我们这里叫作"铎子"，也有的叫"水龟子"，颜色金黄，也挺好吃。

那时，村子里要是死了人，就要烙几张芝麻干饼，放在棺材前面，俗称"打狗饼子"，据说是死人过奈何桥的时候拿来贿赂小鬼的。我们不懂，出殡时，就上前抢着吃。

烙饼的专用工具就是有鏊子、擀面轴、翻单饼劈子。鏊子是铸铁的，有三条腿，高六厘米左右，中间凸起；擀面轴是木棍制成的，中间粗两头细；劈子是用木板或者竹片制成的。那时家家有鏊子，户户烙饼。烙饼是一门手艺，要学一段时间才能烙成像样的一张单饼。我小时候经常看妈妈烙饼，知道烙饼要用死面，比包饺子面还要软一点。首先把面粉放进盆里，为了不让饼干就放少许盐，将温水缓缓倒入面粉当中，要是怕面粉粘手，就用筷子不停搅拌成面疙瘩的形状，再使劲地揉，等揉成面团以后，放在案板上饧一二十分钟。这时找来三个大小相同的石块垫在鏊子脚下，将鏊子支好。妈妈把饧好的面团揉成长条，揪成一个一个小剂子，再把一个一个剂子揉成面团放在一边。取一个剂子压扁，用擀面杖擀开，擀成薄厚均匀的圆形。爸爸烧鏊子、翻饼，他喜欢吃八成熟的饼，放在鏊子上一翻一正就可以了。妈妈喜欢吃全熟的，爸爸就再烙一些带煳花的。

每次烙饼，我都会揪点面在手里玩，然后蹲在鏊子旁边盯着看，看到两面鼓起黄色泡泡时，肚子也跟着敲起小鼓。爸爸可能是在部队里守规矩习惯了，不到吃饭的时候不让吃。妈妈看到我馋，眼巴巴的样子，就撕了半个饼给我。

我顾不上洗手，赶忙接过来卷着盐豆，一口咬下去，没想到饼很热，烫得我嘴里不由得发出"嚯嚯"的声音，可我还是吃得津津有味，吃完了，就趁着大人不注意又去偷吃剩下的那半张单饼。

到了秋天，收了芝麻，妈妈把芝麻炒熟，用擀面杖擀碎，放点盐在里面，制成芝麻盐，卷到烙好的单饼里，更加香甜可口。妈妈有时还把芝麻放在面团里，烙成芝麻单饼，在鏊子边上炕干后，又脆又香。要是烙菜盒子，就先烙成单饼的样子，把菜调好后，放在单饼一半的地方，另一半盖上，把边拍实，再放到鏊子上炕。

自从烙饼机器的出现，家家有鏊子、户户烙饼的场景慢慢退出人们的视线。

"斗鸡"

姚红远

今天，我给大家讲的"斗鸡"，完全与鸡无关，而是在我们这些 70 后乃至以前出生的人群当中，童年生活里无法抹去的一份记忆，尤其是男孩子们最爱的嬉戏活动。

我的童年生活物质匮乏，没有现在孩子玩的那么丰富的大型游乐场所。那时的孩子，大都是散养着的，整天一大群地聚在一起玩耍。男孩子们在一起最爱玩的就是"斗鸡"。大家通常分成两队，每队人数相同，然后在每队的前面用树棍划出一条长线，一般"斗鸡"都选择在平坦的场地上进行，这样的话，即使摔倒了也不容易受伤。每队派出一人，各自搬起自己的一条腿，大多数孩子都喜欢用左手搬起右脚至腰的位置，然后右手扶着右腿的膝盖，踮起左腿，冲到两队划好的界线之内，用搬起的右腿撞击对方，忽上忽下，忽左忽右，就像两只雄起的小公鸡，斗得不亦乐乎，直到一方被斗倒，或退到了线外方告结束。然后双方再各出一人，继续比赛。"斗鸡"看似简单，其实也有技巧，不会的孩子，上场要不了两个回合，就会败下阵来，有的摔成了"狗吃屎"，引得人们哄堂大笑。

"斗鸡"技术最好的孩子，很自然就成了一群孩子当中的孩子王，带着自己的队伍和其他村庄的孩子厮杀在一起，整日里斗得天昏地暗。有些大人看孩子们玩得兴起，也会上去斗两把，别看他们身高力大，照样也能被会"斗鸡"的孩子撞得人仰马翻。

"斗鸡"是我童年时光里孩子们最爱的游戏，往往直到大人呼唤回家吃饭的时候方才停止，然后意犹未尽地向家里走去。现在回头看去，那一幕幕逝去的场景，仿佛就发生在昨天。

"挤棉油"

晏金宝

20 世纪 80 年代，我在读小学。每至隆冬时节，北风呼啸，寒气袭人，天气冷得出奇。那时冬季就一身空壳棉袄、棉裤，胸前、袖口及后背都磨得油光锃亮。奶奶经常说："你看看你的衣服能打靠子喽！"在打闹喜逗时，感觉不到冷，可是坐在教室里，脚手就冻得冰凉。

下课铃一响，同学们像出笼鸟一样飞出来。去茅厕回来，搓搓手，跺跺脚，紧接着就会来一场"挤棉油"大战。那一次，我的鞋子被身后队友踩掉了，中途被挤出来，我方败下阵来，刚要重新开始，上课铃声又响了。

坐在教室里的我，只是一具空壳而已，任凭老师在讲台上口若悬河，我的思绪早已飘到九霄云外。

我们的教室在后排最东边，上午阳光充足，又远离办公室，不易被老师发现，都喜欢在这道墙根上"挤棉油"。这道墙在学生齐肩高的位置，有明显凹下去的痕迹，比其他地方的墙面光滑得多。这可是挤棉伙伴们的"杰作"啊！

　　"挤棉油"是孩子们在寒冬季节爱玩的一种游戏，不仅能带来无穷快乐，还有健身取暖的效果。无论在课前或课间，都会上演一番。

　　"挤棉油"的玩法很简单，若干个人，有道墙即可。规则是：对阵双方人数相等，各选一位身材高大的作队首，然后再按个子大小依次往后排，都要背靠着墙，弓着腰站成一条线。两个队首，前腿弓，后腿绷，上身前倾，一个左肩，一个右肩，集全身之力于肩膀，相互用力挤撞，双方人员各自用肩向队首的同一方向发力。一边挤，一边喊："挤棉油，挤棉油，挤掉了，没有娘。"如有的人在中途被挤掉，则不能归队。决定双方胜负的主导因素有两个：一是要有团队的合作精神，配合默契，心往一处想、力向一处使。二是队首应起到关键的作用，作为队首一般不仅有力气，还要有智慧，队首的身体要尽量贴住墙，发力时，可以挤、撞，不得动用脚手，肩膀部位可以用力前后摆动，故意把对方挤出队伍，处于后面的队员不小心中途被挤掉，还有继续抗衡的可能性，队首如被挤掉，后面的则会不堪一击。

　　记得有一次春节，我们又在一起"挤棉油"，一个叫大牯子的大男孩也要和我们一起玩。我们都十来岁，他比我们大四五岁，长得人高马大，他要求自己为一方，力战我们七八个孩子，并且吹嘘，取胜不费吹灰之力。我们都不服气，商量一下，于是比赛开始。他的力气真的挺大，僵持了一会儿，他有点支持不住了，嘴里却说："你们不行了，快认输吧！"我们这边异口同声地叫着："再加一把劲呀，马上就胜利呀！"我们的号子刚喊完，大牯子突然猛一撤回身子，我们这边的队首立即栽个狗啃泥，紧接着我们一个个依次倒下。我们一个个爬起来，等到队首起来，看他满脸是血。大牯子开始在那里哈哈大笑，一看不得了了，知道不妙，转身溜之大吉。队首的脸磕破了，鼻子也出血了，队首的父母得知后，便去找大牯子理论。他没敢回家，中午饭也没有吃。

　　岁月如流，如今生活条件好了，孩子各种新奇玩具层出不穷，"挤棉油"这样的土游戏再没有人玩了，而那些场景还留在我的记忆中。

藏猫梦

晏金宝

藏猫梦，是我们黄淮地区方言叫法，书面语言叫捉迷藏。以前是农村孩子们最喜爱的一种游戏。

20世纪80年代，我上小学时作业很少，特喜爱和玩伴一起玩藏猫梦的游戏。广袤的农村天地，给孩子们提供了得天独厚的游戏舞台。门前屋后园子里、麦场上、大秫地里……都是我们藏猫梦的好地方，无须花钱，就地取材，乐在其中。

每至寒冬季节，长夜漫漫，人们吃完了饭没事干，大都爱走出来在一起闲聊一会儿，大人们谈天说地，孩子们在一起追逐、打疯狗、藏猫梦。

藏猫梦，人多人少都可以玩，两个人玩，一个人藏，一个人找，当然是多人玩有意思。人多时，藏和找的人数可以是相同的，亦可以是找的多于藏的，可以把隐藏的范围扩展一下。这种游戏不仅极具趣味性，还是一种益智游戏，需要的是智慧，藏和找的都需要动脑筋。藏的人，要藏在一个隐蔽难找的地方，让找的人费尽心机才能找到。藏的好了，根本就找不到。藏者在隐藏的地方乐不出声，最后以胜利者的姿态自己出来为乐趣。找的人要善于观察，根据经验，能精确判断隐藏的地方，以最短的时间找出藏匿者为乐趣。柴草垛子、牛屋、白芋窖子……都是理想的隐藏场所。

开始玩藏猫梦的时候，定好游戏规则。在玩的过程中如不守规，就被踢除。定好藏和找的人数，先以石头剪刀布来决定输赢，输方找，赢方藏。找的人要闭上眼睛背朝藏的人，嘴里说着数字："1……20。"藏的人叫一声："开梦了！"找方立即转过身子飞奔搜寻。接下来就是，藏的人被找的人发现了，他们就互换角色，找的人藏，藏的人找，如此反复循环，一直玩到父母大声叫着各自孩子名字："臭蛋——""粪堆——""回家睡觉了！"还未尽兴的隐藏者则要求明天接着玩，方才恋恋不舍地回家去。

记忆最深刻的那一次藏猫梦游戏是在冬天。吃完了饭，月亮像个害羞的姑娘挂在空中，我们十来个人藏猫梦。由于参与人较多，范围就扩大到生产队的牛屋及一片空旷的林地，树林中有很多的大秫秸垛子。那晚上玩得非常高兴，经过反复较量，难分胜负。此时，星月交辉，夜静更深。玩伴们约定再玩两次定输赢，轮到一个外号叫胖墩的藏。他在大秫秸垛子中间扒个小洞，钻进去仰面躺下，两手轻轻地把扒开的大秫秸复原如初。找的人费尽心思，最后机关算尽也没有找到。这时不断地传来大人叫娃的声音，玩伴们陆续地各自回家了。唯独胖墩没有回家。胖墩的父母找到玩伴询问，玩伴告诉他父母，在藏猫梦的范围内找。胖墩的父母一边寻找，并不断地大声叫着他的名字，父母的吆喝声惊醒了梦境里的胖墩。他匆忙扒开秫秸钻了出来，两眼惺忪地往家跑，突然听到"扑通"一声，紧接着又听到"哇！哇！"叫声，胖墩慌不择路掉进了阴沟里。被父母拽上时，他已全身湿透且臭气熏天，在父母的打骂声中回家了。

第二天，胖墩很晚才到学校，还是被母亲骂着带去的。原来胖墩的衣服湿了，没有衣服换，穿着姐姐的花衣服，不愿意去上学，母亲一直把他送到教室。

从此，胖墩再也没人叫了，他新的外号——"胖妞"大名远扬了。因这个名字，他没少和别人打架。

罩　鱼

晏金宝

我的家乡，地势低洼，沟河纵横，每至汛期，则是大河满，小沟溢，成了名副其实的鱼蟹之乡。

俗话说："逮鱼摸虾，误了庄稼。"可在我们这里，若不逮鱼，就难糊口，所以大人小孩几乎都是逮鱼高手。捕鱼的方法很多，用罩捕鱼就是其中之一。罩鱼始于何时，不得而知。唐朝诗人温庭筠《罩鱼歌》曰："朝罩罩城南，暮罩罩城西……持罩入深水，金鳞大如手……"由此可见，用罩捕鱼的历史非常悠久。

鱼罩用竹编成，自我记事起，已经改为竹子和铁丝混编。上口大如水桶，底口直径倍大于它，形如锥体，高至成人臀部。选碗口粗细的新毛竹劈成约80厘米长、5厘米宽的竹条，取8至10根作为支撑。上下口的竹料，要用火烤，弯成圆形，中间密集钻些小孔，穿入铁丝，从上至下与支撑的竹条连在一起，拧成网状，再用铁丝固定即可。若涂上桐油，会更加经久耐用。

鱼罩，是我们这里普通的渔具，适合在浅水里逮鱼。儿时经常和小伙伴们尾随罩鱼的人奔向南大塘或西大河，希望捡到渔人们扔掉的看不上眼的一些小鱼虾。

夏季，水草丰盛，鱼儿个个长得膘肥体壮。我们这里多是季节河，汛期一过，慢慢地沟见底、河现滩，便是罩鱼的好时机。渔人们下着短裤，上身裸露，肩扛罩，腰系篓，结伴奔向河塘，黝黑的皮肤在太阳的照射下油光发亮。

罩鱼，只有多人配合、形成阵势，才能有更多的收获。常常有百十人一起罩鱼，笑声、吆喝声、怪叫声、罩和水的碰击声交织在一起，场面十分壮观。鱼儿吓得四下乱窜。俗话说："搅浑水，好逮鱼。"行家罩鱼，动作协调优美，人随罩走，迈左腿，罩右边，迈右腿，罩左边。观察到鱼的痕迹，看似无规则地前一罩后一罩。罩内有没有鱼，凭的全是感觉和经验。有鱼时，罩被触动，俗称打罩，立即用力按罩，防鱼入泥逃遁。如果发现是大鱼，则招呼罩友过来支援，在罩上加罩，防止向上跳窜。双手伸进罩里，像变戏法一样把一条条鲤鱼、草鱼、鲇鱼捉拿入篓。如捉到老鳖或乌龟就感觉扫兴，大多扔掉。

罩鱼非常消耗体力，是壮年男子的活儿。庄里的汪塘水草较少，罩鱼相对来说容易些；而户外河道则不同，上有烈日，下有淤泥，加上水草，行走都困难，十多斤的罩，不停地上起下落，一身汗水泥水，虽然很辛苦，却苦中有乐。

本家一老哥，是捕鱼高手，无论使用何种渔具，都得心应手，特别是赤手摸鱼，更无人可比。家中来了亲友或想打个牙祭，折一段柳枝，去汪塘洗个澡的工夫，即可享受一顿丰盛的鱼宴了。有一次罩鱼，他观察到鱼的痕迹，凭经验便知是条大鱼。遂紧追其后，瞅准时机，手起罩落，顿感罩中之物胡冲乱撞，心中大喜。为防大鱼窜逃，他立即俯身捂住罩口，招呼着罩友过来加罩。哪知大鱼倾力上跳，刚巧撞上了他的胸口。只听一声惨叫，他顿时窒息，倒在水中。众人扔了渔罩，把他抬回家中。那条鱼也被罩友们合力捉住，十多斤重，俗称"黄尖"，是淡水中最凶猛的一种鱼。

如今，各式各样先进的渔具层出不穷，鱼罩也从人们的视线中消失了。

熬鱼冻

陈长柱

鱼冻是禅堂湖的传统美食之一。以前过春节，几乎家家都会熬些鱼冻。只是近年来，人们富裕了，再不稀罕那略显寒碜的鱼冻了。

当年，尽管大多家庭都很穷，但每当年关，主妇们总会极尽所能地做出美味的菜肴来，让家人吃得有味，吃得开心。鱼冻就是当年巧妇们的一道创意。

因为猪肉贵，大多家庭只能象征性地买一点，自己逮鱼，多做些鱼冻，就成了乡亲们的最佳选择。

鱼冻是烧鱼的鱼汤凝固而成。烧鱼时添入适量的水，加入盐和葱姜辣椒，慢火煨炖。常言道，千滚豆腐万滚鱼，指的就是鱼越煮越出味。这样炖出的汤汁放一夜就成了凉粉状的鱼冻了。吃饭时，鱼冻端上桌，咬一口馍，挑一块鱼冻放入口中，一块咀嚼，那个香，那个鲜，真是无以言表。

鱼冻富含营养、味道鲜美、入口即化、香气四溢，特别受人青睐。

当年也有做猪头冻、猪蹄冻、猪皮冻的，虽然好吃，可是因为猪肉，猪蹄都挺贵，所以才让这鱼冻大行其道。

我小时候特爱吃鱼冻，一放寒假，我就同哥哥一起，到小河沟里，砸冰窟逮些小鱼小虾，拿回家让母亲做鱼冻。每一次母亲都会仔细地把小鱼掐洗干净，因为鱼小又太少，妈妈会拿一个萝卜切成丝添上，然后再放些面粉，给小鱼儿包上一层浆，这样熬制出的鱼冻量多，又稠乎。

说实话，这些小鱼做的鱼冻虽然比大鱼做的味道差了许多，但是我一样吃得香甜，一样解馋。

天渐渐凉了，又是做鱼冻的季节。过两天，一定要做一次传统的禅堂湖鱼冻，给自己解解馋。

白芋渣饼

朱现凤

提起白芋渣饼，可能有些人不知是什么了，因为有的人根本就没见过，它只是那个特定年代的产物。

小时候，家里经常吃白芋渣饼，直吃到看到就够、闻到就饱。可就这样让人厌恶的东西，大人们还是把它当作宝贝一样，不舍得浪费一点。有时看我们吃得实在咽不下去了，父亲就在白芋渣里适当地放点盐、辣椒或者面粉，这样就稍微改变了白芋渣饼"甜不嗞歪"的味道。

那时，每家每户都有一个磨白芋的擦子。擦子，是用一块 15 到 20 厘米、凿有许多小眼的铁片，两边用小铁钉固定在木条上做成的。带刺的一面向上，把洗好的白芋，在上边来回用劲磨。最后将磨好的白芋渣放些水，搅拌以后，再用纱布过滤，剩下的就是白芋渣了。白芋渣可以蒸着吃、炒着吃，也可以掺上面贴成饼子吃。也可晒干后，留作机面食用。

后来，随着生活慢慢变好，有粮食吃了，就再也没有人吃白芋渣饼了。这些让人厌恶的白芋渣，就只能喂猪或卖给人做饲料了。

采桑葚

张　莉

　　20 世纪六七十年代出生的孩子，不像现在的孩子有福气，常年零食不断、点心一大堆，想吃啥就买啥，应有尽有。那时的孩子是没有这个口福的，偶尔能吃上两块小糖就很幸福的了。因为穷哦，什么零食点心那是可望而不即的。我们童年时最好的点心，是不需要花钱买的，基本都是树上和地里结的，像桑葚、榆钱啦，瓜果、梨枣等。记得，有一天，我们几个小女孩正在专心致志地踢沙包比赛，冷不防被几道不明水柱打湿了衣服，准是邻居淘气鬼三蛋干的！我们气呼呼地逮住正藏在大槐树后面偷笑的三蛋，收缴了他的自制水枪，三蛋知道理亏，就讨好地说："我带你们去采桑葚吧。"我们转怒为喜，于是大家一阵欢呼，就像一群叽叽喳喳的麻雀，跑着、哄着、闹着来到两棵桑树下。桑葚多好吃呀！想着就忍不住直流口水。那在微风中晃动的圆圆的小桑葚对嘴馋的我们来说，就是不可抗拒的诱惑。伙伴们抱住树干噌噌噌往上蹿，像灵巧的小猴子，全然不顾树上穿梭的蚂蚁和飞来飞去的野蜂，挑着硕大水灵的桑葚往嘴里塞。不一会儿，脸、手和衣服上全是美丽的紫红色。我们就如一朵朵紫红的花儿，盛开在桑树林里。站在树冠中央的我，七手八脚地摘着一颗一颗熟透了的桑葚往口袋里装、往嘴里送，正吃得津津有味，突然旁边树上传来三蛋尖厉的哭喊："啊，马蜂蜇人啦，树上有马蜂窝、马蜂窝！""嗡嗡嗡"叫着的马蜂伴随着三蛋的嚎声四处乱飞。大家惊慌失措地纷纷下树，七嘴八舌地嚷着："三蛋，你千万别再动那蜂窝了，快快，慢慢往下滑！"我正要下树，忽然有几只蜂嗡叫着向我飞扑过来，我的心一下子提到嗓子眼儿，一着急，脚踩了空，只听"嘶啦"一声，"咚"地掉在了地上，短裤变成门帘了，风一吹，撕破的裤片一掀一掀的，屁股时隐时现，躺在地上的我也顾不得钻心的疼痛，慌忙害羞地捂住屁股不松手。我的狼狈相惹得大家哄笑起来，就连被马蜂蜇得一把鼻涕一把眼泪的三蛋也破涕为笑。大家把我拉了起来，一看我的手沾满了鲜血，原来我的屁股被挂掉一块皮，血殷殷地往外出，此时我再也忍不住了，又羞又痛，号啕大哭。这下可乱了套，有的怨我不小心，有的说三蛋你干吗要碰马蜂窝，还有的说三蛋你怎不长眼睛呢，只顾着吃。最后我成了大家共同安慰的对象。我嘤嘤哭着一瘸一拐地走回家，说，裤子被树刮烂啦，屁股淌血了。母亲说："多亏那树不高，摔在平地上，要是摔在石头上，那还不摔坏了。"坐在院中木墩子上"吧嗒吧嗒"抽着烟袋的爷爷，把烟锅的烟灰朝鞋底磕了磕，望了望我直摇头："唉，女孩家应该乖巧，你倒好，疯丫头一个！"

童年的趣事总是说不完，童年的回忆总让人忍俊不禁。童年的幼稚，童年的天真，童年的顽皮，童年的可爱，童年的快乐，永远鲜活地存在于我们的记忆中。

抽　槐

李保璧

鸣蝉噪耳的盛夏，村头老槐树下早已聚了一大堆人。大人们或打纸牌，或抽烟纳凉，或谈论着天南地北的故事。我们儿童聚在一起玩游戏，玩得最多的是抽槐。

抽槐这种游戏，两人可玩，十人也可玩，就是再多一点人也能玩。妈妈在哄孩子时，往往也会玩这种小把戏，也能把天真烂漫的小家伙逗得如痴如醉。

那天刚吃过午饭，我和邻居家的姐姐老早地就来到了村头老槐树下，这里已有五六个人在玩这个游戏了。在他们一轮决定胜负时，我们便参加了进去。先是姐姐手中握着一把最嫩的槐枝，让每个人再从她那好看的手中抽出。而这把嫩槐枝中，有一枝叫光腚槐，叶子早已被捋下去了，只剩下个小棍棍。若是谁抽到了这枝光腚槐，可惨了，一般有两种处罚方式：一是挨打，二是下午到田里割草，把自己割的草分给别人。如果光腚槐没有被别人抽走，那么拿槐棍的姐姐就自己受到同样的惩罚。

这一轮姐姐手里仅剩三根了，包括我在内还有姐姐，仅两个人没抽，我心慌地从姐姐手中抽出一枝，还好，槐棍上还有三个叶片，预示着我可以打姐姐三下手心，或姐姐下午替我割三把草。恰在这时，姐姐手中的光腚槐被小双抽走了。我们欢呼雀跃，一致决定要惩罚小双。此时的小双满眼含泪地哭着，把手伸给每一个人，在一串乒乒乓乓的响声中结束了这一次游戏。我们都又跃跃欲试地等待着新一轮的"命运"安排。

我个子小，他们一致决定先让我做庄家。我把那一小把槐枝握在手中，为了躲避惩罚，我有意在大家不注意时摘了一些叶片，为此引来了一串不满。

这时，天更热了，鸣蝉在树叶间起劲地叫着，鸟儿也都趁池塘安静停在岸边梳洗着自己的羽毛，芦苇丛中的水鸟不停地"呱呱"叫着。我的心乱了，因为这次是在游戏还没开始时就已经做出了决定，谁输了，下午割草还账。我心中暗暗计算，万一输了一个下午能割多少青草才能还清他们的账。

心慌手也在哆嗦，总算大部分人都抽过了，最后只剩下我和姐姐了，虽是邻居，她很疼我，有好吃的，她总喜欢偷偷给我，可惜她和我不同姓、不同宗，要真是我的姐姐该多好。

姐姐这时笑着向我走来，把手都伸出来了，大家也都屏住呼吸，等待这最后的结果。姐姐把我的手举起来，从下面看看，我下面不留痕迹，看不出哪个是光腚槐，而拳头上头只剩下两根槐枝的头，不知哪个有叶子，哪个无叶。看了一会儿后，姐姐终于下手了，我慢慢地松开手，可惨了，没有槐叶的光腚槐仍在我手上，这就预示着我一下午的劳动成果属于别人的了。

大家都散了。

我们相会在村东的大田里，姐姐狠命地割着青草，我也浑身泥猴似的忙着。姐姐早早地割满了一篮子，她把青草倒给了我，转眼她又去割草了。我总算在天黑前割了一篮子青草，也还清了账。而姐姐回家却挨他父亲打了一顿，我心疼啊。

今年从江南小城回老家探亲，特地在邻居表叔家问及姐姐，方知她已于两年前作古，我心酸不已。

打扭耳碑

李保璧

　　记得在读小学四年级的时候，每到太阳落山之时，山村到处都是孩子们的追逐声、老人的喊叫声、邻居们因鸡毛蒜皮小事的争执声，汇合成一曲农村特有的交响曲。

　　那时我们这些孩子，只要放了学，离开校门，野马似的在乡村土路上追逐着、对打着。那是一个冬天的午后，离上课大约还有一个小时，我们几个孩子又分成两组，每组三人，继续着上午放学后的争霸赛——打扭耳碑。这种儿童游戏，就是在地上画一条横线，在距离横线七八步的地方，竖着大小不等的石头，分别取上"大堂、中堂、左耳、右耳"的名字，按先后丢石头离横线远近排列出名次，第一名先打。巧得很，我丢了个顶尺，离横线最近，理所当然我先打。首当其冲，我打中了大堂，获得这轮游戏的第一，指挥其他人扭输了人的左耳跑了几圈，然后再扭右耳，这一轮游戏才算结束。接着再进行第二轮游戏。不巧的是，我丢过了横线，预示着我将是最后一名，有可能得挨扭耳朵。我知道这时那几个人的心里不知该多高兴，一是能先打，二是可以报复我刚才指挥别人扭耳朵的仇，我心里还算平衡，因为我胜利过一次了，这次即使挨扭，也不算吃亏。

　　巧得很，他们先打的人有一个左耳那块石头没打倒，就轮到我了，我若能打倒那石头，就有机会去扭那个没有打倒左耳石头的人。这时，我把石头抓在手里瞄了几下，又试了几下。他们几个小朋友早已笑成一团了，站在那石头的后边看着。我又瞄了几下，确信凭我的准确度可以打倒左耳石头后，使出了浑身力气，把手中的石头丢了出去。

　　我闯祸了——

　　"哎哟，妈呀！"随着一声尖叫，站在左耳石头后边的黑蛋儿双手捂住嘴巴，鲜血从指缝中流了出来。其他几个人都吓呆了，迅即，他们都用脏乎乎的手捡起书包跑了。我不知该怎么办，黑蛋儿已丢下书包向家中跑去，哭的声音更大了。这时，我一边背起自己的破书包，一边捡起黑蛋儿的书包，随着哭声，慢腾腾地向家中走去。我知道，这一顿挨揍是跑不掉的，到学校有可能还得挨罚站，写几篇作业。

我经受了双重考验，一是挨了父亲的几皮带，姐姐给黑蛋儿家送了十几个鸡蛋，妈妈去说了一大堆好话。我第二天到学校不仅挨罚站，写检讨，还在放学站队时在同学的对面和老师平齐，念了检讨书，做了不重犯的保证。这时老师才告诉了我一个好笑又令我后悔的事，黑蛋儿的门牙被打掉一颗，打断一颗。

想不到的是，第三天下午放学，黑蛋儿快步地赶上我，张着漏风的嘴，问我还打不打扭耳碑。还是我们那几个捣蛋鬼，在放学的土路边，又开了战场。我十分小心，有意地输给黑蛋一次，这次黑蛋来到我面前，仍是那副熊样，笑眯眯的，特别用力地拧着我的耳朵，听从大堂的指挥，似乎要把我打断他牙齿的气赢回来。我龇牙咧嘴地忍受着，跑了好几圈，临背上书包准备回家时，又都友好地约好了晚饭后的活动。

风　箱

尤传化

风箱对于现在的年轻人来说，似乎是个陌生的词语了，但它却是 20 世纪 80 年代以前农村家庭必不可少的炊事工具。在那个没有用电的年代里，也算是最早的手动鼓风机了。

厨房，我们这里俗称锅屋，那时候锅屋里的设施很简陋，就是一台用土坯支成的土灶台，上置一沿铁锅。碗碟就直接放在锅台上，灶台前面叫作锅门，锅门口放些柴禾，旁边放一口水缸，风箱算是最值钱的了。

风箱外观就是个长方形的木箱，别看它简单，其实风箱的制作可是个技术活呢，都是专业的木匠制作。那时候集市上的木料行里都有出售，而且有大小之分，像铁匠铺就要用大的风箱。

风箱是由风匣、活塞（俗称鸡舌头）、拉杆等部件组成，前后各有一个方形或圆形小孔叫作风门，前面称前风门，后面称后风门。拉杆前端是一块具备活塞功能的薄木板，四周勒满了鸡毛，拉杆从前风门上方入风匣之内，用手来回推拉，就会产生气流，拉时前门关闭，推时后门关闭，由于前后门进风通风的特殊设计，促使进入风匣里的风通过风箱风槽右侧的风嘴源源不断地吹进灶膛，起到鼓风助燃的作用。民间有老鼠钻进风箱里——两头受气的谚语，说的就是风箱进出风的结构原理。

风箱用起来很方便，生起火来回推拉就可以了，烧柴烧煤都可以用。那时候每逢春节，家家灶台都要贴上一张上写"上天言好事，下界保平安"的灶王爷年画，风箱上也要写上"风吹炉火旺"的红纸条。

风箱推拉起来发出有节奏的"嘎达嘎达"的声音，那不紧不慢的浑厚声音，似乎在诉说着无尽的乡情。

随着时代的进步，生活水平的快速提高，煤气灶、电磁炉、微波炉、电饭煲、电饼铛等现代化的炊具早已进入寻常百姓家，风箱早已无用武之地了，那"嘎达嘎达"的动听乡音只能成为永远的记忆了。

喝饼子

尤传化

喝饼子是灵璧著名的民间食品。锅帮贴饼，锅里放水，"依山靠水"，吃饼喝水，有吃有喝，所以叫"喝饼子"。

喝饼子的制作非常简单，任何面粉都能做。因它的外形如手掌大小，所以乡间谚语把打你两巴掌，戏称为"扌明你两喝饼子"。

喝饼子分为死面和发面两种。生活困难时期多为红薯面、玉米面、豆杂面等做成。条件好了以后，多用麦面制作。做喝饼子，先和成软硬适中的面，然后揪成均匀的面剂，接着手上沾水拍成薄薄的饼，贴在热锅帮上，如果是发面，中间要留有空隙，然后盖上锅盖，慢火烧熟。

喝饼子的特点是口感筋道，沿锅的一面黄亮呈锅巴状，吃起来酥脆含香，软硬适口。如果和荤菜一锅烀熟，别有一番风味。

喝饼子的做法多样，也可以与蔬菜一起和面，如青菜、萝卜、荠菜、马儿菜，苜蓿、芹菜叶等，做成另一番口味的菜喝饼。

如今喝饼子不但居家食用，而且作为地方特色小吃已经走进了大饭店，如地锅鸡、地锅鱼、地锅肉等，菜锅里都加小喝饼。如今的喝饼已成为一道口味独特的地方美食了。

赶"牤牛"

姚红远

早年间，乡村里的男孩子最喜欢玩一种叫作赶"牤牛"的游戏，这个游戏集娱乐健身于一体，给我们这些70年代以前，甚至80后出生的孩子那段贫瘠的童年岁月带来了无尽的乐趣。至今想来，一幕幕生动的场景依然历历在目。

赶"牤牛"必须在宽阔的场地进行。在农村，大多选择打麦场等平坦光溜的地面。一般有五个孩子参加，每个孩子手中一根洋槐树棍，用来当作赶"牤牛"的"鞭子"。选择洋槐树棍是因为木质坚硬结实，不易折断，抽打"牤牛"时的力量很大，普通的树棍极容易被打断。正常情况下，棍的高度略超过胸口，粗度以顺手为宜。用来充当"牤牛"的道具，是一个类似橄榄球的木头疙瘩，中间鼓鼓的，两头较尖，并用铁皮包在外面，长度15厘米左右。在正方形场地的四角各挖一个窝，每个窝之间的距离3米左右，在场地中心再挖一个窝，用作"牤牛"的窝。

游戏开始时，五个孩子以石头剪刀布来决定谁是赶"牤牛"的人。一般都是最后一个输的孩子来当赶牛人。一旦确定人选以后，其余四个孩子分别将手中的棍子放在四个边窝里，他们的任务是想尽一切办法阻止赶牛人把"牤牛"赶进中间的窝里。但只允许在自己的窝边向前跨出一步去抽打"牤牛"，否则就属于犯规，会被罚下场。首先，由其中力气最大的孩子将放在场地中间的"牤牛"，用手中的棍狠狠抢上去，一下子就把"牤牛"打到足足有10米开外。然后，赶"牤牛"的孩子再跑到"牤牛"跟前，用手中的棍驱赶着"牤牛"，向场地中心的窝靠近，进窝就算胜利了。

可是谈何容易啊，还有四大"金刚"在那虎视眈眈地守候着呢！一旦"牤牛"赶到任何一方的附近，那一方就会迅速向前跨出一步，将"牤牛"驱赶出去。如果这时赶"牤牛"的孩子眼疾手快占领了出手一方的窝，那么刚才出手的这个孩子就瞬间变成了赶"牤牛"的人，继续用手中的棍驱赶着"牤牛"，同样仍是四大"金刚"严防死守，竭力阻止"牤牛"进窝。

记得有一次，村里一个外号叫"猴子"的男孩，身手相当敏捷，他一路过五关，斩六将地杀了过来，眼见就要把"牤牛"赶到窝里了，就在这时，一个占边窝的孩子突然喊道："猴子快看，你妈来了。"猴子平时最怕他妈，听到这话，马上停下了手中的棍子，扭头向身后看去。说时迟，那时快，喊话的孩子迅速出击，一棍子将"牤牛"又赶到了十万八千里以外去了，引起满场围观的人哄堂大笑。猴子这才发觉是诈，气得小脸涨得通红，边去追赶"牤牛"，边在嘴里咕哝着说："你耍赖！"可是没办法，俗话说兵不厌诈嘛，谁让你上当呢。

一旦赶"牛"人把"牤牛"赶进中间的窝里，四角的人就要迅速挪窝。赶"牛"人也加入抢窝，抢不到窝的就成了下一轮的赶"牛"人。

孩子们对赶"牤牛"的游戏非常投入，在奔跑中斗智斗勇，既锻炼了身体，又提高了团队合作能力，既有趣味性，又能训练孩子的反应能力，是我们那个年代的孩子们乐此不疲的一个益智游戏。可惜现在赶"牤牛"这个游戏渐行渐远，离开了孩子们的世界。

锅烧豆腐

王倩倩

我从小就喜欢吃豆腐，直到现在依然是，不论是水煮的、凉拌的、红烧的，还是油炸的，都是我的最爱。

七八岁时，我最喜欢去姑姑家走亲戚，一住就是好多天，因为姑姑家里开豆腐坊，姑姑做得一手好豆腐，到她们家里，能够尽兴地吃上那温润光滑、口感清爽的热豆腐。

俗话说，人生有三苦："撑船打铁磨豆腐。"可见，无论撑船打铁，还是磨豆腐，都是苦汉子的活。

记忆中，姑姑推豆腐是从拣豆开始，她先把豆子倒在簸箕里，来回摇晃颠簸，将霉变、生芽的和瘪子、小石子、土坷垃等杂质去掉，挑完豆之后，还要把豆子"拉"一下，就是把豆子在磨里破成小瓣，去掉豆皮。接着就是泡豆子了。泡豆子一般需要七八个小时。姑姑平常都是晚饭前就将豆瓣倒进大盆里泡上，第二天天不亮，就起床推磨磨豆浆。她用勺子把泡胀的豆子掺水一起舀进磨眼里推磨。石磨得慢慢悠悠地推，不能急躁，豆子和水要适量，这样磨出的豆浆才细腻滑润。姑姑一边推磨，一边不停地往磨眼里添豆子。就这样手脚不停地忙活着，黄豆就从磨眼流进磨膛，磨成粉末，再由磨膛从上下齿的夹缝中均匀地分流到磨盘上。磨盘是一个圆形的盘，有一圈凹槽，留一个缺口，豆浆顺着缺口流到桶里。

推磨很辛苦，没有力气的人根本推不动笨重的石磨，姑姑每次都是汗水湿透衣背，我有时也会帮姑姑一起推，但只一小会儿，就累得气喘吁吁。姑姑心疼我，不让我推了。磨豆浆是一个慢活细活。我时常看到姑姑拖着疲惫身子在磨道里扶着磨棍一圈一圈地转，姑姑从没叫过一声苦，喊过一声累。

磨完豆浆，姑姑就把豆浆倒进大锅里烧开，然后就开始过滤。姑姑用大水瓢把豆浆从锅中舀出倒进四角系在十字形木架的四个顶端的纱布包里，轻轻摇动，浆水便哗哗流到下面的大缸里。为挤干榨净豆浆，再用夹棒，用力地夹着滤包挤榨出剩下的一点豆汁。这个过程是最苦最累的，几个小时下来，常常累得直不起腰来。

过滤后的豆浆加入适量石膏，豆腐就"点"成了。做豆腐的关键是"点"，常言说：石膏点豆腐，一物降一物，真是不假。点豆腐时，石膏水的分量和浓度，直接影响到豆腐的老和嫩，也影响了豆腐的色和味，更关系到出豆腐的多和少。这是一个技术活，不是简单地将二者混合在一起，要一边洒石膏水，一边用木桨搅拌，使二者混合均匀，那样出锅的才是上好豆腐脑。姑姑放过石膏后，每次都会舀出一大碗热气腾腾的豆腐脑，加上糖，推到我面前。我急不可待地拿起勺子，小心翼翼地将豆腐脑送进嘴里。嫩嫩的滑滑的豆腐脑，一下子在我的嘴里融化开来，那香味难以忘怀。

此时的豆腐脑该出锅了。姑姑先将包皮在洗净的模具里摊放平整，用水瓢迅速将点好的豆脑舀入模具里，再将包皮边角上折起来，压上干净的木板，压上大石块。约两个小时，豆脑就变成了豆腐。这道程序叫压水，就是压掉豆腐脑中的多余水分，促其成形。这种用原始的工艺做出的豆腐，温润光滑，口感醇厚。

由于姑姑做出的豆腐精致白净、细嫩味纯，久炖不碎，所以周围十里八乡的庄户人家都喜欢吃。每天天还没大亮，姑姑就做好豆腐，推着自行车，车把上挂着木杆盘秤，车后架上驮着十来斤新鲜豆腐，走村串户吆喝着，不到中午就卖完了。姑姑是个实在人，从不占人家便宜，在称上更是从不让人吃亏，不论是远亲或近邻买她家豆腐，她都是一视同仁。

岁月悠悠，姑姑年事已高，豆腐坊多年前就不开了。看着斑驳的石磨，眼前总浮现姑姑磨豆腐的情景，更加怀念石磨豆腐的味道，那是亲情和岁月交织的美好回忆。

酱辣疙瘩

郭德荣

家乡的人们都有一手做酱菜的绝活，辣疙瘩、花菜叶、白菜帮、萝卜缨、香椿芽样样都能整治得色香味美，使人百吃不厌。其中酱辣疙瘩是最常见的。

要想酱菜达到色、香、味俱佳，秘诀就是制卤，它是酱菜的灵魂。故乡的人们先把腌了一冬的辣疙瘩，也称大头菜，捞出控水晾干，把腌辣疙瘩的盐水澄清后，熬成绛紫色后就成了卤汁。把晾干的辣疙瘩放入卤汁中，再加上花椒、八角等佐料猛火烧开、文火细熬，生辣疙瘩被煮得烂熟，又浸透卤汁，色泽酱紫，最适宜老年人食用。如果将卤汁倒入被腌过的生辣疙瘩里面，浸渍一段时间，生辣疙瘩就会变得色泽金黄，更加鲜脆，赏心悦目，令人胃口大开。宴席大桌上，鱼肉剩得下，唯独辣疙瘩丝炒肉丝，盘盘都被吃个精光。

品尝家乡的酱辣疙瘩，母亲制作辣疙瘩的情景又浮现在眼前。家乡的年轻人都到外面打拼去了，老弱病残带着留守儿童坚守着那片家园。母亲年年秋天从集市买回五六十斤生辣疙瘩，腌制一缸酱菜，慷慨地分给乡亲们，就像《圣经》里耶稣分吃"五饼二鱼"，分享得越多，母亲心中的快乐就越多。

品尝家乡的酱辣疙瘩，如同咀嚼昔日那艰辛的岁月。我上高中时，正值农村吃大锅饭的年代，带饭到学校，清淡的酱辣疙瘩助我下饭，伴我走过那段清苦的日子。

磕碓窝子

佚 名

以前，我们农村几乎家家门口都有一个碓窝子，这是农家过日子必不可少的。它就是农家的"粉碎机"，加工食品方便快捷。

石匠用铁钻在圆形的石磙上凿出一个窝，就成了碓窝。再用一块石头凿成地雷式的圆头，从上面凿出一个眼，安上木把，就成了碓头。食物放在碓窝里，用碓头击打食物。需要加工的可食用的农副产品可多了，山芋干、玉米、高粱、稻谷等粮食和大粒食盐、八角、花椒等调味品都可以根据需要加工。在农家门口，几乎天天都能看到磕碓碓的情景。

石匠为了解决站立磕碓，腰疼累人问题，就加工錾成皮鞋型的扁碓头，錾出一个眼，安上把子，碓头与把子形成一个 90 度角，人坐在板凳上就可以磕碓了，很受农家欢迎。后来，铁匠认为，石头碓头太重，磕碓的效率很低，特别是老年人和少年，举不起这笨重的石头，还经常碰伤人，又改用铁碓头，用个模具倒出四周都带有牙尖型铁环，中间安装木把，直接磕碎食物，人们给起名叫"碓牙"，一般都在两三斤重，大的四斤左右，大人和孩子都可以磕碓，非常灵活，离开碓窝也能磕，如山芋干，放在笆斗里、铁桶里，都可以磕。

旧石器时期，人类就用石头击碎食物，这可能就是最早的碓头了，后来经过不断改进就发明了碓窝和碓头，配套粉碎食物。随着粉碎机兴起，碓窝与石磨基本退出历史舞台。现在，农村有的家里还保留碓窝，但它们只是作为文物而尘封着。

笼格子

陈长柱

笼格子是厨房用具,以前农家蒸馍用的。那时农家没有分层蒸馍用的笼,就自制了这个笼格子。

过年蒸年馍,笼格子必不可少。因为过年时,家家要蒸很多年馍。一口锅,上边单单放一层列子,蒸得太慢,笼格子这时候就派上用场。

蒸馍时,锅肚里放一个小点的列子,然后在锅口放上一个大列子,摆好馍剂子,把这笼格子扣上,再上满一列子,然后盖上一个大的锅盖,再压上面盆就可以大火烧了。

我们这地方笼格子是用麦秸编制的。先把麦秸用细麻绳扎成拇指粗细的圆圆的长条,待长度足够用时,就用麻绳缝成圆形的圈,拿到锅上比画一下,以圆圈比锅口略大些,正好套住锅沿为好。定好了底层圆圈大小,然后就可以层层往上缝制了。缝笼格子有一个讲究,就是越往上越小,这样既坚固耐用,又能抱住锅里的热气。

如不放笼格子,起馍的时候,叫 xie(意为揭)锅,如果放上笼格子,就叫 xie 笼。

小时候过年,只要听见谁家 xie 笼了,都会往那家跑去,因为蒸年馍的头几锅都是麦面的馍馍或包子。看着那满笼冒着热气的白面馍,会不由得口水直流。这时候的主人往往格外大方,对我们这些馋嘴的孩子是会每人给上一个白面馍馍的。

蒸完年馍,笼格子会被主人拿到院子里挂在墙上,晾干了收起来,下次再用。

笼格子是当年农家人就地取材、匠心独运的杰作,也是农家人一段美好的记忆。

马儿菜

吴恒侠

马儿菜是个很奇异的物种。它似菜非菜、似草非草、似花非花,文人雅士很少为它留下笔墨的痕迹。但它有强大的生命力,很多地方都有它。

马儿菜,学名叫马齿苋。我们老家一直都称它为马儿菜。

马儿菜,枝干胖胖而又软软的,叶片肉乎乎的晶莹剔透,一株可以长出十几、二十几个分枝,每一个枝头都有一个生命力极强的生长点,紧紧地贴着地面,以根为圆心向四面八方伸展。它随地而安,地方小就长碗口大小,地方大就长盘口大小,有的甚至更大。一株挨着一株直至铺满空地。一株马儿菜的形态就像铺在地上的蜘蛛网,枝头碧绿青翠,但是每长一寸,后面肉质的枝条就会慢慢变成红色或紫色。厚厚的、绿绿的、黑瓜子大小的叶子,密密而均匀地长在那红色或紫色的枝条上。一心一叶时就孕育花蕾,一个叶桠一朵花。马儿菜的花呈黄色,一律向着太阳开放,溢出浓浓的美。

我的家乡地处淮北和苏北平原的交接处,是一方易旱易涝的沙碱薄地,人们精心播种的庄稼常常缺苗断垄,大片大片的土地长不出庄稼,却能自然地长出马儿菜。房前屋后,篱笆缝隙,小河的堰坡,水塘边上……无论是沙地还是碱地,高地还是洼地,只要是空着的都长满了马儿菜。

马儿菜的根系很不发达,主根只有筷子的一半粗细。细而短的根须,竟能承载枝繁叶茂硕大的身体。马儿菜从它诞生的那一刻起,就乖乖地依偎在大地的怀抱里,尽情地享用土壤中的那些氮、磷、钾、水、二氧化碳和各种氨基酸、矿物质等。

马儿菜在太阳直射时,每一枝条都会魔幻般地发出许多分枝,太阳的光线越强烈,那枝叶长得越旺盛。那些花朵直面太阳,飒爽英姿。我们老家一直流传着一个美丽的传说,当年后羿射日,九个太阳都被射掉了,剩下的这一个就是躲在马儿菜底下,才逃过一劫的。因此,人们说,马儿菜是太阳的舅舅。

马儿菜似草非草,但胜于百草,可入药。据记载,马儿菜性寒凉,能够清除心、肝、肺和大肠之热；可明目、降血脂、使白发转青；入肝经，可以凉血、降肝火。还可以去毒疗伤，有人不小心被毒蜂蜇了，用马儿菜的汁液涂在患处，就会自然解毒。

我们那里人还称马儿菜为救命菜。20 世纪 60 年代初，我们那里连续三年闹水灾，大水过后庄稼绝收，可遍地长出马儿菜、灰灰菜等野菜。人没有粮食而有马儿菜吃就不会被饿死。从那个年代过来的人对马儿菜都有特别的情感。我娘已经是百岁老人了，只要看到马儿菜或闻到马儿菜的味道就会絮叨："那年头，要是没有马儿菜，就没有咱这一大家子人了！"

现在不同了，马儿菜成了普通百姓餐桌上的美味佳肴。用醋、香油、蒜泥凉调的马儿菜，就是一道诱人的上品。黏黏的、脆脆的、酸溜溜的满口清香，看了就能让你舌根生津，吃了能让你回味无穷。马儿菜面筋汤、马儿菜包子更让你百吃不厌。

据说，马儿菜那黏黏的汁液里含有丰富的抗衰老、养颜的营养成分。马儿菜原生态的特质吊足了人们的胃口，爱美的人们也好像找到了让青春永驻的珍贵而又廉价的宝贝。真可谓高手在民间，珍品藏大地啊！马儿菜那玲珑的花朵令人赏心悦目，人见人爱。我那些离开家乡的乡亲，无论寄居在哪个城镇，大都会把老家的马儿菜的种子或枝条带些过去，种在院子里或花盆里，十天八天就长出若干新枝新芽，孕育出许多花蕾，三天一朵花，天天看花开。马儿菜的天然之美，寄托了他们的思乡之情。

马儿菜像是神农始祖派向民间的一位勤劳善良的村姑，善解天地、善解人意、善解物意，奉献人类。

猫猴帽

陈长柱

小时候的冬天格外冷，上学的路上，我们都是顶着寒风，使劲地缩着脖子前行，因为刺骨的寒风总会顺着脖子钻进衣领里。

那时，家庭条件好的孩子，会有一条围巾和一顶"三块瓦"的棉帽子御寒，而像我们这些条件差的家庭，是买不起围巾和"三块瓦"棉帽子的，所以，在冬天，我和一群小伙伴都是敞着头，缩着脖子去上学。

有一天放学后回到家里，父亲拿出一个黑线织成的帽子递给我说："戴上这个上学就不会冷了。"我接过帽子，戴在头上，顿时感觉真的好暖和。

再去上学的路上，我的头上就多了一顶"猫猴帽"。父母们好像是事先商量好了似的，都给家里的孩子买了一顶"猫猴帽"。

我们戴着这"猫猴帽"，打雪仗，捉迷藏，钻麦穰垛，风里来，雪里去，别提有多开心了。"猫猴帽"虽然不如"三块瓦"帽子和围巾漂亮，但是一样可以御寒，甚至比"三块瓦"还实用，所以我们当年特喜欢这"猫猴帽"。

"猫猴帽"是由黑线织成，头顶上收扎成一个线球，整体如一个圆筒状。天不怎么冷的时候就折叠着戴在头上，寒风凛冽，气温下降了，出门时就把帽筒子拉下来，连脖子都能遮住，看路就从帽筒上面留着的一个椭圆形的洞向外看。别人只能看到戴帽子人的两只眼睛，连这人是谁，一下子都很难认出来。

把帽筒子拉下来后，整个人只露出两只眼睛，看起来怪怪的，很滑稽好玩，也许"猫猴帽"的名字就是这样得来的。

听说，当年这"猫猴帽"是学习人家东北人的。东北天气冷，戴上这"猫猴帽"子最实用。因为"猫猴帽"暖和又便宜，一时间，不管老人孩子都买来戴。

后来随着年龄的增长，渐渐地感觉到"猫猴帽"又土又丑，所以宁愿敞着头挨冻去上学，也不愿意戴这怪怪的"猫猴帽"了。也许当年有这想法的不止我一个，我的同学也都不再戴这难看的"猫猴帽"了。

后来这"猫猴帽"就成了老头们的"专利",从此,这"猫猴帽"又多了一个"老头帽"的浑号。

一晃几十年过去,提起"猫猴帽",心里仍然会有一种难以言表的亲切感。

面疙瘩

张春娥　晏金宝

一天晚上,我与几位同事聚餐,吃到最后,上了一盆面疙瘩,大家觉得新鲜,你一勺我一勺,风扫残云,吃个精光。这盆久违的面疙瘩,勾起了我对往事的回忆。

面疙瘩,在我们这里过去是懒人才做的面饭,它易操作、省时间,勤快的人一般不做。我小时候却经常吃面疙瘩,绝对不是因为母亲太懒,而是因为太忙。父亲在医院里工作,难以顾及家务与地里活,我和两个哥哥上小学,也不能为妈妈分担艰辛。家里有十亩多地,还养了两头大黄牛和几头猪,喂了一窝鸡,里里外外全靠母亲一个人,天天忙这忙那,几乎很少见她闲着。正是因为忙,母亲很少能好好地做一顿可口饭给我们吃,经常给我们做面疙瘩,这样既省事,做起来也比较快。

每年秋季,要割豆子、收玉米、刨红薯、拾棉花,还要耕地种麦,忙得不可开交。母亲回到家里时,我们都嚷着快饿死了。母亲会赶紧做饭给我们吃,为了能让我们快点吃上饭,通常会做面疙瘩。

饥肠辘辘的我们挤在锅屋看母亲做饭。母亲拿出干净的小盆,倒入适量的面粉,左手拿水瓢舀一些水,慢慢地往面盆里倒,水柱细细的,右手拿筷子不断地搅拌,面粉渐渐地变成一个个小小的软面疙瘩。接着,母亲把拌好的面疙瘩放在一边,让面疙瘩浸透些,以防面疙瘩夹有干面粉。这时,大哥开始烧锅,母亲往锅里倒一些油,把葱姜放入煸香,再打一个鸡蛋翻炒,然后添上水，加一点盐，水烧开后，把拌好的面疙瘩用筷子拨到锅里，再把锅烧开，焖一会儿，就可以吃了。我们吃得饱饱的，心里暖暖的，钻进被窝梦里甜甜的。那时的我觉得面疙瘩最好吃，就是天下第一美味。

还记得有一次，母亲有事去外婆家了，大哥在家带我们，可是到了中午也不见大哥做饭。我和二哥就叫大哥做饭，大哥说："你们去玩一会，我拌面疙瘩给你们吃。"我和二哥一人拿半块凉馍出去玩了，过了好久大哥才叫我们回家吃饭。大哥做的面疙瘩放水太少，都是干面粉，再加上锅里的水还没有烧开，就把拌得不像样的面疙瘩放进去，最后就成了一锅稀饭。那一顿我们就是凉馍泡稀饭，吃盐豆。现在只要大哥过年回家，我和二哥就拿这件事取笑他。

以前是家里有啥做啥，现在是想吃啥做啥。鸡鱼肉蛋吃腻了，我有时候也会拌面疙瘩吃，调料放得也比以前更丰富了，可是总感觉没有母亲做的那么好吃。

（张春娥）

面疙瘩，是极其普通的一种面食，家家都会做。

面疙瘩的制作过程非常简单。我在大路中学上初中，从家到校有四五公里。冬天，夜长昼短，"鸡叫二遍，起来烧饭"这句话令我终生难忘，吃完饭到学校天才亮。那时没有听说早点一词，就是有卖的，也没有钱买。每天都是母亲早早地起来给我做饭，做的最多的就是面疙瘩。我看母亲很辛苦，就学会了自己拌面疙瘩。

那时盆子很少，都是把自己种的葫芦一开两半，可当水瓢，亦可做面瓢。用面瓢取面粉适量，一边加水，一边用筷子搅拌成棉絮状，水烧开后，一手持面瓢不断地抖动，面疙瘩像瀑布一样散入锅中，一手持勺子在锅里不断地搅动，然后，放入食盐、葱花等佐料，一锅香香软软的面疙瘩就做成了，要是再打入两个鸡蛋，那就是神仙般的享受了。

改革开放前，面疙瘩是奢侈品，只有老幼病弱者和坐月子的才能享用。我们这里有一个习俗，坐月子的妇女，婆婆给做的第一顿饭就是拌面疙瘩打鸡蛋。俗语说："拌面疙瘩打鸡蛋，不喝不喝两碗半。"这也是坐月子期间的主食。

那时，拌面疙瘩打鸡蛋是人们的渴望，是对美好生活的一种向往。如今已经超出了美食的范畴。形容一个人比较高兴时，就会说："看你滋（喜）得跟喝了鸡蛋面疙瘩一样。"

现在生活条件好了，面疙瘩的做法层出不穷，可以放入肉片、豆腐、蘑菇、虾仁、海鲜等，但白水面疙瘩仍然是我记忆中的美味。

（晏金宝）

面筋妈糊

韩　英

小区的大门边，新开了一家早餐店，每天早晨生意火爆，客人来了一拨又一拨，因为这里有大家最爱喝的面筋妈糊。这妈糊是纯手做的，里面有花生米和绿色的苋菜叶子，最引人的，莫过于那三两块沉甸甸的面筋。在这里可以吃出家的味道，妈妈的味道。

提起面筋妈糊，那可是我的最爱。小时候，家里兄妹多，经济条件也不好，很少有什么美食。母亲心灵手巧，想尽一切办法让我们吃得饱，吃得好，面筋妈糊便是她经常做的一道美食。面筋妈糊可以当菜，也可以当饭，只要做上满满的一大锅妈糊，大人孩子都可以吃得饱饱的。

每到夏天，新麦收了以后，母亲总是乐呵呵地说："新麦子面筋多，做面筋妈糊给你们喝。"于是母亲从菜园子里摘来了一大把苋菜，洗净，就开始洗面筋了。因为每次洗面筋母亲都会让我给她当助手，所以我得以完整地看到这个过程。我从轧井里打来一桶透凉透凉的水，母亲说必须用很凉的水，这样洗出来的面筋才会更筋道。母亲拿来两个大盆，一个用来和面，另一个用来洗面。和面是很费力气的，面要和成稀糊状，然后反反复复地搅，直至面有了弹力和韧性，长长的拉起来也不断，这个程序才算完成，所以每次母亲都累得满头大汗。

和面结束，开始洗面，我也可以派上用场了，我要时不时帮母亲加上几舀子清水。母亲在另一个盆里放上清水，掐下一小段面团洗起来，每到这个时候，我就跃跃欲试，也想玩玩面，母亲就呵斥说："不行，你不会洗，面会飞的。"我当时对"飞"这个词很不理解，后来才渐渐懂得，原来是面容易消散，不成团。母亲洗好一段，那就是纯面筋喽，我会立即端来一个小盆，宝贝似的把这块面筋放到里面。这块面筋飘在清清的水里，有点镂空感。小盆里的面筋多起来，三块，五块，母亲终于洗好了面，最后还不忘给我一小团："哝，拿去粘蝉玩吧。"

于是到了最后一道程序，上锅了。我帮着生火，母亲在油里炸上葱姜，添上些许水，烧开后就拿起一块面筋，一头放到开水里。用筷子一点一点地搅动，那面筋就丝丝缕缕地飘到了水里，立即膨胀变粗，煞是喜人。只是几小块面筋，膨胀起来满锅都是。母亲再把洗面筋的水连同那些沉淀的面粉都倒进了锅里，要是家里有花生米，还可以抓上两把放进去。"咕咚咕咚"锅开了，母亲会拿来三五个鸡蛋，磕在里面，水面上飘起一层絮状物，分不清哪些是鸡蛋，哪些是面筋。最后放上青青的苋菜、盐和佐料，一道美食就可以出锅了。

这是我们特别激动的时刻，早已各人拿着碗，排着队盛起来，谁都不想排在最后，排在前面的可以多盛上几块面筋。母亲有时为了公平，也会一碗一碗地为我们盛。母亲看着我们一个个狼吞虎咽的样子，由衷地笑了起来。

其实说起来馋得很，真正吃起来，也不过两碗便饱饱的了。但是这个面筋妈糊用我们当地的土语来说，它会"哄人"，明明吃得饱饱的，还没到傍晚，肚子便"咕噜咕噜"叫了起来，跑到厨房伸头一看，锅里还有半锅妈糊，于是又喝了两碗。

因为母亲喜欢做面筋妈糊，所以我们姊妹几个都学会了做，只是好吃不好吃的区别罢了。说起来做面筋妈糊，要数四姐做得最可口。四姐出嫁后，她家经济条件一直不好，来了亲戚都不知如何是好。我们娘家人都很体谅她，每次去她家做客，都看到她双手搓着围裙，跑里跑外，不知要买什么菜。我们就告诉她，什么菜都不要买，我们最喜欢喝你做的面筋妈糊，四姐于是眼睛一亮，立即来了精神，匆匆去园子里掐来苋菜，然后给我们做妈糊。那个味道，真的不比母亲做的差。所以小时候，为了能喝上四姐做的面筋妈糊，会赖着不走的。

如今母亲已经离开我们有三年多了，四姐也去遥远的城市带孙子了。我常常会想起这些往事，还想再喝一回原汁原味的面筋妈糊。

摸“结了龟”

姚红远

童年记忆里,有许多有趣的往事,其中我印象最深的莫过于摸“结了龟”了。

“结了龟”是蝉的幼虫，我的家乡是沙土地，到了六七月份就是“结了龟”出洞的时间。如果是白天，它们都躲在地下，遇到雷阵雨后，那你就看吧！家前院后，野外大树下到处都是摸“结了龟”的大人和孩子。雷阵雨冲刷后的沙土地上只要仔细寻觅，就会发现一些针眼大的窟隆，用手指轻轻一抠，窟隆就会越抠越大，一只泥糊糊的“结了龟”就会暴露无遗，心里的欣喜不言而喻，往往在一个地点会发现多个“结了龟”的洞穴，半天工夫就能摸到大半茶缸“结了龟”。

摸“结了龟”的最佳时间其实是在晚上，因为“结了龟”喜欢在夜幕降临的时侯出来。所以每天我和妹妹都早早地吃好饭，有时候来不及就用馍夹点菜打着手电筒就出发了。田间地头，只要有树的地方，到处都闪烁着手电筒的光亮，长长的光柱交织在夜空里。摸“结了龟”时一定要再带根长棍，一是防止“结了龟”爬树爬得太高够不着，二是防止遇到长虫，我们这个地方管蛇叫长虫。记得有一次晚上，就看到了一条长虫盘绕在树上，当时吓得我和妹妹丢了手电筒和已盛了半缸子的“结了龟”，落荒而逃。等到叫来大人把长虫打死，那半缸“结了龟”也趁机逃离，我和妹妹噘着小嘴，也没有兴致再去摸“结了龟"，垂头丧气地朝爷爷家走去。

我们把摸到的"结了龟"交给奶奶。奶奶仔细清洗后卡在碗里腌一夜。第二天天不亮，我和妹妹就爬起来缠着奶奶煎"结了龟"。奶奶用手指点了一下我的额头，露出慈爱的微笑，说："你们两个小馋猫，这就等不及了！"于是，我在锅底架起了柴火，奶奶把腌了一夜的"结了龟"往烧热的油里一倒，发出"吱吱"的响声，不一会儿，小小的伙房里飘满了香味，奶奶一面煎着，一面挑两个煎熟的放到盘子里，妹妹和我伸手捏起来就往嘴里放，直烫得嘴里发出"嚯嚯"的声音，奶奶看了是又好气又好笑。

那些侥幸逃脱的"结了龟"经过一夜的蜕变，到了白天都变成了蝉，也就是我们通常所说的知了。看着枝头上得意扬扬大声鸣叫的知了，我们这些小伙伴可不想轻意放过。于是我们抓了一把麦粒放在嘴里使劲地嚼，一直嚼成黏乎乎的一团面糊，然后再将面糊裹在一根很长的细竹竿的梢上。侦察到知了的确切位置，我们就拿着竹竿，蹑手蹑脚地向大树下面靠近，慢慢地将竹竿从树叶丛中穿过，离知了越来越近，而知了对即将到来的危险依然没有丝毫察觉，仍在那咋咋呼呼地欢唱。快要贴到知了跟前时，将竹竿猛地一戳，毫无防备的知了，翅膀被面团牢牢地粘住。

在儿时的记忆里，"结了龟"无疑是世界上最好的美味，那满嘴的香味，至今难以忘怀。

母亲的老盐豆

赵秀永

20 世纪 70 年代以前，农家人总能用最简单的食材，做出最美味可口的菜肴。闻着臭吃着香的农家老盐豆就是其中的代表。早、中、晚三顿饭，一盘老盐豆，浇上几滴油，就是最好的下饭菜。喝着稀饭，拿着黑乎乎的红薯面煎饼，卷着大葱和老盐豆，嚼着津津有味。

母亲是个持家好手，总会根据时令变着花样让一家人的生活有滋有味，老盐豆就是母亲菜肴中的一绝。每年到了小寒季节，她老人家就会拿出经过精挑细选的大豆，在温水浸泡上一昼夜，捞出控干，放在大锅里，添上水，文火蒸煮。待柔腻后，捞出沥干，放进布口袋里扎紧，四周包上棉絮和麦草保温发酵，大约过了五六天，就能闻到发酵的醇香味。母亲将黏黏扯丝的黄豆倒入大盆内，放入盐、姜、辣椒糊等调味品，搅拌均匀。

老盐豆分为干湿二种。干盐豆是黄豆发酵后加上盐、姜、辣椒糊等调料搅拌后，晒干即成。它的特点是易保管，一年四季均可食用。水盐豆的制作是放入各种配料后，加上适量的水和萝卜片或冬瓜片，要是再撒上点芝麻盐，味道就更加鲜美了。水盐豆只适合天气比较寒冷的季节吃，天一热就会发酵变酸。

母亲每次做的老盐豆都很多，干盐豆要寄给南方的二姐、三姐、孙女、外孙、外孙女。她们收到的不仅是老盐豆，还有浓浓的亲情。水盐豆腌制三四天后，母亲会送给东院李伯、西宅王婶、北街刘叔，东郊表叔，还有村中几个孤寡老人，左一碗右一盆，最后家里已所剩无几。母亲常说："都是自家地收的，只是费点工夫，亲邻老少、姊妹娘们都要尝尝。"

母亲离开我们已近 20 年，她那老盐豆的独特香味，却是我挥之不去的永久记忆。

那些日子，我们这样取火

陈长柱

日月如梭，光阴易逝。很多日常生活中的记忆离我们越来越远。

在禅堂湖过去的岁月中，我们是这样取火的，火刀、火石、纸媒子、闷茼秆子就是我们的全部取火工具。

20 世纪 70 年代以前，火柴还没有在农村普及，人们还是用传统的办法，那就是用火刀打火石，点燃纸媒子取火。这种取火，是一个很麻烦的过程，但是在没有火柴、打火机的年代，人们只能使用这种落后的方法。我当时只有几岁，但对这些的记忆却是深刻的。

火刀是铁做的，长十厘米左右，宽两三厘米，厚度约零点二到零点三厘米的样子，造型为略长的椭圆形，形如刀具，所以人们称为火刀。火石则是指头大小的一种特殊的石头，因为能打出火花，故曰火石。纸媒子是做工很精细的一种纸，因容易点着，俗称火纸。把这种火纸卷起来，塞入一个拇指粗细的竹筒中，就成了纸媒子了。当年每家灶堂边上，都会放着这几件东西。火刀擦击火石冒出的火星，溅到纸媒子上，纸媒子就点着了，用嘴一吹，冒出的火苗就能燃着柴火了。

闷茼秆子更是当年人们日常生活不能离开的物件。当年这闷茼秆子不仅能代替打火机，还有手电筒的功能呢。制作闷茼秆子，要将砍下来的茼，剥去外皮，将鲜茼秆放入水中，用石头压好，沤二十天左右，捞出来晾晒。待晒干了，即可取来使用。闷茼秆子有不冒烟、不截火的优点。以前抽烟的人，用火刀火石点烟很麻烦，当发现闷茼秆子有这么个优点，就把一截闷茼秆子点着带上，拿着烟袋出门聊天，半天都不会缺了点烟的火。以前人走夜路，也会拿着一根点着的闷茼秆子，用手晃动着以照亮眼前的路。晚上出门，看到四处晃动的亮光，就会知道那是一个夜行的人。

小时候我最喜欢晚上拿着点燃的闷茼秆子玩，用手一晃，就是一道红色美丽的弧线，在夜色中，煞是耀眼。

夜里看庄稼的人，也会拿着一根点着了的闷茼秆子去湖里看庄稼。一是可以照路。二是告诉那些想偷庄稼的人，有人值班呢。三是闷茼秆子还可以起到壮胆的作用。以前的人迷信有鬼，说太阳落山之后，鬼就出来了，但是鬼怕火光，所以这看庄稼的，走夜路的都拿着根点着了的闷茼秆子。

后来随着火柴和打火机的普及，这几个老物件就完成了它们的历史使命，慢慢地退出了人们的日常生活。

扇"咯当" 滚"咯当"

陈长柱

扇"咯当"、滚"咯当"是一个传统的儿童游戏。因为小时候常玩，所以至今难忘。

"咯当"多是由高粱秸秆制成，把高粱秸秆去皮，按节折断，再擦干净就行了。因为高粱秸秆敲起来咯咯当当，声音悦耳，也许"咯当"的名字就是这么来的。

高粱耐旱抗涝，容易生长，高粱叶子又可以打下来做牛羊的饲料，当年的生产队特爱种植，我们玩"咯当子"的游戏，也就有了道具。

每天饭前饭后，小伙伴们不是用书包就是用怀抱，从家里把心爱的"咯当"拿来，找一个宽敞的、靠墙或靠柴火垛的地方就可以玩了。

滚"咯当"两个人就可以玩，多几个人也行。大家拿出同样数目的"咯当"绑在一起，用两根长点的"咯当"靠墙立起来，再把绑在一起的"咯当"紧挨着两个立起的底边，横着摆平放好，然后就以石头剪刀布定顺序。谁是第一，谁就拿起一根"咯当"，横贴放在立起来的两根"咯当"上，然后让手里的"咯当"自由地往下滚落。"咯当"会趁着往下的惯性，沿着平放在地上的"咯当"往前滚动，滚到哪里，那后面的"咯当"子就被他赢去了。然后，第二、第三名依次进行。直到地上摆的"咯当"被赢光才可以接着玩第二轮游戏。

扇"咯当"与滚"咯当"稍有不同。小伙伴们将绑在一起的"咯当"放在地上事先画好的圈子里，再以石头剪刀布定顺序，然后从第一名开始，用一块薄石片，在规定远的地方，向圈子里投，石片打出多少"咯当"子，就赢了多少，后面也是依次进行。

我曾经因为玩"咯当"入了迷，忘了上学，忘了回家，忘了家里给定的拾柴火、割草的任务，所以当年因玩"咯当"，挨老师揪耳朵，挨父母揍，就成了家常便饭。

今天的孩子们，都有了现代化的玩具，再没有人去玩什么"咯当"了。

咂甜秫秸

陈长柱

童年的回忆是甜蜜幸福的。因为童年总是那样无拘无束、无忧无虑。

我们的童年时代，虽然不像今天的孩子那样，有吃不完的零食，可是，幸福一点都不比他们少。

小时候，大自然就是我们的天堂，更有我们取之不尽的美味。

秋天，成熟的庄稼就是我们取之不尽的野炊食材。嫩玉米、黄豆、白芋都可以拿来烧着吃。渴了，就会钻进玉米地里，找甜秫秸解渴。用我们土话叫"咂甜秫秸"。

选甜秫秸可是有诀窍的。嫩的不选，因为味道恶，不甜。老的不选，因为水分少，口感不好。只有那不嫩不老的才水分多，甜度足，咂起来脆甜爽口。

秋季也是甘蔗上市的季节，但是，孩子们没钱买，就是家长也是很少买甘蔗给我们吃，就是因为家里穷，吃不起，能吃起甘蔗的都是机关干部的孩子。每每看着这些机关单位的孩子吃着甜甜的甘蔗，我们这些农家娃娃真是羡慕得要死。虽然我们吃不起甘蔗，但我们有玉米地，我们可以找那甜的秫秸，一样吃出甜蜜，吃出幸福来。

湖里能咂的不止玉米秸，还有小秫秸。有一种高粱长得很矮，秸秆也粗，我们土话叫它"母鸡够"。这种秸秆含糖高，特甜。

放学时，我们都会结伴去湖里寻甜秫秸，就连那些家庭优越的机关单位的孩子也会跟在我们的屁股后面，钻进地里找甜秫秸咂呢。

因为生产队有看青的，是不允许孩子们随便进地的，我们总是悄悄地钻到地中间，四处寻觅甜秫秸。我们看准了一棵，先尝尝甜不甜，为了省事就把秸秆上的"裤子"扒掉，直接趴上去啃一口、咂一咂，甜就折下来，不甜就放弃。不一会儿我们都会找到好几棵，聚在一起，美美地享受那甜蜜味了。

咂甜秫秸如吃甘蔗一样，也要去掉秸秆坚韧的外皮。卖甘蔗的都是帮着客人削了皮，即便是买了甘蔗到家，也有刀子削皮。可是，我们这些偷吃甜秫秸的孩子哪里有刀，大家只好用牙把皮啃掉。尽管小心翼翼，但被拉伤嘴也是常事，因为嘴馋，即使嘴破了流着血，也还是挡不住那甜秫秸的诱惑。

每次尽兴后，我们都会再找几棵，剥皮整干净，然后折成一段段，装在裤兜里或插在裤腰带上，偷偷带回家。

一晃多年过去，偶尔回想起那吃甜秫秸的情景，心头会不由得一热，脸上随之也会漾起儿时般的甜甜笑意。

童年泥趣

牛士中

20世纪80年代前，农村生活依然艰苦，亲戚送给的一个塑料娃娃，一个过时破旧了的波浪鼓，或者一个年初玩到年终的破灯笼，都能让乡间天真无邪的孩子乐此不疲，就是乡间随处可取的泥巴也成了孩子快乐的源泉。

孩子们最喜欢玩的是用泥巴摔"凹凹"。几个玩伴选好合适的泥巴，将各自大小称心的泥巴团成圆球状，放在地上，在上面球形上向下按，然后两个拇指在泥巴里轻按，沿圆形转圈按压，一个碗状的泥巴"凹凹"就做成了。

做成后，大家要一起喊着口号共同摔"凹凹"。摔"凹凹"时，右手手掌张开，轻拿起"凹凹"，站起来，右手猛地上扬，再狠狠地向地上摔去，接下来就是一声或大或小、或清脆或沉闷的"啪"声。"凹凹"摔在地上，气压把"凹凹"底部撑破，向上展开一个不规则的破口。孩子们玩耍时，有时为壮大声势，排成一行，喊着号子，动作一致，那声音也是如鞭炮齐鸣，煞是壮观。摔后，根据破口大小，决定名次。有时为了增加乐趣，便一个个按顺序摔，摔一个，品评一个，笑骂声一片。

孩子们玩耍时，会取来好多泥巴，上面泼点水，用荷叶或者梧桐叶盖上，玩干了泥巴，再从叶子下挖取。那时，孩子在校时间短，作业少，一玩就是几小时，往往晚上睡觉时，胳膊都抬不起来，第二天，肿得像莲藕，无法抬起，更不要说写字和帮家里干活了，因此，常常引来老师和家长们的臭骂。但孩子们从来不放在心上，胳膊稍微能抬起，又开始快乐地摔泥"凹凹"。

那个时代，孩子们很少有像样的玩具，他们便充分发挥想象力，用泥巴做成各种各样的玩具，比如，做成平衡球、象棋、军棋、房子，有时甚至做成电影机、抽水机，也有的做成枪。在物质匮乏的年代，这些泥玩具给他们带来了无限的乐趣。

这些玩具中我印象最深的还是泥巴做成的象棋、军棋。晴天，几个要好的玩伴聚集在一起，选好泥巴，团成一个个大小一致的圆泥球，然后用药瓶盖子按压在那些泥球上，一个个圆形的象棋、军旗模子就出来了。然后，伙伴中公认的学习最牛的那位，牛气哄哄地拿出准备好的大针，在那些泥饼上分别划出帅、士、相、车、马、炮、卒，或司令、军长、师长、旅长、团长、地雷、炸弹、军旗等字样。完成后，大家小心翼翼地将这些棋子放到向阳的窗台上晾晒，等棋子干后，拿着一张用铅笔描画的牛皮纸棋盘，寻找一个僻静的地方，就可以过棋瘾了。

做泥房子也很有意思。先是摔出一块块大小不一的泥块，晾干后备用。用树枝做成房梁、窗户，用树叶做成房顶，有时还围出一圈围墙来。

用泥巴做电影机就有一定的技术含量了，只有一个孩子做得最好，不仅有放映机，还有影片、发电机和银幕。我们那时没事便跑到他家，巴结那孩子，只求过过眼瘾。可他就是喜欢故弄玄虚，吊我们的胃口。在一个风高月黑之夜，我们几个孩子引开那小子，派其他伙伴偷走了他的放映"设备"。那小子不见了他的宝贝，哭了好几天，害得我们好几次都想还给他了，但最终还是没还给他，后来被一次大雨淋坏了。

时光荏苒，艰苦日子一去不返，想起那逝去的泥巴玩具时代，真是感慨万千啊！

野菜留香

牛士中

阳光和煦，轻风拂衣，鸟儿鸣叫着从头顶飞过。三两伙伴，手挎竹篮，轻快地游走在乡野田畔，不时爆发出一阵阵喜悦的喊声：

"又找到一棵荠菜。"

"我看到一棵灰灰菜。"

"啊，面条菜！"

时隔 30 多年，我依然记得当年那些曾经伴随我日常三餐的野菜名字：荠菜、沙荠子、灰灰菜、面条菜、野苋菜、马齿菜……这些野菜、野草都给我留下了深刻的印象，成为我血肉的一部分。

野苋菜是最常见的一种野菜。那时，房前屋后的空地上，长满了野苋菜。野苋菜生命力强，耐干旱。人们为了多打粮食，恨不得把每一寸土地都种上庄稼，很少种菜。午收后，更难见青菜的影子，野苋菜便成了一道主菜。

野苋菜的吃法很简单，一般用来下面条。炎热的中午，要做午饭了，农妇到房前屋后掐几把野苋菜的嫩叶嫩头，用开水焯一焯，放到瓦盆中，再把煮好面条捞出来，放到瓦盆里，加盐、葱、蒜和辣椒搅拌，美美的凉拌面就做成了。野苋菜特有的鲜嫩清香，现在回想起来依然在唇齿间缭绕。这种美餐因为太费面，一个夏天能吃个三五次就不错了。常常是水开了下面条，面条八成熟时，把野苋菜放进去，盖锅几分钟，开锅连汤水一同吃。这种吃法，因为有了野苋菜让面条别有风味。野苋菜还有一种吃法，那就是用开水焯过，直接放入盐、葱、蒜、辣椒，拌匀当菜吃。也有人家夏天把野苋菜晒干储存、冬天泡发包包子或下面条。

还有一种常见的野菜就是马儿菜，也就是马齿苋，这种野菜形似马的牙齿。马齿苋生命力强，田间地头，沟坎渠边，随处可见，天越热长得越旺。冒出嫩芽后，会向周围蔓延，肥厚的茎蔓不扎根，因此只要捏住它的根部，使劲一提，一棵马齿苋就到手了。挑选马齿菜也有讲究，一般夏天雨后，那种经急雨清洗后还没有打苞开花的最好，鲜嫩、滋滑、香脆。

马齿菜吃法多样，清洗后焯一焯，加入作料，特别是蒜泥，一盆鲜香可口的凉拌马儿菜就大功告成了。也可以拌面加作料直接蒸，熟后起锅放入蒜泥，那菜香就更浓郁了。

荠菜，田边地头都能见到。剜荠菜要在吐苔前，才不失鲜嫩清香。荠菜有股土腥味，吃起来有点碜牙。荠菜常常用来团丸子、包饺子、做菜盒子，也可凉拌。

如果你口味重，还有野蒜、野葱和野韭菜几种可以挖。

这几种野菜都是簇生的，一簇簇挤在一起，叶子和菜园里的葱蒜韭不同。叶子都细长，密密的，向四周松散开来。野蒜的叶子扁平一些，野韭的叶子窄平，而野葱的叶子圆而中空。野葱类似家葱，味道更浓郁辛辣些。野韭和家韭类似，别有一种野生的辣香。而野蒜一般多独头，比起家蒜更辛辣。这三种野菜可以做调味品，也可当菜蔬。

春天，还可以吃到另类的野菜。它们不是长在地面，而是长在灌木树木的枝头上，如枸杞嫩头、洋槐花、榆钱和香椿芽等。

童年的记忆历久弥新，如今，野菜那熟悉的身影，已淡出人们的餐桌。我们只能在记忆中去体味"一路春风野菜香"的美妙和悠远了。

烧白芋

邱德龙

每当我看到街边烤炉上一个个热腾腾、软乎乎的烤白芋时，就会垂涎欲滴，想买上一两个解解馋，并想起童年时烤白芋的情景。

白芋有的地方叫山芋、红薯、甘薯、地瓜、芋头，有黄瓤、红瓤、白瓤、紫瓤，口味各有不同，烤白芋所用的材料大多选择黄瓤或红瓤的。这样的白芋烤出来外焦内软，黄亮亮、红艳艳，面中带甜、甜里透香，非常诱人。同时，还必须是个头适中，无疤痕、无虫蛀的巧个头。

20世纪70年代以前，农村一日三餐几乎都是白芋饭。白芋的吃法有多种，像烤白芋、焯白芋、蒸白芋片、煮白芋饭、煮白芋干饭和烤白芋等。烤白芋说起来简单，但真要想把白芋烤得既熟又不至于烤焦，那可就要有一点技术了，诀窍是慢慢来、别着急。

烤白芋分为锅底烤和野烤两种。家里做饭时，挑些个头匀称的白芋放在灶膛内的余火里，将余火严实地盖在白芋上，利用其余热把白芋焐熟，称为锅底烤。用这种方法烤熟的白芋熟得均匀、味道好，完全可以达到外焦内软的效果。

另一种方法就是野烤了。野烤大多是孩子们干的事，那时家里穷，烤白芋就成了孩子们平常吃的零食。每到秋季，当满湖的白芋即将成熟时，我们这帮比较要好的小伙伴便邀约到野地里烤白芋吃。我们带着火柴和小铲子，偷偷地窜到白芋地里，迅速扒出几个白芋，找个僻静的沟旁路边，用小铲子挖个小坑，把白芋放进去，捡拾点枯枝放在坑里点着，边烧边翻动枯枝，让火焰烧得更旺些，等到枯枝即将燃尽时将白芋翻到中间，将余火把白芋全部盖严实，利用余火的热量把白芋烤熟。这时我们就在一旁玩耍，静等白芋烤熟。有个别心急的就不时地翻出来看看。就这样，翻过来翻过去，不大一会就把仅有的一点余火给弄灭了，半生半熟的白芋便被一抢而光。大家把熟的部分先吃掉，剩下半熟发硬的部分用手捏一捏，就囫囵吞枣地吞下肚去，弄得满手满脸全是黑的，你看着我，我看看你，相互做着鬼脸，大笑不止。

童年的生活是幼稚可笑的，也是快乐幸福的。现在每每想起，还是十分怀念那无忧无虑的美好时光。

水煮韭饼子

马香俊

　　韭菜，是一种常吃的蔬菜。可是曾有城里的青年到农村，看到满湖的麦苗，惊呼："哇，这么多韭菜呀！"闹出了天大的笑话。

　　韭菜是多年生草本植物，淮北地区种植的大多是叶韭。叶韭的叶片呈扁平带状，长30厘米左右，叶片宽厚、柔嫩，具有补肾、壮阳、提神等功效。因为含有纤维素多，中医把它称作洗肠草。大多数人都喜欢吃韭菜做的各种食品，但胃肠功能弱的人不宜多吃。

　　韭菜做成的食品有韭菜炒鸡蛋、炒虾米、炒洋葱、韭菜馅饺子、包子、角子、韭菜盒子等，还有一种做法就是做水煮韭饼子。

　　水煮韭饼子先捡洗、切韭菜。割下来或者买回来的新鲜韭菜要先捡干净，去掉根部外面的老叶子、死叶子和夹带的其他杂草杂物，漂洗干净，切得短短的，放在面盆里。然后和面。撒上适量的盐，兑上水，加入麦面，把韭菜与面粉掺匀、和透，面块软硬适中。接着，擀韭饼子。把和好的面块放在案板上，用擀面杖擀薄，一般来说要比擀面条的面厚一些。然后用菜刀纵横切成边长三、四厘米的菱形或长方形的韭饼子。最后是煮韭饼子。水烧开后一块块地韭下饼子，边下边用勺子轻轻地推动，以防粘连。下完后再烧开，稍微煮两三分钟即可。因为和面时已经放过盐，再适当地调味，水煮韭饼子就做好了。

　　水煮韭饼子吃到嘴里柔滑爽口，有韭菜的清香味道，吃一块韭饼子，再喝一口面汤，是一种美美的享受。20世纪70年代，我参加工作后，自己烧煤油炉做饭吃，也学会了擀韭饼子。现在，我们家还经常吃。

煨罐子

朱现凤

提起煨罐子，可是有些年头没见过了。

煨罐子起源什么时候，我不知道。我第一次见到煨罐子，是在外婆家。20世纪60年代初期，我只有三四岁，经常在外婆家里玩，因为顽皮，手脸总是脏兮兮的，每次外婆看到都会说："走，到煨罐子那里洗洗去。"于是就把我带到一个小东西面前，然后蹲下用里面的温水给我洗。时间长了，我就知道那小东西叫煨罐子，是用来煨热水的。打那以后，我手脸脏了，就自己到锅底下把煨罐子拽出来洗洗。那时候好玩水，也经常用它舀水玩，不知打烂了多少煨罐子，挨了外婆多少骂。

煨罐子是从山东那边贩卖过来的，那时经常看到山东老侉拉着板车，上面有各式各样的泥盆瓦罐，煨罐子是最小的。别看这煨罐子小，作用可不小，那时候家家都得用。做完饭，就在罐子里添上水，放在锅底下，有时锅底死火厉害，也会把水煨得烫人，这样就可供半天洗手脸的了。因为插不下脚，所以，形容哪个人太强势，就会说："你是煨罐子里洗脚——横不下了！"

随着时代的变化，这黑不溜秋的小东西，逐渐被暖水壶、热水器替代。但每想到煨罐子，心中还会涌现出一丝丝温暖。

童年的穷开心

王 潘

我的家乡在灵璧。20世纪70年代，我还很小，那时候的冬天比现在冷得多，雪下得多而大。记得有一年冬天，积雪的厚度和我的个子差不多。那时的房顶都是麦草缮成的，屋檐下冰凌就像我玩的红缨枪一样长，直戳地面。有时，我们用木棒向冰凌猛地砸去，冰凌"咔嚓"一声断成几截陷入积雪中。我迅速地捡起一截，悄悄地插入走在我前面伙伴的脖子里，小伙伴触电似的把脖子一缩，猛地上下蹦了几下，那冰凌带着一点歉意和委屈顺着棉袄与裸体之间溜了下去。接着，对手也会捡起一截冰凌向我追来，我早有准备，逃跑了。

那时候，物质贫乏，买粮要粮票，买布要布票。新年到来，还不一定能穿上一件新衣服，更谈不上像现在路上行人穿的羽绒服保暖衣了。我们穿的全是棉裤和棉袄，脚上穿的是茅窝鞋，它是用晒干的茅草和芦苇花编成的。春夏季节，沟边长满了茅草，河边长满了芦苇。到了秋季，茅草花、芦苇花纷纷扬扬，就像冬天里飘下的雪花，每家每户都积极采集。那些上了年纪的人，一有点空闲就用茅草搓绳，然后和芦苇花编成茅窝鞋。编茅窝鞋可是个技术活儿，首先用茅草绳编好鞋底，同时布局好茅草鞋上面的经线和纬线，然后，用芦苇花像编篮子一样，有顺序地一层压一层地镶嵌在经线和纬线中，最后，收口整理成鞋。穿的时候，在里面铺设厚厚的毛茸茸的芦苇花，就成了保暖鞋。

穿着它去上学，脚踝被磨得通红，但丝毫不影响我们玩耍。下课了，我们聚集在教室东墙边，排成一排，一个一个靠在一起玩起"挤棉油"游戏来。我个子高，大多站在最前面，当我大声喊"一、二、三——开始！"他们便奋力地向我们这边挤来，我使出吃奶的劲头顶着，像一棵大树岿然不动。正当他们大呼小叫的时候，我忽然一抽身，他们"呼啦呼啦"地倒下了。当小伙伴不服输，要求再来一次时，"当当当——"上课铃响了，我们又迅速冲进教室。我正想坐下的时候，同位的"小淘气"用腿把板凳向后一划，我"扑通"一声坐在地上，引起哄堂大笑，老师进班了，才戛然而止。

放学了，我们互相追逐着，在高低不平的泥路上奔跑，有时还捡起地上的土坷垃瞄准对方互相袭击，一会儿攻，一会儿退，汗流浃背。当我们用手擦拭汗珠的时候，个个变成了京剧里净角的脸，你指着我，我看着你，大笑起来。也许是当时物资贫乏，路上看不到机动车的影子，所以，那时根本没有交通安全的事儿，孩子们不像现在车接车送，而是十分自由洒脱。

太阳落山了，小鸟扑棱着回巢了，我们才各自回家。吃完晚饭，我连衣服也不脱就钻进被窝，暖和暖和冻僵的小脚，看着父亲用芦苇花为我们编织茅窝鞋，看着妈妈一针一线为我们缝补因顽皮撕毁的衣服。妈妈一边缝着，一边给我们讲故事。这些日子，我们虽然吃着窝窝头，但也是自由而快乐的。这样的穷开心，一直伴随着我度过童年时光。

爆米花

王 潘

走进超市，琳琅满目的食品让人应接不暇。这时，一个小孩拽着妈妈喊道："我要吃爆米花！"望着那柜台上包装袋里的爆米花，我有点儿惊愕了，这爆米花和我童年吃的爆米花完全不一样。

20 世纪 70 年代，物质十分贫乏，能吃得上的零食，也就是爆米花了。那时，我们庄有一个姓徐的老头，个子不高，脸黑黑的，他炸米花的技术相当高。炸米花一般都是在腊月，因为平时我们吃不到大米，人们也舍不得用玉米来炸米花，只有到了腊月，快过年了，徐老头才把他家的炸米花机搬出来，放在村口，然后喊道："炸米花啦！"听到喊声，孩子们就缠着大人要玉米。我妈说："要玉米，行！回来家，你得烧锅，答应了才能给。"我只有满口答应，舀了一碗玉米，拿着馍筐子，向炸米花的地方跑去。

不一会，小朋友们都跑来了。徐老头把我们带来的大大小小的盆，还有各种各样的筐子，按顺序排好队，然后命令我们先到旁边玩，炸好了再来拿。

徐老头把玉米倒进黑乎乎的铁球似的锅里，为了讨我们喜欢，他还在里面放几粒糖精，让炸出来的玉米花有甜味。装好玉米后，他使劲地旋紧盖子，然后坐在小凳子上，一手拉着风箱，一手转动着锅柄。那个椭圆形的黑铁球在炭炉上方的架子上不停地旋转着，红红的火舌，环绕在黑铁球的周围。徐老头不时地往炉子里添加一些炭泥。过一段时间，徐老头看看那转盘表上的指针，估计差不多熟了，让俺们离远一点，然后，他开始放"炮"了。我们都捂着耳朵向后退。只听"砰——"地一声响，突然腾起一股黑烟。烟雾还没有散尽，孩子们松开了捂住耳朵的手，睁开了闭紧的眼，向前拥去。"这是小五的，其余人等一会。"徐老头高喊道。我们只好后退，去寻觅那炸飞的爆米花。望着那从袋子里跳跃出来的像槐树花一样的爆米花，我们馋得直流口水。有的趁小五不注意，偷偷地捏两个扔进嘴里，小五生气地追着我们。就这样闹着玩着，直到领到了自己的爆米花，向家跑去。那香甜的热气飘溢在空中，顺着我们走过的路，洒下了我们的快乐，留下了我们童年贫困生活的影子，也留下了我们童年美好的记忆。

染指甲

韩　英

昨天夜半醒来，忽然想起小时候的一件趣事——染指甲，那些童年的快乐时光呀，已经好久都不曾想起了，那些美丽的指甲花我已经20多年没有见到了，可是昨个夜里竟然从大脑这个库房里把它给翻了出来。

那时我还没有上学，每天在家翻腾一些土玩具。有一天傍晚，我看到四姐和五姐又在一起头靠着头，小声嘀咕着什么。她们总是这样，在我面前总是神秘兮兮的。她们年龄相仿，相差不到两岁，所以人家有共同语言呀，而我与她们相差好几岁，她们也从来不把我放在眼里，不屑于与我为伍。我无法知道她们又要干什么，也就悄悄地走开了。

第二天早晨吃饭时，我却意外地发现了她们的指甲都变成了漂亮的红色，而且是那种亮丽的桃红。我顿时明白了她们昨天嘀咕着什么。但是那指甲怎么染成了红色呢？我百思不得其解，就去找我的伙伴二丫探讨探讨。二丫就住在我家的后面，按辈分，我应该喊她小姑。实际年龄也只比我大两岁，长得又黑又瘦，黄黄的头发还带着自来卷。可是二丫很聪明，好像什么事情都比我知道得多。

二丫神秘地告诉我："你知道吗？小玲家里种了好大一片指甲花（学名凤仙花，又叫金凤花），那花儿开得真好看。昨天晚上，她们都到小玲家里去染指甲的，我家阿姐也去了，我看着阿姐包着手指头回来的。阿姐对我说，是用白矾和花片一起捣碎，然后放在指甲上，再用南瓜叶子包好，系上，一夜就变成了红色。阿姐那也成红色的了，可漂亮了。"我不屑地说："哼！我们明年自己种指甲花，我们自己染，才不稀罕她们的呢。"

这话说着也就搁了下来。直到第二年春天谷雨前后，下了一场大雨。雨后，母亲带着我在门前的菜园子里翻地，然后又不知从哪儿找来了许多辣椒、茄子和番茄秧，一行行地栽，还留下一小片零地，撒上了小葱种子。我这时候才突然想起，应该种几株指甲花，等开了花用来染指甲。那时候二丫已经上了学，中午我见到她，说起种花的事，二丫果然"神通广大"，她神秘兮兮地告诉我，小丽有指甲花种子，是从小玲家偷的。她和小玲是邻居，菜园子自然也相邻，小丽趁着小玲家没人就偷了几把，存下许多种子。我一听，眼前一亮，向小丽要花种子去，此事宜早不宜迟。小丽家里人有遗传病——肺结核，她的父亲和叔父都没有活到四十就死于这种病，因此，她们全家在我们村就成了危险人物。父母经常告诫我们姊妹不要和她相处，小心传染上。我已经顾不了这么多，立即去找小丽，要指甲花种子要紧。

小丽不屑地说："给你几粒也行，可是你下午必须和我一起去割草，我带给你，否则，一粒也甭想要！"我要花种子心切，满口应允，早已把父亲的告诫置之度外。吃完午饭，早早地挎着篮子，去找小丽。小丽果然带来了指甲花种子，用纸包着。我打开一看，只有十几粒，三角形，个个饱满，黑得发亮。我又仔细包好，小心翼翼地放在口袋里。哪还有心思割草，一会儿用手摸摸口袋，看看花种子有没有漏掉。草还没有满篮子，我就急急地跑回了家。天已经擦黑，母亲正在菜园子里侍弄着什么，我从家里拿来了一个烂了底的铁盆，用铁铲挖了一盆菜园土，把土细细地揉碎，扒几个窝窝，就把那些种子埋了下去，又浇了满满的一盆水。大功告成了，我自是很高兴。

自从那种子入了土，我就天天盼着它发芽。第三天，我就耐不住性子，扒开土看看有没有发芽。恰巧被母亲发现，母亲一阵好笑："你这样扒来扒去的，发芽的种子也被你弄坏了。不要动！要等到第七天才能发芽。"于是，我就一天一天地耐心等待，终于到了第七天，我急忙跑到园里去看，竟然还没有发芽。我忍不住了，扒开土一看，那种子都坏掉了。我真是伤心极了，想坐在那儿大哭一场。二丫知道了，告诉我："小丽给你的，肯定是陈种子，不能发芽的。"我突然暗暗地恨起小丽：这个"肺结核"，以后再也不理她！

有一天晚上，二丫从学校回来，身上背着黄书包，站在我家门前喊我出来。她从书包里掏出一个小纸包，递给我说："这是我的同学给的指甲花种子，你快种了吧，再晚就来不及了，听说种晚了就不开花了。"我好像突然得了灵丹妙药，宝贝一样地接在手里。第二天，起了个大早，认认真真地把那些种子种在菜园边上。几天后，我到菜园去一看，呵呵，竟然出了一窝一窝的，而且长出了两片叶子。我一阵窃喜，顿时来了精神。于是我开始精心地照看这些花苗，看着它们渐渐地长到一拃长，又长到一尺来长，经常浇水。母亲浇菜时，也不忘给我的小花浇上一点水。到了麦收后，正是农闲时节，有一天，我从菜园旁经过，突然看到满眼的红色。呵！那一片桃红，在阳光下红得刺眼！我一阵狂喜，我的指甲花开了！我的指甲花终于开了！那花儿一簇一簇的，从上到下，已经开了几层了，我咋这时候才看到。指甲花儿呀，总是在你不经意时，悄悄开放。

我第一个应该告诉的，就是二丫，我们终于可以染指甲了。二丫也是喜不自禁，她告诉我，要立即采摘，越是鲜嫩的花儿，染出来的指甲越漂亮。她让我晚上就摘了花到她家去，她阿姐给我们染指甲，白矾和南瓜叶子她们家有。于是，下午，我就早早地去摘花片。及至摘的时候，我又不忍了。看着那上面的花儿红红艳艳，还有未绽开的花骨朵。想来想去，还是摘最下面的，那些花片好像已经想落了。我摘了大大的一纸包花片，晚饭后，早早跑到二丫家。二丫已经准备好了白矾和南瓜叶子，还有一些白线。她阿姐比我们大几岁，聪明伶俐。她拿来蒜臼子，把白矾和花片放在里面，捣成糊状。然后把那些糊糊一一涂在我们的指甲上，再用南瓜叶子在手指上包了厚厚一层，最后用白线逐个仔细地绕上，系结实了，才算完工。我们伸着双手，任由她摆弄，心里美滋滋的。

很晚了，我才张着十指跑回家。那时，我跟着大姐睡。大姐看着我，就知道又搞什么把戏，也没有吵我，只是警告我说："小心夜里掉了，染了一床，才揍你呢。"这么一说，我真的很小心了，也不敢把手放到被里，只在被上张着。可是夜里睡着了，手还是放到了被里。第二天早晨惊醒了，发现两个手指上的叶子掉了，急忙掀开被子去找，还好，一个掉在了床下，一个在被里也没有被挤压，总之没有染着被子，这才放心地来逐一仔细查看我的指甲。有一个指甲染得很浅，还有一个，染了半个指甲，半个指肚，其余的都还好，都成了漂亮的桃红色，美极了。

我正在那儿欣赏呢，却见四姐和五姐又在那一旁嘀咕着，暗暗地偷笑。我知道她们一定在笑话我，都过时了，还在这新鲜个啥！我才不管这么多呢，笑去呗，总之我高兴。我心里乐着呢，我也有了漂亮的红指甲！何况，我还有那一片美丽的指甲花。

打　梭

晏金福

吃过早饭，我照例迫不及待地拿起梭和打梭棍，窜出了家门。刚到门口，西院子的刺歪子刚好来了，我可高兴了，因为我最喜欢和他打梭了。

刺歪子大我一岁，比我高一头，长得又粗又壮。打架，我剋不过他，可是打梭，他可是我的手下败将，因为他的脑子可没有我好使。

我们在门口的空场上画了一条线，把梭摆上，然后锤子、剪刀、布决定比赛先后。其实，谁先谁后，影响并不大，可是谁都不想先打，这就像现在足球比赛的主客场，赢的就是个心理优势。这次和以前一样，还是刺歪子先打，出拳他可很少赢我。

刺歪子举起棍子，使出吃奶的力气，狠狠地打下去，梭一下子蹦得老高，可是，他拿棍去迎空中的梭时，却抢了个空。梭蹦得高，可是落下来，却离线不远。我们打的梭是一个用五六厘米长的稍粗的木棍刻成的，中间圆，两头尖。打梭者手中握着木棍，敲击梭的一端，梭就会蹦起来。打梭者再用木棍击打蹦在空中的梭，以打得远者为胜。这里面其实是很有技巧的。击打地上的梭时是不能用大力的。一是用大力梭就会蹦得高，方向和高度都不好控制；二是太用力，二次击打就没劲儿了。而打梭的远近全靠二次击打的角度和力度，刺歪子不懂这些，二次击打未中，用木棍一量，只有三竿，这下子我赢他可就毫不费力了。我把梭摆上，用棍轻轻一磕，梭刚刚离地，我又用棍轻打一下，梭就飞出去几步远。我才不费力呢，我要把劲用在下边。也不用量了，一看，我打的就比他远。

接下来就要兑现对负者的惩罚了。我们的惩罚方法是"喝呜"，由胜者再击打一次，负者需屏住呼吸，嘴里发出不间断的"呜"声，跑过去把梭捡回来。如果中间憋不住，喘气了，就得再罚一次。如果自觉做不到，回程可以把梭噙在嘴里。

我再次把梭放在线上，拿起了木棍，对准梭尖轻轻一磕，梭就旋转着飞起，力度刚好；角度也正好，梭和我的身体平行，我迅速抢起木棍，在梭飞到我大腿高、后尖刚刚翘起时，用尽浑身力气，狠狠地打了出去。随着一声脆响，只见那梭划出一道优美的弧线，向远处飞去。梭飞了好远才落地，用现在的眼光看，足足有四五十米。这时已来了好几个小朋友，等着看刺歪子"喝呜"。刺歪子深深地吸了一口气，然后闭着嘴发出"呜"的声音，向远处跑去。小朋友们也都跟着跑，大家都是义务监督员。刺歪子跑到梭跟前时，脸已憋得发紫。他只得大大地喘了一口气，然后把梭噙在嘴里，向起点走去。小朋友们有节奏地拍着掌，我的心里甜滋滋的。

大腰裤子

晏金福

20 个世纪 70 年代末以前，农村人穿的大多是大腰裤子。这种大腰裤子，裤腿不是黑色就是蓝色，绝少有别的颜色。布料开始是家织或买来的手工布，颜色是染坊染出来的。后来，有了"洋布"，就不用染了。裤腰则一律是白色的。所以叫大腰裤子，是因为裤腰很肥，肥得超过臀围，因此，穿脱都很方便。

大腰裤子既无口袋，也不留门儿，因此当时流行一句歇后语，要是要办的事情没有办成的希望，人家就会说："你那事，大腰裤子——没门儿。"

大腰裤子因为腰子特别肥大，就发生了有趣的事儿。几个年轻的调皮鬼特爱跟嫂子们开玩笑，有的还动手动脚地揩点儿油。他们一旦落了单，可就惨了。几个疯嫂子会将他按在地上，扒开裤腰，把他的头按进去，再用绳捆上，美其名曰"老王看瓜"，不等人来，是没法脱困的。

穿大腰裤子，男人一般是不勒裤带的。穿的时候，只要两手从前面拉紧，一折，然后从上面往里一塞，就行了。脱的时候更简单，一拉即开。老年妇女也很少勒裤带，不过不知是老年人手没劲儿，还是腹肌乏力，裤带容易松，一松，就容易往下掉。因此只要你的成绩下降了，或是日子过得越来越差了，就又有一句歇后语："你怎么老妈妈的裤子——嘟噜下去了？"少女和少妇当然是要裤带的，不过，没有现在这样的皮带，一律是布条子。所以，那时不叫勒裤带，而叫系裤带。不过这种裤带也有好处，易结不易解。女人们都很小心，为了保险，一般都打几个结，因此除了本人，别人是很难解开的。

说到这里，我不由想起一件很搞笑的事情。那时，九顶东南部一个村子里，有一个妇女和别人通奸。她丈夫发现了，就撺掇她到公社去告状，说那男人强奸她。公社人保组长一调查，两人是通奸，就没理睬。那女人在丈夫的催促下，老去纠缠。那人保组长是县里公安部门下来的，很会办案。一天，那妇女又来了，人保组长就问："他怎么强奸你的？""他解人裤带。"那妇女回答。"解开了吗？"人保组长又问。"没解开。"妇女回答。"没解开怎么强奸？"人保组长心里已明白了七八分，紧接着问。妇女嗫嗫嚅嚅地说："俺……俺自己解的。"人保组长气得一拍桌子，大喝道："滚！早知道你是通奸了，还来告！"从此，那妇女再也不告了。

看来，大腰裤子不值得眷念，而那布条子裤带倒不失为保护妇女的好物件。

大襟褂子

朱现凤

深秋的一天，我再次到刘奶奶家去看望她，见到我来，奶奶便笑盈盈地迎到门口，还是那么亲和，永远给人一种热情亲切的感觉。今天刘奶奶让我眼前一亮，因为她身上穿着的，是一件很久没有看到的大襟褂子。

大襟褂子，这个中国传统服饰，已渐渐远离了人们的视线，特别是老式的大襟褂子，许多年没有人穿了。今天看到刘奶奶穿着这样的衣服，心里既感觉亲切又有点好奇，于是就问起了奶奶关于大襟褂子的来由与故事。

大襟褂子从什么时候有的，她也不知道，她说从记事的时候，就穿着母亲做的大襟褂子。小时候穿的大襟衣服，都是老和褊子，领口与襟条是一块布缝制的，方便穿用，还比较暖和。后来大一点，为了让衣服有型好看，于是就在领口上了个小领，然后又在大襟上口稍向上倾斜，到肩口处钉上扣子，既漂亮又贴身。

从我记事时起，就看到女人们穿的衣服基本都是大襟的，上到倾国倾城的一国之母，下到淳朴憨厚的草民，不管是寒冷冬天的棉袄，还是春凉夏热的单衣，大襟褂子似乎已成为女人服饰的代表，也成了那个时代一道亮丽的风景线，是那时代女性的标识。

由此我联想到一个故事，1989 年，有一个熟人怀孕 6 个月就早产了。生下的孩子，除了有个人形外，所有器官都没有发育成熟，可奶奶见孩子尚有呼吸，怎么都舍不得扔掉，于是就把孩子包好，放在她的大腰裤子里，贴在自己的腹部，用大襟褂子裹着，这样硬是在三个月的怀揣中，奇迹般地留住了孩子幼小的生命。因此我想，母爱的伟大，是超出了人的正常思维的，那种爱的仁慈和意志也是一般人所想象不到的，同时，我也知道了，大腰裤子与大襟褂子原来还有这种滋养生命的功能。

后来有段时间，我对大襟褂子有了一种莫名的向往，特别是看到五四运动时期激情澎湃的青年，都是穿着大襟褂子，于是就想融到她们中去。就这样，便暗暗地学做了一件大襟褂子，穿上后，着实让周围人羡慕一番。

据说大襟褂子在很早就兴起了，它可能在人们的生活中，已传承了数千年。为了突出女性的丰润与诱人的身姿，在20世纪20年代，人们便再次发挥自己的聪明才智，把大襟褂子精工细作，巧夺天工地改制成了精美的旗袍样式，这样的衣服穿着起来，就更加凸显女人的魅力。到三四十年代，旗袍发展到了鼎盛。因为这种服饰，更能将女性的风采发挥到极致，风情绰约、端庄大方，有种袅袅婷婷大家闺秀的丽质气派，所以那时的旗袍，已备受中上层女性所青睐。直到现在，新式的大襟褂子与旗袍样式的服装，仍被人们所热爱、追捧。

刘奶奶又穿上舍不得扔掉的大襟褂子，我想这里可能有她的情感寄托与依恋吧。

捻线陀

程大康

小时候，做衣服、纳鞋底的线都是手工捻出来的。只要有空，女人们总是一手拿着棉花团，一手拎个捻线陀，边拉呱边捻线。

捻线的材料都是选上等的棉花。秋天，棉花熟了，先把好的挑出来单放，晒干收起来，用的时候拿一点，把棉籽剔掉，用两根筷子弹几下，弹匀了，再卷成长棉条，留作捻线用。

有一次，妈妈不在家，我拿着妈妈的线陀子，学着大人的动作，开始捻线。一手握棉花条，一手转线陀子。待线陀转动后，两手一齐扯长棉条，使其变成细线，到一定的长度，就把线缠绕在线陀子的下端，再在线陀子上端系上活扣，开始新一轮的捻线。一开始比较生疏，笨手笨脚的，经过慢慢摸索和不断练习，竟然成功地捻出了棉线，一种成就感油然而生。估计妈妈快回来了，就把线陀放回原处，可还是被发现了。因为是初学，捻出来的线不匀称，颜色也不一样。妈妈把我捻的线都缠出来，丢在一边，说："捻线不是那么好学的，你捻的线根本不能用，粗的地方针眼穿不进去，细的地方容易断，还那么脏，白棉花都变成黑的了，还是等你长大再学吧。"从此以后，妈妈要是有事出去，临走时就把线陀藏起来，我只好自己制作线陀子，拿一根筷子，在方的一头串上两枚铜钱即成。看到自己制作的线陀子，心里无比快乐。

自从有了自己制作的线陀子，每天只要有时间就拿来捻线。我照妈妈告诉我的方法做，在捻线之前把手洗干净，等线轴上的线够多，就把线绕成一个团，接着再捻新线。这样捻出的只是线坯子，还要把两股线坯合起来，系在线陀上，旋转线陀，拧成一股，这样的线就能做衣服了。妈妈第一次用我捻的线缝衣服，脸上乐开了花，奖励我一个小糖。我捻的线越来越好，妈妈连纳鞋底的线绳都用我捻的线，这种线绳得四股或者五股，粗线必须用专用的麻锤。麻锤的制作非常简单，在牛腿骨当中钻个眼，用一根竹子插进去就可以了。使用时，旋转麻锤，越拧越紧，逐渐成线，过程如同捻线。这样做出来的线绳非常结实。

现在再也没人捻线了，捻线陀也就成为永远的记忆了。

火 烧

程大康

小时候，每到八月十五，妈妈就会做各种口味的火烧，有麻盐馅、糖馅和肉馅的。这样，我们几个孩子就可以挑适合自己口味的火烧吃。

记得有一年中秋节，我好奇地问妈妈："为什么春节蒸馒头，蒸包子，不炕火烧，而到八月十五才炕呢？"妈妈说："八月十五应该吃月饼的，我们家穷，买不起，就用火烧代替。"妈妈一边用手掰面头（酵母）放在盆里的温水中泡，一边说："月饼就是八月十五吃的，月圆饼圆，家庭团圆。"哦，原来火烧还有这样的作用。

面头泡软了，妈妈把面粉和面头混合，倒温水和面，再把面盆放在大锅里盖上锅盖。发面的这段时间里，妈妈把芝麻炒熟放到案板上，用擀面杖擀碎，加点盐和葱，放在小盆里备用，再把肉剁成碎末放在另外的一个小盆里加入酱油、盐、胡椒、葱、姜末、油等作料，拌匀备用。面发好了，放入碱水揉面，揉到碱均匀融合到面团里为止。面饧好后，拿出来再揉成长条，分成大小均匀的剂子，擀成四周薄中间厚的圆皮，包入馅，收口朝下，按扁，再用擀面杖稍微擀一下，差不多有两厘米厚。

一切准备就绪，大姐开始生火，妈妈把制作好的火烧整齐地摆放到锅里，一次只能放六个，先炕一面，过一会再翻过来炕另一面。炕火烧时一定要把握好火候。我想快点吃到火烧，趁着大姐不注意，偷偷地往锅底添点柴火，结果被大姐骂了一顿。另外两个姐姐和弟弟围着锅边转，焦急地等待着火烧出锅。我看到锅里有的火烧鼓起来了，圆圆的像满月一样，妈妈用锅铲摁了一下，自言自语地说："这样的，差不多就熟了。"

过了一会，二姐说："好香啊！就是稍微有点焦味。"三姐也这么说。我的鼻子嗅觉不好，但看到两面黄橙橙的火烧，就垂涎欲滴了。我迫不及待地去拿火烧，结果把手烫着了。只好冷了一会，再拿过来尝一口，细细地品味。

制作火烧是很麻烦的事，和面、发酵、擀皮、包馅，需要半天的时间。妈妈辛苦了半天，只要看见我们吃火烧时开心的样子，所有的劳累都全部抛到了身后，望着我们，脸上洋溢着幸福的微笑。

晚上，爸爸把桌子搬到院子里，放上水果和火烧，全家人围在一起，享受着天伦之乐。

火烧已经成为这个节日的标志，妈妈至今都保存着这样的习惯，每年八月十五都给我们制作各种各样的火烧。这火烧看上去不起眼，却承载着浓浓的亲情和妈妈的味道。

擀面条

谦 卑

自古民以食为天！走进徐淮大地大街小巷的面馆里"来碗羊肉面，来碗牛肉面，来碗西红柿鸡蛋面，来碗素菜面……"的吆喝声此起彼伏，乐得师傅们笑容可掬地把热气腾腾的面条端上来，并道一声："吃好。"但是这些面条不一定是手擀面条！

中国最早的食物面条是由中国科学院地质与物理研究所的科学家发现的。2015 年 10 月 14 日，他们在黄河上游的青海省民和县喇家村进行地质考察时，在一处河滩沉积物地下三米处，发现了一个倒扣的碗，碗中装有黄色的面条，最长的有 5 厘米。研究所人员通过分析，发现该面条已有大约四千年历史，具体推移到什么朝代至今无人知晓。

北方人喜欢吃面食（包子、馒头、大饼、煎饼等），但我们家那一位特别喜欢吃面条，一天三顿吃不厌，不过，可不是那种商店里买的挂面。在没结婚之前，都是他妈（我的婆婆）擀面给他吃。她老人家擀的面条要粗有粗，要细有细，比从模子里轧出来的挂面还匀溜，吃起来硬实、筋道、口感好！要是再烧上几道菜：青椒土豆丝、鸡蛋炒青椒，或一碟萝卜豆，看他吃得真香，就是到了肚子里也觉得舒服。

不幸，婆婆在我们结婚的第二年就过世了，他喜欢吃手擀面的习惯却没有变。我给他买挂面吃，他端起碗瞅着面条就是难以下箸，而且还带着情绪说："以后不要买这种挂面吃了……还不如吃馍喝稀饭。"听了这话，我老觉得心里不是滋味，我想我是个有文化的人，脑子又不笨，人家都能擀面条，我为什么不能！第二天吃过饭，我便到大嫂家，把他喜欢吃手擀面的事给她讲了。大嫂是个心直口快、热情开朗之人。她笑道："你是不是心疼他，怕他饿瘦了？想学，我来教你！"

说时迟，那时快！只见她挽起衣袖，扎上围裙，拿来面盆，开始了和面、擀面的制作，步骤如下：

1.把面粉放到盆里，盆里放适当的水，用筷子不停搅拌成面絮（不可一次加太多的水，试着加），再用手将面絮揉到"三光"，即面光、盆光、手光。切记，面必须和得稍硬一点，软了不好切。将和好的面放在盆里，盖上盖子饧20—30分钟。

2.将饧好的面团再次揉匀，分成大小合适的剂子，先用擀面杖把剂子擀成厚圆片，均匀撒上一层薄薄的干面粉（小麦面粉或玉米面粉），把面片的一边围在擀面杖上，慢慢卷起来，然后双手滚动，按压擀面杖，向前推擀。擀到面片变得越来越薄（一般3mm左右的厚度），围绕在擀面杖上的面片越来越宽时就不要再擀了。

3.将擀好的面片铺平在桌上，再均匀撒上一层薄薄的面粉，把面片反复折叠，在折叠时撒上干面粉，防止粘连。

4.把折叠好的面片从中间切成两段，以便于切，根据自己喜欢的宽细切成面条。在切的过程中左手轻轻带一下面皮，不可用力过大，避免面皮粘在一起。右手拿刀切成均匀宽细的面条。

5.下面条。下面时，根据面条的多少来决定添烧多少水，水烧开把面条轻轻撒开放锅里，用筷子慢慢翻动一下，加一点盐，这样煮面的时候不会粘在一起，烧开点三次水即可捞出。在大嫂的耐心指导下，我也学会手擀面条啦！

学会了擀面条，我每天都擀一次给他吃，他开心笑道："擀得不错！和俺娘擀的一样好吃……"我看他吃得津津有味的样子，会心地笑了！

20世纪80年代以前，吃上一碗手擀面，一碟萝卜豆，或炒上一碟青椒土豆丝，来亲朋好友炒上一盘鸡蛋辣椒、黄豆芽、绿豆芽就很不错了。80年代以后，土地到户，随着人们生活水平的提高，面条的吃法也发生了改变，如鸡蛋面、羊肉面、牛肉面、番茄鸡蛋面、凉面、炒面……普通的手擀面通过不同的烹饪，加工出花样繁多的美味佳肴，色香味俱全，闻着扑鼻的香味，令人垂涎欲滴。

而今，我们家孙女3岁了，她跟爷爷一样，就是喜欢吃面条。可是她对蔬菜不感兴趣，小孩正在长身体，不吃蔬菜怎么行！得想办法让她吃菜，我通过上网查询，发现了彩色面条不错，我喜出望外。经过学习，我也学会了各种彩色手擀面的制作：

食材：面粉、菠菜、紫薯、胡萝卜、盐、鸡蛋。

制作工序：

1.胡萝卜和菠菜分别切碎，放到辅食机打成糊状，挤出汁（声明一下：菠菜必须先用开水烫一下，变色就好，除去草酸）。把挤出的汁放到事先准备好的盆里，添加面粉，根据上面的制作过程来擀出绿色、红色的面条。

2.紫薯面条：把紫薯切薄片，上锅蒸熟，冷却后，用面筛磨细和面即可。

3.和面时加点盐，打上鸡蛋。各种彩色的面和好后，分别装入保鲜袋，饧半小时，就可以按普通面条的方法擀出来了，这样色彩鲜艳、营养丰富的彩色面条就做好了。

宝宝看见这鲜艳夺目的面条，食欲大增，一天最少也要擀一次给她吃。这一普通的手擀面，经过花样繁多的制作，就成了人们餐桌上一道美丽的亮点，孩子的至爱。

现在，传统的手工擀面，已经被机器所代替。这门老祖宗留下的手工艺也离我们渐行渐远。

土灶燃岁月

牛士中　程大康

民以食为天。从前，人们房屋建成后，首先考虑的就是支锅。

支锅，困难人家都是简陋凑合。赶上连续晴天，挖来泥土，掺上麦糠，搅拌均匀，软硬适合，就直接在锅屋里靠墙留出一个风箱的间隔，垒起中空呈锅形的土台子。中空部分离地一尺左右，用粗铁条横支在两头的泥台中当炉算子，然后，反复地放铁锅试看高度，一般锅底离炉算子15厘米左右，太高太低都不利于燃火。觉得合适了，就用圆木或玻璃瓶把土台最上面擀平。同时，在土灶靠墙一侧，对准炉算子下面捅一个洞，以安放风箱的风嘴。待泥干后，把铁锅放到锅腔上，安放好风箱就可以做饭了。第一顿饭，要放鞭炮，俗话叫开伙，亲朋好友要来燎锅底，一来表示祝贺，二来也是大家找由头凑在一起乐乐。

有的人家，趁连晴天时，在得风向阳的场上或房前村边平整出一块地方，撒上一层麦糠，把和好的泥团成长条，拍扁，一个个互相衔接，围成圆形。一般小口在下，一点点向上扩大，在离地面半尺左右横插上粗铁条，两头就在圆形泥囤中，泥干后，粗铁条就卡死了。到了一定高度，就要不断用铁锅试验，直到位置合适后，把圆形泥囤上缘撅平。泥干后，就可以抬到锅屋里，用泥或者土坯适当垒砌，就把泥锅腔放到上面，周围固定就可以开伙了。

这样支锅，因陋就简，往往不设置烟道，风箱安装到位，就开伙。烟汽直接排放在厨屋里，一做饭，里面几乎看不到人。所以，以前乡村里农家女人年纪大了，眼睛常出毛病。

家境好的人家，会请技艺好的师傅支锅。支锅师傅首先列出所需材料，诸如土坯或青砖，填缝泥、白石灰或水泥，粗铁条或集市上买来的熟铁制成的炉箅等。

到了选定的黄道吉日，主人亲自去请师傅。先放炮竹，告诉灶王爷爷奶奶，我们要支锅了，请灶王爷灶王奶奶保佑一家人和和睦睦、人财两旺。然后，师傅就方位、距离、空间、烟囱走向、烟道设置以及两个锅灶之间排烟分隔等，和主人商量一番。支锅技术好的师傅支的锅，柴火烧得旺，烟气少，不用风箱利用烟囱和外面的风力就能把烟气吸走排到外面。

为了让柴火烧得更旺，烟汽更少，做饭更快，人们又发明了风箱。风箱和土灶一起构成了乡村绵绵流长的韵味。

（牛士中）

童年的记忆里，农村烧饭用的是那种大土灶。通常烧的是干草、树枝、枯叶、秸秆之类。当时大部分农户家的土灶边上都装一个风箱。一推一送之间，源源不断的风就吹到柴草上，火苗越吹越旺，舔着锅底，饭菜很快就熟了。

我从很小起，就偎在锅门口，帮大姐拉风箱，双手抱着把儿，使尽全身力气，看着火吹得上蹿下跳，觉得真好玩。有时还能得到从锅底扒拉出来的黄豆粒和玉米花吃。当年没有什么零食，这些灰里烧烤的东西就是儿时最好的食物。

那时几乎家家都有牛猪等牲口，麦草留着喂牛，玉米秆粉碎掺和着麦麸子喂猪，烧锅的柴火就非常紧张，只有少量的棉柴、豆秸、芝麻秆。到了秋天就得扫树叶和芦苇叶了。冬天，大人们没事时就去挖树根，我们小孩就去拾干棒儿。

我上三年级时，烧锅的活就交给我了。我才知道，烧锅并不是什么好玩的事，俗话说："烧锅燎灶，三分材料。"遇到不好烧的柴，就会很麻烦。芦苇叶沾火就着，要不停地往锅底填，稍微湿一点就容易焖烟，灰屑乱飞，弄得一头一脸都脏兮兮的。那时家里人口多，一顿饭烧好，锅底里会聚满柴灰。大姐多忙于锅上，二姐和三姐在湖里干活回来，就坐在那里等着吃饭。只有我在锅前忙得灰头灰脸，有时因为火大或火小，遭到大姐一顿骂，心中常会感到委屈，但我不会做饭，又不会干地里活，只有干生闷气了。

烧锅时间长了，逐渐掌握了要领。烧锅前，要清理静锅底灰，整理好风箱。后来就慢慢地尝到烧锅的好处了，尤其是冬天，在通红的灶火前非常暖和，还可以在锅底的死火里放上一两个白芋，死火差不多灭尽时，白芋也烧好了，用烧火棍扒出来，剥皮，吱吱溜溜地，味道要比水煮的香多了。

那时家里有一台收音机，大姐把收音机放在案板上，听《杨家将》或《玉娇龙》等长篇评书。我一边烧锅，一边也跟着听，那个场景想起来感觉真的好温馨。

我烧锅时还喜欢看书。记得有一次哥哥从外地拿回来一本《天龙九部》，我很好奇，只听说有《天龙八部》怎么还有"九部"呢？我边看边往锅底添柴，看到少年时代的段正淳和那几个恶人打斗的场景，十分入迷，竟然忘记了时间，等大姐从堂屋回来打开锅盖时，白芋稀饭水都烧干了，只剩下了白芋。

还有一次，我从麦地里拔些野小蒜，妈妈用玉米面掺和着贴馍吃。妈妈把馍贴上锅，就去屋后园子里拔菜去了。我用烧热了的烧火铁棍卷头发。然后把锅底填得满满的，就去堂屋照镜子，看可像烫发头。这时听妈妈远远地喊起来了："有煳味了，别再烧了。"我赶忙跑回锅屋掀开锅，只见小蒜馍已经煳了一大半。由于我的臭美，白白糟蹋了一顿美食。

现在，农村多数人已不用这种土灶锅了，那炊烟袅袅的诗情画意也随之远去了。

（程大康）

记忆深处的笨白芋

刘玲梅

在我的家乡，乡亲们管红薯叫白芋。在我童年时期相当长的一段时间里，白芋是主要的口粮。大铁锅里一煮，兑碗玉米面水焖一会儿，香糯可口，小孩子一顿也能吃下两大碗。我也喜欢吃，可是吃白芋前的那阵忙活是我很不情愿的。

其他粮食收到家，拿折子一圈，闷上防虫药，蒙上厚大的塑料布就好了，而过冬的白芋得窖藏。从村东到村西，几乎家家门口都有一个白芋窖。窖坑都在位置高的地方，木架土盖，胖身尖脊，从窖头往窖尾一点点瘦下去，矮下去，像卧着的大黄牛。孩子们喜欢在窖上滑着玩，一个冬天过去，窖身会被磨得滑溜溜的，即便没有阳光照射，也一样闪着光。

窖口不大，我比大姐瘦小得多，所以下到窖里掏白芋自然就成了我的活儿。开始我觉得新鲜，甚至认为这重任全家只有我能担，每天傍晚放学到家，喜滋滋地往窖里钻。直到有一天我在窖里抓到过一把老鼠仔，后来又抓起过一条蛇，就再也不敢下窖了。

藏鼠卧蛇的白芋窖在我眼里变成了可怕的大妖怪，每天笑眯眯地等着我自动往它嘴里送。我害怕极了，而窖口只能容下我，不下又不行。每次都是在大姐的拼命催促下，我才背对着窖子慢腾腾地伏下身子，双脚找准窖门，一点点向下滑，最后一屁股跌坐在窖底的白芋堆上。窖里黑乎乎的，湿热而沉闷。井底之蛙尚可看见圆圆的天空，而窖口的光亮却是那么暗淡。我哆哆嗦嗦地抓起白芋一个个地往窖门外扔，暗暗祈求王母娘娘保佑我，不要再让我抓到老鼠，更不要抓到蛇。直到脑袋探出窖口，被一直等候在外面的大姐用力拽上来，然后赶紧用稻草捆堵上窖门，再用干土封好，我才长长地舒了一口气。

大姐的手一到冬天就生冻疮，这摘洗白芋自然也是我的活儿。寒冬腊月，菜刀冰一样扎手。我坐在窖前削白芋，想着大姐拢着两手不知跑哪玩去了，越想越生气，于是拿白芋撒气，削好了就往淘牛草的铁拷篮里使劲摔，摔得拷篮东摇西晃。等白芋削好摔完了，挎篮不再晃了，我的气也消了。然后吃力地挎起篮子去路南的沟里淘洗，再挎回家用井水冲一遍，码到盆里，盖好，以备第二天清晨母亲烧煮。

有时候大姐故意气我，明明看我在生着气干活，反而哼着唱着在旁边晃悠。有一次竟公然挑衅，说我把白芋冻坏的地方削掉得太多了，恨得我咬牙切齿，和她大吵起来。闻声赶来的母亲不问青红皂白把我训了一顿，我憋屈得连晚饭也没吃，就气鼓鼓地睡下了。次日清早，母亲拉风箱的"呱嗒呱嗒"声惊醒了我的美梦，白芋的香甜味直往我鼻孔钻。我赶紧起床洗脸，前一天的不快早被抛到爪哇国去了。

村里的早饭时间最热闹，没几家是围坐在案桌前好好吃的，男女老少，大都端着碗、捧着饼，往太阳下的墙根凑，一溜整齐的土房前，坐着的、蹲着的、站着的，吃着唠着，欢声笑语。大碗里的白芋升腾着热气，冬日朝霞，映红了那一张张亲切朴实的面庞……

我们家每天烀一大锅白芋，人只吃一少半，剩下的大半都留给了圈里的两头猪。趁热把白芋捣碎，加进麦麸和浮萍草，就是猪的美食。每天我把猪食倒进猪槽，总要趴在猪圈上看着它们欢快地吞食。

多年后的某一天，在外务工的我返回家乡，吃到的白芋却变了味道，极甜极软。母亲说，早就不栽过去的笨白芋了，现在栽种的都是改良品种，比笨白芋好吃。

笨白芋？想着我从窖子里一个个往外掏、一个个往挎篮里摔，它们始终呆头呆脑不声不响，果真是一副呆笨的样子。门前大大的白芋堆曾让我自豪过、踏实过。那晒在场上路边麦地里的白芋干曾让我惊叹过、欣喜过。我知道，乡亲们和我一样，对那些曾经填饱过肚子的白芋是心存感恩的。我想，今天之所以叫它为笨白芋，并不是因为它被现在的新品种所取代，而是人们在心里对它有着深深的怀念与不舍。只是时光远去，那些落寞的牛槽、空荡荡的猪圈、被遗弃的石磙，连同早已不见踪迹的白芋窖，都一起沉淀于记忆的深处了。

带着小儿回乡下小住，邻家的洪奶奶送来一篮子笨白芋，说是让我尝尝家乡的老味道。看着面前大大小小的几十个笨白芋，我不由得心生感慨。端个小矮凳往院门口一坐，我认真地拾掇起来。磕土剜疤，削头去尾，在水盆里一一搓洗干净，然后站到土灶前，随着菜刀清脆的"咔咔"声，一截截白芋沉闷地落在大铁锅里。我安静地往灶膛里填着柴草，不一会儿，一股久违了的白芋香味飘进鼻孔，继而满屋弥漫，甜甜的，暖暖的。

煎 饼

陈长柱

煎饼，是当年我们皖北农村的主要食品。

20 世纪六七十年代，我们皖北农村人多吃煎饼。至于白面的馒头，只有城里人才能吃上。煎饼是和好面放鏊子上扒的，口感脆酥喷香。

煎饼的妙处是可以即拿即食，农忙时候，只需烧一锅稀饭或煮一锅菜汤，煎饼无须加热，就可以卷着老咸菜拿着吃了。

当年细粮紧张，老百姓就在粗粮的吃法上下功夫。主妇们在仅有的物质条件下，巧用匠心，变着花样，尽其所能做出味美的食品。其中煎饼就是主妇们的杰作。

冬季，煎饼能存放时间长，家家都要扒好多煎饼，用笆斗、簸箕盛放。每做一次都能吃上几天甚至十几天。

扒煎饼的鏊子不是家家都有，只有少数条件好的家庭有。借人家的鏊子用，送还时多会送几张煎饼，表示谢意。

扒煎饼要有专门烧鏊子和扒煎饼两个人合作才行。所以扒煎饼有时是几家一起合伙。主妇们先和好面，再扯上一粪箕子柴火，然后端着面盆，背上柴火，两三家相约一起，去那有鏊子的人家扒煎饼。

扒煎饼，鏊子烧热了，要先在鏊子上擦一遍油，当年多是用棉油，也有用猪肥肉的，这是为了煎饼容易揭起，不沾鏊子。接着用面团在鏊子上滚动，待均匀地滚满了鏊子，就把面团拿走。扒煎饼的人手边都准备了一个小铲子，看着煎饼的四周已起边，就迅速地把煎饼铲起来，双手麻利地将煎饼折叠起来，放入笆斗中。煎饼金黄透亮，散发着浓浓的香味，诱人馋涎欲滴。

当年虽然穷，粮食短缺，但扒煎饼的时候，主妇们可都是很大方地让着大家品尝。扒好的煎饼，人们可以随便吃。大家一边吃着热煎饼，一边有说有笑地拉着家常，甚是热闹温馨。

一晃几十年过去了，当年扒煎饼的热闹场景还是历历在目。

漏　粉

陈长柱

我们小时候，过年的气氛很浓，一进入腊月，就有了年的味道。每家除了要置办鸡鱼肉蛋之类的年货外，还要漏粉条、磨豆腐、炸丸子、熬白芋糖、搦花猴，这些土特产是过年必不可少的。

漏粉，第一要先把糊打好。这打糊可不简单，全凭打糊人的眼力和手感。时间短了漏出的粉，不成条，粉条上还净是"大拇牛"。时间长了，过劲了，就会断条。

漏粉的设备需要一口大锅，一个大盆，一口盛满凉水的缸，还有一把漏勺。漏粉需要几个体力好的男劳力和五六个洗粉、拿粉的主妇。

打糊前，先把粉面弄碎，放在大盆里。锅里添上水、锅下点火，师傅从粉面盆里取出适量的粉面放在锅里，不停地搅拌。随着温度的升高，白色的粉面水就变成了稀糊状。师傅用舀子把这稀糊糊舀到盛粉面的大盆里。这时，等在盆边"搋糊"的几个壮小伙子就开始"搋糊"了。

等糊搋得差不多了，师傅会从大盆里，抓起一团打好的糊，悬在盆上，让它慢慢往下漏，待感觉软硬适中了，师傅会说："管了。"这时，大家各就各位，准备开始漏粉。

锅底的火要烧到水翻滚，拿糊团供漏勺的要供得上，倒（转移）粉的要保证锅里不剩，端盆送粉条的要把刚出锅的粉条及时送到早已等在门口的几个洗粉、拿粉的主妇盆中。

大人们的忙碌，丝毫没有影响我们孩子的玩耍。我们凑在一边帮着往锅底添柴火，就便在锅门口烤火，身子暖暖的，看着这漏粉的热闹，看着大人们像是变戏法似的，一会把白色的粉面变成了细长透明又筋道的粉条，我们会夸张地惊讶又快乐地发出一阵阵尖叫声。

漏粉过程要求高度协调，每一个环节都不可以出错、怠慢或停顿，一步不到，会影响全盘操作。

那时候都是好多家凑在一起漏粉条，大家只需带上粉面和柴禾就行了，几个家庭凑一起，除了师傅就不需要再请旁人帮忙了。

粉条经过水洗，拿把的把它放在早已准备好的一米来长的木棍上，把放着粉条的木棍摆在一个两根平行的长木棒组成的架子上。这样，整个漏粉流程才算完成。

漏粉到最后一家，往往已到半夜三更了。我们吃了不少热热的粉条，肚子早已饱饱的。

等到全部漏好，照例是要做饭，招待劳苦功高的师傅。这时候，我们这些小伙伴们，早已随着妈妈回家钻了被窝。

现在每每想起那漏粉的热闹，眼前就会再现那热气腾腾的场面，心里不由得升起暖暖的回忆。

搦"花猴子"

陈长柱

我小时候，"花猴子"是孩子们的最爱，是不可或缺的年货。过年了，家家都要做。

那时候没有人出去打工，整个正月，人人都闲着，所以拜年、溜门子就成了首选活动。家里一拨一拨的来客，总要拿出些零食给大家尝尝。糖是自己家熬的，玉米价格又便宜，所以家家做得起。"花猴子"是招待来客的主要糖食。

"花猴子"主要是用玉米花搦成，也有用米花做的。那时候米是细粮，很贵，大多家庭即便做，也做得很少。

当年搦"花猴子"，先将白芋糖放锅里加水熬成糖稀，将炸好的玉米花倒入锅中，用勺子炒翻，让糖稀与玉米花充分粘匀，就可以趁热搦"花猴子"了。

做年货时是不让小孩子乱说的，怕会说出不吉利的话。母亲曾讲了这么一个故事，从前过年时，有一家搦"花猴子"，媳妇婆婆齐上阵，可老是也搦不完。婆婆最早发现，给几个媳妇使眼色，打手势，告诉大家不要讲话，只管搦。眼看着"花猴子"装满了缸，装满了囤。婆婆想，这下可好了，有"仓龙"相助，我家今年不会缺吃的了。正高兴间，门被推开。邻居来串门，看她家还在搦"花猴子"，就说了句："你们家还没有搦完啊？"声音刚落，笆斗里面的玉米花子一下子现了底。所以那时候蒸年馍、炸小果、搦"花猴子"时，我们是不敢多言的，更别说大声说话了。

现在大家已不去费事去搦"花猴子"。过年了就去街上店里买，那味道真不比咱自己做的差呢。

萝卜干

陈长柱

暑假快结束了，升学宴最近每天都有。看着一桌子大鱼大肉，一点食欲也没有，我突然有点想吃母亲腌制的萝卜干了。

小时候家里穷，腌制的萝卜干是一年四季饭桌上常吃的菜。母亲做的萝卜干不但吃起来香脆，还特别筋道。腌制萝卜干是件非常麻烦的事，有好几道工序。

每年深秋，霜降过后，萝卜收回家，母亲就用菜刀把萝卜缨削掉，放在一边，留着腌制干菜，萝卜单放一边，留着做萝卜干。腌制萝卜干要挑选脆嫩、汁液充足的萝卜，随拔随腌最好。腌制萝卜干，要选秋高气爽有利晾晒的天气，以防萝卜干发霉腐烂。我们家人口多，每年都要腌制一大缸，早早地就买好几斤粗盐备用。听大人们说无论腌制什么菜，都是一斤盐，十斤菜，这样腌出来的咸菜不会太淡，也不会太咸。

腌制萝卜干，要先把萝卜洗净，切成长三角形，大的切四瓣或五瓣，小的切两瓣或三瓣，不能切得太细、太薄，否则做出来的萝卜干就会韧，不脆口。切好一满盆就倒进缸里，放一层盐，等一大缸快满了，最上面多放点盐，拿两块洗干净的石头压在上面，再将凉开水倒进缸里，直到淹没萝卜条为止。过几天，等萝卜条变颜色了，捞出来放在帘子上晾晒，待萝卜条水分晒掉八成左右后，放回大缸里，泡两至三天，再取出来晒。这样反复几次，一直到把缸里的盐水浸完，再晒干，放在塑料袋子里，用绳子扎紧。这样的萝卜干既香脆，又能长时间保存，什么时候吃，什么时候取出来一点，用清水泡泡，再把花椒、芝麻、辣椒面、茴香等佐料放进去，装进坛子里封好，过几天就可以吃到美味可口的萝卜干了。

现在生活好了，偶尔回家，喝着粥，"嘎吱嘎吱"地嚼着筋脆爽口的萝卜干，感受到的依然是浓浓的母爱。

玩杏核儿

张曙光

记忆里，有多种游戏让我们的童年充满乐趣，玩杏核儿就是其中之一。

记忆中的杏子没有现在这么大，吃完了杏，把那杏核儿的两面分别用墨水涂上红色和黑色，晒干了，就可以找小朋友玩游戏了。通常两个以上的小朋友就可以开玩。游戏规则是：准备好一副四枚的杏核儿，每个参加的小朋友都要准备若干没有涂色的杏核儿，作为赌注。然后用剪刀石头布争夺首发权。赢的先拿起那四枚杏核儿撒开，以红色朝上多者为胜，输者必须给胜者相应的杏核儿。若是碰见运气好的，撒出来四个红色向上的杏核儿，那就是俗语说的"满堂红"，要通吃一圈，赢每人四个杏核儿。这样的游戏，参加人数五六个的话，玩得最尽兴，往往在游戏开始时，石头剪刀布的过程就异常激烈，因为谁先撒出"满堂红"，谁就是大赢家咯。

杏核儿的第二种玩法就是隔山打牛。啥叫隔山打牛呢？游戏规则是以石头剪刀布方式产生优先权，输者把杏核儿放在一个一小块石头后面，胜者把杏核儿放在小石头前面，然后趴在地上，瞄准对方的杏核儿，用拇指、食指或者中指用力弹自己的杏核儿，杏核儿被弹起来跃过小石头，若是砸到对方杏核儿就赢了，把对方的杏核儿收入囊中，成为自己的战利品。胜者还可以连坐去弹，多赢多得。玩这个，主要靠自己的瞄准度和手劲。那时候玩这款游戏，我几乎每次都是输。

杏核儿还有一种玩法，就是滴杏核儿。玩法很简单，规则还是以石头剪刀布模式决定首发权。输者把杏核儿放在一块平板石头上，依次摆好。胜者直立起来，瞄准石板上的杏核儿，将手中杏核儿垂落下去，被砸中的就是战利品。这类游戏，我几乎都是赢家。那时候，小伙伴们都夸咱曙光眼力好，杠杠的！

而今，杏核儿和核桃儿、开心果一样，成了人们喜爱的坚果美食，而我每次看到它们时，就会情不自禁地回忆起我的童年。

捋榆钱子

游　泳

上小学二年级时，学校离家二三里路。一天中午放学回家，一个伙伴说，咱们捋榆钱子去吧，"嗷"地一声，大家都向土地庙跑去。

说是土地庙，其实没有房子，只有两个石头人傻乎乎地坐在路边，周边有几块散放的石头。时值春天，周围的柳树变绿了，洋槐发芽了，榆树好像又长高了。

我们天天路过这里，要在路边提茅叶儿吃，现在，茅叶儿老了，高挑着白色的钟穗，摇摇晃晃地晒太阳，已经不能吃了。但是榆钱正嫩，是捋着吃的好时机。

来到树下，本家一个上四年级的小叔，放下书包，脱掉鞋子，往手心里吐一口唾沫，"嚕"地就往树上爬，两个小伙伴托着他双脚，三下两下，就爬到半腰。大家围在四周，仰着脸往上看。他爬得渐渐慢了，但仍一缩一伸地努力向上。风吹得很暖和，太阳有点照眼，没有人出声，心扑通扑通地跳。那榆树比槐树柳树高一头，爬呀爬，终于爬上去了。他骑在树杈上歇一歇，接着一枝一枝的榆钱往下飘落。树下立刻欢腾起来，大家捡起榆钱就往嘴里塞，我上来就撸了一把塞进嘴里，没品着味就吃去三枝了。那拃把长的枝条，前头长出一片红色的叶子，薄得透亮，紧跟着是一堆榆钱，侧着身子，挤在一起，每个榆钱都长得一样，边上都有一个缺，肚子里都有一点鼓，浑身绿油油的，散发着诱人的清香，放在嘴里嚼，软软的，甜甜的，有茅叶的味道，黏黏的，有吃毛芋的感觉，也有点香，像吃一粒嫩花生米。吃过瘾了，大家就捡起来放在书包上，一会儿就堆起一小堆。小叔从树上溜下来，便开始分这堆榆钱，每人分到一些，然后背起书包回家。

娘告诫我说，爬树不好，危险，你不要学。榆钱可是个好东西，青黄不接时，它是穷人的饭。过贱年，吃了榆钱吃树叶，吃了树叶吃树皮，榆树能救人的命。娘还唱了一首歌："二月闲，采榆钱，采了榆钱度荒年，吃了榆钱有余钱，吃不到榆钱完了完。"

第二天午饭，我吃了蒸榆钱饭，榆钱与豆饼一起蒸，香甜可口，榆钱是娘与四奶奶一块到村外采摘的。

我上中学时，我家新拔宅子盖屋，太爷爷轮到我家吃饭，端起酒盅，他就说，在宅子上栽一棵榆树，一棵枣树，成材后用来盖屋，枣脊榆梁，也就是早积余粮嘛。咱这地方，沙薄地，得准备过苦日子。不过，只要有榆树果树，吃花吃叶，吃果吃皮，就不会饿毁人。

太爷爷还讲了一个故事。说刘秀坐稳了天下之后，要吃榆钱饭，做了几次都不合口味，因而连杀了几个御厨。当年，王莽赶刘秀，赶到禅堂湖边，刘秀又累又饿，眼见就要昏倒了，湖边一个老婆婆给他一碗榆钱饭吃，他恢复了体力，才逃脱了王莽的追击。得了天下之后，他吃腻了山珍海味，想吃当年的榆钱饭了。一个官员知道缘由，便自告奋勇，给刘秀做榆钱饭。他开的菜单中一味佐料是王莽的枪，刘秀看了大悟，重赏了这个官员，下旨榆钱作为贡品，年年进贡。朝廷都吃榆钱，可见是个好东西。

第二年，我在宅子上栽了一棵榆树，就是太小了，只有筷子那么粗，春天也发芽长叶了，但以后却不见了，想是被山羊啃了吧，有点遗憾。若是榆树能长到现在，一抱粗，两丈高，春天上面挂满了榆钱，我们可就不缺吃的了。

忘不掉的那些老物件

王　光

随着人们生活水平的提高，我们小时候常用的一些老物件已近绝迹。可那时候我们就是靠着这些老物件，艰难地生活着。

第一件是蓑衣。那时买不起雨伞，下雨天就光着头挨淋，要么就不敢出家门。只要有活儿，也得冒雨去干。家里的衣服少，一旦淋湿，就无法换洗。若想晾晒，就得光着身子，不然就得穿在身上慢慢焐干，这样极容易着凉感冒。为此，勤劳智慧的农民们就用高粱的叶子，一层一层地编织成大披风，胸前扎着短细绳作系带，穿时就系上，这样一般的雨都不会淋湿衣服了。蓑衣的制作，取材方便，编织简易，经济实惠。打些高粱叶，捋顺、晒干，只需两个中午的时间，就能做成。穿起来既遮雨又挡风，尤其是秋冬季节，胜过一件棉衣，很受农人青睐。

第二件是木屐子。这东西是一种男女老少克服秋冬寒冷、雨天泥泞的鞋具。一到雨天，孩子们夏天尚可光着脚丫蹚水踩泥，一到秋冬，天寒地冻，光脚是万万不行的。于是人们就想办法用一木板仿鞋底形状，按脚的大小，做成鞋底。在木鞋底下钉上前后两块二寸高的方木，板的前后两侧钻眼系上细绳，脚上穿着毛翁或棉鞋，把木屐子绑在下面，水里泥里，照样行走，不会湿鞋，尤其是冬季，既可踩烂泥，又可焐脚。

第三件是鞋跋子。这是人们晴天的鞋具。仍用一木板，仿鞋底样制就。将板面刨光滑，在脚前三寸左右处钉一宽带，光脚跋着它，走起路来，"呱嗒呱嗒"地拍打着脚底和地面，春夏秋三季皆宜。一双木跋能穿几年。这东西制作简便，无须技术，穿来舒适，不出脚汗，尤其是闲暇时，穿上它，串串门，打打牌，聊聊天，悠然自得，实在惬意极了。它既可作鞋子穿，又可随地垫在臀下就坐，很是实用。每年还可省掉一两双鞋袜，价廉物美，对男性朋友来说，的确是不可多得的良好鞋具。人们嬉戏地称之为"走一百步，打二百板子"。可人们即使挨板子，也乐意。

当年那些伴随我们成长的诸多老物件，已逐步被淘汰。但曾经它带给人们的方便和温暖，给我们留下了难忘的记忆。

谨以此书献给中国共产党成立 100 周年

政协安徽省灵璧县委员会　编

薛新华　主编

靈璧記憶

风情卷

（下册）

中国文史出版社

目　录

乡珍篇

| 自然遗物

| 人文遗物

乡俗篇

| 人生仪俗

诞　生

耿瑞英

诞生仪俗在人生中占有重要地位，主要包括祈子、洗三朝、百日、抓周等风俗。

祈　子

生育维系着人类自身的繁衍，历来受到人们的普遍关注。中国传统文化中有"不孝有三，无后为大"的观念。不能生儿育女、传宗接代被视为最大的不孝，所以男女双方结婚后为了早生贵子，流传许多祈子习俗，尤其结婚后没能及时生育，夫妻更是着急，往往采取各种方式，以求得子嗣。在灵璧祈子的方式很多，通常有拴娃娃、拜钟馗、拜观音、压床等习俗。

"拴娃娃"是一种古老的祈子习俗。旧时妇女婚后多年不孕，求子心切，就往庙里求拜，俗称"拴娃娃"。高楼镇潼郡过去有奶奶庙，庙里有娃娃山，亦称子孙堂。娃娃山中间是送子娘娘像，娘娘像的身边围着许多童男童女，天真可爱。每逢庙会，无子之家就会有人来拴娃娃。求愿时，香客用红布做成小圈圈，去套童男童女泥塑。如果红布圈套上女童，家里将生女娃，套上童男，家里将添男娃。有的人家为了生男孩，还特意取些男童泥塑鸡鸡的土，回家后用水冲泡给女人喝。

拜钟馗

钟馗是迎祥纳福、驱鬼辟邪的神祇，后来被老百姓视为万应之神，祈福得福，要财得财，求子得子，有求必应。灵璧钟馗画称为"判子"，谐音就是"盼子"，其中有一类题材就是钟馗送子图，因此灵璧有的人也拜钟馗求子求孙。

拜观音

观音是佛教中的神，由于有送子功能，随佛教进入中国后影响很大，被称为"送子娘娘"，深受中国妇女喜爱。有人想要孩子，就会到庙里祭拜观音，有的信徒认为，妇女只要摸摸这尊塑像，或是口中诵念和心中默念观音，即可得子。

压　床

灵璧民间，结婚前一天，男家要请儿女双全的老奶奶为新人缝被子，期望新人们睡上这样的被子，可以像老奶奶一样寿福绵长，多子多孙。有的地方被子缝好后，还要请"全福"老奶奶铺在新床上。婚礼的头天晚上，还要抱一个小男孩来压床，或者请自己的亲弟弟，或者是叔伯弟弟和表弟在新床上睡一晚，压压床，寓意生男孩。为了早生贵子，还将花生、枣子、栗子、粽子、石榴装入婚被，取其生子、早（生）子、立子、种子、多子之意。

新中国成立后，有些祈子习俗已逐渐消失。

洗三朝

新生儿出生的第三天举行洗礼，即洗三朝，又称"洗三"。洗三之日，人们多以艾叶和草药煎汤给婴儿洗澡，洗澡盆里还放进一些具有象征意义的东西如葱和铜钱，祈求婴儿将来聪明富贵。洗三朝不仅可去除污秽，加速血液循环，促进生长发育，从中也寄托着大人们希望婴儿无病无灾、健康成长和富贵吉祥的意愿。

报　喜

婴儿出生3天（也有的是7天），孩子的父亲到孩子外婆家报喜。生男孩则带拴着红绳的书或笔，红糖2斤，单数鸡蛋若干个；生女孩则带一朵花，红糖2斤，双数鸡蛋若干个。外婆家见到礼物就知道生男生女了。

送喜面

婴儿出生12天，外婆家要备上母鸡、面粉、红糖、馓子、鸡蛋、婴儿衣物、玩具、童车等送去，称送喜面。主人家放炮迎接娘家人到来，然后，用红糖泡馓子，每人一碗，再设宴待客。宴席后主人家回赠染红皮的熟鸡蛋，一般每人6—8个，另有糖果等。

满　月

产妇分娩后身体虚弱，一般要休息一个月才能逐渐恢复，俗称"坐月子"。未满一个月，产妇忌入他人家门，一旦误入，会被认为是"血气扑门，不穷就死人"。为除恶免灾，必须为人家放炮挂红，在人家的锅里添满粮食，俗称"添锅"。婴儿满月时，要设宴招待亲戚朋友，称为"满月酒"。满月时要为孩子剃胎发，不全剃光，额顶要留一块"聪明发"，脑后蓄一绺"撑根发"。剃下的胎毛不能随意扔抛，有的用红纸包好后放在大门顶上，意谓步步高升；有的则搓成球形，用彩线串好，挂在床头辟邪，或揉成小团，收藏在墙缝中；还有的用来制作胎毛笔。剃头后，母亲为孩子穿戴一新，抱着接受祝贺并向亲友致谢。

婴儿满月后，外婆家人要带一块二尺见方的红布，裹着桃枝，将女儿和婴儿接回，住上十天半月，俗称"挪挪窝"。去时，婴儿脸上要抹点黑灰，回时脸上要搽点白粉，俗称"黑脸去，白脸来，婴儿越养越富态"。近十多年来，产妇及婴儿仅在满月时回娘家过一天，"挪窝"名称不变。

百　日

婴儿满百天时，全家开喜宴、敬祖宗，向婴儿父母道喜，为婴儿戴"长命锁"，拍"百日照"。

抓　周

婴儿满一周岁时，古称"周晬"，是孩子的第一个生日，不仅要进行庆贺，而且要举行"抓周"仪式。抓周，又称抓生、试周，是一种古老的民间习俗。行抓周礼时，桌上摆书、笔、算盘、尺子、钱币、糕点、玩具、脂粉等物，要小孩任意去抓，依其所抓物品来预卜其一生志向。若先抓书、笔，预示着孩子日后读书做官；若抓算盘、钱币，预示着孩子今后从商赚钱；若抓糕点、玩具、脂粉等物，则预示孩子长大后游手好闲。近几年来，为小孩买生日蛋糕、点生日蜡烛的渐多。抓周礼仪，核心是对生命延续、人生顺利和事业兴旺的祝愿，体现了父母的舐犊情深。

灸囟门子

晏金福

"爷爷，你脑门上怎么这么大个疤呀？"我正在梳头，突然听到小孙子一声尖叫。"不知道吧，这叫灸疤，我们那时人人都有的。只不过爷爷的大点罢了。"我笑着告诉他。"啊？为什么会这样？"一旁的孙女也来了兴趣。"想知道吗，听爷爷给你们细细道来。"

孙子、孙女正襟危坐，圆睁双眼，聚精会神地听，我一下子回到了70年前，慢慢地说："爷爷出生在新中国成立前，那时候我们中国非常落后，医疗条件极差。小孩生下来往往不到七天就死了，那叫脐风。脐风是医学的说法，医生知道，这是因为接生时剪脐带的工具消毒不好，感染破伤风引起的。老百姓不懂，因为小孩大多在七天左右死亡，所以叫'七疯'。那时候要说某人坏，就说：'你这家伙，二十一天跑三家，是个讨债鬼。'俺庄有一个你们喊奶奶的，一辈子生了 11 个孩子，结果，只活了一个闺女。"说到这里，我不由得有些凄楚。

"爷爷，你还没有说到疤呀。"见我停顿下来，孙子、孙女几乎同时问道。"不要急，听爷爷慢慢讲。"我说，"因为小孩太容易生脐风了，老百姓都非常恐惧。由于知识贫乏，找不到生脐风的根本原因，于是就病急乱投医。刚生下来的小孩，囟门子，就是你们说的脑门子，不是没有长实吗，他们就认为病邪是从那儿侵入的。于是，小孩一生下来，就要用酒火烧一下囟门子，妄图阻止病邪的入侵，叫灸囟门子。所以，那时每个人脑门上都有一个豆粒大小的疤，叫灸疤。"

"那爷爷你的灸疤为什么这么大？"孙女又问。"唉，还不是因为穷吗？"我叹了口气，说，"那时候人家灸囟门子时，为了避免烧伤，都会在孩子的囟门子上放一枚铜钱，酒火只烧铜钱眼的地方，所以只留下很小的疤，可那也是很疼的。你爷爷生下来时，要灸囟门子时，家里翻箱倒柜也找不到一枚铜钱。接生婆说'小心点，没铜钱也没事的。'家里人信了，没放铜钱就灸了起来。尽管小心翼翼，可因为爷爷生下来头发好，所以酒火一挨近囟门，头发'刺啦'一下就着了起来。你爷爷可惨了，几个人手忙脚乱，连扑带救，等火灭了，你爷爷脑门上的头发全烧光了。当时，连头皮都烧掉了，烂了几个月才好，也就再也长不出头发来了。"

"爷爷真惨啊！"孙子、孙女异口同声地说。"是啊，看你们多幸福，再也不用受灸囟门子的罪了。"我从内心里感慨。

揭疙疤

尤传化

我们这里四十岁以上的人，胳膊上都有一块或几块一分硬币大小的圆形或井字形疤痕，这是小时候种天花疫苗留下的印记，我们习惯称之为"种花"。

过去，儿童接种预防"天花"的疫苗即"种花"，在医学发达的今天，可能是最简单、最普通不过的事了，可是在以前却是社会和家庭的大事。

天花曾经是一种可怕的疾病，传染性极强。感染天花后初期会有烧、疲累、头疼、心跳加速及背痛等症状。几天后，脸部、手臂和腿部会出现典型的天花红疹。发疹初期，伴随疹子还会呈现淡红色的块状。病灶逐渐化脓，半个月后开始结痂。接下来结痂就会慢慢发展成疥癣，然后慢慢剥落。天花由天花病毒引起的，患者即使痊愈脸上也会留有麻子，"天花"由此得名。过去人们一旦被传染，非死即残，一般只能听天由命。

相传清代康熙皇帝小时候就曾染上天花，那个时候很多染病的宫女都被带到宫外活活烧死，真是残忍至极。天花让堂堂的天子都如此害怕，民间百姓的恐惧就可想而知了。所以天花疫苗发明以后，乡间百姓千方百计给孩子"种花"，确保孩子健健康康。

种花以后，为了确保小孩的伤口不被邪气感染，大人们拿来宽约一拃、长约一尺的两块红布，在其底下坠上两枚制钱，分别系在竹棍上，插在大门两边的房檐来辟邪，有点类似清明节插柳。一是驱鬼辟邪；二是示意生人或者串门者就此止步避免传染，放制钱有制止前行的寓意；三也有告示街坊邻居家里平安无事。

小孩种植天花后，胳膊上伤口就会发起来，几天后就会慢慢地结痂脱痂，这样小孩以后平平安安再也不会染上这可怕的天花病了。所以结疤是件值得庆贺的喜事，我们这里俗称"揭疙疤"。这天亲戚朋友都要前来祝贺，一般都要送些糕点、红糖之类的，但孩子姥姥家一定要送来一笆斗馒头，有一百个，上面都点着红点，寓意孩子长命百岁，上面还要盖上一块花布以示喜庆。孩子家长要备足酒菜招待大家。酒足饭饱后主人是不能把客人来的礼品全部收下的，全部收下会被人讥笑为"牵老牛"，一定要视客人来的礼物多少回给客人一部分，有的地方也会送给客人几个红鸡蛋作为回赠。

随着医疗科技的发展，"天花"已经宣告绝迹，"揭疙疤"这种习俗也已渐行渐远，与之相关的风俗也就停留在我们的记忆中了。

剃毛头

尤传化

在灵璧，人们经常能看到后脑勺上有一撮长长毛发或留有一条细长辫子的孩童，那毛发或辫子常被称为"丫尾巴"或"毛头"，有的地方甚至戏称为"讹人毛"。叫法不一，可它蕴含的民俗内容却很丰富。留毛头的习俗由来很久，在皖北及豫东等地较为常见。

过去，老来得子或者几代单传的"独苗"等比较娇贵的男孩才留毛头。他们在剃胎毛时就在后脑勺上留一撮胎发，也有同时把额头上的刘海留着的。这些孩子留着的胎毛长长了，就梳成小辫子。旧时医疗条件差，孩子成活率低，民间传说只有留毛头才可以"拴"住孩子，避免夭折。

留毛头的孩子一般长到六岁、九岁或者十二岁，就可以将毛头剃掉了。为什么要在这三个年龄段剃毛头呢？民间认为，过了六、九、十二岁的孩子就度过了殒命的危险期。六和九都是吉利数字，"六六大顺"，"九九十成"，寓意今后的岁月顺顺当当、长长久久。

剃毛头的时间一般都选在农历二月二，因为二月二是"龙抬头"的好日子。现在，人们大多选在孩子生日或春节前举办了，因为春节时亲朋好友都在家，办事人多热闹，也不耽误节后出门打工或做生意。但绝对不能放在正月里剃毛头，民间传言，正月里剃头死舅舅，大不吉利。

农村剃毛头可不是件小事，有着约定俗成的程序和规矩，有时甚至和婚丧嫁娶一样隆重，要雇喇叭、请厨师、办酒席、放鞭炮。有的人家还在大门两旁贴上红对联，上书"剃毛头举家同庆，剪稚发亲邻共贺"。

剃毛头这天，孩子的七大姑八大姨以及街坊邻居都来贺喜，锣鼓喧天，唢呐声声，鞭炮齐鸣，烟花绽放，热闹非凡。

剃毛头的场所一般选在自家堂屋。主剪毛头的多是孩子的舅舅，俗话说，大舅猪，二舅羊，三舅做张新大床。言下之意，剃毛头，姥娘舅舅家要花大钱的。剃毛头时，孩子舅舅先将一块红布围在孩子脖子上，然后梳理好"丫尾巴"，再用红头绳把毛发分扎成一个个小辫子，有几个舅舅就扎成几个辫子，舅舅们依次剪小辫，剪时都要说一句吉利话，例如"剃毛头，喜洋洋，一生金玉都满堂""剃毛头，喜洋洋，一生命久富贵长""剃毛头，喜洋洋，长大能中状元郎"等。舅舅们要把剪下来的"尾巴"用红布包裹好，交给孩子的父母，由他们把胎发珍藏起来。再请专业剃头匠把孩子的头发修饰好。孩子的父母要给舅舅和剃头匠喜钱，剃毛头的喜钱要比平时剃头钱高出好几倍。接下来孩子要依次给爷爷、奶奶等本家和亲戚磕头叩谢。孩子每磕一个头，这些人都要给孩子数字不等的礼钱，俗称"磕头礼"。

随着社会进步、岁月更替，好多民俗已经渐渐消失，但我们这里留毛头、剃毛头的习俗却一直沿袭至今，形式和礼仪也基本没有什么变化。

裹 脚

尤传化

我们这里过去常常能看到这样的老太太，头顶蓝条毛巾或黑色纱包，上穿大襟褂子，下穿大腰裤子，腿扎或蓝或黑或绿的丝带，脚蹬尖尖的小鞋，走起路来，咯咯噔噔、扭扭捏捏、摇摇摆摆。古时候小脚被称为三寸金莲，我们当地则习惯称为"小脚扭"。

裹脚也称缠足，是我国古代歧视和束缚妇女的一种陋习，具体源于何时，说法不一，史料记载，大概起源于五代时期的后宫嫔妃争宠。元末史学家陶宗仪《南村辍耕录》卷十《缠足》引《道山新闻》一文说：南唐"李后主宫嫔窅娘，纤丽善舞。后主作金莲，高六尺，饰以宝物细带缨络，莲中作品色瑞莲，令窅娘以帛绕脚，令纤小，屈上作新月形，素舞云中，回旋有凌云之态。又有唐镐诗曰：'莲中花更好，云黑月常新'，因窅娘作也。由是人皆效之，以纤弓为妙。以此知扎脚自五代以来方为之"。由此可见裹脚可能起于五代。到了元代，裹脚继续向纤小的方向发展，明清时期，裹脚之风蔓延至社会各阶层女子，不论贫富贵贱，都纷纷效仿，裹脚之风达于兴盛，于是便出现"三寸金莲"之说。其实裹脚还有一种变态功能，就是取悦男人。女子的足小不盈握，惹人怜爱。由于足小，走起路来娉娉婷婷、扭扭捏捏，男子浮想联翩，可以"昼间欣赏，夜间把玩"。就像现代女性为了外表美和取悦男性不惜重金整容美体，诸如割双眼皮、隆胸、隆鼻、抽脂……当然古今还是有很大区别的。古代裹脚作为一种陋习，女性只能被动承受，而现代整容美体是女性追求美的一种主动行为。

裹脚的具体做法是，用一条长长的布带，将妇女的足紧紧缚住，从而使肌骨变态、脚形屈曲。绝大多数妇女四五岁便开始裹脚，直到骨骼定型，方能将布带解开，也有终身缠裹，直到老死之日。

我祖母就是典型的小脚。她出生于1915年，家庭比较优裕，据说在当时也是个中产阶级家庭，她父亲是清朝秀才，曾做过地方九品小官，比较开明，不主张妇女裹脚，可在当时，以大足为耻之风盛行，社会舆论压力甚大，祖母最终还是在其母亲的哄骗下，7岁那年开始裹脚，中途几次因痛疼难忍而想作罢，都被她母亲和邻居以大脚找不到婆家的劝慰而继续。她母亲每天都要用一块长布把她稚嫩的脚一道道紧紧地缠住，使大脚趾外的四个脚趾向脚底弯。布越裹越紧，个个骨折筋挛，皮肉溃烂，脓血淋漓，真是"小脚一双，眼泪一缸"，直到把脚挤成尖角形。从开始裹脚近一年时间里，她都无法下地行走。后来疼痛感麻木了，渐渐可以下地，经历了这般"脱胎换骨"，从此这双小脚伴随她走过人生的风风雨雨。

千百年来裹脚一直桎梏着中国妇女的精神和肉体。辛亥革命虽然号召废绝裹脚，但由于当时民间封建思想依然严重，收效甚微。直到新中国成立后，人民政府才彻底扫除了这一陋习，铲除了裹足这一戕害妇女的酷刑，使广大妇女得到翻身解放。

如今，小脚女人已是历史变迁的一个佐证，也是封建社会的一个遗留记忆。我们这里的民间曲艺至今仍有对"三寸金莲"的描述，如灵璧民间撒帐歌唱道："新娘下轿来，鼓乐两边排，众人来喝彩，新人把头抬，扭扭捏捏走出来，三寸金莲落宝地，明年麒麟送子来……越看越看越好看，裙底露出小金莲，金莲不长也不短，三寸二厘五毫三，走路好像风摆柳，杨柳小腰几合闪……"

双刀菜

陈长柱

禅堂湖一带，在姑娘出嫁前，女方家庭要收男方几台礼，最后一台礼叫四季礼，也叫四水礼。这台礼中有一块猪肉，叫"双刀菜"。

姑娘大了总是要嫁人的，当娘的养个闺女不容易，这块双刀菜，就是为了答谢娘家的养育之恩。

双刀菜又叫"离娘菜"，是将一整块猪肉从一头中间划一刀，意思是两家联姻，从此亲如一家。

双刀菜有一个传说，从前的四季礼里都有两块猪肉，寓意好事成双。有一家女儿出嫁，男方家贫，只送了一小块猪肉。有人就说闲话了："怎么就送一块，太不吉利了！"女孩的母亲悄悄地把猪肉拿进厨房，想把肉割成两块。可是肉实在太小了，她就在肉上划了一刀，拿到门外，对众人说："俺女婿买的就是两块肉，你们看，屠夫已经在中间划了一刀，只是他图省事，没有划断罢了。"这时村里一位德高望重的老人捋着胡须说："这叫'双刀菜'，吉利着呢。"围观的大多是穷人，本来就对男方很同情，听了老人的话，交口称赞，从此，"双刀菜"便在禅堂湖一带兴开了。

花　轿

尤传化

在灵璧民间，花轿就是指迎娶新娘的轿子，也称喜轿，是中国传统婚礼上使用的特殊工具。

花轿装饰华丽，以红色显示喜庆吉利，因此俗称大红花轿。它是在轿框的四周罩以红色的绫罗帷幕，这些红色的帷幕叫作轿帷。喜轿的轿帷有着极为鲜明的艺术风格，选材非常讲究，一般选用红色的绫罗绸缎等丝织品。喜轿上面刺绣的图案纹样一般都赋予了约定俗成的特定含义，讲求"图必有意，意必吉祥"。轿帷上面一般都绣着"禧"、金鱼闹荷花、丹凤朝阳、麒麟送子、富贵牡丹、事事如意等喜庆吉祥的图案。织绣工艺精湛细腻，画面丰满充实，图案生动新颖。轿帷的材料和图案的颜色鲜艳，明亮夺目，烘托着婚礼喜庆热闹的气氛。

喜轿的选材要求轻而坚韧，一般选用香樟、梓木、银杏等木料，雕刻多是"八仙过海""麒麟送子""鸳鸯戏水"等图案。喜轿过去多为四人抬，迎娶路远时也可多人替换，有的喜轿前面还有打伞、扛喜牌、吹打鼓乐等。旧时，我们这里去娘家的路上，花轿一般不可以空着，而是坐一名男孩，称为压轿童或陪客。民间传统上，只有初嫁女子可坐花轿，嫁为人妾的和寡妇再嫁的，只能坐普通轿子上扎些彩布或彩纸的彩轿。总的来说，旧时女性一生最多只坐一次花轿，因此，坐花轿对于女性来说，是有特殊意义的人生经历。新娘坐在花轿里，最怕的是颠轿和摇轿。轿夫们一时兴起，就要把花轿里的新娘折腾一番。他们折腾新娘的办法就是颠轿和摇轿。轿夫们大叫大笑，喝起号子齐力颠摇，花轿几颠几摇，很多新娘都会晕轿，有的甚至要被颠得呕吐不止。即便这样，主人家也不好责怪，我们这里有句话，叫作"闹喜闹喜，越闹越喜"。接新娘就是要人家闹，闹洞房是闹，摇轿颠轿也是闹。新娘要想少受折腾，就要多给轿夫喜糖喜烟。一个村里同样娶亲的花轿相遇，称为"撞喜"，不吉利，是一定要抢先绕道前行的。

过去，我们这里由坐花轿衍生出了上轿、起轿、哭轿、唱轿、颠轿、摇轿、接轿、落轿等一系列繁文俗礼。喜轿到了新郎家，新娘要由姑嫂搀扶下轿，脚不能沾地，要踩着芦席进门，即所谓"新人离娘不沾地，来到婆家走红席"的习俗。新娘走过的芦席，又被快速传到前面铺在地上，称为"传席"。再经过"撒帐"等一系列烦琐的仪式，才能拜天地、入洞房。

随着社会的进步，花轿早已退出历史舞台，但近年来随着怀旧风的流行和人们对传统婚礼的留恋，花轿又出现在城乡的婚礼上，给人耳目一新的感觉，别有一番民俗风情。

婚　嫁

耿瑞英

说　媒

"男大当婚，女大当嫁"。旧时，儿女长大，父母要请媒人说亲，也有媒人主动上门提亲，强调"天上无云不下雨，地上无媒不成亲"，婚姻多是"父母之命，媒妁之言"，基本上无自由恋爱，两家结亲讲究门当户对，品貌、年龄般配，还要遵循同姓不婚等特殊习俗。

定　亲

媒人说亲后，双方家庭互派女眷去"相看"，双方同意后，将写着男女双方生辰八字的"生时帖"交媒人去请人卜算，俗称"合年庚"，属相不相克才行。男女双方家庭议定婚事，即为订婚。20世纪90年代后，有些青年自由恋爱，关系确定后，自找媒人告知双方父母，并分别到对方家庭"认门"，得到双方家庭认可后即正式订婚。

下聘礼

订婚后，接着就要下聘礼，男家择吉日正式向女家馈赠彩礼，相当于古代的纳彩，俗称"过柬""过红"，是传统婚俗中的重要礼节。彩礼的多少根据家庭状况而定，不同时代，彩礼也不同。20世纪80年代前，一般男方送给女方自行车、手表、缝纫机、收音机、皮鞋，俗称三转一响一嘎叽。1986年前后，提倡移风易俗，喜事新办，订婚不要彩礼。2000年后，民间订婚要彩礼再次兴起，彩礼多为金戒指、金项链、金手镯（俗称三金）、服饰等礼品，礼金多少由男女双方家庭商定。随后，彩礼逐渐为四金（金项链、金耳环、金戒指、金脚链）及其他物品。近年来，彩礼的数量在互相攀比中逐年增加。

择　吉

男女双方准备结婚，父母应选择迎娶的良辰吉日，称为"择吉"。吉日一般要请本地老先生或算命先生选定，也可以自己看历书择日，只要"六合"相应就是好日子。一般认为黄道为吉日，黑道为凶日。因当地有"三月不娶桃花女"之说，婚期一般不定在三月份。吉日定好后，男方家要饰婚房、做新衣、赁花轿（车）、下请帖、接亲戚等，女方家要准备嫁妆。嫁妆的数量视女方家庭条件而定，在当地有"陪不尽的闺女，过不尽的年"一说。简单的有"灯盆四件"（灯、盆、盆架、木箱），条件好的有"小八件"（灯盆四件加桌椅条凳）或"大八件"（小八件加立柜）。

迎娶

迎娶是整个婚礼过程中最主要和最有情趣的环节。迎娶前日，男方给女方送礼金，称"大礼"，礼品有鸡、鱼、肉、烟、酒、糖、糕点等，数量视家庭经济情况不等，除半个或一个猪外，其他的必须成双数，叫成双成对。迎娶前日男方要送"催妆衣"和喜炮。催妆衣主要有红褂、红裤、红鞋等。婚期当天早上，男方家鸣炮奏乐送花轿去迎亲。迎亲时，男方家要带上一只公鸡和"四色礼"，俗称"四季礼"，发嫁时，女方家要添一只母鸡，随轿带回，名为"鸳鸯鸡""长命鸡"，表示双双对对。

迎娶前，男方要找好伴郎，女方要找好伴娘。旧时伴郎多由新郎的同胞、同族或姨、表兄弟充当，现在也请同学、战友、同事等好友担任。伴娘须是品貌端正、熟悉礼节又善于应酬的年轻女子。伴娘的职责是伴随、护送、照料新娘到婆家，待喜宴结束后，男方给每位伴娘发喜糖、喜烟和红包。

拦 门

迎亲的轿（车）子到女方家后，男方先放一盘拜门礼炮，女方家放礼炮迎接，却又突然关上大门，男方要将钱用红纸包好塞进大门，叫"开门礼""敲门金砖"。开门后，女方的家人还把新娘的鞋子藏起来，让新郎去找，找到后要跪在搓衣板上给新娘穿上。拦门风俗是热闹的形式之一，阻拦、索要皆非目的，是为了营造热闹喜庆的气氛，也是借机让吹鼓手显身手，吹吹打打，热热闹闹。拦门更寓意新人通往婚姻的道路有关卡，幸福来之不易，要通过努力才能获得。

上 轿

吉时到，新娘将辫子挽成发髻，称为"上头"，穿上嫁衣，头顶红盖头离家上轿（车）。过去女子都哭着上轿，以示舍不得离开娘家。新娘上轿（车）不能自己走上去，必须由哥哥或弟弟背上轿（车）。为的是不让新娘把娘家的土带到婆家，因为泥土就是财富。过去，不管路途多远，中途一般不停轿，所以新娘出嫁前要饿三天，每天只吃一两个鸡蛋，称为"饿嫁"。

回来时不走原路，沿途要燃放鞭炮。女方有送亲的，一般都是新娘的叔伯、哥哥、舅舅、表兄弟，常规是两辈人，送亲的称"上客""大宾""嫁客"。

落　轿

新娘花轿进到婆家，以三声炮响通报，男方家放礼炮相迎。新郎给轿夫"落轿礼"。花轿落后，先有两个小姑娘端上"开口茶"给新娘，茶里有花生、桂圆、红枣和糖，寓意夫妻团圆，早生贵子，生活甜甜蜜蜜。一般新娘害羞不喝，由两个女孩沾上一点在新娘嘴上点一下，然后再过来一个妇女、一个女孩，给新娘作揖，请新娘下轿。轿前铺有新席数条让新娘往前走过，不让新娘脚沾地。新娘走过一条席后，要向前传一条，一直传到婚堂前，喻为"传宗接代"。

撒　帐

新娘下轿，由两妇女或姑娘扶出轿门，轿旁有两人端着盘子，将盘子里放着的麦麸子、红枣、花生、栗子、核桃等撒向新娘，谓之"撒帐"，其意是祝福新娘早生贵子。撒帐人还边撒边唱"撒帐歌"："花轿到门前，福寿两双全，吉星高照起，幸福万万年。"

拜　堂

新娘下轿后，在歌乐声中由两个女人挽扶到厅堂，与新郎拜堂。堂中设案，案两边燃着大红蜡烛，中间摆上一只香炉，焚上香。拜堂时先拜天地和祖宗神位，再拜父母，然后夫妻对拜，最后向亲朋邻里敬拜。一般由傧相主持唱拜，有的唱："一拜天地，满堂喜气；二拜高堂，福禄寿长；夫妻对拜，传宗接代。"有的唱："一拜天地，欢天喜地；二拜高堂，福禄寿长；夫妻对拜，女貌郎才，恩恩爱爱。"拜堂后，由新郎的父亲双手举起红蜡烛传到新郎手中，新郎面对祖宗牌位三鞠躬，将喜烛放上烛台；新郎的母亲双手请出焚香，传到新娘手中，新娘面对祖宗牌位，双手将焚香插入香炉，双手合十，三鞠躬，意为传递香火。然后再由新郎手牵新娘入洞房，也有的用丝绸做成同心结，男牵一头，女牵一头，步入洞房。

挑盖头

过去新娘出嫁时以红色巾帕蒙头盖面，叫盖巾，也叫盖头。盖头多以轻纱制成，或长或方，色彩嫣红，象征吉祥。入洞房后，新郎在众亲友面前用称秆掀起新娘的红盖头，取意为称心如意。

闹　房

新人进洞房后，亲邻儿童便开始闹洞房。闹房有文闹和武闹之分。文闹是让新人对诗对唱，互相考问。武闹则是要喜烟、喜糖，也有的说些善意的笑话或做些幽默的动作。无论文闹或武闹，家人一般不予阻拦，称"闹发闹发，越闹越发"，通过闹房增加欢乐喜庆气氛。

开　脸

结婚当天下午，要给新娘开脸。开脸也叫开面，一般由本家姑嫂或"全福人"来做。开脸时用两条线交叉把新娘脸上的汗毛剪掉并修齐两鬓。开脸毕，取红鸡蛋在脸上滚，同时唱喜词，喜词多为："红鸡蛋，满脸转，今天吃喜酒，明年吃喜面（指生子）。"经过开脸，修除了脸上的汗毛，就不再是"黄毛丫头"了。

送　房

闹房至半夜，喇叭、鞭炮响起，亲友告辞，"全福人"和亲友带着酒菜、水果和成双的酒杯碗筷，陪送新郎进入洞房，让新人喝"交杯酒"。新郎、新娘各执一杯，先喝一口，然后手臂交叉，互饮对方杯中酒。喝交杯酒时，要唱《十杯敬酒歌》。送房临结束时"全福人"和亲友唱《送新人》和《送新郎》歌，唱罢告辞。接着婆婆端上两碗面进来，面里各有一个夹生的荷包蛋，意为长长久久，和和美美，早生贵子。新郎、新娘吃完面，铺被移枕就寝。新人就寝后，有的人还躲在窗沿下偷听新人窃窃私语，叫作"听房"。

探 房

迎娶的第二天，新娘的父亲或叔伯带一新娘的胞兄弟或叔兄弟到婆家探望，俗称"探房"或"送油"。探房时带糖、饼、梳头油、香粉和麻油等礼品。婆家设宴隆重招待，享受与"嫁客"同等礼遇。

归 宁

灵璧有"三天回门六天接，一个月回去住对月"的说法。婚后第三日，新娘回娘家省亲，称为"归宁"，俗称"回门"。夫妇同往，称为"双回门"。回门一般当日返回。婚后第六、九、十二天，新娘的大爷、叔叔、舅舅、姨娘分别去接亲（称"接短趟"）。第二十八天，娘家把女儿接回家，住满一个月，称为"接对月"。

以上种种习俗，随着时代的发展变化，有些仍相沿习，有些从内容和形式已经发生了很大变化，如"合年庚""挑盖头""开脸"等习俗都没有了，新人喝交杯酒时也不再唱《十杯敬酒歌》，"接对月"习俗仍有，但不会再住满一个月回去。近几年来，还有不少新人着西式礼服举行婚礼。

开　脸

陈长柱

早年间在禅堂湖一带，有这样一个婚俗，姑娘出嫁到了婆家的第一天得开脸。

姑娘嫁到婆家这天，磕了喜头，坐过堂席后就要开脸。因为嫁到婆家，成为人妻，就是媳妇了。媳妇就要有媳妇的样子，不仅要收头，把在家时的大辫子解开向后挽成一个髻，然后插上簪子，再戴上包网子，还要把脸开了。

开脸又叫扯脸，是姑娘过渡到媳妇儿的标志。那时看年轻的女孩子，毛脸的是姑娘，光脸的就是媳妇儿。新娘子进了洞房，开脸人先将石灰粉擦在新媳妇的额头上，将红丝线两个线头系成死扣，做成线圈，用两手撑开，再用右手反转一圈，将线圈的两条线中间交叉，然后用嘴咬住线圈里边的一侧，将交叉的线贴住新娘的额头，用嘴向后拉扯，交叉的两条线就会左右移动，这样慢慢地就会将新媳妇额头上的汗毛搅进去、扯下来。扯脸前一手拿一个红鸡蛋在脸上滚一滚，一边滚，一边唱："红鸡蛋，满脸转，今年请我喝喜酒，明年请我吃喜面。"先扯额头，后扯脸部。

头一次"扯脸"很疼，新媳妇常常被扯得掉下眼泪，但是规矩如此，忍着疼也要坚持住。

扯过脸的新媳妇面部会非常干净光洁，然后再敷上脂粉，人就会变得愈加漂亮。当年有"在家天天飞箩面（细白面），不如婆家一条线"的说法，讲的就是这个。

据老辈人讲，刚开始扯脸非常疼，但习惯了，如果过段时间不扯，脸部还会作痒呢。

扯脸间隔的时间，是根据本人汗毛生长的情况而定，汗毛长得快就扯得勤点，汗毛长得慢的就少扯几次。一般是半个月左右扯一次。这样两三年下来，汗毛就变稀变绒，有的甚至就不长了，往后就可以几个月扯一次。

新社会的新媳妇都不愿意受那"扯脸"的痛苦，但是嫁到婆家这天，家人还是按旧俗，在新媳妇脸上薅三把，以象征扯脸。再往后这象征性的扯脸也被彻底摈弃了。

送　油

陈长柱

第二天一大早，新娘换下嫁衣，穿上便装，即入厨房做饭。早饭吃过，就是打扫庭院卫生，以备迎接"油客"。"油客"是新娘家人的第一次上男方门，所以男方家特别重视。"油客"按旧时称谓为"大宾"。

"油客"由新娘一个有威望的长辈，和新娘的一个小弟弟或小侄子担当。这第一趟上门，借给姑娘送两件衣服，送两斤油为名，实际上是探望女孩过门后是否受气。

以前的规矩自有它的道理，也许是这女孩儿婆家穷，娘家不放心，找一个借口上门来看女儿，顺带了几斤香油来。

这天，男家要请来有面子、有文化、有修养的人来陪"油客"，以显示自己家有人缘，素质高。把"油客"陪好了，这可是一件有大面子的事。"油客"看到陪客的人，都彬彬有礼，谦逊客气，自是心中满意，认为这样知书达理的家庭，是不会给孩子气受的，自会带回去好讯息。

"油客"要中午前来（也有少部分地区是晚上送油）。这边陪客的人已早已恭候。待"油客"来到，即迎进堂屋落座，陪客的人敬烟奉水，自是热情周到。近中午要开饭时间，这边陪客的会邀请"油客"去净面洗手，也有说是请油客"弯弯"的，"弯弯"是江湖话，意思是"方便"。

这个当口菜已上桌摆好。有年轻的陪客，先拿起酒瓶给油客斟第一杯酒。这会油客多会推辞，称自己不能喝酒，请给少倒些。酒已斟好，这陪客的人会先端杯邀请油客共饮，油客自然是端起杯来，少呷一点，以示喝了。

作为油客，就是酒量再好，再有酒瘾，这天也是不能多喝。如果喝高了，说了错话，那可是一件非常丢人的事，马上能传遍十里八乡。"送油"这天，两家会借次机会，"斗智斗勇"，相互"摸底"。

热情，周到，尊重，谦逊是这顿饭的主题。吃罢饭，"油客"会起身小声说，几位慢用，我去和孩子说说话。这是"油客"要去给新娘交代接短趟的事。交代完毕，"油客"就向等候在一旁的"亲家"谦逊地说，自家小孩在家疏于管教，望多多包涵之类，这边厢也应客气地谦逊几句，以示响应。然后，"油客"回到客厅门口，向陪客告辞，"送油"一幕到此结束。

一顿饭吃得两家高兴，都有面子，皆大欢喜。

接短趟

陈长柱

婚后的一个月中，娘家从第三天开始，要接女孩几趟，俗话叫接短趟。

出了门的闺女就是人家的人了，婚前的家就成了娘家，这变化，女孩心里一下很难适应，会非常想念娘家人，娘家人也同样思念嫁出去的女孩。也许接短趟就是这样慢慢形成了规矩的。

接短趟是早上来接，男孩家要早早备好酒菜，等候接亲的人。

第一趟来接亲的，多是女孩的父亲或者哥哥。

女孩过门后，两家人已经亲家了，见面客套虽然是免不了，但已是多了一份亲情，也随意了许多。早上也是要喝酒的，无酒不成席，这是礼数。以前日子穷，几个热菜盘是不能少的，买不起瓶装酒，就打散酒，冬天还要用酒壶暖酒喝。

接短趟不需要像"送油"那么讲排场了。自家人都可以上桌陪客，也有请人来陪的，根据家庭情况而定。家族大的，就多请几位门房里的人来陪亲，单门独户的不请人也行。

我们禅堂湖这一带，接短趟是三、六、九、十二天等，按习俗短趟期间，女孩不能在娘家过夜，这叫一月不空房。

接短趟还有一个讲究，就是太阳落山前一定要把闺女送回婆家，因为迷信说法，天黑回来，会瞎了婆婆的眼。这个说法肯定没有科学依据，可能是为了让闺女早回去编的吧。因为从前媳妇多受婆婆气，女孩回了门，都会恋着母亲和家人，迟迟不想回婆家，娘家人也不好过分地撵闺女走，可是回得太晚，黑灯瞎火的路上也不安全。怎么才能让女孩子早点回婆家呢？于是人们就编了这么一个说法。

婚后第二十八天，是正式省亲的日子，叫"接对月"。这一趟回家，出门儿的闺女就可以在娘家多过几天了。

寿 庆

耿瑞英

寿庆是庆祝老人诞辰的礼俗，家人和亲朋好友以此祝福老年人健康长寿。

不同的年龄，诞辰纪念日庆贺活动方式不同，民间分小生日和大生日两种，幼年到中年都是小生日，一般长辈为晚辈庆生，进入老年，则做大生日，即做寿，是晚辈为长辈祝寿。旧俗认为年满50称"寿"，因而50岁开始做"大生日"，又称"过大寿"，设宴酬客。以后每逢十年一次的"大寿"最为隆重，称为"整寿"。庆寿有"过九不过十"之说，如四十九、五十九、六十九，以"九"字代长久之意。重点庆祝的还有六十六、七十三、八十四几个"坎儿年"的寿辰。庆贺日期不按生日时间，一般取农历正月的日子，多数择日为正月初六，十六。

庆寿日是个大喜的日子，仪式热闹隆重，要放鞭炮，有的人家还要请戏班子唱大戏，门前张灯结彩，鼓乐齐鸣。厅堂中置香案，案头寿烛高燃，堂中悬挂寿星图，两边贴寿联，如"福如东海长流水，寿比南山不老松"，横批则写上"延年益寿""寿星高照"等佳句。寿星上坐堂中，老夫妻白首齐眉者同坐，接受儿孙辈跪拜，平辈、好友行揖手礼。祝寿者有的还会咏颂祝寿诗句，俗称"做四句"。普通人家不设寿堂，但必贴寿联，挂寿星图，增添喜气瑞气。

拜寿后，主人请贺客入席，先吃寿桃、寿糕等茶点，再吃象征健康长寿的寿面，然后正式开宴。宴席非常丰盛，有十碗大菜，象征十全十美。在宴会上，寿星的儿子要到席前向贺客致谢。

寿礼以食品为主，有寿面、寿桃、寿龟、鸡蛋、鸡、鸭、鱼、猪肉、酒、糕饼等，礼品俱要双数，意为好事成双。还有送寿匾、寿联、寿画、寿幛等，忌送钟，以避"送终"之嫌。出嫁的女儿和夫君拜寿，寿礼是寿星从头到脚的穿戴，以及老人喜爱的食物和用品。寿星六十六，女儿要送肉，七十三，要送鲤鱼，七十七要送鸡，目的是为老人增加营养，又讨个吉利。因此，民间有敬老俗语："六十六，吃块肉，吃了肉，活不够""七十三，吃条鲤鱼猛一蹿""七十七，吃只鸡，吉星高照寿无比"。

当大事

尤传化

我们这里乡间经常能看到丧葬事主家大门或者灵堂上张贴"当大事"三个字，很多人不解其意。

"当大事"的"当"，在这里要读作当铺的"当"，是"作为、看作"的意思。这三字出自《孟子·离娄下》"父母养生者不足以当大事，惟送死可以当大事"，意思是说父母活着时奉养他们还称不上是大事，只有他们去世后以礼送终、依俗安葬，才可看作是人生的大事。于是，民间但凡谁家父母去世，都要请来擅长书法和精通礼仪的先生用白纸写上"当大事",贴在大门口或者灵堂上,左右两侧配上同样是白纸黑字的挽联,以营造哀思的氛围。

"当大事"颇有讲究,不能随便写挂。记得十多年前我在乡下主持一次葬礼,晚上辞灵(祭奠)时,按照当地丧俗,孝子引奠以后要请死者妻子的娘家人祭奠,可是当我请他们辞灵时,他们派来的一位长者拒绝进棚行礼,理由是,逝者是他的姑丈,他姑母尚在,灵堂门口为何能写"当大事"?别人会认为他的姑丈姑母俩都仙逝了呢,这样一写岂不把他姑母写没了吗?于是我急忙找来执笔的先生换成"命子称孤"四个字,祭奠才得以继续举行。

所以说,逝者的父母健在,则不能贴"当大事",逝者妻子或者丈夫一方健在的,也不能贴"当大事"。这种习俗还有很深的渊源呢。据明陈继儒《大司马节寰袁公家庙记》:"惟父母送死可以当大事,长公无愧斯语矣。"于是,这种民俗就沿袭至今。有的人家,死了父母,门口就贴上大幅白纸黑字"当大事"或者"可当大事"。如母亡父在要写"命子称哀",父亡母在则写"命子称孤"或者"椿萎萱茂"。因为旧时《礼记·杂记》中父丧称孤子,母丧称哀子,父母俱丧称孤哀子。椿萱喻父母,古称父为"椿庭",母为"萱堂"。

如果逝者没有儿子,由其女婿或侄子主丧的,则要写为"代当大事"、"半子承礼"或"犹子承礼"等。还有一种情况,逝者的儿子早逝由孙子执丧,也不能用"当大事",一般都写"代父承重"。另外,还有一种特殊情况,逝者的父母健在,由逝者儿子执丧,也不能写"当大事",要写为"命孙执竹"或"命孙执桐"。因旧时有父丧执竹、母丧执桐的习俗,意为父母皆(节)痛(桐)之意。

中国儒家经典著作《论语》中"慎终追远民德归厚"与传统葬礼上"当大事"是一脉相承的,尽管过去了两千多年,但时至今日依然流行,表明传统的孝文化在民间是根深蒂固的,它会世世代代弘扬和传承下去。

丧　棍

旧时，灵璧地区丧葬程序大体有报丧、讣告、入殓、封棺、点长明灯、吊唁、开门、出殡、摔老盆、缚公鸡等，孝子披麻戴孝、手执丧棍，迎送宾朋。

丧棍，又叫"丧杖""泣杖""哀杖""哭丧棒"，是传统丧礼上必不可少的丧具，孝子在跪草、陪祭、谢客、领棺时都要用。孝子、孝女、孝媳都要有，单亲去世，执一根，父母俱亡，双手皆执。古时候，丧棍子本来是孝子守丧期间因哀痛身体不支所拄着的棍子，后来，逐渐演化成执丧棍的习俗。灵璧一带的丧棍2尺来长，是用砍下的不剥皮的鲜柳棍，裹糊上剪成锯齿状的白纸做成。丧棍和幡杆要出自同一根柳枝上，下部截作丧棍，上部留作幡杆。幡杆缀上串好的纸箔和红布条，称"永"旗或"迎风"旗，由长孙挑着，取子孙永远昌盛之意。

丧棍为什么要用柳树呢？

首先，柳树在农村常见，极易成活，生长速度快，所以人们习惯截取柳棍做丧棍和幡杆，埋葬故人后随手插在坟旁大多都会成活，寓意后代绵延兴旺。

其次，"柳"和"留"谐音，表示对逝者的难舍之情、留念之意。在我国古代，亲朋好友一旦分离，送行者总要折一支柳条赠给远行者。"折柳"一词寓含"惜别"之意。《诗经·采薇》中有"昔我往矣，杨柳依依"，北朝乐府《鼓角横吹曲》中有《折杨柳枝》："上马不捉鞭，反拗杨柳枝。下马吹横笛，愁杀行客人。"诗中的杨柳就寓含着依依不舍和惜别怀远之情。

再次，柳属于阴性，为鬼界之树，妖魔鬼怪见了就会赶快避开，柳木丧棍可用来给亡灵去往阴间开路，犹如买路钱一样。

手执丧棍，拄扶而行，给人以痛失亲人，哀伤难立之感，为整个丧礼增添了浓重的哀伤气氛。

（吕允峰　整理）

丧　葬

耿瑞英

　　丧葬仪俗是人生最后一项礼仪，标志着人生礼仪的终结，俗称"送终"。几千年来形成的丧葬礼仪，既是让死去的人得到安息，也是让活着的人得到安宁。

　　民间丧葬礼俗十分烦琐，县内不同区域差别甚大。不少民众受"葬之以礼，祭之以礼"的影响，认为丧葬不隆重不算尽孝心。丧葬礼仪也随着时代的变迁而发生变化，最大的变化是土葬变火葬，相应的一些仪式也随之发生了变化。随着城乡文化的交流和火葬的推行，一些城里的丧葬礼仪也开始在乡村流行。农村丧事虽然普及火化，但仍以土葬为主，主要程序有备棺、报丧、入殓、祭奠、选地、出殡、安葬、圆坟。

备　棺

　　20世纪80年代以前，农村有生前备棺习俗，人过60岁后，子女准备棺木，请木匠来家加工。棺木以柳木、松木或杉木为料，做成"二四""三五""四五""六六天地同"等规格，做工讲究，棺材前錾雕"寿"字，多次刮油灰、刷桐油、涂红漆，防水防虫防腐。棺上披上红布，放在正屋一角。20世纪90年代后，生前做棺材已很少，一般都是老人去世后，再购买棺材。

初　丧

　　老人咽气前，儿子、媳妇、女儿都必须守候在床头，以报答养育之恩。民间旧俗讲究寿终正寝，凡正常死亡的老人，尽量避免在病床上咽最后一口气。当老人生命垂危之际，一般先为其沐浴更衣。目的是不带去凡世尘土，让死者干干净净离开人世。老人弥留时刻，亲人守护身边，此为"送终"，又称"送老"。老人停止呼吸时，亲属都齐声呼唤，使其了解至亲骨肉都在身旁，使老人心灵上得到安慰，然后将其移至正屋明间的灵床上。然后，着族人砍糊哀棍和幡杆，哀棍，几个儿子做几个，幡杆，俗称"迎风旗"，只由长孙一人挑。哀棍和幡杆要出自同一根柳枝上，下部截"棍"，上部作"幡"。

报　丧

父亲或母亲去世当天，一般由长子披麻戴孝，拿哀棍到舅舅门上报丧。要到舅舅房内各家挨门叩头，俗称"跪门"。子女在外地闻耗赶回，俗称"奔丧"。

入　殓

入殓即遗体入棺。棺内四周用白布遮挡棺板，遗体入棺称"进帐"。入棺前需经娘家人检视同意，入棺后，逝者口中含糖，遗体周围放干燥的草木灰和逝者嗜好的陪葬品。棺材前放一盏常明灯，亦称"指路灯"。地上放一个瓦盆，称为"牢盆"，瓦盆底按照孝子数钻上眼儿，在盆内烧纸钱，意为让死者在阴间免受牢狱之灾。因为人生在世，孰能无过，死后到阴间会受到惩罚，儿孙为了给老人赎罪，便置盆为牢，事先囚禁，阎王一看，牢已蹲过，也就给免了死者牢狱之苦了。

祭　奠

即为死去的人举行追念仪式，程式烦琐，县南县北差别很大。入殓后要设灵堂、挂遗像、立牌位、贴丧联、扎舍物、摆香案等。香案上摆放猪头、公鸡、鲤鱼各一（常说的"猪三牲"）和糕点、水果等供品，中间放逝者祭牌。孝子戴孝昼夜守灵，寝食不离。戴孝讲究甚多，孝子穿孝袍、戴孝巾，孝巾上系着用棉花扎成的孝球，垂在前额，父母一位先逝系一个球，双亡系两个球，穿孝鞋、扎孝腿、腰勒麻绳，称"披麻戴孝"。媳妇除不系孝球，其他与孝子同。亲朋按辈分和房门远近分别戴孝帽或披孝巾。逝者孙子、曾孙孝帽一角分别系红、绿条。祭奠由执事主持，客人前来吊唁，由孝子叩谢。娘家人前来吊唁，孝子孝孙和全体家眷要远迎跪拜。出殡前一天的吊唁活动俗称"开门""待客"，亲朋好友前来祭祀，送礼金。逝者家庭设宴招待，并给吊唁者辈分不同的孝帽、孝巾。席间，执事领孝子、带喇叭到宴席前向吊唁者跪拜，以示答谢，俗称"谢客"。晚上祭奠仪式更为隆重，除孝子外，孝子舅舅家里的来客、女婿、侄女婿等至亲都必须参加，有"三揖九叩""十八拜""二十四拜""四十八拜""倒扒皮"等跪拜形式，也有诵读祭文的。场面隆重、庄严、悲痛，整个程序在哀乐中进行。也有的富家要请"三棚僧"超度亡灵。

出　殡

出殡也称发丧，是丧葬中最隆重的仪式。殡葬这天，首先死者的家属、重要亲友要进行遗体告别，才能封棺。然后，棺材移至大门外路上，孝子在灵柩前跪拜燃纸，亲友分别跪拜磕头，俗称"送行"。执事喊"起灵"，由逝者长孙持幡引导，长子摔碎"牢盆"，在前领棺，抬棺者抬棺起步前往墓地，孝子如遇桥梁，要喊爹或娘过桥。

安　葬

旧时人们讲究风水，一般请阴阳先生选地、定穴、定向。开挖墓穴俗称"打井"，挖墓穴在出殡的前一天。墓穴长九尺左右，宽以三尺为准，俗话说："天下棺，三尺三。"

棺材抬到墓穴时，若是新墓穴，抬棺者绕墓3圈，俗称"保风水"。棺放墓穴需孝子领棺，孝子在墓穴中喊爹或娘下田，称领棺下田。后孝子抓墓穴土放在衣襟内，赤脚回家，途中不许回头。如有兄弟数人，谁先将土放在自家的堂屋中间，谁会先富。

圆 坟

圆坟即送葬后的第三天，死者家人包饺子，数量与死者年龄等同，带到墓地，烧纸、敬酒、敬饺子，围墓转三圈后，把饺子埋在坟前，留一些饺子，家人分食。最后给坟茔覆土。

守 孝

旧时，民间因崇尚儒家伦理道德，家中老人去世后，孝子贤孙通常要守孝。守孝时间，一般为五七、百日、周年。逝者如系老年父母，子孙守孝期有长达三年的。

百日、周年，家属须上坟祭奠。三年服丧，是儒家的遗教，后来逐步形成传统丧俗。三年内，未婚子女不能结婚，但在热孝期"五七"之内，可允许结婚。一般父母去世未满"五七"，不能理发，但在入棺前可理一次发。三年守孝期内，逢年过节，子女不能穿红着绿，要穿素色衣服。春节期间，不能用红纸写春联，只能用蓝、黄等素色纸写；春联内容要切合守孝情思，如"守孝三年易满，思亲百世难忘""天下皆春色，吾门独素风"等。

留 灵

有一些人家，死者安葬以后，为了寄托哀思，往往在家中堂屋内设祭案，案上摆纸扎"灵屋"，其中安放灵牌。"灵屋"前设烛台、香炉、磬等，墙壁上横书"祭如在"三字，两旁悬挂挽联。每天子孙在就餐前，把食品捧到灵位前，点香击磬，供奉亡灵。有的地方，除供饭菜外，还要送三次茶，三次点心。击磬也有规定，叫"早三晚四中一锤"，即早餐三响、中餐一响、晚餐四响。留灵时间，一般是"七七"四十九天，最长的三年，到期将灵牌、挽联等物一并焚烧。焚灵时，要请僧道念经。至此，守孝礼俗便告结束。

丧葬纸扎

邱德龙

丧葬纸扎指的是用于祭祀及丧俗活动中所扎制的纸人纸马、摇钱树、金银山、牌坊、门楼、宅院、家禽等焚烧的制品，也成冥器。

扎制冥器首先用有韧性的高粱秸秆或粗壮的芦苇做原料，经过折叠拼接做成骨架，拐弯接头处用细铁丝捆扎固定，接着再按骨架的形状把一定尺寸比例的各色彩纸裁剪成人物、动物、器具的形状备用。在事先做好的骨架上均匀地塗抹糨糊或胶水之类的黏合剂，把纸片分别粘贴在所需的位置，抚平粘牢晾干后，再用毛笔画出图案，写上相应的字或联。比如在童男童女的脸上画出眉毛鼻子嘴巴眼睛，身上画出衣服佩饰，再写上"来宝""梅香"等不同用人的名字。

给故去的老人扎冥器是有讲究的，比如父亲故去，子女们要扎高头大马、楼堂馆舍、摇钱树、聚宝盆等，母亲去世要扎健壮黄牛、花轿钱箱、鸡鸭鸣鹅等。当然，扎制灵亭冥幡、丫鬟仆从、金童玉女都是必不可少的，所需资金一般由女儿负担。扎制冥器祭品是子女们对故去老人表达哀思的一种方式，希冀自己的父母亲到阴间也能过上舒心的日子，是千百年来历史遗留下来的风俗习惯，直到目前在农村还极为盛行。扎制数量有八大件和十六件，数量的多少和档次的高低，取决于子女们家庭的经济状况。有的家庭不惜花钱扎上八人抬的大轿、前厅后楼的二进大院等，仿佛只有这样，才能表达孝心。

灵璧民间艺人扎出来的冥器，工艺精细、样式美观，大马通体圆润，精神抖擞，四蹄雄壮有力；黄牛雄浑肥壮，双目圆瞪，气势不凡；灵亭精巧，门窗廊柱齐全；童男童女，栩栩如生。

改革开放后，人们的生活富裕了，给老人们送葬也更讲究了，沉寂几十年的纸扎艺术也随之盛行起来。不过，最近几年来的丧葬冥器不再用扎骨架糊纸了，而是采用了一种塑制半成品，按照客户的要求随时拼装粘贴成型即可。楼房别墅、轿车电器、电脑手机、太阳能、热水器、银联卡，保险柜品种齐全、五彩缤纷、应有尽有，也更华丽了，但却失去了传统纸扎工艺的风味。

过　碗

胡桃夹子

小时候，乡邻们的生活都很苦。如果谁家偶尔能吃上一顿麦面面条或饺子，是一定会盛上一碗端去给邻家，这就叫"过碗"。

当年日子虽苦，我却能经常吃上饺子或面条，这全都得益于邻家妈妈们的"过碗"。

我家住在禅堂湖的唐河西岸，有四家邻居，我家居中。五家人一直相处得很好，亲得如分了家的兄弟，很少吵架争嘴。只要谁家遇上什么事，其他四家都会"吃热"上前。几十年后，虽然五家已各自迁入新居，不住在一起了，却总是忘不了往年的情分。

那时候，家里如果做了什么好吃的，妈妈都会多做一些。比如包饺子，妈妈就会多做些馅儿，多包几碗。饺子熟了，妈妈就会让我们先吃，然后自己盛上一碗，端出门去，不一会就会空着碗回来。然后接着盛，再端出去。这样来回四趟，等妈妈给邻家送完饺子，锅里也许就剩下饺子汤了。每每这时，妈妈会笑着说："油盐都在汤里，我吃饼喝饺子汤。"

这"过碗"可不是从我家兴起的，当年的乡邻间全都"过碗"。虽然生活苦些，麦面稀罕，但一个月吃一顿饺子或擀两顿面条喝，还是能做到的。这样我们五个家庭，每个月一家做一顿饺子吃，加起来就是五顿，那我和每家的孩子，一个月就能吃上五顿饺子了。回想当年，这"过碗"习俗，可真的给我们这些贪吃的孩子解了馋。

我大点儿的时候，妈妈做了好吃的，会让我给邻家端去，并交代我要学会说话。到了邻家要知道叫人（称呼长辈），要说盛得不多别嫌少之类的客气话。每当我笨嘴拙舌地学说着这些话时，总会得到邻家长辈的夸奖。妈妈是在通过这种方式教育和影响我。

还有一种"过碗"，就是家里来了亲戚，或家里的面不多了，就会去向邻家借，然后等自家磨了面，就用原来的碗送还给人家，但还的都比借的要多些。

禅堂湖的乡亲们，就是这样的纯朴善良，亲邻间就是这样的相亲相助。虽然现在物质条件好了，谁家也不稀罕那一碗饺子面条了，但我们的乡邻们至今仍保留着"过碗"的习俗。

我想，这端来送去的不仅仅是好饭菜，这端的是亲情，是友爱，也是咱禅堂湖祖辈传承的淳朴民风啊！

坐堂席

陈长柱

在咱们皖北灵璧一带，儿子娶媳妇这天，主家会吹喇叭、放鞭炮，摆酒席、大宴宾客，以示庆贺。

酒席有"客席"和"堂席"之分。客席招待男宾，堂席则招待女眷。

当年，开堂席是婚礼中最热闹的时刻。按老规矩，中午时分先开客席，客席开毕，才能接着开堂席。

这天，女眷们终于可以放下家庭琐事，做了一回"宾客"。婚礼，可是一个难得出彩的大场合，个人形象关乎家庭的面子，所以，人人都拿出了压箱底的新衣裳，精心打扮。就是上了年岁的老姑老姨，也穿得熨帖得体，显得精神焕发，犹如返老还童。大家难得一见，攀谈问候，相互搀扶，依次入席。忙了近一天的大老执，这时候依然精神抖擞，声音洪亮地高喊："请诸位女眷安座，准备好'磕头礼'"。然后又喊："请新娘！"

按老执安排，忙事的早已在厅堂里放上新席子，席上铺了崭新的大红喜被。新郎、新娘并肩站立，大老执又喊："放鞭炮，奏雅乐。"一时鞭炮响起，鼓乐齐鸣。鞭炮响罢，鼓乐暂歇，"唱喜钱的"拿着早已拟好的女眷名单，朗声道："请一对新人给你们勤劳能干的母亲磕头。"新郎新娘应声跪下磕头。早已乐得心里开了花的母亲，拿出早已准备好的一沓特意去银行换来的崭新钞票，递给那"唱喜钱"的人，唱喜钱的忙弯下腰虔诚地接过来，顺手打开红纸包，快速点过，高声报出钱数，然后放入旁边小伙子端的长盘中。细心的人们会发现，这会儿母亲的眼里是含着泪花的，二十年的含辛操劳，二十年的殷殷期盼，此刻都得到了满足。

接着，新郎新娘按亲戚远近、辈分长幼，依次给女眷们磕头，女眷们便一一拿出喜钱。我们这一带的顺序排列是母亲、奶奶、外婆、大娘、婶娘、姑妈、舅妈、姨妈、姐姐……有些地方，是把奶奶和外婆排在前面。如果女眷是新郎的晚辈或弟妹，新郎新娘是不能单给磕头的，会来事的大老执，最后会安排新郎新娘再磕一个总头，这样既不失规矩，又对那拿了喜钱的晚辈或弟妹表示了感谢，如果有的亲戚给的喜钱多，唱喜钱的就会调皮地让新郎新娘再多磕几个头。

客席虽然早已结束，可是那些爱凑热闹的青皮小伙，酒足饭饱后并不离去，而是打着饱嗝、叼着香烟，结帮挤进新房"闹喜"，待到开堂席，这帮闹喜闹得意犹未尽的后生，又跟到了堂席磕头的现场凑热闹。他们一会儿将新郎推倒压在新娘身上，一会儿将一对新人的头碰在一起。还有的跑去抓来锅底黑灰，抹在了新郎新娘的脸上……一时间欢声四起，女眷们笑弯了腰。有的后生趁着酒劲闹得过分了，家族中有威望的长辈会出面阻止，但谁都不会真的气恼。

磕头仪式一结束，有的新娘子会马上去抢那磕头礼钱。这时端着盛满喜钱的长盘手，会快速地把长盘举过头顶，弄得新娘子只能"望盘兴叹"了。也有的新娘手快，能抓上一把，按乡俗，新娘子无论抓多少，抓到的就都归她了。后来，就不用抢钱了，因为，父母都会主动把磕头礼拿出一部分给新娘作零花钱，条件好的家庭，磕头礼全都给了新娘，留做私房钱。

磕头礼毕，撤去席被，堂席正式开始，新娘不必再回新房，而是坐在婆母身边，陪着不太熟悉的七姑八姨们聊天，遇上会抽烟的女眷，要站起来，恭敬地递烟点火。堂席的气氛是温馨的、喜庆的，因为都是女眷，要比客席安静许多。

随着时代的发展，婚礼习俗也在不断变化，现在很多地方已是客席、堂席同时开，闹喜也逐渐变得文明起来，但新人磕头挣喜钱的习俗还在延续。

从老碰儿到老 × 儿

晏金福

20 世纪 60 年代末的一个秋天，灵璧县王集区，新婚三天的谢银铃由丈夫花为魁陪同回娘家（当地叫回门）。

一进娘家院门，就闻到一股浓郁的肉香。没到锅屋门口，就听到嫂子"大火、大火！"的吆喝声。银铃把手中的物件往丈夫手里一塞，说："你先上堂屋坐坐。"就一头扎进锅屋。只见母亲正在灶前大把大把往灶膛里拥柴火，嫂子一手拿勺儿、一手持锅铲，正满脸汗水地忙碌着。满屋里弥漫着腾腾水汽。"嫂子，我干什么？"银铃话刚落音，嫂子扭过头来，满脸带笑地说："老花儿呀，今天你可是我们家的贵客，咋能让你伸手！"见银铃忙着卷袖子，赶忙扔下手中的铲勺，直把银铃推出锅屋，说："你还是陪花学生说私房话去吧。"

银铃一路走，一路纳闷着：丈夫斗大的字识不了一筐，咋就变成了"学生"？更纳闷的是自己的名字这三天来的急遽变化。三天前，大家都叫自己"老碰儿"，到了婆家，名字就变成了"谢孩子"，今天回娘家，名字咋又成了"老花儿"？

不要说谢银铃不解，恐怕现在的年轻人和外地人都会如坠五里雾中。告诉大家，这就是当时我们灵璧的民俗。

先说称女婿为"学生"，这是当时的普遍称呼，肯定是为了长女婿面子给的美称。可是我觉得这恐怕是个误称，正确的称呼应该是"学士"。因为旧社会普遍称有学问的人为学士，这才是真正的美称。老百姓可能不知学士为何物，而学生则比较熟悉，二者的读音又相近，因而造成了误读。这是我的推断。谬误之处，望方家指正。

再说女孩的名字。旧社会我们这里的孩子生下来，照例都要起名字，那叫乳名，俗语叫小名。俗话说，三天不起名，到老糊涂虫。有学问的人家名字比较讲究，老百姓则比较随便。那时重男轻女，因此对男孩的名字比较重视。又因为医疗条件差，婴儿成活率很低，穷人更甚。为了孩子好养活，男孩的名字越脏越好，什么"马蛋""狗屎""茅厕""粪坑"……不一而足。而女孩则是"大丫""二丫""大妮""二妮"地随便叫。男孩到了上学的年龄，则要起个学名，俗语叫大名。穷人的孩子即使不上学，也要请有学问的人起个学名。女孩不上学自然混不上学名。而孩子渐渐大了，叫乳名显然也不合适了，于是便有了一个共有的名字：老碰儿。这个"碰"字一儿化，显得很可爱。一旦叫上了这个名字，就意味着女孩进入了待嫁的年龄。俗语说，老碰儿，老碰儿，碰人锅门不能动。意思碰到合适的人家，那就是你一辈子的去处了。新中国成立后，虽然妇女的地位提高了，好多女孩也为自己取了英、华、莲、铃等响亮动听的名字，可是绝少叫得开。本文的女主人就是这种情况。出嫁之日，就是老碰儿结束之时，从此，女人在娘家的名字就变成老×儿，这个×，就是婆家的姓。无论什么姓，都要儿化。这一儿化，叫起来，特别亲切。在婆家的名字则还要经过几轮变化。刚嫁过去，叫×孩子。这个×，是娘家的姓。这个名字的寿数一般不长。生了孩子，则会迅速变成××娘。这个××，是孩子的名字。再后来，又会变成××奶奶，这个××，是孙子的名字。最后，在墓碑（如果能混上墓碑的话）上则会隆重地变成××氏。前面的×是婆家的姓，后面的×是娘家的姓。今天的港澳台还是延续旧时的规矩，女人虽然混上了名字，可是一出嫁，就得在名字前加上丈夫的姓。

拉大褂襟子

胡桃夹子

"拉你大褂襟子"是一句传统的禅堂湖民间老话，意思是"沾你光，跟你混"，大有谄媚讨好拍马之嫌，有时也是客套、玩笑之言。

什么样的人才能穿着大褂子，有"光"给他人沾呢？

有关资料记述，长衫大褂是清朝晚期的民间礼服，是出门会客，拜访朋友才穿的服装。

由此看来，穿大褂子的，应都是在社会上有头脸、有身份的人。这类人物，在社会上有地位，受人尊重，所以也才有"光"与人分享，有褂襟子给人拉。

比如说，有一个人去饭店喝酒，遇见另一个人，就邀他一同前去，酒足饭饱之后，被邀之人多会客气地说："今个天拉了您的大褂襟子啦！"

说这话的人多是带着仰视的心理、谦逊的态度，即便是句玩笑话，听者也是非常受用。

民国时期，社会改良风气盛行，中国的知识分子，带头剪了辫子，脱了长衫，穿上了"洋服"，率先垂范，以示与旧的朝代决裂。渐渐地这大褂子就退出了历史舞台，完成了它的使命。现在只有那些曲艺演员，把它当作演出时候的服装了，但是，"拉你大褂襟子"这句俗话却在民间流传了下来。有时人们聚在一起，有人要请客，别人就会说："今个就拉你的大褂襟子了。"如果有人想让别人请酒，也会说："今个就拉你的大褂襟子了。"被说者多会愉快地笑着答道："管、管，今天我请客。"

扫天婆

晏金福

早饭时，见孙女穿着她妈妈肥大的衣服，老伴说她像个扫天婆，这勾起了我小时候的一段往事。

有一天，吃过早饭，我们一家子挤在门边，看那雨还在淅淅沥沥地下。这雨下了十多天了，就没有停过。从湖里回来的叔叔大爷都说，水太大了，玉蜀黍的头都淹没了。其实，根本不用听他们说，我家的宅子较高，从门口向南望去，一带浪浆，连一点庄稼的影子也看不到。人们的脸跟天色一样，一个个全都阴沉沉的。

"缝个扫天婆吧！"姐姐提议。我和妹妹拍手赞成。旧时，灵璧一带经常发大水，久雨不晴，人们就会缝制一个扫天婆，插在屋檐下，以祈求雨住天晴。妈妈自然是知道这个旧俗的，于是，她找来了旧棉花和布，很快缝出了一个人的形状。姐姐说："我给她缝件衣服吧。"说着，不顾妈妈的呵斥，就把自己染花的褂襟子剪了一块下来。十七八岁的姐姐心灵手巧，很快，一件袍子就做好了。妹妹把我心爱的琉子儿拿了两个来，用布包上，给她做了两只眼睛，又用我的钢笔画上了眉毛、鼻子和嘴巴。"我去拿笤帚。"我看扫天婆快做好了，自己也插不上手，就自告奋勇说。"不，不，你不要去！"妈妈慌忙说，"这事儿，男人不能插手，一插手，就不灵了。"妹妹忙去笤帚上拽下两根秫秫桃子来，绑在扫天婆的手上，扫天婆就做好了。妹妹搬来了板凳，姐姐站上去，把挑着扫天婆的小棍插在屋檐下，那扫天婆便随风不停地转动着，手里的扫帚就向着天不停地扫起来。

看着扫天婆摆动着肥大的袍子认真扫天的样子，我高兴得直跳。可是，想想这一切好像都与己无关，我不由得有一丝惆怅。又一想，不让我插手，没说不让我插嘴呀。于是我一边跳，一边唱着当地流行的歌谣："扫天婆，快快扫，扫得乌云天边跑；扫天婆，快快扫，扫得满天大雨消；扫天婆，快快扫，扫得太阳开口笑……"

说来也怪，下了十多天的雨，逐渐停了。午后，居然冒出了久违的太阳。站在门前，向南望去，无边的水面上，银光闪烁。聚集在门前的人们，脸上一扫多日的阴霾，挂上了难得的笑容。看着屋檐下还在勤勤恳恳工作着的扫天婆，人们无不一脸虔诚，充满感激之情。

烧大纸

陈长柱

禅堂湖一带有一个将要被人们遗忘的旧俗——烧大纸。

烧大纸也曾经是禅堂湖人们的一句口头禅，如果某人欠了人家的钱，债主老是要不来，大多会气愤地骂道："这钱不要了，权当给你烧大纸了！"

烧大纸就是人穷得日子没法过，实在揭不开锅了，就招呼些乡邻好友，帮他一把，就当自己死了，让人家来烧个大纸。

烧大纸，不需置棺材搭灵棚，只要请个喇叭班，敲敲打打，用来招呼人，在家门口搭个棚子，放几个大桌，请两个大厨，做几桌饭菜就行了。既然是救济，所以这天来的人，都会比平常出手大方，多给些钱。

天一晌午，该来捧场的也都来了。主人让客人入座，酒菜上来，大家即开怀畅饮。被烧大纸的老几，要挨桌敬酒，与来人说些客气话，表示感激。

烧大纸既不算白事，也不算红事。气氛没有白事的哀痛，也没有红事的热闹。

这烧大纸也不是谁都能办的。主人主要是那些"混事"的人，在街面上必须有点面子、平时喜欢结交朋友，与街上的"六行八家"有交往才行，否则，是不会有人买账的。但是这烧大纸毕竟不是什么光彩的事，所以，多数人宁愿离家要饭，把脸丢在外面，也不愿意在乡邻面前丢这个人。

据老辈说，20 世纪 50 年代，禅堂街最后一个办烧大纸的是一外乡户。他拖家带眷逃荒来到此地，借了人家的一间牛屋住下，因为没有土地，男的只能靠在街上打零工补贴家用，女眷只有领孩子去要饭了。春夏秋季还能出去讨饭，可一到冬天就不方便了。因为这家人太穷了，男孩到七八岁还没衣裳穿，女娃也只有别人施舍的仅能遮羞的衣服，数九寒天怎么出门？这外乡人实在走投无路了，他的房东就帮他想了这个点子。好在那房东在禅堂街也是个有头有脸的，帮他张罗，场面还不错。

老辈人说，在当年办这烧大纸也没人笑话。不被逼到尽头，谁会想这个现人眼的招呢！所以，日子只要能努力过，谁也不会去办什么烧大纸，这个风俗后来就绝迹了。只是老辈乡邻们在闲谈中，还偶尔提到，有的表叔爷们在开玩笑时候会说，你给我几块钱买肉吃，权当给我烧大纸了，可行？

造　房

耿瑞英

人的一生中，造房是头等大事。旧时，人们认为房屋的风水关系到家人的身体健康、前途命运，因而择地、选材等都很讲究，开工、上梁、落成等过程通常还要举行一些仪式。在灵璧城乡造房有一整套习俗，现在，有的仍在延续。

农村建房一般要先请风水先生相宅。宅地要选择地势高、路通畅、离水近的地方。房屋朝向多是坐北朝南，以保障房屋光线充足，免受风雨侵扰，冬暖夏凉。

动工要选择吉利的日子。盖房子意味着动土，会冒犯土地爷，选择吉日以示对土地爷的尊重。动工前，要举行"报土"祭拜礼，以求吉利。下地基时，一般要埋一块上刻"泰山石敢当"的奠基石，作为镇宅符，寓意百鬼可镇、百邪可祛、百祸可挡。

梁是一房之脊骨，承担着一屋子的风水，所以建房时，主人对房梁尤为重视。在准备梁木时，就有许多讲究，材质既要坚固耐用，又要讲究吉利。如两架梁忌鸳鸯梁，不能混用不同的材质。当地喜用枣木作脊檩，榆木做梁头，杏木做门，俗谓"枣脊榆梁杏木门，辈辈不受贫"。以谐音图吉利，枣谐"早"，"脊"谐"积"，"榆"谐"余"，"梁"谐"粮"，"杏"谐"幸"，"木"谐"福"，即为"早积余粮幸福门"。俗语还说："头不顶桑（丧），脚不踩梓（子）"，忌用桑树做梁檩、梓木做门槛。

上梁是造房的重要环节，宣告房屋即将落成，要选择黄道吉日。上梁仪式一般在正午进行，首先将梁抬进新屋堂前，贴上写有联语的红纸条，直柱上贴"太公擎起白玉柱，鲁班架上紫金梁"，横梁上贴"吉星高照"。大木匠说一番吉祥话后，指挥工匠把梁抬到檐墙上摆正后，开始抛梁。鞭炮燃起，大木匠一边口里念叨着"抛梁抛梁，家有余粮；抛梁抛梁，子孙满堂；抛梁抛梁，福寿绵长；抛梁抛梁，平安吉祥"，一边将馒头、糖块、水果等从梁上撒向新屋四周，意为"财源滚滚来"。抛梁结束后，主人备酒宴款待匠人、帮工和亲朋好友，给木工师傅包红包。

灵璧的民宅过去多系土墙、草顶、木梁，用秫秸或芦苇扎把子作椽，屋顶多苫麦草。用麻刀泥压脊，以防麦草被风掀掉。房屋建好后，至爱亲朋带着贺礼，前来"压风"。"压风"除了图个吉利外，主要是让大家热闹一番，增添喜庆气氛。

随着时代的发展和人们生活水平的提高，漂亮、坚固的楼房取代了草房，过去建房的习俗有些已消失，成为一种记忆，有的已发生变化，如上梁演变为封顶，"压风"仪式变成了落成典礼，形式虽有不同，但其文化内涵却一脉相承。

乔 迁

在咱们灵璧这一带，很注意居住的风水，从古到今乔迁新居都是一件隆重的事情，也称作进宅或入伙。

过去的房屋是土墙草顶，面积狭小。新房入住前，先洒扫庭除，打开门窗，使空气流通，然后拜四角。拜四角是中国最古老的民俗之一，礼貌地向新屋的土地神明打个招呼。

进宅要选择"宜迁居"的吉利日子。先辈们都重视日子，堪舆学上说，日子是空间，聚天地之精华，是阴气与阳气相互交汇融贯而成的气场，气场清秀便吉，气场混浊便凶，新居风水的好坏，除了受大环境和格局的影响外，入住日子的选择也非常重要。入住日子首先考虑不能冲坐山（方位）犯命主，其次再考虑丁、财。入宅时间应该在日落之前，避免夜间入宅。还要鸣放炮仗，由家中辈分最高的人手上捧着火盆，带领一家人进去，意为暖宅，也称旺宅。

中国风水讲究"山管人丁，水管财"。入住前一天，将家里的洗手盆、水缸放满水，装一桶水放在厅中，然后开窗吹着，意味"风生水起"。搬家前的一顿饭要在旧居煮食，还要煮焦一点，并且不能把饭吃光，要留有饭底，吃完饭后，把吃剩的东西连同饭锅、碗碟、筷子等一起打包带到新居，这些东西代表有家底，待到新居开火吃完东西后再一同清洗。

搬东西也有讲究，应选择吉时把炊具先搬进厨房，床铺被褥、家具杂品接着搬进，粮囤子里放点钱，代表入住后有钱有粮、衣食丰足。异地迁居，恐水土不服，可携带一把泥土及生姜。炉灶代表阳刚之物，也有风风火火，鼎盛成功之寓意，请灶神就位时，要到富贵人家引火入灶。安好炉灶代表灶神到位，可保家庭和睦，安居乐业。搬家时，新宅要移出之物，最好由他人经手。搬进新宅之物，最好亲自动手。搬家当天一定要开伙，不要冷灶，开炉煮一些好意头的东西或做一顿饭，然后全家人一起吃。

新家门要贴上红对联，以求吉利。如"居卜风和仁是里，堂开景聚德为邻""地无寒舍春常在，居有芳邻德不孤""燕筑新巢春正暖，莺迁乔木日初长"等。亲朋前来贺喜，我们灵璧就叫压风。可能过去是茅屋，祈祷风不破屋宅安。也叫"招鸿运"，请亲朋好友到家中做客，代表人气兴旺。大户人家大红灯笼高高挂，宴请亲朋要亮灯一夜，叫"充阳"，开灯的目的就是人为地补充家宅阳气。

进宅时，不要空手，特别是要带上一些代表好运头的新东西，比如男的可以带算盘或是秤，女的可以带柴米油盐或是碗筷，小孩可以带葱蒜或糖，未结婚的男女可以手上带一串红绳，以求月老牵线。

乔迁风俗一般讲忌讳，搬家当天不能生气，不可骂人，尤其不要谩骂小孩子，要说吉祥话，做舒心事。如果家有孕妇，最好不要搬家，非搬不可，宜购一全新扫帚，由孕妇将全部家具挥扫一下再搬，才不犯胎神。

搬迁过后，为祝愿家人日后平安，黄昏时要拜祭家神地基主。传说中地基主个子较矮，拜的时候，摆供品的桌子不可太高。入宅后不再修造施工，否则会破财。

现在，人们的居住条件和思想观念都发生了巨大的变化，乔迁已没有了过去的繁文缛节，但择吉日、贴对联、邀亲朋"燎锅底"等健康习俗，依然流行。

（吕允峰　整理）

灵璧方言俚语趣谈

肖文玺

灵璧，地处黄、淮之间苏鲁豫皖交汇的中原大地，物产丰饶，文化底蕴深厚。历史上的民族融合、人口迁移，来自不同地域的经济文化等社会活动的交流，都在这一地区留下了深深的印记。大浪淘沙，淘去历史的风尘，却留下了我们民族文化的根。语言，作为人类文明的载体，带有民族性、地域性，是活着的"历史"、行走的"文化"，而方言俚语，因人们世世代代口口相传，更具有历史人文价值，是地方文化的重要组成部分。"一方水土养一方人"，有时候啊，方言俚语就是人们精神的"水土"，它所承载的乡俗乡情乡味，是人们漂泊四方的乡愁。

灵璧方言属于北方方言，具有淳厚的地方韵味，随口那么一说，皆充满着浓浓的生活情趣。以下做些简要列举。

动物类。长虫即蛇，蝎虎即壁虎，洋辣子指带毒刺的毛虫，山喳子即喜鹊，老架即麻雀，喋了即蝉，喋了猴就是蝉的幼虫，广青青即蜻蜓。蟾蜍的叫法更多，如癞猴子、麻癞猴子、麻癞鼓子。物品类。脚踏车，即自行车。手袱子，即毛巾。铆各子，指硬币，铆票子，指纸币。食物类。喝饼子，指锅贴饼。白芋，指红薯。地瓜子，指马铃薯。表身体部位的词。胳拜子，指肘、膝关节。黑雀子，指黑痣。脑瓜子，指脑袋。

方位、地名类。当央，中间、中央的意思，如"水当央漂着一只泡沫凉鞋"。湖，田野的意思，如"俺娘下湖干活去了"。表示时间的词。早兴子，即早晨。茄天，前天的意思。上黑影子了，傍晚的意思。

用于感觉的词。面，口感绵软，如"这瓜怪面"。秃，烫的意思，如"茶有点秃嘴"。用于动作的词。石，碰、撞的意思，如"头晕眼花，一头石地上了"。扳，扔、丢的意思，如"把那脏东西给扳喽"。叨，用筷子夹的意思，如"叨菜"。嚼，骂人的意思，如"她老是嚼我"。尅，打的意思，"我头上这个包是他尅滴"。烀，掌掴的意思，如"他烀我脸"。吱一声，即打个招呼、说一下的意思。捣肚子，吃饭的意思，多含有亲昵指责之意，如"你都玩到几点了，还不回家捣肚子！"搭把手，帮忙的意思，如"喂，小伙子，快来搭把手，我们拉不上去了！"

对亲属的称谓。爷，县北称呼父亲。小爷，县北称父亲同胞或亲近的弟弟。大，县北称父亲或有特殊关系的父辈。娘，指妈妈。老，指爷爷或爷爷辈的长辈。外老，即外公。朗，指外婆。

用于对人的性格、人品判断方面的词。肉，木讷、倔强、不灵活的意思，如"这孩子太肉了，给他讲半天都不愿意去。"。黏，做事磨蹭的意思，如"你看你真黏，上个厕所可能用个把钟头？"瓤，性格或能力软弱的意思，如"和他比起来，你还是太瓤了"。"差把火"，指人品低劣，如"她在背后说你闲话，真差把火"。"臆歪人"，令人生厌的意思，如"你把好好的歌唱得跟狼嚎似的，真臆歪人"。六业子，指说话粗鄙、行为恶劣之人，这应该与佛教用语有关，佛教有六欲、三业之说，六欲泛指人的各种欲望，三业，指人的一切行为、言语、思想为业，包括善恶两面，一般专指恶业。如"那家伙是个六业子，发起脾气六亲不认"。仆种，蔑称，指鲁莽、头脑简单之人，如"那么危险的事，只有那个仆种才会做"。代词。嘿个，谁的意思，如"你嘿个，我眼神不好，认不清"。黄子，蔑称蔑指，玩意、东西的意思，如"你说什么黄子"、"你算甚黄子"。烧包，指哗众取宠之人，如"穿得花枝招展的，真烧包"。

死么死瞅（qiu），指人不灵活，不善于变通，如"你要见机行事，不要死么死瞅的"。形容程度的词。许清，非常清澈的意思，胶浑，非常浑浊的意思，如"压井水刚打上来，胶浑，等一等，现在变许清了"。

灵璧人如是说（漫画）

薛新华　尤军　张峰

1、放中间

2、让客人吃菜

3、澡堂里的水很烫

4、夸人有能耐

5、说人耍奸滑

6、表示某事可行

7、斥责某人故意搅局

8、感叹某事后果严重

9、朗诵：祖国啊，母亲

10、回答哲学问题

11、解释小题大做和狐假虎威

12、表示不可轻视某事

灵璧之子（歌词）

薛新华

手幅子擦不完汗珠子

香胰子洗得净腌巴脏

线陀子从不会自己转

木轱子还须要自身强

毛疙子买不起金香玉
坷头子派得上大用场
猫猴子只为了吓唬人
灵判子却能够送吉祥

大小子还缺个意中人
丫头子总少件好衣裳
老头子遛遛弯上公园
老妈子跳跳舞去广场

当门子摆的是灵璧石
话匣子正在夸虞姬娘
吞央子拉的是知心呱
耳窟子就想听拉魂腔

二流子糠萝卜里头空
烧包子驴屎蛋外面光
熊孩子早就欠劈脸呼
六叶子活该挨锥子攘

额脑子昂起来看得远
脖颈子挺直了走得长
胳拜子往外拐不得劲
心眼子要用在正地方

（rap 反复）：
开锁离不了月齿子
发面还须要糟引子
过年就得贴门对子
待客都讲究摆场子

真能干人称有抹子
假积极被指献勤子
办事过头叫左襟子
做人差劲是半吊子

凡事要弄清什幌子
何时都别凭一乎子
不能只顾钻钱眼子
当心伸手被抹爪子

拉馋来嚃根油鬼子
压饿去尅块喝饼子
谁要是胆敢换片子
一起排他个小舅子

┃节庆礼俗

春　节

耿瑞英

春节是民间所有节日中最受重视的，其活动面之广、项目之多、时间之长，为其他传统节日之首。从农历腊月初八至三十日谓之年尾，正月初一为"春节"，从正月初一至十五日谓之年头，统称为"年头岁尾"。在这段时间中，灵璧有丰富多彩的民俗活动。

过腊八

农历十二月，民间称之为腊月，初八日称为腊八。灵璧一带俗语："过了腊月初八，就把年来办。"腊八是进入春节活动的第一阶段，各地都要吃"腊八粥"。

腊八粥为多种食材混合制成，一般为籼米、糯米、绿豆、豌豆、栗子、腌菜干、腌豇豆等。也有用大米、小米或花生米、粉丝、豆腐皮、黄豆芽、萝卜等，加入葱、姜、辣椒粉、胡椒粉等多种佐料，混合熬成粥。腊八粥味道有咸有甜，尤重辣味。

吃腊八粥寓意庆祝当年人寿年丰，也预祝来年五谷丰登、国泰民安。寒冬腊月吃辣粥，也有防寒之意。灵璧人把腊月初八当作百无禁忌的"黄道吉日"，是男女订亲、婚嫁的喜庆佳期，许多人家选择在这一天办喜事，故有民谣："腊八腊八日子好，许多大姑改大嫂。"

过小年

每年农历腊月二十四，在灵璧谓之"过小年"，它是整个春节庆祝活动的开始和伏笔，主要习俗有两个：扫尘和祭灶。

扫尘，谓之"打扬尘"。春节前，家家户户要进行一次大扫除。室内外垃圾、脏污要彻底扫除，厕所粪便要挑净，干干净净迎新年。扫尘的传统日期为腊月十九日，称为"扫尘日"，如遇特殊情况，可提前一两天，但不能退后。

祭灶也称"辞灶"，即送灶神升天的宗教性活动。灶神谓之"九天东厨司命灶君"，又称为"灶王"，是民间普遍信仰的神，家家都要供奉。崇拜灶神是由崇拜火转化来的，其起源甚早。农历二十四是祭灶王爷的日子，送灶前，每户灶前贴灶王爷画像并附日历，两边对联："上天言好事，下界保平安。"横批："一家之主。"每年换一次。据传灶王爷二十四去天宫，初一五更回。送灶时家家烧香点蜡，把锅台上原贴的旧灶君揭下焚烧，表示送灶君上天。为了要灶君多讲好话，要在锅台上摆上用糯米熬制的"祭灶糖"，意为以糖粘住灶君的嘴。也有的用秫秸拼成马形，纸扎元宝，二十四晚上在灶神像前燃之，并敬酒祷告：灶王在家整一年，明天就要去青天，玉帝面前说句好，明年一定多给钱。按照民间俗信，这天百无禁忌，故女嫁男娶较多。

祭灶日，有的地方晚上吃面条，象征吉祥如意，有的地方烙面饼，称"祭灶饼"。灵璧民谣："腊八祭灶，新年来到，闺女要花，小孩要炮，老妈妈吃着桂花糕，老头子戴着新毡帽。"这说明过了腊八和送灶活动，人人都在喜洋洋迎接春节了。

贴春联

贴春联是我国民间过春节的一个重要习俗，每逢春节，家家户户都会在房门、墙壁、灶台、牛棚、水缸、粮囤、车辆、箱柜等处贴上大大小小的"福"字或吉语，很多人家还把"福"字倒贴，寓意福到了。同时还要在大门、房门、后门，贴上用红纸写的春联，春联形式有四言、五言、七言多种，讲究对仗用韵，内容多为贺节祝福之辞。如"一元复始，万象更新""旭日临门早，春风及第先""爆竹一声除旧岁，桃符万户乐新春"等。在灵璧，许多人家还贴上门神避邪。神像有多种，有唐太宗李世民的秦叔宝、尉迟恭二将，也有说是神荼、郁垒二神，更多的是关公和钟馗像。

吃年饭

农历腊月三十中午，灵璧人家家户户团聚在一起吃饭，称为年饭。这是一年当中最讲究、最奢侈的一顿饭。年饭菜肴丰盛，炖、焖、煨、煮、炒，烹饪十分讲究。吃年饭时，全桌老小围桌而坐，家庭人多就用两三张方桌并成一桌，人口少，也要将杯筷摆成整数，即酒杯十盏，筷子十双，团团摆满一桌，以示全家团圆。吃年饭时，全家老小都可尽情吃喝，喜笑颜开。年饭桌上也有一些规矩，烧的鱼不可吃光，这是说"有吃有余""年年有余"，因"余"与"鱼"谐音。只能用汤匙喝汤，不能端起汤碗喝。说是年饭端碗喝汤，当年就会多雨成灾。大家边吃边谈，先吃完的放下碗筷后，也不要随便离席，就在原位上吸烟喝茶，待大家吃饱后，才离座撤席。撤席后，桌上及地上的残渣剩食，扫存室角，不能倒到屋外去。新年头三天不能倒垃圾，不能向屋外泼水，以防止"财源"外流。

晚饭，灵璧习俗是吃素饺子，取新旧交替"更岁交子"的意思。又因白面饺子形状像元宝，一盆盆端上桌，象征着"新年发大财，元宝滚进来"之意。包饺子时，许多人家还把硬币包进去，谁吃着了，谁就能当家多挣钱。

守 岁

灵璧民间有守岁的习俗。除夕是一年最后一天的晚上，与春节首尾相连，是"一夜连双岁，五更分二年"的重要时刻。"除"是去的意思，除夕的意思就是"月穷岁尽"，表示旧岁至此而除，来年另换新岁。除夕之夜是年节的第一个高潮。守岁又叫"熬年"，是从吃年夜饭开始。吃过晚饭，全家人围坐火盆边，喝茗茶、吃水果、品点心、嗑瓜子、拉家常、说笑话，共享天伦之乐。守岁的习俗，既是对逝去的岁月的惜别留恋之情，又有对即将来临的新年寄予美好希望之意。守岁的同时，人们还要包饺子，留作初一早晨下着吃。也有的人家打纸牌、抹麻将，现代人通常是看电视、玩手机、上网聊天。

放爆竹

"爆竹声中一岁除"。点爆竹是过年的重要标志，是新年里不可缺少的民俗事象。除夕之夜，无论城市还是农村，天空中，火光闪闪，轰鸣阵阵，将节日的气氛烘托得热闹非凡。尤其是午夜交子时刻，新年的钟声敲响，鞭炮声响震天宇，送走了旧年，迎来崭新的一年，把春节推向了高潮。除了在大年初一清晨、除夕燃放爆竹外，年初三、初五，甚至正月十五前的每一天都有人燃放鞭炮。

压岁钱

除夕守岁之时，长辈要给晚辈压岁钱。因为"岁"与"祟"谐音，长辈们希望压岁钱能驱邪免灾，保佑孩子平平安安。有的人家是在吃年饭时，家长把事先准备好的红纸包分赠全家成员，每人一包。有的人家是在小孩入睡后，将红纸包放在枕头底下，等小孩大年初一起床时发现了红纸包，就分外高兴，也表示孩子新一年里大吉大利。更多的人家是小孩子集聚在一起，列队跪拜，高呼爷爷奶奶、爸爸妈妈新年快乐、健康长寿，而后伸手要红包，有的老人家为了热闹，故作小气，让孩子们围攻搜索，最后腰包被"洗劫"一空。老人们逢此情景却乐不可支，认为这是新年事事顺利的好兆头。

拜　年

拜年是春节期间的重要活动，它与除夕夜的团圆饭一样，是最能体现"年味"的春节习俗。我国拜年的习俗由来已久，古时有拜年和贺年之分。拜年是向长辈叩岁，贺年是平辈互相道贺。现在，有些机关、团体、企业、学校，大家聚在一起互相祝贺，称之为"团拜"。如今，信息社会，拜年方式更加丰富多彩，传统的登门拜年和团拜依然沿袭，但电话拜年、网上拜年等新兴拜年方式也愈来愈时兴。

摺刷把子

晏金宝

正月十五元宵节，又称上元节、元夕、灯节，是中国的一个传统节日，有吃元宵、赏花灯、舞龙、舞狮、赛龙舟、玩火把等习俗。

我家住在皖东北的一个村子里，元宵节也有舞狮、挑花灯、摺刷把等习俗，留给我印象最深的莫过于这摺刷把子了。

20世纪80年代，孩子们过了正月初十就开始准备摺火把了，若天气晴好，可连续玩乐多日，至正月十六仍不肯作罢。那时候家庭孩子多，物资匮乏，花灯还是个稀罕物，而"火把"就地取材，无须花钱，这是当时受到孩子们喜爱的主要原因。

火把的制作方法很简单，用废旧的高粱穗做的刷把子或笤帚头，也可找些细树枝、麦草或布头等物用绳子缠绕在一起扎紧，若趁家人不注意，能再浇点煤油，就更要偷着乐了。

父母平常都是不让小孩子玩火的，唯独这几天例外。早已约定的玩伴们，匆匆吃了晚饭，带上火具奔向旷野，急不可待地点着火把。小点儿的孩子要把火把绑在棍子上舞动，大点儿的孩子则直接拿在手里玩耍，摺得越高越远，就越过瘾。更有甚者，有的偷偷地把家中还未"下岗"的刷把子、笤帚拿来玩的，即使被父母打骂，也毫无悔意。摺火把很有趣味，小伙伴们欢声不绝于耳。如谁摺得高、火苗旺、燃时长，则会在玩伴羡慕的眼神中感到无比荣耀与自豪。

随着火把时起时落、或明或暗，玩伴们不断地狂呼着，吼叫着："火把子，亮又明，祈求来年好收成。火把子，摺得好，风调雨顺地生宝。火把子，摺得高，春风得意财源茂。火把子，撂得远，五谷丰登大增产。"

此刻也有熊孩子改编成了庸俗版的"火把语"，他们狂乱叫着：

"火把子，亮又明，我的相貌似罗成。

火把子，撂得好，东庄媳妇跟俺跑。

火把子，撂得高，西村闺女任我挑。

火把子，撂得远，千军万马归我管。"

有些孩子玩得一时兴起，就打起了火把仗。把火把直接扔向"敌方"，有的头发烧焦了，有的棉衣烧了个洞，难免发生口角之争，严重者还会拳脚相加。不玩到所有火把燃尽是决不回家的。尽管月明星稀、寒气袭人，却个个玩得满身热汗。麦地里、沟渠旁、河堰上都曾留下我和玩伴们撂火把的身影和欢快的笑声。

元宵节

耿瑞英

正月十五为元宵节，又称上元节。俗语"正月十五大似年，吃块肥肉好下田"，意思是过了元宵节就算过完年，要准备农事，开始生产了。在这佳节中，灵璧人早餐吃扁食，中餐添荤菜、喝酒，晚餐吃元宵。元宵以糯米粉包馅，馅子一般是猪肉、白糖、芝麻、桂花、果仁等。油炸则称"元宵果"，用开水泡则称"汤团"。元宵节家家忙蒸"灯"。灯为面粉做成，面灯中为窝形便于放油，用火柴棒缠棉球插中间为灯芯，倒上芝麻油，就能点燃，通常按家里人口每人一个。还蒸龙灯、十二月灯、属相灯等等。龙灯是用面粉盘成龙形，在龙头上捏个窝窝，用油点燃放在纱罩子里，留到二月二再吃。十二月灯，一月一灯，灯边捏记号，蒸熟后，哪月的灯形状保持得好，就意味哪个月运气好。属相灯是以家中人是什么属相，就捏成什么形状的灯，这些灯也留到二月二才吃。

正月十五闹元宵，最大的特点是"闹"，闹的形式很多，最热闹的是闹花灯，许多人家张灯结彩，灯火通明，孩子们晚上则端着家里蒸的油灯，在门口及巷子里玩耍，比比谁的灯好看，谁的灯更亮。大一点的孩子有时会骗小孩子："你的灯下面有条毛毛虫。"小孩子闻听忙把灯反过来看，结果油全倒掉了。小孩子哇哇哭，其他人哈哈笑，边笑边安抚小孩子。现在这个习俗已经式微，孩子们端的油灯已由电池灯泡代替，花式也更多、更漂亮，有"麒麟送子""鲤鱼跳龙门"等。有的地方还舞龙舞狮、扭秧歌、踩高跷、跑旱船等。

元宵也是亲人团聚的日子。但出嫁的姑娘这一天必须在元宵灯亮之前回婆家，因为有"看了娘家灯，娘家穷得空"之说。

扎花灯

邱德龙

小时候，只要春节一过，就开始准备元宵节扎花灯、找刷把、蒸面灯等元宵节所需的物件，这时我们就会缠着大人给扎花灯。由于正值农闲，大人们也乐意哄着孩子玩。扎花灯看着简单，但真正扎起来也是挺麻烦的，不是心灵手巧，还真弄得歪歪扭扭，不成样子。我小时候也学会了扎花灯，什么圆灯、方灯、六棱灯，公鸡鲤鱼小妖精，费点工夫也能弄得有模有样。

传统花灯样式少、很单调，用的材料也很简单。高粱秆或小木条、细竹枝、小木板、白纸或绸布等是必备材料；玻璃纸、糨糊或胶水、铁钉、剪刀、毛笔、五色颜料等也是不可少的。

先用剪刀按设计好的结构、形状、大小等将高粱秸或小木条裁剪成长短不一的小段，做成底上两个框，底框除用作固定成型外，还要横放一块小木板，木板中间穿一铁钉留作安放蜡烛之用；上框留作拴线挑灯之用。将长段高粱秸杆头对头做成正方、长方或多边的两个同样大小的框，所有接头处用细竹枝插入固定，在两框的每个拐角接头处竖放一根等长的高粱秸，把上下两框连接起来，再用竹枝固定。最后用等长的高粱秸把上、下两个框与中间部分对接固定好，一个花灯的框架就完成了。必须注意的是接头部分的角度要准确，固定要牢靠，这样做出来的灯笼既美观又牢固。

然后，按框架的形状和大小把白纸或绸布剪裁成所需尺寸，粘在用糨糊或胶水涂抹过的框架上，如使用绸布，则需用针线缝合，扶正粘牢。接着就可用五彩颜料根据个人爱好画上雄鹰展翅、蜻蜓戏水、飞鸟虫鱼、彩蝶牡丹等简洁明了的图案，一个灯笼就算完成了。

灯笼做好，我们如获至宝，精心地珍藏起来，还不时地拿出来端详欣赏，元宵节前就要点上蜡烛提着它到处显摆。

听大人说，用花灯照过的地方以后不会再有蝎子、蜈蚣、毒蛇出来伤人，我们信以为真，提着灯笼在墙角旮旯、房前屋后、厨房厕所等凡是毒虫可能藏身或出没的地方都认真仔细地照，以图家庭平安。

有一次，弟弟提着心爱的红灯笼正在向小伙伴们显摆，我故作惊讶地大声告诉他："快看看，你灯下有个蝎子！"小弟听我一喊吓了一跳，慌忙地翻过灯笼，"呼隆"一下，灯笼瞬间燃烧起来。小弟哭闹不止，为了平息事态，我好说歹说，连哄带劝，最后把自己的灯笼赔给他，才算了事。

随着社会的发展，百姓生活水平提高了，民间手工制作的传统花灯已经被工厂化生产的新式灯笼取代，只能留在人们的记忆里了。

三月三

张协力　钱　哨

上巳节俗称三月三，是汉族及多个少数民族的传统节日，也是中国的情人节，最早出现于《诗经》中，比西方情人节早1000多年。先秦后得以延传。

杜甫"三月三日天气新,长安水边多丽人",更将其绮丽炫目的风情烘托到极致。农历三月初三是三月第一个巳日,所以称为"上巳",汉代开始定为节日。这一天,还是传说中王母娘娘开蟠桃会的日子。"是月上巳,官民皆絜于东流水上,曰洗濯祓除,去宿垢疢,为大絜。"(《后汉书·礼仪志上》)后又增加了临水宴宾游春、踏青的内容,从唐诗中还可读出尚有泛舟、竞渡的活动。

清《灵璧县志》记载:"三月三日祀玄帝谒庙登山;男女采荠菜花戴之为兆吉。"阴历三月三,正值春暖花开,阳光明媚之际,男男女女纷纷走出家门,到郊外游春,后期陆续发展为河畔嬉戏、男女相会、插柳赏花等民俗活动。

六月六

王淑平　钱　哨

"六月六"是汉族和一些少数民族人民的传统佳节,在灵璧称天中节。此时正值伏天,人们多在这日晾晒衣物,民间称为"洗晒节"。六月初六,在节令中正值仲夏,所以说"六月六(本县称为'陆月陆'),晒红绿"。这天也有"晾经节"之称,此说法来源于唐代。据说,高僧玄奘从西天(印度)取经回国,过海时经文被海水浸湿,于六月初六将经文取出晾干,后来此日变成吉利的日子。起初,皇宫内于此日为皇帝晒龙袍,以后又从宫中传向民间,便成习俗。也有说道家把这一天称为"天赐节"。大大小小的寺庙道观要在这一天举行"晾经会",把所存的经书统统摆出来晾晒,以防经书潮湿、虫蛀鼠咬,同时接受上天之厚爱。

新中国成立后,除晾晒衣物外,六月初六被赋予更多的意义。这天,出嫁的女儿、侄女都要买肉来孝敬年迈父母和长辈,庆贺老者延年益寿。当地流传一句歌谣:"六月六,吃闺女送的肉。"有的还要送些钱。

六月六这天还有许多专门的食俗。从六月初六起,街市上的中药铺和一些寺庙开始施舍冰水、绿豆汤和用中药制作成的祛暑汤。主妇们也在这一天开始自制大酱。六月六当天要吃素，如炒韭菜、煎茄子和烙煎饼等。"六月六，看谷秀"。农历六月已异常炎热，庄稼长势正旺，已是玉米吐须孕穗之时，农家要观察长势，以卜丰歉。六月初六农民还称为"虫王节"，要在农田、庭院里焚香祭祀，祈求五谷丰登。

中秋节

耿瑞英

农历八月十五为中秋节，是汉族的传统节日，俗称"八月节"，也称"团圆节"，家人都要尽可能从各地赶回家团圆。全家对月跪拜，俗语云"在家不敬月，出门遭雨雪"。敬月后，分食月饼，如有人在外，即留一块，表示团圆。

灵璧人节前人们要给爷爷、奶奶、外公、外婆、父母、岳父母、老师等长辈送上月饼、酒肉、水果等节日礼物，亲戚间也要互赠礼品，共贺佳节。

中秋节中午举行家宴，晚上月上半空时，全家在院子里或家门前围坐一桌，桌案上摆满月饼、点心、水果，全家人边吃边赏月，其乐融融。有的还要设香案、放鞭炮、焚香、烧黄表，名为"接月"。接月后，全家人吃月饼赏明月，老人给孩子们讲嫦娥奔月的故事，直到深夜。

重阳节

耿瑞英

农历九月初九重阳节，又称登高节、重九节，是我国传统节日。

这一天，灵璧有"重九登高"的习俗。传说登高可以避灾，每逢重阳节，人们头插茱萸，手提菊花酒，结伴登高游山。一些文人则登山、饮酒、赏菊、吟诗、作画，舒畅胸怀。古时，灵璧西郊凤凰山建有万寿亭，是九九重阳节灵城人登高望远的最佳去处。清朝末年，灵城九位饱学老人成立九老诗社，并在万寿亭原址重建了"九老亭"作为集会场所，在此吟诗作赋。

重阳节到来时，正是菊黄蟹肥之时，许多人于这一天持蟹赏菊，饮酒取乐，极富情趣。还有人在这天吃糯米糕，因糕与"高"谐音，吃糕就象征着登高了，年轻人可以步步高升，老年人可以健康高寿。

重阳节，也是敬老节。1989 年，我国把每年的九月九日定为老人节，传统与现代巧妙地结合，成为尊老、敬老、爱老、助老的节日。每逢这一天，机关单位组织走访慰问离退休干部职工、老模范、老军人。家庭子女为老人购买礼品，祝老人健康长寿。

门前有棵花椒树

晏金福

3 年前，我还住在自建的独家小院里。前院的老张家，门前有棵很大的花椒树。老伴熬鱼时，放着家里的花椒粒不用，总喜欢去掐几片花椒叶来。你别说，那碧绿的花椒叶，配上白白的鱼，十分养眼。而且那浓郁的椒香扑鼻而来，让人不由得食指大动。

有一天，儿子从老张家的大树底下挖来一棵小花椒树，想栽在自家门前。老伴立即上前制止。儿子不解，追问为什么。老伴看了看我，我给儿子讲了个故事。

故事的开头和上面的如出一辙。那是我 10 岁的时候，家乡灵璧县晏湾村是新开的湖地，沟渠纵横、汪塘遍布。没有化肥、没有农药，水是原生态，草也是原生态。有水就有鱼，逮鱼成了俺庄人的职业，吃鱼更是俺庄人的强项。可是那时别说油了，连酱油也见不到，只有盐。烧开一锅水，把鱼往里一氽，再撒点盐，那个美啊，比现在五星级大酒店的还解馋。母亲是烹饪高手，总能整出点与众不同的花样来。相隔两三家的那家有棵花椒树，母亲常会陪着笑脸，去讨几片花椒叶来。那花椒叶往锅里一放，味道果然不一般。可是看着母亲为几片花椒叶受人家的白眼，我心里很不舒服。那家的女主人非常小气，又很凶，我们背地里都叫她母老虎。有一天，我看到母老虎的树下出了几棵小花椒树，就趁她不注意，偷偷地挖了一棵，在自家门前栽起来。就在花椒树栽好，准备浇水时，母亲从院子里冲了出来，一把拔掉花椒树，重重地摔在地上。

我不干了，哭着闹着偏要栽。母亲被我缠急了，说："你离远点儿，要栽我来栽！"母亲栽了树，还浇了水，自始至终没让我沾手。后来，母亲告诉我："老一辈人说，花椒树不能栽。谁栽的，等树长到狗脖子粗时，谁就会死掉。"

从此，我家门前也有了花椒树。夏天，母亲常常带着笑脸，欢迎来掐花椒叶的左邻右舍。秋天，母亲又会把满树的花椒一枝枝剪下来，送给亲戚朋友。看着那枝繁叶茂、一天天长大的花椒树，我的心里却充满了矛盾。母亲再也不必为几片花椒叶受罪了，我高兴。可是那古老的传说，又像一块大石头压在我的心上。我家养了一只土狗，树刚栽时，我拃了拃它的脖子，两只手还箍不过来。再看那树，只有手指头粗细。哈哈，你哪天能赶上狗脖子？我不担心了。可是，过了两年多，狗脖子我两只手已经快能箍过来了，那树却有擀面杖粗了，我开始揪心起来。打那以后，我一放学就去拃狗脖子和花椒树，心是揪得越来越紧。

后来，我去外地上了学。随着年龄和知识的增长，那古老的传说就逐渐被我扔在脑后了。

1984年，党的知识分子政策让我全家农转非，学校为我盖了独家小院，我能把辛苦劳累一辈子的母亲接到新居里，好好享享清福了，我们全家都沉浸在幸福中。可是，还没等到新屋盖好，母亲却因脑溢血住进了医院。母亲带着对新生活的憧憬，在昏迷中苦苦挣扎了28天，终于没能抵挡住病魔的侵袭，撒手人寰，时年69岁。不知怎的，此时我的脑海里突然又冒出了那棵花椒树了。十几年前我已搬家另住，新屋和老宅隔了一个大汪，极少回老宅。30多年了，如果那棵花椒树还在，想来，应该有狗脖子粗了。尽管早已不相信那传说了，可心里还在狐疑：要是不栽那棵花椒树，母亲是不是能多活几年？哪怕抓住点儿幸福的尾巴，也免得我们为此悔恨一辈子。

"我不怕死，我来栽！"老伴说。"我也不怕，俺俩一起栽。"我说，"要是真那么灵验，咱俩一块儿死，那就再美不过了。"可惜三年前小院拆迁，那棵花椒树也随之夭折，那传说灵验与否，我们再也体验不到了。

五花八门的"拜"

晏金福

小时候，由于父亲不太管事，所以，从六七岁起，许多事就落在家庭里我这个唯一的小男人身上。我记忆最深的就是那些五花八门、千奇百怪的"拜"，尤其是过春节的时候。

腊月二十四，是我们这儿的小年。传说是一家之主灶王爷上天"述职"的日子，我得在灶门前端端正正地贴上一张灶王爷的画像，再贴上"上天言好事，下界保平安"的对联和"一家之主"的横批，然后，恭恭敬敬地跪在地上磕三个头，按母亲的嘱咐，嘴里嘟哝一番灶王爷上天多说好话、保佑我家来年全家平安的话。

年初一的早晨，公鸡刚叫头遍，母亲便会喊我起来"发天纸"。我得把家里唯一的一张母亲陪嫁的条桌搬到院子里，点上香，摆上供品，再安放好事先写好的"玉皇大帝"的牌位。接下去照例是跪下磕头，说些"请求保佑"的话。然后放炮，焚烧张天师的牌位。

天亮了，我得把条桌搬进堂屋。因为我们一族的家堂（俗称"龛子"，就是人老几代的牌位）在我家里，所以，我得在家堂前点上香，摆上供品，然后跪拜祖先。吃过早饭，再把案板搬到堂屋，准备好茶水、瓜子、糖板儿，等待本族人前来叩拜祖先。

这些敬神敬祖宗的"拜"我很理解，所以，每次拜都很虔诚。但是，有些"拜"，我却无法理解，甚至觉得很荒唐。

我小时候患脾肿大，农村人叫长脾块，脾胃弱，每天夜里，都要拉稀，母亲把我带到鸡圈门前，逼着我"拜鸡"。我虽然心里一百个不乐意，可是母命难违，我只得勉勉强强地对着鸡圈作了揖、磕了头，然后按母亲教的，念道："鸡大哥，鸡二哥，你夜里屙，我白天屙。"并且连念了七遍。弄得我像吃了苍蝇，恶心了好多天。

我10岁了，不知是因为晚长还是营养跟不上，个子比同龄人矮一头。母亲怕我长不高，就把我带到村里最大的一棵椿树底下，让我"拜"椿树。我怀着同样的心情，给椿树作揖磕头，然后连念七遍"椿树王，椿树王，你长粗来我长长。你长粗了打嫁妆，我长长了穿衣裳"。

现在觉得小时候的那些"拜"，多出自习俗和愚昧，但母亲对子女的拳拳爱意和急于改变不利处境的心情，让我永远心存感激。

红线线　绿线线

胡瑰丽

好早之前，我就准备在端午节后的第一场雨水到来之时，写一篇小文，来致意我已经逝去的童年时光。现在端午后的第一场雨已经过去了些许日子，而我却迟迟没有动笔，我为我的懈怠与懒惰汗颜着。

今晨，特意起了个大早，真的是个"大早"呢。此时，我的窗外灰蒙蒙的一片，虽然远处已经传来缥缈的雄鸡的啼鸣，但是光明如羞涩的新娘一般，依然蒙着面纱羞答答地悄悄地躲在黑暗里。我轻轻地打开窗，让清凉的空气涌进房中，让自己的思绪在这个美好的黎明时分放飞。

在我小的时候，每到端午节的清晨，我的奶奶早早地就起床了，她踮着脚步，带着夏日清晨的清新，轻悄悄地走进我住的房间，然后再轻悄悄地坐到我的床头。奶奶把不知道是横在床头还是竖在床头的我，挪到床的中央，她先用白酒擦我的耳朵眼和鼻孔，口中念念有词，大约的意思就是让夏季里的蚊虫不要叮咬我。小时候的自己，特别嗜睡，虽然每次总会被白酒的刺鼻气味呛得直打喷嚏，虽然自己也总想醒来，想亲眼看着奶奶接下来在我的手腕处系上红线线、绿线线。但我却总是迷迷糊糊，努力想醒却挡不住沉沉的睡意，于是我就在奶奶温热大手的抚摸下，依然甜甜地沉浸在自己的梦乡里。

等奶奶把艾草插在大门两侧，把甜甜的糖糕和香脆的小果子摆在饭桌上，等刚刚盛出的白面稀饭还在碗中打着转儿的时候，我才会被叫醒。此时的小小的我是欢喜的，我的欢喜不是因为艾草，不是因为端午节早晨的美食，而是因为奶奶在我手腕处系着的红线线、绿线线。这光艳艳的红线线、绿线线是奶奶早就预备好了的，只是选择在这个特定的时候才会系在我的手腕处。我坐在床沿，兴奋地挥动双手，让红线线、绿线线在艾草香与早饭香中跳舞。吃罢早饭，我一溜烟儿地跑出家门，找我的小伙伴们去了，这样的时候，我和我的小伙伴们总会在一起比比谁的手腕处的风景最美。只是，那时大家系着的都是一样的红线线、绿线线，根本分不出什么优劣来。

其实，这样的红线线、绿线线虽然看着很是光艳，但是它却极爱褪色，尤其是沾了水之后。所以每次洗脸、洗手的时候，我总会格外小心，只是任凭我百般小心，几日过后，红线线、绿线线还是会失去本来的面貌而慢慢地变成惨白色。再过几日，原来泾渭分明的红色和绿色就成了一水儿的惨白色了。这一绺儿惨白像老人的胡须，在我的手腕处很是碍眼，于是我就开始期盼端午节之后的第一场雨水赶快到来。

裹挟着炸雷和狂风，端午节之后的第一场雨在我的期盼中终于到来了，这端午之后的第一场雨大都格外有声势，毕竟此时已经是盛夏时分了。在浩大的风声和雨声中，奶奶用剪刀剪掉我手腕处已经褪尽华彩的红线线、绿线线，然后把它们扔到房外的下水沟中。我眼睁睁地看着我的红线线、绿线线在翻腾着的、浑浊的雨水中随波逐流，一路向前，然后便不见了踪影。奶奶告诉我说，我的红线线、绿线线会随着翻滚的水流幻化成一条巨龙，翱翔在九天之上。对于奶奶的这个说法，我总是深信不疑，所以我从奶奶那儿把这个传统继承过来，然后在每个端午节的清晨，在我儿子的手腕处系上红线线、绿线线，我也会在端午节之后的第一场雨水之时，剪掉红线线、绿线线抛进雨水中。只是儿子对于我曾经深信不疑的"线能化龙"之说总是嗤之以鼻。

而今儿子已经长大，已经不屑于端午节之时的红线线、绿线线，我很失落，所以在端午节之前，我就会漫步于大街之上，在每一个卖红线的摊点前流连。只是我记忆中的红线线、绿线线已经演变成现在鲜艳的中国红，并且在鲜红之中泛出丝绸般的亮丽光泽，再也不会褪色了。红红的线上面却又添加了小小的桃木挂坠或者金属铃铛之类的饰物，直观上看比我记忆中的红线线、绿线线要高档许多。可是我却仍然无法释怀我小时候的那种毛茸茸的、极易褪色的红线线、绿线线。

因为思之切，所以它们便会常常入我的梦中。在我的梦中，不仅有红线线、绿线线，还有奶奶温热的大手、温暖的气息和她那仿若已经模糊却又格外清晰的脸庞……

围 仓

姜德臣

在灵璧有一句歇后语："二月二的黑圈圈仓——你是咋围（为）的？"是用来讥讽失去人缘的人。

围仓是中华传统民俗之一。二月二日早晨，太阳未出来时，农村老百姓用草木灰在地上撒成一圈一圈的同心圆，称之为围仓。"三里不同俗，十里改规矩"，各地的叫法各异，围仓也叫打囤、打灰囤、画仓、填仓、打露囤等。

相传在很久以前，中国北方遇到连年旱灾，赤地千里，颗粒无收，百姓日不聊生。可是，皇家不管黎民百姓的死活，照样征收皇粮，弄得民间怨声载道。看守皇家粮仓的仓官，目睹这一惨景，于心不忍，便毅然打开皇仓，救济灾民。他知道，这样做是触犯了王法，皇帝绝不会饶恕他。于是，他让百姓把粮食运走了以后，就一把火把皇仓烧了，连同自己也活活烧死。这一天正好是农历二月二日，后人为了纪念这位放粮救灾民于水火的大仓官，每到这一天，就用草木灰在院内外打囤围仓，以示对仓官的怀念，也祈盼来年五谷丰登，换来一个好年景。这样，围仓的习俗就世代流传下来了。

二月二围仓，也是我们灵璧的传统，大概沿袭到20世纪60年代末，这也是农耕文化的节点符号。每到这一年的二月初二，村里的人就早早起来，打扫完院落，就在自家的堂屋、院子、大门口以及自家打谷场上围仓囤。围仓要在天亮之前举行，才有灵气。各家必须是男人也就是劳动的主力围仓囤。其基本的做法就是用烧柴草做饭后的草木灰，拿个木锨或铁铲铲上一些草木灰，人在圆心处转动，手不停地抖动锨柄，将草木灰洒落在圆周上，就在地上撒画出第一个圆来。接着再依第一个圆弧为参照向外逐步画出第二、第三个来……圈圈由小到大，或由大到小，围仓的圆圈，大套小，一般三到五圈，多则九圈，围单不围双。仓囤的圈数还要视地方的大小而定，如场地较大时就增加一根长绳子和簸箕。将绳子一端固定在圆心上，另一端连接簸箕，簸箕里放入草木灰，人端着簸箕围绕圆心保持一定的半径，不停地抖动簸箕，让草木灰均匀撒在地上，依此操作就画上了不同的同心圆。有的还边围边念念有词："二月二，龙抬头，天子耕地臣赶牛。正宫娘娘来送饭，当朝大臣把种丢。春耕夏耘率天下，五谷丰登太平秋。"最后在圆心处挖一个小坑，把一些粮食用纸包了埋下去（用纸包的目的是二月二再取出来时方便），也有不挖坑直接将少量粮食撒在圆心周围，也有放铜线的，这些都寓指粮库和钱库。第二天，也就是二月三日的早上，一家人比着看谁起得早，谁扒出那个钱就归谁，谁最先扒到，就预示着他这一年必有好运。倘若家里的鸡鸭禽类跑出来，啄食囤里的粮食或钱币，就寓意着来年风调雨顺、五谷丰登、六畜兴旺，吃饱穿暖有钱花。

囤仓围好后，还要在去家门的方向画上两条向外延伸的线段，再与这两条线间圈外的地方撒画出两条平行线连起来。有的人还把画好的"仓"装饰一番，如用五谷杂粮给"仓"加个花边，用粮食颗粒摆成"丰""福""鱼"等吉祥图案。远观围好仓的图案，好像一幅十分精美的图画。这是老农用握锄头的大手画出来的，是典型的岁时节点的一个农耕符号。

围仓是预祝当年五谷丰登，仓囤盈满，谁家围得越圆越大，谁家来年的收成会越好。二月二日围仓是村民勤劳的象征，体现了农民对好年景、好日子的期盼与向往。

天长日久，民间艺人根据"围仓"的习俗，创作出了"粮画"这门民间艺术，充分利用粮食颗粒的形状、大小和颜色，把一粒粒粮食在木板、瓷器、纸片等上面拼粘成各种吉祥图案，表达劳动人民对美的追求和对美好生活的祝福。

贴灶王

王为民

我小的时候，父亲赶年集回来，不仅置办年货、买写春联的红纸，还要"请"回一张"灶老爷"（我们这地方对灶王爷的尊称）。"灶老爷"是手工木刻，用黑、红、黄、绿等颜色套色印制，大方而喜庆。"灶老爷"头戴官帽，三绺美须，旁边坐着的是灶奶奶。两位神仙面带微笑，端庄而慈祥。有了这家户大神的庇佑，就多了份安全感。

"灶老爷"是年二十四贴在锅灶旁边的，两边还有一副对联："上天言好事，下界保平安"，横批"一家之主"。

从小听老人讲过《张郎休丁香》的故事，说的是富家子弟张郎娶贤惠的丁香为妻，后又移情别恋，休了丁香，娶了李氏。李氏虽貌美，然而好吃懒做，不长时间就挥霍完了张家财产，后又改嫁他人。雪上加霜的是，家道败落的张家又被一把大火烧了房子。张郎又急又气，瞎了双眼，沦为乞丐。有一天，他到一户人家讨饭，主人给他端来一碗面汤，他喝出了前妻做饭的熟悉味道，羞愧难当，一头钻进灶膛里。丁香赶紧去扒，只扒出一根大腿骨，这就是我们烧锅用的剔火棍。不知什么原因，这个人品不怎么样，又没什么"政绩"的张郎，怎么就被姜子牙封为"灶王"，享受人间烟火。

先秦时期重要的礼仪典籍《礼记·祭法》就有祭灶的记载，在传统的风俗中，祭灶的仪式非常隆重，大户人家要准备三牲祭品，即鸡、猪、鱼。不管是大户人家还是小户人家，有一点是共同的，祭灶都少不了又黏又甜的东西，如麦芽糖、花生糖、芝麻糖等。目的是粘住灶老爷的嘴，让他上天时，在玉帝面前多说好话，这恐怕也是"吃人嘴软"的意思。

光吃不行，还要"咪"一下。唐代《辇下岁时记》就有"以酒糟涂于灶上，使司命（灶王）醉酒"的记载。人们用酒糟涂在灶王爷的嘴上，称为"醉司命"。就是把他弄醉，使他头脑不清醒，少向玉帝讲人家的坏话。可见人们让灶王爷"上天言好事"，也是费了一番心思的。

我们这地方祭灶比较简单，年三十和正月初一吃饭前，由家里老人端着酒和菜在灶老爷面前祈祷："有饭你先吃，有事你先知，下界保平安，上天言好事。这是年三十的酒、菜，您先尝尝。"祈祷完倒点酒放点菜就算结束了，这时一家人就可以动筷了。

祭灶除了这些还有小讲究，比如不能敲击灶台、在灶前嬉戏、说怪话脏话、大声吵闹，不能将污秽之物放入灶内燃烧等。如出现这些"不文明"行为，就别怪灶老爷不替你说好话了。

祭灶，是人们对新一年美好生活的憧憬和向往。

二月二

耿瑞英

古时，龙在中国人的心目中有着极高的地位，不仅是祥瑞之物，更是和风化雨的主宰。农历二月二是龙欲升天的日子，因此有"二月二，龙抬头"之说。在这一天，灵璧有许多习俗。一是祭龙。在二月初一下午要把室内打扫得干干净净，以迎接"二月二，龙抬头"的好日子。这天家家户户将水缸挑得满满的，让龙净身。期望当年风调雨顺，五谷丰登。二是吃龙灯。元宵节蒸的龙灯要在二月二这天吃掉，而且由属龙的人吃，象征着人和龙融为一体了，能争取风调雨顺，有一个好年成。三是填仓。凌晨在院内和打谷场上用草木灰撒成粮囤型圆圈，内放少许杂粮，用筛子或碗扣上，谓之填仓，盼望五谷丰收。20 世纪 90 年代后已少见。四是"剃毛头"。境内有正月里儿童不许剃头的习俗，因为传说剃头死舅舅。即日起家家小孩剃头，其中，在哺乳期留辫子的男孩，当年为 6 岁、9 岁、12 岁，剃掉辫子，叫"剃毛头"。由于剃毛头是重要仪式，娘家至亲如舅舅、姑妈、姨妈等送礼金。舅舅先剪第一剪，后由理发师接下剪。21 世纪始，女孩也有的剃毛头，与男孩不同的是辫子留着。

清明节

耿瑞英

清明节又叫寒食节，是中国传统节日，也是最重要的祭祀先人节日。

传说此俗是纪念晋国忠臣介子推的。相传春秋时期，晋公子重耳为逃避迫害而流亡国外，流亡途中，在一处渺无人烟的地方，又累又饿，再也无力站起来。随臣找了半天也找不到一点吃的，正在万分焦急的时候，随臣介子推走到僻静处，从自己的大腿上割下了一块肉，煮了一碗肉汤让公子喝了，重耳渐渐恢复了精神，当重耳发现肉是介子推自己从腿上割下的时候，流下了眼泪。

19年后，重耳做了国君，也就是历史上的晋文公。即位后，文公重重赏了当初伴随他流亡的功臣，唯独忘了介子推。很多人为介子推鸣不平，劝他面君讨赏，然而，介子推秉性高洁，不想邀功请赏，便身背着母亲悄悄到绵山隐居了。晋文公听说后，羞愧莫及，亲自带人去请介子推出来做官，介子推避而不见。这时有人献计，从三面火烧绵山，逼出介子推。可大火烧遍绵山，却没见介子推的身影，火熄后，人们才发现介子推和他老母亲已在一棵老柳树下被烧死了。晋文公见状，恸哭不已。装殓时，从树洞里发现一血书，上写道："割肉奉君尽丹心，但愿主公常清明。"为纪念介子推，晋文公下令将这一天定为寒食节，全国禁止生火做饭，只能吃干粮和冷饭。第二年晋文公率众臣登山祭奠，发现老柳树死而复活，便赐老柳树为"清明柳"，并晓谕天下，把寒食节的后一天定为清明节。"寒食禁火"的习俗逐渐在民间流传开来。由于寒食节与清明节仅距一日，后来寒食节就与清明节融合成一个节日了。

清明节在灵璧也叫"鬼节"，是祭祀先人的节日。节前，各家要为先人坟墓清理杂草、加添新土，清明当天祭祀时，要燃上香烛、焚烧纸钱，叩头致哀。后来，大多是添坟与祭祀一起进行。近年来，随着文明程度的提高和环保意识的增强，人们在清明节祭祀时多是供奉鲜花。机关干部职工、学校师生去烈士陵园扫墓，放花圈或花篮，进行革命传统教育。

清明节，正是仲春时节，适宜春游，因此又叫踏青节。

灵璧有"清明不吃蛋，穷得乱打战"和"清明不插柳，死后变黄狗"的俗语，因此，灵璧清明节有吃鸡蛋、插柳枝的习俗。

端午节画钟馗

五月初五端午节，又称夏节、端阳节。古时候的人们把端午看成是毒日、恶日，所以端午节的习俗多与驱邪、解毒、除瘟疫、求平安有关。

在灵璧，端午节这一天百姓家家悬挂钟馗像用以镇宅驱邪，招祥纳福，钟馗画家则相聚一起画钟馗画。传说端午是钟馗的生日，所画的钟馗更灵验，因而当地有端午所画钟馗能下纸杀鬼的传说。传说宋代一位知县到任不久，县衙闹鬼，搅得他不得安宁，后在衙内悬挂一幅端午节画的钟馗可下纸杀鬼的钟馗画后才恢复平静。知县感叹钟馗画的神奇，就在那幅画上盖了三个县印。此事传开后，许多钟馗画家都来请知县盖县印，以示自己所画钟馗亦能下纸杀鬼。于是知县就在端午节这天召集钟馗画家一起到城隍庙画钟馗，如果发现钟馗能显灵下纸杀鬼的，就给盖三个县印，成一"品"字，既代表此钟馗可下纸杀鬼，又说明有品位。

端午节这天，灵璧所有画家都来到城隍庙作画，有一百多人。大家各自拿出画笔、纸墨精心作画。一会儿，一幅幅栩栩如生、威风凛凛的钟馗像画好了。所画钟馗形态各异，风格迥然，但有一点完全相同，都是到了正午，画家才拿出朱砂，开始给钟馗点睛。原来钟馗是端午节正午时出生，这时点上眼睛，钟馗才会灵验。但有一人不是用朱砂点睛，而是拿来一只鸡，把头剁掉，取鸡血给钟馗点睛。只见用鸡血点睛后的钟馗顿时眼冒灵光，活灵活现。

天气渐渐变热，有一幅画上的钟馗身体开始颤动，一天比一天剧烈，到了五月二十八这天，钟馗"噌"地一声，从画上下来，转瞬即逝，到外边杀鬼驱邪去了。大家仔细一看，正是那张用鸡血点睛的钟馗画。

传说怪诞绮丽，但它反映了民间对钟馗的信仰，反映了灵璧钟馗画的影响力。于是端午节画钟馗成为灵璧的一个习俗，经过数百年的民间流传，这一习俗仍在灵璧兴盛不衰。每年的这一天，灵璧的钟馗画家或由政府组织，或画友自发组织相聚一起画钟馗画，送亲友，或出售给购买者，所画作品供不应求。清朝钟馗画家徐大前，所绘钟馗，丑陋凶猛怪诞，其势咄咄，乍看令人掩面，细看之下，却阴柔妖媚、憨态毕显，常被作为贡品上献朝廷。据说每至端阳节前，县衙均派专人俸他作画。

端午节这天画家画的钟馗多是斩鬼图，也有的画斩五毒图。因为进入五月，蜈蚣、蟾蜍、蝎子、蛇、蜘蛛等毒虫开始出没，瘟疫流行，人们希望钟馗能用利剑将它们一一铲除，保佑人们健康平安。随着社会的发展，人们不再依赖钟馗来斩鬼除毒，而是把它作为一种文化符号，寄托人们的美好愿望，钟馗画的题材也在不断变化，越来越丰富。

（耿瑞英　整理）

五二八拜钟馗

耿瑞英

传说钟馗下纸杀鬼的这一天是五月二十八，是城隍的生日，灵璧的城隍庙前正在举行庙会。人们听到这一消息，纷纷前来观看。一时间，城隍庙里里外外挤满了人。傍晚时分，钟馗提着把血剑又回到城隍庙并在空中朗声喊道："各位乡亲，我钟馗本想每年的农历五月二十八来家乡，因邪恶一年更胜一年，钟馗没有时间回来。经玉帝恩准，灵璧每年出一张活钟馗，与邪妖抗衡。我便选择端午节这天所画的钟馗像显灵，然后去寻找妖邪，到二十八这天统统予以铲除，保佑我父老乡亲永享太平。"说完又回到画中。所有在场的人闻听钟馗所言，纷纷跪下给钟馗磕头，许多人还为钟馗焚香上供。

从此每年到了五月二十八这一天，人们就聚集在城隍庙前，喝着钟馗酒、戴着钟馗面具，跳钟馗、画钟馗、说钟馗、唱钟馗、拜钟馗，庆祝钟馗再生，人间又多一份祥和，多一份安宁。小商小贩也活跃其间，一些剪纸、捏糖人、杂技等民间艺人也来摆摊设点，一展手艺。城隍庙前前后后，里里外外人头攒动，热闹非凡。此习沿袭至今，虽已演变成商贸活动，但这一天民间艺人通过说唱纪念钟馗的习俗依然兴盛不衰。

中元节

耿瑞英

农历七月十五称"中元节"，俗称"鬼节"。传说该日地府放出全部鬼魂，民间普遍进行祭祀鬼魂的活动。凡有新丧的人家，照例要上新坟，而一般在地方上都要祭孤魂野鬼，所以，它整个儿是以祀鬼为中心的节日，系中国民间鬼节之一。这天，家家祭祀先人，有些还要举行家宴，并行礼如仪。酹酒三巡，表示先人宴毕，合家再团坐，共进节日晚餐。断黑之后，携带炮竹、纸钱、香烛，找一块僻静的河畔或塘边平地，用石灰撒一圆圈，表示禁区。再在圈内泼些水饭，烧些纸钱，鸣放鞭炮，恭送祖先上路，回转"阴曹地府"。过去，民间在七月初七就要通过一定仪式接先人魂灵回家，每日晨、午、昏，供3次茶饭，直到七月十五日送回为止。有的人家逢中元节要请道士做"盂兰会"，设道场，超度新丧的亡灵。新丧之家，亲友都来吊唁，携带"纸帛""金银山""灵屋"等吊礼，丧家要设宴招待。现在，逐渐剔除迷信色彩，保留祭奠形式，作为对祖先的缅怀和纪念，实质上成为怀念祖先的节日。农历七月十五，人们上坟祭祀祖先，燃烧钱纸，供奉鲜花和水果、糕点等祭品，悼念先人。

十月一

耿瑞英

十月一，指农历十月第一天，又称"十月朝""祭祖节""冥阴节"。因这一天祭奠先人，谓之送寒衣，又称为寒衣节，与春季的清明节、秋季的中元节，并称为三大"鬼节"，也是怀念祖先的节日。民间有俗语："清明烧前，十一烧后。"农历十月一开始扫墓，直到十月十五下元节结束为止，故曰"烧后"。

十月初一的时候，农事已毕，粮食归仓，天气渐渐转冷，为避免先人们在阴曹地府受冻，这一天，人们要焚烧五色纸，为其送去御寒衣物，并连带着给先人的邻居送上温暖。通常用纸剪好后糊成冬衣样，买些纸钱冥币、纸元宝之类，到祖坟前烧化，并叩首祈祷，以表孝心。

十月一，烧寒衣，寄托着今人对故人的怀念，承载着生者对逝者的悲悯。同时，这一天也标志着严冬的到来，所以也是父母爱人等为所关心的人送御寒衣物的日子。民间在十月一日，妇女们要在这一天将做好的棉衣拿出来，让儿女、丈夫换季。如果此时天气仍然暖和，不适宜穿棉，也要督促儿女、丈夫试穿一下，图个吉利。男人们则习惯在这一天整理火炉、烟筒，还要试着生一下火，以保证天寒时顺利取暖。

乡珍篇

┃土特食品

馍卷子 喝饼子

陈晓卿

老家地处淮北，是著名的粮食产区，肥沃的平原一望无际。但这里历史上一直兵燹不断，水患频仍，饥荒年景甚多。因此，精细菜肴没有系统传承，百姓的日常食物，也无法和长江流域的富庶之地相提并论。更多见到的，是刚刚能够带来温饱的主食。老家人在这些主食上，也可谓下足了心思。

主食，对现在的我来说，更多的时候像敌人——因为要面对不断衰退的消化能力，以及日益增长的体重。尤其晚餐的主食，我是尽力回避的。但回了老家，要保持淡定很难。人就是这么奇怪，食物非常简单平常，但只要是小时候吃的，它就自然拥有另一种味道，不时萦绕在你脑际，反复考验你的意志。更要命的是，即便经受住了主食的考验，在老家很多家常菜中，碳水化合物照例明目张胆地出现在那里。

比如清明时节，正是所谓青黄不接之际，那是吃野菜的当口。樗不揪（樗树花）、香椿芽儿、榆钱儿、槐花渐次登台亮相，尝个鲜吧！

蒸榆钱，先焯水，然后撒上面粉，拌匀蒸透，就蒜汁一起吃，别一样清香。但此时，你再理性也并不能分清，到底吃的是野菜，还是面粉。即便是种植的蔬菜，芹菜、豆角，也被老家料理成了野菜的样子，当然还有鱼汤里潜伏的，用蛋清和精粉做出的水疙瘩……看到这些，不免自暴自弃，既然全部菜肴已经主食化，也就不去想什么戒断。回乡，不免成了一场碳水的狂欢。

同学聚会，酒酣耳热。有人高声问大家"吃馍，吃米饭？"，这是主食准

435

备登场的标志性叫板，接下来理应是小麦的二黄或者稻米的流水。"吃馍！"我笑着说。同学邱荔站起来，一脸嫌弃："你哪有脸吃馍！"老邱对我拍美食纪录片这么久，却还没有把自己故乡的食物介绍给全国观众耿耿于怀，"吃馍，你应该去阜阳，不要回家。"

哈哈，知道原因了。去年我们《风味人间》团队在阜阳拍摄了枕头馍，节目播出当晚，他就发微信表示抗议，在他眼里，只有我们老家的东西才是最好吃的。这种朋友我认识不少，理论上我把他们称作食物的"故乡沙文主义者"。

其实，我自己也觉得老家的手工馍好吃，圆圆的，松软清甜。一般来说，馍就是指发面馒头，但老家分得细，圆馒头叫馍，而刀切馒头则称作"卷子"，用老面让面粉发酵，饧两三个小时后，等面膨胀起来，加碱水反复揉制，搓成长棍状，用刀从中均匀切开，上笼屉蒸，出锅便是很暄腾的卷子，也叫白面卷子。称它白面卷子，有可能为了区别于当地的花卷，有人家和好发面，用擀面杖擀成两尺见方的大饼，涂抹上少许葱花、猪油渣和芝麻酱，卷起，切块来蒸，剖面上有好看的螺形花纹，味道也好吃得多。白面（小麦粉）价格略贵，也有人家擀两张饼，一张白面的，一张玉米面（或红薯面）的，贴在一起卷起切，口感和味道都不如前者，但视觉上黄白相间，也很好看，叫素卷子，是巧妇的作品。

在老家人看来，给和好的面粉赋予味道，有各种各样的方式，也配得上各样的智慧。我最喜欢吃的一种叫菜卷子，面不用发酵，大擀面杖擀成薄薄的饼，抹上猪油，撒上肥瘦各半的肉末、葱花、芝麻和花生，卷成大大的长条，切开后贴在柴灶的铁锅边，下层放水，很快，饱含油脂的菜卷子便出锅了，上层松软、鲜香，呈半透明的诱人光泽，下层焦黄酥脆。有了它，根本不需要做菜。

还有更简单的，那就是喝饼子，就是北方叫的贴饼子。

幼时家境不好，有客人不期而至，蒸馒头显然来不及，喝饼子就是最好的选择。在面盆里和好面，最好偏软一些，放在那里饧一下，让面的分子序列排列更加紧密，口感更筋道。同时也腾出手做菜。接下来的菜可能是烧干豇豆或者萝卜土豆烧肉，偶尔也可能烧一只小鸡。大灶旺火，葱姜爆炒，添酱油水和八角焖烧。加锅盖之前，把和好的面分成小剂子，拿一碗清水，蘸湿了手，把面剂子挤压到很薄的状态，用力迅速齐整地贴在锅边，偏软些的面，表面持续保持下垂，一直延展到烧菜的汤里。加盖后改小火，一刻钟后即可起锅，这时，菜和饼子同时熟了。薄薄的喝饼子已经被锅边炕得起了迷人的锅巴，而伸到菜汤里的部分又吸饱了肉香。制作贴饼子，对火力的控制不能着急，加锅盖之后一定要改文火。

之所以能讲得这么仔细，是因为喝饼子的技术含量并不高，我小的时候就做过多次，而且也很喜欢吃。记得 25 年前，在广西龙脊大山深处拍片，摄制组每天三顿主食，都是当地生产的红米饭，就是那种没有去除米的苞衣，吃起来非常拉嗓子的米做成的饭。半个月后大家开始抗议，红米饭口感很差，更关键它不"扛饿"，这对我们这些电视体力工作者来说，是致命的。所以，我一直惦记着，写信托人到山外买点米面，计划给大家换换口味。

后来有朋友从桂林来探班，果然带了一袋五斤装的面粉。那天，组里有厨师证的老李，准备用蛇肉段加青蒜，做一个灵川干锅，我劝他不如改作红烧，而自己准备就着这个蛇锅，直接做喝饼子。村子里的小朋友围在我们的驻地外面，看见我们吃蛇就已经十分惊诧了，但更绝的是，他们从来没有见过面粉这种麦子磨成的白色物体。我剪开塑料袋，开始和面，窗口边一帮小姑娘哇哇叫着散去了，我赶紧叫住她们询问究竟，一个叫乾梅的一年级女生，挠着头不好意思地翻译着同伴们的瑶族话："陈叔叔你好可怕，连洗衣粉都要吃呢！"

黄淮海地区，几乎每个和我差不多年纪的人，大都贴过饼子，这种粗粝便捷的主食制作方法，带着物质匮乏时期深深的烙印。有一天，当我们依然像从前那样，对着这种简单美味的食物大快朵颐时利用给油加温这个时间，在盘底撒少许糖，防止糖液粘连盘子，却隐隐觉得，这些死面疙瘩，居然那么难以消化。嗯，应该是我上了年岁了。

缸贴子

陈晓卿

家父是个烧饼爱好者。

有回吃比萨，全家都吃得很欢乐，只有他，手捧着一牙儿，眉头紧锁，"要是把上面的这些乱七八糟的东西去掉，"他嘟哝道，"兴许就好吃了"。我常出差拍片，每到一地，都会寻找当地的面食，尤其烧饼，这是受我父亲的影响。

烧饼吃久了，慢慢发现一些规律。在我们广袤的国土上，这种烘烤而成的面饼，尽管制作手法大同小异，但从天山脚下的脸盆大小，一路向东，逐渐缩小，到长江下游时，已经手可盈握。新疆的烧饼叫馕，制作方法相对简单粗放，而到了苏杭一带，小小的蟹壳黄已经有很多细密的分层，工艺以及辅料也复杂一些。如果从西向东，把各地的烧饼摆成一排，看上去更像由大到小的一串行星。它不仅能够看到面食流变的痕迹，也和地域物产的丰饶程度大体相关。当然，这个话题很容易招惹地图炮，我们不展开讨论。

我的老家，理论上属于大中原地区，因此在烧饼这件事情上，能够看到来自东和西两个方向的影响。是的，从烧饼制作的方式方法到它的外观，老家的烧饼分两大类：油多，起很多层酥的，我们叫油酥烧饼。以面为主，很少放油，有点甜咸各半的，则叫作缸贴子。

老家的油酥烧饼，需要一个水缸当内膛。这里有必要解释一下，水缸是过去人家用来盛放清水的容器，司马光砸缸的舞台道具，开口大，收口小，粗陶制成。把水缸倒扣，锯掉底部，下方生火，缸壁的弧度让炙烤非常均匀，尤其是上层封盖了以后。

做油酥烧饼的面要饧的足够，在案板上反复揉制，轻轻一抻，不致断裂，在擦了油的案板上，一扯，一摔……我小时候以为这就是打烧饼中"打"字的由来，摔打嘛。后来明白在中文语境里，这种说法比较普遍，新疆叫打馕，陕西做月饼也叫打月饼，有一部电影叫《啊，摇篮》，讲陕北的故事，主题歌就有这样的词：八月十五月儿明，爷爷给我打月饼，月饼圆圆甜又香……

每次摔打和伸开后，都要用小面杖擀成长条儿，然后涂上厚厚的调料，调料的主味是盐，猪油，葱花，胡椒粉。再搓成卷，如是者三，最后擀成饼状，沾上芝麻，一手相托，由下而上快速贴紧缸壁。贴好的烧饼起酥后出炉，还要在炉边继续用较低的温度烤制，直到它外表焦酥，一口咬下，碎末飞溅。宿州南乡祁县镇，烧饼用驴油打底，状如马蹄，谓"马蹄烧饼"，在我老家最为有名。其实，这种做法在苏鲁豫皖各省都能见到。

比油酥烧饼更极致的是一种叫油酥馍的，在我出生地灵璧县称之为"火食"，我猜测或许是中原官话"火烧"的变异吧？它是在一个平底的鏊子上不断刷油煎制，待蓬松起酥之后，再刷油，置于炉膛内和炉口边分两次烘烤，结果是由里及外的酥脆。这种油酥馍最好吃的方法，是起酥后，用铲刀从中间一分为二，灌上生鸡蛋继续烤，那种香是非常上脑的。

不过，比起油酥烧饼和火食，我父亲更偏爱"简版"的烧饼，也就是缸贴子。望文生义，面饼在水缸内一贴就成。这实际上和西北地区的馕，长江流域的草鞋底大同小异。缸贴很瓷实，一个大约二两（100g）左右，用发面制作，长方形，沉甸甸的，大小可以遮住孩子的脸。发好的面，饧透，摔打成细长的条，只抹一点点混合着油的葱花，卷起，用手按扁，再用小擀面杖往两头轻推，面饼贴进炉膛内，遇热迅速膨胀，有巴掌这么厚实，外表焦香，内瓤却不分层，但底部会被缸壁炙出诱人的焦壳。

尽管操作简单，缸贴子也有油酥烧饼没有的工艺环节，这就是烘烤之前，打烧饼的，会在生面上用刷子轻轻扫上一些糖浆水，再敷上几粒芝麻。糖水和面遇热，散发出炙烤的香气，这就是一百年前法国化学家发现的非酶褐变反应，也叫美拉德效应，它能刺激享用着大脑分泌多巴胺，产生快乐的感觉。在我后来制作的美食纪录片里，美拉德这个词被反复的提起，烤鸭，烧猪，凡是靠热辐射制作的食物，几乎都存在着美拉德效应。

但我坚信家父并不知道美拉德是何物，他偏爱缸贴子的理由，除了他自己解释的"火食油大，太腻"之外，我分析可能也有缸贴子价廉物美的因素。对于他这一代人来说，缸贴子显然更实在，耐饥，能迅速带来温饱的感受。童年时经常听大人说笑话，谈论伟大领袖平时吃什么，答案永远是：缸帖子夹油条，喝糖茶。所谓糖茶，就是白糖冲开水罢了；而缸贴子夹油条，面香裹着油脂香，还有丰富的口感层次，今天想来也是馋人的。

童年时代的记忆里，家父十分严厉，但在外面，他又从来谦卑随和、谨小慎微、与世无争。20世纪90年代初，我和妹妹们都大学毕业，分配在北京工作，父母身边一下清静很多。为了我们方便回家，父亲做出了一个决定：奔波长达一年，把工作调动至铁路沿线的宿州市。那时，他已经年过半百，突然改变工作和生活环境，现在想来是需要勇气的。

当时，新单位还没有解决住房，他和我母亲暂时租住在宿州市府巷一个逼仄的民房里。我们几个子女，不免开始后悔，或许当初不应该有回家路途漫长的抱怨，也担心他们人地两生的各种不便。一向乐观的父亲，在来信里，却把新家描述得非常舒适，同时，记得他还特地注明：一出家门的巷口，就有一个卖缸贴子的小摊，"每天都能吃到刚刚出炉的烧饼"。我今年还特地去看了那个地方，由于"创建文明城市"，烧饼摊儿已经改成了煤气烘烤，味道大不如前。但父亲还是很激动的买了一只，很烫，一边走，一边换手，边吃边吹。我站在一边看着，心里想，也许他确实太喜爱这种东西了。

从美食的角度看，油酥烧饼，或者火食，无论口感、香气、质地、外观都更应该属于高一个层级的食物，但这并不能改变父亲对缸贴子的热爱，曾经的一段经历，或许更能够解释其中原因。

我父辈家境清贫，兄弟姐妹甚多，父亲是七兄妹中唯一的幸运儿——18岁那年，他考上了合肥师范学院（今安徽师范大学），这意味着生活由国家负担。那是1959年，即教科书上所说的"三年自然灾害时期"。和全国一样，大学的饭菜非常寡淡，一些口述史中曾经这样描述学生食堂：早上洪湖水（可以见底的粥），晚上浪打浪（菜汤），中午小二黑（两个红薯面窝头）。当时他每月的菜金是9元钱，而当时合肥市区，计划外的猪肉价格，议价每市斤8元。大二那年，他去东郊安徽纺织学院看望同学，路上突然看到一个打烧饼的小摊儿，一个面饼，没有粮票要卖到6角，这相当于他整整两天的菜金。踌躇再三，父亲最终买了一个……"这是我一生中吃过的最香的烧饼，每一口都香。"父亲说。

关于他多次说起的这段人生中烧饼的故事，我是去年才听到完整版本。1960年，横穿合肥市区的那次看望同学的路上，他还有一个同伴，一位来自大别山区的同班同学，恰好这位女生也有一个高中同窗在纺织学院就读。两个学校之间有十几里路，食堂的伙食几乎支撑不了这段行程，在遇到那个烧饼摊的时候，父亲犹豫了半晌，买了一个烧饼，然后分成了一大一小两块，把大的那块递给了女生，自己很快吃完了小的部分后，咬着嘴唇，静静的，看着女同学一点一点吃完。

如你所猜，这个女生后来成了我的母亲。

半个多世纪后，我的儿子乐乐决定去海外念大学，临行之前，我母亲自然准备好了一些反复打过草稿的叮嘱。祖孙间谈到了学业，谈到了生活，也谈到了可能会发生的事情……比如恋爱。奶奶拉着孙子的手，乐乐温驯地坐在那，眼睛看着天，用非常大的耐心，听老人讲完了这个完整故事。奶奶最后总结说，分烧饼的那一刹那，她觉得爷爷一定是个好人，会一辈子对自己好。"将来，无论你找一个什么样的对象，其他都是次要的"，奶奶说，"一定要心好"。

灵璧"八大样"

尤传化

糕点也称点心，我们这里习惯称为馃子，是民间百姓最喜爱的食品之一。

过去，走亲访友、探视病人总要到街上称几斤用油纸包裹、纸经绳捆扎的糕点，高档一点的包装是用方形木盒，拎着出门，这就算是当时最好的礼品了。因此街上就出现不少从事糕点加工的作坊，谓之糕点坊。

过去，我们镇上最大的糕点坊要数万盛货栈，货栈不仅有油坊、酒坊，还有规模不小的糕点坊。

听说刘銮栋先生正在申报灵璧传统糕点"八大样"为县级非物质文化遗产保护项目，我怀着敬意走访了万盛糕点坊第五代传人刘銮栋先生。

刘师傅继承祖业，在游集镇开办了一家颇具规模的食品加工企业灵璧县盛康食品厂，专门从事传统糕点制作，并已成功注册"盛康"商标。刘师傅正在申报灵璧传统糕点"八大样"为县非物质文化遗产保护项目。

说明来意后，刘师傅和夫人张红梅女士把我带到他们的食品加工车间，让我大致了解一下糕点的加工流程，然后到办公室耐心详细地讲解传统糕点的制作工艺。

刘师傅说，传统糕点品种很多，我们这里最著名要数"八大样"，即三刀、羊角蜜、麻片、马蹄酥、雪饺、芙蓉、金钱饼、寸金。每一种糕点加工工艺都不尽相同，有的属于油活、有的属于炉活、有的属于糖活。

说到这里刘师傅介绍了传统糕点坊的设备和工具。过去糕点坊制作工序复杂，设备工具繁多，一般有烘烤用的土炉或吊炉，碾皮的磨盘，几张大案桌，几口烧柴的大铁锅，另外还有各种花刀、糕刀、烫刀、模具、滚锤、捞笊、箩筐、面盆、铲勺等。制作糕点的原料有面粉、白糖、蜂蜜、糖稀、猪油、豆油、蜜饯等。每个糕点把式都要带着几个伙计和徒弟，他们都有明确严格的分工，有的配料，有的管锅，有的管炉，有的管案。

刘师傅接着逐一介绍"八大样"的传统制作工艺和相关典故。

三刀，因每块糕点上都要划三刀留下三道刀痕而得名，又因过稀（蜜）也叫"蜜三刀"。

有关三刀还有好多典故呢。其中最著名的传说是，公元前203年，楚汉相争，刘邦被项羽一路追杀至彭城西南，躲至一山洞里（今萧县皇藏峪），饥饿难当。一贴身将士从山下百姓家寻得几块糕点，刘邦接过狼吞虎咽，连声说道："香甜可口，人间美味也，难得，难得！"肚饱心喜，于是他随手抽出宝刀，在洞旁的青石上，连砍三刀，青石上顿时留下三道深深的刀痕。将士请求，如此好吃的食物，大王赐个名吧。刘邦见青石上三道刀痕，随口答到："三刀是也。"汉军随后反败为胜，一路追打项羽至垓下（今灵璧境内），三刀这一食品亦被汉军传播到垓下。刘邦称帝后，三刀便在垓下广泛流传开来，名噪一时。清代，三刀又得到了乾隆皇帝的赞赏。

三刀做法并不复杂，属油活类，要用两种面，一种是用面粉、油和糖稀和面发酵后去酸而成的芯子面，另一种是用水和油和的皮子面。把两种面团都放在案板上，分别用擀面杖擀开。将皮子面擀成两块长方片，将芯子面擀成一块长方片，二者大小相同。然后用一块皮子面片作底，铺上芯子面片，再把另一块皮子面片盖上，成为三层，厚度约五厘米。叠好后，用刀切下一长条，将长条面擀薄，切成长块，将宽边四角对齐折上，折边中间顺切三刀，成为四瓣，将其下入热油锅内，炸至金黄色，随即用捞竿捞出，放入糖锅中过糖稀，出锅晾凉就成三刀了。三刀趁热吃口感更好，故民间俗话说，有钱难买热三刀。

羊角蜜呢，因其形状像绵羊头顶上的两只犄角，芯里又有蜜糖而得名。

传说项羽与刘邦相战于垓下（今灵璧境内），人困马乏，饥渴难耐，附近一牧人用一只羊角装满蜂蜜，献给项羽与虞姬饮用。军中谋士提醒项羽勿忘牧人之恩，项羽命人在帐中以面粉蜂蜜制成面食。垓下百姓为纪念这位豪杰英雄，便把霸王项羽当年曾食用过的羊角蜜尊为礼物，并一直流传至今。

羊角蜜，香甜可口，别有风味。羊角蜜也属油活。制作时，用面粉和面擀成皮，两层中间夹油，不至上下粘连，再用一种特制的、形似羊角的小模具套在食指上，一个个卡切出来，然后放在沸油中炸制，膨胀后趁热捞出，放入预先备好的稀浆中，热胀冷缩而吸入稀浆（这就是所谓蜜），最后捞出放在白糖或熟面中轻拌即可。

麻片也称芝麻片，特点是薄如纸片，晶莹透明，香酥可口，脆而不粘，民间也因此称之为薄脆，属糖活类。制作时，先将糖和米稀在热锅里炒浆，达到一定火候时，放入去皮芝麻翻匀，立即取出放到案上摊开，趁热迅速用碌锤擀轧成薄饼，用刀裁切成方块即可。

马蹄酥也称蹄酥，因其香酥可口外形又像马蹄而得名。

传说明朝皇帝朱元璋，领兵打仗路过灵璧一街市，远远闻到一股油炸香味，命人前去探问，购买品尝。朱元璋正要吃时，敌军追来，朱元璋手中点心顿撒一地，被马蹄踏碎，而他匆匆逃离。后来朱元璋做了皇帝，就根据记忆中马蹄下酥馃的形状，下旨让宫中御厨做成花酥，切成马蹄状的糕点，并御赐其名"马蹄酥"。马蹄酥一直在民间流传至今。

马蹄酥由荤素面卷成，属油活类。制作时，用一定比例的面粉、猪油、素油、白砂糖加热水和面，趁热用湿布把面盖好。饧好面再分成剂，用手揉光压扁，擀成直径约四五寸的圆饼，用刀一切两半，并在每半表面划数条线，防止油炸时表面鼓泡。然后，将半圆饼两头黏合成马蹄形，放入猪油锅内，炸到表面呈淡黄色时，捞出晾干即可。

雪饺则一直被民间称为高档点心，因外面有绵白糖和熟面粉包裹、"白如雪，形如饺"而得名。

雪饺的具体做法是，用一定比例猪油和面，用金橘、杏梅、楂糕、白砂糖制馅。先用面粉、熟猪油加水和成水油面团，做皮面用，称外皮。再将面粉加猪油和成油酥面，包入皮面中，压平后卷成长条，分切成块，再将分成块的油酥面团逐个压平，放入饺馅，包成饺子形，放入沸油锅炸至金黄色时捞起，放在竹箩里滚上糖粉或熟面粉，就大功告成。

芙蓉，外形粗壮，里面呈蜂窝状，质地脆酥，尤招老年人和儿童喜爱，民间称其为芙蓉馃。

说起芙蓉馃还有一个典故。相传公元608年，隋炀帝幸游扬州，途经泗州青阳镇，路遇名曰芙蓉之妙龄女子，即邀其前往离宫游玩。离宫旁一片荷塘，开满荷花，隋炀帝初得芙蓉女，又观芙蓉花，隋炀帝欣喜，在芙蓉池旁，设芙蓉宴庆贺喜得佳丽。席间，泗州知府献上一款形似芙蓉的大头酥，隋炀帝品尝后，大加赞扬，遂赐名"芙蓉馃"，并令泗州年年进贡。从此，芙蓉馃蜚声遐迩，一直流传至今。

芙蓉馃制作时，先用糯米面和黄豆面做成手指状馃坯，风干备用。炸制时须先将馃坯放入温油中浸发，然后放入热油中炸至金黄，捞出后饯糖沾面即可。

金钱饼，因其外形小巧、裹满芝麻、一身金黄、形如金钱、酥脆可口而得名。它和桃酥、条酥一样都是需要上炉烘烤的食品。

传说北宋时期，庐州一带就用面粉制作一种铜钱大小、实心无馅的饼，其外还布着密密麻麻的芝麻，当时称之为"金钱饼"，是百姓逢年过节常吃的点心。元朝末年，朱元璋的水军都来自庐州，将领命家乡父老制作一种以糖为馅的"大金钱饼"，当时称作"麻饼"，作为水军的干粮。水军吃了家乡的点心，连打胜仗，朱元璋非常高兴，又称这种饼为"得胜饼"。后来金钱饼一直在安徽的凤阳、蚌埠、灵璧等地民间流传。

金钱饼的做法是，用猪油、白糖、面粉一起和面，饧透后上案用磙锤擀至两厘米，均匀撒上去皮芝麻，再用专用模具卡切一个个圆形面坯，然后放在托盘内，送入土炉或吊炉中烘烤至金黄色即可。

寸金也称芝麻棍或芝麻条，因外形为一寸来长的金黄色小条而得名。寸金是"八大样"里工序最复杂、技术含量最高的食品，至少要六人共同合作才能完成。熬糖、揉糖、拔糖、包馅、掐条、粘香等每个环节都要有专人负责，手法极其讲究，对时间、温度的把握非常严格。比如熬糖的温度，温度太高，糖稀无法凝固，温度太低，糖就硬了。再如拔糖的过程，拔轻了，糖的黏性太大影响口味，拔重了，易使糖皮在包糖时发生脆裂，一旦脆裂，这一批寸金也就报废了。

即将结束采访时，刘师傅说，随着社会的进步，传统手工作坊渐被现代化机械和先进技术代替，传统糕点虽然市面上有售，但已不是老作坊的味道了。盛康食品这几年一直致力于传统糕点工艺的传承和保护，努力使大家找回记忆中的老味道。

游集月饼

尹凌潇　曹金芳

游集月饼是皖北著名糕点美食，产于安徽省灵璧县北40公里的游集镇，制作历史已200余年，风味独特，是中秋佳节人们庆祝团圆和馈赠亲朋的佳品。

游集月饼始于清代乾隆年间，真正规模生产于20世纪70年代，创始人为李志普。其技艺传承于清御膳房糕点。相传在清乾隆年间，李志普的先人李士习在徐州府乾隆行宫御膳房糕点班做帮厨，因其腿脚勤快又聪明好学，得到了领班师傅的赏识，并将宫廷月饼制作秘方传授与他，但只能自家使用，不得经营和传授他人。

世纪更替，朝代转换，李家先人世世代代遵守着清朝皇规，只是在每年中秋节做些月饼自家食用，从未对外销售过。20世纪70年代末，李家第十一代传人李志普在游集供销社职工食堂工作，那时候商品还十分紧缺，物资都要按票供应，供销社的采购员想疏通一下江苏徐州等地的物资部门和供货厂家的关系，便于多采购些农村紧缺物资，于是让李志普做些能拿得出手的家乡特产用于送礼。经过再三考虑，李师傅焚香祭祖后，用祖传的宫廷秘方做了些月饼作为礼品。意想不到的是，外地业务员吃了他做的月饼赞不绝口，不但按需供应游集紧缺商品，而且要求加单定购游集月饼。游集供销社于是成立了以李志普师傅为技术指导的食品厂，生产游集月饼。因货真价实，色香味俱佳，游集月饼深受人们喜爱，成为当地名特产品。

市场开放以后，李志普师傅自家组建了月饼作坊，开始小规模的制作生产月饼。李家作坊以其独特制作工艺和货真价实的原料，生产出的月饼皮薄酥脆、色泽金黄、香甜适口、油而不腻，食后口齿留香，回味无穷，因而名播八方。苏鲁豫皖等地客商也纷纷登门订购，游集月饼一时供不应求。随着知名度的提升，游集月饼生产规模不断扩大。李家十二代传承人李成武和李明，继续秉承祖上的宫廷秘方，每一道工序都严格把关，手工包馅成型，土炉烘烤，始终保持传统风味，确保游集李家月饼的传统工艺。

目前游集镇月饼生产厂家及作坊有几十家之多，已经走入正规化、产业化、规模化，每到中秋季节从事月饼生产加工和销售的人员有几千人之众。生产厂家坚持以德经商，以质取胜，生产的月饼外酥里脆、香味浓郁、营养丰富。月饼的产量已达数百吨，包装也从过去单一的纸质改成礼袋、高档烫金礼盒。产品不仅在灵璧和附近的宿州、蚌埠商场有专柜销售，而且已经走进徐州、南京、上海、郑州、济南等大型超市，并受到欢迎。

游集月饼历史悠久，工艺独特，已确立了在皖北饮食文化中的重要地位，2017 年，被列为市级非物质文化遗产名录。

冯庙烧饼

彭井佩

提到烧饼，人们往往会想起黄桥烧饼，可在灵璧，冯庙烧饼的名气可比黄桥烧饼大多了。

冯庙烧饼有着悠久的历史，是百年老字号。在我的记忆中，20世纪50年代初期，冯庙街北门口有一户姓彭的打烧饼的人家，一家三口人，老两口带一个孙子。当时老人已六七十岁，大家都称呼他彭老，个子高高、胡须雪白、慈眉善目。老伴由于常年操劳，显得有些苍老，始终弯着腰。孙子五六岁，头上留一个后拽，非常顽皮。据说，彭老的儿子在朝鲜战场上牺牲了，儿媳妇改嫁了，撇下了他们祖孙三人。

彭家三口靠打烧饼为生，打烧饼是他家的祖传，待到50年代，已经一百多年了。彭家烧饼个大好吃，精粉发酵，生油做馅，调料则是祖传秘方，花椒、八角等作料样样俱全。吃到嘴里，外酥里嫩，顺口溜油，酥不掉渣。食后，还留有烤芝麻、烤葱花、烤油面的余香，回味无穷。彭家烧饼不仅在当地有名，就是十里八乡提起彭家烧饼，也无人不晓。直到如今，人们还在说，没吃过冯庙烧饼，就等于没去过冯庙。

烤烧饼必须讲究火候，要想烤出来的烧饼既有品相又有口感，炉温控制是一要诀。炉火小了，一是容易落炉，二是烧饼烤出来发硬；炉火大了，烧饼还未熟，外皮已经发黑了，夹生。因此，火候必须掌握得当。

冯庙烧饼用行话来讲，"有两不买，两不卖"。一是不买隔天的猪油。由于几百年祖传，冯庙烧饼是用生油烤出来的，烧饼馅的主要用料为生猪油，并且是当天刚刚宰杀出来的健康猪身上的板油，老弱病猪，杂花油是坚决不买的。二是不买霉变调料，调料要讲究新鲜味重，并且要现斩、现剁、现炒、现磨、现拌，这样才能入味。这是"两不买"。"两不卖"就是不卖过期剩下来的馅料，不卖抢火夹生、落炉烧饼。一般情况下，过期馅料宁愿丢掉，也不能将就着用，否则，就坏了名声。落炉烧饼更不能卖，留作打发孩子们。

小时候，我们几个小伙伴经常和彭老的孙子一起玩，大家都很嘴馋，闻着烤香味，都垂涎三尺，常常围在彭老的烧饼炉前，等候吃落炉烧饼。我非常盼望彭老的烧饼多多落炉，这样，我们才能吃个够。如果半天烧饼不落炉，彭老心情会特别高兴，会把个别品相差一点的烧饼，打赏给我们，把我们打发走，他也图一个清静。

提起彭家烧饼，这里面还有一个小故事，至今还广为流传。冯庙街农历一、四、六、九是逢集日。每遇上集日，家主们赶集回家，都要买上几个烧饼，带回家给孩子吃。在那个年代，这是最省钱的点心，而且已经形成惯例。可是有这么一天，一个中年男子，赶完集后，到彭家去买烧饼，说是买给他家70多岁的老娘吃的，彭老听说以后，非常诧异，他说："我打了大半辈子烧饼，买烧饼的人都说是买回家给孩子吃的，今天你说是买回去给老娘吃的，这个烧饼我不能收钱，送给你了。"从那以后，这件事一传十，十传百，一下子被传开了，彭家的烧饼生意从此更火起来了。

从此，只要遇到来买给老娘吃的，彭老坚持一文不收。彭老太太有时唠叨着："照这样下去，今后的生意还怎么做！"可是彭老却说："这算不了什么，俗话说，吃不穷，饿不坏，反正折不了大钱。再说了，我们这把年纪，生不带来，死不带去，留点德行给下一代人，也就心满意足了。"

彭老虽然已经早早过世了，但他做人的品德和精湛的手艺，却毫不保留地传承给了冯庙的生意人，使冯庙的烧饼有了自己的品牌和美好的名声。

目前，冯庙烧饼已销往全国各地，不少大中城市的车站码头，都有冯庙的烧饼炉。冯庙人也因外出打烧饼，赚得盆溢钵满。灵璧人也酷爱冯庙烧饼，县内各大餐馆多把冯庙烧饼作为主食。还有不少老客户常常厮守在烧饼炉前，悠闲地吃站炉烧饼，品味着烧饼的油酥和酱香。当地很多人都在外地打工，每逢节假日，冯庙家人都寄出烧饼或带上烧饼去慰劳出门在外的打工仔，满足他们的口福，消解他们对家乡的眷念。

如今，冯庙的烧饼销售已经做到了网上。网店把烧饼用真空包装，快递到全国各地，买主接收后，用电饼铛回锅后，仍不失原有的风味。

"霸王偕姬"

晏金福

那是 15 年前的农历腊月二十四晚上，灵璧薄亚大酒店阔大的宴会厅里，我们灵璧师范学校职工 L 儿子的婚宴正在热烈进行。宴会已经接近尾声，桌子上杯盘狼藉，宾客们也已兴味索然。"霸王偕姬来了！"随着服务员的一声吆喝，一大盆热气腾腾的"霸王偕姬"上了桌。本来已经等得不耐、准备离席的人们，看着那团团的甲鱼和肥美的乌鸡，闻着那扑鼻的浓郁香气，一个个突然来了精神。有人撬起鳖甲，恭敬地送到桌上年长的人面前，女士们则迫不及待地抢起号称美容佳品的鳖腿鳖肉，孩子们早已不顾烫手，抓起鸡腿来。这道价值不菲的压轴菜，把宴会推向了高潮。

"霸王偕姬"是中华一道名菜，据《彭祖菜谱》记载，项羽定都彭城（今徐州）后，虞姬用龟和雉炖了一道菜。因龟为水生，属龙族；雉，为凤族，取龙凤呈祥意。因此菜品味道肥美、香气浓郁、极富营养、寓意吉祥等特点，深受欢迎，遂流传下来。不过后世把龟改用鳖、雉也被常见的土鸡替代，菜名也改成了"霸王偕姬"。

"霸王偕姬"在我们灵璧特别受欢迎，只要稍上档次的宴席，几乎每席必备。这道菜之所以在灵璧广受欢迎，除了它自身的档次和价值，还与灵璧的历史文化息息相关。因为霸王偕姬的故事就发生在这里，此处的垓下、霸王城、霸离铺、虞姬墓等地方，处处演绎着当年腥风血雨的战争情境和至死不渝的凄美爱情。因此这道菜在灵璧具有丰富的内涵和深厚的渊源，这是其他地方不可能拥有的。我想，这可能就是灵璧人特别喜爱这道菜的原因吧。

灵璧老酒

晏金福

20世纪60年代末，我大学一毕业，就被一竿子到底，分到了灵璧最北面的一所新办的中学。那时，年轻好友，喝酒是经常的事。一个月四五十块钱的工资，一大半都撂在酒上了。说句不好听的话，想买条裤子，往往掂量几个月都凑不出钱来。可是只要一来人，喝酒的钱总是能轻而易举地找到。那时，整天喝的几乎都是灵璧酒厂产的酒。

刚开始喝的是汴河曲香酒，这是一种纯粹用本地的白芋干烧的酒。这酒可好喝了，入口绵甜，回味馨香，连一点苦尾子都没有。白芋干毕竟也是粮食呀。当时，灵璧曲香酒的名气可大了！不仅周围县市闻名，还远销全国许多地方。那时，灵璧城里有一个人在甘肃兰州工作，春节前上街，看到很多人排队，一问，说是买一种好酒。他想，自己马上要回老家过节，不如买两瓶给乡亲们尝尝。就排队买了两瓶。春节时招待乡亲，他说："我排了两个多小时的队，买了两瓶好酒，现在拿给大家尝尝。"当他把酒拿上桌时，大家都笑了起来，因为桌上摆的赫然是两瓶汴河曲香酒。这事我没亲历，但是我1970年二赴韶山时，可是真真切切地看到毛泽东故居旁边的小卖部里摆着几瓶汴河曲香酒。

那时，我们喝的大部分是散装曲香酒。我们几个年轻教师和供销社的营业员关系特好。只要一来酒，就马上通知我们。我们就到医院找几个空盐水瓶，到他那里去灌酒。那刚开坛的酒，称为原酒，一般都是六十四五度，酒厂标明要兑多少水。我们灌的都是原酒，而且灌得满满的。喝酒时流行一句粗话，一人一瓶，咕嘟咕嘟噎熊。散酒喝完了，就买瓶装的，那就只有六十度了。有时供销社缺酒，就钻窟打洞到私人那里去买。那时没有敢卖高价的，可是无良小贩会在酒上动手脚，散酒就多兑水，瓶装的呢，他们也有办法，那时的瓶装酒都是玻璃瓶塞上一个软木塞，外面再用一种胶套封起来。他们居然想到用注射器把酒抽出来一部分，然后再灌进去等量的水。从外表看不出什么，可是仔细瞅瞅，就能看出端倪，那针眼暴露出他们缺失的良心。你想，这样的酒能喝吗。可是，没有办法，明知是当也得上。来了客人，没有酒，那多丢人。

后来，喝酒的档次提高了，就喝灵璧大曲。这酒就更好了。普通的大曲一块二角多一瓶，还有一种优质灵璧大曲，瓶子和普通灵璧大曲毫无二致，只是商标上多了两个黑色的小字：优质。这酒的价格我记得清清楚楚，是两块二角四分一瓶。这酒不用喝，一开瓶就香气扑鼻，就是不会喝酒的闻起来也是一种享受。我一个本家叔叔给我讲过一个亲历的事情：他那时在河北一家大型煤矿当采购员。有一次出差到福建三明市，中午要招待客户，就到百货公司买酒。在那里居然看到了有优质灵璧大曲，就毫不犹豫地买了两瓶。客人到齐，酒一开瓶，立刻香气四溢。那时还没兴包厢，大家吃饭都在一个大厅里。不得了，周围的客人纷纷围上来，七嘴八舌地问是什么酒，在哪里买的。我叔叔那时别提多自豪了。他说，这酒是安徽省灵璧县产的，我就是那里人，本地百货公司就有。过了两个月，我叔又去三明市出差，还想去买酒招待人，可是一问，没有了。营业员说，这酒我们只进了几件，放了一年多，一瓶也没卖掉。自从那天你买了两瓶，当天就有几个人来买，第二天买的更多了，没几天，全卖完了。我叔当时很失望，可是事后又感到很欣慰，毕竟灵璧酒得到了大家的认可。现在我可以说句大话，如果我手里有一瓶优质灵璧大曲，你给我茅台、五粮液我都不会换。

后来灵璧酒厂扩大成灵璧县酿酒总厂，下辖西、南两个酒厂。相继开发了千杯少、兰皋亭、陈年窖酒、馗酒、馗福、钟馗王等系列酒，几乎每一种酒都风靡一时。那时，在灵璧市场上什么高炉、种子、口子、古井贡统统败在我们灵璧酒脚下，这是灵璧人最自豪的。

前几天，一个学生请客，带了新出的五粮液和20世纪90年代的灵璧钟馗王，他征求大家的意见时，在座的十余人不约而同地说："钟馗王！"刚开瓶，顿时香气扑鼻，一入口，那个绵甜，真是绝佳的享受。四瓶酒，不知不觉一扫而空。

可是，不知何时，灵璧酒厂黄了，诱人的灵璧酒没了。留给人们的是悠长的念想。

渔沟绿饼

晏金福

20世纪80年代初的一个早上，我走出渔沟中学大门，想到山上遛遛。刚过小桥，远远地看到路北几家门前都有一团筐东西，在旭日的照射下，发着绿莹莹的光。那是什么？我很好奇。走近一看，原来是一筐筐绿豆皮。我信步走进一家远房亲戚的院子，"嘚儿，喔！"西厢房里传来吆喝毛驴的声音，是表嫂子正在磨浆。磨上是黄澄澄的绿豆瓣儿，磨盘里是稠稠的泛着白沫的绿豆浆。打了声招呼，我又转向了东厢房。只见屋当央支了一张大大的煎饼鏊子，表侄女在烧火，表兄就像表演长嘴壶茶艺的艺术家那样，两手捧着个大漏壶，壶嘴一点，十几个圆圆的绿饼子就滴落在鏊子上。三下两下，鏊子上就均匀地布满了大小一致的绿饼子，屋子里弥漫着浓浓的绿饼子的香气。

"表弟来了？"他转脸看到了我，慌忙让坐。我赶忙说："你忙你忙，不坐了，我还要爬山呢。"这时，绿饼子熟了，他一手拿刷把子，一手拿绰斗子，飞快地扫起绿饼子，倒在旁边的笸筐里。然后拿起油絮子在鏊子上快速地擦了一遍，就又捧起那大漏壶，熟练地点起了绿饼来。点完了，又忙着抓起一把绿饼说："表弟你尝尝，刚摊好的，香！"我忙伸双手去接，本以为出鏊子一会儿了，不会太热了。没想到一入手，就烫得受不了。我赶快两手倒腾着，不小心，掉了两个。表兄连忙拾起来，吹了吹，就放到嘴里。我放了几个在嘴里一嚼，不梗不松，软硬适中，香糯可口。"你那门前晒的绿豆皮是做什么用的？"我问。"填枕头啊。"他说，"医生说那叫药枕，能清热解毒，可治头痛目赤，还能消暑，作用大着呢。""那你给我弄点儿。"听说有这么多好处，我自然想要一个。"没问题，一星期以后你来拿。"

我离开表兄家没几天，在《徐州日报》当记者的内弟来了。他说："我是特地为你们渔沟绿饼来的。渔沟绿饼，远近闻名。我来看看它的制作过程，然后写篇文章，介绍介绍。"第二天早上，我就带他到表兄家里。走时，我要买几斤绿饼让他带着，表兄也没愿意收钱。我这才知道，我们常吃的绿饼，原来是院子里吹喇叭——早已名声在外了。睢宁、邳州我都有亲戚，打那以后，我每次走亲戚，绿饼都是必送的礼物。调来灵璧后，虽然这里的绿饼几乎连绿豆味儿都没有了，可我这个习惯还是改不了。

白芋糖

晏金宝

20世纪七80年代，我年少无知，总是盼望着过年。进入腊月，喝完腊八粥，年越来越近，大人开始备年货。我年龄虽小，也能感受到节日临近的气氛。隔三岔五地问母亲还有几天才能过年，母亲总是说："快了，还有××天。"

那时，物质生活比较匮乏，平时没有零食吃，每到过年的时候，就会有很多好吃的，我最盼望的就是熬糖了。

我们这里熬糖所用的原料，以白芋为主，大麦芽为辅。要提前生好大麦芽儿。把精选的大麦除去杂质，用温水洗净，放在盆子或木桶里，浸入少量的水，盖上薄膜或布料，放在温暖的房间里，大约一个星期，长出三四厘米长的黄色芽儿。白芋要选择无霉烂、无病虫害的，洗净，放在大锅里，加入适量的水，大火烧开，转至小火。待白芋完全熟透，放入大麦芽儿，用棍子搅拌成泥，装入布袋子里，反复挤压，沥出澄清的糖稀，入锅加热，微火慢慢地熬制。锅里面的水不断蒸发，糖稀也在不断浓缩。这时是看火候的关键时刻，父亲不要别人烧锅，他自己烧锅，控制着锅底火的大小，用棍子不停地搅拌，时刻观察糖的色泽及黏稠度。火候大了，熬的糖呈褐色，甜中略带微苦；火候不到，熬的糖太稀。火候最佳熬出来的糖，色泽透明，特别黏稠，味道绵甜。这时，我则迫不及待找来筷子或秫秸棒子，抹上一两棒子找到玩伴炫耀一番。

糖熬好了，可以制作各种零食、面点。用炒熟的小麦粉、玉米粉可以制作面糖。用面粉炸出来的馃子、猫耳子等面点，用糖稀拌一拌，就变得香甜酥脆。爆米花用糖稀拌上，放入木制的模板里挤压，切割成糖板。爆玉米花拌上糖稀可以团成"花猴子"。这些零食是招待亲友的佳品，我们只有过年期间方可享受，平时是没有这样口福的。

高楼"朝牌"

朱现凤

早就听说高楼朝牌很出名，日前，受邀前往，想一看究竟。

朝牌，属炊饼一类，据传始于沭阳，后来在苏北地区盛行。至于高楼朝牌从何而来，不得而知。带着这种疑问，我就去了一趟高楼，了解一下高楼朝牌的来历与制作要领。高楼朝牌因外酥里柔、香脆可口而久负盛名。

几经打听，终于找到了被誉为"朝牌王"的魏本学、高万荣夫妇。他们制作朝牌已有30多年了。过去，婚丧嫁娶等大事，多以朝牌为主食，他们制作的朝牌供不应求。

朝牌的制作一般有几种，一种是咸朝牌，就是制作时放些少许的盐和葱花、豆渣、虾皮等材料，融合了葱香和麦香，入口绵软，其香不散，口感特别。还有一种白板朝牌。这样的朝牌不放芝麻也不放葱花，就是在上炉之前扫一点糖水。这种朝牌没有煳斑，吃在嘴里有纯正的麦香，有酥脆的，有绵柔的。他们所有的朝牌制作，糖水是经过熬制的，和面是用老酵面，经反复搓揉，质地筋道细腻，口感香醇。用碱时凭着经验，视发酵程度适当放入。面饧好后，在案板上揉搓上筋，待发酵产生的酸味完全中和，将面拉长，再用擀面杖擀压成薄薄的面饼，再用刀均匀地划出浅浅的刀印，然后按照不同品种的需要，或撒上芝麻，或刷上糖水，切好后即可上炉。

据《明史·方孝孺》记载，北宋末，为了躲避战乱，有一支方姓祖先从河南外迁至沭阳。明朝时，方姓中有个叫方孝孺的，博学多才，被宋濂推荐给朱元璋，做皇帝儿孙们的老师。朱元璋死后，惠帝继位，朱棣不服，挥戈南下，占领了南京，四处寻找惠帝，在进太和殿时，却受到了方孝孺的拦阻，知道他的来意，方孝孺大声训斥他篡位的行为，并举起了手中的象笏猛击朱棣。朱棣怒极，下令株连方孝孺"十族"，宿迁姓方大多都受牵连被杀害，只有少数隐姓埋名，过着流离他乡的生活。为纪念先祖方孝孺，他们便用面做成形似象笏的朝牌饼，一代一代传下去。就这样朝牌饼便成了人们永远纪念英雄的符号，后来朝牌就越做越好，越做越精，成为人们永远忘不掉的一道美食。

灵璧地锅鸡

午夜幽灵

　　灵璧地锅鸡是传统的特色名菜。19世纪五六十年代以前，灵璧境内湖泊遍布，渔民因船上条件所限，往往取一小泥炉，炉上坐一口铁锅，下面用干柴生火，按家常的做法煮上一锅鱼，锅边贴满面饼，于是便产生了这种饭菜合一的烹调方法。这种地锅鱼的汤汁较少，口味鲜美，饼借鱼味，鱼借饼香，具有软滑与干香并存的特点。后来，人们将地锅菜的品种扩展至地锅鸡、地锅牛肉、地锅三鲜、地锅豆腐、地锅龙虾等，其中最为著名的当数灵璧地锅鸡了。

　　做地锅鸡，首先要有一口地锅。地锅就是土灶台，在自家小院里用砖石垒灶，放上大铁锅，灶膛里点火，锅里做饭。土灶做的饭虽然从现在的角度来说不很环保，可做出来的饭菜是真香啊。

　　做地锅鸡一般都选用草公鸡。草公鸡肉质鲜美、营养丰富，比饲养的肉鸡味道要好得多。配菜可根据个人口味添加，一般不宜过多，否则，会影响鸡肉的味道。锅热时鸡肉入锅爆炒，加入葱、姜、蒜、酱油、料酒、糖、盐、鲜汤、干辣椒等调料，然后加水和配菜，大火烧开，小火慢炖，鸡肉八成熟时贴上喝饼。贴喝饼的面要和得软一些，饧上一会。贴时手上沾水，揪一团面，拍得薄薄的，贴在锅边，下边稍微没入汤汁，再用中火炖 10 分钟，这锅地锅鸡就完成了。锅盖一掀，浓香扑鼻，让人垂涎欲滴，趁热吃下，味道尤佳。

如果你到灵璧，一定要尝一尝这地锅鸡。

灵璧辣汤

耿瑞英

灵璧辣汤是当地的一种风味小吃，以鸡汤或大骨汤做底汤，加入鳝丝、鸡丝、干丝、面筋、海带、花生米等原料烹制而成，是深受人们喜爱的大众食品。

灵璧辣汤起源于宋代，至今已有上千年历史。灵璧位于黄淮之间，故黄河从灵璧北部境内穿过。北宋熙宁十年（1077 年），黄河夺泗入淮，各种鱼类捕不胜捕，其中黄鳝尤多，人们便用黄鳝煮汤。时任徐州知府苏轼，赋诗《河复》以描述："巨野东倾淮泗满，楚人恣食黄河鳝。"这里的楚人即指黄淮一带人。黄鳝汤后经改良，就变成了辣汤。

喝辣汤已成为灵璧人的饮食习惯，人们一年四季都喜欢喝辣汤，尤其是早上，喝辣汤吃包子油条，或用来泡馓子，是美美的享受。辣汤店生意也因之红红火火。

灵城陈家辣汤是灵璧最早的辣汤店。光绪三十二年（1906 年），灵璧闹水灾，许多人外出逃荒。当时，年幼的陈胜荣在徐州与家人走散，连续多天奔波，又累又饿，几欲晕倒。这时，一缕鲜汤的香味飘来，他循着香味望去，看到一家小饭店，便慢慢走上去想要点吃的，可又不好张口，就主动帮店主洗碗、劈柴。店主见他是个孩子，就给他盛了碗辣汤，拿了几个包子。他吃饱喝足后顿时感觉身上暖乎乎的，为感谢店主的恩情，他又继续帮店主干活。店主看这孩子聪明勤快、忠厚老实，就留他在店里帮忙，后来又收为徒弟，教他学做辣汤。陈胜荣学成后，回到灵璧，开起了辣汤店，因货真价实，味道鲜美，深受人们喜爱。陈家辣汤代代相传，一直经营，已成为灵璧百年老字号。

灵璧辣汤的具体做法是，将面粉掺水和成软硬适中的光滑面团，面团饧好后，加清水用手慢慢洗，洗到只剩面筋为止。将洗好的面筋放在盆内养起来，10个小时以后，把养的面筋徐徐搅入用鸡或大骨熬制的汤锅里。烧开后，放入配料，食用时再加上胡椒、醋及香油，喝来香辣可口。

灵璧辣汤选料砂考究，制作精细，风味独特。高汤选用土鸡或大骨，同时配有桂皮、香砂、砂仁、千里香、丁香等10多种香料，反复熬制，原汤原味，不腥不膻。面筋选用优质面粉洗成，纯净柔软，富有弹性，扯开后，薄如蝉翼，搅在汤里即刻化为羽片。高汤与面筋等多种食材的碰撞，形成一种复合的味道，能够满足人们挑剔的味蕾。

灵璧辣汤因用料丰富，含有多种营养成分，为祛风除寒、开脾健胃的美食。2016年被列入县级非物质文化遗产保护名录，代表性传承人为陈尚平。

"忆中味"酱香鸭

程仁功　耿瑞英

灵璧有奇石，被誉为天下第一石，灵璧亦有奇食——忆中味酱香鸭。双奇合璧，让人流连忘返，回味无穷。

灵璧在古代水域充沛，到处是湖泊，因此养鸭子是人们一项重要的营生手段。鸭肉"主大补虚劳，最消毒热，利小便，除水肿，消胀满，利脏腑，退疮肿，定惊痫（《本草纲目》）"。是人们餐桌上的上乘肴馔，更是食疗进补的佳品。当地人不断研究如何将鸭子做成美食，终于研制出风味独特的酱香鸭。据清康熙《灵璧县志》记载，灵璧县濉河、唐河两岸，历史上就有很多以制作酱鸭为生的手工作坊存在。其中程记酱鸭店制作的"忆中味"酱鸭最为有名。

"忆中味"酱香鸭历史悠久，民间传说曾作为贡品进奉皇宫，由此"忆中味"酱香鸭成了灵璧名特产，享誉四方，南来北往的客人，在品赏灵璧奇石的同时，也忘不了品尝"忆中味"酱香鸭。

"忆中味"酱香鸭工艺独特，传承先辈制作工艺之精华，流程复杂，周期长，每道工序的技术要求都极为考究，经过数代人不断探索，以精湛的传统工艺、科学的现代配方、独特的口感风味，饮誉海内外。"忆中味"酱香鸭选用当年饲养成熟的肥壮鸭子，经清洗、干腌、卤腌、油炸、水煮、冷却、包装等传统工艺，其肉色枣红，芳香油润，鸭肉酥烂透骨、熏味香醇，咸中带鲜、肥而不腻，齿颊留香、富有回味，是灵璧传统的地方风味，享誉盛名，获批宿州市名牌产品。

2013年，"忆中味"酱香鸭制作技艺被列为市级非物质文化遗产。

小磨麻油

刘万广

灵璧县黄湾镇素有小磨麻油之乡的美称。小磨麻油历史悠久，民国时期，就有多个村办起小磨麻油作坊。其中声誉较高的龙水庄有小磨麻油香飘四方之说。那时，龙水庄就叫"油坊庄"，就是因为拐麻油的多。新中国成立直到20世纪80年代末，小磨麻油加工一直沿袭传统的加工方式。推磨加工小磨麻油都是专业户，家中必备一盘较重的油磨，必养一头驴或马、骡。一般推"一个油"要用40斤芝麻，选用黄湾种植历史悠久的"鸭嘴"芝麻。这种芝麻蓊密、籽粒大、皮白、出油率高，磨出的麻油呈黄红色，纯净透明，香气扑鼻，是推油户的首选原料。

推油的第一关就是炒好芝麻。炒芝麻用的是一口大炒锅，一次能炒四五十斤。炒芝麻必须两人，一人专烧火，一人专用小木推不停地在锅中翻动芝麻。火不能过大，也不能太小，让小芝麻粒在不停的翻动中均匀受热。一般得炒40分钟以上，炒到芝麻皮由白变成赤色能闻到浓香时，不老不嫩，就算炒好了。

掌握好推工也是非常重要。芝麻上磨要用小眼下滑，不能推粗，粗了，芝麻下得快就得插稠（筷子）。有时 1 根筷子不行，得插几根，这样能提高出油率。芝麻推完后，要用烧开的水，把粘在磨四周的油浆冲刷到大油锅中，然后把油锅抬到亮处，把烧开的水按比例冲进油浆中，用木棍反复搅拌，让开水全部搅进油浆中，浆上层看不见水，呈油色时为止。这时，油把式拿凹腰长葫芦不停地向油浆中按压，俗称"揣油"。揣油不能急，得把葫芦头揣到浆底，提出再揣，反复揣半个多小时，才能看出呈黄红色的麻油浮在上层，散发出浓浓的香味。这是每位油把式心中最得意的时刻。接着拿起勺子开始撇油，这是最精华的上等头油。这时候，本村庄的亲邻都争先恐后地递上瓶，等着打头油。撇完头油后，再拿葫芦揣出二油、三油，直到锅中的油被揣完撇净为止。油把式拿起钩秤，称出香油重量。一般 40 市斤芝麻，要推出十八九斤油，技术高的老把式，能推出 20 斤油。

推好油就是卖了。卖油多是挑着油遛乡。一般是上了年纪的老头，一头挑着铁皮制的圆形油桶，一头是一个空笆斗，笆斗里放着一块石头或干土坯，这样就两头平衡了。手中拿着一个梆梆，每到一个村庄不用喊，就是有节奏地敲响梆梆，人们只要听见梆子声，就知道是卖油的来了。农户一般都是用自家收的芝麻换香油，2.6—3 斤芝麻换一斤油。这时空笆斗就有用处了，油换完了，笆斗里芝麻又满了，老头只好靠近笆斗这头，艰难地挑着走。

砂坝馓子

刘万广

民国时期，黄湾镇砂坝馓子就远近闻名。砂坝馓子脆、酥、香，无论是干吃水泡，还是回炒做汤，都久吃不厌。过去，鸡蛋配麻花，是产妇第一大补品，直到现在，馓子都是娘家"送奶糖"的首选礼品。

砂坝馓子是黄湾一带出现最早的油炸食品，与小吃摊和饭店紧密合作，相互促进。20世纪80年代，集市上的馓子摊点，还摆上几张饭桌，免费供应小菜和开水，上集赶会的人们到馓子摊上一坐，用开水泡上两把馓子，就点小菜，就是一顿最美的快捷午餐。后来，集上小吃摊店增多，赶集的人们已很少在集上吃馓子，多是带回家，闲暇时品尝。直到目前，馓子仍是较为畅销的食品。许多务工的人，还把馓子带到外地，作为家乡的特产，邀请更多的人品偿。

砂坝馓子制作精细，秘方各有诀窍。20世纪七80年代，砂坝街有许多户炸馓子，他们用高粱叶扎的篓子盛上馓子，挑着篓子串村叫卖。孩子们一听到"馓子"的喊声，顿时口馋滴水。当时，挑篓串村的主要有郑崇领、李得乐、李国奇等多家。至今他们还有的子承父业炸馓子卖。炸馓子的工序各有不同，但主要技术大体一样。首先要选精细的麦面，上等的油。人工和好面是第一步，面里放一定量的食盐，面要和得软硬适中。和面时双手用力揣，直揣到面中起泡泡，才算活好。接着就是盘条。把和好的面用刀切成一块块，放在案板上，沾着油把面块搓成小手指一样的粗度，盘放在大盆里，放点油使面条不会粘在一起。这时，把油倒在锅里，油烧至滚动时，就把面条绕在左手四根手指上，然后取下拉开一尺多长，再由坐在锅前专挑炸的人，用两根竹扦挑起拉长，立即放在沸腾的油中，翻第一次身后，挑出并成把（通称麻花把），再放入油锅里炸。这时，烧火是关键，炸的时间不能长，也不能短，这把挑出，下一把放入，这样的炸速时间正好、最理想。得最成功的馓子是，油光光，黄亮亮，不老不嫩，入口又酥、又脆、又香。

面筋汤

邱德龙

　　面筋汤是灵璧人最喜欢的一种传统美食，一年四季均受欢迎，尤其是夏天，喝上一碗酸溜溜、香喷喷、稠嘟嘟的面筋汤，会令人满口生津、回味无穷。

　　面筋汤做法简单，材料普通，易学易做。我母亲是做面筋汤的一把好手。别看她身材瘦小，颠着一双半大小脚，做农活不怎么样，但做起家务，样样拿得起放得下。我小时候家里兄弟姐妹多，和农村大多数家庭一样，日子过得很艰难，母亲总能把有限的生活物资变着法儿做出花样来，做面筋汤尤其拿手。

　　做面筋汤的食材并不复杂，面筋是必须的，加上辣椒、葱花、油、盐、酱、醋等家中常备的佐料，要是再摘些南瓜的花蕾或新鲜的苋菜放进去，那就更好了。

　　洗面筋有一定的技术含量，做好面筋汤的关键在于洗好面筋，要是把面团洗化了，就洗不出面筋了。

　　母亲每次洗面筋都是先掘一面筐麦面放在面盆里，加上适量的水，慢慢搅拌、揉搓、挤压，直到和成一块不软不硬的面团，再把面团放在清水中，一遍一遍地轻轻揉搓、淋洗。面盆里的清水逐渐变浑、变浓，面团也随着缩小，表面出现条纹状，质感由柔软变柔韧。经几次换水，面团里挤出的水逐渐变淡、变清，乳白色的面筋做好了。洗面筋的面水留作烧汤时用。一般一斤高筋面粉可以洗出四两面筋。

　　面筋洗好后，顺着面筋团上的纹路将其撕成一根根细条状，这样放在汤里显得量多。

　　接着就是做面筋汤了。先在锅里放点食用油文火烧热，放进葱花、辣椒、食盐、酱油、西红柿等炸出香味后，添水烧开，再把洗面筋的面水分次倒入锅内，反复搅动，以防煳底。再度烧开后，把撕好的面筋连同南瓜花或苋菜一同放进去，煮沸一会儿，甩上鸡蛋花，加点儿麻油香醋和香菜，一锅美味的面筋汤就做成了。

随着人们生活水平的逐渐提高，面筋汤多加高汤，再加入花生米、干丝、海带、香菇、虾皮、鸡丝或鳝丝等食材，味道就更鲜美，营养更丰富了。

煊粉皮

周宗谋　陈长柱　刘凯

日月似飞梭，时光不饶人哪，转眼间不觉本人已是快进古稀之人，这真让人始料不及。我这平平凡凡的大半生，所经历的事情大大小小也不计其数，但是在我脑海里那煊粉皮的记忆总是抹不掉，那一幕幕趣事至今还难以忘却。

记得还是 20 世纪 60 年代末，我那时只有 10 多岁，对这煊粉皮有点"好奇"，就不止一次地到生产队的粉面加工作坊去看个究竟。

作坊一般设在生产队的牛屋附近，因为这些是公房由队里统一支配。要是煊粉皮了，队里还要选晴朗的天气便于晾晒粉皮。

开始前，队长也来调兵遣将，谁掌瓢谁烧火等等安排得清汤沥水。除此之外，还要准备大锅、水盆等备用容器具。一旦准备停当，这不亚于筹备宴席的"好戏"就开演了。

参加煊粉皮的社员把事先精选好并且用清水泡透了的。白芋（有的地方叫红薯、山芋或者地瓜）粉面搅和均匀，像和好的稀饭一样；另有社员架着柴禾把大锅里的水烧得翻滚。只见掌镟子的用饭勺很麻利且有分寸地把搅和好的粉面水，舀出恰到好处的倒入镟子里。所用的镟子是用薄铁皮卷焊制而成，呈铜锣状，一般情况下直径有三十多厘米，中间凹下去，四周有五六厘米高出。又见那位掌镟子的人一个深呼吸，挥动右手腕猛一用劲旋转镟子，镟子在滚开的水面上旋转，那样子像顽童打陀螺一般。随着镟子飞也似的旋转，瓢里的粉面水也像听到战场总指挥的口令一样，纷纷地向镟子的边缘"飞奔"。

大约三四分钟，掌瓢的人估摸镟子的粉面水已经熟了，就顺势右手捏住镟子的边缘,将镩子从滚开的锅里瞬间拎出来,又栽倒放在盛着冷水的大盆里。坐在盆旁边的人也丝毫不敢怠慢,一只手逮住因为惯性作用还在冷水中"挣扎"的镩子,另一只手的食指和中指并拢贴着镩子的边缘一捋,那早已被开水烫熟了的水粉皮就很听话地从镩子中下来了。揭粉皮的人紧接着把揭下来的粉皮放进早已等候在此的另一个跑粉皮者的人那里(我们这里把专门负责把屋里煊好水粉皮用小盆或者大碗里送到屋外,将水粉皮放在用高粱秸或者红麻秸编成留作晾晒粉皮子的那个人叫跑粉皮的)。由专人均匀有序地将这水粉皮摊开晾晒。

待粉皮晾晒成干时,就一张一张摞起来打捆放好。这晾晒粉皮也有讲究,湿了不好卖,太干又因为其脆而碎。

有经验的掌镩子人舀出的粉面水不多不少,那煊出来分粉皮厚薄均匀,也能卖个好价钱。

在煊粉皮的过程中也会出现不和谐的一幕,那就是像我这样半大不小的淘气男孩。因为那时伙伴们家里生活不好,成天不是吃白芋饭就是吃白芋粉渣掺合一点野菜和盐做的渣饼。听说队里煊粉皮了,总想去凑个场子看热闹。我们这些家伙,到了现场队长和煊粉皮人一般是不欢迎的。这不仅仅是我们去了不能帮忙点什么,还有一点就是因为穷加上那个嘴不安分守己,好趁跑粉皮的不注意中途"打劫",来个迅雷不及掩耳从跑粉皮人的小盆里抢过就跑,有时还边跑边把自己的"战利品"囫囵吞下。

不过,随着时间的推移,队里要是再煊粉皮了,队长就三令五申不让小孩子去。有时候他们不让去,我和伙伴们也就寻思着怎样才能进入这难以忘记而又有点向往的"阵地"呢?

你有你的"关门计",我就有我的"跳墙法"。记得是1967年春天的一天,队里又要煊粉皮了,恰巧那一天我们没有上学。顺势到了现场后,我们装作很乖,一会儿给烧锅的抱柴禾,一会儿看到拿粉皮的盆里需要水也殷勤地给添上。特别开心的是看到跑粉皮的有点累了,也凑过去给跑粉皮。不过要想得到这"外快"也就在于我们不光眼神好还要腿勤快上。跑着跑着,也就会趁机会吃上一块或者揭粉皮人不小心揭烂了的粉皮。

遇到能吃上一块或者半块这样的粉皮时,那心里的爽劲就无法用语言来形容了,不仅仅是个人的生活得到一定的"改善",更重要得到了的还不至于被队长或者其他人给轰走。这也就好像是因为自己已经参与了劳动应该得到的"报酬"一样，而再一次感到心灵上的"富足"了……

一晃光阴 50 多年过去了，那些孩童时代的趣事依然让我记忆犹新，仿佛我又回到了那个时代……

尹集萝卜

张殿凯

灵璧县尹集镇濉河南岸的菠林、孙家、陈滩、土桥村一带，盛产一种被誉为"小人参"的萝卜（俗称辣萝卜）。尹集萝卜仅长 5 个细小羽状叶片，叶梗紫红，每片长约 15 厘米，亦称"小五缨"。萝卜外皮通体红色，状如灯笼，除叶片外几乎全身隐于土壤之中，徒手很难拔出，因此又得了个"贼不偷"的绰号。

尹集萝卜不仅个大，而且具有皮薄、肉厚、酥脆、绵甜、微辣等特征。就连萝卜籽都具有消食化痰、顺气开郁、健脾养胃等食药功效，因比，家乡人把它当作四季菜、开味菜、当家菜。

俗话说，一方水土养一方人。尹集之所以产出此种优质萝卜，与当地独特的土壤条件——"夜潮土"有着密切的关系，经有关部门取样检测，尹集这一带土质皆为沙壤土，土层深厚、滋润肥沃、易于耕作，地下水位较高，形成透气好、回水快的小环境，白天表土被太阳晒干，到了夜里便自然回潮，昼夜温差较大，尤其是这一带环境优良，气候适宜，非常适合根茎类农作物的生长，这是尹集萝卜质量好的原因。种好了，一亩地能收 8000—10000 斤。

尹集萝卜种植历史悠久，早在明代万历年间，先民们就在此地种植，代代相传，积累了丰富的种植经验，形成了传统的种植模式。

尹集萝卜之所以好吃、名声响，这与播种、管理、贮存、烹制等有着密不可分的关系。

先说播种。"头伏芝麻二伏豆，处署萝卜白露菜"。几百年来，尹集这一带的农户一直沿袭着在收获过的火麻地上种萝卜的传统方式，俗称"麻茬萝卜"。因沤制火麻污染环境，20世纪90年代以来，农户们尝试着改在瓜地上种植萝卜，效果良好，从此，瓜茬地取代了蔴茬地种植萝卜的习惯。

播种萝卜对时间要求十分苛刻，一是需在处暑的前五六天播种为正当时，最多不可超过七八天，如若超过这个时限萝卜就梗柴。二是种萝卜要舍得下本，底肥一定要施足禽畜粪、麻饼、豆饼及其他农家肥。三是播种后，要将土地碾压整平。为便于管理，一般用耩子播种。定苗每棵间隔不少于25厘米，这样萝卜才能长大个、产量高。

再看管理。一是注意保苗，如缺苗可从稠密处匀出补栽，不可稠密或缺苗。二是在萝卜长至直经三四厘米以上时，需要给其"加餐"，追施稀释过的粪水和草木灰，给萝卜以充足营养。三是及时清除地里杂草，适时浇水，保持土壤湿润。四是注意防止虫咬，特别是对叶片上的小青虫、甲壳虫等要尽量手工捉逮，不可轻意喷洒农药，确保萝卜纯正、有机、绿色、环保。

起获阶段。一是霜降时起获萝卜为最佳时间，不可晚至下雪时，以免冻伤。二是起获时要手工拔和抓钩、橛子等工具并用。三是萝卜装运时要轻拿轻放，因其太脆，不可扔甩，因有尹集萝卜掉在地上摔八瓣之说。

最后是窖藏。一是在地面上挖一掀深（40厘米左右）的地窖，然后往窖内泼洒充足清水，待水晾干后即可把萝卜码放窖内，用窖内自身潮土涵养萝卜，切记不可在萝卜上洒水，避免萝卜在窖藏中长出"黑头"变质。萝卜下窖后，先在上面履盖萝卜缨子，到下雪时再覆上土，土层厚薄视天气寒冷程度而增减。二是将玉米秸杆或高粱秸杆捆扎成15厘米左右粗的把子，插入窖中并部分露出窖外，起到散热和透气作用。如做不好窖藏这个重要环节，轻则糠了，重则变质烂掉，所以要经常观察窖内细微变化，采取相应措施，确保至来年打春时节，萝卜依然新鲜。再者要选择部分个大鲜亮的萝卜单独窖藏，精细保管，为下一年留下萝卜种，以确保尹集萝卜DNA正宗。

尹集萝卜食用价值高。因此乡亲们在生活实践中，吃法也在不断翻新。如，小苗缨子可调凉盘，大片缨子可晒干烹炒"卤鱼子"、蒸干菜包子等。萝卜可作水果生吃，亦可切丝凉调，熟吃可炖粉条、炒豆芽、炒肉片、烧猪肉、蒸包子、包饺子、卷油馍、炸丸子、煲汤等。而腌制的萝卜干子、萝卜豆子更是餐桌上必备的投口菜、下饭菜。

霜降是萝卜的收获季，也是腌制水萝卜豆子和萝卜干子的最佳时节。此时，老人们忙着泡煮豆子，准备辣椒面、花椒粉、葱姜、八角、茴香等作料。而剥葱刮姜，洗切萝卜，晾晒等粗活则由年轻人来做。不几天，袅袅炊烟中，家家院内飘出了浓郁的烀熟的黄豆和佐料的香味，老人们随后将烀熟的黄豆趁热装入缸盆，盖上麦瓤子保温，待捂到豆子可扯"黏条"（有益菌）时，把备好的萝卜片、食盐和佐料统一放进缸盆内，拌匀即可食用，这就是所谓的水萝卜豆子。萝卜干子腌制方法则有所不同。首先要将一开四至六瓣的萝卜用盐水浸泡 10 天左右，捞出晾晒至半干，搓上粗盐，再次放进盐水缸内回卤，浸透盐味，晾至萝卜干松软时，撒上五香大料，反复搓揉，摊起晾晒。其间，苫子、簸箕、席子、拍子齐亮相，即刻成为村庄里的一道亮丽风景。在深秋雾霜的浸润下，在和煦的阳光照射下，在盐分和秘制香料的作用下，口感脆香的萝卜干子即大功告成，成为人们餐桌上的美味。

尹集萝卜是尹集农产品的地理标签，是尹集饮食文化的老字号和名片。它既没有美轮美奂的外表，也无须出神入化的烹饪手段，但它是家乡不可替代的美食之一。尹集人无论走到哪里，无论舌尖上是多么的挑剔，但那红红的、圆圆的、脆生的尹集萝卜永远是他们心中的最爱。

夏庄青萝卜

吕允峰

灵璧处在淮北平原，土质肥沃，水资源丰富，是中国小麦、玉米、大豆的主产地之一，而桃子、梨、苹果、黄瓜、西红柿等水果蔬菜也声名远扬，其中夏庄的青萝卜别有风味。

　　"五一"那天，在虞姬乡灵光村书记胡长杰的陪同下，我采访了夏庄的"菜把式"胡计宣老人。胡计宣年近八十，种了一辈子萝卜，村里人都称他为"菜把式"。他靠卖萝卜收入支撑起一个家，全庄就数他萝卜种得好。他种的青萝卜个头大，水分足、口感脆，微甜稍辣。

　　谈起青萝卜，他兴致勃勃地打开了话匣子："借你的笔把这个县级乡珍宣传出去。种青萝卜起于啥时，俺也说不清，民国时就有了，那时少。人民公社时，大面积种红萝卜，卖给酱菜店，或分给社员腌菜，自留地种得少，也不敢卖。改革开放后，私人大面积种植青萝卜。那时，猪肉才卖7毛多一斤，可早上市的青萝卜已能卖5毛钱一斤，现在能卖两三块一斤了。

　　"'三伏萝卜二伏菜'，三伏天开始种萝卜。种萝卜是个细活儿，平整土地，施肥，用耩子耩沟，顺沟摆种子，平沟后用细长石磙子压，或使脚踩平。种好后要常浇水。出苗后要匀苗两遍，一遍匀荒苗，二遍匀株苗，苗距一拃左右。最缠手的是虫子，青虫吃叶快，腻虫小而多，还有黑壳虫，如果萝卜地靠近玉米地就犯难了，蟋蟀多，晚上就要用麦麸拌上药，靠地边撒，不然，一晚上叶子就被吃光了。

　　"储存萝卜要挖60公分深、长方形的坑，浇上水，防止起热。窖与窖之间留50公分距离，敷上土以后还要盖上萝卜缨子，或盖上草苫子，保湿防冻。一窖接着一窖卖，卖到开春就起底了，俗语说'打春萝卜立秋瓜'，打春后萝卜就糠了。"

　　我问："你的萝卜为什么好卖呢？"他说："这要舍得下本钱！我上的是麻油饼、豆饼、鸡粪、复合肥。忌用氮肥，施氮肥长得快、产量高，但萝卜味道差。磷肥也要少施，多了，萝卜硬。"

　　2000年起，夏庄青萝卜种植面积大幅度提升，来买萝卜的外地车辆络绎不绝。本地人走亲访友要带萝卜，外出打工也要带几十斤，市民成口袋地卖。夏庄许多农户因卖青萝卜过上了小康日子。省电视台和省市报社都做过采访报道，夏庄萝卜已声名远扬。

灵璧酱园酱菜香

吕允峰

　　"打酱油醋嘞，芥菜疙瘩——咸菜——酱萝卜——"小时候每当清晨或傍晚，清脆甜润的吆喝声总是吸引着我们这些少不更事的妖童媛女跟着串街人跑。

　　我记忆中最美味的就是灵璧酱园厂腌制的各色小菜。

　　百业兴天下，酱菜"味"万家。灵璧酿造厂建于 1953 年，原名灵璧县酱园厂，厂址在花墙口路西处（今磬云小商品市场北头）。面北临街的几间土墙茅屋是门面，木柜台下、地面上摆着贴着价格标签的大小坛子，主要产品有虾籽酱油、面抽酱油、豆抽酱油、普通酱油、醋、五香大头菜、豆腐乳、蚕豆酱、酱瓜、酱蒜苔、咸萝卜等，计 50 余种，其中咸萝卜远销东北等地。

　　上初中时，我们几个发小每天总要到门市部绕几趟，凑点钱也要买点儿酱菜。不是真的想吃酱菜，而是因为店里的几个女子长得漂亮，我们私下里称她们为"酱油皇后"。

　　1972 年，灵璧酱园厂迁至西关酒厂北门对面，北到凤河，占地面积达到 100 多亩，工人增加至 100 多人。1984 年，更名为灵璧县酿造厂。1985 年末因技术革新削减人员，全厂仅保留职工 37 人，有机器、设备 120 台，厂房面积 5919 平方米，设有食醋、酱油、酱菜、饮料 4 个车间，年产值 30 万元，税金 1.7 万元，固定资产原值 15.4 万元。

　　"酱"出名门，传统好滋味。酿造厂充分利用辣疙瘩、萝卜、白菜、黄豆、花生等本地特产，采用传统工艺，酿造出特色酱菜。朱师傅是做酱菜的老把式，他从小就跟着父亲学手艺，几代传承。他新中国成立后进厂，是厂里的第一批技术员。他向我详细地介绍了灵璧酱菜的制作过程。

　　首先，选料要精。要选择耐贮藏、不怕压挤、肉质坚实的品种，如白菜、萝卜、苤蓝、玉根等。萝卜、辣疙瘩要无疤结，白菜要肥厚，花生、黄豆要饱满匀称。

其次，选择蔬菜腌制工具。腌制咸菜要注意使用合适的工具，特别是容器的选择尤为重要，它关系到腌菜的质量。

腌制数量大，保存时间长的，一般用缸。腌制半干咸菜，如香辣萝卜干、大头菜等，一般用坛，因坛子肚大口小，便于密封。腌制数量少、时间短的咸菜，也可用小盆、盖碗等。腌器一般用陶器为好，切忌使用金属器皿。

酱腌要用布袋。酱腌咸菜，一般要把原料切成片、块、条、丝等，装入布袋，投入酱中，酱对布袋形成压力，可加速腌制品的成熟。布袋一般选用粗纱布缝制，大小可根据腌器容量大小和咸菜数量多少而定，一般以装5斤咸菜为宜。

酱耙要用木质，不宜用金属。制酱和酱腌菜都需要经常打耙。打耙，也称倒缸，就是将腌器里的酱或咸菜上下翻倒，使蔬菜不断散热，受压浸盐均匀，并可保持蔬菜原有的颜色。木质酱耙轻，有浮力，放于酱缸内，不怕食盐腐蚀，也没有异味。另外，腌菜还需要笊篱、叉子等工具。

腌制时，先把萝卜、辣疙瘩等原料洗净，切成粗细均匀的条块，风干一天，分两次腌制。第一次按每百斤白条萝卜、辣疙瘩加盐三斤，拌匀揉透，分批入缸。装缸时，放一层，踏一层，逐层踏实。经过三天，出缸再次晒二三天，而后进行第二次腌制，每百斤加盐一斤半，再拌匀揉透，仍分批入缸，盖上透气性好的席棚，腌制七天，有的根茎要腌制20天左右，就可以装坛贮藏或食用。

腌制咸菜的温度一般不能超过摄氏20度，不得低于摄氏零下5度。腌后的咸菜不能暴晒，否则，会腐烂变质；温度也不能过低，否则，会因受冻而变质变味。

贮存脆菜的场所要阴凉通风，以利于散发热量。咸菜发生腐烂、变质，多数是由于咸菜贮藏的地方空气不流通，蔬菜腌制过程中产生的热量不能及时散发造成的。

灵璧的萝卜、辣疙瘩等，皮薄肉厚、细嚼无渣、辣味适口，是酿造酱菜的优良原料。经传统工艺腌制的萝卜干、辣疙瘩丝，黄中泛红，咸中带甜，香脆可口。

1995年，灵璧酿造厂改制，场地转让给开发商，建成灵凤花苑小区。从此，菜缸的影子、切菜的撞砧声、酱香的味道，就只有在记忆中去寻找了。特别的味，给特别的你。酱菜里包裹乡愁，品尝间流淌思念。

长集"小跑"肉

吕允峰

在灵璧县城西南长集，南邻固镇县，西临埇桥区。2019年秋，我在朋友的陪同下，逛了一趟长集。听说过去这里水草丰美、河道纵横、地广人稀、野兔遍野，给当地居民带来了丰富的食材，因而百姓多擅长狩猎，捕捉野兔。

据朋友介绍，打兔子的历史在他爷爷那一辈就有了。秋收时，野兔藏在窝里，晚上出来，灯一照，兔眼发绿，兔子发呆，土猎枪一射，一打一个准。冬天视线好，兔子出来吃树种、草根，容易捕捉。会逮兔子的人的捕猎收入，就够一个冬季的开销。

捕捉的兔子大都卖给饭店，来吃兔子肉的人也同样会挑肥拣瘦，奔口感好、价格便宜的饭店去。兔子肉有多种做法，卤兔子是长集的特色美食，俗称长集"小跑"。

朋友的弟弟是狩猎能手，也是"小跑"卤制高手。谈及卤兔子，他说："饮食道上有句行话：卤菜要香，全靠老汤。这老汤，也就是卤肉制品风味的灵魂。所以行家评价说：热菜气香，卤味骨香。把花椒、八角、小茴香、香叶、白芷、肉蔻、桂皮、藿香、红曲米、木瓜、当归、草果等用小火在锅中炒3—5分钟，取出装进卤料盒或纱布包里下锅，加入白酒、葱、姜、蒜、冰糖、酱油和适量水，大火烧开后，小火再熬半个小时，卤汁就做好了。

"把兔肉放入凉水中浸泡2小时左右，使其血污排出，再投入沸水锅中煮5分钟捞出，用清水洗净。取净锅上火，放入清水，投入兔肉，汤开后撇去浮沫，加入酱油、白糖、绍酒，再放入纱布包扎好的葱、姜及各种香料卤包，再放入已经制作好的高汤，煮沸后改小火煮约 1 小时，至肉烂捞出，冷却后将兔肉撕成片状即成。卤兔子应用中小火，保持卤水微开最佳。"

朋友说："改革开放后，化肥使用多了，草少了，气候变化，水少了，野兔也少了，长集'小跑'就更金贵了。城市里的人要尝野味，长集是个好去处。"

磬石乐器

耿瑞英

灵璧磬石，色泽清润，肌理细腻，石质坚硬，声音清越，有"金声玉振"之称，被誉为"八音石"，是制作乐器的上品原料。

灵璧磬石制作乐器的历史悠久，远在三千年前的殷商时代就被用于制作编磬，比编钟早一千多年。1950年河南安阳殷墟武官村出土的虎纹石磬即为灵璧磬石。这枚虎纹石磬是单件，即特磬，用青灰色石料制成，一面以细双线刻一伏虎图案，瞪目张牙的虎形与器形浑然融为一体，发音浑厚洪亮，音色近似青铜，并有较长的延续音。我国最早的历史文献《尚书·禹贡》载"海、岱及淮惟徐州：淮、沂其乂……泗滨浮磬"。泗滨浮磬即为灵璧磬石（当时灵璧磬石山属徐州管辖）。

灵璧磬石传统乐器主要有编磬、磬石琴。

"磬"，是我国古老的石制打击乐器，形有大有小，上面刻有花纹，并钻孔悬挂于架下，击打传声。它造型古朴，制作精美。按照使用场所和演奏方式，磬可以分为两种：一种为单个的大的磬，称为特磬；一种叫编磬。

特磬多用于宫廷雅乐或盛大祭典，是皇帝祭天地、祭祖、祭孔时演奏的乐器。特磬有音高不同的12枚，都单独悬挂在木制磬架上，它们大小不一，最大的是"黄钟"，最小的为"应钟"，在一年的12个月里，每个月各奏一个调的乐曲，演奏时，只需换上相应调的特磬，合奏时，在每一乐句的末尾各击特磬一下，起加强节奏的作用。

　　编磬是把若干个能发出不同声音，形如曲尺的磬排成一组，悬挂于架上，可以演奏旋律的打击乐器，主要用于宫廷音乐。

　　远古时期，石磬是先民们舞蹈娱乐的乐器，后来用于历代帝王、上层统治者的殿堂宴享、宗庙祭祀、朝聘礼仪活动中的乐队演奏。磬和钟作为乐器和礼器，是统治者权力和身份地位的象征。唐宋以后新乐兴起，磬仅用于祭祀仪式的雅乐乐队。

　　20世纪80年代中期，许多音乐家，在灵璧磬石山上寻找到泗滨浮磬，并制作编磬，从而使得磬这一中华民族源远流长的文化，以它不息的生命力得以传承和弘扬。

　　2010年6月23—27日，上海世博会安徽活动周上，用灵璧磬石制作的编磬向八方来客奏响了天籁之音。此磬经专家研制近一年完成，宽2.58米、高2.35米、厚0.6米，可达八度音节，清脆悦耳，余音悠长，配上量身定做的红木磬架，高贵典雅、庄重大方。

　　磬石琴是把灵璧磬石制作成长短厚薄不一的琴键，排列组合，用一小木锤敲击发出不同音律的打击乐器。石琴的音阶是按照琴键的长短薄厚来区分的，音质清越、纯净、悦耳。

　　为了挖掘、继承和发展我国古代音乐文化遗产，打造灵璧特色文化品牌，从2008年开始，灵璧县文化局和灵璧灵峰工艺厂技师联合进行磬石乐器的研发，在传统编磬、磬石琴的基础上，研制出了新型磬石琴、磬石笛、磬石二胡、磬石唢呐等，初步形成了一套磬石系列乐器。这套乐器采用优质磬石按专业乐器技术要求精制而成，外观古朴典雅、质感强烈，演奏起来清新悦耳，美妙动听，具有音质纯正厚重，音域音量适中和音准校订后不受气温影响而较稳定等特点，既可用于独奏，也可用于乐团合奏，是集艺术赏析、收藏、实用于一身的珍品。磬石乐器的研制成功填补了中国民乐史上的空白，目前在世界尚属首创，改良磬石琴、磬石二胡、磬石笛已获国家专利局授权。

　　改良磬石琴加入半音阶，改变了传统磬石琴不能转调的问题，表现力更强，音域更宽，琴片下方增加了导音管，音色更加浑厚、饱满，适合演奏古典乐曲。改良磬石琴精选优质灵璧磬石制作而成，造型，品质上乘，具有较高的欣赏、演奏和收藏价值。

磬石二胡是在传统技艺的基础上，采用灵璧磬石为原料，制作琴筒、琴杆、琴轴、琴坐，再配以振动膜、琴弦、琴弓等部件制作而成的拉弦乐器。工艺精美，音质柔美动听，表现力极强，既可独奏，又可用于乐团合奏，是演奏乐器的佳品，配上琴头的磬石雕刻，美观典雅，极具欣赏和收藏价值。

磬石笛属于横吹的开管石乐器，精选灵璧磬石山石材研制而成，音质厚重、爽朗、柔美，音域宽广，工艺精美，色泽清润，雕刻细腻，造型雅致，是极具收藏价值的文化旅游产品。

磬石唢呐是在传统技艺的基础上，采用灵璧磬石为原料制作唢呐杆和碗，配以哨、气牌、芯子部件制作而成的吹管乐器。可以根据需要，制作调式不同的唢呐，有的粗犷，有的柔和，有的清脆，有的高亢。和传统唢呐相比，磬石唢呐声音厚重扎实，铿锵雄壮，气宇轩昂。磬石唢呐工艺精致，色泽光润，造型美观大方，是极具演奏和收藏价值的文化旅游产品。

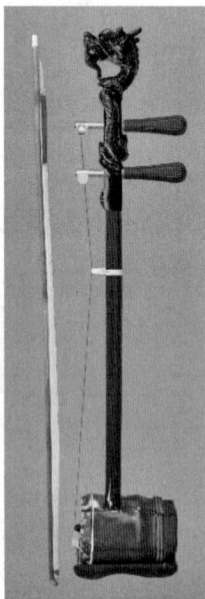

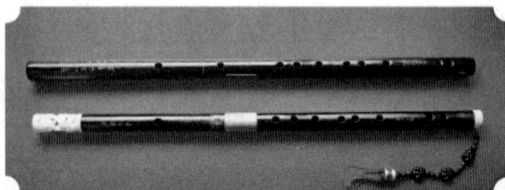

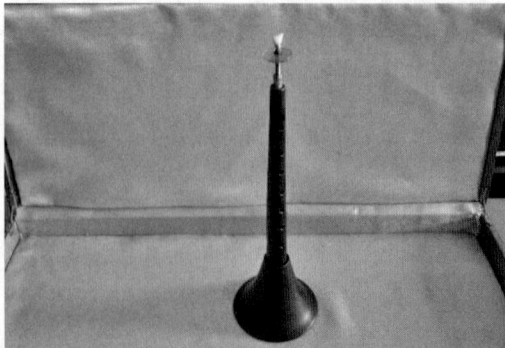

灵璧磬石雕刻

耿瑞英　鲁　兵

灵璧磬石，石质坚硬、抚之若肤、色黑如墨、光洁鉴人，可用来雕刻工艺品。灵璧磬石雕，广采木雕、石雕、砖雕、泥塑等类艺术之长，形成了别具一格的雕刻艺术。

灵璧磬石雕刻历史悠久。1950年，河南安阳武官村商代墓中，出土一件石磬，正面雕成虎形，线条刚劲而圆熟，经鉴定系用灵璧磬石雕琢而成。两汉时期，石刻壁画较多，出土许多线刻、浮雕画像石。唐宋时期，灵璧磬石雕已具相当的工艺水平，渔沟镇磬石山南侧的摩崖造像（浮雕），雕刻于宋代至和三年（1065年）。明清期间，灵璧磬石雕受石雕、砖雕和牙雕影响，形成了工笔与写意相结合的特点，所雕花、鸟、人、兽等，无论是独立的或者是附在石柱、石础、石鼓、石门匾、石凳等上面的，无不精美绝伦。近代以来，制磬技艺有了新的发展，出现了多种多样的镂空雕花磬。磬雕多以于民间吉语取名，有"吉庆有余""福寿双全""龙凤呈祥"等。这种磬雕整体镂空、构思巧妙、图案优美、刀法精湛、剔透玲珑，长用作厅堂装饰和书斋摆件。

现代的灵璧磬石雕，采用整石雕琢，既继承传统技法，又融入现代工艺，品种繁多，艺术手法多种多样，主要有线雕、影雕、浮雕、圆雕和镂空雕。

影雕和线雕，以灵璧磬石为原料，经抛光水磨成镜，运用腕力调节刻刀尖的疏密、粗细、深浅，用点或线来表现图像光线的明暗，黑白相衬，典雅高贵，是雕刻与绘画相结合的表现技法。影雕以点刻为主，借助点的密集疏松构成图案纹理。线刻用尖刀在石面上刻划线条表现景物的形象，也称"阴刻"或"描花"，以铁线为主，刀至线呈，线之所至，形已应灵，独具艺术魅力。影雕、线雕工艺品以画盘为主，主要有钟馗神像、佛像和人物像，也可在磬石做的茶具、文房四宝、乐器等上面雕刻，人物、花鸟虫鱼、风景、绘画作品都可作为雕刻的题材。

线　雕

影　调

　　磬石浮雕是在磬石平面上雕刻出凹凸起伏形象的一种雕塑艺术，是一种介于圆雕和绘画之间的艺术表现形式。磬石浮雕多用于建筑装饰，茶具、文具等器物上也经常可以看到，随着旅游业的发展，工艺厂开始生产一些小型挂件，如佛像、钟馗像、十二生肖等。

　　磬石圆雕是指非压缩的，可以多方位、多角度欣赏的三维立体磬石雕塑。圆雕所雕物体在雕件上能够展示整体效果，鉴赏者可以从不同的角度看到物体的各个方面。由于圆雕作品相比浮雕极富立体感，生动、逼真、传神，所以圆雕对制作的要求比较严格，雕刻家在雕刻一件成品前，要对产品的实物进行测量和估算，根据得到的数据和选料大小，计算出适当的比例，然后从前、后、左、右、上、中、下全方位进行雕刻。

　　灵璧磬石圆雕作品讲究造型生动、因材施艺，多为钟馗、佛像、人物和十二生肖等。随着白灵石、彩石的出现，艺人们在取色用"巧"方面不断创新，发掘和利用石形、石质、石色的天然神妙，通过构图布局，运用虚实、对比、平衡、空间和掩映等现代绘画知识，使圆雕作品意境更加生动而自然，文化内涵更为丰富。

磬石镂空雕是把石材中没有表现物像的部分掏去，保留原石材能表现物像的部分。如狮子口含"美女"，在掏空狮子口腔的同时，保留"美女"。"美女"，是原材料的一个部分，雕刻者用细刀小心翼翼地通过"狮嘴"往里面凿，凿出"美女"身形。"镂空"常与圆雕或其他技法相结合，成为作品的一个组成部分。灵璧镂空磬石雕温润古雅，高大民族建筑和庙宇的梁柱间多有悬挂。南京中山陵落成时，安徽省政府在灵璧制作了一件别具风格的圆形雕花磬，周围镂空雕饰花簇垂绥，中央镌刻着《总理遗嘱》全文，代表安徽民众敬献给中山陵。

灵璧磬石雕刻题材丰富，形式多样，往往在一间作品中采用线刻、影雕、浮雕、圆雕、镂空雕等多种艺术手法，如圆雕人物作品完成后，在服饰或道具上用尖刀线刻花纹装饰，或者线刻与浮雕技法配合，按远近透视的关系，近景以浮雕表现，远景以阴刻线条表现，使之层次感更为强烈。有时镂空雕与圆雕或其他技法相结合，成为作品的一个组成部分。

2010年，灵璧磬石雕刻被列入省级非物质文化遗产名录。省级代表性传承人为吴河江、刘銮玉，市级代表性传承人为赵君、赵亮。

灵璧石工艺品

晏金福

灵璧石工艺品历史悠久，最远可以追溯到殷周时期，不过在三千多年的历史中，灵璧石工艺品仅限于编钟和编磬的制作。直到20世纪80年代灵璧县工艺厂建立，灵璧石工艺品才开始走向繁盛。在短短的二三十年间，灵璧的工艺厂和作坊发展到一百多家，产品种类也扩展到上百种。

灵璧石工艺品，主要以渔沟磬云山的磬石和朝阳耳毛山的大理石为原料，经过切割、打磨、雕刻等工序，制造出人们需要的生活、文化、娱乐、保健等产品。

生活类工艺品，大的有石桌、石凳、茶几等。用红皖螺、灰皖螺和绿皖螺制作的茶几，色彩艳丽高雅、花纹细密规整，用磬石制作的石桌、石凳，颜色漆黑、光亮如镜，都是高档家居用品。小的有茶具、酒具等。经国家地矿部检测，灵璧磬石有锶、钛、铬、锌等30多种微量元素，用来制作茶具、酒具，会有微量元素析出，溶入酒茶，对人体大有裨益。制作者多在壶上雕刻诗文经书或花鸟虫鱼，因而，这些茶具、酒具既是生活用品，又是高雅的艺术品。有的还选用白灵石作壶盖，用白灵石雕成十二生肖或别的小动物。小动物栩栩如生，壶盖与壶黑白相映，非常养眼。在灵璧市场，一般的壶，价格不过百元，可是到了北京、上海等大中城市，身价要达千元以上。在上海几个灵璧人开的石馆里，常见外国友人把玩灵璧石工艺品，啧啧称赞，爱不释手。

近十多年来，市场上出现了一种特殊的灵璧石工艺品——茶盘。这种茶盘对石材要求不高，只要底面平整，半径大于25厘米即可。经营者设计好后，会把石头送到专门的加工厂去加工。加工者只要在石头上适合的地方挖出并磨平盛茶具的座儿，周围仍保留原石的天然形态。这种茶盘，茶座加工精细，平整光亮，周围或异峰突起，或峭壑密布，天然与人工于浑然一体。小点儿的置于茶桌上，大的就直接做个底座。本来是一块不起眼的石头，价格不过百元，加工费也不超二百元，可是做出的成品，每件价值都在千元以上，精品可达万元以上。

文化用品主要是砚台、笔筒、笔架、镇纸等，既可自用，也是馈赠亲友的佳品。

磬石制作乐器，早已不限于编钟编磬了，陆续开发出石琴、笛子、二胡、唢呐等系列磬石乐器。现在，磬石乐器已被县级非物质文化名录，磬石琴还曾被作为国礼，赠给外国友人。

磬石制作的砭石，是对人类健康的巨大贡献。砭石者，以石治病也。砭石治病称为砭术，是中医砭、针、灸、药、按跷、导引六大医术之一。磬石制作的砭石有刮痧板、刮痧梳、按摩棒、项链、手链等。经现代医学理化检测，磬石不仅有三十多种微量元素，而且能发出极远红外线电磁波和超声波，对人体有很好的保健作用，因而用磬石制作的砭石，历来为医家推崇。2009 年 10 月的一天晚上，保健专家杨 × 在 ×× 卫视讲了一课，她还现身说法，当场退下自己手腕上的砭石手链，说："大家看看我的手，以前有很多老年斑，两只手都是。现在这只手还有点残存的斑块，这只手（斑块）已经没有了……我都七十岁了，这我得感谢砭石。"这番讲话让灵璧砭石一时火得离奇，不仅实体店脱销，网上也一件难求。

现在，灵璧石工艺品不仅畅销国内，还销到了国外，成为灵璧拿得出手的名优土特产品。

灵璧木版年画

石亚萍

灵璧木版年画是历史悠久的传统民间艺术形式，有门画、灶神、财神等，构图丰满俊秀，线条粗扩，庄重浑厚。其中钟馗木版年画更具艺术欣赏价值，2008 年被收入《魅力灵璧》大型邮册。

年画是我国一种古老的民间艺术，和春联一样，起源于"门神"。民间年画俗称喜画、门神。旧时人们盛行在室内贴年画，户上贴门神，以祝愿新年吉庆，和平安祥。木版年画从古代的"桃符"演变而来，叫门神、纸马，它采用镂板手工水色套印，在画法上继承了汉唐壁画的传统，构图饱满，线条粗扩。

传说元朝时黄河泛滥，元顺帝令贾鲁修治河道。贾鲁开河引黄，朱仙镇木版年画逐渐由贾鲁河，经陈州的周家口、沈丘，顺流到安徽的界首、临泉，再传到宿州、灵璧等地。皖北一带的门神、灶画，都妙似朱仙镇的年画，再受皖北民俗影响，又经历了老艺人的不解探索和完善，形成自己的独特风格。据《灵璧县志》记载：灵璧木版年画多以钟馗画为题材，有门画、灶神等，其构图丰满俊秀，雕版纤细精微，色彩鲜艳，有大红、桃红、黄、绿、紫五色。新中国成立前，在县城、各大集镇有数十家年画作坊，印卖门神、钟馗、观音、财神、关帝、天官赐福、金玉满堂、年年有余、龙凤呈祥、春牛图等，较有影响的作坊是陈永兴坊。当时周边邻县的木版年画，包括画稿、画板大部分来自灵璧，灵璧是周边木版年画的集散地，当时的一个作坊，每天至少可以印制200—300张年画。新中国成立后，传统题材的木版年画渐渐被新年画代替。

木版年画制作分为五个步骤：

1.制版。印版应选择纹理细腻、木质软硬适中的"小孩拳"、梨木等，还可以用水曲柳的五合板。将木板裁好磨平后，把画稿反过来用复写纸画在板上。

2.拓稿画样。就是依样稿在板上描出图样。一套样版一般包括三版、五版或七版。

3.雕刻木版。雕刻刻版，不仅要求艺人技术高超，还必须胆大心细，有独创精神。七版一套的雕版，往往要用数月甚至半年的时间。刻的过程要求着力均匀，线条准确、流畅，下刀不要太陡，要使线条断面呈梯形状态，保持画面的整体风格。

4.上案印刷。上案印刷时，开始是小案子坐印、后改为大案子站印。采用一版一色的木版套印，一幅画要套印三五次到十几次，一版一种图案，着一色。原是简单的红黄蓝三色套印，发展到五色，又到红、黄、蓝、绿、紫、桃红、黑七色。印制时要将木板在案上固定好，画好中间线（便于套版时不走样）。套版一般用三原色加色和纸的白色，最后就成了五色基调。

5.烘货点胭。就是把潮湿的颜料烘干，个别地方加以润色修饰，或描金或敷粉，这样，整套工序完成。

灵璧木版年画多取材于民间信仰门神、灶神、财神、钟馗等几十个品种，其寓意是鬼避邪、保家平安、祈福祥、获得功名利禄等。

新春伊始，第一件事便是贴门神。如今，在农村，人们还保存着过年张贴门神的习俗。

2008年，灵璧木版年画被列入县级非物质文化遗产名录。

注：2007年，灵璧县党校退休干部孟益园根据记忆，恢复制作已经失传60年的木版钟馗，后王金矿、周朋、曾繁荣、孟莹莹、付克林等人参与恢复制作。

剪纸钟馗

尹凌潇　曹金芳

剪纸钟馗是选用彩纸、金银箔等材料，借助剪刀或刻刀等工具，采用剪、刻、撕等方法来创作钟馗形象的民间美术，是钟馗画与剪纸艺术相结合的艺术形式。

剪纸钟馗有"剪刀剪"和"刀刻"两大类别，剪刻方法主要有阴剪法、阳剪法、阴阳结合等剪法，根据不同剪刻方法从而生成各种不同的剪刻特点。阳剪（刻）剪纸的特征是保留原稿的轮廓线，剪去轮廓以外的空白部分，要"剪剪相连"，即以线条相连。阴剪（刻）的特点与阳刻恰恰相反，就是刻去原稿的轮廓线，保留轮廓线以外的部分，要"剪剪相断"，即以整体块状为主。灵璧钟馗剪纸刀剪并下，善于运用粗细线组合，阴阳剪（刻）交替的手法，融合我国北方剪纸的粗壮浑厚和南方剪纸的纤巧秀丽的风格，形成刚柔兼备、节奏和谐、朴实优美的地方特色，情趣丰富，装饰味浓。阳剪（刻）的灵璧剪纸造型优美，工细严整、线条流畅，给人以秀润之美。如《馗来福至》用阳剪线表现，作品线条刚毅而富于弹性，走剪流畅顺滑，空灵透光，给人以玲珑剔透之感。阴剪（刻）的剪纸钟馗多用大的面和粗壮有力的阴线表现，给人一种块状的粗犷美感。如《钟馗捉鬼》，钟馗仅取其形，以阴线组织画面，不讲究细节刻画，使人感到厚实、稚拙古朴。灵璧剪纸钟馗更多的是阴阳结合剪法，如《五鬼戏判》，就很好地运用了阴阳结合的剪法。其钟馗造型讲究大的影像效果，在影像中又剪出细细的阴线，围在钟馗周边的五鬼以阳剪为主，二者结合，画面厚重灵动，构图生动多变，粗中有细、疏密相宜、虚实结合、对比鲜明。

灵璧剪纸钟馗构图严谨巧妙，形象怪诞生动，刀法叠透流畅，既保持了剪纸玲珑剔透的特点，具有透光、空灵之美，同时又把握住钟馗剑眉、虎目、虬髯的形象特征，既有剪纸的夸张、变形手法的运用，又符合人物身材造型要求，所塑钟馗形象神采飞扬，浩然正气跃然纸上。其代表作是胡崇舜所作的《十二生肖钟馗剪纸》、《钟馗故事》连环画剪纸和《厚德多福》《威震中华》《偕妹探母》等。《十二生肖钟馗剪纸》共有 12 幅，幅幅馗态生动各异，个个肖像栩栩如生。以五线谱连接烘托，使全图呈现出消灾纳福、平安祥和的氛围，巧成一幅"千刀不落，万剪不断"的民艺佳品。《钟馗故事连环画剪纸》讲述钟馗从出生苦读、赴京赶考、喜中状元、殿试触阶、身亡封神直到斩妖除魔、万世供奉的故事。《厚德多福》《威震中华》《偕妹探母》展示钟馗雄健豪放、正气凛然、疾恶如仇、迎祥纳福等特征。

2010 年，剪纸钟馗被列入市级非物质文化遗产名录。市级代表性传承人为胡崇舜、李徐萍、张智慧。

农民王玉琢的根雕

周宗谋　刘　凯

在灵璧县禅堂乡小潘村一位年过古稀的农民家里，我们看到了他精心制作的根雕作品，有的像体育健儿在奋力拼搏，有的像鸟儿在栖息，有的像可爱的小狗，有的像略显笨拙的乌龟，还有的像瀑布凌空悬挂……如果不是亲眼所见，根本不会相信这些活灵活现的人物、鸟兽会出自一个貌不惊人的老农之手。这位老农就是宿州市小有名气的农民根雕艺术家王玉琢。他的根雕工艺被列为 2019 年灵璧县第四批县级非遗名录。

王玉琢今年 76 岁，自幼喜爱美术，20 世纪 50 年代末在灵璧中学参加了学校美术组培训，1961 年在宿县上中专期间，跟美术老师王瞿生学习木刻技术。

后因父亲双目失明、弟妹幼小而退学。回乡后，他用木刻技术自印灶王、财神、钟馗，赚些钱贴补家用。在特殊年代，王玉琢的木刻手艺被作为"四旧"给铲除了。

1998年，随着打工潮的兴起，他也到苏州打工。别人都是直奔建筑工地或者服装厂，可是王玉琢专找装潢公司。一个偶然的机会，王玉琢见到了当地很有名气的木刻师傅刘文渊。刘师父已80岁，是当地木雕世家第32代传人，刘师傅看王玉琢淳朴敦厚，是个可以雕琢的年轻人，便收为徒弟。

根艺是以根木的天然原形为基础，用凿、锉、刀等工具，创作出形态各异的根雕艺术品。

王玉琢拜师后非常珍惜这来之不易的机会，便把刘师父当成自己的父亲，把刘家当成自己的家。他每天都是三更而眠，又闻鸡起舞，多看、多问、多学、多练。白天跟刘师父学刀法，不管是刻、推、削，还是挑、钩、凿，都一丝不苟。晚上还要练习磨刀子。俗话说"磨刀不误砍柴工"，没有锋利的刀子就不能雕琢好作品。什么是"青口"，什么是"钝口"，怎样才能掌握技巧，磨好刀子，刘师父手把手地教，玉琢就认认真真地学。有时磨刀子刘师父坐阵"观战"，由玉琢把大大小小十几把刀子一把一把地磨好。磨好这十几把刀子，一般要两三个小时。尤其是寒冬腊月，水冷冰冰的，刀面也是凉巴巴的，手一沾上寒冷透骨。手磨破了用布缠起来继续练，有时破的地方疼得钻心，玉琢咬紧牙关坚持下来。

汗水洒下不虚度，在刘老师的悉心传授下，王玉琢的木雕功夫大有长进，下刀角度、运刀力度和削刀技巧都能运用自如了。

在向刘师父学习木雕的同时，也跟刘师父学了根雕。根雕作品有着独特的天然美，是木雕体现不出来的。他与刘师父一起，从周边居民或者施工单位要或买来他们挖掘出的树根，根据不同根状，加工成形状各异的作品，到受参观的或者带料加工者的一致好评。

常言道，天有不测风云，人有旦夕祸福。2000年，正当他们师徒携手合作，成就满满的时候，王玉琢的妻子在家突发脑溢血不治身亡。那时王玉琢家上有80多岁的老母亲，下有七八岁的儿子，他不得不满含悲痛，中断了与刘师父的合作。

　　身处逆境的他，心中的根雕梦仍然没有泯灭。在老家的日日夜夜，不管农活多忙，如果遇到村上有挖沟倒垄或者垫宅取土，他总是留心看看有没有适合做根雕的原料。

　　根雕是中国传统雕刻艺术之一，是以树根的自生形态及畸变形态为艺术创作对象，通过构思立意、艺术加工及工艺处理，创作出人物、动物、器物等艺术形象作品。根雕艺术是发现自然美而又显示创造性加工的造型艺术，根雕工艺讲究"三分人工，七分天成"，意为在根雕创作中，应主要利用根材的天然形态来表现艺术形象，辅助性进行人工处理修饰，因此，根雕又被称为"根的艺术"或"根艺"。

　　一、采集根材。根雕贵在自然，好的根材并不是随处可见。山崖、山林、河畔甚至老百姓的柴堆，都可能有天然造型的原料。

　　二、去皮清污。去皮的方法分鲜剥法和浸泡法，鲜剥法适应于新鲜树根将树根洗净后露天放置2—3天，然后用刀从断口处撬起剥除树皮。浸泡法适用于放置时间较长的干枯根料，将根料浸入水中数天，直至可剥除为止。

　　三、构思造型。先仔细琢磨，观察其造型，确定可以创作的作品。

　　四、雕刻成型。构思好后，就可动手加工，裁截掉多余的根须，断面用火烧成自然洞穴，凸面加工成瘤状，达到自然美的效果。要以抽象、夸张、朦胧的形象体现树根的天然形象。有些根料残缺不全时，可选用同一质地的根料进行拼接，手法要精巧，不要留痕迹。

　　五、打磨。用粗砂布将根料打磨一遍，将伤口痕迹磨平，再用细砂布抛光，使表面光亮可鉴。用砂布打磨时用力要均匀，避免破坏它原有的色泽和纹理。

　　六、上色。上色的原料是清漆，反复在根材上涂三遍即可，实用根雕工艺品如花盆架、电视架等，可上调和漆，使其古色古香。

　　七、命名。好的根雕作品配上好的名字，可增值不少。

　　这些年他按照这"七部曲"创作了许多优秀的根雕作品。2009年，他挖出了大小不一的几十个枣树根，那时正是三伏天。王玉琢把这些枣树根放到水中浸泡了两个月，在买不起电动机械的情况下，他硬是用水果刀代替削刀，用小手锯、小锤子和凿子等原始工具，一刀一凿一锤，用了半年时间做出一批漂亮的根雕。

王玉琢经常向师傅和同行请教，不断提高自己的技术水平。他说，要出精品，必须做到"一美二好八注意"：一美，就是学会在根雕的原生态根上寻找它赋有的内在美。二好，就是原生态根的木质要好，根的形体要好。八注意，就是一要原生态根保持原生态风味；二要注意做到随形而做形，不能强行用比例的方式来做；三要注意删除和短截，但不能操之过急，要做到一干二看三琢磨；四要注意在原生态根必须清理干干净净后才能根据该原生态根的形体来决定要做的最理想形体；五要注意把做木雕的某些技艺恰到好处地融入到根雕的处理技艺上，要做到因根而异、量体裁衣，这样可以使加工出来的根雕作品更加巧而精；六要注意对原生态根进行"体检"，也就是检查原生态根是否被不小心毁坏或者某些"残缺不全"，巧妙地进行修复或修补；七要处理好须处理部位与不须处理部位的关系，做到"瑕能美玉"；八是要注意给根雕作品起个恰当的名字，使作品名副其实，以彰显作品的艺术欣赏价值。

一份耕耘，一分收获。近年来王玉琢利用农闲时间加工出来的根雕作品上百件，现在家中陈列的有四五十件。部分作品 2018 年 10 月在参加宿州市民间艺术品展览时，受到好评，市电视台及其他媒体都作了报道。

灵璧蜡染

孟益园　石亚萍

蜡染，是我国古老的民间传统纺织印染手工艺，是用蜡刀蘸熔蜡绘花于布后，以蓝靛浸染，染后去蜡，布面就呈现出蓝地白花或白地蓝花的多种图案。同时，在浸染中，作为防染剂的蜡自然龟裂，使布面呈现特殊的"冰纹"，尤具魅力。

1972 年，在灵璧城南关外出土的明嘉靖二十二年（1543 年）的一具女尸，其陪葬的衣被均系蜡染，证明我县蜡染至少自明代就已较为普遍。新中国成立前，蜡染在我县流行较广，民间花布很多都是通过蜡染加工而成。当时生意较大的染坊有灵城染坊、渔沟染坊、朝阳集染坊。新中国成立后，机制印花布大量投放市场，蜡染花布逐步被淘汰，染坊店只经营染色，不经营印花。1976 年以后，县内染坊停业改行。

清代中叶，国外的化学靛传入，我县的印染术采用石灰粉调和以纸板镂花夹染，工艺简单易学，从此夹染取代了蜡染。夹染镂板多是印刷工人自制，取材于常见的花鸟虫鱼或者具有吉祥象征的龙凤麒麟以及双喜万寿，配以不同花边和角隅，构成对称或均匀的图案，富有浓厚的民间气息。

绘制蜡染的织品一般都是用民间自织的白色土布，但也有采用机织白布、绵绸、府绸的。

绘制蜡花的工具是一种自制的铜刀。这种铜刀是用两片或多片形状相同的薄铜片组成，一端缚在木柄上，刀口微开而中间略空，以易于蘸蓄蜂蜡。根据各种绘画线条的需要，有不同规格的铜刀，一般有半圆形、三角形、斧形等。

游集柳编

邱德龙

在紧临风光秀丽的新阳河畔，有两个古老的小村落，就是现在游集镇邱楼行政村的第十五村民组。别看村落不大，那可是沿袭百年，名扬一方的柳编之乡。每到农闲季节，家家户户编柳活、老老少少无闲人的繁忙景象，就成为一道亮丽的风景。

柳编是以沟旁路边、荒坡闲散地上的杞柳（本地人称簸箕柳）为材料，采用手工编制而成的日常生活用具，主要有簸箕、扛笆、挎笆、粮斗、团筐、针筐、面筐、菜蓝、馍筐等。虽然值不了几个钱，但与人们日常生活息息相关，尤其是广大农村家庭，谁也离不开它。他们做出的柳活样式美观、材质均匀、疏密有度、结实耐用、质优价廉，广受消费者青睐。因此，游集周边朱集、尹集、王集、张山、时村等数十里范围内集镇的柳编交易市场几乎被他们垄断。

杞柳熟制加工工序比较繁杂。首先选择一处较为平坦且有陡坡的汪塘边沿，用和好的泥巴沿着四周砌成长宽高约为 2.5 米 ×2.5 米 ×1.0 米、厚度约为 0.3 米的围墙，在围墙的中心挖一个直径约 1.2 米的灶膛，铲光抹平，把一口直径约 1.5 米的大铁锅放在灶膛上加满水，在锅口上并排摆放几根木棒当作箅子，把挑拣整理成捆的杞柳条颠倒顺序，层层码放在箅子上，码垛最多可以高出围墙约 0.5 米，一次蒸煮的重量约在千斤上下。柳条码好后，在柳条上部覆盖一层麦草或其他柴草，再把搅拌好的粘稠稀泥涂抹在柴草之上，压实后即可烧火。先大火猛烧，待柳条上部冒出蒸汽后改为小火，为防止锅内缺水，可以在码堆中央扒掉泥巴加上几桶水，再重新用泥巴抹严，一般 6 个小时左右，抽出一根杞柳条，看到表皮呈黄褐有光泽，用手轻轻一撸皮可轻易脱落，即可停火。停火后半天，待温度降下来就可以出锅了。

柳条出锅后，必须一捆捆整齐码放在阴凉处用盖布遮盖严实，以防风干。这时全家老少齐出动，尽快将熟制柳条上的皮去掉，这叫打皮。打皮一般是用两根竹筷或两根长约 20 厘米的小铁棍夹住柳条，上下撸刮几下，柳条上的皮即可轻松去除，晒干后打捆备用。

编织是一个精细复杂的技术活，每一种产品的制作都有一定的工序和技术要领，编织时大多不用模具，几乎都是靠手工拿捏而成，靠的就是娴熟的技艺。

编织笆斗是需要模具的。需先挑选粗细均匀的柳条一根根叉花排放在一根约 0.5 米长、缠绕着麻线的量杆上，开始从底部编制，把摆放在量杆上的柳条从一头隔一抬一编起，把火麻线紧紧地平串其中，这个叫作经线，再把压下的柳条一根根抬起，压上麻线，周而复始。底部完成后，用量杆中间的引线把笆模固定在上面的横棍上。这时手艺人即可从底部沿着笆模向上编织，直到与模具上方平行时，再在笆斗内放上一根用树棍扎成的圆箍，编至需要的深度后，即可用柳刀"齐边"，最后用柳条线细密均匀地锁上花边，制作过程即告完成。

编簸箕是不用模的。按所编簸箕的大小，挑选粗细均匀的柳条。为了保持杞柳条湿润柔韧，编好平片后，用清水均匀喷洒，用布遮盖漫润几个小时后手捏脚踩、拿捏定型。然后用削刀快速削平边缘，用杞柳线扎制花边。

传统编织柳活的人家门口，空地上都会搭建一个半掩体式的小屋，这就是专供师傅们编织柳活的场所，这个小屋都称它为地屋。建造地屋，首先选取一块平地，挖出长宽深各 2.5 米 ×2.0 米 ×0.5 米的坑，在坑北缘用泥巴垒砌成一个底宽上尖、高约 1 米的三角形土墙，在坑的南缘也砌一个同样的三角形土墙，在墙的中间位置预留一个高宽约 0.8 米 ×0.5 米的门洞。土墙干燥后，放上屋梁和檩棒，上面铺上苇笆，苫上麦草，屋脊抹上泥巴，一间漂亮的地屋就做成了。地屋冬暖夏凉，可以有效地保持杞柳条的湿润柔韧，便于拿捏定形，益处多多。

随着社会的发展和人们生活方式的改变，传统的柳编制品越来越不适应人们物质生活的需求，这一祖传的技艺也就逐渐远离了人们的生活。随着老一代手艺人相继故去，曾令张李二庄人骄傲的柳编技艺已濒临失传，但令人欣喜的是，国家越来越重视对频临失传的传统民间手工工艺的保护和开发，柳编技艺必将得到传承光大。

晏湾苇编

晏金福

那是 1959 年农历腊月二十二的下午，经过一夜加大半天的跋涉，我终于回到了阔别半年的家。一个破院子，又没个门，我一眼就看到妹妹正蹲在院子里编席。妹妹看到我，马上爬起来，扑到我怀里。"你的手淌血了！"我拉过妹妹的手，只见手心手面横七竖八满是旧痕新伤，十分心疼。妹妹却擦了擦血，说："没事儿。"又说："哥，你先歇歇，我这席马上就好了。"我搬个小板凳，坐在旁边，看妹妹编席。妹妹的两只手，灵巧地扭动着，长长的苇篾子在她手里上下翻飞，这情景就像纺织女工在织锦缎。她穿着毛蓝褂子，虽然 14

岁了，但个子很小，蹲在雪白的大席上，宛如白绸缎上的一朵兰花。妹妹的手巧，在俺庄上是有名的。编席先要剥掉苇裤子，然后破成篾子，细的用篾刀一劈两半儿，粗的用三撑子一撑三半儿，再洒点水，用石碌子轧好，才能编席。这几道工序，妹妹小小的年纪，每天都是一个人完成的。在苇编活里，编席是比较见功底的，技术差的，编的席，花儿大，不均匀。有的席面不平，疙疙瘩瘩的。妹妹编的席，花儿细小匀称，像机器加工的，席面平整如镜。手也快，一天一条独身席，两头见太阳。

我到周围邻居串了串，家家都在做苇编。也有编席的，但多数都在打箔。在所有的苇编活里，打箔技术含量最低，也最省事。只要打点细绳子，苇子连裤子都不要剥，直接就可以打了。打好箔，甚至都不要到供销社去卖，外地每年都有人来庄上收，所以打箔的多。不过，打箔挣的钱少，有人说："晏湾这么好的苇子，打箔，可惜了。"

回到家里，妹妹又开始搉折子了，搉折子，是苇编活里最难的。折子很窄，篾子要不停地搉，所以叫搉折子。搉折子，首先要掐齐边儿，不会的人掐出的边儿豁牙漏齿，割手，不好看，也不好用。还有，折子无论几丈长，宽度要一致。不会的人很难做到，他们搉出来的折子，一段宽，一段窄，老百姓说像长虫吃癞蛤蟆。妹妹搉出来的折子，边儿齐得跟墨线打的一样。折子是论窝的，妹妹搉的每窝折子，窝起来，上面十分平整，说明宽度一致。这样的折子既美观，又好用，所以俺队的折子都是交给妹妹搉。那时私人很少用到折子，只有队里每年都要添折子。搉折子技术含量高，回报也很可观，队里给的苇子往往是实际需要量的两倍还要多，还给记比较高的工分。妹妹一个小姑娘，每年挣的工分，比有的满劳力还多，我很为她骄傲。

妹妹还会用芦苇编席篷子、虾笼等，我一放假，就拿她编的虾笼下子河沟里逮鱼虾。

那时，俺庄南北湖都有大片的芦苇荡，芦苇产量高，质量好，远近闻名。苇编业也就名声鹊起，为集体和个人增加了很可观的收入。随着时代的变迁，苇席、苇箔、摺子早已退出历史舞台，俺庄那一片片芦苇荡也已消失多年，那盛极一时的苇编活也只留在老年人的记忆里。

晏湾渔具

晏金福

过去逮鱼都有一些专业渔具。渔网有掇网子，是半圆形的网，绑一根长长的把子，站在岸边掇。四支网，一种长方形的网，用两根交叉的梁支起来，有把子。捕鱼人左手架网，右手持 T 字形木杆，把鱼往网里赶。然后提网，拔下脖领上插的绰子，舀起网里的鱼往背后腰间系的鱼嘟噜里一倒。一系列动作，准确熟练，一气呵成；撒网，这种网比较长，上小底大。最下面缀有一圈铁脚子。最上面有纲，可以站在岸边撒，也可以站在船上撒。技术高的，可以根据地形撒成任意的形状。收网时，看到鱼儿在网里狠命地跳，那真是美妙的享受！纲举目张这个成语就是由此而来。还有一种渔网叫缳，长方形，片状，四角有纲。这种网网眼大，阻力小，专门架设在湍急的河流上，能逮大鱼。虾笼，竹编，长圆形，一头大，一头小，中间细，里面编有回笼，鱼儿只能进，不能出。头天晚上下在沟里，第二天早上提上来，虾笼里就会有许多鱼虾。这是最省力的一种渔具，我小时候就经常下。罩，竹编，圆筒状，上小底大。捕鱼人双手持罩往水里一扣，扣在罩里的鱼儿就成了"瓮中之鳖"，任由你逮。鱼叉是捕鱼最方便的用具，铁制，装木柄，有两齿，亦有三齿的，齿尖有回笼须。捕鱼人持叉立岸边或船上，见鱼即叉，提起叉，鱼在叉上拼命挣扎，嘴张着，尾巴乱摇，看上去，有些不忍。这个最考验捕鱼人的眼力。有经验的，从水花可以判断有没有鱼和鱼的大小，还要判断出鱼的运动方向，采取合适的提前量，才能做到叉叉不空。卡，用竹篾子弯曲而成。用一小截空心的芦荻管子将卡的两头扣在一起，中间刚好放得下一个麦粒儿。鱼咬时芦荻管儿就会破碎，卡的两端立即弹开，鱼的嘴就被撑住了。就像一两岁的小孩喜欢咬人，大人把两个指头伸进小孩嘴里，小孩一咬，两个指头分开，撑住小孩的嘴一样。捕鱼人把两根棍插在水里，中间拉根绳子，绳子上隔不远拴一只卡。下好后，隔一段时间就撑船或涉水去收鱼。这头一提绳子，就能看到一溜白花花的鱼悬在空中，捕鱼人自是笑在脸上，甜在心中。

俺家世代捕鱼，还有一些更专业的渔具，如箔、摘等。那时，俺庄许多人家都有一种特殊的养鱼护鱼的方法：杌子。就是砍下来树枝，堆在水里，鱼儿就会在里面栖息生长，快到年关时，就请俺家去帮助逮鱼，叫起杌子。要先用竹编的箔插在水里，把杌子围起来，然后把树枝拉上岸，再把小船驶进去，就可以逮鱼了。船上有两个人，一人驶船，一人摘鱼。摘是一种比较少见的渔具，由两片上尖下宽的三角形网组合而成。双手持摘，两片网呈分开状插入水里，双手一合，鱼就被夹进网里。提上来，双手一分，鱼就掉进船舱。原理跟现在人们用的馍夹子类似。其他人也可以叉、罩、撒。岸上围观的人非常多。那情形，就像一场大戏。结束时，欢跳的鱼儿堆满船舱。杌主自然是喜笑颜开，合不拢嘴。因为一家人连亲戚都可以过个肥年了。还能卖点钱置办年货。俺家人会受到热情款待，还能分一些鱼回家，可谓皆大欢喜。

虎头鞋

尤传化

虎头鞋是一种民间传统工艺童鞋，因前头被形象地做成虎头模样，所以被称为"虎头鞋"。它既有实用价值，又有观赏价值，也是一种吉祥物，人们赋予它驱鬼辟邪的功能。虎是百兽之王，是威严、英勇和尊贵的象征，穿了虎头鞋，寓意着吉祥如意、福气冲天。

虎头鞋的制作工艺复杂，做工讲究，许多人都做不好，在乡间，一个村子里能有两三个做虎头鞋的能人巧手就不错了。我们这里的虎头鞋的制作大致要经过这样几个流程：打布靠、纳鞋底、绣鞋帮，最后帮底缝合等步骤。说起来简单，制作起来很复杂。

打靠子，就是用熟面浆把碎布或旧布一层一层均匀地糊在平整的案板或木板上，至少要糊四五层，自然晾干后备用。

纳鞋底，就是按照鞋样的大小用剪刀在靠子上取出几块来，再将剪下来的几块靠子用好看的布条沿边粘贴或缝制，俗称沿鞋底。中间均匀铺放些碎布，上面要放块柔软的面料，用彩线纳制，也叫纳鞋底。纳鞋底，用针锥扎孔，大针引线，然后用力拉紧。线花还可以纳出各种形状，有十字花、菱形以及能够想象出的各种图案。这样纳出来的鞋底不但外观好看，而且透气保温，利于小孩的脚掌生长发育。

绣鞋帮，这可是个细活，需要用刺绣、拨花、打穗等多种针法。要先裁剪好鞋脸儿和两个鞋帮，外面颜色多以黄、红为主。然后用粗线条勾勒出虎眼、虎眉、虎嘴、虎鼻，表现虎的威猛，再用毛线或兔毛将鞋口、虎耳、虎眼等处镶边。

绱鞋，就是把鞋底和鞋帮缝合在一起。这也是需要功底的，要保持缝制出来的鞋，规整不走样，周围比例适中，里面穿起来舒适不磨脚。

经过这几道工序，小小的虎头鞋就完工了。

幼童一般在一岁左右时穿虎头鞋。此时的儿童刚学走路，常常摇摇晃晃、东倒西歪，一定要大人搀扶才行。虎头鞋里面柔软适中、鞋底又有摩擦力，孩子穿着不打滑，不易摔跤。

但是虎头鞋也不是所有的幼童都能穿的。听老人们说我小时候穿虎头鞋就"招赖"（爱生病），经常寻医问药。后来还是一位老奶奶指点迷津，说我是属羊的不能穿虎头鞋。家里人就把虎头鞋上的王字拆掉，变成了"猫头"鞋。后来才知道，属鸡、羊的不宜穿虎头鞋，只能穿猫头鞋。当然这些只是民间的一种忌讳而已。

随着虎头鞋的兴起，乡间逐渐又出现了虎头帽和虎头肚兜等儿童避邪服饰。至今我还清楚记得我们这里当时流传的童谣："穿虎鞋，戴虎帽，枕着老虎睡大觉。老虎老虎可知道？你别哭，你别叫，睡到天亮太阳照。老虎蹦，老虎跳，跟着老虎满庄闹。"这首童谣形象地描述了那时孩子们对老虎天真活泼样子的认知。直到现在，我们这里还有为孩子缝制戴虎头帽的习俗呢。

如今穿虎头鞋的孩子越来越少了，但是它的观赏价值、民俗价值引起国内外收藏家的广泛关注，国内外许多博物馆都收藏有虎头鞋。

席篷子

尤传化

席篷子形似南方的竹编斗笠，北方人是用芦苇编成，也称席夹子。是 20 世纪 80 年代以前皖北农村夏天常见的遮阳挡雨用具。

席篷子的制作工艺很简单，就是用本地盛产的芦苇浸泡后去皮破开，放在石磙下碾压平软，然后编织成上面尖顶下面周围边缘六角形的篷子，从里面耳朵两侧连上带子系在下巴上。它和草帽有些相似，区别就是草帽是由麦秸编织而成，外形是圆顶圆边没有棱角，轻巧俊俏，但遮阳不挡雨。

席篷的主要功能是夏天戴在头上在烈日下行走或劳动，不但遮阳还可以四面透风。下雨时又是六棱沥水，不但可以护头就连身上的衣服也轻易不会被淋湿。所以当年无论是田间地头、大街小巷还是麦场农家，随处都能看到席篷的身影。它不但可以遮阳挡雨，还可以在休息时放在地上当作座垫席地而坐，拉呱唠嗑，很是惬意。也可以拿在手上当作扇子扇风，别有一番情趣。

当年人们在地里除草、耕种、收割，头上都要戴上一顶席篷，好像它是夏天农民的身份标志和离不开的伙伴，即使是走亲访友也要随身携带，又像是必不可少的装饰一样。

特别是在午收季节需要打场和扬场，把它戴在头上手执一把大扫帚在弓腰打落麦余时，扬落下来的麦粒打在席篷上像雨点般"啪啪"作响，悦耳动听，仿佛是在奏响农民丰收的乐章，那种喜悦心情溢于言表，又如点点喜雨般滋润着农民的心田。

现在，席篷子早已退出历史舞台，取而代之的是时髦的太阳帽、空调帽，只能在民俗收藏馆里找到它了。

毛 蓊

尤传化

前不久，一位外地民俗学者打电话问我毛蓊该如何注解，由于方言口音的障碍，交流有些困难，我便匆匆挂了电话，接着给他发了一条短信，这样解释："毛蓊，又称茅窝或草窝子，是北方地区民间百姓用芦花和草绳编织的保暖鞋履。"后来他告诉我，已经把上面的解释用作作品的注解了。

毛蓊对于现在的年轻人来说，的确是个陌生的东西，但在那个物资匮乏的年代里却是农村人家中的宝贝。那时的河塘沟畔、路旁岸边到处都生长着芦苇。秋后，芦苇变黄，白花飘飘，每家都要采些芦花储藏起来，以便冬天备用。秋收完毕，天气渐冷，村里的手艺人都要挑选上好的芦花劈开晾晒，和麻绳或布条一起编织成鞋，我们这里叫打毛蓊。因为芦花本身没有韧性，只有和麻绳布条一起编织才结实耐穿，小孩穿的毛蓊还可以放些红布条作为点缀，给人一种毛茸茸红彤彤的感觉。

那时，有的老手艺人一天可以编织几双毛蓊，除了满足自家需求，还可以拿到街上出售。因为毛蓊就地取材，价格低廉，民间需求量很大。农闲时有的手艺人能带动一个村庄的人都从事毛蓊编织，当时就出现了不少毛蓊李、毛蓊张……的村庄。我们游集镇至今还流传着"小园萝卜大园葱，刘庙家家打毛蓊"的民谣。

后来有的人发明出用两块木板做鞋底，这样做出来的毛蓊不仅防潮防寒，还可以踏雪踩水，即使雨雪天也可以赶集串门了。只是行走时要格外小心，防止摔跤。这叫作高底毛蓊，算是当时比较高档的雨鞋了。

那时候的人们冬天几乎没有袜子穿，天冷时只需往鞋壳里多塞些麦草，毛缨自然算是最好的鞋垫了，因为它比麦草柔软暖和。只是穿着毛蓊走路多了就会把脚磨出血泡来，以至于有些地方至今仍把媒婆称作"老毛蓊"，意思就是做媒人的辛苦，两家来回跑磨破了脚。尽管这样，毛蓊还是在那个年代冬天必不可少的御寒工具。

随着时代的变迁和生活水平的提高，毛翁早已被高档皮棉鞋、皮毛靴所替代，现在只能算是一种记忆了。

┃ 文艺佳品

灵璧张氏园亭记

苏 轼

道京师而东，水浮浊流，陆走黄尘，陂天苍莽，行者倦厌。凡八百里，始得灵璧张氏之园于汴之阳。其外修竹森然以高，乔木蓊然以深。其中因汴之余浸，以为陂池；取山之怪石，以为岩阜。蒲苇莲芡，有江湖之思；椅桐桧柏，有山林之气；奇花美草，有京洛之态；华堂厦屋有吴蜀之巧。其深可以隐，其富可以养，果蔬可以饱邻里，鱼鳖笋菇可以馈四方之客。余自彭城移守吴兴，由宋登舟，三宿而至其下。肩舆叩门，见张氏之子硕。硕求余文以记之。

维张氏世有显人，自其伯父殿中君，与其先人通判府君，始家灵璧，而为此园，作兰皋之亭以养其亲，其后出仕于朝，名闻一时。推其馀力，日增治之，于今五十余年矣。其木皆十围，岸谷隐然，凡园中之百物，无已不可人意者，信其用力之多且久也。

古之君子，不必仕，不必不仕。必仕则忘其身，必不仕则忘其君。譬之饮食，适于饥饱而已。然士罕能蹈其义、赴其节。处者安于故而难出，出者狃于利而忘返。于是有违亲绝俗之讥，怀禄苟安之弊。今张氏之先君，所以为子孙之计虑者远且周，是故筑室艺园于汴、泗之间，舟车冠盖之冲。凡朝夕之奉，燕游之乐，不求而足。使其子孙开门而出仕，则跬步市朝之上；闭门而归隐，则俯仰山林之下。于以养生治性，行义求志，无适而不可，故其子孙仕者皆有循吏良能之称，处者皆有节士廉退之行。盖其先君子之泽也。

余为彭城二年，乐其风土，将去不忍，而彭城之父老亦莫余厌也，将买田于泗水之上而老焉，南望灵璧，鸡犬之声，幅巾杖履，岁时往来于张氏之园，以与其子孙游，将必有日矣。

元丰二年三月二十七日记

译文：

离开京师向东行，河水里卷着浊泥，道路上飞起黄尘，高坡田野苍莽暗淡，使行路的人感到疲倦。走了八百里，才来到汴水之北灵璧张氏家的园林。从外面就可以看到茂密的修竹，粗大荫郁的乔木，园中借汴水的支流，建成池塘；又凿取山上的怪石，堆成假山。园中的蒲草芦苇莲花菱角，让人联想起江湖的秀美；青桐翠柏，让人感觉到山林的清爽；奇花异草，让人回忆起京、洛的繁华；高堂大厦，有吴蜀之地建筑的精巧。园中深广可以隐居，出产丰饶可以养家。瓜果蔬菜可以馈赠邻里，鱼鳖新笋可以招待来自远方的宾客。我从徐州改知湖州，由应天府乘船，三天后到达张氏园亭。我坐着小轿来到他家门前，见到了张氏的儿子张硕。张硕请我写一篇文章为记。

张家世世代代都有显达的人，从他伯父殿中君和他父亲通判府君那一代，开始在灵璧县定居，建造了这个园子，在池边修建了一座亭台奉养双亲。后来他们到朝中做官，在当时很有名望。用剩余的资财，不断地增修扩建，到现在五十多年了。园子里的树木都已长成十围之粗，浓荫遮蔽了河岸。园中的各种景物，没有一样不令人赏心悦目，我相信他们一定是花了许多力气和时间。

古代的君子，不是非要做官，也不必一定不做官。非要做官就容易忘掉自我，一定不做官就容易忘掉国君。就像饮食一样，自己感到适意就行了。然而士子很难做到合于古人所说的君臣节义。居于乡野的人安于现状不愿外出做官，外出做官的人为利益所牵而不愿退处。于是他们就有了违拗亲情自命高洁或贪图利禄苟且偷安的弊病，因而受到人们的讥讽。如今张氏的先人，为子孙后代考虑得长远而周到。所以把建筑居室种植园林的地址选择在汴水、泗水之间，此地是舟船车马官员来往的要冲。凡衣食之需，饮宴游览之乐，不必刻意追求就能满足。让他们的子孙迈出家门出去做官，朝堂不过几步之遥；闭上院门回家隐居，就可以坐卧于山林之内。对于怡养性情，推行仁义保持志节，无一不非常适合。因此他们的子孙凡出仕的人都获得了循良的名声，凡在家不仕的人都保持了高洁谦退的德行。这都是他们先人的余荫。

我在徐州做了两年知州，很喜欢那里的风土人情，不忍心离去，而徐州的父老也并不厌弃我，我打算在泗水滨买地归老。往南可以望见灵璧，鸡犬之声相闻，头裹幅巾手挂竹杖，时时往来于张氏之园，与他们的子孙交游，我相信这一天已为时不远了。

元丰二年三月二十七日记

灵璧苏东坡祠记

张江裁

灵璧古谷阳。黄流所经。而九省之孔道也。出西郭门。循汴河故道。可一二里。有宋代张氏废园一区。元丰初。坡公自彭城移守吴兴。由汴京过此。尝扣门请游。为作灵璧张氏园亭记。所谓园之百物。无一不可人意者是也。民国三十二年秋。予奉简命。观察淮泗。行部至县。寻坡公曩者游息之处。而已不可得。其地四周皆田园。惟存巨石一。号曰小蓬莱者。矗立于寒榛宿莽间。既摄景以归。慨然有经营剪辟之志。谋诸邑绅李子亚白。斥俸为倡。构屋三楹。缭以周樊。植以榆柳。颜曰灵璧苏东坡祠。并图公之像。勒石堂右。以志景行。既落成。率僚吏父老。妥神告虔。邑之荐绅先生。咸与骏奔。请予记其始末。予考坡公以元丰己未三月移守湖郡。其过灵璧时。距张氏建园之日。相去未远。当其兴酣为文。亦岂遂逆虑后来之遽废。而缱绻风物。屈指岁华。津津于张氏之先泽。冀幸获往来于园。以与其子孙游。所叮咛慨叹。一若弹指之顷。早有古今盛衰之感生乎其间。窃尝诵其言而悲之。夫名迹显晦。亦视乎其所托何若。犹士之贤否才不肖。以有气力者之毁誉为轻重。而名不名。固无足论。张氏之园。得坡公一游。而世始藉藉焉。有所品目。盖名园为天下所常有。而贤人君子之纵迹。与其文章。固间世而不易得。则予所以为公祠者。亦曰神明往来惝恍。将乐在乎是。风徽僾存。降监不远。俎豆尸祝。夫何间然。或者谓公以仕宦之身。偶止斯园。等之邮驿。而八百年后。蘋蘩蕰藻之荐。无端出于兹邑。果能必其魂魄系之也哉。不知公之文章风节。充塞天地。凡有血气。咸得瞻奉。祀于天下可。祀于灵璧亦奚不可。然则是役也。廉顽立懦之效。移风易俗之功。将罔不由此。岂徒饬祀典。侈兴作。为灵璧增一故实而已哉。祠始于民国三十三年二月。至夏某月讫工。凡费口百口十余金。自诛茅辟土。以至监督守护之劳。皆邑绅郑君兰生任之。其助之奔走相度者。则张君善彬也。善彬为园主人宋张硕二十四世孙。例得备书。中华民国三十三年二月。淮海第三区行政督察专员东莞后学张江裁记。

选自《同声月刊》民国三十三年（1944）第三卷第十一号

《长津湖》（节选）

王 筠

1

车到天津，吴铁锤 800 人的前卫营才真正搞清了自己的去向。他们这支部队不是要去东南方向的沿海打台湾，而是要去东北方向的朝鲜跟美国鬼子作战。

火车经过了又一个整夜的行驶之后，在天明时分开进天津车站。这个普普通通的早晨在吴铁锤以后的日子里将会有着挥之不去的印痕。

机车喷吐着浓浓的蒸汽，慢慢停靠在站台上。部队需要吃饭，车头需要加水加煤，所以按计划停车时间会相对长一点。

当这列长长的闷罐子军列伴随着咣当咣当的节奏驶进车站之后，冷清而又寂静的站台上顿时热闹起来。大喇叭开始播放雄壮的乐曲，播音员声音洪亮慷慨激昂，远远近近的几面锣鼓骤然而起，一片一片的口号声猛然间此起彼伏。车上的人都被吵醒了，他们不知道发生了什么事，都纷纷打开窗户，奔向车门。

满眼一片标语的海洋。

车站两面的墙上，站牌上，电灯杆子上，配电箱上，工具房的屋顶上，到处都是红红绿绿的标语。从昏昏沉沉的夜晚咣当过来，许多人还是睡眼蒙眬，当他们揉了揉眼睛后，才看清上面写着"抗美援朝，保家卫国""响应党中央毛主席号召，支援朝鲜人民正义斗争""打败美帝国主义及其一切反动派""向英雄的中国人民志愿军学习致敬"一类的字眼。喇叭里播放着的是中央各民主党派告全国同胞的宣言，铿锵有力的声音正声讨着美帝国主义的滔天罪行，拥护中共中央抗美援朝保家卫国的英明决定。

所有的人都惊住了。神神秘秘那么些日子，原来是要他们开拔到朝鲜去，他们要去打从未见过面的美国人。

吴铁锤正躺在铺板上睡大觉。外面的喧嚣和部队的惊嚷有时会影响了他的睡眠，当他搞清了事情的原委后，并没有表现出丝毫的惊奇。吴铁锤没有起来，只是翻了个身，继续睡他的大觉。

"营长，营长！"

通信员李大个肩膀上托着中正式步枪，一边喊着，一边从敞开的车门爬上来，连滚带爬地来到吴铁锤旁边，动作相当麻利。

吴铁锤装作听不见。李大个喊了几声看没有动静，只好用手来推吴铁锤的肩膀。这一推，把吴铁锤惹火了。

"穷叫唤什么穷叫唤？"

吴铁锤翻身起来，一只手撑着闷罐子车厢的铺板，眼睛瞪得溜圆："狗跳墙了，火上房了，还是谁家祖坟被挖了？"

李大个并不害怕，小眼睛眨巴着："你晓得我们往哪开吗？格老子，朝鲜！"

吴铁锤摆了摆手："有什么大惊小怪的？不就是朝鲜吗？我到现在还没有出过国，正好去看看。"

李大个瞪圆了眼睛，放大了声音，他以为吴铁锤还不知道发生了什么事："抗美援朝，打美国佬龟儿子！"

　　吴铁锤不想跟他纠缠，朝车厢里面扬了扬下巴，哈欠连天地说："还用你龟儿子告诉我？我和教导员早就猜到了。"

　　李大个顺着吴铁锤扬起的下巴看过去，见教导员欧阳云逸此刻正倚在车厢上，神情专注地用一方手绢擦拭着自己的近视眼镜，秀气的脸庞上是一副不动声色的神态。

　　吴铁锤还想要继续睡自己的大觉，同车厢的人却都呼呼啦啦爬了回来。白白净净的司号员陈阿毛脸上带着满足的笑意，回到车厢的角落里以后就把一个方方正正的紫黑色木头匣子抱在了怀里。小个子机炮连曹连长摩擦着两手，显得有些激动，连声说了几个"好"，说这回去朝鲜打美国鬼子，不仅可以给朝鲜人民出口气，打败美国图谋中国的狼子野心，也能趁机搞点美国武器回来，毕竟他们机炮连占绝大多数的日式装备比起美国货来还是要逊色不少。

　　大个子机枪班班长孙友壮粗壮的胳膊挥来挥去的，大嗓门喊出的浓厚沂蒙山乡音在闷罐子车厢中回荡："俺的娘！这下可好，去朝鲜，打美国鬼子！俺怎么觉着这两天俺这个左眼皮光跳呢，左眼跳财，右眼跳灾，原来要发美国财呢！"

　　欧阳云逸皱了皱眉头："发什么财？抗美援朝保家卫国，国际主义义务，你以为是去捡洋捞吗？"

　　孙友壮嘿嘿地笑了："当然首先要完成国际主义义务，不过俺寻思着俺们连长说得也有道理，跟美国鬼子干一仗，肯定能改善改善装备。"

　　曹连长看了看欧阳云逸的脸色，没有接孙友壮的话茬。

　　陈阿毛抱着怀里的木头匣子说："这一回打美国鬼子，营长你这个传家宝要发发言了。"

　　吴铁锤晃了晃脑袋："那还用说！我这个宝贝，小日本听过，国民党听过，这回让美国佬也听听。一句话，够他喝上一壶的。"

　　老王头王三刚去敞篷车厢看了看他的高大骡子"大清花"以及其他的十几匹骡马，回来后就蹲在车厢门口"吧嗒"着长长的旱烟袋，饱经沧桑的黝黑的脸庞上毫无表情。

　　营部粮秣员吴一六在车厢里走来走去，在突然而至的重大事件面前显得有些六神无主。

"有点紧张，"他看看吴铁锤，又看看欧阳云逸说，"有点紧张，搞得我一点准备也没有。"

欧阳云逸戴上擦好的眼镜："上级有上级的安排，到了朝鲜，不会让你这个粮草官两手空空的。"

吴一六还是直挠头："早知道这样，我也弄两筐馒头放车上。"

"两筐馒头有个屁用？"吴铁锤瞪了他一眼，"去朝鲜打美国鬼子，你就用馒头打发我？"

吴一六小心地说："那要准备些什么，营长？"

吴铁锤从铺板上爬起来，一双大手抹了抹胡子拉碴的脸。这个觉是睡不成了，与其在车厢里听他们穷叨叨，还不如到站台上去走走。

"你呀，"他对吴一六说，"起码也得给老子弄碗红烧肉！"

吴铁锤从车厢门口跳到了站台上，李大个紧随其后也跳了下来。

两边的都是他们部队的战士。在热热闹闹的锣鼓和红红绿绿的标语的海洋中，差不多人人都是有说有笑，看起来都兴奋不已。

车厢尾部传来一阵阵女同志的笑语声，即便是在嘈杂的人群中也能够轻易分辨出来。吴铁锤知道那是师医院的一帮人，前天半夜在兖州车站装车起运的时候，曾碰到过她们。

就在刚刚过去的昨天，一切还是那么神秘莫测。

2

夜半时分，吴铁锤800人的前卫营已经登车完毕，他和欧阳云逸坐在若明若暗的马灯灯光下，等待着军列开动。可是等了一大会儿，火车还没有动静。吴铁锤坐不住了，他要下去看看。

欧阳云逸说："你下去干什么？这么黑的天，你也看不到什么，火车开了你上不来反而坏事。""我不上来它敢开吗？就去侦察一下，一会儿就回来。"

吴铁锤带着李大个顺着闷罐子车厢往后走。远远近近的站台上都是一趟一趟的闷罐子军列，黑压压的一大片。机车车头喷吐着蒸汽，有节奏的"哧哧"声在暗夜中听起来非常真切。友邻部队还在登车，站台内外人声鼎沸，骡马嘶鸣。

还没走到车尾，吴铁锤远远地就听到前面传过来一阵女人叽叽喳喳的说话声。他有点纳闷，深更半夜的，怎么还来了女同志呢？

到了后面，吴铁锤看到铁路工人把一节闷罐子车厢挂在他们这个军列上，一大群人正忙忙乎乎地搬东西装车。站台上堆着不少箱箱罐罐，吴铁锤发现她们虽然忙忙乎乎的，但进展不是特别快。

吴铁锤走到一个很壮实的女同志面前，问道："同志，你们哪个单位的？"

对方用了一口山东话回答他："俺师医院的。"

"师医院？"吴铁锤疑惑不已，"师医院怎么跑到我们这来了？"

"俺也不知道，开始让俺们上那边的车，上着上着上不去了，又让俺来这边上。"

吴铁锤想起一个人，问道："你认识欧阳云梅吗？"

"认识啊，俺俩一块的，她在那边，俺给你喊啊。"

吴铁锤也就是随便问问，没想到女同志这么热情。他刚要拦住她，可是她宽大的嗓门已经嘹亮地响了起来。"欧阳云梅，欧阳云梅！"她冲一堆人群喊着。人声嘈杂，没有人应声，她就叫吴铁锤等着，自己则转身向那堆人群走去。

吴铁锤走也不是，不走也不是，心里想这个人还真是实在。李大个说这个女的看起来有点面熟，一定在哪里见过。吴铁锤问是谁。李大个说好像是师医院的护士，叫李什么兰。

不一会儿从人群中跑出个人来。"谁找我？"她大声地喊着，音量上丝毫不亚于刚才那个女的。跑到吴铁锤和李大个跟前，她直勾勾地看着黑暗中这一高一矮的两个人，说了一句上海话：

"侬找我？"

"欧阳云梅？"吴铁锤问道。

"侬是谁呀？"

"我，吴铁锤！"

欧阳云梅大笑起来。"吴铁锤呀，我当谁呢！黑灯瞎火的，阿拉看不到侬的。"

吴铁锤冲她竖起一个巴掌："打住，你还是讲我能懂的话，别阿拉阿拉的，我头晕。"

欧阳云梅又大声地笑了笑："你怎么跑到我们这来了？"

吴铁锤说："什么叫跑到你们这来了？是你们跑到我们这来了！"

"我们一个车啊？"欧阳云梅的声音里带着明显的惊喜。

吴铁锤指了指长长的闷罐子军列："我这个营都在上边，你拴在我们屁股后头呢。"

欧阳云梅拍了几下巴掌，说她没想到会碰到吴铁锤他们。吴铁锤说："碰到你们就是个慢，磨磨蹭蹭的，什么时候能装完？我们800人都等着呢。"欧阳云梅说："就快了，本来是在别的车上，装不下，又临时调到这边，吴营长要是能帮忙的话，那就更快了。吴铁锤二话不说，叫李大个通知机炮连曹连长马上派一个班过来。机炮连连部及其部分人员和吴铁锤的营部混装在一节闷罐子车厢，吴铁锤一下子就想到了机炮连。

李大个一溜小跑消失在黑暗中。吴铁锤问欧阳云梅刚才那个女的是谁。"哪个女的？就喊我的那个？李桂兰，我们师医院孩他娘李桂兰。"

吴铁锤后来才知道，"孩他娘"是师医院的一帮女人给这个实实在在的山东人李桂兰取的外号，至于为什么叫她"孩他娘"，他一直也没有搞得很清。

远近的灯光都很暗淡，吴铁锤也不能看清欧阳云梅的样子，觉得还是过去的那个印象，大大咧咧风风火火的，与她的哥哥欧阳云逸截然不同。

吴铁锤对欧阳云梅说："你哥欧阳云逸就在前面的闷罐子车厢里，你可以去看看你哥。""我才不去看他，每次去都挨批评，好像欠他两百吊钱。"欧阳云梅问吴铁锤部队是往哪开，是不是回上海然后去台湾。吴铁锤沉默了一下，说他也弄不准，都是按着上级的命令，让去哪就去哪，到时候就知道了。

他们说话的工夫又过来一个女同志，她走到欧阳云梅跟前，轻声轻语地说："你在这呢，欧阳姐，我到处找你。"

"碰到个熟人。"欧阳云梅立即介绍起来，"吴铁锤，侬晓得的。"又对吴铁锤介绍道，"蓝晓萍，师文工队的。"

"是吴营长啊，侬好。"蓝晓萍依然轻声轻语。

吴铁锤跟她打了招呼，心想怪了，黑灯瞎火的，碰到的还都是熟人。他认识这个蓝晓萍，还是在江南的时候，有一次欧阳云梅来看她的哥哥欧阳云逸，就带着这个蓝晓萍，他还让粮秣员吴一六杀了鸭子招待她们。他印象里这是一个文文静静的江南女子。

欧阳云梅告诉吴铁锤，师文工队解散了，人员都充实到了师医院，蓝晓萍正好分在她这个治疗队。吴铁锤心里想看来确实要有大动静，连师文工队都解散了。

蓝晓萍问吴铁锤："你们营都在这个车上吗？"

"这是我们营的专列。"吴铁锤回答道，"我们欧阳教导员就在前面的车厢里。"

欧阳云梅扒着蓝晓萍的耳朵说了一句什么悄悄话，蓝晓萍要用拳头打她，欧阳云梅笑着躲开了。

两个人的举动让吴铁锤感觉出她们之间的秘密，但是他也没有多想。女人嘛，大概都是这样。

机炮连曹连长派了孙友壮的机枪班前来帮忙装车，孙友壮在这里也碰着了熟人，就是师医院的李桂兰，他的沂蒙山老乡。两个人都很高兴，说没想到三更半夜的，他们竟在一列闷罐子车上。李桂兰问孙友壮知不知道往哪走。孙友壮说不知道，保着密呢。李桂兰说早知道走得这样急，前几天应该买些煎饼好预备着路上吃。孙友壮说孔老二家乡的煎饼不好，没有沂蒙山的煎饼劲道。李桂兰说再不好也是山东的煎饼，离开了山东，怕是就再也吃不着了。

不一会儿又有一辆机车推着一节客车车厢挂在专列的后尾，这节客车车厢的门口和站台上都布上了哨兵。吴铁锤觉得有问题，客车车厢，显然说明有领导前来，恐怕还会是不小的领导。既然过来了，就索性弄个明白。

吴铁锤说他是营长，是这个军列的指挥员。哨兵没有拦他，看着他身背20响驳壳枪径直登上车去。

车厢里烟雾弥漫，一伙人正围在一起低头弯腰看着地图。中间有过道，两旁是一排一排的木头椅子，车顶上挂着几盏马灯。靠最后头的地方安着一个烧煤的炉子，铁皮烟筒直直地通向车外。

"报告！"

吴铁锤对几个低头弯腰的人打着敬礼。

这几个人抬起头来。吴铁锤看清了，一个是他们团的团政委张之白，一个是师参谋长范书宝，而靠窗口坐着的两个人，一个是师长黄天柱，一个是师政委向修远。夜晚很凉，几个人都把土黄色的日本军用大衣披在肩头上。

吴铁锤一见是师领导，灵机一动，又喊了一嗓子：

"报告师长政委，营长吴铁锤前来报到！"

黄天柱说："你不好好带部队，跑到这里干什么？"

"我来侦察侦察，不是，我来看看领导们有什么指示没有，我们一个车呢，我总得要过来看看。"

"没什么好看，给我管好你的人，看好你的门，别给我跑肚拉稀就好。"

"是，一定带好部队，绝不跑肚拉稀！"

张之白问他："部队都上车了？"

"都上车了，就等着领导们一声令下开拔了。"

向修远这时候说："部队情绪怎么样啊？大家有没有什么反应？"

"部队情绪很好，反应嘛，就一条，不知道往哪开、去打谁。"

向修远笑了："还能打谁？都是反动派嘛，打哪个反动派也是将革命进行到底。"

吴铁锤说："对，打倒反动派，将革命进行到底。"

范书宝看着吴铁锤，严肃地说道："不要瞎想瞎琢磨犯自由主义，部队就是正常的调动训练。"

吴铁锤辩驳道："谁犯自由主义了？就是随便说说。"

范书宝有点不高兴。黄天柱从木头椅子上站起来，对吴铁锤说：

"一个优秀的基层指挥员，除了顽强的战斗意志战斗精神，眼睛里要有敌情，肚子里要有胆量，脑子里要有办法。你给我说说，你脑子里现在想的什么。"

部队的任务可能会有重大变化，可能会取消原来的攻台计划而去朝鲜，这是这些日子吴铁锤和欧阳云逸私下里的一致看法。但是上级没有明确，他们就不能犯自由主义。吴铁锤把大盖帽摘下，挠了挠短短的头发茬子说：

"不瞒师长，我现在想的是从哪里弄一些棉帽棉鞋棉大衣，我小时候听说过，那个地方冷得很。"

他本来是想说"朝鲜那个地方冷得很"，可是一想还是别惹事，范参谋长已经有感觉了，话到嘴边，把"朝鲜"两个字去掉了。

　　黄天柱和向修远交换了一下眼色，既没有肯定也没有否定吴铁锤的回答。虽然说入朝参战这时候对部队还处在保密状态，但是一个优秀的基层指挥员应当能够从细微之处敏感地意识到事态的发展变化，从而把握住主动。吴铁锤做到了这一点，体现了一个优秀指挥员应该具备的素质。

　　黄天柱用满意并且多少带着点欣赏的目光看了一下吴铁锤：

　　"不用担心棉帽子、棉鞋、棉大衣，该发的时候自然会发给你。你们现在的任务是看好部队，保证思想稳定，保证途中安全，到时候一声令下，你冲得上山头，守得住阵地就算完成任务。"

　　吴铁锤说这个没问题，他们这个营保证完成任务，不管是什么样的任务。他给师团领导们敬了礼，回到营部所在的闷罐子。欧阳云逸一直在等着他回来，问他怎么去了这么长时间。吴铁锤趴在他的肩膀头上，嘴巴对着他的耳朵，神神秘秘地说了四句话。一是师长政委就在客车上，那是师里的临时指挥部；二是让他们两个猜着了，部队入朝作战已经是板上钉钉；三是师医院拴在他们屁股后头呢；四是他看到欧阳云梅了，另外还有个女的。欧阳云逸问谁呀。

　　"蓝晓萍，侬晓得的。"吴铁锤学着上海话的腔调，有些狡黠地笑了笑。

3

　　太阳挂在东天的时候，他们的闷罐子军列已经开出了很远的距离。

　　在车轮咣当咣当的撞击声中，孙友壮睡了一小觉，短暂的梦境虽不踏实，但还算完整。他依稀记得睡梦中自己和一个结结实实的女人一块摊煎饼，好像是在沂蒙山的老家里，四面环山的小山村家家户户炊烟袅袅，男人女人大人孩子都在抱着柴火烧火摊煎饼，一派热热闹闹的景象。孙友壮拉着风箱，不停地将一把一把的玉米秸秆塞进炉灶，火光熊熊，灶膛上的鏊子一片红光。女人刚把一勺勺的面糊糊倒在火热的鏊子上，手中的木瓜子一推又一转，只听吱啦一声，一张煎饼也就摊好了。她摊一张孙友壮吃一张，摊一张孙友壮吃一张，一边吃还一边朝她看，觉得这个女人很是面熟。女人要他慢慢吃，别像个饿死鬼似的。孙友壮说不行，他要吃得很饱很饱，因为到了台湾就吃不着了。突然一阵很大的咣当声把他吵醒了，似睡非醒的孙友壮感觉自己好像还在拉着风箱。

后来他终于搞清楚了，咣当咣当的不是他的风箱，而是车轮的撞击声。可是梦境中这个结结实实的女人是谁呢？孙友壮为此很费了一番脑筋。他想啊想的，终于搞明白了，就是昨天夜里碰到的师医院护士李桂兰。

迷迷糊糊一觉醒来，孙友壮打开了脑袋旁边一方小小的铁皮窗户，让带有凉意的清风吹进燥闷的车厢里。阳光照射着孙友壮心满意足的脸庞，他微闭着双眼，盯着深秋时节的日头看了好长时间。可是看着看着发现了一个问题，他们的火车不是顺着太阳往南，而是背着太阳往北。孙友壮一个激灵坐直了，脑袋碰到车顶都没感觉出痛。

"往哪走，这是？"他大声喊道。

在孙友壮的想象中，列车肯定是在向南方行进，因为他们这支部队担负的是解放台湾的任务，在兖州一带整训完毕，部队肯定还是要回到南方。可是随着太阳的升起，他感觉到事情有些不太对头。

一般来说部队的干部战士都具备着一些简单的依照地形地貌判断方位的技能，根据太阳升起的角度，能够判断出东西南北；根据房屋的朝向，能够判断出哪是南哪是北；根据星月的位置以及沟坡、坟头、树木的年轮等等，也能判断出大致的方向。行军打仗，这是一个基本的能力。此时的太阳高挂在东南，而火车却在以相反的方向行进，所以能够很轻易地就看出来他们正在往北而不是向南开拔。

听到惊呼声的战士纷纷挤到窗口边往外眺望。片刻之后，车厢之内议论纷纷。有的说往南，有的说往北，少数的人认为是往南，多数的人认为是往北。因此大家都觉得奇怪，台湾在南边呢，怎么不往南开反而往北走呢？

机炮连曹连长也朝窗口看了看，但是他一句话也没说，重又坐回到硬邦邦的地铺上。

欧阳云逸靠在车厢上看书，专心致志，好像没有听到大家的讨论声。吴一六的眼睛半睁半闭，明显的是在打盹装迷糊。陈阿毛擦着他的军号。李大个嘴里正津津有味地嚼着什么，而吴铁锤正躺在地铺上睡大觉，连孙友壮的大嗓门也没有影响他呼噜连天。

营部的几个人不表态反而让大家有了底。看来他们是早就知道往北开，所以才一个个沉得住气。车厢里有了片刻安静。车轮依然节奏分明地撞击着，火车在隆隆地行进。多年养成的习惯使孙友壮他们回归到现实，觉得领导不说自有领导上的考虑，那是还不到通知他们的时候。部队就是服从命令，上级怎么说就怎么办，至于开到哪里，那是上级的事情。孙友壮说："都别嚷嚷了，往哪开还不是一样？没见营长睡觉吗？"

他这一嗓子倒叫吴铁锤停止了呼噜声。他人不起，眼不睁，冲上面喊道：

"谁嚷嚷？我就听到你孙友壮嗓门大！"

孙友壮吐了一下舌头，小心地解释道："俺没嚷嚷，营长，俺是看到这个车朝北开，跟你报告一下，别跑错了。"

"车能跑错？"吴铁锤不动地方，"就怕你一时跟不上趟跑到沂蒙山老家去。"

孙友壮不说话了。他想开到沂蒙山更好，昨夜里梦到刚摊的煎饼，正好拉一车回来。

欧阳云逸放下书本，摘掉眼镜，对孙友壮和大家说：

"往南往北都是上级的安排，都是革命需要。我们老王头有句话，相信上级，跟着部队，什么时候都不会跑错地方。"

孙友壮立即响应："教导员说得在理。不过俺寻思朝北还是比朝南要强。"

欧阳云逸反而不解："你此话怎么讲呢？"

"你们南方好是好，就是饭不好吃，顿顿大米，吃不饱。朝北好啊，天天馒头大饼。"

欧阳云逸笑了："你个孙友壮，你吃不惯我们南方米饭，我也吃不惯你们北方馒头。大米也好，馒头也好，能吃饱就行，打仗嘛，没那么多讲究。"

曹连长在地铺上躺好，接着欧阳云逸的话说："别想那么多了，还是睡觉，一觉醒来就晓得到什么地方了。"

孙友壮也在他的铺位上躺好，但嘴里还是说："要是来两捆子煎饼就好了。"

吴一六一直没说话，这时候也冲孙友壮说："别提你那个煎饼，吃一张煎饼拽掉两颗大牙。"

李大个往他嘴巴上看看："吴干部你是个金牙，哪个拽得掉嘛。"

一阵哄笑。

孙友壮仍然认真地解释："粮秣员你不知道，这个煎饼可是个好东西，又筋道，又能放，俺那里出门走远路都带着煎饼，多长时间也坏不了。"

欧阳云逸又笑了笑，没有再说什么。在他看来这是个很小的问题，米饭馒头也好，煎饼大葱也好，地域不同，人们的生活习惯就不同，不能说哪个好哪个不好。有的人喜欢吃红烧肉，有的人喜欢吃臭豆腐，各有所爱吧。但是不管是什么东西，只要吃得饱，打起仗来就没有问题。

吴铁锤也没有说话，翻了个身继续睡他的觉。在吃的问题上，他是很赞成孙友壮的看法，北方的馒头大饼就是比南方的大米饭好吃。他这个大饼可不是孙友壮老家的沂蒙山煎饼，而是他铁锤妈妈手工烙制的发面饼，又暄又软的，吃起来才叫一个香。他的苏北老家吴家集虽距鲁南的蒙山沂水并不遥远，却很少见到煎饼这种东西，而且他也同样吃不惯。虽然不会像吴一六说的那样拽掉牙，但吃起来确实是费劲。不知道朝鲜人吃什么，吴铁锤迷迷糊糊地又想，不知道朝鲜有没有馒头大饼。可是不管怎样那也是个北方，是北方饭就比南方的好吃。他想那可就苦了欧阳教导员了，得隔三岔五地给他弄些大米，没有大米，他欧阳云逸刷牙都懒得刷。吴铁锤又打起了呼噜。睡着的那一刻他还在想着馒头大饼的问题，美国人肯定都是罐头，国民党部队原来就有罐头。后来他想还是睡觉吧，睡他个几天几夜的，到了朝鲜战场，兴许就睡不着了。

吴铁锤、欧阳云逸、孙友壮他们都想错了，在随之而来的艰苦战斗中，不要说馒头、大饼、煎饼、大米饭根本没有，其他任何能够果腹的东西都是极度缺乏。在长津湖畔零下三四十摄氏度的残酷环境中，他们曾经几天几夜吃不到任何东西，饿得前胸贴着后背与美国海军王牌部队陆战一师鏖战，这是他们在这个闷罐子军列中从未想到的。

4

师医院的闷罐子车厢里也发生着同样的事情。

欧阳云梅最先发现了火车的行进方向，并以她惯有的风格大呼小叫，吸引了一车厢的人挤到铁皮小窗前。同样也是议论纷纷，不同之处在于她们许久也无法安静下来。车厢里的最高领导治疗队队长陆元寿，在这个时候还显然不知道背后的隐秘。李桂兰不感兴趣，别人所关注的与她好像没有任何的关联，去南去北的无所谓，她该干啥还干啥。蓝晓萍坐在自己的铺盖上，文文静静地织着一只毛线手套，不时抬头看看大家。郑小莉嗑着瓜子，对议论纷纷的人们不屑一顾，觉得闷罐子里的人都是大惊小怪，所以她独坐一角，不与任何人搭腔。上海来的导演凌子林两手背在身后，在狭小的空间里走来走去，嘴里不停地念叨，可是谁也不知道他念叨的什么。

欧阳云梅显得很兴奋，说根据她的判断一定是发生了什么了不起的大事情，因为明摆着的，台湾都不去打了嘛，说明有比打台湾更大的事情。凌子林背着手过来，问她是什么样的大事情。欧阳云梅说她暂时还不知道。凌子林又问陆元寿是不是知道点什么，因为他好歹也是个领导。陆元寿笑笑，说他真不知道，他要知道了能不告诉大家吗。李桂兰说："你们都是瞎操心，该上哪就上哪，都是上级领导的事情，俺们只管跟着部队走就是了。"蓝晓萍看看她，又看看欧阳云梅，微微一笑，仍然心无旁骛地织着她的手套。

蓝晓萍是在曲阜时买的毛线，蓝色的，有如蓝天一样的颜色。欧阳云梅说她这个颜色太重，小女孩子应该穿一点浅颜色的，与她的长相也般配，搞得这么深反而俗气。蓝晓萍笑笑，说她喜欢这样的颜色，蓝，和她的姓一样。

郑小莉听着大家七嘴八舌的议论觉得很可笑，觉得这群人真是没见识。尤其是这个"孩他娘"李桂兰，傻乎乎的，好像这事和她没有一点关系似的，简直就是一个农村来的老妇女，要不怎么管她叫"孩他娘"呢？郑小莉因此感到自己再不说点什么是不行了，她们吵吵嚷嚷的没个完，烦死人。

郑小莉丢掉瓜子皮，用手抹了抹嘴巴。房东大娘家的葵花子炒得有些过火，弄得她嘴唇乌黑。她叫大家静一静，别再瞎嚷嚷了，她被他们吵得心烦意乱呢。欧阳云梅说："乖乖，侬稳坐钓鱼台的，侬晓得事体呀？"郑小莉说她当然晓得。欧阳云梅说："侬讲来大家听听嘛。"郑小莉说："那我可就讲了啊，这是个秘密，不能讲的。"

郑小莉语出惊人。

她说部队是往东北开，开到东北还不是目的，接下来还要往朝鲜开，开到朝鲜也不是目的。"开到朝鲜去干什么？"她卖了个关子，停下来不说了。

大家面面相觑。欧阳云梅不满地说："你有话就说有屁就放，还拿我们一把啊？"郑小莉很不习惯欧阳云梅大大咧咧的粗话，就不想把这个秘密讲出来，可是又怕欧阳云梅说出更难听的粗话来，所以只好翻了翻白眼。

她告诉大家，开到朝鲜是去打美国人。

车厢内一片哗然。

这不是胡说八道吗？可是看看部队反常的动态，似乎又觉得也有可能。所以有人惊奇，有人兴奋，有人默不作声，有人说她瞎猜。一伙人全围着郑小莉。

欧阳云梅拍着手，说真的呀，这个太好了，部队不往南而往北开，就知道有大的事情发生，去朝鲜打美国佬，爽快，过瘾。凌子林问："去朝鲜打美国鬼子，台湾怎么办呢？还打不打台湾呢？"郑小莉说台湾当然打的，不过要等到打完朝鲜，打完朝鲜再回来打台湾不迟的。陆元寿一副心事重重的样子，说这个美国佬当然该打，可是也没有什么准备，就怕时间来不及。郑小莉说时间来得及的，因为到了东北还要整补，还要发棉帽子、棉鞋、棉手套。李桂兰显然不相信："你瞎说的吧，闹笑话呢。"郑小莉又翻了两下白眼，没搭理她。

一直都没有说话的蓝晓萍这时候却忽然问道："侬是怎么晓得这个事情的？"

郑小莉看了看她，用多少带点教训的口吻说："这个嘛，就不该你问了。"

车到天津，郑小莉的惊人之语得到了验证。

5

此时此刻的朝鲜半岛已早早落下了第一场冬雪。

在北朝鲜紧靠鸭绿江的灰霾天空上，一队涂着白色星徽的机群正缓慢而又威严地飞行着。8架战斗机伴随着一个圆脑袋大肚皮的大家伙横空列队，巨大的轰鸣声在白雪皑皑的大地上回荡。

这个大家伙是远东盟军最高司令号座机，它是美国远东总司令、驻日盟军总司令和联合国军总司令道格拉斯·麦克阿瑟五星上将的专机。此时的麦克阿瑟正端坐在一张宽大的写字桌前，他身板笔直，神态自若，透过舷窗稳稳扫视着北朝鲜冰封的大地。

座舱内机声轻盈，气氛轻松。虽说里面的光线并不明亮，麦克阿瑟却依然戴着墨镜，时不时咬一下他的玉米茎烟斗，历经风霜的脸庞上是一副矜持的似笑非笑的神情。尽管镶着金边的油渍麻花的大檐帽已戴了多年，稍显破旧，他此刻却依然戴着。远东部队的军官和士兵早已熟悉他们这位最高司令长官的风格，墨镜，旧檐帽，大烟斗，是这位五星上将的标志性装备，从第二次世界大战他率军横扫太平洋岛屿、占领日本，始终如一，从未改变过。

随机同行的美第八集团军司令沃尔顿·沃克中将正襟危坐，表情严峻。他衣襟严谨，每个扣子都扣得严丝合缝。而第十军军长爱德华·阿尔蒙德少将则与美联社的随军记者詹姆斯·爱德华谈笑风生。虽然是在飞机上，阿尔蒙德也仍然拄着他那随手不离的手杖，就像是麦克阿瑟时刻端着他的大烟斗一样。

编队飞行的高度并不高，大约只有 1000 米，机上人员能够清晰地看清楚地面上的景物，公路和小路均历历在目。

从眼下到目力所及的远方，大地冰封，白雪皑皑，崇山峻岭，裂谷深峡，满目皆是无边无际的穷乡僻壤，没有任何部队运动的痕迹，也看不到任何有价值的目标。麦克阿瑟咬着烟斗，对身旁的沃尔顿·沃克说：

"将军，没有你所担心的任何事情发生。"

身材结实、诨号"斗牛犬"的沃克中将不置可否，但他严肃的脸庞上还是挤出了一丝矜持的笑容，不过这笑容很快就消失无踪，出现在大家面前的仍然是正襟危坐的沃尔顿·沃克。

对于此次临时动议下的飞行，沃尔顿·沃克心存疑虑。麦克阿瑟这次飞临第八集团军设在清川江沿岸的指挥部，说是视察部队，了解情况，实际上也带有敦促他下定决心、加速北上的督战味道。自从 10 月下旬的初冬时节与中共军队第一次交火之后，中国人像他们突然出现的那样，又突然无声无息地消失在朝鲜北部的崇山峻岭之中，令他们这些高级将领以及华盛顿的决策当局迷惑不已。中国人的意图是什么？他们参战的规模有多大？是为了象征性地出兵以顾及脸面，还是为了保护边境线上的几个小小的水力发电站？为什么在取得了初步的战果之后，又消失得无影无踪了呢？

以麦克阿瑟将军的"专业知识"判断，在第一次战斗（作者注：中国人称为第一次战役）打响之前，他料定中国人绝不敢出兵，因为他会让中共军（作者注：中国人民志愿军），他称之为"一帮亚洲的乌合之众"在前出到中朝边境之前便血流成河，惨不忍睹。可是当中国人突然出现在第八集团军面前，成功歼灭了大韩民国第一师、第六师的大部并击溃了他沃克的部队后，这位德高望重的将军开始时还不承认那是中共军队，那只不过是得到了中共秘密支持的北朝鲜最后的残余势力，之后又断然分析，即使中国人出兵，那也完全是象征性的，在规模上不会超过3万人，如若超过3万人，就会被空中侦察发现。而且他们很可能打了就跑，因为他们没有胆量、没有条件，也没有必要冒大规模与美国及其盟军全面战争的风险。

沃尔顿·沃克将军清楚地记得，6月的朝鲜战争爆发后，美国就很快插手了，不仅以联合国的名义组织同盟国军队入朝参战，而且将第七舰队开进了台湾海峡，以阻止共产党对国民党残部的进攻。他也临危受命，奉命指挥第八集团军入朝作战。在当时，北朝鲜人民军正以破竹之势横扫南朝鲜李承晚的部队，攻陷了汉城，并将刚刚入朝的少量美国部队打得稀里哗啦。

道格拉斯·麦克阿瑟将军在二次大战中的战略成功完全取决于他的越岛进攻战役，以海军陆战队和陆军部队实施突然的两栖作战，绕过不易攻占的据点，而从后面夺取日本人的岛屿。现在他决心故技重演，把全部赌注押在仁川的大规模两栖作战上，以挽救危如累卵的李承晚政权。人们应该记住1950年9月15日这个日子，这一天，麦克阿瑟集中了他所能集中的全部海空军力量共七万余人，以第十军所属陆战第一师、步兵第七师为主力，在二百六十余艘舰艇、五百架飞机的配合下，发射了数万发炮弹，成功地实施了仁川登陆作战，收复汉城，切断了北朝鲜人民军的退路，使得后方空虚的人民军开始崩溃。此时的联合国军不仅势如破竹，而且向北越过了三八线。许多人，包括随军记者们都在询问麦克阿瑟是否担心中国共产党介入。沃克对当时的情景记忆犹新。"如果中国人真的进行干预，"麦克阿瑟神态自若地说，"我们的空军将会让鸭绿江史无前例地血流成河。"

不仅是麦克阿瑟，对于这个时候的所有美国人来说，也包括他沃克，都认为最后的成功似乎唾手可得，确实是胜利在望。

美军涌现出了一股浓浓的还乡热，麦克阿瑟同陆军参谋部商谈把第八集团军的一些部队送回美国还是送往欧洲。五角大楼告诉麦克阿瑟，取消原定10月和11月增援朝鲜的计划。仅仅几周之前，他沃尔顿·沃克还急不可待地要求补充弹药，可是他现在又告诉麦克阿瑟，他的弹药已绰绰有余，以后来自美国的弹药船应改道去日本。麦克阿瑟欣然接受，命令装载着105毫米和155毫米炮弹以及航空炸弹的六艘舰船返航夏威夷或美国本土。前线部队则更为乐观，甚至已经讨论起感恩节是在东京还是在别的什么地方过了。当后勤部门分发战地消费合作社的礼物价格单时，许多士兵都把它们扔掉了，他们打算在东京而不是在战地采办年货。有些部队更是刀枪入库，准备打道回国了。

实际上在对待是否要越过三八线的问题上，不仅是沃尔顿·沃克这些战地指挥官们，远在太平洋对岸的杜鲁门政府也一直是举棋不定。其中关键取决于中国人的态度。在10月最初的日子里，外交途径传来了中国总理周恩来的声音，如果美国人越过三八线，中国将被迫对朝鲜进行干预。随后几天，周恩来更严正表示，美国人一旦入侵北朝鲜，将会遭到中国的抗击，中国绝不会坐视邻国遭受侵略而置之不理。让沃克将军神伤不已的是，共产党中国的态度被政府高层的大部分人当成恫吓而不屑一顾，他们越过了三八线，而中国人也果然出了兵。这一战略上的判断失误致使美国在随后的整个朝鲜战争中付出了五万余生命的代价。

6

改写历史的机会往往只是短短的一瞬。在1950年这个冬季刚刚开始的10月25日上午，大韩民国第六师的一个营从温井向西北方向的鸭绿江运动，开始时行动十分顺利，几个小时就推进了十几公里，可是接下来就遭到了火力袭击。韩国士兵懒洋洋地跳下车，他们以为又碰到了北朝鲜的小股部队，只要赶一赶就会将他们赶跑。然而大祸临头了：他们碰上的是大批中国共产党骁勇善战的官兵。仅仅只是短短的几分钟，这个营的七百多人就被击毙、击伤和俘虏四百余人，当另一个团赶来救援时，也与为数众多的中国部队遭遇，一触即溃，他们丢掉了所有的车辆、装备以及全部三个炮兵连。两天后，韩国军队在该地区又投入了一个团，结果在夜幕降临以后的混战中，该团近四千人的部队仅有八百余人逃了回来。紧接着，整个韩国第二军团被彻底击溃，被迫后撤60公里至清川江。与此同时，西边的美骑第一师、第二十四步兵师和英联邦第二十七旅也遭到中国人的大举围攻，伤亡惨重，仅在云山周围的战斗中，美军就损失了六百多名军官和士兵，其中第八骑兵团的第三营全军覆没。沃克不得不将第八集团军的所有部队全部撤往清川江一线掘壕固守。

由大韩民国国防部战史编纂委员会编写出版的《韩国战争史》对此有精彩的记述：

历史性的仁川登陆作战成功后，国军（作者注：大韩民国军队）和联军（作者注：以美国为首的联合国军队）发起总反攻，一举突破三八线，以破竹之势北进，10月10日攻陷元山，10月19日进入平壤，10月26日占领楚山，11月30日占领惠山，前出到中朝边境，胜利的气势达到了顶点。就在这梦寐以求的国土统一即将成就的时候，祸从天降，遭到了中共军大兵团的进攻，战局发生逆转，我军不得不冒着朔风雪寒，饮恨全面撤退。

尽管如此，麦克阿瑟依然态度乐观。让沃尔顿·沃克等战地指挥官不满的是，麦克阿瑟不仅轻率地否决了前线部队有关中国人大批参战的报告，而且仍然不正视中国人全面干预的可能性，也不认为形势正在失去控制。他的结论在于，直到目前，所有中国人的军事行动的象征意义大于实际需要，因为从战术的观点来看，目前中国全面干预的黄金时间已经过去，而且中共从未有过与一个主要的军事强国进行实际战争的有效经验。因此，联合国军大可不必惊慌失措，他们需要稳住阵脚，他们前进的方向依然是北方的鸭绿江而不是南边的三八线。

麦克阿瑟是个一旦打定主意就不能随意改变的人，沃尔顿·沃克对此心知肚明。他深知这位德高望重的将军从东京的联军总部飞抵清川江，其用意显然一目了然。作为战地指挥官，他有权提出建议；但是作为第八集团军司令，他只能听命于麦克阿瑟的指挥。

沃克现在已经初步了解，与第八集团军正面交战的中共军队绝不是麦克阿瑟所嘲弄的"一帮亚洲的乌合之众"，他们军纪严明，训练有素，骁勇善战，斗志高昂，虽然武器装备的质量十分低劣，没有重武器，但具有不屈不挠的意志，善于在夜间发起进攻，总是百折不挠地穿越那些无法通过的山区，渗透到联军部队的后方，将联军部队分割包围，然后发起一波又一波的攻击。

在清川江沿岸，麦克阿瑟坐着吉普车，大约用了6个小时视察前线，用他的乐观和笃定鼓舞士气。视察结束后，当他再次登上盟军最高司令号座机时，却突然命令飞机驾驶员向西边的海岸线飞，然后顺着鸭绿江向北飞。这个随心所欲的临时决定使得飞机上除了阿尔蒙德以外的所有人都大吃一惊，因为这意味着这位联合国军的最高统帅将冒着被击落的风险而去中国的边境上巡游。

阿尔蒙德追随麦克阿瑟多年，一直欣赏和崇敬麦帅的胆识、风格与气派，认为他是整个美国高级将领中真正具有大将风度的人。此次他陪同麦克阿瑟视察第八集团军在西线的部队，一路上同样受到麦帅指挥若定精神的感染。他挂着而不是挥舞着手杖，在颠簸的吉普车上笑容可掬，只是没有像过去那样夸夸其谈。因为他知道这是属于沃克将军而不是他直接指挥的部队。所以当麦克阿瑟别出心裁地突然提出飞往中国的鸭绿江边境，他一点也不感觉到意外。

可是詹姆斯·爱德华心存不安，作为一名资深的随军记者，虽然他一贯了解麦克阿瑟的秉性，但他不认为这个冒险值得。

"你感到真的有必要吗，将军？"

爱德华问一旁的阿尔蒙德。

阿尔蒙德一笑了之。他轻松地告诉爱德华不要有任何顾虑，因为一切都会像出游那样简单。

飞机起飞后，为了安全起见，飞行主任拿来了几副降落伞要大家穿戴。麦克阿瑟取下烟斗，笑着对大家说：

"你们哪位绅士要想戴就戴上吧，我可不想离开飞机。"

此话惹得阿尔蒙德哈哈大笑。自然，没有一人套上降落伞。

麦克阿瑟告诉大家，敢于进行这样的飞行本身就是最好的保护，而不用担心有没有战斗机护航。詹姆斯·爱德华的心情稍微安定下来，但是飞行主任却不敢掉以轻心，始终将飞机保持在安全高度。

麦克阿瑟的大将风度使他们回忆起几个月前汉江边上的一幕情景，当时阿尔蒙德还是第八集团军的参谋长。为了挽救大韩民国岌岌可危的局面，麦克阿瑟亲临前线。站在可以俯视汉江和汉城的山坡上，浮现在眼前的是一幅可怕的景象：汉城内火光冲天，大批溃败而下的韩国军队和难民正沿着汉江上的唯一一座铁桥蜂拥南逃。北朝鲜人民军的迫击炮弹不时落在江边和附近的山坡，腾起一股股的水柱和硝烟。大家都为将军的安全担心，而麦克阿瑟却叼着烟斗，神态自若。在返回水原机场的时候，途中又遇到北朝鲜的一架雅克式螺旋桨战斗机。爱德华和记者们的吉普车从后面追上来，他们大喊大叫。几乎所有的人都纷纷跳车隐蔽，唯有麦克阿瑟依旧稳如泰山地端坐在他那辆临时找来的老掉牙的道奇车里，任凭北朝鲜的螺旋桨战斗机在头顶盘旋半小时。

飞机飞走后，人们来到总司令的车旁，麦克阿瑟叼着烟斗，一副闲庭信步的模样。

"北朝鲜人走了？"他若无其事地问阿尔蒙德。

下午晚一点的时候，盟军最高司令号座机终于飞临鸭绿江上空，机翼下依旧是贫瘠而又荒凉的苍茫大地。弯弯曲曲如同缎子般闪亮的江水受了两边冰雪世界的压迫，显得备受束缚和桎梏。

白山黑水，残阳西斜，神秘而又不动声色的中国东北大地向无边无际的远方伸延。

机舱内一时鸦雀无声。

这时候，大家才发现麦克阿瑟不愿穿戴降落伞其实是有某种道理的。与其降落在这冷酷无情而又神秘莫测的荒郊野岭，倒不如在飞机上待着。

还是麦克阿瑟打破了短暂的平静。在往南返航的途中，他要求沃尔顿·沃克重新制订新的进攻计划，并要阿尔蒙德第十军所指挥的美七师和陆战第一师在东线开始新的行动。

"告诉史密斯那帮陆战队小子，"他用烟斗指着脚下的地面，声音洪亮地说道，"他们的目标是这该死的鸭绿江。"

詹姆斯·爱德华对当时的情况进行了分析，他在这一天的《前线日记》中写道：

虽然发生了与中国人的战斗，但是看起来形势依然十分乐观，麦克阿瑟将军的既定目标没有丝毫改变。他是一位信念坚定的人，在他看来，突然出现的中国人仅仅只是推迟，而不是改变了他的计划。

当盟军最高司令号座机重新在坑坑洼洼的跑道上起飞并消失在远方的天空之后，沃尔顿·沃克中将轻声地说了一句：

"简直胡闹。"

"你说什么，将军？"爱德华问道。

沃克径自走向自己的吉普车，没做任何回答。

阿尔蒙德一直举手敬礼，直到飞机远去。在驶往第八集团军指挥部的吉普车上，詹姆斯·爱德华感叹着麦克阿瑟的所作所为。"德高望重"，他用这几个字进行了概括。

"是啊，"阿尔蒙德接过话茬，"他的资历很高，非常高，仅次于上帝。"

（王筠，祖籍安徽灵璧，生于安徽宿县（今宿州市），客居山东青岛。毕业于解放军艺术学院文学系，中国作家协会会员。）

《喇叭》（节选）

周　恒

内容介绍：

宫廷吹喇叭乐师太爷爷，因吹奏了自己创作的一曲神秘的喇叭曲子，把宫女吹上了床，被挖了双眼；爷爷参加喇叭对篷想挣大钱为奶奶治好病，却累死在比赛场上；爹被强迫为日本人吹喇叭，由吹喜曲改成了吹丧曲，被日本人打断了腿；周学宝在纯朴家风的熏陶下，勤学苦练，精益求精，吹喇叭技艺超越前辈，达到了出神入化的境界，成为真正的喇叭王，终于赢得了李家班传人李英子一波三折的爱情。

小说情节生动，语言精彩，洋溢着浓郁的地域风情。

火红的太阳。

喧天的锣鼓。

犹如潮水涌过街上的赶会的人。

满街筒子一片火热。

天快晌午时候，对棚进入了高潮。突然间，仿佛各个喇叭班都纷纷把各自看家的绝活儿亮出来啦。

看热闹的议论出来了：不比不知道，一比就能看出来了。乖，不怕不识货，就怕货比货。人家后车辕李家的李二真不愧是盖淮北的喇叭王哩。乖，你望人家锣鼓敲的，你望人家《百鸟朝凤》吹的，咦稀，吹的鸟叫，真的跟真的鸟叫声音一模一样好听哩。

接着，就有人大声连声呼喊着：好！好！好！

石长山听了感到震撼，就问胡管家是谁吹的这么好，胡老细两眼眯乎着笑笑说，那还能有谁？李二呗。石长山就说：走，咱们再去北边看看去。胡老细就躬着腰替石长山打着洋伞，一起去了那里，石长山走进去用羡慕的眼光看了一下吹喇叭的李二，心话，用喇叭吹奏好几种小鸟的叫声，竟能模仿得弄么出神入化，惟妙惟肖，佩服！佩服！李二一边用一只手拿着小喇叭搁在嘴上吹着，一边用另一只手的手掌朝喇叭下边的铁碗子口上一拍一拍的伴着动作。石长山轻轻地拍着手，赞赏着说：啊，吹得好，啊，吹得好。

胡老细咧咧嘴，咪咪一笑，说，老爷，人家李师傅吹《百鸟朝凤》，是盖淮北又不是一天的嘞！

李二一听夸他吹得好，就不吹了，急忙把搁在嘴巴上的小喇叭拿下来了。

石长山即刻乐呵呵地走到李二的大桌子跟前道：久仰！久仰！李师傅技艺高强，果真名不虚传。李二两只猴精的小眼睛看着石长山说，石保长，在咱们虹县，只有你才能把这样大规模的喇叭对篷搞起来，既然石保长瞧得起李二，我李二，一定给石保长一个惊喜。接着，李二就摆出一副旁若无人的样子，笑笑说，咱还是那句话：谁有几根肋条子，都是你知我见的。

这时候，一个满脸灰巴拉叽的小男孩子从南边钻人空子朝这边子挤。石长山见小男孩子挤过来时一头一脸的都是汗，热得直喘粗气，挤到了一个牙齿疮黄的男人身边子就说爹，俺娘叫俺找你到桥南头子那边看人吹喇叭哩！咽了一口唾沫子，又说，人那边有个戴草帽子大头爷爷吹得可好听喽！好多人都跑过去听喽。

南边这时响起了一阵喧天的锣鼓声，接着，就听见那边有人唱起了拉魂腔泗洲戏，是个男的唱的，嗓门子特高，声音特别洪亮，好听，唱的是淮北民间最流行的一段子戏文《喝面叶》。

> 大路上走来我陈士铎
> 一去赶会就三天多
> ………

唱腔圆润，声音粗犷，里边还裹着一股淮北平原泥土的温馨和白芋干子所散发的甜丝丝的略带点酸的味儿，一下子就能听出是淮北汉子唱的腔调子。

石长山带着一副惊喜的样子说道：难道是哪家喇叭班用喇叭吹的？胡老细就说，老爷，不可能，肯定不可能，连盖淮北的李二恐怕也不会用喇叭吹拉魂腔泗洲戏嘞！

石长山一脸乐呵呵地说，你说的倒也是。在咱们淮北，真还没听过谁会用喇叭吹奏拉魂腔泗洲戏。走，俺们过去看看，于是就朝南边去了。胡老细赶忙跟上去，哈着腰把手里打的洋伞举在石长山的头顶子上。这时候太阳已经当头了。

吹喇叭的当中有人在说，老二，老三，你俩都听见了吧？这次对篷可能会有一场拼杀哩，他的话音刚一落，这边的观众，就呼啦一下子朝街南头子那边去了。在太阳底下望去，密密麻麻的净是人头，像有一年濉河里发大水过鱼阵似的沸腾和喧闹。

> 想起来东庄唱的那台戏
> 有几个唱得真不错
> ……

石长山乐呵呵地听着，一边跟胡老细拉着呱，一边朝前走着。

石长山在南边街筒子里看到了另外的一个场面：几篷子喇叭都哑了，一张张大桌子的周围，都是冷冷清清的，没有观众，只剩下演奏的艺人，那些艺人坐在那里，一副副尴尬的面孔，一个个都昂着脸朝桥南头子那边望着，听着，有两三个年轻的艺人，嫌日头太毒把土布小褂子脱掉顶在头上，爬到大桌子上边站着，其中一个正在为南边的演唱鼓掌叫好！

这时老执山爷从桥南头子那边两腿走路一纵一纵地走过来，说，石保长，正巧你和管家都在这里，俺有话跟你俩讲，狗日的，弄么好听的拉魂腔泗州戏，竟然是从俺这东边前车辖李家来的那个戴破草帽子大老头用喇叭吹出来的呢！石长山听了猛一愣，接着就说，你是说……

胡老细有些尴尬，连连说道：真有此事，真有此事？老执山爷有些激动地说，你听听人家吹得活像城里戏班子唱的样。不是俺刚才亲眼所见，打死俺也不会信的！他们爷几个来的时候，你不也让那个小屁孩子吹给你听了吗？俺总觉得他们周家班是想混顿好饭剋的哩！幸亏那个黑脸小伙子会说好听话，俺才没把他们轰走。

石长山说，哎，对喽，前车辖李家有弄么好的喇叭班，怎么从来没听说？胡老细这时哈着腰，用手给石长山打着洋伞，微微地笑笑说，老爷，这才叫真人不露相咪！老执山爷在一旁说，看来真是人不可貌相，海水不可斗量嘛！接着，老执山爷就跟石长山讲：石保长，第一轮子对篷很快就有结果了，你看桥南头子是不是……

石长山说道：那还用说，这样的高手选入前四名是理所当然的喽！

老执山爷说，石保长说的是！石保长说的是！可是……老执山爷接着又说，石保长，这次对篷不是八班喇叭，是九班喇叭嘞？石长山就说，这也好弄，这边街上正好是四对喇叭班在一起比赛，赢家是四个喇叭班，加上桥南边的周家班，一共是五个赢家，这五个赢家直接进入下午的半决赛对篷就行了。老执山爷伸出来一只手搔了搔大额头子上顶的稀发，有些为难的样子，说石保长，下午这第二轮子对篷，两对双多了一个单数，你看咋弄？石长山就说，大男人，哪有挨尿憋死的？山爷，你看天都大晌午了，你得赶紧去给比赛的艺人安排好吃的才管。老执山爷就三步并作两步往北边去了。

石长山望着一阵风似的走过去的老执，就讲，路学山这人尽管脾气有点不好，可给人家办事就是出力。因为这人在晏口街人缘好，班辈也长，人就都好喊他山爷。胡老细也讲，老爷说的是，山爷替人家办事一点儿也不藏奸。这时石长山就冲着老执大声说道：艺人的席桌子一定要跟客人的席桌子上一样的酒菜噢！还有，你告诉厨师，要上九碗十二碟，俺们晏口街的特色菜：香油炸花生米、锅蒸米粉子肉、家常豆腐，这三样哪一样子都不可缺噢！

过了街南头小石板桥，石长山就看见了场边子那边的风景了，场上站满了人，连麦穰垛子上边也站了人，路两边的小河沟埂子上边也站满了人，还有小路两边的麦茬子地里也到处站得都是人。那里，所有的人，都将好奇的目光投向吹喇叭的那里。

太阳已经把人的影子晒短成一个个模糊的小疙瘩了。突然，天上生出了几团子黑云彩来。那几团子黑云彩慢慢地朝白亮亮的太阳那边游过去，一下子就把太阳遮住了。刮了一阵风，太阳忽儿又露出来。因为这片土地离北边濉河很近，一刮风，地上的燥热就向上一个劲地蒸发，像蒸馍锅上的蒸笼似的蒸得人身上火暑暑的。可看的人没有一个舍得离开那里的。

那天晌午，太阳毒得差不多能把人晒死，周学宝见没有一个人嫌热离开那里。在那片热土上，一时间，全场的观众鸦雀无声。

只有爷爷吹的那支大喇叭在唱着：

> 回家吧，回家吧
> 家中有老婆等着我

在雷鸣般的掌声里，爷爷一吹完曲子，就从吹大喇叭的嘴里喷出了一团子一团子火，出着，出着，突然从嘴里冒出来一团子红布，他就用手把从他嘴里冒出来的红绸布朝外拽，愈拽红绸布愈大，拽完了，再把他手里的那团子红绸布朝看的人眼前攒劲一抖，竟然是一面鲜艳的红旗，上边用黄丝线绣出了三个醒目的大字："周家班。"

吃晌午饭的时候，各地来的喇叭班子全部集中在临时搭的一个大帆布篷子里面，八个人一张桌子，坐在一起大口地喝酒，大块地剋肉（剋即是吃），剋饱了喝足了，没有话也都找话说了。三句话不离本行，一个个直奔主题说，晏路口真是地斜咪？俺以为这次喇叭对篷，夺冠的肯定是人家河北来的后车辖李家的猴子李二师傅喽。你看人家吹的那喇叭，你看俺们吹的这喇叭，别说给人家对篷喽，说句难听话，给人家提草鞋子恐怕也不配哩！俺以为那三十块大洋的饷头，非盖淮北猴子李二莫属，这是板凳上钉钉子的事。可俺哪能想到半路上竟然杀出个周家班来！逗是，逗是，周家班真的了得！别看戴破草帽的老头模样儿不咋的，可你看人家那喇叭吹的，还有人家演奏时的那动作，远远望去真的像一条龙吟唱哩! 李二就说, 河南前车辖李家来的周家班这位周师傅, 他竟然能用喇叭吹奏咱们淮北的地方戏段子, 而且吹技内功深厚, 你听人家那大笛吹的, ——大喇叭行话叫"大笛", 狗日的, 那才叫吹喇叭的唻! 李二心话: 我李二, 真要是跟这个周师傅硬凭功力拼吹曲子话, 咱还不一定能胜他唻?

俺说李师傅, 你说的是真的吗? 人这叫真人不露相。其实, 中国之大, 能人多的是! 人外有人, 天外有天。不知李师傅可听讲过咱这虹县城里西关街上的刘铁头? 刘铁头是玩大把戏的, 他有把绝活, 叫"油锤掼顶"。就是他盘坐在地上, 叫几个人将一块三四百斤重的大薄板石抬起来压在他头顶上边放稳, 他用两手在下边托着那块石头, 再叫来一个五大三粗的年幼人举起大锤朝他头顶的大石头上攒劲地夯, 只听咔嚓一声, 石头都挨夯得碎成几大块, 他头竟连擦破皮都没有。说是刘铁头无论到哪里去玩大把戏, 都要在演出场子埋一根长竹杆, 上边挂着一面飘扬的旗子, 上面写着"天下第一大把戏"。可是有一天, 刘铁头在蚌埠天桥下表演他的"油锤掼顶", 刚练了内功盘坐在地上, 叫几个人抬着一块大青石板正要压在他的头顶上, 这时候轻飘飘地过来一位白发苍苍的小瘦老头子, 小瘦老头一走进场子, 就先是朝刘铁头微微笑笑, 然后用眼神提示他朝上边看, 刘铁头不在意地往上边斜视一下, 旗子不见了, 只是一根光秃秃的竹杆立在半空。刘铁头顿时吓得脸疮黄, 就慌忙跪倒给那个白头发老头子磕头, 连连说道: 弟子学艺不精, 弟子学艺不精。瘦老头子就笑笑说, 刘先生请起, 刘先生请起。都怪俺管教不严, 是俺的小孙子淘气, 趁俺刚才在对面那边的茶馆里喝茶的工夫, 就把你的旗子给摘下来了。说着, 就朝看大把戏的人群里边喊了一下: 二蛋子你过来。刘铁头看见一个围红布兜兜的小男孩子朝他走过来了, 怀里还搂着一团子红布哩。说是打那以后, 刘铁头再也不敢称天下第一大把戏喽。实际上, 中国的能人真的有的是, 只是有的人看好名利, 有的人则把名利看作是过眼云烟罢了。就拿人家周家班来说吧, 你听那戴破草帽老头吹的拉魂腔泗州戏吹的! 啧啧, 不是吹牛的, 一看就知道人家是一等一的高手, 你看人家吹喇叭的口形还有人家的指法, 就知道是名师调教出来的。

这时候, 人们看见老执山爷喝得两腿歪巴歪巴地走进大帆布篷子里来了。一进来就说, 各位师傅请注意听噢! 俺告诉大家一个好消息: 第一轮子比赛结果已经出来了。篷子里即刻一片肃静。一双双眼睛像麻癫猴子惊雷暴雨似的望着老执山爷紫猪肝样的脸，想知道前四名究竟是哪些，有没有自个？周学宝见老执山爷攒劲地清了一下嗓门子，又攒劲地按地上吐了一口，几只麻苍蝇立即就飞上去了。老执山爷两只鼓毒的眼珠子红得像滴了血的样，看着手上的一张纸念着，不是喊着：

后车轱李家街上的李家班，淮南的刘家班，山东烟台的张家班，江苏睢宁的魏家班，前车轱李家的周家班，老执山爷刚喊完周家班，就讲：各位师傅听好了，是这样的，本来是安排八个喇叭班对篷，周家班是后来增加的，俺说的意思是请各位师傅看看，周家班喇叭有没有资格进入下午第二轮子对篷？下边立即就有人高喊：咱们举双手赞同周家班当选！老执山爷又说，本来是只选前四名的，所以咱们只好选出前五名喽。

爷爷感动地慌忙站起来，用一只手抹掉头上的破草帽子拿在手上，先给老执山爷躬了一躬，说谢谢山爷！接着又给各位艺人躬了一躬，说谢谢各位师傅。即刻爆发出一片掌声。

《山路弯弯》（节选）

王为民

内容简介：

耙山村是计划生育后进村，由于这项工作容易得罪人，很久没有计生专干。村长肖长河为了报复与自己有矛盾的新婚女青年李梅琴，把她推上了计生工作的前沿，想让群众把她搞臭，以达到泄私愤的目的。

美丽善良的李梅琴走马上任后，以自己的爱心帮助有困难的人，并带领群众种植、养殖发家致富，逐步改变了群众的生育观念。

本书具有浓郁的乡土气息，语言朴实优美，人物栩栩如生，故事曲折有趣，有较强的可读性。

<h1 style="text-align:center">一</h1>

山村小，山村穷，从祖辈传起的就是日出而作，日落而息，没什么热闹景儿。这两天的山村被一片红火的喜联点爆了，热热闹闹喜气洋洋。

"带亲啦"，"带亲啦"！疯子狗顺子满庄子跑，他拖着长长的黄脓鼻涕，乱茅草般的头发有尺来长，一条裤子早就破烂，露出黑油油的屁股，村里人都笑：这个狗顺子也知道结婚呢。半大的孩子爱逗乐，截住他问："狗顺子，带亲留干啥的？""嘿嘿，打种，打八个，嘻嘻，结婚喽，带亲喽。"狗顺子笑着跳着跑开了。

一条弯弯的山路从耙山山腰向远处伸展，像一条被踏痛了的长虫，一会儿扭向山底一会儿蹿上山坡。穿着整齐的来福婶撩起花白的头发，一遍遍地向路上张望，来福叔嘟哝一句："不出奇的老东西看个啥？还误了你当婆婆？""看啥关你屁事，老东西忙你的吧"。来福叔白了她一眼走开了。

大柳树杈上大喇叭唱得正欢：我一不吃石榴二也不上楼，谈心怎能到你家里头……

"拖拉机来啦"。随着人们欢快的叫喊声，一辆披红带绿的小四轮，"突、突、突"地顺着山路开了过来。"放炮！"老跳大喊一声，水柱用烟头点燃了挂在大柳树上的鞭炮，长长的鞭炮像一串红红的辣椒，随着一声声清脆的爆炸声硝烟弥漫开去，孩子们不顾一切地钻进烟雾里抢拾没炸的哑炮。

两位姑娘从车上搀下新娘，直往新房走去，"噢，看新娘子喽"。半大的孩子爱凑热闹，推着拥着涌进了新房。新娘是山南边小李庄李家顺的老疙瘩姑娘，叫梅琴，和建国是同学，建国入伍后两人鸿雁传书，一来二往有了感情，在双方老人的催促下，建国请了半个月的假回来结婚，一是了了父母的心愿，二来家里也需要一个劳力，哎，父母的年龄大了，叫他这个当兵的想照顾也照顾不过来，心里时时感到愧疚。

新房里挤满了闹喜的，梅琴敬烟发糖，给点火时被人一次次吹灭、引来了阵阵的哄笑声。狗顺子也挤了进来，咧开脏嘴笑："嘿嘿，结婚了，打八个种。"狗顺子是"名人"，梅琴也认识他，塞给他一把糖说："狗顺子，去玩吧，别搁这儿喘蒲种腔。""打种喽。打种喽。"狗顺子吸溜着糖块跑开了

"闪开，待孤家看看新娘子'盘子'如何？"说话间从外边挤进一个青年，矮墩墩胖乎乎，十七八岁的年纪，那一双细迷迷的小眼在梅琴的脸上扫过，"嘀嘀，长得不错，跟刘晓庆差不多，来给哥们上根烟。"梅琴双手递上了一根烟，他含在嘴里，烟便在嘴里滚动，"咋样，哥们这功夫不是一天两天练得出来的。来呀，点火呀。"梅琴擦火柴给他点烟，就在要点上的功夫，他的一只手向梅琴的胸前摸去，梅琴迅速抽回手，本能地闪身躲过，那手在空中划了半个圆，然后重重地甩在他那胖嘟嘟的脸上。

"新娘子打扣碗子喽"。屋里人一阵叫。

"哇，"扣碗子一屁股坐在地上，嗓子里顿时拖出一条长长地号叫声，"你敢打我，你吃了熊心豹子胆了，也没问问我爹是谁了？"建国听到吵闹声走了过来，见梅琴两眼红红的，扣碗子已在地上滚了一身土。

"怎么了？"建国问。

"他要流氓。"梅琴眼里溢满了泪。

建国蹲下身去拉扣碗子："兄弟，我送你回去。""不干，不干。"扣碗子连连蹬腿。

来福婶急得直搓手，不住地叹息。有好事的小孩早跑去报告了。不一会儿一个比广播还响的女高音就亮起了嗓子："我倒要看看什么样的新媳妇敢打人，是南海观世音？东海龙王女？"话音未落，一个肥胖的中年妇女就晃了进来。"她大婶，千不是万不是都是我的不是。"来福婶陪着笑脸。"去去去"，她肥嘟嘟的胳膊摆，来福婶就给推了过去，建国走了过来说："大婶，事情是这样的……。""去去，也不管你的事。"

梅琴稳稳地站了出来："你儿子耍流氓，你不管，还宠着他，我打他是教育他，叫他好好做人"。"哟嘀嘀，要什么流氓？你不耍流氓，别找男人啊。""你嘴放干净点！"梅琴说。

"别人怕你什么军属，我可不怕，哼，在这庄子里轮不到你发威。"

"你不怕我，我也不怕你，有毒的不吃，犯法的不做，看能怎么谁？"梅琴针锋相对丝毫不让，建国赶过来劝："算了算了。"

胖女人踢了扣碗子一脚："还不死起来，龟孙羔子，净丢人现眼。"扣碗子爬起来一溜风似地跑了，胖女人摇摆着跟了出去，走老远回过头来狠狠地剜了梅琴一眼，送过来一句话："咱骑驴看戏本——走着瞧！"

二

天气很好，一轮红日从山顶上走了出来。吃完早饭建国拉着梅琴的手说："走，看看水库去。"两人一前一后说笑着向山顶爬去。

"嘿嘿，建国，你瞧那山的石头真怪！"

"噢，你说东边的山。"建国指着说，山石很怪，一道道像用尺子挡过似的笔直地向外凸出。"这叫金耙山看见没有，石行像被耙出来的一样。谁有能耐耙山呢？当然只有神仙喽。相传，有个神仙赶着神牛拉着金耙来耙这座山，你看那边上的耙齿太宽，那是因为断了一个耙齿。像吧？拉住我的手。"

两人来到了山顶，顿时山风轻柔地吹来，梅琴理了理有些零乱的头发，建国拉着她坐在一块石头上。

山脚下就是水库，有三百多亩水面，所谓水库就是三面环山向北一面是人工大堤，那一汪水便拘留在这环山之中，水像镜面似的映出太阳的光辉，几只野鸭、水鸟游来游去，偶尔碰碎了太阳，顿时浮起一片碎金。一会儿碎片互相吸引，又拥抱成一个火红的圆。

梅琴依偎在建国的胸前，听他那年轻而又坚实的心脏的跳动。建国用手轻轻地抚摸她那长长的秀发，一阵淡淡的清香不知从哪里传过来，梅琴吸了几下鼻子："建国，你闻闻是什么香味？"建国寻觅着："嗬，原来是小蜜罐的香味。"小蜜罐又小又瘦一簇一簇的，正开着淡紫色的小花。"梅琴，过些日子小蜜罐就结果了，红彤彤的，你吃吧，一口一个蜜。小时候吃不起啥水果，我们就到山上找小蜜罐吃解馋。"

一朵洁净的白云从空中轻轻地飘过。

"建国，你说她凭什么那么凶？""你又想起昨天的事，凭什么凶？还不是仗着男人是村长，小叔子又是副乡长。她大名叫宋玉花，由于不讲理处处想高人一头，人家给她起个外号叫'女人能'。她的儿子叫'扣碗'，娇的，扣在碗里就没危险了，这孩子从小就不学好，偷老跳叔家的甜瓜吃，撑疼了肚子还跑到人家门前去骂。"

"建国，你说扣碗子耍流氓，你怎么不上火呢？"

"咱是军人，不管怎么说总得有点觉悟吧，实话告诉你，我要是普通老百姓非打他个扁毛不吃素不可。"

广播响了，顺着风紧一阵慢一阵地送来了歌声。"瞧，"梅琴指着山脚说："建国你看那些坑是干什么的？"建国看了看说："这得书接上回，金耙掉了一个齿，来寻宝的人就不断，不知哪个朝代的皇帝知道了就派出一队官兵来找，自然他们也一无所获，那坑呀，就是他们做饭用的灶洞。"历经沧桑灶洞依然，它张着的大口好像在诉说什么，有几分的苍凉和无奈。

广播里忽然一阵刺耳的噪声："现在播送一个通知，寻人启事，寻人启事，宋德宝家的一只架子猪今天丢失，有知情者请送回，当面重谢。把寻人启事再播送一遍……。"

梅琴咯咯咯地笑弯了腰："建国你听听这水平。""这就是村长肖长河。"

梅琴拉着建国的手，"咱回吧，要不等会儿不准来个寻猪启事找你建国呢。"说完跑开了，建国飞快地赶上，高高地举起拳头，在半空化作深深的情爱，他把梅琴紧紧地拥在怀里。

三

肖长河一肚子气，上午开会乡党委书记周正宇多次点耙山村的名。耙山村什么工作都不算落后，要命的就是计划生育这一块。谁没有儿子都想不通，有了一个还想要两个，有了儿子还想要闺女。

"有句话说'打好离身拳'，就是说要解决自己的问题，换成粗话说你肖长河的屁股擦干净没有？有人反映你的家属又怀孕了，有没有这回事？"周正宇说话直来直往，单刀直入。

"周书记，你借我五个胆子我也不敢生了，再说孩子大了，再挺大肚子连孩子都瞧不起。"满屋人"哄"地一声笑了。

"那好，这话就说到这里，你回去以后班子里的几个人研究下，把计划生育专干确定下来，抓计划生育没有专职干部怎能行？"

肖长河回到家又气又愁，气的是周正宇一点面子也没给，愁的是上哪里找专门干计划生育的干部去？上次选一个没干两月，上门做工作时被打了，担子一撂就不干了，这碗饭不是好吃的，搞不好上责下怨。谁去当那个冤家对头？

"你看你来到家就闷头吃烟，这屋里呛死人喽！"宋玉花扭动肥胖的身躯进了屋，上面说话下边的屁成串往外冒，自己常常解嘲："咳，人老了，摔脆筋松了。"以往见怪不怪，今天肖长河本来就一肚子气，一听就烦，搡了她一句："这么多话，两头一起说，去去去！"

宋玉花听就上火："好你个肖长河给鼻子就是脸，你有×本事冲外人，对我发这么大火显出你什么×能。人家打了扣碗子你放一个屁没？不就一个军属吗？帽花一摘还不是老百姓一个，还不是你肖长河手心里的人。"

"你再说一遍？"肖长河站了起来。

"怎么，敢动老娘一根指头，说一万遍又怎样？李梅琴打了扣碗子就算了？这样长了，威风不就被压下去了"。

"好哇，"肖长河把烟头扔得远远地笑道，"你这个宋玉花，这屁还真放到点子上了。哈哈哈！"

望着喜怒无常的肖长河，宋玉花有点发呆，骂了一句："吃错药了？半个脑子！"

四

金耙山一片淡淡的新绿，像轻轻的烟霭。觅草的山羊散落在山间，几个放羊娃娃甩动着鞭子照看着自己的羊群。太阳亮亮的挂在蓝天上，晒得人酥酥的，忽然一声清脆的鞭声，接着传来一阵不入调的牧歌。

"蛤蟆，你娘叫你回去"。山脚下有人喊，歌声停了，几声响鞭，蛤蟆赶着羊下了山。家里蛤蟆娘胡玉侠正和一个中年男人讲话，看样子已讲了一阵子了，进来的时候胡玉侠向那人介绍："这就是俺家的蛤蟆，大号叫志成，又不差心眼，也不缺胳膊少腿的，就矮点，'只见矮子少穿布，没见矮子少走路。'你说是不？"那男人正在观察蛤蟆，没听见胡玉侠说什么。蛤蟆20岁的样子，矮矮的身材配上一个大大的脑袋，凸出的额头，大而无神的眼睛，一口大牙稀稀疏疏，像没地劲长出的玉米粒儿。

"陈大哥，你要是没什么咱就订日子。"

"行。"老陈点上一支烟，深深地吸了一口，又吐出浓浓的烟柱，"就这样吧，咱是瘸驴对个破口袋，弯刀对个瓢切菜，大哥不能说二哥。今天是三月初八了吧？"

胡玉侠点点头。

我看就十五过门，别夜长梦多

"过什么门？"蛤蟆问。

"不关你的事。"胡玉侠送走了老陈就坐在那里想心事，她心里酸酸的。

小枝扛着锄回来了，胡玉侠说："小枝你吃饭吧。"小枝应了声就进了锅屋。小枝20多岁了，山村的风风雨雨，把她摔打得健康，结实，山村的水土把她滋润得水灵、秀美，半旧的衣服裹着丰满的躯体，丰满的躯体散发着青春的气息。

"娘，你也来吃吧。"小枝在锅屋里喊。

"你先吃，娘不饿。"胡玉侠应着，眼泪无声地流淌着。小枝吃完饭从锅屋出来见娘的眼红红的，吃惊地问："娘，你怎么啦？""娘没怎么，娘想给你俩说说话。"胡玉侠把小枝拉到身边的小木凳上坐好，她抚摸着女儿的秀发，端详着女儿的脸庞，女儿真俊，弯弯的眉毛下一双眼睛秋水般清澈，笔直的鼻梁，薄薄的嘴唇，活活的美人坯子，只是托生在穷苦人家，受了多少委屈，经历了多少磨难，这是双多么粗糙的手，手心长满了厚厚的老茧，这要磨细多少根锄把，磨断多少根镰柄呀。褪了色的蓝裤子膝盖破了个洞，她舍不得丢，到裁缝秀嫂家找一块布，剪成两只燕子补在那里，燕子正展翅高飞。儿呀，你心比天高，咋命就如纸薄呢？

小枝被娘抚摸得心里发毛："娘，出了什么事了？"

"小枝，你大死得早，我又病殃殃的，这个家亏你撑着。"

"娘，你怎么了？"

"人家的孩子穿花戴朵，俺小枝没一件像样的衣服，一瓶雪花膏都舍不得买，哪个女孩不想俏呀，怪娘没本事，对不住你。"

"娘，你越说我越听不懂。"

"俗话说'娘家虽好，也不是久恋之家。'娘给你找个婆家。"

"不，我不出嫁，我一辈子伺候您。"小枝摇晃着娘。

"别傻了，哪有一辈子不出嫁的老闺女？那家子我也瞧过了，是个过日子的人家。男孩子也不丑，是个兽医，'是艺养身'，天天都进钱，一家吃饭顿顿都有盘子有碗的，那孩子就是腿有点小毛病，再说谁没有缺点呀？"

"瘸子？"

"有限一点。不耽误干活什么的。"

"我不同意。"

"儿呀，你去了，人家的妹妹才能嫁过来。"

"什么，'俩换亲'呀，娘，你不是往火坑里推我吗？"小枝跑进里屋，伏在床上呜呜地哭。

"小女孩子是菜籽命，落到哪长到哪！"娘进来劝说。

不知道是谁在门外哼着小调走了过去：

> 嫁到江南吃大米，
> 嫁到江北吃白面。
> 要是嫁到洪泽湖，
> 我的乖乖，俺尅条鲇鱼拉拉馋。

五

日子过得真快，建国回部队也有半个多月的时间了，上天寄回来一张彩照，那上边英俊的建国神气地背着一支钢枪，身后是一座座连绵不断、郁郁葱葱的青山。梅琴没事的时候就看，就抚摸，就想甜甜的心事，那思念就像一条若有若无的线，飘呀，飘，飘得很远，那一头连着建国。

"梅琴，兔笼里的草吃完了，看，闹腾得不安生。"来福婶在堂屋里喊。

"哎，我去看看。"梅琴应一声出去了。靠西墙的简易棚里放着一排排兔笼，一只只长毛兔见梅琴来喂草跳来跳去的，雪球儿般洁白可爱。梅琴给每个笼子塞进一把干草，它们欢畅的嚼草声就响了起来。有几只母兔就要做母亲了，梅琴给拌上一把精细料，"牛马比君子。"它们吃好了才能母肥儿壮呀。

喂完兔子梅琴到了堂屋，坐在凳子上看婆婆套被。六十出头的人啦，慈眉善目，是远近闻名的能人好人。她一头花白的头发就是一部沧桑的历史，她能讲很多故事、典故，会劝解人，谁家生孩子一请就到，生了孩子一口红糖茶都不喝，洗洗手就走，谁有个头痛脑热的，她用一把汤匙蘸上点素油前胸后背刮刮，回家盖上被出出汗就好。十里八乡的人都说："来福婶是天底下第一好人。"

"妈，听说胡婶子要拿小枝给蛤蟆换亲，不知可有影儿?"梅琴问。

"有影儿的，咳，小枝是个好孩子，打小就没有大，她娘又整天药罐子不倒，里里外外就全靠她。"来福婶说罢轻轻地叹息。

"听说那男孩子腿不好。"

"岂止腿不好，还有羊羔疯，去年在你姥姥那个庄给马瞧病，一下犯了病，四脚拉叉地摔搁地上，要不是人多拉的及时，非挨马蹄子弹死不可。"

"唉，这个胡婶子，真糊涂，这不是把小枝往火坑里推吗?"

"你胡婶子也是万般无奈，蛤蟆长得又丑又矮，一把抓两头看不见。来，梅琴叫那边的线递给我。"来福婶换好了线又接着说，"你胡婶一连生了几个小孩都死了，不知搁哪弄的保胎药，这才生了小枝，农村没儿矮人一等，你胡婶许愿，我能生个'扎'把长的儿，也给天老爷磕头，放千头响炮，真的就生个儿，真的就磕头放炮，也不知是中'节'了还是怎么的，这蛤蟆光长脑袋不长身子，要是晚黑从大秫棵子里出来都能吓死人。"

梅琴听了心里堵得慌。

"哞，"外面一声牛叫，来福叔回来了，梅琴忙跑去接过牛绳，"大，你喝口水歇会儿。"来福叔嗯了一声，收拾好农具，掏出烟袋抽烟。

"老汉今年五十八，辛辛苦苦种庄稼呀。"肖长河唱着泗洲戏进了院。

"哟，哪阵子风吹来了你村长?"来福叔说

"喜风，我给你报喜来了。"肖长河边说边往堂屋里走。梅琴递过了一个凳子，"长河叔你坐，我给你倒茶。"

"别累手了，我不渴。"肖长河坐下说。来福叔也跟着进来了，"长河弟，俺穷家破檐的有什么喜?"

"你家梅琴当干部啦!"肖长河点点烟灰。

"什么干部?"

"村计划生育主任,你看乡里批下来了。还盖有红戳子呢。"肖长河拿出了一张纸晃了晃。

"肖村长,俺家没杀人放火吧?"来福叔红了眼。

"你看,你看,这是什么话?当干部就要杀人放火呀,我问你当干部有什么亏吃?"

"俺也不想占什么便宜。计划生育不让人生孩子,千人嚼万人骂,这个干部俺不当。你家宋玉花能说会道,当这个主任合适。"

"来福哥,这可是组织决定的,再说了你家是军属总该服从组织吧,梅琴又是共青团员,还有什么条件可讲的?"

梅琴见吵得不可开交说:"长河叔,这个主任我当了。"

"瞧瞧,还是年轻人觉悟高。"肖长河笑笑走了。

来福叔对梅琴说:"孩子,你不知道干计划生育这行得罪人,翠花当主任去找他老四肖长清结扎,怎么啦?一家子围上门去打人家,翠花一气跑出打工去了,这两年找谁干主任谁也不干,我估摸,这是肖长河的毒计,哼,软刀子杀人。"

"大,事在人为,我干着再说吧。"

来福婶套好了被,择了择身上的线头棉丝接上话茬说:"是福不是祸,是祸躲不过,先干着,他肖长河就是诸葛亮?"

"你懂个屁!"来福叔狠狠地瞪了她一眼。

"老东西没记性,"来福婶说,"上年动地,水柱子爷俩不知怎的得罪他了,怎么着,把庄头的鸡口田分给人家,地不少可不收粮食呀,一边是凹地光长荒草不长庄稼,一边摊鸡嘴底下,散放的鸡鹅抬腿就来,谁也种不住,就分给了水柱,四亩多地,肖长河说,'算二亩吧,看你爷俩怪困难的多给点也算照顾了。'老木脸气得得了水臌,差点撅了小辫子。结果呢?坑倒人没有?"

"妈,结果怎么样了呢?"

"叫你大说。"

来福叔甩甩手,白了来福婶一眼就走出去了。

"水柱子每天没事就到那地头转悠,到底是读过书的人,脑子好使。冬天他找了几个人把洼的地挖了,土培到田地边上去。不到十天,洼地变成了一口亩把地的水塘，有水隔着鸡就过不来了，田也平整了，塘里放鱼，坡上种菜，地里种庄稼，一年收入好几千块呢。可把'女人能'气死了，坐在自家门口把个肖长河骂得憋气不敢吭。"

"咯咯咯，"梅琴笑了，"水柱子这叫因祸得福。"

"水柱子手头有几个钱，人又勤快模样又长得好，提亲的踏破了门槛子，老木脸脸上也有了笑色，不知怎的，水柱子一个也不同意。"

来福叔急匆匆地从外面进了屋说："我看见小枝一脸不如一脸地往耙山去了，都溜傍晚了去干什么呢？该不是去寻短见吧？"

"是呀，"来福婶也急了，"那个狗牙石上已经跳下去四个闺女了，花一样的年纪哟。"来福婶眼泪满眼转。

"我去看看。"梅琴说完拔腿跑了出去，路上遇着柿子拉着一个板车，车上拉着老婆二丫和三个孩子，二丫脏乱的头发上挂满了草屑，脸上永远都是傻乎乎的笑，三个孩子个个抹得脏分分的，小脸上一片浓一片淡的都是泥灰，画眉蛋似的。"社会主义好，社会主义好。"柿子边走边唱。

"柿子哥从哪来呀？"梅琴问。

"到乡里批俩钱，不瞒你说，咱一不当官，二不为宦的，只要把你嫂子和这几个孩子一拉去，就得给批俩钱儿，要不咋叫社会主义优越性呢？今天陈助理不在，乡长把钱条子批了，钱也没法拿，真倒霉。"说着就走了过去，边走边唱开了泗洲戏："人倒霉头发昏，放屁都砸脚后跟……。"

梅琴一听"卟哧"一声笑了，哎，这个死柿子穷有穷的快活。

六

小枝坐在狗牙石上，下面无影似的深，几只乌鸦在低空中盘旋、鸣叫，招呼着同伴回巢。太阳就要走进西山的后面去了，远处放牧的孩子赶着咩咩叫的羊群回家，山脚下几株苍柳几片翠绿，小风徐徐地吹，柳枝轻轻地摆，哦，真美，多好的世界呀。

狗牙石下面就是水库，落日的余晖把山的样子涂在水面上，几尾鱼跃把山晃得不安起来。

去年吗？不对，是前年小翠就是从这狗牙石上跳下去的，狠心的爹把她卖给了一个四十多岁的光棍。小翠哭了几天就从这狗牙石上跳下，哭得死去活来的娘没几天也离开了尘世。小翠爹落得个两手空空，家败人亡，也出走他乡了。

小枝想起了娘，自己死了娘能活下去吗？娘呀，你好糊涂，为什么把自己的骨肉往火坑里推呢？我养活你一辈子不也一样吗？蛤蟆那样子不也是坑了人家一辈子吗？

小枝手上摸到了什么东西，拿出来一看顿时大哭起来。一只手轻轻地搭在她的肩上，小枝见是梅琴，一把抱住把头埋在她的怀里任泪水流淌。

"小枝告诉姐姐手里拿的什么？"

小枝把手张开，手心里是一只弯着身子的虫子，黄黄的嘴，小小的眼睛，脖子上还挂着一圈细线般的丝。"这是什么？"梅琴拿在手里，她没见过这样奇怪的小虫子。

"苦命的山媳妇。"

"山媳妇？"

一阵悠扬的笛声，从淡淡的夜色中飘过，小枝听后便不再哭。

"谁吹的，像是山歌调？"梅琴问。"水柱吹的。"小枝说完便不再言语了。

"走，天黑了，回吧。"

"回。"

两人一前一后从山上下来，笛声越来越近了，笛子吹出的内容只有水柱和小枝知道。上年扣碗子对小枝耍流氓被水柱遇上，水柱教训了他一通，结果肖家怀恨在心，分给了他"鸡口田"，从此小枝就和勇敢勤劳的水柱好上了，只是外人还不太清楚。

一天水柱和小枝在自家的渔塘边玩，水柱抄了一首民歌给她，作为他们的情歌，用当地的山歌调唱。随着水柱悠扬又有些忧伤的笛声，小枝轻轻地哼了起来：

藤缠树来树缠人，生生死死结姻缘。
树死藤生缠到死，藤死树生死也缠。

"傻妹子，想什么心事？"梅琴问。

"不想什么心事。"小枝回过神来答道。

"听姐姐的话不准犯傻，不去死，行不？"

"行，"小枝说，梅琴搂着她的肩头，"现在都什么年代了，还动不动就寻死上吊的。婚姻不许包办，这都讲几十年了，你不同意可以同家里说清楚嘛，你别怕，我去找胡大婶做做工作，不行的话再想别的法子。"梅琴送小枝回家，自己也回到家，来福婶递给她一张纸，原来是通知明天上午到乡里开计划生育会。

"小枝真的到狗牙石了吗？"来福婶问。

"嗯，在上边坐了好一气子呢。"梅琴说。"我把她劝回来了，赶明儿开过会我去劝劝胡婶子。"

"劝怕也不行，她想给蛤蟆换亲接代呢。"来福婶轻轻地叹息了一声。

院内的一株桃花正咧着红红的小嘴，来福婶看了一眼说："花一样的年纪呀，刚要过好日子就进了火坑。"她心软，说着落下泪。

"妈，"梅琴举起了手里的虫子说，"小枝怎么看到这个虫子就哭得更凶了呢？"来福婶接过凑近眼前看了看说："这叫山媳妇，是一个苦命的女子变的。"

"苦命的女子？"

"嗯，老辈人说从前有个姑娘叫小红，父母早亡，她从小就在财主李八斗家做工，吃不饱穿不暖，受的苦难就不要说了，唉，穷人的孩子天养活，这小红不知不觉长成了大姑娘，出落得天仙似的，李八斗就起了歹心。有一天李八斗闯进了小红住的小屋正要使坏，从外面闯进来一个棒小伙，把李八斗那一顿打呀，嘿，就跟高玉宝他们打周扒皮似的。这个小伙子叫大春，原来他们早就好上了，这天他去看小红，没想到碰到了这件事。他们从李八斗家出来，跑到个没人常去的小山庄，那里有他们的破家，大春老娘常年瘫痪在床，小红精心伺候，又到山上挖草药熬给婆婆喝。后来婆婆的腿好了，一家人正想过上好日子没想到祸从天降，一天大春外出卖柴被李八斗的狗腿子看见了，活活地打死扔在河里。庄里人回来报信，婆婆对小红说你快逃命去吧，别落入李八斗的狼窝。家里穷没什么吃的，婆婆就煮了几个攒下的鸡蛋给她做干粮。小红给婆婆磕了几个头就跑了。李八斗的狗腿子找到了大春家，知道小红逃走了就分头追，小红跑呀跑呀，又累又饿的就坐下来歇歇吃个鸡蛋。一个鸡蛋没吃完就见狗腿子远远地过来了，小红知道逃不出去了，就吊死在一棵树上，你看见它的嘴这点黄是吗，那就是没咽了的鸡蛋黄。"

七

乡政府会议室里一排排坐满了人，整个屋子烟雾缭绕如入云雾一般，副乡长肖国良正在讲话："同志哥呀，我们要充分地提高认识，加强计划生育工作力度，计划生育不抓能行吗，中国人口占世界的五分之一，而土地呢，只有世界面积的几分之一。再生孩子吃什么？喝西北风屙屁呀？"

大家"轰"地一声笑了。

"计划生育要加大力度，上次我到一个地方去，看到人家的胆子就怪大，墙上的标语写着什么'喝药不夺瓶，上吊不夺绳''该扎不扎墙倒屋塌，该流不流牵猪、牵牛'，这种劲头就不瓤，我们也要狠抓一下，摆脱这种被动局面……"

会议结束后梅琴随着人群走出了会议室，在乡政府院外，看见二丫和她的三个孩子坐在平板车上，虽是春天刮起风还是很冷的。三个孩子脏兮兮的小脸冻得通红，二丫一脸傻呵呵的笑。梅琴心里不是滋味，走到烧饼炉前买了几个刚铲下的热饼，二丫和三个孩子接过，一边被热饼烫得嘶溜着嘴，一边狼吞虎咽地吃起来。

梅琴到一个同学家讲了一会儿话，就告辞出来，到店里给公婆每人扯了一块布料，又称了二斤白糖就骑着车子回了家。

路上撵上了拉车的柿子，柿子一边走一边哼哼。几个孩子见了梅琴怯怯地叫姑姑，二丫嘿嘿地笑。柿子说："大妹子，干啥呀？"梅琴说："开会。"柿子说："大妹子出息了，好好干。"梅琴问拿着钱了吗，柿子说："拿着了，婊子将的就给五块。"梅琴下了车从包里抓出一把糖果，给娘几个每人几块，二丫又从小小孩手里抢了一块，飞快地剥下糖纸放到嘴里，小孩哇地哭了，梅琴又给了他两块："别哭，姑姑再给，丫嫂子你是大人，不能和小孩争东西。"二丫吸溜着糖果傻笑。

"这个憨熊，除了养孩子什么都不会。"柿子愤愤地说。

"柿子哥，你该绝育不能再生了，孩子多了咋养活哟。"

"停停再说吧。"

"柿子哥我头走了。"梅琴说完骑车走了。

梅琴给哑巴奶奶送糖的时候，正碰上水柱给哑巴奶奶提水。

哑巴奶奶80多岁了，孤身一人，还是生产队的时候，给她在庄东头盖了两间屋，图的是她喂鸡、种菜方便，队里穷，庄子又小实在也没法做出什么照顾。哑巴奶奶门前有一口土井，土井旁放个缸，谁过来过去就提一桶水倒在缸里，小庄民风纯朴，逢年过节都往家里抢哑巴奶奶，抢了变着法儿弄好东西给她吃，没抢着的感到吃了亏，以后约定：不管谁抢到哑巴奶奶只准在他家吃一顿。你家请，他家请吃过一遍，也就出了正月。哑巴奶奶逢人就伸大拇指，啊吧啊吧的夸，意思是说我无儿无女也照享福。

水柱看见梅琴点点头，就走了，梅琴把糖给哑巴奶奶放到桌子上就追了出来，她赶上了水柱问："小枝找了你没有？"

"人家找我干什么？"水柱没精打采地说，"人家不是又重找对象了吗，俺配不上人家。"

"柱子兄弟你可错怪人家了，昨天傍晚小枝上了狗牙石……"

"上了狗牙石？"水柱惊慌地问。

我叫她回来了，她一路走一路哭，听到你吹笛声就不哭了。"

梅琴说："后来我对她说我去找胡婶做做工作。"

"去找胡婶了吗？"水柱问。

"昨天晚了没去成，今晚我去找，我叫小枝去找你，小枝现在很脆弱，你要好好地暖她的心，她现在比任何时候都需要爱，懂吗？"水柱点点头说："梅琴姐你告诉小枝我在老地方等她。"

八

吃了晚饭水柱抹抹嘴就走了，这是一片打麦场，四周堆着麦草垛，以往电影队放电影就在这场上，庄不大人不多这个麦场还是能挤得下的。一次看电影

《天仙配》，小枝挤过来给了水柱一把香喷喷的南瓜种子，从那时起他们就爱在一起谈生活，谈以后的日子，没人的时候就哼电影里的戏文：夫妻好比鸳鸯鸟，比翼双飞在人间。他们知道自己深深地爱上了对方。

小枝呀，小枝，难道这都要成为过去了吗？这都要成为回忆了吗？

一个黑影从远处走来，"是小枝吗？"水柱问。

"嗯，水柱你早就来了吗？"小枝说。

"也不早，"水柱说完扯了一把麦草垫在地上。"小枝坐吧。"两个人坐在了一起。谁都没讲话，听得见对方的呼吸声。庄里偶尔一两声狗叫。"小枝，"水柱首先开腔，"听说家里给你找了人家。"

"嗯，说是给蛤蟆换亲的。"

"那家你去了吗？人怎样？"

"没见，听说人有点瘸，还听说有羊羔疯。"

"你同意了？"

"不同意俺娘就哭，要死要活的。"

"你有什么打算呢？"水柱说。

"梅琴姐找俺娘去了，说好就说好，说不好再作说不好的打算。"

"小枝，俺俩走吧，'摘石榴'里人家不也是下扬州了吗？"

"俺就是舍不下俺娘，俺大死得早，俺娘带俺姐弟俩不容易。再说你家木脸叔也需要你照顾呀。"

俩人一阵沉默。

忽然庄里传来吵闹声，又夹杂着几声犬吠，一个女人的叫骂声隐隐飘来："当了几天干部就管得这么宽，我的闺女嫁给谁我有权力，你凭什么瞎掺和？"

小枝听了听说："可能是俺娘骂梅琴姐了。"说着拔腿就往家里跑，水柱也跟在后边跑。

门口围着许多人，胡玉侠被人劝说已不再吵闹，只是呜呜地哭。蛤蟆手里拿着一把刀嚷着："谁破坏俺的婚姻，俺就给他拼了。"他小小的个子上蹿下跳，显得有几分滑稽。

夜把大家都涂成了黑影，听说话才能辩出是谁，"蛤蟆，"这是梅琴的声音。"婚姻要自由才行，强扭的瓜不甜，再说你不是坑了小枝一辈子了。"

"谁坑谁？女孩子是菜籽命，搁哪不是过一辈子？"蛤蟆记住了娘劝小枝说的这句话。

"蛤蟆，动刀动枪的干什么？"小枝走过来说，"要是我不同意你就是使大炮轰也没用，再说哪里规定的非得叫我替你换亲？"半天没吭声的胡玉侠站起来："好，你个死丫头，反了你，只要我还有口气这个家就是我说了算。"小枝也来了气，"娘，我的事我得做主，是我要过一辈子。"

"你死也要死在陈家。"胡玉侠说。

"我死在陈家干什么？赖人家？"小枝说。有人劝着：算了算了，天不早了都睡吧，人们开始走开。胡玉侠冲着一群走动的黑影子说："梅琴，俺家小枝要是变了心不去陈家，我得跟你闹个鸡犬不宁。"

有一黑影站住发了话："胡玉侠，你想讹我，给你说俺家没有三个钱的老公鸡给你赖。"说话的是来福叔，胡玉侠也站住了说："来福哥，说句难听的话，我睡觉蹭谁蛋了吗？俺家的事要人管？"

不知谁说了一句："你想蹭蛋还没蛋蹭咧。"人群一阵轰笑。

小枝拽住了胡玉侠说："娘走吧，说这么多么难听话干什么？"拉住娘就往回走。

梅琴说："胡婶，我送你一句话，夜里睡觉想想，'手心手背都是肉'，不要兴一家灭一家。"

回到家里来福叔就闷头抽烟，梅琴知道他心里有气，也没吱声就往自己住的屋里走，来福叔喊住了她："梅琴，你当干部我也不反对，该管的俺管，不该管的俺就不管。"梅琴说："大，俺不是去管什么，是给胡大婶说说小枝差点跳了狗牙石，胡大婶我觉得平时不错，不知怎么今天这么不讲理？"来福婶喂过兔子走了进来说："她是怕小枝不同意换亲才这么闹的，是闹给你看的，也是闹给水柱爷俩看的。"

"闹闹闹，打我话上来她家非出人命不可。"来福叔说。

九

肖长河蹲在凳子上，就着桌子上的花生米喝酒，扣碗子和他坐对面，端起酒杯一饮而尽，又伸手拿了一个咸鸡蛋磕破皮剥了起来。梅琴进了院子，宋玉花说："哟，李主任来俺家有什么事？"梅琴说："看你大婶说话还带着钩儿长着刺儿，什么主任不主任的，俺是找村长汇报工作的。"肖长河连连打招呼，又起身拿了条凳子说："来，喝两盅。"梅琴说："不会。"扣碗子见了她就气，哼了一声就出去了。

"长河叔，你说俺这庄子计划生育工作怎么抓呢？"梅琴说。肖长河喝了一盅酒，吃了一粒花生米说："你是计划生育主任，这个家由你来当。""哎，我刚接手干，真有点老虎咬日头无处下口来。你是'老基层'了，一肚子经验，你还是往外吐点吧！""瞧瞧，给我灌迷魂汤了不是？这样吧，我看先紧多孩的抓，老跳三个孩子该不该绝育？王大脚家四个女还有什么话说？柿子三个儿子该满足了吧？这几个人难缠头就是老跳，这个人火燎毛的性子，这人工作做好了其他几个人都好弄。这样吧，先礼后兵，不行叫乡小分队来扒房子，日娘的，有的你不好好治他还真不行。"

"我看还是不扒房子，都是乡里乡亲的，再说房子给扒了人家怎么住？"梅琴说。

"这是他自找的，干工作不能手软。"肖长河正说着从外面走进来一个老头，削瘦的脸庞上条条皱纹都溢满了痛苦、辛酸，乱腾腾的满头白发和乱草似的胡须，一身烂缕的衣服几处都露出了皱巴巴的皮肉。

"梗子叔，你那儿子我找好几遍了。"肖长河看了看梗子叔，又回过头来冲梅琴无奈地笑笑："你看看，乖乖，鸡挠粪堆狗跑窝的事都能找着你，我比美国总统撒切尔夫人还忙。"

梗子叔蹲在门旁用哀求的音调说："你总要管管呀，我不能眼看着死。"

"好好好，你去吧，我再去找找他，再不行叫治安队来抓去搓一顿。""不能搓不能搓，"梗子叔连说，"我只要他管管我的事就行了，他毁了，我不更没指望了吗。"梗子叔说完走了，老远回头说："你费费心了啊。"

"你不认识他吧？他就是老跳的爹。"肖长河说，"老跳妈死得早，他尿一把屎一把地拉扯老跳成人，老跳娶了亲把一个老头子分开单过，这老头子胃病底子又犯了，老跳也不愿给钱治，粮食也不愿多给一点。"

梅琴听了心里酸酸的，说了一声"走了"，就出了门。她追了一阵子追上了老梗子，梅琴从身上掏出二十元钱，说："梗子爷爷，这点钱你先拿着买点油盐，拿点药。"老梗子连连摆手："这不管这不管，我怎么能要你的钱呢？"梅琴把钱硬塞在他手里："这搁我手里不算什么，搁你手里就能派上点用场。"老梗子说："你可是来福家的新孩子？"梅琴点点头，老梗子浊泪滚滚："小小年纪菩萨心肠，有好报应呀。"梅琴说："梗子爷爷你慢点走。"就走开了。

回到家来福婶喜气洋洋地说："又有两只兔子下了窝，共十五只，肉蛋儿似的。上天俺家你二舅说兔子毛又涨价了，现在一对兔子卖好几十块，你有文化买几本书看看，也科学科学。"梅琴笑笑说："行行，俺娘家也喂过兔子，只是现在没时间侍弄它。"来福婶说："喂不要你问事，你只要说说怎样配窝才好就行。"

"大呢？"梅琴问。

"上坡上倒粪去了，停停花生就管点了。"

"那点活我去干就行了。"梅琴说。

"哎呀，他这老胳膊老腿的活动活动还好，你要叫他闲着非闲出病不可。"

"妈，我想给你商量点事。"梅琴试探地说。

"你瞧你，俺娘俩有啥就说啥呗！"来福婶说。

"我看梗子爷爷怪可怜的，想找两件大穿不着的旧衣服给他穿穿。"

"管管，我这就去拾掇。"来福婶掀开箱子盖翻出了几件衣服叠好交给梅琴，梅琴抬腿就走，来福婶又喊住了她："抽屉里的鸡蛋你再拿二十个送去，叫他冲冲喝养胃的。梗子叔是个有本事的人，年轻时给陈小辫家赶大车，有天在一个庄子里碰上两个鬼子，正要糟蹋一个姑娘，老梗叔几鞭子把鬼子抽得鬼哭狼嚎，趁鬼子乱他把姑娘拽上车，鬼子回过神来车都跑得没影啦，这姑娘就是跳子妈。瞧，我这嘴，你快送去吧。"

在路上梅琴见小枝慌慌张张地跑来，"梅琴姐，"小枝气喘吁吁地说，"那个姓陈的又来了，说是明天就来换亲，你看怎么办呀？"小枝急得要哭，梅琴安慰她："你别急，我把衣服给梗子爷爷送去回头咱们再研究。"

树上的广播喇叭响起来了："社员同志们请注意，今晚放电影《冰山上的来客》，勿失良机，再播送一遍……"

十

电影就在打麦场上放的，白色的幕布一挂，喇叭一响，大人孩子就从各自的家里涌来。有凳子的搬凳子，懒得搬凳子的，扯把麦草坐上就行了。机敏的小贩消息特灵，早早赶来出售香烟、糖果、瓜子等物。

灯光把胶卷的内容射向影幕，一幕曲折动人的故事层层展开了。

梅琴、小枝和水柱没看电影，他们站在麦草垛旁研究对策。

"你既然不同意这门亲事是不是先出去躲一下，他们找不着你就要改日子，那时再慢慢地想办法。不是我多嘴，个人的婚姻个人做主，这一点不能含糊。"梅琴说。

小枝点点头说："我就是下不了决心伤妈的心。"水柱说："要不小枝你就到俺家看鱼塘的棚子里先住着，那地方蔽，谁也想不起来。"小枝说："那不合适，一旦有人知道还不风言风语的，跳到黄河里都洗不清了。"电影里的歌唱声不时传来："花儿为什么这样红……"忽然歌声掐断，"小枝请你回去，你娘犯病，小枝你娘犯病你赶快回去。"小枝说："我出来的时候俺娘还好好的，怎么就犯了病了呢？"梅琴说："你去看着吧，到明天要不先到水柱家躲一躲也行。"小枝点了点头就向家里跑去。到家里见门口还停着一辆三轮机，屋里娘正和几个人说话。娘说："小枝，你婆家的人今晚来接你了，你今天去，老陈家明天送闺女来。"小枝一听顿时惊呆了："不是说明天的日子吗？"胡玉侠说："人家什么都准备好了，客也都请到了，再说白天招招摇摇的也不好。"一时的酸甜苦辣都涌上心头，小枝总算看清了母亲，其实她根本就不糊涂，她是为了儿子不要闺女，小枝的眼泪流了下来，她凄凉地笑笑，对陈家的几个人说："你们稍等等，我换件衣服，这是我的终身喜事呀。"小枝进屋里套上了自己喜爱穿的衣服，对着小镜子看了看，擦干净眼上的泪，又从桌上拿了一把剪刀装在裤袋里。小枝出来对陈家的人说走吧，头也不转地出了门，胡玉侠的眼泪刷地流了出来："小枝，我的儿，到人家好好地过日子。"小枝回过头来，嘴边挂着一丝笑："我去给你换儿媳妇了，你保重。"说完就上了三轮机。

十一

小枝走后水柱无心看电影,他没精打采地往自家水塘边的小屋走去。梅琴想胡婶犯病小枝一个人忙不过来,就到了小枝家,昏暗的煤油灯如一粒金黄色的豆子,在灯芯上滚来滚去,好像随时都能滚掉下来。胡玉侠坐在小板凳子上蔫蔫的。"胡婶,"梅琴说,"不是说你病了吗? 小枝呢?""小枝出去有事了,你去吧,我要睡觉了。"还没等梅琴离开屋她就吹熄了灯。

电影散了场,人们嗡嗡叫地走向各自的家,梅琴回到家见来福婶正在缝补着什么,就在她的对面坐了下来。来福婶见了说:"梅琴,有什么事吗?"梅琴说:"我总觉得小枝家有点不对劲儿。"来福婶叹息了一声说:"俺管不了这么多就不要管了,咳,'清官难断家务事'。"梅琴说:"妈,天不早了休息吧。"就走回了自己的屋,她感到小枝可能出了什么事,胡婶叫小枝回去说有病,实际并没有病呀,那为什么叫小枝回家呢?

一阵悠扬的笛声从远处传来,梅琴想了想出了门,在门口遇到了从外面进来的来福叔,说:"大,我出去有点事。"来福叔说:"梅琴,你到这家后,我们老俩口拿你当亲闺女待,就凭这我要说一句有些事俺问不了的就不要问,不合理的事多着咧,谁能管得了? 还有晚上不要到哪去,一是人家说闲话什么的,二是不安全。"梅琴听来福叔把话说到这份上,就又回到自己的屋,上床吹灯睡了,她望着黑漆漆的空间心里翻腾着……

三轮车做贼般地沿着高低不平的山路行驶,颠得心肝都颤。此时的小枝心里很平静,她想起了狠心的娘,想起了好心的梅琴姐,想起了曾给予自己深深情爱的水柱,不是山誓海盟什么藤缠树吗? 这辈子难以实现了,她带手给水柱做的布鞋还没有交给他,出了门就算是泼出去的水,没拗着娘,算是恩恩怨怨一笔勾销了。她要去给一个不熟悉的男人同床共寝,生儿育女吗? 她打了个冷战,用手摸了摸那把装在口袋里的剪刀。

三轮机下了坡这里就一马平川了,小路在河崖上随着河流向远处延伸,这条小河她和几个女孩割草时来过,割满了篮子她们就下河摸歪歪儿,好肥好大的歪歪儿。家里现在用的掀面的歪歪壳儿,就是那时摸的。小云还摸到一只鳖,那鳖只有三条腿,真怪。转脸的工夫过去二三年了,这些也只能是甜蜜的回忆了。

"停车，"小枝喊了一声，几个人警惕地看着她，"停下车，我有点小事。"小枝跳下车向河岸走去。"解手去的，抽支烟歇歇吧。"车上的一个汉子说，于是大家点着了烟，"忘带一个女的来也能看一下。"一个人说，"就是十事九不全。"另一个人附和。

"扑通，"一声小枝跃入了河里，冰冷的河水顿时紧紧地拥抱了她。"不好，她跳河啦。"几个人紧张地大叫一声奔了过来，天很黑什么也看不见。"快，把车子开过来。"一会儿机子开了过来，车灯照在河里只见一片水花。有两个汉子顾不得许多，脱下衣服跳进河里，摸了一会儿就被冰冷的河水逼上了岸。

小枝在水里看见了小翠，小翠说那山媳妇就是她变的，小枝说我也要变成山媳妇了，小枝还看见很多很多人……

十二

梅琴到了柿子家，柿子不在，二丫满脸油黑的正和三个小孩在一块捏泥玩，见了梅琴傻傻的笑，大孩子说："姑姑，找我大吗？"梅琴点了点头："乖乖，真聪明。"大孩子一转脸跑了，没多会儿柿子回来了，手里拿几把刚见火的錾子："琴妹子怎么得闲到俺家遛？"梅琴说："忙啥呀？"柿子说："闲着没事到山上打些石头，大大小小这么多肚子你总得要糊圆吧？"梅琴说："我就是为这事来的，儿多老母苦，你呀，三个孩子还不够劳累的呀。""不是什么呢。"柿子蹲在地上卷上一根烟抽着，30多岁的人过分的劳作，皱纹爬上了额头，一头乱蓬蓬的头发沾上了草屑。这是什么家哟，一间小房里面又要支锅又要铺床的，地上满是灰土和草末，一股刺鼻的臭味从屋里时不时地飘出来，外面的木桩上拴着一头瘦小的小猪，小猪不停地哼叽着，长长的嘴把地拱了一个坑。

"琴妹子，上面来了救济款了？"柿子问，梅琴"卟哧"一声笑了："你呀，罗锅子上山——前（钱）心重。"柿子说："那你干什么呢？"梅琴说："你要能按我的话做，我保证你从根本上去掉穷根。""你说我该怎么办？"柿子猛吸了一口烟。"你和嫂子两人去一个绝育。""什么？"柿子像蝎子蜇的般站了起来："琴妹子，我知道你是好人，你说的不是没有道理，不过，我还有个小打算再生两个就收兵，再说，琴妹子你也不能看咱是柿子软和就先捏俺呀。"梅琴说："事情总得有个先后，我觉得你柿子哥是个通情达理的人，才先找你的，你想想孩子多了你怎么办？不说大道理说小道理，你总得一人盖两间屋吧，总得给找个对象吧。""琴妹子，俺是大老粗过一天算一天，不去想这么多，孩子大了没法找对象，咱就叫他们到伊拉克招女婿去看看美国欺负人到家锅门儿，死了这么多人，在那还愁找不到女人？"

梅琴笑笑："你别五坎六洼的，我先给你打个招呼，你在心里想想，想通了就去找我。"说完转身走了。柿子说了声慢走就唱起了快板：

竹板一打响叮当，琴妹子慢走听端详。

俺一间屋是万宝囊，又支锅又铺床。

又能拴猪又拴羊，又放农具又盛粮。

夏天暖来冬天凉，呱叽呱……。

十三

从老跳家出来，梅琴老远就听到一阵吵嚷声，一些人乱哄哄的跑来跑去。"小枝淹死喽，小枝死喽。"狗顺子边跑边叫，"狗顺子，你说什么？"梅琴问，狗顺子看见梅琴笑笑："打种喽，打八个。"就跑开了。问了一个人才弄清小枝昨晚被陈家接走，半路跳了唐河，陈家人捞了一夜没捞着，这才对胡玉侠的信讲，梅琴心里一惊跟着人群跑了，胡玉侠疯了似的乱喊："小枝，我的儿，你怎么就寻了短见呢？"也跟着跑。

水柱没去，只是吹一支忧伤的曲子。每一声都像一把刀刺痛人们的心。

人们用耙用铁钩把那一片翻了个底朝天也没捞着小枝，春天的河水这么平稳，小枝能漂到哪儿呢？

小枝，花一样的季节，花一样的年龄，属于你的应该是欢笑，应该是歌声，而你却没有这些。有的是艰辛的劳作，有的是生活的重负。现在连劳作连重负都不属于你了，小枝你就这样走了吗？你就这样到一个你不愿去的另一个世界了吗？火一样的青春就这样熄灭了吗？怎么不让活着的人心碎、让活着的人心疼呢？人们空着手从河边回来了，人群中不时地传来一两声啼哭声，胡玉侠被人架了回来，尽管她哭得很伤心，人们丝毫不同情她。蛤蟆在人群里钻来钻去乱骂："这个死小枝，你死了我连个女人都换不成了。"不知谁骂了一句："这个断子绝孙的蛤蟆，一点儿人心都没有。"

谁家的留声机正转着唱片，一个大鼓调从里边悠悠飘来：

……像人家养儿防备老，像你这竹篮打水一场空，像人那竹篮打水竹篮在，像你这竹篮打水断了绳……

十四

小麦灌浆了，油菜花在蜂蝶嗡嗡地议论声中谢了，菜籽角探头探脑，似在窥探春的脚步还能停留多久，田野间留春茬的地里有牛马在犁地，赶犁人一两声悠长的号子声不时传来。

梅琴和来福叔在整理春地，花生可以下种了。梅琴想着心事，建国有半个多月没有来信了，可能训练任务重，待适当的时候到部队去看看，看看当兵的是咋样学习生活的？

山脚下有哭声传来，是胡玉侠。她坐在一个小小的坟头前边哭边烧纸，纸灰飘飘荡荡长了膀子似的。没有捞着小枝的死尸就请扎纸匠扎了一个纸人穿上小枝的衣服埋了。梅琴走过去扶起胡玉侠说："大婶，你回去吧，要想得开些。"胡玉侠抹抹眼泪："梅琴，大婶要听你一句话也不至于有今天，是我逼死了小枝。"梅琴又劝了她一阵子，胡玉侠回家去了。

远处来福婶来了，刚招影就喊："梅琴，你回家。"梅琴说："还有一点儿活没干完。"来福婶说："别干了，家里都闹翻了天。"听到这些，梅琴扛起铁锨对来福叔说了一声"大，我先回去了。"就走了。来福婶告诉她："乡里来了四轮机，要扒老跳家的房子，不知打哪说是你往乡里报的名单。"

老跳家门前一辆四轮机突突地响，四周围了不少人，一个男人正指挥几个青年人，往屋上拴钢丝绳。老跳光着膀子手持一柄踩墙叉嚷着："谁动我屋一根草我就跟他拼了。"那男人跳下车说："这是乡政府的决定，'该扎不扎墙倒屋塌'，你不去结扎就要扒你的屋，还要叫你给扒屋费呢。"

旁边人告诉梅琴，那男人姓王，外号叫"大金牙"，果然他说话时干瘪的嘴里不时金光闪闪。梅琴正要说话，"大金牙"说："谁要妨碍公务请他到乡治安办去。"边说边拧手中的电棍，那棍便滋滋地冒蓝色的光。

梅琴跨上一步说："王同志。"旁边有小伙子介绍："这是治安办的王主任。""王主任，"梅琴说，"扒屋不是目的，目的是叫他结扎我先做做工作。""大金牙"笑笑："李主任这名单可是你报的，你不报谁知道谁呀？再说咱这机子也不能白开来，哥几个总不能喝西北风呀？""名单是我报的不错，并没叫你扒屋呀。"梅琴说。"大金牙"说："上面马上就要来检查了，你这个村要拖了大家的后腿可不是闹着玩的。"梅琴说："我是村计划生育干部，出了事我负责！""大金牙"说："这次就看你李主任的面子不扒屋了。"说完挥挥手几个人都上了四轮机，"大金牙"说："我王某把话丢在这，这趟不能白来，钱的事以后再说，拖了后脚没你好果子吃。"拖拉机冒着一阵黑烟走了。

老半天没吱声的老跳，见机子远了才回过神来，冲着梅琴嚷："好你个李梅琴。我惹着你了，报我的黑名单干什么？叫我断子绝孙办不到！"梅琴说："跳子叔，俺大道理都不说，你生孩子多了有什么好处？再说婶子的身体……"老跳连连摆手："我不给你磨嘴皮子，反正我不生儿子不罢休，他'大金牙'要扒我的屋，我就扒你家屋。""啊吧吧，"哑巴奶奶不知什么时候来了，指着老跳吵。正在这时小烦拉着老跳说："大，娘的病又犯了。"

来福叔一袋一袋地吸闷烟，来福婶白了他一眼说："看你半天也不吭不咽的，什么事？"来福叔呛了她一句："你是瞎了还是聋了？还没闹翻天？我当初就说不当干部，看看怎么样？一圈人都得罪了，人家生不生孩子与俺有什么相干？谁有本事谁生去。咳咳，叫人家又吵又闹的图个啥？你打我话上来，再这样下去还有杀人放火的时候。"

梅琴从外面进来听公公发牢骚，就一动不动地站在院子里的桃树前听着。桃子长有鸡蛋黄大了，青青的。梅琴不知怎么搞的老是想吃酸的，她摘下一个用手帕擦擦轻轻地咬了一口，顿时满嘴又酸又苦的味。

"我觉得梅琴做的没什么错。"来福婶说，"再生还不撑破天了？孩子多有什么好处？你看柿子家孩子一个个泥猴似的，吃了清晨没晚上的有什么好？

小烦娘病殃殃的，死老跳还要叫她生，打我话上来她非死这上不可。"

"你说的不错，"来福叔的气消了些，"可这玩意得罪人呀。俺祖祖辈辈谁也没得罪过，因这事得罪人划得来吗？"

"他要想通了还得感谢俺梅琴呢。"来福婶说，"总有一天他吃狗肉喝凉水，能回过味来。"

梅琴听了老公婆俩的对话心里热热的，她坚信只要耐心做工作，这些人还是通情达理的。"精诚所至，金石为开。"她相信这句话。

水漫兰桥的传说

耿瑞英

明朝万历年间，灵璧北边的九顶山下有一个小村子，名叫兰家庄。村里有一姓赵的大户人家，虽然很富有，但日子过得并不顺心，唯一的儿子，从小体弱，一直卧病在床。儿子10岁时，赵家为他娶了一个叫兰瑞莲的女孩作童养媳，一为冲喜，二为照顾儿子。

兰瑞莲也是兰家庄人，自幼父母双亡，跟着叔叔、婶婶过活。13岁这一年，叔叔、婶婶把她卖给了赵家做童养媳。

可是兰瑞莲进了赵家以后，赵家儿子身体并没见好转。婆婆对她很不满意，天天不给她好脸色，推磨、洗衣、挑水、做饭什么活都让她做，除此之外兰瑞莲还要给丈夫端屎端尿，喂饭喂药，稍不如意，婆婆对她非打即骂。兰瑞莲背地里不知哭了多少回，流了多少泪，满肚子苦水不知向谁诉说。一次，她干活太累，晚上睡得死了点，丈夫没有叫醒她，拉了一床。婆婆就用藤条抽她，抽得她遍体鳞伤，实在忍受不了，她跑回家找叔叔，可是叔叔却说："做人家的媳妇，就要有个媳妇的样子，不能偷懒，不能动不动就往娘家跑。快回去，不要让人家赵家说我们没教好女儿。"从此，不管有多大委屈，她都咬牙忍着。

苦难并没有阻止她身心的成长。兰瑞莲在赵家熬过了四个年头，已出落成一个亭亭玉立、楚楚动人的大姑娘了。虽然穿着灰暗破旧的衣服，却掩藏不住她那曼妙的身姿，遮挡不住青春的气息，两只充满哀怨、忧伤的大眼睛依旧清澈明亮，那从未露出笑容的脸庞仍然清纯美丽。

随着年龄的增长，婆婆对她看得更紧，从不让她出门，最远的地方是让她到村头的井台挑水。她没有亲人，没有朋友，对她最好的就是赵家养的一条黄狗，走坐跟着她。她稍有点空的时候，就用手给狗捋捋毛，这时小黄狗会用感激的目光看着她，她也会对它笑一下。

一天早晨，兰瑞莲去井台挑水，当她把水提上来，正要担起的时候，突然听到背后有人喊："大姐慢走，请给点水喝！"

兰瑞莲转头一看，是一个穿着灰布长衫，挎着包裹的青年男子。她放下扁担，让那男子喝水。

"哎呀，这水真甜！"那男子喝完水，用衣袖擦擦嘴，说，"谢谢大——"，姐字还没有说出，他抬头看到兰瑞莲，一下子愣住了，仿佛有一种触电的感觉，这个女人好像是他很久很久就认识的人，在哪里见过呢？他说不清，记不起，像前世，又像在梦中。

兰瑞莲看见这男子痴痴地望着她，心也猛地一颤。这男子长得多好看，眼睛大大的，鼻梁高高的，额头宽宽的，说话温文尔雅，声音浑厚圆润。她忍不住打量那男子两眼，脸上泛起一圈红晕，像一朵绯红的桃花。

"大哥，这是要去哪里，一大早渴这么很？"兰瑞莲避开那男子火辣辣的眼睛，问道。

"噢！"那男子回过神来，说，"小生家在南边十里的魏家楼，今年18岁，是要去京城赶考的，天没亮就起来赶路，一口气走到这里，又渴又累。"

"怪不得看上去……"

"瑞莲，该死的，挑个水这么磨叽。"瑞莲话没说完就听到婆婆在大声地骂。

"婆婆叫我了，我得赶紧回去了。"

"你婆婆？"那男子突然有种失落感。

"嗯！"

"你丈夫呢，怎么让女人挑水？"他觉得让这么漂亮的女人挑水，简直是男人的罪恶。

"他要能挑水倒好了。"

"怎么了？"

"他一直卧病在床。我是他家买来冲喜的童养媳。"

"是这样！大姐，我在这里歇会，你还来挑水吗？我这一走，不知何时再能相见。"

"我家水已经满了，不会再来了。"说着挑起扁担准备走，万一婆婆找到井台上来，那还得了？

"大姐，这样的日子什么时候是个头啊！不然，我带你跳出这火坑，远走高飞吧？"魏学士充满期望地望着兰瑞莲。

兰瑞莲稍停了一下，说道："谢谢相公的美意，可是我不能答应你，不能因我这苦命的女子耽误你的功名。"说罢又挑起扁担往回走。

"功名和你相比，就是浮云。你们村后二里远有座小桥，今夜我在那里等你！"

看到魏学士动了真情，而且如此执着，兰瑞莲心中也是波澜起伏，自从父母去世后，从没有人关心过她，也没有人怜惜她。今天这个人就真切地站在面前，她怎能不动心呢，可这幸福来得太突然，她有点不知所措，于是回过头说道："相公快快赶路吧，别错过科考！"那目光有爱怜、有不舍，也有无奈。

"大姐不到，小生不走，姐姐不要辜负我的一片心意啊！"魏学士望着兰瑞莲的身影小声地喊道。

兰瑞莲挑着水，刚进家门，婆婆就冲过来，气汹汹地骂道："你这个贱货，挑个水，这么长时间，到哪偷懒去了？快去烧饭！"

兰瑞莲什么也没说，倒了水，就去烧饭。她洗好米放进锅里，开始点火烧锅。火在灶里"噼里啪啦"地响着，锅里的饭"咕咕"地往外冒，她好像忘了在烧饭，不停地向灶里添柴。

"你这个扫把星，魂被谁勾走了，饭都溢出来也不知道。"婆婆进来一看，气得暴跳起来，骂道。

兰瑞莲赶忙抽出灶里的火，弄得满屋是烟，呛得她和婆婆不停地咳嗽。婆婆气得一把把她推出，说："去，无用的东西，给你男人喂药去！"

　　兰瑞莲从厨房里出来，端上婆婆熬好的药去给丈夫喝。她把丈夫扶起，用勺子舀了送到他嘴里，谁知她丈夫一下子喷出来。平时她都尝一尝，不烫了，再给丈夫喝，今天她忘了尝一尝，把丈夫给烫着了。丈夫把药喷了她一身，她心里一慌，手中的碗又碰掉了，洒了丈夫一身，疼得丈夫哇哇大叫。这还得了，她吓得赶忙跪下，一边清理，一边求饶。

　　可还是惊动了婆婆，只见她拿着擀面杖，过来就朝她身上挥去，边打边骂："你这个狐狸精，今天是不是遇见鬼了，什么都做不好，今天不打死你，我就叫你娘。"

　　兰瑞莲抱着头躲在墙角里，任婆婆猛打。丈夫伸出手想拉住婆婆，可是动不了，急得又哭又叫，婆婆以为儿子是痛苦，打得更凶。一会儿，婆婆打累了，才放下擀面杖，大声说："今天别想吃饭！"说罢，才去看看儿子烫得如何。因隔着一层被子，儿子烫得并不严重，只是有的地方有点红。"去，赶快收拾干净。"看着儿子没有大事，婆婆叫了一声就出去了。

　　兰瑞莲给丈夫收拾好，突然头一晕，一下子摔倒了。她全身酸痛，再也不想起来。也许婆婆觉得今天打得太狠，一天也没来让她干活，但三顿饭都没有给她吃。到了晚上，她开始发烧，浑身无力，她想起来喝口水，可怎么也起不来，头像要炸了一样疼，腿像灌了铅一样重。

　　慢慢地，慢慢地，她觉得自己飘了起来，飘到了天空，飘到了树林，在那里她见到了爹和娘。爹娘抱着她，亲着她，带着她一会儿跑，一会儿飞，她高兴得笑着，那笑只有梦中才有。然后她又向小桥上飘去，魏学士正在举着衣裳向她挥手，她飘啊飘啊，可是怎么也到不了那个桥上。

　　突然，一个响雷把她惊醒，外边正在下着大雨。这雨就像从天空中倒下来一样，"哗哗"地下个不停。她不知道现在是什么时侯，看看丈夫还在睡着，她爬到门口，用手接了点屋檐水喝下，心里觉得舒服了一些。这时她突然想起魏学士白天的约定，心想，这么大的雨，他不会真的一直不走吧？不行，我得去看看。

　　她从家里出来，直奔小桥而去，可她怎么也找不到小桥。原来桥已被雨水淹没了。于是她到处去找魏学士，也没有找到。"也许下雨了，他没有来？"她想着，想往回走，突然她发现了小桥东畔的柳树上挂着魏学士的衣服。她知道魏学士为了等候她，已被大水冲走了。

原来这天晚上，魏学士在刚刚入黑的时候便来到了这座小桥上等候。虽然下着雨，魏学士仍站在小桥上丝毫不动，决心等待兰瑞莲到来。因为这座小桥是跨在山下的一条山涧上的石桥，非常低矮，雨下得太大，又一直不停，足足下有两个时辰，雨水渐渐地把小桥漫了。魏学士想去躲躲雨，可又想："不行，男人应该说话算话，既然跟大姐约定了，就是被水冲走也不能离去。"雨水已经没过了他的膝盖，他冻得浑身发抖，牙齿咬得紧紧的。这时他又想："如果自己真的被水冲走，等一会儿大姐来了，她又怎么能知道俺在这里等她呢？我要留下一样东西让她明白。"于是，他把自己的衣服脱掉一件，挂在桥东边的一棵小柳树上，又回到桥上等待兰瑞莲到来。谁知山水愈来愈猛，一股洪流过来，真的把他卷走了。

兰瑞莲取下魏学士的衣服，抱在怀里，万分难过，心里哭道："对不起啊，魏相公，我来晚了，害你丢了性命。为报答你这一片诚心，我随你去了。"于是，她拿定主意，决定跳河自尽以谢魏相公的一片真情。可是刚要往下跳，有人拽了她一下，她猛一惊喜，以为魏学士没有死。她一下子停住，转身去抓身后的人："你还活着？"可是她一下子又瘫了下来，原来拽她的不是魏学士，而是赵家的小黄狗，她出来时一直跟在她身后。小黄狗对着她"汪汪"叫了两声。她抱起小黄狗，亲了亲，两行热泪不住地流淌。"回去吧，小狗狗！谢谢你！"她放下小狗解下自己的罗裙，搭在桥西畔的一棵弯柳树上，然后翻身跳进那滚滚的激流中。

第二天早上，赵家人不见兰瑞莲，慌忙到处去找。小黄狗咬着婆婆的裤腿脚直往外走，婆婆不知何意，气得一脚跺去。小黄狗就不停地叫，边叫边向外跑，跑不远停下再叫。人们觉得很奇怪，就跟着小黄狗走，在小桥边发现了魏学士和兰瑞莲的衣服。人们明白了怎么回事，并在下游很远的地方发现了他俩的尸体。

"九顶山花尚未开，风摧嫩蕊著尘埃。"此事很快在当地传开，人们非常同情他们，不少诗人到兰桥遗址凭吊并留下感怀诗篇。

"散楚"山的传说

耿瑞英

"散楚"山又名三注山，位于灵璧县城东北五公里三山村。

楚汉相争时，霸王败走东南，军壁垓下。不久汉军各路军马赶到，对项羽形成合围之势。刘邦见楚军严阵以待，不敢轻举妄动，命各部遥遥相对，扎下大营，并命韩信为统领。

韩信采用先消耗实力再聚而歼之的战术，将项羽大营团团包围，并首先发起进攻。双方一开战，项羽就骑着乌骓马狂奔而出，他一手握戟一手持剑，汉兵人头像一个个西瓜纷纷落地。后面的将士受到鼓舞，情绪高昂，个个勇猛无比，人人奋力杀敌，直杀得汉兵心惊胆战，四处逃窜。

刘邦以为项羽已是他的囊中之物，要不了几日就可结束战斗。谁知打了百余次，历时两个月，楚军仍然坚守着阵地，寸土不让，双方相持不下，韩信无计可施，刘邦忧愁万分。

此时正值三九严寒季节，天空下起鹅毛大雪，气温骤然下降，士兵冻得直跺脚。刘邦一看，心生一计，下令道："全体将士，一律脱下战袍，换上单衫出战。战后汗衫有汗者奖，无汗者斩！"

这一招果然厉害。战斗中，不战或怠战者就会被冻死，只有奋力作战者才能出汗。战斗中，汉军人人奋勇拼杀，个个汗湿单衫，一举拿下了楚军占领的三注山。

失去了三注山，楚军就失去了地利。一天，项羽正在军中遣将，准备夺回阵地，忽然听到东面的山上传来汉兵的喊叫声："人心已背楚，天下皆归刘，韩信屯垓下，要斩霸王头。"

项羽一听，勃然大怒，执戟上马，率军出营应战。韩信见项羽率兵出战，佯装败退。项羽不知有诈，拼命追击，追着追着，突然汉兵又都围了上来，七十二支连环营的兵将一起向他扑来。

项羽知道自己陷入了埋伏，便使出全身力气，竭力拼杀，杀开一重，又复一重，前前后后共击退 20 多批敌人，好不容易才突出重围，退回营帐。陷入十面埋伏的楚军兵少粮尽，士卒也因长期打仗，疲惫不堪，无心恋战，思亲思乡之情日增。

为迅速结束战争，这时刘邦谋士张良命人用牛皮做一个大风筝，尾部吊一大筐。风筝做好后，用大绳作线，许多士兵一起放，风筝放起后，用绳拴在三注山上的大树上，等到风起，再慢慢松绳，风筝一直飘到空中，正好在楚兵上空。这时张良坐在筐内吹起箫，他一更天吹小曲子，二更天吹小喜调，三更天吹凄凉悲惨的楚地民间小曲，四更天一过，他又边吹边唱道：

> 一更里，菊花黄，楚军士兵实可伤。千里迢迢跑在外，何日才能见爹娘。
> 二更里，苦黄连，刮风下雨四处颠。妻离子散家难归，受苦受罪对谁言？
> 三更里，寒霜毒，冻得楚军抱头哭。爬山涉水昼夜跑，项羽不准来住宿。
> 四更里，月东升，千万莫要当楚兵。当了楚兵死在外，一辈不能见亲人。

楚兵听后，个个伤心落泪，人人动了相思之情，以为是上天示意，让他们快快回家。一时间，楚军便三五成群，纷纷逃散。项羽见状，仰天长叹："天亡我也！"

楚兵散了，这山就被叫作"散楚"山，是散楚兵之意。

灵璧手印石

耿瑞英

公元前 105 年的一个夏日，江都（今扬州）广陵王宫张灯结彩，喜气洋洋。汉家公主刘细君即将远嫁乌孙国王。

宫内上上下下都在紧张而有序地忙碌着，唯有细君公主黯然神伤，郁郁寡欢，眼里充满惶恐、疑虑。"为什么让我这样一枝深宫里的牡丹到西域那浩渺无边的风沙中飘摇？我也是名副其实的汉室公主，就因为我是刘建之女吗？"想到这里，刘细君潸然泪下，往事一幕幕呈现在眼前。

刘细君具有正宗的皇室血脉，其高祖是汉文帝刘恒，曾祖是汉景帝刘启，祖父是汉武帝刘彻之兄刘非，父亲是江都王（扬州当时称江都）刘建，史称其为"江都公主"。这位大汉皇室的金枝玉叶，本应有着享不尽的荣华富贵。江都，古来就赫赫有名：十里荷花，一湖明月，鱼肥水清，稻谷飘香。能封在江都做藩王，该是多么幸运。可惜，刘建是个臭名昭著的衣冠禽兽。他不仅荒淫无道，还心怀野心，企图造反。为辅佐丈夫成就大业，他的老婆还请巫婆来装神弄鬼。两口子跪在乌烟瘴气的密室里，虔诚地祷告：当今皇上，快快死亡！大汉江山，早点儿落入我手中……正当他们咬牙切齿地诅咒时，又听说淮南王、衡山王也霍霍磨刀，意图谋反，刘建立刻感觉机会来了，一边招兵买马，一边私刻玉玺，乐颠颠地做起了皇帝梦，可还没来得及下手，阴谋就败露了，朝廷也随即撒网彻查。刘建吓得胆战心惊，抹着眼泪，恋恋不舍地自缢了。老婆成光也被朝廷捕杀，死尸弃市。富甲天下的江都国消失了，好端端的家也完了，剩下小细君无依无靠，流落民间，这年她刚刚11岁。幸亏刘细君是个女孩儿，加上年幼，汉武帝心头一软，让她活了下来。

公元前117年，她的叔父汉武帝之子刘胥被封为广陵王。叔叔很惦记这位侄女，派人在民间把她找到。从此父母双亡的细君便寄养在叔叔门下。细君气质超凡，美貌脱俗，聪明伶俐，机敏可人，深受广陵王的喜爱。刘胥安排专人教授细君典章、音乐、歌舞和礼仪，使其渐渐成长为一位才艺双绝、声名远播的美女。

虽然叔叔很疼爱自己，但刘细君很清楚自己的身份，她处处小心，事事谨慎，每天焚香抚琴，写诗作赋来打发时光，不知不觉，已经25岁，在当时已算老姑娘了，依然名花无主，茕茕孑立。她不知道自己的明天会怎样，只好得过且过，自得其乐。

如果能这样默默度过一生，也算造化不浅。但长安城里的万岁爷，没有忘记这个孤苦伶仃的孙女。一天，她正在对镜梳妆，忽然，门外响起天使官刺耳的传旨声：刘细君下嫁乌孙国，即日赴京。

刘细君一听，顿时懵了，皇恩浩荡，竟然要一位孤女替朝廷跑到天边，嫁给一个陌生人。刘细君微微地张开嘴唇，不知所措。为什么？为什么呀？她一遍遍问道，人们告诉她，为了大汉江山。这就奇怪了，一个弱女子，嫁到外族，就能保住大汉江山？

"是呀，你嫁乌孙国王，就是替朝廷笼络乌孙，就能和乌孙联手对付匈奴。孩子，这也是没办法呀，先委屈委屈吧，为江山社稷，为天下黎民……"叔叔劝她道。

原来，匈奴国势力非常强大，经常入侵边境，攻城屠邑，掠夺财物和人口，给西汉北方地区民众带来沉重的灾难。汉、匈两族的边陲有30多个大小不等的王国，大多为匈奴所控制，只有乌孙国（今新疆伊犁一代）拥兵近20万，是西域诸国中最强大的王国，敢与匈奴抗衡，而且愿意与汉朝来往。怎样才能联合乌孙国，共同对付匈奴呢？曾出使西域的张骞提出了一个建议："今乌孙虽强大，可厚赂招，令东居故地，妻以公主，与为兄弟，以制匈奴。"

牵制匈奴，拉拢乌孙，好主意！可惜，"妻以公主"招数老套。和亲，貌似修好，实为"示弱"。这种外交妥协，只能赚来极其短暂的喘息。历代的和亲政策并没有遏制匈奴的袭扰活动，反而使他们认为汉朝软弱可欺，因此在边境闹得越来越凶。汉武帝紧皱双眉，闷闷不乐。但除此以外，又有什么好主意呢？汉武帝叹了口气道："也只能这样了，想不到我堂堂大汉王朝要靠女人的胸脯去换和平，悲哀，真是悲哀啊！"

元狩四年，汉武帝派张骞率300人二次出使西域。每人各领两匹骏马，外加牛羊万头，以及金银珠宝、丝绸布帛等数以万计。这次出使，意图很明确：把乌孙拉过来，最好，东西夹击，联手干掉匈奴。这对乌孙国来说本是美事一桩，只要与汉朝结盟就可以得到东边的封地，娶到汉家公主，还可以获得大批的财物，可谓土地、金钱、美女俱得，但乌孙王昆莫面对如此大的诱惑却迟迟难以决定。其一，大汉太远，遥不可知；其二，匈奴太强，咄咄逼人，犯不着为一门婚事得罪一户近邻。

后来，匈奴人听说乌孙和汉朝有了往来，心中十分恼火，决定给乌孙这个不忠的属国一点教训。当得知匈奴要攻打自己的消息时，乌孙国举国上下惊恐万分，国王昆莫担心亡国，决定联合汉朝，以共谋生存。公元前108年，乌孙使臣喜气洋洋地赶到长安，送来1000匹骏马作为与汉朝结亲的聘礼，请赐一位汉室公主为妻。刘彻脸上浮现出一丝不易察觉的微笑，看来，乌孙人已经心甘情愿地同大汉合作。汉武帝为联合乌孙共同对付匈奴，同意联姻。

但派谁担任和亲的重任呢？以前都是从民间挑选貌美的女子冒充公主，有的被识破，还被退回来，搞得很难堪。怎么办呢？又舍不得自己的亲骨肉，汉武帝思来想去，左挑右选，深感为难，突然一拍大腿说："好啊，这不正是和亲的最佳人选吗？"

"谁呀？"身边的人问道。

"我的孙女刘细君，这孩子美丽聪慧，才华出众，气质超凡，还精通音乐、歌舞和礼仪，让她去再合适不过了！"

"想不到皇帝爷爷把这么崇高的任务交给我这个罪臣的女儿，把和亲第一公主的桂冠戴在我的头上，真是高抬我刘细君呀？我能说什么？只有乖乖地听话了。可乌孙在哪儿呢？我要嫁的国王是谁？那个人长相怎样，禀性如何？哎，圣命难违，别想了，一切听天由命吧，权当我为父母赎罪了！如果老天垂怜，给自己一次机会，嫁一个英俊夫婿，夫妻恩爱，饱享天伦之乐，也算因祸得福了。"

细君公主想到这里，双眼垂泪，点头答应了，不答应又能如何呢？有讨价还价的余地吗？

门外彩旗招展，鼓乐喧天。仆从、车帐正在等待。刘细君身着盛装，双眸含泪，忐忑不安地抱着琵琶踏上了行程。这琵琶是汉武帝为了安慰她漫漫西行路上的思乡之苦，命令懂音律和乐器制作的工匠，取琴、筝、筑、箜篌等乐器之长，创制而成的一种新乐器。

天上飘着细雨，天地一片迷茫。她的心情，就像这天气一样潮湿。在茫茫雨雾里，她的思绪随着车轮的转动飘飞，越飘越远，不断地撩拨起心底无限的伤感。路边的柳树随风摆动，自己的性命多像那风中的柳絮，究竟要飘向哪儿，落到哪儿啊？

车马辚辚，华盖亭亭。一路颠簸，细君公主的车队赶到了安徽灵璧。壁立山前，人踟蹰，马不前。雨住云收，刘细君停车驻马，在一处山岩前悄然伫立。人们告诉她这座山叫阴陵山，这一片地方就是楚汉最后决战的垓下之地。

刘细君听到后，眼泪扑簌簌地往下落，不知是被虞姬那坚贞的爱情所打动，还是感喟自己的命运。虞姬死了，可有项羽"虞兮虞兮奈若何！"眷念着她。虞姬为了项羽突围伏剑而去，但她的爱情依然坚贞如故，我刘细君为了大汉的和平稳定，远嫁他乡，谁知我思乡的痛，谁怜我心中的苦？爹娘啊，为什么要做下冤孽事，让女儿用一生的幸福来偿还？

想到这些，细君公主浑身颤抖，痛苦难支，东望乡关，家乡扬州已经消失在看不见的远方；西望长安，前面的路途，依然遥遥得望不到尽头。她手抚巨石，久久不忍离去。

"细君公主，该上路了，太阳就要落山了。"随从说道。

"喔！"刘细君轻轻地答道，她多希望时间能够凝固，哪怕让自己就这样定格在这里，也比到那天涯海角，生死未卜，福祸难料强的多。在这里定格，跟虞姬做伴，人们来凭吊虞姬，还知道有一位汉室公主远去和亲，因伤心过度，长眠于此，到了西域，天晓得我是生是死。

时间过去了很久很久，刘细君恋恋不舍地上了车。车队终于重新启程，"咯吱咯吱"继续前行。在她抚过的岩石上留下了一枚清晰的手印。是汗渍使然，还是刘细君的心思感动了上苍，神灵暗中相助而成，不得而知。

一路上，刘细君想象着乌孙国王的样子，不英俊潇洒，也应气宇轩昂，不然怎么配做国王。可她做梦也没有想到自己嫁的是一个比爷爷还大的糟老头子。刘细君吓得几乎昏厥过去，她的心也掉进了冰窟。

从此一位美貌绝伦、风华绝代的汉室公主，在那荒凉旷野的西域乌孙，过着肉为食酪为浆，以泪洗面的日子。她愁苦万分，用悲伤和痛苦作成《悲愁歌》：

> 吾家嫁我兮天一方，远托异国兮乌孙王。
> 穹庐为室兮毡为墙，以肉为食兮酪为浆。
> 居常土思兮心内伤，愿为黄鹄兮归故乡。

悲歌传到汉武帝的耳中。汉武帝也不禁为之感动，非常同情她的境况，每隔一年，他便派遣使者带者锦绣帏帐，赠给细君公主。

汉武帝的关爱只能给她一些安慰，却无法改变现状。按照乌孙风俗，国王死后，年轻的王后必须嫁给王室子孙为妻。老国王昆莫出于对细君长久幸福的考虑，他决定在自己生前就将细君转嫁给王位继承人，他的孙子岑陬军须靡。

细君公主无法接受这一"伤风败俗"的决定，于是上书武帝，请求在老昆莫去世后将她召回故土，叶落归根。武帝接书后，内心虽然很同情，但为了国家边陲的安宁，下旨曰："从其国俗，欲与乌孙共灭胡。"

细君公主只得听从安排，在昆莫的主持下，与其孙岑陬军须靡举行了婚礼。一年后，细君为岑陬生下一女，名少夫，后因为产后失调，加上心绪难平，不久便忧伤而死。昆莫病故后，军须靡继承王位，汉、乌两国友好绵延60余载。

人们没有忘记细君公主为了民族的团结、国家的安宁，做出的巨大贡献和牺牲。当地的工匠感于细君公主的乡思之情，在她手抚巨石的地方，摹刻了一个手印，被称为"灵璧手印"。

1000多年以后，元代钱塘诗人钱惟善路过灵璧，发现了这块连手腕的关节都栩栩如生的手印石，感慨万千，挥笔题诗《灵璧手印篇》纪其事，诗前序云："汉以江都王女细君嫁乌孙王，女过灵璧，尝扶于石，后人锲石为模，腕节分明，故述其事而为之辞。"诗云：

> 万里穷愁天一方，曾驻鸣镳倚灵璧。
>
> 灵璧亭亭立空雪，石痕不烂胭脂节。

钟馗的传说

耿瑞英

灵璧县城东关外有一个村子叫钟王庄，传说是打鬼英雄钟馗故里。

唐开元年间，钟王庄的南头有一户人家，主人叫钟光宗，40来岁，是位秀才，为人正直，乐善好施。妻子王氏贤淑端庄，持家有方。夫妻俩恩恩爱爱，和和美美，日子过得殷实富足，但美中不足的是，王氏不能生育，膝下尚无儿女。钟家已连续三代单传，眼看后继无人，夫妻俩着急万分。王氏多次劝丈夫纳丫鬟梅香为妾，生个一男半女，好续钟家香火，但钟光宗念夫妻情深，不愿纳妾。一天夜里，妻子做了个梦，梦到魁星下凡到家，说她将有一子。不久，王氏有喜，于次年五月初五端阳节生下一个男孩。为感谢魁星赐子之恩，夫妻俩给孩子取名钟馗，一是期望他将来能名中榜首，独占鳌头，光宗耀祖；二是取钟馗辟邪之意，希望他一生平安。

钟馗的降生，给钟家带来无尽的欢乐和幸福，钟光宗整天抱着、哄着、亲着，高兴得合不拢嘴。钟馗刚刚牙牙学语，他就开始教他认字、读书。钟馗聪慧过人，过目不忘，很小就会认很多字，背很多书。

天有不测风云，人有旦夕祸福。钟馗10岁那年，父母因病相继去世，剩下钟馗与5岁的小妹相依为命。因父母治病，家里欠了许多债，加上钟馗年小，不懂经营，从此，钟家家道中落。可他没有忘记父母的殷切希望，一边种地维持生计，一边刻苦读书。

时光如梭，一晃8个年头过去了，钟馗已成为一个风流倜傥、英俊潇洒、满腹经纶的少年郎。这一年他参加乡试，考取举人，被州县选送参加省试。知县亲自登门拜访，并给钟家挂匾旌表，还为其举办庆贺宴。一时间钟馗成了当地的明星。

第二年是大比之年，钟馗参加了进士考试。赴京路上，钟馗感染疾病，昏倒在一座庙里，醒来后变得豹头环眼，铁面虬髯，相貌奇丑。

考场上钟馗所作文章句句经典、字字珠玑，显露出经天纬地之才。主考官称其为奇才，取为第一名，并把他的才华禀奏玄宗皇帝。听到主考官对钟馗的极力夸赞，唐玄宗也迫不及待地在金銮殿召见钟馗。但他一看钟馗相貌丑陋，便将其状元资格取消。钟馗一听，怒发冲冠，撞向殿柱，气绝身亡。

唐玄宗见钟馗一怒之下撞柱而死，非常意外，也感到后悔和惋惜，命以状元之礼将钟馗厚葬。

自从钟馗死后，唐明皇一直惴惴不安。一天，睡梦中，突然头痛欲裂，看到一个衣衫褴褛、手握宝剑、相貌丑陋，但威风凛凛的人从天而降，在捉一只小鬼，吓得浑身哆嗦。那人说："我乃钟馗，听说宫内闹鬼，前来救驾。"说着把小鬼吃了。唐明皇仔细一看，正是钟馗，急忙认错，并封他为"疾恶状元，斩邪将军"。

唐明皇醒来后，病就好了，于是招来画圣吴道子，把梦中的钟馗画出来。吴道子奉召作画，立笔图讫，画出来的钟馗与唐明皇梦中的一模一样。唐明皇非常高兴，就把钟馗像悬挂宫中镇邪，并让吴道子另画一幅送到钟馗故里灵璧。

钟馗像送到灵璧后，钟馗后人和当地画家就临摹吴道子钟馗画样，用来驱鬼镇邪、迎祥纳福，因所绘钟馗最具道子原格，被称为"灵判"，附近的老百姓也来求购，灵璧因之成了远近闻名的钟馗画之乡。钟馗是灵璧人，这一说法也见诸文献当中。清初著名学者金埴在其所著《不下带编》中曾记载："钟（馗）乃灵璧人，至今后裔在焉，多以丹砂绘其祖像而货以资食。上有县篆者，尤灵应云。"

正气壮歌（组诗）

夏 歌

钟馗，是人是神，一方宝剑悬刃，虬髯逆风，威光四照，让世间鬼怪妖魔无处逃遁。好一位避邪镇妖大将军！生在灵璧，岂能没有灵性？你走出帝王一梦的同时，就走进了百姓万家。

——题记

钟馗忤帝

一腔义胆忠肝
撑起高昂的头颅，气节
站在皇殿和幽远传说的边缘

一声惊天巨响，愤怒的雄狮撞向石阶
用傲骨，为自己筑一座壮美的祭典

血凝固在青色石头上
绝望凝固在青色石头上
浩气和尊严凝固在青色石头上
隔着千年，沉重的大地依然感到
被一块纯金属撞击得震颤

白天遇到黑夜，昏庸朝代
君王以貌取人，南山魁首惨遭责贬

既然乱世无法容纳一颗骄傲的雄心
就让另一种生命在鬼怪参差中
绽放出鲜血和利刃的诗篇

雄魂不灭，钟馗虽死犹生
当利剑霍霍白光闪闪，钟馗豪气
仍像灵璧石，以撼动不了的力量，让古往今来
大鬼、小鬼、贪财受贿、买官卖官、假公济私鬼们
闻风丧胆

钟馗惩贪

贪，是另一种悬崖
它有绝壁，也有万丈深渊
那里的雨，那里的雾，那里的冰雹，那里一旦失足
就有可能被席卷，被吞噬进狂风和黑洞

钟馗利刃犹白光闪电

威猛似万丈雷霆，让贪心

腐恶、黑手、邪念、暴强找不到抓手的地方

落脚的地方，逗留的地方

任凭官场乌沙、铜臭像乌鸦

剑光指处，贪吏的羽毛便漫天飞舞，因为

钟馗的长剑是用正气，用国律，用最新型

的廉洁材料，拒腐材料、忧国爱民材料锻制而成

横眉斩尽天下贪官污吏

而钟馗就是传说中飞翔的灵魂和精神

在故乡灵璧，钟馗的思想

以锻造成闪电，梦想升华为风暴

呼啸在朗朗晴天

钟馗浩气

比钢铁更硬的是生命

比生命更硬的是死

比死更硬的是不屈的魂灵

当那真正的、最灼热的死亡来临

钟馗站在正义的岸边

高昂孤傲的头颅，宁折不弯

那天，河水为你围拢出温柔的波浪

太阳为你留下泪光闪闪

万民仰天长唉啊——钟馗，钟馗

从此历史打开浩气长风的字典

钟馗不是传说，是亘古大地上惊醒的马匹

追妖逐魔，驰骋万里神州

大丈夫虽臣服内心善良，温驯

但永远都不松开紧握利剑的铁腕

从人道到天道，馗公离真、善、美越走越近

正气一身，清风衣袖拂世间

钟馗醉酒

借一壶粗犷和豪放

壮英雄胆气，醉眼朦胧处

观众鬼丑态奸心，休说灵魂已酩酊

再喝千樽甘醇，酣时

挥动思想的利剑

舞它那怒目最敏锐的

锋芒。像霹雳和闪电

在群魔中寒光闪映

斩！

杀尽天下恶魔

时光之刃从来是愈挥愈自如，从容

然后，踩祥云，登泰峰

浪迹天涯

在一幅幅灵璧钟馗画里

抒写千古美德，奉献正义一生

钟馗"三破"

你是最贫穷的人
你是人世间的另一种骨头
衣破雄心在
帽破壮志存
靴破傲骨铮

一个人，一生困苦，一世潦倒，一无所有
但是，馗公
你从不打造虚饰光环

宁愿坦坦荡荡，怀揣天下之忧而忧
向历史证明——

你身躯的光彩直逼云霄
连日月都因之增辉因之光明
清清朗朗浩浩凛凛
正义与真理涤荡着五千年中华的
万里长空

钟馗会美

入污自清，你把自己紧紧扣押在风暴中心
任凭美女如蛇蝎，香粉飘逸
媚眼乱飞，美人计巧设，道道机关算尽
妖心作祟的隐身衣，却未能使你大乱方寸

一腔豪情壮英雄胆气

艳香难醉，纵使馗公侠骨柔情

亦无欺美之心。事实上

那是迷恋贪色藏险的试验场地

真正的勇士定会冲出那片迷离的海洋

狂乱的大风，河流般倾泻的暴雨

飘落的残红，笑里藏刀的奸计

丝毫不会削减馗公你君临天下的威仪

其实罡风来临，钟馗像一个王

从容地走出倾斜的屋顶，手持长剑

号令四方，迎霹雳风暴于广袤原野

你泰山般安坐帅营，用星子摆一盘棋

排兵布阵，手上端一杯

月光酿制的酒，在八面来风的间隙

安详地捻须、微笑、看猥琐的风暴

怎样暧昧地吹走，少女五彩的裙裾

钟馗漂泊

你这钟南山孕育出的英雄

酒和剑是你最佳组合，一生漂泊

在险山恶水荒野和传说的天空

曾经的状元魁首，却遭唐帝责贬

他传奇支撑的生命

竟挽留不住，寸草赤子忧怨的柔情

"踏荒纵是多凄凉，杀鬼自当无愧心"

两千多年，你都以钢铁姿态

行走山水浪迹天涯

降福、驱邪、杀魔、啖妖
三尺剑下难容贪赃枉法之情

哦，馗公
我想此生你已无所祈求
你已把自己还给了这个世界
把梦，还给了清风

钟馗伏虎

一道闪电，风生云起处
时光裹着杀气
咆哮的猛虎从铁血大地
冲向人间狰狞

虎背上，钟馗张开宇宙的声带
披散森林的长髯
鬼魅的脸颊上粗粝的目光炯炯

二杰同行。馗公
你有水的柔情也有山的秉性
你有善良胸怀也有疾恶如仇的豪情
你是灵璧南山孕育的硬汉子
你的怒吼使一切诡异胆战心惊

双威并逞。馗公
你是世间另一种骨头，坚硬，可碎裂
但绝不弯曲
你血肉之躯宁可交给火焰，也不留给蛆虫

你不朽的魂魄如旌旗

摇曳于大地，漫舞于天空

一身正气，两袖清风，杀妖降魔

八万里剑光劈开黎明

钟馗送子

赐喜千家，送子万户

你红色的袍子如一团吉庆的火光

从大森林深处，河流山川尽头，掠过

将新鲜生命悬浮于头顶

不要问你是谁

你就是生长在家乡大地上的神灵

放下肉体，用精神仗义执剑

抑恶扬善，乞祥求安的馗公

天上的云为你谱写神曲

地上的石为你撰写诗情

一支仙乐伴着麒麟送来福，送来喜

送来一轮新鲜的美梦

钟馗嫁妹

妹出嫁的时候

云要开，雾要散

馗哥呵，你要代替父亲行尊大礼

妹也心随母愿

妹的新郎有着明月之心，彩云之颜

妹出嫁的时候

天上星光灿灿，地上露珠闪闪

馗哥呵，你要选好良辰、美景

妹在轿中听百鸟畅欢

妹的新郎心性空灵，身体矫健

妹出嫁的时候

千村喜庆，万户笑颜

馗哥呵，你要身着红袍，腰佩宝剑

妹与杜平喜结良缘

妹的新郎就住杜家村，太阳升起的那边

妹出嫁的时候

烟花爆，唢呐吹

馗哥呵，你要威风凛凛陪在妹身边

你将妹终身托相知

妹的新郎胸怀广博，盛载着万水千山

妹出嫁的时候

头帕要美，嫁衣要鲜

馗哥呵，你要骑马走在队伍前

鸡叫头遍把妹背上大花轿

妹的新郎呵，正等待着揭盖头，看娇颜

注：钟馗，是人们心目中想象的人物，演义到唐朝，传说他是安徽灵璧人，才高八斗，考取进士。因相貌丑陋被唐玄宗弃之。馗觉不公，盛怒之下撞阶而死。后在唐明皇梦里杀鬼啖妖，驱邪斩魔，治好李隆基不愈之症，被封为"疾恶状元""驱邪将军"，唐帝随令吴道子依梦绘画，悬于寝宫，专事辟邪镇妖，以求平安。从此钟馗打鬼流传民间，成了人们心中刚正不阿、浩气凛然的精神偶像。

孟子晒书石的传说

晏金福

灵璧县高楼镇西15里处有一座山，名叫孟山。周围村庄都没有姓孟的，此山为何叫孟山？原来，这源于亚圣孟子。

春秋战国时期，孟山一带还是一片湖水。传说孟子外出游学，见这里空明百里、湖水清澈、波光潋滟、锦鳞嬉戏，便欣然泛舟，徜徉湖上。正当他陶醉于山水之间时，突然一片乌云飘来，顿时暴雨如注。孟子不仅人被淋成了落汤鸡，几只书篓来不及一一盖上，有两篓书简也没能幸免。这雨来得快，停得也快，一会儿又是艳阳高照。孟子看到不远处有一座小山，便令艄公将船驶往山边。船一靠岸，孟子就看到了一个奇特的现象，别处都是怪石嶙峋、灌木横生，唯独这里有一块平坦的巨石，面积大如厅堂。巨石边缘陡峭如削，船刚好可以靠到跟前。孟子刚才还十分懊恼，此时已喜形于色，高声道："天不负我！"

孟子和艄公将书篓轻松地抬下船，将书简摆在巨石上晾晒，偌大的巨石上摆满了书简。艄公见他有如此多书简，非常惊奇，便问："你是什么人，怎么有这么多书简？"孟子说："老夫姓孟名轲，就是靠读书教书吃饭的，没有书怎么行？"艄公不知孟轲为谁，回家后，便去问人，有人告诉他："这人可不得了，学问大着呢。"孟子在此晒书的事，一传十、十传百，迅速传开了。从此，人们就把这座山叫作孟山，这一带的湖叫孟山湖。

后来，湖水退去，那块晒书石已处于半山腰里。

20世纪70年代中后期，孟山脚下先后办起了石灰厂和水泥厂，开山采石给这块晒书石带来了厄运。我当时在高楼中学任教，每次回家都要路过那儿，开头还能看到那块巨石的身影，可是在隆隆的炮声中，那块巨石很快就粉身碎骨，变成了水泥或石灰。人们再去找它，只能站在原址前，发挥想象了。

韩信点将台的故事

许 建

灵璧县韦集镇垓下古战场范围内有个村子叫金银山村。金银山村过去叫丁谷眼,村边有两座高高的土堆,一座叫金山,一座叫银山,传说是"韩信点将台"。

垓下之战,韩信带领将士与楚军交战。苦战一场,楚军不敌,败退回营,汉军也死伤不少人,于是韩信整顿兵马返回大本营。当行至金银山附近时,忽有后军来报,说有楚军骑兵追来。只见远方尘土飞扬,杀声震天。汉军本来已十分疲惫,队伍大乱。韩信兵马到坡顶,见来敌不足五百骑,便急速点兵迎敌。他命令士兵3人、5人、7人排成纵队,点齐兵马,便胸有成竹,向将士们高声宣布:"我军有1000多名勇士,敌人不足500人,我们居高临下,以众击寡,一定能打败敌人。"汉军本来就信服自己的统帅,这一来更相信韩信是"神机妙算",于是士气大振。一时间旌旗摇动,鼓声喧天,汉军士兵高喊"人心皆背楚,天下已属刘。韩信屯垓下,要斩霸王头",并且步步紧逼,楚军乱作一团。交战不久,楚军大败而逃。

后来,金银山就叫"韩信点将台"。如今这历尽沧桑的古战场,每年都吸引着万千游人来此凭吊。

开合山的传说

耿瑞英

灵璧县浍沟镇境内,有一座小山叫开合山。传说很久很久以前,山下住着一位60多岁的老太太。老太太有两个二子,大儿子憨厚本分、勤劳能干,已娶妻生子,分开另过。二儿子游手好闲、好吃懒做,30多岁仍是光棍一条,和母亲生活在一起,靠母亲种几亩薄地养活。

一年春天,老太太种了一片黄瓜。瓜长得绿油油、脆生生,煞是喜人。其中有一条黄瓜长得特别大,足有二三尺长,而且青翠不老。老太太总觉得很奇怪,自打记事,也没见过这么大的黄瓜。她想摘下来吃,可又舍不得,心想等它长老了就作为种子来年再种,就可以全部结出这么大的黄瓜了。老太太想着就拉下瓜叶把它盖上,生怕被别人看到摘去。从那以后,她没事就到瓜田看看,盼着它快点长老结种。

一天,老太太正在瓜田劳作,忽然刮来一阵旋风,还没等她反应过来,就见随风落下一位白发苍苍的老头。老太太很诧异,问道:"没摔着吧,您从哪里来啊?"白发老头笑呵呵地说:"没有,没有,我从很远的地方来,我看到你园里有一条大黄瓜,口渴了,能摘下来给我解解渴吗?"老太太一听,心里一咯噔,心想:"他怎么知道园里有一条大黄瓜,难道他是神仙?不可能,也许他是随便说说。"想到这,她笑笑说:"可以!"说着摘下一条比较大的黄瓜递给老头。老头摇摇了头,说:"不是这一条,我想吃那一条。"说着用手指了指瓜叶下面的大黄瓜,接着又走到了那条黄瓜跟前,说:"就是这一条!"老太太知道瞒不住了,横下心一想,不就是一条黄瓜吗,人家一把年纪了,被这么大的风刮来,能捡到一条命已经不容易了,怎好拒绝!于是说:"我眼花了,没看到,您就摘下来吃吧。"

白发老头一听老太太答应了,暗暗地笑了笑,转过身对老太太说:"大妹子,实话告诉你,这条黄瓜是我丢下的种子长出来的,我看你这么辛苦,想帮帮你,等到这条黄瓜长到第一百天的午时,你摘下它,拿去开后边的山。山开开之后,里面有一匹金马驹拉着金磨在磨金豆子。你用布把金马驹的眼睛蒙上,它就停下来,这笔财宝就是你的了。千万记住,不能让别人知道!"说完转眼不见了。

老太太揉揉眼睛,一脸疑惑,以为自己在做梦,但看看地下还有那老头留下的脚印,她确信自己遇到了神仙,于是更加用心地守护着那片黄瓜。

可是路上说话,草丛里有人听。听到那个秘密的还有老太太的小儿子。那时他正在树下闲躺着,正好听到了母亲和那老头的对话,于是一骨碌爬起来,想去看看究竟，又想不行，不能让那老头知道我也听到了黄瓜的秘密，我要装作什么也不知道，到时候直接摘下黄瓜去开山，那财宝不就是我的了吗！于是他又躺下继续装睡。

从那以后，老二再也不去赌博、喝酒、闲逛，而是天天陪着母亲守护着那片黄瓜地，对母亲也比以前孝顺多了。老太太看到儿子的转变打心眼里高兴。她想等得到那笔财宝，就给老大老二一人一半，和和美美地过日子，该有多好。想到这里，她有好几次差点把秘密说出来，但想到老头的嘱咐，又忍住了。

二儿子那天并没有听完整老头的话，他只听到第一百天摘下黄瓜，但没听到是午时。因他求财心切，到了第一百天，天刚蒙蒙亮，他就急不可待地跑到瓜园，摘下了那条黄瓜朝山上跑去。

到了山前，二儿子见有一个山缝，正好可插进黄瓜，他就把黄瓜放进去，心"怦怦"直跳，两眼直盯着山缝。慢慢地，山门开开了，里面果真有一匹金马驹在拉着金磨磨金豆子。"啊！"他一脸惊诧，两眼放光，双手伸进去就抓金豆子，可金马驹一直不停，他怎么也抓不着，还差点把手打伤。于是他拿出准备好的布把金马驹的眼睛蒙上，金马驹立刻停了下来。他刚想伸手去取财宝，突然一阵大风吹来，把他和黄瓜都吹出很远。等他站稳脚跟看那山洞，那山洞已经合上了。

老二非常懊恼，垂头丧气地回家倒头就睡，几天不吃不喝。老太太不见了黄瓜已是非常伤心，又见小儿子病倒在床，更是心急如焚，怎么就祸不单行呢！她一下子老了许多。可怜天下父母心！老太太虽心里难过，可还是每天做着可口的饭菜给儿子吃，可儿子就是滴水不进。眼见老二命悬一线，老太太也毫无办法，只好听天由命，让老大帮着准备后事，可突然听到老二喊道："娘，我饿！"

老太太一听非常惊喜，立马端来半碗面汤给老二喝。老二一口气喝完还要喝，老太太马上说："不行，不行！几天没吃东西了，不能喝这么多，肚子会受不了的，等一等再喝。"

老二喝下面汤后气色渐渐好转起来，他忙下床跪在老太太面前，承认了自己所犯下的错，请求母亲原谅。

老太太听二儿子这么一说，知道了原委，虽然很生气，但看到二儿子已经缓过神来，就说："儿子，那些都是身外之物，没了就没了，本来就不是我们的，就当是上天来考验我们的，只要你好起来，好好过日子，比什么都好！"

"娘，我刚做了一个梦，那个白发老头对我说，那些宝物都是给母亲的，我不该有贪念，还说让我用那个黄瓜的种子种黄瓜，就会有好收成，而且每年都会有一条大黄瓜。只要我好好种地，孝顺母亲，尊敬兄长，帮助乡邻，大黄瓜里就会结出一粒金豆子。娘，我现在就去种黄瓜！"说着，就要下床。

老太太忙把他按下，说："现在不是种黄瓜的季节，等到来年春天再去种。而且，我们也不要什么金子，你能改好，就是最好的金子。"

"娘，以前儿子不懂事，老惹您生气，从今往后我一定跟大哥一样，不再让您吃苦、操心了！"

老太太一听，高兴得热泪盈眶，点着头说："嗯，嗯！看来那白发老头已经把最好的金子给我了。"

从那以后，老二一改前非，像是完全变了一个人，勤俭持家，吃苦耐劳，种的黄瓜又大又甜，人们都喜爱吃。不久他就成了远近闻名的"黄瓜大王"，日子过得红红火火。

从此那座山就叫开合山。

九顶山的传说

耿瑞英

朱元璋带领的农民军于 1368 年以摧枯拉朽之势横扫元军残部，攻下了大都北京，灭了元朝。准备建都时，朱元璋让刘伯温占卜。刘伯温上知天文、下识地理、深谙八卦、精通风水，还能呼风唤雨，撒豆成兵，是个半人半神的奇人。

刘伯温占卜发现，灵璧县九顶山是个好地方。因为九顶山是块圈地，朱洪武姓朱（猪），猪进圈，就是他的天下了，且九者，久矣，可保朱家祖祖辈辈永坐江山，再也不会改朝换代了。于是朱元璋派勘察官员到九顶山勘察。勘察官员到了九顶山，根据地形，在山下开挖了一条河，命名为"京渠"。勘察情况上奏后，朱元璋就与刘伯温一起到了九顶山，一看这个地方山清水秀，龙颜大悦："好，好，果然是个好地方！"一位农民以为朱元璋又要大兴土木，建造宫殿，干劳民伤财之事，就产生了强烈的不满情绪，随口唱道："朱大麻子，放牛娃子，当了皇帝，重八（朱元璋乳名）忘了姓啥子。"随从都为这个农民捏了一把汗。如此出言不逊，当面揭皇上的短，不灭九族，也一定会治重罪。可是朱元璋听到后，叹口气，很可惜地说："灵璧乃刁民之地也，不宜在此建都。"他觉得这里的百姓对他小时候的事一清二楚，那他还有什么威严。可是又舍不得这块风水宝地，怎么办呢？他想问刘伯温，可一转身，却不见了刘伯温的踪影。"这个老先生，又跑哪去了？"刘伯温作为谋士，在朱元璋夺得天下的许多关键时刻都发挥过重要作用，空闲时，又跟朱元璋讲些古人为帝之道，朱元璋每次都是洗耳恭听，常常叫他为"老先生"而不直呼其名。"皇上，我在这里！"刘伯温听到皇上叫他，答道。朱元璋循声望去，只见刘伯温正坐在一片荷叶上，从水面上缓缓漂来。"老先生，你又在捣鼓什么？""皇上，你看我快快活活的，像什么？"刘伯温问道。原来他帮朱元璋打下江山后，想讨个封赏。讨个什么封呢？锦衣玉食他不缺，高官厚禄他不要，他想当个神仙，长生不老。皇帝金口玉言，说话算话，皇上只要说像个神仙，刘伯温就能成神仙。但不好直接讨要，到了九顶山，他突然想到这个点子，心想皇上会脱口而出："像个神仙！"不知是朱元璋知道他的意思，有意不说，还是心情不好，说："像个老苦鬼！"刘伯温一听生了气，心想，我为你朱家立下汗马功劳，连个好的封赏都不给，让我当老苦鬼，好吧，你不仁，别怪我不义。"什么事，皇上？"刘伯温上岸后问。"是不是还有更好的地方可以建都？"刘伯温一听，心中暗喜。眼前的地方就是最好的，可保他朱元璋子子孙孙永坐江山。可他却说："这个地方就是块宝地，但再稍微往南挪个地方就更好了。""挪到哪里？快说！"朱元璋急忙问。"你数山，数到第九个山，在山上往南射箭，箭落到什么地方，你就在那个地方建都。"朱元璋听了，似信非信，一箭射出能有多远呢？但刘伯温料事如神，又不得不信。于是他端起弓，用力朝南一射，只听

"嗖"的一声，箭飞了出去。朱元璋派人跟着箭头，看落在哪里。谁知，半空飞来个老鹰，伸嘴把箭叼走了。朱元璋和随从都看傻了眼，心想这老鹰会把箭叼到哪里呢？只有刘伯温微笑着，说："皇上，你是真命天子，连天上的神鹰都来助你一臂之力。"朱元璋一听高兴得直点头。他哪里知道军师会坑他，明明九顶山风水最好，偏偏让他定都别处，而都城离九顶山越远，朝代越短。刘伯温的一箭之地太大了，那老鹰一直飞到南京城才把箭丢下。所以，明朝建都南京，只有 200 多年。

姚山的传说

胡雪珍

姚山，原名塔山。我是怀着强烈的好奇心走进这个充满故事的地方的。姚山到底是什么样的山，姚山传说的依据是什么，刘伯温率领 20 万大军打的那场大战是和谁打的，那座普济庙又是为谁而建？

明初，丞相刘伯温曾来到姚山，感觉这是一块风水宝地，以后肯定人才辈出。山前庄能出十二员大将，山后庄该出十二员先行官。于是刘伯温就在山的四周建了七十二座石灰窑。古人云"窑烧十里寒"，山前山后的二十四员大将就变成了二十四个烧瓦罐的窑匠了。刘伯温又四处化缘，建成普济禅寺，亲书佛祖之语：多积功德，多行善事，儿孙福地，积德传儿孙，行善养自身，功德为先，人者仁也。他把古历二月二十九和六月十九两天定为姚山庙会。每年这两天到庙里烧香许愿的人络绎不绝，庙里庙外人山人海。

普济禅寺的门口有一块三百多平方米的平坦大石头，远处烧香的村民走不了，晚上就在此休息，逢庙会唱大戏，戏台就搭在此处，传说刘伯温也在此讲过道。

传说北国进攻中原，刘伯温率领 20 万大军与敌人交战，大小战斗打了 20

多仗，最后刘伯温大获全胜。北国的一个将军战死，他的战马驮着他，向东南方向狂奔而去，战马的链子在跑过的地方拉出来一条又深又长的沟，人们给那沟起了一个名字叫马链沟……

有一天，皇帝坐在金銮殿向南眺望，发现正南方有座山，非常高大。便命一员大将去寻，大将行了千余里路，也没有找到皇帝要找的山，回京交旨，说没找到。皇上大怒："我在金銮殿都看得见的大山，你却找不到，推出午门斩了。"又派一员大将去也没找到。第三员大将打马行了两千多里地，还是没找到。他来到齐眉山上休息，把脚一跺："回去又是个死，不如说这山就是。"他跺脚的地方足有四指深的石坑……

听着几位老人一个故事一个故事娓娓道来，我已经急不可待地要去看看这些古迹，爬爬那齐眉山，我要爬到山顶去，虽然我穿着高跟鞋，也要试一试。去那300多平方米的平坦大石头上打个盹，摸摸那古庙宇的门框子，去烧个香拜一拜。再去看看那马链子拉出来的沟有多宽多深，我能不能跨过去。

可是这块土地在多年的岁月中，经历了各种劫难。这些遗迹已很难探寻。我还是想去看看山，于是村里的戴书记陪着我们来到了姚山。海拔没有超过30米，方圆最多200米，一个月牙形的小水潭出来了，水是清澈的，被周围的树和草映成碧绿碧绿的。水潭中央有一个小岛，浓郁茂盛的草丛中，突兀地矗立着一块像从水中托举出来的小山。那山好像是一片片薄薄的石头片叠加而成，足有三四米高。山形好像一头期待着什么的小牛。我顺着小牛的目光寻找着，看到一座小山直直地矗立在另一个小岛上，那山像一位焦急的母牛，用担忧的眼神回望着这小牛，活灵活现，栩栩如生。这块土地上，究竟发生过多少美丽动人的故事，大自然又留下了多少神奇的秘密，等待着我们去探索和发现。

乡村的发展日新月异，曾经的山，曾经的故事都被时间植入了岁月的底层。一个有历史有故事有文化底蕴的小乡村，田地整齐划一，水泥路延伸到每家每户的门口，路边种着各种花儿，二层小洋楼随处可见。村里已经着手开始在姚山上复建普济公园，让我们了解并记住这些历史，感恩这个时代，不忘初心，砥砺前行。

杨山的传说

吕允峰

在灵璧城北郊有三座相连的山，西面是高约 90 米的馍馍山，北交的是东山（董山），东连的叫杨山，。

馍馍山是军管区，树木葱翠，形似馒头。现在的杨山已挖空，南坡是墓园。杨山的名气缘于正南坡的一块青石。这石头南北长 5 米，东西宽 2 米，高出地面 0.5 米，春夏草莽覆其身，秋冬暖阳晒其肤。奇特的是青石中间有一凹槽，仿佛人体侧卧印痕。卧痕长 2 米有余，宽 0.6 米，如人枕山而卧，头方、颈圆、臀厚、腿屈，一个大力士的睡姿活龙活现，当地人都称它"卧神槽"。

我家住杨山南坡吕巷庄，有族坟在此。幼时跟大人上山，常和小伙伴坐在青石上，有时还卧在石槽里。有一次大人发现了，急匆匆跑来，大吼："出来，这是你睡的地方吗？"接着薅一把干草，跪在石槽下焚烧祷告："恕罪啊，恕罪！小孩无知，得罪二爷！"

这个二爷就是"杨山传说"中担山撵太阳的杨二郎。远古时，天上有 10 个太阳，晒得大地枯焦。杨二郎担山撵太阳，决心把多余的太阳压在山底下。担到此处，放担休息，一觉醒来，山却沉到地里，担不动了。他担的两座山就是现在的三注山和杨山，他的干粮就变成了馍馍山，他睡过的那块青石，就是后来的"卧神槽"。

2015 年，虞姬大道北延，杨山南侧的"卧神槽"被开掉了。这块神石虽然不在了，但"杨山传说"中的二郎神与天奋斗其乐无穷的精神，仍激励着世人。

小白龙探母的传说

高西梅

老潍河河畔

古老的传说

凝成一种信念

小白龙探母

裹挟疾风暴雨

让草垛飞上苍天

让洪流灌溉万亩良田

陈宅村后边

小白龙探母的坟茔

芳草萋萋　硕大壮观

墓碑前的香火

诠释遥远之后的祭奠

潍河水边生长的民间传说

似真似幻

小白龙的母亲叫翠娥也叫雨英

那时一定有位女子

未婚孕育婴儿

生育时命赴黄泉

雨英慈父陈尔善

施粥放粮扶危济困

他唯一的女儿

美丽又善良

怎么可以违逆众人的愿望

用生命为爱情绝唱

她一定是误喝了含有龙籽的屋檐水

孕育的孩子幻化为小白龙

一飞冲天

干旱炙烤田野　禾苗焦渴

那个一飞冲天的孩子

裹风挟雨

年年回乡祭奠母亲

人们没有忘记

雨英殒命于久旱之后

大雨滂沱的夜晚

小白龙探母的孝心

带来了甘霖

带来了田野丰收的秋天

许仙指的传说

许明坤

　　灵璧县朱集乡西边有个湖泊，名叫老汪湖。早年它芦苇丛生，遍生莲茨。新中国成立后加强水利建设，这个湖成了蓄洪湖。老汪湖在变迁中留下了许多传说，靠近湖的防洪堤边上许家庄是我的家乡，在这个不大的村庄里就有个神医的故事。1965 年前，庄西北角有一座五层古塔，葫芦头塔顶，一二层为圆形，三层为四棱形，四五层为八菱形。听老人说那塔四层的墙面上刻有八首诗，还依稀可辨的是"闲问人间几洞天，苍藤古柏不记年。仙人赐指华山去，应贞百岁把神念"几句，五层八面刻有八仙图像，被誉为一代神医的许应贞先生就葬于塔前。现在塔的遗迹无存，可神医的故事流传至今。

许应贞原是当地一位名医，百姓都慕名找他求医问诊，无论什么疑难杂症，他都能手到病除。他为人忠厚，乐行善事，给穷人治病，分文不收，深受人们爱戴。清康熙年间，当地瘟疫爆发，许多人因此命丧黄泉，许先生试尽所有药方，都未能奏效。为此他寝食难安，多方寻求良药。

一天早上，许先生驾船到老汪湖里采药，忽然听见有两人在说："这一带疫情如此严重，咱们帮一把吧！"许应贞一听，马上拍头寻找说话人，却不见人影。这时，又听一人说道："今天是三月二十八，清湖集逢会，咱俩先去那里再说。"许应贞听后一个激灵，环顾四周，在这雾气蒙蒙的湖上不见人影怎会有人说话呢？细细听来原来是风吹发出沙沙的声响，他关心黎民疾苦，求药心切，疑将风声听为仙人点化。他想既然是风传信息去集上，而且那个清湖集分明就在八里之遥（解放初期称灵璧县清泉多，著名书法家李百忍大师的故乡，现隶属通桥区），未免不是明示？于是许应贞先生拨正船头，面迎西北风，双手荡桨直奔古会而去。

清湖集是个近山傍水的大集，每逢古会，商贾云集，四面八方的客商都来做买卖。许多民间艺人也来要把式卖艺，今年古会因为瘟疫流行，人少了许多，生意凋零。许应先生不受心中惆怅，然而求道心切的他忘记饥寒，四处寻访高人。正当他左右看时，只见徐州府方向来了两位道人。许应贞看两位道人仙风道骨，猜测他们乃不凡之人，便主动邀约二人小酌。行色匆匆的两位道人并不客气，席间二位就提及了瘟疫防治之法。许应贞先生听了，激动地参加了讨论，虚心地向他们讨教起来。有一位道人传授许应贞人体十二经络循行时辰，比如卯时，手阳明大肠经当令，掐合谷，点迎香以促排便。当然晨起需要活动四肢筋骨，体健则病不侵。另一位道长授他温补之术，取老汪湖陈年芦根一截，捣碎山姜熬汁以清热泻火（由于三百余载口耳相传，偏方遗失在所难免，否则恐是治疗瘟疫的良方）。

传说毕竟是传说，有的还神乎其神说那天许应贞回到家里，见老母亲躺在地上昏迷不醒，用手摸了摸母亲的额头，热得烫手。急忙把母亲抱到床上，转身就去煎药。药还在煎着，就见母亲已经走了过来，问道："儿啊，你给我用了什么灵丹妙药？"打那以后，许应贞只是用手指摸了摸病人，还未来得及开药方，病人就好了云云。"许仙指"声名大振，成为远近闻名的神医。还有一个版本是许先生得高人指点，开悟极深。运用人体经络穴位，行推拿点穴之功为人解疾。他积极组织村民强身健体，开展气功培训，合理辨证用药致使瘟疫消遁。如今修族谱多是美誉祖先以耀族光，而我相信第二个版本。许应贞先生秉承"宁肯药架生尘，但愿世人无疾"的理念，积德行善，深受一方爱戴。许老活到一百多岁，身后，人们为他修了这座纪念塔，并按生前遗愿，将他的遗体缸葬于塔前，让他再闻老汪湖清风，再悟济世救民良方。

旱船舞

尹凌潇

旱船舞，是一种模拟水中行船的民间舞蹈。

灵璧上古时代是一片众水所归的泽国。清康熙《灵璧县志》记载：禹时，磬石山北距泗水四十里，山周多沼泽，洪水环绕，如浮水面，故称"泗滨浮磬"。岁月更迭，沧海变桑田，而灵璧地势低洼，加上黄河数次夺汴入海，这里常常发生水患，给百姓带来了严重的灾难，人们出行多靠乘船。最早的旱船舞多表现黄河泛滥，百姓流离失所，过着漂泊无定的生活情形，发展至今则以娱乐为主，多表现喜庆、欢乐的场景。逢年过节，灵璧境内各地都流行这种民间舞蹈。

旱船用竹木制作船的模型，用白布围裹，画上舢板和水浪，船舱为楼形，用红绸、纸花、彩灯、流苏装饰得五彩缤纷。

旱船舞表演一般有二至四人，由一女演员（或男扮女装）扮作乘船者（也有多人乘用一只船的），一丑角扮作"水手"。跑船时，"水手"在前头做出撑篙或划桨等各种各样的动作。而乘船者在表演中，往往是走快速碎步，使船身保持平稳的状态前进，犹如船在水面上漂动，形象地塑造出水面行船的情景。表演中演员边舞蹈边演唱。舞蹈着重于模拟，动作有逆水、搁浅、推舟、旋风等。说唱内容以逗趣为主，滑稽传神。

跑"旱船"时，使用的伴奏乐器有锣、鼓、钹、唢呐、笙、二胡、三弦等，气氛热烈，情绪活跃，具有浓郁的淮北平原地方风情。

花车舞

尹凌潇

灵璧花车舞，又称推花车，是一种传统的民间舞蹈，主要在春会、灯会、庙会等大型民俗活动中表演，增添喜庆气氛。

据民间传说，花车是从独轮车演变而来。独轮车是过去人们生产、生活中重要的运输工具，种田、赶集、走亲戚、逃荒、经商，乃至战争时运送军粮都离不开它。用来载人时，用花布搭起凉篷，车盘上铺垫草席。推车人推车时灵活机敏，就像俗语所说，推土车不用学，只要屁股磨得活，后来由此演变成集舞蹈、音乐、说唱、曲艺、戏曲为一体的花车舞。

花车用竹木制作，车四周用白布围裹，两侧画上车轮，车身呈环形，并用鲜花装饰。表演时花车在欢快激扬的锣鼓声中出场，表演者通常三至五人，其中一人推车，一人拉车，一人乘车，另有二人伴车。推车者和拉车者多为男性，乘车和伴车者多为女性。推车和拉车者多为丑角，造型滑稽，表演诙谐，表情夸张，采用的对白都是灵璧地方俚语，引人发笑，表演中配以群唱，采用地方小调，给人以强烈的动感。

灵璧传统花车造型别致，装饰精美，具有极强的观赏性。舞蹈动作有圆场、拜四门、穿古字、踩鼓点、三角步、梅花步、十字步、凤凰三点头、耍踩伞、上滑步、下滑步、翻山越沟、快行等。表演注重套路、形态、人物角色与花车的巧妙结合。表演中，演员紧随花车做出推拉拽坐、辗转腾挪、翻跑跳叉、扭捏胯胳等技巧动作。唱词内容多是表现民间恋情，歌颂太平盛世，劝人向善，祝愿美好生活等。情节热烈、滑稽，具有浓郁的民间生活气息，体现了劳动人民的乐观精神。同时灵璧花车又象征着喜庆吉祥，民间有"花车报喜"的说法。

灵璧高跷

耿瑞英

踩高跷，是舞蹈者脚上绑着长木跷进行表演的民间艺术，在灵璧长期流行，是当地群众喜闻乐见的民间舞蹈之一。

高跷采用圆木制作，下圆上扁，中间有一跷踏，两个为一副，高约 0.6 米，也可根据要求而定。踏脚板宽为 0.1 米，离地面高度根据高矮跷表演需要确定。

表演时，舞者扮成各种人物，手持道具，双脚踩着木跷，以跷代足，在锣鼓声中直立起舞，不断变换队形，善踩者行走自如，能做跌扑、翻滚、扑蝴蝶等动作，技艺精绝。有的表演者根据故事情节，或跌叉、或翻筋斗、或作蜻蜓点水状、或开打，称之"武踩"；技艺一般者只随表演队伍舞蹈，称之为"文踩"。高跷队一般有二三十人组成，多者达四五十人。表演者通常扮成一组或几组神话、戏曲中的人物，如《西游记》《八仙过海》《打渔杀家》《刘海砍樵》等，也有根据灵璧民间传说内容改编的，如《钟馗嫁妹》《水母娘娘沉泗州》《小白龙探母》等，还有的以秧歌为主，常见的有《捕蝴蝶》《背老婆》《大铜缸》等。高跷舞讲究队形变化，基本形式有《踏街》《叉花》《一条龙》《剪子股》《大八字》《麒麟送子》。伴奏乐器多为锣、鼓、铙、钹、二胡、琵琶、竹笛、笙、唢呐等。

高跷舞技巧性强，有时还与说、唱艺术结合，有说唱、相声、小品、泗州戏，形式多样，生动活泼。由于演员踩跷比一般观众高，便于远近观赏，如同流动的舞台表演，因此备受群众喜爱。

灵璧杂技

赵树琴　石亚萍　王　虎

清末至民国时期，杂技表演在灵璧民间广泛流行，是贫苦农民外出谋生的手段之一。表演的项目有杂技、马戏、武术、动物表演、飞车走壁等，蕴育了许多身怀绝技的艺人。民国期间，灵城西关刘铁头一家演出的"上刀山"最出名。新中国成立后，政府成立了灵璧杂技团，将街头卖艺的杂技搬上了舞台，民间杂技有了长足的发展。1959年安徽首届杂技会演，灵璧选送的"蹬椅双飞燕"获得了极大的好评。20世纪60年代初曾在省委礼堂向省政府做汇报演出，后演员合并到省杂技团。70年代初，魏纯清和杂技老艺人发起成立了有25人组成的灵璧县实验杂技队。80年代初，以家庭为基础，自由结合，先后成立了以魏纯清、胡昌岐、李新泽、朱本明、戈德明、王庆高、刘銮欣、孙朝宗等为团长的25个民间杂技团，杂技演出非常兴盛。

灵璧杂技运用生活用具和劳动工具为道具，富于生活气息，如打碗、含花、晃板车技、顶大桌、滚桶、杂耍等，这些平凡东西，在杂技艺人手里，变幻多端，显示了灵璧杂技与劳动生活的紧密关系。

柔美是灵璧杂技的又一特色，以《柔术滚灯》为代表，通过人体的特殊训练，以团缩、折叠为主。朱集的张九妹顶着6盏灯做各种高难动作，充分展示人体线条柔初动态的美感。

灵璧杂技源于生活，从生产劳动、民俗活动和生活实践中发现、提炼加工，具有广泛的群众性。如杂技节目中的《杂耍》《传草帽》等，刻画了灵璧人民的勤劳与智慧。

土琵琶

张俊峰　张玉民　杜　蕊　谢肃鸿

土琵琶又称柳琴，是典型的琵琶类弹拨乐器，外形及构造与琵琶相似，但比琵琶要小，通体长约65厘米，用柳木制作，四弦，形如柳叶，故又名柳叶琴。演奏方法与琵琶类似，只是右手用拨片弹奏。

发音响亮宏大，音色高亢刚劲，富有浓郁的乡土气息。

土琵琶是泗州戏的主奏乐器，流行于皖北、苏北、鲁南一带。据史料记载，在清乾隆年间，泗州地区流传着一种初具形态的民间戏曲——"拉魂腔"，土琵琶即是这种民间戏曲的伴奏乐器，以其音色高亢、粗犷，在一定程度上丰富了戏曲的表现力和感染力。在泗州戏形成之后相当长的一个时期，土琵琶一直作为它的主要伴奏乐器，在泗州戏的形成和发展完善过程有着不可替代的作用。

1962年春，灵璧泗州戏剧团在合肥稻香楼宾馆为来安徽视察工作的刘伯承元帅专场演出了《井台会》《买甜瓜》《走娘家》。琴师张良谋操土琵琶担任乐队主伴奏，并和剧组全体人员受到刘伯承元帅和安徽省委书记李葆华、省长黄岩的亲切接见。

目前，本县境内还有部分人可以娴熟地弹奏土琵琶，张良谋侄子张俊峰，任职于省泗州戏剧院，传承了土琵琶的制作及弹奏技艺。

晏湾的十番锣鼓

晏金福

时值1953年农历正月十五元宵节。一大早我就起来了，急急忙忙地吃着母亲用黏秫秫面擀皮、白芋糖做馅的汤圆。吃着吃着，忽然屋后传来了锣鼓声。顿时，我的心就毛了，也不管汤圆烫不烫了，把剩下的两个汤圆一股脑儿扒进嘴里，筷子一扔，出门就跑。

我一口气跑到俺庄最热闹的地方——大门底，这里已经聚集了不少人，锣鼓班子正在排练十番锣鼓。俺庄的锣鼓可是十分有名的，"晏湾的锣鼓渔沟的龙，××玩的死长虫。"这可是咱们这儿老百姓的口头禅。这里的××我就不点名了，说出来得罪人，反正大家都知道。俺庄的锣鼓之所以出名，主要是因为它不是一个节奏，而是有十番。而且循序渐进，一番比一番复杂，即使是经常配合的几个人，到后面几番，也常常出错。

我到跟前，正在演奏第五番。别地方的锣鼓多由鼓手指挥，俺庄却是由锡锣（俗称小锡子）指挥。一般的锡锣是两面，系在锣架上，形似眼镜，用小锣锤敲击，俺庄的又不同。俺庄的小锡锣只有一面，用左手食指挑着，其余四指配合，敲击用的是小锣尺。第五番的节奏是"尺当尺嘚尺咚哐——哐哐依哐哐哐哐"。这番的后半部分没有丝毫难度，难的是前半部分。这里的"尺"是指挥锡锣，"当"是小锣，"嘚"是钹（俗称小镲子），"咚"是鼓，"哐"是大锣。司锡锣的是我本庄的叔叔晏民东，司鼓的是民东叔的胞兄晏东修，司大锣的是我父亲，还有几位叔叔司小锣和铙、钹。只见民东叔每敲一下锡锣，就用锣尺依次指一下该敲击的乐手。可是，由于紧张，有的乐手不是快了，就是慢了。不是鼓手错了，就是锣手、钹手错了。终于全对了，大家登时松了一口气，进入正常节奏，开始过渡到下一番。

忽然，人声轰动了，原来花挑子、旱船来到了。于是锣鼓声停了，大家准备列队去渔沟辉山庙会上去表演。哎呀，忘了说了，俺庄还有一件独特的乐器——鸣嘟尖。这件乐器长有一庹，类似于西洋乐器里的长号。可是它不能演奏完整的乐曲，只能吹奏"呜嘟嘟——嘟"这一简单的乐调，而声音又比较尖，这可能就是它得名的由来吧。这乐器只有肺活量特别大的人才能吹响，而一吹起来，就声震长空，响彻里许。所以，远远地，只要听到呜嘟尖的声音，人们就知道是晏湾的演出队来了。

一切准备就绪，于是，前面嘹亮的"呜嘟嘟——嘟"打头，铿锵的锣鼓紧随，接着花挑子、旱船，后面簇拥着大队看热闹的人群，浩浩荡荡地向渔沟开去。

灵璧梆子戏

孙淮滨

梆子戏又称"大戏"，因唱腔多用梆子击拍而得名。灵璧县地近山东、河南，两省梆子戏艺人经常来县内演出，那粗犷高昂的唱腔深为人们喜爱。清末，本县有人投师豫、鲁学艺，出师后便拼成班社，同台演出。为迎合本地听众口味，他们又吸收了当地民歌及曲艺唱腔，年深日久，形成了当地梆剧的独有风格。因唱腔高亢，本地又称之为"高梆子"。民国年间，冯庙的梆子演员岳德胜被誉为"盖三县"，其子岳希才深得家传，兼演生、旦和红头，文唱武打，无所不精，在省内外均负盛名。此外，冯庙的刘万金、渔沟的张子俊、双沟的赵璧、尹集的唐济功等都非常著名。

20世纪30年代，灵璧的梆子戏"全福班"主要活动在津浦铁路的徐州至蚌埠段。解放战争时期，经常在固镇一带演出。1954年更名为灵璧县梆子戏剧团，隶属县文教科。1956年，先后在河南商丘、开封等地招收青年学员30名。1957年春节在河南洛阳市演出《八魔炼济公》、秋季在山东郯城县演出《红楼梦》，均受到赞誉。翌年7月转为国营剧团。1962年，宿县地区戏剧会演结束后，与省梆剧团合并，定名为宿县地区梆剧团。经常演出的剧目有《对花枪》《三上轿》《地塘板》《提寇》《铡美案》《十二寡妇征西》。

梆子戏唱腔，男声高亢激越，女声活泼跳荡，擅长表现喜剧风格的剧目。豫西调因遗留了部分秦腔的韵味，男声苍凉悲壮，女声低回婉转，擅长表现悲剧风格的剧目。在传统演唱中多用假嗓（二本腔），声音高细，花腔较多，具有激昂、豪放、明朗、花俏的特点。

伴奏乐器以板胡为主，配以唢呐、笙、笛、二胡、琵琶、扬琴及全套锣鼓等。

传统演出舞台搭建简陋，农村演出一般将6—8个牛车拼凑在一起，上面放上门板即成。

改革开放后，许多业余爱好者喜爱演唱梆子戏。目前，城镇、农村一些民间演出团体也唱梆子戏。

灵璧评书

王敬堂　石亚萍

评书也称评词、评话，是曲艺的一种，多讲说长篇故事，说者一人，只说不唱，表演时以醒木作道具助气氛，有时也用折扇、手帕，与讲故事说单口相声近似。表演者可用第一、二、三人称，或进入角色，或客观叙述。善于模拟各种人物腔调，抒发情感。基本技巧有说、学、逗，具有手、眼、声、面、步的表演功夫。

因我县曲艺艺人多，用唱书词为说书即成评书。新中国成立后，我县艺人潘鸿斌、孔广风等人的评书很有名气。1973年，县成立曲艺队，招收14名学员，我是其中学评书的学员。

当时学说的书目有《东汉演义》《薛家将》《薛刚反唐》《封神演义》《水泊梁山》《长坂雄风》《金钱镖》《三国演义》《红岩魂》《赤胆忠心》《烈火金刚》《西楚霸王》《林海雪原》《暴风骤雨》《人鬼奇缘》《平原枪声》等。

评书的表演形式，早期为一人坐于桌子后面，以折扇和"醒木"为道具，身着传统长衫，演说评书故事。

过去，传统演出场所主要有茶坊、茶室、书场。新中国成立后，文化部门以租借房屋等方式，建立了一些专业性书场。

灵璧快书与快板

谢长江　石亚萍

快书和快板是一种说似唱的民间曲艺类表演形式，是同一大类中的两个小类。灵璧快书于清初由山东快书传入。新中国成立初期，灵城北关老艺人朱竟才（外号朱小麻子）的快书很受群众喜欢，收有很多徒弟，我即师从于他。快板是新中国成立后兴起的群众喜欢的曲艺形式。快书作品有《武松打虎》《白衣红心李月华》《小吴赔茶壶》《嫁不出去的姑娘》等，快板作品有《沼气赞》《老大姐》《这样的好人家永远平安》等。

快书与快板虽然都以节奏感极强的说唱或诵说方式表演，所说唱的曲词也都是句式比较规整的韵文。但二者也有区别，一是说唱表演采用不同的方言，使说唱的曲调或者诵说的节奏不同。二是曲词也有不同，快书是在快板基础上发展起来的，一般故事性强，以塑造典型人物形象的中、长篇为主，曲词的韵辙通常是每个回目一韵到底；而快板一般为表演说理或打情骂俏的短小节目，且曲词的押韵方法比较自由，称为"花辙"。无论是快书还是快板，曲词的基本句式是七字句为主，但实际运用时只要与说唱的节奏与曲调不矛盾，常常增字减字，句式自由灵活。

快书的道具是两块月牙钢板或铜板。快板的道具为两块大板和5块小板，是艺人自己用响竹中节制造，大板尺寸，长是从艺人手腕二道纹到中指顶，宽6—7厘米，5块小板，长是大板的三分之二，宽约4厘米。做成后用老母鸡汤多煮几遍即成。

花鸟字

石亚萍

花鸟字又名龙凤花鸟字、龙凤字、龙凤书法等，是一种在民间流传久远的艺术形式。花鸟字早期在春节庙会和一些节日集会中可以看到，大多写的是一些吉祥话语，以祈求吉利。现在农村逢庙会时常见有人写龙凤花鸟字，多以书写顾客的姓名为主，故龙凤花鸟字也称作姓名花鸟字。

花鸟字以木板或用扁平刷子作画笔，用不同颜料和水调和色彩浓淡，在纸上由花、鸟、竹、龙、凤、蝴蝶、鱼等组成文字，将文字与花鸟图案融为一体，看似花鸟，实为汉字，能快速绘出简洁的物形、螺线等代替文字的笔画，利用字里藏画的结构形式，巧妙地融字画于一体，呈现出吉祥喜庆的效果，同时又增强文字的意趣及视觉的美感。传承人有宋春明等。

考女婿（民间故事）

张　干　曹金芳

一对老夫妻，无子，三个闺女，全出嫁了。老大、老二都摊个文人，老三经媒人找个"二五子"，也称"半个脑子"。

一年春天，老泰山六十大寿，亲戚、近邻、要好的全来庆寿。三个女婿不请自来。老头喜欢老大和老二的文气，讨厌老三的憨气，平时处处给老三难为活做，这次庆寿，又想使老三下不来台。客人入座，正位上是老头，三个姑爷陪席。盅筷摆齐后，老头发话了："今天为我庆寿，桌上要来个酒令，立个规矩，先从女婿开始，从大到小，对子、诗文全可。能者喝酒吃菜，不能者嘛，喝清水啃生萝卜。"下人即时献了一碗水、一个红萝卜。老泰山又说:"题我来出……"

各桌客人齐声赞同,因为都想开开眼界,看个热闹。酒菜齐备,老泰山发话了:"第一是答辩(就是抬杠),老大说,小的抬。"接着问,"你大姐夫,鹅叫声音为什么这样高?"老大说:"项(脖)长声音高。"老泰山听后,有意问老三:"你说呢?"老三心想这是抬杠,不能顺着说,于是他说:"生就那种,知了没有脖子叫起来声音不光大还长哩,鹅比不上它。"

老泰山无言,又向老二说:"我的胡子全白了,为什么?"老二说:"岳父年高所致也。"老泰山又问老三:"说的对吗?""不对。"老三脱口而出,又接着说,"生就那种,山羊羔,才生出来,胡子全白了。"

老泰山挨了骂,也没难住老三,就想作诗来为难他。于是朝大家说:"下面是作诗,诗题是'天上飞的,地上走的,案头放的,厨房里使的'。先大后小,老大开始。"

老大想作诗那还不容易,于是说道:"天上飞的是斑鸠,地上走的是水牛,案头放的是《春秋》,厨房使的是丫头。"

大家齐赞好,老二说:"天上飞的是凤凰,地上走的是绵羊,案头放的是文章,厨房使的是梅香。"

大家听后,一阵叫好声,老泰山说:"小三,该你了。"

老三干瞪眼作不出来,老泰山要罚他喝清水啃萝卜。老三急得直淌汗,他东一眼西一眼,一下瞅着了挂在墙上的鸟枪,他想有了,张口说:"天上飞的是鸟枪。"话音一落,老泰山紧逼:"鸟枪怎么飞?"老三说:"枪弹不能飞吗?"老泰山说:"我看下边怎么扯!"老三说:"地上走的是老虎,案上放的是火炉子,厨房使的是毛头小。"众客大笑,老泰山骂道:"这是你娘的什么诗,既不押韵,也不合辙,连屎都不如。"老三眼珠一转说:"我联起来就是一首好诗。"他接着念道:"天上飞的是鸟枪,单打斑鸠和凤凰;地上走的是老虎,单吃水牛和绵羊;案上放个火炉子,单烧春秋和文章;厨房使的毛头小,单占丫头和梅香。"

老三这一下又胜了。老泰山还不死心,心想这个东西会套,这下我让你套不上去。他又以"我的马快"为题,要每人作诗,老大说:"岳父打马上荒郊,岳母火上烧鹅毛。岳父打马回来路，火上鹅毛还未烧。"

大家一听，这马真快。老二也吟道："岳父打马上西村，岳母水上丢金针。岳父打马回来了，水上金针还未沉。"

客人齐赞，这马也够快的。老三这回急得抓耳挠腮，老泰山心想，这次你小子没法套了，他大声喝道："小三，快作呀！"

老丈母娘早带三个闺女避在大门旁偷听哩。老头一再想出三女婿的洋相，大姐、二姐高兴，三妹难过，老岳母也抱不平，心想："一样人为什么两样看待。"可一看小三几次闯关，也就没进屋说情。这一次老三犯难，老岳父紧逼，老丈母娘气不打一出来，要闯进客屋找老头评理。

老丈母娘因气心慌闯进门，一下被门槛绊趴下了，"嘣"地放个屁。老三一听屁响，大叫说："我有了。"老丈母娘满面通红，爬起来，抽身退出门外。

老三说："老岳父打马上西天，（越远才能显得马快哩）老岳母腔门一溜烟，岳父打马回家转，岳母腔门还未关。"

放风筝（民歌）

庄志金　谢鬲鸿　王　虎

风筝又名纸鸢、风鸢、纸鹞或鹞子。唐朝的《事物纪原》记载了汉初的韩信是风筝的发明人。唐朝的记述是：楚霸王被困垓下，韩信制风筝让张良乘坐飞上天空高唱楚歌，瓦解楚营军心。阴历三月三是我县传统的踏春节，春暖花开之际，男男女女纷纷走出家门去郊外游春，其中，放风筝是一项游春的传统习俗，还有一首《放风筝》的民歌：

"三月里来是清明，这姑嫂二人去踏青，二人放风筝。

哎咳哎咳呦　二人放风筝。

出了大门往南走，拐弯抹角上正东，来到南洼中，哎咳哎咳呦，来到南洼中。

妹妹推出风筝去,嫂子又把线来松,风筝起在空,哎咳哎咳哟,风筝起在空。头阵放的杨宗保,二阵放的穆桂英,二人把枪拧,哎咳哎咳哟,二人把枪拧。三阵放的唐长老,四阵放的孙悟空,师徒去取经,哎咳哎咳哟,师徒去取经。"

这首脍炙人口的《放风筝》一直在灵璧流传。截取人们日常生活中的一个画面,把放风筝的情趣表现得淋漓尽致,除少数上了年纪的民歌爱好者会唱,近年有民间艺术团体也在学唱。

放 风 筝

妹妹推出风筝去,嫂子又把线来松,风筝起在空哎咳哎咳哟风筝起在空。
头阵放的杨宗保,二阵放的穆桂英,二人把枪拧哎咳哎咳哟二人把枪拧。
三阵放的唐长老,四阵放的孙悟空,师徒去取经哎咳哎咳哟师徒去取经。

抗战歌（民歌）

田恒民

　　《抗战歌》是流传灵璧脍炙人口的民歌，节奏强烈，短小精悍，表现人民勇敢杀敌保家卫国的英雄气概。"拿一把青龙大刀显威风，活活像关公"，将抗战英雄比喻成老百姓心目中的英雄人物关羽，惟妙惟肖，鼓舞斗志，是皖东北抗日根据地广泛传唱的民歌。

　　其歌词是："抗战一发生，日夜炮火惊，前方我将士，勇敢杀敌人，拿一把青龙大刀显威风，活活像关公。"

抗 战 歌

1=D $\frac{2}{4}$

孙淮滨　记词
秋玉振　记谱

5 5　6 1 | 5. 3 5 | 5 6 1　5 3 | 2. 1 2 | 3 2　5 | 6 1　5 |

抗战　一发　生，　　日夜炮火　惊，　　前　方　我将　士

5 6　5 3 | 2 1　5 ‖: 3 2　5 | 5 1　6 5 | 5.　1 | 5 3　2 1 |

勇敢杀　敌　人　拿一把　青龙大刀　显　威　风

1 2 3　2 | 1　— | 5̇　— |

活活　像　关　　公。

扣花针（民歌）

刘如英　杜　蕊　张玉民

　　《扣花针》民歌起源无考，相传农闲时青年女子做针线活，或者民间男女对唱，表达对美好爱情的向往和追求，是广泛传唱的民歌：

　　"十八岁的大小姐，扣上一花针，
　　忽听（那个）门外边，有人来叫门，
　　想必是奴的郎君，哪么哎咳哟。

　　穿上那个钢针，盘上一绒线，
　　小金莲（那个）脚不大，急忙走出门，
　　开开半扇门，哪么哎咳哟。

　　奴家轻轻地开开半扇门，
　　还有半扇遮住奴的身，
　　我郎走进来，哪么哎咳哟。

　　手拉手走进一绣房，
　　拉把椅子，我郎你坐下
　　细听为奴啦，哪么哎咳哟。

　　奴家我正在绣房中绣枕巾，
　　绣一对鸳鸯鸟，表表妹的情，
　　不知可称我郎心，哪么哎咳哟。"

扣花针

1=♭A 2/4

刘如英 演唱
谢 中 整理

```
5.5  561 | 32   1 | 1.2  33 |⁴ᵗ 5  —  | 5.5  561 | 32   1 |
十八 岁的  大小 姐   扣上 一花  针      忽听(那个) 门外 边
穿上 那个  钢 针    盘上 一绒  线      小金莲(那个)脚不 大
奴家 轻轻地 开  开   半扇 门         还有 半扇  遮 住
手拉 手   走进    一绣 房         拉把 椅子  我郎
奴家我 正在 绣房 中  绣枕 巾         绣 一对  鸳鸯 鸟
```

```
1.2  32 | 53   2 | 24   42 | 53   2 | 212 32 | 1   — |
有人 来叫 门    想 必是 奴的 郎  君哪么哎咳 呦
急忙 走出 门    开 开 半 扇   门哪么哎咳 呦
奴 的 身    我郎 走 进   来哪么哎咳 呦
你 坐 下    细听 为 奴   啦哪么哎咳 呦
表表 妹的 情    不知 可称 我 郎  心哪么哎咳 呦
```

灵璧唢呐曲牌《小开门》

周本祥　石亚萍

《小开门》是流传在灵璧县境内的唢呐独奏曲，原是一支在全国广泛流传的民间器乐曲牌，曲调流畅轻快。由于演奏时管乐器常采用不同指法，故又有《五字开门》《六字开门》《凡字开门》等。前半段运用模拟人笑声的"气拱音"和"气顶音"等技巧，旋律优美如歌，后半段运用单、双吐技巧奏出类似三弦声音的三弦音，旋律短促而富有弹性，节奏轻快活泼。

小开门（唢呐曲牌）

1=G 2/4 简音为1

渔沟镇　张明义　演唱
　　　　展　见　记谱

小推车

灵之韵

1=♭E 4/4 ♩=68

薛新华 词
孟天民 曲

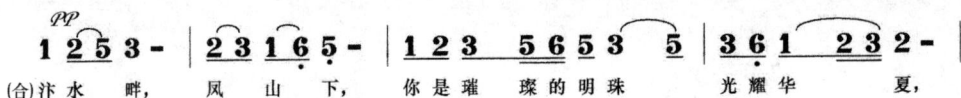

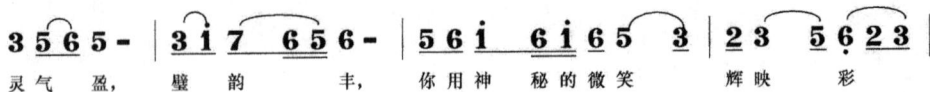

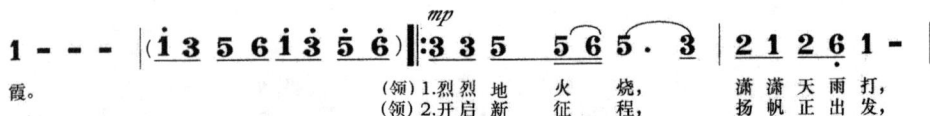

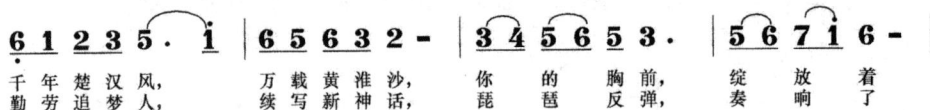

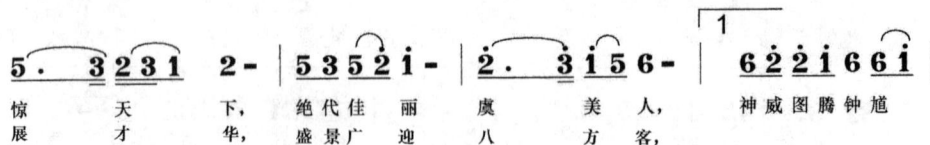

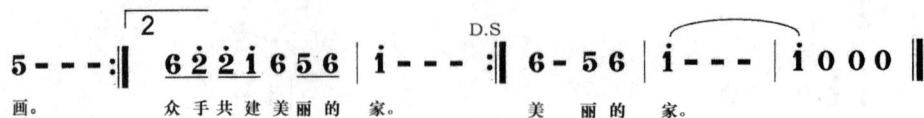

朱家大牌坊

解安中

在渔沟镇西首，以前矗立一座气势恢宏、形象庄严的石雕节孝牌坊。

节孝坊为门洞式，三门（一大门二小门）、四柱（两柱通天）、三层，顶有小龛，全用当地磬石雕琢而成。上层竖石匾镌刻咸丰皇帝"圣旨"二字，中层横石匾镌刻"节孝坊"三字，下层中间两柱镌刻对联："扶侄亢宗慰夫心节堪风世，育叔弥祖延先嗣孝可格天。"四柱镂雕盘龙飞凤，二梁浮雕历史人物故事，雕工精细，线条流畅，所雕之龙凤、人物、花鸟栩栩如生，为不可多得的石雕艺术品。

在清朝，呈请建造牌坊，需要有属实的事迹，需呈当时皇帝，经皇上恩准方能建造，凡牌坊镌刻有"圣旨"者，多为本家族出资。

此牌坊于咸丰八年秋建成，由于牌坊为当地朱家王氏女建，故当地人称这座牌坊为"朱家大牌坊"。

咸丰皇帝为何恩准朱家王氏造节孝坊呢？

清道光十年（1830年），灵璧北乡一带流行瘟疫，渔沟镇财主朱家大宅院，8口之家一夜之间死了5口，只剩下一个大人和两个刚满月的小男孩。大人名王氏，年刚满18岁，过门还未满月就成了寡妇。两个男孩，一个是丈夫的侄儿，一个是丈夫的弟弟。

突如其来的灾难令王氏肝肠寸断，痛不欲生。一个年轻的寡妇，两个与自己没有一点血缘关系的孩子，该怎么生存下去呢？娘家人力劝她改嫁，可是为了撑起朱家的未来，她拒绝了娘家人的意见，毅然承担起抚育叔、侄的重任，历尽20年艰辛，终于把叔、侄二人培养成人，并为他们成家立业。王氏女扶侄亢宗、育叔弥祖的事迹在当地传为佳话。

随着叔、侄二人长大，王家逐渐恢复了生机，王氏却积劳成疾，52岁时不幸去世。灵璧知县恽光业将王氏女的事迹据实上奏朝廷，咸丰帝阅罢奏折，即恩准在当地建节孝牌坊，以褒扬王氏女的节孝德行。

"朱家大牌坊"在新中国成立初期被毁坏，今遗墟尚存。

钟馗酒文化博物馆

牛士中

千禧之年的腊月，准备回乡团聚。回家带些什么呢？一生酷爱美酒的父亲，见酒眼放异彩的弟弟，对酒别有情愫的妹妹，让我把目光定格在了汴水之畔的精灵——钟馗酒上。钟馗酒是地方名酒，酒瓶上那独特的人物造型，那精致的塑料包装盒，那千年积淀下的文化底蕴及隔着瓶子、盒子溢出来的酒香，让我最终下定决心。

难忘那个酒香飘逸的春节。除夕夜，父亲早早拿出两瓶钟馗酒，全家人看着那酒坛上降妖除邪的钟馗画像和那"顺心如意"的隶书，满脸幸福和期待。

开瓶了，一缕绵甜的酒香悠悠散开，霎时充溢整个屋子。父亲的新年感言还没落音，大家就迫不及待地端起酒杯。"好酒！"弟弟大声道。父亲、妹妹、大妹夫都不住地赞赏。滴酒不沾的小妹夫也忍不住倒了半杯细细品味。我看着精致玻璃酒杯中那天地之精华，晶莹中略呈微黄。我细细品味着那丝滑的神奇，清香、幽甜、温馨。

春节刚过，一箱六瓶钟馗酒早已成为我们回味留恋之物。从此，每年春节回家带箱馗酒成了我的惯例，更成了全家人心中的期盼。它已经成为平安、幸福、快乐的化身。

机缘巧合，我有幸走进钟馗酒文化博物馆。

钟馗酒文化博物馆这个国家 AAA 级旅游景区，是一座酒文化的圣殿。钟馗酒的传说、钟馗酒的介绍、钟馗醉卧豪饮塑像、古代酒器陈列、古法酿酒实景、钟馗酒馆风貌、钟馗酒发展历程展示、钟馗酒与文学绘画政治社会发展介绍……一条由众多高低大小各异的酒坛围护的甬道将这一切巧妙地串联起来。古乐悠悠，泉水叮咚，人游其中，仿佛在一条钟馗酒文化长廊里徜徉，穿越时空，视接千载，远离喧嚣尘世，沉浸洁净世外。走出钟馗酒文化博物馆，又是一段幽深回廊，钟馗堂豁然开朗。这是一个仿古小型演出舞台。三面回廊，全木结构，天井式建筑，别有洞天。

流连于钟馗酒文化博物馆，移步于钟馗酒业园，我心潮澎湃，身心为钟馗酒沉沉文化所占据，久久地不能平静。

不能平静的，还有钟馗酒人对酒文化传统的矢志不渝的坚守。

灵璧民间钟馗画

白志功

　　灵璧县民间钟馗画，历史悠久，享誉中外。据《灵璧县志》记载："清末时期，灵璧县'邑中画店林立，车水马龙，年复如是，日岁可售数万张，画工以食于斯'。"灵璧县钟馗画还有一段传说，唐开元年间，武举钟馗满腹经纶，武艺高强，应试名列榜首，但皇帝因其相貌丑陋而将其除名，生性刚烈的钟馗，一怒之下，撞阶而亡。后来唐明皇在骊山生病，多日不愈，夜间梦见一大鬼追杀并吃掉小鬼。问曰："尔何许人也？"奏曰："臣乃钟馗，武举不捷，誓与陛下斩除妖孽。"梦醒病愈，速叫画圣吴道子画钟馗像，御笔题写"疾恶状元，斩邪将军"八字于画上。挂在卧室，以镇奸邪。其后又派官员将吴道子的画专程送到钟馗故里灵璧，供悬于县衙，为官府百姓镇邪纳福。

　　钟馗画始于盛唐，繁荣于明清。清人齐周华在《名山庄画副本钟馗像赞》中云"钟馗由道子画能通神也，无为天下传写，渐失其真，惟灵璧所画，往往不脱其原格，故世群推之。"清人金埴《不下带编》："钟馗乃灵璧人，至今后裔在焉，多以丹砂绘其祖像，货以资食，上有县篆者，尤灵应也。"1915年，灵璧钟馗画在巴拿马国际博览会上获金质奖章，多次参加国内外画展，并为海内外爱好者争相购藏。故宫博物院、中国美术馆均有珍藏。灵璧人历来视钟馗为正义的化身，驱魔的神祇，故民间有悬挂钟馗画的习俗。钟馗画绘画技艺世代相传，渊远流长。民国初期，县有长年专业画店数十家，著名的民间钟馗画师为韩本贵（号逸民），家住灵城北关，代表作品有《百馗画》《万寿图》。20世纪50年代初，省博物馆邮寄宣纸、笔、墨、颜料，由县文化馆转交韩老先生，他的50余幅钟馗画亦由文化馆转寄给省博物馆，其中的《百馗图》长两米，画中左边是一棵古老苍松，枝叶向右方伸展，树下放一长条石桌，周围布满石凳，树下有钟馗百位，有的饮酒，有的品肴，有的猜拳，有的闲聊……神态各异，堪称一绝。"文化大革命"时期，灵璧钟馗画被视为"四旧"，沉寂达20年之久。党的十一届三中全会后，为了灵璧钟馗画的复生，县文化馆美术干部朱克运专程去地区文化局请示，得到了"灵璧钟馗画属民间艺术应当挖掘"的批复。县工艺社退休工人尹玉麟继承保留了灵璧县钟馗画的传统风格，文化馆将他请到馆内，提供笔墨纸张和微薄的经济待遇，并特别刻制了传统钟馗画的"灵璧县印"方印，用于作画。在他的影响下，绘画者日益增多，目前已达百余人，其中有工人、农民、干部、市民、青少年儿童。近几年，已形成两大画风，一是工笔，多施朱砂，代表人物有尹玉麟、孙淮滨、赵基、徐步达、尹明林、赵若冰等。二是写意，多重笔墨，代表人物有赵英汉、陈光林、刘学、钱哨、马林、赵璧等。1990年2月初，县文化馆召开了民间钟馗画作者座谈会，与会者75人。1991年为迎接灵璧县首届民间艺术节举办的灵璧钟馗画展览，有90多人的150件作品参展。绘画者来自各行各业，有七八十岁的老人，也有七八岁的儿童。这批展品还应邀到首都亚运村田径馆展出，中央电视台播发了新闻。

灵璧钟馗画塑造的是一个一身正气、刚正无私、驱邪降妖、传播幸福的形象，民间称之为"灵判子"，能镇恶驱邪、送吉降福。精湛通俗的钟馗画艺术深入人心，是博得世人喜爱、永葆魅力的关键所在。对于民间钟馗画，除了要在画法画技、人物外部形象等方面继承和发扬传统外，还要用新的眼光透视钟馗人格，让钟馗精神赋予新时代的文化内涵。

垓下民间传说

尹凌潇

垓下传说是灵璧广为流传的民间文学，它以垓下古战场遗迹为依据，以史书记载的垓下之围为蓝本，以项羽和虞姬生离死别的爱情故事为主线，穿插楚汉战争及垓下之战历史人物，用皖北方言叙事方式讲述。

垓下古战场是项羽与刘邦决战之地，遗址位于今灵璧县境内睢水至洨水（今沱河）间开阔地带，大约在北纬33度至34度，东经117度至118度的范围内，因古有垓下聚而得名。垓下聚位于灵璧县城东南24.5公里处的韦集镇老庄胡村及其附近高地。

垓下之战以项羽兵败自刎于乌江而告终，后刘邦建立大汉王朝。垓下之战在中国历史上具有划时代的意义，在民间也产生深远的影响，因此流传下来许多垓下之战的传说。

垓下民间传说是灵璧及周边地区群众千百年流传下来的集体创作的结晶，内容丰富，情节生动，主要有《十面埋伏》《霸离铺》《阴陵山》《垂缰井》《上马铺》《张良吹箫散楚兵》《汉代江山靠汗衫》《散楚山》《淌泪河》《无头虞》《虞美人花》等。这些传说故事都发生在灵璧境内，反映了民间对这场战争的认知和情感，是研究垓下之战历史文化内涵的特殊载体。

垓下民间传说以灵璧方言讲述，采用象征、拟人、夸张等表现手法，运用独具匠心的构思技巧，在人物语言、行为、心理等方面的描述朴实无华，千百年来口口相传，感人至深，具有广泛的群众性、民间传承性和鲜明的地方文化特色，现已成为深深扎根民间、具有丰富文化内涵、体现传统文化价值的优秀口头文学。

2010年，垓下民间传说被列入第三批省级非物质文化遗产。省级代表性传承人为王宝亮，市级代表性传承人为王久凯。

灵璧菠林喇叭

尹凌潇　曹金芳

　　菠林喇叭是发源于灵璧县尹集镇菠林村，流传于安徽灵璧县及周边地区的一种传统音乐形式，是当地婚、丧、嫁、娶、礼、乐、典、祭及社火、节庆等的常用乐器。

　　菠林喇叭因唢呐大师周正玉、周亮等周氏族人为乐手的周家唢呐班落户菠林而得名。周家班自清末创始到现在，已传承七代，历经100多年沧桑，乐手近百人，外姓徒众上千人，形成了庞大的民间音乐族群。其以曲牌丰富、音乐独特、表现力强而盛传不衰，拥有广泛的群众基础和鲜明的地方特色，具有较高的艺术欣赏价值和民俗研究价值。

　　喇叭的结构非常简单，由哨、气牌、芯子、杆和碗五部分构成。木制圆锥体杆上开8个音孔，上装铜质芯子，芯子上面套有气牌和芦苇做的哨，杆下端安着碗。几个部分可以合起来吹，也可以分拆开吹奏，能模仿自然界的各种声音，风起雨落、虫叫鸟鸣，鸡啼狗吠、驴嚎马叫、虎啸猿啼……惟妙惟肖，也能模仿不同人物的嗓音，或低沉浑厚，或高亢激昂，或清脆嘹亮……把人世间的喜怒哀乐演绎得淋漓尽致。

　　周家班演奏曲目可分为三大系列。一是经典曲目创新发挥系列，如《百鸟朝凤》《一枝花》《拜花堂》《集贤宾》等传统经典曲目，周家班在不改变曲目基本旋律的前提下对其进行了独特的艺术发挥。二是民间曲目收集传承系列，如《苏武牧羊》《汉船调》《柳金子》等流传数百年以上的民间曲目。三是自创自编周氏曲目系列，如《欢声笑语》《田间》《西出阳关》《江湖》等。按照应用场合，周家班演奏曲目则分为婚嫁寿诞等喜庆祝福类、祭祀庙会等生产生活类、政事丧葬等重要典仪类、应景即兴演出等民间表演类。三大系列四大类，共1000多首曲目，其中经过曲谱整理，用于日常演奏的曲目达200多首。

　　周家班历经百年沧桑，却能始终坚持民乐方向，这主要源于家族内部百年来严谨的艺教传统。周家班的男孩子自三四岁开始跟随四处奔走献艺的父辈学习唢呐技艺，经过严格训练，一般 8 岁左右，周家的孩子均开始跟班上场，十岁开始，孩子们的技艺均已成熟到在舞台上崭露头角。自第五代开始，周家班打破了鼓吹乐班传子不传女的禁锢，开始在家族中挑选资质优异的女子进行传授，使周家班乐手队伍平添缤纷之色。第五代女传人周海燕、周本华、周海芹、周香草号称"鼓乐四花"，与周本祥、周本玲、周本鸣、周中华、周本银、周本金、周本富、周海波"周家八虎"成为周家班的代表性乐手。

周家班自第二代传人周文化开始，即敞开胸襟，对外姓上门求师学艺者，一概友好对待。从此，周家传人均以各自高超的技艺吸引众多门徒慕名而至，所教门里、门外徒弟不下数千人，使周家唢呐技艺不断发扬光大，形成了灵璧菠林喇叭庞大的民间音乐群体，推动了灵璧唢呐整体水平的提升。

灵璧菠林喇叭经过代代相传，由最初单一的吹奏技巧发展到吐音（分单双三吐音）、腹颤音、齿颤音、滑音、垫音、花舌、打音等多种吹奏技巧，音乐有开有合、有静有动，富于变化，具有浓厚的地方特色，深受广大人民群众的喜爱。婚、丧、嫁、娶和开业庆典、老人过寿、小孩周岁、逢年过节等一些特殊的日子，人们大都请菠林喇叭演奏，烘托气氛。在演奏过程中，菠林喇叭不仅能根据场合演奏相应的经典甚至已失传的曲目，也可在现场应景自创表演，配合默契。菠林喇叭注重研究中国民间风俗传统，将其结合在具体的演奏表演之中，因此被称为皖北民俗的"活化石"。

菠林喇叭在发展过程中，还逐步吸收一些地方戏曲、民间小调，甚至古典乐曲、流行歌曲等多种形式，并融入民间戏法绝活，如啃笛、吐彩纸、玩烟头、吃火、火烧葡萄架以及咔戏、闷笛、拔攥子、模拟戏剧人声等绝技表演。所以菠林喇叭不仅旋律优美动听，还具有很强的观赏性，给人以强烈的听觉和视觉上的冲击。

菠林喇叭以情感细腻，曲牌丰富，音质纯正和浓厚的乡土气息深受百姓喜爱。近年来，菠林喇叭传承人多次登上《我要上春晚》《神州大舞台》《全家总动员》等央视综艺舞台，并于 2006 年随央视赴奥地利维也纳金色大厅参加"华人新春演奏会"，多次随政府代表团赴中国台湾、韩国、日本、美国等地参加中国传统文化交流演奏会。

2010 年灵璧菠林喇叭被列入安徽省非物质文化遗产保护名录，2014 年被列入国家级非物质文化遗产保护名录。省级代表性传承人有周亮、周本祥。市级代表性传承人有周本鸣、周本银、周中华、孙加才。

高派琴书　音扬四方

尤传化

提及高小眼为啥能从当年一个平凡的民间艺人，到全国电视台纷沓而来录制唱片，红遍苏鲁豫皖，又登上央视二套大雅之堂，高小眼笑曰：只有精益求精才能攀登高峰，取长补短、不骄不躁，才能提高艺术水平。

高小眼本名叫高成富，1947年出生在贫瘠的淮北平原古濉河北岸的灵璧县大路乡小杨庄。1949年以前，濉河年久失修，河床淤塞，逢雨泛滥，每年都给生活在这里的农民带来无限灾难。高成富早年丧父，12岁那年，刚上小学四年级，便因家庭极度贫困被迫辍学。为了讨口饭吃，他只能自寻生路，经人介绍，他投奔离家40里路外的尹集小王庄琴书柴门派"永"字艺人鲁邦勇门下为徒。旧时，江湖上的琴书分柴、陆两大门派，并且辈分有序"道沐通玄静，远长守太清，忠礼智诚信，何教永元明"，高成富应为十九世"元"字辈。当时，鲁邦勇的琴书享誉东北哈尔滨、大连沈阳一带。高成富的成名不仅与师父的精心培养有关，还和他个人的悟性、勤奋有关。高成富从小就敏而好学，从艺以后，更是起早贪黑，勤学苦练。尽管忍饥受饿，也从不间断，老师在床上睡，他在床下背，很快就学会琴书音乐的"四句腔""垛子韵"等基本唱腔及人物、景物、楼台殿阁、自然现象等传统的曲艺程式，并能独立操琴。不几年就学会了《杨家将》《响马传》《刘公案》等17部传统书目，《包公赔情》《薛仁贵回家》等16个书段子，以及《敌后武工队》《羊城暗哨》等7部现代书目。师父看他是块好钢，才出众徒，于是破格收他为义子。

高成富16岁学成出师，开始赶四集，以唱书献艺为生。出师后仍刻苦钻研，不断丰富充实自己，提高技艺，虚心向师兄弟和其他艺人学习，认真整理加工了《回龙传》等长篇书目，内容上承上启下，故事情节延伸发展，唱腔博采众长，自成一家。天赋的好嗓子，让他连唱五个小时嗓音不倒，高亢婉转、字正音圆、声和韵稳、唱表兼备。道白吐字清晰、抑扬顿挫。操琴旋律优美、节奏明快。他唱书时，常常陶醉其中，眼睛眯成一条缝，旧时称唱琴书为"瞎子戏"，因此，人们戏称他为"小眼"，久而久之"高小眼"也就成了他的艺名了。

改革开放后，迎来了文艺的春天，高成富在县文化馆白志功馆长的鼓励和支持下，成立了全县第一家家庭曲艺队，取名高小眼琴书艺术团。他带领家人赶集会、入村庄，设摊演唱。收入由一场十几元到几十元再到几百元，生活也有了很大改观，不久便盖起了村里第一家六间砖瓦房。由于他的琴书贴近生活、贴近群众，受到广大群众的欢迎喜爱。每每提到听书，人们总是异口同声地说，还是听小眼的琴书过瘾。每到农闲时节，高小眼来了，沉寂了许久的乡村，突然沸腾了，就像炎热的盛夏，从山野里吹来一阵凉爽的风。父老乡亲们纷纷聚集在村头、牛屋、学校操场，坐着自带的板凳，聚精会神地享受高小眼的琴书艺术。一天的疲劳烦恼都随着悠扬的琴声烟消云散。高小眼的琴书在那个精神生活极度匮乏的年代，是农家人不可多得的精神食粮。

20世纪90年代初，高小眼在宿县地区曲艺大赛中荣获一等奖，安徽电视台给他拍了专题片，他渐渐地得到了广播、电视新闻单位的好评。社会上开始对他的艺术产生了深厚的兴趣，一辆辆吉普车开进了小杨庄，开进了他的家门口，都来邀请他录音灌片，一时间他名声大噪。先后有山东齐鲁、江苏南京、上海、安徽黄山等音像出版社灌制唱片、磁带，徐州电视台、蚌埠广播电视局、成都电视台直至中央电视台都录制节目。灌制的唱片、磁带有《王华买爹》《吕蒙正赶考》《张廷秀私访》《杨秀英告状》《狸猫换太子》《刘墉铡西宫》《秦英挂帅》等40余部长篇曲目。唱片40多万张，磁带210万盒，畅销苏、鲁、豫、皖等省市，轰动一时。这对挖掘、整理、保留传统曲目做出了重要贡献。"功夫不负有心人"，高小眼的琴书艺术，从乡间的地摊小铺登上城市的大雅之堂，收获得了丰硕的成果，这无不凝结着他的心血和汗水。

20世纪90年代是高小眼创作的高峰期，他的琴书艺术也得到了专家们的一致认可，形成了灵璧琴书中独具魅力的高派艺术。安徽省曲艺家协会和中国民间文艺家协会先后吸收他为会员，中国曲艺家协会主席刘兰芳亲切接见他，赞扬了他的琴书艺术。为了繁荣曲艺事业，他曾赞助地区文联举办了"成富杯"曲艺大赛。

1991年4月，中宣部和中央电视台专程赶到高小眼家里，为他赠送锦旗，上书"誉满磬乡、音扬四方"八个大字。这是对他琴书艺术的肯定，更是鼓励。1995年后他和子女们成立高小眼音像有限公司，先后在灵璧县百货大楼、三用礼堂南侧和光明大街设立了高小眼音像总汇、高小眼音像专卖店。

2007年他被中国文学艺术界联合会和中国民间文艺家协会授予"中国民间文化杰出传承人"荣誉称号。2011年安徽省文化厅命名高小眼为省级非物质文化遗产项目灵璧琴书代表性传承人。

如今高小眼已经73岁了，依然活跃在农村广阔的大舞台上，红白喜事、政策宣传、公益演出，到处都有他的身影。

附：

汴河戏曲史：高小眼

李成恩

众乡亲齐坐汴河两岸
一个个仿如痛苦的使者
但他们的脸上带着原始的笑
眼里闪着泪光，高小眼在留声机的唱盘上
双眼紧闭，他才是痛苦的使者
众乡亲的亲人

几十年来，汴河的乡亲都习惯在高小眼的扬琴里
倾诉内心的酸楚，只要他那声凄美的泗州调响起
汴河呜咽，云朵飘浮
老奶奶抹泪，老爷爷低头悲伤

从灾荒里逃出来的人

被强盗欺负了的人，今夜都汇集到高小眼的唱腔

与道白里，琴扬声声碎

苦命的乡亲齐坐红灯下，汴河在身后缓缓流淌

都是苦命的腔调

红灯高悬，众乡亲齐坐矮板凳

那一年我七岁，不明白老人们为什么要哭

而第二年我亲爱的妈妈病逝

那一夜扬琴呜咽

肝肠寸断，高小眼泗州调里的苦命人

齐聚我家院落，只有外婆跑到屋外的柳树下

一个人独自哭，哭完了就回来

高小眼呀你不认识我

你十二岁学艺，拉坠子

我成年后才知道你双眼里饱含的泪水

也是我的泪水，也是外婆的泪水

灵璧琴书

尹凌潇　　曹金芳

灵璧琴书是具有浓郁地方特色的民间曲艺，属淮北琴书。它以说唱加上扬琴等乐器伴奏的形式叙述故事，塑造人物，抒发情感，流传于苏鲁豫皖交界地区。

琴书在灵璧又叫丝弦或扬琴。最早流行于泗州府地区（包括今安徽省的泗县、五河、固镇一带及江苏省的泗洪等县）。在清光绪初年流入灵璧，从此灵璧就出现许多学唱琴书的民间艺人。其中较有名的如冯庙镇的谢广志、尹集镇元子辈琴书艺人鲁帮勇和大庙乡的胡侠尧。

灵璧琴书以灵活多样的演唱形式深受群众喜爱。20世纪六70年代是灵璧琴书艺术发展的鼎盛时期，有近200名艺人活跃在全县各地。各乡镇逢集逢会都有琴书艺人演唱，县城每逢五月二八古会都有几个场所演唱。县文化馆还成立了曲艺宣传队，编写反映现实生活的曲目到各村演出，其中最有影响的是《何书记下乡》，歌颂党的干部在最困难的时期一身正气、清正廉洁。"文化大革命"期间，为配合政治宣传，琴书演出活动比较活跃，但不许演唱古书，只许唱样板戏和反映当时政治形势的内容，艺术成了政治的宣传工具。

改革开放后，灵璧琴书艺人思想上得到解放，艺术水平得到恢复和提高，演唱的内容丰富多样，有长篇历史故事，如《杨家将》《说唐》等，也有现代题材的，如《敌后武工队》等，反映现实生活和宣传党的方针政策的，如《计划生育十二月》，还有灵璧民间故事、民间传说和宣传灵璧地方特色文化的，如《小白龙探母》《钟馗赶考》《楚霸王九里山被困》《奇石赞》等。

灵璧琴书经过艺人的长期艺术实践，形成了鲜明的灵璧特色。它有着传统琴书的艺术风格，更具有浓郁的乡土风味。

在唱腔上，灵璧琴书由山东琴书发展而来，带有山东琴书的鲜明特征，又融合了泗州地区的老凤阳歌、泗州调、山歌、小调等，同时吸收了梆子戏、豫剧、吕剧、坠子、花鼓戏等姊妹戏曲艺术，形成了九腔十八调的独特优美的唱腔艺术。

为满足不同群体、阶层的需要，灵璧琴书的表现形式也灵活多样。琴书的演出活动主要在基层，田间地头、集市乡村可随处表演，也可以在书场、茶座、社区演出，还可以到高雅的艺术舞台表演。演出时间可长可短，可以三五分钟唱一片断，也可以连唱几个小时，有时在一个地方连续唱十天半月的。有时一个人演唱，有时几个人同时演唱，还有的分生、旦、净、末、丑角色演唱。可以坐唱、可以走唱，可以一个人独立操琴和黄杨木板，甚至只用一只脚单梆就可以进行简易演唱，也可以用坠胡、檀板、三弦、琵琶等许多乐器一起伴奏演唱。这种灵活多样的表演形式贴近群众，能方便快捷地反映现实生活。

一些艺人能根据现场气氛、环境现编现唱，非常受老百姓欢迎，因此琴书被称为艺术"轻骑兵"。

灵璧琴书以灵璧方言演唱，通俗易懂，平易淳朴，在演唱过程中，又说又唱，似说似唱，叙事、表演、议论相结合，一会儿低回婉转，如泣如诉，似行云流水；一会儿慷慨激昂，如万马奔腾、似山洪暴发，听众的情绪也随之起伏。在人物的塑造上，演唱者通过风趣幽默的语言描述、手眼身法的运用和优美唱腔的渲染，故事情节曲折生动、扣人心弦，人物的语言、行为、心理、性格被表现得淋漓尽致，栩栩如生。

灵璧琴书因艺人多、水平高，演出的曲目数不胜数，题材丰富多彩。传统曲目主要是历史兴替的故事和才子佳人的爱情传奇。20世纪五六十年代增加了现代题材的内容，如唐洪明演唱的《烈火金刚》《平原枪声》《儿女英雄传》等。改革开放以后创作了许多反映现实生活的作品，短小精悍，如彭光荣演唱的《浪子送礼》《孙子谜》《打神婆》，高小眼的计划生育系列等，从不同角度反映灵璧的风土民情，宣传党的方针政策。

灵璧琴书以悠久的历史、鲜明的特色和丰富的内容深受人民群众喜爱，在传播历史文化知识、宣传教育和丰富群众文化生活等方面起到重要作用，具有很高的历史、文化、艺术价值。

2008年，灵璧琴书被列为第二批省级非物质文化遗产。省级代表性传承人有高成富、张守良、陈淑霞。市级代表性传承人为胡昌文。

灵璧皮影戏

孙淮滨

皮影戏是一种把加工好的皮革雕镂成人物、布景和道具，演员在幕后操纵影人，用灯光将影人映在银幕上，加上配音演唱等形式展现故事情节，传达人物思想感情的戏剧。

皮影戏是我国古老的戏剧艺术形式之一，它渊源久远。灵璧皮影始于何时，源于何地，何人创作在灵璧的史籍上无文字可查。为了溯史问源，我曾走访灵璧渔沟"来门"皮影创始人后裔及皮影戏老艺人尹德彩、唐兆福等人。通过逐辈推算，以及口口相传，可以确知，灵璧皮影约始于清道光年间（1821—1850年），距今140年左右，创始人为来兴宽，他是灵璧北乡来塂村人，少时在本村从塾师就读，后来由于讨厌八股文和不堪学规约束，离家出走，到了河北，为谋求生活之计，便在一个皮影班拜师学艺。经过刻苦学习，无论是操纵影人或是奏刀施雕，皆应心顺手，受到师友的垂爱。不阅二年，便谙熟操纵技巧和雕绘影人的工艺。三年后返回故里，便在家乡组建皮影班。从此，灵璧境内就新兴了这一古老的民间艺术，丰富了这一带的民间文化生活。

来兴宽皮影班在创始时期困难是很大的。开始只有来兴宽一人掌握皮影的操纵技术，上演时，既要操纵影人和配音伴唱，又要伴奏乐器，这不是一个人所能完成的，如果表演众多的人物和复杂的戏剧情节，则有更大的困难。为了克服困难，便于演唱，经过来兴宽的反复研究，创出了一条路子。首先是改编剧本，在戏剧情节和出场人物的处理上尽量适宜于一人操纵；在唱腔设计上只分男女唱腔，不追求行当；在乐器伴奏上删繁就简，只压缩到一铙一鼓，这样只要两人即可演出。通过培养助手和实地排练，终于在家乡演出了。第一次演出，即博得乡亲们的好评，纷纷给予鼓励。来兴宽的一个秀才出身的族兄，也欣然出面，主动帮助修改剧本，并吸取元曲杂剧和唐宋传奇的艺术表现手法，加强了剧本的艺术性和故事性。有了好的剧本，再加上精湛的雕绘艺术和多变的操纵手法，同时又改造了唱腔和伴奏，现场艺术效果更加完美，每次演出，均赢得赞誉。皮影这支古老的艺术之花，经过来兴宽的移植创新和精心培育，终于在灵璧的大地上生根开花，苗壮成长。

来兴宽深知艺术的优劣应经受社会的检验和广泛听取各阶层人士的评议，这样才能得到改进和提高。为此，他跋涉百余里，前往徐州演出。出乎意料的是，在这车水马龙的城市首场演出，观众爆满，声誉鹊起，竟连续上演月余。据传，来兴宽一生曾六进徐州，表演艺术水平一次比一次高。每次在徐州演出的时间达数月或年余，名声大振。在苏北、豫东、鲁南一带有很大的影响。

来兴宽晚年不再外出演唱，只在故里传授门徒，并不断研究提高皮影的雕镞技巧和演出艺术。其门徒来自苏北、鲁南、豫东和安徽的淮河两岸，受业门生皆自称为"来门皮影"。

百余年来，"来门皮影"在其后裔及再传弟子的不断研究改进下，技艺更加高超，特别是在新中国成立后的30多年里，在党和政府的关怀以及文化主管部门的热心抚掖下，皮影艺人不断进取，更焕发了崭新的面貌。它翘首艺林，形成了具有鲜明地方色彩的灵璧皮影。

灵璧皮影在人物、道具、布景的雕镞上，长期以来积累了丰富的经验。在造型、图案、色彩等方面探讨了一些规律，形成了一个较为完整的艺术形式。在人物设计上运用洗练的轮廓造型，采取适当夸张和图案装饰的手法。在雕镞上吸收民间剪纸的艺术和汉画像石中人物刻石的侧身处理方法，加上在长期的艺术实践中不断创造和改革，形成了灵璧皮影的独特风格。

灵璧皮影的人物制作分为"梢子"和"戳子"两部分。"梢子"也叫"头梢子"或"头楂子"，即皮影人物头像的部分，女性的头梢子包括面部和头面；男性的头梢子包括面部和所戴的盔、帽等。"戳子"也称"身子"，又分为"男文身子""女文身子"和"男武身子""女武身子"。"梢子"和"戳子"组合起来便成为一个完整的皮影人物。

灵璧皮影"头梢子"的面部多为五分侧面型（即正侧面，艺人亦称作"五分脸"）。也有六分或七分侧面型，主要根据便于表现人物性格、特征的脸谱需要。灵璧皮影的脸谱以吸收京剧为多，但又不受其局限。特别是"净"的脸谱变化大，花样也多。有毛净子、憨净子、副净、花脸、残奸脸等。脸谱图案有大花脸、碎花脸、半截脸、框框脸、蝴蝶脸、奸丑脸、鸳鸯脸等。另外还有许多神仙、鬼怪的脸谱，在设计上不受脸型结构和比例的限制，可以根据需要，尽情夸张，如老寿星的大额头、李大仙的长眉毛，如来佛的垂轮耳，鬼怪的铜铃眼、血盆口和獠牙等，均可任意夸张，也可把脸拉长或缩短，或扁或歪，任其变化。此外，皮影戏中的灵怪人物，如孙悟空、猪八戒、牛魔王、哪吒、龙王，天神、水怪等的头梢子便采取写实的手法，在孙悟空雕成猴头、猪八戒雕成猪头、龙王雕成龙头、鱼将雕成鱼头、牛魔王雕成牛头、虾兵雕成虾头……头梢子上的盔、冠、帽、巾等物，则采用不同的角度表现，有正侧、斜侧、俯视或仰视面等多角度的表现方法，以达到所要表现的特征。

　　灵璧皮影的"戳子"由上身、腰、双腿和两只胳臂等组成。上身则采用六分侧面型，也有七分或八分侧面型，这样容易表现出各种不同人物的性别、身份和性格。因为"戳子"是表现服装的，人物又是通过服装来表现性别身份的。把上身雕镂成六分侧面型，使上身做出一定的侧转，便容易显示古代各类服饰的特征。如服饰的圆领、偏领、站领、斜襟、对襟，同时对蟒胸前的盘龙；官衣胸前的"补子"，开氅胸前的狮、虎、麒麟；八卦衣胸前的太极图；旦角的裙袄、云肩等纹饰；武生的夸衣、箭衣、漏肚；以及"靠"胸前的护心镜和背后的"靠旗"等都容易表现出来。对"戳子"的腰部则又进一步强调扭转，形成了七分或八分侧面型，以便于体现腿部与腰部的形态及装饰，如武夫的宽肩大肚，八戒的袒胸鼓腹，花旦的细腰婀娜等都容易表现出来。影人的两条小腿（大腿是腰部雕镂在一起的）则又转成了八分至九分侧面型。而足、鞋则又摆成了五分侧面型。两只胳臂则雕成五分侧面型。胳臂又分上臂和肘袖两节。腰部是与大腿刻在一块皮革上的，小腿与足履刻在一块皮革上，上身与腰部铆连在一起，腰部下的大腿与两条小腿的膝关节处铆连在一起，这样便于操纵，能灵活地表现各种身段，并且看上去整体协调，虽然头、躯、肢、足的侧面不一，但经操纵耍弄却越发显得体态矫健灵活，宛如戏剧舞台上基本功精深的演员一样，显得关节柔软松弛，肌肉富有弹力一样，更增强了艺术效果。灵璧皮影的人物制作就是用这种以多角度来表现形体特征的方式，它与国画技法中的使用的散点透视有着异曲同工之妙。

　　皮影戏除雕镂人物外，道具的雕镂也很多，如我国传统戏剧是以桌椅为主要导具的，所谓"一桌分内外，两椅定乾坤"。单就皮影用的桌、椅、几、案就多达百数十种。皮影戏桌上的道具是固定的，不是像戏曲舞台那样随时更换，所以皮影的桌案就要根据不同人物、不同场景的需要进行设计雕镂。如龙案、御桌、官桌、公堂桌、八仙桌、书桌、喜桌、祭桌、圆桌、月牙桌、石桌、花几、棋桌、香案、条几、茶几、梳妆桌等。椅类有龙椅、太师椅、虎皮椅、安人椅、花帔椅、龙墩、瓷墩、绣墩、石椅。桌椅造型奇特，装饰典雅，雕镂精细. 采取高远透视和平远透视的手法，立体感强，见形见质，这些都可以显示出灵璧的皮影艺人的精湛技艺。

　　皮影戏的道具门类很多，都要逐一雕镂。如兵器类有开门刀、偃月刀、三刃刀、大头枪、荷包枪、双头枪、方大戟、双戟、双鞭、单剑、双剑、八楞锤、南瓜锤、流星锤、宣化斧、齐眉棍、金砸棒、禅杖、鸳鸯铲、钩镰等。旗类大纛旗、方纛旗、飞虎旗、龙旗、帅旗、姓字旗、门枪旗、令旗、风旗，水旗、月华旗等。

坐骑类舟、车、轿、辇等在皮影戏的雕镂中占有一定比重。传统戏剧是用虚拟、象征的表演，一根"马条子"便可代替坐骑，两面"车旗"可以代替各种形式的车辆。而皮影戏则以形象为主，重于写实，各种坐骑都要雕镂。单就坐骑来说，小说、戏曲中人物的坐骑都有特定的名称、形象和颜色。比如马类就有：白龙马、赤兔马、乌骓马、青鬃马，黄骠马、桃花马、雪花骢、火焰驹等等。而且一些神话剧中人物有的骑龙跨凤；有的坐虎站鳌，还有的异人仙客骑以珍禽怪兽，如麒麟、青牛、梅花鹿、朝天吼以及仙鹤、青鸾等。一些坐骑身上的鞍、辔、串铃等都要雕饰不同的花纹。车、轿的类型也不一样。如龙车、凤辇、马车、骡车，以及民用的两轮车、独轮车。花轿有御用的、官用的、民用的，类别不同，造型各异，这些设计和雕镂中都重于写实、讲究透视，着力装饰，强调质感，都颇具匠心。

灵璧皮影戏的布景也是写实手法，布景范围很广，如山峦、村舍、宫殿、民房、公堂、客廨、绣楼、花厅、亭榭、假山、雕栏、曲桥以及花草林木等都要进行设计和雕镂。这些都要通过较高的造型手段和雕镂技巧才能够表现出来。

灵璧皮影还有一些特技处理方法。如人物的眼睛可以启闭，嘴巴可以张合，蛤蟆可以跳跃游泳，鸟雀可以展翅翱翔。这些都是根据表演需要而精心设计的。这类皮影要在"命杆"（也叫"主扦子"）上装置线孔、活线和簧线，以牵动表演，复杂的要装置十多根牵动线，并且有的地方要用齿轮、弹簧和皮筋。皮影戏的人物或动物之所以能够表演得栩栩如生，主要通过命杆、活线的牵动来完成。

灵璧皮影，在不断发展的百余年间，经过无数艺人的潜心研究，不断总结、改革和创新提高，形成了独自的风格和特点。在人物的雕镂上能够抓住各类人物的不同特征，运用洗练的轮廓造型，夸张的纹样装饰，人物雍容典雅。图案装饰，纹样得体，疏密相间，虚实有致，雕镂精细，刀法犀利。色彩明快，形质互见，形成了鲜明的地方色彩。

灵璧皮影的演出班子基本上是两人搭班。演出时由一人操纵（也称"挑"）兼说唱，另一个人伴奏（打击铙、鼓及木梆）兼伴唱。前人总结描述灵璧皮影为："三尺白布作戏台，两人敲打唱起来"和"一口过尽千古事，两手对舞百万兵"。百余年来，灵璧皮影的演唱一直是人少简装，他们活跃在周边城市和偏僻山区乡村，受到广大群众的喜爱。

灵璧皮影戏的传统剧目多为神话剧，如《东游记》《西游记》《封神榜》和一些折子戏及童话剧。在农村演出多为连台本，故事连贯，"扣""帽"紧，能抓住观众，群众百听不厌，新中国成立后，在县文化主管部门的领导下，在剧目和演唱等方面有很大的改革。1958 年，九顶区老艺人赵以亭曾在文化馆业务人员帮助下排练了新剧目，并且谱写了固定唱腔，第一次使用乐队伴奏。

"文化大革命"期间，灵璧皮影受到了极大的打压和针砭，不少珍贵的皮影资料被付之一炬。党的十一届三中全会以后，皮影戏才恢复了演出。1982 年为迎接省、地举办的民间艺术会演大会，灵璧县皮影艺术工作者及文化业务部门的同志激情满怀，决心把灵璧皮影艺术抓起来，为此专门创作了宜于表现皮影艺术特点及具有地方色彩的剧本《水漫泗州》，重新设计雕镟了一套皮影人物和导具，并设计了灯光布景与幻灯字幕，谱写了固定唱腔，乐队也作了配器，在宿县地区民间艺术会演大会上，以崭新的面目与观众见面。当前奏曲响起，面幕徐徐拉开，银幕上出现蓝底白字字幕，如同电影字幕一样移动变幻时，即刻抓住了观众，响起了掌声，与会同志不再以旧的眼光看待皮影了。当人物出现和特技表演时，赢得了全场掌声，这次演出，受到安徽省文化厅领导和前来参加会演的专家学者的极高评价，随后决定将调演这场皮影戏，在省城合肥为安徽省民间艺术会演大会作演出。

灵璧皮影形成于灵璧，传播于邻省。党的十一届三中全会以来，又不断的改革、创新与提高，为灵璧文艺舞台争得荣誉。灵璧皮影是灵璧土生土长的一株鲜葩，在灵璧文化史上闪耀着夺目的光彩，是值得我们尊重的。

灵璧大鼓

尹凌潇

灵璧大鼓是具有浓郁地方特色的民间曲艺，属皖北大鼓范畴，流行于苏皖交界地区的乡村和城镇。

皖北大鼓相传是在清代中期受北方的河间大鼓影响发展而成，艺人和琴书艺人同祖同宗，有共同的师承世系，有高、刘、柴、桂、张、沙、杨七大门派，灵璧大鼓多师从于张、沙、杨门。

清末民初至20世纪五六十年代为灵璧大鼓的鼎盛时期。早期的大鼓艺人，多以唱大鼓挨门乞讨，称为赶门头，后来有的在集镇上扎场子演唱，晚上则在乡村唱乡场子。赶门头演唱的内容都是些书篇子，即小段子，或"见风采柳"，触景生情，见啥说啥。扎场子和唱乡场子大都是中长篇，主要是历史公案和武侠故事。1949年后，政府和文化部门对传统书目进行改编、移植，一些鼓书艺人成为职业艺人。"文化大革命"期间，大鼓传统书目被列为"四旧"，禁止演唱，20世纪70年代末才解禁。到了80年代，我县大鼓艺人已达200多人，代表人物有赵明利、顾晓梅、马桂山、王玉萍等。演出内容除传统书目外，还创作了许多宣传党的路线、方针、政策的新书目。

灵璧大鼓的表演道具多以30厘米左右的圆形书鼓为主，配带三根竹杆支架、木质鼓棒和一副长10厘米左右的月牙形钢板。演唱时，左手打钢板，右手持鼓棒敲击大鼓。说唱时讲究闪、架、喷、贯。"闪"表现战场的刀光剑影和人物打斗等情态，"架"突出的是人物的举止神态，"喷"是吐字清晰的嘴上功夫，"贯"讲究的演唱连贯，一气呵成。因此艺人在表演时都配有戏剧性动作，鼓棒可作刀枪剑戟，亦可作笔、杖、棍、棒，随心所欲，动作娴熟。鼓点也是千变万化，单点、复点层次分明，慢如闲庭散步，快如疾风暴雨。说唱过程中还配合丰富的面部表情，注重语气的轻重缓急。

皖北大鼓借淮上交通之便流行到淮河两岸，后逐渐遍及安徽全省，形成南口、北口、花口三种唱腔。灵璧大鼓艺人说唱用的主要是"北口"唱腔，有立嗓（唇舌音）和卧嗓（即肚音、憋腔）唱法，表演风格豪放，唱腔铿锵有力，语言诙谐幽默。板式分快板、慢牛、流水、花板等。演唱时注重抑扬顿挫和节奏变化，分起腔、平腔、流水腔。起腔是开场曲，节奏较为缓慢，发音低沉；平腔是唱正本，节奏明快，发音高亢；流水腔多用于书中的"倒插笔"，节奏适中，发音悲婉；结束收尾，演唱回归平腔。

灵璧大鼓唱词为韵文，基本为七字句或十字句。不仅押韵，往往一韵到底，韵用的是"亲身、啪嚓、紫西、彷徨、铁血、宫声、扑簌、拍灰、徘徊、焦梢、丑牛、天仙、婆娑"十三个大韵，每一个大韵有相应的韵字。在说韵或唱韵时要求拖腔送韵带敲鼓，拖腔是根据感情需要拉长某个字的音节，送韵是指韵字后要配以相应的尾音，送韵后还要跟进相应的鼓点。

灵璧大鼓词本有"书帽子""书头"和"正本"。"书帽子"是用来欢场子的，内容多是生活中的趣闻、笑话。"书头"是开场前先敲打鼓板各种花点，配合拖腔念词，显得幽静、宽松、雅致，待客入场。"正本"以说唱表为主，展示艺人演唱技艺水平的高低。

灵璧大鼓用灵璧方言演唱，在流传的过程中不断完善，吸收了地方戏曲、民间小调、方言俗曲等元素，带有鲜明的地方色彩，通过说唱惩恶扬善、弘扬正义教育后人，具有很高的历史人文价值。随着时代的发展，它虽已与我们渐行渐远，可那激越的鼓点，悠扬的钢板声，那沙哑又带有几分悲凉的唱腔，却始终留在人们的记忆中。

2017年，灵璧大鼓被列为省级非物质文化遗产，省级代表性传承人为赵明利、顾小梅。

灵璧城隍庙会

张少秋

灵璧城隍庙会俗称五月二十八庙会,被列为省级非物质文化遗产保护名录。

灵璧城隍庙设于元，及至明，知县周荣（山东人，洪武年就任）重建，在县治东北。万历四十七年（1620年），知县陈泰交新之。康熙十二年（1674年），知县马骕又新之。

汉高祖刘邦曰："奉天帝命为王，领城隍。"自汉以来遂为全国通祀，加以爵号。洪武中改正，"止题神牌曰某府州县城隍之神。清明、七月望日、十月朔日县令则亲自祭之，已成规"。

灵璧城隍与明成祖靖难有不解之缘。明建文四年（1402年）盛夏，在这里发生了颠覆一个朝代的齐眉山大战。

当年七月朱棣登基，号永乐，谥明成祖。执政后信守诺言，免除灵璧人民徭役，封城隍为"灵应侯"，其庙基高三尺，比州府庙基还高两尺，仅比北京明故宫大殿低一点。

明成祖明白那日城隍点化，故将灵璧称龙飞之地，凡官员履新、过境必先拜灵璧城隍。

灵璧城隍有"灵应侯"封号，自是香火旺盛。本来祭祀是官家所为，每月初一、十五必司香礼拜，禁止百姓私入。这渐渐与民疏远，中乡各里正（乡镇长级别）邀乡贤代百姓进言，在农历五月二十八日举办庙会，一是纪念成祖龙飞，二是欢庆丰收，祈求风调雨顺。对于这个理由，官方岂有不准之理，自此民间沿袭。

因此，灵璧城隍庙会自明正德年间兴，至嘉靖年间盛，而后每有减繁，因世道兴衰与年景丰欠，或逢或停。

听我奶奶说，旧时，五月二十八会规模很大，花墙口到三山夹一井多是辣汤、稀饭、大馍、花卷、油条、煎包、油馍、丸子汤、豆腐脑、绿饼汤、烙饼、煎饼等各色小吃。各家早早支起锅来，烧的是秫秸、芝麻秸等柴禾，满街狼烟地动。东西大街上有卖花洋布、染青老粗布的，也有卖凉粉的。隍庙街口是卖木器的，有柳木案板、椿木箱子、小板凳、软床、平车架子、风箱、箩子、列子、拖车、染洋红的耙框大床、双扇门等器物，应有尽有。再往北是大鼓场，听者众多，但蹭场的更多，一到起钱时，即转身离去。隍庙街北拐弯是牛羊市，少见有大牲畜。从前街至庙后，有零零星星卖瓦罐盆的，这些土陶被卖者敲的铛铛响，以招揽顾客。庙的前院是戏班子唱戏的场所，这是富人还愿的舞台，也不是一般人可以去听的。奶奶娘家的一块菜地常有大型杂技班子在此上演，也会有换荒挑子、卖小响吧和捏泥人的来凑热闹。

祭祀是庙会重头戏，据史料记载和老人口述，殿前的供台铺黄绸缎，上置香炉烛台，摆灯、彝（有似酒尊）、豆（类似今高脚杯）、簠、爵、罍（似壶，方圆不一，小口广肩有盖）、簠、簋（陶器，圆肚，上口、底均小，两侧有耳）。

有盛馓子、果脯的竹编柳编小筐（筐），供品有帛、香、烛、玄酒（清水）、醴酒（甜酒）、羊、豕、鲜鱼、鹿、兔（此三样可为醢，即肉酱）、黍、稷、稻、粱、形盐（特制虎形盐）、藁鱼（咸鱼干）、榛、栗、枣、菱、芡（鸡头米）、韭菹（zu，腌渍韭菜）、芹菹、菁菹（以蔓菁腌制的菜）、笋菹、外加庭燎（插在两侧的火把）。

祭乐，洪武中颁《大成乐》于天下，开祭三奏（按孔庙祭礼乐章礼制连奏三遍），用舞八佾（纵横均八人，共64人）。

新中国成立后，庙会时断时续，破除了陈规陋习，没了祭祀礼仪，少了杂耍唱戏，仅有商品贸易且规模如乡间逢集。1969年延续几百年的古会戛然而止，1980年后恢复时，县里成立了领导小组，发文到各区乡供销社，要求办好古会。古会那天，从西关桥头到东头桥内，隅顶口向北到供电局门前，摆满了摊位，已尝到改革开放甜头的农民释放出巨大购买力，古会成了各经营单位减库存的契机。到了1984年，个体工商户占据了70%摊位，多以服装、布匹、生活必需品为主。

张桥庙会

曹金芳　尹凌潇

三月初九尤集张桥庙会起于明代。据《张桥村张氏族谱》记载：张桥村有一座东岳庙，为东岳大帝行宫，建于明武宗年间，地处村中心，占地20亩，前后大殿东西廊房共有14间。前殿塑有善恶二判官，后殿正中有东岳大帝黄飞虎和护从的全身塑像，东西廊房有"福禄司""阴德司""速报司"等。庙前有一座纯青石土地祠，供有土地公婆塑像。俗传东三月二十八为东岳神诞辰，于是定每年的农历三月初九为东岳庙香火大会，提前为东岳神庆祝寿诞。自此东岳庙香火不断，前来烧香磕头，许愿还原的人络绎不绝。

一个村落的东岳庙香火为何如此旺盛呢？这与当地一个传说有关。传说建东岳庙时，人们选中了这块风水宝地。地上不知什么时候长出一棵亭亭玉立惹人怜爱的小槐树，正值前大殿的后墙基中。这怎么办呢？庙址已选定，不好更改，留下它建殿碍事，砍掉它实在可惜，移栽别处，现在又不是植树的季节。思来想去，大家也拿不定主意。第二天，当人们来到工地时，一下惊呆了。原来这棵槐树，一夜之间它竟然自己向北移动了三尺，正好处在地基外面，对建殿一点儿影响也没有了。大家都觉得不可思议，难道这是一棵神树？消息一传十，十传百，越传越远，越传越神。东岳庙建好后，香火非常旺，方圆几百里的人们都来祭拜。在给东岳大帝敬奉香火时，人们也必然给这棵神树供上一些香火。久而久之，有人竟然把东岳大帝丢掉，专门来给这株神树上香，甚至有人烧香磕头向它求子求孙来了，还有求功名富贵的。不知是心诚则灵，还是这棵槐树真有灵性，许多人祭拜后都来还愿，给槐树披上红布，使之成为一道特别亮丽的风景。

这棵槐树还多子多孙。有的人家孩子体弱多病或比较娇贵，就把孩子带到神树前，让孩子给神树叩头，认神树干爹，让神树来保佑他健康成长。从庙建好到现在，神树已认了不少的干儿子，算到今天，也是成百上千了。

东岳庙后来在黄河决堤时倒塌了，这棵槐树一直旺盛地生长，一直到今，只是躯身已成空洞，被粗糙的树皮紧紧地包裹着，但它依然傲霜斗雪，以其旺盛的生命力屹立着。每年的三月初九，这里定期举办庙会。每逢这一天，家家

宾客满座，户户亲朋盈门，大家相呼相拥，纷纷云集老槐树下。各地商贩、艺人也从四面八方赶来，有唱曲艺的，玩杂技的，耍马戏的，玩猴子的，捏糖人的，卖小吃的，真是三教九流，五花八门。他们有的搭帐摆摊，有的行走叫卖，呼喊声、说唱声、锣鼓声、喧哗声交织一起，俨然盛大节日。而最热闹的地方要所槐树周围，不管是来做买卖的，还是来游玩的，人们总忘不了来给老槐树上炷香，祈求老槐树能给自己，给家人带来好运。

2017 年，张桥庙会被列为市级非物质文化遗产项目。

灵璧赏石艺术

耿瑞英

灵璧赏石艺术是以自然天成的、可移动的、有观赏价值的灵璧石作为审美对象的一种特殊的艺术形式，它是赏石者发现灵璧石自然美的形式后，再赋予观赏者的思想和情感内容的艺术创造。

灵璧赏石艺术历史悠久。灵璧石从唐代开始大量开采，到宋代达到了高峰，从其面世，灵璧赏石艺术则相伴而生。米芾在赏灵璧石的过程中，提出了"瘦、皱、漏、透"四字相石之法，尽得灵璧石之妙。苏轼在此基础上，率先提出丑石观，开创了"丑而美，丑而秀，丑而雄"辨证赏石的先河。杜绾、王守谦、蒲松龄都将灵璧石列入编著的石谱之中。乾隆皇帝提写灵璧石"天下第一石"。

近年来，灵璧涌现了以孙淮滨、张训彩、任树文等为代表的一批寻石、赏石、藏石的奇石收藏家。灵璧县成立了观赏石协会，赏石文化氛围日渐浓厚。1999 年昆明世博会，有 3 块灵璧石获金奖，位居世界各石种之首。2008 年灵璧县被国家命名为"中国观赏石之乡"。

灵璧赏石艺术是一种发现、赋意、传承的艺术。

当人们从自然界中撷取一枚有观赏价值的灵璧石头时，首先进行审石度势，寻求最佳观赏面和观赏角度，由形、质、色、纹个别属性的感觉到对其综合形象的知觉，做出对于这枚观赏石是具象的、或意象的审美判断，并在此基础上进行艺术构思、创作。

灵璧石是大自然造化而成，因赏析者注入思想和情感内容的赋意，才成为天然石质艺术品。这个"赋"的艺术创造包含对观赏石的品评、配座、命名、赋文、背景布置、灯光营造等。赋意的审美创造，表达的是创造者的主观诉求，与中国传统艺术重写意的表现手法相一致。

灵璧赏石艺术盛行于唐宋，繁荣于明清，完善于当代。北宋宣和年间，具有完全石谱意义的《云林石谱》将灵璧石列入首位，自此以后，各历史时期的石谱文献都对灵璧石有记载，有序传承至今。灵璧赏石艺术以集体传承为主线，以个人鉴赏为表征，以石谱著述的文化的自觉为其显著的特色，既有物质的传承，更有精神的传承。

灵璧赏石属于造型艺术范畴，大致可分为画面石、雕塑石两类。

画面石是指石体上呈现天然生成的类似绘画画面的观赏石。它以色彩和线条的巧妙搭配构成人物、植物、花鸟、山川等图案，内容丰富，形式多样，意境深远。

雕塑石是指自然石具备不同几何形态的立体艺术美造型的观赏石。有的是立体的，有的是呈半立体的。雕塑石在灵璧赏石艺术中占有主导地位，造型千姿百态，包罗万象，极富视觉冲击力、震撼力与想象力。

灵璧赏石艺术特征鲜明。一是相融性。灵璧奇石是大自然的造化，不假人为、不加雕琢。同时它又是赏石者通过甄别、感知、鉴赏和体悟等形象创作形成的艺术品，具有优美的内涵和诗情画意般的意境，人文色彩浓郁。所以灵璧赏石艺术是天然性与人文性相融、物质与精神相济，形式美和意境美相谐的艺术珍品。二是包容性。灵璧赏石艺术具有强大的包容性，从普通百姓到官员学者，社会各阶层人士都可以成为赏石的主体。灵璧石种类繁多，赏石者可以各取所爱，似与不似，见仁见智，各有所得。三是综合性。灵璧赏石艺术所表达的是一种综合之美。它集"瘦、透、漏、皱"四奇和"质、声、形、色、纹、意"六美于一体，是一种无与伦比的真、善、美相统一的综合之美。

　　赏石艺术是中国文化艺术宝库中一颗璀璨的明珠，灵璧赏石艺术作为其中重要的组成部分，具有多方面的重要价值。一是历史文化价值。灵璧赏石文化是经过长期的积淀和发展成长起来的具有鲜明地域性文化特色的非物质文化，具有独特的人文内涵。二是美学价值。灵璧石具有多元的审美特征，它是无声的诗，立体的画，中国赏石文化史上的"唐诗宋词"。它所体现的内涵意韵，一旦与识者相遇，便会产生共鸣、启发灵智，影响甚至改变人的情操和修养，顿悟人生哲理。赏石艺术创作的过程，就是一个发现美、创造美、感悟美的审美过程。三是经济价值。灵璧石以其天然性、稀缺性、唯一性、艺术性、不可复制性的特点使其具有巨大经济价值。它为赏石者带来精神愉悦的同时，进入流通领域，也为人们带来经济收入，并形成产业，带动就业，推动经济和旅游业的发展。

　　2017 年，灵璧赏石艺术被列入宿州市第四批非物质文化遗产保护名录，市级代表性传承人为陈树文。

灵璧狮舞

耿瑞英

　　狮舞是民间传统表演艺术。中国民俗传统认为舞狮可以驱鬼辟邪，故每逢喜庆节日，如开张庆典、迎春赛会等，都喜欢敲锣打鼓，舞狮助兴。

　　灵璧舞狮活动，在元宵前后规模最庞大、最隆重、最热闹。灵璧所舞属北狮，其外貌和真狮相似，全身用染为金黄色、橙、红色的苎麻，缝缀于双层厚布之上，梳成毵毵浓密的鬣毛，头部庞大狰狞，猛厉可畏，血盆大口，可张可合，项挂一串铜铃，摇摆时响声悦耳，未舞看起来已经是惟肖惟妙的狮子。

　　灵璧狮子舞套路众多，节目丰富，技艺精湛，融武术、舞蹈、杂技、锣鼓表演于一体，有地狮和高空狮两种表演形式。表演时，由两人配合，一人执头，一人做尾，在后边的人跟着狮头动作，亦步亦趋，行动迅捷，尾巴不停地摇晃，大嘴不住地一张一合；若是小狮则是一人表演。一般是雌雄成对出现，狮头上有红结者为雄狮，有绿结者为雌性。有时一对狮子会配一对小狮，小狮戏耍大狮，大狮弄儿为乐，尽显天伦。另有一身穿传统服饰的人，手拿绣球，在狮前引导，并先开拳踢打，蹦蹦跳跳，以诱狮子起舞，引得狮子张牙舞爪，忽而翘首仰视，忽而回头低顾，忽而卧地匍匐，忽而摇头摆尾，其间伴有舔毛、擦痒、洗耳、朝拜、翻滚、跌扑、跳跃等动作，还有上楼台、过天桥、跨三山、走翘板、海底捞针、下山、滚球等技巧，灵活逼真、惟妙惟肖。近年也有采用南狮形象的狮舞，但还是北狮的步法，称为"南狮北舞"。

灵璧狮舞在表演技巧上独具匠心，带有浓厚的地方特色。表演既凶猛、狂躁，使人望而生畏，又温顺可爱，充满温情。有时一对狮子会配一对小狮，小狮戏耍大狮，大狮弄儿为乐，尽显天伦。

灵璧狮舞以杨疃大魏狮子舞最为著名。大魏狮子舞起始于民国初年的杨疃镇大魏庄，因当时军阀混战、土匪横行，魏继宇、魏风果等为强身健体、保卫家园，带领本村青壮年习武练拳，并在此基础上创办狮舞灯会，逐步形成大魏狮子舞这一独具地方特色的民间传统表演艺术。其独创的"狮子产崽"表演，场面活泼温馨，表现了动物的情感。

2010年，大魏狮子舞被列入市级非物质文化遗产。

灵璧民谣

耿瑞英

灵璧民谣是灵璧人民创作、吟诵、口传心记的民间口头艺术，反映了灵璧人劳动、生活、习俗、时政和思想感情，是灵璧民间文化中独具特色的珍宝。

灵璧民谣起源于先民维持生存的物质活动，特别是生产劳动。据考古发现，早在新石器时代，这里便有人类繁衍生息。这里属淮北平原，一马平川、气候适宜、四季分明，先民们在这片土地上劳动、生活的同时，创作了简捷明快、朗朗上口的民谣。

劳动号子是灵璧最早产生的民谣，它是在不同的劳动环境中随着劳动节奏应运而生。伴随着社会的发展，民间祈年庆节、贺喜禳灾、祭祖吊丧等仪式及日常迎亲送友等习俗不断增多，民谣的内容和形式也越来越丰富多样。

灵璧民谣受楚汉文化影响很大，垓下之战后，灵璧留下了许多如《散楚歌》《阴陵山》《金银山》等反映垓下之战的民谣。

隋唐大运河从灵璧穿境而过，灵璧成为沟通南北经济的重镇。四通八达的水路交通，也带来了南北不同的民谣，使得灵璧民谣得到不断发展和传播。

灵璧是著名的"中国民间艺术之乡"。每年春节、元宵节等传统节日，村民们常伴以旱船、竹马、高跷等舞蹈形式自娱自乐，踏着鼓点，演唱民谣于城乡，并能根据客观生活的变化，编排出新的内容。灵璧的琴书、大鼓艺人在说唱过程中，往往为了情感需要，插唱一段民谣。这些民谣经艺人的反复传唱，便在民间广泛流传开来。

灵璧民谣的内容大多是反映寻常百姓的日常生活，给人一种朴素的亲切感，是普通百姓的心灵之歌。内容非常丰富，题材广泛，政治斗争、社会生活、风土人情、娱乐游戏、男女爱情、天文地理、生产劳作、教化劝善等都有所涉及，真实地记录了人民群众的生活境遇和社会发展状况，反映了人民群众的思想情感。反映阶级矛盾的有《穷人难》《娶新娘》《十二月》等；反映民主革命时期斗争生活的有《可恨"东洋兵"》《日本鬼子进了庄》《胡大队拔凤凰山伪军据点》《解放灵城》等；歌颂党和新社会的有《毛主席像太阳》《共产主义放光芒》《妇女翻身》等；劳动号子主要有《打夯号子》《吆喝号子》《装卸号子》《船夫号子》《打榨号子》等；表现爱情和生活情趣的有《妹送情歌过了河》《不如跟哥下扬州》《手采桑叶会情郎》《桥头相会日头长》《送情郎》《盼郎歌》等，反映社会主义建设的有《民工扒河》《治淮河》等，歌颂家乡美景和新生活的有《灵北好》《咱村是个好地方》《新十二月》等；反映风情民俗的有《撒帐歌》《送房歌》《安座歌》《小红孩》《腊月杀鸡》《上梁歌》《看春联》等；反映商业经营活动的有《客店生意经》《卖佐料歌》等；童谣有《月姥娘八丈高》《小花鹊》《小毛头要吃妈》《小烟袋》《搬板凳》《大槐树》等。从内容上来分有经商民谣、生活民谣、劳动民谣、爱情民谣、儿童歌谣、时政民谣等。

灵璧民谣，形式多样，主要包括山歌、号子、儿歌、风俗小调等。灵璧民谣用方言传唱，节奏平稳、色彩明快、语言精练、朗朗上口，易于传播，深受百姓喜爱，有很强的区域性和时代特征。灵璧民谣也是地方文化的重要组成部分，它真实地反映灵璧社会民间的鲜活生活和文化现象，从中可以认识到灵璧人所具有的人生观、价值观和审美观，如《撒帐歌》《送房歌》《腊月里腊月八》《月姥娘八丈高》《花喜鹊》《姐姐门前一棵槐》《扒河民谣》《十二月》《小红孩》《卖佐料歌》等，在农村流传至今，具有鲜明的地方特色。

灵璧民谣代代相传，原生态地再现了灵璧乡土韵味、生活气息、时代印记和社会风貌，是一幅流动的、有声有色的、立体的鲜活影像，具有丰厚的历史、人文和社会价值。

2017年，灵璧民谣被列为市级非物质文化遗产，代表性传承人为尤传化。

灵璧马灯舞

耿瑞英

马灯舞是汉族古老的民间歌舞。《新唐书·礼乐志》载："玄宗赏以马百匹，盛饰分左右，每千秋节，舞于勒政楼下"，这是官方关于马灯舞的最早记录。民间的马灯舞于宋朝已经流行，钱塘人吴自牧的《梦粱录》就有民间跳马灯舞的记载。

各地的马灯舞在内容和形式上各有不同，来源也说法不一。有的地方说源于唐代的"竹马戏"的舞蹈，其内容表现王昭君出塞和番时的离愁别恨；有的说源于南宋之初，为纪念"泥马渡康王"而成；有的说源于明末，为纪念李自成而成。李自成率众起义，所到之处开仓放粮，帮助农民种田。一天深夜，起义军遭到包围，闯王带领男女将士骑上战马，挑灯夜战。村民则点灯笼，擂鼓敲锣，呐喊助威，东跑西窜，迷惑官兵，令义军取得了胜利。后人为纪念闯王的恩德和这次战斗，就用花纸竹篾扎成彩马和彩灯，敲起锣鼓跳起舞，再现当时情景，以示庆贺。有的说源于明代开国时期，朱元璋祈求太平盛世，并为马氏娘娘祈福，恩准民间跳马灯舞……不管是何种说法，都寄托了民间向往光明、祈求太平的良好愿望，后来被称为"跳马舞""竹马灯"。

灵璧马灯舞据传起源于清乾隆年间，由晋商传入灵璧渔沟镇，其初是儿童游戏"竹马"，即如唐代诗人李白在《长干行》中所描写的："妾发初复额，折花门前剧。郎骑竹马来，绕床弄青梅。"后发展成为成人的娱乐活动。

马灯是用竹篾和铁丝扎成马的轮廓，约 2 米长，中间骑坐部位留一孔，能容一人腰围，周边用彩纸糊或用布围裹成马身，再配上其他颜色、线条、装饰物。马灯做好后，马头内放红烛（后来放电灯泡），如在晚上表演时点燃。表演者把马套在腰间，并用布条绊在肩上（绊带隐在上衣内），腰以下部位隐在马身中，骑马者的两腿画在马身上，表演时把骑马动作舞蹈化。表演内容以古代戏曲人物和传说人物为主，灵活多样。

马灯舞在每年农历正月十五元宵节期间举行。参加演出的人数根据演出内容而定。演出时先有头扎白手巾的骑士策马登场进行礼节性表演。他首先沿着舞台鞭打马跑一圈，再上场拜马，俗称打四周，就是按东、南、西、北四个方向各表演一次，主要表演走马步、赶马的动作。接着按照设定的故事情节，演员分角色相继登场。《八仙过海》是渔沟镇马灯舞表演队的保留节目，一般有 8 匹马，分别由 8 人扮演八仙过海中的人物进行表演，生动有趣。有时也为了渲染热闹气氛，许多演员不分角色、不按情节骑马列队行进或定点表演。马灯的步法和队列伴着锣鼓节奏不断变化，时走时跑，马不停蹄，步伐铿锵有力，气势宏伟浩大，给人以奋发昂扬，生机勃勃的感觉。

随着社会的发展，马灯舞最初的本义正逐步被人们淡忘，已经发展成为人们欢庆太平盛世，预祝人寿年丰，增强重大节日和重要庆典的热闹气氛的一项民俗活动。

2013 年，灵璧马灯舞被列为市级非物质文化遗产。

白龙庙会

尹凌潇　曹金芳

白龙庙会源于流传于皖北地区的一个小白龙探母的凄美传说。

灵璧县大庙乡街西一里处有一个小村庄名叫陈宅子，这里民风淳朴，四邻和睦，老濉河绕村而过，静静地流淌着岁月的清波。在濉河南岸，有一座高大的坟茔，坟前立有一块石碑和一座龙的雕塑，坟茔不远处的小土坡上立有一间龙母庙，庙中供奉着小白龙和他的母亲陈氏，而那座坟茔相传就是龙母之墓。每年的农历七月十五白龙探母日，这里就举行庙会。

传说洪武年间，安徽、江苏北部遇到百年不见的大旱，沟涸田干，禾苗枯萎，百姓苦不堪言，纷纷到龙王庙前跪拜求雨而不得。正当人们心急如焚之时，忽然传来一声婴儿坠地的哭声。接着天色骤变，狂风四起，大雨倾盆而下。原来是陈宅庄员外陈尔善的夫人生了个女儿。久旱逢甘霖的乡亲们欣喜万分，纷纷前往祝贺，称女婴为龙女下凡。

小龙女长到 16 岁，出落成一位如花似玉的姑娘。农历四月的一日午后，小龙女正在家里刺绣，突然天空下起了倾盆大雨。小龙女起身去关窗户，见那屋檐水清清的，便伸出双手，接了一捧水喝了下去。小龙女这一喝，喝进了一颗龙籽儿。数月后，小龙女的腹部逐渐隆起。三个月后，龙女临产，生出一条小白龙。小白龙出生后见风就长，即刻长至五六丈长，它在地上打了个滚，"嗖"地一声腾向空中，转眼间无影无踪。三天后，龙女身体稍有恢复，正坐在堂屋的椅子上梳头，白龙伴着一声炸雷，从云雨中飞来，伸头向龙女的怀里要吃奶。龙女吓得眼前一黑，当时就没了气。小白龙哀号一声腾云飞去。陈家人非常伤心，选了上等棺材为龙女装殓，准备七月十五将龙女安葬。那一天，陈家人刚把棺材放到墓穴里，只听"咔嚓"一个响雷，顿时狂风大作，昏天黑地，云雨中一道白光闪过，接着暴雨如注。送葬的亲邻只好冒雨回家，雨停风住后，人们发现，龙女已被安葬，坟墓足有 30 余丈高，周围全是龙爪印迹。原来那场狂风暴雨是小白龙作的法。小白龙要奶吃吓死母亲后，非常伤心，感念母亲怀它数月，给它生命，来不及到天庭回报，便立即下凡，呼风唤雨，亲自安葬了母亲。

小白龙安葬了母亲，返回天庭，但因思念母亲，寝食难安，便恳请玉帝恩准回家探母。玉帝念其一片孝心，令七月十五巳时去，午时回，要清风细雨，不要惊扰百姓。小白龙高兴万分，出了天门，纵身一跃离开了天庭。因为思母心切，小白龙忘记了玉帝的旨意，快行似箭，顿时天空黑云滚滚、狂风怒号、地动山摇、大雨倾盆。它穿越云空，飞过千山万水，来到母亲坟前，挥起龙爪，掘土向母亲坟上撒去，把坟墓增高至 50 余丈。

小白龙探母，带来狂风暴雨，树木被刮倒，庄稼被淹没，玉帝非常生气，但念其思母心切，是个孝子，且令他巳时去午时回，时间太紧，风猛雨大，农田受损，而人畜没有伤亡，又能准时回宫，也没重责，关了三天禁闭放出，并降旨封它为孝龙。从此后每年七月十五小白龙回家探母，都是和风细雨。雨水滋润着万物，到处生机盎然。

为感念白龙降雨功德和忠孝美德，人们在龙母墓前修建了白龙庙，并定于七月十五白龙探母日举办庙会。据当地人介绍，白龙庙建于永乐三年，庙宇红墙绿瓦，高大雄伟。殿堂楼阁雕梁画栋、金碧辉煌。东西两院殿堂、厢房百十间，院内树木参天、花红草绿，景色宜人。大殿上龙母像美似天仙，张天师身背斩妖剑，怀揣降妖符，手拿拘神牌，威风凛凛。其他各路神仙，姿态各异，活灵活现。明天启和崇祯年间，黄河两次溃决，龙母墓和庙宇被洪水淹没。民国十四年，乡邻捐资重建。正殿三间，东厢房两间，殿内有白龙母子塑像。白龙庙重建以来，前来焚香祭拜的游人络绎不绝。"文化大革命"期间，庙宇被毁。改革开放后，大庙村人重修龙母墓园，从民间收集龙母和白龙塑像，寻找墓碑，修墓建庙立碑，并恢复庙会。每年的农历七月十五，大庙村举办白龙庙会，江苏、河南、山东、黑龙江等地的客商和游人前来经商贸易和祭拜瞻仰。

2010 年，小白龙探母传说被列为市级非物质文化遗产名录，胡居廷为市级传承人。

木偶戏

张训来　石亚萍

木偶戏是用木偶表演故事的戏剧。表演时，演员在幕后一边操纵木偶，一边演唱，并配以音乐。灵璧木偶有杖头木偶和布袋木偶。杖头木偶是以柳树根雕成戏剧人物，涂敷铅粉，绘上毛发，穿上戏剧服装即成木偶人。清代九顶头山村有赵姓木偶班社，唱京剧，曾入过宫廷演出。布袋木偶又叫《扁担戏》，流传在灵璧向阳乡岳河村一带。"文化大革命"前，这个村不足100户人家，每年冬季就有100多副木偶挑子外出演出，几乎家家户户会演"扁担戏"，有的一家有两副木偶挑子。由于"文化大革命"期间的"破四旧"，全村大部分木偶道具几近绝迹。后来，文化馆虽恢复木偶戏的演出，但已无往日木偶之乡的韵味。近年来，会演木偶戏的老艺人大部分已经去世。

布袋木偶舞台极小，装置较为讲究，上端为龛形顶篷，中间有隔屏，左右有上下场门，下端沿边缘周围装一大布袋，用一根扁担撑起即成舞台，故又称"扁担戏"。多由1人表演，表演者两只手既要操纵多角色登场的人物，又要打击乐器；一张口既要分角色唱、白，又要伴以"口哨"音乐。木偶头雕刻形神兼备，表演细腻，动作传神，深受广大观众的喜爱。

木偶戏的传统剧目有《王小二卖豆腐》《猪八戒高老庄招亲》《猎虎》《打砖碟》等。

灵璧泗州戏

尹凌潇　曹金芳

泗州戏原名拉魂腔，由民间说唱演变而来，唱腔灵活，旋律优美，表演明快爽朗，粗犷有力，流行于淮河两岸，已有200多年历史。它与山东的柳琴戏、江苏的淮海戏同是由"拉魂腔"发展而来，彼此之间存在着一定的血缘关系。泗州戏与徽剧、黄梅戏、庐剧并称为安徽四大剧种，2006 年被列入国家级非物质文化遗产名录。

泗州戏源流说法不一，但基本一致说法是泗州戏起源于苏北海州一带的邱、葛、张三姓氏艺人，以"猎户腔"和"太平歌"等民间曲调即兴演唱，经过加工和融合，不断丰富，就编出了具有简单人物故事的"小篇子"演唱，由于唱腔优美，听者不思饮食，赶场听看，好像魂被拉去，故被誉为"拉魂腔"。后因连年灾荒，张姓在海州一带串门卖唱，发展为淮海戏；葛姓流浪于苏北、鲁南一带，发展为柳琴戏；而邱姓则在泗州一带传艺卖唱，又吸收当地的民间小调、舞蹈等艺术元素，便形成了具有皖北特色的泗州戏。

早期的泗州戏以说唱形式为主，表演形式非常简单。最初的拉魂腔艺人以"赶门子"和唱"门歌子"为生，多半是夫妻或父女关系，以自制的土琵琶（现在改为柳叶琴，因形似柳叶而得名）为伴奏乐器，男弹女唱，沿门说唱乞讨以求谋生，有时也有一个人自打板自演唱，或自拉琴自演唱。随着时间的推移和生存需要，泗州戏的表演形式逐步改进，艺人们开始收徒传艺，形成了有八九个人合作的小戏班。小戏班以推着独轮小车，四处流浪"跑坡"演出为主，演出服饰极其简单，男角通常为礼帽、大褂、麻制胡须，女角只有一件蓝布衫和自制百褶裙，用红布扎一朵花作为头饰。演出乐器以柳叶琴为主，外带梆子、小锣伴奏，以"帮腔"弥补音乐气氛的单调。演出内容除"轧花场"（一种民间舞步）外，多是小生、小旦、小丑的"三小戏"，如《小书房》《小花园》和一些"小篇子"。小戏班除"跑坡"外，还为庙会唱庙戏，为大户人家唱堂戏，为农民唱还愿戏。从家庭式演出到"七忙八不忙，九个人看戏房"，泗州戏的演出已具有班社雏形。20 个世纪 20 年代，泗州戏演员开始进城演出，泗州戏才有固定班社的剧场演出。

泗州戏的脚色主要分大生、老生、二头、小头、丑等几类，其表演在说唱基础上大量吸收民间的"压花场""小车舞""旱船舞""花灯舞""跑驴"等舞蹈表演形式，受戏曲程式规范的影响不大，带有明快活泼、质朴爽朗、刚劲泼辣的特点，充满浓郁的皖北乡土气息。

"压花场"是泗州戏表演艺术的根本，分"单压"和"双压"两种，具有明快爽朗、粗犷有力的鲜明特色。"压花场"对演员的要求非常严格，在表演时，必须注意手、眼、腰、腿、步等各部位的协调与配合，如女演员在走四台角、旋风式步法时，形似风摆杨柳，状若出水芙蓉，舞姿极为优美。

泗州戏的唱腔曲调源于当地的民歌小调、劳动号子及农民生活、劳动的曲调，如赶牛耕地、妇女哭腔等，并吸收了花鼓、琴书等民间艺术形式的曲调加以改造发展，主要有"哈弦""单起腔""双起腔""哭调""含腔""扬腔""行腔""雷对调""叶里藏花"等。泗州戏的唱腔随意性很强，讲究自由无拘，要求伴奏跟着演员的演唱走，以便于演员的发挥和创造。艺人们还把这种形式名之为"怡心调"。

泗州戏的花腔调门很多，同一种调门，演员可以自由发挥，各人唱法互不相同，同一演员唱同一段唱词时都难以规范和定型。此外，在唱腔的落音处，女腔常用小嗓子翻高八度，男腔加入衬词拖后腔，也是其独特风格。节奏大多是有板无眼的1/4节拍，除了大部分是后半腔起唱外，还有连续切分的变节奏，给人以欢快、活泼、跳跃之感。但也常使人摸不着板眼，有不稳定的感觉。由于唱腔旋律与地方语言有着密切的关系，唱腔中的音程大跳经常出现，再加上频繁的转调，使人听起来既新奇多采，又自然和谐。

泗州戏在灵璧深受群众喜爱，有"从东庄到西庄，要听还是拉魂腔"的赞誉。据统计，新中国成立初期，县境城乡有38个业余剧团唱泗州戏，演员有几百人，颇具影响的有孙献芳、周玉侠、周齐英、程怀轩、刘彩、王祥太、顾言信等。1953年灵璧县文化主管部门根据文化部《关于整顿和加强全国剧团工作的指示》精神，召开了灵璧境内的拉魂腔艺人座谈会，并把他们组织起来，成立大众剧团。1956年灵璧县政府将原来的大众剧团和新渔剧团合并，成立有70人组成的灵璧县泗州戏剧团。灵璧县泗州戏剧团在演出发展过程中，涌现了一批具有较高艺术造诣的演员，如马素珍、金士元、赵计明、张良谋、张廷华、张银泉、魏胜云等。20世纪80年代至90年代，一批艺术骨干成长起来，如孙庭栋、顾鼎、肖祖强、孙向荣、王晓荣、孙艳秋、李琼等。代表剧目有《三蜷寒桥》《杨八姐救兄》《樊梨花点兵》《皮秀英四告》《大花园》《罗鞋记》《绒花记》《跑窑》《拾棉花》《懒大嫂赶会》《打干棒》等。但经常上演的，或为人们喜闻乐见的还主要是小戏、折子戏，并且以日常生活小戏为多。

20世纪50年代至70年代，是灵璧县泗州戏剧团演出活跃时期。剧团坚持"两为"方向和"双百"方针，走遍了县境内的各个村落，并将演出范围拓展到周边县市，甚至到江苏徐州、南京，湖北武汉，山西大同等地，并受到好评。1956年，现代戏《绿海棠》参加蚌埠专区在怀远举办的首届戏曲观摩大会。1964年，泗州戏剧团赴合肥演出，在稻香楼宾馆为来安徽视察工作的刘伯承元帅专场演出了《井台会》《买甜瓜》《走娘家》，剧组人员受到刘伯承元帅和安徽省委书记李葆华、省长黄岩的亲切接见。1969年剧团18名演员参加宿县地区戏剧大会战，参与《智取威虎山》剧组的排演。1973年泗州戏剧团用自己研制的活动小舞台、小灯具在全省百家专业文艺团体会议期间进行专场汇报演出，受到省文化厅表彰，被评为安徽省先进文艺团体。后来，又排演了一批弘扬社会主义主旋律的大型现代戏《枫叶红了的时候》《江姐》《焦裕禄》《党的女儿》《刘胡兰》《双枪老太婆》等剧目。1979年，灵璧县泗州戏剧团被宿县地区行署选为地区慰问团前往五河、泗县、固镇、泗洪、泗阳部队进行慰问演出。改革开放以来，剧团配合党的计划生育政策的宣传，排演了《三十七计》《苦柳》《赎女记》等反映计划生育题材的剧目，多次参加省市戏剧调演并获得殊荣。现代小戏《七月寒》参加六省会演获表演二等奖、作曲三等奖；传统小戏《瓜园会》获安徽省第五届艺术节表演二等奖；《选演员》获安徽省小戏小品调演表演三等奖。杨晓霞、宋雪玲获安徽省泗州戏十佳青年演员称号。近年来，泗州戏剧团注重挖掘地方文化资源，排演了大型剧目《钟馗嫁妹》《白芷花开》。《钟馗嫁妹》还在中央电视台戏剧频道播出。

泗州戏与皖北人民的生活、习俗有着密切的联系，具有浓厚的生活气息和地方文化特征。2006年5月，泗州戏经国务院批准列入第一批国家级非物质文化遗产名录。

2008年，灵璧泗州戏被列入县级非物质文化遗产名录。

钱杆舞

耿瑞英　尤传化

钱杆舞是具有典型民间艺术形式的舞蹈，俗称"耍钱杆"。主要表演方法为手握钱杆子中段，绕体打击身体的各个部位和地面。表演时铜钱刷刷响，自成节奏，加上歌唱，古朴粗犷，韵味无穷，是人们自娱自乐、强身健体的有益活动。其中有单打、双人对打和多人变换队形合打。

钱杆舞所用的钱杆子由约 1.5 米长的竹竿制作而成，粗细均匀。两端各掏三个长形小孔，每个孔中串系数枚铜钱。竹竿上涂以彩漆，在竹竿两端装饰彩绸，民间戏称为"花枪"。

钱杆舞来源于生活。艺人所舞的钱杆子本是人们沿街乞讨的用具，可以用作拐杖、防狗咬和挑东西。杆不离手，闲暇时就拿来玩耍，逐渐演变成一种表演形式。为了引人注目、便于乞讨，又将铜钱嵌入杆中，使表演具有一种吉祥的象征，有招财进宝、财源广进之意。后来钱杆舞发展成多人并有音乐伴奏和演唱的综合性艺术品种。因表演自由欢快，不挑地点、场合，只要有人群，信手拿起钱杆就可即兴表演，深受群众喜爱。表演时，漂亮的钱杆飞舞，哗啦啦的铜钱串脆响，悠扬的民间小调，给予人们一种美的享受。

钱杆舞需要表演和说唱相配合。舞者会根据唱词的感情变化，击打出轻重缓急的节奏。演唱缠绵或悲哀的唱词时，打钱杆人左手拿杆，只用右手轻轻拍打钱杆，发出轻微低沉的"咣当、咣当"的声音，演唱喜乐欢快的唱词时，打钱杆人便会蹦纵弹跳，四肢舞动，狂欢起来，有的还能在地上一边翻滚，一边演唱，煞是好看。

表演者可以跟着民乐伴奏起舞，也可边唱边舞，所唱曲调多是灵璧当地民间小调。过去演唱的内容大都是民间小调，而且多是相思幽怨的爱情故事。例如《送郎》《盼郎》《劝郎》《小寡妇上坟》《小光棍哭妻》等。唱词有的欢快明了，有的幽情绵绵，有的凄婉冷清。后来随着社会的发展，演唱的内容却不断变化。

以前钱杆舞多在农闲和重大节日时表演。随着广场舞的流行和普及，人们开始将钱杆舞和广场舞结合起来表演，成为具有地方特色的健身运动。现在，在城镇公园里和休闲广场上，人们经常能看到他们的身影。表演时，少则十几人，多时有上百人，场面热烈奔放，节奏灵动欢快，展现了一幅幅和谐幸福的画卷。

2008 年，钱杆舞被列入灵璧县非物质文化遗产保护名录。

面具舞

耿瑞英

面具舞是一种传统民间舞蹈。它源于古代驱鬼逐疫的"傩祭"表演。傩面具是图腾崇拜和原始宗教对神明崇拜的产物，先民们戴着它吓唬魔鬼，驱逐病疫，祈求人畜平安。后来随着社会的发展，傩祭逐渐从祭神向娱人方向转化，与世俗活动融为一体，成为农耕社会人们祈盼丰收，举行庆典仪式的舞蹈艺术。

灵璧面具舞主要流传于黄湾、晏路一带，代表作品有《五鬼闹判》和《洞宾借驴》等。

《五鬼闹判》从唐代的"跳钟馗"演变而来，又根据灵璧民间传说加工而成。传说钟馗灵璧人，才华横溢，相貌丑陋，参加科考，独占鳌头，但唐明皇因他相貌丑陋，将其状元资格取消。钟馗怒发冲冠，撞殿柱身亡。后来因其刚正不阿，被阎王封为阴间的判官，被唐明皇封为"疾恶状元，斩邪将军"，被玉帝封为"翊正除恶帝君"，成为阴阳两界的判官，专管驱邪斩鬼。后来经过民俗信仰的创造，钟馗变成了一位能给人们带来健康和幸福的"万应之神"，虽然相貌丑陋，但在绘画和戏曲舞蹈中的形象却有趣可爱。《五鬼闹判》吸收了绘画的形象，戏剧的身段，运用舞蹈动作，将钟馗送福驱鬼的故事演绎得妙趣横生。表演时，6 位演员头上各顶着由竹皮扎成鬼头状的篓子，篓内点然蜡烛，篓外糊毛头纸并画上鬼脸，1人为判官钟馗，5人为跟随钟馗的小鬼。这5只小鬼传说是钟馗收服的看守奈何桥的五鬼，可以变成蝙蝠飞翔在钟馗身边，所以钟馗所到之处，具有纳祥送福之意。从每年的农历正月十四的午夜至十六3天，他们要从乡村的每家每户门前经过，各家用鞭炮相迎，希望迎来新的一年吉祥平安。每当演出之时，手执琴棋书画的4个小鬼首先随着锣鼓声翻腾跳跃出场，动作洒脱滑稽，加之多种形式变换队形，整个场面情趣盎然。随后身材高大、豹头环眼、腰佩利剑的判官在撑伞鬼的伴舞下出场。他手执木板，舒展阔袖与众小鬼打斗嬉戏，一会儿环眼圆睁，一副明察秋毫、正义凛然的形象；一会儿又或托琴聆曲，或凝目观画，或举盘品棋，或捋髯审书，一副亲切可爱模样。小鬼判官默契的配合，惟妙惟肖的表演，反映了人们惩恶扬善、迎祥纳福的美好心愿。

《吕洞宾借驴》从八仙过海的故事演绎而来。表演者3人，分别饰吕洞宾、张果老、韩湘子。张果老白发银髯，骑驴而行，韩湘子手持花篮，跟随驴后。吕洞宾徒步走来，见张果老骑在驴背上逍遥舒适，便狡诈地欺骗张果老和韩湘子，最终达到骑在驴背上的目的。通过形体和哑语表演，揭露了社会上一些尔虞我诈互相欺骗的丑恶现象。本节目1956年曾参加蚌埠地区和安徽省民间舞蹈汇演，受到观众和专家的一致好评，1957年随中国代表团出访朝鲜慰问演出。

灵璧面具舞表演的内容大都是人们熟悉的民间故事，富有情节和戏剧性。它以人事说理传情，或自娱自乐，亲切感人，具有教育性和娱乐性。表演时，动作粗犷古朴，幽默风趣，有着很高的艺术欣赏价值。同时它融合了民俗、宗教、雕塑、彩绘、舞蹈等多方面内容，对研究傩舞的发展演变和民俗文化具有重要价值。

2008年，灵璧面具舞被列入县级非物质文化遗产名录。

灵璧龙舞

耿瑞英

龙舞，又称耍龙灯或龙灯舞，是一项传统民间舞蹈。表演时，舞龙者手持龙形道具，随鼓乐伴奏，在龙珠的引导下，通过人体的运动和姿势的变化，完成龙的游、穿、腾、跃、翻、滚、戏、缠等动作和套路，展示龙的精气神韵，主要在节庆、贺喜、祝福、驱邪、祭神、庙会等期间举行。

龙的形象源于中国古代的图腾，被视为中华民族的象征，并把它看作能行云布雨、消灾降福的神物，因此地方久旱不雨时，人们便舞龙祈雨，以后慢慢演变成民间舞蹈。

龙舞是深受灵璧人喜爱的舞蹈，许多村庄都有龙舞队，逢有大节日、大庆典、庙会巡游等，必有龙舞助庆。其中虞姬乡王尤庄的龙舞最有影响，从清朝末年到现在，一直延续不断。最初庄里的老人为了让年轻人远离赌博，在冬闲时就组织起龙舞队。舞龙的套路有他们自编的，也有从外地学习的。入冬开始排练，到春节时就进行表演，庆贺新年。表演从正月初一直到正月初九，引来十里八村的群众围观。元宵节、二月"龙抬头"、端午节时也有舞龙表演。以后年年如此，技艺越来越高，影响越来越大，还经常到外村表演。1982年参加县文化馆组织的全县民间艺术会演，从界沟演到韦集，受到了群众的交口称赞。

灵璧龙舞所舞的一般是布龙，也称打龙，龙身用竹篾扎成圆龙状，节节相连，一般由12节、闰年由13节组成，外面覆罩画有龙鳞的巨幅色布，每节有一人撑竿，首尾相距约有十数来丈长。人数不定，少则数人，多则上百人舞一条大龙。表演时，龙前由一人持竿领前，竿顶竖一巨球，作为引导。巨球前后左右四周摇摆，龙首作抢球状，引起龙身游走飞动。长龙舞弄起来，左耸右伏，九曲十回，时缓时急，蜿蜒翻腾，加上锣鼓伴奏，蔚为壮观。布龙的特点是动作快、幅度大、舞姿轻捷矫健，多由两条布龙一起表演"二龙戏球"。主要有"金龙盘玉柱""海底捞沙""三进龙门""龙打滚""龙翻身""虎踞龙盘""拜四方""金龙喷水""雪花盖顶""白鹤展翅""双跳龙门"等花样。表演若在节庆之夜表演，每节装置灯具，舞动起来，火光翻动，形象逼真，配合锣鼓、唢呐伴奏，同时施放烟花爆竹，更加热闹非凡。

灵璧龙舞讲究形（姿势）、技（配合）、法（方法）、情（神韵）的有机结合。其中，"形"包含圆、连、顺、灵四种形态；"技"指人与龙体、龙珠与龙体、音乐与龙体的配合；"法"包含舞法、步法、握法、鼓乐法；"情"指人、龙之间情感的表达，即舞龙时表现出的喜怒哀乐等情感。

2008年，灵璧龙舞被列入县级非物质文化遗产名录。

灵璧坠子

陶金霞　　石亚萍

坠子源于河南，由流行在河南和皖北的曲艺道情、莺歌柳、三弦书等结合形成的一种曲艺形式，至今有100多年历史。最初演唱者一人，踩脚梆自拉自唱，后来发展到一人操坠胡，一人左手打檀木或枣木简板、右手打单钹或书鼓，合作说唱。再后来又加入了扬琴伴奏。新中国成立后，我县有胡崇庆、袁月娥等民间艺人唱坠子并带徒弟。唱词基本为七字句。初期大多演唱短篇，也有演唱长篇的。曲目有《王二姐思夫》《两双布鞋》《一盆饭》《送梳子》《赵部长探亲》《赵大爷买鞋》《小寡妇上坟》等。

1973年县成立曲艺队，招收4名学员，我是其中之一，入队后师从著名坠子名家吕明琴。曲艺队成立后，对坠子的演唱形式进行了大胆改革，伴奏扩展为小型民乐队，演唱扩展为多人并分角色，还创作和改编了一批现代题材的新书目。5年时间里，除在县内演出外，还到过合肥、安庆、淮南、铜陵、马鞍山、六安、蚌埠以及江苏、山东等省演出，受到好评。

常用的曲调有"四句腔""大寒韵""小寒韵""垛子""扎板""三字

紧""五字嵌"以及"花腔""小黑驴"等，流派属皖东坠子。

2010年，灵璧坠子被列入县级非物质文化遗产名录。

潼郡庙会

王玉柱

潼郡庙会起源于古潼郡。潼郡遗址位今高楼镇潼郡村，为远古取虑聚落。潼郡村名缘于北魏置临潼郡，因所置郡临潼河而名。

潼郡是千年古城邑，古代的地区政治中心。隋唐以后，一直为集墟。每年的四月初八是潼郡庙会。四月初八日，本为佛诞节，即释迦牟尼的出生纪念日，是我国佛教最大的节日之一。北魏孝文帝太和九年（485年）迁都洛阳后，大兴佛事，每年释迦牟尼诞日都要举行佛像出行大会，就是把神佛塑像装上彩车，在城乡巡行的一种宗教仪式，所以又称"行城""巡城"等，出行时的队伍中以避邪的狮子为前导，宝盖幡幢等随后，音乐百戏、诸般杂耍，热闹非凡。佛诞节流传到民间，又形成了庙会。潼郡置于北魏，当时佛事盛行，每年四月初八日要举办天佛庙会，祭祀佛祖。

佛诞节在潼郡的民间传承中，又与办社火，拜奶奶庙，祭玄帝、关公、龙王等具有地方特色的民俗文化活动和商贸活动联系在一起。庙会期间，正值樱桃等水果成熟上市时节，所以，潼郡庙会又被称为"尝鲜节"。现庙会已迁至高楼镇举办。

2016年，潼郡庙会被列入县级非物质文化遗产名录。

辉山庙会

晏金福

灵璧渔沟辉山庙位于渔沟张寨村辉山上，是当时苏鲁豫皖边界最有名的一座全神庙院，始建于明洪武年间，原有正殿五间，内供十殿阎王，前殿五间，由僧众居住，东西厢房各五间，供奉判官及诸煞。殿后有观音堂、华佗庙。值得一提的还有一座楼，人称新神庙，是沙滩医生崔亚军捐建的，据说崔亚军之子崔儒汉在徽州当师长，20多岁就死了。死后托梦给父亲："要想家里人好，就到辉山庙盖座楼。"他就照办了，楼内有崔儒汉的塑像。辉山庙规模庞大、气势恢宏，常年香火繁盛，信众来自方圆百里。

辉山庙每年正月十五逢会，庙会的规模是这一代最大的，上海、南京、蚌埠、徐州的商家都赶来参会，每次庙会交易额达上千万元。因庙会正值春节期间，远近各村的表演队从四面八方赶来，庙前的广场会挤得水泄不通。除了各种生意买卖，最惹眼的就是那卖膏药的，大冷天的，光着膀子站在庙前，一片长刀拍得胳膊"啪啪"响，嘴里嚷着："膏药膏药，×家膏药！眨眼止血，赶快来买。错过今天，后悔一年！"只见他拿大刀往自己胳膊上一划，胳膊上的血顿时就像流水一样，"哗哗"地往下淌。他不慌不忙地从地上的口袋里掏出一个瓶子，拧开盖子，伸手摸了一把，高抬起正在流血的手臂，随手一抹，那血马上就不淌了。真的，太神了！

辉山庙还有一点神奇的，就是别地方的土地老爷、土地奶奶都蜗居在村头矮矮的土地庙里，而这里却是供在辉山庙阔大的西厢房里。为什么会这样？传说这里的土地奶奶是庙西马楼人，是太阳公公的姑奶奶。一到旱天，人们就会抬着土地奶奶出去求雨。出渔沟街往北，经纸坊、菜园，再折往西，往往走到半路，雨就来了。据说刚开始时，绕了一大圈儿，走了好几里，直到回到庙里，还不下雨。他们就有意把土地奶奶放在院子里，看你太阳公公舍不舍得晒你姑奶奶。果然夜里就下雨了。打那以后，次次求雨次次灵。

辉山庙会举办几百年来，从未间断，有着丰富的历史文化内涵和民俗学研究价值，具有巨大的经济价值、文化价值和社会价值。2017年，辉山庙会被列入市级非物质文化遗产名录。辉山庙会家族传承谱系，第一代：李富仑，第二代：李贵存，第三代：李健、李凯，第四代：李子文、李子韬。

汴阳春会

耿瑞英

过去灵璧各地在春节期间有举办春会的习俗。在活动中，人们载歌载舞，庆祝人寿年丰，吉祥如意，表达对美好未来的愿望。表演形式多种多样，有龙舞、狮舞、旱船、高跷、面具舞、钱杆舞等。在表演技巧上独具匠心，带有浓厚的地方特色。

灵璧春会，民间俗称"汴阳春会"，其历史无从考查，它可能从古代原始祭拜演变而来，转为娱乐礼仪型的活动。场面欢快喜庆，形式丰富多彩。据调查统计，全县103个村庄有春会活动记载。杨疃大魏村的大型狮舞流传已有上百年，杨疃镇的河蚌舞是根据流行在杨疃湖畔的神话故事创作而成。县南韦集三山有十三个村，过去每年都有春会活动，有跑驴、狮舞、花船传统舞蹈，流传有"前桥狮子后桥龙，王油家龙灯像长虫，蒋庙花船河里撑"的说法。冯庙镇的花船舞"水漫金山"是根据流传在本地的神话故事表演而成，渔沟的马灯舞，八匹马肚子里装着蜡烛，飞快奔跑，烛光依然闪烁。流传在县北部禅堂、大路一带的钱杆舞，是男女老少都可以参加，多时有几十人表演，少则十几人或几人不等的自娱自乐的民间舞蹈。

春会的时间不固定，从春节到二月二"龙抬头"那天，期间都有春会活动。可以是一天，也可以持续数天，大都是在群众自发表演基础上的约定俗成，有的是纯粹的娱乐活动，人们尽情地玩耍，仿佛要把过去一年的辛劳、疲惫统统甩掉，以饱满的激情去迎接新的生活。在表演的过程中，也是技艺的展示和比赛。虽然没有评委，但会吸引许多外村的村民前来观赏，无形中就和别的村表演产生对比，于是便促进了表演水平的提升。有的会和集市、庙会相结合，增添了热闹气氛。逢庙会时，表演者会找一块空地，伴随锣鼓声轮番表演各种民俗技艺。同一形式如有数队表演，大家还会争锋夺势、互相比拼，将活动推向高潮。集中表演过后，他们还会到商铺、摊位面前去表演，为商家送去祝福，同时也会讨一点彩头。商家也会提前准备好鞭炮和烟酒等礼品，表演者到店前就会放鞭炮迎接，表演后就会把礼品奉上。

随着现代生活的推进，村里年轻人大都外出打工，春节回家过几天就匆匆赶回去，春会活动也渐渐式微，但春会活动中的许多表演项目都流传下来，有的在重大节日或活动中表演，有的成为一些社团的表演项目，有的则成为人们自娱自乐的健身活动项目。从这些流传至今的表演里，我们还可以清晰地看到灵璧先民社会生活的精彩画面。

为了弘扬传统文化，县文化部门积极开展民俗文化传承保护工作，将新时代的优秀文化和民俗文化结合起来，组织指导开展乡村民俗展演活动，唤醒了人们对传统文化的记忆，增强了农民的文化自信和民族自豪感。现在许多春会的表演项目已经成为"乡村春晚"的内容。

朝阳四月八庙会

赵秀永

灵璧北部的千年古镇朝阳集，每年农历四月初八，都要举办古庙会。

朝阳集四月初八古庙会，历史悠久，可追溯到宋真宗年间。原来这个集不叫朝阳集，名为圣水寨。寨子东倚凤凰山。凤凰山头部有两只凤眼（泉眼），北凤眼是天然泉水，无论春夏秋冬，常年流水不断，水质纯净甘甜，微量元素丰富，可去病健身，被人们称为圣水，远近闻名。凤凰山南凤眼旁，有一棵槐树，二人合抱粗，树龄多久，无人知晓。两只凤眼中间是一座寺庙，面朝西南，名叫圣水寺，殿宇辉煌，常年香客不断。

当年的圣水寺规模很大，东大殿三间，供俸着如来神像，北大殿五间，供奉着观音雕塑，东侧是求子台，据说相当灵验。南大殿五间，有十八罗汉塑像，最东头是济公塑像，面朝西，十分威武。寺庙面西廊房相当气派，廊上高悬写有"圣水寺"三个镏金大字的牌匾。寺内常年住着方丈和众僧，焚香诵经。寺内整日烟雾燎绕，钟声回荡。

宋真宗二年农历三月，春意盎然，草长莺飞，圣水寺里来了一位道长，鹤发童颜，目慈面善，身穿蓝衫，手持宝杖，走进圣水寺，观看四方，烧香拜佛后，振振有词地说，宝地，宝地，可惜，可惜……。住持闻听，观看这个道长，气貌不凡，可不是一般佛门之人，急忙礼请道长殿内上座喝茶以叙，躬身施礼，请大师指点迷津。道长笑曰："纵观贵寺，存天地之灵气，环境幽雅，是个风水之宝地，若做好一事，更可长久。"方丈说："请高师指教！"道士喝口茶，撸捋银须说："四月初八是佛祖释迦牟尼诞辰日，也是浴神日。这一天，佛祖巡游天下，布福人间，保天下黎民百姓福寿安康！"住持听后说："弟子明白。"话毕，住持抬头一看，道长已无影无踪。他明白这是上仙到此巡游，指点迷津，便急忙烧香跪拜。

住持烧香叩拜后，立刻找来圣水寨名族贤达儒士，禀说所见仙人之事。众等人士共议，大家出资出物，举全寨之力，在圣水寺前举行四月初八祭佛祖庙会，以赐福黎民百姓，祈祷风调雨顺、五谷丰登、人间太平。

从此每年的农历四月初八，都要在圣水寺前隆重举行祭拜佛祖大会。首先，当地官员宣读祭文，住持和乡贤村儒共同撞钟，昭示太平。四邻八乡、远道香客，烧香拜佛，鞭炮齐鸣，彩旗飘杨，锣鼓喧天，香烟环绕。拜佛的、许愿的、还愿的、祈子的，求医的，山上山下，人山人海，跪拜一片，热闹非凡。

古庙会上，民间演艺精彩纷呈。各路戏班子从四月初五到初十，连唱六天大戏。拉魂腔、黄梅戏、梆子戏……纷纷上演，让人过足戏瘾。说书场上，大鼓、杨琴、评书、单弦……艺人们轮番登场，让人痴迷沉醉。玩杂技、耍猴子、演马戏、斗狗、斗羊、斗鹌鹑的，还有套圈、射击、捏糖人……让人乐不思返。跑旱船、骑毛驴、挑花车、狮子舞、龙舞……让人目不暇接。

商品交易是古会的重头戏。古会吸引了上海、浙江、江苏、河南，山东等地的客商，刚入四月就前来抢摊设点，主要进行日用百货、粮油食品、家禽家畜等交易。叫卖吆喝、要价砍价，人声鼎沸，热闹红火。

庙会期间，各种风味小吃琳琅满目，包子、辣汤、麻花、油条、烧饼、糖糕、馓子、卤菜等摊点生意火爆。

庙会从宋朝兴起至今，历经千年，已成为朝阳镇的一张历史文化明片。

许闸鸬鹚捕鱼

张殿凯

鱼鹰，学名鸬鹚，就是人们俗称的鱼鹰或者水老鸭，是一种大型的食鱼游禽，体型比鸭纤细修长，羽毛为黑色，光线强时闪绿光，脖颈粗长。据历史记载，人们驯养鱼鹰捕鱼已有两千多年的历史。明末诗人吴嘉纪的《捉鱼行》就有"菱草青青野水明，小船满载鸬鹚行。鸬鹚敛翼欲下水，只待渔翁口里声。船头一声鱼魄散，哑哑齐下波光乱。中有雄者逢大鱼，吞卸一半留一半……"的描写。

20世纪60年代前后，我们这些孩童常常由大人带着到家前屋后的汪塘河沟边，兴致勃勃地去看鱼鹰捕鱼。碧绿的水面上，鸟飞鱼跃，轻舟荡漾，渔民一声吆喝，鱼鹰就会一个猛子扎入水中，开始捕鱼，不一会儿小小的船舱里堆满了各种杂鱼。随着时代的进步，人们生活方式的转变，再加上河流污染，鱼虾减少等因素，鱼鹰捕鱼这一种古老的捕鱼方式已越来越罕见了。

值得庆幸的是，在灵璧县浍沟镇许闸村，如今依然活跃着一群神秘的养鹰人。据传从北宋时期开始，许氏族人与鹰为伴，风雨兼程一路至今有千年历史，传下了许多放鹰人的艰辛故事，也给我们解读放鹰人的前世今生，提供鲜活的样本。查阅许氏族谱和咨询村中老人得知，许闸村本无闸，而且周围各村也没河流节制设施，可是村名为什么偏偏有个"闸"字呢？原来许氏先人在淮北一带的河流湖泊之间闯荡，终日漂泊，以放鹰捕鱼勉强度日。南宋末年，因战争频仍，不得不沿长江漂流而下，辗转来到了安徽灵璧县大庙乡的闸河一带继续着他们的放鹰生涯。随着人口的繁衍，小小的闸河已容纳不下他们逐年庞大的放鹰船队，于是选中了浍塘沟附近的新河岸边定居下来。人们为了纪念闸河这条滋养族人的小河，在许氏后加一"闸"字作为村名沿用至今。

许闸村民以鱼鹰捕鱼，世代相传，目前已二十代之多，鼎盛时期十之有八以上村民从事这一职业。据98岁老人许合电介绍，他是自明清以来祖传的养鱼鹰世家，村里最多时曾有130多条鹰船，1700多只鱼鹰。他10岁时即跟随大人外出捕鱼，壮年时自己也曾带过40多条船外出，一路浩浩荡荡，甚为壮观。足迹遍布灵璧的唐河、濉河、汴河、老汪湖等，远处则到达过洪泽湖、微山湖以及长江中下游等地江河湖泊。

以前，养鱼鹰捕鱼纯是为了生计和养家糊口，在许闸村里，如果哪家能有条把船，十来只鱼鹰，那么这家人就会不愁吃喝，不愁油盐火耗和零花钱，有了这个家当，就有了依靠。

即使在20世纪60年代的大饥荒时期，许闸村基本上没因饥荒饿死过人。鱼鹰捕鱼，救命养家的故事让人难以忘怀。年景不好时，一家老小天天有鱼虾享用，再加之有菱角及其他可食用水草，村民才没有发生忍饥挨饿现象。在计划经济年代，下湖种地的社员以出工多少来计算工分，而以捕鱼为主的专业队则将捕到的鱼拿到附近集市上去卖，以卖出多少缴给生产队换算成工分。年底分红时，往往捕鱼的家庭要比种地的家庭高出许多，捕鱼户们为此津津乐道。

改革开放后，实行土地联产承包责任制，种田和外出务工经商收入显著高于捕鱼家庭，加之汪塘和公共河流多被私人承包，随意捕鱼受到限制，再者是众多河道水环境被污染，甚至还有人暗地里偷偷地电鱼、炸鱼和使用"绝户网"（一种细小的网眼）捕鱼，这类灭绝性的捕鱼方式，导致鱼群无法生存，鱼类资源越来越少，村里原本从事鱼鹰捕鱼的渔民骤减，目前只有10来户、鱼鹰仅百余只，捕鱼成为业余。

鱼鹰的孵养与驯化是一件很有趣味的事情。一般家庭喂养两只母鹰，正常情况下，一只母鹰每年产蛋30枚左右，除自家孵化驯养外，还可以对外出售。

母鹰产蛋后都由母鸡孵化，因为母鹰无耐心，时常出窝不能保持常温，而母鸡则不同，它一直待在窝里坚守"岗位"，3天喂一次食物，25天雏鹰即可出壳。刚出壳的雏鹰，必须耐心伺候，前三天内要用小鱼捣成糊状抹在嘴里，喂食次数和食量要由有一定经验的师傅来掌握，喂多撑了，喂少影响雏鹰发育，几天后可以喂食小鱼、黄鳝、泥鳅及猪肠、猪肺等肉类食物，数量也由少渐多。到了换羽毛的时候，即可放到小溪和汪塘浅水里，让它们自己捕获一些零食，顺便熟悉水性。鹰长得很快，一般到两个月时就可开始跟渔船出去，与驯养的成年鱼鹰下水练习，5个月后就基本算是成年了。经过驯养和自学都能熟练掌握捕鱼技巧，能识别同群的鱼鹰和栖息的渔船，随主人正式列入捕鱼队伍。许氏族人驯养的鱼鹰个个都是捕猎高手，单只捕获单尾重量达到30余斤，当然这种场面现在已很少见。

谈到放鹰人的生活，许兴果师傅意犹未尽，亲身经历几十年的放鹰生活，酸甜苦辣，尽在心头，他说："过去人说世上有三苦，打铁放鹰卖豆腐。就放鹰而言，一苦是推（拉）着小车闯天涯，哪里有水哪安家，每天都要披着满天星斗，做好准备赶到捕鱼地点。不论冬天冰冻封河，不论刮风下雨，严寒酷暑，一日不能闲着。不然，一家老小加上鱼鹰的开支，那可是一笔不小的数字。特别是鱼鹰，一只鹰每天就要食用一斤多鱼，如果封河时间长，得花多少钱去买鱼喂这群鹰呀，能不愁吗。二苦是过去放鹰人，中午是不吃饭的，放鹰人劳作的地点是河流，前不着村后不靠店，为了多捕点鱼，哪有时间去弄饭吃，只有饿着肚子。再者是，过去没有现代交通工具，推（拉）着板车一路走来，走过多少坎坷之路，踏过多少河边泥泞，经过多少风霜雪雨，这苦滋味真不是一般人能承受的。"

当我们问起放鹰有哪三乐时，老许兴致很高："说起三乐，其实不止三乐。每当在大的湖泊，几十条船一字排开，几百只鹰精神抖擞，一声号令，看到它们争先恐后，勇往直前捕鱼的场景时；每当鱼鹰一只接一只地把鱼送到你的眼前，也就是歌曲里唱的'晚上归来鱼满仓'，把鱼拿到集市上卖个好价钱时；每当渔火袅袅升起，可爱的鱼鹰围绕在你的船帮上小憩时，啥苦也就觉不着了，干活也就有心劲了，想懒也不懒了。"这是老许乃至整个许闸村放鹰人的真实心声。

采访到此，我们不仅理解许闸放鹰人的苦与乐，更增添对他们坚守和传承这一古老传统技艺的敬重。如今，许闸村和城乡各地一样，村容村貌发生了巨大变化，大部分家庭住上了明亮宽敞的楼房，一些家庭购买了小轿车等现代交通工具，村民生活水平显著提高。当问到现在生活好了，为什么还在干这一行时，老许说："我们现在干这行，已经不是完全靠它挣钱，只是把它作为一种补贴家用。主要是不想把祖辈传下来的技艺在我们这一代失传了。我们已经把它看成了一种传承、一种爱好、一种享受、更是一种乐趣。"

近年来，国家通过对大江大河全流域的有效治理，大部分河流水质都在逐步改善，潍河也恢复了勃勃生机，鱼鹰也有了展示本领的平台。同时，捕鱼的交通工具也换成了电动三轮车，只是那小小的尖尖的鹰船和长长的竹篙一直未变，还重复着祖传的方式，满载着浓浓的乡情和悠悠的乡愁。

这传统的捕鱼方式已列入县级非物质文化遗产名录。

半曹酱豆

胡荣谦

半曹村位于杨疃镇，原名曹瓦柯，因住户多半姓曹，且位于县城与杨疃之间，距两地均15里，久而久之，改称半曹。

半曹酱豆历史悠久。据传，当年乾隆下江南，曾在古汴河附近半曹庄短暂停留，当地官员进献珍馐美味，半曹酱豆也在其中。乾隆吃腻了山珍海味，尝到半曹酱豆时，顿时胃口大开，饭量剧增，回京时还带了一些，半曹酱豆由此名扬天下。当地民谣唱道："乾隆帝，下江南，半曹酱豆带半碗，省着吃，慢着品，皇后看着干眼馋。"

半曹酱豆配方和工艺历来保密，只传男不传女。但是有心人不断探听，还是了解了个大概。春天，香椿树发芽的时节，选择颗粒饱满的黄豆，洗净晾干，翻炒至熟，然后放在水中浸泡，去净豆皮，按2∶3的比例倒入面粉，搅拌均匀后，捏成窝头放入锅中蒸熟，再放进口袋里发酵，使之产生有益霉菌。数日后，掰开窝头，如已发黏，就把窝头掰成小碎块，放入配好的佐料、香椿嫩芽煮的水和适量的凉开水，充分搅拌后，经日晒夜露，并常常取沥汁均匀浇在豆酱上，直至豆酱出味。

半曹酱豆的佐料不仅选料讲究，而且辣椒粉、花椒粉、八角粉都要手工磨制，且要极细。

晒好的豆酱，色泽金黄，黏度适中，口感咸香鲜辣，是餐桌上不可多得的开味小菜。

半曹酱豆2010年被列入县级非物质文化遗产名录，传承人曹金德。

钓鱼台

闫星云

据《安徽人物辞典》和《中国县市概况》记载，姜子牙是临泉县姜寨镇人，《吕氏春秋》说，姜公曾居于"东海上"。"东海上"乃"东夷土上"，泛指淮河中下游。

姜公祖上辅大禹治水有功，后家境败落，姜子牙沦为杀狗宰羊之人。为了生计，一日徒步来到磬石山下的一个小村庄，见山青水秀，一湖碧波荡漾，顿觉心旷神怡，欲垂钓于湖水，奈于无钩无线，遗憾万分。陡见湖岸一幼树笔直，细藤缠绕，急中生智，断树为杆，掐藤为线，折枝弯钩，坐立岸边，垂钓于湖。

据《安徽通志·舆地考》和《尚书·禹贡》永载："磬石山，灵璧北七十许……有地名钓鱼台，此老者抵山下之证。"《凤阳府志》记载，一名浮磬石，在城北七十里，渔沟集附近，泗水古道，有支流至磬石山下。与《尚书·禹贡》的"泗滨浮磬"如出一辙。

北宋时期，宋徽宗于汴京修建"五山艮岳"，集百万众于磐石山下，采石运往京城。当时，这里湖面较大，碧水清澈，藕莲相映，人马饮用湖水。后来为取水方便，湖东岸修一石台阶，直伸水中。台阶旁边有一庙台，临水而建，石板铺成，光滑净洁。庙台上有一亭榭，亭榭东侧向上，建有长长台道，步步升高，约50米抵达山坡上的庙宇。庙宇三进院子，前后大殿，主殿立"师尚父"姜子牙塑像，庙前有一旗杆，庙门不远处竖一石碑，上有碑文。当时，文人雅士，达官贵人，云集于此，垂钓休闲。天长日久，人们就习惯将庙台称为"钓鱼台"。

闫桥武术

中国武术是劳动人民在长期的社会实践中不断积累和丰富起来的、具有极其广泛的群众基础的一项宝贵文化遗产，具有健身、护体、防敌、制胜的作用，是中国四大国粹之一。

灵璧武术源远流长。清代民间就有许多以"社""馆"等形式传授武艺的武馆，所传武艺有太极拳、八卦掌、形意拳、长拳、劈挂拳等。民国期间，社会动荡，民不聊生，许多练武之人靠打拳卖艺维持生计。

灵璧武术最著名的要数闫桥武术。创始人曾道玉，早年师从武林高手，民国年间来灵璧县杨疃镇闫桥村落户，传授武艺。在半个多世纪的时间里，收徒千余人，以教长拳为主。在灵璧一带较有影响的有闫瑞山、宣祖春、刘心明、卜献云、王家良、闫心贵等，他们继承曾道玉武术套路，并将其发扬光大。

闫桥武术的主要内容是拳术，有太极拳、长拳推手、大小洪拳等。根据拳种和类别的不同，套路有长有短，有刚有柔，有单打，有对打，风格不一。其共同点是动作连贯、往返多变、起伏转折、快速敏捷、节奏鲜明，其中长拳是其风格的代表。长拳在技术上有要求形神兼备、内外合一，姿势要头正、颈直、肩沉、胸挺、腰直、臀敛，上肢舒展、挺拔，下肢稳定、匀称；动作上，不管是踢打、摔拿，起止点、路线、力点都要清晰；身法上，要把躯干活动和吞、吐、闪、展、冲、撞、挤、靠等攻防变化紧密结合起来；眼法上，要做到手眼相随，手到眼到，通过眼神把一招一式的内在意识充分表达出来；精神上，要全神贯注，表现出勇敢、机敏、无所畏惧的气概；力度上，要有柔有刚，刚柔相济，刚而不僵，柔而不松，发劲时有爆发力，要以意识支配动作，并与气息配合，做到内外合一；呼吸讲究提、托法，刚劲性动作用聚法，由高到低的动作用沉法；节奏上，注重快与慢、动与静、刚与柔、起与伏等多种动作招式的对比，对比越鲜明，越突出，节奏性越强。

2008 年，闫桥武术被列入县级非物质文化遗产名录，传承人为闫新俭。

（耿瑞英　整理）

乡遗篇

▎自然遗迹

灵璧古八景

魏桥烟雨

魏桥，位于杨疃镇魏桥村北半里许，在古汴水边。魏桥如虹卧波，河边垂柳依依，烟雨中，一片迷蒙。雨过天晴，魏桥与天上彩虹相映成趣，令人流连忘返。明嘉靖灵璧举人张凤仪《魏桥烟雨》诗赞曰：

> 长桥汴上势如虹，龙物时来香霭中。
>
> 混沌宁知天上下，鸿濛不辨岸西东。
>
> 烟销才讶披春碧，雨霁还看带晚红。
>
> 亦有相如题柱意，踟蹰彩笔愧凌空。

双沟浸月

双沟，在灵璧北55千米故黄河南岸，因故黄河水到此分流两股，因而得名。原属灵璧县辖，现属江苏睢宁县。张凤仪《双沟浸月》诗赞曰：

> 秋水空濛接汉平，金波漾处各渟泓。
>
> 光涵玉兔纤尘净，冷浸银蟾彻底清。
>
> 万顷缩来半顷碧，一轮分作两轮明。
>
> 幽人眈玩情难已，纵步循堤月几更。

阴陵暮景

阴陵山，位于灵璧虞姬墓东。传说虞姬拔剑自刎后，项羽悲痛万分，掩埋虞姬后，率军突围来到阴陵山下，因夜黑，加上慌不择路，在这里迷失了方向。张凤仪《阴陵暮景》诗赞曰：

拔山气力信难酬，叱咤何期一夕休。
壮士楚歌声已断，佳人越袖舞还收。
花颜涕诀尊前酒，玉质埋成野外坵。
青血化为原上草，迎风觑觑使人愁。

荆楼远眺

荆楼，位于灵璧古城南门西，因面对怀远县荆山而得名。清时，荆山为灵璧县南界。登楼远眺，旖旎风光，尽收眼底，辽阔碧野，阡陌纵横，气象万千，令人精神顿爽。张凤仪《荆楼远眺》诗赞曰：

楼对荆山景满前，晚凉徒倚兴悠然。
重重峰色蓝分雾，片片霞光锦曳天。
雁字排空声有报，秋香入夜影同旋。
郊原一望如千里，诗思因生得意边。

磬山吐云

磬云山，位于灵璧县渔沟镇东3千米，是磬石的主产地。山北麓，有一山洞，穴中每出云气就会下雨，当地人称为"雨侯"。清代灵璧县令吴嵩《磬山吐云》诗赞曰：

怪道磬中风露声，磬山灵气时时生。
定有神明通地渤，得从卷石会云英。

如烟一缕知龙出，倾刻千檐见雨行。

农夫那解阴阳律，但验云头更力耕。

柿园秋色

旧时，灵璧县城东有柿园，绵延二十余里，金秋时节，硕果累累，如火似锦，蔚为壮观。张凤仪《柿园秋色》诗赞曰：

名园种柿近城东，岁久繁阴一望中。

密叶定多因积雨，劲柯且复任西风。

新披翡翠枝枝绿，对映丹砂个个红。

忆自诗翁工字后，慈恩谁复拾芳丛。

凤山夕照

凤山，即凤凰山，位于县城西北，因形如凤凰而得名。山上怪石嶙峋，松柏苍翠，泉水淙淙，鸟语花香。每当傍晚，夕阳映照，红霞之中的"凤凰"更加楚楚动人。张凤仪有诗赞曰：

山势飞来似凤翔，郁葱佳气绕重冈。

浮云卷岫舒晴景，西日衔山挂夕阳。

有竹欲栖还待晚，无宝不落为兴王。

千岩万谷看相映，不数遥情寄雁行。

汴柳摇金

隋炀帝为游幸江都（今江苏扬州），开挖的通济渠（古汴水）在灵璧境内约35千米，堤上杨柳，叠翠成行，柳色迷离。张凤仪《汴柳摇金》七律赞曰：

炀帝行宫汴水涯，沿河栽柳护危堤。

垂垂细雨抽春叶，袅袅轻花曳暮枝。

黄鸟掷梭空费织，白鱼怯钓屡惊丝。

每逢行客临岐折，更惹余情怨别离。

（耿瑞英　整理）

磬云山

耿瑞英

磬云山，又名磬石山，位于灵璧县渔沟镇东，因盛产磬石而扬名。《尚书·禹贡》所载"泗滨浮磬"，即指此处。

磬云山地质独特，以典型的石灰岩地貌景观为特征，被誉为上古时代地球演变的"黑匣子"，地壳运动历史的活教科书。

磬云山所产磬石肌理细腻，石质坚韧，色墨姿妍，玉振金声，含有人体健康所需的锶、锌、铬等微量元素，是兼有声色之美的制磬和工艺品上等材料。远在3000年前的殷代就取灵璧石作特磬，当时它与编钟前身的"钲"相辅相并，开辟了我国古代"金石之乐"的先声。

磬云山有多种独特的地质地貌。山脚下有一条长约123米，宽14米，沿岩层走向一字延伸，崎岖蜿蜒像长龙一样的表层喀斯特岩溶地貌，非常壮观，被称为"长石阵"。形成于8亿—10亿年前的层状沉积岩，地层平缓，厚度稳定，横切面看上去像一本待打开的书卷，被称为"万卷书"，具有很高的观赏性。在山顶南侧，有图案优美的白齿构造碳酸盐岩，石纹很像汉代的画像，淳朴、厚重、自然，老百姓称其为"天女散花"。磬山北麓，有一山洞，穴中每出云气就会下雨，当地人称为雨侯。古人称其为"磬山吐云"，是灵璧古八景之一。

磬云山见证了我国古代礼乐制度的源远流长。它以其地貌景观及地质遗迹具有典型性、稀有性、系统性和完整性，而具有独特的地质科学意义、美学观赏价值和人文价值。目前已成为学术研究、科普教育、休闲度假、旅游观光的国家级地质公园。

九顶山

耿瑞英

九顶山位于朝阳镇境内，由九座山峰组成，故称"九顶山"。最高峰居中，海拔 188.3 米，其他 8 座大山紧紧相围，错落有致。

九顶山区域面积 13 平方公里，是灵璧第一山。当地人描述它是"九顶琅崖岢石山，四十五里不见天"。九顶山山势陡峭，层峦迭嶂，羊肠逶迤，常年云锁雾绕。山南侧有 5 公里长的"仙人洞"。洞虽不大，却很幽静。洞顶垂下无数钟乳，石缝滴滴答答流着泉水。

关于九顶山名字的来历，还有一个美丽的传说。九顶山山水相连，景色优美，各路大仙每到此地都被这醉人的景致所陶醉，以致数来数去也数不清这连绵的山峰。消息传到了北海，有一位大仙想了个办法，每数一峰就令侍童在那山顶扣上一个黑碗，终于数清了是九座山顶。从此，这座山就被称为九顶山。

九顶山有丰富的人文景观。山旁有赵孟頫衣冠冢，山脚下有"京渠""兰桥"等古迹。民间还传说这里是朱元璋拟建京都之地。

九顶山还是灵璧石的重要产地，有磬石、红皖螺石、纹石、白灵石等，以其形美、色美、质美、音美而闻名海内外。

有凤来仪 —— 凤凰山

耿瑞英

凤凰山位于今灵璧县城西，因形状像一只首南尾北，展西翅敛东翅的凤凰而得名。传说，女娲在灵璧磬云山炼石补天，所遗之石随风发出清扬悦耳的天籁之音，引来百鸟之王凤凰和着音律翩翩起舞。一时间灵璧祥云飘飘，仙乐袅袅，凤凰久久不愿离开，后栖息此处，每日模仿磬石之音，自鸣自舞，就形成了这座山。

凤凰山为岩石山体。山石嶙峋，形态各异，远远望去，如群兽奔腾。山上有两条山涧，南北相隔半里，涧深二丈余。每逢夏雨连绵，山洪暴发，轰鸣奔泻，如银河倒挂。站在北涧的涧北往南看，可见到一片青石，如同凤凰眼，栩栩如生。在此登二百步，便到山坳。山坳南约一里半，有一金马驹洞。洞在一块一丈见方、高约五尺的平面白石下部，洞深约两米，洞口粗可容首，侧耳细听，山风吹穴，嗡嗡作响，俗称"金马驹推磨"。洞上面的平面白石，是人们休憩的好处所。

山坳往北，是一条民国时期县长黎在符所修山路，曰"黎公路"。在离山坳200多米处石台上原有一亭，曰"怡柯亭"，也称"黎公亭"。怡柯亭遗址往北200米，是东岳庙和"九如亭"遗址，遗址边有一棵白果树，据说是唐时贞观年间建庙时所植，树茎之粗，需八个成年人连手相围，高三丈余，柯枝四指，翠叶浓荫，枝杈寄生一棵枸树，茎粗如碗口，白杆绿叶，亦甚茂盛。

东岳庙、亭子和白果树在解放战争时毁于战火，山体亦被开山者破毁。现在凤凰山内建有公墓和烈士陵园，下面开凿一条隧道，连通钟灵大道和宿灵快速通道。

灵 山

  灵山，位于夏楼镇境内，南距县城约 60 千米，西北距徐州约 30 千米，北距黄河故道约 7.5 千米。其主峰海拔 189.7 米，是灵璧境内最高的山，东西有次峰呈环抱之势。

  主峰顶部有一坑，坑周围有断砖残瓦，瓦筒背面布纹清晰可见，且有一些厚约 10 厘米、长宽约 50 厘米见方的青石。坑之断面处，上层有 50 厘米厚的覆土，覆土下有一层厚 7—8 厘米白石灰，其下有一层较厚的素面砖，砖下又有 40 厘米厚黑灰色的土层，土下有石，石已裸露，均为规则巨石。附近有两道残存石墙，宽 1 米至 1.5 米不等，高低亦不等。据此推测，这里可能是古墓葬。北坡山势陡峭，从主峰往下约 10 米处，密布着小如豆粒的石子，且覆盖层较厚，往下石子渐大，均已风化，如同山石之自然色。

  主峰南坡半腰处有断层石壁，实人工开凿所为，呈弧形，大大小小的碎石形成一个坡。断层石壁往上约 3 米处有一石缝，经探测约 3.5 米处为黑灰色土，较湿，山石上残留榫眼。其山前有土层较厚、长约 500 米的台地。上有灵觉寺遗址，据说当年的灵觉寺信徒众多，香火旺盛。可惜经岁月流变，已找不出原有的痕迹，只有一直径 170 厘米，厚 30 厘米碾谷物用的碾盘默默地躺在这里。

  在山南 1 公里许，回头北顾，灵山宛如一只展翅之蝙蝠，故此山又名蝙蝠山。

  山周围有诸多山阜。其西北为平地，远处有山。其东侧龙晋山，海拔 126 米，呈环抱向东南状蜿蜒，为灵山之外山。其西侧有均保山，形似一只头向灵山的卧龟。山南约 2 公里处有四座山峰，两两对峙，如同两对宫阙，雄峙两侧。其西南群山环抱。

  灵璧境内的山属淮阳山系，徐淮山余脉，海拔皆不超 200 米。灵山海拔 189.7 米不算高，但因处在淮北平原地带，就显得高大突兀，气势恢宏。因它位于南北交通要道，也曾在史书上见过它的身影。《史记·项羽本纪》记述发生在灵璧境内的睢水之战时云："汉卒皆南走山，楚又追击至灵璧东睢水上。汉军却，为楚所挤，多杀，汉卒十馀万人皆入睢水，睢水为之不流。"其中汉军自泗水南走的山，在灵璧境内的就是灵山及周围的山阜。

《史记》中的灵璧，孟康《史记·索隐》曰："故小县，在彭城南。"孟康所说灵璧故小县，根据历史学者陈立柱先生的考证，当是项羽楚王国在徐州之南的睢水附近临时设置的（见陈立柱《灵璧考》）。"壁"从土，史家称"壁垒之名也"，古时当为军事要地，《安徽通志》称"项羽屯之处"。这里近有睢水，北有灵山，可谓依山傍水，可见项羽在这置县、建城、屯兵，也是从战略角度考虑的。"灵璧"概取"灵山壁垒，可御强敌"之意，"灵"当取自灵山。

（耿瑞英　整理）

注：本文参考书目

1.《灵璧地名文化·灵山与楚王陵》（赵基）

2.《灵璧考》（陈立柱）

渔沟马山洞

在渔沟镇东六七千米有座山，名叫马山。马山南麓有个山洞，叫马山洞，传说长眉李大仙曾在此修道。洞的左边，有一块巨石，高20多米，上有泉水，长流不息，巨石上有碓头、碓窝子图案。洞内曲曲弯弯，分叉较多。洞内钟乳石有的如鹰隼探爪，有的像猛虎下山，让人一见，悚然心惊。很多人前来探险，可从来没有人走到过洞底，因此，此洞到底多深，没人知道。有人曾做过试验，刮南风时在洞口堆柴点火，能看到山后石缝里往外冒烟，所以有"山前点火，山后冒烟"之说。据说，山北面的京渠有一妇女带着5岁的孩子去赶梁集，到了马山，小男孩累了，不愿走，要母亲背。妇人挎着半篮子鸡蛋，山路崎岖，背着孩子怕打了鸡蛋，就哄孩子说："听话，自己走！到集上，给你买好吃的。"孩子咂了咂嘴，继续跟着母亲往前走。到了山南坡，小孩头上冒汗，喘着粗气说："再也走不动了。"说着，就一屁股坐在地上。妇人说："那就歇一会儿吧，我也累了。"歇了好一会儿，孩子还不愿意走，非得要母亲背。妇人生气了，吓唬孩子说："你不走，你看，那边有个洞，洞里有个白毛老头，白毛老头出来把你带走，你就再也见不着母亲了。"孩子一听，吓得赶紧爬起来，跟着母亲就走。洞里的长眉李大仙听了妇人的话，心中自愧："一普通村妇，都能看到我在此，我还修什么道！"长眉李大仙离开了，仙洞就现了出来。

（晏金福　根据闫兴云提供的材料整理）

千年不息运料河

尤传化

在灵璧北部游集镇境内有一条古老的河流——运料河。运料河亦称运粮河，是元代至明清时期灵邑的主要运输河道。现在这条古老的河流仍然是灵璧北部防洪排涝、蓄水灌溉的重要河道。

运料河，源于江苏铜山，向东南于陈潭入灵璧县下楼镇，途经游集镇不足10千米向南经朱集乡的刘南塘、朱集东，在岳巷与东来的沫泥沟汇合，至开合山南注入拖尾河。全长43.13千米，流域面积344.9平方千米。灵璧境内长31.1千米，流域面积184.6平方千米。

运料河是游集镇境内最早的漕运河流，几百年来哺育着两岸一代又一代的家乡人，可以称得上是游集的母亲河。

据传明末清初，今游集镇九集村练河原是运料河边的一片高滩，过往渔民需要晾晒渔网，后来过往船只越来越多，渔民和客商便在这片高滩上开始交易，逐渐形成了码头和集市，天天逢集开市，买卖红火，热闹非凡。于是就有外来客商在此开货栈店铺，据传乡绅王明堂从东海盐场经运料河运来食盐，从南方运来大米在此开办盐行、米行，生意十分兴隆。庄南的三岔河和运料河的交汇处，至今仍有碗口粗的楠木桅杆和船只淤积在泥土中。81 岁的练河村民闫瑞金老人说，他们村庄祖上全是渔民，都会驶船和捕鱼，直到新中国成立后仍然可以出 100 多张渔网撒鱼。后来因为黄水淤积河水变浅，船只无法通过，又加陆路交通兴起这里便逐渐衰落。

顺河南下 10 里便是游集镇的王巷庄，明代这里的运料河上漕船、商舟日夜不息，几十里都没有桥，往来的乡民客商全靠摆渡。明嘉靖五年，王巷乡绅王文恭斥巨资在河上修了一座五孔石桥，中间一孔可以过往帆船。王文恭捐资建桥的善举感动了两岸百姓，被乡民尊称为"王善人"。

到了清代因为这里交通便利，开始繁荣起来，车船轿马，川流不息。这条河也是灵邑粮食输运的必经之地，所以，人们又习惯称它为"运粮河"。直到清末，因上游河道淤积，这里生意才渐渐萧条。

几百年过去了，如今运料河早已失去了往日的繁华，但是，新中国成立后，经过大规模的清淤和扩宽，这条河仍然发挥着排涝灌溉的作用。河水孕育着众多的鱼类，润泽着两岸的草木、庄稼和生灵，还有着调节气候的功能。

圣水泉

朝阳镇东有座凤凰山，因像一只头西尾东、展翅欲飞的凤凰而得名。"凤凰"的两只"眼"，无论寒暑冬夏，还是湿涝干旱，常年都有泉水涓涓流出，人称圣水泉。泉水甘洌，传说还能治病。如有眼疾，用泉水一洗便好。因此不少远方香客，前来取水疗疾。

旧时，"凤眼"南面有一座寺庙，名曰"圣水寺"。寺内供奉着佛祖神像。

北三间大殿，雕塑着观音菩萨。每年农历四月初八举行庙会，善男信女们纷纷前来烧香拜佛，祈福求子，庙内香烟缭绕，热闹非常。

（晏金福　根据赵秀永提供的材料整理）

三岔河

吕允峰

在虞姬乡东北部有座三注山，其尾地势低洼，唐河从其西北部向东南穿过，在今泗宿高速穿过唐河处，建有唐河大桥，桥南面水域开阔处有一支流加入，人们称之为三岔河。在河水分流处，曾有一 50 平方米的石岛，无论河水怎么涨，石头总是露出水面，上面有成群的野鸭栖息。但后来水位降了，小石岛被村民开采了，以前的芦苇地也已变为农田。

唐河在此转向南，北岸是大李村，东边是小陈庄，西岸是扁张家。过去这里村民多以捕鱼为业，扁张原名大张家，正是因为交通不便，庄户人家都用扁担挑鱼出售，不知何时就被叫作"扁担张家"了。

在三注山和唐河之间有片开阔的洼地，当地人称石湖。传说石湖在古时候就是一片石头和芦苇地，终年烟销雾锁，没人敢进，里面却有一座古城。有一户孙姓人家，其妻子诞下一子，无四肢，体形如同骷髅，取名孙骷髅。出奇的是，他生来就会说话。随着年龄的增长，孙父感到是个负担，时常在儿子面前发牢骚："你看你成这个样子，将来怎么生活！"孙骷髅说："我儿子要比你儿子强！"孙父愕然不语。

一天，孙骷髅梦里遇见一男孩，自称来找父亲，醒来发现一小孩睡在他怀里。孙父知道后大惊："莫非我儿是羲皇凡胎，降生我家是在考验我，今后万万不可慢息！"于是，孙父更加用心抚养儿孙。后来，这孩子鱼跃龙门，衣锦还乡。恩慈加募捐，扩建了城池。这石湖城像是世外桃源，并定下规矩：一僧不出,一人不入。

这之后的事情更神奇,孙骷髅四肢竟慢慢开始发育,没到两年工夫,手脚、胳膊、腿都跟正常人一样了。一天孙骷髅到城门闲逛,见门口站一农夫,便问:"你从哪里来,有什么事?"农夫说:"我是三岔河的,迷路了,这是什么地方?"孙骷髅说:"这是石湖城。你进来,我想出去!"孙骷髅一脚刚踏出城门,农夫还未来及进城,只听城里发出奇怪的闷响,接着地面开始抖动,夹杂着呼啸雷鸣,一时天昏地暗,四处冒水,整个地面开始下陷,很快石湖城变成了一片汪洋。

传说反映了远古先民的创业史,但也与当地独特的自然环境和地质构造有关。灵璧县境本身就处于郯庐断裂地震带,传说的故事更像是一次大地震的情景。从人类生存角度来说,三山北边有唐山,还有古潼河、睢水和泗水,石湖土质肥沃,也适合人类居住。还有就是从三山西麓蒋庙村发现新石器古人类遗址看,这里地形东高西低,中部有一条南北驿路经过。地表面收集的古人类使用的器物,文化层较深厚,内容丰富,延续时间长,属新石器时代晚期遗址,这些传说,也反映了淮河流域先民们征服自然,创建文明的智慧。

人文遗迹

霸王城遗址

霸王城遗址位于灵璧县尹集镇西北,古濉水之滨。地理坐标为东经117°23′,北纬33°47′,属秦末至汉代古遗址,2017年被列入市级重点文物保护单位。

据《安徽通志》载,此城为西楚霸王屯兵处。土城虽已成残垣断壁,但轮廓依稀可见。城垣被一道高出地平线的土坝清晰勾勒出来,这土坝就是当年城垣的遗迹。时过境迁,当年的城垣遗址上,如今已栽满了树木,布满了坟茔。城垣遗址依然要高出地面近1.5米,东、西、北三面均有城墙遗址,南面被新濉河开挖时隔断,遗址东西长约2500米,南北约2400米,在当地开阔的原野上,显得特别突出,从城垣范围来看,霸王城遗址呈正方形。

该地曾出土大量秦汉时代的绳纹筒瓦、绳纹陶片及楚国蚁鼻钱、铜箭镞等文物,局部勘探发现,有2米多厚的文化层,探层清晰可见陶、瓦片堆积层。明代黄如金《过霸王城》诗中写道:"古道斜阳废堑横,山僧云是霸王城。渡江子弟人千里,盖世英雄土一坪。野草已腥虞剑血,波涛犹舞楚歌声。自此败北灭亡后,此是长平第二坑。"

(鲁兵　整理)

671

垓下古战场

尹凌潇

垓下古战场，楚汉相争时项羽与刘邦决战之地，因战场的中心有垓下聚而得名。《水经·淮水注》记载："洨水又东南流经洨县故城（今濠城）北，县有垓下聚，汉高祖破项羽所在也。"垓下聚为古村落，位于古洨水北岸，今韦集镇老庄胡村附近。张辑《三苍注》云："垓"堤名，在沛郡。《史记·索引》云："聚邑在堤侧，故名垓下聚。"著名的考古学家和历史学家郭沫若主编的《中国史稿地图集》（上册）第27页"楚汉战争"图中，标出垓下在灵璧东南，东经117°38′，北纬33°21′的位置。

西楚霸王项羽与汉高祖刘邦在荥阳、成皋打了两年多，相持不下，于公元前203年8月，双方订立和约，以鸿沟为界平分天下，东归楚，西属汉。9月，项羽按约定引军东归。刘邦却采纳张良、陈平建议，撕毁和约，与韩信、彭越相约，围剿项羽。刘邦率荥阳大军追至固陵，因韩信、彭越未至，孤军作战，被项羽打得大败。刘邦等韩信、彭越不着，着急万分，便听张良所言，给他们划分势力范围，重加赏赐。韩信、彭越得到分地承诺，皆报曰："请今进兵。"

在齐、梁大军到来之前，汉军两支外线作战的骁骑不期而至，一支是御史大夫灌婴统领的郎中骑兵，在攻占楚都彭城后，由东而西杀至距陈下不过百余里的苦县颐乡（今河南鹿邑县东），与刘邦会合；一支是在西楚薛郡、泗水一带机动作战的骑都尉靳歙的骑兵，自北向南"还击项籍陈下"，使形势发生向汉方有利的转化。有了这两支劲旅的支持，汉王刘邦与谋臣张良等策划并实施了第二次固陵之战，亦称陈下之战。此战汉军大胜，楚军实力折损殆半，从此失去对汉军大举反击的实力。

不久之后，韩信、彭越立率人马从齐梁地南下，赶来会师。此时汉将刘贾渡过淮河，招降楚大司马周殷，会同英布向北作战。汉军从东南、北方、东北三面开赴陈下与汉王会师，对项羽形成合围之势。项羽相时度势，率军东撤，以利休整将士，恢复元气，或相机再战，或退保江东以便东山再起。楚军十万人马边战边退，退至垓下，即古之浍水，今之沱河的北岸，扎下营来，准备背水一战。

公元前203年12月，刘邦、韩信、刘贾、彭越、英布等各路汉军约计70万人会师垓下，与10万楚军展开决战。韩信为汉军总指挥，分3路首先与楚军接战，韩信居中路。项羽披挂上阵，率兵迎战，击退韩信。韩信进攻失利，向后退却，同时命左右两翼出战，夹击楚军，然后又率军杀个回马枪，3路合击楚军。楚军大败，项羽率残部退回垓下营垒，韩信遂指挥各路大军将楚军重重包围。楚军虽屡战不胜，但汉军一时也难以将其彻底击溃。僵持中，汉军夜间高唱楚歌。项羽心中郁闷，夜饮帐中，忽闻四面楚歌，惊恐不解，说："汉已得楚乎？是何楚人之多也？"面对穷途末路，项羽思绪万千，慷慨悲歌："力拔山兮气盖世，时不利兮骓不逝，骓不逝兮可奈何，虞兮虞兮奈若何？"虞姬为解除项羽突围的后顾之忧，以歌和之："汉兵已略地，四面楚歌声，大王意气尽，贱妾何聊生？"虞姬歌罢，刎颈与项羽决别。项羽悲恸欲绝，率800骑兵突围，退至乌江后，自觉无颜见江东父老，拔剑自刎。

垓下古战场是刘邦、项羽长达4年之久的"楚汉战争"的最后决战之地，在中国的历史上具有划时代的意义。垓下，因这场战役而扬名中外。历史上许多文人墨客来此凭吊，留下许多感怀诗篇，抒思古之幽情，慨历史之沧桑。唐高适曾游览垓下，在其《东征赋》里写道："次灵璧之逆旅，面垓下之遗墟，嗟鲁公之慷慨，闻楚声而悒於。歌拔山以涕夷，切霸图而莫居。摈亚父之何甚，悲虞姬之有余。出重围而狼狈，至阴陵以踌躇。顾灭亡以自负，虽身死兮焉如。"

虞姬墓

尹凌潇

虞姬墓位于灵城东虞姬乡虞姬村，距灵城7.5公里，南接垓下古战场，北临古汴河隋堤。

公元前202年12月，刘邦率各路大军会师垓下，项羽陷入汉军的十面埋伏。面对陪伴他征战8年的爱妻虞姬，项羽思绪万千，慷慨悲歌："力拔山兮气盖世，时不利兮骓不逝，骓不逝兮可奈何，虞兮虞兮奈若何？"为解除项羽突围的后顾之忧，虞姬以歌和之："汉兵已略地，四面楚歌声，大王意气尽，贱妾何聊生。"歌罢，刎颈与项羽决别。项羽突围前，将虞姬的尸首匆匆安葬于此。

虞姬墓作为楚汉战争的重要遗存，在国内外享有较高的声誉，历代文人墨客、达官显贵多至此浏览凭吊，吟诗填词，写下了许多感怀诗篇。南宋诗人范成大在《虞姬墓》中感慨万千："刘项两家总可怜，英雄无计庇婵娟。戚姬葬处君知否？不及虞姬有墓田！"明代诗人叶志淑在《虞姬墓》诗中吟道："散楚歌声霸业空，虞兮无计朝江东。可怜愁染荒原草，犹带当年剑血红。"

后来历朝历代政府都很重视虞姬墓的修复，还修建了霸王祠，1942年毁于战火。现在的虞姬墓园是灵璧县政府几经修葺而成。虞姬墓冢，底部直径9米，高约4米。东边的大门上"虞姬墓"三个字为时任国务院副总理方毅题写。1986年，虞姬墓被省政府公布为省重点文物保护单位。

虞姬墓前的墓碑是民国十四年（1925年），湖南长沙人，天长县知事，权灵璧县事，即管理灵璧事务的宋毓衡所立。此碑高2.3米，宽1.2米，厚0.1米。正面正中刻有"西楚霸王虞姬之墓"八个大字。两侧石条上刻有楹联"虞兮奈何自古红颜多薄命，姬耶安在独留青冢向黄昏"，横批"巾帼千秋"。墓西侧的石碑于光绪二十七年（1882年）所立，上面刻着杨兆鋆词，周延华书的《虞美人》，内容为"楚歌声逐愁云起，夜帐明灯里，振衣献舞拭龙泉，拼取一腔热血洒君前。顾骓无语军情变，似血刀光乱，桃花片片堕东风，化作源头芳草泪丝红。"

墓东侧石碑是宋毓衡重修虞姬墓时立的，上面刻有宋毓衡写的《重修虞姬墓记》碑文。碑文用对比的方法，赞美虞姬对爱情的忠贞刚烈，介绍了虞姬墓的位置、影响和重修的时间、经过。

墓冢南面的庑殿建于1987年，为单檐式庑殿。殿内有一尊"霸王别姬"塑像，1985年由国家一级美术师、安徽省博物馆教授程慰慈设计创作的，高2米，宽3米，为玻璃钢合成材料。塑像再现了"霸王别姬"悲壮哀婉的历史瞬间，项羽身披铠甲，跪地拥着自刎的虞姬，深情地凝望着，有悲痛和愤怒，又有不舍与无奈。虞姬躺在项羽的怀抱，手握宝剑，表情从容淡定，平静安详。塑像基部镌有三朵桃花浮雕，寓意虞姬殉情自刎，生命如桃花般香消玉殒。

虞姬墓从修建到现在已经历两千年风雨，如今墓园松柏翠绿，桃树茂盛，绿草如茵。春天一到，虞美人开始发芽，到了夏天，满园虞美人花，随风翩翩起舞，似在诉说佳人遗恨，又像在欢迎游客的到来。

赵孟頫衣冠冢

赵孟頫衣冠冢位于朝阳镇西南边九顶山旁，1997年清明节期间，由赵家子孙序家谱时将其由灵璧金山寺迁于此。墓碑上书写的"半部堂"，即为赵家堂号，原意取自北宋初年宰相赵普的"半部论语治天下"。墓上用水泥封顶，为赵孟頫衣冠冢。

赵孟頫，元朝书画家、文学家，湖州人，宋太祖赵匡胤十一世孙，官至翰林学士承旨。编修于明朝初年的《赵氏家乘》载："始祖孟頫入元，历四朝，仁宗时南归，息驾于灵邑金山寺。斯地风物宜人，臣他年归田之乐土……辞官，居十年卒，葬金山寺。"根据考证，赵孟頫衣冠冢在浙江省德清县东衡桥三都内。灵璧金山寺之墓为赵孟頫衣冠墓。赵孟頫于元祐年间几经灵璧，游金山寺，见殿宇宏壮，遣次子赵奕寄居金山寺。赵奕为祭拜先父，在金山寺旁筑其父衣冠冢。

（耿瑞英　整理）

宋代采石坑

耿瑞英

宋代采石坑遗址位于渔沟镇钓台村郑巷庄南侧，磬云山西北。宋代《云林石谱》之记载的灵璧石就源于此。2004年被灵璧县人民政府批准为县级文物保护单位，并立碑为记。

因宋徽宗对灵璧石情有独钟，将其列为贡品，宋代开采灵璧石达到了高峰。据《灵璧县志》记载："灵璧石，发于唐，竭于宋。"可见开采量之大。古时开采灵璧石工具简陋，主要依靠人力挖掘、起运，开采范围相对集中。因为采石坑遗址地处磬云山脚下，开采的灵璧石质地坚韧，音韵铮综，成为当时人们采挖奇石首选之地，从而形成采石大坑。此坑距今千年，饱经沧桑，几近淤平，但当年轮廓依稀可辨。

附：

宋代石坑遗址碑文

孙淮滨

　　山川之精英每泄为至宝；乾坤之瑞气恒结为奇珍。灵璧之磬石山者，臻集天地精华，孕育泗滨浮磬，琼质墨晕，玉振金声，律中凤哕，音合龙吟。煌煌乎位列圣殿；灿灿乎史载《禹贡》。历代为朝廷国事庆典及郊庙祭祀之乐用，为天子独享专宠，辉煌荣尊数千年。"灵璧石"与"泗滨浮磬"同山同质而生，故而为追寻古风之儒家文人情有独钟，被奉为文房赏石之正统。成书于宋代之《云林石谱》，撷灵璧石于160种观赏石之首，足见尊崇之至。灵璧石大小兼蓄，小者宜作文房清供，为文人雅士殊爱；嵯峨巨峰，可掇为园林造景。大小殊异，各见佳胜。北宋徽宗皇帝敕建艮岳，灵璧石为钦定首选。今磬山北麓当年徽宗皇帝钦定之御用采石地，遗坑宛然，既广且深，即今人所能目见称之灵璧石宋坑。有关宋坑采石盛况，宋人张淏在《艮岳记》中述云："调民搜岩剔数，断山辇石，力不可致者，百计以出之。"当时人力之巨，工程之艰可知也。祖秀在《华阳宫记》中描述当年磬山所出之灵璧巨石云："灵璧之石，雄拔峭峙，功夺天造。石皆激怒抵触，若蹲若齧，牙角口鼻，首尾爪距，千态万状，殚奇尽怪。"《华阳宫记》对灵璧石雄拔奇谲之描述，绘声绘色，如现当年艮岳灵璧巨峰之瑰姿。20世纪末，本土石农在宋坑周边掘地探石，数米之下仍然发现当年残留锤凿痕迹之灵璧巨石，见证着历史沧桑。灵璧石宋坑，千古胜概，委弃烟岚荒草间，知之者凭而吊之，不知者过而弗顾。当今时逢盛世，灵璧石已享誉全球，灵璧石宋坑之胜迹，岂可湮沉不彰？为此，灵璧县人民政府决定将灵璧石宋坑列为县级文物保护单位，并建亭勒碑，镌文以弘扬之，俾千古芳躅，昭著永年！

花石纲遗址

耿瑞英

隋炀帝大业元年（605 年），隋炀帝为游幸江都（今江苏扬州），发"河南淮北诸郡民工，前后百余万，开大运河通济渠"。通济渠又称汴河，西起洛阳，东经安徽淮北市，宿洲市至江苏盱眙入淮河，全长 650 公里。河道两岸，高筑长堤，堤上修筑御道，两岸遍植杨柳，后人称汴河长堤为隋堤。

通济渠皖北段，经过埇桥、灵璧县、泗县，全长约 200 公里，在灵璧境内 35 公里。据有关专家考证，现宿—灵—泗公路即是汴渠皖北段河床的南堤。

水上运输的便捷，灵璧石从唐代开始大量开采，到宋代达到了高峰。据《灵璧县志》记载："灵璧石，发于宋，竭于宋。"宋徽宗酷爱奇石，尤对灵璧石情有独钟，将其列为贡品。

宋徽宗为了营造皇家园林——寿山艮岳，搜尽天下名花奇石，灵璧石为强征之首，动用了众多艘船只专门运送山石花木，一时间，"汴河之上舳舻相衔，船帆蔽日"。这些运送花石的船只，每十船编为一纲，沿汴而上，史称花石纲。宋代学者王明清在《挥麈录》中记载：灵璧一巨石，进贡朝庭，一路毁水关，拆城门运至京城，千夫抬之不动。宋徽宗闻讯急往察看，见此石高 20 余尺，瑰玮异常，以为神物，于是燃烛焚香，御笔题写"庆云万态奇峰"，以金带挂其上，石随移至苑中。因感念灵璧石的神奇，宋徽宗于正和七年将"灵壁"改为"灵璧"，延至今日。今灵璧县娄庄镇有花石纲遗址，是这一历史的见证，已被列入国家级文物保护单位。据《宋史》记载，宣和年间，朱勔的花石纲船队行至灵璧蒋圩，与淮南转运使陈遘运粮漕船相遇，因汴河连年失修，河床淤积，河水窄浅，两只船队难以同时通行。朱勔自恃有宋徽宗赐的"神速"旗帜，坚持要陈遘让道。而陈遘认为，当时金兵已经压境，运送皇粮刻不容缓，为了使他的运粮船能够通行，于是下令把朱勔绑了起来，将花石纲掀翻于沿河坡岸，强制朱勔让道。于是在灵璧至娄庄镇三十里之间遗留下大量的灵璧石，因其石头摆放散乱无序，后人称这段河为"乱石河"。南宋诗人楼钥在

《灵璧道旁怪石》中写道：

饱闻兹山产奇石，东南宝之如尺璧。

谁知狼藉乱如麻，往往嵌空类镌刻。

长安东风万岁山，搜抉珍怪穷人间。

汴流一舸载数辈，径上艮岳增孱颜。

当时巧匠斲山骨，寘之河干高突兀。

干戈动地胡尘飞，坐使奇材成弃物。

君不见黄金横带号神运，不数台城拜三品。

只今零落荒草中，万古凄凉有遗恨。

木人漂漂不如土，坐阅兴亡知几许！

行人沉叹马不前，石虽不言恐能语。

新中国成立初期，曾于当地南堤发现很多大石。从灵璧西关往西沿古汴河南岸至娄庄镇，在这条长约30华里俗称"乱石河"的地段里，连绵不断排放着千态万状、自然成趣、大小不等的奇石，有石头上镌刻"灵璧贡"，或灵璧人的名字"丁邑戌君"字样，可谓灵璧石荟萃之地。可惜的是，如此大量堪称石质艺术品的奇石，绝大部分被砸碎用于铺宿灵公路。

"花石纲遗址"充分证明大运河灵璧段在我国历史上发挥着重要的水路运输作用，2013年5月，该遗址经国务院核定为第七批全国重点文物保护单位。

正学书院遗址

牛士中

　　17 世纪初，深受传统儒学浸润的贵州人钟大章任灵璧县令，应灵璧诸士之请，"捐俸及锾金"，在灵城东南修建正学书院。这是灵璧乃至淮北文化发展的一件大事，为此，钟大章请自己的恩师邹元标作记以述其事，提振学院声名，鼓舞士子学风。邹元标当仁不让，欣然命笔，名篇《正学书院记》应运而生。

　　正学书院的诞生是灵璧儒学发展的高峰，灵璧不仅有了风化育人的县学，更有了学者讲学交流的书院。灵璧的声名随着书院的建立远播县外，同时也为当地人才的成长提供了更广阔的空间。

　　随后，战乱频仍，正学书院饱经风霜，甚至一度沦为梓潼庙。道光年间，正学书院又迎来其建立以来第二次发展机遇，灵璧知县孙润主持修葺，使之焕然一新，重现生机。清末重臣曾国藩曾巡视书院，对师生谆谆教导，并在书院东侧亲植皂角树一棵，以示"十年树木，百年树人"之期许。光绪年间，知县张树建重修正学书院，让这座古老的文化圣地青春再现。

　　如一座文化丰碑，正学书院屹立在灵璧大地上，风风雨雨四百余年，促进了文化交流和人才培养，为国家输送了大批干吏能臣，为地方社会建设储备了众多学者士子。

　　20 世纪后，书院历经沧桑，几近荒废。曾经的文化圣地，经历了大食堂、储藏室、教工宿舍等身份的变换，正如书院旁的那棵皂角树，说不尽的凄楚。20 世纪末 21 世纪初，正学书院终于迎来生命中的第三次涅槃。党和政府重视传统文化，修复了书院遗迹，添置了儒学书籍，正学书院华丽转身，成为传统文化教育的基地和激励师生奋进的文化场所。又成立了正学书院文化研究会，并编修了《正学书院志》。

　　这几处砖木结构的明清建筑，承载了丰富的历史文化内涵，每一处遗迹都打着深深的时代烙印，是一座城池一个地区社会历史发展的记忆。

2006 年，正学书院获批为市重点文物保护单位。

拂去烟尘，书香依旧。

水清荷举说泮池

张新清

池很多，桥也很多，池上的桥不多。

半圆形的池不多，已有 400 来年历史的石板桥不多，半圆形的池上架着 400 来年历史的石板桥已属罕见。

种着荷花的池塘多，光滑的石板桥也多，而将这池和这桥组合成诗意盎然的画则不多。

开挖在校园里的池塘不多，成为一代代学子梦的背景的石桥不多，而独倚明人修建的桥栏欣赏四百年多前种下的荷花则是前世修得的宿缘。

第一次走过泮池上的泮桥是在 20 多年前，那时不知道这个荷花烂漫的池塘和这座十几米长的石板桥有何特殊的文化意义，也料不到这个池和这座桥会成为我生活的重要见证。我好奇地看一眼池和桥，走进高考的考场，没成想走过这桥我真就顺利地通过了千军万马拥挤的独木桥。后来才知道这"泮"是个特殊的文化符号：先秦时期，天子学宫四周有水，形如璧环；诸侯学宫只能一半环水，称"泮池"。而让我走进大学之门，十几年后又日日与我相伴的"泮桥"，又名"青云桥"，寓意青云得

路。我更不知道，走过这桥，直至 20 世纪中叶，还有一座石牌坊，上书"正学之门"。我竟然幸遇了灵璧文化积淀最深因而也最为丰厚、最为肥沃的一片土地！

后来，一届届的学生毕业，他们在信里问得最多的是泮池里的荷花是否还那么娇艳。

可以说，我第二次走进灵中大门，将以灵中教师的身份出现在这里，我才真正仔细观赏我们灵璧人的泮池和将池对半切开的那座桥。池里荷叶田田，荷花嫣红，荷香脉脉。那时恰好上朱自清先生的《荷塘月色》，担心明天的课上不好，就到泮池边，倚着桥栏，感受那月下的荷的风韵。泮池里的荷有些挤，我怎么都无法摭拾到朱自清先生那宁静的心境和梦幻般的感觉，想上好课却无法找到合理的课堂建构将我的审美神经切割得支离破碎。多少年后，学生们一遍遍地问他们的荷花，我也不必为了荷塘上的月色和月色下的荷塘而悒郁，才有闲心、有雅心重新审视这池，这桥，这荷。

池里的荷，是青衣童子，绽放出娇艳的容颜，她们的生之趣生之歌在徐徐的清风中摆舞，有一瓣花掉落水面，鱼儿俶尔蹿至，戏玩有时，然后离去。这池花，就这么盛放，这么凋零，直至"留得枯荷听雨声"。而明年，又有水面清圆，又有——风荷举。这一代又一代，以生命的名义兑现季节的约定，然后，似水流年地飘逝，沉入岁月的深渊。

我说这些，学生懂吗？

我看到，桥头对称地立着两根鲤鱼化龙柱，每根一米多高，镂空雕刻着祥云波涛、鲤鱼争跃、蛟龙飞舞等图案，这石柱包含着古人对书院中莘莘学子的殷切期望。我跟学生说这石柱吧，他们荣幸地升入高校深造，有这石柱的一份祈祷呢，这石柱祈祷过多少代灵璧学子啊，被称为皖北小邹鲁的灵璧难道跟鲤鱼化龙柱没有冥冥中的符号对接吗？我这么说，会让学生哑然失笑的。泮桥的延伸，是正学书院的一条中轴线，大门厅，学道堂，习礼堂……庭院深深，而历史也深深。明朝万历二十五年，知县钟公大章"从诸士请"，捐资"辟馆罗诸士肄业其中，额曰'正学书院'"。正学书院就是此时创立。由此算来，正学书院已有 419 年的历史。这块土地上，已经弹奏数百载的弦歌，已经氤氲数百载的文化，这，难道不是一朵长盛不衰的荷花吗？

池，总是精致的，蓄上水，池更有了招人爱怜的汪汪一碧，"泉眼无声惜细流，树阴照水爱晴柔"，池围上树，而且是柔若无骨的垂柳，便有了化妆术般动人的表情，那柳枝的一招一摇，都给池带来万种的风情。泮池边的垂柳，使我第一次有了垂柳的印象，而以前垂柳之于我只是"碧玉妆成一树高，万条垂下绿丝绦"的诗意感受。因而，爱柳及池，我常常会在池边流连有时，而春日小荷未露尖尖角，那吐芽柳枝照水的风神给池增添了酥骨的妩媚。池的泉眼在何处是看不见的，书院地润，水源汩汩，早年有被古人称作书院之眼的可饮用的水井。水，给了书院灵气；水，给了泮池喜人的盈盈。

泮池，一弯月牙，嵌在垓下土地上的西周礼制，镶在凤山之麓的古人对教育的期许，折射汴阳父老文化需求的一面镜子，无疑使灵璧这方人杰地灵之境有了形而上的不竭之源。而那些生生不息、出淤泥而不染的荷，则是中国教育人品呼唤的绿色呈现。伴着淡淡的荷香，泮池和泮桥，连同鲤鱼化龙柱，一并成为灵璧之作为文明之邑的文化符号。

然而，在一次梦里，我的泮池毁了，泮池里的荷连根挖去了。从此，初夏里，望眼欲穿，也望不出尖尖小角；蜻蜓再怎么绕池数匝，也找不到可以停歇的诗的顶尖。那么，晚秋初冬，秋霖再至，霜风拂面，也已无处可觅倾听着雨声的枯荷。弟子再问我荷花开得艳否，我也只能反声自问，喃喃不知言何了。不由地，我已潸然泪下了。

恍然梦醒，泮池犹在，一缕荷香翩然而至。我不觉莞尔……

曾国藩手植的皂角树

王宗菊　牛士中

灵璧正学书院自明万历二十五年（1597年）由知县钟大章捐资创建以来，已历418载。如果从北宋元丰元年（1078年）建立的、被大文豪苏轼称为"他日必为灵阳圣地"的竹中精舍算起，灵璧书香墨韵可向前追溯 937 载，可谓源远流长。而竹中精舍毁于靖康之乱，正学书院得益于有清一代历任知县对文化的重视与倡导，成为灵阳的地标性建筑和文化圣地。

正学书院真正意义上的遗存当属学道堂东侧的一棵皂角树了，而今，这棵皂角树也已成为枯木一棵。现在它的位置在观礼堂东 20 米处。一棵粗大的、深褐色的枯木，茎干在离地面近三米处向上伸出四个粗大的枝杈，每个枝杈又向上发出二至三个分枝，分枝向上部分已被刀斧横截。树干胸围 145 厘米，直径约 46 厘米，枯死的枝干约有 7 米高。皂角树的绿色与昔日风采只能从照片和文字中来领略了。

在灵璧中学校庆书册中，有正学书院皂角树的照片（拍照时间应在 2009 年移栽之前），它还有一个名字——曾公树，并注明 1866 年曾国藩手植。从照片上看，枝干粗壮，在周围一圈景观树丛中，格外高大挺拔、枝叶茂密、蓊蓊郁郁，生机盎然。它的枝头却难以一窥，只看到它的中下部。

陈晓卿"故乡地理"之《小礼堂》有载："前年，灵璧中学扩建教学楼，小礼堂被拆除，唯一剩下的是原先门前的那棵老皂角树，伫立在那里，凄清依旧。"

灵璧先锋网一篇新闻稿《灵璧正学书院出土百余斤古钱币》中有如此描写："2009 年 2 月 11 日，灵璧县灵璧中学在移植一株古树时，出土百余斤古钱币和部分青砖、瓷片，据该县文物部门考证，这些古币均为宋代晚期钱币，距今有 700 多年历史。记者在古币出土现场看到，移栽的古树是一株皂角树，高达 10 米。据学校管理人员介绍，该树距今至少百年历史。"

皂角树是长寿树，生命周期可达千年，挂果期长达数百年。正学书院这棵皂角树应该说正处于生命的青少年期，可是这一切永远成为我们的记忆，直至消失在我们的视野里。

史载，1866 年春，曾国藩曾来到灵璧督办平叛事务，其门生灵璧东关人张锡嵘（曾任云南学政）协助其督办军务。公余，张锡荣请曾国藩到正学书院讲学。事毕，曾国藩亲手种下了这棵皂角树，寓意"十年树木，百年树人"。

古灵城四门

耿瑞英

灵璧建县时，已是北宋衰落时期，并未筑城。直到明朝统一中国之后，才正式修建城池。

弘治八年（1495年），知县陈玉创筑土城。明正德元年（1506年），土城倾圮荡尽。知县陈伯安伐石为垣，陶甓为堞，重筑新城。城呈正方形，高一丈九尺，厚一丈五尺，周六里，辟四门楼于门之上。城外凿池，广二丈，深八尺，周八里。城建有东西南北四个城门，门洞为拱形圆顶，门上建有城门楼。四关城门分别为：东门曰"鹿鸣"，西门曰"凤仪"，南门叫"望荆"，北门叫"来璧"。此后数百年，城池多次损毁，又多次重修，尤其是乾隆年间，灵璧知县贡震，利用本县丰富石材资源，大兴土木，在灵璧县城原有明代所建土城墙基础上，修建了在淮河以北各县中最气派、最坚固、外青石上大砖垛的城墙，并在东西南北四关城门上修建了飞檐陡壁楼阁式"墙门楼"，画栋雕梁，非常壮观。

灵璧古城虽经几次重修，但四城门位置都未改变，城门名也延续至今。

鹿鸣门因县城东有鹿鸣山而得名。鹿鸣山位于泗县长沟镇境内，相传明成祖朱棣南巡至此，夜闻鹿鸣，故名。建于明正德元年（1506年）的灵城东门取名鹿鸣，既符合当时的情景，又是对成祖朱棣的纪念。同时看到鹿鸣门还能让人耳畔响起《诗经·小雅·鹿鸣》的乐章："呦呦鹿鸣，食野之苹。我有嘉宾，鼓瑟吹笙 吹笙鼓簧，承筐是将。人之好我，示我周行……"伴着和谐悦耳的诗章，登上城门楼仿佛看到空旷的原野上，一群麋鹿，悠闲的吃着野草，不时发出呦呦鸣叫，此起彼应。

凤仪门因西门外有凤凰山而得名。山形似凤，头南尾北，绵延数公里。凤仪，即"有凤来仪"之意。"凤凰来朝，天下明德。"凤凰的降临是天遂人意、盛世呈祥的象征，寄寓着人们无限祝福和希望。

来璧门因灵璧北部渔沟镇一带产灵璧石而得名。灵璧石殚奇尽怪，石皆如璧。人们采得美石，经此门进入灵城，故曰"来璧"，生动而恰当，充满对灵璧石的赞美之情。

望荆门因面对南部怀远县荆山而得名。灵璧古城南门西有望荆楼，"荆台远眺"是灵璧古八景之一。清代，荆山为灵璧南面的边界。登楼远眺，旖旎风光尽收眼底。辽阔碧野，阡陌纵横，气象万千，令人精神顿爽。明代诗人张凤仪，曾登楼远望，留诗曰：

> 楼对荆山景满前，晚秋徒倚兴悠然。
> 重重峰色蓝分雾，片片霞光锦曳天。
> 雁字排空声有报，秋香入夜影同旋。
> 胶原一望如千里，诗思因生得意边。

灵璧古城历史悠久，城楼雄伟壮观，城门名饱含灵璧丰富的文化内涵，可惜城楼新中国成立初期被拆除了，但四关城门的名字却成为灵城的文化名片永远印在灵璧人的记忆里。

菠林灵北抗日中学旧址

灵北抗日中学旧址位于尹集菠林小学，原为菠林张家祠堂，属近现代重要史迹及代表性建筑，2017年被宿州市人民政府列入市级重点文物保护单位。

这里是皖北红色的摇篮。抗日战争时期，为巩固和发展壮大抗日组织，中共苏皖边区党委和宿东地委，决定于1943年4月在灵璧县境中北部，建立县级抗日民主政权组织即灵北县。中共灵北县委、县政府驻地就设在菠林村。此后，这里成为宿东抗日根据地的中心和可靠的大后方。从1943年底开始，宿东地委、军分区、宿灵行政区联防办事处和宿东游击支队司令部及后勤机关，也相继迁入菠林子等地办公。随后，军分区医院、被服厂、修械所也都设在这里。

为培养抗日干部，在这里创办了"灵北抗日中学"，招收周围各县抗日根据地和敌占区的进步青年。1944年6月停办。这所学校为淮北苏皖边区抗日根据地输送了3批党政军干部计400余人，还送往苏联留学生1人，共发展3批中共党员计数十人。原祠堂已拆除，留下的3间堂屋，曾为今菠林小学办公室。现在，又重建了5间主屋，确定作为开展革命传统教育基地，予以保护。

（鲁兵　整理）

禅堂湖西大兴寺

陈长柱

禅堂湖曾是一片广阔的水面，后来因淮河流域的水利兴修，湖水渐退，人们邻水而居，筑路兴业，官府也在此建有驿站，由于人们的社会活动和集聚，催生了这里的集市贸易，禅堂集的街市应运而生。

据多位当地老人回忆，禅堂湖西侧有座古庙叫"大兴寺"，人们习惯上称"西塘庙"。大兴寺建筑规模有正殿5间，殿内供着铜胎佛祖神像一尊，神像两旁是十八罗汉铜塑像，殿东间有一口悬起的大钟（高约1.5米），西间有一面巨鼓。前大殿3间，殿内面南神台上供着弥陀佛铜坐像，其背后是一个高大的影壁墙，后面有一尊坐南朝北的观音菩萨塑像，俗称"倒座观音"。东廊坊10间，供有观音等十多尊铜像，其余房间由方丈、僧众居住。西廊坊5间，里面塑有泥胎神像，民间俗称"速报寺"，两边挂着一副对联"你可来了""正要拿你"。

院内有石碑数十通，有记录庙宇修建年代的，有记载捐资建庙人士功德的。院内青砖铺地，院四角各有花园，种植奇花异草。前大殿西侧，还有一个土地庙。庙门口有一大广场，广场西南端有一口水井，当年供庙里僧众饮用，至今还在。

大兴寺建于何时？已无史可考。根据禅堂湖民间传说，可推出大致在唐代。

民间盛传，西塘庙是由唐朝大将尉迟敬德二次监修。尉迟敬德作为唐朝开国功臣，唐太宗李世民的爱将，荣登"二十四凌烟阁"，由此可以看出，西塘庙建筑规格之高。

从禅堂大兴寺的监修官，可推出当年的修缮，是由唐朝官方出资。那谁能令朝庭的重臣去监修一座民间庙宇呢？只能有一个答案即唐太宗李世民。大兴寺作为民间寺庙，肯定与皇家有一定的渊源。至于是什么样的渊源，还有待今后的考证。

尉迟敬德监修大兴寺，除有民间传说，还有就是现在70岁以上老辈人中，亲见过大兴寺庙砖上"敬德监制"字样；另有记载，尉迟敬德在唐朝江山稳固后，即"告老"赋闲在家，潜心佛事。这样，禅堂湖大兴寺是尉迟敬德监修一说，又增加了可信度。

禅堂大兴寺的佛像全是铜胎，这与其他庙中供佛多"木雕泥塑"又是不同。据讲，禅堂大兴寺的佛祖塑像比庐州（今合肥市）明教寺的佛像还高大，与九华山大雄宝殿里的佛像一样，威仪壮观。笔者曾亲去明教寺和九华山大佛殿考察，据导游介绍，九华山的佛像代表了当时中国佛像的最高工艺水平。

民间传说，大兴寺佛祖的脑门上有一颗夜明珠，可把殿堂照得光亮。又有说，夜晚从灵城向北驶船的艄公，就可看到夜明珠的光。这种说法虽有夸张，但也说明佛头夜明珠并非俗物。

禅堂庙会也从又一个侧面推断出，大兴寺在当年的名气。一般的庙会都是一年逢一次，而禅堂大兴寺的庙会，却是一个月逢三次，即初七、十七、二十七。

悠悠岁月，斗转星移，往事越千年。到20世纪初，古老的禅堂大兴寺所有庙宇，因年久失修，已破败不堪，佛祖塑像的头上，只有一条芦席遮挡了。在此，不得不想到禅堂湖大善人陈永宝。

陈永宝，禅堂镇西南七八里小陈庄人。自幼受家庭熏陶，笃信佛教。有一年路经大兴寺，看到佛殿倒塌，佛像饱受风吹日晒，顿生怜悯之心，当即发下宏愿，要重修"西塘庙"。自这天起，即告别家人，出门化缘，历时近二十载，行程上万里，足迹遍布数省及"南北二京"，终圆心愿。新寺庙于1929年春建成，从此陈永宝就住在这里，日夜与佛事为伴。他又兴办学堂，请来塾师教授学生。

1942年冬，正值年关寺里突发大火，大兴寺成为一片灰烬。陈永宝虽躲过一劫，但因此得了一场大病，病愈以后，因心疼"西塘庙"，神志几近疯癫，不久就过世了。后来因为革命斗争的需要，这里所有佛像都被抗日武装部队拉到洪泽湖畔，在兵工厂里处理做成了枪支弹药。

1943年五六月间，日军占据禅堂，强征民夫，将庙址里的砖石，全运到据点修炮楼。从此，大兴寺只剩下一片遗址了。

东关外的碉堡与菜子桥

吕允峰

灵城东关外有个基督教堂，教堂西侧有条南北向的圩沟，通向南边岳罗河。圩沟与东关外大街交叉处，建有两层高的碉堡。这圩沟就成了灵城战争年代的第二道防线。1958年被填平。

碉堡建于1933年，由东关大戴庄戴要山带民工所建。碉堡分上下两层，10米见方，青砖砌墙，墙厚约60厘米，上窄下宽，内有木梯，可上二层。二层四面设有射击孔，上顶建墙堞，用于射击和护身。碉堡西侧留小门，南北侧剩下窄窄的马路，设有移动式栅栏，或封或开，十分方便。

1938年5月，日寇攻占灵城后，成立了维持会，日伪军骑兵队巡防时，东去菜子桥，必经碉堡。菜子桥相当于灵城第一道防线，有敌情时碉堡和菜子桥相呼应。1945年9月，灵璧第一次解放，灵北县政府迁驻县城，改称灵璧县人民政府，举行庆祝时，许多市民爬上碉堡看热闹。

碉堡往东约千米远就是菜子桥。2018年旧城改造时，从此处挖出十几个圆柱形基石。同期，在向阳乡桥梁重建中，也出土类似的圆柱形基石。菜子桥原名才子桥，是清朝一户人家后生考取功名时，行善所修。人们也期望自家子弟跨过此桥，能鱼跃龙门，光耀门庭。还有老人说，这里原先是个小码头，附近菜农都用这里的河水浇菜，时间长了，才子桥就叫成了菜子桥。

菜子桥最初是在河道中立数根圆石柱，上面用石板搭成的，长约10米，宽约1.5米。后因常年淤积，桥已被埋没。旧城棚户区改造施工时，挖出的完整石板均被人拉走，还有几块断裂的石板仍留在那里。

东关外的三皇庙

三皇庙遗址在今灵城东关外约一里路的鹿鸣市场处。

三皇庙在一高台上，东西宽约60米，南北长约80米，东西两侧有筑庙取土留下的长方形池塘。正门前是5米宽的东西街，东到张园庄，西到护城河，直通东关街西墙外的南北路，向北直通龙眼桥和大寺庙。庙门口有石砌井，城门以东方圆二里的人家，生产生活用水都靠这口井。

庙有大院，门楼与其他寺庙相似。因庙中供奉的是太昊伏羲氏、炎帝神农氏、黄帝轩辕氏三皇而得名。

据当地一位老人回忆说，清末时，他父亲曾到过三皇庙，看到三间正殿内塑有三尊神像。东边一尊，腰围树叶，赤足端坐，是号称天皇的太昊伏羲氏，他是以龙为图腾的中华民族始祖。中间一尊，秃顶无须、腰围兽皮、赤足毛胫，即号称地皇的炎帝神农氏。他因火得王，故称炎帝，被后世称之为地皇、农皇、先农、田祖。西边一尊，衣冠履带，容貌端详，为号称人皇的黄帝轩辕氏。他名列三皇之末，五帝之首，承上启下。

三皇庙香火旺盛，与东关外三官庙齐名。每逢农历二月十五，在庙前举行庙会。庙会期间，有玩杂技的、唱大戏的，有做农产品好大牲畜交易的，还有做小买卖的，人群拥挤，热闹非凡。三皇庙曾改作三皇庙小学校舍，后校址迁至街南，改称人民小学。

2015年，鹿鸣市场开发建设，三皇庙最后的古井也湮没在林立的建筑群中。

（吕允峰　整理）

二王庄古炮楼

王庆厚　耿瑞英

在灵璧县浍沟镇申村二王庄的中心，矗立着一座年久失修的炮楼。炮楼不高，就两层，长宽均为4.5米。因风雨的侵蚀，墙面斑驳，墙体开裂，看着它不禁让人产生一种历史的沧桑感。

此炮楼为村子里的王庆厚及其兄弟所有。据王庆厚介绍，这座炮楼原来并不孤单，在它的南面、西面和西南方还有三个和其一模一样的炮楼与它相互守望，可惜后来都拆掉了。

炮楼建于清末民初。时值社会交替、时局动荡，匪患横行，百姓频受其扰。为保护家人和财产安全，王庆厚的祖父王德钱投资建起了这座炮楼。炮楼两层，底层住人，上层墙上留有洞口，派人站岗值守。为了更好保障本地安全，王德钱又动员王氏家族其他成员筹钱捐物，在此楼的南面、西面和西南方各建一座炮楼，炮楼之间用石头垒砌4米高的院墙，形成一个60米见方的院落。南院墙的中间为正门，门两侧安装两门大炮，用来阻击来犯之敌。院墙上面架有铁丝，连着相邻的两楼。铁丝上挂着许多铃铛。各炮楼上层有家丁站岗放哨，他们通过墙上的洞口观察院外的动静，一有异常情况，马上摇动铁丝，通过铃声通知其他楼里的人做好应对准备，以确保院内人的安全。

炮楼和院子建好后，对保护当地百姓生命财产安全发挥了重要作用。土匪特别猖獗的时候，院子外面的住户，每天天黑前就搬进院里住，天亮后再出院子做事。

抗日战争时期，村里的进步青年王彩庭带领王德中、王德生、王振民、熊夫周等一批年轻人成立抗日游击队，并以此为据点，用土制的武器在方圆几十里范围内，开展抗日活动。活动在本地的八路军两个负责人，一个姓张，一个姓赵曾经住在王家炮楼里，指挥本地游击队的抗日活动。

一次，王彩庭带领王德中、王德生等游击队员在周寨、伙房庄一带巡逻，发现约一个班的国民党兵带着两挺机枪从伙房庄向二王庄方向行走。王彩庭和几人商量一下就把他们包围起来，通过交涉，了解到这伙人原来是国军一个开小差的机枪班。于是他们利用计谋将这伙人带到王家炮楼内，对他们宣传共产党的政策，动之以情，晓之以理，使他们交出了机枪。后来，游击队将两挺机枪上缴了八路军。

当年抗日的烽火已不可寻，但它却见证了日本人灭绝人性的残暴。1942年春天，驻守张大路据点的几个日本兵出来抢掠百姓。游击队员熊夫周见状，怒火中烧，举枪打倒一名日本兵，其他日本兵听到枪响，吓得慌忙逃窜。中枪倒下的日本兵爬到麦地里，被人们发现后处死。第三天日本兵实施疯狂报复，一把火烧了多个村子，来不及逃出的村民有的被打死，有的被烧死。在地里干活的人看到村子被烧，都躲在芦苇荡和麦地里。日本人烧到二王庄时，发现这里有炮楼，没敢点火就走掉了。日本鬼子走后，无家可归的乡亲就暂住在王家院子。

淮海战役期间，王家院子成了临时医院，许多伤员就住在炮楼和附近的房子里。他们在这里得到救治，伤愈后，又投入战斗之中。

1950年6月，中国开始了全国范围的农村阶级成分的划分。王家土地较多，该划为地主，但因王家在抗日战争和解放战争中为革命做出过贡献被划为富农成分，土地被没收，炮楼和院子留给王家人居住。"大跃进"时有三个炮楼及院墙被拆掉，材料用来建大食堂。"文化大革命"时，因破四旧，最后一座炮楼也要拆掉。王家人以炮楼住过八路军、解放军战士，有纪念意义为由，据理力争，使炮楼得以保留至今。

王家炮楼从建城至今已有上百年的历史，它是打击土匪强盗的堡垒，是抗击日寇的阵地，是为解放军伤员疗伤的战地医院。虽然它已经残旧不堪，却像一个沉稳的年迈老人，默默地述说着二王庄的历史和人世沧桑。

古汴明珠——兰皋园

耿瑞英

兰皋园坐落在古汴水北岸，今西关电影院西，为北宋殿中丞张次立的私家园林。据张氏家谱记载：灵璧张氏的先人唐代清河郡珂里县（在今江西省）张公艺曾建园亭，唐高宗李治曾亲笔为其宅堂赐墨"百忍堂"，到了宋代，张公艺后裔张次立、张损之兄弟因避乱求安，由珂里迁移至灵璧定居。兰皋园建于宋天圣年间（1024年），历经五十余年的营造，规模宏大，蔚为壮观，声名远播。建园时间比苏州拙政园早485年，比留园早498年，比网师园早746年。

兰皋园引汴水入园为池，采磬云山之石立山，其建筑继承了我国园林的"借景"手法，融山河之美于一园，古朴、幽雅，具有"家在水上，水在院中"的苏杭园林建筑风格，由隋唐大运河可以直接乘舟入园，也可以由园入河，出游十分方便。

兰皋园是北宋名园之一，然而时事变迁，历经天灾人祸，它早已从人们的眼中消失。然通过前贤的文字，却可以感受那不再的胜景。元丰二年（1079年）三月，苏轼由徐州移知湖州，在赴任途中，至灵璧境内，游览了赫赫有名的张氏兰皋园，并应其子张硕之邀，即兴写下《灵璧张氏园亭记》一文。记中生动形象地描摹了张氏园林的天然奇景："修竹乔木高大幽深；奇花异草，红绿相映；华堂厦屋，精巧别致。其深可以居，其富可以养，使其子孙开门而出仕，则跬步市朝之上，闭门而归隐，则俯仰山林之下。"可见兰皋园非一般园林可比。

　　兰皋园取名自屈原《离骚》："步余马于兰皋兮，驰椒丘且焉止息；进不入以离尤兮，退将复修吾初服。"同时取名兰皋园又与其位于古汴河岸边高地，岸边多兰草的地理环境相吻合，表达了园亭主人高雅的审美情趣和借此园作为自己和子孙后人心灵栖息地的希望。所以游览"养生治性，行义求志，无适而不可"的兰皋园后，苏轼亦发出了古之君子"不必仕，不必不仕"的感慨。

　　兰皋园主人张次立、张损之为北宋大学士，他们结识许多名流大家，加上兰皋园位于古汴河岸边，交通便利，文人名士纷至沓来，欧阳修、曾巩、苏轼、贺铸、米芾、黄庭坚、饶节等都曾到园中饮酒、赏石、游玩，并写诗填词，表达由衷赞叹。第一位访兰皋园的是北宋名臣欧阳修。景祐三年（1036年），时任朝廷馆阁校勘的欧阳修因为范仲淹上章批评时政被贬辩护，被贬夷陵（今湖北宜昌）。赴任途中经灵璧，游兰皋园，并赋诗一首《题张损之学士兰皋亭》：

　　　　碕岸接芳蹊，琴觞此自怡。
　　　　林花朝落砌，山月夜临池。
　　　　雨积蛙鸣乱，春归鸟哢移。
　　　　惟应乘兴客，不待主人知。

　　这次游览欧阳修在其《于役志》中作了详细介绍，从此后兰皋园名声大噪。被誉为"唐宋古文八大家"之一的曾巩来兰皋园，留下了《访张氏园亭》诗三首：

　　　　　　　　（一）
　　　　梨枣累累正熟时，粟田鹑兔示争肥。
　　　　园亭尽日追寻遍，只欠厌厌醉始归。

　　　　　　　　（二）
　　　　汴水溶溶带雨流，黄花艳艳亦迎秋。
　　　　看花引水园林主，应笑行人易白头。

　　　　　　　　（三）
　　　　秫地成来多酿酒，杏林熟后亦留钱。
　　　　不须置驿迎宾客，直到门前系画船。

苏东坡初到张氏园，见园中树木成荫，怪石嶙峋，风光无限，应园主之邀为兰皋园题联："园林春阳鸠唤雨，亭台日暖蝶翻风。"据《墨庄漫录》记载，苏东坡到灵璧张氏园亭做客，发现一灵璧石如蓬莱仙境奇特无比，当即命名为"小蓬莱"。当晚在与园主饮酒时，双方情投意合，谈石论赏，一时兴起便豪饮数杯，不知不觉喝得酩酊大醉，在园中悠然漫步，遇到"小蓬莱"，便和衣躺在石上，四周鸟语花香，清风拂面，顿觉心情舒畅，醉意全无，欣然在该石题写"东坡居士醉卧此石然酒醒"。蒋淑颖见之复题云："荆溪居士暑中观此石爽然而凉。"礼安中题其后云："紫溪翁大暑醉中读三题一笑而去。"园主张氏得此墨宝，皆刻于石，成就了一段文人佳话。此石一经苏轼等人题词，名声大振，时称此石为"天下第二块醒酒石（第一块为唐宰相李德裕平泉庄园名为'醉卧即醒'的石头）"。

北宋著名诗人贺铸也多次游览兰皋园，并题写《游灵璧兰皋园》。他在诗中兴致勃勃地写道：

> 集仙昔荣养，卜筑循兰陔。
>
> 深径万株合，清池百亩开。
>
> 飞梁荫菡萏，攒栋跨崔嵬。
>
> 淮海剧红药，潇湘移翠栽。
>
> 岱松佩萝茑，海石糊莓苔。
>
> 车马远惊耺，鱼鸟忘嫌猜。
>
> 病客倦舟楫，寻春此裴徊。
>
> 闰年物候迟，前日已闻雷。
>
> 薄景未曦雪，东风新破梅。
>
> 主人京洛旧，杖屦容参陪。
>
> 指我艮隅地，方营秋月台。
>
> 眼明壁间字，醉墨题东莱。
>
> 短句颇清绝，早推能赋才。
>
> 殷勤卷白苎，为尔拂尘埃。
>
> 安得一携手，更倾林下杯。

酒阑话平昔，岂复顾形骸。

行役浸相远，人生信悠哉。

薄暮重回首，长哦归去来。

诗前原有小序，介绍诗的写作背景："集贤张校理治此园以奉亲，因名兰皋。戊辰二月，余舟行次灵璧，访张氏子硕，於园中诸亭壁间，得故人东莱寇元弼三四诗，因继题十八韵，兼简元弼。"诗歌饱含向往、极尽铺排地向人们描写了一个幽静雅致，犹如世外桃园般的风景胜地。

到了南宋，灵璧成为宋金交战的前沿，古汴河因之一分为二，不断淤积，最终沉于沙底。失去了汴河的滋润，加上战火的破坏，这片世外桃园幽静不在，逐渐荒废沉寂。如今张氏园已成空迹，盛景难现，唯有一块遗石，重数吨，洞洞相连，乃天然奇石，历经千载，光彩依旧，成为园亭昔日风采的见证，但苏轼、贺铸等诗人描写兰皋园的美文却历久弥香，滋养了一代代人，兰皋园因之成为灵璧人的心灵家园。

隍庙巷

耿瑞英

灵城隅顶口东 200 多米，有一条南北小街，叫隍庙巷，顾名思义，是因这里有城隍庙而得名。

城隍，是古代神话中守护城池的神。祭祀城隍最早起源于周朝，历经汉、唐、宋几个朝代的大力发展，到了明、清时期，城隍信仰达到鼎盛。据清康熙《灵璧县志》记载：灵璧城隍庙"设庙于元，及至明，知县周荣重建，在县治东北，万历四十七年，知县陈泰交又更新之。国朝康熙十二年，知县马骙又新之"。据此可知我县元代就有祭祀城隍的活动，一直传承有序。

城隍庙是城内最大的庙宇。过去听老人介绍，庙坐北面南，面积约四亩。庙前不远处有桥一座，名曰"升仙桥"。庙门两侧置石狮一对，雕工精湛，神气十足。进庙时，首先映入眼帘的是戏楼，上层为演员化妆的地方，下层是过道楼，宽约三米，东西两间，各开一窗，窗呈六角形，直径约半米，雕花窗棂，甚为典雅。戏台建在戏楼的前面，长度是戏楼的三分之一，宽约四米，亭榭式，亭的正面，悬红匾一块，上刻"神祈和平"四个黑色大字。站台两边的红柱上刻有对联一副，上联："真真假假，假亦为真，无非唱戏"，下联："说说笑笑，笑里含说，即可正风"。

戏楼过道往东约 30 米，有一间厢房，门楣刻有"速报祠"三个黑色大字，内塑一神，头戴圆乌纱帽，红顶后拖短雉尾，白面短须，上身穿黄马褂，内穿黑色长袍，足登高脑皂靴，端坐高台，一手扶膝，一手前指，似为责斥。左右各塑一小神像，各手持一长柄扇形小牌，左牌书写："你来了么"，右牌书写："正要拿你"。为非作恶之人，到此便心惊胆战。

速报祠西北不远处便是三间坐东面西的十大阎王殿，南北两间，正中开门，内筑高半米、长十米的长台两个，每个长台上塑阎王像五尊。除五殿阎王皱眉怒目，表现凶狠外，其余各阎王的形态容貌大都慈善。五殿阎王貌虽严恶，心却很善，怕哭，有灾难的人，只要向他一哭，便可免灾赎罪。因此五殿阎王面前的香火较盛。十殿阎王前，南北两端台上各塑小神，南端小神，形貌文雅，右手持笔，左手握册，称为"判官"。北端小神，红毛青脸，血舌獠牙，两手握拳抱胸，曰"避风鬼"。

出阎王殿往西北走约五十步，便是城隍殿堂，殿堂建筑雄伟，高脊建锥，锥锁二神、螭尾翘山、山脊伏兽。殿堂三间，前檐出厦，中间开门，左右两间各以雕花木屏做障，四柱擎梁，门前数步置香炉两个，一铁一铜。铁炉在西，高三尺二寸，宽二尺，炉翅一对，向上翘起；铜炉在东，比铁炉小。传说当年的灵璧城隍庙中有三个城隍像，分别是泥塑像、木刻像、铜塑像。殿堂中间塑有两尊城隍爷像，一前一后，后者是泥塑的，头戴乌纱，身穿彩服，足蹬皂靴，扶椅端坐；前者是木雕的，头戴绒球冠，身着绣红袍，腰勒犀角带，足蹬高脑靴，白面慈颜。内设机关，稍踏椅下暗板，则能站立，栩栩如生。每到农历正月初六，市民则抬着这尊木像游街，县内知名绅士随后，号曰："城隍巡街。"

灵璧城隍庙规模如此宏大与明成祖朱棣有关。康熙《灵璧县志》记载，明"靖难之役"后期，建文四年（1402 年）正月，朱棣督师南下，接连攻破东阿、汶上、东平、单县和沛县，并越过徐州。4 月，两军大战齐眉山（在今灵璧县西南娄庄境），开始朱棣于此大败，因"梦感城隍，力斫追将之马"，最后取得了胜利。朱棣登基后，因感念灵璧城隍神力，加爵为"灵应侯"，这样灵璧的城隍神就"与州城隍等职"了。按照城隍神的官府祭祀时间，不仅每逢正月元宵、城隍寿诞、清明节、七月十五日、十月十五日这些大日子，官府衙门要循例举行官方祭祀，民间庙会活动更是香客云集，热闹非凡。

后来人们便将城隍庙所在街命名为隍庙巷。街宽 5 米，青石板路，两边店铺林立，主要经营铁器、木器等生产和生活用品。最南头街口有大旗杆、木门楼，门下是大栅栏，子夜时分，守更人就拉起，以示闭市。20 世纪 60 年代后期，城隍庙拆除了，隍庙巷的旗杆、门楼，栅栏也消失了，石板路也相继变成了石子路、水泥路。

城隍庙是灵璧老百姓的信仰中心，自古即与民众息息相连，香火鼎盛。现在庙已不见踪影，只有街北头路西侧还卧着两颗残破的石狮子头，似乎在诉说着城隍庙往日的盛景，但它所承载的文化内涵却已融进人们的血液里，人们把五月二十八祭拜城隍的活动演变为庙会，自形成以来，几百年没有间断过。

金银山

金银山遗址位于韦集镇西南 6 千米的金银山村，有两个土堆（当地叫谷堆），两堆间距约 300 米，每座高约 20 米，周长约 50 米，南堆稍高而没有植被，北谷堆上却郁郁葱葱。当地人称这两个土堆叫金山、银山。在这周围有很多的小谷堆，民间有"垓下谷堆三千三，数罢金山数银山"歌谣，数千个大小谷堆分布在单湖沟到刘沟沿一带。金银山的来历有几种说法：

一种是汉墓说。20 世纪 80 年代，金银山被灵璧县人民政府列为全县重点文物保护单位，即"城后汉墓"。第二种说法是藏宝说。楚汉两军在垓下决战，汉军 30 多万人马扎营在垓下西边（今金银山的位置），大批粮草、军饷源源不断地运进汉营。粮草堆在营外派人看管即可，那些金银军饷放在何处才保险？军师张良提出：把两座高谷堆底下挖空，建造地下室，把金银财宝及贵重东西都藏在里面。这样，把金银放在屁股底下就安全多了。两谷堆底下建成地下藏宝室后，不仅藏入金银，后来连碗、筷、盅、盘、勺、盆、壶、金银餐具等贵重物品，也都藏放在谷堆下。所以，这两个谷堆称为"金银山"。

第二种是点将台说。公元前 202 年，刘邦、萧何、张良、韩信率 30 万大军，把西楚霸王项羽追赶到垓下，将项羽兵马团团围住。楚汉各自为营，两军对峙。大平原作战，如何高旗催军、瞭望、指挥作战，张良想出一条妙计，命全军将士兜土造山。仅一天多时间，数十万大军就筑起两座方圆百丈、高五十余丈的大土堆。远看就像两座相连的山。就是这两个大土堆，成了张良、韩信的点将台。每天出征之前，将帅们登上土堆，高挑帅旗，点将出战，下达作战命令，观看战斗全景。伴随此说法的还有这样一个传说：当时楚军盘踞垓下与汉军对垒，汉军在南土堆上拉起一个用百张牛皮做的大风筝，风筝下系一个筐，张良坐在筐里，吹起楚地乐曲，乐声飘至半空，以瓦解楚军斗志。

1958 年，当地生产队在南土堆西北角出土汉代鎏金砚滴 1 个（现存于安徽省博物馆）、玉猪一个、青铜剑 3 把、汉砖（每块约 9 千克）不计其数；当地一位丁姓老人在北谷堆北侧耕地时，发现一面汉代护心镜。1958 年冬闲的时节，生产队组织群众在周边挖掘，挖出的脚石、汉砖和盆盆罐罐堆满了生产队仓库，那时村民没有文物意识，小孩子玩耍时打碎了许多。现在，金银山附近破碎的汉砖汉瓦仍随处可见。

（鲁兵 整理）

老灵城的青莲庵

吕允峰

原灵璧中学院内南侧有条东西向的小河沟,小河南岸有个庄子叫小吴家,住着几户姓吴的居民。因建灵璧中学,小吴家整体搬到东城墙内的青莲庵居住。1951年,青莲庵被拆除。

青莲庵位于东城墙内侧,坐西面东,朝向内环路。三间青砖瓦起脊屋,伸檐翘山,中间是主殿,南北两端是尼姑居住、接待香客、安置素斋用房。20世纪30年代,庵内住有三个尼姑。

青莲庵与太平街的姑子庙不同,它主殿供着观音,两边是形态各异的泥娃娃。泥塑娇娃,大都是圆脸、柳叶眉,眉间点朱砂,头顶束着发髻,两侧缀着红缨。有的憨态可掬,有的略显俏皮,绿衣黑鞋的是男娃,红衣蓝鞋的是女娃。到这里来求子的人很多,也很虔诚,香火旺盛。后来有传言说,拜送子观音时,想生男孩需抠一点儿泥娃的小鸡鸡,泡到水里喝。这下,穿黑鞋的泥娃娃可遭了殃。

不孕不育的香客入庵净手、跪拜、祈祷,尼姑在一旁念经,然后蒙着眼去摸泥娃娃,被摸到的泥娃就被系上红丝带,意味着这尊娃娃将是未来孩子的化身,如愿的还要前来进香还愿。

1948年11月25日,在解放灵城的激战中,青莲庵毁坏严重。到1951年青莲庵废墟连同残破的老城墙一起被拆除清理。

灵璧城里的水井

张少秋

20世纪60年代，灵城共有水井17口，以隅顶口中心，分为东南、西南、西北、东北4个片区。经技术测量，隅顶口比四个城角地面均高出2—3米，北部略高于南部，分布其间的水井也各有不同。

东南片的6口，一口在灵璧中学院内大塘北边，建成于1958年，石头圈壁，井口敞大，井水甘洌。从南关桥头开始，县幼儿园、邮电局、农行宿舍、人民剧场等几十户市民使用该井。

那时每户人家都有水缸、水桶、井绳和扁担。在井沿边上端木盆或瓷盆洗衣服的，多是些新媳妇，妇女们多是挎个篮子到城河边涮洗。井边是拉呱的好场所。拉呱的内容大到国家大事，小到张家长、李家短或让人捧腹或脸红的段子。挑水的人来人往，闲聊的津津乐道，听呱的伸头探脑，洗衣的慢条斯理，这景象就是一个社会的缩影，"市井"一词就由此而来吧。

第二口位于花墙口南头，就是人们常说的"三山夹一井"。它处在一块北高南低的漫坡上，呈凹形嵌于张、谢、孙三家的山墙间，青石板铺地，面积约有五六十平方米，井口由4块青条石拼成，井沿有井绳勒痕，往下看坑坑洼洼的井壁上全是绿苔。水面离井口六七米，提水比较费力，因烧开水有碱垢，被称"苦水井"，只是用于洗洗涮涮和捜澡。

第三口在酱园厂内最北头。酱园厂在如今的云路菜市场内，大门朝东，与原派出所对门。这口井上面架着马拉水车，齿轮带动花轮，伴着"稀里哗啦"的链条声，井水如涌泉般奔流，顺着分水簸箕淌到各个作坊里。

水作坊、酱园厂、苦水井的废水全靠地势高自然排放，顺坡流到灵中北大门后，分成两股，一股顺墙往东流入环城河，一股顺路向西，折向南顺墙边流入灵中大塘。

第四口在东关浴池南边，属澡堂专用，也是用铰链提水，东关后街居民大多使用该井。

第五口在国营旅社后院，马车站及附近居民受益。

西南片也有 5 口，原实验小学内有两口，青条石的井沿，水质清澈，主要供学生和教职工使用。第三口井在灵璧第一初级中学东门外北侧，靠近县医院西墙。为方便管理，医院沿井外围垒起凹形院墙，留一个小门给食堂取水。后来该井上建了水塔，供县医院使用。第四口位于原县生资公司仓库，供周边的家庭和县医药公司、木器社、石油煤建公司宿舍，手管局、竹器厂等机关、企事业单位使用。

第六口在今灵初中田径场东北角。那年代，因位置偏僻，很少有人使用。灵璧一中成立后，井边附近几排教室改成了教工宿舍，那里的住户重新使该井。后来普及了自来水，该井逐渐被废弃直至湮没。

西北片有 3 口，第一口在县政府大院后，原县委食堂西北角，是政府机关用井。县酒厂在井东部百余米，也常用该井。第二口在西关的县食品公司院内，多是饮畜、生猪屠宰用水，废水流入北边的大年汪。因水质含有臧气，很少有人饮用。第三口位于北太平街与西太平街的交叉口的西南角，那里曾是城关镇农药厂。那时，井以西是一片沼泽，没有人家。北关大街西侧的小张园庄住户和农干校一带的居民，均饮用此水。

东北片有 3 口，第一口在隍庙街后的猪羊市。第二口在城隍庙后。第三口在县农机一厂后院。第三口原为小火力发电锅炉专用井，后发电厂改为县冰棒厂又改为县水厂，1973 年，县水厂在原址上打了机井，并建了水塔。

20 世纪 60 年代，城内居民较少，总人口仅两千多人，城内这 17 口水井足够居民使用。另外，还有人在汽油桶上焊个水斗，出水口套上一截平板车内胎，从南关外拉甜水卖给机关、店铺或茶坊。

1972 年，县委大院、县医院都自建了水塔，20 世纪 80 年代起，手压井普及，20 世纪 90 年代末，电动水泵进入千家万户，从此，石圈水井逐渐绝迹，水缸、水桶、扁担、井绳连同油桶改制的拉水桶，也将成为历史文物。

邵庄明代老井

邵明宣

灵南十里邵庄，位于向阳乡艳阳村西北部。邵庄的老井和庄子同龄，距今已近 700 岁。这口老井，灰砖砌成，圆形井壁，直径 1 米左右，井口上镶嵌一个圆形石环，石环高 40 厘米，厚 20 厘米，内直径约 70 厘米。

元末明初，邵氏宋代一世祖邵雍的 10 世裔孙邵运合，于 1340 年携全家从洛阳移民到当时的江南道凤阳府宿州灵璧县城南十里，垦荒建庄。

邵运合是邵庄邵氏的始迁祖，我是他老人家的 21 世嫡孙。一世祖北宋哲学家邵雍（1011—1077，谥号康节）先生精通八卦术数，极大地影响着族人后代。运合公也颇识《易经》。建庄时，从庄子的两头各开一口土塘，取土垫宅基建土墙，两塘相距 250 米左右，又在土塘的内侧 10 米处各挖一个土井，以作吃水用井。庄前挖一道东西长沟，庄后一条道路，通过北边的田野，至灵城隔顶口，共十里远。历经数十年，打造了邵庄龙形的风水地势。

西塘边水井建好不久，有人发现井里有一条红斑长虫（水蛇），人们说它是井龙，能维护水质，让井水清澄，人们生活用其水，能护身健体，少生病或不生病。不许打它，要保护好井龙。越说越神秘，逢年遇节，竟然在井旁给井龙烧香放爆竹，磕头、作揖。冬日里，井里嘟嘟地往外冒着热气，氤氲缭绕，幻化迷离。人们说这是井龙喷水吐雾，说得越发严肃神秘，弄得半大的孩子都不敢独自到井旁去取水。

邵庄建好约 100 年后，来了一户姓陈的，在邵宅东约 100 米处建房，落户垦荒。开初吃我们的井水，后来闹了矛盾，邵氏族人不让他们吃我们井里的水。陈家赌气在我们邵家水井东南 5 米处建造了同样一口水井，也是灰砖砌的井壁。

过不多久，邵家发现陈姓的水井既占了我们的上风，又破坏了邵庄的风水。请来风水师见证，风水师也是如此说法。并且说：两家要和睦相处，共同维护这个龙形地势，最好陈家把东塘边那口土井挖深砌起来，建成一口新井。这样邵陈两家各有一口井，两塘为龙耳，两井为龙眼，庄前东西沟为龙嘴，庄子为龙鼻子，中间巷子后边的路，为龙脊，路两边的土地为龙体，很健全的龙形地势。风水师还说：你们邵陈两家姓氏绝配，邵，右边单耳，篆书写法为邑，城镇之意；陈，左边单耳，为阜，土山之意。城镇靠山川，绝佳之境，不能毁坏。毁坏了，对两家都没好处，一损俱损，一荣俱荣。邵陈两家族长听了开心舒意，于是握手言和，共同经营这块龙形土地。

1974年，邵西生产队组织社员捞塘泥积肥，在老井东南5米处真的挖出一口砖砌水井，扒出两手扶机灰砖，证实了老人们的传说，那口填没了的老井正是当年陈家的水井。

邵庄后来又陆续入住潘姓、丁姓、李姓、沈姓，至今邵庄仍是六姓之庄，共有600多口村民。两头的水塘因建房取土，越挖越大，西塘面积现有1万多平方米。

如今邵庄和广大的农村一样，楼房鳞次栉比，生活用上了自来水。东塘边的老水井因修路填上了半边，只剩一道痕迹。西塘边的邵氏老井，还像往常一样，冬日里冒着神秘的氤氲之气。它是一桩宝贵的文物，见证着邵庄600多年的历史。

灵城的镇邪塔

吕允峰

明弘治八年（1495年），灵璧始筑土城。正德六年（1511年）重建，周围六里许，开四门，东为鹿鸣门，南为望荆门，西为凤仪门，北为来璧门。乾隆十七年（1752年）十月，贡震任灵璧县知县，主持修复灵璧县城墙。灵璧人民感念贡震德政，特立"遗爱碑"。

尽管贡震修城墙如自家墙一样认真，但是城东南角总是发生坍塌，推断是出水涵承力不够，于是加固出水涵。可是不久，还是塌了。一天，冯庙集有商人早行，近城东南角，大雾弥漫，朦胧中有两道紫光射来，转头一看，一条大蛇目光如炬，身藏涵中，头伸河中汲水，吓得折身就跑。这次奇闻传遍全城，不久传到县衙，知县令师爷询问风水大师，大师献策道："建城锥以定之。"城锥建好后，城墙再也没有坍塌。

后陆续又有人见到大蛇盘在塔上，头朝下喝水，气势逼人，但与人无害。

城锥就是镇邪塔，位于城墙东南角。从20世纪40年代日军拍的照片看，塔在城墙外，塔身六面，顶尖，高7层，倚墙而建。塔边有步道，临河有女儿墙，墙上有几平方米小屋。

据县城的老人讲，镇邪塔清末时还在，民国时期，在战乱中损毁，灵城解放后被拆除。

磬云山摩崖造像

磬石山摩崖造像坐落在磬云山西南崖，古时泗水流经山下，《禹贡》记载："泗滨浮磬"，即指此处。

造像在一块巨石上雕凿而成，长16米，高2米，中部有两种刻文（阴文），记载了雕刻的时间。刻文中依稀可辨为宋代至和三年（1056年）字样，系浮雕。

磬云山摩崖造像显示了宋代画工雕匠们高超的技艺。百余尊佛像依据石崖凹凸不平的自然形状，随高就低而成，龛窟密如蜂房。龛形均为长方形，龛顶略呈拱形，并饰有穹拱形或云纹状雕纹，龛内佛像，多为坐像，一龛一佛（仅有一龛为两佛，且为立佛）。整座雕刻，刀法洗练，风格古朴，质感强烈。历经千年风雨，一些造像虽遭破坏，但神韵犹在，坐姿生动，衣纹流畅、浑厚，璎珞玲珑。有的佛像，肩头部背景位置，还施与彩色，几尊大悲观世音菩萨，肌肤丰韵，有的造型庄严肃穆，有的则娴雅、安详。

磬石山摩崖造像是佛教文化与磬石雕刻艺术有机结合的产物，对研究佛教和古代雕刻艺术和文化具有重要的价值，1998 年，被列为省级重点文物保护单位。

（鲁兵　整理）

蒋庙新石器遗址

蒋庙新石器遗址在灵璧县虞姬乡三山南麓蒋庙村附近，距县城 9 千米。地形东高西地呈慢坡状。该处遗址是在 1954 年由安徽省文化工作队发现。

1966 年春，省文化工作队进行试挖掘。先后出土文物的有石斧、棒刀、骨针、陶网坠、绳纹陶片、鬲、鼎、动物骨骼等。该处遗址出土文物绝大部分收藏于安徽省博物馆，其余由县文物管理所收藏。

三山蒋庙遗址文化层较深，内层丰富，延续时间长，是新石器时代晚期遗址。距今有四五千年历史。1956 年由省人民政府公布为省级重点文物保护单位。

（鲁兵　整理）

双龙沟遗址

双龙沟遗址位于韦集镇双龙村，即以龙山文化为主的新石器时期聚落遗址。遗址保护区南北约 500 米，东西约 700 米，为河旁台地，中部隆起，形成龟盖形，地表散落有鼎、罐、钵等陶器残片，为研究新石器文化聚落分布提供了实物资料。

该遗址现已公布为县级文物保护单位。

（灵璧县文物管理所）

瓦房遗址

瓦房遗址位于灵璧县韦集镇瓦房自然村，南邻沱河，地势高出周边约 3 米，遗址东西约 400 米，南北约 200 米，面积约 8 万平方米。

2013 年 9 月至 11 月，为配合沱河治理工程，安徽省考古所在沱河北岸进行考古调查、勘探和抢救性发掘工作。此次考古发掘面积约 500 平方米，清理墓葬 12 座，发现灰坑 5 座，窑址 1 座，沟 2 条，出土遗物有陶器、铜器、玉器及少量石器。依据出土器物特征，发现该遗址和沱河对岸的固镇红山文化古汶城遗址文化内涵一致，年代均为新石器大汶口晚期到龙山早期。

2017 年，瓦房遗址被宿州市人民政府列为市级重点文物保护单位。

（灵璧县文物管理所）

隋唐大运河遗址（灵璧段）

隋唐大运河灵璧段即通济渠的一段，也称为汴河，为隋、唐、宋代古遗址，西起娄庄镇303省道北侧与埇桥区交界处，东至与泗县交界处，全长47千米。2017年，隋唐大运河遗址被宿州市人民政府列为市重点文物保护单位。

隋唐大运河由永济渠、通济渠、邗沟、江南河四部分组成，沟通着黄河和淮河。通济渠自开凿以来，成为隋、唐、宋三代联系中原和东南地区的交通运输大动脉。当年的运河上"公家运漕，私行商旅，舳舻相继"；"运漕商旅，往来不绝"。灵璧县也是依河设镇、依河设县。据《灵璧志略》记载，汴河自西向东横穿灵城，现在的东西关大街（解放中路）即为汴河的南堤岸，河道距离老县衙仅有五六十米。

隋唐大运河水源主要来自泥沙较大的黄河，因为水流缓和，年长日久，宽阔的河道被泥沙淤塞。为解决这种状况，宋代开始，"水利专家"就对河道进行治理，将宽阔的河道变窄，让水流变急，再用成排的木桩护岸，保护河堤。在考古发掘中，考古专家预测运河宽度在 40 米至 60 米之间，而实际发掘中，却发现河道仅 20 米左右，周围还有大量成排的"木桩"。

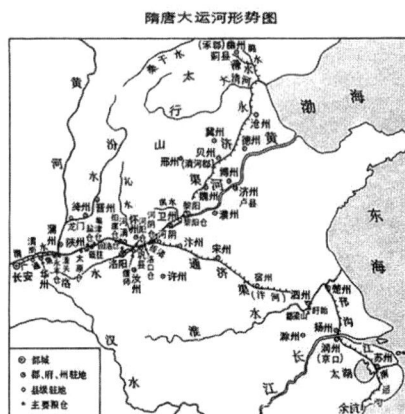

隋唐大运河的遗址分两种：一种是在地面上，如沿岸的古城、古庙宇；另一种是在地下，是考古挖掘出来的古桥、古码头、古仓窖和古瓷器。

安徽省已经进行过两次发掘。第一次发掘是在 1998 年 5 月，发掘地点为淮北市的柳孜镇，经过考古人员 200 多天的日夜奋战，发掘的 900 多平方米的面积内，发现一处石构建筑遗存、一批唐代沉船，出土大量唐、宋时期的全国 20 多座窑口的陶瓷等文物，被国家文物局列入"1999 年全国十大考古新发现"，2001 年被国务院评为全国文物保护单位。

第二次发掘是在 2006 年 6 月，发掘地是宿州。发掘面积达 500 平方米，出土文物数百件，其中的 100 多件精美瓷器中，不光品种繁多，而且涉及的窑口包括安徽的寿州窑、烈山窑、东门渡窑、河南的鹤壁窑、钧窑、河北的定窑等数十个窑口，另外还出土了几尊造型精美、形象生动的佛造像和一枚灵璧石。

2014 年 6 月，第 38 届世界遗产大会将中国大运河项目作为文化遗产，正式列入《世界遗产名录》，成为我国第 46 项世界遗产。2015 年，位于隋唐大运河灵璧段的花石纲遗址、张氏园亭遗址被列入国家重点文物保护单位。

（鲁兵　整理）

709

潼郡遗址

耿瑞英

潼郡位于灵璧县高楼镇东北 1000 米处，古为县、郡、州治所，今为潼郡村，东与江苏睢宁毗邻，土地面积 5498 亩，人口 4787 人。

潼郡历史悠久，自古为名城。远古这里为取虑聚落，《通志·氏族略》载："徐偃王子食邑取虑，因氏焉。"周朝徐国国君徐偃王之子封地在取虑，后人以取虑为姓。秦置取虑县于此，属泗水郡。据《史记·陈涉世家》记载，陈胜刚刚自为王时，取虑人郑布就起兵反秦。当地传说，陈胜吴广起义失败时，曾躲避在取虑街西头一大户人家。汉时属临淮郡，三国时属魏下邳郡，晋属下邳国。《后汉书·陶谦传》：曹操与陶谦作战，"过拔取虑"。南北朝时期，由于南北战争不断，形成拉锯战形势，潼郡地区建置变化较大。北魏置临潼郡，以所置郡治位潼河北岸临潼河而名。南朝梁置潼州。北齐改临潼为潼郡。隋开皇初年（581 年）废郡，入夏丘。唐入虹县，宋属灵璧。

潼郡水利发达，自古为漕运要地。潼河、古睢水在其南部通过，西边有起源于九顶山，南下入濉河的红泥沟穿行。潼郡村街西原有一座单孔石桥，后因红泥沟淤塞改道废弃，于 20 世纪 70 年代坍塌。《金史·河渠志》载："元光初（1222 年），于灵璧县潼镇设仓都监。"潼郡原有土城，后因黄河决溢，泥沙淤塞，土城逐渐湮没。1969 年，群众挖塘时在 4 米深处挖出石墙角、石磨、石碾、门坎、陶器等。

相传潼郡有 72 座庙，建于明代。朱元璋做过僧人，崇尚佛教，做上皇帝后，各地的庙宇如雨后春笋，赫然出世，潼郡的庙宇可能就是在这一背景下兴建起来的。世事沧桑，潼郡郡邑已变成了村落，传说中的 72 座庙宇多数已不知去向。新中国成立初期还有 4 座庙，分别是火神庙、奶奶庙、玄帝庙、三官庙。4 座庙宇均为砖瓦廊柱结构，高大、雄伟、壮观。庙宇宅基高近 3 米，三大台阶入殿。大殿均由 4 根直径 50 厘米，高约 6 米的廊柱撑起，飞檐翘角，檐下挂有铜铃，风动铃响，清音远扬。

潼郡作为这一地区的政治经济文化中心，一直是商贸重镇，每年有多个庙会举行，其中四月初八的佛诞庙会最为隆重热烈。

玉石山遗址

玉石山遗址在灵璧县城西南 10 千米的玉石山，面积约为 0.5 平方千米，东临龙山，整体地形东高西低，呈慢坡状，是以龙山文化为主的新石器时期聚落遗址，兼有大汶口文化晚期类型，其文化面貌有自己的独特风格。

1983 年夏，由县文物组在文物普查时发现，地表暴露有陶器、石器残片。1991 年省考古研究所进行正式发掘，揭露面积达 1000 多平方米，出土器物丰富，地表暴露遗物有石器（已残）、鼎足、鬲足、鹿角、陶棒、绳纹陶片。陶鼎侈口，足呈圆锥状，在压印痕三道，还有叶脉纹陶拍。陶鬲鼓腹，粗短足，呈乳顶状，陶质坚硬，红胎，多系手制。还有石斧、石锛、骨针等。

石器的制作用料多为当地所产的"菜花玉"。骨针的出现说明人们当时生活开始缝制兽皮衣物，骨器鱼钩的出现，足以表明当时玉石山附近的水系比较发达，渔猎已作为补充生活的辅助性来源。

1989 年，该遗址被安徽省人民政府公布为全省重点文物保护单位。

（灵璧县文物管理所）

玉石山遗址出土的骨鱼钩

玉石山遗址出土的鹿角化石

潼山南华观

耿瑞英

灵璧县北朱集乡境内的潼山旧有南华观，俗称"南大寺"。此观祀庄子，故名南华观。

庄子（约前 369—前 286）名周，字子休（一说子沐），战国时代宋国蒙（今安徽蒙城）人。先秦时期伟大的思想家、哲学家、文学家，是道家学派的代表人物，老子哲学思想的继承者和发展者，先秦庄子学派的创始人，与道家始祖老子并称为"老庄"。

庄周因崇尚自由而不应楚威王之聘，生平只做过宋国地方的漆园吏，史称"漆园傲吏"。相传他曾隐居于灵璧潼山，在此炼丹修道，著书立说。唐玄宗曾封他为南华真人，其著作《庄子》，便又别称《南华经》。后人为纪念他，在此建南华观。观内联曰："仙踪永留，丹炉映北斗；道经常诵，紫府贮南华。"今仅存遗址。蒲溪庵联曰："太庙成空，只见残砖碎瓦；寺僧老去，犹闻磬击香馨。"清康熙年间，灵璧教谕汪之章写诗赞曰：

潼水潼山仙观幽，仙人依纳近前洲。

濛濛夜色围丹火，隐隐经声坐竹楼。

纵去南华真楚相，无过清静古曹侯。

何如小小青岩里，一卷黄庭天地收。

三注山古庙群

吕允峰

　　灵璧县城东北十五里，迤逦 6 座南北走向的群山，绵延 10 华里，远看形如笔架，俗称三注山。当地有民谣："一山没有二山高，三山凹着腰，四山九个顶，五山建座庙，六山水里泡。"

　　第五山高约百米，坡慢舒缓，圆如覆锅。山顶有玉皇阁庙遗址，数百平方米皆为残砖碎瓦，遗址南侧是道场。建庙原因，据说是五山北边有个石湖，有一年发黄水，湖上漂来一口铁钟，化缘的僧人发现后，晓谕当地民众说，这山像个睡佛的大肚子，有佛缘，现在又铁钟，这是天意所赐，要立庙镇水，才能保一方平安。于是，当地民众集资修庙，取名玉皇阁。阁分前后殿，前殿供奉张玉皇和玉皇奶奶，后殿分两层，底层供天兵天将，上层供女娲娘娘。庙建成后，香火很旺，方圆百里的信众蜂拥而至，求子祈福。此后数年，此地风调雨顺，民众安居乐业。

　　这座山是最高峰，山西南坡玄帝庙尚存，更有蒋庙新石器晚期古人类遗址和汉墓群。汉墓群区南北约 1000 米，东西约 500 米，墓群经过长期雨水冲刷，受到一些破坏。从现已暴露出的遗物看，多为砖室、石棺墓，随葬品有陶仓、陶鼎、陶楼、陶灶等。由于开采山石，这座最高的山已被开掉一半，有的地方还凹下去成了水塘。

　　三注山南麓小韩庄，还有一座玄帝庙，供奉玄帝。传说，玄帝颛顼系黄帝之孙，为上古五帝之一，后被尊为玄武大帝和玄天上帝，是个无所不能的战神。据当地老人说，庙门朝南，黑漆金铆双开大门，高阔壮观。大门里是影壁，雕佛像。庙堂为起脊屋，4 米通堂，翘檐斗拱，东西连贯 6 间，主脊两头安陶瓷螭吻造型。中殿后殿魏峨，沿东西墙是厢庑，庙后是山坡地。开有东门，门外有一古井。整座庙的结构呈方形，红墙青瓦。中殿前有古柏两棵，虬枝苍劲，可惜 1949 年被砍掉了。有人说是唐柏，因为玄帝庙又叫玄唐庙，此庙可能建于唐朝。还有石碑两通，刻着历代捐修者名录。后殿与中殿布局相似，门前有棵大皂角树，与古柏同时期被砍伐。两殿内的魑魅魍魉泥塑，各具情态。

围绕三注山有许多庙，如玉皇阁、蒋庙、西庙、程庙等，但玄帝庙规模最大，阴历三月三逢庙会。每逢庙会，热闹非凡。

20 世纪 70 年代，这座庙已荡然无存，在原址上建起了小学。

游击区的梁堂庙

虞姬镇的三注山附近，有许多庙宇其中的梁堂庙，在抗日战争时期曾隐藏过中共地下党员。

2020 年阳春三月，我在当地蒋维文老人的陪同下拜谒了这所古庙宇遗址。大部分庙舍已坍塌，只剩残垣断壁，仅存的主殿，也已露天，里面的供桌上还散落着香灰，院中的香椿树，主干遒劲，树皮龟裂，旁出虬枝，覆盖院落。这其实还不是古梁堂庙，而是当地村民集资在原址上复建的。

已近耄耋的蒋先生告诉我，原来的庙不大，青砖黑瓦，门头翘檐。三间主殿内的岳飞塑像戎装端坐、目光炯炯、虬髯飘飘、器宇轩昂，左右是几位抗金战将的塑像。西边耳房供土地神，东厢是僧人的住处和厨房，围绕，住庙僧人靠庙周围的庙地收入和香火钱维持生活，有时庙里还收留些难民，这在乱世也实属不易。

新中国成立前，庙里有几个和尚，据说这些和尚属玄帝庙管理。住持姓孙，60 来岁，高楼镇人，因痴迷佛道，酷研禅理，当地人叫他孙道迷。徒弟有愿了、几领、宽了等人。愿了和尚是睢宁县桃园人，少言寡语，乐于助人。平时也张灯夜读，静心参悟，深得孙道迷欢喜，常拿他做榜样，训诫诸弟子。

1944 年，穷途末路的日寇在界沟至虞姬墓一带重点布防，梁堂庙是三注山游击区抗日武装组织的地下联络点，日伪联防大队经常沿八岔路一线巡防，团练、保长也多次到庙里搜查、训诫。有一次，孙道迷巡视弟子住地，看到愿了的床铺散乱，他在帮助整理时，从被子里头滑落一张纸。纸上画的是地图，上面有敌军驻地及人数。他吓了一身冷汗，迟疑了一下，又把纸塞回了被里。孙住持找来愿了和尚，劝他专心佛事，静修养性，不要再管红尘凡事，愿了合手施礼，表示忏悔。没过几天，愿了向住持请示，要出去云游。孙道迷也没阻止，二人心照不宣。愿了和尚这一走就再也没回来。日寇投降后，庙程村一位曾做过游击队员的人说，愿了当时是在为共产党做地下工作。

（吕允峰　整理）

灵璧城区的庙

祈福求财的关帝庙

关帝庙，又称关岳庙，位于灵城北门外一里，今灵璧二中校址处。始建于明末，为祭祀关羽庙。民国初，始增祭祀宋代抗金名将岳飞，改为"关岳庙"。1949 年后为灵城镇收购站所在地，"文革"初期最后的几间被拆。

庙门口有一条路，形似美人仰天睡姿，故称美人路。

庙坐北朝南，原有大殿数十间。门面是三间戏楼，其结构与城隍庙戏楼结构相仿。戏楼下面三间，中间为大门和过道，门楣上嵌刻有"关帝庙"三个蓝色碗口大字，镶门联：赤兔追风思往日；黄龙痛饮待何年。进入中间过道，东西两间各塑一马，东红西白。红马，昂头屈颈，马童跨步，扯身牵引，有稍纵即驰之势，甚为威猛；白马则较驯顺，马童的神态亦较沉静。

出过道不远处，路东侧竖一龟驮碑，龟身长约 3 米，高约 0.8 米，宽约 1.5 米，伸颈蜷足，扑伏于地。碑高约八市尺，文以隶字，额刻二龙抢珠，很有气势。年深日久，字迹难辨。碑旁有石砌井一口，以供寺僧汲水用。碑的东边有三间偏房，是私塾教书的处所。

顺通道往北便是殿堂式的三间大殿，中间开门，前檐出厦，门两旁砥柱擎，擎柱刻以楹联，上联："赤面秉赤心，骑赤兔马，追风驰月，威震华夏"，下联："青灯观青史，使青龙刀，忠君效国，义凛乾坤"。

殿中间设前后两巷，前低后高。殿中间有楹联："恭喜二先生，有死同归，割忠义头，扒义烈皮，快活如也；可怜一介士，无财致敬，秉春秋笔，洒英雄泪，鸣呼哀哉。"

前巷塑的是关公的坐像，便衣小帽，凤目蚕眉，枣红长面，足登轻靴，左手握书，右手捋须，俨然大将风度。后巷塑的是岳武穆坐像，顶盔贯甲，方面大耳，浓眉朗目，足登战靴，扶膝端坐，甚为威武。有楹联留存："数定三分，敌魏仇吴，未了平生事业；志期一统，抗金伏寇，只完当日精忠。"

殿堂东间，悬有大铁钟一口。西间西墙靠有长把铁刀两把，都带铁攥，小刀长约 2 米，重约 80 斤，大刀重约 120 斤。庙西厢有草屋三间，另开庭院，是寺僧靳炳松住的地方。

每年农历 4 月十二是关帝庙会，商贩云集。平时庙前除牲畜市外，只有少量的肩挑糖火和可数的几份香火地摊，别无甚大的生意买卖。赶会的人大都拥挤在庙院戏台前，全神贯注地听戏。会期三天，赶会的人们多以听戏为主。

震慑龙眼的大寺庙

大寺庙位于灵城东北角，离城河约一里。2010 年前，从灵城东北角顺羊肠小道往东走，穿过一片菜园即到大寺庙前（现为丽景花园）。庙东是张家庄，北边是大寺刘家，南面隔小河是刘家，西南门是凌家。今庙无存。

小时候在灵璧东关小学上学，天天从龙眼桥上走过，看到桥北有青砖散落，断碑残片，断龙柱，知道那里有庙，但不知是什么庙。

据老人回忆，庙西边有一圆锥，是庙内禅师圆寂的地方。庙门西南角有青石一块，两米见方，镌以盘龙，鳞爪须目，生动逼真。庙门正南方有桥一座，桥头两端各有一池，曰"龙眼"。又有一说，桥是青砖砌成，双孔，东去是龙沟，绵延到吕巷庄，庙前是龙头所在。由桥往南通东关街，往西到凌庄，路岔分东西，曰"龙须"，涨水时，桥拱没水中若隐若现，曰"龙眼"。

大寺庙始建于明初。传说，朱元璋登基后，派军师刘基视察天下，到灵璧城，见此地有龙脉出现，认为今后可能有小龙出世。龙为一国之主，龙多必乱，于是刘基奏请朱元璋下令造寺于龙脉地的腰上，意为把这小龙镇住，以使明朝江山长治久安，一统万代。而皇帝又被称为真龙天子，"镇龙"乃犯大忌，取"大"为威，故曰"大寺"。

大寺庙无院落，只有正殿三间擎梁挂柱，檐牙轩昂，颇为壮观。殿内正中塑全身大佛一尊，圆脸大耳，胸挂念珠，袒胸赤足，身披褊衫，左手扶膝，右手把珠，貌甚慈祥，似有所念。正殿东西两间，塑的是十八罗汉，靠山墙北纵列，东九西九，相向而坐，形态各异，有的仰面，有的低视，有的举剑，有的挥鞭，有的挟龙，有的伏虎，惟妙惟肖，无不灵动。

每逢新年初六，龙灯花鼓，狮子旱船，载歌载舞，陆续耍于庙前，各地群众，纷纷前来观赏作欢，更有学子求学，焚香祝祷，欲借青龙而腾飞。据吕允成先生介绍，1949 年前残庙还在，庙里最后一位和尚叫秦冠三，灵城人，靠香火钱度日。

消虫祈食的蚂蚱庙

提到蚂蚱庙可能许多人都觉奇怪；敬人敬马敬神，哪有敬蚂蚱的呢？何况今天蚂蚱又是蝗虫，对作物伤害无穷。其实，在灵城就有一座蚂蚱庙。从东关机械厂大门进去往左有一片矮房子，那就是蚂蚱庙遗址。原有的庙碑在庙破败后就成了铺路石，后盖临街门面楼，铺路石都不见了。

据吕耀贵（1934—？）老人介绍，庙是三间大院，有几小间偏房，门面不大，有歇山顶门楼，青砖砌成，木门起槛，拾级而上。正殿东西有 20 多米长，南北有 10 米宽，相通。中间主殿三间木柱顶檐，过槛有廊，伸檐兜水。屋脊尖起，起脊高 40 厘米，东西山尖翘起，两山头塑黑陶蚂蚱形状，歇山顶顺水。院内零星几块碑，碑文不可知。主殿迎堂是蚂蚱泥塑，高 2 米，宽 50 厘米左右，饰以粉彩，人脸蚂蚱形，（有的是蚂蚱面，人身），形神毕肖。左右配以其他泥神，大堂之内格外显眼。

考究蚂蚱庙的产生，它是中华文化一部分。中国自古以农业立国，历代王朝都把农业生产摆在头等重要的位置。古代生产力低下，自然气候对农业生产影响重大，水灾、旱灾、蝗灾等都能使粮食颗粒无收，人们缺衣少粮，就会直接动摇江山稳固。所以，从周代至清代，历代皇朝都对影响农业生产的八位神祇，实行供奉与祭祀，称为"八蜡之祭"——在冬至后开祭，大约在每年的腊月初八前后，沿袭成俗，所谓的"腊八吃粥"，似乎就是祭祀的"余饷"。

"八蜡庙"就是祭祀"八蜡"的神庙。"八蜡"是八种神祇：先啬（神农）、司啬（后稷）、农（农夫）、邮表畷（茅棚、井、地头）、猫虎（坊、堤坎神）、水庸（城隍、土地）、昆虫（蝗）。先民们隆重祭祀"八蜡"，祈求这八种与农业有关的神祇爱护农民，保佑五谷丰收。

"八蜡庙"祭祀八位神灵中的"蝗神"，塑像为一只大大的蚂蚱，一般是虫面人身，特别显眼。老百姓哪里记得住所谓的神农先啬，何况神像都差不多。但对怪异的虫形的蝗神却是一见不忘。蝗虫在民间称为"蚂蚱"，民间记不住"八蜡庙"，所以，以讹传讹，称它为"蚂蚱庙"。

上世纪三四十年代，这里办过私塾，由吕荣甲（约1861年—1946年，字底舫，秀才）筹办，后国民政府接管，改为中正小学，吕荣甲孙子吕允廉当校长。

消灾祈福的火神庙

在今灵城隅顶口南原实验小学院内，解放前就有一座火神庙。

据赵树珠老人（1931—？）介绍，1940年他在庙里上小学，日本人1937年侵入灵璧，改火神庙里学校为灵璧模范小学，教授中文、日语，因中国人不愿学日语，跑了不少学生，后日语课停止。

火神庙开始坐南向北，五间主殿，殿起垒基，高约1米半，迎门可拾级而上。红墙黑瓦，檐角翘起，歇山式沟槽溜水，薄板挡檐。南院子不规则，主路中间是口深井，路两边是几排土墙草房。

正门塑火德真君，红脸，身穿绿衣，披风飘逸，怒目圆睁，相貌凶狠，三头六臂，并有风火轮、火葫芦、火印、火剑、火弓等火器配备，酷似封神演义中"哪吒"的形态。

火神之中，有三位最大的，即祝融、炎帝、回禄。火神爷，民间称之为火德真君，是中国神话传说中的火神，也是人们信奉的诸神中资格最老的神祇之一。相传，在远古时期，燧人氏钻木取火，给人类带来了光明，并使人类进入了熟食时代。为了纪念他，人们尊称他为"火神"。在原始社会里，原始人群每年在他们认为象征着"火"的夏季里祭祀火神，答谢火神对人类的赐福和恩德。

中国的古代建筑多为木质结构，一旦遭火灾，后果不堪设想，历史上诸多宏伟的宫殿、寺庙都因火而毁。所以，对火的畏惧，就体现在对火神的崇拜上。

上世纪 40 年代，灵城沿街大都是木结构，连续烧了三次大火，人民对火神产生怀疑："火神老爷面朝北，灵城烧成一堆灰。"在群众的怨言声里，时任国民政府把庙门改为朝南。真灵，灵城从此平安无事。

抗战胜利后，火神庙凋敝了，周围厢房还是学堂。到了 1950 年，人民政府对其彻底清理，扩展为灵璧县第一小学，后称实验小学。

义存扶汉的马神庙

灵城南关桥头内今灵运集团所在地是过去的马车站，马车站东南有一间屋就是马神庙，庙于民国时期废除。

儿时记忆里，马车站宽阔，门向西，临桥，与县石油煤建公司东门相对。迎门是几垛长方形的青草，高约十几米。小时候割过青草，卖给这里，在那个贫穷的年代是生活的补贴。东边是喂马处，北边是一顺溜草房，那是办公生活区。当时马车站的马匹很多，数也数不过来，每天出入的马车一波接一波，川流不息。

1979 年，我曾在县搬运站学木工。提起马神庙的时候，有位十几岁时就在马车站干活的朱大爷（城郊南李庄人，生于 1920 年），对我说，一般马车长途出行都要祭马神，祈求马神保佑马匹强壮有力和人马出入平安。

马神庙只一间屋，中间塑马王——灵官马元帅。马神庙墙壁绘有赐草医病图、晒袍图、降龙伏波图、饲马和牧马图、天马行空和龙马驮书等壁画。

灵璧的马神庙建于何时？方志类书没有记载，但留下一副对联：义存扶汉；志在平金。我想马神庙至少修建在南宋以前。

《续资治通鉴·宋纪157》载南宋北伐：郭倪遣毕再遇取徐州，行至虹，遇郭倬、李汝翼兵，裹创而问之。曰："宿州城下大水，我师不利，统制田俊迈已为敌擒矣。"再遇督兵疾次灵璧，遇陈孝庆驻兵凤凰山，将引还，再遇曰："宿州虽不捷，然兵家胜负不常，岂宜遽自挫！吾奉招抚命取徐州，假道于此，宁死灵璧北门外，不死南门外也！"会倪以书抵孝庆，令班师，再遇曰："郭、李兵溃，金必追蹑，吾当自御之。"

金果以五千馀骑分两道至，再遇令敢死士二十人守灵璧北门，自领兵冲阵。金人见其骑，惊曰："毕将军耶？"遂遁。再遇手挥双刀，绝水追击，杀敌甚众，甲裳尽赤，逐北三十里。金将有持双铁简跃马而前，再遇以左刀格其简，右刀斩其胁，金将堕马死。诸军发灵璧，再遇独留未动，度军行三十馀里，乃火灵璧。诸将问："夜不火，火今日，何也？"再遇曰："夜则照见虚实，昼则烟埃莫睹。彼已败，不敢迫，诸军乃可安行无虞。汝辈焉知兵易进而难退耶？"乃还泗州。以功除左骁卫将军。（凤凰山大捷）

据此段历史加对联可推知：金犯南宋，马神庙之地已是抗金兵马训练、补养之地。

又《灵璧县志》载灵璧"原设马场五处，一在城内（望荆门内），计地46亩，一在新马（新马桥），计地4顷40亩一分5厘，一在土山，计地3顷8亩5分1厘，一在凌子（集）计地2顷12亩9分6厘，一在渔沟，计地3顷97亩8分8厘7毫5丝。""后招人垦种，除在城46亩外，每亩岁纳租银2分5厘……有碑刻考"后来除灵璧县城和新马桥马场留存外，其余三处皆"水沉久矣"。而马神庙所在地的亩数与历史相符。

又灵璧是千年古城，处古汴水岸上，为徐州屏障，东西门户，自古官宦出入，商旅云集，车马劳顿，归途休整，马神庙是中转重地。

明时设固镇驿，有马103匹差夫103名。马神庙是传递文告，收发信件的落脚点。灵璧城外东南一里许有演武场。《灵璧县志》载"霜降知县亲祭马神于此，教练乡兵及民壮。"每年以阴历六月二十三日向马神庙致祭牲少牢（在我国古代，祭祀时用"三牲"。但因牛珍贵，只有帝王贵族使用，而一般祭祀时只用羊、豕，不用牛，就称为"少牢"。）。

斗转星移，时过境迁。马神庙消失了，但"义存扶汉；志在平金。"这副楹联蕴涵的精神让我浮想联翩：千年垓下，江淮古镇，汴水码头，巷陌交织，屋舍俨然，商号林立，人声鼎沸，晨钟暮鼓，香火不断。汴水明清断流，商旅不行，曲尽人散，物是人非事事休，无语泪东流。汴水滋润多少漂泊天涯的游子？马神庙荫庇多少贩夫走卒的车马？古渡口多少父老伤别离，白发娘盼儿归，两地谁梦谁？

今天我要给马神庙改联：义存振国香火闪耀坎坷路，志在兴邦骏马奔驰康庄程。

灵璧东门外的三官庙

三官庙位于灵城东关外大街东，今灵璧县实验学校西翰林苑家园对面，惠众苑小区南。据清《灵璧县志》记载：明朝莆田人陈泰交任灵璧知县，于隆庆44年至47年期间扩建，今庙宇不存，但在灵璧人的心目中地位很高。

1940年前后，庙呈长方形，东西宽约60米，南北近百米，面南，两进院落，典型青瓦红墙歇山顶结构。

山门与宿泗公路之间是纵横几十米的广场，近路有口井。门口两尊石狮高大威猛，石座光滑，阴天沁出汗渍，映照千百年来朝拜者的心迹。门前插旗杆石墩仅留下破旧的底座。走进山门是三间敞厅，过道堂壁是三尊塑像，东西山墙前也是三尊塑像，只是小些，堂壁主供台两侧是通向后院的角门。出了角门就是通向中间大殿的大路，路宽5米，青石路牙，青砖铺面，路两边是年代不同的松树，树不多，但都很古老。

主殿6间，建筑样式和门面一样，高大，红墙黑瓦，单檐硬山顶，前檐插廊，楠木檩条，抱头梁和穿插枋上下把檐柱金柱相连，廊柱粗壮，面门呈"凹"字型，飞檐出水。屋脊向东西挑翘，龙首高扬，腾云欲飞，那叫螭吻，寓意驱逐来犯的厉鬼，守护庙殿家宅的平安，冀求丰衣足食、人丁兴旺。主殿东西有空地和后院通联。

主殿正面神坛是三官大帝塑像。三官均端座于须弥宝座，足下须弥脚踏，头戴天冠，面色白皙，丰润饱满，鎏金敷面，形态自然。上唇和下巴塑有胡须，眼部微突，神情凝重。穿帝王装，衣饰沥粉图案，黄白主调。殿内东西两山墙神台上，共有彩塑几尊，其中有四尊护法神将排列左右，他们是天官紫微大帝麾下的天蓬、天猷、黑煞和真武。

三官庙内供奉着三官大帝，即天官、地官、水官，亦称"三官"，又称"三元"，为道教较早奉祀的神灵。一说天官为唐尧，地官为虞舜，水官为大禹。他们掌管人间祸福罪罚、天神转迁、生死轮回诸事，阴阳救度。天官赐福，地官赦罪，水官解厄释结。一切众生，皆是天、地、水三官之所统摄。不过，上古祭祀天地水是皇帝的权利，庶民百姓只能祭祖。东汉时，张陵创立五斗米道，就以祭祀天地水三官。南北朝时天地水三官神和上中下三元神合二为一。

主殿中堂左右也有角门向后。殿后是场院，南北30米左右，东西是厢房，北边是两层的木楼直联东西院墙，一楼奉神，二楼空空。当时有难民居住，也是居民乘凉聊天的好去处。

有人抄录三官庙楹联，不知配哪个殿宇，今摘录以供史家考据。

> 三台星照文章芪；官阁梅开宰相花。
>
> 正气调元，纲常默运；存神过化，覆被无私。
>
> 人寿年丰承帝德，恩周六合；仁归义尽颂神庥，灵达九霄。
>
> 天官地官水官，只在心官不昧；求福赐福得福，还须积福为先。

那时有一个道士叫曹景奎，他和弟弟曹凤生一家住在东厢房，西厢房烧火。后来人口多了，曹凤生家在西墙外买地盖房搬了出去，至今后人还在。民国20年前后曹景奎成为第五届"中国佛教会灵璧支会"常务理事。

三官庙是灵璧最大庙宇，民国前香火旺，战乱年代败落，但进庙是讲规矩的。

信者拜神，切不可衣冠不整，褊祖衣衫。

（吕允峰　整理）

灵璧古迹楹联

县衙土地祠

位于城内隅顶口西北部，民国后一直为灵璧县政府所在地，现原建筑已拆除。

"有片刻闲，且安尔业；无十分屈，莫入吾门。"

"寺有神灵司大化；地无私惠载群生。"

县衙大堂（"牧爱堂"）

"城内阎君，冥间法吏；隍中大帝，阴世清官。"

九顶山三官庙

前门："九顶山，九盘旋，严如九老；"

"三官庙，三对座，敬俸三仙。"

后殿："辅天统地驭人荡荡恩流各秉纪纲为造化；"

"赐福救身解厄昭昭灵应总分善恶报分明。"

九顶山土地祠

"土保一方，万里清吉；地安四镜，五谷丰登"

东关节妇坊

位于县城东关街，为旌表明末监生刘锡妻张氏节妇而立，今已不存。

"节操耀千秋，萱草当年空有影；妇魂光二姓，松枝终古自留香。"

西关节妇坊

位于县城西关街，为旌表明末生员张宾妻赵氏节妇而立，今已不存。

"节比柏舟，伦纪昔曾留雅训；孝思考叔，修征今尚有遗风。"

汤王氏节孝碑

位于县城内，为当地汤某之妻王氏所立，碑已不存。

"大造太无情，忍气吞声，黄土竟为埋玉树；

小星真有曜，舍生赴义，绿珠不数坠楼人。"（何序东题）

高仲卿妾节烈坊

位于县城中，今已不存。高钟卿，名绎之，本县高楼乡人，清末禀生，其妾绝食十一日殉节。

"磬石击来金玉振；山峰望去梗萍浮。"（郑葆卿题）

卓氏节孝坊

位于县北渔沟镇。清末有马翁，早年丧子，抚孙成人。聘孙媳卓氏，未娶，孙又亡故。卓氏守节，见渔沟街头有一憨女乞食，劝马翁纳之。生一男，卓氏代憨女抚小叔成人，继而娶妻生子，遂得延嗣。卓氏终老后，小叔及其子孙为之卜葬，乡人义之，遂共集资建立此牌坊。

"抚叔亢宗，慰夫心节堪风世，劝翁禴祖，延先嗣孝可格天；

未卜于归，四十年贞心永著，克要旷典，万千载懿范常昭。"

磬石山

位于县北渔沟镇东北五里许，灵璧磬石主产地。

"磬配金丝竹木，调成律吕；石同皮革土匏，谐奏阴阳。"

"精雕百座石婆，笑容可掬；巧塑十八罗汉，道貌堪尊。"

八腊庙

位于县北渔沟镇西南火房山上，南距县城约六十里，俗称"蝗神庙"，始建于明初，民国后渐废，今不存。

"蝗虫振羽整齐，相落相飞随步骤；神道显灵福佑，自南自北序奔驰。"

"螽斯薨薨，不灭而自歼，果谁之力；禾役穟穟，由秀以成实，赖神之麻。"

大殿："蝗蝥横飞，不使食苗食果，食叶食根，蠹类尽消除，都是慈云所佑；拔庋潜伏，仍教维秬维秠，维穈维芑，植物皆遂长，岂非甘露频施。"

"蠢尔蝗虫，在万顷平畴，长成密密麻麻，嗟！哪里有许多败类；

畀吾田祖，秉一把炎火，灭得干干净净，好！这就是大显威灵。"

戏台："普济赖慈航，惟兹大德咸孚，顿教蝗蝥潜消，化险为夷胥乐土；高歌酬帝力，只此民安物阜，且借优人俳笑，熙来攘去兆丰年。"

刘塘庙

位于县北渔沟镇西南刘塘村，清末庙废，今已不存。

"水秀山青，会意笑含天地理；仙踪佛迹，说禅法妙鬼神惊。"

南华观

位于县北七十里的凤山，俗称"南大寺"，祀庄周，今不存。相传战国时期庄周即庄子曾在此炼丹修道，唐玄宗曾封他为南华真人。

"太庙成空，只见残砖碎瓦；寺僧老去，犹闻磬击香馨。"

"闹里作闲身，安得故人同醉醒；人间逢胜境，何妨此地小停留。"

怡柯亭

位于灵璧县城西北角凤凰山南麓、汴河东岸。民国时期，县长黎在符修一条直达东庙门的马路，曰"黎公路"，并在山坳路口处竖一"黎公碑"，在离山坳二百多米处原戏台上建一亭，曰"怡柯亭"，也称"黎公亭"。亭高丈余，攒顶，六柱支撑，亭枋刻、流云等图案。游山之人登亭眺望，每当晨暮中午，可见炊烟缕缕，田畴块块，远村近树，令人心旷神怡。今已不存。

"九天九曜明，九子墨，九华丹，九九遐龄，九成九老；

如意如人愿，如冈陵，如松柏，如如道貌，如佛如来。"

九如亭

位于灵璧县城西北五里许，北靠凤凰山，西近汴河，为民国初年当地九位绅士集资共建。怡柯亭往北再登二百米，便到东庙门。庙门东南角有一亭曰

"九如亭"，取五福九如之意。实则为庄洪重、张协保、庄可善、丁学友、何旭东、苏宗英、孟康侯、李化普、吕维周等九位老人所建。亭高丈余，四方形，攒顶、仰角、角上系铃。风吹铃响，悦耳动听。亭门朝南，东西两面开窗，窗呈六角形，径约一米。北墙壁上嵌有九位老人新作的诗词等石刻，亭中设有圆桌一张，桌面刻有棋盘，桌的周围设有鼓形石凳九个，供九位老人在重阳节饮宴赏月之用。今已不存。

"太极本从无极始；三元还自一元生。"

青女冢

位于县北端青冢湖畔，距县城约九十里。相传为西楚霸王项羽女奴小青的坟墓，民国遗址犹存。

"沙飞云卷声犹壮；垒废江寒志未酬。"

霸王城遗址

位于灵璧尹集镇西北。

"霸业尽彭南，风卷残云走垓下；王城筑灵北，箫吹散楚刜乌江。"

"全部搞清，局面打开深摸底；神灵了解，公心处理不留情。"

全神庙

位于县北偏西开合山南麓，距县城六十余里。传说此山古时曾裂开又复合，故名开合山。此庙所祀何神不详。今已不存。

"沐手焚香全有灵，震古铄今通大道；虔心秉烛神如在，推仁赐福惠无疆。"

"道本真通，德高北阙；魔凭武状，威镇南方。"

玄帝庙

位于灵璧城东北十八里三注山南麓，明代建筑，现存后殿三间，今玄庙小学所在地。

"天下事，天下事，噢，天下事；世间人，世间人，唉，世间人。"

"芍月三春雨；梅花一曲琴。"

张锡嵘故居

位于三注山东北麓，为清末侍讲学士张锡嵘故居。今房舍已毁圮，遗址犹存。

"消磨岁月书千卷；啸傲乾坤酒一樽。"（张锡嵘自题）

"势若蛟龙跃沧海；坐如太岱展雄姿。杀贼捐躯哀翟义；捐生完节继睢阳。"（曾国藩题）

张锡嵘墓

位于三注山东麓，碑联已毁，墓冢犹存。"

"有民人焉，修我祠屋；吾土地也，宜尔室家。"（刘松山题）

天后宫

位于县北禅堂乡双李集濉河西岸，俗称"奶奶庙"，民国后渐废，今已毁。

"世间无水不朝宗，岂止黄河一派；天上有妃能降福，何愁碧浪千层。"

"天本公心，仰我天天锡纯嘏；后持正义，俾吾后后来其苏。"

"节拟剪金，彤管千秋标令德；烈凌化石，馨香一派胜猗兰。"

虞姬墓

位于灵璧城东十五里。

"虞兮奈何？自古红颜多薄命；姬耶安在？独留青冢向黄昏。"

"今尚祀虞，东汉已无高后庙；斯真霸越，西施羞上范家船。"

"倪元璐题虞姬墓：贞魂傍逐乌骓逝；烈骨长凝碧草香。"

"于成龙题虞姬墓：霸业一场无片土；美人千载有孤坟。"

"孤冢历千年，废垒犹生虞氏草；晚风吹四野，令人尚想楚歌声。"

"剑舞想英风，助阵敢捶红玉鼓；歌辞明大义，钟情更惨绿珠楼。"

"艳丽夹端庄，怕使项王迷绝色；卑污并险狠，羞同吕后耍阴谋。"

"项王宠遇，缘结三生；骥尾远相随，剑舞龙泉挪倩影；楚帐悲歌，情甘一死；蛾眉难再得，花围马鬣护芳魂。"

"慧眼识英雄，虽殒红颜非薄命；捐躯壮巾帼，未偕白首亦良缘。"

"对酒倍踟蹰，盖世拔山，一代霸王不可托；临风长太息，沉鱼落雁，千秋抔土幸能留。"

"虞岂愚哉？四面楚歌催命去；剑堪鉴也！一腔热血报君知。"

"壮志难酬，歌咽声中，一缕芳魂含恨去；雄图已破，剑光影里，满腔热血报君来。"

（吕允峰　校补　参考《宿州名胜联·灵璧》）

张锡嵘"翰林苑"

吕允峰

《清史稿·忠义传四》载：张锡嵘（1828—1867），字敬堂，安徽灵璧虞姬乡扁张村人，居东关街。咸丰三年进士，选庶吉士，授编修，记名御史。咸丰中，先后总办灵璧团练，视学云南。同治中，受曾国藩赏识，募兵"敬字"三营，从湘军与捻军作战，后偕刘松山赴援陕西，战死雨花寨。赠侍讲学士，封世职。

东关翰林苑是张氏官邸，位于东关桥内侧50米路南。解放初期保持完整，在"破四旧，立四新"年代灰飞烟灭。

据胡建亚（1927—）、吕耀贵（1934—）两位老人讲述，东关翰林苑大门朝北，五间宽，三进院落，北到主街，南到灵璧中学北院墙外小河，河边有路，即后街。大门过道呈"八"字形，外宽里窄，硕大石础横门槛，楠木铆钉大门开合，门楼起脊短沿，出墙傲立，门侧壁画，刻忠孝节义图案。大门距主厅有过道，过道两侧是垂花门，门通东西厢房。前中后三厅堂在中轴线，翘沿歇山顶，前后有廊，气势轩昂。环厅堂杂植树木，鸟语花香。前厅接待访客，中堂接要员，后堂是书房兼卧室。后堂两侧院落是粮仓、马厩，仆人客房。

前厅楠木屏风挡甬道，两侧留角门，上接檩条，悬匾"学士第"，蓝底子，金字，上是盘龙，背面是满文。据王准先生说，此匾被王奎璧先生收藏，王奎璧的老师是清道人，和张锡嵘同科，曾叫他辨真伪，后来匾被蚌埠知青带走了。清道人还给张府写了副对联："岂能尽如人意，但求无愧我心。"屏风前是中堂，有画和对联，下面是书条桌，桌上摆着古瓷、插屏，书条下放个八仙桌，中堂两溜太师椅。平时，张锡嵘不在家，由他儿女居住，有不少仆人。

翰林苑落成后，激励许多寒门学子鱼跃龙门。只要张锡嵘到家，各路英才便云集而来。张锡嵘系曾国藩门生，曾国藩赠张锡嵘两块匾，一匾书"理学正宗"；一匾书"正学精忠"，落款：侍讲曾国藩题。还有赠联："消磨岁月书千卷；啸傲乾坤酒一樽。"

翰林苑建成应在张锡嵘应试后办灵璧团练时征地始建，官府资助，始无府名，因为张锡嵘是翰林编修、庶吉士，因此百姓称其官邸为"翰林院"，今考据事理，还是称"翰林苑"为宜。苑者，古称养禽兽、植林木的地方，多指帝王或贵族的园林。

张锡嵘死后归葬灵璧城东北三注山东麓。清名将刘松山为题碑联："杀贼捐躯哀翟义，捐生完节继睢阳。"碑联已毁，墓冢犹在。

大古堆，小古堆

李晓江

我很早就想写写我的家乡，可是事过境迁，家乡在我的记忆里愈来愈显模糊。有时坐在春雨后的窗前，看着远处天空中掠过的孤寂的燕子，看着远处咆哮着远去的列车，家乡的一些片段也会自然地浮上我记忆的屏幕。

我的家乡在苏皖交界的一条小河旁边。这条河叫虹灵沟，因为河小，起名字只够沟的标准。这条沟在我的小说《红柳》里被不断地提到。在这沟的西边，坐落着一大一小两个古堆。古堆的影子一直盘踞在我的童年里，不愿离去。

说到古堆，我要简单地解释一下。我们家乡的老辈人更愿意叫它们姑堆。他们说那里以前是两个尼姑庙。两个庙里住着一老一小两个尼姑，都非常善良。她们靠给村民出租盘碗过日。传说庙里有数不清的这些器皿，要多少有多少。村民们婚丧嫁娶需要盘碗，尽管来庙里租借。但有一项，借还都要给土地爷放上一挂小鞭。否则再借就不灵验。可是有一年，一位李姓村民在还器具时为了省钱没有放鞭。于是失了信的村民再也借不到器皿了。两个尼姑不知什么时候也不知了去向。庙塌了，化为了两座古堆。

对于这样的传说，我一直表示怀疑。我到古堆上割过草，放过羊，搂过柴。我不止一次地绕古堆转过。我发现古堆上到处覆盖着的是一种和周围土壤迥异的砂礓石块。大古堆大约占地上百亩，小古堆大约四十亩。这样的砂礓块从何而来呢，显然解释为庙的墙土坍塌而成显得太牵强。我问过村里的老人，他们也不得而知。于是两个古堆就像是两个不可解的谜盘桓在我童年的思维里，让我充满着幻想，犹如埃及的金字塔一样搅扰着那些探险家。

我曾站在大古堆上，远远地眺望那个小古堆。它是那样的平静，没有一丝的波动。古堆因为村民们年复一年的耕作，如今已经与周围相平了。那里长满了青绿的麦子和藤黄的油菜。麦子间夹杂着一些诸如婆娘蒿、麦面条、凄凄芽之类的野草。我想，在那些风雪交加的夜晚，在那盏昏黄的油灯底下，那个孤独的小尼姑在做什么呢？在数着她的那些被村民们用破了边的瓷碗吗？还是在诵着那些她也许根本不懂的经文？站在小古堆上，我也无数次地眺望过那个庞大的土堆。那里曾经住着一个与世无争的老尼，在我们小孩子的眼里，那是一个可怕的巫婆。仿佛她的衣袋里藏着能让人变成蟾蜍的魔法，使老尼的传说充满着恐怖、刺激和诱惑。

在我8岁的那年，一件让我激动异常的事发生了。那天我们一队胳臂上戴着红箍箍的少年列队放学。好远好远，就听到一阵喧闹声。我发现在大小古堆上，红旗猎卷，人声如潮，村民们在挥锄刨着古堆。我们快速地跑到跟前，看到古堆已被挖了一人多深，下面大块的青砖铺地，能看出半截环廊的痕迹。诱惑我们的神秘答案即将揭晓，我们按耐住狂跳的心脏，想和村民一起挖掘，可是队长却把我们赶开了。第二天上学时候，我们几个伙伴经过了古堆，可是神秘已经消失了，仿佛什么都没有发生一样，古堆已经恢复了旧貌。后来听说是上面派人来紧急通知，强令停止挖掘。没有什么原因。

很多年以后，一次在和文化局长、文物管理所所长等人一起开会时，我郑重地提出挖掘考古古堆的请求。他们听后感到很惊讶：怎么我们从来没听说过有这样的古迹呢。两位当即决定派员考察现场。想到谜底又要揭开，我又一次无名地激动起来。可是不知为什么，后来一直没有实施。

亲历灵璧"马王堆"

张少秋

时光倒溯至 1972 年 6 月下旬的一天，时值麦收刚毕，夏种正紧张进行。灵城镇南关大队传来一个令人兴奋的消息，发现一座古墓，出土了一具女尸还有大量陪葬品。消息不胫而走，人们口耳相传，绘声绘色中掺糠兑水，简直就是长沙马王堆第二！想我灵璧有如此深厚底蕴，有如此级别墓葬，岂能不让人振奋！

我当时在县水泥厂，民兵三落实中充实到基干民兵连，人武部配发两挺马克沁重机枪，五支苏式步枪，全由援朝援越的退伍老兵掌握。装备除化肥厂有一单管高射机枪外就咱们最强，人数共 50 多人（制成车间 20 人，立窑车间十八九人，矿山车间 10 多人），常执行县里的外勤任务，这次无一例外地被派到古墓出土现场维护秩序。时任厂长赵玉怀同志进行了简短战前动员，大意是地下文物属国家所有，不允许任何人抢夺占有。跑步前往的途中我想了很多，联想到北关有双槐树，南关又有出土？东边有虞姬墓，西边有凤凰山汉墓群（那时我还不知道西大山有汉墓群，仅局限在水泥厂采掘红土和石子矿时的发现），灵璧有这么好的风水，这么早期就有人类居住，该是战国还是宋朝建县？也想到南关水利总队那片小环境，东西大沟和灵固路沟里水草也比别处丰盛……正是我爱胡思乱想，观察比较细致才有今天的还原。

现场是在老灵固路东侧约30余米（灵璧至固镇的公路，起于灵璧汽车站，现京华大厦，1967年因开挖新汴河废弃了一公里多，1968年须绕行灵西闸），现汴河路南侧（现在的路北边原有东西大沟，上口宽5米，水深米余。沟北是城关镇五小工业的焦炭厂，1976年后改为灵城机站，1989年改为灵城镇机关宿舍），南距大理石厂围墙五六十米，墓葬的西边几米远有条往农机二厂（原县拖拉机站，1970年后改为农机二厂，1984年后改为南酒厂，现为钟馗酒业公司）的机耕路，甚是泥泞。墓葬的东边是大片农田。我们赶到时并没有想象中的哄抢，墓葬更没有猜测中的壮观，仅仅是个独墓（没有合葬的墓）。棺盖被撬开掀翻在墓穴西边，女尸被拖出僵硬地横陈在墓穴东北方约两米处，头北脚南。她头戴一顶像刘姥姥游大观园时的帽子，黑发，尖下颌，嘴微张，两眼凹陷，肤色黔黑类似皮革色，脖颈儿套了根撇绳（牛的缰绳），这是无知的人套出来照相时的杰作。棺椁里很干燥也被翻的乱七八糟，显眼的有几件裙子，带褶，很像今天的围裙。颜色是粉红褪色泛白那种，能看到布丝，质地极像今天的亚麻织品。现场有两个人，一是县鞋厂的哑巴，见我们来就咦伊哇哇地比画着，嗷嗷叫愤怒地指责用绳套，用抓钩拉……另一个是西关大队的单某堂，此人属公众风头人物，下城河罩鱼他排中间最深处，别人潜不下去的极限他让人踩着下潜，喝酒能喝倒街卧巷的性情中人。这回他又表现了蒲楞，竟跳入棺内拿出几件裙钗，一个一个在腹前比量，嘴里还说：这是百褶裙子！我见他拿着的像今天的超短裙，不由感叹那位不知姓名、生卒年月的老太太超前意识引领超时代的时尚。他还炫耀从嘴里抠出来颗定颜珠，说那"老妈妈跟睡着了一样，耳坠子那点，还有脸上都是软的"，并且还遗憾："从枕头边拿出一本书，抠过珠子后老妈子就变黑了"。还说书让文化馆拿去了，珠子让谁谁拿去了（年代久远记不清他说的谁）。我们开始清场，粗暴地哄走围观人们。单某堂知趣地退到西边灵固路上，那年月谁也不敢和刚从文攻武卫指挥部蜕变的民兵指挥部抗衡。鞋厂哑巴是被推搡着离开的，每回执勤我们都会找个软柿子捏捏，以示杀一儆百。现场留下单某堂丢弃的那些裙子，位置在墓穴东南角。趁着这个机会我标了标方向，那棺材没被提出，是东北（偏北）西南向，与老太太横陈方向一致。封墓的石膏块散落在周围，墓穴并不深，墓塚也不大，分析极有可能是座丘塚（先逝人等后逝人合葬、或是有冤待雪重葬的临时停枢称丘）。

回到公路上，我从人们议论中得知发现经过。南关大队稻改，选中水源丰富，靠近路边的第五生产队土地，又选了三锞牲口，挑了几个把式突击耕地。几位把式南北趟一个跟着一个吆喝牲口，当耕到地北半截时铧头底下突然发出"咔嚓咔嚓"声响，明显拉不动了。把式甩了一鞭，骂了句牛，又往下按了按犁把，铧头削起一片片白石灰渣。到地头几人一合计认为是石灰窑（山石经煅烧后的石灰是块状，需挖坑放水发酵成膏，这坑称为窑，一般窑旁会有石灰渣），于是下一趟他们是提犁把加深吃土，结果耕起来的是石膏。好奇驱使他们找来撬棍、洋镐，一座沉睡了600余载的古墓葬就这样被无知的人们打开，一具极有科研价值的永乐年间女尸被所谓的专家粗暴地破坏。

墓葬虽不大，但在地下保存完好。打开后的几个小时，女尸暴露在光天化日之下，前世享尽荣华，而今横陈荒野。倘若上天有知，该是如何怪罪灵璧人？说是派民兵保护，我们只是站在周围不让人近前，谁指导我们干了什么？哪怕一领芦席盖着，我们也不会自惭挖人家祖坟！当夜我们被调回上大夜班，是夜，天公下了阵暴雨。次日上午我见那老太太双眼生霉，又过了一天她被人认领重葬（具体不祥）。大概5—6天光景，省革委会派专家在三用礼堂（今剧院）就女干尸发掘保护及意义进行专题报告会，那位清瘦高个、头发有些稀疏的专家拖着南方口音表扬了水泥厂民兵保护有功，他说：民兵的作用最大！民兵的寿命最长！甚至到了共产主义社会都会有民兵组织，要不是水泥厂民兵奋力保护，我们还看不到女尸真容！这具女尸地下保存完好，不同于木乃伊，不同于蜡尸，不同于长沙马王堆女尸，因为结缔组织是软化的，部分肌肉是有弹性的。可以断定是岂今为止全国首例，其科研价值甚至高于马王堆。因为灵璧的是干尸，是在干燥绝氧环境中保存下来的。我们表扬民兵夜追女小偷（南关有个脸上生记丑陋的妇女趁夜拿走几件裙子被追回），哦！还要真的感谢小偷，不是她贫穷所至我们还看不到今天的文物！相形之下专业文管单位做的不够好，能不能发现后移到房子？没有房子有没有办公室？你们怕迷信，怕不吉利，怕尸瘟传染！哪怕一张塑料皮裹着也比暴晒雨淋强！没有献身精神是搞不好工作的。

后来他话锋一转，非常委婉地：大家不要生活在恐惧中，不要迷信有尸瘟暴发，诈尸一说更是荒唐。你要不相信你就等着瞅，我先说在这儿，女尸出土地一定会繁荣！所有的重要文物发掘地无一例外！那些参与保护的民兵一定会生活幸福！条件是你要保持好的生活态度。他的话解开了郁积在我们心头的死结，此前我们有巨大的精神压力，人像生瘟的一样没精打采。报告会后我们恢复了往日的干劲，单班生产也超以往。后来我才知道是赵玉怀厂长建议，县革委会批准举办的报告会。今天看来是赵厂长敏锐发现社情，积极反映民意，为稳定灵璧形势做出的努力。虽然我没有记住那位专家姓名，但是我看到了他的预言结果，城市功能南移，曾经的出土地几乎成了中心。每每经过龙山广场往西走，心中总升腾欣慰。也不免为灵璧有个全国之最败坏在我们一代手里而感到悲哀。

龙山西麓汉墓群

龙山西麓汉墓群位于灵璧县城西南 5 华里的龙山西麓。墓区范围面积约两平方公里，同"三山汉墓群"一样，1954 年省博物馆文物队在文物普查时发现，其类型与三山汉墓群相同，随葬品相似。

1956 年，龙山西麓汉墓群被安徽省人民政府公布为省重点文物保护单位。

（灵璧县文物管理所）

萧木古墓

佚 名

冯庙镇政府东小木古村北侧，有一座古堆，相传系金代萧太后之孙葬身之处。

南宋兴隆元年（1163年）宋孝宗即位，意欲收复被金军侵占的江淮失地，命张浚为枢密使，督淮东、西路军马出师渡淮，计划先收复虹县（今泗县），再收复灵璧。于是，宋金双方军队以灵南老营湖为中心地带摆开阵势，决一雌雄，结果金军大败。金军大将萧琦被活捉，萧太后之孙萧木古战死。按照金人"死在哪里，葬在哪里，墓不露痕迹"的风俗，萧木古被葬在现在萧木古村北侧一处高地，后人称为"萧木古墓"。为书写简便，把"萧木古"简写成"小木古"，遂成村名。

张氏家族墓群

张氏家族墓群位于今灵璧县经济开发区十里村金斗山西侧的山坡上，系灵璧"百忍堂"张氏家族墓群。墓塚座东向西，自南面起分别是张氏六世、七世、八世、十七世，存明正德、清乾隆年间碑刻4通，南北方向一字排开，碑文清晰可辨。

"百忍堂"张氏，"世有显人"，唐代居清河郡珂里县（在今江西省），先祖张艺曾建园亭，唐高宗李治亲笔为其宅堂赐墨"百忍堂"。宋代，张艺后裔张次立、张损之兄弟因避乱，迁至灵璧，世居汴水之阳，成为当地名门望族。

张氏兄弟定居灵璧后，在汴水之滨建造兰皋园，在池边修建亭台，奉养双亲。张次立工篆书，后官至殿中丞、大理寺丞。嘉祐中，诏同篆国子石经，参与书国子监石经。张损之，官至幕职、通判。庆历四年（1044年）张损之赴任定府幕职，三衢刘牧相送，并作《送张损之赴任定府幕职序》。

元丰二年（1079年），苏轼由徐州移知湖州（古称吴兴），途经灵璧，游张氏兰皋园，应园主张硕之请，作《张氏园亭记》。文中苏轼不仅描写了园亭的胜景，而且盛赞张氏之先君为其子孙考虑周远，可以开门而出仕，闭门而归隐。

张氏后人没有辜负先人的厚望，"仕者皆有循吏良能之称，处者皆有节士廉退之行"。

南宋绍熙元年（1190年），张礼中进士，授中书礼部主事，改太守府员外，擢升监察御史，按河南参政知事，不久升平章政事。张礼为人敏学乐善，为官治才通达。虽官位显赫，仍废寝忘食，常常检阅史书，深夜不倦。处理公务时，官府文书摆满面前，却是有条不紊，应之如响。元朝至元十五年（1278年），张礼孙张郁中进士，拜中书左司郎中，后擢升两省转运使，寻升参知政事、中奉大夫。张郁为官清廉，历官三十余载，一毫不苟取于民，进至藩参。为人谦和有礼，虽私居，必冠带肃然，如对宾僚，数十年如一日。

张氏家族迁入灵璧已一千多年，后裔四万多人，遍及全国各地。但不论身处何地，都不忘祖忘根，常赶回灵璧祭拜祖先。1997年张氏家族集资整修了墓园区，墓园区东西50米，南北15米，占地面积约800平方米，二期将继续扩建800平方米。2015年被列入市级重点文物保护单位。

（耿瑞英　整理）

小花山下的"一步两井"

吕允峰

"一步两井"位于灵城小花山脚下的华家庄，现在是钟馗园南门广场。两口井间的距离仅有几步，井水一苦一甜。2010年4月，钟馗文化园项目建设开工前，华家庄整体拆迁，"一步两井"从此成了时代的记忆。

华家庄有千年历史，以前华家有华恒山、华恒水兄弟二人，其父会洗碑刻字。临终之际，父亲拉着兄弟俩的手，嘱咐哥哥照顾好年幼的小弟。哥哥泪流满面点头答应，但他平生惧内，大事小情不能做主。恒水跟着哥嫂生活，常常因为小事受奚落。二叔建议他们分家，恒水接受嫂子的条件，只分得两间偏屋。华家庄临近驿道，分家后，恒水在路边摆个摊位，跟着二叔学做小吃。几年后，恒水娶了朱家庄的姑娘，婚后继续经营小吃摊，因薄利经营，生意非常红火。恒水还经常救助穷人，接济老人，嫂子看在眼里，很不舒服。

华家庄地处山脚，打井不易，全庄仅有一口井。一天，恒水去井沿打水，嫂子也和大家站在井边，排队等着打水。她一见恒水，就没好气地挖苦道："哟，大善人也来排队等水？发财了，穷大方，怎么不自己打口井？"

恒水回到家里，和妻子商议，为了争口气，决定在老井旁边再挖一口水井。

从此，夫妻俩小吃摊收工以后便去挖井。山地土硬，又常碰到石头，每天只能掘进一点。刻薄的嫂子让弟弟打争气井的事，迅速传遍了周围村庄。邻里们被恒水夫妻执着的精神所感动，一齐谴责兄嫂的无情，并纷纷前来帮忙。可是，还是触到岩石，井掘不下去了。这下嫂子得意了，更加冷嘲热讽。连恒山也看不下去了，毕竟血浓于水，但他怕老婆，不敢阻止，只有看弟弟干受气。邻家看在眼里，也无

能为力。恒水寝食难安，暗自祈求苍天保佑。

一天，恒水梦里遇一白髯老者口授密诀，反复交代只可自用。恒水一觉醒来，神清气爽，召集帮忙的众人，按照密诀继续开工。没过几天，岩层打通，涌出了清泉。

恒水亲自选料做了和老井一样的围栏，村民随时取用。更奇的是，自从新井出水后，原来那口井里的水一下子变苦了，而新井水却是甜的。大嫂觉得颜面尽失，托人协调，找个台阶好下。二叔把这一切都看在眼里，说："老嫂如母，他毕竟是你的弟弟，只要你有个嫂子的样子，他不会计较你的。"于是，嫂子主动向恒水认错，叔嫂两家从此和睦相处。

贯山庄古遗迹

董锡琼

我的老家贯山庄，位于灵璧县朝阳镇东四公里处。庄后面有座高不过百米的小山，叫牛头山。为什么叫它牛头山？传说古代齐国名将孙膑后来成仙，有一次他骑牛路过贯山时，看到此地山清水秀，风景旖旎，便按下云头，在此歇息，没想到他的牛贪吃仙草，幻化成山。此山山形首南尾北，像一头牛横卧于此，形象逼真。至今，山上还保留着很深的牛蹄子印，从此，乡民们都管它叫牛头山。

在牛头山东南部的山脚下，原来建有一座寺庙，叫玉帝庙。传说大明皇帝朱元璋的军师刘伯温有一天对朱元璋说："吾主万岁！老臣掐指一算，贯山要出王侯，恐对吾皇不利。"朱元璋惊慌失措地问："如何破解？"刘伯温回答："只有建庙供奉玉帝、观音菩萨等神像，方能破此山脉。解吾皇之后顾之忧。"朱元璋听信之，遂拨款命地方官员建筑此玉帝庙。

玉帝庙庙门朝南，共有南庙楼、北大、东西厢房共12间。北大殿供奉玉帝神像，观音菩萨神像，东西厢房用于寺庙住持和弟子居住，庙楼中间"玉帝庙"三个大字金光闪闪，大门门联："庙盖青山龙虎地，门迎绿水凤凰池。"庙里有住持烧香念佛，每天都有很多人前来烧香、祈福、求子、治病，常年香火不断。

这里还有一座道观，主持和弟子全是女的。庙前立有功德碑，记载着建庙投资人的名讳和事迹。虽然寺庙后来被毁，但至今寺庙遗址犹在。

Ⅰ 自然遗物

洪武遗石

闫星云

明太祖朱元璋登基坐殿时，在老家凤阳建造一所气势宏大的城池，史料记载为"中都城"。

洪武二年起，朱元璋下旨灵璧县采磬石，并调集军队参与。灵璧官民夜以继日，在磬石山开采石头，车装船载运往凤阳。

到了洪武八年，中都停建，自此，开采的石头不再运往凤阳，留在了原地，一直保留至今。

现在，磬石山南陶寨、韩楼村后，沉睡着十余块当年的采石，大的有10余吨，小的有两三吨，被当地人称之为"飞来石"，也就是"洪武遗石"。这些石头沉睡数百年，在百姓心中早已升华为石神，其中一块巨石重约10余吨，宽3米左右，长6米有余，厚足1米，四周有数棵大树围绕，矗立在一土堆上，树荫覆盖巨石。从清末民初起，方圆百里村民，让多灾多难、娇生惯养的孩子，前来认巨石为"干爹"。百余年来，巨石前香火不断。每逢过年过节，干儿子们随同家人携带供品香火，簇拥而来，给巨石披红挂彩放鞭炮，祈求石神显灵，保佑家家平安，生活幸福，让孩子们茁壮成长。现在，这块巨石仍卧立在磬石山下，被人们称为"搬不动的老干爹"。

灵璧名石 27 尊

张殿凯　供稿

宋代灵璧张氏园亭遗石　张殿凯　提供

宋代　花石纲遗石　徐州博物馆藏石　张殿凯　提供

宋代艮岳遗石　开封大相国寺藏石　张殿凯　提供

故宫博物院（宁寿宫颐和轩）藏石　张殿凯　提供

宋宫遗石　开封铁塔公园藏石　张殿凯　提供

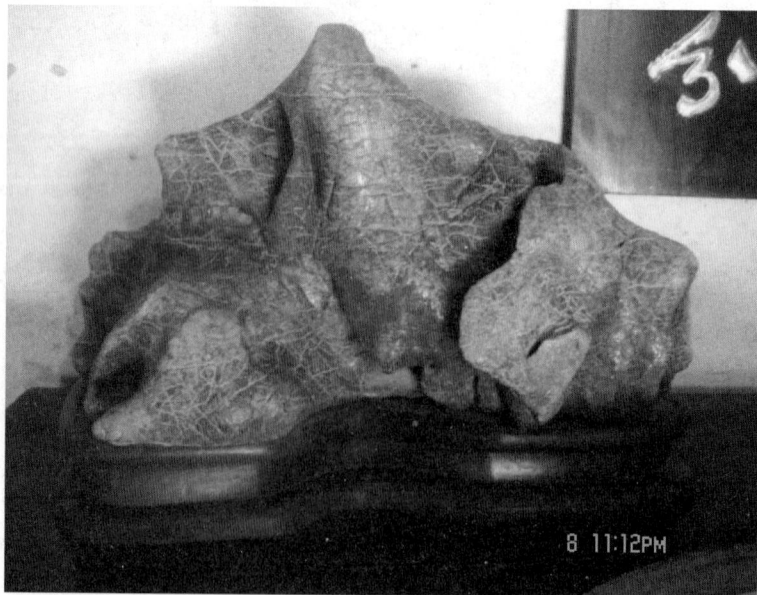

蒲松龄纪念馆藏石　张殿凯　提供

玉树临风　北京中南海收藏　张殿凯　提供

擎天柱　清华大学收藏　王允　提供

中纪委办公厅收藏

武汉黄鹤楼公园藏石

庆云峰　高 9.1 米　重 136 吨　苏州静思园收藏

奥运火炬　步长集团藏石　张殿凯　提供

青黛灵璧石　美国大都会博物馆藏石　赵基　提供

九龙璧　灵璧奇石文化园藏石　张殿凯　提供

凤鸣磬乡　渔沟镇政府藏石　张殿凯　提供

长石阵（灵璧喀斯特地表地貌）　鲁兵　摄

赤峰　红灵璧石　李群提供

灵璧纹石　孙淮滨　提供

冰封世界　白灵璧　张笛　提供

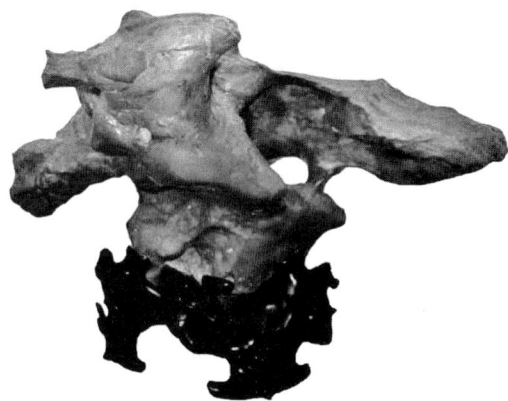

红灵璧　张殿权　收藏

俯瞰群山　李光辉　收藏

雪域奇观　白灵璧

灵璧钟馗图案石　朱重华　提供

石林盛景　陈亚云　提供

天池　（五彩灵璧石）　马祥　收藏

钟馗石

耿瑞英

灵璧物华天宝、人杰地灵，是位居四大名石之首的灵璧石原产地，"中国观赏石之乡"，是打鬼英雄钟馗的故里。

灵璧石按艺术形式可分为两大类：一是雕塑石。它在灵璧赏石艺术中占有主导地位，造型千姿百态，包罗万象，极富视觉冲击力、震撼力与想象力。二是画面石。它是一种天然形成的类似绘画画面的观赏石，以色彩和线条的巧妙搭配，呈现出人物、动物、植物、花鸟、山川等图案，意境深远，栩栩如生。

20世纪90年代灵璧出土一块上有钟馗神像的奇石，堪称灵璧画像石的杰出代表。画面上，钟馗身穿蟒袍，头戴乌纱帽，手里抓着一只小鬼，正大步流星地追赶逃跑的小鬼。画面不仅充满动感，而且细微处非常逼真。钟馗怒目圆睁，面带怒容，虬髯飘动，与灵璧传统钟馗画的形象和内涵非常相符。

钟馗石出土面世时，便成为灵璧赏石界一件盛事，称是钟馗再世。人们争相目睹，感慨大自然的鬼斧神工，甚至当成神像进行祭拜。同时钟馗石亦吸引了无数外地赏石家前来观赏、研究，也有不少石商花高价求购。现在钟馗石已成为灵璧人心中的镇县之宝，守护着这片土地，保佑灵璧人民平安幸福、和谐安康。

一块灵璧石为何在人们心中有如此高的地位呢？因为钟馗能驱鬼辟邪、惩恶扬善、迎祥纳福，承载了人们反对邪恶、伸张正义、向往光明的美好愿望。

"天地有正气，杂然赋流形。下则为河岳，上则为日星。於人月浩然，沛乎塞苍冥。皇路当清夷，含和吐明庭。时穷节乃见，一一垂丹青。……"天地正气寄寓于宇宙间各种不断变化的形体之中。在灵璧，则凝结为灵璧石，变幻为钟馗刚正不阿、宁死不屈的气节，赋形为钟馗石。因此，此石又名"天地正气石"。

钟馗石问世已30余载，曾在首届灵璧石文化节、郑州博物馆、无锡国际文化城、南京、宿州等地展出。所到之处，观者如潮，赞叹不绝。

双槐树

张少秋

灵城北关桥头（古来璧门）出城有一条南北路，直通五女井、十里店等村庄。大李庄东有两棵古槐。传说，这两棵古槐，罗成栓过马，秦琼挂过铜。两树立于路东，南北相距十步，枝繁叶茂，华盖如伞，蔚为壮观。奇的是树高丈余，主干中空，仅剩皮壳，从底下树洞钻入，向上可抵树杈。北树南倾，南树北傍。枝杈交织，相扶相拥。像一对恋人作揖盟誓。树北数丈有一路通向山坡，形成三岔口。

双槐树别称"同心树"，在当地被尊为树神。民间相传，老人生病、幼童受惊、不孕不育，只要给树神上香祷告，就十分灵验。破除迷信后，信众不敢明目张胆地去敬拜，有人就把火纸扔进树洞，任其自燃。当晨起的人们见树梢冒烟，以为是树神显灵，以讹传讹。20 世纪 60 年代的一天晚上，双槐树上有光束时断时续，忽暗忽明，有人发现，以为是特务在用手电筒联络敌机，遂报告上级。闻讯赶来的一队驻军战士，包围了双槐树，县里还调动了灵城镇民兵协助。指挥员命令只围不攻，要活捉特务。直到天亮也没见到敌机和发信号的特务的踪影。当天疯传敌特可能漏网，潜入灵城，一时人心惶惶、草木皆兵。

灵璧双槐树耐贫瘠、抗风寒、寿命长，是时代的见证，灵璧人永远的念想。

白马村古槐

渔沟镇白马村前山有棵千年古槐，高约 6 米，直径半米多，树冠覆盖面积约 15 平方米。树的西侧从上到下有一道宽 40 厘米的腐朽的树沟，东侧从上到下仅有不足 5 厘米的树皮连着。现在，整个树只剩下一半树皮，但依然枝繁叶茂。古槐树主人马洪前说，自从马家始祖迁居至此，这棵树就已经存在了。马氏家族居住几百年来，没有一人敢摘一叶，折一枝。因为家族内传言，摘一叶死一人，折一枝死一家。更为灵验的是，古槐枯枝伸向哪方，哪方就会死人，茂盛枝叶伸向哪方，哪方就人财两旺。夏季每逢大雨，古槐的树洞里就会爬出一群大得出奇的红眼睛癞蛤蟆，雨停后，癞蛤蟆又会爬回树洞里。日本人入侵时，在白马村烧杀抢掠，因树前有一穰高粱秸，大火把这棵树也烧了。此后几年，不见古槐发芽抽叶，大家都以为它死了。可又过了几年，古槐居然复活了。马洪前说，被风刮断的古槐树枝，他都会理好，放在阴凉的地方。自从有马氏家族居此，逢年过节，族人都会给古槐贴春联，子孙结婚，也都要在古槐上贴"囍"字。如今马洪前用石头在古槐外围砌了方圆3米左右的围墙，里面填上了新土，古槐叶更茂，枝更壮，树也更旺了。

（晏金福　根据闫兴云提供的材料整理）

申村古槐

晏金福

澮沟镇申村的凡山南麓有棵古槐，据说已有两千年多年历史，传说楚汉相争时，刘邦率兵路过此地时，曾歇马树下，脱袍纳凉，给此树留下了"挂袍树"的美称。此传说虽然不一定真实，但树龄很长确是不争的事实。

现在，此树已经中空，仅存残壳，可它生命力极强，仅有的半边树皮，还在不断生发新枝、吐放新芽。

申村古槐能生存至今，凡山居士樊可清功不可没。他数十年来，对古槐精心呵护，经常浇水培土，中空部位用条石支撑。自樊可清去世后，古槐已无人保护，不断受到挖碴和采石者的侵袭，现已岌岌可危。

高楼镇的古木瓜树

晏金福

在灵璧县高楼镇卓圩村小朱庄的运河古道边，有一棵古木瓜树，经鉴定，树龄已有 400 多年。

木瓜树又称"降龙木"，是我国的古老树种，种植历史在两千年以上。《诗经》里的《木瓜》一诗写道："投我以木瓜，报之以琼琚。匪报也，永以为好也。"那时，木瓜与琼琚并列为青年男女互赠的爱情信物，可见其贵重。

小朱庄的这棵木瓜树，经专家现场测量，高 6.1 米，树围 2.08 米，冠幅 6 米 × 7 米。主干上端生有 7 个大分枝，居民戏称为"七仙木瓜树"。现在，虽然该树南侧主树干基部空腐，木质外露，7 个分枝中有 5 个中下部腐朽严重，东南方向树冠也严重萎缩，但整体树势依然繁茂，被宿州市绿化委员会评定为二级保护古树，挂牌保护。

| 人文遗物

馆藏文物 118 件

灵璧县文物管理所供稿

"见日之光，天下大明"铭文铜镜

汉，直径 8 厘米、厚 0.3 厘米。

桥形钮，镜面微弧，宽缘，镜背有两周凸起的圆圈、斜线段形成铭文圈带，铭文为"见日之光，天下大明"，篆书，间以菱形网格纹和云纹，内区为连弧纹。青绿色，局部有锈斑。灵璧县黄湾镇出土。

白釉缠枝花叶云凤纹广口直领罐

元代，高 27.8 厘米、口径 17.1 厘米、腹径 28.6 厘米、底径 12 厘米。
灵璧县政府招待所工地出土。

白玉马

近代，游集镇马玉兰上交（原尤集区张西村马玉兰上交）。

长 32.5 厘米、高 22 厘米，汉白玉质，周身乳白色，马昂首挺胸，张口露
齿，两目抬视，双耳竖立，做奔腾前的跃状。

宝相花纹铜镜

唐，直径 16.5 厘米、厚 0.25 厘米。

钮扁圆，钮座为葵花形，镜面平面，外缘圆形。镜背饰六朵宝相花纹，黑色，品相较好。灵璧县浍沟镇出土。

蝉形玉饰

明代，长 5.3 厘米、宽 2.4 厘米、厚 1.15 厘米。

青玉质，局部淡褐色沁。蝉体扁平，中厚边薄。头部雕双凸眼，嘴对钻而成。阴线刻出蝉羽翅等；腹面刻出蝉腹纹。头部有一系孔。灵璧县高楼镇窖藏出土。

带盖陶鼎

此器物为陶鼎，20 世纪 80 年代出土于县窑厂。敛口，肩附两对称长方形耳，耳稍微外撇，椭圆形深腹，圆底，三矮蹄形足，通高 17 厘米，口径 15 厘米。此鼎灰陶素面，其造型古朴舒展，为汉代时期制品。

陶鼎，新石器时期出现的炊器，用于煮食物，最早出现于河南新郑裴李岗和河北武安磁山遗址，在大溪、屈家岭等新石器时代文化及商代早期的遗址中普遍有出土。器型由于区域与时代早晚的不同，存在一定的差异，但基本上由器身、三足、器盖组成。商周青铜鼎成为礼制重器，陶鼎地位随之提高，也有礼制意义。战国至汉代出现铅釉陶鼎和彩绘陶鼎，多作随葬明器。灰陶是汉代最主要的陶系，已普及到全国各地。汉代灰陶容器是继承商周以来的传统而进一步发展，在制作技术上达到更高的水平，一般都呈青灰色，火候均匀，烧成温度约在摄氏 1000 度以上，质地坚实。凡属圆形的容器，其坯胎多系轮制，形状规整，表面较光滑。除了随着陶轮的旋转而刻画的少许平行的弦纹及一些局部几何形划纹和印纹以外，基本上是素面的。

单耳铜环

汉，高 7.5 厘米、口径 14 厘米。

敞口，圆唇微侈，弧腹，浅圈足，半环状单耳，上出平錾持手，青绿色，有锈斑，腹部饰凸弦纹。

仇英山水画轴

　　此图为明代国画家仇英山水画轴长，长 83.4 厘米，宽 34 厘米（画心），
1976 年与省文物商店交流所得。

　　仇英，原籍江苏太仓，后移居苏州，生年不详，卒于明世宗嘉靖三十一
年（1552 年），是明代最有代表性的画家之一，与沈周、文征明和唐寅并称为
"明四家"。

　　仇英早年尝为漆工、画磁匠，并为人彩绘栋宇，为文征明所称誉而知名于
时。后来仇英以卖画为生，周臣赏识其才华，便教他画画，仇英临摹宋朝人的
山水画作品，几乎可以乱真，例如《清明上河图》。仇英画法主要师承赵伯驹
和南宋"院体"画，功力精湛，既保持工整精艳的古典传统，又融入了文雅清
新的趣味，擅长画人物、山水、花鸟、楼阁等题材，画法苍秀，构思巧妙，笔
墨俊雅，形象精确，工细雅秀，色彩鲜艳，含蓄蕴藉，色调淡雅清丽。

（耿瑞英　陈华　整理）

清仿赵孟頫·百马图

　　赵孟頫（1254—1322 年），字子昂，浙江吴兴（今浙江湖州）人。宋太祖
赵匡胤的 11 世孙、秦王赵德芳的嫡派子孙。其父赵与訔曾任南宋户部侍郎兼
知临安府浙西安抚使。南宋灭亡后，归故乡闲居。

　　赵孟頫于至元二十九年六月出知济南路总管府事，政简刑轻，周边靖安。其履迹所至，墨香随雅兴而留；啸傲林泉，碑碣随文光而焕。后调职京师，不忘鲁皖河山之美，复于六十五岁游泗州，其间几经灵璧，游览金山寺，见殿宇宏壮，赞叹不已，述及儿孙，咸萌仰慕。后赵孟頫子赵奕宗先人爱林泉，慕幽景之命，迁徙灵璧金山而居。率由繁衍，遂称金山赵，越六百五十余载迄今。

　　赵孟頫博学多才，能诗善文，懂经济，工书法，精绘艺，擅金石，通律吕，解鉴赏，特别是书法和绘画成就最高，书法与欧阳询、颜真卿、柳公权并称"楷书四大家"，绘画开创元代新画风，被称为"元人冠冕"。在绘画上，山水、人物、花鸟、竹石、鞍马无所不能；工笔、写意、青绿、水墨，亦无所不精。他的人物鞍马，主要继承唐人传统，具有刚健、华美的特色，工写结合，设色高雅。

　　仿赵孟頫百马图长卷，为1977年蚌埠商校教师胡光捐赠。此卷为绢本，长865厘米，宽41厘米，卷前有篆书"赵氏奇宝"题款，加盖"洪武御书"印，卷尾有米万钟，王铎等人题跋，现收藏于县文物所。本卷为清代后仿，重设色，百马形神各异，用笔极工，有老马、壮马、小马，还有饲马、牧马二人，人物动作、神态描绘自然生动，所绘形神俱似赵氏遗风；落款"吴兴赵孟頫"，虽为后仿，仍有着重要的文物价值。

（耿瑞英　陈华　整理）

铺首铜洗

战国，高15厘米、口径32厘米、腹径29厘米、底径17厘米。

圆形，敞口，尖圆唇，折沿，直腹微敛内收，平底。上腹部有两对称铺首，上饰凹凸弦纹。青灰色，有锈斑。灵璧县阴灵山出土。

铺首衔铜洗

东汉，高 11 厘米、口径 25 厘米、腹径 24 厘米、底径 15 厘米。

敞口，圆唇外侈，鼓腹，矮圈足。腹部有两对称铺首衔环，上腹部饰两周凸弦纹。青绿色，局部有蓝色锈斑。灵璧县韦集镇出土。

骨器鱼钩

图为骨器鱼钩，出土于玉石山遗址。玉石山遗址位于灵璧县娄庄镇赵家村玉石山，面积约 20000 多平方米，地势呈漫坡状，整体地形东高西低，是以龙山文化为主的新石器时期聚落址，兼有大汶口文化晚期类型。1983 年夏，由县文物组在文物普查时发现，地表暴露有陶器、石器残片。1991 年省考古研究所进行正式发掘，揭露面积达 1000 多平方米，出土的器物非常丰富，有鼎、

豆、簋、鬲、石斧、石镞、骨针、骨器鱼钩等。石器的制作用料多为当地所产的"菜花玉"。骨针的出现说明人们当时生活开始缝制兽皮衣物，骨器鱼钩的出现足以表明当时玉石山附近的水系比较发达，渔猎已作为补充生活的辅助性来源。1989 年，该遗址被安徽省人民政府公布为全省重点文物保护单位。

（陈 华）

虎头形玉佩

清代，高 3.1 厘米、宽 3 厘米、厚 1.5 厘米。

青玉质，虎头面呈深黑色沁。器扁平，一面阴线刻虎头形，另一面刻宽平的虎背，上有三个圆坑。器上端有对钻孔。灵璧县高楼镇窖藏出土。

夔纹铜镜

东汉，直径 9.5 厘米、厚 0.3 厘米。

半球形钮，镜面微弧，三角缘向镜背侧凸起，镜背由凸起的圆圈分为五个级饰带，由内向外为连珠纹、夔纹、斜线段纹、三角锯齿纹、椭圆间三字纹。青绿色，局部有锈斑。灵璧县黄湾镇出土。

龙泉琮瓶

明代，瓷质，高 25.5 厘米，口径 6.5 厘米，底径 7.5 厘米，腹围 32.5 厘米。圆口，方身，圈足，器体四面以凸起的钱文为饰，这是明代仿制周代的玉琮加以变化而烧成的，器底厚重，圈足宽阔而矮。瓷瓶造型古朴，釉色粉青，莹润如玉。

玛瑙捧桃仙女

清代，高 15.65 厘米、宽 5.15 厘米、厚 3.8 厘米。

玛瑙淡紫色，亮泽，局部褐色沁。圆雕。仙女站姿，高髻，圆脸，右手捧一仙桃于胸前，左手举持一桃枝于肩上脑后，上有仙桃两个，左右各一。身穿交领宽袖着地长袍，腰间系带垂于腹下。底素平。灵璧县高楼镇窖藏出土。

米白釉将军盖罐

元代，高 14.5 厘米、口径 5.7 厘米、腹经 10.7 厘米、底径 6.2 厘米。盖圆柱形钮，圆形平顶，底外撇。罐体小口，直领，平肩，鼓腹，内圈足底。胎体灰褐，较厚重。圈足有五个支烧痕，器外米白釉，圈足底无釉，器内施黄褐釉，米白釉厚处泛青，有砂眼。灵璧县城龙车山北麓出土。

平足莲花碗

宋代，瓷质，高5.6厘米，口径16.3厘米，底径4.7厘米。侈口，斜弧腹，平足。外壁刻开放莲花一朵，内壁底部刻一朵兰草纹。通体施青釉，釉薄透明，外底无釉，呈浅灰色。

启功书轴

此作为中国当代著名书画家、教育家、古典文献学家、文物鉴定家、红学家、诗人，国学大师启功书轴，装裱后长103.5厘米，宽60厘米。该作品是启功大师1981年为虞姬墓题书《安徽灵璧县重修虞姬墓寄题二首》：

一

腐心取代彼秦皇，嚎头空时号霸王。
一惠节来犹有耻，不随鱼鳖过乌江。

二

千秋有美在于斯，一剑分明报所知。
今日飨堂帷薄肃，行人谛听拔山诗。

（陈 华）

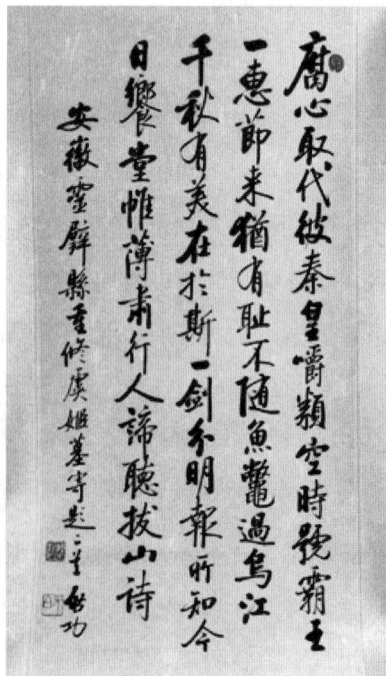

青黄釉四系罐

唐，高 9.3 厘米、口径 7.3 厘米、腹径 12 厘米、底径 7.3 厘米。

口沿外撇，溜肩，鼓腹，平底。肩部对称置四系，胎体灰黄，较细腻。青黄釉，有细小开片，器内施满釉，器外施釉不及底，釉薄，釉质莹润。灵璧县城郊出土。

青釉刻花乳丁钵

唐，高 7.5 厘米、口径 10.3 厘米、腹径 10.6 厘米、底径 3.2 厘米。

敞口，唇外卷，斜肩，鼓腹，小平底内凹，胎体灰白，轻细腻。青釉，器内施满釉，器外唇部及乳丁施釉，其余素胎，釉质莹润均匀。肩部饰一圈起状状小乳丁，腹部至底满刻缠枝变体牡丹及弦纹，自然流畅。灵璧县城郊出土。

青釉兽面双耳瓶

汉，高 30.5 厘米、口径 11.6 厘米、腹径 31.2 厘米、底径 16 厘米。

敛口，扁唇，溜肩，鼓腹，平底微内凹。肩部双兽面纹耳，肩部至腹部饰三道凸弦纹，分隔成三层，上两层刻画细线勾连纹。胎体灰褐，夹砂，厚重。青釉，器内底部施釉，器

外施釉至上腹部。灵璧县杨疃镇庙东王出土。

青釉双系侈口壶

汉，高28.7厘米、口径13.6厘米、腹径22.7厘米、底径13.2厘米。

侈口，高径，斜溜肩，鼓腹，浅圈生底。胎体灰褐，较厚重。青釉，器内口，底部施釉，器外施釉不及底，有流釉泪痕。肩部对称双系饰羽状叶脉纹，颈根部饰细水波纹，颈部饰两道弦纹，肩部饰两道双弦纹，腹部饰七道凸弦纹。灵璧县杨疃镇庙东王出土。

青釉四系罐

隋代，瓷质，高20厘米，口径6.4厘米，底径5.7厘米。盘口，细长颈，溜肩，平底足，肩部有四系（残二系），颈底部和肩部有三道玄纹，全身施青釉。

青玉带钩

明代，长8.2厘米、最宽1.8厘米。

青玉质，S形钩身，龙首，腹部无图案，底部为一圆钮。在明代带钩为日常实用品，主要用途是钩结腰带。灵璧县高楼镇窖藏出土。

青玉·纹镯

汉代，外径7厘米，宽1.9厘米，厚0.4厘米。青玉，器呈圆形，外壁有剔地凸起兽纹。

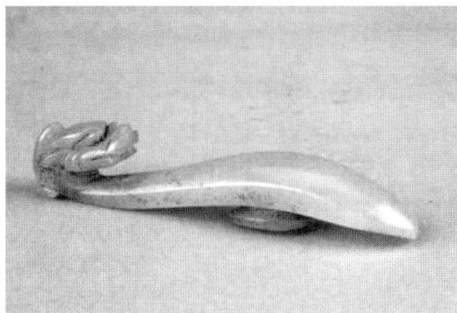

狮形玉饰

清代，长 11.5 厘米、高 5.7 厘米。

青白玉，多褐色沁斑。圆雕。主体为一俯卧状太狮，四首顾望在尾后嬉戏的少狮。少狮攀爬于太狮尾部，眼望太师。似为母子关系。灵璧县高楼镇窖藏出土。

双龙鸳鸯菱花形铜镜

唐，直径 14.5 厘米、厚 0.7 厘米。

半球形钮，镜背较平，外缘为菱花形。有凸起圆圈一周，将镜背分为内外区，内区饰双龙、鸳鸯纹，间以云纹，外区饰蝴蝶和云纹。灵璧县渔钩镇出土。

双鹿玉山子

明代，长 15.6 厘米、高 7 厘米、厚 3.9 厘米。

玉质，玉呈青色，局部有褐色沁。玉质温润，带有皮斑。圆雕两梅花鹿游栖山野间，山峦起伏，山峰耸立，左前方雌鹿卧姿，中后方雄鹿行于山上，口衔瑞草，左右各雕一朵灵芝，两鹿回首相望，温馨吉祥，画面极富动感。山子玉山子作为一种特殊玉品，出现于两宋时期。到了明清时期，山子代表了玉雕艺术的最高水平。往往在同一件作品上，立体生动地刻画出人物、山水、动物，有高浮雕、浅浮雕、线刻、多层透雕等多种技艺，使明清雕刻技艺达到炉火纯青的境界。灵璧县高楼镇窖藏出土。

水晶鸡心形坠

宋代，高 3.5 厘米、腹径 2.4 厘米。鸡心形，尖顶对钻系孔。水晶纯净，琢制精细，晶莹剔透。灵璧县高楼镇窖藏出土。

桃形玉杯

明代，4.8 厘米 ×7.8 厘米 ×0.2 厘米。璧县高楼镇窖藏出土。

铜　鼎

春秋，高 27.5 厘米，口径 28.5 厘米，腹径 25.4 厘米，足高 12.5 厘米。

侈口方唇，浅弧腹，寰底，鼎体小于半球形。三兽蹄足较长，二对称斜立耳，上腹部饰一周重环纹。

铜 戈

春秋。前锋作弧形尖削，援的宽度几乎与胡相等；胡长，有三穿；长方内，后下角有缺口。青绿色，局部锈损。内上饰窃曲纹，胡上饰勾连云纹、雷纹、斜线纹。当为春秋晚期器。

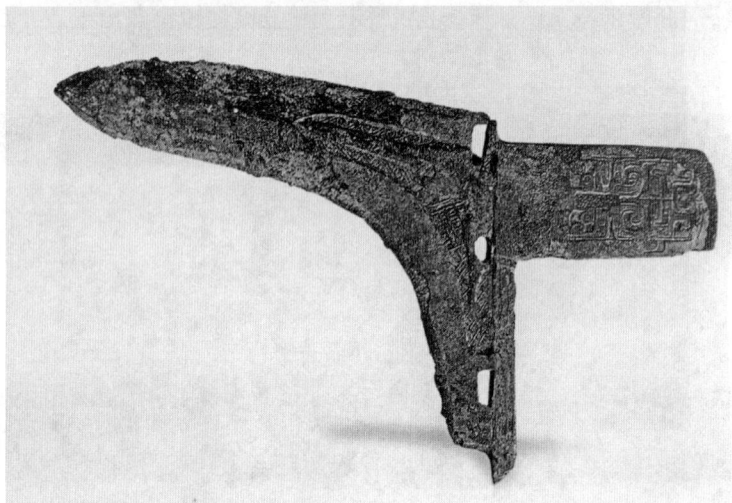

铜 鬲

春秋，高 15.7 厘米，口径 18 厘米，足高 9 厘米。

敞口，扁圆唇，口缘较窄外折。束颈圆肩，鼓腹。袋足深及于底。青灰色，局部有锈斑，腹部饰一周窃曲纹。

铜 盉

春秋，高 29.8 厘米、腹径 16 厘米、流长 13 厘米、足高 9 厘米。

容器扁而圆。口圆形，上覆圆形盖，连弧状内收三层，兽首圆锥状持，盖一侧有半环形系孔，以环钩与器肩部半环形系孔相连。流置于上腹部，作凤鸟首状。鋬自肩及腹，上饰兽首。四兽蹄足。器身满饰勾连云纹。

铜 壶

汉，高 28 厘米、口径 11.7 厘米、腹径 19 厘米、底径 13 厘米。

侈口，内折平沿，束颈，溜肩，扁球腹，高圈足。两肩有铺首衔环。腹部饰八周凸弦纹。青灰色，有锈斑。

铜　剑

战国，长 45 厘米。凸脊呈直线，狭长而从宽保持平行，至锋处尖削，厚格，圆茎有两道箍，剑首残，青绿色，有锈斑，无纹。为战国中期器。

铜　矛

战国。

此为宽体狭刃圆本式矛。叶两侧呈凹孤形面，然后形成狭长而匀称的刃，刃下端本的部位作圆弧形。骹体宽大，骹部的下部正面有一兽面纹小系，骹口微呈孤形。青绿色，局部有锈斑。矛体隐见菱形纹。为战国早期器。

铜钟壶

战国，高 37.5 厘米、口径 15 厘米、腹径 26 厘米、底径 22 厘米。

侈口，圆唇、短颈，溜肩，鼓腹下内收，圈足。两扇的有铺首衔环，颈、腹部饰圈带勾云纹和三角云雷纹。青色，有锈斑。

影青釉瓶

宋代，高 17.4 厘米、口径 4.5 厘米、腹径 14.2 厘米。

瓷质，圆口，细长颈，溜肩，高圈足，腹部丰满，肩底部有一道玄纹，肩部两侧有凸起环形纹饰一对。

影青釉双麒麟坐枕

宋，高 11.8 厘米、枕面宽 11.7 厘米、底面宽 9 厘米。

枕面两侧上翘，近不规则长方形，一角菱花形，枕面上有几何纹印花。枕底面为近椭圆形，中有椭圆形孔洞，枕座中空。枕座为两个麒麟瓷塑，塑形细腻，栩栩如生。胎体洁白细腻，较厚重。影青釉，釉质莹润均匀。灵璧县城出土。

鱼形玉佩

宋代，长 9.18 厘米、宽 1.5 厘米厚 0.25—0.26 厘米。白色，局部粉白色沁。佩呈长条形，正面雕琢鱼身形象，背部鱼鳍对钻一系孔。背面素平。灵璧县高楼镇窖藏出土。

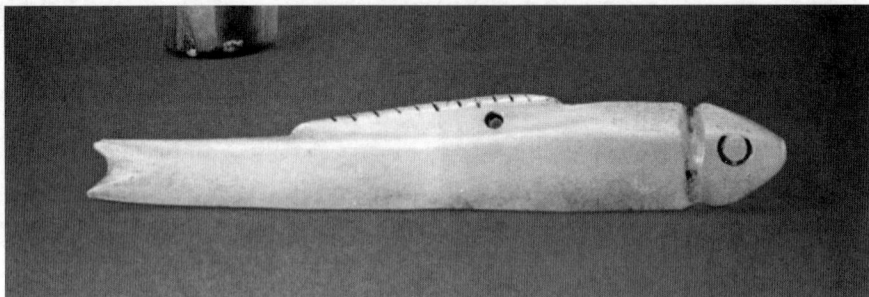

玉 杯

明代，长径 6.5 厘米、短径 6.05 厘米、高 3.6 厘米。

青色光润，局部褐色沁。杯体呈椭圆形，平口、直壁、弧腹、圈足。腹部饰夔龙纹带。两侧杯耳面部各阴线刻勾云纹、斜方格纹组成的花朵。灵璧县高楼镇窖藏出土。

玉 璧

清代，直径 5.81 厘米、孔径 1.2 厘米、厚 0.5—0.53 厘米。

玉色青白。器仿古玉璧形，体扁圆，中有孔，有内外边廓。一面饰勾云纹，另一面饰蒲纹。灵璧县高楼镇窖藏出土。

正　面

反　面

玉 璧

汉代，直径 18 厘米、内径 4.1 厘米、厚 0.5 厘米。

圆形扁平，中有孔，器行规整。青玉，有青绿色斑纹，灰褐色沁。两面饰涡纹，隐见蒲纹为地，内外缘分别饰阴刻廓线一周。通体抛光，润亮。灵璧县高楼镇出土。

玉 璧

清代，直径 5.7 厘米、孔径 0.8 厘米、厚 0.85 厘米。玉色青白。器仿古玉璧形，体扁围，中有孔，一面高浮雕盘龙，龙首朝向中孔，口衔灵芝；一面饰勾云纹和乳丁纹组成的图案。灵璧县高楼镇窖藏出土。

玉 蝉

汉，长 6 厘米、宽 2.5 厘米、厚 0.4 厘米。

白玉，玉质莹润，形体逼真，"汉八刀"技法制作，刀法简练有力。2010年从娄庄镇大山村大山东麓出土。

蝉在古人的心目中地位很高，向来被视为纯洁、清高、通灵的象征，并随着时间的推移，被赋予更多的含义。如以一玉蝉佩在腰间，谐音"腰缠（蝉）万贯"，以一蝉伏卧在树叶上，定名为"金枝（'知了'的谐音）玉叶"，也有人将佩挂在胸前的玉蝉取名为"一鸣惊人"（取蝉的鸣叫声）。自汉代以来，皆以蝉的羽化比喻人能重生。将玉蝉放于死者口中称作含蝉，寓指精神不死，再生复活。所以玉蝉既是生人的佩饰，也是死者的葬玉。

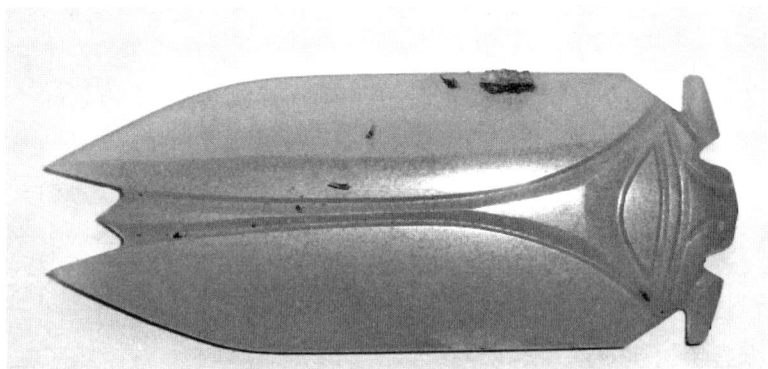

汉代玉蝉，刀法简练，粗犷有力，刀刀见锋，称"汉八刀"。蝉形比战国时期薄而大，重视玉料选材，玉色以白为上。表面琢磨得平整洁净，线条挺秀，尖端见锋，锋芒锐利，其边缘像刀切一样，没有崩裂和毛刀出现，尾部的尖锋有扎手的感觉。线条以直线为多，有的虽呈弧线，但都是两线交锋而成。

（耿瑞英　陈华）

玉带钩

明代，长15.7厘米、宽2.85厘米、厚2.3厘米。

玉色清白。龙形钩首，S形钩身，上雕一螭龙，与龙首相望。背面钩钮作长圆形。灵璧县高楼镇窖藏出土。

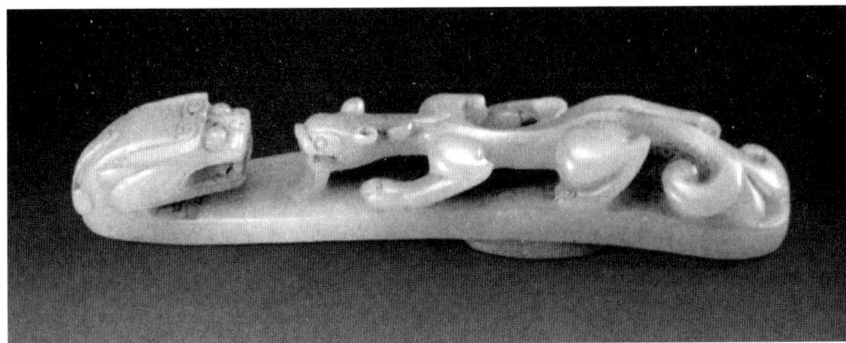

玉带钩

明代，长15.4厘米、宽3.1厘米、厚2.6厘米。

玉色清白。龙形钩首，S形钩身，其上浅浮雕勾云纹、斜方格纹，中部饰宝相花纹，下饰兽面纹。背面钩纽作长圆形。灵璧县高楼镇窖藏出土。

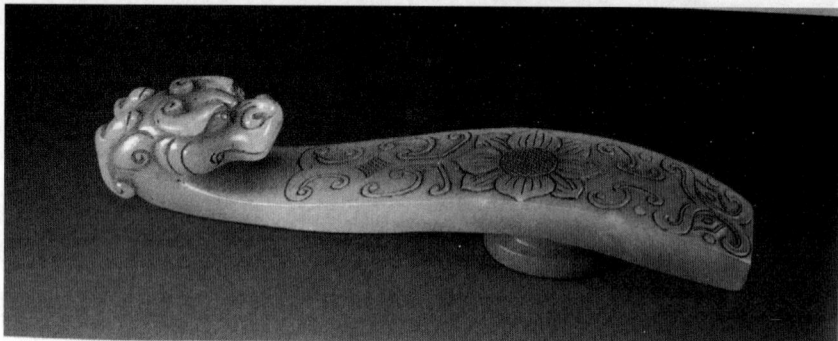

玉　觚

明代，高11厘米、口径5.6厘米、底径3.6厘米。

青玉质。仿青铜觚形，喇叭口，腹鼓凸，足外撇。四角各饰扉棱，觚身阴线刻出兽面纹，以扉陵为界，对称分布。觚底另出一矮圈足，内中空。灵璧县高楼镇窖藏出土。

玉观音

清代，高19厘米、宽7.8厘米、厚4厘米。

玉色黄白。高浮雕。器作仰覆莲花底座，齿状边缘背光。观音长团险，神态安祥。头戴披巾，身穿长袍，双手捧经书，结跏趺坐于莲花宝座上。背面无纹，弧平。灵璧县高楼镇窖藏出土。

玉　牌

清代，清代装饰的配件，通长5.7厘米，宽4.2厘米，厚0.6厘米。

扁平长方形，采用和田玉雕琢，牌首有如意、卷云纹镂空装饰，牌身剔地浅浮雕螭龙纹，色泽光润。

玉水盂

清代初期，口径 3.9 厘米、腹径 5.9 厘米、高 3.1 厘米。

玉白色，润亮，局部褐色沁，水盂直口平沿，鼓腹，下腹内收，圈足。肩部高浮雕一龙，龙的头尾间雕一珠球，龙头前伸，作赶珠状。灵璧县高楼镇窖藏出土。

玉　簪

明代，长 7.5 厘米、直径 0.6—1.3 厘米。

白玉润亮，局部稍有黑瑕。器形呈圆锥体，顶部为半圆球形，饰浅浮雕盘卷螭兽；簪体正面饰浅浮雕盘龙纹，背面上部阳线刻"言念君子温其如玉"铭文，篆刻，两行。灵璧县高楼镇窖藏出土。

玉执壶

明代，通高 15.5 厘米、口径 6.75 厘米、底径 6.85 厘米、最大腹径 10.15 厘米。

玉青色，局部灰白色沁。器呈罐形，平沿，短真颈，圆肩，下腹内收，底内凹，

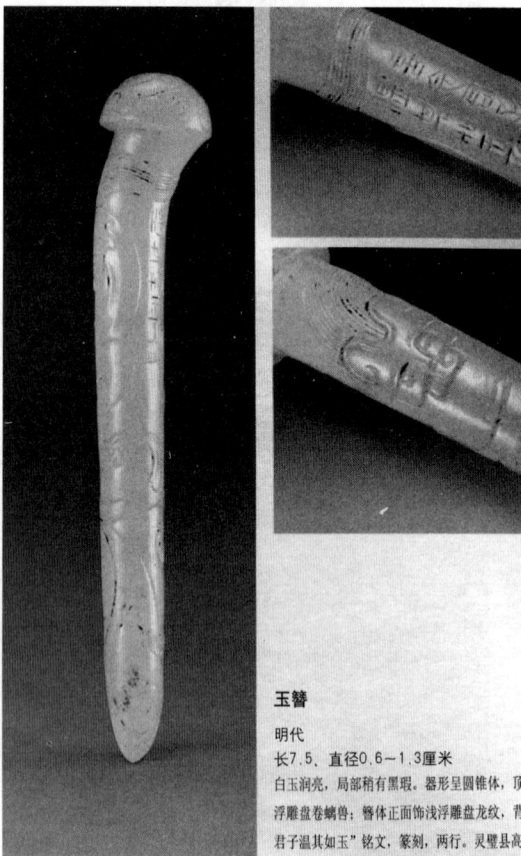

玉簪

明代

长 7.5、直径 0.6～1.3 厘米

白玉润亮，局部稍有黑瑕。器形呈圆锥体，顶
浮雕盘卷螭兽；簪体正面饰浅浮雕盘龙纹，背
君子温其如玉"铭文，篆刻，两行。灵璧县高

扁状流，耳形捉手，上出扉棱，有一系孔。壶身阴线刻荷花、莲蓬图案。斗笠形盖，阴线刻荷叶、荷花图案，顶有圆球形捉手。灵璧县高楼镇窖藏出土。

玉执壶

明代，通高 17.6 厘米、口径 4.75 厘米、宽 12.7 厘米、壁厚 0.5 厘米。

玉色青白。器呈扁圆葫芦形，一侧为弯曲长流，雕为倒置的象鼻形，一侧为执手，上饰龙首纹；壶身两面上中部各饰一篆体"寿"字，其左在名饰一"X"纹，下饰山桃果树一株。长圆形圈足。壶口、壶盖边沿饰回纹，面饰凹弦纹三道，顶部有孔，原安有捉手，已丢失。灵璧县高楼镇窖藏出土。

云龙纹葵花形铜镜

唐，直径 15.8 厘米、厚 0.4 厘米。

钮扁圆，镜面平面，外缘为葵花形。镜背主体纹饰为腾龙，辅以四朵如意云头纹。黑色，局部有锈斑。

此铜镜边缘为八瓣葵花形，圆钮，饰以矫健遒劲蟠龙像，大张的龙口正好咬住镜钮，作龙口衔珠状，四肢伸张，龙身卷起，龙尾波动绕于后肢之上，形成收敛之态，姿态顽皮生动，躯体饰繁密的鳞纹，身体四周绘以卷云纹。布局清新明朗，流畅华丽，自由活泼，高浮雕技法，生气充沛，柔美自然。此器物为县内征集。

唐代经济繁荣，文化灿烂，铜镜制造业得到长足发展，达到中国古代铜镜艺术的顶峰。当时铜镜在造型上已突破了汉式镜，如葵花镜、菱花镜、方亚形镜等。铜镜的纹饰和总体布局，也突破了前期的程式规范。

蟠龙镜是唐代最有历史文化内涵的铜镜之一，是盛唐繁荣时期时代精神的写照。唐代龙纹塑造艺术彻底摆脱了前代那种浅浮雕、粗细线条勾勒的传统手法，龙纹构图不再神秘繁缛，思想内涵不再抽象附会，而是以极为写实的表现手法将龙纹形象具体化、生活化。唐代的蟠龙镜往往以一条气冲霄汉的单龙布满整个画面，周围云雾缭绕，大有气吞寰宇之势。葵口龙纹铜镜是唐

代龙文化内涵的体现。镜中蟠龙卷躯环绕，曲颈回首，对视中点的火焰珠（镜钮），尾部卷曲上扬，四肢分张，游离飞腾于山雾云海当中，象征着大唐的兴旺昌盛。从其工艺和构图看，此葵口龙纹镜是盛唐铜镜中的扛鼎之作，精美的纹饰装饰，高超的制作工艺，代表了唐代制镜技术的最高水平。

（耿瑞英　陈华　整理）

战国红翡翠带钩

战国，1973年高楼公社（高楼镇）上交。

通常6.4厘米，器作长条倒钩形，长把短钩，拥有前圆

背平的形体，前挺后弯，钩首断失，后背弯曲处带一圆形扣钮，带钩首部呈白色，尾部呈红色整体造型规整简洁，圆润流畅。

张祖翼书法联

清，高130、宽30厘米。

纸质，条幅对联，七言隶书，前有赠款"少怀仁兄大人教子"。上联为"轻裘缓带真儒雅"，下联为"投壶歌咏自风流。落款"磊盦弟张祖翼"。

张祖翼（1849—1917），字逖先，又号磊盦，安徽桐城人。髫年即好篆、隶、金石之学，篆宗石鼓、钟鼎书，隶法汉碑，刻印师邓石如。亦工行、楷，偶写兰竹，俱有韵致。力充气足，望而知为书家笔也。卒年六十九。

谨以此书献给中国共产党成立 100 周年

政协安徽省灵璧县委员会　编

薛新华　主编

靈璧記憶

往事卷

（下册）

中国文史出版社

目　录

事理篇

事件篇

睢水之战

公元前 205 年 4 月，刘邦乘项羽出兵齐地之机，率军东进，以为义帝报仇为名，率 5 路诸侯联军号 56 万人，直扑彭城。此时，齐、楚军胶着于城阳，楚都彭城空虚，被联军乘虚占领。联军入城，大肆掳掠财宝、美人，整日饮酒高会。

项羽闻彭城失陷，命诸将继续攻齐，亲率 3 万轻骑，急驰还救彭城。楚军由鲁南（今山东西南部）出胡陵（今山东鱼台），进至萧（今安徽萧县），从早晨开始，一边攻打汉军，一边向东推进，打到彭城，已是中午时分。望着从天而降的楚兵，刘邦惊慌失措，无法组织有效的抵抗。联军乱作一团，自相践踏，死伤惨重。

联军四处奔逃，楚军乘胜追击，将联军压缩于谷水、泗水，斩杀 10 余万人。联军南逃，楚军又追击到灵壁的睢水（今灵壁县尹集镇境内）之滨。联军受楚军挤逼，欲进不能，欲退不得，死伤严重，10 余万士卒掉进睢水，睢水被堵塞而断流。

联军被楚军紧紧包围，无法逃脱，刘邦吓得胆战心惊。突然，一阵大风猛袭而来，摧折树木，掀毁房舍，飞沙走石，一时间天昏地暗，白天变成了黑夜。楚军大乱，队阵崩溃。乱军中，刘邦率 10 余骑终于突围而逃。刘太公、吕雉抄小路逃命，被楚兵掳作人质。

（耿瑞英　整理）

垓下之战

耿瑞英

项羽与刘邦在秦灭亡后，进行了几年的战争，双方在荥阳、成皋相持不下，于公元前203年8月订立和约，以鸿沟为界，中分天下，东归楚，西归汉。9月，项羽如约率军东撤。

刘邦想撤兵西归，可张良、陈平劝他说："汉已据天下的大半，诸侯又都归附于汉，而楚军已兵疲粮尽，这正是上天亡楚之时，不如索性趁此机会把它消灭。如果现在放走他，就是养虎遗患。"刘邦听从了他们的建议，率兵追赶项羽，并和韩信、彭越相约，共击楚军于固陵。

刘邦引军追击楚军至固陵（今河南淮阳北），从南、北、西三面开赴陈下，对项羽形成合围之势。

项羽10万人退至垓下（今灵璧东南），筑垒安营，整顿部队，准备背水一战。

公元前202年12月，刘邦率各路大军会师垓下。汉军前中后布置了三重兵力，前军由韩信率30万人与楚军正面对阵，韩信居中路，部将孔将军居左，费将军居右，刘邦领兵居后，绛侯周勃、柴将军断后。韩信首先跟楚军交锋，不利，向后退却，同时命左右两翼纵兵进攻。楚军受挫，项羽被迫入壁而守。韩信遂指挥各路大军将楚军重重包围，命士兵在三注山高喊："人心皆背楚，天下已归刘。韩信屯垓下，要斩霸王头。"项羽怒不可遏，披挂上阵，率兵出战。韩信佯败后退，项羽紧追不舍，陷入十面埋伏。

项羽损失惨重，率残部退回垓下营垒。为在心理上瓦解楚军，张良命汉兵在山上高唱楚歌。此时楚军兵力不足万人，兵少粮尽，项羽知大势已去，心中郁闷，夜饮帐中，忽闻四面楚歌，惊恐不解，说："汉已得楚乎，是何楚人之多也？"

听到熟悉的楚歌，楚军将士思乡之情油然而生，斗志全无，纷纷逃走。面对陪伴他征战8年的爱妻虞姬，项羽思绪万千，慷慨悲歌："力拔山兮气盖世，时不利兮骓不逝，骓不逝兮可奈何，虞兮虞兮奈若何？"为解除项羽突围的后顾之忧，虞姬以歌和之："汉兵已略地，四面楚歌声，大王意气尽，贱妾何聊生。"歌罢，刎颈而亡。

项羽匆匆将虞姬掩埋，便乘夜率领 800 精锐骑兵突围南逃，途中陷入阴陵沼泽，仅剩 28 骑。项羽率领残兵继续向南疾走，一路拼杀，行至乌江，自觉无颜见江东父老，乃以短兵与汉兵搏杀，杀汉军数百人，最后自刎身亡，年仅 31 岁。

老营湖之战

耿瑞英

南宋兴隆元年（1163），宋孝宗即位，欲收复被金侵占的江淮失地，任命张浚为枢密使，督淮东西路军马，"乃议出师渡淮，先图虹县（今泗县）、灵璧"，以淮北为立足之地，再北上作战，收复半壁河山。

灵璧县城南 10 公里，杨家台以西、大杨家以东有一片湖泊，长满芦苇。这一天然屏障，可以作为宋军隐蔽和集散地。淮东招抚使李显忠奉张浚之命率领江淮军在此扎下老营，后来被当地人称为老营湖。金世祖闻报，命大将右翼都统萧琦，率领号称"拐子马"的精锐部队，围歼驻扎在老营湖的宋军。双方在此展开了一场恶战，均伤亡惨重，鲜血染红了湖水，故老营湖在当地又称为"红水湖"。

此战以金军大败告终，金将萧琦被俘，萧太后之孙萧木古战死。今冯庙镇东三里有一块高地，名"萧木古堆"，即其墓地。宋"遂复虹县、灵璧"，不久"又克宿州"。

老营湖之战，宋军大捷，举国欢腾。捷报传到京都临安，宋孝宗欣喜万分，手书："近日边报，中外鼓舞，十年无此克捷。"并下诏升李显忠为淮南、京东、河北招讨使。

后来，在老营湖遗址出土了许多金宋交兵时的铜炮、弓箭、雷石、弹丸、铁镞等大量作战武器。遗址东4公里有杨家台子（今泗县草沟镇北），明代诗人宋濂曾经过此地，赋《过老营湖》诗一首："杨家台下老营湖，极目平川草木枯。拾得箭头三寸铁，犹然腥气血糊涂。"

齐眉山之战

耿瑞英

朱元璋去世后将皇位传给了皇太孙朱允炆，史称建文帝。朱允炆登基后采用齐泰、黄子澄削藩之计大举削藩，先后削废周、齐、湘、代、岷五王。建文元年（1399）七月，朱元璋四子燕王朱棣以朱元璋《明皇祖训》"朝无正臣，内有奸逆，必举兵诛讨，以清君侧"为名，指认当时兵部尚书齐泰、侍读太常卿黄子澄为奸臣，誓师起兵，对抗朝廷，自称"奉天靖难"。

燕军先后在真定、北平、大宁、河间、济南、东昌等地与官军发生激战。燕军虽攻占一些城镇，但旋得旋失，唯占据北平、保定、永平三府。战争已持续三年，交战双方仍然处于胶着状态。燕王朱棣深感官军兵多势众，旷日持久，攻防俱难。此时，南京宫中一些罢黜的宦官逃到北平投奔朱棣，带来了"京师空虚可取"的情报。燕王谋士姚广孝劝朱棣"毋下城邑，疾趋京师。京师单弱，势必举"。（《明史·姚广孝传》）于是，燕王朱棣决定率领燕军主力逾城不取，直捣南京。

建文四年（1402）正月，燕军进入山东，绕过守卫严密的济南，破东阿、汶上、邹县，直至沛县、徐州。建文四年四月，燕军兵临灵璧。

建文帝闻报后，命徐祖辉率领一支平燕大军赶到灵璧，和屯师于灵璧的总后何福及都督平安的兵马会合，决定坚守阵地，伺机出击，就地消灭燕军。

燕军首先攻打娄子镇。娄子镇（今娄庄镇）在灵城西15公里，四周有圩墙高丈余，壕沟宽丈余，水深八尺。圩东西两首有石筑二层圩门护圩，易守难攻。燕王命令军士只准前进，不准后退，于是"燕军附蚁而上"，经过三天三夜激战，强行拿下娄子镇，但伤亡惨重，燕将陈文在混乱中战死。

娄子镇失守后，平燕军退到距灵璧西南16公里的齐眉山安营扎寨，凭借齐眉山处于曹山、龙山和虎山环抱之中的天然防御工事，设下埋伏，诱敌深入。燕王不知有诈，再战齐眉山。开始时仍采取强攻战术，不料被何福所率平燕军断其后路，陷入平安和何福的夹击当中，险些丢掉性命。双方持续厮杀了三个时辰，由于官军数量上占优，气势较盛，越战越勇。燕军由于连损大将，死伤较多，气势转衰，随即溃败。燕王退到十几里之外才安营扎寨。燕军将领屡战屡败，产生厌战情绪，诸将纷纷劝燕王回撤。朱棣明白此时回撤，不仅会遭到敌人掩击，而且整个战略计划都要被打乱，一切战果将付诸东流。为了迷惑官兵，他一面做出兵败北归的假象，一面散布"靖难兵败回归"的谎言。建文帝闻报，认为燕军气数已尽，将不战而退，京师不可无良将，遂召大将徐辉祖回师京城。

徐辉祖离开后，何福的军队顿时变得势单力薄。为求稳妥，每次行军扎营，他总是挖深沟建高墙构筑营寨，日复一日地虚耗人力，士兵通宵不得休息，临阵杀敌之际，未战斗已先疲乏困顿。燕王行军驻扎，从来不挖壕筑墙建营寨，总是把军队布成一种阵势，敌人从来不敢进犯，将士们到了营地立刻就得到休息。燕王闲暇时就到驻地周围，边打猎边察看地形，获得的猎物就奖励给将士。将士们乐为燕王所用。

两军相持了很长一段时间。一天，官军有一批粮草即将运到，朱棣判断，敌人害怕运粮队被袭，定会分兵保护，正可以趁机进击。于是派朱荣、刘江等将领率领装备轻便而行动快速的骑兵截击运粮草的官军部队。官军主帅何福不得不下令将军营转移到粮多的灵璧县城，以便于取得给养。当时，官军运粮5万石，由平安亲率马步兵6万保护，兵士在外，运粮队在中间。朱棣了解到这个情况，派万余壮士阻击援兵，自己亲自率军逆击。又命令次子朱高煦在树林里埋下伏兵，观察警戒，等到敌人作战疲惫时出击。燕王把骑兵摆在两翼，亲率中军迎击敌人。燕王指挥燕军纵向攻击，穿过官军的阵地，将其切断为两部分，官军于是大乱。何福等从灵璧出来增援，与平安会合，杀死燕军士兵数千人，打退了燕王的进攻。

何福、平安以为燕军已经退走了，于是，押着粮车急匆匆往灵璧大营奔去。天色渐渐暗淡下来，前面是一片黑压压的树林，猛然间听到呼哨四起，战鼓轰鸣，林间杀出千军万马。来者不是别人，正是燕王次子朱高煦。何福、平安率部拼死抵抗。正在难分难解之时，燕王带着部队又杀了个回马枪。官军本已疲惫不堪，在这两支大军的前后夹击下，只好夺路而入灵璧县城。

何福等大败，粮饷尽为燕军所得，军心涣散，何福下令，第二天天明时听到三声炮响即突围出城。不料这一军事机密又被燕王探知，燕军翌日天未亮，连放三炮，官军误认为是自己军队的信号，打开城门往外涌。城门狭窄，兵士挤作一团。城上官军看到从城门口难以突出，便纷纷将石块等物投下，一会工夫就将护城沟堑填平。还没等官军利用，却恰巧为燕军攻城创造了条件。燕军发起猛烈的攻击，官军的营垒瞬间土崩瓦解，平安被擒，何福逃脱。

平安曾屡次打败燕军，斩杀燕军骁将数人，燕将无人敢与其争锋。平安被俘后，燕将欢声雷动，争相杀之。燕王惜其才勇，亲手解开捆绑绳索，派人把他送回北平。平安感激不杀之恩，归顺了燕王。

此战结束后，朱棣率大军直渡淮河，大败官军，并一路南下，迅速渡江，很快便全面控制京城，摧毁了朱允炆政权。

燕军与官军的齐眉山之战，是一场具有决定性意义的战事。以此战役为标志，燕王与建文帝的人心向背，燕军与官军的军事实力和士气都发生了逆转。可以说，这场战役为燕王朱棣夺取帝位扫平了道路。

灵北第一个中共支部诞生

王维远

20世纪20年代末至30年代初期，在灵璧地区开展建党工作的为中国共产党江苏省委领导下的蚌埠特委和徐州特委（当时安徽省委没有建立）。以濉河为界，灵璧县境南部由蚌埠特委领导创建，灵璧县境北部由徐州特委创建。

京渠党支部是由徐州特委领导下的睢宁县委创建的。

京渠，朝阳镇九顶山区的一个村庄，位于灵璧县境东北部，与江苏省睢宁西部接壤。当时由国民党统治，社会黑暗，民不聊生。

1931 年初，京渠村圩主崔玉林出面在村子里办了一所小学——京渠小学。由于教员匮乏，2 月初，崔玉林从睢宁县的孙庄请来了教书先生徐怀恒任教。孙庄同京渠搭界，徐怀恒的舅舅就在京渠村。恰逢其时，中共睢宁县委决定向其县境西部发展党组织。徐怀恒身为共产党员，肩负着发展党员，创建党组织的任务。于是，他就以教书为名，开展建立党组织工作。此时，京渠小学已有两名教员，他们是张树实和崔玉藩。徐怀恒到学校后，通过谈心和叙亲戚的办法，把他们团结起来，谈理想，谈对社会的看法，谈对时局的认识，进行革命理想启迪教育。张树实与崔玉藩也主动与之接近，2 月底，徐怀恒第一个发展了张树实加入中国共产党，后又发展了崔玉藩入党。

加入党组织后，张树实和崔玉藩利用晚上到京渠周围村庄穷苦人家中宣传"穷人为什么穷"的道理，从中培养积极分子，发展党员，壮大组织。其中有京渠村的赵树贞、王汉齐、张维新、郭大有以及独谷堆村的赵世思、小丁庄的王恒爱等接受了他们的培养教育。王克明，是张树实、崔玉藩的亲戚，当时在朝阳集小寨赵老立家帮大工，因经常到学校玩，慢慢地与徐怀恒就熟悉了，并且很能谈得来。徐怀恒、张树实、崔玉藩白天教书，晚上和穷人一起谈心拉呱儿，宣传革命道理。9 月，王克明加入党组织，成为一名共产党员。这样，就由张树实、崔玉藩、王克明三人组成，成立了京渠党支部，支部书记是张树实。

京渠党支部成立后，即开展了初期的党建活动。此时睢宁县委加强了对这个党支部的指导。睢宁县委委员鹿拙技到京渠多次召开会议，讨论如何发动群众，组织起来打倒土豪劣绅、恶霸地主。睢宁县委组织部长王计宗带传单到京渠等地散发。经过几个月的努力，组织了 60 多人的农民队伍，因为都是穷苦人，无枪支弹药，被称为"光蛋会""锤头队"。

1931 年 10 月下旬，京渠青年赵树贞到学校说，独谷堆村恶霸赵世平的几群羊正在东山下边的麦田里吃老百姓的麦苗，百姓敢怒而不敢言，张树实他们当下计议，根据上级组织要求积极发动领导农民暴动的指示精神，正好借此机会，组织群众，开展打羊斗争。当晚张树实在京渠后山的石塘里召开"光蛋会"骨干会议，决定第二天打羊。

第二天早晨，70多人到羊吃麦苗的田里，把赵世平的100多只羊，赶到京渠的后山，当即杀掉13只，分给穷苦人家吃了。当时赵世平见人多势众，不敢妄动，只好忍气吞声。

事发之后的第二天，京渠村圩主崔玉林到朝阳集团防局报告，赵世平也带着几碗烟土去行贿，不久团防局几个局丁，在国民党军营副张少夫的带领下欲行镇压，说张树实、崔玉藩等有共产党嫌疑，因无证据，本人又不承认，无果而回。此后，张树实、王克明外出躲避，不久又回来，继续开展党建活动。

1931年12月下旬，睢宁县委组织部长王计宗到京渠开展活动，因其所带手枪被地主许永全发现，并当即向崔玉林报告，崔玉林当即到尤集团防局报告。第二天天未亮，尤集团防局局长高瑞庭带30多个局丁前来抓捕，抓走了崔玉藩、张维新、赵世思，带到尤集团防局审讯后，又转到灵璧县城监狱关押。支部书记张树实无法在家而远避他乡，徐怀恒只好返回原籍，京渠党支部因受到破坏被迫停止活动，从此解体，以后就再也没有恢复。但支部的几个人以不同形式继续开展革命斗争，有的甚至献出了生命。

京渠党支部之所以被破坏，究其原因，是李立三错误路线指导下的盲目行动，在党组织力量十分弱小、基础十分薄弱的情况下，过早地暴露了党员和积极分子的身份，失败不可避免，这是深刻的教训，在全国也有许许多多类似情况发生。

灵璧第一个中共支部诞生

胡兴臣　焦秀銮

1928年，灵城西南小吴庄农家子弟戴文生去宿县花庄一带谋生，认识了当地地下党员闵现久、徐继业等，后被接收加入党组织。根据党组织的指示，他回到家乡发展党的组织。次年 5 月，首批发展了刘庙庄的徐兆凤、灵城镇西关的田恒修和凤凰山南小王庄的王子奎三人入党，建立起灵璧县第一个党小组，戴文生任小组长。党小组根据上级党组织大力发展党员、壮大党组织的指示精神，决定党小组成员分头各找对象，共同努力向外延伸，做好发展工作。至 1929 年 9 月，七里庙的马明坤、张巷子的徐兆保和王献义、小吴庄的吴明金和吴明中等多人，先后被接收入党。随后，全县第一个党支部——小吴家党支部建立起来，戴文生为支部书记。党支部一班人走村串户，宣传革命道理，广交朋友，在北至老濉河、南至南沱河百余里范围内，发展壮大党组织。至 1931 年上半年，先后在 40 多个村庄共发展党员 210 多人，建立起 18 个党支部，并发展团员 80 多人。

中共灵璧独立区委成立

胡兴臣　焦秀鋆

灵璧县党组织的迅速发展，受到上级党组织的重视。1931 年 10 月，经中共长淮特委批准，成立中共灵璧县独立区委（县级），为中国共产党在灵璧县创建的第一个县级组织。当时党的活动完全秘密进行，经过筹备，于当年 11 月召开了第一次党员代表大会，到会代表 70 多人。长淮特委派代表到会宣布中共灵璧独立区委正式成立。戴文生为区委书记，田恒修为区委副书记兼区长。

党代会召开后，各党支部根据大会精神，发动党员通过分头串联，使各地穷苦百姓纷纷建立"大领会""牛头会""光蛋会"等组织，发动佃户、长工、工人，对地主、资本家开展斗争。

1932 年 8 月，独立区委决定举行灵璧大山农民暴动，共有 500 多人参加，戴文生、徐洪启分别任正副大队长，由总指挥顾均统一指挥，向大山进发。大山团防局据点不攻自破，团防局局长吕荣章落荒而逃，暴动队伍正乘胜前进，被突如其来的国民党军队冲散。总指挥顾均不幸被捕，戴文生等人受通缉，被迫离开灵璧。一时白色恐怖笼罩全县，党的活动进入低潮。田恒修按照预定安排，从事地下活动，为顾均提供钱和生活用品，传递信息，疏通关节，展开营救，监狱内外配合，继续开展斗争。

日军侵占灵璧

一、沦陷前的灵璧

1938 年，沦陷前夕的灵璧，隶属于国民党第五战区所辖，县长许汉伯。当时，由于日军侵略行动日益扩张，国民党统治下的灵璧已岌岌可危。为了抵御日军入侵，县政府成立了抗日自卫军司令部，司令许汉伯，副司令靖恕民，参谋长庄粹一。下辖三个大队（实际上只有两个大队兵力）：第一大队长□□□，副大队长田载义；第二大队长雷杰三，下辖王希明、孙连霄等三个中队；第三大队长王雨辰。

当时社会形势是军匪混杂。官、军、匪等都借抗日之名，向老百姓敲诈勒索，税收多达几十种，诸如田赋税、烟酒税、屠宰税、保丁税、子弹费、壮丁费、训练费等，地方上的地主士绅更是巧立名目，鱼肉人民。大小土匪如蜂四起，他们捡起国民党军队溃逃时丢下的枪支，各据一方，占山为主。其中较大的几股土匪分别是大路的杨之刚、灵城的尹福然、双沟的唐广金、周圩的田学清、大山的张协荣、老营湖的胡开创、陈集的陈三毛、朱集的张克然、尤集的刘夫庭等。

1937 年，灵璧县由五个区的建制改为三区建制，浍（河）濉（河）之间为一区；浍淮（河）之间为二区；濉河以北为三区。并为三个区不久，日军便开始了对灵璧的侵占。

二、灵城两次沦陷经过

1938 年 5 月 19 日，徐州沦陷。当天下午，日军即派飞机轰炸灵城。首先从南门路西，继而向东北方向狂轰滥炸。顿时，城内火光冲天，硝烟弥漫。第二天，大火仍燃烧不息。其间，城内炸死炸伤多人，有北关一锡匠被炸死，朱友兰因房倒被砸死，牢房里砸死者更多。22 日，国民党灵璧县政府通知破坏宿灵公路。24 日，县政府撤出灵城至灵北张集。此时，雷杰三、田雨辰两个抗日自卫大队自动溃散，只剩下第一大队。

日军占领徐州后，即分兵多路向多地进犯。其中一路于 23 日晨，乘坐汽车，闯进双沟。双沟自卫团长高华斋率部抵抗，因寡不敌众全部阵亡。日军随之南下，24 日抵禅堂。自卫队排长沈其浩率部抵抗，后因无援兵而全部殉国。另一路日军由徐州出发，经时村向东，24 日至尹集，适逢国民党军谭道源部在此休息，因人困马乏，疏忽警戒，遭日军突然袭击，仓促应战，大部牺牲。日军趁机南下，于 25 日夜潜伏于凤凰山。26 日晨，两路日军突入灵城，灵城第一次沦陷。日军进城后，大肆烧杀抢掠，无恶不作。自卫队排长李传德等 7 人被捕，接着庄四、李可瑞、程共保、孙皮匠及一进城农民被无辜杀害，一贾姓老师被活活打死，北关一陶姓少女被逼投井而死。据不完全统计，仅 26 日一天，灵城就有 20 余人惨死在日军的屠刀之下。日军进城后，每天都出城捕杀无辜，抢掠禽畜，奸污妇女，滋扰民众，人民群众苦不堪言。日军在灵城盘踞五天，便撤往大店，筑堡挖壕，安设据点。

日军撤走后，国民党县政府人员便尾随进城，一面向省政府谎报光复灵城，一面慰劳下属士兵。此时，灵城到处都是断墙残壁，死尸暴弃街头，禽畜毛骨成堆，军民零落，市井萧条，惨不忍睹。

在此情况下，国民党县政府重新组建武装，改组抗日人民自卫军，新任县长胡锦如兼司令，靖恕民（后换戴恒五）任副司令。下辖两个中队，中队长陶超、刘家斌。另有冯庙小谢庄谢斌（字冷安，系黄埔军校第三期毕业生）回乡组织抗日自卫军，配合县政府布防。谢部第一营驻娄庄西黄圩子为第一道防线；第二营两个连驻界沟为第二道防线；第二营一个连和陶超、刘家斌两个中队驻防殷庙为第三道防线。

在与大店日军对峙五个多月的时间内，泗县朱祥符组建了游击第五路军，第六行政区专员孙伯文组织了保安团，洪泽湖一带有缪中流和李明扬的队伍在活动，这样引起了日军的重视，遂于11月上旬集中大批兵力在数十辆坦克的掩护下，向东扫荡。某日拂晓，日军逼近黄圩，第一营抵抗约两小时，自卫军牺牲过半而溃散。第二道防线闻讯，不战自逃。第三道防线在陶超和刘家斌的指挥下，且战且退，待撤到刘庙附近时，被日军两支战车队夹击，自卫军全部牺牲在苕草地里。当日11时，灵城第二次沦陷。日军派遣以大多大卫为司令的一个连驻守灵城原雷杰三宅所，即现在的木器社。

三、日伪政权、武装设置及变化

日军第二次占领灵城后，极力推行"以华治华"政策，利用翻译官，勾结地方上的反动分子张子伯、李亚白等，很快成立了维持会，张子伯出任会长，李亚白为县府一科科长。1939年冬，张、李二人因权力之争，张子伯在宿县被日本人处死。日军又从固镇调来刘子久（系固镇徐荫堂推荐，因徐是日本留学生，和日本宪兵队长有勾结）任灵璧县复兴委员会委员长，后经日方"考验""培养"成熟后，于1940年1月被任命为县长，原临时县政府也于此时改为正式县政府，下设科、局，基层设区、联保、保、甲。从1939年至1941年，县政府的一切都由日本顾问官决定，所以称为日伪县政府。这个时期的县长如同日本人豢养的狼狗，终日在顾问官身边俯首摆尾，不敢擅离左右。1942年，汪伪苏淮特别区改为淮海省后，派史淮出任灵璧县长。此时，县长有百分之五十的自主权，有撤下层官吏权，有处理不关政治、军事案件权，有同洋行签订合同权，小事可以自决，但大事仍需顾问官点头而后行。

在武装方面，日军占领灵城后，便勾结汉奸劣绅，多方网罗地方上的流氓土匪，组织武装。临时县政府时，有雷杰三的警备队五六十人。刘子久任县长时，成立县警备大队，刘兼任大队长，大队副石佛轩，下辖两个中队。此时，雷杰三受排挤，将队伍拉到濉河一带宣布独立。1941年县警备大队副换周铭宜（又名周化功）担任，增编一个第三中队和一个骑兵中队。1942年底，由于根据地日益扩大，抗日武装日益发展，汪伪政府不得不扩大武装来应付。

县府从各方面拼凑成立了第三大队，大队长由关外人那志勋担任。同时下令各区成立中队，联保成立分队。1943 年春，伪淮海省派谢壮图来灵璧，将原警备大队改为保安总队，总队长由谢壮图担任。下辖三个大队，第一大队长谢铭轩，第二大队长孙连霄，第三大队（原王殿喜的区队改编）长王庚寅。1944年底，又派一个富有军事经验的刘中檀任灵璧县长，目的是抓好武装，以改变被动局面。但由于日本帝国主义发动的是侵略战争，政治上孤立，军事上失败，物资兵源缺乏，想挽救失败的命运，岂能如愿。刘中檀看到大势已去，在灵城解放前夕逃之夭夭，日伪政权从此告终。

四、日伪据点的建立及变更

日伪为对付抗日力量，巩固其统治，在灵璧各地广设据点。1940 年日军一个小队在小队长高桥八郎的率领下，配合伪军一个中队进驻大路集，日伪军一个中队进入晏路，灵璧周围的虞姬墓、三官庙、关帝庙、凤凰山、十里店均驻有一个排的伪军。1942 年底，由于根据地日益扩大，日伪在扩大武装的同时，又采取封官晋爵的手段，到处招兵买马，安设据点。日伪县政府先后封土匪头子张月樵为自卫团长，驻防冯庙、渔沟等地。固镇区长徐荫堂为团长，戈店联保主任张国邦为团长，新马桥区长周铭宜（又叫周化功）为团长，土匪头子张玉华为城区自卫团长，濠城安青帮头子丁寿堂为团长，每处都有枪支百数以上。当时，日伪认为武装雄厚，可以高枕无忧了，不料在灵璧三次与抗日武装较量中都遭到了惨败。伪第三大队张跃先在晏路被围缴械，第二大队长那志勋在禅堂被俘，第一大队配合日军在前往张庄西湖时被杨瞳区队打得仓皇而逃，濠城丁寿堂的人马全部被俘，灵城大队副刘麻子前往增援被击毙，伪团长张月樵不堪一击，为逃避日本人的追究，弃官而逃。在这种情况下，日伪不得不把防区缩小到灵城周围。1945 年春，虞姬、三官庙、关帝庙、凤凰山等据点，被我抗日武装拔除，日伪只能龟缩在灵城内。当年 8 月，日方宣布投降后，日军撤往固镇，县长刘中檀也弃官他去。城内伪军总队长由赵西芝接任，解放泗县时，县长张宝鉴率千余人逃入灵璧，在灵城解放时大部被俘。

五、日本侵略军的暴行

侵灵日军在组建日伪武装的同时，又成立了情宣科、警察局、宪兵队等警特组织。警察局内设特高科、便衣队和一个武装警察中队。日方成立一个直属宪兵队。警察局长许兰亭、情宣科长刘梅馨，都是由日本人直接物色派入的。这些警特组织由日军"红部"直接操纵，经常派往各地刺探共产党的情报，跟踪、盯梢、逮捕、暗杀抗日人员，制造恐怖气氛。灵城沦陷的7年中，日军杀人无数。仅灵城就有三处刑场，"红部"院内为秘密的刑场，把抓来的所谓"共党要犯"审讯后，扔在院内，让狼狗活活撕碎至死。东关外为半公开刑场，对有嫌疑的人或过路之人，如盐贩子等，将他们绑定站齐，日军托着刺刀怪声吼叫迎面乱刺，情状惨不忍睹。第三处是西门外北新桥，为公开刑场，在刑场的西端，挖一长沟，令逮来的无辜平民跪在沟沿上，鬼子兵站在环城路上瞄准射击，中弹者滚落沟内，未中弹者更惨，鬼子兵齐声大喊，跑步向前，乱刀齐刺。

日军在灵期间，从政治、军事、经济、文化、教育等方面实行了法西斯专政。驻灵日军总部称为"红部"。伪县政府一切行动都由日方操纵和指挥。顾问官贺须井直负责监督和左右县政府的活动，派联络官佐佐木驻县大队部，控制和指挥武装军事行动，中、分队长统由日本人办的青年干训班学员担任。在经济方面，日方成立"统制物资配给所"和洋行，控制着经济和物资的流通，日货充反市场。在文化教育方面，日方成立了一个"民治工作班"，班长中村道夫，负责掌管文化教育，在灵城内设立赌场、妓院、大烟馆，以此推行奴化教育，腐蚀人民的意志。

由于日伪的残酷统治，群众生活相当艰苦，洋行压价收买当地农副产品，所谓配给制的日货价格则日益提高，劳动人民想穿一件布衣都不容易。而且还担心官讹贼抢，过着夜不安席的生活。如住在关帝庙的王殿喜的蒲种队，夜出白入，四处抢掠，远及杨疃、浍沟一带。此外还有拦路抢劫、打家劫舍的土匪，农民的经济损失不可胜数。城内的小商贩稍有余资，特务就说是八路军的采购员而强行没收。很多小手工业者日挣不够日销。尽管人民的生活这样艰苦，而日伪人员常在赌场不分昼夜地吃五喝六，复兴大戏院广邀名角，锣鼓喧天。四方土豪劣绅云集灵城，谋官取利。

人民群众这样亡国奴的生活，直到 1945 年抗战胜利才宣告结束。

中共灵璧县委党史研究室

日寇血洗后练滩

邱德龙

日寇血洗后练滩惨案的发生地在今游集镇九集村练河庄。

1938 年农历四月二十一日，小麦即将成熟，百姓们正忙着修理农具，紧张而兴奋地做着麦收前的一切准备。

午饭过后，突然从庄东南角传来一阵枪声。战争年代的枪声本是家常便饭，况且练滩庄上还驻扎着国民党军余朝中部的一个连，人们听到枪声并不太惊慌。

突然，密集清脆的步枪声，嗒嗒嗒的轻机枪声，夹杂着手榴弹的爆炸声越来越紧，喊杀声不绝于耳。不对，这是打仗了！住在庄东头的李姓村民惊慌地跑到庄里大喊："不得了啦，日本鬼子和驻咱庄的队伍打起来了，大家赶快跑吧！"

下午五点左右，枪声才渐渐地停了下来。据说死伤的日军有十七八个，国民党军一个连队的百十个人就剩下一个受了重伤的副连长，第二天被游集驻军给救走了。

下午六点半左右，太阳还没有沾山，驻双沟的几十个日本鬼子开着坦克来到后练滩，对后练滩进行了疯狂的报复。他们不分男女老少，见人就用刺刀戳，戳后还开枪打，见房屋就放火烧，烧得不旺就泼汽油。一时间，房梁的断裂声，熊熊烈火燃烧的噼啪声，倒塌房屋的轰隆声，受伤群众的惨叫声，日本鬼子的淫笑声……声声听得人们撕心裂肺，后练滩顿时成了人间地狱，惨不忍睹。

这还没有完，鬼子们把村民司玉标的奶奶用刺刀戳伤后，架着扔进了熊熊大火中。村民王华东的父亲王荣广当时才三岁，母亲抱着他躲进了一个地窖里，鬼子找到后，用刺刀刺死了母亲，当时王荣广还正趴在母亲怀里吃奶，脸被刺刀戳了一个大口子，长大成人后，脸上的大疤犹在。王华东的爷爷奶奶双双遇难。王建功的大娘带着儿子躲在地窖里，鬼子找到后，把娘俩双双刺死，肠子淌了一地。

据事后统计，这次惨案鬼子烧光了全村的房子共200余间；杀死百姓38人，大多是老人、妇女和孩子。鬼子一直折腾到晚上八九点才离开。临走还在路边麦田里埋上了地雷，李志亮的爷爷和姓司的二人踏上了地雷，被当场炸死。

日寇血洗后练滩的惨案，虽然已经过去八十多年了，但后练滩百姓心中那刻骨铭心的仇恨永远无法抹去。

魏洼歼灭战

抗日战争初期，皖东北抗日军民中流传着一首歌谣："天不怕，地不怕，鬼子就怕胡老大！"这里所说的"胡老大"是指八路军苏鲁豫皖支队一大队队长胡炳云。

胡炳云，原名胡能清，1911年3月生于四川省南充县李渡镇邓家楼。1932年参加中国工农红军，次年加入中国共产党。土地革命时期，任红三十三军九十八师二九四团连指导员，在红军长征攻打腊子口时，带领连队担任主攻，亲率10名突击队员夜袭守桥之敌，一举夺取天险腊子口，1936年冬被提为红军二师四团副团长。1938年8月任八路军苏鲁豫皖支队第一大队队长。1939年春，随支队挺进津浦路东，相继在宿县、灵璧等地，连续给日伪军以沉重打击。当地抗日军民都亲切地称一大队为"胡大队""胡老大"。

1939年7月中旬，胡炳云和政委王东保一起，奉命率领八路军苏鲁豫皖支队一大队，进驻灵璧县北部边区的朝阳集、桃园一线。大队部设在桃园。一营营部带1个机枪排住在距桃园不远的魏洼村。1939年8月2日早晨，100多个日军带着汉奸便衣队，分乘3辆汽车，突然袭击魏洼村。等哨兵鸣枪报警时，敌人已经从停在路边的汽车上跳了下来，迅速包围了村子。一营长刘治国和教导员宋维栻一边派通讯员火速赶往桃园向大队部报告，一边命令岗哨拉起吊桥，关紧圩门，组织机枪排和营部官兵，拿起武器，抢占镇子四角的炮楼，利用有利地形固守待援。凶狠的日军凭借优势装备，利用寨门外打麦场上的麦草垛、四轮铁板车、石碌等障碍物作掩护，哇哩哇啦地喊叫着往前冲，三八大盖、歪把子机枪和掷弹筒的声音响成一片，气焰十分嚣张。

正在危机时刻，八路军苏鲁豫皖支队一大队政委王东保，奉命带3个连从桃园驰援魏洼。王东保凭着多年的战斗经验，沉着冷静地观察地形地貌和敌我态势，他利用魏洼周边地里成长起来的高粱、玉米等青纱帐作掩护，指挥3个连分别摸到敌人背后，并将3个连的27挺机枪集中起来，亲自指挥。当3个连分别把围困魏洼的日军包围时，日军一点也没有察觉。王东保抓住战机，命令机枪手突然开火时，就像神兵天降，打得日军晕头转向。这时，被困在魏洼的营长刘治国组织机枪排集中火力，从炮楼上居高临下，猛打已进到寨门口的日军，将1个分队的日军压了回去。就这样里应外合，密集的子弹扫向日军，同时，展开政治攻势，命令日军缴枪投降。顽固的日军拒不投降，负隅顽抗。此战除驾驶员驾车逃生外，其余日军全部被歼。经过清点，光是日本兵的尸体就有90多具。

为防日伪军报复，战后，胡炳云、王东保奉命率部转移到津浦路附近的濉河岸边休整。"苏支"一大队撤出不久，驻徐州的日军第二十一师团派出1000多人，乘坐30多辆汽车，带着多门山炮和步兵炮，气势汹汹地赶到魏洼，实施报复，结果扑了空。

50多年后，胡炳云回忆这段战史，高兴地说："魏洼一仗，是我们挺进苏皖边境之后对日军的第一仗，这一仗的意义绝不仅仅是消灭了90多个敌人，更重要的是振奋了津浦路以东、陇海路以南的广大人民群众，以实际行动告诉人们，日军没有什么了不起。同时给那些丧失民族气节、认贼作父、为虎作伥的民族败类敲了一个警钟。这以后，原先打我们的冷枪、不让我们进圩子的地主武装吓倒了，如高圩子、八里集、大李集等地的地主武装赶紧派了代表和我们接头，'慷慨'地包下了我们几千人用的洋布和军粮。国民党灵璧县县长许志远也不得不跟我们讲起了统一战线，供给我们粮款。这一仗不仅使我们在苏皖边站稳了脚跟，而且也打出了八路军的名声。老百姓奔走相告，说'平型关上的八路军下来了'，'打死好几百日本人，自己竟连根毫毛也没伤着。'各式各样的'司令'也纷纷归顺我们，有的当了班长，有的当了战士，有的当了传令兵。"

（节选自《张爱萍皖东北敌后奠新基》）

冯庙反击战

　　冯庙是灵璧县东北一个较大的集镇，距灵璧县城有 20 多公里。1939 年 7 月，八路军苏鲁豫支队政委吴法宪将指挥部设在灵北张大路后，为安全计，将七大队三营九连派驻冯庙为观察哨，以监视灵璧县城日伪军的动向。

　　八路军苏鲁豫支队进驻灵璧县北部地区，引起了日伪军的恐慌。1939 年 7 月中旬，驻守灵璧县城的日伪军倾巢出动，依仗机械化的优势，突然将冯庙包围。九连指导员徐明古一面派通讯员赶回张大路报告，一面组织全连官兵利用冯庙的寨墙、壕沟等有利地形固守待援。严令各排各班按照战斗分工，严防死守，决不能放入一个日本鬼子进镇。同时号召全连共产党员，在战斗中发挥先锋模范作用，英勇战斗，不怕牺牲，带头坚守阵地；与此同时，组织连队干部和通讯人员分头深入班、排，检查指导防御作战，及时调整部署，加强寨门的防备力量。在激烈的战斗中，徐明古中弹负伤，仍坚持指挥战斗。在他的鼓舞带动下，九连官兵继承发扬八路军敢打敢拼的革命精神，奋勇战斗，相互支援，打退了日伪军多次进攻，始终固守冯庙。

　　在张大路，张爱萍等中共皖东北工委领导接到报告后，立即同孙象涵商定，指令三营营长王运来、教导员顾寒星带领营部和七连、八连跑步增援冯庙。王运来、顾寒星率部到达冯庙后，组织指挥各连、排抢占有利地形，迅速将围困冯庙的日伪军包围，突然发起攻击，打得日伪军不知所措。徐明古听到四面八方响起增援部队的枪声，立即组织全连官兵突围。就这样，经过八路军苏鲁豫支队七大队东进队三营内外夹攻，里应外合，一阵猛打，毙伤日伪军50 余人，其他日伪军急忙乘车溃逃。战后，王运来、顾寒星率部返回张大路休整。

（节选自《张爱萍皖东北敌后奠新基》）

冯庙攻歼战

灵璧县维持会长雷杰三占领冯庙后，委派一个伪军连、一个便衣队和20多名日军一起驻守。除加固寨墙、壕沟外，还在冯庙镇修建起中心炮楼，供日军使用。1939 年 10 月，又在周围村庄强拉民夫，扩建据点，对皖东北地区的抗日活动构成了威胁。

为加强皖东北各抗日部队之间的联系，八路军苏鲁豫支队一大队奉命拔掉冯庙日伪据点。大队长胡炳云、政委王东保抓住雷杰三扩建据点的有利时机，指令大队侦察排和二营侦察班一起，化装成民工，陆续进入敌据点，在给日伪军修工事的同时，摸清了冯庙据点的情况。最后，经大队研究，决定由二营负责拔掉冯庙据点。

1939 年 10 月 10 日，"苏支"一大队二营长刘德云按照大队的命令，同各连连长、指导员正在商定作战方案，突然，冯庙据点里传来杂乱的枪声，观察哨跑来报告，据点里打了起来。情况紧急，为保障潜入据点伏兵的安全，二营长刘德云当机立断，严令各连从不同方向猛攻冯庙据点。全营官兵发挥八路军英勇善战的优良作风，从不同角度用不同的方法攻入寨墙内，里应外合，多数伪军见大势已去，纷纷缴械投降。20多个日军躲进中心炮楼，负隅顽抗，战士们找来一桶煤油，浇在干柴上，把中心炮楼给烧了，20多名日军全部被烧死在炮楼里。战后大家才知道，潜入冯庙据点里的连长，是外地人，说话口音引起敌人怀疑，于是他先发制人，带领伏兵抢占有利地形，先敌开火，为全歼日伪军，拔除冯庙据点立了头功。

为扩大战果，更多地消灭日伪军，"苏支"一大队长胡炳云同政委王东保商定，二营抓紧利用战斗间隙，整修圩寨，熟悉地形，准备打击前来报复的敌人。大队部和一营、三营加上"苏支"四大队加强战备，隐蔽待命。果然不出所料，当天傍晚，从灵璧县城和固镇日伪据点，开来30多辆汽车，拉着2个中队日军和一个营近500名伪军，在重火力掩护下，从三面包围了冯庙。大队长胡炳云命令刘营长固守待援，并同政委王东保带领一、三营赶到战场，四大队也奉命赶来，形成对日军的包围。

面对强敌，二营长刘德云为保存实力，当日伪军炮火准备时，只留观察哨静观敌人动向，将主力隐蔽起来，躲过敌人优势装备的轰击。当敌人集中攻击时，组织部队迅速占领阵地，集中火力打击进攻之敌，机步枪、手榴弹一起开火，很快将敌人压了回去。就这样，在二营官兵的英勇阻击下，日伪军始终未能冲进镇子。

"苏支"一大队队长胡炳云亲自带一个便衣侦察班侦察敌情，只见日伪军30多辆卡车呈一字形摆在冯庙东南的公路上，认为这是断敌退路，歼灭来犯之敌的天赐良机。他一声令下，冰雹似的手榴弹突然砸向日军车队，当场就有两辆汽车油箱被炸起了火。

与此同时，"苏支"一大队一营、三营、大队机炮连和四大队等部，完成对日伪军的反包围后，一起向围攻冯庙的日伪军发起攻击。三营七连、八连的勇士们从东南面集中火力，猛烈射击，枪炮声、勇猛冲杀的呐喊响成一片，打得敌人顾后顾不了前。打着打着，天渐渐黑了下来，日伪腹背受敌，搞不清究竟有多少八路军，又害怕夜战，只好一边抵抗，一边向公路边上撤退，不料，又遭到"苏支"预先埋伏在公路旁边特等射手的狙击，七斜八歪地倒下一大片。

"苏支"二营长刘德云见日伪军乱成一团，认为反攻的时机到了，严令各连配合主力合歼日伪军。随着反冲击的冲锋号声，各连高举军旗，齐声呐喊，冲出寨门。官兵们个个像猛虎下山，端起机步枪，直冲敌阵。日伪军的指挥系统被打乱，被切割包围，陷入无组织的抵抗之中，少数冲出包围的日伪军，见大势已去，急忙爬上汽车溃逃。

冯庙攻歼战，从中午一直打到深夜，战士们打扫战场时，愤怒地烧毁了日伪军没来得及开走的汽车20多辆。一时间，公路上出现一条火龙，火光冲天，浓烟滚滚，周边十多里以外都能看得见。捷报传来，广大人民群众奔走相告，拍手称快。

为纪念这次著名的战斗，1948年，曾任中国人民解放军兰州军区副司令员的胡炳云，亲自撰写了文章《冯庙战斗歼灭日伪四百余》，发表在《新华日报》上，比较全面地回忆了战斗经过。他高兴地说："这一仗打死打伤敌人近400名，极大地鼓舞了苏皖边区人民，日本鬼子被打痛了，一听说胡大队的名字就害怕，百把几十人再也不敢贸然出动。"

（节选自《张爱萍皖东北敌后奠新基》）

张山阻击战

1939年9月，中共山东分局按照中共中央关于发展苏皖的指示，决定成立八路军苏皖纵队。任命八路军山东纵队政治部主任江华为司令员兼政治委员。江华接任八路军苏皖纵队司令员后，统一指挥苏皖边区的部队，将原在苏北地区活动的八路军山东纵队陇海南进游击支队，正式改名为八路军苏皖纵队陇海南进支队，并将先遣一梯队夏玉华部改编为八路军苏皖纵队独立营，奉命南进皖东北，开展抗日活动。

1939年11月下旬，陇海南进支队带领3个主力营，随八路军苏皖纵队司令部至陇海铁路以南、津浦铁路以东的灵璧、泗县一带活动。11月28日，经过一夜行军，部队进入灵璧、睢宁交界处的九顶山张山口一带，正准备分头宿营时，发现日军500余人，分乘25辆汽车，在4辆坦克掩护下前来"扫荡"。江华立即同陇海南进支队司令员钟辉商定，以一连一排排长宋连珠带领全排迅速抢占张山口南山，三营一部抢占九顶山，阻击来犯之敌，掩护纵队主力向安全方向转移。

张山口南山是一个孤立而突出的小山，面积大约0.3平方公里，高约80米，东南是九顶山。江华、钟辉等凭着多年的战斗经验，认为控制张山和九顶山，就构成了阻击和牵制日军"扫荡"的天然屏障。要求部队面对日军的坦克、大炮，不能用阵地战同敌人死打硬拼，而要运用山区的有利地形，灵活机动地阻击日军。就这样，当日军坦克、大炮轰击时，阻击部队官兵迅速分散隐蔽，减少了伤亡；当日军组织步兵攻击山头时，阻击官兵立即抢占有利地形，集中火力，打退敌人一次又一次进攻，从早上战至午后，毙伤日军100多人，"南支"也伤亡30多人。

为保存实力，迷惑日军，尽快脱离战斗，江华、钟辉等研究，决定除一连一排继续阻击日军外，八路军苏皖纵队司令部率主力绕过日军视线，继续向皖东北地区挺进。当宋连珠带领全排30人抢占南山顶后，发现日军一个分队也抢着向山上爬，他立即指挥各班、组占领有利地形，做好战斗准备。当日军爬到半山腰时，命令全排向日军猛烈射击，累得喘不过气的日本鬼子，被这突然的火力打得措手不及，丢下十多具尸体向山下溃逃。首战告捷，一排争取到了战场的主动权。

宋连珠抓住日军第二次进攻前的间隙，根据地形和日军攻击的实际情况，把兵力重新做了调整和部署。按照江华、钟辉等首长的要求，采取重点防卫、少摆多囤的原则，保存实力，有效地阻击日军。在具体安排上，将仅有的一挺轻机枪安放在山南侧的突出部，控制有利地形，并规定射手原则上只用点射；另外派一个战斗小组占领山东侧山腰上部，构成对进攻之敌的交叉火力，控制日军攻击的路线。其余战士分别安排在山顶的北侧和西侧，构筑掩蔽工事，并向各自方向严密警戒。他们的任务是随时准备支援前沿战斗。二是在必要时组织反冲击，这样不仅避免了伤亡，保存了实力，也增强了阻击阵地的持久性。日军第一次攻击失败后，又组织第二次进攻，经过一阵炮火轰炸后，大约一个中队的日军按照战斗队形向山顶攻击，妄图攻占南山。当日军进至一排阻击阵地 40 米左右时，机枪和战斗小组的步枪一起开火，打乱了日军的战斗队形，宋连珠乘机派一个班对敌人实行反冲击。经过十多分钟激战，敌人摸不透我阻击部队的实力，攻击不成，只好撤退。就这样，战至中午，一排接连打退日军的三次进攻，同时也付出了沉重的代价，3 个班长全部牺牲。

日军久攻南山不下，恼羞成怒，将攻击部队增加到 150 多人，还从九顶山方向调来了重炮，改变了战法。倚仗先进的坦克、大炮猛烈轰击南山，从山上到山下，从左到右凡是能藏人的地方都炮轰一遍。然而，日军做梦也没有想到，聪明有智慧的八路军一排战士，把敌人的炮弹坑变成了掩体。当日军步兵攻击上来时，又给予猛烈打击，接连打退日军的 3 次攻击，共毙伤日军 50 多人。一排也有 26 名战士献出了宝贵的生命，最后只剩下排长宋连珠和机枪组的 3 名战士，仍顽强地坚持阻击战斗，直到完成任务才奉命向大王集方向转移。战后，八路军陇海南进支队司令员钟辉说，一排只有 30 人，1 挺轻机关枪，几种老式步枪，子弹也不多，又脱离上级指挥，在没有友邻部队支援的独立作战情况下，面对装备精良、训练有素、指挥有序，又有坦克、大炮支援的 150 名日军，打退日军 6 次进攻，毙伤日军 50 余人，完成了掩护主力转移的阻击任务，实为抗战中不多见的范例。宋连珠被提升为一营二连连长。

（节选自《张爱萍皖东北敌后奠新基》）

阻击顽军西窜战役

1944 年 8 月 15 日，新四军四师在半城誓师后，挺进津浦路西收复失地，彭雪枫师长等率领西进部队和当地爱国民众一起，对日伪发起了强大攻势，声威大振。国民党顽固派军队出于反共反人民的需要，从 8 月下旬开始调集大批兵力从南北两面对我路西四师进行夹击，并调高楼段海洲三十三师以及驻渔沟的苗秀霖第十四纵队去津浦路西，以击我西进部队尾部，妄图切断我军的退路。

为保证我四师顺利西进和打破顽军部队合击我军的阴谋，新四军于9月6日决定成立津浦路东临时指挥部，由七旅旅长彭明治任司令员，九旅旅长韦国清任政治委员，统一调度指挥，首先在灵北发起阻击段、苗西窜战役，部署七旅的十九团、二十团和九旅的二十六团开赴高楼以西，控制渔沟、尤集一线，九旅的二十七团集结在朝阳集以西，严密监视段、苗动态，一师一旅二团亦从淮（安）、泗（阳）地区赶来参战。

9月11日14时，指挥部获悉，敌人在当日夜间，可能从高楼、杏山、渔沟出发，分左右两路，偷偷向西转移。即命令二十七团于11日18时进驻朱集、潼山一带监视右路敌人的西窜动向，如发现敌情，一面阻击一面上报；命令二十团11日20时赶到老汪湖以北的傅家屋子一带，监视左路敌人的西窜动向，如发现敌情，一面阻击一面上报；命令十九团和二十六团随指挥部西移，于19时赶到老汪湖东南的许家、王圩子、王老店一带集结，准备随时增援西北的二十团和东南的二十七团。

9月12日凌晨4时，驻井家的我十九团一营二连从俘虏口中获悉苗部2000余人已进入邱楼、周场一线，正修筑临时工事，准备宿营。指挥部遂令二十六团的一个营，到曹庄配合十九团，攻击周场、孙庄，击其尾部。拂晓时各处战斗激烈打响，敌人仓皇向东逃跑，被我军追击杀伤无数。从邱楼到侯家湖广阔地带，敌人尸横遍野。他们在灵北抢的烟土、银圆、土白布等到处抛落。苗秀霖的三团、八团全部被消灭。

左路敌人段海洲部于12日12时，窜到紧靠灵璧县境的张山集、夏寨一带，我二十六团、二十团、十九团随后追击，相继于刁山及其附近，将其大部歼灭，段海洲损失了二团全部以及师部八大处和团、特务团的一部，已无力西去，便又窜回高楼。

由于韦国清、彭明治指挥得当，阻击段、苗西窜战役从9月11日开始到9月16日胜利结束。

（胡兴臣　供稿）

赵场庄守卫战

胡兴臣

抗日战争时期，盘踞高楼的国民党顽 33 师 98 团（原为三团），号称"铁血团"，团长张克修飞扬跋扈，不可一世，狂叫"肃清八路，杀绝共党"，多次与我军交手，都以失败告终，仍不思悔改，常常四处抓壮丁，抢劫民众，杀害无辜。

1944 年 11 月 19 日夜，张克修亲自出马，率部 400 余人，向西南距高楼街 10 余里的赵场奔来，并向其部下狂叫"一小时内打开赵场！"孰料战到次日早上落个惨败，仓皇撤退中，他的脖子也被民兵击中，慌不择路，只顾逃命。

赵场庄在我军开辟的大路区内，有 200 多户人家。前排房东头是毛克奇家的三合大院，院子四角各筑有一个碉堡，院内还有 8 个地堡，并有简易掩蔽工事。庄外挖有护庄沟，庄东 600 米远有一条南北向的河道，名曰闸河。当时，庄里有 60 名民兵组成的联防队，叫闸河队，有步枪 36 支，牛腿炮 14 门，有手榴弹近 500 枚，子弹 120 发。毛家另有 10 多箱子弹。

当晚，赵场庄的群众全集中在毛家大院，身强力壮的都准备好武器。庄上头领和一些群众分别住在东南、西南、西北角的碉堡里，乡里来人住在东北角碉堡里。联防队员每 6 人一组轮流在护庄沟上放哨。张敬密担任总指挥，胡乡长负责指挥东、东北和北三面，民兵队长毛永恒负责指挥东南、西和西北三面，全庄都处于临战状态。

夜半，张敬密查哨中忽听东面闸河边大雁惊叫着腾空西飞，断定敌军来袭，急令联防队迅速进入阵地，令大院全体人员准备战斗，派炊事员刘殿亭迅速到潍河南大徐家给主力部队送信，自己带两名民兵奔向庄东头，与联防队员一起隐蔽观察。果然是张克修铁血团的 400 多人由高楼顽乡长王玉坤引路向毛庄、赵场袭来了。待敌军靠近，张敬密一声令下，联防队员步枪、手榴弹齐发，将敌兵压在沟前。张克修吼叫着命令用迫击炮、重机枪向护庄沟和村子内射击，掩护其步兵从东、北、南三面包围上来。我联防队员则隐蔽撤入毛家大院固守东、南、西三面院墙。

19日早晨，乡队干部和闸河队全体队员到华口子开会，下午4时大会结束。乡长胡昌俊和副村长兼联防队长张敬密带队回到赵场，听说临近毛庄周华堂中午来村打听乡队干部的去向，马上警觉起来。周华堂是国民党三青团团员，又在高楼念书，他来打听乡队干部情况，一定是为驻守高楼的国民党三十三师刺探情报。于是胡昌俊和张敬密立即通知周围各村，提高警惕，加强戒备，如发生情况，村自为战，固守待援。

敌军攻占护庄沟扑了个空，进村后也一无所获。张克修又命令："围攻大院，放火烧！"敌军先把院外的麦草堆点着，火光把敌军部署照得清清楚楚，民兵正好瞄准射击。一个秃头连长从东面带头往上冲，把一颗手榴弹投入墙内，胡乡长迅速抓起甩到院外敌群里。我军步枪、手榴弹、牛腿炮一齐使用，敌军接二连三倒下一大片。秃连长顺着梯子往大院墙上爬，爬到半截被击毙。被逼着上前卖命的士兵，吓得狼狈逃窜，敌军官用枪逼着士兵，又冲了几次，均被民兵击退。

天亮，半楼乡乡长鲍政带着半楼和倪场民兵进入赵场毛家大院，加强防守。区长刘亚伯和区队长程明科率领区队和部分民兵，在赵场西面和西北面与敌人展开激战，我主力部队骑兵也从大徐家飞奔而来。张克修见势不妙，慌忙指挥撤退，脖子被民兵击中。一名副营长被打死。我方全线出击，敌人更加慌乱。骑兵们又从张刘北湖冲出，截住敌兵，挥刀猛杀猛砍。战斗到上午8时结束，我方共打死打伤300余人，缴获200多枪支。张克修"铁血团长"颜面尽失，枪伤脖子的疼痛更是难消。从此，其余部龟缩于高楼据点之中，再也不敢轻举妄动。

灵城第一次解放

胡兴臣

1945年9月5日上午，我军解放灵城战斗胜利结束，至此，灵璧人民经过 7 年的浴血奋战，终于赢得了抗日战争的全面胜利。

灵城是座古老的县城，是灵璧县政治、经济、文化的中心。自从 1938 年 5 月沦陷日伪手中之后，灵城乃至全县人民都处于腥风血雨之中。日方极力推行"以华治华"政策，网罗地方上的反动势力拼凑伪政权，加固其反动基础，拼凑警特组织和伪军队，在全县各地布点设防，对我抗日力量进行刺探、密捕、暗杀、镇压；成立"统制物资配给所"，大肆推销日货，掠夺当地农副产品，严密控制物资流入抗日根据地；在日伪统治区内竭力宣扬所谓"中日合作""王道乐土"，张贴诬蔑共产党的漫画。在灵城开设赌场、妓院和烟馆等，千方百计地奴化中国人民，腐蚀中国人民的意志。日本侵略者肆无忌惮地施行残酷的法西斯专政，除烧杀抢掠外，还在灵城设立三处刑场。第一处为秘密刑场，对抓来的所谓共产党要犯经严刑拷打审讯后，让狼狗活活撕咬至死。第二处为半公开刑场，将抓来的所谓政治嫌疑犯，绑好站齐后，由日军乱刺乱砍至死。第三处为公开刑场，在刑场一端挖一道深沟，迫使抓来的平民百姓沿沟跪着，由日军当活靶子射击。日本侵略军屠杀中国人民的刑罚也是五花八门，惨无人道。

日本侵略军的法西斯暴行越残酷，全县人民的反抗越强烈。尽管灵城有近 20 米宽的护城河，城墙既高又厚，加上日伪 7 年的修筑，城防更为坚固，依然动摇不了抗日军民解放灵城的决心。早在 4 月，淮北三分区独立一团和独立二团已扫除了虞姬墓、三官庙、关帝庙等灵城外围据点，灵城之敌已处在我军的重重包围之中。日本宣布投降后，城内日军撤走，伪政府人员和伪军也大部逃走。在泗县县城被围攻时，泗县伪县长张宝鉴和伪军大队长朱洪带领千余伪军逃至灵璧城内。灵璧伪一、二、四区的保安队残部也逃至灵城入伙。国民党政府接收大员许公达到灵城组织起近两千乌合之众，凭借坚固的城墙，企图顽抗。

1945 年 8 月底，淮北一、三军分区合并为路东军分区（又称一分区），张震球任司令员，赵汇川任副司令员。为了顺利解放灵璧县城，张震球、赵汇川统筹部署做好强攻灵城的准备。独立二团进至沱河一线，负责阻击固镇援敌，独立一、三两团围困灵城，灵北县武装和大山区队作为助攻，土山区委书记曹健、虞姬区委书记尤祥云负责组织民工运送粮草，抢救伤员。

攻城战斗准备就绪后，我军连续 3 天围而不打，白天安排大山区队骑马环城游动震慑敌人，黄昏后从四面向城内喊话，命令敌人放下武器，弃暗投明。敌人负隅顽抗，我攻城部队于 9 月 4 日开始强攻。固镇出动 700 多名伪军，并配备一个机炮连，黑夜北来驰援，在沱河遭到我分区二团二营指战员顽强阻击，而退回固镇。攻城部队于午夜两点攻破灵城南门，经过激烈巷战，5 日上午战斗胜利结束。除击毙者外，生俘伪泗县县长张宝鉴、伪灵璧一区区长李亚白等以下官兵 1000 余人，缴获各种枪支 900 余。接收大员许公达乘混乱逃走。

灵城解放后，地委副书记刘玉柱、专员王烽舞随同灵北县委、县政府进入灵城。次日即宣告灵璧县委和灵璧县人民政府成立。李任之、陈立祥分别任县委书记和副书记，农超谋与江祥斋分别任县长和副县长。同时宣布成立灵城市，曹健、尤祥云分别任市委书记和市长。

灵城解放后，成立了纠察队，管理社会治安，拨出粮款，赈济贫民。开展减租减息运动，加强政权建设和武装建设。

国民党反动派背信弃义，撕毁停战协定，于 1946 年 7 月向各解放区发起全面进攻。7 月 20 日，我党政军各部撤出，灵城复陷敌手。

朝阳之战

赵秀永

朝阳集，位于苏皖交界处，两面环山，地势险要，历来为兵家必争之地。

1946 年 6 月，蒋介石反动政府为了抢夺胜利果实，迫不及待地发动内战，淮北地区是它们进攻的主战场。蒋介石指令徐州剿总司令薛岳，调动 13 个旅的兵力，分三路向淮北解放区进攻。

中路由宿县夹沟东犯，到达灵璧县北朝阳集。占领朝阳集的国民党王牌旅

92 旅，美式装备，武器精良，号称铁军。这时山东野战军司令员陈毅决定趁 92 旅立足未稳，集中优势兵力，吃掉这支号称打遍天下无敌手的"铁军"。在得到中央军委批准后，集中 12 个团担任主攻任务，决心全歼 92 旅。

战斗在 1946 年 7 月 27 日凌晨打响。朝阳集山势险要，易守难攻。战斗首先是清理外围据点，从守敌薄弱的凤凰山腰和朝阳集三寨门开始，猛攻北门、东门、西门，留下南门作伏击之用。外围据点被清除，迫使 92 旅大部退至朝阳集街内。28 日拂晓，山东野战军四旅向朝阳集发起猛攻，北门、西门、东门相继被攻破，歼敌大部。上午 8 时，92 旅残部丢下辎重，在飞机掩护下，由南门仓皇逃窜。被我军在南门外芦苇塘的伏军夹击，伤亡惨重。残部被迫转向枕山、旗杆、刘八集方向逃窜，遭到我军全歼，少将旅长冼盛楷等高级将领被俘。

朝阳集战役，不包括打援部队的歼敌数，歼敌 5000 多人，缴获大量枪炮弹药、车辆辎重等军需装备。这是蒋介石发动内战后遭遇到的重大失败，也是陈毅元帅在淮北平原指挥的第一场大战，受到毛泽东主席、中央军委的通令嘉奖。当时的中共中央机关报《解放日报》发表了《蒋介石孤注一掷的失败》的社论，表示祝贺。陈毅元帅无比高兴，即兴赋诗一首：

淮北初战

十万旌旗泗水阳，
淮南淮北遍玄黄。
陆攻空炸天地窄，
烧杀抢掠鸡犬亡。
还乡土劣旧奸伪，
美械蒋军新虎狼。
人民怒撼山河动，
背水奇功敌尽降。

我地方党政军人员东撤

王维远

在灵璧县地方党组织的历史上，东撤是一个重要的事件。它始于1946年8月，止于1946年12月初。灵璧县党政军（含区乡）1000多人的队伍，从灵璧县城出发，经过虞姬墓、冯庙、大庙、高楼的潼郡、吴庙，进入睢宁县，由睢宁县的桃园、官山，经泗县的大柏圩、张楼，进入洪泽湖西岸的归仁集、金锁镇、朱湖、重岗、高集、唐马圩子，在经历了千辛万苦之后，除了极少数人得以逃过一劫，大多数人遭受了灭顶之灾，虽离东撤最终的目的地——大运河东近在咫尺，但他们却没能够胜利到达，而壮烈牺牲在泗阳县境内成子湖畔的曹庙乡、界集、朱湖镇及金锁镇等诸多地方，县委书记、县长农超谋，县委副书记陈立祥、副县长江祥斋、县总队副队长张维献等赫然在列。

时隔66年，我们带着复杂的心情，探访东撤烈士们战斗过的地方，寻访烈士们留下的足迹，既感到悲痛，又感到震撼。

让我们再看看那一段不堪回首的历史吧！

1946年6月26日，国民党政府撕毁停战协议，向解放区发动全面进攻。

在淮北地区，以徐州为中心，国民党成立徐州绥靖公署，11个整编师，30个旅，27万人，"齐头并进，步步为营，广顽占点线，土顽控农村。"

1946年7月16日上午8时，国民党桂系第7军171师向灵璧全面进攻。根据华中七地委指示："保存有生力量，不计一城一地得失，立即转移。"19日夜零时，灵璧县党政军人员从县城东关撤出，经虞姬墓转移到禅堂、冯庙、沙滩、大庙，就地坚持斗争。

8月下旬，中共灵璧县委作出决定：县委组织部长洪流、宣传部长戴增斌带领妇女、老弱病残者和干部家属等有关人员先行转移，其余人员编为一个支队共1000余人，五个中队就地坚持游击战。县委书记吴云培，县长农超谋、副县长江祥斋及分区3团坚持在冯庙、高楼等濉河两岸，陈立祥、张维献及分区79团坚持在宿灵边的娄庄、尹集、尤集一线，这样的游击战一直持续到9

月底。

就地坚持游击战，积极活动，引起了国民党军队的注意。国民党认为我主力部队东去后，淮北路东仍有相当大的实力，于是增加兵力，加紧围剿。秋季雨水较大，生活艰难，79 团失利东撤。陈立祥所带领的干部武装随之也东撤至沙滩、大路一带，与吴云培等会合，灵北各区干部和武装随县委、县政府转移进入泗灵睢边区，沱河、大山的干部和武装也转入宿灵边区，随宿东人员西移。

此时，灵璧县委书记吴云培调出任睢宁县委书记，农超谋县长兼任灵璧县委书记，带领灵璧干部武装在泗灵睢边区活动。在边区活动月余，因斗争环境更加险恶，于 11 月初撤往泗县北部许大庄一带，与泗县、睢宁、五河三县干部武装 2000 余人组成四县联防大队，各县总队即为支队，就地坚持武装斗争。

1946 年 11 月中旬，国民党部队调动 10 个团的兵力在冯治安、孙良城的带领下加紧围攻，淮北七地委通知泗灵睢工委集中各县人员向洪泽湖西岸高集靠拢。11 月 23 日，泗五灵睢的干部武装经泗洪的归仁集、金锁镇、朱湖等地一路转战到达洪泽湖西岸高集边的鹅毛庄，当即派人与七地委取得联系，七地委副书记刘玉柱指示原地待命，等待地委指示。11 月 23 日夜晚，地委准备东渡运河，在张震率领的九纵的接应下，至 25 日下午，七地委机关及所属部队完成东渡运河工作，完全跳出了国民党军队的包围。

此时，泗五灵睢四县联防大队与地委失去联系，11 月 24 日夜晚，各县沿成子湖边由高集经太平集、界集向唐莫圩子进发，准备追赶地委，到达唐莫圩子已是 11 月 25 日早晨，被国民党军围堵，指挥中断，群龙无首。灵璧县的干部武装由农超谋与陈立祥及江祥斋与张维献各自带队仓促撤向金锁镇，黄昏时抵达。晚上宿营在金锁镇南面的朱湖，商讨对策。11 月 26 日拂晓，国民党军大部队又围上来，双方激战惨烈。部队一边战斗，一边撤退，至下午 3 点，灵璧县只有 120 余人突出重围，仅朱湖这次战斗，灵璧牺牲近 500 人，造成灵璧干部武装最惨重的损失。

朱湖战斗后，灵璧县的干部武装还剩两部分，县委书记、县长农超谋、副书记陈立祥所带领的部分仅剩 11 个人，他们辗转到达朱湖东北方向曹庙乡夭吴村。由于斗争环境的限制，这 11 个人被迫分散隐蔽。夭吴村距唐陈杨村约 2.5 公里，据现年 75 岁的原唐陈杨村党支部书记陈伏奎、原村会计杨早安回忆，1957 年，他们审讯四类分子，据参加活埋农超谋、陈立祥的原乡丁（四类分子）交代，农超谋和陈立祥寻求夭吴村党的干部吴殿安的帮助，在吴殿安家的磨屋里隐蔽了 3 天，农超谋陈立祥觉得不安全，请吴殿安再想一想办法，吴殿安寻求当时的保长陈步才帮助，农超谋、陈立祥二人又在陈步才家的磨坊里隐蔽了 3 天。

应农超谋、陈立祥的再次请求，吴殿安用银圆买通了当时唐陈杨乡顽乡长陈步彦，开出了通行证，农超谋和陈立祥以交出所佩带的盒子枪为代价拿到通行证，离开唐陈杨乡公所。此事被顽乡长陈步彦的叔父、反动族长陈同树（1950 年镇压反革命时因杀害农超谋、陈立祥被枪毙）知道了，陈同树对共产党极为愤恨，当即警告陈步彦说："你现在放了他们，日后他们会放过你吗！不能放虎归山，要赶尽杀绝，不留后患。"陈步彦当即派几个乡丁把农超谋、陈立祥二人追回来，此时农超谋、陈立祥已走出了七八里地。农、陈二人不知就里，再加上此时已丧失了自卫能力，只得返回。反动的顽乡长陈步彦已派人在距离唐陈杨乡公所东边唐宅子 1.5 公里的一条通往运河方向斜路边的小白坟旁挖了一个坑。晚上，陈步彦以送他们上路去运河为名，派几个人押着他们来到一个湖地大洼子土坑边说："你们到了。"此时，农超谋、陈立祥明白一切，但为时已晚，自己已丧失自卫能力，高呼"共产党万岁"时，被乡丁从背后朝头上重重地打了一槐树棍而倒于坑中，农超谋、陈立祥就这样被敌人活埋于一个坑里，此时应该为 1946 年 12 月 4 日。东撤 48 天后，饶子键率领的淮北挺进支队重返运河以西，扫荡国民党反动势力，当地进步群众向我党的曹庙乡政府反映农超谋、陈立祥遇害经过。当地政府当即派人把农、陈二人的坟扒开，因当时天气寒冷，尸体仍保持牺牲时的状态，就地对他们进行了分开安葬。1955 年，曹庙乡政府建朱家岗抗日烈士陵园，农超谋、陈立祥两位烈士被迁入其中安葬。1989 年，灵璧县建凤凰山烈士陵园，农超谋、陈立祥两位烈士的遗骨被迁葬于陵园之中。

在朱湖斗争中突围出来的另一支队伍，由江祥斋、张维献及泗南县委组织部长杨立安带领，共约 110 人。在突围中，他们首先向重岗方向行进。根据当时参加突围的马孟章回忆，1946 年 11 月 27 日，从朱湖战斗中突围出来的江祥斋、张维献、刘焕位、赵元、孙德乾、杨立安等人在重岗相聚，江祥斋、张维献把突围出来的同志集中在一起，研究下一步行动方向，讨论时有两种意见，以江祥斋为主的一部分要回泗灵睢打游击，以张维献为主的一部分主张过运河找地委，最后统一看法，决定过运河找地委。以江祥斋、张维献等领导的这 110 人的队伍随之东进。此时的泗洪境内已成了敌占区，到处都是国民党反动派。这支部队一路战斗，一路疲劳，已经很多天少吃少喝少睡，被迫应战于撤退转移中，再加上天寒衣单，部队非常困难。约 11 月 28 日晚上，他们辗转来到了现在的曹庙乡瓦庙村大王庄驻扎。当天晚上，国民党部队得知了这支部队的情况。于 29 日清晨，国民党军队从北部把村子围了起来，从西向东挨家挨户搜捕。由于连日的劳累，安排的岗哨被敌人无声捕获，当敌人在村中抓捕时被发现，随即出现枪声。江祥斋率领的部队仓促地向东北成子湖运河方向撤退。张维献、杨立安率部队边打边撤退到东北部成子湖边，在山子头庄北部 1.5 公里处的古山河入湖口，张维献、杨立安等七八十人被迫退到齐胸深的成子湖水中，最后失去反抗能力，张维献、杨立安等人被国民党士兵一个个拖上船返回到岸上，用火熏烤，有的当即死亡，杨立安被一个叫作老郭锥子的当地恶霸用枪当场打死，张维献被带到泗县狱中拘押，最后绝食死于狱中。江祥斋与另外两名战士则死于河涯庄外，江祥斋的具体死亡地点为河涯庄东北 1 公里古山河东岸 15 米处的农田之中，当时头朝东，身上 20 响的盒子枪也被国民党顽乡长盛昌涛的三爷盛三麻子拿走了。江祥斋至今尸骨无存，无论我们怎么努力，也没有找到。江祥斋与农超谋、陈立祥牺牲的时间上下不过一星期，南北距离不过十里。

往事不堪回首。因为战乱和年代久远，东撤情况及农超谋、陈立祥、江祥斋、张维献最后的战斗岁月及牺牲情况一直不甚清楚。今天结合韩侠风同志整理的有关东撤亲历者顾季常、张绍典、马增圣、魏贤胜和江祥斋烈士的儿子江宜宏的寻访记录，综合刘永章、刘焕位、马梦章的回忆资料，王烽舞 1946 年东撤时的日记，我们实地走访了东撤烈士们曾经走过的地方，访问了一些当地知情者，特别是知情者——泗洪县曹庙乡唐陈杨村杨早安、瓦庙村老党支部书记何业创的回忆及积极热心的现场确认，为我们复原那段历史提供了极大的帮助，为 66 年后的此次寻访打下了坚实基础。通过这次寻访，我们基本上弄清了一些悬而未决的历史问题，这是值得欣慰的。但难免也有遗憾，那就是江祥斋的遗骨在哪里，这恐怕是一个永远解不开的历史谜题。

灵城第二次解放

1948 年 10 月，国民党军邱清泉部第 2 兵团 12 军 238 师计 5000 余人进入灵璧县城（该部后受李延年指挥），企图与宿县 148 师相呼应，维持徐、蚌联系，待机北援徐州或接应徐州退敌。该师入城后，拆房扒屋，构筑工事，准备据城顽抗。11 月 6 日，淮海战役进入第一阶段。11 日，中国人民解放军华东野战军将国民党黄伯韬兵团分割包围于碾庄圩，蒋介石令李延年的第 6 兵团由蚌埠北援。为切断徐、蚌间的联系，中国人民解放军中原野战军于 15 日一举攻克宿县，歼灭国民党军万余人。19 日，江淮军区独立旅和 34 旅南下，在本县武装力量的配合下，攻占了城西凤凰山、城北馍馍山以及县城以东和以南地区，对城内 238 师构成包围。

21 日，华东野战军第 13 纵队为阻击李延年部北援，奉命由邳县南下，协同江淮军区部队攻打驻守县城的 238 师。23 日，该部进至县城西北亢园地区，接替了江淮军区的部分防务，开始做攻打县城的准备工作。

此刻，城内除驻有 238 师 3 个团的兵力外，还驻有县国民政府地方武装 3 个大队计 1000 余人，总兵力共 6000 余人。县城城墙西北角最高，可俯瞰全城，城河水深 1.5—3 米，城墙上部、中部和底部分别设有火力点和暗堡，构成多层次交叉火力网。238 师司令部设在东南角小学院内，各团部分设在城西、城北及师部附近，地方武装指挥部分设在城东、城南及县政府周围。

华东野战军第 13 纵队和江淮军区战斗部署是，37 师和 39 师主攻西门，江淮独立旅和 34 旅分别攻击北门和东门，38 师为预备队。该师以其 113 团进至城南策应攻城，并阻歼可能突围之敌，116 团运动至城西南山阴集、碜山头地区，占领阵地，以阻止可能由固镇增援的敌人。37 师 109 团在左，111 团在右，从西门南侧并肩突破，110 团为预备队。39 师的 117 团在左，115 团在右，从西门北侧并肩突破。

各部于 23 日黄昏进入阵地，24 日 11 时完成攻城准备。17 时 55 分，总攻开始，109 团第 1 营第 3 连在炮火支援下，于 18 时 30 分开好通路，架上浮桥。该营第 1 连运动到河边，第 1 班班长隋传基带领战士冲过浮桥，架云梯，登上城墙，并炸掉碉堡，打开了突破口。接着后继部队鱼贯而上。19 时，109 团第 1 营全部登城，投入巷战。

39 师 115 团和 117 团均因架桥未成，攻击受阻。37 师 111 团第 3 营 4 连在城西南角架桥未成，7 连涉水爆破又受阻，该师即令 111 团 1 营从 109 团突破口进城，沿突破口向南冲击，策应该团第 3 营登城。21 时，109 团全部投入巷战，向东和东北方向发动进攻。21 时 30 分，111 团 3 营协同 1 营向东和东南方向穿插开展，2 营和团指挥所也相继登城，击退反扑之敌，投入巷战。

22 时，纵队令 39 师 115 团、117 团均由 109 团突破口入城，沿城墙向北攻击，策应后继部队入城，并以一部向北开展，令 37 师预备 110 团 1 营由 111 团西南角突破口入城，归 111 团指挥，向东攻击，其 2 营、3 营由 109 团突破口入城，加强巷战力量。25 日 6 时 30 分，37 师将东西大街以南敌人歼灭，并策应 34 旅进入东门。

国民党军 238 师师长徐有成率卫生连，从东南角突出城外，被 38 师 113 团包围，除徐有成带少数人漏网外，余皆被俘。

39 师歼灭东西大街及县政府附近敌人后，接应独立旅从北门入城。25 日 8 时，战斗胜利结束，灵城第二次获得解放。除击毙者外，俘敌 4460 余人。战斗结束后，13 纵队和江淮军区部队随即奉命转移，清扫战场和清查战利品工作由地方武装和后继部队完成。经清理，这次战斗计缴获八二迫击炮 7 门，六○炮 11 门，轻、重机枪 70 余挺，长短枪 600 余支，掷弹筒 5 具，枪榴弹 25 个，各种炮弹 360 余发，子弹 16 万发，电台 2 部。

（耿瑞英　整理）

中共灵璧县第一次代表大会召开

申鸿志

1956 年 5 月 7 日至 14 日，中共灵璧县第一次代表大会在灵城召开，出席这次大会的代表 425 人，列席代表 80 人，代表全县 8737 党员。县委书记陈乃胜致开幕词，副书记巩凤才致闭幕词。大会听取并通过了县委关于六年来的工作报告，通过了以农业生产为中心、搞好今后工作的决议，选举了中共灵璧县第一届委员会。

在县委一次全会上，选举了县委常委、副书记、书记。陈乃胜当选为县委书记，巩凤才当选为县委副书记。

会议指出，1956 年是党对农业、手工业和资本主义工商业社会主义改造高潮的一年，为推动工农业生产和各项建设事业的飞跃发展，中央公布了《全国农业发展纲要（草案）》，全国人民积极争取为提前完成第一个五年计划而努力，继续支持解放台湾。全县已经有 90% 以上的农户组织起来集体经营，但是在党和人民面前的许多新任务仍然是很艰巨的、复杂的。大会任务是为迎接党的"八大"和安徽省第一次党的代表大会召开做好充分准备，为动员全县党员和全县人民努力完成和超额完成工农业生产任务，力争全年生产 75000 万斤粮食而奋斗。

会议经过讨论，通过了上届县委关于六年来党的工作报告的决议，通过了全县以农业生产为中心工作任务的决议，选举中共灵璧县委员会，选举出席安徽省第一届党代表大会代表 10 人。

中共灵璧县第一次代表大会的成功召开，标志着全县基本完成社会主义三大改造，社会主义建设事业蒸蒸日上，全县经济得到了有效恢复和发展。

1957 年 2 月 13 日，中共蚌埠地委决定灵璧县委设立县委书记处，并指示书记处由县委全体会议选举产生，除第一书记外，其余均为书记。原县委书记、副书记作为书记处书记人选。方忠国当选县委书记处第一书记，陈乃胜、巩凤才、李第凯为县委书记处书记。

平息反动道会门劫狱暴乱

张少秋

1952 年，全国开展"镇压反革命"运动，灵璧县取缔了"圣贤道""一贯道""先天道""九宫道""猴子会""天门道""大刀会""西华堂""长毛会"9 种反动道会门组织。全县同时开展办理退道登记，对有破坏活动的道首交群众监督改造，先后为 17387 名道徒办结退道手续。共收缴铜佛像 43 尊，各种符号证章 26 件，经书 16 册，道衣 6 件，刀枪 546 把（支）和土枪（炮）208 支（台），直到 1957 年，灵璧十年无战事，虽然阶级斗争的弦崩得很紧，但十年的太平麻痹了人们，区乡干部除主要负责人外的配枪也都被收缴。谁料，在一派升平的背后，一场腥风血雨的暴动在灵璧县城发生了。

1958 年"圣贤道"道首吴万昌、万贤成和陈兴云等有勾结匪特的劣迹，被公安机关逮捕。7 月 22 日，"圣贤道"在狱外的道首陈兴安和陈西海（浍沟张池村人）组织了 14 个道徒的"特别行动队"偷袭县公安局看守所。

7 月 21 日晚上 8 点多，陈兴安、陈西海纠集亡命徒在张池庄东南湖做法、祈祷。声称得圣贤明示，六月初六举事，定得天助，会六六大顺。次日正是农历六月初六，暴徒们像是被注射鸡血一样欣喜若狂，一副志在必得的姿态。他们全都剃着光头，着青布褂，拈枪掖刀，列纵队向灵城开进。鸡叫二遍时暴徒行进到灵城北关外，稍事休息，陈西海点燃了一挂小鞭，意在试探防守人员的警惕程度，也是给道徒打气壮胆。

随后他们从北关桥内五六米处向西拐入小张园庄，再由太平街折向南，直抵县看守所北墙。这时，他们手持梭标、大刀，蹑手蹑脚摸向岗哨。看守所在县政府大门西边，东北部与县政府一墙之隔，院内西北角是监区，有隔离墙将大院内西南角的家属区隔开，东北部是食堂、办公区兼干部宿舍，南大门两侧是县公安中队宿舍，院中间有两个篮球场大的操场，稍东是生产地，种有十几趟辣椒和南瓜。南大门为 1 号岗，西北角有个小门是 2 号岗，有木制岗亭。西、北、南面各留有十几公分见方的瞭望孔，几步远即是监狱的小门。当时站岗的是一名头发斑秃的战士，由于站了两个多钟头，天蒙蒙亮时犯了困，抱着汤姆冲锋枪正打盹，一支梭标从北望孔悄悄伸进来，突然刺向他的右肋，他惨叫一声，慌忙跑向院里，枪落在地上，那暴徒捡起来就追，可是暴徒不会使用冲锋枪，就扔了。其他暴徒喊着"替天行道！刀枪不入！"冲进院内。暴徒分为两组，一组直扑监区，解救狱中道首，一组去追那名受伤的战士。由于被刺成气胸，不能呼喊，那个战士就踉踉跄跄往大门1号岗跑去。当他艰难地拉开大门西扇上的小门，猛一下扑倒在门口时，1号岗哨兵发现了，又从敞开的门里看到追来的人影，知道出事了。"谁？口令！"他脱口喝道，随机拉开枪栓，推弹上膛，那几个暴徒一惊，迅速闪向西边屋檐下。1号哨兵这才看清楚倒在地上的战友身上有血，就毫不犹豫地扣响扳机，子弹带着呼啸，打破了灵城黎明的宁静。此时，正在东关街道上晨训的公安中队官兵，都听到了枪声，但没引起应有的重视。

那几个暴徒从西屋檐下，冲开宿舍虚掩的门。战士们都去出操了，只有下夜岗正睡觉的班长。三间屋靠南墙一溜大通铺，班长头北脚南睡在铺上。暴徒一刀刺中他的胸脯，他猛地挺起身扑向南墙去摘驳壳枪。凶狠的暴徒一阵乱刀猛砍，英勇的班长倒在血泊里，佩枪还压在身下。

一号岗哨兵随即又鸣响了第二枪。陈兴安、陈西海所聚的道徒本是乌合之众，虽然他们利用部队出操、防守空虚、哨兵晨困，似乎真有"天助"，但听到枪声，还是慌了神，他们试图打开牢门，但大刀片和梭标对铁皮门、铁门插、大铁锁毫无作用。道首吴万昌急得大喊："快去抢监狱长的钥匙！"一群人呼啦啦跑出监区，向东北部的干部宿舍冲去。1号哨的这一枪打乱了他们的队形，也给监狱长报了个警。就在暴徒的几杆梭镖插进办公室东屋竹笆墙，捣到床上时，忠于职守的他，只穿着短裤，抓起那串钥匙，突然打开竹笆门跑了出来。当门的那几个暴徒被他的气势吓呆了，眼睁睁地看着他跑出去。

1号哨兵见监狱长跑过来，冲着追赶的暴徒开了一枪，一人应声倒地，暴徒顿时大乱，四下逃窜。此刻，出操回来的中队战士已把大门堵上。

稍后，县委书记方忠国握着手枪跑过来，命令打开大门往里冲，院内的暴徒吓得四处乱窜，十几支手枪一齐射击，子弹打在操场上"扑簌扑簌"的，扬起阵阵烟尘，但枪都打空了。情况十分危急，那帮暴徒见枪声稀了，便往大门口冲，嘴里还喊着："刀枪不入，刀枪不入！"兵役局局长房玉殿带一队人马、两挺机枪赶来，机枪手卓树生把机枪架在门中央卧姿射击，"砰砰砰"三声响后，机枪卡壳了。参谋张礼贤带人上了房顶，机枪居高临下点射压制，步枪精确瞄准，暴徒死伤多人，剩下的躲进监区。县长陈乃胜站在监狱东墙上，看到暴徒往哪里躲，就指挥往哪射击。他命令指战员，凡是剃光头穿青布衫的一律击毙。战士们从南门冲进去关上大门，接应护卫家属们疏散出去。近午，战斗结束，操场上横着七具暴徒尸体。

县委、县政府领导果断指挥，指战员们勇敢作战，取得了这场平暴战斗的胜利。同时，也暴露了各级领导思想麻痹、缺乏忧患意识等薄弱环节，事后县委书记方忠国、公安局长庞振祥、检察长盛铭、城关区委书记闫培安等相关责任人受到了不同程度处分。

牺牲的那位班长寿永怀被追认为烈士，长眠在凤凰山烈士公墓。事发后月余，劫狱暴徒、反动道首和顽固不化的道徒数十人被押解到西关外刑场，执行枪决。

《灵璧日报》创刊

卜献华

当我从档案局查到最早的《灵璧报》，翻开一页页发黄的纸页时，不禁被那装订厚厚的一摞报纸感动了。这是一份特殊年代创办的《灵璧报》，第一期是八开四版，每五天出一期，再向后改为每三日、双日一期。最珍贵的是每期报纸都保存了当时作者的投稿原件，那时的稿件还是手抄的，稿纸上一笔一画，工工整整，并且还有编辑的红笔批改。在档案的最前面，我找到后来归档时（1988年）写的《灵璧报》基本概况："《灵璧日报》创刊于1958年5月

1 日。《灵璧日报》是中共灵璧县委机关报，得到县委领导高度重视和各机关的协助，广大作者、通讯员、读者的爱护和热烈（情）支持，起到了极大的鼓舞、激励、推动作用，县委很满意，广大读者很欢迎。"

1958 年是我国社会主义革命和建设史上特殊的一年。《灵璧日报》社对灵璧实现人民公社化、进一步调动广大农民的生产积极性，负有光荣而重大的历史使命。它反映了伟大时代面貌，不断鼓舞人民群众奋勇迈进。

《灵璧日报》创刊时为五日报，八开四版，同年 10 月 1 日改为三日报，11 月 1 日再改为双日四开四版，1959 年 1 月 1 日，又改为日报。一版为重要新闻，二版为工农业生产和经济，三版为文教卫生和党的生活，四版为时政。在宣传报道方面，县报站在各项运动的最前列，做到了内容丰富多彩、生动活泼、图文并茂、版面活跃，有力地指导和推动了党在各个时期的中心工作。在通讯工作方面，由于县委及各级党委的重视，全县通讯队伍逐渐扩大，全县各机关、企事业、部队、学校和人民公社等单位都有通讯组，建立起通讯网，不仅向县报投稿，而且向《拂晓报》《安徽日报》《人民日报》或其他党报、党刊投稿。为了能经常不断和各级通讯组取得联系，编辑部除用电话、信件将党的中心工作、报道提示及时告诉他们，保持内外联系、上下通气以外，还印发一个不定期的通讯员刊物，经常介绍一些写稿方面的经验以及各地通讯情况，及时发给每个通讯员，供他们参考和学习，帮助其提高写作水平。另外，县报记者下乡采访时，都对通讯员进行辅导，这对全县开展通讯工作和通讯员写作水平的提高起到很大的促进作用，使得《灵璧日报》越办越有声有色。

《灵璧日报》的总编辑是叶新宗，副总编辑是赵凤舞，编辑是王显春、宋广生、张长顺、孙淮滨、邱克勤、胡崇森、项振环、殷怀义、徐庆元，助编是朱士伦、王育才、黄训华、张之香，通联是王月梅、袁希领等。

《灵璧日报》在日常编稿过程中紧紧围绕县委中心工作，把上级指示精神放在第一位，尽量刊登一些群众喜闻乐见、积极健康向上的内容。

——1958 年 6 月贯彻党的总路线，该报在头版头条的位置上发表了《月亮当太阳，工地当战场，白天抢收，夜晚抢运》一篇文章。7 月 17 日刊登了宣传员的一篇讲话稿，标题是《伟大的技术革命》。17 日县委召开工农业发展扩大会议，就加速工农业发展、推进技术革命交流了先进经验，《灵璧日报》

对会议做了全程跟踪报道。12月26日，在第一版重要位置上刊登了《安徽省书记处书记、副省长王光宇同志视察我县农业生产》的新闻报道。12月9日又发表了题为《发扬共产主义精神，满足重点生产需要，我县调运钢铁支援上海》的文章。

——1959年1月28日，第一版刊登《我县玻璃厂试制玻璃管成功》。3月5日，为了确保我县人民身体健康，大力培养医务人员，《灵璧日报》第三版刊登《我县开办卫生学校》。3月28日第三版刊登《供应及时成本低——我县中药厂正式投入生产》。4月4日第三版刊登《干部参加劳动，社员干劲猛增》。4月2日，第一版刊登县委组织部《我县下派大批干部充实基层》。6月29日，灵璧县人民委员会县长王庆隆在《灵璧日报》上向全县发表布告《进一步发展和提高人民公社》。8月22日第二版刊登《走遍高山平原，打开万物宝库——我县野生植物普查成绩辉煌》。9月16日第二版刊登《废物不废，变废为宝——我县野生植物被广泛利用》。

——1960年2月23日第一版刊登《大力开展水利资源的综合利用》。2月24日第一版刊登中共蚌埠地委、中共安徽省委工业部1959年11月给灵璧县委《关于提前43天超额百分之零点八完成全年工业产值的贺电》。11月4日第三版刊登灵璧民歌《唱唱灵璧大白菜》，歌曲内容风趣，曲调优美，被灵璧人民广泛传唱。

《灵璧日报》还刊登一些通知、总结、规划等内容，如《县委关于办新闻培训班的通知》《报社的1958年工作总结》《关于〈灵璧日报〉1959年工作规划》《关于贯彻省委报刊工作会议情况的报告》《全县通讯员花名册》《1960年工作规划》《1960年6月关于改刊问题的报告》《1960年工作总结》《〈灵璧日报〉两年来的稿子小结》《县报的建立和发展》等。

《灵璧日报》共办735期，于1961年6月底停刊，历时33个月。读者对该报自始至终反映良好，全县广大干群普遍反映，县报通俗易懂，讲的都是天天干的事，看过后就能用。

42年后，由中共灵璧县委主管，县委宣传部、县广播电视台主办的新《灵璧报》，于2010年1月10日出版，算是当年的《灵璧日报》的继续吧。

亚洲第一橡胶坝落成

张殿凯

　　每当人们走近灵城西大门，就会看到一条气势恢宏的长龙横卧在新汴河上，那就是灵西闸。因位于新汴河灵璧段灵城西郊，故命此名。

　　1966 年 11 月，经国务院批准，宿县专区动员全区近 30 万民工，历三冬四春开挖了新汴河，加强了区域内行洪排涝的功能。为了保障航运和工农业用水，变水患为水利，我县根据省、地指示精神，决定在灵城西两公里处的新汴河上兴建灵西闸水利枢纽。工程由安徽省水利厅所属单位设计并组织施工，1968 年 6 月开工，1969 年 12 月竣工。

　　灵西闸水利枢纽由公路桥、船闸、翻水站、橡胶坝 4 项工程组成，路面净宽 7 米，桥 5 孔，宽 30.7 米，高 9 米。橡胶坝共 4 个坝袋，每个净长 30.7 米，坝底高程 18.7 米，坝袋高 3.3 米，设计最高蓄水位 22 米，库容 1800 万立方米，在土地平整好、渠道配套好的条件下，可以灌溉两岸农田 30 余万亩。正常蓄水位 21.5 米，库容量 1300 万立方米。1970 年 3 月投入控制使用。船闸位于橡胶坝袋右上侧，航道标准为 6 级，可通过百吨级驳船，闸室航道进出口两端装有红绿灯指挥系统。上游导水墙长 165 米宽 7.4 米，闸墙用砼空箱式构建筑成。船闸年吞吐量约 8 万吨。翻水站位于下闸首右侧，装机 4 台，单机容量 155 千瓦，总容量为 620 千瓦，总出水量每秒 4 立方米，主要用于枯水季节抽取下游的水，补给闸上缺水，保障通航或灌溉。灵西闸控制流域面积 6562 平方公里，承泄排涝洪水量每秒 550—600 立方米。经历了 1982 年 7 月特大洪水考验，泄水量每秒达 1450 立方米，最高洪水位达 24.73 米，超过洪水位 0.36 米，灵西闸安全无恙，顺利度过汛期。为纪念新汴河开挖竣工和灵西闸枢纽工程落成，县革委会在灵西闸西岸兴建了一座高大的纪念碑，四面分别镌刻"愚公移山，改造中国"等内容。

　　灵西闸橡胶坝技术是在 20 世纪 60 年代从国外引进的，坝袋是用高强力合成纤维做骨架，用橡胶黏结为保护层，制成袋型，锚固于混凝土基础上。使用时，用水或气，充涨形成坝体，起到闸坝和溢流堰的作用，泄洪时，将坝袋内的水或气放完，坝袋则塌平于基础上，使洪水从袋面上宣泄而过。由于这种坝袋具有结构简单，阻水作用小，止水效果好，节约原材料，造价较低、施工简易、管理方便，抗震能力强、隐蔽性能好等特点，被广泛应用。

灵西闸橡胶坝于 1970 年上半年建成，是当时我国乃至亚洲最大的橡胶坝。它最可贵的地方，是我县参加设计的科技人员在锚固形式上有了新的突破，首次发明利用混凝土楔块锚固法，替代国外的金属螺栓压板锚固技术，克服了稀有金属不锈钢性脆易断造成坝袋撕裂的致命弱点，为我国水利工程建设填补了一项空白。此项技术获得了 1978 年全国科学大会优秀成果奖，《人民日报》《安徽日报》以及香港《文汇报》等报刊先后予以报道。灵璧县全国著名水利工程专家林凤彩参与了灵西闸橡胶坝的设计、施工、安装和运行管理工作。他撰写的《橡胶坝楔块锚固试验、设计与施工安装》一文，发表于《中国水利水电技术》1990 年第 11 期，1991 年苏联《动力工程》杂志转载，为国内外橡胶坝锚固工程提供了理论依据和安装施工经验。

灵西闸既是水利枢纽，又是当时贯通灵璧南北的交通枢纽，为灵璧经济社会发展作出了重要贡献。

恢复高考　大学梦圆

王增源

1977 年恢复高考至今已经过了 37 个年头，我作为当时的一名考生，仍然记忆犹新。

1977 年 9 月，全国教育工作会议在北京召开，在敬爱的邓小平同志亲自过问下，党中央国务院从尊重知识、尊重人才，加快社会主义建设步伐角度出发，于当年 10 月作出了恢复高考制度的决定，并于 12 月 10 日举行

1977 学年度高考。消息传出后，得到了全国亿万人民和广大知识青年的热烈拥护。已经回乡四年多的我，当时正在高楼小学任民办教师，得知这个喜讯后，心中也非常激动。由于我家庭出身富农，回乡几年间，尽管表现积极，可年年推荐上大学的名额，却始终与我无缘。尽管如此，我还是朝思暮想，希望有一天也能跨进大学校门。开始报名时，不少好心人劝我父母："就凭你们家庭成分，增源报名也是白搭，即使成绩好，政审关也过不了。"父母征求我的意见，我在反复考虑后，还是决定试试看，于是报了名。当时高楼公社报名地点设在高楼中学。我拿到表格后，经过一番思考，郑重地在高考志愿一栏填了复旦大学国际政治系，这在报名者中又引起了一阵轰动，好多人认为我这纯属痴人梦语。

为了备战高考，我把以前学过的课本找了出来。由于我回乡多年，原来掌握的那点可怜的文化知识已忘得差不多了，考虑到在中学阶段数理化知识学得太少，只能选报文科。我每天除带好小学毕业班语文课外，挤出时间到高楼中学参加旁听。看到有人手里有油印的讲义，就想方设法借来誊抄一遍。每天晚上学到深夜，在父母反复督促下，才熄灯休息。父母怕我熬坏了身体，尽管家庭条件不好，还是想方设法为我补充营养。一天下午，我上完课走向办公室，公社教办室主任程时文见到我就问："你现在可有课？如果没有，去一趟县文教局，帮我把高考大纲领回来。"从报名到高考就短短一两个月，早见到一天大纲，也可以先睹为快。我立即向校长王正平请了假，跑步到车站，买了车票就赶往县城。由于没来得及和父母亲打招呼，害得他们找了我半夜，直到第二天下午看到我从灵城返回，才把悬着的心放下。可怜天下父母心，这更加坚定了我要考上大学的决心。

我县高考考点统一设在县城。高楼公社参加高考的文科考生 166 人，理科考生 99 人。在高楼中学集中乘车赶往县城时，公社党委书记路振江到场给大家壮行，希望大家认真答题，考出好成绩，给高楼父老乡亲争光。大家听了，心里都感到热乎乎的，纷纷表示，我们一定要考上大学，学习科技知识，为中华民族的振兴、国家的腾飞崛起贡献聪明才智。

到达灵城后，县里给参加高考的考生安排了住宿地点，我因四姑在城里工作，就给带队的负责人请了假，高考期间吃住在四姑家。当年高考的文科考点设在灵璧中学，由于报名人数多，考场相对紧张，每张桌子安排两名考生，我和浍沟公社的一名考生坐在一起。这是十年来国家第一次高考，考生年龄悬殊，有的是十六七岁的小青年，有的是年过三旬的几个孩子的父母亲，甚至出现了师生和父子两代同时参加高考的奇特现象。大家都非常珍惜这次十分难得的机会，人生命运能否改变，在此一搏。考场上鸦雀无声，考生们互相戒备，答卷时都侧着身子，几乎形成背靠背，答题时用胳膊肘遮拦着，做过的题就折叠起来，唯恐其他考生抄袭自己的答案，从而使自己的期盼落空。在第一场考语文时，监考人员中有一位是我读初一时的英语老师张素云，她看到我能参加这次高考十分高兴。我看到有她监考，心中也减少了几分恐惧。我把试卷从前到后浏览一遍后，按顺序答题。最后的作文题目共两个，一个是《从科学有险阻，苦战能过关谈起》，另一个是《紧跟华主席，永唱东方红》，任选一题，占70分。我不由有些飘飘然了，因为下学几年间，我一直给大队、公社写新闻稿件，又是带小学毕业班语文，写作是我的强项，加上我一直关心时事政治，这两个作文题，选哪一个我都能写好。于是，就慢条斯理地审查做过的答案，时间在不知不觉中流逝，忽然张老师轻轻地敲了敲击桌面，小声对我说："还有20分钟，你还磨蹭什么！"这话犹如炸雷在耳畔回响，我的头立刻变大了，感到浑身发麻，急忙选了第一个作文题写了起来。平常写文章还要打草稿，现在只能一气呵成了。随着考试结束的铃声和哨声相继响起，我作文的结尾没有完成就交了卷，第一场考试就这样稀里糊涂地结束了。

在返回住处的路上，我恼恨自己的骄傲自满，后悔没能掌握好时间。到了住地我倒头就睡，四姑问我考得怎样，我当场就落了泪，埋怨自己没有手表，无法准确掌握时间，第一场考砸了，真是心强命不强。她安慰我不要自责，眼要向前看，这场没有发挥好，争取考好以下几场，并从自己的腕上把手表摘下来，交给我。我怀着复杂的心情把余下的几场考完，回家后，父母问我考试情况，我说作文没写好，肯定没有希望。父母安慰我说，不要灰心，安心教书，好好复习，来年再考。

转眼到了1978年2、3月间，全县高考、中考录取通知书陆续发了下来，我们高楼小学的一位同事考入宿县地区师范学校，高楼小学专门组织了一场茶话会表示庆贺，我因事没有参加，心中还有点小庆幸，幸亏没在场，避免了一场尴尬，不然我的脸往哪儿放？半个月后的一天下午，我刚上完课走进办公室，一位同事告诉我，桌上有你一封挂号信。我漫不经心地拆开一看，顿时瞪大了双眼，一张高校录取通知书展现在我面前，上写着："王增源同学，你被我校中文专业录取"，落款为"安徽大学宿县地区教学点"。啊？！我考上大学了呀！一时间这消息迅速传遍了校园内外，老师学生纷纷前来祝贺，我激动得不知道说啥好，只是不住地点头，咧嘴傻笑。一位同事对我说，快回家给父母报喜去吧。我抓起录取通知书就向家中跑去，父母亲不知从哪里也得到了这个消息，正站在门前等我回家，我在离他们还有几十米的地方就喊了起来："我考上大学了！"

事后得知，1977 年这场高考，国家为了解决印刷高考试卷的纸张，临时把印刷《毛选》五卷的时间推后，以满足当年高考的需要，全国共有考生 570余万人，录取不过 27 万人左右，比例为 20 多人录取一个。当时高楼公社报名的文科考生中，只有我被录取，理科考生中也只考取了王增华一人。

37 年过去了，我心中始终存有一句话：1977 年高考，我感谢你，是你，圆了我的大学梦！是你，改变了我的人生！

砂坝社员带头闹起大包干

刘万广

以往土地集体经营吃大锅饭，农民生产积极性难以调动起来。1978 年，党的十一届三中全会召开后，吹响了改革开放的进军号，三中全会精神在黄湾区农民中引发强烈反响。1979 年，全区各个公社的生产队实行分小组，一般都是亲房近支分为房头生产组，人口少规模小，一般都是四五十口和五六十口人为一组。

砂坝公社在全区推行落实农业生产责任制都是走在全区之前，公社在1979 年在乔元生产队搞不上碌子（不用脱粒的其他粮油）包到户的生产责任制试点，是全区实行生产责任制最早的生产队。这个生产队，除小麦和大豆实行集体统一割和脱粒收获外，花生、山芋等作物全部分包到户管理收获，极大地调动农民的生产积极性，当年农民家庭收入就比"大锅饭"经营翻了两番。

1979 年，砂坝公社部分生产队不等不靠，响应中央号召，由社员当家做主，把土地和生产责任分包到了户，薛桥东队夜晚召开群众会，第二天就统一权地分地，生产队集体所有财产都打上价按照人口分配，是全区最早推行大包干到户的生产队。砂坝公社及时总结薛桥生产队经验，召开会议，向全社推广，在 6 个大队 50 多个生产小队全面推行土地包到户的生产责任制。牲畜、农具、仓房、牛房，全部打价分到户，土地实行以生产队为单位，统一丈量，成立群众选出来的分地领导小组，有资格参加分地的必须是该队人口，违背计划生育政策的出生人口和劳教人员不分给土地。在分地时实行公平公开，每家户主全部到场参与分地，现场研究决定分地方案，统一实行排号抓阄制，使分地工作非常贴合民意。

1979 年末到 1980 年初，砂坝公社 6 个大队全部实行土地承包到户生产责任制，在全县引起强烈轰动。省、县媒体多方报道，成为全县实行大包干到户生产责任制最早的公社。

1980 年，黄湾区 5 个公社，基本都实行了大包干到户生产责任制。几十年束缚农村生产力发展的一大二公的"大锅饭"在黄湾镇已成为历史，生产队不再成为一级核算单位，把耕地分配到户，把上缴给国家的粮、油、棉、农业税以大包干任务，按土地面积分解到户，由农户独立经营，独立完成，农民在完成大包干任务后，一切收益归自己，但要承担过去由生产队负担的交公粮、农业税和各项提留、欠下贷款还贷义务等。

区财政所把原生产队按照地亩要缴纳的农业税收任务逐步分解落实到每一户家。粮食部门把向国家交售的定购和议购粮油任务，逐户落实，并签订交售合同。信用社到户把原来生产队欠贷任务，逐户落实到户。村村都在流传着"大包干，大包干，直来直去不拐弯，交够国家的，留够集体的，剩下都属自己的”民谣。

1981 年，全区全部推行大包干到户生产责任制的落实，五大财产分到户，土地全部包到户，实现 100% 大包干包到户经营。

1984 年，人民公社建制撤销，乡级政权恢复，生产大队由村民委员会代替，生产队由村民小组取代。

为右派分子摘帽

同龄人

在改革伊始的 1979 年，我们国家进行了思想上的拨乱反正和大规模的平反昭雪。当时我在朱集公社农业技术推广站，负责公社畜牧兽医站管理工作。1979 年夏，公社革命委员会政工组抽调我参加平反昭雪工作。我和公社信用社主任曹华斌两人一组，负责对红旗大队的尤振喜、潼山大队的马明登、固城大队的马明山、刘寨大队的刘圣法和肥东县来朱集搞稻改姓郑的“蛮子”（我实在想不起来他的名字了）五名右派分子的改正工作。

我们首先学习中发〔1978〕55 号文件《关于全部摘掉右派分子帽子决定的实施方案》。文件明确规定“凡不应划右派而被错划了的，应实事求是地予以改正”，“经批准改正的人，恢复政治名誉，由改正单位分配适当工作，恢复原来的工资待遇”，“原是共产党员，没有发现新的重大问题的人，应予恢复党籍”，“原是共青团员的，应予撤销开除团籍的处分”，并在“提职、提级、调资、奖励、授予职称等问题上与其他职工一样对待”。并且书面通知其受株连的家属、子女和亲友所在单位，抽出并销毁他们档案中的有关材料，消除影响。

然后，我们到县档案局，调出五人被划为右派分子的原始档案。因为朱集、潼山、刘寨三个乡 1958 年属尤集区，1979 年改属朱集公社，我们先找到五人在尤集区的原始档案。原始档案中，每人只有一张油印的表。表上有本人的基本信息和"主要错误言论"，表下方是"区委意见"和"县委处分决定"。县委处分决定分为：右倾、中右、极右三种。

按照上级要求，要针对当事人当时的"主要错误言论"，逐条提出改正意见，为每个人写一份《×××同志右派改正意见报告》，并要与本人见面。我们俩到刘寨大队刘圣法的家里时，天气还比较热，他下湖耪地刚回来，捧起水罐咕咚咕咚喝了一气凉水。红旗大队的尤振喜不在家，他被大队派到离家十几里路的姜山子看石塘。他在石塘边搭了一个庵棚，常年吃住在山上。我们上山找到他时，他蓬头垢面、衣衫不整，活脱脱一个山村野夫。后来又到潼山大队去找马明登，再到固城大队去找马明山。我记得很清楚，找马明山是我自己去的，当天下起了雪，我还在马明山的家里住了一宿。那一位肥东县来的姓郑的"蛮子"，已经去世了。他的家属接到我们的通知后，专程来到朱集，与公社政工组马组长以及我们专案组的人见了面。公社领导安排她在招待所里住了几天，直到把事情办好。

我和曹华彬两人，为了对每位当事人负责，更是为了对党和人民负责，不辞劳苦进行内查外调，登门拜见时任中共尤集区委书记王春和，到宿县地区交通局拜见时任中共灵璧县委领导姜德传，赴淮南蔡家岗煤矿拜见老革命马明泮（时任副矿长），取得了第一手证明材料。我俩见到的每位当事人，听到为他们平反昭雪的喜讯后，都笑逐颜开、喜上眉梢。特别是那位姓郑的家属，对我们千恩万谢，要给我们下跪磕头。戴在头上20多年的帽子，一朝摘掉，那种百感交集的心情无法言表。

政协灵璧县一届一次会议召开

政协灵璧县一届一次会议于1981年12月21日至30日在灵城召开。会议听取县政协筹备工作报告和提案审查情况的报告；列席县人代会，听取并讨论有关报告；审议通过县政协一届一次会议政治决议；选举王乃庄为县政协主席，张家志、王毅、林凤彩、薛圣贤、马志勤为副主席，选举16位常务委员。政协灵璧县第一届委员会第一次常委会研究，决定县政协下设办公室、科技工作组、文化教育工作组、工商工作组、卫生工作组、学习委员会。

政协灵璧县第一届委员会共收到13名委员提出的提案54件。其中，要求改善教师待遇、提高教学质量、合理布局城乡中小学、重视教师队伍建设方面的14件；要求严肃党纪、发扬党内民主优良传统方面的5件；减轻对农民的摊派和认真清退农民工方面的2件；加强社会治安和对青少年进行社会主义公德和法制教育、树立正确婚姻恋爱观教育方面的4件；关于城镇建设、城市绿化和解决城镇污染方面的5件；街道交通、卫生方面的4件；老弱病残退休干部护理及子女招工方面的2件；认真查清确认解放战争中被杀害的干部群众并追认为烈士、正确对待烈士子女方面的2件；医院管理和公费医疗管理方面的2件；干部工作方面的1件；计划生育工作方面的1件；宗教方面的4件；兽医工作和兽医人员地位方面的4件；户口农转非方面的5件。

委员们的提案都是对我县"两个文明"建设的合理建议，这些提案对有关部门了解情况、执行政策、改进工作、改进作风都起到了积极作用。提案是政协委员行使民主监督权利的有效方式。提案付诸实施必将对我县"四化"建设起到很好作用。

会议期间，委员还针对一些社会热点问题提出意见建议，如严禁在公路上打场晒粮、加强社会治安管理、增设农民交售粮食网点、在企业设立幼儿园等，有关部门都非常重视，很快采取有效措施，取得良好效果。

（县政协办公室　供稿）

全国首例农户向国家喜卖万斤粮

刘万广

1981年6月15日，当时的黄湾区砂坝公社庙李大队薛桥生产队的朱守诚、朱守忠、吴建国三户农民，每户向国家卖粮超万斤，成为全国首例向国家卖万斤粮的大户。7月7日，《人民日报》在二版显著位置刊登了由王增春、刘万广采写的《三户农民喜卖万斤粮》的通讯，报道了三户农民喜卖万斤粮的事迹。改革开放后，三户农民在各自承包的土地里精耕细作，获得了小麦大丰收。金黄色的小麦在晒干扬净后，他们第一个想到的是国家，积极要求向国家卖万斤好粮。在区、公社和粮站服务下，每户都向国家卖粮超万斤，这是在全国首例出现的卖万斤粮户。这篇通讯是全县在十一届三中全会后，第一篇登上《人民日报》的通讯报道。地、县宣传部门为此召开研讨会和表彰会。

《人民日报》报道后，新华社当日转发，中央人民广播电台第一时间全文播送。7月8日，首都其他主要媒体也都相继转载播发，三户农民成为轰动全国的新闻人物。新华社等全国主流媒体和宣传部门纷纷前来采访。新华社驻安徽分社社长沈祖润三次到薛桥采访，他在多篇报道安徽的文章中，都写到薛桥生产队和三户农民的典型事迹。有人甚至称薛桥村为农村改革第一村、先锋村、大包干发源地。农业部和商业部也派人前来调研，发现黄湾区是很有潜力的商品粮基地，后来国家在这里建立了大型储备粮库。省、地、县党政部门也都前来调研，三户农民喜卖万斤粮的事迹成为新闻热点。

三户农民的事迹引起了各级党委政府重视。黄湾区委专门召开了表彰大会，在全体党员干部大会上，为他们披红戴花，并奖给每人一辆"永久"牌自行车供应券。当年，朱守忠由生产队长提拔为大队党支部书记，吴建国被推荐为县政协委员，朱守诚被吸纳为中共党员。1982年春，朱守诚被评为"安徽省售粮模范"，随县委书记徐振彬出席省农业会议和表彰会。从此，朱守城成为大包干的带头人和三户代表，多次获得地、县、区、乡优秀党员等荣誉称号。

1998 年，在国家庆祝改革开放 20 周年之际，中宣部和《红旗》杂志编辑部，决定出版大型文集，选编 20 年中宣传报道改革开放重大题材的文章。《三户农民喜卖万斤粮》一文入选，并被评为三等奖。1998 年 9 月，在人民大会堂召开的文集首发式上，县广播电台记者王增春应邀参加首发式，中宣部领导向王增春颁发了奖励证书和纪念品。

三户农民喜卖万斤粮

6 月 15 日下午两点二十分，在通往安徽省灵璧县庙李大队薛东生产队的大道上，五辆汽车和拖拉机向薛东生产队奔驰着。这是区里派来为这个队卖余粮超万斤的社员朱守诚、朱守忠、吴建国三户运粮的。

"来啦，看，他们来啦！"早已守候在东头场上的薛东生产队男女社员们涌到路口，朝汽车来的方向指指点点地说笑着，喊叫着。生产队 73 口人，350 亩地，以前在极"左"思想的危害下，粮食产量一直很低，特别是小麦产量，真是"砂僵地、盐碱窝，一亩地一斗多"。在正常年景，每人午季口粮只能在五六十斤上下。1979 年秋天，他们根据本队的具体情况，实行了"包干到户"。1978 年，全队 240 亩小麦，总产达四万九千多斤，单产达 204 斤，单产和总产都比以前正常年景翻了一番以上。今年，全队 250 亩小麦，总产达十二万六千五百斤，单产达 506 斤，单产和总产又比去年翻一番以上。丰收之后，社员们在留足口粮、种子和饲料后，自动向国家卖余粮 6.5 万斤，平均每人 890 斤。这叫他们怎能不高兴呢？

看，那个站在路口、挑着鞭炮的四十多岁的中年农民就是朱守诚。他家今年种了 45 亩小麦，总产达 21000 多斤，向国家卖余粮 12650 斤。头一天早晨，他听公社主任说，区里要派汽车来为他们运粮，他高兴得像个孩子似的跑回家，告诉家中的老老少少。早饭后，他就带领全家老少晒麦筛麦，要把最好的麦子卖给国家。15 日中午，他激动得连午饭也吃不安心，拿了两个馍包上菜，一会儿去摸摸已缝好的粮袋，一会儿又跑到庄头看看汽车来了没有。这会，他看汽车越来越近，还没等车到跟前，就点着鞭炮"噼哩啪啦"地放了起来。

区、公社的几位负责同志和司机还没来得及下车，人们就呼啦一下围了过去，又是递烟，又是送茶。82 岁的蒋洪琛老人挤到了区长杨同富的面前，激动地拉着他的手说："我们收这么多的麦子，都是你们领导得好啊！"杨区长挽扶着老人大声说："老大爷，这都是十一届三中全会的路线好啊！今年午季，我们全县小麦都大丰收。往后的日子，越来越好过啦！"人们听着，心里都乐滋滋的。

正在场北边抬麦的那个二十四五岁的年轻人就是吴建国。他看到朱守忠走来，就朝他说："队长，我们两家今年都卖 10500 斤，咱明年看谁卖得多！"朱守忠还没来得及回话，张忠厚就接过去说："你们两家竞赛，我怎么办？你甭看我今年才卖八千斤，明年要是赶不上你们，当老大的就爬两圈给你们看！"人们都笑了起来。胜利的喜悦，使大伙都沉浸在幸福之中。本队和邻队的社员都在为他们上粮，把五部汽车和拖拉机装得满满的。

"笛——，笛、笛——"车辆在人们的欢笑声中奔上了大道。

（原载《人民日报》1981 年 7 月 7 日，作者：王增春　刘万广）

围剿"二王"

张少秋

1983 年 2 月 12 日（大年三十），武装悍匪、史称"二王"的王宗坊、王宗玮在沈阳 463 医院制造 7 死 3 伤的血案。逃跑过程中，用枪支和手榴弹打死打伤公安执法人员和无辜群众多人，公安部发出新中国第一张悬赏通缉令。8 月中旬接内部通报说二王在淮阴抢劫 2 万元后窜入安徽。因为缴获的自行车和散落的物品是安徽方向，9 月 11 日围歼"二王"战斗终于打响。安徽省省长王郁昭和公安部副部长李广祥当天下午来到灵璧，召开战前动员会，坐镇指挥围歼。县委办公室临时改为总前指，县长高明德任灵璧县总指挥，县委副书记葛一民，县政法委书记陆新民，副县长王乃庄、贺恒业，公安局局长张良成，检察长孙彪，法院院长黄宝玉，公安局副局长马荣智及刑警队相关负责同志参加了会议。动员会上，王郁昭布置了任务，李广祥就战术合作、安全事项作了具体指示。会后由马荣智担任特别行动组组长，尹中国、闫凯、邢计超和我为组员。

按照部署，我县主要任务是防堵，以大庙、冯庙、禅堂、灵城公路沿县为第一道防线，动员2万人组成人墙。泗县是主战场，由宿县紫芦湖装甲步兵团负责围剿，公安和民兵配合。傍晚时分棉田里能见到搜索部队闪光的钢盔和枪刺，天黑下来时我方防线接到命令点燃篝火。封锁的公路很快成了火龙，民兵们荷枪实弹，只允许两辆车通行，一辆是县武警中队宋士平驾驶的公安局吉普车，负责通联，一辆是我驾驶的检察院吉普车，负责处突。早晨五点左右，电话报告虞姬墓有情况，原来是部队在桥东撤退时一名战士不小心，枪支走火，击爆了汽车轮胎，桥西的灵璧县驻守民兵误以为是"二王"投掷手榴弹，便紧张地搂光了五发子弹，幸亏部队指挥员沉着冷静，避免了一场大祸。高明德从娄庄布防回来，召开了一次紧急会议，李副部长指示围歼改为搜捕，重点是桥涵、废窑和野外孤立棚屋。有信息反映在泗县平山北一废弃砖窑里发现几只空啤酒瓶，总前指认定"二王"绝不可能逃出包围圈，因为以灵房公路为主的第二道防线也是那晚建立的，处于戒严状态。公安部首长对我县动员迅速、落实到位很是满意。于是，战斗任务转型，部队撤回，我们从配属变成主力。

指挥部灯火通明，高明德通报傍晚时分有辆吉普车由房村向南，连闯程庙、夏楼、王集三道哨卡后消失，估计"二王"劫车窜入我县。尹集新濉河大桥用四轮拖车装满石头挡得严严实实，吴学平怀抱50式折叠冲锋枪，坚守阵地，那架势就是"二王"驾装甲车也难撞开。马荣智建议明天重点搜索岳巷、白马山区。地区公安处用警犬在泗县唐河地下涵追踪到有一个人逃过新汴河进入官庄乡。14日指挥部改变战术，将大面积搜索改为重点蹲守。基干民兵在要道设哨卡，群众自行组织护庄。14、15两日下午，那辆神秘吉普两次闯卡又神秘消失。16日下午，那辆吉普终于被王集民兵擒获，原来是尤集后乡有个部队通讯站，战备训练时才来几个人，平常没有人值守。这辆车是训练保障车，到徐州买菜返回，当兵的小伙子血气方刚，傲慢自大，认为"土八路"不敢向他开枪，就玩起速度与激情，岂料民兵早接到可以击毙的命令。

当晚9点多，王集卡口又发生了民兵向拒不停车接受检查的县搬运公司汽车开枪的事件，次日上午朱重华将车开到县委大院来告状，讲述了事件经过，当时朱重华驾车，驾驶室共坐三人，民兵射出的五发子弹，四发击中驾驶室，两发洞穿左右车门，两发穿透顶棚，其中一发擦着朱重华后脑勺飞过。17日又有人报告，在官庄老营湖看见"二王"身背破行囊，专挑垄地由东向西行走。后来在小王集北湖堵截住了两个捡花生的，弄得哭笑不得。

9月18日下午4点，"二王"在江西广昌被包围，李副部长宣布灵璧县围剿"二王"行动全面结束。19日传来了"二王"被击毙的消息。

《农村孩子报》诞生

高 健

深受广大少年儿童喜爱、发行全国的《农村孩子报》，孕育诞生在灵璧农村的土地上，至今已过"而立之年"，正以朝气蓬勃的步伐迈向新的征程。

作为这张报纸诞生前后的亲历者，我对它有着特殊的珍爱之情，从而激起对昔日的回忆与思考。

20世纪70年代，广大少先队员在辅导员的指导帮助下，开展丰富多彩的活动。一些学校还创办了各种不同形式的校报、校刊，充实了本地乡土教材内容，与外地兄弟学校交流。

当时的灵璧县尹集区贺家小学民办教师、少先队辅导员刘夫培老师针对农村孩子实际，负责辅导一个小队的少先队员。1983年他利用三个夜晚，组织少先队员行走在乡间不同状况的道路，开展"壮胆活动"。此次活动获得《中国少年报》社举办的"全国快乐小队活动竞赛"最佳奖（全国40名）。当年暑假期间，他应邀带领两名少先队员代表赴北京参加夏令营，受到邓颖超、王兆国、肖克等领导人的接见，并请他们签名留念。时任团中央书记处第一书记的胡锦涛，对刘夫培说："你是安徽来的，连今天我们见了四面，你们很辛苦，给你写句话吧。"随后，他在刘夫培的纪念册上写道："党关心辅导员，人民永远感谢辅导员的辛勤劳动"。

1984年3月，胡锦涛书记又亲笔给贺家小学《红领巾科普报》的小主人写来了大约有二百字的回信，表示祝贺，并提出希望，给予鼓励。

由于全国许多地方的少先队员和辅导员希望看到《红领巾科普报》，因此每期油印数量不断增加，仍然满足不了需求。于是，刘夫培萌发了在《红领巾科普报》的基础上创办一份面向全国发行的、适合少年儿童阅读的铅印报纸的想法。

刘夫培的这一想法，首先得到妻子董兴华的支持。从最初的动议到筹集资金，以及安排工作人员的生活等事宜，她都尽力帮助。经过多番斟酌，并与钱德沂等商定，这张报纸的名字就叫"农村孩子报"。

报名确定后，刘夫培想到了时任国防部长的张爱萍曾在灵璧这片土地上为中华民族的解放事业浴血奋战，就有意请他题写报名。

通过联系，没过多久，张爱萍将军亲自用毛笔书写的"农村孩子报"五个苍劲有力的大字，邮寄到贺家小学。大家高兴得欢呼雀跃。此后，刘夫培又邀请康克清、茅以升等为《农村孩子报》题词。

办报的申请报告是我起草后，用钢笔一字一句工工整整地书写，刘夫培带着这份灵璧县委宣传部同意办报的申请报告，奔赴省城合肥，时任省广电厅副厅长刘星被刘夫培办报的精神所感动，倾尽全力帮助刘夫培联系省委宣传部等相关部门。1985年5月，刘夫培终于拿到了渴望已久的《农村孩子报》的办报批复。

时任安徽省委副书记徐乐义给《农村孩子报》的定位是"事业单位，企业管理，自主经营，自负盈亏"。

接着令人想不到的事情发生了。当时的灵璧县委书记高明德知道了要在灵璧县办一张面向全国发行的报纸，觉得诸多条件都不具备，担心会出现政治问题，批评了当时宣传部的负责同志，还亲自找刘夫培谈话，希望他放弃办报念头，注销报纸刊号，并且答应前期的一些经费支出由政府解决。在多次约谈中，刘夫培始终不改初衷，坚持要把《农村孩子报》办到底。

最初，《农村孩子报》既没有社址，也没有办公地点，更没有资金来源，创办人刘夫培负责报社全面工作。先刻了一枚公章，装在刘夫培的提兜里，需要了就拿出来用。外地的来稿来信都由灵璧县实验小学传达室转交。稿件分别由四位编辑把来稿带回各自家中，编辑修改后交给社长兼总编刘夫培，由他负责版面设计、印刷、发行等工作。

我当时在灵璧县实验小学任教，担任第一版新闻版编辑，灵璧县教育局教研室主任吴朗担任第二版语文版编辑，灵璧县教育局教研室副主任姚增源担任第三版知识版编辑，灵璧县文化馆创作员戴善晋担任第四版文艺版编辑。

没过多久，刘夫培邀请灵璧县人大办公室的赵华担任美术编辑和版面设计。大家的辛劳付出都是无偿的，甚至笔墨稿纸等办公用品也都是自己的，一切经费开支，都是刘夫培与爱人董兴华筹集的。

1985年12月，《农村孩子报》报社迁往宿县（今宿州市），租用民房办公、居住，两三个人一张办公桌，冬天合床，夏日睡地板，刘夫培爱人料理伙食。此后又有宿县、灵璧等地的尹成功、张光月、朱才华、姬在永、华铭、王昌席、王久凯、王春顺、王克言、卜献华等人加入，参与报纸的编辑、校对、发行等工作。

1986年8月，为了进一步扩大影响，在资金困难的情况下，刘夫培决定筹办首届全国《农村孩子报》夏令营，邀请全国各地农村优秀少先队员和辅导员百余人参加。

夏令营先期准备时，我与宿县雪枫小学老师田万盛去有关单位和部门联系，落实相关事宜。卜献华撰写了夏令营营歌歌词，韩松谱曲，其他同志制作营旗、营帽和小营员的服装等。

夏令营开营式在江苏省徐州市某驻军营地举行，然后赴南京、芜湖、合肥等地参观游览，开展实践活动。每到一处均受到当地党政军负责同志的大力支持与帮助。特别是在终点站合肥市期间，炮兵学院的领导不仅为营员们免费提供食宿，还专门为夏令营举办了阅兵式。省、市、军队等领导和老红军、少先队校外辅导员黄锦思参加了夏令营活动。

夏令营活动的喜获成功，还有创刊号第一版上我采写的《盲童来到怀仁堂》获得了当年评选的"安徽省好新闻奖"，成为这一年《农村孩子报》的两大亮点。

夏令营结束后不久，宿县地委宣传部决定调派《拂晓报》社周学铮、王华朋负责《农村孩子报》社的领导工作。开始正式建立健全报社各部门组织，制定规章制度。原来没有工资的人员，每月可领五六十元的生活费。时任地委宣传部副部长年介亮与社长周学铮商调我与赵华去报社工作，我因照顾孩子读书未能实现，赵华正式调入《农村孩子报》社。

此后，我由于工作繁忙，只是抽空写点稿子，渐渐地与报社接触少了，但它一直在我的心中存在着。

回顾《农村孩子报》的诞生前后，难忘它的筚路蓝缕、艰辛创业历程。看到《农村孩子报》今天的业绩，深为它的三秩辛劳、蓬勃发展而自豪。展望《农村孩子报》的美好愿景，寄语《农村孩子报》的新老报人，念念不忘曾经为它付出过努力的每位同志，愿这份报纸办得更好。

光荣出席第一次全国少代会

高　健

我是中国少年先锋队建队初期的队员，后来有幸作为少先队辅导员代表与孩子们一起佩戴鲜艳的红领巾，参加全国第一次少代会，虽然过去了30年，但是给我留下的记忆终生难忘。

中国少年先锋队队员和辅导员首届全国代表大会，于 1984 年 7 月 25 日至 8 月 4 日在北京召开，这是第一次有少年儿童参与的盛会。我们两位辅导员代表和全省 13 名少先队员代表、团省委、教育厅等单位的领导同志一起赴京。国家民航总局对这次会议十分关怀支持，作出决定，各省机场为"少代会"代表进京提供免费机票和相关服务，这是给代表的特别待遇。

安徽省代表团进京这天，我们受到合肥骆岗机场领导和同志们的热情欢迎与接待。在候机大厅里举行了隆重的欢送仪式，省市等领导前往机场送行。

1984 年 7 月 25 日下午 6 时许，与会代表乘专车驶进党中央所在地中南海。当大家步入怀仁堂门廊，桂花馨香扑鼻而来，沁人心脾，"少代会"开幕式将在此举行。

开幕式前，各族少先队员代表中的小英雄和绘画、书法的佼佼者，首先受到党和国家领导人的亲切接见。在接待室里，孩子们向革命长辈汇报个人的成长经历。接着，小代表当场展示书画才艺。安徽省合肥市双岗小学少先队员代表沈平绘画完成以后，受到李先念爷爷的夸奖和鼓励，并且问她几岁了，读几年级，小沈平笑着回答后，敬礼致谢。

开幕式开始，怀仁堂里灯火辉煌，乐音缭绕，充满喜庆气氛。来自湖北武汉市盲童学校的特邀代表胡明晖小朋友惊喜地叫道："哇——我好像看到了亮光，这是我从来没有遇到过的奇迹啊！"她的欣喜同时也表达了所有代表的心情，大家都沉浸在无比温暖的幸福中。

代表们聚集会神地聆听着邓颖超奶奶《未来需要你们去创造》的讲话。她的现场讲话比每人手捧的讲稿多了几处"亲爱的代表们"的称呼，让大家深深地感受到这位和蔼可亲的革命老前辈对革命后代的殷切关怀与期望。人人牢记邓奶奶立志创造的谆谆教导。

夜幕降临，大家来到怀仁堂后花园联欢，国家主席李先念点燃火炬后，代表们时而载歌载舞，时而促膝交谈。我与邓颖超等领导人相距不到一米远，她向我微笑着问好，全国人大副委员长彭冲、团中央书记胡锦涛为我在纪念册上签名留念。三千只和平鸽腾空而飞，联欢活动进入高潮，哨声歌声欢呼声，响彻星空，这是一个令人欢欣鼓舞的不眠之夜。大伙儿恋恋不舍地离开，回到住地久久难以入睡。

代表们通过呈送提案、聆听报告、交流经验，深刻领会会议精神，开阔了视野，明确了目标，树立了信心，增强了光荣感、使命感、责任感。大家决心把这次大会开成团结奋进的大会、创新胜利的大会。最后通过了给全国少先队员、辅导员的一封信和有关决议。

"少代会"正值暑假，针对少先队员代表的年龄特点、兴趣爱好，适时组织丰富多彩的夏令营活动，安排游览参观，实践体验，营会结合的形式，充实会议内容，增强会议活力，收到很好效果。

会议期间，代表们游览了中南海，参观了京城东郊为迎接国庆35周年阅兵训练营地的"阅兵村"。大家白天观看解放军阅兵队列演练，参观营房，听战斗故事；夜晚小代表与解放军叔叔一起执勤巡逻，住宿帐篷。

与会代表乘专列前往北戴河旅游胜地，受到热烈欢迎。次日，全体代表登上两艘舰艇，出海观看演习；与应邀随行的文艺界名家在舰艇上联欢，看表演艺术家王景愚表演，听歌唱家关牧村、卞小贞等演唱，大家在蔚蓝的大海上尽情地欢乐。接着，去北戴河海滨浴场游泳和游览山海关长城。盲童胡明晖一边拍打海水，听浪花声响，一边和小伙伴在水中嬉戏。她捧起海水尝了一口说："哎呀，海水又苦又咸，我的心啊很甜很甜。"她跟随生活辅导老师一道登上长城，抚摸城砖，听历史故事，和所有的代表一样，深切地感受着中华民族灿烂辉煌的悠久文明，为伟大祖国壮美山河骄傲自豪。她还用盲文记下了多篇日记。

这次"少代会"与夏令营相结合，形式新颖、生动活泼，影响深、收获多，在代表们心中留下难以磨灭的印象。

最让我们难忘的是7月31日上午。大家来到北戴河中直疗养所，十多位党和国家领导人面带微笑向代表们招手致意，顿时，掌声四起，经久不息。他们与代表们亲切握手，热情问好，随后和大家坐在一起。一台自动旋转的相机，从左向右缓缓地画着弧线，摄下了珍贵的合影。

8月4日，首届全国"少代会"圆满完成大会各项议程，在人民大会堂胜利闭幕。

颁发第一代居民身份证

马香俊

现在人们都知道，居民身份证的用途可大了，人们从事一切社会活动，都离不开它。但是又有谁能知道，颁发第一代居民身份证时开展工作的难度呢？事情要从三十年前说起。

1988年9月中下旬，县里召开颁发居民身份证工作会议。通知各区（镇）分管政法工作的党委副书记、武装部长、派出所指导员以及所辖各乡分管政法工作的党委副书记参加会议，会期10天。我当时在一个乡任党委副书记，参加了此次会议。会议以会代训，重点学习《中华人民共和国居民身份证条例》和《中华人民共和国居民身份证条例实施细则》，培训颁证工作操作规程，并且分赴灵城镇各村（居）实习，力求参会人员吃透文件精神，掌握操作规程。当时正值秋收秋种时节，"一头沉"的干部还想着回家干农活，区委书记刘焕才就安排人员轮流回家。我们区来了九个人开会，能保持六七个人参加学习。刘书记特别嘱咐我好好学，回去后负责再培训。因为在我国实行居民身份证制度是第一次，所以培训的内容都是全新知识，需要认真学习、深刻理解和消化掌握。就拿填写《常住人口登记表》来说吧，有些项目的用词与我们以前的说法不一样。"住址"一栏不要填写单位名称，要填写单位坐落的行政村或居委会。并且统一规定安徽省简称"皖"，县及其以下要填写全称，比如县委大院坐落在太平居委会，住址为皖灵璧县灵城镇太平居委会。婚姻状况一栏要填写有配偶或无配偶，而不能填写已婚或未婚。兵役状况一栏不能填写复员军人、转业军人、退伍军人，而统一填写为退出现役。政治面貌一栏不能简单地填写为党员、团员、群众，而要填写中共党员、共青团员，不需要填写群众。特别强调，哪一项没有就留空白，既不要填写也不要乱画杠。我琢磨着把填表要求总结为四句话：汉字书写标准化，项目用词规范化，数字全用阿拉伯，缺项空格莫乱画。县里培训之后，区里培训到乡、村两级，乡里再培训到村及村民小组。这样县、区、乡三级层层交叉培训，起到了传帮带的作用。

在学习培训之后，进入填表阶段。这是做好颁证工作的基础。常住人口以户籍所在地为准，全部填表登记。然后分为三类：一是截至 1989 年 12 月 31 日前，年满 16 周岁的为需要颁证人口，二是 16 周岁以下的为延缓颁证人口，三是劳改、劳教和正在受羁押等人员为暂不颁证人口。我们乡七个行政村，10000 多人，有 7000 多人需要颁证。然后是组织群众照相。身份证照片有具体的技术要求，照相人员要先培训，后上岗。我带着乡治安员和照相人员下村，村、组干部密切配合，组织群众照相。万事开头难，人们对颁发居民身份证工作认识不足，有许多人认为没有什么用，有少数人东躲西藏不愿意照相，还有个别人逆反心理作祟，散布流言蜚语，因此，组织群众照相难度很大，从春到夏，从夏到秋，全乡 20 多个自然庄反反复复许多遍才把相片照齐。

最后是编号码、填底卡阶段。居民身份证底卡是一张硬纸片，厚度与一元硬币差不多，规格和正式身份证相同，并且标明需要填写的项目和贴照片处。一代居民身份证号码是 15 位数字，1—6 位是地址码，7—12 位为出生日期码，13—15 位为顺序码，尾号奇数为男性、偶数为女性，同年同月同日出生的，尾号顺延，实际上出现的概率很低。要在每个需要颁证人口的《常住人口登记表》上，编好身份证号码，《居民身份证》底卡用碳素水笔手工填写。登记表和底卡上都要贴上照片。一代身份证的有效期分为三种：16—25 周岁有效期是 10 年，26—45 周岁有效期是 20 年，46 周岁以上有效期是长期。为了保证工作质量，提高工作效率，从七个村和乡直机关挑选十位钢笔字比较好的同志负责填写。连续干了十几天，圆满地完成了任务。手工填写的《居民身份证》底卡，由区和县汇总送到蚌埠，制作正式的《居民身份证》。至此，颁发居民身份证工作，基层需要做的工作告一段落，只剩下发证一项了。

第一代居民身份证的颁发，标志着长达 40 年的介绍信时代就此结束。在此之前，人们从事一切社会活动都要到有关单位开具介绍信，自从有了居民身份证，人们再也不用低三下四地去求人写介绍信了。而今是一证在手，说走就走，乘车登机，畅游九州。

实行商业"四放开"

马香俊

党的十一届三中全会以后，实行了"对内实行改革，对外实行开放"政策，犹如徐徐春风催生了农业"大包干"。1992年邓小平南方谈话的强劲东风加快了工业"破三铁"和商业"四放开"的进程。商业"四放开"是指在国营商业与合作商业企业实行经营放开、价格放开、分配放开、用工放开为内容的改革。1992年初，县政府成立了商业"四放开"工作组，进驻县百货公司搞试点。县财贸委员会主任卓士康任组长，县商业局局长崔海芝任副组长，我（县委政策研究室科长）和县体制改革委员会科长姚瑞龄、县劳动局股长周福堂为组员。

工作组进驻后，首先是召开全体职工大会，传达（1992）中央2号文件，学习邓小平"南方谈话"中关于"发展是硬道理"和"社会主义也要有市场经济，资本主义也有计划经济"等著名论断。其次是学习重庆市商业"四放开"的经验。提出"重庆四放开，我们怎么办？"的问题，组织职工深入开展大讨论，提高对商业"四放开"的认识。在学习讨论的基础上，参照重庆的做法，制定《灵璧县百货公司四放开方案》，并付诸实施。

县百货公司原有职工身份多样，有国家干部，有全民所有制工人，也有集体所有制工人，还有待业青年和临时工。实行商业"四放开"以后，百货公司将职工身份存入档案，打破人员身份界限，全公司人员自由组合、竞争上岗，实行"能者上、庸者下"。百货大楼经理、迎春商场经理和各股股长等公司中层干部实行聘任制，两个商场的经理再聘任柜组长，柜组长承包柜组，定出各个柜组人数。人员组合实行双向选择，即柜组长选择员工，员工选择柜组。柜组实行自主经营，有权选择进货渠道及品种，有权决定商品价格，并且开始允许顾客讨价还价，在按时上交公司承包费之后，柜组有权决定组内人员的工资、奖金、福利等报酬。职工原来的工资标准存入档案，该调整工资的时候正常调整，但是不兑现。当时被称作"档案工资"，也有人戏称为"空调"。职工的"档案工资",只有在办理工作调动或者退休手续时才起作用。

县商业"四放开"工作组,在县商业局副局长陈绍峰、股长杨文亚和县百货公司经理李勤农、副经理任思辉、股长余新峰等人的密切配合下,按部就班,有序推进,至3月底如期完成。本着先试点后推开的原则,4月以后,工作组把百货公司的试点经验向县商业局所属八大公司推广。并且,到县供销联合社以及所属公司、乡镇供销社,帮助制定商业"四放开"方案,指导面上的工作。直到6月底,工作组才撤回。

实行商业"四放开"改革,对于冲破原有的条条框框,繁荣商品市场贸易,调动广大职工的工作积极性,提高公司经济效益和职工收入是有利的举措,得到了广大职工的真心拥护。

推行企业产权制度改革

付廷席

1993年7月28日前,灵璧县运输公司还是一个名不见经传的县级集体企业,产权制度改革在默默无闻中进行。之后,中共安徽省委书记卢荣景亲临视察并推荐,使它一时间名声大振,成为各界关注的焦点。

像许多同类企业一样,它是由20世纪五六十年代的搬运站与马车站组建、改建而来,自从1981年改成公司到1989年底,8年换了六任领导,企业每况愈下,总资产不足百万元,16台汽车有6台已经报废,其余均需大修。多年亏损累计24万元,另欠外债8万元,要不是工人因要饭吃而闹事,很少有人想到它。所以,3年后的1992年,当一个默默无闻的人默默无闻地把这个公司发展到近百台车时,这个企业基本上还是默默无闻的。

1993年有两件事使这个企业名声大振。

5月，江泽民总书记为中国汽车之母——一汽建厂40周年题词："建设现代化轿车工业基地"。谁也没有想到这个题词和灵璧县运输公司有什么联系。

5月13日，当江总书记的手迹由一汽主要领导人护送，人们敲锣打鼓迎进灵璧县城时才知道，这个不显眼的公司还有一汽这么一个有钱有势的"亲戚"。一汽决定把江总书记的题词交由多年来的老客户，用灵璧石镌刻成纪念碑。在刻制的一个多月里，地、县电台、电视台不断跟踪报道，着实扩大了灵运公司的知名度。

倘若仅是如此，灵运公司也许就成过眼烟云了。

7月28日，安徽省委书记卢荣景到灵璧考察，听说灵运公司三年前还是个老大难、烂摊子，如今已成为充满活力的盈利企业，兼并了亏损的国营企业，还把江总书记的题词请来灵璧，他临时动意要来看看。

29日上午，卢荣景书记在地、县领导同志陪同下来到公司，他边走边看，边问边谈，从几年前的亏损情况谈到现在的经济效益，从江总书记的题词谈到与一汽的合作关系。看外貌、听介绍，整洁的环境，巨大的变化，让卢书记非常满意和兴奋。

"你们这些车目前是怎样管理的？"卢书记忽然向走在身边的许同昌经理提出这样一个问题。

许经理介绍说："从今年开始，公司把每台车打价转让给司机，车款一次付清或分期偿还，汽车产权归个人，公司不再负担司机的工资、福利和各项运输开支，工人一律保留档案工资，转正、定级及各种政治待遇不受影响；司机按月定额交纳管理费、税收、各种规费及退休保险金等，公司通过为司机提供统一年检、年审及处理交通事故等服务实施管理。"

本来只是简单地介绍，边走边谈的卢书记停下来："这个方法好，这个方法好！走，详细谈谈。"

卢书记一行来到四楼一个很简陋的会议室坐下来，经理许同昌、书记李东玲、副经理朱重华等互相补充着汇报了公司产权改革的主要做法。

卢书记边听边问，从职工工资、福利到政治待遇的具体处理，从税费的征缴到司机的权利义务，从合同的签订到实施的经过，整整40多分钟，谁都没想到，卢荣景书记对这个管理方法产生如此浓厚的兴趣。

在灵璧考察后，卢荣景书记叫随行的《人民日报》记者留下来，就产权改革做进一步调查研究。8月5日，安徽人民广播电台、《安徽日报》同时播发了卢荣景书记的文章——《推荐一个产权制度改革的好典型》。文章对灵运公司产权改革的内涵、做法、意义、效果等做了高度凝练的概括和阐述。紧接着，《人民日报》《中国交通报》等分别做了报道或转载。在不到半年时间里，我省及江苏、浙江、湖南、湖北、山东、山西、河南、河北、江西、甘肃、辽宁等省一百多个市县一千多人组团而来考察学习，新疆、内蒙古两个边远区多人多次来函来电索寄经验材料，交通运输系统有的还多次前来参观考察学习。

这个典型从发现到产生全国性的轰动，都能给我们很多有益的启迪和思考。

——各级领导干部在大变革的时代，要善于把握时代发展的主旋律，透过纷繁芜杂的表象，排除干扰，及时准确地抓住影响全局的主要矛盾，从而推动工作的开展。十多年的经济体制改革都证明，产权改革是经济体制改革的中心和难点，不进行产权改革，由计划经济过渡到市场经济是不可能的。正是基于对时代发展趋势和脉搏的准确把握，卢荣景书记及时肯定并推荐了这个产权改革典型。1993年，灵运公司各项经济指标全部翻番，进一步证明了卢荣景书记高度的政治敏感和远见卓识。

——各级领导干部要充分尊重和保护人民群众的首创精神和变革热情，真正地按生产力标准判断是非。正像卢荣景书记文章所说，灵运的成功，再一次证明群众中蕴含着极大的改革热情。在此之前，灵运产权改革正受到"搞私有化"罪名的困扰，卢荣景书记旗帜鲜明的肯定和支持，为企业领导班子撑了腰、壮了胆，为产权改革创造了良好的外部环境。在卢书记考察后的半年时间里，运输公司新增汽车110多辆，在国家整顿金融秩序、汽车市场疲软的1993年下半年，灵运公司却出现了先交钱排队等车、抬价争车的喜人景象，连一汽都不敢相信，包括河南、江苏等省和部分周边市县在内的司机也争买运输公司的车，争入运输公司的户，这与卢荣景书记的肯定和支持有很大关系。

——各级领导干部要真正地深入下去，"大兴调查研究之风，发现典型经验，及时总结推广"（卢荣景书记语）。领导干部不能只忙于应酬，沉于事务，不搞调查研究，凡事等上级指示，没有自己的主张。卢荣景书记在这方面为我们树立了榜样，充分发挥了调查研究在指导全局工作中的重要作用。

刘知侠重访"突破口"

夏怀民

全国著名作家、《铁道游击队》作者刘知侠，在 20 世纪 50 年代发表了一篇题为《突破口上》的报告文学。作品中的"突破口"就在历史悠久的灵璧县城的西南隅。

古老的灵璧县城也像全国许许多多的县城一样，有城墙和紧靠城墙的护城河。多少年来，灵璧的护城河水印证着灵城的巨大变迁，更映出解放军战士血染灵城"突破口"和护城河的壮丽场景。

20 世纪 90 年代，灵璧县委、县政府为美化灵城，造福于民，动员成千上万的城乡群众，整修护城河，治理内环路。与此同时，县建设局派出人员，查阅资料、精心设计、认真施工，在老城墙的旧址上仿建一段解放军攻克灵城时的古式城墙。

这段仿建的城墙上留有一个豁口，刘知侠的亲笔题字"突破口"镶嵌在该墙上。这不寻常的"突破口"，不仅成为灵城解放纪念地，也是对青少年进行革命传统教育的基地，而由"突破口"引领出的故事更是令人难忘。

灵璧县城是皖苏边区重镇，是安徽的北大门。当年刘知侠以《华东前线》报特派记者的身份参加了举世闻名的淮海战役，并亲自参加了灵城"突破口"战斗的现场采访，目睹了军民前赴后继、并肩战斗的可歌可泣的英雄事迹，战士们甘洒热血写春秋的伟大壮举，并以此为背景，写出了《突破口上》。

《突破口上》也是解放灵城时唯一的战地通讯，作者详细描述了"突破口"战斗的整个经过，真实地记录了某团三营的战士们鲜血染红了护城河，染红了"突破口"。文章中这样写道："——看报上胜利的消息'突破口打下了！'，'全城上万的敌人被消灭了'，在这简短的一句话后边，经过了多么艰苦卓绝的搏斗和付出多少亲爱的战士的血的代价啊！""突破口上的战斗，是打得够苦的，他们的营长牺牲了，好多战友阵亡了，突破口拿下来了，可是人已经不多了……"

《突破口上》发表之后，灵璧人感谢作家刘知侠为灵璧人民留下的宝贵精神财富，是对青少年进行革命传统教育的极好教材。20 世纪 80 年代，坐落在"突破口"边的灵璧一中，团队活动开展得非常活跃，不仅赢得了青少年的喜爱和家长的欢迎，也赢得了团中央组织部、全国少工委、《辅导员》杂志社、《中国少年报》、文化部少文委等多个单位的表彰奖励。一中决定聘请刘知侠为校外辅导员，邀请他战地重游，亲耳聆听他讲述《突破口上》的战斗故事。师生们的想法得到校团委、团县委和县教委的高度重视。为了实现这一愿望，少先队员们来到县文化馆，向戴善晋老师询问刘知侠的联系方式，戴老师告诉他们，可以把信寄到山东省文联试试，也许能找到。

1986 年春天，初二（2）中队长吴佩峰同学（同济大学毕业后留校任教）按照戴老师的指点，把写给刘爷爷的信发往山东省文联。

几个月后的一天，少先队员们终于接到了盼望已久的刘爷爷的亲笔回信。从信中得知，前些日子刘爷爷随着一个参观团到前线去了。回来后看到从济南转给他的灵璧来信，他高兴地接受了聘请，做灵璧一中少先队的校外辅导员。

从此，刘知侠与灵璧一中少先队员经常书信往来。他寄来的许多他自己的作品，青少年学生读了深受教育。更让少先队员难以忘怀的是 1989 年 4 月 14 日，校园内一片欢腾，刘知侠和夫人刘真骅不远千里来到灵璧一中，与师生一起在突破口上缅怀革命先烈，共唱《铁道游击队》主题歌《弹起我心爱的土琵琶》，共同参加校团委召开的"老游击队员和少先队员心连心"主题队会。会上，少先队员代表把亲手绣制的"老游击队员和少先队员心连心"的锦旗赠给刘爷爷。年已七旬的刘爷爷满怀激情地讲起当年三营战士们战斗在《突破口上》的英雄故事……

刘知侠回到青岛之后又把一面绣有"做品学兼优的好学生"的锦旗寄给了灵璧一中。校团委以这面锦旗为主题开展征文活动，并把优秀征文寄给刘知侠。

刘知侠生前一直和灵璧一中少先队员们保持着联系，"老游击队员和少先队员心连心"活动一直进行着，该活动荣获团省委、省教委颁发的安徽省中学少先队"创造杯"活动最佳奖。

《突破口上》的英烈值得每一个过着幸福生活的人永远怀念。"老游击队员和少先队员心连心"活动也将永远载入团队活动的史册。

《中华人民共和国香港特别行政区基本法》
书法石刻长卷面世

耿瑞英

1997 年 7 月 1 日，中华人民共和国将恢复对香港地区行使主权。为迎接香港回归，表达炎黄子孙的爱国之心，1996 年，灵璧县文化局创作员魏强、徐超策划拟制《中华人民共和国香港特别行政区基本法》书法巨型石刻长卷，向回归庆典献礼。

为了打造这份厚礼，魏强、徐超于 1996 年 7、8 月间，两次到北京有关部门征求意见，得到了中国书法家协会的支持和中宣部、国务院港澳办公室、新闻出版署以及法律出版社等机构的肯定，联系到华侨企业家钟保家先生，达成了合作协议。

　　这一举动得到了全国书法家的广泛支持。1996 年 12 月初，中国书法家协会向 97 位著名书法家发出书写香港基本法的邀请函，中国书法家协会主席启功、副主席沈鹏、秘书长刘艺带头响应，全国各省、市、自治区书协主席、副主席以及书法界名人，均以自己最擅长的书体，完成了指定的书写任务。

　　书法艺术家书写完成后，魏强、徐超以此为蓝本，用灵璧石为载体，邀请了 56 名碑刻名家，精心雕刻。所用石板每块长 136 厘米、宽 71 厘米、厚 32 厘米，共计 103 块，总长 156.56 米。如此宏大的石刻长卷，在我国前所未有。为了如期完成制作任务，100 多人分成两班，日夜不停地作业。石刻巧匠一刀一凿，精雕细刻，石刻顾问、县文化局督导员谢永祎一丝不苟，严格把关。经过大家不懈努力，于 1997 年 5 月、香港回归前夕完成了石刻长卷的制作。魏强、徐超在策划制作石刻长卷的同时，还组织力量制作了 97 套拓片，以弘扬中国传统的书法艺术。

　　《中华人民共和国香港特别行政区基本法》书法石刻长卷是中国书法史上参与书写大师最多的单件书法作品，正文由 100 块石板刻制而成，意为百年回归，作品或端庄秀丽，或飘逸灵动，或奔放潇洒，按《中华人民共和国香港特别行政区基本法》内容顺序连接起来，97 位书法艺术家书写，意为 97 回归。宽 71 厘米，意为回归之日。卷首名称由中国书法家协会主席启功书写。制作完成后的石刻长卷配以楠木底座，气势恢弘，美轮美奂，令人震撼。

　　1997 年 5 月，石刻长卷起程运往北京，先在中国历史博物馆展出，后由出资单位作为回归庆典的厚礼，赠给香港首届政府。

　　《中华人民共和国香港特别行政区基本法》书法石刻长卷是书法、雕刻、装裱艺术大师共同打造的传世奇作，体现了大陆人民与香港同胞对香港回归的深挚感情，弘扬了博大精深的中华碑刻文化。《天下第一书法原石刻制石屏》《百家同书天下第一册墨宝集》《天下第一原刻石拓本》三项作品入选"大世界吉尼斯"记录。香港回归以来，石刻长卷先后在香港、北京、海口等地展出。2016 年 11 月 9 日，香港华侨华人总商会向中国法院博物馆捐赠了《中华人民共和国香港特别行政区基本法》书法拓片。

全省首家县级证券机构挂牌

同龄人

1998 年 8 月 8 日，一个久久发、发又发的大吉大利日子，华安证券宿州营业部报经华安证券总部批准，在灵璧县设立证券临时服务部。营业地点在灵城光明大街中段西侧，营业面积 110 平方米。2000 年 5 月 8 日，经中国证监会正式批准，灵璧证券服务部为合法的资本经营机构，并且颁发了"证券经营许可证"。也就是说，灵璧证券临时服务部，经过不到两年的试营业，由"临时"转为正式，但是仍然隶属于宿州营业部。营业地址搬迁至灵璧县城中心隔顶口向东 50 米北侧的供销商厦内。2010 年 1 月，经中国证监会批准，灵璧证券服务部升格为灵璧证券营业部，直接隶属于华安证券公司总部管理，同时与宿州证券营业部脱离了隶属关系。从此灵璧证券营业部在深圳、上海两个交易所获得了独立的席位。2014 年 3 月，灵璧证券营业部因经营发展需要，搬迁至建设南路与汴河路十字路口向东 50 米北侧。营业面积 486 平方米。

灵璧证券营业部在经营和人事上属于华安证券总公司及其宿州分公司双重管理。华安证券总公司，其前身是 1991 年 5 月经中国人民银行总行批准设立的安徽省证券公司，隶属于安徽省国资委。2000 年增资改制为华安证券有限责任公司，属于国有金融类企业。灵璧县证券营业部 2010 年直属于华安证券公司总部以来，从总部获得的追加投资共 320 余万元，主要用于设备更新换代。各种硬件配置大幅度的提升，网络通道功能增强，备份充足，可以同步传输沪、深股市即时行情，与以前比较速度提高了 14 倍。

灵璧证券营业部的业务范围包括沪、深 A 股、B 股，港股，科创板，新三板，证券承销与保存，证券自营和证券资产管理以及国债，地方政府债，企业债等金融产品的证券交易。1998 年设立灵璧证券临时服务部之初，仅有股民 25 人，托管资金 260 万元。2020 年拥有股民 8370 人，是 22 年前的 335 倍。2010—2019 年，十年间累计交易量 730 多亿元，平均每年 70 多亿元，其中2015年交易量最高，达到110亿元。十年间，灵璧证券营业部上交中央（印花税）、省（所得税）、县（所得税的50%和营业税的100%）各类税收累计1400多万元，并且上缴省政府利润4000多万元，为中央和省、市、县四级财政作出了应有的贡献。

灵璧县证券营业部是安徽省内第一个县级证券经营机构。自设立至今，持续前进、巩固发展、不断壮大，并且取得了骄人的成绩，在全省县级证券营业部中始终名列前茅。

首期奎濉河治理工程灵璧段竣工

胡兴臣

灵璧县在实施首期奎濉河治理工程中，坚持进度、质量同时抓，截至1999年4月20日，已全面保质保量完成任务。国家水利部、淮委、省检查组均给予好评。5月21日，市奎濉河治理工程总指挥部已派专人来灵璧县工段验收。奎濉河发源于徐州西南云龙山区，流经宿州埇桥、灵璧、泗县，于江苏泗洪入洪泽湖，总流域面积3598平方公里。搞好奎濉河治理对于淮河流域防汛排涝关系重大。首期治理工程分配灵璧3611米长，段面计161万多立方米土方任务。为了取得施工主动权，该县把全面竣工时间定在今年4月20日，比上级要求时间提前一个月。4个施工队共开动65台套机械上阵，你追我赶，抓紧施工。

为了如期完成工程任务，灵璧县组织技术人员，按照实际情况，科学编写《施工组织设计》。从去年11月20日开工，就分期安排施工进度，分阶段按工期进度拨款，不能按时完成任务者，剩余工程量由指挥部强行调整，实行有偿突击。灵璧县水利机械队内部机组施工进度一度不平衡，他们统一调度5台机械打突击，保证了按时完成预定任务。嘉祥机械队在后期边坡整理中落后，县指挥部强行划段，调固镇机械队帮助突击完成施工任务。鉴于灵璧县工段内地势较高，段面高差大，另有 3 个自然庄及电力、通信线路、窑厂电站等需要拆除搬迁，难度较大。在预定时间内连同折合土方，共完成 18.5 万立方米，比预定任务多 13.79%。

为了确保工程质量，县建立健全了质量监测标准和质量标准控制措施，施工质量标准由县指挥和各施工队富有施工经验的技术干部负责把关。指挥部对各施工队分层检测，分阶段验收，对质量达不到要求的，令其随时返工，直至全部达到标准方予拨款。由于层层严把质量关，灵璧工段河槽分层开挖、分层上土筑堤、铺土厚度、上土方式、边坡整修、滩地清理等，均按设计要求实施，使河槽平台、滩地、大堤，都达到了标准，基本做到了线直面平，整齐划一。

（原载《拂晓报》1999 年 6 月 3 日）

潘集闸加固扩建项目完成

胡兴臣

灵璧潘集节制闸加固扩建工程，通过规范管理、科学施工，既缩短了工期，又保证了质量，使主体工程赶在汛期到来之前投入使用。

跨越"一区两县"的淮河重要支流唐河，在灵璧境内长达 44 公里。1958 年，国家于潘集附近拦河建起一座 6 孔 4 米孔径节制闸，40 余年来对于防汛抗旱发挥了重要作用。鉴于河道弯曲、淤积、堤防矮小，排洪标准低，按五年一遇除涝标准，潘集节制闸急需加固扩建。省水利厅批准了这一中型水利工程建设项目，并由国家拨款 291 万元，今年初着手筹备，计划年内全部竣工。

为了既快又好地完成这座节制闸加固扩建工程，他们首先依法规范管理。通过招投标，确定该工程由灵璧县水建公司实施。县水利局长为法人代表，实行项目法人责任制，由分管副局长具体负责，对施工单位实行合同制管理，并由宿县地区水利质量监督站对建设施工和工程质量进行全面监督，由省水科院水利水电工程监理工程师常驻工地，全权负责工程施工阶段策划、质量控制、计量控制、信息管理和进度、投资、协调等项监理工作，从而增强了方方面面的责任心和积极性，保证工程科学、有序实施。

经物探，该闸地基有 8 米多深的流砂层。为了克服流砂层的不良影响，确保工程质量，施工中，他们推广新技术，运用新工艺，尽力提高工程的科技含量。一是采取深层粉喷搅拌法，建起穿过流砂层、深入黏土层 1 米、总长 2300 多米的 4 道防渗帷幕墙，延长了渗径，保证了闸室和老闸安全。二是闸室垫层下采取了压密固结注浆，以提高地基承载力和防渗能力，确保闸底板的稳固。三是建造下游消力池，在反滤层下辅设土工布，提高了反滤效果。

为了使主体工程赶在今年汛期之前投入使用，以确保安全渡汛，他们以保证工程质量为前提，以 1999 年 5 月 20 日为限，倒计时统筹安排，尽力提高机械化施工水平，到 4 月底，水下工程设施以及桥面板、闸门等预制构件已全面适时完成。5 月 2 日，桥面已着手合龙，确保到 5 月 20 日主体工程投入使用，比计划工期提前三个多月。该闸加固扩建投入使用后，排涝流量由 115 秒立方米增加到 224 秒立方米，排洪量由 214 秒立方米增加到 395 秒立方米，使闸的上游县内唐、新两河流域 440 平方公里的防洪排涝能力大大提高。

（原载《安徽科技报》1999 年 6 月 1 日）

渔沟镇跻身全国小城镇经济综合开发百强

胡兴臣

素有奇石之乡美誉的渔沟镇，被国家计委列为 2000 年全国 100 个小城镇经济综合开发示范项目之一。在国家计委的扶持和帮助下，该镇进一步完善总体建设规划，积极引进资金，开拓市场，美化环境，提高小城镇建设水平，以更加适应农村两个文明建设发展的需要。渔沟镇与江苏睢宁接壤，地处偏僻，全镇拥有6万人口、9.6万亩耕地，适宜种植粮、棉、油、烟、菜、果，适宜养殖猪、牛、羊、鸡。境内有44座山头，矿产资源丰富，特别是出产的磬石闻名古今中外。为了把渔沟镇建设成发展农村经济的依托，建设成精神文明活动的中心，镇党委、政府带领群众因地制宜，不断加强小城镇建设，相继改造和新建7条总长5700多米、纵横交错的大街，条条大街楼房林立，农贸、禽蛋、蔬菜、服装、奇石等市场形成规模；全镇村村通公路，座座山头靠近公路，与周边7个乡镇相通，与201省道和104国道相接；开通了程控电话，建起了自来水厂，文教卫生、广电等公共设施不断加强，有效地促进了全镇两个文明建设的发展，特别是磬石两条街上千姿百态的奇石和各种精巧的磬石产品，吸引了海内外客商。从1994年以来，该镇相继4次荣获宿州市（原宿县地区）"十佳"集镇，两次荣获"标兵"集镇称号。为了更好地通过小城镇建设拉动农村经济发展，促进农村精神文明建设，渔沟镇党委、政府认真讨论，既看到成绩，又找出差距，总结经验，扬长避短，完善小城镇总体建设规划。一是进一步开拓市场。除了完善已建市场的配套设施，还将一条1949年前残存下来的长4000米、宽8米的脏、乱、差老街拓宽，改造成商贸市场，并将两条新街适度向外延伸。二是美化环境。从省建工学院请来设计师帮助设计美化渔沟镇的规划图，将渔西村境内的一口脏乱差的废塘改造成葫芦型的水上公园，将多条总长4980米的道路两侧建成春有花、夏有荫、秋有果、冬有青的景观带。修建总长2700米的排水沟，保证整个镇区的排水通畅。努力将渔沟镇建成市场繁荣、设施配套、镇区园林化、功能造型与生态景观相协调的小城镇，使之进一步增强凝聚力和辐射功能。

渔沟镇新的规划和举措，得到了上级领导部门和众多群众的赞同。国家计委于1999年10月批准渔沟镇为2000年全国100个小城镇经济综合开发示范项目之一，投资200万元，在一条初建成的长312米、宽13.8米的街道上兴建封闭的农贸市场，总建筑面积3354平方米，同时，把渔西村废塘改造成旅游景点。渔西、渔东两村相关村民积极筹措资金，在新的规划区内建房。吸引本镇农民以及外乡镇外县外省到渔沟镇投资建房务工经商者350户。江苏徐州金福房地产开发有限公司投资 200 万元，正在修建石园，占地 3000 多平方米，石园建成后，将使 201 省道紧靠渔沟街头的 1600 多米路段两侧呈现奇石林立的壮美景观。

"中国观赏石之乡"揭牌

2008 年 3 月 9 日上午，荣获"中国观赏石之乡"称号的灵璧县，在古镇渔沟举行了隆重的揭碑仪式，和来自各地各界的嘉宾一起分享喜悦，共同庆贺对灵璧县文化建设具有里程碑意义的这一盛事。省级老干部赵培根，省政协秘书长白泰平，省政协办公厅巡视员时方廷，中国观赏石协会副秘书长葛锦久，市委、组织部负责人，市人大常委会副主任张旭，副市长孙福庆，市政协副主席孔庆福等出席揭碑仪式。

礼花飞溅，礼炮轰鸣，喜气四溢，訾金雷宣布揭碑仪式开始。葛锦久代表中国观赏石协会授予灵璧县"中国观赏石之乡"牌匾。在渔沟镇灵璧石汇展中心的对面，一块高约 5 米的巨石被红绸裹起。当赵培根、张旭一起揭下红绸时，会场爆发出热烈的掌声，巨石上艺术家范曾先生题写的"中国观赏石之乡"七个大字，增添了灵璧奇石的文化气息。

孙福庆在讲话中首先对灵璧县荣获"中国观赏石之乡"称号表示祝贺。孙福庆说，灵璧是一个传统的农业大县，也是一个文化资源大县，近年来，灵璧在全市经济社会发展大潮中，依托资源优势，坚定不移地实施开放带动战略，强力推进工业化、城镇化和农业产业化进程，经济社会始终保持强劲的发展势头。孙福庆在讲话中对勇于发展的灵璧人民寄予了美好的期望。他说，这次揭碑仪式，凸显了新形势下文化繁荣和经济发展的完美组合，希望灵璧县以此为契机，切实加强灵璧石资源的保护、研究和开发工作，拓宽发展空间，充分利用这一得天独厚的自然资源，展示地域文化魅力，提升灵璧县的知名度和美誉度，营造具有强大凝聚力和亲和力的软环境，真正把"中国观赏石之乡"

打造成灵璧的一个名片、一个品牌，为灵璧县乃至全市的经济社会发展作出更大的贡献。

灵璧县委负责人在仪式上致欢迎词，对到会的各级领导、各地各界嘉宾表示感谢，并表示灵璧县委、县政府将以此为新起点，进一步加强灵璧石的管理和保护，科学合理开发这一珍稀资源，不断做大灵璧奇石产业，促进灵璧更好更快发展。

揭碑仪式还安排了精彩的文艺演出、灵璧石文化论坛和嘉宾游园赏石活动。

（原载安徽先锋网，安徽先锋网灵璧分站　供稿）

灵璧法律援助第一案

马　敏

在我国立法史上，首次将法律援助写入法律是 1996 年通过的《中华人民共和国刑事诉讼法》和《中华人民共和国律师法》。灵璧县法律援助中心成立于 2000 年 1 月 25 日，为司法局所属股级全民事业单位，编制 4 名，领导职数 1 名。同年 4 月，省司法厅颁发执业许可证，笔者当时任县司法局副局长兼任中心主任。

中心成立之初，由于地方财政困难，没有办案经费，省《法律援助条例》规定，允许少量收费，中心实行"以案养案"的办法，即收取部分费用，为弱势群体提供免费代理。2003 年 9 月，国务院颁布的《法律援助条例》，规定法律援助机构不允许收费，中心因无必要的经费，举步维艰。这期间，笔者为一位高级农艺师提供法律援助，主张国家赔偿的案件至今记忆犹新。

钱智信（化名），男，1934 年 7 月 2 日生，高中文化，曾任萧县孙庙乡副乡长、黄口镇科委副主任，高级农艺师。从1995年10月30日被刑事拘留，到1999年5月18日撤销案件被释放，钱智信被连续关押1065天。走出看守所的那一刻，钱智信见到我老泪纵横、泣不成声。离开看守所以后，他把记录看守所一千多个日日夜夜的八本硬皮抄送给我看。我从中看到他度日如年的心路历程，以及看守所内的所见所闻。

因一纸合同，钱智信锒铛入狱

1994年5月，灵璧县某植物油厂供销科长李助岭（化名）前往新疆额敏等地联系业务，为厂里采购油菜籽。因当地控制油菜籽出疆，业务没有办成。

灵璧县某植物油厂原来和新疆生产建设兵团额敏农九师武装部有债权债务关系，对方没有钱偿还，经初步交涉，对方准备用库存羊皮抵偿欠款，经请示厂长同意。李助岭在疆住宿期间，认识同在疆做生意的安徽萧县某皮革厂厂长钱智信。双方交流过程中，钱智信有意购进这批羊皮。后两人进一步协商，签订一份羊皮购销协议书，甲方为灵璧县某植物油厂，乙方为黄口镇皮革厂，合同约定，甲方将以物抵债的价值6万元的羊皮交给乙方，另将计划购买油菜籽的17万余元交给乙方购买羊皮，双方共同经营，利润分享。另外，钱智信出具"今借到灵璧县油厂现金232150.00元"的借条作为合同附件。后羊皮在托运过程发生变质，亏损严重。

1994年12月9日，钱智信与灵璧某植物油厂负责人清算，钱智信出具还款计划，计划在1995年第一季度分两次将欠款还清，后因未履约而案发。1995年10月30日，灵璧县检察院以挪用公款罪对钱智信刑事拘留，同年11月10被将其依法逮捕。

三年三次起诉，法院建议撤回

2016年12月9日，检察机关起诉书认定：被告人李助岭，利用职务上的便利挪用公款与被告人钱智信合伙做生意，进行营利活动，根据《全国人大常委会关于惩治贪污罪贿赂罪的补充规定》第三条之规定，两被告人的行为构成挪用公款罪。起诉书移送法院后，法院在法定期间没开庭。

1997 年 4 月 10 日，检察院第二次起诉时认定：被告人李助岭利用职务上的便利，未经批准把企业资金擅自移归与被告人钱智信合伙使用。根据全国人大常委会《关于惩治违反公司法的犯罪的决定》第十一条，两被告的行为均构成挪用企业资金罪。案发后至起诉前，仍有余款未退还。依据全国人大常委会《关于惩治违反公司法的犯罪的决定》第十条，两被告的行为又构成侵占罪。起诉书再次移送法院后，法院仍未开庭，至此，钱智信已在灵璧县看守所关押一年六个月。

1998 年 1 月 15 日，检察院第三次起诉时认定：被告人李助岭利用职务上的便利，挪用企业资金与被告人钱智信合伙使用，根据《中华人民共和国刑法》第二百七十二条，两被告的行为均构成挪用企业资金罪。提起公诉，请依法判处。法院于 1998 年 3 月 30 日上午开庭，笔者作为辩护人，认为起诉书适用法律错误，本起案件为经济纠纷，不应定为犯罪。审判机关采纳辩护人的观点，于 1999 年 3 月 4 日函告公诉机关，被告人李助岭钱智信挪用资金一案，事实不清，证据不足，建议撤回起诉。

1999 年 5 月 14 日，检察机关出具《撤回起诉决定书》，5 月 18 日作出《撤销案件决定书》："本院 1995 年 8 月 10 日立案的犯罪嫌疑人李助岭、钱智信挪用资金一案，根据《中华人民共和国刑法》第二百七十二条之规定，两犯罪嫌疑人的行为不具备挪用资金罪的特征，依据《中华人民共和国刑事诉讼法》第一百三十五条之规定，经本院研究，撤销本案。"至此，一宗罪与非罪的案件博弈，尘埃落定。

申请国家赔偿，一波三折达六年

钱智信被释放后回家稍作休整，1999 年 11 月要求灵璧县法律援助机构代书国家赔偿请求书，赔偿请求书 1999 年 11 月 9 日呈递办案机关。2000 年 1 月 10 日，钱智信收到《刑事确认书》。结论为：李助岭行为已构成挪用公款罪，钱智信属共犯，按照 1997 年 10 月起施行的修改后的刑法规定主体不适格而撤销案件，但钱智信的行为具有社会危害性，给国家造成重大经济损失。根据国家赔偿法相关规定，决定不予赔偿。钱智信接到确认书有些绝望，因为刑事确认书没有交代救济手段，他不知道该怎么办，又一次来到灵璧县法律援助中心求助。

我为其代书复议申请，请求办案机关的上一级纠正办案机关的错误认定。复议申请书递交十个月仍杳无音信。钱智信持萧县黄口镇人民政府出具的经济困难证明，再一次来到灵璧县法律援助中心请求援助。我作为一名国家公职人员，在钱智信涉罪一案中，一而再，再而三地和检察机关较真，在当时的司法环境下，是存在政治风险的。为了把我个人的风险降到最低，县法律援助中心专门制作一份《法律援助决定书》邮寄给安徽省法律援助中心、宿州市法律援助中心和宿州市人大常委会，以应不测。决定书寄出后，我亲自为钱智信提供法律援助，由幕后走向前台。我几次到宿州市检察院与办案人交涉，代理当事人陈述诉求。2001 年 6 月 25 日，安徽省宿州市人民检察院下达了宿检赔复（2001）04 号《刑事赔偿复议决定书》，根据《国家赔偿法》与《人民检察院刑事赔偿规定》的相关规定，钱智信的行为不构成犯罪，其申诉理由成立，应当给予刑事赔偿，撤销《刑事确认书》对钱智信不予赔偿的决定，办案机关应给予钱智信刑事赔偿，赔偿的天数自 1995 年 10 月 17 日起计算至 1998 年 9 月 17 日取保候审之日止，累计为 1065 天，标准为每天 37.33 元，共赔偿 39756.45 元。

钱智信从关押到决定赔偿历经六年，我提供援助也伴随六年。2001 年 12 月 24 日，《安徽日报》C4 版以《关押三年原来无罪》的百字简讯予以报道，算是对我工作的肯定。

国务院颁布的《法律援助条例》自 2003 年 9 月 1 日起施行。我县司法行政机关在全县各乡镇和县群团部门成立 24 个法律援助工作站，对全县弱势群体法律援助逐步实现全覆盖。法律援助机构注重提升这项民生工程的服务质量，确保受援对象精准，确保法律援助经费用在刀刃上，确保弱势群体感受到党和政府的温暖。

"锁云"归国

灵　肖

　　灵璧石位列中国四大名石之首，被称为"天下第一石"。它集"瘦、透、漏、皱"四奇和"声、形、质、色、纹、意"六美于一身，具有多元的审美特征，不仅受国内赏石爱好者喜爱，而且深受国外赏石爱好者青睐，致使有些名石在辗转过程中流落在异国他乡。明朝大文人米万钟所藏灵璧石"锁云"就流落到了日本，所幸的是，2002 年它又回到了祖国。

　　"锁云"为明朝供石，尺寸 20.5 厘米 ×25 厘米 ×7.5 厘米，紫檀木座，形状似环云披锁故名。据考证，该石是米芾后裔米万钟所藏之古石，而且是他无数藏石中最爱的五枚之一。石背刻有"锁云"二字，落款为"万历丁酉春三月藏石米仲诏"，阳篆为万钟之号——"友石"。

　　"锁云"不知何时流落到日本，1965 年，日本知名律师佐藤观石先生于东京一家古玩店发现并购得。因此石似飞猿奔跃，故佐藤先生又名之"飞猿"。

　　"锁云"小巧玲珑，造型简洁、单纯，线条柔美，颇具明代文人玩石之风，在日本石展上曾多次获得金奖，也曾被中国、美国、日本及港台等地数十家媒体无数次报道过。一块供石受到如此的关注，可见它的非凡，对国人而言，当为国宝。

　　1998 年，上海的藏石家周易杉得悉佐藤观石先生收藏此石，便萌生了把"锁云"带回祖国的想法。但"锁云"名贵，得来不易，佐藤又是日本三大石协的第一创始人、会长，酷爱藏石，不会轻易出让，需从长计议。

　　因此，面对佐藤观石先生，起初两年里周易杉只字不提，只是加强联络。一年后他曾旁敲侧击，佐藤先生说多位石友已出高价，但无论多少价也不卖。后来他又试探说朋友委托他向先生求购"锁云"，得到的回答仍是"不卖"。但佐藤先生却表明了在将来适当的时候，有意完璧归赵，这让他又看到了曙光。在一次石展上，他们又见面了，这是一次由佐藤先生负责的全国会长代表石展，送展的只能是一块代表石，可谓日本全国最高水平石展。在这次石展上，周易杉第一次见到梦中情人"锁云"。"锁云"作为本次大会的第一代表石，放在最突出的位置，通灵剔透、沉静可人、飘逸俊秀。在这次会长石展上，佐藤先生答应，如果转让就转让给周易杉。

2002 年 8 月，周易杉去上野公园参加日本著名赏石理论家、汉学家九保智翁追思石展，他就大胆地电话邀请佐藤先生前来，同时请他把"锁云"带来，因实在忍不住要再看看。当时佐藤先生不置可否，但翌晨来电说，他起草了两份合同。什么合同、什么内容却不得而知，这让周易杉整个上午都忐忑不安。中午，周易杉到弥生宾馆与佐藤先生共进午餐，席间他细读了合同，白纸黑字：三年后将"锁云"赠与周易杉，当时周易杉真的喜忧参半。喜的是大律师不会开玩笑，会赠与他了；忧的是三年呀，这 1095 个日日夜夜里会不会发生变故呢？

2002 年 9 月 10 日，周易杉请求佐藤先生在其母校南京师范大学百年校庆上一展"锁云"风采，真没想到佐藤先生竟然应允。展出后佐藤先生竟提前三年将"锁云"赠与了周易杉。而为何赠与，无从可知。可能是"精诚所至，金石为开"的缘故吧。

2008 年，第三届中国宿州灵璧石文化节期间，中央四套《国宝档案》分别于 11 月 8 日和 9 日下午 6 时 50 分播出灵璧石文化系列片之《锁云回归记》（上、下），该片以灵璧奇石"锁云"为线索，将灵璧石文化贯穿其中，用传奇、生动的故事向观众展示灵璧奇石的独特魅力。

"锁云"现藏于上海市浦东新泰路 200 号"锁云居"雅石馆。

县第一家民办学校落户

晏金福　韩　英

　　广志外国语学校创办于 2002 年，是灵璧县第一所民办学校，位于灵城汴河路东段、龙山广场东 200 米处。学校占地 70 亩，建筑面积 7 万平方米，总投资近 2 亿元。现有 12 个年级，86 个教学班，在校学生 5000 余名，教职工 300 余人，是一所集小学、初中、高中为一体的大型现代化民办寄宿制学校。学校教学、生活设施先进。教学楼（班有宽带、投影仪、监控、空调）、实验楼、网络中心、图书馆、艺术室、塑胶跑道运动场、学生公寓、浴室、医务室、生活服务部等一应俱全，现有条件在县内堪称一流。

　　学校的创办，是个非常艰辛的历程。21 世纪初，全国上下，各个地方民办学校如雨后春笋，纷纷破土而出。那时候安徽省的民办学校还很少，宿州市没有一所。灵璧县人民政府为了办成我县自己的民办学校，积极贯彻《民办教育促进法》的相关精神，学习参照外省的经验，研究制定了一系列政策法规，如《贯彻〈民办教育促进法〉的实施意见》《灵璧县人民政府给民办学校的优惠政策的县长办公会议纪要》等，出台了一系列优惠政策：民办学校可在全国范围内招聘教师，教师可以享受和公办学校的同等待遇。民办学校可以在全国范围内招生，学生享受同公办学校学生的同等待遇。公办学校的教师可以受聘到民办学校任教，聘期满后，仍可以返回公办学校。而且建校可以享受购地划拨、优先贷款、税务优惠、安全保障、教师职评不受名额限制等优厚待遇。

　　这些政策一经出台，便吸引来了一批敢为人先的知识分子。其中广志学校的创意创办人孙志最早发现这个契机，萌生了创办一所外国语学校的想法。孙志，江苏睢宁人，曾在灵璧县九顶中学高中部就读。毕业于江苏省运河师范学校，曾任陈集中学教师，岚山、王集等镇中心校长。他找到他的同学加挚友张广德，研究如何投资办学。在孙志眼里，张广德是他最好的搭档，他评价张广德有"三高"，即智商高、情商高、逆商高。而且二人同是教师出身，懂教育、善管理，都是教育界的佼佼者。二人志趣相投，也正是意气风发的好时候，当即一拍即合，决定联手，在灵璧教育这片大舞台上一展宏图。

2002年1月，孙志首先进驻灵璧，先后与灵璧县人民政府、县教育局、灵城镇政府洽谈投资办学事宜。包括租用、买地、制定相关政策、签订协议等，事无巨细，都是由他一手操办。他又和张广德一起与灵璧县政府及职能部门签署了办学协议。万事俱备，只欠东风。政府给提供了一切便利，但是资金、人才、生源、设备、经验却是摆在他们面前的难题。他们研究成立董事会，张广德任董事长，孙志任副董事长兼校长，同时吸纳社会各界有识之士进入股东会，陶涛、夏同中、李井升等纷纷前来加盟，成为股东。一个高素质、高效率、高水准的管理层架构起来，大家八仙过海、各显神通，四处拉资金、找生源、引进人才，灵璧县第一所民办学校就这样轰轰烈烈地成立了。

广志外国语学校一经成立，就迅速步入正轨，生源充足、师资力量雄厚，社会影响力巨大。但是以张广德、孙志为领导核心的广志人始终不忘办学的初心，要办就办一流的学校、有特色的学校，要为国家、为社会培养高素质人才。在教育上他们推行了一系列改革，注入一些新的教育理念，特别注重学生德智体美劳全面发展，注重教育与社会接轨，让家庭、社会、学校共同参与，形成强大的教育合力，让素质教育真正落到实处，而不是仅仅局限于口号上。

首先，他们特别注重学生"习惯"的养成。进入广志的学生，要养成四个习惯，即良好的学习习惯、良好的生活习惯、良好的守纪习惯、良好的品德习惯。学校把一切活动都作为对学生的训练，既是训练，就要反复进行，不达标准不止。故而，经过广志学校培养的学生，一定是品德高尚、成绩优异、行为规范、理想丰满的人才。多年证实，广志学校的"养成"教育，深受社会的好评，深得家长的称赞。

其次，注重学生自学能力的培养。教给孩子主动获取知识的方法和能力，就是教给他成才、成功的一条路径。上课之前，学生要在教师的指导下，进行充分的预习，达到基本掌握；课中，要让学生充分表达，甚至让学生上台来讲课，教师只作些点评或在重、难点上加以强化；课后强调独立完成作业，不会做的，要求重读教材或查阅资料研究完成。培养他们自学的能力、独立思考的能力，充分发挥学生的主观能动性，调动他们的学习积极性和培养学习的兴趣，挖掘学生潜在的特质。广志老师们说："我们的学生在中小学阶段就读研了。"无疑，广志学校的这种教育理念，为学生终身学习奠定了坚实的基础。

最后，还要注重知识的落实。广志的教育强化预习，让学生主动地"会"，高效课堂让学生巧妙地"会"；作业训练让学生综合地"会"；大量的辅导让学生全面地"会"；复习训练让学生牢固地"会"；适量的考试让学生比赛着"会"。他们的教育，不排斥"死记硬背"，因为中小学阶段是个以知识积累为重点的阶段，需要记忆的一定要记住。教师的责任是不仅是让学生记得住，还要把知识整合，加以运用，使学生能够融会贯通，形成能力。广志老师说，教学就那点事，谁能把每个知识点落实到每个学生身上，考了高分，就是成功。连续十五届中考，广志学校全部在前四名之列，其中有五届获得全县第一，这些就足以说明广志抓"知识落实"多么正确。

十八年来，广志学校为各大名校输送了一批批优秀学子，为社会培养了大量的精英人才。广志学校始终坚持地方政府的领导和县教育主管部门的指导，规范办学，努力探寻适合每位学生发展的教育。依托灵活的办学机制、先进的办学理念，不断改革创新，形成了鲜明的办学特色。学校始终把"培养人格健全、基础扎实、思维活跃、体魄强健，具有持续发展、高素质的学生"作为办学宗旨。牢固树立质量意识，深化课程改革，抓实教学，中高考成绩连年跃升，教育教学质量稳步提高。为传承校园文化、展示学校风采、宣传办学成果、促进对外交流，学校积极创办了校报《广志园》，结集出版中小学生优秀作文选《小荷》，给师生共同成长提高搭建了平台。经过广志人的不懈努力，学校取得了许多骄人的成绩，深受社会各界的好评。

学校先后被评为全国民办教育先进学校、宿州市诚信学校、灵璧县安全文明单位、灵璧县教育工作先进集体、灵璧县办学水平优秀学校、灵璧县教学质量综合考评优胜单位、小学教学质量监测优秀单位、高考优秀单位，获得初中教学质量综合考评特别奖、中考学科成绩特别奖、中考成绩特别奖（此奖为最高奖，广志学校连续十五年获得此奖。全县能获得此奖的仅有四所学校：广志、灵中、一中、飞翔）、高考成绩优秀奖等。广志学校还是全县新课改实验基地，承担市、县级"阳光高效课堂教学"的课题研究。

相信在政府正确的引导和坚强支持下,在广志人不懈努力和勇敢探索下,广志的明天会越来越辉煌,未来的路越来越广阔!

抗击"非典"

高西梅

2003 年初夏,小麦正在灌浆,季节即将到达"垄头小麦笑落红,粒饱穗方三日黄"的"小满"。高楼镇党委政府安排了一项工作,要求全体党政干部,立即到村里严格排查从北京来的人员,以原包保的工作片为单位,划分小组,每小组两个人,负责所包村外来人员的排查,要一户一户走访,每天排查一个村,排查完一个村继续下一个村,一轮结束再排查一轮,循环往复,那时叫"死看死守",现在叫"动态管理"。还要检查所包村区域内的机井房、电灌站、地头的庵棚、河堰上茂密的树丛、荒滩上乱草萋萋的坟地。会议要求,要把这项工作当作一项政治任务去完成。会上,领导说:"北京发生了类似肺炎的传染性疾病,传染性很强,希望大家一定高度重视,扎实做好排查工作,坚决保证不漏掉一个外来的人员。"

散会后,我与副镇长马凤銮分在一个组。我们骑上自行车,前往我包的前海村。前海村是个人口基数较少的小村,大部分农户在家搞养殖种植,外出人员不多。在村边大路旁一棵特别粗壮茂盛的白杨树下,马副镇长忽然下车,两手扶着车把,我不明所以,也从自行车上跳下来,问:"马镇长,怎么不走了?"他略微顿了顿,表情凝重地说:"大妹妹,到村里排查时,如果有北京来的人,我上去就抱住不松手,你负责通知镇里,一刻都不能耽误!"他的眼睛隔着厚厚的镜片,严肃又期冀地盯着我。我被他从未有过的凝重语气吓到了,惊骇地望着他,心里激凌凌地一紧,瞬间意识到此事非同小可,就郑重地说:"马镇长,你放心,我记住了!"心里瞬间有了巨大的压力。那时,没有手机，只有去村部用固定电话给镇政府办公室联系，请镇里派车派人来村里。在这个时间差里，马副镇长一个人能薅得住那个从北京返乡的人吗？看着他坚毅的神情，我肃然起敬。自从认识，他都喊我高主任，从来没有称呼大妹妹。此刻，他近乎"血书"似的嘱咐，表明他宁愿冒着被传染的风险也要控制住"非典型肺炎"病毒传染源。那一刻，他把我当成了妹妹而不仅仅是同事。那时，我并没有意识到这一点，只当是工作安排。事后，那一瞬间画面时常在脑海中萦绕，直到2020年新型冠状肺炎疫情在武汉暴发，我才感知到那情景的含义，心里无比感动。遗憾的是，马凤銮副镇长前年已去世，无法接受我迟到的致谢。

到了村里，我向村两委成员传达了镇党委政府的会议精神，马凤銮做了强调。短会结束，立即投入排查。首先，让各个小组长按照常住人口登记簿，一户一户汇报家庭成员外出情况，筛查出重点需要走访的家庭，询问在外地求学打工、走亲访友的人员具体居住地，近期是否回家，重点放在居住北京的人。把名单列出来，我和马副镇长、村支部书记三人一组，由小组长带路，挨门挨户排查询问，并通知户里，近期尽量不要串门、赶集，如果发现从北京来的人，立即报告。户里排查完了，又到麦地里的机井房和村民搭在地头的窝棚查看。就这样，一个组一个组排查，一个村一个村进行，天天汗流浃背，说话说得口干舌燥，累得精疲力尽也不敢有丝毫松懈，心里的弦绷得紧紧的。所幸，群众很理解、很配合，也没有排查到重点对象，很顺利地完成了第一轮排查。第二轮排查就轻松多了，到户里时，群众会主动告诉需要询问的情况，少费许多口舌。其间，在镇里情况通报会上得知，其他村镇有的务工返乡人员，根本就无法进村，被村民集体拒之村外，甚至，有的人家，不让自己在外打工的家人进门，唯恐被非典型肺炎病毒传染。那些被挡在村外的返乡人员，住在漫湖野地里的窝棚中，一日三餐需要家人送饭，吃不好睡不好，还被自己的亲人和乡邻视为"瘟神"，唯恐避之不及，身心备受煎熬，直到观察期满才能回村（家）。听说了这样的情况，我们更加觉得疫情严峻责任重大，必须全身心地投入工作。在排查工作有条不紊进行的同时，镇组织安排村里成立卫生消杀小组，督促各村大搞群众卫生运动，填埋家前院后的粪池，倡导粪池口覆盖水泥板，清理垃圾堆，倡导集中堆放家禽牲畜的粪便并及时用土覆盖，喷洒药液消灭蚊蝇虫蚁，改善居住环境，遏制病毒细菌的传播。

高楼镇的防控工作与全县同步，县委县政府采取了一系列措施，充分发挥村党支部的战斗堡垒作用，基层党员干部冲在第一线，带领群众构筑起抗击"非典"疫情的人民防线。

这次阻击和防控的病叫"非典型肺炎"（简称"非典"），是严重呼吸道综合征，英文简称SARS，是进入21世纪以来对人类最具威胁的一种传染性疾病。2002年岁末广东接连发现此类症状的患者，到2003年2月11日，广东已感染了300多人，5人死亡。4月11日，世界卫生组织在日内瓦就非典型肺炎举行了新闻发布会上宣布，全球共有2781个非典型肺炎病例，其中111例死亡。2003年3月初，疫情从广东悄然扩散到北京，4月底，全国有疫情报告的省份达26个，广东、北京、山西、内蒙古、天津等成为重灾区。

面对这场突如其来的灾难，在"非典"病毒威胁人民群众生命健康的危机时刻，党中央、国务院多次召开了会议，把人民群众的身体健康和生命安全放在第一位，及时作出了一系列重大决策和部署。"非典"疫情在我国持续了近半年之久，全国各地纷纷行动起来，"勤洗手，勤锻炼"等一系列日常生活中的口号也被人们重视起来。当疫情扩散到北京时，首都北京在开展常规化防控工作的同时，于4月23日组建小汤山医院，4月30日建成交付使用，7天内，神速地建成了一座功能齐全的临时传染病医院，创下医院修建速度之最。随后运转51天内，收治了全国七分之一的"非典"病人，并创下病死率最低、医护人员零感染的纪录。拯救了患者的生命，及时有效地控制了疫情蔓延。

一天，在去村里的路上，看到田野里的小麦，亮黄的麦芒在阳光下闪着金色的光泽，一派丰收在望的景象，就随口说道："马上就要收小麦了，返乡的人员会越来越多，这样下去，怎么割麦子呢？"2003年5月21日，北京市"非典"疫情传播链完全被切断，6月1日，卫生部宣布北京市防治非典型肺炎指挥部撤销。我们这里在开镰收割小麦前夕，镇党委政府开会宣布，抗击"非典"工作结束，将工作重点转移到督促群众抢收抢种工作上来。

当今天回望17年前与"非典性肺炎"疫情抗争的岁月，那些经历过的故事与情景仿佛就在眼前。

2020年6月9日

"中国民间艺术（钟馗画）之乡"名归灵璧

灵 肖

2003 年 3 月，文化部办公厅公布了新命名的"中国民间艺术之乡名单"，我县被命名为"中国民间艺术（钟馗画）之乡"。

"中国民间艺术之乡"命名评选是文化部于 20 世纪 80 年代末在全国开展的旨在弘扬中国民间艺术，促进民族民间文化艺术繁荣和发展的一项重要工作。评选由各省市自治区在文化主管部门命名的省级"民间艺术之乡"的基础上选报，经国家文化部考察验收后命名。自 1987 年开展创建以来，已经成为推动民间文化艺术事业繁荣发展、丰富活跃基层群众文化生活的重要公共文化品牌项目。

灵璧县钟馗画是中国民间民俗活动中用于驱邪祈福，带有吉祥意味的纯手工绘制民俗年画，民间视为降魔消灾之符图，被尊为"灵判"。它始于唐，发展于宋，鼎盛于明清，至今兴盛不衰。乾隆《灵璧志略》载：昔日"灵璧画店林立，画商纷至，每岁可售数万纸，画工衣食于斯"。

灵璧钟馗画扎根于民间，寄情于民俗，蕴雅于拙，寓美于丑，"土而不陋，俗不伤雅"，朴素自然而具有恒久的艺术生命力，它承载着中华民族"正义不屈"的文化内涵，凝聚了中国传统文化，因而具有很高的历史价值、艺术价值和文化价值。1915 年，灵璧钟馗画在巴拿马国际博览会中荣膺金奖，轰动世界。

自 20 世纪 80 年代开始，县委、县政府非常重视灵璧钟馗艺术的保护，组织老艺术家对钟馗画资源的抢救和保护，完成《八灵图》的抢救工作。县委、县政府成立了钟馗画艺术保护领导小组，并制定了钟馗画艺术保护实施意见，对钟馗画艺术进行保护。组织文化部门对钟馗画资源进行普查，在普查的基础上建立中国灵璧钟馗画文化遗产档案，修复早期钟馗古画，编辑出版《灵璧钟馗画画集》，制作了《中国灵璧钟馗画艺术》宣传片。先后组织成立了"灵璧钟馗画研究会""灵璧县钟馗画院""灵璧县书画院"等艺术团体，并以这些组织为载体，开展钟馗画创作、展览、交流、研讨和培训。近年来，灵璧钟馗画多次参加国内、国际大赛或画展，并获大奖，参赛（展）作品被多家博物馆、美术馆收藏。1990年，灵璧钟馗画参加在新加坡举办的"中国民间美术佳品及名艺人作品展"，被海外人士争相购藏。1991年成功组织了"灵璧钟馗画进京展"，并被中央电视台收入晚间新闻。1997年组织灵璧钟馗画参加"和平杯"国际书画艺术交流大赛。赵英汉作品获"金奖"。2000年投资600多万元建设了一条规模较大且具有钟馗文化特色的钟馗路。全长440米，宽25米，路的北首有一古式牌楼，牌楼下立一钟馗塑像。街道两侧为仿古建筑，古色古香，画店林立，作品琳琅满目。灵璧有近200人从事钟馗画创作，有30多个钟馗画店，年交易量3万余件。

灵璧获得"中国民间艺术（钟馗画）之乡"称号，对灵璧钟馗画艺术的繁荣发展，灵璧文化品牌的形成将起到重要的推动作用。

县化肥厂破产改制

薛泉松

我曾在县经贸委分管全县国有资产监督管理和企业改革工作。记忆特别深刻的是县化肥厂的重组、破产、清算、拍卖和安置。

灵璧县化肥厂位于灵城西关外东风大街28号，始建于1969年，1972年正式投产，厂区占地面积135.42亩，注册资金1550万元，固定资产300余万元，设计产能为3000吨/年合成氨，合成氨产品为农用碳酸氢铵。经过30余年的发展，到20世纪90年代末，县化肥厂的合成氨生产能力达5万吨/年，固定资产达8061万元，产品结构由单一的农用碳酸氢铵，逐步发展为以农用碳酸氢铵为主，辅以液氨、甲醇、复合肥、塑料编织袋等多种产品，是当时我县规模最大的国有企业、明星企业，也是我省化工行业的一面旗帜。那时，做一名化肥厂的普通工人都是十分荣耀的，每当他们身穿工作服走在街上，都会受到市民们甚至机关工作人员的注目和羡慕。县里各个学校经常组织学生去参观，省内外同行也经常去学习、取经。该厂在计划经济年代，为我县农业经济的发展作出了重要贡献。

随着国内外市场同类产品不断涌入，特别是双轨制转变为多种经济成分并存的社会主义市场经济后，化肥厂在经营管理上的诸多弊端凸显出来，长期积累的各种矛盾叠加交织，严重桎梏着企业发展，效益逐年下滑。截至 2000 年底，账面资产负债率达 140%，实际负债率高达 490%。

县化肥厂实有干部职工 954 人，其中，正式职工 697 人，离退休人员 212 人，临时工 45 人。享受抚恤金的 126 人。拖欠职工工资 250 多万元，拖欠养老保险金 180 多万元，拖欠抚恤金 16 万多元，向职工集资 1150 万元，坏账损失 980 万元。

企业负债累累，严重资不抵债，被迫于 2001 年底彻底停产。为使企业走出困境，加大改革的力度，县委、县政府决定以每年 150 万元租金，商请上海南方集团设备有限公司对化肥厂进行整体租赁经营。然而，由于 2002 年 7 月至 10 月债权人诉化肥厂偿还债务 270 万元的法律文书生效，徐州市九里山区法院以现行经营人有义务协助执行为由强制查封了上海南方集团设备有限公司和上海灵丰化工厂的银行账户，致使上海南方集团设备有限公司无法进行正常经营，上海灵丰化工厂无法继续生产。所以，化肥厂整体租赁经营随之宣告结束。

2003 年 12 月，化肥厂向灵璧县人民法院申请宣告破产。2004 年 2 月，县法院经审理依法认定化肥厂因经营管理不善、不能清偿到期债务呈连续状态，符合破产条件，根据《中国人民共和国企业破产法（试行）》第三条第一款的规定，裁定灵璧县化肥厂破产，并指定成立破产清算组进驻接管。这又使得化肥厂的改革面临新的难点。面临着债权人的利益需要得到公平补偿和职工权益需要切实保护的双重压力，县委、县政府仍然坚定不移地帮助企业再次走出困境，把实现资产优化组合、促进企业不断提高和发展作为破产清算工作的目标要求，从县经贸委、财政局、工商局、物价局、审计局、劳动和社会保障局、国土资源局、房产局、地方税务局、人民银行灵璧支行等单位抽调精干人员，依法组成破产清算组进驻化肥厂，任命我担任清算组组长，负责化肥厂破产清算工作。

清算组进驻化肥厂后，从全面接管企业的人、财、物，到财产清算、评估、变卖及向法院提交财产分配方案等事项，依法有序开展了工作。

对化肥厂的财务进行审计。经审计：化肥厂累计亏损审定数为4880.8万元，其中账面亏损574.4万元，潜亏4306.4万元；外欠债务7188.65万元。

对化肥厂的资产进行评估。经评估，化肥厂的设备价值1730万元。房屋价值860万元，土地166.32亩，价值1330万元（按当时的工业用地价评估），库存商品、配件50万元，应收款101.6万元，总计4097万元。扣除职工宿舍区土地房屋价值300万元，应收款101.6万元（基本上是坏账），评估价为3695.4万元。

实现了对化肥厂所欠工商银行的债务进行回购。当时，中国工商银行为了上市，全国各地工商银行都把不良资产全部剥离到中国华融资产管理公司。县化肥厂欠工商银行抵押贷款本金2573万元，利息731万元，本息合计3304万元。由于土地证、房产证全部抵押并移交到华融资产管理公司，如果不能拿回，化肥厂破产拍卖工作将无法进行。在时任分管工业的副县长王怀启带领下，我们先后六次与中国华融资产管理公司合肥分公司进行频繁接触和艰辛谈判。恰巧对口接待我们的尤处长是原宿县地委书记孟亦奇的女儿，我们就在她面前不时地念叨着孟亦奇书记在宿县专区的政绩、功德和在宿县地区人民心目中的威望，以灵璧县化肥厂900多个职工家庭需要安置和数千人需要吃饭为情感筹码，最大限度地争取她的同情和让步。最终我们与华融资产管理公司达成共识，签订了买断合同，由我们县财政出资173万元进行债权回购，赎回了化肥厂所有的土地证、房产证。

及时召开债权人会议。化肥厂外欠债务7188.65万元，收取集资款2600多万元，其中向化肥厂内部职工集资、募股1451.4万元。清算组根据破产清偿顺序的原则规定，拟对破产企业资产拍卖所得款项，在留足安置职工的费用后，将剩余款额按债权人债权比例进行分配，并向所有债权人作了充分说明。

对上海灵丰化工厂投入的设备资产进行界定。按上海南方集团所提供的资料，他们承包经营县化肥厂期间投资的机器设备2800多万元。2006年10

月，我陪同时任灵璧县委书记何志中、县政府副县长王怀启到宿州市煤电宾馆与上海南方集团代表陈龙兴（时任上海灵丰化工厂董事长）、陈洪兴（时任上海灵丰化工厂财务部长）二人进行商谈。最后商定，上海南方集团在县化肥厂承包租赁期间投资机器设备折款 380 万元。

把维护职工稳定和争取国家政策支持贯穿始终。首先，我们在破产清算工作中，充分考虑到职工是弱势群体，把所有的政策利好积极地向职工倾斜，使职工能够享受到的利益最大化。尽管如此，仍不能事事让人人满意。有些职工不合理的费用硬让我们解决，不满意的职工以各种方式无理取闹。有破口大骂的，有向清算组办公室门上抹大便的，有下跪拉扯清算组成员的，有堵住办公室门不让下班的，有满大街张贴小字报进行人身攻击的。我们一方面向县政府分管领导和法院合议庭汇报，取得领导支持，一方面邀请退休职工代表赵文亮、内退职工代表苏良德、在职职工代表庄宗昶、住公房职工代表王士功等各方面的职工代表全程参与破产改制工作。其次，2007 年 3 月，省经贸委《2005—2007 年淮河流域重点工业废水治理工程规划》项目安排给了县化肥厂。我们破产清算组为了争取这笔资金，利用与县、市、省经贸委是同一系统，人员熟识和业务熟练的优势，积极按照要求编制和完善环境影响报告书等系列材料，多次前往宿州、合肥、北京参加评审会议。2008 年 3 月，终于顺利为我县争取到无偿国债资金 435 万元。

历时 8 年的破产清算拍卖工作一波三折，这里既有法律问题又有政治问题，既有历史原因又有现实情况，岂能一拍了之。当时参与整体资产拍卖竞标的有 7 家具有法定资质的公司。2006 年 12 月，由县法院负责审理化肥厂破产工作的庭长夭荣兴主持，在化肥厂二楼会议室对 7 家拍卖公司进行公开招标，结果由安徽省双赢拍卖公司宿州市分公司中标。该公司接受化肥厂破产清算组的委托，对县化肥厂所属资产实施整体拍卖。第一次拍卖会于 2007 年 2 月 28 日上午 9 时 30 分在灵璧县人民法院审判大厅举行。拍卖公司邀请了时任县人大副主任蔡善甫、县政府有关负责人、县法院院长凤良龙还有我和县法院合议庭庭长夭荣兴等到场监督。化肥厂 60 多名职工也参加了拍卖会。拍卖会上，由于竞买人之一的浙江省宁波市某单位法人代表项某未在规定时间（9 时 30 分）到达现场，9 时 35 分才持银行汇票到达现场办理竞买登记手续，因此另一位竞买人陈某一行提出了异议，当时由灵璧县工商局合同股两位监拍工作人员现场向上级主管部门相关领导汇报，得到明确答复：宁波市某单位法人代表项某未在规定时间内办理竞买登记手续，已丧失竞买人资格。按照有关法律规定，只有 1 名竞买人参与竞买的，拍卖标的不能实施。因而第一次拍卖因竞买人未达到法定人数而流拍。第二次拍卖于 2007 年 8 月 21 日在安徽省双赢拍卖有限公司宿州市分公司会议室举行。县化肥厂王士功、苏良德等 4 名职工代表参加了拍卖会。这次拍卖由山东高密永辉化工厂法人代表褚某和马某以 2600 万元出价竞买成功。

拍卖工作基本结束后，我们又用了近五年的时间积极稳妥地进行了职工安置，兑现承诺。破产资产拍卖后，所拍款项 2600 万元，对化肥厂 954 名干部职工分别根据工龄长短及国家的改制政策全部发放了身份置换金，对于职工的集资款、股金、欠发的职工工资、45—55 岁人员安置费、欠缴的养老保险金、退休职工代缴养老保险金、待业人员身份置换金、入厂保证金、遗属抚恤金、独生子女补助金、退休职工医药费、军转企干部医药费、离休干部医药费等，全部按照有关政策偿还、发放到位。此外，对上海南方集团承包租赁期间投资设备款、中国华融资产管理公司贷款回购金及县法院破产诉讼费、拍卖公司拍卖费、审计局审计费和劳动就业局职工失业金等费用全部付清缴齐。缺口部分，由县财政把省经贸委下拨的企业改革专项补助资金 356 万元全部拨付到破产清算组予以弥补。所剩 13 万余元又全数上交给了县财政局。然后又把化肥厂破产清算、安置费用账目全部移交到县审计局进行财务审计。县审计局审结后出具了《关于灵璧县化肥厂破产清算拍卖资金财务收支情况的审计报告》。县法院于 2012 年 4 月下达了灵璧县化肥厂破产程序终结裁定书。化肥厂财务档案移交到县档案局，职工人事档案移交到县劳动和社会保障局就业局。所有失业职工从县劳动就业局领取了 3 个月的失业金。从 2004 年 2 月县人民法院依法裁定灵璧县化肥厂破产至 2012 年 4 月裁定化肥厂破产终结，整个破产清算工作历时 8 年零 2 个月。

举办首届中国灵璧石文化节

晏金福

2004年，灵璧县在财政极端困难的情况下，举全县之力，筹集资金近300万元，举办了首届中国灵璧石文化节。这是灵璧石历史上的一次盛会，规模之大、影响之广、效益之高，都是空前的。

动议从2003年秋开始。这些年来灵璧石的影响力逐年提升。一是1999年昆明世界园艺博览会上，参展的灵璧石获得金奖三个。二是2000年在香港举办的宿州市灵璧石展暨招商会上，一块灵璧石卖出了13万元的高价。三是灵璧石的产销在灵璧已蔚然成风，灵城、渔沟两地的私人石馆已达200多家。四是灵璧石在全国有了比较大的影响。天津的民营企业家柴宝成不惜重金，大量采购灵璧石，筹办奇石园。苏州企业家陈金根在渔沟采购的重达136吨的灵璧石"庆云峰"，被列入吉尼斯世界纪录。这一切说明了举办灵璧石文化节的时机已经成熟。以石为媒、提高灵璧知名度、加快招商引资步伐，举办灵璧石文化节势在必行。

关于节名，动议中有两点争议：一是叫文化节，还是艺术节或文化艺术节。争论的结果是确定叫文化节。因为灵璧石有悠久的历史，抛开"泗滨浮磬"，就从苏轼赏石、米芾拜石到宋徽宗御题"庆云万态奇峰"至今，已有千年之久。用文化节命名，能够充分展示灵璧石深厚的文化底蕴。二是叫奇石文化节还是叫灵璧石文化节。争论的结果是确定为灵璧石文化节，因为灵璧石不仅有奇石，还有世界上唯一能发声的磬石，用灵璧石命名最能体现灵璧石卓然不群的风姿和在赏石界的独特地位。

最终正式定名为首届中国灵璧石文化节。

2004年6月16日，首届中国灵璧石文化节筹备委员会宣告成立。筹委会主任由县政府负责人担任，常务副主任是副县长李玉宏，副主任有王怀启、吴新杰、郑锦之等8人，委员有任树文、张文雅、张殿凯等17人。筹委会下设办公室和7个工作组。办公室主任由郑锦之兼任，7个工作组为宣传策划组、招展和精品石评审组、广告集资组、招商组、财务组、展馆布置组、保卫组。

筹委会成立后，文化节轰轰烈烈的筹备工作开始了。招商、招展、布展、节徽征集、365块精品灵璧石征集、邀请赏石专家、请书法家题写会标、文化节纪念邮票和特种邮资封印制发行、纪念币铸造发行、《精品灵璧石荟萃》和《灵璧石说》两书征稿编辑出版发行等工作，密锣紧鼓地开展起来。

7月23日节徽征集率先揭晓，经过专家评审，从众多的应征作品中，确定29号范业玉的作品中标，并有程建国等5位作者获入围奖。7月26日，向人民大会堂捐赠灵璧石和文化节特种邮资封用石选定，分别是任树文捐赠的"龙腾盛世"和张化军捐赠的"麒麟献瑞"。8月7日，精品灵璧石终评专家组确定，计有王铁山（北京）、周峥嵘（上海）、高新村（上海）、马传来（天津）、张训彩（郑州）、尹明智（徐州）、马青霜（蚌埠）、陈民府（宿州）9人，张训彩为组长。8月12日，著名书法家欧阳中石题写了会标。8月28日至29日，从初选的999块灵璧石中评定365块精品灵璧石。9月8日上午，首届中国灵璧石文化节书画笔会在北京故宫博物院举行。9月9日下午3时，首届中国灵璧石文化节新闻发布会在北京人民大会堂隆重举行，新华社、人民日报、中央电视台等50多家媒体记者70多人应邀参加。10月13日，首届中国灵璧石文化节组委会正式成立，由县委书记储诚胜任主任、四大班子领导为副主任。组委会的成立标志着文化节进入倒计时，文化节的大幕即将拉开。

11月7日下午首届中国灵璧石文化节主题序曲——安徽·灵璧投资环境说明会暨招商项目签约仪式在宿州汇源大酒店隆重举行，签约仪式上北京虹川奥泰商贸责任公司等7家企业与县人民政府签订了投资协议，协议资金1.65亿元。同日下午，文化节重要序曲——《中国灵璧石精品荟萃》《灵璧石说》两书和灵璧石个性化邮票首发式在灵璧龙山广场隆重举行。

2004年11月8日上午，首届中国灵璧石文化节开幕式在灵城龙山广场隆重举行。文化节由中共灵璧县委、县人民政府主办，首届中国灵璧石文化节组委会承办，芜湖卷烟厂、富茂特房地产开发公司、南京宏泰房地产开发公司、北京中科新技术信息中心、宿州美利特房地产开发公司、中国灵璧石赏石协会等协办。应邀参加开幕式的领导人有省委副书记张平、省人大副主任周本立、省原人大副主任陈瑞鼎、省政府副省长徐立全、省政协副主席陈心昭等。

会场上彩球飞舞，彩旗飘扬，军乐队高奏迎宾曲。全城万人空巷，从新大桥到龙山广场，人流拥挤，水泄不通。

9时18分，开幕式正式开始。县政府负责人主持开幕式，中共安徽省委副书记张平宣布首届中国灵璧石文化节开幕。此时，一声声礼炮响彻云天，一片片礼花飘落大地，一只只和平鸽飞向蓝天。接着县委书记、文化节组委会主任储诚胜致开幕词。著名赏石家王铁山、江苏华阳纺织品有限责任公司董事长钟猛雄分别代表赏石界和企业家致辞。市长、文化节组委会名誉会长唐承沛也发表了热情洋溢的讲话。最后，省黄梅戏剧院和省电视台"相约花戏楼"栏目组奉献了精彩的演出。

下午1时30分文化节大型专场文艺演出在警犬训练基地举行，现场涌入观众多达4万人。为了避免踩踏事故，不得不采取限流措施。著名京剧表演艺术家、京剧样板戏《杜鹃山》女主人公柯湘的扮演者杨春霞，中央电视台戏曲频道主持人白燕升，安徽黄梅戏剧院一级演员、戏剧梅花奖得主黄新德，河南豫剧院三团一级演员、戏剧梅花奖得主汪荃珍和省歌舞剧院、省杂技团、合肥市歌舞团的演员们登台献艺，演出精彩纷呈。

此次文化节的奇石主展馆设在龙山广场东面的原县胶合板厂，占地10000多平方米。展馆面积4000多平方米，共17个展厅，其中精品灵璧石展厅10个，全国奇石展厅4个，磬石工艺品展厅2个，综合展厅一个。主展馆外还搭建了180个展销摊位，并设有3000平方米露天销售区。

文化节引来了全国各地的奇石爱好者和从业者，前来参加购销的不仅有本县、本省和江苏、山东、河南等邻省的，连广西柳州的大化石和新疆大漠石也千里迢迢前来参展。

11月18日下午，热闹了11天的首届中国灵璧石文化节胜利闭幕。在闭幕式上，代县长、文化节组委会主任何志中郑重宣布，第二届中国灵璧石文化节将于2006年11月18日举行，而且要一届一届办下去，争取一届比一届办得好。

　　首届中国灵璧石文化节的举办，不仅实现了以石为媒、以石招商的目的，取得了丰硕成果，而且产生的影响也是巨大而深远的。

　　它促成了灵璧第一个也是全国最大的灵璧石专业市场——灵璧石大市场和奇石小镇的诞生，吸纳了 400 多商户入驻。

　　它促进了灵璧奇石文化园的建设，从此，灵城人民有了既能休闲娱乐、又能赏石观景的好去处。

　　它促进了渔沟灵璧石交易中心、天一园、灵璧石国家石林公园等灵璧石产业的形成和发展。

　　2007 年，灵璧获得了中国观赏石协会授予的首批观赏石之乡的光荣称号。获得这个称号的，全国仅有 6 个。灵璧能够入选，就是源于首届文化节的巨大影响。

　　2010 年灵璧石被国家技术监督检验总局批准为国家地理标志保护产品，这是灵璧县获得的唯一国家级地理标志保护产品。正是首届文化节的影响，让灵璧获此殊荣。

　　2018 年 6 月 25 日，灵璧磬云山国家地质公园正式获得国家林业和草原局批准，接着，灵璧地质博物馆建成，这也是与首届文化节的影响分不开的。

　　首届中国灵璧石义化节后，灵璧石产业蓬勃发展，成了灵璧县的拳头产品，在全国乃至全世界都有了名气，对灵璧的巨大贡献是应该永留青史的。

荣获全国劳务输出工作示范县称号

单丹丹

　　灵璧县是农业大县、人口大县，为挖掘劳动力资源优势，县委、县政府把劳务经济作为一大产业来抓，把劳务输出作为富民强县主抓手，通过年年评选表彰"打工状元"、培训"打工新星"，掀起了一波又一波农民"打工潮"

和"创业潮"。2005年，全县劳务输出总量25万人，占农村劳动力35.7%，占富余劳动力62.5%；实现劳务收入12亿元，占农民纯收入50.8%。崔文静、吴大强、毛士方等首届10名"打工状元"发挥了示范带动效应，激励和影响30万劳务大军走南闯北，成就了一代年轻人就业创业的梦想。2006年8月，全国劳务输出工作会议在河南滑县召开，灵璧县被授予全国劳务输出工作示范县，分管副县长王怀启出席会议并作经验介绍。

劳务输出呈现的特点：一是输出组织化程度较高，通过建设劳务输出基地、组织订单劳务输出的劳动力12.5万人，占输出总量50%。二是务工形式由短期零工转向长期融入，全县有3000多人举家外出，不但在外地站稳了脚跟，还购置了房产，把子女送入当地学校就学，真正融入了城市生活。三是务工层次由蓝领向白领迈进，在外出务工人员中，从事非体力工种占30%、职能型务工占9%，有10%成为用工单位管理人员。四是境外务工成为亮点，全年向美国、日本、新加坡等国输出劳务人员120多人，年收入10万元以上。五是由"打工仔"向创办企业和返乡创业转变，一些外出务工人员经过多年打拼，积累了资本和经验，开始合资或独资创办企业，有的返乡创业带动乡邻致富，完成了"今日打工仔、明天大老板"的蝶变。全县务工人员在外创办劳务承包、生产经营类企业近400家，返乡创业435人，创办企业326家。

随着劳务输出规模扩大、劳务产业壮大，劳务经济对县域经济发展的推动作用显著提升。一是借地生财，增加了农民收入。全年外出劳务收入超过10亿元，是全县财政收入的6倍，外出务工人员年收入5000多元，仅此就使农民人均增收1000多元。二是借地育才，提升了创业能力。打工者通过在发达地区务工，开阔了眼界，学到了技术，积累了经验，实现了人力资源向人力资本转变。朱集乡崔文静外出务工学到了服装设计和裁剪技术，返乡创办了文静服装学校，7年来培训学员1.8万余人，成为长三角服装加工业的一支"劲旅"。三是借地洗脑，推动了思想解放。这支规模庞大的外出劳务大军，接受了现代文明的洗礼，思维方式、生活方式、思想观念和价值观念都发生了显著变化，他们带回了先进理念，带回了开放气息，推动了干部群众思想大解放、观念大转变，为全县经济社会快速发展注入了生机与活力。四是借机招商，引进了外来资本。通过务工人员牵线搭桥，每年引进县外资金2亿以上。

开展劳务输出的举措有如下几点。

（一）建立输出体系，提供组织保障。县成立劳务输出工作领导小组，建立工作例会、调研报告、督查考核等制度，编制劳务产业发展规划，完善了县乡村三级劳务输出组织体系。县政府每年安排不低于30万元、乡镇政府不低于5万元的专项资金。

（二）评选"打工状元"，营造外出务工氛围。每年春节期间，在全县集中开展评选"打工状元"劳务输出系列活动，采取公开推选、民主投票方式，评选10名"打工状元"，县委、县政府召开万人大会隆重表彰，每位现场奖励1万元。将"打工状元"事迹制成专题片，在电视台反复播放，产生激励效应。开办《灵璧人在外地》《外出务工人员访谈录》专栏，让务工创业者有形象、有声音。每年春节前，县领导分成若干个慰问组，分赴灵璧籍务工人员集中地，慰问外出务工人员，带去家乡祝福。春节后，举行外出务工人员欢送仪式，为打工出征的务工人员送行

（三）创新培训机制，让每个农民都有一技之长。实施阳光培训工程，每年免费培训500名"打工新星"。支持引导社会培训机构发展，从场地、师资、税收等方面扶持职业培训机构27个，培训专业30多种，形成3.5万人培训能力。开展订单培训，与上海、浙江等地30多家大型企业建立长期劳务合作关系。在激烈的劳务市场竞争中，拥有一技之长的灵璧劳务人员，深受输入地企业的青睐，形成了灵璧劳务品牌。

（四）政府服务搭台，打造劳务输出平台。农民找工作，政府搭桥梁。通过提供信息和服务，打造了19个劳务输出平台，变农民盲目外出为有组织输出。培育劳务输出经纪人队伍，鼓励机关分流人员、农村能人创办中介机构，建立输出绿色通道。

（五）维护合法权益，让务工人员放心外出。延伸服务环节，让外出务工人员走得放心、干得安心。为务工者创造和谐安定的大后方，妥善解决外出务工人员土地承包、老人赡养、子女就学等问题。搞好维权服务，开通农民维护网站，发放维权卡，建立从信息采集、合同签订一条龙服务。

（六）实施回归工程，圆打工仔"老板梦"。通过积极引导、政策激励

和亲情感召，激发外出务工人员返乡创业积极性。抓住务工人员回乡探亲、过节之机，举办恳谈会、茶话会，介绍家乡变化、发展前景、投资环境和创业政策，鼓励回乡创业。每年评选"创业明星"10名，颁发荣誉证书。对回乡创业人员投资兴办企业的，视同外来投资，政治上给地位，政策上给扶持，推动"打工潮"走向"创业潮"。

全省第一所公立寄宿制学校创立

周宗谋

灵璧地处安徽省淮北地区，经济欠发达，农村外出打工的逐渐增多，农村留守儿童的教育问题已经成为比较突出的社会问题。为破解这一难题，保证留守儿童的健康成长，灵璧县禅堂乡中心小学于2005年2月创办了全县、乃至全省第一所公立寄宿制学校。

2004年秋天，这里发生的一件事对禅堂中心小学的领导和老师触动很大，该校五年级10岁的品学兼优的学生倪晓峰，近来经常旷课，成绩直线下降。老师经过家访，知道倪晓峰的父母去了外地打工，他随爷爷奶奶生活。这段时间，他经常偷偷地上网吧打游戏，却向爷爷奶奶说老师让他在学校补课，到学校又说是在家帮爷爷奶奶做家务。像倪晓峰这样的孩子在禅堂小学不止一个，学校领导班子感到要从根本上破解这一难题，就必须转变办学观念，寻找新的办学模式，决定试办公立寄宿制学校，让留守儿童的课外教育与管理尽量转到校内来，改变学生在校外放任自流的状态。为此，他们通过召开教师与学生家长座谈会和社会问卷调查等形式，广泛征求社会各方面的意见。2004年寒假他们又到20多个行政村做了社会调查，发放了20000多份宣传材料，98%的群众支持这一顺应民心的办学思路和方法。接着他们又用了20多天时间改建学生食堂、聘用生活老师。为了赶在春节后开学，有9位老师连大年三十都是在学校里度过的。经过他们多方面努力，在地方党政机关和广大群众的支持下，2005年2月，146名寄宿生开始了新的生活。

禅堂小学等学校优先安排留守儿童上寄宿制学校，把留守儿童的主要监护责任交给学校和老师，对寄宿制学校的办学、管理以及师资建设提出了更高的要求，解决了留守儿童的监护问题。

学校办起来了，为了把学校建成留守儿童的乐土，他们采取了应对措施。一是对留守儿童实施全程监护，使这些孩子得到慈母严父般的呵护。一般的公立学校，学生在校时间大多是6小时左右，现在的寄宿制，24小时全天候都有任课老师和生活老师的关爱。二是保证学生生活营养配比合理。他们聘请了专职厨师，对学生实行配餐制，保证学生每天早晨都有豆浆鸡蛋，中午晚上有肉和其他荤素菜搭配，一荤一素，两菜一汤，主食米饭馒头足量供应。一周一套菜谱，每天不重复，做到品种多样、营养丰富、科学搭配。学生每天由老师带队，有序进入餐厅用餐，每桌8人，每两桌有一名生活老师负责打饭添饭。学校免费为每个学生配置一套不锈钢餐具，用完统一消毒，确保卫生安全。三是为寄宿生营造"温馨家庭"。该校为每位学生统一提供床上用品和生活用具。分成男女两个生活区，每个宿舍都有一名生活老师负责日常生活管理和生活技能训练，照顾好学生的起居。晚上生活老师还不定时巡查，给学生盖披被子，发现有身体不适的及时送到医院检查治疗。四是提高寄宿生的综合素质。寄宿生除了正常学习外，还按个人兴趣分成电脑、音乐、舞蹈、书法、绘画、篮球、乒乓球等兴趣小组，还经常举办演讲、书画、歌舞和体育比赛，开展小制作、小发明活动，定期举办大型成果汇报展和文艺会演等活动。

这样丰富多彩的课外活动，既使学生增长了见识，又锻炼了身体，增强了他们的综合素质。经过一个学期，这个小学的五（1）班期末测试有11人数学得了满分。三年级的周瑞刚入学摸底测试语文37分，数学26分，一个学期下来，语文86分，数学90分。该生家长紧紧握着任课老师的手说："我家孩子转了三所学校，老师都说太调皮了，教不好，我的心也凉了，没想到来这里才一个学期，变化就这么大，他还能写一手好毛笔字呢，太感谢你们了！"

2007年底，该校的学生徐小间、王梦莉、张媛媛等十多位同学面对中央人民广播电台、中国国际广播电台记者的话筒，纷纷说出了心里话："这里就像我的家。"学生综合素质的提高使外出打工的家长安心打工，在家的家长也能安心务农了。

通过几年来的实践，该校不断健全管理措施，有效地促进了寄宿生素质的全面提高，受到学生、家长和社会各方面的一致好评。该校的做法最大限度地破解了农村留守儿童教育这一难题，也维护了一方的社会稳定。

别了，农业税

王现理　刘万广

历朝历代都对农民征收农业税，俗称缴皇粮，即使出现重大自然灾害，也只是减征、缓征，从没有取消之说，只有新中国做到了。从2006年1月起，全国取消农业税，后来，还向农民发放种粮补贴。

20世纪80年代初，农业实行家庭联产承包责任制后，为了保障农业税及时征收完成，在区以下的小乡（镇）首次成立财政所，我们被分配到乡财政所当上财税会计。财政所是征税先锋队，我们夜以继日地围着农户转，天天身背账本和算盘，跑到村组户征收，千方百计完成所包保的村户农业税收缴任务。农户完成定购任务后，需把"红条"交上来，扣缴农业税后，再结清余款。为此，我们经常汗流浃背地为缺劳力户搬粮，促进缴税进度。每天晚上加班核算到深夜，"噼里啪啦"的算珠声，成为我们财政所院内的主旋律。

1992年，撤区并乡，原小乡撤销，成立乡镇财政所，我们被编入黄湾镇财政所。全镇每年要征收上千万元的农业税，还有"三提五统"费。从这个时期开始，乡镇财政实行收支包干制，农业税费成为乡镇财政的支柱，机关行政事业单位的经费和200多名教师的工资支出几乎全靠农业税费。在我们这个工业十分薄弱的农业大镇，农业税收占镇财政总收入的90%以上，能收上来农业税，就有钱发工资，收不上来，就得拖欠工资。从1997年到1999年，洪涝灾害连续发生，农民减收，80% 以上农户无力缴纳全部税费。镇财政捉襟见肘，连保运转都难维持，对教师工资也一再拖欠。为了实现"三保"（保吃饭、保运转、保工资）和社会稳定，镇下达借钱任务，要求包村干部和村组干部，向社会借钱来维"三保"，待丰收年景，再把农民拖欠的税费收上来，归还借款。就是这样，全所 10 多名人员，四处借账，我们这个征税先锋队变成了"借债先锋队"，好不容易才完成镇里下达的借钱任务。在全镇 300 多名党员干部努力借款下，基本实现了"三保"，渡过了难关。

2006 年，是我们最难忘的一年，国家取消了农业税，并对种粮农户实行种粮补贴，广大农民第一次享受到种地不交"公粮"的政策。这是国家经济强盛的体现，标志着国家反哺"三农"新时期的开始。特别是党的十八大以来，国家给予农民获得感年年增多。为了适应新时期乡村振兴发展需要，我们财政所彻底推行服务大转型，建起面向广大农民的服务大厅，建设专项服务窗口，实现了网络化服务，"一卡通"把各级惠农大"礼包"，直接"点"进农民腰包，让更多的农民脱贫走上致富路。

垓下之战遗址高层论坛召开

耿瑞英

2010 年 6 月 26 至 27 日，灵璧县委、县政府联合安徽省历史学会、中国秦汉史研究会、安徽省社会科学院历史研究所在灵璧举办了"垓下之战遗址高层论坛"。邹逸麟、施丁、袁传璋、卜宪群等来自全国各地的 30 多位历史地理学、文献学、秦汉史、考古学著名专家学者出席论坛。论坛集中讨论了垓下之战遗址方位及楚汉战争有关问题，以辨别是非，还原历史真相，保护历史文化遗产。

垓下是项羽与刘邦的决战之地，因战场的中心有垓下聚而得名。《水经·淮水注》记载："洨水又东南流经洨县故城（今濠城）北，县有垓下聚，汉高祖破项羽所在也。"垓下聚为古村落，位于古洨水北岸，今韦集镇老庄胡村附近。著名的考古学家和历史学家郭沫若主编的《中国史稿地图集》（上册）第 27 页"楚汉战争"图中，标出垓下在灵璧东南，东经 117° 38′，北纬 33° 21′ 的位置。

关于"垓下"位置，历史学家、地理学家曾作过诸多考证，史料翔实，位置明确，已无可置疑。但近些年来，由于旅游业的兴起，与灵璧毗邻的固镇为提高知名度，扩大影响力，一再声称垓下位于固镇濠城，第六版（2009 年版）《辞海》"垓下"的注文也发生了变化，将以前版本上的"在今安徽灵璧县东南沱河北岸"改为"在今安徽固镇东北沱河南岸"。这是对历史的歪曲和极不负责的态度。

6 月 26 日上午，主题为"保护历史文化遗产，促进区域经济发展"的垓下之战遗址高层论坛在灵璧县公安局会议室拉开帷幕。知名专家邹逸麟、施丁、袁传璋、卜宪群等通过翔实的史料和严密的分析，支持了垓下在灵璧的说法，驳斥了"河南说"或"固镇说"。

关于垓下古战场的具体位置，古代主要有两种不同的意见，一说当今安徽灵璧东南沱河以北，二说当今河南鹿邑东。近代以来又有河南淮阳城下即古代陈城之下（简称"陈下"）说与安徽固镇东北沱河南岸说。针对学术界相关争论，邹逸麟指出，垓下之战遗址方位问题，关键在于陈下之战与垓下之战是一次战争还是两次战争的问题。如果是两次战争，那么垓下一定在灵璧，而《史记·灌婴列传》的有关记载恰好可以说明既有陈下之战，又有垓下之战。说垓下在灵璧，主要根据的是《汉书·地理志》的记载，班固依据汉代官方资料撰写《地理志》，把侯国放在沛郡而不是陈县所属的淮阳国，其资料来源相当权威。要驳倒垓下之战在灵璧的说法很难，除非出现汉简有关于垓下的新的记载。邹先生还就垓下为陈下讹误的说法进行了分析，指出讹误或笔误说太随意，历代历史地理学者相信班固的记载是有道理的。

施丁具体分析了垓下与垓下聚问题，指出楚汉之际的垓下，大体在睢水、洨水（今沱河）间开阔的平原地区，此地区当南北要冲，能容得下数十万人马驻屯和打仗，而三国魏人苏林以至郦道元等提到的"垓下聚"是当时人们聚居的村落，在故县，李吉甫《元和郡县图志》明确说它在虹县（今泗县）西南54里，为泶县的一个聚落，到北宋初成书的《太平寰宇记》则明确标定垓下聚在虹县西50里，而泶县故城在县西南78里，垓下为当今灵璧县东南、沱河以北。明清一些方志说垓下即濠城集没有举出任何根据，实属无稽之谈。

袁传璋认为，依据《史记》有关记载，楚汉相争最后决战发生在垓下毋庸置疑，陈下之战只是垓下之战的序幕。从《汉书·地理志》本注体例可知，垓下聚与泶城绝非同地，近年濠城镇北"霸王城"考古发掘成果证实此处为"大汶口文化最早的遗址"，亦为秦汉泶城遗址，但认定其即"垓下遗址"似有移花接木之嫌。根据汉唐以来较可信据的记载，垓下聚遗址应在濠城镇东北20余里处。

卜宪群、刘晓满详细分析了学界对垓下位置研究的各种意见，指出基本都是从史料所载固陵之战后楚汉两军的行军路线和战役进程着手的，这种研究方向无疑是正确的。但在具体的探讨过程中却出现了一些逻辑上的混乱。笔者认为项羽在"陈下"战败后只能向东南方向撤退。而此方向的蕲县、寿春也已被汉军占领，项羽最有可能从"蕲县—寿春"的狭长地带向东南撤退，"今灵璧东南"正在此方向，且距离最近。

施立业、陈立柱就垓下之战的四种意见，结合古今学者的相关研究进行了综合评议，指出陈下说存在四个方面的主要问题，一是对于《汉书》以来众多关于垓下（聚）在泶县境内的记载，或者不予关注，或者用"静态的、死的资料"一语否认之；二是垓下为陈下讹误说者都主张通过对战争进程的再分析来认识当时历史发展的实际，但共同的问题是分析都较粗疏，相关重要资料未能予以关注；三是对于不利于自己观点的资料，如《史记·灌婴列传》所言陈下与垓下两次战役的情况，或者根本不提，或者断章取义地引述；四是垓字与陈字，字形、音义相去皆较远，陈下何以会讹误为垓下，没有人做过令人信服的讨论。鹿邑说倡导者张守节叙述秦汉的地理知识时有错误，叙述楚汉战争路线又存在方位不清的问题，所以他说垓下在鹿邑难以信从。垓下即濠城的说法，最初出于清代一些地方志错误地理解古书，后来的附会者又以想象的方式描述项羽如何选择泶城为大本营，对于古代文献所言垓下（聚）在虹县（今泗县）以西50里，濠城在其西南78里，以及《史记》对于垓下之战的描述，视而不见。相比较其他三种说法，垓下在灵璧县东南、沱河以北的观点，不仅有古代以来的众多记载为之证明，更有合适的地理地形为之佐证，而考古学上濠城为洨县城的确定，恰好可以证明濠城不是垓下聚。

当日下午，各位专家到垓下遗址、虞姬墓等地实地考察，结合史料研究地理形势。6月27日上午，参加论坛的专家们分成两组进行讨论，绝大多数专家赞成垓下遗址在灵璧的说法。不少学者还针对2009年新版《辞海》关于垓下地理位置的修订展开了热烈的讨论。过去《辞海》垓下标在灵璧县东南沱河北岸，新版则标在固镇县东北沱河南岸。南京师范大学历史系主任、教授、博导张晋说："在学术界已有成说的情况下，一本权威辞书固执己见，不经论证，擅自修改，是违反学术规范、缺乏科学精神的，应以适当方式对该书的出版机构提出修改建议。"大多数学者也认为这一修订没有反映主流学界的研究成果，也与古代以来文献记载垓下在虹县（今泗县）西50里，即今灵璧东南、沱河以北的意见相背离。因此《辞海》垓下条目的修订不能说是慎重的，作为反映学术界主流意见的工具书的修订，一定要注意基本材料反映的事实，即便对某些观点偏重，也要用"一说"之类将原有观点加以标明。

对于秦汉之际和楚汉战争有关问题的讨论也是本次论坛的重要内容，包括秦汉之际历史形势的发展与历史人物进步与否的评价问题，项羽的性格弱点与其失败的原因问题，项羽"西楚霸王"称号的名义问题，秦汉之际泗水郡的军事政治形势与秦朝灭亡、汉朝兴起的密切关系问题，张家山汉简体现的楚汉法统关系问题，沱河下游地区新石器时代至战国秦汉时代遗存分布的考古与研究问题，等等。与会专家从不同的角度对此展开热烈讨论，取得了不少新的共识。

最后，秦汉史研究会副会长李振宏做了总结发言，指出由地方政府支持，集合一流的学者，通过专业的学术讨论来解决历史问题是一个较好的方式。建议设立"垓下论坛"，一年一度，一年一个主题，可以是历史文化，可以是经济研讨，也可以是社会建设，把垓下论坛办成为灵璧社会发展出谋划策的研讨基地，使之成为灵璧社会经济、文化发展的智力资源。

本次论坛上，与会的20多位专家提交了相关的学术论文。后在《光明日报》专版发表。各位专家在基本认定垓下之战遗址在灵璧的同时，也对不同观点保持欢迎和宽容的态度。他们认为，从学术研究的科学态度出发，从百花齐放、百家争鸣的学术方针出发，对于垓下之战遗址地理位置这一问题，仍然可以在学术范围内进行讨论，反对任何以行政手段或权威方式对该问题的强行解决。

淮水北调工程灵璧段告竣

邱以和

随着经济的发展，淮北、宿州地下水严重超采，缺水压力日益凸显，地下水位下降，出现大量地下漏斗。为了解决这一问题，2005年，安徽省开始谋划淮水北调工程。2012年2月6日，安徽省发展和改革委员会皖发政农经涵〔2012〕83号文件，同意淮水北调工程立项，2012年11月形成《安徽省淮水北调工程项目建议书》报送水利部。水利部委托水规总院进行审查，并转报国家发展和改革委员会。

淮水北调是为淮北、宿州两市社会经济发展提供水资源保障的跨区域调水工程，兼有生态环境改善和沿线城镇补水功能。从淮河干流水源到萧县岱山口闸，调水线路总长度265.9千米。其中从淮河干流水源至淮北市黄桥闸，输水干线长度为224.9千米，从黄桥闸至萧县岱山口闸输水支线41千米。输水沿线设提水泵站8级，依次为五河、固镇、娄宋、二铺、四铺、侯王、贾窝及岱山口站，五河、侯王引水兼排涝，其余6站均为引水功能。总装机22720千瓦，提水设计净扬程28.6米，输水线路在固镇翻水站后新建6.5千米地下箱涵，跨越沱河、北沱河采用倒虹吸地下涵穿越外，全线基本利用怀洪新河、香涧湖、浍河、新汴河、王引河、萧濉新河、岱河、郜湖大沟、娄宋沟、胜利沟及侯王沟等现有的河道、湖泊及沟渠。

淮水北调工程抽淮流量50立方米/秒，出香涧湖36立方米/秒，到灵璧娄宋站34立方米/秒，到二铺闸30立方米/秒，多年平均调水量24176万立方米。到四铺闸 18 立方米 / 秒，多年平均调水量 13156 万立方米。总投资136586.16 万元。

原设计方案从固镇三八河建地下涵，在沱河北岸出口处新开 8 千米明渠至娄宋沟，在娄宋沟口建宋河节制闸。灵璧建议利用黑泥沟、小龙沟作为输水线路，减少工程量，可节省土地 3000 亩。这样从沱河地下涵处黑泥沟口闸至新汴河胜利涵设计输水流量 30 立方米 / 秒，总长 29.2 千米，黑泥沟 7 千米，小龙沟 3.6千米，娄宋沟 13.8 千米，胜利沟 4.8 千米，利用新汴河灵璧闸以上河段 22 千米。

主要工程内容：疏浚黑泥沟、小龙沟、娄宋沟、胜利沟，土方 311 万方。建沱河地下涵及北沱河地下涵两端 4 座节制闸，另外建黑泥沟口、黑泥沟、小龙沟口、宋河、胜利沟、胜利沟口 6 座闸。拆除重建桥梁 15 座，即黄泥沟上 3 座，小龙沟 3 座，娄宋沟上 8 座，胜利沟 1 座，其中，娄宋沟上娄庄桥与301 省道相接为公路桥，其他都为生产桥。

为了防止水量损耗，黑泥沟 1 座，小龙沟 16 座，娄宋沟 1 座，胜利沟 10座闸，调水期间封闭，非调水期开闸排涝。

娄宋站为三级翻水站，位于娄庄镇南 1 千米娄宋沟上，设计引水流量 34立方米 / 秒，装机 4000 千瓦 4 台，1800ZLQ11.8—5.7 型轴流泵配套 TL1000-28/2600 型电机，总装机容量 4000 千瓦。

为了便于工程的管理，灵璧境内沿输水线路建巡查道路 32 千米。

灵璧境内工程分两期施工。第一期沱河至新汴河，业主为宿州市水利重点工程建设管理局，施工单位为安徽水利开发股份有限公司，监理单位为安徽省大禹水利科技有限公司。2014 年 6 月开工，2016 年 12 月 20 日竣工，工程投资 16583.04 万元。

第二期工程，黑泥沟、小龙沟疏浚及桥涵配套和娄宋站建设，业主为安徽省治淮重点工程建设管理局，施工单位为淮河水利水电开发总公司（驻蚌），监理单位为安徽省大禹水利工程科技有限公司。2014 年 12 月 18 日开工，2016 年 12 月 23 日竣工，工程投资 8463.6 万元，其中，娄宋站 3028.15 万元。

灵璧境内工程涉及娄庄、黄湾两个乡镇。县政府成立了灵璧县淮水北调工程拆迁指挥部。灵璧县人民政府于 2014 年 2 月 17 日与宿州市重点工程建设局签订《安徽省淮水北调工程沱河至新汴河段拆迁包干协议》，协议金额

2935.16 万元，基本预备费 261.25 万元；2014 年 10 月 21 日，与安徽省淮水北调重点工程管理局签订了《安徽省淮水北调工程灵璧县境内征地拆迁及移民安置建设任务与投资包干协议书》，协议金额 2242.04 万元，基本预备费 191.3 万元，总金额 5177.2 万元。拆迁指挥部组织人员做拆迁调查发现很多村把堤防、滩地作为荒地对外发包，价格 5—10 元／亩／年不等，县政府出台灵政办发〔2014〕13 号、灵淮指〔2014〕02 号文规定堤防 900 元／亩／年，废除合同，滩地按国有土地被农民承包 10 年以上，按每亩 7 倍常产赔付，堤外耕地临时占用按每亩一年 1500 元赔付，永久占用按每亩 1.05 万元赔付。房屋及附属设施按省发改委与水利厅皖发改农经〔2012〕98 号文执行。在拆迁过程中，由于娄庄宣圩村、杨集村和黄湾的王桥村把堤防分给村民耕种，阻力较大。宣圩胜利沟疏浚土方较少，未占多少耕地，勉强施工。杨集、王桥两处一直拖到 2016 年 12 月，经向县委反映，申请强制执行。12 月 1 日组织公安干警与水政执法人员吃住在工地，保障了正常施工。杨集在 2016 年 12 月 20 日完成，王桥在 2016 年 12 月 23 日完成。

工程完成后，在 2016 年 9 月 27 日至 29 日，浍河经三八沟、黑泥沟、小龙沟、娄宋沟、胜利沟调水至新汴河的固镇站和娄宋站机组试运行。固镇站累计开机 96 台时，抽水 345.6 万立方米，娄宋站累计开机 24 台时，抽水 96.6 万立方米。

11 月 28 日，灵璧黑泥沟、小龙沟工程通过验收。12 月 3 日，沱河至新汴河段工程通过验收。

2017 年 4 月 14 日，安徽省机构编制委员会办公室皖编办〔2017〕81 号文同意省怀洪新河河道管理局加挂"安徽省淮水北调工程管理中心"牌子，增加事业编制 20 名。省水利厅皖水人〔2017〕89 号文明确淮水北调工程管理中心主要职责为制订年度调水计划，并负责五河泵站、团结泵站、四铺泵站、固镇箱涵和南沱河地下涵的运行管理、维修养护及供水计量、水质监测、协调蚌埠、宿州、淮北三市调水纠纷、收取水费。2017 年 7 月 6 日，省水利厅在蚌埠召开安徽省淮水北调工程管理中心成立暨运行管理座谈会，管理中心正式挂牌。2019 年 1 月 22 日至 2019 年 1 月 25 日，在蚌埠召开淮水北调工程竣工验收会议，会上作了工程管理移交。宿州市成立了淮水北调管理中心，直接管理娄宋站，沱河地下涵两侧的节制闸委托灵璧代管。沿途 30 千米输水渠道及闸涵桥工程由灵璧县水利局管理。

淮水北调工程是国家重点工程，是振兴淮北的重要举措。现又纳入南水北调中线引江济淮工程，引水流量扩大为 60 立方米 / 秒，由安徽省水利水电勘测设计院设计，安徽水利、淮河水利等大型企业施工。

淮水北调穿过我县 52 千米，分配水量 2000 万方，为淮北大地送来了幸福之水，为建设美丽乡村、振兴灵璧经济发挥着重大作用。

彭伟平当选十二届全国人大代表

灵　肖

2013 年 1 月 27 日下午，在省十二届人大一次会议第四次全体会议上，我县农民彭伟平当选为第十二届全国人大代表。

彭伟平，女，汉族，1986 年 5 月生，安徽省灵璧县高楼镇张场村村民。2012 年 6 月 6 日下午，已经怀孕 6 个多月的她，不顾个人安危，跳入 2 米多深的水塘救上落水儿童，被人们称为"最美孕妇"。她先后被授予安徽省道德模范、三八红旗手和全国优秀共青团员等荣誉称号；荣登"中国好人榜"，当选中国十大最美人物，先后被评为"2011—2012 年度中国十大'最美公民'"、2012 年度安徽"十大新闻人物"和"心动 2012·安徽年度新闻人物"。

当选全国人大代表，彭伟平感到意外，又分外高兴，同时又感到压力和一份沉甸甸的责任。她认为这是对她的最高奖赏，可又感觉全国人大代表都是探讨国家大事的人，许多是有知识、有文化的领导干部和专家学者，她一个普通的农民也能去选人大代表？但既然当选了，就要做好，绝不当"摆设"。"虽然我是一个普通的农民，但是我知道全国人大代表意味着什么，那是一种责任，是要我们把基层老百姓的心声带到会上去的。"彭伟平面对记者如是说。

　　为了更好地履行人大代表的职责，彭伟平上网查资料，学习如何履职、如何调研。她用了十天的时间，走访了周边六七个村子，搜集民情民意。为了听到最真实的声音，她挨家挨户找乡亲们聊天。在走访中，她了解到由于外出务工的人越来越多，留守儿童的教育和安全问题在农村地区十分突出，于是准备了关于留守儿童的议案，希望能引起国家重视，给农村地区建设公办的寄宿学校，让留守儿童得到更好教育。虽然她在履职、建言方面经验少，但是对于基层生活的感受深，她把议案写好以后，交给有经验的代表帮其把关，写出了一篇高质量的议案。

　　在全国两会上，彭伟平与"信义兄弟"孙东林、"最美洗脚妹"刘丽等道德模范代表委员成为媒体和公众关注的焦点。她认为这是一种民主的体现，也是对道德模范的肯定。彭伟平说："我们都是平凡的人，做了一些平凡的事。国家赋予我们这样的职责，也是传递正能量的方式。"

虞姬文化园开园

耿瑞英

　　2012 年 5 月，灵璧虞姬文化园落成，5 月 6 日上午，举行开园仪式。国土部原副部长、中国观赏石协会会长寿嘉华，安徽省旅游局局长胡学凡，宿州市领导李宏鸣、张曙光、张冬云、孙勇及灵璧县委、县政府相关领导出席开园仪式。

　　虞姬文化园位于灵城东虞姬乡虞姬村，距灵城 7.5 公里，南接垓下古战场，北临古汴河隋堤，是灵璧县委、县政府为弘扬楚汉文化、打造文化旅游品牌，遵循尊重历史、保护为主、突出特色的原则，以省级重点文物保护单位虞姬墓为依托，于 2010 年开发建设的文化旅游景点。文化园占地面积 300 亩，分楚汉文化展示和休闲娱乐两个部分。楚汉文化展示部分主要在东部，为一期工程，主要景点有虞姬陵苑、项羽虞姬文化广场、唐河水上景观、项羽展示区。休闲娱乐区位于唐河以西，占地 220 亩，有楚汉战争文化体验区和综合旅游服务区。落成并开放的为一期工程，二期工程规划已完成。

虞姬陵苑位于园区东北部，是在虞姬墓园的基础上修建而成的，由墓塚、墓碑、墓表、乐甬、虞姬塑像等组成。

虞姬墓塚，底部直径 9 米，高约 4 米。墓前的墓碑立于民国十四年（1925），由天长县知事，权灵璧县事的宋毓衡所立。正面正中刻有"西楚霸王虞姬之墓"。两侧的楹联"虞兮奈何自古红颜多薄命，姬耶安在独留青塚向黄昏"，是一副藏头联，上下联第一个字点出虞姬。

虞姬的站立雕像，是用汉白玉材质雕刻而成，高 3.4 米。虞姬手拿书简，目视前方，气定神闲，形象优雅，展示了虞姬雍容华贵的气质和冰清玉洁的品德。

项羽虞姬文化广场位于园区的中部，由虞姬享堂、虞姬故事长廊、《策马同行》青铜雕塑、倾国红颜厅等组成。

虞姬享堂位于虞姬陵苑南边，坐北朝南，是园区内最高的建筑。匾额"巾帼千秋"表达了人们对她的赞美之情。享堂门厅抱柱中间是虞姬坐像，用玻璃钢材料做成，高 2.2 米。虞姬安详端坐，显得端庄贤淑、高贵典雅。

虞姬故事长廊用线雕的形式展现虞姬的生平故事，分别由虞姬降生、书香流韵、项羽举鼎、一见钟情、喜结良缘、伴君出征、四面楚歌、霸王别姬组成。

《策马同行》青铜雕塑位于文化广场南端，坐落在一个长宽高 7 米的立体基座上，是虞姬文化园标志性景点之一。基座上项羽身披铠甲，英姿勃勃；虞姬云鬓高耸，披肩飘逸。他们深情相对，并辔而行，充满了胜利的自豪之感。

倾国红颜厅的《霸王别姬》玻璃钢塑像，高 2.65 米，宽 3.6 米，再现了"霸王别姬"悲壮哀婉的历史瞬间。项羽身披铠甲，跪地拥着自刎的虞姬，深情地凝望着，有悲痛和愤怒，又有不舍与无奈。虞姬躺在项羽的怀抱，手握宝剑，表情从容淡定，平静安详。塑像基部镌有三朵桃花浮雕，寓意虞姬殉情自刎，生命如桃花般香消玉殒。

唐河水上景观位于园区西部，由合璧轩、碑廊、景观桥、亲水平台等组成。

合璧轩碑廊位于大门入口右侧唐河东岸。碑廊的北入口是一个项羽和虞姬的连体印章，象征他们长相厮守、珠联璧合、心心相印。碑廊廊亭相连，红柱绿瓦，古朴庄重。廊长约 50 米，宽约 3 米，廊内刻有舒同、启功、方毅、李一氓、赖少其等现代著名书法家书写的历代文人墨客咏叹虞姬、项羽的诗文，碑文集真、草、隶、篆多种书体为一廊，可谓现代书法艺术的瑰宝。

虞园飞虹景观桥采用青石板和花岗岩为主要材料建成，桥长 80 米，桥宽 6 米，下有 7 个桥孔，两边护栏各雕 43 个石狮。7 孔桥造形优美，远远望去，犹如一道彩虹横卧在唐河的碧波之上。

亲水平台依唐河东岸而建。游人参观过虞姬文化展示区，感受了虞姬、项羽的爱情之美，在此可以观赏坛中怒放的鲜花、岸上的名贵树木，亲近波光粼粼的水面，逗玩水中活蹦乱跳的鱼类，体验文化园的自然之美。

项羽展示区位于园区东南部，主要展示项羽生平和业绩，由序厅、项羽主殿、左右侧殿、垓下之战展厅等组成。序厅两边的文字是楚汉大事记和楚汉战争简介，主殿是项羽和身边英勇善战的六元大将雕像。项羽雕像由玻璃钢材质做成，高三四米，表现了项羽叱咤风云的英雄气概。身边大将分别是曹咎、季布、龙且、项声、项庄、钟离昧。

左侧殿是巨鹿之战厅，展示项羽率领 5 万楚军同秦将章邯、王离所率 40 余万秦军主力在巨鹿（今河北平乡）决战的情景。右侧殿是睢水大捷厅，展示项羽以 3 万精兵打败刘邦 56 万诸侯联军的情景。

垓下之战展厅利用三面墙体形成的空间创作巨幅油画，利用地面仿真模拟战争场景，立体再现 2000 多年前发生在垓下那场血雨腥风的历史画面，给人身临其境的感受。

开园当日，虞姬文化园内，游人如织，流连忘返。人们赏着美景，聆听着项羽和虞姬那荡气回肠的凄美绝唱，从中体味四面楚歌中英雄末路的悲壮，感受英雄和美人舍生取义的大爱和勇敢、豪放、率真、磊落的人性之美。

附：

虞姬文化园记

项羽者，豪杰也。破釜沉舟，百二秦关终归楚；策马逐鹿，三万精兵几吞刘。虞姬者，英烈也。面刀光剑影，不失女儿本色，伴君出征，挚爱感天地；闻楚歌箫声，更显丈夫气概，舍生取义，忠贞撼人寰。

灵璧城东十五里虞姬墓在焉，历两千年风雨，屡毁屡葺，渐成景胜。红花满园，起舞迎嘉客，古柏成林，擎天庇香魂。文人墨客纷至沓来，诗词赞赋汗牛充栋。公元1986年，列入安徽省重点文物保护单位。

欣逢盛世，政孚人和，百业正举，文化昌盛。乃斥巨资，以墓园为依托，摧垣推壁以扩旧制，莳花植木而添新景，名曰虞姬文化园。庚寅初春奠基，汗洒二年而成。大殿享堂恢弘典雅，水榭游廊自然和谐。塑像立庭，虹桥卧波，曲径通幽，芳草竞绿。幅幅画美，步步景异，更有文化长廊，备述虞姬懿德，项羽殊功。美人梦醒，当惊垓下巨变；霸王魂归，应释心中牵念。

夫岁月更替，风物流变，然浩然大义恒驻，人间真情永存。斯园之建，弘之，扬之，续灵璧之史脉，悦远近之游客，功在当代，惠及后世！是为记。

中共灵璧县委　灵璧县人民政府
公元二〇一二年三月

钟馗文化园获评省十佳旅游项目

刘　志

2013年3月，在全省旅游工作会议上，灵璧钟馗文化园荣获2012年度全省十佳旅游项目称号，这是宿州市唯一获此殊荣的项目。

据了解，钟馗文化园规划占地1875亩，项目总投资5.6亿元，规划建设八大景点：钟馗宝塔及山体景观、环山水体景观、钟馗大殿展示区、馗风苑景观、钟馗故居、钟馗文化展示区、钟馗百态雕塑园、综合旅游服务区。整个项目严格按照国家级风景区标准建设，立足打造国家4A级，争创国家5A级旅游景区。建成后的钟馗文化园，可接纳就业人员 1500 人，年接待境内外游客 20 万人次，年实现收入 1.2 亿元，将成为皖北文化旅游的一大品牌。

灵璧奇石文化园开园

耿瑞英

为弘扬赏石文化，打造特色文化旅游品牌，灵璧县在灵城兴建奇石文化园。2012 年 5 月，奇石文化园落成，5 月 6 日上午，举行了开园仪式。国土部原副部长、中国观赏石协会会长寿嘉华，安徽省旅游局负责人，宿州市领导李宏鸣、张曙光、张冬云、孙勇及灵璧县委、县政府相关领导出席开园仪式。

灵璧奇石文化园位于灵城西南汴水之滨，占地300余亩，其中水面80亩，工程总投资 1.2 亿元，是一座集旅游、奇石开发、展示、交易、存储、服务等于一体的文化主题公园。

文化园以奇石文化为基石，融合了园林建筑、徽派建筑的风格和元素。园内亭台楼阁，灰瓦白墙，错落有致，佳木奇石满园生辉。

文化园有东西南北四个大门，按灵璧古城四门取名，分别为鹿鸣门、望荆门、凤仪门、来璧门。园区中部是 80 亩环形湖面，湖上建有曲桥、拱桥、湖心亭，湖边建有亲水平台、游船码头、曲廊。高耸南岸的汴阳楼，气势壮阔，构制雄伟，堪称皖北之最，是园中的主体建筑，也是灵璧博物馆的所在地。东部有公主亭、鹿鸣门。公主亭取名出自西汉江都公主刘细君奉命和亲的一段凄美的历史故事。东南部是一组文化墙雕塑。文化墙共 8 面，分别展示了苏轼、白居易、李煜、宋徽宗、米芾、朱元璋、郑板桥、乾隆皇帝与灵璧石的渊缘。北部有石道千秋文化长廊、石缘万古园、来璧门，展示石文化的绵远悠长。西部有双闲亭、万寿亭、岫云亭等景点。双闲亭为纪念苏轼、米芾而建。

西南角有一处仿建的"张氏兰皋园",是张氏兰皋园的局部仿建,园中奇石为张氏兰皋园遗石。

整个园区以"九龙壁"磬石和"笑口常开"纹石为代表的近1000块园林石如珍珠般散落园内,与园区主题和景致交相辉映,相得益彰。

奇石文化园的开园,对于完善灵璧城市建设,深度推进文旅融合,开创灵璧旅游新格局具有重大的意义。开园仪式结束后,全体与会人员先后参观了汴阳楼博物馆、藏石馆、文化墙、兰皋园等景点。

开园后,文化园对市民免费开放,人们可以在此赏石观景,休闲健身。

附:

灵璧奇石文化园记

乾坤正气,赋形灵璧。天赐嘉土,地贡厚壤。祥瑞钟毓,风物自芳。有石皆珍,妙自天成,括天下之奇,藏古今之胜。

岁在庚寅,百业正兴,阖县上下,冀盼增景。乃于城南汴水之阳,因地谋篇,依水布局,建奇石文化园。

粉墙黛瓦马头墙,徽韵依依;叠苑重楼翘角亭,古意悠悠。清流入湖,波光潋滟;奇石立园,有美毕臻。璧光闪闪,日辉月映;磬音铮铮,云遏风生。竹茂兰疏,幽然三径;虎踞龙盘,傲睨九天。长廊逶迤,连通千秋史脉;飞阁玲珑,聚结万古石缘。雅轩临皋,虹桥卧波,锦帆开晓,汴柳摇金。移步异景,招来鸾翔凤翥;陶情冶性,引得近悦远来。如是,居民休闲于斯,宾客逍遥其中,且以园为体,汇八方美石,扬磬乡之文化;以石为媒,交四海俊友,促灵璧之发展,此乃修建之旨也。

胜地胜景盛世气象,名石名园明丽风光。壬辰年春,斯园告成,众愿得遂,万民欢畅。是为记。

2012年5月

首届"一会两节"圆满落幕

灵 肖

灵璧是"天下第一石"原产地、中国观赏石之乡、中国民间艺术之乡、垓下之战古战场，素有"奇石虞姬钟馗画，一奇一美一神，灵璧三绝甲天下"之美誉。奇石文化、虞姬文化、钟馗文化是灵璧独特的文化现象和亮丽的城市名片。为弘扬地方特色文化，促进文化繁荣发展，彰显我县改革开放形象，灵璧县于 2012 年 5 月 6 日至 9 日举办了首届中国·灵璧奇石文化博览会暨首届钟馗文化节、首届虞姬文化节，简称"一会两节"。

首届"一会两节"由中国文联、中国观赏石协会、安徽省人民政府主办，中国民间文艺家协会、安徽省文联、安徽省文化厅、安徽省旅游局、安徽省国土资源厅、宿州市人民政府承办，灵璧县人民政府执办，以"五彩奇石·魅力灵璧"为主题，以经贸、旅游、文化活动为支撑，采取"政府主导、市场运作、多元投资、互利双赢、自求平衡"的方式运作。

"一会两节"按照主题明确、重点突出、特色鲜明、内容丰富、安全有序、效果显著的总体目标，共进行了 11 项系列活动。

5 月 6 日晚上 8 时，"一会两节"在灵璧奇石文化园拉开帷幕。中国文联党组副书记、副主席秦志刚，中国观赏石协会会长寿嘉华、原公安边防局少将卓枫，解放军防空兵指挥学院原政委、少将张训彩，省人大副主任朱维芳、副省长黄海嵩、省政协副主席李卫华及市领导李宏鸣、张曙光等出席开幕式，副省长黄海嵩、市委书记李宏鸣等致词，市委副书记、市长张曙光主持开幕式，寿嘉华为灵璧县授牌，秦志刚宣布开幕。

黄海嵩代表省政府向首届中国·灵璧国际奇石文化博览会暨首届钟馗文化节、首届虞姬文化节的开幕表示热烈祝贺，向出席开幕式的领导和各界嘉宾表示热烈欢迎。他说，灵璧县具有深厚的历史文化底蕴，近年来，充分发挥和深入挖掘灵璧石、钟馗画和虞姬等文化资源，大力发展文化旅游产业，取得了令人瞩目的成就。首届钟馗文化节、首届虞姬文化节对深入挖掘文化内涵具有重要的促进作用，将有力推动灵璧县、宿州市乃至全省文化旅游产业发展，对建设"美好安徽"具有十分重要的意义。

市委书记、市人大常委会主任李宏鸣代表市委市政府和全市650万人民向参加"一会两节"开幕式的领导和嘉宾表示欢迎。他表示，灵璧奇石、虞姬墓、钟馗画素称灵璧"三宝"，魅力奇石灵璧石是中华观赏石之首，虞姬、钟馗画历史悠久，名扬海内外。近年来，灵璧县坚持科学发展，秉持发展文化旅游产业的自觉性，大力打造三元文化品牌，建设文化旅游胜地，推动了全县经济社会又好又快发展，探索出了一条发展文化旅游产业，带动经济社会全面发展的路径，目标高远，热情好客的灵璧和宿州人民欢迎海内外宾朋前来观光旅游，欣赏灵璧文化，共创美好未来。

开幕式结束后，举行了精彩的大型文艺晚会。晚会由著名主持人曹颖担纲主持，李玟、屠洪纲、李玉刚、刘谦等明星大腕纷纷登台献艺，将晚会推向一个又一个高潮。

此后，节庆活动一个个有序进行。5月7日上午，在富康国际大酒店举行了三元文化高层论坛。5月6—16日在奇石小镇、奇石大市场举行了奇石汇展。5月7日上午9时，在灵璧石文化园举行了奇石文化园开园仪式，上午10时30分在虞姬文化园举行了虞姬文化园开园仪式。5月6日下午，在灵璧石文化园举行了奇石暨灵璧石精品拍卖，5月6—9日，在灵璧石文化园举行了奇石精品暨灵璧石精品大赛。5月6日下午，在县会议中心举行了招商引资项目推介和签约仪式。5月6—8日，组织外来客商及赏石藏石界专家到渔沟镇奇石一条街、磬云山摩崖石刻、宋代采石坑、虞姬文化园、灵璧石文化园等地参观考察。艺术节期间在美利特度假村举行了钟馗画联展，5月7日上午，举行了钟馗画精品拍卖。5月7—9日在龙山广场举行了群众文化活动。5月9日晚，在灵璧石文化园举行了闭幕式暨大型焰火晚会。

首届"一会两节"活动吸引了来自国内28个省（市、自治区）和全球20个国家的各类奇石精品送展参会。人数之多、规模之大、内容之丰富、影响之深远，皆为灵璧历史之最。它的成功举办，对于进一步扩大对外开放，建设文化旅游强县，推进灵璧跨越发展，加快全面建设小康社会进程产生了十分重要的意义。2012年12月29日，由人民网主办的第三届中国节庆创新论坛在北京隆重举办，灵璧县"一会两节"荣获中国最具创新价值品牌节庆称号。

全县招商引资首超百亿元

刘　志

2012 年以来，灵璧县招商引资工作注重引强选优，以主导产业为重点，强化项目落地服务，全年招商引资首超百亿元，创历史新高。

目前，灵璧县工业园内香港万福集团投资 5 亿元的现代农业博览园项目正在加紧施工。这个项目建成投产后将在园区周边形成一个以观光、旅游、休闲、农业生产、加工、贸易为主体的现代农业产业集群，推动灵璧农业产业化的发展。

现代农业博览园项目是我县去年以来大力推行产业化招商的结果。作为农业资源大县，这儿年，灵璧县在承接东部产业化转移的大潮中，注重发挥资源比较优势，把引进产业化带动性大的项目作为招商引资、实现县域经济突破的主攻点，强化落实。以逢山开路遇水架桥的魄力，优化服务环境、打造政策洼地。成功吸引一大批投资规模大、产业化带动性强的大项目落户灵璧。继香港万福现代农业博览园项目后，投资 30 亿元的浙商水晶产业园、投资 15 亿元的特种袜业工业园和美中国际投资 18 亿元的东亚物流园等产业集聚项目，已成为灵璧招商引资的亮点、重点。

县招商局负责人说："今年，我们灵璧县在市委市政府的正确领导下，县委、县政府高度重视招商引资工作，把招商引资工作作为全县经济工作的生命线来抓，充分发挥行政性推动作用，主要领导亲力亲为，亲自外出招商、亲自调度招商、亲自服务招商的带动影响，营造了全县上下人人重视招商、人人关心招商、人人参与招商、人人支持招商、人人服务招商的良好发展氛围，得到客商的高度认可，增强了他们在灵璧投资的兴趣和信心。"

　　我县在开展具体工作中始终坚持着"诚信招商，服务留商"的招商理念，坚持"有目标招商、无门槛入驻、保姆式服务"这么一种有效招商措施，创新招商形式。今年，在开展"走出去、引进来、节会招商、以政招商、以商招商"的招商过程中，更加注重灵璧的可持续性发展，更加注重招大引强，更加注重规划招商，产业招商，园区招商，项目招商，不断完善工作机制。目前，城乡面貌日新月异，主导产业逐渐形成，2012 年全县共引进千万元以上项目 128 个，协议引资 276.5 亿元，实际到位资金 115.12 亿元，其中 10 亿元以上项目 12 个，同比增幅 76.2%。

　　我县已实现了由盲目无序招商到理智有序招商，由招商引资到招商选资的转变，项目的结构、质量规模都实现了新的突破和提升，如：围绕"文化创意园"我们定向引进现已落地建设的投资 30 亿元浙商水晶科技城，围绕宿州市中部鞋业基地配套产业项目，我们引进落户机械制造园的投资 10 亿元的温州鞋机制造（下一步将进一步扩大招商成果，打造成中国鞋机制造基地）、投资 5 亿元的现代农业博览园、投资 10 个亿的钟馗文化园、投资 6 亿元的县医院、投资 18 亿元面积 80 万平方米的日月星城城市综合体、投资 6 个亿的开发区基础路网建设等。

　　这些已落地或已签约的一、二、三产业的项目都充分契合我县"工业立县、民营富县、文化强县、城乡一体化"的具有灵璧特色的经济发展走向，有力助推了灵璧的快速崛起。

　　实施产业招商，以龙头企业的落户延伸主导产业链条，扩大产业规模，促进产业升级，进而实现产业集群效应的同时，灵璧县还注重完善招商平台建设。利用新批复的灵璧开发区新区 12.83 平方公里起步区作为重大项目落户平台，不断完善路网、水电通信等"六通一平"建设。以城市发展整体规划为核心，建设文化创意、商贸物流、农业和食品加工、机械制造、服装纺织等一区五园，使招商引资有重点、项目落户有地点。

　　某招商落户企业项目负责人说："我们企业最终决定落户灵璧，主要是，灵璧县委、县政府招商诚意打动了我们，灵璧县良好的发展环境和服务态度吸引了我们，特别是县主要领导亲任指挥部指挥长，现场为我们项目建设解决问题，使我们更有信心在这里发展，另外就是考虑到灵璧园区规划清晰、布局合理。它不但为我们企业建设提供场地，还为服务我们企业产业发展链条上的中小企业的留足空间，让我们企业发展没有顾虑。如果做不好我们也将愧对灵璧县领导干群。"

目前，在灵璧经济开发区新区，还有淮安机械制造园、食品加工园和中部农业机械博览园等产业项目正在落实。全县现已储备 5000 万元以上的合同项目 37 个，其中三产类 14 个，工业类 23 个，合同金额 154.5 亿元。

获评"全国生态文明先进县"

2013 年 4 月 21 日，第三届全国生态文明建设发展论坛暨全国生态文明先进县（镇）成果发布会在北京京西宾馆举行。灵璧县获评"全国生态文明先进县"。这是继中国观赏石综合基地、中国十大文化特色旅游名县、中国最具创新价值品牌节庆，一年内荣获的又一国家级荣誉。

此次论坛由全国人大环境与资源保护委员会主办，并由国家"十二五"规划专家委员会、农业农村部、国家林业局、民政部、国家审计署、国家民委、广电部、社科院等相关部委领导以及资深专家组织成立了"全国生态文明先进县推介委员会"，对全国各地生态文明建设的具体情况进行审核考评，授予我县"全国生态文明先进县"荣誉称号。

全国生态文明先进县推介委员会介绍，近年来，灵璧县坚持以科学发展观为指导，大力实施"1356"行动计划：紧紧围绕加速崛起、跨越发展这一条主线，主攻工业立县、民营富县、城乡一体化三大主战略，实施文明县城、卫生县城、园林县城、环境保护模范县城、优秀旅游县城"五城联创"，建设生态灵璧、诚信灵璧、平安灵璧、和谐灵璧、富裕灵璧、魅力灵璧"六型灵璧"，全县经济社会呈现出加快发展、加速崛起的良好态势。同时，灵璧县遵循"工业化、城镇化双轮驱动，城市化适度超前"的发展理念。按照"东进、南扩、西连、北展"的城市空间发展战略，在安徽省率先完成"双五十"城市规划修编，在全国率先完成 80 平方公里城市形象设计，坚持"显水、露水、透绿"的发展思路，大力开展"五城联创"，精心打造山水园林城市，初步形成了"一体两翼、三区互动、组团发展"的灵璧城市建设格局，被列为安徽省首批优先发展的现代化中等城市建设试点县以及全省新型城镇化试点县。

灵璧县按照反弹琵琶的发展模式，整合资源要素，优先发展第三产业和文化旅游产业，助推工业发展和产业结构调整。充分发挥"三元文化"优势，大力实施"131"文化旅游产业化工程。筹资 10 亿多元，开工建设了奇石文化园、钟馗文化园、虞姬文化园三个国家级 4A、5A 级景区，2012 年被评为中国十大文化特色旅游名县。成功申报并举办了国家级节庆——首届中国灵璧国际奇石文化博览会暨首届钟馗文化旅游节、首届虞姬文化旅游节，由人民网主办的第三届中国节庆创新论坛授予中国最具创新价值品牌节庆称号。

据悉，此次生态文明建设论坛旨在贯彻落实党中央、国务院关于建设生态文明，落实科学发展观的战略部署，引导各地由建设"经济强县"转变为打造"生态文明先进县"，树立、推广一批积极实施可持续发展战略，强化生态环境建设的先进县范例，同时宣传、交流各地生态文明建设的先进经验，进一步促进县域经济发展，建设环境友好型社会，并将生态文明建设和区域低碳经济发展的优秀成果进行推广。

（县政协办公室　供稿）

蝉联"全国平安建设先进县"

何雪峰

2003 年以来，我县连续 10 年保持"全省平安县"（"全省综治模范县"）荣誉称号。在 2013 年 5 月 31 日召开的全国深化平安中国建设工作会议上，继

2009年首次荣获"全国平安建设先进县"称号之后，再次获得这一殊荣，成为皖北地区唯一连续两届荣获"全国平安建设先进县"的县区。

整合力量切实加强基层基础建设。平安创建关键在基层，重点在基层。为此，灵璧县坚持重心下移，把创建工作重点放在了强化基层夯实基础上。特别是以"社会管理创新年"活动为契机，按照"四到位"（办公场所、办公设施、工作经费、工作人员）、"三公开"（工作职责、人员岗位分工、工作流程）的标准，大力推进基层社会管理平台规范化建设。目前，全县已建立了16个乡镇社会管理服务中心和286个村（社区）社会管理服务工作站。为解决基层警力不足的问题，县委、县政府每年拿出近2000万元，招录1240多名辅警，全部投放到基层治安管理一线。在全县主要交通路口所在的村、偏远村和重点保护单位分别设立中心警务室，每个中心警务室配1名正式干警、6—7名辅警，负责3—4个村日常警务工作及治安巡逻。其余行政村设立村级警务室，每个警务室配1名辅警，协助中心警务室处理日常警务工作。全县治安防控体系建设以警务室为点，以乡镇治安联防队流动巡逻为线，编织出一张安全大网，有效挤压了犯罪分子活动空间。据统计，截至2013年底，全县现行刑事案件总量下降了7.9%，盗抢等多发性案件下降了16.72%，群众安全感指数大幅提升。

基层社区建设和社会性服务组织全面加强。县委、县政府出台了《关于进一步推进和谐社区建设工作的意见》等相关文件，强化基层社区建设，推进公共资源向社区下沉。高标准建设的省级示范化社区——滨河社区已投入使用，基层群众自我管理、自我服务的平台逐步形成。实施社会组织服务管理优化工程，以点带面推进社会组织服务群众、服务社会的作用。虞姬乡养鸡协会成立科普惠农中心，带领3万户10万农民走上了养鸡致富的新路子。

民生为先社会稳定基础不断夯实。灵璧县委、县政府始终坚持把提升人民群众幸福指数作为创新社会管理的出发点和落脚点，着力保障和改善民生，注重从源头上预防和化解矛盾。民生工程投入力度逐年加大，2013年全县民生工程到位资金10.9亿元，资金拨付率达100%。新开工建设各类保障性住房和棚户区改造住房2000套，全面完成全年目标任务。新增城镇就业26398人，城镇登记失业率控制在 4.1% 以内。社会保障水平显著提升，城乡养老保险参保 63.57 万人、发放养老金 9645.45 万元，发放率达 100%，被征地农民养老保险实现应保尽保、即征即保。教育资源整合快速推进，城区两所重点中小学校新校区建设已投入使用；留守儿童关爱网络和工作机制日臻健全，全县多渠道筹措资金 3 亿多元，建成留守儿童寄宿制爱心托管学校 60 多所，"校内留守儿童关爱之家"300 余所，涌现留守儿童"爱心妈妈""爱心爸爸"6000 多名，建立健全"留守儿童关爱成长袋"10 万多例，全县 9 万多名留守儿童有了"家"；美好乡村建设与文化旅游和现代农业发展相结合，按照"1+X"社区化发展模式，全县美好乡村建设快速推进。

城乡基本公共服务均等化的扎实推进使社会保障能力不断提升，逐步形成幼有所教、住有所居、病有所医、老有所养的社会保障网络为经济社会健康发展添加了减压阀和稳压器。一个个坚实有力的数字汇聚成了群众幸福的源泉，也动员了更多力量投入到平安创建中来。目前，全县已建成平安村（社区）、平安学校、平安医院、平安企业、平安单位等 946 个，平安单位覆盖率达 98.3%。全县共有市级平安乡镇 16 个，在全市综治工作考核中连续多年位于前列。通过平安创建，社会发展的活力强势迸发，干事创业的政治生态和社会风气不断优化。道德建设的"灵璧好人现象"引起全社会广泛关注，涌现出勇救落水儿童的"最美孕妇"彭伟平、勇斗歹徒的优秀教师陆荣飞、鞠躬尽瘁的基层综治干部柯增华等一大批先进典型和模范。

源头治理社会矛盾有效化解。县、乡、村三级人民调解组织网络不断发展壮大，以社会管理服务中心和工作站为平台，对群众诉求实行一个窗口受理，一站式服务，一揽子解决，将绝大多数矛盾解决在基层，化解在萌芽状态。人民调解、行政调解、司法调解多调对接、三调联动机制初步形成，县司法局在县法院、县检察院、县看守所等相关单位和 230 多个村（社区）设立了法律援助联系点，为群众依法维权提供了更便捷的法律服务。县综治委牵头，以县司法局为依托成立了县矛盾纠纷排查调处中心，下设医患纠纷、劳资纠纷、交通事故、知识产权、环境保护 5 个分中心，直接负责全县重大矛盾纠纷的调处。在基层组织建设年活动中，基层人民调解组织借势发展，312 个村（社区）人民调解委员会普遍充实了力量。矛盾调处工作实现了由末端处置到前端预防。2010 年至 2013 年，全县共排查矛盾纠纷 8769 起，调处率 100%，调结 7956 起，调处成功率达 98.4%。

（原载宿州文明网 2014 年 11 月 27 日）

获全国农田水利基本建设先进单位称号

2013 年 1 月，水利部表彰 2011—2012 年度全国农田水利基本建设先进单位，我县榜上有名。

灵璧县委、县政府历来高度重视水利工作，坚持把水利作为全县农业生产和农村经济社会发展的基础，在思想观念上主动转变，一改过去水利仅限防洪、排涝、灌溉的单一性，强化水利为城市建设、经济发展、人居环境服务功能，树立为经济建设服务、为人民生活服务、为城市建设服务、为农业生产服务"四位一体"的服务理念。

在"四位一体"服务理念的引领下，灵璧县的水利事业蓬勃发展。不断整合项目资金，加大水利投入力度，以项目工程带动农田水利基本建设，认真实施塘坝扩挖、河沟清淤、小型泵站更新改造（机井建设）和基层水利服务体系建设"三加一"工程。以治理农田内涝为重点，以大沟为单元集中连片综合治理，形成治理面积不小于 1 万亩，达到"旱能灌、涝能排、田成方、林成网、路相通、沟相连"的高产农业、高效节水治理片，全县 20 万亩易涝农田除涝标准提高到 10 年一遇，改善耕地除涝面积 450 平方公里，新增、改善农田灌溉面积 17 万亩，进一步改善了全县水利基础设施条件，提高了农田防灾减灾的能力。

通过这几年来的兴修和治理，灵璧的农业生产条件得到极大的改善，有力地推动了农村经济与社会的协调发展。

（灵肖　供稿）

分获全国少儿书画大赛金银奖

刘　志

2013年8月，《书法报》第九届全国少儿书画大赛总决赛在湖北省武汉市举行，来自灵璧县尤集镇文广站书画培训班的翁然和程凯文两名同学，分别获得幼儿和少儿绘画组金奖和银奖，本次大赛全国报名5万多人，最终选拔300名选手参加决赛，其中绘画组获奖人员仅20人。

《书法报》全国少儿书画大赛是国内挖掘、评选、培养少儿书画艺术人才的全国性赛事，至今已举办9届。今年，大赛共收到来自全国20多省市自治区的5万多件书画作品，经初评选出2100多名选手分别参加桂林、北京、苏州三个分赛区选拔赛，最终评出300多名优秀选手进入总决赛。翁然和程凯文两名同学，是尤集镇文广站书画培训班学员，年龄分别6岁和9岁，两名同学凭借画作构思巧妙和精湛画技先后冲过初评、复评两大关，从5万名竞争对手中脱颖而出，参加武汉现场绘画总决赛。总决赛中翁然以即兴画《园子里的秋菊》获得幼儿绘画组金奖，程凯文以即兴画《大吉大利》获得少儿绘画组银奖。灵璧县尤集镇文广站成为全国6个优秀组织奖获得者之一。

尤集镇文广站书画培训班教师谢丽莉说："2013年8月，我们尤集文化站派出10名选手，到苏州参加选拔赛。最后有5名同学获得了三等奖，三名同学获得二等奖。有两名同学获得一等奖，被选入武汉市总决赛。参加总决赛2个孩子表现得非常好，一个获得金奖、一个获得银奖。"

金奖获得者翁然说："我画的是园里的秋菊，是用油画棒和涂字灵相结合，效果非常好。这一幅画获得金奖，我非常高兴。这幅画是表达美丽的秋天。"

银奖获得者程凯文说："我用中国画的形式，表达了荔枝树下两只公鸡斗架的场面，非常有趣。我在本次大赛中获得二等奖，非常高兴，希望下次再接再厉，取得更好成绩。"

央视拍摄灵璧历史文化专题片

刘 志

2013 年 11 月 16—17 日，央视 3 套《文化大百科——宿州印象》第二摄制组一行 4 人，专程来到灵璧县，对该县楚汉文化和钟馗文化进行采风拍摄。

《文化大百科》是中央电视台 3 套一档文化类电视品牌栏目。栏目以"探寻文化轨迹、索引中国文化精髓"为宗旨，以演播室主持人串联加专题片的基本形式，由主持人充当"电子图书馆"管理员的角色，每期通过一个条目进行概念阐释，旁征博引，图文并茂，为观众提供全球视野、全方位的地域特色文化解读。栏目集知识性、科学性、趣味性、参与性、服务性于一身，是现代影视版的百科全书，在国内外具有良好口碑。这次央视《文化大百科——宿州印象》栏目组，将采拍宿州地方特色文化专题片 8 集，每集 10 分钟，其中灵璧文化占据三集，分别是楚汉文化、灵璧奇石、钟馗文化。第二摄制组负责拍摄楚汉文化和钟馗文化两集栏目。

在两天的紧张拍摄中，摄制组先后深入垓下古战场遗址、虞姬文化园等地，采拍了大量珍贵文化遗存，并对孙淮滨、赵基、马林等知名灵璧钟馗画家进行现场采访，以独特的视角探索、展示灵璧钟馗绘画艺术的渊源、发展和现状。

举办钟馗廉政文化研讨会

为充分挖掘钟馗文化内涵，萃取其精华，弘扬正气，丰富廉政文化的理论体系，形成灵璧特色廉政文化品牌，灵璧县纪委、灵璧县检察院、灵璧县文广新局于 2013 年 5 月 16 日在县行政中心联合举办"中国·灵璧钟馗廉政文化研讨会"。市委常委、纪委书记张志宏出席研讨会并作重要讲话。省、市纪委、市检察院和县委、县政府的有关领导，来自安徽省社会科学院、安徽大学的专家及县内钟馗文化、廉政文化研究者出席了研讨会。与会者以饱满的政治热情，围绕钟馗文化的渊源、内涵、钟馗精神和廉政文化建设等问题作了深入的研讨，就钟馗文化与廉政文化的关系及如何弘扬钟馗精神，推进廉政文化建设，特别是当前如何惩恶扬善、加大反腐败力度，提出许多有价值的观点和意见。

钟馗是传说中的打鬼英雄，他文韬武略，仗义无私，勇猛刚强，可以凌虚御风，可以上天入地，承载了人们"反对邪恶，主张正义"的美好愿望，钟馗文化浸染着人类"惩治奸邪之徒，伸张浩然之气"的永恒主题，洋溢着强烈的人文色彩。灵璧是钟馗故里，钟馗文化底蕴深厚，氛围浓厚，已成为灵璧的一个重要文化符号。

张志宏指出，廉政建设需要文化载体，就宿州来说，钟馗文化是极具地方特色的文化载体，钟馗形象承载着人们反对邪恶、崇尚正义的美好愿望，其文化内涵随着时代的发展不断变迁，逐步丰富，惩恶扬善始终是其永恒的主体。建设廉政文化要结合地方特色，既要充分挖掘钟馗文化内涵，萃取惩恶扬善这一精华，惩治腐败、弘扬正气，丰富廉政文化理论体系，完善反腐倡廉制度建设。打造廉政文化品牌、搭建廉政文化载体的同时，要采取有效措施加大案件查处力度，坚持老虎苍蝇一起打，彻底发挥查办案件的自律功能。

安徽大学历史系教授周怀宇作《古代淮河流域的廉政风暴》。他指出，钟馗文化之所以落户灵璧县，是灵璧人民对于廉政的呼唤。钟馗文化和廉政文化是相通的。钟馗最具代表性的事迹，是"捉鬼"，而廉政的核心问题就是惩治贪官、反对腐败。在人民的心目中，呼唤钟馗，就是痛恨贪官，就是呼唤廉政。淮河流域是文明的发祥地，这里建立了中国最早的公共管理机构，逐渐演变为国家政权机构，廉政在这一过程中诞生。在发言中，他着重介绍了淮河流域的先民在发明创造政权中，建设廉政的可歌可泣的历史。

安徽省社会科学院历史研究所所长陈立柱作题为"灵璧钟馗廉政文化的历史文化基础"的发言。他以历史学者的眼光，从历史考证的角度指出，早期灵璧先民为夏后氏后裔杞国的遗族，他们在春秋战国之际从山东洙水流域迁于本地，公元前445年国灭于楚。夏杞遗族的到来形成本地特有的民风，这就是清廉重诺与图画方物驱除魍魉的文化传统，汉魏以来尤其是隋唐以后这一传统逐渐演变为画钟馗打鬼镇邪以纳福的习俗。清廉重诺的民风和绘钟馗画习俗相融合，在新的时代形成了灵璧独具特色的钟馗廉政文化。灵璧钟馗画弥久兴盛、钟馗廉政文化形成的历史文化基础正在于夏杞遗民清廉刻苦、信守承诺和图画方物以役魍魉的文化传统。

县检察院副检察长刘飞做了题为"弘扬钟馗文化打造廉政文化品牌"的发言。他从"拓展廉政文化视角、营造廉政文化氛围、完善廉政文化举措、形成廉政文化积淀"四个方面进行阐述，并就如何进一步发扬钟馗精神、打造廉政文化和加强职务犯罪预防工作提出合理化建议，受到与会人员的一致好评。

时任县文广新局局长王从效介绍了钟馗文化形成的历史渊源。他认为钟馗是在各种驱邪打鬼的风俗礼仪和神话传说中不断丰富衍化而成的，是人们集体创造的驱邪纳福的偶像，是幻化而成的正义图腾。

县广播电视台纪检组长王立兴作题为"弘扬钟馗廉政文化　防止选人用人失察"的发言。他说，钟馗的浩然正气和中华民族的血性传统一脉相承，是中华文化不屈精神的象征。从钟馗的怀才不遇、愤而触阶身亡的悲摧际遇中，对我们今天抓好党风廉政建设，特别是干部队伍建设会带来一些启示和警醒作用，其关键是要匡扶正气，杜绝选人用人上的不正之风，真正选拔出德才兼备的栋梁之材。

通过研讨，会议形成了共识：一是要弘扬钟馗刚正不阿的精神，培养党政干部的浩然正气。二是倡导钟馗敬业精神，形成党政干部求真务实的作风。三是崇尚钟馗清正廉洁品质，保持共产党员的高尚情操。四是学习钟馗的为民思想，牢记全心全意为人民服务的宗旨。

为配合灵璧县钟馗文化与廉政文化研讨会活动的开展，在钟馗文化与廉政文化研讨会举办期间还举办了廉政文化书画展。研讨会后，与会的领导、专家和干部群众观看了书画展。

为进一步扩大影响，活动还面向社会征集了展示钟馗廉政文化内涵的诗歌、散文、对联等，会后，文化局将其与专家、学者的论文、书画展的作品编印成集，印刷出版，名曰《馗风浩然》。该书既有理论和思想的高度，又有文学、书画艺术的欣赏价值，荟萃了本次活动的成果，是一部较为全面展示钟馗廉政文化的教材。

（耿瑞英　整理）

亚洲"金旅奖"颁奖盛典走进灵璧

灵　肖

近年来，灵璧县大力发展旅游产业，先后建成了奇石文化园、虞姬文化园、钟馗文化园、天一园和磬云山地质公园等一批具有浓厚地域文化特色的景区，使灵璧的旅游产业呈现出一派欣欣向荣的景象，确立了具有灵璧特色的旅游形象。在第二十届亚洲旅游业金旅奖启动仪式上，灵璧县荣登第二十届亚洲旅游业金旅奖暨 2014 大中华区旅游文化榜，并被授予本届旅游业金旅奖大中华区颁奖盛典承办城市。

2014 年 5 月 6 日，第二十届亚洲金旅奖大中华区颁奖盛典在灵璧县举办。本次盛典由亚洲旅游业联合会、安徽省旅游协会主办，安徽汇兆亿融有限公司承办，灵璧县旅游局、灵璧县旅游事业发展中心承办。第十届全国人大常委会副委员长顾秀莲，安徽省人大常委会副主任陈先森，国家旅游局政策法规司司长周久财，中宣部政策研究室副巡视员唐汇西，国家旅游局巡视员、综合协调司原司长唐洪广，宿州市委书记张曙光，金旅奖大中华区组委会秘书长胡金明，灵璧县委、县政府领导出席金旅奖峰会。全国各地旅游行业和媒体代表约200 人参加了本次盛会。

县委负责人致欢迎辞，金旅奖大中华区组委会秘书长胡金明致开幕词。第十届全国人大常委会副委员长顾秀莲发表讲话，并对旅游业的未来发展提出了殷切希望。她指出：我国是世界旅游大国，旅游资源十分丰富，旅游文化非常深厚。近几年，在社会经济的推动下，我国的旅游产业得到了空前繁荣。希望中国旅游产业也要紧跟时代步伐、把握发展契机，在"美丽中国"的号角下开始新的征程，为我国的和谐社会建设和生态文明建设贡献力量。

本届盛会在"中国风·中华情"的宏大主题下，全面盘点了国内的区旅游发展成就，并紧紧围绕"旅游与文化的关联度协同性、旅游品牌与文化品牌深度融合、旅游消费与文化消费深度融合、旅游诚信与文化诚信深度融合、旅游产业与文化产业有机融合"进行了广泛深入的研讨，集中展示中华旅游文化和旅游资源，进一步发掘旅游资源与旅游文化的融合内涵。在此基础上，对一年来在旅游行业及相关旅游产业作出卓越贡献的单位和个人给予表彰，全面推介荣誉单位的旅游风采。

峰会期间，灵璧还以"五彩奇石、大美灵璧"为主题，开展了 11 项系列活动：第二届中国·灵璧国际奇石文化博览会暨第二届旅游文化产品交易会，第二届钟馗文化旅游节、虞姬文化旅游节，奇石文化园国家 4A 级景区揭牌，灵璧现代农业博览园一期开园，磬云山国家地质公园揭牌，钟馗画展暨钟馗文化高层论坛，民俗非遗展演、馗风塔地宫封藏仪式、奇石精品大赛暨奇石精品拍卖，旅游市场推介对接及灵璧一日游，签约仪式暨新闻发布会等。

亚洲金旅奖首创于 1995 年，从第十五届开始，金旅奖的举办地转至国内，并先后在亚洲博鳌论坛举办地和首都北京成功举办了五届，现已成为亚太旅游业最重要的奖项之一，吸引了包括旅游业在内的社会各界的共同关注。本次盛典在灵璧举办，是灵璧推进旅游文化产业产业化、一体化融合发展的有益尝试，开了县级城市办理洲际赛事盛典的先河。

"安徽散文之乡"花落灵璧

素有"泗滨浮磬之誉"的灵璧县，自古文风鼎盛，文化积淀厚重。特别是近年来，灵璧县委、县政府"反弹琵琶"，在谋划经济社会跨越发展的同时，注重文化强县建设，弘扬特色文化，深掘"三元文化"的丰富内涵，开发文化旅游产业，吸引了省内外散文作家前来采风创作，推动了本地散文创作的蓬勃发展。

千秋风物好，今朝出新章。2014 年 10 月 19 日上午，安徽省首次"安徽散文之乡"授牌仪式在灵璧县政务中心小礼堂举行。县相关负责人致欢迎辞，省散文家协会副主席程传水宣读了安徽省散文家协会《关于授予灵璧县"安徽散文之乡"的决定》。省散文家协会认为，灵璧县在"三元文化"品牌引导下，全县当代散文创作勃然兴起，这一典型具有鲜明的示范意义。为此，主席会议决定：授予灵璧县"安徽散文之乡"称号，以进一步推动全省散文创作的繁荣和发展，充分展示安徽经济社会的丰富层面和美好未来，充分发挥特色文化在建设美好安徽中的特殊作用。当省政协原副主席、省散协高级顾问秦德文颁授鲜亮的"安徽散文之乡"牌匾时，现场响起了热烈掌声。

宿州市散文家协会副主席、灵璧县作协副主席卜献华在汇报近年来全县散文创作的情况时说："灵璧是一座千年古县，物华天宝，人杰地灵。奇石文化、楚汉文化、钟馗文化交相辉映。生活在这里的磬乡人民在长期的艰苦奋斗和劳动实践中，留下了独具特色的风土民情和璀璨的文化遗产，滋润着一方水土，养育了一方百姓。古往今来，灵璧吸引着无数文人墨客来此吟诗赋文，探幽访奇。20 世纪 80 年代灵璧涌现出十几个自发的文学社团，时任安徽省委副书记徐乐义一行亲临灵璧调研，这在当时作为一种文学现象曾轰动过全国。近年来，随着经济社会不断发展繁荣和县委、县政府对文化事业的高度重视，县旅游局在提升文化品牌上做大文章，多次邀请文学界知名作家和本土作家一起抒写大美灵璧。一大批文学爱好者在灵璧这片沃土上，成长为具有浓郁乡土气息、充满文化自信的作家群体。正是缘于作家的辛勤，才促成了灵璧文坛的硕果累累，这些都有力地证明灵璧被授予"散文之乡"的称号当之无愧，也是灵璧作家的荣光。省散协副主席、宿州市散协主席张肖灵和兄弟县代表张永平发言，对灵璧县获得"安徽散文之乡"殊荣表示热烈祝贺。

灵璧职业高中马加华老师现场朗诵了徐子芳创作的《灵璧赋》，大气磅礴的文辞，声情并茂的音调，赢得了与会者的高度赞赏。

最后，省散文家协会主席徐子芳作了"灵璧三元文化与散文创作"的主题讲话，畅谈了学习习近平总书记在文艺座谈会上重要讲话的体会。他说，"散文创作的繁荣与发展，离不开别具特色地域文化的滋养，而在地域文化滋养下的散文，是对民族文化的高度致敬和深情表达"，"三元文化的丰富内涵是散文创作取之不尽、用之不竭的一座历史文化富矿"。他表示深信，"灵璧不愧是'安徽散文之乡'。强劲的文化之力，推动了旅游事业的快速发展，灵璧会越来越美好！灵璧的散文创作也将伴随着灵璧的神速变化，会产生更多更优秀的篇章"。

参加授牌仪式的有省散协常务副秘书长、省曲艺家协会秘书长王若祥，省散协副秘书长晁慧芳、邵健、王晓红，省散协理事周红颖、张西云、张莉、郭鹏鹏，灵璧县旅游局局长崔华、旅游事业发展中心主任张晓静以及在宿州、灵璧部分省散协会员共60余人参加了授牌仪式。省委统战部政研室主任汪玉宝应邀出席。

（县政协办公室　供稿）

附：

关于授予灵璧县"安徽散文之乡"称号的决定

灵璧县是楚汉相争的重要战场，中华奇石的主要产区，神话传说人物钟馗的故里。近年来，灵璧县委、县政府强力整合资源要素，推进文化强县建设，精心组织实施"123"文化品牌工程，建成了以奇石文化园、钟馗文化园为代表的4A、5A级旅游景区，进一步提高了灵璧的知名度、美誉度。

在"三元文化"的驱动下，全县的散文创作蓬勃发展，一大批以"三元文化"为元素的散文作品相继问世，并产生了一批在全省有影响的散文作者。与此同时，"三元文化"还吸引了省内外众多诗人作家前来灵璧采风，以"三元文化"为题材写出了许多优美的散文，形成了三元文化散文作家群。优秀传统文化和当代先进文化在这里得到了无缝链接和融合，为灵璧县的跨越发展、加速崛起作出了重要贡献。

安徽省散文家协会主席会议认为，灵璧县在"三元文化"品牌引导下，使全县当代散文创作勃然兴起的经验，具有鲜明的示范意义。为此，主席会议决定：授予灵璧县"安徽散文之乡"称号，以进一步推动全省散文创作的繁荣和发展，充分展示安徽经济社会的丰富层面和美好未来，充分发挥特色文化在建设美好安徽中的特殊作用。

安徽省散文家协会

2014 年 10 月 19 日

首例百岁老人外科手术成功

刘　志　庄方园　王　艳

2015 年 11 月 12 日，安徽省灵璧县人民医院泌尿外科，成功为该县虞姬乡玄庙村百岁老人张洪余完成前列腺电切手术，创造建院以来首列百岁老人手术历史。

张洪余今年 101 岁，虽说身体硬朗，但长年排尿不畅一直让他十分痛苦。2015 年 10 月 27 日，老人因前列腺增生导致急性尿潴留，被家人紧急送入灵璧县人民医院泌尿外科实施救治。经过医生插管导尿等一系列治疗措施，老人病情稳定了下来。治疗之初，出于对老人安全的顾虑，医院主张保守安全的膀胱造瘘治疗，但张洪余的儿女们考虑老人生活质量问题，多次找到主治医生吕洪波强烈表达前列腺电切手术的意愿。

张洪余孙子张成松说："入院时，医生考虑到我爷爷年龄大，建议给我爷爷做风险小的造瘘插管手术，当时插管很痛苦。周围有很多和我爷爷病情相同的患者，都做前列腺手术，都非常成功。在我们全家强烈要求下，医生才同意给我爷爷做手术。"

灵璧县人民医院副院长泌尿外科主治医生吕洪波说："这个病人家属要求

手术的决心非常大，同时也愿意承担相应的责任，但是我们全科的压力也是有的，毕竟这个病人是高龄病人，手术风险大，非常大。"

面对病人家庭的要求和救死扶伤的强烈责任心，医院最终决定为张洪余做前列腺电切手术。为确保病人安全，尽可能将手术风险控制在最低限度。主治医生吕洪波和他的医护团队，多次组织全科会诊，商讨手术方案，制定出周密的安全保障措施。11月12日，病人手术条件成熟后，被推进了手术室。

吕洪波说："术中，我们尽可能地减少手术的时间，止血彻底。包括冲洗液的加温、降低冲洗速度等；术后，我们进行了严密的观察。在我们全体医护人员的共同努力下，手术效果非常好，病人家属也非常满意，近日病人即可痊愈出院。"

目前，张洪余老人一切生理指标正逐步恢复正常。感觉到折磨自己几十年的病痛消失后，久违的笑容重新回到老人的脸上，对未来生活充满希望。

记者问张洪余老人："现在您感觉怎么样？"张洪余老人回答说："感觉好样的，可以，好得很。还能活一二十年嘞。"

据了解，前列腺电切手术，在灵璧县人民医院已经推广实施四年了。截至目前，该项手术已为近500名患者解除病痛，其中70岁以上患者占60%以上。而像这次百岁高龄患者成功手术，在该院建院史上尚属首次。

咱灵璧又通火车了

同龄人

自从1911年建设了津浦（天津至浦口）铁路，灵璧县境内就通火车了。那时候灵璧县南部接近小蚌埠，整个固镇区都隶属于灵璧县。津浦铁路线上的固镇、连城、新马桥等火车站都在灵璧县境内。1964年7月，国务院批准设置固镇县，固镇区从灵璧分离出去，灵璧境内通火车长达五十多年的历史也随之结束。20世纪70年代,我在安徽农学院凤阳分院上大学,往返途中要乘坐一段火车,就是从固镇到蚌埠。每当听到列车广播员播报沿途车站的站名,我心里的感觉是既亲切又陌生。亲切的是这些地方曾经属于灵璧县;陌生的是这些地方已经不是灵璧县的地盘了。1983年,国家实行"市管县"以市带县,宿县地区的五河、怀远、固镇三县划归蚌埠市管辖。这样一来事情就更大了,固镇既不隶属灵璧县也不归宿县地区管辖了。

灵璧人民多么希望再次通火车。盼到了21世纪,盼来了国家要建设京沪高速铁路的特大喜讯。我还听说京沪高速铁路要从灵璧县娄庄镇和埇桥区大店镇之间穿过,着实让我高兴了一阵子。因为我曾经在娄庄区葛店乡工作过,从葛店集到大店集相距6公里,葛店乡的蒋邓村距离大店集仅有4公里。但是,等到京沪高速铁路建设时,只是从灵璧县的杨疃镇、娄庄镇西部边境擦边而过,没有一点点经过灵璧的土地上。虽然,京沪高铁宿州东站距离灵城仅有30多公里,给灵璧人的出行带来了很大的便利,但是,灵璧境内通火车的愿望还是没有实现,在人们的心中多少有点遗憾!

直到2009年,才盼来了宿淮(安徽省宿州市至江苏省淮安市)铁路的开工修建。宿淮铁路西起京沪铁路符离集站引出,经过灵璧、泗县、泗洪、宿迁、泗阳等市、县,东至新长铁路袁北站,正线全长210公里,其中安徽省境内112公里、江苏省境内98公里。宿淮铁路横贯灵璧县境东西,经过杨疃镇、灵城镇、经济开发区和虞姬乡,县境内长度超过25公里。灵璧火车站是宿淮铁路线上7个火车站中的两个大站之一,灵璧火车站和宿迁火车站建筑面积均为8000平方米,其余车站建筑面积为3500—5000平方米。灵璧火车站位于灵璧县杨疃镇境内,在灵璧县城北约5公里处,县城有10路公交车往返于奇石公园与火车站两地之间。

宿淮铁路是国家中长期铁路网规划和铁道部"十一五"规划的重点项目之一,是我国实施"西煤东运"和"北煤南运"能源战略的重要交通运输通道。宿淮铁路位于皖苏两省北部,地处淮海经济圈内,主要影响区域有宿州、蚌埠、淮北、徐州、宿迁、淮安、连云港等7市。该区域总面积为91084平方公里,总人口约6000万,约占皖苏两省总人口的43%,是我国最具发展潜力的欠发达地区之一。尤其是淮北地区矿产资源、农产品资源丰富,是我国重要的矿业采掘基地、农产品生产基地。宿淮铁路建成运营以后，有利于淮北地区的矿产品、农产品就近流入苏北地区，通过加快人流物流，进一步带动沿线市、县的经济和社会快速发展。

宿淮铁路等级为国铁1级，单线，内燃机车牵引，预留双线电气化条件，以货运为主，兼顾少量客运的区域铁路干线。工程投资概算总额49.3亿元，由安徽省、江苏省和铁道部共同投资兴建。宿淮铁路于2009年7月开工建设，2013年12月建成，历时4年半。2013年12月30日开通货运，2014年12月10日开通客运。目前，宿淮铁路每日开通6列客车。即：Z139次北京—南通，Z140次南通—北京新空调直快列车；K1142/3次启东—洛阳，K1142/1次洛阳—启东新空调快速列车；K8376/7次上海—淮安，K8378/5次淮安—上海新空调快速列车。

经过长达半个世纪的等待和盼望，灵璧县终于又通火车了。2019年7月27日晚上11点多，我同老伴一道乘坐140次列车去北京。坐在从灵璧火车站开出的列车上，我的心情无比激动，无比欣慰！

灵璧"菠林喇叭"入选国家非遗名录

刘　志

2014年7月16日，文化部公示第四批298项国家级非物质文化遗产项目名单，灵璧县菠林喇叭成功入选。

灵璧菠林喇叭，是皖北地区灵璧县尹集镇菠林村的民间乐班所创造的唢呐演奏艺术，2010年被列入安徽省非物质文化遗产保护名录。菠林喇叭自清末形成以来，一直以曲牌丰富、音乐独特、彰显礼仪、盛传不衰而著名，又以周家唢呐班为杰出代表。周家班自清末创始并发展至今，已传承七代，历经百年沧桑。目前，周姓直系有乐手共100余人，外姓徒众更是上千人，形成了庞大的民间音乐族群。他们活跃在安徽、苏北、鲁南等地，深受百姓欢迎。

菠林喇叭有一百多个曲牌，其中《泗州戏》《扬琴》《皮影戏》《大鼓》《扒缸》《管笛》《闷笛》等最具浓厚皖北特色。菠林喇叭是一个容纳皖北地区音乐作品和音乐信息的宝库，其乐器形制独特，有用于咔戏的"咔碗"，花吹中用的"口琴"，以及其他多种常用乐器。在表演形式上菠林喇叭将吹奏与形体动作表演有机结合在一起，保留大量的民间戏法绝活，如吃火、吐彩纸、吹旗杆、火烧葡萄架、漱猪手、玩烟头、娃娃哨等绝技表演。风格粗犷热烈又诙谐活泼，具有浓烈的乡土气息和较高的艺术欣赏价值、民俗学研究价值。菠林喇叭自成体系，主要用于婚丧嫁娶、年节喜庆，正所谓"喇叭一响，心里发痒"，已成为当地人民生活中不可缺少的精神伴侣。

县现代农业博览园获批国家 AAAA 级旅游景区

刘　志　朱元贺

2015 年 3 月，安徽省旅游局召开 2014 年度全省 AAAA 级旅游景区验收评审会议。经专家评审打分和综合评定，灵璧现代农业博览园申报国家 AAAA 级旅游景区获得评审组专家一致通过。

灵璧现代农业博览园位于灵璧三河省级现代农业示范区内核心区，由德国 G＆P 公司按照"省内一流、国内领先"标准规划设计，园区占地面积 1600 亩，集农业生产、科普研发、试验示范、教育培训、休闲旅游、餐饮娱乐、养生益智、生态环保八大功能于一体。目前，园区已建成组织培养基地、科技交流中心和四大主题展馆。其中，农业科技展示馆主要展示现代农技农艺和未来家居生活趋势；都市森林体验馆模拟原始森林景象，表达"林在城中，城在林间"的美好生活意境；沙漠植物展示馆，汇集亚、美、非、澳四大洲标志性沙漠植物同室争奇竞姿，诠释荒漠植物顽强的生命力；城市花园菜园展示馆内，名特优新蔬菜荟萃一堂，环球名贵花卉云集争艳，展示灵璧人民对美好生活的追求。

首档电视手语新闻开播

刘　志

　　为改善听力语言残疾人参与社会生活的外部环境，让广大听力残疾人平等地参与社会生活，2014 年 6 月 24 日，灵璧县正式开播首档电视手语新闻节目，这标志着该县继盲人图书馆共享使用之后，在信息无障碍建设中又迈出了新的一步。

　　汪秋阳是灵城镇青丝坊理发店的一名聋哑人学徒，自幼受听力障碍的影响，生活中有诸多不便。成年后他步入社会，看着身边的同龄人谈论地方时事政治，他也渴望加入其中交流。但由于手语新闻的不足，使他对信息的了解要么滞后，要么残缺不全，无法和同龄人交流。随着灵璧手语新闻节目的开播，汪秋阳和其他听力残疾人一道，可以通过电视及时了解党和政府的各项方针、政策和地方新闻资讯，这为他们打开了一扇了解外面世界的新窗口。

　　聋哑人汪秋阳手语翻译："灵璧手语新闻节目的开播，让我和正常人一样，及时了解灵璧的实时动态。有了共同的交流基础和话题，很大程度上跟上了社会的步伐，不再像过去那样，感到孤独无助，脱离社会。"

　　据介绍，目前灵璧县有听力残疾者 21000 余人。为让他们尽可能地平等参与社会生活，今年 6 月，该县残联积极争取县电视台的帮助支持，尝试以县电视台《民生 630》节目为内容，进行手语同文翻译播出。经过 20 多天的试播，手语新闻赢得了大多数残疾人的认可和欢迎。

　　灵璧县残联副理事长李少华说："灵璧手语新闻目前可以说取得了试播成功，但还存在一定的问题。下一步，我们将及时协调配合县电视台，针对听障残疾人的特点，让手语新闻更加方便残疾人观看。同时，我们还将扩大手语新闻范围，将手语形式新闻丰富化、内容扩大化。"

灵璧钟馗画艺术晋京展开展

耿瑞英

灵璧是钟馗故里，钟馗文化底蕴深厚。灵璧钟馗画作为钟馗文化的载体，传承吴道子之法，始于唐，兴于宋，盛于明清，至今不衰，历久弥新，成为中国民间绘画艺术的瑰宝。灵璧也因此被文化部命名为"中国民间艺术（钟馗画）之乡"，于2006年列入安徽省非物质文化遗产名录。为传承、弘扬和创新钟馗画艺术，扩大钟馗文化的影响力和提高灵璧文化的美誉度，2015年11月26日至30日，安徽省文化厅和宿州市人民政府主办，宿州市委宣传部、省非物质文化遗产保护中心、宿州市文广新局、灵璧县人民政府联合承办了灵璧钟馗画艺术晋京展。

本次活动11月26日上午在北京炎黄艺术馆隆重开幕。全国政协常委、中国文联原党组副书记、副主席覃志刚，总后勤部原副政委董宜胜中将，中国侨联副主席康晓萍，全国工商联原副主席王志国，中书协副主席赵长青，著名美术评论家陈传席，安徽省文化厅副厅长唐跃，灵璧县委、县政府相关领导等出席开幕式。

唐跃在开幕词中指出，一个地域的文化遗产，承载着一方群众的认同感和自豪感，代表着这个地域悠久历史文化的"根"与"魂"。灵璧钟馗画作为钟馗文化的独特艺术表现形式和民俗信仰的重要组成部分，在安徽书画界独树一帜，于2006年列入全省首批非物质文化遗产，现已深深扎根于民间，融入当地百姓的日常生活，赋予了钟馗艺术题材新的情节、内涵和思想。此次画展充分体现了灵璧钟馗画这一优秀非物质文化遗产项目传承保护工作的深入人心，彰显了广大非物质文化遗产传承人和民间艺术工作者的文化自觉和文化自信。

陈传席从专业的视角向与会嘉宾介绍了灵璧钟馗画的艺术底蕴和发展脉络，充分肯定了灵璧钟馗画艺术的创作水平，在绘画艺术融入地域特色、探寻创作源泉、彰显人文情怀等方面提出了独到的见解。

此次展览荟萃了近百名钟馗画艺术家的170余幅精品力作，从"民俗记忆""现代表达""石上馗韵""剪上艺术""三维像赞""合璧生辉""传承发展"七大板块对灵璧钟馗文化的深刻内涵和文化底蕴进行解读，打破外界对钟馗画的传统认识和思维定式，立足于传承，着力于创新，首次面向民众集中展示多元素、多维度的钟馗画艺术，可谓钟馗美术艺术的大观园。参展作品既有现代的传承发展力作，也有清代著名画家翟光远的传统民俗记忆；既有东方传统美术的韵味，也有漫画、油画等中西方绘画艺术的合璧生辉；既有手绘钟馗，也有雕塑、剪纸和磬石雕刻；既有民俗风味的传统画作，也有工笔、写意等不同流派间的竞姿斗艳；既有耄耋老人的成熟老到，也有垂髫少年的稚拙童真；既有本土画家的质朴，也有从这里走出去的大家的雅逸。虽然形式不同，风格迥异，但异曲同工，所展现的钟馗都具有洞穿一切的目光，疾恶如仇的品性，斩尽妖魔的气概和迎祥纳福的情怀，让人们领略了灵璧钟馗画的独特魅力，也让人们感悟到了钟馗文化的内涵。

活动当天，人民日报、新华社、中央电视台、中国日报、光明日报、中国文化报、中国改革报、中国书画报、美术报、安徽日报、安徽电视台、安徽广播电台以及人民网、新华网、央视网、光明网、凤凰网、腾讯网等20多家国内主流媒体齐聚炎黄艺术馆，对"灵璧钟馗画艺术晋京展"开幕式盛况进行了集中报道。曾被认为土得掉渣的灵璧钟馗画，不仅走向了美术艺术的大雅之堂，也走进了广大民众的视野。

新编《灵璧县志》出版发行

刘　志

2015年12月，由灵璧县人民政府历时5年精心编纂的新编《灵璧县志》，由黄山出版社出版并公开发行，这是我县自明代修志以来，出版发行的第六部县志。

灵璧县是千年古县，自明代修志以来，截至 1991 年，官方先后出版 5 部县志，这些县志一定程度上记录了当时灵璧经济社会的发展变革。为记录改革开发以来，特别是近几十年，灵璧经济社会发展的喜人成就，2010 年，灵璧县人民政府启动新版县志编纂工作。经过 5 年 5 易其稿，2015 年底新编《灵璧县志》经省专家组审定，校勘出版。

新编《灵璧县志》记载时间断限为 1986 年至 2011 年，全书共计 40 章，200 余节，140 万字，图片 100 余幅。为正度 16 开本，圆脊精装加护封，庄重大方。内容除全面、准确地反映了灵璧县这 26 年间政治、经济、社会发展的轨迹和基本情况，除忠实记录了灵璧县改革开放发展成果外，还增设了灵璧石、灵璧旅游、灵璧风俗民情等章节，记述过程中采用随文插图等方式，在省内志书编纂中尚属少见。

据介绍，新编《灵璧县志》首次印刷 4000 册，内容上对前志进行勘正，并收录了历代灵璧志书序。从发凡起例到叙事述物，无不体现了编纂者客观严谨的态度，是灵璧之全史，资政之宝鉴，育人之佳志，更是全面了解灵璧不可缺少的工具书和资料信息库。

"百年灵璧"图片展开幕

耿瑞英

近百年来，灵璧人民在中国共产党的领导下，英勇奋斗、前仆后继，创造了属于灵璧人民自己的传奇。为纪念建党 93 周年和人民政协成立 65 周年，打造党的群众路线教育实践活动载体，真实再现百年来灵璧经济社会发展和人民生活发生的巨大变化，县政协于 2014 年 6 月 30 日到 9 月底在灵璧一中图文中心举办"百年灵璧"图片展。

6 月 30 日，"百年灵璧"图片展开幕仪式在钟灵文化广场举行。县委负责人讲话并宣布"百年灵璧"图片展开幕，县委副书记、县长朱守坤致辞，活动由县政协主席王怀启主持。活动现场，县四大班子领导还看望慰问了先模人物代表。

开幕式后，举行了《灵之韵》大型文艺演出。演出由薛新华作词、孟天民作曲的原创主题歌《灵之韵》拉开帷幕，节目内容紧扣灵璧历史发展脉络，节目形式丰富多样、精彩纷呈，史诗般地呈现了百年灵璧的百年沧桑。

演出结束后，与会人员前往灵璧一中图文中心观看《百年灵璧》图片展。

"百年灵璧"图片展选择用照片这一最具真实性、最富历史感的载体，以独特的视角，以数代灵璧人艰苦创业的精彩瞬间，搭建起一座描绘百年历史沿革的光影走廊。图片展以时间为线索，分"解放以前、建国卅年、改革开放、跨越崛起"四个部分，回顾了"雄关漫道真如铁"的昨天，展示了灵璧人民在中国共产党领导下"而今迈步从头越"的今天，激励灵璧人以实现"中国梦"带动加速崛起"灵璧梦""直挂云帆济沧海"的明天。

开展后，前来参观的城乡群众、大学生群体、机关企事业单位工作人员络绎不绝，并纷纷留言，写出心中的感受。"忆往昔峥嵘岁月，展未来美好前景！"这是一位老同志参观完"百年灵璧"图片展后，在游客留言本上写下的由衷感叹。"我们没有经历过以往动荡不安、温饱不足的岁月，也没有见证到改革开放前后翻天覆地的城市变迁，但这一幅幅老照片让我们穿越时空、梦回百年，感受到坚强不屈、勤劳智慧的灵璧人百年来的探索奋斗历程，更加激发我们报效家乡，为家乡建设贡献力量的热情。"一位"90后"大学生在看完图片展后这样说。

"百年灵璧"图片展是灵璧政协历经半年，精心打造的文化精品之作，吸引了观展群众6万余人次，广受社会各界赞誉和好评，实现了资政育人、砥砺奋进的目的，提振了130万灵璧人实现加快发展、跨越崛起的豪情与信心。

县文化馆荣升国家一级馆

刘　志　张　可

2015 年 11 月，文化部公示第四次全国文化馆评估定级结果，灵璧县文化馆荣升国家一级馆序列。去年以来，灵璧县文化馆以第四次全国文化馆评估定级工作为契机，严格对照一级馆标准，对办馆条件、队伍建设、公共服务、内部管理等软硬件指标进行自查自评、补缺补差，着力改善馆舍条件，提升服务水平。改建完成的县文化馆设置有舞蹈排练室、戏曲活动室、电子琴室、书画创作室、书画展厅、数字文化体验馆、非物质文化遗产展览馆等 20 余个功能室和 1 个室外演出舞台，有效提升了县级文化馆的承载能力和服务水平。此外，灵璧县文化馆还扎实推进"互联网 +"与公共文化服务的深度融合，运用多媒体技术建设完成了全省首个县级数字文化馆，将地方信息展播、有声数字阅读、电子书制作分享等文化元素有效融合，打造公共文化的体验服务、远程教育、宣传互动一站式平台，提升了县级文化馆的数字文化服务能力和公共文化服务效能。同时，积极整合资源，创新打造了民俗文化节、全民广场舞大赛、纳凉戏曲进广场、"灵璧好声音"、"磬乡达人秀"等一系列群众参与积极、社会影响深远、外界口碑良好的群众文化品牌活动，扶持培育民间艺术团体 10 余个，开展书法、舞蹈、少儿戏曲等各类艺术培训 50 余期，赢得了广大群众的踊跃参与和广泛好评。

农民承包地"确权"

刘万广

2016 年，县政府按照省、市统一部署，根据有关法律规定，安排县农业农村局向农民颁发《中华人民共和国农村土地承包经营权证》，即被广大农民统称的土地确权证书。此项工作是法律性和政策性很强的工作，也是涉及广大农民切身利益的好事。每家每户的所有承包土地都必须全部进行测绘丈量，户数与地亩数必须百分之百精准。这次的土地确权工作，入田入户查实土地信息，工作量特别大，被称为农村第二次土地改革。

首先，县农业部门抽调和培训驻村工作人员，开展土地发包方和承包方的摸底调查，摸清原来生产队发包方和承包方实数，在户主和组干部的带领下，对每户承包土地的家庭人员信息进行核查，再深入田间对每户承包地块和面积进行实地测量确认。一是准确登记填写地块名称；二是对地块编成码号；三是实测面积亩数；四是确定是否为国家基本农田；五是四至边邻认定。在完成这些确权项目后，并绘出《承包地块示意图》，加盖镇土地确权专用章。

2016 年 8 月 15 日，黄湾镇基本完成土地确权登记工作，8 月 20 日县农业部门填表审查结束，10 月《中华人民共和国农村土地承包经营权证》发放到户。村民小组、村民委员会向上级报告土地面积、村民承包土地面积，都以这次土地确权的亩数为准，土地流转和出租都以确权证书为准，农民的种粮补助按照新的确权证书上亩数兑现。

摧毁跨省贩毒网络

刘　志　马服超

2015年7月，灵璧公安局渔沟责任区刑警队、朝阳派出所、渔沟派出所、县禁毒大队精心谋划，协同作战，历经两个多月的缜密侦查，先后辗转江苏南京、徐州、广东东莞、佛山等地，成功打掉一个跨省贩毒团伙，抓获犯罪嫌疑人5名，查获冰毒278.05克，彻底斩断了一条由广东至江苏南京、徐州波及灵璧的贩毒通道。

抓获吸毒嫌疑人，茶叶盒内搜出冰毒14袋

今年4月，渔沟责任区刑警队通过对吸毒重点人员动态管控分析研判，发现辖区吸毒人员崔某某近期活动异常，频繁往来于上海、灵璧、徐州等地，怀疑其有贩毒行为。

渔沟责任区刑警队中队长程杰："嫌疑人员崔某，长期在上海跟他岳父和家属在一个早餐店工作。他近期往返多次，不年不节的。同时对他外围了解，他在徐州并没有亲属，也没有生意上的伙伴，怎么老是到徐州去？通过对徐州人员的调查，发现他接触的人，是一个有吸毒史的人员，这时，我们就怀疑他有贩毒的嫌疑。"

为查证事实，渔沟责任区刑警队按照上级对有前科的犯罪嫌疑人要长期经营的指示，选定相关人员对崔某某进行贴靠侦查。4月24日晚，相关人员反馈信息，崔某某伙同多人驾一辆黑色马自达车，在灵双路朝阳段路边停靠，行为异常，民警遂驾便车前往，但在靠近时被崔某某觉察后逃走。

渔沟责任区刑警队中队长程杰："在靠近的时候，由于吸毒类嫌疑人警觉性比较大，靠近时他们有所觉察，然后驾车逃走了。他们逃走以后，我们并没有急于去追踪，为了相关安全，怕在追的过程中，犯罪嫌疑人慌不择路，出现其他安全事故。"

对于这次失利，渔沟责任区刑警队召开案情分析后认为，犯罪嫌疑人崔某某并没发现警方，为避免打草惊蛇，采取内紧外松的方式，继续加强对崔某的查控，最终 6 月 5 日晚再次得到线索。

渔沟责任区刑警队中队长程杰："6 月 5 日晚上，我们再次获悉，嫌疑人乘一辆徐州市的黑色出租车，从大庙、大路向徐州、双沟方向走。我们给渔沟派出所和渔沟中队联合在一个加油站附近设卡，通过便车和警车联合设卡。我们赶到大概一分钟的时间，嫌疑人的车辆就已出现。"

当晚 10 时许，崔某某所乘的车辆出现在警方的视线中，当其发现路上设有关卡时，立即闯卡逃走。民警立即通知朝阳派出所、商请双沟派出所分别在朝阳路口、灵双路与 104 国道交叉路口设卡堵截，并驾警车、便车沿路追赶。当晚 10 点 20 分，朝阳派出所民警在朝阳镇桥南设置两道卡口将该出租车截停，并将下车后企图逃窜的崔某某及同伙吴某某当场抓获。

渔沟责任区刑警队中队长程杰："在抓获的过程中，从嫌疑人处搜出的疑似毒品是 14 袋，经称量是 243 克。"

经警方鉴定，从犯罪嫌疑人崔某某及其同伙吴某某携带茶叶盒内搜出的 14 袋白色晶体物质是冰毒。同时，现场对崔某某及其同伙吴某某的尿检发现均呈阳性。经审讯，犯罪嫌疑人崔某某、吴某某两人供述了合伙出资，从徐州乘高铁到广东购买毒品，通过快递邮寄至徐州，以贩养吸的犯罪事实。

审讯又有新发现，东莞抓获贩毒上线

崔某某、吴某某的被抓，让这起贩、吸毒品案看似得到完结，但细心的民警在审讯毒品来源中，从崔某某闪烁其词的话语中，得知了一个绰号叫"老头"的人，凭着直觉，民警感到这是条大毒鱼。于是一场侦捕"老头"的行动展开了。

渔沟责任区刑警队中队长程杰："通过对嫌疑人的审查，他初步交代，从广东一个上线叫老头的嫌疑人拿的毒品。毒品通过快递的方式，从广东快递到徐州，从徐州拿货后，到灵璧寻找买家。鉴于这种情况，我们立即向局党委、分管局长做了汇报。"

案情上报后，灵璧县公安局迅速成立专案组，制定详细的侦查工作方案，利用多种侦查手段对上线绰号叫"老头"的人开展调查工作。6月22日，专案组前往东莞开展情报研判、落地侦控工作，摸清了崔艳波、吴振强上线"老头"的真实身份。

渔沟责任区刑警队指导员张飞："通过近半个月的摸排跟踪，发现老头住在东莞市常平镇一出租屋里。我们在对老头进行工作的时候，又发现一个外号叫雨婷的女孩，与老头也有冰毒交易。为了扩大战果，我们就及时调整了工作方案、工作过程。"

对于发现的新线索，专案组一方面扩大侦查范围，另一方面及时与当地警方沟通，全面掌握其活动轨迹，等待最佳收网时机。6月29日17时，专案组果断采取收网行动，在东莞市常平镇先后抓获绰号老头的犯罪嫌疑人劳某某和绰号雨婷的犯罪嫌疑人魏某某。

渔沟责任区刑警队指导员张飞："在当地警方的大力支持下，6月29日，分别在老头的出租屋内以及在雨婷的出租屋内，将这两人抓获归案。抓获后，在他们的出租屋内发现部分冰毒以及大量吸食冰毒的工具。"

侦讯雨婷再现新线索，警方南京抓阿强

犯罪嫌疑人"老头"落网后，警方加大对绰号"雨婷"的犯罪嫌疑人扩大侦训，发现"雨婷"与南京绰号"阿强"的男子有毒品上的联系，于是专案组兵分两路，一路继续审讯"老头""雨婷"，一路奔赴南京抓捕"阿强"。

渔沟责任区刑警队指导员张飞："通过了解，发现雨婷与另外一陌生男子是朋友关系。通过工作，发现陌生男子就是南京一个绰号叫阿强的贩毒嫌疑人。根据这些线索，我们和局党委及时取得联系，我们另一工作组，在抓捕广东老头的时候，及时赶往南京，对阿强开展工作。"

在南京阿强的出租屋附近，专案组连续蹲守了数天，但阿强迟迟未见露面，难道消息泄露，阿强有所警觉。专案组民警仔细研判后，排除了消息走漏的可能性，继续蹲守。4天后7月5日中午，出租房内终于出现一手提垃圾袋的男子，经确认是阿强本人。为防止抓捕失败，专案组扩大侦查范围，在获

悉阿强女友因肚子疼在江苏省中医院急诊室就医，遂敲定在医院架网守候，当晚将前来看望其女友的嫌疑人阿强抓获，并搜查出冰毒 25.05 克。至此横穿广东、安徽、江苏三省的五名贩、吸冰毒的犯罪嫌疑人全部落网。目前，上述五名犯罪嫌疑人已被依法刑事拘留，案件正在进一步审理深挖中。

渔沟责任区刑警队中队长程杰："根据我国法律相关规定，贩卖冰毒 10 克以上不满 50 克的是 3 年以上有期徒刑，或管制拘役。50 克以上的应该是 15 年以上有期徒刑、无期徒刑或者是死刑。非法持有这块，分 20 克和 50 克两个档，50 克以上是 7 年以上有期徒刑、无期徒刑或者死刑。通过我们对相关涉案嫌疑人的审讯和了解，好多是 70 后、80 后，年纪很轻，但是他们所做所为，是违法犯罪，面临法律严厉的打击，我们也很痛心疾首，呼吁所有人员，要珍惜生命，远离毒品。"

灵城公交车收费开启 1 元时代

刘　志

2016 年 8 月 21 日，记者从灵璧新国线公交公司获悉，为便捷灵城市民出行，即日起，灵城范围内的所有公交车辆将全部实行上车 1 元收费。

据介绍，过去灵城公交车的运营，一直分别由新国线集团和顺达公交公司分别经营。长期以来，两家公司经营思路和方式、方法的不同，导致部分重叠线路运营不规范，市民对此多有怨言。为此，新国线集团牵手顺达公司，实施两家公交班线和车辆的整合联营。联营后的城区公交网络，将拥有 88 辆公交车，6 大公交路线贯穿城区四关和文化园区，保障市民出行的便捷。同时，车辆班次，严格按照主干线每 5～10 分钟班次轮回发车；支干线 15 分钟班次轮回发车。为让利市民，联谊后的两家公司统一实行，上车一律 1 元的最新公交票价；同时，为配合文明城市创建、给灵城市民提供低碳优质的司乘服务，灵璧新国线公交公司还投资 200 多万元，购置了 16 辆电动公交车投入运行，未来这样的新能源公交车将增至 40 辆。

凤凰山隧道全线贯通

刘　志

2017 年 2 月，经过中煤三建三十三工程处建设人员半年多的紧张施工，总投资 1.92 亿元的灵璧县凤凰山隧道及连接线工程南北双线隧道山洞全线贯通。

灵璧县凤凰山隧道及接线工程，起自钟灵大道与迎宾大道交口，以钟灵大道为轴线向西直线顺延，分两线穿越凤凰山，终于西侧规划道路，道路全长 1412 米。全线设置隧道 1 座，南、北洞长均为 502 米。道路等级双向六车道，总投资 1.92 亿元。自今年 4 月工程开工以来，项目承建方中煤三建三十三工程处建设人员合理安排工期，及时调配重型作业机械投入隧道建设，有力推进了工程建设进度。目前，施工方正在实施隧道洞壁混泥土灌浆和洞口山体修复及连接线路面铺设，已完成投资 1.3 亿元。整个凤凰山隧道工程建设完成后，将改观灵璧东西交通格局，初步形成"一体两翼、显山露水"的城市发展新格局。

全国首个包县脱贫光伏扶贫农场项目并网发电

刘　志

2017 年 7 月 19 日，在国务院扶贫办、扶贫促进会的指导下，由中利集团创新的全国首个包县脱贫贫困村"光伏扶贫农场"项目，在灵璧县叶庙村并网发电。该项目地面占地面积41.6亩，装机容量1.5兆瓦；水面面积45亩，装机容量2兆瓦，每年可为周边7个贫困村，每村带来"光伏扶贫"净收益约30万元。同时，光伏扶贫农场的休闲农业、特色种植和水面养殖，可达1万元以上的亩均年收益。这一新的扶贫模式，可为贫困村创造20年稳定可靠的"光伏＋农业"收益，让贫困村共享科技创新成果，将作为全国性可复制示范项目推广。

据了解，目前全球光伏发电项目普遍是批准在非农田上建设，其主要原因是传统光伏电站下面无法种植粮食类大田作物。而中利集团创新的"光伏扶贫农场"示范技术，破解了这一难题，该项目采取"智能光伏＋科技大农业"模式，通过科学合理地将光伏组件抬到4米以上高度，光伏支架桩距达到10米跨度，采用全新一代"农光互补"单板组件安装、倾斜度等创新技术，既满足了农业机械化耕种，又满足了光伏下面果蔬、小麦等"大农业"的太阳光照条件，实现"光伏＋农业"的收益扶贫。目前，村级"光伏扶贫农场"创新模式得到国务院扶贫办的重视，要求中利集团在产业组团、包县脱贫项目上加快复制推广。据了解，灵璧县共有73个国家建档立卡贫困村，中利集团计划为该县每个贫困村建设0.5兆瓦"光伏＋农业"脱贫项目，共建设36.5兆瓦村级光伏电站，总投资2.5亿元。

连获省级文明县城称号

耿瑞英

2017年6月20日，省文明委下发文件，对获评的安徽省文明城市、文明县（市、县城、城区）、文明村镇（社区）、文明单位、未成年人思想道德建设工作先进城市（县、区）表彰通报。灵璧县获评"第四届安徽省文明城市"

称号，这是我县继 2013 年后第 2 次蝉联此项殊荣。同时，我县还获评第三届安徽省未成年人思想道德建设工作先进县。

文明，浸润着一座城市的人文气韵，衡量着一座城市的精神高度。近年来，灵璧县文明创建工作以习近平同志系列重要讲话为指导，以培育和践行社会主义核心价值观为统领，以创建为民惠民为理念，以建设诚信灵璧、生态灵璧、平安灵璧、富裕灵璧、和谐灵璧、魅力灵璧为目标，各地各部门上下联动，合力攻坚，携手共建，城乡面貌明显改观，市民素质明显提高，城市品位明显提升。

深化道德示范引领。灵璧县大力推进公民思想道德建设，涌现出一大批好人和道德模范，成为安徽著名的"好人之乡"。截至 2017 年 6 月，灵璧县共有各级"好人"240 人，其中全国道德模范 1 人，"中国好人"9 人，安徽省道德模范 5 人，"安徽好人"18 人，"宿州好人"53 人，"灵璧好人"124 人。灵璧县通过开展道德模范、身边好人评选和道德讲堂等活动，引导市民崇德向善，见贤思齐。

实施"精神脱贫"。为了激发贫困群众内生动力，摆脱精神贫困，灵璧县开始在全省率先实施"精神脱贫"，帮助贫困群众把"志"立起来，彻底铲除思想穷根，推动实现物质、精神双脱贫。为此，灵璧县开展了"宣传教育、志愿帮扶、文化服务、教育培训、环境整治、典型选树"六大行动。全县每个行政村均建立了一支以各级帮扶工作队队员为主，吸纳社会各层面人员组成的志愿服务队，定期深入贫困户，帮助贫困户打理个人生活卫生，改善人居环境，提升精气神。同时，全县各中小学校也组建了教育扶贫志愿服务队伍，定期深入贫困家庭开展教育教学、心理辅导、关怀慰问等活动。我县还针对贫困村、贫困户中涌现的先进典型，设立"精神脱贫示范村"和"自强自立示范户"等评选项目，树立文明新风。

净化城乡环境。在文明创建中，灵璧县注重城乡统筹，深入开展城乡环境整治。加强对城区主街干道的清理整治，并向背街小巷和城中村、城市出入口延伸，清理死角死面，清理积存垃圾。为了实现常态化管理和长效机制，灵璧建立了镇区主干道路环卫保洁市场化机制，逐步将环境整治向县乡道路延伸、向集镇所在地和农贸市场延伸、向中心村延伸、向农民家庭延伸，以城乡环境、人文环境的全面优化和提档升级，推动省级文明县创建。

整治交通秩序。在城市管理的提升中，县交警大队重新施划了停车泊位、标线，对已损坏的红绿灯、交通护栏、交通标志标牌重新安装更换。在龙山广场等人员密集区及重要交通路口新建 48 个高清视频监控，9 个电子警察，加速提升城区道路交通科技化、信息化管理水平。

传播志愿服务理念。通过突出"三关爱"和奉献社会、关心他人、提升自己理念，深入推动学雷锋志愿服务常态化，建立了县、街道、社区 3 级志愿服务培训网络。其中，影响最大的是彭伟平关爱未成年人志愿服务队，有志愿者近两百人。志愿服务队分别与灵璧县黄湾中心校等 4 所学校的乡村少年宫建立起结对帮扶关系，帮助学校贫困家庭儿童健康成长，快乐学习。结对的乡村少年宫，创新开展"道德模范、身边好人与留守儿童现场交流活动"，搭建起道德模范与乡村学生交流的桥梁。

实施文化惠民工程。我县大力实施文化育民、创建惠民工程，依托具有地方特色的传统节日和民俗文化，常态化开展"文明大舞台·有你更精彩"、"我们的节日"、"经典诵读"、社区文艺会演、"唱响灵璧·舞动磬乡"、元宵节灯会等活动，丰富群众文化生活，吸引更多群众自觉参与到文明创建中来。

加强文化阵地建设。灵璧县不断加大对文明创建工作专项投入力度，在全县设立了 400 多个以"中国梦"、"图说我们的价值观"、钟馗文化等为主要内容的"文化墙"、文化长廊和公益宣传栏，修建好人大道，精心打造了 5 个主题公园和钟灵文化广场，在街道路口、广场装备了大型电子显示屏，将具有浓郁传统色彩的奇石文化、钟馗文化、孝贤文化元素植入宣传"正能量"阵地之中，传播时代文明与弘扬传统文化相得益彰。在推进未成年人思想道德阵地建设方面，我县把思想道德教育纳入社区重点工作、把活动场所建设纳入社区总体规划、把少年宫建设作为加强基层文化设施建设的重要载体之一，纳入村镇、街道、社区总体规划范畴，投入 200 万元资金新建 10 个乡村学校少年宫。除此以外，灵璧县还为孩子们建立了未成年人心理健康辅导中心，设在灵璧一中办公楼六楼，建立了完善的专家委员会，为全县的未成年人开展心理健康辅导，让他们更加健康地成长。

蝉联此项殊荣，充分展示我县文明创建活动的丰硕成果。据了解，此次表彰系综合全国、全省文明城市年度测评和文明单位创建检查情况，经征求省直相关部门意见并在省主要新闻媒体公示，报省委、省政府同意后表彰命名的。

灵璧石在香港文交所成功上市

刘 志 张 可

2017年6月30日上午9时30分，灵璧石"母子"以每股一元的价格在香港文交所成功上市。

作为中国四大名石之首，灵璧石上市是灵璧石经营模式的创新，是灵璧石经营和收藏理念的革命，是金融资本助推观赏石走进高端经营领域的一次有益尝试，对灵璧石资源保护、收藏、经营、鉴赏、交流等活动具有积极的推动作用。

考古发掘金元窖藏瓷器

刘 志

2017年11月14日，县文物所在老县委拆迁地块发现一处古代窖藏瓷器点，经省考古队专家保护性挖掘，出土数十件金元时期民窑出产的生活用瓷器。这一考古发现，填补了新中国成立以来，灵璧考古无金元时期瓷器出现的空白。同时，此次出土瓷器的器型丰富、数量之多，为灵璧有历史记载中的首次。

灵璧，宋元祐年间建县，至今已有近千年历史。历史上，灵璧是楚汉相争的古战场，隋唐大运河的流经之地。近年来，灵璧考古挖掘，出土过很多汉代陶土器皿，大多为随葬的冥器。民间古代生活瓷器的出土发现极其少见。这次挖掘出土的窖藏瓷器，含有碗、碟、酒盏、储物罐等。所有瓷器堆放整齐、上面用铁质锅型器反罩住，埋藏地下 2 米深处。由于埋藏年代很久，加之长期土层挤压，部分瓷器出现裂痕破损，但部分精美瓷碗、瓷罐保持较好。据参与挖掘的省考古队工作人员介绍，这批出土瓷器，虽为民窑烧制，但图案精美、部分完整瓷器釉色保存完好，具备国家二级文物标准。同时，从出土瓷器的烧制产地来看，既有北方龙窑烧制的白瓷、黑瓷，也有南方汝窑烧制的青瓷；这些南北瓷器的混搭使用，从侧面印证了古代灵璧依托运河水道，商贾往来，南北通衢的繁荣。目前，这批出土文物已被县文物部门妥善保管，下步将开展损毁文物的修复工作，使这些承载灵璧文化的瓷器长久流传下去，将来公开展出，让更多灵璧人了解家乡先民的生活文化。

国内首家城乡一体化生物质及垃圾发电项目投运

刘　志

2017 年 6 月 1 日，国内首家城乡一体化生物质及垃圾发电项目，在灵璧县尹集镇投入商业运行。该项目的建成投运，开了国内城乡垃圾统筹处理的先河。

灵璧城乡一体化生物质及垃圾发电项目，由中国光大绿色环保有限公司投资建设。项目包括城乡一体化垃圾发电和城乡一体化生物质发电。其中，城乡一体化垃圾发电，一期投资约人民币 2.5 亿元，以 BOO（建设—运营—拥有）模式投资建设，特许经营期 30 年。设计规模为日处理生活垃圾 400 吨，烟气排放全面执行欧盟 2010 标准。城乡一体化生物质发电投资约人民币 3.2 亿元，设计规模为年处理农林秸秆约 30 万吨；项目配置一台 130 吨 / 小时锅炉和 1 套 30 兆瓦汽轮发电机组，年发电量约 2.1 亿千瓦时。项目与今年 5 月 22 日试车运行，目前整体运转良好。

光大灵璧一体化项目生产运营部总值长周幸双说："目前，我们光大灵璧一体化项目建设有两台机组。一台是生物质秸秆焚烧炉，一台是生活垃圾焚烧炉。秸秆焚烧炉配置的发电机组是 3 万度 / 小时的，垃圾焚烧机组配置的是 9000 度 / 小时的，目前两台机组已投入运营。秸秆焚烧炉每天处理秸秆 800 吨左右，发出绿色电力 70 万度左右。垃圾焚烧机组每天处理垃圾焚烧量在 450 吨左右，每天发出绿色电力 17 万度左右。"

灵璧城乡一体化生物质及垃圾发电项目，以创新的业务模式协同处理农林废弃物和农村生活垃圾，不但大大提升了环境服务产出，又比开发运营两个单独项目降低了整体开发和运营成本，它开启了灵璧农林秸秆及农村生活垃圾无害化、资源化、统筹化处理的新阶段。

钟馗文化园开园

耿瑞英

钟馗文化园位于灵城西北，东临迎宾大道，北靠 201 省道，南与凤凰山相接，是灵璧县委、县政府为了更好弘扬钟馗文化、打造钟馗文化品牌，招商引资开发的重点文化旅游项目。2018 年初，灵璧钟馗文化园布展结束，2 月 5 日正式开园。此时正值新春佳节来临之际，文化园推出了一系列优惠活动，其中一条是，凡出生日期在 2 月 5 日至 3 月 4 日的游客，凭本人身份证可免费进入钟馗文化园。活动期间，灵璧县灵韵戏剧传承艺术团在园内演出了大型泗州戏《钟馗》。

　　灵璧钟馗文化园规划占地 3000 亩，总投资 10 亿元，是按照国家 4A 级旅游景点标准规划设计的。设计的理念、景点的布局可以概括为"1148"，即一条轴线、一个主题、四个功能区、八个景点。一条轴线：文化园景观的中心线。从景区的最高点钟馗宝塔下来，一条轴线向南，园里的主要景点都围绕这条轴线铺开。一个主题，即钟馗文化的展示，所有景点都围绕钟馗文化的展示规划设计。四大功能区：一是景观区，二是钟馗民俗文化活动区，三是钟馗文化展示区，四是休闲娱乐区。八个景点：主要是馗风塔、环山水体景观、钟馗大殿、馗风苑、钟馗百态雕塑、钟馗文化博物馆、钟馗故居、钟馗文化生态园。

　　工程分两期建设，一期工程占地 725 亩，投资 3.2 亿元，主要景点有馗风塔、牌楼、三界桥和环山水渠。2012 年 6 月 16 日，灵璧县钟馗文化园举行开工奠基仪式。经过两年的施工建设，2014 年 5 月一期主体工程基本完工，2014 年 5 月 4 日，举行了馗风塔落成暨地宫封藏大典。此后钟馗文化园进入绿化、布展阶段。

　　馗风塔位于钟馗文化园最北端的制高点小花山上，高 49 米，为七层四角方塔，由地宫、塔基、塔身、塔顶和塔刹组成。塔内钟馗塑像威猛庄严，钟馗故事生动传神，钟馗画琳琅满目，地宫十大阎君阴森恐怖。游之，让人心生敬畏。馗风塔周边有四个四角挑檐的方亭鼓楼，鼓楼下面是四座三层挑檐的钟楼，它们高低错落，围绕在馗风塔周边，形成拱卫之势，将馗风塔衬托得更加巍峨壮观。环山水渠像一条玉带，从东、南、西三面环绕山体景观，使景区呈现出抬头望塔、低头见水的效果。三界桥横跨在环山水渠之上，为三桥并列的拱桥。桥呈弧形展开，桥面是双反向曲线，组成波形线桥型，造型奇特、古朴典雅、气势如虹，配有精制白石栏板，栏板上雕刻龙形图案，显得格外富丽堂皇。过了三界桥是花岗岩做的"五间六柱"形牌楼，名为神武门。整座牌楼由左右向中央三叠而起，依次高耸。柱石横梁上牡丹花枝相接，盘旋环绕，富贵大气；中央坊上书有"神武门"三字，字体遒劲有力，苍远古朴。

　　钟馗文化园是一个集民俗活动、旅游观光、休闲娱乐、文化展示、创作研究为一体的特色文化园，各个景点紧扣驱鬼辟邪、惩恶扬善、迎祥纳福的主题展开。开园之时，园内人潮如涌，当地的人们争先目睹期待已久的钟馗文化园的胜景，许多外地游客也慕名而来，祭拜钟馗，感受钟馗福禧文化的魅力。

一桩 21 年前命案告破

张少秋

2018 年 10 月 19 日，双节过后，秋高气爽，繁忙了一年的人们正沉浸在丰收的喜悦之中。斜阳洒向大地，一派祥和笼罩在灵璧县尹集镇古老又新旧交错的街道上。突然，一阵鞭炮的爆响打破了宁静，继而从派出所门外传来撕心裂肺的哭声。人们不约而同涌向那弥漫的硝烟。受好奇心驱使的人们透过渐渐隐去的烟尘，看到了更令人震撼的一幕：一位年迈的老太太哭喊着："老天睁眼啦！闺女啊，你可以闭眼啦！俺来替你谢谢青天……"说着双膝跪地向谷明所长磕头，谷所长和副所长赵君连忙把她搀起。此刻，从警 20 余年、一直在基层担任领导、有过无数次历练的谷明双眸含泪。他的身后两面刚刚收下的锦旗在阳光下熠熠生辉，一面赠给谷明，上书"感谢人民好警察，除暴安良暖人心"，另一面上书"神警雄风罪犯克星，英勇无畏人民英雄"，送给这个光荣的集体。

感动流泪的不仅有在场的干警和群众，就连观看视频的县局局长梁霆也抑制不住感情。这个视频，梁局长反复观看了好几遍。

许多人疑惑，是什么值得老太太下跪？事情还要回溯到 21 年前那令人恐怖的夜晚。

夜半噩耗

1997 年 9 月 16 日晚，深圳市宝安区宝城 71 区某电子公司职工宿舍 511房间，张丽（化名）和丈夫赵某因家庭经济纠纷发生激烈争吵。他俩是安徽灵璧县尹集镇西边一个村子的人。同村相恋，但爱情并不浪漫，成婚更不受亲友待见。张丽长相娟秀、家道殷实，赵某其貌不扬、独门独姓。常言说，恋爱中的女孩都是零智商，顶不住赵某采取的攻势，便仓促成婚，由此播下了悲剧的种子。

　　赵某婚后经商、跑车，努力改变人们对他的看法。可生意屡屡失利，张丽娘家援助的款项也折耗一空。淮北有个习俗，就是闺女在婆家受气，娘家一定要替她出头，久而久之两家关系降至冰点。她也曾后悔自己的任性带来的恶果，为了维系即将破碎的婚姻，为了家庭的祥和安宁，她和他选择了离家打工。她本想用心温化坚冰，结果却事与愿违。511宿舍从没消停过，争吵打骂，同寝室甚至隔壁室友都习以为常。当这晚争吵声戛然而止时，隔壁还传来曼妙的轻音乐。当她香消玉殒时，工友竟毫无知觉。当她变成冰冷的尸体时，人们才猜度凶手是谁。

　　深圳警方现场勘验，死者头部受钝器击打，遭扼颈窒息死亡。

　　俗语说，母子连心，那晚远在皖北的母亲烦躁不安，睡着睡着，突然说听到大丫（乳名）的哭喊。一会儿起来要去给大丫开门，说是听到了大丫敲门。她的哭哭啼啼，将家人折腾得一夜未眠。大家都认为是她思女心切，精神恍惚。谁料次日深圳警方布控协查，方才知道张丽真的出事了。张丽的父亲当即晕厥，被送医抢救。母女间的情感纽带却让这位母亲瞬间变得坚强起来，她只身远赴深圳，要为女申冤。她手捧女儿的骨灰盒，一步一滴泪地接女儿魂归故里。到达村口时她的双眼红肿，嘴角挂着干涸的血痕，步履蹒跚地走向女儿曾经的婚房。张丽结婚几年，尚且无后，赵某行凶后杳无音信。夫家自然无人料理后事，不忍张丽做孤魂野鬼的张家就置口棺材，丘在那里。封棺时，母亲死死抱着骨灰盒不愿松手。其后这个家庭没了笑声，这个村庄少了安宁。夜间不知何时村民会被惊醒，那是她在为女儿叫魂。初时人们同情，久之，人们都认为她疯了。张丽的父亲气病交加，不久撒手人寰。张丽的两个弟弟，一个五岁，一个只有三岁。生活的重担，接二连三的变故，险些阻断了张家雪恨的路。

隔山打牛

　　凶案发生后，深圳警方也做了不懈努力，启动了命案机制，从他们发来的协查通报上可以了解到，多年来嫌犯一直遁形消踪，逍遥法外。案发地深圳是主攻，户籍地灵璧则为配合，两边警方虽说是隔空联手，但缺乏信息共享，无法精准研判，侦破良机丧失，随着时间的推移，难度不断加大，无论主攻、副攻都被"久侦不破"拖进了死胡同，两地警方都背负着沉重的压力。

"中国警察都一家"是她对警察的定位，"有困难找警察"是她对警察的信任。身负深仇大恨的她不便到深圳，而到尹集派出所只有4公里，她自然舍远而求近。据病入膏肓的她自己说是集集到。十天四个集日，每月12次，每年144次，21年就不下于3024次、24192多公里。这位坚强的母亲用双足走过了两个两万五千里的"长征"，足以证明她对缉凶的期待，雪恨之切。她不缠访，有时看看警察忙碌的身影就转身而回。当民警要接待她时，往往只望见她远去的背影。

2015年2月，谷明调入尹集所任所长，不几日张丽母亲知道换了所长，便跑到所里声泪俱下地倾诉。谷明是第一次了解全案脉络，第一次了解到嫌犯居然敢叫板警方，竟赤裸裸地写信恐吓受害人。信的大意是：你合谋侵占我的财产，信不信我回去杀你两个儿子，让你断子绝孙！谷明分析是嫌犯家人"不堪其扰"，让凶犯或是其他人冒充写的。其实那时她真的有点怕，两个儿子尚幼小，根本不敌丧心病狂的凶犯。她在庄里骂街有些收敛了，可她心中的怒火却无法熄灭，她对警方的依赖性越来越强烈。后来谷明了解到那封恐吓信辗转到了深圳警方，因为年代久远，那条唯一可以牵泥牛出海的线索也断了。

人命关天，责任是山。辖区群众有了这么大的冤情，谷明岂能坐视不管！9·16案嫌犯能够潜逃这么多年，说明他的反侦查意识极强。谷明和赵君副所长反复推演，缜密排除，下定决心，一定要把他缉拿归案。他们决定纵有千壑万山，也要隔山打倒这只"牛"。

天上信息

做这项工作，光有气壮如牛的冲动不行，明知山有虎，偏向虎山行。公安刑侦有一套行之有效的法则，术语叫密控。时钟转了21年没有停摆，灵璧公安局局长换了几任，尹集派出所所长也换了几任，可他们忠于使命的履职行为却一刻也没有松懈，一直在查寻9·16案件的蛛丝马迹。

谷明的"隔山打牛"不是狂轰滥炸，只有"首发命中"，否则会打草惊蛇，前功尽弃。他严密组织情报（俗称眼线），协调网监，一切都在悄无声息地进行着。可张丽母亲哪里忍得下谷明这般"不作为"，开始只是埋怨"光会好话哄我老妈子"，说到动情时她会连哭加喊，指桑骂槐，言如利刃。每每遇到她歇斯底里时，备受责难的谷明依然满脸堆笑，总能把她"哄"回家。而警察的责任感也会在他胸中沉淀，蓄势待发。

白驹过隙，时光荏苒。一年多来的密控没有任何效果，不能不让两位所长心焦。时代在前进，科技在进步，先进手段也悄然布局到了基层。关联人的DNA样本也采集到了，然而，强大的功能却仍然没有发现那个逃犯。他俩无时不在试图突破，下面有段他俩在食堂就餐的对话。

谷明："赵所长你钓过鱼吗？"

赵君："我只关心天，没空钓鱼！"

谷明："河边走过吧？"

赵君："我没湿过鞋。"

谷明："你在河边惊动的小青蛙跳水逃跑，看它都快成精了，一猛子下去转头又回到原点附近。"

赵君："它返浊水是为了隐蔽。"

谷明："你仰观大象有什么变化？"

赵君："北斗卫星导航精确到厘米级，中国还要发射人造月亮，到时候不会灯下黑了。"

几位辅警同餐，如坠五里雾中。这段看似闲聊的对话，却是他们在用暗语研究嫌犯可能藏身的位置。他们的保密工作如此隐秘，为日后擒凶奠定了良好的基础。

他们英雄所见略同，圈定了嫌犯藏匿的大致范围，主攻方向指往南国。又经过了漫长的等待，苍天不负有心人，网警在海量信息里捕捉到了从南疆打给关联人物的一个仅七秒的神秘手机语音信号，这个天上来的信息令他们欣喜若狂。"锁定这个号码！"谷明果断命令，赵君默默执行。一场超视距的擒凶大剧就要拉开帷幕时，那个号码却从此沉寂了，刚刚触动的兴奋点顿时跌到了冰点。隐忍了几个月，情报显示，嫌犯母亲病故。尹集派出所再度监控神秘号码，可还是没有动静，难道真的是误拨？谷明甚至怀疑自己的判断。

剧情跌宕

情报反映嫌犯母亲临终前遗憾儿子没能回家，还断断续续听出她坐过飞机，碎片般的信息被谷明、赵君拼接成"嫌犯没有回来"，说明还活着。农妇乘飞机？一个农村老人，几乎不可能自己为之。这也是以前目光只锁定地面，忽略了天空的疏漏。于是他们向天要线索，果真找到从昆明到合肥的乘机记录，遗憾的是查找不到任何南下的乘车记录，鉴于当事人病亡，这条至关重要的线索无法印证，揪住的一根"牛毛"又断了。可昆明在云南，神秘号码注册也在云南，这绝不可能是一种巧合，必然有着某种联系。

入地计谋

时光推移到 2018 年 7 月的一天，受害人母亲再次找到谷明。这次她异常平静地说，自己刚刚做过大手术，身体特别虚弱，走几步路就气喘吁吁，不知道还能不能再来派出所，不知道这辈子还能不能看到凶犯伏法。说着说着又痛哭起来："大丫啊！黄泉路上你不再孤单，娘把你两个兄弟带大了，也该去陪你了。谷所长啊，你逮不住人俺不怪你，你就做做好人，给俺娘俩双棺出殡吧！"哭者无心，听者有意，怎么还双棺呢？经过耐心劝导，她说出了谷所长尚未掌握的情况。自从她把闺女丘在那屋里，就算计着报仇雪恨，如今 21 年过去了，熬到墙倒屋塌也没等到罪犯归案。从半截墙往里看，棺材朽得连帮也塌了边。她不忍心让闺女雨淋日晒，想把她安葬下地。又担心自己身体每况愈下，恐怕大限将至，无力完成。她整天思女疯疯癫癫，积劳成疾。亲友远离，和村民也少有来往。无奈她找到谷所长求助，希望能够让凶犯家出点钱安葬。

谷明经她这么一哭诉，本该同情进泪，反倒满脸堆笑，猛一拍大腿，大叫一声："好！"这反常的言行惹犯了她的那根敏感的神经，她刚要开骂，谷明连忙拦住："你老人家不要生气，不是要解决问题吗，不是想报仇雪恨吗，这是最好的机会了，听我来安排！你去找村干部到他家说说，人总是要入土为安嘛，谁不想积点阴德，做点好事？这事派出所不能出面，你想我们要是一到场，你想逮的那人还会露头吗？"这位倔强一辈子的母亲，被谷明入情入理一席话说得泪水涟涟，她从渺茫中看到了希望，从谷明脸上看到了警察的忠贞。

送走老人，谷明要赵君严密监视关联人的所有金融管道，一旦发现哪个账户资金异常流动即追根求源。因为嫌犯几个兄弟都分家另住，谁愿意替他拿钱送葬？这三间破房恐是嫌犯恐吓信里所谓"合谋"的财产。谷明认为这次的殡葬是引蛇出洞的绝佳时机。他安排眼线应当怎样做，应当注意什么，如何保护自己和当事人。谷明向县局作了报告，梁霆局长赞成谷明的"入地"计谋。此时，这场战斗已经不是单兵种作战了，换成梁霆挂帅，几名副职为将，谷明、赵君为尖刀的刑警、情报、网安多警种联合的大兵团行动。

7月20日那天，入土下葬，受害人母亲非常配合，没有闹出什么乱子来，一切似乎顺理成章。可在这平静的背后，干警们坚守岗位，密切监视着。一天，两天，三天过去了，人们期待的好戏并没有开演，梁霆局长却宣称首战告捷，果断决定全体撤出战斗，网警内紧外松，紧盯平台信息。梁霆见谷明、赵君因为扑空稍显气馁，便直接开腔："我看到灵璧公安局凝成一块铮铮作响的钢板，这就是胜利之本！我更相信你们的研判，你们还害怕狼来了的故事？告诉你们，一切从群众满意做起。"

过了两月余，平台传来振奋人心的消息，那七秒的手机信号幽灵般出现了，居然和关联人有600秒的主叫，这绝对排除了误拨，泥牛终于在海底冒了个泡。"密侦，密捕！宁肯自己是误判，也不给友军添麻烦。"梁霆斩钉截铁地说。这么准确的信息怎么会有误呢？虽然案发深圳，潜逃云南，可缉凶是我们义不容辞的责任。徐徐拉开的大幕，灵璧县公安局亮起了两把尖刀。

南疆擒凶

彩云之巅，秀水之南。群山献翠，气象万千。谷明、赵君无心欣赏美景，只用眼神互相鼓励，相互嘱托。北斗卫星准确引导着两人直奔目标出现的地方——云南东南部的红河哈尼族彝族自治州蒙自市。这里山峦叠嶂、植被茂密，嫌犯选择这里足见狡猾，稍有风吹草动，便可遁入森林或偷渡越南。他们按梁霆要求，自己先甄别锁定，再请当地警方配合。他们事先从那七秒手机信号锁定的关联人是个姓代的女性，分析与嫌犯可能是夫妻或同居关系。搜出的微信号，头像是威武的军人，微信名称是液化气经营部。然而，工商查不出注册信息。难道他是个打工送气的？他俩借个地方车辆把全城所有的液化气经营网点都查了个遍，也跟踪过几个疑似人员，但都被排除了。为不暴露身份，他们不能开口询问，只有自己盯着门头招牌看，漫无目标地游荡了一天，目标仍未锁定。

夜宿旅馆，担心隔墙有耳，同样不能说话。谷明用微信向局里汇报："缩小在康复社区。"

山区的夜来得早，天亮得却晚些。自然现象把那里养成"慢"城，临近九点借用车辆才姗姗来迟，火急火燎的他俩，急不可待地登车驶往昨晚圈定的区域。具体分工是司机沿街慢慢开，赵君负责观察沿街店面，谷明负责观察店面门头标识。谷明一米八零的块头，坐在轿车后座上，需要塌肩哈腰扭头才能看得清，那滋味常人难以忍受，以致到现在谷明脖子和腰还感觉微酸呢。由于担心打草惊蛇，他们不便过于频繁穿梭，临近 12 点了也没有什么收获。明明手机显示就在附近，可就是毫无头绪。正当他们要拨打电话"顺手牵羊"的时候，谷明无意间瞥见 20 米开外的一面食批发部门头牌匾下方的阿拉伯数字，顿时喜上眉梢。他示意赵君拍照放大。"咔嚓"一声，那手机号码定格在屏幕上。稍顷，赵君悄声"七秒"。真是踏破铁鞋无觅处，得来全不费功夫。原来狡猾的嫌犯竟然挂羊头卖狗肉，用面食店、液化气经营部作掩护。密拍取证时还有个插曲，店里慌里慌张走出个 20 多岁的小伙子，谷明分析可能是我们不慎暴露，嫌犯儿子想去报信。他俩正准备跟踪拦截，一辆送气的机动三轮车开了过来，那小伙子是忙着送气的。下车的中年男子不是低头装气罐，就是低头打电话，似乎有意躲避镜头，赵君怎么也拍不到正面的照片。

时针指向 13 时 10 分，谷明决定抵近侦查。机灵的赵君悄然下车，逆行五六十米再返回，一边装作打手机，一边录相，俟到距嫌犯几米时，赵君有意咳嗽了一声，嫌犯愕然一惊，留下不足一秒的正面照。他把照片传到后方，经比对相似度达 50%。21 年过去了，嫌犯体貌特征变化太大了，纵有刻骨仇恨的受害人家庭辨认度也只有 80%。有了这个依据，灵璧县公安局果断把研判报告上传公安部，部里推送到云南省公安厅，省厅推送到蒙自市公安局。一张天网张开，而持纲人就是谷明。收网前夜，谷明到蒙自市刑警大队要求协助，副大队长赵永（化名）见谷明只是基层派出所长，似乎不明白全国通缉的部督案件怎么会让第三方来执行。谷明笑答："我是带着责任来的。"命令如山，警察一家，于是，赵永派三名警员配合行动。

这一夜注定难熬，两人夜话。

谷明："我在蓝球场上是中锋，上三步篮我就是坦克，我练过武，有压倒性的优势。"

赵君："我是后卫，闪展腾挪带球过人也锐不可当，局里篮球赛三分球数我多。"

谷明："那就发挥你远距离优势，我主攻！"

赵君："我偶尔上场还抢不到篮板，不行！我找裁判换人！"

谷明："裁判那我说好了，下一场可以换我助攻。"

原来他们又是暗语分工。

那夜他们就着林涛排演了多个应急预案，其中光拒捕、挟持人质的应对措施就有好几条。比如嫌犯手持刀具怎么办，抢起煤气罐怎么办，孤注一掷引爆怎么办，脱离束缚自杀怎么办，推演着，推演着，到最后他们竟不知道谁主攻谁助攻了。

旭日东升，街道复苏。伪装的车辆，隐蔽着摩拳擦掌的干警。狭小的空间，正上演着新版的守株待兔。各家店铺开张了，嫌犯没有出现。人流摩肩接踵了，嫌犯还是没影。一气等了四个钟头，临近中午了，对面店铺还是没动静。这期间同样"窝"在车里的那名中队长因事离开。饥肠辘辘，面有难色的当地同志提议吃完饭再来等，谷明建议再等等。四五个小时，谷明、赵君猫在车里，连尿也没敢去解决。12时30分，嫌犯终于出现了，依旧勾头哈腰。谷明和当地警员左右包抄过去，恰在这时，店里走出一个五岁的幼童，喊着"爸爸"，扑向嫌犯。那人"嗯"了一声，张开双臂。机不可失，嫌犯张开双臂，弯腰抱子，即使身有凶器也很难去掏。说时迟那时快，谷明一个箭步上前，一把抓住嫌犯右腕，左掌顶住他右肘。这时，只要伸出左腿一绊，嫌犯顿时就会前扑下跪，紧接着卷腕别臂、上戒具了事。谷明看这里是嫌犯家门口，又有幼子目睹，便手下留情，来个人性化执法，以给他留下做父亲的尊严。嫌犯可不是这么想的，惊恐之余欲挣脱拒捕，嚷道："弄什么，弄什么的？"谷明一听，果然是家乡话，厉声道："我是警察！尹集派出所的，知道了吧！"听到喊他名字，又是熟悉的乡音，原本涨红的脸唰地一下变得煞白，手臂本能地瘫软："我知道，我知道，这一天终于到了！"七秒手机的机主也冲了上来，她是嫌犯的老婆。这时，当地警察也亮明身份，听说是警察办案，七秒机主也就打消了所有企图。赵君的"远距离"就是拍摄，他不断变换机位，穿梭在围观人群中间，把精彩瞬间固定成了证据。对嫌犯核实无误，戴上戒具，迅速脱离现场。在车上，谷明闻到阵阵尿骚味，那是嫌犯尿了裤子。

经审问，赵某对杀妻案供认不讳，但不悔罪，还嚷着："这样的女人该死，死了还霸占我的住房！"他不抵赖，反倒省了 DNA 验证了。据他交代，张丽是被他先打头又搦死的，符合深圳警方当年的勘验报告。他在珠海躲藏 8 年，证明谷明、赵君的研判方向是对的。有意思的是嫌犯竟然反问："你是怎么找到我的？这么多年连我自己都快忘了，你们怎么还能记住我的？"谷明知道对手能潜藏这么多年，娶妻生子，有积攒家业的生意，说明他的智商情商不容小觑。

赵某潜逃的前 8 年都是在深圳周边打零工谋生，后 13 年在蒙自假借复转军人身份开店经营，娶妻生子。然而，再狡猾的狐狸，也难逃猎手犀利的目光。

尾声

写下前段文字，缘自对灵璧公安局这支队伍的敬重，灵感来自梁霆局长对群众跪谢一事写下的随笔：21 年对风华正茂的警察来说是成长，是历练。21 年对一个风烛残年的老人是煎熬和摧残。21 年失亲家庭的等待是多么漫长。21 年没燃放的鞭炮，如今在我们派出所门口燃爆。下跪的老妈妈呀，你的下跪，让我们愧疚，下跪的应该是我们啊！因为我们让您等得太久太久了。凶犯伏法，罪有应得，您送的锦旗我们会当成战旗，上面的字句我们会当成百姓的叮咛。

　　这不是我杜撰的故事，不是一部文艺作品，只想用文字编成的献给警察这个英雄群体的花环。

2018 年 10 月 26 日

王灵龙恶势力犯罪集团案开庭审理

刘　志

　　2019 年 7 月 1 日上午，由灵璧县人民检察院提起公诉的王灵龙等 18 人涉嫌寻衅滋事、敲诈勒索、强迫交易、非法采矿、掩饰、隐瞒犯罪所得、妨害公务、诈骗、串通投标、非法拘禁、非法经营一案在灵璧县人民法院公开开庭审理。该案是扫黑除恶专项斗争开展以来，灵璧县首例开庭审理的涉恶犯罪集团案件。

　　公诉机关指控，以被告人王灵龙、程伦江、杨娟等人为首的恶势力犯罪集团和以被告人田松林、张鹏等人为首的恶势力犯罪集团，在灵璧境内，以暴力、威胁或者其他手段，多次实施违法犯罪活动，扰乱经济、社会秩序，造成恶劣的社会影响。

　　公诉机关认为，被告人王灵龙伙同他人或单独，对他人进行辱骂、恐吓、殴打或毁损财物等方式进行滋事且强拿硬要；对他人进行敲诈，数额巨大；使用威胁手段强迫交易，情节严重；伙同他人盗采矿产资源，造成矿产资源严重破坏；伙同他人以胁迫手段阻碍国家工作人员进行公务；伙同他人进行非法经营，情节严重；骗取他人财物，数额巨大；伙同他人串通投标，情节严重，其行为已触犯了《中华人民共和国刑法》相关规定，犯罪事实清楚，证据确实、充分，应以寻衅滋事罪、敲诈勒索罪、强迫交易罪、非法采矿罪、妨害公务罪、非法经营罪、诈骗罪、串通投标罪追究刑事责任。被告人程伦江、杨娟、张文刚、田松林、张鹏、徐从龙、张凤伟、贺晓光、焦成、陈贝、王灵敏、王灵心、刘培平、亢毅、陈静等人，分别犯有寻衅滋事罪、非法采矿罪、妨害公务罪、串通投标罪、伪造公司印章罪、敲诈勒索罪、非法经营罪、非法拘禁罪、串通投标罪等罪行，犯罪事实清楚，证据确实、充分，应依法追究其刑事责任。

庭审中，法庭对被告人王灵龙等18人的犯罪事实进行了调查，公诉机关对指控的犯罪事实出示了相关证据，控辩双方对案件事实进行了举证、质证，并就案件事实、证据、法律适用等问题充分发表了意见。预计庭审将持续5天，由于案情复杂，该案将择期宣判。

磬云山国家地质公园项目获批

耿瑞英

磬云山位于渔沟镇东，因其地貌景观及地质遗迹具有典型性、稀有性、系统性和完整性，而具有独特的地质科学意义、美学观赏价值和人文价值，县委、县政府经过专家考察和充分论证，决定以磬云山为依托，建设申报磬云山国家地质公园。公园始建于2011年6月，同年11月获批为省级地质公园，2013年7月揭碑开园，2018年3月15日经过国家地质遗迹保护（地质公园）评审委员会评审通过，获批国家地质公园。

公园规划总面积4.25平方公里，分磬云山和崇山2个景区。磬云山景区为公园主景区，面积2.14平方公里，主要有典型岩石、喀斯特地貌、古地震遗迹、臼齿构造等特色地质遗迹及御安庙、摩崖石刻等人文景观；其东侧崇山景区，面积2.11平方公里，包含典型岩石、臼齿构造、溶洞、巨型节理等地质遗迹。两大景区相互连接，地质遗迹互为补充，为游客带来生动的地质科普知识。

磬云山原名磬石山，因产磬石而得名，《尚书·禹贡》所载"泗滨浮磬"即指此处。磬云山所产磬石肌理细腻，石质坚韧，色墨姿妍，玉振金声，含有人体健康所需的锶、锌、铬等微量元素，是兼有声色之美的制磬和工艺品上等材料。远在3000年前的殷代就取灵璧磬石作特磬，与编钟前身的"钲"相辅相成，开辟了我国古代"金石之乐"的先声。

山上特有的典型岩石——灵璧石，岩岫奇巧，名列我国四大奇石之首，其作为特殊的地质遗迹和观赏名石，极具科研和美学价值，堪称天下一绝。灵璧石中涉及的臼齿构造，更是具有生物演化及全球地层对比意义。该构造的成因模式主要有地震引起的脱水作用、水下收缩、生物构造、微生物产生的气泡膨胀和迁移、波浪引起的流体流动及化合物分解模式等，臼齿构造构成各种形态复杂多样的微晶方解石脉，在宿主岩石展现出多种奇妙的图案，极具观赏价值，因其形态多样，图案艳丽，犹如汉画像石一般，又被人们称为"磬山汉像"。

山上还有典型的喀斯特地貌、褶皱断层的痕迹、层理节理形成的神奇景观。最具代表性的是长石阵和"万卷天书"。

长石阵，长约123米、宽14米，崎岖蜿蜒像长龙一样沿岩层走向一字延伸，非常壮观，是表层喀斯特地貌的典型代表。它是地表或土层以下比较浅的部位可溶性岩石，受到来自土壤和大气中二氧化碳的流水溶蚀作用，在化学反应与机械破坏的共同作用下形成的地貌现象。"万卷天书"，即磬云山的薄层状灰岩。磬云山岩石受数亿年的地质环境和郯庐断裂带的影响，形成了一层层展出的沉积岩，地层平缓，厚度稳定，横切面看上去像一本待打开的书卷，具有很高的观赏性，因此民间将其称为"万卷天书"。

独特的地质地貌和丰富的石资源，数千年来吸引人们朝圣般涌来，挖石采磬，聆听天籁之音，感叹大自然的鬼斧神工，留下了宋代采石老坑、摩崖石刻、洪武遗石等丰富的人文景观。

宋代采石坑遗址位于磬云山西北，2004年被灵璧县人民政府批准为县级文物保护单位，并立碑为记。摩崖石刻位于磬云山南崖，其造像镂雕在一块长16米、高2米的原石上，上有佛像百余尊，大者盈尺、小者寸许，形态各异、栩栩如生。石刻中部刻有"大宋至和三年雕刻"八个大字，书体摹圣教，阴刻，距今已有九百余年的历史。1998 年 5 月 4 日，磬云山摩崖石刻被列入第四批省级重点文物保护单位。洪武遗石是明朝洪武年间朱元璋下诏从磬云山开采出来后遗留在此的。洪武二年（1369），朱元璋下诏兴建中都，灵璧磬石因石质坚硬，清润如玉，是雕琢和制碑的理想材料，被作为贡石运往凤阳。后因朱元璋决定建都南京，停建了中都，于是，洪武八年在灵璧磬云山开采的 18 块大小不一的方形石坯，就一直遗留在山脚下。

独特的地质遗迹、优美的人文景观、厚重的历史文化，使磬云山名扬天下，以此为依托建设的国家地质公园已成为集学术研究、科普教育、休闲度假、旅游观光等多种功能于一体的旅游胜地。

县第一次少代会召开

刘　志

2020 年 12 月 16 日，中国少年先锋队灵璧县第一次代表大会在县委党校会议中心召开。中共灵璧县委、共青团宿州市委、县人大、县政府、县政协、共青团宿州市委学少部领导和县教体局、团县委主要负责人出席会议。

大会号召全县少先队员要锻炼强健体魄，做身心健康、意志坚韧的时代新人。要认真学习革命前辈和英雄人物在艰难困苦面前表现出来的坚强意志和拼搏精神，以昂扬向上的精神状态和坚韧不拔的意志品格，迎接成长路上的每次考验，战胜人生路上的每次挑战，争当"新时代好少年"。

大会对灵璧县各级少先队组织在团组织的带领下开展的"红领巾心向党""争做新时代好队员""红领巾小喇叭讲解员"等一系列主题教育和实践活动给予高度评价。这些富有时代特色、符合少年儿童特点的活动有力地促进了全县广大少年儿童的健康成长，为进一步推进全县少先队事业的新发展打下了坚实的基础，也为全市少先队工作做出了有益的探索和实践。

大会希望全县少年儿童要满怀求知渴望，做勤学笃行、勇于创新的时代新人。要大力培养创新精神，多想"小点子"、多做"小发明"、多搞"小创新"，争当"小标兵"，不断拓宽视野，丰富知识，探求新知，努力增强创新意识，提高创新能力。

大会要求，全面贯彻落实少先队"三个文件"的精神，真正将红色基因传承下去，带领全县广大少年儿童在队旗下茁壮成长，让星星火炬代代相传！

大会通过了《中国少年先锋队灵璧县第一次代表大会关于中国少年先锋队灵璧县工作委员会工作报告的决议》，选举产生了中国少年先锋队灵璧县第一届工作委员会。

大会还特别邀请了新中国第一批少先队员、第一次全国少代会代表、全国优秀少先队辅导员高健老师，"全国刑侦情报研判能手""全国公安百佳刑警提名奖获得者"厉恩重警官、灵璧县第一批"五老"团队导师代表魏月侠老师、"中国新农村志愿者标兵""中国新农村杂志十佳艺术杰出青年"张训练、安徽省"向上向善好青年""安徽好人"黄俊、安徽省"学雷锋志愿服务优秀个人"李倩等列席会议。

"恳谈协商"获评市十大创新项目

徐　辉

2020年11月，宿州市委平安办在全市范围内组织开展"2020年宿州市市域社会治理创新十大项目"评选活动。按照注重工作实绩、注重典型引领、优中选优的原则，经过项目征集、网上投票、专家评审和社会公示等环节，共评选出10个项目，灵璧县政协恳谈协商获此殊荣。

党的十八大以来，灵璧县政协认真贯彻习近平总书记关于加强和改进人民政协工作的重要思想，准确把握基层政协履职特点和规律，推动政协协商与基层协商有机衔接，探索建立了社情民意恳谈协商制度，被群众誉为"家门口"的协商。

恳谈协商由县政协组织，依托 11 个界别和 20 个政协乡镇工委在村居（社区）搭建协商平台，围绕社情民意反映的基层群众公共利益问题、党政重大决策在基层落实中的问题和乡村经济社会发展中的重要问题进行选题，邀请党政组织和有关部门参与协商。政协组织扮演"搭台者"角色，政协委员和基层群众作为"发球方"，乡村党政组织和县直有关部门作为"接球方"，各协商主体共同参与、平等沟通，通过面对面互动交流，达到解疑释惑、化解矛盾、凝聚共识的目的。

恳谈协商面向基层群众开放，提前预告，不设门槛，不限人数，群众可自愿参加。协商中，政协委员反映民意、提出意见；基层群众代表表达诉求、参与协商；基层党政组织和有关单位作为协商主体，回应百姓关切、解决具体问题。2015 年以来，恳谈协商的频次逐年增加，程序逐步规范，群众参与面逐渐扩大，先后组织协商会 120 多场，基层群众参与协商 6500 多人次，收集意见建议 2300 多条，现场解决问题 520 多个，整理反映社情民意信息 350 多条。恳谈协商推动了一大批涉及基层群众切身利益的实际问题得到解决，一大批民情民愿被纾解，一大批社情民意被采用吸纳，一大批民智民计转化为党政决策。

恳谈协商一头连着群众，一头连着党政组织，整合了政协协商与基层协商两种渠道优势，既为基层群众增加了诉求表达的机会，又为党政组织拓宽了联系群众、问计于民、凝聚共识、改进工作的渠道，共同在创新社会治理、服务保障民生上发挥着独特的作用。恳谈协商主动融入基层多元治理，把政协制度优势转化为基层治理效能，在老百姓家门口搭建了一个"永不落幕"的协商平台，在党和政府与基层群众之间架起一座"永不垮塌"的桥梁，不仅深受基层群众和党政组织的欢迎，也县级政协履行职能拓展了空间。为此，灵璧政协被宿州市委确定为民主政治建设领域深化改革试验基地，改革经验被省委深改办转发，创新做法被《中国政协》杂志和《人民政协报》刊载。2019 年出席全国地方政协工作经验交流会并作大会发言，《新时代县级政协履行职能制度化规范化程序化的探索与实践》被全国政协北戴河培训中心列入教学课程。

进入新时代，灵璧政协牢牢锚定人民政协的新方位新使命，准确把握县级政协作用是什么、干什么、怎么干，着力推进县政协工作制度化规范化程序化，精心打造有为政协、创新政协、智慧政协、书香政协和和谐政协，把县政协建成学习修身的大学校、协商议政的大平台、从容做事的大舞台、团结和谐的大家庭。

土地流转经营示范推行

刘万广

2003 年以后，中共中央下发一系列文件，提出土地实行适度规模经营，农民按承包土地缴纳各种提留和农业税被取消后，农民种地没有负担，再加上农民外出务工经商挣大钱的越来越多，家庭都出现老年人种地难、效益低的问题，这就给农民的土地流转经营创造出有利条件和最佳时机。黄湾镇的土地流转开始兴起，培养新型农业经营主体在全镇展开。到 2020 年，全镇土地流转达 6 万余亩，流传农户达 2600 余户，土地流转形式和做法灵活多样。

单季无偿流转。这种流转在全镇各村较为普遍，是家庭夫妻或全家人都在外地务工经商，为了获得种田务工双收入，决定自家承包土地每年只种一季麦，雇用机械快速种、收后，又能快速返城务工，夏季土地就无偿转让给本庄亲邻耕种，待秋收结束后，再返回种麦。这种单季流转土地种植户，在近年来非常普遍。

口头协议一对一或一对几户流转。这种流转法在近年来也较多，群众叫小流转。全年在外务工户把自己承包地口头协议长年转给本庄亲邻或外村人种植，按土壤质量好坏来定价。镇南部砂坝一片，每亩转让费在 500 元左右，国家各种补贴仍归土地转让方。黄湾中部土地转让费每亩高达 1000 元以上。一对一、一户包一户 10 亩土地以上的、一户包几户百亩及百亩以上的，都有出现。一般转让期都在一至两年，个别在三年。两年以后，看形势和土地行情再做商议。

成立家庭农场、合作社流转。从 2009 年开始，全镇开始按照上级政府提倡的适度规模经营的政策，使有条件的户发起成立起家庭农场和专业合作社，来开展大面积的揽包农户的土地经营。据镇农技站到 2014 年的统计，全镇已建立起各种家庭农场、合作社 31 户，一般流转承包经营土地都在百亩以上。朱圩村原村党总支书记陈志，在 2009 年就在村里组织建立起"灵南生态生产合作社"。合作社转包农民土地 500 余亩种植大蒜、黑小麦等作物，为全镇兴办合作社带了个好头。张龙村的赵祥春、单营的孙念奎、晏路大杨庄的杨建军等转包农民土地纷纷办起了家庭农场，发展粮食种植面积分别在 100 亩至 400亩。张庆凯组织成立"灵璧县裕农林业专业合作社"，吸纳三桥村群众入社经营共同致富。晏路村小郑庄，全庄农户的所有土地都流转出去，成为全县、全镇土地流转第一庄。随着承包土地确权工作的开展，将更加激发全镇土地流转向深度推进。

晏路村小郑庄土地流转做法：全庄设东、西两个村民组，东组 30 户，125人，承包土地面积 511 亩，西组 40 户，167 人，承包土地 484 亩，全庄共有70 户，292 人，995 亩耕地。在开展土地规模经营流转工作中，村、组干部上门做思想宣传工作，家家为了腾出劳力多务工，参加合作社里经营多收入，思想得到解放，种地的观念得到更新，纷纷同意把承包土地流转出去，入社经营无有风险得实惠。村组干部因势利导，主动与"灵璧县东风养殖有限责任公司"联系，邀请该公司法人代表邵奇来小郑庄考察，洽谈土地转包价格。使公司很快与全庄各户群众达成协议，于 2014 年 9 月，与全庄 70 户签订了土地流转合同书，东风养殖公司每亩以 1000 元的价格，租包全庄所有耕地 995 亩，每年 5 月底前，一次性付清农户一年的承包金。合同签订租包期为 5 年。全庄所有耕地一次性全部流转出去，所有农民变市民，第一次享受到市民化的转变。小郑庄土地流转的举措，在晏路村引起强烈反响，并带动邻边的晏外村民组的农户，也与东风养殖公司签订租包土地 17 亩。一次性流转耕地总面积达1012 亩，在午、秋两季的收种忙季，群众都可参加劳动，每人每天又将获得100 元的工资报酬，加上租地承包金，全庄群众每年将获得更多的收入。

举办首届农民丰收节

刘 志

汴水欢腾迎嘉节，钟馗故里庆丰年。2020 年 9 月 22 日，是我国农历二十四节气之一的秋分，也是我国第三届"中国农民丰收节"的纪念日。为了欢庆这个属于广大农民的特殊日子，灵璧县委、县政府于当天上午在钟灵广场举行"庆丰收·迎小康"灵璧县第一届农民丰收节。

本次活动由中共灵璧县委农村工作领导小组办公室和县农业农村局承办。现场隆重热烈，内容丰富多彩。

上午 8 时至 9 时，会场上举行了高跷、旱船、花挑、锣鼓等民俗表演，展示农民朋友欢庆丰收的喜悦心情，营造了欢乐热烈的节日气氛。

上午 9 时至 9 时 30 分举行开幕式。副县长闫超主持开幕活动，县委副书记县长赵明致辞，县委书记刘博夫宣布丰收节开幕。市农业农村局二级调研员钱艺、县人大常委会主任胡永军、县政协主席王怀启、县委副书记刘健及县四大班子其他领导，2020 年度全县十佳农民、十佳脱贫致富标兵、十佳乡村好媳妇、十佳新型经营主体负责人、十佳农民满意农技员、十佳名特优农产品企业代表，全县各乡镇（开发区）农业合作社、农业企业、种粮大户代表，以及其他各界嘉宾和媒体界朋友，共计 1000 多人参加了开幕活动，共同庆贺丰收。

"中国农民丰收节"是第一个在国家层面专门为农民设立的节日，充分体现了以习近平同志为核心的党中央对"三农"工作的高度重视和对广大农民朋友的深切关怀，向全社会传递了重农崇农、尊农爱农的价值取向。县委副书记、县长赵明在致辞中，代表中共灵璧县委、灵璧县人民政府向全县广大农民朋友和农业工作者致以节日问候，向关心和支持我县农业农村发展的社会各界人士表示衷心的感谢，总结了近年来我县"三农"工作取得的重要成就，充分肯定了农民群众、广大农业工作者在灵璧"三农"事业迅猛发展中作出的积极贡献。他希望广大农民朋友和农业工作者，以节为媒，了解政策、汲取力量，释放情感、传承文化，带动全社会共享农耕文明的魅力，共同营造科学、文明、健康的时代新风尚。并希望大家在实施乡村振兴战略的伟大实践中，抢抓历史机遇，发挥主体作用，继续创新创造、苦干实干，用勤劳、智慧和汗水奋力谱写灵璧"三农"发展的新篇章，为全面建成新时代文明、富裕、和谐、美丽、幸福的新灵璧贡献积极力量。

开幕活动上，表彰了2020年度全县十佳农民、十佳脱贫致富标兵、十佳乡村好媳妇、十佳新型经营主体负责人、十佳农民满意农技员、十佳名特优农产品企业。签约了温氏生猪养殖、秸秆成型燃料、板材加工、加林农机农资大市场四大农业特色产业项目，签约总值达3.25亿元。

开幕式结束后举行了庆丰收专场演出，用动听的歌声和曼妙的舞姿致敬农民，礼赞丰收。

本着节俭、开放、热烈的原则，丰收节还组织了农产品展示展销、直播带货、"三农"成果摄影展等系列庆祝活动，展示了新时代灵璧农民的精神风貌，营造了全县农民庆丰收、成果展示晒丰收、社会各界话丰收、全民参与享丰收的节日氛围，使全社会更加关爱农民、关心农业、关注农村。

事理篇

秦汉灵壁考

陈立柱

摘要：楚汉战争时期睢水之旁的灵壁，唐以来有在符离西北 90 里相县（今淮北市）附近与符离东北 90 里（今灵璧北部）两种说法，尤以前说为盛，但是没有人详为考察过。我们的考证显示，后说不仅唐人李吉甫已言之，而且合于汉军逃亡方向和地理形势，更与晋、南朝宋人所言灵壁位置相一致。反观符离西北相县之近的说法，不仅自相矛盾，也没有其他佐证，复与汉军逃亡方向不合。

关键词：灵壁；相县；灵璧北部

秦汉间有一小县曰灵壁，在它东边的睢水之滨曾发生一场著名的战役，即睢水之战。此事见载于《史记》《汉书》。《史记·项羽本纪》云：

> 四月，汉皆已入彭城，收其货宝美人，日置酒高会。项王乃西从萧，晨击汉军而东，至彭城，日中，大破汉军。汉军皆走，相随入谷、泗水，杀汉卒十馀万人。汉卒皆南走山，楚又追击至灵壁东睢水上。汉军却，为楚所挤，多杀，汉卒十馀万人皆入睢水，睢水为之不流。

《史记·高祖本纪》所记略有不同：

> 汉王以故得劫五诸侯兵，遂入彭城。项羽闻之，乃引兵去齐，从鲁出胡陵，至萧，与汉大战彭城灵壁东睢水上，大破汉军，多杀士卒，睢水为之不流。[1]

《汉书》之《高帝纪》《项籍传》记此事乃抄缀《史记》的，小异而大

---

[1] 司马迁：《史记》之《项羽本纪》《高祖本纪》，中华书局，1982 年。

同。不备引。

此处灵璧今地何在？裴骃《史记集解》引徐广曰："在彭城。"司马贞《史记索隐》引孟康曰："故小县，在彭城南。"张守节《史记正义》引《括地志》云："灵璧故城在徐州符离县西北九十里。"唐以后书如《太平寰宇记》卷十七"符离县"条、《舆地广记》卷二十"望符离县"条、《清一统志》卷八十七"灵璧故城"条等，都说在符离西北 90 里。则灵璧故城在彭城即今徐州南，唐符离县西北 90 里，是古代学者的主流意见。但是否正确呢？

由"南走山"知，说在彭城南是可取的。《括地志》为唐初李泰主编的一部著名的地志书，今已散佚。不过张守节征引此书时，把原书的地名多改成他自己时代即开元以后的地名了，这期间有一百六十多年，地名多有变化。并且他的引述多是括引，加上后人传抄、印刷产生的错误，所以现存《史记正义》所引《括地志》文是否李泰时的原文，已不可知。单就《正义》所说灵璧在符离县西北 90 里，我们认为不可取。因为它与自己另一记载相矛盾。

《史记·曹相国世家》"正义"亦引《括地志》文，曰："故相城在符离县西北九十里。"若然，则汉相城与秦汉间灵璧故城就在同一地点。这就出现问题：何以同一地方会同时有两个县城？或同一地点为什么有两个名字？贺次君作《括地志辑校》看到存在的问题，指出："相城在符离西北九十里，此灵璧不应与相城同在一起。"①

不过，近人相信《史记正义》引《括地志》说法的颇多。代表性的有吕思勉著《秦汉史》，认为"灵璧，在今安徽宿县西北"。②谭其骧主编之《中国历史地图集》，把灵璧标在符离西北、汉相县城偏东南一点的位置。③辛德勇著《楚汉彭城之战地理考述》，对彭城之战前后的形势与进程详为叙述，其"楚汉彭城之战形势图"上，也将灵璧标在彭城、萧县西南的地方近于相城，与谭图的情况相接近。④其他著述采信此说的也为多数。

---

① 唐李泰等编纂、贺次君辑校：《括地志辑校》，中华书局，1980 年，第 128 页。

② 吕思勉：《秦汉史》，上海古籍出版社，1983 年，第 47 页。

③ 谭其骧主编：《中国历史地图集》第二册，地图出版社，1982 年。

④ 辛德勇：《楚汉彭城之战地理考述》，收氏著《历史的空间与空间的历史——中国历史地理与地理学史研究》，北京师范大学出版社，2005 年。

与这一种主流意见不同的说法也是唐人首先提出来的，李吉甫《元和郡县图志》卷九"符离县"条云："故相城在县西北九十里，盖相土旧都也。灵璧故城在县东北九十里。"①贺次君作《括地志辑校》，就据此改《史记正义》引《括地志》"符离西北"为"符离东北"。唐符离县城即今宿州北之符离镇，唐里略小于今里，东北 90 里地又且近于睢水，则这个灵璧小县只能是在今灵璧县北部。但是后世相信李吉甫说的人并不多，尤其是近现代学者。

《史记正义》说灵璧在符离西北没有提出证据，又且与自己的另一个说法相矛盾，所言事实自然可疑。李吉甫是唐代著名的汉魏史地研究大家，深悉楚汉战争故实，除《元和郡县图志》外，还有《六代略》三十卷、《古今地名》三卷、《十道图》十卷、《删水经》十卷等著作，②多是研究汉魏时期历史地理的，可惜今都已散失了。他把相城说在符离的西北，灵璧在其东北，各90 里，避免了《史记正义》记述的矛盾，但也没有提供证据，他的意见是否可取？过去似没有人做过具体的考察。综合战争进程、徐州以南地理形势，还有晋与南北朝时期的相关记载，我们认为《元和郡县图志》的说法是正确的。

首先，从战争进程看，汉军"南走山"，而彭城南至灵璧北部一带正有许多山阜。当时楚军早晨从西边的萧县一路打向东边的彭城，中午汉军吃了败仗，逃向彭城东边的谷水、泗水。谷水为泗水支流，在彭城东北与泗水会合，东南流入淮河。汉军南走山，应该是北边鲁国为西楚之腹地与坚决支持者，汉军不可以往，所以被迫南逃的。彭城南今有云龙山，东南不远为吕梁山，再南就是今灵璧县北部的诸山阜了。《河防一览》卷二记载朱光道等上书曰："（明）祖陵在泗州城东北，相距一十三里，坐北向南，地俱土冈。其冈西北自徐州诸山发脉，经灵璧、虹县，逶迤起伏数百里而来会，秀含灵至"，③指的就是这一带的山丘高阜。灵璧县西北夏楼镇今与宿州埇桥区接近的地方有灵山，高程 189 米，与徐州相距数十里，其南多有更矮一些的山阜，逶迤而东南，最南的山去睢水十数里。汉军自泗水南走的山当然只能是这些山阜。而相县在徐州和

---

① 李吉甫：《元和郡县图志》，中华书局，1983 年，第 229 页。按：《元和郡县图志》中的图，北宋以后就丢失了，志的部分也有缺失，唯是后代仍以《元和郡县图志》名之，今从之。

② 贺次君：《〈元和郡县图志〉前言》，《元和郡县图志》，中华书局，1983 年。

③ 潘季驯：《河防一览》，《文渊阁四库全书》本，上海人民出版社、迪志文化出版公司电子版，1999 年。

萧县的西南,楚军自萧县向东来攻,汉军如何可以从徐州的东边逃向其西南方向的相城而曰"南走山"?不可解。

其次,由《史记》"彭城灵璧东"知,灵璧属于彭城郡。彭城郡之设,自王国维以来多认为是项羽把彭城定为都城后,分秦泗水郡县而置[①]。汉六年立刘交为楚王,王薛、东海、彭城三郡。景帝三年削东海郡,后又以薛置鲁国,楚国只有彭城一郡地,凡七县,分别是彭城、留(今沛县东南)、梧(今宿州北)、傅阳(今枣庄南)、吕(今铜山东南)、武原(今邳州西北)、菑丘(今宿州北)。[②]这是西汉的情况。孟康说灵璧为故小县,当是项羽楚王国在徐州之南的睢水附近临时设置的。徐州东南至洨(今安徽固镇濠城集),中间一大片空地,古代长期没有县级设置,主要可能是因为当地乃低洼的湖区。《水经》"睢水"条说睢水"又东过相县南,屈从城北东流,当萧县南,入于陂",说明早期睢水是入注于萧县东南之大陂,而后又东出注入泗水的。《水经注》时代其地还有很多湖泽,如菑丘县有"南北百余里,东西四十里"之㵎湖(在今宿州东北、灵璧西北),取虑县西南有"乌慈渚"(在今灵璧县北)。[③]两湖相去当不远。唐宋至明清以来这里湖泊仍很多,睢水在这一带分为多个支脉,直到今天这里的农民下地干活还叫"下湖"。湖泽之地易于谋生,战乱之时人们常常啸聚其间,像刘邦就是隐居芒砀山泽之中而后起事的。项羽政权因之在此设一小县以辖之,很是自然。是以去汉未远的孟康(三国魏人)尚知之,谓其曰"故小县"。而相邑(县)始自春秋战国,西汉时属沛郡,为县级单位和郡治所在。汉时今宿州北部有梧、菑丘等县,这些地方及其以北地区属于以彭城为中心的楚王国。相城与彭城之间,秦时隔着萧县,西汉时则隔着梧与扶阳两县,自然不可能再设一小县以属于彭城。今灵璧县北境去徐州几十里地,近于湖滨,说此地属于彭城也更近情理。

再次,灵璧晋时属于萧县,也说明它只能在徐州南而不是西南的相县。据《晋书·刘乔传》:

---

① 王国维:《观堂集林》卷十二,《王国维遗书》本,上海古籍出版社1983年影印商务印书馆1940版。
② 参见周振鹤:《汉书地理志汇释》,安徽教育出版社,2006年,第478-479页。
③ 郦道元:《水经注》,陈桥驿校证本,中华书局,2007年,第571页。

东海王越移檄天下，帅甲士三万，将入关迎大驾，军次于萧。乔惧，遣子佑距越于萧县之灵壁，越兵不能进。

这个灵壁，《中国历史地图集》仍标在相县附近。[1]距相城如此之近，照理该属于相县，然而《晋书》明言属于萧而非相县。《晋书·地理志》有沛国，辖九县：相、沛、丰、竹邑、符离、杼秋、萧、洨、虹。其中萧县东南正与竹邑、洨县地相接，则处于彭城南之灵壁当然可以属于萧而不可属于相。

最后，还有可以确证灵壁在泗水以西、彭城之南的记载。《宋书·谢灵运传》述谢灵运"奉使慰劳高祖于彭城，作《撰征赋》"。由其序，他是"以仲冬就行，分春反命。途经九守，路踰千里，沿江乱淮，遡薄泗汳，详观城邑，周览丘坟"的。赋文中有一段讲得更具体细致：

审贡牧于前说，证所作于旧徐。聆泗川之浮磬，玩夷水之蠙珠。草渐苞于炽壤，桐孤干于峄隅。慨禹迹于尚世，惠遗文于夏书。纷征迈之淹留，弥怀古于旧章。商伯文于故服，咸征名于彭殇。眺灵壁之曾峰，投吕县之迅梁。想蹈水之行歌，虽齐泊其何伤？[2]

谢灵运述他自南往北，经过各地感怀往古的心情。到了旧徐国之地进入泗水，向北进发，这时西边望见灵壁诸山阜层峦叠嶂，因而感伤灵壁之旁睢水之战的蹈水惨象。吕县在今天徐州南不远铜山县东，南接今灵璧县北境。谢灵运在这一段泗水之上所眺望的灵壁山峦，无论如何不可能在相城附近。因为相城远在泗水数百里之外，谢灵运不可能看到（周览）那里层峦的山峰，自然也不会勾起他对睢水之战的联想，因此他看到的灵壁"曾峰"只能是泗水西岸不远，今灵璧县与铜山县、宿州埇桥区三地相接近并在睢水以北的诸山梁。

综合以上所论，楚汉战争时期之灵壁在符离东北、彭城之南，不仅魏、晋、唐人已言之，亦且合于汉军逃亡方向与地理形势，更与晋、宋人所言灵壁位

---

① 谭其骧主编：《中国历史地图集》第四册，地图出版社，1982 年。

② 《宋书·谢灵运传》，中华书局，1974 年。

置相一致。反观符离西北相县之近的说法，不仅自相矛盾，也没有其他佐证，复与汉军逃走方向不尽合。笔者近日前往灵璧县调查，发现今灵璧县北乡尹集镇北睢水之滨，还有古代军队打仗所筑造的壁垒，南抵今睢水之河沿，当地人谓之"霸王城"，周长"九里担八步"，传说为当年睢水之战的遗存，还有很多衍生的故事。旧志如《江南通志》等于此也颇有记述，可以印证相关传闻。

过去，大家一直认为灵璧县始于北宋哲宗元祐元年（1086），时析虹县之灵璧镇置零壁县，徽宗政和七年（1170）改零壁为灵璧。经过我们考证知，早在秦汉之际就有一个小县曰灵璧在今灵璧县境内，灵璧县的历史自应从秦汉之际算起，如此则有二千二百多年。

垓下聚遗址考

袁传璋

摘要：楚汉相争最后决战发生在垓下毋庸置疑。《汉书·地理志》及汉魏旧注均认定垓下乃洨国下属的聚邑。《史记正义》所主垓下"在亳州真源县东十里说"无文献根据，且自相矛盾，不可采信。从《汉书·地理志》本注体例可知垓下聚与洨城绝非同地。近年濠城镇北"霸王城"考古发掘成果，证实此处为"大汶口文化最早的遗址"，亦为秦汉洨城遗址，具有重大历史文化价值，但认定即垓下聚遗址似有移花接木之嫌。据唐《元和郡县志》及宋《太平寰宇记》的记载，垓下聚遗址应在濠城镇东北二十余里处的灵璧境内探寻。

关键词：垓下 陈下 濠城 虹县 灵璧

汉王五年（前202）十二月，相持将近五年的楚汉相争进行最后的决战。战役结局是西楚霸王项羽（前232—前202）兵败垓下自刎乌江，而汉王刘邦（前256—前195）则在同盟诸侯及部属将相拥戴下荣登皇帝宝座，创建了中国历史上第一个长期统一的大汉王朝。这场决战的战场是垓下还是陈下？垓下的真正方位又在何方？近来颇有争议。[①]本文拟对以上议题做点粗略的梳理。

一、楚汉最后决战在垓下展开毋庸置疑

汉王四年九月（前203），汉王刘邦与西楚霸王项羽在荥阳广武山缔结鸿沟和约，"中分天下，割鸿沟以西者为汉，鸿沟而东者为楚。"[②]这项和约符合当时军民渴望弭息战祸、休养生息的大愿，所以汉、楚两军"皆呼万岁"。项王履约即时遣返前年彭城大战时俘获留作人质的"汉王父母妻子"，解除与汉方的战争状态，从广武前线"引兵解而东归"。由于楚都彭城已被汉军灌婴攻占，项王不得不引军向东偏南沿着鸿沟与颍淮相连的河道东侧，撤向西楚边郡陈郡，想利用那里优越的战略位置和丰饶的物力资源，进行休整补给。

张良与陈平揣摩汉王刘邦必"取天下"的欲望，献策趁"楚兵罢食尽"之时，"因其机而遂取之"。汉王采纳其计，撕毁和约，于五年十月（前202）率本部兵马追击项王。前锋樊哙攻占陈城以北八十余里的战略要地阳夏城（今河南太康县），汉王进驻阳夏西南三十余、陈城西北四十二里的固陵高地，与齐王韩信、梁相国彭越约期合击楚军。齐、梁大军至期不会。项羽对刘邦的背信弃义非常愤怒，向固陵汉军发起反击。汉王迎战大败，"复入壁，深堑而自守"。焦虑不安的刘邦向张良请计，张良提出汉王与韩信、彭越"共分天下"，使各自为战的良策？刘邦发使告韩信、彭越："并力击楚。楚破，自陈以东傅海与齐王，睢阳以北至穀城与彭相国。"韩信、彭越得到分地的承诺，皆报曰："请今进兵。"

---

① 与传统认为垓下之战遗址在今安徽灵璧县东南、沱河北岸不同，苏诚鉴撰《垓下战场在河南不在安徽》（载《安徽师大学报》1979年第2期）、《从"四面楚歌"再探垓下战场所在》（载《安徽史学》1998年第3期），提出"垓下"即"陈下"（今河南省淮阳县）；陈可畏撰《楚汉相争的垓下究竟在今何处》（载《中国史研究》1998年第2期），以为垓下在陈县（今河南省淮阳县）北部；辛德勇撰《论所谓"垓下之战"应正名为"陈下之战"》（载《中国社会科学院历史研究所学刊》第一集，社会科学文献出版社2001年10月出版），亦持与苏、陈二氏相同的观点。

② 司马迁：《史记·项羽本纪》，《史记》第一册，北京：中华书局，1982年第2版，第331页。以下引用此篇，不再出注。

当时能够改变楚汉形势的是齐王韩信的大军。然而临淄至陈下将近千里，数十万大军携带辎重粮秣以日行一舍（三十里）计，一个月后方可抵达。在此期间，项王挟固陵初战大胜的声势，再采取正确的战略战术，在齐、梁大军到来这前，未必没有彻底解决汉王的可能。然而两支外线作战的汉军骁骑的不期而至，一支是齐王韩信于汉四年二月派出经略东楚的御史大夫灌婴统领的郎中骑兵，在攻占楚都彭城后，由东而西攻城略地，杀至距陈下不过百余里的苦县颐乡（今河南鹿邑县东），与刘邦会合；另一支是刘邦由荥阳派出在西楚薛郡、泗水一带机动作战的骑都尉靳歙的骑兵，自北向南"还击项籍陈下"[①]，使形势发生向汉方有利的转化。有了这两支极具冲击力的劲旅的参与，于是汉王刘邦与谋臣张良等策划并实施了一场颇具规模的第二次固陵之战，亦称陈下之战。这就是《史记·樊郦滕灌列传》所说的樊哙"围项籍于陈，大破之"[②]、灌婴"与汉王会颐乡。从击项籍军于陈下，破之"[③]；《高祖功臣侯者年表》著录的曲城侯蛊逢"以都尉破项籍军陈下，功侯"[④]、宣曲侯丁义"为郎骑将，破钟离眛军固陵，侯"[⑤]、汾阳侯靳彊"起阳夏，击项羽，以中尉破钟离眛，功侯"[⑥]、广平侯薛欧"以将军击项羽、钟离眛功，侯"[⑦]。此战汉军大胜，十多位将领立功封侯。楚军损失惨重，大将钟离眛所部全军覆没，钟离眛脱身逃亡，左令尹吕清、令尹灵常、陈县令利幾临阵倒戈而被汉王封侯。楚军实力折损殆半，从此失去对汉军大举反击的实力。因此，近年有学者力主陈下之战即楚汉最后决战，垓下为陈下地名，垓下之战是陈下之战的别称。

笔者以为，陈下之战并非楚汉的最后决战，而只是垓下决战的序幕。对此笔者另有《鸿沟媾和与垓下会战》专题讨论。

陈下之败使项王损兵折将，加以寿春沦陷，大司马周殷叛变投敌，陈城失去腹地，兵员补充、粮秣征收皆失来源。更严重的是，情报显示齐王韩信、

① 《史记·傅靳蒯成列传》，《史记》第八册，中华书局本，第2710页。

② 《史记》第八册，第2656页。

③ 《史记》第八册，第2670页。

④ 《史记》第三册，第911—912页。

⑤ 《史记》第三册，第921—922页。

⑥ 《史记》第三册，第961页。

⑦ 《史记》第三册，第885—886页。

梁相国彭越、淮南王英布与刘贾周殷数十万大军正从东北、北方、东南开赴陈下与汉王会师途中。项王不能困守陈城，相时度势，走为上策，于是选择适宜路线东撤垓下，以利休整将士、恢复元气，或相机再战，或退保江东。于是才有了历史上著名的垓下之战。

《史记》的本纪、世家都明确著录楚汉最后决战发生在垓下。《项羽本纪》叙其事曰：

韩信乃从齐往，刘贾军从寿春并行，屠城父，至垓下。大司马周殷叛楚，以舒屠六，举九江兵，随刘贾、彭越皆会垓下，诣项王。项王军壁垓下，兵少食尽，汉军及诸侯兵围之数重。[①]

《高祖本纪》叙其事曰：

五年，高祖与诸侯兵共击楚军，与项羽决胜垓下。淮阴侯将三十万自当之，孔将军居左，费将军居右，皇帝在后，绛侯、柴将军在皇帝后。项羽之卒可十万。淮阴先合，不利，却。孔将军、费将军纵，楚兵不利，淮阴侯复乘之，大败垓下。项羽卒闻汉军之楚歌，以为汉尽得楚地，项羽乃败而走，是以兵大败。使骑将灌婴追杀项羽东城。斩首八万，遂略定楚地。[②]

《荆燕世家》亦详记其事：

汉五年，汉王追项籍至固陵，使刘贾南渡淮围寿春。还至，使人间招楚大司马周殷。周殷反楚，佐刘贾举九江，迎武王黥布兵，皆会垓下，共击项籍。[③]

诚如唐人司马贞所言，"《史记》者，汉太史司马迁父子之所述也。"（《史记索隐序》）司马谈之生上距楚亡汉兴及项羽之死不过二十余年，青年时代

---

① 《史记》第一册，第332–333页。
② 《史记》第二册，第378–379页。
③ 《史记》第六册，第1994页。

及见汉初开国功臣及其子弟，并与其中某些人士交游，熟悉楚汉之际的新鲜掌故。司马迁之生上距项羽之死也不过五六十年光景，他"二十而南游江淮"时，曾亲访丰沛功臣的故里，踏勘彭城周边楚汉相争的战场故址，他也有机会与汉初大功臣的孙辈如樊他广等交游，亦从他们那里获得可贵的口述史料。①司马谈、司马迁父子相继任职太史，不仅掌管王朝图籍计书，而且因太史职任所在有权"紬石室金匮之书"，亲见宗庙及太常寺秘藏的皇室玉册及开国功臣的功录、剖符封侯的丹书铁券等文书秘档。从司马谈、司马迁父子关于太史职责的自述，可知编纂大汉龙兴以来的现当代史，正是太史公的天职，《太史公书》原是太史公的职务作品，必须呈送皇上御览审定。作为楚灭汉兴的最后决战的战场所在及战役名称的著录，容不得丝毫讹错。基于以上种种因素，《史记》所述楚汉最后决战发生在垓下，毋庸置疑。

二、垓下系沛郡洨国境内的一所村落

楚汉最后决战发生在垓下。垓下又在哪里？其实汉魏文献早有答案。《史记·项羽本纪》："韩信乃从齐往，刘贾军从寿春并行，屠城父，至垓下。"裴骃《史解集解》为"垓下"作注，先引东晋徐广的《史记音义》："在沛之洨县。洨，下交切。"又引东汉末人李奇曰："沛洨县聚邑名也。"司马贞《史记索隐》引曹魏博士张揖的《三苍注》为"垓下"作注曰："垓，堤名，在沛郡。"②《集解》与《索隐》一致指出"垓下"的地望在沛郡洨县，垓下是聚邑而非城市。李奇、张揖、徐广为"垓下"作注的依据都来自班固《汉书·地理志》。

《汉书·地理志上》："沛郡，故秦泗水郡，高帝更名。莽曰吾符。属豫州。"沛郡共领三十七县，其中有"洨"。班固如此著录："洨侯国。垓下，高祖破项羽。莽曰育成。"③《汉书》系班固奉诏之作，素以谨严著称。书

---

① 对此，《史记·樊郦滕灌列传》有明确交代："太史公曰：吾适丰沛，问其遗老，观故萧、曹、樊哙、滕公之家，及其素，异哉所闻！方其鼓刀屠狗卖缯之时，岂自知附骥之尾，垂名汉廷，德流子孙哉？余与他广通，为言高祖功臣之兴时若此云。"（《史记》第八册，第2673页）。

② 《史记》第一册，第333页。

③ 班固：《汉书》第六册，北京：中华书局，1962年版，第1572页。

中的《地理志》是正史地理志之祖，极具权威性。班固作《地理志》，注重郡、县的置废析并沿革，用简明文字注明原委。郡下所属各县，一般只记录县名。若系汉前所置，或王莽更名，则于县名下出小字"本注"说明沿革。如《地理志下·淮阳国》领九县，首县为"陈"，班氏如此著录："陈故国，舜后胡公所封，为楚所灭。楚顷襄王自郢徙此。莽曰陈陵。"若县内有具历史意义的乡聚山川，也于县名下出小字"本注"点出。如《地理志上·沛郡》领三十七县，其中有蕲县，班氏如此著录："蕲垂乡，高祖破黥布。都尉治。莽曰蕲城。"

班固于县名下所作本注已形成规范的体例。所谓"蕲垂乡，高祖破黥布"，是说蕲县县域内有垂乡，高祖在那里打败黥布；而不是说蕲县县城就是垂乡。根据这个本注体例，可知"洨垓下，高祖破项羽"，是说洨侯国境内有垓下，是高祖打败项羽之所；而绝不能解为洨城就是垓下，垓下就是洨城。

若与范晔《后汉书》对照，就更为明晰。《后汉书·郡国志二》沛国领有二十一城，其中有"洨国"，范氏如此著录："洨，有垓下聚"，其下有刘昭小字补注："高祖破项羽也。"[1]洨是"城"，而垓下是"聚"。聚是村落的意思。《说文解字》："聚，邑落云聚。"段玉裁《注》云："邑落，谓邑中村落。"段氏所说的"邑"义同于"县"。垓下是洨县县域内一个村落。

郦道元《水经注》卷三十《淮水》经文："淮水又东，迳夏丘县南"之下的《注》文有与《汉书·地理志》《后汉书·郡国志》同样的记载："洨水又东南流于洨县故城北。县有垓下聚，汉高祖破项羽所在地。"[2]

洨城为西汉洨侯侯邑。洨侯吕产是吕太后之侄。《史记·惠景间侯者年表》作"郊侯"，侯功栏记载："吕后兄悼武王身佐高祖定天下，吕氏佐高祖治天下，天下大安，封武王少子产为郊侯。"《索隐》："郊，一作'洨'，县名，属沛郡。"[3]吕产于吕太后元年（前187）始封郊侯，六年（前182）改封吕王，郊（洨）侯国除为洨县。洨县县邑遗址在今安徽固镇县濠城镇。

① 范晔：《后汉书》，北京：中华书局，1965年版，第3427页。

② 王国维：《水经注校》，上海人民出版社，1984年版，第974页。

③ 《史记》第三册，第980页。

三、《史记正义》垓下"今在亳州真源县东说"不可采信

楚汉相争最后决战的垓下战场，《汉书·地理志》明确记载在沛郡洨县境内，汉魏六朝以迄初唐，八百年中从无异说。异说出现在唐玄宗开元二十四年（736）杀青成书的《史记正义》。张守节于《项羽本纪》"韩信乃从齐往，刘贾军从寿春并行，屠城父，至垓下"句下，为"垓下"作《正义》曰：

按：垓下是高冈绝岩，今犹高三四丈，其聚邑及堤在垓之侧，因取名焉。今在亳州真源县东十里，与老君庙相接。[1]

《正义》此说得现代史家范文澜认可，

刘邦得秦民拥护，又联合诸侯王，与项籍苦战四五年，屡败屡起。前二〇二年，垓下（在河南鹿邑县境。一说在安徽灵璧县，按当时军事形势，应以鹿邑县境为是）决战，项籍败死。刘邦立为皇帝，统一中国，开创了历史上有名的汉朝。[2]

故垓下为河南鹿邑县说也有相当大的影响。

张守节长于六书地理之学，为《史记》作《正义》时，凡遇古时地名，大都引据初唐李泰主编之地理总志《括地志》（全书早佚），以唐时地名予以对释。但所作"垓下"《正义》并未征引《括地志》，也未出具其他文献依据，显系张氏自出心裁。然而守节此项裁断是有问题的。

首先，此说与《汉书·地理志》"垓下"属沛郡洨国的权威记录背离。而亳州真源县秦汉时为苦县，苦县秦楚之际属陈郡，东距沛郡的洨国四百余里，岂可牵合为一！又，《汉书·地理志下》有"淮阳国"，领有九县，陈为首县，其次有苦县。而于苦县，班氏本注仅简注："莽曰赖陵。"不见苦县境内有"垓下"踪影。

其次，张守节关于"垓下"的注释不能自圆其说。就在《项纪》"至垓下"的上文"刘贾军从寿春并行，屠城父"句下，《正义》云：

---

① 《史记》第一册，第333页。

② 范文澜：《中国通史简编》修订本第二编，北京：人民出版社，1964年第4版，第28页。

父音甫。寿州寿春县也。城父，亳州县也。屠谓多刑杀也。刘贾入围寿州，
引兵过淮北，屠杀亳州、城父，而东北至垓下。[①]

按：城父县春秋时为许国国都，系战略要地，遗址在今安徽亳州东南
七十里处的城父集。张守节认定的"垓下"在真源县（今为河南鹿邑县）东十
里，即秦汉时的苦县所在，其地方位在城父的"西北"，而不是"东北"。方
向颠倒若此，显系向隅而造。垓下"今在亳州真源县东十里说"，一与权威文
献暗合）、二非田野踏勘所得，自无采信的价值。

四、垓下聚当在濠城东北二十余里处的灵璧境内

近年有文物考古单位在安徽固镇县东濠城镇北二里许沱河南岸的霸王城
村进行考古发掘，有重大发现。此处原先即号称"垓下遗址"。据发掘成果新
闻通报得悉，考古专家取得共识，此处是目前发现的能够确切认可的史前大汶
口文化最早的遗址，也是当时黄河中下游和淮河流域最早的城市。这里也是汉
代洨城遗址。考古专家推断其前身即垓下，这是当年项羽退守至垓下，利用原
有早期城址进行二次修筑，凭借优势的地理条件与刘邦抗衡所造成的结果。[②]

笔者以为，在濠城镇霸王城通过考古发掘发现四千多年前大汶口文化最
早的城市遗址，对于研究淮河流域历史文化具有重要意义。确定霸王城即西
汉洨侯吕产侯邑旧址，与《史记·惠景间侯者年表》、《汉书·地理志》、郦
道元《水经注·淮水注》等权威文献若合符契，说明固镇县濠城镇霸王城具有
重大的历史文化价值。但将霸王城推断为垓下遗址，则窃有所疑。首先，将未
经确切证明的霸王城先行定名为"垓下遗址"，发掘后又未经充分论证就宣布
其即为垓下遗址，岂非陷入循环论证的怪圈；其次，霸王城确是洨城遗址，但
洨城是城，而垓下仅是洨国境内的一个聚落，二者属于不同层级，岂可牵合为

---

① 《史记》第一册，第332-333页。
② 据《安徽日报》2010年6月12日新闻稿《固镇垓下大汶口文化遗址被评为十大考古新发现》及
相关报道。

一？这种推断既与汉魏权威文献违逆，亦有移花接木之嫌，恐难以成立。

埃下聚并非濠城镇北俗称的"霸王城"，而实另有其地。明、清方志及旧时历史地名辞典称埃下在安徽灵璧县东南、沱河北岸，并非空穴来风。唐、宋两代权威的舆地志书不仅为埃下在沱河之北说出具了有力的文献支撑，也为当今探寻埃下聚的真正所在提供了清晰的线索。

唐·李吉甫撰《元和郡县图志》卷十《河南道五·宿州·虹县》有如下记载：

> 西至州二百里。本汉旧县，属沛郡。虹音贡，《汉书》作"珙"字。
>
> 埃下聚，在县西南五十四里。汉高祖围项羽于埃下，大破之，即此地也。
>
> 按：汉洨县属沛郡洨音绞，汉埃下即洨县之聚落名也。[1]

《元和郡县图志》是唐代的地理总志。作者李吉甫，《旧唐书》本传称他"该洽多闻，尤精国朝故实，沿革折衷，时多称之"。自京出任外官，"留滞江淮十五余年，备详间里疾苦。"唐宪宗元和（806—820）间两度拜相[2]。所撰《元和郡县图志》四十卷，《四库全书总目》评价甚高："舆记图经，……其传于今者，惟此书为最古，其体例亦为最善。后来虽递相损益，无能出其范围。今录以冠地理总志之首，著诸家祖述之所自焉。"[3]李吉甫撰著此书，充分利用了皇家秘藏图籍档案，又曾居官"江淮十五余年，备详间里疾苦"，而沛郡各县正是他居官江淮所属之地，对于埃下聚的著录自可征信。

北宋·乐史撰《太平寰宇记》卷十七《淮南道十七·宿州》有如下记载：

> 虹县，[州]东南一百五十六里。旧十乡，今三乡。汉县，属沛郡。
>
> 濠城，在县西南七十八里，即汉洨县也。属沛郡。埃下，洨县之聚落名。

---

① 唐·李吉甫撰：《元和郡县图志》，《文津阁四库全书》本，北京：商务印书馆影印，2006 年，第 467 册，第 244-245 页。

② 后晋·刘昫撰《旧唐书》卷一四八《李吉甫》，浙江古籍出版社缩印宋刊本，《二十五史》第四册，第 272 页。

③ 清·永瑢等撰：《四库全书总目》卷六十八《史部二十四·地理类一》，北京：中华书局，1965 年，第 595 页。

垓下，在县西五十里。汉兵围项王于垓下，大败之。有庙，在县西五十里。[1]

《太平寰宇记》是北宋初年著名地理总志。乐史作为朝廷史臣，为维护国家统一，因合舆图所隶，考寻始末，条分件系，撰成《太平寰宇记》二百卷。《四库全书总目》称赞此书"采摭繁富，惟取赅博。……盖地理之书，记载至是书而始详，体例亦自是书而大变。然史书虽卷帙浩博，而考据特为精核"。[2]

按：唐、宋两朝宿州所辖之虹县县治，即今安徽泗县县城。以上两部地理总志对垓下聚的地望均以虹县县治作为坐标原点。《元和郡县志》说："垓下聚，在县西南五十四里。"《太平寰宇记》说："垓下，在县西五十里。"《太平寰宇记》还提供了一条具特殊价值的数据："濠城，在[虹]县西南七十八里。"根据以上数据，可以推知垓下聚遗址当在濠城镇东北二十四里至二十八里，西北距灵璧县城四十余里、东北距泗县县城四十至四十五里的范围之内，相当于灵璧县毗邻泗县西界的单圩—后翟庄一带。

楚汉垓下会战，汉方联军刘邦本部不少于二十万，韩信自将齐军三十万，彭越梁军至少五万，刘贾、英布、周殷九江军当近十万，总数在七十万左右，号称百万，而以韩信为前敌总指挥。所以日后汉皇刘邦论及韩信之功时才会说"连百万之军，战必胜，攻必取，吾不如韩信"。项王兵力只"可十万"。双方投入的总兵力将近百万之众，战场应在垓下聚周遭方圆百里的更为广阔的地带。垓下聚不过是项王大败之后，收缩残部据此村落高地退守之所。此时项王手下的楚军仅余数万，与汉军兵力几近十与一之比。孙子曰："用兵之法，十则围之。"[3]所以《项羽本纪》才会有这样的文字："项王军壁垓下，兵少食尽，汉军及诸侯军围之数重。"往日所向披靡的西楚霸王现在真的是日暮途穷了。

（作者系安徽师范大学历史系教授、《史记》研究会理事）

---

① 宋·乐史撰：《太平寰宇记》，《文津阁四库全书》本，北京：商务印书馆影印，2006年，第468册，第74-75页。
② 《四库全书总目》，第595—596页。
③ 《孙子·谋攻第三》，《武经七书注译》，北京：解放军出版社，1986年，第14页。

"垓下遗址"以讹传讹何时了

孙淮滨

发生在公元前 202 年的"垓下之战",是我国历史上具有划时代意义的大事件,历来为史学界所关注。至于"垓下"在哪里?也一直是史学界的重要史研项目之一。自古以来,对"垓下"位置曾经产生过"二说":一为"河南鹿邑说",一为"安徽灵璧说"。通过长时间史学界的考察论证,最终统一于"安徽灵璧说"。但在"安徽灵璧说"中,又曾产生过"二误",一为"以有为即"之误,一为"以洡为洨"之误。其一,"以有为即"之误:此误产生于《文献通考》。《文献通考》为元代马端临著,该著云"垓下即濠城也"。据考《太平寰宇记》:"濠城在虹县(今泗县)西南七十五里,即《汉书》洨县也。"《太平寰宇记》又云:"垓下聚在今宿州虹县西南五十里,有项王庙。"《汉书地理志》载:"沛国洨有垓下聚。"《续汉书·郡国志》亦载:洨县"有垓下聚",《元和郡县图志·河南道五·宿州虹县下》载言:"垓下聚,在县西南五十四里,汉高祖围项羽于垓下,大破之,即此地也。"《水经·淮水注》:"洨水又东南流,迳洨县故城北,县有垓下聚,汉高祖破项羽所在也。"《汉书》为东汉班固著,《水经注》为北朝郦道元著,《元和郡县图志》为唐代李吉甫著,《太平寰宇记》为北宋乐史著,如上史籍均早于元代的《文献通考》,该书所谓"垓下即濠城地也"。乃易"有"为"即",与数家古史相悖。从史学观点,史籍越早,其准确性越强,信史度越高,越具史料价值。《文献通考》晚于《汉书》千余年,以诸史之"有"字易为"即"字,一字之易,铸成误史,早为史学家指谬判误,置之不屑。其二,"以洡为洨"之误。此误出自《灵璧志略》。《灵璧志略》为清乾隆二十三年(1758)灵璧知县贡震撰,其在《灵璧志略·古蹟》云:"垓下今濠城集,即汉高祖败项羽处。"初读《灵璧志略》好像重蹈《文献通考》覆辙,只要审慎研究,贡震并非附和马端临的"以有为即"之谬,他在为"垓下"定位时是非常审慎的。但是又何以与马端临同出一辙呢?请看他在《灵璧志略》中系列的考证文章便知。他考证说："玩'有'字之意，则垓下与泜城自是两地，不得并而为一也。"这显然是批判马端临的"以有为即"之谬，但是为什么又产生与马端临同样的错误结果呢？答案就在贡震自己的考证文章中。他在《灵璧志略·河渠原委·泜浍考》中考证说："循名考实，灵璧南乡无所谓泜水者。今按《水经注》究其原委，乃知古之泜乃今之浍也。"按《中国历史地名词典》(673页)："泜水自安徽宿县北分蕲水东南流，循今沱河至五河县西北与涣水（今浍河）合流入淮河"。史书已经明确指出古泜水乃今之沱河，而不是浍河。由于贡震对《水经注》考证之失，误把浍河作为古泜水，故而产生一系列的连锁性考证错误。他既把浍河错误地定为古泜水，那么古泜城遗址又在何处？于是他又反复考证说："郦注言：泜水东南流，至泜县故城北，则泜城在泜水之南，可知今之濠城集为泜县故城误也。"贡震就此一误再误，于是又推翻了北宋《太平寰宇记》中关于"濠城"《汉书》波县也的史著。那么泜城究竟在哪里？他又继续考证说："窃疑连城集北有两土城相比，正在浍河（贡震自谓的'泜水'）南岸，所谓泜县故城，二者或居其一。"其实浍河南岸两土城，一为古连城，一为谷阳故城。贡震就这样错误地把古城由沱河南岸"嫁接"到了浍河南岸的连城。贡震把泜城错误地定了位，那么"垓下"又在哪里？接着，他又在浍河北岸寻找"垓下"。濠城正在浍河以北，于是贡震就武断地肯定"今之濠城集即古之垓下聚，是无疑矣"！细读贡震为"垓下"定位考证的错误过程，对《灵璧志略》"濠城即垓下"的错误原委已昭然若揭。后在成书于道光十年（1830）的《安徽通志》已对贡震的"以浍为泜"指谬。《安徽通志·水系考》明晰地指出："今按贡震谓泜城在连城集北浍河南岸，盖以浍为泜云。""濠城即垓下"在《安徽通志》批谬之后大白于天下，"濠城即垓下"说从此声销烟灭。

公元1965年析灵璧县固镇镇置固镇县。公元1986年《固镇县志》问世，在《固镇县志（评议稿）》中再次出现关于"濠城即垓下"的所谓"文献记载"说。"文献记载"说是在《安徽通志》纠正贡震"以浍为泜"的错误以后近二百年的时间里又一"新说"。所谓"新说"只不过是"新瓶老酒"。其所谓"文献记载"就是把《文献通考》和《灵璧志略》中关于"濠城即垓下"

的错误记载诡作典籍，重新写入《固镇县志稿》中，继续"以讹传讹"，冀以"抑正扬讹"企想"强误代正"。

濠城本为西汉洨侯国封地，汉武帝征和元年改置洨县。垓下只是洨县境内一个聚落，故又名垓下聚。况且"垓下"并非一般平坦地形的村落可以命名的，它是因特殊的地形地貌而命名的。《说文》"垓，兼八极地也"。《初学记》"重垠累垓"。《史记正义》："垓下是高冈绝岩，今犹高三四丈，其聚邑及堤在垓之侧，因取名焉。"《史记集注》徐广曰："垓，次也。"作层、级、阶次解，是在平地上陡峭突起的高冈危岸而又渐次平缓的地形地貌。当年贡震错误地把濠城定为"垓下"也忽略了地形要素，这也是他考证中的过失之一。座落在今灵璧县东南韦集镇境内沱河（古洨水）北岸之垓下遗址，其地形地貌正与"垓"字之字义极相吻合。这里南部陡峭，标高 18.7 米，属自然形态的高岗绝岸地形。北部渐次平缓，标高 15.22 米，高程差 3.52 米（据 1953 年治淮委员会测绘的《灵璧南部高程图》）。这里四面环沟，面积约 25 万平方米，一条古驿道穿境而过。其位置正在古洨水北堤之侧约 700 米处，地形地貌与《史记》各家所注一致。这里古墓累累，西自双龙沟，东至刘沟沿，大约近三十华里古墓群落带，似乎见证着当年战争之惨烈。遗址之北为虞姬墓，墓冢高筑，碑石林立。虞姬墓之西有村名"霸离铺"，遗址西北有"吹箫台"（又名"楚歌台"），正北又有"散楚山"。这里地下出土文物甚多，与战争有关的文物也屡见不鲜。如铜戈、铜剑、铜矛、弩机、铜箭镞、战马铜饰、战车饰件、盔甲残片以及秦代半两钱等。从地表古迹遗存到地下出土文物，都见证着当年垓下刀光剑影的惨烈景象。昔日发生在这里的"十面埋伏""四面楚歌""霸王别姬"等可歌可泣的故事代代相传。千百年来，无数文坛巨擘、骚人墨客前来凭吊怀古，留下了无数诗词名篇。如唐代著名诗人高适，为了凭吊古战场，他于天宝三年（744）西自东苑过彭城而至垓下，触景生情，由衷地发出慨叹："次灵璧之逆旅，面垓下之遗墟。嗟鲁公之慷慨，闻楚歌而悒於。歌拔山而涕洟，切霸图而莫居。摈亚父之何甚，悲虞姬之有余。"如今虞姬长眠于垓下，含情脉脉地守护着这片生前属于她的楚地。

2009 年 11 月，上海辞书出版社印刷发行了中国最大的综合性词典《辞海》2009 年修订本，在新修订的辞条中，把"垓下"的地理归属悄悄地从"今安徽省灵璧东南沱河北岸"改为"今安徽省固镇东北沱河南岸"。新版《辞海》的发行，把从清道光十年（1830）以后就已平息了的"垓下论证"再掀风波。《新安晚报》记者为此电话采访了上海辞书出版社负责修订"垓下"辞条的编辑张敏先生，张敏回答说："沱河改道，使垓下移到沱河南岸。"张敏先生借修订《辞海》之机，变"濠城即垓下"说又创造出一个"垓下过河"新说，又为史研领域奉献一个"垓下过河"新课题。此说是否符合真实历史？必须让史实说话。据考：沱河古称洨水，为淮河支流。沱河发源于河南省商丘市李堤口西，流经虞城、夏邑、永城，进入安徽后，流经濉溪、宿州、固镇、灵璧、泗县、五河，再入洪泽湖注入淮河，全程 275.13 公里。历史上淮河水患频仍，中华人民共和国建立后，毛泽东主席发出"一定要把淮河修好"的号召，为此，国家水利部专门设置了"淮河水利委员会"（以下简称"淮委"），专门治理淮河水利工程。沱河是淮河水系的主要河流，是治淮的主要工程之一，其水利工程方案均由国家"淮委"制定并直接管理。沱河治理工程的灵璧段均由灵璧县水利局按"淮委"制订的工程方案具体实施。每次治理沱河的工程方案及施工档案均存入灵璧县水利局档案室。经考察治理沱河水利工程共有两次：第一次是 1951 年 11 月至 1952 年 8 月，灵璧县工程段是西自宿县沈桥起，东至五河县大安集止；第二次是 1956 年秋至 1957 年春。灵璧县工程段：西自灵璧县沱河集起，东至五河县樊集止。两次治理沱河的时间，均在由灵璧县析置固镇县的时间以前，两次治理沱河的灵璧县工程段内均含"垓下遗址"南的沱河流经工程部分。从两次"淮委勘测设计院"编制的《沱河流域治理工程设计方案》中都有具体实施细则和工程验收标准。如灵璧县的工程总长（公里）、河底宽度（米）、河底高程（米）、边坡、比降、堤高、堤宽、堤距、疏浚河道平均水深（米）以及排涝流量（立方米 / 秒）等。两次工程治理方案均为疏浚治理，并无裁弯取直和改道的工程方案。《固镇县志》"水利部分"对治沱的记载与《灵璧县志》大致相同。因两次治沱工程，固镇尚属灵璧县的一个区镇，其在编修《固镇县志》时，"水利部分"资料来源大多取自灵璧县水利局有关治沱档案。再看《辞海》自诞生以来对"垓下"辞条的编注：1979 年版（缩印本）第 534 页"垓下"辞条为"核下，古地名。在今安徽灵璧南沱河北岸。公元前 202 年，楚汉两军在此作战，项羽军被击败于此"。1999 年版《辞海》"垓下"辞条地理位置仍之。从《辞海》第五次修订的 1999 版以后，沱河水利并没有新工程，而《辞海》的 2009 年版修订本突然冒出来一个"垓下过河"，新论一经抛出，就毫不费力地把"垓下偷渡"到了沱河南岸垓下的位置考辨，自《史记》问世以来研究学者众多，不仅对其具体位置的考证定位，而且对其地形地貌的论证亦绘形绘影，愈辨愈明，最终统一于"灵璧东南，沱河北岸"之说。中华人民共和国成立以后，我国考古学家郭沫若、翦伯赞等，以及在他们领导下的科研学者，通过大量的史籍论证，以及运用现代化的高科技手段，对"垓下遗址"作出了更加准确的定位。郭沫若先生早在他主编的《中国史稿地图集》（上册）第 27 页"楚汉战争（前 205—前 202）图"就已经具体标出"垓下"在灵璧东南沱河北岸，东经 117° 38'，北纬 33° 21' 的位置。由中国历史地图集编辑组编辑、谭其骧主编、中华地图学社出版的《中国历史地图集》1975 年版（第二册 910 页）"秦汉时期山东南部诸郡图"中，也清楚地标出"垓下"在灵璧东南沱河北岸，东经 117° 38'，北纬 33° 21' 的位置，与郭沫若先生标注的位置一致。第 3637 页"西汉时期豫州、兖州、徐州、青州刺史部图"也标出"垓下聚"在沱河北岸的上述位置，其所不同的只是将"垓卜"标为"垓下聚"，实为一地。当代著名历史学家翦伯赞先生编著的《中国史纲》"秦汉史"部分（198 年 5 月版）所载与郭沫若先生考证相一致。复旦大学历史地理研究所、中国历史地名辞典编委会在 1985 年 10 月编纂出版的《中国历史地名辞典》第 578 页载："垓下在今安徽省灵璧县东南，沱河北岸，前 202 年楚汉两军作战，项羽被击败于此。"根据上述文献的记载，尤其是历史地图的具体标注，已统一于"垓下遗址"的地理位置是在今安徽省灵璧县南韦集镇以老庄胡村为中心的沱河北岸之范围。该处为东经 117° 38'，北纬 33° 21'。特别是在 1981—1985 年全国第二次文物普查时测定的灵璧东南沱河北岸的"垓下"坐标，恰与郭沫若《中国史稿地图集》等所标注的地理坐标竟如此应节合拍的惊人一致。

如上历史地图册和辞书的出版时间都在两次治理沱河水利工程之后，这些出版物都分明地标注出"垓下在灵璧东南沱河北岸"。全国第二次文物普查的时间也是在两次"治沱"水利工程之后，他们对"垓下"坐标的测定竟与历史地图册不约而同的一致。这就已经清楚地告诉我们：两次"治沱"水利工程与沱河北岸的"垓下遗址"没有丝毫的移动。目前仅就笔者能看到的我国上自明、清，下至20世纪直到现在出版的各类辞书和史籍均从于"灵璧东南，沱河北岸"的记载，这里不作一一赘举。但是，必须特别举出的是由上海辞书出版社2004年出版的另一辞书《中国历史大辞典》，其在"垓下"辞条下云："垓下聚落名，在今安徽省灵璧县东南，沱河北岸。楚汉之际，刘邦、项羽在此作战，项羽军被击溃。"笔者还要特别举出安徽与垓下地名相关的辞书《安徽集镇辞典》（新华出版社，1993年第1版）其在268页"灵城镇境内古迹'虞姬墓'，在今城东15华里，公元前202年，楚汉会战于垓下（今县东南老庄胡村附近），项羽后败被围"。文中"垓下"加注的"老庄胡村"正是灵璧县灵城镇东南沱河北岸"垓下遗址"的位置。这里矗立的"垓下遗址"文物保护标志碑的位置，也就是《中国历史地图集》标注的确切位置，它正是东经117°38'，北纬33°21'，这是运用现代最先进的"G1obal Positioning System"卫星定位仪测定无讹的位置。这里不仅经纬度与诸多历史地图册一致，其地形地貌也与古史中各家所注一致；这里的出土文物不仅有与战争相关的铜兵器，其中"半两钱"也与秦代通用的货币一致；"虞姬墓"与"垓下遗址"南北咫尺相望，其与"霸王别姬"的故事一致。"楚歌台"正在遗址的西北方，"垓下之战"正值十月，正当西北风劲吹的季节，"楚歌台"的方向与战争发生的地点和季节风向相一致。这里的"霸离铺""散楚山"一切地理环境无不如榫合卯。"垓下遗址"位置的准确定位，是经过我国老一代历史学家郭沫若、翦伯赞等先生以及老一辈博学多识的资深科学家的集体科学论证，是他们付出了艰苦卓绝的心血代价而取得的科学成果，使两千多年来关于"垓下"遗址的争论取得一致的定论。这是中华人民共和国成立以来史学领域里的巨大成就，因此，我们要倍加珍惜。

在"垓下遗址"的考证问题上，不同认识的争论是正常的。但也不排斥有人为文羼杂，不直面正史，泛滥误史，以误传误，诡作典籍。对待古人的指误批谬视而不见。《辞海》是全球华人信赖的百科全书，对待"垓下遗址"问题要宏观博识，科学地分析，决不可偏听偏信，堕入偏颇，失去信誉，使《辞海》黯然失色。

垓下古战场辨析

石亚萍

楚汉相争在历史上虽然短暂一瞬，但在司马迁《史记》若干篇章中不乏详尽的描述。堪称波澜壮阔、胜景迭出，令人叹为观止。尤其是对公元前202年，垓下决战浓墨重彩的书写，为历史转折之著名战役留下了珍贵的史料，也为后世文学、戏剧等领域增添了不朽的艺术典型。细读《史记》，从中发现太史公颇具匠心，将"垓下之战"采取分镜头不重复描写的办法，在《高祖本纪》《项羽本纪》《淮阴侯列传》《荆燕世家》《黥布列传》《魏豹彭越列传》等文中，将战役的时间、地点、进程铺陈描述，垓下会战人物——粉墨登场，完整再现了"垓下决战"的历史瞬间。

"垓下之战"发生在皖北灵璧县境内，以县境"垓下"古地名而命名，而"垓下"也因这场战役著称于世。"垓下之战"不仅在灵璧县境留下了众多的文化遗迹，还以非物质的形态，流传大量生动绮丽的民间传说。二者紧密联系，相辅相成，使得"霸王别姬"的故事流传千古，家喻户晓。县境垓下民间传说以项羽、虞姬生离死别爱情故事为主线，以历史记载垓下之战事件为蓝本，以垓下之战流传的地名、山名、河流等为载体，集合楚汉战争及垓下之战历史人物，从不同侧面反映垓下决战的战况，情节完整，跌宕起伏。

本文仅从《史记》记载"垓下之战"入手，通过梳理线索，并结合近年来实地调查县境"垓下之战"文化遗存分布、出土文物，以及在灵璧县民间俯首皆是、脱口即出的传说等方面，充分揭示"垓下之战"自发生以来，所引发的几千年积淀深厚的历史文化遗产，以及目前所要论证的垓下古战场主战场在灵璧县境这一不争的事实。

一、从《史记》记载看"垓下之围"

"垓下之战"是项羽鸿沟撤退后，刘邦策划和指挥各路诸侯军，从南、北、西等方向追击围歼项羽楚军至垓下的一场决定生死存亡的战役。如《项羽本纪》记载："韩信乃从齐往，刘贾军从寿春并行，屠城父，至垓下。大司马周殷叛楚，以舒屠六，举九江兵，随刘贾、彭越皆会垓下。"《荆燕世家》："汉五年，汉王追项籍至固陵，使刘贾南渡淮围寿春。还至，使人间招楚大司马周殷。周殷反楚，佐刘贾举九江，迎武王黥布兵，皆会垓下，共击项籍。"《淮阴侯列传》："汉王之困固陵，用张良计，召齐王信，遂将兵会垓下。"《魏豹彭越列传》："於是汉王乃发使使彭越，如留侯策。使者至，彭越乃悉引兵会垓下，遂破楚。"《黥布列传》："汉五年，布使人入九江，得数县。六年，布与刘贾入九江，诱大司马周殷，周殷反楚，遂举九江兵与汉击楚，破之垓下"。另外《太史公自序》："以淮南叛楚归汉，汉用得大司马殷，卒破子羽于垓下。"根据上述记载，笔者认为："垓下之战"的发生由几个要素构成。

1.汉王五年十月（注：汉时的岁末），刘邦在固陵与项羽势均力敌，不得取胜，他一边亲自调兵遣将，派其堂兄弟刘贾围"寿春"，逐步收复楚地，诱降楚大司马周殷，使楚根据地丧失殆尽，渐渐缩小包围圈。

2. 刘邦采用张良计，以封王许地为代价，换取韩信、彭越从齐、梁赶来，另有会战汉军及诸侯军刘邦、韩信、刘贾、周殷、英布、彭越6个拥有重兵的关键人物，一场强敌联手会战一触即发。

3.项羽此时已是"兵少食尽"，只好率十万疲惫之师"军壁垓下"，试图垂死挣扎。

二、"垓下之战"十面埋伏之首战不利

当各路大军在垓下形成包围圈后，楚汉两军开始交战，即民间所谓十面埋伏。《高祖本纪》记载："五年，高祖与诸侯兵共击楚军，与项羽决胜垓下。淮阴侯将三十万自当之，孔将军居左，费将军居右，皇帝在后，绛侯、柴将军在皇帝后。项羽之卒可十万。淮阴先合，不利，却。孔将军、费将军纵，楚兵不利，淮阴侯复乘之，大败垓下。项羽卒闻汉军之楚歌，以为汉尽得楚地，项羽乃败而走，是以兵大败。"

这段话描述的是"垓下大战"的开战部分。刘邦在垓下战场布置了前、中、后三层兵力，韩信亲率 30 万大军打前锋，与项羽 10 万人交战，韩信的部将孔熙和陈贺为左右两翼。刘邦为中军，指挥全局。将军周勃和柴武为后军增援力量。我们看出该战主要是韩信与项羽的直接交锋，是楚汉双方在垓下展开的殊死搏斗。项羽作战勇敢，一生善于打硬仗。而韩信则善用计谋，"淮阴先合，不利，却"，开展不久，韩信佯装退却，他的退却是一种假象，是诱敌深入的计谋。韩信曾在"井陉之战"和"潍水之战"（均见《淮阴侯列传》）中都曾佯装战败，然后挥军反击。

关于韩信打仗，沈括在《梦溪笔谈·补笔谈卷二》"权智"中曾论述："韩信袭赵，先使万人背水阵，乃建大将旗鼓，出井陉口，与赵人大战；佯败，弃旗鼓走水上。军背水而阵。"又："汉五年，楚汉决胜于垓下，信将三十万，自当之。孔将军居左，费将军居右；高帝在其后；绛侯、柴武在高帝后。信先合不利；孔将军、费将军纵，楚兵不利；信復乘之，大败楚师。此亦拔赵策也。信时威震天下，籍所惮者，独信耳。信以三十万人不利而却，真却也；然后不疑。故信与二将得以乘其隙，此'建成堕马'势也。信兵虽却，而二将维其左右，高帝军其后，绛侯、柴武又在其后，异乎背水之危，此所以待项籍也。用破赵之迹，则歼矣。此皆信之奇策。"将这一计谋同样用在"垓下之战"，可谓韩信作战经典惯用之，这里不多赘述。

关于"垓下"方位，早期记载较为笼统，如《汉书.地理志》："洨，侯国。垓下，高祖破项羽（处），莽曰育城"。《后汉书》郡国志："沛国二十一城，其中'洨'有垓下聚。"郦道元《水经注》："洨水又东南流，径洨县故城北，县有垓下聚，汉高祖破项羽所在也。"这些不乏说明"垓下"，早期是"洨"城附近的村落，即洨城和垓下是两地也。

唐宋时期的地理志书对"垓下"记载较为明晰。如《元和郡县图志》卷第九河南道五宿州虹县下："垓下聚，在县西南 54 里，汉高祖围项羽于垓下，大破之，即此地也。按汉洨县属沛郡，垓下即洨县之聚落名也。"《太平寰宇记》卷十七："垓下，在县西 50 里。汉兵围项王于垓下。"《太平寰宇记》又记载："濠城，在县西南七十八里。" 濠城位置在今天的固镇县濠城镇，即沱河的南岸。濠城的前身是西汉初年设的洨国，东汉经学家、文字学家许慎曾任洨县令。

唐《元和郡县图志》和宋《太平寰宇记》两本地理志书修订时，灵璧尚未建县，因此，这里的"县"应是唐宋时期的行政区划虹县治即在今泗县，那时灵璧尚称"零壁"镇，而固镇濠城等地均属于虹县。按照"虹县"西南50里或者54里，"垓下"位置应在今灵璧县韦集镇老庄胡一带。尤其是《太平寰宇记》对濠城位置的准确记载，更说明垓下与洨（濠城的前身）是两地。另外《读史方舆纪要》："垓下聚在县西50里。"清《大清一统志》："垓下聚在今凤阳府灵璧县东南。"这些均证明了古垓下在今灵璧县境内。

笔者曾多次寻访古垓下，那里是一望无际的平原地带，它的南边是古洨水（今沱河）。"垓下"重叠分布着新石器遗址（双龙埂遗址）、古战场（垓下古战场）、汉墓、汉墓群、古驿道等，文化遗存丰富，出土文物较多，各种民间传说生动传奇。

沱河北岸的垓下有一条长长的汉墓群落带，分布着大大小小、高低不等的汉墓，说明这一地区秦汉时期以古聚落形式存在，即史料记载的"垓下聚"。"聚落"一词古代指村落，《汉书·沟洫志》卷二十九："时至而去，则填淤肥美，民耕田之。或久无害，稍筑室宅，遂成聚落。"垓下残断的汉砖汉瓦随处可见，农民将汉砖垒砌在自家厕所的墙上也屡见不鲜。

这个地区从20世纪50年代大兴水利建设开始，群众耕地常犁到残断的兵器，镞头、残剑、"鬼脸钱"（楚铜币）等。灵璧县文物管理所收藏秦汉时期较典型的兵器有矛、剑、镞头、弩机、护心镜等，陶器有鼎、壶、罐、陶楼、陶圈等，铜器有鼎、壶、洗、钫、釜、灶、灯、带勾等。铜钱有秦半两、西汉八铢半两、四铢半两、五铢钱、新莽布币、新莽刀币，以及玉璧、玉蝉等器物。这些出土文物证明垓下地区在秦汉之际不仅发生过大规模的战争，而且是汉"洨县"下较大的聚落遗址。

民间亦有传说："垓下古堆三千三，数罢金山数银山。"如老庄胡西约10公里地方有两座拔地而起的汉墓，叫城后汉墓（县文物保护单位），俗称金、银山，1958年，在金银山墓冢北30米处出土过汉代玉猪、鎏金砚滴（属国家一级文物，现藏安徽省博物馆）。金、银山是两座一大一小相连的汉墓，当地老百姓传说是"韩信点将台"，又有"瞭望台""大将墓"之说，还有刘邦、项羽各自居山头指挥打仗之说等。从传说口述内容看，与《高祖本纪》描述的"垓下大战"极为相像，垓下之战以一种非物质的形态流传（传说可参看《垓下风云》）。

三、"垓下之战"四面楚歌之胶着状态

如果说《高祖本纪》描述的是垓下之战开战部分，那么，回到《项羽本纪》，我们看到的是垓下四面楚歌项羽英雄末路的一幕。

《项羽本纪》记载："项王军壁垓下，兵少食尽，汉军及诸侯兵围之数重。夜闻汉军四面皆楚歌，项王乃大惊曰：'汉皆已得楚乎？是何楚人之多也！'"这个场景的描述，自然是在"楚兵不利，淮阴侯复乘之，大败垓下"（引《高祖本纪》）之后，项羽"兵少食尽"，又"夜闻汉军四面皆楚歌"，预感大势已去，军心彻底瓦解。司马迁在这里突出四面楚歌给主帅项羽的无情压力，使人联想到楚军兵败如山倒的境况。无独有偶，灵璧县城东 7.5 公里的虞姬墓即是垓下之战重要的文化遗存（安徽省重点文物保护单位），虞姬墓南垂直距离 25 公里的地方是垓下，在虞姬墓周围 5 公里地带密集地分布着"霸离铺""散楚山""阴陵山""垂疆井""上马铺"等垓下之战所流传的地名。

散楚山在虞姬墓北 5 公里的地方，又叫三山、三注山，是三座像三点水形状连接在一起的山。传说张良自制牛皮风筝，坐柳条筐，在散楚山楚营上空吹箫散楚兵，民间"四面楚歌"由此而来。关于张良吹箫散楚兵，县境家喻户晓，妇孺皆知，但与"十面埋伏"传说不同的是，县境还有两处指定地点为"四面楚歌"发生地，如县南垓下村有张良吹箫散楚兵的传说，县北 70 里尹集"霸王城"有"张良吹箫台"遗址。其实不难想象，按照楚军 10 万兵力，汉军仅按韩信 30 万兵力算，何况当时还有刘邦、彭越、英布、刘贾等在此会战，号称 80 万人马，所以，楚汉决战不仅仅局限于"垓下"。垓下古战场外围要在方圆 50 公里以上，"四面楚歌"自然也就可以涉及这些地区，也说明"垓下之战"是在大的包围圈中，项羽被彻底击败。明代马蕙有诗云："天空野火连垓下，落日苍烟接沛中，惟有磨旗踪迹在，年年常见白云封。"相传刘邦与项羽决战于彭城（今徐州）九里山（徐州市北郊），大将军韩信命樊哙在九里山顶竖起

大旗，左右摇动以调动军队，结果战旗在石头上磨出了深坑。《水浒传》第四回中有一首山歌："九里山前古战场，牧儿拾得旧刀枪。顺风吹动乌江水，好似虞姬别霸王。"当年"垓下之战"战场之辽阔可见一斑。

四、"垓下之战"霸王别姬之悲情演绎

当"四面楚歌"此起彼伏之后，项羽楚军士气土崩瓦解，兵败如山倒，这就有了千古绝唱"霸王别姬"的传说故事。《项羽本纪》记载："项王则夜起，饮帐中。有美人名虞，常幸从；骏马名骓，常骑之。於是项王乃悲歌慷慨，自为诗曰：'力拔山兮气盖世，时不利兮骓不逝。骓不逝兮可奈何，虞兮虞兮奈若何！'歌数阕，美人和之。项王泣数行下，左右皆泣，莫能仰视。"这里交代了美人虞姬和骏马乌骓，以及项羽慷慨悲歌、"美人和之"等场景，颇有些荡气回肠，令人叫绝的感觉。灵璧城东 5 公里地有一个村庄叫霸离铺（虞姬墓西 2.5 公里，虞姬乡境内）"霸离"是霸王离开的意思。当地民谣："霸离铺，霸离铺，霸王眼泪止不住。霸离铺，霸离铺，霸王有腿难走路……""霸离铺"还有"霸离谏"的传说，生动绮丽，将霸王别姬的故事进一步演绎。

虞姬墓附近有个"许韩庄"，传说有个"无意井"，相传虞姬自刎后，项羽悲愤交加，决心拼杀，因投戟用力过猛，陷下去一个井。项羽索性沿地道东走，到"上马铺"跃马东逃。"上马铺"属于泗县境，在虞姬墓东 8 里路地方。无独有偶，这里还有"哭活头"的传说，传说虞姬自杀身亡，项羽割其头颅，裹在腰间，奔跑至"枯河头"（泗县境），因号啕大哭而将虞姬哭眨了眼，"枯河头"在虞姬墓东 40 里地，曾传说是隋唐大运河上一段枯竭的水道，"河"和"活"在灵璧方言中，是同一个发音，都是读（he），因此"枯河头"又叫"哭活头"。

《项羽本纪》又记载："於是项王乃上马骑，麾下壮士骑从者八百余人，直夜溃围南出，驰走。"这里已经忽略了虞姬的存在，《史记》没有虞姬自杀的记载，而民间有传说虞姬自刎后，项羽携带虞姬奔跑了一段路程，因此，虞姬就葬在县城东 15 里路的地方（现在的虞姬墓）。又"平明，汉军乃觉之，令骑将灌婴以五千骑追之。项王渡淮，骑能属者百馀人耳。项王至阴陵，迷失

道，问一田父，田父绐曰'左'。左，乃陷大泽中。以故汉追及之。"根据《直隶和州志》载："阴陵山，州北80里，项王迷道处"，阴陵山在今定远县境。而虞姬墓东1.5公里处的阴陵山（现属泗县境）只能是传说中的阴陵山了，在过去是灵璧八景之一，明朝县邑文人张凤仪有《阴陵暮景》，"拔山气力信难俦，叱咤何欺一夕休。壮士楚歌声已断，佳人越袖舞还收。花前涕诀樽前酒，玉质埋香野外丘。青血化为原上草，迎风猎猎使人愁"（康熙《灵璧县志》收录）。此山是个石头山，当地老百姓说："阴陵山，万丈高，雀鸟难飞过"，证明这个山过去崔嵬险峻，而现在几乎被炸平，山脚下开采石子的机器，每天发出轰隆的响声。阴陵山北坡，还有一块形状像把椅子，南高北低平米见方的巨石，当地老百姓称为"霸王椅"，传说霸王曾仗剑休息于此。

在虞姬乡霸离铺、虞姬墓一带，流传许多不同版本的"霸王别姬"故事，内容大同小异。但是，民间讲述者指定霸王别姬地点在霸离铺，这与"四面楚歌"故事不同的是，地点非常确定，可见霸离铺、虞姬墓一带的地名由来已久。此外，县境流传《十面埋伏》《金头坟》《洒血山》《垂缰井》《蛛网山》《丁公山》《霸王庙》等，都和楚汉之争及"垓下之战"有关，可见"垓下之战"在这一地区积淀深厚的历史文化。以上传说似乎对应着《史记》记载的内容，而且传说中的地名、山名等保留至今，这不能不说是一个奇迹，只是少了战争的厮杀，多了几分扑朔迷离和悲情演绎。

五、古往今来凭吊垓下古战场

"垓下之战"的硝烟早已散尽，但"垓下之战"历史遗迹吸引历代文人墨客、达官显贵驻足凭吊，这在后世的诗文词赋中也可得到佐证。隋大业年间，通济渠（汴河）开通，唐时宿州至虹县之间的通济渠上出现了一个小镇，即是"灵璧"的前身，称"零璧"，这个小小的镇上，著名边塞诗人高适曾停留歇宿，有"次零璧之逆旅，面垓下之遗墟；嗟鲁公之慷慨，闻楚声而悒于。歌拔山而涕洟，窃霸图而莫居；摈亚父之何甚，悲虞姬之有余。出重围而狼狈，至阴陵以踌躇；顾天亡以自负，虽身死兮焉如？"（引《东征赋》全唐文/卷0357），高适亲临垓下古战场，发思古之感慨，垓下古战场留下了诗人的足迹。南宋绍兴三十二年（1161）春，宋金使臣会见于"虹县之北虞姬庙"（《续资治通鉴》宋纪一百三十六卷记载），可见在南宋时就有虞姬庙（距今已有800多年的历史）。南宋诗人范成大于宋孝宗乾道六年（1170）以资政殿大学士（宋代负责记录皇帝言行的官职）身份出使金朝，途中写下了著名的使金绝句72首和使金日记《揽辔录》，其中"绝句七十二首"中有《过虞姬墓》："刘项家人总可怜，英雄无策庇婵娟，戚姬葬处君知否？不及虞姬有墓田。"作者在题注中说：墓"在虹县（今泗县）下马铺北三十七里"，《揽辔录》记载："庚申过虞姬墓。墓在路左。双石门出丛草间，往来观者成蹊。"写出了虞姬墓的确切位置。宋乾道五年（1169），孝宗赵慎派楼钥出使金国，楼钥在《灵壁道中》写到："古汴微流绝，余民尚孑遗。高丘祠汉祖，荒草葬虞姬。垓下空陈迹，鸿沟怆近时。膏腴满荆棘，伤甚黍离离。"写出了"高祖祠""虞姬墓"等历史遗迹。明清两代灵壁县邑地方官则多次在县城东15里地修缮虞姬墓和修建项王庙等，以供凭吊观瞻，另有多篇《重修虞姬墓碑记》以示纪念流传后世（灵壁县志有记载）。被誉为"天下廉吏第一"清兵部尚书、大学士于成龙曾有《过虞姬墓》诗，并且题注云："在灵壁县有红色草，见人辄舞，俗名美人草。"关于垓下之战历史遗迹，历代文人墨客多有吟咏，不胜枚举，县邑耆老也有许多诗词流传，皆是灵壁人民又一笔丰厚的文化遗产。

泗滨浮磬考

耿瑞英

灵壁位于安徽北陲，地处黄、淮二水之间，沃野无垠，山势蜿蜒。这里珠藏川媚，璧蕴山辉，钟灵毓秀，有石皆珍，是闻名遐迩的磬石之乡。古代以"灵壁"二字名县，是取"山川灵秀之钟，石皆璀璨如璧"之义。

灵壁美石繁多，光怪陆离，各色纷呈，美不胜收，堪称天宝。而就其在国际上称著，并卓有历史价值的应首推磬石。灵璧磬石，肌理细腻，石质坚韧，色墨姿妍，玉振金声，是兼有声色之美的制磬佳石。远在3000年前的殷代就取灵璧磬石作特磬，当时它与编钟前身的"钲"相辅相并，开辟了我国古代"金石之乐"的先声。它就是"击石拊石，百兽率舞"，使"八音克谐，无相夺伦，神人以和"，史载《尚书》"泗滨浮磬"。

一、从古代地理区域划分来分析，灵璧磬石就是《尚书·禹贡》记载的泗滨浮磬

"泗滨浮磬"是华夏礼乐的鼻祖。《尚书·禹贡》记载："海、岱及淮惟徐州：淮、沂其乂，蒙、羽其艺，大野既猪，东原底平。厥土赤埴坟，草木渐包。厥田惟上中，厥赋中中。厥贡惟土五色，羽畎夏翟，峄阳孤桐，泗滨浮磬，淮夷嫔珠暨鱼。厥篚玄纤缟。浮于淮、泗，达于河。"明确指出了当时属"九州"之一的徐州经过治理，草木丰茂、土壤肥沃，已经可以从事种植、养殖等农业生产活动。当时进贡的物品主要是五色土、羽山山谷产的五色山鸡羽毛，峄山南面的桐木，泗水边上用来做磬的石头，淮夷之间的蚌珠和鱼，以及丝绸和白绢。运送贡品的船只经过淮河、泗水，到达黄河。

《尚书·禹贡》大约成书于周秦之际，把当时中国分为九州，记述了各区域的山川分布、交通、物产状况以及贡赋等级等，保存了我国古代的重要地理及物产资料。泗滨浮磬是今天我们能够找到的最早的也是唯一涉及磬的出产地的文字记载。作为中国九州之一的古徐州，东到东海，北至泰山，南临淮水，包括今天江苏、山东、安徽、河南的各一部分。发源于今山东省沂河中游、蒙山南麓的古泗水穿越其间，汇集众水流入淮河。而灵璧古属徐州，在淮泗之间，灵璧磬石产地就位于县城北70里的渔沟镇磬石山，泗水在其北部穿过，正是《禹贡》以徐州为坐标来记载的"泗滨浮磬"的确切位置。在古代磬石山这个地方，并没有"灵璧"这个地名称谓，所以《尚书·禹贡》中只有"泗滨浮磬"的记载。

"泗滨浮磬"从字面理解，就是在泗水之滨，浮起一座磬石山之意。著名训诂大师孔颖达疏："石在水旁，水中见石，似石水上浮然。此石可以为磬，故谓之浮磬也。"灵璧的磬石山本身就是很好的证明，无磬山，何来的浮

磬？虽然今天的磬石山周围一片沃野，且无河流通过，但这并不能否定灵璧磬石即泗滨浮磬的事实。明清《灵璧县志》记载，磬石山北距泗水四十里，禹时洪水横流，泗水未必不经此山之下。禹夏之时，磬石山北临泗水，山周多沼泽，古代洪水环绕，磬石山如浮水面，故有"泗滨浮磬"之称。是数千年沧海桑田的变化改变了磬石山周围的地貌。灵璧人至今称"下地"干活为"下湖"，这是灵璧古代地势低洼多沼泽的地貌在语言中的鲜活记忆。

二、从历史文献资料记载来看，灵璧磬石即泗滨浮磬

《辞源》记载："磬石，山名，在安徽省灵璧县北，泗水之南。《尚书》云：'泗滨浮磬'即此。其山出石，可以为磬，其声清亮，多供乐府之用。参阅《太平寰宇记》十七《淮阳军下邳县》。"

《太平寰宇记》宋乐史（930—1007）著。因成书于太平兴国时故名。《太平寰宇记·淮阳军·下邳县》记载："磬石山在下邳县西南四十里，今取磬石上贡乐府。《禹贡》'泗滨浮磬'即此。"唐宋时下邳县在今江苏省睢宁县北古邳镇，从古邳向西南四十里，就是今灵璧县北七十里的磬石山。

磬在后世主要用于统治者宗庙祭祀和朝聘、宴享等仪礼活动。磬作为乐器和礼器，是统治者权力和身份地位的象征，历代均有采灵璧磬石制磬的记载。据《晋书》载：为了"以备大乐江左"镇西将军谢尚亲诣灵璧，监督"乐人制石磬"。《宋史》曾多次记载历代皇家来灵璧采磬事："乾德四年，和岘议令采泗滨石为编磬"，"景祐中，采泗滨浮石千余，以为垂磬"，"皇祐三年，诏徐、宿、泗、江、郑、淮、扬七州军采磬石"。据此可知，宋代来灵璧伐石制磬是非常频繁的。

在礼制严明的古代，用灵璧磬石制作的乐器是皇权，也是礼治的象征。唐开元二十七年封孔子为文宣王，称孔庙为文宣王庙。元明以后统称文庙。古代在文庙祭祀孔子的大典中，亦用灵璧磬石制作的编磬，并有着严格的规制。北京博物馆《文庙丁祭谱》（尊经阁藏板，卷三之三，第二五、二六页面）记载：编磬律分，灵璧石为之，两面绘金云龙，股修七寸二分九厘，博五寸四分六厘七毫；鼓修一尺零九分三厘五毫，博三寸六分四厘五毫；十六枚皆同，按

律吕别厚薄。股侧镌某年制，鼓侧镌某律名。

《灵璧志略》曾记载：明代有个御史李俣，奉命来灵璧督察工作，当时灵璧县主簿李综以磬石奉献，李俣拒而不受，并写下《却璧铭》，命县令初子芳刻置县厅，以儆效尤。铭曰："维兹灵璧，产于泗滨。爰伐作磬，克谐八音。用者不一，取者亦频。顾予小子，观风载临。偶有所问，县尉即陈。贪璧宝丧，爱石愚增。乃却斯璧，乃作斯铭。缅维孝肃，一砚不擎。千载而下，袭其芳馨。"从李俣的《却璧铭》中可以看到，在明代已把泗滨浮磬称为"灵璧"了。这样把磬与璧并驾，物与地同名，巧妙地把特产与产地联系在一起，可见古人以"灵璧"名县确是颇具匠心。

清代各地来灵璧采石制磬者极频繁，多为皇家祭祀或祭孔之用。现在北京故宫和山东孔府陈列的编磬，皆有案可查："石产灵璧"或"灵璧贡"。

磬石在古代不但皇家用来制作乐器，一些文人墨客也以收藏灵璧磬石以示风骚。如《文房器具笺》第三十章《述磬》一节里写道："有旧玉者股三寸，长尺余，古之编磬也。有灵璧石色黑性坚者妙，悬之斋中，客有谈及人间事，击之以待清耳。"可见古人把在斋馆中悬挂灵璧磬石作为雅事。

由于磬石玉质金声，清润悦耳，世间罕有，引起了历代诗人的瞩目，并为灵璧磬石引亢高歌。南朝诗人谢灵运到灵璧作《东征赋》："聆泗滨之浮磬，眺灵璧之曾峰。"首次明确将泗滨浮磬与灵璧相提并论。盛唐的白居易、元稹、李勋等文人雅士不仅吟颂"泗滨磬"的清正雅致之音，同时也赞美了"金声玉振"的灵璧石磬的不可替代性。唐玄宗唐天宝年间朝政混乱，唐宫廷乐师以陕西耀县之华原磬充当灵璧之泗滨浮磬，精通音律对灵璧磬石鉴赏亦颇精到的大诗人白居易立时赋诗《华原磬》以发感慨："宫悬一听华原石，君心遂忘封疆臣。华原磬与泗滨石，清浊两声谁得知。"讽刺当时的乐工糊涂无知，使天子聆听靡靡之音，乱了心智，宠幸杨贵妃，忘了封赏驻边疆的战士，造成安史之乱。白居易十一岁因避战乱随父迁居距离灵璧西北五十五公里的符离毓村。在符离期间常与友人往来灵璧山水之间，收藏了许多灵璧石，对灵璧石鉴赏颇具精到。他赋诗以石讽政，名为《华原磬》实为灵璧磬石鸣不平。元稹和咏："泗滨浮石载为磬，古乐疏音少人听。"借诗抒怀，以正视听。李勋的《泗滨得石磬》"出水见贞质，在悬含玉音。器古契良觌，韵和谐宿心"更使灵璧磬石多了一层诗情画意。宋代诗人戴复古曾写了一首长诗《灵璧磬石歌》，开头就赞美"灵璧一石天下奇"，"声如青铜色如玉"。元朝大乐正赵祖荣于至元二十六年奉旨来灵璧采制编磬，任务完成后大为高兴，随作铭颂之。铭云：至元二十六年，太常奏宗庙宫悬宜复古，用泗滨浮磬。按《禹贡》蔡氏书传，磬石山在下邳，今隶归德府之宿州。乃命大乐正赵祖荣乘传，诣在所措制。审谛音律，计磬二百单八悬。臣祖荣百拜稽首而献颂曰："大圣天子，诞修文德。孝治天下，罔不述职。金声玉振，韶获功极。亿万斯年，君临万国。"其内容虽然为皇帝歌功颂德，但其也给灵璧磬石以极高的评价。

三、从出土文物和磬石山考古现场亦可证明灵璧磬石悠久的历史和显尊的位置

安阳殷墟墓出土的虎纹磬，是迄今为止发现的最大的商磬，号称商代乐器之王，它的颜色和磬石山所产磬颜色一样，有学者认为，它是灵璧磬石磨制而成。1978年，考古家在湖北随县发掘了曾侯乙墓，出土了一套较为完整的石制编磬，分上下两层悬挂，上层十六枚，下层十六枚，另有九枚可随时调用，这套编磬与编钟密切配合，可在同一调高上进行合奏或同时转调演奏。其音响效应"近之则钟声亮，远之则磬音彰"。战国时期，随州和灵璧同属楚国，虽然没有史料表明它的出处，但从外观上看，熟悉灵璧磬石的学者都推断，它们很可能来自灵璧磬石山（央视《探索发现》栏目《灵璧石·聆石天下》）。2008年，蚌埠市双墩村一次普通的考古发掘，震惊了考古界，考古工作者发现了一个埋没于历史两千多年的神秘古国钟离国。双墩一号墓出土了编磬、编钟、铜铃等乐器，其中编磬12件，分为两组，均为少见的龙首形，体形弯曲，脊中部有系索孔。根据编钟上的铭文内容得知，墓的主人是2600多年前春秋时期钟离国国君一柏。出土的编磬、编钟与墓主人的身份相符。这12套编磬因埋藏地下2600多年腐蚀，表面呈灰白色。从它的断层来看，石质颜色是青灰色的，石质细腻，纹理清晰，有一道一道的白筋，敲击能发出如金属一样的声音。清代赵希鹄在其所著《洞天清禄集

怪石辨》中，介绍灵璧石的特点："色如漆，间有白纹如玉，叩之声清越如金玉，以利刀刮之略不动。"按照这个特点来看，这 12 套编磬比较符合灵璧磬石的特征。双墩 1 号墓位处淮河北岸，距离灵璧的磬石山，直线距离只有几十公里。灵璧磬石作为钟离国君的礼乐用器，再一次佐证了灵璧磬石的品质地位和它即"泗滨浮磬"的历史延续。

20 世纪 80 年代，灵璧县文物所的工作者对磬石山进行考察。他们在上面发现了一处宋代的摩崖石刻，造像数百个，在一块巨石上雕凿而成，上有文字记载此山为磬石山。通过深入研究，他们发现磬石山上保存着古人开采磬石的石坑。从山南麓一直延伸到山腰，分布着片状磬石矿脉。因古人逐层开采，遗址呈阶梯形平台状。每个坑都有矿层，都有做磬的石料、石坯。

为了证实这些石料就是古人做磬的材料，当时的县文化馆馆长孙淮滨等人对古代矿层进行开凿试采。他们通过二三十层的精选，发现这些石材声音悦耳，泛音长，敲击过后至少有两秒钟的余音。于是他们精选石料，按照《文庙丁祭谱》中记载编磬的形状和尺寸，经过反复打磨、校音，成功仿制出成套的古代编磬。它们音律俱全，音色优美，不仅能演奏古乐，还能演奏复杂的现代乐曲。这有力地佐证了灵璧磬石有着清越润耳的音色，完美的音律，是古代皇家祭祀大典上不可或缺的礼乐重器，也进一步证实灵璧磬石山就是《尚书·禹

贡》所载的"泗滨浮磬"的产地。

"泗滨浮磬"见证了我国古代礼乐制度的源远流长。磬石山这座传说会唱歌的石头山，穿过岁月的风霜，依然传出磬音雅乐，余音悠扬。它以其地貌景观及地质遗迹具有典型性、稀有性、系统性和完整性，被誉为上元古时代地球演变的"黑匣子"、地壳运动历史的活教科书，并它以独特的地质科学意义、美学观赏价值和人文景观，成为学术研究、科普教育、休闲度假、旅游观光的国家级地质公园。

浅谈灵璧石的文化意义

陈民府

我国地大物博，奇石品种万千，但在历史上能形成共识的有四大历史名石——灵璧石、太瑚石、英石、昆石。这四大名石在中国赏石文化史上举足轻重，为世人留下了丰厚的文化积累。

灵璧石何以在赏石文化史上独树一帜而名冠其首？究其根源，我以为成因有三。

其一，灵璧石具有多元的审美特征。天下奇石各有其态，各具其美。或以形奇，或以质坚，或以色妍，或以纹美，或以韵胜，不一而足，可谓千姿百态，独具魅力。故各地石友出于文化因素或地域情结，常常难以避免审美偏爱，这是完全可以理解的。推己及人，古人又何尝不是如此。在万千奇石经历过历史长河的沧桑淘变和文化选择后，为什么四大名石能脱颖而出并留下如此丰厚的历史文化？在赏石鼎盛的宋代，赏石文化学者杜绾在唯一入编钦定《四库全书》的《云林石谱》中，列举了116种奇石，为什么唯将灵璧石冠以首篇？明代赏石大家王守谦也在《灵璧石考》中云："石堪玩者，唯灵璧石为最。"细察历代及当代诸多赏石大家之评议，也都对灵璧石予以首肯并多有赞誉，这难道只是一种巧合或偏爱吗？

作为一种历史现象，它的产生及传承，既不是巧合，也不是偏爱，如天之云，地之水，必有其源。虽灵璧石以造形为主，但品种繁多，皆奇而可赏。据不完全统计，灵璧石有四十余类，五百余种，以磬石、纹石、彩石、图案石等为著名品种。且兼具形、质、色、纹、声、韵、神和瘦、皱、漏、透、丑、雄、秀等诸多审美要素，从而具备了多元的审美特征，令赏者从中折射出多视点、多元素、多角度的审美感受，并进而领悟出高层次、高品位、高境界的审美意蕴和人生哲理，使静态的灵璧石充满动态，并赋予生命，从而变得可爱、可敬、可重，赢得了赏者的情感青睐和极高地位。

其二，灵璧石承载着厚重的历史文化。"灵璧一石天下奇，声如青铜色碧玉。"宋人戴复古一曲绝咏，流传千古。灵璧石在中国赏石文化史上可谓成名最早。据当代灵璧石文化学者孙淮滨先生考证，从春秋时成书的《尚书·禹贡》记载"泗滨浮磬"开始，到历朝历代有石文化记载的各类典籍中，二十余部对灵璧石载有诗词文赋。从公元前 1600 年商王朝御用之物——"虎纹磬"（1950 年河南安阳殷墟出土，经专家鉴定，该"虎纹磬"为灵璧石所制），到公元 2010 年灵璧石编磬敲响上海世博园；从公元 1101 年宋徽宗艮岳寿山的"庆云万态奇峰"，到公元 2004 年灵璧县政府选送"玉树临风"和"洞天福地"两方灵璧石入住中南海；从南唐后主李煜的"灵璧研山"和宋徽宗的"灵璧小峰"，到当代石友马祥的"江山多娇"和吴子辉的"迎客松"；从宋代杜绾的《云林石谱》到当今出版的巩杰先生的《中国灵璧石论》和《中国灵璧石文化史记》；从宋徽宗的"艮岳寿山"和乾隆皇帝的御花园，到天津的"宝成园"和苏州的"静思园"……在这漫漫的历史长河中，产生了多少名园、名石、名人、名作和轶闻故事，可谓珍如瑰宝，不可胜数！描绘了灵璧石的珍奇，增添了灵璧石的厚重，彰显了灵璧石的尊贵，突出了灵璧石的地位，使灵璧石在万千奇石中独占鳌头，成为国之重器，赢得了令人仰慕的殊荣！

其三，灵璧石拥有众多的赏玩收藏群体。放眼古今中外赏石界，凡资深玩石者，几乎无人不知灵璧石。凡赏石界鉴藏大家，几乎无人不藏灵璧石。凡全国知名奇石大展，几乎每展必有灵璧石。凡天下名园，几乎都有灵璧石的雄姿倩影。这都充分反映了灵璧石赏玩和收藏者的普遍性和社会的认可度。

当然，任何事物都有两面性，灵璧石也并不完美，如硬度不及戈壁石和大化石，图纹不及长江石和黄河石。这说明了奇石的多样性和独特性，正所谓寸有所长，尺有所短。世界永远不可能一个模式。还有些石友说灵璧石多为黑色，且作伪颇多。其实这不足为怪，黑为玄色，意蕴深奥，历来为古之重色。至于作伪，试问当今稍有观赏价值和经济价值之奇石，从灵璧石到太湖石，从英石到昆石，从三江石到戈壁石，从黄河石到大理石，从各类腊石到新近开发的松花石等等，又有哪一种没有造假作伪现象？利益使然也！想不上当受骗，主要靠赏玩者增长知识，提高眼力。此类丑事，绝非仅靠舆论评击或规范管理所能奏效。

历史给灵璧石以厚爱，那么灵璧石又何以在现实生活中彰显魅力？概言之，谓"赏石六德"：一曰千姿百态，引人入胜；二曰立身坚贞，启迪人生；三曰意蕴高雅，杜绝媚俗；四曰沉稳淑静，矜持庄重；五曰平和处世，宽厚清明；六曰天地瑰宝，惠利社会。石之六德，因石寓意，以意感情，情之所至，可催人操节励志，修养人生。赏石实践说明，奇石因形、质、色、纹、韵各异，其所蕴含的品格意义及给赏者的感受启迪也不同。雄伟之石激人励志，挺拔之石可振雄风，拙朴之石增补纯厚，秀雅之石文静可生，灵动之石催人奋进，清逸之石导引空明。如此等等，不同奇石所代表的人格意义，因石因人因悟而生。

赏石可悟道，入自然而无为。作家李准在论及人与石的关系时这样说："每一块石头既是大自然的精心创造，又蕴含了人的深情。人们以审美的激情为石注入了生命力，成为人生巧妙的对应体；石也以其自然之美，与人的心灵相契合，从而具有了人的灵性。"这句话阐述了人与石的互通性，也即人与石的互补性。人与石的相互认知，正由于这种同为大自然产物的母体情结和有差别的展现方式，既存在着相互认知的必然性，又产生着相互差异的互补性。这种人与自然的辩证关系对于人与石能够沟通互知的规律性认识，是不是对"石道"的一种阐释呢？

正因如此，我们欣赏奇石，就不能仅仅赏其自然之美，更应当透过自然之美悟其精神内涵，并从中提取修养之道、处世之道、奋斗之道，以滋养自身可能缺乏的某种元素，使我们变得更理智、更清明、更完美。

赏石之道，最根本的就是自然之道。奇石的任何人格意义，都是自然赋予于它本身含义的延伸，赏者只是以自身的知识修养把它用逻辑思维或语言文字的形式表达出来而已。

　　当然，灵璧石或天下奇石之魅力并不仅限于此。诚如中国赏石协会会长寿嘉华所言："一方石头和谐一个家庭，一方石头汇聚一批朋友，一方石头造福一方百姓，一方石头传承一种文明，一方石头弘扬一种精神。"赏石对于装点生活、丰富人生、提升品位、节操励志和打造企业文化、加强人际交流、促进社会和谐、助力经济发展都具有积极意义。

　　玩石之举，其善大焉！

加强灵璧石科学研究和成因鉴定很有必要

张殿凯

　　"灵璧一峰天下奇""声如青铜色碧玉"，这是宋代诗人戴复古对灵璧石的高度评价，千百年来脍炙人口。以石置县，且沿革至今，唯有灵璧。灵璧石以奇特的造型、温润的石质、美妙的声音、绚丽的色彩、流畅的纹理及繁多的种类，涵盖了世间奇石的基本特征和精华而名扬天下，堪称华夏瑰宝，被清代乾隆皇帝御封为"天下第一石"。在北京故宫御花园的堆秀山、四神祠、倦勤斋、颐和轩、遂初堂，开封大相国寺、淄博蒲松龄纪念馆，苏州留园等古代皇家御苑、名人故居以及美国大都会博物馆，英国大不列巅博物馆都收藏了灵璧石。

　　"旧时王谢堂前燕，飞入寻常百姓家"。改革开放以来，政通人和，优越的社会环境和经济环境为灵璧石文化创造了良好的发展机遇，使更多人加入到采石、藏石、品石、论石行列之中，发展到现在以渔沟、灵城为中心的大约近700家奇石馆及应运而生的石艺加工、配座和营销队伍，形成了灵璧一道亮丽的风景。作为世界名石的灵璧石已逐渐成为海内外爱石人的首选和追逐的热点。近年来，到灵璧寻石、购石的藏家、商贾络绎不绝，新一轮的灵璧石热继唐宋和明清之后再度兴起。在历届国内外赏石展览中，灵璧石始终处于主导地位。随着石产业的迅速发展，有关石文化的研究也是百花齐放，理论文章精彩纷呈。在去年出版的《中国灵璧石精品荟萃》《灵璧石说》两书和石文化研讨会中，就收录古今各类石文章 70 多篇近 17 万字之多。宿州《灵璧石报》、徐州《中国灵璧石》以及各地的奇石刊物和网站也不断推出灵璧石的探讨文章，其中有一个不容忽视的问题，即所有奇石论文中，基本都是评介灵璧石的历史地位、石种发现和艺术赏析等，而没有让人信服的关于灵璧石的地域划分、灵璧石的质地、纹理、色彩、声响的成因或灵璧石、灵璧磬石工艺品、磬石装饰板材有无对人体有益成分的科学论述和蕴藏量的基本评估，以致造成了造假灵璧石和外地石冒充灵璧石的混乱局面，影响了灵璧石、石工艺品、石建筑板材的销售，影响了灵璧石的声誉和灵璧的对外形象，不利于灵璧石文化产业的健康发展。以上问题，仅靠民间赏石团体和文化艺术界很难得到解决。

近年来，县委、县政府十分重视灵璧石产业的发展，出台了灵璧石资源管理办法，组织了灵璧石在香港和昆明世博会的展出，成功地举办了首届中国灵璧石文化节。灵璧还将筹建灵璧石一条街，中国灵璧石大市场和灵璧石博物馆，两年一度的灵璧石文化节还将延续举办下去。因此，加强灵璧石的科学研究和对灵璧石的成因鉴定具有十分重要的紧迫性和必要性。

一、由政府牵头，邀请有权威的地矿专家对灵璧石进行一次全面的综合性的考察并做出有说服力的科学论证。

二、尽快为灵璧的"镇县之宝"——"灵璧石"注册商标，防止这一无形资产被他地抢注，让说、用灵璧石的权力留在灵璧。

三、作为制作中国最古老乐器——编磬的灵璧磬石，在灵璧藏石界和灵璧石文章中，基本上众口一词，将 1970 年中国第一颗人造卫星遨游太空时，向世界播放的东方红乐曲，谓之灵璧石编磬所奏，说起来这也是宣传灵璧石的一个重要方面，虽迄今没有异议，但也未有看到权威性的媒体报道此事。作为灵璧石爱好者，心里总觉得不太踏实，不敢在媒体和大庭广众之前说"硬话"，为证实此事，建议县政府可指派有关部门或专人咨询国家航天部门，给灵璧人一个准确的信服的说法。

灵璧钟馗廉政文化的历史文化基础

陈立柱

灵璧钟馗画古称"灵判子"，被认为得"画圣"吴道子真传，颇具特色，近代以来声名远播，以至今天灵璧成为中国"钟馗画之乡"。灵璧因此被演绎成为钟馗故里，钟馗画所展现的刚正不阿、扶正祛邪、清正廉洁、公正务实的钟馗廉政文化已成为灵璧重要的文化品牌。这一特色鲜明的文化现象自然有其深厚的历史文化传统以为基础。

一、灵璧一带为夏后氏后裔杞人最后的居所

早期灵璧先民为夏后氏后裔杞国的遗族，他们在春秋战国之际从山东洙水流域迁于本地，公元前445年国灭于楚。

《史记·楚世家》载：（楚）惠王四十四年（前445），楚灭杞。与秦平。是时越已灭吴而不能正江淮北；楚东侵，广地至泗上。五十七年，惠王卒，子简王中立。简王元年，北伐灭莒。

楚灭杞是战国早期一件大事，楚的领土因此而扩大到泗水流域。楚所灭杞在何处，学术界有多种看法。

一是杜预注《春秋》隐公四年说在淳于（详下），当今山东安丘县东北。这是过去较通行的说法。现在也还有一些信从者。但是此说不可取。因为淳于在齐都临淄东南，当今安丘县东北，属齐国腹地。这里春秋末战国初已为齐田常的封邑，[1]不可能再是杞国的土地与所在。

二是在鲁国东北泗水支流的洙水流域，即今山东新泰市。王恩田、何浩等人提出。[2]楚国既然不可能远征齐国而得其腹地，一些学者便根据春秋时期

---

[1] 《史记·齐太公世家》，中华书局，1982年。

[2] 参见王恩田《从考古资料看楚灭杞国》，《江汉考古》1988年第2期；何浩：《杞国小考》，见《楚灭国研究》，武汉出版社，1989年。

杞与鲁国关系密切，及新泰出土杞的铜器，提出春秋时期杞在新泰，其灭于楚时也在此。此说比安丘说更在理，所以得到不少人的赞同。

另一些学者虽相信杞在新泰，但认为楚灭杞不在楚惠王四十四年，而是在灭鲁（前256）以后。理由是，鲁东北的洙水流域仍在宋、鲁、邾、莒等国之北，楚越数国而取杞，可能性不大。所以在鲁亡以后较合理。①

三是楚所灭杞在泗上，即杞都缘陵当在鲁西泗上。水西（右）为上，泗上即"泗西，实即鲁西"。楚惠王时鲁尚在，楚不能广地至泗北之新泰市。②

四是楚所灭之杞位于泗水下游一带。此说由陈伟提出。③

自地理上观之，陈伟说的最在理。陈伟首先指出当时诸国之形势，楚人难以远跨诸国而有其地。其次指出《史记·楚世家》于灭杞称"东侵"，而随即于灭莒称"北伐"，表明杞国在莒国之南，约当泗水下游一带。注文中又指出《太平寰宇记》卷十七宿州"虹县"条引《舆地记》说，夏丘县得名之由是"尧封夏禹为夏伯，邑于此"。"杞国或曾居住于此一带，因而留下这种传说。"

《舆地记》关于夏丘县得名之说，当然不可信，而陈文从当时诸国形势、楚国东方进伐的先后顺序及宋代夏丘地方有关于夏人传说三方面，谓夏丘与杞人相关系，大体可取。还可以做以下补充证明。

杞，据《史记·陈杞世家》，殷时或封或绝。周初得禹之苗裔曰东楼公者，封之于杞，以奉夏后氏之祀。东楼公传西楼公，西楼公传题公，凡20余世。《史记·杞世家》内容只有不足三百字，而且有不少错误。1986年发现的史密簋铭文记载，西周中期杞已在山东地区活动，且被称为"杞夷"。春秋以后，杞国活动的地域主要在今山东地区，《汉书·地理志》已指出"先春秋时杞已迁鲁东北"。春秋中后期与鲁、晋等国之间交往频繁，经常见于《春秋》《左传》的是鲁东北之杞。孔子曾入杞求礼，得"夏时"，学者一般认为即《夏小正》。④《春秋》哀公九年（前486）"春王正月，葬杞僖公"。这是《春秋》

① 李发林：《杞国历史略论》，李明煜：《杞国在新泰的地理位置及楚灭杞国的考证》，俱收《杞文化与新泰》，中国文联出版社，2000年。

② 蓝野：《商周夏杞夷杞考》，收于《杞文化与新泰》。

③ 陈伟：《楚"东国"地理研究》，武汉大学出版社，1992年，第123页。

④ 参夏纬瑛《夏小正经文校释》，农业出版社，1981年。

关于杞国的最后记事。其后杞还有滑公在位 16 年，滑公弟哀公 10 年，滑公子出公 12 年，滑公孙简公立 1 年，被楚所灭，总共 39 年左右，见于《杞世家》。杞在山东地区有多次迁动，频见于《春秋》《左传》，如僖公十四年"诸侯城缘陵而迁杞"。《春秋》隐公四年"莒人伐杞"，杜预注：

> 杞国本都陈留雍丘县。推寻事迹，桓六年，淳于公亡国，杞似并之，迁都淳于。僖十四年，又迁缘陵。襄二十九年，晋人城杞之淳于，杞又迁都淳于。

现代学者或者说杞尝三迁，或者说为四迁，或者说有夷杞、夏杞两个不同的杞，又说有周杞、殷杞之不同。[①] 如此等等，议论纷纷。至于杞迁往夏丘，我们认为当在越王勾践北上时。

夏丘也叫夏州，苏秦说楚威王曰：

> 楚，天下之彊国也；王，天下之贤王也。西有黔中、巫郡，东有夏州、海阳，南有洞庭、苍梧，北有陉塞、郇阳，地方五千餘里，带甲百万，车千乘，骑万匹，粟支十年。此霸王之资也。[②]

这里说到楚国东南西北四境之地，东为夏州与海阳。海阳即《汉志》海陵县，《晋志》广陵郡有属县海阳，当今江苏泰州市，在楚国东方的东南。夏州，裴骃"集解"引诸说以为即汉水流域夏口城附近之洲，与苏秦说它为楚东方之边地的代表，显然不合。钱穆引《汉志》临淮郡及《水经·淮水注》夏丘县，谓即今之安徽泗县治，[③] 非常正确。夏州与海阳一在楚之东南，一在其东北，正是当时楚在东方的两个边地。楚怀王死的时候，苏秦曾对田婴说："君何不留楚太子以市其下东国？"[④] "下东国"的所在，前人讨论虽不少，要以

---

① 具体情况，可参见王尹成主编之论文集《杞文化与新泰》中有关论文。
② 《史记·苏秦列传》。
③ 钱穆：《史记地名考》，台湾三民书局，1984 年版，第 384 页。
④ 《战国策·齐策三》。

在淮北泗水中下游一带为可信。①苏秦在楚与在齐说楚的东北边地，一曰下东国，一曰夏州，名称有别而实则一地，正在今泗县、灵璧一带，为楚国此一时期在东北的边地。南方楚地水乡泽国，居地多在高处，故所在曰陵、曰潴、曰台、曰滋、曰州者多，夏州即是楚语，夏丘当是东方商夷文化区的叫法，即当地人对于杞人所居之地的称名。②

春秋中后期，鲁国不停侵凌边邻邾、郳、杞、莒等，或夺其田，或失礼于诸小国，屡屡见于《左传》，弄得他们要到霸主晋国去告状，请求给予公正。正在鲁国不断侵逼杞国时，越灭吴北上争霸。越王勾践颇有一些春秋时代霸主的气派。他把吴国侵占的宋的土地归还给宋，把吴侵占的泗上鲁地，归还给鲁。卫国发生内乱，勾践派人去处理。鲁与邾国发生边界纠纷，勾践也派人去仲裁。③当是这个时候，越王念同祖之谊，④调节鲁、杞之间的矛盾，而将杞迁于泗水下游，以避鲁难。也正是这个时候，杞国不再在《春秋》《左传》中出现，脱离了鲁国人的视线。

作为夏部族的后裔，杞国君主初称娄（楼）公，所谓东楼公、西楼公者。⑤杞灭后其族人称为娄人，⑥散居于山东到皖东北、苏北一带。灵璧县及其周围地区以娄、夏楼名村、名镇者，甚为常见，正是杞之族人曾经分布于此、生活于此的证明。

---

① 详参诸祖耿：《战国策集注汇考》（江苏古籍出版社 1985 年版）第 66、559 页；陈伟《楚"东国"地理研究》绪论。

② 丘为早期东方居民的居住点，论者甚多，参顾颉刚：《说"丘"》，《禹贡》半月刊第 1 卷第 4 期；《州与岳的演变》，燕京大学《史学年报》1933 年第 5 期；唐兰：《与顾颉刚先生论"九丘"书》，《禹贡》半月刊第 1 卷第 5 期；劳榦（干）：《由九丘推论古代东西的民族》，《禹贡》半月刊第 1 卷第 6 期；高广仁：《说"丘"一城的起源一议》，收氏著《海岱区先秦考古论集》，科学出版社，2000 年。其他还有一些讨论，不具引。

③ 有关越国的详细情况，可参蒙文通：《越史丛考》，人民出版社，1983 年版。

④ 据《史记·越王勾践世家》，越也为夏之后裔。

⑤ 《史记·陈杞世家》。

⑥ 杨东晨：《论山东新泰地区古杞国的来源和兴亡》，收于《杞文化与新泰》。

二、夏杞族人两个重要的历史文化遗产

夏族对中华民族及其文化的影响是巨大的，我们称为华夏民族，本身即是夏文化夏遗民扩散与融合的结果。具体的方面，如孔子到杞国去考察，说："我欲观夏道，是故之杞，而不足征也，吾得《夏时》焉。"①所谓《夏时》也就是《大戴礼》上的《夏小正》，即"孔子正夏时，学者多传夏小正"者。②我们这里要说的夏杞文化遗产是两个具有代表性的方面。

（一）夏王国取人以容、政尚忠朴、清刻尚简的制度与风俗。

这方面的记载很多，试举几例。

1. 上博简楚竹书五《鲍叔牙与隰朋之谏》记载齐桓公命令百有司的话说："有夏观其容以使，及其亡也，皆为其容。殷人之所以代之，观其容，听其言。殷人之所以亡，为其容，为其言。周人之所以代之，观其容，听其言，考实者使。凡其所以衰亡，忘其考实也。二三子勉之，寡人将考实。"

容，用今天的话说就是长相，观其容以使就是看其是否憨厚忠实，或是否忠厚朴实。这是夏的时候录取官员的标准。到了商代则是观其容还要听其言，看你能否会说，会说些什么，自是比夏代又多了一项考察。而周代取人除了注意借鉴商人的做法，还注意到能力的意思就是管理、治理的能力。

2.《礼记·表记》中子曰："夏道尊命，事鬼敬神而远之，近人而忠焉，先禄而后威，先赏而后罚，亲而不尊。其民之敝，蠢而愚，乔而野，朴而不文。殷人尊神，率民以事神，先鬼而后礼，先罚而后赏，尊而不亲，其民之敝。荡而不静，胜而无耻。周人尊礼尚施，事鬼敬神而远之，近人而忠焉，其赏罚用爵列，亲而不尊，其民之敝，利而巧，文而不惭，贼而蔽。"

这里说夏人更关注人的忠信朴实，所以其老百姓比较朴野忠厚，近于愚蠢、粗野，这和殷人、周人是不一样的。殷族全民敬奉鬼神，先鬼而后礼。

3.《史记·货殖列传》："颍川、南阳，夏人之居也。夏人政尚忠朴，犹有先王之遗风。颍川敦愿。"

敦愿的意思就是敦实诚愿，也是朴实忠厚、心实坦荡。

---

① 《礼记·礼运》。

② 《史记·夏本纪》。

4.《礼记·表记》中子曰："虞夏之质，殷周之文，至矣。虞夏之文不胜其质；殷周之质不胜其文。"子曰："厚于仁者薄于义，亲而不尊。"

人过于质朴就显得缺少文采，没有气度，虞夏时代与商周时代比较就是如此。所以大家常说夏代忠、殷人敬而周族文。有一位著名的民俗学家叫"钟敬文"，其谐音就是三代风俗特点的截取。孔子认为夏商时期太过质朴，只有周代礼乐才完备文明，所以他说"周监于二代，郁郁乎文哉！吾从周"，①成为周礼最坚决的维护者。

5.《孟子·滕文公上》："禹疏九河，瀹济漯而注诸海，决汝汉，排淮泗而注之江，然后中国可得而食也。当是时也，禹八年于外，三过其门而不入……"

6.《礼记·表记》中子曰："夏道未渎辞，不求备，不大望于民，民未厌其亲。殷人未渎礼，而求备于民。周人强民，未渎神，而赏爵刑罚穷矣。"子曰："虞夏之道，寡怨于民；殷周之道，不胜其敝。"

夏的时候，人们说话用辞直率，不求完备好听，忠于所言，对于老百姓征赋纳役也很少，所以与老百姓的关系平和，不让人们感到怨仇。

7.《论语·泰伯》中子曰："禹，吾无间然矣。菲饮食而致孝乎鬼神，恶衣服而致美乎黼冕，卑宫室而尽力乎沟洫。禹，吾无间然矣。"

大禹的时候，什么事情都自己亲力亲为，穿着朴素，住的地方简陋。所以也得到孔子的赞赏，认为像大禹这样的人简直是没有什么可以批评的，近乎完美。

夏人的质朴、诚信与忠厚在上古是特别著名的，以上几个方面可以充分显示这一点。杞国为夏族后裔的一支受封所建，所以杞人又称为"夏余""夏肆"。②《史记·陈杞世家》说周武王封杞"以奉夏后氏之祀"，就是指的这件事③。周代以后礼乐文明逐渐发达，杞国人的朴实有时和落后的东夷族人很是接近，如夷族简陋，④甚者如杞国的邻居莒国国君以为自己简陋而别的国家

---

① 《论语·八佾》。

② 《左传》襄公二十九年。

③ 《大戴礼·少间》记载："汤乃放夏桀，散亡其佐，乃迁姒姓于杞。"说明商初也曾封建夏遗于杞。

④ 《论语·子罕》："子欲居九夷。"或曰："陋，如之何？"子曰："君子居之，何陋之有？"又《左传》成公八年："晋侯使申公巫臣如吴，假道于莒。与渠丘公立于池上，曰：'城已恶！'莒子曰：'辟陋在夷，其孰以我为虞？'"

便不会有觊觎之心。所以杞国国君去朝拜鲁君，甚至被视为"用夷礼"而贬之曰"子"。①杞人朴实近于愚笨的典型例子是其人"忧天地崩坠"，死后"身无所寄"，也就是我们熟知的"杞人忧天"典故的由来。②此不详解。

（二）夏人图画方物以役鬼魅魍魉的做派

上古之人相信鬼神的存在，所谓万物有灵，认为有些灵魂对于人类有利，有些则是灾害。所以那时的人见面不像我们今天说"吃过了吗？"或"你好！"而是问"无它乎？"即"没有碰到毒蛇吧？"

上古蛇虫就是人的一大天敌。那时的人们面对自然界的各种危害应对能力不足，于是便想到祈祷神灵的保佑，与采取措施以避其害。世界各民族早期大都如此。③各民族采取的措施、做法多种多样，不尽一致，驱傩、跳傩是我们华夏族采取的最普遍的一种。敦煌写本经文伯希和藏3552《儿郎伟》中记载："驱傩之法，自昔轩辕，钟馗白泽，统领居仙。怪禽异兽，九尾通天。总向我皇境内，呈祥并在新年。"

这是晋唐时期，我们先民记忆中依然保存的祖先们驱傩去邪的故事，在遥远的黄帝时期就有了，而且就是钟馗、白泽主持这个工作。还有大家比较熟悉的《周礼·夏官》的记载："方相氏，狂夫四人。……方相氏掌蒙熊皮，黄金四目，玄衣朱裳，执戈扬盾，帅百隶而时难（傩），以索室驱疫。大丧，先柩。及墓，入圹，以戈击四隅，驱方良（罔两）。"就是周代宫廷驱傩戏法，由方相氏掌管，有一套特别的装束、法器、驱傩程序等。不同时代不断有所变化。那么，夏人是如何驱除危害以求福祉的呢？

《左传》宣公三年对此有所记述：楚子伐陆浑之戎，遂至于洛，观兵于周疆。定王使王孙满劳楚子。楚子问鼎之大小轻重焉。对曰："在德不在鼎。昔夏之方有德也，远方图物，贡金九牧，铸鼎象物，百物而为之备，使民知神、奸。故民入川泽山林，不逢不若。螭魅罔两，莫能逢之，用能协于上下以承天休。桀有昏，鼎迁于商，载祀六百。商纣暴虐，鼎迁于周。"

---

① 《左传》僖公二十七年："杞桓公来朝。用夷礼，故曰子。"杜注："杞，先代之后，而迫于东夷，风俗杂坏，言语衣服有时而夷。"其实是过于质朴而与夷人相近。

② 《列子·天瑞》："杞国有人忧天地崩坠，身亡所寄废寝食者。"

③ 参考弗雷泽《金枝》有关内容。

这是一个叫王孙满的人犒劳楚庄王时，面对楚庄王询问国家重器与代表的神鼎之大小而说的一番话。后世"问鼎中原"的成语即从此而来。从他的话里我们可以看出夏人制造神鼎的用意与传承。具体说，一是夏人驱除魑魅鬼魅的做法，古时代代相传，春秋时候的王孙满还记得一个大概；二是做法上，大体是将各种方物图画在九鼎上，让老百姓都认识知道它们，从而分清哪些是恶鬼，哪些是山精水怪，哪些是对人们有益的，或保护人们的神灵；三是老百姓认识了这些好的、坏的灵物后，去往各个地方，尤其是进入山林（古代多山林鸟兽异物）便不会碰到魑魅魍魉，从而获得神灵保佑，"以成天休"。

不过，这些各方的图物究竟有哪些，具体画成什么样子，又是如何避免怪物精灵的侵害的，是否需要念动咒语，等等，如此之类的情况，我们今天已经不能知道得更具体了。传说为大禹和益所作的《山海经》[①]原来是有图的，据现在流传的经文看，其记述了各个地方的山精水怪、异物鸟兽、图腾物象等等非常多，是否与此有关，还有待于进一步研究。但夏时的人通过图画方物的方式来趋利避害，由《左传》的记载可以说是清楚明白的。这些方物图画画在国家最重要的神器九鼎上，见其重要的程度，已成为当时国家礼典的重要组成部分。《经典释文·易·鼎》说："鼎，法象也"，夏人"铸鼎象物"，可能正是要达到"法象"的目的。

三、灵璧独特的民风习俗

灵璧是夏杞遗族的归宿，夏族忠厚、淳朴的民风，图画方物以役魑魅的习俗在这里得以传承，形成本地特有的民风习俗。

（一）清廉刻苦、信守承诺

《史记》曾记载："徐、僮、取虑，则清刻，矜己诺。彭城以东，东海、吴、广陵，此东楚也，其俗类徐、僮。朐、缯以北，俗则齐。"

徐、僮、取虑就是今天的泗洪、泗县、灵璧与睢宁一带，而以灵璧、泗

---

① 刘秀《山海经叙录》云："《山海经》者，出于唐虞之际……禹别九州，随山濬川任土作贡；而益等类物善恶，著《山海经》。"

县为中心，大体以今天潼河流域为中心的地区。由司马迁所说，徐、僮、取虑这一片小地方的民俗习性与其他地区的很是不同，所以特别提出来讲，特点是其人"则清刻，矜己诺"，用今天的话说就是清廉刻苦，信守承诺，说明这一带是一个地方不大但很有自己风俗特点的区域。

把《史记·货殖列传》所说灵璧一带的民风"则清刻，矜己诺"和夏人、杞人的政风习俗拿来相比较，他们彼此一脉相承的情况可谓一目了然，无待多言。学者杨朝明指出："在保存夏代礼乐方面，杞国应当与宋、鲁具有同等的地位，这从孔子之言中不难看出。"①诚哉斯言！看来正是夏之后裔杞人的迁入改变了这里的风气。这个习俗今日仍有孑遗，来灵璧的人很快都能感觉到这里的清刻质朴与憨厚实在。

（二）钟馗画别具一格

夏杞族人图画各方鬼神异物的目的在驱避邪怪，以承天休，灵璧人继承这一传统，将钟馗画发扬光大。灵璧钟馗画承传吴道子之法。清齐周华在《名山藏画副本·钟馗像赞》中曾赞道："由吴道子画能通神也，无如天下传写，渐失其真，惟灵璧所画，往往不脱道子原格，故世群推之。"明清时灵璧钟馗画达到鼎盛，至今兴盛不衰。据清代《灵璧志略》载，邑中画店林立，车水马龙，年复如是，"岁可售万纸，画工衣食于斯。"灵璧县因此被文化部命名为"中国民间文化艺术（钟馗画）之乡"。钟馗画被列入省级非物质文化遗产保护名录。

灵璧钟馗画以纯手工绘制，主要用于除夕、端午节祭祀、祛鬼祈福等民间习俗活动，民间视为降魔消灾之符图，被尊为"灵判"。在造型上集丑、雄、拙、威于一体，豹头环眼、方口虎牙、虬髯铜须，狰狞怪诞，粗犷雄浑，具人之形、鬼之气、神之威，有人之性情、鬼之幽森、神之飘逸，一身正气，威武可亲，既有"誓除天下妖孽之气概"，又有"庇护天下苍生之情怀"。创作题材以打鬼祛邪为主，主要有斩鬼图、神威图、惩恶图、浩然正气图等。这与夏杞族人图画各方鬼神异物驱避邪怪，以承天休在本质上是一致的。在创作的过程中，灵璧人又把忠厚朴素的民风融进钟馗画，将钟馗演绎成灵璧人。参

---

① 杨朝明：《杞鲁关系与杞国文化》，王尹成主编《杞文化与新泰》。

加科考，独占鳌头，因相貌丑陋，被唐明皇取消了状元资格，他愤恨不平，一头撞向殿柱，当场气绝身亡，死后被阎王封为惩治恶鬼的"判官"，被玉帝封为翊正除恶帝君，被唐明皇斩封为"嫉恶状元，斩邪将军"。因为长期捉鬼，他的衣服、鞋子、帽子、灯笼都破了，却毫不在意，仍然穿着破衣、破靴、擎着破伞、挑着破灯寻鬼、捉鬼，乐此不疲。在这一传说的基础上，灵璧的钟馗画家创作了钟馗夜巡图、三破图、风雨兼程图等，表现了钟馗一身正气，两袖清风，廉洁务实的高尚品质。

通过以上对于夏族杞人最重要的礼典、风俗和灵璧民风习俗的考察，可以看出灵璧钟馗廉政文化形成的历史文化基础。一是早期灵璧先民为夏后氏后裔杞国的遗族。二是灵璧人传承了夏族崇尚忠厚、清廉淳朴的民风，清廉刻苦，信守承诺。三是传承了夏杞族人图画各方鬼神异驱避邪怪，以承天休的习俗，通过图画钟馗打鬼的形象以驱邪纳福。四是在钟馗画的衍变过程中，灵璧人把清廉刻苦、信守承诺的民风融进钟馗画里，把钟馗塑造成一个刚正不阿、扶正祛邪、廉洁为民的形象。可以说钟馗形象表达的是人们的愿望和美好诉求，也是灵璧人自身形象的写照。

（作者系安徽省社会科学院历史研究所所长）

读钟馗 话廉政
——谈钟馗精神对纪检监察工作的启示

赵 明

2010年12月23日9时，吉林长春市室外温度降至零下28度，天气异常寒冷。一名强壮的中年男子来到该市政府右侧公园一凉亭内，摆上钟馗画像，烧上一炷香，摆上一盘新鲜水果作为供品，满脸虔诚，口中念念有词："叩求天师钟馗显灵，捉人间活鬼，帮苦难家庭维权……"此事引起当地纪检监察机关的关注，纪检监察机关及时介入调查和处理，才使这位当地有名的小说家卢方晨苦苦维护自我权益 5 年之久的案件画上圆满句号，使因医疗事故而不幸死亡的年仅 13 岁的卢方晨女儿的灵魂得以安息。从此，纪检监察机关被当地群众誉为"人间钟馗"。

钟馗经上千年的文化沉淀，已不仅是民间传说中的驱鬼除邪之神，而且是公正和正义的化身。钟馗不畏权势，不信邪，不怕鬼的精神，震古烁今，至今为百姓所传颂，也逐渐凝结成了钟馗精神。在钟馗故里灵璧，人人敬钟馗，家家贴钟馗，不仅反映人民群众怀念钟馗、呼唤钟馗、盼望钟馗的朴素情感，也体现了钟馗文化与钟馗精神有着与时俱进的品质。读钟馗传说，品评钟馗的"豹头环目"，解读钟馗"五蝠"的真正内涵，看钟馗手持的"七星宝剑"，深思纪检监察机关的职责担当和反腐倡廉的形势与任务，既体会到纪检监察工作任重而道远，也感悟到千年钟馗对纪检监察工作的如雷耳语。

一、品评钟馗"豹头环目"形象，塑造刚正不阿品质

钟馗的故事在历史的传承中不断充实和完善，故事也在传承中有所增删，但钟馗的"豹头环目"形象一直没有改变。钟馗画从画圣吴道子的笔下到现在小学生手中的画板上，经历了历史的变迁和发展，从形态上何止"百馗"能够说完，不论钟馗画出自何种年代，哪个地域，何人之手，但钟馗画中"豹头环目"这一基本形象，无人能为其进行改动，无论是怒钟馗、醉钟馗、睡钟馗、捉鬼钟馗、斥鬼钟馗、嫁妹钟馗等，无一例外。一幅人物画如有"豹头环目"就是钟馗画，如果没有这一特征就不是钟馗画。"豹头环目"不仅体现钟馗所独有的区别与其他的"善视喜，恶视惧"的特殊气质，也体现人民群众对人间"钟馗"形象强烈的心里期盼。钟馗不怒自威、刚正不阿的性格在"豹头环目"中体现得淋漓尽致。钟馗的"豹头"正如诗词中写到"怒来无发也冲冠"，切实使心存阴邪之人望而生畏，起到震慑的作用。纪检监察干部也要有一身正气、不怒自威的潜质。相传钟馗"环目"可视 360 度，其视野无死角、无盲区、无遗漏，魑魅魍魉均逃不出其"法眼"。纪检

监察机关也要有坐镇一方、除恶务尽的决心，有清廉自守，敢于碰硬的底气。钟馗之目，黑白分明，炯炯有神，展现其正气凛然，疾恶如仇，刚正不阿内心实质。纪检监察干部也要有疾恶如仇，爱憎分明的性格，有忠诚于党和人民的政治品质和职业操守。

二、领悟钟馗五蝠（福）内涵，深化廉洁从政教育

传说中钟馗被玉帝封为"天师大元帅"后，收服 5 个小鬼化为"五蝠"，始终与钟馗不离左右，听从钟馗的调遣和使唤，充当钟馗的马前卒。这不仅体现了钟馗有化恶为善的工作方法，也体现了钟馗特有的无法抗拒疾恶为善的人格魅力。暗合当前对纪检监察工作者能力素质的要求。赐福钟馗之所以在百姓大众心中最受欢迎和青睐，也是文人雅士、行政人员相互赠送的吉祥"礼品"，是因为暗含送"福"之意，实现"吉祥人生"，达到"五福临门"。解读钟馗"五福"，不仅是百姓大众的良好愿望，体现钟馗赐福人间的菩萨心肠，也婉转告诫百姓大众什么是真正的幸福，什么是我们的人生追求！对"五福"的理解，仁者见仁，智者见智。笔者认为，当今对此认识多有偏颇，一味去追求金钱的积累，一味追求官职的升迁，一味追求吃喝玩乐，贪图享乐，实际上是远离幸福的行为。在《尚书》洪范篇中，先贤们对"五福"作了定义：一曰寿，二曰富，三曰康宁，四曰攸好德，五曰考终命。在这里明明白白告诉我们正确的人生追求、正确的人生观是追求长寿至天年，达到寿终正寝，不是无原则追求享乐，糟蹋自我身体；是物质和精神都已充实和富有，不是单方面一味追求金钱的积累和官位的升迁，耗散自我心神；是有健康强壮的身体，安适平和的心地，快乐悠闲的情趣，不是为了升官挖空心思，终日心神不宁，贪污腐化，收受贿赂，担心"事发"战战兢兢，诚惶诚恐；是怀有慈爱之心，积德行善，心无愧疚，不是吃拿卡要，欺男霸女，工作中不作为，乱作为；是能够颐养天年，真正的老死，不是因贪赃枉法，不择手段，谋害他人等行为导致身陷囹圄甚至被处以死刑，不得善终。这些理解同时也告诉我们与"五福"偏离和背道而驰的追求及行为，必然会遭到我们心中钟馗不同程度的惩处。

三、解读钟馗"七星宝剑"威力，增强忠诚履职能力

"剑气能令六月寒"是钟馗"七星宝剑"威力的体现，传说中钟馗的"七星宝剑"为玉皇大帝所赐。此剑上可斩阎罗，下可杀小鬼，不仅可以天上、人间和地下自由往来，畅通无阻，还可以无须禀报，先斩后奏，不仅要杀恶鬼、厉鬼、佞鬼，还要杀贪鬼、懒鬼、吝啬鬼、赌鬼、酒鬼、醉鬼、势利鬼、乌烟鬼、色鬼等，总的来说就是有鬼皆杀的威力。我感到纪检监察机关的惩处职能就是党中央御赐的"七星宝剑"，既要查处形形色色时常出没在纪检监察视野中"小鬼"，对工作日午间饮酒、酒后驾车、铺张浪费、工作不作为、吃拿卡要、贪财好色，都要坚决予以查办，坚决予以打击，坚决予以追讨，也要查处重要领域，损害人民群众利益的案件，用"七星宝剑"斩除腐败窝点，斩破腐败网络，斩杀隐藏领导干部身后的"隐身鬼"，更要查处大案要案，对达官显贵、高级干部贪污腐化问题，不论是谁，不论职务多高，只要搞腐败，就坚决一查到底，依纪依法予以惩处，真正体现法内无殊客，真正发挥纪检监察工作的"剑气能令六月寒"的威力，真正实现习近平总书记对纪检监察工作的提出的"老虎苍蝇一起打"的要求，使新时期"七星宝剑"发挥应有的作用。

解读、感悟钟馗精神实质，联想纪检监察工作者的职责要求，深深体味到，今日的纪检监察是古之钟馗，古之钟馗是今之纪检监察，我们要从这个民族文化中汲取营养，传承弘扬钟馗的廉政文化精神，理直气壮地喊出"为社会风清气正而履职，让百姓安居乐业而尽责"的口号。

钟馗"非遗"画絮

孙淮滨

一、历史价值

人类祖先在自身能力不足与大自然灾害抗衡时期，对异己力量产生迷信与畏惧，总是企盼一种超自然的神力来庇佑自己。中华人文始祖轩辕黄帝率先开明启智，首创具有巫术意味的"大傩之仪"，主角为"方相氏"，用以逐鬼驱邪，消灾治病，是一种驱祟神舞。到了周代，"大傩之仪"便成为约定俗成的朝中岁除大礼。据《周礼》记载，"大傩之仪"中的方相氏，"蒙熊皮，戴面具，黄金四目，朱衣玄裳，执戈扬盾"，装束成武士形象。他率领百隶扮作神兽，一路打鬼开道，从宫室到里巷，直至荒郊野墓。狂呼怪噪，驱逐鬼祟。方相氏的威武装束，骇人的面孔，都存留着黄帝时代狩猎斗兽的神舞痕迹。"大傩之仪"在秦、汉、北魏诸朝，相继沿袭，而且规模越来越庞大，阵容也更加威武壮观。晋代，"大傩之仪"规模较为缩减，同时一变"方相氏"为"金刚"、"力士"佛门神祇。到了唐代，又一变"方相氏"为"钟馗"。据《土风录》载："装钟馗判官即方相氏，蒙熊皮，黄金四目，执戈扬盾，以索室殴疫之志。"钟馗文化与远古的"大傩之仪"一脉相承，经过数千年民族文化的积淀，加之儒、释、道在长时间流变中的异化嬗变，赋予了钟馗"打鬼驱邪"的功能、"疾恶如仇"的个性、"浩然正气"的品格、"赐福送吉"的美德，为人民树立了赖以寄托的精神支柱。这一原本于中华土壤的精神文化，是中华民族宝贵的文化财富，因而它独具历史价值和精神文化价值。

二、人文价值

钟馗的形象是从远古"大傩之仪"中的方相氏衍化而来，但是"钟馗画"又起于何时？《唐人题记》早已告诉世人：中国的第一幅"钟馗画"是由大唐玄宗皇帝与画圣吴道子"合作"而成。《题记》略云：明皇开元讲武骊山，岁暮得病，月馀不瘳。一夕梦见二鬼，一大一小，绕殿而奔，只见大鬼追捉小鬼，擘而啖之。明皇梦觉，痁疾顿瘳。知其大鬼名钟馗，乃诏画工吴道子，告之以梦，命道子如梦图之。道子奉旨，恍若有睹，立笔图讫以进。玄宗视之大悦，赞美说，与朕所梦极肖。并亲洒宸翰，为钟馗画像题赞。于是，历史上第一幅钟馗画就在这一"皇"一"圣"手中成功地合作出台了。

灵璧钟馗画肇始于唐，历宋、元、明、清，经久不衰，它是以纯手工绘制的民间年画。钟馗造像是从"大傩之仪"图腾面具衍变而来，又以盏圣吴道子的"钟馗样"为粉本，伴随着我国的民俗活动流传下来，因而它被誉为"活化石"而倍受中外专家学者的珍视。如清代学者齐周华在其所著《名山藏·钟馗像赞》中写道："由吴道子画能通神也，无如天下传写，渐失其真，惟灵璧所画，往往不脱道子原格，故世群推之"，不仅把灵璧钟馗画定格为吴道子画风的传承，并给予很高的评价。又由于钟馗故事长期在民间流传，经过不断补充和丰富，又有灵璧乃"钟馗故里"之说。清初学者金埴在《不下带编》中确实写道："……钟（馗）乃灵璧人，至今后裔在焉，多以丹砂绘其祖像而货以资食，上有县篆者尤灵应云。"为此，民间又相传说，只有灵璧所绘钟馗，才是钟馗本人真像的写真。这些生动绮丽的民间传说，与古版文献相绾合，又为灵璧钟馗画增添更加玄妙迷离的动人色彩。

公元1915年，灵璧钟馗画在巴拿马万国博览会展出，荣膺金奖，饮誉国际画坛。灵璧钟馗画不仅具有悠久的历史价值，而且还蕴含着丰富的人文价值。

三、艺术价值

灵璧钟馗画在造型上传承着吴道子的"吴家样"，保留着中国传统深层精神的典型形式，具有与原始图腾面具相吻合的脸谱：方面、高颧、眉宇高皱。粗眉、圆眼，一双雪白明亮的眼球在眼眶里突起半露，似乎放射出咄咄逼人的目光。狮鼻、虎口，獠牙外露，虬髯戟张，流露出愤愤然的刚强正气。这正与古代傩舞面具一脉相承，运用夸张手法，塑造出一种比野兽还要狞厉的面孔去战胜一切外来暴力。数千年来的脸谱传承，默默涓流。它在恍惚迷离的诡谲气氛中闪耀着青幽深遂的灵光，深蕴着古老而浓重的文化内涵。灵璧钟道造像如此勇猛神武，给人以异乎寻常的视觉冲击力和心灵的震撼力，让人们的心灵寄托于钟馗的神威去降妖除怪，从而得到心灵上的安宁，这正符合中华民族的精神文化世界观。这正是钟道文化与中华民族心心相印而无法用语言表达的艺术魅力。

在技法上本人固守传统，以墨线勾勒，篆书用笔。敷彩以矿物颜料为主，精工细笔，绮丽艳冶，数层烘染，必厚重而止，达到焕烂而求备，呈现出惊彩绝艳，博大雄浑的大唐气象，焕发出东方文化的灿烂光华。

灵璧钟馗画不仅仅是无背景的"平地起金山"的构图形式，而且有全景式的构图，视题材而定。如《趋殿钟馗》《引福入堂》等，背景有楼台堂轩、林壑泉石、云竹烟树，布景得宜。再如《岁朝钟馗图》《天中五瑞图》等具有节序性、吉祥性的钟馗画，其背景则要有厅堂园圃，陈设则要有杯盘瓶壶，并要置以时鲜蔬果。本人以工笔重彩文人画的功力，与民间画工技法相融合，形成一种集民间画、宫廷画、文人画于一体的灵璧钟道画风，堪称超逸绝俗、高妙无伦。

灵璧钟道画古作均无款识，而文人画则尤重印款。本人钟馗画作品，每幅均有款识，书体或篆或隶，或行或棍，视画面而定。其内容有玄宗《钟馗神像题记》，有《斩鬼传》著者烟霞散人的《钟馗像赞》，或题写历代名家诗词，或个人即兴作跋。以期达到珠联璧合、美轮美奂。

四、世界价值

灵璧钟馗画以传承原始文化于不变的主脉，以继承和发展民族绘画为主线，它代表人民群众的文化和人民信仰的情感，兼具审美与信仰功能，是双重民族文化的继承，是中华民族文化的魂之所归。而今而后，亦将延绵，与中华民族相始终。

艺术的纯粹价值是源于艺术本身。灵璧钟馗画完成超越时空的知道对话。它的魅力来自中国古老的精神文化和画家的虔诚创作，两者的完美结合而形成的巅峰效应。2007 年"全国第四届民间艺术博览会中国创造·民间文化品牌评选活动"的评委们，极具慧眼，将本人送展的钟馗画说为"中国创造民间文化品牌珍贵艺术品"，本人也荣获"中国创造民间文化品牌艺术家"称号。2009 年，外交部"中国前外交官联谊会"暨世界知识出版社联合举办的"新中国国礼艺术家精品展"，本人送展的钟馗画又被隆重推出作为国礼。越是民族的，越具世界性。灵璧钟馗画将携带着中华古老文明的信码，含弘吐精，翱翔于世界艺术之林。

灵璧钟馗画的地方艺术特色

王淑一

"灵璧钟馗画"为什么能够超越那些所谓名画家的钟馗画、流传千年而经久不衰呢？"灵璧钟馗画"究竟有哪些地方艺术特色令人格外痴迷垂爱呢？根据一些珍贵史料记载和民间流传的灵璧钟馗画的特点，我们可以得出以下几点结论。

一、"灵璧钟馗画"基本保留了唐朝吴道子钟馗画的神话内涵和画风

在封建社会，由于科学不发达，人们对于自然和社会的一些灾异现象缺乏科学认识，因此崇尚一些至高无上的神灵。连真龙天子都相信的事情，平民百姓岂能不信？故钟馗能为皇帝捉鬼驱邪、钟馗画亦能为大臣驱邪除祟的传说，一旦从宫廷传入民间，老百姓如何能不信呢？况且，吴道子又是画佛道神仙像的大师，影响很大，被称为"画圣"。其对钟馗画的神秘流传，起到了推波助澜的作用。但由于当时的印刷术较为落后，吴氏钟馗画及后来其他画家的钟馗画，都不可能满足社会需求。这样，民间画工参与摹仿吴氏钟馗画，来满足平民百姓的迷信需求，就成了必然。

到了宋代，北宋神宗"熙宁五年（1072），禁中旧有吴道子画钟馗，上令画工摹搨镂板，印赐两府辅臣各一本，是岁除夜，遣入内供奉官梁楷就东、西府给赐钟馗之像"（见《梦溪补笔谈》）。这说明，北宋后期宫廷中所使用的钟馗画，还是吴道子的钟馗画的复制品。因此其驱邪的主题和画风，当然也是不会变的。至于民间所用的钟馗画，虽然还没有证据证明是吴道子钟馗画的复制品，但由两府大臣传入各自祖籍的民间是完全有可能的。因为皇历是一年一换的，"过时的皇历用不得"一说，就是因此而来。故大臣家旧皇历上的钟馗画传入民间是完全可能的。

南宋光宗时，灵璧张礼登，绍熙庚戌（1190）进士，官至参知政事中奉大夫。其孙张郁为元至元丁亥（1287）进士，亦官拜参知政事中奉大夫。他们都有可能把宫中的钟馗画历传回来。因此，灵璧钟馗画工很可能是从那时得到吴道子钟馗画的蓝本，进行临摹复制的。由于灵璧历史上从未出过大画家，故灵璧钟馗画只能由民间画工"依葫芦画瓢"，临摹绘制。他们不可能有独自创作的水平。没有吴道子的画样，他们是不可能画出吴氏风格的钟馗画来的。正因为如此，他们一旦得到画圣吴道子钟馗画的样本，就必然会当成宝贝一样师徒相承传下来。也许这就是"灵璧钟馗画"相传近千年"不失其格"的重要原因。

另外，清乾隆年间的齐周华，在《名山藏副本·钟馗像赞》中写到："由吴道子画能通神也。无如天下传写，渐失其真。惟灵璧所画，往往不脱吴道子原格，故世群推之。"这就是说，从宋、元、明到清乾隆年间，尽管有天下很多地方人都参与了吴氏钟馗画的传写，但都"渐失其真"。惟灵璧钟馗画始终未脱吴道子的"原格"。

那么，吴道子钟馗画的"原格"是什么呢？我认为，一是其钟馗画中的内涵主题为驱邪除祟；二是其艺术风格的"吴家样"。这是最主要的两个方面。灵璧钟馗画正是在主题内容和艺术风格等主要方面，始终忠于吴氏所传"原格"，基本上未走样，所以才能流传千年，经久不衰，为世群所推崇。

实践证明，凡是非物质文化遗产，都有其核心的"东西"与别处不同，并形成自己独有的特色。如果随意改变其核心的东西，如主题主旨、内容的表现形式、制作秘方和绝技等，脱离受众群体的审美心理习惯的需求，那这种非物质文化遗产注定要消亡的。假如灵璧钟馗画的主题变了，不是驱邪除祟，而是胡写乱画，出俗变态，调侃戏谑，大失其神威尊严，那民众岁除、端午"请钟馗"还有何用？因为吴道子画能通神，早为世所公认。如果灵璧钟馗画不像吴道子的风格，谁还会相信他是吴氏真传？谁还会相信它能通神？所谓迷信，不能"迷人"，何人能信？倘要迷人，必有迷人的手段和秘诀；失之，岂能迷人？灵璧钟馗画之所以能千年久传不衰，主要原因就是它始终能保留吴道子钟馗画之"原格"，并形成自己的地方艺术特色，故能久为"迷"者所推崇垂爱。

二、"灵璧钟馗画"画上的钟馗，必是判官形象

灵璧钟馗画，民间一直都叫"判子"或"判画"。

那么，灵璧钟馗画为什么又叫"判画"呢？

所谓"判画"，就是灵璧钟馗画中的钟馗形象，被塑造成冥司中阎王爷属下掌管生死簿的执法官——"判官"形象。这样，他才能在阴阳二间捉拿害人的鬼魅，才能保佑一般平民渴求平安度世的美好愿望。至于和吴道子所画的钟馗形象是否一模一样，因为大多数民众从未见过吴氏所画钟馗的模样，只见其神貌威严，威风凛凛，刚正不阿，便不再去计较了。反正看了以后，觉得主题、形象、风格等，都象"吴家样"，就信以为真了。

"灵璧钟馗画"叫"判画"，由来已久。最远可追溯的宋代。据《灵璧县志·外纪附》记载："帝窍命吴道子图其状，传京师。今灵邑自昔相传所画之判是也。土人呼之曰'判画'。"这里所谓"今灵邑自昔相传所画之判是也"的"自昔"究竟是何朝何代？未有明指。但该《志》是明万历年间起草的，材料是从以前历代搜集的，故理应是指明万历以前的事了。

其附注又曰："又，昔灵人有余贤贤者画寿星，身短，道冠道服，垂绦，棕屦。非如今之长头多髯。亦有宋之遗像，人多不辨。"

这段话说明如下几点。

（1）当时画工画的钟馗画和"昔灵人余贤贤者画寿星"差不多，只是"长头多髯"而已。

（2）当时还有"宋之遗像"，说明当时画的钟馗像还是按宋时的"遗像"画的。只是人们的鉴赏水平不高，才"人多不辨"的。

（3）说明宋时的钟馗画就像鬼"判官"，故那时就叫"判画"了。

（4）说明唐时吴道子画的钟馗像，就已有些像鬼判官。否则，怎么能表现他的"丑"呢？如画成白面书生或穷困潦倒的摸样，没有凶神恶煞样的神威，又怎么能捉鬼吃鬼呢？

按《梦溪笔谈》所云，明明说钟馗是"武举不捷之士"，历代文人画家为何大都把其画成文弱书生的样子呢？并抛弃吴氏钟馗画主题原旨，而改赋其另外的一些俗态主题形象呢？这其中的原因，笔者认为有以下四点。

（1）所谓文人画家一旦成名，大都自傲清高。"文人相轻"，古今亦然。既然吴道子能画钟馗，他也是画家，自有自己的嫡传和风格，岂能像民间画工那样，按照吴道子的画样"依葫芦画瓢"呢？当然要力求画出自己的主题寓意和风格来。

（2）有些画家性格放荡不羁，如石恪、高益等，作画尝率性所为。

（3）有的画家生不得志，愤世嫉俗，甚至隐居避世，如孙知微等。偶画钟馗，也不过是借钟馗之名，来表达自己的一些对权势、世道的不满情绪而已。

（4）当然也有一些画家有着某些创新意识，意欲创作出新的钟馗画来迎合某些"高档"收藏者的心理需求，已达到久远传扬的目的。故根本看不起民俗一年一度更换的短效行为等。

上述这些现象，显然都是存在的。其根本原因是文艺作品为谁服务的问题。为少数人服务，必然是曲高和寡，昙花一现；为广大群众真诚服务，则必然是广受欢迎，地久天长。灵璧钟馗画之所以能够千年流传到今，盖因为其所赋于钟馗的艺术形象，能雅俗共赏地满足民众审美心理需求和民俗的客观实用需要。只要这种民俗还存在，信仰的群体还存在，它就还会继续传下去。如果"灵璧钟馗画"的"吴家样"是不能改变，那么画中的主题思想和钟馗的判官形象也是不能改变的。这是保证"灵璧钟馗画"地方艺术特色的关键。任何其他"画蛇添足"的钟馗画，只能叫"画家钟馗画""学院派钟馗画"或××"名人钟馗画"，皆不属"灵璧钟馗画"范畴。

三、"灵璧钟馗画"画上的钟馗服装，必须用朱砂染色

"灵璧钟馗画"画上的钟馗服装，必须朱砂染色。为何不是蓝袍或绿袍、黑袍呢？这是其历史形象演变的结果。

明清以后，《钟馗嫁妹》已逐渐被京剧、徽剧、川剧、滇剧等搬上戏剧舞台，其中的钟馗装扮就是着红袍的判官形象。这显然是为了符合剧情需要的。红色，代表喜庆、吉祥、热烈、张扬，大吉大喜，完全符合中华民族的审美情趣。而蓝衫是秀才书生的装扮，太文弱，不可能是捉鬼英雄。黑色，虽然符合国画艺术之道，但色调过于阴暗，无吉祥之气，不符合民俗审美习惯与夙愿。绿衫，民俗使用很少，也未有特殊含义，也不符合民俗审美习惯。既然传说中钟馗死后已被追封了，并赋于驱除民间厉鬼之职，不是"鬼王"，也大小是个官。当官就要穿官服，"红袍加身"是最吉利的了。既然宋以后，钟馗就被赋于了"判官"形象，戏剧中也都是红袍加身，那么"灵璧钟馗画"中的钟馗着红袍，就是必然的了。

那么，钟馗的红袍为什么要用朱砂染色呢？这其中自有奥妙。奥妙是传说中只有用朱砂染色的钟馗画才"灵应"。否则不灵也，群众不认可也。

据传，古时灵璧民间小儿惊疯，常买钟馗画焚之，以其灰烬为小儿冲服；服之即好，无不灵应，人以为钟馗"神"之。其实，这是因为灵璧钟馗画是用朱砂涂色之故。朱砂是矿物质，粉状后物理形态变了，但物理化学性质不变。低温燃烧后依然。

朱砂即辰砂，亦叫"丹砂"，为古代道士炼汞的主要原料。也可制成红色颜料，道士画符咒，令天神、六丁六甲来捉鬼降妖，用的就是朱砂颜色。另外，朱砂还有一个用途，就是药用。在中医药上，其是重要的安神、定惊药。其色红，性微寒，味甘，主治癫狂、惊悸、不寐等症，故而"神"之。民众不知其故，而假之于钟馗矣。所以，"灵璧钟馗画"必须用朱砂染色，方为传统"灵璧钟馗画"的真品。而其他地方所谓名画家所画的钟馗画，多为水墨涂之，或用化学合成红色颜料涂之，故不"灵应"矣。因此，不论其画得多好，名气多大，卖得多贵，都不"灵应"，都不能叫"灵璧钟馗画"，民间亦不会认可。因此，朱砂染色，也是"灵璧钟馗

画”地方特色之一。

另外，“唐制衣冠”、皂靴也是应该恪守的。

四、“灵璧钟馗画”画上必须有“县篆之印”（或县篆三印）才能叫“灵璧钟馗画”，也才能通神灵应

“灵璧钟馗画”还有一个显著特色，就是在画的正上方加盖灵璧县大印。有的是一印，有的是三印，成“品”字状。

那么，民画加盖县篆大印，这是为什么？是从什么时候兴起的？为什么加上县篆之印就“灵应”了呢？这其中也自有奥妙。

据清初著名学者金埴《不下带篇》云：“……钟（馗）乃灵璧人，至今后裔在焉，多以丹砂绘其祖像而货以资食。上有县篆者，尤灵应云。”

金埴这段话说明，起码在到清初之前，“灵璧钟馗画”不但已被他的后裔传承下来，而且在他们所画的祖像上均加盖县篆之印；并且凡加盖“县篆者，尤灵应云”。

又据《灵璧志略·清乾隆版》云：“……‘灵判’，一岁可售数万纸，画工十余家，衣食于斯。地方官亦岁以数千纸供人求取。”

这一史料说明，在清乾隆年间，灵璧“判子”就十分辉煌过。当时灵璧县的人口，在康熙时人丁才 24386 人。到乾隆时不过几十年，人口不会超过十万人，有一两万户而已。一年居然可卖“灵判”“数万纸”，几乎家家户户都“请钟馗”了，足见盛况空前。而且地方官也十分迷信和大方，一年竟以“数千纸供人求取”。当然，地方官送人的“灵判”，肯定也要加盖县篆之印的。

这两则史料说明，“灵璧钟馗画”地方特色的形成和名声传播，是与加盖县篆之印有很大关系的。县篆之印无疑就是那时候的品牌商标和名片！“灵璧钟馗画”的名气，就是由此而名扬全国的。

那么在“灵璧钟馗画”画上钤（qián）灵璧县篆之印，究竟起于何时呢？

笔者认为大约是在明宪宗朱见深参与画钟馗画之后产生的。因为在今流传的朱见深画的钟馗《柏柿如意》图的上方有“成化辛丑文华殿御笔”并钤

"广运之宝"御印。

成化是明宪宗的年号，辛丑年即公元 1481 年；"广运"典出《书·大禹谟》："帝德广运，乃圣乃神，乃武乃文。"这说明此幅钟馗画确实是明宪宗朱见深画的。其正上方有一"乾隆御览之宝"大御印，特别醒目；另外还有嘉庆，宣统等御览印等。也许是在皇家用印的影响下，据传当时灵璧民间画工，也常把自己的钟馗画拿到县衙，化钱盖上"县篆之印"。这显然是为了提高灵璧钟馗画的身价、品位和知名度。另外，"灵璧钟馗画"之所以要加盖"县篆之印"，还有两个极为重要原因。

（1）一是因为明太祖朱元璋登基之后，洪武七年（1374）改"中立府"置凤阳府，把灵璧县划归凤阳府所辖，直到 1912 年才废止。这样，灵璧就荣登为明太祖"龙飞""汤沐"之地，可以沾上洪武皇帝的光了，并且一沾就是六百多年。也许那时的灵璧县和"灵璧钟馗画"，比现在凤阳的小岗村还出名呢！

（2）因为灵璧的城隍神，"神"之。有求必应，非常灵验。

据清康熙甲寅本《灵璧县志》之《幽轶志》引《皇明通纪分注》载："明成祖靖难，兵南下至灵璧。魏公徐辉祖率师大战齐眉山（在城西南约 30 里），成祖兵败而走。都督平安追之将及，安马忽蹶被擒。先是，成祖夜梦走败，有敌将来追，正仓皇中，忽有大将提戈跃马，砍追将马足得免。至之曰：'新县城隍神，救驾至。'是果符梦。后帝即位，加封灵璧城隍神为'忠佑侯'，秩比州城隍云。"

其后，凡来灵璧当县令者，下车伊始，尝先谒拜城隍神。且每有水、旱、火、疫、蝗等灾异，求之多应。据《志》中《重修城隍庙记》云："……且霪而祈晴，则晴应；暵而祷雨，则雨应；飞蝗塞劳邑，而境以内若尽之……"因此，由如此"灵应"的城隍神护佑的灵璧县印，上了钟馗画上之后，能不更加"灵应"吗！

显然，这不但为灵璧钟馗画蒙上更加神秘的色彩，也使灵璧钟馗画形成了唯一而独特的地方特色。试问，古今无数国画大师所画的钟馗画上，还有谁的画上加盖了地方官印？还有谁的画上有如此重要的地方神秘色彩？充其量不过是"名家之画"而已。故而不"灵"，故而不"神"，故而没有地方特色，故而没有社会群体效应，故而难以世代衣钵相传，千古不衰，也因此都没有形成自己的钟馗画文化历史传承现象，宁不悲乎！

由此可知，灵璧钟馗画上钤上灵璧县篆之印，不但和"吴家样"、判官形象、朱砂染色等一样有着十分神秘的"神之""灵应"的异曲同工之妙，而且还很自然地形成了自己的地方艺术特色。

五、"灵璧钟馗画"画上蝙蝠寓意的变异之谜

古今画界尝云："画人容易画鬼难。"此话不假。何也？因为世上本无鬼，谁也没见过鬼是啥样子，如何画之？而古今神鬼迷信者大都把神、仙、佛、道、天主、真主等，美化成类人而比人更伟大、更十全十美的正面形象，而把妖魔鬼怪总是作为负面的，有别于人类的最为邪恶丑陋的象征。因此，不同宗教流派，不同信仰的内涵，不同文化修养的沉淀，不同人的社会、经济地位、境遇的思想意识和欲望的祈求，以及他们在偶然的自然或社会变迁、灾异、梦幻、疾病等面前的惊异、恐惧与无奈，等等，往往都视为妖魔鬼怪在作祟。故他们在描述妖魔鬼怪邪祟时，总是说成丑恶无比、千形百怪的，无一定式。加之谁也没有见过鬼魅的真实形状，你叫画家如何画之？

当然，明清时也有一些画家在钟馗画上画鬼的，如明叶澄《钟馗夜巡》图、戴进《钟馗远游》图、清黄慎《钟馗训读》图、罗聘《任尔闲游到醉乡》、《鬼戏钟馗》、方薰《钟馗对镜》、任颐《月夜独酌图》等，虽然也画了一些鬼，但画中寓意均失吴氏钟馗画之真。他们所画之鬼，均不是唐明皇梦见"虚耗"也，不足垂范。而吴道子钟馗捉鬼画的原作已失传，传宋人假吴道子之名所作的钟馗画赝品，也不足为据。这样，"虚耗"鬼形就很难塑造了。于是古人就把昼伏夜出、形貌丑陋、令人厌恶的蝙蝠，作为"虚耗"鬼魅的替身，画在钟馗画上。《县志》记载灵璧"判画"上，至少在明代以前，就已将蝙蝠作为耗孽的替身。且是"欲驱之去，非欲其至也"。这就是说，明以前灵璧"判画"的驱邪除祟的表现形式，是把蝙蝠作为鬼魅，并把其画成被钟馗驱逐飞去之态，而不是今天我们所看到的"灵璧钟馗画"画上的飞来之势的蝙蝠。那么，为何明清之后直到现代，"灵璧钟馗画"画上的蝙蝠都是飞来之势，

而且把驱孽变成"招福"呢？

据笔者考证如下。

（1）可能是受明宪宗朱见深所画《柏柿如意图》（1481年作）影响。因为这位皇帝所画钟馗画的右上方，就有一个蝙蝠，且是飞来之势。如果是皇帝开启蝙蝠"飞来之势"的先河，一旦为民间所知晓，谁敢不照办？尤其是灵璧，乃钟馗画之县，能不照办吗？倘如此，说明灵璧钟馗画中的蝙蝠形态，至少在1481年之时，就已是"欲其至也"了。

（2）明张宏（1557—？）所画的《钟馗挠痒图》上的蝙蝠，亦是飞来之势。这说明明宪宗朱见深之后的画家也都改宋代吴道子钟馗画赝品上蝙蝠的飞去之势，为飞来之势了。这样，蝙蝠本来是代表"虚耗"鬼魅的，反倒摇身一变成"招福"或"招富"的寓意了。

但是，笔者近查中国古代神话传说及辞书、专著，均未见有关于蝙蝠能赐福之神话传说。笔者以为明清以后的钟馗画中蝙蝠"飞来之势"，除受明皇帝朱见深钟馗画影响外，还有其他原因。

（1）受中华民族传统"福"文化的影响

何谓福？古人认为凡富贵寿考，康健安宁，吉庆如意，全备圆满皆谓之福。《书·洪範》："五福，一曰寿，二曰富，三曰康宁，四曰攸好德，五曰考终命。"后来又渐渐把五福总结为"福、禄、寿、喜、财"，成为是中华民族人生价值追求的最高境界。这样，"福"字不但成了"五福"之首，而且也常常代替人生的一切幸福。于是，在民俗文化艺术上，如年画、楹联、建筑及家具雕刻、绘画、装饰等方面，都嵌上"福"字，用以祈福或展示对"福"的美好追求与享受。这种现象的数千年积淀，成为中华民族对现时与未来精神追求的一个普遍而永恒的主旨，十分深入人心。

（2）受蝙蝠的"蝠"字与"福"的谐音影响

在中华传统民俗文化中，借用汉语谐音字来含蓄表达某种审美需求和意趣的，是十分常见的表现手法。这种现象不但在文学作品如诗词、小说、戏曲中常见，尤其是在绘画或雕刻艺术中，更是十分常见。用蝙蝠图案象征"福"，就是典型的代表。也许在唐玄宗时还没有这种现象，起码在宋代已有这种现象了。否则，《灵璧县志》中在记述"判画"时，何以加上"蝙蝠即耗孽也。欲驱之去，非欲其至也"的特别注释。这说明，那时民间在画"判画"时，已有人不把蝙蝠当作耗孽，而赋予钟馗"驱邪招福"新意了。这是因为邪祟是"福"的反面，无论现时生活中，还是精神追求上，只要有了邪祟，便没有幸福可言。既然钟馗神通广大，又是上帝命他除天下虚耗之孽，当然为民驱邪除孽是没有问题的。那么钟馗为民驱邪除孽之后，得到的是什么呢？当然就是"福"了。而"福"的含义很广，在绘画中很难具体表现。写个"福"字在画中，既不协调，也有伤绘画艺术之大雅。恰恰"蝠"字又谐音"福"字，于是，后来的画家或画工，也渐渐的约定俗成，把蝙蝠寓意"福"，把蝙蝠飞去之势，变成飞来之势，赋予钟馗不但能驱邪，还能为民招"福"的本事，这能不更受民众欢迎吗？妙哉！

现在的"灵璧钟馗画"似乎又"与时俱进"了，又把蝙蝠的寓意扩大了。有的把蝙蝠画成红色的（清代徐白斋《群童戏判》中蝙蝠已是红色的、现代单柏钦《消夏图》和天津杨柳青《镇宅判画》等图上的蝙蝠也是红色的），意为"洪福"或"洪福天降"。也有画两只蝙蝠的，意为"福富双降""双福齐降"或"福不双降今日降"；还有画五蝠飞来的，叫"五福齐降"等。这就使得灵璧钟馗画的内涵，扩大到不但能"驱邪"，而且还能"招福""招富"，这就更加适应现代社会中一般民众祈愿幸福、安康、发家致富的心理追求。因此，也就使"灵璧钟馗画"有了更大的市场需求和生存空间。

总之，钟馗画文化也在与时俱进地跟着发展。但这只是艺术表现形式的局部改变，其主题的原旨不能改变，也不应改变。这就是"灵璧钟馗画"的另一地方特色……

综上所述，"灵璧钟馗画"的地方艺术特色可以简介的概括为如下几点。

（1）道子"原格"：指传承画圣吴道子钟馗画的"原格"。即驱邪主题不变，画风"吴家样"，或曰"吴带当风"样不变；

（2）判官形象：指着判官服装靴帽，而不是书生蓝衫、绿衫或黑衫；

（3）朱砂染色：官袍用朱砂染成红色；

（4）县篆之印：画上方钤县篆之印，或钤品字形三印；

（5）驱邪招福：上有蝙蝠，不是飞去的"耗孽"，而是飞来之"福（富）"。有的蝙蝠染红色，意为"洪福"等。

凡是具有以上五点特征的钟馗画，方为真正的"灵璧钟馗画"。而且民众方会认为其未失真传，能"神之"，有"灵应"，才是真正的"灵璧钟馗画"。否则，凡其它不具备上述认定特色的钟馗画，只能叫学院派画家的钟馗画或名人钟馗画。无论名气大小，贵贱孬好，都不能叫作"灵璧钟馗画"。

钟馗渊源

耿瑞英

一、击鬼终葵

自古至今，在百姓心目中，钟馗是一位驱魔降妖、惩恶扬善、迎祥纳福的大神。钟馗打鬼故事及信仰，在民间影响既深且远，但关于钟馗的起源，争论甚多，从未停息。其中钟馗由"终葵"谐音演变而来得到很多学者的认可。

终葵也叫椎，是一种尖椎状的利器，古时一种家用器物，主要功能是洗衣服时用来敲打衣物荡涤污浊，也是狩猎、砍斫的工具、自卫的武器和驱鬼的法器，古时称"终葵"，今称之为棒槌。成书于战国时期的《周礼·冬官·考工记》中有"大圭长三尺，杼上终葵首，天子服之"的记载。唐贾公彦注："王所搢，大圭也，或谓之珽。终葵，椎也，为椎于其杼上，明无所屈也。杼，鄡（杀）也。"东汉郑玄在《周礼注疏》载："椎，直追反。云终葵，椎也者，齐人谓椎为终葵，故云终葵，椎也。"明末清初的大学者顾炎武，从汉字的发音和齐地方言方面作了有趣的考证。顾炎武认为，因齐人说话迟缓，把"椎"发音拖成两个音节，"椎"便形成"终葵"，而"终葵"反切即为"椎"。清人赵翼《陔馀丛考》又在顾炎武说法的基础上指出钟馗的衍变轨迹。他认为"终葵"本为逐鬼的法器，后世以其有辟邪之用，遂取人名，并附会真有钟馗其人。

椎即终葵在远古时期可能就是指一根木棍，可以用尖端刺人，也可以横击之。它一经出现，就把人类与动物区分了开来。"终葵"也是一个古老的姓氏。据《左传·定共四年》记载，殷时代遗民有七大家族，分别是陶氏、施氏、繁氏、树氏、樊氏、饥氏、终葵氏。他们的姓氏来源于他们所擅长的手艺——陶氏是制作陶器的，樊氏是做围墙篱笆的，而终葵氏家族的专长是做椎，即"终葵"。在远古时期，人们用终葵狩猎、驱逐野兽、作战，并用它来驱除给人们带来自然灾害、身体疾病的恶魔。所以它不仅是生活的工具和作战的武器，还是驱鬼辟邪的法器。古时若有人病了，人们便以为鬼在作祟，即用椎（终葵）去赶鬼。古代盛行以椎击鬼的记载很多，如秦简《日数·诘篇》云，人被鬼缠上，可"以棘椎、桃秉（柄）以敲其心，则不来"。西汉帛书《五十二病方》也记有用铁椎击鬼治病的法术。《淮南子·诠言训》："羿死于桃棓（棒）。"高诱注："棓，大杖。以桃木为之。以击杀羿。由是以来鬼畏桃也。"《后汉书·马融传》中有"犨终葵，扬关斧"的记载。"犨，挥也。《广雅》曰：终葵，椎也。""终葵"和"关斧"在此都是驱鬼的工具。在两汉时期画像砖里，我们也可以看到很多挥舞大棒的勇士形象。因为终葵可用来击鬼，与钟馗驱鬼辟邪的文化内涵相通，所以人们认为钟馗就有终葵演变而来。

二、上古巫师

自古以来跳钟馗的面具与商周时期驱鬼面具在仪式中的作用相似，因此对于钟馗的起源，学者有一种假设：早在商周时期，钟馗就已出现。而钟馗的名字，很可能源自商周时期一位著名的巫师。有学者考证，在三四千年前的殷商时期，传说出过一位叫仲傀的著名巫师，他最擅长的法术是求雨，每每他出面主持的求雨仪式，最为灵验，所以人们用他的名字来代指巫师这个职务。而仲傀、钟馗两词发音相近，在流传过程中被误记为钟馗二字。

钟馗由上古时代的巫师衍变而来的观点是著名学者何新在《文史新考·钟馗考》中提出的。他认为钟馗的原型是商汤时的巫相仲傀，其名在《尚书》《左传》《荀子》中又作"仲虺""中归""中垒"。商人事鬼，凡政官都兼巫祝，仲傀为巫相而兼驱鬼之方相。傀者，面具也，驱鬼必戴面具，面具之形甚多，因而发生仲傀多首的传说。仲傀以同音演变为仲虺，虺乃神话中的怪蛇，于是仲虺又演变为九首巨蛇之"雄虺"（《天问》）、食魅之"雄伯"（《后汉书·礼仪志》），连《山海经》佚文中阅领众鬼的"郁垒"（参见《贴神把门与度朔山神话》），实际上也是仲傀与雄虺传说的又一变形，郁垒即中垒的变称。要之，由驱鬼之巫相的真人仲傀，变为食鬼怪兽钟馗，变形愈繁，去真相愈远，但也留下一丝痕迹：古人命名常以字释名，钟馗之"馗"乃"九首"合文，《天问》中"雄虺九首"，则仲虺以"虺"作名，而"馗"—九首，或即其人之本字也。

学者王正书在《钟馗考实》中认为，钟馗其人及历代驱鬼辟邪的观念，实起源于上古巫术，他是由先代位居祝融之号的重黎衍生而来。重黎在上古史中有重黎、重回、句芒等称呼，句芒在传说中又被描绘成介于天地、神人之间的负有特殊使命、生有特殊形貌的人物，其使命之一便是居巫职，有《史记·天官书》记载可证。到了商代，秉其职而取其名的是仲虺，实际上仲虺即重回（重黎）的音转。至于"终葵"，本指一种椎形体，由于重黎在从事神巫职能时所戴羽冠取自此形，故在商代约定俗成为从事巫职的标记。商代通行以职为氏，所以由仲虺形成的族系也被称为"终葵氏"。到了周代，这个神职集团又改称"方相氏"。方相氏的得名与终葵氏相同，都从上古神巫头部的装束引申而来，区别在于"终葵"源自羽冠，"方相"源自面具。这种以方相氏为中心的驱鬼风俗，一直沿袭至唐代。要之，自上古时代的神巫重回，到商周时代的仲虺、终葵氏和方相氏，都是钟馗的原型，无论在性质上或称谓上都是一脉相承。

此说与何新的见解相比有一致之处，只是将钟馗的来源更往上溯自重黎。但重黎或句芒都是神话传说中的形象，未必能印证实有其人。但他们认为钟馗源自上古巫术也有一定的道理。但它不是因巫师所戴羽冠取自终葵形状，而是使用的法器是终葵。在史前时期，原始先民因为对一些自然现象无法理解，对一些自然灾害无比的恐惧，产生了万物有灵的观念，并希望通过与超自然力量——神灵的沟通而达到影响和控制自然界的目的，这就是巫术。巫术的主要目的是代表人类与统领万物的神灵沟通，祈求神灵保佑赐福，驱走恶魔鬼魂。而巫师所持的神器就是人们用来驱鬼逐疫的椎。在巫术活动中，椎逐渐失去工具和武器的功能，演变为驱鬼、辟邪的神器，并由木质椎发展为骨质椎和玉质椎。

中国文物学会玉器研究员周晓晶在《良渚文化玉锥形器为"终葵"考》指出，在海岱地区（分布在山东省全部、苏皖北部和豫东地区）的大汶口文化早期（距今约 6300—5500 年）遗址中，有很多骨锥形器，中期（距今约 5500—4800 年）和晚期（距今约 4800—4400 年）遗址中，出土了大量玉锥形器。在太湖流域，介于崧泽晚期和良渚早期的墓葬中，发现了成集束状使用的"骨镞"，即"骨锥形器"，良渚文化时期出现了大量"玉锥形器"，形式也丰富多样。从两个地区锥形器产生的时间、出土的数量和形态上来分析，太湖流域锥形器受海岱地区锥形器影响的因素较大。从摆放的方式，"骨锥形器"与"玉锥形器"具有相同的功能，二者存在发展演变关系。"玉锥形器"是在"骨锥形器"的基础上发展起来的，并继承了"骨锥形器"所承载的功能。从出土的位置和两地文化的聚落形态和墓葬习俗判断，"玉锥形器""骨锥形器"都是为原始宗教目的而制作的，是巫师的法器，其功能是驱鬼辟邪，级别越高的巫师所拥有的数量越多。商周时期的玉柄形器与良渚文化的玉锥形器在形制上有承袭关系，所以商周时期玉柄形器的功能也应该是与良渚文化玉锥形器的功能是一致的，即为巫师驱鬼避邪的法器。

根据前人考证知："椎"即"终葵"，由齐人方言衍变而来，为"锥"形，是生活的工具，也是驱鬼的武器。骨锥形器最早是起源于山东地区，即齐国地域，以后传播到良渚文化分布区和其他地区，并从骨锥形器转化为玉锥形器，至商周时期又演变为玉柄形器。所以周小晶认为骨锥形器即是齐人所谓的"终葵"，亦即"椎"或"锥"，同理，良渚文化的玉锥形器和商周时期的玉柄形器也就是文献中所谓的"终葵"。

因终葵是巫师做法术时的法器，所以殷商时期那位最擅长求雨法术的巫师就被称作"仲虺"。以后巫师以职为氏，被称为"终葵"。

三、傩仪统领

此说认为钟馗乃发端于远古驱鬼辟邪的大傩之仪。胡万春《钟馗神话与小说之研究》认为钟馗貌寝及凶恶的造型，就有可能由傩仪中的方相氏转化而来。在古代，原始信仰认为人的疾病、灾难是由鬼怪作祟，像毒蛇、猛兽一样可以被驱逐，于是就想象着用更狰狞的面孔去战胜鬼怪，由此产生"傩仪"。傩祭出现的时间无法考定。殷商甲骨文里有一个字，于省吾先生认为它象形，为人执殳在屋子里打鬼（见《甲骨文字释林》）。另有一个字，郭沫若先生解释为魌字，魌就是驱傩。从中可知殷商时期就已经出现了类似打鬼驱傩的活动了。周代以后，史书开始有了关于傩祭的正式记载。《周礼·夏官》云："方相氏，掌蒙熊皮，黄金四目，玄衣朱裳，执戈扬盾，帅百隶而时傩，以索室殴疫。"首次详细记载傩仪的文献是《后汉书·礼仪志》："先腊一日，大傩，谓之逐疫。其仪：选中黄门子弟年十岁以上，十二以下，百二十人为侲子，皆赤帻皂制，执大鼗。方相氏黄金四目，蒙熊皮，玄衣朱裳，执戈扬盾；十二兽有衣毛角，中黄门行之。冗从仆射将之，以逐恶鬼于禁中。"在汉代的傩仪中，方相氏与周傩仪装扮无多大区别，只是除方相氏外，还出现一百二十侲子和十二神。这种驱祟仪式，以后历代相沿，逐渐演变。

文献中记载的方相氏面目凶恶，头蒙熊皮，黄金四目，挥舞兵器，帅百隶或十二神与一百二十侲子，不断地做出驱赶殴打的象征和摹拟动作来恐吓鬼怪，其原形可能和原始部族的兽图腾崇拜有关。

"傩仪"有"国傩"和"乡傩"。王室和诸侯代表国家举行的叫"国傩"，民间举行的叫作"乡傩"。在"国傩"中统领大傩之仪的是方相氏，在"乡傩"中方相氏已被钟馗取代。敦煌写本 S.2055《驱傩词》，是迄今可以见到的有关文献中钟馗形象较详细的记载，后由我国著名古文献学家王重民定名为《除夕钟馗驱傩文》。其大意是：在一种叫作傩的仪式中，钟馗钢头铁额，身披豹皮，用朱砂染遍全身。带领十万丛林怪兽，四处捉取流浪江湖的孤魂野鬼。《除夕钟馗驱傩文》中钟馗形象，与汉代文献所记载的方相氏形象基本没有多大变异；其具体功用、行为方式、规仪章法，也都大同小异，都是通过夸张的装扮和动作，达到以鬼吓鬼，以恶制恶，以凶御凶的做法，除了姓氏的不同，他们之间基本可以直接置换。因此，唐代敦煌民间的钟馗形象就是从大傩之仪的方相氏演变而来，他们一脉相承，目的都是在造成一种强劲的声势，以威吓疫鬼和邪祟，达到阻恶驱鬼的效果。所以胡万春《钟馗神话与小说之研究》认为："钟馗形相之特别丑恶，则是方相装扮的转化。"

为何"国傩"中统领大傩之仪的是方相氏，在"乡傩"中统领傩仪的是钟馗呢？这是因为驱邪避疫的傩祭是在传统巫祭活动的基础上演变而来，是原始巫术中的驱赶巫术。上古的巫师法器是"终葵"，后来巫师就被称为"终葵"，方相氏在傩仪中行使的是巫师的职责，因而在人们心目中他也是"终葵"，后因"终葵"与钟馗音相同而衍变为钟馗。所以在"乡傩"中，方相氏被直接称为钟馗。

四、辟邪人名

此说认为钟馗由人名演化而来。北宋沈括《梦溪补笔谈》卷三记载：宋仁宗皇祐年间（1049—1054），金陵上元县曾发现一处古冢，乃南朝宋征西将军宗悫母郑夫人墓，由碑文可知，宗悫有妹名叫钟馗。此外，后魏有李钟馗，隋将有乔钟馗、杨钟馗。因知"钟馗之名从来亦远矣，非起自开元之时"。明人郎瑛认为钟馗的原型就是北朝人尧暄，其人本名钟葵，字辟邪，"馗"乃"葵"字讹传，由于他表字"辟邪"，所以后人才附会出捉鬼的故事。

"古人名字，往往有取佛仙神鬼之类以为名者"（清人赵翼在《陔余丛考》），目的是压鬼拒邪、健壮长寿。唐代王仁熙在《切韵》中明确指出"钟馗，神名"，即驱鬼之神。所以自终葵被公认为有驱鬼避邪的作用后，很多人都取名为"终葵"，魏献文帝时有大将杨终葵、北齐武帝时有宦官宫钟馗、隋朝宗室有杨钟葵、汉王部将有乔钟葵，汉朝以后朝野很多人争相以钟葵、钟馗为名，都为取治鬼邪、保平安的意义。古人的名和字一般都意义相同或相近，北朝的尧暄，原名钟葵，能驱鬼避邪，所以字曰"辟邪"。因此可知钟馗不是由人名而来，而是先有驱鬼钟馗（终葵），人们取其意来命名。

五、治病神药

此说认为钟馗本是一种真菌，能够祛病。明代李时珍《本草纲目·服器·锺馗》载："《尔雅》云：'钟馗，菌名也。'《考工记》注云：'终葵，

椎名也。'菌以椎形，椎以菌形，故得同称。俗画神执一椎击鬼，故亦名钟
馗。好事者因作钟馗传，言是未第进士，能啖鬼。遂成故事，不知其讹矣。"

李时珍认为钟馗源于一种叫终葵的菌类，而之所以名曰终葵是因其形状
椎形。这种菌类不仅因形得名，它的功能与椎亦有相通之处。作为敲打器物的
工具，椎可作武器用，可作驱鬼的法器，作为菌类的终葵可以祛病。而古代人
们对疾病不了解，往往认为是妖邪鬼魅作祟，所以终葵可以祛病与驱邪相通。
由此可见钟馗菌名说与击鬼的终葵说同源。后来终葵演变为钟馗，李时珍认为
钟馗亦可治病，他在《本草纲目》中也特别列方"以钟馗画像焚灰三钱，温水
调服，可治疟疾和妇女难产"。不知此方是心理暗示，还是真的有效，不得
而知。

六、打鬼英雄

以上不同的版本，有考证，有推测，有传说，其共同点就是钟馗都与驱鬼
避邪有关。但不管钟馗是作为工具、法器和傩舞中的领舞者，或是辟邪的人名，
治病的神药，他都不是具有独立人格意义上的人。钟馗被人格化，是在唐开元年
间一位名叫钟馗的灵璧人进京殿试与唐明皇之间发生的恩恩怨怨中形成的。灵璧
传说，钟馗本是一个寒门学子，参加科考，独占鳌头，但唐明皇因他相貌丑陋，
将其状元资格取消。钟馗一听，怒发冲冠，撞向殿柱，气绝身亡。有一天，唐明
皇龙体欠安，梦见钟馗捉鬼，醒后痊愈，命吴道子画出钟馗的像，批上"灵祇应
梦，厥疾全瘳。烈士除妖，实须称奖。因图异状，颁显有司。岁暮驱除，可宜遍
识，以祛邪魅，益静妖氛。乃告天下，悉令知委"，并印发钟馗捉鬼图，提上
"嫉恶状元，斩邪将军"发给大臣每人一张，在除夕的晚上悬挂在大门上以驱妖
除邪，还遣大臣把吴道子的钟馗像送到钟馗故里灵璧。

由于唐明皇的推崇，在端午节和除夕悬挂钟馗神像和跳钟馗舞的习俗便
在民间流传下来，于是钟馗成了能够驱鬼辟邪的英雄、赐福镇宅的圣君，并成
为民间傩舞"乡傩"中的主角。在"乡傩"里，钟馗是最活跃的角色，又是场
上绝对的主角，所以有时候人们也直接称傩舞为跳钟馗。因灵璧是钟馗故里，
灵璧人就临摹吴道子钟馗画样，用来驱鬼镇邪，迎祥纳福，因所绘钟馗最具道

子原格，被称为"灵判"。清齐周华在《名山藏画副本·钟馗像赞》中曾赞道："由吴道子画能通神也，无如天下传写，渐失其真，惟灵璧所画，往往不脱道子原格，故世群推之。"

钟馗是灵璧人，这一说法也见诸文献当中。清初著名学者金埴在其所著《不下带编》中曾记载："钟（馗）乃灵璧人，至今后裔在焉，多以丹砂绘其祖像而货以资食。上有县篆者，尤灵应云。"

七、万应之神

古今中外，人类一直没有停止"造神运动"。每种神都代表着人类的愿望，譬如嫦娥之于团圆，维纳斯之于美，普罗米修斯之于光明，愚公之于坚忍不拔。钟馗则代表着人类驱除邪恶，坚持正义的美好愿望。

钟馗刚正不阿，宁折不弯。他在大殿撞柱身亡后为唐明皇梦中捉鬼，被唐明皇封为"嫉恶状元，斩邪将军"。可人们不想单单让他做个冤死的鬼，吃鬼的鬼，而是让他承载人们更多的梦想，于是将他继续演绎成无所不能的神。他文韬武略，仗义无私，勇猛刚强，可以凌虚御风，可以上天入地。他是人，却在地府当着惩治恶鬼的"判官"；他是鬼，却是天庭的"翊正除恶帝君"；他是神，却被人间天子封为"疾恶状元，斩邪将军"。他是人鬼神三位一体的民神，承载了人们"反对邪恶，主张正义"的一切美好愿望，浸润着人类"惩治奸邪之徒，伸张浩然之气"的永恒主题。他爱憎分明，侠骨柔肠，对妖魔鬼怪除恶务尽，对黎民百姓关爱有加，在百姓的心目中是惩恶扬善，纳祥送福的万应之神，祈福得福，要财得财，求子得子，有求必应。所以灵璧的钟馗画中，钟馗不仅手持利剑斩鬼，也常常手拿如意，与"蝠"同行，把吉祥和福气送到人间。

综上所述可以推断：远古时期，人们制作了工具椎，即终葵。它既是生活的工具，也是驱鬼的利器，后来成为巫师与万物神灵沟通的法器，巫术中的驱赶术后来演变为傩祭，主持傩祭的方相氏频频使用终葵，久而久之人们认为终葵有神奇的力量，把巫师和方相氏也称"终葵"。因"终葵"能辟邪，进而认为终葵这个名字很吉祥，有人用"终葵"二字取作人名，取其吉祥辟邪意味。唐开元年间，灵璧人钟馗因相貌丑陋被唐明皇取消状元资格后撞殿柱身亡，为唐明皇梦钟馗捉鬼而使其病愈的故事流传到民间，与民间借助神力驱鬼辟邪的民俗事相相吻合，钟馗完成了从生活工具、打鬼利器、巫术法器、傩仪的统领、治病的灵药到具有完整人格意义的打鬼英雄的跳跃，最后衍变成代表正义的民神。因此，钟馗是在各种驱邪打鬼的风俗礼仪和神话传说中不断丰富衍化而成，是人们集体创造的驱邪纳福的偶像，是幻化而成的正义图腾。

也说白马山

张少秋

白马山，灵璧七十二峰之一，坐落在渔沟镇西 4 公里，属平原山丘。东与青龙山余脉相连，西接开合山，申村山，中间有鬼谷洞。传鬼谷子修炼于此，受遍地纹石之启发研修八卦，后成三十六计。

白马山得名于汉高祖睢水之败，被项羽部将丁公率军紧追坠马匿于九眼井（地下溶洞），兵去，白马垂缰救主。后刘邦登基，为谢汗马功劳御封白马山。北麓修有寺，年久无存。白马山山势嶙峋，北坡地缓，积土五丈，正应皇天后土，且面向彭城（今徐州），故寺香火鼎盛一时。刘邦得势，厚葬项羽以平抚天下。俟顺，方觉此地虽为汉兴，但败逃奔命让一畜牲搭救，实不光彩。狭隘心胸故不游旧地，拍马者心领神会，白马寺颓废，今已荡然无存。人们每过此地不禁崇拜顿生。因听山风徐吹，犹似金戈铁马。说来也怪，精神萎靡者踏山归来立马振奋。疑神疑鬼人上山会汗流浃背，回来也是心旷神怡。传说白马显灵，仕途不顺、经商遇挫之拜山者络绎不绝，均欲取反败为胜之意。其实，登山陶冶情操，心绪一宁，百事皆顺。

公元前 205 年，汉王刘邦不满项羽违背"先入关者先为王"的约定，以弑义帝为号，乘项羽平定齐鲁之乱，集五部诸侯，凡五十六万东出伐楚。时楚军腹背受敌，人心涣散，不日彭城即陷。刘邦率军入城，"掳其货宝美人，每日置酒高会"，完全陶醉在胜利之中。项王不愧是军事奇才，着部将继续平齐，麻痹诸侯军，自己亲率3万精骑出胡陵（今山东鱼台），绕道古萧（今安徽萧县）晨击彭城，日中大破。诸侯军南败灵璧东睢水上，被斩杀10万，余众入水溺毙无数，"睢水为之不动"，忽然，"飞沙走石，折树发屋"，刘邦率十余骑逃遁。这就是世界军事史上著名的以少胜多的睢水之战。就刘邦脱险这一历史问题，后人争论不休。一说在萧县皇藏峪刘邦得救，一说在徐州东汉兵被楚锐所截，北皆入水，南走山自固。虽注明灵璧九顶渔沟山区，但完全不谙地理、军事，凭空臆断。徐州北是黄河故道，西南皆重山。项王乃西东击，稍有军事常识也知，既是逃遁不会迎着进攻方向。既便汉王学了"青蛙返浊水"之术也只能战役后期混乱之时，汉军所退只能向东南，今灵璧尹集西。2010年，在中国社科院主办的首届项羽国际研讨会上，我的"白马山——真正的汉兴之地"的观点引发热议。刘邦从被聚歼战场逃命也好，自固也罢，但最近的山便是10公里外的岳巷潼山、开合山、申村山，刘邦逃命挥鞭，岂料"看山跑死马"，山间无路，追卒所向披靡的战马在山地锐势大减，给了刘邦捡命机会。丁公循迹追寻直向东北方的九顶山才驻军，也给后人留下个丁公山名。

白马山分前山后山，山下的白马村民多姓马，村子也建在土山的朝阳坡，呈南北走向。若有人到村里套近乎，俚语中定会有"哪马对哪马？"回应。原来马姓有伏波堂和扶风堂之分，明朝伏波大将军马英就葬后山阳坡。伏波将军乃封号，秦置清废，取有降伏波涛之能，相当于今元帅。后山伏波大将军墓正对前山白马寺，相距千米之遥，风水勘舆称千年旺地（帝），加之此地马姓有汉朝马援血统，性格耿直，忠君意识浓厚，代有人才。稍东便是周寨，将这方土地圈成聚宝盆形。帝王既青睐，百姓自趋之，一度人居蜂拥，可没谁在正南正北盖房，此乃相学秘密，令人费解。

日前笔者返乡，绕行白马村，观千年古槐沧桑，北山坡瞻仰伏波将军墓。归途浏览灵璧石采掘现场，沿途可观大片梯田。若在白马山恢复白马寺和青龙山、爬山渡槽诸景点连成一片，岂不大放异彩。

《灵璧手印篇》赏析

牛士中

匈奴是大汉王朝的噩梦，和亲乌孙是江都（今扬州）一位名叫刘细君的妙龄皇家女子人生的不幸，然而，这一切却成就了灵璧一处名胜古迹——"灵璧手印"，成就了一代诗人钱惟善《灵璧手印篇》的诗歌梦想。

元至正元年（1335），因参加江浙省试一举成名的钱惟善，自号曲江居士。钱氏生年不详，卒于洪武初年（1369），字思复，又号心白道人，以乡荐官至儒学副提举。

钱惟善诗歌风格清新而自然，有唐人遗风。在其诗集《江月松风集》卷一"古风"中载有途经灵璧时，感于汉朝公主刘细君远嫁乌孙驻足灵璧扶石留下手印之遗迹而作《灵璧手印篇》。

灵璧手印篇

钱惟善 （古风《江月松风集》卷一）

汉以江都王女细君嫁乌孙，王女过灵璧，尝扶以石。后人镌石为模，腕节分明，故述其事而为之辞。

汉香飞入乌孙国，踰白龙堆行绝域。

万里穷愁天一方，曾驻鸣镳倚灵璧。

灵璧亭亭立空雪，石痕不烂胭脂节。

神飚吹影高撩秋，堤云欲补中原月。

穹庐作室墙以斿，佩环魂托胡歌传。

当时双泪洒成血，血成碧色苔花坚。

青冢相望去不归，归时定化黄鹄飞。

千年恨隔澶城梦，汉使者过空沾衣。

靈璧手印篇 有序

漢以江都王女細君嫁烏孫王女過靈璧嘗扶石後人鐫石為模腕節分明故述其事而為之辭

漢香飛入烏孫國蹄白龍堆行絕域萬里窮愁天一方

曾駐鳴鑣倚靈璧靈璧亭亭立空雪石痕不爛胭脂節

神颷吹影高撩秋堤雲欲補中原月穷廬作室牆以嫦

佩環魂託胡歌傳當時雙淚洒成血血成碧色苔花堅

青塚相望去不歸歸時定化黃鵠飛千年恨隔氈城夢

漢使者過空霑衣

（钱惟善《灵璧手印篇》，复制《钦定四库全书·集部·江月松风集》影印本卷一）

其诗前小序，交代了此诗写作的背景。

汉王朝把江都王（细君远嫁时已废）刘建之女刘细君远嫁乌孙国王，刘细君经过灵璧，驻足扶石，远望东南江都（今扬州），思念家乡，忐忑前程，百感交集。后人在细君手扶石上雕刻其手形，腕节历历清晰。钱惟善站在刘细君曾经久久伫立的灵璧石旁，那经后人镌刻而依然历历分明的灵璧手印似乎隐隐氤氲着悠远的体香和温度，于是，他感慨万千，诗情洋溢，留下了传颂千古的诗句《灵璧手印篇》。

《灵璧手印篇》全诗共十六句，体例为古风。诗歌视野开阔，擅长概括，写景简洁突出，善于以典型景物来烘托氛围，叙事淡化，重在抒情，诗句的字里行间流露着浓的化不开的悲壮与苍凉。

从诗中可以读出以下内容。

汉朝的公主刘细君像一只孤雁飞入万里之外的西北异域乌孙国，她经过白龙堆到达那遥远的国度。从此相距万里，天各一方，谁承想到细君曾经停下乘骑倚在这块奇石上远眺江都思念家乡？人去云散，这块奇石依然亭亭玉立，在空旷的雪野里，无声饮泣。有灵性的风吹动着树影，催促着高高的天空里那浓浓秋意，细君一行，是想以柔弱之躯来让大汉的月亮更圆更亮啊。可是，她这一去，住在穹庐中，听着无休无止的大漠悲风，任凭出窍的魂魄在胡歌的倾诉中游荡。双目泪干，血泪而下，台阶上的青苔化作碧色是那样坚韧冰凉。遥想着那荒凉的大漠上孤零零的青冢，那是永不归的灵魂悠远的思乡之情啊，我想，细君一定在逝后，化作蓝天上的一只黄鹄，不远万里，不辞艰难，飞回江都故土。千年的遗憾，遥远的梦境，常常让后人为之泪水涟涟，将衣襟也打湿啊。

钱惟善，生在大元，活在大元，他此时此刻看到的不仅仅是灵璧手印，他此时此刻想到的也不仅仅是一位千年前大汉公主的悲凉人生，他看到的，他想到的，应该还有他生活的时代一个异族统治下文化渊源流长的民族久远的无奈心态和无法言说的悲哀。

诗歌意境的广远朦胧，可以更好地容纳这种隐秘的情绪，也可以更好地抒发这种危险的思想。钱惟善想借景寄情，想把灵璧之手印作为一个古老民族深远的生命力的体现和标志。他当然渴望那个大汉气象的重新勃发，渴望一个悠久民族的复兴。

可见，《灵璧手印篇》已深入钱惟善的思想深处，超越了钱惟善所生活的时代。

灵璧历史文化可谓源远流长。

湮灭的灵璧古汴河

牛士中

作为灵璧人，每天行走在灵城隅顶口，大家是否意识到，正行走在一条举世闻名的人工河——古汴河上？估计人们大多满面诧异和疑问，古汴河就在脚下，就在隅顶口东西向大街？真让人不可思议。

是的，古汴水流经灵璧，就从现在的隅顶口东西大街北侧由西向东流去。我们有充足的文献资料可以佐证。

《灵璧县志》（康熙版）《卷一·方舆志》载：（汴水）"县治南数十步。水自大梁来，至泗入淮。唐宋因为漕渠。今塞。"

灵璧县治在今天老县政府所在地，现已进行房地产开发。老县政府即位于灵璧老城区隅顶口（四个城门相连大路之十字路口）西北百米处。县治南几十步也即几十米远，大致应该在今天东西城门连接之大道，即解放中路。

同时，《卷八·艺文志》之《创建文庙地基并赡学地碑记》云："文庙地基南至汴河埂，北至东西巷，南北长五十八步，二百单三尺（大尺）；南头东至侯厨，西至王仪之，东西阔二十五步，计八十七尺五寸（大尺）；北头东至索皮，西至濠西埂朱乡司，东西阔四十七步，计一百六十四尺五寸（大尺）；东头曲尺，南北阔八步，计二丈八尺（大尺）。（1291，至元二十八年九月，灵璧县尹李良佑）。"

文庙今天位置在哪，我们可以在孙淮滨先生《文化灵璧》第四卷"吉光片羽"中了解到，城隍庙"在县府东门外，县儒学东，现为城隍庙街。始建于明初。大门南向。1927年后废毁"。"儒学，在城隍庙西侧，县城内东大街北侧。始建于明初，又称"黉学"。原建筑实为学宫（儒学）和文庙两部分。西后部为文庙，东前部为儒学。原建筑已不存，现为联家红超市所在地。"儒学在城隍庙以西，县城内东大街北侧，即今天的隍庙街以西、解放中路以北超市所在。隍庙街北头丁字路口西南角尚存两个儒学石狮子，仅露一尺左右在地面。文庙在儒学西后部。《创建文庙地基并赡学地碑记》云"文庙地基南至汴河埂"，康熙年间载元末灵璧县尹李良佑创建文庙地基，南至汴河埂，汴河即在今天隅顶口东向大街北侧，大街则为南河堤。

《灵璧县志·卷一·方舆志》另载："圣寿寺井，东关外之北，水味甘美。""圣寿寺，城东北三里地。广数十亩，正殿奉安。"

"三官庙，城东二里。知县陈泰交拓建。"

《卷八·艺文志》中《重修三官庙记》有"灵邑三官庙，在邑东郭外，枕圣寿寺，面汴水而对朱山，百雉东西环焉"。

由上记载可知，灵璧圣寿寺在灵璧东门外北面，而三官庙北靠圣寿寺，南面汴水。由此可推，汴水大致在东关外大街。

同时，我们看看两宋之际名臣吕本中（1084—1145）的《舟行次灵璧二首》（《东莱诗集》卷六【宋】吕本中）：

往来湖海一扁舟，汴水多情日自流。已去淮山三百里，主人无念客无忧。

小市荒桥贯浊河，故人虽在懒谁何。只因远地经过少，更觉新年坐卧多。

由此可知，灵璧距淮河边临淮县之淮山三百里，当时的灵璧横跨汴河两岸。

另南宋的大臣和文学家楼钥，乾道五年（1169）冬十月随舅父汪大猷等使金贺正旦，时年33岁的他将途中见闻以日记形式逐日记载下来，名曰《北行日录》（【宋】楼钥撰，见《攻媿集》一百十一卷，一百十二卷）。其中有记载：

乾道五年己丑十二月二日，癸未，晴，风车行八十里，虹县早顿，城门不容车，乘马入驿，市井多在城外。驿之西有古寺大屋二层，瓦以琉璃，柱以石。闻其上多米元章诸公遗刻，三年前于寺中待使客。饭后乘马行八十里，宿灵璧。行数里，汴水断流。人家独处者，皆烧拆去。闻北人新法：路傍居民，尽令移就邻保，恐藏奸盗，违者焚其居。有一鹿起草间，截马前西去。两岸皆奇石，近灵璧东岸尤多，皆宣政花石纲所遗也。虞姬墓在西岸荒草中，横安二石板，相去尺余。隆兴间，我得泗虹以此墓为界。县外山上有丛祠，汉高帝庙也。淮北荒凉特甚，灵璧两岸人家皆瓦屋，亦有小城始成。

虞姬墓在古汴河西岸，说明古汴河自灵城沿后来凤仪门和鹿鸣门之东西方向向东流去，至虞姬墓北侧后向东南方向转弯。古汴河与新汴河在灵城走向是完全不同的。

综合推断，古汴河就在今天的灵璧老城区东西向大街即东门鹿鸣门和西门凤仪门之东西连线上。

另外，从2002年和2009年安徽省考古所对大运河安徽段和隋唐大运河灵璧段进行考古调查及2013年9月，"行走隋唐大运河"大型文化考察活动之"花石纲"遗址（明·王守谦《楼子庄大石及两岸奇石记》有载）走向勘察，古汴河就在今天的灵璧老城区东西向大街即东门鹿鸣门和西门凤仪门之东西连线上无疑。

古汴水对于灵璧极其重要，它是灵璧地方性塑造的生命之河。尤其是北宋中期依古汴水而建的张氏园亭，从此让灵璧天下闻名。

欧阳修来过，梅尧臣来过，苏轼来过……，古汴水映照着一位位文化巨子不朽的灵魂。

古汴水在灵璧短暂出现，迎来张氏园亭和众多文化名人华丽登场，是如此辉煌；古汴水在灵璧永远湮灭，伴随着张氏园亭和众多文化名人的走入青灯黄卷，是那样决绝悲壮。

流经灵城的古汴水，流淌着隋唐北宋南北经济和社会交流的洪流，流淌着隋唐北宋璀璨炫目的文化浪涛，它是灵璧地位日益重要的催化剂，它确立了灵璧最早的身份认知，是灵璧地方性的最早建构。

让新汴河重焕光彩

胡振春　胡振亚

新汴河是我市 20 世纪 60 年代开挖的大型河道，全长 127.1 公里，其中宿州市境内长 108.4 公里，贯穿全市四县一区。流域面积 6562 平方公里，几十年来，在防洪、除涝、浇灌、供水、航运等方面促进了我市经济社会的快速发展。目前，还是我市引用南水北调水源的唯一通道和省淮水北调的主要通道，其灌区是安徽省八个大型灌区之一，也是我省重要的商品粮食生产基地。

然而由于管理体制落后，控制运用不科学，长期缺少维护和疏浚，使其综合利用功能综合没有得到有效发挥，目前存在主要问题：一是河道综合利用功能退化。二是工程管理控制运用存在弊端。节制闸没能按照设计的蓄水位进行拦蓄控制，造成水资源的浪费，通航几乎停滞，形成水土流失淤积河槽。三是管理体制亟待改革。条块分割的管理体制，在防洪抗旱、水资源调度、工程管理等方面，存在调度失灵，各自为政，政令不畅的现象。

针对上述问题，如何让新汴河重现昔日风彩，如何发挥最大的经济社会效益。我们认为要以建设四级航道为龙头，工农业用水和观光旅游为两翼，股份制经营是动力，改革管理模式是保障。

水是生命资源，文明之源，也是城市发展动力。为城市经济发展提供了天然的动力和便利的交通运输条件以及低廉的运输成本，对经济社会的巨大的推动作用。

如今在资源缺乏、能源价格飙升情况下，既低碳又低成本，还环保的水路运输更加受到市场的青睐和追捧。应当抓住国家治理新汴河的机会，多方统筹资金，建设四级航道。据专家测算，若建成国家四级航道年货物吞吐量将几何型增加，将有力推动全市经济社会发展。

三十多年的改革开放已经证明市场的价值和魔力，政府要搭好平台，做好服务，提供保障。其他经营活动交给市场，相信市场。

建议采取以下几个运作方式。

1. 科学规划。

2. 政府投资公司向银行贷款，然后以航道使用权作抵押。

3. 向社会招标，向民间融资，出让航道使用权。

4. 利用岸线资源创建物流园及工业园。对稀有的岸线资源，一般经济学认为，能够带来收益的东西称为资产，从自然资源价值形成的有关理论来分析，岸线资源的形成价值有三个不可缺少的因素：一是稀缺性；二是有使用价值；三是有效需求的支持。

岸线资源作为一种特殊的自然资源和国土资源，它是陆地部分及其水域部分的自然综合体，在利用上具有特殊的目的性、重要性和综合性。可以说，在港口的建设和发展上，岸线的利用和管理是龙头和抓手。将岸线作为稀有资源，通过价格杠杆的作用，可以带动土地升值。

开发休闲、旅游、观光景点，重点开发水上乐园、观光林带、旅游度假场所。打造山水园林城市，提升新汴河综合利用水平。

抓住机遇，建设国家四级航道及两座千吨级泊位码头。届时将真正实现：汽笛一响，黄金万两。积极争取跨省合作，多方支持。新汴河是治理河南、安徽、江苏三省的省际河流，业务上属于淮委。我们既要争取淮委大力支持，也要争取江苏、河南两省鼎力支持，形成合力，资源共享。

要创新模式，加强保障。成立新汴河综合开发领导小组，全面规划，制定新汴河的综合开发可行性报告及实施办法，为新汴河的综合开发提供组织保障。切实把新汴河开发与利用纳入经济全面发展的重要日程。

境内濉河三次南徙

朱怀金

濉河，文献记载称作睢水，在本县还有个俗名叫小河。

濉河水道，在灵璧境内，自宋廷炎二年（1149），黄河南徙，合泗夺淮，汴河（汴水，古隋唐大运河通济渠段）被淹，濉河乃成为汴河之替代者，支洩黄河南向决溢泛滥之水，直至清咸丰五年（1855）黄河北徙后，濉河始被解脱，不再迭受黄水侵害。由于黄河泛滥之水，量大、势猛、携带泥沙多，弥漫时间长，故其每次南向泛滥，大都肇致濉河受到不同程度的淤塞，甚之则有沧桑之变。据史料记载，濉河水道在灵璧县境历经三次南徙，现分述于下。

第一次南徙。濉河水道，原于灵璧县西北境三村之寿圣寺北。《灵璧志略·境内古地》云："今考县北三村里，有唐先天二年（公元713年）敕建寿圣寺。寺有明成化元年（1465），碑言：寺，此靠濉河。又有明嘉靖七年（1528），石碣其文曰：寿圣寺在县北七十里，濉河南浒。今则寺在濉河北半里许，盖明时濉河南徙放也。"鉴于《灵璧志略·境内古地》仅载及南徙，而未详于何时、何因南徙于何地。查《安徽通志·水工稿》仅记于"明万历十八年（1590），潘季驯浚魁山支河、下达宿、灵入濉河"。[①]嗣查《灵璧县河防录》载："明万历十八年（1590），大溢。徐州水积城中逾年。众议迁城改河。季驯浚魁山支河以通之，起苏伯湖至小河口，积水乃消。季驯因御史钱一本参奏，曾疏办之。"《实录》在十九年（1591）六月，魁山支河（今徐城南门下）南流，至宿州柏山头东，至灵璧县霸王城东，入濉河者也。根据其《实录》所言，鉴于古之治水，善于"因衔就势""因势利导"，而总河都御史潘季驯值此黄泛巨浸，淤垫之际，浚魁山支河，起苏泊河至小河口，挟徐城积水南下，至霸王城入濉河，达宿迁小河口，入淤黄，似此乃已详明濉河水道由三村南向，改迁于霸王城。是谓之第一次南徙。

第二次南徙。濉河水道，于明崇祯以前，在灵璧县东北境，原行经孟山北脚下，东经潼郡北，历睢宁县城北，达宿迁小河口入于黄。但因如《明史·河渠志》所云："天启三年（1623）河决徐州青田、大龙口。徐、邳、灵、濉河并淤，吕梁城南隅陷，沙高平地丈许，双沟决口亦已满，上下百五十里，悉成平陆"及"崇祯二年（1629）四月，河决睢宁，至七月中，城尽圮"。所载述的黄水疴害，漫衍灵璧北境，濉河水道湮，遂迫之于灵璧县境第二次南徙。即濉河水道改迁于孟山南，东南流过大王庙南虹灵沟口，入泗县、睢宁县境。此之南徙，正如《睢宁县志》所载："睢水，至宿州、灵璧东流而下，入睢宁县境。历孟山、潼郡。至子仙镇、经堈头，过庙湾，绕县治后，再东抵高作、耿车，至宿迁小河口，入黄河。明天启三年崇祯二年，黄河衡决，淤为平陆，故道遂埋。今小河自孟山东下，历县治南界，由找沟而东，南入祠堂湖口，俗之所谓小河者，即昔睢水也。是次黄水南汜。非但肇致濉河水道被湮，南向改迁，且使濉河两岸孟山、陵子、崔家、土山、杨疃等洼地潴而为湖，历史曾称"五湖"。此外，尚致元以前所设三村、陵子、孟山三条驿路沦于水底，久绝不通。

第三次南徙。濉河水道，本次南徙，系于1950年秋，濉河水利工程总局

---

① 注：光绪《安徽通志》魁山头至灵璧三村口，入濉河。明万历年间，潘印川浚，以消徐城积水，为两堤以束水，后为黄水淤垫，而水壅滞，宿境先被其害，而灵邑固贤、三村一带亦为巨浸"，亦未详及濉河水道南徙。

750

实地勘测，反复比较，因地制宜，合理规划，根据安徽省宿县专区要求，放弃濉河原道，另开辟濉河捷径而人为改迁。即 1950 年 10 月，决定治理濉河，嗣经南（沿土山沟南下，合岳河，经沱湖，入于睢）、北（濉河原道）、中（自浍塘沟东南下，平地新开河道）三条路线（三个治理方案），反复分析计算比较，因鉴于南线有大量睢水南下，势必酿至灵璧、泗县、五河县境低洼地区排水，受之顶托，造成严重水灾；北线虽系濉河原道，但河线太长，自浍塘沟至洪泽湖入口处长 128 公里，较之中线长度多 18 公里，且经过高岭地段长 30 多公里，河床多夹砂矼，安河出口处有关门滩，土方不省，开挖亦难，沿岸村庄很多，拆迁损失较大。故择其中线进行规划实施，于浍塘沟集东，水分两支，即舍去旧道，重开新道，取名为新濉河。

新濉河水道，自浍塘沟集以下，东南流，穿过灵璧县境禅堂湖（平地新开河道），入泗县境，经港河至泗县北八里桥改道（平地新开河道），东南流至小韩庄，新、老濉河复行汇合，东至泗洪分一部分水量入北濉河，其余水量南流，由老汴河经临淮头，入洪泽湖，全长 110 公里，流域面积在浍塘沟以上为 5750 平方公里，麦作期最大流量 152 立方米 / 秒。

1966 年春，老濉河调尾，与新濉河以两河三堤形式一同南下入洪泽湖。同年冬，开挖新汴河，实行洪涝分排，即将濉河于宿县境张树闸上，截引入新汴河，于是其在浍塘沟闸上，尚有流域面积 2347 平方公里。

濉河水道，在新濉河开挖后，老濉河在灵璧县境按原治淮委员会濉河治理工程规划，以废闸河以东，老濉河以北地区划为安河流域，属潼河排水范围；废闸河以西地区划归新濉河流域，分别由孟睢沟、申场沟经老濉河道，由三渠沟汇入新濉河，迄今未变。

欧阳修《题张损之学士兰皋亭》小探

牛士中

张氏园亭又名兰皋园，兰皋亭，坐落于灵璧古汴河北岸，凤凰山南麓，由张硕的曾担任过通判的父亲和担任过殿中侍御史的伯父于宋天圣年间（1024—1032）所建，是一处风景秀丽的园林建筑。苏轼《灵璧张氏园亭记》描绘了该园亭的胜状。灵璧张氏园亭正处北宋自京都汴洛水路通往江浙南方的必经之地，建成后就已名闻天下，因此，欧阳修（1007—1072）、苏轼（1037—1101）、曾巩（1019—1083）、黄庭坚（1045—1105）、宋祁（998—1061）、强至（1022—1076）、胡宿（995—1067）、贺铸（1052—1125）等文人官吏也曾到访，其中欧阳修、曾巩、苏轼、宋祁、胡宿、贺铸等人留下了颂歌灵璧张氏园亭的诗篇。

现在就欧阳修《提张损之学士兰皋园》与灵璧的关系加以考证，并通过此诗的赏析再现灵璧兰皋园当年的胜景，感受灵璧的文化底蕴。

我们先来看看欧阳修的《题张损之学士兰皋亭》这首诗。

题张损之学士兰皋亭

欧阳修

碕岸接芳蹊，琴觞此自怡。

林花朝落砌，山月夜临池。

雨积蛙鸣乱，春归鸟哢移。

惟应乘兴客，不待主人知。

读过之后，不禁要问：张损之是何许人？兰皋亭是灵璧张氏园亭吗？

值得庆幸的是欧阳修在其《于役志》中有较为详细的记录。

《于役志》是宋代第一部记录官员赴任旅程的日记体游记，它记录了欧阳修景祐三年（1036）自开封赴夷陵令之任的行程，从一个特殊角度展示了欧阳修赴任夷陵途中生活、交通、游历及所见各地人情世风等情况。其中叙述如下。

景祐三年丙子岁（1036 年，笔者加，以下括号内均为笔者加），五月初九丙戌，希文出知饶州。

……

丁酉（五月二十日），与损之送师鲁于固子桥西兴教寺，余留宿。明日，道卿、损之、公期、君贶、君谟、武平、源叔、仲辉，皆来会饮，晚乃归。余贬夷陵。

……

壬寅（五月二十五日），出东水门，泊舟，不得岸，水激，舟横于河，几败。家人惊走登岸而避，遂泊亭子下。损之来奕棋饮酒，暮乃归。

……

癸卯（五月二十六日），君贶、公期、道滋先来，登祥源东园之亭。公期烹茶，道滋鼓琴，余与君贶奕。已而，君谟来。景纯、穆之、武平、源叔、仲辉、损之、寿昌、天休、道卿，皆来会饮。君谟、景纯、穆之、寿昌遂留宿。明日，子野始来。君贶、公期、道滋复来，子野还家，饮皆留宿。君谟作诗，道滋击方响，穆之弹琴。秀才韩杰居河上，亦来会宿。

……

六月己酉（六月初二），次柳子。

庚戌（六月初三），过宿州，与张参约泊灵壁镇，游损之园。会余有客住宿州，参先发，舣（yì，停船靠岸）灵壁，待余不至，乃行。晚次灵壁，独游损之园，舟失水道，败柂（duò，同"舵"，船舵）。

辛亥（六月初四），次青阳（1111 年设镇，今泗洪县人民政府所在地，洪泽湖西岸）。

……

八月，丙午，犹在江宁。

……

己卯，至岳州。夷陵县吏来接，泊城外。

......

欧阳修在《于役志》中，年代以皇帝年号及干支纪年来标记，月份直接以农历月份表明，而具体日子则以干支纪日。

干支纪时古已有之，不仅纪年，亦有纪月，纪日。纪日和纪年方法基本相同，六十作一轮回，周而复始。

在这里，除"丙子岁"明确指出年份的干支外，丙戌、丁酉、己酉、庚戌应是干支纪日，而不是纪年。欧阳修《于役志》中"庚戌，过宿州，与张参约泊灵壁镇，游损之园"，庚戌如按照纪年推算则是熙宁三年，熙宁三年（1070），而欧阳修被贬夷陵赴任是1036年事，熙宁三年，欧阳修知蔡州（今河南汝南县），熙宁四年以太子少师致仕，居颍州（今阜阳），熙宁五年卒于家，因此庚戌在这里指纪日而非纪年。"景祐三年丙子岁（1036），五月九日丙戌，希文出知饶州。"这里欧阳修明确指出景祐三年丙子岁，丙戌日为五月九日，那么推算下来，庚戌日应是农历一〇三六年的六月初三。

《欧阳修文集》"附录一"《欧阳修年谱》中亦有佐证。

景佑三年丙子，公年三十，是岁，天章阁待制、权知开封府范仲淹言事忤宰相，落职，知饶州。公切责司谏高若讷，若讷以其书闻，五月戊戌，降为峡州夷陵县令。……公自京师沿汴绝淮，溯江，奉母夫人赴贬所，十月至夷陵。

这也证明欧阳修被贬夷陵沿汴河一路东下南向，是在公元1036年。

从《于役志》可以清晰地看出欧阳修当天的行程，他经过宿州，与一位叫张参的人约好停泊灵壁镇一同游玩损之的园亭。不巧的是，欧阳修正好有位好友在宿州，欧阳修拜访好友，不能和张参同行，张参先行，到达灵壁停船靠岸等待欧阳修，可是欧阳修一直到晚上才到，张参在欧阳修到达之前只好先走了。

欧阳修晚上到达灵壁，住宿于此，并且在晚上独自游览损之的园亭。欧阳修玩得不畅快，因为六月初三之夜，上弦月转迅即逝，他只能在夜色中或者打着火把来游玩。小船还走错了水路，以致船桨也毁坏了。欧阳修何以连夜游赏张损之的园亭，从行程看，六月初四，他已到达青阳（今泗洪县政府所在地，洪泽湖西岸），应该说赴任夷陵还是有期限要求的，也可能欧阳修已安排好行程，只能趁夜色游览已享誉天下的张氏园亭。

何以认为欧阳修所游张损之园亭即为张氏园亭？

当时，灵璧只有一座张氏园亭，到灵璧游张损之兰皋亭，也只能是张氏园亭，张损之应该是张硕的"先人通判府君"或者"伯父殿中君"，这点从四十三年（1036—1079）后苏轼《灵璧张氏园亭记》中"维张氏世有显人，自其伯父殿中君，与其先人通判府君，始家灵璧，而为此园，作兰皋之亭以养其亲。其后出仕于朝，名闻一时。推其馀力，日增治之，于今五十馀年矣"也可得以佐证。从欧阳修所写诗歌题目来说，张损之应是张氏园亭的主人，那么也只能是张氏兄弟二人之一。《北宋两刘牧再考》（郭彧，《周易研究》2006年第一期，总第75期）中说，庆历四年（1044）三衢刘牧作《送张损之赴任定府幕府序》中有"我国家以仁策训有北四十年矣"语（见《宋文鉴》）。可见，张损之是一位活跃于11世纪中叶北宋政坛上一位较有影响的人物。

《于役志》中，五月二十日开始，张损之便不断出现在欧阳修的行程与日常生活中，直至五月二十八日。五月二十八日，欧阳修在祥源之东园"与宿者别"，在此前，欧阳修"戊子，（五月十一日），送希文（范仲淹，遭贬外任），饮于祥源之东园"。可见，当时的祥源东园（园中有亭）是一个送别之所。五月二十八日中午欧阳修就已"次陈留"，陈留在今天河南省开封市陈留镇。欧阳修遭贬夷陵后，一班故交文朋诗友仰慕之士，都纷纷赶来会饮对弈游玩，表示送别之情。"祥源东园之亭"（在开封城与陈留镇之间某地点）话别之后，众人纷纷别去，各忙各的事情去了。欧阳修到达灵璧，应该说张损之在京师开封，没有回灵璧，但已安排家人接待欧阳修住宿及游玩张氏园亭，同时请求大文豪题诗留念。

这些情景足以证明，欧阳修《题张损之学士兰皋亭》是其遭贬夷陵由汴梁出发顺汴河东下经过灵璧张氏园亭时所写。

我们来欣赏一下欧阳修《题张损之学士兰皋亭》。

《题张损之学士兰皋亭》

欧阳修

碕（qí，同"埼"，曲折）岸接芳蹊，琴觞（shāng，古代酒器）此自怡。

林花朝落砌（台阶），山月夜临池。

雨积蛙鸣乱，春归鸟哢（lòng，鸟鸣）移。

惟应乘兴客，不待主人知。

这是一首五言律诗，前六句采用简笔勾勒式白描手法，七八句则含蓄抒情。

前六句在我们面前展示了一幅仲夏夜月色图。

欧阳修坐着小舟在张氏园中前行，蒲苇莲茭在溪流中延伸，延伸到园外汴河里。曲折的河岸连接着长满鲜花的小路，他坐在舟中，弹琴自斟，自得其乐。他想象着仲夏早晨林木中各种艳丽的花儿轻轻飘落，飘落在光洁的台阶上，而此时弯弯的上弦月缓缓落着，离凤凰山越来越近，夜色渐浓，淡月的微光轻轻浮在静静的水面上，小舟轻移，水面荡漾，月光水影一片碎银般闪亮。欧阳修沉醉在这静谧的花香月色水影中，优哉游哉，忽然，一片蛙声瞬间响起，从芦苇丛中，从莲叶间，从岸边石缝里，并逐渐远去，一直传向汴河那千里河面上。春意渐远，知名的不知名的鸟儿，鸣声清脆，早已从春意阑珊的枯草残枝间飞进枝叶婆娑的繁花密叶里。它们这些清脆婉转鸣叫的鸟雀呀，等不及主人发现欣赏，只是好奇地望着乘兴而游的不速之客，探询地卖弄着歌喉。

诗句中洋溢着醉心山水的闲适与情趣，既有文人骨子里清高恬淡的清雅人生取向，又有视富贵如浮云的超然胸怀，更有远离朝堂的轻松与仗义执言后的解脱畅快。联系欧阳修赴任夷陵一路游玩聚饮的轻松自在，联系其为官崇尚宽政平和的达观，联系其醉翁亭千载佳话和终老颍州西湖的浪漫情怀，这首诗实际上是其人品官格生活情趣的自然写照。

一〇三六年六月初三夜，欧阳修于匆匆行程中的乘兴一游，虽舟失其道，舵毁而狼狈，但是，他的偶然一游，对于灵璧而言，却难能而可贵，这成就了灵璧诗情画意的记忆，成就了灵璧张氏园亭精雅细腻的风物人情之逸事。

张氏园亭复建之我见

晏金福

闻张氏园亭复建，欣喜万分，因为本人一直以为要把灵璧建成旅游强县，复建张氏园亭乃第一要务。笔者作为一个张氏园亭复建支持者，有一下建言。

一、规模。根据苏轼《张氏园亭记》和历代诗人的只言片语，能够推断出张氏园亭的规模非常宏大。

（1）竹木。苏文中有"其外修竹森然以高，乔木蓊然以深""椅桐桧柏，有山林之气"的描述，曾巩诗《访张氏园亭》有"梨枣累累正熟时，粟田鹑兔示争肥。""林地成来多酿酒，杏林熟后亦留钱"句，贺铸诗《游灵璧兰皋园》有"深径万株合""潇湘移翠栽""岱松佩萝茑"句，宋祁诗《兰皋亭》有"春桂开前坞"句，刘跂诗《题张氏园亭两首》有"林桃映舞衫"句，刘攽诗《灵璧张氏园亭》有"密竹换啼鸟""悬藤林下坐"句，说明灵璧张氏园亭有竹、桐、桧、柏、桃、桂等竹木，中有野兔、飞鸟，可见高大浓密、葱郁茂盛。

（2）湖泊。苏文中有"因汴之余浸，以为陂池""蒲苇莲芡，有江湖之思"的描述，贺铸诗《游灵璧兰皋园》有"清池百亩开""飞梁荫菡萏"句，刘攽诗《灵璧张氏园亭》有"密竹换啼鸟，清池添放鱼"句，王安礼诗《题灵璧兰皋张氏园亭》有"池塘脉脉春泉动，亭馆阴阴夏木凉"句，说明灵璧张氏园亭中建有很大的池塘，不排除诗歌有夸张之嫌，但即使没有百亩，几十亩应该是有的。

（3）假山。苏文中有"取山之怪石，以为岩阜"。刘攽诗《灵璧张氏园亭》有"丛石千岩秀""响石洞中居"句，黄裳《灵璧游张学士园》诗有"石疑六丑默难问"句，说明张氏园亭建有假山。假山大且有洞，内藏珍品灵璧石（响石）。

（4）建筑。苏文中有"华堂厦屋，有吴蜀之巧"的描述，贺铸《游灵璧兰皋园》诗有"飞梁荫菡萏，攒栋跨崔嵬"句，宋祁《兰皋亭》诗有"疏橼构迥轩"句，说明灵璧张氏园亭中建有许多亭台楼榭，张氏园亭又被称为兰皋园或兰皋亭，所以园中建筑以兰皋亭最有名。

（5）花卉。苏文中有"奇花美草，有京洛之态"的描述，贺铸诗《游灵璧兰皋园》有"淮海劚红药"之句，说明张氏园亭种有奇花异草，而尤以红色芍药最为夺目。

（6）园圃。苏文中有"果蔬可以饱邻里，鱼鳖笋菇可以馈四方之客"的描述，宋祁《兰皋亭》诗有"秋菘接后园"句，刘跂诗《题张氏园亭两首》有"园蔬佐酒椀"句，说明灵璧张氏园亭有专门种植蔬菜的园圃，四季皆有蔬菜，不仅自食，还用来招待宾客和馈赠邻里。张家是个大家族，自用数量已不小，可以推断园圃的面积也不会小。综上所述，苏文中又说"殿中君，与其先人通判府君，始家灵璧，而为此园……推其余力，日增治之，于今五十余年矣"。可见，张氏园亭规模十分宏大，笔者认为占地应以千亩左右为宜。

二、风格。刘跂诗《题张氏园亭两首》："定非铜雀榭，似是雨花岩。"这里暗示张氏园亭的建筑不是中原建筑，而是江南吴蜀建筑风格。张氏园亭比苏州的拙政园等名园要早几百年，且有苏轼、曾巩、黄庭坚、米芾等名家到访，名噪南北，笔者作大胆的推测，苏州名园是否借鉴张氏园亭亦未可定。因此，笔者认为张氏园亭复建应取苏州园林风格。

三、选址。张氏园亭选址极为重要，古人云，张氏园亭"北可观凤凰山云影，南可望汴水泛舟"。和苏文中的"汴之阳"给了张氏园亭的明确定位。如果忽视了这一点，选址了汴之阴或凤凰山北，则有可能造成千古笑话。笔者认为轮窑厂和水泥厂为绝佳选址，理由如次：（1）符合"汴之阳"和凤凰山南之要求。（2）轮窑厂有取土留下的大面积水塘，水泥厂有一泉池。（3）紧靠凤凰山，山地、平地均可造林。（4）仅有少量破旧厂房和职工住房，拆迁难度小，且很少占用耕地。（5）紧邻钟灵大道。交通便利。毗邻城区，人气旺盛。

四、备选。灵璧职业高等学校西南角、灵璧地表水厂西为较佳备选地。那里地理位置符合要求，且有两个大水塘和大片荒地。除此两处，恐怕就没有什么合适的地点了。

五、醒酒石。北宋《墨庄漫录》记载："宿州灵璧县张氏兰皋园一石甚奇，所谓小蓬莱也。苏子瞻爱之，题其上云：'东坡居士醉中观此，洒然而醒。'子瞻之意，盖取李德裕平泉庄有醒醉石，醉则据之，乃醒也。蒋颖叔过见之，复题云：'荆溪居士暑中观此，爽然而凉。'吴右司师礼安中为宿守，题其后云：'紫溪翁大暑醉中读二题，一笑而去。'张氏皆刻之。其石后归禁中。"笔者认为这块醒酒石可以做点文章，虽然张邦基说此石"后归禁中"，但毕竟世已无存，宫中之物后来又落民间的，也不稀罕。我们完全可以找一块"小蓬莱石"，把三个人的话刻上去。第一人苏轼，第二人蒋颖叔为苏轼同榜进士，只是不知第三人"安中"为谁，如果是王安中倒好解释，他是王安石的弟弟，苏轼的弟子。可是，查阅王安中履历，没有做过"宿守"的记录。这还有待方家解谜。

以上内容仅为个人浅见，希望能为复建工作提供点点帮助。

整合资源，打造宋文化品牌

耿瑞英

灵璧历史悠久，文化底蕴丰厚，楚汉文化、钟馗文化、奇石文化在这里交相辉映，远近闻名。近年来，灵璧县委、县政府依托文化资源优势，大力实施文化品牌战略，优先发展文化旅游产业，建设了虞姬文化园、奇石文化园、钟馗文化园、磬云山地质公园，初步走出了一条文化旅游强县的县域经济发展新路子。但我们灵璧还有一种文化不应被忽视，那就是宋文化。宋文化对灵璧的影响是非常大的，可以说宋代是灵璧政治、经济、文化快速发展的一个时代。灵璧建县于宋代，灵璧石的开采到宋代达到一个高峰，灵璧的钟馗画也是到宋代有很大发展。灵璧境内有宋代摩崖石刻，有张氏兰皋园，有花石纲遗址，有宋金交战的老营湖古战场。磬石山摩崖石刻被列入省级文物保护单位。花石纲遗址位于隋唐大运河上，已被列入国家级重点文物保护单位，隋唐大运河已列入世界文化遗产。宋代还有许多大家与灵璧有一定的联系，其中大文豪苏轼多次来灵璧，与灵璧结下不解之缘。灵璧县城就是苏轼停建宿州外城，从一万贯建城经费中拨出款项所建。

打造文化品牌，需要挖掘整理和宣传推介，更需要载体。虞姬文化园、奇石文化园、钟馗文化园、磬云山地质公园是灵璧三元文化的载体，宋文化也要有一个载体。因此，我们可以恢复建设张氏兰皋园，并以此为载体，整合资源，打造宋文化品牌。

张氏园又名兰皋园，建于宋代，坐落在古汴河北岸，引汴河水入园为池，采磬石山之石立山，融山河之美于一园，为典型的园林建筑风格。苏轼曾到灵璧的张氏园，写了《张氏园亭记》，留下了醉卧灵璧石、三题灵璧石、以画易石等趣事。兰皋园主人张损之为北宋大学士，结识许多名流大家，加上兰皋园位于古汴河岸边，交通便利，文人名士纷至沓来，欧阳修、曾巩、苏轼、贺铸、米芾、黄庭坚、饶节等都曾到园中饮酒、赏石、游玩，并写诗填词，表达由衷赞叹。南宋时期，灵璧成为宋金交战的前沿，古汴河因之一分为二，不断淤积，最终沉于沙底。失去了汴河的滋润，加上战火的破坏，这片世外桃园幽静不在，逐渐荒废沉寂。如今张氏园已成空迹，盛景难现，唯有一块遗石，重数吨，洞洞相连，乃天然奇石，历经千载，光彩依旧，成为园亭昔日风采的见证，但苏轼、贺铸等诗人描写兰皋园的美文却历久弥香，滋养了一代代人，兰皋园因之成为灵璧人的心灵家园。恢复张氏兰皋园，既增加了灵城的人文景点，又满足了人们心中的愿望。

恢复建设兰皋园，一定要尊重历史，注重原貌。兰皋园在人们心中的样子就是苏轼、贺铸等诗人描写的样子，古朴、幽雅。规划布局要参考苏轼的《张氏园亭记》和欧阳修、贺铸、曾巩等诗人的描述，让游览者有似曾相识的感觉。

兰皋园装修布展要注重人文气息，不能只有外壳，没有灵魂。一要再现张氏生活场景，介绍张氏家族背景，让游客有身临其境的感觉。

二要着重渲染苏轼与张氏的感情、关系、与灵璧的情缘，在园内再现苏轼拜访张氏园林的情景和与灵璧石的趣事，增添园子的趣味性。三要修建碑廊，将苏轼在园内题诗、楹联、散文、绘画和欧阳修、曾巩、贺铸等名家题张氏园林的诗文刻于廊内，丰富景点文化内涵，增强人文的厚重感，提升园子的文化品位。

旅游景点不能太商业化、同质化，但商业可与文化结合起来，做出特色。规划兰皋园，可以在园子的外面建造宋代文化商业一条街，出租或出租给经营户，经营灵璧特色旅游产品和富有宋代饮食文化因子的餐饮。在园内开设磬石乐坊演奏厅，演奏人员着宋代服装，以演奏古典乐曲为主。厅内摆放用磬石所做宋代案桌、凳子、茶具，让游客边品茶边欣赏乐曲。也可在园子里开设一些具有宋代风格的游艺场地，如蹴鞠、猜灯谜、骑马、拓印钟馗像等。通过互动，让游客体验宋代人文习俗。

阎禹锡《科第题名记》之于灵璧

牛士中

阎禹锡（1426—1476），字子与，洛阳人。正统九年（1444）乡荐为昌黎训导，以孝闻天下。求学于河津（今山西省河津市）人薛瑄，研习伊洛之学（程朱理学之流派），放弃公车应试。学成归乡，致力于学，博览群书。天顺（明英宗朱祁镇年号，1457—1464）初年，由大学士李贤荐举为国子学正（文官官职名，掌管学规，负责训导），向皇帝建议肃严国子监监规，恢复武学，培养人才，以备国家使用。皇帝很欣赏他，不久升任国子监监丞。因得罪权臣，谪任徽州府经历（小官名），再迁为南京国子监丞，掌京卫武学，四次任考官，升任监察御史，督查内学。天下学子多为其学问折服。成化十二年去世，年五十一岁（见《明史·卷二百八十二·列传·第一百七十·儒林一》）。

其《科第题名记》是应时任灵璧知县王理之邀而作。这篇文章的写作缘由是，成化戊子（1468）春天，侍御临海（今浙江省台州临海市）人陈选奉皇帝诏令，巡视督察学校，曾经在灵璧驻留。谈及灵璧历次科举考试中举的人士，感到好久没有记载他们的名字，担心难以流传长远而激励后来的读书人，就命县令王理（河北省井陉县人）树立科第坊，用来彰显他们的成就。不久，陈公又萌生了刻石于碑铭来记载他们，使他们英名长存的深远打算。乙丑年（1469），王公到京师朝见皇帝，就把陈公的想法告诉给阎禹锡，恳切地委托阎氏写一篇关于灵璧科第题名的文章。

阎禹锡作此文的时间应该是成化乙丑年（1469），文中有"成化戊子春……乃命邑宰井陉王公理，既立科第坊以表之""今年乙丑，王公入觐京师，属予为记"的文字。

王理任灵璧知县是成化戊子（成化四年，公元1468年，《康熙县志·卷四·秩官志》中说成化五年应该有误）春，成化十年（1474），曲阜举人孔彦麟到任，因此，王理在灵璧的时间应是成化四年（戊子年）至成化九年间，这期间乙丑年为1469年，根据文中"成化戊子春"的时间交代习惯，乙丑应为干支纪年。当然乙丑也可能是指干支纪月，那么"今年"就有可能是其他年份，但是一定在成化四年到成化十年间。因此，此文写作年代是1469年，也可能在1469—1474年。作为一位朝廷大员安排的事情，王理没有理由拖到几年后才去请人作记，更可能在树立科第牌坊后第二年觐见皇帝，顺便请大学者曾经的国子监学监阎禹锡来为此作记。

由此文写作缘由知，科第即科举考试，题名，写上名字，即在科举考试中被录取。科第题名记，意思是为灵璧科举考试中中榜的学子作记。在这篇记中，主要以议论为主，兼有记叙。首先，作者指出科举题名的大环境；其次，交代灵璧人才辈出的小环境；再次，叙述此次科举题名的缘由；最后，强调科第题名的深远影响和价值。

明代建立以来，创建学校满天下，推崇程朱理学，宣扬正道学说。设置科目来擢去取人才，废除词赋浮艳导向，崇尚经学技艺，使天下人都懂得经济之实用。从汉魏以来，从来没出现过像大明朝这样繁盛的境况。这是士子出类拔萃经济实用的根本。

灵璧之所以出现如此济济人才，还有其得天独厚之处。灵璧，是古徐州管辖的范围。凤凰山、磬石山盘峙前与后，汴水（通济渠）、睢河、涣河、浍河环绕其间。这是一个山明水秀、人杰地灵的地方。所以，这些风水孕育出杰出人物，他们光明磊落、英姿俊美。自明朝以来，灵璧士子科举榜上题名，闻名天下者接连不断。他们或者戎马倥偬，护卫天下太平；或者治理千里，造福一方；或者主管百里，引导风化；或者从事文教，培育人才，世人仰慕；或者建功立业，流传千古。这如果不是一直以来重视明确简洁的实用之学，哪能有这样经世治民的显著成效呢？

然后，阎禹锡指出侍御临海人陈选奉皇帝命巡查学校，在灵璧驻留，有感而发，让灵璧知县王理树立科第牌坊来永记辉煌、激励后人。其后，王理觐见皇帝，入京恳请阎禹锡作记，记叙此事来龙去脉。

最后，阎禹锡又加以强调此举的重大意义。

阎氏认为，科第题名并作记，以流传千古，并非仅仅为了显扬那些士子的美名，而是为了造福百姓，有益国家。士子们平日里潜心治学，并不醉心名播天下，只是为了宣扬他们的学识、建功立业、有用于天下。美名流传，人们都仰慕他们。否则，他们言行不一，用自己所学来达到自己的私欲，后人将指着他们的名字来骂他们，他们当然惧怕。阎禹锡又特别表白，国家培养人才，转眼百年，推崇正学的人越来越多，后来居上者日益增加，又加上陈公大力倡导正学之道，弘扬士林新风尚，真是士林大幸。当然，还需严肃谨慎、踏踏实实，去研习那些不传而行将灭绝的学说，深究濂洛关闽这些程朱理学的不同流派，内化为自己的德行，实践而为自己的事业，抒发成为文章。阎禹锡认为，如果真能这样，名字在天地间将没有不可以存在的。阎氏希望这种大好局面能在不久的将来成为现实。

阎禹锡此文实际上是对儒学发展的一种鼓励和倡导。如果说，创建儒学更多的是从物质条件上来促进，那么阎禹锡则是从精神层面上对儒学的一种创建。阎氏的倡导对灵璧后来的儒学发展意义深远，不仅直接激发了灵璧士子的治学热情，而且潜移默化地引导了灵璧儒学教育的经济致用之方向，进一步说，他启发和奠定了明代末年灵璧正学书院的建立和持续发展。

附：阎禹锡《科第题名记》

恭惟我皇朝建学遍天下，颁降性理诸书，昭示正学，俾人人务讲明之实学。设科以取士，黜词赋，尚经术，俾人人识经济之实用。自汉魏以来，未有如今日之盛者也。

灵璧，古徐州之域。凤凰、磐石盘峙前后，汴、睢、涣、浍萦绕左右。山明水秀，地灵人杰。故其钟为人物，光明俊伟，英迈特达。自国初迄今，蝉联科第，布列中外者，项背相望。或靖兵戎曹，大政整修；或保厘千里，惠施一方；或出宰百里，宣风布化；或秉铎甄陶，国人矜式；或能建事业于当年者，流声华于后日。是非素有讲明之实学，安能措诸经济之实用乎？

成化戊子春，侍御临海陈公选，恭领玺书，提督学校，驻节斯邑。词及历科人物，久缺题名，恐无以垂永久，劝将来也。乃命邑宰井陉王公理，既立科第坊以表之。复欲勒诸贞珉，以昭不朽，甚盛心也！

今年己丑，王公入觐京师，属予为记。

夫题名有记，以垂方来，岂徒欲显其名哉？固将望其泽被生民，功加社稷也。士平居潜心学问，亦岂徒藉此名哉？固将推其所学，见诸事业及诸天下也。名之所在，人皆荣之。如其不然，或所行非其所学，所得济其所欲，后人将指其名而訾议之矣，可不惧哉！然予又有告焉，国家作养人才，百有余年，讲明正学者日益多，后生可畏者日益众。又逢陈公开示正学，作新士习，一何幸与？尚以当诚敬为入门，践履为实地，寻不传之坠绪，深濂洛关闽之心，蕴之为德行，施之为事业，发之为文章。若然，则是名与天壤俱敝可也。是所望于后兴者。

明代正学书院建筑风格初探

张新清

灵璧中学院内有一处古色古香的建筑群落，即名闻遐迩的正学书院。

正学书院为明代万历二十五年（1597）灵璧知县钟大章所创，当时被誉为"东林党三君"之一的著名学者邹元标先生曾为之撰写《正学书院记》。钟大章，字叔和，贵州都匀人。明朝万历十三年（1585）中举，二十五年任灵璧知县，后任邓州知州等职。"历任二十余年，垂橐归来，仅图书数卷，有琴鹤遗风"（陈梦雷《古今图书集成·明伦汇编·氏族典卷·诸姓部》）。邹元标《正学书院记》记载："叔和，懔懔不溺于职事，上下交孚，声名畅茂。稍间，从诸士请，捐俸与镵金，辟馆罗诸士肄业其中，额曰'正学书院'。"书院的创建，使莘莘学子求有师，学有址，诵有所。从此，正学书院成为黄淮一带赫赫有名的文化圣地。

迄今为止，正学书院已历四百一十八载。四百多年前正学书院的建筑格局会是什么样子？

四库全书版《愿学集·正学书院记》中，邹元标如是说：

稍间，从诸士请，捐俸与镵金，辟馆罗诸士肄业其中，额曰："正学书院。"中祀先师，左右为号舍。诸水汇池，巽峰耸峙，转东南，创文昌阁。诸士来游来泳，若身亲洙泗之境，而与三千七十子游于惟盛矣。

康熙版《灵璧县志·正学书院记》中，邹元标如是说：

稍间，从诸士请，捐俸与镵金，辟馆罗诸士肄业其中，额曰："正学书院。"前建一堂，悬圣谕为"讲约所"；后一堂，揭圣经于壁。堂左右列号舍，诸士来游来泳，若身亲洙泗之境，而与三千七十子游于惟盛矣。

康熙版《灵璧县志》关于正学书院并且还有一幅插图。在这两种版本中，邹元标皆语焉不详，甚至还有出入。而《灵璧县志》关于正学书院的简笔插图似乎同《正学书院记》的文字叙述不能完全吻合。

那么，关于明朝时期的正学书院的风貌，我们还能找到别的线索吗？

乾隆版《灵璧志略》中，贡震如是说：

前厅悬圣谕为乡约所；后堂，揭圣经于壁。左右列号舍云。陈志绘图于卷首（中为正厅三间。厅前为圣谕亭，后为圣经堂各三间。圣经堂左右耳房各二间，厢房各二间。正厅前厢房各三间。圣谕亭前东西号舍各十间。前为大门一间，东西墙有角门，门外牌楼一座，匾曰正学书院）。鼎革后废为梓潼庙，仅存三间。书院碑尚存。

这里，编者依据成书于明万历四十七年（1619）的灵璧知县陈泰交主编的县志卷首的绘图，说明较为详细。《陈志》成书的万历四十七年同书院创建的时候相距只有二十二年，应该说著者是对照实物进行绘图的。因此，《灵璧志略》关于正学书院布局的介绍为后人留下了极其珍贵的资料。

根据这些文字、图片，我们可将当时的正学书院布局复原出来。

书院坐北朝南，南临城墙城河。远观鳞次栉比，气势恢宏；

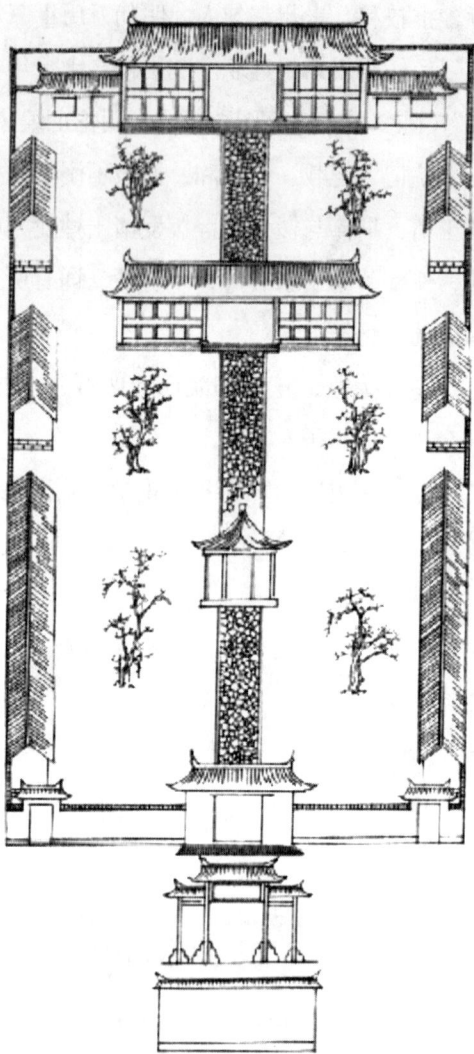

（明朝正学书院布局复原图）

近视门庭壮阔，美轮美奂。建筑布局为轴对称式，中轴线上为主体建筑，左右两旁为号舍厢房。另有亭斋楼阁点缀其间，假山流水依地而设。

最前面的是一道照壁。照壁，古称萧墙，明朝特别流行。照壁又称"影壁"。"影壁"二字由"隐避"二字变化而来，在门内为"隐"，在门外为"避"。照壁是受中国风水文化意识影响而产生的一种独具特色的建筑形式。在古代，人们认为自己宅中不断有鬼来访，修上一堵墙，以断鬼的来路。同时，风水讲究导气，气不能直冲厅堂或卧室，否则不吉。避免气冲的方法，便是在房屋大门前面建置一堵墙，可起到阻挡外魔、驱逐内邪的作用，因此形成照壁这种独特的建筑形式，通过照壁反映出的是古时人们祈吉避邪求平安的民俗心理。书院这道照壁既高且宽，青砖砌成，墙面饰有精美的浮雕，同时，从建筑学上来说，它又起到一种阻隔空间、屏蔽正堂的作用，使正学书院增加层次感，增加神秘感。

绕过照壁，是一座高大的牌楼，上悬"正学书院"匾额。

穿越牌楼，则是门厅。朱红油漆大门六扇，再外各为东角门和西角门。诸门表面皆为兽面铜环贴金。整个门厅气势庄严威武，堂皇胜似望族门庭。

由门厅直线而入，是圣谕亭。亭为石质，六角形，斗拱、月梁、雀替、角梁等，皆以石材雕琢而成，造型典雅厚重。这里供敬受圣谕之用。亭前东西各有号舍十间。号舍乃科举考场中生员答卷和食宿之所，中有一联：

渍种必苗，艺兰必香，千家茅屋书声，定有几枝大手笔；
登高自下，陟遐自迩，万里蓬山云路，先从一邑小文场。

联语喻指形象，入情入理，胜于说教，寓期望于勉励之中，表达出作者奖掖后进的真挚感情。云路，指青云之路，喻做官的路途。怪不得书院北面的街道如今仍称为"云路街"呢！

走过亭子，是正厅三间，即邹元标文中的"讲约所"、贡震文中的"乡约所"。厅内敬悬圣谕。圣谕，皇帝训诫臣下的诏令或语言。明洪武三十年（1397）九月，明太祖朱元璋传令天下："每乡里各置木铎一，内选年老或瞽者，每月六次持铎徇于道路，曰'孝顺父母，尊敬长上，和睦乡里，教训子孙，各安生理，毋作非为'。"圣谕六言又称圣谕六条、教民六条、圣训六条等。此后，圣谕先后通过木铎、乡约、族谱、家训、会社、书院、小说等多种途径，在民间得到了广泛传播。在传播过程中，众多士大夫身体力行，不但为宣讲圣谕时制定了庄重繁琐的礼仪，而且还亲自对圣谕内容进行演绎和宣传。圣谕六言不仅在明代起着重要的教化作用，而且还对清朝有着深远影响。

厅前两侧各有厢房三间。由正厅深入，是圣经堂。在中国古代文献中，"圣经"一词常常使用，汉代《太平经》云："拘校上古、中古、下古圣人之辞，以为圣经也。"《辩问》中说："俗所谓圣人者，皆治世之圣人，非得道之圣人，得道之圣人，则黄老是也。治世之圣人，则周孔是也。"在隋唐宋明的儒者们的言论中，圣经指的是儒教经典，明太祖称"圣经典籍"或"圣经贤传"。在清儒那里，圣经就是孔教经典，儒者决不会称外教经典为圣经。

堂前为宽广的露台，露台上承圣经堂前檐，下接正厅后檐，台基纯用青石镶成，上铸交龙云气。圣经堂由数根涂以朱红油漆的粗圆木柱支撑而起，空旷而又轩昂。堂中设朱红神龛一座，上悬黄罗幄一幅，内奉孔子圣像。圣像之前，置雕花镂朵供桌一张，桌上陈设礼器，置石磬、香炉、花瓶、烛台之类。圣像之上，悬挂"万世师表"金字匾额。圣像两旁有联，红底黑字，联云："祖述尧舜，宪章文武；德侔天地，道冠古今。"

圣经堂左右各有耳房两间、厢房两间。

同康熙版《正学书院记》相比，四库全书版《正学书院记》中一个细节引起我们的注意：

> 诸水汇池，巽峰耸峙，转东南，创文昌阁。诸士来游来泳，若身亲洙泗之境，而与三千七十子游于惟盛矣。

"诸水汇池"，众多的水流汇于池塘之中。《易经》将东南方称"巽"，为木、为风，引申为顺畅、生生不息之意。所以，正学书院的策划者在池塘东南堆砌大型假山，"巽峰耸峙"。即使是人工山水，书院也要依山傍水。坐西北向东南，乾山巽向兼亥巳，左水倒右，水出丙口为正旺向；合文库消水。书云：禄存流尽佩金鱼，主大发。

> 迎门观水清，一线涟漪文境活；
> 倚牖眺山绿，万株松柏讲堂开。

正学书院的一砖一石，一梁一柱，一纹一饰，一草一木，无不体现着天人合一的建筑理念。

清朝康熙年间，正学书院废为梓潼庙，所祀梓潼帝君，掌人间功名禄位之事，是参加科举的士子顶礼膜拜的主要神祇。道光年间和光绪年间，知县孙润和张树建分别予以重修。公元1994年和2009年，灵璧中学两度予以修缮。近年来，王峰校长精心优化书院布置，大力弘扬正学精神，全力营造正学氛围，令古老的正学书院青春焕发，令悠久的灵璧中学锦上添花。

正学书院是古代士子与学者读书、学习、讲学、休憩和崇祀先贤的场所，它是灵璧文人墨客的精神家园，是灵璧文化教育的经典名片。横塘作其泮，列柏为其垣。钟公大章创于斯，孙润知县复于斯，张公树建修于斯，朱王诸公缮于斯。邹公南皋记于斯，倪公鸿宝咏于斯，乾隆皇帝幸于斯，曾公涤生题于斯。后人颂之。

诗曰：

> 正气凌云绣彩虹，
> 学风化雨古今融。
> 书馨满室开幽境，
> 院外桃花半欲红。

联曰：

> 灵树丹花，三千枝灼灼而放，喜看中庭悬硕果；
> 璧池绿水，四百载源源以流，欣闻学苑奏华章。

明代以降，正学书院屡废屡建，薪火相传。史海钩沉，探寻四百年前正学书院的身影，我们越发感受到灵阳文化底蕴的深厚。

怎样加强对"菠林喇叭"的保护

耿瑞英

菠林喇叭因唢呐大师周正玉、周亮等周氏族人为乐手成员的周家唢呐班落户菠林而得名，自清末创始以来发展到现在，已传承家族七代，历经100多年沧桑，乐手近百人，外姓徒众上千人，形成了庞大的民间音乐族群。菠林喇叭注重研究中国民间风俗传统，被称为皖北民俗的"活化石"。它以抒发情感细腻、曲牌丰富和乡土气息浓厚深受百姓喜爱，2009年被列入安徽省非物质文化遗产保护名录，2014年7月，被列入国家级非物质文化遗产保护名录。

菠林喇叭是历代艺人用他们的毕生精力和智慧，经过不断地加工和发展而一代一代传承，给我们留下的丰厚的民族文化遗产，值得我们去把它完整的保存下来，传承下去，发扬光大。但目前最能代表菠林喇叭水平的周家班大都在外地发展，所演奏的曲目没有进行搜集整理，没有一个传习基地，影响了灵璧菠林喇叭技艺的传承。为此，特提出如下建议。

一、完善长效保护机制

要使菠林喇叭艺术得到保护，须建立一套科学而完整的长效保护机制。要成立菠林喇叭艺术保护、研究的专门组织或机构，组建一支强有力的、比较稳定的保护工作队伍。设立传承保护基金，用于菠林喇叭艺术的保护、传承和研究，并对作出贡献的艺人和研究人员给予资助和奖励，对生活困难的艺人给予支助。

二、加强对第一手原始资料的保护

安排专人对菠林喇叭包括文字、乐谱、图片、音响、录像、文物、实物等资料的收集、整理、归档。对音响、录像等资料要定期清洗并制成光碟以利长期保存。

三、建立菠林喇叭传习馆

根据菠林喇叭的特色，传承状况，建立一个有一定规模，交通便利，设施完备，运行良好的传习馆。传习馆可以由政府出资，由文化部门建设、管理，聘请周家班唢呐艺人传授技艺，也可鼓励民间艺人投资建设，政府给予一定的经费支持。

四、加强对菠林喇叭传承人的保护

要保护好菠林喇叭这一艺术形式，最有效、最切实际的措施是保护好传承人。保护好了传人，就等于保护了菠林喇叭这一艺术形式。除在经济上给予支持外，要尊重他们的人格，尊重他们艺术成果，关心他们生活和工作，让他们释放出更多的艺术能量。

五、扶持菠林喇叭做强做大。

对非遗的传承保护，最终目的是利用，从而形成一种文化"软实力"，为政治、经济、社会、文化的发展提供支撑。菠林喇叭来自民间，具备服务性、娱乐性和观赏性等多种功能。因而也具有很强的"经济"潜能。文化部门把这些潜能挖掘出来，发挥出来，让它更好地服务于城乡人民的生活，服务于社会，服务于大众，服务于时代的发展和需要，让它真正成为具有经济实力的文化产业。政府要鼓励在外地发展的周家班唢呐艺人回乡创业，以菠林喇叭为特色，组建文化艺术传播公司，将菠林喇叭这一艺术品牌打响擦亮。

灵璧入赘文化考

牛士中

一、"入赘"一词的由来及含义

赘，zhuì，《现代汉语词典》（第六版，商务印书馆，2012.6）有三义项，一是多余的，无用的；二是入赘，上门做女婿；三是方言，使受累赘。该解释从现代语言应用角度立项释义，"赘"之字源及延伸不得而见。

《古汉语常用字字典》（修订版，商务印书馆，1997.8）则释为四项，并引以例证。其一，抵押，《汉书·严助传》有："间者，数年岁比不登，民待卖爵赘子以接衣食。"其二，入赘，旧指结婚后男住女家，《汉书·贾谊传》有"家贫子壮则出赘"。其三，通"缀"，连接。其四，病名，赘疣，俗称瘊子。引申为多余的，无用的。这些解释出于古汉语学习和研究的考虑，指出了字源义，引申义等。

西汉刘安《淮南子·俗》指出："卖子与人作奴婢名曰赘子。"

东汉许慎《说文解字》"卷六""贝部"云："赘以物质钱，从敖贝。敖者，犹放；贝，当复取之也。之芮切。"赘，即以物易钱。

三国魏时张揖《广雅》则说："赘，得也。"即"以物得钱也"。

由上可知，"赘"的最初义应为以物换钱，但是这种行为并非拿物品换钱那么简单，清代段玉裁在《说文解字注》中认为，这还有进一步的行动，那就是还要在可能情况下将物品换回来，否则物品就归属他人了。这相当于今天的抵押。人亦可以作为物品进行抵押，即赘子，也即把子女卖给他人当奴仆。段玉裁认为这儿有一个期限，那就是"三年不能赎，遂为奴婢"。三年不能赎回就真的成为奴婢了，即赘子和女婢。而赘子在主人家由主人操办结婚，故又称之为赘婿。清代道光时期朱骏声《说文通训定声》言"赘而不赎，主家配以女，则谓之赘婿也"。

另外还有一种说法，班固《汉书·地理志下》："（齐）襄公淫乱，姑姊妹不嫁，於是令国中民家长女不得嫁，名曰'巫儿'，为家主祠，嫁者不利其家，民至今以为俗。"为解决这些居家主祠的长女的婚姻问题，便招婿入门，这些上门的人便称之为赘婿。非经济贫困和难言之家庭因素，一般很少有人愿意入赘。从战国至东汉，应该说此风俗一直在齐地及周边地区流行。最为典型的例证应该是司马迁《史记·滑稽列传》中第一人淳于髡（kūn）的记载："淳于髡者，齐之赘婿也，长不满七尺。"作为齐国一位士人及政治家，淳于髡博闻强记、能言善辩，但是出身却低微。髡，先秦时一种刑法，剃掉头顶周围的一圈头发，是一种侮辱性的惩罚。出于淳于髡的经历和成就考虑，估计他因经济和家庭难言之隐而成赘婿可能性较高。司马迁在《史记·秦始皇本纪》中有载："三十三年，发诸尝逋亡人、赘婿、贾人略取陆梁地，为桂林、象郡、南海，以适遣戍。"这里征发的"赘婿"即指典押给富人做奴隶、主家又给娶了妻子的人。可见地位是很低的。

对于双方家庭来说，男家称为"出赘"，女家则为"招赘"，男子自然是"赘婿"。对于男子而言，不管是卖身为仆而婚，还是上门而婚，都是一种无奈的选择，其地位之低不言而喻。他们的成婚，都应称为入赘。

入赘逐渐发展成民间风俗，多女而无子者、无嗣者、有嗣而中亡者，为养老计，为传嗣计，便招婿入家。入赘在民间又有了新的说法，即"倒插门"。在古代与近代，其主要内容是，结婚时男到女家定居，改姓女姓，成为女方家的"儿子"，又叫"上门女婿"，继承女家香火衣钵。这些均带有较深的贬义和讥讽色彩。

二、灵璧入赘文化之背景

灵璧，汉至唐初，属古徐州之地；唐至明初，则属宿州地；明清乃归凤阳府。就地理及区划而言，灵璧在唐之前，在齐鲁文化圈的光辉映照之下。可以说灵璧始终处于中原文化圈的深刻影响之中。明清之际归属凤阳府，明代封建统治阶级及其有识之士，大兴书院之风，讲求经济致用，忠君化民，以儒家思想为己任。清代沿袭明代统治方略，因袭中原文明，依然把儒家的忠君化民思想奉为圭臬。可以说古代及近代的灵璧封建传统思想极其浓厚，其宗法制度，封建礼教大行于斯地。

作为封建礼教的孝道，推崇"不孝有三，无后为大"。《孟子·离娄上》云，"不孝有三，无后为大，舜不告而娶，为无后也，君子以为犹告也"。《十三经注疏》于"无后为大"下注云："于礼有不孝者三，事谓阿意曲从，陷亲不义，一不孝也；家贫亲老，不为禄仕，二不孝也；不娶无子，绝先祖祀，三不孝也。三者之中无后为大。"这种思想尤其在知识匮乏的众多百姓中流行，他们可能因无后而寝食难安，退而求其次，招赘以传承香火。而宗法制是封建社会统治的最基本单位或者说基石，宗庙祠堂的存在与长续，更让芸芸众生对绝后有着深入骨髓的恐惧感。自然，招赘成为继过继和收养之外又一种无奈选项。有了招赘的无奈，便有了入赘的辛酸。

这可看作现当代灵璧入赘习俗的大文化背景。

我们再来看看灵璧入赘习俗的大经济社会背景。

灵璧楚汉时，便是楚汉主战场，睢水之战，垓下之围即发生于此。魏晋南北朝之际，这里是南北分庭抗礼的前沿，宋金对峙以淮河为界，这里亦是南北拉锯的水深火热之地。近现代，军阀土匪横行，日寇耀武扬威，国共淮海之战，均在这片多灾多难的土地上留下深深的创伤。更不要说宋金对峙与抗日战争两次人为黄河决口，让灵璧人旱涝中尝尽酸甜苦辣，饱经世事沧桑。

这种动乱不止的社会状况，这种旱涝无常的天灾人祸，直接导致了灵璧千百年来经济落后的社会生态。这也为多子而经济艰难家庭的男子入赘提供了充分的可能。

当然，入赘现象的出现，还与政治和居住社会环境紧密相关。

20 世纪 50 年代至 20 世纪 70 年代，阶级成分划分，地主家庭遭歧视，其家男子难以婚配，只好走入赘之路。更有家庭忠诚厚道遭人欺负而致使居住地人们轻视，从而导致难以婚配，继而走入赘之途。

一言以蔽之，灵璧入赘文化的背景并不复杂。既有千百年来形成的根深蒂固的封建传宗接代余毒思想的影响，更有政治社会地位的影响，而最为突出的则是基于经济原因的塑造。

三、灵璧入赘现象扫描

审视灵璧入赘现象，我们发现它还是发生了一定的变化，因为从传统和现代这两个时代标准来衡量，灵璧入赘的本质虽然没有太多变化，即依然围绕传宗接代和养老而进行，但是随着社会的发展，人们观念的更新以及入赘男子的感受与自尊及最终的家庭和睦，女方家庭还是作出了一定的让步或者妥协。

根据近百年来灵璧入赘后条件的演化，我们可以把灵璧入赘分为三种类型，一是传统意义上的入赘；二是从传统向现代过渡阶段的入赘；三是现代意义上的入赘。由于各个入赘女方家庭观念和父母的开放程度不同，在当代存在着几种入赘类型同时存在的情况。

传统意义上的入赘，应满足以下六方面的要求：（1）男子与女子结婚，结婚花费基本上由女方家庭承担；（2）男子到女子家里居住；（3）男子改己姓为女姓；（4）所生子女随女姓；（5）以女子父母为父母；（6）承继女子家宗祧（zōng tiāo，宗族世系）。而过渡阶段的入赘则是男子入赘后不再改姓女方姓，只是所生子女姓女方姓。现代意义上的入赘则是男方姓氏不变、子女都姓男方姓。目前来说，传统意义上的入赘和过渡形式的入赘并存，并在灵璧入赘现象中占据大多数。而现代意义上的入赘并不占优势，这说明，灵璧入赘文化相对其他地区而言，较封闭、较保守，传统思想还是很浓厚的。

灵璧县北 D 镇某村张姓男子（入赘后改姓王，70 岁，育有一子二女，随母姓），F 镇某村的陈姓男子（入赘后改姓王，49 岁，育有一子一女，随母姓），灵璧 H 镇的李姓男子（入赘后依然姓李，32 岁，现育有一子一女，随母姓），灵城镇赵姓男子（入赘依然姓赵，37 岁，育有一子，随父姓），某中学语文教师吕老师，某公园保安卓师傅，某村修族谱的牵头人王某，从这些人的访谈中，可基本一窥灵璧入赘文化的全貌。下面我们做一简单叙述。

灵璧县北 D 镇某村的张姓男子，现年 70 岁。其祖父为当地地主，其父排行第三，其伯父吃喝嫖赌，败光家产，解放后全家因此躲过一劫，但张姓男子兄妹八个，加之其父偷盗被判刑，家庭艰难，张姓男子无奈入赘三十里外的王家，改姓王（曾见到其第一代身份证），其子女也姓王。王家只有四女而无子，在乡村为人所轻视，无奈招婿。据其回忆，当时他就是像传统的娶妻一样被从本村接到入赘的村子。入赘后改姓，做饭，洗衣服，侍奉女方家中老人，赡养孩子，无所不做。但因其性格好，和家人关系和睦，和邻居关系融洽，生活得还算舒心。如今，子女该嫁嫁该娶娶，都在忙着自己的事情，日出而作，日落而息，生活没有什么和别人特别不同的地方。

F 镇某村的陈姓男子，现年 49 岁。陈姓男子出生成长的村子就在其入赘后的村子三里路左右地方。这两个村子还是一个行政村。他弟兄四人，排行老三。入赘的王家只有二女，老大招婿，二女儿嫁到邻村。陈姓男子当年弟兄多，家庭困难，因和妻子小学中学一直同学，青梅竹马，王家招婿，自然答应王家要求，上门做了王家女婿，改姓王，一子一女亦姓王。陈姓男子因弟兄多，王家家族势力强，于是当村支书，但其为人厚道公平，善于交际，不仅修建了村公路，还改造了本村小学，开发了新农村社区，赢得大家的赞扬和尊敬。当年婚嫁时，陈姓男子在王家，王家女到了其姨家，举行仪式时把王家女从其姨家接回，陈姓男子从形式上形同于王家的儿子了。

灵璧 H 镇的李姓男子（入赘后依旧姓李，32 岁，现育有一子一女，随母姓）。其原是从事装修工作的岳父的徒弟，因人踏实能干，性格温和，被师傅看中，便招赘成为上门女婿。招赘后，师傅没有让其改姓，只是其女儿改姓，儿子随父姓。因家庭装修，我和李师傅等接触过一段时间。他的师傅对其如同儿子，二人关系非常融洽，一家人快乐而幸福地生活着。

灵城镇赵姓男子，入赘依然姓赵，37岁，育有一子一女，子随父姓。其入赘纯粹为养老而已。岳父母较开明，对其姓氏等没有过多要求。第一胎儿子，赵某征求岳父母意见，岳父母要求随父姓，后又生一女，赵某便请求姓岳父姓。现在家庭很和睦，其乐融融。

在对灵璧入赘现象有了一个感性认识后，笔者又趁节假日随访了几位当地较有思想的人士，试图从较高层次对灵璧入赘现象进行把握。

首先，灵璧县北王姓族谱修编参与者王老先生。

王老先生现年75岁，他为修谱可以说足迹走遍灵璧县南县北，关于王姓入赘情况了如指掌。他说，在灵璧入赘应该是一个较为常见的现象。这个现象在计划生育后，每村几乎都有几个。灵璧入赘许多情况下都是不得已而为之，无子、子逝、子少，都可能招婚。以前，说得难听些，就是倒插门，好听些是上门女婿，那是一定要改姓的，生的子女更不用说，不然还叫什么入赘呢！这样，招婚的人家有面子，至于女婿，则是丢面子的事。姓改了，孩子的姓也是人家的，那就是无能、低人一等的。入赘后，女人的活计是要全拿得起，还要赡养女家的父母老人。

现在，因为计划生育招赘的更多了。人们的思想也有所进步，比如男子可以不改姓，可是孩子是要改姓的，至于男子与孩子都不改姓的，应该有一部分，这也是今后一个发展的主流。但是，总体而言，灵璧的入赘情况相比其他地区，还是比较落后的，主要在农村，关键在思想。

其次，县城某中学吕老师的看法。吕老师现年55岁，在此地工作三十多年，对本地风俗人情较为熟悉。他说，现在灵璧入赘早已不兴以前的那套了。女方招赘，男子一般先到女家，女子到其姨家，然后再行大娶之礼。男子不再改姓，子女也不再姓女方姓。他的侄孙女就是这种情况。至于男子地位，这要看女方家族势力如何，家族势力强的，男子在村里也有地位。在家中，男子一般不再像以前那样做女子做的事情了，如做饭洗衣等。不然，现在男子一般是不会同意入赘的。男子入赘依然是被人看不起的事情，这是传统观念的影响。

总体来说，灵璧的入赘比起其他地区，是落后些。

最后，某公园保安卓师傅，现年 47 岁。他说，上门女婿不在乎看法不看法，就看你能不能干、会不会干，干得好，人家就看得起你，不会混，不正干，人家当然轻视你，不会因为你是不是上门女婿。但是，灵璧对于上门女婿还是有看法的，认为那是男方有难言之隐如家境困难、弟兄多不好娶妻、男子没能力等，往往成为人们茶余饭后调侃的对象。

四、灵璧入赘现象分析

就灵璧入赘情况而言，应该说三种情况出现的时间是不一样的。传统意义上的入赘在改革开放前较流行。一种传统观念在作祟，那就是传宗接代，继承香火。相比之下，养老送终则是次要的，即死要面子宁可活受罪，何况在获得面子的同时，还可以赢得养老送终的直接好处呢。

随着计划生育政策的深入落实，人们的思想逐渐发生变化，而农村年轻劳动力的不断外出打工，则使得经济观念渐渐战胜传宗接代思想而立于主导地位，现实的物质利益和追求让传宗接代这些虚无的宗法思想退居幕后。于是，上门女婿不再是一种无奈身份的象征。相应地，一些较为开明的父母不再强求女婿及其子女改姓，男子入赘不再是一种家境无奈的选择，为了爱情和婚姻幸福以及女方家庭厚实的经济基础而主动入赘。年老一代更多顾及年轻一代的感情而采取包容的态度，年轻人有了更多的自由与空间，拥有了更多的选择。男子不再改姓，子女姓男方还是女方姓氏，成了男子和女子之间可以商量的事情，也具有了更宽松的氛围。于是，过渡意义上的入赘便自然出现，直至现代意义上的入赘的应运而生。

现代意义上的入赘现象，应该在 20 世纪 90 年代末，农民工外出打工潮的蓬勃发展而出现。这就催生了另一种形式的入赘，即外地男子入赘本地的情况。外地男子入赘，往往迟迟不迁户口，有时甚至婚后一去不复返，导致上门女婿被动离婚。这些人或许出于一时的感情冲动，三分热情之后又奔向他方，或许出于家庭无力娶妻的无奈，被动入赘，或许出于其他原因，以至于上门女婿离婚多。网络上一篇文章《上门女婿离婚多——来自灵璧县人民法院的调查》对此有较为详细的描述。这种情况的出现以及外出打工视野的拓宽加之不断快速发展的经济社会的深刻影响，对于入赘旧俗的冲击是强烈的，它促使招赘人家对入赘男子提供更为优越的条件，在姓氏问题上采取更加宽松的态度。这也是灵璧入赘风俗不断发展不断演进的强劲动力。

在灵璧社会生活中，不仅包括农村地区居民，还包括城镇居民，对待入赘男子的态度也在发生着深刻的变化。由先前的轻视和嘲笑，逐渐演变为一种轻松的调侃，一方面说明封建宗法观念的贻害之深，另一方面也间接表明现代社会经济发展的巨大塑造作用。

相比安徽其他地区，如阜阳地区、合肥地区等，灵璧入赘习俗是落后的，外地目前80多岁的入赘者，甚至再向上追溯，一般入赘是不改姓的，子女依旧随入赘男子姓。女家招婿纯粹为了养老送终，起到赡养和披麻戴孝送终的作用。而灵璧在改革开放前入赘是必须改姓的，不仅入赘男子改，其所生养子女亦改，甚至改革开放后直至今天，仍有数量可观的入赘改姓现象。人们的旧有风俗使然，不仅迫使招婿人家想法设法使入赘男子及所生子女改姓，而且迫使灵璧社会生活中形成一种轻视和嘲笑入赘者的世俗文化氛围。

如何搭好百姓"家门口"协商平台

王怀启

县政协作为基层政协，离群众最近，收到民生诉求也最多，有着联系群众最密切、了解民情最直接、委员工作最前沿的特点。如何把协商平台搭建到老百姓家门口，建立起与基层政协特点相适应的社情民意恳谈协商制度，是灵璧县政协多年来一直致力探索与实践的课题。被群众喻为"家门口"的协商。

一、将履职触角延伸到最基层

为解决政协在乡镇无组织、委员活动无场所、群众诉求表达平台少的突出问题，灵璧政协按照"不建机构建机制"的思路，建立并健全在乡镇和村居联络组织网络，搭建起社情民意恳谈的平台。建立 20 个政协乡镇工作委员会。在全县 20 个乡镇（开发区）建立 20 个政协乡镇工委，作为乡镇党政组织与社会各界群众联系沟通、交流协商的平台。工委在县政协和乡镇党组织领导下，围绕党政工作和基层群众切身利益问题，搭建恳谈协商平台和镇、村参加协商人员的组织协调，组织基层群众有序参与协商活动。设立 83 个社情民意联络处。为及时收集来自最基层民情民意、感知群众所思所盼，在全县选择 5000 人以上的村居设立 83 个社情民意联络处。每个社情民意联络处就是一个恳谈协商的平台，由县政协主席会议成员分别联系，政协机关委室负责人和乡镇工委主任为协商平台负责人，联络处所在村居党组织书记为联络员，280 多名县政协委员为各联络处责任委员，每名委员联系 3 名群众，定期到联络处开展联系群众工作，构建了横到边、竖到底的社情民意收集网络。

二、把协商场所设立在最前沿

为使政协协商更加贴近群众，真正起到"听民声、解民困、纾民忧"的作用和效果，灵璧政协坚持将协商平台搭建在各村居社区，真正让群众"说有去处""商有场所"，确保社情民意顺畅表达、充分听取。

会前预告，群众"想着说"。每次召开社情民意恳谈会时，都会提前一周时间将恳谈会的内容，通过广播、公示栏等形式通知参加恳谈会的党员和村民代表，并告知参加本次恳谈会的县乡村领导干部及县直有关部门负责人。在会前预告中，切实做到"两告知"（恳谈会时间、地点）"三不限"（恳谈对象、恳谈内容与恳谈形式），鼓励大家积极参与，做好发言准备，做到有的放矢。2016

年 4 月 28 日，在灵璧县冯庙镇大陈村召开的社情民意恳谈会上，村民代表们抢着发言，县政协、县直有关部门及镇村干部等认真倾听，一次就收到村民们提出的涉及精准扶贫、村容村貌治理、公共文化服务等方面的问题 22 条，切实为群众提供了一个"话有处说、理有处讲、人有处找、事有处办"的场所与机会。

会中规范，群众"放心说"。为让群众"知无不言言无不尽"，在确定恳谈程序的同时，严格要求县直单位、乡镇、社区村（居）干部在恳谈会上坚持做到"三不准"，即对群众提出的尖锐问题不准中途打断，对群众的指责抱怨不准顶撞，对群众提出的疑难问题不准推拖不办，有效地打消了群众的疑虑，拉近了干群之间的距离。如在 2014 年 3 月召开一次恳谈会上，一位村干部直言"村干部借钱垫付完成'两保'（新农合、新农保）任务，形成新一轮债务负担"的问题。会后县政府听取意见建议，尊重群众意愿，采纳了据实收取"两保"费用的建议。

会后承诺，群众"愿意说"。灵璧政协把为民办实事作为开好社情民意恳谈会的着力点和落脚点，坚持实行社情民意承诺制度。每次恳谈会结束后，对群众反映的问题，能现场解决的现场解决；不能现场解决的问题，由县乡村责任单位的负责人，向群众说明原因，作出承诺，并按照"谁主管、谁负责"的原则，进行归口办理，按时给予答复。实行承诺制后，群众参与恳谈会的积极性更加高涨，以前不愿给干部讲的话、不愿公开说的事，都愿意在恳谈会上聊一聊、"晒一晒"。近年来，通过恳谈会收集整理报送的社情民意信息，绝大部分得到解决或采纳。

三、让恳谈协商规范化程序化

县委研究出台了《关于加强县政协履行职能制度化规范化程序化建设的意见》，灵璧政协制定了《恳谈协商改革试验基地建设方案》，编制了《恳谈协商操作守则》，对社情民意收集、恳谈协商选题、协商平台搭建、协商主体组织、协商成果转化等程序作出明确规定。一是确定协商议题。坚持从收集社情民意信息入手，每月一次召开社情民意分析会，从群众普遍关注的热点问题和党政中心工作确定协商议题。近年来，围绕农村土地确权、农作物秸秆禁烧和利用、城乡教育均衡发展、农村环境整治等问题，确立80余项协商议题。二是界定协商主体。恳谈协商会由县政协主席会议成员主持。根据社情民意线索，邀请县乡有关部门、乡镇党政负责人、村居社区负责人和相关委员、群众代表作为协商主体。三是坚持开门协商。恳谈协商向基层群众开放，提前预告，不设门槛，不限人数，群众可自愿参加，就公共利益问题提出意见建议。四是在协商互动中形成共识。各个协商主体面对面、零距离，平等沟通、答疑解惑，环境宽松，气氛和谐。老百姓有什么想法都可以说、什么意见都可以提，党政部门就群众提出的问题和意见建议宣传政策、解疑释惑、积极回应。能当场解决的问题即时承诺办理，不能解决的问题带回去研究吸纳。仅2019年，围绕巩固提升脱贫成果、推进农村环境整治、乡村振兴战略实施和群众的急事、难事、烦心事，开展恳谈协商45场，参与协商的政协委员、群众代表和党政领导2000多人次，收集社情民意信息线索1000多条，经梳理汇总，上报县委、县政府492条。五是把加强思想政治引领、广泛凝聚共识作为协商的中心环节。既听群众说问题、也向群众讲政策，既反映民声、又引导民意，有序组织和引导各协商主体开展协商，使协商的过程成为思想引领、宣传政策、解疑释惑的过程，成为交换看法、理顺情绪、化解矛盾的过程，通过协商把党的主张转化为社会各界的共识，在界别群众中传播共识，实现建言资政和凝聚共识的双向发力。

四、使协商成果摸得到看得见

坚持从"做了什么""做了多少"向"做出了什么效果"转变。建立社情民意反映和批转交办机制。每次恳谈协商会后，都对收集的意见建议进行认真梳理，以条目形式列出问题清单，以社情民意信息线索报送县委、政府，经主要领导批阅后交相关部门、乡镇办理，办理和落实情况向县政协反馈。建立跟踪督办机制。在把社情民意转化纳入县委、县政府督查室督查的同时，县政协坚持以界别协商为履职依托，对部门承办的社情民意信息转化情况，由11个界别以界别协商形式常态化开展督办，推动群众关心问题的妥善解决。

2019 年以来，先后就部分乡村生产生活用电、城区居民饮用水安全、医保政策落实、城乡交通安全等与 28 个部门召开 32 场协商会，一批群众关心的问题得到解决。建立回访反馈机制。为使恳谈会群众提出的事情"事事有回应、办理有结果"，县政协坚持对问题办理开展回访。如在推动旧城改造工作中，凤仪市场一直是征地拆迁的"硬骨头"。在该地块的社情民意现场恳谈会上，县征收办负责人对征迁政策进行详细说明，强调最大限度地保障群众利益。恳谈会后，县征收办工作人员随身携带航拍图，深入每个拆迁户，仔细为拆迁户界定区域，丈量面积，做到公平公正公开。通过耐心解答，热心服务，拆迁户均表示支持旧城改造，实现了早搬迁早赔偿早建设。凤仪市场拆迁完毕后，县政协领导带着县直有关部门主要负责人到拆迁户家里进行回访，了解政策落实情况，进一步听取拆迁户的意见和建议。

"小恳谈"承载"大协商"，"小恳谈"发挥"大作用"。灵璧政协的"社情民意恳谈"，有效推动了群众急难愁盼问题的解决，发挥了专门协商机构在基层社会治理中的重要作用。由于社情民意恳谈广接地气，践行了"协商于民、协商为民"要求，在党和政府与基层群众之间架起了一座金色桥梁，基层群众普遍感到政协离自己很近、委员就在身边，政协也能带来获得感。

2021 年 7 月

发展农民合作经济组织
提高农民组织化程度

王怀启

虞姬乡地处灵璧县东部，下辖 23 个村，4.5 万人，7.6 万亩地，是个典型的农业大乡。在农村发展进入新的阶段，特别是税费改革以后，乡村运转和农民增收两大难题较为突出。面对农村工作出现的新情况、新问题和新矛盾，虞姬乡党委、政府对农村领导方式进行了大胆创新，确立了工业强乡、农业富民的发展思路，集中精力抓经济、促发展。在乡村脱困上，实施了工业立乡战略，通过招商引资，大力发展乡镇企业，使全乡财政收入突破 800 万元，不仅保证了工资按时足额发放，而且消化了债务，增加了对村级和农民的转移支付，有效地解决了乡村运转难的问题。在农民增收上，通过大力扶持和发展各种合作经济组织，提高了农民进入市场的组织化程度，有效地解决了千家万户的小生产与千变万化大市场的对接问题，大幅度增加了农民的收入，全乡农民人均纯收入达到 1852 元。目前，全乡已涌现各种农民合作经济组织 314 个，其中，产业协会 28 个，农民经纪人队伍 216 人，中介组织 65 个，龙头企业 11 个。

第一，转变职能，把农民对政府的依赖转变为对合作经济组织的依赖。在过去农村工作中，我们习惯于计划经济的工作方式，对农民种什么、种多少，多采取行政命令，甚至包办代替，往往事与愿违，出力不讨好。在这种情况下，农民听政府的话。今年收成好，增加了收入，他们就感谢政府；今年收成不好，没有增加收入，他们就会埋怨政府。但随着改革的深入和市场经济的发展，新的问题出现在农民和政府面前。如市场变幻莫测，农户难知深浅；乡村信息闭塞，买难卖也难；农户经营分散，抵御风险的能力脆弱等问题，特别是入世以后，市场全面开放，不用说农民，就是县长、省长也不一定掌握国内外市场的准确情况以及未来的发展趋势，怎么办？我们进行了深刻反思，认为政府的失误就在于"越位"，"裁判员"办了"运动员"的事。因此，政府必须退出。政府退出后，由谁接下这一接力棒？由各种合作经济组织，通过这些组织来组织农民、服务农民，政府抽出身来，管他应该管的事。近年来，我们始终坚持以民为本，实施了全民增收致富计划，动员千家万户一业为主、多种经营，八仙过海，各显其能，调整种植业、发展养殖业、经营工副业、主攻林产业、开展劳务输出，形成了家家有项目有猴牵，户户忙赚钱忙发财的新格局。围绕农民增收致富，把工作重点放到创造环境、提供服务上，放到扶持和发展产业协会、经济人队伍和中介组织等农村各种合作经济组织上，把农民对政府的依赖逐步转变为对合作组织的依赖，从而使农民真正跳出了自然经济的小天地，加入了市场经济的大行列。

第二，创新机制，放手发展农民合作经济组织。农民合作经济组织是在农户自愿的基础上，以增加成员收入为目的，实行自我管理、自我服务、自我发展的合作组织，应当坚持政府引导、挂牌保护、入会自愿、退会自由的指导思想，积极引导扶持，创新机制，放开手脚，放手发展。实践证明，农村合作经济组织是农村改革的产物，是生产力发展的必然选择，绝不能用行政的办法组织推广。在实际工作中，我们一切以市场经济的法则来运作。在实际工作中，我们一切以市场经济的法则来运作，遵循三条原则。一是坚持民办、民管、民利，不搞行政干预；二是充分尊重农民的意愿和选择，坚持进入和退出自由，不搞强迫命令；三是维护农户经营主体和财产主体的权益，不搞土地和财产归大堆。在此基础上，重点建立健全了三个机制。一是制度保障机制。乡党委、政府帮助合作组织从修订完善章程入手，明确合作组织宗旨、会员权利义务、组织机构和经营管理制度、分配制度等，使合作组织走上了规范化、制度化的轨道。二是民主管理机制。在合作组织内部建立利益共享、风险共担的民主管理机制，通过成员间的相互合作，为全体成员提供产销和技术服务。三是建立服务机制。组织有关部门为各种合作组织及合作成员提供信息、技术、资金等方面服务。在信息服务上，建立了农网信息服务站，定期为合作组织收集和发布市场信息；在技术示范上，乡办示范园，村抓示范户，免费为合作组织及成员提供技术；在资金扶持上，重点为合作组织协调发放贷款。

第三，创新思路，充分发挥能人、大户和龙头企业的带动作用。能人、大户和龙头企业具有强大的自身优势，依靠他们的示范带动，可以比较容易的把分散经营的农户组织起来，充分发挥资源优势，实行种养加、产供销、贸工农一体化经营，形成有机结合、相互促进、利益互补的机制，从而在二者之间建立了具有长远效益的产业链、利益链和服务链，取得"双赢"的效果。目前我乡各种农民合作经济组织中，主要有能人带动型、大户牵头型和龙头企业型三大类型。养鸡能手张良林有2个饲养场、2个孵化场，年销售商品鸡苗200万只以上，出售商品蛋300吨以上，固定资产达200余万元、流动资金20万元，年利润达32万元、上缴利税15万元。在他的带动下，全乡共有256户合作成立了养鸡协会。协会对内实行"五统二分"，即统一技术指导、统一供应种苗、统一饲料配方、统一防疫、统一销售；分户饲养和分户核算。协会内部运转有序，会员比较满意，取得了良好的经济效益。2001年，协会统一组织销售成鸡140万只，销售鲜蛋180万公斤。田万村蔬菜销售大户冉祥军，牵头组织了一批经纪人队伍，帮助菜农联系销路、提供信息。目前，已发展蔬菜营销经纪人131人，使全乡2万亩辣椒、1万亩大棚菜畅通了流通渠道，解除了菜农的后顾之忧。另外，还发挥龙头企业的示范带动作用，投资1800万元，对东风造纸厂进行技术改造，形成了年生产能力6万吨、利税超千万元的生产规模，每年可消化麦草10多万吨。招商引资1200万元，建成恒大制粉有限公司，日产专用面粉150吨，年加工小麦1亿斤。投资180万元，建成生猪自动化屠宰车间，年可屠宰销售生猪2万头，与农民签订生猪销售订单8000余份。在能人、大户和龙头企业的带动下，农村中的各种农民合作经济组织如雨后春笋，把一家一户的小生产逐步连接起来，架起了农户和市场之间的桥梁，从而解决了乡、村两级干部多年想干没干好的事。

第四，创造环境，为农民合作经济组织的发展提供保障。对各种农民合作经济组织的成立，实行不登记、不挂牌、不收费的优惠政策，坚持引导服务，政府挂牌保护，为会员提供用地、用电、用水和资金等方面的优惠。会员用地特事特办，随时审批；会员用电，上门服务，限时解决；会员用水，不收取水资源费。同时，按照不贷款、不集资，不摊派的原则，重点加强了农田水利、道路交通、邮电通讯、电网改造、村庄规划和小城镇建设等各项基础设施建设。先后建成万亩丰产方4个；新铺柏油路10公里；新修砂石路118公里；新修小桥涵400多座；新打机井200多眼；建成虞姬蔬菜批发大市场，为菜农提供交易平台；加快了小城镇建设步伐，拓宽虞姬大道2300米，聚集了全乡的人气、财气、商气。基础设施的加强，不仅改善了农民的生产和生活条件，而且为农村合作经济组织的发展提供了良好的硬环境。

实践证明：农民合作经济组织是服务农民、组织农民的有效形式，也是农民走向市场、参与市场竞争的载体。近年来，通过农村合作经济组织的发展，内连千万家的小生产，外接千变万化的大市场，对农村产业结构调整、帮助农民增收起到了巨大推动作用。搞活了农产品流通，帮助农民及时将产品推向市场；减少产品积压，而且还都能卖出个好价钱。广大农民通过及时捕捉市场信息，清楚哪里适合种养什么，市场在哪里，引导农民合理调整农业产业结构。同时也提高了农民进入市场的组织化程度，解决了农民势单力薄、进入市场保护自身利益难的一系列现实问题。

总的来看，我乡农民合作经济组织的发展还处于起步阶段，在发展中仍存在不少的问题。如合作组织大多存在规模不大、发展不快、管理制度不健全等问题；稳定性较差，解体和改组过于频繁；农业产业化龙头企业尚未与农民形成利用共享、风险共担的机制；等等。这些都需要在实践中不断探索，逐步加以解决。

（原载 2002 年中共中央党校三农问题研究中心
《市县领导月刊》2002 年 10 月）

当前农民的"五盼"

王成名　刘万广

我们按照县政协 2017 年 16 号文件要求，到村入户开展调研，集中搜集出广大农民目前有五个期盼，急速要求政府能给予解决，助力脱贫和巩固提升实现美好家庭福祉。

在入户调研中，群众第一个给我们反映的就是要求政府快速帮助他们开展土地流转"嫁到好人家"。目前，农村都是留守的老人种地，每家都是"六十、七十、八十"的老人看守着七八亩地或十多亩地，都想流转，就是流转不出去。其老人守地种地方法都是靠出钱雇用机械和劳力、靠亲朋和基层干部协助，在最忙的午秋二季主要靠儿孙返回突击。种地科技含量特低，成本效益差，都想尽快把土地流转租包出去，让老年人看守家园享享福，让远在外地务工的儿孙安心挣钱。迫切希望政府和农业部门帮助村组建好农业合作社、好公司、好农场等土地流转机构，按照土地确权证书，流转他们的土地，变小田为大田，变小农低效经营为合作社的大型农业经营，实现双赢增收。

农田间的实现"三通"问题也是群众反映较多的大事。要求政府快速帮助实现田间"三通"。第一是要把田间生产路给修通，实现各种机械到田作业不受阻，农副产品能及时运出卖上好价钱，特别是100亩以上的大田，入田路必须硬化、路桥畅通化。第二是水通。实现排涝能及时排出，灌溉能入田。第三是产销信息通到田。政府和农业部门应服务到大田指导，依照市场需求，种植作物价格信息及早向群众预算清楚，发展高效优质农业，快速提升亩产值、亩增收。

解决农村孩子上学远和上学难的问题是农民们的第三点要求。最近几年来，孩子离开父母返乡上学的越来越多。群众要求政府保障农村孩子上学不受难，接送孩子是农村留守中老年人每天第一大任务，现在孩子上学必须接送到七八里和十几里路远的学校，而且都是六十、七十、八十的老年人在接送孩子，都用电动三轮车，经常造成道路堵塞，雨雪天事故多发。广大群众要求，要在4000—6000人口的大行政村办起完小，两千人口村设初小，保障村内适龄儿童就近上学不受难。

为农民选派一名好医生是较多群众向我们反映的第四点要求。目前，村级卫生室都普遍缺医缺药，医技不高，远远不能满足群众就医需求，一般农民看病到乡镇医院。特别是村医都是赤脚医生过渡而来，都存在着医技水平不高、年龄老化问题。村医缺、好村医更缺，为农民选派好医生是眼下广大群众最迫切要求，帮助他们实现小病不出村愿望。有计划地把医技高、文凭高的好医生向村级分配，提升村医水平，真正让群众实现一般病不出村、康复在村的夙愿。

第五点要求是为农民实现幸福养老。目前农民养老主要是靠自己和子女，大部分子女忙于务工，还存在着不孝家庭突出，再加上就医难等问题，农民晚年养老已成为目前村村老年人最大的后顾之忧，因养和因医不及时，造成死亡的现象年年上升。加之乡村普遍无养老服务机构，乡镇设的敬老院只有五保户可以进入，养老只能是解决吃住等低水平的要求。广大老年人最迫切希望政府能快速推开走"医养结合"之路，在乡镇中心卫生院周围，建好新型的养老院（所）等形式的养老服务机构，让农村广大老人都能居入养老，有病能及时有医服务、得到康复，无病能颐养天年。

村级集体经济发展中的问题与思考

周宗谋

改革开放和实行家庭联产承包责任制，为农村经济发展提供了巨大的动力，使农村面貌发生了很大的变化。但是随着农村第二步改革和奔小康步伐的加快，发达地区与欠发达地区集体经济发展不平衡，出现了较大的差距。经济欠发达地区村级集体经济发展滞后，导致农村集体经济发展后劲不足等诸多问题日渐突出，不能不引起人们的关注和思考。

就我们地区而言，村级集体经济发展存在几个方面的问题：一是干群对发展村级集体经济认识不足，在执行以完善家庭联产承包责任制为主要内容的经济改革中，片面强调家庭个体作用，有的把土地等生产资料分给农户就算万事大吉，没有把联产承包和注意增加农村集体积累，作为农村经济工作的重要支点，忽视了对农民进行爱国主义教育，忽视培养造就爱国家、爱集体、爱科学、遵守社会公德的新型农民，致使部分农村干群的集体观念淡薄，集体经济发展缓慢。二是发展村级集体经济的路子不宽，年复一年制定经济发展规划，往往是说得多做得少，纸上的多，落实到实际上的少。观念上摆脱不了小农经济的束缚，干部思想解放的程度。不如江浙沿海等经济发达地区，群众难以把蕴藏的建设社会主义积极性激发出来。这样就严重地制约了我们地方村级集体经济发展，出现了部分群众已过上小康生活（指经济收入高，生活条件得以改善），而村级集体经济仍非常薄弱等非正常现象。

发展壮大村级集体经济，是农村小康建设的重要方面，也是实现共同富裕的物质基础，解决好上述问题，必须注意抓好以下几项工作：一是各级党政部门在制定实施小康规划时真正地把增加集体经济积累列入工作的议事日程。通过多种方式，大张旗鼓地宣传发展与壮大集体经济的必要性，把它作为"九五"期间农村经济工作的主要内容，把以家庭联产承包责任制为主的统分结合的经济发展政策，切实灌输给千家万户。不要光唱"春种、夏管、秋收、冬藏"的"四季歌"，要在充分调动广大干部群众建设社会主义的积极性的同时再增加集体积累、壮大村集体经济实力，达到国强民富集体殷实目标。二是每年的经济发展要着力上规模、上档次，因地制宜，逐步走集约化经营的路子。基层在签订生产目标责任状时要真正把提高村级集体经济在整个农村经济中的比例，全面实现小康目标作为衡量与考核基层干部政绩的主要标准。对达到富村富民奔小康的基层干部重奖和提拔使用，对无为或者政绩平平的要采取组织措施。三是全力发展一、二、三产业，多角度多方位发展村级集体经济，增加集体积累，增强统的功能。四是加大对农业、企业的投入，发展地方"特色经济""能人经济"，让领头雁带领群众致富。要在改善农业生产条件上下功夫，在搞好农业产前、产中、产后服务上下功夫，增加村级"统"的功能，解决好目前群众一家一户解决不了的问题。

发展壮大村级集体经济，必须明确这样几个认识。第一，集体经济实力发展壮大，是实现农村经济发展的新跨越的关键。在农村经济建设中，只有切实解决集体经济发展过程中的诸多问题，才能为实现经济发展由粗放型向集约经济型转变提供可靠保证。第二，发展壮大村级集体经济，对保持农业在国民经济中的基础地位，对促进农业稳定发展、具有重要意义。与此同时，村级集体经济的发展壮大，对减轻农民负担，密切党群、干群关系，维护社会稳定，有着重要保障作用。第三，发展壮大农村集体经济，是实现"九五"规划和2010年远景目标的重要方面，也是增加农业发展后劲，加快农村小康建设步伐的内在要求。

总而言之，发展壮大村级集体经济，是实现农村第二步改革的关键，是加快小康建设、实现共同富裕目标的重要物质基础，也是摆在各级党委和政府面前的一项紧迫任务。

（原载《拂晓报》1996 年 4 月 22 日）

加快农村土地流转的问题与措施

县政协研究室

根据县委、县政府、县政协 2015 年协商计划，今年 9 月，县政协组织课题组对我县农村土地承包经营权流转工作进行了专题调研。9 月 25 日，县政协召开九届三十次常委会议，听取县农委主任李友平关于全县农村土地确权和承包经营权流转情况的通报及县政协课题组的专题调研报告，并进行了专题协商。

常委会认为，土地流转是新形势下农村出现的一种新的生产经营方式。一是促进了农业适度规模经营，实现了人、地两大资源重新配置，促进了传统农业向现代农业转型。二是有效地解决了土地零碎化问题，推动了农业机械化的进程，提高了农业生产效率。三是促进了农民增收，农民不但获得了土地租金收入，富余劳动力还进入第二、三产业，增加了农民家庭的工资性收入。

一、存在问题

一是思想认识不到位。部分基层干部特别是村干部对土地流转不够重视，抱着"事不关己，高高挂起"的态度和看法，没能充分发挥村组织在农村经营土地流转中的组织协调和监督作用。

二是集中连片流转难。土地分户经营的分散性、随意性与土地流转的计划性、规模性之间存在矛盾，造成土地流转不连片，给转包业主经营和投资带来不便，还容易导致掠夺性经营，损害土壤地力。

三是具体操作不规范。主要表现议价机制不完善、租金支付方式不科具体学、土地流转缺乏连续性和稳定性、合同签订手续不规范，导致各方利益不易保障，农民担心转让租金会因市场价格波动带来损失，转包业主则反映有的农民不顾合同约束收回土地，打乱了经营计划。

四是经营主体融资难。大面积承包土地从事高效农业开发需要较大的资金投入，而新型经营主体一般没有贷款担保资产，存在贷款难、融资难的问题，制约了土地的适度规模经营。

五是配套用地受限制。随着大面积土地承包经营权的流转，各类新型现代农业经营主体都必然要增加生产性的农用设施，比如仓储、晒场、农机具的库房、农业观光旅游的配套设施等。而现行的有关规定只允许建"临时性建筑"，而且审批程序较复杂，无法满足投资业主经营的实际需要，从而在一定程度上，制约了土地大规模的开发利用。

六是土地纠纷仲裁基础薄弱。县级层面虽然成立了县农村土地承包经营权纠纷调解仲裁领导小组，下设办公室、仲裁庭等，但无编制、无人员、无经费，无法开展土地纠纷仲裁工作，调处纠纷能力较差，乡村一级更是如此。

二、意见建议

1. 坚持依法自愿流转。按照"不得改变土地集体所有性质、不得改变土地用途、不得损害农民土地承包权益"的前提下，坚持农村土地流转"依法、自愿、有偿"的原则，切实保障农民合法权益，积极引导土地承包经营权的流转，发挥土地资源规模经营的效益。土地承包经营权是否流转，以什么形式流转，都要尊重农民意愿，由农民自己做主。农村基层组织和土地流转服务组织代理农户承包地流转，必须有农户的书面委托。任何组织和个人都不得强迫或者妨碍流转。政府作为土地流转服务的提供者和市场监管者，应当充分发挥市场机制的基础作用，引导而不干预，服务而不包办，不得以排名、评比等考核土地流转工作。

2. 加强流转价格指导。综合考虑流转时间、流转形式、土地产出能力、种植种类和结构、当地的平均流转价格等因素，提出具有指导性的合理定价区间，并由各地流转主体根据实际情况，确定流转价格。对于长期流转的土地，一般应按当年粮食的市场价格（或国家粮食收购保护价）商定土地流转价格，建立价格浮动机制，切实保障农民的利益。

3. 建立市场准入机制。要对大面积接受土地经营权的经营者进行资质审核，以一定的投资额为准入条件，优先引入有实际经验，有较强事业心，有优势技术和产品，有现实项目的个人或组织。同时要突出适度规模的原则，根据经营户实际经营能力的强弱，确定其承包经营面积的大小，确保土地流转和规模经营的利益最大化，防止能力有限的个人或社会经济组织多包、转手倒包等情况发生，杜绝土地流转风险。

4.加强土地流转服务。要健全完善县、乡、村三级土地流转服务网络，建议在原有基础上，加大政府投入，建好土地流转信息服务网络，做到线上公布信息、线下服务到位。要充分发挥乡镇和村级组织在土地流转中的组织、协调及监督管理作用，规范流转程序和合同文本，推行签证（公证）、备案制度，减少土地流转纠纷。要健全完善县级土地流转仲裁机构，对土地流转中的纠纷进行仲裁，维护流转主体双方利益，化解社会矛盾。同时，要加快农村土地经营权的确权登记颁证工作，为土地承包经营权的规范化流转以及现代农业的长远发展奠定基础。要加强对新型职业农民的培养，制定新型职业农民认定标准、管理办法和扶持措施，统筹完善农民培训相关政策，逐步推进职业农民双证制（职业、技术）。

5.加强土地流转监管。要按照土地流转"三不"要求，做到"四个严禁""两个坚决"，即严禁借土地流转之名违规搞非农建设，严禁在流转农地上建设或变相建设度假村、私人会所等，严禁占用基本农田挖塘栽树及其他毁坏种植条件的行为，严禁破坏、污染、圈占闲置耕地和损毁农田基础设施；坚决查处通过"以租代征"违法违规进行非农建设的行为，坚决禁止擅自将耕地"非农化"。对不按合同约定擅自改变土地用途的，要坚决制止或收回土地经营权。

6.加大金融扶持力度。政府机构要适时组织"银行与新型经营主体"对接活动，为他们牵线搭桥，切实解决新型经营主体融资难、融资贵的问题。各金融机构要结合农业发展实际，创新金融产品，以更加便捷有效的方式，更好地服务于农业。

7.加大财政支持力度。县级财政应设立土地流转扶持资金，并制定具体可操作实施方案，用于鼓励农村土地流转，壮大规模经营。实施好"农业支持保护补贴"，按照存量不动、增量倾斜的原则，新增农业补贴适当向种粮大户、农民专业合作社、家庭农场倾斜。成立农业新型经营主体小额贷款担保公司，积极探索融资风险补偿基金工作，加大对新型主体的贷款扶持和补助力度。要积极争取国家和省对农业的扶持项目资金，如土地整治、农业综合开发、农业产业化、小型水利建设、农机补贴等扶持项目资金，支持新型经营主体做大、做强、做优。要完善政策性农业保险机制，对种养大户应保尽保，同时扩大高效农业保险险种，为农业经营主体抗御自然风险提供保障。

8.适当放宽用地限制。有关部门要按照国土资源部、农业部联合下发的《关于进一步支持设施农业健康发展的通知》精神，根据各经营主体的实际规模和经营需要，落实好新型经营主体生产性配套设施用地的政策，支持土地承包经营权的流转，提高土地资源的利用效率，促进现代农业的发展创造条件。经国土、农业备案的设施农业用地（包括生产、附属和配套设施），按农用地管理，生产经营期间不改变用途的，备案长期有效，不需办理农用地转用审批手续。住建和规划部门要结合农业生产实际，为新型经营主体在生产配套设施的建设上提供便利。

9.积极创新流转模式。借鉴各地土地流转的新形式新方法，引导动员农民以土地入股方式，成立土地股份合作社；探索农业产业化龙头企业以建立生产基地以及订单农业的有效方式；探索"互联网＋土地流转模式"，把线上和线下有机融合，把互联网技术落实到土地流转方式、产品、服务等各个环节，让土地流转更便捷高效，让参与者特别是农民从中受益，促进农村土地经营权的流转。

10.建立土地流转奖励机制。一是流出土地的农户。对于新增连片流转土地100亩以上、流转期限在5年以上的，由财政给予农户每年每亩100元的养老保险补助。二是乡村两组织。对集中连片流转土地面积50亩以上、签订规范土地流转合同、且流转期限5年以上、符合农业产业化发展导向的，经申请并审核验收合格后，由县财政给予村集体经济组织每亩50元的一次性补助；对当年新增土地流转面积1000亩以上，土地流转工作管理规范的乡镇，县财政给予每亩20元的一次性工作奖励资金。三是新型经营主体或企业。对于与农户签订规范合同并报县乡两级备案的，县财政给予每亩20元的工作经费补助；对于集中连片流转面积在100亩、流转年限在5年以上的经营主体，财政一次性每亩补助200元（上限可设定在500亩）。对于入股面积300亩以上、合股期10年以上、运作规范2年以上的土地股份合作社，由县财政给予每家2万元的一次性补助。四是对中介组织。对经工商部门登记、运作规范、作用明显、年度新增土地流转面积10000亩以上的土地流转中介服务组织，由县财政给予每家3万元的奖励。

土地确权应防止村集体资产流失

徐　彬

2015 年中央一号文件《关于加大改革创新力度加快农业现代化建设的若干意见》中，已涉及"三农"核心问题——土地确权。目前，各地都在认真贯彻中央文件，加快农村土地确权进程。但在实施过程中也出现一些令人关注的问题。一是土地确权带来农村集体资产增值，农民群众愈加关注集体资产管理、使用、处置和收益分配，集体资产的保值增值问题凸显，如处理不当极易引发新的矛盾。二是农村集体资产管理缺乏明确统一规范，没有严格的管理制度，有些方面甚至是无章可循、无法可依，造成集体资产严重流失。更为严重的是，一些农村集体资产掌握在少数几个村干部手中，存在发包程序不规范、分配决算程序不民主的现象。三是一些集体资产产权关系不清晰，权责关系不明确，有的长期闲置，有的被少数人无偿占有。四是从公布的村官贪腐案件分析，尽管手段不同，数目有大有小，但相同之处都是侵吞集体资产。五是在农村土地二轮发包中，村集体都预留了 5%—7% 的机动地，这是村级集体经济的主要来源，但由于对机动地的发包管理不规范，一部分机动地被少数人无偿使用，导致村级集体经济无收益，大部分行政村集体经济空壳，兴建公益事业乏力，村民对此意见很大，成为农村新的不稳定因素。

村级集体资产的保值增值，是发展壮大村级集体经济的重要来源。加强集体资产管理，壮大村级集体经济，不仅有利于兴办公益事业，为农民提供公共产品和公共服务，而且可以进一步密切党群、干群关系，巩固党在农村的执政基础。为此建议如下。

1. 进一步明晰产权。在农村土地承包经营权确权中，应对村级集体拥有的土地、池塘、荒山、林木等集体资产逐一界定，进一步明确产权关系。对明晰产权的集体资产依法登记，经营情况向社会公示，接受群众监督。对原预留的"机动地"，经营权不得确权到户，已分到农户的，应收归村集体所有。

2. 严格规范资产运营。所有的村集体资产统一由村集体经营，收入归集体所有，主要用于兴办公益事业和提供公共服务。村级集体资产经营由村民大会或村民代表会议决定经营方式、发包程序和收益分配，结果向社会公开。有条件的地方，应逐步引入市场机制，吸引社会资本参与运营，实现集体资产的保值增值。借鉴国有资产管理做法，成立农村集体资产运营公司，将集体所有的土地、山场、水面、村级企业等所有资源全部交给资产运营公司，实行公司法人治理，作为企业化市场主体参与社会经济活动。资产属于全民集体所有，公司负责经营，收益在付清运营成本和管理费用后，由村民委员会拿出分配方案，主要用于村级公益事业。

3. 加强村级集体资产立法保护。到目前为止，对农村集体资产缺乏明确统一的管理规范，这是农村集体资产管理存在问题的关键原因。建议像管理国有资产一样，进行顶层设计，尽快出台村级集体资产管理法规，依法强制管理村级资产，确保集体资产产权明晰化、经营规范化、收益最大化。

洼地农业走出困境的条件与障碍

朱怀金

灵璧县地处濉、唐、汴、沱、北沱河中下游，总面积2054平方公里，其中洼地面积369平方公里，占总面积18%，分布于濉河流域15万亩，唐河流域10.4万亩，沱河流域9.4万亩，北沱河流域6.4万亩，潼河流域0.3万亩。这些洼地大都处在沿河地带，属于洪涝顶托区，每值汛期，高山水与客水常占据河槽，当地水排不出，形成"关门淹"，农业生产步履维艰，多有减产或绝收之虞。对此，虽曾多次勘察、规划，以工治水，仍难彻底解除涝渍危害。1991年朱集乡党委、政府对拖尾河北侧凌子湖旧址，采取以稻治涝生物措施，配合工程措施，双管齐下，甚为奏效，水稻亩产500—700公斤，加之小麦产量，亩产量跃上吨粮田新台阶。同年12月1日，了解到黄湾镇井王村于北沱河南岸洼地改种水稻，亩产 600 公斤左右。其相邻田块种植黄豆，由于阴雨多、草荒重，一般亩产只有百斤左右。实践证明，湖洼地改种水稻是秋季农作物免水荒、创高产、走出困境的好路子。

按照水稻生长特性及其种植要求，据调查，当前各洼地已基本具备其可行性条件。

一、光照资源充足。在 5—10 月，累计年月平均日照时数为 2212.5—249.9 小时，日照百分率 53%—61%，太阳辐射总量为 9.9—14 千卡/平方厘米，有利于水稻光合作用。

二、热量资源丰富。全年各候、旬、月平均最高气温皆集中于夏季。历年平均初终日（自 4 月 27 日至 10 月 17 日）不小于 15 度的积温为 4092.9 度，满足其要求。

三、降雨对应性强。水稻主要生育期 6—9 月，此间正值降雨旺季，其多年平均降雨量为 580—633 毫米，恰为水稻利用，减少灌水次、量，节省灌溉费用，降低水稻生产成本。

四、灌溉主要设置齐备。全县已建河道节制闸 18 座，本县可用蓄水库容量 3225 万立方米，机电排灌站大都建于洪涝顶托洼地，水稻灌溉颇为适用。远离河道水源之洼地，可以河井混灌，以供其需。

改种水稻，应以生态学原理为指导，审时度势地精心规划，周密细致地妥善安排，认真踏实地解决现存问题。

一、思想认识问题。改种水稻是调整农作物种植结构，改变种植方法，使水、土、光、热资源，按人们意志结合，自然优势，实现稳产高产，增加秋粮产量，这是值得选择的农业产业。由于 1958 年，"三风"盛行，推行大规模水稻化，以失败告终，至今人们心有余悸，甘于恪守千百年的耕作习惯，满足于一麦一豆吃饱肚，收多收少靠老天，遇到大旱浇点救命水，遭受雨涝任其淹。对此，应在沿河洼地改造成水稻田，使水稻面积适度增多，促进秋粮生产出现新的飞跃。

二、水利配套问题。农业生产受水利条件制约相当严重，要种好水稻，必须水利先行，稻随水转。按照水源可靠，保证供需，地势低洼，以稻治涝；稻田尽量靠近水源，提高水的利用率，提水设备完好，随时运行等原则，建立健全水利配套系统，实现其规范化、完备化，保障供水，节约用水，降低水稻产品成本。

三、社会化服务问题。改种水稻是一项技术性、专业性、社会性、综合性较强的农业产业。计划供水与合理用水、农机使用与维修、农技推广与网络构成、农资供应、稻谷销售等都必须以大农业的层次展开，要农科教一体化，加强集体"统"的功能，认真做好水稻产前、产中、产后系列社会化服务，解除农民忧虑，放心大步创高产。

1992 年 3 月 24 日

乡村振兴应从三个方面发力

党的十八大以来，中央始终坚持把解决好"三农"问题作为全党工作重中之重，先后提出了打赢脱贫攻坚战和实施乡村振兴两大战略举措。目前，脱贫攻坚战已经打赢即将收官。实现乡村振兴刚刚起步，乡村振兴战略是为全面建成小康社会和实现中华民族伟大复兴奠定坚实基础。那么如何落实和实现乡村振兴？经过调研，我们认为应重点在"留得住人才、引得来资金、看得见文化"三个方面发力。

一、留得住人才。乡村振兴，关键要靠机制，人才就是发展的基础，发展经济，产业振兴，人才是关键。因此，基层政府应健全留人机制，制定激励机制，实施奖励机制，为各类人才创造条件、搭建平台，让人才看到希望。让优秀人才有想头、有干头、有盼头，树立想干事，干成事、留下来的决心和信心。同时还要注重吸引乡贤、培养本土人才，激发他们的干事创业和投资热情，引导村民成为技术能手、致富能人。

二、引得来资金。乡村产业和经济发展，要靠资金，要引得来资本的投入和流动，让资本成为推动乡村振兴的重要力量。政府应出台相应的优惠政策，形成以个人和企业投入为主，政府补助为辅的格局，促进个人和企业加大对农村的投入；同时提高农村金融服务水平，破解涉农"贷款难"的问题，加大对"三农"贷款政策的倾斜和扶持力度，确保农民"有钱"进行农业产品升级换代和农业结构的调整等，充分将政府投入、乡村筹集与金融支持有机结合，共同为乡村振兴提供基本保障。

三、看得见文化。乡村振兴离不开文化支撑。发展乡村旅游需要注重乡村文化力量，尤其需要注重深入挖掘村庄的历史、民俗和传统文化资源，要延续乡村文化血脉，需要对乡村传统文化进行保护、传承和发展，使其与现代文化有机融合。应加大对乡村优秀传统文化挖掘、整理、开发和保护力度。此外，乡村文化产业发展是乡村文化振兴的推动力量和重要目的。应大力发展乡村特色文化产业，培养文化品牌，吸引更多的人来农村感受乡村文化的魅力，寻找记忆，感受乡愁。

（县政协公办室　供稿　2020年4月6日）

村级恳谈协商机制要不断完善

刘万广

黄湾政协工委近年来在县政协和镇委镇政府的指导下，从抓试点入手，把恳谈协商的大讲堂搬到广大群众的家门口，极大地提升群众的拥护率和参与率。这主要是发挥了镇村社情民意信息员和驻庄联络员的作用，才起到恳开展、恳协商、转风气、促和谐的作用。

加强和改进社情民意代表和联络员工作，是完善恳谈协商最首要的一条。根据黄湾镇经验，首先要建立健全镇村两级恳谈协商组织机构，镇设专职社情民意信息员，村设兼职社情民意信息员，形成"两员"上下互动。2016

年我们在砂坝村开展试点，今年已发展到胡桥、张龙、朱圩 3 个村，并辐射带动晏路、柯湖 2 个村。他们的成功经验都是由村党支部成员负责党建的委员任社情民意信息员，镇政协工委不定期召集联络他们，了解社情民意情况，针对性的组织基层干部帮助解决群众提出的问题。例如，春节后，朱圩村在防疫工作中封村和居家隔离出现群众生活品短缺情况，社情民意代表反映后，镇工委及时召集村组干部，组织党员志愿服务队，及时把群众需求的按时代购送上门，这就是社情民意代表起到大作用。

多沟通、多了解、多提醒、多搜集有代表性的热点信息。对信息员开展常互动，充分发挥两级信息员作用。镇政协工委以建立工作群网络和镇活动室两个平台，加强与两级信息员互动交流，达到多搜集社情民意，多了解，多上报。镇社情民意代表组成小组，紧密下联村级信息员，在抗疫工作中向县政协写出 15 篇信息和建议，其中，反映镇政协工委和政协委员在抗疫中先锋事迹就有 6 篇，特别突出的是政协委员任飞在抗疫中把牢"铁门"防疫情输入的先进事迹，还刊登在省政协网和《江淮时报》上，在全省都起到较好的反响。

稳定村"两员"队伍。村社情民意代表和自然庄社情民意联络员是搭建在群众家门口恳谈协商大讲堂上的主台角，他们都是社情民意的"大泉眼"。重视他们，发挥他们作用是完善恳谈协商第一"开关"，第一"台柱"。先在试点村级设信息员共计 6 名，由村两委成员兼任。在自然庄中共设社情民意联络员 36 名，他们大都是退休的村干部、退休教师，有着较高觉悟和政策水平，对身边的社情民意非常知晓。村委会对他们健全"三档"，即联系信息、家庭基本情况、文化和水平表达能力。要求村里对他们不要随意更换，还要加强指导。有较多的经过参加政协组织的活动，在村干部和群众中提高了威信，还被村里聘为群众代表和党员代表，参加村务管理工作，这都是完善恳谈协商机制带来的变化。

县政协要加强乡镇、村、庄三级"两员""四多"工作，即多培训、多指导互动、多服务、多解难排忧。特别是政协干部对自己所联系片，多到他们中间加强联谊互动，在力所能及的情况下，帮助一线"两员"多做好事，以便激励和提升他们工作的积极性。

加强对乡镇信息员活动和办公及误工经费补助工作。随着乡村恳谈协商不断完善，乡（镇）信息员活动量增多，各种费用付出也多，县政协应按照规定，对信息员误工补助也应及时给予解决，半年给予结算兑现一次比较适合。对成绩十分突出的，应提高补助标准，也可以推行以奖代补。体现多劳多得的公平性。

还要为乡镇信息员订阅和寄发学习资料。这是增进"两员"学习、提升素质的必然需要。增订上级政协所办的刊物和其他学习资料，实行快递每月寄发一次，改变会上集中发，为及时发，增强学习时效性和指导性。

适应"互联网 +"推进传统农业转型升级

李 浩

我县是传统农业大县，经济发展相对落后。我国农业面临的五大挑战：价格"天花板"、成本"地板"、补贴"黄箱"、资源环境"红灯"以及进口压力巨大在我县更为突出。面对"互联网 +"发展趋势，抢抓机遇，积极谋划实施"互联网 + 农业"的灵璧战略，推动传统农业的转型升级，必将对我县经济总体形势产生巨大影响。

一、"互联网 +"在农业农村发展中的重要性

农业是"'互联网 +'行动计划"的核心领域之一，"互联网 + 农业"是充分利用移动互联网、大数据、云计算、物联网等新一代信息技术与农业的跨界融合，创新基于互联网平台的现代农业新产品、新模式与新业态。以"互联网 + 农业"驱动，努力打造"信息支撑、管理协同，产出高效、产品安全，资源节约、环境友好"的现代农业发展升级版。

（一）"互联网＋农业"是引领"三农"发展的重要手段。"互联网＋"开创了大众参与的"众筹"模式，对于农业现代化影响深远。一方面，"互联网＋"促进专业化分工、提高组织化程度、降低交易成本、优化资源配置、提高劳动生产率等，正成为打破小农经济制约农业农村现代化枷锁的利器；另一方面，"互联网＋"通过便利化、实时化、感知化、物联化、智能化等手段，为农地确权、农技推广、农村金融、农村管理等提供精确、动态、科学的全方位信息服务，正成为现代农业跨越式发展的新引擎。"互联网＋农业"是一种革命性的产业模式创新，必将开启我国小农经济千年未有之大变局。

（二）"互联网＋农业"是提高农业竞争力的重要手段。

"互联网＋"对于消除农产品市场流通所面临的国内外双重压力，统筹农产品国内外两大市场、两种资源，提高农业竞争力，提供了一整套创造性的解决方案。目前，农村电子商务发展如火如荼，这是一项富民利民的项目建设，能够解决农产品销售过程中信息缺乏、物流困难等问题，对于发展现代农业、加快社会主义新农村建设意义重大。

（三）"互联网＋农业"是提升农村服务水平的重要手段。随着农民电子商务意识的增强，"三农"工作将更多地依靠互联网来开展，包括农产品电子商务、便民服务、互联网村务管理等方面。

（四）"互联网＋农业"是实现农业生产标准化的重要手段。基于"互联网＋"的"生态协同式"农业科技推广服务平台，可以将农业科研人才、技术推广人员、新型农业经营主体等有机结合起来，提升农业生产的标准化。

（五）"互联网＋农业"是加快三产融合的重要手段。

"互联网＋"以农村一二三产业之间的融合渗透和交叉重组为路径，加速推动农业产业链的延伸、农业多功能的开发、农业门类范围的拓展、农业发展方式的转变，为打造城乡一二三产业融合的"六次产业"新业态，提供信息网络支撑环境。

（六）"互联网＋农业"是统筹城乡发展的重要手段。

二、"互联网+农业"的发展现状与问题分析

（一）发展现状

近年来，我县积极加快互联网基础设施建设，使互联网质量得到快速提升，促进了全县各项事业的发展。基站建设、光纤通村，县、乡两级电子政务网络体系应用，以及顺丰、中通、申通、圆通、汇通、国通、韵达等多家较大的快递公司入驻。信息网络基础不断夯实，对促进灵璧农民增收、改善农民生活品质、加快农业产业化发展及新农村建设起到了积极的作用。同时，我县农村电子商务初现雏形，形成了能覆盖到乡镇一级，相对完善的物流体系。随着农村经济的健康发展和农业效益的不断提升，农村居民的消费能力日益增长，为农产品、家电、百货、农资等农村网购的发展带来了巨大的发展空间。

（二）主要问题

1. 互联网农业信息平台缺乏。农业信息平台是农业从业用户发布和获取信息的重要工具之一，其完善与否会对农业发展产生巨大影响。但就我县目前情况来看，农业信息平台的建设并不完善，网络上农业信息不全面，还不能完全满足农业从业人员的信息需求。因此，部分农业从业人员的难题不能得到及时有效地解决，在一定程度上阻碍了农业生产经营活动的顺利进行。

2. 互联网农业基础设施建设不足。与其他发达地区相比，我县的农业互联网基础设施建设水平较低，农村电脑拥有量少、互联网覆盖面积狭小，硬件设施较差，互联网技术并没有在农业生产中得到广泛应用。由于经济发展水平的差异，大部分农业从业人员并没有用上互联网技术，甚至不了解互联网技术的意义和作用。目前，我县信用制度还不健全，信用机制和约束机制正在探索阶段，电子支付的手段尚不成熟，这给农民从事网上经贸活动带来很大的风险，往往存在着畏惧心里。同时，农村电子商务交易主要是通过网络来实现，而网络经常会受到各种病毒、木马程序的攻击，加上农村网络硬件、软件设备的落后以及缺乏安全技术支持给不法分子提供了可趁之机，一些网上诈骗的案例屡屡发生。

3. 农业从业人员素质不高、农村电商人才短缺。作为"互联网+农业"这场变革的主体，农民受知识水平的限制，能否"+"入互联网、如何"+"

入互联网，是互联网与农业能否真正实现深度融合的关键。但就我县当前情况来看，网民在互联网的使用上具备以下 3 个特征：一是网吧是主要上网途径；二是收入不高者、年轻男性、初中高学力为主要人群；三是许多网民将网络作为聊天和玩乐的工具，娱乐化倾向比较突出。

4. 农产品标准化瓶颈影响。农产品标准化不公关系着农产品网上交易的流畅性，同时也关系着食品的安全性，农产品生产无法标准化，一直是制约农业发展尤其是农业互联网化发展的重要因素。主要体现在标准化体系不完善、标准化意识淡薄，生产环节不积极，消费环节不关注，再加上推行标准化建设的力度不够，更加弱化了产品标准化建设。

5. 网络农业营销物流平台滞后。受自然条件的影响，农产品的生产和农用品的需求具有很大的不可预知性，农产品生产区域和生产者相对分散，农产品附加值较低且种类繁多，而品质评价的主观因素较强，物流配送困难，比如种籽怕挤压、农药类产品有毒、新鲜农产品易变质等，而且农村的配送点相对而言较分散，不像城市集中。现有农业物流平台硬件设施缺乏，使各种物流信息不能在更广的范围内被更多的人共享。各个物流公司与网络农业营销物流平台衔接不到位，产品运送不及时，给客户带来不必要的麻烦，同时也给农产品经销商的经营活动造成一定的负面影响。同时，生产销售脱节。目前，先生产后消费仍是主流，以消费带动规模化生产的订单农业还不多见。

6. 农产品市场配套服务设施不够完善。市场建设和改造缺乏资金支持，产品质量安全检验不够完善，甚至缺少……

三、加强我县"互联网＋农业"发展的措施探讨

（一）充分认识，高度重视"互联网＋'三农'"对于促进农村发展的重要作用。"互联网＋"概念的诞生，虽然时间很短却显示出了强大生命力，目前，"互联网＋"行动已进入发展的黄金期。对于"三农"工作，"互联网＋"显示出了重要的作用，互联网可以渗透到农业产业链的各个环节，通过互联网，将农业产前、产中和产后联系起来，成为促进现代农业发展的重要手段。通过互联网，促进产业化经营，实现一、二、三产业融合发展，使农业呈现出

综合型、复合型价值，能够得到多重的利益回报。互联网能够充分发挥农业多功能性，促进农业产业化经营，对农民增收和农村发展发挥巨大作用。

（二）坚持因地制宜，积极探索，循序渐进的发展原则。认真结合我县发展实际，坚持以农民利益为导向，依靠市场主导，突出品牌价值，坚持数据开放、数据共享，遵循"实惠、平等、公平、方便"的原则，根据各地实际，集中力量，发挥资源优势和特色，避免一哄而上，以农民最关心的切身利益为切入点，以电子商务为突破口，先简单后复杂、先试点后推广。

（三）强力推进网络农业平台建设。农业发展网络平台的建设是加快实现农业现代化最重要的举措之一。第一，要积极争取国家资金投入，完善农业网络体系，为农业从业者提供信息获得渠道。第二，要进一步优化网络环境，减少网络使用障碍，使更多的人能够参与到农业信息平台的建设过程中来。第三，要加强农业网络体系建设的宣传力度，提高网络信息的安全性，使各个农业从业者能够主动参与平台建设，积极发布农业发展相关信息。

（四）着力加强网络农业基础设施建设。在农业生产、发展的过程中积极引进各种智能控制系统及先进的技术设备，提高农业生产的现代化水平。加强农业科技创新和示范推广工作，研发各种农业生产的新技术，普及应用各种新的智能设备，为农业现代化建设奠定基础。

（五）努力培养网络农业技术人才。加强对农业从业人员的教育培训工作，加强对互联网农业人员的素质提升，学习最新的互联网农业生产理念和互联网技术，并积极借鉴先进国家或地区的发展经验。

（六）全力支持联合经营。为了促进互联网农业的顺利发展，要积极组建并完善联合经营渠道，依托互联网形成产、供、销一体化联营模式。首先，个体农业生产者之间可以进行联合建立合作社或家庭农场，形成规模，同时农户要加强与农产品加工企业的联系，将原农产品加工成各种商品，增加农产品的价值。其次，要积极推动互联网营运商建立或拓展农产品销售网站，实现农产品销售的电商化。各个农产品经营业主要加强与物流公司的合作，实现产品下单和物流配送的一体化。

总之，"互联网＋农业"的发展，不仅有利于提高我县的农业现代化水平，对于加快社会主义新农村建设、和谐社会建设都具有十分重要的意义。但由于各种主客观因素的限制，我县互联网农业发展仍处在初级阶段，农业现代化水平有待进一步提高。因此，各级各部门需要高度重视，认真研究，要认真贯彻落实党中央、国务院的部署要求，顺应信息社会快速发展的新形势，主动适应、引领经济发展新常态，紧密结合农业农村特点，立足加快转变农业发展方式，提高农业质量和效益，统筹做好农业电子商务、农业物联网、农业大数据、信息进村入户等重点工作，从当地实际情况出发，担负起发展责任，采取各种积极的发展措施解决存在的问题，借助互联网平台，加快灵璧现代农业发展步伐。

农村应大力培育乡贤文化

尤传化

习近平总书记在党的十九大报告中提出"实施乡村振兴战略"，中共中央国务院关于实施乡村振兴战略的意见也强调必须坚持物质文明和精神文明一起抓，提升农民精神风貌，培育文明乡风、良好家风、淳朴民风，不断提高乡村社会文明程度。

那农村文化传承工作应由谁来做呢？"村里的文化人"，也就是农村乡贤可以起到举足轻重的作用。乡贤本身就是文化。乡贤文化，好比乡村精神血脉。在乡村社会中，乡贤往往是先进文化的代表，无论过去、现在还是将来，都能够引领乡村世界的文化风尚。乡贤文化犹如散落在民间的一座金矿，如何做好挖掘、培育和利用好乡贤文化资源，使其在农村精神文明建设中发挥重要作用，政府要做好以下几项工作。

第一，评乡贤。由文广新局、文明办等单位牵头组成乡贤文化评选机构，利用主流媒体和网络平台大力宣传乡贤文化。采取村里推荐、群众评选、镇里考察、县里备案等方式，建立乡贤文化人才信息库。

第二，用乡贤。各基层组织和文化宣传站所，要充分调动乡贤的积极性，结合乡贤自身所长，在社区化解矛盾、移风易俗、民俗传承、文化采编、乡村记忆、文明传播、文艺生活等方面发挥作用，让乡贤成为基层工作的有力助手，以实际行动为家乡文化建设贡献力量。

第三，重乡贤。各级组织要为乡贤提供展示机会，在村、社区中心显著位置，以庄重、醒目、规范的表现形式设置"乡贤榜"，利用媒体广泛宣传乡贤的典型事迹，引导居民向乡贤学习，营造争当乡贤的良好氛围。

总之，基层政府和文化主管部门要把"乡贤文化"工作摆在重要位置，建立健全乡贤文化研究机制、乡贤参政议政机制、乡贤文化服务机制、乡贤待遇礼遇机制，以提升乡贤人士的文化自信心，使其在乡村振兴战略中起到精神引领作用。

2018 年 3 月

"送戏进万村"文化惠民工程应真惠民

尤传化

近年来，安徽省文化厅推出了"送戏进万村"文化惠民工程，通过实践效果来看的确有效满足了农民精神文化生活需要，同时也起到了移风易俗、进行思想道德教育的目的。目前，"送戏进万村"已经成为调节农民生活的一剂良药，让农村再次出现和谐、安乐的气氛，它以健康的、积极向上的节目宣传科学、反对迷信，宣传进步、反对落后愚昧，是引导农民正确价值取向的重要途径之一。概括起来"送戏进万村"有以下几点好处：一是占领了农村精神文化阵地；二是丰富了农村群众文化生活；三是传承了地方戏曲"非遗"传承项目；四是宣传了党的方针和政策；五是传播了正能量促进乡风文明建设。

为了改变当前一些地方"送戏进万村"存在走过场的问题，切实提高送戏下乡的质量，进而使其成为农村文化建设的重要组成部分，提升农民的文化生活质量。提出以下建议。

一、应改变送戏下乡的时间节点。目前"送戏进万村"活动大都选在每年的秋后举办，岂不知这个时间段农村务工人员全部不在家，村里只有一些留守老人，达不到传播文化的效果。因此建议，活动应在农历的腊月到正月举办，因为这个时间节点是农村务工人员都返乡的时间，也是农村最热闹的时间段。再者就是每年的暑假，特别是晚上，这个时间段不但学生放假在家，而且正是农民纳凉的时段，举办"纳凉剧场""纳凉书场"很受群众欢迎。

二、演出节目应适应新时代。除剧种要适应地方群众的习惯喜好和保留一些经典剧目外，还不能年复一年千篇一律，没有新作品，跟不上新时代。要创新一些以农民身边故事为题材的生活小戏、历史故事、英雄人物和民间传说等；也可以以快板、相声、琴书、大鼓唱等，曲艺表演形式，唱老百姓身边的事，既丰富了演出节目多样化又适宜了不同层次人群的观赏，同时又能带动非遗传承传播和发展。

三、拓展网络传播渠道。"送戏进万村"活动应争取利用网络技术，开通网上剧场、网上送戏、网上传承、网上春晚等。如文化云，让"送戏进万村"也搭上高科技的翅膀飞的更高更远，惠及亿万农民。

2021 年 1 月 4 日

如何解决农村小学和教学点存在的问题

农村小学及教学点是为解决农村地区，特别是人口稀少、居住分散的偏远地区的教育发展而设置的小规模不完全学校。目前在我县农村，尤其是偏远地区仍然存在着为数不少的教学点。教学点的设置是贯彻落实《义务教育法》的需要，是解决当前贫困地区特别是偏远地区学生上学远、上学难问题，是当前形势下农村教育发展中的一个必要补充。然而，随着计划生育政策不断实施，城镇化进程的加快，外出务工农民进一步增多，农村中小学布局结构不断调整，在城镇中小学教学条件越来越完善的同时，农村的教学点似乎成了一个"被遗忘的角落"，"七多七少"问题比较突出。

1.老教师多，年轻教师少。当前农村小学，特别是教学点以民办转正教师为主，以七站八所转岗分流人员及特岗教师为辅，特岗教师大多是教老师，年轻教师占农村小学教师的比例则更少，形成了"老帅、女将、娃娃兵"。民办转正教师马上面临退休，近两三年内这批教师有可能退完，如浍沟镇，全镇共有152名教师，三分之二是民办转正教师，14名小学校长有十名年龄在五十岁以上，有的面临退休，那时农村老师缺口将更大。

2.乡镇中心小学及交通便利的学校教师多，偏远地方教师少。有点关系的老师，以各种方式调回城镇小学，偏远学校由于条件艰苦很难留住教师。

3.中学教师多，小学教师少。随着计划生育政策的实施以及学生家长对教育的不断重视，农村中学的学生逐渐向县城集中。如娄庄中学高峰期有学生4000人左右，现在只有460人，而教师有150人，将近100名教师闲余。全县19所农村中学，将有500多名教师闲余。这些教师中，不乏中高职称的教师，甚至有中高职称的教师在中学看大门的现象。

4.镇中心小学学生多，村小学及教学点学生少。有条件的学生涌向县城或随父母在务工所在地上学，剩下的向乡镇中心小学集中，在村小学上学的廖廖无几。如韦集镇共有2800名学生，其中2000名学生集中在镇中心小学。

5.语数教师多，音体美外教师少。教学点的教师大多年龄老化、学力层次低、知识结构陈旧，一名教师往往还要包揽多门课程，而这些教师对音乐、体育、美术等素质教育的一些课程力不从心。音乐课就是放光盘，体育课就是跑步和做操，美术课就是学生自由发挥。

6.授课的多，教研的少。由于农村小学教师和学生都少，教研组名存实亡，教师也因为没有氛围缺乏热情和动力搞教研活动。

7.普通教学设备多，先进教学设备少。农村小学及教学点多为"粉笔＋黑板"等最基本的教学设备，都是"一本教案进课堂，一支粉笔打天下"。基本没有电教设备、实验器材，图书、篮球、足球、钢琴、手风琴等体育、音乐器材十分短缺。

解决办法具体如下。

1.科学规划，增加半寄宿制学校。我县有人口130多万人，劳务输出每年达30多万人。随着年轻人外出务工，接送孩子上下学的都是年纪较大的爷爷奶奶，一天四个来回，误时误工，不方便，也不安全。若按照人口1万人左右的范围建一所半寄宿制学校，既能使外出务工的学生父母安心工作，也能减轻在家爷爷奶奶的压力，同时也留住了学生。

2.资源共享，创办九年教育一贯制。一方面乡镇中学大量校舍场地闲置，另方面乡镇中心小学人员拥挤，严重缺乏校舍及场地。若把乡镇中心小学的高年级搬到乡镇中学，既充分利用了乡镇中学的闲置校舍，也解决了乡镇中心小学的拥挤，更能为乡镇中学留住一部分生源。

3.创新机制，鼓励乡镇中学老师到小学任教。鼓励乡镇中学年轻且职称较低的老师到小学或教学点任教，在以后评职称上优先。返聘有责任心又热爱教育事业的退休老师继续任教，适当给予生活补助。

4.联合办学，开展农村小学办学体制改革。试行委托管理、契约式管理。可以不改变农村小学及教学点学校的公办性质，政府全额拨款，由民间具备相应资格的教育团体及个人与教育局签订联合办学协议，确定办学理念和要达到的目标，同时在课程、人事、教师等方面给予学校较大的自主权，每年验收一次，合格者继续签约，不合格者收回。可以优先考虑乡镇中学富余的老师。

5.盘活资产，改善办学条件。调研中发现许多农村小学及教学点存在大量闲置教室、校舍土地等情况，对于这些闲置资产可以采取置换的方式来改善教学点或农村学校的建设，如学前教育、教师周转用房、学生宿舍、食堂等。

（县政协教科文卫体委员会　供稿）

"医养康"三结合提升改造农村卫生室

尤传化

近期，在对乡村卫生服务一体化管理调研中获悉，下一步政府将加大对农村卫生基础设施建设的投入，将对农村卫生室进行提升和改造。大家都知道我国已经进入老龄化社会，特别是农村留守老人逐年不断增加，当然老年性患病和康复人群也会随之增多，现有的农村卫生室、老年人幸福院和残疾人之家，无论从面积、设施、管理、服务都不能满足实际需求，例如，农村幸福院大多就是冷冰冰的几张床或几只沙发放在村委会，因无人管理，平时根本没有人去。残疾人之家的康复器材大多放在村文化活动室，因没有专业辅导人员，只能闲置，不但造成财政资金浪费，而且根本没有发挥作用，几乎形同虚设。

因此建议借助农村卫生室提升改造的机会应统筹设计，探索基层"医养康"相结合模式，满足未来实际需要。

一、统筹设计。民政、卫健、残联等部门对村卫生室提升改造应将"医养康"综合性服务设施统筹设计方案，例如，厨房和餐厅、药房、治疗室、康复室、活动室等，以及日常生活起居的坐便、淋浴器、轮椅、床、上下楼梯等设备设施。

二、服务人员。除现有乡村医生外，还要具有专业化社区养老照护服务人员。例如，托养照护、生活照料、康复训练、心理保健、中医理疗、健康讲座、情感交流等医疗保健服务专业人员。

三、财政支持。财政资金应倾斜农村医养康综合建设项目，应积极推进机构健康养老服务，将医疗资源配置作为养老机构新建和改扩建的基本标准，统筹推进养老机构拓展医疗服务功能建设，落实老年人医疗惠民政策。完善"医、养、康"三结合的非营利性社会组织，

四、整合资源。整合乡镇卫生院、敬老院、幸福院、残疾人之家、村卫生室等医疗和养老服务机构和设施，补齐农村现实养老服务短板。

2020 年 4 月 24 日

农村电网升级改造要统筹协作

　　根据 2016 年重点协商计划安排，2 月 29 日县政协召开九届五十一次主席会议，视察协商加快农村电网升级改造。常委、委员先后视察了灵城灵北变新建工程、虞姬变增容改造工程及黄湾台变入户工程，听取了县供电公司关于我县农村电网升级改造情况的通报。会前，县政协经济委组织部分委员，就我县"十二五"以来全县农村电网升级改造情况进行了专题调研。在调研、视察的基础上，委员们就抢抓机遇加快农村电网升级改造进行深入协商。

一、取得的成绩

　　委员们认为，"十二五"期间，我县电力工作取得显著成就，为城乡居民生产生活和经济社会发展提供了动力保障。2015 年全县供电总容量达到 380 兆伏安，最大负荷 17.2 万千瓦，同比增加 10.4%；用电量 6.64 千瓦时，同比增长 5.56%。

　　委员们指出，"十二五"期间，供电部门抓住政策机遇，积极争取国家投资，有力地推动了农村电网升级改造。全县农村电网改造升级工程共完成投资 2.53 亿元，重建变电站 7 座，增加变电容量 7 万千伏安，增容改造变电站 6 座，增加容量 3 万千伏安，建改 35 千伏线路 65 公里，10 千伏线路 370 公里，新增改造配电台 512 个，容量 11 万千伏，低压及下户线 1210 公里，户表改造近 7 万户。农村电网改造极大改善了配电设施，有效解决了农村低电压问题，群众普遍反映停电次数明显减少，供电可靠性显著提高。在电网改造的同时，供电系统不断创新管理，严格执行国家电价政策，销售、抄表、收费等环节的服务水平显著提升，群众对供电满意度逐年提高，实现了由"电老虎"到"电保姆"的重大转变。

二、存在的问题

　　农村电网改造涉及千家万户，是一项重大的民生工程，全社会都十分关注。通过调研视察，委员们认为，我县农村电网改造升级仍面临一些困难和问题。

1.历史欠账较多，供电卡"脖子"现象仍然存在。据供电部门统计数字显示，目前全县供电户均配电容量只达到 1.37 千伏安，离"十三五"末达到户均 2.5 千伏安目标差距较大，离远期达到 4—5 千伏安的要求更是相去甚远。由于全县部分供电设备老化，输出线径偏小，变台数量少，配变容量低，供电能力弱，很多农村不同程度的存在供电不足现象，个别地方用电高峰时段"灯不亮，扇不转，饭不熟，冰箱、空调成摆设"，农户苦不堪言。

2.建设环境不优，导致电网升级工程进展缓慢。一是建设难以形成合力。部分乡镇、村居认为电网改造是供电部门的事，对施工中的矛盾不能主动及时化解，施工单位又无力解决各种纠纷，造成部分工程施工进度较慢。二是少数群众对电网改造预期过高。一方面对农村电网改造愿望迫切，变压器容量要大、电线杆要高、导线要粗，提出诸多不合理要求；另一方面涉及具体的占地补偿、青苗补偿、线路除障等问题时又不予配合，不切实际，漫天要价，阻挠施工，甚至以破坏风水为由，强行要求电杆、变压器、拉线移位等，导致工期延误，造成损失。

3.安全用电存在很多隐患，易发伤亡事故。一是一杆多线较为普遍，很多到村入户的电话、有线电视、移动、联通等弱电线路都胡乱地搭载在电力线杆上，极易造成短路、碰火，造成伤亡事故。二是安全用电意识不强，随意在高压线下钓鱼、放风筝等。三是农业灌溉和抗旱排涝用电缺乏有效监管，存在私搭乱接现象，做不到规范用电、安全用电。

4.电网规划和地方规划衔接不够，造成改造升级工作被动落后。全县的农村建设总体规划、美丽乡村建设规划等基础性规划编制速度较慢，全县农网建设"资金等项目、项目等规划"问题较突出，导致预留新建变电站址、线路廊道等都在不断变化之中，边建边规划，极易造成极大的浪费。

三、对策与建议

1.抢抓机遇，力争更大投资。"十三五"期间，国家决定拿出 7000 亿元用于农村电网升级改造，并对贫困地区实行倾斜政策，这对我县是一个极好的机遇，建议县委、县政府和有关部门抢抓机遇，建立农村电网改造领导组织，负责统筹指挥农村电网改造工作。各乡镇要相应成立相应组织，负责将项目落实到村、到组、到户，使争取到手的项目都能按期建成并发挥效益。对全县农村电网进行一次全面提档升级，彻底解决农村电网基础设施薄弱、供电卡口、低电压比较突出的问题。

2. 一路绿灯，为电网改造提供优良环境。一是政府应出台相关政策，打开绿色通道，帮助项目实施部门解决施工中遇到的实际问题和困难。各相关部门也应为农网建设亮启绿灯，在依法行政的前提下，优先办理相关手续，全力支持、配合农网改造建设工作。二是将农网建设工作责任细化、量化，并列入各乡镇、相关单位的考核体系，加强项目建设的督查、考核，切实优化农网建设环境，确保项目快速有序推进。

3. 完善规划，进一步加强规划衔接。一是县政府相关部门要及时出台有关规划。供电部门要主动与有关部门对接，做好电网规划与全县"十三五"社会经济发展总体规划、城镇建设规划、美丽乡村建设规划、土地利用规划、农田水利建设规划、光伏发电发展规划、秸秆综合利用规划、新能源电动汽车充电站建设规划等专项规划的有效衔接，确保规划得到有效实施。二是规划中应根据农网建设的设计要求，科学预留基础设施用地和线路廊道，强化规划严肃性和执行力，不得随意变更。

4. 保证质量，加快农村电网建设。建设部门应认真总结农网改造工作和借鉴先进地区经验，坚持"严格标准、适度超前"原则，建设水准上做到"标准化、安全化、智能化、美观化"，认真执行专项规划和国家建设标准，拓宽设计思路，加快工程建设进度。加强对施工人员及电工的培训，提高工程建设及维护水平。通过"十三五"期间的建设发展，彻底消灭供电死角，杜绝"低电压"、供电"卡口"现象，逐步实现由"用上电"提升到"用好电、好用电"。

5. 加强宣传，提高安全用电意识。一是动员全社会的力量，加强农村用电安全宣传，提高全员安全用电和自全防护意识。二是强化镇村两级组织的安全用电属地管理责任，教育村民依法用电，对村民私拉乱接用电行为予以制止，对辖区内高压线下的违法钓鱼、违章种植及其他破坏电力设施的行为予以劝阻。三是公安、电力执法部门要加大对违章用电、违法窃电行为的打击力度，通过对典型案件的公开曝光处置，形成震慑一方的作用。

（县政协经济委员会　供稿）

乡村道路不应是酒驾监管的盲区

尤传化

近几年来，随着公安交警加大对酒驾的查处力度，尤其是城镇"喝酒不开车，开车不喝酒"的观念已经深入人心。但在调研中发现，一些农村地区，特别是乡村道路，很多人对酒驾的危害认识不足，存在侥幸心理，又因受警力限制，农村地区查处酒驾存在"盲区"，乡村道路酒驾现象十分突出。其实农村道路，存在路面窄、村庄稠、弯道多、视线差的问题，驾驶两轮和三轮电瓶车者多为妇女和老年人，交通意识淡薄，尤其在传统节日期间及乡亲邻里结婚等红白喜事和各种聚会时，酒后驾车屡见不鲜，恶性交通事故频发、危害极大，因此加强对农村道路酒驾巡查刻不容缓，为此建议如下。

一是加强宣传教育。农村群众尤其是老年人受教育程度相对较低，交通意识淡薄，因此交警部门要加大对农村地区"酒驾"违法行为的交通安全宣传力度，利用节假日、农村逢集以及人员聚集的广场、集市、农村广播室等主要时间、地点，播放交通安全宣传段，广泛发放拒绝"酒驾"的宣传资料，提高群众交通安全意识和自觉遵守相关法律法规意识，形成社会整治"网络"，营造"酒后驾车"人人喊打的宣传氛围。

二是发挥基层作用。公安交警在加强巡查的同时，要调整方式和方法，充分发挥各乡镇基层派出所辅警和乡村治安员的作用，分路分段责任到人，明确责任，加大对农村酒驾违法者的震慑力度，扩大酒驾宣传教育面，扫除农村

"酒驾"的监管盲区，全面加强道路交通安全管理。

三是依法严厉打击。公安机关要加强对农村道路"酒驾"违法行为的查处力度，强化农村道路交通安全巡逻管控密度，定期开展酒驾宣传整治行动；对酒驾行为和交通事故案例，举一反三，用身边的人和事惩前毖后，保持对农村酒驾的"高压严打"态势，形成"喝酒不开车，开车不喝酒"的常识理念。

2019 年 2 月 22 日

农村广播现状调查引起的共鸣

井茂龙

【2002 年 11 月 8 日《对农村广播》】

（男）听众朋友，您好！在今天的《对农村广播》节目里，跟大家拉拉广播这个话题。提到广播，您可能会联想到七八十年代，村村庄庄都曾安上了大喇叭。那时，在田间地头，在家前院后，都能听到广播声音，准时、亲切、耐听。但不知从何时起，农村的大喇叭渐渐走了音变了调，还常常"哑吧"。大喇叭"走音变调"和"哑吧"的原因是什么？随着电视、报刊等媒体的快速发展，广播还需不需要？如果需要，还能不能重振广播的雄风？带着这些问题，我台最近组织人力对全县农村广播现状进行了调查。

（女）我县共有 21 个乡镇 566 个行政村，人口 110 多万人。21 个乡镇都有广播电视站，村村都有广播室，除 5 个村广播机损坏准备维修外，561 个村广播机都能正常使用。全县共有 275W 扩大机 734 部，25W 高音大喇叭 6572 只，全县杆线传输 3400 杆公里，21 个乡镇广播站接收县台的节目全部使用调频机，所有村接收乡镇站信号使用调频接收。

（男）从调查的情况来看，全县的广播设备是良好的。但是，全县只有

9 个乡镇能按要求转播县台节目，6 个乡镇不能正常开机，5 个乡镇有半年以上基本不转播县台节目，全县 566 个村正常开机率不足 15%，80% 以上的村没有专职广播员。费税改革之前的值机员基本上是村书记、主任的亲属。村喇叭不收转上级台站广播节目，一些村干部不论啥时间，只要自己高兴和需要就开广播会，广播会开完了喇叭就停了，群众想听也听不到上级台站广播节目。

（女）造成农村广播这种现状的原因是什么？请听县广播电视局副局长程光明同志的分析：[出录音]

近几年来，随着电视、报刊等宣传媒体的迅速发展，作为老大哥的广播由于只是单一的声音传播，越来越不被人们看重，少数领导也有轻广播重电视的念头。一是会上提到宣传的事，说广播的少了，从而导致一些单位和部门需要宣传时不找广播记者；二是资金投入少了，广播与电视设备所需的投入经费相比，只占几十分之一，就是这极小的投入也保证不了，从而导致广播设备老化，不能维持正常工作。

（男）据调查，2000 年下半年以来，除韦集镇集资添置设备外，其余各村各乡镇没有新购置扩大机、喇叭等设备。一是广播电视部门自身轻广播重电视，不仅对广播投资少，在用人上也存在这一现象，比较优秀的编辑、记者播音员调入电视台工作，从而导致广播人才不足，难以把节目办活办好；二是电台自身也存在问题，电台人员由于以上几个方面原因，工作积极性受阻，对自办的节目习惯了编辑编稿、播音员读稿的方式，缺少活力，从而导致收听率低。各乡镇广播电视站的人、财、物三权下放后，作为乡镇广播电视站的主管部门县广电局，除在业务上对乡镇站指导外，在综合管理上失去控制，尽管也制定了一些规章制度，但在具体落实上就难了。2001 年，乡镇机构改革，广播电视站和文化站合并成文广站，只设 1 个编制，按照实际工作需要，文广站至少需要 3 人才能维持正常工作。在调查中，许多乡镇站和行政村反映，缺少资金是制约广播事业发展的关键。对这个问题，我们采访了曾担任过乡镇党委书记、现任县广电局局长的赵朝法同志：[出录音]

一个乡镇站一年开机的电费、维修和更换机器零件等费用在 1.5 万—2 万元之间，这笔费用到位的乡镇只占全县乡镇总数的 40%，虽然广电站嗷嗷待哺，但乡镇财政实在挤不出那一点奶水。去年至今，有一个乡镇广播站因欠供电所的电费，三次被停电，最长的一次停了 58 天。全县半数以上的乡镇不能正常开机或根本不开机，与缺少经费有直接关系。乡镇广电站情况如此，村级广播问题出在什么地方呢？我们调查了一个中等人口规模的村，该村人口 1512 人，人均农业税正税 58 元，计 87696 元，附税为正税 x 20%= 17539.20 元。按照省税费改革的文件规定，正税为乡级财政收入，附税为村级收入，该村没有其他集体收入，可支配的就是这点附税。按规定，附税用于村干部工资、五保户供养和村级办公经费三大项。该村现有干部 9 人，平均工资 1600 元，工资一项为 1.44 万元，五保老人 6 人，按要求，每人每年生活费不少于 900 元，另加供应柴草，计 0.54 万元，以上两项支出为 1.98 万元，该村附税以上两项支出都无法保证，根本谈不上什么办公经费，计划生育、教育、社会治安、广播宣传、各种检查评比等等所需花钱的事令干部焦头烂额。上级文件明确规定，除农业税负担外，不得再向农民要钱，在所有的收入税项中，又没有明确用于广播建设的资金。这个村的干部说，发展集体经济，增加集体收入，那是美好的梦想，解决不了今天的现实问题。谈到广播时，村干部们一脸的无奈，正常开机一年需要 3000 多元的电费，我们确实没有这笔钱开机，只能开开广播会。

（女）农村需不需要广播？广播在农民心目中是个什么位置？请听几位农民的心声。

禅堂乡红山村农民王法云说：[出录音]

过去，在田间地头、家前院后，大喇叭播放的新闻、科技知识、小说连播等节目是广大农民群众听党的声音、了解信息和文化娱乐的主要方式和途径，那时的大喇叭准时、亲切、耐听。但是不知从何时起，农村的一些大喇叭渐渐走了音变了调，还常常是"哑巴"，真希望大喇叭响起来。

（女）浍沟镇山西村农民吕跃勤说：[出录音]

一些村干部平时不学政策法律、不学科技知识、不了解市场信息，早晚开一次广播会不是"嗯"就是"哈"，东扯葫芦西拉瓢，漫无边际，废话连篇；一些村干部不论啥时间，只要自己需要就开广播会，他不管你正在听中央新闻还是省市新闻，也不管你正听着天气预报，他的"自办节目"广播会，耽误群众想听的东西，群众干急没有办法。

（女）向阳乡大桥村农民张玉好说：[出录音]

尽管电视在农村普及了，可农民一忙起来，到家里坐下来看电视的时间就少了，再说农村的电费也不低，天天听听广播，真是既学到了知识又得到了娱乐。

（男）我们听到了几位农民代表的心声，只要办好广播，确实能受农民朋友的欢迎。

国家三代领导人都对搞好广播宣传作了重要指示，江泽民同志在 2000 年为《中国人民广播事业暨中央人民广播电台创建 60 周年》发表重要指示："广播事业是党的新闻事业的重要组织部分。60 年来，中央人民广播电台为宣传党的路线方针政策和弘扬爱国主义、集体主义、社会主义思想、激励广大干群奋勇前进作出了贡献。希望中央人民广播电台和全国广播系统继续办好广播，让党的声音传入千家万户，让中国的声音传向世界各地。"

（女）江泽民同志的重要指示，高瞻远瞩地论述了广播宣传的重要性，因此，农村的有线广播现在和将来仍是广大农村宣传党的方针政策、传播致富信息和基层安排工作、指导生产的重要工具，是农村精神文明建设和文化娱乐的有效途径和重要阵地，治好"哑巴"，让大喇叭准时、正常响起来，是广大乡村干部要办的急事和实事。

在调查中，渔沟镇党委书记陈树华说：[出录音]

农村广播是基层党委、政府开展工作得心应手的有力武器，是巩固农村基层政权，密切同群众联系的重要舆论阵地，是任何其他宣传工具都无法替代的。

（男）这份《关于我县农村广播现状的调查报告》播出后，先后收到听众来信 30 多封、电话 20 多个，更引起了县委、县政府的高度重视。为此，出台了《关于加强农村广播网建设的若干规定》，要求各级领导要把"村村通，长期通"摆到党委、政府的工作议程，并纳入党建检查的一项重要内容，作为落实"三个代表"，为群众办实事的大事来抓，切实解决农村广播发展中遇到的难题，真正做到农村广播电视"村村通，长期通"。

（女）在全县乡镇党委书记和乡镇长会议上，县委书记李令臣、县长储诚胜都强调，不重视广播宣传的领导不是好领导，并明确要求每个乡镇的广播必须在规定的时间内、按业务部门的要求正常开机。县广电局借此东风，积极做好检查督促和技术服务工作，对行动快和行动慢的乡镇及时在广播电视中通报。渔沟镇党委书记陈树华天天听广播，发现哪个村不转播上级台站节目，就亲自到村里过问。在不到两个月的时间里，我县各乡镇先后投资 260 多万元，更新维修广播设备，全县广播的通播率、长响率得到明显提高。

（男）广播之路任重而道艰，需要解决的问题还很多。我们深信，只要争得各级领导的重视，加上广播人的积极努力，就一定能把广播办好，真正成为党委、政府的喉舌，农民的知心朋友。

莫让乡村广播"无语"

许 岩

乡村广播作为村民喜闻乐见的宣传方式，在宣讲惠民政策、发布各种便民信息、普及法律及农业科技知识等方面曾经发挥了较好的作用。如今党和政府的惠农、强农政策越来越多，广播的内容更加丰富了，但是在部分乡镇，曾经人人喜爱的广播不知从何时起却突然"无语"了，村民总感到生活中缺少了什么，从而造成了农村精神文化相对贫乏。对此，我认为应让乡村广播响起来。为此建议如下。

1. 要把农村广播建设作为一项重要民生工程来抓。政府要加大财政投入对乡村广播设备进行技术升级，更换落后设备，配备文化宣传员，投入一定人员经费、工作经费，真正做到"乡站有人管、村室有人守、故障有人修"。

2. 立足实际，发挥广播宣传的优势性。要多办村民喜闻乐见的节目，精心安排播出时间和节目内容，让村民不管在什么时候都能听到喜欢的声音，要做到服务村民，不扰民、不误农时。

3. 充分利用宣传阵地，把握乡村宣传"喉舌"。乡、村两级或相关部门在推动某项工作时，应尽量发挥基层党组织的作用，注意利用乡村广播，发动村民自觉参与。只有这样，乡、村广播才能成为"接地气"的宣传工具，才能由"催事喇叭"变成村民喜爱的"惠民喇叭"。

4. 加大资金投入，乡站村室要人员、经费双到位，让乡村广播真正成为服务农民群众的惠民便民的"好声音"。

小型农机具何去何从

井茂龙　周宗谋

我县是典型的农业县，近130余万人口，180余万亩耕地。改革开放40多年来，在党的惠民政策引导下，土地潜能得到了充分发挥，其投入产出日益增大，为农民朋友奔小康奠定了雄厚的物资基础。特别值得一提的是，作为全国农机化百强县，其大小农机具在提高农业生产力水平、增强农业发展后劲增大土地产出等方面都发挥了极其重要的作用。然而，随着土地逐步集约化经营，大型农机具的日渐增多，小型农机具的市场也越来越小，它所引发的问题令人思考。

灵璧有 20 多万户农民，大小农机具拥有量 15 万多台（套），其中小农机具约占 95%。按照每台（套）小农机具配套总价值 10000 元匡算，全县农民农机具购买投入约 15 亿元。农民投入这么大的资金，利用率却极低。调查显示，农民每年午季使用小农机具只是 10 天左右，秋收秋种也就 20 天左右，小农具全年使用时间不过一个月，其他时间基本是闲置的。按正常情况下，农机使用寿命一般是 10 年左右。据业内人士介绍，农机具不管使用与否，其寿命相差不大。由此可见，这种低使用率给农民带来了极大浪费。有位无农机具的农民朋友算了一笔账，他家有 3 口人和 6 亩承包地。这几年午收用的是联合收割机，每亩收割费用 35 元、运输费 5 元，夏种机播费用每亩 8 元，秋季运输及脱粒费用每亩 15 元，机耕机播每亩 35 元，年农机具收种约投入 588 元。若花万元购买一套小农机具按可使用 10 年计算，租用别人的农机具要比自家购买农机具少投入一半以上。那么，如果全县农户都按这位农民朋友家庭的标准计算，租用农机具比自家购买少投入 8 亿元左右，数字相当可观。

从目前农村小农机具利用状况来看，一家一户地购买，不仅加重了农民的经济负担，也造成了农机资源的浪费。再加之 90% 农机户驾驶小农机具没有经过技能培训，在使用过程中，他们不明白机械事故前兆，有了事故也不知如何排除，有的还造成机毁人亡的惨剧。特别是随着土地流转和集约化经营的实施，几百亩甚至几千亩土地连片种植，使得小农机具越来越不适应当前农业发展的需要。

为此，笔者以为，在土地集约化发展的过程中，政府应发挥宏观调控指导作用，为农民朋友当好参谋，引导他们认清我国大农业集约化发展的趋势，逐步发展大型农机具，增强农业发展后劲。同时，通过市场手段，比如农机具租赁公司或者股份制购买等手段，以减轻农民在农业生产中的成本投入，最大限度地提高农业生产效益。

与此同时，各地的农机推广与监理部门要加强对小农机具使用的管理和使用者的技能培训，使他们懂技术会使用，减少机械、交通事故，提高小农机具的安全使用和利用率。

应提高农村敬老院管理和服务人员待遇

尤传化

农村敬老院是政府为保障农村集中供养五保对象基本生活需求的客观要求，也是全面建设小康社会，构建和谐社会的重要组成部分。近几年来，随着财政的投资加大，农村敬老院的基础设施建设和院民的生活条件，以及环境卫生都有很大改善和提高。但在调研中发现敬老院在仍然存在一些问题，亟待解决。

一是敬老院管理服务人员工作繁重。随着五保对象年龄的不断增长，身体状况越来越差，失能失智和生活不能自理人员越来越多，管理服务人员除负责日常院内环境卫生的打扫和院民的衣物清洗外，还要承担生活不能自理人员的起居等，这些活又脏、又累、又苦，同时常年没有节假日。由于一些五保对象性格孤僻，"不合群"现象时有发生，管理服务人员还要承担调解和安全事故职责。

二是敬老院管理服务人员年龄偏大待遇较低。目前，我县敬老院管理和服务人员的薪资待遇为均是1800元/月，除此之外无其他任何补贴，更没有为他们购买五险。随着生活水平的提高和物价上涨，付出的劳动和收人严重不成比例，致使敬老院招工难，即使愿意干的也都是一些年龄偏大而且大多是没有文化和技能的老龄妇女，没有新生力量是农村养老服务均等化发展的短板。

为此建议，首先，应提高农村敬老院管理和服务人员工资待遇，并为其购买五险，以解决后顾之忧，从而吸引和提供更多的从业后备管理和服务人员。同时，应鼓励和推广养老护理人才发展，对从事养老护理工作的高等学校、中等职业学校毕业生给予一次性入职奖励，并通过多种方式吸引更多人才进入养老服务行业。

其次，应对敬老院管理和服务人员工资采取市、县财政两级承担的方式，从根本上保障其工资水平逐年增长的需求。

农村敬老院是整个养老服务体系建设的重要组成部分，希望民政部门不断完善相关政策措施，加大对基层和农村养老服务的资金投入，推进农村养老事业的长足发展。

2021 年 1 月 30 日

农村五保户"遗产"谁来继承

尤传化

农村五保户，即由政府出资，民政部门统一管理，"保吃，保穿，保住，保医，保葬"的农村孤寡老人。统计表明，截至目前我国农村孤寡老人的"五保"覆盖率，已达到 95％以上。这就为农村孤寡老人吃穿不愁，生活无忧，安享晚年提供了保障。但是他们去世以后的"遗产"却一直是困扰着农村基层干部和群众争议的热点和难点问题。

农村五保户的"遗产"包括房屋、宅基地、承包地、树木等。因为大部分五保户集中供养在敬老院，日常生活、看病医疗等全部由政府统一安排，即使是分散供养在村庄里的五保户，他们的生活费也是由民政部门按月及时发放，因此他们的日常生活、医疗等一切费用除政府承担外，平时几乎无人问津。但死后却是"亲属"临门，什么"侄子""外甥"等都来争着"送终"，目的就是继承遗产。

虽然根据《农村五保供养工作条例释义》第 154 页中，关于农村五保供养对象财产问题的补充说明中指出，农村五保供养对象财产的处理，应依据民法通则、继承法等有关法律规定处理。但是在实际操作中，很难把握。一是农村传统观念作祟，认为侄子也算"子"，有继承遗产的权力，只要"领棺下葬"就可以继承遗产。二是一些地方宗族观念强，认为"无人领棺下葬"就是"绝户"，对家族后人影响不好。虽然他们以"孝子"的身份披麻戴孝送终了，但是平时却没有尽到任何"赡养"义务和亲情关爱，所以群众和村组干部对这样的"继承人"意见很大，由此引发的官司和民间矛盾每年都不在少数，这也给基层民政、司法，以及村委会带来处理难题，给社会带来矛盾和不稳定因素。

为此建议如下。

一、尽快出台《农村五包户遗产继承条例》，规范养老制度，做到有法可依，有规可循。

二、民政部门和村委会在五保户申请前，应先征求"亲属"和自愿供养人意见，和供养人签订供养协议和财产继承协议，并监督供养人履行供养义务。

三、对已确定由政府供养的五保户，要组织民政和村委会对其房屋，宅基地，承包地等财产进行核查登记，并以民主评议和财产公示的形式明确五保户财产归集体所有，收益纳入集体经济收入，用于公益性支出。

四、对五保户生前赠予或遗嘱确定继承的合法财产予以保护和尊重。

2018 年 5 月 5 日

农村分散供养五保户护理政策亟待完善

尤传化

近日在扶贫工作中发现，农村一些分散供养五保户，生活虽有基本保障，但因生病后，没有护理费用，无人愿意护理，现状不容乐观，护理政策亟待完善。分散供养五保户，是指民政部门按月提供基本养老金，目前我县是每年 3600 元，生活在自己家中，生活自理的五保对象，说是由村民委员会提供照料，其实由于各种原因很难兑现。

以一户分散供养五保户为例：老人今年 70 岁，无儿无女无亲友，突然一天得了脑血栓，急需住院治疗，虽然医疗费用全免，但是医院要求要有陪护人员，没有陪护医院拒绝接收。找村委会，说没有这方面的资金很难找人陪护。找民政，说他不是集中供养五保户也没有这笔经费。这就出现了护理政策的空白。分散供养的五保老人生病后生活不能自理，对护理员的需求很大，但乡镇民政和敬老院资金、人力根本无能为力。另外，村委会虽然对五保老人虽有供养照料义务，但由于缺乏相应资金，受人力和经费的制约，提供照料和护理也很难落实到位的尴尬局面。

为此建议如下。

1. 加大护理经费投入。财政部门要加大对农村五保供养服务经费和护理补贴经费的投入和监管。

2. 提高集中供养率。建议政府和民政部门，加大对农村敬老院资金投入，配齐配强护理人员，提升敬老院的承载能力和运转水平。特别要提高无亲友照料的五保对象的入住率。

3. 明确村委会"托管"责任。对分散供养在村里的五保对象，实行村委会"托管"，民政部门与村委会签订供养照管协议，并给予相应资金保障，明确工作职责，确保资金安全使用，保证为五保对象提供服务和生活照料。特别是生活难以自理的五保对象，要派专人护理照顾，并对护理人员给予一定的补贴。对性格孤僻，不易合群，精神孤寂，要安排人员交流沟通，使其得到社会更多的关心。

4. 明确亲友"代管"责任。对有亲友的五保户，动员其亲友作为监护人，负责日常生活照料，并签订监护供养协议，认真履行各项责任和义务，确保五保老人的吃、穿、住、医、葬得到保障。

5. 推广有偿服务和社会化服务。可在五保户供养村里的贫困户中选出身体健康、有协调能力和基本家庭生活技巧的供养家庭，负责本村老、弱、病、残五保户的日常生活，民政部门支付劳务报酬，尝试推广乡村"五保户家政服务员"模式。只有这样才能真正使分散五保对象的日常生活照料和护理落到实处。

2018 年 6 月 6 日

应切实发挥"幸福院"作用
提高农村老年人幸福指数

尤传化

近期,在调研中发现,目前农村大多数村庄社区都建设了规模不等的老年幸福院,室内沙发、被褥、棋牌桌椅、康复器材等设施基本一应俱全,可是大多却是大门紧闭,貌似从未开展过日间照料、休闲娱乐、康复保健、精神慰藉等服务活动。

究其原因,缺乏经费,没有管理人员是大多数农村幸福院面临的共同难题,据了解各地当时建设"幸福院"时,只能确立"村级主办,互助服务,群众参与,政府支持"的原则,也就是说,其经费主要由村集体承担,但是,农村大部分村没有集体经济来源,根本无力承担"幸福院"运营费用,只能闲置不用。

随着农村人口老龄化和留守老人的不断增加,如何发挥农村"幸福院"作用,提高老年人幸福指数是目前基层政府需要探索和解决的问题。

经过调研,建议如下。

一、整合资源。民政、老龄、残联等部门应对村级老年幸福院、老年活动室、残疾人康复工作站,进行资源整合,形成一院多用或一站多用。

二、资金筹措。财政部门应采取以奖代补、各级分担的方式,根据各村服务老年人情况,对农村幸福院每年给予运营经费补贴,确保正常运营。统筹慈善资金,鼓励企事业单位、社会组织和爱心人士,通过捐资、捐物、捐服务等方式,推动农村幸福院持续健康发展。

三、运行管理。应将农村幸福院全部纳入省养老管理平台进行管理,村级配备专人进行服务,相关信息录入信息系统,建立动态监管机制。

四、探索模式。积极培育农村养老市场,规范农村幸福院运行管理。围绕农村老年人养老需求,统筹卫生、文化等资源,鼓励各地因地制宜,实行一村一策，探索形成村级组织管理、老人互助服务、委托专业机构运营管理的科学模式，鼓励养老机构拓展服务范围，托管农村幸福院。

2020 年 6 月

农村"小厕所"体现"大民生"

尤传化

中共十九大明确提出了"实施乡村振兴"的战略部署。并且系统提出"加快美丽乡村建设，重点抓好户户通、农村改厕等工程建设，进一步改善农村人居环境"。农村"厕所革命"是乡村振兴的重要组成部分。因此，近年来一些农村相继进行了厕所改造。但在调研中发现，农村改厕存在的问题不少，基层干部和群众对厕所改造并不满意，改造后的使用率很低。

一是设计不合理，施工不规范。设计和安装人员没有根据农户家里实际情况设计安装，而是千篇一律。如：1. 蹲便器与墙面距离太近，致使人如厕无法蹲下。2. 手动压力罐压力过大，老人和儿童根本按不动。3. 从蹲便器到化粪池距离较远，容易堵塞，一旦堵塞家庭根本无法清理。4. 水罐没有防寒措施，冬天结冰根本无法使用。因此大多数厕所改造后成了摆设而弃之不用。

二是化粪池污水处理滞后。农村群众普遍关心没有地下污水管网，"改厕后末端污水往哪里去"和"如何集中收集起来的污水如何治理"等问题。目前，多数农户改造后，因缺少抽取专用车辆和设备，致使化粪池污满外溢，于是就出现了"院内干净院外脏""自家干净邻居怨"等现象。对此，基层干部和群众有苦难言，普遍反映强烈，亟须配套建设污水收集管网及污水处理设施。

三是缺少维护服务人员。大多数农村改厕，只是"一装了之"，根本没有同步实施改厕后包点维修、定期收运、粪渣资源利用等后续管护工作，只能农户自行解决，自己处理，当然费用也要由农户自己掏腰包，清理一次的费用至少要 200 元以上，这在一定程度上又增加了群众的负担。

农村改厕直接关系到农村群众生活环境的改善，直接考量着社会文明进步的程度，必须把这项工作作为实施乡村振兴战略的一项具体工作来推进，努力补齐影响群众生活品质的短板。

为此建议如下。

一、以建设公厕为主。以村庄人口居住密度合理建设公厕，这样既节约资金，减少污染，方便管理，也便于污水集中采集和处理。

二、严把设计建设关。真正打造放心工程，先要征求基层干部和群众意见，因地制宜设计建设方案。严把厕具质量关，对招标的厕具要实地考察和进场检测，实行全程监督。要严把施工技术关，建立县、镇、村三级质量监督体系，建部门也要对各镇的施工情况进行定期检查和随机抽查。要严把工程验收关，严格落实"三级确认、两级验收"的工作流程，整村完工后，问群众是否满意，要委托第三方机构实地验收，做到完成一村、验收一村。对弄虚作假的，严肃处理。

三、完善服务体系，切实做到管理服务到位。要建立农村改厕便民服务站点，公开服务标准、服务承诺和服务电话，向群众提供维护服务。要建立渣液清运服务体系，通过公开招标确定渣液收集企业，根据人口数量、村庄规模和服务半径划定企业服务范围，按标准配备吸污车并合理收取费用。

四、加快污水处理工程建设。加快污水管网建设，必须实施引申工程，建设污水处理设施对厕所污水进行处理，只有这样才能彻底对改厕后污水进行末端无害化处理。

2019 年 6 月 2 日

农村"天价彩礼"的调查

刘万广

随着农村经济发展和农民生活水平的提高，伴随着城镇化加速，眼下，各地农村小伙子娶媳妇的"彩礼"逐年上涨，其要取项目五花八门，远远超出了当地经济发展水平。造成新娘刚过门就返贫，向政府要扶贫、要低保和上访不断的现象。为此，笔者对农村"天价彩礼"问题进行了走访调查。

调查发现，农村到法定年龄结婚的男女总数比例严重失调，男性过多，女性过少，在调查中发现，一般自然庄中20—30岁左右的未婚男性在20—30人以上，未婚女青年只在7—8人。造成失调的原因，首先是在男女出生上本来男多女少，加上女青年在外务工大多数都嫁出在外地，而男青年在外务工娶回外地媳妇较少，新光棍庄逐渐形成，以致20世纪70年代男性求婚难的社会问题再现。越来越多地出现不惜重金拼钱娶媳妇，更助长了天价彩礼之风越刮越大。

眼下，在农村娶媳妇家庭要满足女方家庭开出的几款条件：第一款是必备"三个一"，即一栋2层以上的楼房，一辆价格在10万左右的轿车，一个不低于10万元的"大红包"（见面礼、买嫁妆折礼、上下车礼），一般都是取个吉祥数字，108888元，总计最少得花30多万元；第二款是要在乡镇以上城镇或城市购买商品房，必须有车，彩礼得一把掏10万以上，总计最少得花40多万元；第三款是娶二婚妻，女方带有孩子过门的也需折嫁妆礼8.8万元，也得有楼有车，总计也得花近30万元；第四款是到女方家招亲入赘，男方也得出楼房钱、彩礼、购车钱，也得10多万元，总计也得花20多万元。一些村干部对笔者说，如果一个家庭有两三个20多岁的儿子，不仅白天愁夜里愁，弄不好得有一个打光棍。如果有两三个女儿户，就是"三座大金山"。一个农民家庭累了大半辈子只能盖起楼房还不够，其他全靠借，媳妇娶到家，立刻就成了"债团"户、贫穷户。

在入户调查中发现，造成"天价彩礼"的原因主要有以下几个方面。一是农民家庭逐步富裕，出现要高价也能出得起的家庭，形成了"市场"氛围。

"人家要，俺就给，拿贷款拼钱也得娶儿媳"，娶媳妇家庭都抱着这个心理。二是互相攀比，家家效仿。"人家要见面礼八万八，俺闺女比她好，俺得要十万八。"三是媒人和亲属添油加醋，推波助澜。"男家有钱我知道，花30万也能出得起，还有某某亲戚是大老板。现在不多要，闺女到人家，想要一分都没有。""女儿养这么大，不能白白送人家，老了还不知管你不管你，多要几万留防老。"这是造成"天价彩礼"盛行的心理因素和思想根源。

解决农村"天价彩礼"盛行的社会问题，各级政府要积极介入，不能听之任之。一是应加大宣传教育力度，因势利导，移风易俗，形成"天价彩礼"是陈规陋习、人人鄙视的社会舆论氛围，引导农民从"天价彩礼"中摆脱出来，合力阻断愈演愈烈的"天价彩礼"。从农民切身利益出发，制定政策措施，解决好女方家庭养老、医疗保障的后顾之忧，让"天价彩礼"失去生存土壤。二是各级文明创建部门要担起主责，把消除"天价彩礼"纳入各级精神文明创建和精神脱贫工作之中，指导乡镇和村级成立"红白事理事会"，全面建立乡镇、村乡贤工作队伍。组织他们修订和完善好《村规民约》，把抵制"天价彩礼"，树立文明婚嫁新风等内容列入其中，经村民代表和村民大会讨论后，印发到家家户户，使之成为村民共同遵循的准则。三是要充分发挥妇联、共青团、计生等部门的"红娘"作用。各级妇联、共青团、计生部门都应注重抓好农村青年学习和思想信仰教育，树立结婚不要彩礼的优秀女青年典型，并广泛开展宣传。建立农村未婚青年档案，积极为农村大龄未婚青年牵线搭桥。

农村红白喜事大操大办加重农民负担

尤传化

改革开放以来，我国农村取得了翻天覆地的变化，人民群众生活水平日益提高。男婚女嫁、老人送葬，办几桌酒席，亲朋好友聚在一起，热闹一下，本无可厚非。但是近几年来随着消费水平的提高，这种大操大办风气也随之越来越盛行。办一桩事动则十几桌到几十桌，前后要忙好几天。人情份子礼也从当初的 100 元涨到了 300 元、500 元，甚至更多。酒席一上就是几十道菜，白酒、红酒、果汁、酸奶等饮料应有尽有，会不会抽烟每人都要发上一包，宴席上的酒水菜肴要剩下一半，浪费极其严重。

目前这种大操大办的风气在农村是愈演愈烈，以前还只是男婚女嫁、老人送葬，现在扩展到生孩子的"满月宴"、孩子剃头的"毛头宴"、上大学的"升学宴"、应征入伍的"当兵宴"、"生日宴"、"寿诞宴"、"开业宴"、建新房的"贺梁宴""乔迁宴"等五花八门的宴席。特别是每年的春节前后，天天是喇叭唢呐声不断、烟花炮竹响连天，正应着宋祖英唱的那首歌"天天都是好日子"。可这也是天天要出钱的日子，有的一家一天要出好几头份子钱，全家出动也喝不过来，只能光出钱不去人，这就叫"礼到人不怪"。

作为事主也感觉心意过不去，在办事前一两天，就要招待客人，开所谓的"下席、小席"，其实和正席相差无几，这就等于办两件事的开销。如此以来一家看一家，户户跟风照办，弄的村民叫苦不迭，大家调侃道"辛苦打工整一年，回家几天都花完"。这样的确加重了群众负担，助长了不良习俗。

为此建议如下。

一、要大力宣传移风易俗"喜事新办、丧失简办、厚养薄葬、积德行善"的好处，各乡镇要制定移风易俗制度和实施方案、营造"红白喜事大操办可耻丧事简办喜事新办光荣"的良好氛围。

二、政府要组织开展"农村红白喜事大操办"专项整治活动，实行"酒席桌数上报制度"，乡镇和村组织人员监督检查。要围绕"婚事新办、丧事简办、其他喜庆事宜不办"的目标，通过不断压缩红白喜事办理名目、简化办事礼节、控制办事规模等措施，节省红白喜事办事开支，减轻"人情份子"负担，形成良好的移风易俗新风尚。

三、切实发挥农村红白理事会作用，成立红白事治理办公室，建章立制是红白理事会真正"理事"的保障。使理事会长期发挥监督、引导、教化作用，避免抓一阵松一阵，死灰复燃。

四、发挥党员干部示范作用，作为党员干部，要自觉遵守八项规定，自觉抵制大操大办的歪风邪气和陋习。不仅自己要做到不大操大办，而且要多做说服工作，带头移风易俗，涉及自家的婚丧嫁娶的大事，一定要简办，甚至带头不办。群众看党员，党员看干部。只要每位党员干部能做到移风易俗，农村大操大办之风一定能得到有效控制。

2018 年 4 月 1 日

农村装棺再葬浪费惊人

尤传化

自从农村推行殡葬改革以来，虽然实行了火化政策但是依旧买棺材土葬，甚至大操大办建墓立碑，根本没有达到节约土地的预期效果。据不完全统计我国每年有近 10 万亩土地变成公墓和坟场、耗费木材达 500 多万立方米，而且每年还在不断的增长。由于乱埋乱葬严重破坏了我国土地政策和生态环境。

以我们游集镇为例，全镇人口 52000 人按正常死亡率千分之六计算每年将有 300 多人口死亡，按每人土葬平均占用半分耕地来计算，每年将有 15 多亩土地被占用（这还是最保守的数字），而且还要每年添坟。由此造成了诸多弊端，如糟蹋庄稼、耕种不便、浪费土地资源和木材、每年由添坟引进的纠纷也不在少数（因为大部分的老坟都是葬在别人的承包地里），另外还要请风水先生占坟卜地，撑棚扬幡，大操大办，严重费时、费力和费财。真正是一件劳民伤财的头痛事。

最近通过走访和调研，大部分村民还是反对至少是不情愿土葬的。光每年清明节在外务工人员往返添坟都浪费不少时间和财力。但是去城里买公墓又很不现实。村里又没有存放骨灰的地方，只有土葬。即使以前有的村建了骨灰堂，也是只流于形式，那时只建有两三间又窄又小的小平房，就像一座小破庙，无人管理、漏雨露天、缺窗少门、荒草丛生、又脏又烂，谁愿意把老人的骨灰放在这里呢。

建议：由政府投资由民政部门牵头以村或乡镇为单位，建一座配套设备齐全，环境幽雅肃穆，有专人看管，有一定规模的骨灰纪念堂。这样一定会吸引村民自觉地去把骨灰存放在这里。起到节约土地资源，改善生态环境、节约村民资金的效果，确是一件利国利民的大好事。

农村续修家谱中存在的问题

刘万广

目前，农村续修家谱比较普遍。盛世修谱，是中华民族的优良传统，特别有利于传承优秀的家风家训，也使班辈传排辈辈有序，促进民族大家庭的向善和谐发展。这种自修、自藏、服务家族活动是有功有德的善举，得到多数姓氏群众的认同。但是，也有一些姓氏在修谱中偏了道，变了味，问题多多。

问题一：谱书编纂出版水平和质量低。家谱是志书，写法应属志书体的书面语，但许多家谱写法的体例都不规范，使用文字沿古、抄古，如吾氏、吾先祖、吾祖先，来自孔孟之书的礼仪之道，还有的古文字冷僻，让大众读不懂、看不明，就连参编人员也解释不清。在排版和出版上，各自为政，五花八门。有的横排，有的竖排，有的用繁体字，有的用简化字。版本大小不均，大都是在没有资质的个体小印刷厂印制，质量差，不利于收藏

问题二：集资摊派负担重。一般都是先集资、组建编纂班子。集资方法都是按照人头摊派，凡是属同一姓氏单立门头的户，每户起步200元，多给不限。另外，还鼓动大户捐款，多多益善。

问题三：给富人树碑。所有出版家谱中都存在给富人立传的不公平现

象。凡是向编纂家谱委员会捐款 100 元的，可在书后排名记载。1000 元以上的，按照捐款多少排序，可以刊登一定尺寸的照片和生平简介。

问题四：人物立传都带有小家族私心。一般参加编纂人员有权决定立传人物，往往是谁掌管谁优先，都带有自私、偏见和夸大的倾向，编纂人员都在书中不适当地放大自己，在族群中和社会上引起很大争议。

问题五：修谱存在随意性。由于国家对家谱修订没有任何管理规定，目前修家谱活动可随意进行，有的 30 年、有的 20 年、有的不到 10 年就修一次。一般都是在老谱和老祖陵所在地村庄中的长者发起修谱，迁住他乡的一脉村庄跟随响应。上一卷参修者和原上一代修老谱的传承人，都优先参加修谱。他们约到一起商量，一拍即成，并制定出参编人选和集款方式。一场酒会，就能随即拉开修谱大幕。为了扩大影响力和带动力，以便好筹资、好发行，一些修谱的编委，还吸纳上过私塾的人和离退休老教师、老干部及现任的村主要干部来参加修谱工作，鼓动他们都要行善积德，为修谱寻根敬祖出把力。

问题六：团伙腐败现象严重。当集资钱款到账后，编委们就开始动脑子如何花销这些钱。首先就出现在贪吃上，在征集、编写、出版、发行的整个过程中，一帮编委都成了"公家人"，包饭馆、包旅社、包小车都是常事。以寻根问祖为由，频繁外出，旅游观光（一般到山西省曲沃县的喜鹊窝、大槐树等地较多），结果只见到一打寻根合影照刊登在谱书上。有的不仅在集资上挥霍，还在谱书出版后再大捞一把。把出版谱书再向姓内每家每户摊卖一本，一般都是收取 100 元。向摊派户大言不惭地说，购买家谱就是不忘祖宗、教育后代，为自家儿孙起名排班辈，就是对祖先忠孝的表现。

问题七：修谱人水平普遍偏低。修谱的传承人缺乏，人员老化，文化过低。他们没有经过系统培训，不懂得志书体写法，大都是"孙女穿上奶奶鞋"，语言沿古、出版沿古、教化沿古，对于家族变迁、社会变革、时代发展和模范人物不反映、不记述。

各级党委和政府理所加强对姓氏中的修家谱工作进行规范管理，把修家谱和修地方志一样对待，加强指导。要加强人才培训，组织好优秀家谱参展参评，对优秀家谱和突出主编人员给予奖励，使家谱在孝老爱亲、传承家风家训美德、教化育人中发挥良好作用。文化馆、档案馆、图书馆等部门应做好家谱存档和管理工作。做好家谱征集、收藏工作（我县已有家谱在国家图书馆收藏）。政协文史委和地方志办公室，应把修家谱纳入自己管理指导范畴，为规范修谱制定出指导意见，并加强对传承人修谱业务的培训，使之修出更多的精谱、佳谱。还应帮助乡、村建起乡贤修谱协会，由文化部门牵头，吸纳有较高素质的乡贤和各姓氏修谱人员参加协会，把这项推动农村两个文明建设、造福子孙的文化工程做好。

种粮大户期盼惠农政策倾斜

尤传化

近年来，一些农村承包地流转到种粮大户手中，不仅解决了农村剩余劳动力进城务工的后顾之忧，也有效杜绝了以前农村土地的"撂荒"现象，一定程度上增加农民收入，稳定粮食生产，农业发展总体上保持良好态势。调研发现，一些种粮大户，面对日益增加的生产成本和相对过低的粮食价格，以及一些惠农政策落实不到位的现状，表现出消极的态度。

究其原因主要有：一是土地流转租金过高，土地最低租金每亩600元甚至1000元以上。二是国家种粮补贴每户每亩83.4元，但补贴仍旧发给原来的农户，挫伤了种粮大户的种粮积极性。三是一些农田的原有水利设施不配套，高标准农田建设相对滞后，抗自然灾害能力差。以宿州市为例，全市可灌溉粮田面积510多万亩，占总耕地面积的60%，仍有300多万亩粮田不能抗御5年一遇的洪涝灾害。四是金融支农政策落地难，如宿州市埇桥区2016年探索构建金融支农服务产品"劝耕贷"，但在实际操作中，根据贷款额度，申请人需缴纳一定的担保费用，且由于信息不通畅，部分种粮大户不清楚具体申请步骤。产粮大户长期面临融资难、融资贵的窘境。五是现有农业种粮保险赔付标准较低，目前每亩小麦在成熟期全部受灾最高赔付金额是367元，每亩小麦正常收入在 1000 元左右，赔付金额与实际收入悬殊较大，种粮收益缺乏有效保障。

为此建议如下。

一、国家应适当调整现行的种粮补贴政策，补贴资金在普惠的基础上向种粮大户倾斜。做到谁种地、谁受益，让有限的补贴资金真正用于种粮大户发展生产。

二、水利和农业部门应加快农业基础设施建设，由县区级部门统筹推进，对集中连片的农田进行高标准建设，对农田水利设施提升改造，加强抗灾害能力，减少粮食生产成本。

三、扶持种粮大户成为实施乡村振兴战略的"生力军"。财政部门向产粮大户等新型农业经营主体倾斜政策，加大对新机具的补贴力度，可由现在补贴30% 左右提高到补贴 40% 以上。同时简化申请新技术、新机具的补贴程序，如农户在购买大型农机具时，付款时直接把补贴款扣除，只支付余款。金融部门创新贷款模式，简化贷款程序，尤其对于信用度高的种粮大户，地方政府可给予信贷担保，免除申请人担保费用；加强金融政策宣传，畅通信息发布渠道。

建立健全农业保险助农机制。提高农业保险赔付标准，可提高到近三年来每亩小麦实际收入平均值的 50% 以上。针对种粮大户，尽快建立农业巨灾保险项目，完善农业巨灾保险的保费分担机制，探讨建立农业保险公司、政府、金融机构等共同分担的赔付金分担机制，保障种粮大户无后顾之忧，让农业保险真正能为大户撑起"保护伞"。

秸秆禁烧的治本之策

近几年来，各级党委、政府高度重视秸秆禁烧和综合利用，多措并举，多管齐下，取得了阶段性的成果，"不敢烧、不想烧、不能烧"的局面正在形成。

今年午收期间，灵璧县政协围绕秸秆禁烧和综合利用成立课题组，通过实地调研走访，收集社情民意，基层干部群众反映禁烧工作中仍存在一些值得注意的问题：一是以堵为主，高压禁烧，包保人员严防死守，投入大量的人力、物力，做了艰苦细致的工作，但仍有一些群众苦于秸秆无法处理，寄希望于一烧了之。二是秸秆还田、秸秆离田不仅增加成本，而且费工费时费力，一些农民不想做也不情愿做。三是秸秆综合利用渠道狭窄，大部分离田秸秆找不到利用出路，集中堆放不仅造成村庄环境污染，还增加农村安全隐患。四是一些地方为图省事，不问土壤性质，将秸秆全量还田，既增加土壤负担，导致土壤"消化不良"，又给下茬作物带来播种困难、病虫害多发等问题，影响农作物产量。

我省是农业大省，每年产生农作物秸秆数量惊人，是可以永续利用的再生资源。通过近几年来的秸秆禁烧实践，我们认为：必须把秸秆禁烧的工作重点转移到综合利用上来，千方百计为秸秆综合利用寻找出路。这样，不仅可以变废为宝，促进秸秆资源转化，而且也是秸秆禁烧的治本之策。

为此建议，通过"五料化"途径综合利用秸秆资源。

1. 秸秆肥料化。秸秆肥料化主要是秸秆还田。农作物秸秆中含有丰富的有机质以及氮、磷、钾、钙、镁、硫等营养元素，是可利用的有机肥料来源。秸秆还田可以有效增加土壤有机质，提高农作物产量。近几年，很多地方通过秸秆粉碎适度还田，农作物产量都有不同程度的增加。因此，秸秆粉碎直接还田，应当成为秸秆综合利用的主渠道。但在操作中必须科学指导，根据土壤性质，把握秸秆还田的比例，切忌全量还田，导致消化不良，给土壤带来过重负担。

2. 秸秆饲料化。我省是畜牧养殖大省，牛、羊等饲草动物养殖规模较大，每年都要消耗大量的秸秆饲料。一方面要通过推广秸秆青贮，大力扶持牛、羊等养殖场和养殖大户，扩大存栏量；另一方面要通过政策扶持秸秆饲料加工企业，提高秸秆饲料转化比例。如灵璧县游集镇的立腾腾创生物科技有限公司，一直致力于秸秆发酵饲料、牛羊秸秆果渣发酵饲料的开发利用，年转换秸秆10万吨以上，生产秸秆饲料12万吨，已成为秸秆饲料转化行业的领军企业。建议对这类企业在政策、资金、场地、技术等方面予以大力扶持。

3. 秸秆燃料化。生物质能发电是转化秸秆的重要渠道，建议在有条件的县，增加生物质能发电项目的规划布点，通过落实产业政策、项目资金和场地条件等扶持政策，加快项目审批和建设的步伐，尽快建成一批秸秆电厂。建议按照政府主导、电厂主体、社会参与、市场运作的原则，建立秸秆收储利用机制，通过定目标、定奖补、定责任等办法，解决秸秆收储难题。提高奖补标准，鼓励秸秆离田，增加秸秆回收量。将关口前移，在秋季小麦出苗时就组织力量，挨家挨户摸清，明确哪个地块秸秆离田、哪个地块秸秆还田，离田每亩多补助。为鼓励电厂多收秸秆，可适当提高奖补标准，对电厂收购县内秸秆实行叠加奖补。秸秆收运离不开打捆机和搬运机械，增加农民购机补贴，对从事秸秆打捆和运输中介组织予以奖补。同时按照国家政策，强制淘汰燃煤锅炉，推广使用秸秆燃料。

4. 秸秆原料化。农作物秸秆是重要的工业原料，广泛用于造纸、纤维密度板等行业，其中秸秆人造板、秸秆木塑等高附加值产品技术已经成熟，部分实现了产业化生产，且市场需求量逐年上升。建议利用国家产业政策，发挥我省秸秆资源优势，建设一批现代化纸浆生产基地。

5. 秸秆基料化。利用机械将秸秆粉碎成小段，可作为基料栽培食用菌，是比较成熟的生产技术，许多农民都已经掌握，而且有多年的栽培经验。建议大力推广秸秆食用菌生产技术，不仅能将秸秆变废为宝，而且给农民找到了创业的机会。

（县政协研究室　供稿）

森林增长营造生态灵璧

2016 年 3 月 27 日，县政协组织部分常委、委员对我县森林增长工程建设情况开展视察。委员们实地察看了泗许高速森林长廊绿化提升工程、现代农业博览园林业科技试验示范基地造林绿化工程，听取了县林业局关于我县 2015 年森林增长工程建设情况通报，围绕加快森林增长、建设生态灵璧提出了意见和建议。

去冬以来，县委、县政府高度重视森林增长工程建设，采取高位推动、目标促动、政策引动、示范带动、上下联动等措施，呈现标准高、亮点多、机制新、投入大、进度快、效果好六大特点。截至目前，森林增长工程建设进展顺利，全县已完成造林26600亩，占任务的80.1%，预计2016年4月10日前全面完成造林任务；森林长廊、森林城镇、森林村庄创建工作正按规划设计进行施工。委员们对我县森林增长工程建设取得的成绩给予充分肯定。

通过视察和座谈，委员们提出如下建议。

（一）把森林增长工程作为建设生态灵璧的重要抓手。我县是农业大县，生态建设的任务重、潜力大，应牢固确立绿水青山就是金山银山的发展理念，把生态环境作为投资环境来保护，把生态资源作为生产力来培育，紧紧抓住森林增长工程的战略机遇，多措并举，多管齐下，确保如期实现森林增长工程建设目标。

（二）进一步优化森林增长工程的布局。坚持因地制宜、分类指导、城乡统筹、多元发展的思路，加快城镇园林化、乡村林网化、路渠林荫化、村庄花园化的建设步伐，实现生态、经济、景观等多林种、多树种的发展目标。

（三）创新森林增长工程的投入机制。森林增长工程投入大，周期长，随着森林增长工程建设的推进，大部分合作社、绿化公司和造林大户的造林规模不断扩大，林业生产将面临着融资难的问题。建议创新投入机制，尽快建立简单易行的林业发展融资平台，多渠道筹措资金，使更多的合作社、绿化公司和造林大户从中受益。

（四）实施荒山造林绿化攻坚战。我县有近4万亩的石质山需要绿化，涉及朝阳、渔沟、下楼等14个乡镇。2013年以来，各乡镇通过拍卖林地使用权等方法，鼓励引导造林大户发展经果林，完成了石质山造林1万多亩，这些基本都是坡度较缓、立地条件较好的造林地块。随着石质山造林的推进，坡度较陡、岩裸严重的山上部、顶部及采石坑，造林难度更大、造林投入的成本更多、造林任务更加艰巨。建议用3—5年时间，集中实施荒山造林绿化攻坚战。一是进一步明晰产权，落实造林主体。二是提高造林补助标准。目前，造林补助标准偏低，严重影响了合作社、公司或农户承包荒山造林绿化的积极性。建议在省财政每亩补助 500 元的基础上，再补助 1000 元 / 亩。三是依法保护荒山造林成果，严厉打击毁林毁绿行为。

（五）加强古树名木的保护。对百年以上树木以及具有历史价值或者重要纪念意义的树木要做好普查和登记建档工作，坚持以政府保护为主，专业保护与公众保护相结合的原则，加强对古树名木保护的宣传教育，增强公众保护意识。县财政应安排专项经费，用于古树名木的保护。

（六）加强基层林业站队伍建设。我县林业工作人员相对偏少，尤其基层林业工作站更为明显，全县 6 个工作站，编制 18 人，现在岗人员 16 人，负责全县 19 个乡镇和 1 个开发区的林业工作，人员明显不足，部分林业站一人负责两个乡镇，时间、精力难以跟上，不符合森林增长工程建设的要求。建议增加基层林业站编制，每个乡镇达到 2—3 名林业站人员，确保森林增长工程的顺利推进。

（县政协人口资源环境委员会　供稿　2016 年 4 月）

考察归来谈养猪

郑忠良

1987 年 8 月 16 日至 21 日，由县委组织的一行 46 人的参观考察团，先后对当涂和江苏东台县的乡镇工业和养猪生产进行了参观考察。笔者代表县政协，对养猪生产作了重点考察，现将考察情况简要报告如下。

当涂县因靠近马鞍山，以金属加工业为主，东台县农牧并举，推动了工业发展。代表们一致认为，东台与灵璧情况接近，可取之处甚多。

东台县 112 万人，耕地面积为 151 万亩。1986 年工农业总产值 15.4 亿元。生猪存栏 49 万头，为全县养殖业的重点。年出售肥猪达到 70 万头。饲料生产达到41000吨。生猪的防疫灭病采取保险制和防疫包干相结合，市场和进出口检疫检验由农牧部门统管。生猪发病率控制在18%，死亡率在1.1%以下。

根据我县的地理条件和饲料资源，养猪的潜力远远超过东台。为把我县养猪生产迅速发展起来，特提出以下建议。

一、提高对养猪生产的认识。养猪是促进粮食转化，增加有机肥料，增加经济效益，促进农业良性循环的关键，同时，又能促进工业发展（骨、皮、毛、内脏皆为工业原料）。因此，要解决"要我养猪，还是我要养猪"的问题。只有认识提高了，才能主动的拿出措施和办法，利用一切可以利用的资源，调动一切积极因素，把养猪生产迅速地发展起来。邱庙乡就是"我要养猪"的先例。

二、必须有切实的防疫灭病措施。邱庙接受死猪的教训，实行了畜禽健康保险，仅此一项措施，使生猪生产由1984年存栏1810头增加到1986年的5770头。死亡率由46%下降到4%以下。实践证明，畜禽保险不是增加农民负担，而是农民养殖致富的保证。邱庙的经验不仅在杨疃和其他部分区、乡推开，而且，列入1986年安徽省年鉴。1987年中国兽医杂志第五期发表了邱庙畜禽保险的经验，至今，已有20多个省、地、县先后来信询问具体做法。因为，它是当前畜禽防疫灭病的最好形式。它把兽医和群众利益相结合，扭转了过去以病养医的恶性循环。

另外，还要加强畜禽出口和市场检疫检验，按照食品卫生法和国务院防疫文件，一切进入市场的畜禽及其产品，必须接受农牧部门的检疫检验，食品公司在收购肥猪时，必须持有检疫证明。力争三年基本上和五年彻底消灭猪瘟，把生猪死亡率降到2%以下。

三、做大做强饲料工业。饲料工业是科学养猪的重要组成部分，它既节约成本又高效。我们要克服我县饲料工业现有缺点，力争猪饲料的肉料比不超过1：3。继续搞好试喂试验，向群众宣传。县饲料公司要积极组织生产，保障供应，严格执行价格政策，保护农民利益。

四、加快猪种改良。实践证明，长白猪适应性强，生长快，瘦肉率高，杂交优势明显，很受群众欢迎。为此，每个区要建一个猪的人工授精站，重点乡镇也要建站。

五、加强领导，专人负责。县里设生猪生产办公室，乡要成立畜禽管理机构，对防疫灭病、生猪及饲料价格、质量严格监督检查，以保证养猪计划的落实，确保养猪业的健康发展。

把脉灵璧民营经济

马　程

近日，灵璧县政协主席王怀启带领县政协、县委统战部、县工商联有关人员前往民营企业比较集中的乡镇和县开发区进行民营企业大调研。调研组先后走访了 23 家民营企业，召开了五场座谈会，认真听取了灵璧县民营企业家、经济界人士和有关乡镇及职能部门负责人的建议和意见，并到江苏省铜山区房村镇、睢宁县大李集镇学习其民营经济发展的成功经验。

一、民营经济基本现状

我县民营经济经过 30 多年的发展，已颇具规模。截至 2013 年底，我县实有个体工商户 20800 户，注册资金 86233 万元，从业人员 38567 人；农民专业合作社 1314 家，成员总数 8475 人，成员出资 335854 万元；私营企业 1415 家，注册资本（金）229290 万元。安置社会就业人员 25 万多人。其发展现状主要呈现五大特点。

一是民营经济在国民经济发展中的地位不断提升。当前民营经济是我县城乡经济发展的主体，是财政收入的主要来源，是就业和再就业的前沿阵地。民营经济发展势头猛、后劲足，从当初的"边缘经济"发展到今天的"重要组成"，在国民经济中的比重不断提高，地位不断提升。

二是中小企业与个体工商户是当前灵璧民营经济发展的主流。我县民营经济主要表现为以传统的商贸、运输、餐饮、服务等第三产业为主，房地产、食品加工、机械制造、服装加工等第二产业逐步增加，饲养种植等第一产业兼顾发展的态势。

三是民营经济发展城乡差异大，发展极不平衡。我县民营企业主要集中在县城和中心镇，以县城为中心，向中心镇延伸，越往外，民营经济的发展越薄弱，差异越大。

四是民营企业规模与实力方面呈现"外强内弱"现象。"外强内弱"就是外来企业规模大、实力强劲，而本地企业规模小、实力弱。

五是民营经济发展不稳定性十分突出。由于受到国内外经济形势以及市场、原材料等因素不断变化的影响和冲击，企业生产经营存在着极大的不稳定性，尚未发现有哪一行业能够长期独占市场鳌头而持续稳固发展的，有些民营企业甚至难以生存。

二、民营经济存在的问题

人才不足，转型难。一是民营企业主文化程度不高，缺乏经营管理知识，没有干大事业的气魄，视野不开阔，求稳怕变，满足于"小打小闹""小富即安"，影响企业上规模、上档次、上水平；大部分业主仍采用家庭式管理手段，缺少一批懂企业管理和现代市场营销的人才队伍；企业用人机制陈旧，结构单一、缺乏民主、用人唯亲。二是缺少企业文化建设，企业缺乏凝聚力、向心力、号召力，员工缺少归属感。三是中小企业由于企业规模小，设备陈旧，技术落后，产品单一，自身发展条件限制较多，往往难以通过提供高薪、高福利等手段来吸引人才，现在大量人才涌入党政机关、事业单位，形成公务员热、事业单位热、企业人才荒的现象。因此，民营企业技术开发和创新能力十分有限，转型难。

融资难、融资贵。金融机构对中小企业银行贷款抵押要求高，手续烦琐、审批周期长，而民间借贷成本高、风险大。因此，企业厂长、经理80%精力在组织资金，维持简单再生产，规模难以扩张，效益质量难以提高。

用地紧张、办证难。一方面受国家用地指标制约，另一方面政府已有的用地指标大多给了大项目和招商引资企业，本地民营企业用地非常紧张，小微企业更是一地难求。有的中小企业由于种种原因，迟迟拿不到土地证，或办不下房产证，给企业抵押融资也带来了困难。

发展层次低、结构有待优化。民营企业大多数集中于商贸、餐饮娱乐、运输修理、简单加工等几个领域，没有支柱型产业，更没有形成产业集群，且从事产品开发、高新技术、出口创汇的更少。

发展环境仍需改善。近些年，县委、县政府花大力气改善投资经营环境，为民营经济的发展创造了较好的条件，但仍有一些不尽如人意的地方。如政策落实、内外资企业平等对待、市场准入、产业链、基础设施配套、税收减免与优惠、政府服务等都有待于进一步优化，影响了民营企业发展的信心，个别外来企业水土不服，有做"候鸟"的想法。

三、民营经济发展建议

强化人才科技支撑。要引导民营企业家进一步解放思想，健全公司法人治理机制，建立现代企业制度。要在引进人才上下功夫，不惜代价研发新产品，提高企业的市场竞争力；从党政机关、事业单位选派懂经济、会管理的人员到企业挂职帮扶，对民营企业发展全方位给予一对一的帮助、指导，让外来企业尽快适应灵璧环境，鼓励他们既来之则安之，尽快克服"水土不服"的问题，坚定在灵璧发展的信心；坚持把招才引智摆在和招商引资同等重要的位置，全方位打造人才对接交流的绿色通道，大力引进一批行业和科研领军人才。坚持"不求所有，但求所在"，"不求所在，但求所用"，通过项目合作、技术攻关、知识入股、周末工程师等灵活有效方式，吸引高层次人才为灵璧献智出力；积极组织民营企业家到高校、经济发达地区接受理论学习，并给予财政资金支持，同时发挥好商会的组织优势，组织民营企业家到国内外现代企业观摩学习，拓宽视野，提升经营管理水平。

加大对民营企业的金融支持。充分发挥政府的引导作用和调节作用，有效改变金融生态环境，彻底打破我县金融机构存贷指标长期以来处于失衡，银行"吸存不贷"的现状，提高金融机构在灵璧贷款比例；积极支持更多的中小银行登陆县城及中心镇设立分支机构；进一步完善担保体系，充分发挥县财政担保平台的作用；积极探索企业相互担保、互帮互助等模式，不断拓宽民营企业的融资渠道；积极为民营企业落实用地指标，为土地资产担保融资提供条件；政府积极搭建融资平台，经常组织银企对接活动。

优化土地资源配置。在土地保障上充分发挥市场调节和政府引导作用。县委、县政府在制定和实施土地利用总体规划和年度土地供应计划时，统筹考虑民营企业投资项目用地需求，加大对重点民营企业发展用地的保障力度；要查处低效闲置土地，鼓励推进标准化厂房建设，提高土地节约集约利用程度；利用闲置校舍、机关用房、农村空（房）地发展民营经济。

培育产业集群，延长产业链条。结合我县区位与比较优势，找准发展方向，明确发展战略，做好产业发展规划，瞄准行业龙头企业，高起点、高标准地开展"产业招商"，实现由单个项目招商向产业集群招商转变，形成集群效应，增强产品、企业、产业乃至整个地区综合竞争力，拉长产业链条，扩大产业规模，增加财税收入，带动社会就业。按照"龙头企业带动、配套企业跟进、产业集群发展"的产业招商方法，加大产业链上下游企业的招商引资力度，以招商引资促产业聚集，凸显灵璧发展优势。

进一步优化发展环境。落实平等待遇，给予国有企业、外来企业的一些资金补贴、贴息、税收减免、奖励等优惠政策，要做到让民营企业同等享受，切实减轻企业负担。在当前困难时期，应采取灵活的企业社保政策，降低企业用工成本，建立企业弹性税收，尽可能减免企业税收，消减收费项目，尽量杜绝向企业乱收费、乱摊派、乱罚款的行为，继续清理涉企乱收费，加大对三乱查处力度；民营企业家要积极承担社会责任，关爱员工，构建和谐劳资关系，义利兼顾，致富不忘回报社会，不断提高民营企业家的美誉度、知名度，赢得全社会的尊重与好评；培育适宜企业家创新创业的环境。发挥新闻舆论正面导向作用，积极宣传民营企业的正面形象，宣传民营企业家创业历程、社会贡献，争取社会各界对民营企业家更多的包容、认同、支持和理解，在全社会形成尊重民营企业家、善待民营企业家、保护民营企业家的良好风尚；树立标杆，主动融入苏北，跟跑与灵璧交界的江苏铜山、睢宁，主动与他们签署合作协议，建立友好县区，安排人员跟班学习，学习他们先进的发展理念与发展思路。

（原载《工商导报》2014年1月21日）

怎样加快培育首位产业

县委、县政府在总结分析我县产业发展的基础上，认真谋划灵璧未来工业经济发展，提出将食品工业作为我县首位产业进行重点培育。县政协主动呼应，从8月初开始，围绕"加快培育首位产业、推进工业转型发展"的主题，对全县首位产业培育发展情况进行深入调查研究，进一步理清情况、摸排问题、分析研判、提出建议，并于9月18日召开常委会议进行专题协商。

会议认为，食品工业是为社会提供积累最高、吸纳城乡就业最多、与农业依存度最大、与其他产业关联度最广的一个工业门类。将食品工业作为我县今后一个时期首位产业培育发展，符合未来产业发展趋势和我县发展实际，充分发挥了我县的比较优势。近年来，我县食品工业已粗具产业规模，并表现出良好的发展态势，带动工业经济增长、提升产业结构层次的作用初步显现。为加快培育首位产业，助推食品工业快速发展，县政协常委会议特提出如下建议。

一、进一步统一思想认识，确立发展目标

1.坚定首位产业发展的信心。全县上下必须统一思想，凝聚共识，切实增强紧迫感和责任感，坚持把食品工业作为一项重大的战略性、基础性、先导性产业来抓，以超常举措促进食品工业跨越发展，持之以恒，强力推进。同时我们也要充分认识到，食品工业的发展受资金、土地、技术等要素制约，不可能

一蹴而就，各级各相关部门要有"十年磨一剑"的意志和力量，持之以恒地培育和扶持，相关企业也要坚定发展壮大的信心不动摇。

2.准确定位首位产业发展规划和目标。坚持规划引领，努力将食品工业培育打造成我县经济支柱产业。尽快编制出台《灵璧县食品工业发展规划》，并与全县经济社会发展总体规划、城市总体规划、园区发展规划、土地利用规划相衔接。科学定位首位产业中长期目标。现阶段首要目标是壮大食品工业规模，大力引进培育规模以上企业。力争通过3年努力，实现首位产业园工业产值超百亿元、工业税收超五亿元。

3.正确把握首位产业发展原则。一是坚持政府引导与市场主导相结合。充分发挥市场在资源配置中的决定性作用，激发企业创新创业的积极性、主动性，同时注重发挥政府强势推进的作用。二是坚持突出重点和整体推进相结合。深刻领会国家政策导向，准确把握食品工业发展趋势，选准产业主攻方向，集中力量实现重点突破，加快形成核心竞争优势。三是坚持项目拉动和龙头牵动相结合。全力引进一批拉动、辐射作用强的首位产业重大项目，加快产业集聚步伐，夯实首位产业发展基础。积极发挥龙头企业引领、示范作用，尽快形成配套协作的产业体系。四是坚持产业资本与高新技术相对接。积极扩大融资平台，加强银企对接工作。加快重要关键技术的引进、吸收和再创新，始终将科技与创新作为产业发展的核心驱动力。

二、进一步壮大产业规模，加快产业集聚

1.突出招大引强。紧盯国内外食品工业中的"航母"和具有产业龙头地位的大企业、大集团，通过招大引强推动核心技术和产业资本向我县转移、集聚。找准招商目标信息，抓住重点目标客户，跟踪推进、精准招商，千方百计推介、锲而不舍跟进，在产业招商上形成强大攻势。加强对招商人员的首位产业相关知识培训，进一步提高招商效率。

2.坚持项目带动。认真研究国家食品工业政策的新趋势，及早谋划重大产业项目。建立项目库，每年谋划和开工建设一批重点项目。

3.加快项目建设。尽快促成签约项目落地，落地项目加快建设进度。要

切实通过创新服务机制，提速提效，促进重点产业项目早开工、早竣工、早投产、早见效。

三、进一步提升产业层次，促进转型升级

1. 进一步扶优扶强。按照"引进—生成—集聚"的思路，把掌握核心技术、产业资本雄厚的大企业、大集团引进来，生成一批在行业内举足轻重的龙头企业和骨干企业。立足现有基础，对已经具备品牌优势的本地企业，鼓励其做大做强，同时对具备一定发展前景的企业重点扶持，形成新的品牌。尽快通过培育一批"小巨人"企业，促进扩大产能规模，提升食品工业的整体实力。

2. 着力增强自主创新能力。加快首位产业创新平台建设，积极吸引优势企业在首位产业园建立技术研发中心，积极推进首位产业园与高等院校、科研机构、行业协会建立产业创新联盟。支持首位产业园依托骨干企业，开展多种形式的产学研合作，加快人才、资金、中介服务和资源共享平台等支撑体系建设，引进一批促进首位产业发展的关键共性技术，以技术进步壮大产业集群规模。

四、进一步强化保障，夯实发展基础

1. 努力提升园区配套水平。进一步加快园区体制改革与机制创新，全面提升园区承载重大产业项目的能力和水平。着力加强适合食品工业发展的标准化厂房建设，着力加强园区基础设施和公共配套服务设施平台建设。

2. 加快人才引进培育。积极支持首位产业企业与高校、科研机构合作，引进和培育首位产业发展所需人才。鼓励和引导各类高端人才、大中专毕业生、外出务工经商人员到首位产业园投资创业。鼓励社会各方面力量为首位产业培养人才，提供职业介绍和技能培训服务，集中各类政府培训补贴资金，对首位产业用工需求，开展订单培训、定向培训和定岗培训，为首位产业发展提供强有力的智力支持。

3. 切实加强政策扶持。整合完善首位产业发展的各项优惠政策措施，对龙头企业和骨干企业在融资贷款、用地支持、人才引进、税费优惠、研发平台、

基础设施配套等方面实行"一企一策"，倾力支持。积极争取国家及省产业政策支持，在重要产业政策和重大项目建设方面积极争取国家支持，着力推动首位产业做快做大做强。推进金融机构与首位产业企业建立协调沟通机制，鼓励金融机构加大对企业信贷投放，担保机构优先提供担保。鼓励首位产业园搭建融资平台，加快首位产业园建立投融资公司，为首位产业建设和企业融资提供服务。

4.不断优化发展环境。对首位产业领军企业、重点项目申报等开辟"绿色通道"，精简行政审批项目，简化行政审批程序，通过提供便利的服务和高效透明的管理，引导资源要素流向首位产业，形成集聚效应。努力发挥部门的职能作用，做到超前服务、提前介入、全程跟踪，引导企业用足优惠政策。建立司法部门法律工作者定点联系企业制度，为投资首位产业企业发展提供优质高效的法律服务。

（县政协经济委员会　供稿）

说说灵城居民消费

井茂龙

近几年来，随着经济发展和社会财富的增加，灵城居民收入水平、消费水平和生活质量都有了明显提高。但同时，由于受居民文化素质、知识结构以及社会上一些不良风气的影响，在居民消费中还存在着种种误区。

一、结构失衡的文化消费。文化消费直接影响着劳动者的素质。现阶段，一些城镇居民的文化消费结构失衡，出现了向娱乐用品以及俱乐部活动的严重倾斜，而有利于居民发展的书籍、报刊等的消费支出却很少。据统计，1997年某县城镇居民人均用于文化消费的支出为164元，其中用于购买教材及参考书的支出只有 5.8 元，报刊类支出 8.9 元。这种状况制约着精神文化消费向高层次发展，不利于劳动者素质的提高，也很难适应现代信息社会高速发展的需要。

二、盲目攀比的家电消费。这几年，城镇居民中家用电器的普及率增长很快，多数家电的普及率已达 90% 左右。高普及率，虽然反映出了居民购买力强劲这一因素，但消费领域中的盲目攀比不容忽视。这种攀比表现在：每种新型家用电器问世，总是高收入者先趋之若鹜，接着，低收入家庭也不甘落后，有的是打肿脸充胖子。这样效仿的结果，一方面使高低收入户在家电的普及程度上逐渐趋同，从而大大提高了总普及率，另一方面也造成了部分低收入家庭的收支不平衡。

三、死要面子的烟酒消费。稍有点"脸面"的人，在大众场合下，三五元一包烟已少见，多数是红塔山、555 以上的名牌。而酒的档次也逐渐从三五元一瓶发展到十几元、几十元甚至几百元。某县 1997 年销售白酒 5000 多万元，95% 售于本县，再加上外地酒在本县销售 2000 万元左右，只有百万人口的县人均酒类支出 70 元左右，这个县的烟草公司，1997 年实现销售产值突破 1 亿元，还不包括外来烟，人均烟类支出达 100 多元。烟酒两项加起来，人均支出在 180 元左右。

四、望子成龙的教育消费。计划生育国策的实施，使独生子女家庭已成为社会主体家庭，人们普遍重视对孩子的健康投资和智力投资。如有的独生子女家庭一味地给孩子添加保健食品，有的家庭为刚出世的孩子购买了钢琴，盼望孩子将来能成为音乐家。这种对孩子进行盲目投资的做法，不仅不会收到预期的效果，可能还会造成逆反心理，使孩子患上"智力投资厌食症"。

五、水涨船高的人情消费。据调查，1997 年同 1990 年相比，城镇居民人均生活费收入增长了 1 倍多，而人均现金赠送支出却增长了近 3 倍。赠送支出大大高于生活费收入的增长速度。1997 年某县城镇居民户均仅现金赠送支出就达 1200 多元。由于送礼风盛行，目前，社会上出现了一股"三必送"风，即逢"喜"必送，逢"节"必送，逢"事"必送。这样送来送去的结果，使一些本来收入就低的家庭背上了经济包袱，影响了家庭的收支平衡，同时也败坏了社会风气，助长了不正之风，于国于民都不利。

我县改制企业面面观

为了进一步了解我县企业改革工作情况，县政协组织部分工商界委员、专委会工作室负责同志及经贸委的有关人员，在副主席李振明、吴新杰、吴淑芳的率领下，于1998年6月16日至18日对粮食局车队、交通局大修厂、东窑厂、磷肥厂、肉牛厂、灵运集团6家县属企业就改制后的运转情况进行了视察。

一、企业基本情况

在视察中了解到，改制后的几家企业严格按照股份制的规范化要求，转换经营机制，在激烈的市场竞争中，把握机遇，拓展经营渠道，瞄准市场，大力发展基础产业，大都发生了巨大变化。

粮食局车队在全省粮运企业的车（船）队大都"全军覆没"，又没有"政策饭"可吃的情况下，积极探索，迅速扩张，由改制时固定资产仅剩13886.27元（土地空转），至1997年资产猛增1000多万元，成为年税利超100多万元的盈利大户。汽车大修厂改制时固定资产（国有股和个人股）26万元，企业没有利润，至1997年资产增至302万元，为改制时的11倍，工业产值及销售收入1280万元，为改制前的26倍（1994年为50万元），利润70万元，上缴税金12万元。磷肥厂改制前资产净值541万元，至1997年增至2200万元，增长4倍多，利润总额由1994年的50万元，增至1997年的150万元，增长了3倍。自改制以来，企业连续五年实现利税超百万元，各项经济指标居宿县地区同行业之首。东窑厂改制时资产评估，企业倒挂5万多元，银行利息76万元，内亏严重，改制后用募股的15万元作启动资金，经过努力现该企业在银行存款40多万元，外欠厂里货款100多万元。灵运集团是我县一家举足轻重的企业集团，也是我县较早实行产权制度改革的企业，1992年改制时，固定资产不超过百万元，亏损几十万元，到1997年已发展成为资产净值3800万元，营业收入1.5亿元，上缴规费超过1000万元，实现利税400多万元的实力雄厚的大型企业。肉牛集团于1994年8月试产时，流动资金、固定资产为 6500 万元，由于种种原因，现总债务一亿元，企业举步维艰，每年企业纯背债款利息占以上五家企业的总税利之和左右，眼下已成为全县注目的特困型企业。

二、努力寻求企业发展的新的增长点

一业为主，多种经营，是几家企业的特色。交通局大修厂依靠"开拓市场求生存，依托多种经营求发展"的思路，瞄准运力市场，把握汽车产销政策调整的机遇，成立了"汽车出租旅游公司"并利用主管部门给予的优惠政策滚动发展各种车辆 136 部，创利润近 300 万元。继而发展"汽车农机市场"、汽车配件公司、电脑公司、民航售票处、奇石馆、食堂饭店及修配等一批营业性行业。粮食局车队紧密结合实际，打破产业、行业界限，迅速扩展到目前的 8 个经营性实体，形成了由一队三场（厂）、四司组成的综合性实业公司。三场（厂）即汽车修理厂，停车场，商场。四司即五金经营公司，汽车贸易公司，公交公司，装潢公司。这几个实体的运行不但为社会提供了 230 多人的就业机会，而且增加实现利税 30 多万元。灵运集团依靠网络遍及十多个省市的庞大运输车队的优势，以运输业为龙头，迅速发展其他产业，目前，已拥有"磐石开发公司""汽车驾驶学校""多种经营公司""劳动服务公司""汽贸公司"等集科、工、贸于一体的 13 个跨行业、跨地域的综合性企业。磷肥厂改制四年来，在生产磷肥的主业上，坚持走技术改革之路，先后投入 1600 万元，建成了年产 7000 吨的亚硫酸氨生产线，800 吨的氟硅酸纳设备装置和硫酸、复合肥扩改工程，纺织袋车间及其服务性行业，这些工程的投产都产生了可观的经济效益和社会效益，东窑厂也在大力发展第三产业上作文章，研制开发生产了前景看好的空心砖及运输、餐饮、水产养殖等副业生产，效益十分可观。

三、加强管理，增强活力

没有过硬的内部管理，企业就没有强盛的生命力。磷肥厂下大决心整治改革前的粗放型管理造成的制度不严、责任不清、纪律松弛、奖惩不明、车间现场管理较为混乱的局面。改制后制定了一系列规章制度，真正做到了有章可循、违章必究。与此同时，总经理与各科室、车间负责人签订了目标管理责任书，公司制定奖惩细则，年终按完成情况予以奖惩的办法，呈现了"千斤担子众人挑，人人肩上有目标"的主人翁精神。粮运公司领导成员在工作运行中，坚持按程序办事，摆正职责与权力的关系，董事会成员各尽其责，各得其所，分工明确，密切配合并实行工效挂钩，形成"工资分配靠劳动，年终分配靠股东，评功授奖靠贡献，工伤养老靠保险，全员管理靠合同"的制度，效果良好。"严纪律、重管理、刹歪风、扬正气"是灵运集团的制度管理之一，企业与职工之间由单项管理变成双向负责，由以前被动的、滞后的堵漏式管理变为超前的利益拉动，变要我干为我要干。因此最大限度地解放了生产力。大修厂形成以人为本的管理机制，以岗位竞争为宗旨，打破工人、干部界限的人尽其才的用人机制，报酬与效益挂钩的高效高酬的激励机制，以公开挂牌，"三保三包"（保证配件正宗、保证优质服务、保证优价及包退、包换、包满意）为核心的社会承诺的监督机制。培养了全厂干部、职工的爱厂敬业精神，最大限度地调动了职工的积极性和创造性，为企业的振兴和发展夯实了基础。

四、股民利益得到保证

粮食局车队在企业不断发展壮大的同时，按股份制要求努力确保股东利益落到实处，现在职工的人均年工资收入都在8000元以上，领导成员年收入10000元以上。所有档案职工大都住上了设备齐全、面积68—86平方米的楼房。现公司正积极创造条件，适时进行员工工龄买断，力争进一步把在岗职工的工伤、养老、失业、生育四方面保险的工作落实到位。灵运集团在自身"鸟枪换炮了"（时任省委书记卢荣景语）同时，不断增加职工工资，改善职工的住房、劳保福利及其他公共事业。过去工人工资无法支付，退休人员月工资只有42.5元，职工住的全是20世纪60年代的甚至连窗户都没有的低矮、黑暗的茅草房，变成现在非司机职工月工资近400元，退休人员工资达250元，绝大部分司机年收入都在4万元以上，继而公司又拿出500万元，建造4幢职工宿舍楼，大大改善了职工住房条件。砖瓦厂、磷肥厂也都在保证集体积累的前提下，尽量照顾股民利益，职工收入稳步提高。

从几家成功的改制企业做法上看，一条成功的经验就是，企业要发展，必须有一个好的带头人和一个坚强的领导班子。被视察的六家改制企业，有五家不断发展壮大，就是因为有了一个好的领导班子。反之，没有一个懂经营会管理的领导班子，企业就很难发展起来，如肉牛厂财务台账不全，管理制度不严，缺少监督约束机制，致使管理混乱，举步维艰。

五、几点建议

一、培养造就一大批能征善战、适应市场经济需要的企业家队伍。从视察的情况看，相当一部分企业存在着管理者断档的倾向，形成有的离开现在的厂长、经理，企业就有可能会受到严重影响的状态。因此，培养和造就一大批优秀企业家的要求十分突出。要从现在开始对那些政治素质好、思想解放、有较强的市场经济意识、思路清晰、知识面广并有较强的事业心和责任感的中青年干部进行重点培养，及时充实到企业管理工作中去。

二、健全和完善监督约束机制。这是加强企业管理，规范改制企业运行机制的重要环节。一是要充分发挥企业党组织的政治核心作用，保证党组织对企业重大经营决策的监督作用。二是要充分发挥改制企业的监事会职能作用。三是发挥企业中的职工代表大会及其工会组织的作用。四是发挥广大股东和职工的民主监督作用。保证企业的经营管理和决策的准确性。

三、政府各部门要为企业创造、提供良好的外部发展环境。坚决杜绝吃、拿、卡、要和乱摊派现象，有关部门要为企业保驾护航，切实为企业发展创造良好的社会环境。

（县政协办公室　供稿　1998 年 9 月 10 日）

让观念冲破牢笼

付廷席

卢荣景书记的文章引来十多个省份客人前来考察产权制度改革情况，然而这个典型所在地却表现得出奇的"冷"。

灵璧，你为什么热不起来？

一

像巨石投水，灵璧县运输公司产权制度改革给波澜不兴的企业深化改革鼓荡起层层波浪。省委书记卢荣景《推荐一个产权制度改革的好典型》发表后，《人民日报》《经济日报》《中国交通报》、新华社《内参选编》、江苏《新华日报》等全国十多家报刊分别予以报道或转载，短短三个月，河北、河南、山东、甘肃、湖南、湖北、江苏、浙江、辽宁、安徽十省一百多个市县近千人云集灵璧考察产权制度改革情况。交通运输系统最先做出响应，各地包括公路、铁路、水路在内的各类运输企业及其主管部门结团而来，占考察队伍的90%以上。

反响之强烈，辐射之广泛，是始料不及的。

地处皖东北的灵璧，地域闭塞，既无名山大川可游，也没有名胜古迹可览，这些人千里迢迢地赶来，值得吗？

共鸣源于共识。

一位有识之士考察后对此做了高度评价和概括：从某种意义上讲，灵璧县运输公司摸索出的产权制度改革的思路，已经给困境中的交通运输企业带来希望和转机。

它突破了所有制的桎梏，把国有和集体经营的优越性与个体经营的灵活性有机结合起来，用私有资产来壮大集体积累，巩固并壮大了公有的"壳"；它打破了公有资产观念上的思维定式，把公有资产的物质形态转化成更有价值的货币形态，从而形成了企业自我发展的良性机制；它明晰并较好地摆正了国家、集体、个人三者责权利关系，把利益和风险、按资分配和按劳分配有机地结合起来，真正地解放了生产力；它把管理上的行政隶属关系变成法律契约关系，实现了管理手段上的飞跃。这样的企业，才真正地做到了自主经营，自负盈亏，自我约束，自我发展。

这个典型，这个思路对整个工商企业产权制度改革的指导意义也许还要等待时间回答，但它对整个运输行业深化改革的导向作用却是明显的，也许是划时代的。

改革，很深奥，很复杂，有时也很浅显，很简单。像一层窗纸，一捅即破，但很少有人捅破它。

灵璧县运输公司捅破了这层窗纸，取得了异想不到的成功！复杂而又简单，深奥而又浅显。

难怪有人考察之后，钦佩之余又有些不足，明白之后又有些遗憾。就像对第一个吃螃蟹的人不服气一样，有人还要表现出不屑一顾或不以为然。

二

率队考察的甘肃天水市副市长周国庆问：你们这地方是如何推广这个典型经验的？

一句话，引起了我们的思考。

根据卢荣景书记要求认真总结这个典型经验的指示，中共灵璧县委作出了关于在全县开展向运输公司学习的决定，并广泛印发了运输公司发展经验的材料。

中共宿县地委、宿县地区行署授予了灵璧县运输公司"文明单位"称号。

在地、县几次大会上，灵璧县运输公司都做了典型发言，并多次受到有关领导的表彰。

省、地、县宣传机构和新闻媒体也都从不同角度就这个典型、这个改革思路和摸索出这个思路的经验做了反复宣传和报道。

然而，三个月过去了，灵璧县运输公司及其摸索出的产权制度改革的思路在灵璧没有产生应有的反响，也没有收到应有的效果。

也许这个典型将要同传统意义上的典型一样，成为过眼烟云，难逃自生自灭的命运……

问题出在哪里？

笔者带者这个问题广泛接触了灵璧县各界人士。

"把资产卖光，和私有化有什么区别？公司不变成空架子了吗？现在看是对的，说不定将来还要来个第二次革命，（收归公有）。"一位主管部门的干部向沿海客人介绍经验后，又发表了自己的见解。

"运输行业自身特点是单车运营，可以转让、出卖，其他行业则无法学。同时，运输公司是个大集体，企业规模不大，效益也不算高，搞产权制度改革也缺少国有企业的制约因素，没有普遍推广价值。"一个经济主管部门的干部说。

"运输公司利用一汽的支持，优惠价买来汽车转手倒卖，开了几年还能卖掉挣到钱，别人谁能有这个条件？"一位机关干部向考察的客人道出他知道的底细，令客人茅塞顿开，释然而回。

另外，还有对摸索出这个改革思路的公司经理个人工作作风和其他方面发表议论的。

当然，也有给予正面评价的，其中，对公司领导班子事业心和开拓精神的肯定明显多于对卢荣景书记推荐的改革思路的肯定。

带着遗憾和不甘心，笔者又采访了行业相同的县汽车站和县粮食局车队。汽车站一位负责人说：他们是地区运输公司直属企业，人、财、物和管理方式都由地区统管，目前内部仍采用目标责任制管理，按客运路线和车况确定营运额，司乘人员工资按比例提成。关于产权转让，据说地区公司已决定明年推行。

县粮食局车队的干部也说：局里已经安排搞产权转让了，车价不好定，再等等看可有什么变化，明年再说。

关于司机的思想认识，两个企业都说，产权转让现在都推开了，司机也想通了，有的还想早一天推行。

总算找到点令人兴奋的东西。在一家文印社，笔者无意中看到了县汽车站的一个处理决定文，三名司乘人员因收钱不给乘客车票而被查获，分别受到降一级工资和罚款 300—500 元的处分。我隐隐感到一丝悲哀，但愿这是传统管理体制的最后一批牺牲品和殉葬者。

三

在采访中，笔者又听到关于运输公司享受了税费优惠的传言。这一点直接影响到人们对运输公司改革思路和机制优势的认同和接受。为此，笔者首先找到了县公路站一位站长，他比较客观地介绍了事情原委：省厅有规定，交通系统专业车队在养路费上享受半价优惠。现在运输公司把车卖到河南、宿县等地，大量的社会个体司机加入其中，再执行这个政策显然不合适。省厅今年给了 540 万元的规费征收任务，目前只收 400 多万元，省地公路管理部门都有提出要向运输公司追征。现在省地县领导都肯定这个典型，我们怎么征？只有等等看上面的意见。

为了弄清这个优惠有多大的吸引力，笔者又询问了全县个体车辆情况。现在全县入户有牌照的车达 1400 多辆，目前缴纳规费的仅有 700 多辆，其中个体车辆 500 多辆。除去报废和销往外地未销户转户的车辆外，每年偷漏规费占相当一部分。在守规矩的个体车辆中又有多少老老实实地买了十个月的养路费的（按规定可以报停两个月），也是可想而知的。这位负责人也承认，灵璧县就这么大，谁又找不到熟人，再有几个难缠头，收不上来没办法。现在实行微机收费，偷漏的相对少一点，只能通过路上查，查紧就多收点，查松就少收一点。

最后我们在这一点上达成共识：如果社会个体车辆都能像运输公司的车那样实实在在地按优惠价买一年的养路费，其规费总额将大大超过现在这个数。

税务部门对运输公司实行单车定额收税则非常满意，原来按营运额征税，每月只收两三千元，还不稳定，现在每月都在一万五千元以上，根本不存在社会上传说的集体与个体车辆纳税比例不统一的问题。

一个个体司机说，税费每年想偷一点，但这查那查，要罚还要送，最后也省不了多少。

税费征收不足问题的根源已经不言自明。道是运输公司统一代征代收税费的方法给有关部门提供了一个新的征管思路。假如有一天运输公司凭现在的机制优势把全县个体车辆都吸纳进来，在税费征收上，将省去了有关部门的多少麻烦！税费的流失也将大大减少。

四

一百天，也许太短，在全国三分之一省份的客人聚集灵璧的时候，关于运输公司这个典型，关于省委书记推荐的改革思路，关于产权制度改革，在这里一直也没有热起来。是宣传不够还是认识不高？抑或是它说不清道不明的社会心态在作怪？

一边沸沸扬扬，一边冷冷清清，道也给人留下点值得思考的东西。

改革，需要我们全方位地解放思想，更新观念，打破思维定式；关于所有制，关于分配制度，关于生产关系，也许还有关于典型的概念，关于对典型的态度、认识、宣传和学习方式。

产权制度改革不应简单化，轻举妄动，草率行事会造成不应有的损失；但也不能神秘化、复杂化，问题面前，畏首畏尾，裹足不前，同样会丧失机遇。通过产权制度改革再造机制优势，是欠发达地区迎头赶上的唯一机遇。如果我们漠视了这一点，还是靠老思路、老办法，在旧的框架内铺摊子，上项目，图发展，问题只会越积越多，也许最后会丧失更大的发展机遇。

这是加大改革力度的着眼点，也是经济腾飞的启动点。这是一场无法回避也难以绕开的深刻革命。舍此，灵璧别无他途。

改革，允许多种形式，多路探索，但绝不允许问题成堆而不思变革！

改革，呼唤全方位推进，综合配套进行。不惮前驱的改革者及其探索出的改革思路，不应成为新旧体制拉锯战的牺牲品；他（它）不需要传统意义上典型的礼遇，也同样不应该受到种种非难和冷遇。

改革，是一场前无古人的伟大事业，它需要一个宽松的外部环境。让鲁迅先生半个世纪前的慨叹永远地成为历史吧！多一点宽容，少一点苛求；多一分鼓励，少一分挑剔。让我们在构筑社会主义市场经济新体制的同时，也构筑起一个健康向上、互相取长补短而不是互不服气、互相拆台的社会心态。

谁的机制灵活就向谁学，这不应该仅仅是一种号召，一种要求，更应该成为一种必然，成为一种机制！

我们呼唤，我们企盼……

谈谈招商引资

戚 伟

经过多年的努力，我县招商引资效应开始显现，经济社会显现出速度加快，质量提升的好势头。通过招商引资，县域经济走出了多年徘徊的低迷状态，增长势头强劲；通过招商引资，带动了工业园区建设发展，为县域经济长远发展拓展了新的空间；通过引资建城，市容市貌明显改善，机关服务质量和办事效率不断提高，政府诚信稳步提升；等等。总体上看，我县招商引资工作起步阶段进展良好，但在这一过程中，一些矛盾和问题必须引起高度重视。

（一）基础条件制约着招商工作的开展。一是区位条件制约。尽管我县交通条件近年来有所改善，但是我县本身不在大城市经济带上，不靠近市场，资源禀赋比较有限，配套能力较差，客商投资硬件成本相对较大，客观上使我县很难成为外来客商投资的首选。二是经济开发区起步较晚，受投入不足、经验缺乏及规划受控等因素影响，基础建设相对滞后。作为招商引资的有效载体，开发区的投融资平台尚未真正搭建，工业用地亏损补偿等机制还不健全，开发区内场地路网还不十分畅通，开发园区形象没有很好地树立起来，缺乏对客商的吸引力。

（二）招商引资工作力度不够。虽然县委、县政府把招商引资当作推动经济发展的主要手段，但在具体工作上，一是不少单位对当前我县开展招商引资的重要性和紧迫性认识不足，片面认为招商引资工作既花精力，又花财力，干不好得不偿失而不愿下真功夫去开展工作，心存疑虑；二是尽管县委、县政府高度重视、反复强调招商引资工作，但由于全县没有形成对招商引资工作的客观主流评价，致使一些单位不敢大胆开展工作，心存顾虑；三是部门间协同招商行动不力，虽然我县招商引资工作每年都纳入目标考核，但由于要求不严，措施较软，并没有几个单位在这方面下功夫。有相当一部分单位甚至从未召开过一次招商引资工作的专题研究会，更谈不上采取任何措施主动开展招商引资工作，致使这些单位的招商引资工作处于完全被动的状态。

（三）发展环境存在诸多问题。硬件不够软件补。我县要在招商引资中处于有利地位，必须在发展环境上多得分、得高分，只有这样，才能在地区比拼中占据优势。据了解，公路"三乱"、吃拿卡要、非法阻工等现象还时有发生，同时一些部门还存在着门槛多、效率低、收费名目多、服务意识差等倾向，严重影响了投资发展环境。

（四）存在项目不大、质量不高的问题。几年来，引进的项目平均投资额都比较低，工业项目少，产业关联度也不高，高附加值、高新技术项目更少，等等。

基于以上存在的问题，笔者认为，我县招商引资工作仍然处在全面推进的初级阶段，为进一步在更大范围、更高层次、更宽领域内更好地做好招商引资工作，推进县域经济快速发展，结合我县实际，提出如下几点建议。

（一）加强载体建设，创优投资条件。要把经济开发区作为招商引资的主要载体来打造，加快基础设施建设，完善水、电、管网、污水处理、绿化等配套设施建设，兴建开发区服务中心，提高开发区服务水平，增强项目承载能力，使之成为我县产业发展的集聚带和主要增长极。

（二）突出重点，进一步加大招商引资工作力度。要以解放思想、更新观念为先导，加强领导、强力推进，把招商引资工作作为经济工作的重中之重和"一号工程"来抓。进一步厘清思路，完善招商引资政策，制定切实可行的考核办法，增强做好招商引资工作的紧迫感和责任感；要充分发挥我县农副产品资源、奇石资源、劳动力资源等方面的优势，通过招商引资，大力发展特色种养业、农副产品深加工和奇石产业等。

（三）切实加强项目前期工作。要高度重视和加强项目的建设工作，认真做好搜集信息、项目准备等基础工作。搞清灵璧的优势究竟在哪里，哪些项目对灵璧最合适，哪些知名企业最有可能来投资。做到知彼知己，有针对性地开展招商引资工作。按照"环保第一，注重产品深加工，打造品牌"的原则，进一步做好招商引资项目的筛选、论证和储备工作，进一步健全我县的招商引资项目库。

（四）进一步转变政府职能，努力创造良好的投资环境。坚持把优化投资环境作为招商引资的基础工作，精心打造要素集聚的"洼地"，努力构建一个投资成本低、收效高，有利于资本、人才聚集的集中地。以"投资者为本"，解决"引得进留得住"的问题，不断增强环境对投资者的吸引力。完善招商引资社会监督机制，着力打造好全方位的服务平台，为外来投资企业和投资者改善软、硬环境，解决政策咨询、中介服务、项目协调等方面的问题。加大公路"三乱"查处力度，对吃拿卡要、强买强卖、非法用工等现象，依法从严从快惩处，努力营造宽松的投资环境。

开辟返乡创业"绿色通道"

井茂龙

近几年，我市农村经济发展中出现了这样一种现象：一批又一批曾经在全国各大城市或沿海发达地区务工经商的农民工鼓起腰包后，陆续带着技术、项目、资金返回到自己的家乡创业，并日渐成为地方经济发展的生力军。

农民工积极返乡创业，是新生事物，当地政府应该做好适时引导和服务等工作，保障农民工的返乡创业热情越来越高，对当地经济和社会发展的辐射、带动作用越来越强。

一要把实施"返乡创业工程"纳入党委和政府的议事日程。要意识到，昔日的就业"包袱"正在变为今日的宝贵财富，牢固树立"输出劳动力，引回生产力；输出打工者，引回创业者"的新理念，将实施"返乡创业工程"作为从更高层次破解"三农"问题的一个很好的做法，本着"以民为本""执政为民"的宗旨，激情演绎和全力唱响"凤还巢"。同时，对尚未返乡但已经在外地创业有成就、想返乡创业的农民进行统计和帮助，引导、鼓励他们返乡创业。

二要成立领导小组和廉政高效的服务机构，形成完整的支持保障机制。由党委或政府主要领导担任领导小组组长，组建专门的创业服务中心等完善的经济发展环境服务为网络，为返乡创业的农民工推出"一个窗口"对外，"一站式"报批、"一条龙"办结的服务措施，建立健全"马上办""直通车"和"经济110"等工作机制。用高效、透明的行政服务帮助返乡创业的农民工解决各种实际困难，促进他们新办企业的快速发展。

三要制定完善的优惠配套政策，为农民工返乡创业开辟"绿色通道"。除大力宣传农民工返乡创业的现实意义、积极作用，用亲情、乡情营造"返乡创业光荣"的温馨氛围以外，还要制定和出台相关文件，明确农民工返乡投资和外地客商一样享受招商引资优惠政策，为农民工返乡创业创造宽松环境，温暖他们的心，使他们真切地体会到"回乡有干头"和"没有任何后顾之忧"。在户籍管理，社会保险、子女入学、解决贷款、子女择校、宅基地使用等方面提供优质服务；对贡献突出的返乡创业者给予政治待遇和物质奖励；严厉惩处对返乡创业农民工"揩油"的违纪违法行为等。

四要设立农民工创业园区，寓管理于服务之中。这是落实优惠后政策，保护好、引导好、支持好返乡的创业农民工的投资热情和创业冲动，实现集中管理，节约资源投入，追求既富民又强县、既获得经济效益又获得社会效益和生态效益等多赢目标的重要举措。可以规定，尽在农民工创业园区内，凡是对外资开放的领域，都对返乡创业企业开放；凡是外商能享受的优惠政策，返乡创业人员都能享受。一方面为农民工返乡提供用武之地，使他们所创办的企业迅速成长壮大起来；另一方面随时、就地帮助返乡创业的农民攻克服生产经营活动中遇到的困难和问题。

五要为返乡创业农民工提供全方位服务，保持其所办企业的发展后劲。比如，定期免费对返乡创业的农民工进行文化、法律、政策、经营管理等方面的培训，不断给他们"充电"。有关部门还要定期或不定期给返乡创业的农民工授课或做现场指导，使返乡创业的农民工尽快具备"肯吃苦，善钻研""勤思考，善应用"等企业家必备的个人素质和创业能力。

灵城镇个体私营经济扫描

为了进一步贯彻十四大精神，落实省地县委的部署，放手发展个体私营经济，县政协组织了灵城政协委员和工商联、工商局、灵城镇等有关单位，对灵城镇个体、私营企业进行了一次历时七天的全面视察、考察。结果表明，个体私营经济的发展势头很好，但也有问题，必须进一步解放思想、转变观念，把发展个体私营经济作为我县经济发展的主要增长点和新的突破口，像当年抓责任制那样抓好个体私营经济的发展。

一、个体私营经济发展状况

灵城私营企业和个体工商户已达 1153 家，注册资金 967 万元，从业人员 1797 人，年产值达亿元，纳税 129 万元，上缴工商管理费 25.5 万元，已经形成以农副产品加工、家具、交通运输、建材为主体和以商业服务等为依托的综合性发展态势。总的说来，灵城个体私营经济的发展是健康的。其特点有三个。一是底子厚。从已注册资金看，户均达 8204 元，是宿州市的 3 倍，接近发达的铜陵市水平。二是发展快。今年已新注册 53 户，尚有 400 多户未登记办照。三是转向趋势明显。在发展第三产业的同时，趋向工业企业发展。个体私营企业在灵城已经成为一支重要的经济力量，在振兴地方经济、促进社会稳定和发展中有着不可忽视的作用。

1.增加财政收入，支持了地方事业的发展。缴纳税费 154.5 万元，户均 1300 多元（全县户均 680 元），人均 894 元（全县人均 470 元），另外，还向农机、畜牧、交通、公安部门提供几十万元的管理费、养路费等。同时，还为社会公益事业捐款 6.36 万元，户均 50 多元。灵城镇财政收入近几年来都以 30% 以上的速度递增，主要是靠个体私营经济的发展提供的税费。就 1992 年而言，财政收入 161 万元，其中，农业税仅 3.08 万元（多年未变），占 1.85%，国营企业税收 28.9 万元，占 17.8%，个体私营工商税 129 万元，占 80% 以上，使镇财政年年有结余。

2. 提高了生产力水平，带动了经济快速发展。在个体私营经济不断发展中，已有部分个体户扩大经营范围，发展成私营企业。还有一部分由单纯的经营型向生产型转变。如夭开侠投资 35 万元开办的粉丝厂，张成文投资 30 万元合股开办的种鸡孵化场，靳永投资 15 万元开办的车辆修配改装厂，孙伟由经营胶合板获利后出资 50 万元与港商、灵城镇共同开办的胶合板厂（年产值 1000 万元）。据不完全统计，这一类型的企业，现已达 30 多家，可创产值 3000 万元以上。规模的扩大发展了第三产业，经营的转向兴办了工业企业，投入的增加提高了生产力水平，带动了经济的快速发展。去年灵城镇乡镇企业产值达到 8193 万元，实现了翻番拐弯，增长速度是 126%。其中个体私营经济产值 6142 万元，占 74.9%，是集体企业的 3 倍，在工农业总产值 5000 万元中，私营工业产值达 3041 万元，占 60%。

3. 加快了致富奔小康的步伐。调查中发现，个体私营企业主基本上有 70% 已达小康，大部分手里都有几万元、十几万元、几十万元的固定资产和存款，百万元以上者也不乏其人。他们中多数住楼房，家具、家电齐全，生活消费档次较高。少数达不到小康标准，也是比较富裕户。不管从事什么行业、搞什么经营都有钱可赚，"黑蓬底下盖高楼"，最简单的炸油条、卖辣汤的，每年收入超万元。群众反映说，一个苹果摊胜过当县官（指经济收入）。发展一个体户，就增加一个小康户，兴办一个私营企业，就带富一批人，同时，也为闲散人员和剩余劳力拓宽了就业的门路，减轻了国家、社会的压力，发展了生产力，促进了社会的安定。如翟少忠拆车厂用工 5 人，月工资 300 元。王树栖小磨油厂，用工 16 人，月工资 130—150 元，其中不少原来就是困难户。

4. 加快社会主义市场经济体制的形成。个体私营经济是市场经济的一支生力军，其依托市场，活跃市场，方便了群众的生产生活，同时，又培育、繁荣了市场，是有计划的商品经济向市场经济转化的媒介，是加速市场经济体制形成的催化剂，其作用是重要的。

二、个体私营经济发展瓶颈

1. 发展个体私营经济，还没有摆上应有的位置。目前，有相当一部分人对个体私营经济的地位和作用认识不足，在整个经济工作中对它的发展重视不够，思想观念转变不快，工作力度不大，没有真正把发展个体私营经济摆到重要位置上去研究部署、制定规划、确定目标、组织力量。因而对个体私营企业的情况不明，底数不清，发动不够，支持很少，个体私营企业仍处在自生自为状态。

2. 发展个体私营经济还没有形成合力。我县把发展个体私营经济作为经济的重要增长点，出台了一些好的政策。但由于受传统观念的影响和"左"的思想束缚，不少人以偏概全，不把个体私营企业主当作社会主义劳动者，没有看到他们绝大部分是遵纪守法、勤劳致富的，却把个别的经营作风恶劣、偷税漏税、克斤扣两、掺杂使假和以劣充好等行为作为主流，加以渲染、夸大。还因为个体私营企业冲破了旧的体制，与国营企业竞争占了一些优势，利益分配起了变化，所以，社会上出现诋毁个体私营企业的舆论，给个体经营者造成了无形的精神压力，给生活和经营也造成了影响。在具体工作中，工商、税务、交通等职能部门，只重管理和收缴税费，对个体私营企业的经营关心不够，提供服务不多。金融系统在资金投向上，还没有做到和国营企业一视同仁。工商联、个协与个体私营企业的联系也偏少，引导、教育、维权不够，"娘家"的作用没有充分发挥，不利于高速发展。

3. "三乱"之风还没有真正刹住。向个体私营企业乱收费、乱摊派、乱罚款之风仍然存在。虽然国务院三令五申，各级党委和政府也明令禁止，但各种名义的集资、捐助繁多。据一家私营企业近两年的统计，仅集资摊派就有十多项，累计出资 1.3 万元。西关的木材市场，原来经营比较红火，近来由于关卡林立，收费、罚款过多，断了木材来路，经营萧条，行将垮台。一些废旧物资回收点，经常有人"光顾"，以各种理由，不留任何票据，强行拿走铜丝等稀有金属。税费收缴还存在着不到位、不平衡的问题。总的说来，税赋是合理偏轻的，按照实际情况确定的，基本上没有按税率计征，但由于对经营状况缺乏较准确掌握和估量，导致计税不准，加上来自四面八方的说情风，形成的"人情税"，两个分局缺乏统一协调，部分个体户钻税率尺度不一的空子，乱挂国营企业、机关经济实体招牌，偷漏国税。在征收税款中，也出现了自觉的足缴、圆滑的平缴、会缴的少缴、能赖的不缴现象。

4. 良好的外部环境还没有真正形成。"官"欺民讹孬种赖，偷抢扒拿都存在，社会上的小痞子街霸进饭店、商店白吃白拿，小偷扒手明抢暗偷，惹不起的无赖明借实讹，强盗式的恐吓敲诈，常有发生。机关中的个别素质较差的公职人员，或吃拿卡要，或强买强卖，或以无端的理由强行攫取，个体私营企业的合法权益受到了严重侵犯，阻碍了正常经营和发展。

5. 个体私营工商业者心态还不正常。由于党的方针、政策贯彻的还不够深透，团结、帮助、引导、教育工作还不够有力，个体私营企业主，心理状态复杂。据摸底，灵城范围内已有 10 多家达到私营企业标准的个体户，不愿注册为私营企业，只愿当个体户，其原因是：一怕参观找麻烦，二怕捐资增负担，三怕露富招灾难。运输业 383 户，注册登记的只有 80 户，不足四分之一。从事粮油贩运的 63 户，仅有 1 户注册。新开业的 4 个煤球厂，只有 2 户注册。至于其他季节性、流动性的工商户未注册的就更多了。在已注册的个体私营企业中，也普遍存在少报固定资产和流动资金的问题，产值（营业额）利润也以多报少，生怕多征税费，以至于统计数字偏少，反映不出真实的发展速度和规模。如一吕姓粮油贩运户，去年运销额 300 万元，利润 10 万多元，只报销售额 80 万元，利润不到 3 万元。

三、个体私营经济发展途径

个体私营经济是社会主义市场经济的重要组成部分，是繁荣经济的一支生力军。大力发展个体私营经济对于培植财源、安排劳动力就业、促进经济发展具有重要作用。各级都要进一步提高认识，把大力发展个体私营经济作为灵璧开发开放、深化改革、振兴经济的战略性举措来抓。为促进我县个体私营经济私营经济高速、高效、健康发展，我们认为有以下几个途径。

1. 制定发展个体私营经济的目标。积极壮大个体工商户，重点培植私营企业，以第三产业为先导，加速第二产业发展步伐。"八五"期间，个体私营经济要以 30% 以上年递增速度发展，力争"九五"末，使个体私营经济在全县国民生产总值中占 30% 以上。

2. 放宽税收政策。除继续执行国家制定的鼓励、支持个体私营经济发展的有关税收政策外，本着"广税源、轻税赋"的原则，制定鼓励发展个体私营经济的税收优惠政策。对为农业服务的行业和新办的咨询业、信息业、生产县级以上新产品的私营企业给予更加优惠的政策，

3. 放宽信贷政策。在信贷资金上，对个体工商户和私营企业的贷款应与国有、集体企业一视同仁，对有一定规模和发展前途、有偿还能力的私营企业，在贷款上应给予适当倾斜。

4. 建立私营经济开发区。将县城新开辟的光明大街作为个体私营经济开发区，欢迎本县和外地个体工商户、私营企业和国有企事业单位的富余人员，到区内从事个私生产经营。

5. 各部门通力协作，支持个体私营经济发展。除工商、税务、金融等部门放宽政策支持个体私营经济发展外，计划、规划、土地、劳动、交通、卫生等相关部门也要放宽政策、大开"绿灯"。同时，还要将涉及个体私营经济的有关政策、制度和办事程序规范化，增强透明度和可操作性，提高办事效率。宣传部门要多报道发展情况，树立个体私营企业的形象。政法部门要积极主动提供法律服务和法律保障。

6. 严禁向个体工商户和私营企业乱收费、乱摊派、乱罚款。出台文件，明确规定，对任何部门和单位违反政策规定的"三乱"行为，个体工商户和私营企业有权拒付。某些公益事业和重大建设项目确需个体工商户和私营企业捐款赞助的，由县政府统一审核批准。

7. 任何单位不得强行将个体私营企业划归公有，随意改变其所有制性质。对那些严重侵害个体工商户和私营企业合法权益的单位和个人，要区别不同情况，由有关执纪执法部门严肃处理。县政府对发展速度较快、贡献较大的优秀个体工商户和私营企业主予以表彰。对在鼓励、扶持个体私营经济发展工作中

做出突出贡献的单位和个人给予表彰和奖励。

8. 对个体私营企业生产经营者的技术职称评定、优质产品的评比、物价和银行信用等级的评定，应与公有制企业一视同仁。

9. 加强组织领导。成立由县委分管领导任组长、有关部门负责人为成员的"县个体私营经济发展协调领导小组"，负责协调处理个体私营经济发展中的重大问题。县工商局和县工商联是工商户、私营企业的"婆家"和"娘家"，要充分发挥管理、扶持、维权和桥梁纽带作用。

10. 加强教育，提高素质。个体劳动者协会要充分发挥"自我教育、自我管理、自我服务"的职能作用，组织学习党和国家的方针政策，加强对个体工商户、私营企业主的思想教育、法制教育和职业道德教育，正确处理三者关系，不断提高其自我约束能力和自觉纳税意识，提升个体、私营经济从业队伍的整体素质。

（县政协办公室　供稿）

乡镇企业与村级集体经济情况调查

为促进我县乡镇企业和村级集体经济的发展，实现八届五次全体（扩大）会议确定的乡镇企业营销收入增长 50% 以上，村级集体经济收入达 2000 万元的目标，近期，我们组织部分政协委员会同乡镇企业局、农委、部分乡镇负责人对向阳、杨疃、浍沟、黄湾、朝阳、长集六个乡镇的乡镇企业发展情况进行了调查，并对消灭空白村发展村级集体经济作了一些了解。从调查情况看，我县乡镇企业的发展呈现"一快、两高、三联、四猛"的特点。村级集体经济有发展，但存在问题不少，前景不容乐观。

"一快"。近年来，我县乡镇企业一直保持着又快又好的发展势头，已成为经济最有活力的增长点。1994 年乡镇企业固定资产投入完成 1.92 亿元，比

1993 年增长 62%；乡镇企业总产值 29.3 亿元，增长 115.4%；乡镇企业入库税金 1409.7 万元，增长 92.2%。浍沟镇 1993 年以前仅有一年亏损十几万元的水泥厂和徒有虚名的针织厂，然而仅两年时间镇党委、政府一班人狠抓老企复活，新企上马，救死增效，抓老上新，实现了乡企主要经济指标、镇容规模、民联企业、基础设施建设、内引外联五个历史性突破。

"两高"。即高科技、高起点。乡镇企业经过一段时期的小打小闹开始向科技含量高、起点高的企业发展。高科技、高起点也带来了高效益。浍沟镇的安达化工厂，投入 150 多万元引进一套先进生产线，生产化工原料轻质碳酸钙，这种企业在我省基本空白，全国也只廖廖几家，产品供不应求。该厂年产值可达 160 万元，利税近 50 万元。向阳植物胶厂，从南京植物研究所引进技术，总投入近 300 万元。该厂生产的经物理和化学改性后的多种胶粉，属高科技产品。该厂 1994 年产值 500 万元，利税 150 万元，今年可望产值超千万元，完成利税 300 万元以上。面对目前饲料价格提高，影响制约养殖业发展的现状，向阳乡又从佳木斯请专家，制作生产成本低、科技含量高的单细胞蛋白饲料。现厂基本建成，即将投产运营，预计年产值可达 150 万元，实现利税 40 多万元。在新企上马的同时，各乡镇也非常重视原有企业的挖潜改造，巩固提高，着重提高其科技含量和生产能力。

"三联"。各乡镇都克服过去那种"等靠要"的思想，立足自力更生，走自筹资金、引进资金、引进设备、推行股份合作制、联合兴办企业的路子。这六个乡镇企业发展的主要形式是村村联合，镇镇联合，走出乡镇与公司联合，走出灵璧与大中城市联姻，与大中企业结对，与科研院所挂钩，引进外资、外商，搞合资企业。朝阳镇西北部 11 个行政村以股份制形式联合兴办造纸厂。这不仅兴办了企业，消灭了空白村，而且促进了村级集体经济的发展。长集乡与县燃料公司联合兴办投资 120 万元的小型造纸厂。向阳乡引进外资 110 万元与南京植物研究所挂钩办起了总投资近 300 万元的香豆胶厂。为解决流动资金不足的问题，又租赁给外商经营。这些联合型的乡镇企业都具备较强的竞争实力，发展前景看好。另外，在各乡镇还大量建立起民间自发的股份制合作企业，这些企业虽然规模不大，但对经济发展起到了积极作用。

"四猛"。一是乡镇劲头足，发展趋势猛。各乡镇都认真制订发展计划，积极贯彻落实县委八届五次全体（扩大）会议精神，狠抓乡镇企业发展。浍沟镇提出"村镇民联"四轮齐转，速度、规模、效益同步发展。广借外力，引进技术、资金、人才，起动内力。解放思想，更新观念，形成活力，消灭空白村。二是投入大。杨疃镇今年上半年投资兴办三个企业。一个投资 120 万元的造纸厂，一个投资 50 万元的面粉厂，一个投资 50 万元的硫酸脱绒包衣良种厂。这六个乡镇今年都有百万元以上的项目上马。三是项目多。每个乡镇都建起了工业小区，新项目频频上马。黄湾与铜陵磷肥厂联合兴建万吨复合肥厂。向阳兴办花生分级厂。朝阳兴建饲料加工厂。浍沟的免烧砖项目和电缆厂也在筹建中。这六个乡镇今年已经上马投资 50 万元以上的项目就有 10 个，还有些项目在考察筹备之中。一些村也在积极行动，浍沟镇郭马村干群在提高认识的基础上，结合本村实际，利用剩余劳力多的优势发展起了年纯盈利 8 万元左右的电珠厂。同时，他们又因地制宜，采取"公司＋农户"的方式投资 6 万元办起了养羊场。现集体有羊近 1000 只，有效地壮大了集体经济。四是管理严。严管出高效。随着乡镇企业的不断发展，镇领导越来越重视企业的管理。他们不惜重金请人管理，不惜重金培养管理人才。朝阳镇黄庄村在实行家庭联产承包责任制时，村里保留了 200 亩果园，150 亩桑园，每年收入 10 万元以上。他们科学管理，滚动发展，集体经济不断发展壮大，办起了一个烘茧厂，一个石灰窑厂，一个面粉厂。该村 1994 年集体统一经营收入 36.5 万元，集体积累总额 328 万元，已做到不向农民收取任何款项。浍沟镇推行唯才是举，能者上，庸者下的企业用人政策，大大提高了企业管理水平。黄湾镇大杨窑厂，多年来一直亏损，欠债 50 万元，其主要原因就是缺乏科学管理。更换厂长，加强管理后，很快窑厂扭亏为盈。黄湾镇豆制品厂也由于管理不力，造成企业被迫停产，镇重新选配管理人员后，企业很快正常运营。这说明一个企业的兴衰与管理人员的选配有着很重要的关系。在管理跟不上的情况下，拍卖也不失为一种明智的手段。黄湾镇一面粉厂距乡较远，管理不便，一直亏损，成为乡里一大包袱，乡领导果断决定拍卖，甩掉包袱，结果既活了一个厂，乡里又获得了发展新企业的资金。

问题：

一、县里力度大，乡镇劲头足，村里动作慢。县委、政府多次强调要从根本上改变农业大县，工业小县，财政穷县的面貌，跨越到农业强县，逐步实现农村工业化，必须在发展高效种植、养殖业的同时，把经济工作的着力点放在工业上，把工业经济摆到主攻地位，并与各乡镇主要负责人签订目标责任制。各乡镇劲头也很足，都制订相应的发展计划，下大力气贯彻落实。和县里的力度、乡镇的劲头相比，村里的行动就显得有些慢。据汇报，这六个乡镇共有 134 个村，办企业，有经营收入的 115 个村，空白村占 14%。但据调查，这六个乡镇有 58 个村是空白村，占 42%。若按 2 万元标准统计，空白村的比例还大于这个数字。像杨疃的朱冉、黄湾的高圩等一批村集体没有办企业，没有任何收入，也都被列为已经消灭空白的村，还有向阳乡九店等村，今年开始办企业，可望有收入，也被列为有收入的村。还有些村面对县里的有关精神和乡里分解的各项目标，没有明确地发展思路，盲目应付，搪塞任务。个别村搞虚报、浮夸，有计划没行动，有厂房没机器，有产值没效益。如长集乡双杨村，把只是意向购买的私人面粉厂，说成村办面粉厂。还有的村范围较小，人口很少，办企业搞经营基础薄弱，难以进行。这些问题如不及时扭转，消灭两个空白是不可能的。

二、选项不准，论证不透，项目重复。杨疃镇淀粉厂是一个先后投资近 200 万元的企业，由于考察不够，盲目上马，买回 20 世纪 50 年代的淘汰设备，再加上技术，管理跟不上，生产出的产品不能达标，销路差，效益差，造成生产的越多，亏损的越多，只好关闭。上百万元的设备成了一堆废铁，成了百姓心疼，领导发愁的一个甩不掉的包袱。目前这六个乡镇看到纸张走俏，都想抓住大城市和发达地区治理污染和控制污染项目上马的机遇，纷纷投资兴建小型造纸厂。然而这种污染极大，祸及子孙的造纸厂，如果纷纷上马，将会危及种植业、养殖业的发展，甚至直接影响广大群众的正常生活，后果不堪设想。

三、管理不严，制度不全，效益不高。向阳九店村以股份制形式与私人合办预制厂，不派人参与管理，撒手不问，村干部心中没底，是亏是盈，亏盈多少，只凭别人说，这样的村办企业只能是摆摆样子。朝阳镇水泥厂，由于管理不善，机器老化现象严重，厂房破旧，产品质量下降，被迫停产。还有些企业，因为没有科学的管理，产值高，效益低，甚至有产值没收入。黄湾镇张集面粉厂，原来一直不景气，在拍卖转让以后，很快扭亏为盈，效益可观。可见科学的管理对于一个企业来说是多么重要，管理的好坏决定着企业的前途和命运。

意见：

一、抓党建，换脑筋。浍沟镇主要领导同志特别重视观念更新，他们认为，经济发展靠乡镇企业这个龙头，而龙头的发展靠"人头"。他们用两个月时间实施换脑工程，组织有关人员出外参观、考察、学习，开阔了视野，鼓起了干劲。在参观、学习的过程中看到自己的差距，找到不足，同时也发现了自己的优势和潜力。一批人开始由单一的农本观念向大农业转变，向农村的工业化转变，认识到只有把乡镇企业放在龙头位置才能加快奔小康步伐，才能实现农业大县向农业强县的跨越。这为浍沟镇乡镇企业的发展打下了坚实的思想基础。在贯彻党的四中全会精神狠抓党建的过程中，浍沟镇还认真整顿了党的基层组织，对一些思想守旧，没有开拓精神，不能带领群众致富的支部主要负责人进行了调整。去年调整了四个村支部书记、五个副书记（兼村长）。一批思想解放、开拓意识强的年轻干部走上村级领导岗位，乡镇企业的村级集体经济迅速发展。我们应当效法浍沟镇的做法，贯彻党的四中全会精神，加强基层党支部建设。选好一个认真贯彻党的路线、方针、政策，公正廉洁，年富力强，能带领群众致富的支部书记，确定一条符合本地实际的发展路子。

二、抓项目，增后劲。为了增加发展后劲，县委提出企业上项目。上项目选项很重要，只有项目选得好，抓得准，企业才能有出路。杨疃淀粉厂就是选项不准，致使企业走进死胡同。选项目时应注意结合本地实际，扬长避短，选大项、选强项，力戒人云亦云，重复项目。向阳乡盛产花生，这是他们的优势，他们就在这个优势上做文章，兴建了花生分级厂。还有香豆胶厂，这是一项在我国几乎是空白的产业，产品每年大量进口。向阳乡经过认真考察，在很短的时间里立项、筹建，继而又租赁给外商，为向阳乡进一步发展乡镇企业积累了资金。在抓大项目的同时也不应忽略一些小项目上马，如投资不多，效益很好，又能解决剩余劳力的灯泡厂、山区的采石厂、预制厂等。为增强小企业的运营能力，提高竞争力，应注意组建企业集团。还可以把一些个体企业联合起来经营，像浍沟车里苇箔公司那样的模式。在没有选准项目时，应注重搞开发性农业，办养殖场。长集乡就是一个好典型，他们对原有窑厂，进行了改造、开发，投入百万元建成了规模很大，效益很好的养殖场。另外，针对目前乡镇纷纷上马小型造纸厂的现状，应要求各乡镇，一要认真考察，科学论证，结合我县实际适当控制数量。二要严格控制污染，可投资 20 万元左右，建 300 平方米，2 米深的沉淀池，既可以回收利用纸浆，又可以使污水沉淀后循环利用，最终达到控制污染的目的。

三、抓投入，多联合。兴办企业要有资金投入，只有大投入才能有高产出。我县是个财政穷县，不可能一下拿出很多钱发展乡镇企业，这笔钱怎么办，主要靠自筹，搞股份制企业，有钱的出钱，有地的出地，有人的出人，走优势互补的道路。不仅搞村村联合，镇镇联合，还可与个体私营企业联合，甚至走出国门与外商联合。抓住一切机遇，调动一切发展乡镇企业的积极因素。朝阳镇造纸厂，向阳的花生分级厂，长集的造纸厂，杨疃的面粉厂，都是通过联合办起来的。只有联合，集腋成裘，积少成多，才能集多方资金，招各地人才加快我县乡镇企业发展。乡镇还可以采取引带的办法，帮助一些村办集体企业，帮助村跑项目、技术，在对所属各村全面排查，详细掌握各村具体情况的基础上具体帮助和指导，可派人帮助，可协调资金、人才。

四、抓管理，增效益。产品的质量是企业的生命。只有高质量的产品，才能有广阔的市场，才能有高额的利润。而产品的质量要有一整套科学的管理来保证，因此狠抓企业的管理才能增效益。首先应抓好管理人才的培养。要善于发现人才，培养人才，及时地提拔任用管理人才。其次要建章立制，严加管理，提高效益。依靠监督，管理机制，规范企业经营行为，减少"跑、冒、滴、漏"。最后应搞好统计，坚持实事求是的原则，既要防止虚报、浮夸，也要克服作风不踏实，工作不细致，统计上报不全的行为。

（县政办公室协 供稿 1995 年）

我县乡镇企业发展现状与建议

为了了解全县乡镇企业的现状及存在问题，政协计经财贸委员会、农科教委员会会同县乡镇企业局、县经济文化研究中心等有关部门，从 5 月下旬至 6 月上旬，对高楼、冯庙、王集、杨疃和灵城的乡镇企业进行了为期 10 天的深入细致的调查。

一、现　状

党的十一届三中全会以来，我县乡镇企业迅速发展，已成为农村经济的重要组成部分，与工业、农业形成三足鼎立之势。特别是近几年来，全县相继涌现出一批管理上轨道、生产有规模、经营有市场的骨干企业，对改变农村落后面貌，振兴灵璧经济，发挥了重要作用。但也应清醒地看到目前全县乡镇企业基础较差，底子较薄，实力较弱，在总体上还处于低水平、低层次的起步阶段。可以说，形势大好，问题不少。问题主要表现为以下四个方面。

（一）产品结构不合理，有市场竞争力的产品少。乡镇企业产品中，建材产品所占比重过大，食品、轻纺、化工之类发展还不成气候，并且部分产品尚未获得质量认证。在农副产品深加工，资源再转化、再增值方面，还有很大潜力尚未发掘。

（二）人才缺乏，技术落后，管理水平低下。乡镇企业中大部分管理人员对管理企业只是初入门径，还不懂管理，不善经营。在经营承包招标中，外地人员承包较多，给部分企业的稳定发展带来一定的风险。

（三）发展不平衡。从乡镇企业的整体发展状况来看，一部分企业发展较稳，较快；一部分却停滞不前，甚至萎缩倒闭；大部分企业还处于低水平的维持状态。

（四）经济效益较差。绝大多数乡镇企业，除维持发放工人工资，偿还部分贷款或利息外，已无力进行扩大再生产，无力补农建农。

产生以上问题的主要原因有以下六点。

（一）有些领导同志对乡镇企业在经济发展中的战略地位缺乏足够的认识，特别是近两年来，在治理整顿的新形势下，主攻乡镇企业的思想产生了动摇，畏难情绪大，缺乏紧迫感。

（二）还有相当部分群众小农意识浓厚，思想守旧，温饱自足，小富即安，缺乏危机感。

（三）管理工作跟不上。宏观调控、微观管理，监督服务严重脱节。有的乡镇企业办公室是"有庙无神"。有的是机构不健全，人员多为兼职。知识、年龄老化，不能适应乡镇企业发展的需要。

（四）企业负担过重。现在能够直接对乡镇企业进行管理的部门很多，使企业面临的检查多、接待多、经费开支多。有的企业一天内要接待几个部门的检查。

（五）资金严重短缺，致使有些企业由于供"血"不足，已有的固定资产能力得不到充分发挥利用，不能维持正常生产，甚至因此产生恶性循环而倒闭。如投资350万元的王集纱厂，定额流动资金需用量为120万元，企业现有55万元，缺口65万元，在产品有销路，原料有来源的情况下，仅因此缺口不能填补而难以正常开机。投产以来，设备利用率只在50%左右。

（六）企业整体素质差，设备简陋，工艺落后，产品质量无保障。

二、建　议

要在20世纪末实现第二步战略目标，达到小康生活水平，乡镇企业发展如何，至关重要。因此，必须坚定主攻决心，落实主攻措施，努力实现乡镇企业新突破。

（一）迅速全面开展"主攻乡镇企业"大讨论，层层分解目标。通过讨论，使人们深刻认识主攻乡镇企业的重大战略意义，从而在思想意识上有一个根本性的转变。进一步检查主攻的思想是否到位，是否扎根，以彻底清除障碍，坚定决心，摆正位置，明确目标，大造舆论，形成气候，上下同心，共唱一台戏。同时，层层分解目标，明确任务，健全责任体系，使思想、目标、责任、措施、行动一体化。

（二）加强现有乡镇企业的整顿。一是进行思想整顿。要在乡镇企业广大干部职工中，开展"为什么要办乡镇企业，怎样办乡镇企业"的思想认识教育活动，澄清各种糊涂认识，端正办企业的思想，从而树立起高度的责任感、使命感和自豪感。二是队伍整顿。目前全县乡镇企业干部职工中，工业型的极为短缺，利用农业管理方法耕耘乡镇企业这块"黄土地"，就很难驾驭"奇正之变"，很难预测发展轨迹，必然适应不了社会化大生产的要求。因此，有必要对乡镇企业职工队伍的整体结构进行调整和加强。对现有各级乡镇企业管理干部进行考察，适者留用，不适者另作安排。重新选配合适人员，以提高企业职工队伍整体素质。三是财物整顿。特别是对那些已倒闭的企业，要认真清资核账，找出问题，明确责任，吸取教训。对发展较好的企业要总结经验，兑现奖惩，鼓励再上新台阶。基础较差、活力缺乏的企业要积极引导，提供服务，予以扶持。

（三）加强宏观控制。一是要严格新建项目的审批把关，避免盲目性。项目的审定，既要保持与国家有关政策的一致性，又要坚持严谨的科学态度，从定性和不定性进行研究、论证、评估，用远大的战略目光，分析掌握项目行业的分布状态，发展趋向。"胜于易胜"，务求决策具有科学性、可行性。通过宏观调控，由星罗棋布逐步向规范化、系列化、区域化发展，避免重复投入，失误投入，最大限度地发挥企业的整体优势。二是建立合理的条块管理体系。县乡镇企业局是全县乡镇企业的主管部门，是县政府的职能管理机构。各区、镇对所属乡镇企业的管理，要认真听取和征求乡镇企业局的意见。区、镇企业办负责人的确定，应采取区、镇提名，主管局考察，联合下文任命的办法，实行归口管理，双重领导，以保证管理工作的连续性和管理队伍的相对稳定性，杜绝乡镇企业管理人员任命和职工使用的随意性。

（四）理顺管理关系。一是理顺县乡镇企业局与县经委、农经委的关系。从国家对口管理看，乡镇企业属农村经济，主管部门隶属农经口，国家有关发展乡镇企业的方针、政策也只在农经系统传达、贯彻。鉴于我县乡镇企业局隶属计经委的情况，为利于国家方针、政策的贯彻执行，有效解决乡镇企业的有关问题，应将乡镇企业局划归农经委管理。二是要理顺全体服务的关系。主攻乡镇企业，绝不仅仅是各级党政领导和主管部门的事，而是各个机关、部门乃至全社会的共同服务。因此，不论是条条部门，还是地方部门，都要服从县委、县政府的统一领导，参加主攻大合唱。三是理顺县乡镇企业局综合管理与职能部门行业管理的关系。各有关职能部门依法对乡镇企业进行监督、检查、管理时，要主动征求县乡镇企业局的意见，或配合进行。也可由县乡镇企业局牵头，统一组织、协调有关部门，对乡镇企业进行综合检查、服务，以减轻企业负担，为乡镇企业的发展创造一个宽松和谐的外部环境。四是理顺乡镇企业所有者、管理者、经营者的关系，要努力杜绝经营者"不当家"、管理者"管不着"、所有者一包承揽，三者职责不清、管理盲目混乱的现象。所有者应通过管理机构进行管理，管理者要实行择优选聘的方式选择经营者，使乡镇企业真正成为"政企分开、自主经营"的经济实体，真正享有法定的企业经营自主权。切实实行主管部门领导下的厂长（经理）负责制。

（五）加强人才工程建设。邓小平同志在全国教育工作会议上指出，"我们的国家，国力的强弱，经济发展后劲的大小，越来越取决于劳动者的素质"。现在及未来的市场竞争，是科技进步的竞争，但归根结底是人才的竞争。解决人才问题，是实现第二步战略目标的根本问题。第一，各级领导要善于发现人才，要敢于使用人才，择人任事，使各种人才脱颖而出，在主攻乡镇企业的战斗中大显身手。第二，乡镇企业人才培训，应超前进行，形成经纬网络。该工作如长期滞后，必将形成越来越大的人才断层，如同下棋，若心中无"谱"，难免会被"将军抽车"，导致企业在科技的日益进步中，储备缺乏，后劲不足，应变呆滞，求变无及，最后在无情的经营角逐中落伍。因此全县要有一个整体部署，长远规划，多层次、多渠道、多形式地培训乡镇企业的各类人才。如条件许可，应建立专门的人才培训机构。也可利用县委党校或劳动部门的就业培训中心，长期开办乡镇企业培训班，各区职业中学也应把培训乡镇企业人才列入教学范畴，培训于就业之前，使全县乡镇企业"血液"充足，循环畅通，葆其生机和活力。

（六）推进科技进步，强化企业管理，提高经济效益。一是继续完善承包经营责任制，大胆审慎地选准企业承包人，克服短期行为，摆正眼前效益与长远的关系，不断增加企业积累，完善各项制度，增强企业自我发展、自我完善和自我约束能力。二是推进科技进步。围绕节能降耗、调整结构等工作，有计划、有重点地对区、乡骨干企业进行技术改造，增加花色品种，提高产品质量。三是强化基础管理。落实管理责权，抓住关键环节，整顿生产秩序，使企业人流、物流、信息流合理高效运转，促进企业晋档升级。四是健全财物台账，提高核算水平，抓好双增双节，不断提高效益。五是开辟经营蹊径，赋予商品以个性，创出企业的经营特色，不断建立和拓宽稳定的企业市场。

（七）加强企业文化建设。"花有清香月有影"，加强企业文化建设，建树美好的企业形象，增强企业吸引力、凝聚力，是企业的一项重要任务，也是企业经营的一项重要市场策略。它对企业发展所起到的巨大推进作用，已被有眼光的企业家高度重视和注意。企业文化建设可分为四个层次进行：第一层次为环境文化建设，是指企业生产、办公环境的建设，给人以清新、舒适的感觉。第二层次为娱乐文化建设。如建立职工俱乐部，培训、普及现代交谊舞和琴棋书画等。第三层次为经营文化建设，即广告文化建设，不断增强企业的商品意识。第四层次为精神文化建设，即企业精神建设。目前我县乡镇企业的企业文化建设，层次低，较外在，大部分尚未达到二、三层次。要进一步加强企业职工的思想、道德、人格、情操等精神文化的建设，这方面还存在一定距离，真正达到并体现出企业的精神文化境界，还要花费很大精力（高楼丝厂在企业精神文化建设方面走出了路子）。因此，有必要把这项工作提上议程。

（八）深入调查研究，及时解决问题。社会化的工业大生产，必须要有社会化的服务体系相配套。县委、县政府要经常组织有关部门深入乡镇企业，广泛调查研究，总结成功经验，发现存在问题，制定得力措施，及时解决问题，推动全县乡镇企业的发展。

（灵政协办公室　供稿　1991年6月）

以问题为导向加强人才工作

根据县委、县政府、县政协 2015 年度协商计划，县政协教科文卫体委员会会同县委组织部、人才办、人社局、经信委、卫生局、科技局、教育局等单位，组织部分常委、委员对我县人才工作开展专题调研。7 月 20 日，县政协召开 42 次主席会议，听取县人才办关于我县人才工作情况的通报，围绕加强人才工作进行重点协商，提出意见建议。

一、取得的成绩

近几年来，县委、县政府高度重视人才工作，制定实施中长期人才发展规划纲要，大力实施人才强县战略，紧紧抓住培养、吸引、使用等关键环节，为加快灵璧跨越发展提供了人才支撑和智力保障。县委组织部切实履行牵头抓总的工作职责，县人才办不断创新人才工作机制，重点加强党政、农村实用、专业技术、企业经营管理、高技能、社会工作六支人才队伍建设，取得了明显成效。

一是健全组织管人才。县委成立了县人才工作领导小组，设立了人才工作办公室。二是强化培训育人才。三年来，共举办了 6 期科级干部进修班和 3 期后备干部培训班，参加人员 450 多人次，选派 70 多名科级以上干部挂职学习；举办 7 期农村实用人才培训班，培训学员 350 多名，通过校企合作，有 3000 多人参加就业技能培训，近万名专业技术人员参加继续教育培训。三是创造条件引人才。制定了《灵璧县人才培养工程暂行办法》和《灵璧县特殊人才引进暂行办法》等政策性文件，引进了一批紧缺人才。四是多措并举用人才。通过交流轮岗、竞争上岗、落实待遇和奖励扶持等措施，激发了各类人才创新创业的积极性和主动性。

二、存在的问题

1. 职能部门对人才工作的认识不够，机构设置与应该承担的职责还不相称。当前，人才工作协调领导小组虽然已经成立，但其规格、编制、投入等尚不完善。从人员组成看，大多是一些相关领导机构和职能部门的主要领导，相当一部分领导没有真正将人才工作放在应有的位置，对这项工作重视不够，影响了人才工作的健康协调发展。一些部门和单位对人才重使用轻培养，重学力轻能力的倾向依然存在，实际工作中重项目开发轻人才开发，重资金引入轻人才引进，重经济效益轻人才效益的问题还没能从根本上得到解决。在机构设置上和人员配备上，有的部门因机构精简，没有具体科室抓人才工作，如经信委原来有职教科，负责职工的教育培训管理，随着国有和地方集体工厂、企业的消失，职教科也随之寿终正寝。

2. 各类人才界定的标准不够明确，工作推进与党管人才的要求不相符。按照"四个尊重"和"四个标准"的人才选用理念，所谓"人才"是指具有一定的知识或技能，能够进行创造性劳动，为经济社会发展做出贡献的人。这一指导思想充分体现了中央人人都可成才的理念，但同时也对具体的人才统计带来了一定的困难，对于党政人才、专业技术人才、企业经管人才可以进行精确统计，但对于非公企业经营管理人才、农村实用技术人才、专业技术人才如何进行界定比较困难。这就造成这几类人才数量及结构统计上的不准确，从而影响人才工作职能部门作用的正常发挥。

3. 人才类型不全，总量偏小，结构失衡。全县共有各类人才1.8万人，仅占总人口1.5%，且分布不均，80%左右集中在党政机关和事业单位，农村实用型、企业管理型和社会创新型人才紧缺。教育、科技、文化、卫生、农业等部门缺少领军人才，如卫生系统人才总量达2800多人，加上乡村医生1100多人，在近4000名医护人员中，具有主任医师资格的不足10人，难以满足全县城乡居民的就医需求，只得去徐州、蚌埠、合肥甚至上海、北京看病，从而加大了患者的经济负担。

4. 人才使用政策不完善，人才队伍后继乏人现象日渐突出。农业、卫生等部门专业技术人才因受岗位限制，虽有职称，但与工作待遇不挂钩，造成人心不稳、工作不安，积极性难以调动，以至于无才的苦熬、有才的想走，呈现人才引进难、留住也难的"两难"局面。再是对人才的认识上，有的部门领导还存在着一些认识上的误区，认为只有引进的人才好，对本地人才和返乡创业的人才关心支持不够，不能一视同仁。一些返乡创业的人才满腔热情回乡想大干一番事业，由于没有进行项目认证，加上缺乏相关部门提供规划、土地、税收诸方面的政策支持，往往投资之日就是失败之日。我县作为一个农业大县和外出务工人员大县，由于青壮年劳力多忙于在外打工挣钱，在土地的经营上不再追求精耕细作，把土地的产出作为家庭收入的副项，这样农业技术人才的用武之地大打折扣，一些农技人员只能改弦更张，改行做起生意来。在调研中发现，我县农业人才队伍存在的问题主要是人心不稳、年龄老化、严重流失，出现脱节断层，后继乏人。全县基层农业单位自1996年以后连续18年没有进人，由于没有新人加入，一些年龄偏大的农技人员虽然有中级职称，但受岗位所限，只能按初级职称聘用，直接影响了他们工作的积极性。

三、对策与建议

针对上述存在的问题，坚持和实施党管人才，最根本的要走创新之路，从思想理念、工作机制、管理制度和服务体系上不断创新，激发各类人才创造活力和创业热情，开创人才辈出，人尽其才的局面。

1. 转变人才工作观念。要大力宣传党管人才的原则和人才工作的相关政策，使各级党政领导干部认识到坚持党管人才，是加强人才队伍自身建设，不断提高人才工作水平的需要，是大力实施人才带动战略，全面建成小康社会的需要，是巩固和发展扩大党的执政基础，提高党的执政能力的需要，要教育引导各级党组织和干部转变"管人"观念，既注重加强对各类人才的思想政治教育，又注重为人才的成长和发展服务，做好人才的发现、选拔、使用、培养和保障工作，鼓励和引导人才创造性的开展工作。

2. 理顺人才工作关系。在党管人才工作格局中，组织部门作为牵头抓总的职能部门，要坚持抓大放小的原则，按照管宏观、管政策、管服务的要求来抓人才工作，做好人才发展规划制定，人才政策体系建立，人才力量和资源整合，人才热点难点问题解决，人才工作检查、监督落实工作等重点工作，要进一步强化县人才办的机构设置，根据工作需要增加人员和经费投入，为其正常有序的开展工作提供必备条件。县委组织部和县人才办要加强与有关部门、有关领导的沟通，使各部门切实履行职责，加强协作，既做到各司其职，相互间又密切配合，各有关部门要充分发挥各自的履职作用，抓好各类人才队伍建设，要制定有效措施，坚决破除部门利益、局部利益对人才资源的不合理分割，形成做好人才工作的强大合力。

3. 创新人才工作机制。要坚持以刚性与柔性引进相结合，事业留人与待遇留人相结合，招商引资与引人引智相结合的思路，根据县情的实际需要，通过不断完善有利于吸引人才的政策措施，建立科学、开放的人才吸引机制，要适应市场经济的要求，按照定性考核与定量考核相结合的原则，建立各级各类人才考核制度，其结果与人才的使用、升降、待遇挂钩，形成优胜劣汰的竞争氛围。要切实为各类人才提供包括工作、学习和生活等在内的服务保障，切实解除他们的后顾之忧，为人才的发展创造条件。要鼓励、支持专业技术人员通过兼职、定期服务、科学咨询等方式进行流动，以此弥补我县高技能人才短缺的现状。

（县政协提案委员会　供稿）

如何发挥农民工建设家乡的动能

刘万广

随着国家改革开放的深入，农村外出务工经商的农民工队伍一年比一年更庞大，大批农民工在祖国各地和世界各地都为实现中国梦作出巨大的贡献。现在在农民工中人才济济，资金厚实，综合素质高，创新和创业本领强，是实现乡村振兴的第一要素。目前各级党委和政府在实施乡村振兴工作中，绝不能忽视当地的农民工的重要作用，千方百计确保按时实现党中央制定的乡村振兴目标任务。

一、加强对农民工的管理和领导。（一）县、乡、村三级都要成立对农民工管理机构，在党政班子成员中要确定一名分管负责农民工工作的领导，成立办公室，抽出专人办公，做好服务工作。（二）要建立健全农民工信息档案资料库。要摸准分布在国内外的农民工的准确信息，并建立档案，尤其是英才人物在外兴办起各种企业的资料更要详细，使县、乡、村、三级主要领导都能准确掌握和了解在外务工人员分布图、人流量、所办企业的资产规模，为当地的招商引才做好服务。（三）要为各类农民工做好各项优质服务工作。对当地户籍农民工所提出的申请，在法规政策范围内都要服务好、接待好、满足他们要求。（四）做好年度评先评优工作。县、乡、村要坚持每年对在外建设和对家乡做出成绩的农民工进行评先评优表彰，设立"务工先锋奖"。对捐资10万元以上兴办家乡事业的可设"爱心奉献奖"，在建设场地及时奖励，激励更多的农民工为家乡多作贡献。

二、采取多种形式加强对农民工的联谊工作。县、乡、村三级都要充分利用开展招商引资工作机会和节假日有利时间，开展走访和集中召开恳谈会、联谊会、招商座谈会、农产品销售发布会等形式，加强对各地农民工的沟通和联系工作。为他们搭建好平台，让他们向当地干群传播外地发展先进经验，对家乡发展提出建议，为当地振兴出谋划策。基层干部要多为务工家庭做好各项排忧解难服务工作，关爱他们的留守亲人，经常上门走访，帮助他们及时解决生产和生活以及办理各种证件出现的实际困难，让广大农民工安心在外务工。

三、抓好三级工会建设，发挥参谋和助手作用。县级工会要认真贯彻落实习近平总书记关于加强新时代工会组织建设的重要论述，把做好新时期工会工作的重点转向农民工身上，抓好乡村基层工会建设，坚持为农民工服务和维权，真正体现出工会为工人，工会"姓工"上来。要向国家工会那样，把特别优秀的农民工吸纳到县工会领导岗位上。抓好乡镇工会建设。要彻底改变现行的乡镇工会领导体制，建立起乡镇领导分管、吸纳优秀农民工参加的乡镇工会领导班子。建立村级工会组织。针对目前村级工会不明确，作用不发挥，应建起村党支部书记为主任的村级工会组织，从村两委干部中配备一名工作人员

（兼），从村内优秀农民工中选拔成员，组建好村级工会领导组织。乡镇和村级工会组织，都要把工作的重点放在为基层党政领导当好助手和参谋上，把常年工作的重点放在围绕农民工转、围绕农民工干，真正彰显工会是农民工"娘家"的实效。

四、提升农民工的政治地位。乡村发展的实践证明，没有农民工的这支大军，乡村就无法振兴，从他们献身建设和贡献出的智慧以及返乡创业的大成果上，都证明农民工明显作为和创出的奇迹。乡村党组织都要对新时代的农民工高眼看待，因为他们是实现乡村振兴的先锋队和主力军。在党组织发展上、在村级后备干部培养上，都应把优秀的农民工首先列入。在村级两委中可推广设立农民工专干职位，从村里最优秀的农民工中可选拔一名挂职村第一书记、第一主任，让他们都能有权力引进推广外地先进的管理模式和发展经验，有权开展招商引资，为家乡振兴作出贡献。

五、地方政府要出台对返乡创业农民工的优惠政策。凡是返乡办企业引领广大农民在当地就上业的都得给予扶持，帮助他们调整用地、信贷融资、建设好通电、通水、通路等基础设施工程。对返乡创业带领当地就业，促进经济发展的先进农民工，县、乡镇政府应给予奖励和表彰，以此来鼓励更多的农民工返乡创业就业。

要大力扶持个体粮油收储经营

刘万广

灵璧县是粮油生产大县。在计划经济时期，农民粮油卖给国家，特别是实行征购、议购的合同卖粮时期，农民家家都是离不开国有粮站，靠粮站完成交公粮卖余粮，到处出现卖粮难现象。2005年，随着改革开放不断深入，全国取消农业税，国家对粮油市场逐步放开，特别是近年来，农村个体粮油收储点（店）

发展迅猛，村村都设收购点，流动车辆收购全覆盖，农民收上来的粮油产品，都涌向个体粮油收购点销售，占农户售粮100%，农民全部脱离国有粮站。个体收购点的迅猛发展对促进农民增收，拉动农村经济增长起到了重要作用。

目前农村粮油收储点发展有三种形式。一是在街道设店收购。这类收购店是固定收购，经营时间比较长，主要在乡镇集市和村级街道经营，常年日夜进行收购，十分稳定。二是在村庄设立收购点。一般每个行政村都有三五个收购点。有的建仓收购，有的露天收购。近年来，由于乡村道路新修畅通，在交通要道的自然庄设立粮油收购点也在增多。三是车辆常年入户流动收购。

发展农村个体户收粮是目前促进粮油流通的新特色，具有三大优越性。一是在价格商议上的优越。收购点老板可到农户家里验质定价，上门协商现钱价格和定期付款价格，随行就市，体现出公平性。二是开磅早。农户可直接把收上的粮食从田里拉到店里，非常方便急需回城务工的农户卖粮。对于无劳力的弱户，不需要费力，坐地就能卖掉粮食，得到票子。三是预约收粮。只要打个电话收粮服务就上门，很受留守老人和缺劳力户的欢迎。

农村粮食收储点的大量涌现是改革开放深入发展的产物，它方便农民卖粮，带动更多人就业，增加地方税收，好处多多。因此，有关部门要给予更多的支持，来促进广大农村星罗棋布的粮油收储点健康发展。

各级发改委和银行特别是设在乡镇的农商行，要给予信贷支持，满足辖内粮油收储大户收购资金的需求，减少"打白条"收购。多下达月贷和季节贷款，加大粮油收购资金投放指标，向收储大户倾斜。

乡镇和村级要对申请扩建收储库房的经营户，给予调整用地，在通电和通路上提供优质服务。工商部门要及时给予办理营业执照颁发工作。政府和粮食部门要多给予提供粮油经营信息，增强收购户市场预测和抗风险能力，引导他们提高粮油收储、加工和烘干等环节的科技含量，对于投入兴建粮油烘干和储存的大户、合作社，地方应给予财政资金补助。科技、农业等部门要深入到户，帮助指导收购个体户做好粮油收储工作。走强强联合之路，吸纳股份制和发展合作社来做大做强粮食收储工作，把农民的粮食销售打入国际市场，成为壮大农村经济的支柱产业。

个体私营业主的心愿

胡兴臣

最近，灵璧县召开了个体、私营企业代表座谈会。几十位老板倾吐了一通他们自身的许多苦衷和心愿，望在社会地位上有一席之地。

灵璧县注册发照的个体工商户和私营企业从业人员不过 12821 人，只占全县总人口的 1% 多一点。去年一年，他们向国家缴纳税费达 760 万元，约占全县税收的 30%。老板们说："党的政策使我们富起来了，我们想更富，也想着为国家为人民多作贡献，得到社会的承认。广播里、电视里、报纸上，哪怕是大大小小的会议上，能够提到我们，我们都很受鼓舞。事实上，有许多时候，我们不被人放在眼里，真想不通。"从事商业批零兼营的孟庆洋说："我是个犯过法的人，现在情况变了，领导说我贡献大，地区评我为先进，哪怕是自费我也想去参加表彰会，谁知不声不响，奖状让人给捎回来了，真扫兴！"粮食贩运个体户李成华说："更不好受的是，月月按照管理部门核实的数目缴税，一到季末年底，还要我们补缴偷漏税款。多缴些钱，我们也乐意，为什么给我们加个偷漏税的名呢？多难听啊！要是真偷税漏税，打击也是应该的。"到会个体、私营企业代表在发言中普遍反映他们借贷款难，希望信货部门予以贷款支持。黄湾镇个体户席怀珠说："我是经营烟酒的个体户，只有 2 万元资金，迫切需要贷款扶持，但是要想借到点贷款总是很难！"灵西乡粮油贩运户冯长兴说："如果借了贷款不按期归还，不予贷款是完全应该的，我从不拖欠贷款，有了余钱就存入银行，但是到了用钱的时候很难借到，我老是想不通！"孟庆洋说："我经营的企业有 31 名从业人员，原来每年借贷款近百万元，全部按期付还。1991 年底，我还清了贷款，还为当地信用社融通了 20 万元资金。1992 年贷款时贷不到，只好出高利从私人手中借款！""社会上的"红眼病"该治了。"一个从事面粉加工的个体户说，"加工厂刚着手办，这钱那钱就得花好几千元，不然办不成事！"陈长兴说："春节前，我调一批玉米去江苏，玉米上船了，水上关卡硬要收技改费，到底这费该收不该收，要收该谁收，是非一时弄不清，造成停船 15 天，结果我本该赚钱却变成了亏本。"孟庆洋又说："沛县客户从我店进一车卷烟，途中被县内一个关卡查扣，要去 3 箱烟和 250 元钱，还不给收据。这样，不是把我的生意路给堵了吗？"

工商部门要对个体私营企业者们加强管理。冯庙镇粮油贩运个体户冯乐民说："个体私营经济要发展，不加强管理是不行的，有不少无证商贩违法经营，偷税漏税，既损害了国家、群众利益，又损害了个体户的声誉，必须加强管理！"灵城镇五金个体户田恒义说："我从 1987 年开始摆铁货摊，资金不过千元，现在成了有 20 万元资金的五金店。从我自身的发展经历看，单靠个人奋斗是不够的。要按照政策守法经营，要掌握信息行情，请工商部门对俺们这一行加强管理，多提供信息，多给予指导。"

（原载《新安晚报》1993 年 3 月 22 日）

下岗再就业情况调查

按照县政协主席会议和常委会决定精神，经济委员会先后组织部分委员对我县下岗职工再就业优惠政策的落实情况进行了调查研究。根据灵璧县人民政府〔2002〕66 号《关于有关部门对下岗失业职工再就业应实施的优惠政策及职责》、灵政 32 号文《灵璧县扩大就业目标责任考核办法的通知》精神，先后在井茂灵、吴新杰、陈广彩三位副主席的带领下，深入全县各有关部门，通过"一听、二看、三查"，召开座谈会等形式，对全县下岗再就业及有关政策落实情况做了一次全面的调查。现将调查的有关情况通报如下。

一、下岗再就业工作情况

近年来，我县和全国各省各地一样，根据党和国家的有关政策积极采取措施，大力促进就业和再就业，取得一定的成效，但是，我县当前和今后一个时期，劳动力供求矛盾依然突出，就业形势十分严峻。

1. 下岗职工劳动就业环境和条件差。我县地处皖北，所处地理位置偏僻，交通不发达，造成我县企业效益不好，企业经营艰难，效益下滑，资金短缺，亏损面增大，财政形势严峻。经济结构的调整、优化和企业的改制，造成下岗职工逐步增多，加之我县是农业大县，工业基础薄弱，商品经济不发达，劳动力长期供大于求，就业形势非常严峻。

2. 下岗、失业队伍庞大。我县现阶段有职工 14600 人，其中失业、下岗 8502 人，占职工总数 51.4%，"4050"下岗职工 1054 人，困难职工 4000 余人，其中特困职工 1071 人。目前，我县已有 236 名"4050"人员再就业，其中政府出资购置 12 个公益性岗位，安置 12 名"4050"特困人员上岗。下岗失业人员实现再就业 1181 人，全县新增就业岗位 1751 个，其中通过招商引资产生岗位 161 个，开展公益性岗位 350 个，开发再就业岗位 453 个，自谋职业 408 人，自主创业 19 人，其他形式就业 360 人，办理再就业优惠证 1829 人，应办 3000 人，占应办人数 61%。

3. 下岗再就业存在的问题。①由于下岗职工大部分存在文化层次低和劳动技术水平低的现象，有再就业机会择业时条件差，不适应经济结构的调整。对劳动力的需求，形成了下岗、失业职工群体再就业率低的不良局面。②劳动力竞争激烈，使下岗职工再就业处于劣势，特别是"4050"下岗职工，还体现在用人单位条件的限制，用人单位选择职工的条件一般为有技术、有文化、年轻健康的职工。有的职工在择业时甚至无法与农民工相比。③社会保障体系不完善，也严重制约了下岗职工再就业，职工最关心的两件事：一是老了怎么办，企业缴不上养老保险，劳动部门就拉闸。二是病了怎么办，非公有制经济的养老保险、医疗保险体制不完善，严重制约了下岗职工向非公有制经济转轨。④部分职工思想保守，恋"母"性强，对于再就业无所适从。传统的依靠政府的就业心理根深蒂固，择业观念陈旧，对计划经济的就业体制依恋性较强，再就业择业时未能摆脱传统的观念，往往表现对未来的工作条件期望过高。

二、再就业优惠政策落实情况

自 1998 年以来，各级政府和各部门都出台了有关就业工作的优惠政策。对于这些政策和规定毫无保留地交给社会、交给下岗失业职工，努力实行优惠帮扶政策，各有关部门做了大量行之有效的工作。

1. 灵璧县地方税务局于 2003 年对各分局转发省地方税务局《关于做好税收政策落实工作的通知》，成立了政策落实领导小组，开辟再就业减免税审批工作绿色通道。对从事个体经营的下岗失业人员和聘用下岗失业人员的企业，严格按照上级政策，及时办理税收减免手续，现已累计为下岗失业人员减免税收达 13 万元。

2. 灵璧县工商局制定了《关于落实失业下岗职工再就业工作的实施措施》，重点支持发展第三产业，特别是社区服务业作为解决下岗职工再就业的主要途径，鼓励他们兴办快餐、小吃、日用百货等。对下岗失业人员始终坚持简化手续，由原法定的 30 天，缩短为 1 天和 7 天办结，并免收注册登记费，个体经营管理费和市场管理费。在同等条件下，对进入市场的下岗失业职工优先安排摊位和经营场地。今年以来，共核准下岗失业人员从事个体经营 335 户，从业人员 557 人，减免各种工商费 5.4 万元，为下岗失业人员优先提供经营场地 335 平方米。

3. 县建设局 2002 年制定下发了《下岗职工再就业优惠政策若干意见》，明确凡是下岗职工需要再就业的，持优惠证，可减半征收服务性占道经营、服务性行业排放污水，建设规划服务费。先后为 100 余户下岗职工建房减征规划服务费，基础设施配套费 10 余万元。对下岗职工开设的饭店、浴池、大排档等 300 余户少征各类排水、排污费 3 万余元。对特困职工少收垃圾有偿清洁费约 3 万元，合计减征 20 余万元。所有收费均低于 50%，缓解了部分下岗再就业职工的实际困难。

4. 劳动部门今年以来共发放《再就业优惠证》1829 本，在全县街道社区平台建设中，灵城和五个中心镇全部建立了劳动保障事务所，招用了 318 名工作人员，免费培训下岗失业人员 260 人，免费办理外出务工证 758 本，累计免收费用 3 万多元。

5. 县教育局在学生义务教育阶段，严格按有关规定，对特困学生持特困证和单位证明，校方给予一定的减免，有的全免。近年来受减免的特困职工子女有 1492 人，减免费用 100 余万元。

6. 县供电局共招用 16 名下岗职工，免费培训 30 名下岗职工并发给上岗证，使之今后不论是外出或在本地都有一技之长，一席之地。下一步准备给全县 400 户特困职工办理每户每月给予 8 度生活用电的电费补助。优惠政策工作虽然在一定程度上取得了进展，但也面临一些不尽如人意的现实问题：（1）下岗职工从事个体和私营的免收公共场所、食品卫生许可证、审核发证费，到指定医院、所就医免收门诊挂号费，按药品进价收费，住院减免 40% 床位费，因病需做 CT、磁共振检查减收 30% 检查费，但由于受到部门利益驱动，执行人员素质不高，监督不严，致使这些优惠政策成为一纸空文。（2）收费项目的单位，少数同志认识不足，自收、自支单位本身困难较多，收费少了自己职工的工资无法解决，如市政工程管理所，每年要少收 10 万余元，去年欠六个月没发工资，今年每月只能发一半工资。自来水公司欠发工资累计五个月，且自来水是商品，每立方米仅电费等各类成本约 0.6 元 / 立方米，上级不给经济补贴，全县 1000 余户特困户，每户每月减免 4 立方米水，企业承受不起，给政策落实带来一定的影响。（3）国务院制定下岗失业再就业优惠政策，针对一无经营经验，二无经营资金，三无生活能力的"三无"人员，但有些经营者钻政策空子，改头换面或借证经营，骗取优惠，在市场进入方面操作上有一定的难度。（4）2002 年 9 月 30 日前，已领取营业执照，从事个体经营，被用人单位招收以及通过其他途径实现就业已有稳定收入的人员，也申请领取优惠证，造成一些不符合下岗就业的人员也申请享受优惠政策。

三、建议和对策

（一）认真贯彻落实 5 月 21 日中共中央、国务院关于加快推进再就业工作通知精神

1. 发展经济，创造就业机会，是解决下岗职工再就业的根本途径。

2.政府采取切实措施，形成再就业主导机制。政府的宏观调控，决定再就业工程的成败，其体现在既能严格控制下岗职工总量，提供更多的就业岗位，又能促进经济快速健康发展。

3.把就业服务体系的建设纳入完善城镇社会保障体系建设中去，积极扩大就业，广开就业门路，为失业、下岗职工提供更多的就业岗位。加快劳动力市场建设，完善劳动力市场管理制度，认真落实《安徽省劳动力市场管理条例》规范招工、用人制度。

4.建立公益性岗位，空岗报告制度，凡是由政府投资形成的公益性岗位，要优先安排大龄就业困难人员，特别是"4050"下岗职工。

5.关注弱势群体，提高救济水平。要想方设法加快完善社会保障制度的步伐，制定相关政策，严格执行社会保障制度，政府要想办法提高救济水平，使下岗、失业职工能够获得应有的救助。

（二）把落实再就业优惠政策形成制度

1.加大再就业政策的落实力度，加强再就业及优惠政策落实、考核、奖惩制度。

2.规范下岗职工下岗证、优惠证，为实施优惠政策的部门提供依据。

3.切实做好下岗职工再就业优惠政策落实情况的监督检查。加强组织领导和部门协商通气，发挥部门合力。劳动部门严把发证关，工商部门严把发照关，税务部门做好减免税户的审批和跟踪管理，保证优惠政策的落实，让下岗职工真正体会到优惠政策的实惠。

4.监督机关要履行好监督检查职责，对检查中发现的弄虚作假，走过场及贯彻落实不到位的单位，限期整改。对于不认真执行国家有关政策规定，造成后果的，要追究单位领导的责任。

5.完善小额贷款制度，积极创造条件，促进我县个私经济驶入快速轨道，为地方经济注入新的力量。

（县政协办公室　供稿）

如何推进基本公共文化服务标准化均等化

耿瑞英

近年来，党和政府高度重视城乡公共文化服务一体化建设，大力实施文化惠民工程，公共文化设施网络布局进一步完善，服务能力稳步提升，广播电视村村通、农家书屋、乡镇综合文化站、文化信息共享工程、农民文化乐园建设等都取得了重大成果，城乡的群众性文化活动丰富多彩，有力推动了基本公共文化服务标准化均等化。

文化惠民工程使群众得到看得见摸得着的实惠，但整体水平较低，文化服务体系还十分薄弱，距离满足人民群众的基本文化生活需求还有一定差距。主要表现在：一是公共文化服务投入严重不足。当前公共文化服务的主要矛盾是公共文化服务水平严重滞后于人民群众快速增长的实际需求，而关键问题就是国家对公共文化服务投入严重不足。随着经济社会发展水平快速提高，人民群众对公共文化服务的需求进入高速增长期，这个阶段就需要政府和社会加大投入，但实际情况却是政府在文化方面的投入占财政支出的比例长期维持在较低水平，社会投入也严重不足，总体投入水平较低。二是公共文化资源在城乡之间、区域之间、群体之间配置不均衡。从城乡看，公共文化服务体系发展不均衡的态势尚未根本改观。从群体看，针对农民工、残疾人、老年人、未成年人等社会群体的公共文化服务严重不足，对弱势群体公共文化方面的政策措施还不完善，保障还不到位。三是城乡基层服务方式创新不够、设施覆盖范围有限。有的地方重投入、轻管理、轻服务，虽然设施建成了，但是运营缺乏应有的资金支持，一些设施处于"空壳"状态，难以正常运行；有的馆站的服务方式仍然局限于场所服务，缺乏主动向全社会提供高质量服务的自觉意识，加上基层文化单位的保障机制不健全，运行困难，队伍不稳定，人才缺乏，服务水平很低。

针对以上问题提出如下建议。

一、制定刚性标准，减少建设和管理中的随意性

标准具有普遍的约束力，以标准促均等化就是用标准加大投入、加强监督、加强约束，这样才能从根本上减少管理中的随意性，也便于问责政府，从而形成制度化、规范化的长效机制。过去因文化建设缺少刚性标准，加上一些基层的党委政府没有树立起正确的服务意识和政绩观，对文化建设重视不够，缺乏文化自觉，认为文化建设是软建设，可有可无、可早可晚、可大可小，造成政策与投资落实不到位，文化建设脱离实际需要，管理和服务水平不高，基层公共文化队伍数量不足、结构不合理、专业素质偏低。以标准促均等化，是重要的政府管理创新，标志着对基本公共文化服务均等化的认识上升到了制度机制层面。国家应对地方政府在提供基本公共文化服务中的责任、项目、内容、财政保障等制定系统的规定，减少地方党委政府在文化投入和文化资源的配置等方面的随意性，防止出现缺位、越位、不作为等问题。

二、统筹服务设施网络建设，
促进基本公共文化服务标准化、均等化

基本公共文化服务标准化、均等化要从建设国家层面的统筹协调机制着手，对公共文化资源、资金、技术、人才队伍、管理服务等进行统筹规划、合理配置，全面提高公共文化服务效能。全面整合现有资源，逐步将多头投入的文化项目进行一体化管理，并开展公共文化服务绩效考核。

在调研过程中我们发现：一方面公共文化服务资源严重匮乏，另一方面又重复投入，大量闲置。有的村电视机多台，党建部门、文明创建部门、文化部门都送；图书堆积如山，文化、妇联、文明办、科技等部门都往村里送，造成浪费。有的村因基础差，地理位置偏远，部门有项目很少送到这里，造成差距越来越大。多头投入造成公共文化服务资源分散、低水平重复和分布不均衡、区域差别较大等问题。公共文化服务体系要有效运转、真正惠及群众，必须加强跨部门统筹协调，建立健全公共文化服务指标体系和考核评价办法，科学布局、合力推进。

三、做好乡村的文化生态建设，实现真正意义上的城乡一体化

让农民享受到均等的文化服务，不是简单的让其享受到城市居民一样的服务，而是保障他们享受文化服务的权利，要尊重他们对传统民俗文化的深厚情怀。在城镇化和农村社区化改造中，要注重保持古朴民风和文化印迹，让人们记住乡愁，使维系乡村社会和谐稳定的文脉不断裂。在村庄经济发展项目的实施过程中，政府应该进行村庄文化生态系统性评估，以保护村庄的原生态地貌结构和历史遗存、保护自然资源为前提。开展文化活动，要发挥本村文化人的作用，续写村史、家谱，要保护和发展风俗、村庆、节庆日等特色传统，让村庄集市成为特色文化展示场所。所以在公共文化建设、管理和运行过程中，要按照全覆盖、保基本、促完善、可持续的要求，建立公共文化服务体系建设协调机制，建立群众评价和反馈机制，推动文化惠民项目与群众需求有效对接，不断提升公共文化服务的标准化、均等化和实用性、便利性。

四、创新管理模式，提升服务水平

要实现公共文化服务均等化，必须从运营机制上打破旧框框，激励文化场馆的经营者主动走向社会，走进基层，走近老百姓，根据群众的需求主动提供服务，而不是坐在办公室等着群众上门。在送服务过程中，要注重调查研究，根据老百姓实际需求提供文化服务，而不是简单的一送了之。如送书下乡，群众需要就是宝，群众不需要，就是废纸和垃圾；送戏下乡，群众不喜欢，就是噪声和扰民；电影放映，内容陈旧，观众寥寥无几，就是浪费。同时还应分类引导，把送文化与种文化结合起来，要对农村文化能人、文化骨干和文化热心人进行常态化培训，增强基层薄弱地区文化自我发展能力，以促进文化需求和供给真正对接。在管理和服务方面还要创新运行机制，探索建立文化事业单位的新型管理模式，在公共图书馆、博物馆、文化馆（站）等组建理事会，吸纳各界代表、专业人士参与管理，把公共文化服务的选择权和评价权交给群众。

公共图书馆建设不能再拖了

石亚萍

我县公共图书馆成立于 20 世纪 80 年代。改革开放初期，原有馆藏图书 2 万余册，资料 3 万册，馆舍面积 180 平方米，曾为传播知识、信息，开发智力资源，为地方经济建设和社会进步做出过重要贡献。但随着市场经济的建立和信息时代的到来，县图书馆已不能跟上时代发展步伐，显得非常落后。

一是经费严重不足，从 20 世纪 90 年代后，每年购书经费为零，报刊经费每年仅几千元。二是设备陈旧、藏书老化。图书馆各项设备破损严重，藏书大部分为 20 世纪 80 年代出版的书籍，新书很少，且缺少自然科学等书籍。三是馆舍面积小、环境差。藏书、阅览、办公等总共面积 180 平方米，且和文化馆、文管所、文化稽查队及营业场所共用一个楼层，嘈杂不堪，不利于读者阅览。

按国家文化部规定，县级图书馆馆舍面积须达到 900 平方米以上，藏书量每百人 40 册左右，并要设立多功能报刊阅览室、电子阅览室、儿童阅览室等，我县差之甚远。为此，我县图书馆于 2001 年和 2002 年两次向省计委申报图书馆建设项目，但由于地方配套资金等其他原因未能落实而一直无法实施。

图书馆是衡量一个国家和地区文明程度的标志，时代的发展与进步离不开知识和信息的传播，离不开智力的开发、文化遗产的保护。我县图书馆迫切需要改变落后面貌，跟上时代发展步伐。因此，再次建议县政府加大对图书馆建设项目的申报力度和投入力度，将新图书馆早日建成，更好地服务于我县三个文明建设。

旅游产业要乘势而上

县政协学习和文史委员会

　　根据县委、县政府、县政协 2015 年重点协商计划，今年 9 月，县政协成立课题组，对我县旅游产业发展情况进行专题调研。9 月 11 日，县政协召开四十四次主席会议，县旅游局长崔华通报今年来我县旅游产业发展情况，课题组组长王增源介绍了调研情况，会议围绕进一步加快我县旅游产业发展开展重点协商，并形成建议案。

一、取得成绩

　　近年来，县委、县政府在加快工业化、城镇化的同时，坚持反弹琵琶、错位发展，把旅游文化产业放到优先发展的位置，围绕三元文化品牌，大力实施"131 文化旅游产业化工程"和"123 文化品牌工程"，取得了令人瞩目的发展成就，社会各界给予了高度评价和充分肯定。

　　（一）重点建设旅游景区。通过多元化的融资方式，投资 10 亿多元，按照国家 4A 级、5A 级旅游景区标准，开工建设了奇石文化园、虞姬文化园、钟馗文化园、磬云山国家地质公园、现代农业博览园等一批旅游文化景区、景点。目前，磬云山国家地质公园已被国土资源部授予国家级地质公园，奇石文化园、现代农业博览园已被评为国家 4A 级旅游景区，虞姬文化园、钟馗酒业酒文化博物馆已被评为国家 3A 级旅游景区。在此基础上，奇石文化园的提升工程、虞姬文化园二期工程、钟馗文化园二期工程、现代农业博览园二期工程也相继开工建设。

　　（二）科学管理旅游景区。坚持高标准，按照国家 A 级旅游景区标准管理运作。科学制定景区发展目标，按计划分步实施，逐步完善。着力加强软件建设，打造优秀的管理团队，通过建立考核机制、落实工作责任，不断提升景区管理水平，为游客提供安全舒适的旅游环境。

（三）强力打造旅游品牌。通过对奇石文化园、虞姬文化园及钟馗文化园的建设，打造了具有灵璧特色的"三元文化"旅游品牌，彰显了奇石的神韵、虞姬的神采、钟馗的神威，不断地提升灵璧旅游的知名度、美誉度。同时，在整合全县重点旅游资源的基础上，打造了磬云山国家地质公园、现代农业博览园、天一园、奇石大市场等一批规模较大、旅游开发潜力较好的新旅游品牌。

（四）宣传营销旅游产品。在建设旅游景区、打造旅游品牌的同时，统一对外宣传推介口号，建立政府投入与企业投入相结合的旅游宣传营销机制，多渠道、全方位对外宣传我县旅游产品，开拓客源市场。积极参加中安在线安徽品牌巡展、义乌旅游商品展销会、上海北京自驾游、北方旅游商品展销会、合肥旅游商品展销会等一系列活动，以各种节庆会展为平台向外界展示灵璧重点旅游景区、旅游农产品、旅游食品、旅游工艺品、旅游纪念品等旅游资源，并通过发放旅游宣传册、招商引资折页等多种方式，让更多的人认识、了解灵璧，乐意来灵旅游观光。

（五）用节庆展示旅游魅力。从 2012 年开始，以"五彩奇石·魅力灵璧"为主题，以"地方特色、国家水平、世界眼光"为目标，按照"以石为媒、文化搭台、经济唱戏、招商引资、促进发展、幸福民生"的办节宗旨，采取"政府引导、市场运作、企业投资、风险共担、利益共享、互利双赢、自求平衡"的市场化、开放式办节模式，连续举办了四届中国·灵璧国际奇石文化博览会暨钟馗文化旅游节、虞姬文化旅游节（一会两节），展示了灵璧独特的旅游魅力。

二、存在问题

（一）宣传不广泛，旅游产品的知名度不高。在宣传营销上，对整合旅游资源、推介精品路线、组织整体联动缺乏深入地分析和顶层地设计，政府主导、企业参与、市场运作的宣传营销机制尚未形成，以致宣传营销上手段单一、覆盖面不广、市场开拓缓慢，收效不大。

（二）产业规模小，旅游产业整体竞争力不强。近年来，全国各主要景区纷纷抢抓机遇，全面提升旅游综合竞争力，千方百计吸引客源，不断扩大市场份额，尽管我县旅游经济快速发展，但与省内外旅游发达地区相比，我们旅游业总量较小，质量不高，还有不小的差距。

（三）发展不平衡，旅游业产业结构不够合理。我县景区游览点的比重较大，住宿业、餐饮业、旅游商品和娱乐休闲、健康养生等所占比例较小，根据国内外旅游观光地的成功经验，旅游门票收入仅占当地旅游总收入的5%—10%，大量的收入靠旅游商品、纪念品销售、文化娱乐消费等。我县旅游商品以磬石工艺品为重，况且款式陈旧、科技含量不高、价钱偏低、缺乏吸引力，旅游商品尤其是品位高、有收藏价值的纪念品基本为零。旅游商品研发，销售体系尚未形成，景区缺少夜晚的文化娱乐、健康休闲和旅游购物消费。旅游中介组织少、影响带动力弱，在招引组织游客、发挥中介作用方面不尽如人意。

（四）资金匮乏，旅游业投入不足。旅游产业投资周期长、投入大。由于我县是农业大县、财政小县，旅游产业的投资主要依靠市场筹措，建设规划只能分期推进。目前，一些景区规模偏小、功能单一，缺少游客参与互动的项目；一些景区由于资金问题，建设进度放缓，甚至处于停滞状态。

（五）设施不健全，旅游业配套不够完善。城区缺乏软硬件过硬的高星级酒店，现有的酒店对外开放程度不高，缺乏先进管理模式和理念，旅游经济等涉旅企业仍然处于小、散、弱的状态，缺乏实力雄厚的旅游产业集团；旅游人才，特别是高级管理、规划、策划方面的人才缺乏，旅游从业人员整体素质也有待于进一步提高。

三、对策建议

（一）着眼凸显特色，超前谋划旅游业发展。旅游规划是旅游发展的总纲，我县重点景区、景点的总体规划和建设性详规的编制工作要提上重要日程，力争在年底前完成全县旅游总体规划，六大景区修建详细规划，加快"十三五"城区旅游、乡村旅游、文化旅游、生态旅游等专项规划的编制，形成较为完善的规划体系。

（二）着眼项目支撑，加快旅游景区景点建设。景区景点建设是旅游产业发展的核心，旅游产业竞争力的提高必须要有高质量、可看性强的景区景点作支撑，而景区景点的建设必须以项目为依托。随着旅游业的发展和利用消费的不断壮大，城乡主题景点已经成为旅游目的地的重要部分。一是坚定规划目标不动摇，加快磬云山国家级地质公园、虞姬文化园二期、钟馗文化园二期等景区景点建设进度。二是建设汴河景观带、城市道路灯饰亮化景观带，尽快开工建设灵璧小镇、世界名塔园，为加快旅游产业发展提供项目支撑。三是实施乡村旅游工程。为适应日益扩大的短途、小长假、郊游等城市人们的旅游需求，以"寻找乡村记忆，留住乡愁"为主线加快推进乡村文化旅游产业与新型城镇化、农村现代化和美丽乡村建设的联动发展，鼓励引导有条件的农户利用独特的自然风光、民俗民情、民间艺术、风味小吃发展农业观光、休闲度假、民俗体验等乡村旅游业，积极创建"一乡一景""一村一品""一家一特"的乡村旅游品牌。四是根据当前旅游消费者的需求，尽快建设灵璧博物馆、展览馆和影视城，运用声光电等现代科技手段，以吸引更多的游客。五是打造特色精品旅游路线。按照"由点及线，以线带点，以点扩面"的思路，构建科学合理、点面结合，互为依存，联动发展的旅游格局。

（三）着眼基础建设，增强旅游综合服务功能。旅游基础设施建设水平决定着旅游业的发展水平，旅游产业、交通客运业和以饭店为代表的住宿业是旅游业务的三大支柱。要紧紧抓住国家进一步加大在交通、城乡、生态建设和非物质文化遗产保护等方面投资的机遇，积极向上争取资金，重点加强旅游基础设施建设，为旅游业的平稳快速发展提供基础条件。主要做好以下几点：一要完善旅游交通设施，积极构建方便快捷的旅游交通体系，优先安排干线公路至旅游景区（点）的连线道路以及主要旅游景区（点）间连线道路建设，尽快开通干线至旅游景区班车；二要大力挖掘特色餐饮业；三要完善景区配套设施建设；四要加大对旅游产品的研发；五要积极推进旅游信息化进程，加快智慧旅游建设步伐；六要优化旅游发展环境；七要加强旅游人才队伍建设，培养一批懂市场、懂管理、懂运作的复合型旅游经管人才；八要加强旅游行业执法，维护正常的旅游市场秩序；等等。

（四）着眼宣传营销，开拓旅游客源市场。宣传营销是提高景区知名度，扩大旅游市场份额的重要手段，要积极运用现代营销理念和技术手段，开展丰富多彩的旅游营销，增强市场开拓能力，主要做到以下几点：一是加大宣传力度；二是创新推介形式；三是积极建立协调合作机制；四是扶植支持办好旅游经纪，它是连接旅游景点和旅游消费者的纽带，它作为旅游产业内各个要素的中介者和旅游客源的组织者，它的发展水平状况直接影响到整个旅游产业的兴衰。

（五）着眼挖掘潜力，提升旅游业竞争力。我县作为千年历史名县，历史遗存较多，历史上著名的垓下之战、老营湖之战、齐眉山之战、淮海战役都在这块热土上发生，并影响了中国历史的进程，文化资源丰富，底蕴深厚，张氏园亭、正学书院、灵璧八景都曾在历史上留下灿烂一页。蓝桥相会、小白龙探母、秦琼栓马树、袁公靴、六尺巷等民间传说也流传久远。要把文化内涵挖掘贯穿到旅游业发展的全过程，下大力气促进文化与旅游的深度融合，培育景点文化、商品文化、演艺文化，切实做到文物、文化、文艺的有机结合。

（六）着眼强化领导，建立和完善旅游业发展工作机制。根据县情实际，在深入调研的基础上，出台《灵璧县关于加快发展旅游文化产业的决定》形成全社会推动旅游业发展的共识和合力，成立灵璧县旅游文化产业发展工作领导小组，由党政主要领导担任组长，分管领导具体负责，实行联席会议制度，明确旅游局、文广新局、交运局、商务局、农委、城管局等相关部门和单位的应尽职责，定期开展解决旅游业发展的重大问题，制定旅游业发展工作目标责任制和激励政策，严格考核评比，实行重奖重罚，强力推进旅游业健康有序的发展。

发展我县特色旅游之初探

王荣田

随着我国社会主义市场经济的深入发展，旅游作为一个朝阳产业横空出世，已经成为国民经济中发展速度最快的行业之一。我县应抓住机遇，把旅游业作为先导产业、作为第三产业龙头优先培育和发展，为富民强县、全面建设小康社会做出新贡献。

编制旅游发展规划是发展旅游业的基础工作。要坚持科学规划，适度超前和可持续发展原则，高起点、高品位编制好全县旅游发展总体规划和虞姬楚汉文化园、渔沟中华奇石大观园的专项规划。在整体规划制订过程中，应突出我县楚汉文化旅游和奇石文化旅游这两个重点，构建一轴两片四区一中心的旅游发展空间结构，充分体现我县的旅游特色。

1. 以特色谋发展。特色是旅游业的生命。要实现旅游经济快速发展，关键是要充分发挥本地旅游资源特色，找准着力点和用力发展方向。我县旅游发展的特色就是围绕"奇""美""丑"做文章。

围绕"奇"做文章。一是筹建渔沟中华奇石大观园，展销灵璧奇石、全国奇石，发展商贸旅游。从奇石的开发与保护并举出发，建议在磬石山建地质公园，在灵城建灵璧石博物馆，一方面让游人了解灵璧奇石产生的地质原因；另一方面适当控制灵璧奇石的开采规模。二是在奇石大市场内增设灵璧石展销中心。完善展馆设施，并向县内外广泛征集私家所藏灵璧石精品进馆展销，加强内部管理，发挥窗口作用，展示灵璧石风采。三是办好两年一届的中国灵璧石文化节。把灵璧奇石推向全国、推向世界，以石为媒，招商引资，扩大对外开放，促进灵璧经济发展。

围绕"美"做文章。一是筹建虞姬楚汉文化园，建成垓下之战景区、霸王别姬景区和虞姬馆，突出楚汉文化的主题形象与品牌。二是举办研究性学术会议。虞姬在日本和东南亚地区影响较大，通过举办学术研讨会，可以扩大楚汉文化在国际、国内的影响，提高灵璧的知名度，促进灵璧对外文化的交流与合作，扩展灵璧国际旅游。

围绕"丑"做文章。一是建设钟馗园旅游景点。灵璧是钟馗的故乡，建设钟馗园是一项伟大的历史性工程，项目规划已初步形成，园内将建有钟馗画苑、百馗像、钟馗庙等。二是建成名人名品民间艺术景区（灵璧文化园）。以钟馗路为中心，建文化街区，展钟馗画、展灵璧石、展虞姬像、展楚霸王像，以天下第一"奇""丑""美"为特色，建成集旅游、休闲购物、娱乐于一体的旅游景区。

2. 以政府主导抓发展。我县旅游业的发展还处在起步、"破题"阶段，县政府在发展旅游业中发挥主导作用是很有必要的，譬如旅游规划的制定，旅游项目的策划，旅游资金的筹措，以及旅游基础设施的建设和旅游市场的管理等，都离不开政府的组织协调。因此，县政府要把旅游业的发展纳入本县经济社会发展规划中，摆在应有的位置上，建议县政府依照省市的做法，成立灵璧县文化旅游产业指导委员会，由县政府主要负责人任主任，加大该项工作的领导力度。

3. 以开放促发展。发展旅游业需要很大的投入，钱从哪里来，从我县自身财力看，政府能够支持旅游发展的资金是有限的。根本出路在于解放思想，拓宽思路，建立多元化、市场化的融资机制。要按照"谁投资、谁受益、谁经营"的原则，千方百计地招商引资，鼓励国有、集体、企业、个私一起上，内资、外资、民资一起上，形成社会化办旅游的格局。走规划带项目、项目引资金的路子，加快旅游资源与景区的综合开发步伐。

4. 以管理求发展。一个地方旅游能不能吸引更多的游客，很大程度上取决于旅游管理水平。管理要是搞不好，旅游形象就会打折扣。因此，在旅游开发中，从一开始就要非常注重高起点、高档次地抓好品牌、质量、服务、管理、机制和经营方式为主要内容的软件建设，打造一流的旅游环境、经营环境，在扩大产品知名度的基础上，增强市场美誉度，提高市场竞争力，实现旅游业的快速发展。

灵璧旅游资源丰富，大有潜力，大有希望。只要全县上下进一步解放思想，更新观念，增强加速发展的紧迫感和自信心，遵循市场经济规律，创造有利于旅游业加速发展的良好氛围和环境，灵璧的旅游业就一定会有一个大发展、大提高，灵璧经济的发展就会驶进快车道，灵璧必将走向全国、走向世界，灵璧的明天更美好。

2003 年

我县教育工作调查

经济发展靠人才，人才培养靠教育。只有大力发展我县的教育事业，培养大批优秀人才，才能振兴经济，实现科教兴县的战略目标。为促进我县教育事业的发展，县政协把对我县教育工作的调查列为本年度的第一个调研课题。5 月中旬至 6 月初，县政协文教卫体委员会组织近 30 名政协委员，会同县教委、有关乡镇教办，对虞姬、杨疃等六个乡镇及县职高、县实验小学的教育工作进行了调查。

我县教育工作近年来在党委、政府的重视下，社会各界的关心支持下，教育工作者的辛勤努力下，有了很大的发展，取得了一定的成绩。

（一）切实把教育摆在优先发展的位置。我们所到乡镇，在听取分管负责人对教育工作的汇报中，都深切地感受到一点，那就是，随着教育形势的快速发展，乡镇党委、政府都切实把教育摆到了优先发展的战略位置，确立了"科技兴乡（镇）"的思想。黄湾镇从 1996 年以来提出了"致富先治愚，扶贫先扶教"的口号，并多次召开党政联席会、村组干部会、全体教师会、群众座谈会，就发展教育与振兴经济的内在联系进行了讨论和研究，使大家形成"振兴经济靠人才，人才靠教育，教育靠投入"的共识，进而号召全镇人民"每人少抽一包烟，省钱为校买块砖，每人少喝一瓶酒，省钱为校盖幢楼"。朝阳镇为发展教育，从 20 世纪 80 年代末，由写出"学生退学，家长受罚"的标语，到近期在全镇广泛喷刷"学龄儿童必须受完九年教育"等墙标，在全镇各村每个角落掀起宣传浪潮，使全镇普九工作达到新的高度。他们认为只有宣传到位，使广大群众明确送子女受完九年教育是公民应尽的义务，并成为群众的自觉行为，普九工作才算真正落到实处。由于各乡镇在发展教育方面的宣传力度加大，为我县教育事业的发展奠定了良好思想基础。

（二）教育投入大幅度提高，教学条件明显改善。"十年前的教育导致今天的经济状况，今天的教育将决定十年后的经济"，这是各乡镇党委、政府的共识。近年来，各乡镇都不同程度地加大了对教育的投入，优化了育人环境。从 1994 年开始到 1997 年，虞姬乡多渠道筹措教育经费 739.9 万元，其中

1996 年投入 176.3 万元，1997 年投入 205.4 万元。1993 年统计，全乡中小学有一类危房 71 间，二类危房 113 间，全乡没有一幢教学楼，现在建起了 11 幢教学楼。原来的"土墙瓦顶无门窗，又低又窄不透光"的校舍不复存在，取而代之的是宽敞明亮的教室。黄湾镇地处县南，多年来，教育一直发展很慢。针对这种情况，黄湾镇组织各村干部，到县北教育较先进的几个乡镇参观学习。仅 1997 年一年村镇对教育的投入就高达 1000 多万元。黄湾中学新建一幢教学楼和一幢学生宿舍楼。黄湾中心小学投资 100 多万元的现代化教学综合楼也即将竣工。其他一些村办小学也纷纷建起了教学楼，黄湾镇的教学条件有了很大改善。用于义务教育的财政拨款的增长比例，普遍高于本乡镇财政经常性收入比例，并按在校学生人均的教育费用逐步增长。朝阳镇 1996 年财政经常性收入 349 万元，教育财政拨款 215.2 万元，占总额的 61.4%。1997 年全镇财政经常性收入 429.6 万元，教育经费财政拨款 297.74 万元，占总额的 69.3%。虞姬乡自建乡以来，坚持财政拨款主渠道，乡对中小学教育事业费年终结算。从 1994 年到 1997 年生均教育事业费小学分别为 145.26 元、196.76 元、272.84 元、281.9 元，中学分别为 263.9 元、396.86 元、439.1 元、539.3 元，均做到逐年有所增加。现在，最显眼的建筑是学校，最好的房子是教室，已成为有目共睹的事实。

（三）师资力量加强，教师待遇有所改善。为了提高师资水平，加强师资队伍建设，各乡镇都采取了有力措施，充分调动各方面的积极性，开展多形式、多层次、多途径的培训，大幅度地提高教师的岗位合格率和学历合格率。黄湾镇原来师资水平较差，民办教师、自聘教师多，年龄偏大，专业基础差。为改变这种状况，镇委、镇政府采取了一系列强有力的措施。（1）制定优惠政策，吸引外地教师和大中专毕业生。凡是有专科以上学力到该镇中学任教的每人一套住房，一部程控电话，浮动一级工资。（2）从全镇回乡高、初中毕业生中选拔招聘一批到县进修学校学习，毕业上岗后，待遇与同类师范生相同，做到人人受训，人人持证上岗。现在，该镇有教师 212 人，专任教师 193 人，学历合格率为 84.5%。韦集镇通过卫电学习，换证考试等办法，使该镇教师整体素质有了明显提高，如今全镇小学专任教师学历合格率为 89.6%，初中专任教师学历合格率为 75.4%。

在提高师资水平的同时，教师的经济待遇也有了明显的好转，尽管有些乡镇的财政情况不好，但还是尽最大的能力优先保证教师工资的发放。杨疃镇采取了两条措施提高教师物质待遇，一是为教师免去各种义务工；二是为全镇100多名镇聘教师两次加薪40元，并按月兑现公办教师保留津贴36元。

（四）工作趋向优化管理，教育质量有所提高。为进一步调动广大教师从教的积极性，更好地体现按劳分配原则，提高基层学校自我约束、自我管理的能力，城乡各中小学都强化了内部管理，并制定了一整套管理方案。1996年灵璧实验小学根据本校的具体情况，参照国家教委颁发的《小学管理规程》《中小学生道德规范》《小学生日常行为规范》和省教委的《安徽省小学常规管理基本要求》等，制定了《灵璧县实验小学管理手册》。手册中明确了从校长到普通教职工16个岗位的职责范围，制定了"学籍管理制度""教职工工作奖惩细则"等15个规章制度。在教育教学方面，管理手册中把许多目标任务纳入量化管理。经过几年的努力，县实小的内部管理逐步向科学化、规范化发展。乡镇中小学在教育内部管理方面也有所加强。黄湾镇结合县教委工作意见，研究决定1998年在黄湾小学、红星小学及桥头小学实行教师聘用制和结构工资制改革试点，并对教育工作实行量化考评。

由于管理力度加大，教学质量有了明显的提高。以黄湾中学为例，1993年考取一个本科，四个中专生，被作为特大喜讯而大张旗鼓地宣传。去年83人参加高考，26人上线，其中四个本科。他们决心把黄湾中学办成灵南的"清华""北大"，在教学质量上全力赶超灵北。几年来，虞姬乡中小学毕业考试和升学考试以及中小学非毕业考试，学生的学习成绩及格率和优秀率都在大幅度地提高。1996年度、1997年度，中小学毕业率分别为97.8%、100%。朝阳镇1996年至1997年度，小学毕业率达99.4%，初中毕业率达97.2%。杨疃镇几年来，向各类中专学校和各类高中输送了大批人才，1994—1997年为中专学校输送了134人，为各类高中（中技）学校输送了287人。

我县的教育工作虽然取得了可喜的成绩，但与经济发展的要求尚有一定的差距，教育工作中还存在着一些亟待解决的问题。

（一）教育投入仍显不足，教育改革和发展不平衡。尽管近年来县乡各级都不断加大对教育的投入，但还远远不能满足教育事业的需要，经费不足仍困扰着教育事业的顺利发展。浍沟镇教育投入较其他乡镇明显偏低，至今全镇各学校仍有 100 余间危房，其中浍沟中学就有 20 余间危房。教育发展灵南和灵北有明显的差距，就是在同一个乡镇内也还存在一些薄弱学校。师资力量往往集中在县直、镇直的中小学校，而一些交通不便的偏远乡村，师资力量则显得更为匮乏，质量不高。

（二）普遍存在学校占地不足的问题。本次调查的 15 所学校中，只有韦集中学占地 100 多亩，符合有关规定。黄湾中学发展较快，现已成为一所具有 30 个教学班、2000 多名学生、百余名教职工的农村普通完全中学。随着教育事业的发展和"普九"工作的需要，该校的办学规模急需扩大，现有的 52 亩土地面积，已远远不能适应办学的需要。现在，该校生均占地面积 10 平方米，与国家规定的生均占地 22 平方米的标准尚有很大的差距。一部分教职工因校内无处建房而寄居校外，工作极为不便。最近镇党委、政府投资兴建的一幢大型多功能综合教学楼已在原操场上破土动工，学校本来就很小的操场，几乎全被占用，学生没有活动场地，体育课已无法正常进行，学生的课间活动难以开展。为争创地区农村示范高中和给予学生以必要的活动空间，现急需修建一个 400 米的标准化环形跑道，土地问题已严重制约了黄湾中学的发展。

（三）职业教育缺乏规范，条块分割现象严重。我县社会上所办职业培训性质的学校太多、太滥。劳动、卫生、交通等部门所办的学校，加之个人办的服装、家电维修、理发等短期培训班有 20 多所。这其中不乏场地小、校舍差、设备设施硬件跟不上，师资水平低的学校。这些学校一味地追求经济效益，不仅发挥不了职业教育的规模效益和社会效益，还严重影响了职业教育的信誉。

（四）教育主管部门受到经济利益趋动，经营多，教研少。我们所到城乡学校普遍反映，近年来教育主管部门的各种摊派太多，从书籍簿本到书包校服，真是无所不至，且价格不菲。有些书籍粗制滥造，质量低劣。委员在杨疃小学调查时顺手翻阅一本小学三年级语文的《达标训练》时，发现第 52 页有这样一题，让学生说出"情景""培养"的反义词，老师为难，学生为难，只好写上"不情景""不培养"。像这样的例子很多，我们就不一一列举。

教育主管部门应多搞些与教育改革、发展有关的工作，而我们调查中了解到县教委对教育工作抓的力度不够，教研活动开展太少。据反映，已经多年没有组织教学方面的评比、听课、评课等活动。一些乡镇教办室的同志说，我们只希望教委能少让我们卖些东西，多带领我们搞些教研活动。

针对调查中发现的问题，委员们提出如下几点建议。

（一）加大宣传力度，为教育发展创造良好的社会环境。利用广播、电视等宣传工具，采取演讲、知识竞赛等形式，在群众中广泛宣传"科教兴国"战略，宣传"义务教育法""教师法"等，在群众中形成尊师重教的社会风气。

各级政府要切实把尊师重教落实到实处。尽快取缔校门前的小商小贩，严肃处理到学校滋事的不法分子，以利学生的身心健康，保证师生的人身安全和正常的教学秩序。

（二）建立激励机制，推动我县教育快速发展。县委、县政府对乡镇的年终考评，分为计划生育、小城镇建设等8大块，对教育的考评分量太少，这与实施科教兴国战略和我县的科教兴县的发展思路极不相称。为此，建议县委、县政府对教育的考评加大所占的分量或列为第9块，以推动我县教育的快速发展。

教育主管部门要把主要精力放在发展我县的教育事业上，经常开展各种形式的评比活动，通过评比、竞赛来促进教师素质的提高，加强教师队伍的建设，提高教育、教学质量。

（三）重视小三门，加强学生素质教育。目前，教育正处在由应试教育向素质教育转轨期。但有些学校仍停留在应试教育阶段，一味追求升学率，对音、体、美小三门抓的不够。为此我们建议要重视学生综合素质的培养，为社会输送德智体美全面发展的人才。县教委应联合文化局、文联、团县委、体委定期举行一定规模的音体美方面的比赛活动。同时要重视少先队活动的开展，尽快促成全县少代会的举行。

（四）加大政府统筹力度，尽快成立灵璧职教中心。国家间综合国力的竞争，实质上是人才的竞争。地区间经济实力的竞争，实质上也是人才的竞争。为地方经济发展增后劲，使我县从农业大县、人口大县向经济强县转化，需要大职教的思想。鉴于我县的各种职业培训太乱、太滥，造成人、财、物的不必要浪费，建议政府要加大统筹力度，加大投入力度，加强职教的硬件建设，优化结构配置，在县职业中学的基础上，成立县职教中心，最大限度地发挥现有人、财、物资源的作用，为工农业战线输送合格的后备人才。

（县政协文教卫体委员会　供稿　1998 年 6 月 23 日）

学校周边饮食安全的问题与对策

张玉宝

一、存在的问题

目前，从城市到乡村的所有学校周边都有一种奇怪的现象，就是饮食摊贩扎堆，食品安全隐患突出，给正在成长时期的中小学生带来严重的健康隐患。主要表现如下。

一是学校门口流动摊贩无证经营，食品安全没有保障。学校门口流动摊贩经营的食品种类主要是自己加工制作的卷馍、肉夹馍、炸鸡柳、烤肠、麻辣烫、烤面筋、炸年糕、辣汤、面包、杂粮粥等。食品安全隐患主要表现为从业人员属于无健康证、营业执照、食品流通许可证的"三无人员"，自身是否有健康问题都是问号，最大的隐患是无法排除上述人员中是否有传染病人以食物为媒介再把疾病在传染给学生。

二是用于加工制作食品的原料、配料和辅料是否含有国家禁止使用的成分。使用食用油的食品，最大的隐患是无法排除地沟油、多手油等致癌油品的使用。面包类食品中无法排除反式脂肪、香精的使用。烤肠、面筋等食品中无法排除非法添加物的使用。麻辣烫类食品主要隐患是细菌严重超标，容易导致腹泻和急性食物中毒。炸鸡柳、肉夹馍等含有肉类的食品无法保证肉类的来源和成分，主要隐患是病死禽畜和腐败变质的肉类。

三是校内商店部分包装食品来源不明。校内商店主要销售散装包装食物

（主要是零食）。主要表现为商店及其从业人员是否具备经营资质和从业资格，主要是有无营业执照和相关证件。散装包装零食中存在无厂家地址、无配料成分、无安全标识的"三无食品"，甚至是垃圾食品、有毒有害食品。

四是学校食堂食物原材料不够透明。校内食堂由于外包，也存在为追求经济利益最大化而采取以次充好、掺假使假、以假乱真等尽可能压低成本的行为，同样存在食品安全隐患。另外，由于校内商店和食堂与外界相对封闭隔绝，加上有的学校出于各种因素考虑，不积极配合相关执法机关工作，从而给监督检查带来难度。

二、产生的原因

一是相关部门执法观出现了问题。学校周边的流动商贩目前主要管理部门是城市综合执法局，其管理方式仅仅就是巡逻、收费和处罚，交了管理费的就"合法"，就可以摆摊设点，就可以占道经营；没交费的就是处罚对象，要么罚款，要么查扣，要么没收。城管执法只是"规范"摆摊行为，而不涉及人员从业资格和产品质量，这些属卫计委（从业者健康证明）和市监局（食品安全）职责范围。而他们对此执法是缺位，甚至是空白的。这就造成该管的没有管，已管的（城管）没管到关键点子上。二是部分经营者道德素质低下，良知泯灭，唯利是图，为追求经济利益最大化不择手段，尽可能降低成本，食品原料掺杂使假、以次充好，销售三无食品、垃圾食品，甚至是有毒有害食品。三是部分学校的个别职工可能和校内商店、食堂有利益瓜葛，放任、纵容、包庇经营者不法经营，阻挠执法部门检查。

三、对策与建议

一是执法部门要树立正确的执法观。明确执法初衷和目的不是"创收"，而是公众利益，更不能只对没交管理费的小商小贩搞针对性的"严格"执法，而应对一切执法对象"一碗水端平"，不能因为有关系、金钱因素就区别对待。应由政府牵头，城管、卫计委和市监部门联合执法，开展专项整治行动，坚决取缔校园周边的小商小贩，避免一阵风、走过场、运动式执法，坚持联合执法，常抓不懈，务必抓出成效，从根本上改观校园周边食品安全环境。

二是建立黑名单制度。相关部门要加大执法力度，采取定期检查和不定期抽查的方式，对校内外商店、食堂食物的安全和卫生状况进行监督检查，严格执法尺度，对生产、销售不合格食物的主体加大处罚力度，令其限期整改或者停业整顿，对情节恶劣的，坚决取缔，把经营者列入禁止从事食品、商品行业的黑名单，并向社会公布，让不法经营者身败名裂。

三是加大问责和打击力度。对阻挠监督检查的单位和个人，以及执法机关内部的保护伞，要加大问责力度，把查实的相关情况向其所在单位通报，由其单位依法依纪予以党纪政纪处分，构成犯罪的，移交司法机关依法处理。

学校周边交通安全的问题与对策

张玉宝

一、存在的问题

一是上下学高峰期校园门口及周边严重拥堵。以新一中和实小为例，新一中在校生 12000 人左右，其中有 3000 名左右的初中生由家长接送，实小 6000 名学生中有近 3000 名需要家长接送，6000 名学生和同等数量的接送家长就有 12000 人，再加上另外不需要接送 12000 名学生，在上学高峰期保守估计就至少有 20000 人陆续经过新一中、实小门前的浍河路一带，给通往两所学校必经之路建设南路、沱山路和凌山南路造成极大压力，浍河路上交通近乎瘫痪，更有小商小贩在校园门口路边占道经营，更加剧了交通拥堵，一旦发生突发事件，后果不堪设想。城区及城郊其他学校周边也存在此类问题。

二是中小学生交通违法现象普遍。以新一中、实小为例，每逢放学，特别是中午放学时，在自行回家的学生中有四分之一左右违反交通规则。有的逆行，没有遵循靠右行走的基本规则；有的非机动车进入机动车道行驶；有的不看红灯、随意抢道、横冲直撞；有的学生骑车载人，甚至一车多人；部分不够法定年龄的学生骑自行车或电动车，有的还同时违反前几项规则。

三是接送学生的家长交通规则意识淡薄。在新一中、实小接送学生上下学的家长大军中，绝大多数的交通工具是电动车或者电动三轮车，数量以千计，其中有很大比重是来自农村专职带孩子上学的留守妈妈、留守爷爷和留守奶奶，这些人本来交通规则意识就很单薄甚至是不具备最基本的交通常识，在驾驶电动车的过程中往往无视或者漠视交通规则和他人的交通安全，随意闯红灯、掉头、拐弯、停车、抢道现象司空见惯，和其他电动车和机动车发生剐蹭、碰撞的案件频发，在事实、证据和责任划分都很清楚的情况下，甚至还有少数人员摆出"你奈我何"的架势，市民对此广为诟病。另外，还有极个别家长驾驶电动三轮车在接送自家孩子的同时顺便"捎带"几个别人家的孩子，还从外面把车门用绳、铁丝扎上甚至用锁锁上，安全隐患极大。

四是公交司机违反交通安全规则。建设南路是几路公交车集中停放区，新一中、实小学生是公交主要和重要客户群，在公交车平时运行门可罗雀、入不敷出的情况下，放学时潮水般的学生流使公交司机无暇他顾，在已经满员甚至超员超载的情况下仍然车门大开，学生为了早点回家也是能挤则挤、能塞则塞，公交车司机在整个车辆被学生"塞满""堆满"后车辆才徐徐启动，有的车辆甚至车门没关闭就开动，行驶过程中，又难避免有的学生把身体伸出车窗，进一步增加了安全风险。

二、产生的原因

一是交通法律、法规、规则、常识（以下简称交通规则）宣传教育不够全面、深入，家长和学生由于无知导致的交通违法行为不在少数。二是学校对交通安全教育不够重视，效果不好。三是交警部门引导、规劝、强制和处罚力度不够，有的交警对学生和家长交通违法行为放任自流，视若不见，置若罔闻。四是城管等部门对占道经营的小商小贩管理不当，任其占道经营。五是公车司机为追求经济利益最大化，把交通安全和交通规则置于次要地位。

三、对策与建议

一是加大交通规则的宣传教育力度。其一，学校对学生的交通规则意识的培养负责，完全可以利用放学前三五分钟的时间向学生强调不得闯红灯、靠右行驶不得逆行、非机动车不得进入机动车道、不到一定年龄不得驾驶自行车、电动车、不和机动车抢道等最基本的交通规则，做到耳提面命经常化。学生易于接受教师的教诲，教师教育的效果强于其他人的说教。学校应高度重视这项工作，随机到学生中间抽查教师有无履行上述职责。其二，交警部门对校外学生和家长的交通行为进行有序引导、规劝、强制甚至是处罚。应在路口增加警力，引导家长和学生遵循上述基本交通规则，坚持从严治理、从源治理，堵死逆行、非机动车进入机动车道等交通违法行为的入口。必要时，学校可安排教师协助交警工作，记下学生中违规的事例，加以重点教育，使其不再犯。

二是城管部门要树立正确执法观。对流动商贩不能一收（征收管理费等）了之，必要时应和卫计委、市监局联合执法，该罚款的坚决罚款，该取缔的坚决取缔，该没收的坚决没收，加大处罚力度，重典治乱，坚持顶格处罚，使其深刻认识到、亲身体验到占道经营"三无食品"永远是亏本生意，断绝此行此念。加大对小商小贩的管理一举多得：既能整顿市场秩序，缓解交通拥堵，又能降低食品安全风险。

三是分散学校和分解学校职能。在城区多处布点设立一中、实小分校，或者把一中高中部初中部、实小高年级部低年级部职能分散布局，避免学校和学生过度集中，自然能实现人员分流，大幅度降低交通压力。

四是对公交司机的交通违法行为也要重在治本。公交司机不可能不知道超载超员的违法性，其知其不可而为之肯定有其自己的无奈和难处，主要是交通路线图规划无序、车补不能很好落实，常规运营导致其入不敷出、不够成本，所以才不得不出此下策。此类情况的发生，政府相关部门难辞其咎。解决出路只有一条，就是整合公交资源，合理规划公交路线，落实车补，同时加强对公交司机的监管。

我县职业教育现状透视

2003 年 10 月 30 日，县政协教科文卫委员会在吴新杰副主席的率领下，对县职高、娄庄职高、韦集职高和广志外国语学校等职业教育情况进行了调研和实地考察，听取了教育局副局长张文雅对我县职业教育概况的通报，并认真进行座谈和讨论。

一、成绩不小

1. 领导高度重视，为职业教育营造良好发展环境。随着我国社会主义市场经济的深入发展，高技能的劳动者地位和作用越来越明显，搞好职业教育，对促进我县经济与社会的发展具有十分重要的意义。为加强我县职业教育发展，县政府成立了由主要负责人牵头的职业教育领导小组，吸收教育、农业、科技、劳动、财政、共青团等部门参加，定期研究职业教育发展情况，及时解决存在的问题，安排部署下一步工作。各乡镇有关部门也成立了由主要负责人挂帅的领导机构，负责当地的职业教育发展的具体事宜。县、乡两级领导机构的建立健全，为全县职业教育的发展提供了组织保障。

2. 办学规模在全市领先，向做大做强方向发展。我县职业中学的发展思路是，做大做强，充分发展，上规模，上档次，走可持续发展之路。2002年全县职业中学招生 2646 人，2003 年职业中学招生 2463 人。县职业中学于1999 年初步通过省级示范职业中学验收，多渠道筹措资金，加大建设投入，改善办学条件，想方设法扩大生源，现有在校学生 3120 人，其中 2001 年招生 867 人，2002 年招生 1029 人，2003 年招生 1210 人。这个学校实行"两次分流，三条通道"，即毕业学生可以参加普通高考、对口高考、学习技术对外输出。高一分流、高二分流。招收综合高中，借船出海，探索出一条促进职业中学发展的成功之路。现在，学校呈现出蓬勃向上，生机盎然的可喜形势。娄庄职业中学充分发挥农村职业中学的优势，立足基地，做好职业教育为农村经济服务的文章。学校的247亩基地，今年又投入20多万元，提高档次，加强示范性。基地分为种植区和养殖区两大园区。种植区内分为大棚区、银杏园、牧草园、优良品种实验区、苗圃区等。养殖区分为养鸡场、养兔场、养羊场和淡水养鱼场。鸡、羊、兔、鱼等养殖和药材、果树、良种繁育等种植品种得到进一步发展。九顶职业中学瞄准高科技农业开发的目标，造就具有种植、养殖方面的专业知识和实践技能的实用人才，打造一批新型农民。对这一部分学生，学校不仅对其重点进行种植和养殖专业理论学习和劳动技能培训，使他们拥有发展农村经济的新技术新方法和新经验，而且学校对他们跟踪服务和培训。在学校的帮助下，近百名毕业生在自己的家乡进行科技农业的开发和特种饲养，建设中小型养殖场，带领村民利用科学发展生产。当地农民纷纷将子女送入该校学技能。同时，该校在800亩水面及400亩山坡地的实验基地上投入56万元，建设特种水产养殖网箱20个，养蟹围栏3000米，栽种速生杨树、柿树1.5万株，养优质长江三系蟹苗万头、青虾500万尾。这个学校组织学生和青年农民在基地上不仅学习专业知识，同时学习山坡种植和水产养殖的实用技能。这种与实践结合的创业教育赢得当地农民的好评。尤集职中在基地上办起的养鸭场、养鸡场及大棚菜种植，采用滴管喷灌及无土栽培等先进方法种植蔬菜，在当地起到了示范作用。韦集职中也充分利用自身优势，种植、养殖红红火火，呈现出旺盛的发展活力。灵璧县职业教育总体发展的良好态势已逐步体现出来。

3. 抓好培训，搞活联合办学，开通输出就业通道。职业中学办学形式多样化是探寻发展的一条有效出路。借船出海，联合办学，这一做法充分体现了办学多样化的活力。他们同发达地区大中型企业和办学实力雄厚的城市和职业学校联合办学，充分开发农村劳动力资源。结合市场需求，开展对口培训，按照规范化、科学化、现代化的要求，把不具备升学条件的学生通过专业培训形式进行技能培训，然后推荐就业。我们认为这一人才培养模式是新形势下职业教育发展的必由之路。近年来，我们各职业中学与安徽经济技术学院、阜阳电子工业学院、青岛博益职业技术学院、宿州职业技术学院联合办学，吸纳各高校的办学、就业优势，走联合办学之路。同时与上海、南京、广东东莞人才市场签订人才输送协议。目前，200 多名职业中学毕业生，输往各联办学校。在青岛博益职业技术学院，我县 100 多名学生接受了航空服务、制冷空调、电子电器、宾馆服务等专业培训，现已成为海尔集团、澳柯玛集团、海信集团、北京华北航空公司等国家大型企业的技术工人。

4．狠抓教育教学质量，增强职业中学吸引力。职业中学以质量求生存，教育教学质量是至关重要的。他们狠抓教育教学质量，把职业中学专业知识丰富，文化基础扎实的优秀生输入高校接受高等教育。这也是打造职业教育品牌，树立职业中学精品意识、质量意识的形象工程。2003 年我县职业中学参加对口高考 584 人，上线 566 人，其中本科 161 人，本科上线率为 28%，占全市对口高考本科达线总数的 55%。其中，九顶职中 117 人参加考试，本科达线 61 人，本科达线率 52%，居全省先进行列。娄庄职中本科达线 35 人，县职中本科达线 32 人，韦集职中本科达线 17 人，尤集职中本科达线 16 人。尤集、韦集职中今年第一年参加对口高考也取得了较好成绩。九顶职中连续多年本科达线数居全市前列。各职业中学注重打牢学生的知识基础，敢于拼搏，锐意进取，取得了对口高考的好成绩，增强了职业中学的吸引力。为此，市政府、市教育局、县政府给他们发去贺电，激励他们再接再厉，不断进取，再创辉煌。

5．适应市场，服务经济，培养当地实用人才。我县是一个农业大县，因此，我县职业教育的发展在贯彻省、市职教工作会议精神的同时，努力探索职业教育的办学方向和发展战略，因地制宜，因时制宜，适应我县县情实际，顺应农民的需求，培养新型农民，立足服务"三农"，畅通职业中学毕业生谋业致富的通道。对升学无望又不愿外出的学生，职业中学不仅对其重点进行种植和养殖专业理论学习和劳动技能培训，使他们拥有发展农村经济的新技术、新方法和新经验，而且学校对他们进行跟踪服务和培训。九顶职中毕业生赵键在专业课教师的指导下，办起特种养殖场。他所饲养的雪狐和蓝狐的毛皮为港商所青睐。像他这样的毕业生有几十人，都办起了普通养殖和特种养殖场。其中年获利在万元以上的有近十位同学。娄庄职中农学班毕业生柳东回村饲养蛋鸡,年创利 10 万元,农学专业毕业生陈士勇承包栽培食用菌 2 万袋,年创利 5 万元。韦集、尤集等农村职业中学也利用实验基地,为当地农业产业结构调整抛砖引玉,扩大辐射范围,培养一批人才,致富一方农民,为农村经济的快速发展作出了应有的贡献。

近年来,我县职业教育取得了一定的成绩,得到了省市有关领导的充分肯定。2001 年,全省农村教育综合改革现场会在我县召开。2000 年、2001 年连续两年全市职业教育工作评估,我县都获第一名。2002 年 10 月我县又被教育部、劳动和社会保障部、国家经济贸易委员会评为全国职业教育先进单位,荣入全国 238 个先进单位行列。

二、短板不少

1. 办学无特色。尽管我县职业高中已具规模,生源也较足,但办学无特色,严重制约了职业高中的发展。我县各职高涉农专业较多,非涉农专业也只是计算机、机电等专业,没有能体现本地特色和有影响力的专业,既减小了职业高中的吸引力,也削弱了灵璧职业教育的影响力。

2. 没有省级示范,影响县级职业教育的总体形象。尽管我县职业教育在全市有一定优势,但缺乏一个龙头。倘若全县能有一所国家级示范名校,又有省级重点专业、实习培训示范基地,将提升我县职业教育总体形象。按省政府要求:每个县至少要有一所省级示范职业学校。县职高通过省政府的"省级示范职业学校"评估验收,定为基本合格,1999 年以来学校虽投入大量资金加强建设,扩大教学用地面积,但受资金、环境等客观因素影响,目前建筑面积 15000 平方米,占地面积不足 40 亩。按生均占地 15 平方米的标准,该校尚需扩征教学用地 30 亩,建筑面积 17000 平方米,否则不能通过省政府的合格验收。

3. 学校的周边环境亟待整治。如县职高地处灵城镇北关村,由于街道无下水道,村民的生活垃圾、废水均抛洒道路两旁。校门两侧菜市场摆摊设点、占道经营现象较为严重。垃圾成堆,无人治理。道路积水成河,常年不干,与校内的整洁卫生形成鲜明对比。再之北关村目前无一处公共厕所，附近村民均到校内方便，对学校管理工作极为不利。

4. 县级经济的相对滞后，造成职业教育投入不足，导致职业教育优质资源的缺乏，使职业教育发展无后劲，影响职业教育水平的再提高。

三、几点建议

1. 加大宣传力度，提高对发展职业教育重要性的认识。从当前人才市场的需求反映看，高技能的劳动者成为人才市场焦点。这反映出，在社会主义市场经济发展中以及与国际市场的接轨中，大量的具有高技能的劳动者是提高产品科技含量，提高劳动者素质，提高企业效益的关键，因此，加强对发展职业教育的认识十分必要。不但要对学生进行教育，而且要对学生家长，对全社会都要进行职业教育。要形成全社会都来重视和关注职业教育的发展，认识发展职业教育对促进社会稳定，提高劳务输出的质量，促进地方经济发展都具有十分重要的意义。

2. 把发展职业教育作为当前教育工作的一项重点。政府要把发展职业教育列入议事日程，做大做强我县的职业教育，使职业教育成为培养高技能人才的基地。按政策规定增加对职业教育的投入，管理上进一步加强，真正形成职业教育中心。

3. 加大联合办学力度，弥补自身办学不足。硬件的薄弱以及部分专业师资的缺乏造成教学效果的不佳。通过联合办学，借船出海，能培养出更好的毕业生，满足学生的学习需求。做大做强我县的职业教育，使职业教育成为富余劳动力转化的桥梁，更好地为地方经济建设服务。

4. 积极为职教发展提供良好环境。要解决好师资配备，职业培训基地硬件建设，加强县职高周边环境建设。

（县政协办公室　供稿）

为"高考状元"的喝彩应降温

胡兴臣

随着高考分数线的公布，各级各类高等学校录取通知书相继发出，社会喝彩之声一片：某某学校上线人数突破多少多少大关，某某学校名列某某地区前茅，某某同学荣获省、地、县文科或理科"状元"……不仅各种喜报、标语贴上街头，而且有的领导机关也发电报祝贺、嘉奖，有的领导到学校，甚至到"状元"家中慰问，地方报纸、电台、电视台跟着发布类似消息，社会一些方面以及一些高考优胜者的家长、亲友也竞相在电台、电视台点歌，或放电影，或请客表示祝贺，如此等等，举不胜举。

笔者认为，一年一度的高考，对某个地区某个学校来说，情况有优有劣是必然的，对考生来说，有金榜题名者，更有名落孙山者，而且不少省份、不少地区，后者远远多于前者。客观地对高考情况进行科学总结，以提高教学质量，全面提高学生素质是完全必要的，适当表扬奖励也未尝不可。但是，过热地宣扬高考成绩，一味对"高考状元"进行喝彩，做法上是简单化的，效应则是弊多利少。

过热的喝彩之声容易形成帮倒忙，使获胜考生形成一次考试定终身的想法，陶醉在荣誉的氛围中不能自拔，以致一些人不思继续刻苦学习、全面发展、提高自身素质，难以成为全面发展的社会主义事业建设者和接班人。二是给"落榜者"带来的压力加大，有些考生固然自身知识基础不扎实，高考中难以获胜，有些考生则是因为一些偶然的因素，临场发挥不够理想而落榜。本来心理上就难以平静，在别人连连喝彩声中，他们听到的更多是责怪之声，以致感到在众人面前抬不起头来，有的自暴自弃，有的甚至走极端形成悲剧。三是加剧学校之间不正当竞争。以高考上线人数多少和有无所谓"高考状元"作为评价学校工作好坏的标准，无疑会促使学校热衷于继续走"应试"教育的老路，不在全面推进素质教育上下功夫。一些学校甚至不择手段争"生源"，既到下边学校拉学习尖子生报考本校，违反学生意志，又劝说一些上线考生留校复习，争取下年考重点，既浪费了国家和学生家长钱财，又打乱了国家的招生计划。层层仿效竞争，更是贻害无穷。

《中共中央国务院关于深化教育改革全面推进素质教育的决定》中提出："地方各级人民政府不得下达升学指标，不得以升学率作为评价学校工作的标准。"为了全面推进素质教育，社会各方面都应注意为庆祝高考胜利降降温，给"高考状元"的喝彩之声降降温，以促进党的教育方针的全面贯彻落实，更好地造就"有理想、有道德、有文化、有纪律"的、德智体美等全面发展的社会主义事业建设者和接班人。

（原载《人民民主报》1999 年 8 月 27 日）

调研全县医保工作

医疗保险是一项涉及千家万户切身利益的具体工作。尤其对经济不发达、财政较困难的地区，特别容易引起社会各界的关注。针对前一时期我县社会各界对医保工作环节中出现的医保卡停用，参保人员就诊、购药不便等社会反映强烈的问题，县政协七届八次主席会议决定，对我县医保工作现状组织一次专题调研。

2004 年 10 月 19 日，我们组织部分常委、委员，在副主席井茂灵、吴新杰的带领下，深入医保定点门诊、药店，住院病房，以及急救中心实地了解医保工作开展情况，参保成员单位以及参保人员和病人对医保工作的意见和建议，并通过组织召开座谈会，邀请相关单位和部门负责人参加座谈，听取了医保工作情况，离休人员医保费用情况，急救中心的工作开展情况的通报。现将调研情况整理如下。

我县医保制度改革从 2000 年启动以来，在县委、县政府的坚强领导下，按照省、市医改要求，结合本地实际，精心操作，运行势态平稳。截至目前，全县参保职工 23017 人，其中在职职工 16846 人，退休职工 6171 人。全县累计应征医保基金 2192.3 万元，实际征收 1973.06 万元，其中统筹基金收入 1044.03 万元，个人账户收入 672.8 万元，征缴率为 90%。统筹基金累计支出 487.18 万元，个人账户基金累计支出 357.38 万元。统筹基金累计结余 556.85 万元，个人账户基金累计积累 315.44 万元。大病救助累计征收 256.21 万元，累计结余 51.12 万元。

围绕医保工作的改革和正常运转，县委、县政府高度重视，成立了医改工作领导小组，加强对医保体制改革的领导，设立了医保中心，具体操作医保日常工作，确立了医保定点门诊医院、药房。目前，县内定点医院 24 家，县外 10 家（蚌埠 2 家，合肥 2 家，南京 1 家，上海 3 家，北京 2 家），县内定点零售药店 3 家，建立和完善医保费用征缴机制等。特别是在当前县财政状况比较困难的条件下，切实保证了医保工作正常运转。

劳动部门和医保中心能够认真贯彻执行医保的有关政策，结合本地实际，在逐步完善医保制度的同时，建立医疗救助，解决重病参保职工大额医疗费用（年度 13 万元以内），主动做好成员单位的协调工作，认真把握政府、单位和个人三者利益，结合实际提出调整有关政策的意见和建议，减轻参保职工个人负担。几年来，经逐步提请调整有关政策规定，参保职工个人县内和县外住院负担分别由原来的 45% 和 50% 左右，降到现在的 35% 和 30% 左右。在做好经费结算，抓好管理中，以方便成员单位，方便医保人员解决困难为前提，要求县定点门诊、药店和病房规范化服务。今年以来，为解决参保职工反映强列的药品价格偏高的突出问题，率先在全市范围内推出平价药房的举措，缓解了药品价格高的矛盾。这一举措受到广大参保职工的好评。调研中，常委、委员们看到定点门诊、药店工作有序，门诊处方、记账规范，费用计价基本合理。药店整洁，药品分类明了，司药人员持证挂牌上岗，服务态度良好。由于劳动和医保部门的认真负责和辛勤劳动，使我县医保工作从 2000 年启动以来，连续四年被市评为先进。

通过调研分析，四年来的我县医保工作取得一定的成绩，维护了医保工作的正常运行，但也存在着一些亟待解决的问题。

一是宣传力度不够。由于宣传力度不够，使党和政府的医保政策、目的和要求以及操作方法，没有在社会各界落实到位，形成一些单位和部门思想认识不足，参保积极性不高，缺乏大局观念。从一些单位和部门了解情况看，特别是条条部门，缺乏全局意识，担心参保影响单位个人的切身利益。还有一些单位职工积极要求参保，单位领导借口没有钱，甚至说工资都发不出，不愿参保，或时保时不保，导致医保扩面难，难以改变医保覆盖面窄的现状。

二是医保政策不完善。随着经济社会的快速发展，各项工作与时俱进，医保的相关政策，特别是本地区的一些具体规定有待于加快完善。调研中，定点医疗单位，对医保改制初期规定的个人费用包干的比例标准不同，反映强烈。乡镇参保人员转入县城治疗的个人包干费用较低，不能满足实际需要，形成定点医疗单位亏本经营等，都有待于现行医保政策的进一步完善。

三是医保管理亟待加强。调查中，参保职工反映强烈的是，2003 年医疗卡至今不能使用。症结何在？没有任何部门和单位，以确切原因告知参保职工。参保职工担心，结余费用消失或被挪作他用，影响党和政府的医保政策威信。一部分年轻的参保对象，因不常去看病，对历年来积余的医保费用会不会被"吃掉"缺乏信任。医保卡就诊证、记账本不统一，使用不统一，使用不方便，透明度低。医保中心办公和营业场所设在四楼，中老年患者上下不便，不能体现以人为本的服务理念。

四是经费结算不及时，透明度低。统筹基金的月、季、年的使用情况，缺少对参保单位，参保人员和领导机关的公示和通报，缺乏必要监督措施，以致参保单位互相猜疑，不相协调，影响医保的服务质量。定点医疗单位与就诊的参保病员的医保经费结算也程度不同地存在着透明度不够的现象。

五是县医院的急救中心管理要加强。县医院既是灵璧县的重点医疗单位，又是参保职工就诊的主要场所。其急救中心是县医院的前沿阵地，目前的急救中心与担负的急救工作任务不相称。作为及时有效处理紧急病人的急救中心，无论设备、管理、服务都必须是县医院的一流水平，否则，就会给病员或参保职工造成损失，尤其是生命安全，至关重要。前一阶段的几次事故，社会上有很大影响。

通过调查了解，座谈通报和综合分析，大家认为，医疗保险是我国社会保障制度的重要一项，为做好医保工作，特提出如下几点建议。

1. 进一步做好医保的宣传工作。劳动和医保部门（中心），要进一步做好医保宣传工作，定期不定期地在宣传媒体上宣传党和政府的医保政策。在定点医疗门诊、药房设立政策知识宣传栏，咨询服务处，适时适量适当印发医保知识宣传单，定点医院、药店设立医保知识宣传栏，努力增加医保政策的透明度，使更多的参保单位，职工以及社会各界了解医保，了解医保政策和规定，引导和教育广大群众增强医保观念，提高对医保工作的认识，积极参加医疗保险。

2. 要强化医保基金征缴工作。一是县政府主管部门要按照国家有关规定建立和完善医保基金征缴机制，采取积极有效措施，确保医疗基金应收尽收。二是积极动员未参保单位参加医疗保险，对应参保而不愿主动参保的部门、单位，建议县政府按照国家有关政策和规定予以强制参保，特别是条条单位和部门。三是积极探索社会灵活就业人员参保工作，逐步拓宽医保覆盖面。

3. 鉴于对医保次均标准不一的意见，建议县医疗体制改革领导小组或县政府，组织相关部门和人员，根据现行有关政策和实际运转情况进一步核定次均支付标准。

4. 医保中心要积极主动做好参保成员单位，尤其是定点医疗单位的情况交流，及时把涉及医保工作的政策、规定与定点医疗机构沟通。按规定及时做好经费预结算，并利用不同方式把经费使用情况公示。建议财政每月医保费用定额拨款，可改为按实际支出需要拨款，以保证资金按时兑付。公务员医疗补助尽快落实，适时启动。努力做到经费使用公开、公正、透明。

5. 建议县政府督促医保部门尽快恢复医疗卡的使用。医保中心必须把2003年医疗卡的使用及其经费余额处理情况，向社会及其参保职工说清楚，使大家明白原因，取得大家的理解和信任。同时，要加强对医保具体工作的监督，建立相应的监督机制。可聘请相关单位，社会各界人员组成监督体系，一方面扩大医保工作的透明度，另一方面促进医保工作健康有序地开展。

6. 建议县政府要加强医保工作建设。一是要创造条件，协调建立服务大厅，解决楼层高，中老年患者上楼难的问题，逐步实行医保费用收缴、结算等"一条龙"服务。二是尽快解决医保机构日常办公、网络建立和维修等管理经费。三是抓好医保工作人员的综合素质提高，在思想上、作风上有较明显改变。

7. 县政府要高度重视医疗急救工作。一是要给以必要的经费投入，改善急救中心现有的环境、设备和技术条件。对急救场所的医疗设备、技术水平等方面加强和提高，真正达到县内一流水平。二是要对医务工作人员加强思想教育，牢固树立"救死扶伤"的思想，确立良好的医疗风范。三是切实搞好医疗单位环境卫生，净化周边环境，为病人提供舒适安静的医疗场所，为提高全县人民的健康水平做出努力。

（县政协办公室　供稿　2004 年 11 月 22 日）

怎样应对我县医保中的难题

我县医保工作虽取得一定的成绩，维护了医保工作的正常运行，但也存在着一些亟待解决的问题。

一是宣传力度不够。一些单位和部门思想认识不足，参保积极性不高，缺乏大局观念，担心参保影响单位个人的切身利益，不愿参保，或时保时不保，导致医保政策没有落实到位，医保扩面难，难以改变医保覆盖面窄的现状。

二是医保政策不完善。随着经济社会的快速发展，各项工作与时俱进，医保的相关政策，特别是本地区的一些具体规定有待于完善。定点医疗单位对医保改制初期规定的次均个人费用包干的标准不同反映强烈。乡镇参保人员转入县城治疗的个人包干费用较低，形成定点医疗单位亏本经营。

三是医保管理设施不完善。参保职工对 2003 年医疗卡至今不能使用反映强烈，症结何在，没有任何部门和单位告知参保职工。一些参保职工担心，结余费用消失或被挪作他用。一部分年轻的参保对象，因不常去看病，对历年来积余的医保费用会不会被"吃"掉，尤为担心。医保中心办公场所设在四楼，中老年患者上下不便，不能体现以人为本的服务理念。

四是经费结算不及时，透明度低。主要是统筹基金的月、季、年的使用情况，缺少对参保单位、参保人员的公示和通报，缺乏必要的监督措施，以致参保单位互相猜疑，不相协调，影响医保的服务质量。定点医疗单位与就诊的参保病员的医保经费结算，也程度不同的存在着透明度不够的现象。

五是急救中心不能突出"急救"作用。急救中心是县医院的前沿阵地。目前的急救中心与担负的急救任务不相称。无论设备、管理、服务都不能满足危重病人的急救需求。

二、对策和建议

中共中央、国务院在 2002 年 10 月 30 日作出的《关于进一步加强农村卫生工作的决定》（以下简称《决定》）中，明确指出农村卫生工作的指导思想是：贯彻落实江泽民同志"三个代表"重要思想，坚持以农村为重点的卫生工作方针，从农村经济社会发展实际出发，深化农村卫生体制改革，加大农村卫生投入，发挥市场机制作用，加强宏观调控，优化卫生资源配置，逐步缩小城乡卫生差距，坚持因地制宜，分类指导，全面落实初级卫生保健发展纲要，满足农民不同层次的医疗卫生需求，从整体上提高农民的健康水平和生活质量。根据中共中央和国务院的《决定》，结合我县农村卫生工作实际，当前必须着重做好以下几项工作。

一要进一步推进乡镇卫生院改革。乡镇卫生院是集医疗、预防、保健于一体的公益性的农村基层卫生机构，受县级卫生行政部门委托承担公共卫生管理职能。在管理机制上，每个乡镇建立一所由政府开办的卫生院，其人员、业务、经费等应由县级卫生行政部门管理，这样既有利于区域卫生规划，也有利于宏观调控，合理利用卫生资源，保证卫生院的健康发展。在运行机制上，积极探索搞活卫生院的各种运营形式，实行院长目标管理责任制，职工全员聘任制，改革工资分配制度，形成有生机活力的用人制度和分配激励机制，提高乡镇卫生院工作效率，促进乡镇卫生院的发展。

二要合理配置医疗卫生技术人才，鼓励大中专毕业生到乡镇卫生院工作。要认真落实国家制定的鼓励大中专毕业生到基层工作的各项优惠政策，为他们创造良好的工作和生活环境，合理解决他们的工作待遇、进修、子女入学等实际问题，使他们既能下得去，又能安心在基层工作。

三要加大农村卫生投入力度，建立和完善新型农村合作医疗制度。新型农村合作医疗制度是解决广大农民有病看不起和因病致贫、因病返贫问题的重要举措，要结合我县广大农民经济承受能力和医疗费用水平，建立适合我县县情的农村合作医疗制度，实行农民个人缴费、集体扶持和政府资助相结合的筹资方式，各级财政必须保证政府资助部分如数到位，否则，新型合作医疗制度仍将是一句空话。

四要进一步加强县疾控中心和基层防保网络建设。购置必需的急救车辆和检验监测设备、仪器，提高应对突发性公共卫生事件的能力。要加大对预防保健工作的投入，合理解决基层防保人员的工资待遇和工作经费。

五要加强健康教育，提高健康水平。要在政府的组织和协调下，调动各方面因素，采取多种形式，加强健康教育，普及卫生常识，增强广大群众的自我保健意识和能力，改变不卫生的习惯和状况，提高广大群众的生活质量和健康水平。

医疗保险是我国社会保障制度的重要一项，也是涉及参保职工切身利益的工作。为做好医保工作，特提出如下几点建议。

一要进一步做好医保的宣传工作。

二要强化医保基金征缴工作。

三要积极主动做好参保有关单位，尤其是定点医疗单位的情况交流，及时把涉及医保工作的政策、规定与定点医疗机构沟通。

四要把2003年医疗卡的使用及余额处理情况向社会及参保职工说清，并限期解决，以取得大家的理解和信任。

五要加强医保机构自身建设，切实做好医保服务工作。

六要切实加强医疗急救工作。

（县政协办公室　供稿）

乡镇医院医疗水平亟待提升

刘万广

　　乡镇公立医院是国家设在基层唯一落实普惠制政策、保农村广大群众健康的医院，各级党委政府都高度重视加强乡镇医院建设，给予许多优惠政策。还为自劳自吃的集体所有制医务人员"摘帽"，转为国家医生，吃上"皇粮"。此外，每年国家还投入大量资金对医疗、农民大病和新农合给予补助。但是，目前的乡镇医院都普遍存在缺医少药、医生医技水平亟待提高等问题，不能保障农民"小病不出村、一般病不出乡"的要求，不能实现就近就医、健康脱贫的国家要求。

　　目前乡镇医院普遍缺少有文凭的全科医生。现在乡镇医院大多都是设内、外和妇科3个主要科室。在调查3科医生的"档案"发现，他（她）们大多数是乡村医生过渡过来的，还有是世医家庭子承父业过来的，也有的是大、中专毕业分配的。虽然来路不一，但普遍医技水平不高，副主任医师职称很少有，有的医院只有1个，但还不在一线做医生。大学毕业的一线医生特别缺少，科室没有专家领路人。

　　许多群众给科室医生起名叫"推"医生。"能瞧就瞧，不能瞧就往县里推"，"你们再到县里看看，群众耳边也常听到这种推的声音。"从乡镇医院走出的大批病人，被推向县里医院。县城的一些医院对"推"来的病人非常高兴，对"推"来有功医生给予"表彰"。其结果，被"推"的人花了大钱，病人还是老样。在调研中乡镇医务人员反映说，不是乡镇医院不要药品，而是县级医药、卫计部门不给调拨药品。笔者对多个乡镇医院采取的"医院开方，药店抓药"的多名患者进行调查，结果非常令人吃惊，一个乡镇中心卫生院，竟连一些治疗炎症的小药品都没有，治疗一般妇科的阴道炎、胆囊炎等消炎药品都没有，使一个个患者从乡镇医院大门走出，手拿一张张处方，到药店里去高价购买药品。药店老板接到一张张药方都喜出望外，哪个医生开来的药方，就对哪个医生暗记一"大功"。笔者调查一条乡镇，200 米的街道上就开了 5 家药房，且生意火爆。群众都气愤地说："公家设医院有啥用？养活这些医生有啥用？俺年年缴的合作医疗有啥用？来到私营药房买药还贵还没法报销！"

要改变上述状况，就必须对乡镇医院进行全面提升。第一，要把医疗优秀人才向乡镇倾斜。上级卫计委要把提高乡镇医院医技水平列为重点工作，逐年提高乡镇医院大学毕业生和副高级职称人员的比例。第二，快速推行医改，推进国家三甲医院包保乡镇医院，实现三甲医院与乡镇医院签约服务"扶贫结对子"，让百姓既就近看病又少花钱。推行专家轮流下派坐诊、远程视频会诊，指导乡镇医生看病，提高乡镇医院医生医技，让群众在乡镇医院既能看小病也能看大病，实现医技治疗有专家，住院康复在乡镇，降低因病致贫的发生率。第三，迅速改变乡镇医院缺药品现象。上级主管部门要对乡镇医院药品多增品种，要保障看小病和一般病的药品不能缺少，杜绝或减少医院向外"飞"处方，实现同方同药，真正保障健康扶贫落到实处。 第四，走好中西医结合兴院之路。设中医门诊，恢复并建好乡镇中药房，满足老百姓中医就诊的需求，让中医中药在保障农村群众健康中发挥大作用。

新农合存在问题及对策

汤池伟　钱　敏　王和平　晏金三　魏　敏

新型农村合作医疗制度是农民自愿参加、个人和政府出资、以大病统筹为主的农民医疗互助共济制度。其目的是减轻农民因疾病带来的经济负担，提高农民健康水平。但在实际操作过程中，我们也发现了一些不容忽视的问题。

一、存在问题

一是农村医疗卫生服务机构基础设施设备差，人才奇缺，结构严重不合理，不能适应农村基本医疗和预防保健的需要，更不能适应新农合实施后参合农民的需求。

二是药费过高，不能做到公开透明，一些医院存在"小病大医"乱开处方、开大处方、不执行国家药品指导价的问题，既加大了农民的就医成本，又浪费了公共资源。

三是医疗单位把关不严，存在只要有证就能报销，导致一家有一人或亲戚朋友中只要有一人参合，其他人去就诊或报销医疗费就能畅通无阻，医院根本不去审核就诊人员是否是参合者就准许入院、住院看病和结算报销医药费；有的医生还指导无证农民借他人就诊证使用，这样会造成下一年相当部分农民不再参合的可能。

四是国家和农民共同出资建立的新型农村合作医疗制度，在大病时能够提供一部分住院和治疗费用，但在农民急需的门诊方面，新农合作用发挥不明显。

五是宣传不够深入，存在部分群众参合不积极，一部分外出人员与家庭失去联系，不知道"新农合"政策和缴纳基金具体问题；还有部分村干部对"新农合"政策抱着完成任务的思想为部分农户和外出村民垫付基金，导致后来的"要账难"。"新农合"宣传是形式上的走过场、不广泛、不深入、不经常化。

六是长期生病卧床的参合慢性病人享受不到新农合的真正先惠。目前，只有糖尿病、肝硬化腹水等14种慢性病有报销，且报销比例低，但还有许多因不属于新农合报销范围的慢性疾病，由于治疗时间较长，费用高，仅凭现行方案的门诊补偿，解决不了这部分农民的医疗费用问题，因病致贫，因病返贫因素较大。

七是报销程序复杂，影响管理效能。报账过程中有数以万计的各类票据，工作量大，容易出错；上级机关不能及时地监督各定点医疗机构的运行，及时发现和纠正问题，造成事后监督的效率不高。

八是新农合工作在乡镇，无专门编制和专职人员，导致乡镇新农合工作队伍稳定性、连续性和效率低等问题。

二、几点建议

一是要加强农村医疗服务机构基础设施建设，增加医疗设备投入，提高农村公共卫生资源占有比例，加强乡镇卫生院人才队伍建设，建立健全优秀医务人员服务农村激励机制，合理设置专业科室，满足农民基本医疗需求。

二是适当提高门诊报销比例，扩大慢性病报销病种范围，在药品目录上，给农民更多的自主权，尽量把常用药和常用易耗材料纳入合作医疗报销目录，使农民享受到新农合更多的实惠，并且要做到药费公开透明，制定新农合有奖举报投诉制度并加强监管，充分调动全社会的力量来维护新农合制度建设。

三是尽快编制科学的计算机网络管理系统，促进合作医疗管理程序简化，管理成本降低，简化报账程序。

四是把好就诊准入关。接诊医疗单位在接诊时不仅要查验参合凭证人医疗证，就诊证一定要有就诊人照片，人证相符，还应查验就诊者的身份证，对其户内的未成年人也应查验其户口本（遇特殊情况可以在住院或结算时补验其相关证件），防止国家惠民政策资金被少数人员套取。

五是上级财政要每年按乡镇大小适当保证一定的工作经费，加强乡镇经办机构建设，解决编制、设备和人员问题，配备熟悉医务工作的专职人员，提高管理人员和经办人员的政策水平、管理水平和计算机操作能力，确保新农合工作正常开展。

六是参照江苏省做法：第一年收费并打入以农户为单位的个人账户，一次交纳累加使用，但必须在报销药费时补缴其参合时段内应缴的费用后方能享受参合应得的实惠。

七是制定新型农村合作医疗农村常见病、多发病临床诊疗基本标准，在确保安全有效的基础上，优先选择费用低廉的方案，尽量做到合理用药，降低医药费用。规范常见病、多发病的基本检查项目、辅助检查项目、用药基本方案、辅助用药，从源头上杜绝乱检查、多检查、乱开药、大处方的不正行为，保障参合农民获得安全、低廉、优良的基本医疗服务。

八是大力推进乡镇卫生院财务县管体制改革，一是在县级卫生行政部门成立乡镇卫生院会计核算中心，在保证资金所有权和使用权不变的原则下，设立乡镇卫生院专门的账户管理，实行报账制，规范支出项目及额度，对乡镇卫生院财务实行"乡财县管乡用"；二是逐步简化参合农民医疗费报销手续，把村级医疗机构直接报销试点推广开来，即时就诊即时报销，减少他们为报销药费奔波之苦，对大病或外地转诊或紧急情况下的患者的医药费报销以切实把关，人文关怀为主。

九是制定乡镇卫生院的绩效考核办法，改革人事和分配机制，改变医务人员工资、奖金与业务收入直接挂钩的分配方法，把绩效工资与工作数量、工作质量、工作业绩、职业道德、群众满意度紧密挂钩，进一步提高乡镇卫生院的工作效率和质量。

十是结合当前学习实践科学发展观活动和机关效能建设，制定有关医德医风建设的规章制度，使乡镇医务人员医疗行为规范，做到有章可循、违章必纠、奖罚分明，发挥制度监督的功能，不断加强医务人员自我教育、自我约束的医德医风建设。

农商行要向现代金融企业转化

6月24日，县政协召开九届四十一次主席会议，重点协商农商行改革和不良贷款清收工作。县金融办、县农商行负责同志通报了有关情况，主席会议围绕进一步推进农商行改革开展协商，并形成协商建议案。

会议认为，在县委、县政府的坚强领导和大力支持下，2011年9月灵璧联社正式启动股份制改革。一是成立改制领导小组，县政府主要负责人亲任组长，切实加强对改制工作的组织领导；二是出资1.5亿元现金收购不良信贷资产，大大降低了不良率，为改制顺利推进奠定了基础；三是提供政策支持，帮助农商行明晰产权，较好地解决了"两证"确权问题；四是农商行积极募集股本金，成功募集股金 21180 万元，有效地提高了资本充足率。经过两年的努力，2013 年 8 月，经国家银监会、安徽银监局批复，灵璧县农村信用联社改制为安徽灵璧农村商业银行股份有限公司，并在全市率先正式挂牌开业，受到省、市政府的高度评价。

成功改制两年来，县农商行以"抓发展、控风险、推改革、强素质、树形象"为重点，坚定服务"三农"、服务小微、服务县域的市场定位，不断优化资产结构，完善法人治理机构，扩大信贷投放规模，为我县经济社会发展提供了强劲的金融支持，改制的成效逐步显现出来。

（一）法人治理不断完善。县农商行按公司治理的要求，不断完善法人治理结构，在股东代表大会下设立了董事会、监事会、经营管理层。董事会下设战略发展与投资委员会、提名与薪酬委员会、风险管理与关联交易控制委员会、审计委员会、三农金融发展委员会。监事会下设监督管理委员会。经营管理层下设资产负债管理委员会、风险管理委员会、授信审查委员会、财务管理委员会。法人治理结构的不断完善，推动了现代企业制度的建立，为农商行的资产经营和风险控制提供了制度保障。

（二）资产经营能力不断提高。截至 2015 年 4 月末，县农商行各项资产总额 45.5 亿元，比改制前增加 10.9 亿元。各项存款余额 41.07 亿元，比改制前增加 10.75 亿元，增速 12.56%；各项贷款余额 24.1 亿元，比改制前增加 5 亿元，增速 14.40%；小微企业贷款 14.02 亿元，比改制前增加 4.28 亿元，增速 29.09%。贷存比为 58.7%，市场份额 40.94%，稳居全县银行业第一。

（三）主要监管指标逐步达标。目前，灵璧农商行所辖一级行标准的达 13 个，二级行标准达 7 个，三级行标准达 5 个。贷款损失准备金余额达 1.8 亿元；拨备覆盖率 155.38%；资本充足率 12.98%，核心资本充足率 11.87%；账面不良贷款余额为 1.16 亿元，不良贷款率为 4.80%。各项指标均达到银监部门的要求。

（四）电子银行业务发展较快。至 2015 年 4 月末，该行累计发放金农卡 23.6 万张，较改制前增加 4.21 万张；开通网银 8166 户，较改制前增加 2825

户，其中：开通企业网银 228 户，较改制前增加 59 户；个人网银 7938 户，较改制前增加 2766 户；布放自助设备 32 台，办理短信通 37260 户，手机银行开通 16967 户，电子银行业务取得了较快发展。

（五）支农支小力度不断加大。至 2014 年末，该行在 25 个营业网点的基础上，累计新增助农取款点 77 个，布设 ATM32 台；涉农、小微和县域信贷投放量分别为 19.93 亿元、10.81 亿元和 17.20 亿元；累放生源地助学贷款、下岗再就业贷款、青年创业贷款、巾帼创业致富贷款和道德模范贷款等公益类贷款达 3000 万元；无偿代收代发新农保保费和各类惠民补贴资金，积极做好金融社保卡代理发放工作，累计发放金融社保卡 54.89 万张。

会议指出，农商行改制具有"老企业、新银行"的特点，它既有老企业遗留的问题，又有新银行的运营短板，在转型中还存在许多亟待解决的问题。一是经营理念转变不到位。虽然一步到位实现了产权制度变革，但仍然带有旧观念、旧体制的痕迹，沿袭原有粗放型的管理方式，经营理念没有同步快速转移到商业银行的要求上来。二是公司治理不完善。虽然农村商业银行在形式上建立了"三会一层"的公司治理架构，但职责边界界定不清晰，缺位、越位、不到位的现象时有发生。三是制度体系不健全，执行力不强。风险管理体系与监管要求差距很大，不能覆盖全员、全业务和全过程。改制后，监管更严了，包括税务、人行、银监局、省联社等部门，重复检查多，比如贷款业务，人行、省联社、银监部门都查，标准不一，各查各的，这种状况使农商行失去动力和信心。四是由于农商行历史包袱沉重，不良贷款率较高，靠自身的积累逐步压降消化，任务非常艰巨。虽然县委、县政府于 2014 年 9 月至 2015 年 4 月集中开展了农商行不良贷款清收工作，并清收本息 1.7 亿元，但仍有 2.5 亿元不良贷款没有清收到位。而且，在清收过程中获得的大量抵贷资产，处置难度大，在变现过程中损失严重，诉讼及执行积案问题突出。五是政府扶持政策未全部到位。根据县政府《关于组建安徽灵璧农村商业银行股份有限公司的意见及支持政策的函》（灵政秘〔2011〕61 号）精神，县政府应返还农商行税费 2900 万元没有到位，分别是：2010 年至 2011 年营业税附加，以及 2012 年至 2014 年营业税及附加约 1140 万元未返还；2010 年至 2014 年共缴纳企业所得税约 7043 万元，按照扶持政策应返还未返还地方留成的企业所得税约 1760 万元。

会议建议，县农商行要由过去的"拾遗补缺"发展成现在的农村金融主力军，必须从"草根金融"逐步向现代金融企业转化。

（一）要进一步提高金融资产的经营能力。面对城乡一体化快速发展的外部机遇，农商行必须牢固树立现代商业银行经营理念，坚决摒弃粗放经营的陈旧思路，强基固本，扬长避短，加快经营结构和增长方式的转变，积极构建现代商业银行运行机制，努力实现高质量、有价值的持续发展，真正实现由"形似"到"神似"的转变。首先着力改变原有的被动、简单坐等上门、靠天吃饭的"自然型"业务增长和服务方式，按照市场化要求积极转变经营机制。要将营销产品、提升形象的意识贯穿在各项工作中，不断提高银行口碑和品牌认知度。

（二）要进一步明确支持县域经济的重点。先天的地域优势使农商行扎根本土，服务"三农"和中、小、微企业的市场定位不能改变。灵璧农商行要发挥好自身比较优势，充分利用网络、人员和专业技能，发挥人缘、地缘和亲缘优势，做成服务"三农"特色银行、品牌银行。要树立"大三农"理念，积极融入当地主流经济，跳出农业看"三农"，加大对城乡一体化、城镇化建设和现代农业等项目的信贷支持力度，积极争取政策支持，找准业务发展的主攻方向和着力点。要延伸支农产业链金融体系，向上下游产业拓展金融服务领域，做大业务群，做长业务链，努力拓展当地主流市场、主流产业的优质客户，全力助推农村经济发展。

（三）要积极创新县域信贷投放的手段。以差异化经营、差异化竞争为客户提供"门当户对"的金融服务，降低同质化竞争带来的风险共振。积极探索农村金融去城市化模式，深入分析农村生产、消费、资金流动特点和农户、中小企业需求，努力构建有别于城市金融的农村金融服务和业务拓展体系，致力于提高农村信贷资源专业化配置效率。建立健全涉农业务的制度、流程，开办小额简易程序贷款。以农村集体土地确权颁证为契机，积极探索试点农户土地经营权、林权质押贷款和集体土地上房屋抵押贷款，实施差异化资源配置，集中优势兵力和资源，争夺市场份额。

（县政协研究室　供稿）

清收不良贷款之良策

为推动农商行改革，从 2014 年 8 月以来，县委、县政府对农商行不良贷款进行专项清收，取得了阶段性成果，完成市政府下达任务的 125%，位居全市第二。截至今年 4 月 30 日，全县共收回不良贷款本息 1.75 亿元，其中公职人员贷款 455 万元、企业贷款 707 万元、其他自然人贷款 1.64 亿元。

近期，县政协组织部分委员对不良贷款清收工作开展情况进行了专题调研，收集一些干部群众的意见。主要问题有四个方面。

（一）清收任务仍很艰巨。需要清理不良贷款总额为 4.3 亿元，目前仍有 2.5 亿元没有清收到位，主要是：公职人员的 140 余笔 220 万元；涉政的 331 笔 1690 万元，主要是乡镇和部门单位负责人"私借公用"，或是以财政所名义借款等；自然人的 1.95 亿元，借款对象主要为各乡镇的农户和经商户，该类不良贷款金额占总欠款金额的 86% 以上；涉诉的 25 笔 1500 万元，是因催收困难而起诉欠款人而产生的；其他欠款金额约 2090 万元。

（二）清收难度越来越大。由于农商行的前身是农村信用联社，时间跨度较大，行政和业务归属多次变迁，不良贷款逐年"沉淀"，一些账目逐步演变为"陈账""烂账"，清收难度逐年加大。一是部分企业以改制之名逃废债务。一些国企、私企借破产、兼并、重组等手段变相逃废农商行债务。改制企业往往积重难返，借款金额较大且债权人众多，又牵涉到职工安置、养老金缴纳等问题，清算后难以落实自身债务。二是个别公职人员诚信意识差。个别公职人员对清欠工作认识不到位，存在观望心理。个别党政干部、国家公职人员贷款额度较大，根本无力偿还，或买断工龄，或不要公职，导致"三停六不"起不到应有的震慑作用。三是历史原因造成的债务落实难。农商行先后经历了多次重大政策变迁，而每次政策变迁都导致不良贷款陡增。四是村组集体贷款清收难。过去发放给村组集体的大量贷款，村干部"新官不理旧账"，造成村组集体贷款大量沉淀。同时，许多村组集体地处偏僻，没有收入，即便认账，归还贷款本息也是遥遥无期。

（三）资产处置障碍较多。一些贷款胜诉后，法院在依法执行中，由于种种原因致使借款人转移了资金和财产；或被执行人东躲西藏，法院无法执行；或借款人无力还贷，法院束手无策。大量抵贷资产在变现过程中损失严重，诉讼及执行积案问题突出，处置难度大。

（四）恶意拖欠逃避债务。不良贷款的成因复杂，既有天灾人祸的原因，也有经营不善的问题，更有诚信缺失、转移资产、恶意拖欠造成的。有的债主"楼房住着、小车坐着、小酒喝着"，就是有钱不还，群众对此反映强烈。也有一些已经还贷的群众认为"清收工作应公平公正，不能虎头蛇尾，让老实人吃亏，赖账人占便宜"。

对策与建议：

（一）形成清收合力。清收不良贷款是一个综合的社会系统工程，需要各级政府、农信社和贷款户的通力合作。要切实加强领导，形成清收的强大合力。坚持分类清收，对公职人员贷款、行政事业单位贷款采取综合的强制措施；对于历史遗留的不良贷款，村组集体贷款，政策性不良贷款，私贷公用贷款采取行政手段和组织手段，通过地方财政专款冲销，或以优良资产置换的办法清收。

（二）大造清收氛围。采取多种形式大宣传清收不良贷款的目的、意义、做法、政策、法规和正反典型，一方面提高干部职工特别是清收人员的思想认识，使他们树立全局观念，任务观念和责任感，树立信心，下定决心，瞄准新目标，采取新举措，实现新跨越；另一方面提高欠贷户还债自觉性，特别是震慑那些"逃债户""老赖户"，使他们感到欠贷有压力、赖债不光彩，无颜见父老乡亲，使全社会形成"欠债还钱，天经地义"，"还贷光荣，赖债可耻"的良好气候。

（三）突出清收重点。一是突出公职人员为清收重点。对公职人员欠贷要逐个清理，一个不漏，逐个落实"三停五不"措施；对村干部、党员欠贷不还的，由乡镇采取组织措施和经济及法纪手段逐个解决；对经商办企业等社会有影响人物欠贷不还的，按照属地原则，由当地政府会同有关部门采取措施解决。二是要重点突破违规违法贷款的清收。由于历史原因和自身原因，少数农商银行员工（原信用社员工）存在弄虚作假发放假冒名、诈骗等违规违法贷款，产生了大量不良贷款，清收难度极大。要想进入"深水区"，打通"难攻段"其中最重要的一条，就是从农商银行员工内部入手，从违法违规放贷攻破。农商行必须要按照国家、银监部门有关文件，制定过硬措施，掀开盖子，打出"组合拳"，严厉追责，将违法违规贷款问题解决好，创造条件把贷款收回来。三是重点突破大额贷款的清收。大额贷款户主要是指金额在 5 万元以上的。特别是 10 万元以上的大户。由于这些户的不良贷款金额大，加之时间长，利息又多，大部分都想赖账不还，会在当地造成不良影响。必须盯住这些大户特别是有偿还能力的大户，从这些户入手，采取措施，各个击破。收回一大户，影响一大片。

（四）依法严厉清收。采取法律手段收贷，一定要不畏强暴，敢于碰硬。对"钉子户""赖债户"，拒不执行法院判决的和诈骗贷款等大案、要案和重点案件，一般乡镇和有关部门采取行政手段解决不了的，必须高举法律重砸猛锤。首先，法院要集中力量执行一批已判决生效的案件，改变那些"赢了官司输了钱""打了官司也没用""你打官司我不怕"的看法。其次，要快审快结诉讼案件，农商行要认真疏理，将有抵押物和可以进入诉讼程序的向法院起诉。对于已经胜诉的案件，加大执行力度，综合利用账户查询、冻结、扣划被执行人存款、查封、扣押、拍卖、变卖被执行人财产等多种手段，增强法律的威慑力。公安局要层层分解任务，相对集中，警力和时间、侦查打击一批诈骗贷款案件，从快从严打击拒不执行法院判决的"赖债户"。对重大犯罪案件，及时成立专案组，全力以赴，对可能外逃的犯罪嫌疑人及时布控。司法机关要认真研究，周密部署，集中力量，打出轰动效应的清收不良贷款"组合拳"，震慑"钉子户""赖账户"和诈骗贷款对象，为清收农商行不良贷款和整顿金融秩序及优化金融环境创造良好的环境。

（县政协研究室　供稿）

新闻报道要从多方面看问题

胡兴臣

去年 12 月 14 日与今年 9 月 24 日，中央人民广播电台《今日农村》节目，分别播出了我所写的《养猪大户赵立业》和《退费》两篇稿件。这两篇稿件何以被采用？我反复思索，感到一个重要原因在于采写这两篇稿件的过程中，坚持看问题注意从多方面去看，不是从单方面看，所写的稿件既揭示出不容忽视的问题，又写出了解决问题的办法及其意义。

在全国许多地方的养猪大户严重亏损纷纷下马的情况下，我县朝阳镇陆村农民赵立业却办起了 8 个养猪分场，成立了养殖有限公司，养猪存栏达 5200 多头。于是报刊电台一片喝彩声，有些参观者甚至鼓励他把养猪规模发展得大些再大些，以便成为全市乃至全省最大的养猪户。事实使我感到一种倾向掩盖另一种倾向，极易导致事情向其反面发展。联想到一位硕士在当地承包养猪场，仅仅因其为硕士，即被多家报纸电台电视台炒得沸沸扬扬，后来硕士亏损 40 多万元，不得不把养猪场甩掉。硕士吃了大亏，群众也被误导，再也无人问津。如何正确看待和宣传赵立业这个在养猪"低谷"期大量养猪的典型，既促其健康发展，又使群众得到有益的启示？深感必须避免简单化和片面性。为此，采访中过细了解赵立业从总结养鸭养猪正反两个方面的经验中，学会了用唯物辩证的观点看问题，新的养猪低谷期的到来，他从中看到了发展养猪的机遇，从而大量养猪。赵立业大量养猪的前景是光明的，但是难题也是不少的，为此在两次采访中就资金咋筹、场子咋管、疾病咋防、变化咋适应等问题，进行过细了解和分析。既了解立业面对这些问题作出一系列积极努力，取得了不少成果，又了解问题依然存在的状况，尚需不懈努力，诸如资金题，依然时时困扰着他；管理措施有待不断加强和完善；疾病防治尚难保证万无一失；如何有效适应情况变化，始终立于不败之地，更将随时经受严峻考验。由于坚持从多方面看问题，稿件又如实反映赵立业大量养猪的成果及其潜在的问题，让编者和读者信服，使赵立业本人也分外注意，事后他曾两次同笔者一起进一步讨论如何养猪的问题。笔者自感如此多方面的看待问题和处理问题是成功的，经中央人民广播电台播出以后，《黄淮潮》杂志全文刊登了这篇稿子，让读者得到有益的启示：大规模养猪同办许多事情一样，都不能简单从事。

坚持从多方面看问题，笔者还注意从实际出发，进行反面文章正面做。今年 8 月间，在渔沟镇无形中谈及农村税改费中吕庄村乘农民纳税积极性高涨之机搭车收费问题。镇委书记陈树华同志说这是政策不能允许的。他们进行了通报批评，并找来一份通报给笔者看，就此完全可以写出篇消息《吕庄村搭车收费受查处》。思索一下，这样写意义不大，作为农村一项大的改革，方方面面难免有些不适应，像吕庄村这样搭车收费是错误的，也是不足为奇的，问题是如何纠正错误，保护农民的纳税积极性，更好地改善和密切农村干部与群众的关系，促进农村的社会稳定，实现基层财政的良性循环。为此，笔者过细了解渔沟镇税费改革前后农民的负担情况和对税费改革的欢喜程度；了解吕庄村在受到通报批评后是如何提高认识，并在限期内如数退回多收费取得群众的谅解和欢迎的；了解镇委镇政府如何通过对吕庄村进行通报批评，引导全镇各村干部严格执行政策，如何避免和杜绝各种违背政策巧立名目，加重农民负担，以及采用粗暴违法手段，侵犯农民合法权益现象出现；了解全镇税费改革顺利进展等情况。随后顺理成章写出篇 700 多字的表扬稿，取名为《退费》。稿件寄出，中央人民广播电台一位编辑很快打来电话，称赞说渔沟开展税费改革搞得挺认真的。中央人民广播电台播出后，收到了很好的宣传效果。随后《安财税报》《安日报》相继全文刊登，《安徽日报》在 B3 版头条位置刊登时，改题为《搭车收费不应该，如数退回获谅解》，使主题更加明确，并注以"问题调查"字样，以期引起读者关注。

（原载《拂晓通讯》2000 年 12 月 20 日）

注意写些耐久的稿件

胡兴臣

记得那年去省城，见到《安徽日报》老编辑冯武生。谈及写稿的事，冯老说："要下功夫写些久的稿件。有些通讯员写的稿件满好，由于时间性太强，待编辑看到，已失去采用的价值。"冯老顺手摸了一下桌上的玻璃茶杯，接着说："像这样的东西掉在地上很容易摔碎。时间性太强的稿件也往往像易碎品一样失去作用。"冯老说这番话虽然已经过去多年，但却常常令我回味。打仗有速决战、持久战之分，药品有速效、长效之别，肥料的作用也有长有短。写稿普遍强调时效性要强，但时效性强弱也是相对的。篇篇都要求快和强往往是不可能的。报纸尤其刊物的用稿也难能都是时效很快很强的。再说，基层通讯员受到诸多条件的限制，采写时效性太强的稿子，竞争力往往不足。从个人的实际出发，笔者便留心写些耐久的稿件，也确实尝到了甜头。

第一，刻意挖掘新闻题材的深意，延长稿件的生命力。1986年底的一天，从县政协获悉，一位名叫张道迎的70多岁的老台胞回乡定居。笔者对此很感兴趣。县政协便安排笔者随其同车返乡。老实说，一个流落台湾30多年的老者，不甘于在孤岛上孑然一身苦度风烛残年而辗转回到家乡定居，写篇新闻是有可能被采用的。但笔者没有简单从事，而是从客观实际出发，着意写老台胞眼中所看到的家乡30多年来的变化。从其赞叹田里一望无际的麦子长势喜人谈到家乡粮食丰收，眼下人们常年吃麦面。从一路上自行车、平板车、拖拉机南来北往、络绎不绝，谈到他离家去台前只有木轱辘独轮车和四轱辘太平车，并早被淘汰。从沿途集日街头摆满服装、百货等摊点和赶集的男男女女穿着整齐，谈到他离家时家乡人们食不饱腹、衣不遮体。交谈中老台胞不时发出感叹："在台湾听说，大陆闺女走娘家不交粮票，爷老子也不给饭吃，真会编话！""台湾传闻，大陆一件衣服几个人穿，就是想买新的还买不到，我虽然不完全相信，但是没有想到人们生活变得这样好！""在台湾做梦也没有想到儿子娘几个生活过得这样好！"从而揭示出了问题的本质。我顺理成章写出篇 1000 多字的通讯《老台胞归乡途中话今昔》，次年 1 月 14 日《农村周报》首先登出，2 月 16 日《富民报》登出，3 月 1 日《人民日报》以《张道迎先生归里话今昔》为题登出，4 月 22 日《人民日报海外版》以《彼岸归来话今昔》为题登出。刊出时间最早的与最迟的比较，相距 3 个多月。

第二，抓住带有普遍性的问题过细进行研究，写出个道道来。长期以来，农民负担过重是全国上下都十分重视的问题。1993 年初，灵璧时任县委书记孙金道联系当时县内出现的情况与笔者一起谈及减轻农民负担问题，都感到此问题党和国家已是三令五申，县委和县政府主要负责人话没少讲，要求没有少提，具体的措施、决定，也制定了不少，文件也发了不少，但却收效甚微。造成农民负担的原因到底在哪里？责任在谁？怪乡村干部吗？怪地、县干部吗？还是怪其他方面？似乎都怪，似乎又都不怪。我联系实际写出了《关于农民负担问题的思考》，全文 2500 多字，共写了四个问题。一是"不应视为负担"成了一些方面巧立名目加重农民负担的护身符，必须撕破。二是"社会化服务"成了一些人向农民索取的旗号，名不副实的"服务"旗号，必须扯下。三是政出多门的红头文件使一些不合理负担合法化的状况，亟待改变。四是与各级干部利益挂钩是导致巧立名目加重农民负担形成的祸根，必须铲除。稿件经县委书记审定后于当年 2 月间发出，新华社总社《内部参考》与《安徽农村通讯》分别于 4 月和 5 月间刊登。1997 年春，新华社安徽分社陈先发与江苏分社鲍永辉两位记者来灵璧采访。提及此文的内容，他们说这几个问题还值得进一步研究。

第三，注意采写新闻人物经得起时间检验的事迹，体现时代精神风貌。八路军老战士、县政协原副主席王毅，从 1990 年就开始担任县关工委主任，关心教育下一代，费了大量心血，而且成效显著，相继被评为县、市（地区）、省和全国先进。1998 年 5 月，笔者从其大量事迹中进行精选，写了篇 1800 多字、题为《夕阳映童心》的通讯。省电台当年 6 月 1 日播发，《安徽法制报》8 月 4 日刊登，《黄淮潮》8 月间发表，用稿时间前后相距两个多月。县棉办室原主任吴树茸 1993 年退休后，一直心热似火，劲头不减，连年置身田间，推广新技术，总结新经验，千方百计帮助棉农夺高产，受到群众好评，多次受到县、地、省有关部门表彰。1997 年 1 月间，笔者精心采写了一篇通讯，题为《田野夕阳红似火》。《安徽科技信息》当月 14 日发表，《拂晓报》于次年 1 月 28 日刊登，《安徽老年报》于次年 5 月 6 日采用。没想到《黄山松》杂志在 2000 年第 5 期上又登了出来。因为《黄山松》是老年杂志，许多老同志看了刊物，高兴地向吴树莘表示祝贺，效应依然很好。

第四，透过旧闻看新意，写出稿件的现实教育作用。2000 年元月的一天，我们县关工委的几位老同志，到下楼镇小圩小学了解开办家长学校的情况，见到校园内有座古朴的廊式仰师亭，亭内矗立着徐铭阁先生纪念碑，使我产生了浓厚兴趣。徐铭阁老师早于 1972 年病逝，仰师亭是在他去世 23 年后的教师节之际，由当地群众和遍布在全国各地的 250 多名学子捐款捐物建造的。一名小学教师何以获得如此殊荣？于是，我做了过细的了解。生于 1889 年的徐铭阁老师 1920 年师范肄业后，入黄埔军校学习，后到小圩等地教书。50 年的教学生涯中，在小圩小学生活工作 40 余年。他爱生如子，传道授业解惑，一直尽心尽力。1966 年退休后，仍坚持继续任教，学生可谓"桃李满天下"。徐铭阁广受社会的尊重，许多有名望的学生给母校的来信中对他都充满了景仰怀念之情。仰师亭的建立弘扬了尊师重教的良好风气。村支书以身作则，带动村里热心教育的积极分子同学校校长老师一起抓好教书育人。村关心下一代协会不定期的安排学生家长与师生们一起在仰师亭前开展尊师重教活动。深感其事意义深远，于是撰写成 1000 多字稿件，定名为《乡村仰师亭》。此稿无常规的"新闻由头"，更无"快"与"强"的时间限制。稿件元月发出，《安徽教育报》于 8 月 23 日在四版头条位置几乎是全文刊登了出来。

（原载《安徽日报通讯》2001 年第 3 期）

要履行"三个多做"

刘万广

习近平总书记在庆祝中国人民政治协商会议成立七十周年大会上讲话指出："政协委员是荣誉，更是责任。要发挥桥梁纽带作用，在界别群众中多做雪中送炭、扶贫济困工作，多做春风化雨、解疑释惑工作，多做理顺情绪、化解矛盾工作。"习总书记的讲话是当前乃至今后一个时期做好政协工作的纲领，为各级政协委员会工作指明了方向。全面贯彻落实总书记的讲话，是做好当前政协工作的第一要务，重中之重。作为新时代政协委员，必须带头学习、带领界别群众一道学习贯彻落实，真正担当起使命和责任，以模范行动展现出新时代政协委员的新风采。

新时代政协委员的责任是什么？怎样展示政协委员风采？怎样当好一名让人民群众满意的称职的政协委员？习总书记都给我们一条条提出了新标准，其主要体现在"三多"上。

发挥桥梁纽带作用，在界别群众中多做雪中送炭、扶贫济困工作，是政协委员责任的重要体现。我们的政协委员都是来自各个界别群众，代表着他们的利益和愿望，理所当然地要担负起代表他们参政议政责任。针对市县级广大政协委员结构来看，从县直单位和乡村基层产生出来的政协委员占政协委员队伍总数的四分之三，服务方向都集中在"三农"，重点在广大农民身上。无论是教育界、医疗界或是经济企业和科技界政协委员，都要紧紧围绕脱贫攻坚和助力乡村振兴，为农民多做服务。助力打赢脱贫攻坚战。教育界委员重点要把教育扶贫责任扛起来，一是多做组织教育界的力量救助在校贫困孩子，确保他们都能不辍学。二是关爱留守儿童。组织建立留守儿童之家，给孩子们家的温暖，结对帮教，既当好留守儿童的老师，又要当好他们的"代理爸妈"，为广大农村留守儿童健康成长做好各方面的关爱和保护。三是积极帮助落实党的各项救助政策，多跑腿多做政策入户服务。医疗界的政协委员，使命担当重点在为百姓送健康上。围绕健康扶贫，上对政府要多建言献策，制定出台更多的健康扶贫好政策。下对患病贫困群众，多做雪中送炭、上门服务，为他们落实健康扶贫各项保障政策。科技和农业界别委员，要依靠所学知识和单位人才济济的优势，紧紧围绕乡村振兴和脱贫攻坚的中心工作，组织委员和农业科技人员，大力帮助乡村发展实体经济产业，推广高产高效种植作物，实现"一村一品"产业发展带动工程，帮助贫困人口增收，按时实现打赢脱贫攻坚这场硬仗。

做一名新时期合格的人民政协委员，第一，要在广大人民群众的心目中树立起新形象，即在公众人群中树立为人师表形象，带头执行和维护公共社会秩序，言行举止大方，态度和蔼可亲，在交通、卫生、扶弱救困、扫黑除恶专项斗争等方面都要起到模范带头作用，使群众一看就知道是有政治觉悟的人。第二，当一名人才委员。首先，要树立终身学习思想，是单位中勤奋学习型人员，要达到三个熟练精准掌握，即习总书记新时期特色社会主义思想、单位业务知识和政治协商工作知识都能熟悉掌握。其次，做到"两个维护"的政治立场要坚定，本职工作模范争先，懂政协，会协商。第三，"两个"表达能力要双强。首先，写作能力要强，能写出高质量的提案，能在党刊党报和政协报刊上发表文章。其次，语言表达能力要强。在单位的会议上、在恳谈发言和大讲堂演讲上，都能把群众所求、所盼、所需，用精彩准确的语言表达出来，引起各级党委和政府重视，保障党的惠民政策得到贯彻落实，让广大人民群众获得更多的福祉。

禁采山石刻不容缓

耿瑞英

灵璧县位于皖北平原地带，平原面积占总面积的89.6%。境内主要山丘属低山丘陵和剥蚀残山。主要山峰有54座，海拔超过100米的有24座，比较有名气的有朝阳镇的九顶山、下楼镇的灵觉山、灵璧县城的凤凰山、三注山、渔沟镇的磬云山。最高峰为下楼镇灵觉山，海拔189.7米。近年来，我县大力发展文化旅游业，这些山体是十分珍贵的文化旅游资源。但是，自20世纪六七十年代以来，由于开山采石规模不断扩大，不少山体已被肢解，植被破坏，岩石裸露，使山体自然景观和生态环境遭受了一定程度的破坏。幸亏凤凰山、磬云山停止了开采，让我们能够实现揽山入怀的梦想，能成功申报磬云山国家地质公园。但其他山体还在遭受掠夺式开采，如朝阳镇的九顶山，下楼镇的灵觉山。因此，建议政府从保护自然生态环境及风景旅游资源的大局和实施可持续发展战略的高度出发，禁止开山采石，保护山体资源。

一、尽快制定一部保护山体的地方性规定，来规范我县开山采石行为，禁止乱开乱采。灵璧的山山水水是灵璧人赖以生存的家园。无节制的开采，浪费了资源，破坏了环境，污染了空气，毁坏了道路，严重影响力了人们的生活质量。限采虽然会带来建筑材料的短缺，提高建筑成本，甚至会减少财政或部门收入，但我县山体本来就少，即使不限制也开采不了多少年，到时候家园破坏了，资源也没有了，怎么对得起子孙后代？县政府应当制定禁止开山采石的实施规划，限期关闭开山采石企业。考虑到这项工作难度很大，在尊重现实，维护社会稳定的前提下，可从实际出发，作出切实可行的规定。

二、对灵觉山、九顶山、三注山等重要山体进行重点保护。下楼镇的灵觉山是我县境内最高的山，山上有早期人类活动的遗存，有灵觉寺遗址，是经县政府公布的不可移动文物点。朝阳镇的九顶山是有鲜明特色和神秘感的大山，由九座山峰组成，最高峰居中，海拔188米是安徽省灵璧县第一山。"九顶琅崖岢石山，四十五里不见天"这是对九顶山的真实写照。南侧有5公里长的"仙人洞"，洞内有钟乳石。山脚下有"兰桥"、金山寺、"京渠"等名胜古迹。同时这一带还有水漫兰桥、朱元璋拟建京都九顶山的传说。三注山位于灵璧县城东北，南麓有三山蒋庙新石器遗址，1956年被省政府公布为省级文物保护单位。这里还是垓下之战的重要遗存，又名"散楚上"，传说张良在此处吹箫散楚兵，加速了项羽失败的进程。因此，这三座山对保护灵璧的历史文化和发展旅游产业都具有重要作用。但近年来，灵觉山、九顶山和三注山一直被大量开采，山体的原始风貌已不复存在。政府应对这几座山实施重点保护，坚决禁止开采。

三、加强对禁止开山采石工作的领导。为使禁止开山采石这项工作能够真正得到落实，必须有相应的组织保障。政府应成立领导小组，加强对禁止开山采石工作的领导，做好监督、检查。在实施规划规定过程中，监督开山采石企业在规定的关闭期限前，应当按照规定的开采范围、方式和开采量，边开采边整治；在规定的期限内必须及时注销企业的采矿许可证、爆炸物品使用证和营业执照；监督开山采石企业履行山体和环境整治的义务，对破坏的环境进行整治；对违反规定无证开采、越界开采、超量开采的企业，要加大处罚力度，没收违法所得。

多措并举缓解城区停车压力

吕学军　刘　亮　张珊岛

随着人们生活水平的日益提高，汽车作为出行的代步工具已经进入千家万户，在给人们带来方便快捷的同时，也给道路狭窄的老城区带来了较大的交通压力。停车难、难停车已是灵城交通管理中的突出问题。针对问题的产生，本文作以分析与建议。

灵璧县人口近140万人，小型汽车约9万辆，其中城区居民近30万人，小型汽车3万余辆。城区是全县人民政治、文化、经济中心，特别是逢年过节，探亲、访友、购物导致车辆无法停放，相关管理部门分别在虞姬大道、钟灵大道、奇石大道等区域划有停车位约4000个，这些车位远远不能满足现有车辆的停放，其中，有的车位划在道路两旁，与街面商铺相接，店主为了便于自己的生意，就在划好的停车线里设置障碍物，使车辆无法停放；有的车位还长期停放"霸王车""僵尸车辆"；有的车位被长期占用摆摊设点。虽然交警部门每天都努力解决此类问题，但满意了车主满意不了店主，不时引发矛盾纠纷。

为了彻底解决停车难和提升群众满意度，政府有关部门要通力协作，制定有效措施。一是采取停车收费办法。将有条件路段的单侧或双侧划出分停车位，根据不同地点、时段和状况，统一制定收费标准，由县成立专门停车治理机构进行管理操作。二是建设大型智能停车场。向全国卫生城市、文明城市看齐，可在城四周设立大型智能停车收费场，这样既可以缓解逢年过节带来的车流压力，又可以解决大型运输车辆停车难的问题，三是合理运用各小区停车位及地下停车场。对于建好且长期未对业主开放的地下停车场，酌情对外开放，如奇石小镇的地下停车场自建成十多年以来从未使用，可以安装智能收费系统，进行协商使用，这样既使资源得到运用，又提升城市文明度。四是整合空地资源。建议有些机关单位合理运用本单位场地，腾出公共停车位，以解决社会车辆的停放。五是倡导绿色出行。提倡机关单位工作人员使用自行车、电动车上下班，环保又节能。

三招解决有线电视城乡联网与实施村村通难题

程 辉

灵璧县有线电视自 1993 年开通，现已发展有线电视用户万余户，特别是原属县广电局的有线电视台，在 2001 年底改制为直属安徽广电信息网络股份有限公司的企业以来，有线电视网络更是有了质的飞跃，传输的节目由原来的十几套发展到能传输省、市、县三级电视台的四十余套节目。2005 年开通了高清晰、选择性强、互动性强、节目源多的数字电视，极大地丰富了灵城人民的文化生活。与此同时，全县各乡镇所在地的有线电视网络还停留在节目少、信号差、网络乱的初级阶段。造成这种局面的根源是城区网和乡镇网不衔接，各自为政。这不仅严重影响了我县广播电视事业的发展进程，也造成了极大的资源浪费。为此，尽管省公司和分公司都做出了很大的努力，但由于缺乏巨额的投资，未能把全县有线电视连成一个整体。为早日实现有线电视城乡联网，宜采取以下措施。

一、分公司出资解决杆路占地费用问题。目前，制约城乡联网工程的因素之一是从灵城到各乡镇的杆路问题。安广网络灵璧分公司有架设灵城到各乡镇的杆路的意向，但是对征地及青苗补偿费的开支无法承受。县政府是否可以借鉴皖南几个县的做法，出面协调乡镇无偿提供杆路用地，线杆洞穴在谁的地面由谁来挖，费用由网络公司统一支付，这样对征地农户也有个补偿，更何况实际的杆穴用地很少，有条件的也可走沟边地头。

二、政府协调租用杆路。现在灵城到乡镇有杆路的单位有移动、联通和电信，网络公司也曾想和这几家公司协商租用杆路，但不是无法提供杆路就是租用费用太高，无法承受。恳请县政府出面协调此项工作。

三、乡镇整合，多方出力。现在，各乡镇政府所在地的有线电视网，产权有的属各乡镇政府，也有的是私人投资建设。要想把县网络公司的光缆信号送到各乡镇，必然要对各乡镇有线电视网进行收购。这样才能把省、市、县三级电视台的节目送到千家万户。收购整合是大势所趋，人心所向，此举不仅能提高政府的宣传力度，也能够丰富各乡镇人民群众的文化生活。但这样也牵扯到收购费用问题。省内已有成功的做法，主要是由县政府出面成立有线电视城乡联网工程领导小组，由县政府领导任组长，各职能部门参加，乡镇政府和网络公司参与。在联网收购过程中出现问题统一协调解决，这样能加快进度，尽快实现城乡联网，提早实现村村通工程。

八招推进征迁控违

根据 2016 年度重点民主协商活动计划安排，县政协围绕助推征迁控违深入社区开展调查研究，组织召开专题协商恳谈会，广泛收集社情民意。3月25日，县政协召开九届五十二次主席会议，就稳妥、有序、较快推进征迁控违开展重点协商，提出意见建议。

委员们认为，县委、县政府征迁控违动员大会以来，县四大班子领导和县直机关主要负责人率先垂范、包保到户，灵城镇、开发区社区干部和全体征迁控违工作人员深入一线、全力以赴，打响了依法征迁、规范征迁的攻坚战，取得了明显的成效，得到了社会各界群众的普遍支持和拥护。

通过调研协商，委员们同时指出征迁控违工作中仍存在一些亟待解决的困难和问题。

一是违建现象没有得到根本遏制。长期以来，有关部门对城乡违建行为重视不够，监管不力，违章建设屡禁不止，违建面积逐年扩大，昨天的控违不力造成了今日的征迁之难。特别是在近期控违拆违的高压态势下，个别地段的违建仍在继续。

二是部门协作联动不够。据社区干部反映，他们有时处境很尴尬，把辖区内的违建及时反映给有关部门，有关部门到户拆违时，遇到阻挠向群众解释说只要村干部不反映，他们就不拆。这样就把矛盾集中到了社区干部身上，他们对此意见很大，要求进一步提高有关执法人员的素质。

三是失地保险没有做到应保尽保。由于一些主客观原因，导致部分失地群众没能够及时参加失地保险，部分弱势群体的生活没有保障，少数群众对征地拆迁工作有怨言，不配合工作，甚至产生抵触情绪，造成征迁工作被动局面。

四是安置不到位。由于政策、资金等方面的落实问题，导致"先安置后拆迁"难以实现，更多的是"边拆迁、边安置"，甚至是"先拆迁、后安置"。少数拆迁地块，已经拆了多年，安置工作仍没有到位，拆迁户怨声载道，给征迁工作造成不利的影响。

五是存在执法不规范，执法人员素质低等现象。在控制违法建筑方面，少数执法人员存有私心，执法行为不规范，不能按照政策办事，对违建睁只眼闭只眼，极少数执法人员徇私枉法，更是对违建行为包庇纵容。

六是奖惩机制不健全。在实际工作中基层工作人员、社区干部付出的多，得到的回报却很少。

针对上述问题委员们提出如下建议。

一、营造浓厚氛围。进行全方位宣传，引导动员群众关心、理解和支持拆违工作。把宣传教育作为推进拆违控违集中行动的重要抓手，大张旗鼓地宣传，加大入户宣传力度，增加入户的密度，与群众零距离沟通，通过发放宣传手册、上门思想教育等途径，把相关法律规章送到群众手上，把县委、县政府拆违控违的决心传达到千家万户，打消个别群众的观望和侥幸心理，争取大多数群众的理解支持，全力发动群众自行拆除违章。做好拆迁户群众思想工作，营造和谐的拆迁环境，形成拆违控违的舆论攻势和万众一心的社会氛围。

二、落实主体责任。进一步规范征拆行为，明确责任主体。城建、国土、规划等部门，乡镇、开发区、社区、村居等责任主体，各司其职、通力合作，凝聚成征拆工作的强大合力。实行"条块结合、以块为主、分工负责、包干到户"的原则，严格落实工作责任人，形成相互配合的工作机制，不断加大对辖区违章建筑的整治力度。

三、规范拆迁行为。坚持依法拆迁，严格按照程序办事。要把握政策的尺度，坚持一把尺子量到底，增加征收工作的透明度，杜绝"人情标准""暗箱操作"，确保房屋征收工作公开、公平、公正。同时，要结合实际，坚持依法征迁与友情征迁相结合，政策性与灵活性相结合。

四、提高保障水平。做到"四个到位"，即拆迁宣传政策到位、拆迁方案落实到位、拆迁工作程序到位、拆迁资金补偿到位。做到人性化安置，关注弱势群体。对失地农户做到应保尽保。坚持依法足额补偿，严格落实拆迁政策规定的补偿标准，切实维护拆迁群众的合法权益和切身利益。

五、建立长效机制。对待拆违控违工作，一是做到"零容忍"。坚持严管重罚，时刻保持高压，从根本上遏制违章建筑滋生蔓延的势头。二是做到"零死角"。对违法建设集中区域，做到全覆盖整治、全天候监管，不留死角。三是做到"零增长"。在拆违的同时，实施严格的控违措施，加强日常巡查，建立举报机制，发动全社会力量，将违法建设行为消灭在萌芽状态，坚决防止新的违建产生。加大对违规现象的控制和查处力度，建立控违查违工作长效机制。

六、以拆违促征迁。首先，拆除典型的、影响恶劣的违章建筑。重点排查国家公职人员、党员干部的违章建筑；强行建成的违章建筑；偷建且存有严重安全隐患的违法建筑，依法依规拆除。其次，按照"先拆违、后拆迁""有偿拆迁、无偿拆违"的原则，以拆违带动拆迁。

七、强拆手段不能丢。对漫天要价，无原则纠缠的个别户，一定要痛下决心强硬拆除，发挥强拆的震慑作用，形成高压态势。

八、严格奖惩兑现。制定工作进度与经费拨付直接挂钩的奖惩机制，对控违拆违工作做得好的单位和干部给予奖励。对拆违控违认识不高、态度不正、工作不力的，严肃问责。对以权谋私、侵害群众利益的人员，对纵容、包庇违法建设的人员，严肃查处。

（县政协研究室　供稿）

美人之殇

肖文玺

2018 年，灵璧新汴河上，一座总长度 565 米、主桥桥面宽 22.5 米、双向 6 车道的气势恢宏的大桥建成了。该桥主体造型为彩虹弯曲状，彩虹主跨 200 米，它似一条红色的飘带横跨新汴河两岸，连通县城与城南乡镇，吹奏着灵城城市空间"南扩"的序曲。因桥造型空灵精妙，"红飘带"与碧水绿树、蓝天白鹭相映成趣，灵璧人民亲切地称之为"网红桥"。该桥也顺理成章地成为灵璧城市形象的新名片、新地标。"网红桥"2014 年 4 月开工建设，当时，无论工程立项、官方文件还是官方网站，都赋予它一个诗意的名字——"虞美人大桥"，现在这个名称在灵城公交路牌上还有迹可循。不知何故，2018 年 12 月，该桥忽又更名为"滨河大桥"。现在，该桥的三个名称常常混用，人们常常云里雾里地滥用，造成诸多误解与非议。很多文化界人士和群众呼吁，请给大桥正名，恢复曾经的美称——"虞美人大桥"！

理由一：任何一座建筑、一项工程，只要利国利民，必将青史留名。而其名称的地域特质、文化内涵也必随其功用、价值在人们口口相传中品味久远、意蕴无穷。灵璧，千年古城，三元文化由此滥觞，"虞美人"的美丽芳踪千古流传。用"虞美人大桥"这个名称，合于地方历史文化传统，意味深远，对唱响灵璧、描绘诗意浪漫灵璧，打造特色城市名片，发展生态旅游经济，有着特殊的不可替代的价值。

理由二："滨河大桥"的更替与命名，事出突然。为何否定、推倒原来的名称？现在没有见到任何合情合理的解释。是经何人何部门？是否需要经过相应的程序？灵璧人民群众、各界人士要不要参与，可否知情？能不能发表意见和看法？一座有生命力的关乎百姓情感的建筑，我们要珍惜赋名的权利和机会啊！

理由三："滨河大桥"这一名称不合理，也不合文法。首先，不合语法，贻笑大方。"滨河"，按 2012 年第六版《现代汉语词典》解释，为"靠近河边"之意。我们可以用"滨河新区""滨河中学"，那么"滨河大桥"是不是就理解为"靠近河边的大桥"呢？怎么给孩子们解释呢？其次，"滨河大桥"名称了无情趣，辨识度不强，没有特色，群众接受度不高。它没有任何能与我们灵璧地理历史人文相连接的元素！海内之地，可以任意复制，无须担心侵权冒犯！如果不冠以灵璧之名，它会迅速消失在任何一个异乡人的记忆中，也难以给家乡人以久久回味地共鸣。

理由四：如何看待"虞姬文化"？如何继承弘扬传统文化？虞美人的千古悲歌，是忠贞大义，是浩然正气！这早为史家哲人及广大人民群众所认可并久久传颂！一名之立废，非文字之变更，实乃对历史传统、乡土文化的态度与价值取向！

讲好中国故事，唱响中国声音！古曲新唱，有何不可？"虞美人"，既是人们对两千多年前秦末虞姬的敬称，也是我国古典诗词的词牌名，如南唐李煜的《虞美人·春花秋月何时了》，其中的那句"春花秋月何时了，往事知多少"可是追昔怀古的佳句啊！虞美人还是一种草本的小花，色泽艳丽绝美，开遍天涯！可见，虞美人之名，非恶也，"一千个人眼中，有一千个哈姆雷特"，我们可以从"虞美人"中读出深情、浪漫、美丽、遐想！今更桥名者偏偏与虞姬美人过不去，独忌之怨之必欲改之而后快！倘虞姬美人泉下有知，恐一殇而再殇耳！

一座桥，一首歌，请给大桥正名。

2020 年 9 月 5 日

街灯？路灯？

晏金福

小时候，读郭沫若的诗《天上的街市》，开头那几句：

"远远的街灯明了

好像闪着无数的明星

天上的明星现了

好像点着无数的街灯"

至今依然记忆犹新。

笔者是农村人，那时没见过街灯，对郭沫若诗中的描写，充满奇妙的幻想。几乎每天都对着天上的星星，想象着街灯的样子。后来，到了县城，见到了街灯，可是，稀稀落落的，昏黄得如瞌睡人的眼，我就很怀疑：郭沫若写的那种街灯是否存在。直到去省城读大学，才看到了近似于《天上的街市》里的街灯。可是那时已不叫"街灯"，而称"路灯"了。

笔者尝认真思考过：这好端端的街灯何以改称路灯？盖因为我们城市里的街道原来都称"××街"，不知何时起，街道变宽了，再叫"街"似乎有点委屈了，于是改称"路"。就如现在已改称"大道"，不知将来还会改称什么。

"街"既然变成了"路"，"街灯"变成"路灯"，当然是顺理成章。几十年来，从没有人提出过异议。可是，近来我却有了异样的感觉。

"街"也罢，"路"也罢，"大道"也罢，名称虽然改了，但是基本性质未变：两边不是机关单位，就是工矿企业，超市商户，或者学校医院，居民住户；而"街灯"也罢，"路灯"也罢，无论名称怎么变，总是为两旁的各色人等照明用的。所以，不管怎么改，"万变不离其宗"，自然不会有人关注它。

引起我异样感觉的是，现在，中国出现了越来越多的真正意义上的"路灯"。这些超级豪华、造价不菲的"路灯"，以超乎寻常的密度，逶迤于茫茫旷野中。路边，没有居民，路上，鲜有行人。呼啸而过的汽车，自有车灯，向来不靠路灯。那么，这些路灯究竟有什么用呢？我很困惑。

其实，笔者这种感觉源于二十年前。2001年，我退休后，应聘到到淮北一私立中学代课。当时，看到从烈山到淮北路两边排满了路灯，心里一方面感叹：煤城就是有钱！一方面也在惋惜：有钱也不该这么花呀。那时，虽有感觉，也向不少人说过，可是因为是个例，感受不是很深。可是后来就不同了：越来越多的地方在效仿，而且愈演愈烈。乡镇之间，相互比谁的灯好，谁排得远。不少公路，乡镇之间的路灯已连在一起，大有将路灯排满中国的越野公路之势。这就不能不令人担忧了。看到一些地方，街灯昏暗，路灯耀眼，你不觉得这是莫大的讽刺吗？

这种所谓路灯有百害而无一利。其害为浪费资财、浪费能源、污染环境（光污染）。最主要的是掀起了攀比之风，实则是典型的面子工程。为什么不把有限的资财用在民生工程上，而要用在面子工程上？

我呼吁：尽快停止这种劳民伤财的面子工程！

让我们的街灯亮起来，让那些路灯见鬼去吧！

民政事业今昔谈

牛士中

我们生逢盛世，生活在一个伟大的时代，这个伟大时代波澜壮阔，涛飞五彩，把壮阔中最不显眼的细小放大，让卑微生命熠熠生辉，展现生命的光彩与价值。

轻轻漫步或者倏然疾行，在灵璧城镇的街道上，在寒冷的冬夜，你会看到民政人员劝说流浪乞讨者上车来到温暖如春、热饭飘香的安置点。欢快的节日气氛中，抑或平常温暖时光里，灵璧的乡下，鳏寡孤独者吃穿不愁，笑口常开，言谈举止间流露出来的是作为一个卑微生命对生活发自内心的满足。在连通灵璧城乡的客车上，在园林景观里，怀揣老年证的老人们，谈笑风生，怡然自乐。残疾人补贴让身体残缺的人们心灵温情洋溢，城乡低保让生活困难家庭衣食无忧，重大疾病救助让濒临绝境的草根们重新焕发希望，生产救灾扶助工程让天灾造成的不可抵御的风险消失于无形……

新的时代，新的生活，社会最底层的人们并没有被边缘化，而是在社会最不起眼处得到呵护，如同一株株柔弱的小花，在和风细雨的滋润下，在温馨的艳阳普照下，悠然绽放，尽情享受生的乐趣，舒展着生命的美妙过程。

灵璧县民政事业的大力推进，让城乡弱势群体生活的有尊严、有价值。众生只有这个时代才真正站起身来，挺直腰板，堂堂正正地生活在蓝天白云下，享受生之为人的自由、平等、尊严和快乐。

这与灵璧昔日的百姓生活有着天壤之别。

乾隆朝《灵璧志略》之《艺文》类下选录了明朝正德六年（1511）凤阳府推官赵邦宪的一篇文章《誓众文》。其时，灵璧知县缺任，盗贼蜂起，民不聊生，赵邦宪临危受命，赶赴灵璧戡乱匡正。赵邦宪描述了灵璧见闻和自己挽救灵璧百姓于水火的决心。文中有"群盗蜂起，势方跳梁。流毒煽祸，黎庶彷徨"。普通百姓生活的悲惨和草根阶层的凄苦溢于文间。

还是在《灵璧志略》卷四《艺文》中，初赴灵璧知县任上的贡震（1704—1775），把自己到达灵璧所见所闻汇成洋洋洒洒一千多字的呈文《禀复本府项公咨询利弊》，向时任凤阳知府的项樟汇报。他在文中真实而细致地描述了灵璧彼时之悲惨，"邑介河淮之间，土瘠民贫，生理鲜少，加以频年被水，日就凋残，邑无城垣，野无道路，田无沟洫，钱粮无仓库，赋役无全书，掌故无志乘，田案无卷宗，街巷无栅栏，救火无器具，吏兹土者率一岁再更，查灾办赈，日不暇给，无复能为地方计及久远。……中北两乡岁岁逃亡，十不存五。洼地积水，经年不涸。已涸者亦半属荒芜，无人耕种。仅存之氓，皆屋无户，爨（cuàn，烧火做饭）无灶，食无案，卧无床席，冬无被，夏无帐，日用无器皿，耕作无牛具。而尤有不忍言者，丧葬无衾棺。十数年来，编粮漕米，籽粮社谷之属，逋欠累累。去岁偶获有秋，正杂钱粮，一日并征，民间左支右绌之苦，更甚于往岁……穷民至数月不食盐，终身不知茶叶者"。

在贡震的笔下，清代灵璧的贫穷、落后、苦难、艰难可见一斑。灵璧不仅天灾不断，更有接踵的人祸；不仅经济凋敝，社会事业更是无从谈起。那个时代，灵璧老百姓生活在死亡线上，在生与死的边缘顽强挣扎。

明代大臣、诗人、书法家王英（1376—1450）途经灵璧，写下了《经灵璧行野中作》（《王文安公诗文集》"王文安公诗集卷之一"），描画了明初灵璧萧条景象："驱马历长坂，迢递上高原。荒野何萧条，蔓草与荆榛。""往时被兵革，死时尽衔怨。遗躯幸未损，感激荷天恩。我闻重凄恻，欲去更回旋。四望悲风起，孤鬼泣我前。悲欢叹人事，泪下忽如泉。"

在王英笔下，我们看到的是灵璧此时兵荒马乱，妻离子散，悲风盈野，一片凄凉，真是是人间地狱。

草根阶层卑微生命对于一个时代不仅不是微不足道，更深层次上说，他们代表着这个时代进步和文明的程度。他们的生活质量和生存状态并不因社会表面的繁荣而改观，他们的生命价值只有为时代和社会广泛重视并投入实实在在的资源支撑才能显现，进而体现时代和社会的进步。

千年灵璧，今日众多普通民众和谐幸福的生活，来之不易。我们普通众生只有永存感恩之心，无比珍惜这幸福的生活。

盛世之花绽放细微处。

灾害分析和灾后反思

1996年5月18日至7月21日，我县连续七次普降暴雨、大暴雨，加之上游客水持续大量涌入，使全县所有河道水位猛涨，内外顶托。运料河、拖尾河、濉河及南北沱河等六条河道39处溃堤、漫堤。21个乡镇全部受灾，受灾人口达92.5万人，成灾人口71.3万人，有740个自然庄被大水围困，损毁房屋7346间，倒塌房屋1346间，死亡5人。全县183万亩耕地有170多万亩受灾，其中成灾145.3万亩，绝收99.3万亩，累计造成直接经济损失11.33亿元。

在严重的灾害面前，全县人民没有畏缩，在县委、县政府的正确领导下，奋力拼搏，生产自救，把灾害造成的损失降到了最低限度。

汛期和灾后我们组织部分政协常委、委员和几位水利专家，对全县各乡镇的灾情进行了视察。总的来说，全县灾情南轻北重，东小西重，高地减，洼地淹，中间高程地可挽救的局面。分析造成这次灾害的主要原因如下。

一、不可抗拒的自然因素。这次降雨，雨量大，持续时间长，一个月里七次降雨，雨日多达18天。全县各乡镇最低降雨量500毫米，最高降雨量达957.6毫米，累计平均降雨量739.8毫米。其中降雨量900毫米以上的乡镇三个，降雨量800—900毫米的乡镇四个，降雨量700—800毫米的乡镇四个，降雨量600—700毫米的乡镇七个，降雨量600毫米以下的三个。有三个乡镇的近20个行政村还遭受了狂风和冰雹的袭击。这一个月的降雨量为历史所罕见，与同期月降雨量相比为56年一遇（濉河流域为65年一遇）。是正常年景全年降雨量855.7毫米的86.4%，是同期降雨量230毫米的3.2倍，是解放后洪涝灾害严重的1963年的1.4倍。农田普遍积水，低洼地区积水1米多深，且大水滞留七到十天，形成严重灾害。

二、客观因素。原有水利设施标准低，多为20世纪六七十年代建造的，除新阳河、三渠沟、潼河达三年一遇除涝标准外，其他河道均不足三年一遇除涝标准。特别是濉河除涝标准仅为三年一遇的28%，唐河仅为三年一遇除涝标准的40%—60%。大中沟密度偏低，排泄不够疏畅。在雨量大且集中时，内涝难排，加之客水涌入，严重灾害不可避免。

三、人为因素。

1.由于近几年天旱，人们的抗旱意识增强，防涝意识淡薄。虽然提出了旱涝兼治的指导思想，但实际上强调治旱的多，治涝的少。防一般洪涝的多，防大水的思想准备少。向阳在第一次洪水到来时，由于思想上、物质上准备不足，形成倒灌。经过覆堤堵缺，在第二次洪水到来时就没有造成损失。同是一条河的毗邻镇韦集由于缺口少，堵得及时，就没有发生倒灌现象。而且积极利用南沱河进行抢排，减轻了灾害损失。

2.在洪水调度方面。北山闸、小李庄闸启闭失当，结果老汪湖没有保住，濉河、拖尾河水位猛涨，造成两河沿岸无法抢排，受灾严重。朱集乡全乡绝收，尹集绝收面积超过90%。地势低洼的禅堂乡土地高程只有21米，比尹集低1.5米，降雨量737.8毫米，比尹集多49.3毫米，由于唐河下游的治理，地下涵闸启闭及时，群众奋力抢排，避免了倒灌，损失较小，绝收面积只有 25%。

3. 水利设施损坏严重，管理较乱，缺乏必要的维修。有的启闭不灵，有的闸板不能落实。浍沟彭庄闸因管理责任不明，年久失修，在关键时刻，提闸不灵，整整 6 小时才打开闸门，影响了洪水下泄，形成了顶托倒灌。大路乡倒灌成灾，淹了一万多亩地。而下游的大庙乡却没有受到太大的损失。有些能启动的排灌站也没得到很好地利用，有的根本没有启用。尹集镇王井电灌站因界线不清，就没有开机抢排。有的因范围不清，界址不明，排涝面积人为扩大，没有效益。禅堂乡黄桥排灌站五台机组开了三天三夜，效果不大。

4. 主河道和大中小沟缺乏管理和治理。毁堤取土和河滩地复耕现象严重，造成多处决堤漫灌。人为的鱼坝、路坝阻水严重。小沟、田头沟、路边沟被填平种植，使田间积水无法排出，出现了河里无水地里淹的反常现象。一些预留排水沟，在入河口处缺乏必要的防倒灌的物质准备，形成倒灌。地势较高，降雨量相对较少的冯庙镇较大面积成灾，原因是大沟治理不够彻底，利民沟有近300 米没有治理疏通（泗县辖地）。真可谓"一寸不通，万丈无功"。而虞姬乡去冬今春加强中小沟治理，扒了几条沟，充分发挥了作用。杨疃镇穆湖进行了综合治理，损失减少一半。

5. 有少数基层干部责任心不强。灾害到来时不能积极主动地带领群众抗洪排涝，有的在上级的一再督促和群众的强烈要求下才被动行事。尤集镇黄泥沟沿岸一个村，因排水闸下有石头，闸板不能落实，水流从闸下涌出形成倒灌，这时竟没有一名村干部主动组织群众抢修，老百姓只好眼看着洪水倒灌，造成较大面积受灾。还有些干部群众不能从大局出发，在洪水来临之时因范围不清，界址不明，互相扯皮，坐失抢排、防倒灌良机。这次洪涝灾害造成的损失是严重的，教训是惨痛的。为了在今后的工作中提高抗灾能力，加强农业基础设施建设，促进农业大发展，我们提出以下几点意见和建议。

一、从思想上重视水利建设，树立水患意识。发展"两高一优"农业要建立在稳产的基础上，而农业的稳产要有水利作保障，水利是农业的命脉。因此，我们要把加强农业基础设施建设列入议事日程，治旱防涝要常抓不懈。

二、认真搞好长远的和当年的水利规划。按照旱涝兼治的原则，扎实有效、分期分批地抓落实，禁止搞花架子，做表面文章。

三、加强河道治理。唐河要继续治理，奎濉河要申请治理，利用冬春农闲季节打好水利硬仗。加大中小沟密度，覆堤堵缺，恢复原来的路沟、田头沟，提高排涝能力。桥涵要配套，对现有水利设施要全面检查，加强维修管理，明确责任，提高利用率。修复加固堤防，以法治水，拆除所有行洪河道和大沟上的堵坝，严禁设坝拦河养鱼。

四、制定目标，加大投入，按照规划分期治理。明确每年要实现的目标，签订责任状，实行奖惩，狠抓落实。除1%水利建设提留和消费征收要专款专用外，每年财政要有计划按比例地拿出一定数量的资金，用于水利基础设施建设。

五、对在今年水灾中，抗洪抢险政绩突出的单位和个人进行表彰奖励。对失职的少数干部要给予必要的处罚。

（灵政协办公室　供稿　1996年）

还清明一个"清明"

徐　敏

清明节是中国的传统节日，是祭祖和扫墓的日子。本来，祭祀祖先、寄托哀思、追思亲人，这是传承千年保留下来的习俗，但每年清明期间，一些不文明祭扫方式也是屡见不鲜，不仅造成了资源的浪费，还在很大程度上污染了环境，带来了安全隐患。

清明节祭扫期间出现的主要问题；焚香烧纸，燃放鞭炮，这让清明节成了每年山火的高发时段；新兴的遍插塑料花，经年不腐，严重污染了土地资源；通过添坟、建豪华墓扩大坟墓面积，致使大田地坟墓数量增多，土地面积日趋减少。

不文明祭扫乍看是一件私事，细究却影响公共利益，是社风民风的具体体现。究其原因，一是从众心理。城市多是以鲜花祭奠，由于鲜花的成本比较高，很多人又想达到鲜花的效果，在"别人家都买了，就我们几家孤零零的没有花也不好看啊"的心理影响下，便宜的塑料花便一夜泛滥，风靡每个坟头。二是攀比心理。农村的人们单纯朴实，好面子，有些时候就会在要虚荣面子的驱动下做些出格的事，坟墓越添越大。其实，只要记住清明祭祖的根和本，祭扫形式是可以随着时代发展和有所变化的。

1. 树立现代祭扫观念。要破除焚香烧纸、燃放鞭炮等陋习，倡导文明祭奠、环保祭奠、居家祭奠，做到文明祭奠、低碳祭扫。用种植一棵树、敬献一束花、朗读一篇祭文、召开一次家庭追思会等文明形式来寄托哀思，弘扬社会新风尚。

2. 大力推行网上祭祀。随着"互联网+"时代的来临，网络文化正在一步步渗透到社会活动中，慢慢的改变着现代人的生活和习惯，网络祭祀就是一个新兴的理念，这一理念可以归为一个新的学科——清明文化学。网络祭祀是一种全新的祭祀方式，它是借助互联网跨越时空的特性，将现实的纪念馆与公墓"搬"到电脑上，方便人们随时随地祭奠已逝亲人。网络祭祀具有文明快捷、跨越时空、精神永恒的优点，它不悖于传统祭祀方式，只是传统祭祀方式的继承与延伸，是对现实祭祀的一种补充。逝者家属在相关网站上为逝者注册一块虚拟"墓碑"，并附其生平简介等相关信息，输入祭扫人的名字，选择鲜花、花烛或留言等形式便可寄托思念。

3. 投入兴建农村公益性公墓迫在眉睫。目前城市基本上能够实现骨灰进入陵园安葬，但在农村，由于集体土地很少或短缺、传统安葬观念影响等原因，骨灰装棺再葬、建造豪华墓穴比比皆是，由政府投入兴建乡镇（村级）公益性公墓迫在眉睫，这也是推行文明祭祀，网络祭祀的必要前提。

随着生态发展的观念日益深入人心，人们也在逐渐改变丧葬旧习俗，推行鲜花祭、植树祭、网络祭等文明祭祀，这不仅有利于保护环境，减少土地等资源的浪费，更会还清明节一个真正的清明了。

小议杨絮治理

耿瑞英

每年农历四月，暮春初夏，正是绿肥红瘦的季节，天空沉静，草木欣然，一片生机盎然的景象。而此时也是杨树扬花吐絮的季节，飞絮给人们带来了烦恼。

一、杨絮造成的危害

1. 污染空气与环境，影响居民的正常生活及卫生。漫天飞舞的杨絮，如雪花飞舞，在地上铺了白白的一层。住户紧闭门窗，防止杨絮登堂入室；商家随时关好店门，以免杨絮污染商品及食品；路面上汽车驶过，卷起团团飞絮，呛得行人呼吸困难，只能捂住口鼻。

2. 引发呼吸道过敏症，影响市民的身体健康。杨絮还携带传播病菌，导致人的脸部及皮肤过敏骚痒，特别是对一些容易过敏人群更是苦不堪言，并加重哮喘、慢性支气管炎等呼吸道疾病。

3. 遮挡行人眼目及司机视线，易引发道路安全事故。杨絮随风飞舞，随处飞落，影响人们的视线，给过马路及行车安全带来了巨大隐患。

4. 燃点低，易引发火灾。杨树飞絮特别易燃，天气干燥时，严重威胁加油站、民房、森林等安全，已成为一种"生态灾害"。

5. 影响作物生长。杨树飘絮正是小麦扬花、授粉的关键时期，麦穗上裹着杨絮，阻碍传粉、灌浆，遇上大的春雾会严重影响即将成熟的小麦生长，造成大范围减产。

二、治理杨絮的建议

1. 加快更换树种。如何根治杨树开花飘絮带来的环境危害，已成为社会各界关注的话题。要彻底根除因种植杨树造成的环境污染问题，就是要尽快淘汰杨树，建议全县今后禁止再培育种植杨树苗木。杨树是一种速生树种，有一定的经济价值。但在农村，因片面追求经济价值，单一追求杨树的发展，忽视其他植被，不仅造成杨絮污染，也造成树种单一、虫害成灾，导致农药大量使用，环境污染加剧，破坏了生态环境、影响了生态平衡。要大量培育种植适合我县气候，无污染的树种苗木。可栽植乡土树木，如槐树、梧桐树、椿树、楝树、桑树等，恢复我县树种多样性，保护生物多样性，实现生物与生物之间相互制约、相互协调、和谐发展，促进我县生态平衡，推进生态文明建设。

2.砍伐一批杨树，更新树种。杨树淘汰是一个庞大的系统工程，非短期内能够迅速完成，可采取循序渐进的方式逐步淘汰。一是砍伐雌株。杨絮是杨树产生的一种雪白的羽绒状花粉，也就是杨树成熟的种子。造成飞絮的为雌株杨柳树。因此可以直接砍伐淘汰杨柳雌株，更新树种。二是砍伐老龄杨树。杨絮飞舞是近年来才有的，是由杨树"老龄化"带来的。农民致富渠道多了，杨树不再是他们收入主要来源，加上杨树价格下滑，许多杨树该伐未伐，既造成经济损失，又污染环境。要尽快将那些老杨树砍伐掉，栽植新树苗。

3.采取科学措施，治理杨树飞絮。短期内无法砍伐杨树，林业部门要采取科学技术措施抑制杨树飞絮。可采取高压喷雾，雌花疏除、去冠更新，高位嫁接、树干注射，抑制花序等成本合理、简便易行的技术减少杨树的飞絮。

4.加化领导 狠抓落实。建议由分管农业领导牵头，以县林业及各镇分管领导成立工作班子，强化组织领导，县林业站协调指导，确保工作落实。

5.制定规划，有序推进。做好统一规划，选定优质树种，先在县城周边、旅游区优先砍伐杨树，改种经济和生态效益明显的，珍贵无污染树种，缓解县城和旅游区杨树飘絮污染问题。在人口密集区及各乡镇也以同样方式优先进行有计划的改换树种工作，以点带面，经过数年的努力，让灵璧大地，到处是以种植珍贵乡土树种为主的新生态、新格局。

算命岂能当真

程大康

近几年来，街头巷尾出现了很多相面、看手相、占卜的算命摊点。社会上总有那么一些人对未来命运不确定的存有恐惧，希望通过算命预知祸福，趋吉避凶。正是迎合了这些人的心理，这一行业应运而生。

每次路过灵璧水上商场，都能看到南边路东旁的一个个卦摊，算命先生坐在简易的凳子上，面前铺着一张二尺左右的方形图纸，上面画有黑白分明的八卦太极图，他们坐在那里一副不急不慌、胸有成竹的样子。也难怪，总会有一些人或多或少地围在那里，他们把自己以后未知的命运交给了算命先生。笔者不相信这个，所以也没停留过。

上个月，一个微友发来这样一个故事：有一位老人请人看宅地风水时，却突然不让风水先生去宅后的山坡。老人说，那山坡是家里果园，刚刚看到那边有鸟儿飞起，故必有孩子在偷果子。如果此时我们走过去，孩子紧张，万一从树上跌下来受伤，就不好了。风水先生作揖道别：先生，您这样仁善的人不必看风水，您住在哪里，哪里就是上好风水！那个风水先生说得太好了，上善若水，厚德载物，在这个浮躁的社会，越善良，越幸运，愿我们大家相信自己，从善如流，德行天下。

这个故事还使笔者想起当年开书店时发生的一件事来。那是初冬的一个下午，正在店中和同学闲坐，有一个中年男人到笔者书店问可有《易经》书。笔者告诉他，我们这小地方看《易经》的人太少，所以没有进。听他口音像是外地人，笔者就把店里另外一本算命的书拿给他看，问可能代替《易经》，他接过来翻了一下递给我说，这书里还没我算得好呢！笔者在上学时囫囵吞枣也曾看过《易经》不怎么太懂，也大略了解一点。于是跟他聊了几句关于易经的事，他突然看着笔者愣了一下说："看你面相，以后必将大富大贵。"笔者笑了起来说："你真会开玩笑，一个农民的孩子，没多少文化，家境又不好，怎么可能呢？"他说："武则天进宫当才女的时候也没想到自己以后当皇帝呀！但是得有个前提，十二生肖里面得找五行当中跟你相生的，你的运气才能好。"

金、木、水、火、土，五行相克的是：金克木、木克土、土克水、水克火、火克金，五行相生的是：金生水、水生木、木生火、火生土、土生金。比如：虎是木，蛇是火，火烧木他们融合在一起。像鸡是金，虎是木，金木是两不相干的，所以不能在一起。笔者说："十二生肖属相及五行是古人根据自然事物变化推理总结的。"他说："是，无论什么都是根据自然界生物或者事物规律而来的。"笔者让他帮我同学算一下，他看看我同学说："看你面相，三十岁以后会有一场灾难。"他这样说，笔者和同学听了心里都不怎么舒服，对他说："天快黑了，你走吧！"

他走后，笔者对同学说："他的话别放在心上，乱说的。《易经》是古代劳动人民从生活中通过长期的接触和细心观察，积累出来的智慧。有的人只读懂了皮毛，结合了察言观色，就信口开河，千万不能信，算命都是骗人的。"

二十多年过去了，笔者也没像那个算命先生说的那样飞黄通达，也可能是没按照他的要求来吧！谁谈恋爱的时候问属什么的，是哪行？恋爱中的女人智商几乎等于零，怎么想起来问那些？而笔者同学现在过得也非常好，并没有像那个算命说的那样，这么多年了也没有什么灾。

早几天，笔者到朋友理发店理发，那个理发的朋友三十岁不到就对《易经》非常精通。他说，他拜过老师，老师在宿州一所中学教书，他把自己读易经的心得写成一部书。我问他看懂《易经》能不能算命。他说："怎么说呢，估计光看它也许不能吧，还要看心理学书。"我对他说："你《易经》、心理学书都懂，等年纪大了干不动的时候，不愁没饭吃了。"他听了哈哈大笑起来。

《易经》包罗万象，包括社会科学领域的哲学、历史、文学、玄学、医学等学科，其实预测只是易经的一小部分用途。笔者认为，一个人的命运不是靠八卦算出来，而是靠自己奋斗出来的，即使算得命再好，自己不努力也不会成功。人生中的事情谁也预测不到，谁也不知明天会是什么样子，只有努力做好今天。

谨以此书献给中国共产党成立 100 周年

政协安徽省灵璧县委员会　编

薛新华　主编

靈璧記憶

往事卷

（上册）

中国文史出版社

图书在版编目（CIP）数据

灵璧记忆．往事卷：上下册／政协安徽省灵璧县委
员会编；薛新华主编．—北京：中国文史出版社，
2022.2
ISBN 978-7-5205-3471-0

Ⅰ．①灵… Ⅱ．①政… ②薛… Ⅲ．①灵璧县—地方
史 Ⅳ．① K295.44

中国版本图书馆 CIP 数据核字（2022）第 022171 号

责任编辑：窦忠如　秦千里
特约编辑：窦广利　张幼平　邓文华

出版发行：中国文史出版社
社　　址：北京市海淀区西八里庄路 69 号院　邮编：100142
电　　话：010-81136606　81136602　81136603（发行部）
传　　真：010-81136655
制　　版：北京方舟正佳图文制作有限公司
印　　装：廊坊市海涛印刷有限公司
经　　销：全国新华书店
开　　本：787×1092 1/16
印　　张：170.5
字　　数：2684 千字
版　　次：2023 年 1 月北京第 1 版
印　　次：2023 年 1 月第 1 次印刷
定　　价：580.00 元（全 3 卷 6 册）

序言：

好书不厌百回读

王怀启

    《灵璧记忆》是灵璧县政协推出的一部文史资料丛书，这部灵璧文史大典的出版发行注定是灵璧政治文化生活中具有里程碑意义的一件大事。党的十八大以来，灵璧县政协始终以求实创新、主动作为、勇于担当和事争一流的姿态，把准政协定位，彰显政协特色，创新履职模式，提升履职效能，积极建言资政，广泛凝聚共识，为助推我县经济社会发展、促进社会和谐稳定，贡献了政协智慧和力量，得到了全国政协和省市政协的充分肯定，为灵璧赢得了荣光。收集整理文史资料是政协组织一项特色鲜明的工作，十届县政协一直将其摆在十分突出的位置，制订千万字的文史编纂规划，《灵璧记忆》就是其中一部堪称前无先例的扛鼎之作。这部文史资料丛书，历经五年征集、采写、审编，内容广博，卷帙浩繁，工程之大、规格之高、设计之精、创意之新，独领灵璧史籍之风骚，亦属国内同类所罕见。

    《灵璧记忆》之所以能够如此高质高效地运作推进，显现出优良工程的品位，首先应得益于一个思维超脱、创意独特、逻辑严谨、设计细致的策划蓝本。在策划蓝本的统驭和导引下，编写团队按部就班，照图施工，才使这项浩大的文化工程井然有序、事半功倍、顺理成章地直抵设定目标，获得预期效果。这可算是清人李渔"基址初平，间架未立，先筹何处建厅，何方开户，栋需何木，梁用何材，必俟成局了然，始可挥斥运斧"的为文之道的绝妙践行。正所谓：凡事预则立，不预则废。

翻开《灵璧记忆》书稿，顿觉恢宏气势撼人心腑、清新气息扑面而来。《灵璧记忆》以《风情卷》（上下册）之"乡愁篇""乡俗篇""乡珍篇""乡遗篇"、《往事卷》（上下册）之"事迹篇""事业篇""事件篇""事理篇"、《人物卷》（上下册）之"英雄篇""英范篇""英才篇""英博篇"的严整结构布局整体，共三卷六册十二篇四十八目。全书以超广角视线回望灵璧这座千年古城之悠久的历史年轮、独特的文化根脉、淳朴的乡风民俗、敦厚的父老乡亲、曲折的奋斗足迹、生动的时代变迁、辉煌的发展成就、杰出的英雄儿女，以及社会的痛点难题、学界的疑问悬案，携手百人写作团队和百家供稿单位，通过采访撰写新篇与搜集整理旧作的双向渠道，荟萃1200多篇文稿，结集270多万文字、130多帧图片，以纪实的笔触，全景式地呈现了灵璧千年历史长河中的那人、那事、那物、那景、那情、那理，让人既能感受小桥流水的细涓婉转，又可领略大江东去的波澜壮阔，展现出与众不同的样貌和卓尔不群的气质。

宽怀大度的架构，奠定了《灵璧记忆》的包容性和承载力，为拓展题材和丰富史料提供了广阔空间；本质分类法的运用，别出心裁、提纲挈领、化繁为简，彰显了全书的逻辑美和艺术感；多元化体裁的融合，体现了尊重作者写作意愿和表达方式的灵活性，笔记、散文、随笔、报告文学、小说、诗歌、论文、歌曲、摄影、绘画等体裁和作品兼容并收，娓娓记叙与侃侃论道各得其妙，形象思维与理性思考相得益彰，多维度多样式地述说记忆、映照历史，增强了全书的知识性、文学性和可读性。

《灵璧记忆》以"记忆"为书名，把记忆与历史有机地融为一体，雅致而倍感温馨、沧桑而富有诗意，给人以无限遐想。昨天虽已消逝，记忆依然存在。人类正是因为记忆的存在，才迈开了前行的脚步，从蒙昧走向文明，从蛮荒走向繁荣。记忆是历史的内化过程，历史是记忆的生命再现，然而，记忆是个人的、碎片的，只有把个人的、碎片的记忆集合起来，才会形成社会的、时代的和历史的记忆。记

忆萌生于社会实践，发酵于过往时空，存储于心灵深处，而要真正体现其价值，还需留住记忆，让它作用于现实生活、影响于未来世界，特别是对于那些仅存于人脑的将会湮灭的口碑史料，更需及时记述、整理，以防人在史在、人走史亡。《灵璧记忆》正是把灵璧人林林总总、形形色色的记忆的种子采集起来，播撒在自家园地，让它延续生命，生根发芽，长成一棵棵给人以智慧的菩提树，开出一朵朵给人以浪漫的蔷薇花。换言之，就是要用这些记忆，给我们的后人留下一面镜子，可以识美丑、辨对错、明得失；留下一把梯子，可以升境界、开视野、长见识；留下一池糊子，可以酿美酒、温旧梦、释情怀。

今年，适逢中国共产党成立100周年，以实际行动和优异成绩向党的百年华诞献礼是灵璧人民的共同心声。灵璧人民在党的带领下闹革命、求解放、搞建设、兴改革、图发展的奋斗历程，正是灵璧历史中最值得浓墨重彩书写的重点记忆。近年来，全县人民在习近平新时代中国特色社会主义思想指引下，砥砺奋进，继续创造无愧于时代和历史的新业绩。脱贫攻坚全胜收官，产业体系加速重构，城市发展能级跃升，乡村振兴动能激活，民生福祉持续改善，文化文明同兴并茂，全面小康、全域美丽、全民幸福的现代化美好灵璧建设迈出了坚实步伐。《灵璧记忆》"往事卷"和"人物卷"的主要篇幅正是通过灵璧人民跟着共产党从黑暗走向光明、从落后走向繁荣的历史记忆，勾勒了站起来、富起来、强起来的百年沧桑，彰显了探索、发现真理的艰辛与伟大，反衬出新时代生活更加幸福、风景更加美好、使命更加光荣，传达着坚持党的领导、坚持改革开放、坚持中国特色社会主义道路的时代强音，也蕴含着人们对执政党执政能力建设以引领国家治理体系和治理能力现代化、完成民族复兴大业的真诚祈愿。可以说，这部流淌着灵璧千年时光、散发着家乡泥土芳香的壮丽史册是由灵璧人民共同书写的，所以《灵璧记忆》与其说是灵璧政协不如说是灵璧人民献给党的百年华诞的一份文化大礼。

传承文明薪火、讲好家乡故事、启迪后人智慧、献礼建党百年，乃是《灵璧记忆》这部书的初衷所在、使命所在、价值所在、意义所在和目的所在。

《灵璧记忆》坚持"存史、资政、团结、育人"原则，突出"三亲"特色，秉持创新理念，开阔了文史资料的关注视野，刷新了文史典籍的编写方式，汇聚了文献、实物和口碑史料，让历史的见证者、参与者和创造者秉笔直书、亲口道来，不啻风土人情的画卷、寻根问祖的"家谱"、平民百姓的史诗、英雄儿女的传奇、说理论道的讲坛、社会进步的赞歌。

欲知大道，必先为史。目前，党史学习教育正在深入开展，习近平总书记向我们提出了"学党史，悟思想，办实事，开新局"的总体要求，并强调必须做到"学史明理，学史增信，学史崇德，学史力行"。地方文史之于国史党史是局部与整体、侧面与全面、个性与共性的关系，《灵璧记忆》中那些对本地革命历史人物和革命斗争史实的"红色记忆"，就是国史党史的最明白的注脚和最鲜活的例证。因此，读者不妨把《灵璧记忆》作为党史学习教育的延伸阅读书目来读，有助于提升直观效应，丰富知识内涵，推动党史学习教育更加入脑入心、走深走实，汲取现实工作的智慧和力量，在感知魅力风情、触摸风雨前尘、体味绚丽人生的同时，识得来时的路，看清脚下的路，认准未来的路。

衷心感谢为《灵璧记忆》成书面世付出心血、作出贡献的所有作者、编者、专家、老师和朋友！

翻阅书稿，不忍释卷，思潮澎湃，获益良多，好书不厌百回读的感觉自心底油然而生。

2021 年 12 月

目　录

1

事业篇

事迹篇

许云封灵璧遇知音

耿瑞英

隋朝大业元年（605），隋炀帝为游幸江都（今江苏扬州）开挖大运河通济渠（唐宋时期称汴河）。

古汴水流经灵璧，养育了两岸儿女，也孕育了灵璧古城。隋唐大运河的通航，这里成了沟通南北经济的重镇和货物集散地，慢慢地成为码头和驿站。

灵璧古驿是京师通向南方的水上必经之路，许多官员赴任南方或回朝复命都要经过这里。唐德宗贞元初年，诗人韦应物以兰台郎调任和州牧。他乘坐轻舟，顺着汴河，一路行来，于一个秋意浓浓的夜晚，停泊于灵璧驿站。也许是灵璧驿的美景触动了他的创作灵感，正在随风吟咏、措辞成诗时，忽然传来忧伤的笛声，听起来非常像天宝中宫廷梨园曲部笛技大师李暮吹奏的《法曲》。于是，召来吹笛人询问，原来他是李暮的外孙，名叫许云封，连名字都是大诗人李白所赐。韦应物闻听惊异万分，两人促膝夜谈，相见恨晚。许云封十岁时成为孤儿，西入长安跟随外祖父学习竹笛演奏。学成后亦为宫廷笛手，深得唐玄宗赏识，安史之乱后漂流在南海郡达四十年之久，现在是去龙丘探访亲友，途经灵璧。

韦应物恰好存有李暮赠给韦应物乳母之子的笛子，于是拿出来让许云封鉴别。许云封一听是外祖父留下的笛子，立即双膝跪地，恭恭敬敬地双手接过。他轻轻抚摸着温润光滑的笛子，细细地打量着笛身的细节后，说这确实是支好笛，但不是他外祖父使用的笛子。然后他向韦应物娓娓道出一番制笛的学问。

原来做笛子对竹子的要求特别高，必须是生长在楚地云梦泽南端的，而且生长时间特别重要，要当年7月15日前长大，次年7月15日以前砍伐下来，晾干备用。过期的竹子制成的笛子声音沉闷暗哑，没有飘逸嘹亮的音色。生长期不足的竹子制成的笛子声音空乏发虚，这种笛子是不能胜任演奏大型曲目的，因为古今竹笛大曲一般都较长，每段有十二节，每节有十二拍，比如吹奏

《落梅花》那流畅的音律，会感动金谷的游人；《折扬柳》抒发戍边战士思乡情怀，或缠绵悱恻，或豪放不羁，要求演奏者能奏出动人的音色和收放自如的音量。这种纹理已坏的笛子显然不能承受这些作品强烈震撼的情感表达，遇到擅长吹笛的人肯定要被吹破。

韦应物听了这一番宏论，心中暗暗称奇，为了验证许云封所言，他又让许云封试吹一下，即使笛子被吹破了也无妨。于是许云封就拿起笛子吹了首《六州曲》，一曲没吹完，笛子就"哗"的一声，从中间破裂了。韦应物惊叹良久，心悦诚服，于是推荐许云封至梨园曲部任职。

这段发生在灵璧古驿的高山流水的故事，让人们感受到唐代汴水穿行灵璧驿时那别有的幽情。古汴水消失了，诗人和笛师品茗话笛的客船也早已不见踪影，可那悠扬的笛声仿佛还在空中飘荡。

苏轼与灵璧

耿瑞英

苏轼（1037—1101）字子瞻，号东坡居士，四川（今四川眉山县）人，北宋文坛巨擘，唐宋八大家之一。其诗题材广阔，清新豪健，与黄庭坚并称"苏黄"。词开豪放一派，与辛弃疾同是豪放派代表，并称"苏辛"。又工书画，在书法方面成就极大，与黄庭坚、米芾、蔡襄并称"宋四家"。

苏轼一生经历了仁宗、英宗、神宗、哲宗、徽宗五朝，由于他主张改革但不赞成王安石变法，因此既与变法派发生矛盾，又同维持现状的保守派意见有所不同，在复杂的党争中多次被贬作地方官。

苏轼在宦海沉浮、四处漂移的过程中曾多次在灵璧留寓，与灵璧结下了不解之缘，也留下了许多脍炙人口的佳作名篇。

北宋熙宁四年（1071）苏轼赴杭州就任通判，途经灵璧，凭吊垓下古战场，题诗《虞姬墓》："帐下佳人拭泪痕，门前壮士气如云。仓黄不负君王意，只有虞姬与郑君。"

诗歌运用对比的手法，通过项羽兵败之前的"壮士气如云"，与失败后唯有虞姬和郑荣"不负君王意"相对比，渲染出一种世事沧桑的悲慨，通过讴歌虞姬和郑荣两人对项羽忠诚与气节，表达了苏轼刚直守节的心志。

苏轼除文学、书画之外，尤爱灵璧石。在任徐州太守期间，多次来灵璧游张氏兰皋园，赏石吟诗题词作画。张氏园亭有楹联"园林春阳鸠唤雨，亭台日暖蝶翻风"，即苏轼所题。据《墨庄漫录》记载，苏东坡从徐州到灵璧张氏园亭做客，发现一灵璧石如蓬莱仙境奇特无比，当即命名为"小蓬莱"。当晚在与园主饮酒时，双方情投意合，谈石论赏，一时兴起就多喝了几杯，不知不觉喝得酩酊大醉，遂在"小蓬莱"上睡着了，醒来后便在该石题写："东坡居士醉卧此石洒然而醒。"蒋淑颖见之复题云："荆溪居士暑中观此石爽然而凉。"礼安中题其后云："紫溪翁大暑醉中读三题一笑而去。"园主张氏得此墨宝，皆刻于石，成就了一段文人佳话。

神宗元丰二年（1079）三月，苏轼由徐州移知湖州，在赴任途中，至灵璧境内，再次游览张氏兰皋园，并应园主张硕之邀，即兴写下《灵璧张氏园亭记》一文。作品生动形象地描摹了张氏园亭的天然奇景引申之，写下了"古之君子，不必仕，不必不仕。必仕则忘其身，必不仕则忘其君。譬之饮食，适于饥饱而已"的感慨，反映出作者追求自适放达的人生态度。

苏轼迁湖州太守，只待了三个月，就因作《湖州谢上表》碰上了乌台诗案。《张氏园亭记》论及的"不必仕，不必不仕"也成了苏轼的罪状之一，被认为是教天下之人无进取之心，以乱取士之法。此状显然是吹毛求疵，扣大帽子，丝毫无损本文的光辉。清代著名散文家姚鼐将其收录权威文选《古文辞类纂》。

宋神宗元丰八年（1085），苏轼离开黄州前往常州，又专程赶到张氏兰皋园。在张氏兰皋园里，他发现一麋鹿宛颈状灵璧石，四面可观，憨态可掬，意欲索求，又不便直说，遂画一幅《丑石风竹图》赠予园主张硕。张硕见苏轼对此石赞不绝口，又主动以画相送，知其有索石之意，便将此石相赠。苏轼会意一笑，欣然接受。

苏轼多次来灵璧，对灵璧和灵璧人民都有着深厚感情，这种感情可以从灵璧置县的问题上体现出来。据《宋史·地理志》记载：元祐元年（1086）始置灵璧县，当年七月即废去。元祐七年（1092）再拟建县之际，苏轼曾持异议。当时苏轼新任兵部尚书，建立新县属"兵部所管"。苏轼视察徐州，得悉"乞改灵璧镇为县"乃是本镇豪民靳琮等私自为计，并以自筹置县费用，毋须拨去公款为由，取得朝廷批准。但所谓"自备钱物"，其实是向百姓摊派。预计建县用钱四千五十余贯，只征收半数稍多，其余未纳钱数难以催纳。纵使尽行催纳，也不够实际开支。如今县署已兴工构筑，"恐难中辍"。为此苏轼建议：停建宿州外城，从一万贯建城经费中拨出款项，用于灵璧建县，不再向百姓征收钱物，未纳到钱数均予"放免"。由此可见，苏轼办事公正，颇能体恤民间疾苦，从中亦可感受到苏轼对灵璧的特殊感情。

宋金对峙下的灵璧

耿瑞英

北宋末年，金兵南下，攻陷汴京，北宋灭亡，宋室被迫南渡，在临安（今杭州）重建宋朝，史称南宋。绍兴十一年（1141），宋金双方订立绍兴条约，东以淮河中流为界，西以大散关（今陕西宝鸡西南）为界，以南属宋，以北属金，形成了南北对峙的局面。

灵璧紧邻淮河，因此成为金国南部疆土。从此，灵璧人一面饱受着金人的蹂躏之苦，一面遭受着战火的袭扰，可谓生活在水深火热之中。

家园被占领后，作为亡国遗民，背着亡国奴的身份在金朝的统治下苟且偷生，在精神上是非常痛苦的，同时他们还遭受着金人的压榨，生活在贫困之中。金代的赋税繁多，加上猛安谋克权贵的盘剥和水患的侵扰，百姓苦不堪言。《金史》载：贞祐四年（1216），"泗州被灾，道殣相望，所食者草根树皮而已"。灵璧距泗州不远，情况不会好到哪里。为了防止民众逃离，金朝实行严格的保伍制，要求民众必须聚居，不可散居独处。《金史》载，海陵正隆六年（1161）南侵广陵，"众稍亡，（韩）锡召诸豪谕之曰：'今连保法严，逃将安往，纵一身偶脱，其如妻子何？'众悟，亡者稍止"。乾道五年（1169）冬十月，南宋的大臣和文学家楼钥使金，他在日记《北行日录》中记载：饭后乘马行八十里，宿灵璧。行数里，汴水断流。人家独处者，皆烧拆去。闻北人新法：路傍居民，尽令移就邻保，恐藏奸盗，违者焚其居。

绍兴和议给宋金双方维持的和平是有限的。金军继续觊觎南宋，南宋也试图北伐以光复中原，因而两淮地区就成了宋金交战的拉锯场。灵璧地处交战的前沿，也成为宋金政权反复争夺的战略要地。绍兴三十一年（1160），金海陵王完颜亮为了实现他"屯兵百万西湖上，立马吴山第一峰"的美梦，兵分四路南侵，不料在采石矶遇到了抗金将领虞允文的顽强抵抗；同时，金世宗完颜雍在辽阳称帝，使金兵发生了哗变，完颜亮在瓜洲被杀，南下之金军停止南侵，无功而返。宋军乘势反击，在江淮和京湖方向收复海州、泗州、宿州、唐州、邓州等10余州。

绍兴三十二年（1162）春，金世宗"遣左监军高忠建来告登位且议和"，主动表示"罢淮甸所侵以修好"。南宋名臣洪迈为接伴使，充贺登位使，出使金国。以前双方使臣相见都是在于"淮水中流"，据《续资治通鉴·宋纪》一百三十六卷记载，此次宋金使臣会见于"虹县之北虞姬庙"，并行平等之礼。

隆兴元年（1163），宋孝宗登基，立志光复中原，为此任命张浚为枢密使，督淮东西路军马，"乃议出师渡淮，先图虹县、灵璧"，以便在淮北有立足之地，再北上作战，收复半壁河山。

张浚派濠州李显忠军、泗州邵宏渊军北伐，李显忠接连攻占灵璧、虹县、宿州。其中的灵璧之战在灵璧县城南10公里的老营湖展开。湖里长满芦苇，是一片天然的屏障，可以作为宋军隐蔽和集散地。李显忠率领江淮军便在此驻扎下来。金世祖闻报，命大将右翼都统萧琦，率领他的精锐部队"拐子马"，围歼驻扎在老营湖的宋军，于是双方在此展开了一场恶战。战斗以金军大败告终，金将萧琦被俘，遂收复灵璧。李显忠率军入城，不伤一人。

老营湖之战，宋军大捷，举国欢腾。李显忠被任为淮南、京畿、京东、河北招讨使，邵宏渊为副使，准备收复中原。但不久在金军攻击下，因邵宏渊坐视不战，其子又率先逃窜，李显忠被迫退兵，宋军溃败，史称"符离之战"，北伐遂告失败。在金军的武力威胁下，宋孝宗不得不屈辱求和。经过一番讨价还价，在隆兴二年（1164）十二月，宋金双方达成和议，史称隆兴和议。和议之后，宋金双方保持了约40年的和平关系。

开禧二年（1206），宋宁宗下诏北伐，让殿帅郭倪招安山东、京东一带，派毕再遇和统制陈孝庆攻打泗州。毕再遇请求为先锋，统领87名士兵，采用提前出兵、声东击西等计策，首战告捷，一举攻下泗州。

占领泗州后，郭倪调李汝翼、郭倬攻打宿州，又派陈孝庆等做后援，命令毕再遇用四百八十个骑兵做先锋攻打徐州。毕再遇到了虹地，遇到郭、李的士兵负伤败回，得知宋军不利，便领兵紧急前往，驻扎在灵璧，遇到了屯兵凤凰山，带兵将返的陈孝庆。他对陈孝庆说："宿州一战虽然没有取胜，但是兵家胜败无常，怎么能这么快挫伤自己的锐气呢？我奉招抚的命令攻打徐州，经过这里，宁可死在灵璧北门外，也不能死在南门外。"恰巧郭倪发信给陈孝庆，让他班师撤军。此时金军五千骑兵分两路赶来，追击溃败的宋军。毕再遇已经料到，并做了伏击的准备。他让敢死队二十人守住灵璧北门，自己领兵冲入敌阵。金人看见他的旗帜，吓得仓皇而逃。等各路军马离开灵璧，毕再遇负责殿后，估计大军走了二十多里，就点火烧了灵璧。

任何战争，都会使老百姓遭殃。开禧北伐，没有收复中原，灵璧却成了一片焦土。北伐失败后，宋金再次议和，灵璧自此一直是金国的统治区域，直到金国被蒙古人灭亡。

灵璧作为宋金交界的前沿，多次失而复得，得而复失，已成为宋人故国的象征。失去了灵璧，光复中原更是无望，人们心中充满了悲痛失望之情。南宋爱国诗人王阮的《和戴倅韵寄苗侯》，就表达了此种心情：

灵璧归师愤已平，黄河戍役又虚声。
人言万事总由命，天设五材难去兵。
国有典刑元老在，地无形势大江横。
西风若得淮南信，烦致空山慰空情。

灵璧是宋金互相争夺的要地，也是宋金之间南北往来的必经之路，南宋使者过此常多发故国之情。

楼钥使金北行，看到汴河两岸皆奇石，且皆宣政花石纲所遗也，感慨万分，作《灵璧道旁怪石》：

> 饱闻兹山产奇石，东南宝之如尺璧。
> 谁知狼藉乱如麻，往往嵌空类鑱刻。
> 长安东风万岁山，搜抉珍怪穷人间。
> 汴流一舸载数辈，径上艮岳增屏颜。
> 当时巧匠斲山骨，寘之河干高突兀。
> 干戈动地胡尘飞，坐使奇材成弃物。
> 君不见黄金横带，不数台城拜三品。
> 只今零落荒草中，万古凄凉有遗恨。
> 木人漂漂不如土，坐阅兴亡知几许。
> 行人沉叹马不前，石虽不言恐能语。

曾经被作为贡品的灵璧石，如今散落荒野，无人问津，这不正是家国沦落的象征吗？此时的灵璧在他眼里不再是"山川灵秀，石皆如璧"，而是汴水细流，荆棘遍地，一派荒凉。看到灵璧这一景象，他的心中也顿生悲凉，写下了《灵璧道中》：

> 古汴微流绝，余民尚孑遗。高丘祠汉祖，荒草葬虞姬。
> 垓下空陈迹，鸿沟怆近时。膏腴满荆棘，伤甚黍离离。

绍熙四年（1193）六月，许及之使金，途经灵璧，作《灵璧坝》：

> 入泗行来汴似梁，坝成灵璧水全枯。
> 汴流可遏从渠遏，思汉人心遏得无？

此时的汴水已完全断流，故国再也回不去了，于是他近乎直白地喊出了"思汉人心遏得无"？

"长淮咫尺分南北""中流以北即天涯"正是宋金对峙的写照。位于"天涯"南端的灵璧，见证了这一时代的风雨，也被时代的风雨所裹挟。翻阅好多资料，这时的"灵璧"都写成"灵壁"。破国之下，岂有完璧？可能此"壁"就是当时灵璧凋零破壁的情形吧！

通济渠变迁与其他

邱以和

隋开通济

隋炀帝杨广继位后，好大喜功，大兴土木。兴建了行宫御苑，又接受观星台大臣的建议，修凿通济渠。隋炀帝采纳大臣的意见，公元605年至610年征发15岁至50岁壮年360万人，另招5万监工和178万妇幼老人，共计543万人，开凿疏浚了以东都洛阳为中心的大运河。其北至涿郡南到余杭，沟通海河、黄河、淮河、长江、钱塘江五大河流，连接沿河主要城市，主航道长2700公里，形成了贯通中国南北和中东部的水运大动脉，对南北经济文化交流起到了重要作用，同时，也巩固了中央政府洛阳的核心地位。

通济渠全长650公里，流经板渚、浚仪（今开封）、陈留镇、雍丘（今杞县）、襄邑（今睢县）、宁陵宋城（今商丘）、永城、临涣、埇桥、零壁、虹县（今泗县）、泗州（今盱眙北）、洪泽湖入淮河，自淮安、扬州、瓜州入长江，进江南运河入太湖到杭州。由于隋炀帝大兴土木、横征暴敛，引发了隋末农民起义。他在巡游中被大臣宇文化杀害于扬州，隋朝随之灭亡。公元610年，大运河通航，江南的粮食、丝绸等物资源源不断运往中央政府。

唐建宿州

隋灭亡后,唐沿隋制,并加以完善。通济渠继续使用,成为南北运输大动脉,运输量也逐渐增加,但沿途治安问题日益凸显,土匪经常拦河抢船。首先中央政府在关键地方驻军,当时埇桥属符离县管辖,在埇桥派驻三千弓弩手,维护沿途治安。随着埇桥的地位越来越重要,唐宪宗元和四年(809),宿州建州。从此,宿州成为商贾云集的商业中心,江南丝绸、大米、瓷器、洛阳牡丹在河南街埇桥码头卸货交易,一片繁荣景象。

灵璧,五代十国时期分属宿州、泗州,至北宋元祐建县,隶属宿州。

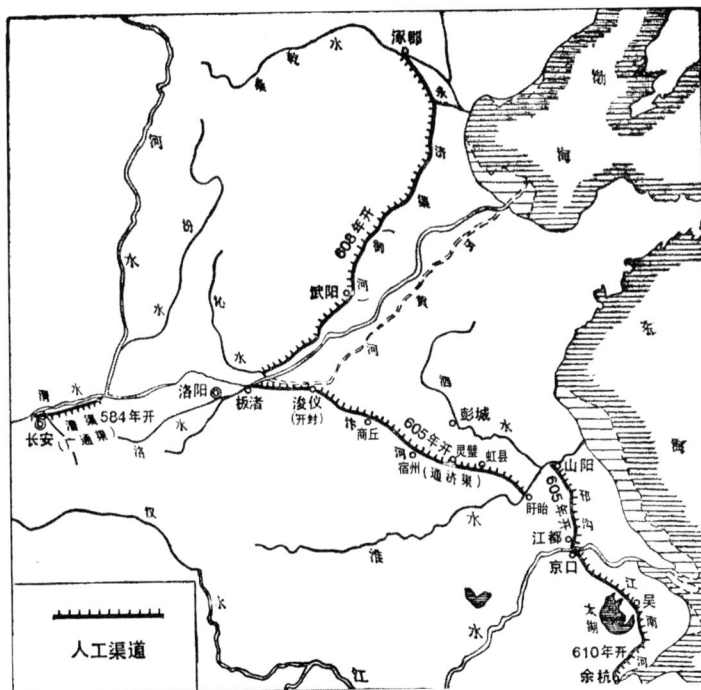

唐宋运河略图

灵璧设县

宋朝建立后,首都东移开封(今汴梁),通济渠也叫汴渠,其作用更加重要,江南富庶之地的粮食、丝绸运往汴梁,江南学子也乘船进京赶考。日本、韩国商人也从长江、扬州逆流而上直至汴梁，沿途的码头附近有驿馆供他们住宿。韩国人主要贩运书籍并做日本人的翻译。公元 1066 年 4 月，苏洵在开封病逝，苏轼、苏辙 6 月自汴入淮溯江而上抵江陵（今武汉），在长江逆流而上，次年 4 月至眉山服丧。

苏轼任徐州知府，经常到灵璧巡游，进京述职也经灵璧乘船。当时，灵璧有个在京城当宰相的张礼，苏轼多次到灵璧西关的他家，并写下名篇《张氏园亭记》。

随着灵璧地位越来越重要，中央派驻灵璧的弓弩手多达 360 人，维护通济渠过往船只的安全。那时，虹县至宿州近 200 里无城池，当地贤达也呼吁要求设县，公元 1086 年，苏轼回京任兵部尚书时，拨款 10000 贯析虹县零璧镇设零璧县，宋政和年间，改零璧为灵璧。

运河兴废

隋唐大运河从公元 610 年至 1127 年，金军攻破东京，通航 515 年，起着唐宋王朝运输大动脉作用。由于运河上游为黄河之水，泥沙较多，每冬需清淤。由沿岸州府组织人员清淤除沙，保证航道通畅，所需费用抵扣农业税赋。王安石主政期，曾设想在开封东向南开河进淮河取代汴渠，后因工程巨大而未实施。直到辽军占领开封，国家分裂，河道淤废，漕运终止。后期，河道淤平、堤防被侵占，只有泗县内河段有水，泗洪以下河段还可通航。据记载，汴渠通航时，水面 50 步，即 75 米宽（现在新汴河达到设计水位时，水面宽 110 米），为了抬高水位，两岸用木板加高 1—2 米，这在濉溪县临涣集的考古及灵璧、泗县修建高速公路挖掘中得到印证，并出土精美的唐宋瓷器，还有灵璧石。唐宋时期，国家出台法律，保护运河堤防，可见，当时有人侵占破坏堤防。

北宋书法家礼部侍郎米芾来虹县巡游月余，作诗、写字、赏灵璧石。大商人朱勔运大量灵璧石往东京汴梁，途经灵璧娄庄，与军阀相逢，由于航道狭窄，朱勔只好卸石岸边，以致余桥到娄庄的两公里间怪石林立。余桥西为花石纲遗址。余桥有位 80 岁老人回忆小时去娄庄赶集经常数石头玩，总数

100 多块，来去很难数成同一数字。他记忆中有"二虎守门"等奇石，20 世纪 50 年代初修宿泗公路时，被埋于路旁，有许多奇石被砸为碎石作为建筑材料了。

灵璧县张氏园亭位于西关电影院内，园内一块石头现置于奇石文化园内。

运河停航后，加上黄河夺淮冲淤，灵璧以上河段淤为平地，形成高于地面的汴堤，也称隋堤，仅泗县以下河段有水面，灵璧、泗县之间修宿泗公路时又占用大半水面，现仅泗洪境内有 13 公里入洪泽湖，以下仍在通航。

1949 年后，国家掀起了治理淮河的热潮。1966—1969 年，投资 1.57 亿元，开挖土方 1.4 亿立方米、石方 10 万立方米，浇筑混凝土 9.9 万立方米，采取以工代赈形式，动员苏豫皖三省 100 多万民工，大干三年，大致与古汴河平行的位置、按五年一遇排涝和二十年一遇防洪标准开挖新汴河。从戚岭子至里河洼全长 127 公里，承接上游河南来水 6562 平方公里，在埇桥、灵璧、泗洪建三座设计排涝流量 1460 立方米/秒的大型节制闸、3 座通航能力为 100 吨的六级船闸及建筑物，1970 年竣工，国家投资 1.57 亿元，群众投劳 0.26 亿元，面上配套 0.75 亿元，总计 2.58 亿元。

新汴河工程在防洪、排涝、灌溉、航运中产生了极大效益，古时的航运功能得以恢复。淮北、宿州的煤炭、建材、水果、农副产品通江达海，上海、江浙的电器、布料、生活用品源源不断运往宿州、淮北地区，据不完全统计，灵璧船闸 20 世纪 90 年代年运输量在 100 万吨以上。至 90 年代末，航道淤积，洪泽湖水位较低，唐河地下涵底板高，新汴河航运暂停。

2010 年到 2014 年，国家再投资 9.7 亿元，对新汴河按五年一遇排涝疏浚河道、二十年一遇防洪标准加固堤防，设计水位可满足中间水面宽 110 米。新建灵璧闸、唐河地下涵、石梁河地下涵、新北沱河地下涵，埇桥、灵璧、泗县还修建了滨河景观带、加固徐岗切岭。近期省港投资集团投资 30 亿元新修三座四级船闸及四座大桥，工程竣工后，隋唐大运河运输繁忙的景象将再度呈现。

隋唐大运河是祖先留给我们的珍贵物质和精神财富，具有独特的历史文化价值。2014 年 6 月，中国大运河被列入《世界遗产名录》。习近平指出："保护大运河是运河沿线所有地区的共同责任。"

隋唐大运河是隋朝祖先开凿利用、宋金祖先废弃的，今天我们还了老祖宗规模更大的人工运河——新汴河。保护利用好新汴河、弘扬运河文化，是我们当代人的重要责任。

一要认真执行河长制，保护好现有新汴河，发挥防洪、排涝、灌溉、航运功能，让河水变清。

二要统一规划，确权划界，严格控制建筑红线，坚决打击侵占河道水土资源。

三要每县区有计划地开挖古河道断面建运河展览馆，展出与运河相关的文物、图片、诗词、公路、水利、建筑工地出土文物。

四要结合现有船闸的修建，在码头修建唐宋风格的建筑，弘扬传统文化。

参考书目：清·康熙吴嵩著《灵璧县志》、清·乾隆贡震著《灵璧河渠原委》、上海人民出版社《运河访古》《新汴河治理工程资料汇编》

青石板大街

张少秋

灵璧的青石板大街承载着灵璧悠久的历史，刻印了灵璧的兴盛辉煌。

幼时，我家住过的几个地方都近街，因此，那青石板大街便是我玩耍的地方。我喜欢同小伙伴们在青石板上和薄泥、摔"响炮"。把泥整成边厚底薄的小盆状，然后高高举起，猛地一摔，那泥凹凹在高速冲击下便会发出"砰"的一声爆响，迸起的泥星会溅得我们满脸都是。所以，玩泥的孩子总是一副花脸豹的样子，虽经常受到大人呵斥，但心里乐呵。

灵璧青石板大街铺成两边低中间高的鱼脊骨形，全是 40 厘米左右宽、70 厘米左右长、厚约 20 厘米的青石拼成。每个接缝都是凹下去的，也就是说每块石的棱角已被草鞋布履磨砺得很圆滑。也有的石块中间凹陷，下雨积水。石板路从四关往隅顶集中，弯弯缓缓的路形、凸凸凹凹的方格，像是画布上软软的天梯。南关桥到隅顶落差最大，桥头走到今中医院的路段是漫坡，再往北就是上岗。街道东侧商铺宅基高出街面一米多，街西的更高些，宛若软梯的扶手。街东商铺林立，一色青条石砌墙。北关街较平缓，从人武部往东北打了个弯。隅顶口过去显然是个小山顶，向西漫降到医院西边，向东也漫斜到花墙口以东。石板大街五六米宽，没有下水道，雨水是从路牙石边流淌到城河的。每遇暴雨，街道变为河道，水漫石板，顺流而下，在桥头汇入城河，声如响涧。南关大街的雨水直通城河，北关分三股泄洪，一是从南太平街经县政府大门前流入大年汪溢入城河；二是从隍庙巷向东淌到牛羊市北边几个汪；三是从北太平街流向西边的汪塘。东关街的则是从花墙口向南分流，到隍庙巷再北向分流。西关大街则从县医院巷口、建筑公司巷口、医药公司和木器社之间的巷口向南分流。灵城那时不用考虑防汛防渍，因为房基都高，改造大街的唯一理由是路窄。

1967 年，支左部队首长李广英主政灵璧，他作出两项决定，一是战备需要将县城迁往浍沟公社，因为那里是全县的中心，有申村山区和唐河、新滩河等沟渠可以依托，应当说很有战略眼光。已开始实施，将棉纺厂、农机厂（命名为农机三厂）、水利中心站等"重工业"单位迁往或新建在浍沟公社。二是拓宽灵璧大街。于是沉睡了数百年的青石板被撬起砸碎。满街叮叮当当的锤凿声，来自灵璧山区的工匠在古老的灵璧大街上安营扎寨，用古老的手艺把古老的青石板大街砸得稀巴烂。少不更事的我们兴高采烈地参加了铺路。拓展了的街道，挤掉了三用礼堂门前的小广场，我们失去"斗鸡"的场所，但也有收获，在三用礼堂北到隅顶口这段商铺地下，捡到了近百枚铜钱。工人们要把高出街道的地基土翻向路中，我们小孩就在松软的土里翻找，光我一人就卖了几毛钱，也不知道还有多少宝藏被埋在路中。

青石板原本在深山，被智慧的先人们采来铺路，历经日晒雨淋，霜激雪覆，脚踏车碾，一直默默无闻。它见证了朝代更迭，战火兵荒，领略了新中国一日千里的建设速度，没想到最后落得个粉身碎骨的下场。少部分品相好的被凿成了路牙石，绝大部分被八磅大锤夯碎。然而，当权者发现青石板的碎碴并不足以覆盖路面时，又一声令下，号召机关干部、原住居民缴纳石子。由此出现了"男女老幼齐上阵，家家户户传锤声"的景象。这次开街，修通了南、北、西关大街，东关街不知何故仅修到花墙口东边一点，直到1977年后才又拓宽。新修的街道依然没有下水道，直到1974年修建南关桥时，才在桥爪边修了簸箕嘴做泄水口。

青石板大街消失了，但西关大街青石板上那深深的车辙印至今还清晰地镌刻在我的脑际，那奋力的牛、沉重的车、匆忙的跋履，在那青石板上书写勤奋、刻画的兴衰、记录的辉煌，仍挥之不去。

节孝牌坊

尤传化

听说游集镇大康村发现了一座有240余年历史的古牌坊，我们在村支书康道松的引领下，来到牌坊遗址，只见池塘旁和石桥边的草丛里，横七竖八地散落着雕刻有云纹、如意、莲花、梅、兰、竹、菊等图案的巨石，还有狮座石、横梁石、抱鼓石和大小不一的门柱石、立联石。图案古朴典雅、雕工考究、书法隽永，令人惊叹。

86岁的村民康大庭老人说，他从小就生活在牌坊旁边，这座牌坊建于清乾隆三十八年（1773），主人康赵氏，娘家是江苏睢宁县双沟人。她十八岁续房嫁到康家时，丈夫有年逾古稀的父母和前妻撇下的6岁的儿子。20岁那年，正当身怀六甲时，丈夫突然暴病身亡。塌天之灾的突然降临，让这个弱女子受尽了艰辛。她既要养育继子和遗腹子，又要照顾年迈的公婆。康赵氏白天耕种，晚上纺线织布，含辛茹苦地培育儿子读书，终于把两个儿子养育成人，并分别于乾隆三年和九年考中秀才。赵氏对公婆孝顺有加、体贴入微，二老分别于79岁和81岁寿终。

赵氏孝敬公婆，抚养儿子，和睦亲邻，"一门两秀才"在乡间实属罕见，且终身守节。她的贞节孝举传遍四邻八乡，地方官府将她的感人事迹上奏朝廷，乾隆帝感其事迹御批修建这座节孝牌坊。据说这是当时灵璧民间规模最大的牌坊，该坊四柱三门，中间门宽七尺三寸（寓意康赵氏73岁寿终），是车、马、轿的通道，两侧门宽三尺，专留行人过往，据说因是奉旨建坊，当年县令到此也要勒马下轿。牌坊底部基柱东西长九米，三层石扣结构，高约八米，柱石两侧均有石桩加固。石桩上有石雕的四座形态各异的石狮。雄狮狮口大开，口中含有一枚可滚动的石珠，右前爪下踩着一个铜铸绣球；雌狮狮口微张，左前爪下踩着一只嬉闹的小狮，均栩栩如生。立柱和加固的石柱上雕刻着各种花草及二十四孝的故事图案。牌坊四柱的抱鼓石，三层顶部为透雕"二龙戏珠"雕工精湛，两边为浮雕，刻有花卉、人物、日月图案，中间镌刻乾隆御批的"圣旨"二字，字体庄重，边刻"二龙戏珠"与顶部相呼应。据说"圣旨"下面雕一"响鼓"，风吹时发出"噔噔"的声响，风大时响声尤甚，满庄都可听到。中段中间石匾，上书遒劲有力的三个大字"节孝坊"，据传乾隆皇帝御笔，牌匾四周也均刻有"二龙戏珠"图案，石柱两边竖有对联，对联上下端均刻有花卉图案，由于人为的破坏，对联字迹如今只能辨认出撇捺的笔画了。

二道两边侧门横梁上方镶有两块镌刻"褒嘉节孝"和"女宗共仰"字样的小匾，中间长条石匾刻有"钦表康赵氏节孝可嘉"字样。房檐为石刻结构，高低有致、层次分明、翘角飞檐、钩心斗角，显得古朴典雅、气势恢宏，正面各有双狮戏球浮雕。各间脊梁上有石刻的吻兽浮雕，有人物、花卉和动物形象，造型逼真。

节孝坊是封建社会为崇尚贞操守节女子建造的流芳百世的牌坊。游集镇大康村康赵氏节孝坊规格、规模，在淮北地区较为罕见，所用石材也是从距此十余里的耳毛山运来的。可以想象，如此建造成本非一般百姓能承担得起的，无疑为官府资助。

袁高氏与贤良碑

陈平胜

在灵璧县大庙乡沟涯村袁庄西北角 300 米处、通往沙滩街东西大道的北面，曾矗立着一座高大雄伟的贤良碑。碑的前方有两只雄狮，左边的足抚幼狮，右边的脚踩绣球。

贤良碑高近 6 米、长近 3 米、宽 1.2 米左右，由 11 块青石板组成，顶层是碑帽，镌刻着活灵活现的双龙戏珠图案，中间碑身上方方正正地刻写着"贤良碑"三个柳体大字，底层膛面上，密密麻麻地镌刻着碑主人的简要生平。此碑造型奇特、制作工艺精湛，每块石板的板面都打磨得光滑精细，每块外墙石里面都提前钻镌成石槽，每道石槽把碑的内膛石板镶嵌得严严实实，看不出丝毫缝隙，图案也都惟妙惟肖。什么人能享受如此殊荣？这还得从碑主人说起。

封建社会女人地位极低，大多没有名字，出嫁后随夫姓，夫姓在前，娘家姓在中，最后加个"氏"字。本文的碑主人丈夫姓袁，娘家姓高，她的姓名就叫袁高氏。

袁高氏出生于 1869 年，即同治八年，死于 1952 年，享年 83 岁。她 18 岁嫁给袁庄袁宗山的三儿子袁振銮，不幸的是婚后不足三个月，丈夫便染病身亡。她又未怀有一男半女，但婚后 65 年，从未有再婚之念，一直是从容守节，守身如玉。面对晨风夜雨、冷壁孤灯，受尽世态炎凉、人间悲苦，心坚如铁。她行孝公婆，如同生身爹娘；抚爱侄儿，如同己出。70 岁那年，她的大侄子袁凤早提议，为颂扬三娘袁高氏的贞洁情操，给三娘竖立一座"贤良碑"，族人一致同意。并通知了娘家，娘家人倍加欢欣。并卖地 10 余亩捐款资助。族人紧锣密鼓地筹备起来，他们买了最好的石料，请当地最著名的画家绘出精美的图案，又从高楼街请来大文豪刘善伍撰书碑文。从徐州请来了雕刻家镌刻，并且提前下好了 3 米宽、5 米长、1 米深的地基石和平台，充分做好了立碑前的准备。

一切准备工作就绪，他们选准了黄道吉日，于民国 28 年（1939）农历四月初八举行盛大的立碑庆典。几十名壮士先用质地坚硬的木棒搭建好立碑的台架，然后开始立碑。碑座、碑身立得非常顺利，可是在拉动碑帽时却怎么也拉不动，再加上几个壮劳动力，依然还是拉不动。这时，懂行的人，把袁高氏的侄子叫到一旁，嘀咕了几句。于是，袁高氏的侄子袁凤早来到三娘面前双膝扎跪，问道："三娘，你看这碑帽怎么也立不起来……"三娘一听就明白，连忙跪下，张口便说："苍天在上，列祖列宗在上，民女袁高氏自丈夫死后，从没做过一件对不起苍天的事。只不过在丈夫死后的 10 年里，我怎么也忘不了他，晚上一闭上眼，他就出现在我的眼前，有时我总觉得振銮和我在一起……"接着又说，"振銮啊，你若在天有灵，就给我做个证吧！"说也奇怪，还是刚才几位大汉，试着拉一拉，结果，没费大劲就把碑帽架到了碑顶上，于是，整个贤良碑扣得严丝合缝。

这座贤良碑于 20 世纪 60 年代中期损毁。它凝聚着封建社会孀妇的酸甜苦辣，是封建礼教摧残妇女的见证。

跨越时空的心灵对话

耿瑞英

虞姬，西楚霸王项羽的爱姬，相传为今沭阳人，容颜倾城，才艺双全。刘邦、项羽垓下决战，为解除项羽突围的后顾之忧，她拔剑自刎，死后葬于灵璧。许奉恩，字叔平，桐城人，清代"诗文皆知名"的文言小说家，"一生科举不达，沉沦不遇，为幕僚以终"（见《安徽通志·艺文考·小说家类》）。虞姬与许奉恩相距两千余年，也没有地域上的交集，可他们却有一段美妙的文字因缘，在灵璧传为佳话。

虞姬在《史记》中，惊鸿一瞥地出现，又昙花般凋谢，却给后世文人以无限的想象空间。她以美丽的红颜为血雨腥风的楚汉战争增添了一抹温柔的亮色，她以生命的大义点亮了那段波澜壮阔的历史空间。当她横刀将生之绚烂绽放成颈前的一注殷红，她已经涅槃，成了人们心中的女神。她那如花般的生命虽然过早凋谢，但人们一直在用各种形式感怀她、纪念她，为她建庙立碑塑像。当地人有感于虞姬的大义，为其筑起了高大的墓冢，后来又在虞姬墓的北边建了虞姬庙，吸引文人墨客和达官显贵来此游览凭吊。

明清以来，历代政府皆注重修葺虞姬墓。清道光乙巳年（1845），知县朱甘霖走马上任前，考察灵璧县志，了解到虞姬墓年久失修，决定重新修葺。碑文由谁来写呢？写这样一篇要求很高的大作，必须是像唐代"燕许"这样主张"崇雅黜浮"的大家方能胜任。恰巧朱甘霖在皖城遇到了"有隽才"的作家许奉恩，便真诚相邀。许奉恩谦逊再三而后允诺，写下了《重修虞姬墓碑》。此文为骈体文，韵散相间、摇曳多姿、用典精准、文采丰蔚，勘称艺林鸿篇。文章介绍虞姬墓的位置，追思千古存亡，哀悯前人的成败，议论刘项的仁厚暴虐、楚汉的强横虚弱，分析楚亡汉兴的原因，赞美虞姬的忠贞刚烈，字字珠玑、句句经典，读来音韵铿锵，似韶乐绕梁。

作者评论历史，赞美虞姬，实际也是与虞姬进行的一次心灵对话。在解读虞姬的过程中，作者研读历史，查阅资料，全身心投入，将虞姬放置在不同的坐标中进行对比，书写虞姬的与众不同。将其与西施、息妫、甄后作对比，彰显虞姬的卓尔不群；将其与戚夫人和吕后相对照，抒发得与失的无限感慨；将其与娥皇女英相提并论，盛赞其对爱情的忠贞不渝；将其与褒姒、妲姬相映对，照射虞姬的高风懿德。通过纵向、横向的比较，见人所未见、发人所未发，使虞姬的人性光辉更加璀璨夺目。可以说虞姬的贞操美德润泽了作者的心灵，作者的思想情感升华了虞姬的形象。

《重修虞姬墓碑》是受邀之作，却促成了一段文字因缘。作者赞美虞姬的美言感动了读者，也感动了虞姬，于是她走进作者的梦中，在梦中与作者进行了一次面对面的心灵对话。此事记录于许奉恩的笔记小说集《里乘》卷七《纪梦》篇。

撰写《重修虞姬墓碑》的第二年，许奉恩从南京参加完秋试回乡，在乌江因风浪滞留。当时正值八月下旬，他坐在船中寂寞无聊，凭窗眺望，凉风习习，江天一色，心意畅然，精神焕发。一会儿想要入睡，忽然看到一位古装美人，风度翩跹，登上小船，容颜绝代，风采照人。许奉恩惊愕之间想要躲避，美人行礼介绍自己是虞姬，因和先生有文字因缘，所以不避嫌疑前来请教，感谢许奉恩的崇论伟议使其"千年幽愤，顿为一泄"。于是许奉恩邀虞姬上坐，询问当年的真实历史情景，闻听虞姬生生世世的轮回。

事件的本身姑且不论真伪，但文章确是精彩。文中介绍了撰写《重修虞姬墓碑》的经过，和虞姬梦中相遇的原因、情景。梦中借虞姬之口，进一步印证了《重修虞姬墓碑》的观点。梦中的虞姬已成仙入住瑶池，此是梦境，也是虞姬在许奉恩心中的形象，如此美的容貌、美的灵魂唯有成仙方能永恒。

《重修虞姬墓碑》刻石立碑于虞姬庙，该碑在抗日战争期间毁于战火。1998 年山东齐鲁书社编纂"清代笔记小说丛刊"，许奉恩的小说集《里乘》在出版之列。《纪梦》篇文末附录《重修虞姬墓碑》，两篇文章互相印证，是不可分割的姊妹篇，对了解虞姬文化内涵具有重要的作用。

清末民初话灵璧

代宗古

清代自咸（丰）、同（治）、光（绪）年间，已走下坡路。是时，灵璧实行圩、庄、乡、保制，圩主庄长是义务制，由圩庄公推一乡保（地保），请县府委任，在圩主监督下，向农民摊派烧草、牛车，应付官府，一年向农民征收午秋两季粮米做薪水。

那时，仍是神权时代，寺庙林立，庄庄有土地庙。民谚云："有钱住个土地庙，无钱住个破砂缸，庙内无僧风扫地，堂前少火月当灯。"户户都贴灶君象，称"一家之主"，两侧对联常写"上天言好事，下界保平安"。寺庙门联"庙貌垂千古，威灵镇四方"。灵城内外，各族祠堂不算，公共寺庙就有十四五座，大庙宇后排皆为楼房，门口有大戏台。凡县官初到任，大多要先焚香朝拜寺庙，再拜访地方绅士。

城内设三个衙门：行政衙门、文衙门、武衙门。行政衙门即县政府，县长、红笔师有绝对权威，财粮掌柜、法官多是县长兼职。打官司告状，都上县衙门。衙门外，一对旗杆，一对石狮子，门上一块横匾："尔奉尔禄，民脂民膏，下民不虐，上天难欺。"表面上装着秉公为民办事，不谋私利、不徇私情，事实上是统治者装潢门面，为自己脸上贴金，愚弄人民的政治宣教。

文衙门就是前后儒学，前学圣师教育，后学圣师训导。武衙门有总爷、老将。城绅有王绍立、吕宗镇、何翰卿，世绅有戴复初、郭锡嵘、何序东、侯进臣。圩主叫乡绅。有公事，投城绅，由门子领见有关衙门批示。光绪末年，任命陆问颜为讲师（文衙门之首席）。宣统年有署知县袁励衡，脱靴挂在仁育门（灵璧东门）上边，自称清官。地方官职，固镇有九江镇徐大鹏、徐杰，濠城有王佑，城附近有郭宏业等数人。城内外共有三对旗杆，县衙门一对，辛亥革命时毁去，城隍庙一对，东门外戴贡生家一对，因久不油漆，新中国成立前都朽折了。

光绪末年，接连发生戊戌变法、八国联军进中国、义和团运动，清室君臣，肝胆已破，末代皇帝溥仪宣布退位。是时，民间秩序大乱，兵匪横行，流传种种民谣："三湾刀，六轮子，逮着郭义和要银子，没有银子要小麦，没有小麦使炮推。"当时，郭义和拥有三四十顷土地，是个大财主。又云："胡老辉，兵未到，噼里啪啦拐子炮，打破临淮关，皮袄由咱穿，打破凤阳府，银钱得无谱，打破灵璧县，皇兵死了七八万。说的说，听的听，北门又来李广生，大炮调到北门外，打死潘成太，又打酒又买馍，咱向泗州去说合，去十七，砍十三，回来四个去见官，县官听说心打战，出门就要四关练，何时走，明天走，明天来到长直沟，一路杀十八，逮个老头不犯法。"

民国初年，开展剪小辫、放大脚、破迷信、行民选、平地权、节资本等运动。因连年军阀混战，均未落实。民间组成联庄会防乱，灵城东门外十八个圩子，联合公举吕景宣为练总，组织练丁，操训防乱。我们代庄二三十户，一百六七十口人，每月出练费四百文，东头有一户土地多的出二百文，西头有两个大户，一户出一百二十文，一户出八十文。当时使用的是银圆、铜钱和制钱。

省督军倪丹臣来灵视察，地方官佐净街，到三官庙跪拜迈楼。前清典章制度没有变更，每年立春，依旧扎头纸牛，抬到三官庙拜城隍。春秋两季祭丁（即农历二月、八月逢丁日祭孔）。祭品分三种：祭孔子、四配（颜回、曾参、子思、孟轲），一牛，一猪，一羊，名曰太宰；祭崇圣祠、两庑（孔子先祖），一猪一羊，名曰少宰；祭魁星、名宦、乡贤、忠孝节义，一头猪、一鸡、一鱼，名曰三牲。祭毕，分胙肉。

1925年3月12日，近代民主革命的先驱孙中山先生逝世，灵璧在前学（文笛）举行追悼会，悬孙先生遗像，两侧对联"革命尚未成功 同志仍需努力"，横幅"天下为公"。挽联"先烈之血主义之花 前仆后继急起直追"，又曰"先生学过医生何不把四万万同胞医好再去？圣人领导革命，应当将一个个独裁彻底灭光"。院内贴满挽联，不能一一列举。追悼会开始，全体肃立，恭读总理遗嘱后，默哀三分钟，致悼词，追悼会肃穆隆重。

民国十五年（1926），北伐开始。当时，北洋军阀副军长李清真驻守灵城，大肆搜捕革命人士，其中有个北京大学毕业的文人蔡文成，被李清真枪杀，全城兴怨，开追悼会祭之。八十高龄贡生何秋东失声痛哭，泪流而下，与祭之人，无不挥涕念怨。因此难被捕获释的秀才，春节书写门联曰"居同室卧同铺饮食同案 十八天年不同未能同死"，灵璧人赵觉民在老汽车站后立一石碑，书曰"烈士蔡文成就义处"。

民国时期，灵璧县长黎在符在凤凰山建睨柯亭，为自己歌功颂德。文人孟康侯作对联，命人夜间书之，曰"民膏民脂造成睨柯 尔奉尔禄筑谓斯亭"，黎知之，愧之，遂命人毁去。

抗日战争爆发后，圩庄制改为保甲制，去乡保，设保甲长，增保干事、保队长、保丁。十保以上成联保，杂税苛捐，通货膨胀，抢肉蛋，架肉票，盗阴票，殃及城垣。稍有资产，庄庄户户，多遭其祸，幸免者极少。

晚清至民国近百年间，灵璧地界娼、妾、烟、赌、帮、匪风行，污染了社会风气，更兼军政界贪污腐化，加重压迫剥削，劳苦大众生活悲惨，不忍目睹。

灵璧旧志，北至双沟后老黄河，南至淮河北小蚌埠，东至泗县长直沟北头菜园，西至宿县大店东宿灵庵，周围六七百里。清末至民初域内寺庙碑石毁坏，各族谱牒主牌脱修，科举殆尽，机关档案散失，吾凭耳闻目睹，秉笔直书。

附：

七律 灵璧怀古

灵城盘踞隋堤巅，东泗西宿散楚山。

张氏园亭坡仙记，虞姬青冢载史篇。

濉汴水绕入湖泗，磬理脉托龙凤间。

淮海战役光解放，联产责任戴尧天。

刘知县剿匪记

民国元年（1912），凤阳府派许福贵来灵璧做知县，当时灵璧军阀混战，土匪横行。一天，许福贵想阅边，看看灵璧四至，顺便了解一下世风民情。东面离边界最近，于是骑上大马，带着侍卫曹掾，直奔虞姬街。站在虞姬桥上，向东看看，早听说虹州之地乃水产之乡，一高兴骑马往东走了里余。泗州吹哨人上前盘问："干什么的？"曹掾说："阅边。""这是泗州地，你来这儿阅什么边？"于是双方发生争执，许知县正在解释，灵璧方两个毛头小子和对方交了手。吹哨人报告给里长，里长误认为是强盗来袭，怒气冲天，下令格杀勿论。许福贵知县哪有准备，连解说都不听，去的16人被杀了13人，竟连知县也给杀了。

由于事出突然，虞姬人也没来得及支援，于是一首顺口溜传开来："新县长去阅边，去了16杀13，还留3个去报官，总爷（吕荣祯，字维周，时任知县秘书兼任总练，尊称总爷）一听心胆寒，赶紧调集四方练，上呈文书快报官（凤阳府）。"

凤阳府收到报告惊奇万分，深感"东夷蛮荒，良人遭殃"，非强人无以震慑。仔细权衡，千挑万选，觉得刘沛去最合适。刘沛，字云飞，军人出身，武艺出众，足智多谋，处事干练，心狠手辣。

刘沛来做知事，他和吕维周研究后，调全县最精练的壮汉组成自卫队，刘沛亲自下队训练，吃住和队员在一起。一个月后，开始报复。越过虞姬桥，见人就杀，见庄就烧，马队开路，一口气烧了18个村庄，杀了几百人。

事后，泗州长沟镇人寝食难安，唯恐刘沛再来，经泗州县衙调停，两地关系才恢复正常。

刘沛也想露一手，惩治灵璧土匪。他召集联保开会，要保长、圩长及地方团练报地方土匪名录，根据名单抓人，如果不报，就杀联保主任。然后，训练精壮士兵一百多人，有针对性地去村庄抓人到时明示抓谁，安抚百姓，瞒而不报者同罪。抓到土匪投入大牢，明示保长，限期3天，如系错抓，可以保人。一次吕维周阅卷宗，发现要抓胡巷庄吕光，他是开茶馆的，不是土匪，但和土匪有勾结。吕家也只有找吕维周，吕维周在"光"字边加个偏旁，成了"恍"字，暗示吕光去外地躲避。去抓吕恍，吕恍比吕维周长2辈，也是本分人。吕恍去见吕维周，吕维周说："老爷，错了，确实错了。你不是土匪，回去吧。"刘沛是辽宁沈阳人，一说凤阳人，黄眼睛，高个子，留长胡须，须上翘，满脸横肉，没事也带着便衣到街上溜达，见帽子戴歪的，就喊："戴正！戴不正，钉子钉。"见赌博的就剁手，特别是"5·28庙会"逮着小偷就毙。他有个习惯动作，只要捻着胡须冷笑，那人必死。坊间传言："说刘沛，土匪寒。捻着须，冷笑间，把你送到阎王殿。"晚上要求早熄灯，防赌博。一天晚上溜达到北关，到了黄开福门前。黄开福是个剃头匠，也是街上名人，刘沛问："怎么还不睡？"黄开福正在聚众赌博，几个人扒门缝一看，顿时吓得六神无主。但他是街滑子，反应快，隔着门缝说："老爷，儿媳要生了，点着灯呢。"刘沛说："喜事。"顺着门缝塞进去2块银圆，吓得黄开福几天做噩梦。

民国四年，刘沛到高楼区阅边，有人告高家地主种大烟。想找来问话，没人理睬，高家在圩子里不让他进。刘沛拔枪把信使毙了，打道回府。这下麻烦了，高家告到县衙、凤阳府，没人理。后来告到安庆府，还是不理。于是高家在安庆府衙边盖三间房子，告示："凡告刘沛者，管吃管住给路费。"刘沛积怨多，告的人蜂拥而至，府衙调研认为刘沛暴戾，遂抚恤高家，调刘沛到盱眙。

西关桥外往北就是杀人场，刽子手技术也有高低，虞姬乡庙程人程小铁就是个高手，不用砍，反手一抹，头就掉了，号称"程一刀"。刘沛想试试程小铁的胆识和忠心，于是策划一幕。在县署客厅，刘沛怒喊："小铁子，有人告你勾结土匪，你可认罪？"小铁子一愣："我没有！"堂上捕快围上把他捆了，刘沛说："拉出去，斩！"小铁子对着刘沛破口大骂，毫无惧色。刘沛笑笑："放了放了，开个玩笑。"刘沛从此就放心地把他带在身边。

刘沛执政3年，土匪听到刘沛和程一刀的名号就胆战心惊。剿匪多，也有错杀的，落下父母妻子儿女也很可怜，有人建议招安土匪，进入治安队伍。开始时，土匪不敢接受，浍沟土山有个土匪头目就说："要去我们一起去，要是假的，我们一起反抗，也有个照应。"结果一起去了。但是只允许在城外住，分在关帝庙和三官庙两个地方。观望的土匪也陆续来了，一共有60多人。

为防土匪反乱，开始分散训练，教育他们改邪归正，发给饷银。有人要求带老婆孩子，刘沛也让他们住在城外。一天，刘沛秘密布置，把土匪集中到县署训练，名为会操考核。10人一队，土匪队在前，两队衙役兵在后。总教头喊："一二一"，走进墙边，"蹲——卧——跪——"，"跪"声一起，土匪跪下，后队兵士冲上，两个捆一个，土匪极力反抗，刽子手上前手起刀落，最后逃掉了3个。于是全城戒严，挨户盘查，结果也没找到。

刘沛对程小铁说："你不是没女人吗？去城外找吧。你代表知事，给点钱让那些家属回家。"程小铁找个女人带回庙程家，他也知道杀人太多，罪孽重，会有报应，于是低调生活，后得一儿子叫程志澄。

（胡建亚　吕耀贵　张平安　李忠保　讲述　吕允峰　整理）

跑反

晏金福

"鬼子来了，赶快跑哇！"我们全家正在吃晚饭，外面突然传来了吆喝声。妈妈把碗一推，拉着姐姐和我就往外跑。

一出门，就看到庄子里到处是乱窜的人群，大人喊，孩子叫，乱成了一锅粥。不过因为跑反是家常便饭，所以，虽然慌乱，但是各家都有自己的目的地，疏散起来，速度还是相当快的。

我家住在高宅子上，出门就是个长长的下坡，走完就到汪沿了。这时是夏末，汪里的水还很深，这也顾不得了，妈妈拉着我们就下了水。好在我们知道这里有一道坝子，旱天可以走过去，现在，虽然没在水，但我们知道位置。走在坝子上，水只到我的肚脐眼。不过，坝子很窄，又滑，一不小心就会滑到深水里去。我们急急忙忙，却又小心翼翼，滑滑嚓嚓地往前走。这短短的十几米，在我们脚下，就好像有千里远。好容易来到岸边，我们就飞快地跑向庄稼地。

这块庄稼地也是我家的，由于地势较高，发水一般也淹不着，所以年年都种芝麻。现在，芝麻已经比我还高了。在芝麻地里走了不太远，我就走不动了，往地下一躺，耍起赖来。妈妈把我提溜起来，说："再往里走一点！"又走了一段，妈妈看我实在走不动了，就说："就在这里吧。"我靠在妈妈怀里，向上看，满天星星眨着眼睛，听听四周，刚才还人慌马乱的，现在出奇地静。"我怕。"姐姐说。"别怕，孩子！我给你讲个故事。"母亲把我俩都搂到怀里，小声说："就是后门上你那个大爷，是个私塾先生，书呆子，啥庄稼活都不会。他去耕地，耕到头了，他扛着犁子，牵着牛，回到另一头，再插犁子，还逢人就说：'地好耕，犁子难扛。'这事儿那么你们都知道。今天，我再给你们讲他跑反的故事。别人逗他说：'鬼子的子弹专打人的屁股，你要好好保护你的屁股。'他跑反时，就把一个犁铧子卸下来，绑在屁股上。他正好也跑在芝麻地里，那芝麻蒴子打在他屁股绑的犁铧子上，'铛铛'地响。他吓得拼命地跑，跑得越快，响得越厉害。直到实在跑不动了，停了下来，响声才没有

27

了。他长出了一口气，说：'噢，你打不到了吧！'摘下犁铧子一看，说：'乖乖，死鬼子打得真准，要是不绑犁铧子，屁股还不得打成马蜂窝？'过时，他还指着犁铧子上的一个个疙瘩，对人说：'你们看，这就是那晚上鬼子打的。'大家都笑，谁家的犁铧子没有那些疙瘩。"这时，姐姐也"哈哈哈"地笑起来，妈妈赶忙捂住姐姐的嘴，又小声地给我们唱起了儿歌。唱着唱着，我就在妈妈的怀里睡着了。

忆起那时的兵荒马乱，感到今天的和平生活真甜。

镌刻英名祭忠魂

郭 亮

临近清明的 3 月 20 日，我随同县政协张殿凯等专程驱车来到江苏省泗洪县半城镇雪枫墓园，瞻仰、凭吊新四军第四师师长彭雪枫等淮北抗日阵亡将士，在彭雪枫师长墓左侧，有一座淮北抗日阵亡将士纪念塔旁矗立着 14 块灵璧大理石碑，石碑上双面雕刻着 4353 位皖东北抗日阵亡将士名字。望着石碑上一个个工整的小楷字，看着一个个只有一二十岁（最小的十二岁）的小战士名录，我们眼前顿时浮现出一个个舍生忘死、生龙活虎的小战士的战斗身影，时光也似乎回溯到了那个硝烟弥漫的抗日游击战场。

皖东北抗日阵亡将士名录石碑是灵璧县工艺厂刘銮玉等一批组织者雕刻捐赠的。当我们逐人逐字默念烈士战士名录时，我们的议论声，把常年在墓园为游客拍照服务的"守园人"陈亚引了过来，得知我们的身份后，他非常热情地引导我们参观淮北抗日阵亡将士纪念塔的碑廊、纪念馆，为我们讲述墓园及碑刻的故事。

1945 年 2 月，彭雪枫遗体安葬于江苏省泗洪县半城镇西南角，同年 5 月，淮北解放区党委、行政公署开始在墓葬处修建陵园，1946 年 7 月竣工，由新四军四师派一个警卫排负责保卫。11 月 23 日，我军撤离淮北后，雪枫陵园遭受敌军、还乡团严重破坏，纪念塔、碑被匪徒用机枪扫射弹痕累累，近千名烈士英名被打得残缺难辨，更恶劣的是匪徒扒墓撬棺，把彭雪枫遗骨抛洒。1949 年 1 月，淮海战役刚刚结束，原新四军四师参谋长张震专程来到半城，看到劫后的墓园惨景，无比愤怒，当即批拨 10 万斤粮食，用于重修淮北烈士陵园。1949 年 8 月，修复工程启动，彭雪枫遗骨重新装殓改葬，淮北烈士陵园更名为雪枫公园。1953 年经时任中共安徽省委第一书记曾希圣指示，再次复修淮北烈士陵园，并改雪枫公园为雪枫陵园。1978 年政府拨款 20 万元修葺雪枫陵园。1981 年修复后，更名为雪枫墓园。几经修复、重建、改建和扩建，雪枫墓园现已建成占地 157 亩的全国重点烈士建筑保护单位。

墓园里安放的雕刻石碑主要分为两类，一类是上面提到的 14 块，规格为 180cm×80cm×20cm，全部双面磨光雕刻，共 6 万余字。为了这些碑刻，刘銮玉他们冒着凛冽的寒风，顶着冰冷的雪花，先后六次徒步上山，跑遍了磐石山的各个山头、石塘及山村住户，挨门逐户精选石料。石料备齐后，刘銮玉就利用节假日和每天晚上工余时间加工赶制。当时，刘銮玉每月工资只有 40 多元，为买碑坯，他不仅花光了两万元的多年积蓄，还卖掉了家中正在使用的耕牛。谈及当年捐碑之事，刘銮玉感慨万千地吟出一副对联："彭师长灭日寇救中华甘洒热血献忠骨，刘石匠捐碑刻慰烈魂愿倾家产卖耕牛。"

另一类是环淮北抗日阵亡将士纪念塔南、北、西三面碑廊里的 62 块大理石石碑，上面雕刻有老一辈无产阶级革命家毛泽东、朱德、陈毅，杨尚昆、李先念和江泽民等党和国家领导人，以及张震等中央军委领导为抗日战争牺牲的新四军最高将领之一的彭雪枫题写的挽联、题词和书法作品。这 76 块大理石石碑也都来自安徽省灵璧县。1994 年 4 月 24 日，为迎接中央军委副主席张震祭扫雪枫墓园，江苏省及泗洪县党政有关部门负责人专程来到灵璧联系为彭雪枫等将士题词刻碑事宜。雕刻持续一个多月时间，刘銮玉累得锤都拿不动了。每天趴在冰凉的大理石上雕刻，积劳成疾，多次吐血。

2008 年 4 月，在彭雪枫 100 周年诞辰之际，刘銮玉、刘波父子将用一年多时间精心创作的、价值 25 万元的 9 尊彭雪枫汉白玉雕像，无偿捐赠给雪枫墓园。

刘銮玉的无私奉献精神，被泗洪县的有关领导高度赞扬。中央军委和江苏省的有关领导在得知情况后，致电安徽省委表示感谢。

雪枫墓园里刘銮玉捐赠的那一块块碑刻，将和彭师长与他带领的 4000 阵亡将士这座不朽的历史丰碑一样，永远不朽。

皖北阿炳

姜德臣

1980 年秋天的一个晚上，灵璧县文化馆灯火辉煌，座无虚席，这里正在举行弦乐演奏群英会。出席演奏会的有省文化厅及周边县文化馆的领导，台上一个身材高挑、鼻梁上架着一副墨镜的京胡演奏者正在演奏《百鸟朝凤》和《二泉映月》。时而百鸟喧闹，空谷传响；时而一鸟独鸣，深山静幽；时而牛喊马嘶，鸡啼狗吠；时而人声嘈杂，哭笑吵闹；时而皮鼓咚咚，唢呐嘹亮，笛声悠扬；时而铴锣叮当，鼓乐齐鸣；时而夜阑人静，泉清月冷，悲悲怨怨，时起时伏，似倾诉人生坎坷。啊，全场的观众都惊呆了，这不是姜瞎子吗？是他，姜玉仓——皖北的阿炳！

姜玉仓，一个盲人，一个具有传奇色彩的人物，用他那独具特色的软弓京胡，演奏那曲欢乐明快的《百鸟朝凤》和忧伤奋进的《二泉映月》，赢得了观众的交口赞誉，多次为省、县文化艺术界领导人演出并受到嘉奖。

1906 年，姜玉仓出生在灵璧北部姜山脚下一户贫苦农家。男孩的诞生给父母带来无限的喜悦。可是不久，恶运降临，天花无情地夺去了这个少年的双眼。

小玉仓渐渐地长大了，眼睛不能看东西，脑海里空荡荡的。小玉仓开始思考自己的未来，他对妈妈说："我也要上学。"妈妈只能看着他无声垂泪。在当时的农村，盲孩子上学简直就是妄想。父母很有远见，托亲拜友，找了个唱琴书的民间艺人，让小玉仓叩头拜师学艺。从此小玉仓就开始了拉琴唱书的学徒生涯。

姜玉仓的音乐天赋是一位邢计章老师傅发现的。邢师傅在教小姜玉仓学唱琴书时，发现他嗓子有点嘶哑，发音不能字正腔圆，但拉琴好像有点天赋，就鼓励他多用心拉琴、练琴，希望他在弦乐上能有所成就。他没有辜负师傅的教导，在师傅的精心指导下，在很短时间内拉琴技艺就超越了同门师兄弟。

姜玉仓的智商很高，听觉也特别灵敏，调弦向来是一手准。只要听到什么声音，他马上就能用琴声表达出来。一次偶然机会，他听到收音机播放豪放而极富激情的京胡演奏曲，便开始迷上了京胡。1958 年 8 月，姜玉仓参加安徽省残疾人弦乐调演，获京胡演奏一等奖。这次调演，姜玉仓有幸结识一位尹姓艺人，听到尹先生用京胡演奏乐曲《百鸟朝凤》，逼真动听，很受启发。他以弟子的姿态，虔诚地向尹先生请教。尹先生告诉他，这是软弓拉出的效果。"尹老师，什么是软弓？软弓京胡好学吗？"他虚心请教。"好学。"尹先生叹了一口气，显示出某种无奈，意思是说，想学好也不容易。姜玉仓诚恳地说："我想拜您为师。""好哇！"尹先生爽快地答应了。"我可以摸摸您的京胡吗？"他不知道软弓京胡是什么样的，但不经允许，是不能随便摸别人的京胡的。尹先生应允了，姜玉仓的心差点跳出嗓子眼儿，他小心翼翼地去摸，弓是用竹子弯成，弧度很大，马尾弓的张力似乎比二胡弓还紧，然而，用力则软。噢！姜玉仓明白了，示意同去的儿子看仔细点儿，回去仿做一把。他又向尹先生请教："您这'舌音'怎么拉？"尹先生示范着拉给他听。尹先生拉的时候，他用手一摸，弓弦正在京胡筒上拉动。他明白了，拉胡筒就能出"舌音"。此后，姜玉仓开始用儿子给做的软弓拉京胡，练《百鸟朝凤》。练了两天，能发出一些微弱的鸟叫之声，但多是刺耳的噪声。他不悔心，只能自己慢慢摸索领悟，力求做一个得心应手的软弓。为此，姜玉仓先后做了一百多个软弓。精诚所至，金石为开，他终于做出了合格的软弓。整个弓子的马尾较长，弓尖部分的弓杆是软的，用富有弹性的竹皮制作，呈镰刀弯钩形，约占全弓的三分之一。演奏者一般是用右手持弓，五个手指均不接触弓杆，用大拇指控制马尾的松紧，五个手指均可灵活运用。基本演奏技巧为推、拉、勾、压、撑、颤等，用小指颤抖外弦，可发出犹如琵琶滚奏的声音，又有竹笛打音那样的清晰明亮，擅长表达优美抒情的旋律，特别是模仿鸟叫、蝉鸣，声音逼真动听，用大拇指、中指捏住弓弦，加上无名指的勾或压，可奏出高亢舒展的长音，用大拇指握住弓弦，无名指向里勾，可发出类似唢呐的嘹亮音响。左手按弦，可使音色优美，声音饱满厚实。一次，姜玉仓偶然将弓子往上一撬，青蛙叫声出来了。他没有想到青蛙叫声就这么容易在无意中让自己捕捉到了。之后，姜玉仓在弦上找到了蛐蛐儿、蝈蝈儿、气蛤蟆的叫声。说到气蛤蟆叫，有一年久旱无雨，庄稼人盼雨心切，姜玉仓就在晚上演奏了一段池塘蛙声。弦上的各类蛙声与印在人们心底的蛙声产生了共鸣，大家都激情澎湃，好像一场喜雨即将降临。演奏结束，姜玉仓动情地说："有这么多蛙声，何愁无雨！"说来也巧，第二天竟下了一场透雨。乡亲们欢喜地说："姜老先生京胡神了，这都是它给带来的喜雨啊。"

1975年春天，姜玉仓去徐州百花乐器店购买京胡，他对售货员说："同志，请你把这里最好的京胡拿一把来。"他接过售货员递来的京胡，用手摸一摸杆子、轴、筒和蟒皮，然后手停留在弓上说："这个弓制作精细、轻巧、美观，但不实用。"售货员轻佻地接过京胡，随手拉了一曲《小开门》，说："哪儿不实用，不好吗？"姜玉仓慢慢说："它不能表达我所需要的特殊声音，远不及我的弓。"售货员稍显和蔼地说："那就用老先生的弓与我的京胡匹配拉一曲试试。"姜玉仓面带微笑，摸索着从腋下褪色的黄挎包里取出马尾和软弓，将软弓、马尾和京胡组合好，然后整一整墨镜，昂一昂脖子，只听到"吱吱"两声，定准弦调，接着，乐声响起，就听到秋蝉在树梢上鸣叫，蛐蛐在草丛中独唱，蝈蝈在庄稼地合唱，还有满池塘的蛙声，有近有远，此起彼伏。又有金鸡报晓、母鸡生蛋、鸟语虫鸣，竞相展示，随着最后一个音符的结束，店里顿时万籁俱寂。稍顷，爆发出一片掌声。"太妙了！""真是出神入化！"接着就是一片赞美声，连街上行人也闻声驻足。

"扑通"一声，售货员双膝下跪："师父在上，请受徒儿一拜！"姜玉仓抚摸着售货员的头，说"请起，请起！""老先生不答应，徒儿就长跪不起。"姜玉仓微微一笑："我收了那么多徒弟，从来没有在这样的场合收徒。"围观者同声呼道："收下吧，收下吧！"气氛活跃，场面感人，姜玉仓"环扫"一周，说："好，看大家的面子，我收下这个徒弟！"登时掌声不断，喝彩连连。

姜玉仓为人正直，待人宽厚，深受乡亲们的爱戴。在乡村文化娱乐较少的岁月里，姜玉仓走遍千村万户，说唱过《说唐》《王天宝下苏州》《桥隆飙》

《肖飞进城》等著名书段。他还积极参加区乡（社）文艺宣传队，创作弘扬正能量的节目，给十里八村的人们留下了不可磨灭的印象。

姜玉仓在 2002 年病逝，我们只能在录音中欣赏他的弦乐绝技了。

禅堂街老茶馆

胡桃夹子

20 世纪六七十年代，禅堂老街东头有一个石头砌墙的老茶馆。茶馆面北背南，屋东边是一条小路，紧挨着唐河。因为小时候经常去"茶馆"打开水，所以，至今对老茶馆仍记忆犹新。

茶馆屋内靠东墙是一个很大的高脚灶，灶口冲北，灶门口靠里边是一个用木板围起来的方形放煤的池子，灶上是一口结了厚厚水垢的大锅。灶后头有一个伸出屋顶的大烟囱，紧挨着的是两只成年人都搂不过来的大水缸，旁边放着一条扁担加两个木水桶，靠缸边摆放着十几个竹编外壳的开水瓶，这些就是茶馆的全部家当了。虽然叫"茶馆"，可从不给客人提供茶叶。夏天，也至多在大锅里放一大把干竹叶，这竹叶水权且就叫"茶"了。

当年看茶馆的是个头不高、瘦瘦的刘大爷，据说茶馆早期是刘大爷私人经营的，后来入了生产队。归了集体后，茶馆还是由刘大爷看着，不过卖的茶水钱从此归了公，给那两口大缸担水也就由生产队派人了。

茶馆门口支了一个长条石台子，逢集时，刘大爷会在这石台上放一两个暖水瓶和几个粗瓷碗。记得那会儿大碗茶是一分钱尽喝，两分钱一茶瓶。每当有人来打开水，刘大爷都是先收过茶钱往锅台上的一个豁了口的碗里一丢，然后拿过一个大铁舀子，舀满热水往暖瓶里灌。刘大爷长期卖茶水练熟了手，不用舀子，也不会把开水洒在瓶外。

逢集是茶馆算是最热闹的时候，没吃早饭的，会到对面"商联"的油条摊子上切几根热油条,来茶馆买开水泡着吃。有人还会轻声问刘大爷:"可有私馍?"得到了肯定的答复,那人就会走到茶馆的里屋,悄悄地掏钱买馍,吃完了才敢出来。那时政府打击投机倒把,不允许私人做生意,卖大馍也只能偷偷地干,大家都管这偷偷卖的馍叫"私馍"。私馍比"商联"蒸的馍个头大,也暄乎,所以人们都愿意买私馍吃。

当年茶馆生意清淡,也挣不了多少钱,除了刘大爷的"工分"报酬,也就所剩无几了。但生产队为了方便居民饮用开水,又能安顿一个人从业,所以一直维持着。

有一年,禅堂改了街。这茶馆就从老街搬到了北边新开的灵双公路边上,还是由刘大爷继续经营。由于市场管理逐渐松动,做小生意的人渐渐多了,茶馆的生意也就比往日红火了许多。

刘大爷年岁渐渐大了,一个人应付不过来茶馆的生意,队里就派了一个年轻的小媳妇给他做帮手。因为这小媳妇年轻漂亮、手脚麻利、待人热情,人们就根据电影《沙家浜》,给她送了个"阿庆嫂"的称号。

1980年,农村实行土地联产承包责任制,生产队解体,这茶馆就分到了"阿庆嫂"手里。再后来,随着路上赶脚(拉车或徒步赶路)的越来越多,"阿庆嫂"就把茶馆改成了饺子铺。老茶馆完成了它的历史使命,从此只留存于禅堂街人们的记忆中了。

旧时的戏园子

游传化

昔日的戏园子沉淀着浓浓的乡愁,写满沧桑的岁月,背负着厚重的历史,已渐渐消逝在历史的尘埃中。

1949年以前,我们游集镇上有一家不大不小的戏园子,是镇上最热闹最繁华的地方。听说86岁的李志景老先生就从小生活在戏园子旁边，我带着好奇前往走访。

李老先生很清瘦，却精神矍铄。我说明了来意，他立刻打开话匣子，滔滔不绝地讲开了。讲得起劲儿，就起身抬脚，哼着曲子，走起了台步。

他说，从前的戏园子是镇上的名流绅士共同出资兴建的，就在街中心位置，是个占地四五亩的大园子。戏园子四周用土墙围着，门口设一间卖票的门楼，戏台在园子中间，坐西朝东，全是用木料搭建而成，长宽都是五六米，上置紫红色布棚。台上有红绿两道幕帷，两端上方分别写着"出将"和"入相"的字样。台子两旁用显眼的紫红漆写着一副幽默风趣的戏联，上联是"愿看则看，愿听则听，听看自愿"，下联是"说好就好，说歹就歹，好歹任评"。前台两边往里伸得很深，这里是伴奏人员坐的地方。演戏时，这个地方用白纱帐幕遮挡着，看戏的观众一般看不到这里，但他们却能看到演员的一举一动，因此演员登场前先要用台步走到这里，左脚脚尖翘起，双手禀揖先拜鼓板老师，后拜琴弦师傅，再拜列位武场，然后谢步回首，方可开口演唱。否则被视为不懂规矩的"凉胡子"，伴奏的乐师们一定会在演唱期间让他跟不上"板眼"。紫红帷幕后是演员准备表演的地方，绿色二幕后是演员的化妆间和休憩换人的场所，里边几个化妆台一字排开，演员都穿着华丽的戏服，脸上画着色彩斑斓的脸谱。后台两边摆放着一个个大戏箱。说到戏箱子，老先生特别强调，戏箱子讲究很多，分为大戏箱、二戏箱、三戏箱……每个戏箱子里的服饰都有严格讲究，不可乱放，如大戏箱要放王帽、相纱、帅貂、头铠、凤冠，二戏箱放蟒袍、官衣、褶子、摆巾等。再说这些戏箱子除了丑角演员可以随便坐，其他演职人员不得坐在戏箱上。为什么丑角有如此高的地位呢？这里有个典故，相传唐明皇是唱戏人的开山鼻祖，他多才多艺，史书上说他"性英武、善骑射，通音律、历象之学"。在这诸多才艺中，他最享荣誉的却是在戏剧方面。新中国成立前，旧戏班里都设有唐明皇的神位，年节庆典或收徒谢师都要礼拜祭典。"梨园"二字是就是由唐明皇教习训练歌儿舞女的梨园而来。据说唐玄宗在"梨园"戏班，喜欢扮演丑角，凡有丑角的戏，他都要上台一试。贵为一国之君，扮演丑角有失君威，于是玄宗特意在脸上挂一块小白玉片遮脸。后来的丑角演员就效仿唐玄宗，在脸上勾画出一个类似白玉片的白粉块儿，慢慢地，就演变成了戏剧舞台上的丑角脸谱。所以，丑角在戏班里是非常受尊敬的，大家都认为，尊丑角便是尊皇帝，旧时戏班演丑角的演员因此地位最高。

戏台子后端两边各有专供演职和后勤人员走上走下的木制爬梯。

戏台前面是一片空旷的露天场地，前两排设有桌凳，上有瓜子茶水，是地方名流绅士赏戏品茶的位置。后面十几排都是用长条木板钉制的简易座位，再往后便是一片空地，供即将结场时或者中途放进来的不买票观众的站位。行内的人看戏，无须买票，只需到把门的跟前双手抱拳说"师傅辛苦了，山上人"即可进去。观众席两边是黑白两棚，黑棚里卖吃的喝的，白棚里卖用的玩的。

以前，戏园子是人们的娱乐场所，也是人来人往、车水马龙的商业场所，这里常常人声鼎沸、热闹非凡。特别是晚上张灯时分，只听"辣汤、烧饼、狗肉、糖人、馃子、瓜子"的叫卖声此起彼伏，夹杂着观众"嗨嗨"的叫好声和孩子们的嬉闹声。台上灯火辉煌，台下灯光点点，交相辉映，满天星星都显得黯然失色。

说起演员表演，李老先生说，他六岁就跟着爷爷去戏园子看戏，一天三场，场场不落。他常常偷跑到后台，看演员化妆和练功。那时外地来的戏班子都要挂有点名气演员的牌子，他逐个模仿主角的唱法，有时回到家里还要学着演员的动作和唱腔来上一段。接着他说，戏曲有生、旦、净、末、丑五个行当，每个行当又细分为好多种。生行指男性角色，分为老生、小生和武生。老生一般以唱工为主，也有一种做工老生，专以念白和表情见长。另外，有些唱做之外还注重兵器武打的老生，叫文武老生。小生指青年角色，又细分为巾生、穷生、官生等。旦行，指女性角色，按年龄分为老旦和小旦，按性格分青衣和花旦，按武功可分为武旦和刀马旦。

净行，也叫花脸，我们这里也称"红头""黑头""大花脸"。因为脸上涂抹大量颜色，是性格与相貌有特点的男性角色，也有红色为忠、白色为奸之分。末行，我们这里专指扮演黑须的中年男性。丑行，"丑"指相貌丑陋的人物，一般在鼻子处勾画一块白，所以叫"小花脸"。丑主要分为"武丑""文丑"。武丑是会武艺的丑角，又叫"开口跳"，这是因为武丑擅长念白和跳跃。文丑是不会武艺的丑角，常常是滑稽可笑的人物。年老诙谐的人物为"老丑"，"彩丑"一般指年龄较轻、扮相夸张的女性丑角。

说到唱戏的功夫时，李老先生又站起来，双手比画着说，唱戏可是一门真功夫、硬功夫，唱念做打、手眼身段，一招一式都是经年历久形成的。那些传统套路、风格、韵味积累为特定模式，为世人所认同。如果演员功夫不到家，出了漏洞，破绽一出，观众就会喝倒彩，说演"扒"了，行话就说演砸了，马上就会被满街人评论。俗话说得好，台上一分钟，台下十年功，就是这个道理。

关于戏园子的行规，除了上面的，演员最基本的三大忌讳是一误场、二误事、三砸锅。演员从早上练嗓，直到晚上登台演唱，都要禁说"虎、梦、狼、牙、龙、伞、更、象"八字，如说"伞"，意味着戏班要"散"，说象棋就是"别象眼""别马腿"，预示演出不顺利，下象棋时说"你走""我走""红先走""黑后走"等话也寓意不祥。这是戏场上的祖规大忌，谁说了，师傅和班头就要拉杆抽打。除了敬祖师爷和神，还要敬奉"五仙门"，即狐狸、黄鼠狼、刺猬、蛇和老鼠，凡是进后台的人员，谁也不准说"五仙门"的原名，只能称胡三爷、黄少爷、白五爷、柳七爷、灰八爷，也不许正眼看它们；否则，戏台就不得安宁，表演难以进行。旧戏班对把子、砌末（道具）也要烧香磕头。演什么戏要对什么道具顶礼膜拜。舞台上使用的兵器，如鞭、杵、刀、棍、枪等都禁忌随便乱动，上场前都要给这些兵器行礼，名曰"祭刀""祭叉""祭砌末"等；否则，上台要出事故。不遵从这些禁忌的人，要受到责罚。另外旧社会新建的戏楼、戏院、会馆、庙台等，首场演出的戏班，都要举行"破台"的祭礼。演戏时出了大事故，死了人，也要破台。戏业人称台口朝南、朝东的戏台为"阳台"，朝北的为"阴台"，朝西的为"白虎台"。俗话说："要想发大财，最忌白虎台。"所以，凡是台口朝西的"白虎台"，戏班内会出现吵嘴、打架的事，演文戏出错，演武戏伤人。所以直到今天，懂规矩的剧团出门演出，舞台绝不会面西而搭。最后一条除鼓板师外，其他人员忌坐"九龙口"。戏谚曰："九龙口，不准坐，服装穿破不穿错。"九龙口即打鼓板的座位，从开戏至散戏，打板鼓者始终不得离开。如有事离开，也必须等替换者来了，方可起身。

新中国成立后，这些行规大多废除了，戏园子也被改成宣传社会主义思想的阵地。

最后，李老先生满脸惋惜地说，前两年，我们镇上几个老年人自筹资金，购买了服装和道具，开办了夕阳红梆子剧团，排练了《打金枝》《小姑贤》等传统剧目，演出了数场，很受老年人欢迎。后来由于资金不足，不得不放弃。直到现在，他家里还存放着好多箱戏衣和道具呢。

老汪湖边垦荒人

许明坤

曾祖父许德月生于1881年，1960年3月去世，享年79岁。曾祖父兄弟四人，排行老四，一生为人忠厚，扶困济贫，方圆百里人称四爷、许善人。灵璧政协2016年出版的《百年灵璧文史特辑》第6页刊登了曾祖父的照片。

我的老家在朱集双井村老汪湖畔。一百多年前，老汪湖方圆几十里，湖里芦苇水草丛生，鸥鹭成群，叫声嘈天，沿湖人家全靠打鱼为生。乾隆十七年（1752），贡震任灵璧知县，在任期间开浚古潼河、濉河等河道，治理水患，引老汪湖水入洪泽湖，使老汪湖现地变良田，湖边人家纷纷争先开发荒湖。曾祖母许夏氏，娘家为老汪湖西北角张山东侧夏寨村的大户人家，在夏老人家的大力支持下，曾祖父与祖父许合勤利用夏家牲畜、农具及人力对老汪湖土地进行开垦耕种。由于湖地肥沃、辛勤耕种和风调雨顺，春秋两季连年丰收，我家在当地成了殷实之家。

老汪湖垦荒后，地多人少，午收时方圆百里的百姓，成群结队来老汪湖打短工，收麦子。我们家住在村西头南北大路路边，曾祖父安排在路边支起大锅，摆上桌子，免费为短工们供应茶水、饭菜，临时找不到活干的免费安排吃住，直到午收结束。每年春荒时节，谁家没有粮食都找我们家借，少则一瓢、两瓢，多则三斗、五斗，乡里乡邻的百分之八九十的人家都在我们家借过粮，曾祖父从来未要过。农闲时，曾祖父带着管家赶张山、尤集等附近集市，用骡子背着钱口袋救济穷人。曾祖父传给我们的祖训是，人家吃了传名，自家吃了填坑，多行善事，自有福报。

曾祖父的善举确实给他的后代带来了福报。

祖父许合勤 61 岁那年患风湿性疾病瘫痪在床五年之久，生活不能自理，后来，是一个曾受过曾祖父救济的货郎寻得老母鸡加川牛膝的秘方，让他重新站了起来，活到 80 岁。

我父亲许兴朝 1956 年曾任朱集中心学校校长，1957 年被打成右派，回家务农，含冤自尽，时年 34 岁。1979 年，父亲的冤案终于得到彻底平反，如今我和哥哥许明仁、姐姐许美华及孩子们的日子过得都很幸福。每次回老家，村里老人们都说："你们家上辈行善做好事积德，你们下一代有福气。"我现已年过古稀，经常以此教育子孙们要尊从祖训，多行善事，奉献社会。

洪泽湖逃生

韩　英

老家里有位老人，听说是参加过抗战的人，因而在我很小的时候就对他十分崇拜。他和我父亲年龄相仿，闲来无事，便溜达到我家来和父亲谈天说地。他的一生很复杂，父亲说如果不是这么复杂，有可能他就是国家的功臣了，可惜在一次战役中他没能坚持下来，投了敌，成了人民的罪人。后来，党和国家还是为他正了名，功过相抵，他就成了一个无足轻重的人。无足轻重的人就可以说着无足轻重的话，说说战争，谈谈和平，看得惯的，看不惯的。他说的最多的是关于战争的故事，特别是那次令他身败名裂的战役。

一个夏日的傍晚，天气不热不燥。他双手背后，躬着腰，咳嗽着又来了。母亲急忙搬了板凳，放到门前的槐树下，父亲也拎了一把椅子出来，坐在树下和他闲聊，谈着谈着，他又谈起那场令他胆战心惊的战役。

那年冬天，应该是 1946 年 11 月底，国民党突然集中兵力对驻扎在黄淮地区的共产党军队进行围剿。大部队获得可靠消息后，为了保存革命力量，连夜撤退，留下一部分人继续坚持开展游击战，和敌人周旋。他是留下来部队的一个通信兵，那时候才十五六岁，可已经是个参军几年的老兵了。有一天傍晚，敌人突然进村，与这支部队狭路相逢，火拼了起来，但终因敌众我寡，这支部队不得不步步后退，最后退到了洪泽湖边。那大片大片的芦苇荡，成了天然的屏障，他们隐藏在芦苇荡里。敌人步步紧逼，迅速把芦苇荡包围了起来。被围在里面的除了这支部队，还有许多当地的党员干部和没有跟得上东撤队伍的战士。

初冬的芦苇荡，寒气逼人，水面结着薄冰，这位小通信兵，把自己深深地埋在芦苇丛中，埋在那没腰深的湖水里。他不知道周围还有多少自己人，只听到岸上到处都是敌人的枪声。黑夜变得恐怖，令人窒息。天渐渐地亮了，冻得几乎失去知觉的他偷偷看看湖面，湖水血红血红的。他立即闭上了眼睛，把自己向深处埋了埋。岸上又一阵枪声，整个芦苇荡在震颤，整个洪泽湖在震颤。枪声停了，岸上有人喊话："缴枪不杀，凡是上岸投降者，一律不杀。"除了湖水的浪声，湖面死一样的寂静。敌人恼怒了，又开始一轮更凶猛的射击。他们对着湖面，疯狂地扫射。他看到有人头在芦苇丛中动了一下，紧接着应声沉了下去，然后是一股血沫向湖水里漫延。

这样持续到了下午，又一个黑夜即将来临，他已经冻僵了，死亡一点一点向他逼近。岸上的敌人又开始喊话："缴枪不杀。"恍惚中，他看到芦苇丛中露出了脑袋，一个、两个……一个个向岸边靠拢。他不知这是人还是鬼，也迷迷糊糊地爬了出来，一点点向岸边挪移。敌人并没有像喊话那样仁慈，而把他们一个个从水里拖了上来，随着一声令下，就地枪决。他被人拖着，从一个国民党军官跟前走过，像一具僵尸。那军官突然让停了下来，靠近来看了看他，可能是其人性还没完全泯灭，觉得这还是个孩子，便大手一挥，说："算了吧，这个年轻人就放了吧！"这时又响起一排枪声，他便一下子昏厥了过去。

说到这儿，老人浑身轻轻颤抖了一下，便停下来不说了，每次都如此。我总是意犹未尽，还想听听那以后的故事。父亲总是笑笑说："不论怎么说，最后你还是当了叛徒，今天国家给你发工资，那是共产党的宽宏仁慈，是念在你曾经抗日有功。"夕阳沉了下去，天完全黑透了，母亲喊我们吃饭，也热情地招呼他一起坐下吃饭，他便一边连声拒绝，一边缓缓站了起来，把板凳交给母亲，咳嗽几声，又背着手走了。

也是在这个初冬，我第一次走进洪泽湖湿地。大片大片的残荷，枯枝败叶，凋零殆尽，一眼望去，一片萧杀。路边的格桑花，也大半已枯萎，星星点点，若有若无。唯有那片芦苇荡，依然茂盛，密密麻麻，绵延不断，黄而不枯、坚而不败，西风中尽显飒爽。游船在湖面缓缓游荡，在芦苇丛中穿梭，有人打开音乐，响起了王玉珍的《洪湖水浪打浪》。湖水在跳跃，泛着白光，我心里忽然一颤，仿佛看到那大片大片湖水在慢慢地、慢慢地殷红起来。

父亲二三事

我父亲陈殿弼（1914—1986），祖籍江苏泗洪县七里沟乡大陈庄。1939年参加革命，1941年加入中国共产党，做过地下交通员、乡指导员、副区长。后随区队加入新四军泗南独立团，又随泗南独立团编入新四军四师11旅。抗日战争胜利后，随11旅编入以张震为司令员的华中野战军第9纵队。参加过朝阳集战役、泗县战役、宿北战役、鲁南战役。鲁南战役后，随9纵一部编入华东野战军二纵五师。参加过孟良崮战役、南麻临驹战役、胶东保卫战、淮海战役。淮海战役后退役，转业到宿县贸易公司。1950年任中国百货公司宿县支公司灵城营业所所长，1953年3月任灵璧百货公司副经理，后任商业局第一任局长。父亲没有给我讲过他具体的战斗、工作经历，平时很低调，但对子女要求严格，这也许是老革命者的风格。但我从父亲零零星星的讲述中也了解了父亲的一些战斗过程、工作经历，在一些生活琐事中可以窥见那个年代的艰难和斗争的残酷。

父亲不吃清炖鱼

小时候随父亲回泗洪老家，我姐姐做了清炖鲫鱼和许多家乡菜，我喜欢得不得了。我最爱吃鱼，但父亲对清炖鱼却根本不动筷。我们都很奇怪，姐姐说父亲以前是吃鱼的，不知哪点得罪了父亲。这顿本该快乐的家宴，吃得非常沉闷。饭后才从父亲的倾诉中知道，父亲在抗日战争时期，遭遇日寇多次扫荡，我八路军响应毛主席号召，开展游击战，充分利用山地、湖泊、村庄，化整为零，将敌人各个击破。特别是四师 33 天反扫荡时，躲在洪泽湖的芦苇荡里，没粮食吃，每天吃清水炖鱼虾，没油没盐，更没有佐料。为了活命，再难下咽，也得往下咽。许多同志因水土不服，牺牲了。所以，以后他再也不吃清炖鱼。他常说："看到鱼，我会想到死去的战友，我活着，满足。"

掉队后归队

1946 年新四军从灵璧东撤时，我父亲掉过队。掉队是很危险的事，被国民党军队抓住就没命了。父亲时任华野 2 纵 5 师后勤助理员，常话说，兵马未动，粮草先行。后勤工作虽不如战斗部队攻城略地、拼命厮杀那样危险，但也很辛苦。部队住下了，后勤人员不能休息，要去号房子，征集粮草，安排炊事。有一次，父亲太累了，安排好后勤保障后，就找个地方休息了，一觉醒来，部队已经出发了。父亲就赶紧去找部队，一路上多次遭遇国民党军队和还乡团，但都幸运地躲过了。一个人走在田野的小路上，路两边都是收过粮食的高粱秸，风一吹，沙拉拉地响，让人头皮发麻，总觉得后面有人追赶。天快亮时，终于有惊无险地找到了驻扎在洪泽湖边的部队。

馒头皮

孟良崮战役的时候，华野二纵负责阻击桂系第七军。战斗很残酷，一个山头一个山头地坚守、争夺，伤亡很大。我们的部队装备落后，一个排守一个山头，在国民党军队的狂轰滥炸和疯狂攻击下，一次进攻，一个山头就剩不下几个人。不断有新的部队补充上去。打大仗，我们部队的伙食是有所改善的，吃的是白面馒头，这在平时是根本吃不到的。一个战士吃馒头时，把馒头皮剥掉。父亲看到很生气，沂蒙山老区人民太艰难了，过年过节都吃不到白面馒头，却毫不犹豫地送给上前线的子弟兵。父亲狠狠地批评了那个战士，并说："糟践粮食的人会不得好死的！"结果那个战士刚上去就牺牲了，父亲悲痛欲绝地说："是不是我的诅咒要了他的命？"父亲为此愧疚一生，看见馒头就忆起往事。

我父亲陈殿弼兢兢业业地在商业岗位上工作、学习，不争、不贪，几次有上调机会他都拒绝了。他常说："我的战友活着的没有几个，活着就是我最大的幸福。"

（陈舜　口述　吕允峰　整理）

铁血丹心铸忠诚

谢金陵

有谁注意到洁白的梨花初绽时，花蕊间的那抹深红？殷殷血红就像英雄坚贞如玉的信仰中包裹着的缕缕英魂。

在这花朵纯净如雪、树干坚贞似铁的古梨园里，有一处值得探访的地方——程庙烈士陵园，这里埋葬着70年前为这片热土洒尽热血的许多先烈。

烈士陵园坐落于程庙村，省道 201 公路西侧，数百亩梨树深情地拥抱着这片墓地。建园伊始，陵园内只有十八座烈士的坟冢。在这十八座墓穴中，埋葬着 26 位烈士。这是为什么呢？

在淮海战役中，有部分伤员在程庙、丁阁、落涧、王集等地救治。因为伤情严重，有 26 位英雄医治无效，永远躺在了下楼镇的土地上。其中有某部营长黄孝先，排长闫西同，班长周道红，战士何家俊，其余英烈姓名已经无法考证。为了纪念这些为解放战争英勇牺牲的将士，便建立了陵园，把分散在下楼境内陈潭、田口、落涧、付寨等处的遗骨，集中迁葬于陵园之内。在那风云动荡的年代，因条件所限，很多将士牺牲后只能就地掩埋。更有许多烈士一起牺牲，只能匆匆掩埋于一处。迁葬时，遗骨无法分拣，只好把几具安放在一处墓穴内。因此，十八座坟墓之中，沉睡了 26 位先烈的英灵。

1991 年原王集区委投资 10 万余元修复陵园，并请原中央军委副主席、曾在这块土地上战斗过的张震上将题写了"革命烈士永垂不朽"的碑文。2007 年 7 月 1 日，下楼镇党委倡议广大干部职工捐款，同时多方筹集资金，斥资 12 万元重修陵园。

2011 年，灵璧县委、县政府遵照省、市部署，启动了"慰烈工程"，派遣专职人员调查核实散葬于境内的烈士坟茔，并尊重烈士后人意愿，将烈士遗骸分迁于各处革命烈士陵园安葬。下楼程庙烈士陵园迁葬的主要是游集、朱集、大路、下楼境内的烈士。

现在的程庙烈士陵园中安睡着上百位烈士的英灵，他们或牺牲于抗日战争，或献身于淮海战役，或在抗美援朝和中越反击战中捐躯。新落成的陵园，纪念碑高大巍峨，墓碑肃穆庄严，水泥地面平整清洁，松柏苍翠挺拔。陵园内曾有一位一直陪伴守护着战友的老兵，他叫胡振球，程庙村人，退役后一直为这些牺牲的战友守护和站岗。为了陪伴这些地下的战友，他一生没结婚，以陵园为家。有人问无儿无女的他是否感到孤独，他骄傲地回答："比起地下的战友，我已经很幸福了。我的儿女就是这些祖国的后代，我要把这种红色的精神替我的战友们传承给孩子们。"胡振球已经去世，他很欣慰，现在的烈士陵园在国家和政府的关怀中，已成为爱国主义教育的基地。

没有先烈的牺牲和奉献，就没有现在的安宁和幸福生活。为了让后代铭记历史，加强青少年爱国主义教育，每年清明节，附近学校的师生都会前来追缅先烈。

在参加志愿军的日子里

同龄人

我叔叔名叫马广芝，是灵璧师范学校首届毕业生。1954 年毕业后，分配在韦集区胡庙小学任教，次年调到韦集小学任教。1955 年 8 月 1 日，《中华人民共和国兵役法》颁布实施，我叔决心投笔从戎。

灵璧县那一批新兵共四十多人，他们到达中朝边界城市丹东后，稍事休息又上了火车。当天夜里军车驶过鸭绿江，到了朝鲜的新安州。战后的朝鲜满目疮痍、惨不忍睹。当时的朝鲜半岛以北纬 38 度（简称"三八线"）为界，以北是"朝鲜民主主义人民共和国"，以南是"大韩民国"。新安州隶属朝鲜国平安南道，位于朝鲜的西海岸，距离"三八线"约一百公里。新兵在新安州集中训练三个月之后，叔叔被分到雷达兵二〇五团一连当战士。

经过一段时间的基层锻炼和组织考验，叔叔被上级抽调参加雷达兵军事教导连培训近一年，又被分配到雷达兵二〇三团一连，接替 1950 年入伍的老兵当班长。二〇三团一连驻军在朝鲜国咸境南道咸兴市一个叫满浦的地方，满浦位于朝鲜东海岸，战士们星期天可以结伴到海边游玩。满铺距离咸兴市区二十多公里，部队按照军龄每月给士兵发 6—10 元的津贴费，官兵们可以坐连队的货车去市里买日用品，到书店里买中文书籍。

203 团一连的任务是守护两部雷达。一部 406 型远程雷达，能监视半径 200 公里以内的空域，达到"三八线"两侧；另一部是 314 乙型近程雷达，监视半径 100 公里以内的空域。两部雷达昼夜监视敌情。一连官兵不足百人，分为有线班、无线班、标图班、雷达班、警卫班、后勤班。我叔是无线班班长，全班十三人，分为白班、中班、夜班，24 小时三班倒，循环往复。

我叔刚到满浦时，部队没有营房，官兵分散居住在老百姓家里。我叔所在的无线班十三人，分到三户人家居住。老百姓每家腾出一间屋，烧一个大炕，能住四五个人。朝鲜的炕和我国东北的炕不一样，我们的炕只占半间屋，朝鲜的炕是占满整整一间屋。朝鲜的冬天虽然很冷，但志愿军官兵住的非常暖和，军民亲如一家。后来全连官兵自己动手，搭建起新的营房，才从百姓家里搬出来。部队伙食以大米、高粱米、小麦面为主粮，副食品以泡菜为主。每个星期能吃上一次肉。

朝鲜人也过春节、中秋等节日，逢年过节时，当地居民都会做些好吃的送给志愿军战士。叔叔原来住在一位阿妈妮家里，战士们平时帮助居民打扫庭院、挑水劈柴，农忙时帮助居民割稻子、收获庄稼，连队卫生员为居民诊治疾病。官兵和百姓结下了浓浓的鱼水情。每到过节，阿妈妮都要做上十三份肉饭，请无线班的十三人做客。如果有一个人没去，她就念叨着这位战士的名字，等着他去，自己舍不得吃。

1958 年 3 月 15 日开始，中国人民志愿军分三批先后撤回祖国。我叔所在部队是第三批，于当年 9 月撤回。当时举行了盛大的欢送仪式，市长发表了热情洋溢的讲话，感谢中国志愿军为朝鲜民主主义共和国抗御侵略和战后重建作出的巨大贡献。

叔叔后来转业到蚌埠拖拉机附件厂任劳资科科长，和他一起赴朝的灵璧籍战友，有刘培信（曾任蚌埠市电子工业局政工科长）、王茂生（曾任灵璧县教育局长）、尹明浩（曾任灵璧县检察院检察长）等。

俺庄的志愿军

同龄人

在我老家渔沟镇马集村，有一名中国人民志愿军战士，名叫王成绩。他是

1950 年应征入伍的，在朝鲜战场上参加过无数次战斗，经历过枪林弹雨的洗礼，复员后在马集大队担任民兵营长。他高高的个头，魁梧的身材，古铜色脸膛，眉宇间有一股英雄气质，我从小就很敬畏他。

我们村北边有三座烈士墓，埋葬的是 1944 年马集战斗中牺牲的八路军战士。每年清明节前，我们马集小学的少先队员都排着整齐的队伍前去扫墓。带队老师每次都会邀请王成绩介绍马集战斗的经过和八路军战士的英雄事迹，讲述他在朝鲜战场上的战斗故事。讲到打日本鬼子牺牲的八路军战士和保家卫国牺牲在异国他乡的志愿军战友，老英雄就潸然泪下，他在我们幼小的心灵里播下了热爱共产党、热爱新中国、热爱世界和平的红色种子。

我们村的男女青年结婚，大多要请王成绩当司仪。那时实行婚事新办，男方两个人骑自行车，一人带新娘子，另一人带着简单的嫁妆就接回来了。王成绩主持婚礼，仪式很威严。他喊："第一项，全体肃立！"到场的人都要肃立。"第二项，新郎新娘向伟大领袖毛主席敬礼、表忠心。"一对新人向毛主席像敬礼，同时表示说："结婚后尊老爱幼、男女平等、互敬互爱、比翼双飞。""第三项，新郎新娘介绍恋爱经过、互相赠送礼品。"礼品有送毛主席像章、红宝书的，也有送钢笔、手帕的。农村时兴"三天里不分大小"，这时候现场开始闹喜，把婚礼仪式推向高潮。最后，王成绩讲话，勉励一对新人要热爱共产党、热爱祖国、热爱集体，积极参加生产队劳动，争做劳动模范，祝愿早生贵子，培养革命事业接班人等。婚礼仪式在放鞭炮、撒喜糖中结束。

2020 年，村里要编一部《村史》，召开老干部、老党员、老教师座谈会，邀请在县城工作的马集人回村参加会议，我有幸见到了老英雄王成绩。马集庄共有十个姓氏，乡里乡亲的都能续上亲戚。我喊王成绩"表老爷"，和他拉了一会儿家常。他说："国家给志愿军复员人员，每人每月补助费 1000 多块，还有种地直补和老年人养老金，我的生活很宽裕。"他接着说，"我的地都给儿子种了，他们什么活也不让我干，我现在是吃过饭遛满庄。"老英雄的脸上洋溢着灿烂的笑容。

英魂何日归故土

晏金福

老黄是我的堂哥，比我大一岁，属龙。老黄哥的大名叫金盘，因自小家境贫寒，脸色蜡黄，所以村里人都叫他老黄。老黄哥老诚持重，虽然只大我一岁，但是我自小就很听他的话，他也是我的保护伞。小时候的事太多，可是真想写，却又觉得可写的并不多。就选一件能体现他人格的事吧。

初小毕业后，老黄哥就辍学了。生产队看他老实，就让他负责收青草。无论谁割的，都要由他过秤，然后在一张白纸上写明斤数，盖上章。生产队十天收一次，凭斤数计工分。他可真是认真负责。不仅收别人的青草，认真过秤，斤斤计较，而且他自己割的，也当着大家的面过秤，从不投机取巧。我假期和星期天也割草，反正他从来没有多给我开过一斤青草条子。

有一天，我们几个小伙伴一起下湖割草，因为贪玩，每人都只割了盖粪箕子底的一点。到了收草的地方，有意把草抖得松松的，显得很多的样子。可是，一过秤，就露馅了。怕到家里挨吵，大家就央求老黄哥高抬贵手，给多开几斤。可是，老黄哥说："那不行！队里信任俺，俺就得替队里负责。"我拉着他的胳膊，撒娇说："老黄哥，你就给多开点吧。就算俺欠队里的，下次补上，行吗？""那也不行！今天帮你弄虚作假，明天你更知道玩。"那天我回家，挨了父亲一巴掌。这是我记忆中父亲仅有的一次挨打，所以，印象特别深。

1958年，老黄哥响应党"大炼钢铁"的号召，到蚌钢三厂当了工人。1959年我在固镇中学上高中。一个星期天，我想老黄哥了，就坐火车到了蚌埠。本以为俺老黄哥当工人了，到了那里，，一提俺老黄哥的名字，马上就能找到他。可是，去了才知道，我想的太简单了。听说蚌钢三厂在东郊，我就去了东郊。只见到处都是炼钢炉，我见人就问，可是没有一个人认得的。眼见天晌午了，本想见到老黄哥就能嚼一顿肉的，可是连老黄哥的影子也没见到。后来，好容易问到一个似乎认得的，说他好像到西郊的厂子去了。我又马不停蹄地赶往西郊。当我走到那里时天已经黑了。面对着一座座喷着烈焰的炼钢炉，我像一个泄了气的皮球，一下子瘫在地上。我到哪里去找老黄哥！又渴又饿的我，彻底绝望了。歇了一会，只得慢慢走回火车站，坐夜车回校。后来，我见到老黄哥，说起此事，他说："我哪里是什么工人！那里到处都是各地抽去的农民，也没有个编制，上哪儿找啊！"

1960 年老黄哥又响应党的号召，应征入伍，成了一名光荣的解放军战士。我很为老黄哥自豪。我俩频繁通信，互相勉励。1961 年底，老黄哥探家，有人给他介绍了个对象，叫周桂英。人长得又矮又瘦，面色黄中带黑。大家都不满意，劝他不要愿意。他却一口应允，并说："什么人不人的，能过日子就行。"成亲没几天，老黄哥就回部队了。他经常给家里来信，周桂英又不识字，信全靠人念。信里一口一个"亲爱的"，充满着爱意和关怀。村里人传为笑谈，我却对老黄哥的境界佩服得五体投地。

1962 年我考进了大学，老黄哥来信祝贺，并且特地寄来了笔记本，勉励我好好学习。可是信只通了几封，就中断了。我以为，他可能执行任务去了，也没多想。寒假回家，我才知道：老黄哥牺牲了。这对我无异于巨雷击顶，五内俱焚。更让我不能接受的是，老黄哥牺牲时，部队通知家里去人，胆小、自私而又无知的堂哥金龙（老黄哥的胞兄）居然怕那里打仗（当时正值中印战争），拒绝前往。我气得质问堂哥："你不敢去，给我说呀！你就忍心把老黄哥一个人丢在外乡？"堂哥被我问得哑口无言。可是，事已至此，说什么都于事无补了。

虽说人们常说，"青山处处埋忠骨，何必马革裹尸还"，可是我还是不甘心让老黄哥抛尸异乡，成为孤魂野鬼。于是整天做着迎接老黄哥回家的梦。

我本来 1966 年就该大学毕业的，可是因为"文革"，1968 年 6 月才正式分配。一个月后放暑假，我就开始实践迎老黄哥回家的梦。

我先到了县民劳局，通过查阅档案，得知老黄哥的部队是总后汽车十八团，牺牲地是成都。于是，我请民劳局给写了一封介绍信，便踏上了搬取老黄哥忠骨的旅程。我取道上海，前往成都。火车过衡阳时上来一位军人。他得知我的意图后，告诉我，十八团现在已迁到贵阳的龙洞堡。我深深感谢这位军人。不然，我到了成都，还要再到贵阳。耽误时间不说，还不一定能找到部队。当时上海到成都的火车刚好路过贵阳。于是，我就在贵阳下了火车，顺利找到了部队。

部队领导热情接待了我。先安排我住进了团部招待所，让我等两天。说是要报上级批准，给我报销往返路费。在部队的几天里，我了解了老黄哥牺牲的情况：当时部队在开往前线的途中，驻扎在成都武侯祠兵站。晚上，战士们都把步枪攒在屋中间的地上，然后在各自的床上休息。那天晚上，老黄哥和一个战友开玩笑。那个战士随手捞过一支步枪，端起来说："我打死你！"老黄哥说："你打呀！"那个战士一扣扳机，只听一声枪响，老黄哥应声倒地，当场牺牲。那个战士惊呆了。他的枪里没装子弹，悲剧是他捞的是别人的枪。更为悲剧的是：杀人者的亲属在亲人出事时去了，军事法庭审判时也去了。可是，作为烈士的一方，却始终无人前往。老天啊，你的公平在哪里？我的心在为老黄哥流血！

这几天里，我每天都到部队营房里面转一转。有一天下午，战士们在打篮球，我就靠着篮球架看。不知怎的，看着一个个生龙活虎的战士，我突然想起了我的老黄哥。要是老黄哥在，也会英姿勃勃地出现在球场上；要是老黄哥在，我怎么会一个人形单影只地待在这里？想着想着，不禁悲从心来，眼泪止不住扑簌簌掉了下来。渐渐地，我忍不住哭出声来，最后，竟成了号啕大哭。部队首长闻讯赶来，把我劝进招待所。

路费批下来后，首长对我说："我们部队当时是路过那儿。晏金盘同志牺牲后我们把他的遗体送到成都东郊的一个叫五桂桥的地方埋葬了。当时只立了一块木头的墓碑。没想到你们这么多年没人来，现在，墓碑肯定没了，地形也变了，恐怕很难找了。至于五桂桥，我也只是听了个音，到底是哪几个字，我都不知道。不过，当时送他的司机叫汤炳兴，就是成都人，后来转业去了成都城南的神仙树电缆厂，必要时，你可以找他帮帮忙。"我谢了首长，又登上了去成都的列车。

到了成都，我就到东部找了家旅馆住了下来。我本以为五桂桥是个有名的地方，可是问了不少人，都不知道有这个地方。我找到了神仙树电缆厂，可是，他们告诉我，根本就没这个人。是调走了呢，还是根本没去报到？不得而知。我只得每天在东郊乱转，逢人就问。后来有人告诉我，这一带原来是农村，有一些土山包，现在都推平了，盖了楼房，你上哪里找？我也去了武侯祠兵站，哨兵问我找谁。我想，当时部队是临时驻扎在这里，找谁呢？只好悻悻地离开。找了六七天，实在无望了，我只好回家。

遗憾的是当时我忘了，或者是还不知道有搓土为墓之说。要是知道的话，我就该搓一撮土回来，为老黄哥建一座墓。知道这些后，我一直想：在我有生之年，一定要再去一趟四川，在老黄哥的牺牲地捧上一抔黄土回来，争取让他在灵璧的烈士墓有一席之地，让他的事迹能够昭示后人。

爷爷的地契

谢金陵

为了购买县城的一处房产，纯粹是在偶然中翻看父亲的老屋房产证。红色的房产证中，夹着一张破碎不堪的黄纸，打开来竟是爷爷1953年购置街面房的地契。

> 立卖宅基
> 约人王善本中农成分，因久患肺病无力治疗，要求农会长崔全才了解情况许可，将市宅基地老亩二分五厘出卖于谢文业名下，建设市房永远为业，同时声明价钱一共作小麦七石一斗公粮照，过隔永断葛藤，各无异说，当日麦契两交，均无反悔
> 立卖宅基为据

下面是长度宽度与邻居交界点，有三位中人作保，分别是周祥瑞、李德成、崔全才，日期是1953年1月31日。

上面地契中涉及的五个，除了爷爷和前几年死去的李德成为我所知，其余3位因早就辞世不谙生平。暗黄的宣纸经不起岁月的搁置，稍稍翻叠，像受损

的蝶翅，一瓣瓣散落开来。有些字因为纸张沤烂已分辨不出，它们那一张张昏黄的面庞，隔着陈年的时光和我彼此打量。

时间忽然陨落在模糊不清的界限里。就在 60 多年前，爷爷和患肺病无力治疗的王善本达成了一致协议，由崔全才等做保，王善本出卖街面上的 3 间老宅，爷爷则出小麦七石一斗，当日在众人监督下交割清楚。

1953 年，爷爷正值年轻力壮，可以扛起所有的日子和沉重的责任。他作为一家之长，带着全家 6 口从家乡逃出来，四处流浪。那时的家乡，水是盐碱水，地是盐碱地，大人孩子都是一口被盐碱渍蚀的黄牙，盐碱地里长不出庄稼，长出的是大人的浮肿和孩子的眼泪。爷爷肯定是经过了沉痛的抉择过程，才背离了家乡的。走出去，未必活得更好，惯性地守在家乡，更多的可能是因饥饿而死。活着还是死去，是摆在爷爷面前一个沉重的课题。

当爷爷和奶奶分头带着孩子四处讨饭，食不果腹、衣不蔽体、风餐露宿、居无定所的时候，他们最渴盼的恐怕就是有个安居处所。爷爷和奶奶是怎样度过那艰难的流浪的岁月的，我已无法知晓。对于我们和我们的子女，那已经是一个遥远的不可思议的话题，那种困苦和艰难因为岁月的遥远而变得缥缈而虚幻，是暮色里垂挂的晚霞，流射着古老的色彩。

爷爷把他的子孙从偏远的乡村安置到有一定年头的老街上，付出的是孤注一掷的勇气。这是爷爷生命进程中的一次飞跃，意味着他摆脱了狭隘的衣食堪忧的封闭环境，进入一个更为开阔的可以更好经营生活的空间。爷爷在街面上以开染坊为业，从此小街上多了染缸和染布的风景。

1953 年 11 月以前，在国家土地征用条例尚未公布时，土地是允许买卖的。典押或买卖土地时，双方订立的地契成为彼此的法律文据。上面需载明土地面积、坐落、四至、地价和出让条件。当事双方还要约请亲属、四邻、中人等，大家签字盖章捺手印才有效。未向官府纳税验契的地契称为"白契"。经官府验契并纳税的地契称为"红契"。地契由买卖双方保存，作为土地所有权的凭证。"红契"更具有法律效力，双方出现争端时，可以作为最有效力的证明材料。

地契作为我国土地权属变更的重要历史资料，真实地反映了不同历史时期的土地管理制度，反映着各个历史的社会、经济、政治、文化的发展状况。

半个多世纪的时间，纸张已经腐烂，字迹已经消湮，那些曾经在这个世界上活力四射的身影，也已经荡然无存，而这只需六十多年的时光。

爷爷购买房产的代价应该花去了大半生的积蓄。七石麦子在那个年代价值不菲，爷爷得到了安身之所，正患肺病无力医治的王善本有了医治的资本。

爷爷在1983年病逝，享年63岁。他的四个儿子中，我的父亲和伯父在这条街上扎根立业，子孙相沿，二伯父留居县城，我从未见过的四叔，14岁那年的夏天在街西的闸口洗澡，溺水而死，把他的魂魄永远留在这个小街。因为他，奶奶夜夜哭泣，不到60岁即郁郁而逝。

在爷爷买地盖的房子里，父亲和伯父先后成了家，作为长子的伯父拥有了街面上的老房，在他年老时又传给了他的长子。父亲在街道的僻静处申请了一处宅基地，从此，谢家的支脉在老街上开枝散叶。

我现在为购买房产而做的事情，房源、价格、土地证过户、房产证纳税、四邻关系、周围出路、保人身份证、子女就学远近和出行购物方便与否等，和当年爷爷做的并无太大区别，只是复杂多了。

现代的各种证件和合同，其实也就是"契约"。契的本意是"刻"，以刀笔刻写于金木或纸帛之上，表示郑重的信守与承诺。清代官府告示中说："民间执业，全以契券为凭……盖有契，斯有业，失契即失业也。"由此可见契约的重要性，也可想见这张地契被小心翼翼保存下来的意义。在某种程度上，这张轻盈单薄的纸张，承载的不仅是失去的老时光和彼此的信守承诺，更是一个家族传承下来的精神念想，一段浓缩的历史。

那些年，我们这样过夏天

同龄人

现在，天气稍热，人们就忙着开空调，可是，你可知道，半个世纪以前，既无空调也无电风扇，农村社员们是怎样熬过酷暑的呢？

那时，每天天麻麻亮，生产队长就喊："下湖干活了！"我一骨碌爬起来，睡眼惺忪地拿着工具就走。走到路边小汪沿，用手巾在水里湿一湿、洗洗脸、醒醒困，便跟着社员们一起下湖去。早晨干了大约两个小时的活，回家吃早饭，然后继续下湖干活。

伏天里农村既不种也不收，主要是进行秋季作物的田间管理。农活有锄玉米，耪黄豆，打小秫秫叶子，翻白芋秧子，薅胡萝卜地里的杂草等。那时候推广科学种棉，加强棉花田间管理是重点。生产队成立了五六个人的棉花专业队，我是其中一员。我们整天待在棉花地里，蹲着薅草、追肥；弯腰给棉株掐头、撇公权，抑制其疯长，促使棉株多结伏桃。中午还要趁太阳毒时打1059农药，防治棉花病虫害。歇歇子了，我们就躺在棉花趟子里睡觉，上边有棉株枝叶遮挡太阳，下边接地气，感觉有点凉，颇为惬意。

中午放工，妇女们钻进锅屋，底一把上一把地忙做饭，男人则忙着干点私活。有的在自留地忙活，有的忙着喂猪羊和家禽。

午饭后，我拿着一条独身席，到北边大汪沿，先到大汪里洗洗澡，然后找一块树荫地，放下席子睡午觉。

下午下湖时，用小瓦罐提上一罐井凉水，这是当时社员最好的饮料。

晚饭后，还是先到汪里洗澡，男的在大汪里，女的在小汪里。洗完澡，我就拿着独身席去生产队大场上睡觉。大场上人很多，大部分是本生产队的青壮年男劳动力，也有小部分中年妇女。劳累了一天的人们有说有笑、谈天说地。有人拉家长里短，有人讲民间故事，有人说奇人趣事，也有桃色新闻。我印象最深的是，说西庄有个老妈妈和闺女一起去赶集，半路上闺女肚子疼，遇到一个拉平板车的小伙子，老妈妈央求小伙子拉闺女上医院。医生一检查，说闺女临产了，问闺女对象可来了，老妈妈拉着小伙子说这就是。结果，闺女生了个大胖小子，老妈妈叫小伙子拉着闺女和婴儿，一起去了小伙子的家。正好小伙子尚未成家，捡了个大便宜。

伏天的夜晚，生产队有时请艺人来唱大鼓、唱扬琴，那就更热闹了。大鼓书多唱武书，《响马传》《呼延庆打擂》《杨六郎放牤牛阵》等，扬琴书多唱文书，《吕蒙正赶斋》《张廷秀赶考》《雷保同投亲》等。全庄八个生产队唱一遍，能让社员们过一回听书的瘾。要是听说哪个村庄有放电影的，哪怕三里五里、十里八里远，我也要约上几个同伴一起去看。

伏天蚊子多，就在大场边上烧麦糠，用烟熏蚊子。天当被，地当床，遥望天空繁星点点，天河南北，清晰可见，牛郎星、织女星在两边，社员们在看月亮、数星星中，不知不觉就进入了梦乡。

1983年夏天，我花了4个多月的工资192元，买了一台骆驼牌电风扇；2005年，我家装上第一部格力牌空调。旧时的夏季生活虽已离我远去，但还刻在我的脑海里。

拉犁子

马香俊

那几年，马、牛、驴、骡畜力不足，只有用人力代替，于是，便出现了男女老少齐上阵的人拉犁子的场面。

人拉犁子用的双铧犁，是20世纪五六十年代时兴的一种新式农具，下面装有两个30厘米宽、左右排列的犁铧子，犁铧子前头齐齐的、平平的。支架约70厘米高，上面约半米宽、一米多长，加上前头的拉杆和后头的犁把，总长近两米，可以平稳地放在地上。双铧犁也需有人扶犁把，负责调节犁地的宽度、深度和拐弯时调头。

人拉犁子时，在双铧犁前头的拉杆环上拴上一条又粗又长的经绳，由一个青壮年劳动力拉着大经走在最前面，其余人把自己的小绳拴在大经上，左右排开，形若雁行，最后面有一人扶犁把。拉犁子的人，谁使劲谁偷懒，看一看你小绳的松紧就知道了。拉一部双铧犁，一般十几个人，大家弓着腰、喝着号子向前拉。拉犁子的号子一般是一人领众人和，词儿是领者即兴发挥，就像民俗大家游传化先生写的"莲花落"，看啥喝啥、想啥喝啥，调子大致一样。我有一位近房的嫂子，是生产队妇女队长，丈夫在部队当兵。那时夜里经常下湖拉犁子，有一天晚上到东北湖拉犁子，我也去体验了一回，听她喝的拉犁子号子有一段："小伙子去当兵，嗷嗨哟。当兵还想家，嗷嗨哟。他想家想谁个？嗷嗨哟。想他的花老婆，嗷嗨哟。"

那时，青壮年劳动力有的到蚌埠钢铁厂或者淮南煤矿做工，有的参加修桥、铺路、扒河等工程，所以，生产队里剩下的青壮年劳动力很少，拉犁子的主力是"3861部队"。有人编了一首顺口溜："小白鸡，抬蹄（爪）子，妇女提高拉犁子。小白鸡，翻膀子，妇女提高拉耩子。"

难忘的山芋年代

刘万广

20世纪60年代初到70年代末，被农村群众称为"山芋年代"，农民家庭也都变为山芋家庭。所有区、社、队干部成为山芋干部，常年围绕山芋生产下达指标，抓亩数落实、提升产量，检查评比。农民家里都是清一色的山芋模式，山芋干堆积房墙高，房前还都挖个山芋窖，一天三顿都离不开山芋。把山芋干捣碎人力推磨磨成面，可以蒸馍或贴饼吃，窖里的山芋可以烀着吃，山芋面或捣碎的山芋干可以烧稀饭。每顿饭掀开锅，浓浓的热气，飘出甜滋滋的山芋味道。山芋馍又黏又热，烫得人直甩手，可是因为趁热好咬好吃，所以，大家都争着去抢。每人拿个馍，盛着一碗烀的山芋，就是一顿美餐。每个家庭还都有山芋擦子，就是用一块铁皮打出密密麻麻的小孔，钉在两根小板棍上。用这擦子擦出的山芋渣可以蒸山芋团子吃，淀粉可以漏粉条、做凉粉。家家门前还都有一个碓窝子，将山芋干在碓窝子里碓碎，就可以磨面、磨粉或烧稀饭了。所以，在广大农村普遍流行着"山芋稀饭山芋馍，离了山芋不能活"的民谣。在县城和各公社的中学里，学生一日三餐手拿的也都是黑乎的山芋面窝头，一届又一届的农村孩子，全靠这黑窝头，完成了学业，考入高等学府。

山芋干虽然不太好吃，但在城乡市场上一直都是香饽饽，粮站常年敞门收购，供销社在各大队设立代收点，并且允许群众用山芋干兑换生活必需品。当时 2.5 斤山芋干就能换一斤灵璧大曲酒，老百姓身背半口袋山芋干去赶集，往供销社一交，吃的喝的都换回来了。困难户可凭大队和公社介绍信，背 10 斤山芋干到粮站换取 8 斤麦面，需要出差的还可以用山芋干换粮票。在集贸市场上，用山芋干可以换小麦、大米等细粮。下村卖小商品、瓜果和豆制品的小商贩，到处吃喝着，让人们拿山芋干来兑换。这一切都显示出山芋干市场的兴旺。许多老人回忆起来还赞扬说："那时多亏山芋干，山芋干是俺农民的幸福干！"

山芋也是助兴集体经济发展的主要商品，当时，小麦平均亩产只有五六十斤，春山芋可亩产山芋干七八百斤，甚至超千斤，夏山芋亩产也有四五百斤。大量的山芋干不仅能完成农业税和征购粮任务，还能卖高价议购增收。生产队不仅靠山芋干给群众分足够口粮，还得靠山芋干发展集体经济。每个生产队仓库里都是堆得满满的山芋干，山芋干一卖，既能给队里添购牲畜、先进农具，还能年底分红时给群众多分点儿钱。

1978 年，实行土地联产承包责任制以后，种植结构改变为一麦一豆，农民由此告别黑面馍，吃上了白面馍。白芋干面馍开始作为稀有的高档面食，只有在比较高级的餐馆里才能见到。

推磨拉磨的日子

刘万广

直到 20 世纪 70 年代末，灵璧人的主食都是面粉，面粉要靠石磨磨出，因此，只有推磨拉磨才能解决千家万户的吃饭问题。

石磨是石匠将磨石用锤錾加工出来的，分上、下两片。先用土坯或石头垒起磨墩儿，放上磨盘，再把两片石磨固牢在磨盘上，就可以磨面了。磨的上片有大小两个磨眼，小眼用来精磨原粮，俗称头破（遍），大眼用于磨麸皮，俗称二破（遍）、三破（遍）。那时牲畜很少，主要靠人力推磨。推磨是个力气活，也是个技术活，没推过磨的人，推几圈就被转晕了。用小眼向磨肚里下原粮时，要下得非常慢，如果下多了，推出的面会非常粗。为让粮食下得慢，推出的面又细又白，得在小眼里插上几根筷子。用筷子挤占空间，粮食自然就下得慢，头破的出粉率能达到 70% 以上；二破推麸皮，出面率达到 20% 左右，三破就基本能完成磨面任务。一般都得推三遍，个别磨很长时间没有锻的，磨齿钝了，就得推四破。一般中青年男劳力，一个人可以推得动，磨下面，妇女或是上了年纪的，就需两个人推。有时，男人下地干活，妇女和老人都推不动，就拉着七八岁的孩子来帮助推。孩子个头小，只好把磨棍举在头上推。磨棍滑落，孩子摔倒，磕掉牙、磕破脸、磕伤腿的事故偶有发生。

从 1966 年到 1975 年底，各大队、生产队为解决群众推磨难，不再让他们白天背大经（拉车拉犁），晚上回家转蒙蒙（推磨），开始养驴拉磨。套上驴给它再蒙上双眼、戴上兜嘴，一声吆喝，驴就会绕着磨盘转起来。有的小驴滑头，一上磨就走走站站，为防主人打，就装着要尿尿、拉屎，所谓"懒驴上磨尿尿多"一词，就由此而来。

1976 年，一些条件好的生产队，开始购进饲料粉碎机，用柴油机带动，为群众机面和加工饲料。1980 年，村庄都架通了供电线路，开始用电动机带动面粉机，村村都办起了个体机面坊。后来，乡村开办面粉厂，家家都用小麦换面粉，更省时省力。

石磨已消失多年，推磨也已成为历史。

煤油灯

程大康

记忆里总有那么一点光，弱弱的，却充满温馨，时不时地在我面前一闪一闪地晃动着。

小时候，大多数村庄还没通电，煤油灯是家家户户夜晚必备的照明灯。

在我的记忆里，最常用的煤油灯大致有三种：罩子灯、提灯和自己制造的小煤油灯。罩子灯和提灯，一般都是条件稍微好的家庭才能买得起的。它们都有一个透明的玻璃灯罩，可以遮风挡雨，装有调节旋钮，用来调节灯的亮度和控制油耗。提灯又叫马灯，不仅可以在屋里使用，还可以在户外使用，它还有一个绰号叫"气死风"，意思是再大的风也奈何不了它。而普通农家大多使用的都是自己制造的小煤油灯。

当年，我家里用的就是妈妈自己用空瓶子制的煤油灯，做晚饭时，煤油灯就挂在厨房灶台边高出人头的墙壁上，在灯光的映照下，妈妈在灶台旁边忙碌的身影便被拉长，映在身后的土墙上，随着灯光的摇曳不断变换着。姐姐往锅底添柴，锅底蹿出来的火苗，与煤油灯的亮光交相辉映，把整个厨房照得通亮。

吃过晚饭，煤油灯就被放到堂屋的桌子上，为了省油，妈妈会把灯芯捻到最小，在微弱的煤油灯下做针线活。她一手拿着鞋底，一手拿着一根拴着长线的大针，一针一针地钻，又一针一针地拔，常常熬到深夜。我常常从梦中醒来，迷迷糊糊中发现妈妈依然在埋头忙碌。听到针线穿过鞋底时发出的"哧啦哧啦"的声音，看到妈妈把针尖轻轻地插进鬓边浓发里摩擦的动作，不由得心疼，说："妈，不早了，快睡吧！"妈妈总是说："白天还有别的事要做，天气马上就冷了。"或者说："明天得下地干活，天气快变暖了。"我家兄弟姐妹多，妈妈白天干农活，晚上好像总是有做不完的事，那盏小小的煤油灯不知陪伴着妈妈度过了多少不眠的夜晚。

我上小学三年级时，村里虽然通电了，但经常停电。上早自习时，班里的每个孩子都得有一盏自制的煤油灯。我用妈妈纳鞋底的棉线折上几折，轻轻搓几下，再折几折就成了灯芯。煤油灯亮不亮、省油不省油，灯芯是关键。这用棉线做的灯芯不能太紧，太紧，煤油不容易吸上来，火苗就小，不亮；也不能太松，太松，火苗太大，费油。所以这道工序就得特别认真，要用心穿进去抽出来，试几次才行。再找一个废弃的墨水瓶，将瓶盖钻一个和灯芯管相应的圆孔，接着把用完的铝制牙膏袋剪出一小块长方形，包着灯芯卷成筒子，插入盖孔中，让灯芯管上的圆片盖在瓶盖上面，再往瓶中倒入煤油，把瓶盖拧紧就行了。灯芯管上边的棉线灯芯被煤油浸润，用火柴点燃，煤油灯就会燃起一束小小的火苗。火苗要是大了，我会用剪刀把露出的灯芯棉线剪掉一点。那时，一束束暗红的火苗，可是教室里一道独特的风景。

翻书或者咳嗽，稍不注意，煤油灯就会灭掉。为了防风，我们就用一张白纸把灯围起来，把接头一粘，再在前面开一个小洞，就成了一个圆柱形的灯罩，一缕光亮便从里面透出来。这个方法虽然很实用，但是等到一节课下来，鼻孔里、脸上都黑乎乎的。

我当年迷上了武侠小说，上早自习时都忍不住拿出来看，为了避免被老师发现，就在煤油灯前支起一本打开的书，挡住老师的视线。有一次，我看得入迷，手一不小心碰到灯罩，灯罩就燃烧起来，连头发都烧着了。有时被老师看到，就会把书没收了，还少不了挨一顿批。

今天，煤油灯早已被现代文明所淘汰，但还时不时地在我记忆的深处闪亮。

记忆中的大食堂

陈平胜

谈起 1958 年的公共食堂，70 岁以上的人都有较深的感受，我 1951 年出生，那年我刚好 7 周岁。

大食堂就在我家门前东西路的南面，从我家的门到大食堂的门最多也不过

50 米。食堂的门本来不是面朝北的，正因为食堂的后面有一条东西路，为方便吃饭人的进入，便从房屋的后墙开了个大门。食堂的房屋主人是一户成分较高的张姓人家，主堂屋坐北面南，左右分别建了四间厢房，厢房前面还有五间过道。正因为这家房屋充足宽敞，所以食堂就安排在这里。

那时我家共八口人，有奶奶、父亲、母亲和我们姐弟五个。食堂吃饭八个人一桌，因桌子只有几张，谁先到谁就有吃饭桌子，谁去晚了，谁就蹲在地上吃。由于我家离食堂近，每天吃饭前，我都要提前到食堂去占桌，所以我家天天能坐着在桌上吃饭。

食堂是从 1958 年 10 月开伙的，那一年人民公社刚成立，收成也很好，集体的粮食集体管理，年前几个月生活还不错，平均每人每天生活的定量是三两粮食，饭烧得稀一点，但那毕竟是粮食做的。每次打饭，大人一满勺，小孩减半，早晨、中午还能吃上一个鸡蛋大的红薯面窝窝头。我父亲、母亲和三个姐都舍不得吃，他们都要把窝窝头省给奶奶、我和弟弟吃。奶奶怎么也不愿意吃别人省给她的窝窝头，我和弟弟则不然，不管是谁给的吃起来总是理所当然，感觉还非常香甜。

这样的好景没有坚持多久，到了年后（1959 年二三月），食堂已是彻底绝粮了，再也见不到年前鸡蛋大的窝窝头了，每天仅仅能喝到一勺稀饭。当时我很幼稚，不停地发问："姐姐，我的稀饭碗里能看到我的影子，你碗里有吗？"姐姐不回答，母亲叹了口气，父亲吼了一声："快喝吧！"我便不敢再问了。每天饭后，总看到一些比我大的男孩、女孩在生产队打粮场上的豆草垛下扒拉着、寻找着什么，走近跟前一看，才知道他们在找寻残存的黄豆粒。于是我也跟着找，找到了一粒后，放在嘴里嚼，哎呀，好大的豆气，但由于饿，我还是吃了下去。就这样，一垛垛豆草被拽了个底朝天，直到再也没有豆粒可找了。

天无绝人之路，谷雨过后，农作物都播种下地。玉米、黄豆都一穴穴播在地里，聪明的大人们深知一季庄稼，是来年的口粮，更明白，"春种一粒籽，秋收万颗粮"的道理，但他们还是偷偷地扒掉一层层土，把刚播种的玉米粒捏在手心里，用手搓掉玉米粒上的泥土，丢进了嘴里。这样一次又一次的举动被干部看到了，受到了严厉的训斥，老百姓自觉理亏，再也不敢了。

三月里艳阳天，大地复苏。大麦小麦伸长了脖子在观察着人间的疾苦，大豌豆也吐出了嫩芽。这嫩绿的大麦苗、豌豆苗就成了人们的救命"仙草"。

每天从食堂走出后，我都要和大人们一起到野外的大麦苗地里，去拽大麦苗、豌豆苗吃。小麦苗不能吃，它苦，可大麦苗能吃，大豌豆苗更好吃，我用手拽了一把，大口大口贪婪地吃着，真解馋。可十天半个月后，这些青苗逐渐老了，不能吃了。这时，榆树长出了一串串榆钱子，它能蒸着吃、煮着吃。人们吃完了榆钱子，又扒掉榆树皮用火烤着吃。榆树皮被扒光了，吸收不到水分就死了，渐渐地就绝迹了。

三四月间正是青黄不接的季节，食堂里没有一粒粮食。巧妇难做无米之炊，食堂的伙怎么开呢？干部看到老百姓这样挨饿，便组织部分壮劳力去沙滩老濉河割捞水中的苲草，发动妇女到野外去割野菜，用来改善群众的生活。

1959年5月5日，冯庙区委副书记张计义要来找营庄专门看看食堂的伙食情况。分管伙食的范广斌听到通知后，怎么也睡不着觉，搞点什么花样给来调研的张副书记看看呢？他终于想出了办法，他决定让群众吃糕点，就四菜，喝一汤，改善一下生活。原来食堂的东院门前有一垛去年收的山芋梗，他就让群众用三股木叉使劲地敲打，然后用铡刀把山芋梗铡碎，支起了大锅，燃起了木柴火，把已铡碎的山芋梗放在每个吃饭桌上，让社员用棒槌敲碎，再放在石磨上一遍又一遍地粉成说面不面、说渣不渣的糕点原料。接着，老范安排伙夫烧了一大锅开水，把粉碎的山芋梗碴分别放在几个大盆里，用开水一烫，还真黏乎，用手一攥，能攥成团，再把烫好的面团放在小扣碗里，在蒸笼里一蒸，蒸熟后再把扣碗倒卡在桌上，黑黑的圆圆的糕点就制成了。

四个菜也做好了，菌荬菜、婆婆丁、灰灰菜、姜姜芽，前两种菜是开水焯后的凉拌菜，后两种是在锅里用盐炒熟的热菜。一个汤，就是把河里苲草切成碎沫，放进烧好的开水里，放上一点盐，就是汤菜。听说今天改善伙食，人们都特地去了个大早，仍旧是八个人一桌，小孩和大人一样，一人一块糕点，四菜一汤摆上了一桌，来调研的张副书记一行人，也和咱们同屋吃饭，吃的和咱们一样。听说吃的是糕点，于是我拿起一块就吃，刚嚼了两下，"呀，好碜呀"！我没敢发出声来，看看别人可能长时期吃不上馒头的缘故，一个个狼吞虎咽，风扫残云般把一桌糕点、四菜一汤的"美宴"吃得一干二净。那天张副书记吃后很满意，说："乡亲们，你们可能好长时间没吃到粮食了，我们都知道，你们这个食堂的干部很会动脑筋，同样是野菜，同样是山芋梗，他们能变着法子让大家吃得饱，这种做法是难能可贵的，希望大家动脑筋熬过去，熬过这个坎，午收就要到了，白面是能吃上的。"

好不容易熬到了小麦快成熟的季节，人们就试探着把麦穗揪在手上，两手一搓，用嘴一吹，再用手一捋，顺势把麦粒放进了嘴里。吃上几把过后，肚里不那么空了，再上几把，人们就有了精神。在田间地头，只要干活一休息，人人总是不约而同地拽起麦穗搓起来，甚至有的利用解手方便之际，蹲在麦棵里，也要搓上几把，塞进嘴里。就这样，人们为了吃上一把麦和看青的捉起了迷藏。当然，多数看青人员对人们如此举动，只是睁只眼闭只眼，因为他们的家人也同样在挨饿。

午收了，麦子上场，可亩产百十斤，除了公粮，留下种子，群众的口粮微乎其微，整个食堂仅剩几千斤粮食。一二百口人吃饭的食堂按每天每人三两定量，一个月就得一两千斤。新收的麦子，两个月就被吃完了，村庄上所有杨槐树的树叶也被吃光了，人们就吃老南瓜叶，老南瓜叶吃光了，于是人们又盼望着秋收。可是1959年的秋天出现了洪涝灾害，地里边仅有的几棵庄稼，被茫茫的大水淹得颗粒无收。大水退去后，满湖遍野到处都是扁扁草和抓秧草，没膝的杂草很快覆盖着大地，不长时间陆续长出了种子，这些杂草的种子也给人们带来了生存的希望。人们每天到湖里去捞草种子，然后交到食堂，哪户不交草种子，哪户食堂就不给饭吃。草种子通过食堂加工，就成了人们口中的主食，到了10月，湖里面能吃的野菜草种子和树叶一无所有了，食堂没有一粒粮食，无法开伙，就此，食堂被迫停了下来。

远去的拉大车

刘万广

从20世纪50年代到70年代末，每个生产队都要有一辆太平车，群众习称大车。这种大车，都选用木质最坚硬的桑、槐木料制作，有四个木轱辘，外圈包铁。铁匠打出的铁轴承，套在铁圈里，俗称车穿，镶在车架中间。车架又叫车楼，都用木柱子做成，用于转动方向，亦可供车把式坐。车底部和两边车帮，全用木板和铁匠打的大铁钉钉牢。两头空门，留上下货物或上下人。全车刷上桐油，既美观又坚固。

那时，从集体到个人，都需使用大车。向地里运粪，拉回成熟的农作物，向上级交送物资，拉回生产物资都要靠它来完成。小伙子娶媳妇，车中间放着一条新席、一床新花被，四周贴上双喜字，请一位赶车技术高的车把式，在车鞭上系上红布条，套上牛，再在牛角上系上红布条，就可以出发了。

大车有时用人拉，有时用畜拉。20世纪五六十年代，差不多队队都是人拉犁、拉车。70年代后，人力拉犁基本没有了，可是还有不少生产队靠人力拉车。

拉大车非常有意思，拉一车土头粪，多的有四五十人，少的也要30余人，几乎都是中老年人。在大车前绑一个横杠，两头有两个铁环，用一根20多米长的大粗绳，俗称大经，穿入两个铁环里，固定后，一边各留10米左右，拉车人在两边大经上拴上小背带，两边的人必须对等，保持力量均衡。大经两头有两个人领拉，俗称领大经。车的后面，有一个"掌舵"人，双手叉开，掌住车把，车走偏了，或需要转弯了，可随时调整方向。

拉大车是集体劳动，有人说是流动的会场，有人说是流动的俱乐部。拉车时队长可以开会、安排事项，记工员可以公布各家出勤和工分数，读报员可以肩背绳、手捧报纸或书籍读给大伙听。还可聊天讲故事，文化程度高的还可开展文化辅导。特别是说笑话时和谈男女情事时，大家都笑声不断。也有情投意合的，肩并肩膀挨膀，悄悄地说着情话。

拉大车也是一个干杂活的小工厂。50多岁的妇女手里都带着针线活，用陀子撵线是首选。她们口袋里装着棉花，肩上背根不怎么用力的绳，一边拉车，一边和旁边的人拉呱，手里的线陀转个不停。少妇和姑娘们有的纳鞋帮鞋底，有的打毛衣，还有的绣花。有文化的青年都喜欢看小说或连环画书。

四个木质的车轱辘，切地面只有大拇指宽，一车过后，就立刻留下三四指深的车辙印，下到田间，都能压到 10 多厘米深。到了松地、洼地或上坡的地方，掌把的队长就会提前大声咋呼："都伸开腰，使劲！"并命令号子手，带领大家喝起号子加油拉。这时，大家个个弯腰，用足力气。号子手干咳几声，清理一下嗓子领喝，大家跟喝：

（领）哎呀召嘞个咳哟来，（合）哎呀召嘞个咳哟来。

（领）哎呀召嘞个咳哟来，（合）哎呀召嘞个咳哟来。

（领）我们得加油拉嘞啊，（合）我们得加油啦嘞啊。

（领）拉好呢好回家喃嘞，（合）拉好呢好回家喃嘞。

（领）我们呢要加油喃嘞，（合）我们呢要加油喃嘞。

（领）加油呢拉到头喃嘞，（合）加油呢拉到头喃嘞。

（领）到头拐个弯嘞，（合）到头拐个弯嘞。

（领）拐弯呢回家转嘞，（合）拐弯呢回家转嘞。

从 20 世纪 70 年代开始，马车代替了笨重的大车，联产承包责任制后，手扶机和四轮机进入农家，那几十口人拉一辆大车的情景，渐渐远去了。

挣工分

马香俊

人们都知道"分、分、分，是学生的命根"，很多人不知道"分、分、分，是社员的命根"，只有接近五十岁及其以上年龄的并且在农村生活过的人，才能知道后一句话的来龙去脉。

从 1955 年实行农业合作化起，至 1980 年实行农业大包干止，在 25 年的集体生产劳动期间，农民是人民公社的"社员"，社员参加生产队劳动的报酬是"工分"。社会主义的分配原则是"各尽所能，按劳分配"，生产队按"工分"给社员分红。所以，挣工分是社员的唯一选项。

先说一说生产队是怎样给社员记工分的。生产队把社员分为满劳动力和半劳动力。青壮年男社员一天三出工，早上2分，上午4分，下午4分，全天记10分，这是满劳动力的底分标准。青壮年妇女一天三出工，分别为1.5分、3分、3分，全天记7.5分，这是半劳动力的底分标准。老、幼、病、残的男女社员则区别对待，酌情定其底分标准，再按其底分标准记分。生产队给社员评定的底分标准一年一调，实行动态管理。生产队记工员到田间地头按每人的底分标准和出勤情况现场记工分。社员参加本生产队劳动按各人的底分标准记工分，被抽调参加大队、公社和县里的水利工程、植树造林等劳动，也由生产队按各人底分标准记工分，受队长委派参加县、公社、大队会议或者出差，仍然由生产队按各人的底分标准记工分，参加大队、公社文艺宣传队或者征兵体检，还是由生产队按各人的底分标准记工分。各人的底分标准相当于各人的基本工资标准，同样是去开会，满劳动力记10分，半劳动力记7.5分。各个生产队的底分标准也不尽相同。除了以上各方面挣工分，社员割草、拾粪、积攒人粪尿、沤制农家肥交给生产队，按数量（重量或立方）、质量换算成工分记上，就连灭田鼠也按上交的老鼠尾巴数记工分。

再说一说生产队是怎样按工分给社员分红的。分红的时间，一般是午季预分、秋后决分。生产队收获的粮食，在完成上交公粮、留足种子和牲畜饲料后，才能拿出来作为社员的口粮进行分配。这些口粮要分别按当时的标准计价，如小麦每斤0.11元、玉米每斤0.09元、白芋干每斤0.08元等，计算出总口粮的总金额。总金额除以全队社员的总工分，得出工分的分值。分值乘以各个农户的工分，得出每户的金额。生产队分配给社员的口粮，一般是六四开。总口粮的60%按人头分，假如全年每人平均300斤口粮，60%是180斤，乘以各个农户的人口，即该户的人头粮。总口粮的40%按工分分配，这部分口粮除以总工分得出每个工分应得的粮食，再分别乘以各个农户的工分，得出每户的工分粮。每户的人头粮加上工分粮，即该户全年的口粮。每户的口粮分小麦、玉米、白芋干等分别计价，计算出每户口粮应付的金额。每户工分应得的金额减去口粮应付的金额，是负数的农户要出钱给生产队，是正数的农户等着领钱。一般来说，人口多劳动力少的农户要拔钱（就是冒工分），壮劳动力多小孩少的农户要得钱。

以上说的是生产队社员挣工分和按工分分红的事，还有一些人挣大队的工分怎么分红呢？大队党支部书记、大队长、大队会计，一年按 300 天计算（规定干部参加集体生产劳动时间一年不得少于 60 天，由自己劳动挣工分），每天 10 分，全年 3000 个工分。大队副职和民兵营长、治保主任是正职的一半。青年书记、妇女主任等人员的报酬要低一些。大队小学的民办教师和卫生室的赤脚医生与大队正职同等记工分。挣大队工分的人，男女同工同酬，都是每天 10 分。大队工分的分值和工分粮，以全大队各个生产队的加权平均值计算，从各生产队统筹到大队，然后再分配到每个挣大队工分的人。各人的人头粮在各自的生产队，但是要按价付款。

那么，生产队集体劳动是怎样组织的呢？生产队队长主持全面工作，副队长和妇女队长协助队长工作，还有会计、现金保管员、仓库保管员和记工员，组成生产队领导班子。比较大的事情领导班子集体研究，平时都是队长一人发号施令。队长每天三次召集社员下湖干活，到哪块地、干什么活、带什么工具都交代得一清二楚。谁上大队、公社开会，谁去赶集为队里办事等，直接安排到人。有些技术活，人员固定或相对固定。牛、马、驴等牲畜是生产队的宝贝，饲养和使用牲畜的人员是固定的、专职的。棉花专业队的人员是相对固定的，根据棉田管理需要，增减或调换人员。社员随时听从队长的调遣，只要是队长安排干的活、做的事，都给记工分。

20 世纪五六十年代，淮北地区水患灾害频仍，十年倒有九年淹，一年不淹旱起烟。有的年份是春旱夏涝，有的年份是夏涝秋旱，甚至旱涝交替发生。从 1956 年起开始组织打井、挖塘、扒河、修路，直到 1966 年至 1968 年开挖新汴河，基本根治水患，变水害为水利。后来又实行山、水、田、林、路综合治理，实现农田林网化，促进了农、林、牧、副、渔各业全面发展。这些丰功伟绩都是公社社员为了挣工分，参加战天斗地大会战，辛勤劳动创建的。

交公粮

韩 英

那是 20 世纪 80 年代初期，农村刚刚实行家庭联产承包责任制不久，农民干劲十足，时时刻刻都沉浸在劳动与丰收的喜悦中。每年午收过后，就要早早准备着一件大事，那就是交公粮。

母亲早早做好打算，把好粮食摊在打麦场上，趁着大好天气翻来覆去地晒了又晒、扬了又扬，直至那小麦粒儿金黄油亮、干干净净，母亲才擦着满脸的汗，嘘了一口气说："行了，明天可以去交公粮啦。今年或许走到就交，不要再让我们拉回来。"大姐说："我看这样好的粮食肯定能交掉，要是交不掉，咱们就去找老金。"大姐说的老金是我们乡镇粮食站站长，他和我的父亲有点交情，就因为这点交情常常让母亲和大姐引以为荣。

第二天，天刚蒙蒙亮，我便被母亲从睡梦中叫醒。"快起来，快起来，跟我们一起交粮去！到那儿买包子给你吃。"我迷迷糊糊爬起来，跟着母亲走出家门，只见门外的平车上放着满满的十几口袋粮食，大姐正撑着车把在那等着。母亲一把抱起，把我放到平车上，夹在那些口袋中间。于是，大姐拉着车子，母亲在后面推着，我在车上又昏昏沉沉地睡着了。

我家离粮站只有七八里路，我们到达粮站时，东方的红日才刚露出半张脸。老远就看长长的粮车队蜿蜒着从院内排到院外的大路上。大姐连连抱怨："看吧，看吧，又来晚了，这要到什么时候才能轮到我们呀。"母亲夺过车把，把平车挤到那些粮车中间，稳稳地放好，就对大姐说："你在这看着，我进去看看。"母亲便慢慢地挤进粮站大院。过了一会，她又挤了出来，心平气和地对大姐说："别急了，慢慢等吧，估计要到中午才能排到我们。"母亲说着，便把我从车上抱下来，问："饿了吗？"当然饿了，不饿也想着吃包子呢。于是母亲就让大姐看着粮车，领着我向另一条街走去。那天不逢集，街道上冷冷清清。街道拐角处有一家小吃铺，高高的几笼包子正冒着热气，散发着诱人的香气。母亲要了些小笼包，又拉着我往回走。我家的车子还在原地没动，我们娘仁就围在一起吃热包子。

不多会儿，粮车开始缓缓向前移动了，我们的心也好像安定了许多，排队的人群都显得轻松起来，逐渐熟络了，开始一起说说笑笑。前面那位大爷一条腿放到车把上，口中念念有词，竟说起了大鼓书，文辞诙谐幽默，引得周围的人们不时哈哈大笑。偶尔有一两辆空车往外拉，拉车的大娘大爷、哥哥姐姐都是满脸笑容。前面的大爷不放心地问："今年，那里面收得严不严啊？""不严，走到就交。"

我们的粮车渐渐地移到了院子里面，可是情况却发生了变化，有好几辆车满满的粮食往回拉，拉车的就小声骂着。又有人关心地问："怎么了，没要？"那人愤愤地说："换人了，刚才那个女孩子多好说话。现在换的这个女的，是个洋货，说这个水分大，又说那个杂质多，都不合格，拉回去晒晒再说，唉！"排队的人群开始骚动起来。大姐说："妈，咱趁早去找老金吧。"母亲愁眉苦脸地向里看了看，没吭声就默默地向粮站后院走去。过了一会，她又默默地走了回来，眉毛锁得更紧了，到大姐跟前，小声说："慢慢等吧，老金到县里开会了，要到晚上才能回来。"大姐慢慢地把粮车把放了下来，坐到了车把上。

临近晌午时，我们的粮车终于排到了跟前。母亲立即紧张起来，对我说："你站在这儿，别乱跑，我们进去一会就回来。"我于是站在那儿看着大姐和母亲把粮车转了又转，艰难地向里面拉。过了好一会儿，却见母亲和大姐又把那满满一车粮拉了出来，我也预料到什么，心跟着咯噔了一下。周围的人只是看着，也没有了说话的精神。母亲把我抱上粮车，大姐一脸灰黑，也不说话，就低着头向外拉。

我以为我们要回家了，可是她们转了几圈，竟然在一片阳光炙热的水泥地上停了下来。母亲说："好了，就在这儿吧，这儿阳光好，估计晒个两小时就行了。"母亲又把我抱下来，然后和大姐一起把那些口袋一一抱下来，解开了，把小麦平摊在那片水泥地上。大姐红红的脸上挂满了汗珠子，母亲也满脸是汗，脸色发黄。母亲说："还行，没让我们拉回去，让我们就近晒晒就行。"大姐说："我们这麦子已经这么干净了，还说我们水分大，真是鸡蛋里挑骨头。"母亲无奈地摇摇头，把粮食口袋捡了起来，铺在一棵梧桐树下坐下来。大中午，阳光直射下来，似火地照着大地，到处一片炙热，梧桐树下只有一小团阴凉，远处，时不时传来几声焦躁的蝉鸣。我已经筋疲力尽，饥饿和困乏一起袭来。母亲让我和大姐在树下躺一躺，自己起来拍拍身走了。不多时，她拿了几个薄薄的烧饼回来。我闻着，那烧饼味别提有多香了。我们喝着带来的白开水，默默地吃完烧饼，就相互依偎着，蜷缩在梧桐树下休息。

下午四点钟左右，母亲和大姐赶忙把麦子装进口袋，放上车子，带着我，又拉向粮站院里。下午排队的粮车稀稀拉拉，不多时就轮到了我们，还好，一切顺利。

当我们拉着空车向回走时，天已经擦黑。母亲拉着车子，大姐跟在后面，一路笑语喧哗。我坐在车上，静静地听着母亲和大姐说话，仰头可以看见天上寥寥数颗星星，天气也渐渐凉了下来，偶尔会有清风拂过，一天的疲惫似乎都被这凉爽的晚风吹得无影无踪。

晏湾的稻改

晏金福

我们要加油哎，哎嗨哟，
加油争上游哎，哎嗨哟。
我们加油干哎，哎嗨哟，
加油当模范哎，哎嗨哟。
大干二十天哎，哎嗨哟，
黑夜当白天哎，哎嗨哟……

1958 年 6 月下旬的一天夜里，晏湾西北湖的一条沟渠边，号子声此起彼伏。猛一听，声音嘹亮，响彻云天，可是，要是仔细听，就会发现节奏好像有点慢，劲头儿也没有那么足。如果你走近了，就会看到沿河一长溜水车几乎都停着，喝号子的人有的坐着，有的躺着，偶尔还会听到鼾声。

突然，远处射来手电筒的亮光，三明三灭。沟渠边立即响起急促的低喊："快起来，薛蛮子来了！"坐着的自然是应声而起，躺着的也立即翻身爬起。很快，震天的号子声，"吱吱扭扭"的水车声，"啪塔啪塔"的刮水声，淙淙的水流声，混成了一曲动听的交响乐。过了一会儿，灰暗的夜色里，沟堤上走来三个人，走在前面的是人高马大的薛蛮子，他是南方来的稻改技术员，后面跟着的是大队干部。看他们来了，社员们干得更起劲了。

那时，我们这儿普遍推行稻改，因为还没有电灌站，只能用人工水车。水车有两种，一种是手摇水车，可以一个人用双手摇，也可以两个人摇；另一种是脚踏水车，可以两个人踏，也可以三个人踏。无论哪种水车，都要注意节奏。手摇的如果两个人节奏不一致，劲儿使不到一块儿，就会事倍功半；脚踏的要是谁的节奏慢了，小腿就会被踏板打着。谁都有打盹儿的时候，所以，踏脚踏水车的，每个人的小腿都是青一块、紫一块的。

稻改，对于沙土地来说是件好事，尤其是我县北部和苏北，对改造盐碱地很有好处，所以，至今这些地方还有种稻的习惯。可是我们庄是淤土地，是漏风土，存不住水。稻田里车了满满的水，一夜过去，全没了。因此，我们庄是不适合稻改的。可是，当时的领导蛮干，一刀切，硬逼着我们稻改，所以才会出现开头的那一幕。而那薛蛮子也确实蛮，看谁不卖力，不是拳打就是脚踢，谁能不怕。

薛蛮子等在沟堤上来回走了两趟，满意地走了。等他们走远了，社员又都丢下水车，往地下一坐、一躺，慢条斯理地喝起号子来。

天亮了，社员们纷纷站起来，打着哈欠，伸着懒身。放眼望去，朝霞映照着大地，沟渠纵横，稻田方方，可田里只有花花搭搭的水。新插的秧苗绿油油的，只是头有点耷拉，没精打采的样子。

老灵固路的弯儿

晏金福

灵璧到固镇的公路叫灵固路，老的灵固路，给人最深的印象就是弯道多。要说到底有多少弯，我觉得，我最有发言权。因为，从 1959 年 8 月到 1961 年 4 月，我曾用双脚七次丈量过这段 37 公里的砂石路。

第一次走灵固路，是 1959 年 8 月 30 日。那时，我初中毕业，由于家贫，舍近求远，报考了离家 100 多里的固镇中学，就是因为这所学校勤工俭学收入高，学生免交学杂费和伙食费。这天，天没亮，我就从家里出发了，走到灵璧县城，太阳已经有点偏西了。在城南汽车站旁边的小茶馆里，我花一分钱买了一大碗滚烫的白开水，掏出包袱皮裹着的杂面窝头，慢慢啃起来。这时，突然从北面来了一个人高马大的黑大个，仔细一看，这不是我的同学小 Z 吗。我问他到哪里去，他说："到固镇中学上学呀。"我正发愁这剩下的路怎么走呢，可巧来了个同路的，我能不喜出望外吗？

踏上灵固路，没走多久，我就发现，这路的弯儿特别多，没隔多远，就是一个弯儿。有时，这个弯儿还没走完，就转入了下一个弯儿。因为实在太累了，我们过弯时总是抄近道，就像面临一个巨大的弯弓，我们走在弦上，可以少走不少路。好在那时车少，半天也难得过一辆，所以，我们可以在公路上尽情地撒欢儿，想怎么走就怎么走。走了半天，也没看到一个像样的村庄，连一个卖茶的都没有。正在饥渴难耐的时候，远远地出现一个黑咕隆咚的村庄，我们加快脚步，快到跟前时，路边出现一个路牌，上书"晏路"两个大字。我一看，感到特别亲切。因为我们晏姓比较稀少，能碰到晏姓的村庄，能不高兴吗？街头就有茶馆，我们一人一碗白开水，一面吹，一面迫不及待地喝起来。喝了几口，我停下来，问掌柜的："你们这里姓晏的有多少户？""整个晏路街，连一家姓晏的都没有。"他的回答挺让我意外。"没有姓晏的，为什么叫晏路？"我很不解。他两手一摊，说："我也不知道！"后来听说，民国时期俺晏湾有一户搬来此地自搭庵棚，卖茶和稀饭。一家人非常辛劳，过往客商无论何时，都能喝热开水、热稀饭，所以，生意很好，名气也很大。因为这家三岔路口的晏家稀饭棚，人们就把这里叫作晏路口。

再往前走，太阳就快沾山了，离固镇到底还有多远，我们谁也不知道，好像这条路永远也走不到头似的。前面是一个由西向南的90度的急弯，刚转过弯，突然Z大喊道："三它三可！""什么三它三可，你一惊一乍的？""前面的镇子就叫三它三可。"他指着前面的路牌说。"怎么起个这样的名字？"因为离得老远，我的眼睛近视，看不清。但不大相信。走近一看，原来是"沱河"，那时的路牌都是木牌，上面的字是手写的，写字的人把三点水写得有点平，而且宽了点儿，难怪他会看成三它三可。到学校一讲，大家无不捧腹大笑，以后老长时间，我们都戏称沱河为三它三可。前面又不知过了多少弯，这最后的三十里路，我们走了几乎一夜，到学校时，已是鸡鸣时分。

灵固路到底有多少个弯儿，为什么有那么多弯儿，从那以后，我一直很好奇。弯道多，有人说是为了备战，利于汽车躲避敌机轰炸。这个，我信，看看那时的公路，差不多都是弯弯曲曲的，毛泽东时代，战争的弦儿一直是绷得很紧的。坐车去合肥，定远北面有几里很直的路，反而觉得不习惯，车上的人说，那时留飞机备降的。灵固路到底有多少个弯儿，我和同班的小M曾经认真数过，他数的是115个，我数的是116个。

写春联

王为民

过年家家都要杀猪、熬糖、蒸年馍，还有一样是万万不能少的，那就是要在门上贴红红火火的春联。

从我记事起，每到过年，父亲就早早买来红纸、毛笔、墨汁，并把红纸按双扇门、单扇门的规格裁好，然后，揣着一盒烟，去找"先生"写春联。父亲说，年根儿人家忙，晚了就排不上队。我跟父亲去过一次，那"先生"是我的远房哥哥，不知为什么平时客客气气的老少爷们儿，这会儿却端起了架子，脸上也有了几分高傲。作为长辈的父亲，对"先生"满脸陪笑，递烟点火，说了不少好话，还忙着把红纸在桌子上铺平，等"先生"挥毫。"先生"过足了烟瘾，把毛笔用墨汁喂饱，"刷刷刷"地一阵挥舞。写好一张，父亲就赶紧拿过来，晾在地上。我不知道"先生"写的什么，更不知道他写得好不好，只知道那字又黑又大。

我念小学二年级时，父亲兴高采烈地夹着红纸出去，却满脸沮丧地拿着红纸回来，奶奶见父亲蹲在地上抽闷烟，就宽慰说："没写就没写吧，每天（过去）不会写字，用碗口蘸墨水搁纸上搕团圈，不也照样过年！"她忽然看见趴在桌子上做作业的我，像发现宝贝似的，连说："俺大孩也识字，叫他写不行吗？"父亲也顿时来了精神，对我说："就你写吧。"我连连摇头："我没写过，不知怎么写。"父亲说："不要怕，我说你写。"推辞不掉，我只有扔掉铅笔，第一次拿起了毛笔。那笔在我手里又沉又大。我也学那"先生"的样子，给笔沾饱了墨汁，"一夜连双岁，五更分二年。"父亲说一句，我写一句，毛笔在我手里不听使唤，字忽大忽小、忽稀忽密，还不时有墨汁滴下，整张纸弄得像个大花脸。"听毛主席话，跟共产党走。""勤是摇钱树，俭为聚宝盆。""开门见喜，对我发财。""庄稼一枝花，全靠肥当家。"不识字的父亲说了很多，我顺着音写，也不知对不对。父亲站在一旁边说边牵着纸，我写完一张他就赶忙拿在地上晾着，又为我铺好一张，他的脸上溢满了喜气。奶奶更是乐得合不拢嘴，连说："俺娃写得这么好，干什么还去找旁人？"

我正写着，忽然门外传来一阵吵闹声，声到人到，是表大爷。他夹着一卷红纸，满脸怒气地对我父亲说："你看不识字可难，求爹爹拜奶奶，跑了半天也没写成对子。"见我写字，忙停住了话，看了看啧啧称赞："乖乖，有志不在年高，无志空长百岁，你看这'点点如桃，撇撇似刀'，好字！"他对我奶奶和父亲说："您打我话上来，这孩子要去赶考，不得个头名状元，也要中个榜眼，最万难也是个探花。"我不知道什么状元、榜眼的，只知道他们肯定是有学问的人。父亲听了连忙递烟，仿佛欠了他多大人情似的。当然夸奖的代价，就是我给他写对子。

表大爷出去不久，又嚷嚷着来了一群人，都夹着红纸，我知道这肯定是表大爷"出卖"了我。我看了不高兴，嘴里直嘀咕："这么多，什么时候能写完？"父亲说："大家都回去忙着吧，等一会儿对子晾干了再来拿。"人走后，父亲说："人家找俺，是信得过俺，不要驳了人家的面子，凉了人家的心。"我听懂了父亲的话。那天，把父亲教的有限的几副对联，不知重写了多少遍。我写到很晚，手脖子都累酸了。那年俺家不仅贴了对联，还到处贴上了"福"字，连那盘古老的石磨也被父亲贴上红纸。一家里里外外红红火火、喜气洋洋，奶奶出来进去脸上都挂满了笑，说哪年都没有今年喜庆。吃年午饭时，从不喝酒的父亲，也喝了不少。他脸红红的，连说几遍："俺家也有文化人了，以后再不用求人了。"一脸的满足。

三用礼堂

宁广荣

灵城隅顶口向南 100 多米路东，有个灵璧剧院，现如今，已不叫灵璧剧院，改名叫什么国际影城了。这个处所的前身有三个名字，一个是官名，叫灵璧县人民剧场；一个是俗名，叫灵璧三用礼堂；还有一个俗名，叫灵璧南关电影院。不过，叫得最响的名字，当数灵璧三用礼堂。

所谓三用，即三个用途：开会、看戏、看电影。

据 1991 年版《灵璧县志》记载，三用礼堂于 1964 年 10 月建成并投入使用，建筑面积 789 平方米。最初的座位不到 1000 个，全是带靠背的木质长条椅，一个长条椅可坐四个人。再后来，改成坐椅，坐垫和靠背是三合板的，架子和椅腿是铸铁的排椅。并开始有规范的排号和座位号，座位也升级为 1200 多个。

在我记忆里，坐在三用礼堂主席台上最大的官是时任安徽省革命委员会主任宋佩璋，在三用礼堂表演过的名气最大的演员是女军人歌唱家马玉涛，在三用礼堂放映电影级别最高的是南京军区政治部电影队，放映的是朝鲜彩色宽银幕故事片《卖花姑娘》。

1984年以前的灵城人，还是比较传统、比较遵守规则或曰比较文明、教养水平比较高的。比如在三用礼堂开会，无论开什么会，与会人员都非常守时，绝对无人迟到或早退。最令眼下人脸红的是散会时分，会议主持人宣布散会以后，全体与会人员立即起立。接着，主席台上的人员先退席，直到最后一人退到舞台侧幕以后，台下人员才按就座区域，分四块从四个门有序退席，绝对没有拥挤现象。早晚有人想加塞，后面的人员会异口同声地指责，而加塞人也会脸红脖子粗地退回到鱼贯而出的人群中。

再如在三用礼堂看戏。无论是灵璧县泗州剧团演戏，还是乡下业余剧团进城会演，抑或是外地大腕登台献艺，全体观众都非常守规矩。最感人的是，戏散时有个程序叫谢幕。大幕闭合以后，音乐声响起，观众会全体起立。与此同时，剧中主角会带妆从侧幕后走到幕前中央，向台下观众鞠躬致谢。观众呢，会全体站立，鼓掌回应。观众满意度高的，掌声就相对响亮些，时间也会相对久长一些；反之，掌声就相对发闷一些，时间也会相对短暂一点。无论满意度是高还是低，掌声一定会一直响着，直到谢幕人退回到侧幕以后。谢幕人退回到侧幕以后，宣布散场的电铃声随之响起，这时，观众才会依次退场。

又如在三用礼堂看电影。电影开映前，也跟好戏开演前一样，响三回电铃。头回响，提醒观众离开映时间还剩十分钟。第二回响，还有五分钟，这时，放映机开始对光聚焦。第三回铃声响毕，立马灭灯。同时，银幕上有了影像，喇叭筒子里有了动静。开映以后，一般三五分钟是片头部分。这个时候，场内显得有些纷乱。片头一旦过去，场内会逐渐安静下来。看电影最激动人心的，当数战斗片里八路军、解放军或志愿军冲锋号声昂扬响起的时刻，这时，观众会掌声雷动，为银幕上的勇士助威。如果是悲情电影，观众的哭声会盖住喇叭的声响；如果是喜剧片，场内笑声会一直发散到更深人静的时候。

我经常跟同事一起到三用礼堂布置会场，这就有了跟老孙经常打交道的机会。已经不需要靠巴结老孙混进三用礼堂看戏看电影的我，却对老孙有着千倍万倍的感恩之念，想方设法寻找机会去报答在我靠钻人家腿脚缝隙看戏看电影年月老孙对我的救助之情。有时候，县里开会或接待客人剩下的不成包的好烟或好茶叶，我会悄悄地收集起来，用报纸包好，装进大信封子里，在方便的时候，送给老孙品尝。有时，我会打着县领导的旗号，到西关酒厂要几瓶老孙爱喝的汴河曲香酒，用红塑料皮蒙上捆好，规规矩矩地递给老孙，留着他自斟自饮。

提起三用礼堂，就不得不说说看大门的老孙。说起老孙，如今五十岁以上的老县城人，几乎人人皆知。老孙如果当下健在，也是个80岁开外的老翁了。20世纪六七十年代的老孙，也就30岁上下，但在我们这些十几岁的小屁孩眼里，可不就是老孙了吗？那时，我们眼里心里的老孙，简直就是一尊神。

老孙，既有权也有威。

一般情况下，三用礼堂北边朝西的偏门，是进场通道，一米左右，显得很窄。三用礼堂正中央面向南北大街的两个西门才叫正门，是散场通道，也显得相对宽敞些。很多情况下，北边侧门吱吱呀呀开启后，老孙就出来了。老孙出来，就意味着检票开始。这时，我们这些没钱买票的小屁孩，除了向持票送检的人们投射出羡慕目光外，就只能眼巴巴地企盼着老孙早一秒开恩了。

时间长了，老孙也就认识我们了。轮到老孙心情好的时候，适当时会给我们递眼色。这时，我们就会眼疾腿快地挤进进场的人流中，紧贴人家的腿脚缝隙，一个出溜，就混到了大门里边。进了大门以后就好办了，我们有时会在礼堂北墙边的公共厕所里躲一会，等开演或开映以后才大模大样地进场。进场以后，蹲下身子，借助昏暗的光线，寻找可以落座之处。

1976年我从部队退伍后，被分配到了县革委会办事组。县革委会开会散会后，我们在收拾会场时，老孙就会看着台下空无一人的座位，就会亮开他那洪亮的大嗓门，抒发人生感慨："万里长城今犹在，不见当年秦始皇啊！"老孙的话，在这个789平方米空间里激起一阵又一阵回响。

每当这时，我都会一边品味着老孙的感言，一边浏览着台下那些贴着各种荣誉标识的空座位和台上被一波一波又一波县领导坐过的藤质或木质靠背椅，心里持续翻腾着说不清道不明的惆怅。

在写下如此这般文字的此时此刻，我又一回走到已经改名叫什么影城的原灵璧三用礼堂西门口，看着滚滚人流和浩荡车流，心里边又一次泛起了层层涟漪，从 1964 年 10 月到眼前的 2017 年 11 月，已经过去了 53 个年头。这半个多世纪，在三用礼堂台上和台下演绎过多少爱恨情仇，如果再给半个多世纪，还会重蹈前 53 年的覆辙吗？

大姨的画书摊

路永刚

灵璧城里的画书摊是 20 世纪 60 年代的产物，如今，恍如隔世般久远，但仍有一些难以释怀的片段，在我记忆中是那样清晰。

那个时代，大家日子都过得紧紧巴巴，穷得叮当响，一身臭汗，进项寥寥。大姨家子女多，大姨夫靠修钢笔为生，南跑北奔、四海为家，大姨在街上卖茶，还摆了画书摊。画书摆在可以开合的两个架子上，不下五六百本，古今中外、包罗万象，可谓洋洋大观。

那年代没有电视，更没有计算机和手机，小孩想问大人要 1 毛钱买张电影票也不容易，精神生活如此匮乏，能有几分钱硬币看两本小画书就蛮开心了。看画书，2 分钱一本，5 分钱就能看三本。大姨家的画书摊一天能挣三四毛钱，再加上卖茶挣两三毛钱，就靠这蝇头薄利，居然能养活七八张嘴，现在听起来就是天方夜谭。

大姨家的画书摊对我是免费的，只是有一条规矩，在那看一天都行，看完放回原处，一本也不准带回去。

小画书中，不乏供人开颜解颐、消遣娱乐的故事，喂哺了我辘辘的精神饥肠。轻抛浪掷如金岁月的懵懂少年，走进了书的世界，才知道有那么多精彩和传奇，我的心也时常被书中的情节带到了浩瀚的太平洋、冰封的南极洲、高耸入云的珠穆朗玛峰、深邃无底的贝加尔湖，好像亲眼见到了印度的大象、非洲的斑马、埃及的金字塔、巴黎的凯旋门；西湖芙蓉十里如锦，荷叶田田、柳浪闻莺、仕女骈阗、临流泛觞，还有白娘子与许仙凄美的爱情故事，也让我如痴如迷。小画书神奇的魅力吸引了我，在风轻云淡的春日，在残阳如血的黄昏，它如佛前的炉烟。山中的兰香沁人心脾，芬芳着我的童年，不知愁滋味的我，手不释"卷"，忘了世事的纷扰，忘了归家。

有一本《两个医生》给我留下刻骨铭心的记忆。画书中的两个医生，一位是乡下的土中医，一位是城里的洋西医。乡下的中医悬壶济世，他配制的祖传治蛇咬伤的中药，挽救过无数人的生命。老中医晚年得子，不幸的是，儿子得了西医才能治好的病。乡下交通不便，大家轮流背着老中医十几岁的儿子，心急火燎地从30多里的山中奔到城里医院，但那洋大夫刚出院门要去打高尔夫球，让他们另找一家医院，无论他们怎样哀求，洋大夫都置之不理，径自上了轿车，开走了。他们忙着再找另一家医院，可还未到达，孩子就不行了。或许是上苍有眼，洋大夫的唯一儿子与他热恋的女友在山里游玩，乐极生悲，被毒蛇咬了，能动大手术的西医对此却束手无策。消息不胫而走，山里人"强行"把老中医藏了起来，他是方圆上百里唯一能治毒蛇咬伤的土神医，众人异口同声："让那洋大夫也尝尝失去儿子的痛苦滋味。"不出所料，洋大夫带着厚礼来到山里，找到老中医家，并郑重承诺，只要能救活儿子的命，他城里私家医院楼房家产可以给一半酬谢。但找不到老中医，他只好绝望而归。天黑了，老中医回到家中坐立不安，再不伸出援手，洋大夫儿子必死无疑。老中医带上配好的中药，躲开众人，摸黑走了30多里山路来到城里，撬开患者的嘴灌下中药，一直折腾到天明，洋大夫的儿子终于获救。全家人悲喜交集，洋大夫要履行他的承诺，老中医却毅然决然，转身就走。临出门，又转身留下一句话："救死扶伤，永远是医生的天职！"洋大夫望着白发苍苍、忙了一个通宵连一口水也未喝的老中医渐行渐远的背影，呆若木鸡。

半个多世纪过去了，小画书中的这个故事在我脑海中仍鲜活如初。

多少年来，我对小画书情有独钟。1990年，单位让我去淮北开会，在淮北市我遇到旧书摊，小画书处理价每本一元钱，我一下子买了40多本，开会回来给我的儿女们看。我上班不在家，小孩子哪知珍惜这些书？一本本往外借，却不知要回，40多本丢失殆尽，至今回想起来仍觉得可惜。

大姨家的画书摊，是我生命进程中的驿站，曾给我知识、给我快乐，伴我成长。

往事历历，年代久远的画书摊，我不能不想你，不能忘记你，一任岁月逝去，念你依旧如昔。

媒人

晏金福

媒人，是男女婚姻的牵线人和搭桥人。男媒人亦称"月下老人"，简称"月老"。传说月下老人手捧注定天下人婚姻的姻缘簿，袋中装满红绳，他用红绳将一对对有姻缘的男女的脚拴在一起，这样，不管他们在天南地北，都会结成夫妻，所以叫"千里姻缘一线牵"，"月老"也就成了男媒人的代名词。女媒人也叫媒婆或"红娘"。"红娘"来源于戏曲《西厢记》，丫鬟红娘为小姐崔莺莺和书生张君瑞牵线搭桥，让他们终成眷属，"红娘"也就成了女媒人的代名词。

"父母之命，媒妁之言"是封建社会男女婚姻的清规戒律，封建社会解体后，男女争得了婚姻自由，"父母之命"的权重有所减弱，但"媒妁之言"一直贯穿古今，哪怕是瓜熟蒂落的一对儿，最终，也还是会找个媒人意思意思。

以前，农村有不少半职业媒人，他们在当地有较高的威望、较广的人脉，加上头脑灵活、口齿伶俐，说媒的成功率很高。我有一对本家兄嫂，擅长说媒，经常奔走于东西南北庄，说成大媒无数，许多人家儿女大了，都上门求他们，他们夫妇俩一生说成的红媒竟达100多桩。

媒人的本领之大，有时令人不可思议。当年我在九顶中学任教时，就见证过一次媒人近乎离奇的举措。当地有一个赵家 × 的，说媒的本事，远近闻名。

那天他带着新郎去娶亲，马车到门前，女方却提出了无理要求，无论媒人如何通融，女方就是不答应。要是一般媒人，可能就抓了瞎。可是，赵家×却高声说："我今天就让你看看，离了王屠户，咱还能就吃连毛猪！你不是不嫁了吗，你看咱今天喜席照开、洞房照入，新娘子保险不比你差。"说完，带着新郎去了另一村，娶了一个如花似玉的新娘子，这事一时传得远近皆知。

媒人从谋划，到见面、过柬、看日子、迎娶，直至婚后，辛苦事太多了。在我们灵璧，媒人有一个形象而又贴切的外号，叫"老毛翁"。那时，一般人冬天穿不起棉鞋，都用苇缨和苘麻编成的毛翁御寒。说成哪一桩媒，媒人不得跑烂几双毛翁！这外号充分道出了媒人的辛劳。婚姻和谐还好，要是遇上经常闹矛盾的，媒人那就真成了"霉人"，麻烦不断。

本人也曾说过几桩红媒，个中艰辛，略尝一二。1983 年，我在渔沟中学任教，一位关系很好的老师，年近三十，尚未结婚。谈了一个挺不错的对象，不知何因，突然黄了。我很惋惜，就去了二十里外的九顶，找到他们的媒人。那媒人是我的学生，见面就诉苦："他俩太肉（死板）了！晏老师，不要怪我不给你面子，我再也不管了，要说你去说吧。"我无精打采地回了学校，左思右想，还不甘心，鼓起勇气对那教师说："走，我带你去！"

于是，我们一起去了女孩工作的下楼。女孩向我诉起了苦衷："我让他给我买一块 200 多元的进口表，我手上的这块 125 元的春蕾表给她妹妹，他就是不答应。"我一听，乐了："就这事？包在我身上！"我知道，这教师自尊心强，爱面子，就硬拉他去了徐州。真是天助我也，一到百货大楼，我就觅到了一块 201 元的瑞士雷达表。"这，你还不能接受吗？"我问。"就听你的吧。"他一脸的无奈。我俩乘车直奔下楼。"我让他给你买了一块瑞士名表。"女孩接过来，高兴地戴在手上，发票可没敢给他。这门亲事成了，两人非常和睦。女孩后来知道原委后，说："俺叔，你可真会办事。"我说："我不这样，可能就没有你们这美满的一对了。"

说媒是"公益"事业，是做善事，既有"宁拆一座庙，不毁一桩婚"的民谚，又有"说成三桩红媒，一生罪恶全免"的传说，因此，许多人乐此不疲。现在，尽管有新生的婚姻介绍所，也有报纸杂志可以刊登征婚广告，但是，在广大农村，媒人还是很吃香的。

相亲

晏金福

在封建社会里，婚姻凭的是"父母之命，媒妁之言"，男女在婚前想见一面是十分困难的。到了近代，男女青年婚姻自主，相亲便成了新的婚俗。

男女凭相亲成功的婚姻，比例不低，但是也不乏悲剧。郭沫若称他的第一任妻子张琼华为"黑猫"，原因就是母亲和家里人说张琼华多么多么漂亮，可是郭沫若却不满意。他说："隔着口袋买猫儿，交订要白的，拿回家来却是黑的。"这，归根结底还是包办婚姻的恶果。但是，就是解放后，相亲也仍然有"狸猫换太子"的事。我的小学同学铁头就是这样一个牺牲品。高小时，我们同在离家七八里的申村小学上高小，经常一路去，一路回。因为上学晚，小学六年级时他已经18岁了。铁头在我面前，始终是居高临下的姿态，他一米八的个子，膀大腰圆、白白胖胖的，脸似银盆，背像案板；而我又黑又瘦，个子矮小。他家里比较富裕，浑身上下穿得很光鲜；我家里穷，一身破衣烂衫。他因此经常在我面前显摆，不是让我闻他脸香不香，问我可知道他抹的是什么牌子的雪花膏，就是问我他身上的衣服是什么料子，脚上穿的是什么鞋，那得意劲儿溢于言表。有一天，他眉飞色舞地对我说："我有对象了，她长得可漂亮了！"

铁头住在俺庄西头，比我大两岁，个子却比我高一头。此后，他经常在我面前炫耀他的对象，眼神里充满了对幸福婚姻的憧憬。常言道，期望得越高，失望得越惨。他果真就应了这句话。

小学毕业不久，他就结婚了。当新娘子被搀下花轿时，他就彻底傻了眼，新娘子走路一瘸一拐的。揭下了红盖头，新娘子也不是他见过的模样。他的第一感觉是，被骗了。后来才知道，相亲时，他看到的是她的叔伯妹妹。一直娇生惯养、心高气傲的他，哪里受得了这样的打击！还不到20岁，他就忧郁而死。

唉，太沉重了，还是来点儿轻松的吧。说一个带点喜剧色彩的相亲悲剧。

　　俺庄有个小伙子，叫地蛋儿（化名）。人长得不差，按农村的说法，身有身、个有个，脸膛也很漂亮，可就是有一点，缺心眼儿。就是因为他生在当时比较富庶的晏湾，所以，尽管如此，说媒的仍然不断上门。可是，每次相亲都因为他说话露馅而告吹。有一次，说媒的又来了。为了稳妥起见，他母亲和媒人一起，反反复复地教他该怎么说、怎么做，并做了几遍演习。直到觉得没有大碍了，媒人才带他去了女方家。这一次，由于准备工作做得好，他的表现中规中矩，女方全家都非常满意。临走时，女孩父亲一直送他到村口。临别时，女孩父亲叮嘱他说："你愿意还不行，到家跟你妈商量商量。"他一高兴，就拍着胸脯说："我愿意就行！她要不愿意，我不能揍她？"女孩父亲听了，连连摆手说："你了（liáo，灵璧方言，拉倒、完了的意思。）啦，赶紧走吧！"

我患小儿麻痹症那年

刘培银

　　提起病毒瘟疫，我就毛骨悚然。那是 20 世纪 70 年代的一个春天，父母亲随着生产队队长下湖给麦田锄草了，四岁多的我跟着姐姐在家玩。姐姐比我大三岁，我下面还有一个一岁的弟弟。姐姐抱不动我们，只负责看着我们，让我们不要乱跑，不要玩火、玩水。我们就坐在家门口的石板上玩石子、玩泥土，抹得土头土脸。

　　中午，父母亲拖着疲惫的身体回到了家里，发现我脸红、高烧、浑身打战，左腿已不能站立。父亲用他那粗糙的大手摸了摸我的额头说："不像是感冒，也不像是太阳晒的，得赶快送医院！"

　　我家离渔沟公社卫生院有七里路远，父亲背着我，沿着田间小路一路小跑，一步没停地赶到了医院。医生仔细检查一番后说，这不是发热感冒，先打几针试试，赶快转到徐州大医院去。

打好针后，父母亲眼巴巴地望着老医生乞求道："没有别的好药瞧吗？"医生无奈地摇了摇头说："不知啥病，无法诊治。"

回到家里，气喘吁吁的父亲，匆匆地喝了点开水，吃了点凉馍，就急忙去找生产队队长借钱。队长听说情况后，马上从公款中支出几十块钱，让我父母抓紧时间带我去徐州。

当天下午，生产队长亲自陪我们到渔沟汽车站。我们坐长途汽车，到了徐州九七医院。医院的主治医生说："这是一场疫病，叫小儿麻痹症（脊髓灰质炎）。我国好多省份已经发生了，它是一种病毒性传染病，十岁以下的儿童容易感染，轻者致残，重者丧命。目前还没有什么特效药治疗，防治疫苗还在研究阶段。你们先入院观察治疗，是好是坏，还要看各人的免疫力情况而定。"

我在医院里住了一个周期，烧退了，扶起来左腿也能站了，可是没有一点力气，腿也使不上劲。医生检查一番后说："这样的效果就不错了，没别的方法，只有回家吃点药，按摩按摩，慢慢锻炼看看吧。"

回到了家里，父亲救儿心切，四处打听何人能治此病，哪怕有一线希望也要去试试。

大队部卫生室的张大夫对我父亲说："好多孩子得了这种病，有的不给治已经毁（死）了，要不然你再找人针灸试试，也许有效果呢。"

于是，父亲向亲邻借点钱，天天中午背着我，翻越坎坎坷坷的庆云山，往返二十里，到马山头庄的老中医家去针灸。

我的左腿从脚趾到大腿根每次都要扎上一百多根粗粗细细的银针，疼得我乱哭乱号，父亲也泪流满面。就这样日复一日，前前后后针了几个月，我的左腿终于有了点力气，可以独自蹒跚行走了。

回想那年的瘟疫，我的心至今都还发战。有多少个孩子不幸离世，有多少孩子瘫痪卧床，又有多少孩子拄着拐杖或坐着轮椅。我是不幸中的万幸，虽然左腿二级残疾，但总算保住了生命。

半农半读上学忙

刘培银

20世纪70年代以后，学校实行勤工俭学活动，每天都是半天上课，半天务农。

那时，我正上小学，学校开设语文、算术、科学常识等课程，劳动课就是老师带领学生轮流到生产队参加劳动，拾棉花、摘花生、掰玉米、刨白芋、砸坷垃头……啥活都干。如果上午去，中午生产队里还管一顿饭。队长会抽两三个农家妇女在社屋里烙单饼，熬一大锅白菜、豆腐、粉条、猪肉杂烩汤。同学们端起大碗，或站或坐或蹲，"呼啦呼啦"地喝着，吃得津津有味，全然忘掉了劳动的疲惫。

要是下午去就不管饭了，放工时，队长会分发一些铅笔、橡皮擦、小刀、练习本什么的，有时也发一些《鸡毛信》《小兵张嘎》《铁道游击队》之类的小人书。那时的小人书，大多是写战斗故事和英雄人物的，毛把钱一本，同学们交换着看。

那时，上课很不正规。早晨，全体学生在操场上做完第六套广播体操后，进教室学习语文、算术知识。半拉晌午，有时让学生上山摘洋槐树叶，撒在操场上晒干后，用蛇皮袋装起来，背到收购站去卖，卖的钱交到学校里抵书费；有时让学生下湖地割青草，晒干了交给学校；有时让学生捞白芋，交给学校晒白芋干。我因身体残疾，常常完不成学校分派的任务，得时常要大姐帮忙。我的邻居小伙伴，因捞的白芋少，完不成老师布置的任务，就趁父母亲下湖干农活之际，爬进自家的白芋窑里，拣出十多个大白芋交到了学校里。糊涂的老师还当着全班学生的面夸他捞的白芋大。

到了寒冷的冬季，学校里也不消停，让学生每人每天交五斤大粪。于是，每天上学前，学生们都是一肩背书包，一肩挎粪箕子，天蒙蒙亮就满庄乱窜地捡牛屎、狗屎、鸡屎、羊屎蛋子。有时运气好，在公路上捡到运石料的毛驴屙的一长串驴屎蛋，五斤任务就绰绰有余了。我当时是班里的记账员，班长和我过好秤后，就把大粪倒进学校厕所边的大坑里。有些学生贼精，为了让班长多报斤数，就暗地给班长送些零食，几把炒花生、几颗糖豆、一个盐鸭蛋，或者纸封的旅行饼干等。当时，班长喜欢上了一个女孩，便给女孩想出了一个世人都想不到的鬼点子，从汪塘里挖出乌黑的污泥，在路上的沙土里一滚，活像一泡臭狗屎，瞒天过海地骗过我这个不谙世事的记账员。后来，班长和女孩长大了，结成夫妻，是一对会做生意的能人。

想想那年月半农半读的学习生活，我总觉得很惊奇。惊奇的是，在那样的环境里，我居然学到了文化，学会了写作。

父亲的"牛"

晏金宝

由于家境不好，父亲十多岁才入学校门。又因家中缺少劳动力，小学没有毕业，便辍学务农，16 岁时他已经打磨成农作"老手"了，各种农活几乎无所不通。在生产队里，啥活都是独当一面，一人扶犁把，驾驭两头牛，无论犁耙，都非常老到。特别是他那炉火纯青的鞭法，一旦甩起来，清脆的声响，足以让懒牛闻声胆寒，不得不奋力前行。

20 世纪 70 年代，我们村子叫晏湾大队，下属 18 个生产队，我家属于第八生产队。每个生产队就是一个名副其实的集体单位，农业生产计划、添置农耕用具、粮食分配等，都是以生产队为核算单位的。当时，哪个生产队的庄稼好，分的粮食多，哪个队就会受到表彰。三队成为典型的缘由是从南方买回来一头大牯牛，这头牛不仅好使唤，还特有劲、有耐力，无论是深耕细耙，还是碾场拉车，都任劳任怨，从不偷懒。正是这头大牯牛发挥的巨大作用，才使得三队粮食高产。庄里有人在南京附近有亲戚，听说那边的农耕已改用农机作业，正在处理一批水牛，我们这边便闻风而动，陆续有生产队派人前往采购。

我们八队也选了两名代表去南京买牛，父亲有幸前往。到了地方，才知道那边的耕牛已大多处理完毕。经过多日打听，眼看盘缠用尽，也没买到。他们投奔的人也是一位热心肠，不辞辛劳地带着父亲俩人向周边继续打听。父亲奔波多日，总算开了眼界，真没想到皖北和苏南的差别如此之大，我们这里还在向往水牛呢，人家的"铁牛"有的已开始更新换代了。

一天中午，那位热心人高高兴兴地赶回来，像发现新大陆似的对父亲说："帮你打听到一个好消息，有人要卖手扶拖拉机，你们倒不如把这铁牛买回去交差算了，价格嘛，包你满意！"接着便对拖拉机性能、优点作了详细介绍。那时通信不发达，没法和家里联系，只能由他们二人拿主意。经过再三考虑，他们感觉手扶拖拉机与水牛价格相差无几，挺划算。人家不仅连人带车包送回家，还负责无偿教会驾驶技术。这样一来，还可以省去两人返程路费，总比空手而归要好。经过多轮讨价议价，买卖终于谈妥，于是，坐上手扶拖拉机，满意而归。

回来后，队里不仅没有埋怨两人自作主张，还都一个劲地叫好。买回铁牛的消息不胫而走，人们争相一睹铁牛风采。要现场授技时，人们都纷纷躲开，竟无人愿意受教。最后，父亲与同伴无法逃避，只好赶鸭子上架，硬着头皮跟着学习。就这样，他们俩成了生产队第一批拖拉机机手。

从此，父亲便与手扶拖拉机结下了不解之缘。由于该机年久老化，故障频发，经常无故熄火，突然抛锚，险情也时有发生。虽然每次都化险为夷，但父亲颇感头痛。为了不影响农业生产，父亲农闲时就经常加班，无偿给拖拉机"体检""治病"。经过慢慢摸索，父亲不仅成为一名经验丰富的农机手，还成了一名技术精准的机修工，通过"听诊"，就能判定铁牛的"病情"。这台人家淘汰的旧机器，经过父亲的精心养护，居然又为生产队服役了好些年。父亲驾驶着它穿梭于田间地头，飞驰在县乡公路上，去公社交公粮卖棉花，到苏北卖窑棒运柴油，为大队和生产队立下了汗马功劳。"不过，最风光的还是当婚车接新娘子。"父亲说着，脸上满溢着自豪。

不久，生产队又分成了若干小组，我家所在的小组集资买来了一辆新拖拉机，父亲仍然担任机手。虽然是新拖拉机，但没有了往日的新鲜感。20世纪80年代初，全国农村实行了联产承包责任制，一台台崭新的手扶、四轮、三轮驶入了寻常百姓家。开拖拉机不再是男人的专利，好多大闺女、小媳妇也大显身手，成了娴熟的机手。我家那台旧铁牛，早已派不上啥用场，但父亲还是将它用旧被褥盖着，没事时就去抚摸、擦拭一番，爱唠叨的母亲常笑他："看你仔细的，想拿它当传家宝啊！"父亲听了，不说也不辩。近年来，父亲常在铁牛前伫立许久，目不转睛地注视着这个一起走过半生的"老友"。

有一天，父亲突然对我说："这铁牛又占地方又没用，还是当破烂卖了吧！"知父莫若子，他是在试探我的意思。我深知，与"牛"打了一辈子交道的父亲，对"牛"那种难以割舍的感情，是一般人无法体会到的。都说土地是老农的命根子，对于父亲来说，那"牛"又何尝不是。

有时，我也在沉思，不久，农村的老屋可能就不存在了，父亲的"牛"，何处是归宿？

一心为公 两袖清风

王　潘

我的父亲王耕标，1956 年毕业于宿州中师，1957 年 7 月在灵璧县城关区红山小学任教，1958 年 9 月任娄庄区大郑完小校长，1962 年 9 月至 1994 年 8 月先后任殷庄学校校长、大庙教育办公室主任、大庙公社党委委员，获全国优秀教师、安徽省先进教育工作者称号，当选县党代表、人大代表，1994 年退休，2019 年离世。

1962 年，父亲调任殷庄学校校长。他吃住在学校，很少回家，家里的一切都撂给了母亲。那时，村里只有村东头一口水井，离我家一里多路，母亲去担水，多少次摔倒在泥水中，多少次趴在井沿边抹泪。我家是冒工分户，生产队按工分分细粮，按人口分粗粮，我们家分到的细粮很少。母亲带着我们兄弟姐妹五人每天吃的是红薯窝头，喝的是红薯稀饭。父亲的心却全在学校。

记得1974年夏天的一个早晨，母亲早起去割草，不巧镰刀从荆条上弹到她左手的中指上，鲜血直流。后因洗衣服沾水，伤口感染了，手肿得像馒头一样。母亲实在忍不住了，叫我去学校喊父亲。我从东边跑到西边，好不容易找到他，哭着说："爸，妈的手肿了。"他说："你先回家，我就去。"可直到天黑也没有见到他的身影。夜里，母亲躺在门前的小床上翻来覆去不停地呻吟着，我们姊妹几个跪在床边抽泣。第二天早上我再去学校找父亲才知道，他是在忙着筹办全公社在学校举办夏季运动会呢，我看见他时，他已经以总裁判的身份站在了入场式的主席台上。我等了很长时间才有机会告诉他，我母亲的手发炎了。他只说了一句话："我现在没空，找你舅姥爷去。"说完就向球场走去。我带着满脸的泪水又回到家中，和母亲抱在一起哭了很久很久。后来在亲戚的帮助下，去睢宁、奔泗县，但一切都晚了，母亲的手严重感染了，需要马上截肢。妈妈左手的中指成了终身的残疾，而父亲的学校在运动会上获得了团体冠军。

由于父亲工作成绩突出，荣获全省先进工作者称号。一辆辆小车前来参观，一张张奖状挂满了会议室，他把省政府发给他的奖金全部用来为学校购买了钢管、篮球架、风琴和乒乓球案等文体设备和器材，还为每位老师买了纪念品。

父亲担任校长却常年坚持代课。有一回，他一连多少天咳嗽不止，在别人的多次劝说下，才去医院检查治疗。回校路上，由于刚下过雨，路面湿滑，他摔了一跤，左侧胸部撞在自行车车把上。可他忍着痛又走上了讲台。后来经诊断，父亲左侧胸骨受伤，胸腔内有气胸，需要住院治疗。住院那简直就是砸他的脑袋，在很多人的支援下，院方提前给父亲做了抽气抽水手术，医生还叮嘱，需要在医院里吊水消炎观察，父亲哪能等待？吊完水后，又急匆匆地返回学校，走上了讲台。

父亲在担小学校长和乡教办室主任期间，从没有骑过一辆公车，他那辆黑色永久牌自行车，修了又修、补了又补，一直跟着他几十年。乡党委多次研究决定给他配一辆公用自行车，都被他婉言谢绝了。

父亲是家属在农村的"一头沉"干部，无论遇到多大的困难，他从来没接受过上级的救济和补助，不管到哪里开会，从来没有报销过生活费。多年来，他的抽屉里放着几百张报销单据，鼓鼓的一提包，为国家节约了几千元。1984年，父亲与同事王敬立一起去武汉参加学术讨论会，一路上，吃的是自带的酱菜和烙饼，坐的是最便宜的大通铺经济舱。他不仅不浪费国家一分钱，而且从来不收人家的礼物，周围的人给他送了一个绰号是"喜欢倒贴的人"。很多人不理解，说他这样做太憨，他却说："共产党员应该为国家分忧，人家说我憨，我感到自豪！"

记得1985年8月，教师队伍严重缺编，县教委在高楼区招录一批代课教师。考场设在高楼联中。我的一个远房亲戚，打听到高楼联中有一个卓主任，以前在我们村当过老师，后来提拔到高楼联中当主任，想通过他在考试的时候照顾一下，找到了担任大庙中心校校长的父亲，遭到他的严词拒绝和严厉训斥。当时，我乡只缺编10人，可报考的却有38人，考试结束后，有的找到了区里，有的找到了县局，也有的亲戚想找父亲帮忙，记得一天晚上，一个亲戚带着一个小伙子来到我家，向很晚才回来的父亲支支吾吾地说："这是我舅的孩子，这次也参加了考试，看看给照顾一下。"父亲一脸严肃地回答说："按原则来，看分数办。"亲戚走后，父亲发现了送来的酒和香烟，第二天，天刚蒙蒙亮，父亲用口袋子装上礼物就去那个亲戚家退还。

1994年，我父亲光荣退休。从此，他就走在了为公益事业奔波的路上。2004年，他与大庙村村支书胡居廷积极筹划开发小白龙文化园。为了申请小白龙文化园项目，他多次自费到省、市有关部门。为了塑造好龙母、小白龙的塑像，他自费去山东孔府观摩，并请来了雕塑高手。在他们的努力下，2010年7月23日，灵璧县小白龙文化园被列入宿州市第一批非物质文化遗产名录，2014年10月22日，省旅游局、省住房城乡建设厅将小白龙文化园评为特色旅游基地。他还根据相关资料，重新整理编写了《小白龙探母》的故事，引领人们尽忠尽孝，弘扬中华民族传统美德。

父亲长期劳累，积劳成疾，2019年2月27日永远地离开了我们。他的所有积蓄和节省下来的退休金全部花在了公益事业上，没有留下一分钱存款。

父亲的一生，公而忘私，他把生命交给了教育事业和公益事业。

省城调来的大医师

晏金福

1970年，"九顶医院从省城调来一位大医师"的消息迅速传遍了十里八乡，给缺医少药的偏僻农村带来了福音。这位大医师就是李再民。

其实，李再民要来的消息我们早就知道了，因为他是我们学校英语教师朱文芳的丈夫。李再民早我两届，是安徽医学院1964年的毕业生。毕业后即在安徽省立医院工作。为了和妻子团聚，申请调来九顶医院。他的到来真的给医院带来了福气，周围很远的人都慕名而来，他也实实在在地用自己高超的医术为无数人解除了病痛。下面略举几例。

一天早晨，我校物理教师王德安60多岁的老父亲起床后，突然发现广播喇叭不响了。那时没有电视，连收音机都非常少见，每家门上都安一个喇叭，收听有线广播。老人家一看广播不响了，很着急。可是孩子们都没起来，他估计是线子断了，就想自己接上。于是搬来了桌子，上面再放一个板凳，然后，颤颤巍巍地爬了上去。线子接好了，喇叭里传来了悦耳的音乐，他很高兴，可是下来时，意外发生了，他一下子从板凳上跌了下来，背部刚好抵在桌拐角上，他"哎哟"一声，就觉得喘不过气来。孩子们听见了，赶紧起来，把他送往医院。医院离他家只有几十米远，可是到了医院，他已经憋得满脸乌青。儿子赶快喊李再民医生。李再民一看，只说了声："气胸！"就让人赶快抬进手术室。李医生当时就给老人的胸部打了一个洞，用一根管子通到一个盐水瓶里，这时，就看到盐水瓶里有一个一个气泡冒出来，老人的呼吸也变通畅了。然后，李医生就让转往徐州。后来，王德安老师告诉我们，一进徐州第一人民医院，医生就非常惊奇地问："你们在哪儿做的胸部引流？"我说："我们公社医院。""公社医院能做这样的手术？"他还不信。住院后，他们没做任何手术，只是挂水、打针，等到伤口愈合，不再漏气了，就把管子拔掉，缝合了事。王德安经常说，要不是李再民，他父亲肯定没命了。

有一天，王集公社送了一个病人到九顶医院。病人是从墙头上掉下来摔的，入院时肚子胀得厉害，接诊的两个外科医生怀疑是内出血。那时，别说CT、磁共振，连个B超也没有。遇到这种情况只有打开肚子找原因，叫"剖腹探查"。医生用手术刀在腹部刚拉开一个小口子，"呲"的一声，鲜血溅了一身。这医生吓得手术刀一扔，赶快跑到李再民家（当时李再民家已从中学搬到医院），李再民正在喝着小酒，听他说明情况，就说："没事，他是脾破裂，你们把脾割掉就行了。"那医生事后请教，李再民说："溅到你身上的血是鲜红的，说明是刚出的。短时间内能出那么多血的只有肝和脾。要是肝，早死了，所以只有脾。"

我也有亲历，1972年初秋，我两岁的儿子拉肚子，村卫生所和周围的三家公社医院都看了，还看了一个很有威望的老中医，可是半个多月时间，钱花了不少，就是治不好。无奈，我把他带到九顶找李再民。李再民当时还住在学校，他开了个处方，让我去医院拿药。我至今仍记得十分清楚，阿托品、Vc各一只，付款0.13元。回校的路上，我还在想，这，能管用吗？到校后，李再民用针管将每只药抽了一半，注进足三里穴。然后把剩下的两半管药用药棉塞上，说："收好，不行，再来一次。"没想到，还真有奇效，午后3点打的，一下午都没拉。一夜，也没拉。剩下的药也没用，半个多月的顽疾，0.13元的药，只用一半就治好了。后来，说起这事，好多人不信。这可是发生在我自己身上的，百分之百真实。

李再民不仅医术高超，而且医德高尚。当时青霉素非常缺，老百姓没有多少医学知识，认为青霉素就是最好的药，许多人一看病就要青霉素。别的医生有时会迁就患者，李再民从不这样。他是什么病就用什么药，丝毫没有商量的余地。因此，有不少人不理解，说他"洋蛋"。上面的例子也可以看出李再民的人格。我当时是公费医疗，开什么药都不要一分钱。可是我给儿子看病，换作别的医生，可能会写上我的名字，那我就不用付钱了。李再民就不，我们关系那么好，那0.13元，也得我自己出，可是我理解。还有一次，我找李再民看病，维生素AD胶丸他开了9粒，说是3天量。出去时，碰到另一位医生，他听说我要维生素AD，拿笔就给我开了一瓶，100粒。我拿完药，刚好又碰到李再民。他十分生气，拉着脸说："你以后再也不要找我开药了！"可是，以后该怎么还怎么。他就这样，快人快语，心无芥蒂。后来我离开了九顶，但始终没离开灵璧。他也离开了九顶，去了遥远的陈村水库，就是大名鼎鼎的太平湖。单位是隶属武警的水利部医院。后来又到了更远的江西万安水库。1988 年，他因看望生病的内弟，和夫人一起回过一次灵璧。我把他请到家里，把酒叙旧。那时他已是业务院长，大校军衔。从那以后，再未谋面，不知他现在怎样了。算来，他也该是 80 多岁的人了。

煤油炉

晏金福

20 世纪六七十年代，我们这里流行过一种炊具——煤油炉。

煤油炉，铁制，有圆柱体和正方体两种。高 30 多厘米，直径 20 多厘米。最下面是储油盘，中间是发火装置，有六个左右圆孔，圆孔里穿上棉绳做捻子，最上面是承重盘，有三个或四个支撑点，供放锅用。这种煤油炉构造简单，使用方便，特别受我们年轻人欢迎。因为那时我们年轻教师大部分是“一头沉”，即家属不脱产，自己一个人住在学校里，没锅没灶的，自己想做点吃的很难。恰好这种煤油炉应运而生，所以，我们几乎人手一个。食堂的饭菜不可口，自己动手搞点心爱的美食，挺方便的。尤其是来了客人，买几样小菜，自己动手烧一烧，不仅兴致高，吃起来也特别有味。

可是，难题是煤油难买。那时的物资比较匮乏，煤油是计划供应，经常断货。买不到煤油怎么办？用柴油！可是柴油更难弄，因为柴油是生产物资，只对集体出售，市面上根本没有卖的。好在我们学校开设机械班，与拖拉机站的关系密切，于是就找几个用过的盐水瓶，隔三岔五地找熟悉的驾驶员搞点。可是点柴油远没有点煤油好，因为柴油的杂质多，冒黑烟。那时我们住的都是单身宿舍，不仅锅熏黑了，连墙、蚊帐都熏黑了。而且，点柴油捻子特别容易焦。我们单身汉，又没有剪刀，捻子焦了，就用手拧，经常搞得满手又是灰，又是油，可难洗了。

后来，有人说，柴油里掺点汽油就好用多了。可是汽油就更难搞了，不像现在，到处都是汽车，那时全县只有一辆吉普车，卡车也不多，上哪儿搞汽油，当然还得找开拖拉机的师傅。你可能要问，拖拉机不是烧柴油吗，怎么会有汽油？你不知道，拖拉机都是五六十马力的柴油机，需要用一个 10 马力的汽油机带动才能启动，所以还是要用汽油的，不过用得很少，因此汽油就比柴油金贵多了。现在想起来，还是很后怕的，因为汽油特别容易挥发，用起来还是很危险的，我们学校一位姓王的老师，有一次汽油加得多了点，一点火，"噗啦"一下，脸熏得乌黑，眉毛、胡子都烧焦了。

煤油炉虽然在人类的历史上只存在了短短几年，可以说是最短命的炊具，但给我们留下了许多珍贵的记忆。

的确良裤子的故事

胡桃夹子

那年秋天，高中毕业的哥哥十九岁，有媒人上门提亲，可把我妈妈给乐坏了。第二天一大早，她就起来洗涮擦抹，把前后屋里都打扫干净，静等女孩子来看门户。

那天，哥哥穿了一身借来的衣服，上身是蓝色中山装，下面是黄军裤，很是帅气。因为上学，那女孩啥时候来的俺家我没见着，只是放学后看妈妈在门口和邻居拉呱的神情，知道她对女孩很满意。

不几天，媒人来回话："女孩没意见。"按农村习俗，接下来就要先给女孩做身衣服，买点护肤品和毛巾什么的。逢集那天，媒人带着女孩来了，我妈从箱子底拿出早准备好的钱，就陪着她们一起上街去了。

妈妈从街上回来后说，给女孩做了条灰色的确良裤子，买了两瓶雪花膏和两个花手帕做见面礼。

　　一切好像都很顺利，只待女方家人再来看一次门户，就可以定亲了。谁知过了两天，媒人突然来回话，说女孩子不同意这门亲事了。我妈就问：为什么？媒人说："有人讲你家穷，炒菜都舍不得搁油。"说完把那条的确良裤子和几样零碎东西放下就走了。

　　我妈当时就呆了，恼得在床上整整睡了一天。

　　这次花的钱，都是借的，手帕、雪花膏拿到店里，给营业员说尽好话，总算给退了，可那条扯布做的的确良裤子却是没处退的。

　　那会儿，做一条的确良裤子可不是个小事，虽然只是十几块钱，可是按工分来算，得一个满劳力干几个月才能挣够。

　　接下来的几天，家里笼罩在灰色的气氛中。妈妈心里窝囊，退礼在当年是很失面子的事。她生气，是谁背地里这么拆台呢？要知道当年哪家日子都不好过，炒菜不搁油，也不是俺一家啊。好在妈妈看我哥哥对这次失败的相亲倒没什么感觉，也就把心放下了。

　　可是那条花十几块钱做的的确良裤子成了妈妈的"心病"，她自己是舍不得穿的，家里又没有女孩子，送人又舍不得，卖也没人买。就是我哥再谈对象，人家也不会要这裤子啊。最后妈妈对我说，给你穿吧！

　　那年我十三岁，整年都难得做件新衣裳，听妈妈这么一说，我当然喜出望外，这可是瞎子掉鞋——哪摸着啊。

　　当天我就穿着这条新裤子去上学了。到了学校，立即引来了同学们的羡慕和赞美，可是不一会儿，大家的眼色就不对了。有个男同学偷偷问我："你这裤子怎么是偏门啊？"一句话说得我脸一下子红到了脖子根。是的，男式的裤子是前面留门，我这穿的是女式裤子，好不容易挨到放学，就急匆匆地跑回了家。

　　中午我对妈妈说："这裤子我不穿了。"妈妈问："怎么了？"我说："这是女式的，同学们都笑我。"妈妈这会儿也笑了："小孩子家，哪有这些讲究！"接着又说，"你先脱下来，我得闲拿到'联营'（缝纫机组联合营业门市部）给你改一下。"

　　自从这条裤子"偏门"改成了"正门"，我穿上了就很少让它下过身。要知道，的确良在当年可算是响当当的好料子呢。

　　这条灰色的的确良裤子，我穿过了秋天，又用它笼棉裤穿过了冬天，到了春和日暖，又从棉裤上扒下来，当春装穿。后来屁股上磨破了洞，就找对色的布补上接着穿。直穿到我哥哥重新找了对象结了婚，亲戚送来了好多布料，我才让这条的确良裤子光荣退役。

好多年过去，每每回忆过去，还偶尔能想起这条"时髦"的的确良裤子。

那台 2105 柴油机

晏金福

那是 20 世纪 70 年代初，日本突然看中了中国的洋槐叶，于是各地的供销社拼命收购，我们九顶供销社当然也不甘落后。可是那洋槐叶必须打成粉才能出口，于是加工洋槐叶就成了一大难题。因为那时我们这里只有 195 柴油机。何为 195？就是这种型号的柴油机的"1"标示是单缸，也就是一只气缸，"95"标示汽缸直径 95 厘米。它的功率只有 12 马力，用来抽水、机面是可以的，可是加工洋槐叶，粉碎部分必须有除尘装置，机面机子是不行的，得用大型饲料粉碎机才行。这种粉碎机很好买，可是带动它的柴油机必须 30 马力以上，那就只有 2105 柴油机才行。何为 2105？就是它有两只气缸，缸径 105 厘米，它的功率有 35 马力，带动这种饲料粉碎机，那是何家女嫁到郑家——郑何氏（正合适）。

当时，我们九顶中学的校长杨春民正为改善办学条件广寻门路，因为洋槐叶的加工费较高，于是便把这任务承揽下来，而具体操办的任务就落到了我身上，不然我也不会记得这么清楚。

到哪里去买这台 2105 柴油机？接到任务后，我就到处打听。听人说蚌埠柴油机厂产这种柴油机，而且打听到蚌埠柴油机厂厂长的儿子魏怀盛就下放在我们九顶公社武楼大队，于是我当即就去找他。他很爽快地陪我到了蚌埠。因为我是他们儿子下放地的人，魏厂长和他的夫人、时任蚌埠平板玻璃厂供销科科长仇森女士盛情接待了我。可是，席间当我说出此行目的时，魏厂长马上换了一副面孔，严肃地说："柴油机是国家计划物资，只能按计划分配到各地农机部门，从来不对外零售。"我一听，心就凉了，酒也无心喝了。吃毕饭，我就告辞了。他们送到门口，魏厂长就回去休息了，仇科长却拉着我的手，说："晏老师，柴油机是紧张物资，确实难办。可是我有一个办法。柴油机配件不是计划物资，我可以让老魏批条子，分批把配件开出来，你们回去组装，你看行吗？"我知道，这是仇科长爱子心切，为我们想出的最好办法了，就说："谢谢您！我请示一下再回复。"我当即就到邮电局打电话向校长作了汇报，校长欣然同意。我又给仇科长打了电话，她说："你明天上午8点到玻璃厂找我。"第二天上午，我找到了仇科长，她从抽屉里拿出了一沓单子，说："这些，你拿去交了款，就可以提货了。"我乘公共汽车到了柴油机厂，交款提货，一帆风顺。这些什么曲轴、连杆、活塞、杠套等，我都是第一次接触。仓库保管员告诉我："你到厂门口叫一辆人力三轮车来，帮你拉到铁路货运站，让他们给你办个公铁联运。"我以为办个公铁联运就可以在九顶接货了。可是到客运站一问，才知道从固镇火车站只给运到灵璧，灵璧到九顶还有上百里呢。我又问："从徐州能不能托运到双沟？"回答是："可以。"我就办了手续。几天后，接到通知，说货到了。我借了一辆平板车，让杜文斌老师骑上他的加重凤凰自行车，我坐在自行车货架上，拖着平板车就向双沟飞奔而去。到双沟提了货，又往回赶。去时空车，没觉得怎样，回来就不一样了。没走几里路，老杜腿蹬累了，我的胳膊也吃不消了。我说："咱俩换换。"于是换成我骑车，他掌平车把。可是我刚起步加速，他就大叫一声："不管了！"他一米八的大个子，在后面一扭，我就掌不住把了，自行车就往路边歪去。我把车把一撒，跳了下来，任由自行车倒向路沟。这时只见平板车顺着惯性，冲向路的另一边。柴油机配件"哗啦啦"地撒了一路。我也顾不得一腚坐在地上的老杜了，飞跑过去，稳住了平车。回过头来，把一件件配件小心翼翼地捧到平车上，心疼得不亚于自己的儿子。老杜爬起来，拍拍腚上的土说："别骑了，咱俩轮流拉着走吧。"于是我们就轮换着拉车。25里路，我们足足用了两个多小时。

经过四趟奔波，柴油机配件终于购齐，一台2105柴油机很快组装成功。柴油机有了，粉碎机也有了，可是还不能投产。因为柴油机是平板皮带轮，而粉碎机是三角皮带轮，二者中间还必须有一个传动装置，叫过桥。过桥中间是一根主轴，主轴的一端是三角皮带轮，连接粉碎机。另一端是平板皮带轮，连接柴油机。主轴的中央由一个轴承座固定。这个过桥的其他配件都好购买，唯独那轴承座的核心120轴承，从灵璧到徐州，哪儿都买不到。这时，供销社的仓库已经堆满了洋槐叶，供销社主任一天几遍催问，何时能开始加工。杨校长急得嘴上起了燎泡，夜里做梦也叫唤"120轴承，120轴承"。有人说，这种轴承是洛阳轴承厂生产的，于是杨校长说："老晏，你跑一趟洛阳吧。"我二话没说，直奔洛阳。我想，既然是他们厂里产的，买一个小小的轴承，应该没有多大问题吧。可是在洛阳轴承厂的供销科里，他们的回答和魏厂长的话如出一辙，临了还不忘自豪地加了一句："我们的轴承用钢，可都是进口的，紧俏着呢。"回校后，校长说："实在没辙了，你还是去找魏怀盛，再去求求魏厂长吧。"没办法，总不能因为一个轴承功亏一篑吧。我只好觍着老脸，和魏怀盛一道，又一次去了魏厂长家。一开始魏厂长还是不松口，最后耐不住我反复恳求，再加上仇科长不停地敲着边鼓，魏厂长终于批了条子。拿着那张批条，我就像要饭花子拾到了狗头金，欣喜若狂。我以最快的速度买好了轴承，又马不停蹄地赶回九顶。学校刚毕业的学生马会之、许春荣充当机手，他们以最快的速度装配好轴承座，并把粉碎机和轴承座用三角带连接起来。这时，柴油机和轴承座是不能连接的，因为一连接，柴油机是摇不起来的。只有先把柴油机摇起来，再连接柴油机和轴承座。

万事俱备，杨厂长和许多老师都闻讯赶来。激动人心的时刻到了，只见马、许二机手搭上摇把，飞快地摇起来，随着摇动的速度达到最高值，柴油机"突突突"地叫起来。马会之先把平板皮带的一端搭在轴承座的平板皮带轮上，然后用一根铁棍挑起皮带的另一端，将铁棍的前端抵住柴油机的皮带轮的内缘，使劲张紧皮带。当皮带接近皮带轮外缘的刹那间，那真是惊心动魄！铁棍与皮带轮的摩擦，发出刺耳的"吱吱"声，还冒出阵阵火花，柴油机的转速慢到似乎要停止了。只见马会之突然把铁棍一撤，那柴油机就像脱缰的野马，飞快地转起来，皮带也随之卷上皮带轮，通过过桥，带动粉碎机飞速转动起来。顿时，柴油机的"突突突"声，粉碎机的"隆隆"声，响彻厂房，围观的人们一个个兴奋地鼓掌庆贺，我的心里也乐滋滋的。

这台柴油机不仅及时解决了洋槐叶的粉碎难题，为祖国的外贸事业作出了贡献。还在相当长的一段时间里，为社员机面、加工饲料，方便了周围广大群众。

牲畜行与牛行人

刘万广

农村集贸市场上从起集开始就设牲畜交易市场，尤其是实行联产承包责任制以后，土地和牲畜全部分到户，几户农民才分到一头牛或驴，很难完成承包土地耕种任务，于是，所有农户都开始借钱、贷款添购大牲畜，因此，在集市上的牲畜行里，从外地涌入的牲畜非常多，在灵南的集市上，每集都有 100 余头以上，古会上甚至达到数百头至千余头。走进占地几十亩地的牲畜行里，牛欢马叫，热闹非凡。各种牲畜的拴绳和妆戴，让人眼花缭乱。外地商人、当地商贩、购买者、行人（牲畜交易员）穿梭来往，忙个不停，牲畜行成了集市上交易量最大、最繁忙、最热闹的地方。牲畜多、买卖的人多，也吸引很多销售食品的流动摊点进市叫卖。牲畜成交额占上市量的 30% 左右，会日成交多在 50% 以上。尤其是古会日，交易量巨增，从上午八九点开始，直到傍晚才退市。1982 年，砂坝集 3 月初五古会，买卖牲畜成交额高达 26 万余元，还不算赊账的。晏路集日牲畜成交额也都在四五万元，高出集日其他商品总零售额 10 多倍。

从 1983 年冬季开始，只是短暂的两三年中，农户就实现了一家一犋牛，土地多的达到一家两犋牛。农户使役牲畜饱合后，就由买畜为犁田向买畜赚钱转变，进入贩买贩卖时期。从此，农村开始出现一大批养畜专业户和倒买倒卖专业户。在火爆的牲畜行市里，也就出现了三种人，一是专为发展生产而选配强畜的，大多是普通农民，他们有的购买，有的用老弱牲畜调换强畜。二是专为赚钱天天从事倒买倒卖的贩子，群众称之为"拉绳头"。三是牛行人，他们天天靠着"三个一",即一辆自行车、一张嘴、一个小鞭赶四集,获得可观的收入,成为联产承包责任制后第一批富起来的人。

牲畜行里的经纪人,群众俗称牛行人。那时集市上的牛行人,一般都是戴着小礼帽,身穿上等布料,天天骑着自行车,车后挟着小皮鞭,不停地赶集串牛市,日奔两次小酒桌。

1980年以后,牛行人队伍不断扩大,有的村多达六七个,少的三四个。农民想当牛行人的多,但能干起来、有名望的少。集日上买卖牲畜成交多、能弄到大钱的人很少。名行人和大行人只要到畜市上一亮相,就有许多想买牲畜的人上前向他示好,不断递烟、点火,及早约酒场。尽管也有私下交易的黑行人,但大部分牛行人是有组织的。想当牛行人,需要个人申请,工商所批准,发给行员证件,每人每月还须向工商所交纳规定的管理费用。只要申请、交费,服从领导,再请工商所所长和分管人员喝一两场酒,送点香烟,基本上都能得到批准。批准后,戴上行员证,到牛市上亮个相,就算是正式"上班"了。群众一看挂证就立即称为"行人",从此身份大变。

要当好行人,不仅得有技巧,还得敢于担当、会赌大咒,软硬真假、溜须拍马,能说得天花乱坠,一头牲畜的价格,能评估得买卖双方心服口服才行。行人评估牲畜价格,一是看,二是遛,三是拍。看,就是看牲畜的个头、膘情,身上能出多少肉,打开牲畜的口,看看牙齿就知道年龄,能再使役多少年。遛,就是拉着牛,用皮鞭抽打一下,牛就会立即奔跑起来,这时,就能看出牛的脚步快慢、力气大小,全身和四肢是否有毛病。拍,就是拍打,拍打一下,就能知道牛身上的肌肉是否结实,能杀多少斤肉,从而估出牛的价格。行人讲好一单买卖,为防一方反悔,煮熟的鸭子又飞了,就会让买方出1元至10元不等的钞票,行话叫"小片",用指头挟着,卖方收下小片,即告买卖敲定。买方就从身上掏出成沓的钱,点给行人,这叫"大片"。"大片"递到卖方手里、装入口袋里,才算百分之百成交。买卖有相当大距离,双方互不见面,全靠牛行人跑来跑去,在中间传递信息,实价是多少,买卖双方都不知道。牛行人不仅取得到中介费,即俗称行佣,还能获取差价。到底是多少,只有他知道。

直到20世纪90年代末期后,随着集市上牲畜行的消失,牛行人不见了。现在村庄中,还有猪、羊、畜合并在一起的行人,他们都是带着车辆,到养殖户家圈门旁交易的。但仍然收取行佣，一般一头猪收 10 元，一头牛收 50 元，千斤以上的大犍牛收 100 元。

难忘灵璧二十二年

朱良镨

第一眼

1969 年 1 月 9 日傍晚，上海北站，冬阳西斜。

站台上，人山人海，欢送的人挑着横幅、敲着锣鼓，远行的人悲喜交加、五味杂陈。当列车开动时，车上的大部分人哭了。

一夜行车，南京长江大桥"哐咙哐咙"的钢铁回响，至今仍撼动着我的心灵。

天蒙蒙亮时，列车停靠在安徽宿县火车站。搭着帆布的军用汽车，把我们送往乡下。从车后帆布飘忽的间隙，我看到，天是灰白的，没有太阳；路是灰黄的，传送带似的向后飞逝。我们上海交大附中的四个男同学、三个女同学一个组，目的地是安徽省宿县地区灵璧县尤集区刘砦公社王圩大队曹庄三队。

汽车把我们送到尤集，跟着生产队的三辆人力平板车，走了 12 里路，土黄的田野，土黄的村庄，土黄的高高低低的泥路，没有一点绿色，我们到了曹庄，已经是吃晚饭的时候了。

我们围着一张小矮桌吃饭，锅屋是原来的牛屋，留着烟熏火燎的明显印记。老老小小的乡亲们都来看新鲜，围了一圈又一圈，他们叫我们"学生"。

他们兴致勃勃地围观，最大的发现是我们有人在咀嚼时不张嘴巴，像牛嚼草的样子，稀奇不已，大声议论。我回望他们，除了淳朴、热情的表现，印象最深的是衣着，男的穿着黑棉袄、黑棉裤、苇缨编的木底毛翁，一条灰黑的长巾扎在腰间，一顶黑色的线帽戴在头上，如果线帽的折边拉下来的话，口鼻全部被遮住，只留双眼位置的一个长孔，像极了现在一些中东人的扮相。

我们的住房面东，紧邻着面南的锅屋，都是厚厚的土墙，厚厚的麦草屋顶，"吱呀"对开的木门，没有窗户。与锅屋不同的是，住房是全新的两开间，用芦苇做隔墙，里面住女生，外面是我们男生。

当晚，由于两天的折腾，我们睡得很死。不知道过了多长时间，我觉得脸上细细密密、凉嗖嗖的，一摸，湿漉漉的，一睁眼，外面很亮，北风呼啸，用玉米秸秆塞住的山墙通气孔里，细小的雪蜂拥而入，再一摸，被子上已经积了薄薄的一层雪。扭头一看，房门里面的积雪已经成堆，外面的雪花仍然一阵一阵地往里钻，门外积雪已经一米多厚，封住了半截门。

我们都爬了起来，手足无措，不敢开门。这时，外面传来了响动，门外的积雪一点一点消失，有人拍门。拉开门一看，一个从头黑到脚的男人，挂着铁锨，站在门前。他一把扯下黑线帽，一个大眼大嘴的中年汉子，憨厚地笑着，黑红的脸膛上冒着热气，他叫李现才。

后来知道，这天的最低气温是零下 24 摄氏度，雪借风势，到处乱钻，老乡们叫"贼雪"。

满劳力

不久，三个女同学转到了另外一个生产队。我们四个人因为是男的，就是"满劳力"，不管能干不能干，出一个工就是 10 分，妇女们再能干，一个工也只能记 5 分，最多 7.5 分，她们的别称是"半劳力"。生产队长分配工作的时候从来不讲男女，一律是"满劳力""半劳力"。

很快，我们成为队里工分攒得最多的人。我们不像其他"满劳力"有那么多的赶集和走亲访友，除了有病，从不缺勤，整地、播种、耪地、收割、打场、拉车、挖井、扒河，什么都干。我们自留地里的蔬菜自给有余，南瓜结到二十几斤。粮食是按照人口、男女、老幼分配的。可是工分虽多，却挣不到钱，现金按照工分，第一年分红，每个工分的分值只有 7 分 1 厘，两三千个工分只分到一二百块钱。因为我们四个既不抽烟，也不喝酒，日常开销没有困难，也都不要家里寄钱。

老牛

我是 1970 年 11 月被抽调到灵璧县化肥厂的，真正在农村的时间是一年零十个月。1991 年 10 月调回上海，2004 年 10 月回过一次曹庄，最近，2014 年 9 月第二次回到曹庄。

这次回曹庄，时隔 44 年，已物是人非。老一辈只剩下李现才（83 岁）等三四个人，其中一个也已半残。当年的那些娃娃已经有了娃娃，甚至有了娃娃的娃娃。我开车进村，GPS 告诉我到了，好像是到了，可几乎认不出了。找到一个有点眼熟的一问，确实是曹庄，但是大眼瞪小眼，都叫不上名字。"……我是朱良镨！"还是大眼瞪小眼，"……我是'老牛'！""哦，老牛，老牛，老牛回来了！"大人小孩越聚越多，在我继续寻找故地故人的时候，我妻子和老乡们聊上了。后来她告诉别人，那里的人一说"老牛"都知道，他们说："老牛最能干了，方圆几里地，没有不知道的。"

因为我的笔名是"孺子牛"，一起插队的同学就叫我"老牛"。老乡们觉得这个名字很有意思，加上对我干活的印象好，于是"老牛"逐渐成为老乡对我的称呼，真正的名字知道的反而不多。

我自己属于这块土地，我曾经那么实在地走在这块土地上……

第一场大雪后，在老乡的指点下，我开始拾粪。把柳条编的粪箕子挎在右肩上，右手扣住长把，簸箕部分靠在右边的屁股上，左手握一把木柄小镢头，一般情况下放在簸箕里，见到大粪，用镢头勾起，向右后方甩进粪箕子里，或者把粪箕子放下，直接勾进粪箕。大雪把沟壑基本填平了，田野里白皑皑的，走路要循着脚印，一大早还没有什么人的脚印，主要是狗的足迹，另外参考路边残缺的小树，大致不会走进沟里。积雪上如果有一摊比较集中的黄渍，中间有一个不规则的洞，一镢头下去，必有收获，大多是狗屎，如果遇到牛屎，那就是大收获。第一次拾粪，拾到半粪箕子硬邦邦的狗屎牛屎，倒在墙角，很有成就感。

我和一个伙伴去徐州采购锅碗笼屉，冰天雪地。回来时，徐州的亲戚一大早用自行车把我们送到半路，化冻了，自行车回去了，我们开始挑着担子步行。下午，道路泥泞不堪，我们穿的浅腰胶鞋拖着越来越大的泥团，举步维艰。最后，实在拖不动了，我一狠心，把胶鞋和袜子全脱了，一脚下去，低温加碎石、冰碴，钻心地痛，前不着村后不着店的，只能咬牙前行，步步钻心。东倒西歪地挨到路边一个牛屋，跌了进去。喂牛大爷用冷水替我们洗脚，再慢慢捂热。那一夜就睡在牛屋里的草垛上。

我后来负责生产队的积肥，每天早上到家家户户的茅厕里收大便、小便，分别计量、记账，折合工分，粗肥集中到一个大坑里沤制，精肥则要用泥封盖熟化，和泥要赤脚把细土、碎麦草加水均匀拌合。有一次，我的脚感染了，黑红透亮，肿得像水桶。还有一次，吃过午饭到公社去拉分配的两袋尿素，来回二三十里。我拉着平板车，车上放着粪箕子，一路走，一路拾粪。冬天天黑得早，回来的时候抄近道走小路，平板车陷在小河里，越崴越陷，路上没有人，肚里没有食，我精疲力尽，又不敢弃车求援，越来越害怕。直到半夜，生产队派出的人才把我找回。

我们几个上海知青干活都很卖力。那时我身高已经1.77米，比较瘦，体重还不到60公斤，戴着一副950度的近视镜，干活卖死力。我觉得，用全力反而省力，天热时拉平板车，光着头赤着膊，肩上背着拉绳，上身几乎与地面平行，一溜小跑，看得那些"半劳力"唏嘘不已。在开挖新汴河的工地上，我学会了推独轮车的"背襻"和"抱襻"，和大家一样推着带有两个柳条筐，载土两百多公斤的小车，扭着屁股行走在窄窄的车道上。挖土的长锹在锹头上面有一块锹牌子，掌锹的和帮锹的一起用力踩，一锹下去半米深，别人要踩四五下，我帮锹时，两下子一定踩到底。运河越挖越深，要用滑轮把满载的小车拉上去。滑轮就是人力车的车圈，在坝顶打一个桩拴住，一根麻绳绕过圈槽，拉车的在坝顶，小车在河底，拉车的向下，小车向上。运河挖到十几米深，坡度有三四十度，一般人慢慢往下拉，小车慢慢往上走；而我习惯一鼓作气从坝顶飞奔而下，小车像坐火箭一样蹿上去，大家都很爽，都喜欢和我做搭档。

农村男人的地位高，一些"纯爷们"的事情比较有意思。在曹庄，小麦是细粮，产量不高，快成熟的时候最怕刮西南风，两年都把快到手的麦子刮瘪了。第一年我们每人只分到15斤小麦，其他都是高粱、玉米和山芋干，还有几斤绿豆，生产队要留一些细粮到节骨眼上用。挖河，全部是"满劳力"，全部吃麦面，在"河沿"，半斤面粉蒸一个馍馍，我一顿能吃三个。冬季柴火不够烧，"上级"拨下几吨无烟煤指标，要各生产队自己派人到淮北去拉。拉煤的也全部是"满劳力"，全部吃麦面。打井，打井队不用柴油机，钻井、起钻全部用人推，生产队也全部用"满劳力"，在那里还能够喝上绿豆面条。

农活虽很累，但也有愉悦的时候。盛夏，下午出工要三点多，在豆地、玉米地里锄草依然大汗淋漓。生产队的犒劳是送来一挑井水，里面放上一小包糖精，清凉甜美，我一口气喝下一大脸盆，直起身来，能清清楚楚听到肚子里"咣当咣当"的水响。秋收之前，生产队慰劳社员，会请来唱大鼓的。躺在麦场上，土地还有一些余温，身体完全放松。蓝黑的天空繁星闪烁，吹在脸上凉飕飕的。鼓声咚咚，月牙板叮当，说书先生时而舒缓时而尖利的念唱，有一句没一句地震动着我的耳膜……

这里有我的"地气"。

告御状

"万物作焉而不辞。生而不有，为而不恃，功成而弗居。"

我进入灵璧县化肥厂以后，很快担任了精炼工段长、碳化工段长、二排副排长（当时的生产车间叫"操作连"，生产大班叫"排"）。二排在各方面都跑在前列。

1972年3月29日大夜班由我带班，锅炉房发生了一起缺水致漏的事故。由于处置得当，生产很快恢复正常。但这样一起按劳动部事故分类的"一般事故"，却被县工业局某局长编造成假材料上报，县里在"万人大会"上宣布对我"开除留用一年"的处分。微小影响成为"巨大损失"，一贯的先进标兵成为"一贯吊儿郎当"，化肥厂的职工在会场上当时就炸锅了。那天晚上，抗议、揭发的大字报贴满了县城中心"隅顶口"。淳朴的曹庄老乡第二天就跑了几十里路到县里为我叫屈。

某局长非常专横，他一直要收拾知青集中的县化肥厂，尤其是"不知好歹"的上海知青。一年前他无端要拿二排一个上海籍班长开刀，杀鸡儆猴，遭到二排和我的抵制，没有得逞。他认为我这个戴眼镜的是根子，一直耿耿于怀，这次以为来了机会。在向县里申诉无果之后，激愤的职工凑钱凑粮票，鼓励我和另外一个知青到北京上访。当时进北京需要县级以上单位介绍信。我们先到天津，取得了一些人的同情，他们帮助我们买了进京的火车票。排了两天的队，我们在"陶然亭95号甲"的地方向国务院上访接待处申诉了冤情。

申诉转回安徽省和宿县地区，我拒绝领取"开除留用生活费"。在家庭的支持下，我一边上班，卖力干活，一边申诉，开始了五年的不断上访。直到1977年，终于由宿县地区调查组提出了对我彻底平反的结论。某局长随后被县里"双开"，其第一条错误就是"打击报复朱良锴"。风水轮流转，后来由我作为主要成员清算某局长和他们一帮人的错误，但我尊重他们的感受，实事求是地对待他们。

这是一段磨砺心智、体验社会、感受百姓情怀的宝贵经历，我终生难忘。

回上海

由于尚未平反，我与"文革"后的第一次高考失之交臂。后来，厂里让我陆续担任了车间主任、技术科长、副厂长。其间，经过自学考试，我获得了助理工程师职称，在合肥工大参加了两年多的"干部专修班"，在地区评为工程师。主持了厂里的技术改造和企业管理工作，灵璧县化肥厂从被省里黄牌警告到"省级先进企业"，技术水平进入全省、全国同行业前列。

在进厂后的二十一年里，受到了同事们的帮助，受到了化肥厂老书记周杰和县里、地区、省里许多朋友、领导的帮教，我终身受益。

1991年下半年，年迈的母亲期盼我回到她的身边，10月，我调回上海，又被厂里借回来三个月，完成了"两煤改一煤"的系统技术改造。

到上海后，我成了"浦东路桥建设总公司"的总经理，后又调到浦发集团，曾获"浦东改革开放10周年杰出贡献奖"，被评为"上海市建设功臣""上海市科技领军人物"。

我清楚，我的品行来自土地，我的实际工作能力起始于灵璧。没有什么能够盖过青春热血在土地上的滚爬，我永远怀念那段岁月，那难忘的灵璧二十二年。

2014年10月18日

我的邻居是知青

马道超

20世纪60年代，我家仅两间堂屋，灶屋是"人"字形庵棚。堂屋的脊棒是楠木的，在当时算是最好的了。

一天，我们队来了两个插队落户的女知青。一个叫杨珍珍，一个叫张利利。杨珍珍温文尔雅，看上去一股书卷气；张利利说起话来大大咧咧，黑里透红的脸蛋，一看就知道性格比较暴躁。

生产队队长把她俩安排在两间仓库里住了下来。我家离仓库只有二十米远，中间是空地，这样，我们就成了邻居。

生产队有六间仓库，三个大门，靠右边的存放粮食，无论小麦还是黄豆，收好、晒干、扬净，都要到仓库贮存好，然后由粮食保管员在上面盖上大印板。印板宽30厘米、长50厘米长，盖上印，谁抓走一把粮食都能知道。中间两间放农具，权耙、扫帚、扬场锨等。另外两间就给知青住了。

我们凤山村地处于凤凰山脚下，地势高低不平，房子高矮宽窄也不一致，不成排、不成行。那时五米宽就算大房子了，全都是简陋的草屋。

大家白天忙于挣工分，男的10分，女的8分。晚上有唱大鼓的、拉扬琴的，大家乐在其中。两位知青也和社员们一样，日出而作，日落而归，一年四季，春夏秋冬，一年干到头，一天三顿还是白芋饭。只有过年过节，才能吃上白面馍。

队长和我家是邻居，天天端着一大碗白芋饭，到我家门前槐树下，边吃边聊天。两位知青也入乡随俗，每天端着碗在我家门前石台上，大口大口地吃。

中华人民共和国成立20多年时，生产工具还是老一套，牛拉犁子耕地，有时是人拉双铧犁犁地，手拿锄刀弯着腰割麦，牛拉碌子打场，木轱辘大车拉庄稼。两位知青也和大家一起拉犁子犁地，拉大车拉庄稼、运土杂肥。

后来，公社成立文艺宣传队，队长推荐她俩参加，排的剧目是《沙家浜》，杨珍珍演阿庆嫂、张利利演刁德一。她们每天去排戏，队里给记工分，白天排练，一天八分，晚上唱戏，另加八分。

从此，我家门前槐树下更加热闹了。每天晚饭后，都要她们吼两嗓子。两只汽油灯照得雪亮，大家都听得非常入神。

杨珍珍和张利利吃苦耐劳，经过农村的洗礼，彻底去掉了城里人的骄气，煅炼成了两块好钢，令社员们佩服。

后来，杨珍珍当上了灵璧化肥厂的会计，张利利当上了宣传部门的干部。她俩深有感触地说："我俩能胜任目前的工作，和我们上山下乡煅炼是分不开的。农村的广阔天地，给了我们无穷的正能量，让我们的人生充满了光明。"

一把弹弓伴蹉跎

路永刚

没有鲜丽的彩羽，不会发出婉转的啼声，叽叽喳喳、俯仰自如地飞翔于天地间，在电线上逍遥自在地跳跃，悠闲地排出五线谱，让风儿来弹奏，这就是不太令人喜欢的丑鸟——麻雀。在它们追逐嬉戏之时，孰能料到灾难的降临，一把弹弓，正向它们瞄准。那个拿弹弓的懵懂无知的少年，就是40年前的我。

那个年代没有电视、计算机、网吧、台球、麻将供年轻人闲掷过剩的精力，10来岁的我，既不能出力挣钱，又不知学习的好处，没地方玩，也没有什么东西可玩，无聊得很。舅舅为我做的一把弹弓，伴我走过了蹉跎岁月的寂寞时光。

那把弹弓非一般弹弓可比，把是舅舅用直径6毫米的钢筋打造的，外面又用塑料皮筋缠了一遍。把的下方巧妙地嵌入一个铜环，铜环上系一条拴钥匙的链子，装在口袋里有个钩子可以挂在裤鼻子上。皮子是汽车内胎剪的，弹力足、打得远、不走偏。

1969年，弹弓随我下放到农村。富有幻想的年轻人，对农村的想象是浪漫的，万木葱茏的阳春，有水绿花红的无限风光；烈日炎炎的盛夏，有五彩缤纷的瑰丽晚霞；持舞红叶的金秋，有坠满枝头的丰收硕果；朔风怒吼的隆冬，有充满诗意的皑皑雪景……我沉醉在"贫农下中农一条心，天南海北一家人"的美好愿景中。我下放那庄生产队队长家又肥又壮的大狗，偏偏不通人性，从不把我这个下放的外来户当作一家人，每当我走过它家门口，它总是龇牙咧嘴地咆哮不止。

要制服那条凶狗，离了弹弓还真不行。多次实践证明，稍远一点距离石子打到它身上，它根本就不觉得疼。有一次，石子碰巧打在它前腿上，它疼得前腿不敢着地，三条腿一蹦一跳地哀嚎不止，让我开心又解恨。狗腿那么细，30多米的距离，命中是不容易的。我没事就对着小树练打"竖线"，由粗到细、由近到远，手感日渐娴熟。

要出手十拿九稳，弹弓的"子弹"也有讲究，越圆越好，河堤上的小圆砂碢最好不过了。那狗的前腿被我多次用弹弓"历练"以后，只要见我掏出弹弓，就条件反射地拼命往家逃，再不敢在我面前耀武扬威了。

那时，农村人找对象流行一句话："老绵羊、大肥猪、泡桐树、红瓦屋。"生产队队长家门前栽了十几棵泡桐树，都是栽过一年又锯了，培土再发新芽，长势更旺。细心的队长在每棵泡桐树的周围都用带刺的洋槐树枝密密围扎了一圈，小孩不敢碰，牛羊也糟蹋不了。刚长出来的泡桐树的芽是娇嫩的，我的弹弓能从远处顺利穿过那洋槐树枝一指宽的缝隙，将那泡桐树的嫩芽一一"腰斩"。队长蹲在被"腰斩"的泡桐树旁自言自语："这不像是虫咬的。"他百思不得其解。

"春色满园关不住，一枝红杏出墙来。"队长家没有红杏出墙，他的大院子里的许多向日葵却高出了墙头，每当向日葵刚刚打苞，就被我弹弓打去的石子掐了头。向日葵也长得奇怪，被斩了一个头，每棵又长出好几个小的，那景致真是一花独秀莫如百花齐吐。

玩弹弓也有失手的时候。玩过弹弓的人都知道，向上瞄准45度是最佳"射击"角度，命中率高，而从高处向下最难瞄准，十有八九打不中目标。有一次，我看到路边有一只麻雀，就悄悄拿出弹弓向它瞄准，石子打到路边的硬地上向路中间飞弹过去。正巧有位女子走过，我一看大事不妙，弹弓来不及往口袋里装，急忙往怀里一塞，若无其事地向前走。就听那女子"哎哟"一声，石子击中了她的脸。她见我两手空空，就问我可见有玩弹弓的小孩，我向背后一指，那女子"寻仇"心切，朝我背后的方向飞奔而去。我迅速拐了个弯，逃之夭夭。

一直伴我五六年的弹弓，在被张巷庄的一个小青年借去玩，谁知竟是"肉包子打狗，一去无回"。我向他讨要，他说丢了。

一把弹弓，既打发了我的孤独，也消磨了我的如金时光。

我的知青岁月

夏胜辉

我和妹妹下放在杨疃朱勋庄，初时，住的是真正的牛棚。一个门进去，东两间拴着队里十几头牛、驴，我俩住西间。中间有隔墙，门是竹片编制的，气流畅通无阻，后半夜，我常常被臊臭味呛醒。我和妹妹毫无怨言地住了一个秋冬。春天，小队合并，我们搬到了村东的两大间屋。晴朗的夜晚，透过屋顶的窟窿，能欣赏天上的星星。我和妹妹在这里傻傻地住了四年，从未想到找队里修修。

乡亲们对我们很好，感受最深的是大雾一家。大雾是一个10来岁的男孩，在村里辈分很晚，因此他父母被称为大雾爸、大雾妈。初到农村，我们烧不好地灶锅，大雾爸东拼西凑给我们做了个简易风箱。这种风箱当地叫"猫扯呼"，只要扯动细绳带动，旋转轴再带动叶片就可以扇风，从此，我们也不用一烧锅就流泪了。他又用队里的破门板给我们做了个小饭桌，我们也就不用再趴在锅台上吃饭了，上海知青写家书也不用趴在床上了。

炎热的夏天，队里要早出工。凌晨三点多吹起床号，天蒙蒙亮，吹上工号。我们贪睡，来不及吃饭就直接上工。从凌晨四点多干到十点，天天如此，又多是繁重的体力活，真是又累又饿。中间有短暂休息，我们立刻躺倒在地，连话都不想说。有时休息结束时，大雾妈会大汗淋淋地跑回来，毛巾里包着刚摊好的秃头饼（玉米面加盐在热锅上贴的脆薄饼），我俩边吃边流泪，那是我吃过的最好吃的饼！大雾妈不识字，是党员，在队里无任何职务。大雾又自作主张将家里的洗脸盆架用油漆漆了一遍，送给我们用。我们不要，大雾爸赶来说，你们看看盆架四条腿上写什么？原来是大雾写了首打油诗："盆架坚固又俊美，送给桃蕊亲姐妹。天真活泼妹欣潜，爱好文学姐胜辉。"盆架虽旧，谈不上俊美，但它是我们一生中最珍贵的物件。

不知道为什么要扯掉快成熟了的高粱叶子，酷热的盛夏，比人高的高粱秆，头上太阳晒得进来，外面的风却刮不进来。打下的叶子要堆好，记好哪几堆是自己打的，最后论斤记工分。我打啊打啊，迷失了方向，也迷失了自己。大约是中暑了，想吐，心慌，什么叶子啊、工分啊全不顾了，只想尽快走出高粱地。当时心慌腿软说不话来，只能蹒跚而行，心念，今天要死在这块地里了！终于摸出来了！地头有个小水塘，不会游泳的我一头扎到水里，情愿淹死一样闷在水里，被路过的老乡捞上来，捡回一条命。

鲁迅先生说，人生识字糊涂始，我是人生识字烦恼始。下放时，村里姑娘和我结伴出工，扎堆拉呱纳鞋底。她们都不识字，但十分快乐，几乎没有烦心的事。煤油灯下比赛纳鞋底，说说谁想穿什么新衣裳，比比定亲时对方送的布料是比基呢还是织页呢，那份满足、那份幸福，真让我羡慕。帮她们给军营中的丈夫或未婚夫、恋人写信，总是什么也不说，让我自由发挥。我或用心或敷衍写了读给她们听，她们总是很满足。我和她们一天到晚在一起，但心并没有在一起，我体会不了她们的满足和快乐，只有在深夜，读起书来，我的心才得到慰藉，才有些许满足感，才觉得快乐！

生产队队长叫徐从义，身材魁梧，干活很下力。不苟言笑，整天虎着一张脸，我们都有点怕他。副队长朱兰田个子很高，脸上总是笑眯眯的。他在新疆当过兵，上海知青背后叫他哈密瓜。他很关心知青，教我们干活的要领，并想方设法让我们干一些轻快的活。如果任务是包的活，他就挑一些能干的村姑和我们一组，还常常帮我们干。那时干活磨洋工，叫草帽刮进地里就算出工。初冬的夜里加班收红薯，提着桅灯，挎着粪箕子，拾满就倒进车里。灯光弱，照不多远，谁也看不见别人在干啥，朱兰田就叫我们几个知青蹲在一起，休息！

出烟了，人们陆续来到烟炕旁，往外传递着烘干的带余热的烟叶秆，依次铺满了整个打麦场。得等到露水将烟叶打湿，才能从秆上下来而不至于破碎。等待的时间不长，不够回去睡个回笼觉。会吸烟的拿出烟袋或用纸卷上脆脆的烟叶，美美地吸上几口。互有好感的姑娘小伙，则躲在灯光照不到的地方说悄悄话，十几岁的小孩到处跑，引来大人的呵斥："别踩烂了烟叶！"我总嫌冷，挤进温暖的烘房，听人说村言俚事。天快亮了，露水浓了，烟叶绵了，就可以下烟叶了。一秆秆下好捆好，天也亮了，新一天的农活又要开始了。

最轻松的农活是什么？我说是把烟，就是把烘干的烟叶分成三六九等。坐在屋里，不用日晒风吹，拿着轻飘飘的烟叶，不会腰酸背疼。干这活的全是队里的干部和村里说话举足轻重的人的家人。说是技术活，需要好眼力，他们都独具慧眼。其实就是根据叶子的黄绿程度，将色近似的放在一起而已。我虽近视，但不色盲。在凌晨下烟时，我随手拿片烟叶判断属于什么上三下四的，得到参加把烟的村姑好友的认可。朱兰田也为我们知青争取过，可是四年六个知青谁也没有获此殊荣，我们戏称，在广阔天地干惯了，还不稀罕憋在屋里呢！

入秋，烟叶被掰下送入炕房，只剩下光秃秃的秆子立在地里。我们六个知青商定，去干无名好事夜拔烟秆。天黑透后，我们摸到地里。烟秆粗得像南方的甘蔗，高到我们肩头。双手抓住，用力往上拔，竟然不见动静。只好两人四手齐用力，才能拔出来。根须裹带泥土形成盆大的盘，当然费力了。我们六人三组拔了起来，不记得干了多久，一块地终于拔完了，也不顾队里是不是知道、会不会受表扬了。后来上海知青间闹了点小矛盾，有几个搬出去住了，就再也没有这样的活动了。

刚搬到村东头时，一个上小学二三年级的小孩常常来玩。后来知道他叫来书，是个被人收养的孩子。因为收养了他，养母才生了下面的妹妹弟弟，所以家里格外疼他，放学后不让他割草放羊。只要我们在家，他就会来，来了总挑一个弧面的小板凳坐，并取名舒服板凳。他瞪着一双大眼睛安静地看我们做饭、听我们说话，直到家人大声喊他回家吃饭，看得出他对我们很崇拜，我们说什么他都信。有一年村西的公房里出现反动标语，那几天，经过那里的会写字的都要接受审查。我相信笔迹检查，更知不是自己写的，心中很坦然。都忘了在那个时间段我去杨疃街曾路过事发地。来书赶来，为我做证，我这才想起来，那天是他陪我从村东走到村西，并目送我往街上走去的。

找营人与知青的情谊

陈平胜

知识青年上山下乡始于 20 世纪 50 年代，高潮是 1969 年，结束于 1978 年，前后延续了 25 年左右。

时空跨越到 1968 年，六六届、六七届、六八届的（史称"老三届"）初高中毕业生无法升学，也无法就业，为解决这一矛盾，毛主席又发出了"知识青年到农村去，接受贫下中农再教育，很有必要"的指示。各大中小城市的知识青年背着行李，离开了父母，如千军万马奔向祖国的四面八方，到 1978 年为止，他们全部通过招工招进了城市，有了自己的工作。

当时，我们县大庙公社接收的知识青年，正是 1968 年这一批。在这个时间里，无论大中小城市，还是小县城下放的知识青年，都受到了人民群众的欢迎和厚爱。

我们找营庄共接收了四拨知识青年。1968 年 10 月接收了蚌埠市龙湖区的三位，安排在找营二队，1969 年元月接收了上海杨浦区的 6 位，分别安排在找营三队和四队，1973 年接上级指示，大庙公社分管知青的有关领导又把大庙公社的所有女知青全部安排在找营二队，1977 年灵璧县城的蔡雪雅也下放到找营二队，这样，找营庄的四个生产队都先后接收了知识青年。

找营庄无论哪个生产队，接到有知青插队的消息时都拍手欢迎，并及时召开社员大会宣布，让人民群众从思想上、行动上做好迎接知青到来的准备。在极其困难的条件下，尽量给知识青年提供较好的住房条件，千方百计地提高知识青年的生活水平，最大限度地给知识青年提供方便，尽量做到让他们家长放心、让知青本人安心。

二队队长张广宗听说蚌埠三位知青来二队插队的消息后，立即安排社员腾出生产队炕烟用的炕房，派人到孟山购买了石灰，用雪白的石灰膏涂墙，用剥皮的芦苇扎成顶棚，上面铺上报纸。屋里放着三张床，摆上长条桌。靠门右边支着锅，锅台上盖着用高粱秸编制的锅盖，墙上挂着刷把、锅铲、菜刀。门左边放一张崭新的饭桌，饭桌下面放着三张新板凳。饭桌旁边用红砖垒的垛子上放块长条木板，面笸斗、脸盆等，整齐地放在上面。

1969 年元月，三队队长张宣谋听说上海知青要来，耐心地做好社员的工作，硬是腾挪出一进院子，把屋里屋外打扫得干干净净，厨房也整理得一尘不染。四队队长朱兰星除安排好住地外，还叫保管员打开粮仓，秤数十斤小麦磨成白面，油盐酱醋买个齐全，等待着知青的到来。

社员们都盼望着知青的到来，听说他们到大庙大院了，就拉着平板车前去迎接。知青来到后的第一顿饭，社员们争着抢着拉他们去自己家里。

我们找营二队三个知青，一个叫焦新元，18 岁，属虎。他 1.77 米的个头，肩膀宽大，身材挺拔。魏志永和焦新元同岁，但比他稍矮一点，身体也很魁梧。赵国防年龄最小，个头也最矮，只有一米六，但很机灵，白皙稚嫩的脸庞，两只眼睛像是会说话似的。由于年龄相当，不几天我们就熟悉了。当时，我们队有个规定，不管男孩女孩，哪怕 20 岁了，只要没结婚，都算半劳力，可这三位知青就不一样了，他们破例享受满劳力的待遇，不过老百姓没有一个有意见的。当时生产队十五六岁、十七八岁的男孩女孩有十五六个，老队长把他们组成了一个儿童班，由我任班长。赵国防由于个头矮，就分在我们儿童班，焦新元和魏志永则和满劳力一起。儿童班的活轻一点儿，春天棉花出土后的苗期管理，就是我们儿童班的活。棉花的定苗、打杈、掐顶，赵国防很快就掌握了。后来生产队购买了一台磨面机，由于赵国防是初中毕业生，又忠诚可靠，队里信任他，就让他当了机房会计。

赵国防的本职工作就是称好粮食、记好账、收好钱，但他工作不分份内份外，脏活重活抢着干。柴油机需要加循环水，他每天开机前，都把水缸挑得满满的。他还经常检查机械有没有故障，螺丝松动了，他就拧一拧；传动皮带松了，他就紧一紧，一天到晚忙个不停。1969年10月的一天，一袋粮食还没机完，柴油机嘎的一声，停止了转动，赵国防又手忙脚乱地检查起来，一不小心，右手中指第一、二节碰伤了，生产队队长张广宗知道了，立即安排社员把他送进了医院，并严厉地批评了另外两位机手："这样的危险活怎么能让他来干，他还是个孩子，要是有个好歹，我们怎么向他们的父母交代，怎么向上级交代？"社员听说赵国防伤了，都心疼不已，纷纷从家里拿来鸡蛋和自己舍不得吃的东西，老队长让老伴杀掉家中唯一的下蛋鸡，熬成鸡汤，端到了赵国防面前。

焦新元、魏志永尽管年龄不大，但个头高，有劲儿。他们很快就学会了各种农活，什么耕种拉撒、扬场起场，他们样样精通，同时他们还每人买了一个粪箕子，每天早晨，天还不亮，就和老百姓一样，到村里村外捡一圈粪，赶集开会也总背个粪箕子。

寒天生产队要上集卖葱，安排焦新元收钱，这一下屎粪箕没法背了。一天在回来的路上，他发现了几泡牛屎，足足有十来斤，他干脆放下平板车，拿出盖葱的破布，铺在地上，用双手捧起牛粪放在破布上，包了起来，放在车上，拉回了住地。这哪里像城市人、哪里像读书人，他已经成了地地道道的农民了。

下放到三队、四队的上海知青，发现有90%以上农村妇女不识字，有的甚至连自己的名字都不认识，他们就开设了一个扫盲班，自己出钱买来了铅笔和语文、数学作业本，发给学员，并自编教材，教学员识字。到1978年为止，我们村的文盲，都能达到小学三年级的文化水平了。

到1978年底，知青大部分回城了，但也有少部分扎根农村，与农民联姻，颜琳娣、周如珍、华班龙都先后与本地农民结婚成家，颜琳娣、周如珍10年前在大庙医院退休，华班龙灵璧县塑料厂溶剂厂退休。

动笔之前，我又一次拜访了扎根农村的男知青华班龙。见到他时，他正在饲喂着几十头小尾山羊，当我问他："别人都被招工回上海了，你却留在农村，你后悔吗？"他回答说："我干吗后悔，按目前农村的发展，城乡一体化，说不定有一天他们会从上海向农村转移呢？找营是我家，我永远爱着找营。"

当我问及周如珍扎根农村的感受时，她感叹地说："我永远忘不了找营村的老百姓，更忘不了找营二队的张广宗队长。在找营二队插队的日子里，老百姓吃的是山芋干、玉米面，给我们吃的全部是小麦面。每逢我回上海探家，他们都要我带上花生、大豆、豆油。在我结婚的前几天，是张广宗队长安排社员给我送去了几百斤粮食，解决了我家庭的生活问题。"

上海的女知青冯珠凤被招工回上海后，她和她的爱人多次返回她的第二故乡找营二队，她始终忘不了找营二队的干部群众对她的厚爱。2018年清明节，冯珠凤在她的爱人的陪同下，又一次来到了老队长张广宗的坟前，祭奠他老人家。

找营人与上山下乡知青的情谊，永远留在人们的记忆里。

"走后门"

同龄人

"走后门"的说法源于20世纪60年代，盛行于70年代，消失于80年代。60年代中后期，农村社员逐渐能吃饱饭了，生活需求也大大提高了，而商品紧缺，满足不了人们日益增长的需求，于是，想买的人就要想办法托人买，这就要"走后门"。例如，大姑娘谈对象，向男方要自行车、手表、缝纫机和收音机，俗称的"三转一响"，自行车要加重"永久牌"或轻便"凤凰牌"的，手表要"上海牌"全钢防震防水的，缝纫机要"蜜蜂牌"或"蝴蝶牌"的，收音机要"红灯牌灯"或"春雷牌"的。办喜事还要买烟、酒、糖、肉等物品，这些商品都很紧俏，往往是人托人、脸托脸，拐了九曲十八弯，费了九牛二虎之力，才能置办齐全。

我讲两个真实而有趣的故事。

　　1972 年夏天，公社供销社卖空的尼龙化肥袋子，3 元钱买两个空袋子，染了能做一条裤子。这袋子并不公开出售，只有"走后门"才能买到。当时有人编了个顺口溜："大干部、小干部，两毛钱做条裤，前面是日本，后面是尿素，染青（黑）的、染蓝的，就是没有社员的。"

　　1978 年，我在公社畜牧兽医站当站长。畜牧兽医站和供销社门连门，我经常到供销社食堂去吃饭，与供销社主任也很熟悉。我想买一辆自行车，盯住供销社主任好长时间，才买到一辆当时最孬的长征牌自行车。什么永久、凤凰、飞鸽牌的，你想都别想。我就纳了闷了，同样是社直机关单位负责人，差距咋就那么大呢？

　　那时人们以能不能走通"后门"，把机关单位分成三六九等。流行"穷的是银行，富的是商店，不穷不富是医院"。因为，银行的钱再多，都是公家的，职工个人无权动用一分。我们县有一个信用社职工贪污公款 10000 元，被判了死刑。商店掌握物资收购和销售，窍门多、油水大，是众所周知的吃香单位。那时的人，虽然生活水平低，但是生病的很少，也没有人谈养生、说保健，每人每年交一块半钱的合作医疗费，就能看病不要钱。那时医院虽然有人求，但是不像商店那样炙手可热，所以说医生护士是不穷不富的。

　　不仅购买紧俏商品需要"走后门"，招工、招生、招干、参军，临时工、合同工转为正式工人、农业户口转为非农业户口等，许多事情都要"走后门"。托人办事，人家说"研究研究"，想办事的人就觉得有门，心领神会为"烟酒烟酒"，于是，就买点东海烟和大曲酒送去。当时，流行一句俗语："小白棍神通广大，一三五威力无穷。"这里的小白棍是指香烟，一三五是指白酒，因为灵璧大曲 1.35 元一斤。还有一句话叫"提级提鸡"，说的是想提升一级工资，要提两只小公鸡送给经办人。

　　当时有人还以"走后门"的能力，把行业排列为十等，一是权，二是钱，三是听诊器（医生），四是方向盘（司机）……九是臭老九（教师），十是老社员。

　　如今，当年的"臭老九"变成了香饽饽，老社员也能在网上购得自己心仪的商品，"走后门"的时代一去不复返了。

我在农村上学的日子

卜献华

我四岁那年，随父母下放到邱庙老家，一起下乡的还有我的四哥、五哥，他俩一个十四岁，一个十二岁。

下乡那天，居委会安排了三辆人力平板车，一辆装着棉床被窝和生活用品，一辆装着一口大缸和桌子，最后一辆拉着娘和我。父亲带着哥哥们跟着车尾跑。跑着跑着五哥就跑不动了，车夫让五哥蹲在车上的大缸里，他踮着脚，露出脑袋。父母脸上蒙着乌云，我却一路高兴唱着语录歌。到了村头，接待我们的生产队长是父亲家下侄子，他说让我们先到他家暂时住下，等安置建房的木材到了才能给我们盖房。

我们住进队长家东偏屋，两间低矮的草房四面透风，一张麦秸编的帘子挂在门洞里，门后支着一口地灶锅。队长老婆叫我喊她嫂子，她个子矮小，脸盘圆圆，像个布娃娃。晚上，屋子里黑咕隆咚，圆脸嫂子抽一根玉米秸，擦一根火柴点上照亮，叫我娘赶快铺床，等那火燃完，屋里又是一片乌黑，什么都看不见了。我娘把带来的铺盖铺在地下的麦草上，那一夜，我们一家五口就躺在地铺上。我不停地哭闹，要回城里，娘说："别哭了，以后这就是咱家。"我不信，趴在娘怀里继续哭，哭着哭着就睡着了，天亮时，来了一群乡下娃，他们吸溜着鼻涕，从麦草帘子外面向里偷看。一个女孩，掀开帘子走进来，站在我们"床"前，脸上满是喜悦。她说她叫小翠，是队长家的孩子，别看我年龄小，论辈分，她该叫我小姑呢。其他孩子也都顺势跟了进来，一个个笑嘻嘻的，衣装破烂，脚上穿着草窝子，有的还露着脚趾，小袄襟乌黑发亮。一个男孩用衣袖擦鼻子下面两根"毛毛虫"，没擦净，就用舌头一舔，吸进嘴里，我一脸茫然。小翠拉我，要带我到她家自留地里玩，我忘记了想家的事，一骨碌爬起来，顾不得娘在后面喊，就跟着他们一溜烟跑出去。一口气跑到湖里，湖里长满大片谷子，长长的谷穗压弯了腰，被风一吹拥进怀里。我惊讶这么多毛谷草呀，伸手要拽谷穗编小猫，小翠赶紧拦住，说这是谷子，做米饭吃的。我不知道什么是谷子，身边娃们叽叽喳喳，告诉我这些那些，我就像听小鸟说话一样。

日子一天天过去，不久，我也到了上学的年龄。村子里没有小学，和我一样甚至比我大的孩子都在家务农，因为队长家的小翠早已到了上学的年龄，队长要在本村办学校，没有老师，就找到一个读过私塾的老先生教我们。他姓倪，可我们从不喊他倪老师，而是跟着村里人喊他绰号"戳包"（灵璧俗语，意思是马虎、不认真）。没有教室，就在放牛车的土屋里上课。我和小翠总共七个孩子，坐在木轱辘大车帮上，手捧着书本，跟着"戳包"念书歌，摇头晃脑，扯着长长的声音。"戳包"先生说谁的声音大谁读书好，我们就亮开大嗓门跟着他念：

第一课，毛主席万岁；

第二课，中国共产党万岁；

第三课，中华人民共和国万岁；

……

收工回村的社员从没见过这场面，被我们唱歌般的琅琅书声吸引，挤在车屋外面，放下肩上的锄头，扶着锄杆听得出神。我们看到大人们在外头听，就更加起劲地读，声音差一点把车屋掀翻。后来队长找村里木匠做了块黑板，靠在车帮边的墙上。先生教我们课文就在黑板上写：

"32111钻井队，是一支用毛泽东思想武装起来的队伍……"

写完，教我们念："叁万贰仟壹佰壹拾壹个钻井队，是一支……"

放学回家我也不忘温故知新，开卷朗读，哥哥大声质问：

"这是谁教你的？'32111'是钻井队代号，怎么用数学个拾百千万来读！"我还不服，硬说是"戳包"先生教得对。

夏天，天气闷热，先生把黑板移到车屋外面，挂在大槐树上，我们聚在阴凉下上课。夏季雷雨多，暴雨一来，孩子们四散而逃。雨过，又都聚拢来上课。一次，老师让我跟另一个孩子一起，去学生家收五角钱来买粉笔，我们从早晨跑到中午，最后被村西王寡妇拎着棍子撵出一里多地。先生无奈，只能从地上捡一块白石头在黑板上写字。

生产队运大粪，社员抬着粪筐子从我们身边经过，我们都用手捂着鼻子。先生拿着棍子敲敲黑板，说："不准嫌臭，没有大粪臭，哪有五谷香？"然后又问："臭不臭？"我们赶快把手拿开，回答："不臭。"为了表示不嫌大粪臭，我们都深深吸一口气，大声说："真香！"

歇工时，一群社员跑过来凑热闹，几个年轻后生蹲在地上拿树枝，认真地学着写字。能够识文写字，在当时是件多么荣耀的事情！

有一回上体育课，先生让孩子们玩老鹰捉小鸡，一个男孩非要跟先生玩斗鸡。当时先生兴致正高，就和男孩斗起来。男孩个子矮，刚一上阵就被先生一膝盖磕到脸上，被斗得人仰马翻。男孩躺在地上满嘴是血，差一点把舌头咬掉。先生吓傻了，被大队拉去批斗了三天。回家后，先生老婆装了满满两笸斗红芋干，送到学生家作为赔偿，此事才算了结。从此"戳包"先生也被撵回家种他的一亩三分地了，他肚子里仅有的墨水早已经倒得空空如也。我们两年跟着"戳包"先生学习，最大的收获就是学到的"白字"，还有写字时的倒下回笔。

小学三年级，我们转到大队小学读书，离家五里路。学校开了早晚自习课，孩子起早贪黑上学，最困难的是家里没有钟表，不知啥时起床。第一天上早自习时，老师说不准迟到，所有学生吓得一夜没敢合眼，刚迷迷糊糊就听到鸡叫，匆忙起身穿上棉袄棉裤，背着书包往学校跑，到了学校，天还黑咕隆咚的。教室门锁着，同学们站在外面，手脚冻得跟猫咬似的，实在受不住，就去擂班主任的门。班主任气得大骂："滚蛋！"拨开门插，赤着膀子，穿着裤头，一口气把我们撵到红薯地，回去又接着睡。一群学生因为半夜擂老师的门，被罚站了一个早自习。后来我们作息有了规律，东方一露鱼肚白，生物钟就准时提醒，一手拎着煤油灯，一手拷着小板凳去上学。学校的课桌都是用泥和玉米秆垒成的，趴在上面透骨凉，我的肘关节每到冬天都疼痛难忍，就是那时造成的。

小学毕业时我刚十一岁，考进一所名叫半店的联中。学校离家很远，隔着一条三岔河和一片乱坟岗，大河冬季干涸，夏季河水翻滚。我不会游泳，每次过河都双手紧紧拉住同伴，生怕被水冲走。开学不久就赶上扒灵西运河，刚上一星期课就放假了，全校师生奔赴灵西运河工地。那时工地上妇女用铁锨挖土，干一天记八分。男人们用独轱辘车把土推到河堰上，干一天记十分。我们被分配拉经，用一根绳子系在独轱辘车前拉着车子跑。半天下来，我已累得像一摊泥，躺在河堰上再也爬不起来。队长喊我"懒鹰"，说需要好好劳动改造，满河筒民工都在哄笑。任别人怎样嘲讽，我的两条腿就是不听使唤。后来大队书记过来检查工地，安排我为扒河民工唱歌、跳舞做宣传，这下发挥了我的强项。我趴在茅草庵里自编天津快板，然后拿上碗筷到河堤上，边敲边唱：

妇女同志为样板，

农田水利来参战。

家务事情安排好，

不再围着锅台转。

肃清孔孟道，消除旧观念。

工地是战场，恐后又争先。

又挖土，又除锨，

推起小车一溜烟。

"好！"我的表演获得民工们的喝彩。就这样，我坚持了十多天才又回到学校。

1979年，我要离开家乡到尹集去读书，庄子上的孩子都回乡务农了，上学的只剩我一个人，母亲实在不放心，就把我送到我二哥工作的地方。

20世纪80年代初，落实了返城政策，我随父母回到县城。回想起来，我们全家在农村生活的12年，是艰苦的，也是幸运的，是丰厚的阅历和财富。

情漫金山

程 华

1975年，灵璧中学在灵城北五女井庄东的金斗山上建立金山分校，县委副书记肖国玺兼任校长，灵璧中学革委会主任徐庆元主持工作。

　　那时，我们学生正意气风发，是建设的主力军。各班级在班主任带领下，开展比、学、赶、帮的竞赛。徐庆元经常绘声绘色地描述共产主义劳动大学的美好前景，他说山上是教室，修有盘山公路，学生们坐汽车去上学。山坡是梯田，有麦浪滚滚，山下有马圈，养上蒙古马，还有猪圈，养约克夏（良种猪）。咱们还要种上苹果树、桃树、杏树、梨树、枣树，因为桃三、杏四、梨五年，小枣当年就还钱……要有中长远规划把金山变成花果山。咱们分麦面，分猪肉，把金山分校建设成共产主义劳动大学的典范。我们被他鼓舞得豪情满怀、斗志勃发。因为那年灵璧中学破天荒地为我们每人分了斤把重的一条鱼，那鱼长在灵中大塘，我们仅仅是按任务往里面扔些青草就得到如此丰厚的回报，根本没有理由拒绝"金山"的诱惑，没有理由不按校长描绘的去努力。一开始我们还是在班主任组织下列队开进，到后来就变成自发行为了，每天清晨我和许云、陆敏、项敏、赵敏、刘敏、李玲、张月兰、彭光玲几个女生在班长厉红的带领下，提前赶到"大寨梯田"下面，寻找那些用手可以搬动的石块，再蚂蚁搬家似的抱上山坡垒梯田。我们都是自带干粮上山，一心想做郭凤莲式的铁姑娘，都想尽快建成新的学校。不想这事惊动了学校领导，我们不仅受到了班主任李农老师的表扬，连男生们也向我们学习。后来陈明、孙现忠也组织了几个男同学和我们比赛，结果厉红不知用什么招数，让他们全归顺到我们这边，厉红和陈明把这个小团体命名为"学雷锋小组"。有了男生的参与，我们的工作效率显著提高。我们抬土上山造田，往山上运枣树苗、提水浇树，还发扬共产主义精神，帮助别的班级。尽管我们人人手上都留有血泡，半数以上同学嗑嗑碰碰受过伤，但浸透着我们血汗的金山分校却没有最后建成。山上也盖了几间屋，梯田和坡下田地里也种过麦子，我们却没吃上自己栽种的枣子。

　　金山分校虽然夭折了，但灵璧中学师生们攻艰克难的勇气是值得赞扬的。多年后，回忆起那轰轰烈烈的场面，我们依然无怨无悔。我们中的多数没有进入高等学府深造，但我们有的担任民师，有的招工招干到了新的单位，因为有了"金山分校"的历练，我们都能驾轻就熟地完成各项任务。

修理柴油机

晏金福

午饭后，我带着四个学生，拎着工具箱，骑着自行车，向东南方向驶去。20分钟以后，到了山村嶂渠。大老远的，就看见打麦场上两个年轻人在启动手扶拖拉机。他俩你摇一气，我摇一气，直到我们来到跟前，还没摇起来。我示意学生们停下来，自己走上前去，听了听声音，告诉他们："别摇了，再摇也是白费力气。"他们问："正用的热机子，怎么停下来就没法启动了？"我说："气门漏气，热机子也难启动。"我接着告诉他们："我们是九顶中学农机班的师生，专门过来支援午收的。""能修好？"他们问。"肯定能！"我一面回答，一面招呼学生过来。我和学生一道，打开工具箱，取出工具。三下五除二，卸下缸头，拆下气门。我指给他们看："气门和缸头的结合部应该是一道细细的环，可是看你们的，黑乎乎的全是积碳。气门和缸头结合不好就会漏气，漏气就难启动，即使启动了，马力不足，机子也没劲。"我一边说一边指挥学生磨气门。工具和研磨砂都是现成的，两个学生只用了十几分钟就把气门磨好了。我指导学生把气门、缸头上好，气门间隙调好，对他们说："摇摇试试。"一个机手上前，搭上把，只摇了几圈儿，机子就"突突突"欢快地叫起来。另一个机手说了声"谢谢"，就迫不及待地跳上拖拉机，开着飞快地转起来。这个机手则拉着我问："我们的机子才买不久，咋会有这么多积碳？"我说："你们年轻人性子急，上去就是大油门，柴油加得多了，燃烧不完就会形成积碳。以后油门要慢慢加，不要猛加。就这，也得经常调整气门间隙。"告别了小伙子，我们向下一个大队走去。

有人可能要问："你不是中文系的吗，怎么修起柴油机来了？"

这是20世纪70年代初的事。那时高考尚未恢复，高中生毕业后的出路在哪里？为了培养农村急需的人才，学校实行开门办学，办了农技、农机、医卫三个班。那时实行的是典型的"学以致用""学用结合"，农技班到全国闻名的棉花高产示范区江苏孟圩学习棉花栽培技术，医卫班学完基础知识后到医院边干边学，农机班学习修理农机和低压电路的架设。我是农机班班主任，切身感受到办学的艰难。我们的老师只会理论知识，不会具体操作，而请来的师傅又只有实践不懂理论，因而闹出不少笑话。一次修柴油机时，学生问师傅："机肚里的螺丝看不见怎么上呀？"师傅脱口而出："结过婚你就知道了！"学生还是一头雾水，师傅又说："真笨！看不见不能摸吗？"这时男生哄堂大笑，女生个个面红耳赤。还有一次，学生到晏湾帮助架设线路，一个心直口快、性格泼辣的马姓女学生就曾公开嘲笑我们的老师："你问问他，可知道磁夹板哪个是公的、哪个是母的，哪个在上、哪个在下？"话是粗了点，但对我们老师严重脱离实际的批评，确实是一针见血。

理论和实际脱节，严重影响了我们的教学。我觉得，要从根本上解决问题，只有靠自己。于是我开始刻苦地学习有关柴油机的知识。虽然我大学学的是文科，可是凭着高中阶段扎实的理科基础，只短短几天工夫，一本《柴油机的原理与维修》我便学得滚瓜烂熟。接着就跟拖拉机站的师傅去拆柴油机。两部机子一拆，修机子的窍门我已掌握了个八九不离十。再遇到师傅没空，我就带着学生下去自己干。时间不长，我对柴油机已经了如指掌。这次实践使我再一次体会到，世界上最难的就是读书。只要书真正读懂了，任何问题都能迎刃而解。就像本文开头那样，我只要听一听机子的声音，就能判断出故障所在。

说实在话，那阶段的努力可没白费。我不仅为开门办学作出了自己的贡献，还为我的家乡出了一把力。我的家乡是一个大村庄，有4000多口人，12个生产队。每个队都有一辆小型拖拉机和不止一部柴油机。那些机手有的有点文化，有的大字都不识一个，都是第一次接触柴油机，只能开，哪里会修？机子一坏，就得拉到集上的拖拉机站或机械厂去，材料费、工时费、人情费等，花钱先不说，求爷爷告奶奶还不能及时修，农活可耽误不起。修完了，钱该咋算咋算，还得请师傅到饭馆撮一顿。听说我会，当然是近水楼台先得月。找我那就简单多了。工时费当然不存在，零部件能修的尽量修，实在不能修的，到农机门市部去买，一分冤枉钱也不用花。不摊饭时，修完就走。我不抽烟，连烟都不用买。有时到饭时没修好，俺庄有杀狗的，队长就让机手去买点狗肉、一瓶白干酒，自家再炒俩素菜，吃喝一毕接着干。

这修机子可不是个好活，春秋天好还好些，夏天，两手油污，汗没法擦，蚊虫叮咬也不能拍；冬天，手指头冻得跟猫咬似的，也没法焐一焐。上下缸头、飞轮可都是重活，幸亏那时年轻，有的是力气。校气门、对齿轮又都是细活，有时累了，干起来让人头疼。还有，机子上经常会有毛刺，划破手和胳膊是家常便饭。好在我的免疫力超强，破了，不用消毒，不用包扎，从未感染过。有时不小心，锤子砸了手指头，往往要几个月才能好。可是遇到活，还得干，乡里乡亲的，怎么好驳人家的面子。星期天回家，几乎就没闲过。平时，也经常有人专门去学校请，没办法，只有调课或请假。不过说实话，晏湾的狗肉我可没少吃，那味道现在还能回忆起来。但是，最令我高兴的是踌躇满志地站在刚修好的机器旁，聆听那悦耳的"突突"声，此时，我的心里乐滋滋的，是人生最美的享受。

我的"飞鸽"自行车

晏金福

我拥有第一辆新车是在 1970 年春。一天，九顶供销社五金门市部的营业员告诉我，刚进来 6 辆飞鸽牌自行车。当时，由于物资匮乏，供销社的许多货物都是凭票供应，尤其是"三转一响"（自行车、缝纫机、手表和收音机）更是抢手货，不走后门是买不到的。"这 6 辆车你打算怎么卖？"我问。"要在平时，别说 6 辆，就是 16 辆，也轮不到你们。这不是正在'一打三反'吗？他们都不敢买了。"他说。"好了，这 6 辆我全包了。"我说。"那你抓紧点。"他说。

我回到学校，找几个要好的老师一说，马上就凑够了六个人。我们带足了钱，借了一辆平板车，就把一个大木箱拉了回来。

回到学校，拆开箱子，一人一辆自行车零配件，搬到自己屋里，组装起来。我因为原来骑的都是破旧的自行车，所以练就了一手修车本领，但是，独立组装一辆新车，还是大姑娘上轿——头一回。特别是编辐条，从来没干过，编了拆，拆了编，反复几遍才弄对。有四位根本不会，就拜我为师，在我的指导和帮助下，也全都组装好了。我们六个人骑着新车，到街上溜了一趟，引得许多路人艳羡。

对于这辆自己亲手组装的新车，我非常爱惜。这辆车也非常争气，为我服务多年。一次，我带老婆到江苏睢宁走娘家。当时我已有四个孩子，最小的只有两个月。我在车前把上绑了 10 斤棉花，车后货架的右边绑了 50 斤黄豆，然后，我让老大、老二骑在大杠上，自己背上小三，让妻子抱着小四儿，坐在后货架上，一家六口就出发了。近百里的路程，所到之处，经常有人围观。赞美之声，不绝于耳。有的说："他肯定是玩杂技的。"

但是，有一天，我的爱车突然丢了。那是一天晚上，我在九顶铁木业社工作的学生李孝堂来借车。他把车子推出去，又回来和我说几句话，可当他再出去时，车子已经不翼而飞了。本来以为只是熟人开开玩笑而已，没想到处都找遍了，也没见车的影子。看来，这车是和我永别了。我虽然心里很难受，但还是强颜欢笑地对学生说："没事儿，也骑了几年了，该换换了。"

两个月后，正当我彻底绝望，准备想法买车时，李孝堂突然跑来对我说："晏老师，我刚才看到一辆车子，很像你的，你去看看吧。"我当即跟他一起赶往铁木业社。一看到那辆车子，我很快就判断是我的车子，因为我对它太熟悉了。我说："表面的不说，我右前叉外面曾经撞瘪了一块，你们打开塑料纸看看吧。"当时，围观的人很多，当场打开右前叉包裹的塑料纸，看到外侧赫然一个瘪窝子。车子属我已经毫无疑问了。当时的车主说："我是两个月前在双沟街上买的。当时我留了个心眼，知道卖车人的姓名和住址。"当即报告公社人保组，把偷车人缉拿归案。

原来偷车人偷了车后，不敢在朝集街卖，就骑到双沟去卖。本以为没事，可是后来知道买车人是九顶人之后，就惶惶不可终日，最后终于法网难逃。

我的爱车失而复得，别提多高兴了。

在灵中下迁的岁月里

吴恒侠

灵璧中学在七十年的旅途中，年年桃李满园，岁岁风光无限。在那非常的岁月里，走在坎坷的旅程上，它也留下悲壮的脚印。

那是一场梦，又不是梦，却真真实实地发生了。灵璧中学一夜之间解体了！1969年三四月间，灵璧中学一分为五，分别下迁到禅堂、大庙、王集、十里、东风公社。十里下迁点暂设在原师范学校，是灵璧中学和灵璧师范共同的一个点。那时候，好像什么事情都是上头一句话，下边一风吹。头上还戴着"臭老九"帽子的老师们似乎像被"充军"，他们忐忑不安却不敢怠慢，带着课桌椅、教具和简单的行李匆匆地奔向各自的目的地。一路上，他们朦朦胧胧，眼前是没有门窗的小学校舍，这里就是他们的落脚地，只能打地铺睡觉，用几块石头搭砌的灶锅煮饭。皮鞋陷进烂泥里，没有了条理，没有了秩序，没有了起码的卫生，一切都发生得那么突然。这里没有中学，学校还要他们参与建设。老师们从梦中醒来，第一意识不是失落，而是责任，是担当！规划、设计，一次次和公社官员对话，谋划建校大计。站讲台的老师们要进入设计师、建筑师、会计师的角色，绘图、预算、监工，经过一段艰辛的操劳，一栋栋教室展现在人们面前。条件虽然简陋，可老师们面对第一届初学生也是格外激动，学生是他们的一切。

全县唯一的完全中学灵璧中学一夜之间消失了，灵城镇的人们似乎也从梦中醒来，很快意识到他们被忽略了。万人发出一个声音——恢复灵璧中学！老百姓急切的呼喊声也唤醒了官员，于是，撤销了十里的下迁点。下迁到那里的灵璧中学、灵璧师范和原灵璧初中的老师们撤到了灵璧中学校园。1970年春，灵中校园里那棵被严冬冻伤的古皂角树复苏了，老干上长出了新芽，发出了新枝。

下迁到农村的几所中学，在当地曾经引起不小的轰动。大庙中学当时初中考中专的录取率，多年都是全县第一。其他学校也多是本乡镇第一。择校，就是从那时开始的。外省、外县、外乡的人们慕名而来，请求学校收下他们的孩子。那时的中专，在人们心中的分量很重，它改变了多少农家子弟的命运啊！"读书无用论"开始受到质疑和批判，农民们又进入了"望子成龙""望女成凤"的大美梦境。在他们的朴素的意识里，上中专是孩子们读书成才的最佳路径。家长们纷纷把孩子的读书当作家庭头等大事，一些辍学的孩子也被送进了课堂。一时，灵璧大地似乎刮起了一股择校读书考中专的"风暴"。几处"风暴"的中心，大多在灵璧中学老师们参与建设、亲自授课的学校，这些学校成了名校，这些老师成了老百姓心目中的名师。老师们虽然辛苦，却为眼前的成就感到欣慰。他们从人们投来的敬仰的目光中看到了自己的价值。善良的农民冒天下之大不韪，自发地为他们摘掉了头上那顶"臭老九"的帽子。

灵璧一中诞生了，要办一所和灵璧中学规模相当、水平接近甚至超越的中学。谁来担当？灵璧中学下迁的老师们被请回来了，那这个责任非他们莫属！灵璧一中，从校长、老师到教工大都是原来灵璧中学的班底，灵璧中学的老师们又亲手打造了一片灵璧教育的新高地。1978年9月1日，灵璧一中迎来了第一届新生。灵璧中学和灵璧一中分别屹立在灵城东南、西南隅，遥相呼应，占了灵城的半壁江山。这两所学校是高才生的摇篮，几乎成了人们生活的中心。

十年里，灵璧中学经历了下迁、恢复、重组的裂变过程。一所中学裂变成六所中学，这个裂变的过程极其痛苦，影响深刻而广泛。城镇、乡村人们的精神世界发生了碰撞与交融。城市的人们似乎感到他们的东西被别人抢走了，感到失落。乡村的人们像是接到了从天上掉下来的馅饼，犹如拥抱春天。城市中学下迁、恢复、裂变，打破了原有的教育秩序，也搅动了农民关注教育的情绪，推动了教育资源的重新配置。为后来"小学不出村，初中不出镇，高中不出县"的国家战略奠定了基础，为全民享受九年义务教育做了准备。灵璧中学下迁农村的初衷似乎不那么清晰，可取得的效果却是出人意料的。在那非常的岁月里，灵璧中学的老师们在失落与成就、对与错的纠结中，始终坚守"教书育人是天职"的坚强信念。一位位老师就是一张张影响深远的名片。老师们虽然回城了，可他们在那片教育资源稀缺的土地上留下了教育战线的一道道亮丽风景。几十年过去了，可那一所所校园里的一草一木，都渗透了灵璧中学的基因。灵璧中学老师们在那非常的岁月里留下的深深脚印，就像一个个悲壮的音符，久久地回响着。

放映员吃派饭的岁月

刘培银

20 世纪七八十年代是农村露天电影盛行的时代。那时，没有电视，更没有手机、计算机，农民唯一的文化娱乐活动，就是晚饭后走东庄串西庄去看电影。记得那时候电影《少林寺》火得厉害，看毕电影，大人小孩、男女老少都学着电影里的插曲瞎哼哼："少林，少林……"有些人着调，有些人跑调，总之，大家都会学着唱，管他好听不好听！

那时电影放得勤，十天半月就放一次。这个大队放完，又换下一个大队，一个电影片子往往能连着看上七八遍，也不嫌烦。那时人们又不打工，也不做生意，白天干队里农活，闲时捎带割点牛、羊、猪草，吃罢晚饭就没事了，不往电影场跑去哪儿？

电影放映员一般是两个人，一个放映，一个发电。当时农村没通电，得靠电动机发电。电影器材装在两个大木箱里，放在平板车上。平板车大多是放映员自己拉来，有时生产队队长接到大队书记广播通知，也会派人去拉。放映员天不黑就来到生产队里，寻找搭银幕的树干或直接在打麦草场上挖两个洞埋上两根木棒，早早搭好银幕，然后试着发电，打开高音喇叭播放歌曲。高亢嘹亮的声音传遍周围乡村，让大家都知道，这庄今晚上要放电影了。于是乎，全庄所有的孩子慌忙地从家中窜出来，跑到麦场上，搬起石头垒凳子占地方，到处都是鸟雀一样欢腾的孩子。

放映员的晚饭是吃派饭的。即全庄上挨家挨户轮流摊派，该到谁家吃饭了，生产队队长会提前通知安排，派饭的人家赶紧打酒、买菜准备好，生产队里的农活下午不用去干了，算出半天工分。于是，主人家忙着准备，像招待亲家公一样热情，屁颠屁颠地跑到街上去买菜，有钱的人家自然是骑自行车去的。当然，晚上的饭菜，无论孬好，都是很丰盛的，跟过年或家里来客人差不多，有鱼有肉有鸡蛋，酒虽然不好，但是必须有的。什么汴河曲香酒、灵璧大曲酒，更好点儿的就是号称"吹胡子瞪眼"的霸王酒。当然，这种霸王酒，只有轮到队长、会计家才能喝上，一般农家喝的都是灵璧西关酒厂烧的、七毛多钱一斤的白芋干酒，原浆的，度数高，剋起来上头，喝过晃悠悠。

那年秋天的一个傍晚，放映员轮到我家吃饭。我母亲忙着用木柴火熬了一大锅绿豆稀饭，然后和面烙单饼，大姐帮助烧火。菜是地瓜炒猪肉、油煎小盐鱼、辣椒炒鸡蛋、凉拌花生米、红烧豆腐、香油拌酱豆。晚饭时，生产队队长拎着两瓶大曲酒来了，陪着放映员老李、老王海吃狂侃一阵，酒足饭饱后到了麦场上，准备放映。

这时，乡亲们从四面八方潮水般地赶来，银幕前人山人海。一些卖炒花生、瓜子、汽水、米花糖的小贩，支好小推车，点燃小马提灯，高声吆喝，开始营业了。一些孩子不停地叫喊着出去买零食的家长，眼巴巴地瞅着大人手里的食物，喜笑颜开地拍打着自己抢占的地盘。

喝得满脸通红的放映员老王，把放映镜头对着银幕调好聚焦后，拿起送话筒，"呼呼"地吹了两声，用普通话喊道："父老乡亲坐好了，马上就要放映了。今晚放的影片是国产彩色战斗故事片《难忘的战斗》，前面加个纪录片《农业学大寨——战天斗地修梯田》。"

电影放映了，麦场上顿时鸦雀无声。

后来，队长嫌轮流派饭麻烦，就按每家人数，每人筹资一元钱，统一在他家吃饭了。

20世纪80年代以后，电影商业化了，谁家儿子结婚、老人过寿、孩子上学、婴儿出世，都喜欢放场电影庆贺庆贺。谁家放谁家管饭，然后还得再买条红丝绸缎子被面、抱条渡江烟。队长有时也跟着去陪酒，可是再也不拎酒了。

那时，我已走上了三尺讲台，有时也跟着队长去蹭饭。沾酒就醉，害得我少看多少电影哟！

哦，难忘的吃派饭记忆哟！

看电影趣事

晏金宝

20 世纪六七十年代，电视还没有普及，露天电影就是农民最好的精神食粮。每逢有电影队来放电影，村里就像一件大喜事，人们奔走相告，喜悦之情溢于言表。

太阳快落山时，放映员骑着自行车赶来。车上驮着放映机、影片、银幕。村里负责人到附近人家找来桌椅等辅助放映物件，然后帮助埋杆子，搭银幕。接下来，带着放映员去吃饭。派到谁家吃饭，谁就感到荣幸，将放映员奉若上宾。

放电影前，村领导照例要发表讲话。我们这些十来岁的孩子，好多都没来得及吃晚饭，就带上板凳来到电影场上，抢先占领有利地形。有时还会为此和较好的玩伴互不相让，甚至"反目成仇"。由于人矮，不抢个最佳的位置，就可能一晚上也看不到电影。有时去晚了，在后面看不到，就跑到最前面，眼睛和银幕几乎处在同一条线上，犹如仰望天空数星星，看得脖子发疼发僵。可笑的是，根本看不懂故事情节，却一直坚持到电影结束。

还有更有趣的事。有一次，听说要放电影了，我就忙不迭地跑去。可是等了很久，却不见动静。打听一下才知道，今晚电影是"跑片"，就是一台放映机轮流到两三个村庄放映，根本不知道放映的确切时间，都在那里傻等。好不容易才占着有利地形，是不能轻易放弃的。就是大小便憋不住时，也要找值得信赖的人帮助守着。实在困了，就趴在地上睡着了。睡得正香，突然被一阵欢呼雀跃的声音惊醒了，"放电影的人来了"！顿时困意全无，也跟着欢呼起来。看到隐隐约约的手电筒光越来越近，又听到自行车的响声。可是自行车来到跟前，却不是电影队的人，很是扫兴，但依旧没人放弃"阵地"。

那些躲在后面的年轻人大多是"醉翁之意不在酒"，帅哥买点瓜子和美女一起窃窃私语。因为电影，碰撞了爱情的火花，未经红娘牵线搭桥组成完美家庭的屡见不鲜。

那时年龄虽小，却对放映员的名字和家庭住址了如指掌，如杏山村的李保童、张庄村的张耀、秦湾村的李合肥，还有我们晏湾村的晏金刚等。

到我有十五六岁的时候，电影的诱惑力越来越大。我们一个村放映的次数毕竟太少，已无法满足我们的欲望。于是，我们就跟着年龄大一点的人到周围的村庄去看。一路上，成群结队，说说笑笑，附近十里八村都去过。特别是十五六岁的半截茬孩子，在来去的路上演过许多恶作剧，谁家有门前桃、屋后枣、田里瓜，绕个弯儿也要去"光顾"一下。六七个人遛到哪里，哪里就要遭殃。有一次，刚遛到一片瓜地，忽见几个黑影四散而逃，他们以为是看瓜的人来了。我们故意大叫，他们跑得更欢，我们几个乐得前仰后合。在去邻村化口看电影的路上，小Q要解大便，他走到庄稼地里，让我们在路边等他。突然前面传来电影放映的声音，我们几个拔腿就跑，小Q吓得屎都没拉完，屁股也没顾上擦，提着裤子紧追上来。回家后，一裤裆都是屎，被父母大骂一顿。

那时爱看的都是武打片，像《少林寺》《神秘的大佛》《武当》《武林志》等，至今仍记忆犹新。当时很多人看得着了迷，晚上看，白天练，学着电影里面人的动作，蹲马步、伸拳、踢腿、拿棍棒比画着，嘴里还喊着"嘿！嘿！"。

随着科技的不断进步，电视机、VCD、计算机、手机先后问世，露天电影只能留在我们一代人的记忆中了。

忘不了的防震棚

晏金福

1975年2月4日，海城发生了7.3级大地震，1976年7月28日唐山又发生了震惊世界的7.8级特大地震，一时之间，全国为之紧张。我们灵璧县因为地处郯庐地裂带，更是风声鹤唳、草木皆兵，于是，全县人民都忙着搭防震棚。我也和大家一样，急急忙忙找来五根木棒，先用四根绑成两个倒V形的马腿，上面放上那根脊棒，这样框架就搭成了。然后用小秫秸扎把子铺上去，再用化肥袋子一蒙，棚就算大功告成了。这种类型的屋或棚，因为没有墙，所以门只有留在屋山头上，当时，被人们形象地戏称为两檐到地、屋山头留门儿的"驴夹板子屋"。我的棚子搭得又小又矮，里面只能放一张软床子。人坐在床上，头都抬不起来，憋得让人喘不过气来。我只得把庵子里的地面往下挖了两锹深，这样一来，头是能抬起来了，可是问题又来了，里面太潮湿，潮虫到处爬，我只好背着喷雾器在里面喷洒农药。喷洒完了，把喷雾器往庵子外面搬的时候，我不慎扭了腰，当时疼得动都没法动。没想到，就是这一扭，给我带来了终生的痛苦。从此以后，每到阴天和冬天，我的腰就会疼。所以，这辈子只要腰一疼，我就会想起那防震棚来。

看样子，住防震棚非一时之计，我只得着手搭一个大点儿的棚子。先在四角埋上四根桩，然后在桩上绑马腿，其余部分同前边的棚子一样。整个棚子搭好后，就类似于南方的高脚屋，只是我们棚子的脚矮点罢了。棚子的下边用芦苇把子围起来，再糊上泥。这样，棚子既高了，也大了，里边可以放上一张大床，床前还能站得下人。我们一家六口在这个棚子整整度过了三个春秋，所以这里浓缩了我们全家的苦和乐，值得永远记忆。

渔沟有座龙山渠

鲁 兵

龙山渠位于灵璧县渔沟镇街区西侧、青龙山西北坡，属近现代重要史迹及代表性建筑，2017 年被宿州市人民政府列为重点文物保护单位。

龙山渠俗称爬山渡槽，建于 1976 年，由时任渔沟公社党委积极响应宿县地区"学大寨 赶郭庄"的号召，发动全公社 2000 余名社员，以"可上九天揽月，可下五洋捉鳖"的精神，艰苦奋战，夜以继日，历经 3 个春夏秋冬修建而成。开垦山坡梯田千余亩，修建爬山渠 1200 余米，其中引水渡槽最高处约

23 米，平均宽约 4 米。同时，还开挖了数千长的溢洪渠（地下涵），确保项目区的数千亩农田实现旱能灌、涝能排的目标。

现在，龙山渠仍屹立在那儿，成为渔沟人民战天斗地、谱写历史的丰碑，也成为渔沟镇标志性古建筑。

渔沟有座龙山渠

晏金福

1975 年，在灵璧县渔沟街西头，一座气势恢宏的建筑物横空出世，它的名字叫龙山渠。干渠昂首三渠沟支流侧，甩尾青龙山腰，计有 31 孔，每孔 7 米，长 200 余米，宛若巨龙，横卧长空。龙首处西出张寨、马楼，直抵周寨，长达 2 公里，蜿蜒曲折，状如长蛇。龙尾处沿山腰甩出 200 米，就像腰带，横箍青龙山。这座龙山渠刚问世，就名噪一时，北京电影制片厂还为此拍摄了纪录片。

龙山渠一问世，就众说纷纭。支持者说，龙山渠是农业学大寨的典范，为灵璧争了光；反对者曰，这是典型的面子工程，劳民伤财，没有一点作用。

1981 年，我调入渔沟中学任教，对近在咫尺而又久负盛名的龙山渠，自然想一睹为快。到校第二天，我就迫不及待地登上了龙山渠。你猜我看到了什么？渠道里屎溺斑斑、垃圾遍地，几乎无处下脚。渠壁上，垃圾人涂抹的污言秽语，让人作呕。我近乎掩鼻闭眼，艰难地走完这 200 米，而后从南端仓皇逃离。此后，我在渔沟中学工作的七年间，只为陪着江苏的亲戚，勉强去过两次。

前几天，我为了采写辉山庙会，去了一次渔沟。在和几位老人座谈时，我随口问了一句：“你们那龙山渠到底起了作用没有？”“也浇了几天——”一个老人笑眯眯地说。“浇个×！”没等他说完，另一位老人抢着说，“庆祝典礼那天，一通水就冲垮了一块。你看那山上有几亩地？”“还不如××唻，人家那机井，现在还有好多在使唻。”

座谈后，一位老人陪着我去了一趟龙山渠。离老远，就看到干渠中央部分搭满了脚手架，走近了，看到一块大牌子，上面大红字写着："渠体倾斜严重，禁止通行、靠近、攀爬。"爬是不可能了，于是登上了干渠南端的龙尾处。只见庞大的蓄水池已经豁牙露齿，展望西边和北边，当年绵延漫长的地面渠体已经荡然无存了。"那些支渠怎么一点儿都没有了？"我问。"早被弄去建桥铺路、修屋盖房了。"老人答道。

永远陪伴我的那本书

路永刚

案头一本年代久远的《现代汉语词典》无声地陪伴着我，那是上山下乡时你为我买的。屈指算来，已有 50 个春秋。睹物思人，当年青春焕发的你，如今两鬓可添华发？岁月的犁铧在你风华正茂的额头耕出皱纹几许？

50 年前，我们从不同的城市下放到同一个乡村，接受贫下中农再教育，"滚一身泥巴、练一颗红心"，用最原始的农具和劳作方法在贫瘠的土地上播下我们的汗水和希望。

回忆往事，令我惊奇的是，那些久违的细枝末节，竟是那样清晰完整，每个场面都是那样历历在目。

莺飞草长、百花盛开，"青年突击队"的姑娘小伙子们正热火朝天运肥忙。两人一副抬筐，你追我赶，甩去了小棉袄。天上飘下毛毛雨，春风带来阵阵寒意，刚刚被冷落的棉袄，又纷纷回到主人的身上。那时，小雪小雨当晴天，无风无雨要大干。唯独你没穿棉袄，和我一起抬着筐，大步流星地穿行在人流中。收工时我才知道，你的棉袄下盖着我的那本书。你为了保护它，害了一场病。

"来呀，来呀，大家一起把树苗来种下，勤浇水，爱护它，等到明年，桃树、梨树棵棵都开花……"嘹亮欢快的歌声，在和煦的春风中飞扬。在新汴河大堤上，我们挑了两棵又直又高的洋槐树苗，选一片平坦的地方，栽下了我们的"扎根树"。

忽然一只小虫飞进我的眼睛，我左揉右揉它就是不出来。你急忙掏出手绢，用舌尖濡湿一角，轻轻地把飞到我眼里的小虫粘了出来。离得那么近，我依稀感到你青春的淡淡芬芳。

还记得 1973 年你写给我和几位同学的那封信吗？信里如叙家常，娓娓道来，字里行间流露着女性的隽永细腻和超群的才华。读你的信，就像读一篇优美的散文，那封信至今我还珍藏着。

那时，书籍匮乏，想买一本《新华字典》都难。你回上海探亲，给我买回一本《现代汉语词典》，那真是雪里送炭，我是久旱得甘霖啊！

我们一起度过了十载务农春秋，知青回城，从此天各一方。别后的岁月，我干过木工、当过矿工、做过政工、卖过煎饼，无论生活怎样千辛万苦，但我对文字的钟情一如既往，你那本《现代汉语词典》也一直陪伴着我。转眼间已年逾花甲、垂垂老矣。谁说往事如过眼云烟，谁说岁月走过无痕？抚今追昔，终于知道什么叫刻骨铭心。

岁月可以让往事褪色，但值得珍惜的，依然会魂牵梦萦。

槐粉出口日本国

张少秋

1972 年 9 月 29 日中日正式建交，两国贸易发展迅速。灵璧县的山羊皮、白芋干、槐叶粉等出口日本换回了大量尿素，省革委会奖励了几辆日野车，一辆五吨货车分给粮食局车队，一辆微货分给外贸局，一辆微货分给娄庄供销社。一到收槐叶季节，各基层的供销社都架起了钢磨，那真叫粉尘弥漫，热火朝天。由于灵璧槐粉质优量大，供货及时，为加强运输力量，日本田中株式会社援助灵璧 10 辆大型货车。这些右方向盘的车辆被宿县地区外贸局截留，成立了外贸局车队。

灵璧县的优质槐粉引起日方的高度重视，1976 年 8 月田中珠式会社派员来灵璧考察，主要考察的课题就是槐叶是否为原生态。中日友好巅峰期的访问接待是政治任务，县里非常重视，成立了以革委会主任王有铭为组长、分管财贸的副主任胡德文和分管农林水的副主任王乃庄为副组长的领导小组。外贸局局长孙彪按上级指示进行了细致的准备。

洋槐树本名刺槐，原产北美，清乾隆 13 年（1748）引入中国，系落叶乔木，耐贫脊喜温湿，根浅而树干挺拔，木质坚硬且速生，是矿柱、枕木上好用材。又因树冠高大浓密，成了防护林、景观林的首选。因与国槐同科近亲，人称洋槐树，春末结有美若茉莉的花串，清香可食，人称洋槐花。那时汴河两岸、城墙一周、凤凰山麓、灵房公路两侧，满眼翠绿、香气扑鼻。

接待处设在中式庭院的闸管所，日方一行 4 人在相关领导陪同下，在堤岸走了几十米，看到一望无际的洋槐树林，显得十分兴奋，采摘了一些洋槐树叶标本。后来孙彪回忆说："有几个孩童在那好奇嚷着：'小日本，小日本！'日本人显然能听懂汉语，但只报以微笑。可惜准备了一个月的汇报材料和几套接待方案，都没派上用场。"

日本人要槐叶粉干什么？没有人知道。1977 年田中角荣下台，我国的槐粉出口也戛然而止，留下了一个难解的谜。

童年琐忆

肖文玺

我出生于 20 世纪 70 年代初，我的童年正值"文革"，一些往事就像那落日的余晖，仅在心底撒下些斑驳的碎影。但我依然想拾起那个年代的点滴，就像若干年前看姜文那部《阳光灿烂的日子》，虽是凡人琐事，放在那个大时代里，也是值得回味的……

20世纪六七十年代是中国人口生育的高峰期，我家在灵城东关老城墙墙基上，附近出生的孩子很多。孩子们活动范围之内，有环城河，东关老街、隍庙街、自来水厂、机械厂等厂区、电影公司、水利局职工大院及仓库，还有一个被称为"猪市"的牲口交易市场和一个属于生产队五队的打麦场。那时，黑白电影、革命歌舞和现代京剧"八大样板戏"风行。孩子们从南关人民剧场、露天电影院看的听的，如醉如痴、如数家珍的，基本都是些革命战争或社会主义建设题材的作品。于是，男孩子们玩起了"打仗"游戏，在老城墙土基上挖地道，在土路上挖坑"埋地雷"，在厂区大院"抓特务"、打"游击"。有两个孩子王，一个叫四青，一个叫四蛋，各拉起一支"革命队伍"，他们都宣称属于"大部队"。我那时在孩子们中年龄是最小的，稀里糊涂地加入了"队伍"。天黑时，经常停电，伴着犬吠，跟着大孩子们瞎跑……乱喊几句吓唬自己的话，诸如"敌人快要来了""斗争形势很严峻"之类的。其实，那时的孩子还是挺胆小的，因为父母都很严厉。"革命战争"最后没有发展到"热战"，大家基本上是互相"打游击"，以神出鬼没、对方摸不着行踪为"高"。后来，一方通过"思想工作""宣传策反"，把我方"战士"一一拉了过去。开始有人说"叛徒"，后来看看大势已去，都"起义"了。对败军之将，对方统帅的表现也很磊落，至于两个孩子王谈的什么，只有天知道了。

那时男孩女孩之间很少打交道。女孩子的活动很文雅，除了跳皮筋、踢毽子之类的，就是唱歌跳舞。这源于我们家乡是一片文艺热土，有一些活跃的文艺人士，曾经的老文艺兵周叔叔，是各种民间乐器的高手，吹拉弹唱样样在行；老泗州戏剧团、杂技团团长李大爷，是个"武把式"；机械厂宿舍小院里有柳琴演奏家毛大爷；傅家大院有泗州戏名家傅大姨和她美丽的女儿……大家经常一起弹唱相和。一到晚上，清风习习，琴韵曼妙，歌声悠扬……这种氛围下，加上样板戏、革命歌舞剧的熏陶，最主要的是，女孩子天性使然，好多姐姐们能歌善舞。一个凉爽的夏夜，记不清是在那个傅家大院还是打麦场，她们居然上演了一场类似于歌舞剧《东方红》的大型演出。节目好多，有独唱合唱、独舞群舞，有经典的，有自创的……观众也很多，掌声、欢笑声、叫好声此起彼伏。我姐姐也是其中一员，费好大劲，我才在群舞的姐姐们中瞅到她。过了这么多年，细节我已回忆不太清了，但那场演出的热烈新奇的感受，确已埋在我记忆深处。

无拘无束的日子并不总是有，很快，我到了入学的年龄。那时，学校在我心中是神秘的，而我对学生的印象来自一次父母带我看戏。正剧开场前，几个穿一身绿军装，唇上长着微黑汗毛，涂着夸张腮红的大男孩，手挥红色小书，摆出一个叠罗汉似的造型。突然，他们大叫一声，变换阵形，舞台地板踩得山响，同时声嘶力竭地喊出一些我听不懂的口号。我问父亲，他说，这是学生，是"红小兵"。

一天，邻居哥哥对我说，你快上学了，带你看看我们的学校。我第一次跟他去了南关实验小学。一进大门向南，有一排青砖瓦房，东边第一间是他们的教室。几个学生哥看看我，面无表情，我随他们进了教室。只见得，两个学生哥隔着一张桌子，瞪着眼睛，伸长脖子，大声争论着："马克思最大！""不对，恩格斯最大！"和我一起进来的学生哥加入了争论："列宁最大！""斯大林最大！""你们都不对，毛主席最大！"，邻居哥哥也加入了辩论，"没有毛主席，就没有中国革命的胜利！"这一句话，大家听了，你看看我，我看看你，沉默了几秒，立马有人表态："对对！毛主席最大！"随即，大家同声附和着……

真正入学前，父母对我的启蒙教育是"数数"。付出了眼泪、皮肉之苦后，我过关了。报名前一天，母亲带我到了学校。在校园一个青石板砌的井台旁，几个女老师在洗衣服。母亲把我带到一个面目可亲的老师身旁，说："数给赵老师听听吧。"我当时用最大的勇气，贴在赵老师耳畔，一口气数了一百个数……听着听着，赵老师眉眼一起笑起来，大家也跟着笑了起来……

开学了，渐渐适应学校生活的我，开始了自己的探索。那个井台给我留下很好的印象。于是某天，不知怎的，我就在家找了一个白色的空塑料小瓶，瓶口用一根长毛线拴着。到校后，我兴冲冲地直奔那个井台，学着大人的模样从井口把线绳放下去，还真的打上来一小瓶清冽的井水。刚要享用，后面猛地冲出一个比我高出一头的大男孩，劈手夺过小瓶，恶狠狠地说道："你妄图给革命群众下毒，你是特务，走！"当时我就吓傻了，站在那哭了起来。大男孩抓住我的手，就向一个方向走去，我感觉恐怖极了。这时，旁边洗衣的一个老奶奶走过来劝道："你看他多小啊！"我这才得以逃脱……

以后啊，一切渐渐进入了轨道，不知不觉，那个童年时光悄然退幕……记下这些文字，恍如看那部《阳光灿烂的日子》，但我的舞台不够大，我看的也只是那个懵懂孩童瞳孔所及的方寸之间……说什么呢，一切还是留给时光吧！

忆"高考"

同龄人

文题中的"高考"二字，为什么要加引号呢？因为我回忆的"高考"，既不是 1965 年以前的高考，也不是 1977 年恢复的高考，而是 1973 年那次特殊的"高考"。

1970 年秋，毛主席发出"七·二一"指示："大学还是要办的，我这里主要说的是理工科大学还要办，但学制要缩短，教育要革命，要无产阶级政治挂帅，走上海机床厂从工人中培养技术人员的道路。要从有实践经验的工人农民中选拔学生，到学校学几年后，又回到生产实践中去。"1973 年 6 月里的一天早晨，公社通知我们"老三届"学生带上大队介绍信，到公社中学参加高考前的预选考试。我按时来到考场，考试时间是一个上午，两张试卷，一张语文试卷，一张数理化综合试卷。那天参加预选考试的回乡和下放知青约有 200人，要从中选拔 27 人推荐到县里参加高考，我有幸入选了推荐名额。名额确定后，县招办给每位考生发了一个"灵璧县大学、中专统一招生文化知识考查证"。这时，我才知道，全县招生名额是大学 81 人，中专 90 多人。县里分配给我们公社的名额是大学 4 人，中专 5 人，合计 9 人，公社按 1∶3 推荐了 27人，到县里参加全国统一时间、全省统一试卷的高考。

1973 年 7 月 6 日下午，公社党委委员、妇联会主任杨化兰带领 27 名考生，乘公共汽车上县里参加高考。考场设在灵璧中学，考生在学校食堂就餐。男生住在学校大礼堂里。我们上街，每人买了一条草席、一把蒲扇。夜里睡在草席上，蒲扇既能扇风又能驱蚊。考试时间三天，7月7日上午考数学，下午考语文，8日上午考理化；8日下午和9日，每位考生先体检后面试。我记得面试的命题作文题目有两个，一个是《重要的一课》，另一个是《人民对我的期望》。考试结束后，公社教育革命领导小组组织人员对每位考生进行政治审查和干部群众座谈意见，建立考生档案。一名小学校长和一位老师负责对我的政审、座谈和建档工作。

我们公社有6名考生高中毕业证日期是1971年7月21日，截至1973年6月30日，连续劳动锻炼时间不足两年，因而未予录取。我的劳动锻炼时间是5年，畜牧兽医工作实践近3年，被安徽农学院畜牧兽医专业录取。我终于圆了大学梦，成为当年全国录取的15.3万名工农兵学员中的一员。

油布伞

李晓江

还在正月的末梢，正春寒料峭，在灵璧野外，萱草泛起了一层薄薄的紫色，油油的土膏脉动着，大片大片麦地上烟雨迷茫。缠绵如纱的烟雨、恍惚摇曳的烟花、漾漾浩渺的烟波……我恍然以为到了苏杭。这时，江南才子戴望舒粉墨登场，他撑着一把油纸伞，独自彷徨，幻想着遇见一个结着愁怨的娇娘。

在灵璧，这样梦幻般的烟雨，是没有人会撑伞出门的。雨水已经消失了寒意，轻纱一样落到人们的脸上、身上，连沙沙的声音都没有。骑着电瓶车的女孩们车上本身都会装着一把雨伞，步行的男人会任由自带脂粉气息的雨雾缠绵。尘封的油纸伞是与色相和私情结缘的，与雨水关系不大，戴望舒的油伞是纸质的，轻巧而多情。他撑错了季节，注定他的彷徨只是一场走秀，油纸伞其实是多余的道具。

在我的记忆里，我真实地拥有过一把老旧的油布伞，比南方的纸伞款式要厚重结实得多。可我是嫌它的，它魔影一样跟随我多年，挥之不去。

这是一把黄色的加强版的油布伞，由于年代久远，泼着厚厚桐油漆的表面已呈黑灰色。伞面宽阔，足以容纳两人有余。伞骨是采自皖南深山的竹子，削成成人拇指粗的竹篾围成，足有十五根之多。伞的机关部位是设计简陋的竹键，连接着伞骨和伞柄，也是竹子制成，三角形，可以跳动和收拢，竹键围住半根竹竿做就的伞柄。因为伞的零部件都粗大，所以整把伞就显得粗重笨拙。

但这是一把光荣的油布伞，是父亲辛劳工作的奖励品，也是我们家唯一的遮雨工具。

可是它第一次带给我的却是屈辱和麻烦。上小学时，我要步行两公里去学校。因为天阴，大人让我带着油布伞。家里就一把伞，在更远地方上学的哥哥是没有伞带的。我扛着超大号的油布伞，走在回家的泥路上，风吹得人和伞东倒西歪，我后悔没有像同学一样戴顶苇篷子。因为路远，加之体弱，路程显得那么遥远，我气喘吁吁地走，走出了低血糖。一股风把我裹进了沟里，浑身泥泞、狼狈不堪，引来一阵嘲笑。

伞摔坏了，半月后，遍乡的修伞师傅费尽气力才使它复原如初。我发誓再也不用油布伞了。

20世纪80年代初，我们这里兴起了旅游热，学校组织了一次泰山师生夏令营。老师要求都要带伞，有个同学带了黑布伞，这种伞很神奇，手一按按钮，伞就可以自动张开，我们叫它自动伞，携带很轻便。我想求家里买一把，可是一把要十二元钱，我去旅游只能带十元零用钱，连买一把伞都不够。没办法我只好再次带上了那件老古董，同行的同学看到他的伞比我规格高，就起了炫耀心，老是在我面前操动弹跳的伞按钮。爬山时还真下起了雨，到了山顶雨又停了，看到玉皇顶葱翠欲滴的山景，同学激情难抑，手舞足蹈地朗诵起了古诗。

下到半山腰，听到一声惊呼，原来同学的那把高级伞丢在了山顶。大家都已精疲力尽，看看矗立在云雾中的玉皇顶，都幸灾乐祸地劝他不要找了。可是，那同学都快哭了，他二话没说，返回了上山的路。我看看手中的油布伞念叨，怎么不是我的伞丢了呢！

这些年来，我养成了下雨不带伞的习惯。油布伞一直放在老家的老房子里。去年，一个搞收藏的朋友听说我有一把与众不同的油布伞，一口断言说，这是正宗的泸州伞，如果愿意割爱，他愿出五千元收购。可是家里再也不见了油布伞的踪影，不知道它去了哪了……

李道口 1979

李晓江

李道口的 1979，在记忆里是素色的。1979 年的村庄在红薯和高粱的呵护下健康地成长。在我们上学的路上，有罕见的汽车驶过初春薄凉的早晨。我们惊奇地看到，车上罩着黄色的帆布，车内运载着很多兵和我们不知名的物资。我们追赶着汽车，扬起的尘灰和我们的尖叫声交融起来。村外的路很弯很长，通向我们未知的神秘远方。

1979 年初春，中国与南亚一个政权反目，军人潮水般南进。军车持续驶过我们学校的路口。学校位于村外一公里，我们的兴奋在课堂上得以意外延续。那个耕读老师和我们一样激动不已，他特地宣布休课半日。这个老师一学期挣一个满劳力八个月的工分，他自己觉得简直是大材小用。他曾给我们念他写的试水作文《理想》。他的理想是投笔从戎，扛枪穿军装，这理想在当时是时尚的。这天他从哪儿找来一页隔日的报纸，用他那纯正的灵璧普通话和我们一起学习一个"自卫通知"。共同的民族责任让激情的火焰充溢青春的胸膛，我们齐呼的口号震撼着高粱秸铺苫的破败屋顶，哄走了成群的鸟雀，却引来了全校师生的围观。

远逝的那场战争，连同高山下的硝烟走进我们的连环画，走进我们年少的情感。

1979 年春天的李道口是美轮美奂的，质朴的村庄完全掩映在浓绿的洋槐树叶中。这一年，安徽肯定了凤阳的大包干，离凤阳不太远的李道口依然处于贫困中。我的家庭在村里处于中等状况，孩子多，吃的多，工分也多。为了解决大多数学生一学期两毛钱的学费书费，耕读老师颇具创意地提出，每天用两小时，带领我们钩洋槐树的叶子，统一卖给收购站。两人一组，要求自带工具。我的工具是邻居二广帮我制的，用麻绳把一把锋利的镰刀缚在一根长长的木棍上，这样结实耐用的钩刀让大家羡慕不已。在长长的窄窄的路两旁，洋槐树高壮葱郁，空气里满是涩涩的洋槐叶子的清香。一群五颜六色的孩子，嬉闹着，奔跑着，如跳跃在水中的欢快的鱼。叽叽喳喳的声音和布谷的鸣叫声交织在一起，成为李道口春天的背景音乐。劳动结束的时候，耕读老师手里提着一杆借来的秤，把我们收获的叶子数记在本上。我家不用我自己解决学费，这笔熏染着洋槐醇香的钱，最终变成了我书包里的画书。

1979 年夏天酷热难当。老师把我们分成六个自学小组，晚上轮流到某个同学家做暑假作业，这样的学习照例变成了我们另一种方式的娱乐。开始大家在自学组组长的约束下还能坚持几分钟，可是很快，二广就因热扒掉上衣，引来女同学的惊呼和吵骂。吵骂有时会熄灭我们用罐头瓶自制的煤油灯，这时组长就会重新点着油灯并出面制止，可这样的制止是徒劳的，很快，组长也会加入大家的追打和嬉闹。我们追着就追到了屋外，这时我们才发现，寂静的村庄在繁星点缀的夜空下是多么美丽迷人。几声狗吠，几声夜虫的嘶鸣，天空是那样高远，那样寥廓。而劳碌一天的村民们正躺在村后路边的绳床上，吸烟、拉呱、说唱、休憩。

在全村所有的路边，另一场大规模的活动在悄悄进行。一些知了的幼虫正成群结队地向洋槐树、柳树进军，在皎洁的月光下，它们顽强地爬向树干。有的成为我们餐桌上的美味，有的在第二天完成它生命的蜕变。它褪后的空壳被我们收集起来，变成自己秋冬的学费。

李道口 1980

李晓江

李道口 1980 在我的记忆里是橙色的，充满了西瓜汁甜蜜的快乐。

这一年，全队轰轰烈烈地种西瓜。

我依稀记得课本上有篇文章，是讲一兄弟俩的西瓜园遭到国军的掠劫，然后一队身着灰布军服的兵路过，兄弟俩闻讯持刀去保护自己的瓜园。后来发现是自己的队伍，就主动摘了瓜送给士兵解渴。可士兵们忍受干渴的折磨，却对兄弟俩的瓜园秋毫无犯。

那时不懂文字的优劣，看到字里行间对西瓜的诱惑描写得非常到位，认为这样的文章就是最好的文章了。大家读到这儿，都会下意识地吞咽几口唾沫，能引起人的情欲的文字应该是好的。适时正值社员们决定春种，二广的父亲说，要种几分西瓜给城里准备来过暑假的外甥尝尝。这时农业已经逐渐松绑，队里默认大家对作物种植的选择。尽管开始都不太赞同二广家选择不种玉米和谷物，可是陆续都决定在红柳沟的东边种上几分西瓜。我知道这大多是因孩子磨叨而来，同时也佐证了农民的生活在好转，大人们开始对孩子娇惯起来。于是西瓜地就逐渐有了规模。

我家也在红柳沟边种了半亩，位于大片瓜地的中间。这对于我家来说是件大事，对于我来讲更是意外的喜事。从下种育苗，我就兴奋不已，开始了对收获的憧憬。你可以想象一下，自家种的西瓜，可以不用受货币的约束，大快朵颐，当然令人神往。父亲看到我跟着忙前忙后，就把夏季看瓜园的任务交给了我，而我也愉快地接受。

天慢慢热了，和我家一样，看守瓜园的任务大多交给了小孩。大人们在瓜地的地头，挨个搭建了一排麦草庵子，作为我们避雨遮阳的休息之地。于是数十亩瓜园就成了一群孩子的领地。白天在地边演绎电影里的打斗，疯跑、摔跤、斗鸡，热了脏了就扒了衣裳，一头扑进清凉的红柳沟。洗完上来，拣上一只硕大的花皮瓜，攥紧拳头一砸，大红瓤油黑籽的西瓜就脆脆地裂开。吃完瓜再把瓜籽洗洗，摊开晾晒，秋天就有了炒瓜子吃着玩。夜晚，我们把那么多的草绳床挪到一块，躺在上面。看着夜空的繁星，看月华如水，向往着天上的神仙。然后唱歌、说笑、讲故事、猜谜语，慢慢地就起了此起彼伏的鼾声。1980年的夏天就这样流淌着我们朴实的希望，流淌着少年无尽的快乐。

我们的幸福招惹来邻村孩童，他们开始结伙偷袭我们的瓜园。瞬间气氛紧张起来，一场偷窃与反偷窃的较量悄悄上演。他们摸清了我们的规律，分几拨轮流挎着草篮子麻痹我们的意志，然后趁我们疲倦或分神，迅速窜进瓜地，把魔爪伸向我们的果实。有一次，我将计就计，指挥大家将一个瘦弱的少年堵到瓜地中央一片间种的玉米里，分头拉网式地搜索。可是一阵乌云掠过，琉子大的雨点瞬息就砸下来，天空迅速变暗，接着雨水瓢泼而下。这样的雨水来去恍惚，在1980年的夏季真是十分寻常。那个少年被暴雨淋得瑟瑟发抖，我们都顾不上彼此，亡命般跑进地头的瓜庵里。看着彼此的狼狈，一齐笑起来。从此这少年成了我们共同的朋友，他被授权可以大摇大摆地进入我们任何一家的瓜地。

暑假结束前，西瓜呈现渐渐败落的迹象。我们的肚皮也在一个夏季里红润滚圆起来，大人们将吃不完的西瓜驮到街上出售，换回的钱又割上两斤猪肉，配上小葱豆角土豆烧上一大锅，全家都吃得泼辣。大家都觉得西瓜真是滋润了我们一个夏季的生活。

"大仙"治病

高西梅

盛夏，夕阳隐去最后一抹余晖，天光逐渐暗了下来，树梢一动不动，白日的暑热却不减分毫。劳累了一天的人们一边闲话家常，一边等待吃晚饭。

四十多年前的农家，习惯将饭盛在瓦盆中，放在院子中间的饭桌上晾凉再吃。

　　二嫂从厨房端着一盆面条出来，刚走出厨房两步远，"扑通"一声摔倒在地，手里的瓦盆摔到三尺远，盆碎了，面条洒了一地。父母哥姐一齐跑向嫂子，扶起来一看，二嫂脸上、额头上、鼻尖上、颧骨上沾满了泥土，嘴唇磕破了，正在流血，整个人瘫软在二哥怀里。大家手忙脚乱地掐人中、捏虎口、揉脚心，我与大侄女吓得坐在地上大哭。前后邻居也都赶来，聚在二嫂身边，七嘴八舌地议论着："中邪了吧？""是邪魔吧？""傍晚下湖被鬼扑了吧？""鬼上身了，赶紧找'道妈子'瞧瞧。"听得人心惊肉跳。部队退役的二哥不信邪，他拨开众人，用平板车把二嫂快速拉到了医院，那时，乡镇医院没有做心电图和脑CT的仪器，也没有诊断出病因。只记得，二嫂经常会无缘无故地哭泣、大笑。不分时间和地点，说哭就哭，眼泪哗哗的，嘴里咕咕哝哝地说些听不清的话，任凭怎么呼唤、怎么温言软语都止不住。有时，说笑就笑，笑得全身乱颤，笑过后，涕泪交流额头上的汗水豆粒似的往下滚。一家人都愁死了，二哥带她寻遍大小医院，中药西药大包小包地服用，疗效都不理想。远亲近邻很多人建议二哥带嫂子找"道妈子"看看。病急乱投医，本来不信"道妈子"的家人都动摇了。经邻舍热心推荐，请了一位名气较高的"大仙"给二嫂治病。晚上，我死盯活缠地跟着妈妈和哥嫂去了"大仙"家。本来以为"大仙"是个窝着发髻的神秘兮兮的老太婆，哪知道竟是一个半秃男人。他大热天还戴着帽子，个头不高，很瘦，眼睛圆圆亮亮的，眼窝很深，面带笑容，说话声音很轻。在给二嫂治疗时，他允许我与妈妈留下，其余人，包括二哥统统被关在门外。他在桌子上点燃三炷细细的檀香，让我和妈妈按住二嫂的脚和手，不让她乱动，给她头上、脸上、手上、胳臂上、脚上扎了许多银针。目不转睛地看了一会后，"大仙"盘腿坐在草席上，双手合十，闭着双眼，嘴里"叽哩咕噜"地念叨着，不时起身捻捻银针。不捻针时，二嫂就安静地躺着；捻针时，二嫂就会紧皱眉头，脚手都想乱动。待桌上的檀香燃尽，"大仙"开始给二嫂起针。他用雪白的棉球来回擦了几遍，仔细地把银针起了，放进一个很好看的盒子中，再装入一个能搭在肩上的布袋里，然后小声嘱咐我们，不要对任何人说给二嫂扎针的事，否则就不灵了。然后，把门打开，许多好奇的妇人围上来探问，他们在门外只听见了"大仙""叽里咕噜"地念叨，没看见那些银光闪闪的细针。我们娘仨当然不会说，担心说了触犯"大仙"请来的"仙师"，"仙师"不显灵，二嫂就不能康复。"大仙"对围上来的众人说："刚才，我请教了师祖，师祖给查了，西山有个山洞，里面住着的一个狐狸精跑出来寻找替身，碰巧撞上她，就上身来'魔疾'她了。"说完，叫人把门外的野艾条与柳条拿来扎成一束，在二嫂的身上来回轻轻拂拭，继而稍稍用力抽打，嘴里吼道："还不快走！不走，就用腊条抽了！"最后，十分用力抽打床腿与床帮，再抽打地面，一点一点赶着往前抽打，一直抽打到门口，泥土的地面被抽得粉尘飞扬，这一疗程就到此结束。

这样的治疗持续了一段时间，比较见效。印象最深的一次，他到家里来给二嫂治疗，程序是一样的，只是，到最后一道程序时，他说："赶紧回你的山洞去修行吧，再不走，我就用刀砍你的腿了！"语气斩钉截铁，并用镢头装模作样地刨二嫂睡床四周地面，嘴里依然念念有词。结束时，他告诉妈妈，放在屋中间的饭桌腿压住了"狐仙"的尾巴，它走不掉就在你家"魔人"，叫妈妈把饭桌搬走。过了一段时间，嫂子渐渐恢复了正常，开始偷偷地烧香拜佛，感谢"大仙"救治之恩。现在想来，那个"大仙"并非真会施法"驱鬼避邪"，那些"狐仙、狐狸精找替身"的说法和抽打与念叨不过是障眼法，真正治疗嫂子疾病的是祖国悠久的针灸医术。

后来知道，那"大仙"姓杨，叫杨振红，以这样的方式走村串户为患者治病，不收钱财，有时，也就管一顿饭。朴实的农家大多倾其所有，割肉买酒，敬神般地招待，他却吃得很少，喝得也很少，瘦得仿佛一阵风就能刮倒似的。杨"大仙"活到73岁，无疾而终。在乡村纯朴的观念里，被认为这是他"行好"得到的福报。

我的美多牌收录机

晏金福

"姐在南园摘石榴，哪一个讨债鬼隔墙打砖头，刚刚巧巧打在小奴家头哟……"诙谐的歌词、流畅的旋律、甜美的歌喉，当年最火的那首《摘石榴》的歌声，回荡在我渔沟中学的蜗居里。看看吧，我的椅子上、凳子上、桌子上、床沿上，全都坐满了人。几个年轻教师没地方坐，只好站着，门外还挤满了探头探脑的学生，为的就是欣赏我那美多牌收录机放出的美妙歌曲。现在，收录机已经淡出了人们的视野，谁也不会再关注它。可是，当年我的这台收录机在渔沟中学可是大大有名。它的出现，用石破天惊来形容，丝毫不为过。一台收录机为什么影响如此之大？原因有三，其一，它是我校第一台。其二，它的价格，540元！现在人们听到这个价格可能感到很平常。可那是1982年啊，这差不多就是我一年的工资了。其三，它的音质。这一点，容我下面再说。

有人可能要说，你疯了，一年不吃不喝去买一台收录机！说来也巧，那年我们这儿刚刚兴起种黄麻，一位供销社的朋友送了我十几斤麻种。那时麻种属紧俏物资，不容易买到。朋友既然送了，那就种吧。种黄麻、打麻叶、砍黄麻、沤黄麻、剥黄麻……二三亩黄麻，家人，连带亲戚，忙了个底朝天，还搭进去不少钱，好歹最后卖了600多元。这钱怎么花？妻子想买一台黑白电视机，那也就500多元。我马上否定："那电视有什么看头？信号不好，花花杂杂、麻麻哒哒的，嘴还没张开呢，话就说完了。要买就买一台收录机，那个美多牌，去年得了个全国音质一等奖。听起音乐来，那才是最美的享受！"妻子拗不过我，于是我俩带着钱到了徐州百货大楼。收录机的品牌不少，我开口就要美多牌，妻子却一眼看中了红灯牌。两台机子往柜台上一放，我的心就凉了一半儿。只见那"红灯"，造型美观、色彩艳丽，上面还有个提手，提着非常方便。再看那"美多"，长方体，平平整整，棱角分明；黑不溜秋，没有二色，分明就是个砖头块儿。也没个提手，看来只能抱着走。就这其貌不扬的家伙，价格嘛，居然比那"红灯"，高出100多元。"放一放，听听吧。"我说。看来，要击败"红灯"，只有靠拿手戏音色了。营业员先试的是"红灯"，用的是什么带子，已经忘却了，只觉得效果很一般。再试"美多"，用的是只有5分钟的试机带，一段西洋交响乐。磁带一转，左音箱悠扬的弦乐、高昂的管乐和着右音箱铿锵的架子鼓组成的震人心魄的音乐，顷刻喷薄而出，我的心灵顿时受到雷击般的震撼，仿佛置身于演出现场。音色一等奖，果然名不虚传。"就是它了！"我心口如一地发出了呐喊。我一抱起收录机，才知道，这"美多"比那"红灯"，足足重了近一倍。怪不得它上面为什么没有安个提手。

买了收录机就得买磁带，不然这收录机岂不成了无米下锅的巧媳妇？看着那琳琅满目的磁带，我可是犯了难。因为那磁带要九块多一盘，这可是预算外的啊。我选了这盘，又看中了那盘。很快，我的面前就摆了几摞。"少买几盘吧，不然，回去的路费都不够了。"妻子的提醒，让我回归了现实。经过反复筛选，我最后带着三盘民歌、三盘豫剧，恋恋不舍地离开柜台，踏上了归途。

当天下午，回到学校，师生们闻讯赶来，就发生了开头那一幕。这"美多"陪了我四十余年，直到 2017 年我家拆迁搬上楼房，实在没地方摆放，才让我弟弟把它搬去了晏湾。

庆寿风波

晏金福

那是 1981 年 2 月 8 日农历正月初四晚上，我们这对结婚 15 年很少红脸的夫妻，突然爆发了激烈的争吵，起因是庆寿。我母亲和岳父母都属龙，那年适逢三位老人六六大寿。六六大寿，在我们这里可是一件大事。为了给谁庆寿，我俩在年前年后协商过多次，可是都是各持己见，谁也不愿意让步。这不，终于到了爆发的时候了。尽管我们尽量压低声音，可还是让母亲听到了。母亲过来，问明缘由，就对我说："这还用说吗，你理所当然得和她去娘家！俺家有你姐你妹，还有你两个弟弟，不缺你一个。他们家 5 个子女，就这一个闺女。一个闺女，还不给父母拜寿，那怎么行！啥话别说，你们明天早起就去，孙子们留下就行了。"

我虽然心里老大不乐意，可是母命难违，第二天一早，我还是骑着自行车，载着妻子，去了岳父家。我家在皖北，岳父家在苏北，两地相距近百里。

十几年来，这条路我走了无数趟，每次去都是一车六口。有人可能不信，告诉你吧，我走丈人的情景，绝对是这条路上一道亮眼的风景线。不仅沿途的几个茶馆主人认得我们，就是路边村庄，不少人也认得我们。他们夸张地说，我就像一个玩杂技的。给你举其中的一次吧，我的车前把上绑了10斤棉花，后货架右侧坠了50斤黄豆。车座前的大扛上裹了一床小孩的包被子，骑着老大、老二弟兄俩，我用背带把老三背在背上，妻子抱着老四坐在后货架上，你看像不像一个玩杂技的！每次来回，虽然很累很苦，可是心里很甜。正常情况下，三个多小时就到了，几乎每次都能赶上饭时。可是那天，就两人一车，可我蹬起车来，却比哪一次都重。我也从来没觉得这段路居然这么长，以至于过午才到。

老人家看我们来了，非常高兴。可是马上就觉得不得劲儿了。"怎么孩子们都没来。"在父亲的严词质问下，妻子百般辩解也难自圆其说，最后只得支支吾吾地道出了原委。岳父听后，立即大发雷霆："你们马上给我赶回去！不给母亲拜寿，就是不孝。你们是老大，怎么给弟妹做榜样？"我马上打圆场："我们全家商量了，你两位老人家就这一个闺女，如果庆寿不到，不也是缺憾吗？我们来是应该的。"岳父的气这才小了些，可是仍然嘟哝着："那也不行，那也不行……"过了一会儿，老人家突然说："那就这样，现在至亲都到了，招呼招呼爷几个，今晚提前摆两桌，就当你们给我俩拜寿，明天你们起早赶回去，不耽误给你母亲拜寿。"我嘴里客气了几句，可是心中暗喜。当晚，庆寿的场面很热烈，妻子也强颜欢笑，给父母敬酒祝寿，可是一回头，脸就搭拉下来了，我知道，她心里是不乐意的。

第二天天刚亮，岳父母就催着我们往回赶。一路上，妻子仍然闷闷不乐，于是我给她讲了《打金枝》的故事。唐朝大将郭子仪保国有功，唐代宗将女儿升平公主下嫁郭子仪七子郭暧为妻。小两口新婚燕尔，十分恩爱。可是郭子仪八十大寿，七子八婿，别人都是夫妻双双去拜寿，唯独儿媳升平公主，自恃皇帝女儿，金枝玉叶，拒不拜寿。儿子郭暧觉得脸面无光，一怒之下，打了金枝。公主哭诉父母，要求治罪郭暧。郭子仪亲缚郭暧，赴宫请罪。皇后严厉地批评女儿："你虽是个帝王女，嫁民间，为民妻。"责令其给公公请罪。唐代宗顾全大局，不仅没治罪，反而给郭暧加官进爵，于是，小夫妻和好如初。讲完故事，我说："你想想，如果皇帝听信女儿，治罪郭暧，他们夫妻关系会怎样？要是再严重一点，皇帝一怒之下，真的斩了郭暧，那公主以后的生活会怎样？"妻子听后，思考一会儿，脸色才阴转多云。

回家的路，显得特别短。说笑间，不知不觉就来到了家门口。见我们回来了，全家都十分高兴。亲戚邻居齐声说："看人娘家多通情达理！"我说："她娘家好，婆家也不赖呀。"大家听了，顿时哄堂大笑，妻子脸上也乐开了花。

我县第四次人口普查

同龄人

1990 年，全国进行第四次人口普查，灵璧县人口普查领导小组，由县政府常务副县长王育才担任组长，下设办公室（"四普办"），由县政府办公室副主任陈家满任主任，统计局局长孟庆祥、公安局副局长张士杰、财政局副局长陈彪、计生委副主任侯家云、纪检委委员李纯太五人任副主任。办公室设在县政府院内西侧二楼。

3 月下旬，从各单位抽调的二十多人陆续到来后，"四普办"召开全体人员会议，宣布成立宣传报道组、户口整顿组、普查登记组、编码录入组、秘书后勤组，并对人员进行明确分工。陈家满主持全面工作，由我任秘书后勤组组长，组员有李新民、叶振向、王强和小车司机田朝栋师傅，主要任务是起草灵璧县人口普查领导小组文件和灵璧县人口普查办公室文件，做好会务日程安排，为领导人起草讲话稿，编辑《灵璧县人口普查简报》，负责接听电话、来宾接待和上传下达等项工作。

4 月主要有两项工作，一项是全面进行户口整顿，为人口普查登记奠定基础。此项工作由张士杰牵头负责，宋荣平、陈德环等协助，先在城郊区七里乡进行试点，取得经验后向全县推开。另一项是全县 14 个区、镇"四普办"各1 人，县"四普办"8 人，共 22 人，由我带队参加宿县地区的人口普查培训会议。会议为期 10 天，听了时任地委副书记陈树德的动员报告和专家们的专题讲解，系统地学习了人口普查的政策规定、方法步骤和操作规程。

5 月的工作重点是搞好县、区两级人口普查业务培训。此项工作由李纯太牵头负责，薛丽雅、朱新科、汪洋、潘跃君等协助。5 月 6 日至 9 日，召开全县人口普查培训会议，14 个区（镇）、76 个乡（镇）的"四普办"全体人员和 500 多个行政村的人口普查指导员，共有上千人参加。县集中培训后，各区（镇）分别组织培训各村民小组的人口普查登记人员。县"四普办"组织三个宣讲团，兵分三路赴各区（镇）培训会议授课。与此同时，宣传工作也在有条不紊地进行。此项工作由侯家云牵头负责，任树秀、刘凤凌、赵厚杰、刘学等协助。在县广播电视台开办人口普查专题节目，在城乡张贴宣传标语，拉过街过路横幅，县和区（镇）"四普办"开宣传车到集镇乡村，以多种形式深入宣传人口普查的重大意义，做到家喻户晓。全国人口普查是在国家统一规定的时间内，按照统一的方法、统一的项目、统一的调查表、统一的标准时间，对全国人口普遍地逐户逐人地进行调查登记，目的是全面掌握全国人口的基本情况，为研究制定人口政策和经济社会发展规划提供依据，为社会公众提供人口统计信息服务。所以说人口普查是一次重大的国情国力调查。新中国成立以后，在 1953 年、1964 年、1982 年已经进行过三次全国人口普查，1990 年是第四次。

6 月是农村"三夏"大忙季节，也是人口普查工作进入临战状态的时候。主要是准备库房接收、存放、分发人口普查登记表等物品，做好普查的准备工作。6 月 14 日晚 8 时，县政府召开人口普查战前动员电视电话会议。会议由县人口普查领导小组副组长兼办公室主任陈家满主持，议程有三项，一是韦集区副区长马开华、九顶区委副书记吴士华、尤集区委副书记晏东超作典型发言；二是常务副县长、县人口普查领导小组组长王育才讲话；三是陈家满作总结。

第四次全国人口普查的标准时间是 1990 年 7 月 1 日 0 时，普查员入户登记时间是 7 月 1 日至 10 日，7 月 11 日之后，全县的《人口普查登记表》集中在县委党校，转入室内数据汇总、编码录入和资料整理阶段。此项工作由孟庆祥牵头负责，林才忠、沈鹏、姚通等协助，直到年底才告一段落。灵璧县第四次全国人口普查资料，通过省、地专家组的检查验收后，移交给县统计局，至此，县"四普办"的任务圆满完成。在人口普查工作进程中，陈彪负责所需经费的筹措和拨付，叶振华、潘荣岭等人协助管理财务，保证了普查工作的顺利进行。

我的"戳包"农作

晏金福

实行家庭联产承包责任制后，因为爱人和孩子都是农业户口，所以我也分到了六七亩地。在这六七亩地上，我也就有了几年农作生涯。

我生来就是个不安分的人，无论做什么，总是想鼓捣点新花样，农作自然也如此。那时庄上人种地，都是粗放的传统农耕模式，粮食产量很低，小麦每亩只有 300 来斤，黄豆只有 100 多斤。我不甘心，就从报纸杂志上学习科学方法，用到自己的农作中。种种做法，我觉得是科学，可是俺庄的老少爷们儿却都说我"戳包"。这"戳包"是我们灵璧土语，意思是胡摆弄。下边就说几件我的农作，你们看看是不是"戳包"？

施磷肥

俺庄的地是淤土地，比较肥沃。一开始，俺庄人只相信农家肥，化肥指标分到生产队，贷款做得好好的，都不愿意去拉。供销社催得紧了，就派人到信用社拿了贷款条子往化肥仓库一交，说："等两天来拉。"实际上是钱交了，化肥就不要了。联产责任制以后，化肥分到户，有人就觉得不要太吃亏，于是就弄来试试。结果，发现非常有效，上了化肥，庄稼"噌噌"地往上长，于是家家开始上化肥。不过问题来了，因为上的都是氮肥，有的掌握不好量，上得多了，庄稼就倒伏，不仅不增产，反而减产。我知道，要庄稼秸秆硬，不倒伏，必须上磷肥，于是，我就买了几袋回家。要种麦了，地邻边的几个人都跑来看热闹。有的问我这是什么，有的说："你弄这些石面子上到地里，有什么用？真会'戳包'！"有的说："你没钱买化肥，就上点土杂肥，也不能拿这个糊弄。这个八成不要钱呗？"一时间说什么的都有。

麦收前，刮了一场大风，旁边农户的麦子倒得一片一片的，像碌子轧的一样，唯独我的麦子傲然屹立，他们都很稀奇，问我原因，我说："这就是我'戳包'的结果。"这时，他们才开始相信磷肥。

白芋沟里的奇观

刚实行联产责任制，我们这里还是延续生产队的做法，秋季主要是种白芋。一是因为它抗涝，二是产量高。种白芋最麻烦的活是翻白芋秧子。一季子白芋要翻两三次甚至四五次秧子。反正每下一场雨，就要翻一次；否则，白芋秧子就会扎下许多须根，严重影响白芋产量和质量。沙土地白芋秧子好翻，雨一停就能下地，用棍轻轻一挑就行了。我们淤土地就难了，下过雨，等能下地时，已经扎了一些须根。翻的时候用劲小了，挑不起来；用劲大了，有时会把白芋秧子挑断，也会影响产量。因为翻白芋秧子，我的脚上经常会沤成痒疙瘩，非常难受，所以，我特别讨厌翻白芋秧子。我就琢磨着，怎样能不用翻秧又不影响白芋生长。你别说，还真让我找到了办法。有一天，我在报纸上看到山东省有个人，把麦穰子摆在白芋沟里，白芋就不用翻秧了，我觉得有道理，那麦穰子上半截喂牲口，下半截烧锅都不好使。摆在白芋沟里，一不用翻秧子，二还能沤肥，一举两得，何乐而不为。于是，我和爱人上了一车麦穰子，拉到地里。这时，树下乘凉的人看见了，说："金福又'戳包'了，走，看看去。"于是，十几个人"呼呼啦啦"都跟来了。到了地头，我和爱人抱着麦穰子往白芋沟里放，他们也跟着帮忙。一车麦穰子放完，两趟白芋沟里，黄灿灿、亮闪闪，映着沟顶上拃把长嫩鲜鲜、绿油油的白芋秧子，煞是好看。不过，有的帮忙的就嘟哝着："这能管？"有的则干脆说："管啥劲儿，纯粹是胡弄。"

实践证明，这方法是有效的。这一季，我的白芋一次也没翻秧子，可是没长什么须根，白芋长得特别大。到起白芋时，麦穰子已经沤烂了，正好做肥料。可遗憾的是没见有人仿效。

喷钾肥

我们那时种的小麦，收割前，最怕西南风。本来长势很好的小麦，两天西南风一刮，麦芒就扎拉着，麦粒就瘪了。可是，正所谓怕鬼有鬼，越怕西南风，就越刮，几乎年年都刮。怎样能让小麦不怕西南风？我特别注意报刊上这方面的文章。有的说是缺水，麦收前要灌一遍送老水，这个，我们当时的条件还做不到。有一天，看到一篇文章，说是因为缺钾，可以在麦收前喷一遍磷酸二氢钾。我想，这能办到，于是就去买。哪想到，跑遍周围的供销社，不要说买了，营业员连听都没听过。没办法，我就写信向我在淮南工作的一个学生求援。谢天谢地，我的学生真给我买了两袋寄来，每袋一公斤，够我用的了。我背着喷雾器，提着桶，下湖了。邻居们看了，都很惊奇。有的问："快收麦了，怎么还打药？"我说："不是打药，是喷肥。""肥还能喷呀？"他们听了直摇头。有的问："喷的什么肥？"我回答以后，他们仍然摇头，说："从来没听说过，'戳包！'"

这一年，照例又刮了西南风，他们的麦子都瘪，就数我的小麦籽粒饱满。因为我只种了两三年庄稼，就全家农转非，离开了农村。不过，去年听弟弟讲，现在他们已经普遍喷洒磷酸二氢钾了。

我的邻居

晏金福

我的邻居叫刘宜昌，和我同岁，是我小学同学。我俩在小学成绩一直在班里拔尖，因为我的视力不好，而他的右腿残疾，我们还有一个同学叫蒲连宜，驼背，成绩也很好。每次考试，我们几乎都是前三名，举行作文竞赛之类的活动，获奖的也往往是我们仨，有个比我们大六七岁的同学很嫉妒，就编了一首顺口溜："瞎子瘸子罗锅腰，好胳膊好腿捞不着。"

后来，我当了教师，刘宜昌当了信用社会计。俺庄人对我俩的评价可谓前后两重天。一开始，在俺庄人的心目中，他就是个好人，而我则是个"洋蛋"。原因是，他是个很懂礼貌的人，对任何人都彬彬有礼。从他工作的渔沟街回家，一路上，他只要一见熟人就立即下车，有人夸张地说，他见三岁小孩都下车。上班时，从他家到村头一里多路，他不出村，不上车。所以村里人都说他好。而我则是见谁都不下车，所以他们都说我"洋蛋"。其实，我也不想"洋蛋"，可是我的视力不行好，我一度也想学他，见熟人就下车，可是因为看不清生人熟人，经常离人老远就下了车，到跟前却不认识，你说尴尬不尴尬。后来，我就索性一路骑过去，一概不下车。我爱人跟人家解释，许多人不信，说我是装的。有一天，我从学校回家，路上遇到一群人，我刚过去，就听到身后传来一阵大笑。原来，那群人都是我生产队的，我爱人和我母亲都在。老远的，看我骑车来了，我爱人说："都不要吱声，看他可下车？"发生了这一幕，熟悉的人才知道我真不是装的。

俺庄人对我俩态度的改变，发生在不久以后。因为我是教师，所以找我帮助解决孩子上学的人很多。我要求自己，无论是关系好的，还是一般的，甚至彼此有过节的，只要找到我，就一定不遗余力地帮忙，所以我的人气越来越旺。而我的邻居呢，对人虽依然礼貌有加，可是，只要提到借钱，则一律拒绝。你想想，你在信用社，不找你借钱，找你干什么？所以，埋怨的人越来越多。连我甚至都觉得他似乎有点不近人情。

其实，俺庄人认为刘宜昌"不跟人吃一棵葱"，实在是误解了他，实际上他这个人很有人情味。我结婚时，没有通知村里人。中午要开席了，突然一个小孩儿跑来传话说，他让我去请他喝喜酒。我急急忙忙跑过去请他，他拎来了两瓶酒做礼物。那是两瓶古井酒厂出的红粮液，当时的市场价格是1.55元一瓶。你可能觉得这礼物太轻了，其实不然，因为那时一般朋友的出礼都是两元。

上两年的贷款大清欠，让我更理解他了。信用社几乎所有人员都在为催要多年老账而四处奔波，有的还被停职停薪，还有的甚至进了拘留所。我的邻居却啥事没有。刘宜昌在俺庄属于旁门外姓，谁都不好得罪。可以设想，如果当时他当老好人，愿意给人借款，俺庄有四五千人，给谁借不给谁借。一旦借开了头，到清欠时，说句不好听的话，就是把他那条好腿跑断了，恐怕也要不清。这样一来，不仅他连退休金都拿不到，国家的财产也难免受到损失。

所以，人与人之间还是要多一份理解，少一点抱怨。

小小的善念

高西梅

20多年前秋末的一天，我从市里办完事到汽车站乘车回家。市里唯一的长途汽车站候车室里挤满了人，人们或站或坐或走动，喊人的叫车的，广播声汽车声，汗气味烟火味尾气味，嘈杂混乱得令我心神不安，巴望着时间快快走到2点，赶紧回家。家中幼小的女儿及更小的儿子在等着我，单位明天上午的签到簿一本正经满脸严肃地等着咱，热锅上的蚂蚁急需逃离水深火热，2点启程的长途汽车是救我于水火的诺亚方舟。

终于，车来了。车门前挤得水泄不通。市里只有这一班车开往我所在的镇，沿途7个乡镇的旅人全需乘坐这班车，拥挤程度可想而知。我身单力薄，看着那能挤死人的架势就从心底里发怵。

从学校到走上工作岗位，接受的教育及生活工作环境一直都是秩序井然的，加上工作岗位的特殊性，在单位是个普通工作人员，在公众面前却是一位领导。出了单位大门，无论8小时内还是8小时外，人们都习惯以领导干部的标准衡量要求俺，尽管稚气未脱，但一点不妨碍人们审视的目光。镇子太小了，政府大院里的每个人都在公众的视线内。那时，人们对镇政府的干部除了一点点敬畏和好奇，内心深处还是有着是非评判的，而我又是土生土长的闺女，圩里圩外、街东街西、园南墙北都是我的父老乡亲、同学朋友，我有时认不过来他们，他们却都认识我，我任何事都不能与他们争长道短、斤斤计较。时间长了，就形成了一种习惯，凡事不争不抢，与世无争，顺其自然，这样一来，失去的总比得到的多，自知这样的笨拙与谦让惹人笑话，也无可奈何，内心深处依然惧怕竞争惧怕混乱无序的争抢。可是，面临不拥不挤就上不了车，回不了家的状况，站在竞争拥挤的人群外围，不投身洪流奋力一搏就等于放弃乘坐这最后一班车的现实，只好把心一横，将坤包斜挂在肩上，将单薄的自己投入汹涌的人流中。那感觉就像一叶扁舟漂浮在海浪中，双脚离开了地面，身体成悬空状，浑身使不上一点劲。前进还是后退，左移还是右动，完全是身不由己，恐惧感揪住了我的心。我吓得咬紧牙关，紧紧抓住前面一个人的小褂，担心前后左右的人一旦松动，双脚离地的我就会毫无悬念地摔倒在地，如果没有人拉一把，后果不堪设想。无论多恐惧，我也无法让自己停下来。就这样被人群裹到车门跟前，连抬腿上车的空隙都没有，被卡得趴在车门边无法动弹，我觉得快要窒息了。这时，有一只手抓住我的胳膊，用力往上拽，胳膊被拽得生疼。借着这一臂之力，我终于挤进了车厢。稍作喘息，用眼睛寻找帮助我的人，看来看去也不知是谁。车过大半程，车厢里已有空位，一个看上去年近半百的人热情地让我坐下，我的腿已站得发麻，那座位极具诱惑力地召唤着。抬眼看去，那人疲倦的神情、眼角的沧桑、早生的华发、半卷裤管黝黑的小腿，无不显示着舟车劳顿的辛苦，我哪好不经让就坐下啊，于是客气地说："老人家，你坐吧。"他连忙摇手："别这样喊，俺比你大不了几岁。"我惊奇地看着他，他憨厚地笑着说："俺干活人，显老，今年才40岁。"我对他这样礼貌热情的让座感到不解，问："你认识我吗？"他说："你不是镇里的高主任？"知道他真的认识我，可再仔细看看他，还是没印象，便很歉意地问他："你怎么认识我的呀？"他说："你去年八月里，与镇里村里的干部到俺家牵猪，俺掉泪了。后听村干部说，你在村部对领头的说把猪还给俺。快到晌午时，村里叫俺把猪牵回家了。罚俺800元缓到年底，让俺把猪镪（卖的意思）了再交。俺知你心软，就记住了。再说，好几个人，就你一个女的，也好记。"我听了，心里说不出啥滋味，同时，也想起了这件事。

去年秋天，镇里安排征收计划生育社会抚育费。我所在的工作片，有一个村到最后也没有完成镇里下达的任务。当时，镇干部和教师工资都是地方财政支付，收不上来钱就发不起工资，还会波及邻边村下年度上缴社会抚育费的积极性，引起一连串的问题。包片领导镇委副书记尤传勇，带领副镇长马凤銮、综治办主任张良席、林业站站长张长江和时任镇妇联主任的我，进驻村里逐户解决。这户人家，妻子是云南人，连续生下三个孩子，老大、老二是女孩，老三是男孩，在女人怀里抱着。农村风俗特别重男轻女，估计是不顾一切也得生个男孩，现在如愿了，罚款也没有怨言。院子里有三间土墙瓦顶的房子，靠西墙简单搭了个棚子，棚子北头是锅屋，南头是猪圈，圈里有一头二三百斤重的黑猪。堂屋里有一张大床，一张网床，两只水泥缸盛着麦子，一张饭桌，一个菜橱，几只小板凳里还有两只三条腿的。院子里有一架板车，几只鸡，一条小花狗，光秃秃的院墙，连农家常见的门楼都没有。我们几个人在村干部带领下去他家，他说："实在没有钱给村里，你们把猪牵去抵罚款吧。"他家女人抱着孩子倚在门旁，不时用衣袖擦眼睛。我四处张望，他家真的是一贫如洗，除了圈里的猪没有其他值钱的东西了。这头猪也许是这家的油盐火耗、人情来往的指望，也许是冬天孩子的一条围巾一双棉鞋，也许是那个大一点女孩的书簿钱。看着那女人无言滚落的眼泪，我心里酸得难受。眼前，被生人牵着的猪嚎叫着，四只蹄子抵住地面，拖着腚硬往后挣，工作组两个人各拿着扫帚与小棍一边吓唬一边打，那猪就是不走，四只蹄子在地上拖成四道土痕。猪的主人看着心疼，连忙夺过绳子，一边唤"啰啰啰"，一边说："我把它牵去村部吧。"那么笨的猪还认生熟人，主人牵它，乖乖地跟着走。抱着孩子的女人鼻涕一把泪一把，我也不由自主地眼眶热着，嗓子眼哽着，使劲忍，使劲忍，忍到村部，再也忍不住，终于哭出来。等那猪主人走远，我吸溜着鼻子对尤书记说："把猪还给那家吧，那家也太穷了。"教师出身的尤书记也很善良，沉吟半晌，对其他几个人说："弄个猪来也不好处理，饿得嗷嗷叫，中午也没办法喂。这家抚育费缓到春节卖猪时再收吧。"从那以后，我知道领导的心也是肉长的，一样有同情、怜悯、善良的美好情感。

这件事，在整个工作生涯中太小了，只不过是我脆弱的性格和善感的心境不自觉地流露。我也有幸遇到了一位仁爱善良的领导，成全了我那点儿小小的善念。可就是这小小的善念，却得到了眼前这人无言的帮助和热情的礼让，我好生感动，这样的善有善报，将让我心灵深处永存善念。

家乡的池塘

程大康

提到童年，我就会想起家乡的池塘，一幅幅生动的画面也就会清晰地展现在眼前。

池塘横卧在村子南边，长方形，南北宽约八十米，东西长约五百米，跟村子的长度差不多，每家门口几乎都连接着池塘。清澈澄净的池塘，就像一位活泼清纯的少女。

池塘南面是田地，西边是公路，东边是通往村小学的路。北面二十米范围内是菜地，菜地以外是路与村子相连。路两旁矗立着一棵棵粗壮的柳树、槐树和椿树。

记忆里的池塘水总是满满的，倘若水平面下降了，老天爷会及时地落下雨水，因而很少能看到它有干涸的时候。

池塘水比现在的自来水还干净，直接喝也不会生病。浅的地方都能看到水底的趴地虎鱼、草虾、蜗牛等。太阳照在池塘里，反射出五颜六色的光芒，倒映着蓝天、白云和偶尔从空中飞过的鸟儿的身影，成群结队的鸭子在水里你追我赶，捕食着小鱼小虾，好一派自然美景。

那时，每家门口池塘边上都会垒上几级台阶，洗衣服时可以把泡好的衣服放在台阶的石板上，用棒槌翻来覆去地捶打，洗出来的衣服既干净又省洗衣粉。

倘若你在池塘里淘粮食、洗菜，鱼儿就会聚拢在竹篮四周，如果把竹篮闷在水里再提起来，篮子里有时就会跳动着好几条小鱼。

我们几个调皮的孩子，经常会从家里拿来，在盆里放一些馒头或麸皮做诱饵，然后用塑料薄膜包起来，在上面剪一个小洞，再用麻绳沿着盆边绑紧，最后把瓷盆推进水里，麻绳的另一头拴上木棍，把它插在池塘边。过一会儿，再把瓷盆拉到塘边提起，盆里满是小鱼小虾，偶尔还会有泥鳅。我们将鱼舀到小水桶里，看着一个个活蹦乱跳的小鱼，心里甭提多开心了。回家放点面糊，够一家人一顿美餐。我们还会自己制作鱼钩、鱼竿，用蚯蚓或者面团做诱饵，常常能钓到大鱼。

夏天，池塘成了我们常去的地方。大人们稍不留神，我就会和伙伴们到池塘里游泳，双脚在水里快乐地扑腾着，翻出朵朵美丽的浪花，像鱼儿一样自由自在地游来游去，即使胳膊被荷茎荷叶拉出血来，也感觉不到疼，偶尔还能在水底捞到鸭蛋呢。

几十年的时间如白驹过隙，虽然池塘依旧还在，但是，水不再清澈，好有密密麻麻的小虫在游动，再也无法洗衣服、淘菜，更不要说游泳了。我们生活富裕了，但生态环境越来越恶劣。就像这池塘，曾经如一个纯洁美丽的少女，现在已枯瘦如柴，怎能不让人惋惜？

抚养两代人 撑起一片天

周宗谋

陈计英，灵璧县禅堂乡三周村人，从 1962 年起接连抚养小叔子、小姑子和娘家侄子长大成人，在附近十里八乡传为佳话，也被村上老少爷们儿翘指称赞，2017 年被评为"灵璧好人"。虽然已经去世三年多，她的音容笑貌仍留在村上人的心目中。

1956 年，陈计英结婚后，日子过得还算舒心。1958 年丈夫随着庄上的年轻人一道去淮南找工作，结果进了东风炼焦厂当上了工人。她在家里带着刚满周岁的儿子。日子虽然紧巴巴的，但是小家庭负担轻，还算能过得去。

1960 年婆家叔婶抛下两个闺女相继离世，接着婆婆又病故了，公公在外地工作，孩子无人照顾。三个小叔子加两个小姑子，最大的十七岁，最小的六岁，还有娘家嫂子改嫁留下来的侄子也只有五岁，再加上自己四岁的儿子，一个年轻媳妇，像母亲一样带着这七个未成年孩子，几个小家庭合成的一个大家庭就这样诞生了。

那时，农村生活很艰苦，当时有句俗语"白芋干子白芋馍，离开白芋没法活"，就是对村民生活状况的形象描述。别说有什么细粮吃了，就是玉米、白芋干子能够供上吃就算不错了。为了使这些孩子不被饿肚子，粮食不够她只好到湖里挖来野菜，放点盐掺和一起，让这些没娘的孩子填充肚子。

记得有一次，她下湖去捋到了一种名叫赫郎瓢的叶子来家。谁知赫郎瓢叶子与茎被捋断后有白水溢出，这种白水有毒，陈计英的手眼脸沾上了溅出的白水，起了过敏反应，第二天她的眼脸就肿起来了。眼肿得眯缝着看不见路，不能为这些孩子做饭了，只有让年龄大一点的弟弟妹妹做饭。

稍后些时间，丈夫为了照顾弟弟妹妹回家来了，可是平时照顾家里的吃穿，陈计英依然没有少操心。那个时候，农民的经济条件都不好，平时这些孩子也是没有什么新衣服添置，三个弟弟和一个侄子，穿衣服总是不太爱惜，经常不是这点刮破了，就是那点与小伙伴们"挤麻油"挤烂了，陈计英每天都得一针一线地给孩子们缝补衣服。

陈计英不识字，但对孩子们的学习用度从不吝啬。尽管那个时候学生书籍簿本费用不高，可就是两三块钱家里也很难拿出。她经常去向邻居家借，也要让孩子们高高兴兴地去上学。二弟三弟去上大学了，他和丈夫一起为弟弟们准备些必备的衣服，依依不舍地送弟弟们去上学，并叮嘱他们要好好学。

一年一年过来，弟弟妹妹侄子一个一个都长大了，也都到了该成家的时候了。为了给这些孩子成家，老嫂子更是没有少操心。为他们置办被褥布置新房、筹办酒席，没有钱，就四处筹借。妹妹们出嫁了，经济再困难，也要力所能及地为添置些当时姑娘们出嫁该有的陪嫁。在给弟弟、妹妹、侄子办理婚事的那些日子里，她不知熬过多少不眠之夜，昏暗的煤油灯下针针线线都凝聚着深深的叔嫂、姑嫂、姑侄深情。

一个没有什么文化却有一颗慈母心的农家老妇人，为了这个几个小家合成的"大家"，耗去了青春，从一个俊俏的少夫人逐渐变成满脸皱纹的老太婆。陈计英从来没有后悔过，她觉得这就是她应尽的义务。可以说，抚养一大家七个孩子长大成人，就是她值得骄傲的事业，她出色地完成了。她的慈母品格镶嵌在从不懂事到逐渐懂事进而长大成人的弟弟妹妹和侄子心灵上，她的无私奉献精神也潜移默化地影响着村上人。

滴水之恩，涌泉相报，更别说这赛过母爱的叔嫂恩、姑嫂恩、姑侄恩。如今，这些被抚养的孩子都已长大成人了，他们没有忘记陈计英的恩泽，过年了磕头谢恩的有，送来深情祝福的也有……即使近几年她去了苏州的女儿家，平时的电话问候声也是常常不断……前年陈计英去世，那些经她抚养长大的弟弟、妹妹、侄子一个个跪在灵柩前，哭得像个泪人似的。

淡泊名利 心静而安

晏金福

初识尹静安，是在一位网友的家宴上。那天只有四个人，八仙桌子，各霸一方。客人只有我和他两个，他一身宽松便服，一顶软边礼帽，俨然仙风道骨，令人肃然起敬。互通姓名、年庚后，知道他就是尹静安。他小我一岁，自称为弟，吾忝为兄。席间，我俩交谈甚欢，大有相见恨晚之意。宴罢，互加微信。自此，我俩在虚拟世界里频繁交谈，似有说不完的话。

一日，他在朋友圈里晒出四幅国画小品，言道："有意者，免费赠送。"我赶忙凑趣："我想要一幅。"他当即回复："你要吗，还得加一条，免费管酒。"其实，我一般是不喜欢向人索要书画的。有的人，见了书画家，即张口索要，我深为不齿。人家书写绘画是要付出代价的，除了价值不菲的纸笔墨和颜料，还有艰辛的脑力和体力，你凭什么不劳而获？当时和尹静安也就是开个玩笑，没想到几天后的一次朋友聚会，尹先生就给我带来了一幅画。那可不是什么小品，而是一巨幅花鸟，我当时就觉得受之有愧。

尹静安，字雪松，1942 年生于泗县皮影世家。他长期从政，官至灵璧县乡镇企业管理局局长，但业余一直醉心于书画创作。他自幼随其伯父学画西游记人物画，20 世纪 60 年代初拜著名花鸟画家王天铎为师，学写意花鸟。1985 年在天津美院写意花鸟高研班进修，得孙其峰教授真传。1988 年他画的《梅兰竹菊》四条屏被香港九龙华娱电视集团收藏。1998 年他的花鸟画《春晓》获全国人大举办的"黄河魂"书画大展优秀奖，并在国家历史博物馆展出。近年来，他潜心研习钟馗画，以篆隶笔法入手，用笔老辣，色彩明快，人物造型严谨，所塑钟馗形象丑拙中不乏潇洒、威猛中兼露祥和，他的《三破图》1992 年被菲律宾华侨颜氏集团收藏，2010 年首届全国钟馗画作品大奖赛获优秀奖，作品被宿州市博物馆收藏。他被作命为安徽省美术家协会会员，宿州市美术家协会顾问，灵璧美术家协会首届主席，现为灵璧县美术家协会名誉主席。

尹静安的书画不要说多么值钱，总归是有价值的。他予以赠人，眉都不皱，这就是境界！

尹静安还热衷于公益事业，每年都要参加县文联、文化局、书协、书画家协会组织的有关活动数十场，免费为广大群众写字作画。

这让我想起一段往事：20 世纪 90 年代灵璧实验小学临街起了高楼，新修了大门。校长派人联系一位灵璧著名书法家，想请他题写校名。联系人汇报说："写，可以。但，要钱！"校长一怒之下，转而请文化局局长陈家满。陈局长欣然命笔，分文不取。没几天，那潇洒的笔迹便飞跃于实小临街的新楼上，来往行人，无不驻足。难道堂堂实小就出不起那二三百元，非也。关键是丢不起那人，百年实小的名头和校长的面子，与区区二三百元相比，孰轻孰重，不知那位书法家现在拎清了没有。

我并不反对书画家取利，那是他们的劳动所得，无可厚非。但人是有感情的，一心钻在钱眼里，六亲不认，这才是被人诟病的。

这点，我特别推崇尹静安。他原名静庵，寓意是要寻求一个僻静的创作环境，大有陶令的世外桃源之意。后来，进入政界，居于钢筋水泥的丛林中，"庵"是求之不得了，于是退而为"安"。安，既含境安，亦寓心安。该取即取，该舍则舍，何能不安？

尹静安今年春节期间大病一场，病情险恶，差点儿到阎王那儿报了到。幸喜天佑好人，终于转危为安。大病不死，必有后福。祝尹静安先生心静体安，为灵璧书画作出新贡献。

俺灵璧人真 sàng

胡桃夹子

"灵璧人真 sàng"，是由外地人说的"灵璧人真野"演变而来的，因为俺灵璧人不喜欢这个带有粗俗意味的"野"字，就换成了"sàng"。这个"sàng"字，在本地不仅含有"勇敢义气、智慧担当"，还有点儿"疯狂"意思。

灵璧人的"sàng"，是早就出了名的。你对他好，他头都愿意割给你，如果你耍奸使诈，那你也就死定了。

"为朋友两肋插刀"是灵璧人的座右铭。灵璧人是出了名的"护窝子"（爱护族人和老乡）。

灵璧人打架前最会造势，冲锋前都是嘴上大喊着："熊孩子，你可想死！"话未落地，拳头就已落下来了。

常听父亲那辈人说，当年出门做生意，人家一听说是灵璧人，都会敬畏三分。灵璧人没有三头六臂，也不身怀绝技，更不是皇亲国戚，人家干吗要敬畏三分呢？这是因为灵璧人心齐，能打架，不怕事。别看在家偶有窝里斗，可是一旦出门，就特抱团。

打完架，得了便宜，到说理时俺灵璧人还特能口吐莲花，把自己的

"理"说得"滚瓜溜圆"。所以早年外地人又称灵璧人为"刁灵"。

灵璧的兵也是出了名的"sàng"。在战场上勇敢顽强自不用说，当与人一言不和闹翻了脸，约架比武更是不含糊。灵璧兵爱打架，爱打群架，多年来在部队也是出了名的。

近些年，灵璧出去打工的人也多了，他们回来常自豪地说："乖，外地人真怂，不但怕事，还不吃打。俺灵璧人要是吃了亏，会马上招呼一帮老乡，拼了命也要把丢了的面子给找回来。外地人就不行，一挨揍，除了撒腿逃跑，就是抱着头往那一蹲干嚎，由着你揍。"

在几个打工仔多的省份中，河南人和四川蛮子也挺野。四川人虽彪悍，但在个头和体力上却输了优势。河南人虽体格上不弱灵璧人，但他们心没咱们齐，所以他们也对灵璧人非常忌惮。

灵璧人在外与人有了冲突，如果自己一时力单人少，没有胜算一般不会马上出手，得等伙计们到齐了，才会主动开打。这叫"光棍不吃眼前亏"。灵璧人很少惹"东北虎"（东北人）和"西北狼"（新疆人），至多与他们井水不犯河水。因为这些人出来打工的少，据说除了做大生意的有钱人，都是些"干大活"的。什么叫"干大活"？你懂的。谁吃饱了撑的，去招惹那不要命的主呢？这也许是灵璧人被称作"刁灵"的又一个原因！

灵璧人抱团好斗，泼皮又智慧的民风的形成，追溯起来也许有这样几个历史原因，远的有楚汉遗风的影响。

刘邦和项羽两位重量级的历史枭雄，多年大规模的争斗，就是在徐淮地区展开的。冷兵器时代所谓战争，说白了就是打群架，就是有组织地互殴，哪一方勇敢能打，哪一方就能得胜。灵璧人的好战抱团的基因，也许早在那会就种在了骨子里头。

灵璧地处皖北，或多或少会受到了近邻"齐鲁文化"的影响。山东人彪悍侠义由来已久，又有孔孟之道两千多年的熏陶。所以山东历史上多出儒将侠士，受此影响，所以灵璧人在纠纷中，也多运用智慧解决问题。

灵璧人的祖辈大多是明初从山西迁徙而来，外来户的典型性格就是"抱团"。只有如此，才能不受本地人欺辱，才可以与当地"土著"居民抗衡。山西是关公故里，关公侠义肝胆，灵璧人的侠义情怀可能也是继承这位英武的老乡吧。

虽然说灵璧人很"sàng"，但遇有纠纷的时候，俺灵璧人还是先摆理，如果对方继续耍横纠缠，那可就对不起了，打你个鼻子蹿血外带熊猫眼那是小菜，揍你个腿断胳膊折、倒地鬼嚎也是常事，所谓"先礼而后兵"嘛。

当然，现在，俺灵璧人出门也都理性多了，其实，这样就更"sàng"了。

想起油印的岁月

王　潘

前几天，我和同事整理档案室，从墙角翻到一台 20 世纪 80 年代的油印机。那台油迹斑斑、布满灰尘的油印机，我们没有扔掉，而是珍藏起来，因为它给我们带来了一段美好的回忆。

记得我上小学的时候，每当考试来临，我们都里三层外三层地趴在土坯墙的窗台上，隔着明亮的窗玻璃看老师满手沾着油墨，在油印机前一页一页地翻着油印试卷。等试卷印好了，我们一窝蜂地跟着老师来到屋山头，看着老师把沾满油墨的蜡纸烧掉。多数老师都等烧完才放心回到办公室，但也有个别老师刚点着火转脸就走。这时，有几个眼疾手快的调皮鬼，就会像消防员一样，箭一般地直冲火点，用脚猛踩燃烧的烈火，黑乎乎的油墨擦在他的裤腿上，也全然不顾，截获了残余的蜡纸撒腿就跑，后面的屁股虫也跟着扬长而去。他们会找到一个隐蔽的地方，把所剩不多蜡纸贴在白纸上，从模糊的字迹中寻觅试卷内容。看完后，所有的人都会拉勾宣誓："永不泄密，永不叛变，100 年不许变！"有一次"叛徒"告了密，从那以后老师都守在垃圾堆旁，等蜡纸化为灰烬，再踩上几脚才离开。因为蜡纸的灰烬上能显示出白色的字迹，细心的调皮鬼总能从中看出端倪。

到了 80 年代，我也成了一名人民教师，那时使用的油印机和当年我上学时的一模一样。油印机构造简单，油印工具也只有铁笔、钢板、油墨、蜡纸几样。把蜡纸铺在钢板上，用像针一样的铁笔在上面刻字。由于钢板上布满了凹凸均匀的网纹，在铁笔尖与钢板网纹的作用下，蜡纸上的蜡层被划破，露出了基础纤维层，那就是要印刷的文字。刻蜡纸如写字一样，也容易出现差错，一旦写错字，要点燃一根火柴，然后把火柴熄灭，迅速将火柴头靠近错字处，火柴头余热烤化的腊就会把错字融平，冷却后即可重新刻写。

蜡纸刻好，就开始印刷了。印刷的主要部件是油印机，油印机合起来就像木箱子，打开后平分为左、右两部分，左边安装着印刷网和纸夹板，右边放油墨板和手推辊子。印刷前，先将油墨倒在油墨板上，适当滴上几滴煤油，再用油墨辊子来回推动，把油墨和匀地。然后把刻好的蜡纸夹在印刷网下，把纸张夹在印刷网下面的纸夹板上，然后轻轻地放下，让印刷网平铺在纸上，用力地按下压住，另一只手在拿起沾满油墨的辊子，放在印刷网上，均匀地从前往后推动。推辊子是印刷的关键，既要力度合适，又要均匀平稳，用力过小，字迹就会模糊；用力过大，不仅墨迹太浓了，而且蜡纸容易损坏，印制张数就会减少。印完一页，抬起印刷网，将印好的纸页翻过去，再重复上面的动作。一次次推辊子，一次次掀开印刷网，一次次翻过纸张，一次次数着印过的张数。如果印数多，每次印刷完后，就会手腕酸痛，胳膊抬不起来。最让人烦心的是，翻纸张时很容易将油墨蹭到衣服上，在那个靠布票买布做衣服的时代，油墨染在身上，会让人很心疼的。

那时，学校只有一台油印机，为了防止忙时争抢使用油印机，有的老师利用假期提前把卷子刻好印好。印试卷时，有的老师累了，停下来抽根烟，就会有老师把棉袄一脱，朝手心吐了一口唾液，搓了搓手，自报奋勇地接着印起来，一边印一边哼着小调："啦啦啦，啦啦啦，我是卖报的小行家。"逗得哄堂大笑。

到了21世纪，学校有计算机了，刻写蜡纸就变成了打字蜡纸，既省力又省时。再往后，用起了一体化打印机，手推油印机也就销声匿迹。但油印岁月里，老师们那不怕艰苦、团结协作、扎实工作的精神状态，将永远记在我心中。

丰收之后

赵秀永

1981 年 6 月，实行联产承包责任制后的农村，喜获大丰收。

午收、秋收后，都要先交农业税，就是俗语说的"皇粮"。交粮分为定购粮和议价粮两种。当时小麦 0.135 元 / 斤，玉米 0.075 元 / 斤，山芋干 0.053 元 / 斤，税收都是以粮食实物折价。交毕"皇粮"，还要缴足集体的，这里指乡村的"三提""五统"。"三提"包括公积金、公益金、管理费，是村级集体组织按规定从农民收入中提取的用于村一级维持或扩大再生产、兴办公共事业和日常管理开支费用的总称。"五统"是指乡镇合作经济组织向农户收取的用于乡村办学、计划生育、民兵训练、五包优抚、乡村道路和基础建设民办公助事业五项统筹费用。以上提取，国务院颁布的《农民负担费用和劳务管理条例》有明确规定，最高不超过上年人均纯收入的百分之五，剩下的才是自己的，但实际执行起来往往超过这个数，因为有附加和或突然增加的项目，但这些要经乡镇人代会讨论通过才能批准。

因为以上"三提""五统"都是以粮食折价，因此每年的征交粮，是乡村的工作重点。我在乡镇工作多年，亲身感受到土地承包后，农民交粮的喜悦和困挠。

每到交粮时，乡镇党委、政府尤为重视，超前布置，一把手挂帅，党政班子成员包村、村干部包队、机关单位干部职工齐上阵，县、区领导坐镇指挥。当时我任镇党委委员、镇政府副镇长，午秋二季粮食征购是我一项重要工作。每天上午七时到达粮站，整理好交粮队伍，维护好交粮秩序，做到有条不紊，处理好因交粮发生拥挤而发生的纠纷。协调好与粮站关系，向粮管人员学习验粮技术，搞好预验。以上各项工作落实了，才能保证粮食征购加快进度，做到老百姓、村组干部、粮站满意。从早上八时到晚上八时，一天下来很辛苦，但更辛苦的是老百姓。有的村庄离粮站十几里，村民为了及早完成交粮任务，起早贪黑把粮食拉到粮站排队，大多村民自带干粮和水充饥。他们交粮积极性高，有时排队一两天才交掉。当看他们交毕粮没得一分钱，只是拿个收条到村里结账，但还是兴高采烈地和我打招呼时，我从内心里感动。

由于粮食丰收，粮站的仓贮设施跟不上需求，一时出现了卖粮难，为防止因粮价过低造成谷贱伤农现象，国家出台了一系列措施，切实保护农民利益。一是实行粮食保护价，租场地、增加收购点、改善服务态度，为农民提供方便，做到随到随收、应收尽收，敞开收购农民手中的余粮。二是投入巨资，加大基础设施和贮备库建设，增加仓贮容量，把饭碗牢牢掌握在中国人自己手里。以上各种措施，彻底解决了农民的卖粮难。

我国的农业税起源于战国时的鲁国"初税亩"，作为一个传统农业大国，实施已有 2300 多年，被称为"皇粮国税"。1950 年农业税占全国财政收入的 39%，1979 年降到 5%。2005 年 12 月 29 日，经第十届全国人大常委会 19 次会议审议，决定废止《农业税条例》。2006 年 1 月 1 日，这"皇粮国税"被彻底终结，使 8 亿农民从根本上免除了负担，从此，农业税这一概念进了历史博物馆，也彻底解决了农民的卖粮难问题。

压井的故事

同龄人

以前，俺村人祖祖辈辈都是到老井去挑水吃。干旱的时候，人们起早上井沿去抢水，打上来的水，还有一股薄骚泥的味道。20 世纪 80 年代初期，农村兴起打压井，农民吃上了相对深层的压井水，这是农村饮水的一次大进步。我家在门口打了一眼压井，喝起来味道有点甜，几个院子的十几户人家，都来压水吃。我从来没有想到，小小的压井却派上了大大的用场。

1989 年秋天，连续四十多天几乎没有下雨，土地干旱裂出一道道口子。农谚说："秋分早，霜降迟，寒露糯麦正当时。"寒露已过，土地不能耕种，农民心急如焚。当时我在娄庄区葛店乡工作，分工包葛店村。该村农民历来有种植西瓜、蔬菜的习惯。种植瓜菜需要经常浇水，有的农户安装电动机和小水泵从压井里抽水，比用手压省了人力，出水量也大多了。我就让他们在村庄附近的田地试一试，结果一昼夜能灌溉 50 亩地。大队党支部研究决定，动员农户买电动机和小水泵带压井灌溉抢种，每台村里补助 50 元。几天时间全村购买电动机和小水泵 30 多台套，满湖都能听到水泵抽水的声音。农民有的是办法，浇好一块地把压井拔上来，再换另一块地按下去，继续抽水灌溉。头一天浇过的地，第二天就能耕地种上小麦。小小压井，解决了抗旱抢种的大难题，附近村民也纷纷效仿。

20 世纪 90 年代后期，各乡镇先后建设了自来水厂，农民用上了清洁卫生的自来水，这是农村饮水的又一次大进步。现在，农村的老井没有了，压井也少多了。

三拆隔心墙

井茂龙

"叶华家的隔心墙拆掉了！"这成了灵璧县尹集镇的头号新闻。墙而日隔心，必有缘故，拆而再三，可见波折。

叶华今年 32 岁，娘家有三个哥哥，就她这么一位千金，因而备受父亲宠爱。她也不免恃宠撒娇，久而久之，成了习惯。1991 年春天，她嫁到张庄，见婆婆家经济条件和生活水平不如娘家，心里就老大不乐意。刚过门时有点收敛，渐渐地，她就撒起泼来。等到把丈夫治住，便开始我行我素，少有顾忌了。她的目标是甩掉婆婆，所以经常吹尘土找裂缝，跟婆婆闹别扭。有一次，婆婆不小心打碎一个面盆，她便以为抓住了把柄，破口大骂不说，竟然动手推推搡搡，把婆婆推倒在地。年迈的婆婆实在受不下去了，只好分家另过。分开后，叶华仍然看婆婆不顺眼，便逼着丈夫在院子里砌了一堵墙。这道隔心墙，在这个院子里一直存在了八年之久。

叶华的婆婆，60多岁了，旧社会受了半辈子苦，老伴死得又早，一个人拉扯孩子长大，不易啊！儿子大了，她又千难万难地给他讨上媳妇，原以为年纪大了，可以享几年福了，不料娶来的是这么一位悍泼媳妇，儿子又那么没出息，自己越老日子越难过了。老人家整天郁郁寡欢，时常老泪横流。这些情况，被叶华的叔伯小叔子知道了。他气不打一处来，扛上大镐气呼呼地来到叶华家，"乒乒乓乓"地拆起那本来不该有的隔心墙来。

叶华见状，紧走几步来到墙边，屁股一蹲，倒将下去，口里的话就如枪子般向小叔子射来："你小子要拆墙，得先砸死老娘！老娘死了，倒省得生气，你哥也好再娶好的，免得你看着烦。老娘敢说敢当，莫说你个小娃子，便是天王老子，我也不怕！"小叔子听了叶华这一番蛮不讲理的泼话，他真想给她一镐头，可是一看旁边大哥那副窝囊相，心里又好气又好笑。无奈地长叹一声，扛起镐头走了。

垒墙与拆墙的风波，很快张扬开去，连邻村都知道了。乡亲们看着不顺眼，村干部脸上也无光。于是，干部们先后找上门来，劝叶华拆墙。然而，你有千百万语，她有难改之心。治保主任在村上是个长辈，自以为说话能作数，便胸有成竹地进得门来，他高声喊叶华的丈夫："友福，出来把墙拆了，这多难看！"叶华闻听，知道来者不善，便起身迎了出来，口里说道："噢，是大爷您呀，我当是哪路神仙下凡了，这么大的口气！要拆墙，还用劳您老的大驾！俺这就走，叫您侄再找个孝顺媳妇来，这墙自然有人拆！"侄媳妇这一番话，呛得他半天开不了口。待要发火吧，可是侄儿好不容易娶了这么个媳妇，要是叫我闹跑了，再找可就难了。老主任无奈，只好灰溜溜地回去了。从此，就再没有人来找麻烦了。

转眼几年过去了，今年"五一"节前夕，村里大张旗鼓地办了两件事：一是开展创建文明家庭活动，二是进行普法教育。他们把"文明家庭"和"遵纪守法光荣户"的标准打印下发到各家各户，又将从报刊上摘录的关于赡养父母的正反面材料送到叶华家里。

这股风开始并没有吹动叶华的心，但后来终于掀起了她情感的波澜。

普法宣传小组来到叶华家，叶华没有撵他们，也没说不好听的话，倒是很认真地听他们宣传。他们一个字也不提那墙，只是让她明白，赡养老人是法律规定的。

村书记、调解主任来了。他们不再讲大道理，也不去责备叶华，只是照实述说她婆婆的伤心难过、群众的纷纷议论、邻居的不满情绪和娘家人不上门，还有孩子小没人看，她也很少下地，收入比别人少了等情况，叶华心里翻腾起来："我自幼要强，现在却被人瞧不起，真没想到！孩子受罪我受累，收入还减少，何必呢，孩子大了要是都学我，不是也得上墙头！"

于是，她羞愧地上门向婆婆赔礼道歉。心里的墙倒了，那墙还能存在吗，媳妇的心肠一变，丈夫也挺起了腰杆："我把那墙拆了吧？"他试探地问。叶华说："垒墙是我的主意，拆墙还得我来！"她操家伙动起了手。丈夫心疼媳妇，赶紧上前打帮手。于是，隔心墙被清除了。从此，婆媳心结打开，一家人和好如初。

二十年前的那场抗洪抢险

王　潘

每到狂风暴雨的夏季，我就想起了往年家乡抗洪抢险的日子。那时，没有挖掘机，抢险全靠一双双长满老茧的大手和一把把铁锹，全靠那"可上九天揽月，可下五洋捉鳖"的满腔豪情。

那是 1998 年 8 月 13 日，江淮大地上，倾盆大雨整整下了一昼夜，村庄和田野一片汪洋。第二天，河水虽然下去了，可是，许多田块还浸没在水中。那天吃过早饭，我们组的组长王耕富高喊道："到'北石猴'那块地去放水，每家去一个劳动力。"我是家里的老大，理所当然参加了抗洪抢险小分队，跟着组长向东"北石猴"地块挺进。泥泞的沙土路上，人们绕着成片的水坑前行，身后留下了深深的脚印。我穿着靴子，总是赶不上他们，只好脱下靴子，赤着脚追赶。由于走得太急，泥块掺着泥水不断袭击我的后背，不多时，我的脊背上便布满了泥饼子。

来到了"北石猴"，站在从前是石猴庙现已是红李沟的堤岸上，河水像个顽皮的孩子，在河里翻滚追逐着。向东眺望，一望无际的玉米田，只有缨子在水面上招摇。向西望去，满是一人多高的碧绿的黄麻。组长环视了一下四周，觉得唯一的办法就是从脚下的黄麻地开通一条大沟，直通红李河，玉米田里的水才能放出去。然而，这脚下一亩多黄麻地却不是我们村的，怎么办呢？

"拔掉黄麻，放水！"组长发出了号令。

"不行！卓场村的人不在，我们怎能这样做呢。"几个小伙子七嘴八舌地议论着。

正当我们拿不定主意时，卓场村的村民也来到了大堤上，我们人的目光全都投向黄麻地的主人宋志河身上，我脑子里突然冒出一个想法，坏啦，要打架啦！我心里有点慌，抬头盯着那位中等身材、五十多岁、赤着脚的男子汉，只见他望了望大堤下几千亩浸在水里的庄稼，望了望大堤上急得团团转的我村干群，又望了望自己田地里一米多高的黄麻，毅然走进黄麻地，轻轻地吻了吻孩子一样的黄麻，然后一棵一棵地拔起长得正旺的黄麻来。见此情景，我们的人立即涌进地里，不多时，一亩多黄麻便已拔完。

接着，王耕富把我们分成三组，每组一次干十五分钟，轮流换班挖沟。顿时，铁锹飞舞，泥土翻花，干得热火朝天，一条大沟正缓缓地向前延伸着。这时，我突然看到我的老师脸色发黄，豆大的汗珠顺着脸颊不住地往下滚。我想：教坛上的精英怎么也比不上拳大胳膊粗的汉子？我刚想喊王老师，只见王良叔叔纵身一跃跳了下去，伸手夺过王老师手里的铁锹。王老师望着他说："换班时间还没到。""你的脸色不对，赶快上去歇歇吧！"王良叔叔一边说，一边把王老师强行推上岸来。

经过五个小时奋战，一条几十米长、三米多深的大沟，终于挖通，玉米地里的水顺着新挖的沟流向红李沟。这时，大庙公社党委书记王云三带着一群人查看灾情，刚好路过这里，看见这场面，挥着手，笑着喊道："龙江人来到我们这里了，龙江风刮到这大堤上了！"站在大堤上的干群都拍着手笑了。

二十多年过去了，那场"战斗"，至今我还难以忘怀。

汛期的一天

高西梅

1998年暑假的一天。

早晨6点左右，我被一阵紧急的擂门声惊醒："快起来，快起来，有地震！"我吓得睡意全消，一骨碌爬起来。院内的积水已顺着门缝漫到床前，我三步并作两步扑到院门口，邻居王海老师急切地说："赶快上操场！街上传疯了，说有地震。全院的人都在操场上，就你家不在，大家让我来喊你。你家王老师呢？"我说："他去外地进修了。"王海老师说："你赶快把孩子带到操场上，不要搁屋里，甭真有地震。"我急忙回屋，将两个学龄前儿童提溜起来，迅速带到操场上。

惊魂未定，还没来得及与左邻右舍寒暄，高楼镇政府传达室李计祥来通知："赶快上镇里开紧急会议。"

我赶紧把一双儿女交给邻居王大嫂，紧跟着老李往镇政府赶去。

街上，水已没到脚踝，有水洼的地方，已没到小腿，雨还在不停地下着，许多人拿着筐头、网兜、粪箕子绰鱼。街道两旁站了很多人，三三两两地在议论着，神色倒没有十分惊慌。赶到镇里才知道，夜里12点左右，正当暴雨倾盆时，地震的传言像雨水一样蔓延，小街上慌成一团，人们在惶惶不安中熬过了一夜。天亮后，传言向更大范围蔓延。

这次降雨，是我省历史上最大的一次降雨，镇委镇政府召开紧急会议，安排抗涝救灾事宜。会议刚开十几分钟，传来消息，郭庄村与厉路村群众因放水就要打起来了，镇委副书记尤传勇立即带上我们几个人冒雨赶往厉路村。眼前一片水茫茫的，根本看不到路基，驾驶员只能凭着两旁的树木判断路径。车开得很慢，我们都心急如焚。好不容易熬到厉路村，村支书厉具恩已等在村口。年过花甲的他浑身上下已经湿透，花白的头发直滴水，浑浊的眼睛布满血丝。他一见到我们，就赶忙迎上来说："郭庄要放水，俺厉路就淹死了！良庙地界高，水放不出去，就会窝在俺厉路的。"尤副书记说："那也不能剡仗，剋出人命来，谁负责啊？"老支书说："那也不能淹俺历路哪。"焦急、担忧、顾虑、责任，清晰地展现在那张苍老的脸庞上。面对这样一位老支书，我有些莫名的感动。尤副书记询问："历路有没有出水口？"老支书说："只有到毛庄的一条大沟通向潼河，现在都被淤死了。"尤副书记说："赶快把你村群众劝回家，我们到放水的地方看看。"

我们一行6人，到了两村交界处，只见两村各有二三十人，都拿着铁锹，郭庄人要放水，历路人堵住不让放，双方正在推搡着。我们赶紧分头安抚群众，待他们情绪稍微平缓后，郭庄村支书张玉龙委屈地说："渔沟镇的水都淌到俺郭庄，不让放水，俺郭庄就不活了吗？要不，俺把渔沟来的水堵上？"我一听，头都大了。渔沟镇地势高又处于上游，哪里堵得住啊，水堵不住不说，还得造成两个镇村民之间的矛盾。尤副书记说："不要感情用事。你先把你村群众疏散，再想办法解决。"经过两个村支书做工作，群众才逐渐散去。

我们跟着尤传勇副书记沿历毛沟从北向南步行勘察，走到中段，沟内有个小坝子挡住了水流。尤副书记和大家商量了一下，考虑到坝子在三个村交界处，协调工作很难做，就从附近群众那里找来5把铁锹，我们几个自己挖。挖了半天，终于挖开了水口，水流顺畅了许多。尤副书记说："水口会越来越大的。"

直到下午两点半，我们才坐到小吃铺里吃中午饭。一个馒头还没吃完，同事华振东急匆匆跑进来："尤书记，快点帮我装蛇皮袋子，卡车在门口，卓圩村炸堰了！"尤副书记急切地问："群众可转移了？""全部转移了，就剩几家的羊没来得及牵，还有就是不好逮的鸡鸭。""人转移出来就好"。我们赶忙往车上装一捆捆的蛇皮袋，这是镇里为防万一，早就筹来准备应急的，还真派上了用场。装完蛇皮袋，我们就乘卡车往卓圩村赶。

到了炸堰的河堤边，奔涌的河水已没到车轮，车不能再往前开了，我们几个下了车，扛起抢险救灾物资，送往正在抢险的河堤。张良席已将两箱方便面扛到肩膀上，车厢里除了蛇皮袋，还有一捆铁丝，是固定木桩急用的，我弯腰试了一下，那捆铁丝纹丝不动。张良席看到了，赶快把方便面箱子交给我，去扛那捆铁丝。尽管他是男的，一下子也没举起来，我帮助抬了一下，才将那捆铁丝放到他肩膀上。看他扛着沉重的铁丝，在齐腰深的水里艰难前行，我非常感动。

河堤上，炸堰的地方水流湍急，怀抱粗的整棵柳树抬到豁口处，立即就被冲走。蛇皮袋运到后，立即装土。男同志一人一袋，健步如飞，我身单力薄，半袋湿泥也扛不动，只好与卓圩村支书王敏祥的爱人卓之侠合抬，可那泥袋子扔下去瞬间不见踪影，四五个壮劳力站在水里，被冲得摇摇晃晃，半天打不下一个木桩，而豁口还在不断扩大。这时，有人提议说，"先架人墙再打桩。"年过半百的镇委书记李纯太第一个跳进湍急的河水中，年轻的镇长王咏衣服也没来得及脱，就紧跟着跳了下去，接着，在场的镇村干部一个接一个跳了下去。他们手拉着手，迅速架起来了人墙。浑浊湍急的河水无情地冲击着 36 个人的胸膛，就像冲击着巍然屹立的岩石。人墙后就是两组打桩的人，他们每组三人，两人扶一人夯。过了个把小时，水里所有人都冷得发抖，牙齿打战，嘴唇乌青。我们赶紧打开供销社捐赠的灵璧大曲，递向水中的人们，他们一人喝一口迅速传递着，传递着温暖，传递着力量，传递着团结一心、众志成城的抗灾精神。这批人上岸，又换上另一批人。经过几小时的努力，木桩打好了，装着泥土的蛇皮袋坝子终于把决口堵住了。翻滚咆哮的河水顺着河床奔流而下，卓圩村保住了，浑身泥水的抢险干群松了一口气。

回到镇里，我赶紧跑到王大嫂家，得知大哥已把两个孩子接回老父家，我才放了心。

9 月 28 日，高楼镇镇长王咏赴北京参加了全国抗洪抢险英模表彰会。

青春在希望的田野上飞翔

井茂龙

一

那是一个令人难忘的初春

有一群热血男儿、巾帼女杰

放弃舒适的城市生活

放弃与家人厮守的温巢

背起行李

带着一种使命

带着一份责任

带着一腔自豪和荣耀

带着一身压力和鞭策

在一个个贫困的村庄安营扎寨

成了村里一位普通的农民

不，成了农民朋友期盼的领头雁

二

他们像春天的杨柳

插到哪里就在哪里成长

面对一张张笑脸

一双双渴望的眼睛

怎能不使人心动

村庄落后的根源在哪里

在田间地头

在猪舍牛棚

在简陋的小屋

多少个日日夜夜

多少颗炽热的心

汇成了答案

绘出了蓝图

绘出了选派干部的雄心壮志

三

在奇石之乡

有一位省城来的硕士村官

常常一两个月才回家看看

这个文弱书生

很快成了农民的知心朋友

在泗州的一个偏僻小村庄

有一位巾帼不让须眉的女支书

乡亲们一提起她

都竖起大拇指

在埇桥古安镇

70多岁的陈老汉

告别了居住几十年的茅草屋

在书画之乡

一个村一年修铺了三千多米砂石路

在梨都

有个村农民人年均增收400多元

……

风雨兼程绘彩虹

一个个亮点

一个个动人的故事

凝聚着一颗颗为民之心

爱民之情在龙卷风中

在抗洪抢险的大堤上

在农民朋友最需要的时刻

树起了一座座令人永记的丰碑

四

他们在城里长大

他们在农村锤炼

他们在丰富人生

他们的青春在希望的田野上飞翔

（2005 年 10 月 原载《拂晓报》）

没有血缘的至爱亲情

马东义

现年 90 岁高龄的甄开才老人，因为家贫，兄弟两人都没讨上媳妇。弟弟甄开有通过别人介绍，从江阴市青阳镇孤儿院抱养了一个两个月的女婴，起名甄玉侠，作为"传后人"。

甄玉侠从小就很懂事，惹人喜爱。长大后知道了自己的身世，她没有怨天尤人，反而更加珍惜这个抚养她长大的家庭。她勤劳贤慧，自强自立，样样农活、家务活都能拿得起放得下，对待父亲和大爷更是孝顺。

为了照顾养父和大爷一辈子，公元 2000 年，时年 22 岁的甄玉侠结了婚，本村朴实憨厚的小伙子张文元入赘的。

天有不测风云，2009 年，甄开有因意外事故去世，家庭陷入悲痛之中。料理完父亲后事后，有人对甄玉侠说："你父亲走了，你大爷都 80 岁了，跟你生活也不方便，不如送到敬老院去，那里有吃有喝的，你也能舒服得多。"村里出于好意，也动员甄玉侠把甄开才老人送进敬老院，而甄玉侠却说："俺爸在世时就交代过，无论什么时候都不能让俺大爷进敬老院。敬老院再好，也没有在家里享受天伦之乐。给他养老送终是我的责任，我会一直坚持做下去的。"

甄玉侠一家过去住的是3间老瓦屋，为改善住房条件，2016年，她夫妻俩用积攒多年的钱盖了3间两层半的楼房，给甄开才老人专门安排一间居住。老人没想到，老了老了，还能住上楼房，高兴得合不拢嘴。

因为盖楼房，甄玉侠夫妻俩欠下不少外债，再加上女儿上高中，儿子上初中，每年都需要很多钱。为了既养家又能照看老人，甄玉侠让丈夫外出打工，自己则在附近村镇或建筑工地找活干，这样就能保证老人一天三顿饭吃得舒适。有时甄玉侠要到几十里开外的工地干活，中午无法回来做饭，她就提前买些果品、蛋糕、面包之类的食物放在老人床头。

随着年岁增高，这十多年来，甄开才老人一直患有严重的便秘，多次调理，仍然没有效果。甄玉侠听人说肥皂水能治便秘，她就自己动手帮老人治。老人有时又容易拉肚子，弄得衣服上都是粪便，甄玉侠总是不厌其烦地帮助清洗，不嫌脏、不嫌累。人心都是肉长的，让侄女这样伺候，甄开才老人自己也觉得很尴尬，实在过意不去，就说："玉侠呀，是我连累了你啊，让你受这么大的罪。"甄玉侠却笑着对老人说，"大爷，是你和俺爸给了我生命，你养我小，我就要养你老。虽然我是你侄女，但也是你闺女，应该为你养老送终。"

"甄玉侠十年如一日孝老爱亲，虽无血缘，却有担当，我们全村人都很敬佩她。"村民们如是说。

助耕中柬友谊

刘万广

刘忍，男，1982年出生，黄湾镇砂坝村刘沟庄人，到柬埔寨务工10多年，经过艰苦创业，在金边等城市创办多家企业，从一名务工者，成为当地知名企业家。在国内上海、合肥、灵璧县城也投资办企业，并帮助 200 余人到柬埔寨务工而脱贫。目前，刘忍被任命为安徽省在柬商会会长、灵璧县商会会长、省政协委员。2016 年 10 月 13—14 日，国家主席习近平到访柬埔寨时，他作为华人和商会代表出席欢迎会，受到习总书记的接见。他积极为促进中柬友谊，从 2018 年开始，资助 60 名柬埔寨贫困青年到合肥学院学习，直到完成大学学业。刘忍投资 6 亿元在金边市西哈努克港建立游乐城和高级宾馆，在柬埔寨影响很大。他积极参与省城开发建设，受到省领导多次接见。2016 年春节前，他专程到黄湾镇敬老院组织一场向五保老人献爱心的慈善捐赠活动。他不仅向敬老院捐赠从泰国带来的高级大米、植物油等食品，还以皖北刘氏宗亲协会会长身份，组织向敬老院捐款，来自五河、蚌埠、淮北的刘氏分会长，当场捐款 4000 多元。刘忍还向家乡贫困户和贫困老人捐钱，并为刘沟两个自然庄捐款 5 万元铺设水泥路，村民们自发给他竖碑旌表。

三碗红烧肉

胡　宇

军装虽然脱下一年了，在被誉为"纪律部队"的纪检监察新岗位上，同样忙得团团转，军营的往事无暇回首。中午，机关食堂做了红烧肉，色泽红润，口感软糯，感觉很文气，不像在部队时的大块头，有嚼劲。舌尖的挑剔，引发了军旅追忆，瞬间想起当兵时吃过的三碗红烧肉，一辈子忘不了。

第一碗红烧肉，是新兵拉练的营养品

1990 年初冬，17 岁的我离开家乡安徽灵璧，参军来到千里之外的中原军营。我们团是 1927 年诞生在闽东革命根据地的红军团，后来成为新四军一师的骨干力量，具有悠久历史和革命传统，吃苦耐劳，敢打善拼，从土地革命、抗日战争、解放战争、抗美援朝、对越自卫反击战烽火硝烟中一路走来，战功卓著，将星闪耀，英雄辈出……几十年风雨洗礼，从山区游击队成长为让中华人民共和国放心的铁拳头。

部队为打牢新兵军政素质基础，白天正规训练之余，每天晚上都要组织发动"小群练兵"。蛙跳、俯卧撑、仰卧起坐、单双杠、五公里跑，寒冷的冬夜，天天都是一身汗。那时候老是饿，总感觉吃不饱，睡觉前能吃上一碗热泡面就开心得不得了。夜里站岗时，皎洁的月亮又大又圆挂在高空，看着亲切就是不说话，白天龙腾虎跃的营区安静得让人寂寞惆怅，此时非常想念远方的父母和亲人。训练艰苦、营养不足、思乡情深，只能把苦、累、饿埋在心里。有一次实在忍不住了，想念妈妈做的红烧肉，就趁着请假机会独自跑到营区靶山旁的小河边，使大劲痛快地哭了一场。但是，擦干眼泪，还要接着训练。看看冻裂的双手，想想明天的任务，不知何时才能结束这煎熬的日子。天天盼星星盼月亮盼着新兵下连，总是天真地想象下连以后就不苦了。其实，后来才知道，日晒雨淋、风餐露宿，爬冰卧雪、摸爬滚打，抗震救灾、保家卫国，当兵什么时候不吃苦呢？

下连前，新兵营组织了考核拉练。营长动员说："考验同志们的时刻到了，要敢于扛红旗、当尖兵、争第一！"这是对我们3个月艰苦训练的综合检验，大家都很期盼。于是，冬日的黎明，凛冽的寒风，我们打着背包扛着钢枪，黑咕隆咚中一路披荆斩棘负重开拔了，意气风发地在嘹亮的军歌中阔步前行。很快，一天下来，脚上起了泡，每走一步都钻心地痛。指导员一边带领我们继续前进，一边做动员："我们团涌现出电影《英雄儿女》男主角王成的原型，三连老连长杨根思同志，是享誉朝鲜战场的英雄，同志们要敢于胜利，向老连长看齐呀！"也就是在拉练的路上，我们第一次听说了杨根思连长提出的"不相信有完成不了的任务，不相信有克服不了的困难，不相信有战胜不了的敌人"的"三不相信"精神，顿时力量倍增，青春洋溢的新战友们一个个像打了鸡血似的拼命地往前冲。而这句话，2017年"八一"前夕，习近平主席在内蒙古朱日和训练基地举行的庆祝建军90周年纪念大会讲话时，首次正式对全军官兵提出明确要求。那一天，披星戴月，攀山越岭，淌水过河，大家都很兴奋，感觉好像真的要上战场一样。距离集合时间一小时，我们红二连第一个提前集体到达目的地。全连官兵欢呼雀跃！晚上，连队改善伙食，每人都分了一碗香喷喷的红烧肉，满嘴流油的快感，大快朵颐的满足，勇于胜利的滋味，至今难忘。

此后，27年军旅岁月，历经风雨，饱经沧桑，感觉那碗唇齿留香的红烧肉，给我带来一生前进的力量。

第二碗红烧肉，是长江抗洪的慰问品

1998年仲夏，神州遭难，大雨滂沱，南北夹击，长江、松花江、嫩江同时碰上百年一遇特大洪灾。

6月初，我们师奉命抽调5000个精兵，紧急驰援武汉，参加长江抗洪。也就在3月，中央军委关于部队精简整编的消息传到了我们师。70年来，我们师官兵一直听党话、跟党走，始终努力去做到"党叫干啥就干啥，党叫干啥干好啥"。忠诚的血液，坚定的信仰，勇猛的作风，顽强的意志，是全师官兵在师党委坚强领导下，从胜利不断走向胜利的根本保证。

36天抗洪战斗，波澜壮阔，气吞山河，全师官兵参加急难险重大小战斗百余次，负责防御堤坝上千公里，转移受灾群众近万人，抢救群众财产难以计数。最难忘的王家坝堵管涌战斗，全师官兵冒雨连续奋战12小时，从师长、政委，到机关驾驶员、理发员，前线官兵全部参加扛沙袋、堵管涌硬仗。这个口子堵不住，武汉岌岌可危，后果不堪设想。

那些天，武汉地区时而天气闷热，时而暴雨如注，官兵们有任务就上，衣食住行没有规律，生活秩序全乱套了。尤其是因为在水中浸泡，造成了指战员大面积烂裆，这是个很麻烦、很痛苦的事。尽管又苦又累又危险，但是没有任何人贪生怕死。大堤上，一面面"共产党员突击队""机关突击队""红军连突击队"鲜红的旗帜迎风飘扬；一条条"人在阵地在，水到堤坝稳""不知明天干什么，知道今天怎么干""听党指挥，决战决胜"等醒目的横幅荡气回肠！

有很多故事已经忘记了，还有很多战友一直铭记心底。连长王保东，安徽老家洪灾后房子泡在水里损失惨重，自己和指导员带领战士们始终坚守岗位，是"舍小家顾大家"的生动写照；副营长吕行，老人车祸回不去，虽然心里着急，但是依然带领官兵全程参加抗洪战斗；团政委陈智勇，从集团军组织处长岗位下到基层锻炼，因带队在大堤执行任务，儿子红斑狼疮到南京治病受到直接影响……

"滚滚滚长江东逝水，浪花淘尽英雄！"而英雄的背后，是很多苦涩的泪水、无私的奉献和与大自然勇敢的较量。但是，他们脸上始终洋溢着灿烂的微笑。即便是抗洪一结束，自己可能被安排转业、退伍、离开火热的军营，也要以挺拔的姿态告别军旗！这就是我的老部队和老战友，忠心向党，热爱人民，铁骨铮铮，敢于担当。

离开湖北凯旋回师的那天晚上，我们全师官兵举行了简朴隆重的会餐仪式。当地政府和人民群众给我们送来了大量水果、食品、日用品，餐桌上的那碗红烧肉是慰问品，打了胜仗吃起来格外香。那一刻，从淮海战场的小推车，到沂蒙红嫂熬的鸡汤，再到抗洪战场的红烧肉，红色基因，一脉相承……"人民军队爱人民，人民军队人民爱"的鱼水深情在我心中挥之不去，久久回荡。

凌晨3点，编队出发。再回首，洪魔已伏，大水退去，重建家园初具模样。呵护母亲，天佑中华！原本为了不扰民的出发时刻，父老乡亲眼含热泪，目送军车缓缓前进。在依依不舍的那刻挥别中，祖国安宁，人民安康，子夜安详！

第三碗红烧肉，是告别军旅的纪念品

2016年初春，我履新来到一个军种机关，负责新闻和文化工作。此时此刻，"首创首任"成为这个领率机关上上下下共同的责任感和使命感。

我非常珍惜这个机会，用行动回答了组织的考验。一年来，先后完成了陆航试飞大队讲好强军故事、无人系统挑战赛等4项重大活动宣传任务，全年共带领直属单位新闻队伍在中央权威媒体发稿320篇，为宣传装备战线作出了积极贡献。

在无人系统挑战赛活动中，记者多、时间紧、标准高、任务重、影响大，对接待、保密、安全都有极高要求。我作为业务主管，加班加点，挑灯夜战，在遵守八项规定制度前提下，努力协调后勤部门搞好饮食保障。尤其是决赛在京西大地一个试验场，保障难、气温低，第二天中午要在野外就餐。我提出，需要红烧肉。当上午比赛结束，中午就餐时，记者们纷纷赞扬我们部队红烧肉好吃、给力、有味道。作为一个要远离肉食的"中年油腻男"，我也吃了这顿铭心刻骨的红烧肉。因为，到了年底，我就要因为达到服役最高年限而脱下军装离开军营，以后可能再也吃不上部队的红烧肉了，不由得感慨万千，内心五味杂陈。这碗肉，我吃出了纪念的味道。

对于退役，我有两点感悟。一是铁打的营盘流水的兵。任何时候，作为党员干部要坚决服从组织安排，无论走与留，都是工作需要，都以大局为重，都讲素质觉悟，都看实际行动，要切切实实全力以赴支持拥护军改。二是流水的营盘铁打的兵。此次军改，我军编制结构和力量规模调整翻天覆地，人民军队浴火重生。现在，无论换防转隶，还是精简整编，新营房里的人都变了模样。但走出去的人，对党的忠诚却永远不变。我作为军转干部，任何时候都会牢记并践行习主席强调要求的"铁一般信仰、铁一般信念、铁一般纪律、铁一般担当"。

27年军旅生涯，我从基层报道员起步，一直脚踏实地，不懈奋斗。先后在原总装宣传部、原总参陆航部、陆军装备部3个总部机关工作过，纵向攀登，横向比对，开阔了胸襟，拓展了视野，得到了锻炼，有利于思考、探索和成长。我有幸参加了全军新大纲试训、长江抗洪、鲁山扑火、神舟六号载人航天飞行任务、奥运安保、首届天津直升机博览会、陆航试飞大队典型宣传等涉及战略全局、国家层面、全军规模、军种属性的20多项重大任务的宣传工作，从中学习锻炼、见贤思齐、收获提高，在风霜雪雨中锻炼摔打，在急难险重中经受考验，在大江大河中急流勇进。总的来说，不管是参与，是配合，是协同，是主抓，我都能出色完成任务。

前几天，我在党支部组织的"不忘初心，重温入党志愿书"党日活动中，向领导和同志们汇报的"小人物大情怀、小梦想大舞台、小文章大主题、小目标大志向"的"四小四大"党性锻炼总结思考，给大家留下了深刻印象。其实，归根结底就是要加强党性修养的问题。有段心里话，愿与大家共勉："从军队到地方，脱下的是军装，不变的是信念，到哪里工作都是党的干部。从金戈铁马国防卫士到正风肃纪反腐战士，从军事舆论战线到纪检监察阵地，从肩扛军旗到身护党旗，我期盼在新岗位继续奉献一名党员干部的光和热。"

退役一年了，想念部队的红烧肉。

孝满白龙园

马东义

古语有云："百善孝为先"，可见孝的地位。在皖北，有关孝道的故事，莫过于"小白龙探母"了。

在一个骄阳似火的日子里，我怀着虔诚的心情，走进了灵璧大庙白龙文化旅游生态园。龙母墓是小白龙母亲陈雨英的墓冢，是白龙文化园的主要景点。龙母墓四周，野草萋萋，给人以悲凉之感。一块黑色石碑矗立墓前，上面记录着小白龙孝母的点点滴滴。一条石雕小白龙温顺地依偎母亲身边，似在喋喋不休地诉说着相思之情。墓穴边长流不息的老濉河，见证了六百多年来小白龙孝母的场景。

感恩寺大墙写满了孝道文化，一副"茫茫大地真真假假总成空，芸芸众生善善恶恶一抔土"的楹联跃然墙上。栩栩如生的小白龙腾云驾雾，为人世间送来雨露甘霖，将孝忠洒向人间。南墙上"百善孝为先"的儒家孝道展图，像一面面镜子，描绘出人间的真、善、美，又像一本警示录，警醒着人们的良知。

感恩殿内金碧辉煌，香烟燎绕，这里供奉着小白龙母亲陈雨英的塑像。陈雨英端庄秀丽、正襟危坐，尽显母仪风范。她目光凝视着前方，好像在等待小白龙回家母子团聚。她微笑着凝视前来拜祭的人们，口中似念念有词，保佑祭拜者的安康。

在北隧道口的墙上，一个大大的"孝"引领着二十四孝长廊展图，戏彩娱亲、芦衣顺母、扼虎救父、埋儿奉母等孝道图案，让人们接受孝道文化的熏陶。

走一处看一地，孝爱满溢白龙园。匍匐在濉河滩上的小白龙，昂首挺胸，仰天长啸，正呼唤着百善孝为先，传唱着人间的孝道和亲情。

愿孝爱永驻人间。

2017 年 7 月

大床

朱兰友

我今年82岁了，一生经历了不少事儿。人老了，就喜欢咂摸一些过往，在时光中打捞一些难以忘怀的碎片，聊以自娱。

最令我念念不忘的，是一张大床。

我出生在皖北一个普通的村子，床这东西，家家户户都有，可我的那张床，倒是有些与众不同。那是我和老伴结婚时用的床，也是爷爷奶奶结婚用过的。100多年前，爷爷从徐州花了300块大洋买回这张大床，它成为我家的传家宝。

大床用红木造就，有棚有架，上有卷棚顶，下有踏步，踏步前有雕花柱架、挂落、倚檐花罩组成的廊庑。床三面围有装饰雕刻以及彩绘屏风，题材取自古典名著、民间故事等，带着美好的寓意。

我出生在旧社会，家里生活困难，无法维持生计，父母就带着我们逃荒要饭。母亲是小脚，父亲用独轮车推着母亲，我跟在后面。一家人吃了不少苦，受了不少罪。可即便如此，父母也从未把那张床卖掉。

中华人民共和国以后，穷人当家做主，我上学、当工人，接着回到农村为乡亲们服务，这期间结识了老伴儿，成家立业。老伴儿也是穷苦人家出身，那些年，我们俩相互扶持，她任劳任怨，从来没跟我红过脸。

结婚前，我特意将那张床清洗得干干净净。家里没什么好东西，这张床，算是我送给老伴儿的礼物。老伴儿很喜欢那张大床，一有闲暇就细心清洗、打理。"人都说家里有张床，才算有个家。咱家这床，得一代代传下去。"老伴儿有时会畅想着以后的美好生活。

但这床还是没保住。1966年，它成了"四旧"，从屋里拉出来，被当场用大锤砸烂。老伴儿站在旁边，心疼得直抹眼泪。

家里没了床，我们就用木板拼起来对付，后来变成了绳床、硬木床。再后来，改革开放，咱们农民的日子"芝麻开花节节高"，家里人特意给我们买了一张席梦思的大床。那天老伴儿很高兴。"这床真好，又大又软，舒坦着呢。"她说。是呀，舒坦着呢。就像如今我们的生活，"楼上楼下，电灯电话"。

有时候，我和老伴儿也会偶尔说到那张我们原想着当成"传家宝"的大床。"你可真是老古董，现在的年轻人，谁还会喜欢那样的床呀？"老伴儿说。有道理。"那真是一张好床呢，可惜了。"老伴儿顿了顿，接着又说，"不过人呀，不能老念着过去，你得多往前看。"

往前看，前面都是好日子……我们赶上了好时代。

2017年1月

喇叭张家喇叭响

晏金福

欣逢盛世，人民的文化生活丰富多彩。千万个喇叭班子活跃在广大城乡。可是你知道有以喇叭命名的村庄吗？告诉你，我们灵璧就有一个，那就是杨疃镇一里王村的喇叭张家。

2019 年 1 月 16 日，风和日丽，在杨疃镇文化站退休干部胡荣谦的陪同下，我有幸走进了远近闻名的喇叭张家。

离庄老远，就听到阵阵"呜哩哇啦"的喇叭声。走近了，是几个十来岁的少年，在村外小河边练习呢。在一里王村村部，村书记张凯接待了我们。据他介绍，喇叭张家的喇叭技艺传承，至今已有五代，百年以上。现在，吹喇叭是喇叭张家的支柱产业，这个只有 300 人的村庄，正常有 12 个喇叭班子，忙的时候，可以出动 15 班。张凯书记本人就是喇叭艺人，他的父亲张立强更是喇叭技艺的佼佼者。正说着呢，张立强闻讯赶来了。六十多岁的人了，身体依然十分健壮。提起他，可能没有多少人知道，可是你总该知道菠林喇叭吧，那可是国家级非物质文化遗产啊。告诉你，20 世纪，张立强曾和菠林的周家班子在山东合作过十几年。能融入周家班子，可见技艺绝非一般。

据张立强回忆，他的父辈曾有一次颇为自豪的演出，那是 1942 年深秋的一个晚上，张家班子正为一家丧事吹奏《雁落沙滩》，适有雁群自空中飞过，闻声即下落。于是，场内喇叭声声，模拟的雁鸣惟妙惟肖，足以乱真。场外，雁声一片，响震旷野。场内场外，遥相呼应，人雁和鸣，听众无不为之动容。由此，张家喇叭的名声，在四里八乡不胫而走。

张立强带领我们走访了另一位老艺人张立坤。张立坤自信地说："干了这几十年，可以说，喇叭的各种技艺，哪一点也瞒不了俺！"从他那里，我们了解到，喇叭张家无愧其名，多年来，他们的演出足迹，北到故黄河畔，南跨淮河两岸，东至江苏，西入河南。他们的表演之所以受到广大群众的欢迎，除了高超的技艺，还缘于他们的高尚艺德。提起有的班子以低俗媚众，甚至以不堪入目的黄色节目吸引眼球，他说："我们向来都是靠传统技艺赢人，从来不搞那些乱七八糟的东西。"谈起有的班子为了节约成本，有时以一台电子琴和一把喇叭糊弄观众。他说："我们无论到哪里演出，笙管笛箫、鼓梆铙钹、镲锣云锣大小锣，总是带得非常齐全。每次演出，都要拿出看家本领，尽量让观众满意。口碑比气力重要，总不能为了钱砸了自己的牌子。"

两位老艺人还说起了一件事，就是每到送新兵入伍，或镇村有重大节庆，喇叭张家总是组织规模宏大的班子，义务演出。几十年如一日，从未间断。

出村了，河边的少年们还在聚精会神地练习，他们吹得虽然还不太流畅，但是我觉得特别入耳，因为他们是喇叭张家的未来。

哎哟，我的哥嘞

晏金福

哎哟，我的哥嘞，你原来不是私塾先生吗，怎么半截拉腰干起医生来了？你要是当个郎中，我丝毫也不以为奇，因为"万般出于儒"，"儒医不分家"嘛。可是，你却偏偏干起了西医的勾当，而且是外科。人都说，干外科要胆大，哎哟，我的哥嘞，你的胆子确实够大的。那时虽说县里有 × 大郎，县北有 × 大胆，可是在我看来，你比他们的胆子都大。就说俺家北面那个姓卢的老表吧，人家肚子里长了那么大的瘤子，都快跟临产的孕妇一样了，人家跑了那么多正规医院，都被推到门外，你怎么就敢给他开了？要知道，你只是大队卫生室的赤脚医生啊。哎哟，我的哥嘞，你的胆子怎么这么大？你别说，还真亏了你胆大，不然那老表的命可就没了。

还有那会儿，我弟弟大腿长了两个疮，是深部脓肿。你也没打麻药，就要给他开。我说："不打麻药不疼吗？"你说："打麻药也得疼。"说着，就操起了刀子。哎哟，我的哥嘞，你咋这么狠，那两个疮，中间还隔着二指宽的好肉呢，你怎么刀也不抬，直接就划过去了？疮里的脓倒是"扑哧"一声，溅出来了，可那血，也是"哗哗"地流啊。你笑笑说："反正是一疼，划两刀更疼。"还有那次，我那五岁的三儿子在湖里割草，一不小心，脚就踩在水里的镰刀上，当时脚趾就割掉了一个。几个小伙伴看到那掉了的脚趾在水上乱蹦，全都吓呆了。有大人看到了，背着他，拿着脚趾跑到了大队卫生室。你二话没说，也没打麻药，抓起来就缝。那可恶的小子，一边哭，一边破口大骂，你却一点也不恼，一边笑，一边飞针走线。哎哟，我的哥嘞，还真亏了你，不然，我那三小子可就落下残疾了。

我有时想，哎哟，我的哥嘞，你怎么那么憨！人家上海的陈中伟搞了个断指再植，就得了国家科学大奖，还被国际医学界尊为"断肢再植之父"，那可是由助手、麻醉师、护士等组成的团队，经过充分准备，共同完成的。而你一个人仓促上阵，独立完成断脚趾手术，我觉得，你这难度也不比他差多少。可是你只顾救死扶伤了，那时要是找个媒体宣传一下，说不定也能得个什么奖，弄个"专家""教授"的牌子扛扛，那岂不是我们晏湾老少爷们儿都能跟着沾沾光。

我有时又想，哎哟，我的哥嘞，其实你也不算吃亏。错不搁那时候，要搁现在，你根本捞不到干这行。你想想，你一天也没进过医学院校，连个行医资格证都没有，谁敢批准你干。你要是偏要干，那还不得给你安个非法行医的罪名抓起来。

哎哟，我的哥嘞，说来说去，你还得感谢那个时代。现在，你虽然已经年逾九十，可身体各项指标正常得超过正常人，喝酒还是半斤不醉、八两不倒，见人还是那副笑模样，这还不都是因为摊上了好时代！

哎哟，我的哥嘞，我的金銮哥唻，哪天还真得找你较量两杯。

（注：文中我的哥叫晏金銮，赤脚医生，曾在晏湾、郑楼等村工作）

岳罗河的喜与悲

晏金福

我原来居处门前有一条河，河名就叫岳罗河。

十年前我刚搬到河边住时，河水又黑又脏，臭气熏天，过往行人，无不掩鼻；河边杂草丛生，垃圾满地；白天，群蝇纷飞，晚上巨蚊乱舞。群众都说，这真不是人住的地方！

五年前，政府开始治理岳罗河。消息传来，沿岸人们无不欢欣鼓舞。抽水机来了，嘟嘟嘟嘟，黑臭的恶水很快抽干了；挖掘机来了，河道里，深深的污泥一抓斗一抓斗地抛上岸，河岸上装满污泥的汽车一辆接一辆地开向远方。那些天，虽然每家门前都堆满了污泥，路上也洒满了污泥，可是，没有一个人有怨言，倒是每天都有很多人不避脏臭，前来观看。

很快，河底整平了，也开宽了，河坡也整得很齐整了。施工人员先是把河坡用水泥修好，然后在河两岸安上整齐美观的护栏，最后又在河岸上栽上一棵棵垂柳。听说还要在岸边修上人行步道，不知为什么一直没见修。

岳罗河整修基本结束，清清的汴河水流过来了，沿岸的人开始过上了好日子。河水干净了，鱼儿很快繁殖起来。不断有人在河边钓鱼，或用推网捕鱼。拃把长的鲫鱼和白水鲹子，一网可以捞上一大碗。有的人吃不完，就拿到市场上去卖。我就多次买来煮汤喝，味道美极了。春天来了，河边垂柳依依，是一道美丽的风景线。夏天的傍晚，在河边漫步。微风徐来，柔软的柳丝轻轻拂过面庞，恰如恋人温润的双掌，温柔地抚摸；又像婴儿稚嫩的小手，盈盈地抓挠，痒在脸上，美在心里。

然而好景不长，岳罗河很快便灾难临头。首先遭殃的是河水。由于污水随意排放，垃圾恶意倾倒，河水受到严重污染。古人云："问渠哪得清如许，为有源头活水来。"上游鲜有活水补充，河水变黑变臭，也就在情理之中了，鱼儿自然也就消失得无影无踪。最惹人怜的是那些可爱的垂柳。为了一畦小菜，有人偷偷地把树砍了。多数人虽然没有直接断送垂柳的性命，但是那长长的丝瓜、葫芦、梅豆、瓠子的枝蔓，很快爬满了树枝，攀上了树梢。看着垂柳痛苦地挣扎，真让人心疼。弱点的逐渐变黄发枯，当年便一命呜呼；强点的第一年落得个遍体鳞伤，第二年就厄运难逃，只落得香消玉殒。即以岳罗河北岸迎宾大道至磬山北路段为例，当年栽下的几百棵垂柳，今天细数起来，剩下的尚不足七十棵。估算一下，成活率可能30%都不到。

更可悲的是，岳罗河的遭遇在民生工程中，恐怕绝不是个例。国家的钱花了，却达不到惠民的效果，这难道不值得我们反思吗？

母亲的椿树

晏金两

　　我家的老宅长着一棵椿树，是我出生的那年，母亲从娘家起过来并亲手栽种的。从我记事起，它就一直怯生生地站在那里，像是一个来走亲戚的大男孩。虽然不算是小树了，但母亲还是细心地用树枝给它围上了一圈篱笆，显得弱不禁风、娇里娇气，让人感觉有点滑稽。

　　在这棵椿树附近，生长着槐树、柳树、榆树和泡桐，它们和其他杂树一起，在老宅的南部组成了一片小树林。这棵椿树，很不起眼，我每天都从它身边过来过去，却从来没有留意过它。它树皮粗糙，树干也不直，一年到头灰头灰脸、低眉顺眼地待在树林中间偏北位置，任由几棵大树高傲地遮挡住阳光雨露。初春时，槐柳榆桐，个个争先恐后地抽枝发芽、拼命地向上生长，抢占空间，甚至桑树、楝树、榉树也不甘寂寞，跃跃欲试。而椿树总是在最后才畏畏缩缩、羞羞答答地张开它那稀疏粗壮的芽苞，很长时间也形成不了像样的树冠。整个漫长的夏天，它都是可怜地在浓荫之下仰人鼻息，仅有一两根枝条、几片叶子从一团乱麻般的枝丫里突围出来，吃力地举向高空。叶子散发出难闻的气味，还时不时落下许多绿色的长满毒刺的毛虫。喜鹊、斑鸠这些自命不凡的鸟儿从来不在它的枝头上久留，即便是乌鸦也不愿意在它的树上垒窝，仅有几只不知好歹的麻雀偶尔在它的枝条间穿梭打闹。只有到了深秋和冬天，万木萧索，它才能看见宽阔的蓝天和远处飘来的白云。走过它的身旁，我甚至能听到它在舒一口长气。一场大雪过后，树林里银装素裹，椿树也变得玉树琼枝，它傲立于冰天雪地之中，终于扬眉吐气了一回。除夕之夜，我们把鞭炮悬挂在它的一个侧枝上点燃，烟花在它的头顶上绽放。孩童欢乐的笑脸，邻家高亢的酒令，大红的春联，谁家电视里飘来李谷一深情的歌声，喜庆的气氛弥漫着村庄寒冷的夜空。对于这棵椿树来说，这个时候算是它的高光时刻了——在绚烂的烟花下，椿树好像一位红光满面的新郎，身上缠满彩纸，脚下踩着厚厚的一层鞭炮残屑……

我上初中之后，家里开支日渐增加，短短几年，小树林里的几棵大树便纷纷变成了我家新房的房梁、书桌、椅子和衣柜。曾经喧闹的树林日渐萧条，新栽的杨树还很孱弱，椿树独自撑起了这一片天空。它也确实不负重望，迅速长成了一棵大树。

母亲病重时，需要大笔的医药费，最艰难的时候，父亲要卖掉这棵椿树，母亲坚决不同意。母亲躺在病床上反复交代父亲，不管怎样，也不能砍伐这棵树，这可是保佑我儿的平安树。

我忽然想起，这棵平时不受人待见的椿树，母亲却格外爱护它。每年春天，母亲都给它施肥，当时只以为是椿树弱小的缘故，其实这里面蕴含着母亲的心事。我刚出生时，年轻的母亲懂不了多少育儿的知识，在我生病的时候，她一定手足无措过，一定找过算命先生给我算过命。她虔诚地认为，椿树寓意平安、健康、长寿，在那个缺医少药的年代，她能做到的，只能是栽一棵椿树来保佑她的儿子一生平安。

母亲去世以后，我便很少回家。这些年来，繁重的工作，纷扰的世事，使我在很长时间里无暇去回忆许多珍贵的往事，当然也几乎忘记了这棵伴我长大的椿树。去年夏天，正值母亲去世30周年忌日，我回了一趟老家。站在老家门前，恍若隔世，摸着锈迹斑斑的铁锁，望着大门上已经破损掉色的春联，我努力平复着自己的惆怅与悲伤。然而我终于没有去打开那扇尘封多年的大门。在这个曾经无比温暖的小院里，珍藏着我此生最幸福的岁月和母亲留在这世上的生活印记。我知道，无论在这里等多久，也等不到母亲开门迎接我时喜出望外的笑容，也听不到她老人家喊我吃饭的熟悉声音了。

只有这棵椿树，依然默默地在这里守护，依然痴痴地在这里等我。多年不见，它长高了，也长粗了，是名副其实的大树了。它的树干上长满了绿苔，根部周边随处可见枯枝败叶，显然很久没有人来打扫了。但是它依旧气宇轩昂，同时也难掩寂寞和沧桑。见到我，它是多么欢喜呀！它高兴地摇动着枝叶欢迎我，又好像要努力地迈开脚步跑过来拥抱我。它说不出一句话来，但我能感受到它对我的深切思念和炽热情感。我再也控制不住泪水，走到它的身旁，抚摸着它，拍着它，搂着它。举头望去，年过半百的椿树依然郁郁葱葱，雄姿英发，有几处枯枝还在发出新芽。树冠如盖，荫蔽着生我养我的家园……

2020 年 8 月

一封没有发出的"遗书"

张少秋

2020 年 4 月 10 日 14 时许，灵璧县医院门诊大楼前簇拥着各科室的医护人员，他们拉起了标语欢迎援鄂的同事凯旋。当中巴车停稳的那一刻，时任县委常委、宣传部部长、县总工会主席高文和分管副县长张安文为英雄们献上了鲜花，现场顿时掌声雷动。喜泪蒙眬了英雄们的双眼，他们分不清哪是领导，哪是同事，哪是家人，只感到站在了家乡坚实的土地上，激动地说了一句："我们回来了！"

消化内科护士长谢全侠手里捧的不是鲜花，而是一个鲜艳夺目的保温杯，她挤到援鄂护师张新梅跟前说："新梅，这个还要不要给他？"这杯子是要她转送给新梅丈夫的。正抱俩幼子亲热的张新梅立即放下孩子，拥抱住护士长，说："护士长，我回来了，不需要了。"就哽咽了。职业的敏感让我察觉到，这只普通的水杯绝不简单，肯定有不为人知的秘密，于是，我盯上了护士长。谁知，受人之托、忠人之事的护士长也不知道杯里装有何物，但她肯定地告诉我，这是一份"遗书"。自从 2 月 9 日（正月十六）零时到张新梅归来的整整 61 天里，护士长每天都要仔细端详这只水杯，耳畔响起新梅的嘱托："护士长，假如我不能回来……请把这个交给张那，就算是我送给他的最后礼物。"深沉的话语，沉重的委托，出自温文雅尔的属下之口，令护士长无比震撼。张新梅向科室党支部递交了入党申请书，向院党委递交了请战书，可

197

她没有想到的是新梅居然留下"遗书"上战场。谢护士长双眸闪着泪花,我读懂了她晶莹欲滴的密码,那是无限的爱怜和敬佩。如果说全民防控、阻击疫情是拯救民族的危亡,那么,争分夺秒驰援武汉的就是冲锋陷阵的勇士,张新梅以巾帼之躯、慷慨赴死的气概,就是这群为国为民搏命履职的勇士们的写照。

第二天上午,带着在护士长那里得到的线索,我找到了张新梅的大伯。健硕的老人家正忙着烙干饼,见我来很高兴。"梅子回来了,她最爱吃我烙的干饼,我和了20斤面,买了3斤芝麻呢。"他边翻饼边乐呵呵地说。不用问,估计他也不知道有"遗书"的事。望着高高摞起的干饼,我感慨万千,这喷香的芝麻干饼满溢的是父辈浓浓的爱意。

张新梅自幼随伯父生活,爷俩形同父女。从读书到工作,受到这位退休干部潜移默化的教育。当获准赴鄂的那一刻,她拨通了伯父的手机。现在提起这事儿,他仍有些哽咽,于是翻开手机的收藏给我看:"疫情就是命令!现在是元宵节的零点,你告诉我被批准支援武汉,你奋不顾身是我们家族的骄傲!我支持你!同时要求你努力完成任务,保护好自己的安全。明天我送你。"没有豪言壮语,只有坚决的支持和亲切的叮嘱。遗憾的是,因紧急援鄂,大伯没有能给侄女送行,张新梅和另外两位同事甚至连换洗的衣服也没带就出发了。当时主持县医院工作的副院长王浩赶到市里,为正在体检的他们每人送来了一个拉杆箱,张新梅及同事就带着组织的关怀踏上了征程。

面对腼腆的张新梅和她的爱人、县人武部政工科干部张那,我反复斟酌,却怎么也不忍直接问出"遗书"二字,而在我提到茶杯时,张那却十分欣喜地说:"茶杯啊?新梅临走时送我一个,她回来时武汉又送她一个,咱们俩人居然是同款啊!"他傻傻的样子,明显是不知情。新梅倒是抢过话头:"不是武汉,是庐江金孔雀度假村隔离结束时送的!"她是在极力掩饰,岔开话题。"你送我的是让我知道灵璧和武汉同饮一江水,庐江送你的是让咱们同饮一杯水。"沉浸在重逢喜悦里的丈夫,不忘为妻子增加点情调。

县医院党委委员、副院长朱家妹是组织安排帮助张新梅进步的领导,从她那里我了解到了那份"遗书"的大致内容,是一封家书形式的后事安排,后面这段话是她从电话、微信的只言片语中拼凑的:"你看到这封信的时候,我在天国里依然战斗着！不要难过，要奋斗就会有牺牲，要为妻子骄傲！大疫当前，我们会前仆后继争取最后胜利！你的胃不好要注意保暖，托谢护士长送你一个杯子，多保重！"从事几十年新闻文化工作的我，还是第一次见到如此淡定的生离死别。一封家书牵出万般情怀，是诀别的告慰，是不舍的记挂，是后事的安排，是舍我其谁的豪迈。

抗疫标兵

汪德兰　韩　英

2020年新春伊始，一场突如其来的新冠肺炎疫情牵动着千千万万国人的心，使原本喜庆祥和的节日气氛一下变得紧张起来。医生护士、机关干部、人民警察纷纷逆行，奔赴防控一线。

这时，正在蚌埠市和儿孙团聚的灵璧政协委员游传化心急如焚，不顾儿子儿媳的劝阻，大年初二就火急火燎地赶回老家游集镇，主动请缨并献计献策，在全县率先打响了群防群治宣传战、联防联控阻击战。

长期从事基层工作的游传化果断提出，非常时期，要有非常举措。打赢这场阻击战，首要任务是要做好宣传工作。抗疫宣传非同寻常，光靠大喇叭说教式的宣传是远远不够的，要提高宣传效果，扩大宣传力度，还需创新宣传方式，针对少数群众的麻痹思想和乡村普遍存在的宣传短板，打出具有鲜明工作特色的抗疫宣传组合拳。让大喇叭唱主角，小喇叭（喊话筒）顶上来，演一出异彩纷呈的战"疫"二重唱。游传化说干就干，一边忙着亲自"组阁"，"招兵买马"，一边"兵马未动，粮草先行"，做好统筹管理工作。在游传化的艰苦努力下，一支由各村文化志愿者组成的宣传服务队迅速成立，队员们身披志愿者绶带，手持大家熟悉的小喇叭，在游传化的带领下每日走村串户，穿梭在村庄社区、大街小巷，宣传联访联控政策和安全防控知识。与此同时，游传化充分发挥他民俗大家的优势，各村红白理事劝导队也纷纷行动，两支队伍相互配合，成为活跃在乡村街巷的"抗疫轻骑兵"。"各位村民要记清，防控疫情莫放松。""竹板一打响连环，我把防控知识来宣传。"这些游传化自编自演的顺口溜、快板书响彻在街头巷尾，成了家喻户晓、脍炙人口的"口头禅"。每当他带领一群志愿者走上街头，人们便亲切地喊："'小喇叭'又来了！"

在全民抗疫的非常时期，这个本乡本土、德高望众且有着丰富人脉关系的政协委员，充分发挥了自己的资源优势，深入村组农户，协助政府做好摸排与劝阻工作。他首先想到的是镇里的五保户、贫困户等弱势群体，把他们当作自己的亲人、"关系户"，一有时间，就到他们家里嘘寒问暖，给他们送去口罩、酒精等防护和消毒用品。在游集，只要提起游传化，几乎人人都是他的"关系户"，再难办的事情，只要他出面，就会迎刃而解。游圩村村民游加良，女儿原定正月初四出嫁，15桌酒席的饭菜早就预备齐整，但因为疫情的关系，宴席必须取消。村干部做了很多工作，他总是油盐不进。游传化听说后，二话没说到商店买了二斤白酒、一包香烟，下午一下班就直奔他家，主动和他拉起了家常。话是开心的钥匙，几句温暖的话语就打开了游加良的心锁，二两白酒下肚，游加良已是泪流满面，连声说："千难万难，政府最难，以前都是我不通事理，今天就听您的，您叫俺咋办俺咋办！"第二天一大早，他就忙着通知亲戚朋友，宴席取消，并自我解嘲地说："谁让我是游传化的'关系户'呢？"

游传化总是说，政协委员不是官，而是党和政府联系群众的桥梁和纽带，政协委员只有认真履职，才能更好地团结群众。在这场严峻的疫情阻击战中，他用实际行动诠释了一个政协委员的使命和担当。他一直投身于村（居）防控的第一线，一辆电动车，一只小喇叭，一副口罩，就是他的全副武装。他不畏"险情"深入卫生院、药店、商场超市、粮油商店以及村民家中，了解情况，排查发热人员，劝返外来人员。在做好宣传与劝阻工作的同时，广泛发动各界人士募捐，在他的感召下，征集募捐物资价值约十万元。他把爱心人士捐来的口罩、消毒液、酒精等防疫物资和粮油米面、蔬菜水果等生活物资一一发放到群众手里，并帮助困难群众买药购物，送货上门，有效地解决了人们在防疫期间出门难、购物难的问题。人们提起游传化，都感激地称呼他为"守护神"。

游传化在防疫期间，不忘政协委员的职责，广泛听取各界群众在疫情防控中的所思所盼，并将基层干部在防控工作中创造的好经验、好建议和遇到的问题及时记录下来，结合自己的想法，形成材料上报。游传化创作的8篇曲艺作品被制成音像宣传片，在全县广为传播。此外，他还采写抗疫新闻稿件30余篇，全部被媒体采用。其中他为游集镇16个村编写的疫情防控顺口溜和三字经被率先写入《村规民约》，并被作为基层疫情防控的经验在全省各地推广，《安徽日报》和《中国文明网》等作了专题报道。自春节至今，他已上报疫情防控的社情民意材料20多篇，提案《疫情防控时期要防止重复发文消耗基层干部精力》被省政协采用，其余均被市、县政协采纳，有的还得到主要领导的特别批示，这些都有力地推动了全县抗疫工作的有序开展。人们提起游传化，就会竖起大拇指，称赞他是灵璧抗疫的"吹鼓手"！

在游传化的影响和带动下，全县政协委员不辱使命，人人争先，积极投入抗疫一线，彰显了人民政协爱国爱党、服务人民的家国情怀。灵璧县政协主席王怀启热情地称赞游传化为"政协的标兵，社会的楷模"，中共灵璧县委组织部表彰游传化为"疫情防控一线"的先进个人。

体育生刘传贺的故事

胡　琪　陈家静

2020年春，受疫情影响，全国中小学生开启了居家生活学习的模式。对于体育生而言，没有了体育场和训练器械，是不是意味着体能训练要"大打折扣"？灵璧县高级职业技术学校高三体育生刘传贺的答案是："不！"他在一无场地、二无器材的情况下，在家"硬核"训练了85天。他说，为梦想拼搏，虽然很累，但充满了前行的力量。刘传贺围绕在校训练的"四项"内容制订了一个训练计划。除了最基本的百米跑、八百米跑、扔铅球和立定三级跳，还有加大训练强度的负重跑和负重深蹲。

4月10日，刘传贺向记者展示了他的训练时间表。早晨6时起床，9：00到10：30、14：00到17：30为训练时间。没有跑道，刘传贺索性就在泥土地上跑起来；没有训练器械，刘传贺就地取材，板车车轱辘、轮胎、砖头轮番上；没有教练陪练，就通过视频打卡，让教练纠正动作……从清晨到日暮，汗水湿透了衣背，刘传贺拼搏的身影让这个乡村"体育场"显得格外耀眼。

为了增强体能，加大训练强度，刘传贺还请来家人"助阵"。爷爷是"终点计时员"，爸爸成了起跑发令员，妈妈是刘传贺负重深蹲的"重量"……"他爷爷和爸爸参与得多，我忙完了家务活也会被喊过去。"刘传贺的妈妈刘桂英告诉记者，儿子将她扛在肩头，练习深蹲。

在倒春寒时节，看到刘传贺穿着单薄的短袖，豆大的汗珠直往下落。"很心疼他，就劝他赶紧歇歇，他自己倒没感觉，还'嫌'我轻。扛他爸的时候还让他爸背上装了石头的书包。"在刘桂英的眼中，刘传贺不怕吃苦又很懂事，从来不让自己操心。父母接到复工的消息，离开了家，每天晚上刘传贺复习完都会给他们打视频电话，讲述训练情况。作为一名体育生，刘传贺要经历文化课和专业课的双重考验，除了"主攻"专业训练，文化课也丝毫不能放松。

"一般早上六点起床，七点有网课，上完课后开始体能训练。晚上网课结束后，就是做习题时间。"刘传贺的一天安排得井井有条，按他自己的话说，文化课和专业课可以两手抓，休息和训练也可以两不误。"他是个踏实、懂事、目标明确的孩子。"灵璧县高级职业技术学校体育老师张科技和崔黎明对刘传贺满口称赞。让张科技欣慰的是，刘传贺的坚持换来成绩的巨大进步。百米跑提高了一秒多，扔铅球能达到满分的成绩。

从1月19日到4月12日，刘传贺已经坚持"硬核"训练85天，难走的泥土地，也磨坏了刘传贺两双鞋。随着高考越来越近，刘传贺更加珍惜每分每秒，在日复一日的踏实训练中继续寻求进步和提高。"我现在只有一个目标，就是考上理想的大学。希望这段时间的努力不会白费，回到学校后，我还会继续加油。"在刘传贺看来，只有奋力拼搏才是青春最亮丽的底色。

有一种崩溃在瞬间

汤曙光

　　我是一名基层警察。虽然是特巡警，但是日常的工作除了防暴处突，大部分时间都是在从事接处警工作，只是接处警工作并不是像大家想象的那么风光，每次都有锄强扶弱、惩奸除恶的精彩故事，大多是家长里短、鸡毛蒜皮的小事。而且这样的事，很多真的不是我们可以解决的，因此，就多了一些难过和无奈。

　　这不，今天晚上就有这么一起警情。我们正在巡逻，指挥中心指令，有人报警说，她的儿子正在砸她的家。

　　我们到了现场，这是一个坐落在路边的房子，虽然处于城区重要道路边，但低矮的门楼、陈旧的住房、混乱不堪的摆放，无不显示着主人的窘迫境状。

　　一位花白头发、容貌沧桑的瘦小老妇人，也就是报警人，迎了出来。老人急忙说："这是我的家务事，我的儿子和我顶了几句嘴，当时气不过，我就报了警。现在也不想要你们公安机关处理了。"这样的事我们遇到过很多，于是，让她打电话给指挥中心，声明不需要公安机关处理。这时，从房间里出来一位三十多岁的青年，身体很是壮实，只是陈旧的衣着暴露了他的家境。青年很激动，开口就说："是我砸的东西，现在把我抓走吧！真要能被关几天，我还真的能省省心。反正你说我不能养活你，也侍奉得不好。"说到这儿，似乎眼泪也要落下来。看到这里，我们已经明白了很多，于是劝解着他们。这时屋里又出来一个小男孩，应该是青年人的儿子。青年人缓了缓，叫着孩子的名字，让他回屋睡觉。老人可能也有些后悔或者是对孩子的心疼，再次对我们表示，不需要公安机关处理。只是这时青年还是很激动，说："自己天天在外给人干活，回到家里，还说我不孝。"青年不顾我们的劝说，径自上到警车里。老人跟到车前，嘟囔着："我也不是不知道你干活辛苦，不是也及早把饭做好了吗？"

青年躺坐在后排座椅上，看样子是在强忍着泪水。我告诉老人，我们把青年带到北边路上，会让他自己回来，大家都冷静冷静。

路上，青年人嘟囔着，说自己以前也曾被公安机关处理过，现在已改过，每天都在努力干活，母亲还是不理解。我劝他："对老人的执拗和絮叨，要多一点理解和忍耐。"可能是我在基层警察的岗位时间太久了，这一家三口间复杂的感情，不需要询问，就已经基本明白，可能青年人年少时的无知和冲动，给他自己带来一些不良后果，所以，现在因为没有知识和技能，很难有好的工作和收入。虽然也很努力，但要养家还真不容易。母亲的絮叨、工作的辛劳、生活的艰辛，让这个青年人不堪重负、瞬间崩溃。在生活的重压下，眼泪就在心底，可能宣泄出来会更好。我针对他的情况耐心劝说，青年人的情绪逐渐冷静下来。我们让他下车，回家后好好对待母亲。他根据我们的工作流程，给公安局指挥中心打电话："刚才只是家务事，现在问题已经解决了，警察也出警了，出警人很好，他们真的做得很好。"他的语气有些哽咽。

从警多年，抓了不少违法犯罪人员，也有不少精彩的瞬间。有些太过危险，不想写出来让家人担心，有些因为保密或者工作的原因不能写，有些涉及当事人的隐私也不能写。今天写的这件事，目的是想告诉大家，生活不易，就是亲人之间也要互相理解。

事业篇

灵北有个抗日中学

王烽舞

一、创办时间、背景、宗旨和主办单位

1944年元月，淮北四地委和灵北县委为了培养地方和部队干部，扩大新区，迎接抗日战争的胜利，决定开办一所干部学校。为了吸收更多的知识青年参加干部学校，故取名为"灵北抗日中学"，它主要是培养地方上的区、乡干部，抗日小学的老师、税收人员、财会人员，区、乡妇救会主任和部队的文化教员、宣传干部。

二、校址

在灵北菠林子张瓦房。当时的校舍都是借用老百姓家的。学生在树林子里或破祠堂内上课，每人在腿上放一块小木板当桌子，屁股底下坐的是自己的背包。教员背着一块小黑板，走到哪里把小黑板一挂，就上课了。我们是每个人配一支枪，每个学生发两颗手榴弹，每天晚上都站岗。配合灵北县政府征收午季和秋季公粮。有时还查偷税的盐贩、动员群众参加等。

三、学校党组织的名称、组成人员及更迭、行政领导的配备及更迭

1944年6月，地委和县委决定成立灵北抗日中学后，灵北县抽调刘彻、杨锡瑞、李亚东，宿东县抽调汪木兰、陈凤阳，淮北中学调来沈士锦等，成立了党支部，刘彻任书记兼教导主任，杨锡瑞任组织委员兼班主任，李亚东任青年委员兼学生救国会主任，汪木兰任宣传委员。行政上王东藩先生任校长，总务主任大家都称其为庄先生，教员中有马先生、王春泉先生，杨锡瑞教员、沈士锦教员、汪木兰教员、陈凤阳教员，还有个马教员。到1944年底，刘彻同

志调宿东办事处任民政科长后，沈香丁从淮北调来灵北中学任支部和分书记兼教导主任。

四、教员及授课情况

校长王东藩是民主人士，因其在灵北、宿东、萧铜这些地区的人民群众中享有很高的威望，抗日有号召力，安排他当校长，可以动员更多青年加入抗日中学。

语文教员王春泉是国民党员，数学教员和总务主任任庄先生是国民党员，教导主任刘彻、音乐教师汪木兰、历史教员陈凤阳都是中共党员，体育教员沈士锦不清楚是不是中共党员。

五、课程的设置、办学形式、教学方法、培养目标

课程设置有政治课，学习抗日根据地政权建设，主要是讲三三制政权、抗日统一战线；语文课，学习毛泽东同志的著作，如《中国共产党在民族战争中的地位》《统一战线中的独立自主问题》《青年运动的方向》《共产党人发刊词》《中国革命和中国共产党》《为人民服务》《纪念白求恩等》。

历史课，主要学社会发展史、中国近代史；体育课，主要学习射击、投弹、单兵动作、站岗放哨，也学打篮球、单双杠；还有数学、物理、化学等课程。

教学方法是一面学习，一面参加社会实践。例如，参加征收公粮、动员参军、减租减息、抗日宣传等。

六、招生对象、来源、所办期数、班数、人数

招生对象、来源：一是解放区村、乡青年干部；二是高小以上文化程度的学生；三是敌占区的青年学生；四是抗日干部的子女和烈士子女。

财经班主要培养区、乡财粮人员、税收人员。师资班主要培养抗日小学

正副校长、教导主任、教员。行政班培养副区长、正副乡长、农会主任、青救会主任、妇女主任、部队文化教员、宣传队队长、宣传干事。还有三个初中班。1945年4月全校学生最多时发展到400人左右。

总共办四期。

七、师生中党团组织活动和发展

党组织：学校有一个党支部（1944年初至1944年底），后有一个分支部（1945年初至1945年6月）。1944年发展两批党员，第一次是1944年秋季发展的一批党员，第二次是1944年底发展的一批党员，第三次是1945年3月发展的一批党员。

1944年9月发展有汪明、高善伶等三人，1944年底发展全景仁、韩效身、宋家英等，1945年3月发展王景奇、王运荣、沈石磊、沈石祥等。

那时团的活动是以青年学生救国会的名义进行的，主要是开展群众性的青年活动，宣传党的抗日路线、方针、政策，通过这些活动培养积极分子。

八、学校的影响和贡献

这所学校在灵北、萧铜、宿东地区影响很大，青年学生积极投考这个学校，为当时抗日根据地输送抗日干部共200余人，为分区部队、独立团、县大队、区中队输送100多名干部，当时还送一名学生去苏联留学（沈士锦）。

九、学校的停办和搬迁

抗日战争胜利前夕，三地委和四地委合并，灵北抗日中学和邳睢铜抗日中学合并，成立联中。1945年5月至6月，灵北中学停办，从张瓦房搬至高楼，抗日战争胜利后，1945年9月搬至泗县成立淮北师范学校。

我们的抗日流动学校

张可辟

1939 年，日本帝国主义的铁蹄践踏着祖国的大地。同年夏初，农历四月二十日，灵璧沦入日寇之手。当时的灵璧除王集、灵堌两个乡镇外，其余均为敌伪统治。为抵制日寇的奴化教育，当时的灵璧县政府，决定由赵觉民在王集、灵堌筹建一所流动学校，广收敌占区失学青年，使其生活有所归宿，再伺机向铁路西各国立中学输送学员。

这个学校的存在共分两个阶段，第一阶段从 1938 年至 1940 年，教师有双沟人肖祖哲和灵城人陈树生；第二阶段从 1941 年至 1942 年，教师有肖祖哲、大庙人周井田和我，庶务有双沟人张冠廷和朱集人李广昌。共有学生近四十人，男生有二十五六名，我记得的有王中和、祁冠军、高敬某、刘云长等，女生有十二三名，有陆杰民、肖素珍、肖亚男、肖素云、肖祖慈、江秀莲、李纯等，全部来自双沟及大李集敌占区。这是因为他们不愿当亡国奴，渴望光明。

日伪视这两个乡镇的游击队为眼中钉，经常前去扫荡，所以这个学校没有固定的校址。学生除上课外，还以抗战歌曲及抗战戏剧，进行抗日宣传。那时，教材是从立煌县（今金寨县）带来的中学课本，我教语文，每天一节课，让学生写一篇日记，周井田教自然科学和社会科学，肖祖哲教抗战歌曲和舞蹈，如《大刀进行曲》《生产大合唱》《保卫黄河》《游击队之歌》和《飞机舞》《生产舞》《劳动舞》《前进舞》等。除了这些，学生每天大部分时间都用在排演歌剧及话剧上。导演是肖祖哲，乐器伴奏是我。排演成熟后，就先分片宣传演出。学校每到一个地方，都要教新的歌曲，并复习已会的。通过宣传演出这些抗战歌曲，就连驻地的青少年及儿童，也都唱得滚瓜烂熟。

我们演出的戏剧有歌剧《流亡三部曲》和话剧《如此皇军》《反正》等。三幕歌剧《流亡三部曲》反映了东三省沦陷后，青年不愿过亡国奴的生活，在抗日民族统一战线的旗帜下，逐步走上抗日战场的情景。歌剧演出时，观众看到东北沦陷区的青年，有家难归，过着痛苦的生活，都泣不成声，泪如雨下。

话剧《如此皇军》，开头展现了日寇烧杀掳掠的累累罪行，后半部表现了"皇军"被我游击队袭击时狼狈逃窜的情景。话剧《反正》表现了伪组织维持会先是甘愿认贼作父，为日寇效劳，后经我方打入伪组织内部的人员动员和我游击队袭击下，终于倒戈投诚的情景。这两个话剧的演出，更激发了群众对敌伪的愤慨。与此同时，我们还演出过街头剧《放下你的鞭子》等剧作。这些剧作都暴露了日寇的罪行，体现了我游击队英勇杀敌的英雄主义精神。

1945年，抗战胜利后，这些学生先后到达铁路西各国立中学就读，学校就此解体。

晏湾那座无名烈士墓

晏金福

俺晏湾庄西头、三渠沟畔有座无名烈士墓，那里长眠着三十多位革命先烈。我上小学时，每到清明节，都要和大家一起去扫墓。

提起这座烈士墓，我就又回到了那战火纷飞、硝烟弥漫的1948年。那正是淮海战役最激烈的时候，中国人民解放军三野十兵团直属医院外科手术队驻扎在晏湾。我西边的邻居家里住的都是伤病员，听他们家的小伙伴讲，白天黑夜都能听到伤病员的惨叫，恐怖极了。我感到自豪的是我家安的是伙房，那些年轻漂亮的小护士每天来打饭，见了我，可和蔼了。那时我只有六七岁，一身破棉衣，脏兮兮的；头发乱蓬蓬的，满是虱子。她们也不嫌脏，总是抚摸着我的头，喊我"小鬼"。特别是那个小吴，有时看到没人，就会拿起我家的碗，飞快地挖一碗白米饭塞到我手里，把我推到伙房里间的磨道里，让我趴在磨盘上吃。我家穷，根本吃不到米饭，就觉得那米饭特别香。有一次，她刚把碗塞到我手里，她们的队长走了进来，瞪了小吴一眼，小吴吓得直往后退。我吓得浑身发抖，以为她一定会把我的碗夺过去，没想到她一句话没说，转身走了。

那队长是个大高个，叫马桂兰，听人说是陕西人，整天板着脸，没有笑容，我们都不喜欢她。因为看过一出戏里有一个厉害的女人叫马龟驴，我们也就这样叫她。我还编了两句歌骂她："马龟驴，上陕西，回来还有半个 ×。"可是，从那天以后，我就觉得她并不怎么坏，反倒渐渐喜欢她了。

正是因为那所医院，一些重伤不治的烈士便埋在庄西那处乱坟岗里。开始，每座墓前都插上有烈士名字的木牌。后来，有家人陆续迁走了一些，剩下的三十多座，因为无人管理，牌子没了，便成了无名烈士墓。

再说，就要感谢后来的义务守墓人晏朝科老人了。晏朝科是个老革命，老党员，按辈分，我该喊他爷爷。他个子不高，走路一纵一纵的，浑身带劲儿。新中国成立后，他就自愿当了义务守墓人。他在墓区栽上松柏，并且搭个庵棚，住在那里。清明节，附近各学校师生来扫墓，他就是义务解说员。他工作非常积极，经常自掏路费，去县民政局为保护烈士墓建言献策。那时我爱人是大队副书记，他经常去汇报工作。一进门，先立正，敬个军礼，然后说："报告王书记……"显得既庄重又有点滑稽。我曾多次说他："你比我们年长，她又是你孙媳妇，何必这样！"他当时笑笑，下次依然如故。老人家已经作古多年，不知那座烈士墓现在怎样了。

我们今天的幸福生活全是先烈们拼命流血换来的，我们应该善待他们。

一张永远通行的路条

张少秋

见证了火红青春的年代，谱写着波澜壮阔的历程，镌镂着先辈的雄心壮志，辉映着奋斗不息的征程……

——题记

我用崇敬和愤怒写下这段文字。需要说明的是，在这里并非子炫父荣，而是怀着崇敬披露一段史实。愤怒一说缘自我发表《烟云浮去始见天》《琴瑟缭绕醉湖畔，芦荻争香迎朝阳》等文章中提及吾父1954年担任县扫盲中心校长，并在括号里注释相当于现在的教体局局长。不料却有不和谐声音传来，诸如父亲一同窗质疑："他哪辈子当过局长？"全不顾我使用"相当于"的含义。尽管他有不屑，吾父是革命功臣享受离休待遇而他仅退休而已，泾渭早明，无须置气。可恶的是，诸如一社会闲杂振振有词："迫使我们改名换姓的人找到了，扫盲把游字简化了，我们要清算！我们要认祖归宗"……改姓抑或是一种民意，与扫盲何干？1956年国务院批准汉字改革也没把"游"姓、"尤"姓混为一谈，迁怒于吾父真是岂有此理！有史可查的是，1932年8月2日至21日我党组织的尤集抗烟暴动（时民国灵璧县第五区），安徽省政府（驻安庆）公文往来中所提域名为尤集。新四军研究会文献中有1945年2月"智取尤集"战斗的记载，四师各旅军史中也多次提及尤集据点。但这些均被印刷装辑成书，不足令尤姓人信服。

2014年灵璧县政协征集"百年灵璧"老照片，我在整理父亲遗物中竟意外发现了一张1950年，盖有徐州市关防大印和市长程泽华、副市长罗荣爱印章的证明书。〔证明书 一九五〇年元月二十九日 兹有本市张桂忍、石玉玺、王有俊三位同志前往尤集区路经徐州携带步枪叁支（七九式一支、中正式二支）并无其他情形 希沿途军政民团体各机关查照放行 右给张桂忍、石玉玺、王有俊收执（限四天作废）市长程泽华、副市长罗荣爱〕望着这张泛黄了的、盖有四枚印章的路条，仿佛我置身于那硝烟初散的新中国成立初期，投入到了那火红的年代，同父辈一道巩固新生的人民政权。

父亲参加革命的年代正值国共两党大决战前夕，活动区域称之拉锯区，隶属上时归灵北县，时属萧宿铜县，这两县归属淮北分区。1946年夏山野、华野朝阳集战役大捷后主力东撤，根据地遂沦入敌手。区乡干部十之七八过运东，少数潜伏，基层政权遭破坏殆尽。父亲是按"老陈"托祖父捎来"灯下黑"的指示转移到徐州隐蔽，1947年后归建任谢楼乡乡长。当时斗争形势依然严峻，属半公开化，基本上每晚都要转移住处。基层政权的主要敌手是来自驻扎双沟据点的"苏鲁豫皖边区反共先遣纵队"，司令唐广金、副司令谢方坤他们这帮顽匪。这些兵痞土匪杂交的乌合之众，仇视人民政权，手段毒辣残忍，常行绑票、暗杀，袭扰我区乡政府。1948 年初冬的一天深夜，谢方坤率百余匪兵偷袭谢楼乡公所，父亲接报指挥财粮员、助理员等分头向刘庵乡转移后，自己从庄东南顺一块棉柴地向南匍匐。突然前面十多米外传来低沉的厉喝："往哪爬？"父亲一听是匪首谢方坤，机敏地回一句："有埋伏。"谢方坤误把父亲当成自己喽啰尖兵，赶紧说："传令，撤！"这时从周围扑簌簌站起十多个匪兵迅速消失在夜幕里。原来狡猾的敌人一拨从庄北袭扰，一拨在庄南伏击。幸得房东提前报告，亏得父亲指挥大家分散转移，也是父辈们有长期临战经验才挫败了敌人阴谋。谢方坤当年在小高家伪县政府时，距我家一里之遥，他耀武扬威的样子在父亲孩童时就印记心中，而他不知道这个孩童已经成长为共产党的干部，更不知道和他爬顶头的就是他要捉的共产党乡长。父亲手里使用的是一支左轮手枪，子弹却是请扒锅匠用小口径子弹改的，也就是说根本没有把握放响失去了击毙匪首的机会。可这次遇险不惊的"短兵相接"传奇却成了佳话，气急败坏地谢方坤曾放话要血洗我家。

不久淮海大决战拉开帷幕，灵城于 11 月 25 日解放，盘踞双沟的匪军大部被歼，少数遁入民间，区乡干部主要任务是组织支前和自卫防匪。随着战役胜利，徐淮地区获得解放。解放战场南移和渡江战役的展开，基层工作重点转入反匪清霸。父亲因为是乡土，所以反匪反特工作得心应手。有一回，父亲接线报说晚上有股武装土匪要过古城河西行动，时任王集区委书记朱光（音）组织指挥区队和几个乡的干部埋伏在河堤。约莫半夜时分土匪在河东集结完毕开始泅渡，待他们踏上岸边弓着腰前进到阵地七八米时，朱光大喝一声："打！"手中的快慢机一撸到底，20 发子弹撒向匪徒只可惜一个也没伤着。紧接着枪声大作，土匪四散逃命，有一个家伙嘴里喊着："排长，排长，往北跑了！"自己却时西时南乱窜企图引开视线。父亲见他不还击知道他没有武器便紧追不舍，直追到西北里余地才把他按倒在垡地里。那人见没别人在场便气喘吁吁地求饶："张乡长，你放了我吧！我救过你的命"……仔细一看，原来是那个通风报信使谢方坤扑空的房东。审讯得知他早就被委任为国民党谢楼镇的镇长，这次是他组织潜伏匪特到西山接运武器的。共产党的乡长和国民党的镇长相安一室，明争暗斗，最后战场一搏。如此传奇的情节在当今影视作品中屡见不鲜，可那时却是斗争复杂性、残酷性的真实写照。

鉴于父亲有丰富的对敌斗争经验被调往形势更为复杂的洛涧乡任乡长，到任后父亲严格执行党的宽严政策，以情感人敦促匪属揭发、规劝归正收到良好效果。相继出现了大义灭亲的马树良、李树斌等一批积极分子，后经父亲培养成了革命干部。马叔时值年少，检举亲伯是小匪首，并带父亲和民兵在他大爷锅门起出五支长枪，从此"无家可归"，日夜跟父亲在一起……也就有了乔某（笔者故意隐去乔某名字）有九根钉（驳壳枪名），属下有十多个匪徒，藏匿徐州府和微山湖某地的线索。父亲奉命前往捉拿，结果首战不捷，才有了如此珍贵的"路条"。后乔某在政策感召下愿意向我父亲缴枪自首，但前提条件是只向父亲一人投降，也就是说父亲须有只身赴险的勇气。若是不去则失信于民，对于敦促其他土匪投诚工作也将难以为继，尤其是让乔某再次潜逃极有可能成为危害社会的高危分子。在父亲一再请求下朱光书记将自己的花口小手枪和五粒子弹送给父亲护身，叮嘱注意安全说："如遇不测可以击毙，解决问题就一两发，不要恋战！"又派公安区员刘恩銮率一班区队抵近接应。他是不忍一个乡长为一个小匪首去冒险，父亲此去也真是吉凶未卜，险象环生。

王集西北岗孜村建在一个坡顶，虽不险峻，但视野开阔。此地处于区公所和乡公所中间，是双方几番议定的见面地点。这里沟坎纵横，确是转移藏匿的好地方。因不是一个乡辖，父亲并不熟悉村里情况，乔某选择这里颇有心计，稍有不测就可以借夜幕遁入西北方的灵山躲避追捕。

村东南角一独立的堂屋案桌上点着一盏恶虎虎的马灯，两厢是小秫秸加的薄帐墙，靠西薄帐边放了个软床（木框绳网，现不多见）。虽有灯光，空气中依然弥漫着杀气。父亲进门时那中间人一脸惊恐，结结巴巴："张乡长，他没来……"说着还客气让座西边软床上。坐在那里地形极为不利，显然土匪设计的圈套，如果不坐则显得没有诚意，假如坐下去就等于坐进网兜，遇有情况很难一蹾而就，腰间别有武器也难以施展，上了膛的还容易走火自伤。特别是背后暴露给黑乎乎的里屋，土匪惯用的锤击、绳勒伎俩很容易得手。父亲没有考虑个人安危，为争取乔某自首甘愿坐在"陷阱"上，凛然正气，不怒自威："这可不是他的做派，堂堂一条汉子不会舔自己唾沫星！我们共产党人说到做到。""张乡长您真是一个人？怎么敢的呢？土匪杀人不眨眼。""不！据我们掌握他目前没有血债，只要交出武器不继续与人民为敌，我们会区别对待。""您可能保证不会铳？不叫蹲？"（指被枪毙和坐牢）沉默了一会儿，父亲隐约听到里屋有细微动静，于是反问："他今天来不来？""今晚黑怕不来了。""那好！我等他一会，也请给他捎个话，他的命掌握在自己手里，他不能一条路走到黑呀！老婆孩子还搁家等他呢！"又是一阵难熬的沉默。这时发生一件意想不到的情况，把原本就紧张的局面推向一触即发……见父亲进屋长时间没发信号，外面接应的同志沉不住气，刘恩銮端着枪突然出现在门口："怎么回事？"刘区员突如其来的出现把中间人吓得凳倒人翻。这个没有预想的情况也把父亲吓了一跳，他明显听到身后有动静，似乎感觉到乔某搂到二道火（军语：扳机抠到余量后）而且还猜测到那枪口正指向门口，也想到打翻马灯就地一滚……可门口的同志不可能先敌开火，敌暗我明等于当了靶子。说时迟那时快，大约几秒，为了保护战友安全，父亲异常平静地说："还没来呢！你先回去，我再等会儿。"领会了的刘区员转身隐去。当然危险没有解除，父亲擦了一把汗对吓得不知所措的中间人说："虽然我们有准备，但不是来逮他的，而是来劝他的。我们现在也没把他家当匪属，我就不信他想让老婆当匪属。"所谓中间人，就是和双方都有联系的人，父亲判断中间人还是向着我们这一方的，不管父亲怎么问他都没有多少言语，只是"嗯""啊""是的"应付着，很显然内心在激烈斗争。父亲抓住时机步步攻心："不是政治土匪，我们区别对待，摸瞎黑的要有人领呀！"末了，父亲趁中间人陷入思考的当口突然提高语气："老乔，你还不出来吗？""张乡长，我没有脸呢。"里屋传出颤颤巍巍的声音。"回脸朝外混的人还怕什么？出来吧！"乔某出来一直不敢抬头看父亲的眼睛，也不敢坐。"坐下来啦！你要把枪交给我是投诚，交代同伙算自首，要是被刘区员缴的可就不一样了。我想你透精的人不会做傻事，赶麻把枪交给我吧！"乔某回身到里屋拿出一把撅把子（土造，单子，需要掰开装七九式子弹，合上击发）。"不是盒子枪吗？你不能糊弄自己哟！""我哪有那个？……都是人架的，我这就几颗火……（指子弹）俺家后我还埋了两颗手榴弹，我还知道有人搁西南湖拾到马枪没缴"。那人迫不及待。"可以算你自首，必须跟我到区里具结！""张乡长，我这算自首吗？"，"算是的！""那能不能不绑？不游街？""可以！你得带我去起枪！"就这样我父亲成功劝降匪首并说服刘区员没有对那人捆绑，当夜起获长短枪三支和几排子弹，手榴弹两枚，极大地消除了隐患。这件事情的成功处置取得了良好的社会效果，流窜在外的匪徒纷纷效仿，西山一带几绝匪患。

1950 年，国之初创，百废待兴，是父辈们用热血捍卫着新生的人民政权，是他们用青春铺就了平安。这张泛黄的"路条"承载着一代人的努力，辉映着他们无悔的岁月之光。今天凝望着这弥足珍贵的文物，纸上所载的姓名是当之无愧的英雄！因为在"去英雄"的时期她代表着一个民族对英雄的敬重。纸上有姓名的先辈们大多作古，无法再讲述那激情澎湃的故事，但他们所追求的事业却在感召着后人。成文之际有个不情之请，愿将文物献给博物馆用于研究徐淮地区革命斗争史，厘清"萧宿铜"隶属关系，恭托文管部门找寻纸上先辈之后代，让我等继续沿着"路条"指引的方向，踏着先辈足迹，背负着复兴的重托前行。

千年一曲"周家班"

刘　勇

2016 年 8 月 19 日，周本明带领他的周家唢呐班和他的唢呐来到了《演艺群英会》，跟大家讲述他与唢呐的缘分。9 月 1 日晚，在世纪坛剧场，周家班推出的唢呐音乐剧《中国元气之八仙桌》。该剧的构思比较巧妙，台上的演员是没有台词的，作者仅用有限的几句旁白，便把唢呐艺人的一生，包括他们的生命、生活、事业串联起来，用经典传统唢呐曲目的表演展现出来，一部器乐音乐剧就这样诞生了。普通音乐会上纯粹的单曲演奏显然没有能力展现如此丰富深刻的文化内容，听众不但欣赏了美妙的音乐，而且通过音乐感受了音乐和艺人所承载的文化，这是民间艺人带到首都舞台上的创新成果，在艺术形式创新上取得了重要突破。

周本明是何许人也？他为什么会对唢呐一往情深？他经历过什么样的故事？

2014 年的一天，文化部民族民间文化发展中心的朱飞跃老师给我打电话，说是有个唢呐世家的人物想见我一下，聊一聊怎样把他们家族的唢呐艺术推动一下。这个想见我的人，就是周本明。为什么想见我？是因为我的博士论文做的是《中国唢呐艺术研究》，后来出版了，而他偶然看到了我的书，认为我是在唢呐艺术研究领域的专家，一定能谈到一起去，所以就请他的同乡朱飞跃老师来联系我。

在这之前，我对他们家族的事情一概不知。虽然我在写论文的时候跑了一些地方做田野调查，但是由于时间和经费都很有限，去安徽的时候就没有去他们灵璧，而只到了阜阳地区的几个县。由于距离较远，当时也没有人提起或介绍他们，因此我对周家是一无所知的，论文里当然也没写到他们。

见面的时候，他开来了一辆豪华的车。这辆车告诉我，他是一个有钱人。朱老师也来了，经他介绍后，我们就找了个地方边吃边聊。通过攀谈和看了一些本明带来的材料，我对他的经历有了一个大概的了解。他出身于有百年历史的唢呐家族，传到他这一代已经是第五代。他的父亲周正玉，是当地非常有影响的唢呐艺人，有着超人的音乐天赋，并且视唢呐艺术为生命，勤于钻研，是周家历代前辈中成就最高的。

1979 年，周正玉老先生被安徽省黄梅戏学校聘为唢呐教师，培养出许多优秀唢呐人才。本明排行老三，上有哥哥姐姐，下有弟弟妹妹，在父亲的培养下，男孩都成为出色的唢呐演奏人才，女孩则较早放弃了。本明五岁开始学艺，随父亲"上活"，自幼受到传统文化的浸染，同时练就了一身硬功夫。十五岁考入安徽省艺术学校，1978 年毕业后在安徽徽剧团担任演奏员，后又短期到海南从事演艺。1991 年至 2003 年，他就职于安徽电视台做各种制片人。在这段时间里，他组织并带领周家班参加过多次大型演出。从他的作为可以看出，民族传统和家族传统的唢呐音乐已经深深地根植于他的心灵，一有机会，他就会发力宣传。后来，他被聘入中央电视台，在第三套节目做栏目制片人。其间，他还是不断找机会推送周家班的唢呐节目。2008 年，他退出中央电视台，和夫人经营一家广告公司。一边经商，一边仍然努力设法弘扬他的唢呐音乐。

作为一个唢呐人，一个唢呐家族的传承者，他的骨子里植入了唢呐的基因，血液里流淌着先人的遗训。随着年岁的增长，他开始考虑更加重要、更加深刻，也更加有意义的事情。在挣了很多钱后，突然，一种强烈的冲动，动摇了他在经商的道路上继续前行的意志。他虽然不是一个典型的学者，但是作为一个资深传媒人，从事的是文化事业，思考的也是文化问题。他和我谈到，民间的唢呐音乐，绝不同于其他娱乐性的艺术形式。它是伴随人的生命的全过程，为人生的主要环节奉上音乐：它既要迎生送死，又要伴婚嫁、祝寿辰、闹节庆、贺新张……可以说，人民生活中的重要事件都需要它的伴随。他们对唢呐音乐是这样认识的：他们手持的唢呐不只是乐器，更是迎生送死的法器。还有比人的生命、生活更深刻的文化意义吗？作为艺术，唢呐音乐家的高超技艺，那些优秀的曲目，是无可争议的文化财富，给基层群众带来的高水平的娱乐，更是城里的高雅人群很少能体会到的。

但是，唢呐音乐的黄金时期已经过去。眼下他看到的是，由于经济利益的驱使和其他艺术形式的挤压，民间传统的唢呐音乐一天天在走下坡路，年轻人学习唢呐者逐年减少，从业者数量锐减，经典曲目大量失传，技巧、绝活水平也大幅度下降。就连继承父亲艺术水平最高的大哥，由于长期无用武之地，功夫也丢了好几成。许多艺人不务正业，搞歪门邪道；偶有年轻人学习唢呐，也不求精进。目睹这一切，他寝食不安，忧心如焚。十几年来虽然也做了一些工作，组织过一些活动，但那样零打碎敲作用不大。国家的非遗政策虽然对民间艺术的传承有所帮助，但是如果没有民间的积极性，只靠国家的资助，那也是剃头挑子一头热，不能从根本上解决问题。只有民间和政府双方努力，才有希望重振唢呐音乐的雄风。眼下自己已经年过半百，时不我待，必须要有更大的作为了。

这些话不可能每个字都是原话，但绝对是原意，而且他后来又反复跟我讲过很多次。每每谈起唢呐音乐的现状，他的危机感和责任心就跃然脸上。那天他说，他想投入更多的精力财力，从自己的家族做起，积极恢复并提高艺术水平，积极寻找机会参与更多的高水平演出活动，与学院、媒体密切合作，扩大唢呐音乐的社会影响，带动唢呐界人士，一步一步扎扎实实，为唢呐音乐的振兴奉献出自己的力量。为此，他在夫人的支持下，把自己生意火红的公司停了大半，腾出精力来做唢呐。我们就是在这个时刻见面的。

我看出他是真诚的。我被他感动了。如果是我，我可能做不到。这个社会，还有放着钱不赚来搞唢呐的！那些民间唢呐手难道不是为了挣钱？他居然作出这样的决定！感动之下，我马上答应先到他老家看看他们家的实力，找个宣传周家的突破口。

我和本院的另外两位老师，带上两个学生，去了本明老家。他的兄弟姐妹、侄子孙子，能召之即来的都来了，连70多岁的四叔也上阵了。他们为我们表演了自己的拿手曲目，让我们见识了这个庞大的唢呐家族高超的艺术水平。同时还了解到，他们家每年举行"家祭"，祭祀先辈，同时也是祖师，到时所有家人以及旁姓徒弟都来参拜，达上百人之多。这已经是十分罕见的现象了，兼具文化价值和新闻价值。我们决定等到年底家祭时再来采访，以此为主题，说一说周家的故事。

说好了这件事，本明又提出让我介绍一位作曲家，为他们创作作品。我介绍了刚从德国回国不久的中国音乐学院青年作曲教师王珏与他认识。他们两个的这次碰面，可以算得上是具有历史意义的。因为王珏带本明去见了著名作曲家瞿小松老师。我当时不在场，据本明转述，他们相见恨晚，谈得十分投机。瞿小松让他们不要急着搞新作品，应该先把传统的经典恢复发扬。很快，瞿小松把周家班请到他和谢家幸教授主持的中国音乐学院"三人谈"课堂上，由本明作为嘉宾向学生介绍周家班以及他们的音乐，乐班进行现场表演。就这样，周家班走进了高等音乐学府的课堂。瞿小松深深地喜爱他们的音乐，并亲自为乐班取名"元气"，意为这种音乐是中国传统音乐的正根，代表了中国传统音乐的精神和韵味。瞿小松不遗余力地宣传周家班，介绍他们到其他大学去演出，并亲自主持。他们在中央美术学院演出时，我去了，还有中国艺术研究院的李心峰副院长也去了。李院长听完后当场表示邀请到他们的艺术研究院演出。

由于活动频繁，我们的采访家祭的计划也暂时搁置。2015年秋，由中国音乐学院主办的第七届北京传统音乐节开幕。主办方为周家班安排了专场演出。当然，这主要是瞿小松和谢家幸两位的功劳。要知道，其他节目都是拼台的，只为周家班安排了专场。何等待遇？至此，周家班在北京音乐界已经有了较大的名气，成为学术演出的常客。

也就在这个时候，朱飞跃老师又和我通了一次电话。他说，他劝本明不要把生意全部停掉，因为搞文化也要经费，大队人马经常往来于安徽北京之间，有的还要更远，吃住行都要花钱，家里耽误的活也要补偿，时间长了会撑不住。接了这个电话，我才知道，本明的生意已经全部停了。于是我也劝他不要全停，但是无效。

好在积蓄较厚，本明继续寻求机会，争取走出国门，让全世界都知道周家班，知道中国的唢呐音乐。这次我帮上忙了。我联系了即将在爱尔兰召开的第44届国际传统音乐学会（ICTM）世界大会组委会，对方答应邀请他们去为大会作学术演出，但是没有演出报酬，也不提供路费。这是一个走向世界的好机会，起点高，受众特殊，都是各国一流的音乐学家。本明很重视这个机会，他说，即使只有这一场演出，也一定要去，他会努力找赞助，如果找不到，就自己掏腰包。结果，没有一个政府部门愿意支持他们。好在正在英国留学的穆谦先生帮他们联系了几场欧洲音乐节演出，可挣得一点小费，聊作补充。7月初，他亲自挂帅，自任大班主，带着5条汉子，登上了赴欧洲的飞机。由于没有政府部门的介绍，中国的驻外大使馆也不敢接待他们住宿。如此，除了音乐节上挣得一点小费外，6个人的吃住行，都出自本明的腰包。在几个国家的音乐节的演出非常成功，已见国内报道，而且我也不在场，此处不多言。为大会的演出我是在场的，说实话，我是专门跑去为他们鼓劲的。演出非常成功，每曲都获得热烈的掌声。我能听得出来，那掌声绝不是礼貌性的，听众都是音乐学家，懂行。著名民族音乐学家TimothyRice、JonathanStock等，都给予本次演出很高的评价。我回国后，Jonathan还专门来信又一次感谢我介绍了这么优秀的乐班去演出。

大会演出结束后，他们又去欧洲其他国家巡演，我就没有随行了。在大会期间，本明告诉我，此行已经花了十几万元，而行程才走了一半。为了继续弘扬唢呐音乐，他已经卖掉了一座别墅。当然，是在他夫人的支持下。

从欧洲回来，他们又马不停蹄地准备这场"中国元气之八仙桌"，搞艺术创新。此处，回到了本文开头的故事。庆幸的是，这一次项目的部分资金是由北京文化艺术基金资助的。

本人这样絮絮叨叨地写，似乎是在记流水账，没啥意思。但是，笔者正是要大家从我的絮叨中来算算周本明的三笔经济账（半停、全停、卖别墅）。从这三笔账中，我们不可以体会到什么吗？

传统文化包括传统音乐的处境，大家都清楚。传统音乐需要保护和传承，是一个全世界的问题，非遗保护不是中国首先提出的，很多国家早就走在了我们的前头。党的十八大以来，习近平总书记多次提出弘扬传统文化的问题，政府和艺人也都做了大量的工作。但是，像周本明先生这样视传统音乐为生命，以传承传统文化为己任，并且能够为此作出巨大奉献的人，我还没有听说过第二个。看看我们的社会，有多少贪官在吞噬着我们的国家，多少奸商在挖国家经济的墙脚，还有些演艺明星成为富可敌国的土豪，……他们为了钱，连脸都不要了，连命都不要了。本明当然不如他们有钱，但也是个成功企业家，他把钱用来干什么了？用来弘扬他家世代从事的传统音乐，弘扬他家世代承载的传统文化。我这里说他家，是因为他家是一个代表，代表的是我们的国家，我们的民族，而他的工作也必须从自己家下手。再说得有高度一点，他是在用自己的行动、自己的金钱，践行习主席的系列讲话精神，提高国家的文化软实力。从这个层面来讲，我说周本明是一位值得敬仰的非遗工作的模范，是一位文化战线的英雄，不为过吧？

在向本明致敬的同时，本人也呼吁一下，继承和弘扬传统文化是所有国人的职责，有关政府部门该支持的就支持一下，不要让人觉得心寒。当我听到我国驻外大使馆因为他们不是政府派出的演出团队而不肯安排他们住宿的时候，我确实感到心寒。给个名义总行吧？还有一些基层政府部门，不要再打着移风易俗的旗号来打压唢呐艺人，给一点宽松的政策总可以吧？等这些东西都没了，哭都来不及。

最后，不要忘记感谢本明的夫人马榕女士。其实不说大家也能想到，没有夫人的支持，本明是不可能如此潇洒地做这些事情的。马榕女士除做本明的贤内助和高参外，还担任了"中国元气之八仙桌"的制作人和剧本执笔。

总之，"空谈误国，实干兴邦"，仅以此文向所有踏踏实实做民族文化传承的人们致敬。

（作者系中国音乐学院教授）

县泗州戏剧团的发展历程

灵　肖

　　灵璧县泗州戏剧团位于灵城镇虹川社区，是从事戏剧表演的专业剧团，其前身为成立于 1953 年的灵璧县大众剧团。

　　泗州戏在灵璧深受群众喜爱，有"从东庄到西庄，要听还是拉魂腔"的赞誉。新中国成立初期，县境城乡就有 38 个业余剧团唱泗州戏，演员达数百人，颇具影响的有孙献芳、周玉侠、周齐英、程怀轩、刘彩、王祥太、顾言信等。1953 年灵璧县文化主管部门根据文化部《关于整顿和加强全国剧团工作的指示》精神，召开了灵璧境内的拉魂腔艺人座谈会，并把他们组织起来，成立"大众剧团"。1956 年，灵璧县政府将原来的"大众剧团"和"新渔剧团"合并，成立有 70 人组成的"灵璧县泗州戏剧团"。1958 年，县成立灵璧县戏剧公社，灵璧县泗州戏剧团加入戏剧公社共同体，剧团由集体所有制转为全民所有制。1962 年又转为集体所有制，1968 年受"文化大革命"冲击，剧团演员到 104 干校参加学习班，学习期间，县革委会宣布全团除留 18 名年轻演员，其余一律下放回原籍接受再教育，灵璧县泗州戏剧团更名为灵璧县东风文工团，服装道具被毁坏殆尽。1970 年，招收一批年轻演员，参加宿县地区工作的演艺人员陆续被召集回团工作，灵璧县东风文工团更名为灵璧县文工团，经费由财政拨款。党的十一届三中全会后，接受再教育的演员陆续落实政策回团工作，灵璧县文工团恢复为灵璧县泗州戏剧团。1988 年，经灵璧县机构编制委员会核定，编制 50 人，属财政差额拨款的事业单位。从 1990 年起，受各种因素制约，剧团走入低谷，终因经济困难，发不出工资，宣布长期放假，职工自谋生路。1995 年 10 月，县政府根据国务院〔1991〕第 31 号、文化部和财政部联合下发的〔1986〕第 1227 号等文件精神，增加财政拨款，退休人员工资按 70% 发放，并实行单列，在职人员工资按 50% 发放。据此政策，剧团恢复演出活动，并对演员、职工实行聘任制进行了改革。

　　灵璧县泗州戏剧团在发展过程中，涌现了一批具有较高艺术造诣的演员，如马素珍、金士元、赵计明、张良谋、张廷华、张银泉、魏胜云等，20世纪 80 年代至 90 年代，一批艺术骨干成长起来，如李继方、孙庭栋、顾鼎、肖祖强、孙向荣、王晓荣、孙秋艳、李琼等。

灵璧县泗州戏剧团建团以来，坚持党的两为方向和双百方针，坚持上山下乡，走遍了县境内的各个乡村，并深入工厂、矿山、部队和学校进行演出，宣传党的方针政策，服务党和政府的中心工作。土改运动中排演了《白毛女》《贫女泪》《三世仇》等剧目；肃反运动中排演了《画皮》；社会主义教育运动中排演了《夺印》《箭杆河边》等剧目；"大跃进"年代排演了《社长的女儿》《年轻的一代》等剧目；粉碎"四人帮"后排演了《枫叶红了的时候》，并排演了一批弘扬社会主义主旋律的大型现代戏《焦裕禄》《党的女儿》《刘胡兰》《雷锋》《江姐》《张海迪》《双枪老太婆》《特派员》《六号门》等剧目，每年演出近 200 场，在群众中影响很大，特别是《焦裕禄》一剧，观众是拍手叫好，《安徽日报》《光明日报》都作了报道。为丰富群众文化生活，传播历史文化知识，剧团还排演了许多历史剧，如《十五贯》《秦香莲》《墙头记》《赵氏孤儿》等剧目。排演了《懒大嫂赶会》《一棵树苗》《小书房》《走娘家》《拾棉花》等二十多个群众喜闻乐见的小戏小品。改革开放后，又配合党的计划生育政策宣传，排演了一批剧目，主要有《三十七计》《苦柳》《赎女记》等。近年来，剧团根据钟馗传说创作了古装神话泗州戏《钟馗嫁妹》，为宣传党的精准扶贫政策，创作编排了扶贫大戏《白芷花开》。

灵璧县泗州戏剧团经常参加省内外重大演出活动，并受到好评。1956 年现代戏《绿海棠》参加蚌埠专区在怀远举办的首届戏曲观摩大会。1964 年，泗州戏剧团赴合肥演出，在稻香楼宾馆为来安徽视察工作的刘伯承元帅专场演出了《井台会》《买甜瓜》《走娘家》。1969 年剧团 18 名演员参加宿县地区戏剧大会战，参与《智取威虎山》剧组的排演工作。1973 年泗州戏剧团用自己研制的活动小舞台、小灯具在全省百家专业文艺团体会议期间进行专场汇报演出，受到省文化厅表彰，被评为安徽省先进文艺团体。1979 年，灵璧县泗州戏剧团被宿县地区行署选为地区慰问团前往五河、泗县、固镇、泗洪、泗阳部队进行慰问演出。剧团多次参加省市戏剧调演并获得殊荣。现代小戏《七月寒》参加 6 省会演获表演二、三等奖，作曲三等奖；传统小戏《瓜园会》获安徽省第五届艺术节表演二、三等奖，演出集体三等奖；《选演员》获安徽省小戏小品调演表演三等奖。杨晓霞、宋雪玲获安徽省泗州戏十佳青年演员称号。

2017年6月，泗州戏剧团根据体制改革要求，成立了灵璧县泗州戏剧团有限公司，开展文艺演出、艺术专业培训等经营活动。根据剧团发展需要，排练、办公场地搬到了老一中食堂改建的文化大楼，演员面向社会公开招聘。公司除了继续开展泗州戏演出，还增加了歌舞、小品、曲艺等节目形式，由专业戏剧艺术团发展为综合性艺术团。

灵璧文学社的那些人和事

辛　虹

灵璧，这个地处淮北平原的古城，素有安徽"西伯利亚"之称。20世纪80年代，从沱河之滨到磬石山麓，朵朵小花开遍绿野，瞬间脱颖而出22个民间文学社。其中，有韡华园、八音石、强草、凤山、菱荷、新叶、青年、拓路、长风、晨曦、荒湖、春芽、方圆、初萌、晨钟、龙吟、濉河等，成员近千人。分布在灵城、高楼、渔沟、王集、尤集、杨疃、韦集等十一个镇（区），它们就像一面面醒目的旗帜，高高飘扬在灵璧的黑土地上，在县里、市里甚至在国内文坛上都受到了关注，使这块贫瘠的土地成为一道独特、亮丽的风景线。当时入文学社社员大多是青年人，有干部、工人、回乡初高中毕业生，还有在校的老师和学生。这些文学社的成立，都是由少数人发起，自由结社，自立社章，民主推选领导，都与县文化局、文化馆和乡镇文化站的大力扶持有密切的关系。各文学社的办社指导思想、办社宗旨都非常明确，入社的社员大都有正确的目的，都有一颗痴爱文学、充实自己、努力进取的心。

1986年春节，一则文化消息成了古城新年伊始的头条新闻：《灵璧县文学作品展览会》即将在城关镇中心那座用古庙改成的县文化馆揭幕！展览会前的序言，传出令人惊讶的统计。这个县自十一届三中全会以来，有 60 多位作者在全国报刊上发表作品 130 多篇，其中 11 人在全国、省或地区获奖。发表的刊物有《青年文学》《小说林》《大众文学》《安徽文学》《文化周报》《安徽日报》……

这里集中展出了文学社的自办刊物：《犨华园》《新叶》《八音石》《强草》《拓路》《长风》《濉河》《荒湖》《晨钟》……在展览的日子里，全国许多编辑部及作家，都特地为这次文学展览寄来了题词书画和贺信。中国现代文学馆副馆长杨犁闻讯发来专函，索要文学社全套自编刊物、名人题词、作者介绍等有关资料，以便存展。

提起灵璧文学社，就不能不提起一个人物——魏强，他是"八音石"文学社的灵魂，也是灵璧文学社里的佼佼者和领头人。魏强在成为作家之前，是个"流浪汉"。当过钻工，开过汽车，闻过酒的香醇，样样都拿得起放得下。那是在 1984 年 10 月，他收到一封历史性的信函，信是北京《青年文学》编辑马未都写来的。信里告诉他，他的一篇题为《月亮湖》的短篇小说将发表在该刊 1985 年第 2 期上。这封信与其说对魏强具有划时代的意义，倒不如说对灵璧众多的文学青年和文学社具有某种潜在的意义。因为在此之前，灵璧县尚无一人的小说在高级别的正式刊物上发表。魏强发表的作品不算少，且篇篇都掷地有声。特别是在 1985 年他写的小说《那明亮的灯哟……》发表在北京《青年文学》1985 年 7 月号上，同时在《青年文学》举办的国际青年节"我们这一代青年人"小说征文中获得二等奖的第二名。他发表在 1985 年 8 月《中国青年报》的《青竹》上，获中国文联出版公司、中国青年报社主办的"千字小说征文"三等奖。后来他在创作激情的推动下又写下一组短篇。他的小说《你看那星》《山汉》接连在 1985 年八、九两期《安徽文学》上作为压卷之作推出。于是开始出现了"沙龙"，随着作品不断发表，安徽省作家协会就在灵璧小县城，开了个"魏强作品讨论会"。应该说这是一块更大的石头投进了灵璧这个小池塘里，他的成功极大地鼓舞着周围的青年朋友。文学社是人才的摇篮，这一说法不再是虚妄了。几年中，《青年文学》《飞天》《萌芽》《希望》《安徽日报》等报刊上都有他的力作。他的一些诗歌、散文、文学评论等作品也散见于全国各地报刊。魏强在文学创作这条狭窄的路上艰难地走着，洒满了血汗。县委为奖励人才，果断地把冒尖的魏强调到县文化局，转为专业创作人员，希望用这块"八音石"发出的声响，去感召更多的文学青年。后来魏强的名气越来越大了，终于成为安徽作家协会会员。当时灵璧一中的青年教师徐新宏为魏强写了一篇报告文学《甘当老板的作家》，参加"建国四十周年有奖征文"发表在地区党报《拂晓报》上，并且获了奖。

提起灵璧文学社，不得不讲到另外两个重要的人物——周恒和潘成欢。周恒在县中医院骨伤科工作，很早就是省作家协会会员。军人出身的他早在部队时就已发表了不少较有影响的文学作品。周恒为人为文极为真诚，为朋友可谓侠肝义胆。他的小说经常是讴歌中华民族的传统美德。他从不粗制滥造，每篇都是深思熟虑的产物。他1980年就开始发表作品，他在1986年第四期《安徽文学》上发表的反映骨伤科医生职业的6000多字的小说《绝招》引起了不少名家的重视。现在他是县作家协会主席、市作家协会执行主席，安徽省作协、安徽省文学院签约作家。2009年他加入了中国作家协会。他的长篇小说《汴城》被评为宿州市首届文学创作长篇小说金奖，长篇小说《汴水》获第三届海内外华语文学最佳小说特别奖。就在2014年7月，他得知他的长篇小说《喇叭》入选安徽省首届长篇小说精品创作工程十大重点扶持作品，并且列第三位。

潘成欢也是灵璧中医院的医师，他在理疗科工作。他不仅医术高超，而且80年代初就在山东《大众文学》发表了小说，很早就是安徽省作家协会会员，当时潘成欢是《韩华园》文学社的主要负责人之一，他对要求入社的青年交代，入了社要做"堂堂正正的人，人品丢了找不回来"。当时灵璧一中的青年教师徐新宏也为潘成欢写过一篇小报告文学《星光下的跋涉者》发表在宿县地区党报《拂晓报》上。他现在是县作家协会副主席。

提起灵璧文学社，也不得不提到"灵璧文坛女中三杰"，那就是卜献华、高西梅、黄玲君。先说说卜献华：她是一个女诗人，《韩华园》文学社社长。她当时在县丝绸厂任厂里的团支部书记。她负责宣传工作，为全厂办黑板报，写报道，写诗歌，处女作组诗《我们厂的年轻人》发表，激起她的创作热情，从此一发而不可收，相继在《安徽日报》《文化周报》《安徽工人报》《安徽工运》《农村孩子报》《青年诗人》《诗歌报》《拂晓报》等报刊发表大量的诗歌、散文。因为她懂得，只有真诚才能使心灵产生回响。生活使她懂得，在这个世界上要办好一件事，首先靠热情，其次便是认真与真诚。后来，在她的身边聚集了不少志同道合的文友，于是《韡华园》文学社诞生了。一个"韡"字，解释为光明与美盛，这是最合适的祝愿与象征。当时没有铅印的条件，甚至连油印也不可能，她们就用手抄、复写，这份六七万字的创刊号闪耀着她们对文学最初的纯真痴情。《韡华园》文学社越办越红火，吸引了很多人参加，年长的有五十多岁，最小的才十几岁。她们交流写作心得，互相取长补短，在共同提高中结下了纯洁的情谊。《韡华园》成了她们共同的精神伊甸园。《韡华园》的精神是：为创造充实的精神生活，创造一种文化生活的新模式。在《韡华园》文学社的影响下，灵璧民间文学社团蓬勃兴起，文学社里美好的故事传遍大江南北，终于引起了省文联的重视。省文学艺术研究所的费良琼先生来灵璧县采访，洋洋洒洒写了四万多字的长篇报告文学《绿色沙龙》发表在上海的《收获》杂志1988年第四期上。其中专门写《韡华园》文学社的一章有8000余字，就命名为《华园》，1988年7月17日单独发表在安徽省的《文化周报》上。这么多年过去了，卜献华仍然坚持创作，不断有新的作品发表。她于2009年在大众文艺出版社出版了诗集《白蝴蝶》，2010年又出版了诗集《一朵花开在低处》。2012年她又给文友一个惊喜，出版了诗集《青草的背面》，2018年她又向人们推出她的散文集《隔枝听花语》。现在，卜献华已是安徽省作家协会会员，她主办的《磬乡文学》刊物，一直为灵璧文化事业释放着正能量。

新叶诗社社长黄玲君说："我生性孤僻，高中毕业之后，想在工作之余有点精神寄托，试着学点文学，以探索社会。"如今她已远离灵璧，在省城某刊物编辑部当文学编辑，她至今仍在不断创作，已经出了两本诗集。毫无疑问，她是成功的，可算是灵璧文学社里的一个佼佼者。高楼区女青年高西梅，表面很文静，内心却很倔强。当年她高考落榜后，把苦恼和感受完全倾泻在一支笔上，白天在农田里辛勤劳动，晚上伴着一盏孤灯，孜孜不倦地追求文学。家人的白眼、外人的热讽，她都坦然面对，一如既往地坚持写作。

渔沟区拓路文学社发起人之一晏金龙说："我们渔沟区是灵璧县的边远落后地区，我高中毕业后，感到农民精神生活上还是一片沙漠，心里很苦闷，需要有理想，不能再像前辈那样'日出而作，日落而息'了，所以我们创办了文学社。"在教育界，不得不提到《强草》文学社。它诞生在绿草如茵的校园里，四十多颗年轻的心装着同一个文学梦。凭借学校深厚的文化底蕴，它成立后不久就取得了辉煌的成就。强草文学社萌芽于1985年10月，第二年春天，它正式诞生了。强草文学社每月自编自印《强草》油印刊物，还不定期地配合学校思想政治教育和语文教学出专号，如"献给南疆战士的歌""献给教师节""首届文学夏令营获奖作文"等专号。文学社还开展了"文学夏令营""诗朗诵""即兴诗创作""优秀作品讨论会""文学创作讲座"等丰富多彩的活动，并多次组织社员参加作文竞赛和各种文学作品大奖赛。文学社的活动曾被宿县地区电视台录像，并在省电视台播出。

1987年，文学社被评为地区教育系统第二课堂活动先进集体。在上海大型刊物《收获》1988年第四期上，安徽省文学艺术研究所费良琼先生的报告文学《绿色沙龙》用四千多字的篇幅介绍了强草文学社的事件，产生了很大的影响。当时《强草》出刊很多期，也是坚持时间较长的文学社，直到徐新宏不再担任指导老师后，文学社才慢慢解体。徐新宏老师写的《灵璧一中强草文学社简介》发表在安徽教育杂志社主办的《初中生必读》杂志1991年1—2合刊上。令人们不能忘记的是，很多社员的文学作品和各类文章先后被报刊刊用或转载，并在一些全国性文学或作文竞赛中获奖。特别值得我们记住的是社长李影影同学，她的父母都是中学教师。因为家庭的文化背景和文化的熏陶，她在高一读书时就喜欢文学，参加了学校的《强草》文学社，她的散文诗《十五六岁少女的梦》，在安徽的《诗歌报》正式发表，后又被广西的《中学生作文选刊》选登。1988她年考上北京化工学院，后来事业上很有成就。不幸的是，她于2010年8月因病去世。她去世之前，曾经辅导过她的徐新宏老师发了一条短信："你是我最得意的学生，我知道你是坚强的。我们深深地祝福你！"李影影回信："徐老师，您的学生是坚强的，就像一棵坚强的小草。"徐新宏老师在悲痛中写下《一个影子永远留在我心中》，发表在广州《人生》杂志2011年4月号上。

提起《强草》文学社，就不能不说到徐新宏老师。他是从灵璧一中走出去的，对母校有深厚的感情。1981年7月高中毕业考入安徽师范大学数学系，

1985年7月大学毕业被分配到母校工作。刚开始就教高一数学，并且担任班主任。他自己喜爱文学创作，也发现他班上的学生有文学创作的潜质，于是在学校的支持下就组建了《强草》文学社。后来文学社就发展壮大了起来。

徐新宏老师在大三时，初学写作，特钟情于诗歌，曾连续五年参加《诗刊》社全国青年诗歌刊授学院的学习，得到多位名师的指导。1986年2月发表处女诗作《我的心里话》，从此更加勤于笔耕，主要从事诗歌、散文、报告文学创作。1993年加入安徽作家协会（后转入广东作家协会），至今已在各级报刊发表诗歌、散文诗、报告文学等形式的文学作品一百余首（篇），文学欣赏文章及文学知识介绍文章二十余篇。其中有四首诗分别在河北省文联、辽宁《鸭绿江》、吉林《青年月刊》、湖南《年轻人》举办的全国诗歌作品大赛中荣获等级奖。朗诵诗《一片嫩绿的新叶》获《粤北青年报》举办的"保险杯"征文大赛诗歌三等奖。诗歌《命运》被收入中国青年出版社出版的《文学社团作品选》；散文诗《给妻子》被收入哈尔滨出版社出版的"散文诗作家丛书续集"《无花的归期》。当时，潘成欢专门为他写了篇报告文学《一个青年教师的足迹》发表在地区党报《拂晓报》1990年12月15日的"教育园地"栏目。

《方圆》文学社是在其他一些文学社慢慢解体、消失后由灵璧一中的青年教师徐新宏组建起来的。当时，徐新宏和几位较有影响力的文友畅聊，谈到文学社的形势，大家都颇多感慨。有人提议说，我们组建一个大规模的文学社吧，现在文学社虽多但很零散，缺乏组织和引导。如果把各个文学社的骨干集中起来，成立一个县级规模文学社，那么，一定会有很强的影响力和辐射力。接着有人说谁谁谁有潜力可吸收进来；有人谈了组织章程、入会程序和活动形式；有人憧憬着美好的未来。大家都很激动，就像又有一篇大作面世一样。最后，文学社的名字——"方圆"就在七嘴八舌声中传开了，其取意是"方圆百里，文友欢聚"。可是，到哪里找办公的地方呢？当时徐新宏住在文化局宿舍他父亲分到的一个小院里，徐新宏的家就成为《方圆》文学社的办公室。在《方圆》的创刊号上，徐新宏写了一章散文诗《男儿女儿们，站起来》作为"方圆"的发刊词，后来被湖南《年轻人》杂志刊登，引来了不少省内外文学爱好者和痴迷者。

是啊，这么多默默无闻的小草，生活在灵璧大地上，就是要把灵璧的大地染绿，把灵璧的山山水水染绿啊！

一束文学新叶

高西梅

1983 年中秋，一个收获的季节。某天，文化站老站长陈溪谯递给我一份邮件，看邮件的笔迹和落款，知道是灵璧县城诗友黄玲君寄来的。我与黄玲君相知于灵璧文化馆的刊物《灵璧文艺》，上面经常刊发她的诗歌，也偶尔刊发拙作，20 岁左右的两个小姑娘，对诗文有许多共同的理解，有了书信交流，却未曾谋面。

回到家，我迫不及待地拆开邮件，一本 16 开白纸装订、封面上手写刻印"新叶"创刊号、像学生习题讲义模样的册子，散发着浓烈的油墨味，醒目地映在煤油灯的光亮下，新鲜，新颖，新奇。1980 年初，我们这里的乡村看不到文学方面的书籍与刊物，就连管辖六个乡镇文化活动的区文化站，也只有一份《人民日报》《安徽日报》和《拂晓报》，这份《新叶》唤醒了我的某种认知与渴望。就着昏黄如豆的灯光，我一口气读完了 20 来页的整本《新叶》创刊号上的诗歌。创刊号上刊登的是黄玲君、千里、原成三个女孩的诗，她们在《新叶》上写下小草的心愿："我要永远覆盖在大地上 / 吮吸滋养 / 以自己的素淡秀清 / 点缀祖国四化的征程。"笔名"原成"则借骆驼的形象表达了自己的追求："走、走、走 / 一步、一步、一步 / 以生命作顽强的开拓 / 当夕阳摄下你跋涉的身形 / 那深深浅浅的脚印 / 是你写在戈壁心中最豪迈的诗情。"笔名"千里"在《绿色的思念》中表露出坦率与真诚："夕阳疲惫地走下山 / 我们相遇在海边 / 金色的沙滩上堆满童话和诗 / 沿着海边 / 我们漫无目的地走着 / 只知道海是猜不透的谜……"诗歌《希望在远方升腾》有着年轻人的自信，同时也带着一丝迷茫，这是绿色渴望中的绿色恍惚。这些诗句震撼着一个乡村姑娘，给整日劳作疲惫不堪、苦闷彷徨、对前途深感迷茫的心灵照进一束光亮，引起了共鸣。原来，除了日记，还有这样一种形式可以抒发胸臆、寄托情怀，还有这样一个可以安放心灵的园地。于是，我写下了自己的心情："新叶飘来 / 落进我的掌心 / 落进我的心房 / 绿色在心中弥漫 / 沉闷的生活变得色彩斑斓 / 新

叶 绿色的希望/春天 不再遥远"。写罢便寄给了黄玲君，祝贺《新叶》创刊。第二期《新叶》刊发了这首诗，当看到《新叶》上登载我的诗歌时，激动的心情无以言表。后来又陆续刊发了我的《寻梦》《雨滴的歌》《翔》等作品。

《新叶》是黄玲君创办的"灵璧新叶女子诗社"的社刊。"灵璧新叶女子诗社"是个新生事物，是灵璧县创办的第一个民间文学社团，开了民间社团创办的先河，对灵璧县民间文学社团的创办有着引领作用，得到了县文化局和县文化馆的支持。

1983年秋初的一天晚上，中专毕业分配到县医药公司的黄玲君，在灵城北关粮食局宿舍的小院里，与找来的两个同窗好友聊天。三个20来岁的小姑娘都喜欢读书，喜欢文学，尤其是黄玲君，酷爱诗歌，在学校时就发表了诗作《也许有一天》，又在报纸上偶然看到一则消息：全国第一家农民办的"朝阳文学社"在大地上诞生了，这触发了她的灵感，她想到梅里美们的"梅塘之风"，想到爱因斯坦的"奥林匹亚"，想到意大利米兰的"渡诺依咖啡馆"，想到自己和好友的诗歌与爱好应该有个形式寄放，便和两位师友商量着把三个人的诗歌集中在一起，互相传阅，互相交流。她表达了对诗歌的理解："在暮春的灰塔上，风铃不用再唱古老的童谣，我们的诗应该写出我们这代人的追求。"另一个诗友说："干脆成立一个文学社吧，让个人组成群像。"这个提议立即得到了响应，三人议定成立"灵璧新叶女子诗社"，再自办一个诗刊，刊名就取《新叶》，栏目设置"新叶一束""心弦""散文诗小辑""名作集萃与欣赏""诗苑采花"。创刊号实际上是她们三个年轻女孩的专刊，黄玲君是《新叶》的主编，共印了50份，每份都是一颗文学的种子，是照进心灵的一束光亮。

《新叶》这个诗友之间互相交流的园地，极大地激发了我的写作热情。那段时间，我写了很多诗歌寄给黄玲君，经过往来信件和诗歌交流，增进了相互了解。黄玲君把我吸收进"灵璧新叶女子诗社"，我又把同学王宗銮引荐进诗社。王宗銮加入诗社后写道："一片新叶/就是一个新的世界/高挑希望的通知/每个叶茎上孕育一支向上的歌/为奏出绿野开创之曲的清音。"随着书信和诗歌交流的深入，一份友情在神交已久的我们之间发芽开花。黄玲君邀我来灵璧会面，我与童年好友骑着自行车，从80华里外的高楼镇赶到县城，找到她上班的药材公司,我们终于见面了。后来,灵璧县文化馆召开"魏强作品研讨会",会上,文化馆的寿新元老师、唐国禄老师、戴善晋老师为我们讲授诗词、散文、戏曲创作常识,黄玲君、我、卜献华、周恒、宋平、潘成欢等几个文友先后在会上发言。之后,在某年冬天,我去县文化馆参加文学创作座谈会,黄玲君看我没戴围巾,买了一个非常好看的围脖给我戴上。加入诗社的诗友不仅不收会费,还免费提供学习机会。黄玲君在我不知道的情况下,花钱为我报了"未来作家"函授学院,给了我系统学习文学创作的机会,我很珍惜,结业后,我获得了未来作家"优秀学员"奖。我们的友谊从诗歌开始,借着《新叶》表达,随着时间延续,一路走到今天。

灵璧女子新叶诗社,通过《新叶》一期一期地出版,像一块磁场巨大的磁石,散发的积极向上的力量,吸引了很多年轻人和许多外地诗友的加入。这期间《新叶》陆续刊发夏绍运、吴玉斌等新人新作,为读者贡献了一季又一季精神食粮,也对灵璧文学热潮的兴起产生了积极的影响。

1984年夏天,高楼区团委在团委书记尤家荣的组织策划下,依托区文化站,创建了"高楼青年文学社",创办社刊《后浪》,取"长江后浪推前浪"之意。我受区团委书记尤家荣的委托,来县城找黄玲君帮忙办理创办文学社刊的批复手续,得到了黄玲君的无私帮助。《后浪》是在摸索中创刊的,样式、栏目设置等借鉴了《新叶》,比《新叶》多设置了两个栏目"小说天地"和"曲艺新编"。

转年,灵璧师范学校唐亮创办了《小草》,灵璧中学徐新宏创办了《方圆》,灵璧剧场魏强和县工会宋平创办了《八音石》,县丝绸厂卜献华创办了《鞞华园》,渔沟李保璧、闫星云创办了《拓路》,韦集朱围东创办了《垓下》,还有《荒湖》《春芽》《初萌》《晨曦》《潍河》等22个民间文学社。如雨后春笋的民间文学社团,吸引了大批文学爱好者,创作了大量积极向上的作品。1986年,《安徽日报》做了一个"灵璧文学专版",《安徽工人报》做了一个"灵璧职工作品专版",《富民报》做了"灵璧农民作品专版",《拂晓报》做了"灵璧文学社女作者作品专版""灵璧新叶诗社作品专版"。《人民日报》《上海文学报》《富民报》《农民日报》都刊发了灵璧文学社的新闻报道。在报刊电台的宣传推动下,灵璧广袤的原野上形成了巨大的文学热潮,引起了省委宣传部的关注。省委宣传部部长带队专程来灵璧调研，写了一个内参材料，呈送省委、省政府。著名作家费良琼在灵璧进行了为期半月的采访，写了一篇报告文学《绿色沙龙》，发表在 1988 年第四期的《收获》杂志上，里面专门用一章篇幅，浓墨重彩描写黄玲君创办"新叶诗社"的经过和意义，文章在全国各地引起较大反响。

2020 年 5 月 26 日

那年的文学盛会

刘培银

20 世纪 80 年代，灵璧的文学社全国闻名。全县 19 个乡镇和县城内的学校、厂矿企业，先后涌现出大大小小文学社 20 多个。全县热爱文学创作的达上千人，各种体裁的文学作品遍发全国各地大小报刊，获奖连连。

当时安徽省社科院的费良琼老师专门就灵璧文学社状况写了长篇报告文学《绿色沙龙》，发表在上海市大型文学刊物《收获》杂志和《安徽文化周报》上，引起了国内外文学界的强烈反响，被称为皖北文学热潮现象。

1990 年 4 月 28 上午，我正在渔沟镇庆云小学代课，接到了渔沟区文化站的书面通知：4 月 29 日至 5 月 1 日到县文化馆参加文学社骨干创作座谈会，时间三天。我向学校领导请了假，校长万仁义给我调了课。

第二天上午，我们渔沟区的"拓路"文学社的创始人李保璧、闫星云、晏金龙和我乘坐大巴车来到了灵璧西关桥头。下了车，我和闫星云顺着大街一路向东，直奔文化馆。

文化馆会议室内早就坐满了人，大约有 200 人。主席台长桌边坐着两排领导，墙壁上悬挂着孙淮宾老师书写的红纸黑字的会标：灵璧县文学骨干创作座谈会。县委宣传部副部长胡兴臣、县广播电台编辑、县作协主席唐国禄、县文化局创研室寿新元和戴善晋、青年作家魏强等在主席台就坐。县文化馆馆长白志功主持会议，并宣读了县文化局局长陈家满的贺信。

当时，会议的所有食宿开支据说是由县文化局专职创作员魏强提供赞助的。他当时是县文学界的当红巨星，其中短篇小说《那明亮的灯哟》获得"国际青年年青年文学奖"，短篇小说《青竹》获国家级报刊征文奖。

白馆长首先作了开场白，随后，县作协主席唐国禄畅谈了国内文学创作的动态、发展前景。接着，戴善晋老师介绍了各个文学社的创作成果。

下午两点座谈会继续召开。首先，魏强老师介绍了自己小说创作取材过程和创作经验。寿新元老师简述了曲艺方面的创作体会，戴善晋老师讲述了儿童文学创作及民间文学搜集整理的要点。然后，与会者进行了讨论交流。

第二天上午会议继续进行。首先是县文学界优秀作者周恒、卜献华、黄玲君、高西梅、潘成欢、徐新宏、梁超等老师先后作了小说、散文、诗歌等文学创作经验交流，然后来自各个乡镇的文学代表介绍了自己刊发在全国各地报刊上的作品的创作过程。与会者各抒己见，畅所欲言。记得大庙的一位农民作者畅谈了他发表在《农民日报》上的小说《牛市》的创作体会，让我记忆颇深，只可惜当时不知他尊姓大名。

当时，我坐在戴善晋老师身边。戴老师眼睛高度近视达八百度，他透过厚厚的带着螺纹的眼镜看着大家，那慈祥的面容令人难忘。他低头看着我带去的小说《山月儿》，示意我上台去聊聊写作体会。可年轻无知的我，看到许多文学大咖在台前高谈阔论，自卑得始终没敢站上去。

第三天适逢五一国际劳动节。上午，《拂晓报》文艺部的刘朝兰老师要来作诗歌创作讲座。我们每个人早早地来到会议室，看着文化馆发的《群众文化》杂志，半晌，才接到通知，刘朝兰老师因事来不了了，很是遗憾。

午饭后，我们乘上开往各个乡镇的客车，奔向四面八方……

这是我从事业余文学创作以来，在灵城参加的一次天数最多、人数最多、收获最多的文学创作盛会。弹指一挥间，三十年的时光转眼已逝，但至今想起来，心情依旧久久不能平静。

《磬乡文学》花开磬乡

卜献华

　　灵璧是一座千年古县，物华天宝，人杰地灵。奇石文化、楚汉文化、钟馗文化交相辉映。生活在这里的磬乡人民在长期的艰苦奋斗和劳动实践中，留下了独具特色的风土民情和田园牧歌般璀璨的文化遗产，滋润着这一方水土，养育着一方百姓。

　　近年来，随着经济社会不断发展繁荣和县委、县政府对文化事业的高度重视，一大批文学爱好者在灵璧这片沃土上百花盛开、群芳斗艳，成长为具有浓郁乡土气息、充满文化自信的作家群体。至2014年，我县已拥有省级以上作家协会会员26名，散文家协会会员28名，从十几岁学生到各行各业，甚至七八十岁离退休老同志，他们一边工作、学习，一边用手中的笔描绘着对家乡的美好印象和热爱。为了充分展示文学创作成果、搭建文化交流的载体，2012年10月，灵璧县作家协会由县电视大学赞助，创办大型纯文学刊物《磬乡文学》（创刊号），刊头由县电视大学校长张文雅题写。后来因为缺少持续资金来源，仅出一期就中断了。直到2013年11月，县文广新局组织中国作家看灵璧"情系磬乡"大型文学采风活动，来自全省和本土的百名作家在灵璧浓郁的乡土氛围中领略了"三元文化"魅力，写出一篇篇脍炙人口的文章。经我的整理，由县文广新局出资印刷，《磬乡文学》第二期在人们的期盼中终于和读者见面了。为了让这本充满青春朝气、释放正能量的纯文学刊物持续办下去，2014年新年伊始，我就怀揣着一颗对文学挚爱的热心，开始四处奔波，拉资金，找稿源。其间，得到县政协、文广新局、旅游局、灵中等单位的大力支持。作家潘成欢和淮北煤矿退休工人路永刚不惜牺牲个人时间，为刊物做指导、校对工作。在编辑《磬乡文学》第四期"灵璧中学建校70周年校庆特刊"时，又有吴恒侠、晏金福、王为民、卜现军等的加入，为刊物增添了力量，他们都是无偿地做着这项工作，只为放飞心中的文学梦。正是缘于热心单位的支持和热心人士的助推以及作家们的辛勤努力，仅 2014 年《磬乡文学》就出版了六期。这一切都为宣传灵璧、推介灵璧，助推经济社会发展提供了强大的精神动力和智力支撑。

《磬乡文学》立足本土，讴歌磬乡，是"安徽散文之乡"文化发展的重要载体和作家创作不可缺失的平台，《磬乡文学》已成为一种文学样式，在社会上广泛传阅，一篇篇精美诗歌、散文、小说贴近生活，贴近百姓，贴近灵璧，为地方政府和人民以及走进磬乡的商贾宾朋所喜爱，为繁荣灵璧文化起到了巨大的推动作用。

彰磬石幽韵 扬磬乡美名

孙礼强

灵璧县地处安徽北陲，北邻徐州，南界蚌埠，面积 2125 平方公里，人口 130 万。这里山河辐辏，宝藏丰蕴，石品繁多，奠定了灵璧县石文化大县的物质基础。在灵璧县石品中，磬石最为古老。灵璧磬石是《尚书·禹贡》中"泗滨浮磬"的今称，产于灵璧县磬石山，相传为轩辕黄帝采石造磬处。这里层层叠叠的磬石矿仍残留着古老的岁月苍痕。古籍《通礼义纂》记载："黄帝使伶伦造磬。"《路史》又载：黄帝的长子"少昊……立建鼓，制浮磬"。"浮磬"即"泗滨浮磬"。轩辕黄帝之后，尧、舜、禹数帝皆仍之。其后"泗滨浮磬"被载入《尚书·禹贡》中。《尚书·禹贡》是记载大禹时期地域物产和贡赋的古籍，其中有徐州贡"泗滨浮磬"的记载。灵璧之特殊地质条件造就了"泗滨浮磬"的天籁之音，禹甸徐州因域中有"泗滨浮磬"记入《禹贡》而引为骄傲，国中以有"泗滨浮磬"因而创造了神州律吕，开启了中国数千年礼乐文化之古老与文明。

磬是皇权时代礼乐制度的产物，是古代天子奉祀天地、郊庙以及登基、宴享等国家大典中的重要法物，享乐大器。《白虎通》曰："磬者，夷则之气也，象万物之盛也。"《乐记》云："钟磬竽瑟以和之，干戚旄狄以舞之，此所以祭先王之庙也。"在古代宗教信仰下，敬演磬乐是天子与天廷对话、与神灵冥通的媒介，关乎国家社稷。因之，磬为历代天子推尊，位列金殿。中国礼乐文化始于三代之先，又经夏商周三代一脉相承。《诗经·商颂·那》曾记述商代乐舞活动："鞉鼓渊渊，嘒嘒管声。既和且平，依我磬声。"诗句突出磬在乐舞中的重要地位。1950年，商朝后期都城遗址——河南安阳殷墟曾出土一面虎纹石磬。石磬长84厘米，宽42厘米，厚2.5厘米，上刻虎纹，虎作匍匐状，尾上卷，张口似啸，工艺水平很高。这面"虎纹磬"现为中国国家博物馆收藏。它是3000多年前灵璧磬石的实物见证。周朝是礼乐文化发展的顶峰，统治者把礼乐政刑相并列，音乐成为巩固政治的工具。《礼记》规定士大夫自少年起必须接受乐舞训练。国家设有音乐机构，由大司马管理，形成完整的宫廷音乐体系，成为"礼乐之邦"。孔子对周朝礼乐制度非常推崇，他说"周监于二代，郁郁乎文哉，吾从周"（《论语·八佾》）。周王朝历时800年，其后随着周王朝的衰落，礼乐文化逐渐"礼崩乐坏"，往日盛景不再。但是，"泗滨浮磬"仍然居于崇高地位。如唐朝天宝年间，"长安市儿"废灵璧泗滨浮磬以华原石代之，白居易怒不可遏，作诗抨击，斥曰："华原磬，华原磬，古人不听今人听。泗滨石，泗滨石，今人不击古人击……"白居易在诗中泄导人情，由石及人，由人及于国家社稷，既赞美灵璧磬石，又以此警告后人，要永久维持"泗滨浮磬"的神圣地位。到了宋朝，皇家来灵璧采"泗滨浮磬"次数最多。其中，皇祐三年，仁宗曾诏徐、宿、泗、江、郑、淮、扬七州军采石制磬，其规模之大可谓空前。到了元代，开国皇帝忽必烈看到金宫编磬杂以异石，他意识到有违古制，即命当时的大乐正赵祖荣到灵璧磬石山，伐石制磬，计磬二百单八悬，《磬颂》记其事。忽必烈虽然是一位少数民族英雄，但是他却坚持礼乐制度，遵循中华的传统古制，足以表明"泗滨浮磬"精神文化渗透之深。直到孙中山推翻清王朝统治以后，"泗滨浮磬"的皇权荣尊的文化内涵，并未随着皇权的消亡而完全消失。即使在民国推行新制以后，南京中山陵、广州中山堂的正厅也都悬有灵璧磬石的圆形雕花特磬。"泗滨浮磬"在中华传统文化中仍然具有独特的文化价值。

新中国成立后，百业待兴，振兴文化，是这个古老国度的必然任务。一种伟大的文化只有得到具有精鉴睿识、赤胆忠肠的学子的继承发扬，才能永久辉煌。我祖父孙公淮滨，生在泗水滨，长在磬山下，坐拥宝山，深谙就里。他供职于灵璧县文化馆，对乡土传统文化如数家珍。他将挖掘抢救地方文化视为己任，磬石文化是他挖掘抢救的首要对象。

编磬是中华民族独有的特色文化，随着皇权制度的破灭，编磬早已退出历史舞台，但祖父对它的挖掘抢救却是不舍钟情，不遗余力。那时造磬，一无资料，二无实物参考，他走遍各大图书馆、博物馆，通过绘图、手记，潜心研究，最终完成制作图纸。他带着自己多年来研究编磬制作的图纸，亲自到磬石山，与从未制作过编磬的石工同吃同住，共研共制，终于一组28片的编磬于1962年6月研制成功，通过校音，声音清远悠扬。新中国成立后的首组"泗滨浮磬"编磬问世。祖父喜出望外，他积极撰文在报刊上发表以弘扬之。20世纪60年代，北京天坛、曲阜孔庙等文博单位亟欲求购编磬而不得，文章既出，全国各地博物馆、音乐院校纷纷来函求购。祖父为了进一步弘扬灵璧磬石文化，他把制作编磬的工艺流程和图纸交给了灵璧县工艺厂和大理石厂，以便为全国各地的博物馆、音乐院校、文艺团体、音乐家、收藏家在陈列、教学、演奏等方面提供优质编磬。

多年来，一些民族乐器厂和民乐、歌舞团体的打击乐专家、大师纷纷奔赴灵璧，对灵璧编磬进行学术探讨、研究并开发试制新的磬石乐器。20世纪70年代，苏州市民族乐器厂打击乐制造专家金海鸥专程来灵璧拜会祖父，访求灵璧编磬制作事。祖父无私地将自己研究成功的《文庙丁祭谱》编磬制作资料相赠，并附赠标准营造古尺一式，以便营造，并希望他为弘扬灵璧编磬文化多作贡献。20世纪80年代，南京市歌舞团打击乐专家裴德义来灵璧与祖父共研编磬、石缶、石方响等的开发与研制。他在灵璧制作了3套不同形制的编磬，其中有云磬、鱼磬和条磬。他曾先后参加了1985年在西安举行的"七省市打击乐演奏家金石之声音乐会"和"全国首届艺术节"演出。在演奏期间，这3套新研制的编磬，以其独特的音质，赢得了中外音乐家的极大关注。新制的鱼磬和条磬，音质纯正，音色华美。演奏时，鱼磬声于中高音区徘徊，柔和悦耳，条磬声置高音区回旋，清脆洪亮。更为奇特的是，条磬不但能敲奏，而且可以刮奏，为民族打击乐器中所罕见，受到中外音乐家的高度赞赏。

灵璧石磬，音质华美，清亮悠扬，泛音列宽，气势磅礴。悠扬的泛音满堂萦绕，与其他乐器搭配默契、协调，融为一体，极富表现力。"泗滨浮磬"是我国音乐文化瑰宝，它那古老悠久而辉煌的历史在今天仍然是中华民族的骄傲。

1986 年 11 月 14 日，南京市歌舞团《八音之鸣》民族古典音乐会的电视录像在中央电视台播出。中央电视台副台长洪民生观看了录像后说："应该重视和发展民族音乐事业，这台节目路子对、节目精，是纯民族的、古典的。"中国对外演出公司负责同志认为"在民族乐舞不太景气的情况下，南京市能出这样一台节目很不容易，也很有远见"。中央电视台曾经数次播放南京市歌舞团的编磬、石缶、石方响等演奏的古曲《古乐八音》《九歌》《霓裳曲》《苏武牧羊》《梅花三弄》等，余音绕梁，充分展现了中国古典音乐的气派。

新中国成立以来，祖父成功地挖掘、抢救并发展了磬石文化，为振兴民族音乐作出了巨大的贡献。然而，祖父并未停步不前，他认为"泗滨浮磬"文化要有更大的发展，他说，"抢救传统文化，不是要回到过去，而是要把现代的根植到传统中去，再继续向前发展"。祖父鼓励我说，"今后磬石文化还有一条工艺美术的路要走，它也是维系磬石文化的一条路，这条路正等待着你去发展"。

祖父对发展磬石文化早已胸有成竹。他以他渊博的知识和敢想敢为的精神，早已注意到明代文人把泗滨浮磬的精神文化转移到文房清供中。他说我们要传承明人文房石磬的"玩"法，并以此开拓现代磬石工艺美术的大环境。

明代收藏鉴赏家屠隆所著《考槃余事》，世称玩古琼笈，多涉文房雅具。其在《文房器具笺》中写道："得古铜汉钟，声清韵远者，佐以石磬，悬之斋堂。所谓'数声钟磬是非外，一个闲人天地间'，是也。"又曰"有旧玉者，股三寸，长尺余，古之编磬。也有古灵璧石，色黑性坚者妙，悬之斋中，客有谈及人间事，击之以代清耳"。文徵明曾孙文震亨，允称雅士魁首，文房清磬不可一日或缺，尤为偏爱灵璧石磬。他在《长物志》"钟磬"一节中写道："及古灵璧石磬，声清韵远者，悬之斋室，击以清耳。"晚明文士陈继儒，其所著《小窗幽记》，绮语清华，发古磬幽韵，遗人清啸自舒。兹摘数语，以飨读者："山房之磬，虽非绿玉，沉明轻清之韵，尽可节清歌洗俗耳。""晓起入山，新流没岸，棋声未尽，石磬依然。""灯一盏，香一炷，石磬数声，木鱼几击。""翠微僧至，衲衣皆染松云；斗室残经，石磬半沉蕉雨。"小窗幽磬，是一种品位、一种品格、一种意态、一种意境。明代，磬为高人逸士雅爱，文房书斋清玩，王公贵族、文人雅士纷纷以清供雅玩为乐事。悬磬于簾虡，嵌磬于插屏，或经品题，文采焕发，是一种清玩之趣。灵璧磬石在明代"玩家"中已蔚然成风，这一流风必然影响到灵璧石之乡，"灵璧文磬"在明代已经诞生。所谓"文磬"就其形状或以传统曲尺改变为鼓股对称，或以谐音吉语设计吉庆图案。古人用字，"文""纹"相通，故曰"文磬"，亦有文人玩磬之意。灵璧文磬，为文房清供用，用灵璧磬石雕琢，流行于明清两代，安徽省博物馆有收藏。我祖父于20年代80年代设计并施雕的"五福拱寿"镂空雕花文磬，首次参加全国工艺美术大展，以其材质珍稀，雕工精湛，兼具声色之美而获得大奖。祖父说："文磬的问世，实际是效仿商代'虎纹磬'工艺的传承，这是值得肯定的。"

在祖父淮滨公的关怀授意下，为传承古老的磬石文化，开发磬石工艺美术新产品，笔者于1998年兴办了一个厂，建立了一个馆。馆名为祖父亲自题写"灵璧珍宝馆"，意为"泗滨浮磬"是灵璧的珍宝。本馆是灵璧县第一个具有"泗滨浮磬"个性特色的代表厂家和涉外产品专营店。我们的灵璧磬石工艺是传承商周的文化、明清的工艺，结合现代的理念和智慧发展起来的。商代的虎纹磬、明代的文人磬，勾起了祖父发展"磬石雕"的遐想，它是古老文化与现代工艺美术碰撞的火花。灵璧磬石雕以"泗滨浮磬"为原料，是别具一格的石雕工艺品。它综合运用了圆雕、浮雕、线雕、镂空雕等技法，将透视学、解剖学、古典美学融为一体，形成了"灵璧磬石雕"的独特风格，具有木雕的细腻、牙雕的剔透、玉雕的温润。特别是磬石作品经过抛光后具有强玻璃光泽面，珠光宝耀，须眉可鉴。磬石雕温如玉、滑如脂，玉振而金声，是兼有声色之美的绝佳工艺品。灵璧磬石雕更具历史文化和精神文化内涵，因之特具价值，享誉海内外。

灵璧磬石雕作品共有乐器、文房、家居、建筑、医疗、人物、器皿等 10 大系列、32 大类、500 多个品种。灵璧县有生产厂家 100 余家，经销商店 300 余家，全县参与灵璧磬石雕活动的人员约 4000 人，形成了一个庞大的磬石文化群体。1992 年，祖父执笔撰写《磬石之乡——灵璧》一文，被选入《中国名乡》"安徽卷"。从此灵璧县正式成为"中国磬石之乡"。

老树春深更著花

九十高龄的魏汝英先生，历时 11 年、用坏 260 多支毛笔，用小楷抄写古典书籍《三国演义》《资治通鉴》《史记》《儒林外史》《诗经》《论语》《四书》《唐诗》《宋词》等十多部，一丝不苟、书写工整，手工线装成册，总字数达 600 多万字。

魏老是一位老教育工作者，执教数十年，当过教师、校长，从中学校长退休后，总觉空落落的，静心细琢，觉得不如利用退休的时间，重读古籍。读了一段时间，又觉读不如抄，记忆更深。于是重新执笔，抄起书来。就这样，一发而不可收，一书再书，年复一年。第一步，六册《史记》抄写装订完成，欣喜若狂。家人和教育界的老朋友也是人见人赞。银发老人第一次体验到莫大的成就感。

于是，抄写的兴致与日俱增，魏老劲头更足，不顾年迈，不顾身体纤弱，乐此不疲。冬天，手冻肿了，不停歇；夏天，酷暑难耐，仍不丢笔；身体不适，口中含药，继续挥毫。眼看着堆在桌上的线装书一本本的增多、加高，他更乐了。一次，黄湾中学的领导班子到他家拜望，他当即赠送一套手抄《史记》给该校图书室。魏老的手抄工程仍在继续。

对于手抄古典书籍的追求，魏老是一个永远做不完的梦。我们相信，唯有不懈的追求，方能让美丽的梦境变为现实。我深切地祝愿，魏老的手抄奇葩，更加艳丽多彩。

（政协办公室　供稿　原载《灵璧报》213 期）

我的雕塑之路

陆　金

1967 年农历正月初一，我出生在灵城。因为在家中我是这一辈分中的第一个孩子，所以非常受宠爱。然而好景不长，1969 年，我们全家除了爷爷带着比我大四岁的小姑姑在县城，全部下放到距县城 20 多华里外的山东大队大王庄落户，成了地地道道的农民。起初几年，这一变故对于大人来说影响很大，我却感受不到。那个时候还是生产队集体劳动拿工分，对孩子都是散养的，只要回家吃饭、睡觉就行了。这种无忧无虑的生活到了我 8 岁那年就改变了，那一年，我上一年级。野惯了的我对学习没有概念，两本书在书包里成了两个圆筒状，成绩自然不咋样，但我对书里的配图却很感兴趣的。书里的人物和花鸟鱼虫等，我都是照着样画在作业本上，为此没少被老师骂。一次偶然的机会，我也不知道从哪里捡了一张不完整的旧报纸，上面有一幅哪吒闹海的插画，只有火柴盒那么大，很漂亮。哪吒脚踩风火轮、手持火尖枪、身上的混天绫迎风飘动，甚是威风。那可是咱们那一代孩子心目中的英雄啊！于是，我用在学校捡的彩色粉笔头在我家床里面粉刷得比较好的墙上画了一幅比我还大的哪吒闹海图。家人邻居及小伙伴们都说画得像，我心里自然也是美滋滋的。清贫但快乐的生活转眼到了我上四年级的暑假。假期是我们最快乐的时刻，除了帮家里干点力所能及的事就是玩。这年暑假，我来到县城爷爷和姑姑这里，在街上闲逛两天，没有认识的小伙伴，很无聊，小姑说："你不要在街上瞎遢达，这里的孩子肯打群架，你打不过他们。你不是爱画画吗，我带你去画班学画画怎样？"我一听，那当然好，到了文化馆，是刘学办的班。他说，你们来晚了，我们20天的班，今天已经是第11天了。小姑说，你权当带他玩了，省得他乱跑，和人打架。交了两元钱的学费后，刘老师把我带到班里。进去一看，墙上贴满了学生的画作，画得太好了。我上的第一课是写生，几个同学一组对着实物画水瓶。这还是我的第一次，刘老师说画得还可以，感觉不错。九天时间过得很快，最后两天要求每个同学自由发挥画一幅画，算是学习总结。我画了一幅《西游记》里面的大胡子土地公公，后来被放在文化馆外面的玻璃橱窗供市民参观。这事被我们小学来县里开会的校长看到了，就问那幅画是不是我画的，在得到我肯定的回答后，他拿了一本黑三角的连环画让我把封皮上的公安民警画给他看，好像是要验证我这个调皮鬼的话的真假，当然，结果是让他满意的。后来年岁大了一点，虽然帮家里干活越来越多，但画画还是我的最爱，每当下雨不用出去干活的时候，我就在家里画画。转眼到了中学，上初一的时候，在大山联中遇到了我的同学加画友柳冰。柳冰也喜欢画画。他家里到学校只有几分钟路。他的父亲是宿州师专中文毕业的，是个业余书画家，后在大山乡当副乡长，做过县文化馆馆长。他的母亲是大山小学校长，他家自然少不了杂志和画册。我时常到他家看画册，比如《富春江画报》《介子园画谱》。其中《介子园画谱》中的竹、兰、梅、菊被我用写大字的米字格本反面认认真真地临摹了一遍。做雕塑最初也是受到柳冰的影响，其实，严格地说那时候只能叫捏泥人。一次，柳冰带一个用黄泥做的人到班上，是照着《青年画报》上做的。我一看这个好啊，比画画有意思，于是，我回家也到山丘搞了点黄泥，做了个人头像，还带到学校和柳冰一起探讨。这就是我们雕塑的启蒙时期。在大山联中期间，学校是没有专业美术老师的，是我们的班主任兼美术老师。在一次美术课上，我把初中二年级学的《动物》课本中的大鲸画在作业本上。班主任很用心地在上面批阅，鼓励我说：画得不错，要继续努力，争取考上美术学院。这时候我才第一次知道画画还能考大学。以前只是出于喜欢而画，自那以后我就更喜欢画画了。后来转学到灵璧二中，条件好了些，每天下了晚自习，回来仍要画一两个小时。中学毕业后，我没有如愿考上梦寐以求的美术学校，回到农村干了两年农活，后招工进了灵璧县工艺厂，我心中为此高兴，毕竟我学有所用了。在工艺厂，我第一次见到了真正意义上的雕塑，那是一位浙江美术学院的老教授的作品。老教授由于成分的原因来到我们工艺厂工作了几年，可惜我进厂的时候他已经到山西去工作了。庆幸的是，他在工艺厂留下了他塑造的18罗汉泥塑，虽然已经残缺不全了，但我还是如获至宝。把它们统统临摹下来，有的还是反复临摹，从此，我有了做雕塑家的梦。在工艺厂工作了几年，省吃俭用，手里有了点积蓄，就按捺不住进修雕塑的欲望，就和同是学美术的老婆商量，得到她的大力支持，于是就四处打听进美院进修的事。先后试了浙江美院、中央美院、西安美院、岭山美术学院，结果都没有成功。到了1996年，机缘巧合下，认识了蚌埠的一位雕塑家。他十年前在鲁迅美术学院学习进修。我通过他的老师、一位鲁迅美术学院的老教授的推荐，于2007年初顺利进入鲁迅美术学院雕塑系学习。一年难得的学习机会，时间对于我来说根本不够用，除了白天跟班上课，每天晚上都在恩师刘毅的工作室临摹往届学生留校的旧作和一切能得到的作品。刘毅老师就住在美院内，几乎每天10点系里熄灯前都来给我开小灶。紧张而快乐的一年学习很快就结束了，可我感到需要学习的还很多，跟老婆商量后，决定再续半年。这最后的半年，除了一如继往地做人体、头像习作，受大五学生毕业创作的影响，再加上第二年有个第九届全国美赛，我也决定尝试着创作一件作品。做什么呢？从来没有创作经验的我苦思冥想，最终决定做一件彭雪枫像。我以他创办的拂晓报为创作契机，先画了一张创意草图，形式是彭雪枫披着外衣站在窗前，左手撑在桌子上，桌上放着一盏油灯，一个记事本和笔，右手轻轻推开窗户，表现彭雪枫为革命夜以继日地工作到了黎明，推开的窗寓意曙光就要来临，革命即将胜利。创作过程得到了几位老师的指点，效果自我感觉还不错，只可惜，最后在翻模环节出了问题，只留下了几张照片。一年半的学习带着满满的收获和遗憾回到了灵璧。由于家乡没了发展空间，就和朋友来到了合肥发展。第二年就有一个全国大赛，很多老师和朋友都在积极做准备，我也不例外，十分珍惜这难得的证明和检测自己的机会。我又想到了彭雪枫，于是，按照原来的形式又做一件。由于有了照片和上次的创作经验，很快就做完了，可是，偏偏又在翻模环节出了问题。因为上完石膏的泥塑太重，把放垫的木箱压塌了，模型被摔得粉碎。我一下子就蒙了，几天缓不过劲来，心想这个"彭雪枫"怎么老是跟我过不去呢？苦恼啊，苦恼了好多天。别人劝我再重新做，我说再也不做他了。尽管他是我敬仰的英雄，只能把他放在心里了。参赛的作品还要做，时间不等人，还有几个月就要交稿了，可是我一点想法都没有。我决定回灵璧家里一趟，换换环境，换换脑子。上大巴的时候我顺便买了张报纸以便一路上打发无聊的几个小时，上车后我漫无目的地翻看着报纸，什么内容都看，平时不感兴趣的也看，为的是打发时间。有一个内容进入我的视线的，讲的是五河县一个村实行民主选举，还邀请了外国记者参加，为的是向一直说我们国家不民主的外国人证明我们的基层民主选举公平公正。内容看起来平淡无奇，可是它引起了我极大的兴趣，脑海里立刻浮现了一幅男女老少排成长队往投票箱里投票的画面，同时，一幅前苏联的雕塑作品也进入了我脑海，那也是一幅排着长队的画面，人物以透视的形式前大后小。我想，可以借鉴那种形式表现人物投票。内容和形式确定以后，我顺手就在报纸上把构思创意图画了出来，画完后我自己都有些小感动。到家过了两天又匆匆回到合肥。时间较紧，到了合肥抓紧时间动手轧骨架、上大泥，经过反复推敲、修改，其间得到九位老师和朋友的指导帮助。为了使作品不呆板、有生活气息，我在作品中加入了两个小孩。而选举有小孩又不严肃，我又想到 1998 年发大水，各地积极捐款、捐物的情景，形式与选举投票差不多，我就改成捐款的情景，取名为《苍天无情人有情》。作品赶在省选拔赛前终于完成，参加赛览的时候，获一致好评，并顺利进入第九届全国美赛。

第一次参加赛览就入全国赛，并获得省一等奖，对我以后的创作产生了巨大的推动力，此后，作品创作一发而不可收。《斯诺克》《乒乓球》入选安徽省第二届体育美展。2002 年创作木雕《牧彩人生》获"纪念毛泽东延安文艺座谈会上讲话发表 60 周年"安徽赛区金奖和全国优秀奖（在钟馗路工艺厂院内完成）。2003 年作品《平衡移动》入选"我们的视野——2003 上海青年美术大赛"并获优秀奖。2004 年作品《蓝色的梦》获第十届全国美赛铜奖、安徽省金奖。这一奖项在安徽雕塑史上是绝无仅有的。此作品表现藏族一对母子牧羊的情景，用内层锻造技法雕出人和羊的基本形，在人物的帽子、领口、袖口处焊上 16# 铁丝盘结，效果图既有意象又别具一格。

从此，我对不同质感的金属焊结雕情有独钟，陆续创作了《草原雏鹰》

《春眠不觉晓》《你快乐我也快乐》《泳》《失衡的瞬间》《无限沟通》《大卫》《思想者》《静思》等一系列焊接的雕塑。2009年，《欢庆》入选"第十一届全国美赛"，作品被长春世界雕塑公园收藏。该作品以玻璃钢材质为媒介加以铝丝装饰，表现藏民以舞蹈欢庆节日。2011年，《陈独秀》入选"安徽重大历史题材雕塑赛"，收藏于省文化馆。2011年，《失衡的瞬间》入选"中国姿态——第二届中国雕塑大赛"。2014年，《都市丽影》系列二入选第二届全国美术大赛。同时该作品还入选"第五届全国画院美术作品赛"。2019年，《横刀立马——戚继光》入选第七届安徽省美术大赛。以上这些都属于学术性的研究性作品，均得到了国内及省内专家的肯定与认可。

这些年中也为各地创作一批城市雕塑，取得了一些社会效益。1999年参与创作合肥和平广场大型锻铜浮雕《上下五千年》，2000年创作了五河县怀洪新河纪念碑《五鹤楼飞》和合肥胜利广场大型钢结构雕塑《胜利的凝结》，2001年创作了大连旅顺青铜雕塑《世界壹佰总统像》（部分），2001年创作了合徐高速公路灵圩服务区不锈钢雕塑《一路平安》《一帆风顺》，2002年创作了贵州贵阳图书馆外墙浮雕《贵州民族风情》，2003年创作了江苏常州青铜雕塑《徐志摩》《牛顿》，2004年创作了徐州西三环大型锻铜、石雕结合的铜塑《汉韵》，2005年创作了江苏无锡古运河码头情景、青铜系列雕塑《历史的记忆》，2006年创作了江苏无锡瞎子阿炳纪念馆江南丝竹系列雕像，2009年创作了河北秦皇岛奥林匹克公园"世界奥林匹克冠军"及重点比赛项目系列花岗岩石雕，2011年创作了灵璧奇石公园8块花岗岩浮雕《历代名人与灵璧石》，2012年创作了灵璧虞姬文化园青铜系列雕塑，2016年创作了芜湖傻子瓜子纪念馆系列雕塑，2017年创作了宿州伯牙音乐广场及伯牙堂系列雕塑，2017年创作了灵璧县钟灵广场《灵璧历史文化名人》雕塑，都得到了当地政府及群众的认可与好评。

回顾50年的人生历程，有欢喜，有忧愁，有成功，有失败。人生要不断总结经验教训，艺术的道路还很遥远，有很多事还等着去做，只有不懈地努力与前进，才能使自己的人生更精彩。

2020年9月

这些年我县文化事业的发展

张 可

文化是城市的灵魂，决定着城市的品格与精神。看一座城市是否具有吸引力、竞争力，是否具有发展的底气和潜力，主要就是看它的文化资源禀赋、文化氛围塑造和文化发展水平。灵璧这座千年古城，将奇石、虞姬、钟馗"三元文化"转化为撬动地域经济社会发展的魔杖，用硬功夫提升软实力，日臻步入让文化触手可及的新常态。

以文惠民，公共文化服务体系建设特色鲜明

忽如一夜春风来，千树万树梨花开。作为皖北地区的一个人口大县、财政穷县，灵璧县审视现状、立足实际，围绕文化强县和特色文化城市建设目标，通过标准化建设、常态化管理、多样化经营、品牌化塑造着力推进公共文化服务体系建设，覆盖县、乡、村的三级公共文化服务网络日趋完善，文化服务与群众需求进一步衔接，"三元文化"影响力进一步扩大，走出一条符合地方实际、富于地方特色的"灵璧路径"，成为皖北地区乃至全省公共文化服务体系建设的先行军。2014 年 8 月，朱集乡文化站探索文化场馆建管用机制的经验做法被省民生办列入《安徽省民生工程经验案例》；11 月 27 日，全省公共文化服务体系建设现场会在马鞍山召开，灵璧县与芜湖县作为全省两个县级单位先进典型，现场作工作经验交流；12 月 22 日，全省文化宣传信息工作会议在合肥召开，灵璧县文广新局以全省县级单位排名第一的优异成绩，荣获全省文化宣传信息工作先进单位并应邀作经验交流。

以文塑城，特色品牌铸造城市之魂

品牌是文化发展的核心，让地域文化走出深闺，需要叫得响的文化品

牌。开明开放、创业创新的灵璧人睿智地把目光瞄向了奇巧瑰丽的灵璧石、刚柔并济的虞美人和赐福驱邪的钟馗画，通过举办"一会两节"（灵璧国际奇石文化博览会暨钟馗文化旅游节和虞姬文化旅游节）、垓下之战遗址高层论坛、钟馗廉政文化研讨会、钟馗文化与道教文化研讨会、第二十届亚旅联颁奖盛典、《灵璧赋》《虞姬文化园楹联》全国征集等系列活动，展示大美灵璧的神奇魅力，擦亮"三元文化"的金字招牌，为灵璧文化的发展繁荣注入了新的活力。熠熠生辉的文化品牌吸引了社会各界的高度关注，中央党校成立"特色文化城市建设'灵璧实践'"课题组，把灵璧地域经济文化发展的实践经验作为研究课题和教学案例进行总结推广；省社科院首个"省情调研基地"落户灵璧，为县域经济文化发展建立了新型智库；地域历史文化研究成果"安徽灵璧：一座撬动中国历史走向的小城"从奇石之乡、钟馗故里、汉兴之源、明盛之地、烟柳汴河、反弹琵琶六大版块完整介绍灵璧地域历史文化，在《中国改革报》《新安晚报》等媒体一经刊发，遂引发各界关注与热议，在"文化灵璧"官方微信平台发布仅2个月，点击量即突破10万次。

以文兴业，文化与经济发展同频共振

文化的熏陶和渲染，让城市更加繁荣与美丽，也让人民群众的生活更加充实与美好。依托"三元文化"，灵璧县大力推进文化旅游产业一体化和文化旅游与特色文化城市建设一体化，通过规划引领、文旅融合、产城一体，把文化元素融入城市建设，用文化符号改善人居环境，一座富有浓郁文化气息的现代化城市拔地而起、完美呈现，在第九届北京文博会上被评为"中国文化经济活力城市"，并收录于《中国文化经济活力城市案例汇编》。

一颗颗散落于希望田野的文化明珠在磬乡大地上容光焕发，一幅幅色彩绚丽的锦绣画卷在神奇沃土中自由舒展。奇石文化园、虞姬文化园、钟馗文化园、灵璧石国家公园等一批省"861"文化产业项目相继建成，成为文化创意、旅游观光、奇石交易、工艺美术、演艺娱乐等特色文化旅游产业规模化发展的集聚之地，实现了文化与经济发展同频共振。其中，钟馗文化园被省委、省政府列为全省重点扶持的十大文化产业示范园区，奇石文化园跻身国家4A

级景区、省级服务业集聚区和省级文化产业示范基地，灵璧菠林喇叭入选第四批国家级非物质文化遗产，时代文化传媒成为全县第 4 家省"百佳院团"。

以文化人，群众文化生活转型升级

群众如果成为主角，文化就有了生命。送文艺演出、办书画展览、讲好人故事、诵传统经典……一个个"眼"向基层、"面"朝群众的公共文化服务项目让老百姓足不出户即可享受方便快捷的文化服务，吸引着越来越多的人参与文化、享受文化。"送"文化和"种"文化的持续深入，让群众的文化自觉从量变发展成质变，昔日田野沃土里的庄稼汉，摇身一变成了文艺舞台上的大民星。由县"四大班子"领衔、20 多个职能部门联动的"进一步丰富提升群众文化活动工作领导小组"成立，把群众文化事业提升到前所未有的高度，民俗文化展演、全民广场舞大赛、"磬乡民星"选拔赛、灵璧达人秀、全民器乐大赛等一道道群众参与度高、社会影响力深的文化盛宴，让传统艺术唱响出主旋律，让民间舞步迈出了新风采，更让群众文化活动由文化部门的"独角戏"演变成全民参与的"大合唱"。

人们常说，熟悉的地方没有风景，可在灵璧这片文化底蕴深厚的沃土上，却时时有新意，处处有惊喜。无论是群文活动的风起云涌、遍地开花，还是文化项目的拔地而起、竞相绽放，抑或是文化品牌的口口相传、誉满天下，都清晰地传递出一种声音——文化离我们并不遥远，文化其实就在你我左右！

城乡文化融合交响曲

耿瑞英

经过一个暖冬，春节刚过，灵璧迎来了 2014 年的第一场雪。飞舞的雪花，带来了丝丝寒意，也增添了浓浓的节日气氛。元宵节期间，龙山广场锣鼓喧天，龙腾狮舞，热闹非凡，来自全县 19 个乡镇 20 多个民间文艺团体 500 余名民俗表演者，冒着严寒为灵城的百姓奉上了唢呐、舞蹈、曲艺等精彩的节目，演绎了一曲城乡文化二元融合的交响乐。

此次活动可以说是一场民俗文化的盛宴，是城乡文艺大联欢，规模之大、参与度之广、影响之远、演员和观众的热情之高都是前所未有的。这与多年前的城乡文化二元格局反差多么鲜明啊！

曾几何时，城市和乡村因发展失衡，差距巨大，农村成为文化建设最薄弱的地方。灵璧作为一个农业大县，农村文化建设更是落后于城市。各乡镇虽有文化站，但大多无场地、无设备、无经费、无专业人员，无法确保文化活动正常开展。唢呐、琴书、大鼓、皮影戏、龙舞、狮舞、高跷、旱船等一大批民间艺人曾经活跃在农村，丰富着农民的文化生活，可是随着社会的发展，民间艺术因市场经济的冲击和生活方式、娱乐方式的转变渐渐衰微，农民的文化生活也变得单调乏味。县里每年的送戏下乡，农民朋友只是观众，演什么内容，他们没有参与权。慢慢地，农民对这种送文化下乡失去了兴趣和热情，送戏下乡成了一种形式，观众寥寥无几，现场冷冷清清。于是，有的人把业余时间转向了牌场，把目光投向了低级趣味的草台班子。

党的十七大报告强调构建"城乡经济社会发展一体化新格局"。城市和农村文化的差距直接影响了城乡经济的发展，阻碍了城乡一体化的进程。为了让城乡居民同样享受文化发展成果，党和政府大力实施城乡文化一体化工程，城乡文化事业统筹规划、协调发展、资源共享、共同繁荣。从 2008 年开始，我县先后建设了 300 多个农家书屋、19 个乡镇综合文化站、县文化信息资源共享工程支中心、文化站和行政村文化信息网络化服务网点。农民朋友终于有了自己的文化活动阵地，他们在这里看书、上网、健身、娱乐、排练节目，其乐无穷，腰鼓队、舞蹈队、书画协会、曲艺协会、戏剧协会等各种群众文化组织如雨后春笋般破土而出，焕发出勃勃生机。

为了促进城乡文化互通、互荣、互动发展，我县强力推进城乡之间的文化交流，使城市文化下乡去，民间文化进城来。文化部门转变观念，改变思路，由"送"文化改为"种"文化，在送文化下乡的同时，挖掘整理民间文化艺术，通过对传统乡土文化的培育和整合利用，带动村级自办文化活动能力，提升乡镇组织文化活动水平，指导农民自己搭台唱戏。在专业剧团的引导下，一大批自编自导、自演自赏、自娱自乐的农村文化活动在乡村蓬勃兴起，群众演员与专业演员同台演出、民俗乡土文化与高雅现代艺术交相辉映的场景随处可见。伴随着艺术水平的提升，发展壮大起来的群众文艺演出团体已不满足于在自己的家门口小打小闹了，他们渴望走出去，走向城里的舞台，一展当代新农民的风采。文化部门因势利导，顺势而为，搭建舞台，组织开展了民间文化艺术节、唢呐大赛、民俗踩街、民俗文化展演、曲艺大赛等活动，同时还组织民间艺人参加省市艺术大赛和演出活动。一场场文化大餐着实让农民朋友过足了"戏"瘾，一个个艺术达人在都市的大舞台摘金夺银。杨疃镇泗州戏演员谷华云荣获"江淮十大民星"称号，灵璧中学李梦梦荣获《相约花戏楼》年度总冠军，并登上央视《我要上春晚》《快乐戏园》等舞台，高小眼被中国文联授予中国民间艺术传承人称号，卢书坤荣获全国文联推新大赛安徽赛区民族唱法第一名，泗州戏《钟馗嫁妹》在中央电视台戏曲频道播出，实现了由草根艺人向"荧屏明星"的华丽转身。

随着城乡文化二元融合的实现，我们深切地感受到，文化不再只是文人雅士的案头清供，已成为百姓的空气、大众的呼吸。

满园春色话曲艺

党的十一届三中全会后，灵璧县曲艺界迎来了艺术的春天。1979年3月，"灵璧县曲艺工作者代表大会"在县工人礼堂召开，来自全县十四个区（镇）的文化站长和曲艺艺人等90多人出席大会。会上，首先由县文化局局长吴宗元代表县政府宣布摘掉压在艺人头上的"三黑"帽子，推倒加在艺人头上的一切不实之词，落实了党对曲艺工作的各项政策。曲艺艺人扬眉吐气，又获得了新生。大会在隆重的气氛中一致通过了新的《曲艺协会章程》，选举白志功为主席，寿新元、徐永昌为副主席，各区文化站长及著名艺人等 21 人为委员，并聘请孔惠生担任秘书长，负责日常事务。关闭十多年的曲艺协会又恢复成立，曲协决定各区建立曲艺小组、讨论制定了《曲艺人员考核办法》《曲艺人员十条守则》《曲艺经费收缴管理办法》《曲艺人员演唱新曲目、整理传统书目的奖励办法》，并恢复灵城农历五月二十八日古会全县艺人集会的制度。

从此，灵璧县曲艺事业如雨后春笋，充满生机活力。民间艺人异常活跃，全县艺人猛增到 450 余人，琴声、鼓声响遍全县每个角落。人们对阔别 10 多年的土生土长的民间曲艺如饥似渴，有的提前签订合同，有的开着拖拉机接送，大江南北、淮河两岸、黄河流域各地都有灵璧曲艺艺人的足迹。这时涌现出一些有影响的代表艺人，如琴书艺人温广金、魏振五、袁月娥、李剑英、解安军、唐宏明、鲁邦永、高小眼、彭光荣、胡侠尧等。

当时，尹集区鲁邦永从 16 岁即闯大连、哈尔滨等东北大城市，大连的湖边公园、哈尔滨小天堂书场是他常坐的场地。在东北演唱度过 20 个春秋，饱尝了地摊演唱，风吹日晒雨淋的疾苦，回来后自建可容纳 200 余人的大棚演唱琴书。他巡回宿县、五河、泗县、固镇、蚌埠、凤阳、滕县、郯城、临沂、睢宁一带，很受群众欢迎，影响颇深。他的演唱书目有《吴湘宝下地洞》《回龙传》《清官断》《包公案》《上下八美图》《十把穿金扇》《雷保同投亲》等。一生教徒 9 人，当今著名琴书艺人高小眼就是他的徒弟。

这一时期，可以说是民间曲艺的鼎盛阶段。为了进一步提高曲艺艺人的思想、艺术素质，县文化馆和曲艺协会每年举行一次全县性的大型活动，中心内容是贯彻陈云同志"出人出书走正路"的指示。举办的活动有"曲艺演唱大赛""曲艺人员表彰大会""农村曲艺改革年会""青少年曲艺新秀培训班""曲艺艺人全面考核"等，每次活动都邀请省、地曲协领导参加指导，曲艺专家讲学。中国曲协会员、省曲协理事、著名曲艺演唱家吕明琴，省曲协理事王新荣，蚌埠曲协主席吴舜英，萧县著名琴书演员曹月英都被邀请来灵作示范演出。

为了进一步促进曲艺事业的发展，县文化馆和曲协十分重视曲艺场的建设，县曲协决定凡建设书场的集镇，一律奖励 200 元，以鼓励兴建书场，以逐步改变露天演唱状况。县城隍庙书场也进行了整理，市民席怀珍专门管理书场，四间书场整洁卫生，夏季凉爽、冬季暖和。招来山东、河南、江苏和省内合肥、滁县、蚌埠等地有名望的艺人王小华、吕明琴、解家成、崔兴武、王维焕（艺名霸江东）、刘道宗、王立古等前来演唱。

凤山百花园，是下放文化干部魏纯清在 1981 年建成开业的。百花园五间大厅，砖木结构，建筑面积 145 平方米，内设长条凳 140 多条，可容纳 400 余人，室内东头设一小舞台，舞台上灯光、音响布幕齐备，是灵璧有史以来最好的书场。凤山百花园的建成开业，对灵璧曲艺的发展与振兴起了很大作用。山东、江苏、河南及本省的知名曲艺演员前来赶场，络绎不绝。每天两三场，场内爆满，门窗外边挤满听众。除接待曲艺演唱外，还有 10 多家杂技、戏剧团体前来演出，对丰富群众的文化生活，促进精神文明建设作出了贡献。全国著名相声大师侯宝林先生亲笔题写了"凤山百花园"园名，赠给魏纯清，《安徽日报》《人民日报》《工人日报》《新民晚报》《安徽画报》《青年一代》《拂晓报》等报刊记者纷纷前来采访魏纯清，对他为繁荣曲艺事业作出的贡献表示赞赏，并发表了百花园活动的照片和报道，可谓盛极一时。

1983 年原冯庙镇文化站站长褚家石，集资 2100 元，率领艺人挖塘泥垫地基，兴建了公园书场。在兴建书场时，受到冯庙区委及各级部门的重视和支持。区委从当地教育经费中按全区总人口每人加一角钱筹集 4200 元，解决兴建书场经费不足的问题。书场建成后，省曲艺家协会发来了贺信。县曲协、文化馆专程参加开业典礼。当时的县委书记高明德、宿县地区专员张家保和省委书记黄璜等领导同志都先后到冯庙观看了书场，并给予很高的评价。冯庙书场坐落在冯庙集的老南门内侧的大水塘的岛地上，三面环水，一面架一石桥连接陆地，环境幽雅，无噪声干扰，是十分理想的文化娱乐场所。进入 90 年代，随着生活节奏的加快和现代文化娱乐形式的兴起，书场院落 400 平方米的草坪上，又安排了录像，电影放映和小型杂技魔术、武术等团体的演出活动，公园书场成为一个综合性文化娱乐活动的好场所。

1983 年以后，农村实行联产承包责任制，受电影、电视、歌舞活动的冲击，农村艺人弃艺务农经商，曲艺活动日益滑坡。为了促进曲艺事业的振兴，县文化馆和曲艺协会召开了"农村曲艺改革年会"。这次会议异常隆重，全国曲协、山东、河南、江苏等邻省曲协及著名曲艺人士姜昆、高元钧等都发来了贺电。省曲艺协会主席王善忠、秘书长刘崇庆，地区曲协主席庄稼，省群艺馆戏曲工作室主任解波及各地市县曲艺工作者等一行 23 人前来参加年会。县文化馆、县曲协负责人就农村曲艺改革作了发言。随着城乡经济社会改革发展，广大群众的生活方式、精神状态和审美要求，都发生了重大而深刻的变化，曲艺工作面临着如何适应新时代要求的问题，面临着激烈的竞争和淘汰的危急，必须扬长避短，改革创新，求生存、促繁荣。

这次年会后，令人可喜的是灵璧曲艺又出现了"柳暗花明又一村"的景象，各县城和各个乡镇民间艺人纷纷成立了家庭曲艺表演队。如城关区界沟乡彭家村彭光荣的曲艺演出队、大路乡杨庄村高小眼的琴书曲艺团、尹集镇菠林村琴书艺人张兴化的曲艺之家、高楼镇民办教师刘渠海的曲艺宣传队等。

城关区界沟乡彭家村彭光荣是原县曲艺队演员，演出琴书、快板书。曲艺队解散后，被分配到城关区广播站。他酷爱曲艺，始终如一。大儿子彭云峰，次子彭春风，在他的亲自培养下，都能拉会唱。为了两个儿子都配上爱好曲艺的媳妇，他挖空心思，经过六年的挑选，终于实现他的心愿。大儿媳邢雪梅是乡广播员，当过农村剧团演员，能唱泗洲戏和琴书。过门后的 1989 年，夫妻俩在地区曲艺大赛中双双荣获优秀演员奖。二儿媳韩晓侠是江苏邳县艺人子女，有单独演唱能力。彭光荣带领两儿两媳五人，成立了家庭曲艺演出队，在城关区委和文化站的安排下，五年如一日，每逢春节或有文明礼貌、计划生育、人口普查等重大宣传任务，就全家出动，骑着车子，带着孩子巡回演出。彭光荣还创作了琴书《三中全会后的新农村》《恋爱之花》《赶集》《闹新房》《经理回家》《数来宝》《张小花挑女婿》，还改编了《包公赔情》《打神婆》等。

1922 年出生的尹集镇薄林村琴书艺人张兴化，13 岁拜师范有朋学习琴书，1952 年参加时村区文艺会演获奖，其演唱的书目有《陈三两》《白绫记》《八美图》《十把穿金扇》《双贤记》《还乡传》，创作曲目有《新四军打游击》，经常巡回在鲁南、苏北、淮北一带，一生没有带徒。两子两媳及女儿女婿 6 人都随父母学艺，全家八口，四处演出，数十年如一日，立足基层，面向农民，演唱淮北琴书。他们一家堪称扎根农村的曲艺之家，对继承传统曲艺艺术遗产、繁荣发展农村曲艺事业作出了无私的奉献。

刘渠海是高楼镇的民办教师，他热爱文艺，特别喜欢曲艺、民间小调。1986年，他看到农村文化生活太贫乏，便说服妻子王翠侠，长子勇强，媳妇步华，次子勇猛及10岁的女儿红艳一齐上阵，自己整制了一艘五彩缤纷的花船，组织成立刘渠海曲艺文艺宣传队。刘渠海是领队、编剧兼导演。他选用当地生活中发生的故事，采用曲艺、对口词、快板书、莲花落、活报剧和表演唱等形式，自编了17个节目，情真意切，通俗易懂，贴近生活，深受群众欢迎。从1986年到1989年连续四年寒假春节前后都坚持义务演出，不仅跑遍全区五乡一镇60多个行政村，还应邀到周围浍沟、渔沟、尤集、九顶等乡镇及江苏睢宁一些地方演出，每年都演出近百场，观众达10万多人次。

（县文化局　供稿）

乡音乡情传鼓韵

耿瑞英

灵璧是著名的民间艺术之乡，民间艺术丰富多彩，涌现了一大批民间鼓书艺人，鼓书"状元"顾小梅就是其中的佼佼者。

顾小梅，女，45岁，灵璧县冯庙镇人，现为省级非物质文化遗产灵璧大鼓的传承人。她出身于说书艺人世家，自幼受父母影响，爱好曲艺，13岁习得大鼓唱段，1987年正式拜师路建玲学艺，学成后开始了大鼓生涯，常年在周边城乡演出，为活跃广大农村的文化娱乐作出了较大的贡献。

长期的演出生涯，为顾小梅打下了大鼓扎实的基本功，演唱技巧娴熟精湛，被称为"大鼓女状元"。她说唱时讲究闪、架、喷、贯。表演时配有戏剧性动作，鼓棒亦做刀枪剑戟，又可做笔杖棍棒，随心所欲，动作娴熟；鼓点千变万化，单点、复点层次分明，慢如闲庭散步，快如疾风暴雨；说唱过程中还配合丰富的面部表情，注重语气的轻重缓急，注重手、眼、身、法、步等艺术手段灵活运用，形成了豪放有力、诙谐幽默的表演风格，具有浓厚的乡土气息，深受群众欢迎。演唱的曲目有《无艳春秋》《凌霄汉》《薛刚反唐》《小红袍》《义气图》《杨家将》等。

顾小梅在学习传承灵璧大鼓技艺的同时，还不断吸取各地鼓书艺人的长处，注重吸收地方戏曲、民间小调、方言俗曲等元素，并融合提高，为灵璧大鼓的传承和发扬光大奠定了坚实的基础。2011年顾小梅加入安徽曲艺家协会，2012年9月，表演的大鼓《情与法》获得第六届安徽曲艺节表演二等奖；2014年8月，被宿州市市政府命名为第二批市级非物质文化遗产项目灵璧大鼓代表性传承人；2015年1月，第七届安徽曲艺节，表演的《诺言》荣获三等奖；2015年9月，表演的大鼓《西瓜的秘密》荣获第二届安徽省"鼓书"曲艺大赛三等奖；2016年1月，表演的大鼓《钟馗赶考》，荣获灵璧县首届鼓书曲艺大赛一等奖；2016年5月，获得安徽颍上第十一届管子文化旅游节——全省"长篇鼓曲书目"展演金奖；2016年11月，表演的《赎羊》获得安徽省第八届曲艺节"牡丹奖"一等奖；2016年12月加入中国曲艺家协会；2018年5月参加宿州市纪念改革开放40周年，助推乡村，振兴全市文艺调演获曲艺一等奖；2019年，被省政府命名第六批省级非物质文化遗产灵璧大鼓的传承人。

顾小梅献艺谋生的同时，自觉承担艺术传承的责任，广收鼓书爱好者为门徒，向他们传授演奏技艺，培养了杨晚来、杨兰婷、杨庭峰、周小四、杨晓磊、顾宇等众多鼓书艺人。顾小梅还被县非遗保护中心聘为辅导员，利用课余时间免费传承灵璧大鼓技艺，并多次到学校开展非遗进校园活动。她热心公益事业，经常到敬老院、社区参加送温暖演出，多次参加文化部门组织的文化扶贫、文化下乡、民生工程宣传等公益演出。

扎实的功底、诲人不倦的态度、无私奉献的精神，为传承灵璧大鼓技艺作出了积极贡献。如今顾小梅已是一位成绩斐然的鼓书艺人，她仍以旺盛的艺术生命力活跃在舞台上，以精湛的艺术为家乡的父老乡亲演唱铿锵有力、唱腔优美的大鼓，用最真挚的情感为百姓演绎浓浓的乡音乡情。

琴书传承有来人

耿瑞英

灵璧过去是有名的老灾窝，居民"岁岁逃亡，十不存五"，民众长期逃荒流离，以卖艺谋生，由此派生了众多的民间艺术。琴书就是其中一朵灿烂的奇葩，艺人遍布城乡。尹集镇菠林村有一个曲艺之家，全家坚持唱琴书，几十年如一日。张贤让、陈书霞夫妇就是这个家庭传承的第二代传人。

这个曲艺之家的父亲叫张兴化，是个盲人，母亲叫吕素珍。在过去，一个健康人生存都很困难，一个盲人则更加艰难，必有一技之长，方可养家糊口。于是张兴化从小拜师学艺，跟从师父范有朋学习琴书。学成后开始走村串巷演唱琴书谋生，并与琴书艺人吕素珍结婚。婚后他们生了 5 个儿女，张贤让是他们家的老五。为了传承琴书技艺，他们教 5 个孩子学习唱琴书，并对外收授学徒。陈书霞 15 岁时来到他们家中，拜夫妻二人为师，与年龄相仿的张贤让成了师兄妹。陈书霞是一个在苦水中泡大的孩子，从小被养父母收养，后来养父去世，养母改嫁，剩下她和同是养子的弟弟相依为命。她一边学艺，一边照顾弟弟。为了早日学成琴书技艺，她比别人都勤奋，每天早起晚睡，闲暇时间也不停地用功，年龄相仿的张贤让看在眼里。因为从小在父母身边耳濡目染，他比陈书霞会的东西多很多，于是，他就扮演了小老师的角色，陪着她一起练，帮她记词，纠正她的手势。同时家里有什么好吃的，他也偷偷拿给她。在张贤让的陪伴下，陈书霞不再感到孤单无助，并对他也产生了依恋之情，成了他的跟屁虫，整天哥哥哥哥叫个不停。平时练习唱腔时，也是他们俩合作，一个敲琴，一个演唱，配合得很默契。对此，父母看在眼里，喜在心里，暗想：这不是天生的一对吗？

由于勤奋，加上师兄的帮助，陈书霞三年后学成并开始外出唱琴书，大部分时间在本县和淮北地区演唱，也到过江苏、山东、河南等外省市县。后来与张贤让结为夫妇，他们就一起到外地演出。由于演唱水平高，每到一处都受到群众的欢迎，收获了无数粉丝。

在演出过程中，除传承师父的技艺外，他们还虚心向其他艺人学习，注重取长补短，同时还吸纳当地泗洲戏、花鼓、民间小调等艺术元素，形成他们独特的琴书演唱风格。

他们善用方言俚语，于纯朴中见幽默，平易中求韵味，唱腔丰富优美，富有变化。唱腔除"四句腔""刹子板"等板式外，还可以根据唱词的内容及语句格式不同而自由运用。八板、过板、四句腔、三字紧，五字崩、正十字、翻十字、七字、紧板花腔，灵活运用。有时穿插地方大鼓说唱调节气氛，字重板实、朴素端庄，板眼规整，板后吐词，使演唱格外显得词清曲秀。在演唱过程中，他们注重手、眼、身、法、步等艺术手段灵活运用，有时是故事的叙述者，有时是角色的扮演者，有时又是人物、事件的评论者，无论什么形式，都表演得有声有色，准确刻画人物性格，时而风趣幽默，时而慷慨激昂，让听众一会开怀大笑，一会感动落泪。

他们演唱的书目很多，主要有《水漫蓝桥》《十把穿金扇》《王天宝下苏州》《张廷秀私访》《李双喜借年》《巴儿狗告状》《猪八戒拱地》《王二还家》《金钱记》《打蛮船》《下苏州》《罗衫记》《陈三两爬堂》和小段《马前泼水》《卖油郎独占花魁女》等。其中，《打蛮船》《下苏州》《罗衫记》《陈三两爬堂》2000年由安徽蚌埠"天歌音像公司"录制光盘。在演唱传统书目的同时，他们还根据现实生活和灵璧的历史传说编成小段演唱，有《时代赞歌》《小白龙探母》《钟馗》《奇石赞》《霸王别姬》等，为宣传党的富民政策和弘扬地方文化作出了积极贡献。

夫妻二人互相切磋，共同进步，技艺达到了很高的造诣。在做人处世上也是诚实、守信、正直、坦荡，令人钦佩。父亲是个盲人，生活很不方便，他们始终都细心照料，从不让老人受一丁点儿委屈。陈书霞养父去世后，养母年龄大了，生活不能自理，他们就把养母接到家里细心照料，一日三餐端到床前，再一勺勺送到嘴里，从不嫌麻烦。

他们不仅对亲人关爱，对他人也是乐于奉献。2015年，灵璧县几位琴书、大鼓艺人发起成立了灵璧磬韵戏曲传承艺术团，没有排练场地，他们就把家里收拾干净，作为办公场所和排练室，同时兼学员教室。排练期间，他们都是烧好茶水备用，夏季还要备好西瓜。排练后就在他们家吃，夫妻俩再苦再累，都会把可口的饭菜端到大家面前。有的演员离家远，排练任务紧，晚上就住在他们家。一天下来，家里很凌乱，他们再收拾整齐，从未有怨言。

除了风餐露宿到各地演出赚点钱养家糊口，夫妻二人还经常参加公益演出。每年他们都到养老院慰问演出，县里、镇里有演出活动，他们踊跃参加，从不计较报酬，多次参加灵城"5·28"古会、文化扶贫、县文化馆举办的暑期书场、送戏下乡演出活动。2014 年还参加了宿州市春晚演出。近年来，琴书演出市场不景气，靠说唱琴书已无法满足生活的需要。丈夫不得不外出打工，由于他为人厚道，做事认真勤快，深受老板喜欢。他给老板只提一个要求，就是如果县里有演出活动，他要随时回家，工资可以扣除，但请假要允。老板看他对琴书这么执着，就爽快地答应了，而且工资一分不少。就这样每次县里有演出活动他都准时回来，而演出发的生活补助还不够他来回的路费呢。可他乐此不疲，总是说："只要能演出，不给补助也参加。"话语朴实而感人，这得对艺术多么热爱才能做到啊！

在灵璧曲艺界，张贤让夫妇已经是硕果累累，获得了许多荣誉。2010 年获县白龙杯曲艺大赛一等奖，2015 年获第七届安徽曲艺节表演二等奖，2016 年获首届安徽梆剧、曲艺会演三等奖，获安徽省第八届曲艺节表演三等奖，2011 年双双加入安徽省曲艺家协会。2018 年陈书霞被评为省级"非遗"项目灵璧琴书传承人。在荣誉面前，他们没有沾沾自喜，而是心怀忧虑，负重前行。因为灵璧琴书的传承工作还有待提升。

当初学艺，一方面是想获得一门谋生的技能，一方面是为了把父辈的技艺传承下来，发扬光大。可是随着生活方式的转变和其他文化娱乐形式的冲击，琴书已经失去往日的辉煌，年轻人都不愿学习，那悠扬的琴声已渐渐远去，传统琴书艺术濒于失传。他们看在眼里，急在心上，想方设法想把琴书技艺传承下去。2005 年他们创办了曲艺团，在家乡演出，并招收学员，传授琴书演唱技艺，培养了一批琴书艺人。因曲艺团收入微薄，后来解散了，可他们仍然在家培养学员，招收了几位少年学习琴书。他们说，传承琴书技艺，要从娃娃抓起，不一定要他们长大后从事这个职业，但要让他们了解我们民间艺术的魅力，丰富他们的知识，提升他们的文化素养，为我们灿烂的民族文化而骄傲。

有人说，幸福的婚姻，夫妻俩的相貌会越来越像。他们俩的相貌有一个共同点，就是脸上始终挂着微笑，对别人是一脸真诚和善意的微笑，让你感到温暖，他们夫妻之间是一种互相欣赏的微笑，让你感受到幸福的模样。近半个世纪的相伴，感情上他们相互滋养，艺术上他们相互成就，生活上他们共同承担，琴瑟和鸣，唱响了曲艺人的幸福人生。祝愿他们一直幸福下去，让优美的琴声在空中不断地回响，让动听的故事在人群中不停地传唱！

演艺明星雅客西

灵 肖

现在许多年轻人喜欢追星，被称为"追星族"。在灵璧也有一位演艺明星，他到哪里，一些小姑娘、小伙子会兴奋地呼喊着："雅客西！雅客西！"雅客西是他剧团的名字，在他的粉丝口里却成了他的代号。他就是雅客西文化传播有限公司经理、灵璧磬石乐器的研发者、灵璧磬石乐坊的组建者、安徽省文化系统劳动模范西宗斌。

西宗斌自幼学习音乐艺术，毕业后就职于灵璧县泗州戏剧团。后因剧团经济效益差停业而外出自谋出路，在商海滚爬摸打几年，仍对演艺事业情有独钟，于1993年创建了雅客西文化艺术团，2008年正式注册，并带领灵璧县雅客西文化传播公司获得全省"百佳院团""十大名团"等称号。

雅客西文化传播公司从默默无闻的一个小小艺术团到闻名全省的院团，其中凝聚了西宗斌辛勤的汗水和智慧。自从剧团成立之日起，他不仅扛起了剧团发展的重任，也默默扛起了弘扬地方传统文化和服务社会的责任。

从事演艺事业30多年的他，始终把质量放在首位。从演出设备、演员素质、阵容、节目质量都精益求精，努力打造一支一流的演出队伍。尤其是节目内容上，始终坚持为观众提供优秀的、充满正能量的、"绿色"健康的节目。

由于演出大众化、亲民化，因此他的演出团队受到群众的喜爱。在灵璧，有许多准备结婚的伴侣因订不到雅客西的演出而推迟婚期。

雅客西艺术团有另一大特点，就是充满浓郁的地方特色。多年来，雅客西艺术团与县泗州戏剧团合作，致力于传承"三元"文化，以灵璧历史文化、风土人情、城乡变革等素材为内容创作了多个艺术剧目。主要有根据钟馗传说创作的古装神话泗州戏《钟馗嫁妹》、根据垓下之战排练的戏曲舞蹈《霸王别姬》、根据灵璧好人彭伟平舍己救人的故事创作的曲艺表演唱《最美孕妇美名扬》、展现灵璧三元文化和文化旅游建设成果的音乐情景剧《灵之韵》等。此类剧目兼具地方文化特色与艺术审美，不仅受到城乡人民喜爱，也屡获专业殊荣。《霸王别姬》曾获安徽省文化厅授予的"十大创新剧目"殊荣，《最美孕妇美名扬》获安徽省群星奖优秀演出奖，泗州戏《钟馗嫁妹》选段《梦里梳妆》在中央电视台快乐戏院播出。

西宗斌带领的雅客西艺术团够能在众多艺术团中脱颖而出，还要有赖于他的眼界和站立的高度。他能紧紧围绕当地党委、政府中心工作，开展创作和演出活动。

当"精准扶贫"上升为国家战略、全面建成小康社会目标任务日渐紧迫的时候，迫切需要一系列艺术作品加强精神脱贫宣传引导，来转变一些地区群众"等、靠、要"的思想观念，引导群众增强社会主义核心价值观，鼓励农民主动参与美好乡村建设、积极脱贫致富。

为此，他组织创作编排了扶贫大戏《白芷花开》剧目。该剧讲述省下派扶贫干部不畏艰辛、忍辱负重，帮助村民脱贫致富的故事。剧目围绕着产业扶贫、精神扶贫和医疗救助扶贫等内容，通过扶贫过程矛盾情节的展开，宣传党的精准扶贫政策，展示广大群众脱贫致富奔小康的强烈愿望和扶贫工作成就。

该剧排练后在灵璧73个贫困村进行巡演。凭借其感人的扶贫剧情，令人耳目一新的形式和地方特色受到了政府有关部门、专家和群众的广泛赞誉。省内外各大媒体的关注，腾讯网、人民网、《安徽日报》、安徽电视台、《拂晓报》及市县电视台等新闻媒体进行报道，并给予高度的评价。

除了商业演出，雅客西艺术团还积极参与社会公益演出活动。近年来，西宗斌凭借卓越的组织才华，组织或参与了灵璧民俗文化艺术节、中国观赏石之乡揭碑仪式、"一会两节"闭幕式、青年歌手大赛、寻找灵璧好声音歌手大赛、美好灵璧舞起广场舞大赛、浍沟镇鸬鹚捕鱼文化节、朝阳镇"千年古镇"民俗文化节等近百场次大型群众文化活动。这些活动极大地丰富了群众文化生活，也宣传了灵璧文化，为打造灵璧文化品牌作出了积极贡献。

同时，他还积极参与社区基层文化活动，作为文化志愿者辅导群众丰富文化活动。在灵璧县经济开发区主办的庆祝新中国成立 70 周年社区合唱比赛中，西宗斌作为刘尧社区居民，他主动挑起了刘尧社区合唱团的大梁，从选曲、教唱、伴奏，到比赛，他在社区大舞台、文化活动室一干就是十几个工作日，从未收取任何报酬。在他的精心辅导下，刘尧社区合唱团在全区合唱比赛中取得了"冠军"。

西宗斌没有在演出所取得的成绩面前故步自封，而是不断向新的目标发出冲击。除做好演出活动外，西宗斌还大胆创新业务版图，利用灵璧石文化资源研制出新型磬石琴、磬石笛、磬石二胡、磬石中阮、磬石鼓、磬石唢呐等磬石乐器，填补了中国民乐史的空白。其中磬石琴、磬石笛、磬石二胡 3 项获国家专利。西宗斌被中央电视台"乡村大世界"走进灵璧栏目誉为"灵璧乡村牛人"。

在进行磬石乐器研发的同时，他还组建了灵璧磬石乐坊，倾力打造"灵璧城市艺术名片"，扬磬石之神韵，展灵璧之魅力。磬石乐坊组建以来，参加了宿州市第四届灵璧石国际文化节演出，先后亮相中央电视台、上海世博会、安徽徽商大会，深受国内外游客喜爱，向观众奉献意境幽远、品味雅致、内涵丰富的艺术佳作。

因坚守传统文化，勇于创新，乐于奉献，2015 年，西宗斌被评为安徽省文化系统劳动模范。艺无止境，他说他会在艺术的道路上永不停步，继续为弘扬灵璧文化、服务人民、服务社会作出应有的贡献。

奇石文化园导游

薛新华　编写

我们的"三元文化"旅游专线快车现在启程，让好心情和我们一路同行。今天我们的目的地是美丽而神奇的皖北明珠之城——灵璧。小某是土生土长的灵璧人，请允许我以家乡父老的名义，热诚地欢迎大家到灵璧观光旅游走访做客！

灵璧，是一个美丽的地方。它北依徐州，南邻蚌埠，东接泗县，西连埇桥，总面积2054平方公里，辖6乡13镇和1个省级经济开发区，130万人口，181万亩耕地。灵璧是全国生态文明先进县、全国平安建设先进县、全国旅游文化典范基地、全国休闲农业和乡村旅游示范县、中国最美观光旅游文化典范基地、中国十大文化特色旅游名县之一、安徽省文明县城、安徽省园林县城。

灵璧，是一方神奇的热土。它始建于宋元祐元年（1086），是闻名遐迩的千年古县，因这里"山川灵秀，有石如璧"，故名灵璧。它历史文脉流长，文化积淀深厚。乾隆皇帝御封为"天下第一石"的灵璧石就分布在这里的磬云山一带，唐明皇敕封为镇邪大将军的捉鬼之神钟馗和民间钟馗画就出生、发祥在这里，史学界称之为楚汉相争最后一役的垓下之围和其中的四面楚歌、霸王别姬等故事就发生在这里。所以我们可以说，灵璧，乃奇石之乡、钟馗故里、汉兴之地也。研究灵璧历史文化的专家学者把奇石、虞姬、钟馗画生动地概括为"一奇一美一神"，并合称为"三元文化"。

今天，各位游客朋友的行程就叫作灵璧"三元文化"一日游。将有我和我的两个同事分别依次引导大家进入奇石文化园、虞姬文化园和钟馗文化园进行游览观赏，去领略灵璧"三元文化"的魅力。

我们"三元文化"一日游的第一站，奇石文化园到了，请各位随我下车进园。

这里是奇石文化园的主门——南门。我们由此入园。

灵璧奇石文化园，西临新汴河，北眺凤凰山，占地300余亩，是国家4A

级旅游景区。园内亭台楼阁，灰瓦白墙，错落有致，中心建有 100 亩环形湖以及天下第一楼——汴阳楼。以"九龙璧"磬石和"笑口常开"纹石为代表的近千块园林石分置园内，沿湖面四周的五大主题功能区，交相辉映、相得益彰。

——石之音主题区。内设八音广场、亲水楼台、石啸广场，突出表现灵璧石玉振金声的特质。

——石之园主题区。按《张氏园亭记》中记述的历史园貌，复造张氏园亭，并将名曰"小蓬莱"的宋代遗石移至园内。

——石之史主题区。建有历史人文景观，体现灵璧石悠久的历史文化。

——石之萃主题区。建有灵璧石文化博物馆，内设灵璧奇石、他山石、将军石、磬石工艺品等展厅，供游客游览欣赏。

——石之艺主题区。为游人提供观景、休息、餐饮、娱乐、交流等服务。

现在呈现在我们眼前的这方屏风式的巨型灵璧磬石，名曰"九龙璧"。此石长 8 米，高 2.3 米，石体厚重，气韵苍古，石上惊现九条巨龙，欲腾欲翔，活灵活现。相传当年朱元璋要大饭到过灵璧，见到这方灵璧石时，看出了九条龙，后来"石"来运转，做了皇帝。各位朋友，您能看出几条龙呢？

现在请各位朋友跟随我从园子的右侧前行。

这里是一组灵璧石文化浮雕看墙，分别雕刻着一些古代帝王、文人雅士与灵璧石结下不解情缘的故事。

看墙一，反映的是苏轼访灵璧张氏园，因感灵璧石的奇美而写出千古名篇《张氏园亭记》的故事。他咏石言志，以丑品石，以石悟德，为中国奇石文化的发展作出了独特的贡献。

看墙二，反映的是白居易因灵璧磬石的美妙乐音著名写下诗篇《华原磬》的故事。"华原磬，华原磬，古人不听今人听，泗滨石，泗滨石，今人不击古人击。""泗滨石"就是灵璧磬石。

看墙三，反映的是南唐后主李煜钟爱"灵璧石研山"的故事。他收藏的"灵璧石研山"后传到宋代大书法家米芾的妻子手里。

看墙四，反映的是宋徽宗赵佶酷爱奇石的故事。他下令四处搜刮奇花异石，用船运至开封，以营造延福宫和艮岳，史称"花石纲"。

看墙五，反映的是宋代最伟大书法家米芾得"灵璧石研山"而抱眠三日并留下千古名帖《研山铭》的故事。米芾，世称"石癫"。

看墙六，描绘了明太祖朱元璋祭拜灵璧石鱼磬的场景。朱元璋儿时给人当放猪娃，因难忍欺凌，到皇觉寺为僧。寺中有一鱼形灵璧石磬，击之声如天籁。传说朱元璋每走近鱼磬，鱼磬便会自动发出声响。灵觉寺住持言道：吾寺必见大贵之人亦。后来朱元璋以此为激励，发奋励志，自强不息，终成大业。登基后朱元璋重返灵觉寺祭拜这方神灵般的灵璧石鱼磬，并改封灵觉寺为大龙兴寺。

看墙七，反映的是郑板桥因灵璧石画下了历史上名画《竹石图》的故事。他爱石，称石为"石先生"。他画石，丑石也，丑而雄，丑而秀。他论石，在《板桥题画》中写道："凡吾画兰画竹画石，用以慰天下之劳人，非以供天下之安享之人也。"

看墙八，反映的是乾隆皇帝下江南时曾到过灵璧，因感慨灵璧石之奇美，御笔题书"天下第一石"的故事。乾隆是一位风雅皇帝，他爱石成痴，传为佳话。他六下江南，凡看到所喜爱的奇花异石，便仿江南名景移置于圆明园。他有大量爱石诗作、奇石题词命名镌刻在北京皇家宫殿和园林中的假山奇石之上，不胜枚举，至今为世人津津乐道。

各位朋友，请随我继续前行。我的左手边这个亭子叫"公主亭"。其名取自西汉公主刘细君奉诏远赴乌孙国和亲，途经灵璧，下车抚爱灵璧石留下的佳话。史载，汉武帝元丰六年（前105年），刘细君以皇室公主身份远嫁乌孙国王昆莫，车队从江都出发，途经灵璧时，公主停车驻马，在一处山岩前悄然伫立，手抚巨石，东望乡关，久久不忍离去，以至于石上留下一枚清晰的手印，这手印后来经匠人摹刻，遂成一方景观，名为"灵璧石手印"，流传至今。

我的右手边是奇石文化园的东门"鹿鸣门"。此名取自灵璧城东的"鹿鸣山"。《诗经·小雅·鹿鸣》中有"呦呦鹿鸣，食野之苹"句，表达的是求贤若渴之情。古时，科考放榜次日中举的学子都会得到朝廷宴请，席间奏《鹿鸣》曲，故称鹿鸣宴。"鹿鸣门"的取名也昭示了我们灵璧人以开明开放、广迎四海的姿态，真诚欢迎各方有识之士到灵璧来出谋献策、投资兴业的心愿。我们今天的游客朋友中如有愿意留下来与我们共谋发展的贤士达人，我一定会把你们推荐给我们的有关领导，请你们听用我们灵璧石制作的磬琴演奏的《鹿鸣曲》，请你们吃我们磬乡风味的鹿鸣宴。

现在我们来到"石道千秋"文化长廊的入口。所谓"石道千秋"，是说石之道乃天道、地道、人道的集合体，是至真、至善、至美的化身，千秋长存。

我们现在看到的这块灵璧石，名曰"笑口常开"。此石长 4 米，宽 3 米，高 1.3 米，重约 30 吨，属灵璧奇石中的纹石类。你们看，它圆润饱满，浑朴稳重，纹理清晰，透漏出古朴自然、恬淡沉静、肃穆悠闲之特点，禅意甚浓，神似大肚弥勒佛，张开一张快乐无穷、纯真无欲的笑口，令人望而生喜，难以忘怀。它，寓神奇于平淡，示美好于丑拙，显庄严于诙谐，现慈悲于揶揄，代表了中华民族宽容、和善、智慧、快乐的精神。它，把笑脸印在石上，告诉人们，眼前都是有缘人，何不相近相亲满心欢喜，世上尽多难耐事，自作自受，何妨大肚包容。

这里是奇石文化园的东门，来璧门。取名由来：一是灵璧古城北门就叫"来璧门"。灵璧古县志记述：灵璧"北枕磬山，南横汴水，左跨鹿鸣，右峙凤仪"，是青龙白虎朱雀玄武俱佳之风水宝地。二是该园北门正对着灵璧石的主产地磬云山。我们前面说过灵璧"山川灵秀，有石如璧"，璧乃美玉也，此门为灵璧石的来向之门，故以"来璧"名之。

这里是奇石文化园的西门，凤仪门。灵璧西有凤凰山，我国自古就有凤凰不落无宝之地之说，有凤来仪，祥瑞之兆。故名凤仪门。

这座石拱桥名曰绘月桥。此名取自乾隆帝为一块灵璧石题书"绘月石"的"绘月"二字。桥的上下有两个半月形洞孔，月夜，当月光透过洞孔，可在地面投映出月牙的光影，同时，拱桥也恰似一轮满月，所以，"绘月"之名，赋予了独特的意境。

我们拾级而上来到了绘月桥顶，站在这里，可以欣赏到几座古色古香的小亭和园中的精华主体建筑——汴阳楼。

让我们先来看一看湖面上的几座小亭。湖的西南角这个亭叫万寿亭，其名取自《诗经·小雅》"乐只君子，邦家之光；乐只君子，万寿无疆"之句，寓意万年长寿，永远快乐。

我手指方向的这个亭叫双贤亭。为纪念《张氏园亭记》的作者苏东坡与着袍执笏、向奇石行叩拜之礼的海岳山人米芾而建。

再看湖中岛上那个圆亭，叫岫云亭。辛弃疾《添字浣溪沙》中有"山上朝来云山岫，随风一去未曾回"的佳句。灵璧磬云山有一山洞名曰岫云，相传此洞每下雨之前都会有缭绕不断的云气飘出，当地人以此为雨候，就是天气预报的意思。这就是岫云亭的取名来历。

现在我们就来欣赏汴阳楼了。汴阳楼位于该园中心，高耸湖岸，气势壮阔，构制雄伟，有着典型的明清风格，堪称江北第一楼。汴阳楼的设计运用借景、对景、分景、隔景等手法，主体高四层，建筑面积5800平方米，高端楼阁为纯木结构的"如意斗拱"，层叠相衬，托举着飞檐盏顶，远远望去，恰似三只凌空欲飞的鲲鹏。湖面波光粼粼，清风徐徐，湖岸杨柳依依，馨香习习，与大气厚重而又古色古香的汴阳楼构成了一幅美丽图画，令人怡然而陶醉。汴阳楼之名，取自苏东坡当年来灵璧做客时写下的名篇《张氏园亭记》中"张氏之园位于汴水之阳"的记述。汴阳楼像一尊祥瑞之狮，雄踞汴水之阳，日夜守候着灵城，注视着已经成为灵璧人乡愁的新汴河，蜿蜒着流向远方。

各位朋友，欣赏完了汴阳楼的外观景色，我们该去汴阳楼内部看一看了，请随我来。汴阳楼不仅是园中的主要景观建筑，还兼有灵璧历史文化博物馆的功能。楼内一层是奇石展厅，二层是灵璧地方史展厅，三楼是他山石和将军石展厅。

我们走进一层展厅，来领略这千姿百态、色彩斑斓、金声玉振、美轮美奂的灵璧石吧。

有道是"南观黄山松，北赏灵璧石"。一进正门，呈现在我们眼前的这块灵璧石神似黄山迎客松，你看它，虬干苍翠，侧伸一枝，多像枯干仙身的不老翁，正在拱手作揖，迎送宾客。这不能不叫人叹服于大自然的鬼斧神工。这块灵璧石迎客松，象征着灵璧人民笑迎八方来客的礼仪和热情。

灵璧石，出产于灵璧磬云山一带，形成于8亿多年前，隶属玉石类的变质岩，为隐晶岩石灰岩，由颗粒大小均匀的微粒方解石组成，因含金属矿物或有机质而色漆黑或带有花纹。

灵璧石，雄居中国四大名石之首，敢称天下第一石。具有形奇、声韵、质佳、纹妙、色美、意远等特性，既显"瘦、皱、透、漏"四美形态，又示"清、奇、古、丑、朴、拙、顽、怪"八美意境。

各位朋友，奇石展厅内陈列着各种类的精品灵璧石××块，请大家进入展厅自由观赏游览。现在是某点某分，我们将在某点某分到这集合，我会在这里恭候你们按时归来。

感谢大家准时回到这里集合！

亲爱的朋友们，奇石文化园给我们感知、欣赏、研究灵璧石文化开了一个小窗口。灵璧石是大自然的艺术品，她从远古姗姗而来，以她的形、声、质、意之美，给人们带来了审美的愉悦，更给人们带来了思想的启迪。灵璧石文化瑰丽多姿，博大精深，需要更多的人去发现、探讨和弘扬。在刚刚过去的这段时间里，我陪同大家观赏了奇石文化园。如果各位朋友通过今天的游览，能够逐渐地爱上灵璧石，并成为灵璧石的收藏家和鉴赏家，成为灵璧石文化的爱好者和传播者，从而有益于我们的人生成长和身心健康，那将是我的最大的心愿！

奇石文化园游览，我就为大家讲解到这里。接下来由我的同事继续引导大家去往下一站，虞姬文化园。

朋友们，再见！

游集有个民间收藏馆

游传化

游集镇是皖北运输物流大镇，也是一片民俗文化高地。游集商人李成刚先生自建的民俗收藏馆，闻名遐迩。

走进民俗收藏馆，首先映入眼帘的是一辆完好无损的太平车和一辆马车。这古老的交通运输工具在现实生活中已经难得一见了。李成刚介绍说，馆里收藏了太平车五辆、马车三辆、花轿一顶、清代渔船一艘、独轮车几十辆。几年前徐州淮海纪念馆要高价回收这些车辆他都婉言拒绝了。他说："我收藏不是为了赚钱，而是要通过实物展示，让人们更多地了解中国的农耕文化。"

李成刚是个成功的商人，他经营的"九州杂品库"，客户遍布方圆百余里。别看他只有初中文化，但他意识超前，今年不足五十岁的他早在二十五年前就开始收藏各类票据，后来对木制床、桌椅、箱柜、笼套、犁、耙、耩、篓、折、斗、秤、升、风箱和石磙、石磨、磨盘、辘轳、牛绳等农耕工具也感兴趣了，从此便一发不可收，仅各类成套的工匠工具就有木匠的、铁匠的、石匠的、篾匠的、茅匠的、剃头匠的、货郎的、补锅钯碗的、抢刀磨剪子的、吹喇叭的、玩皮影戏的，大型成套的有染坊的、织布的、印刷的、食品坊的，整个收藏馆就像一个农耕文化大观园。

目前他的藏品已经包括了瓷器、陶器、铜器、木器、书画、农耕、服饰、文具、乐器、兵器、钱币、票据、影像等几十个大类。从年代上讲，既有远古的树木化石和两晋时期的陶钵，又有老牌缝纫机等；从价值上讲，既有文物专家登门重金求购的稀有藏品，又有"文革"期间标有毛泽东语录的平民家书；从类别上讲，既有古时大家闺秀穿的绣花鞋，也有独具本地特色的毛翁、棉袍，又有农妇使用的织机和纺车，可谓包罗万象、应有尽有。

经过二十余年的苦心收集，收藏馆的藏品已达数万件，分别存放于家中和朱集街北、游集街北三个地方，成为灵璧民间藏品最多的民俗文化收藏馆。

"天一园"主的石缘

闫星云

20世纪80年代，千年古镇渔沟的磬石山上站着一位中学刚毕业的青年，他衣衫褴褛，形如乞丐，内心却发出阵阵呼喊："谁能给家乡画出一幅美丽的蓝图，谁能给这地方写出新的历史篇章？"

数十年后，那位普通农民的儿子，成了灵璧石博物馆馆长、中国观赏石协会常务副会长，一个赏石藏石大家。

人生的历程一步一个脚印，艰难的跋涉，每个脚印里都有他难以忘怀的感人故事。那年月，他家徒四壁，身无分文，想干事业，难于上青天。

他走出的第一步是卖凉粉。他跟街里摆凉粉摊的老头做学徒，只几天，他就掌握了做凉粉的全部技术，做出的凉粉比师傅的还好，于是他另立了门户，自己摆了摊子。

卖凉粉不是他的志向，几个月后，手里积攒了一点钱，在亲戚朋友的支持下，他开了一家在当时很成规模既能吃又能住的"四海饭店"，让他拉开了传奇人生的序幕。

饭店的生意很红火，一年后，他手里有了可观的积蓄，接着他在这个小镇成立了第一家农副产品收购站和麻业公司。时值20世纪80年代中期，国家的政策放宽，他抓住了时机和商机，开饭店、收购站和麻业公司，生意做得得心应手。就在他想再成立一个汽车旅游公司时，半路上杀出了一个程咬金。

那是一个阳春四月底，淮北大地已经万木争荣了。这天，他的旅馆里住进一位衣着华贵、雍容大方、举止典雅、言谈清致的女客。那女客问李富贵夹沟在哪里。通过交谈，得知她姓张，是哈尔滨的生意人，丈夫是哈尔滨一家百货公司的经理。她来这里，是想买一批桃运回去。当时李富贵感到很惊奇，夹沟离此地不足百里，从来没听说过那里产桃。再说了，这春天刚过，桃子哪能成熟。在好奇心的促使下，他带着那位女客前往夹沟。

没想到的是，到了夹沟，展现在他面前的是万亩桃园。当地的人告诉他这里的桃叫雪桃"四月红"，又大又甜，每年四月底下果。这不由得让他对这位张姐产生了敬意和信任。在几天的交往中，张姐看出了他既诚实，又聪明能干，主动提出和他合资做这次贩桃生意，并且说她每年都来，愿意和他长期合作。

当时，他坦诚地说，他的钱要投资在汽车旅游公司上。张姐听了，直言不讳地说："李老板，找你合作找对了，你我有缘。"她说，她哥哥是哈尔滨市公安局局长，可以从苏联买十部嘎斯汽车，而且价格低廉。他突然感到遇到了生命中的贵人，通过几度谈判和交涉，他同意和她合作。买桃的本钱由他出，卖完桃由张姐的哥哥给他买车。当时买的桃一元一斤，加上打包装车，合到一元二角一斤，共买桃 170 吨，支付 40 余万元。

货到哈尔滨的第二天，就有一个买主来批发，3.5 元一斤，要 50 吨，可张姐不愿意卖，说："再等等，行情还会高起来。"两天后那个买主又来了，只出出 3 元一斤，到了第六天来了一个新的买主，依然出 3 元一斤，张姐还是不愿意卖。李富贵有点儿拿不住劲了，一番争论后，决定 3 元一斤也得出手。同时，他发现了张姐有些不对劲儿，就说："桃卖了，把本钱给我。车，我不买了。"可他万万没想到的是，当买主开箱验货时，桃几乎烂完了。这下，他傻眼了，很多人在围观他。他惊慌中赶忙寻找张姐，可再也看不到张姐的影子了。身处异地他乡的他，在这陌生的城市里，成了一个没人怜悯的可怜虫。他趴在桃箱子上感到了万念俱灰，浑身颤抖着，叫天天不应、叫地地不灵，这40 多万元的本钱，不仅是他的全部家当，还有亲戚朋友的钱和银行的贷款，这就是要他的命啊。

这时，围观人群里走出了一个 20 多岁的姑娘，她姓秦，是个大学生，父亲在哈尔滨市工作。秦姑娘对着围观的众人说："我们帮帮他吧，人都有遇到难处时。"在秦姑娘的带领下，从早上十点到下午四点，桃子 5 元一箱全部卖完了，最后卖了 12000 多元。他哆哆嗦嗦地接过秦姑娘递给他的钱，脑子像炸了一样，心在剧烈地疼。秦姑娘善解人意，为了安慰他，带他到斯大林公园散散心。天真可爱的姑娘给他讲解公园里的山山水水，可他一句也听不进去。当他登上了公园里的九龙铁塔，看着脚下翻滚的松花江水，瞬间产生了轻生的念头。身边的秦姑娘看出了他的心思，急忙上前挎着他的胳膊说："李哥，我们下去吧！"到了塔下，秦姑娘两眼瞋视着他说："男子汉要有男子汉的样子，要经得起大风大浪。"面对这样一个小妹妹，他心里暖暖的，浑身平添了无限的勇气和力量。

两天后，秦姑娘把他送到火车站。临别时，秦姑娘挥着手对他喊："李哥，你会成功的！"这时，泪水打湿了他的双眼。轰鸣的列车拉着他，回到了老家，他不知道怎样对待未来的人生。

金秋十月，他的旅馆来了一位姓丁的上海客人，后来他一直叫他老丁。老丁住下来后，老丁拿了一张《人民日报》，主动找他说，报纸上说奇石出自安徽省灵璧县的磬石山，他是专门来找奇石的。李富贵当时也不知道什么是奇石，但他像对四月红雪桃一样，再一次产生了好奇心，决定和这位客人老丁上山看个究竟。

第二天，他把老丁带到了磬石山北侧圣土汪老坑周围。这下好了，老丁看到了奇形怪状的石头，他把几块石头聚在一起，以烟为香，撮土为炉，磕头跪拜。老丁的庄严肃穆，让他丈二和尚摸不着头脑。这石头又不是神，老丁为什么这样对待它，他的好奇心更强了。当时，老丁也没有向他解释什么，只是告诉他，要买这里的石头。当天，他找了几个村民，挎着粪箕子上山捡那些奇形怪状的石头。老丁出两元钱一粪箕子，一上午就收了十几粪箕子。他向村民借了一辆平板车，把老丁收的奇石拉回旅馆，又把这些石头打包装箱，准备运往上海。当时他手头十分紧张，为了不再出洋相，他瞒着家人，和朋友一起，用了150元钱把老丁的石头，从徐州起货运往上海。这就是李富贵接触灵璧奇石的第一步。

六天后老丁回来了，告诉他运到上海的石头卖了七毛钱一斤。灵璧奇石，让他陷入了深深的思考，脑海里闪现着一个又一个规划。老丁说，这次不用起货了，要买一车，用车运到上海，要带洞的、象形的石头，同时老丁要他一起运货到上海。于是，李富贵灵璧石人生的起步，就从这一刻开始了。

他把老丁带到了磬石山后面的狼窝掌，发动当地农民上找石头，还是一粪箕子两元收购，只用了一天时间，就收购了两拖拉机。第二天，他租用了一辆小跃进汽车，把这些石头运往上海。不过这车上不全是老丁的石头，也有他的，他想知道石头在上海是干什么用的。

小跃进车开进上海，按老丁的指点停在了江阴路一个公共厕所旁。当时是11月，天气很冷，大清早的，老丁和他带着司机去小吃铺，一人吃了一碗面。吃完回到车前，只见老丁在地下铺了四张报纸，把石头拿出来，摆在报纸上。摆地摊买石头？老丁的举动让他暗暗吃惊，这样卖什么时候能卖完，又能买多少钱！一丝凉意袭上他心头。常言道，货到地头死，没办法，他只好看老丁的了。说来也奇怪了，不是说上海人奇怪，准确说是这些石头奇怪。老丁刚把石头一块块摆好，不一会儿就围上来了一圈人，大多数是老人。他们七嘴八舌、挑挑捡捡、争争抢抢，很快就把老丁面前的石头买完了，一口袋石头就卖了800多元。接着，围的人越来越多，争着要老丁把车上口袋里的石头倒出来。他看到眼前的场面，精神忽地抖了起来，他首先想到的是，石头卖贱了。几个年轻人趴到车上，一口袋一口袋地搬下来，争着抢着要买。老丁忙得满头是汗，一个劲地说："不卖了，不卖了，一个一个来。"他坐在车上，急中生智，叉开双腿，坐在装石头的口袋上，而且用手去护面前的几个口袋。李富贵也跟着老丁叫着："我们不卖了，不卖了。"可买石头的人也在叫，不卖不行，我们要买。正在双方争持的时候，有一辆小车停了下来，从车里下来了四个人，一起向他们走来，看着面前争抢石头的众人，其中一个人对我们说："这车石头我们全买了，有多少要多少。"在交易过程中才知道，买石头的是复旦大学的，其中就有他们的校长。当校长问这车石头要多少钱能卖时，他俩都傻眼了，准确说他俩也拿不准这车石头能值多少钱。他看老丁，老丁看他，两人商议了一下，要8000元吧！当对方知道要8000元时，也没讨价还价，一句"OK"，"交钱！""送货！"就完成了。

这时，李富贵走到校长跟前说："校长，车上有块石头不能卖，是我送给上海朋友的。"装车时他的确带上了一块石头，要送给上海的朋友。这朋友几年前在他的生产队插过队，俩人关系很好。那朋友回上海后，他们一直书信来往。他向校长表明那块石头的用意，校长知道他的用意后，坦然回答："可以的，那块石头你留下。"可是，当校长看到那块石头时，执意要买。那块石头高1.3米，宽60厘米，厚80厘米，上有30多个洞，玲珑剔透，洞洞相连，是块极品灵璧石。校长说："一句话，你开价吧！"面对这块石头，他不知道怎么开价，他看了看老丁，又看了看校长，最后用手抚摸着石头，一咬牙，下了下狠心："8000元！"校长欣然接受。

他第一次到上海卖灵璧石，同时从复旦大学校长那里了解到灵璧石在历史上的地位和价值，也知道了家乡的灵璧石为四大名石之首。从上海回来后，他决定大干一场。于是，他到徐州买来了葫芦三角铁架、链条千斤顶等开挖石头的工具，雇请村民上山采石。他一边组织人员上山采石，一边四处奔波，寻找有关灵璧石的文化传承和历史文献。经过几个月的努力，他不但采挖了大量灵璧石，也探索了灵璧石的历史。

这天，他的旅馆里来了一位姓周的中年人。他走进了旅馆，还没来得登记，就指名道姓地要找李富贵。他热情接待并从谈话中得知周先生是杭州青少年宫的领导，要在杭州青少年宫建一个灵璧石的园林。周先生和复旦大学校长是同学，经过介绍，就直奔灵璧磐石山来找他买灵璧石。得知情况后，他既感动又激动，感动的是复旦大学校长对灵璧石的热情传播，激动的是知道了灵璧石的重大作用和巨额的经济价值。

第二天，他带周先生上山选石。他动用了几十个民工，破土挖石，让周老板一一选取。周先生看到破土而出的石头，激动万分、赞不绝口："这方土地，上帝赐给了神物。"经过了一个多星期的开挖，他家门口、房前屋后和马路两边到处堆满了奇形怪状的灵璧石。周先生看了那些石头，十分满意，赶快打电话回杭州，让人派车来运石头。五天后，他的家门口停了两辆皇冠轿车，车上下来了五位客人。周先生一一介绍后，他热情地请客人进屋喝茶，可五位客人看到了满地的灵璧石，惊喜得眼睛睁得大大的，哪里还来得及喝茶。他们从房前到屋后，又门前到马路边，越看越喜欢。看完后，直接说："李老板，开价吧！"他看到来人对灵璧石那样喜欢和钟爱，谦让地说："众位领导，别谈价了，看得好，你们弄去玩好了。"浓浓的一句家乡话，道出了一颗善实善良忠厚的心，也道出了他对钟爱灵璧石的人的情怀和友谊。客人诚恳地说："你的心意我们领了，我们是国家建的园林，不用客气。"开价、过数、记账，8000 元的 4 块，7000 元的 19 块，5000 元的 16 块，4000 元的 23 块，还有 20 多块几百元的，这样大的数额，让他惊喜万分。来人打开皇冠车的后备厢，搬出两个箱子，打开来，满满的两箱钱。那时还没有百元大钞，都是十元面值的，十元一张，千元一沓，当他接过一沓沓人民币时，感觉是在做梦。

从此他走上了开挖灵璧石、发展灵璧石、鉴赏灵璧石的正轨。此次灵璧石的成功交易，确立了他在当今社会发展灵璧石的历史地位。更重要的是，他带动了磐石山下的渔沟镇千家万户的经济发展，展开了一场轰轰烈烈的灵璧石开发。当杭州的客人即将离别时，他从屋里抱出了 6 块自己珍藏的精品石赠给客人作为答谢。当杭州客人看到那 6 块各种形态的灵璧石时，一齐拍掌称赞："好啊，这才是灵璧石的珍品。"灵璧石走进了上海走进了杭州，通过各大媒体的传播，上海、天津、北京、苏州、厦门、昆明、青岛、沈阳等全国各大城市的赏石者蜂拥而来，争着见李富贵。1990 年北京亚运会时，他运送 26 块灵璧石进京，灵璧石走进了北京。接着他带着灵璧石到全国各地参展。1999 年昆明世博会上，灵璧石获奖数列于世界 80 多个国家和地区参赛石品之首。

今天，渔沟镇有大小石馆 200 多家，磬石山下，石农千家万户，家家门前有奇石，道路两旁、田间地头，灵璧石千姿百态，有的如雄狮怒吼、猛虎下山、骏马奔驰，有的如苍鹰展翅、锦鳞嬉戏、一鹤冲天，真是一石一景，一石一世界。李富贵作为开发灵璧石的先驱者，承建了融南北园林文化为一体的灵璧石公园"天一园"。2018 年 3 月，"天一园"被国家评为 3A 级旅游景区。

村办小学

吕允峰

我的家乡吕巷庄在灵城东北角，是个古老的村庄，有近千口人。1970 年开办了吕巷小学，校址就在大巷口，靠路边，土墙草屋，土桌木凳，把墙用漆涂黑当黑板。当时，我们庄上适学儿童有 30 多人，年龄相差三五岁，都放在一个班。没有课本，粉笔也是老师从城里带来的。老师叫季克英，是县实验小学派来助农支教的。她教的第一堂课就是让我们学写自己的名字，我们放学回家第一件事就是向父母炫耀。季老师还教我们唱儿歌、背毛主席语录。可惜 3 个月后，学校不知什么原因解散了，季老师走了，我们就又成了散放的"羊"。

学校解散后，村里还有个扫盲课堂，教员是魏学武。他每周都要从城里步行三里多路来给学员上课，风雨无阻。我和一些孩子也来到扫盲课堂学习。我记得扫盲课本里有"灵璧乡社二十一，听我一一对你提……还有向阳和韦集"。后来，魏学武成了我们东关小学的老师。

1971 年春天，学校又开课了。教室移到了吕景福家三间前屋，依然是土桌木凳。老师是村书记刘言彬爱人王爱玲。我们学生全是本村的，已增加到了50 来人。教学比以前显得正规多了，有了课本，也布置作业，课程主要是语文和算术，上课下课全由王老师手摇铃铛来决定。语文课本上带有插图，第一课是"毛主席万岁"，第二课是"共产党万岁"，第三课是"中华人民共和国万岁"……那时，王老师要看我们做作业，还要送我们回家并进行家访，一天到晚忙得很辛苦，报酬是由生产队给记工分。

仅仅过了一年，吕巷小学就并入了灵璧东关小学，我们跟着进了东关小学，从一年级开始重新学习。王爱玲老师却没有课带了，据说，学生分流后，她哭了好几天。

灵璧中学回眸

灵璧中学原坐落在古灵城东南隅，是一所省级示范高中。建校以来走过了近 77 个春秋，历尽沧桑，砥砺奋进，不断发展壮大，成了皖北教育的一颗璀璨明珠。

灵璧中学最初为灵璧县立初级中学，始建于 1944 年，地址在县北东北楼村。抗战胜利迁往固镇。1946 年秋，学校迁回灵城，地址在现在老实验小学处。1947 年秋，因局势变化，学校迁回固镇鲁东酱园厂，不久又在灵璧开办分校。1948 年 11 月 25 日，灵城解放。灵璧县领导指派王任飞等负责恢复筹建灵璧中学，取正学书院为校址。

正学书院是灵璧文化教育的摇篮。北宋元丰元年间，根据苏轼倡导于此设立学堂，名流望族翕然响应。因此地竹林茂然，时人称之竹中精舍，苏轼誉其为"灵阳圣地"。明代万历二十五年（1597），钟大章任灵璧知县。上任伊始，他微服私访，考察民情，把办学作为重中之重，慷慨解囊，并争取社会力量，在竹中精舍遗址创建书院，名曰"正学"。东林党首领邹元标应邀作记，自此，正学书院士子云集，名声大振。其后，书院数遭兵燹，屡废屡建。清道光年（1821—1850）间，知县孙润重修。清光绪四年（1878）知县张树建再次修葺。清光绪三十二年（1906）改为官办高等小学堂。1927 年，改为县立第一完全小学。

1950 年上半年灵璧分校更名为灵璧县初级中学，1956 年增设高中班，学校更名为安徽省灵璧中学。1958 年成为地管中学。1978 年，县政府组建一所新的中学，定名为灵璧一中，故灵璧中学更名为灵璧二中，同时由地管中学降为县属中学。1992 年 8 月，恢复灵璧中学校名。1996 年 4 月升为地区重点中学，2001 年 9 月跻身安徽省级示范高中行列。

从最早的漂泊无定，到定址于正学书院，再到现代化的校园，灵璧中学一路栉风沐雨，披荆斩棘，实现了从筚路蓝缕到春华秋实的完美蜕变。

从 1949 年到 1951 年，灵璧中学校舍只限于正学书院的数十间旧屋。1952 年，为适应学校发展需要，校园向东扩展，盖了砖瓦结构的校舍 42 间，建设了北大门。1955 年 12 月建成可容纳 800 余人的灵中礼堂。1956 年学校向东扩展到护城河，新建了实验室、"H"形办公室和四口标准教室，为灵璧中学的进一步发展奠定了物质基础。1962 年暑期后，学校分成东西两校上课，西校在灵璧老一中院内，是初中部，东校在灵中，是高中部。至此，学校面积已扩展到 200 多亩，其规模在宿县地区独一无二。

由于历史原因，灵璧中学也曾陷于低谷。拨乱反正后，灵璧中学开始谋划中兴之计。根据发展目标，学校作出了分区建设的发展规划。从校门起，一条东西走向宽阔水泥大道与东半部分的一条南北走向的水泥路衔接，组成一个英文字母"T"。"T"字的竖笔把校园分成南北不等宽的两半，北半部的东半截，以两幢能容纳 40 个教学班的教学楼为主体建筑，和紧紧连接其东首的400 米的标准跑道、西边四合院实验室构成教学区；西半截以质朴、古雅、能容纳 300 人就餐的两层楼饭厅为主体建筑，连接其北边的宿舍，构成学生生活区。"T"字横笔的东部又分为南北两半，北半部以两层小楼连接它南边的平房为校办工厂；南半部是教职工生活区的延伸部分。工厂区以东是苗圃区。这两幢教学楼、400 米跑道、水泥路、学生餐厅、东边的校墙等，都是灵中自力更生的产物。

1995 年起学校开始进一步美化和绿化校园，拓宽、翻修教学区主干道，整形教学区门前的"希望大道"，建假山喷水池，造荟萃亭、晨读长廊，架设路灯，种植树木花卉，铺设草坪，校园面貌焕然一新。

为创建省级示范高中，1996 年学校调整了布局。一是将原有教学区整体向南推进，面积扩大一倍以上；二是开南大门，建南大桥，修南大路；三是在拆迁的土地上建图书综合楼、报告厅、主教学大楼、艺术馆、体育馆，修环形大道、校园广场、文化长廊、绿化带、园林式景点；四是在新水塔以东建设安置楼，作为教职工生活区。

根据校园规划，从 1997 年 10 月开始，工程施工进入高潮，到 2004 年，学生公寓楼，实验大楼，餐宿楼，安居六、七、八楼、老教学三楼，图书楼，报告厅，教学 1 号楼等一座座新颖壮观、凸显时代气息的大楼如雨后春笋般在校园内矗立起来。

为实现教学设备现代化，学校在实验楼盖好后，按省示范高中要求，在"省级电化教学一类达标"的基础上完成了高标准、现代化的设备装置，内设十一个理化生实验室，一个生物标本室，两个科技室、四个微机室、两个语音室、一个多媒体室，一个多媒体双向教学控制室。各班配置了幻灯机、电视机、录音机和投影仪等电教设备。2000 年被市评为"现代化教育技术实验学校"。

2004 年 10 月，学校南大桥建成，南大门开通。通往南大门的路面宽 40 米，为青石路面。从教学区到南西门前，架设了两座高标准、景点式的新型大桥。校门为现代化、开放式大门，巍峨壮观，气势恢宏。2007 年教学 1 号楼二期工程完工。2010 年重建教学 3 号楼，2011 年重建教学 2 号楼，2013 年教学 5 号楼竣工。

灵璧中学在抓好基础设施建设的同时，还根植于本地独特的文化土壤中，着力加强特色校园文化建设，于 2009 年重修了正学书院，创建了楚汉文化园、钟馗园和奇石园三大人文景观园，百果园、百花园、银杏园、桂花园、月季园和樱花园六大自然生态园。"九园一院"构成了内涵丰富、特色鲜明的校园文化景观，改善了育人环境，使学生耳濡目染，受到美的熏陶和感染，已成为灵中名片，受到人们的高度称赞。

完善的基础设施、设备，优美的校园环境，为灵中的发展提供了物质保障。但让灵中腾飞起来的却是因为学校有一个团结奋进的领导集体、一支业务精良的教师队伍，以及这个集体和队伍科学的管理水平和创新的教育教学理念。

随着学生的增多，教师人数的增加，学校的管理也逐步完善。1951年下半年起，学校教师增加至十几人，于是成立了语文、数学、政史、体育等教研组，开始了有组织的教研活动。从此，灵璧中学步入了正规办学阶段。进入20世纪60年代，教育教学管理又上了一个新台阶。教师的政治业务学习、教研组的听课、观摩活动、新教师的试讲、领导成员蹲教研组、班主任工作经验交流、师生体育运动会等都形成了制度化，全校的教研教学活动严谨有序，正常运转。

十一届三中全会以后，为振兴灵璧中学，学校在校长朱向新的带领下，大刀阔斧地进行拨乱反正。一是强化思想教育，开展集体主义和传统道德教育，建立规章制度和奖惩办法。二是在教学上，实行量化管理，提高工作效益。三是对差生，从学生的实际出发，为充分发挥其特长营造空间。四是实施青年教师的"富脑工程"，鼓励、支持青年教师离职或在职进修，提高专业知识水平，实行听课和集体备课制度，让新老教师在帮学中互相促进，共同提高。号召全体教学人员既要广泛涉猎，厚积薄发，及时吸收本学科的最新研究成果，确保教学内容的新鲜性，又要有计划地去学些高层次的专业知识和理论，使自己在工作中永远立于不败之地。

到了20世纪90年代初，学校有教师149名，其中高级教师14人，中级教师51人，同时教师的素质也不断提高。高考也取得好成绩，1984年，灵中上线人数高达137人，位居全县兄弟学校之首。

1994年11月，灵璧中学举行了50周年校庆。校庆之后，朱向新校长离休，新校长王善民上任。为了在竞争和挑战中再度崛起，实现飞越发展，学校形成了"以校庆为契机，以创建地区重点中学为突破口，继往开来，再度腾飞"的新发展思路。1995年初，学校教代会通过了"三步走"战略目标：坚持三个面向，实行五育并举，培养"四有"新人，努力实现办学的"3-5-8"奋斗目标。3年（1994—1996年）把灵璧中学办成地区重点中学，5年（1997—

2001 年）把灵璧中学办成安徽省示范高中，8 年（2002—2009 年）把灵璧中学办成国家示范高中。

这一分段办学的目标，从理论到实践不断地引导灵璧中学向新的台阶攀登。为了创建地区重点中学，学校进一步完善规章制度，强化管理，在加强硬件建设的同时，在"软件"建设上狠下功夫。一是大力加强领导班子的思想和作风建设，使领导班子在创建工作中成为坚强的领导核心和指挥中心，成为创建的组织者、实践者和带头人。二是完善岗位责任制，保障各项工作高效运转。三是建立考核制度，做到赏罚分明。四是以教学为中心，突出教育常规管理。五是组织领导班子和相关教师走出去参观学习，取长补短，开阔眼界。为了优化校园秩序，学校实行了开放式办学，封闭式管理，使学校安全管理得到加强。

1995 年高考，本科上线达 32 人，比上一年增加 20 人。1996 年 4 月，宿县地区行署教委下文，宣布灵璧中学为地区重点中学。

在创建省示范高中的工作中，灵璧中学除了制定校园发展规划，调整学校布局，主要是在优化教育管理、深化教育改革、提高教育教学质量上下功夫，推行素质教育，培养全面发展人才。一是坚持德育领先，加强精神文明建设，提高学生思想道德素质。二是制定培养措施，不断提高教师素质，建设一流的师资队伍。为此，学校着力抓了"两个高标准"，第一个是师德建设高标准，通过制定章则，明确要求，定期对师德进行考评，促进师德建设，实现以法治教和以德治教相结合。第二个是业务素质建设高标准，用人上采取公开招聘，严格选拔。业务上开展过"四关"活动，即教材关、语言关、板书关、运用现代教学手段关。鼓励教师提高学历，对在职进修、脱产进修、自学、考研的教师，尽可能提供方便。启动"名师工程"，实施"名师兴校"战略，提高名师、学科带头人、骨干教师的待遇，发挥其带头和辐射作用。开展新老教师结对活动，严格要求结对教师集体备课，互相说课、讨论教案编写和课堂教学教改，以求取得最佳教学效果。大兴教研之风，要求教师人人有课题研究，设立优秀论文奖、课题研究成果奖。1997 年以来，灵璧中学教师发表省级论文360 多篇，发表国家级论文 100 多篇。三是坚持教学改革，突出办学特色，不断提高教育质量。首先是加强科学管理，确保质量提高。通过管理目标化、制度化、引入竞争机制等手段，激发进取精神，挖掘潜在智能。其次是重视个体差异，坚持以人为本。面向全体学生，做到"四个一起抓"：好、中、差一起抓，智力因素和非智力因素一起抓，教与学一起抓，集体授课与个人选题一起抓。最后是加强特长教育，促进全面发展。四是深入开展教学改革，提高课堂教学效益。

通过以上措施的实施，学校教育教学质量大幅提高。自 1996 年以来，毕业生的合格率、优秀率逐年上升，高考本科上线人数逐年递增，1996 年达 78 人，1998 年达 107 人，1999 年达 221 人。2000 年本科上线 303 人，连续三年获"宿县地区高中教育教学先进单位"光荣称号。学校的规模也不断扩大，从 1994 年的 28 个班 1700 名学生，发展到 2000 年的 47 个班 3700 名学生。2001 年 9 月 15 日，省教育厅下文，批准灵璧中学为省级示范高中，并正式挂牌。

创建省级示范高中成功后，为了保证可持续发展，学校对前期创建工作进行了认真总结，巩固成绩，找出问题和不足，用新的业绩迎接省教育厅"三年以后回头看"。在推进新课改革方面，学校注意结合校情，积极开发校本课程，加强校本教学，走出了有灵中特色的新路子。在教科研方面，从严要求，教学科研一起抓，突出特色。常规管理，重在求真务实，狠抓教学环节的"六认真"，即认真备课、认真上课、认真辅导、认真布置批改作业、认真指导学法、认真检测教学效果。指导教师把握好教学中的"六个度"，即讲究梯度，把握难度，延伸广度，加大密度，提高速度，以此推动实施艺术性教学。学校还改革管理模式，构建了开放、创新的管理机制。

三年的巩固期，学校迅猛发展，教学班达 84 个，学生 6700 余名。教学质量不断提高，高考本科上线逐年递增。2002 年达 346 人，2003 年达 486 人，2004 年达 711 人，连续受到市教育局和市政府的贺电嘉奖。

2004 年 10 月灵璧中学成功举办了灵璧中学建校 60 周年校庆。2005 年学校制定了 5—10 年的办学思路和发展目标：办成高质量、有特色的名校，培养高素质、有特长学生。决心用 5—10 年将灵中办成现代化、有特色、高质量、高效益的省级优秀示范高级中学。为实现这一目标，学校完善了"名师"工程、教学改革工程、教研和学科竞赛工程、科学管理工程和"数字化"工程，开展了报纸、杂志、百科、名著"四室"阅览、科技创新、特教、社会实践、艺体五大活动，使学校教学质量、会考水平、高考升学率、科技竞赛水平、学生整体素质都大幅度提高。2004 年校庆以后，学校高考成绩年年上台阶，2005—2007 年和 2011 年高考，本科上线都超过千人，先后涌现出马灵、李晓东、徐晨莹、胡业磊、王兴菜、倪宇浩、郭锴、赵晶晶、梁宵、蔡倜然等一批高考市、县理科和文科状元，先后有一大批学被北京大学、清华大学、中国科学技术大学、浙江大学等全国名校录取。

2012 年 3 月，王善民校长离职，王峰任灵中校长。

为了谋划长远发展，学校制定了"12345"发展战略。"1"是一个宗旨：加速崛起。"2"是两个重点：安全第一、质量第一。"3"是三个目标：全县第一，全市领先，全省知名。"4"是四项措施：激情校园，领导苦管，教师苦教，学生苦学。"5"是五型校园：平安校园、公园校园、竞争校园、责任校园、和谐校园。

在这一理念的引领下，学校多措并举，再一次擂鼓超越。首先是超前储备，打造强势的教师队伍。2013—2014 年从一批"985"院校、"211"院校招聘 60 多名优秀硕士毕业生、免费师范生，极大地提高了灵中的师资水平。其次是建立激励机制，调动教师的积极性。最后是高度重视教研工作，着力打造高效课堂。

2013—2020 年高考，除了本科上线人数逐年递增，灵中有四名学生夺得宿州市第一名。他们是 2016 年市文科第一名周李、2018 年市文科第一名龚世伟、2019 年市理科第一名时子延、2020 年市理科第一名陈嘉洋。清华北大录取 30 人，是 1944—2012 年间录取总和的 6 倍。2017—2018 年中考管佳文、陈泽楷、解云舒三名学生相继夺得全省第一名。

1994 年以来，学校连年被评为市县"高中教学管理先进单位""德育工作先进单位""社会治安综合治理先进单位"等，连续四年被县委评为"先进基层党组织"，先后被评为"全国青少年爱国主义读书教育活动示范学校""安徽省绿色学校"，被团省委授予"五四红旗团委"荣誉称号，被省委、省政府授予省级"文明单位"荣誉称号。

2014 年灵璧中学成功举办了灵璧中学建校七十周年校庆。2019 年 7 月灵璧中学初中部划出，成立灵璧第二初级中学，校址在原灵璧三中。2020 年 9 月灵璧中学搬到位于灵璧县北部开发区的新址。新校占地 378 亩，总建筑面积约 20 万平方米，可容纳 120 个教学班，满足 6000 人就学、住宿。南区为教学办公区，主要建筑有教学楼三栋、图书实验综合楼一栋、国际部一座及艺术中心、风雨操场等。北区为生活区，主要建筑为教师公寓一栋、学生宿舍四栋、现代化食堂两栋、正学书院一座及配套供电用房等。校园采用江南风格园林式绿化，绿化面积达 35%，水域面积近 20000 平方米。校园采用全智能化管理，智慧校园建设将覆盖师生生活、学习、工作的方方面面。

（耿瑞英　整理）

家乡的"戴帽中学"

同龄人

1969 年，从上边传来"学制要缩短，教育要革命"和"小学附设初中班"的指示要求。学制缩短为小学五年、初中二年、高中二年。小学附设初中班，让各地的办学积极性得到空前释放，被人们称为"戴帽中学"的小学附设初中班如雨后春笋般破土而出。九顶公社的马集小学当然也不甘落后，附设了初中班。许多同学高高兴兴地在家门口上了中学。

马集小学原来是一所完全小学，当时有十几名教师，师资力量比较雄厚。其中，大多是师范学校毕业的公办教师，有三位民办教师也是名副其实的高三毕业生，教初中一、二年级两个班还是可以的。当时的马集小学校长刘申，突发奇想，要接着办"戴帽高中"。马集小学办戴帽高中的喜讯一经传出，朝阳集周边有十多名学生慕名而来，插班在马集戴帽高中就读，其中有两位同学的家离马集 20 多里远。后来可能是上级有了新的指示，要求撤并，加之本学校师资力量也难以支撑（没有化学老师），马集戴帽高中的 40 多名学生，于 1972 年暑期通过考试（有三人没有考上）并入九顶中学读书。因为马集戴帽高中是暑期始业，而九顶中学是寒假始业，从马集并来的那一班学生只好插班，再上一个学期高一，1973 年寒假后升至高二，1974 年 1 月毕业。

马集小学办的戴帽初中后来成为马集联中，戴帽高中只存在一年时间。40 多年过去，那一个班的学生而今都已年过花甲，他们中的许多人成为农业生产的骨干和基层科教文卫部门的中坚力量，其中，马树喜在教育岗位作出了突出成就。他从一个民办教师，转为公办教师，调入县实验小学任教，并且光荣加入中国共产党，写出了小学语文教学论文 30 余篇，先后在《中国教育报》《人民教育》等十一家报刊上发表，被中央教育科学研究所评为"小学语文教改实验先进工作者"，后被选拔担任县实验小学校长。

1966 年以前，灵璧县只有一所完全中学——灵璧中学，仅有渔沟、高楼、尤集、浍沟、晏路和灵初中等六所初级中学。全县七所中学的在校生仅有 2000 余人，学生到外地读初高中要步行十几里、几十里，甚至上百里，很不方便。1969 年，灵璧县中学教育迎来大发展的新起点，不仅全县 500 多所完全小学附设初中班，办起了初级中学，而且在全县 20 个公社都办起了高级中学。当时的教师，有从蚌埠三中下迁到县城的，有从灵璧中学下迁到各个公社的，还有从高等院校分配来灵璧的"老五届"（1966—1970 年）毕业生，三股师资力量合在一起，把全县各公社的高级中学办得有声有色，在全县形成了上初中不出大队、上高中不出公社的新局面。那时候只要有升学愿望的人，都能够就近上初中、高中。中学教育得到了空前的大普及，为后来的普及九年制义务教育奠定了坚实的基础。

时间已经过去将近半个世纪，当年的戴帽中学为促进中学教育的大普及功不可没，我的家乡马集小学及其戴帽初中、戴帽高中也作出了应有的贡献。

有这么一群民办教师

陈平胜

1974 年 2 月，我从部队带病退役回乡，部队领导专门安排了周启林排长送我回家，并协助安排我今后的工作。在周启林排长的帮助下，费了九牛二虎之力，组织上同意我去王沈学校当民办教师。可我到了王沈学校，领导听说我连小学都没上完，坚决不同意接收我。几经周折，直到 1975 年 2 月，我才如愿以偿，在王沈学校当上了民办教师，带三（2）班语文兼班主任。

没吃过黄连的人不知道黄连的苦，没当过民办教师的人不知道民办教师的艰难。那时，民办教师的生活待遇极低，所谓薪水，就是由大队记工分（每天 7 分至 10 分，分值为 7 分到 1 角），国家另发每月 6 元至 9 元生活津贴。1981 年土地承包到户后，大队就没有工分可记了，国家的生活补贴逐步调整为每月 11 元、18 元、24 元。

当时的办学条件极差。教室是土墙草顶，窗户是土墙上留个洞，洞中竖上几根稍直一点的木棍。夏天太阳直射进教室，教室里闷热得很，雨天，外边的雨水刮进屋里，靠近窗户边同学的书本就会被打湿。

学生的课桌板凳全由学生自备，有的把母亲陪嫁的长条桌带来了，这是最豪华的课桌；有的把家里退役的案板桌带来了，这是最霸道的课桌；有的把家的长条大板凳带来了，这是最苗条的课桌；有的把家里的土坯带来了，支个泥台子，这是最敦实的课桌。泥凳子，泥台子，下面坐个泥孩子，就是那时候教室风景的真实写照。后来菠林小学发明了纸浆桌凳，就是把废弃的书纸用水浸泡，变成纸浆，又把纸浆掺进泥浆里混合后，再用土坯支在泥台上，但是，孩子们还是脏兮兮的。

那时候学校没有电，早晨要上早学，晚上高年级要上晚自习，室内的照明，要靠学生自带油灯，一个班级五六十个学生，就有五六十盏小油灯，教室里烟雾缭绕、油气扑鼻，学生的咳嗽声此起彼伏。

那时候，买不起闹钟，多数老师和学生掌握不准上早学时间，唯恐迟到，有的提前到校几个小时，有经验的老师和学生家长凭着鸡叫的遍数，月亮星星移动的位置来判断时间，冬天有不少老师、学生倒在雪窟里。由于我们校是七个村办的学校，有的离学校有五里多路，遇上阴雨天，很多老师和学生沦为落汤鸡是常有的事。

如此简陋的生活和办学条件，也没有泯灭民办教师育人授业的心灵之光，王沈学校的民办教师，凭着一颗颗善良的心，凭着对人民教育事业的赤诚，他们不负社会的重任，不负人民教师的光荣称号，在育人的田园里，无怨无悔，默默地耕耘着。

20 世纪 70 年代末期，在岗的民办教师知识参差不齐，小学没读完当民办教师的大有人在，有些虽然是高中毕业，由于十年"文革"的影响，也是学业不高。对此，他们不气馁，补短板，苦学文化，钻研业务，老师们进办公室只是埋头批改作业、写教案，没有一个说闲话的。他们读好两本书，一是安徽师范大学编写的《现代汉语》，二是东北吉林师范大学编写的《语文基础知识》。他们白天上课批改作业，夜间回家还要伏案读书，写读书笔记。70 年代，学校的教学工作，除教科书外，根本没有什么教辅书，五年级毕业复习，都要靠教师自己编写复习资料。高年级的老师每天上午上完两节课后，就要到周边有五年级毕业班的七八所学校去，相互交流所编写的复习内容，补自己短缺，明确复习范围，抓住复习重点。那个时候，民办教师有使不完的干劲，星期天，他们还要给学生补缺补差，放学了，他们还要延长半小时给学生上课。

民办教师不仅是一个家庭的主要支撑，更是农村学校的支撑。陈平杰家中有 80 岁的老父亲抱病卧床几年，他让妻子代为行孝，从未耽误过一节课。民办教师李贺下肢患静脉曲张，怕冷，三伏天还得用棉絮紧紧地缠着腿，冬天就难忍受了，轻时拄着棍，重时得学生用平板车拉着。学校领导劝他先治好腿再来上班，可他就是不肯。后来，实在坚持不住了，他才打算去治疗。离开前，他用 4 个晚上的时间，让本村的学生拉着他走完了 40 多个学生的家，向家长介绍了孩子学习情况和在校表现。

20 世纪 80 年代初期，实行土地承包责任制，调动了我国广大农民的生产积极性，但对民办教师的教学岗位冲击甚猛。每个家庭都有五六亩地，人口多的，甚至有八九亩地，一年两季收种，王沈学校的民办教师既要上好课，又要把地种好。

他们白天上课，夜间生产；上午上课，中午生产，个人的利益与教学岗位发生矛盾时，个人利益要主动让位，王沈学校的民办教师个个秉承了这个理念。王敬生老师的爱人身体常年体弱多病，四个孩子都在上学，家里地里全靠他一人，可他从未因家事繁重耽误教学。民办教师如此超负荷工作，却依然默默坚守。

那个时候，使人最感动的是刘思华、吴清华、刘孝勤、毛翠玲几位女教师，她们在怀孕期间，从来没因此请过假，都是在临分娩前，才离开课堂，当孩子刚满月，又立即进入了课堂。

在改革开放的大潮中，下海经商、停薪留职的现象比较普遍，然而王沈学校的19位民办教师，拿着每月24元的工资，无一离岗，始终站在三尺讲台上。

那时，学校有6个公办教师，他们的收入是民办教师的几倍。同样的工作，不同的待遇。每逢他们涨工资、补工资时，着实让民办教师羡慕，但他们从来不心灰意冷。校长陈平胜，也是民师身份，总是不断地安慰大家、鼓励大家说："我们的工作和收入，党和政府都看在眼里，不会不管我们的，总有一天，我们也会像公办教师一样同工同酬的。"于是，民办教师多么希望转成公办教师啊，他们更加刻苦钻研业务，潜心研究教育教学规律，努力提升教育教学成果，默默地学着干、比着干，你想超过我，我想超过你，个个都想早日实现自己的梦想——转正。

1995年，省政府下发红头文件给符合条件的民办教师转正。王沈学校的19位民办教师全员转成公办教师。大家别提多高兴了，互相祝福，奔走相告。从此，民办教师心情舒畅，以更加昂扬的姿态投身于他们钟爱的教育事业。

县办大学

同龄人

20世纪70年代，灵璧县曾经创办了两所大学。

一所是灵璧县共产主义劳动大学。1976年春天，电影《决裂》在全国公映，各地掀起仿效江西共产主义劳动大学，兴办共产主义劳动大学的热潮。灵璧县共产主义劳动大学由灵璧中学筹建，校址在灵城北五里井东边的半山坡上。"共大"设置农学、农电、兽医、财会四个专业。安徽农学院畜牧兽医专业第一届工农兵学员陈义红同学，担任兽医专业专职教师。1977年3月招收近200名学员，在校学习至年底毕业。灵璧县"共大"只办了一期就停办了。

另一所是灵璧县"五·七"大学。1969年秋天，灵璧中学破天荒地办了个畜牧兽医班。全班45名学员，我是其中一员。班主任是灵中的李学文老师（后历任县委组织部副部长兼人事局局长、县教委主任），教我们专业课的老师有县农林局的张文超、郑忠良和县食品公司的王正钦。1970年春节后，我们得知灵璧县革命委员会决定创办灵璧县"五·七"大学，校址在灵璧县初级中学。灵璧中学的畜牧兽医班并入县"五·七"大学，再设置农学、机电、师训三个专业。学校派遣我们畜牧兽医专业的学员分赴全县20个公社去招生，要求我们务必做到与公社、大队的领导和推荐的新生三见面。我手持灵璧县革命委员会的招生介绍信，徒步前往黄湾公社的晏路、柯湖、红星、庙李、砂坝等大队与十几位新生见面，向他们宣传灵璧县创办"五·七"大学的重大意义。

1970年3月5日，灵璧县"五·七"大学举行开学典礼。在操场上摆放了一排课桌和大板凳当作主席台，出席会议的各位领导面南而坐，200多名学员排着整齐的队伍面向主席台站立。大会宣布，灵璧县革命委员会副主任巩凤才兼任县"五·七"大学校长，赵后树任第一副校长，主持学校日常工作。后来，梁建民、庞振祥陆续担任副校长。县"五·七"大学的学员虽然不转为非农业户口，但是，按照中专标准供应口粮，每人每月34斤。学员每人每月需交生活费9.6元。全校的女生集中住在学校东北角的一个小院内，男生分别住在各班的教室里。我们兽医班45人，全是男生，住在三间大教室里。教室里既没有桌椅板凳也没有高低床，学员自己动手铺地铺，白天上课和夜晚睡觉都在地铺上。学校以抗日军政大学的"团结、紧张、严肃、活泼"为校训，要求我们学习和发扬抗日军政大学优良传统，不怕艰苦，克服困难，努力学好政治和业务知识，为灵璧县"五·七"大学第一届学员争光。

学员上课没有书本，全靠注意听和做笔记。各个专业的教员皆是全县有关行业首屈一指的专业人士。我们兽医班的张文超老师是县农林局畜牧兽医股股长，郑忠良老师是灵璧县畜牧兽医界第一个本科大学毕业生，后任县政协副主席。师训专业是倪训文老师，他后来任灵璧一中校长，另外两个专业老师的名字我记不清了。名师讲课深入浅出，生动风趣，我们听得懂，记得牢，并能举一反三。我至今还记得郑忠良老师讲课时的名句，他说，发热是家畜肌体产生的自我保护性反应，不要盲目地使用退烧药；磺胺类药物只有抑菌作用没有杀菌作用，所以首次量要加倍，并且要定时给药，以维持药物在血液中的有效浓度。当时，张文超老师已经年过半百，还坚持带我们参加春、秋两季生猪防疫，到东关家畜饲养场、西关家畜配种站和附近村庄实习。他理论结合实践，一边操作，一边讲解，使我们的学习取得了良好的效果。

1970年11月5日，灵璧县"五·七"大学首届学员毕业。从开学到毕业，整整八个月时间，我们畜牧兽医班是整整一年的时间，其间没有放暑假。毕业分配原则上实行"社来社去"，而后来师训专业30多名学员全部被录用为公办教师，其中王希祥同学后来担任灵璧一中副校长，机电专业70多名学员中，本校录用梁大林、梁岭、晏金武等10人为正式工人，其余学员回到本公社，分别在供电所、机械厂、拖拉机站等单位工作，农学专业的50多名学员回到本公社，大多进行农业技术推广工作，我们畜牧兽医专业学员有少数人进入公社食品站当检疫员，大多数人在公社畜牧兽医站工作，其中王怀成、刘儒本、张桂平、邵明德、张汉奎等同学后来担任乡镇畜牧兽医站站长。渔沟公社的张振义同学于1971年又上了淮南煤炭学院，毕业后在淮北煤矿工作，后担任淮北煤电集团副总经理。我在九顶公社畜牧兽医站工作两年多，1973年到安徽农学院畜牧兽医系继续深造，后在灵璧县科学技术协会副主席职位上退休。

灵璧县"五·七"大学第二届增设卫生专业、财会专业，先后共招收四期学员，为本县培养各方面急需实用人才800多名。1973年，灵璧县"五·七"大学停办。

九顶农民大学创办记

同龄人

20世纪70年代，农业提倡科学种田，开始使用化肥、磷肥和农药，每个大队都办了一个农科队，生产队有科技小组，机械化、电气化也开始起步。公社建起了变电所，拖拉机站增添了拖拉机，大队、生产队用上了电动机、柴油机。公社畜牧兽医站只有十几名兽医人员，满足不了全公社33个大队发展畜牧养殖业的需要。农村各方面技术人才短缺的问题越来越突出。

针对这种情况，当时的公社党委书记，不是消极"等、靠、要"，而是积极想办法培养农村急需人才。经过公社党委会研究，决定创立九顶农民大学，校址选在朝阳集南三里远、灵双公路东边约200米的赵庄小农场。学校占地50亩，新建六间大瓦房当作教室和会议室，老师和学生的宿舍以及学校办公室、食堂，都是临时搭建的简易茅草庵棚。第一期兴办农学、机电、兽医3个专业，学员由33个大队推荐，每个专业每个大队一个名额。学员要求具有初高中文化程度，身体健康，热爱所学专业，愿意回本大队为农业生产服务。

1976年春，九顶农民大学3个专业约100名学员报到入学，学制为一年。戚良璧任校长，崔辉任党支部书记。后来，戚良璧因病去世，崔辉兼任校长。农学专业班主任是魏老师，机电专业班主任是王老师，兽医专业班主任是张老师。班主任为专职教师，各个专业还从公社相关单位选聘人员担任兼职教师。学生自带口粮，交食堂入伙。学校领导和老师、学生同吃、同住、同劳动。师生们上课没有桌椅板凳，睡觉睡地铺，吃的是白芋干面馍，喝的是白芋干面稀饭或者青菜汤，能够吃上一顿面条就好像过年了。面条用的是三分之一黄豆与三分之二白芋干掺在一起的面粉。1976年5月，我从安徽农学院畜牧兽医专业回到本县实习，得知九顶农民大学有畜牧兽医专业，便主动要求到农民大学授课，为家乡作一点贡献。我在九顶农民大学同师生们一起生活了两个多月，亲身体验了那里的简陋条件下的艰苦生活。

九顶农民大学学习辽宁省朝阳农学院的办学经验，实行开门办学。农学专业学习农作物科学栽培技术和病虫害防治知识，在本学校的田地里边学习边实践。机电专业组织学员分别到公社拖拉机站、机械厂和供电所去实习，组织学员下大队架设高、低压线路，维修各种农用机械。兽医专业组织学员参加生猪防疫，跟着包队兽医进村入户给猪打防疫针、给公牛做阉割手术、学习给家畜家禽诊断治疗疾病。

九顶公社创办农民大学，引起了灵璧县教育局领导的高度重视，局领导多次莅临九顶农民大学检查指导工作。有一次，教育局领导在全体师生会议上发表了热情洋溢的讲话，肯定了九顶农民大学为当地培养急需实用人才，是灵璧县教育系统开展"学朝农，见行动"的一面旗帜。

走进灵璧县高级职业技术学校

张少秋

坐凤凰西岭，闻琅琅书声。教舍巍峨，窗明几净。师生用功，瑞气升腾。借职教春风兮，使弱冠重生。喜蟾宫折桂，看金榜题名。盼女成凤，望子乘龙。烛光燃尽，倾注真情。替天地化育兮，为学子鹏程。银发白首兮，老当益壮。青年才俊兮，血脉贲张。一心育才为乡梓兮，呕心沥血比学赶帮。百倍努力争上游兮，创造辉煌当仁不让。技能大赛破天荒，多金从容收吾囊。汽车营销国级赛，巾帼不让须眉强。凝心聚力兮，言传身教只为后生一技长。有教无类兮，授业传道甘当人梯勇担纲。真谓，济苍生为己任德艺双馨。堪是，既园丁又父母盖世无双。遥望他日步云时，欣慰弦歌天下扬。

——题记

欣闻灵璧县高级职业技术学校申报 A 类学校通过网上验收，只待实地验收通过……从遥不可及到垂手可得，不只是我欣慰，而是全校，不！全县教体界，乃至全县父老乡亲都为之振奋。要知道晋升 A 类学校就意味着升格进入全国一千所重点职业学校，是对办学宗旨、教学质量等综合素质的高度认可，是对我县教育的提升，意味着"专"升"本"，是开在家门口的大学，更大利好于师生，故情不自禁地写下了赋文以贺。

灵璧县高职源于灵璧三中，成建于 1978 年，与改革开放同步，校址在灵璧县城北关盐业仓库（关帝庙遗址），曾几时何门口挂上了职高的牌子，成了"一校两部"，虽终究排在一、二中后，却是全县五所职高的领头羊。生源堪忧，教职工也自觉低人一等。抑或真是"羊"的缘故，三中（职高）还真的经历了漫漫的放养期，学生恋爱、酗酒、着奇装异服、打架斗殴，社会威望一塌糊涂……终有一日，三中人执教鞭在手抽向校风校纪，不再和人拼大文大理，踏出了"音体美"特色的蹊径，一度"文理兼顾""特色互补"摘取"全国特色学校"的桂冠。人们开始关注三中，其实那时已经是职高的牌子，无奈惯性思维根深蒂固，人们总是"三中三中"地喊着令人别扭。殊不知职高人默默地付出了多少汗水？经历了多少的阵痛，甚至挣扎才化蛹成蝶？有道是花香蝶自来，职高人把校园打扮成了花圃，最关键的是打造了一支乐于奉献的"园丁"队伍。当你跨入那时的职高大门，映入眼帘的是一泓碧水，九曲小桥，深邃的连廊，挺拔的香樟。还有那叮咚泉水，辽阔的草原。这象征着职高人有博大的胸襟，向往着更广阔的空间。"双轮驱动""并驾齐驱"是职高人教改的成功范例。

时代的车轮碾到了 2018 年 11 月，高职迎来了一位新领导，他就是在多个基层中学担任 20 余载校长的尹成新。他年过半百，始终保持阳光、昂扬、沉稳、大方。是时代的呼唤，是责任的使然。上任伊始，他没有新官上任三把火的燎烤，没有开教职工见面会，没有滔滔不绝的说教。只有拜访骨干老师，只有系部级部负责人的座谈，只有和风细雨的讨教，只有两个何去何从的话题。一是面临学校迁址，将要迁移到凤凰山西的荒滩上，可谓八向不沾邻居的荒郊野外，高职仿佛被人旱地拔葱又扔到了一边，别人生的晚娘不爱嘛！难怪教职员工会产生人心思走情绪。对于这个问题尹校长很会"细剥葱"，开诚布公申明自己不会堵住每个人的升迁通道，他同意并会支持每位教师自己的选择。但若是留下来的，必须遵循校规校纪。他的坦诚，他的率真，他的襟怀，他的亲和力成就了他"拴心留人"。许多教师是在彷徨犹豫中、在停留观望的交织里被他的人格魅力所折服。二是教改何去何从？是继续普高模式，还是定位职高？许多同志都认为过去的"双轮驱动"曾经也有过闪光，不如利用职高政策行普高之实。在当前应试教育的挟裹下，职高的生源素质根本不能和两个省重点高中匹敌。若是坚持这个方向，难免有些误人子弟之嫌。办什么样的学校才不泥古？做什么样特色才算创新？困惑萦绕大家的时候，唯尹校长一人了然于胸。他向各位同人征询意见，不厌其烦地渗透他的理念。让大家讨论何为"兜底教育"？使大家明白是其他学校不要的学生，或者是问题学生必须由我们接收继续教育，让大家清楚自己是在承担社会维稳的责任。要是让万儿八千无学可上的学生流落社会，不一定会出什么样的乱子？会给家庭、社会带来多少麻烦？换言之，得有多少公安警力来处置平息？同时他也让大家明白职高教育不是"跛子里面挑将军"，而是让人人都能够享受同等的教育资源，是成人成才教育，是培养地方经济发展的技术人才。许多人在他的潜移默化下达成了共识，人心思去变成人心思进，"拴心留人"演变成"凝心聚力"。"办适合的教育，做最好的自己"就是他们办学的宗旨和目标，是尹校长在学校放假时召开全校教工大会上的就职演说，是一场生动的师德教育动员。扎根灵璧大地，办支撑经济发展的特色教育，是从那低谷发出的铿锵呐喊。

"萧瑟秋风今又是，换了人间。"一代伟人毛泽东主席在1954年写的这首《浪淘沙·北戴河》诗词的尾句，仿佛是对65年后灵璧县高级职业技术学校的写照。这个"换了人间"释义是换了新颜。

笔者用一串数据来诠释：2019年1月24日，国发〔2019〕4号："国家职业教育改革实施方案"一文开头首句称："职业教育与普通教育是两种不同的教育类型，具有同等重要地位。"除高度定位外，还确定了"着力培养高素质劳动者和技术技能人才"的办学目标。

2019年4月18日，灵璧县高级职业技术学校迁到了新址，开设六大系部100多个班级，在校生7260人（2018年新招2518人，2019年新招3047人，2020年新招3788人，2021年新招4500人，在校人数达11080人）。

2019年5月20日与合肥工业大学成功牵手，"合肥工业大学技师学院灵璧分院"挂牌；根据国发4号文件"促进产教融合"双元"育人，坚持知行合一，工学结合"的办学方针。在合工大汽车技师学院的大力支持下，建起了国内一流的实训基地。

2019年10月15日《安徽省职业教育改革实施方案》出台。职教的春天提前来到灵璧县年余……真可谓人勤春早。

2020年春新冠阻击战在全国打响，高职师生遵政令居家防疫。体育专长生刘传贺为了不落下训练成绩影响高考，在家里面坚持利用简便器材锻炼身体。板车轱辘当杠铃练蹲举，河堤上他腰拖废轮胎练长跑，父亲和姐姐也成了他负重起蹲的器材。中央电视台用了十多分钟的时长在黄金时段向全国人民报道，一时间网上点击量过亿，刘传贺自强不息的精神成了全国励志青年的楷模。为了彰表英雄，树立学生正确的人生观，灵璧高职将他所在的班评为"传贺班"，这恐是全国独一无二的、以学生名字命名的班级。

先人一步，"产品质量"得到了社会广泛认可。校规的十项禁令里面首条就是禁玩手机，这个强硬措施也赶在了国家出台政策前面。禁止染发文身、禁止打架斗殴也赫然在目，全面开展"感恩教育""养成教育"。文明礼仪蔚然成风，偌大的校园里面礼貌问候此起彼伏，门前的自行车也摆放得整整齐齐。尹校长其实对老师们教育孩子要求并不高，仅仅是"在校吃好，住好，玩好，学好，品质好"五好标准，这或许就是灵璧县高级职业技术学校的"良心教育"模式。

"看似平常最崎岖，成如容易却艰辛。"北宋王安石的诗句道出了真谛。高职在驶向高速发展的道路前，需要合力的推动。灵璧高职仿佛是一辆没有经过检测就上路行驶的汽车，需有高手随车保障，马道章、李浩、朱会文、汤瑞强几位副校长正是那当之无愧的高手。在聊天中朱会文副校长坦陈：学校是台系统庞杂的机器，管理学校不比管理庞大的机器轻松，万把人是从各个学校来的，难免带来各种各样的陋习。不能等出现了问题再追究责任，把学生开除了等于放任了，也是对家庭和社会的极端不负责任。我们采取"未病治理"法，开展了"综合素养提升班"教学活动。从顶撞老师，偷玩手机，随地吐痰，纠正小恶习方面入手，每周集中开课。为了让问题学生迅速向昨天告别，促进学生积极向上，提升班有开班仪式，老师有教案，学生有笔记，课间有发言，课后有反思，义务劳动有表现，结业必须有申请，批准了还要进行结业仪式。这一系列的过程体现了对学生的尊重，能够感到学校对他的温暖，让他感到师长的不离不弃。这种层进式、阶梯形方法可以触及学生灵魂，激发学生向善潜能，文明程度自然迅速提高。

自信的话语，轻松地流露，分明就是底气十足。殊不知这底气有过多少艰辛的历练才成为经验，即使是现在状况下的高职，他们也犹如"壮士断腕"般的勇敢。前不久，朱副校长还以职教的困惑为题向上反映了社会对职教认知度不高，实训开出率低，学用结合不足，课程适应性不强，师资力量不合理，容易造成厌学情绪等问题。这种直面困难、敢于揭丑的行为应该是灵璧高职的内生动力源泉。"问渠那得清如许，为有源头活水来。"南宋的朱熹仿佛早给他的后人明示了欲戴王冠必承其重的道理，自我加压的灵璧高职这列沉重的列车硬是被他们推上了高速发展的轨道。

"省内一流，国内知名，国际影响"是灵璧高职的办学目标，回顾三年来的努力，灵璧高职人锲而不舍地向目标冲刺，交出了令人满意的答卷。安徽省技能大赛总分第一，是全省 300 个参赛学校奖牌的总和。市级大赛设奖 14 个，灵璧高职轻取 11 个……本科录取数全省第一，因此灵璧高职被聘为安徽省对口本科五校联盟的会长单位。省内一流实至名归，国内知名也不在话下。2020 年 10 月 22 日，国家人力资源和社会保障部举办的"全国新能源汽车关键技术大赛""全国汽车流通行业技能竞赛营销师安徽省选拔赛教师组"（含学生组），灵璧高职汽车技师系的张贺、邢祥伟、汤桂芳（女）、王胜满（学生）4 人同时摘取国家级三等奖。他们不负重托，经过了层层选拔，一路过关斩将跃上了领奖台，成为耀眼的明星，也成为灵璧人的骄傲。系主任宁峰告诉笔者，自汽车系成立以来他们在国家和省市层面取得各类赛事奖共 51 个，涌现出一大批优秀教师和学生。目前，他们正借国赛雄风再接再厉，自己动手组装新能源汽车，准备参加全国新能源汽车场地拉力赛。众所周知，新能源汽车场地赛，不仅是速度与激情，还涉及造型、动力、车架轻量化、实用创新，考验车手毅力、意志，借以检测汽车性能的大赛。宁峰们敢于挑战，是灵璧高职产学研成果的体现，他们将代表灵璧高职站在了国家科技创新的前沿，国际影响将为期不远。

灵璧高职的体育场馆承担过全国青少年足球总决赛，全省职工羽毛球赛，这说明基础设施与国家接上了轨，赶上了与祖国同步。灵璧县委、县政府高度重视高职的发展，斥资 5 亿多元建设了占地 260 亩的二期校园工程即将交付使用。飒飒春风里，一座新的高等学府将呈现在灵璧父老面前。多策并举，培养"双师型"教师，健全多元化办学格局，造就服务地方经济发展的技术技能人才。灵璧高职双向发力，注重培养配备师资力量。已与合工大签约两年内代培 100 名研究生的计划，这些中坚力量回校返岗，将为学校注入新的活力，凝聚磅礴的力量。正是："潮平两岸阔，风正一帆悬"。愿灵璧高职借势攀登，用灿烂染醉职教的春天。

2022 年 2 月 26 日

1991 年我县的教育工作

王茂生

1991 年，我县共有中小学、幼儿园 699 所，其中：普通高中 11 所，职业高中 6 所，初中 76 所，小学 593 所，幼儿园 13 所。开设班级 4263 个，在校学生 143409 名，其中：普通高中 4827 名、职业高中 1272 名，初中 34915 名，小学 92924 名，幼儿园 9471 名（包括学前班）。全县各级各类学校教职工 7644 名（不含乡村自聘人员），其中：中学 2729 人，小学 4744 人，幼儿园 157 人。学校建筑面积 473447 平方米，其中：中学 175229 平方米，小学 295818 平方米，幼儿园 2400 平方米。

1991 年我们主要做了以下几个方面的工作。

（一）大力宣传贯彻《中华人民共和国义务教育法》，依法治教观念不断增强。

1991 年 4 月是《中华人民共和国义务教育法》颁布 5 周年。县长王建发表了电视讲话。全县广泛开展了各种形式的学习、宣传、贯彻活动，利用广播、电视、文艺宣传、专栏、墙字等手段大力宣传教育的战略地位和作用，宣传尊师重教，强化广大干群的教育意识，提高了依法治教的自觉性。

（二）积极采取有效的措施，确保大灾之年教育事业的稳步发展。

1991年是我县遭受严重自然灾害的一年。不仅农业歉收，而且由于连续阴雨，造成校舍倒塌，据统计全县因灾倒塌校舍21960平方米，加上其他方面的损失折合资金415万元。县教育局一方面积极深入基层查灾，发现危房及时同地方党政部门联系，采取有效的措施，确保师生人身安全；另一方面挤出部分教育事业经费加上各级拨给的救灾经费作为配套资金，多方面调动地方改造危房的积极性。全年共新建、改建校舍11659平方米，保证了新学期按时开学，为恢复和发展灾区教育起到了积极作用。

各区、乡党政领导非常重视灾后教育的恢复和发展。原黄湾区委、区公所一年内投资45万元，为黄湾中学建起一幢1700平方米的教学楼，彻底改善了办学条件。原尹集区圩疃乡采取果断措施，重建乡初中，他们组织了12个建筑队，243名工人，筹集木棒1600根，自拉石头500多立方米，搬迁了9户村民，仅用不到一个月的时间就新建、改建校舍108间，受到行署教委的高度赞扬。副省长杜宜瑾、行署副专员李祥珍及县委、县政府领导同志都亲临该校视察并给予充分肯定。

（三）设立人民教育基金会，把多渠道筹措发展教育事业经费纳入地方法制轨道。

1991年3月，县人大常委会第十一届六次会议审议并通过了《灵璧县设立教育基金会，多渠道筹措教育经费的办法》。决定设立人民教育基金会，制定筹措计划，落实筹措任务，严格基金会管理，保证基金的合理使用。1990年8月，县人民教育基金会组成人员正式确定，县委、县人大、县政府、县政协等六大班子主要领导同志都担任了职务。充分说明了对这项工作的重视。

（四）制定了《灵璧县发展教育事业"八五"计划与十年规划》（以下简称《规划》），把改善办学条件纳入各级党政干部岗位责任制的轨道。

为了有目的、有计划、有步骤地发展教育事业，县教育局成立了《规划》小组。从指导思想、基本任务和目标，主要措施等方面进行深入调查研究，反复征求意见。历时一个多月，制定了《规划》，为20世纪末灵璧县发展教育事业提供了各项科学指标，制定了发展蓝图。

为了"八五"末我县办学条件达到省教委规定的标准，1991年5月县委、县政府召开了以进一步改善办学条件为中心内容的教育工作会议。县长王建同志同各区签订了《灵璧县实现"八五"期间改善中小学办学条件基本标准责任书》。责任书的签订，标志着我县把改善办学条件纳入党政干部责任制的轨道。各区、乡、村、校也逐级签订了责任书，做到层层落实，责任明确，为办学条件标准化提供了组织、行政。在配合责任书的落实方面，县教育局结合文件精神，组织有关人员制定了灵璧县"八五"中小学办学条件基本标准，根据标准逐校核算了改善办学条件所需的资金，列出分年投入计划，对办学条件达标做到宏观上有总体规划，微观上有分步实施目标，责任书的层层签订，增强了各级党政干部的达标意识。

（五）成人教育取得突破性进展。为了按时、按质、按量完成扫盲任务，县人民政府成立了扫盲协调小组，教育局认真落实扫盲各项措施。以第四次人口普查为依据，组织对全县15—40周岁的青壮年逐人登记，建立了"两表四册"等扫盲档案，深入广泛地开展扫盲达标年活动。1991年全年开办扫盲班764个，扫盲小组137个，组织了25550人参加学习，经考核脱盲19557人。为抓好这项工作，各区、乡、村从组织领导和经费方面都做到了认真落实。共青团、妇联也积极配合，大力扫除青壮年特别是妇女文盲。由于各方面共同努力，这项工作1991年有突破性进展，为1992年扫盲达标奠定了坚实的基础。与此同时，还建立了农民文化技术学校42所，有的还配备了专职副校长。各农民技术学校积极开展各种实用技术培训，共开班500多期，培训17560人次，为科技兴农起到一定的推动作用。

（六）治理教学环境，加强教育管理。

1. 认真解决初中重复教育问题，教育局明确要求各地态度要坚决、行动要迅速、措施要得力、清退要彻底。并采取加强宣传，严明纪律，突击抽查，核对学籍，严格审查措施。共清退初三复读生3200余人。这样做不仅收到显著的经济效益，更重要的是收到了良好的社会效益，保证初三学生升学能够平等竞争，使初中教学秩序明显改善，高中生源充足，学生质量高，初步形成教育的良性循环。

2. 提高普通高中教育质量。在切实抓好高中招生，提高起始年级教育质量的同时，进一步明确普通高中的"两为"任务，在普遍建立高中毕业生学习档案，补缺补差，跟踪服务，狠抓教学质量的同时，抓思想政治教育不放松，提高了毕业生思想觉悟，调动了学生的学习积极性和主动性。1991年高校招生中，文理科上线考生达 325 人，实现了为高一级学校输送人才稳中有增的目标。

3. 职业教育得到充实。对娄庄职业中学充实了领导班子，学校面貌改变较迅速，校风正、校纪严。不仅教学秩序正常，而且职教各专业设置及教学内容正在落实，实习基地及生产项目正在充实。尤集、浍沟两所职业高中也在不断完善职业教育。初步形成了我县开展职业技术教育的示范性基地。

4. 小学老师队伍素质不断提高。县教育局充分利用卫电（中师）、专业合格证书及高中学历小学教师补学教育理论三项措施相结合的办法，使 984 名小学教师达到了国家规定的学历标准。1991 年全县小学教师达标率已达 93%。1992 年可达 95%。我县小学教师达标率在全地区、全省都是最高的。

55 名女童重返校园

胡兴臣

前不久，灵璧县妇联牵线搭桥，县直多家单位伸出援助之手，扶助 55 名因家庭贫困而辍学的女童返回校园，继续读书。该县妇联在维护妇女儿童合法权益中，发现农村一些女童因家庭贫困辍学了，如不挽救，势必形成新的文盲，既影响了其一生的发展，又影响了社会进步。为此，她们发动乡、村妇联干部共同进行调查摸底，查出有 55 名女童辍学，急需救助。县妇联少儿部部长梁云等亲自登门到县直一些单位联系，介绍辍学女童情况，商讨帮助辍学女童复学措施。县公安局一马当先，采取措施，帮助杨疃镇 9 名辍学儿童每人解决 200 元学习费用，使其重返校园，并承诺资助他们到小学毕业。随后，县法院、检察院、司法局、农业局、国税局地税局、工商局、粮食局、邮电局、林业派出所等十多家单位都伸出援助之手。由县妇联统筹安排，与各乡镇辍学女童分别结成帮扶对子。县妇联领导与县直各有关单位负责人一起分赴各乡镇，把扶助的学习费用和学习用品，直接送到辍学女童或其家长手中，得到扶持的女童纷纷表示，要好好学习，报答社会。

这个县妇联和帮扶单位领导每到一个乡镇，都同各乡镇领导、乡镇教办以及一些学校负责人一起，与辍学女童家长商讨办法，保证辍学女童返校读书。除了扶助单位坚持年年给予资助，直到受帮扶女童小学毕业，学校也要尽力减轻困难学生的经济负担，乡村要帮助困难学生家庭尽快脱贫。

（原载《安徽日报》1998年5月20日）

县农广校实践教学结硕果

胡兴臣

我县农广校为了实现科教兴农、科教兴县的发展目标，不断实践，不断总结，努力探索产教结合的办学路子，使学员在实践中提高技能，推进了全县科教兴农的进程。

一是教学内容注重实用性。近年来，灵璧种植业、养殖业、乡镇企业普遍发展很快。鉴于农广校学员都是农民和农村干部，他们根据学员工作和生活的实际需要，安排教学内容，相继开设了农学、畜牧、财会、统计、审计、现代乡村综合管理等多个专业，组织学员学习实用技术。他们还顺应乡镇干部的要求，举办多种短平快培训班，诸如农业科学技术培训班、农村经济管理培训班、村级会计培训班等。通过举办各种培训班，帮助农村干部学习实用知识，提高科技水平和管理水平。

二是教学活动注重增强实践性。他们选择县农科所、县良种场、县家畜改良站以及一些乡镇养殖场、果园场等作为农广校教学、实验、实习基地，并在6个乡镇分别设立了教学班。他们把运用现代化教学手段与教学现场结合起来。学校领导深入各教学班，先组织学员观看录相，再安排教师进行辅导，引导学员从看录相、听解说中获得理论知识，并尽可能多地组织现场辅导，使学员在实践中获得看得见、摸得着、用得上的科技知识。他们在朝阳教学班进行课堂教学之后，把学员带到苹果园里进行冬季苹果管理的现场指导；在长集教学班进行课堂教学之后，把学员带到葡萄园进行葡萄剪枝技术指导，使学员更好地掌握了实用知识。从1999年5月开始，他们在县广播电台常年开办农广校科教兴农专题节目，每日两次，每次20分钟。既播放农广校教材录音，又根据农时播放农业生产科技知识，既更好地指导学员生产实践，又使广大听众从中受到教益。

三是引导学员推广应用农业科学技术，促进科技成果向生产力的转化。县农广校毕业学员汤敬珍、蒋仁礼根据当地生产实际情况和地理状况，运用所学知识研制出大豆新品种，取名"灵珍一号"，每百粒重达20克，亩产250公斤。中国作物协会专业委员会一位委员试种"灵珍一号"，增产效果明显，赞扬该品种"是一个很有发展前途的新品种"。所在镇一年种植"灵珍一号"大豆达4万亩以上，使当地农民仅此一项年收入达1000万元以上。学员张松运用在农广校所学知识，发展以养鸡业为主的立体养殖业，年收入达2万元以上。他还义务向周围村民传授养鸡技术，带动起5个养鸡专业村，人均年收入增加500元以上。女学员王玉灵是村民组长，她带动全组农民集资在邻近的运料河上建起一座小型翻水站，种植水稻和池藕，实现水稻亩产1200多斤、池藕每亩收入2000多元。

（原载《中国农广校校报》2000年3月24日）

功不可没的三中计算机应用培训班

汤曙光

灵璧三中是灵璧县的一所职业学校。作为职业技术学校，自然要根据经济和社会发展的需求进行职业技术教育，因此也会成立不同专业的职业培训班，比如财会专业班、行政管理班、计算机专业班等。

这些专业教育基本上以本校学生为主。但是在20世纪90年代中期开始，全县的国家工作人员和企事业单位工作人员基本上都在灵璧三中计算机培训班上过学。

20世纪90年代，随着改革开放的不断深入、社会经济财富的积累和科技的进步，计算机这一新兴技术逐步得到推广，很多单位和企业都用上了计算机这样的高科技办公设备。但是这也带来了一个问题，当时的工作人员基本上没有接受过计算机教育，可以说对如何操作计算机办公一窍不通。

为了解决这个难题，县人事局找到当时的灵璧三中，准备依靠灵璧三中的计算机培训班的力量把全县的国家工作人员轮训一遍，彻底普及计算机知识及应用。

灵璧三中的计算机培训班成立时间也不长，当时只有两个机房，一号机房有40台计算机，二号机房有80台计算机。那个时候能懂计算机专业的，也算是凤毛麟角。当时灵璧三中只有一位参加工作不久的宋庆军老师负责教学和机房管理。宋庆军老师是巢湖师专的计算机班第一届毕业生，也是当时爱才的吴朝民校长专门从冯庙中学调到灵璧三中的。后期因为教学工作过于繁重，又外聘了两位计算机老师，一位是孙小焱老师，另一位是朱计宁老师。

从1995年开始，三中的计算机培训班就断断续续对统计局、税务局、工商局等部分单位的人员进行培训。当时的计算机操作系统还是DOS系统。开机的英文界面，使用纯英文的各项指令，都使学会计算机成为一件极其困难的事。

到了2000年，由于Windows操作系统的普及，全中文界面好鼠标的运用使计算机操作变得简单一些。这个时候经济的快速发展，计算机在各个领域都得到广泛的应用，使每位政府部门、企事业单位的工作人员掌握计算机应用知识变得迫在眉睫。

为了推进计算机应用的学习，县人事局将工作人员的职称评定、年度考核与计算机应用等级考试挂钩。在这些政策鞭策激励下，每名参加培训的人员不得不认真学习。特别是一些年龄较大的同志，因为没有接受过拼音教育，为了熟背五笔字型输入法，每时每刻都在背诵口诀，那个时候你要是看到一些四五十岁的穿着整洁的国家工作人员，走路还是做其他一些事，口中念念有词，那他一定在背"王旁青头兼五一"的输入法口诀。通过如此严格的要求，大部分参加培训的人员都能通过考试，取得合格证。当时有这么一个小传说，一位乡镇领导因为工作调动到了人事局当领导。当年负责计算机考试工作的人事局干部，开玩笑地说："如果当年我出的题目难一点，不让你过关，那你今天也当不了我的领导。"

通过三年多的时间，全县的国家工作人员都通过了计算机培训，初步掌握了计算机办公应用。后来，三中的计算机培训班又用了三年多时间把全县的教育系统、医疗系统的工作人员也培训了一遍。全县的工作人员都掌握了计算机知识，可以说这是办公方式的一个质的飞跃。特别是各种资料数据管理都达到了数字化，按照宋庆军老师现在的话来说，这就是信息化智能化管理的雏形。

灵璧三中的计算机培训班对此功不可没。特别是以宋庆军老师为主的三位计算机老师，作出了巨大的贡献。那个时候为了让教学培训日常工作不冲突，每期的培训班都选在夜间或者休息日。三位老师在每天忙完正常的学校教学后，晚上还要给参加培训的学员上课，节假日也得不到休息。他们可谓是灵璧计算机应用普及的助推人。

闯出一片新天地

汤曙光

在 21 世纪初，提起灵璧新天地电脑学校，几乎无人不知。我也自以为很了解新天地电脑学校，那是一所从事计算机培训及劳务输出的企业。可是我今天才知道我原来错了。新天地电脑学校的情况和当时对灵璧社会经济发展及劳务输出方面的贡献是巨大的。

今天有幸再次见到新天地电脑学校的创办人刘志刚先生。刘志刚我很久以前曾经见过，但是一直没有与他详谈过，今天总算是可以坐下来聊一聊，在谈话中终于可以了解到新天地电脑学校的前世今生。

新天地电脑学校其实是刘志刚先生创办新天地电脑有限公司旗下的一个培训机构，其实公司还有一个新天地职业技术学校，从事各类职业技术培训。但是在外面大家心里都认同新天地电脑学校，所以就是在新天地职业技术学校学习的学员，对外也习惯地说是新天地电脑学校的。

学校成立于 2000 年，按照刘志刚的说法，真的是当时的社会需求成就了这所学校，也是社会巨大的变革催生了这所学校。

当时刘志刚在县交通局下属单位汽车大修厂工作。汽车大修厂经营并不景气，厂里兼营很多东西，其中包括灵璧第一所名为新世纪的电脑公司，刘志刚就在该公司任经理兼培训主管。全国范围正在进行国企改制，好多经营景气或者不景气的国有中小企业纷纷改制，由国企或者集体企业改为股份制企业，不幸的是，落实在大多数企业职工身上，改制就意味着下岗失业。

作为经济发展落后的内地小县城的灵璧也不例外。很多职工下岗失业，就业环境面临严峻考验。

刘志刚所在的大修厂也不例外，这个时候的刘志刚敏锐地发现了商机。随着行业经济的发展，长三角和珠三角经济发达地区对高水平技术工人的需求越来越迫切，原有的低水平民工的劳务输出模式已经不能适应时代的要求。于是，刘志刚主动在大修厂裁员之前辞去工作，和妻子陈燕及其他几个有志之士一起成立了以计算机应用技术培训及其他职业技术培训为主的培训学校。下这个决心之前，刘志刚是有底气的，自己学的虽然不是计算机专业，但是在实际工作中已经熟练地掌握了计算机操作技术，妻子陈燕又是安徽财经大学计算机专业的高才生。按照刘志刚的话说，当时社会对计算机技术的实际应用需求很大，但是，当时学习计算机专业的学生又都是以编程、科研等高深技术为主。真正社会急需的，各类设计、维修、组装、文员、仓储管理等这类实际操作技术人员奇缺。

有需求有技术，于是，刘志刚果断申请成立了新天地电脑有限公司，其中分为新天地电脑学校和新天地职业技术学校，分别进行职业培训，并将培训合格的学员输送到长三角及珠三角地区。为了保证学员培训质量，除自己夫妻二人主要负责计算机专业的培训外，还将其他企业改制中下岗的和精通车床、服装、电子、电焊的高精尖技术人员网罗旗下，作为其培训学校各个专业的领头羊。这些都是原灵璧工厂企业中的行业翘楚，他们在面临改制失业的问题后，又一次可以发挥自己的能力，得到社会的认可。因此，每个人都迸发出无限的激情，认真热心地培训学员。

在人员输出方面，灵璧新天地电脑学校又与上海华轻、昆山、仁宝、苏州可成可技、华硕、富士康、安徽芜湖的机械工业园区等企业签订长期合同，常年为他们提供大量高质量的技术人员。

这些学员工作后大多从事计算机技术、仓储管理、办公室文员、高级技术工人等岗位，其中不乏佼佼者。很多经过多年的奋斗都已经站稳了脚跟，上海、杭州、北京很多计算机市场都是我们灵璧从新天地电脑学校出去的人员经营。其中有部分人员都已经成为百度、阿里、禅之云等大公司的高管，其中特别突出的是趣头条的 CEO 兼联合创始人之李磊，其公司已在美国上市，他就是新天地电脑学校的长期班学员和辅导员。

从 2000 年新天地电脑学校成立，到 2010 年这 10 年时间里，新天地电脑学校每年都密集地进行劳务输出，为灵璧县劳动力劳务输出方面作出巨大贡献。因为他们输出的不是普通民工，而是有知识有技术的高等级蓝领阶层。

体育宝地"灯光球场"

吕允峰

谈到灵璧体育不能不提到灵璧灯光球场，它提升了偏僻灵璧的知名度，是灵璧体育繁荣的象征。

1958 年，全民大办工业，安徽省除兴办工业企业外，还把文教卫列入振兴目标。

1960 年前后，单凤彩从县西关小学调入灵璧县体委。那时，体育训练场地就局限在南关大街东侧，灵璧中学西墙外。单凤彩一上任，就带领大家平整土地，竖起简易篮球架，建成东西两个铁球架、黄土地的篮球场。

几年后，体委相继成立了篮球队、武术队、田径队、排球队、乒乓球队等体育专业队，其中，乒乓球队培养出了沈艺芳、魏小军、周伟等地区冠军。

为了使灵璧体育成为省级标杆，单凤彩有了建标准灯光球场的念头。缺钱是第一道坎，从 1965 年起，他就开始拉赞助，要资金。还要动员几户拆迁，他和陆伟、卓树生先动员球场北端的小黄和单书民搬走，骑着东路建一道看台墙，北到谢广菊家院墙。地基是石头的，北边、西边、东边修了 6 层土看台。

1971 年，李根书从怀远调来灵璧任县委副书记兼武装部长，积极支持建灯光球场。当时，场地南北仅有 30 米，长度不够，而单凤彩家就在场地南头，8 口人蜗居在 6 间土墙瓦顶小屋里。建 12 层看台就得压他家的屋脊，对于住户来说是不吉利的。李书记找到他，一提球场，老单就明白了，于是老单动员家庭以大局为重，支持灯光球场建设。同意看台靠他家屋北墙外砌起，到顶还高出 6 台阶，原屋改平顶，屋下住人。这一建，遇训练或比赛，屋里"咕咚咕咚"的，老少不安，鸡犬不宁。

李书记指名叫老单负责球场建设，给他的待遇就是配一辆三轮摩托车。

从球场奠基算起，历时 8 年之久，边建边用、边用边修的灯光球场建成了。黄土地面，阶梯看台，看台下是狭窄的更衣室，40 盏铁罩灯用钢丝穿连，夜里比赛如同白昼。

国家少年队、青年队篮球赛，特别是安徽女篮母牛队都曾来此比赛过。比赛时，球场人山人海，四周的看台被塞得满满当当的。大家兴致盎然，从运动员喊着口号"向某某队学习，向某某队致敬"出场，一直看到比赛结束，一个小县城能有国家级比赛，全国少有，我县体育示范也成了省级标杆。

老单说了个插曲。球场建好后，大型比赛请领导观摩，一天李根书来看比赛，尿急，听陪同人员说这里没厕所，就找来老单训斥，老单说："一来没钱盖，二来没有下水道。"李书记说："那怎么行，找财政局拨钱。"后来县财政局拨来 5000 元，建了厕所。

到了 20 世纪 80 年代初，体育场翻建，把三合土地面铺上了水泥，又修补了四周的预制板看台。水泥地面铺好，灯光球场租给了私人经营溜冰场，高音喇叭不停地播放着《溜冰圆舞曲》、流行歌曲，每天吸引着许多时髦青年，他们那时以能唱歌、溜冰和跳舞为荣。

今天，球场还在，北面的看台被住户扒了，盖起来三间大院，西边的球场成了烧烤城。

体委灯光球场是灵璧体育事业繁荣的见证，浸渍着先辈们的汗水，烙印着江淮儿女的拼搏精神，将永远深刻在灵璧人民的记忆里。

灵璧西医第一人

赵芝泉

《灵璧县志》（1989 年 12 月版）第 759 页"西医"的介绍中说："民国 13 年，固镇连城人赵守民在上海仁济医院学徒师满，回灵城开设'守民医院'，为本县西医之始。"文中的赵守民（应为赵首民）就是我的父亲。

父亲生于 1901 年，祖籍固镇连城乡徐庄村左家庵。民国初年（1912），因家居浍河边，连年洪水泛滥，祖父母带领姑姑和父亲外出乞讨，不幸走散，父亲孤单一人在铁路沿线乞讨流浪。一日，在新马桥车站乞讨时被孙中山北上的革命军收留，并被送往徐州后转到南京，交由何香凝女士主办的孤儿教养院收养。父亲在那里从小学到高中毕业，免费吃住学习。高中毕业后选送 10 余人到上海英国人办的医院（现上海仁济医院）学医，父亲有幸被选中。学习三年师满后，即在该医院就业，先后在儿科、外科、手术室担任护士、医师。父亲能说一口流利的英语和上海话，连写日记、开处方都用英文，还是医院乐队的小号手。

在仁济医院工作期间，父亲巧遇一个灵璧商人，言谈中说到老家无西医（1964 年 7 月 1 日以前固镇属灵璧县），商人便诚邀父亲来灵璧县城开业，为家乡父老服务，并答应予以资助。父亲考虑再三，便随他来到灵璧，在灵璧县城东关租张文献的房子开业，先叫"灵育药房"附设诊所，后改称"首民诊所"，时年父亲26岁。1956年，国家进行私营工商业改造，成立城关镇医院，父亲即转入该院工作直至退休。父亲病逝于1973年，享年72岁。

20世纪20年代，在灵璧这样一个小县城里，缺医少药特别严重，何况西医仅此一家。父亲始终不忘自己是贫苦农民的儿子，不忘自己回到家乡的使命，用他的仁心和医术回报乡亲。

我家住在县城东关，不远处有全城唯一的一座"魏老八"浴池。浴室有个从苏北来打工的服务员小王，他为了挣些微薄的工资，发烧39摄氏度仍坚持上班，在高温闷热的环境中工作，晕倒在浴池旁边，一个同伴跑到我家高喊："赵先生，赵先生，小王晕过去了，请您赶快来一趟！"父亲急忙背起药箱前往急救。因抢救及时，小王转危为安，父亲又给他开了一些药，他很快就痊愈了。父亲没收他一分钱，小王十分感激，逢人便说是赵先生救了他的命。

县城隍庙街崔姓男子左上肢外伤感染，已出现坏死，不手术难以保命，在病人家属的要求下，父亲免费为其做左上肢截肢，家属感恩不尽。

有一对夫妇带一名幼儿前来问诊，父亲一检查发现是无肛症，在极端困难的条件下为孩子做了造肛手术，只收取了很少的药品费。

正因为父亲医术精湛，医德高尚，乐善好施，在灵璧口碑极好，诊所墙壁上挂满了"术妙刀圭""华佗再世"字样的答谢牌匾。

戴文生，本县界沟村小吴庄人，1928年入党，是本县第一个共产党员、第一个支部书记，绰号"戴胡子"，是灵璧传奇式人物。父亲和戴文生是好朋友，他年长父亲4岁，我们兄妹几个都喊他"戴大爷"。有一次，戴大爷到城内开展革命活动被国民党部探知，国民党四门紧闭，全城戒严，挨家挨户搜捕。他无法出城，一头躲进了"首民诊所"。

当时我家有前屋、后屋和银房，父母亲就把他藏在银房里，让他睡在床上，用被子盖严实，床下放了母亲的一双布鞋，装成一个女病人。刚藏好，国民党兵就来了。"可有人跑来你家？""没有！"我娘回答："要不你进来看看？"说着就掀起门帘，他们看到母亲如此镇静，就走了。晚上，父亲给戴大爷化了装，让他提着父亲的药箱子，打算从东关城门出城。到了城门口，守兵不给开门，问"出去干什么的？"父亲说："他家有人得急病，请我去看病的。"父亲又塞给当兵的一些钱，守门的也都知道父亲是医生，就打开了城门。过了吊桥，刚出城门，父亲就说："你快跑吧！"于是戴大爷就消失在茫茫的夜色中。后来，他不止一次提起这件事："你父母是我的救命恩人！"

1944年至1947年间，解放区游击队缺乏必要的医药器械，尤其是治疗战伤的药械，当时共产党地下党负责人张安甫秘密地托我父亲购买药械。我父亲就到蚌埠、宿县等地购买急需药械，交由张安甫送给我们部队使用。

父亲一生忠厚老实，关爱子女，经常教育我们要"清清白白做人，认认真真做事"。我们兄弟姐妹8人，学业事业有成，有7人光荣地加入了中国共产党，四人享受副高职待遇，一人为副处级待遇。

父亲对人民群众救死扶伤、乐善好施的精神，对革命事业勤勤恳恳、任劳任怨的品德，永远值得我们后辈人学习。

县中医院创建合格医院

胡兴臣

安徽省灵璧县中医院从加强医德教育入手，引导全院职工认真转变医风，努力提高医术，更好地为病员服务。他们的做法既加快了创建合格中医院的进程，又受到了众多病人及其家庭的好评，有的在电视台点歌，有的登门送匾，有的燃放鞭炮以感谢。

这家医院是一所县级综合性医院，拥有高、中级职称者共19人、初级职称者34人，就县级中医院来说，是一支可观的技术队伍。有段时间，由于医疗作风有欠缺，中医药的特色和优势难以很好地发挥。为了尽快建成合格的中医院，他们把加强医德教育、转变作风作为首要的一环来抓，向广大病员发出了公开信，并向社会承诺：实行全天 24 小时应诊，对病人不推诿；对危、急、重、疑难病症，尽快组织抢救，不延误；合理收费，尽量减轻病人的经济负担，不开大处方、人情方和进行不必要的检查；为病人提供整洁、舒适、安静的医疗环境。医院设有举报箱和举报电话，竭诚欢迎广大病人及社会各界监督，对收"红包"索要财物者，一经查实，即按院里的规定处罚，并为举报者保密，且根据情况给予 100 元至 1000 元的奖励。院长朱建章和副院长张玉堂、朱伊斌带头履行诺言，天天工作在第一线，带头直接为病员提供优质服务，并狠抓公开信承诺条款的落实，对所出现的几起违规行为，一一进行公开处理，从而使全院上下共同努力，端正医风。

他们急病人之所急，尽力为病人提供及时周到的服务。1998 年 3 月中旬的一天中午正要下班时，医院突然接到一个电话，说是百里之遥的高楼镇一个 70 多岁的老汉因车祸造成粉碎性骨折，正动身前来求治。院业务股长、骨科主治医师王勇以及骨科医师刘长宝、放射科傅振海等坚守岗位，边做抢救准备边等候，病人一到马上进行抢救，中午饭也顾不上吃，到下午上班的时候，他们已为伤者妥善做好了手法复位、中药治疗等处理，使伤者减少了痛苦。1998 年 3 月间，一位姓李的 56 岁老人，因患脑栓塞，已半身不遂，手不能拿东西，大小便不能自理，来到医院理疗科求治。理疗医师潘成欢感到要治好这样一位病人，有希望也有难度。老人的家人一再叙说，在外地一家医院治疗，吊脑活素、人体白蛋白等，一天就得花好几百元，治了 20 来天，未见好，实在没钱治下去了，请中医院给想个省钱的治疗办法。潘医师急病人之所急，想病人之所想，决心尽力为老人解除病痛。他采取推拿、理疗与用药三结合的办法，治疗 16 天，花钱不足百元，老人病情大有好转。回家后，他亲自手捧一块 1.5 平方米的大匾，同老伴一道专程来医院表示感谢！

这个医院还引导医生体谅病人的心情，以实际行动赢得病人的信任与配合。泗县一个姓梁的 12 岁的女孩臂肱骨踝上骨折，造成尺桡神经损伤，五指弯曲，来到该院，骨科医师迅速进行手法复位，理疗科施以按摩手法理疗，治了几天，家长嫌疗效太慢，私下带孩子到蚌埠、南京等地求治近一个月不见效，又返回灵璧县中医院继续治疗，还不好意思开口。理疗科潘医师耐心劝慰孩子家长，任何病人都想一下子把病治好，这是可以理解的，但是有的病很快能够治好，有的病则需较长时间，急不得。安慰患者家长之后，继续以按摩手法不厌其烦地进行理疗，终于使孩子的手指活动自如了，孩子父亲一再表示感谢，又一再表示歉意。

这家医院强调，提高医疗服务质量，医师要有良好的医风，还必须有过硬的医术。为此，他们引导大家刻意探索医道，潜心研究医理。主任中医师刘桂营，省中医学院本科毕业后，从医已30余年。一位姓徐的肺癌患者化疗后头发全部脱落，自汗、腹泻不止，找刘桂营医师救治。刘医师采用培土生金办法，通过连续半年治疗，症状消失，长出满头黑发。他刻苦研究肝病治疗，采用芪术三甲汤治疗肝硬化腹水，效果比较理想，总结成论文发表在《陕西中医杂志》上，并获得全国华佗杯优秀成果奖、世界传统医学杰出论文奖、国际中医药杰出论文奖、国际中医药优秀论文奖。他通过总结医疗实践，撰写出的《茵陈蒲板汤治疗小儿黄胆性肝炎1000例》《河蚌治疗高血压》《辩证治疗女性不孕症65例》《外敷法治疗小儿面部神经麻痹》等多篇论文，分别在《安徽中医临床杂志》《实用中医药杂志》《河北中医》等医学刊物上发表。

骨科主任、主治医师周恒同院业务股长、骨科主治医师王勇等起用手法复位、中药治疗为主，辅以西药疗法，治疗各式各样的骨科伤痛，普遍收到了患者创伤小、痛苦少、愈合好、功能恢复快而又花钱少的效果。在1997年全省骨科学会上，省中医药管理局局长向与会者称道，灵璧中医院骨科办出了特色。他们引用新技术，成功地进行多例股骨颈骨骨折治疗，普遍受到患者好评。县里一位患者不慎右手粉碎性骨折，下尺桡脱位，周恒采用手法复位接骨，一次性成功。一个姓叶的中年汉子，肱股骨外踝颈骨折，肱股头翻转360度，此种情况教科书上也属罕见，如开刀，必然会造成伤患者创伤性肩周炎，他们采取手法接骨，同样一次性成功，且无任何后遗症。周恒在探索治疗骨伤的实践中，不断总结出成功的经验，他撰写的《内旋外转法治疗老年股骨粗隆移位骨折》《自创手法治疗柯雷氏骨折》《暴力推拿造成骨折的几例分析》等10多篇论文，分别发表在《中国骨伤杂志》《安徽中医学院学报》《安徽中医临床杂志》等多家学术刊物上。

（原载《安徽科技信息报》1998年5月29日）

县医疗卫生事业成绩斐然

张召智

　　我县的卫生工作在县委、县政府的高度重视和正确领导下，通过广大卫生工作者的不断努力，农村卫生事业得到长足发展。由于坚定不移地贯彻落实"预防为主"的卫生工作方针，一些危害我县人民身体健康的传染病和地方病得到了有效控制，消灭了天花，基本消灭了霍乱、鼠疫、白喉、破伤风、小儿麻痹症、麻风病、丝虫病等，基本控制了麻疹、流脑等季节性传染病。农村三级预防保健网络和农村卫生三项建设得到进一步加强，农村的医疗技术和医疗水平有较大提高。农村缺医少药的现象得到改善。初步实现了农村初级卫生保健的阶段性目标，农民的健康水平进一步提高。我县人均期望寿命已由解放前的四十几岁提高到现在的七十一岁。但是随着社会的不断发展，我县目前的卫生工作，特别是农村卫生工作仍存在一些问题。一是农村卫生技术人员的医疗技术水平不高，人员素质偏低。目前，我县乡镇卫生院有在职职工1408人，其中医科院校本科毕业生仅有10人，占农村卫生人员的7‰。具有副高职称7人，且这7人基本上都到了退休年龄。中级职称64人，有近三分之一的乡镇仅有一名中级职称技术人员。有的中心卫生院连一名中级职称的技术人员也没有。二是农村医疗市场管理难度较大，管理不规范，社会办医、个体行医及各级医院的无序竞争现象仍有待于改变。三是政府对乡镇卫生院的投入严重不足。多数卫生院处于负债经营，职工工资偏低，部分乡镇卫生院已出现生存危机，发展举步维艰。四是农村预防保健人员工作仍需进一步加强，以提高应对各种突发性公共卫生事件的能力和水平。五是医疗保障制度和农村合作医疗制度不健全，群众中因病致贫、因病返贫的问题仍很突出。因此，我县农村卫生事业虽有较大发展，但目前仍处于低水平、低层次的发展状态，还落后于全县经济和社会发展及人民日益增长的医疗卫生需求。

　　我县医保制度改革从2000年启动以来，在县委、县政府的正确领导下，按照省、市医改要求，结合本地实际，精心操作，运行态势良好。截至目前，全县参保职工 23017 人，其中在职职工 16846 人，退休职工 6171 人。全县累计应征医保基金 2192.3 万元，实际征收 1973.06 万元，其中统筹基金收入 1044.03 万元，个人账户收入 672.8 万元，征缴率为 90%。统筹基金累计支出 487.18 万元，个人账户基金累计支出 357.38 万元。统筹基金累计结余 556.85 万元，个人账户基金累计积累 315.44 万元。大病救助累计征收 256.21 万元，累计结余 51.12 万元。

县委、县政府为加强对医保体制改革的领导，成立了医改工作领导小组，设立了医保中心，确立了医保定点门诊医院、药房，建立和完善医保费用征缴机制。劳动部门和医保中心能够认真贯彻执行医保的有关政策，在逐步完善医保制度的同时，建立医疗救助，解决重病参保职工大额医疗费用（年度 13 万元以内）困难。主动做好协调工作，把政府、单位和个人三者利益结合起来，适时提出调整有关政策的意见和建议，切实减轻参保职工个人负担。几年来，经逐步调整有关政策规定，参保职工在县内和县外住院个人负担部分，分别由原来的 45% 和 50% 左右，降到现在的 35% 和 30% 左右。为解决参保职工反映强烈的药品价格偏高问题，在全市率先推出平价药房的举措，缓解了药品价格高的矛盾，受到广大参保职工的好评。调研中，看到了定点门诊工作有序，处方、记账规范，费用计价合理，药店管理整洁，药品分类明了，司药人员持证挂牌上岗，服务态度良好。

2007 年 12 月

农村合作医疗初试

同龄人

现在实行的农村合作医疗为什么称作新农合？是因为在 50 年以前曾经实行过农村合作医疗。

为了改变广大农村缺医少药的状况，1965 年 6 月 26 日，毛主席发出号召："把医疗卫生工作的重点放到农村去。"全国各地陆续掀起兴办农村合作医疗的热潮。1969 年 5 月 22 日，灵璧县革委会进行了农村合作医疗试点，第一个就选择在我的家乡九顶公社马集大队。县里的名医冯子联和公社医院领导前来蹲点指导。当时，马集大队卫生室有两名正式医生，都是女性，一位叫周祥珍，接生技术好，服务态度也好，深受社员们的好评；另一位叫何淑琴，是刚从蚌埠卫生学校毕业分配来的。另外，从本大队选配了两名"赤脚医生"，一位是刘培仪，已经跟着当地医生学习多年，在本大队小有名气；另一位是马香迎，我的近房哥哥，1965 年在九顶区医院上卫生学校，1969 年毕业回村，在村卫生室实习。县里选择在马集大队作为农村合作医疗试点，应该是考虑到了这里医疗技术力量较强的因素。

那时的农村合作医疗是以大队为核算单位，大队办大队管理，实行专款专用。正式医生拿工资，每月二三十元；赤脚医生的报酬是每人每天记 10 工分，另发补助费 5 元，享受午秋两季全大队分红。社员按农户的人口计算，每人每年交合作医疗费 1.5 元。社员就医时只需每次交 5 分钱挂号费，诊断治疗药品等一切费用全免。病人转公社、县医院就诊仍需自费，所以社员患有常见病、多发病一般在大队卫生室治疗，很少有转院的。

随着农村合作医疗制度的实行，一根针、一把草的治病方法迅速推广开来。我记得，那年月冬春季节，农村老年人患气喘病的特别多，医生称之为老年慢性支气管炎，简称"老慢支"，赤脚医生用大锅熬棉柴水，给病人当茶喝，效果很好。夏秋季节，农村人发疟疾的多，为了预防疟疾的流行，每年春天赤脚医生就提着茶瓶，带上预防药片，送药上门，做到"送药到手，看服到口，咽下才走"。当时马集大队文艺宣传队还编排了有关合作医疗的文艺节目巡回演出。我还记得快板书的四句词："疟疾蚊子传，得病误生产，得了疟疾病，快找卫生员。"实行农村合作医疗制度，既解决了社员们看不起病、吃不起药的困难，又使"预防为主，防重于治"的医疗卫生总方针得到了较好落实，受到农村广大干部群众的欢迎。

1975 年，两部反映农村合作医疗题材的电影《春苗》和《红雨》在全国放映，引起强烈轰动，特别是电影主题歌曲在全国流行传唱，让人久久不能忘怀。《春苗》插曲《春苗出土迎朝阳》唱道："身背红药箱／阶级情意长／千家万户留脚印／药箱伴着泥土香／翠竹青春披霞光／赤脚医生心向红太阳"；《红雨》插曲《赤脚医生向阳花》唱道："一根银针治百病／一颗红心暖千家／出诊愿翻千层岭／采药敢登万丈崖""广阔天地把根扎／贫下中农人人夸"。

合作医疗制度也移植到畜牧兽医工作中，实行家畜合作医疗。为此，县里发布了《关于大力推行家畜合作医疗制度的意见》（灵政发〔1978〕10号文件）。那时，我在朱集公社畜牧兽医站工作，举办赤脚兽医培训班，为每个大队培训一名赤脚兽医。在公社党委及各大队党支部的支持下，全公社21个大队144个生产队的大家畜全部参加了家畜合作医疗。收费标准是牛、驴每头每年3元，马、骡每匹每年10元。公社畜牧兽医站对全公社的大家畜实行"五包"，即包阉割、包修蹄、包诊断治疗、包药品费用、包饲养技术指导。还在五个大队实行生猪合作医疗，对参加合作医疗的生猪，除了实行"五包"还增加"一扶持"，即如果猪生病死亡，则公社畜牧兽医站补助农户20元，扶持农户再买一头仔猪喂。因为贯彻落实县政府文件措施得力、成绩显著，所以朱集公社畜牧兽医站被评为全县三个先进单位之一，奖励一台电冰箱。要知道，在20世纪70年代，电冰箱可是个稀罕物。

台田和台田沟

晏金福

20世纪70年代，我们这里兴起了一股兴修台田热潮。当时我工作的九顶公社，兴修台田的目的是改造盐碱地。那时，这个公社的东北部是大片大片的盐碱地，看上去白茫茫的，活像秃子头。这种盐碱地种子撒下去很难立苗，即使保住了苗，长势也差，就像濒死的人，病恹恹的，没有一点生机。

所以盐碱地投入大，收入低。为了改造盐碱地，当时九顶采取的措施是三项，一是修台田；二是深翻土地；三是拉来酸性红土，中和土壤。所谓台田，就是挖土为渠，堆土为田，目的是洗碱。听说能改造盐碱地，社员们的干劲儿很大，他们积极响应公社"早晨四点半，中午带顿饭，晚上干到看不见"的号召，田野里到处热火朝天。有一次，公社抽我到崔楼大队帮助总结经验，我在那儿住了几天，目睹了广大干群的冲天干劲儿。我想，要写好材料，必须亲身体验一下。于是，我早晨和大家一起来到田里。看到公社干部和社员一样，棉袄一脱，端起胶轮车就推，就想：他们行我也行。于是我从一个社员手里抢过胶轮车，把车襻往肩上一搭，两手一使劲，就把车把端了起来。可是当我弓下腰往前一拱，那车就不听指挥了。歪歪扭扭地勉强走了两三步，尽管我竭力想保持平衡，可是那车还是往一边栽去。那社员赶紧跑过来说："老师，你不行，还是我来吧！"我哪里肯服气，那社员拗不过我，就帮我把车扶正，又上了点土，可是明显没有上满，我好容易推到地点，已经掀得浑身是汗。勉强推了两趟，就实在坚持不下去了，只得退下来帮助上上土。我想：干部们恐怕也就是做做样子，估计能坚持半天就不错了。可是此后几天，他们每天都是那样，和社员们同出工、同收工，才不得不佩服。看着那一畦畦整齐划一的台田，一条条直若墨线的台田沟，仿佛看到了滚滚麦浪和无边稻海，更坚信人定胜天的古训。

周末回家，妻子天黑定了才回家。我问她干什么了，她说："修台田去了。"我说："人家改造盐碱地修台田，我们这里是肥得流油的淤土地，修什么台田，不是瞎折腾吗！"妻子说："你懂什么！我们这里地是肥，可它是漏风土，不保墒，天一旱，就不立苗。再说我们这里是湖底，蛤蟆撒泡尿就淹了。修台田，结合深翻土地，把下面的沙土翻上来，形成两合土，就不怕旱了。台田沟能蓄水，小小的水就淹不了。"她那时是大队副书记，说起来一套一套的，驳得我哑口无言。

现在，当年修的台田和台田沟大多不见了，可是，它们对土壤改造确实是立过汗马功劳的。

主攻白芋的年月

刘万广

20世纪六七十年代，农村社队大力贯彻落实上级提出来的"学大寨、赶郭庄、超纲要、跨长江"的口号，把主攻白芋种植放在首要位置，当作超纲要的最高产作物，努力实现亩产白芋干超千斤。直到1980年推行大包干，种植白芋的重头戏才退出舞台。农民从此开始才有权自主经营，自由种植。

农业主抓白芋种植的目的，就是把粮食单产搞上去，实现达"纲"跨"江"目标，又能为农民提供口粮保障。各生产队按照上级下达的种植计划，每年保证春白芋占土地总亩数的三分之一，夏白芋占夏季种植面积的三分之二，总种白芋面积计划占粮田总面积的百分之六七十以上。按照这种种植，队队变成白芋村，户户变成白芋户。社社队队都流传民谣：人缺口粮，牛缺草，锅底还缺柴火烧。白芋稀饭，白芋馍，离开白芋不能活。

白芋起收后，生产队组织社员把白芋切（推）成片子，晒干入仓，秋季可做公粮任务，交给国家粮站，各个粮站大院内都是搭露天仓收储。完成公粮任务后，剩余的分给社员做口粮，也可卖掉增加集体收入。一般生产队春亩产白芋干最高可达八百斤，夏白芋干产量在三四百斤。生产队除掉把好白芋切晒成干，满足集体用粮后，把大量收起的鲜白芋，分给群众。群众自切自晒自储藏，当作全年口粮。农家的全年收入也来源于白芋干出售，不仅到粮食和供销部门出售，还可到集市上零卖，也能拿到供销社商店换取日用品，三斤半白芋干就能换取一斤散装的"汴河曲香"白干酒。一日三餐白芋饭，用鲜白芋或捣碎的白芋干烧稀饭，用白芋面蒸窝窝头。如果家庭来客人，就可换吃一顿高粱和玉米面。要是贵客，用麦面做包皮馍，里面厚厚的还是白芋面。中学生上学时，都是从家里背去一口袋白芋面交伙食，一天三顿吃食堂发给的又黑又粘牙的窝头馍，学生一看到老师吃国家供应的白面馍，黑白反差太大，立即流出难以控制的口水。白芋秧也是生产队和农户的宝贝，是喂牲畜的主饲料。白芋秧生产队收储喂牲口，落在地垄里的叶子，农民收储起来喂猪，收储多的人家一年能养两头猪。

各生产队在白芋栽植和管理上，都是投入主要人力物力，选好窖、好白芋种，育足、育好白芋苗。

首先，建好白芋地窖室。和泥垒起 1.2 米高、六七米见方的围墙，窖顶盖上芦苇、高粱秸和麦草，并留两个出气孔。墙内再下挖一米，墙外用干燥杂物围起来保温。地窖建好后，把优选的白芋往里堆放，堆好后，用草帘封门。窖内配有温度计，并确定一名懂技术的人员看护，一般一个队都建起一个大地窖，一窖储鲜白芋都在 2 万多斤。如果储窖技术不好，就会造成坏烂率高，第二年春季只好靠买白芋种育苗。

其次，育足、育好白芋苗。各生产队长亲自组织劳力，确定育苗专业技术人员，进行选种育苗。当时，用的是火炕育苗。首先选择高地、背风向阳的好地势，从地面向下起床不到半米深，一般是 3—4 米宽，10 多米长，每个生产队都建有四五个育苗火床，中间挖好一道通火道，后留出烟筒，通火道上面用土坯支盖，再放上牲畜粪，粪上撒土，就可插上白芋种，并用稀泥封严。温床一头插入温度计，从前头用炉条支出火门，烧火升温，保住白芋种不被冻坏，催生正常发芽，长出秧苗。

最后，积足肥料。每年冬季，生产队在村庄空地上，堆起一大堆土，安排专人收集人畜粪便掺入土堆，沤制肥料。每年春节后至白芋栽插时，是人们最忙最累的季节，天一亮就起来上工，挖沟、塘泥，起刨各家各户门前家后的土坷垃，用人力拉着大车运往春白芋的大田里，从农历正月上旬，一直都在拉粪，直到春种结束。

白芋最怕渍，受渍白芋只长秧，不结白芋。为避免白芋受渍，各生产队冬季都要大挖台田小沟，以提高土壤沥水速度。在春季打白芋趟时，把拉入的粪土撒在垄中间，从两边再包土，白芋大趟就打出来了，俗称"糖包心"。从栽上白芋，到收起为止，还要进行多遍锄草和翻秧等项田管。

在茬口上，都是年年白芋重茬种植。春白芋收后种小麦，小麦收后再栽夏白芋。夏白芋都在霜降以后起收，留茬冬地，待明春再栽白芋。这样走的是恶性循环路，土壤尽管施入粪土，仍一直不壮，造成小麦单产只能徘徊在 100 斤左右。小麦种植面积少，加之白芋茬太瘠薄，收的小麦少，除掉交国家的和留种子的，每家只能分到百斤左右的口粮，所以，常年哪有白面吃？

烟叶走红的年代

刘万广

1949 年前，种植烟叶都是利用房前屋后零星栽植，所生产的烟叶都是用绳子吊起晒干，自家人抽不完，再拿到市场上去卖，爱抽烟的都是用烟袋窝抽，被群众称为的绳吊烟。街上卖的绳吊被称为"老虎皮"（灰黄叶厚），最受烟瘾大的人所喜欢，而且价格最高。抽烟袋的人嘴叼烟袋逐街摊点抽试着烟叶孬好。晒绳吊烟和街头试抽烟者沿袭到现在不断，乡镇农村集市上"老虎皮"烟叶销售一直有市场。

1950 年后，各级政府对发展烟生产都十分重视，从县政府到乡村都设立专门管理机构。把多植烟、植好烟，看成增加"四收"，即国家税收、当地财政增收、集体和农民多收的最好产业。从 1965 年开始计划种植的年代，年年加大对生产队和农户植烟扶持力度。直到 2000 年，县政府每年都向社、大队、生产队和有技术的栽烟大户，下达烤烟生产计划。专给种植烟叶的集体和个人奖励化肥和其他物资。专给建烤房提供木材、煤和奖励资金，还多项提供优惠服务。有力促使生产队多植烟，建好炕房，以烟叶增加集体和群众的收入。从 1965 年开始，每个生产队都建炕房，组建起烟叶生产专业队。县供销社、烟站和烟草公司，都把组织乡村植烟当作第一工作来抓落实，常派技术人员驻村入户，到育烟苗床，到栽烟田间，到烤房里，传授指导烟叶生产技术，促使乡村栽烟向多植烟、多烤优质烟、向国家多售烟的方向发展。

生产队植烟，第一，要培养出 1 名至 2 名本队技术员，群众称为"烟把式"。既能指导群众植好烟、管好田、采好叶，又能建好房、支好炕、烤好烟、卖好价，这样的烟把式最受队里的社员欢迎，工分给得高，其他待遇也好。如果没有这样的专业人才，就得接受上级行政和技术部门安排技术员，驻进生产队指导常年烟叶生产，群众称为雇"烟把式"。雇"烟把式"生产队付出的代价最高，不仅得解决烟把式住的问题，还得一日三餐管吃管喝，生活得好，炕完烟叶临走时，还得计算结清报酬钱。一般都按照大队书记、大队长的常年报酬标准，付给烟把式的报酬。比起自己生产队培养起的烟把式，所付出的代价高出多倍。

第二，还得雇"把烟"（挑选等级）的把式。生产队共计栽多少亩烟，每炕烤出的烟都堆放在仓库里，农活忙来不及组织群众把烟，就是把烤出来的黄、青、黑不同成色的烟叶分成高、中、低不同等级扎把成捆，然后，送到收购部门出售。会把烟的人不多，也只有在阴雨天无法下田干农活时，生产队队长不公开的叫几个"内行"来把烟，但往往把出的烟到烟站卖价并不高，群众不满意。原因就是把能卖高价的叶子，捆扎在低价叶子里，即使看上去都是黄色叶子，还得分出青黄、橘黄和金黄一、二、三、四等，如果把一等黄色放到四等里那就亏大了。就是青叶，还得分出青一、青二、青三、青四。就是烤出最黑的叶，群众称为向日葵叶的"黑老曝"，还能分出等级，会把烟的能卖到两三毛，不致卖末价1毛多钱一斤。要是烤出尚好的叶子卖不到好价钱，是队里干群最伤心的事。所以不会"把烟"，就得雇请专业烟把式来"把烟"，其条件是除吃好住好，临走还得付给高报酬。但烟把式都要与生产队干群定好口头协议，"把"出的烟能多卖上一个等级。每次卖烟，烟把式必须在现场验证。一般烟把式与烟叶收购评级员都有一定的关系，卖上了好价，队长、会计就领着烟把式到饭店里好好撮一顿。

无论是自己培养的烟把式还是雇来的烟把式，都是从年后育烟苗期间到位，从事烟叶生产的专项工作。农技和烟草部门，到生产队指导烟叶育苗，还要指导生产队选择离村庄外向阳地高建炕烟房。炕房都是运土活泥垒土墙，一般前后墙高3.5米左右，两头山墙顶高4.5米左右。芦苇做屋芭，苫上茵草或麦草，房顶两端支起四个出气孔，前后土墙留出拴挂烟杆的木棒上下对齐的抬洞。

主房建好后，开始挖建烧火口，搭建烧火小屋，支火龙（群众叫支大龙，即支好通火升温的大龙和两侧小龙道）。都用和好的泥，用模具压制土坯，待干后用于支大、小龙（通火升温道）。烧房建好和支好通火道，就得泥好里外墙壁和顶部，泥层要厚，既能防漏气、漏温，又能防火。

烧火烘烤烟叶，是项非常关键的技术，烟把式日夜必须守着炉门，坚持亲自烧火，按时添煤，绝不能掉以轻心让火灭了。烧火炕烟，分小、中、大火，三期烧火升温。该烧小火，绝不能烧大火，该烧大火，绝不能掉到中、小火。否则，烟炕不好，还会出现火灾事故。在烘烤的小、中火期间，不仅做好炕门的封闭，还得多次进入特别高温的炕房里，对搭在大杆的每个捆绑鲜叶的烟杆，进行理顺，及时排出汗气水分，严防气水蒸发排不出（窝汗），造成烧出的烟叶都是一团团发黑，卖不上价钱。这是烟把式最苦熬的时刻，一般很难坚守30分钟，全身汗如雨注，有的身体支撑不了的，还被热昏，必须出进好几次才能完成排除窝汗的问题。烟叶烘烤时间一般为一个星期，在烟叶的梗部干硬后就可停火。停火第二天就可出炕，继续再装鲜叶烘烤下一炕。出烟，一般在凌晨三四点进行，队长叫起群众前去出烟。这时，烟把式还得吃一次被烘烤的苦，钻进烤房，从最下端第一棚开始，把又干又焦的一杆杆烟叶取下来，转给门外群众，排双队，一杆杆向远处平坦地点摆放，等待朝阳升起之时，干叶回润变软，就可一把一把解掉小绳，取下叶子，统一打捆，储放在仓库里。

1983年以后，针对包产到户，区、乡、村抓烟叶生产力度不断加大，区、乡都确定一名副职干部分管烟叶专项生产。变以前扶持生产队植烟，为扶持专业大户来带动烤烟生产。除县政府奖给栽烟户平价煤、化肥、木材、柴油外，区、乡、村还要拿出专项资金扶持产烟大户。即每栽一亩烟，减少定粮任务2亩，每卖给国家一市斤烤烟，区从财政所补给0.2元钱。发动大户独立和联合建炕房，每建一支补给500元。后发展用砖建炕房，每建一支奖1000元。现在许多村庄里，还保留一部分砖建炉房。这些优惠的扶持政策，极大地调动起一大批栽烟大户的积极性。栽烟5亩以上的大户，都是独资建炕房，独自烘烤，给本村栽烟小户们代炕烟，可收取费用，增加收入。单户烤烟，成本低，责任心强，比生产队集体烤烟的质量要高。朱圩村朱士清从1984年开始，连续三四年栽烟都在10亩以上，为使不重茬口，他换取别人13亩地植烟，这些事迹感动了地区和县委领导前来调研，他被评为宿县地区青年状元，地区、县都分别给予一定的物资和金钱奖励。

从2000年以后，随着国家对烟草政策的调整，大田植烟逐年减少，至2003年底，黄湾烟站停止烤烟收购业务，烟站机构从此撤销。

话说"厕所革命"

同龄人

  吃、喝、拉、撒、睡是人类基本的生存需求，衣、食、住、行、用是人类基本的生活需求。在建设社会主义物质文明、政治文明、精神文明、社会文明、生态文明"五个文明"的今天，把建设生态文明放在突出的位置，把农村清理垃圾、治理污水、改造厕所提升到"三大革命"的高度来抓，很有必要。

  60年前的我们曾经进行过厕所革命。那是1958年10月1日，灵璧县成立了17个人民公社。因为我的家乡出了一名一级战斗英雄张学栋，所以，所成立的人民公社，就叫学栋人民公社。也就在那一天，农村社员开始吃大食堂。马集大队有8个生产队，开办了4个大食堂。我家是第八生产队，和第七生产队合办一个大食堂。两个生产队200多口人，在一个大食堂里吃饭。当时的各级领导，在解决了社员的吃、喝问题的同时，也必然会考虑到解决社员的拉、撒问题，于是，每个生产队都建了一个公共厕所。

  第八生产队的公共厕所，就建在我家大门正西20多米远的大路东旁。公共厕所是沿袭农村建房的规格3米×3米的开间，男女各一间。公共厕所的平面图是6.6米长、6米宽，前面4米是厕所，后面2米是大粪池。大粪池的横断面呈梯形，上宽1米半，底宽1米，深度1米，边沿半米，底部平面、四边的坡面和上面的边沿都是选用薄板石镶嵌，再把石灰与苘毛子放在一起捣得很黏，用来勾石头缝隙，既坚固又不漏水。公共厕所的地基也是用石头砌的，并且垒好蹲位及其向后边大粪池的斜坡通道，然后用麦草和泥，从地基上踩墙至离地面2米多高。公共厕所上面4米宽，不是全部盖上屋顶，而是留一少半露着天，一多半是马鞍式起脊房。三道山墙尖子用土坯垒成花墙，以便通风透光。上面每间放五根木棒，用小秫秸扎成笆子摆放平，然后一面放塔笆泥，一面苫麦草，最上面用泥土压屋脊。公共厕所的里里外外都泥上两遍，用麦糠和泥先泥第一遍，待泥土墙基本晾干时，再用石灰和泥，泥第二遍。崭新的公共厕所白白亮亮的，是当时农村里最高档的建筑物。

在新建的公共厕所的白墙上面写着黑色墙字，格外引人注目。墙字的标语口号有"鼓足干劲，力争上游，多快好省地建设社会主义！""总路线万岁，大跃进万岁，人民公社万岁，三面红旗万万岁！""共产主义是天堂，人民公社是桥梁！""五防、八护、三禁止"等内容。至今我还记得"五防"是防火、防盗、防特、防破坏、防事故，"三禁止"是禁止赌博、禁止嫖娼、禁止吸毒，"八护"是护桥、护路、护林等，其余我记不全了。当时，还提出"一天等于二十年""要跑步进入共产主义"等口号。这些宣传标语口号，给人们的印象是共产主义快要实现了。

这次厕所革命虽有进步，但仍是旱厕，又脏又臭，严重影响村容村貌和生活环境。20世纪80年代后期，港、澳、台同胞回到内地来探亲，他们在享受亲人团聚、宾客招待的同时，也对农村厕所环境太差深感无奈。有人感慨道："有地方吃喝，没有地方拉撒！"我记得那时候有一则广告，儿童对爸爸说："我要住在屋里能拉屎屎的房子！"

小康不小康，厕所算一桩。随着农业现代化步伐的加快，新农村建设也不断推进，来一次彻底的"厕所革命"，让农民群众用上卫生的厕所，势在必行。近年来，县委、县政府将农村厕所改造列入民生工程，在村庄建了公用水冲厕所，在农户建了家用水冲厕所，并要求做好废物收集、处理和资源化利用工作。改善了农村人居环境，提高了农民生活品质。

令人羡慕的万元户

陈平胜

1984年暑假的一天，灵璧县三用礼堂里掌声雷动，县委、县政府举行全县区、乡（镇）、村和县直各机关领导干部会议，俗称"四干会"，与会的还有全县农村和工商界先富起来的人。会议表彰了全县勤劳致富的万元户，县委、县政府领导为他们颁发荣誉证书，佩戴大红花。

卓场乡李桐村生产三组组长李运斌，是冯庙区唯一一户万元户，光荣出席了这次大会。他红光满面、神采奕奕，坐在主席台的"万元户"席位上。会后凭荣誉证书到县百货公司领走了一辆崭新的"永久"牌28型加重自行车。

当年的李运斌倍受当地领导和百姓的关注，冯庙区公所、卓场乡政府每次会议总要请李运斌介绍他脱贫致富的经验，号召人们像他那样勤劳致富。李运斌已经成为冯庙区的新闻人物，好奇的人们接二连三地来到李运斌家拜访，周边乡镇领导也不断组织人员前来参观学习，学校的语文教师还以《李运斌是怎样脱贫致富的》为题，组织学生采访写作文。

李运斌的家庭是如何成为万元户的呢？首先，他深刻领会中央文件精神，用超前的意识寻找致富路。他当过商店营业员，当过信用社职员，当过村"完小"校长。1962年下放后，一直任大队和生产队干部。他根据国家的有关政策，结合当地的实际情况，分析土地承包到户后家家都有几亩地，没有牲口耕种的实际，决定发展家庭养殖业。主意拿定后，通过各种渠道筹集资金，凑足了钱后，先后到河北、山东购买牲畜，同时他还建圈养猪，且自繁自养。

当时他家有9口人，他和妻子都不足50岁，也挺能干，长子长媳及长女李兰芳负责牲畜喂养，二女儿三女儿负责喂猪，最小的儿子才十来岁，每天中午放学后都要和4个姐姐一起到湖里割青草、打麻叶（当时老百姓家家户户种黄麻，黄麻叶猪最爱吃，长得快），回来后还总帮助大人铡草、饲喂。喂牛的青草要铡得短些，农村有句俗语，"寸草铡三刀，不加料也添膘"。喂猪的青草要用菜刀切成草末。李运斌要求儿女们，无论是牛还是猪都要求精心饲喂，还要细心观察它们的食欲、排便和活动规律。

到1983年底，李运斌家已发展到9头牛，价值上万元，3头母猪和几十头将要出栏的菜猪，纯利润可达几千元，除此之外，他手中还有几千元的流动资金，可以说是个名副其实的万元户了。

李运斌依靠国家政策和勤劳智慧，摆脱贫穷、发家致富，成为冯庙区人尽皆知的冒尖户、排头兵，激励着人们坚定脱贫致富的信念。

最值得回味的三项改革

吴贞堂

1992 年国庆节过后，我正式上任灵璧县委副书记、县长。在宿县挂职副县长的经历，使我对当好县长有了点实践基础，但是，如何当好政府的一把手，心里还是没有十分的把握，只能是摸着石头过河。当时的灵璧县是个近百万人口的农业大县，仅有 12 亿元生产总值的经济小县，刚过 3000 万元收入的财政穷县，在全省 61 个县市中排在 55 位左右的后进县。在这里当县长，深感压力大、责任重。

恰好，我到灵璧工作时，党的十四大刚刚闭幕，全国掀起了学习党的十四大精神的热潮，省委及时召开扩大会议，对落实十四大精神作出了具体部署，明确而又响亮地提出了"一换两加快"的总体要求，即解放思想换脑筋，加快改革开放和现代化建设步伐。面对新的形势，为尽快进人角色，打开局面，我一面认真学习十四大文件，一面抓紧熟悉情况，将十四大精神、省委的要求，与灵璧县的实际相结合，就如何加快经济发展步伐，很快提出了谋篇布局的工作方案，即解放思想换脑筋，加快发展理思路，自我加压定目标，深化改革订措施，创新机制抓落实。在得到县委的认可后，全面展开政府的各项工作。

思想是行动的先导，解放思想换脑筋是制订和实施计划的第一道工序。针对当时灵璧县干部、群众的思想和精神状态，我向县委建议并做出决定，在全县开展了"让十四大精神在灵璧显灵"的大讨论，以此促进广大干群的思想解放，破除思想上的"左"、观念上的"旧"、政策上的"死"、改革上的"怕"、发展上的"慢"，以及克服"三小"（小富即满、小富即安、小脚女人）的惰性，按照邓小平同志提出的"三个有利于"的标准，树立"三敢"（敢想、敢试、敢冒）的精神，真正把思想和行动统一到"两加快"、超常规、跳跃式的发展上来。在此基础上，很快形成了灵璧县加快发展的战略构想。

在指导思想上，以党的十四大精神为指导，以建立社会主义市场体制为导向，以改革开放为动力，开发高效农业，主攻加工工业增加科技含量，扩大经营规模，提高经济效益，抓住有利时机，全力加快发展。

在发展目标上，抓住近三年（1993—1995 年），夯实基础，迈上台阶；谋划后五年（1996—2000 年），加速发展，实现小康。

在发展思路上，以灵城为轴心，开发灵南，提高灵北；因地制宜，发挥优势，转换体制，创新机制，贸、工、农一体化，种、养、加一条龙，带动一、二、三产业全面发展。

根据这个总体构想，我又从实际出发，对不同产业的发展提出了具体的思路和要求：一是关于农村经济，抓两植（殖）（种植、养殖）、办两厂（场）（农产品加工厂、畜禽养殖场），富政、富民奔小康。二是关于工业经济，抓"三改"（改制、改组、改造），促"三上"（规模、质量、效益），三年打个翻身仗。三是关于乡镇企业，坚持"三为主"（以农产品加工为主、民营为主、骨干企业为主）。这些想法简明扼要、通俗易懂，很快深入人心。

1992 年 12 月 26 日，灵璧县召开十二届一次人民代表大会，总结过去，谋划未来，换届选举。我把上述总体构想和具体要求都写进了政府工作报告，并以代县长的身份向大会做了报告，赢得了十几次热烈鼓掌，获得了全票通过。然而不知什么原因，在选举中出现了不能令人满意的结果，我只得了 80% 的选票，这与作报告时的喝彩声极不相称，我到灵璧工作才两个多月，不知原因在哪里：另有两位原副县长落选也不明白其原因；还有一位尚未列入候选人的同志却得了 102 张选票，没有过半数。面对这个选举结果，代表们议论纷纷，领导们也无言以对，地委亲临大会指导的领导同志连晚饭也没吃好，就扫兴而归了。这天晚上，我虽然感到很纳闷，但想到两位落选的副县长，心里很不是味，于是，我就让食堂搞几个菜，陪他们喝酒，以示安慰。晚上九点钟左右，那位得 102 张选票的同志来看我（在我面前是晚辈，很熟悉），问我这是咋回事，这时我气不打一处来，趁着酒劲把他骂了一通。会后，我进行了认真的反思。这个选举结果表明，大家的心思还没有很好的集中到发展上来，极少数人思想不纯、作风不正，扰乱了大局；再好的设想如果没有坚强的组织领导作保证，也是无济于事的；心情沉重，颇多担心，压力很大。分管党群的县委副书记徐士耀同志，老练持重，他劝我不要顾虑太多，刚来不久，没有什么矛盾，又选上了，该怎么干就怎么干。我打起精神，按照政府工作报告的要求，及时召开政府组成人员会议，列出专题、分解任务，各负其责，动员大家狠抓落实。时隔不久，刘统海同志调任灵璧县委书记，我和他是10多年的老朋友，他政治成熟，作风稳重，肯定会支持我的工作，我从内心里也会主动与他配合，就这样，我们俩在灵璧团结合作，整整苦干了5年，使灵璧县发生了巨大的变化，成为历史上发展的最好时期之一。1996年与1992年相比，国内生产总值由12.51亿元猛增到28亿元，财政收入由0.32亿元猛增到1.31亿元，农民人均纯收入由450元猛增到1380元，城乡面貌大为改观，呈现出欣欣向荣的良好发展态势。

在灵璧工作5年，经历颇丰，而最值得回味的是这么三项举足轻重的改革。

第一是支持灵运公司"141"车队进行产权制度改革。1993年6月，我到该公司搞调研，公司经理许同昌同志向我介绍，车队严重亏损，难以为继，已着手从产权制度进行彻底改革，以期救治企业。他们将78台车作价卖给司机，首付10万元，以后从营运盈利中分期偿还；公司为司机提供全方位营运服务，收取一定的管理费；明晰产权、合理定价、签订合同，照章办事。企业很快就起死回生、扭亏为盈，职工有饭吃，企业有积累，税收有增加，司机有盈余。对这样的改革举措，社会上有人说是搞私有制，他们心有余悸。我当场表示支持，并且安排有关部门，就税收、养路费、车辆入户等，大开绿灯，给予优惠，同时还开了个大口子，允许社会车辆挂户经营。这使车队如虎添翼，迅速发展壮大，当年车辆猛增到294台。1994年6月，省委书记卢荣景同志来灵璧视察，头天看了6个点，仔细听了刘统海书记的汇报，他很满意，我们都很高兴。然而，由于我们当时拿不准，怕受批评，没敢让他看灵运公司改制。晚饭后，我有点存不住气，借酒壮胆，向卢书记简单汇报了灵运公司改制的事，引起了他的高度关注，当即表示："我从中央党校学习回来后，就到处找企业产权制度改革的典型，灵运公司搞的不错，明天上午我不走了，去看灵运公司改制。"这可把我和刘书记忙坏了，立马让灵运公司连夜作准备。第二天上午，卢书记在灵运公司看得全面，听得认真，问得仔细，共同探讨，兴致勃勃。午饭后，他让随行的《人民日报》记者刘杰同志留下来，写调研报告《推荐一个产权制度改革的典型》，以卢书记的名义发表在《安徽日报》一版头条的位置上，并配发了评论员文章。这下立即在全省，乃至全国引起了轰动，各大报纸纷纷转载，前来参观取经的人络绎不绝。卢书记的推荐文章，不仅有力推动了全省企业产权制度改革，促进了全国国有运输企业的产权变革，也给灵运公司注入了强大发展动力，到1996年底，该公司在"一汽"的支持下，车辆保有量增加到800多台，驻外车队遍布全国十几个省市。

第二是狠抓农村电网改造。据调查，灵璧当时的供电公司，设备老化、不堪负荷，时常断电；电价奇高，难以承受；人浮于事，管理滞后；供电紧张，顾了白天顾不了晚上，顾了生产顾不了生活，已成为全县经济社会发展的瓶颈。1995年，我和分管副县长陈庆斌同志找供电公司商量，必须痛下决心改造电网，改善管理，改变供电现状，重点是两项工程，即在浍沟镇建一座11万伏变电所，同时对全县农村电网进行彻底改造。说得容易干起来难，钱从哪里来？财政穷，拿不出，公司亏损，承担不起，怎么办？政府研究决定，采取"贷款改造、差价还款"的办法解决，即由供电公司贷款改造农村电网，可使全县综合电价降至0.8元以下，县物价部门允许供电公司延续两年执行综合电价1元，这中间就有0.2元的差价，用来偿还银行贷款。县政府正式发文，供电公司负责具体实施，收到了预期的效果。1998年，省政府黄岳忠副省长来灵璧调研，了解到这个情况后，大加赞赏，并向朱镕基总理汇报，总理给予了充分肯定，决定在全国推广灵璧经验。可见，灵璧的这一改革举措，对全国农电事业的发展作出了开创性的贡献。然而，在对农村电网改造扩容时，既受到了"通天"的表扬，也遇到了"通天"的麻烦。兴建浍沟11万伏变电所，需要投资1800万元，县政府决定、供电公司自筹300万元，贷款500万元，全县集资1000万元，人均10元。按照当时的供电体制，只能这样解决。没有想到的是，在集资过程中，高楼镇有个村搭车加码，每人多收3元，群众不满意，告到国务院，李鹏总理亲批查处，监察部派张专员来灵璧查处此事。他严肃地说："部里派专员下来查处案件，就是要查清问题，追究责任，处理到人，不然回去交不了差。"我立刻感觉到，这下完了，非得处分我不行！刘书记宽慰我说："县委也有责任，我也跑不掉。"我俩心心相印，紧密配合，积极应对，整整三天三夜没合眼，白天陪调查，晚上写检查，投之以情、晓之以理，并及时向地委请示、汇报、求助。第三天是最为关键的一天，为防万一，我和刘书记凌晨 4 点钟到宿县，请武秀玲常务副专员再来灵璧帮助做工作。张专员看了我们的深刻检讨后，终于表态了："心是好心，事是好事，但是没有充分考虑群众的承受能力，特别是对个别地方加重群众负担的问题，处理不及时，一定要坚决纠正，写出检讨，并将处理结果报告我们。"听了这个结论，没有提到处理人的事，大家悬着的一颗心都放了下来。事后我们了解到，这次监察部派人下来同时查办了 5 起加重农民负担的案件，都是李鹏总理签批的涉及处理人的有 4 起，唯独我们只写检讨、没受处分。这次经历使我在以后的工作中受益匪浅。

第三是关于粮食流通问题。灵璧县是全国百名产粮大县之一。1996 年底，新华社记者陈先发和包永辉来灵璧采访粮食流通问题，主要是小麦。我如实向他们介绍了本县小麦连年丰收、库存积压、仓储不足、严重亏损、产区与销区矛盾加剧、国家调控不力、产粮大县吃亏、农民不愿种粮以及弄虚作假等情况，全部使用数字说话。采访结束时，我有点后怕，如果捅上去，则可能会找我的麻烦。于是，我反复叮嘱两位记者，如果你们要写文章发表，特别是写内参，那么，事先一定要征求我的意见。后来，果然不出所料，他们写了份内参，没有同我打招呼，就投了上去，并登在了 1997 年 3 月的《国内动态清样》上，把我反映的问题全都写上了，约有 3000 字。朱镕基副总理作出重要批示：从这里反映的情况可以看出，粮食流通体制改革已经刻不容缓，不改革要把农业搞垮。事后我得知，国家 5 部委曾派出联合调查组，到省粮食局核查灵璧县的粮食账目，印证了我所反映的情况都是事实。然而我所没有想到的是，3 个月后，朱镕基同志亲临灵璧视察小麦生产及收购情况，深入调研粮食流通改革。我们陪他到黄湾粮站，看到仓库内外，到处都堆满了粮食。黄湾镇这年小麦又获得大丰收，总产达 8000 万斤，定购 4000 万斤，卖粮的车辆排成长队，这时他高兴地对卖粮农民说：乡亲们，请大家放心，我们一定按保护价敞开收购，绝不会打白条。接着，他又到该镇景王村农民家去查看，我们陪同他连看 3 户，家家仓房里都堆满了小麦。这时他说，我不能光看你们准备的农户，再到后边的农民家看看。村支部书记对他说，随便看，家家都是这样。他又看了 2 户后非常满意。就是从这一年的下半年开始，在全国拉开了粮食流通领域改革的序幕。

上述三项改革大事，在全国都产生了积极的影响。这使我深刻认识到，改革是有风险的，但是，只要出于真心，又切实把握社会义市场经济规律，深谋远虑，敢闯敢试，胆大心细，谨慎操作，不谋私利，就不会失败，就会创造出光彩的业绩、丰富的人生。

在灵璧县长的位子上，我一干就是5年。这在全省都是不多见的。这中间，地委也曾想变动我的工作，向省人民银行发函，推荐我到宿县地区人民银行当行长，前后搁置了1年多，终因我没有从事金融工作的经历而被否定了。1997年下半年，地委开始为下年初换届作人事准备，耿书记征求我的意见，我说县长不能再干了，实在没有更合适的地方，就去行署当副秘书长。他说，泗县可能缺县委书记，问我可愿意去。我说："如果组织安排我去，我愿意再在下边干几年。"1997年9月底，地委免去了我的灵璧县委副书记、县长职务，调到泗县任县委书记。时任灵璧县委副书记的郝晓军同志就此问我有何感受？我若有所思地回答："向东去（泗县）苦海无边，向西来（地直）回头是岸。"特别是请教泗县老书记李志先同志后，深感县委书记不是好干的，要有思想准备，迎接挑战，经受考验。

双孢菇开出致富路

马东义

走进灵璧县朱集乡固城村潘家庄的双孢菇生产基地，三排高质量高标准菇棚排列整齐。大棚里设施齐全，温度适宜，白嫩嫩、胖嘟嘟的伞形双孢菇长势喜人。多名群众正在大棚里对鲜菇进行采摘、打包。来自江苏徐州、河南商丘等地的客商在等候装车外运。"现在采摘的双孢菇每天都有几千斤，货款都是预付，市场销售根本不用愁。"现年37岁的返乡创业厂主张洋高兴地说。

1998年，张洋初中毕业后，在家开起了油坊，从事黄豆、菜籽的加工销售，赚到了"第一桶金"。连续干了两年，不甘于小打小闹的张洋，看到运输业效益较好，决定转行跑运输。张洋开了10多年货车，风里来雨里去，吃了不少苦。积累了一定资金后，张洋购买3辆大型货车，聘用3名驾驶员，自己当起了老板，年收入50多万元。

在外闯荡多年，张洋耳闻目睹发达地区种植业的先进理念，决定回乡办企业，带领群众致富。于是他把3辆大型货车交由别人打理，返乡创办了双孢菇生产基地。

双孢菇味道鲜美，营养丰富，享有"绿色健康""保健食品"和"素中之王"的美称，有较高的营养价值和药用价值，深受市场的青睐。张洋在村委会的帮助下，租用潘家组土地创建了种植基地，第一期投资80多万元，占地7亩，建成大棚9个，种植总面积6000平方米。同时建设了保鲜冷库、仓库、办公室，配备了加温设备等，年创收入可达20多万元。

为了种好双孢菇，张洋先后到福建漳州、河南夏邑考察学习技术，并从河南高薪聘请了专业技术员。在种植管理期间，他严把水分、光线、温度、通风关。采菇时采取"暗棚操作"，确保双孢菇新鲜。

张洋的双孢菇种植基地已吸纳本村13人就业，其中贫困户3人，可为务工乡亲带来人均年2万多元的收入。

张洋计划第二期再建设10个，全部承包给群众种植，搭建致富平台，引领更多乡亲共同致富。他还打算利用当季的双孢菇营养土，种植瓜果蔬菜等有机健康食品，发展循环经济。

汴水之滨小康村

鲁 兵 李 健

徐杨村位于灵城西郊，隶属灵西乡，全村6个自然庄，390户1784人，耕地1393亩。宿泗、灵固两条公路（省道）穿村而过，葱郁的凤凰山横卧于该村北部，碧绿的汴河水像一条玉带从村中缓缓东流，就在这块土地上，徐杨人依靠自己勤劳的双手和聪明才智创造了文明富裕的小康生活，成为灵璧县致富路上的排头兵。1993 年，徐杨村成为宿县地区四个农村奔小康的示范村之一。

1949 年至党的十一届三中全会前，徐杨村由于受左倾思想束缚，农业生产结构不合理，搞大呼隆，村民收入很微薄，1978 年全村人均纯收入只有 100 余元，村民的住房只是低矮的草屋。20 世纪 80 年代初实行家庭联产承包责任制以来，群众生产积极性高涨，生产有了自主权，生活水平有了较大提高，到 1985 年农民人均纯收入达 300 多元，基本上解决了温饱问题的徐杨人，开始把目光瞄向向往已久的小康生活。

但"人均七分地，如何奔小康？优势在哪里，怎样利用优势奔小康"？村两委成员在全体党员中首先展开大讨论，最后他们按照立足本地，发展二、三产业的思路，多方筹措资金，从 1989 年起在村中沿公路两侧陆续开办了面粉加工、装卸运输和工程建筑 3 个公司。新建小厂 13 个、小型加工户 48 个，至 1993 年工农业产值首次突破千万元大关，达到 1396 万元，第二年达 2950 万元，比上一年增长 115%；各类企业实现税后利润 170 万元；人均纯收入达到 1380 元，比 1992 年的 980 元净增 400 元。

"民以食为天。"徐杨人始终把农业摆在重要的位置。在发展"两高一优"农业时，及时调整种植结构，实行间作、轮作、套种等办法，有效地提高了复种指数和土地利用率。村里还以乡农技站为依托，建立"乡、村、组、户"的科普网络，推广良种和生产技术，把农业科技信息及时传送到每户。为了适应市场的需求，他们将原来普遍种植的杂交水稻，全部换成优质的粳米，既可增加种植户的收入，又便于就近销售，深受群众的欢迎。自 1990 年以来，村里陆续建立高产示范片、丰产方，为进一步实现基本农田保护区的增产、增收，先后投资数十万元，改善农业基础设施，水、电、路、渠得到了完善，使全村有效灌溉面积达到 98% 以上，实现了旱涝保收。

在养殖业方面，村养鸡场占地 6 亩，鸡舍 100 余间，拥有全套孵化设备，1997 年出栏肉鸡 10000 余只，全村养牛 5 头以上或养猪 10 头以上的户达 90

个；养羊 200 只以上或家禽千只以上的达 50 户；水面养殖也开始兴起，上半年仅养殖业一项收入就达 85.2 万元。

如今的徐杨人种田一靠机械，二靠科技，粮食产量逐年提高，1997 年全村工农业总产值 7076.5 万元，人均纯收入 2830 元，为全县的首富村。

种养加相结合，以二、三产业为突破口。在搞好农业生产的同时，村党支部发挥集体的智慧，充分利用本村沿河、临城、靠路的多方优势，重点抓住村办企业和个体私营企业。

一是依靠本地资源优势，发展面粉加工业。灵璧县是产粮大县，村支部审时度势，联合群众入股经营面粉加工厂，村党支部书记杨玉成同志说：搞面粉加工业，一业带动百业兴。一是充分利用本地的粮食资源，扩大富余的劳动力就业面，增加村民收入；二是在收购运输销售等环节实行一条龙作业，利用合力，占有市场；三是利用加工的副产品带动养殖业。为了发挥整体效应，村组建了"面粉加工集团公司"，从业人员 280 多人，共有 17 家面粉厂（其中属集体 4 家），日产面粉 35 万斤，1997 年全村实现单项利税 98 万元。

二是依靠临河（新汴河）优势，兴建船舶修造厂。从 1993 年 6 月，村委会经过充分调查论证后，一边筹资兴建起造船台，一边从省内外同行业中高薪聘请专业技术人员进行指导，当年有两个水泥船台投产，生产百吨位的水泥船 6 条，创产值 39 万元，后又扩建铁船台，至 1995 年船台增加到 8 个，具备了生产 200—400 吨铁船的能力。到 1997 年，造船厂共造铁船 24 条，产值 980 万元，实现利润 45 万多元。

三是利用紧靠县城的优势，发展工程建筑业。为参与城市建设，村建立了 5 支建筑工程队，后来又组建了"徐杨村工程建筑公司"，在 200 多名工程技术人员的努力下，1997 年完成工程总造价 240 万元，上缴各种税费 17.8 万元。

四是依托交通便利的优势，发展运输业。徐杨村利用"骑路、靠厂、临河"和劳动力富余的优势，在原水运公司的基础上，组建了"徐杨村装卸运输公司"，公司拥有小四轮 78 部，大汽车 40 部，100 吨以上的内河运输船只 48 条，运输总吨位达 6000 多吨，形成了一支土洋结合、水陆并行的装卸运输队伍。1997 年初，村里又针对富有家庭购买小汽车越来越多的情况，组建了"小汽车出租公司"，增强灵城交通市场运营能力。年底装卸运输业一项就实现产值 1000 万元，利税 60 万元。

善于把握时机、更会拼搏的徐杨人，如今的思想更加解放，观念也得到了彻底更新。

为了适应社会主义市场经济的新要求，他们将沿公路两侧的村级企业，实行统一管理，在技改上，加大力度；在市场开拓上，集中资金、人力，统一调度；在机制创新上，狠下功夫，向高起点、大规模、外向型、实力强的目标挺进。面粉加工业形成规模，质量上档次；造船厂和面粉加工生产设备的科技含量增强。1997 年，仅面粉加工和造船业就实现利税 143 万元。

改革开放的春风，吹绿了汴水两岸这片希望的田野，当我们穿过四通八达的乡间公路，透过沿路而立的楼房、机器轰鸣的工厂和村民自信的笑容时，仿佛感到一股股物质精神双富裕新一代农村的鲜明气息扑面而来。

徐杨人创建小康村的实践证明：要想富靠支部，富民富村奔小康，党员干部是领头"雁"。自 1993 年以来，村支部抓党建促小康，要求每名党员，干部要带头上一个致富项目，办好一个企业，带出一个小康户。村主任田万娄因工作忙，搞加工缺人手，就把自己的致富项目放在养殖上，养了 5 头牛，10 头猪，还挖了 4 亩鱼塘，放养 2 万多尾鱼苗。全村 47 名党员人人都有各自的致富项目。

党员干部有了致富项目，吸收一些不太富裕的村民，帮助困难户解决起步资金，找生财、聚财的门路，全村原有 14 个贫困户，在党支部的安排下，让党员同他们"结对子"，实行"一帮一"活动，至 1993 年底全部脱贫。徐家村民徐文彬从小父母离异，父亲多病家里经济比较困难，他曾与社会上一些不三不四的人有来往，后来被公安机关拘留，回来后，表示要彻底告别过去，并决心勤劳致富。经村委会同意，帮他借了 2000 元贷款，并以无息贷款形式支持他 5000 元起步资金，徐文彬用这 7000 元铺底，先养鸡、养猪，后来又在城里与人合伙经营大排档。而今，他不但盖起了新房，还结了婚。1997 年他们夫妻二人单干后，他又购买了小三轮摩托车，空余时间跑出租，仅一年就获利万余元。村民田万庭去世后，家庭有实际困难，村支部就把他的家属、子女安排到一个党员办的面粉厂里做工，两人的工资加上家里的养猪收入，仅一年就成了小康户。

经济发展了，村里富裕了，可村里领导班子仍在 20 世纪 70 年代初建的几间平房里办公。党支部老支书说得好："党员干部要多为大伙谋利益，比享受的事，我做不来！"现在村两委干部家里普遍都有电话，但他们的电话费、手机费从来没有一个去村里报销，老支书说："每个月也就几百元的电话费，哪一家拿不出来，大家也从来没有想过让村里报销的事。"

经济发展了，徐杨人有了搞好生活的条件，全村砖瓦结构住房人均面积达25.4 平方米，大多是二层的小楼房，有的村民还在城里购买了商品房，全村安装程控电话 230 多部，拥有手机 60 余部，村民看上了丰富多彩的有线电视节目，有条件的家庭还购买了私家车，高档耐用消费品全村人均拥有量达 4 件（台）以上，彩电、冰箱及家庭影院 VCD、空调等已进入了徐杨普通人家，不少人家使用液化气，有的还对房屋进行装潢，大大改善了居住条件。

生活的富裕还使徐杨人打破陈规陋习，转变小农意识，积极营造健康文明的生活方式。如今，争当"五好家庭"，争做"文明户""文明村民"已成为他们相互竞争和较量的目标。讲文明、讲礼貌、遵守社会公德、尊老爱幼、互敬互爱蔚然成风。红白喜事大操大办的现象不见了，打架斗殴、赌博耍钱的也没有了市场。现在这个村每年的提留款和各种税费，多由集体负担，人均提留仅 75 元，所以多年来从未有群众上访的事件发生。村建有图书室、阅览室，不少年轻人时常来看书学习。村民文明学校也一天天热闹起来，大伙在这里每月接受一次法制教育、农业科技文化教育、社会公德教育等，由于文明程度逐年提高，村民依法办事的良好风气已普遍形成，因此多年来万人刑事立案率几乎为零，计划生育率为 100%，成为远近有名的文明村。

徐杨人的生活质量还体现在他们的医疗卫生条件已得到彻底改善，坚持多年的合作医疗制度，村里两处设施完备的卫生室，让他们可以充分享受"小病不出村，大病有依靠"的医疗保障。村民一般常见的疾病都能在村卫生室得到及时的治疗。

徐杨人还深深懂得"百年大计，教育为本"的道理。村里现有小学一所，适龄儿童入学率达 100%。近年来村里共为小学投资 32 万元，使之建成花园式的学校，校舍房子是全村质量最好的房屋之一，村委还为小学购买了各类图书 5000 余册，每年教师节，村两委都亲自去慰问辛勤的园丁们，每年的毕业生大多能顺利地升入县城的重点中学。

改革开放前，徐杨村具有高中文化的只有一两个人，现在全村已有先后考取各类中等专业学校的学生 128 名，大专院校学生 40 多名，村里大多数村民具有初中文化，有许多群众还参加了一些院校的函授教育，年近 60 的老支书为了更好地工作，也通过函授学习，取得了中专文凭；村里每年对考取大中专院校的学生，分别给予物质和精神上的奖励，重学重教之风一年胜过一年。

由于徐杨人在创建小康村的活动中卓有成效，深得省地县领导的充分肯定和认可。村党支部从 1995 年起连续三年被省委命名为"农村带领群众奔小康的先进党支部"；被地、县委命名为"红旗党支部"；徐杨村先后被地、县命名为"小康村""小康示范村"，省委书记卢荣景同志曾两次来徐杨村视察工作，回良玉省长上任不久也亲自来这里检查指导，都给予了高度的评价。

1998 年以来，徐杨人按照"长打算，短安排，合理布局，节约用地，成套建设，分步实施"的原则，有步骤地搞好了新徐杨的改路、改水、改厕、改圈、改造旧房的配套工作，以尽快落实卢荣景书记的指导性意见，坚持"两个文明一起抓"的方针，开展新风户、新风村的文明竞赛活动，逐步将徐杨建成更加美丽的社会主义现代化的新农村。

天清气朗看卞庄

马东义

早就听说灵璧县渔沟镇卞庄村人居环境整治全县闻名，选择一个晴好的天气，我怀着喜悦的心情，走进卞庄村。放眼望去，绿树掩映下的楼房鳞次栉比，一条条水泥路纵横交错、平坦笔直，一排排树木生机盎然、绿意正浓，一盏盏路灯整齐划一、形若哨兵。

村中央的孝德长廊里,老人们在惬意地聊天,姑娘媳妇们有的帮老人捶背按摩,有的伏在老人耳朵边说着悄悄话,欣喜的心情溢于言表。墙上悬挂着二十四孝的故事图文,从扼虎救父、怀橘遗亲到亲尝汤药、芦衣顺母,弘扬的是孝道文化,传承的是优良的家教、家风,显现的是中华民族孝老爱亲、源远流长的美德。

卞庄村群众文化活动丰富多彩,今日一见,果然大开眼界。文化广场上,伴随着阵阵欢快的歌声和咚咚的腰鼓声,10多名妇女身穿红蓝彩服,系着腰鼓、手舞彩带,尽情地唱着、跳着、扭着、敲着。一曲终了,她们又迅速变换队形,手舞彩棍,踩着舞点,跳起了广场舞,整齐有序的队列、标准优美的舞姿,跳出了农村新生活,舞出了农村新面貌,敲出了农村新风采,不时赢得阵阵热烈掌声。

走到卞庄村西头,田野上满目葱茏,映入眼帘的是110亩连片的薄壳山核桃种植基地。山核桃幼苗,在微风吹拂下频频点头,像在欢迎远道而来的客人。不久,这里将绿树成荫,不仅绿化了村庄、美化了环境,还是农民脱贫致富的"摇钱林"。

卞庄村东头是一片占地25亩的水稻＋黑斑蛙立体生态循环种养基地,远远望去,氤氲的水汽迷漫半空,似一层薄纱,给人一种朦胧的美。走进细看,一块块水塘里,稻苗青青,成群的小蝌蚪在清澈的浅水中来回游荡。众多幼小的黑斑蛙不时地从水池里跳出,在池边四处乱蹦。基地负责人马阵是地地道道的本地农民,黝黑的脸庞上挂着笑容,他乐呵呵地告诉我们,他以前在湖北一家水产养殖场打工,掌握了牛蛙养殖技术,今年3月,他与合伙人卞荣意投入70万元创办了水稻套养牛蛙特色种养基地,目前养殖黑斑蛙200多万只,8月可出栏成蛙5万多斤,收入可达10万元。

在一块写着"扶贫工厂"招牌的指引下,我们走进村扶贫工厂,只见紫晴袜业厂房内,机声隆隆,灯火通明,100多台织机转个不停,有规律地将灰白色袜子投进袜筐内。30多名身穿工作服的工人在织机间来回穿梭。据介绍,紫晴袜业是从浙江义乌引进的,总投资380万元,年产值600万元,实现年利润70万元,吸纳了本村贫困户和普通群众130多人就业。

占地 15 亩的光伏发电园里，一排排光伏电板像一双双擎天巨手，托起爱的暖流，源源不断地输入人间，给人们带来了光明和幸福。光伏发电项目的运作，实现了年发电量 690 千瓦，为村直接增加经济收入 40 余万元。

卞庄的景色是迷人的，卞庄的魅力是无限的。在这块厚积薄发的沃土上，乡村振兴的画卷正徐徐铺展开来，向着远方、向着未来……

星光村里好光景

胡雪珍

在春天这个美丽的季节里，微微的风儿吹拂着，如毛的细雨轻轻飘落在已经苏醒的大地上。千条万条的柳树枝儿笑弯了腰，在嫩绿的叶子之间，已经有柳絮儿随风舞蹈了。红的白的黄的花，青绿的草，脆绿的树叶，一切都是崭新的。

在这个美丽的季节里，我来到了灵璧县朱集乡星光村。就在前不久，经过省验收、县排名，星光村取得全县美丽乡村建设第二名的成绩。

走下车，面前是一栋看起来非常普通的三层小楼，白墙灰瓦。上面的牌子醒目地写着"星光村党群服务中心"，给人的是高速服务站的感觉，可以休息，可以停靠，可以解决"温饱"。服务中心前的广场右边，是一块休闲区，很多小媳妇带着孩子快乐地荡秋千、玩摇椅或做俯卧撑。

村前广场上还有一个文化小广场，宣传栏里满是涉及"孝、悌、忠、信、礼、义、廉、耻"等内容的漫画，教育群众讲道理、遵道德、守道德。整个广场干净整洁，环境优美。

村书记引领着我们从服务中心的左边小路去村里参观。走出广场，眼前豁然开朗，金黄的油菜花、浅粉的樱花、粉红的桃花、鲜红的月季，还有很多我不知道名字的花儿。有的树刚刚冒出来一些嫩芽，有的却已枝繁叶茂了。小路的两边的美景让我们目不暇接。木制的小桥，横卧在一条浅浅的小河上，河边有两只白色的大鹅，啄着嫩绿的小草，啄一口抬头看一眼对方，相互对望，它们是幸福的恋人吗？我们走下小桥，来到孝道长廊。长廊里的宣传内容是地灵出孝子，景秀有忠臣。从小孝父母，长大报祖国。

现在的小河是以前的旧汪塘改造而来的，汪边的荒地栽植了几千株花卉树木。我们沿着小路走进村里，整齐划一的一栋栋二层小楼出现在路的两边，家家户户的门口都种着茶花、月季、蝴蝶兰、鸢尾，还有桃树、杏树、石榴树、银杏树、红枫等，路两边蓝白相间的矮矮小围栏，护卫着这些花草，也装点了小路。呼吸着这些花草树木吐出的新鲜空气，好不惬意。

我们走进一户人家，一个10来岁、穿着红色针织连衣裙的小女孩，坐在院子里写作业。"爸爸妈妈去草莓园了，你们要吃天然有机草莓吗？绿色无污染，越吃越漂亮，看看像我一样。"她眨着黑溜溜的大眼睛，指着自己红彤彤的小脸，对我们说。我们哈哈大笑："你是你家草莓的形象代言人呀！"村书记说："我们鼓励村民回来创业，现在村里有专业种植奶油草莓、有机葡萄和大棚蔬菜的，也有养猪、养驴的。仅仅把环境建设得很美丽还是不够的，只有产业繁荣了，村民有收入了，美丽乡村才能延续。"

星光村，尊重自然、顺应自然、保护自然，在空间布局和景观设计上，充分考虑周边的自然环境，实现了传统与现代、历史与时尚、自然与人文的完美结合，环境建设、人文建设与产业建设高度协调，真正实现了"村庄美、村民富、村风好"美丽乡村的美好愿景。

文明花开文明村

灵璧县圩疃乡陈渡口村，是地、县两级命名的文明村。村党支部书记陈树华是个实干家，曾出席过安徽省第五届党代会。

村干部的办公地点，位于村子的西南角，紧挨着唐河北岸，是一个独立的院落。北屋有办公室两间，党员活动室三间，南屋一排八间，全部是村民文化室。文化室里有一个小舞台，舞台下是一排排用木板固定的简易座位。室内有一台 20 英寸的大彩电，这里是村民们开会、上课、看电视、小型文艺演出的地方。我们到达这里的时候，正赶上他们上计划生育课，文化室内坐着百十名妇女，其中绝大部分是育龄妇女。

陈树华是 1984 年秋末担任这个村党支部书记的。这个村只有一个自然村，东靠房灵公路，唐河从村南蜿蜒流过。自然条件还算不错。全村共 103 户，452 人。人均耕地 2 亩 1 分，分 4 个村民小组。1987 年，全村总收入只有9 万余元。到 1989 年全村农副业总收入就达到 46.957 万元。相当于 1987 年的 5 倍多。目前，陈渡口村虽然还没有建设得像公园一样整齐，像花园一样美丽，但可以说已经初具规模。村子里整整齐齐的四条横贯大路和一条环村路，已经修好。汽车、拖拉机可以开到每户农家门口。村民拆旧房盖新房时，都按照统一的规划。目前大部分已经建好，剩下的小部分，也是为期不长。村南、村北挖了两口大塘，都是 220 米长，22 米宽，5 米深。塘里放养了鱼。现在 3—5 斤重的大鱼不为稀罕。前年，建了一个面粉加工厂，以为本村农民服务为主。村民收获之后，可把粮食交到面粉加工厂，加工厂按所交粮食数量发给领面粉的粮本。村民可随时拿粮本到面粉加工厂去领自己所需的面粉。群众高兴地说："俺农村老百姓，跟城里一样，吃上硬粮本了。"1990 年中秋节，加工厂专门为村民们加工精细的 70 面粉。过节那天，家家的馒头像水晶似的。村里还办了水泥构件厂、饲料加工厂和一个综合门市部，增加了群众的收入，方便了群众的生产和生活。

1982 年，改革的春风阵阵，陈树华接受了乡党委书记的安排，出任村主任，并再次提出了入党申请。这次村里的班子，支部书记仍由雷友清担任。在过去的几年里，雷友清与陈树华关系并不协调。这次弄到一个班子里，如果两个人还像过去一样，明争暗斗，你拉你的一派、我提我的一帮，陈渡口村是绝对没有希望的。怎么办？陈树华明白自己肩上的担子沉重，因为乡党委是把陈渡口的希望寄托给他的，群众的眼也是盯着他的。他意识到要想不辜负乡党委和群众的期望，首先要搞好班子的团结。为此，他首先向雷友清交了自己的思想底，摒弃前嫌，将过去二人之间的恩恩怨怨，全部抛在脑后，不再计较。在工作上，他主动争取党支部的支持。该向支部汇报的主动去汇报。在对待党支部的态度上，他既不越权独揽，又不推卸责任。雷友清毕竟是受党多年教育的老党员，陈树华的良苦用心，陈树华所做的种种努力，他都看在眼里。终于，调子统一了、节奏和谐了，关系非常融洽。1983 年 5 月，雷友清作为介绍人正式推荐陈树华入党。1984 年 5 月，陈树华按期转为正式党员时，雷友清主动提出让贤，支部选举陈树华为支部书记。

支部书记陈树华首先重点抓了两方面工作，那就是文明村建设和带领群众脱贫致富。

陈树华说："前几年，社会上学雷锋的活动少了，雷锋精神也不那么吃香了。但是陈渡口村一直没让雷锋走，是党支部和全村群众把他挽留下的！俺村一直是按雷锋标准去要求党员，教育青年，并经常开展评比活动的，学习雷锋是我们建设文明村的精神支柱！"

陈渡口村有一个革命烈士叫陈敏功。他家里有个养子叫陈万廷，是本乡中心学校校长。前年，家里建房，开工之前，陈万廷不幸意外死亡，撇下一位祖母和老婆、孩子。党支部立即召开党员大会，发动大家发扬雷锋精神，靠集体的力量为烈属分忧解难。好几位党员自动报名，把陈万廷的遗体拉去火化，又用集体经济解决 300 元的生活补助费。丧事之后，房子还要建。青年们又为他家拉石头，从陈渡口到凤山，一次往返要 100 多华里，他们拉了三天，共拉砌墙石 20 多立方。拆旧房时，党员干部带头，又干了四天。这一切全是义务劳动。

过了一年之后，烈士的母亲去世。在全村村民大会上，大家一致决议，每家出钱 5 元为老人办丧事。党员们不甘落后，提出党员家出 10 元。就这样，全村捐献了 600 多元，置了棺材和其他应用的物件，妥善地安葬了老人。从此以后，浇灌、收割时，机械先让烈属家用，从来没收过一分钱。去年，烈属家生活出现了点困难，陈树华私人自动送去了一麻袋大米。

在一个 400 多人的村子里，人的思想觉悟不会一样，行为表现也不会一样。因此陈渡口村非常重视法制教育，引导村民学法、懂法、用法。1983 年、1984 年两年里，他们先后办了 6 期法制学习班，联系本村实际，揭露违法的人和事。这样一来，精神文明之花，开始在陈渡口村生根发芽。1985 年，他们终于被县委命名为文明村和模范党支部。

他们开始认真地修订"村规民约"。就在这时候，一天凌晨一点，突然一阵急促的敲门声，把沉睡中的陈树华喊醒。原来是夜间站岗放哨的发现了赌博的。等陈树华穿上衣服来到村办公室时，几个参与赌博的已被带到办公室里。陈树华当即召开支部会，研究处理办法。召开支部大会，吸收赌博人员家属参加。对照村规民约，听取大家的处理意见。大清早召开村民大会。作为支部书记的陈树华首先检讨。村里出现赌博，是支部书记抓得不力的结果。村治保主任也在会上作了检讨。然后让赌徒们亮相，逐个检查，最后民主评议处罚办法，这次最多的罚款 600 元（有赌博前科的），最少的 5 元。连很有影响、平时颇受人尊重的区粮站站长也因参与此次赌博，在村民大会上作了公开检查，被罚了款。

村民陈树刚和陈树好两家因小事发生了纠纷。陈树刚是外地人，被其妻小铃铛招女婿招来的。而陈树好家是陈渡口的老户，且家族势力较大，小铃铛争吵不过，破口大骂。陈树好倚仗家族势力，挖了一勺子猪屎填到小铃铛嘴里。小铃铛受此侮辱，骂得更凶。陈树好又拿把板斧去砍小铃铛家桐树，先后砍伤十来棵。党支部发现了这一问题后，立即召开村民大会，对照"村规民约"，严肃进行处理。当时，陈树好没有反对，也没有表示赞成。第二天，区委书记专程来到村里，对陈树华说："树华，对陈树好的处理适可而止吧，何必要罚款呢？"陈树华说："这是村民大会根据村规民约作出的决定。"区委书记告诉陈树华："陈树好的表姐夫是咱县的副县长。今天，这位副县长写了信来，要我转告你。"陈树华听到这个情况，也有点犯难，他对区委书记说："让我们支委会研究一下再说吧！"

在支委会议上，有的支委提出："以后再有人打架斗殴，违反'村规民约'，那他的亲戚是省长、中央委员怎么办？村规民约还能专治没后台的老百姓吗？"于是，大家决定，排除干扰，一定按制度处理。陈树华找到区委书记汇报了情况，并表示，等处理结束，他登门向这位副县长说明情况。

当支委再次找陈树好谈话，重申执行村民大会处理意见时，陈树好跳着叫了起来："叫我赔款，想得倒美。八成你们又少喝酒的钱了。"

根据这个情况，支委决定：罚款的钱必须按时交来，如拖延超过三天，再加 50 元，以此类推。陈树好仗着家族大，又有县长亲戚，竟然拖了 6 天。罚款额也涨到 150 元，最后陈树好看到支部态度坚决，只好交足罚金。

按说，这桩公案的处理可以结束了，但陈树华和他的伙伴们认为，处罚的目的在于教育。因而，他们又去做陈树刚夫妻的工作：陈树好认识到错误是好的。俗话说：远亲不如近邻，近邻不如对门。用婉转的语言启发他们在新的基础上达到新的团结。干部们走后，陈树刚夫妻二人心领神会。当陈树好登门检讨，并送来 150 元罚金时，陈树刚夫妻也诚心作了自我批评，并坚决退回罚款。陈树好很受感动。他佩服干部们会做工作，自己更感到羞愧。党支部像火一样的温暖，融化了两块冰疙瘩，终于汇成一泓清泉。从此，这两家相处得十分融洽，种地一块种、收庄稼一块收，连送到地里的饭也合在一起吃。

俗话说：清官难断家务事。而这个村的干部偏偏要把家务事也管起来，不仅管生孩子，连夫妻吵嘴，父子闹架的事也管。一遇到这样的事，非跟你分出个里表来不行。

1990 年，本村小学校长陈征理打他女儿陈玉玲，爷俩发生了争吵。支部派人去了解一下情况，原来是在浇地种麦时，陈玉玲不顾自家的地，却去帮助困难户浇地。陈征理知道后，抓住女儿就打。了解情况清楚后，支部批评了陈征理，表扬陈玉玲助人为乐的精神。

现在的陈渡口村，赌博的绝迹了，打架斗殴的不见了，红白喜事没有大办的了，小偷小摸销声匿迹了。群众高兴地说："村规民约现在不灵了。"陈树华说："不，不是不灵，是没有违犯的了。大家都自觉地按照村规民约办事，这才叫文明村。"

1982 年，他们带领村民修了环村路。为了充分利用自然条件的优势，用唐河的水浇田，他们开始修筑灌溉渠道。1985 年，修了一条从陈渡口村到乡政府的石子路。1986 年，在主渠道上修 27 座生产桥（其中，大 10 座，小的 17 座）。1987 年修建 49 个带闸的斗门，修建 7 个节制闸。1988 年又新修建 1450 米主渠和 317 米支渠，还修了 614 米石渠，210 米南北路。1989 年，又修了 127 座小桥（门口过路用的），修建 4 个喷灌机。到 1989 年，浇灌网络已基本形成，全村 696 亩耕地，加上自留地共 1100 亩，可以全部浇灌，达到了旱涝保收的要求。

为了让农业生产更上一层楼，陈树华和他的伙伴们，又下力气抓了科学种田，以村党支部为核心，成立科技领导小组，每到播种或收获季节，都请地、县的科技人员来讲课，村里统一搞示范田、种子田。整个生产过程实行"五统一"，即统一播种、统一购买良种、统一购买肥料、统一搞植保、统一销售。

过去播种不一致，规格不同，产量不能保证，特别是种棉花。现在村里规定，棉花播种开始统一在5—7天全部按要求播种结束。化肥棉种一类的物资过去个人出去购买，容易买假的，上当受骗；去年，全部由村里派人到砀山县良种场购买。化肥也是如此，尿素、磷肥、钾肥，全部是中价，干部不搞特殊，统一分配。棉花及其他农作物生长期间，虫情情报、防虫、打药、统一安排，村民家里不存农药，这样调度灵活，灭虫迅速。棉花收上来之后，因这个村的棉花属优良品种，县棉麻公司上门收购。"五统一"给村民带来了极大的方便，同时也为增产创造了良好的条件。

农村的第一步改革，联产承包责任制是成功的，给国家和农民带来了好处。但是，如何深化改革？陈树华又开始了新的摸索。1989年，他决定根据外地经验，结合本村情况，实行双层经营，以提高生产，减轻农民负担。

陈渡口村决定从平均每人2.1亩耕地中抽出0.45亩，全村共集中204亩，交给集体耕种。这些土地划为三个区域，即科技示范田、培育良种田、农业提留田。村里再把这些土地以每亩130元的承包费分别承包给10户农民。承包户必须符合五个条件，即：家庭劳动充足有能力管好种好；科学种田水平高，勇于接受新鲜事物；农家肥充足；服从统一安排，以便推行科学种田和培育良种；及时上交承包费用，这就是村里定的所谓"五包五不包"的章程。

他们年初承包下去，到10月底已全部交清承包费用，全村共收来26520元。1991年，农民负担的农业税、国库券、各项提留杂支款项，不要再向农民征收，全由村里统一支付。

对此，我们采访了一户五口之家的农户。他从承包地里拿出2.05亩交给集体，家里还有8亩多地，他说："按土地面积俺家是少了两亩多地，但是俺把劳力、肥料全投到剩下的8亩地里了，耕作得更细了，功夫也更深了，今年俺家的粮食棉花总产量不低于去年。况且，明年一年的税收、提留什么的都不要交了，实际上我们增加了收入。"

双层经营这条道走对了。它不仅实际上增加了群众的收入，更为重要的是村干部再不用像讨账似的一年四季催粮催款，弄得干群之间关系紧张。村里再也没有因为负担沉重而发出的怨声了。

我们不禁又想起刚走进党员活动室时，所看到的挂满这三间大屋的琳琅满目的奖旗、奖状和中共灵璧县委号召全县党支部向陈渡口村党支部学习的决定。这个决定充分肯定了陈渡口村精神文明建设和物质文明建设方面的成就，高度评价了党支部书记陈树华在改革的大潮中勇于攀登、善于开拓的社会主义革命精神和气魄。

（县政协办公室　供稿）

严控耕地"农转非"

胡兴臣

县委、县政府采取下靠群众监督、上靠法律保护的措施，严格控制耕地"农转非"，努力保持耕地总量动态平衡。

首先，我县是农业大县，土地对于农业县的经济发展来说尤为重要，可是一些地方用地却存在着随意性，违法占用耕地的现象时有发生。为了有效遏制耕地"农转非"，我县在过去的一年里，通过召开各种会议，利用广播、电视、图片展、宣传栏等阵地以及宣传车下乡的形式，广泛宣传《土地管理法》《城市房地产管理法》等法律和条例。县和乡镇普遍建立起农田保护领导小组，村专人负责。划定了全县基本农田保护区，建立健全了管护措施，使群众监督与领导依法加强管理结合起来，全县上下一起努力做好耕地保护工作。首先土管部门坚持"用管"并举的原则，依法严把土地审批关，严格控制耕地"农转非"。1996年我县共收到各类建设用地申请报告337件，通过依法严格审查共批准302件，占地总量仅占国家批准的计划占地面积的76.4%，而且所占用的耕地仅为批准用地总量的71.8%。

其次，积极接受群众监督，及时认真地对待群众来信来访。在过去的一年中，县土管局接办来信来访167件（次），各基层土管所接办来信来访584件（次），共调解土地纠纷312起。经审查，县土管局立案查处14起，年底前全部结案，使群众自觉保护耕地的积极性更加高涨，依法保护耕地工作有了更加坚实的群众基础。

最后，依法严肃查处违法占地案件。灵璧县对于违法占地案件一经发现，则着手查处。1996年一年查处违法占地案件14起。禅堂乡黄山村原支部书记随意在承包地里建房，群众反应强烈，县、乡土管部门知道后，及时作出处理决定，令其将砌好的墙基拆除，恢复耕种。1996年共对3件类似违法事件进行处罚。有个乡决定在一片47亩耕地上建场，地已筑墙圈定，并开始运料。当地村民坚决反对，意见反映到县，县土管局、信访办、农委、公安局四家进行联合调查，认定群众意见正确。县委负责同志支持调查组提出的处理意见，随后，圈地围墙被拆除，47亩耕地得以恢复耕种。

（原载《农民日报》1997年1月31日）

"一卡通"通进农民心底

刘万广

"一卡通"是广大农民口中最常提到的词语，是农业税取消后，在党中央全面推行财政惠民大转型中，乡镇基层财政所为广大农民办的一件好事，深得广大农民群众拥护。

"一卡通"最早是从基层财政所兴叫起来的，现在农村从老到少，都能知道什么叫"一卡通"。所谓"一卡通"，就是乡镇财政所为农民在银行开立的领取国家粮食补助等的独立账户，群众称为"粮补折子"。乡镇财政所通过这个小折子，联系千家万户，把种粮补助款等一切国家财政惠民补助、补贴款项一键打入存折里。群众拿着折子直接到银行领取钱款，由此就在群众中得名——"一卡通"。

"一卡通"发放是基层财政部门在新时期财政工作转型中创造出的新型为民、惠民的工作方式，变向群众要钱为向群众发钱。2005年，农业税取消后，黄湾财政所和其他基层财政所一样，开始对各种惠民补贴政策开展广泛宣传，让群众都晓知各项补助内容。对于申请补贴的农户，核实身份，确定补贴内容和补贴对象，统一补贴范围，统一补贴时限，统一补贴标准，统一计算依据，统一发放程序。确定专人负责，建立农民补贴网络，确保每个补贴农户都能随时支取补贴资金。从2007年开始，黄湾镇财政所为1万多户新刷存折，入村逐户发放，一边宣传党的各项补贴政策，一边教农民学会使用存折，如何核查补贴信息。从此，"一卡通"在每户就通开了。

财政所重新整建财政服务大厅，设立"一站式"惠民服务窗口，培训"一卡通"操作专业会计，专设信息查询人员，使在外务工、错名等人员及时得到补正信息，让"一卡通"准确率达到百分之百。

"一卡通"创建出和谐社会。以往，群众补贴都是由村里干部代领代发，产生了许多矛盾和不和谐问题，出现村集体截留、挪用和干部贪占现象，群众见不到补助款，引发群众不断上访，与干部吵架。到财政所里领钱也出现人难找、门难摸的现象，群众耗时、误工、多跑路。

"一卡通"为贫困户及时解决生产和生活困难，好处多。"一卡通"最受群众赞扬的就是准和快。准，一是钱款数额准，二是发放时间准。种粮补助都是在春耕前发到位，让群众不误农时，投入生产。生活救助补贴都是及时发到户，以解困难户燃眉之急。快，就是中间一步到位，这边打卡，那边就能取款。"一卡通"，让群众得到了优质服务，促进了社会和谐稳定。

堤滩发包带来的变化

邱以和

灵璧县具有流域面积 50 平方公里以上的河道 16 条，堤防长 590 公里，新汴河、濉河等主要行洪河道于 1996 年办理国有土地使用证。

《水法》《河道管理条例》规定，两岸堤防、水域、沙洲、滩地包括可耕地、护堤地归国家所有，护堤、护岸林木由河道管理单位组织营造和管理，其他任何单位和个人不得侵占。

但由于河道堤防滩地战线长、管理人员少，河道管理所仅 19 人，经营管理不过来。多年来，堤滩地被当地群众无偿侵占、非法耕种。新汴河、濉河堤防仅在当地政府组织下，植树造林季节栽树，很少成活。少量成活的也被放牧、耕种破坏，大段堤防光秃秃的，还有的堤防被人取土破坏。

2001 年，县政府按《水法》《河道管理条例》的规定，出台文件，对河道的滩地使用权对外发包。堤防弃土区只能栽树，滩地不准种高秆作物。濉河堤防每年 60 元 / 亩，滩地 100 元 / 亩，新汴河堤防每年 30 元 / 亩。使用期限 15 年，县、乡、村和承包人按 3 ∶ 3 ∶ 3 ∶ 1 的比例分成。后来运料河、拖尾河按每年 200 元 / 亩发包。

公告发出后在全县引起强烈反响，多年来非法耕种、堤滩管理无序状态即将结束。当初，县政府下派农业、林业、水利等几个单位组成的工作组，几天下来，农业、林业部门的领导不愿参加这项工作，水利局自身调整由四位副局长担任组长，在濉河开展这项工作。县政府召开相关部门会议，虞姬、禅堂的负责人看着工作开展难度大，主动放弃乡镇分成，表示让利于民。竞拍第一标是浍沟的马场，公证处、水利局、土地局鸣锣落锤，合同价 14 万元。其余各段议标承包。本着沿岸群众优先承包的原则，当天收承包款近 30 万元。接着水利局的人员坚定信心，发扬继续作战的作风，凭一股韧劲和钉子精神在大堤上耐心宣传《水法》，田间地头召开会议。工作人员经常受到谩骂、围攻和殴打，堤防成了各种势力角逐的舞台和村里矛盾的曝光现场。有的说，20 世纪 60 年代初对土地（山林、水面、草原、畜牧、农具、劳动力）进行统一调整和固定（俗称"四固定"）时属于他们；有的说是他们的承包地；有的要求为他们调整堤外土地；有的说河道治理时挖压赔偿不到位，以各种理由搅局，想继续无偿侵占国有资产。省水利厅得到县水利局要"拍卖"堤防的消息后，要求我们立即停止这项工作，但当他们派人来灵璧了解真实情况后，要求把"拍卖"改为竞价承包。

仅濉河一条河，灵璧就涉及尹集、浍沟、冯庙、大路、禅堂、虞姬 6 乡镇的 35 个行政村，各村情况千差万别。

简吴是村班子战斗力不强的落后村，在我们组织发包工作之前，简吴已将堤滩地对外发包，还有半年未到期。县水利局工作人员进村反复宣传、开会，进展不快。后来我们与浍沟镇通气，先拿出 2 万元把原合同收回，后来，一下午把地量好，合同签完，收款 27 万元。这 2 万元后来从村提成中扣除。

尹集霸王城村两委组织能力强，他们统一丈量堤滩、统一筹集承包款，由村委会与县水利局签订承包合同。

浍沟后车村没有村干部，我们就进村宣传，把群众召集到大堤上交钱、量地、签合同，公证处现场公证。

浍沟濉河村承包户与县水利局签订了几个合同，在大合同里，有的承包户要求水利局帮他们写清楚，每家地亩数及承包款，表现出对水利局的信任和合同的重视。后来合同的履行、林补的发放按合同执行清清楚楚，毫无偏差，群众十分满意。

各乡镇、各村都有不同的故事，水利局与所在乡镇本着公开、公平、公正的原则并肩作战两年多时间，逐村逐户签订合同，完成了新汴河、濉河、拖尾河、运料河等河道的竞价发包。签订合同 692 份，收承包金 1035 万元。

灵璧域内新汴河 27 公里、濉河 42 公里堤防承包户栽的护堤林成了一道亮丽的风景线。国家加大对退耕还林扶持，共补助 2328 万元，激发了承包户植树造林的积极性。很多河段延长三年合同，种了两轮树木。据专家粗略估计，几条堤防的绿化带积木价值 20 亿元。

2015 年 3 月，国家对新汴河治理结束后，新汴河堤防按 200 元 / 亩、使用期 15 年对外竞价承包。除预留滨河绿化带 10 公里，竞得承包款 2000 万元。

这次竞拍是真正意义上的竞争，有的地段竞拍加价达 500 元 / 亩以上。竞拍后，堤防全部栽风景树，杜绝杨树，免得杨絮飞扬。

2019 年 5 月，潍河延长的承包到期，县政府出台文件，对潍河的堤滩地按堤防 200 元 / 亩、滩地 300 元 / 亩、使用期限 20 年，对外竞价发包。沿岸群众踊跃参加，竞争激烈，现已接近尾声。潍河竞拍结束，收款约 5000 万元。

2020 年 3 月，北沱河治理结束后，县政府对外竞价发包堤滩 200 元 / 亩，使用期限结束后得承包款 2000 万元。大部分已栽风景树或无絮杨。

近 20 年的堤防管理实践证明，竞价发包堤滩地是行之有效的管理方法。一是盘活了国有资产，扭转了堤防滩地非法耕种、抢种现象。二是改善了生态环境，堤防绿化带是灵璧绿水青山的重要组成部分。三是带来了可观的经济效益，几条河道的积材价值 20 亿元。四是有效制止了堤防耕种取土行为，承包者根据合同自觉管理堤防，承包者就是堤防责任人。五是锻炼了水利管理队伍，要求我们有较高的政策法律水平，而且要干净担当。20 年来，县水利部门对县内的中小河流加强堤防管理，建成水清岸绿美好家园。

正是：堤滩发包 20 载，绿树成荫河边栽，取土耕种遭打击，防护林里鸟飞来。

九顶园艺场的好时光

同龄人

2017 年农历九月九日上午九点钟，我准时到达县林业局，县九顶园艺场首任技术员汪尊森已经捧着茶杯在大门口等候。汪大哥住在 20 多年前的局职工宿舍楼的最东头三楼上，那是当年专门为局领导和高中级知识分子盖的一栋宿舍楼，一般职工是住不上的。进了汪大哥的家里，简单地寒暄一会儿，我便说明来意，直奔主题，开始采访。

　　我问："汪大哥，我知道你是著名的将军县——金寨县人，你怎么会来到穷乡僻壤的灵璧县工作的呢？"

　　我的一句问话打开了他的话匣子。他说："我 1959 年从合肥林业中专学校毕业，分配在安徽林业厅林业科学研究所园艺组工作。当时，安徽省要在灵璧县建一个亚洲第一大果园，规模 20000 亩，要从省直机关抽调人员到灵璧工作三年，帮助建设园艺场。这对于刚从学校毕业的青年人来说，无疑是施展才华的大好机会，我便主动报名来灵璧工作。1960 年春节刚过，我就兴冲冲地来到县九顶园艺场。在我前后来的，还有安徽省交通厅秘书处科长李竞成，他是九顶园艺场的第一任场长，有合肥林业学校的会计赵承业，他担任九顶园艺场会计，有负责后勤管理的李继言，是本地干部。我是技术干部，还有一名技术工人，是从砀山果园场调来的于文炳，他在安徽林业干部学校培训班学习过。我们五位组成一个领导班子。"

　　"你们来到以后是怎样打开工作局面的？"我接着往下问。

　　他说："我们来到时正在建场，进场后就投入到丈量土地、调运果树苗和指导农民栽植果树工作中。经过三年的努力，在灵璧最北部的九顶区、王集区栽植果树面积达到 17800 亩，已经接近规划 20000 亩的目标。后来实行退田还农，把正在茁壮成长的果树林退还给附近生产队，园艺场只保留果园 3800 多亩。同时对园艺场的机构进行定编，正式定名为灵璧县九顶园艺场，下面设四个大队，即山南的一大队、山北小姚庄东的二大队、崔楼东的三大队、王集区程庙村和湖北村的四大队，场部设在二大队。"

　　"据我所知，1980 年一个园艺场分为两个园艺场，请你谈谈当时的情况。"我继续问道。

　　他说："当时园艺场亏损，县政府决定把九顶园艺场分成两个场，九顶区境内的一、二、三大队为灵璧县园艺一场，又叫九顶园艺场，王集区境内的四大队独立设为灵璧县园艺二场，也叫下楼园艺场。九顶园艺场时有职工近 300 人，果园 2300 多亩，其中梨园 1700 亩、苹果园 300 亩、葡萄园 300 亩。下楼园艺场时有职工 100 多人，果树 1500 多亩。分成两个场以后，我留在九顶园艺场工作。通过实行联产承包责任制，将果树分给场内职工管理，场里负责技术指导、组织销售和行政管理，水果产量大幅度增加。我们利用火车皮调运酥梨和苹果，销售到南京、上海、广州、长沙、重庆、贵州等地；利用汽车运输葡萄，供应徐州、宿迁、萧县、蚌埠等地葡萄酒厂。当年，一亩梨树能产酥梨6000斤到8000斤，每斤卖一块三毛多，每亩果园的经济收益可达8000元至10000元。那十几年，九顶园艺场的经济效益扶摇直上，职工的奖金节节攀升，是最红火的时期。可惜的是好景不长，近20年以来逐渐走下坡路，到现在仅仅还剩下几十亩果园，果树几乎毁灭殆尽。"一位把毕生精力和才华奉献给果树栽培事业的技术骨干、亲眼见证了九顶园艺场兴衰史的77岁老人，说到这里深感遗憾。

见此情况，我把话锋一转，请他谈谈果树栽培技术方面的事情，汪大哥的兴趣又上来了。他说："我们刚来的时候进行土壤土质分析和果树栽培历史调查，县北的黄河故道一带适宜果树栽植。九顶区邵垓有70多亩梨园，王集区程庙有100多亩梨园，树龄都在300年以上。我们的工作重点是引进和推广科学栽培技术，从改良土壤、选施肥料、引进良种、合理密植、整形修枝和防治病虫害等环节上下功夫。我们场生产的砀山酥梨和金帅、元帅苹果，曾经多次获得安徽省优质产品，场引进的保加利亚优良品种葡萄，产品深受客户的青睐。"

忘我奉献为扶贫

晏金福

在灵璧县娄庄镇姚山村，只要提起张持海，群众无不竖起大拇指，交口称赞："他是俺们脱贫致富领路人。"张持海原为灵璧县林业局副局长、主任科员、四级调研员，2014年10月，55岁的他被选派到姚山村任驻村工作队队长兼第一书记。2019年10月，张持海退休。但他退休不退岗，姚山村广大群众和帮扶单位一致要求他留下，经县委组织部批准张持海为驻村工作队副队长，继续驻村从事扶贫工作。

6 年前，张持海一入驻，即走村串户，调查了解贫困户情况，帮助贫困户分析致贫原因，以求找准症结，对症下药，带领他们走出贫困、踏上致富路。2015 年，他经过多次协调，由县扶贫局投资，在姚山村一次性建设了 120 千伏和 90 千伏两个光伏发电项目，使 40 户重点贫困户于 2016 年就享受到产业扶贫的红利，人均收入增加 804 元。2017 年 3 月，他协调包保单位林业局出资，为姚山村购买了 4400 棵晚秋黄梨经济树苗，价值 5.72 万元，按每户 20 棵发放给贫困户种植，确保贫困户能长期增加收入、达到稳定脱贫。为确保村级集体经济积累达到保 5 万元争 7 万元的目标，张持海经过多方协调，县林业局出资 7 万元，市委宣传部出资 4 万元，购置了一台联合收割机，赠送给姚山村，以午秋两季租费 3 万元对外承包，帮助村集体稳定创收。他还先后为姚山村争取植树资金 88 万元，栽植了 9600 棵银杏树、楸树、广玉兰、楸树、法梧等名贵树种。还争取资金为村里购买了 1.76 万元办公设备。为贫困户家中学生购买了书包 70 个，价值 3750 元。为贫困户家庭购买了 150 个扶贫手册袋，价值 3000 元。为解决学龄前儿童上学难，他联系了灵璧县第一中学校长程斌，一中捐赠扶贫资金 152 万元，帮助建设村幼儿园。现在幼儿园已经建成，有在校生 58 名，还能再容纳 40 多名幼儿入园。幼儿园的建设，家长减少了接送孩子的时间，增加了务工时间，为稳定脱贫注入了活力。

针对贫困户的贫困原因，张持海因户制宜，鼓励他们选准自家适合的脱贫项目，并积极帮助他们实施。能搞养殖的搞养殖，能搞种植的搞种植，各取所长、各展其能。比如贫困户王俊体，他一家三口，儿子患有抑郁症，在张持海的鼓励和帮助下，该户利用产业扶贫资金 6000 元，加上自筹资金购买了种鸽，开展鸽子养殖，很快繁育幼鸽 1000 多只，年收入 2 万元左右，从根本上甩掉了贫困的帽子。由于他儿子对养鸽子感兴趣，抑郁症也彻底好了。在姚山村，大部分贫困户都像王俊体这样，依托产业扶贫政策，通过喂牛、养羊、种植果蔬大棚等，已经或正在逐步甩掉贫困帽子。

张持海驻村六年，和贫困户建立了深厚的感情。他把贫困户的事情看作比自家的事情还重要，千方百计地帮助贫困户解决困难。双陈庄时年 84 岁的陈为同老人，住的是危房，他多次动员老人进行危房改造。老人总是说："改什么改？不知哪会儿就'走了'，别折腾了！"为了老人家住得安全，他反复做工作。一次不行两次，两次不行三次……功夫不负有心人，在他的耐心说服下，老人终于拆了危房，建了新房。2018 年 1 月 3 日，天上下着冻雨雪，气温降到零下 8—9 摄氏度，从天气预报中得知，第二天气温要下降到零下 17 摄氏度，张持海从上午到下午 5 点多，走了 10 个庄子，提醒群众接好吃的水和家畜家禽用水，保护好水管、水嘴，特别是电动机等易被冻裂的家用品。这时，天已黑了，他还惦记着陈为同老人，他吃得可好？住得可暖？于是，他不顾天黑路滑、冻雨打脸，骑着车子，直奔老人家。陈为同老人听到敲门，大门一拉开，就扑进来一个雪人，他一下子愣住了，看清是他，激动得赶忙上前抱住，说："这么晚了你还来？太冷了！谢谢你帮我建这新房，要不然，我这会儿说不定就挨破房子压死了。"这时，年近花甲的张持海也情不自禁地流下了激动的泪水。谁说咱老百姓不讲感情，谁说群众对我们的干部缺乏理解？眼前这一幕就是最好的回答！此时，张持海的心里只有一个念头：为扶贫，为老百姓都能快速过上好日子，再苦再累也值！

农村人最怕生病，好多贫困户都是因病致贫的。张持海平时特别注意运用自己的信息资源和人脉资源，为贫困户排忧解难。如贫困户王明叶已经 67 岁了，患有严重的静脉曲张，影响了正常生活。张持海推荐县医院刘銮超医生给他医治，效果很好。再如 1988 年出生的陈泽领，身高只有 1.2 米，当张持海到他家走访时发现他非常痛苦，吃的是感冒药，老是不见好，说一晚上要起来解十几次手。张持海咨询医生，得知可能是肾方面的毛病，于是帮他联系了县医院肾科专家吕洪波。经过治疗，由于对症，他很快药到病除。张持海又安排他到村扶贫工厂上班，看两台机器，一个月有千把块钱的收入，为他们家庭稳定脱贫打下了基础。再如邢王庄的王明根，年龄 50 岁，患帕金森病多年，症状非常严重。由于腰间神经也有毛病，坐在板凳上，瞬间就会躺倒在地。家人束手无策，更不知道治疗需要多少钱，已经准备放弃治疗。张持海因带爱人到安徽省立医院治病，了解到全国知名专家牛朝诗主任治愈此病特别擅长，就多次向王明根他们宣传医疗政策，在本省公立医院治病，一年内在合规的范围内，无论花费多少，本人出院后，仅需要出 10000 元钱，动员他去治。他们知道情况后非常高兴，经过治疗，正常报销加大病救助等，总共报销了 28 万多元。现在，他已经能够生活自理，可以参加家里的日常活动了。

由于教育资源不平衡，子女教育是贫困户一件非常头痛的事。张持海想贫困户之所想、急贫困户之所急，积极主动地帮助他们解决这方面的困难。如贫困户王俊文肢体严重残疾，他只有一个女儿，父女俩相依为命。女儿王雅迪读初中时，张持海就经常鼓励她要有远大理想，努力学习，为父亲争气，为祖国争光。功夫不负有心人，她以优异成绩被省示范高中灵璧一中录取。为了进一步激发她学习的积极性，张持海邀请灵璧一中校长程斌到她家走访。程校长帮助她在县民政局申领了2000元救济金和4床棉被，又在县红十字会给她解决了1000元的生活费。可是王雅迪因长期缺失母爱，入学后，自悲感太重，总认为别人都瞧不起她，上了两个月就辍学了。无论大家怎么做工作，都没有效果。第二年8月，张持海问她，还想不想上学，她表示想上。张持海积极为她做工作，经市教育局批准，让她重新从高一上起。哪知只上了一个多月，她又不上了。张持海想，这孩子如果不能上好学、学点技能，估计她家短期内就会很难脱贫。于是反复做她的思想工作，希望她入校复读，考个中专学校，学个一技之长，改变自己的人生。"锲而不舍，金石可镂。"张持海的工作终于有了效果，王雅迪经过娄庄中学半年的复读，成了马鞍山一所大学的委培幼师生，4年后她将是一名公办幼儿教师。

常言道，有付出，就会有回报。张持海六年来的忘我奉献，不但获得群众的赞扬，也受到组织和领导的好评。他连续多年被县委组织部评为优秀等次。被灵璧县委县政府评为2016—2017年度扶贫工作先进个人。2017年8月，他被省人社厅和省林业厅评为2016年度全省林业系统先进生产工作者。安徽电视台公共频道、宿州市电视台、灵璧县电视台先后对他抓党建、促扶贫工作进行了专题报道，2017年7月20日，《拂晓报》在头版刊登了《张持海——甘为扶贫献余力》的报道。2018年4月，他被评为"全市第六批优秀帮扶选派干部标兵"。2018年7月，他被评为"灵璧好人"，2019年3月，他被中共宿州市文明委评为"宿州好人"，在扶贫工作中，他已经立三等功一次，现已具备再次荣立"三等功"的条件。现在，年过花甲的他，作为灵璧县第七批次扶贫工作队副队长，正在为"决胜全面小康、决战脱贫攻坚"发挥余热，力争为姚山村的扶贫工作作出更大贡献。

"合工大"砂坝扶贫记

刘万广

砂坝村是省级贫困村和灵璧县重点扶贫村，合肥工业大学按照教育部关于开展扶贫攻坚部署和统一安排，自 2014 底对砂坝村实行校村对接，包保扶贫。5 年过去了，合工大给这个全县最边远的贫困村，带来了家家富足、人人增收、社会稳定、干群和谐的新气象。2018 年底，经过国家和省入户评估验收，实现村出列户脱贫，成为全县脱贫先进村。

自 2014 年以来，合肥工业大学对砂坝村开展扶贫包保，校党委全力投入，实现三级对接精准包扶，强化扶贫开发工作。学校成立扶贫开发领导小组，由校党委书记任组长，分管副校长任副组长，下设扶贫办公室，制定了砂坝村扶贫脱贫发展规划。党委书记余其俊、校长梁樑、副书记陆林、副校长季益洪、扶贫办主任刘峰等领导，先后带领扶贫工作领导小组成员，入村召开各种座谈会，走访乡村基层领导和农户，到贫困家庭慰问，广泛听取对扶贫工作的意见和建议，进一步提升学校开展扶贫工作的精准性。校扶贫领导小组定期组织志愿者团队和支教、健康、产业、精神脱贫等相应的机构 200 多人入村，开展家教、医疗、文化、产业扶贫服务。投入大量人力和物力，组织捐款、捐物和免费查病、治病等重点活动，为精准扶贫工作注入活力，先后选派出李宏国、叶绍灿任灵璧县包保扶贫专职副县长，并先后派李笛、朱泉清两位校干部任村支部第一书记，常年坚守，吃住在村，包保到户，扶贫攻坚。

校党委为驻县驻村包扶干部制定出"两个并进""五项精准"的扶贫新举措，即精神扶贫和物质扶贫同步推进，党建、教育、人才、科技、产业五项特色扶贫全面开展。向村里拨付 3.2 万元专项经费，用于党建工作，把村党支部建设成为扶贫攻坚战斗堡垒，打造一支稳定的基层扶贫领导队伍。依托学校教育资源优势，全方位实施教育扶贫，建立科技服务平台和人才培训体系，提升贫困户的劳动技能，兴办见效快的产业，快速提高贫困群众和村集体收入。

从合工大包扶干部驻村开始，就源源不断地向砂坝村捐物捐款，一边向贫困群众发放扶持生产和保障生活的款物，一边兴建扶贫基建工程和产业，成为全县首个投入扶贫资金多、完成扶贫工程多、村容村貌改变多、年度实现脱贫人口多的"四多"包扶单位。2016年，合工大党委制定了发展大棚蔬菜生产、实施农村"三大革命"建设、完善公共文化和健身、体育活动场所等产业扶贫项目。从春到11月中旬，边规划，边投入，边设计，边施工。投入扶持资金28万多元，建起两个蔬菜大棚及配套设施，对外承包，生产特色蔬菜、瓜果，5户贫困户参与管理，每天可获收入80元。投入25万多元，分别在村小学和粮站、村卫生室、村部及砂坝街上的人口密集中心处，建起高标准的水冲厕所，助推"三大革命"和美丽乡村建设。投入5.5万元购买两辆垃圾运输车，捐给村里，安排贫困户负责清运垃圾，增加收入。投入20万元帮助小学建水泥活动场所。2017年10月，拨付3.2万元专项经费，支持村党建室内装修。2016年到2017年，共投入扶贫款物，总价值达150余万元。2019年11月份，投入150多万元，改造砂坝街道，修建了东西街下水道近500米，修建了人行道和两旁绿化带。2020年夏季，投入150万元，修建了南北街下水道450米，贯通"十"字形街道，促进了美丽乡村建设。

2017年，设立学生奖助学基金，计划连续4年每年投入5万元，用于资助贫困生和奖励品学兼优的学生。组织部分党支部和教师，针对贫困户家庭的学生，重点资助10多人，发放资金和物品2万多元。促成合工大附中与砂坝小学结成共建帮扶单位，开展师资培训和教研交流活动。在砂坝小学设立了"大学生义务家教服务站"，每周派出4名大学生志愿者辅导学生，对贫困家庭儿童和留守儿童进行心灵抚慰。在学校分年级开展文化辅导、绘画、音乐、舞蹈、计算机操作等项支教活动。同时，对孩子们进行思想政治和环境保护等方面的教育，使全村近百名贫困儿童和留守儿童普遍受到教育。同时，捐赠20多万元，为村小学校购买教学用具、计算机、学生用具和校服。2018年末，出资200万元为砂坝村援建一所幼儿园，挂牌"灵璧县幼儿园砂坝分园"。

自2017年以来，工大共组织医护人员到砂坝村开展两次大型义诊活动，为全村群众免费体检查病治病。为村卫生室捐赠部分医疗设备、病床，以及医生办公用品，改善群众就医和医生办公条件，总价值10多万元。出资集中绘制宣传墙画200多幅，制作画匾和《村规民约》匾60多块。所有绘画涵盖了立志脱贫，自立致富，扶智学技，道德礼仪、孝道文化、移风易俗、文明创建等内容。2018 年，又投资 30 余万元，建起了 1000 多平方米文化活动广场，6 间党员活动室、图书室和文化室，捐赠桌柜板凳、计算机、健身器材，捐赠各类图书 2000 余册等。

5 年多来，合工大在砂坝村开展精准扶贫，硕果累累。2014 年未脱贫人口 447 人，贫困发生率 11.63%；2016 年贫困人口 312 人，贫困发生率 8.04%；2018 年贫困人口下降到 38 人，贫困发生率为 0.94%。2018 年，经国家和省评估考核，砂坝村顺利出列贫困村。

走出扶贫新路子

程子珉

灵璧虽然是国家级贫困县，但在脱贫攻坚的工作中也创造了令全国瞩目的好经验。2018 年 7 月 9 日，全国金融扶贫培训班在灵璧举行，灵璧作为会议的举办地，重点介绍了金融扶贫方面的探索成果和成功经验，总结出了"一自三合"金融撬动产业的融合发展模式，向全国推广了金融扶贫的灵璧经验。"一自三合"主要内容是户贷户用自我发展、户贷户用合伙发展、户贷社管合作发展、户贷社管合营发展。大庙乡沟涯村的雅丽竹枝加工合作社，就是此次会议一个重要的观摩点，也成了全省乃至全国金融扶贫的亮点。

雅丽竹枝加工合作社是沟涯村袁赵自然庄的赵雅丽发起成立的。赵雅丽是一位多灾多难的弱女子，因是独生女，父亲为她选了上门女婿。婚后不久，父亲患了癌症，母亲膝关节变形，经常卧床。因为看病开支太大，2014 年成为建档立卡贫困户。2017 年是赵雅丽最不幸的一年，先是长子车祸身亡，接着父亲病逝，母亲卧床不起，丈夫承受不了这巨大的灾难，选择了离婚。赵雅丽陪着卧床的母亲，带着牙牙学语的女儿，一家三口在困苦中挣扎。

就在赵雅丽一家茫然无措的时候，工作队来了，各项扶持政策来了。健康扶贫解决了看病问题，低保补助解决了生活保障问题，项目资金解决了生产自救问题，小额扶贫贷款解决了发展脱贫问题。各种扶持政策叠加，加上包保责任到人，赵雅丽的心安定下来。

赵雅丽所在的自然庄有一项传统的家庭手工业技术，就是扎竹扫帚，长期以来成为竹扫帚的集散地。赵雅丽的父亲本来就是扎扫帚的能工巧匠，他活着的时候，在这个行业就有一定的影响力，也拥有不少固定的客户。由于接二连三的灾难和变故，因此赵雅丽这个贫困户成为村乡两级干部和工作队特别关注的重点户。通过集中会诊，结合赵雅丽本人的意愿和想法，认为赵雅丽继续子承父业扎扫帚，解决脱贫问题风险小、见效快，收入稳定。赵雅丽利用贫困户项目扶持资金，由她伯父帮助组织几个扎扫帚的能手，来她家帮工，实行计件工资，多劳多得。在 2017 扶贫年度，赵雅丽获利 10000 多元，加上其他政策性收入，这个 3 口之家实现了脱贫。

2018 年初春，雅丽竹枝加工专业合作社正式挂牌成立，这是沟涯村扶贫工作的一个大事件。在挂牌仪式上，乡村及工作队干部、包户干部及单位领导、县直相关部门负责人参加了揭牌仪式。金融扶贫小额贷款是促成雅丽竹枝合作社成立的基础和纽带，每个符合条件的贫困户可以享受 3 万元至 5 万元的贴息贷款支持，在工作队和乡村干部的引导下，袁赵自然庄有扎扫帚技术的贫困户，都自愿加入以赵雅丽为理事长的合作社，但前提是贷款"户贷户用户还"。合作内容主要是合作批量采购原材料，享受集约成本；合作接下大额订单，获得规模红利；合作保护销售价格，避免恶性竞争；合作社成员平均分配政府扶持性采购订单。成员和合作社之间独立核算、自负盈亏。赵雅丽不向成员提取任何费用，享受品牌和自然销售量扩大的红利。目前的市场通行标准，一把扫帚的加工费为 3 元，一个熟练工一天能扎 50 把，可挣 150 元，赵雅丽组织原料采购和营销等事务，为合作社的打工者提供场地、照明、茶水和简单的机械，每把扫帚可获利 1 元。正常情况是 2 个工人在她家里干活，一年可以稳定获利 3 万元以上，也还有 3 万元左右的利润增长潜力。

在经验推广的过程中，由于是松散的、自由选项的合作，无须进行统一的资金管理和盈亏核算，合作模式完全不同于合营模式，因此把雅丽竹枝合作社作为"户贷户用户还"合作发展的案例。雅丽合作社成立之初是由18个贫困户组成的，他们最大的合作基础是可以共同享有小额扶贫贷款的资金支持；最大的安全保障是社员均为无风险入社，贷款均为户贷户用户还，钞票装在自己的口袋里；最大的利益驱动是他们只获得利益，18个贫困户都如期实现了脱贫。

根据县扶贫局的资料，合作社共吸纳26个贫困户、16个非贫困户，共42户抱团发展。县委、县政府也给予了全方位的支持，博德尔环境保洁公司常年使用的扫帚，以及午秋两季秸秆禁烧使用的扫帚，全部从雅丽竹枝合作社采购，所有社员的贴息贷款无一人逾期，呈现了良性合作健康发展的好势头。

合作社扫帚加工车间的正面墙上，悬挂着一幅长条状的牌匾，上面写了时任县委宣传部部长高文的三句话，"找对路子，撸起袖子，过好日子"，这是对赵雅丽和她的社员们的肯定、激励和祝福。

九顶水库谱风流

谢金陵

仁者乐山，智者乐水。

少年时大概因为心思过于简单，对于山和水没有太多的感觉，我忙碌着生活、忙碌着体验，虽然可以时时遇见山水，而在内心却与它们相隔甚远。

第一次见九顶水库，几乎被震惊。500米的堤坝从东到西横扫平畴，拔出地面20多米，威武雄壮的臂膀紧密地连接着两边的山峦，左拥右抱，既有将军般的磅礴气势，又有母亲般的温柔敦厚。

登上坝顶需要攀登五十级的水泥台阶，从下向上仰视，蔚为壮观。爬到坝顶，临风而立，放眼望去，竟然是仙境一般的所在。十几座山头或高或矮，错落逶迤，分别从东面、南面、西面向北环围，脚下的堤坝犹如屏障隔断了它们的走势，把数千亩的宽阔水面温柔地拥在怀中。水绿如蓝，琉璃万顷，宛若镶嵌在群山之中的绿色宝石。湖岸边缘，黄色的菜花，绿色的庄稼，红色的泥土，挺拔的白杨和绿柳，把水库装点得风情四起，绮丽妖娆。而在身后，被堤坝稳稳保护着的大北方，良田万顷，麦苗波动着绿色的涟漪，染得满眼满怀都是盎然的景致和生机。

在这个地方，流传着一句俗语："九顶琅琊岂石山，四十五里不见天。"九顶水库位于安徽省灵璧县朝阳镇冠山村境内，朝阳镇多山，全镇有 27 座山头。灵璧县境内 24 座超过百米的山峰中，朝阳镇便占了 10 座。山高石多，草木不生，自古以来为山洪和旱灾所苦。九顶水库位于鱼山、养山、九顶山、耙齿山等群山环抱中。九顶山是镇内最高的山峰，县境内第二座高峰，海拔188.3 米，山奇峰秀，有巍峨之势。面对着灵山秀水，无限风光，你很难想象，60 年以前，这里山荒岭秃，满目苍凉。土地多为盐碱地，庄稼很难生长。每到汛期，山洪暴发，水势汹涌，洪水裹挟着泥沙从三面山峰肆虐而下，浊浪滔滔，东冲西决，水漫乡野，房倒屋塌，庄稼被淹，牲畜财物被卷走，住在山下的百姓深受洪水凌虐之苦。百姓无立锥之地，只好逃到山上避难。而遇到旱天，土地龟裂，禾焦苗枯，田园荒芜，百姓亦难逃流离动荡之苦。

而今，群山如链，水库如珠，串缀出如诗如画如梦如幻般的神仙胜境，当初的洪泽之地成为良田万顷，曾经的山洪猛兽成为水库中驯顺的宠物。水患变身为水利，灌溉庄稼，养殖鱼虾，更成为旅游的胜地，春夏秋冬皆有游客慕名前来观光游赏。当地的百姓以此为豪，正是他们当年热血激荡，豪情万丈，与天斗、与地斗、与大自然和恶劣的环境作艰苦卓绝的斗争，成就了这片人间的胜境，给子孙后代一份永久的护佑和宝贵财富。

九顶水库的建设始于 1958 年"大跃进"时期，由前进高级社带领着山南山北十余个村庄的百姓开展了九顶水库的浩大工程。深受山洪蹂躏和旱灾荼毒之苦的老百姓饿着肚子，勒紧裤带，日日奋战在水库第一线。当时的生产水平低下，修建水库全凭人力，挖塘、抬土、垒坝、砸石等，都是极为繁重的体力活，正值三年自然灾害，生存环境艰难，虽然吃不饱肚子，力气跟不上，有的人抬着土倒了下来，也有人在挖土的过程中晕了过去，但他们没有因此退却和畏缩，为了家乡的未来、为了后代的子孙，质朴勤苦的老百姓选择了坚忍和奉献。

三年的努力使得水库初具规模，属小Ⅱ型水库。横切水路，阻挡山洪，有了蓄水蓄洪的能力，给百姓筑起一道保卫家园的屏障，也给未来的扩建和重修奠定了良好的基础。

但因为当时修建能力所限，堤高只是数米，小雨和中雨可防，暴雨或连绵的雨季便让人提心吊胆。每到汛期，山洪暴发，因为没有溢流道，水漫过坝堤的情形时有发生，整个汛期，百姓们惶惶不安，村里的领导亦是寝不安席、睡不安枕，时刻警惕着漫灌的可能，以防给百姓造成重大的损失。20世纪60年代中期，利用农闲季节，冠山村的大队书记沈桂臣带领着三个村庄的百姓们进行了库底挖土、坝上加高的工程，之后，黄庄革委会主任崔维保也带领着六个村庄的百姓投入了水库的挖深加高劳动中。

真正让九顶水库彻底告别水害，变水患为水利，扬名于四方的，当数20世纪70年代展开的水利工程运动。

当时的公社党委一班人，在县委的领导下，掀起大兴水利重修水库的建设高潮，率领全公社党员干部群众投身于如火如荼的战斗中。整个水库上下红旗招展，口号震天，人欢马叫，斗志昂扬。当时的条件依然很艰苦，没有任何的机械辅助，全凭手挖肩挑，车推人扛。不仅要开山取石，挖土筑坝，为了改良土壤，还要把适宜于种植庄稼的红土推到十多里外的盐碱地改造土质。干部们身先士卒，奋战在水库第一线，天不亮就起身工作，满天星斗时方收工，吃住在工地，与群众共甘苦。

当时提出了一句口号："早上四点半，晚上见星光，吃住在工地。"年过八旬的沈桂臣老人满怀感情地回忆着："我们还没起床的时候，干部们已经挖了一车的土，推着送到十里多外的盐碱地，我们收工回来，干部们还在工地上忙碌。"正是这种忘我的付出和激情激励着全公社的人民。整整三年的奋战，九顶水库以全新的面貌成为宿州地区水利工程史上最为耀眼璀璨的一颗明珠。加高加固大坝，重建放水涵、溢洪道，属小Ⅰ型水库。

它的面积在当时不仅为灵璧县境之最，在整个皖北地区也是屈指可数的。水库大坝东西长500米，南北长2300米，高程22米，蓄水量可达350万立方米。在大坝中间根据不同水位设置深水井口8个，东有引流道，当水库蓄水量超过堤坝时，可以从引流道引出，免于漫灌可能带来的重大损失。同时在水库出口下方修建了 2000 多米的水渠，可以灌溉三五万亩土地。

工程完成之后，真正做到了保护一方水土，造福一方百姓，受益人口 2.2 万人。

2009 年，县水利局又对水库进行了除险加固，整个大坝铺上了水泥，坝脊上修建了平整的水泥路，装上了路灯，建设了管理房，水库变得更为完美，成为县境内的观光旅游胜地。

当年的大禹治水，三过家门而不入。李冰筑都江堰，把成都平原变成天府之国。正是一代代人为了家乡，为了生存改造着自然，利用着自然，才使人类与山水相亲相依，绵延不息。

黄河防汛史话

邱以和

宋神宗熙宁十年（1077）七月，黄河于澶洲（濮阳）曹村决口，夺泗、汴、濉、涡、颖等水道由淮入海，其间水道漫溢混乱。至金泰定元年（1324）改入汴渠至徐州城东北合泗入淮。黄河主流线路基本固定。清咸丰五年（1855）黄河改道山东经东营市垦利区入海，自此流经灵璧 700 多年的黄河北移，留给人们无限的回忆。

灵璧宋哲宗元祐元年（1086）设县，疆域狭长，像个巨人，头枕黄河脚蹬淮河，躺在黄淮之间，称枕黄抵淮。

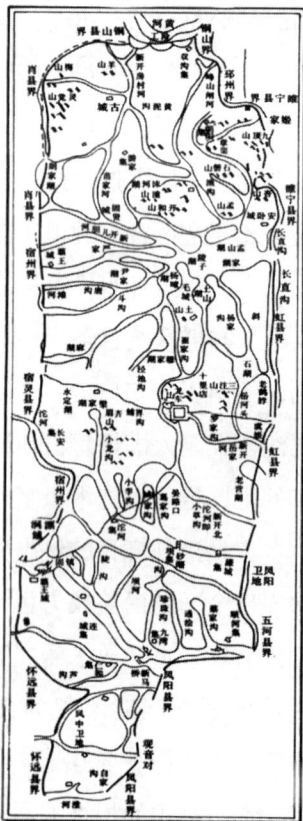

灵璧县清代疆域图

河道工程

灵璧黄河南岸自徐州房村起，至睢宁县卫工头止，各朝代数字有出入，康熙二十三年堤防长 22 余里，缕堤长 3948 丈。由于黄河流域面积大，上游来水多，改道只在下游摆动。汛期雨量集中，加固堤防是沿河州县防汛工作的首要任务。河防主要是筑遥堤和缕堤。遥堤即河道的主堤，缕堤即河道中泓断面的束水堤。缕堤的作用是保证小洪水时，滩地庄稼不受淹。房村、双沟的黄河滩地宽窄 3 ~ 6 公里不等。月堤是顺水流方向的弯堤，格堤是缕堤与遥堤之间的横向联系，也叫撑堤。子堤是大堤上临时筑的小堤。

明万历中期，潘季训在张家瓦房弃缕守遥筑格堤。

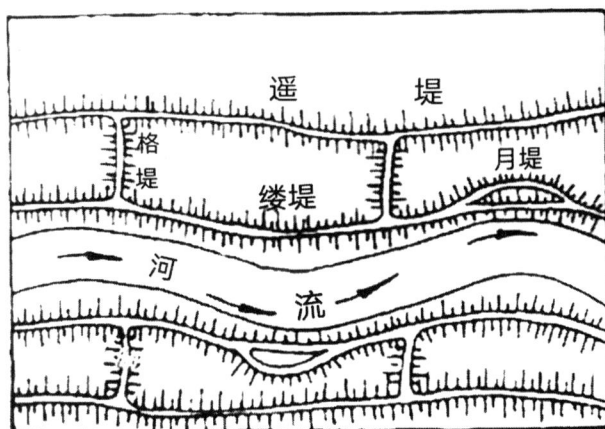

万历总理河道都御史潘季训筑归仁堤（现泗洪境）。

万历十八年（1590）潘季训疏浚魁山支河（现奎河）从徐州财神阁南下至宿州柏山头东至灵璧入濉河。

清顺治十六年（1659）归仁堤溃决，乌鸦岭的砂礓被水冲刷，堆积在归仁堤，挡住水的出路。

康熙二十二年（1683）水位距堤顶 1 ~ 2 尺（0.3 ~ 0.6 米）加高 6 尺（2米）做子堤。

康熙二十三年（1684）修缕堤 3948 丈。

康熙三十年（1691）筑子堤、格堤。

雍正二年（1724）睢宁朱家海决口，三年才堵住，虹、灵、淮、宿各洼地一片汪洋。

雍正五年（1727）加固墨家庄缕堤 2188 丈。

雍正九年（1731）加固张家瓦房缕堤 150 丈。

乾隆五年（1740）两岸崩裂，从睢宁马家浅、焦管营开河入灵璧枕头山、渔沟、孟山湖入濉河。

另外，砀山毛城铺、徐州王家山、睢宁峰山三闸都是泄水入濉分洪工程，虽不在灵璧境内，但放水都进入灵璧濉河。

组织机构

潘季训从嘉靖四十四年（1565）开始到万历二十年（1592），先后四次出任总理河道都御史，官至太子太保、工部尚书兼左都御史。他发明以河治河、以水攻沙、束水冲沙、遥堤防溃、缕堤束水等治水方法，于隆庆庚午年（1571）在灵璧双沟关侯庙附近指挥防汛时，乘船险些遇难。靳辅康熙年间自郎中迁内阁学士任安徽巡抚，康熙十六年（1677）调任河道总督，采取三大河流综合治理的措施，使堤坝坚固、漕运无阻，因治河有功，加太子太保、工部尚书。

万历四十年（1612），河决徐州三山冲，缕堤遥堤冲毁多处，而总河都御史刘士忠隐瞒受灾情况，说对泇河（通运河支流）没有伤害，对航运也没有妨碍，这是中国官场官僚腐败的典型案例。

不同时期河道管理的地方官员设置是不同的。以乾隆二十年为例，淮徐道驻扎宿迁管理河务同知四员、淮安分管河务同知一员，驻邳州。实行行政首长负责制，凤阳知府一员兼管灵璧县黄河、虹县归仁堤，灵璧河务同知一员，管黄河工程。灵璧县知县一员，兼管本县黄河工程。主簿一员，驻扎双沟，专管本县黄河工程。另有河营守备一员（部队）、把总一员（师级）、千兵一员（团级）、游击一员（三品军官）。

康熙十七年（1618），靳辅提出裁岁夫设河营，江南四府（凤淮扬徐）设兵 5860 名。邳睢灵河营兵 947 名，改变原来乡里甲派河夫修防做法，杜绝弄虚作假行为。这样划疆而守、计功而作，视勤惰而赏罚，有事东西互相支援，无事则巡堤看有无狐獾洞穴，河防有条不紊地进行。派一文职官员稽查监督钱粮使用情况。雍正年间，每二里设一堡，每堡置二人，每人给食银六两、河滩地 30 亩。灵璧堡防（防堤房）11 所，堡夫 22 人。

防汛物资

土方、木料、砖石等由中央官员负责，堵塞决口的秸秆、树枝，70% 由河务官员直接采购，30% 由沿河州县协助采办。康熙中期，淮徐河道潘尚智在谢楼西开运料河至张家马路，又在谢楼东开新运料河直达双沟，用来运送防汛物料。

黄河为害

自从黄河改道经徐州、灵璧入泗入淮，淤塞汴渠，黄河源远流长，流域面积大，带着泥沙堵塞淮河入海通道，连同淮河水流从京杭运河等狭窄河道进入长江入海。而黄河从黄土高坡带来大量泥沙，使高悬于地面的泥流，经常泛滥成灾。翻开河渠志，几乎年年有河决某处的记载。万历、康熙、乾隆都是常发生灾害的年号，双沟、房村、马浅、焦营等都是常决口的地名。

现举一次水灾可见一斑。乾隆十八年（1753）九月十二日半夜，铜山张家马路决口，南灌灵璧境内。七月、八月、九月一直下雨，河水大涨，奔腾南泄，直抵汴堤，溢入城河，灵璧城南一片汪洋。河水奔腾下泄，越归仁（堤），趋洪泽（湖），攻高堰（洪泽湖大堤），波及淮扬（淮安、扬州），千里之间人畜庐舍损伤无数，而灵璧最为严重。经查，灵璧受灾人口 22.7 万人，国家发放救灾款银 18.6 万两、米 7 万石。当年十二月十三日决口堵住，第二年二月北部乡镇才能播种小麦，而古城南北数十里（北从黄河南岸到尤集、大路街一带）泥沙垫高数尺，耕种两年庄稼也不茂盛。这是对我县黄泛区形成的较为详细的记载。

黄泛区今昔

咸丰五年（1855）黄河改道山东利津（现垦利区）入海，已离我们远去，时间也淡化了人们对这段咆哮黄河的记忆。新中国成立后，行政区化调整，双沟划归睢宁县管辖，房村划归铜山县管辖，但黄河流经灵璧的七百年历史给灵璧带来严重的水患灾害，也带来了交通便利和社会文明。劳动人民与黄河进行的惊心动魄的斗争及水患灾害的惨状记录在《河渠志》和各朝代皇帝实录中，也留在灵璧人民的记忆里。我们可以从古人同黄河斗争的实践中吸取经验和教训，指导我们的水利工作。

经过一系列水利综合治理，黄泛区已经旧貌换新颜，岁岁有秋、年年丰收。真是稻花香里说丰年，听取蛙声一片。

老照片背后的治淮往事

张少秋

这是一张在照相馆拍的旧照片，画面上的主人公是我父亲张桂忍和三叔张桂耐。三叔驾着偏三轮摩托车，父亲坐在副斗里（当然是油画道具），他们神情自若，目光充满自信。最亮眼的是他们都穿着印有"治淮总队"的白色圆领衫，边上写有"1952年6月治淮总队纪念"的题款。由于两位老人先后离世，留影的目的是什么成了解不开的谜。我努力捡拾拼接记忆的碎片，电话连线了远在合肥的三叔的子女们，访问了我大爷长子张殿基兄长，再结合时代背景得出了一个结论：此照是三叔从灵璧治淮总队抽调省司法厅去援建佛子岭水库时的留影。这张合影是父辈们积极参加祖国大建设的见证，同时印证了治理淮河是豫皖苏三省全流域的，而非狭隘地认知为蚌埠市上下游。通过调研确定了"治理淮河"开始的时间是1950年。

父亲曾回忆说："1950年刚上麻皮冻,上面下达两大任务,一个是动员青年参军抗美援朝,另一个是组织上河工。县里有治淮总队,总队长是县长兼的,各区有大队,书记区长都兼大队政委、大队长。配备的干部都是高规格的,治淮总队是直属水利部的……"根据父亲的话和查阅相关资料,可推测灵璧县治淮总队成立的时间应当是1950年11月初,父亲口里的"直属水利部"估计应是各县总队属"淮委"管辖。水利部下辖的"淮委"是流域机构,负责协调豫皖苏三省地方,指导治水工作,职级相当于水利部的司局单位。

当年治淮工作关系新生政权稳定和国计民生。1950年7月,淮河发生特大洪灾,河南、安徽有1300多万人受灾,有人躲水爬到树上被毒蛇咬死,毛主席看着电报不禁流下了眼泪。7月20日,毛主席批示:"除目前防救外,须考虑根治办法,秋起即组织大规模导淮工程,期一年完成导淮,免去明年水患。"1950年10月14日,政务院发布《关于治理淮河的决定》,制定了上中下游按不同情况实施蓄泄兼筹的方针。新中国第一个水利工程在毛主席亲自关怀下,在周总理亲自部署中,在广大人民群众热烈响应中拉开了帷幕。成千上万的治淮大军战斗在淮河流域,疏浚沟洫在支流的支流。治淮工程成果显著,意义十分深远,不仅驯服了水患,也煅炼了大批干部。父亲从县总队调回地方,在处理老汪湖水利纠纷时仍运用在淮委培训的方法解决问题。常常挂在嘴边上的是:"水利部规定上不扒沟,下不打堰。"往往剑拔弩张的双方很快泱泱散去。除了他的人格魅力,就是与在治淮工地的历练分不开的。我父亲为姐姐取名"治淮",我的名则叫"扶民",不难看出人民群众对治淮工程的拥戴程度,对父亲那一代人的影响深度。

1956年随着淮河流域上游几处水库投入使用,以及中下游几个节制闸等水利枢纽工程的竣工,大规模用工转为局部维护,各县治淮总队陆续归隶地方,系独立单位。1958年,灵璧县建设科析出水电局,灵璧治淮总队职级略高于水电局,两单位平行运转到1969年底合并,列入水电局预算,更名为"灵璧水利总队"。1995年改制为企业,挂上"灵璧县水建公司"的牌子,这期间还用过"抗旱队""打井队"的名称。也真应验了"万变不离其宗"这句话,灵璧水总的工作任务没有离开"水"字。

当年灵璧水总在灵城镇南关大队第7生产队圈起了两个大院子,南院为办公区和家属宿舍，北院是仓库和机械队。两院中间一条路东接灵固路，西连变电站。北院北墙抵现在的汴河路，南院南墙外就是丝绸厂（今碧桂园小区），水总还有两个仓库，一个在今光明水厂处，另一个在北关桥内路东。就面积规模而言，水总当属灵璧第一大单位。

一幅旧照展开了战天斗地的画卷，一幅照片记载了火红年代的昨天。父亲和三叔那自信的目光是对今天幸福生活的企盼，也是我辈努力的方向。

睢水的变迁

邱以和

源远流长

濉河历史上称睢水，又叫小河。历史资料称睢水，新中国成立后才叫濉河。发源于开封陈留浪荡渠，流经商丘、夏邑、永城、砀山、萧县、濉溪、宿州、灵璧、睢宁、宿迁，泗县、入淮河进洪泽湖。

隋唐以前，淮北地区东西并行睢水、泗水，隋开汴渠后，睢水成了汴水的支流。唐朝诗人白居易留下"汴水流、泗水流，流到瓜州古渡头"的诗句。北宋以后，黄河夺淮、汴、泗、睢，汴渠淤废成宿泗公路一线的汴堤，泗水也被黄河干流淤塞改道，处在黄淮之间的睢水，经常被淤平，有时黄水冲进唐河入淮。

以睢水命名的有河南睢县、睢阳（现商丘睢阳区）、安徽濉溪、江苏睢宁。睢水源远流长，从陈留到洪泽湖 480 公里。

新中国成立后，经治理和调整，濉河发源于江苏铜山县（奎河），流经宿州埇桥区、灵璧县、泗县、泗洪县，进入溧河洼，流域面积 3598 平方公里。

濉河是灵璧县最重要的内河，流经尹集、浍沟、大路、禅堂、冯庙、虞姬六个乡镇，长 42 公里，有拖尾河、新杨河、运料河、三渠沟、虹灵沟等支流汇入，流域面积 1140 平方公里，占全县面积的 56%。

睢水之战

公元前 205 年 4 月，刘邦联合五路诸侯，佣兵 56 万人，趁项羽在山东平叛乱之机，一举攻占彭城（今徐州）。项羽得知彭城失守，亲率 3 万精兵奔袭而来，大破联军，歼敌 10 万人。刘邦的部队不堪一击，一路溃败到睢水边的灵壁（现在尹集霸王城）。刘邦被项羽的部队团团围住，而突然刮起龙卷风，飞沙走石，刘邦带领十余骑兵突围逃跑。联军 56 万人几乎全军覆没，尸首弃入睢水，睢水为之不流。刘邦父亲和妻子也做了俘虏。项羽制造了以少胜多的辉煌战例。可惜项羽没有乘胜追击，给刘邦喘息和东山再起的机会。三年后（202 年）刘邦再组织各路反楚诸侯，总兵 70 万人对项羽 10 万人，在睢水南 40 公里的垓下形成合围，项羽兵败乌江自刎。刘邦取得垓下之战的胜利，大汉王朝诞生了。因此，灵壁也称汉兴之地。毛泽东"宜将剩勇追穷寇，不可沽名学霸王"的诗句就是对睢水之战后项羽没有乘胜追击最终被刘邦打败的感慨。

睢水为害

宋朝以前，睢水来源甚少，下流甚畅。宋朝以后，黄河夺淮就是黄河河水侵占汴、颍、泗、睢的河道进入淮河。特别是黄河经徐州入海的线路固定下来以后，汴渠已被淤平，淮河入海口也被淤平，睢水作为黄淮之间的淮河支流自然首当其冲。黄河连年决口泛滥，睢水宿州以上两岸堤防还算完整，进入灵壁后则没有堤防，四处漫溢，境内南到汴堤、北至黄河岸边波涛汹涌。在黄河防汛斗争中，根据黄河水势的大小，睢水发挥着调剂作用。黄水小则助淮出口以刷黄，水大则清口以上淮不能刷，睢为之刷。每次黄河决口，睢水都被淤平。宿州以下进入灵壁县境，不仅没有堤防，而且河道浅窄，到菠林仅如一线，五湖相连，形成洪水走廊，有"水柜"之称。

濉河治理

历代濉河流域人民对水旱灾害进行了不屈的斗争。万历十八年（1590），徐州黄河决口，城中积水深丈余（3—4米），城中一片混乱，讨论城市搬迁。总河潘季训决定疏浚魁山支河（奎河）经柏山头至霸王城西时村入濉河。

乾隆十七年（1752），督宪张斌在乾隆皇帝南巡之时，上奏道，濉河长期为害，霸王城以下一片汪洋，不能在湖内挖河，只有疏浚上游来源，宣泄下游去路。此奏获皇上批准，动帑（财政资金）实施治理。而乾隆十八年（1753）九月十二日，铜山县张家马路黄河决口，黄水直到汴堤入城河，城南仍是一片汪洋，受灾极其严重。

1950年，毛主席号召"一定要把淮河修好"。1951年，在治淮大潮中，全面疏浚濉河及主要支流。1953年，奎河左岸兴建了老汪湖泄洪区，在浍沟以下向东南方向按直线开挖新濉河，经泗县、泗洪入淮。1958年修建浍沟闸。1966年开挖新汴河，将濉河张树闸以上2626平方公里来水截入新汴河。这些工程实施后，大大减轻了濉河中下游的洪涝压力。1966年，将濉河下游改为自小韩庄开始，新老濉河成两河三堤平行进入洪泽湖的溧河洼，老濉河626平方公里直排，解决了苏皖排水矛盾。

1998年10月，国家加大了治淮资金的投入，到2007年共投入77260万元，对濉河干流排涝按3年一遇、主要支流排涝按5年一遇、防洪按20年一遇标准治理，改变了以往人海战术，全部实行机械台班施工。

1995年，国务院出台《淮河流域水污染防治暂行条例》，要求到2000年淮河流域主要河段、水库水体变清，河南、安徽、江苏、山东四省关闭大批制革、化工、印染、造纸、电镀、酿造等污染企业，使20世纪90年代鱼虾绝迹、腥臭难闻的濉河重新变清。

2010年后，我县的虹灵沟、三渠沟、新杨河等濉河支流都得到了治理。昔日濉河流域大雨大灾、小雨小灾、无雨旱灾及20世纪90年代水体严重污染的惨景已基本不见。经过多年旱涝兼治，河灌井灌结合，洪涝排泄顺畅。2000年，国家把水利建设提升为国民经济基础产业，我县连年丰收，人民安居乐业，每年为国家提供200万吨商品粮，这都离不开水利建设为粮食安全提供的保障。自 2001 年以来，濉河堤滩地有偿使用，竞价发包成功，全河段绿树成荫，为宿州创建园林城市增色加分。濉河这条千百年来让灵璧人民又爱又恨的母亲河，已经水清岸绿、鱼翔浅底，发挥了防洪排涝和蓄水灌溉的重大作用，造福了沿岸人民，为全面建成小康社会提供了强有力的水利支撑。

新汴河，水利史的一座丰碑

同龄人

1950 年 6 月底 7 月初，淮河流域连降暴雨，《人民日报》报道，受灾人口 990 余万人，死亡 489 人。淮河流域遭受特大洪水，灾民在求生中与蛇争上一棵树，结果，人被蛇咬伤，中毒而亡。毛主席读后心情十分沉重，久久不语，提笔写下了："一定要把淮河修好！"从此拉开了淮河流域根治水患、兴修水利的大幕。

小时候，我们这里几乎年年发大水，比较严重的年份是 1954 年、1957 年、1963 年和 1965 年。特别是 1963 年，午收前发大水，社员们在水中捞小麦，渔沟公社白马大队有一名妇女捞小麦时被水淹死。所以，每秋后，县、区、公社都要安排扒大河、修桥涵。这些工程虽然起到了一定的防汛排涝作用，但是收效甚微。1966 年，经国务院批准，宿县专区组织开挖新汴河。新汴河自宿县城西北的戚岭孜，经宿县、灵璧、泗县，在江苏泗洪溧河洼注入洪泽湖。全长 127.1 公里，流域面积 6562 平方公里。

1966 年秋，开挖新汴河的工程正式开始。常言道："兵马未动，粮草先行。"大队在抽调青壮年劳动力的同时，提前派人到河工认段，并搭建好民工住的庵棚和伙房，支好锅灶，生产队准备好民工的粮油和柴火，民工个人自带棉衣棉被。我们朝阳公社马集大队的河段在县城南边的灵固路东侧。当时，县政府按照每个大队的施工土方数补助伙食费。马集大队八个生产队，一共来了一百多名民工，分为两个食堂开伙。

　　每年上工地扒河的时间与冬小麦的生长周期是同步的。每年种完小麦，扒河的民工就要上工地，第二年小麦收割前，才能回家。过年的时候，一般是腊月二十三放工，正月初六上工，全年在工地有二百多天时间。我父亲每天早晨给各个生产队放段，按每人每天三立方米分配土方任务；每天下午到各队工地收方，测量计算当天实际完成的土方数量。各队的土方任务大都能完成。那时，是用带牌子的铁锹挖土，一人掌握锹柄，和另一人一起用脚使劲向下蹬，一锹一锹地装入独轮车筐。装满后由一人端起车把，从河底下向上推，到了岸边向上爬陡坡的时候，车头左、右各有一人，用绳钩勾住车前头的铁环向上拉。民工们就是这样上下往返，一车又一车地筑起了两岸高高坚固的河堤。

　　开挖新汴河的时候，正赶上全国"农业学大寨"蓬勃地开展。那时候的各级领导都有看齐意识，紧跟全国大好形势，把政治空气搞得浓浓的，把民工的干劲鼓得足足的。新汴河工地上到处红旗招展，劳动的号子声此起彼伏。每天晚上，各个大队都要组织民工学习《毛主席语录》和"老三篇"（《为人民服务》《纪念白求恩》《愚公移山》）。那个时候民工们不怕生活艰苦，不怕出大力流大汗，决心向铁人王进喜学习，为了早日扒好新汴河，宁愿少活二十年。

　　宿县专区23.8万治水大军，历经三年奋战，取得了开挖新汴河的最后胜利！共完成土方1.13亿立方米、石方10万立方米，浇筑混凝土9.9万立方米。河口宽132—138米，河底宽度95—115米，河深4.0—5.5米，河堤高4—5米，河堤顶宽10—50米，两岸河堤间距350—560米，洪峰时流速达到1450立方米/秒，防洪能力达到20年一遇。新汴河主要功能在于分流上游濉河、沱河的客水，使其直接进入洪泽湖，彻底改变沿线洼地过去那种高水猛下、洪涝顶托的局面，形成集防洪排涝、蓄水灌溉、水上运输、水产养殖和植树造林等综合利用的水利工程。

　　半个世纪以来，新汴河经受住了历次洪涝灾害的考验，把犹如猛兽的洪水约束在河道内乖乖地流淌，从而变水害为水利，为沿岸人民造福，发挥着越来越多、越来越大的作用。这是24万民工合奏的一曲战天斗地的凯歌，是水利史上的一座丰碑。

潼河三八闸诞生记

王增源

位于安徽省灵璧县高楼镇卓圩村境内的潼河上，矗立着一座全部由青石砌成的拱形桥闸，高高的启闭台上镶嵌着"潼河三八闸"五个红色大字。此闸为什么这样命名呢？那还得从头说起。

1975年9月至10月，第一次全国农业学大寨会议在山西省昔阳县召开，党中央发出"全党动员，大办农业、为普及大寨县而奋斗"的伟大号召，一时间，全国上下立即掀起学习贯彻会议精神的热潮。灵璧县高楼公社党委组织广大干群开展了如何进一步把农业学大寨运动推向深入的大讨论，最后达成了共识：水利是农业的命脉，要想把全社的土地建成旱涝保收田，多打粮食，必须在大修农田水利上下功夫。高楼境内有一条横贯东西的河流，名叫潼河，因南北朝时期此地建有潼郡而得名。由于长期无人过问，年久失修，河道狭窄，淤塞严重，基本上是条废河。旱时无法灌溉，涝时不能排洪，特别是1972年和1974年两次大水，位处潼河下游的王楼、龙庙、卓圩等村多处被淹，卓圩村大姚庄更是陷入一片汪洋中，平均水深一米五以上，成为一座孤岛。以前为了泄洪，该庄村民和邻近江苏省李集、桃园等地村民多次发生械斗，为此惊动国务院水利部派员下来调解，沿河居民迫切渴望治理潼河。公社党委经过多次深入实地勘察、走访、咨询老干部，召开党员干部会、群众代表座谈会，反复征求他们的意见建议，最后决定利用冬春农闲时节，借学习贯彻全国农业学大寨会议精神这股东风，发扬龙江精神，举全社之力，疏浚潼河，并在卓圩村大姚庄境内建造一座集防洪、灌溉、交通于一体的节制闸，彻底根除水患，变水害为水利。公社成立了潼河工程指挥部，党委书记路振江任指挥，武装部部长王敏端、革委会副主任李明信等任副指挥。消息传出，沿河干群无不拍手称快。

说起建闸，谈何容易。水泥、黄沙、石灰、石料样样要钱，只运费一项就是一个不小的数字。当时公社财政只能勉强维持正常运转，哪来这样一大笔钱投入建闸呢？路振江当过兵，党性原则和事业心都非常强的硬汉子，刚过不惑之年的他，天生有一种不服输、不怕苦的豪气，深得广大干群信赖。在他的领导下，高楼公社各项工作都名列全县前茅，尤其是党管武装工作闻名全省，他曾出席华东地区党管武装工作先进经验交流会并作典型发言。他在党委会上提议说，我们学习大寨，主要是学习自力更生、艰苦奋斗的精神。现在公社没有多余财力，老百姓手里没钱，可我们有力气。毛主席教导我们，干部也要参加集体生产劳动。渔沟公社梁集山上有的是石料，我们可以发动全公社广大党员干部，武装基本民兵和社直机关工作人员合理安排时间，每人两千斤任务，义务把石料送到建闸工地去。这是以实际行动照毛主席的指示办事，既可以节省下一大笔运费开支，又是对全公社党员干部和广大武装基干民兵素质的一次检验。他的提议最终形成了党委的决议。会议一结束，他独自一人找辆平板车就上了山。榜样的力量是无穷的，当全社干群得知路书记亲自上山拉石头后，立即沸腾起来。机关工作人员、农村党员干部和武装基干民兵纷纷行动，一时间，从梁集山到卓圩大姚庄二十余里的道路上，一辆辆装载石头的平板车川流不息、络绎不绝。虽然天气比较寒冷，路振江穿着背心和大裤衩，谢绝别人帮助推车，拉着满车的石头送往建闸工地。可他在拉第二趟行至高楼境内陈庙村的时候，由于在部队落下的腿伤复发，痛得无法行走，瘫倒在地，跟在后面拉石头的公社青年干事胡振民急忙从庄内找辆平板车把他送到医院。人们听说路振江书记拉石头伤病复发住院后，蜂拥而至，前来探望，强烈要求他卧床休息，愿意帮路书记完成任务。人们到山上装石头，都要求多装一块，并申明这一块是替路书记拉的，多么亲密的干群关系啊！由于公社党委一班人身体力行，不到一周时间，所需建闸石料超额备齐。

高楼公社党委决定疏浚潼河，并在潼河建闸。报告县委后，得到县委和相关部门的重视与支持。应高楼公社党委请求，县水电局安排设计室主任吴恒全和相关技术人员赶赴工地现场，在公社水利员王玉芝的配合下，精心勘察设计，按照灌溉、排洪和满足周围群众出行需要的要求，在最短的时间内拿出节制闸设计图纸，得到了公社党委的认可。由谁来承担修建桥闸任务？一些女基干民兵闻讯后，纷纷向公社党委和武装部递交请战书，有的还亲自找到路振江书记和公社武装部长王敏端，当面要求修大闸。她们说，我们要向大寨郭凤莲铁姑娘队治理七沟八梁一面坡那样，保证把桥闸修造好。公社党委经过审慎研究，决定成立潼河闸建设指挥部，从全公社抽调 150 名女武装基干民兵作为主要力量开赴建闸工地承担修建任务，任命时年 22 岁的女共产党员、有一定农村基层工作经验和组织领导能力的倪场大队妇女主任卓祥叶任总指挥，兼工地党支部书记，王楼大队王道彩、龙庙大队李翠英任副指挥。鉴于这些女民兵以前没有干过石匠，经王玉芝提议，公社党委任命王玉川任技术总顾问。王玉川时年 42 岁，1954 年毕业于灵璧中学，回乡后，辗转全县多处水利工地，参与设计修造路桥涵闸，和王玉芝享有"土工程师"称号，在高楼地区提起水利"二王"，可谓无人不晓。他接到公社党委通知后，立即和王玉芝一起，从全公社范围内选拔王士礼、王凤民、徐宗榜、李伯信、李春明等近 40 名个人素质较好、有修造桥涵经历的男石工组成教练队，与建闸女民兵一同进驻潼河闸建筑工地，从而拉开了建闸序幕。

参与建闸的女民兵大的二十三四岁，小的只有十六七岁，她们在家大多是乖乖女，没有人同石头打过交道，凭着这些人能建造一座桥闸吗？社会上对此议论纷纷。有的说，公社党委瞎糊弄，这些黄毛丫头能架什么桥？有的说，石头硬、锤头重，女孩子怎能干得动？卓祥叶的一个本家侄子当面劝她不要去揽这份重活："你现在笑着去，不耽误哭着回来，你如能把闸修成，我回头朝下走给你看。"面对怀疑，面对冷嘲热讽，个别女民兵也开始出现了思想波动，卓祥叶和几名副指挥研究后，及时召开全体人员会议，统一思想。她说，毛主席教导我们，时代不同了，男女都一样，男同志能办到的事，女同志也能办到，妇女能顶半边天，公社党委如此信任我们，全公社干群看着我们，我们绝不能辜负他们的期望，我们要以"可上九天揽月，可下五洋捉鳖"的英雄气概，学中干，干中学，尽快把技术学到手，如期完成建闸任务，为当代妇女增光，为高楼民兵添彩。我在这里发誓：如不能把这个潼河闸修好，就一头撞死在这里。随后几名指挥分头去做有关人的思想工作，古时有花木兰替父从军，革命年代有红色娘子军英勇杀敌，现在大寨铁姑娘队名扬全国，这都是我们学习的榜样。功夫不负有心人，建闸女民兵低落的情绪一扫而光。建闸指挥部根据需要，把女民兵编成 3 个排，成立了广播站、医务室，并制定了学时政、学技术、学文化、学军事等一系列工作生活制度。指挥部把男石匠统筹调度，每人负责教授 3—4 名女民兵打石技术，发动大家开展劳动竞赛，一时间，工地上到处呈现热火朝天的景象。每天天没亮，工地就响起了乒乒乓乓的打石声音，一直响到晚上。功夫不负有心人，由于男石工手把手、面对面传授，女民兵刻苦认真学习，不到一个月时间，大多掌握了打石技术，虽然不少人手被砸肿了，虎口震裂了，手掌磨出了血泡，但没有一个人叫苦叫累，他们根据自己的劳动实践，还自编了一首歌曲，天天在工地传唱：我们是公社的铁姑娘，潼河岸边的女石匠，铁锤手中拿，刚钻明又亮，我们日夜战斗在潼河工地上。铁姑娘，女石匠，不爱红装爱武装，学习大寨当先锋，红心永向党，我们日夜战斗在潼河工地上……

1976 年 3 月 8 日，晴空万里。虽然春寒料峭，但建闸工地却是彩旗招展，人声鼎沸，数千干群齐聚这里，参加潼河闸的奠基仪式。在锣鼓和鞭炮声中，首先由公社党委书记路振江和革委会副主任李明信一起，把一块近二百五十斤重的石头从岸上抬到了河底，稳稳地放在已挖好的基础上，随同前来的公社党委、革委会的领导同志也分别抬着石头鱼贯而行，把石头摆放好。参加奠基仪式的干群看到这些女民兵黑黝黝的面孔和打造好的石料，无不从心底发出惊叹，原来一些持怀疑眼光的人也不由得竖起拇指。为了保证赶在汛期前把桥墩垒好，指挥部决定加快工程建设进度，卓祥叶同志身体本来就患病，但她却坚持一线指挥，每天起得最早，休息最迟，夜里还要起来巡视。一些女民兵也是带病参战，再苦再累，咬牙坚持，有的发了高烧，从医务室拿点药又上了工地。副指挥王道彩是个热情、大方、性格开朗的姑娘，来工地前已看好结婚的日子。她看到工地这样忙，抽时间回家说服娘、婆二家和未婚夫，把婚期推迟到建闸完工后。在她的带动下，卓泽英、崔海英等几位女民兵也都说服家人推迟了婚期。七月的一天，天降暴雨，河道内水涨得很快，用于打坝的木桩被洪水拔起，向下流冲去，一排长王存珍见状后，毫不犹豫地跳下去打捞，站在旁边观察水情的女民兵们也纷纷跳了下去。浑浊的河水里瞬时掺杂了一些红色，原来，这些女民兵中不少人正面临例假。多么可爱的姑娘哪！在炎热的三伏天，钻石、钻子和石头热得烫手，沟里的水晒得冒泡，姑娘们全然不顾，戴着草帽，顶着毛巾，冒着似火的骄阳，忙个不停。夜晚蚊虫成群结队地扑面而来，有的浑身被叮满了疙瘩，奇痒难忍，无法入睡，可大家毫无怨言。三九寒天，狂风呼啸，姑娘们手冻僵了，脚冻麻了，脸上生了冻疮，她们就站起身靠跑跑步、跺跺脚来御寒。龙沟淤积，需要下去清理，她们二话不说抄起铁锹捣碎冰块，卷起裤腿就下了水，有的女民兵小腿被冰块划出一道道血口子，血汁直往外渗，她们忍受刺骨的寒冷、腿上的伤痛，坚持把龙沟疏通后才上岸包扎。一些姑娘因此患上急性关节炎，膝盖和脚踝肿得老高，指挥部命令她们卧床休息，可这些姑娘只是到医务室讨块膏药贴上，或者让卫生员给扎上几针，等疼痛稍微缓解就又返回了工地。当时这些姑娘的生活待遇是每天 2 斤粮食，主要是玉米面和山芋干，两角钱菜金。司务长李彩华、炊事班班长杨兴菇等人精打细算，想方设法搞好后勤服务，保证大家热天能喝上开水，寒天吃上热饭。在建闸过程中，这些女民兵在学习建桥技术的同时还不忘学习时政和军事技术。1976年 9 月 9 日，毛泽东同志逝世，女民兵在工地上搭起灵堂，沉痛缅怀毛主席的丰功伟绩。10 月"四人帮"被粉碎的消息传到工地，她们坚决拥护党中央的决定，牢记百年大计，质量第一这个宗旨，决心尽快把桥闸建造好。有 30 多名女民兵先后向工地党支部递交了入党申请书，愿意在建闸工地接受组织的考验，经过近一年的考察培养，王道彩、王存珍、李翠英、张为玲等 4 名女民兵光荣地加入了中国共产党。省、地、县有关部门领导到工地检查工作，都被这群女民兵昂扬向上的精神和吃苦耐劳的优秀品质所感动。看到这些女民兵能熟练地掌握刷、打、砌、垒等建闸技术而非常满意，我当时和李兴树等在潼河工程指挥部主办《潼河战报》，数次到建闸工地采访，女民兵们的乐观主义精神和巾帼不让须眉的豪迈气概令我至今难忘。为了保证完成公社党委提出的 1977 年 3 月 8 日闸成通车的目标任务，建桥的姑娘们的工作节奏更快了，她们响亮地提出：八小时内拼命干，八小时外连轴转，不怕出力流大汗，建闸工地比贡献。在公社党委和广大干群的支持下，先后又有近百名女民兵投入修闸战斗。在潼河闸工程指挥部的精心组织下，1977 年 3 月 8 日，一座气势雄伟、构造坚固的节制闸如期正式竣工通车。

在这座节制闸的北侧，竖立着一块 1.2m×0.9m 的大理石碑，碑文写道：根据灵璧县委规划，高楼公社党委决定，于潼河红泥沟、柳潼沟汇流处的下游苏皖边界卓圩大队境内建闸一座。此闸于 1976 年元月着手筹建，3 月 8 日奠基，翌年 3 月 8 日建成。共四孔，总长 16 米，拱高 4 米，身高 9 米，计用石料 2400 余立方米，是我社水利灌溉的一项枢纽工程。在第一次全国农业学大寨会议精神鼓舞下，全社先后组织 250 多名女民兵走上工地，承担建闸任务，她们在党的领导下，冲破封建思想的残余束缚，排除"四人帮"的干扰破坏，发扬"世上无难事，只要肯攀登"的大无畏革命精神，以大寨为榜样，自力更生、艰苦奋斗，坚持干中学、学中干，冒酷暑、战严寒，历尽艰辛，苦战一年余，胜利竣工。闸建成后，控制面积为 61 平方公里，上游正常蓄水为百万余立方，可灌溉农田二万余亩，对发展沿岸社队的农业生产起着重要作用，为表彰建闸女民兵，特取名为"潼河三八闸"。高楼公社潼河工程指挥部，1977 年 3 月 8 日。

时光荏苒，光阴如梭，潼河三八闸建成已近 40 个春秋，在县水利部门的精心管护下，至今仍发挥着应有的作用。走近三八闸，闸下河水清清，启闭台傲然屹立，不时有忙碌的人们开着农用机械，满载着收获的庄稼从桥上驶过。远远望去，高耸的启闭台犹如当年参与建闸女民兵英姿飒爽的雕像，扑面而来的秋风中仿佛还在回荡着建闸工地上传来的阵阵歌声。

抓机遇 兴水利 开新局

朱怀金

灵璧县地处濉、唐、汴、沱、北沱河中下游，地势低洼。北部黄泛冲积平原区素是洪水"走廊"和潴滞成湖的"水柜"，南部湖相沉积河间平原区水旱频繁。中华人民共和国成立后，1949—1957 年（经济恢复和"一五"期间）以防洪保安和排涝保麦为重点，开河筑堤，挖沟圈圩。1958—1961 年，"大跃进"期间，以蓄为主，大搞河网化、水稻化，"三风"盛行，教训沉痛。

1962—1965 年，国民经济调整时期，对"大跃进"时期在建工程，切实进行停建、缓建，续建、改建、废弃和拆除，堵口复堤，河道清障，拓浚沟河，建涵闸机站，修筑沟渠，除涝防溃。1966—1976 年，"文化大革命"时期，开辟新汴河，建成 110 千伏灵璧变电所暨 35 千伏浍沟、韦集、朝阳、黄湾、尧山变电所，发展电力排灌。1977—1991 年，以大沟为单元除涝配套，黄淮海项目开发与世行工程，综合治理，发展喷灌、管灌。通过上述 42 年的 5 个阶段水利建设，共修筑堤防 590 公里，防洪保护耕地 160 万亩，拓浚河道 14 条，长 365 公里。大沟 78 条，长 647 公里。修小水库 8 座，建机电排灌站 89 处，装机 9509 千瓦。打机（电）井 7564 眼，配套 2524 眼。建主要涵闸 313 座，开挖中、小沟 7106 条，累计完成土石方 3.35 亿立方米，投资 1.04 亿元。工程效益达到：除涝三年一遇标准以上的面积 143 万亩，有效灌溉面积 49.2 万亩，粮食产量历史最高的 1986 年 60.16 万吨，为 1949 年之 4.6 倍，并改善水陆交通条件，促进林渔业发展。去年向工业供水 918 立方米。

水利是社会和经济发展的基础设施和基础产业，以现实水利状况衡量，当前水利面临的形势尚很严峻。因此，要强弱项补短板，加强工程设施管理，提高工程标准，加强配套建设，增强防灾能力。

全县防洪排涝工程，大多建于 20 世纪 50 年代，规划治理标准偏低，达不到排水要求。60 年代开挖新汴河，截去濉、沱河上游流域面积 6562 平方公里后，几条主要骨干河道排水标准仍很低；濉河排涝能力只合 3 年一遇 33%，沱河排涝能力只合 3 年一遇 46%，唐河只合 3 年一遇 61%，北沱河只合 3 年一遇 88%，其所建节制闸孔径偏小，束水较重。每值汛期，常漫滩行洪（濉河于 1982 年、1983 年，漫滩行洪分别为 9 天、7 天），内外水顶托，积涝成灾、现有大沟 78 条，其中未达 5 年一遇标准者 41 条，占大沟之 52.5%。中、小沟少、小浅、塞，不配套。田间排水工程奇缺，常出现"大河半槽水，农田受水淹"的窘况。

灌区工程不配套，在机电排灌站渠首以下绝大多数只有干渠或干支渠，渠系配套建筑物更少，约缺 90%，在抗旱时，大水漫灌，任其滞流，普遍出现"洼地积水受淹，高地依然干旱"的痼状。机井尚有 5040 眼缺少机泵配套，在有机泵配套 2524 眼机井中，井台、井盖、出水池，渠系工程等缺之约占其

90%。水库灌区配套工程约缺 60%，每遇干旱，大多是放水漫灌，有效之利用系数甚小。

水利工程完好率高，发挥作用好，关键在于管理。由于其规章制度不健全，管理责任制不落实，依法管水不严，致使一些工程毁坏严重。在沱河沱河集闸至灵泗县界与北沱河汤桥闸至大朱家两河段堤防，因取土建房等造成堤身矮小、单薄，残缺不全，使 38 万亩耕地失去安全保护屏障。机电排灌站设备陈旧、老化、锈蚀，现时约有 1/6 站之机泵不能转动，1/3 之机电设备毁坏，亟待更新。涵闸启闭绝大多数是人力操动的摇车或螺杆式启闭机，陈旧锈蚀，启闭不灵。有些闸门设备毁坏，漏水严重。机井皆有不同程度淤积，有的难以修复应用。

灵璧处于中纬度地带，受季风控制和影响，大气降水时空分布不均，应吸取以排弃灌，以灌弃排的教训，统筹解决蓄与泄、排与灌的问题。总的指导思想应是依靠群众，加强领导，积极开发，综合治理，科学管理，讲究效益，在增强现有工程能力基础上实现新目标。

（一）要巩固提高防洪工程能力，为城乡经济社会提供安全保障，当前首要任务是广泛深入地宣传贯彻《水法》《河道管理条例》及有关乡规民约等，增强人们依法治水与管水的法制观念。加之，要严格堤防质量标准，划段定界维修养护，实现"五化"堤防，即堤面平坦化、堤肩草皮化、堤坡草条化、堤身坚固化、护堤园林化。

（二）要提高农田除涝标准。全县排水面积 2061.8 平方公里，其中湖洼面积 369 平方公里。当前宜以日降水量 150—200 毫米，两天排出的标准进行农田水利建设。不改变地面滞水状况，必将是大雨大涝，小雨小涝。要疏通河沟，配套田间沟洫，辅以机电站井抽排，湖洼地改种水稻，以稻治涝措施结合工程措施，双管齐下，颇为奏效。1991 年朱集乡于拖尾河北侧凌子湖旧址改种水稻，亩产量 500—750 公斤，井王村于北沱河南岸洼地改种水稻亩产量 600 公斤左右。在无河灌条件之洼地，可以井种稻，解除涝渍危害。

（三）要调控"三水"，应用节水技术发展灌溉

随着社会进步，经济发展，人口增多，土地减少，针对水资源紧缺的状况，应积极发展灌溉，提高农业单位面积产量，宜按 50—70 天不下雨保灌溉

的标准，合理布局，科学结构，全面配套，调控"三水"（大气降水年均900毫米左右，地表水约0.5亿立方米，地下水约3.3亿立方米）。要从水源调控，渠井并用，"地下水库"调蓄，实行计划用水，改进灌水技术，提高田间工程标准等一系列技术着手，使农田均衡受益，以达全面增产之目的。

1. 要改变古老的大水漫灌为畦灌或沟灌，有条件者修建防渗渠道，提高水利用率。

2. 继续实施低压输水管道灌溉。它输水快、免渗漏，一眼出水量50立方米/小时机井，可控制灌溉面积150亩，每个出水口可浇地5—7亩，约可减少2眼机井建配费用及占地，有条件者可按喷灌要求埋设地下输水管道，先管灌，再逐步改为喷灌。

3. 积极发展喷灌。现在全县拥有喷灌机1088台，9600千瓦。它输水距离可达500米、灌水定额20立方米/亩，相当于30毫米降雨量，省水、节能、高效益。

4. 可引用农田秸秆覆盖技术。据河南省大面积使用农田秸秆覆盖技术，每公顷覆盖量4吨、6吨、8吨，灌溉定额80—100毫米条件下，冬小麦总耗水量下降9.5%—35.9%，夏玉米总耗水量下降19.8%，且产生良性生态效益。调节地温，蓄水保墒，保护表土，抑制杂草，培肥地力，改良土壤，减少棵间蒸发无效水消耗。在有秸秆还田的地区，可率先改用。

20世纪90年代是我国国民经济发展的关键时期，要完成国民经济和社会发展十年规划和"八五"计划纲要规定的战略任务，实现现代化建设的第二步战略目标，而水利是超前发展的战略产业，必须先行抓紧深化改革，改农田水利直接投入人力为实行劳动积累工，或以资代劳制度，解决土难挖、工难出、钱难筹的问题；抓紧建立水利基金会，使水利资金有正常来源，避免突击筹集农民超负荷集资，引起民众不满状况；改"喝大锅水"的传统习惯，实行供水有偿服务。改建筑工程胡乱散包式为建立技术精悍的专业施工队伍，保证工程优质高速、低消耗。改粗笨砌石结构小型建筑物为实行定型预制，集中批量生产，现场安装，方便施工，加快配套，降低工程造价，做到标准化、系列化、工厂化，为水利事业兴旺发达和振兴中华而努力奋斗。

邱庙乡给畜禽上健康保险

郑忠良

　　邱庙乡是我县原杨疃区南部的一个乡，全乡有 10 个行政村，55 个自然庄，2150 户农民，11000 人口，可耕地面积 3198500 亩。党的十一届三中全会以来，粮食产量逐年大幅度增加。家畜家禽业也有所发展，现有大家畜 2431 头，猪 2700 头。随着粮食产量的增长和农村商品经济的发展，大力发展养殖业，以促进粮食就地转化，已势在必行。

　　这里的群众，历来把养猪作为一项重要的家庭副业。近年来，由于猪病流行，死猪现象十分严重，群众怕养猪，折腾不起，严重影响着群众养猪、发展养殖业的积极性。邱庙乡政府在新中国成立三十五周年的前夕，建立了畜禽保险公司。目前参加保险的农户有 1428 户，占养殖户的 73%，大牲畜保险占大牲畜的 62%，猪保险占猪总头数的 55%。

　　畜禽保险工作的初步实践已显示了它的生命力，因而在群众中的信誉逐步提高。它是畜牧养殖业健康发展的保证，人们对它寄予极大的希望。

　　1984 年 6 月，乡政府为了促进粮食就地转化，提出发展万头猪的设想，这个设想立即得到县政府的支持。并派人对该乡进行了实地考察，认为：邱庙乡每年春夏山芋近万亩，年结余粮食上千万斤。过夏的白芋干被虫钻了孔，午季粮食结余一半，秋季粮食全部结余。畜牧防疫跟不上，死猪现象严重，仅 1983 年全乡死亡猪 1000 多头。姬家一个自然庄，48 户人家，养猪 121 头，死亡 110 头，大胡西组 70% 生猪死亡，有的农户养猪损失达千元以上。这种灾难性的损失，极大地挫伤了群众养猪的积极性。大力发展养猪，必须有切实可行的防疫灭病措施。因此该乡党委、政府决定，成立畜禽保险公司。

　　经理由乡党委书记担任，副经理由兽医站长、税务所副所长、乡信用社主任和食品站站长担任。各村党支部书记、文书组成管委会，乡长担任管委会主任。

　　凡加入保险的大小家畜，按标准缴纳保险费。其收费标准，牛、马、骡每头每年 15 元；驴、母猪每头每年 10 元；育肥猪 2 头以内每头每年 5 元，3—5 头，每头每年 4 元，6 头以上者，每头每年 3 元。

公司对加入保险的牲畜定期健康检查。免费防疫、医疗、阉割、修蹄、技术指导。对因防病不周，治疗无效而死亡的，负责赔偿。标准为牛、马、骡每头 100 元，母猪每斤两角。两个月以内仔猪享受保险。育肥猪 50 斤以内的，每斤赔四角，51—100 斤，每斤赔三角，101—130 斤，每斤赔二角五分，尸体全部由畜主处理。鸡只负责防疫，暂不纳入保险。

对因饲养管理不善而造成的事故，如农药中毒、坏山芋中毒、霉玉米中毒、刀棍伤、溺水或未经诊治而死亡的，畜主自留，不予赔偿。

为了提高工作效益，兽医人员分片包干，各负其责。公司设兽医门诊，可直接接收住院治疗。包片兽医按承包头数，每头大牲畜每年药费 2 元，猪每头每年 1 元，包干使用，全奖全赔。规定大牲畜死亡不超过 30%，猪死亡不超过 10%（第一年又是病区，给兽医留有余地）。对死亡减少或超过，奖、罚均按规定 60%。兽医人员的报酬，实行基本工资加浮动的办法。即基本工资的一半，加上每头大牲畜每年 2 元，猪每头每年 0.50 元计算，多劳多得，按劳取酬。

5 个多月来，由于兽医人员的积极努力，确实控制了疫情，大牲畜和猪的死亡都比上年同期减少。1983 年，全乡平均每月死猪近百头，常年猪瘟未断，而近五个月死猪 9 头。1984 年 12 月，半曹村小朱家，出现新买猪生瘟，兽医唐荣生立即带药前去防疫，保护了一大片，把猪瘟消灭于萌芽中。大胡家何宏志，1983 年死亡 1 头 400 多斤重的长白猪和 11 头 60 斤重的仔猪，还有 2 头 200 斤的肥猪，损失达千元以上，后来不敢多喂了，自保险公司成立以来，他先后买了 7 头小猪，其中 2 头买后就患肺炎，兽医郭启心热情地接收并连续治疗五天痊愈。元月，大胡一个庄加入 23 头。猪的疫病被控制，群众养猪的积极性提高了，要求加保险的农民增加。目前，养猪由 1984 年 8 月的 1810 头，增加至 2790 多头。

过去每死亡一头大牲畜，畜主就像遭了一场大难。1984 年 10 月，小胡村冉献彩的一匹母马，因肠扭转而死亡，结果马肉处理 280 元，公司补助 150 元。他说："过去死一匹马，马肉处理只够药钱，如今公司还给予 150 元，还能买一匹马。"四大队位爱增，喂 2 头牛 2 头驴，怕出钱，不愿入保险，结果正当秋种，老牛患急性咽炎，花去药费 70 多元，1985 年主动要求加入保险。位永广原来也不愿入保险，现在硬要拿钱订合同。

实行了岗位责任制，兽医的主要精力都放在防疫上，风雨无阻地巡回医疗，发现畜病及时治疗。因此，药费低疗效高。1984 年 9 月 26 日，胡圩村胡振友的马，患急症，病情很重，当即牵到公司住院，病马痊愈，仅花药费 3.4 元。兽医郭同礼说："过去治好这样的病马，没有 50 元出不了院。"五个多月公司共治疗各种家畜 1142 头，共死亡牲畜 7 头，猪 9 头。治疗率高于以往任何时期。

由于实行基本工资加浮动的办法，兽医人员的平均收入比往年提高 30% 以上。郭同礼月工资 51 元，加上补助 5 元，共 56 元，常年合法收入 672 元。而取其一半，可得 336 元，承包大家畜 21983 头，猪 227 头，共得浮动工资 679 元，共计 1015 元。过去，他们为了增加收入，完成上缴利润，不得不小病大治，高价卖药，防疫针不打，造成大批的死亡，从破坏中得利。如今，化消极因素为积极因素。畜禽保险业务，解除了群众发展养殖业的后顾之忧。

邱庙乡畜禽保险公司的成立，是乡党政领导把发展畜牧业生产真当大事抓的结果。在组织落实上，乡党委书记、乡长亲自过问，并有得力的委员。这样，各委员在各村可以代表公司对群众负责，为工作开展和管理，提供了极大方便和可靠保证。

上级党政领导的关怀和支持，也是畜禽保险成功的关键。杨疃区委副书记、区长王营魁亲自拟订修改保险条例。县委农工部部长田恒杰、农牧渔业局副局长刘元龄和商业局长任士超等领导都亲自参加了成立大会并作了重要讲话，给群众以极大的鼓励。县长耿广宽同志经常过问保险业务开展情况，听汇报后指示："在劳动强度加大以后，生活水平提高，不要少于月工资 50元的收入。"

全体兽医人员发扬了艰苦奋斗的精神，基本上都做到了全心全意为人民服务。从保险业务开办以来，直至今天才领到工资。乡政府拨的款，全部用于药费。兽医人员的积极努力，密切了群众的关系。过去兽医与群众有矛盾，而今兽医和群众的责、权、利紧密地结合起来了。群众高兴的是兽医随叫随到，有时闻信即到，诊疗上心，保险费出得值。

宣传工作很重要。四位村书记带队挨户征求意见，签订合同。位集庄48户，仅十几户参加，当晚召开该庄群众会，讲清道理。结果不仅所有的大牲畜和猪都加入了保险，而且位纯强和位纯金两户没有牛也要加入，因为他们决定最近买牛，怕过了时辰不给办。

在开展畜禽保险时，生猪加入仅占55%。这是因为130斤以上的肥猪无须再保险了，所以加入保险的是仔猪、架子猪和母猪。现在要求加入的全是仔猪。

保险公司不仅是防疫灭病，更重要的在于发展。今后重要的任务是扶持专业户，提倡自繁自养，估计开春后，邱庙的养猪生产必然来一次飞跃，必须做好充分准备，红光村委，已为群众每户准备了3—5立方米的基石，准备开春后大干。

1985年2月6日

位居全省第二的畜牧业

胡兴臣

灵璧县委、县政府因地制宜坚持家家户户分散养殖与规模养殖相结合，强化技术服务，大大加快了养殖业的发展步伐。1995年肉类总产量达5.57万吨、禽蛋产量3.3万吨，畜牧业产值4.2亿元，在全省畜牧业产业化生产评比中位居第二。1996年在遭受严重自然灾害的情况下，与1995年相比，肉类、禽蛋产量分别增长19.3%和13.9%，畜牧业产值增长4.7%。

灵璧有着特殊的自然条件，发展养殖业潜力巨大。1993年，县委、县政府提出"种植业起步，养殖业突破，加工业发展"的繁荣农村经济的路子，先后出台了《关于大力发展养殖业的决定》等政策性文件，把全县养殖业发展的目标任务分解落实到乡镇村，层层签订岗位目标管理办法。县委、县政府专门成立了由分管书记任组长、分管县长任副组长的养殖业生产领导小组，指挥领导全县养殖业的发展，全县21个乡镇相应加强了领导力量，坚持一把手挂帅，抓在手中，大力发展。

我县发展养殖业坚持因地制宜，合理布局。南部粮多草多多养牛，中部水面多多养鸭鹅多养鱼，北部山多多养羊，经验丰富的乡村多养鸡，家家户户都养猪。按照这个区域化布局，坚持家家户户分散养殖与规模养殖相结合，自1993年以来，县、乡、村用于发展养殖业的投入达6000多万元，全县建起500头以上的养牛场12个、养猪场7个、千只以上的养羊场4个，万套种禽养鸡、养鸭场16个，特种养殖场2个，各类养殖大户发展到13340户。

为了加快养殖业的发展，县成立了畜牧水产技术服务中心，统管全县养殖业生产和技术服务工作，整顿了乡镇畜牧兽医站，在乡村大力发展了"公司加农户"形式的服务组织，他们对养殖户家畜配种改良、技术指导等全面进行承包。全县养殖户接受技术承包服务的面积达85%，防疫密度达98%，生猪死亡率由1993年以前的8%降低到1.5%，同时，通过推广青贮玉米秸、氨化麦秸、微贮麦等饲料加工新技术，有效地使养殖业降低了成本、提高了效益。

（原载《农民日报》1997年1月24日、《人民日报》1997年4月7日）

硕士"猪官"谱风流

佚名

1979年，周维嘉从合肥一家工厂考进安徽财贸学院，学习商业会计，4年后毕业，留校工作。

1985 年，周维嘉考取北京大学国内经济法硕士研究生，两年后获得硕士学位。

1989 年，在"下海"的热潮中，周维嘉辞去安徽省财贸学院教职，到南方寻找新的生活方式。经过八年的风风雨雨，走遍神州 30 多个大中城市，还去了日本、俄罗斯、新加坡、澳大利亚等十几个国家，他成了"百万富翁"。8 年商海百万金，周维嘉在"商海"已游刃有余，完全可以沿这条成功之路继续走下去。但他没有，周维嘉说，经商赚钱虽说没偷没抢，但心里总觉得不太踏实，还是干点实业，验证实一下自己的实力。1997 年春，周维嘉毅然放弃出国和高薪的诱惑，回到家乡安徽灵璧县韦集镇。

周维嘉回乡创业，有人说他是个"疯子"，也有人说他在外边混不下去了，但他丝毫不为所动。他信心十足地说："如果土地里刨不出金子来，还上哪儿去挣大钱！"

周维嘉通过反复考察，发现韦集镇每年种植的花生、红芋、大豆、玉米、芦巴子等植物的叶茎和各种树叶，多被农民用来烧火、沤肥。为了弄清这些植物叶茎所含的营养成分，他走访了农业和畜牧养殖部门，查找资料，发现这些叶茎经过加工粉碎后，再进行科学配方完全可以代替以豆饼、玉米、麦麸等为主的传统养殖饲料。他还进一步认识到，发展养殖业，可以带动种植业、加工业运输业的发展。

创业之门找到了，周维嘉浑身是劲！

建养殖场，征地、建场房，需要大量的资金和时间。这时，他看中了韦集街北 5 华里处的一个闲置养牛场。这个镇办养牛场占地百亩，拥有房屋 180 间，三面环水，可耕地面积 40 亩，水面 18 亩，是个发展养殖业的"风水宝地"。

时任镇党委书记戴文龙和镇长陈庆芝对周维嘉的事业大力支持。戴文龙感慨地说："北大硕士生来韦集，可是我们打灯笼来也难找的大喜事，成，这个养殖场承包给你！"镇里指派一名副镇长负责这项工作，并安排镇派出所为养殖场保驾护航。

1997 年 5 月 1 日，韦集镇养殖场挂牌，周维嘉正式当起了猪官。

北大硕士生当猪官，一时成了灵璧人谈论的热门话题。据县人事部门透露，周维嘉是来灵璧县搞农业开发的第一位北大硕士生，地、县有关领导先后来到养殖场，为他排忧解难。

周维嘉的艰苦创业精神和为家乡建功立业的执着追求，感动了他的三位中学时期的同学，他们放弃城里的舒适生活，又一次来到农村，铁心和周维嘉一道开创新事业。

周维嘉投资 30 万元用于改造场房和购买配套设备，投资 20 余万元购进 820 头育肥猪苗和种猪，当年年出栏肥猪 650 头，存栏育肥猪 800 多头。为打破传统养殖模式，他一次投入 3000 多元购买了养殖、种植、饲料配方、猪病防治等方面的科技书籍，同时订阅了 12 种报刊。他边干边学，每天都抽出一个小时组织全场人员学习，对猪的发育成长，他每天都做记录。为尽快降低饲料成本，他反复试验配方。目前，他的饲料成本和一般养猪法相比低 50% 左右，而且猪的生长不比一般养猪户慢。猪病的防治在整个养猪过程中至关重要。他在自己钻研猪病防治的同时，又请来高级畜牧师进行指导，确保猪的死亡率控制在 5% 之内。

周维嘉谋划建设一个淮北地区最大的养猪场和种猪基地，走"公司十农户"之路，决心当好家乡养猪致富的"领头雁"。

养牛专业户的坎坷路

曹金龙

一天上午，灵璧县冯庙镇王圩村王传科正在自己的养牛场专心致志地饲喂着肉牛，突然看到不远处一头牛被牛绳勒住脖子，轰然倒下。王传科急忙跑过去，拿起镰刀，几下就砍断了牛绳，看着躺在地上、一动不动的牛，心情紧张到了极点。他赶快蹲下来，给牛推拿着颈部。过了十多分钟，牛慢慢睁开了眼睛，他才松了口气，悬着的心落了地。看着复活过来的牛，他喜极而泣，指地上的牛，对我说："这头牛值 18000 元，这钱差一点就没了，所以养牛这活来不得半点马虎。"

说起养牛，51岁的王传科感慨万千。王传科由于家庭贫困，小学没毕业就辍学回家。他虽然文化程度不高，但有着远大志向，不甘于和父辈一样脸朝黄土背朝天，到外地拜一名大厨为师，学得一手烹饪手艺。结婚后，她带着妻子到泗县县城，开了一家小吃店。由于他守法经营，手艺又好，生意非常红火。他在泗县县城买了房子，又把一双儿女培养成了大学生，手里还积攒了数十万元，生意做得顺风顺水。乡亲们对他羡慕得不了，但王传科却不满足。一个偶然的日子，王传科接触了几个养牛专业户，看到他们养牛致了富，便萌发了返乡养牛的念头。

经过深思熟虑，王传科作出了一个出人意料的决定，回家养牛。放着好好的钱不挣，回家养牛，很多人不理解。许多亲朋好友也赶来劝，可王传科决定了的事，九头牛也拉不回来。

镇村得知王传科回来的消息后，为他解决了养牛场用地，又给他解决了小额贷款。

花了35万元，养牛场建成后，王传科到东北买回了40头肉牛。由于东北牛水土不服，加上防治经验不足，这批牛病死了15头。那一年，他养牛宣告失败，多年的积蓄全打了水漂。

"这么多钱，扔进水里还能听到一声响呢，可这回连响都没有听到。"王传科说。

望着辛苦饲养的牛一头头死去，他的心都碎了。

再心痛，生活还得继续。王传科想着这个家和两个正在上学的孩子，没有灰心丧气，发誓一定要重新站起来。

他认真总结了经验，又专门找专家请教，还多次拜访附近的养牛专业户，渐渐融入了养牛朋友圈。他从养牛朋友圈得知，如果发展成规模，饲料公司就会找上门来，在卖饲料的同时，还会帮助养牛户做好牛病防治。王传科找到某饲料公司，他们答应，只要成规模，包牛病防治工作。他又买了一些养牛书籍，用小学三年级的文化底子，艰难地啃着书本。经过一番努力，王传科逐渐掌握了养牛的一些门路和牛病防治技术，使他信心倍增。

第二年，他卖掉泗县的门面房，加上东借西凑，凑了90万元，决定破釜沉舟大干一番。他再下东北，购买了肉牛犊60头。那些日子，他把心全操在了牛身上，吃不好，睡不安，累得像变了一个人。养牛的日子虽苦犹甜，看着日渐成长的牛犊，他看到了致富的希望。

机会从来都是留给有准备的人的，经过两年多的摸爬滚打，圈子熟了，路子对了，牛病技术防治到位了，王传科养牛大获成功。2019 年，他获利 40 多万元。几年来，他的养牛场越办越大，最高峰时期，肉牛存栏 150 多头。年初他决定再扩大规模，养牛 220 头，目前新扩建的养牛场正在建设中。

王传科是一个永远不满足于现状的人，在养好牛的前提下，他去年又买了几十只羊，决定试养成功后再扩大规模。为方便村里人买农资，他又在村里开了家农资店。由于他守信经营，保证质量，不但本村人来他的店里购买，就连邻村的乡亲们也来光顾。

王传科致富并没有忘记乡亲，他说："我能走到今天，与镇村和乡亲的帮助支持是分不开的，帮助贫困户脱贫也是我的责任。"他的养牛场工人全部是贫困户，每月干活平均 20 天，发给工资 1500 元，让贫困户有了固定收入。一些贫困户拿到扶贫贷款后暂时没有项目，王传科就吸纳他们入股。贫困户不用承担任何风险，每年可以按入股资金 10% 参与分红。贫困户王某某在王传科养牛场务工，年工资 18000 元，加上入股分红 3000 元，年稳定收入 21000 元，实现了脱贫。

回顾这些年的发展之路，王传科说："如果问我致富秘诀，那就是一个字：干！只有干才能挣到钱。"

家畜配种站

马香俊

随着灵城花园街西段路南实施棚户区改造，原来坐落于此地的灵璧县家畜配种站从此消失了。2009 年我去看了几次，原来的职工宿舍和配种室、种畜舍、猪羊圈已经推倒，整个大院变成一片瓦砾，随之而起的是中安城市广场。这我里让我久久难以释怀，因为30多年前我曾经在那里工作过。

灵璧县家畜配种站（后来称改良站）始建于1964年，是直接隶属县农林局的一个全民所有制事业单位。配种站的院子南北长约100米，东西宽约50米，占地7.5亩。单位的工作任务是饲养马、牛、驴、猪、羊等种公畜，开展家畜配种业务，并为各区（公社、乡镇）培养配种技术人员，以促进家畜品种改良技术在全县推广应用。对马、牛等大家畜实行常温人工授精，以提高优良品种公畜的利用率，主要是用秦川牛、南阳牛改良本地黄牛，使之后代体形高大健壮有力气；用长白猪、约克夏猪改良本地黑猪，实现公猪优良品种化，母猪本地土种化，育肥猪杂交一代化。

1980年10月5日，我调至县家畜配种站工作。县农林局党总支研究决定让我担任代理站长。单位有9名职工，5男4女，分别是配种技术员3人，种公畜饲养员3人，站长、会计、摩托车司机各1人。我到任后抓的第一项工作是收购干青草。魏纯杰骑着摩托车带上我，前往黄湾绿肥场、大山林场踩点收购。委托大山林场收购干青草12万斤，足够饲养9头种公畜和几只种公羊一年用的饲草。干青草运来，我们全站职工自己动手，用平板车拉进院子里垛好。干青草每个月要用铡草机铡一次，每次铡草也是男女职工齐上阵，有人从垛子上向下掀草，有人往铡草机里续草，还有人把铡好的草挑进两间草屋里，实行人员轮换休息，歇人不歇机械，整整一天才能把上万斤干青草铡好。

我抓的第二项工作是黄牛冷配。公牛与母牛自然交配，叫作本交；采集一头优良品种公牛的精液，随时加稀释液稀释后，能够给十多头发情母牛输精，这叫作常温人工授精技术；采集一头优良品种公牛的精液，制成冷冻颗粒精液储存在零下196摄氏度的液氮罐中，解冻后能够给一百多头发情母牛输精，叫作黄牛冷冻颗粒精液人工授精配种技术，简称"黄牛冷配"。黄牛冷配技术能够提高优良品种公牛的利用率达百倍以上，冷冻颗粒精液还能够长时期储存、远距离运输，加快黄牛改良的步伐。黄牛冷配技术是20世纪80年代初期的一项新科技。当时，安徽省只有一个种公牛站，在合肥市大蜀山。省农林厅畜牧处在砀山县唐寨区进行黄牛冷配试点。1980年底，我去砀山参加全省家畜配种站种公畜鉴定会议，到唐寨区参观了黄牛冷配成果，看到杂交一代牛犊显性遗传，外形很像父本，体形较大，发育良好，我下定决心要把黄牛冷配技术引进我县。首先我们在县家畜配种站进行试验，成功后再向全县推广。配种站人手少，贾长亮老师傅和金环会计是配种技术员，摩托车司机魏纯杰和饲养员王井琪也在配种室协助技术员工作。我组织五位男职工认真学习黄牛冷配的理论知识，先掌握其技术操作规程。第一次派两名职工前往合肥购买了两个液氮罐10立升、3立升各一个和液氮以及种公牛冷冻颗粒精液。此后，五个人轮流上合肥种公牛站购颗粒，去淮北制氧厂买液氮，来回背着个液氮罐，路上几乎没有人知道是干什么的。我们边学边干，对技术精益求精，力求一举试验成功。1981年5月至7月，用优良品种西门达尔种公牛的冷冻颗粒精液给本地母牛人工授精，冷配黄牛171头，第二年出生杂交一代牛犊64头。西门达尔牛原产地是瑞士的西门达尔平原，1979年引进我国。西门达尔牛是乳、肉、役兼用型牛，本地黄牛是役用型牛，用优良品种西门达尔公牛改良本地黄牛，杂交后代既保留役用性能又提高产乳量、产肉量，是当时黄牛改良的大方向。1982年，县委召开三级干部会议期间，县农林局副局长任公福指示我们从附近村庄找来十几头改良牛犊，给牛犊戴上大红花，由各自的主人牵着到县委大院，让参加会议的干部和围观的群众参观，一时间在全县上下产生轰动效应。时任中共娄庄区委书记金共云回去传达会议精神，在全区大会上说："西门达尔改良牛犊个头大，身上又宽又平像案板，人能在牛身上睡觉。"形象的比喻让我至今不忘。

我抓的第三项工作是基本建设。配种站原来的种公畜厩舍就是普通的单间房屋，前面一个门，后面只留一扇花墙窗户，通风透光差。种公畜整天关在屋里缺乏必要的运动，导致其射精数量少、精液质量差。原来踩的泥土院墙经过十几年的雨水冲刷，已经是沟沟壑壑、残墙断壁，很不雅观。于是，我下决心改变这一状况，把单位建设得像模像样。随着配种技术的改进，来站配种的母畜成倍增长，经济收入由1980年的4700多元猛增到1981年的12000多元。我预计第二、第三年还要继续增长，就想着用这笔钱搞点基本建设。县家畜配种站是县财政全额拨款单位，每月经费800元，用于人员工资和种公畜草料费等项支出。所以开展配种业务增加的经济收入，可以用来搞基本建设。我向县农林局请示报告,经李敦军、任公福两位副局长一起来到配种站实地察看,获得批准,局里还拨款 5000 元支持配种站搞建设。我自己动手设计,新建了五间标准的种公畜厩舍,把已经倒塌半截的泥土院墙推倒,重新建起两米多高的石头院墙,围成 1000 多平方米的种公畜运动场,把种公畜逐个放进去运动,每头每天的运动量不少于一小时。在基建施工过程中,我亲自验收建筑材料,每道工序从严把关,以确保建筑质量。那时候我三十二三岁,正值精力充沛干工作的大好年华,在这里有我洒下的青春汗水和满腔心血。

灵璧县家畜配种站虽然已经从那片土地上永远消失了,但是几十年来它为灵璧县的家畜品种改良所作出的重大贡献,是无法替代的。

成绩斐然的农机化事业

灵璧县是淮北地区的一个农业大县,也是农机大县,其农机化随着农业和农村经济的发展而发展,呈现着起动—加速—高潮—底谷—恢复—再加速—再掀高潮这样一条运行轨迹。几十年的历程,几起几落,"八五"至"九五"期间逐步进入一个超常规发展壮大的阶段。据统计,1997 年全县农机总动力达 45.5 万千瓦,比 1979 年增长 12.4 倍;小型拖拉机发展到 27200 台,比 1979 年增加 25690 台;配套机具中,播种机由 1979 年的 67 台增加到 9600 台;脱粒机由 1979 年的 1054 台增加到 5100 台,小型割晒机由 1979 年的空白发展到 9634 台,农机具配套比由 1979 年的 1∶0.47 提高到 1∶1.8,农机化综合作业水平由 1979 年的 9.85% 提高到 67%。灵璧县以其辉煌的成绩,被国家农业部命名为全国农机化综合试点县,被安徽省人民政府命名为农机化"十强县"。1993 年,在全国"铁牛杯"竞赛中,被评为先进县。县农机局自 1991 年至今连续八年被省农机局评为农机化综合优胜单位;1997 年被省人事厅、省农机局再度评为农机化先进集体。

改革开放以来，灵璧县农机部门和其他许多行业一样，经受了多次大的考验，一是四年连续发生洪涝灾害；二是农用平价柴油的并轨；三是农机站"三权"的下放，这一切无疑给农机化工作以较大的冲击。然而，全县农机人自强不息，迎接挑战，战胜困难，创造性地开展工作，仍使农机化事业获得了大发展、大飞跃。实现了五个"突破"，体现出四大"特点"。

所谓五个"突破"，其一是农机化水平上的突破。在大农业这台戏中，县农机局敢于争唱主角，一抓配合，二抓发展，三抓服务。抓配合就是积极主动与涉农部门搞好协作，设计高产技术模式，推行万亩丰产方、双千田；抓发展就是抓住一切机会宣传农机，推广农机技术，开好示范现场会，提高装备水平；抓服务就是通过服务体系，为农业、农机户提供全方位服务。每年午秋两季，全县调动"三师"（工程师、农艺师、农机教师）下乡，开展"三师"服务，组织大型农机作业示范现场会，建数百个农机作业服务队，投入农业生产第一线，显示了农业机械化的巨大威力，同时也推动了农业机械的应用，提高了农田作业水平。截至 1997 年底，全县每百亩耕地配备动力已由 1979 年的 0.02 千瓦提高到 25.3 千瓦。小麦生产已基本实现机械化，农田作业中的耕、播、脱、收、植保和排灌基本上使用机械作业，农用运输、农产品加工基本实现机械化，全县综合机械化水平已由 1979 年的 9.85% 提高到 67%。

其二是管理手段上的突破。已突破在计划经济时期以油料为杠杆抓管理的局面，转为通过法规、服务手段促农机管理。全县共核（换）发机动拖拉机牌证 16000 副，核（换）发机动拖拉机驾驶员牌证 17000 人，机械完好率始终保持在 95% 以上。农机市场整顿工作在工商、技术监督等部门的配合下进行，累计清理整顿农机供应、维修网点 336 个，占应办户数的 98%，特别是最近一个时期，省政府出台了《安徽省农机安全监督管理及事故处理办法》，县政府三次发布《关于加强农机管理通告》及政策性文件。1997 年12 月《安徽省农业机械管理条例》正式出台，为强化法规管理提供了有力的保障。

其三是农机推广上的突破。1979 年农业生产责任制刚实行时，全县小型拖拉机（手扶）仅有 1510 台，配套机具 705 台，农机化水平极低，严重制约了农业生产的发展，为加速新机具、新技术的推广，农机部门定规划、定措施，组织人员外出考察、选型、引进、示范、推广。资金上采取国家、集体、个人一起上的办法，投资数千万元，推广收割、播种、脱粒、化肥深施等十多种新机具三万多台（套）。特别是近几年，围绕本县"两高一优"农业的发展，突出节本增效，结合农机化试点、黄淮海农业综合开发、小麦中低产田改造等项目，大力推广农机化"三项技术"，即机械精少量播种、机械化肥深施和土壤全方位深松，累计推广应用面积为：精少量播种200万亩、化肥深施250万亩、机械深松25万亩，节种1000多万公斤，增收小麦7500多万公斤，收到显著的经济效益。同时，根据灵璧县农业生产区域结构的特点，把握农机发展机型结构，科学配置农机资源，增加配套，提高农机的综合使用效率。

其四是服务功能上的突破。近二十年来，全县农机工作者积极进行农机化服务体系建设，由开始的集体拖拉机站变成国营农机管理站与集体农机服务站并存，进而形成目前的农机管理服务站，成为国家设在基层的事业单位。农机站由原来的14个发展到现在的21个。村级农机大院从无到有，迅速发展，先后涌现出以苏圩、红星等村为典型的160个农机大院，同时如朱克川、魏宗庆、李清汉等众多农机大户应运而生。农机服务项目由管、供、修、训、推广，拓展到农机化作业、水利工程开发、建材、养殖、加工、机械制造、经营运输等行业，全县21个乡镇站基本消灭了实体空白站，使实体总数达36个。目前，全县已形成了以县为龙头、21个乡镇站为龙身、160个农机大院为龙尾、农机大户为补充的全方位服务网络，造就了一支招之即来、来之能战、战之必胜的庞大农机队伍。全县农机系统固定资产达1600万元，1997年营销额突破亿元大关。

其五是技术培训上的突破。全县农机技术培训工作随着农业机构的迅速发展而不断加强，已由原来的小小农机培训班发展到部级审定的"四有"（有学校、有教师、有学员、有教具）农机校。长期以来，全县农机培训抓住小拖驾驶员培训的本行，突破职业中专教育的困境，拓宽技术服务的领域，三管齐下，大见其效。在机手培训上，加大宣传、解剖事故，提高机手参加培训的自觉性，运用管理手段、组织生源，并加强学校自身建设，取得办学信誉，提高培训质量，自开办培训班至今已累计办班200多期，培训学员近15万人次，其中1997年完成培训机手5890人次，新训驾驶员882人，开办两个职业中专班，在校生 90 名，在服务上，学校组织机械作业和维修服务队、直接参与农田作业服务，搞活了创收，增强了自我发展后劲。

灵璧县农机化事业的发展，显示出以下几方面的特点。

首先，领导重视，干群拼搏。长期以来，县农机局无论是哪一位领导都能够以身作则，从大局出发，从小处着眼，严格按照县委、县政府的部署及上级业务主管部门的指示精神，带领广大职工，苦干加实干，围绕一个目标，奋力进取。农机化工作一年比一年有起色，一年比一年有发展。具体工作中，县农机局一方面争取县委、县政府的支持，把农机化工作纳入各级政府的议事日程及目标岗位责任制。同时，系统内每年制定劳动竞赛实施方案，确定了竞赛目标，规范评比标准，将目标进行层层分解，逐级落实，形成领导重视，组织得力，干群力争上游的良好格局，促进了各项工作开展得有声有色。

其次，重点突破，带动"两翼"。县农机局结合本县农村经济发展目标，把握重点，选择突破口来带动年度各项目标的完成，如抓"三权"回收和"三定"工作，促进了县基层农机服务组织的建设，理顺了工作关系，完善了各项制度，出现了禅堂、朱集站和红星村等先进乡、村这样好的典型；抓推广新机具、新技术，促进全县整体农机化水平的提高和机械配置结构的改善；抓农机市场整顿，带动整个农机管理工作再上新台阶，抓工业投入，以促进农机系统的实体建设，拓宽农机社会服务新领域；抓机械化小康村建设，再度掀起灵璧县农民的农机投入高潮，加速了全县农机化进程。

第三，经营管理意识增强。多年来，由于全县大力组织农业机械开展社会化服务每年组织成千上万台农机跨区会战，再加上前所未有的农机热，全县经营效益大幅度增长。1997 年全县农机经营总收入达 22841 万元，每千瓦创收 502 元，而 1979 年几乎是空白的，全系统在财务和统计工作中加强管理，实行了所有财会人员持证上岗，持证收费，财务人员齐备，制度健全，账目独立，定期开展内部审计使基层农机组织的服务经营活动逐步走向"农机服务市场化、服务组织实体化、服务实体企业化、企业群体产业化"轨道。

另外，农机化宣传力度大。在局领导的高度重视下，全县农机化宣传工作声势浩大，一是向领导宣传，经常向县委、县政府领导汇报农机化工作开展情况及意见要求，请求给予各方面的支持；二是及时向上级业务部门汇报工作和送阅材料；三是通过广播、电视、报刊等新闻媒介大力宣传。多年来，各类新闻报道达数百篇，在社会上引起强烈反映，得到了各级各部门的高度重视，县农机局已成了县政府的职能部门。

（汤　亚　夏然雨　供稿）

农电管理的风雨历程

灵璧县地处皖东北，是一个农业大县。电力事业发展较快，1969年底开始接用华东网电，至2019年底，共有220千伏变电所一座，110千伏变电站4座，35千伏变电站19座。从2015年至2019年，全县最大负荷由19.06万千瓦增长到30.67万千瓦。到2019年底，全社会用电量增长到10.16亿千瓦时，年均增长率为12.63%。

灵璧县的农村用电从1970年开始，到1976年全县21个公社都通了电。随着农电事业的发展，管理农村电网的任务越来越重，灵璧有幸成为全省建立公社管电组织的试点县之一，同时开始了灵璧供电在农电管理道路上的探索之旅。1978年公社供电站这种管理模式在灵璧县普遍成立，到1997年近20年的时间里，历经三个发展阶段，开始是属于人民公社管理，所、站分离的初级阶段，接着属于县供电局行业管理，所管站的成长阶段，得到了电力部门的承认，并进入了电力系统基层管电组织的序列，最后是所、站合一的阶段。

针对农村电网先天不足，灵璧县供电局先后组织了几次全县范围内的设备和线路改造工作。首先是改造配电设备。组织了上百人的专业队伍，带着整改材料和工具，以两天一个公社的速度，完成了改造任务。其次是开展以圆杆换方杆的低压线路整改，当时用两部炮车日夜不停地从徐州、蚌埠、宿县等地把4000多根电杆送到各个公社供电站，从此小木杆、木横担、木墙角退出了历史舞台。通过整改，横平竖直的银线敷设在广大的农村，安全可靠、方便美观的室内布线出现在千家万户的梁头、墙壁上。就是这几次整改的成果，使灵璧供电局连续五年捧回了省安委会、电力局等领导机关颁发的安全匾。

针对电价高、管理混乱的局面，灵璧县供电局于1983年在韦集供电所开始调查研究，决心给农村电价测算出一个全县统一的"正价"，经过慎重论证决定把营业管理由配变总表向下延伸到用户电表，1984年春，经过冯庙集训，在全县推行这一管理措施，"明码电价"由此在全县实行。

"明码电价"就是一把尺子、一面镜子，不仅增强了农村电网的凝聚力，同时还在度量着管理的水平，对抑制农村电价、减轻农民负担所起到的作用是不可估量的，正是推行"明码电价"所取得的成就，使我们成为电力部的先进单位。

从1993年开始，新一轮农电管理改革应运而生，在充分调查研究的基础上，对全县电价不搞一刀切，彻底改变过去"卡线损""超损核价"的做法，推行三个价区政策，用"到户电价"取代"明码电价"，全面实行"低损低价""高损高价""积极降损、鼓励降价"新举措，切实把又高又乱的农村生活用电价格控制住，自此灵璧的农电管理形成了一个全新的局面。

为了完成农村低压电网全面整改，1997年经过认真分析研究，确定了"集中借贷、分步整改、差价还贷、限期降价"的方案，即由供电局出面统一向银行借款购料，先整改供电量大、线损高、低压设备乱而差的台区。电价居高不下的台区首先见到效果，同时具有说服力，有利于进一步推动整改工作的开展。利用降低电价后，原销售电价多收取的费用归还贷款，以缓冲集中还贷的压力。经过一年多的紧张工作，全县贷款投入资金543万元，整改并通过验收配变台区392台，这些台区有的原线损率在30%左右，整改后，线损率降至20%以内，有的台区达到15%以内。同时电价也降到了比较合理的水平，全年共减轻农民负担800余万元。

灵璧县供电局利用银行贷款改造农村电网减轻农民负担的成功经验，给国家进行大规模农网改造开了先河，得到了时任国务院副总理朱镕基同志的肯定和赞许，促成了1998年国家出台农网"两改一同价"的政策和国发〔1999〕

2号文件，自此拉开了全国农村电网改造、农电体制改革和城乡用电同网同价的序幕。

回顾过去，灵璧供电人改革创新，全力服务全县发展的用电需求；展望未来，灵璧供电人将一如既往紧紧围绕"人民电业为人民"的根本宗旨，不断提升灵璧电网的供电水平，更好服务于灵璧经济社会发展，在灵璧这块美丽的土地上，努力开创灵璧农电管理新篇章。

（魏思振、郭长东等　讲述　翁　毅　整理）

自从有了"话匣子"

同龄人

从20世纪60年代末到80年代，我县农村几乎家家都装上了有线小广播，俗称话匣子。其实，话匣子就是一个木制的小匣子，里面装有声音传送装置，外观从正面看是正方形，边长约有30厘米，正中间有一个圆形的传声孔，直径约15厘米，从左、右两侧的侧面看呈上宽下窄梯形。话匣子安装在墙上以后，其正面稍微倾斜向下，声音向前下方扩散，便于人们收听。当时每个大队配有一名广播维修员，为全大队的农户服务，其报酬是由大队记工分。

那时，灵璧县革命委员会成立直属机构"四大组十大站"。第一个大站就是毛泽东思想宣传站，下设县广播站，在灵城隅顶口新华书店南旁设有一个广播服务部，主要经营小广播的销售和维修。县里还举办通讯员培训班，采写稿件向各级广播站投稿。各个公社都建立广播站，配有专职播音员，九顶公社广播站的第一任播音员是刘美英。公社广播站每天三个时段播送节目：早晨是5：55—7：30，中午是11：25—13：30，晚上是5：55—8：30。早晨

6：30—7：00是转播中央人民广播电台的"新闻和报纸摘要节目"；晚上8：00—8：30是转播中央人民广播电台的"全国广播电台联播"节目。其余时间分别是转播省、地、县新闻和本公社自办节目。除了新闻节目还有文艺节目，大多是现代京剧选段。每次只有半个小时，听起来真不过瘾。

自从有了话匣子，人们能够及时收听到伟大领袖毛主席的最新指示和从中央到地方各级的会议精神。1970年元旦晚上，九顶公社马集大队的全体社员集中在马集小学的院子里，收听"两报一刊"元旦社论。"两报一刊"是《人民日报》《解放军报》《红旗》杂志。元旦社论的题目是："迎接伟大的七十年代"。我还记得社论中描写国际形势的几句话："社会主义喷薄而出、蒸蒸日上，资本主义日薄西山、气息奄奄，殖民主义的堤坝分崩离析、坍塌下去。"收听结束后，县里派驻马集大队的工作队长老魏让社员们下湖深翻土地，说是在元旦社论精神的鼓舞下去战天斗地。

有了话匣子，便给各级领导干部提供了召开广播会议的条件。我记得，当时从广播里能够收听到安徽省革命委员会副主任王光宇的讲话。他说话拖着好长的尾音，听起来感觉好特别。灵璧县委书记余健的讲话，说的是合肥方言，一般人很难听懂。人民公社、生产大队两级干部召开广播会议，如同吃家常便饭那样随意。广播会议内容大多是农业生产方面的工作，如扒河叠路、植树造林、防汛抗旱等需要动员全体群众参加的事情。20世纪70年代，人们还没有商品经济意识，也没有做广告这一说，但有召开广播会议推销产品的做法。我记得，有一年夏天，县九顶园艺场的苹果滞销了，还有一年冬天，县化肥厂的碳酸氢铵积压了，县里都召开了专题广播会议，给各公社分配销售任务，各公社再向所属机关单位和生产大队分配销售任务。

有了话匣子，播送寻人寻物启事、发各种通知也很方便。1973年6月的一天早上，我从广播里听到九顶公社的通知说，"老三届"的下放和回乡知识青年，由所在大队写介绍信，到九顶中学参加预选考试，从中选拔和推荐上县里参加高考的人员。那一次我参加了高考，并且如愿以偿上了大学。

话匣子丰富了农村的文化生活。每天早、中、晚三顿饭，人们边吃饭边听广播。门旁两院的人们端着饭碗凑到一起，边听边聊，从国家大事到民间趣事，饶有风趣。在那个时候收听广播，成为人们生活中不可或缺的一件大事。

话匣子伴随着人们度过了文化生活贫乏的年代，以至于让人们在几十年之后还念念不忘。

娄庄镇广播网络全覆盖

井茂龙　程光明　李传军

深秋季节，我们来到灵璧县娄庄镇。正值中午，每到一村，大喇叭都在播音。群众说，这 5 年来，村村通广播，只只喇叭响，农民可欢迎啦！

1993 年以前，娄庄镇境内很少能听到喇叭响。新任广播站站长彭光荣经过调查了解后，向镇委、镇政府递交了《办好农村广播的报告》，受到政党委、政府的高度重视。镇里在财政十分紧张的情况下，当年三次拨款 36.8 万元，按照广电部门要求的乡镇广播站标准，配齐了各种设备。1994 年以后，又陆续投入 91.6 万元，对全镇农村广播网络基础设施实施升级改建，使村村有专用广播室和专职值机员，还送两人到省广播电视学校学习。

现在，娄庄镇 24 个行政村有 275 型扩音机 32 部，接收机 48 台，高音喇叭 297 只，线路总长 248 公里，通播及覆盖率均达 100%。为确保党中央和地方党委、政府的声音及时传达到千家万户，娄庄镇广播站坚持做到"三不"，即不准占用中央、省、县新闻节目时间，不准擅自中断上级台、站的节目，不准任何单位和个人随意使用广播。村值机员要做到按时开关机器，广播时间不得离岗，夜间机房有人看守。镇广播站的自办节目一律由镇委宣传部审稿，开广播会必须经书记或镇长同意，播送通知要有党政办盖章，村广播室除两委副职以上干部可以使用外，其他人不得随意使用。为抓好落实，站领导定期检查，还制定了严格的奖惩措施。为搞好自办节目，鼓励通讯员写稿，娄庄镇在全县率先实行了稿费支付制度，这几年共支出稿费 1 万多元。两名线路检修员每天骑车七八十里，查险情、排故障，尤其是麦收期间，他们一天骑车跑遍全镇 24 个行政村。

镇广播站开播了《娄庄新闻》《农家乐》《科技讲座》等自办节目。由于稿源充足,自 1994 年以来,每周编播的两期《娄庄新闻》从未间断,每周两次的《农家乐》已成为全镇许多农民必听节目。爱好文艺的站长彭光荣能结合镇里不同时期的中心工作,自编自演琴书、大鼓、数来宝、快书等,近年来他本人自制播放的磁带近 20 个小时。他防汛抗洪期间创作并自演的琴书《小木盆》,在宿县地区文艺会演中荣获二等奖。根据不同时期农业生产需要,镇广播站还邀请农技站科技人员和职业中学教师在《科技讲座》栏目中传授科技知识和劳动技能。为配合镇里落实 1997 年 3 万亩辣椒任务,他们先后在育苗、移栽和管理三个时期作了 3 次专题讲座。1998 年 3 月,娄庄镇广播站被省委宣传部、省广播电视厅授予"村村通广播"先进单位的荣誉称号。

县化肥厂创建"无泄漏工厂"

胡兴臣

县化肥厂坚持全面发动、全员参与的创建"无泄漏工厂"活动,使全部设备完好率达 96.8%,静密封点和动密封点泄漏率分别控制在 0.23% 和 1.25%,有效地减少了生产过程中有效资源的跑、冒、滴、漏,综合能耗居全省同行业先进行列首位。省化工行业通过复查检查验收后,认定该厂各项指标所得总分超过化工部规定的无泄漏工厂标准。

县化肥厂系 1972 年建成投产的年产合成氨 3000 吨的小氨肥厂。20 世纪 80 年代开展创建"无泄漏工厂"活动以来,1990 年被省化工系统命名为"无泄漏工厂",1995 年再次被命名为"无泄漏工厂"。已成为年创产值 6000 万元、利润超过百万元的中型企业。

为了使创建"无泄漏工厂"活动变成全体职工的自觉行动,他们利用职工大会、车间职工会、工段例会、大班班前班后会，以及广播、黑板报、墙报宣传栏等形式，反复宣传；组织编写了《企业管理知识 100 题》《设备管理知识 100 题》《安全技术规程 100 问》《设备维修保养标准》等材料，人手一册；通过举办企业管理、岗位技能、设备管理、安全技术等专题学习班，实行发证上岗；先后四次邀请化工专家来厂指导；设立了专门办公室，建立了基础管理、现场管理、宣传教育和厂容厂貌管理四个专业组。同时，实行从厂长到职工、从科室到班组层层承包责任制，切实加强了对创建活动的领导。

活动坚持奖优罚劣相结合，设立专项奖金，奖励先进典型，不搞平均分配，使干部职工既求安全高效又讲精神文明，先进典型不断涌现。通过检查、验收造气、脱硫、锅炉、供水、变换、压缩、精炼、合成、炭化九个工段，都达到了"无泄漏工段"标准，化一、化二、化三、机修（仪表）四个车间均成为"无泄漏车间"。在整个创建活动中，党团员、干部、职工还纷纷开展了"我为创建作贡献，人人争做好事实事"，建"党员先锋岗""文明工段"，评"'文明科室'红旗设备""优秀泵房""一类塔群"等活动。许多职工几个月来，不分白天夜晚，不分当班休息，不分分内分外，不畏炎热酷暑，你追我赶连续作战，大大提高了创建"无泄漏工厂"的质量，全厂"两个文明"建设不断发展。

（原载《安徽经济报》1997 年 8 月 30 日）

县磷肥厂下气力治理污染

胡兴臣

灵璧县磷肥厂看得准、想得远，舍得花大钱，从治理粉尘、氟气等厂内外环境中的污染源入手，改善生产环境，还给村民青山秀水，取得了良好的社会效益和经济效益。灵璧县磷肥厂 1973 年建成投产以来，由于忽视了污染处理，生产中的大量粉尘、氟气，不仅严重危害了全厂数百名职工及家属的身心健康，降低了生产效率，而且使周围三个村庄的千余村民、百亩农田及大量家畜家禽也受到严重影响，以致纠纷迭起，每年付给村民损失赔偿费少则七八千元，多则两万余元，既造成了经济损失，又违反了环境保护法。1985 年 10 月，厂领导决心从治理污染、改善生产环境入手，提高工厂的经济效益。一年多来投资 15 万元，增添了泥浆泵、矿浆池、矿浆储槽和回转化成设备，安装了氟气处理装置，实现了生产过程中的"四个"改变，即变干法生产为湿法生产、变人工搅拌为机械搅拌、变地坑化成为回转化成、变氟气随意外溢为进入处理装置，有效地控制和处理了生产过程中的粉尘、氟气污染，改善了生产环境，降低了劳动强度，提高了劳动生产率，同时使周围的田园村庄、家畜家禽不再受污染危害。

（原载《安徽科技报》1987 年 1 月 27 日）

农机一厂与榨油机组

灵璧县农机一厂位于灵璧东关隍庙巷东百十米处，由城关铁木业社发展而来，曾是省明星企业。

1958 年 6 月，县财政投资 3 万元，将城关铁木业社扩建为通用机械厂，改属地方国营企业，时有职工 63 人，当年产值 43.21 万元，利润 800 元。1959 年，职工增至 390 人，主要产品有土轴承、鼓风机、水车、喷雾器、铸铁件、铸钢件等，年产值 126 万元。1962 年转为集体企业，改名为综合农具厂，隶属县手管局。1969 年复转为全民企业，更名为农机修造厂。主要产品有水泵、山芋切片机、小型农具等，年产值 23 万元。1976 年 3 月改属县农机局。1978 年更名为灵璧县农机一厂，生产喷灌机、水泵等产品。1981 年开始生产榨油机。1983 年起，主导产品有省定点产品 EX-100 型螺旋榨油机和

6YTF-5 型榨油机组全套设备，又增加生产"致富牌"7C-2 型小四轮拖车。1985 年，该厂占地面积 44000 平方米，房屋建筑面积 24016 平方米，有职工 193 人，技术员 6 人，固定资产 107 万元，其中生产设备达 80 万元。设金工、锻工、工装、修配、纸箱 5 个车间。主要产品有 EX-100 型螺旋榨油机、65BpE-55 型 12 马力喷灌机、6YTF-5 型榨油机成套设备、278 锥形面粉机、6 寸水泵和 7C-4 型四轮 2 吨小拖车等。

灵璧县农机一厂老技师吕耀贵，回忆起当年研制 6YTF-5 型榨油机全套设备过程时，疲惫里藏着坚韧，苦涩中透着甘甜。

在接受省农机局指令时，一没有技师，二没有图纸，三没有资金，当时厂里召开领导及技术骨干会议，要求大家"没有条件，创造条件也要上"，坚决拿下省定点产品。

厂里首先成立研发筹备组，厂长朱礼强任组长，杜德贤任设计师。杜德贤是上海交通大学毕业，他带领的十几个大学毕业生成为设计技术骨干，由许玉岭、吕耀贵、徐善书、汤金道等生产技术骨干组成安装车间，许玉岭是车间主任。铸造车间制成零件毛坯，到精工车间加工，安装车间组装。大家对照图纸边制造，边安装，边改进。一个月后第一台榨油机样机安装完成。

螺旋榨油机由进料斗、齿轮箱、榨笼、榨螺轴、机架等部件组成。对各种植物油料，如花生、大豆、菜籽、棉籽、芝麻、葵籽、桐籽等均可压榨制油。适用于城乡中小型油料加工厂、榨油坊、专业户、宾馆酒店、单位食堂等使用。设计先进，结构紧凑，操作简单，维修方便。

吕耀贵老人回忆研制过程是满满的荣誉感，干群同心，人人争先。遇到每个难题都是连夜解决，唯恐耽误进度，没有人抱怨，家属也支持，送饭到车间，都把任务当作使命，没有加班费，荣誉高于一切。当时一穷二白，硬度高的钢材缺，厂里动用一切关系到外地采购，许多厂家有，却不对外出售，最后找到洛阳、新昌才买到钢坯，勉强生产。

实验阶段又遇到了出油不畅、出渣过多、出油率低、螺旋轴卡死和榨笼破裂等问题。技术人员进行了逐一排查调试和改进，并把榨油过程中遇到的问题编成《EX-100 型螺旋榨油机使用说明书》和《6YTF-5 型榨油机使用说明书》。

经过 2 年的研制，经鉴定，农机一厂生产的 6YTF-5 型榨油机全套设备的质量和机械性能均达到国内先进水平。产品供不应求，订单源源不断，并远销巴基斯坦、马来西亚、菲律宾、泰国等国家和地区。产品出厂后，根据用户需要，厂里还派出技术人员跟踪服务。

为了表彰农机一厂顺利完成省交给的榨油机研制生产任务，县里召开隆重的表彰大会，为全体研制生产人员庆功。灵璧农机一厂因此成为安徽省明星企业。

（吕允峰　整理）

县竹器社的风雨路

吕允峰

1950 年至 1952 年灵璧县成立了合作社，同年成立竹器社，属集体所有制。地址在今西关桥头内环路北 100 米处，后搬到西关街面。1951 年，我县手工业者有 83 户，从业者 316 人，他们忙时种地，闲时务工，经营散乱。1954 年 10 月，县供销合作总社将灵城竹工组织起来，成立了县竹器组，有职工 14 人，工具折合固定资产 140 元。1955 年 4 月，定名为县竹器生产合作社。

1958 年，全国掀起全民大办工业热潮，我县除兴办了许多工业厂家外，还将原二轻工业系统内的一些集体工业厂家转为国营企业，使国营工业企业增加了 30 家，其中就有县竹器厂、县柳器厂、县木器厂。由于兴办工业超越了地方财政的承受能力，因此，1961 年，不得不根据"调整、巩固、充实、提高"的八字方针，对亏损大、产品质量次、无销路的厂家企业"关、停、并、转"。同时将 7 家国营企业复转为集体企业，竹器厂回归为集体企业。

1971 年 2 月，筹建塑料车间。1972 年建成投产，改名为县塑料厂。1980 年，竹器与塑料分设，改名为县竹器厂，有职工 42 人，年产值 7.3 万元。1985 年，该厂有职工 66 人，产品为日用竹器，如扒子、筛子、风门、竹床、竹篮、竹椅等，年产值 13 万元，利润 0.1 万元，税金 1.2 万元，固定资产 8.5 万元。

那时，厂里的能工巧匠很多，竹筛以王帮安、王帮柱兄弟及其弟子编织的为最好，称为"王氏"竹筛，远近闻名。该筛直径为 1.65—1.7 市尺，筛底呈胡椒眼状，美观耐用，使用寿命较长。而竹篮、竹椅等以寇云凤、张鹤云两人制作的产品最为精致。寇云凤先生编织的竹篮，为元宝式样，口严、底密，坚固耐用。

寇云凤是灵璧东关街人，自幼在"蚂蚱庙人民小学"上学。1948 年初，14 岁的寇先生在王殿都的带领下徒步去了滁县学竹篾编织技艺，一路奔波，历尽艰辛。他年龄虽小，但聪明伶俐，心灵手巧，勤劳能干，竹器艺人都喜欢他。他做了 1 年帮工，3 年学徒，18 岁时回来后自己开店经营，后被招入县竹器社。1958 年，全国各行各业大比武，当时，宿县地区 11 个区县参赛，寇云凤代表灵璧县拿了轻工业类金奖。

改革开放后，二轻系统企业也实行改制，竹器社解散了。寇师傅在西关桥头家门口摆了个竹器摊，除编织竹器外还为人们修修补补。机械化制作的竹器大量涌入灵璧，也冲击着手艺人生活，特别是雕刻技艺推陈出新，繁杂的花样使手工艺人感到了压力，许多人另谋生路，而寇师傅却坚持了下来，直到晚年。

工商企业改革的三种尝试

申鸿志

党的十一届三中全会以来，灵璧县借鉴农村改革的经验，对工商企业的改革，曾经进行了一些有益的尝试和探索，采取了简政放权、减税让利、承包经营等改革措施，对实现两权分离，增强企业活力起到一定的促进作用，而真正触及工商企业深层次矛盾的改革还是在 20 世纪 90 年代以后。县运输公司产权制度改革的经验推出后，一石激起千层浪，全县工商企业改革随着认识的不断深化而深化。近几年来，主要进行三种尝试。

一是聚合规模，扶持壮大一批。灵璧县原有两个酒厂，即县酒厂和酒厂，都存在着规模太小，产量太低、缺乏市场抗衡能力、无法形成拳头产品的弱点，加之它们的产品知名度不高，产品结构相似，时常在市场上形成"窝里残杀、两败俱伤"的不良局面。1994 年，县委、县政府进行大量调查研究之后作了充分论证，本着"造大船抗风浪"，形成拳头抢占大市场的指导思想，适时作出合并两个酒厂，成立灵璧县酿酒总厂的决策，当年 8 月 24 日正式挂牌，经过几年的实践证明，合并后的灵璧县酿酒总厂，不仅规模扩大了，实力增强了，知名度高了，杜绝了低价竞销现象，促进了生产要素的合理配置，提高了产品的市场占有率，而且壮大了自身的科研队伍，加速了新产品的开发，形成了自己的拳头产品，缩短了更新换代的周期，提高了经济效益。1997 年该厂产品产量达 10534 吨，销售收入 5565 万元，实现利税 1001.5 万元，职工年收入 4850 元，分别比 1994 年增长 51.98%、39.8%、54%、38.6%，企业步入良性循环的轨道。

总结推广两个酒厂合并的经验，于 1995 年底先后成立了灵璧粮食工业集团、灵运集团、荷金来肉牛集团、化工集团、轻贸集团、棉麻集团，以规模优势，增强辐射能力，以牵动效应，形成支柱产业，促进全县经济腾飞。

二是挂靠联合，能人带动一批。灵璧外贸总公司、麻纺厂、塑料溶剂厂三个企业资不抵债，处于停产、半停产状态，几年时间，工人无班上、离退休人员三天两头到县委、县政府要饭吃，让其破产几千名职工无法安置；把其救活，负债太多，回天无力，一度成为县委、县政府的工作难点，后来经过认真讨论，终于作出发挥能人效应，打破行业界限搞联合的决定，大胆实行"一长带两厂""一人兴多企"的能人带动战略。由许同昌牵头，灵运集团联合外贸总公司；由吴淑芳牵头，二轻造纸厂联合麻纺厂；负债大户粮食局变债权为股权，与二轻总会联合拯救溶剂厂。两年的实践证明，这种办法不仅没要政府一分钱，很快救活了三个企业，妥善安置了一批工人，而且实现了优势互补，盘活了固定资产，扩大了企业规模。

　　三是明晰产权，股份改造一批。一企一策的改革方式，虽然对增大企业规模，拯救危困企业起到立竿见影的效果。但从长远观点看，还都不彻底、不深入，没有触及工商企业深层次的问题。于是灵璧县就把工商企业产权制度作为深化改革的重点，纳入县委、县政府工作的重要议事日程上来。自 1994 年开始，以明晰企业产权为重点，分期分批地对企业进行资产评估，股份制改造。到目前为止，全县有 59 家企业实行了以内部职工持股为主要形式的产权制度改革，47 家企业已正式挂牌，按照新的机制运营，共募集股金 2550 万元，其中国有工商企业实行股份制 33 家，股份合作制 3 家，募集股金 770 万元。灵璧县汽车大修厂改制前濒临倒闭。改制后，股东当家做主，否决主管部门让该厂与其他企业兼并的意见，更换了企业法人代表，按照开辟市场，拓展经营渠道，把握机遇，发展基础产业的思路，仅两年时间，实现工业产值 1280 万元，是 1995 年 50 万元的 26 倍；实现利润 70 万元；上缴税金 42 万元，国有资产和股东个人资产同步增长 11 倍，由 1995 年的 26 万元增加到 302 万元。建起了 3000 平方米的综合大楼，2000 平方米水泥地坪，现有修理厂、汽车出租旅游公司、汽配公司、电脑公司、民航售票处、奇石馆、旅游饭店七个经济实体正常营运，产生较高的经济效益和社会效益。

　　继农村改革不断深入，工商企业改革全面推进的同时，灵璧县其他领域的改革也有新的突破。以分税制为主要内容的财税改革走向深入，分灶吃饭、自求平衡的财政管理体制逐步完善。顺利完成了国、地两所税务机构分设，初步建立"以申报纳税和优化服务为基础，以计算机网络为依托，集中征收，重点稽查"的新型征管模式。组建国有资产管理局和预算外资金管理局，加强了对国有资产和预算外资金的管理。金融体系进一步完善，财险和寿险，农行、农发行和信用合作社相继分设，运作正常。住房制度改革取得突破性进展，"安居工程"顺利实施，首批经济适用住房已交付使用；推行了住房公积金制度。机构改革基本完成，推行公务员制度工作稳步实施。殡葬改革成效显著。科技、教育、物价、卫生等方面改革也取得阶段性成果。

　　在改革不断取得突破性进展的同时，灵璧县对外开放也迈出了新的步伐。横向联系不断加强，提高了灵璧对外知名度；1996 年被国家批准为对外开放县。众多的企业、事业单位与外地科研单位、大专院校、先进企业建立了技术合作关系。利用世行贷款，发展了灌溉农业；利用荷兰政府贷款兴建了荷金来肉牛集团；近五年累计引进利用外资 1000 多万美元。

经过 20 年的改革开放，灵璧县各项建设取得了巨大成就。最近，灵璧又制定了新的奋斗目标：力争到"九五"末使全县的经济总量和综合实力达到或超过全省的中等水平，确保实现小康目标。到 2010 年全县综合经济实力，人均国内生产总值和人均收入等指标达到全省先进水平。为实现这个目标，县委、县政府制定了全面实施"科教兴县""工业富县""外向带动""可持续发展"四大战略，农业抓产业化，工业抓系列化，加快由农业大县向农业强县、资源大县向加工大县，人口大县向经济大县的跨越，使全县经济不断跃上新台阶。

一是在产业结构调整上，做好资源转化的大文章，要围绕"资源转化"调整产业结构，"念牛经、唱果戏、发石财"即以荷金来肉牛集团公司为"龙头"，以灵南 10 个乡镇为基础，着力实施黄牛深加工和综合利用等系列开发工程；以灵北朝阳、下楼、大庙、高楼等乡镇为基地，大力发展水果业，着力实施水果系列开发；以磬云石等灵璧石开发和 140 多座大小山头的石料加工为"聚宝盆"，让不尽财源滚滚来。

二是在深化农业改革上，开发好高效农业。种植业要在稳定粮食生产的基础上，大力发展经济作物，重点扩大花生、棉花、辣椒、蔬菜、烟叶等经济作物面积。养殖业重点抓好鸡、鸭、牛、猪四大养殖，并以此带动各类养殖业的发展。农业产业化的重点是围绕粮食、棉花、油料、辣椒、水果、烟草、黄牛、禽类八大主导产品，建基地，壮"龙头"、抓服务、拓市场。

三是在工业改革上，谋求培育新的经济增长点。一是扶优造舰抓大的。从加快形成产业链，延伸产品后续加工，发展本地特色工业的角度考虑，着力抓好荷金来肉牛综合加工集团公司灵丰化工集团、通惠化工有限责任公司、钟馗酒业集团等一批骨干企业，加大投入和技改，促其规模快速扩张，谋求新的经济增长点，尽快实现产品系列化、经营集团化、生产规模化、管理现代化。二是多种形式放活小的。对一般的小企业，实行灵活的政策，通过改组、改造、联合、兼并、收购、托管、股份合作、租赁承包、出售拍卖等多种形式，加快生产要素向优质产品、优势企业，治企能手集聚，以搞活小企业。三是加大投入上新的。针对县工业发展起步相对较晚的实际，坚定不移地走外延发展和内涵改造并重的路子，按照国家产业政策的要求，围绕加快推进工业产业化，继续抓投入上项目。

四是在扩大对外开放上，抓好投资环境的改善。今后几年，将充分利用过境的 201、302、303 省道和毗邻的 104 国道，徐州观音大型国际机场等交通优势，改善投资硬环境，抓好软环境的配套建设，进一步扩大对外的开放度，充分开发国内、国际两种资源、两个市场，力求在外贸和招商引资方面有较大的突破，以"借梯登高""借船下海""借鸡下蛋"。

县大理石厂发展纪实

灵璧县朝阳镇西南 5 公里，有一条东北、西南走向的山脉，形状像猫的耳朵，因此人们称它为耳猫山。山上树木葱茏、峦峰叠嶂、怪石狰狞。它的肌体蕴藏着像龙鳞形状的石体，因此地质专家称作龙鳞石。这种石头有红、灰等多种颜色。

龙鳞石表面有螺旋状凸起，形似贝壳。如果将它切成板料后，石纹呈韵律图形，犹如螺旋，相当美观。因它产地在安徽，遂以"皖螺"命名。

皖螺石是建筑装饰的高档石材。人民大会堂廊柱石座就是用灵璧红皖螺石雕刻贴面装饰的。石面红白相间，图案优美，色彩鲜艳，富丽典雅。为了开发利用好这一资源，20 世纪 60 年代末，九顶区陆圩人民公社创办了大理石厂。主要业务是开采石料，工人就是当地的社员，工资由生产队统一结算，生产队记工分。那时开采大理石全部用锤打钎眼，用铁撬撬，分层剥离，一天只产两三立方米。开采出的毛料石非常抢手，供不应求，往往是刚开采出来就被北京、上海、苏州、西安等地客商拉走，再根据用途加工成板材。

1972 年春天，九顶公社把大理石矿交给县革委会，成为县属企业。1971年在灵城南郊 1 公里处破土动工建新厂，1973 年建成投产。

大理石厂占地面积 31708.14 平方米，辖 3 座矿山（独立核算）和 6 个生产车间，是全省建厂最早、规模最大的厂矿合一的国有企业，主要生产大理石板材。当时产品只有红皖螺和灰皖螺两个产品，主要供给上海五金矿产进出口公司出口，销往日本、法国、意大利、伊朗、印度尼西亚、新加坡、科威特、中国香港等国家和地区。1980年11月，花色增加了磬云黑、雪花白、红奶油等品种，产品改由安徽省五金矿产进出口公司出口，后因出口价格偏低，销售改以国内市场为主。1982年花色又增加了条灰、山水云灰、莱阳绿、墨玉、彩带、稻香玉等品种，产品畅销9个省、19个市、20多个县。1983年，首次获利润4.2万元，扭亏为赢。1984年开发水磨石新产品并投放市场。1985年又增加大理石工艺品，主要有镇尺、墓碑、纪念碑、茶几、桌面等品种。同年9月从意大利引进大理石加工生产设备，于1987年安装完毕，试车投产。大理石厂技术力量雄厚，测试手段齐全，质保体系完善，产品质量可靠，连续多次荣获优质产品称号，至1995年，生产经营和管理方面都取得了较大发展，企业曾出现过前所未有的好势头。

1995年以后，由于种种原因，生产经营连续滑坡亏损，到后来连工资都发不出，濒于破产。卢庆夫组织了下岗职工承包灵璧县大理石厂。新的大理石厂还吸取了耳猫山附近的村民参与经营。矿山拥有先进的生产设备及完整、科学的管理、服务体系，以诚信、实力和品质获得业界的认可，客户已遍布全国各地，效益年年攀升。

（赵秀永　耿瑞英　整理）

草根技工的技改路

晏金福

"这就是高敏？"看着眼前这60多岁的小老头，几乎全秃的前额、稀疏花白的毛发、沟渠纵横的脸颊……似乎很难和四十多年前的那个风流倜傥的小伙子联系起来。1970—1972 年，高敏在灵璧县九顶中学读高中，我是他的班主任兼语文老师。那时，他虽然是班里是最矮的，也比较木讷，但仍不失奋发英姿，活力四射。世事弄人，高敏被生活的重担压成这样，我唏嘘不已。

接到采写当年灵璧县塑料溶剂厂技改小组的任务后，我即通过多种渠道，终于联系上了高敏。确定他是当年的技改小组成员后，我决定抽合适的时间去采访他。今天天气尚好，我给他去了电话，他却说不在家。接着，他问清了我的住址，说停会儿来我家。这不，才过了半个多小时，他就来了。

谈及当年的技改，高敏虽然不善言辞，但通过交谈，他断断续续地还原了当年的情况。

"我高中毕业后，就进了工厂。1982 年，我在灵璧县塑料溶剂厂，既是电工，又是机修工。那时，厂里的电费很高。我这个人爱学习、爱钻研。别人一天工作 8 小时，我得干 12 小时。有时，正吃饭，或正睡觉，厂里有事，也要马上赶到。就是再累再忙，回到家里，我也忘不了学习。那时书很少，采购员只要出差，我就请他们给我买书。只要买到了，我就爱不释手，经常学习钻研到深夜。

"厂里的电费那么高，降低电费、节约开支，是我这个电工义不容辞的责任。通过学习，我知道，电的消耗分两种：有功电和无功电。如果在电路上加装电容、通过移项，不仅可以使无功电转化成有功电，而且能降低部分有功电的消耗，大大节约电力。

"我把想法跟厂领导汇报后，厂领导大力支持，决定成立攻关小组，由我牵头，人员由我选择。我选了四个人，有我妹妹和一个青工。另外选了毛顺发和杨宝清两个上海知青。选择上海知青，我是这样考虑的：一是我不大会说话，他们都能说会道，和厂领导的沟通就靠他们了；二是当时的材料都要到上海去采购，他们去可以公私兼顾，这样，积极性就高了。事实证明，我的做法是正确的。我减少了应酬，闭起门来搞技改，他们也十分卖力地配合我。

"觉得有点把握了，我就让他们向厂里申请资金，购买电容。厂里看也就几百元钱，马上就批准了。但是也给我们约法三章：一、只准自己动手；二、只准业余时间干；三、不得影响生产。我当时压力是非常大的。虽说有攻关小组，也有办公室，但我连个组长的名头都没有，只说以我为核心。主意是我出，活也是我干。出了成绩，大家有份；弄砸了，责任可没有人替我承担。那时候的人都一心为公、很少考虑个人得失，我当然也不例外。"开弓没有回头箭"，能一个人干的，我就自己干。一个人实在干不了的，就留下两个人搭把手。

"好在我的想法符合科学原理，干得又认真踏实，一丝不苟，总算没出什么纰漏，一举成功，为厂里节约不少电力。"

"你可知道你牵头的技改，为厂里创造了多少经济效益？"我问。"我只知道，线路短的节电15%，长的35%，别的我真不知道。"他说。

"我给你看一份资料吧。"我掏出了手机，点开了灵璧政协文史委主任鲁兵发来的一条消息，是《安徽日报》1982年10月19日的一篇报道。上面提到："灵璧县塑料溶剂厂每月用电12万千瓦时，其中线路消耗（无功电）3万千瓦时，每年多支出4万元。热爱技术的青年团员高敏和毛顺发、杨宝清组成攻关小组，在一无设备、二无技术的情况下，利用业余时间，艰难攻关，给两台变压器加装电容，通过无功变有功，节约电能。经过有关部门坚定，可节电30%。每月可节电3万多千瓦时。""乖乖，只花了几百元，没想到能节约这么多钱。"看到这里，高敏由衷地发出了感慨。

"你别走了，我再找几个同学，中午聚一聚。"我说。"不行啊，我父亲还在下面呢。"他站起来连连摆手。"你父亲还在？"我很惊讶。"他老人家90了，行动不便，我每天都要推他出来走走。"让这位90高龄的原县法院院长在轮椅上等了一个多小时，我心里非常不安，只得到电梯口，目送他从视线里消失。

一块石碑　一段佳话

张少秋

2016年8月19日，一汽集团副总卢炳志一行冒着炙热巡视了一汽灵璧服务站，座谈时，他饶有兴致地讲述一汽艰苦创业的历程，说到灵璧县为一汽 40 周年厂庆捐赠磬石碑，更是眉飞色舞，讲述了辉煌背后那些鲜为人知的故事。

故事的主人公是刘传飞。我和刘传飞生于同年，是幼年的玩伴又同年入伍，基于父辈的友谊，我俩关系非同一般。退伍后他在搬运公司搞机修（马车站与搬运站合并而成，集体所有制，隶属交通局），我在县委小车班当司机，算是同行。因为在计划经济时代，物资匮乏，机具配件奇缺，很多时候需要我们自己动手解决，这样我和他常在一起钻研，俨如搭档。大约是 1977 年，传飞抽到县石油煤建公司搞节油技改，恰是我父亲主管的试验项目，自是对他关爱有加。传飞不负众望，短短两个月，就在全县小机具技改中节约四吨机油。由于贡献突出，效果显著，因此省公司专门举行现场推广和技术座谈会，特邀传飞到肥东、含山、滁州等地巡回作讲座。宿县地区公司还打破藩篱欲调他任技术员，因搬运公司拒不放人而成遗憾。20 世纪 80 年代后，搬运公司仅有一辆"解放"拖挂，一辆"黄河"8 吨，一辆"达切亚"（喀尔巴纤），几辆"江淮"轮式拖拉机，剩下的就是变型拖拉机，运力有限，维修任务重。传飞时任修理车间主任，吃苦耐劳换来了技术精进，更难得的是他爱上这一行。

故事的另一个主人公是共和国工业的长子——长春第一汽车制造厂，本来一汽和灵璧这个小企业风马牛不相及，可时代发展的频率共振将两家衔接在一起，成就了传奇。一汽集中了全国一流人才，艰苦创业铸就辉煌，挺起了民族工业的脊梁。可到了 1984 年机构改革时，为国家造车无数的一汽却没有积累一分钱，不亚于灭顶之灾的困难压在耿昭杰等第六任领导集体的肩头。敢想敢干是一汽优良传统，勇于担当是一汽人的天性，他们选择了引进设备，转型升级，要做引领时代潮流人。然而，投放市场的 CA141 型汽车配置的高速发动机及新型传动系统不适应当时路况，尤其容易造成"顶缸"，大修里程不过三万公里，用户信任度骤降，产品大量积压。一汽俯下身躯，动员职工托亲拜友赊销，以解燃眉之急。此时，灵璧搬运公司由军转干部许同昌主持，改称灵璧运输公司。这位汽车连长上任伊始就大刀阔斧弃旧图新，适时抓住机遇赊购了几台大"解放"，其中就有两辆 141，常常"趴窝"，不能发挥应有效益，造成企业负担。刘传飞认真查找原因，反复揣摩推演，最终认定是设计缺陷。通过改装缸床丝，加装一层缸床垫增加燃烧室两毫米高度，既保证 12：1 的压缩比，又保持其动力性，使得这几辆车大修里程均达 30 万公里以上。喜讯传到一汽，耿厂长高兴地说："一个普工解决了大问题，创造了大修里程超过设计 10 倍的神话，这是了不起的创举！乘以我们的产量节约的成本将是天文数字。这个人要是在一汽，我一定给他工程师待遇！"就这样，因为有个刘传飞，一汽的大手拉住了皖北小企业的手，对灵运公司的扶持自不待言。鉴于刘传飞在汽车维保方面的贡献，一汽特地在灵璧成立了"第八汽车研究所"，聘任他为所长，并委派一名副厂长来灵璧揭牌。这个"第八汽车研究所"是全国八个所中唯一的一个由企业自行管理、自行担负科研任务的所。在刘传飞建议下，灵璧运输公司组建了 141 车队，任命刘传飞担任队长。就是这个 141 车队鼎盛时期车辆总数达到 718 辆。一汽耿厂长大喜过望："这是中国工商史上第一个使用产品型号命名的企业，也是一汽最忠实的朋友，是我们最廉价的广告，是奔驰在祖国大地上的流动风景线。"

得到一汽扶持而发展壮大的县灵运公司也没忘记功臣，按程序为刘传飞申报汽车工程师职称并获批准。传飞依然任劳任怨，只不过多了些社会活动。长期修理生涯造就了他观察细微的习惯，养成了捕捉商机的秉性，使他能在一次"道听途说"中演绎一场惊天动地的传奇。众所周知，灵璧磬石碑作为献给一汽 40 周年厂庆礼物引起的轰动，绝难想象，这竟是他机制巧妙地"先斩后奏"才完成的。

1992 年春季，与一汽配套的朝阳柴油机厂召开例会，刘传飞应邀出席。会议期间大家议论一汽将举办 40 周年厂庆，互相调侃着有谁会被邀请。传飞敏锐地发觉这是企业发展的又一契机，并很快形成了一个方案，只是感觉不怎么成熟，没敢向任何人透露，自然也就没有请示本公司领导。他认为这事必须像"刮瓦"一样，一点一点研磨，精细运作才有望成功，需要时间和技巧方可同"曲轴"配合产生效益。会后，他在宿县地区一汽服务站站长邵义军"挟裹"下，半推半就地跟着去了长春。要是以往出差，他绝不会绕行这一百多公里，因为许同昌对部下要求极为严格，弄虚作假、超距行驶，一经发现，他处罚起来绝不手软，更何况传飞也是军旅生涯锤炼出良好的服从性，这次绕行长春是为实现目标而去接近"目标"的。一般人到厂里只是由对口科室接待，而"小八弟"来了，"总老大"免不了要来一番隆重接待。

在耿厂长办公室，不喜交际的传飞拘谨得不知所措，想好的汇报提纲居然说不出来。谈话变成了耿厂长提问："你们有什么困难，有什么要求，尽管提出来。""没有，没有要求。我们许同昌经理代问你好！他……"，没容传飞说下去，耿厂长接过话茬："同昌，这名字好啊，两家合作，共赢同昌！欢迎他到一汽来。"耿厂长的话语鼓足了他的勇气："我们灵璧有天下第一石，许经理说要刻一块石牌什么的送厂庆当礼物，你看可管？""是许经理说的？""是的，是他让我说的。""说刻什么字了吗？"传飞一听有门，便提高嗓门："刻中国汽车之母……"没等说完耿厂长已经拿起电话筒："通知几位副厂长、总工、宣传部、汽研所负责人，马上开会！"传飞一时不知所措："耿厂长您忙吧！我先回招待所。"耿厂长手一指，示意他坐下："你走了，我们还开什么会？"接着对话筒又说："扩大到各单位负责人。"至此传飞才明白厂长同意接受141车队的献礼。

在这个临时会议上耿厂长动情地说："以前我常收到各地市场疲软、产品滞销的报告，可是我收到更多的是来自灵璧的订单请求。一个农业大县有如此大的需求量，说明咱的产品适销对路。各部门要认真调研新情况，用好的产品，优良的服务回报我们的用户。都说用户是上帝，谁见过上帝送的礼？今天我请大家见证，我们的忠实朋友要用天下第一石制成石碑送给第一汽车制造厂，这是用户对我们产品的信赖。上面要刻上中国汽车之母，这是对我们一汽有一流人才、出一流产品的高度认可！是对我们最大的鼓舞和鞭策！我决定接受这份厚重的礼物，下面有请刘传飞说明情况，大家欢迎！"刘传飞送石碑的这个创意，激发了一汽领导的灵感，把这块灵璧石礼品碑当作一汽第二次创业的里程碑，还要请党中央总书记江泽民题词，用前所未有、气势恢弘来形容这个创意毫不为过。这项具有划时代意义的政治任务也将由灵璧运输公司来完成，这是何等的荣耀！立时质朴的刘传飞被光环笼罩。

会议很晚才散，可大家围绕着刘传飞久久不愿散去，直到深夜他才有空向远在安徽老家的许经理报告。电话接通了他竟鬼使神差地说："许经理，我检讨！我到长春了……"没容他说下去听筒传出"咔嗒！嘟！嘟！嘟！"的声音，不用说是撂了。电话再度接通，一汽的邵站长抢过话筒，把下午扩大会议决定说明白后，许经理才转怒为喜，安慰传飞安心等待一汽方案，还让财务汇来了经费。

长春归来，传飞即把喜悦让我分享。没等县政府部署，我带传飞到渔沟磬云山勘选石料，不几天就将符合尺寸要求的几块石头硬是用铁撬钢钎给别了下来，选了质量上乘的一块运送到了县大理石厂。后来，这块石料被拼接制成了赠给一汽的新的里程碑。

一汽十分珍惜灵璧人的情谊，迎碑的先遣队前出公主岭，在厂乐队演奏的乐声中，十万员工，十里相迎，……时任地委书记耿广宽、地区交通局局长魏以松、县长吴贞堂和许同昌、刘传飞等被邀请出席揭碑仪式，与郝建秀、何光远、段君毅等领导人一同见证了国务院副总理李岚清、全国人大副委员长王光英揭碑的庄严时刻。

作为答谢，一汽还回赠我们两辆 142 型载货汽车、两台 141 试验车、20 辆周转车和一辆轿车。刘传飞代表灵运公司回馈给一汽的是"零投诉"，巨人般的一汽拥抱了灵璧……

灵璧水泥厂兴衰录

晏金福

冒着丝丝细雨，我走进了灵璧县恒泰水泥有限责任公司（原灵璧县水泥厂）原党委书记陈维国的家。

"你想了解些什么？"稍事寒暄，73 岁的陈维国开门见山地问道。"我想了解灵璧县水泥厂的建设和兴衰史。"我也不再客气，直述来意。"这你算找对人了。从建厂初期，直到现在，我一直没离开过水泥厂。"提起这个话题，陈书记顿时兴奋起来，"灵璧县水泥厂的前身是 1958 年周杰带人在浍沟建的一个小水泥厂。那是什么水泥厂啊！没有球磨机，是用碾子碾。石灰石他碾不动，就先烧成石灰，再碾。然后和上土，再烧。烧好了再碾，碾过了用筛子筛。你知道，水泥每平方米 4900 公筛，比面粉细好多倍。它那个水泥根本不管用。1970 年县民兵团支援工业大建设，县北几个公社支援工业，选址凤凰山南麓建厂，这就是后来的灵璧县水泥厂。建厂初期，只有两座直径 1.2 米的小立窑，每天也就生产个十袋八袋水泥。也建了化验室，可是一无技术，二无设备，除了化验个粗细度，啥也不能做。转折出现在 1973 年。那年，厂里派高中毕业生的我到年产 20 万吨的邳县水泥厂学习化验。巧的是厂长夫人、化验室负责人王思英是我们县副县长兼灵璧中学校长王思明的胞妹。她对我可热情了，经过半年的学习，我熟练地掌握了化学分析技术。可是，那时是计划经济，设备、仪器、药品，有钱也买不到啊。人家厂有路子，她让我仪器有两套的带走一套，药品有两瓶的带走一瓶，有一瓶的带走半瓶。还有那套化验水泥标号的设备，他们干脆订购了一套新的，把正用的一套拆了送给我们。我走时，整整拉了一汽车。我们这才有了完整的化验室。回来一化验，我们的石头含镁量过高，根本不合格。镁的含量对水泥是致命的，超过 4.5%，即为废品。原来，我们这几年生产的水泥都是不合格的！"

"难道建厂前没做过化验？"我感到奇怪，就插了一句。"化验了呀。"他说，"头一次拿到江苏铜山去化验，不合格。后来拿到宿县化验，又合格了。那时，根本不懂得如何采样，随便找一块石头就去化验了。现在，我们自己能化验，就容易了。于是，满山采样化验。终于让我们找到了一片，就是凤凰山西南角你们现在看到的那个大坑。只有那一片行，而且品位非常高。就是那东西长 200 米、南北宽 100 的一片，我们整整开了十几年。那时产量低啊。后来，又在后山找到了从西往东的一条带。经过几次扩建，到 20 世纪 80 年代中后期，我们已经成了能生产两三万吨优质水泥的厂了。这么说吧，当时我们厂是淮北地区水泥行业唯一的省级先进企业，而且是宿县地区唯一能生产 500 号水泥的厂。当时正兴起盖楼热潮，浇筑大梁必须用 500 号水泥。地区计委就命令我们的水泥全部供应宿县。我们灵璧当然不答应。我们灵璧水泥已经紧张到白热化的程度了，都给了你宿县，我们自己怎么办！地区计委就说，灵璧水泥供应宿县，宿县的 400 号水泥供应灵璧。我们灵璧说，那也不行，我们也要盖楼，也需要500号水泥，至多一天只能供应你们一车。当时，一车只有16吨。就为了看住这每天一车水泥，地区建筑公司专门派一个人长住灵璧。我只要一去宿县，那建筑公司真就像敬上神一样。"

"你们最辉煌的时候，也是我们师范学校最遭罪的时候。"我忍不住又插了一句。"是啊，你们那会儿不是编成唱吗，什么南边骚气阵阵，北边雷声隆隆，东边雪花飘飘，西北浓烟滚滚。"作为邻居，他对这些当然了然于胸。"是啊，南边是化肥厂，东边是轧花厂，那西边和西边可全是拜你们厂所赐啊！那时，我们哪家的屋顶上不是布满了碎石？有时，碗口大的石头也会从天而降，真是险象环生。只要一刮西风，不要半天，路上、窗台上，就是指头厚的灰。不仅安徽电视台曝过光，我校一位姓潘的教师还把事情捅到了联合国，居然得到了秘书长的亲自回复。"提起这段儿，我现在仍然耿耿于怀。

"正是由于环保越来越严，水泥厂的日子越来越不好过。1995年改制为灵璧县恒泰水泥有限责任公司，状况仍然没有改观，后来，欠了不少债，连工人工资也发不起了。水泥厂于2001年正式停产。"

"接着，水泥厂对外承包。"陈书记继续说，"宿县人段正明以每年70万承包费承包了水泥厂。他承包后，花了1000多万元又进行了扩建。也该他发财，那时，正值南方发大水，重建需要大量水泥。他不像我们国营企业，我们每袋涨几毛钱也要审批，他一袋都涨四五块钱。赚钱哪，他每月都赚100多万元！"说到这里，陈书记感慨万端。"我说呢，水泥厂停了一阵子，我们以为从此可以过上好日子了。没想到，时间不长，不仅卷土重来了，还变本加厉了。不是说他已上了防尘设备了吗，怎么比以前更疯狂？"这是我们当时一个难解的谜。"要说防尘设施，我就给你说道说道。1998年我到山东临沂罗庄水泥厂参观。人家那个厂有多大呢？跟我们灵璧县城差不多。全厂有13条生产线，26个两米直径的大烟筒。我们的车子停在那儿半天，用手擦擦，一点灰都没有，人家所有的机器也都这样。那厂区的马路，说不好听话，比我们这屋里的地板都干净。问起防尘设施的费用，人家说，大致比例是100万元建厂，150万元防尘。而且还不是这150投进去就一劳永逸了，后面还有大笔的运行管理费用。你想他怎么防尘？最终他还是过不了环保这道关，于2015年7月15日彻底停产。"

"你前面说了，你配合了省地质队的勘测，宿州市最优质的石灰石都在灵璧渔沟、九顶，我们为什么不能建一座大型水泥厂呢？"我问。"提起这个事，我再给你说说。有一次，市经贸委主任到渔沟视察，镇书记汇报时说：'我们要用渔沟的优质石灰石资源，建一座年产100万吨的水泥厂。'那位经贸委主任说：'你知道100万吨是什么概念？就目前的运输条件，光你们运水泥的车，从渔沟就要排到灵城北关外。'这位镇书记不了解，年产超过20万吨的水泥厂，必须有铁路专线。"

俗语说：留得青山在，不怕没柴烧。我们大灵璧，将来在水泥行业，一定会大有作为的！

又听村头"叮当"声

朱现凤

记得小时候，父亲会经常带我到村头刘家的打铁铺，因为那里有热烘烘的火炉散发的暖气，温暖地包裹着在冬天受冻的我们。不仅如此，我们还可在那里打发一天天寂寞无聊的时日，因为除了铁匠一家人外，通常还会有其他人也到那里借火取暖和聊天，所以这个地方总是比其他地方热闹。有人讲讲段子，说说古书，弄得满屋有说有笑，时间久了，这里也就成了我习惯去的地方了，这样一来二去，我不但习惯了那里的热闹，同时也习惯了那里"叮当叮当"的打铁声，以及那种有着特殊味道的铁气味。

光阴似箭，日月如梭，一晃都40多年没听到这样的声音了。

去年夏天，我路过骑张村头，看到有户门牌上写着"打铁铺"，忽然心头一动，心想，这里难道还有打铁的吗？顿时，那个已经消失了多年的打铁声，又再次回荡在心底，于是，便走进去看个究竟。

进去一打听，才知道这打铁的人家，便是我的文友张敏的娘家。恰好张敏与张伯伯、伯母与兄弟都在家,于是,我像进到博物馆一样,好奇地在那些摆放整齐的工具面前一一地问个遍。

这些看似熟悉的家伙,除锤子外,其他的工具我都不知叫什么。听伯父一说才知道这些工具叫钳子,而且因功用不同,钳子的名称也不一样,有尖钳、沿钳、筒钳、半口钳、松口钳、鱼头钳,锤子也有大锤、二锤和小锤之分。整个火炉房除了这些工具和铁钻,其他的都和过去的有点不一样了,风箱、炉子都比过去的大了许多。记得过去打铁与烧炉都是坐着的,可在这里,一切的工作仿佛只有站着才可做。除了这些认识的东西,这里好像又多了一个从没见过的家伙,听伯父说这是先进的打铁机器,叫气锤,用时只需按下开关按钮就行了,它替代了过去的大锤、二锤所做的劳动,有了这台机械,便大大地减轻了人的体力,工作起来也比过去轻松了很多。

在相互攀谈中,伯父知道我对过去的打铁情景念念不忘,于是就吩咐他们兄妹二人生火锻造。生完火,在一阵"呼啦呼啦"的风箱拉响后,一块由黑变红的铁料便被用钳子从火炉中夹了出来,然后放在铁砧上,随着一声吆喝,张敏便亲自抢起大锤,向那通红的铁块砸去。在一番"叮当叮当"的声音后,那块铁也由红变黑,由厚变薄,由圆变扁地形成了一个锄头的样式了。现在的锄头也和过去的不一样了,它像镢头一样,有时也代替了镢头的用途。然后他们又把它放回炉中淬火,等到了一定的火候,又取出来,然后就用小锤再一下一下慢慢地敲打。这次不是刚开始时用的那种猛力了,而是拿住功夫一点一点地慢敲细打,这样打造的声音和刚才的也不一样,这里发出的声音是"叮当叮当"的清脆声,有时小锤在铁砧上发出的声音,像是一曲美妙的音乐,这声音不是敲击声,而是小锤在铁砧上轻轻颠簸发出的声音,这声音既清脆柔软,又悦耳受听。看着他们这样默契的合作,像极了音乐家演奏的一首音乐,难怪有人说,打铁师傅手中的锤,就是个指挥棒,徒弟手中锤的轻重,完全是按师父手中锤的起点而定的。

看着他们兄妹这样熟练地打造着铁具,我很好奇,于是就向他们了解了一些情况。

听伯父说,他们家是打铁世家,到他这一代就已经六七代了。早些年他们也收了一些徒弟,但因为打铁很辛苦,有严格的行规与技术要求,学打铁还有"三年满，四年圆"的说法，所以，有的人没学到年头就走了。没办法，我们只有遵从行规祖训，全家齐上阵，有时人手不够，就只有将女孩子也拉过来帮帮锤。因为这是祖业，再苦再难，我们也要将这门手艺延续下去，直到世上真的不需要打铁的为止。听到这里，我恍然明白，才知道他们家为什么连女孩子都会打铁了，真的是"门里出身，不会也懂三分"呀。

老伯停了停后又接着说："世间职业有三苦：打铁、撑船、磨豆腐。但现在随着社会发展，打铁也有了新型的工具，有些用具就不用铁打了，比如菜刀、锅铲之类的，就用不锈钢的了，还有犁铧耙齿、锄头镰刀现在也不需要了，因有了新型农业机械的代替。现在无非就是打制一些小型用具，还有一些急需用品，比如丧事所用的一些铁钉。现在，就连一些铁链、锄头、镰刀等也可以进成品的，所以现在打铁的就轻松了很多、省事了很多。"说到这里，老伯又深沉地给我讲起了一些过去的故事……

40多年前，也就是大庙铁木业厂成立的1966年，到1986年该厂解散的20年期间，那时都是实行生产队责任制度，为了提高生产能力，大庙公社在刘坤銮和王瑞成书记的领导下，建立了一个铁木业社，那时，一切农耕用具，犁铧耙齿、锄头镰刀、抓钩、铁锹、铡刀等农用产品都可在这个厂里生产。因为那会公社土地面积大，人员多，所需的产量也多，还有那时会打铁的人也很少，当时，全公社也只有十几个人会打铁。为了满足供应，我们每天都是加班加点地干，特别到农忙前一两个月，几乎每天都是光着膀子在大干，天天干得汗流浃背，浑身像洗澡一样，一来是炉房里热，二来是为了赶活拼命地干。那时候我们也年轻，一天打造两百把镰刀是常有的事。

后来，为了运输方便，当时在该厂负责的组长徐永月便带领几个人精心设计研究了一台小型农用三轮车，车上所有的零部件都是在这厂里用车工车出来的，还有一些配套零件，也都是我们按要求一点一点打造的。当车子试运成功后，我们都高兴极了，兴奋了好长时间。这件事也引起了公社领导及县里领导的高度重视，当时县里分管企业的贾局长还带人来亲自观摩，毕竟，这是那个时代第一辆由柴油发动机带动运转的三轮车，如果这样的车子能批量生产并投入使用，这便会大大提高用人工拉车的速度和装载量。

但当这台车就要被批准批量生产时，当时参与研究的技术员小贾，开着这辆车想到沙滩大队拉东西时，因为车速有点快，到拐弯的时候，没有提前减速，所以便被惯性带动翻了车，当时就被翻车剐了一身伤。后来，贾局长知道后，很是着急，他怕这样的车子生产后会继续伤害人，于是，便勒令停止生产，说这样的车子太危险了，简直就像老虎一样随时都会吃人的。就这样，这辆曾让多少人付出心血汗水的三轮车就被强行停止生产使用了。

可以说，这是我们大庙铁木业厂终生的遗憾，也是全公社生产发展的一大损失。如果这样的车子在那个年代能够批量生产并投入使用，那么就凭这三轮车的生产出售，就会为大庙的经济发展带来可观的收入。毕竟这是个新兴事物，而且那个时候人的思想又保守胆怯怕担风险，就这样，那个在新时代刚刚萌动的发展机遇，就这样被断送了。后来，同样的车子被其他地方研究生产并大量投入使用。

讲到这里，老伯便沉默了许久。稍等一会儿，老伯又讲了一些至今让他心里难以放下的事。他说，他当时在铁木业厂里是名技术员，曾参与研究改制过多样农耕用具，比如打麦草用的切割机，原来生产队喂牛用的草都是用铡刀铡出来的，后来用了改制的切割粉碎机，这样既轻松省事，而且快了很多倍，还有改制的耕地犁子、扬场用的吹风机，以及后来打麦用的脱粒机。当时，就因为大庙铁木业厂作了几样很突出的成绩，所以，县企业办就来大庙要技术员，他们到了解后，选了几个名就要把这些人带走，我也是其中之一。后来经公社研究却不肯放人，说我们是这厂里的技术骨干，怕我们走了厂里会有很大的损失，所以直到最后也没有放我们走。后来听说从其他地方选去的人，甚至是报上名单的人，有表现突出的，或在原厂有过突出贡献的，有人就转了正，成了非农业户口的正式工人。记得后来贾局长还亲自来要我们几个人的名单，说是要为这些人解决点将来的养老问题，但不知什么原因，事情到最后，问题都没有解决。听说早几年，曾在铁木业厂当焊工的杨容唐还带几个人去县里找了几次，但最终什么结果也没有。他们说，那时到我们厂里要名单，因为公社没有给，其他乡镇的人员都有，但就没有你们大庙的，没办法，他们几个人找了好长时间，到最后也没找出个名堂来。所以，那时在厂的老职工，现在基本都80多岁了，除几个已老去的人外，现在还有几位功臣健在，比如时任厂长王学信、王运东。他们为了大庙的企业发展付上了最宝贵的青春年华，但到最后什么也没有，就连基本的养老金都没有一点。"讲到这，老伯低下头又沉默了许久。

我也许能理解老伯此时的心情吧，我想，没有什么比一件成品被打造成功让铁匠更高兴的了。同样，也没有什么东西能让他们痛心和失望的，那就是一切的辛苦成果，到最终却成为泡影时的失落。还有，就是为了那时的农业发展，他们付出了自己的所能，把青春年华都献给了那个大干快干拼命干的年代，而且那时，大庙铁木业厂也是很有名望的企业，可是后来解体后，他们什么名分都没有了，甚至连一点微薄的养老金都没有，所以他们从心底感到悲凉和无奈。

为了拉回老伯的心思，于是，我又问了一些关于打铁方面的传说以及技术要求。听老伯从古到今讲了很多关于打铁的窍门要领，才知道，这打铁的行业，看似简单平常，实则里面却蕴藏着很多的学问和故事，如果一一记载，则可能成为一个了不起的传说。

今天，因为再次听到久违的"叮当"声，让我走进了铁匠铺，也因走进了铁匠铺，才让我了解了这么多以前不曾懂得和明白的故事，同时，也让我感受到了这个纯厚仁慈的老伯善良的情怀，因为他心中装的不是他自己，而是与他一起拼搏的同事和伙伴，他想到的是他们的困顿和未来的生活。看到老伯有这样一个不了的情怀，心中也跟着有了一些感触，于是就想把它记录下来。因为我不想让这些故事，被人们彻底地忘记，也不想让那些被人渐渐淡忘的人和事埋在一个人的心里，更不想让那久远的"叮当"声永远地消失在人的记忆里。

一个改制企业的成功之路

胡兴臣

近几年来，粮食系统许多企业生产经营很不景气，工资难以发放，职工情绪难以稳定。县中粮运输公司却一派生机勃勃，改革不断深化，企业不断发展，安定团结的态势越来越好，从 1994 年改制为股份制企业，到 1999 年底，已连续获利 290 万元，上缴税款 245.4 万元、规费 800 万元，资产总值由 1.38 万元，增加到 1100 万元，职工收入不断增加，自 2000 年以来继续呈现出强劲的发展势头。这个小企业何以取得如此成功？公司经理谢皆志深有体会地说，重要的问题在于求真务实，妥善处理改革、发展与稳定的关系，解决好企业的难点问题。

一是搞改革不盲动，努力做到改革一项成功一项。该公司原为县粮食局汽车队，始建于 1976 年初，至 1991 年 8 月，部队转业干部谢皆志任该汽车队队长时，车队 40 多名职工仅有 8 部汽车，已亏损 23 万元，工资发不出，职工气不顺、劲不足、人心散。谢皆志带领一班人联系实际，面向市场，积极探索，先推行承包经营，确保单车效益不断提高；随着情况变化，又从盘活单车存量资金入手，实行资产全额抵押承包，车辆全额拍卖等改革措施，有效提高了资产运行效果。在 1991 年亏损 23 万元的情况下，1992 年实现了扭亏为盈，1993 年实现利税 6.9 万元，1994 年增加到 23 万元。在步步取得成功的基础上，他们认真总结经验，健全措施，推行股份制改革，消化了债务，并经县国资局评估批准，用股金把国有资产一次性买断，使国有的汽车队成为股份制企业。他们通过改制掌握了生产经营的自主权，除了继续坚持以发展运输业为主，从公司内外吸收社会车辆到公司挂户，使公司车辆增加到 130 余台，总运力达到 675 标准吨位，同时，坚持多业并举，使公司相继发展成拥有 1 个车队、3 个厂场、4 个子公司的综合型实业公司。在企业规模不断发展壮大的过程中，他们在管理上又进行一系列改革，在任用管理人员上实行一年一聘，坚持能者上、庸者下的竞争机制，一级抓一级，层层抓落实；在用工管理上，全面推行合同制，公司同承包单位，公司与全体从业人员全部签订合同，经公证处公证，一切按合同办事，不断提高了合同的兑现率；在劳动管理上实行工资总额与经营效益挂钩的效益机制，切实做到按劳分配、按股分红、按贡献授奖，干部职工积极性普遍增强。所有这些改革都避免了盲目行事，做到了一步一个脚印，有效地促进了企业发展。

二是求发展不急功近利，着眼不断增强企业后劲。该公司坚信发展才是硬道理，在发展过程中，他们始终着眼长远，不搞短期行为，不搞"花架子"，而是因地、因时制宜，在以汽车运输为主迅速发展壮大货运车队的同时，面对县城和城郊群众的需求，投资 100 万元相继购买了 16 辆中型客车，开展起公共交通运输业务，深受干部群众欢迎，又成功地开辟了一条企业发展的新路。他们先后投资 110 万元改造和扩建大修厂，修建 120 平方米厂房，增添 60 台（套）设备，吸纳一批优秀技术人才，具备了各种车辆大、中、小修的能力；投资 50 余万元建起 12000 平方米经营性停车场，连年都获得了好的效益。他们利用自身所处的地理优势，采取单位出资与职工集资结合，共筹集 128 万元，沿交通要道建起一座总面积 2480 平方米的综合楼。公司内外纷纷出高价求购楼下商场。他们着眼长远利益，楼下商场全部租赁而不出售，仅此一项一年收入 1 万多元。为了有利于公司长足发展，1999 年他们又出资 113 万元，购买了邻边沿交通要道的县塑料溶剂厂 9 亩多土地的使用权，并积极着手开发。他们所采取的这些措施，都有效地增强了企业的发展后劲。

三是讲稳定不忘宗旨，尽力多为职工谋福利。该公司经理与党支部书记常常在一起讨论说，党的全心全意为人民服务的宗旨，无论什么时候都不能忘记。要稳定就要顾全大局，除了为本单位职工着想，还要为尽可能多的人谋利益。他们通过发展壮大车队，发展越来越多的经营实体，通过采取合股、招聘、租赁等方式，不仅使公司自身人人有事干，而且吸纳了社会上待岗、下岗者及农民工等 230 多人到公司就业，全公司从业总人数由改制前的 46 人增加到 308 人，承包、租赁经营者大都获得了可观的收入。在公司领工资人员收入不断增加，改制前职工平均月工资不过百多元，1999 年职工平均工资已增到 650 元，两名离休人员、13 名退休退养人员，工资以及政策所规定的各种补贴、费用全是月月按时如数发给。22 户要求在公司内居住的职工，每户投资 1.8 万元到 2.8 万元，已全部分别住进了设施齐全的 62 平方米到 81.5 平方米的住房。档案在册的 75 名公司干部职工全部按照政策规定的要求，按时向社会保障部门交纳费用，办理了养老、医疗、工伤、失业四项社会保险，消除了职工的后顾之忧。新建了办公楼，开辟了办公大厅、档案室、图书室、阅览室、职工之家，添置了电教设备、乒乓球桌、台球桌，以及成套健身器材，院内新建了阅报栏、宣传栏以及厂务公开栏等，使干部职工生活在满意舒适的环境中，主人翁意识不断增强，自觉维护公司权益。他们还注意听取群众意见，不断改进工作，有效地促进了改革的深入和事业的发展，安定团结的形势越来越好。

（原载《粮油市场报》2000 年 6 月 20 日、
《安徽工人报》2000 年 6 月 19 日头版）

想起小时候的马车站

张少秋

灵璧马车站成立于 1956 年，是公私合营性质，先后隶属工商联、交通局，1979 年前一直沿用马车站名称。1980 年搬运站并入时更名为灵璧县搬运公司，1986 年又更名为灵璧县运输公司。1994 年，安徽省委书记卢荣景两次到灵璧专题调研，并亲自撰文《推荐一个产权改革的好典型》，灵璧县运输公司遂更名为"灵运集团"。

灵璧马车站处于灵城最好的地理位置，在南关桥内沿城墙向东再折向北，与灵璧中学现在的水塘西半部连在一起，大门面西，正对炭厂的路。而沿街往北不足 30 米，有几家人家缩在马车站和国营旅舍中间。整个马车站呈葫芦瓢型，瓢把子歪向西南，整个院子占地约有 30 亩。院子东半边是草料场，每年机关干部要缴十几斤干草，马车站的师傅也用两人抬的大秤收草。入冬时，院子里会堆起七八大垛草那草垛高如屋脊，东西向卧，十余米长。这里一般不让小孩来玩，怕是弄脏了草，也为防火需要。我喜欢来玩的原因是喜欢马，电影里的骑兵冲锋那万马奔腾的镜头，马鬃飞扬、马嘶咴咴、扬蹄直立都令我神往。马车站的马虽不是战马，但依然让我如痴如醉。它们温顺，任劳任怨，进得站来不用鞭指便会找到停车位置，静静等待饲养员逐一卸装。先卸梢马，后卸辕马。梢马是在前面的马，一般为两匹或三匹。辕马是在两车辕中间。解开枷板、肚带、脖套，牵出来先让它们在松软土上打个滚儿。它们左翻右翻，拧脖蹬腿，然后翻身而起，抖掉尘土，眼巴巴等着饮水喂草。灵璧马车站有20多辆两轱辘胶轮大车，还有几辆四轱辘的。驾辕的一律是大青骡子或壮马，梢马一般是母马。经常可以看到马车后面跟着小马驹，它们时而跑下路边啃食青棵，时而撒欢追撵。母马盼顾留连，不时嘶鸣呼唤，母子情深，可见一斑。

我去马车站玩，不仅可以看马的雄姿，也能看到工人师傅的辛勤劳作，如铡草、钉马掌、刷马、剪鬃等。铡草是两个人的活，一人蹲铡旁，双手将一捆草按在铡口，一人手握铡把，用力下压，只听"咔嚓"一声，铡边翻腾一片草花。

钉马掌是几个人的活。牵来溜过的马上架子，轻轻地把缰绳拴在横梁上，拿来马凳，捧着马蹄，用抓钉锤起掉旧钉掌，用肩铲修整后再重新钉上。调皮的马就要用绳绊上，使它不能尥蹶子，几人强行换掌。

刷马是让驭手和马建立亲和关系的好机会。溜马后用铁制马刷为马梳毛，这时马总是"突突"地打着响鼻，自在地提腿摇尾。

剪鬃就不是那么简单了，马就如小孩子不爱剃头，除了反抗，还会生气，不吃不喝，甚至罢工。马这种动物很通人性，对人类很友好、对主人很忠诚。

马灯可不是用来照明的，因为挂在左边车辕闸把下方又不聚光，我认为还会绕花马眼，据我判断它的功能就像今天的汽车示宽灯，只起着招呼作用。右车辕下悬着车铃，所谓"车动铃铛响"，熟语大概就由此而来的吧。夜深人静，马灯悠悠，为暗夜带来光明。车铃叮当，传递着勃勃生机。因和马车站算近邻，听惯了车铃马蹄声响，二里之遥，我就可以分辨出轻重车来。每当我陶醉在马车声中时，奶奶总是咋呼："不学好！长大想当响马"初时我以为马子是赶马车人的副手呢，后来才知道是土匪的别称，原来奶奶是怕我像探子一样专练"辩声"。我见过赶马车的睡着了，马拉着空车自己回来的，这就是人们常说的老马识途。

灵璧马车站的骡马都是有户籍的，每月定量供应粮食，主要是黄豆、豌豆、小黍秫，比人的待遇还高呢。那时除了马车站有七八十匹马，石油煤建公司、生资公司也有自备的马车。到了1970年各公社拖拉机站陆续建立，轮式拖拉机投入运输，使用几千年的马车功能逐渐弱化。1971年起，灵璧马车站的车马逐渐分配到九顶、渔沟、高楼、冯庙等规模较大的供销社，继续担负运输任务。1975年起又逐渐被转移到集体经济较好的大队、生产队。到了1979年初，全面实行联产承包责任制，大牲畜分得不成犋，马车成了累赘，为人类文明进程作出巨大贡献的马车戛然终止，成为历史长河中的浪花。灵璧马车站也完成了使命，于1980年华丽转身，后来成为全国运输业的领跑者。

灵璧第一盏红绿灯

张少秋

红绿灯是交通畅行的保障，是交通安全的依赖，是城市文明的标志，现已普及城乡要道。纵观交通发展史，新中国开国之初沿袭了西方的交通指挥棒，20世纪60年代后演变为红绿旗，渐次在省会以上城市设有红绿灯，地市级普及的时间大约是20世纪90代中期，县级普及则是在2005年前后。中国交通指挥走过了棒、旗、灯的时代，而地处皖北的灵璧县却在1969年就使用了红绿灯，这是灵璧县的第一盏指挥灯，不是设在四叉路口，而是设在新汴河灵西闸的船闸上。

灵西闸位于灵城西郊新汴河上，是一座集水陆交通、蓄水泄洪于一体的水利枢纽，1968年动工，大约一年半后投入运营。大桥是五孔双曲拱桥，气势恢弘。桥南端的船闸，是灵西闸枢纽的船运功能。筑有长长的导流墙，形成水巷，两端各有双扇双开闸门。船只上行，沿"龙沟"（主航通）抵至下游端闸口，上游端闸口先关闭，下游端闸口开启，船只进入水巷内后，下游端闸口关闭，上游端闸口开启，船只驶出。船只下行，抵至上游端闸口，下游端闸口关闭，上游端闸口开启，船只进入水巷后，下游端闸口开启，上游端闸口关闭。这个过程非常缓慢，那时候水泥机船很少，所能见到的大木船均是要"倒桅"再槁撑纤拉到了闸口待命。虽然船闸调度有高音喇叭喊话指挥，但距离和涛声会削弱调度员声音，灵西闸船闸配上了红绿灯，一船只按红绿灯指示通过闸口，窄长的导流水道才不致被堵塞。

灵西闸西端有个小花园，有个很小的"长廊"和语录墙（今已拆除）。东端的闸管所还接待过日本田中株式会社的国际友人，两岸栽植了郁郁葱葱的洋槐树，掩映着大桥的雄姿，那船闸上的红绿灯见证了灵璧水运的繁忙景象，如今兀自空悬。

"六路"通达促发展

同龄人

我的老家在渔沟镇马集村马集庄，双灵公路穿庄而过。我家住在公路西边，马集小学在公路东边。我小时候每天去上学，从"灵双"公路上来来回回好几趟。并且公路两旁有百货门市部、日用杂品代销点，还有做割皮条生意的，开小饭店、小旅社的，我们把庄内那一段公路叫作"街口"。所以，我对公路再熟悉不过了，我亲身经历了灵璧县公路建设的发展变化。

20 世纪 50 年代，"灵双"公路是土路，晴天尘土飞扬，下雨道路泥泞，公路上的桥梁都是新中国建造的木桥。1965 年，在"灵双"公路中间铺设 3 米宽的硪子路。铺设硪子路，就是在土路上先画好边线，挖好边槽，平整好地面，然后摆上一层石头，约 20 厘米厚，撒上山红土用轧路的大滚子轧实，再用一、二、三型号的石头硪子，先大硪子后小硪子，摊上一层石头硪子，泼一遍水，撒上一层山红土，三遍硪子铺过，最后用大滚子轧实，硪子路就铺好了。1967 年冬天，灵璧县城开大街，也是铺设这种硪子路面。当时我在灵璧中学读书，上午在学校上课，下午到大街上去铺路，记忆可深刻了。人们为了保护硪子路面，在其两边再培土加高。公路经过夏秋季的雨水冲刷，两旁有大大小小的水沟或者坍塌，每年冬天都要培土加高对公路进行保护，并且对于弯曲的路段进行大弯变小弯，小弯取直。这是公路附近村庄的社员必须干的活，我也参加过修路劳动。我们管这种劳动叫作"叠叠路"，所以那时候又把公路叫作"叠路"。1970年我到黄湾、杨疃等地方去，看到的是就地取砂礓代替石头碴子铺路。到了90年代才陆续铺设柏油路面。从灵璧县过境的省道有泗永路（江苏省泗洪县至河南省永城市），在灵璧县境内长34公里；房固路（江苏省铜山区房村镇至安徽省固镇县），在灵璧县境内长80.9公里；双灵路（江苏省睢宁县双沟镇至安徽省灵璧县城），在灵璧县境内长55公里；大符路（江苏省睢宁县大李集至安徽省埇桥区符离集），在灵璧县境内长38.8公里；泗固路（泗县至固镇），在灵璧县境内长8公里。5条省道合计长216.7公里，均为二级公路。

进入21世纪后，灵璧县的公路建设速度加快了，档次提高了。速度加快体现在对县道、乡道、村道进行全面的修复或者新建。共有县道10条：灵璧县城至韦集镇杨马村的"杨马路"，长26公里；泗县山头镇至埇桥区闵贤镇的"山闵路"，境内长35公里；大路乡至高楼镇东小王庄的"大小路"，境内长15.5公里；灵璧县朝阳镇至埇桥区褚兰镇的"朝褚路"，境内长22公里；灵璧县禅堂乡至埇桥区梅庵镇的"禅梅路"，境内长16公里；高楼镇鲍庄至虞姬乡的"鲍虞路"，长43公里；灵璧县娄庄镇张桥庄至固镇县唐南集的"张唐路"，境内长12公里；渔沟镇至禅堂乡的"渔禅路"，长23公里；泗县墩集至埇桥区马店的"墩马路"，境内长40公里；泗县腊条韩庄至灵璧县向阳乡武圩庄的"腊向路"，境内长15公里；县道合计长247.5公里，均为三级公路。还有乡道28条，长度246公里，均为四级公路；村道452条，长度1661公里，其中"村村通"水泥路面892.7公里。档次提高的重要标志是灵璧县境内新修筑了一条国道和两条高速公路。以前，国道104从灵璧县过境只有2公里长，位于朝阳镇东北边境的邵埨自然庄。2018年新建设的国道343，顺沿着新汴河南侧西北——东南方向，在灵璧县境内南部长27公里，经过虞姬乡、灵城镇、娄庄镇。2010年底泗许（江苏省泗洪县至河南省许昌市）高速公路宿州段建成通车，横贯灵璧县中部境内长25公里，经过虞姬乡、经济开发区、灵城镇、杨疃镇。2014年徐明（江苏省徐州市至安徽省明光市）高速公路建成通车，在灵璧县境内东北部长40.3公里，经过朝阳镇、渔沟镇、高楼镇、大庙乡、冯庙镇、虞姬乡。

1949 年以来，灵璧县的公路建设成绩斐然。从前许许多多的弯路、斜路没有了，远近闻名的"六岔路""八岔路"也不见了。取而代之的是，新建设的高速公路、国道、省道、县道、乡道、村道六类公路，总计长 2465.5 公里。如果与灵璧县 2125 平方公里面积相比，平均每平方公里面积有 1.16 公里长的公路。常言道："要想富，先修路"，公路建设的发展，带动了交通运输业的发展，进而大大促进了县域经济的快速发展。这正是：六路织成交通网，四通八达促发展！

家乡新汴河上的桥

张少秋　邱以和

横亘汴水岸，卧波成坦途。交往通畅兮，如履平地。商贾贸易兮，何须舟楫？混凝立砥柱，跨梁为钢躯。形态若彩虹，一架似天梯。南洛阳北赵州堪称古代奇迹，戚树堰都江堰不抵灵璧橡皮。坦荡荡兮，公仆工匠齐力。巍然然兮，滨水跨河屹立。汴柳摇金成旧景，两岸槐花香扑鼻。腋下画舸机声轰鸣，翻起浪花惊醒游鱼。肩上过客童叟无欺，欣慰笑声缭绕天际。须知前人栽树后人乘凉，切记何者拉近文明距离。高瞻远瞩大手笔，引领振兴向崛起。

——题记

欣慰自己文字驾驭能力，172 字无一个"桥"字便写成了赞桥骈文。我更欣慰家乡的小县城有横跨新汴河的七座桥，它们承载了灵璧人的记忆，镌刻了灵璧人奋发向上的辉煌。许是诞生近河小城的缘故，我对桥情有独钟，而我平生第一次见到的桥是灵璧县城四关的木桥，第一次见的大桥就是灵西闸。桥在我人生中有至关重要的作用，因为过的桥多还给我带来过"荣耀"。那是乡间一老翁，常倚老卖老说年轻人："我吃的盐比你吃的饭多"，那日他也是这么挤兑我，不料被我一句"我过的桥比你走的路多"呛得直翻眼，要知道咱是驾驶员哟！

说桥先说河，无河不用桥。新汴河是1966年开挖，河线沿着"通济渠（隋堤）"北岸，故称新汴河，当时宿县地区动员9个县几十万的民工奋战三春两冬，于1970年春天竣工的现代人工水利工程。我见到的灵西闸是1968年冬天，正值顽皮之龄的我遥望她在夜间闪烁的灯光，恰如银河繁星，那是初成河形的建桥工地在加班加点赶工。偶有一次我终于没有抵抗住"神秘"力量吸引，逃学去观赏她的艳姿。走的路是从南李家（今滨河社区）顺河堰往上游，谁知千辛万苦到了近前被一道竹篱笆的围挡阻隔，仅从缝隙里看见了雏形我就被迷恋地神魂颠倒，到如今也没有调整过来方向感，始终把南当成西。或许"灵西闸"固定了我的思维，抑或是无法登高望远了解古汴水遇高走低，见城绕弯。方向的错位丝毫不影响它的宏伟，1968年底南京长江大桥通车的纪录片公映后我更加坚信了灵西闸就是最美丽的大桥。支撑的理由有坊间"中国第一""亚洲第三"的传说，还有尼龙橡皮坝获灵璧县58万人民每人两双尼龙袜子的赞誉。其实亚洲的第一、第二在哪里我根本不知道，但当时58万人口是庞大的天文数字。这恐怕是家乡情结，一任美誉飞短流长。

1970年灵西闸大桥通车，我踏上她已经是1972年春天下放回城的事了。灵西闸是集公路交通、船闸通航、蓄水灌溉、拦洪节制于一体的水利枢纽，"起坝""塌坝"由桥北翻水站往尼龙橡皮坝注水抽水控制。船闸在桥南，每逢船只过往，上下游的闸门先后开启，待导流槽"平槽"适航后，槽内船只方才通行。每到开闸引水，那水流湍急，声如响雷引不少人围观，犹如乌苏里江开江般震撼。桥南的小景区修有两面"语录墙"，一段连廊，桥两端广植雪松、柏树，与两岸一眼望不到边的刺槐树形成了独特的风景线，闸区是灵璧人休闲观光、谈情说爱的绝佳去处。灵西闸经历了1984年"过载"的考验，洪水几乎淹没了拱顶，大桥像是"漂"在水中，震颤着发出呻吟……过洪以后发现桥南二拱有裂纹，遂宣布为危桥，但因为泗宿公路交通无法分流而没有封桥。后采取加重法增加了实心桥护栏，重新浇注桥面混凝土。增重压实措施倒也坚持到1994年才建了限高杆，垒起了阻车墩。原来也封堵了一段时间，仅让人通行，大小运输车辆改行灵固新大桥。

新大桥位于灵璧县农民大街南端（今迎宾大道），在1993年开建，水面跨度130余米，总跨度215米，是单一的公路交通桥。1994年底竣工未通车即又拆除重建，它1995年建成缓解了宿泗路的交通压力，提高了过境通行能力，素有灵璧县城南大门之称。与之配套的还有加油站、路桥收费站。新大桥的故事不多，站在桥北头能够看到古汴河支渠遗痕，现在被奇石公园、银河庄园、滨河大厦、汴水苑小区和奇石大道所覆盖。不知道为什么奇石大道上老河形的地段每到汛期都会淹没车辆？平常我们肉眼也没有观测到什么差距，或许是"天上冰雹一条线，地上水流走老路"之故。路桥收费站在治理公路三乱时拆除，加油站也随城市发展迁移，唯独新大桥依然发挥着主力军的作用。

滨河大桥原名虞姬大桥，2014年12月开工，2018年10月竣工。全长566米，因其装饰钢梁提拱犹如彩虹，坊间称"彩虹桥"。2020年抗击新冠取得阶段性胜利，为复工复产，放宽"放、管、服"发展地摊经济，这里一度繁荣得如现代版的"清明上河图"，成了网红打卡地，它又被称作"网红桥"。它位于灵城建设南路最南端，是灵璧跨河发展的地理坐标。无论虞姬桥还是彩虹桥、网红桥，其文学的表象，体现的内涵张力都比滨河强。"滨"乃是"临"，是靠近水边的意思，字面上释义是靠近水边的桥，不明白是长官意志还是当权者的好恶？为何不顾民意，放弃美好寓意不得而知。但这桥的建设确实展开了灵璧"东扩西连""南拓北展""揽山入怀""纳河入城""显山露水透绿""一体两翼奋飞"的美好愿景。其选址在汴河遇城折弯的弓背上，灵城的中轴线建设路仿佛是弦上之箭的满弓待发，昭示着跨河发展的新蓝图。

2012年灵西闸下迁至西集村，距离灵西闸7公里，命名为"灵璧节制闸"。系新汴河治理工程2012年度施工项目2标，建设单位是安徽省宿州市新汴河管理处，由安徽省水利水电勘察设计院设计，宿州市水利水电建安公司施工。开工日期是2012年12月5日，2013年12月5日竣工。虽然建有水文观测站、翻水站，但这个2标纯粹是"闸"的功能，不能够承担交通的任务。故在闸的上游50米的地方又建了座与其平行的单一功能的公路桥，人们不明白1标、2标近在咫尺，为何不可效仿灵西闸多功能合一，体现多快好省？正当疑虑之时，未投入使用不合常理的1标即被拆除。在原址上重新立桩，开建了龙车山大桥（原名项王桥，与虞姬桥有并驾齐驱的用意）。同时在桥南端建了大型船闸，仿灵西闸船闸导流模式，只是放大版而已。看来 50 年前的灵西闸的技术至今未曾被超越。龙车山引桥南延 400 余米，尽头是 40 万平方米的"向阳农民集中居住区"（一期 10 万平方米已经竣工，其余已经完成征迁），灵璧节制闸在龙车山大桥面前显得很像委屈的小弟弟躲在胯下，它有闸板 11 孔，总净宽 110 米，主航道的龙沟南移船闸致使她不足龙车山大桥一半的长度。可它挽住了一湾碧水，让新汴河湿地公园多了丰姿，为古老的灵城增添了生机。

凤凰山大桥全长 550 米，2016 年 5 月开工，2018 年 11 月完工。她连接了 201 省道和 343 快速通道，也连接了凤山隧道、灵城钟灵大道，是灵璧高速发展的象征，为城市的"西连"奠定坚实的基础。命名时有一段故事，曾经的一位领导人说过这是灵璧零的突破，桥有浩然之气。谁料就有人说是"零号"大桥，差点煞有介事地写进高标准农田建设项目报告里，后来解释是灵璧有浩然之气，取"灵浩"之名云云，最后皆不了了之。

2019 年突然传来灵西闸要拆除的爆炸性传闻，立刻在社会上引发轰动。尽管她超期服役，但她傲然屹立，丝毫不减当年雄姿。自从封桥至今的 20 余年来人们对她爱护有加，基本处于"退休"状态，我想建议相关部门保留灵西闸水利枢纽工程，把她建设成为青少年爱国主义教育基地，让那个时代战天斗地的精神流传下来。奈何航道治理事关大局，且是国家的民生工程，纵有万般不舍，不敢以小我之心搅扰大局。2021 年在灵西闸上游 1340 米处灵西闸大桥新址拉起了工程围挡，东西两岸可见桥墩露出水面……尽管围挡上"新汴河航道治理（宿州至徐岗段）"写得很含蓄，我知道那是灵西闸的替身，灵璧新汴河上的第七座桥梁。

桥凝结着古人的智慧，是现代技术的结晶，是社会发展的见证。它变洪水为利，展开城市双翼，缩短时空距离。它忍辱负重，从不亢不卑，像极了她的缔造者们，是工匠们奉献，是建设者的努力，让文明越过鸿沟，把江山装点得更锦绣。

（张少秋）

新汴河是人工开挖的河道，路线大体上与古汴河平行。国家用以工代赈的形式，组织河南、安徽、江苏三省 100 多万民工于 1966 年 10 月开工，苦战三年，至 1968 年底，土方工程基本结束。新汴河全长 127 公里，灵璧境内 27 公里。河道形成后开始基础设施配套建设。

灵西闸枢纽工程

灵西闸建设指挥所由时任灵璧县副县长巩凤才任指挥，省水利厅设计院秦建法、彭俊生、卢光春、邢钦郎、路观平、李勇等在现场承担设计工作并指导施工。这些技术人员都是从清华、华北水电、大连工学院、合工大等高等院校刚毕业的大学生，后来都成为水利战线的领导或技术骨干。

灵西闸枢纽工程位于县城西 3 公里，由橡胶坝、公路桥、船闸、翻水站组成。公路桥共 5 孔，钢筋混凝土双曲拱，单孔净宽 30.7 米。右侧 1 孔建船闸，按六级航道标准设计，闸室长 100 米，宽 7 米，可通航 100 吨驳轮船队。公路桥面宽 7 米，两边人行道各 1 米。翻水站位于船闸下闸右侧，钢筋混凝土箱式结构，装机四台，共 620 千瓦，设计流量 $4m^3/s$。橡胶坝位于拱桥下北边四孔，采用两层维纶帆布 3 层氯丁胶制成的尼龙橡胶坝袋，以混凝土楔块代替不锈钢螺栓铆固坝袋，由泵房向袋内充水膨胀挡水，挡水高度 3.3 米。其规模属全国最大、安徽最先使用的新技术。楔块锚固法是省水利厅刘从太受纸片压在火柴盒内拉不掉的启发而提出来的，经秦建法、王元兴、路观平等多次试验和改进才确定的技术，荣获 1978 年全国科技大会优秀科技奖，后来这项技术在全国推广。坝袋上游设有圆筒形充水泵房，橡胶坝设计排涝流量 900 立方米 / 秒，排洪流量 1460 立方米 / 秒。

1968 年春由指挥所组织民工开始挖基，省水电局建筑安装队施工建筑物。闸址处河道堤距由 560 米渐变至 250 米，河底宽 130 米。

橡胶坝由钢筋混凝土底板、墩墙袋囊、泵房和充泄水系统、上下游防冲段组成。从 1970 年元月 21 日开始安装，3 月 10 日安装完毕。船闸 1969 年 6 月开工，1970 年春竣工。翻水站 1969 年 11 月开工，1971 年 5 月完成。枢纽工程总投资 246.76 万元，用钢材 80 吨，水泥 1230 吨，木材 464 立方米，折现价 2 亿多元。

灵西闸枢纽工程的兴建产生了重大的防洪、排涝、灌溉、航运效益，成为灵璧县人民生活的一部分，成了灵城的著名景区，是那个时代灵璧人成长的记忆。工程已运行 50 年，接近设计年限，经专业部门检测属Ⅲ级病险建筑物，需拆除重建。公路桥在航道整治中拟拆除，移至凤凰山隧道出口处重建。

灵固大桥

1970 年灵西闸双曲拱桥通车后，灵璧到蚌埠、宿县的车辆全从此桥通过。随着经济的发展，车辆增多，造成拥挤不堪。为了减轻灵西闸的交通压力，1993 年，县政府决定修建灵固大桥，相对于灵西闸，人们也习惯称作新大桥。大桥桥面宽 9 米，两侧人行道各 1.5 米，跨度 215（13×15+2×10）米。1993 年 2 月开工，1994 年 12 月竣工。

灵璧节制闸

新汴河经过 40 多年的运行，泄洪能力衰减，堤防险工险段多，结构碳化，设施老化。2012 年 7 月，国家发改委批准了安徽省新汴河治理工程的可行性研究报告。

这次新汴河治理总投资 9.8 亿元，包括灵璧闸、唐河地下涵、石梁河地下涵、新北沱河地下涵重建以及按五年一遇标准疏浚河道、堤防加固，灵西闸枢纽工程经省水科院检测为三类病险闸，唐河地下涵鉴定为四类病险闸，经专家讨论拆除重建。县政府结合灵城引水入城的发展规划，报告市水利局和省水利厅，申请将老闸拆除下移 7.12 公里。在省设计院副院长朱清等专家的共同努力下，最终获国家发改委批准。

灵璧闸采用开敞式水闸型式，钢筋混凝土结构共 11 孔，单孔净宽 10 米，总净宽 110 米。五年一遇排涝流量 900 立方米 / 秒，二十年一遇排洪流量 1460 立方米 / 秒。由宿州水建公司施工，总投资 6744 万元。

翻水站布置在节制闸左侧，装机 4×280 千瓦，总 1120 千瓦。设计流量

10.5 立方米 / 秒（4×3.5 立方米 / 秒，1 台备用），投资 1600 万元。翻水站左侧布置溢流堰长 112 米，溢流堰顶高程 22.7 米，平五年一遇排涝水位。

堰顶布置公路 7×16 米，桥面高程 26.0 米，宽 8 米，长 64 米，公路桥跨度 4×16 米。预留 130 米的封闭堤建船闸。公路桥按公路 II 级标准设计，总宽 8 米，净宽 7 米。翻水站上连接段 68.8 米，路面宽 9 米，净宽 7 米。

船闸位置预留在河道右侧，V 级船闸，与公路桥呈 U 形弯道连接。因 10 亿元以上的项目由国务院审批，10 亿元以下的由国家发改委审批。考虑到经国务院审批可能周期要长一些，就把船闸项目暂时砍了下来，使总投资规模压缩至 9.8 亿元。

2017 年 7 月省交通运输厅与宿州市人民政府在合肥签署新汴河航道整治工程省市共建协议，灵璧船闸项目才得以启动。项目总投资 30 亿元，工程包括新汴河航道整治和宿州、灵璧、团结三座船闸。灵璧境内涉及灵璧船闸、航道整治、改建灵西大桥（橡胶坝上）和灵固大桥（新大桥）。

灵璧船闸为 IV 级通航，吨位为 500 吨驳船。闸室宽 23 米，总长 240 米，闸墙高 14.67 米，最高通航水位 22.69 米（五年一遇除涝水位）。通航净高 8 米，桥底高程 30.69 米。这样，刚验收的外环路大桥高度（高程 26.0 米）不满足 IV 级船闸通航要求。设计部门比较 1～8 跨完全利用 9～20 跨为墩接高利用（部分利用）。他们也做过整体抬高与部分拆除方案比较，觉得整体抬升的方案要节省 100 多万元，但容易责任不清，为了明确责任，决定部分拆除加高方案。船闸总投资 2.9 亿元，2019 年 6 月施工，计划 2021 年 8 月竣工。

龙车山大桥

灵西闸下移方案批准后，县委、县政府主要负责人就结合方案，谋划在新汴河上新建外环路大桥、虞姬大桥和凤凰山大桥。由省水利厅设计院设计。2012 年 12 月 4 日，举行灵璧闸开工典礼，12 月 6 日，县委、县政府主要负责同志到省设计院沟通，讨论加宽原公路桥的可行性即闸桥合一。后来又召开了两次专家讨论会，第一次专家意见不统一，第二次专家意见闸桥分离。外环路大桥，原名为龙车山大桥，又称项王桥，位于节制闸上游 51 米处，全长 413

米，右岸筑堤段长 162 米，总长 575 米，荷载等级为公路 I 级，桥面总宽度 25 米。2014 年 4 月 10 日开工，2017 年 2 月 18 日竣工，工程总造价 3892.9 万元。

虞美人大桥

由于原规划中的虞姬大桥距外环路大桥仅 700 米，后来移至建设南路，名为虞美人大桥，后一度改称滨河大桥，再后恢复定名为虞美人大桥，而市民们都习惯称之为彩虹桥。桥梁为钢筋混凝土结构，全长 566 米，桥面宽 22.5 米，双面钢结构装饰拱 200 米，荷载等级为汽车荷载城 –A 级。主桥为预应力混凝土变截面现浇箱梁，引桥为组合箱梁桥结构。桥梁两侧设置装饰钢箱拱，跨径布置 80+200+80m，总长 200 米双片拱圈。拱圈中心间距为 24.8 米，与混凝土桥净间距 15 厘米。

施工单位于 2014 年 12 月 11 日进场开工，2018 年 10 月 30 日竣工。施工费用 11284 万元，监理费用 178.89 万元。

大桥主体工程结束后，县政府着手大桥亮化美化工程的建设，由县水利局负责。于 2017 年 8 月 31 日对外公开招标，2018 年 10 月 25 日开工，2018 年 12 月 5 日竣工，总投资 326.6 万元。

主拱肋弧形彩虹飘带结构安装点光源，色彩可追光变幻，似繁星中的一道彩虹穿插在桥面上，成为整座桥夜景照明一条最为亮丽的主风景线。

主拱肋的吊杆安装 RGB，可控点光源、点光源可变幻、扫描，体现简约的现代特点，与水面倒影形成动态光斑的画面效果，与主拱肋的彩虹形成光影互动，是夜间照明的主要特点。桥面侧立面 Led 洗墙灯，桥墩采用投光灯，使大桥更有几何形体层次感。

每天晚上彩虹桥上游人如织。桥面上如梦如幻，彩龙飞舞，繁星闪烁，两侧对称，倒影成双。

凤凰山大桥

位于灵西闸上游 2.5 公里处，打通了 201 省道和宿泗快速通道 G343 的最后一公里。全长 550 米，桥面宽度 27 米，设计荷载为公路 I 级。主桥长 160 米，上部结构为 30m+50m+50m+30m 连续箱梁结构。引桥共长 390 米，上部结构为 30 米先简支后连续箱梁结构。

2016 年 5 月 1 日开工，2018 年 11 月 3 日完工，工程总造价 8048 万元。

灵璧新汴河上这些桥的建设拉开城市的框架，拉近了两岸的距离，加速了城市化的进程，促进了各功能区的互联互通，为建设宜居、宜学、宜游、宜创业的美丽灵璧打下良好的基础。

（邱以和）

我的摇把子电话情缘

张少秋

摇把子电话消失的时代并不遥远，50 岁上下的人应该都记忆犹新，"90 后"们则只能从影视片中看到它的尊容。电话诞生在 1875 年，百年后我才与它结缘。1974 年我所在部队开展"百日练兵"活动，我们电台兵要模拟战时环境，架设临时通讯站。我最喜欢拎着线拐子奔跑在山地丛林中，收放被复线，接通两"阵地"的电话通讯。虽说训练也像模像样地掐着秒表，我却只当是游戏，毕竟跑出了大家的视线，总可以偷会儿懒。有时练"查线"，我会让战友"触电"。军用被复线内芯有钢丝，黑胶皮绝缘性好，一般不容易损毁。"制造故障"是在两端线头，谁也舍不得从中间掐断，我计算着他们跑到跟前的时间，当他们重新接线时，我会不失时机地摇起电话机装作试机，听那个战友"嗷嗷"叫时，我就偷着乐了。后来我也被战友坑过 N 回。这点本事来自教导队课堂里学到的"电波与声波""激磁电流"。

1978 年，我跟随县委书记唐海萍到浍沟公社搞"路线教育"。那时"摇把子"电话是通信的主要工具。为了保证通信畅通，县邮电局局长侯占山专门派线务班来装了一部电话，但电话机接听有杂音，送话也失真，要是打个电话得用劲喊。我拆开送话器，从磁块上抠下膜片，用细砂纸仔细打磨，组装后声音顿时清晰了。

20世纪70年代末，灵璧县邮电局有话务班，各公社邮电所配有两名话务员，清一色的娘子军，很受人羡慕。其实，话务员就是接线员，工作也是很乏味。邮电所配备的30门到40门不等的交换机，也就是人们说的"总机"，话务员得守着台面上看哪个"掉牌"（摇把子电话机发出激磁电流冲击交换机上的连接阀），迅速询问："您好！要哪里？"听明白后手疾眼快撤动振铃小杆，通知对方来电，再将插头塞入对方要的电话插口上。一套连贯的组合动作五秒钟内完成，监听时间也不准超过五秒，真称得上心灵手巧，耳聪嘴甜。我因为使用摇把子电话机频率高，县话务班和基层话务员差不多都是我未曾谋面的朋友，只要听到我的声音，立马迅速接转，服务质量绝对一流。

1979年初的一天晚上，浍沟电影队在公社门前放电影，我给县委书记唐海萍和公社书记任公龙放好板凳，趁开映前又返回住地巡视。大老远就听屋里急促的电话铃声。此前我们约定一长一短是正常电话，一短一长是农口汇报工作的，三长两短是政法口的，两短一长是地委机关的，连续急促的短铃是省以上领导机关的。所以听声音我就大致判断出是谁的电话。这个时间、这么急促，不用说就知道是上级领导机关。我跑进屋抓起电话气喘吁吁地说："报告，灵璧！""唐书记吗？"对方问。"不是！"我答。"让唐书记接电话！省委万里书记电话。"对方带有命令口吻。我飞奔到电影场向唐书记报告，抱起他的大衣折身跑回来，激动得我根本没注意电话没有挂，按住电话就是一阵猛摇。"喂，接省委！"电话那头传来轻轻的清嗓咳嗽声："你慌什么，是唐书记吗？"我的天哪，万里书记还拿着听筒呢！愣头愣脑的我居然把万里书记的耳朵给震了！唐书记毕恭毕敬接电话的时候我退出屋外，在走廊里遇到区委任公龙书记，我俩谁也没说话，就听屋里唐书记说："万书记，我唐海萍！"稍顷又说，"小张，很机灵。"我恨不得找个地缝钻进去。十多分钟的通话结束后，唐书记让我备车回城。

继任的省委书记张劲夫来灵璧视察前，恰巧又是我接的电话。

我和摇把子电话真的有特殊缘分，徐振宾调任灵璧县委书记时，也是用摇把子告知我的。这一通电话让好多人羡慕，传出好多版本的流言。再后来发生了一些不可理解的事情，吴本勋主任缴了我车钥匙和车库钥匙，让我每天负责升降国旗，并阻止机关干部和家属在楼前小广场上打煤球。后来才知道有人举报我在电话上安装窃听器，窃听党政机密。我原来能从电话铃声能猜出是谁的来电，就成了所谓的证据。从此，听到时时响起的电话铃声，我再也不敢抢着去接电话了。

随着社会的进步，摇把子电话退出了历史舞台。欣慰的是我追着潮流见证了摇把子电话的蜕变，享受到了程控电话的便捷，感受了数字通信的神奇。

电报，曾与我们息息相关

晏金福

"×××，电报！"门外，从头到脚、一身绿装的邮递员大声吆喝着，×××迅速地放下手头的活计，箭一般地跑出办公室。在收到单上签好字，从邮递员手里接过电报，飞快地看起来。

电报，形似书信，又不同于书信。信封是长方形的，电报封是方的，信是封口的，电报是敞口的；接信人大多喜形于色，接报人一般神色凝重。何因？请听我慢慢道来。

那时，通讯条件落后。只有大点儿的机关，才有一部摇把子电话。而且那电话吧，要一地一地地转接，一个个接线员又出奇的"洋蛋"，往往一个电话没接通，你就会气得七窍生烟，恨不得骂娘。没办法，只有靠书信和电报了。书信，慢得离奇。几天，那就谢天谢地了！几个月，正常。几年，甚至杳无踪迹的，也有。有了急事怎么办？那就只有借助电报了。喜事，都是提前策划的，当然用不到电报。急事，什么是急事？无非父病母丧，孩子受伤，家里失火……接报人接到的多是此类突如其来的坏消息，这也是他们神色凝重的原因。好事不多，除非妻子生产，或者是军人接到"父病、母病"的假电报，这是当时盼子心切的父母的惯用手法。

提起这电报，小时候感到十分神秘。电影上时时能看到特务在漆黑的夜里"嘀嘀嗒嗒"地发报的魅影。也能看到八路军、新四军的谍报人员为破解敌人的密码，愁眉紧锁、绞尽脑汁的神态。

工作期间，我和九顶、渔沟邮电所的话务员都很熟，经常出入于她们的操作间。"洞八拐两、幺八洞三……"离得老远，就能听到她们响亮的呼叫声。走进去，只见她带着笨重的耳机，面前是一部门类繁多、插线纵横交错的电话交换机，旁边一油渍麻花、缺角翘边的电码本。她接话问话、双手拔拔插插，忙得甚于纺织女，少有闲暇。去的次数多了，就慢慢揭开了电报的神秘面纱。原来我们日常接触的电报并不是什么密码电报，而是明码电报，只要手里有她那本破旧的电码本，谁都能翻译。只有军用的，加了密，才是密码电报。而且公社一级邮电所也没有发报机，她们只负责上传下达，要看如何收发报，得到县邮电局才行。

我们那时习惯把发电报叫打电报。要打电报，先到邮电所的营业柜台免费领取一张电报纸。那上面开头部分是收报人的单位地址和姓名。这些字除了省市名称不收费，其余的是要减半收费的，填写要尽量简略。有的人不了解，啰里啰唆填得很细，等到收费时就会大喊大叫："我就那几个字，怎么要那么多钱？"中间部分是电文。形式很像现在小学生用的田字格，下面一个方格，供写汉字。上面一横格，现在供小学生写拼音，那时是留写电码用的。电文是按字收费的，一定要简洁，大多是"父病速归""母逝速归"等。最下面是发报人的姓名和工作单位。那时，没有私人电话，所以没有联系电话一说。这些只留作邮电所联系发报人，是不发出去的，所以不收费。

营业员审核收费后，就将那张电报纸送到机房里。这时电话接线员就变成了电报译电员。她先把电文译成电码。每个汉字由四角的代码生成四个数字。比较常见的，比如爸爸妈妈、生老病死等，她早已背得滚瓜烂熟，提笔就写。遇到生僻的，就拿过那本快翻烂了的电码本，熟练地检索一番。译好了，就用有线电话报给县局的机房。可能是为了避免音近造成误读，她们对有些数字使用了特殊称谓。比如，0 称洞、2 称两、7 称拐等，这就形成了上面那奇怪的、令人费解的报话声。至于县局的发报员，怎样把那四个数字一组的电码，用长长短短的符号，嘀嘀嗒嗒发出去，说实在的，我没看过，更不了解。有兴趣的朋友，不妨自己去探索。接电报的程序与此相反，县局把电文代码发给邮电所的接线员，接线员再把代码译成汉字，然后，交邮递员邮送。

那神秘的明码电报，曾是传递信息最快捷的工具，与人们的生活息息相关。曾几何时，程控电话忽然干掉了电报和书信，现在，手机又在逐渐干掉程控电话，不久，手机也会被干掉呢。我们除了叹息，更多的恐怕还是高兴吧。

百年沧桑说照相

陈长柱

每段记忆就是一段历史。把事件真实原貌记下来留给后人，是生活在这一时代的人的义务和责任。

我曾于 1982 年在灵璧人民照相馆做过半年的学徒，所以灵璧县政协《灵璧记忆》编委就委托我，对灵璧照相业的起始兴衰做采写整理。

2020 年 8 月 5 日，我通过当年一同在人民照相馆学习的师兄叶亚飞，联系到了原灵璧人民照相馆的武金全师傅。

下面的文字，就是根据武金全师傅对灵璧照相业近百年来发展始末的口述整理而成的。

灵璧县第一家照相馆，是 1932 年春由武金全的父亲武俊奎先生所开。武俊奎二十六七岁时，随一个叫韩玉庭的老师学照相。当年韩玉庭在五河至南京一带流动照相。学习半年后，武俊奎回到家乡灵璧，在自己家的铺面开了一家照相馆，取名"占元照相馆"，馆址就在老县政府的对面农业银行。

当年的照相馆是一个新兴的行业，武金全师傅说，开业之后生意非常红火。

1946 年，徐州的盛大材、盛玉亭父子来灵璧开设了第二家照相馆，位置在北关桥头里面。当年还没有灯光辅助技术，都是自然光摄影。

1950 年，武俊奎的徒弟赵学书出师自立门户，又开了一家照相馆，地址在原县人民医院门诊部处，至此，灵璧县已有了三家私营照相馆。

1956 年，国家对资本主义工商业进行改造，赵学书的照相馆 1955 年已停业，剩下的武家和盛家照相馆合并成立云光照相馆，归属县商业局，位置在北关大街的灵璧县人民武装部门南旁，当时有学员田德修、冉东兰。

1964 年，固镇的邱韩刚来灵璧主持成立了人民照相馆，引进灯光摄影。从此，照相馆可以不受天气情况限制，凭借电光技术全天候摄影了。

灵璧人民照相馆成立时设在隅顶口东侧路北，隶属手工业管理局工艺厂，有三间门面，一间过道。当时的三间门面里有刻私章的、修锁的、修钟表的几个行业联合办公。1972 年，照相馆的摄影室搬到路南，有两间门面，纵深四间。冲洗晒相的暗房业务还是在路北的后院。

在此期间，盛氏父子相继去世，武俊奎又于 1969 年下放，云光照相馆只剩下冉东兰和盛玉亭妻子王玉珍。因无法维持正常营业，她俩就被调到了灵城染坊店。至此，云光照相馆完全停业。

1973 年，灵璧县商业局筹备成立"工农兵照像馆"，于 1974 年正式开业，地址在今联家红超市对面，当时的工作人员有柴元亮、宋学玲夫妇和冉东兰、解奇。柴元亮、宋学玲夫妇是睢宁人，于 1953 年携机来灵璧经营照相业务，因无房屋铺面，只好流动经营，于 1964 年并入人民照相馆。这样，灵璧县城区就有了两家国营照相馆。此时，县内各乡镇也陆续办起了照相馆。

1983 年冬，人民照相馆的徐西之与叶亚飞调入灵璧县实验小学，第二年，实验小学筹建中华照相馆，由徐西之、叶亚飞两人负责业务。当年，中华照相馆引进了彩照、彩扩技术，这是灵璧县第一家彩色照相馆。1986 年，因徐西之、叶亚飞工作调整，中华照相馆停业。

1989 年，由人民照相馆摄影组长田德修牵头，在原二轻医院西侧成立灵璧家电公司彩扩部，在此工作的有武金全、徐佳秀。1996 年因体制改革，彩扩部由原工作人员马朝辉承包。

1996 年，因城市建设需要，人民照相馆被拆除。因为当时全县各乡镇都先后建立了大小不等的照相馆，还有很多"流动"从业人员，背个"120"或"135"单机溜街串巷，对照相馆的业务带来很大的冲击，所以，人民照相馆拆除后就没再恢复营业，原照相馆的工作人员随之分流。有几位人民照相馆和彩扩部的师傅自立门户，继续经营照相业务，徐佳秀在水上商场北头开了一家，徐太文在三用礼堂楼下开了一家，刘传武在实验小学对面开了一家（后迁到一初中东门外）。工农兵照相馆因专业摄影师人员的流失，已早于人民照相馆几年停业。

1997年，灵璧县第一家名叫圆梦的影楼在灵璧西关电影院门东旁开业，经理是冯庙镇的李红梅。2000年，冯庙的冯长亚创立了灵璧县第一家婚纱影楼公司九九女儿红，地址在北关人民武装部的5楼。随后，冯庙街的张训练开了张训练影楼，禅堂街的唐德新照相馆也升级更名为浪迹影楼，渔沟镇的王维利开了维利影楼，朝阳镇何计川开了以他爱人名字命名的海燕影楼，游集镇的邱峰开了邱峰影楼，向阳乡的沈庭亮开了百花影楼，娄庄镇的魏华开了明星影楼。数码相机普及后，影楼又有了数码相片后期修图业务，经过修图，相片看起来更加完美，受到人们喜爱。

影楼，应该说是照相馆的升级版。无论从营业场地，室内装修、摄影、晒相、放大技术还是服装的设计等都有了质的跨越，特别是影楼里配备了专业化妆师，是以前的照相馆所没有的。

从此，我县的照相业，进入了一个崭新的历史时期。

灵璧快递第一单

刘　亚

在灵璧，提起邱增军，可能没有多少人认识，但是，只要提起灵璧申通快递，估计大多数人都知道。我说的邱增军，就是咱灵璧申通快递老总，也是灵璧快递业的先驱和领头人。

邱增军，初中文化，1975 年出生于灵璧县朝阳镇陆圩村的一户人家，父亲邱文理在县百货公司工作，母亲赵彩华在家务农。他随母亲在老家陆圩读书、务农。直到 1996 年父亲退休，他接班进了县百货公司。

20 世纪 90 年代末，随着国有各大企业改组，邱增军和大批大批职工一起下了岗。下岗后的邱增军，做些小买卖，有时帮人押车、卸货，挣点辛苦钱，维持家用。

2006 年春节刚过，他接到一个做药材生意的亲戚电话，让他帮他取一件申通快递。为了给对方节省话费，他也没有多问，就直奔县邮电局。当他说明来意时，工作人员的话让他傻了眼。邮局工作人员告诉他，申通属于个体经营的快递，业务不归邮局管，灵璧没有申通快递网点，要取件得去宿县。

"属于个体经营的快递"，这句话一下子镶嵌进邱增军的脑海里，他时不时地回味一下。一个偶然的机会，他遇到了那个做药材生意的亲戚，亲戚说，他业务往来的信件及物品，基本上都是走的申通快递。同一件东西，一样的路程，申通快递要比邮局的邮费便宜不少，也要快不少，因为私营企业节假日没有休息。他又说，他去南方谈业务时，看到人家那里，到处都有私营快递。"要不，增军你也在俺灵璧开一家快递公司吧。"这句话正中邱增军下怀，于是，他又向亲戚详细地了解一下南方快递的运营模式。

2006 年 3 月 18 日（正月十九），同妻子唐怀云一道，去宿县申通快递洽谈代办业务。夫妻二人于上午八点左右，走进了宿州申通法人代表刘强的办公室，没想到邱增军的打算正合刘强的心意。经过几轮协商，很快达成了合作协议，宿州申通负责把灵璧申通快件免费送到灵璧客运站，到站的时间在七点半左右，由灵璧申通网点代办人邱增军接件，并免费派送到客户手里。灵璧寄出去的快件，除去运输费用外，其余部分归灵璧申通所有。邱增军怀揣协议回到灵璧，马上在解放中路朝阳大酒店楼下租了一间十几平方米的店面，开始了灵璧申通快递的正式运营。那时的邱增军，既是老板，又是工人，他每天起早贪黑，骑着自行车，穿大街、越小巷送快递，手冻破了，脚也冻肿了。快递运营快一个月时，他有些蔫了。因为人们还是老观念，寄东西上邮局，怕私人企业不保险。因为没收到一票寄件，所以没有分文收入，就像人们常说的，搭工赚吆喝，邱增军打起了退堂鼓。他把想法和妻子说了，妻子劝说他再坚持一段看看，如果还是这样就放弃。

5月的一天，他和往常一样，骑着自行车接件、送件。时至傍晚，他拖着疲惫的身体，去送最后一件，收件地址是灵璧县某纺织厂。当他把快递送至收件人手里时，收件人似是无意地问了一句："你申通可以寄件吗？"邱增军马上回答："可以！"邱增军经常给这位老板送快递，老板看他态度好，诚实，就说："以后我们厂里走货全由你申通来承担行吗？不过丢了可是要赔钱的哦。"邱增军高兴地答应了，当天就替他寄走一单货物。邱增军仔细算了一下，除运输开支外，还有不少赚头。

近两个月终于赚到了第一笔钱，邱增军心情开朗了许多。随着快递业的迅速发展，人们的观念有了大幅度的改变，邱增军的快递业务也不断攀升。灵璧申通快递由原来每天十几票业务，迅速增加到每天二三百票。业务量增加了，自己一人实在打理不了了，于是开始重找店面，招收员工。为了节省成本开支，他用房子做抵押，贷款10万元，买了一辆厢式货车，亲自驾驶，接送物件。2009年，邱增军终于拿到了由灵璧工商局颁发的灵璧申通快递公司营业执照。公司规模不断扩大，灵璧申通快递先后几次搬家，最后落户于南部开发区物流产业园内。

现在，灵璧申通快递公司递吸纳就业人员150多人，拥有大小运输车辆10余台，电动三轮车30余辆，日货物吞吐量约15000单，年产值上百万元，上缴利税达13万元。

邱增军致富不忘回馈社会，灵璧申通每年都向灾区免费运送救灾物资，本人也同时向灾区捐款。

齐心治理环城河

1495年，距今500年，始筑灵璧土城，"城外凿池，广两丈，深八尺，周八里有奇"。1637 年，一场战争，彻底摧毁城池。仅隔一年，1638 年，战火余烬未熄，一位知县"亲率市民增高城墙三尺，更开城河，宽三丈三尺，深一丈二尺，开凤河引滩水入城池，自此池水澄清，四时不断"。也许这位知县的壮举是出于战争的需要，但在灵璧人看来，他并不逊色于杭州的白居易、苏东坡。这位知县就叫王世俊。

环城河所属的岳洪河水系 18.96 公里的水道内，滩堵处处，壅塞严重。污染成灾，水面浮有半尺深墨绿色泡沫，奇臭难闻。鱼虾因之而不生，偶见癞蛤蟆，也多是变态畸形，面目狰狞可怖。蚊蝇因之而滋生，居民傍晚进屋，要屏息闭嘴，否则蚊子就会蜂拥而入鼻口，人们把肥皂涂在盆底上，在暗中一甩，涂肥皂的地方，就可以密密实实粘一层黑蚊子。两岸井水因之而又苦又涩，水色暗黄，难以饮用又不得不用……如果临空鸟瞰，灵璧县城像禁锢在一个巨大的黑色问号之中。

1990 年 7 月 18 日，老天爷开始用大雨解释这个黑色提问：全城约 7 平方公里面积被淹没，60% 的厂矿机关、仓库、学校积水，民房倒塌 38 间。积水造成多处交通阻塞，供气、供电、供水中断。30 多家工厂企业停产停业。猫与鼠的尸体同泛浊流，厕所里的屎尿与仓库里的罐头果品共戏黄汤。城区蔬菜基地受淹受渍 3000 亩，经济损失 45 万元，25 家工厂、企业、仓库受到不同程度的损害，直接经济损失 103 万元。合计经济损失 185 万元之巨。更重要的是，死亡一人，重伤 3 人！

这个巨大黑色问号的答案是：由于环城河被污染被壅塞，因此其排洪能力仅是三年一遇标准的 50%。除此之外，还有没有其他答案。污染、壅塞环城河的，仅仅是污水和垃圾吗？被污染、被壅塞的，又仅仅是环城河吗？

历届知县，面对这个问号，并没有无动于衷。但想彻底治理又谈何容易呢？一、工程浩大，牵扯面太大，没有在上者无畏风险，身体力行，没有在下者不辞劳苦，闻风而动，上下齐心，一呼百应，难以成事；二、所费靡巨，单凭一个农业小县城的财政力量，无异于杯水车薪。须知，王世俊还有 35700 两帑银作为支撑啊！三、任期有限。新官到任，对这浩大工程，要一年熟悉全局，两年做各方准备，三年之后才谈得上治理。工程尚不见结果，任期已满……

环城河与凤河、岳罗河、介洪河四条河段构成了岳洪河水系，全长 18.96 公里。想彻底根治环城河，就必须对岳洪河水系进行全面治理。

1987 年，上任不久的县长王建，凝着眉头，从上游至下游，沿岳洪河水系考察了一圈，这一圈考察，在灵城人们心中鼓荡起一圈又一圈心波涟漪。此后不久，"灵城管理委员会"成立。

1989 年，灵璧县政府再次组织人马，浩浩荡荡，风尘仆仆，二度考察了岳洪河水系。之后，由分管副县长王维荣具体指挥，在环城河西段，进行了水上开发工作，全长 220 米，总投资 23 万元。

1990 年，再次当选为灵璧县县长的王建，拎着沉甸甸一沓人大代表关于要求彻底治理环城河的提案，再一次勘察了岳洪河水系。

环城河治理工程面临的第一大难题是拆迁清障。

历史上灵璧县对环城河治理的流产记录，多是为拆迁清障这当头一炮所致，一蹶不振，偃旗息鼓。而过去的治理规模，也根本没法与这次相比。这次环城河河口线宽达 23 米，岳罗河河口线宽达 24 米，河口线两边还各有 5 米滩地，同时还要拓宽北环路、东环路、灵泗路（灵城段）……据工程方面计算，总计要拆除房屋达 900 间之多。而且凡属国家、集体、机关单位所有的房屋，或者河口线与滩地线内的私房和其他建筑物，一律不予补助。北环、东环路拓宽拆迁补助标准，仅仅为瓦房每平方米 40 元，土墙瓦顶或草房每平方米 30 元。

900 间中有 600 间属于私房，私房中有相当一部分是近年新建的，规格相当高的楼房和相当一部分市口极好的商店门面。地方俗话说，捣毁一只老鸹窝，还要听三天聒噪，何况要拆掉这么多价值不菲的私房！

新上任的灵城镇镇长金贡云作为工程副指挥，担任先锋大将，对他来说，自然是题中应有之义了。何况，事前王建早已含蓄地点过他的将，所以，他连方案草稿都准备好了：大造声势舆论、重点抓钉子户难缠户、搞好面对面宣传、制定条款、奖惩分明……指挥部当即嘉许：照此办理！

10 月 15 日，立体性宣传工作全面铺开。电台、电视台同时开设了有关治理环城河拆迁清障的专题，大幅小幅标语、墙报、黑板报铺天盖地。仅 10 月 15 日一天，治理指挥部就发了第二号、第三号两个有关拆迁清障的通告。宣传车上街了，金贡云李永斌携手押车……声势浩大，举城震动，城乡咸知。

通报发出的当天，就有许多拆迁户下乡去请亲朋来帮忙拆房。北关居民陆青请来了16位乡下亲戚，他6间房子要拆掉5间，只有3间可以得到拆迁费，这是5间市口极好的商店门面，王育才评价为陆青全家的饭碗子、命根子。

东关有一位叫李允文的居民，也连夜从几十里外的冯庙请了一二十位亲戚来，他的十间房子，要全部拆除，王育才看见这么好的房子被放倒，也感到心疼。李允文非常通情达理，说："心疼是心疼，但城河也实在该修了。东环路修好，环城河清水长流，咱灵璧城又安全，又卫生。私人房子就牺牲了又算啥？"

17日，指挥部对拆迁情况进行第一次检查，当天主动拆房的有35户，拆除了119间。18日，王育才再次率指挥人员巡视拆迁情况，所到之处，几乎是家家行动、人人动手。没有人皱眉头，没有人吐怨言。他们几乎众口一词："我们再困难，也不让政府作难！"最值得玩味的是，这些积极抢先拆除住房的人中，有相当一批是原来内定的难缠户、钉子户。原来一身劲头，精神抖擞，准备听詈骂怨言，准备与缠户钉子户斗争的指挥人员被深深感动了。民心所向，使他们进一步认识到政府的英明，认识到责任的重大及事业的高尚。

巡视刚一结束，王育才立即召集了拆迁单位主要负责人会议，通报了拆迁进展情况，号召向带头行动的北山部队、供电局、水厂学习。

与会15家单位争先恐后表示坚决响应指挥部号召，一定在规定的期限内将一切障碍物拆除。

20日，是自拆期限的最后一天，金贡云嗓子哑了，眼睛红了，一边吞药片，一边乐，因为大局已定了，奖惩大会定时召开，对11户内环拆迁先进户进行奖励，兑现金额4500元。钱实在不算多，但比照非常紧张的县财政，大家已经觉得很够意思了，何况政府说到做到，让人民心里熨帖。

要说明的是，名为奖惩大会，其实只是个奖励大会，没有惩罚对象。

根据治理环城河的施工方案，治理标准共分四大步：清淤疏浚、砌石护岸、截污分流、园林绿化。这样，不仅可以保证绿水长流，生态平衡，防洪防汛，还可以直接提取新汴河水浇灌良田10000亩之多。

为了便于指挥调度，又把全面疏浚工程分为两期。第一期从10月25日到11月5日，投入城关、浍沟、尹集、杨疃四个区的近四万名民工，第二期投入娄庄、黄湾、韦集、灵城镇三区一镇三万多民工。

与拆迁工作同时进行的是截污分流战斗。污源主要来源是县化肥厂，每天要向城河排放工业废水二万多立方米。这是一件多年没有解决的老大难问题，正如指挥部的口头禅所说：不在困难在决心！前后只用了30天时间，这个积年的老大难就得到了解决。当然，彻底地解决还要靠已列入八五计划的净化池建设。

第一期工程，本来要求是10月25日动工，10月21日，城关区就按捺不住，在县水利局支持下，挥戈上阵了。界沟、三山、范桥三乡率先进入阵地。第二天，全区八个乡全部开工，1000多台机械，2000多部平板车，10000余名民工，浩浩荡荡投入战斗。

23日，指挥王建发表电视讲话，向36000名治水大军表示慰问，全面拉开了第一期工程的序幕。

25日，孙金道、王建带六大班子负责人到工地视察，参加义务劳动，这无异火上浇油。士气与热情达到了沸点。三十里红旗猎猎，三十里黑泥翻卷，几百只广播喇叭战歌高奏，人心似潮。

第二期工程，原定11月10日开始，11月6日，黄湾区5000名民工又抢先拉开了序幕。

10月29日，王建、雷光鹏、王育才等在城关镇区工地召开工程质量现场会，指挥王建把无私奉献、自力更生、艰苦奋斗、顽强拼搏、高标准产要求，团结治水社会主义大协作总结为"环城河精神"。

春节将近，地委书记吕保成来工地视察，感触颇深地指示："中国有亚运精神，灵璧有环城河精神。社会效益、经济效益、生态效益之外，还有个精神效益，了不起。要好好总结，要发扬光大，要用环城河精神带动各项工作。"

北关居民陆青，捧着已经变清变甜的压井水，老泪纵横，由衷地感激政府。指挥王建捧着一封封向他称恩颂德的人民来信，心灵深处更加崇敬那些吃苦奉献团结的民工和基层干部。

30里河道，45万立方米土方，6万多民工，奋战洒下的汗水，与42年前1800名将士的鲜血，与河水变清前的一瞬，达到了最完美的融合。

由于灵泗路、灵双路封闭，所有过往车辆集中由市内中心道通过，据统计，这一条大道，民工、市民、学生不算，自行车与小型车辆不计，光大型机动车每天就要通过 6500 辆次，又适逢一个全国性的会议在此时此地召开，指挥部要求，不许出任何安全事故，不许有半小时以上的堵塞。交警大队和农机监理站身负重任。公安局长亲自上街疏导，带小学生过马路。王建经常抽出时间去看望值班交警，无论是深夜还是凌晨，无论他以何种形式探望，战士们无不是虽然已经累极，但仍坚守岗位，精神抖擞，没有一丝一毫的懈怠。

第一期工程已经圆满结束，第二期也已是胜券在握，随着胜利的临近，王建和王育才的眉头却越拧越紧。

第一期工程的新河道内出现塌方现象！

按原计划，砌石护岸工程放在第二步于隔年进行的。因为第一步清淤疏浚工程已经投入了 7 区 1 镇近 7 万名民工，500 余万元资金。如果连续作战，就还要拿出 300 万元资金来，又务必要在汛期到来之前完工。哪里去搞钱？哪里找这么多技术工人？

11 月 14 日，由王育才主持，在工人课堂，召开集资募捐大会。大会会场两边，悬着王建拟的对联："人民城市人民建，建好城市为人民。"四百多人闻讯踊跃参加会议。指挥王建激情满怀，发表讲话之后，退休老干部王毅，也代表老一代县领导发表了感人至深的演说。孙金道带头，六大班子领导同志、指挥部全体成员、一些离退休老干部，当场向治理工程捐了款。

会议一结束，机械厂老工人毛传海立即携款 500 元，大锤 50 把，到指挥部捐赠。他说："论钱财富有，在灵璧烟种掉到杏筐里，显不到我，可咱灵璧县治理环城河，好比中国办亚运会，咱能不尽心尽力吗？"

李永斌在大会上带头捐了 100 元，回局里召开动员大会又带头捐了 100 元。

广播电视局、工商局、中行……市民、干部等市内居民，像终于找到了感情宣泄口一样，把对政府的信任感激、把对民工的感动佩服、把对家乡城市的深情厚爱，一股脑儿寄托在捐款上，倾泻了出来。

捐款之潮涌出了灵璧之外。

远在 83447 部队服役的战士陈光锋从家乡来信中得知了政府的英明决策、人民的奉献精神，立刻把自己节衣缩食省下的 100 元汇来了。

团地委副书记刘晓云来灵检查工作，为"环城河精神"所感动，向指挥部捐款 50 元。

正在灵璧县施工的南通市第四建筑公司九队的工人们，除主动向民工提供电线、木板、水泵等支持外，也来指挥部捐款 500 元。

上上下下曾有不少人抱怨：这么大的工程，为什么不在事前立个项，请省里拨款呢？

孙金道听了这抱怨，只是笑笑，笑得深沉、笑得含蓄。

王建听了这抱怨，只是平静地、意味深长地反问：这环城河，不是咱们灵璧县的吗？

王育才则表现得愤愤不平：咱们有困难，省里就没有困难吗？

现在，塌方问题出现了，要两步并作一步走了。本着历史大业要对历史负责的精神，护坡还要高质量高标准完成。况且，随着疏浚的胜利结束，随着捐款的浪潮汹涌，人们对环城河治理的期望值也在无形中一天比一天增高。县委县政府本着安全、耐久、经济、美观的原则，科学规划，精心设计的建筑方式是：齿墙式重力挡土墙，梯级布置，临水两墙间隔 10 米，两边临水与护岸墙之间各 5 米绿化带，与内外环路相衔接，墙体全长 30 华里，配套一座交通桥，两座曲桥，76 个台阶踏步……这一切，工程造价要 300 万元！

向钱看不如向前看。但向前看也需要理解和支持。应该去争取理解和支持。有钱，我们要干下去；没有钱，我们也要义无反顾。有理解和支持，就有干劲！

乘开会之机，王建、王育才到省城去了。

一听说有要钱的苗头，不管你县长还是副县长，人家马上变得冷漠了，没兴趣了。可是，他们是出了力流了汗的县长，他们带来了感天地泣鬼神的"环城河精神"。随着锲而不舍的汇报，随着关于治理环城河的录像的播放，冷漠终于变为热情，隔膜终于为理解所打通。

从乡下回来，又到工地转一圈，王建回到家，已是夜间 1 点多钟了，正赶上王育才第三次打电话。一个亲切熟悉的声音传来。"好消息！"对方迫不及待地说，"省里支持 50 万元，已经来到了！"

50 万元！这意料之外情理之中的一笔巨款，像一支强心剂，注入了灵璧县委、县政府的心脏；像一股春风，送入九十六万人民心田。

孙金道和王建认为：上级大力支持，民众积极行动，县委、县政府应该向前大跨一步，并且要一步到位。

12月5日，环城河治理指挥部宣布成立"集资募捐领导小组"。

护坡工程的艰巨性与困难度，比之清淤工程，有过之而无不及。首先，资金不足。实际上，按四道护坡墙计划，所需资金要420万元左右，而二道墙则需要260万元左右。现在要用300万元完成420万元的工程，还要保质保量。其次是任务重，时限紧。有一些险工险段，很难保证工程如期进行，但指挥部要求务必在汛期来到之前完工。

公元1991年5月25日，灵璧县环城河砌石护岸工程按时按刻保质保量完成了任务。近19公里的潺潺清流，又重新注入了96万人民的心田。

（县政协办公室　供稿）

我眼中的灵城变迁

同龄人

1969年10月，我来灵璧中学上学，正赶上灵城开大街。从隔顶口向东开到人民照相馆，向西开到人民医院，向北开到县政府和人武部，唯有向南是直达南关桥头，与宿泗公路连接。我们学生上午上课，下午上大街，砸大石头，撒山红土，摊大中小号石渣子。县直机关人员轮流参战，在寒风刺骨的日子里，一干就是两个多月，终于把大街铺好。看着宽阔平坦的崭新大街，人们交口称赞：还是解放军首长李广英（6408部队某团副参谋长，时任县革委会主任）有魄力。

1976年10月，我大学毕业回本县工作时，东关、西关、北关大街都已开到了桥头，四关的桥也重修加宽了，以前的青石板大街路面连同那两道深深的、长长的车辙永远地消失了。大街旁建起了几幢楼，有农林局的、水电局的、粮食局的三层楼，还有凤山饭店的四层楼。20世纪七八十年代，县城主要向西部发展，欲与灵西闸相连，在中间新开了一条南北向的农民大街。90年代，整修了环城河，在环城河的西南角建起了水上商场。从南关桥头向南新开一条光明大街和南二环路，南二环路和农民大街相交，并且在新汴河上建起第二座大桥，引导县城向南扩展，向新汴河北岸靠拢。世纪之交，在南大桥北边的三角地块矗立一座世纪碑，围绕世纪碑建起一个三角形的绿岛公园。"绿岛"虽小，但那是灵城的第一个公园，它的建成让灵城人民眼前一亮。每当夜幕降临，绿岛公园成了人们休闲娱乐的好去处，广场舞也在这里悄然兴起。

进入21世纪，灵城开发建设驶上了快车道。从南二环路再向南开辟了南三环路，命名为奇石大道；农民大街向南向北延伸，更名为迎宾大道；政务大楼门前一条东西向大道，命名为钟灵大道；在东边一条南北向大道，命名为虞姬大道。沿着大道，居民小区星罗棋布，每个小区内外自然形成街道。毫不夸张地说，大道开到哪里，小区跟着建到哪里，哪里就形成街市。如日月星城的莱迪购物街、状元府的状元金街、星河湾的鑫鑫街市等。21世纪之初，龙山广场的东北、西南两角耸立起的茂和大厦、中沛大厦，被人们稀罕地称为双子座地标式建筑，而眼下灵城20多层的高楼已比比皆是。县委提出了反弹琵琶，优先发展文化旅游产业，助推工业化和城镇化的发展战略。扩建了虞姬文化园，新建了奇石文化园、钟馗文化园、现代农业博览园和龙山广场、钟灵文化广场。奇石文化园是国家4A级旅游景区，现代农业博览园入选全省最具影响力的十大旅游景点之一。无怪乎许多初来灵璧的外地人和外出多年回家的灵璧人都惊叹："这哪里是小县城，俨然是座新兴都市。"在我家附近的龙山广场上，清晨有打拳、练剑的，有打排球、乒乓球、扔柔力球的，还有利用健身器材锻炼身体的。白天有唱歌唱戏的，有跳舞健身的，还有打牌下棋的。大多是中老年人，人人脸上都洋溢着灿烂的笑容。到了晚上，龙山广场更是成了欢乐的海洋，广场舞交谊舞、老年操佳木斯操，伴奏曲此起彼伏。双休日的晚上，大多还会有霸王城、雅克西等文艺团体演出节目。

从开大街到大开发，经过短短的 40 多年时间，至 2010 年，把仅有 2 平方公里的老灵城拓展为城区面积 15 平方公里、居民 15 万人的新灵城。县委、县政府作出了 2030 年达到"双五十"的城市建设规划，即城区面积 50 平方公里，城区人口 50 万人。随着城乡一体化推进，县城加快棚户区拆迁改造进度，农村加快美好乡村建设步伐，在灵璧县 2054 平方公里土地上必将呈现出更加壮丽的美景。

这几年的社会治安工作

郭同友

我县刑事犯罪问题十分突出。自 1985 年以来，刑事大案呈逐年上升势头。1985 年 30 起，1986 年 39 起，1987 年 61 起，1988 年 70 起，1989 年 92 起。1990 年刑事大案立案数比 1984 年上升 73%。

我县犯罪活动特点非常明显。一是刑事犯罪的反社会性越来越明显。一部分犯罪分子以制造社会影响、扰乱社会治安、制造恐怖气氛为目的，公然向社会挑战，向人民政权挑战，带有明显的政治色彩和阶级斗争性质。如 1989 年下楼镇古城村张桂旺等盗窃抢劫团伙案，他们不仅大量进行盗窃抢劫犯罪活动，还组织打砸派出所、抄家，公然煽动群众进行夺权，致使该村村长、治保主任、民兵营长等职位全被这一团伙夺取。二是刑事犯罪的残暴性不断升级。许多犯罪分子经常随身备有锋利的刀、斧、匕首等凶器，有的还持有枪支弹药和爆炸物品。其中一些犯罪分子在反社会的报复心理驱使下，穷凶极恶，犯罪手段无所不用。1991 年 1 月至 11 月，全县共发生杀人案 10 起，严重暴力案件 24 起。三是刑事犯罪分子的贪婪性不断加剧。近年来，随着商品经济的发展，尤其是受资本主义社会腐朽势力的影响，有些人"利己主义""拜金主义"思想恶性膨胀，极端贪婪，为钱财，不惜以身试法。1991 年 1 至 11 月，全抢劫大案 7 起，盗窃大案 23 起，由此造成的经济损失近百万元。四是刑事犯罪的职业性日趋显著。当前，流窜犯、惯犯、团伙犯、在逃犯日益严重，这些人长期作案并有一套反侦查伎俩。有些团伙带有黑社会色彩，他们横行一方，寻衅滋事、杀人越货、残害百姓，作恶多端，危害极大。

当前还有许多影响社会稳定的潜在因素。改革开放本身就带有探索性，完善政策需要有个过程。有些基层组织涣散，思想政治工作薄弱，大量内部矛盾不能及时解决。如农村封建宗族活动抬头，由土地、宅基、山林、水利、婚姻、邻里等纠纷引起的聚众械斗事件屡有发生。还有因分配不公、纠缠历史遗留问题引发一些闹事上访事件，都将影响社会的安定。今后随着改革开放的进一步深入发展，一些新的社会矛盾还将不断发生，一些犯罪的因素也不可避免地会相伴而生，而且国内外敌对势力也会利用这些矛盾煽动闹事。因此，在今后较长的一段时间内，刑事案件，有可能继续呈上升趋势，社会治安形势是相当严峻的，我们绝对不可以低估和忽视。

我县公安机关在打击犯罪、保障全县人民生命财产安全、维护社会治安方面亦做了大量工作。1991 年，我们坚持贯彻严打方针，严厉惩治刑事犯罪，使全县刑事案件比 1990 年下降 4%。在侦破案件中努力做到以快治快。7 月 1 日晚，杨疃镇朱岗村女青年王元侠在家中被害，凌晨两点多接到报案，局领导分头组织人员车辆，仅用 40 分钟就赶到现场。由于勘查摸底及时，仅用 28 小时就顺利破案；从指导思想上，我们实行打现行、破积案、追逃犯的方法，工作上抓两头，一头抓住严重危害社会治安的爆炸、杀人、强奸、抢劫等恶性暴力性案件的侦破；另一头抓住涉及面大、严重侵害国家财产和广大群众利益的盗窃等案件。如位于城乡接合部的三山、范桥等地，1991 年曾一度盗窃犯罪猖獗，群众不得安宁。3 月，我们对该地区进行重点整治，一举挖出了以程永坤等为首的 42 人重大盗窃团伙。经查明，这个犯罪团伙自 1988 年以来，流窜到睢宁、凤阳、宿县、泗县、固镇等地，作案百余起，盗窃耕牛 127 头，四轮机 11 部以及机动三轮车、电视机、自行车、收录机等物品，价值 16 万余元。经过整治，这个地区治安状况大有好转。1991 年县公安局先后对 50 余个乡村地区进行了重点整治，达到了整治一片、安定一方的目的。

我县社会治安工作成绩是肯定的，社会大局是稳定的，公安队伍主流是好的。当然还存在一些值得注意的问题。一是个别干警政治素质不高，政治思想工作做得不够深入细致。一些人受商品经济中"金钱拜物主义"的影响，以权谋私、以案谋利、以罚代处的现象时有发生。二是个别干警法制观念淡薄，存在执法不严的现象，甚至和案件人一起吃喝，造成极坏影响。三是在执法权利和程序上有时掌握和宣传不够，容易使群众产生怀疑和误解。人们说："抓了放、放了抓，肥了公检法。"这话虽然以偏概全，失之偏颇，但是也确实道出了政法队伍中个别人员的毛病。公检法几家执法机关，既互相联系，又互相制约，"抓"和"放"必定还是有一定法律程序的，"抓""判""放"都是有严格法律手续的。这个问题是十分重要而又必须加以注意的问题。四是个别治安联防队员有越权执法、违法乱纪行为，群众反映较大。撤区并乡后，原区、乡治安人员一律解聘，以后怎么办，待请求县委、县政府指示后再定。如果准予县级招聘，那么我们将从政治、思想、品质、文化及身体等方面严格把关，严格管理这支队伍，既发挥他们的作用，又杜绝或尽量少出问题。在打击和防范方面，有时还存在打击不力的现象，还有治安死角，人们的安全感还不稳定。特别是流氓斗殴、蒙面抢劫、团伙盗窃、报复行凶等案件，易造成人们的恐惧心理，必须进一步加强治理，狠狠打击，增强人们的安全感。

改革在深入，开放在扩大，我们在加强社会治安方面，实现了几个转变。

变"小治安"观念为"大治安"观念，长期以来，人们对社会治安的理解主要表现为"小治安"观念，把它仅仅看作政法部门的事，所谓"政治稳定看党委、经济稳定看政府、社会稳定看政法"，就是这种观念的反映。由于治安眼界狭窄，认识偏颇，形成实际上真正干"治安"的，只有公检法几家，甚至"社会百家经营，治安一家独抓"。这种"小治安"观念必须向"大治安"观念转变。从战略全局和长远观点看，社会治安问题是整个社会主义革命和建设时期国内外各种社会矛盾的综合反映。政治、经济和社会的稳定密不可分。在充分发挥职能部门骨干作用的同时，动员和组织全社会力量，运用政治的、经济的、文化的、教育的等多种手段，才能从根本上减少和预防违法犯罪及大的案件的发生，维护国家和社会的稳定。

变"消费型"治安观念为"增值型"治安观念。在全党工作重心转移到经济建设上来以后，的确有些同志，包括一些处在领导岗位上的负责同志，视搞治安为"负担"和单纯的"消费型"行为。其实，用于社会治安的"消费"换来社会安定"效益"，是难以用数字统计的。因此，综合治理社会治安，给予一定"投入"，不是"消耗"而是"增值"，要把社会治安纳入经济发展和社会发展的总体规划中，实行经济、社会、治安的良性循环，互相促进，协调发展。

变"静态"管理为"动静结合"，以动态管理为主。过去，社会处于相对的封闭状态，以表态管理为主的治安管理方式曾经适应了这种状况的需要，而今，伴随社会主义商品经济的发展，改革、开放、搞活，人财物由"静"变"动"，迫切要求治安管理从表态管理及时转到"以动为主，动静结合"的运行机制上来。要克服狭隘的地域观念和本位主义，树立起牢固的全局观念和一盘棋思想，从分散管理，各自为战转向各部门、各警种及至各地区密切配合，协同作战，提高队伍的快速反应能力和整体作战能力。

从以严打为主，转为打防结合，标本兼治，重在治本。鉴于刑事犯罪猖獗，治安形势严峻，坚持严打是必要的。只有严打，才能制止犯罪分子继续进行犯罪活动，剥夺他们重新犯罪的条件和机会。判了、关了、管了、杀了，只有严打，才能震慑、惩戒社会上有违法犯罪企图的人，使之停止或不敢进行犯罪活动。只有狠狠打击犯罪分子的嚣张气焰，才能增强人民群众的正义感和与犯罪分子作斗争的积极性。但是，打击主要是治标，预防才能治本。要切实加强基层基础工作，积极疏导和化解人民内部矛盾，严密社会防范机制，全面落实"防范、教育、管理、建设、改造"等治本措施，掌握预防犯罪的主动权。

变"阵发性"治安观念为"持久性"治安观念。过去一个时期，有些地方和系统往往是一个单位发案了，一个地方治安问题增多了，才动手抓上一阵。及至案件破获，治安形势好转就万事大吉，形成了"出了案件想治安，形势严峻重治安，平安无事忘治安"的不良倾向。不能充分唤起广大群众的警觉性和参与感。社会治安不可能"毕其功于一役"，必须将之作为两个文明建设的有机组成部分，常抓不懈，持之以恒，真正做到"工作忙时不忘抓治安，任务重时不挤掉治安，治安形势好时不放松治安"，只有这样才能长治久安。

1992 年 2 月

政务服务创新争优

　　灵璧县政务服务中心以打造全省一流的政务服务中心为目标，以服务群众、服务企业、服务经济发展为重点，积极探索和创新服务机制，按照推进"两集中、两到位"的工作要求，全面推行"一窗口受理、一站式审批、一次性告知"和"一门进、一费清、一人包、一章结"的行政审批绿色模式，提升了服务效能，方便了办事群众，赢得了服务对象的普遍赞誉。

　　打造一流服务平台。2013 年，县委、县政府投入资金 1500 余万元，建成 3500 平方米的政务服务中心，并于 2014 年 5 月底投入使用。进驻单位 35 家，进驻项目 271 个，窗口工作人员 101 人。中心统一为各窗口配置了办公设备，制作了桌牌、便民服务卡、服务指南，办公环境得到了极大改善，服务水平和质量得到了明显提升。

　　全面实行办事公开。进驻政务服务中心行政的审批事项实行了"五公开"，即公开办事内容、公开办事程序、公开申报材料、公开承诺时限、公开收费标准。以上内容均通过中心公示栏、电子触摸屏和办事指南进行公示，既提高了行政审批工作的透明度，也提高了工作人员的办事效率。中心还建起了网站，所有的行政审批事项在网上全面公开，群众可通过网络申办事项。

　　精简流程，提高效率。在项目清理、进驻中心过程中，针对一些单位行政审批项目应进未进等问题，县效能办先后两下发《整改通知书》44 份，要求进驻单位对上报项目存在的问题限期整改。同时，对进驻的行政审批项目进行认真清理，并对审批流程进行了简化，从而提高了审批效率。做到申报材料齐全的事项按照即办件办理；需要现场勘察、集体讨论或听证的审批事项，按承诺件办理，并限时办结；承诺时限在国家法定时限内的，办结时限平均压缩 50% 以上。

　　强化管理严肃纪律。该中心多措并举，扎实推进机关效能建设。一是健全规章制度，按照"点燃激情、追求卓越、争先进位、争创一流"的效能建设工作要求，完善了首问负责制、责任追究制等内部管理规章制度。二是强化纪律监查，中心实行指纹（脸谱）考勤登记，实行每日"四签到"。在大厅设立了投诉受理中心，由县效能办派驻 2 名工作人员，对各窗口的服务情况进行监督，发现问题及时纠正。三是用好电子监察，通过电子监控视频系统全程即时监督各窗口办件情况和执行工作纪律情况，确保行政效能监察即时化、常态化，让"庸懒散奢贪"无处遁形。四是加强绩效考核，对各窗口和工作人员严格进行绩效考核，考核合格的给予奖励，不合格的则予以通报，情节严重的直接退回原单位。

优化服务树立形象。中心以"创新、创优"作为服务群众和企业的出发点，将服务行业中的规范礼仪行为融入窗口接待工作中。以"便民、高效、廉洁、规范"为宗旨，建立健全各项规章制度，严格执行首问责任制、限时办结制、责任追究制等 27 项规章制度。通过一系列责任制度的实施，窗口工作人员的工作作风明显改进，服务能力明显增强，审批效率明显提高，政务服务环境明显改善。

（灵璧县政务服务中心　供稿）

我们的招商引资工作

戚　伟

近年来，我们人社局一直高度重视招商引资工作，把招商引资作为第一要务，千方百计在招商引资方面做文章，营造全局关心、参与招商引资的良好氛围。特别是在 2007 年，尽管县委、县政府给我们的任务形式发生了变化，但我们感到责任心不能变，为灵璧发展作贡献的愿望不能变。为此，在新一届班子稳定后，针对招商引资任务，定期不定期分析形势，创新招商方式，充分发现和挖掘关系资源，成功引进浙江海宁百方针织有限公司来我县投资兴建轻纺产品生产项目（安徽百方针织有限公司）。该项目从 2007 年 6 月 12 日经关系人引荐，到 2007 年 7 月 30 日正式签约，仅一个半月时间。中间洽谈通过传真只一个来回。2007 年 10 月 30 日该项目正式在开发区举行奠基仪式。11 月 5 日正式破土动工建设（计划建设周期二年），占地 105 亩，总投资 5000 万元（其中固定资产 3000 万元）。主要生产各类袜子，2008 年 5 月试投产，其产品全部出口日本、韩国、东南亚及欧美等国家和地区。正式运行后，年产量达 1800 万双袜子，产值达 6000 万元，可创利税 500 万元以上，安置就业人数 600 人。首期工程款 1000 万元已经到位。目前 1 号车间初步结顶，8000 多平方米的综合楼已上二楼，工程正在紧张施工中。

在这个项目中，人社局作为引资单位，在县委、县政府的领导下，在各部门的大力支持下，做了一些工作。应该说，没有各级领导和各个部门付出的心血，光靠我们一个部门是远远不够的。

领导工作繁忙，事务千头万绪，不可能始终关注在某一点上，但对于招商引资来说，往往领导重视不重视、出面不出面、表态不表态又直接决定着项目的成败。在这个项目引进过程中，县领导基本上是有求必应，书记、县长亲自外出考察，尤其是分管县领导做了大量的具体工作，这些不仅让客商受到感动，更提高了我们的诚信度，促成了他们投资的决心和信心。

在招商引资工作中，用真诚的态度打动投资者，用科学的方法来分析证明有关项目在我县投资的优势所在，说服和吸引投资者，至为关键。比如，首次接触时，客商咨询有关政策和县情时，许多我们说不准确，结果通过联系，不到一小时，县招商局、开发区的领导都到场，有问必答，使他们很快掌握了各方面情况。再有，他们来访后，仅过四天时间，我们就同县领导立马回访，不仅进一步做了宣传更带去了我们的诚意。以后我们又先后去了几次，对方来人我们也及时靠上去，盯紧靠紧不放松。这样一种紧密的关系，无疑增强了投资者的信任感，为项目顺利落成奠定了扎实的基础。同时在办理项目开工等各项具体业务时，相关部门一路绿灯，使客商感到办事方便快捷，十分满意。

在招商引资工作中，加强交流，增强了解是经济合作的基础，只有在彼此了解并对合作者认同的情况下，才有可能合资合作。作为政府主管人事工作的部门，我们自身业务十分繁忙，财源也十分有限，但我们始终牢固树立"帮助投资者就是帮助自己，服务投资者就是服务经济，关注投资者就是关注发展"的思想，妥善克服各种困难，紧盯项目，跟踪服务，以诚感商。每次对方来人，我们再忙也要全程陪同。对方提出需要帮助，我们是要人给人，要物给物，做到该花钱的一定花，一时没有钱，该办的事个人垫钱也得办（仅此项目到目前为止，我们先后花费5万元以上），基本上是他们需要什么，我们就及时提供什么，他们要求我们做什么，我们尽快想法达到什么。大到洽谈及办理相关手续，小到租赁房屋及购买生活用品，我们都组织专人帮助完成。让他们切实感受到我们的热情，在逐步交往中，加深感情、增进友谊，创造出进一步沟通的条件。正如客商说的："冲着你们的热情，我们愿意交朋友，愿意来投资。"

招商引资，不但要有优势，更要善于增势和用势。就这个项目来说，它属于劳动密集型性质的，在先期的考察中，他们也特别考察了我县劳动力资源情况，对此，我们自然"宣传"了一番，又推出"劳务输出全国先进县"的王牌。但在初次考察后、签署投资意向前，他们先后三次提出要我们帮助招收人员，为此，我们当初犯过嘀咕，帮不帮？后来我们理解为这是客商对我们"资源优势宣传"诚信的检验。于是，我们在县领导和有关部门的帮助下，迅速行动，广泛联系，最后按时组织了三批60名学员，并派专人专车送去。也可能是巧合，每送一批学员，项目就有一次实质性进展。

2008年12月

"抗非"铁人战"新冠"

"我是党员，参加过抗'非典'，请优先考虑我！"灵璧县人民医院大内科党支部书记、感染科主任张建道，继2003年非典之后，再次挺身而出，临危受命，第一时间投入到了医院抗击"新冠"的最前线，出任新型冠状病毒专家治疗组组长、传染病隔离病区主任。

2003年抗击非典时，张建道是灵璧县人民医院感染科主任，他主动请缨奔赴"抗非"前线，担任"非典"病毒专家治疗组组长，在抗击非典病毒战"疫"中坚守阵地，舍小家为大家，守护全县人民生命健康。由于表现出色，2003年张建道被安徽省政府授予"抗击非典先进个人"称号，被市委组织部授予"优秀共产党员"光荣称号。

张建道自2020年1月22日进入隔离病区后，一直没有回过家。只要有会诊，他总是第一时间赶到，病房里时时都能看到他忙碌的身影。

"张主任你好。我是××，这几天咳嗽发烧。""张主任你好，我们这里收治了一位外地回乡的病人，目前发热，我把CT报告发给你看看。"类似的咨询电话，张建道一天不知接到多少个，他总是耐心细致地接收咨询、接收乡镇卫生院等医疗机构报送的发热患者病情资料，并第一时间进行分析，提供专业指导和建议。每天带领医生进隔离病房查房，有新病人来了，抢着抬病床上前迎接。为了提高诊断率，他亲自为隔离病人抽血采样，对每一版新冠肺炎诊疗方案，他都细细研读并与其他同事深入讨论。特别是对疑似病历，他总是一而再、再而三地斟酌考虑，一点儿也不敢疏忽。张建道每天都工作到凌晨，甚至彻夜不眠。张建道抛下一家老小，像战士一样在隔离病区坚守着，连和女儿通个电话也是一种奢望，每次都是没来得及说上两句话，就被咨询电话打断。

"在一起工作这些天，我们目睹了张主任不分昼夜扑在工作上，心系全县老百姓的健康，不言苦、不说累、不叫屈。他是我们学习的榜样，是最可爱的人！"这是在隔离病区与张建道一起工作的同事对他的评价，大家亲切地称他为"铁人"。

作为一名呼吸内科专家，张建道从业近30年来，始终坚持不懈地加强业务学习，不断充实自己。2017年至今，他连续3年担任中华医学会宿州分会呼吸感染质控副主任、中华医学会宿州呼吸分会副主任委员，2019年任安徽结核学会专家组成员。他积极组织医务人员进行新冠肺炎诊疗与防控知识培训，学习掌握国家卫健委发布的最新防控要求及诊疗规范，认真做好诊疗救治工作。截至目前，县医院隔离病区共接收15例疑似病人，经省市确诊的6例转往上级定点医疗机构治疗，尚未确诊的疑似病人经医护人员精心治疗，生命体征平稳，情况较好。对于这场战"疫"，张建道说："'非典'我们都一起扛过去了，何况现在科学技术、医疗设备和手段远超过去，生命护理能力大大提高，公共卫生安全体系日趋完善，我坚信在党中央的坚强领导下，我们一定能够赢得这场斗争的全面胜利。"

17年前张建道那年轻的心态、帅气的身影，彰显了医务工作者的良知、责任和担当；17年后他仍然像蜡烛一样默默燃烧自己，在这场没有硝烟的战斗中为全县人民的身体健康保驾护航。

（灵璧县人民医院 供稿）

打造消防标兵中队

井茂龙 蒋维军

灵璧消防中队党支部紧紧围绕公安消防保卫工作的中心任务，不折不扣地落实《军队基层建设纲要》，努力营造一个拴心留人的警营环境。1999年7月，战士李庆伟家庭生活困难，自身想学驾驶技术，因名额限制未能如愿，工作十分消极。中队指导员亲自找他拉家常，并向他讲述三百六十行、行行出状元的道理，使小李思想有了大转变，全身心投入工作中。不久，小李以优异的成绩考入武警廊坊学院。

为改善官兵的生活和工作环境，提高官兵的综合素质，这个中队立足现有条件，投资25万元用于改造营房，重新布置和设计了荣誉室、体育活动室、图书阅览室和车库，还投资21万元购置了消防车，增强了消防力量。

为做好消防保卫工作，中队官兵主动走出营区，熟悉周围环境.检查消防设施，做到心中有数。他们还针对居民集中、房屋耐火性差、道路狭窄、水源布局不合理等特点，进行实战战术研究，不断改革训练科目，精心制定灭火预案。训练成果受到了实战的检验，中队的训练成绩始终在全区名列前茅。近10年来，在支队举行的各项消防业务竞赛中，共获得团体冠军9个，个人第一名16个，成为宿州市消防部队的一支拳头中队。

灵璧县消防中队是一支善打硬仗的队伍，遇到急难险重任务，支队首先想到的是他们，在扑救火灾抢险救援战斗中，中队官兵面对血与火、生与死的考验，无私无畏，英勇顽强，交出了一份份出色的答卷。

1997年10月20日，灵璧县冯庙镇加油站发生爆炸起火，严重威胁到周围群众的安全。中队接到报警后，火速出动力量奔赴现场。加油站内3个30立方米的汽、柴油罐受到了严重威胁，当时油罐已变形，中队官兵12人，在大队长李根信的指挥下，在油罐8米处用三支水枪，冒着流淌的油火和随时可能发生爆炸的危险，忍受着强烈的浓烟和烈火的熏烤，奋勇作战，终于将大火扑灭。这次战斗，大队长李根信和战士胡钢分别荣立三等功。

1990年以来，灵璧消防中队共接警350余次，出动车辆700台次，人员达4200人次，先后参加了灵城北关木板厂、宿州市木板厂、宿州市酒精库等火灾的扑救抢险战斗，挽救直接经济损失达数千万元，为保卫国家财产和人民群众的生命安全，维护社会稳定，促进地方经济发展作出了突出的贡献，被地方党委、政府和群众誉为"人民的保护神，社会的镇灾石"。2001年1月，灵璧县消防获省消防总队颁发的"基层建设标兵中队"的荣誉称号。

用爱撑起一片天

井茂龙　井　峰

远道而来的陕西姑娘尹娟，因患小儿麻痹症，齐腰以下瘫痪，只能靠双拐慢慢挪步；宿州市灵璧小伙徐升，先天畸形，像个半截人，只有一只完整的手，靠小板凳移动。两人相隔三千里，13 年前，《人民日报》为他们牵了红线——

《人民日报》搭鹊桥

1961 年，在陕西省汉阴县的一个普通干部家庭降生了一个叫尹娟的女孩。她在二周半时，不幸患上了小儿麻痹症，由于耽误了治疗佳期，落下了齐腰以下瘫痪，腰椎呈 C 形弯曲。聪明伶俐的她看到同伴们一个个活蹦乱跳的，常常眼泪汪汪，渐渐地形成了永不屈服的性格。在家庭、老师、同学的帮助下，她在学校里学习刻苦，成绩优异，顺利地读完了高中。由于受到身体条件的影响，她被拒之于大学门外，也与父亲单位一次又一次的招工招干的机会失之交臂。

多次不如意，让她感到人生道路的坎坷和迷茫。她把自己的所思所想，全都写了出来，寄给了中国残联主席邓朴方。令尹娟没有想到的是，一个月后，中国残联给她回了信，并转到了陕西省汉阴县政府。在汉阴县政府和有关部门门的关注与协调下，尹娟于 1986 年成了她父亲所在的县农行的一名合同工，专门打字。对这份来之不易的工作，尹娟倍加珍惜，积极向同事学习，加强指法练习，为了尽快熟悉操作技术，她买来有关书籍，经常学到深夜。但让尹娟纳闷的是，在同样的工作条件下，自己的工资却只有其他合同工的一半，想找一个说法，可别人也只是搪塞几句。难道残疾人就低人一等吗？况且自己干的工作不比别人少、不比别人差。尹娟实在按捺不住内心的悸动，毅然拿起笔，把自己的苦恼、自己的想法、自己的愿望一挥而就，寄给了《人民日报》。《人民日报》于 1989 年 1 月 6 日在第四版，以《残疾姑娘求平等》为题，把文章刊登了出来，并且加了编后语。读了变成铅字的文章，尹娟的内心世界受到剧烈的振动，工作热情大大提高，她那颗不平衡的心得到了一丝安慰，使她对生活充满了信心。这篇文章同时在社会上激起了不小的浪花，各界人士纷纷来信安慰她鼓励她。她认真地给来信的朋友回信，一起畅淡人生，互相勉励。其中有一封从安徽省灵璧县杨疃镇的来信，引起了尹娟的注意。

来信的小伙子叫徐升，出生在一个贫穷的农民家庭，为先天性残疾，几乎没有下肢。右臂完全像一根弯曲的木棒，只有健全的左上肢，他在父母的呵护下，克服种种困难，从小学到高中，刻苦好学，成绩一直在班里占前十名。毕业后没多久，徐升就在杨疃中学当起了会计，后被杨疃粮站招为职工。徐升身残志坚，性格开朗，生活充满了勃勃生机。无论是在学校，还是在粮站，他都工作认真、踏实肯干，责任心很强，受到领导和同事的好评。

或许是同"病"相怜，尹娟与徐升书信来往不断，互诉心语，徐升的坦率与快直，让尹娟感觉遇到了知音。半年书信的来往，两人之间由当初的相惜相怜，感情开始升温，如每周不能收到对方的来信，就会寝食不安，尹娟决定与徐升订下终身，1990年7月的一天，尹娟带着对徐升的无限思念来到了徐升的家乡。当她第一眼见到徐升时，顿时傻了眼：她怎么也没有想到他会残疾到这种程度。她此时只有一个念头，马上离开这儿。可当她看到徐升凭着一只健全的左臂端茶、送水、扫地、洗衣做饭时，自己被他那坚强不息的毅力深深感动，斟酌再三，还是决定留下来。她想，虽然两人身残，但只要互亲互爱、互帮互助、齐心协力，没有克服不了的困难。与此同时，徐升积极地帮助尹娟办妥了工作关系，入好了户口，尹娟也成为杨疃镇粮站的一名职工。而后，两人举行了热闹的婚礼，镇领导、单位同事及父老乡亲都纷纷前来向这一对残疾人来之不易的婚姻表示祝贺。

用毅力的大锤打开生活的铁锁

婚后，尹娟原来的衣来伸手、饭来张口的日子成为过去式，一切都要自己动手，对于一对残疾人来说，是何等的艰辛。夫妻俩互相体贴、互相谅解，有时也难免因生活中的一些琐碎小事在一起磕磕碰碰，但每次均以徐升主动道歉而化解。有一次，徐升病了，尹娟想给他做点可口的饭，由于厨房地滑，她一不小心滑倒了，慌忙去扶菜橱，菜橱被拉倒了，放置在菜橱里的一盆猪油泼了一地，溅了尹娟一身，摔碎的盘碗满地都是，她的手也被划破了。徐升听到厨房里的响声及尹娟的惊呼声，慌忙地拖着虚弱的身子从床上爬了起来，挪着板凳来到尹娟身边，他想拉起她，可用尽了全力，拉了几下也没能拉动她。徐升伤心地哭了，尹娟此时委屈的泪水一下涌满了面颊，心里在滴血：命运之神为什么这样无情？生活道路为何这么艰辛、这么狭窄？有几次，尹娟一想到夫妻俩都是残疾，看到周围健康人快乐地生活，以及平时遇到的种种困难，对一切心灰意冷，甚至产生过轻生的念头，可在徐升始终对生活抱着积极乐观向上的精神鼓舞下，她又深深感到生命的珍贵。她把"命运的打击并不可怕，可怕的是屈从命运的安排"和"要用毅力的大锤打开生活大门的铁锁，用意志的犁铧开垦知识的沃土"这两句格言悬挂在屋里的醒目地方，时时在提醒自己、激励自己。为了丰富生活，他们订阅了《中国残疾人》《文摘周刊》《恋爱·婚姻·家庭》等书刊。

1991 年，尹娟生了个小男孩，夫妻俩特意为儿子取名为徐尹翔。儿子的诞生既给家庭带来了巨大欢喜，又增加了他们的生活难度。尹娟的母亲急忙从老家赶来，可照顾尹娟两个多月后，由于水土不服，加上身体欠佳，只好回去了。然而徐升的父母年事已高，也无法照顾他们。夫妻俩在艰难的生活环境中，从不低头，互相配合，或妻子抱小孩，丈夫做饭；或丈夫抱小孩，妻子洗衣服。一天到晚，两人忙忙碌碌。空闲之余，徐升经常用肢戏的手拉起他那心爱的二胡，流出动人的乐曲。从小爱唱歌的尹娟常常会随着激昂的旋律，唱上一曲。

走上艰苦创业之路

儿子徐尹翔的渐渐长大，给家里带来了一个严峻的问题，夫妻俩均不能扶着小孩学走路。万般无奈之下，他们只好请了一个保姆。当时，尹娟夫妻俩的工资加在一起才 200 多元，生活出现了危机，不得不向亲朋好友借钱。这时，一位朋友建议尹娟，能不能再发挥自己打字的一技之长。迫于生计，尹娟夫妻俩思索着，只好向尹娟父母求助。当她父母接到这个消息后，母亲拖着刚做过手术不久的身体，与老伴、大女儿一同来到杨疃镇，并且带来了机械打字机、油印机等设备。回去时，为减轻女儿的负担，把小孩也接走了。

在镇领导、单位同事的帮助下，打印社开张了。一开始，镇里就拿来了一份厚厚的材料，当时已是下午六点钟，但材料第二天上午急用。尹娟只好挑灯夜战。渴了，就喝浓浓的茶；饿了，吃点饼干；困了，就一次又一次地在太阳穴上抹上风油精。夜间，徐升多次起来，看到妻子还在不停地打着字，悄悄地帮着倒茶、拿点心，为妻子按摩。由于尹娟有近两年的时间没有打过字，较为生疏，当她敲完最后一个字时，天已亮了，虽然她的脚肿了，腰酸背痛，胳膊也麻木了，可心里甜滋滋的。就这样，一分耕耘，一分收获，一份又一份的文件、表格，在尹娟的辛苦中准确无误、清晰美观地打了出来。

慢慢地，尹娟家的生活有了转机。随着经济的发展，机械打字已不能适应社会的需求，尹娟决定将机械打字改为计算机打字。1995年5月，尹娟从杨疃镇财政所借了4000元，在镇有关部门的支持下，共筹集了1.2万元，去合肥市买计算机。当尹娟夫妻俩来到安达电脑公司，说明来意时，公司的领导被他们自强不息的精神所感动，决定免收尹娟夫妻俩的住宿费和实习费，并安排专门老师辅导。尹娟初次接触计算机，既兴奋又高兴，经过半个月的认真学习，掌握了计算机的基础知识与一些操作方法，计算机与打印机买来后，尹娟的打印与日俱增，1995年底，尹娟夫麦俩还清了借款。1996年，她们又在杨疃镇街道上的黄金地段买了一块地皮，在尹娟父母的资助和亲戚的帮助下，盖起了三间门面房。从1999年开始，由于一些单位和个人不能及时地支付打印费，他们只好借款经营。为了进一步提高服务质量，他们于同年10月借款购买了自动速印机，并更新了计算机，实现了打印业务的各项配套服务。为尽快熟悉新的办公软件，尹娟买回相关书籍，自学各种新软件，遇到疑难问题，虚心向同行求教，并且还免费培训了三名计算机学习爱好者。

1997年，尹娟的父母把儿子徐尹翔送了回来，尹娟一直注重孩子的教育，培养孩子勤于动手、动脑和自己能干的事自己干的生活习惯。虽然尹娟夫妻俩生活得很艰辛，令他们欣慰的是，现在徐尹翔不仅能帮助家里做一些家务，学习成绩从一年级到五年级也一直名列前茅。为了给孩子创造良好的学习条件，在灵璧县残联的帮助下，2001年8月，徐尹翔从杨疃镇小学转到灵璧县实验小学就读；2002年7月，徐尹翔以平均99分的优异成绩考上了灵璧县一中初中实验班，并且名列年级部前10名。为了方便徐尹翔上学，尹娟夫妻俩也索性卖掉在小镇的门面房，把家搬到了灵璧县城，在县城南关租了一间门面房，继续经营打印业务。由于地处偏僻，打印业务较少，房租每月300元，加上原在杨疃镇一些单位所欠的打印费至今未还，并且2002年底，尹娟又与杨疃镇粮站签订了下岗协议书，徐升也被杨疃粮站解雇，他们家的生活更加艰苦。

迫于生计，2003年春节刚过，徐升只好外出打工。徐升在2000年度获得了中国合肥音乐舞蹈家协会颁发的器乐声乐演奏演唱（业余）考级《等级证书》、二胡独奏被评为"5级"，他到南京街头拉二胡，每天收入在50元左右。

对于尹娟家来说，没有固定经济来源，人生的路还很长。但是这对历经磨难的夫妻相信，只要他们不懈地努力，以后的生活一定会很美好。

（原载《拂晓报》2003年7月18日、《安徽残疾人》2003年8月）

我的部队 我的大学

李新风

我的中学时代恰在"文革"期间，我读书的中学是安徽灵璧县"向阳中学"。对于当时的高中毕业生而言，谁都无法逃脱命运的安排：回乡返乡，这是农村学生的宿命；上山下乡，这是城镇学生的出路。到了1974年末，即将高中毕业的我也不得不面对残酷命运的无情安排。

记得当时我对于上山下乡，倒并未视为畏途。几十年后，虽然自己已完全没有印象，但当年的小伙伴、现在已是我的大妹夫却多次言之凿凿、十分肯定地告诉我说，我当年曾同他谈到，如果下乡，将来就一定要考大学。这表明，我当时已经做好了上山下乡的思想准备。虽然有些无奈，但又有什么可恐惧的呢？我从出生到小学、中学时代，几乎就是在乡间长大的。那时，我的父亲是皖北灵璧县南向阳公社的党委秘书；母亲是公社小学的公办教师。虽然我们一家都拥有城市户口，属于"吃公粮"的而不同于地道的农村人，但农村公社就位于乡间集镇，与农村保持着非常直接、紧密的联系。我小学、中学的同学，十之八九，都是周边各大队、各生产队的农家子弟。我父亲出生于宿州县城，算是城里人，但从 20 世纪 50 年代初一参加工作，便一直在灵璧县南的一些乡村或公社工作。母亲的娘家，就在县南某公社的农村。总之，我对农村及农民的生活并不陌生，也并无疏离感。也许，那些地道的农村孩子对于我们这些"吃公粮"的会心怀羡慕，未必视为同类，但我们自己却从没有把自己看作城里人。的确，我们不是城里人而是乡下人。虽然都是"吃公粮"的，但当我们偶尔来到灵璧县城或宿州城，看到那些真正的城里人家的小女生，个个都气质不凡，小仙女似的。与他们相比，我早已把自己认同为乡下人了。下乡，大不了像他们那样，由"吃公粮"改为"挣工分"，从零起步，重新开始自己的人生之旅。

可是，人生是否还会有更好的选择？

机会果然来了。大约在距高中毕业还有一个月的时候，我们中学所在的向阳公社开始了征兵工作。这真如"风乍起，吹皱一池春水"，惹得我们这些同学心痒。无论是城市户口的学生还是农村户口的学生，大家都对参军当兵心驰神往起来。可是，征兵的名额少之又少，有几位能够符合条件成为幸运儿？

按我当时的自然条件，本不应对参军当兵想入非非。因为我当时身体十分瘦弱，体重距参军的 90 斤最低标准尚差三斤，我当时的实际年龄也只有 16 岁，怎么可能去参军？让我倍感幸运的是，前来征兵的军官在得知我和我的哥哥是一对双胞胎且都有着强烈的参军意愿后，竟铁定了要把我们兄弟俩一起带到部队，燃起了我心中的希望之火。谁知我慈祥的母亲听到这个消息后，坚决不同意我去参军。她是一下子要把这俩双胞胎儿子都送到部队，她舍不得，更担心我的身体太瘦弱吃不了部队那份苦。眼看天上掉下一个馅饼转眼又将化为乌有，我心急如焚，便找母亲理论，向她发出"最后通牒"：

"俺娘，您到底让不让我去参军？"

"不行！就是不行！你哥比你长得结实，他可以去，你坚决不能去！"

"您不让我去我也得去！您要是不让我去部队，那我就去西藏支边！我的申请书都写好了！我明天就交给学校！"我的眼睛紧紧盯着母亲，放下这句狠话。

母亲一下子呆住了。在她眼中一向温驯听话、从来不敢顶嘴的老二，这是怎么了？看着我那决绝的神态，母亲陷入了深深的沉默。第二天一早，母亲便向我妥协，同意我应征入伍。我高兴得蹦着跳着跑到了学校。接着便是体检。我也不知道为何这么顺利，体检结束后，只见体检表上写着：体重：45公斤；年龄：18周岁……总之，一切合格，一路绿灯。这样，我便穿上了最小号仍觉得有些肥大的崭新的绿军装走进了军营。

应征入伍，第一次改变了我命运的航向。

在通过七七级高考、进入吉林大学之前，我在部队待了三年零两个多月的时间。部队对于我，可以说是另一种意义上的"大学"。

"解放军大学校"，是当时对部队普遍的叫法。这一提法来自1966年5月7日毛泽东的一封信（所谓的"五七指示"）。意思是说，在部队这所"大学校"里，可以得到全面的学习和锻炼。在"文革"尚未结束的那个年代，中学毕业如果能够进入解放军这所"大学校"，是当时不少即将走出校门的青年所神往的地方。解放军这所"大学校"，的确锻炼人、培养人。对此，我有特别真切的感受。

我参军的部队，是中国人民解放军第68军202师606团，这是一个有光荣传统和辉煌战史的著名部队。刚入伍时，部队尚在苏北的新沂县。刚过半年，部队换防，来到了白山黑水的东北吉林省。我们团位于长春市与吉林市之间，营房在距西阳火车站几公里外的山沟里。新兵连的训练结束后，我被分配到一营机枪连重机枪班。一个班包括班长副班长在内只有六七个人。一挺苏式重机枪是全班共同的武器。这台重机枪组装起来，其重量大大超过了我的体重。行军时，一般依靠专用的军马驮运；必要时，则需要把重机枪分解开来，每人负责一个部分：或者是枪架；或者是枪管；或者是档板；或者是子弹箱……最重的是枪架，四五十斤，行军时，只有班里高大威猛的战士才扛得动。像我这样的身板体格，只能将比较轻的枪管或档板分配给我。但即使这些比较轻的部件，也有十多斤重。长途行军除了自己必备的行李，再扛上一个枪管或档板，这对于一个实际年龄刚过16岁、体重不足90斤的我而言，无疑是一个巨大的考验。但是经过一段时间的训练，我胜任了重机枪班的工作，没有成为班里的负担。

其实，连队里的生活，真正的考验可能还不是那些日常的军训、拉练，而是那时经常要担负的一些随机性的工作。比如，部队刚换防到吉林不久，一次连里让我们从西阳火车站往连队运马草（作为连里喂养驮运重机枪军马的草料）。那马草是用机械压缩捆装成大约80厘米宽、40厘米厚、差不多有我个子那么高的长方块，其重量恐怕与我的体重也不相上下。这些草料平时都是用军车运送，但这天不知何故要我们一件件地背回去。在背上背起这样一个庞然大物走上几公里路，即使对于连里那些高大威猛的战士而言也不是件轻松的活儿。然而，就是我这副小身板，硬是把这样的庞然大物给背了回来。还有一次，是在寒冬腊月零下二三十摄氏度的冰天雪地里完全靠人工打井。那镐头刨在地上冰渣四溅，震得双手虎口发麻；从几米十几米的井下刨起装在竹筐里的土块冰块，要几个战士合力用粗麻绳一筐一筐往上拉。再如，某年的大年三十，连里让我们到几公里外的山上拉大石块回来。那忽上忽下、蜿蜒曲折、冰雪达几十厘米厚的山路无法使用任何交通工具，我们只好从树上砍下大树杈，用绳子把一两百斤甚至更重的大石块捆在树杈上，借着冰雪山路的光滑，一人一块大石头，忽高忽低翻过几个山头把石头运回来。当时与战友们用这种土办法拉石头，竟觉得挺好玩，没觉得有啥危险。现在回想起来，不禁有些后怕：那么重的石头，那么滑的山路……

经过新兵连的摔打、夏日沂蒙山大沙河一带的长途行军、野营拉练的摸爬滚打、东北吉林冰天雪地的严峻考验……在差不多一年的时间里，我也从一名并不怎么符合标准的"小兵蛋子"成长为一名比较合格的士兵，不只意志得到了锤炼，自信心得到提高，我的身高、体重也在悄悄增长……

在紧张的军训及部队日常工作之余，我没有放松自己的文化学习，而是积极参加班、排、连与文化相关的各种活动，如政治学习、板报墙报、业余通讯报道，并且尽可能地坚持写日记和读书笔记等。大约到了第二年年底，我突然接到团政治处通知，要我到师里参加通讯报道学习班。学习结束后，便时不时让我参加团里的通讯报道组，跟着团政治处负责通讯报道的丁亚东干事做通讯报道工作。在参加学习班及通讯报道组期间，我有了更多的时间用来阅读和写作；在跟随团政治处丁干事等下机关和连队采访、练习写稿、修改稿件、向报社和电台投稿的大量练习与实践中，我开始明白了什么样的文章才算是好文章；逐渐悟出了应该怎样写记叙文、议论文以及其他类型的文章。慢慢地，我参加采访和初稿写作、经过丁干事等反复修改的稿件开始在沈阳军区的报纸《前进报》上刊登，甚至还有一篇上了《解放军报》。后来，在《前进报》上也刊出了由我独自署名的文章。

部队这所"大学校"给予我的锻炼与培养，让我受益终身。

1977 年，因"文化大革命"整整中断了十年的全国统一高考终于恢复。恢复高考对于当代以至未来中国的意义，恐怕怎么估计都不过分。此次高考，不仅对上山下乡的知青、工厂的青年工人、应届高中毕业生敞开胸怀，也让部队推荐现役军人参加。我们 606 团便获得了三个珍贵的推荐名额。一位是团司令部保密员章建平（正排级）；一位是二营部书记李宏成（正排级），另一位就是我。如此难得、稀有的机会，怎么会降到我的头上？这是我至今未能解开的一个谜。据我猜测，或许是我在业余通讯报道工作上的表现给团政治处的首长留下了较深印象？或者是团里为了培养后备通讯报道人才的需要而给我提供深造的机会？

接到部队推荐我参加高考的通知是 1977 年 11 月 10 日。为了让我们在"文化大革命"后的首次全国高考中取得好成绩，我们 202 师还将全师各单位所有推荐参加高考的十多位同志集中到师部招待所，让我们放下手中的一切工作，排除一切干扰，心无旁骛、专心致志地复习备考。据一起参加高考的章建平回忆，当时师里还专门安排文化干事龚孝敬同志担任我们的教员，辅导我们复习功课（应主要是政治、史地与语文吧，具体科目早已忘记）。我们这些以往相识或不曾相识的战友聚集在一起，同吃同住同学习，相互交流复习资料，互相切磋复习心得，彼此祝福对方发挥出最高水平、考上理想的大学……从这一天开始，到这个月的 28 日走进考场，整整一十八天。这 18 天，有多么难能可贵？这 18 天，对于我们这些离开学校、离开课本至少已有三年的士兵，意味着什么？

很快，高考的时间到了。考哪个大学？考什么专业？这都不是由我们自己考虑的事情，而是由部队安排的。部队让我填报的第一志愿是：吉林大学语言文学专业。至于当时是否还填了其他志愿，早已经记不起来了。我们当时的任务，就是努力把试考好。

高考那天，我起了个大早，换上崭新的军装，与同去考试的几位战友一起，乘坐公交车，怀着自信也带着忐忑，走进了位于吉林市昌邑区一中的某考场……

考试结束了。考得怎么样？我们团同去的另两位同志会不会比我考得更好？自己一时真的难以判断。能否被录取？如果三人或两人同时被录取，那么部队是否会让我去上大学？这似乎也都不是由我们自己来决定的，而是要听从组织的安排。不暇多想，我即刻回到自己的连队，继续着虽严寒却火热的部队生活。一段时间内，我似乎忘记了曾经参加高考。

到了1978年2月下旬，我已对录取上大学不报任何幻想。因为，在我的想象中，地方大学应该在3月1日前后开学，这2月都快过完了，竟还没有丝毫的讯息。其间，营党委于1977年12月27日批准了我的入党申请。自此开始，我成了一名中共预备党员。我把"大学梦"暂且放在一边，在连队继续努力着，争取尽早提干。然而，就是在这2月的最后一天即28日的上午，营教导员熊开富同志通知我："你上大学已被录取，是吉林大学中文系！"听到这一突如其来的喜讯，我真的无法形容当时自己的心情，更不知道在对方的眼中我的表情究竟如何？是哭，还是笑？但有一个声音从我的心底清晰地涌出，那就是：再一次改变自己命运航向的时刻，到了！

半个月后，我穿着军装，背着军被，挎着部队的绿色挎包和军用水壶，来到吉大报到，成为吉大中文七七级80名同学中的一分子。让我惊讶不已的是，与我同样穿着军装、来自部队的现役军人，在我们这个80人的大团体里，竟有8位之众，整整十分之一。这八位同学是：黄国柱、丁临一、李奇福、王晋闻、张黎、曾宪斌、李禄明和我。记得四年的大学生活，我们这些部队学员颇有一些特殊待遇，一直继续享受着部队每月发给的干部或战士津贴及全部被服待遇，有时还让我们报销一定数额的购买图书的发票。由于有这样的经费支持，大学四年里，我购买了相当数量的中外文学经典名著。

我想，七七级中像我这样来自部队的同学，我们一个班便有8位，那么，整个吉大呢？全国呢？我没有做过确切的统计，也不知道是否有人做过这样的统计。无论如何，这是一个为数并不很少的特殊群体，它构成了七七级斑驳陆离复杂光谱中一种独特的色彩。

回首自己的高考之旅，我对于部队给予我的培养与帮助充满了感恩之情。试想一下，如果我当年没有应征入伍而是上山下乡或是如自己所声言的那样去了西藏，结果会如何？如果在部队没有机会参加通讯报道的学习与实践，那么自己在高中阶段那点乏善可陈的语文底子能否有效应对高考？如果没有部队给予的那"18天"复习时间及教员辅导，那么仓皇上阵的我们是否会无功而返、铩羽而归呢?

前面说过,我与哥哥是双胞胎,一同应征入伍。"文革"前,有一部部队题材的影片《哥俩好》风靡全国。电影由严寄洲执导,由张良、王心刚、张勇手等担任主角,写的是一对双胞胎陈大虎与陈二虎的故事。由于大虎二虎长得一模一样(均为张良扮演),又被分在了同一个连队,于是,发生了一系列指鹿为马、张冠李戴的误会⋯⋯总之,是一部幽默风趣的轻喜剧。据说,自那以后,到地方征兵的干部,往往都喜欢招双胞胎。我之所以有幸被"破格"应征入伍,或许就是由于征兵的干部也有此"哥俩好"情结?

与大虎二虎不同的是,一到新兵连,我和哥哥便被分在了不同的连队。新兵连的训练结束后,我们更是分在了两个营,我在一营,哥哥在二营,很少能够在一起,没有给大家"张冠李戴"的机会。再说,我们俩虽是双胞胎,并且也有可能是"同卵双胞胎",在别人的眼里,或许是长得比较像的一对,以至于在父亲所在的向阳公社不太大的机关里,有几位叔叔阿姨,还是时常把我们弄混。但是,我自己觉得与哥哥相差还是挺大的,哥哥个头比我高出几厘米,身板也比我壮得多,你们怎么就是分不清呢?!总之,在部队里,将我们俩弄混的机会可以说是微乎其微。我们的"哥俩好",是完全不同的版本。

不用说,哥哥与我同一天出生。他比我早来到这个世界,可能也就一两个时辰吧。我们出生后,父母给我们俩起了小名:大毛、二毛。因为出生于"大跃进"的1958年,我们俩分别还有一对小名,叫跃进、卫星,但这一对小名一直没有叫得起来,不久便被遗忘。快上小学时,父亲给我们起了一对据说颇有些来历的学名:李艳鸣、李艳庭,但还没来得及正式启用,"文革"便爆发了。早在59年反右倾时便受到不小冲击的父亲,"文革"不久又被打成"保皇派""走资派",受到群众的揪斗。为避免更大的麻烦,父母赶紧"破四旧",给我们改名字:老大叫李红卫,我叫李新风。

我们哥俩从小学到初中到高中,一直在一个班上学。小哥俩还算机灵,学习虽未必多么刻苦,但成绩在班里总能名列前茅。到了高中阶段,我们俩的差异开始变得明显:哥哥的总体成绩比我更好,其语文成绩尤为突出,每次语文考试总在第一、二名,写的作文,常被老师作为范文推荐给同学。我的成绩则偏于数理化,尤其是物理、化学,考试100分、99分是家常便饭。唯独语文，不知为什么，我学起来，就不像数理化那样得心应手，考试时能得 85 分到 90 分，已经心满意足了。假如那时允许我们高考，我估计哥哥一定会报考文科；而我则一定会选择理工科，断不会选择文科，更不会选中文专业。

参军以后，我和哥哥留下的人生轨迹颇有不同。我常说自己经常能得到命运的惠顾，而哥哥的军旅生涯在头几年却比较坎坷。新兵连训练结束后，他被分到二营四连。5 月的一天，哥哥参加在马陵山举行的打坦克训练时，将炸药包挂到坦克上，在回身跳进战壕时摔伤，左腿重度骨折。当我周末请假去医院看望他时，看到他躺在床上无法动弹，我难过得流下眼泪，哥哥却若无其事地安慰起我来，好像受伤的不是他而是我。

伤筋动骨一百天，他在师医院住院治疗刚刚 80 天，7 月随师医院调防到吉林市，不久，腿伤尚未痊愈即回到连队，一边养伤一边做些力所能及的勤务劳动及训练。腿伤恢复以后，他在军事训练、日常生活及文化学习上所付出的努力，一定远远超过了我。但在入伍后的前三年里，他一直没有得到领导的重视，因而也不可能被推荐参加高考。这些年，我常想，假如我在部队所获得的那些机会给了哥哥；假如被推荐参加高考的是他；假如进入吉大中文七七级学习的是他，那么，他一定会做得比我更为出色，他的人生道路一定会更加精彩。

不过，一向争强好胜的哥哥并没有向命运屈服。他一直在连队脚踏实地地拼搏着、努力着，顽强地证明着自己。在前三年的时间里，他靠自己的艰苦努力，三次荣获嘉奖。终于，在我离开部队上大学后不久，他的才华与努力得到了部队领导的认可与发现，于 1978 年 10 月被提干，第二年，便相继被调到团机关和师机关工作。后来，随着部队大裁军，68 军整建制被裁及部队重组重建，哥哥先后到赤峰守备区和南京陆军指挥学院工作，多年下来，五次荣立三等功，并于 1999 年晋升为南京陆军指挥学院基础部副师职政委。

我虽然一直未正式修改自己的名字，身份证上仍沿用"新凤"一名，但大学毕业后给自己起了个笔名"李心峰"，之后出版的所有著作、译著及发表的文章，使用的几乎都是这一笔名。而哥哥也于 1987 年为消除"文革"痕迹，干脆将自己的名字正式改为"李弘为"。中学时语文成绩并不怎么理想的我阴差阳错竟上了中文系文学专业，而酷爱文学的哥哥却没有得到这样的机会。不过，他并未因此放弃自己的"文学梦"。他于 1980 年参加《山西青年》

办的中文专业刊授大学的学习，系统地自学了中文专业的知识，阅读了大量古今中外的文学名著。他还在工作之余，热心从事文学创作，写作散文、随笔、纪实文学，有多篇长篇纪实文学作品被收入集子正式出版。此外还创作了电影文学剧本《山与海》等。

从参军到现在的42年里，无论我和哥哥走到哪里，工作有多少转换，我们一直保持着密切的联系，彼此关心、相互勉励、互相支持、互相帮助。我大学毕业时觉得不再适合回部队工作，便下决心报考研究生，到位于桂林的广西师范大学（当时叫广西师范学院），跟随"左联"时期老作家、著名文艺理论家林焕平教授攻读文艺学方向硕士研究生。研究生毕业时，出于专业发展的考虑，更加不想再回到部队从事宣传或通讯报道工作，是哥哥在部队帮助我办理了退伍的手续，使我得以顺利分配到北京的中国艺术研究院，从事我所喜爱的专业艺术理论研究工作。多年来，哥哥对我的鼓励和帮助，可谓大矣。

最近，在一次与哥哥的交谈中，哥哥给我爆了一剂猛料：在我去上大学后，他到团政治处工作，与当年同我一起参加高考的章建平成了同事和无话不谈的好友。章告诉他，当年68军参加七七级高考的共有58人，前三名全部为我们606团获得。其中，章第一名，李宏成第二名，我名列第三。三人分数差别不是太大，都超过了录取的标准。但军里只给了我们团一个去上大学的名额。团政治处领导考虑到章建平和李宏成两位同志都已经提了干，就分别做他们二人的思想工作，叫他俩发扬一下风格，让当时还是战士身份的我去上吉林大学。他们二人均二话没说，便痛快地答应下来。听了这些，我心中真是充满了无限的感动。团政治处领导的关怀和这两位战友的高尚风格，不也像亲兄弟般温暖如春吗？

2017年，是1997年恢复高考40周年，也是中国人民解放军建军90周年。我谨以此文，献给我的高考、我的"七七"，更想将隐藏于心底整整40年的感恩之情，献给我曾经的"大学校"中国人民解放军90周年生日，献给那些给予我无私无量无价的关怀与帮助的亲爱的兄弟与战友们。在这里，我要向章建平、李宏成、丁亚东这些战友、兄弟，尤其是我的双胞胎兄弟及战友李弘为握手致意，更要向606团政治处老首长李本富主任、聂立珂副主任敬一个久违的军礼！向解放军这所"大学校"敬一个庄重标准的军礼！